Müller/Schöppe-Fredenburg
Formularhandbuch Prozessrecht

Reihe
Luchterhand Anwaltsformulare

Formularhandbuch Prozessrecht

von

Bernd Müller

Rechtsanwalt
in Hamburg

Pedro Schöppe-Fredenburg

Rechtsanwalt und Fachanwalt
für Familienrecht in Regensburg

Luchterhand

Bibliografische Information Der Deutschen Bibliothek
Die Deutsche Bibliothek verzeichnet diese Publikation in der Deutschen Nationalbibliografie; detaillierte bibliografische Daten sind im Internet über http://dnb.ddb.de abrufbar

ISBN 3-472-05688-6

Luchterhand – eine Marke der Wolters Kluwer Deutschland GmbH

Umschlaggestaltung: Ruers, futurweiss kommunikationen, Wiesbaden
Satz: Satz-Offizin Hümmer GmbH, Waldbüttelbrunn
Druck und Binden: Wilhelm & Adam, Heusenstamm
Printed in Germany, Februar 2004

Gedruckt auf säurefreiem, alterungsbeständigem und chlorfreiem Papier.

Sie finden uns im Internet unter www.wolters-kluwer.de

Vorwort

Im vorliegenden Praktikerhandbuch sind Formulare mit Vorschlägen zur Formulierung von Klagen, Erwiderungen, Anträgen und Rechtsbehelfen für die Bereiche Zivil-, Zwangsvollstreckungs-, Insolvenz- und Arbeitsrecht enthalten. Vom Kauf- bis zum Erbrecht, aber auch zum Familienrecht wurden Klagen und Anträge aus ausgewählten Rechtsgebieten erstellt.

Da in der praktischen Arbeit häufig zusammenhängend, sind neben den Formularen zur außergerichtlichen und gerichtlichen Geltendmachung von Ansprüchen im Verkehrsunfallrecht auch diejenigen zu Verkehrsstraf- und OWi-Angelegenheiten aufgenommen worden. Zudem wurden neben Mustern zum FGG-Verfahren im Wohnungseigentumsrecht auch solche zum Erbrechtsverfahren sowie zu Grundbuchsachen entwickelt, die dem Anwalt in diesen Randbereichen den Einstieg und die Bearbeitung erleichtern sollen.

Die den Formularen beigefügten Anmerkungen erläutern die wichtigsten prozessualen und materiellen Gesichtspunkte, u. a. zur Zulässigkeit, Zuständigkeit, einzuhaltende Fristen, büromäßige Behandlung, Kosten usw., und zeigen alternative Gestaltungsformen auf.

Auf der beiliegenden CD-ROM kann der Anwender die einzelnen Texte seinen Wünschen und Bedürfnissen entsprechend abändern und so eine ganz individuelle Textbibliothek gestalten, die sich mit Hilfe der gängigen Betriebssysteme beliebig auf der eigenen Festplatte verwalten lässt. Das Symbol #, das den jeweiligen Formularen sowohl im Buch als auch auf der CD-ROM voran gestellt ist, steht für »Nummer«.

Für konstruktive Vorschläge und Kritik sind die Autoren stets dankbar.

Hamburg und Regensburg,
Januar 2004

Bernd Müller
Pedro Schöppe-Fredenburg

Inhaltsverzeichnis

Abkürzungsverzeichnis

a.	auch
a. A.	anderer Ansicht
aaO.	am angegebenen Ort
ABl.	Amtsblatt
abgedr.	abgedruckt
abl.	ablehnend
Abt.	Abteilung
abw.	abweichend
AcP	Archiv für die civilistische Praxis
a. E.	am Ende
Änd.	Änderung
ÄndG	Änderungsgesetz
a. F.	alte Fassung
AfA	Absetzung für Abnutzung
AG	Amtsgericht, Aktiengesellschaft
AGB	Allgemeine Geschäftsbedingungen
AGBG	Gesetz zur Regelung der allgemeinen Geschäftsbedingungen
AKB	Allgemeine Bedingungen für die Kraftfahrtversicherung
AktG	Aktiengesetz
AktO	Aktenordnung
allg.	allgemein
Alt.	Alternative
amtl.	amtlich
AnfG	Anfechtungsgesetz
Anh.	Anhang
Anm.	Anmerkung
AnwBl	Anwaltsblatt
AO	Abgabenordnung
AP	Arbeitsrechtliche Praxis, Nachschlagewerk des Bundesarbeitsgerichts
ARB	Allgemeine Bedingungen für die Rechtsschutzversicherung
ArbG	Arbeitsgericht
ArbGG	Arbeitsgerichtsgesetz
Art.	Artikel
Ast.	Antragsteller(in)
Aufl.	Auflage
AusfG	Ausführungsgesetz
AWD	Außenwirtschaftsdienst des Betriebsberaters
Az.	Aktenzeichen
B	Beklagte(r)
BAG	Bundesarbeitsgericht
BAGE	Amtliche Sammlung der Entscheidungen des Bundesarbeitsgerichts
BauR	Baurecht (Zeitschrift)
BAT	Bundesangestelltentarifvertrag
BayObLG	Bayerisches Oberstes Landesgericht
BayObLGZ	Entscheidungen des Bayerischen Obersten Landesgerichts in Zivilsachen
BayVBl	Bayerische Verwaltungsblätter
BB	Betriebs-Berater
BBiG	Berufsbildungsgesetz
BBG	Bundesbeamtengesetz
Bd.	Band
begl.	Beglaubigt
Begr.	Begründung, Begriff
Bekl.	Beklagte(r)
bes.	besonders

Beschl.	Beschluss
Beschw.	Beschwerde
bestr.	bestritten
BetrVG	Betriebsverfassungsgesetz
BeurkG	Beurkundungsgesetz
BFH	Bundesfinanzhof
BGB	Bürgerliches Gesetzbuch
BGBl.	Bundesgesetzblatt
BGH	Bundesgerichtshof
BGHR	BGH-Rechtsprechung, hrsg. von den Richtern des BGH
BGHSt	Entscheidungen des Bundesgerichtshofs in Strafsachen
BGHZ	Entscheidungen des Bundesgerichtshofs in Zivilsachen
Bl.	Blatt
BörsenG	Börsengesetz
BRAGO	Bundesrechtsanwaltsgebührenordnung
BRAO	Bundesrechtsanwaltsordnung
BRRG	Beamtenrechtsrahmengesetz
BSG	Bundessozialgericht
BSHG	Bundessozialhilfegesetz
Bsp.	Beispiel
BT-Drucks.	Bundestagsdrucksache
Buchst.	Buchstabe
BVerfG	Bundesverfassungsgericht
BVerfGE	Entscheidungen des Bundesverfassungsgerichts
BVerwG	Bundesverwaltungsgericht
BVerwGE	Entscheidungen des Bundesverwaltungsgerichts
bzgl.	bezüglich
BZRG	Bundeszentralregistergesetz
bzw.	beziehungsweise
ca.	circa
DAR	Deutsches Autorecht
DAV	Deutscher Anwaltsverein
DAVorm	Der Amtsvormund
DB	Der Betrieb
ders.	derselbe
DGVZ	Deutsche Gerichtsvollzieher-Zeitung
d. h.	das heißt
Diss.	Dissertation
DNotZ	Deutsche Notar-Zeitschrift
DRiG	Deutsches Richtergesetz
DRiZ	Deutsche Richterzeitung
Dr.Nr.	Drucknummer
DStR	Deutsches Steuerrecht
DWiR	Deutsche Zeitschrift für Wirtschaftsrecht
e.	eines
EA	Einstweilige Anordnung
EG	Europäische Gemeinschaft
EGBGB	Einführungsgesetz zum Bürgerlichen Gesetzbuch
EGGVG	Einführungsgesetz zum Gerichtsverfassungsgesetz
EGStGB	Einführungsgesetz zum Strafgesetzbuch
EGZPO	Einführungsgesetz zur Zivilprozessordnung
Einf.	Einführung
Einl.	Einleitung
einschl.	einschließlich
EMRK	Europäische Menschenrechtskonvention

entspr.	entsprechend
EStG	Einkommensteuergesetz
EuGH	Europäischer Gerichtshof
EuGVÜ	Übereinkommen über die gerichtliche Zuständigkeit
EuZW	Europäische Zeitschrift für Wirtschaftsrecht
e. V.	eingetragener Verein
EV	Eigentumsvorbehalt, Eidesstattliche Versicherung
evtl.	eventuell
EzA	Entscheidungssammlung zum Arbeitsrecht
f., ff.	folgende, fortfolgende
Fa.	Firma
FamRZ	Zeitschrift für das gesamte Familienrecht
FG	Finanzgericht, Freiwillige Gerichtsbarkeit
FGG	Gesetz über die Angelegenheiten der freiwilligen Gerichtsbarkeit
FGO	Finanzgerichtsordnung
Fn.	Fußnote
FS	Festschrift
GBO	Grundbuchordnung
GbR	Gesellschaft bürgerlichen Rechts
GBV	Grundbuchverfügung
geb.	geboren
GebVerz.	Gebührenverzeichnis
gem.	gemäß
GenG	Genossenschaftsgesetz
gez.	gezeichnet
GF	Geschäftsführer
GG	Grundgesetz für die Bundesrepublik Deutschland
ggf.	gegebenenfalls
GKG	Gerichtskostengesetz
GmbH	Gesellschaft mit beschränkter Haftung
GmbHG	Gesetz betreffend die Gesellschaften mit beschränkter Haftung
GmbHRdsch	GmbH-Rundschau
GRUR	Gewerblicher Rechtsschutz und Urheberrecht
GRUR-RR	Gewerblicher Rechtsschutz und Urheberrecht, Rechtsprechungsreport
GVG	Gerichtsverfassungsgesetz
GVGA	Geschäftsanweisungen für Gerichtsvollzieher
GVKostG	Gerichtsvollzieherkostengesetz
GVO	Gerichtsvollzieherordnung
HaftpflG	Haftpflichtgesetz
HausratsVO	Verordnung über die Behandlung der Ehewohnung und des Hausrats
HGB	Handelsgesetzbuch
h. L.	herrschende Lehre
Hlbs.	Halbsatz
h. M.	herrschende Meinung
HOAI	Verordnung über die Honorare für Leistungen der Architekten und Ingenieure
Hrsg.	Herausgeber, herausgegeben
HWiG	Haustürwiderrufsgesetz
i. B.	in Buchstaben
i. d. F.	in der Fassung
IHK	Industrie- und Handelskammer
insbes.	insbesondere
i. S. d.	im Sinne der/des
i. V. m.	in Verbindung mit

InsO	Insolvenzordnung
IPRax	Praxis des Internationalen Privat- und Verfahrensrechts
IPRG	Gesetz zur Neuregelung des internationalen Privatrechts
JA	Juristische Arbeitsblätter
JMBl.	Justizministerialblatt
JR	Juristische Rundschau
Jura	Juristische Ausbildung (Zeitschrift)
JurBüro	Das Juristische Büro
JuS	Juristische Schulung
JW	Juristische Wochenschrift
JZ	Juristenzeitung
K	Kläger(in)
KfH	Kammer für Handelssachen
Kfz	Kraftfahrzeug
KG	Kammergericht, Kommanditgesellschaft
Kl.	Kläger(in)
km	Kilometer
KO	Konkursordnung
KostO	Kostenordnung
KSchG	Kündigungsschutzgesetz
KTS	Konkurs-, Treuhand- und Schiedsgerichtswesen
KV	Kostenverzeichnis
LAG	Landesarbeitsgericht
lit.	litera (= Buchstabe)
lfd.	laufend(e)
LG	Landgericht
LM	Lindenmaier/Möhring, Nachschlagewerk des Bundesgerichtshofs
LuftVG	Luftverkehrsgesetz
m. Anm.	mit Anmerkung
m. w. N.	mit weiteren Nachweisen
MDR	Monatsschrift des Deutschen Rechts
MietRÄndG	Mietrechtsänderungsgesetz
Min.	Ministerium
Mio.	Millionen
mtl.	monatlich
MWSt	Mehrwertsteuer
Nachf.	Nachfolger
Nachw.	Nachweis
NdsRPfl	Niedersächsische Rechtspflege
n. F.	neue Fassung
NJW	Neue Juristische Wochenschrift
NJWE-FER	NJW-Entscheidungsdienst Familienrecht und Erbrecht
NJW-RR	NJW-Rechtsprechungs-Report Zivilrecht
NK	Nebenkosten
Nr.	Nummer
NRW	Nordrhein-Westfalen
NVersZ	Neue Zeitschrift für Versicherung und Recht
NVwZ	Neue Zeitschrift für Verwaltungsrecht
NVwZ-RR	Neue Zeitschrift für Verwaltungsrecht, Rechtsprechungsreport
NZA	Neue Zeitschrift für Arbeitsrecht
NZBau	Neue Zeitschrift für Baurecht
NZG	Neue Zeitschrift für Gesellschaftsrecht
NZI	Neue Zeitschrift für das Recht der Insolvenz und Sanierung

NZM	Neue Zeitschrift für Mietrecht
NZV	Neue Zeitschrift für Verkehrsrecht
o.	oben
o. ä.	oder ähnliches
OHG	Offene Handelsgesellschaft
OLG	Oberlandesgericht
OLG-NL	OLG-Rechtsprechung Neue Länder
OLGZ	Entscheidungen der Oberlandesgerichte in Zivilsachen
OVG	Oberverwaltungsgericht
OWi	Ordnungswidrigkeit
OWiG	Gesetz über Ordnungswidrigkeiten
PflVersG	Pflichtversicherungsgesetz
PFV	Positive Forderungs-Verletzung
PKH	Prozesskostenhilfe
pol.	polizeilich
ProdHaftG	Produkthaftungsgesetz
PStG	Personenstandsgesetz
qm	Quadratmeter
RA(in)	Rechtsanwalt/ Rechtsanwältin
RBerG	Rechtsberatungsgesetz
RdA	Recht der Arbeit
Rn	Randnummer
RG	Reichsgericht
RGSt	Entscheidungen des Reichsgerichts in Strafsachen
RGZ	Entscheidungen des Reichsgerichts in Zivilsachen
RIW	Recht der internationalen Wirtschaft
Rpfleger	Der Deutsche Rechtspfleger
RPflG	Rechtspflegergesetz
Rspr.	Rechtsprechung
S.	Seite, Satz
s.	siehe
SGG	Sozialgerichtsgesetz
s. o.	siehe oben
sog.	so genannte(r)
Sp.	Spalte
StGB	Strafgesetzbuch
StPO	Strafprozessordnung
str.	streitig
st. Rspr.	Ständige Rechtsprechung
StV	Strafverteidiger
StVG	Straßenverkehrsgesetz
s. u.	siehe unten
teilw.	teilweise
TranspR	Transportrecht
TÜV	Technischer Überwachungsverein
TVG	Tarifvertragsgesetz
u.	unten
u. a.	unter anderem
u. ä.	und ähnliche

Überbl.	Überblick
Übers.	Übersicht
UR-Nr.	Urkundenrollennummer
usw.	und so weiter
u. U.	unter Umständen
UWG	Gesetz gegen den unlauteren Wettbewerb
v.	von
VA	Versorgungsausgleich
VB	Vollstreckungsbescheid
VBl.	Verwaltungsblätter
VerbrKrG	Verbraucherkreditgesetz
Vers.	Versicherung
VersR	Zeitschrift für Versicherungsrecht
VG	Verwaltungsgericht
VGH	Verwaltungsgerichtshof
vgl.	vergleiche
VIZ	Zeitschrift für Vermögens- und Immobilienrecht
VN	Versicherungsnehmer
vollst.	vollständig
Vorbem.	Vorbemerkung
VU	Versäumnisurteil
VVG	Gesetz über den Versicherungsvertrag
VRS	Verkehrsrechtssammlung
VwGO	Verwaltungsgerichtsordnung
WE	Wohnungseigentum
WEG	Wohnungseigentumsgesetz
WG	Wechselgesetz
WM	Wertpapiermitteilungen
WRP	Wettbewerb in Recht und Praxis
WuM	Wohnungswirtschaft und Mietrecht
WW	Warmwasser
ZAP	Zeitschrift für die Anwaltspraxis
z. B.	zum Beispiel
ZfBR	Zeitschrift für deutsches und internationales Baurecht
ZfS	Zentralblatt für Sozialversicherung, Sozialhilfe und Versorgung
z. Hd.	zu Händen
Ziff.	Ziffer
ZIP	Zeitschrift für Wirtschaftsrecht
ZMR	Zeitschrift für Miet- und Raumrecht
ZPO	Zivilprozessordnung
ZRP	Zeitschrift für Rechtspolitik
ZSEG	Gesetz über die Entschädigung von Zeugen und Sachverständigen
z. T.	zum Teil
ZVG	Zwangsversteigerungsgesetz
ZZP	Zeitschrift für Zivilprozess

Zivil- und Zivilverfahrensrecht

A. Erkenntnisverfahren

01. Klagearten und -anträge

#01 Klage mit allgemeinem Zahlungsantrag

[*HIER Ort, Datum*]

An das
Amtsgericht [- Landgericht] [- Landgericht, Kammer für Handelssachen]
[*HIER Anschrift*]

Klage

des/der ...... [*HIER Vorname, Name, Anschrift*]

- Klägers/-in, -

Prozessbevollmächtigte(r): Rechtsanwalt/-wältin ...... [*HIER Vorname, Name, Anschrift*]

gegen

den/die ...... [*HIER Vorname, Name, Anschrift*]

- Beklagte(n), -

Prozessbevollmächtigte(r): Rechtsanwalt/-wältin ...... [*HIER Vorname, Name, Anschrift*]

wegen ......

Streitwert: ...... EUR [- vorläufig geschätzt mit ...... EUR]

Namens und in Vollmacht des/der Klägers/-in erhebe ich Klage und werde beantragen,

1. den/die Beklagte(n) zu verurteilen, an den/die Kläger/-in ...... EUR nebst Zinsen hieraus in Höhe von 5 Prozentpunkten über dem jeweiligen Basiszinssatz
   [bei Rechtsgeschäften, bei denen ein Verbraucher nicht beteiligt ist: - nebst Zinsen in Höhe von 8 Prozentpunkten über dem Basiszinssatz]
   [- ......% Zinsen]
   seit dem ...... 20..
   [oder anders formuliert: - ab Rechtshängigkeit]
   [oder anders formuliert: - seit Zustellung]
   zu zahlen.
2. das Urteil - notfalls gegen Sicherheitsleistung - für vorläufig vollstreckbar zu erklären.
3. hilfsweise - für den Fall des Unterliegens - dem/der Kläger/-in Vollstreckungsschutz zu gewähren.

Des Weiteren wird beantragt,
es dem/der Kläger/-in zu gestatten, eventuell von ihm/ihr zu stellende Sicherheitsleistung durch selbstschuldnerische Bürgschaft einer deutschen Großbank, Volksbank oder öffentlichen Sparkasse stellen zu können.

[- Es wird angeregt, das schriftliche Vorverfahren anzuordnen. Für den Fall der Fristversäumung oder des Anerkenntnisses wird beantragt, gegen den Beklagten ein Versäumnisurteil oder ein Anerkenntnisurteil ohne mündliche Verhandlung zu erlassen.]

[- Vorab wird beantragt,
von einer Güteverhandlung abzusehen, da ein erfolgloser Güteversuch stattgefunden hat. Die Bescheinigung der ...... [*HIER Angabe der außergerichtlichen Einigungsstelle liegt bei.*]

[Bei einer Klage vor dem Landgericht möglich:
- Es wird gemäß § 348 Abs. 3 Nr. 3 ZPO beantragt,
dass der Einzelrichter den Rechtsstreit der Zivilkammer zur Entscheidung über eine Übernahme vorlegt.

[oder anders formuliert]
- Im Übrigen wird darum gebeten, von einer Übertragung der Sache auf den Einzelrichter gemäß § 348 a Abs. 1 ZPO abzusehen.]

[Bei einer Klage vor dem LG, Kammer für Handelssachen:
- Mit einer Entscheidung durch den Vorsitzenden der Kammer für Handelssachen ist der Kläger einverstanden.]

[Der Hauptantrag kann auch in Form des gewünschten Urteilstenors gefasst werden, etwa:]
1. Der/die Beklagte wird verurteilt, ... EUR nebst Zinsen in Höhe von 5 Prozentpunkten über dem Basiszinssatz [bei Rechtsgeschäften, bei denen ein Verbraucher nicht beteiligt ist: - nebst Zinsen in Höhe von 8 Prozentpunkten über dem Basiszinssatz] [- ......% Zinsen seit dem ...... 20..] an den/die Kläger/in zu zahlen.
2. Das Urteil ist - notfalls gegen Sicherheitsleistung - vorläufig vollstreckbar. Die Sicherheit kann auch durch Bürgschaft der X-Bank [- Y-Sparkasse] geleistet werden.

hilfsweise, für den Fall der Klageabweisung,
dem/der Kläger/-in zu gestatten, die Zwangsvollstreckung wegen der Kosten durch eine Sicherheitsleistung abzuwenden.

Es wird angeregt, einen frühen ersten Termin zur mündlichen Verhandlung zu bestimmen.

Für den Fall der Anordnung des schriftlichen Vorverfahrens wird beantragt,
bei Anerkenntnis ein Urteil nach § 307 Abs. 2 ZPO, nach Ablauf der Frist des § 276 Abs. 1 ZPO ein Versäumnisurteil zu erlassen.

Für den Fall, dass der/die Beklagte die ihm/ihr zu setzende Frist zur Klageerwiderung nicht einhalten sollte, wird beantragt,
den Klageantrag durch Versäumnisurteil gemäß § 331 Abs. 3 ZPO zuzuerkennen.

[- Sollte der Gegner nicht erscheinen, so wird vorsorglich beantragt,
eine Entscheidung nach Lage der Akten zu erlassen.

Für den Fall, dass das Gericht eine Entscheidung nach Lage der Akten ablehnt, wird hilfsweise beantragt,
ein Versäumnisurteil zu erlassen.]

Für den Fall des Anerkenntnisses oder Teilanerkenntnisses wird beantragt,
nach § 307 ZPO zu verfahren.

[oder]
Weiterhin wird vorsorglich der

Antrag auf ein schriftliches Anerkenntnis- oder Versäumnisurteil im schriftlichen Vorverfahren gestellt,

oder andernfalls,

möglichst einen baldigen Termin zur mündlichen Verhandlung anzuberaumen.

Des Weiteren wird beantragt,

a) nach Erlass des Urteils eine Zustellungsbescheinigung gemäß § 169 Abs. 1 ZPO zu erteilen,
b) nach Erlass des Urteils eine vollstreckbare Ausfertigung der Entscheidung zu erteilen,
[- c) den Rechtsstreit vor der Kammer für Handelssachen zu verhandeln.]

[Bei der Klage vor dem LG möglich]
Es wird gemäß § 348 Abs. 3 Nr. 3 ZPO beantragt,
dass der Einzelrichter den Rechtsstreit der Zivilkammer zur Entscheidung über eine Übernahme vorlegt.
[oder anders formuliert]
Im Übrigen wird darum gebeten,
von einer Übertragung der Sache auf den Einzelrichter gemäß § 348 a Abs. 1 ZPO abzusehen.]

Begründung:

Der/Die Kläger/-in ...... [*HIER folgt die Begründung in tatsächlicher und, soweit erforderlich, rechtlicher Hinsicht. Soweit nicht offensichtlich, sind auch Nebenpunkte wie Eintritt der Fälligkeit des Anspruchs, Beginn der Verzinsung (Eintritt des Verzuges) und deren Höhe sowie vor allem auch die Zuständigkeit zu begründen. Erforderlich ist auch das Beweisangebot zu den Punkten, für die der Kläger die Beweislast trägt:*

- Beweisantritt zu den einzelnen Punkten:

***Beweis**: Zeuge(n) ......*
Urkunde(n) ......
Augenscheinseinnahme durch ......
Sachverständigengutachten ......
Parteivernehmung ......]

Der/Die Kläger/-in begehrt mit seiner/ihrer Klage ...... [*HIER Angabe des Sachverhaltes*]

Die Rechnung für ...... hat der/die Kläger/-in dem/der Beklagten am Tage ihrer Ausstellung zugesandt.

Beweis: Rechnungskopie vom ...... 20.., Anlage K ......

Die Rechnung beinhaltet die Hinweise gemäß §§ 286 Abs. 3 S. 1 2. Hlbs. BGB. Der Postlauf zwischen ...... und ...... beträgt nicht mehr als 3 Tage. Dem/Der Beklagten ist folglich die Rechnung spätestens am ...... 20.. zugegangen. Unter Berücksichtigung der Regelungen in den §§ 187 Abs. 1, 188 Abs. 1 BGB und des § 286 Abs. 1 S. 1 BGB befindet sich der/die Beklagte demzufolge seit dem ...... 20.. in Verzug. Ab diesem Zeitpunkt hat er deswegen die Klageforderung gemäß § 288 Abs. 1 BGB zu verzinsen.

Im Falle des Bestreitens des Zugangs der Rechnung am ...... 20.., stehen dem/der Kläger/-in unter Berücksichtigung des § 286 Abs. 3 S. 2 BGB Zinsen ab dem 31. Tag nach erfolgter Übergabe des [- der] ...... an den/die Beklagte(n) zu. Die Übergabe des [- der] ...... ist durch den Lieferschein bewiesen.

Beweis: Original des von Beklagten unterschriebenen Lieferscheins vom ...... 20.., Anlage K ......

Somit hätte der/die Beklagte von diesem Tage an Zinsen auf die Klageforderung zu zahlen, sofern er/sie den Zugang der Rechnung am ...... 20.. bestreiten sollte. Ich beantrage deshalb vorsorglich,

den/die Beklagte(n) auf den hiermit gestellten Hilfsantrag zu verurteilen,
die im Hauptantrag begehrten Zinsen ab dem ...... 20..
zu zahlen.

Für den Fall, dass der/die Beklagte den Zugang der Rechnung bestreiten sollte, biete ich Beweis für den Zugang durch

eine Vernehmung des/der Beklagten als Partei an.

Sollte der/die Kläger/-in über dieses Beweismittel den Zugang der Rechnung nicht beweisen können, so wird schon jetzt Beweis für die Absendung der Rechnung durch den Zeugen [- die Zeugin]

Herrn [- Frau] ......, zu laden über den/die Kläger/-in

angeboten. Der Zeuge [- Die Zeugin] hat die Rechnung geschrieben und die Absendung der Rechnung im Postausgangsbuch des/der Klägers/Klägerin vermerkt. Eine

Kopie der entsprechenden Seite des Postausgangsbuches wird als Anlage K ......

beigefügt. Anhaltspunkte dafür, dass die Rechnung auf dem Postwege verlorengegangen ist, sind nicht ersichtlich.

[oder bei beiderseitigem Handelsgeschäft]
Am ...... 20.. hat der/die Kläger/-in die anliegende Rechnung dem/der Beklagten zugesandt.

Beweis: Rückschein vom ...... 20.., der per Einschreiben/Rückschein zugesandten Rechnung vom ......

Die beiden Voraussetzungen des § 286 Abs. 3 BGB – Fälligkeit der Forderung sowie Zugang der Rechnung – lagen demzufolge kumulativ am ...... 20.. vor. Die in § 286 Abs. 3 BGB genannte Frist von 30 Tagen ist daher am ...... 20 ...... abgelaufen, so dass die Klageforderung ab dem ...... 20.. zu verzinsen ist. Dass die dem Beklagten übersandte Rechnung keinen Hinweis gemäß § 286 Abs. 3 S. 1 2. Hlbs. BGB enthielt, ist unschädlich, da die Forderung, die Gegenstand der Klage ist, für die Parteien ein gegenseitiges Handelsgeschäft ist. Der Hinweis gemäß § 286 Abs. 3 S. 1 2. Hlbs. BGB ist somit nicht erforderlich. Die Höhe des Zinssatzes folgt aus § 352 Abs. 1 HGB i. V. m. § 288 Abs. 1 u. 2 BGB.

[Bei Geltendmachung von Zinsen seit Klageerhebung]
Der Anspruch aus Zinsen ergibt sich aus §§ 291, 288 Abs. 1 BGB. Der/Die Beklagte hat dem/der Kläger/-in mithin ab Rechtshängigkeit Zinsen in Höhe von fünf Prozentpunkten über dem Basiszinssatz zu zahlen.

[bei Rechtsgeschäften, bei denen ein Verbraucher nicht beteiligt ist und somit 8 Prozentpunkten über dem Basiszinssatz verlangt werden: – Der mit der Klage verfolgte Anspruch ist, wie der Begründung zum Klageanspruch zu entnehmen ist, ein Anspruch aus einem zwischen den Parteien geschlossenen Handelsgeschäft. Der/Die Kläger/-in kann ab Rechtshängigkeit Zinsen gemäß §§ 291, 288 Abs. 2 BGB fordern.]

[Bei höherem als dem gesetzlichen Zinssatz:
– Der Zinsanspruch folgt aus §§ 291, 288 Abs. 3 BGB.

Der/Die Kläger/-in nimmt einen Bankkredit in Höhe der Klageforderung zu dem im Antrag genannten Zinssatz in Anspruch, den er/sie bei Zahlung des/der Beklagten insoweit zurückgeführt hätte.

Beweis: Zinsbestätigung der X-Bank [– Y-Sparkasse], Anlage K ......

Für den Fall des Bestreitens zusätzlich:

Beweis: Herr [– Frau] ......, zuständige(r) Bankbearbeiter/-in [– Sparkassenangestellte(r)] unter Entbindung von der Verschwiegenheitspflicht, zu laden über die X-Bank [– Y-Sparkasse] als Zeuge/Zeugin]

[Bei vorgerichtlicher Inverzugsetzung:
Mit o. g. Schreiben per Einschreiben/Rückschein vom ...... 20.. hat der Kläger den Beklagten aufgefordert, den Kaufpreis bis zum ...... 20.. zu bezahlen.

Beweis: Schreiben des/der Klägers/-in vom ...... 20.., in Fotokopie als Anlage K ......

Der/Die Beklagte kam demnach am ...... 20.. [*HIER Datum des Zugangs des Schreibens einsetzen*] in Verzug.

[bei gesetzlichem Zinssatz: – Der Zinsanspruch rechtfertigt sich aus §§ 286 Abs. 1, 288 Abs. 1 BGB.

bei höherem Zinssatz: – Der Zinsanspruch beruht auf den §§ 286 Abs. 1, 288 Abs. 3 BGB.

Der/Die Kläger/-in nimmt einen Bankkredit in Höhe der Klageforderung zu dem im Antrag genannten Zinssatz in Anspruch, den er/sie bei Zahlung des/der Beklagten insoweit zurückgeführt hätte.

Beweis: Zinsbestätigung der X-Bank [– Y-Sparkasse], Anlage K ......

Für den Fall des Bestreitens zusätzlich:

Beweis: Herr [– Frau] ......, zuständige(r) Bankbearbeiter/-in [– Sparkassenangestellte(r)] unter Entbindung von der Verschwiegenheitspflicht, zu laden über die X-Bank [– Y-Sparkasse] als Zeuge/Zeugin]

[oder]
Der/Die Kläger/-in arbeitet selbst ständig mit einem Bankkredit, der die Klageforderung betragsmäßig übersteigt. Für diesen Kredit muss er/sie seit Rechtshängigkeit [– dem o. g. Datum, dem ...... 20..] ...... [z. B. 10] % Zinsen bezahlen.

Beweis: Zinsbestätigung der X-Bank [- Y-Sparkasse], Anlage K ......

Für den Fall des Bestreitens zusätzlich:

Beweis: Herr [- Frau] ......, zuständige(r) Bankbearbeiter/-in [- Sparkassenangestellte(r)] unter Entbindung von der Verschwiegenheitspflicht, zu laden über die X-Bank [- Y-Sparkasse] als Zeuge/Zeugin]

Bei dem Kredit handelt es sich um einen Kredit, der bei rechtzeitiger Zahlung entsprechend zurückgeführt worden wäre. Zumindest stehen dem/der Kläger/-in nach § 288 Abs. 1 BGB Zinsen in Höhe von 5 Prozentpunkten über dem Basiszinssatz zu.
[Gegen die Übertragung der Sache auf den Einzelrichter bestehen Bedenken. ...... [*HIER folgen die Ausführungen, die die Bedenken tragen und unter § 348 a Abs. 1 Nr. 1 oder 2 ZPO zu subsumieren sind.*]

....
Rechtsanwalt/-wältin

Anmerkung

Zu den Streitwerten von LG bzw. AG siehe § 23 Nr. 1, § 71 Abs. 1 GVG. Die Zuständigkeit des Landgerichts beginnt bei Streitwerten über 5.000,– EUR.

Die Entscheidung durch die Kammer für Handelssachen beim Landgericht muss der Kläger bereits in der beim Landgericht eingereichten Klageschrift beantragen, § 96 Abs. 1 GVG. Weist der Geschäftsplan eines Landgerichts bestimmte Klagen besonderen Kammern zu, z. B. in Verkehrszivil-, Wettbewerbs-, Bau-, Versicherungs-, Arzthaftungs- oder Staatshaftungssachen, so sollte dies in der Klageschrift kenntlich gemacht werden, da die Annahmestelle des Landgerichts dies häufig nicht von sich aus erkennen kann und so zeitverzögernde Abgaben der Klage innerhalb des Gerichts vermieden werden. Eine Kurzbezeichnung des Streitgegenstandes ist nicht unbedingt nötig, es empfiehlt sich aber. Von der Rechtsgrundlage hängt bei manchen größeren Gerichten oft die gerichtsinterne, geschäftsplanmäßige Zuständigkeit ab. Diesbezügliche Unklarheiten können zu unliebsamen Verzögerungen führen.

Da die Sachanträge erst in der mündlichen Verhandlung gestellt werden (§§ 137 Abs. 1, 297 ZPO), sollte die Formulierung: »Ich beantrage, die Beklagte zu verurteilen.« vermieden werden. Es bieten sich als Möglichkeiten u. a. an:

> »Namens und in Vollmacht des Klägers werde ich beantragen,
> die Beklagte zu verurteilen, ...«

oder

> »Namens und in Vollmacht des Klägers erhebe ich Klage mit dem Antrage,
> die Beklagte zu verurteilen ......«

oder in direkter Rede

> »Namens und in Vollmacht des Klägers werde ich folgenden Antrag stellen:
> Der Beklagte wird verurteilt ......«

Die Klageschrift soll die **Angabe des Streitwerts** enthalten, wenn hiervon die sachliche Zuständigkeit des Gerichts abhängt und der Streitgegenstand nicht einen bestimmten Geldbetrag ausweist.

Ungenaue Angaben verzögern das Verfahren und können, wenn nicht mit Sicherheit festzustellen ist, gegen wen das Urteil ergehen soll, die Vollstreckung vereiteln.

Der Prozessbevollmächtigte des/der Beklagten sollte jedenfalls dann nicht in der Klage genannt werden, wenn durch ihre Erhebung eine Frist gewahrt werden soll, da die Vollmacht im Zeitpunkt des Eingangs der Klage bereits erloschen oder später möglicherweise nicht nachzuweisen sein könnte.

Ein vorsorglicher **Antrag auf Entscheidung nach Lage der Akten** wird in der Regel nicht schriftsätzlich angekündigt, sondern im Termin gestellt. Steht allerdings das Nichterscheinen schon vorher fest, so kann es sinnvoll sein, den Antrag zur Vorbereitung des Gerichts schon mit dem Schriftsatz anzukündigen. Für den Fall, dass das Gericht eine Entscheidung nach Lage der Akten ablehnt, ist der Hilfsantrag auf Erlass eines Versäumnisurteils ratsam, da es dann das Versäumnisurteil erlassen muss, ohne dass eine weitere mündliche Verhandlung erforderlich wird.

Die Klage wird erst nach **Einzahlung des Gerichtskostenvorschusses** (3 Gebühren nach GKG KV Nr. 1210) zugestellt, § 65 GKG.

Soweit **Anwaltszwang** besteht, ist – außer in Ehesachen – die Prozessvollmacht nur auf Verlangen vorzulegen, §§ 88 Abs. 1, 609 ZPO. In Ehesachen ist eine Spezialvollmacht erforderlich.

Die **Gerichtskosten** können durch Einzahlung bei der Gerichtkasse, Freistempler und in einigen Bundesländer noch mit auf die Klage geklebte Kostenmarken bei Einreichung der Klage entrichtet werden. Man kann aber auch auf die Zahlungsaufforderung der Gerichtskasse warten. Die Einreichung der Klage ohne gleichzeitige Einzahlung des Prozesskostenvorschusses ist, außer wenn eine Frist gewahrt werden soll, wegen der eintretenden Verzögerung meist nicht zweckmäßig, wenn nicht zugleich ein Antrag auf Bewilligung von Prozesskostenhilfe gestellt wird.

Über die Verpflichtung, die Prozesskosten zu tragen, hat das Gericht auch ohne Antrag zu entscheiden, § 308 Abs. 2 ZPO. Deswegen ist ein entsprechender Antrag überflüssig. Gleichwohl hat sich ein solcher Antrag eingebürgert. Auch die Auffassung, dass ein Kostenantrag deshalb nützlich sei, weil er bei übereinstimmender Erledigung der Hauptsache (§ 91 a ZPO) berücksichtigt werden könne, ist falsch. Auch für eine Entscheidung nach § 91 a ZPO gilt § 308 Abs. 2 ZPO (Egon Schneider, Die Klage im Zivilprozess, 1. Aufl. 2000, Rn 837). Ein Kostenantrag ist lediglich dann notwendig, sofern die Kosten zur Hauptsache geworden sind, z. B. bei Änderung der Klage auf den materiellen Kostenerstattungsanspruch (Egon Schneider a. a. O. Rn 836).

Ebenso entscheidet das Gericht auch von Amts wegen über die vorläufige Vollstreckbarkeit, so dass sich Anträge im Allgemeinen erübrigen. Allerdings hat der Gläubiger im Regelfall des § 709 ZPO vor der Zwangsvollstreckung eine Sicherheit zu leisten. Davon kann er aber auf besonderen Antrag unter den Voraussetzungen des § 710 ZPO befreit werden, wenn dies für ihn unbillig wäre. Dieser Antrag ist am besten schon in der Klageschrift zu stellen und auch zu begründen. Bei größeren Geldbeträgen sollte auch ein Antrag über die Art der Sicherheit gemäß § 108 ZPO gestellt werden, da es meist wirtschaftlicher ist, die Sicherheit durch eine Bankbürgschaft zu stellen, z. B.:

> »Außerdem beantrage ich,
> dem Kläger nachzulassen, im Falle eines der Klage stattgebenden Urteils, die Sicherheitsleistung durch unbefristete, selbstschuldnerische der X-Bank zu erbringen. [– und die Hinterlegungsstelle anzuweisen, diese Bürgschaft anzunehmen.]«

Der Satzteil »im Falle eines der Klage stattgebenden Urteils« kann auch weggelassen werden.

Hängt die Vollstreckung aus dem Urteil von einer vom Gläubiger obliegenden Sicherheitsleistung ab, so darf mit der Zwangsvollstreckung nur begonnen werden, wenn die Sicherheitsleistung durch Hinterlegung von Geld und Wertpapieren (siehe § 108 Abs. 1 ZPO) oder der in der Praxis immer mehr an Bedeutung gewinnenden Bankbürgschaft erbracht worden ist.

Gemäß § 108 Abs. 2 S. 2 ZPO ist die Sicherheitsleistung, soweit das Gericht eine Bestimmung nicht getroffen hat und die Parteien nichts anderes vereinbart haben, durch schriftliche, unwiderrufliche, unbedingte und unbefristete Bürgschaft eines im Inland zum Geschäftsbetrieb befugten Kreditinstitutes oder durch Hinterlegung von Geld oder Wertpapieren zu erbringen. Zu beachten ist, dass die Stellung der Sicherheitsleistung ausdrücklich auf die im Geltungsbereich der ZPO zum Geschäftsbetrieb befugten Kreditinstitute beschränkt ist.

Bei Zulassung der Bankbürgschaft durch das Gericht muss vor der Vollstreckung aus dem Urteil in der Regel eine öffentlich beglaubigte Abschrift der Bürgschaftserklärung dem Prozessgegner, bei Anwaltsvertretung dessen Anwalt, zugestellt werden. Die Bürgschaftsurkunde muss dem Sicherungsberechtigten in Urschrift zugehen oder gemäß § 132 ZPO vom Gerichtsvollzieher in beglaubigter Form zugestellt werden. Ist die Sicherheitsleistung durch Bürgschaft zugelassen und erhält die Bürgschaftserklärung die Bestimmung, dass sie mit der Rückgabe der Urkunde erlischt, so ist dem Gegner das Original der Bürgschaftsurkunde zuzustellen (§ 77 Nr. 3 GVG, Zöller § 108 ZPO Rn 11).

Wurde vom Gericht – was bei manchen Gerichten der Fall ist – die Hinterlegung der Bürgschaftsurkunde in Urschrift angeordnet, muss der Nachweis der Hinterlegung bei der Hinterlegungsstelle des Amtsgerichts erfolgen. Daneben muss eine öffentlich beglaubigte Abschrift der Bürgschaftsurkunde dem Prozessgegner zugestellt werden. Ob bei Anwaltsvertretung des Gegners eine Zustellung von Anwalt zu Anwalt ausreicht oder ob auch in diesem Fall die Zustellung per Gerichtsvollzieher erforderlich ist, ist streitig (Zustellung von Anwalt zu Anwalt ausreichend: LG Mannheim JurBüro 1989,72; a. A. BGH NJW 1979, 417 f.). Wer auf der sicheren Seite sein will, stellt auch dem gegnerischen Anwalt per Gerichtsvollzieher zu. Ist der Anlass zur Sicherheitsleistung entfallen, sollte die Bürgschaftsurkunde unverzüglich vom Gegner zurückgefordert werden (BGH NJW 1990, 2129).

Die Sicherheit soll den drohenden Schaden des Schuldners decken, denn vor Rechtskraft vollstreckt der Gläubiger auf eigene Gefahr. Wird das vorläufig vollstreckbare Urteil auf Rechtsmittel aufgehoben, schuldet der Gläubiger dem Schuldner auch ohne Verschulden den vollen Schadenersatz, § 717 Abs. 2 ZPO. Die Sicherheit des Gläubigers sichert aber auch dann noch den Schadenersatzanspruch des Schuldners aus § 717 Abs. 2 ZPO, wenn das Berufungsgericht die Berufung des Schuldners ohne Sicherheit vorläufig vollstreckbar zurückweist, solange dieses Urteil nicht rechtskräftig ist. Die Sicherheit ist zurückzugeben, sobald ihr Rechtsgrund wegfällt, spätestens wenn das Urteil rechtskräftig wird.

Zur **Rückgabe der Sicherheit** siehe Formular 1.A.02.#38.

Soweit besondere Anträge gestellt werden, das Urteil ohne Sicherheitsleistung für vorläufig vollstreckbar zu erklären (siehe Formular 1.A.01.#46), sollten diese bereits in der Klageschrift erfolgen. Die tatsächlichen Voraussetzungen müssen glaubhaft gemacht werden.

In zwei Fällen ist das Urteil für beide Parteien vorläufig vollstreckbar:

1. wenn die Klage nur einen Teilerfolg hat und die Kosten nach Quoten verteilt werden, § 92 Abs. 1 ZPO und
2. wenn auf Klage und Widerklage beide Parteien verurteilt werden.

Vorsorglich für den Fall, dass die Klage ganz oder teilweise abgewiesen und das Urteil hinsichtlich der Kosten zugunsten des/der obsiegenden Beklagten für vorläufig vollstreckbar erklärt werden könnte, ist ein hilfsweise gestellter Antrag für den Fall der Klageabweisung sinnvoll, dem Kläger zu gestatten, die Zwangsvollstreckung wegen der Kosten durch Sicherheitsleistung abzuwenden.

Für den Fall des Unterliegens kann der Kläger den **Schutzantrag nach § 712 ZPO** stellen, wobei die Glaubhaftmachung der tatsächlichen Voraussetzungen notwendig ist. Nach § 714 Abs. 1 ZPO kann der Antrag nur bis zum Schluss der mündlichen Verhandlung gestellt werden, dies geht noch in der Berufungsinstanz (Thomas/Putzo § 714 ZPO Rn 5).

Die vorläufige Vollstreckbarkeit eröffnet dem Gläubiger die Möglichkeit, aus dem Urteil schon vor Eintritt der formellen Rechtskraft zu vollstrecken. Dies bedeutet nicht nur Zeitgewinn, sondern auch wirtschaftliche Sicherung des Zugriffs auf das Vermögen des Schuldners und ist damit häufig auch ein probates Mittel gegen die Prozessverschleppung durch den Gegner.

Hilfsanträge dienen dazu, eine Rechtsfolge geltend zu machen, die für den Mandanten erst in zweiter Linie in Betracht kommt, wenn er mit dem Hauptziel im Prozess nicht durchdringt. Da das Gericht sich das Begehren des Klägers nicht aussuchen kann, ist deutlich zu machen, in welcher Reihenfolge über die Anträge entschieden werden soll:

»den Beklagten zu verurteilen:

1. ...... [*HIER Hauptantrag*]
2. hilfsweise ......
3. weiter hilfsweise ......«

Bei der Errechnung des Verzugsbeginns gemäß den §§ 286 Abs. 3, 288 Abs. 1 BGB ist, außer auf die §§ 187 Abs. 1, 188 Abs. 1 BGB, auch auf § 193 BGB zu achten. Endet die 30-tägige Frist des § 284 Abs. 3 BGB an einem Sonntag oder staatlich anerkannten Feiertag oder Sonnabend, so beginnt die Zinspflicht erst am nächsten Werktag. Weil Leistungsort für die Geldleistung in der Regel der Wohnort des Schuldners ist (siehe §§ 289 Abs. 1, 270 Abs. 4 BGB), kommt es darauf an, ob der 30. Tag nach Fälligkeit der Geldforderung und Zugang der Rechnung am Wohnsitz des Schuldners ein staatlich anerkannter allgemeiner Feiertag im Bundesland des Schuldners ist.

Wichtig ist auch, dass bei Übersendung einer Rechnung gegenüber einem Schuldner, der Verbraucher ist, die Verzugsregelung des § 286 Abs. 1 S. 1 1. Hlbs. BGB nur dann gilt, wenn der Verbraucher auf die Folgen des § 286 Abs. 3 S. 1 1. Hlbs. BGB besonders hingewiesen worden ist.

Weil Rechnungen zumeist nicht per Einschreiben/Rückschein oder gegen Empfangsbestätigung übersandt werden, ist es ratsam, zu den Voraussetzungen des § 286 Abs. 3 S. 2 BGB schon in der Klage hinzuweisen, sofern Zinsen entsprechend der Regelung des § 286 Abs. 3 S. 1 BGB gefordert werden. Weil der Schuldner die Gegenleistung regelmäßig vor dem Zugang der Rechnung erhalten hat, wird er, sofern er den Zeitpunkt des Zugangs der Rechnung bestreitet, mit diesem Bestreiten aufgrund des Vortrags zum Zeitpunkt des Empfangs der Gegenleistung den Zeitpunkt der Verzinsungspflicht vorverlegen. Damit ist allemal auf Grundlage der gemäß § 286 Abs. 3 S. 1 BGB begehrten Zinsen auszuurteilen. Dem Kläger bleibt es trotzdem unbenommen, den aus § 286 Abs. 3 S. 2 BGB entnommenen Verzugszeitpunkt zum Gegenstand eines Hilfsantrages zu machen, um so dem Beklagten die Folgen seine möglicherweise beabsichtigten Bestreitens des Zugangs der Rechnung deutlich zu machen.

Der Verzugszinssatz beträgt gemäß § 288 Abs. 1 BGB grundsätzlich 5 Prozentpunkte über dem Basiszinssatz pro Jahr. Bei Rechtsgeschäften an denen ein Verbraucher nicht beteiligt ist, erhöht sich der Zinssatz für Entgeltzahlungen auf 8 Prozentpunkte über dem Basiszinssatz,

§ 288 Abs. 2 BGB. Bei der Abgrenzung kommt es nicht darauf an, ob der Verbraucher oder der Unternehmer wegen Entgeltzahlung in Verzug geraten ist. Gerät also ein Unternehmer gegenüber einem Verbraucher in Verzug, so belaufen sich die gesetzlichen Zinsen ebenfalls nur auf 5 Prozentpunkte über dem Basiszinssatz.

Nach § 288 Abs. 1 S. 2 BGB ist eine Geldschuld während des Verzugs für das Jahr mit 5 Prozentpunkten über dem jeweiligen Basiszinssatz zu verzinsen. Eine Definition des Basiszinssatzes enthält § 247 BGB. Er verändert sich zum 1. Januar und zum 1. Juli eines Jahres gemäß § 247 Abs. 1 BGB. Die Deutsche Bundesbank gibt den geltenden Basiszinssatz unverzüglich nach diesen genannten Zeitpunkten im Bundesanzeiger bekannt, § 247 Abs. 2 BGB.

Der Basiszinssatz kann am besten (weil dort die sorgfältigste Auskunft erfolgt) bei der Landeszentralbank telefonisch erfragt werden, um den jeweils gültigen gesetzlichen Verzugszinssatz zu errechnen.

Auch der gesetzliche Zinssatz – bei Vorliegen eines Handelsgeschäftes (§§ 352, 343 HGB) – ist dementsprechend angepasst worden.

Zum Beleg des über den gesetzlichen Zins hinausgehenden Zinsanspruches sollte bereits in der Klageschrift und nicht erst auf Bestreiten des Beklagten eine Zinsbescheinigung der Bank eingereicht werden. Nach der Rechtsprechung des Bundesgerichtshofes (BGH NJW 1984, 371) braucht der Zahlungsverzug des Schuldners nicht für die Kreditaufnahme ursächlich sein. Es reicht aus, eine Kreditaufnahme in Höhe der Klageforderung darzulegen. Wenn der Beklagte bestreitet, ist jedenfalls bei Nichtkaufleuten, eine nähere Darlegung erforderlich (BGH NJW-RR 1991, 1406).

Die Benennung des zuständigen Banksachbearbeiters bzw. Sparkassenangestellten unter Entbindung von der Verschwiegenheitspflicht in der Klageschrift bei Geltendmachung von Zinsen über den gesetzlichen Verzugszinssatz des § 288 Abs. 1 BGB ist deshalb ratsam, weil häufig vom Klagegegner die Richtigkeit der Zinsbestätigung in der Zinsbescheinigung mit Nichtwissen bestritten wird und spätere Ergänzungen des Beweisangebotes oft vergessen werden.

Schon in der Klage sollte der über den gesetzlichen Zinssatz hinausgehende Zinsanspruch durch eine **Zinsbescheinigung** der Bank nachgewiesen werden und nicht erst auf ein Bestreiten vom Beklagten abgewartet werden. Die Zinsbescheinigung sollte deshalb zur Vorbereitung der Klage vom Mandanten angefordert werden:

»[*HIER Ort, Datum*]

An ......
[*HIER Anschrift*]

Betr.: Anforderung Zinsbescheinigung

Sehr geehrte(r) Herr/Frau ......,

um den Beweis zu erbringen, dass Zinsen in einem Prozess geltend zu machenden Umfang bei Ihnen tatsächlich angefallen sind, muss ein entsprechender Nachweis erbracht werden.

Aus diesem Grunde bitte ich Sie zu veranlassen, dass Ihre Bank eine entsprechende schriftliche Bestätigung ausstellt. Hierbei genügt es, dass in dieser nur der im Prozess verlangte Forderungsbetrag und der im Klageantrag erwähnte Zinszeitraum abgedeckt ist.

Bitten Sie Ihr Kreditinstitut, Ihnen zur Vorlage bei Gericht zu bestätigen, dass Sie einen Kredit von mindestens ...... EUR seit dem ...... in Anspruch genommen haben, für den Ihnen seit dem genannten Zeitraum ...... % Zinsen berechnet werden.

Am günstigsten wäre es, wenn Sie Ihre Bank bitten würden, die – an Sie adressierte – Bescheinigung gleich an meine Kanzlei zu senden.

....

Rechtsanwalt/-wältin«

Da die Zinsbescheinigung einer Privatbank als Privaturkunde nach § 416 ZPO nur den Beweis dafür erbringt, dass der Aussteller jene Erklärung abgegeben hat, muss der Kläger für den Fall, dass der Beklagte die inhaltliche Richtigkeit der Bankbescheinigung bestreiten sollte, etwa das Zeugnis des Banksachbearbeiters als Beweis anbieten, da er ansonsten beweisfällig bleibt.

Achtung:
Sicherheitshalber sollte für den Fall, dass der Verzug oder der geltend gemachte Kreditzins nicht bewiesen werden kann, hilfsweise die Verzinsung in gesetzlicher Höhe seit Klagezustellung beantragt werden (siehe §§ 291, 288 Abs. 1 BGB).

Ist der Anwalt des Klägers sich sicher, dass die gemachten Ausführungen ausreichen, kann er auf eine weitere Darlegung verzichten und sich aber dadurch absichern, dass er das Gericht um eine entsprechenden Hinweis bittet, falls es weitere Ausführungen für erforderlich hält:

»Um den Inhalt der Akte nicht noch weiter zu belasten, sehe ich von einer Schilderung der weiteren Einzelheiten zu diesem Sachverhaltspunkt ab. Ich bitte ausdrücklich um einen Hinweis nach § 139 ZPO, falls das Gericht zur Substantiierung des Sachvortrages dennoch eine nähere Darlegung in tatsächlicher Hinsicht für notwendig hält. In diesem Fall werde ich noch weitere Einzelheiten ausführlich vortragen.«

Nach § 139 Abs. 2 ZPO darf das Gericht auf einen Gesichtspunkt, den eine Partei erkennbar übersehen oder für unerheblich gehalten hat, soweit hiervon nicht nur eine Nebenforderung betroffen ist, seine Entscheidung nur stützen, wenn es hierauf hingewiesen und die Gelegenheit zur Äußerung gegeben hat. Dasselbe gilt für einen Gesichtspunkt, den das Gericht anders beurteilt als beide Parteien. Da das Gericht in vielen Fällen gar nicht erkennen kann, wie ein bestimmter Gesichtspunkt beurteilt wird, sollte in diese Hinweispflicht nicht allzu viel Vertrauen gesetzt werden.

Die Fälle der rechtlichen Wertung, in denen das Gericht eine Rechtsfolge anders beurteilt als eine der beteiligten Parteien, ist ausdrücklich von der gerichtlichen Hinweispflicht ausgenommen worden. Auch ist das Gericht nicht verpflichtet, etwa auf die Geltendmachung der Einrede der Verjährung oder eines Zurückbehaltungsrechtes hinzuwirken, wenn die hiervon betroffene Partei diese Verteidigungsmittel nicht von sich aus in den Prozess einführt.

Nach § 139 Abs. 5 ZPO soll einer Partei, der eine sofortige Erklärung zu einem gerichtlichen Hinweis nicht möglich ist, eine Frist bestimmt werden, in der sie die Erklärung in einem Schriftsatz nachbringen kann. Aus diesem Grunde sollte auf einen Hinweis des Gerichts in der mündlichen Verhandlung Schriftsatznachlass beantragt werden, unter der Darlegung, dass eine sofortige Erklärung nicht möglich ist. Soweit die fristgerecht nach Schluss der mündlichen Verhandlung nachgebrachte Erklärung in dem von dem Hinweis gesetzten Rahmen neue Angriffs- und Verteidigungsmittel enthält, sind diese zu berücksichtigen.

Die Klageschrift sollte die Einwendungen der Gegenseite aus der vorgerichtlichen Korrespondenz nicht enthalten, denn wegen der selbst vom Kläger vorgetragenen Einwendungen und

Einreden des Beklagten könnte die Möglichkeit eines Versäumnisurteils gegen diesen zunichte gemacht werden, weil die Gefahr besteht, dass die Klage durch Darstellung der Einwendungen des Beklagten unschlüssig wird. Auch zu nur denkbaren Einwendungen und Einreden sollte nicht vorab Stellung genommen werden.

Keinesfalls sollten die vorprozessual von der Gegenseite erhobenen Einwendungen oder Einreden wie Anfechtung, Rücktritt, Verjährung etc. enthalten sein, da die Möglichkeit besteht, dass der Beklagte

- diese vorprozessualen Einwendungen nicht vorträgt,
- verspätet vorträgt mit der Folge der Zurückweisung,
- zum Termin nicht erscheint, so dass ein Versäumnisurteil beantragt werden kann.

Sofern die Gegenseite in der vorgerichtlichen Korrespondenz einen abweichenden Vortrag gemacht hat, welcher den Klageantrag aus anderen Gründen stützt, so sollte ein solcher Sachvortrag in der Klageschrift als Hilfsvorbringen genutzt werden.

Büromäßige Behandlung:
Mindestens viermal ist die Klageschrift zu fertigen. Sie ist beim Gericht als handschriftlich unterzeichnete Urschrift mit anwaltlich beglaubigter Abschrift für den Beklagten einzureichen. Die Urschrift kommt zur Gerichtsakte, der Beklagte erhält die beglaubigte Abschrift. Für jeden weiteren Beklagten hat der Kläger eine weitere beglaubigte Abschrift beizufügen, die dem Beklagten gemäß § 271 ZPO zugestellt wird, § 253 ZPO. Ferner ist für die Handakten und für die eigene Partei je eine einfache Abschrift erforderlich, für jeden weiteren Mandanten, für einen etwaigen Korrespondenzanwalt. In Anwaltsprozessen ist es üblich, außer den beglaubigten Abschriften jeweils eine einfache Abschrift beizufügen.

Auch die **Anlagen zur Klageschrift** sind in der erforderlichen Anzahl beizufügen, es sei denn sie liegen dem Gegner schon in Urschrift oder in Abschrift vor, § 131 Abs. 1 ZPO.

Die Gerichtsgebühr wird, besonders in Eilfällen, am besten sofort gezahlt. In den Gerichtsgebühren sind Zustellungskosten enthalten, so dass bei einer Anzahl von maximal 9 Zustellungen keine zusätzlichen Zustellungskosten anfallen.

Der Antrag auf **Erteilung einer Vollstreckungsklausel** kann bereits mit Einreichung der Klageschrift gestellt werden, um unnötig Wartezeiten bei der Vollstreckung zu vermeiden (sog. **Blitzklausel**). Beispiel:

> »Des Weiteren wird beantragt,
> nach Erlass des Urteils eine vollstreckbare Ausfertigung der Entscheidung zu erteilen.«

Nach Urteilsverkündung kann diese dann sofort auf der Geschäftsstelle abgeholt und zugestellt werden.

Die Äußerung in der Klageschrift, ob die Zivilkammer, sofern die originäre Zuständigkeit des Einzelrichters gemäß § 348 Abs. 1 ZPO nicht begründet ist, die Sache durch Beschluss einem ihrer Mitglieder als Einzelrichter übertragen sollte (§ 348 a ZPO), gehört nicht zu den zwingenden Erfordernissen des § 253 Abs. 2 ZPO.

Gemäß § 348 Abs. 3 ZPO legt der Einzelrichter den Rechtsstreit der Zivilkammer »zur Entscheidung über eine Übernahme vor, wenn

1. die Sache besondere Schwierigkeiten tatsächlicher oder rechtlicher Art aufweist,
2. die Rechtssache grundsätzliche Bedeutung hat oder
3. die Parteien dies übereinstimmend beantragen.«

Die Parteien haben zwar die Möglichkeit, nach § 348 Abs. 3 Nr. 3 ZPO übereinstimmend die Übertragung des Rechtsstreits auf die Zivilkammer zu beantragen. Es sollten die Gründe in der Begründung dargelegt werden.

Die Zivilkammer ist zur Übernahme des Rechtsstreits dennoch nur dann verpflichtet, wenn einer der beiden anderen Ausnahmetatbestände der Nr. 1, Nr. 2 vorliegt.

Auf eine erfolgte oder unterlassene Vorlage oder Übernahme kann ein Rechtsmittel nicht gestützt werden, § 348 Abs. 4 ZPO.

Eine Erklärung zur Übertragung der Sache durch die Zivilkammer auf den Einzelrichter gemäß § 348 a ZPO vor der Begründung der Klage mit den Worten

> »Mit einer Entscheidung der Sache durch den Einzelrichter ist der Kläger einverstanden.«

ist nur dann notwendig, wenn dieser ein Richter auf Probe ist oder sofern es sich um eine Spezialkammer handelt, der im Geschäftsverteilungsplan Streitigkeiten aus den in § 348 Abs. 1 Nr. 2 ZPO genannten Sachgebieten zugewiesen sind.

Bei der Kammer für Handelssachen des Landgerichts kann nur bei Einverständnis beider Parteien der Vorsitzende an Stelle der Kammer entscheiden, siehe § 349 Abs. 3 ZPO. Es kann zwar schon in der Klageschrift erklärt werden. Da dieses Einverständnis aber unwiderruflich ist, sollte es nur dann abgegeben werden, sofern der Prozessverlauf für die Partei gut einzuschätzen ist.

Achtung:
Der Schuldner gerät in Verzug, wenn der Gläubiger nach Eintritt der Fälligkeit mahnt und diese Mahnung erfolglos bleibt (§ 286 Abs. 1 BGB) und dass der Schuldner nicht in Verzug gerät, solange die Leistung infolge eines Umstandes zu vertreten hat, den er nicht zu vertreten hat, § 286 Abs. 4 BGB. Dieser Grundsatz gilt uneingeschränkt auch für Geldforderungen, so dass auch schon vor Ablauf der 30-Tagesfrist Verzug des Schuldners eintreten kann. Die 30-Tage-Regelung gilt nur für Entgeltforderungen, somit erfasst sie nicht alle Geldforderungen.

Die 30-Tage-Regelung gilt nach § 286 Abs. 3 BGB gegenüber einem Verbraucher nur dann, wenn er auf die Folgen der Nichtzahlung in der Rechnung oder Zahlungsaufstellung hingewiesen worden ist.

Gemäß § 278 Abs. 2 ZPO geht der mündlichen Verhandlung zum Zwecke der Beilegung des Rechtsstreits grundsätzlich eine Güteverhandlung voraus. Dieser Grundsatz soll nur dann nicht gelten, wenn die Güteverhandlung keinen Erfolg verspricht, weil bereits entweder ein Einigungsversuch vor einer eine außergerichtlichen Gütestelle stattgefunden hat oder die Güteverhandlung erkennbar aussichtslos erscheint. In den letztgenannten Fällen ist die Anberaumung einer Güteverhandlung allein in das Ermessen des Gerichts gestellt.

Achtung:
Sofern man eine Verzögerung des Verfahrens sowie einen erhöhten Aufwand durch einen gesonderten Gütetermin ohne unmittelbar sich anschließende Verhandlung vermeiden will, sollte der Anwalt dem Gericht – am besten nach Übereinstimmung mit der Gegenpartei nach vorheriger Absprache – dem Gericht mitteilen, dass außergerichtliche Vergleichsverhandlungen gescheitert bzw. ein Prozessvergleich in keinem Fall in Frage kommt. Sollte die Partei hingegen einen Gütetermin beantragen, so wird dies zumeist die Folge haben, dass eine Güteverhandlung im Zweifel erkennbar nicht mehr als aussichtslos erscheint und infolgedessen durchzuführen ist (BT-Dr. 14/6036 Seite 121).

Kosten u. Gebühren:
Streitwert:
§ 12 Abs. 1 GKG, §§ 3, 4 ZPO.
Gerichtskosten:
3,0 Verfahrensgebühren nach GKG KV Nr. 1210; die Gebühren können sich unter den Voraussetzungen des KV Nr. 1211 des GKG auf eine 1,0 Gebühr ermäßigen.

Drei volle Gebühren, GKG Anl.1 KV Nr. 1210. Die Klage wird erst nach Einzahlung des Gerichtskostenvorschusses zugestellt, § 65 GKG. Der Gerichtskostenvorschuss kann bei der Gerichtskasse, die den Empfang der Klageschrift quittiert, eingezahlt werden oder in einigen Bundesländern können noch Gerichtskostenmarken entrichtet werden.

Der Anwalt kann aber auch die Klage einreichen und warten, bis die Gerichtskasse den Gerichtskostenvorschuss für die eingereichte Klage anfordert. Bis zum Eingang der Gebühren wird die Klage dem Richter (Vorsitzenden) nicht vorgelegt. Nach 6 Monaten wird die Akte weggelegt (Aktenordnung).

Ausnahmen finden sich in § 65 Abs. 7 GKG: u. a. Bewilligung von Prozesskostenhilfe, Kostenfreiheit des Klägers (z. B. Bund oder Land, § 2 GKG), Absehen durch das Gericht.

Rechtsanwaltsgebühren:

Regelgebühren nach § 31 BRAGO; sofern für die außergerichtliche Tätigkeit Gebühren nach § 118 BRAGO angefallen sind, ist die Geschäftsgebühr nach § 118 Abs. 1 Nr. 1 BRAGO auf die Prozessgebühr anzurechnen, § 118 Abs. 2 S. 1 BRAGO.

10/10 Prozessgebühr: § 31 Abs. 1 Nr. 1 BRAGO. Die Prozessgebühr umfasst die gesamte Tätigkeit innerhalb des Rechtszuges, § 13 BRAGO. Als weitere Gebühren können in demselben Rechtszug die Verhandlungsgebühr, die Beweisgebühr und die Erörterungsgebühr, die auf eine Verhandlungsgebühr anzurechnen ist, entstehen, § 31 Abs. 1 Nr. 1–4 BRAGO.

Der Rechtsanwalt kann für die entstandenen und voraussichtlich entstehenden Gebühren und Auslagen einen angemessenen Vorschuss fordern, § 17 BRAGO.

#02 (Zahlungs-)Antrag für mehrere Kläger und/oder gegen mehrere Beklagte

[*HIER Ort, Datum*]

An das
Amtsgericht [- Landgericht] [- Landgericht, Kammer für Handelssachen]
[*HIER Anschrift*]

Klage

1. des/der ...... [*HIER Vorname, Name, Anschrift*]

- Klägers/-in zu 1), -

2. des/der ...... [*HIER Vorname, Name, Anschrift*]

- Klägers/-in zu 2), -

Prozessbevollmächtigte(r): Rechtsanwalt/-wältin ...... *[HIER Vorname, Name, Anschrift]*

gegen

1. den/die ...... *[HIER Vorname, Name, Anschrift]*

- Beklagte(n) zu 1), -

2. den/die ...... *[HIER Vorname, Name, Anschrift]*

- Beklagte(n) zu 2), -

Prozessbevollmächtigte(r): Rechtsanwalt/-wältin ...... *[HIER Vorname, Name, Anschrift]*

wegen ......

Streitwert: ...... EUR [- vorläufig geschätzt mit ...... EUR]

Namens und mit Vollmacht der Kläger erhebe ich Klage und werde beantragen,

1. die Beklagten - als Gesamtschuldner - zu verurteilen, an die Kläger [- zu Händen des/der ...... -] ...... EUR nebst ......% Zinsen über dem Basiszinssatz seit dem ...... 20.. zu zahlen.
2. den Beklagten die Kosten des Rechtsstreits - als Gesamtschuldner - aufzuerlegen.
3. *[HIER weitere Anträge]*

Begründung:

[HIER weitere Ausführung]

....
Rechtsanwalt/-wältin

Anmerkung

Mehrere Kläger und Beklagte werden üblicherweise unter 1., 2., 3. usw. aufgeführt.

Die **gesamtschuldnerische Haftung** muss ausdrücklich beantragt werden, sonst ergibt sich nur eine Haftung nach Kopfteilen.

Die Angabe eines einzelnen **Empfangsberechtigten** oder einer Stelle, an die gezahlt werden soll (etwa an eine Bank oder auf ein bestimmtes Konto) ist zweckmäßig.

Die gesamtschuldnerische Haftung für die **Kosten** tritt dann ein, wenn die Beklagten als Gesamtschuldner zur Zahlung verurteilt werden. Gleichwohl ist der ausdrückliche Antrag schon für den Fall einer **isolierten Kostenentscheidung** zweckmäßig.

Büromäßige Behandlung:

Siehe Formular 1.A.01.#01.

Kosten:

Wie Formular 1.A.01.#01.

#03 Teilklage

[*HIER Ort, Datum*]

An das
Amtsgericht [- Landgericht]
[*HIER Anschrift*]

Klage
des/der ...... [*HIER Vorname, Name, Anschrift*]

- Klägers/-in, -

Prozessbevollmächtigte(r): Rechtsanwalt/-wältin ...... [*HIER Vorname, Name, Anschrift*]

gegen

den/die ...... [*HIER Vorname, Name, Anschrift*]

- Beklagte(n), -

Prozessbevollmächtigte(r): Rechtsanwalt/-wältin ...... [*HIER Vorname, Name, Anschrift*]

wegen Schadenersatzes.

Streitwert: ...... EUR [- vorläufig geschätzt mit ...... EUR]

Namens und mit Vollmacht des/der Klägers/-in erhebe ich Klage und werde beantragen,

1. den Beklagten zu verurteilen, an den/die Kläger/-in ...... EUR nebst ......% Zinsen seit dem ...... zu zahlen.
2. dem Beklagten die Kosten des Rechtsstreits aufzuerlegen,
3. das Urteil für vorläufig vollstreckbar zu erklären.

Begründung:

[*HIER Tatsachenvortrag, aus dem sich die Gesamtheit der Forderungen ergibt; dazu folgende beispielhafte Aufstellung:*

Der Beklagte hat den Kläger grundlos angegriffen, indem er den Kläger vom Fahrrad stieß. Der Kläger hat sich dabei erheblich verletzt und musste sich in ärztliche Behandlung begeben.

Dem Kläger sind aus dem Unfall folgende Schäden entstanden:

1. Fahrradreparaturkosten	*180,00 EUR*
2. Schadenersatz für beschädigte Hose	*80,00 EUR*
3. Ärztliche Behandlungskosten	*90,00 EUR*
4. Schmerzensgeld	*150,00 EUR*
	500,00 EUR]

Der Kläger begehrt mit der Klage aus Kostengründen zunächst 50 % der Schäden. Er verlangt somit zunächst nur 250,- EUR. In erster Linie macht er die Fahrradreparaturkosten, danach den Schadenersatz für die beschädigte Hose, dann die ärztlichen Behandlungskosten und zuletzt das Schmerzensgeld geltend.

....
Rechtsanwalt/-wältin

Anmerkung

Für den **Streitwert** ist die eingeklagte Summe maßgeblich. Beträgt er mehr als 5.000,–EUR ist das Landgericht zuständig, § 23 Nr. 1 GVG. Im vorliegenden Beispiel einer Teilklage werden 500,–EUR geltend gemacht.

Die **Höhe der Schäden** muss näher begründet und entsprechender Beweis dafür angetreten werden. Die Teilklage empfiehlt sich, falls ungewiss ist, ob der Kläger seinen Anspruch gegen den Schadenverursacher realisieren kann. Durch die teilweise Geltendmachung des Anspruchs kann daher das Kostenrisiko gemindert werden. Bei einer zusammengesetzten Forderung ist genau zu bestimmen, welcher Teilbetrag jeweils geltend gemacht wird.

Mit einer Teilklage kann nicht nur das Kostenrisiko vermindert, sondern auch die Zuständigkeit des Amtsgerichts erreicht werden. Der Anspruch kann beim Amtsgericht am Wohnsitz des Beklagten geltend gemacht werden.

Bei einer Teilklage aufgrund verschiedener Schadensposten ist die Aufteilung oder Eventualstellung erforderlich, da ansonsten der Antrag zu unbestimmt ist (BGH NJW 1990, 2068). Dazu müssen die einzelnen Positionen jeweils anteilig geltend gemacht werden, weil sonst die ganze Klagesumme durch eine berechtigte hohe Position erreicht wird. Werden mit der Teilklage mehrere prozessual selbstständige Ansprüche geltend gemacht, so ist dem Erfordernis des § 253 Abs. 2 Nr. 2 ZPO nur Genüge getan, wenn der Kläger die Reihenfolge angibt, in welcher das Gericht diese Ansprüche prüfen soll.

Der Kläger und sein Prozessbevollmächtigter müssen sich aber über die Gefahren der Teilklage im klaren sein, die besonders unter dem zwei Gesichtspunkten drohen, der Verjährung der Restforderung sowie der negativen Feststellungsklage:

Zu beachten ist, dass die Teilklage die Verjährung nur hinsichtlich des eingeklagten Teils der Forderung hemmt. Die Teilklage schafft keine Rechtskraft hinsichtlich des Gesamtanspruches und hemmt hinsichtlich des nichteingeklagten Betrages nicht die Verjährung und die Ausschlussfristen. Die Verjährung zu verhindern ist aber Pflicht des Anwaltes. Zur Vermeidung, dass die restliche Forderung verjährt, ist ein zusätzlicher Mahnbescheid über die restliche Forderung (siehe § 204 Abs. 1 Nr. 3 BGB), oder eine Vereinbarung mit dem Prozessgegner, dass dieser sich nicht auf die Verjährung beruft, erforderlich. Es kann aber auch an eine Erweiterung der Klage oder der Erhebung einer neuen Klage wegen des Restes gedacht werden.

Bei einer Teilklage aufgrund verschiedener Schadensposten kann man mit der Gegenseite vereinbaren, dass Teilbeträge der einzelnen Schadensposten eingeklagt werden und dass die Entscheidung für alle Positionen dem Grunde nach gilt; dazu muss man dann noch sinnvollerweise Abreden wegen der Einrede der Verjährung treffen.

Der vorsichtige Rechtsanwalt wird zu seiner eigenen Entlastung den Mandanten möglichst schriftlich über die Möglichkeit der Verjährung bei der Teilklage belehren, ebenso wie über die Möglichkeit einer negativen Feststellungsklage.

Durch den Antrag auf Einleitung des Streitverfahrens bei einem Mahnbescheid oder durch Erhebung einer negativen Feststellungsklage im Wege der Widerklage kann der Beklagte die restliche Forderung zum Prozess bringen. Da der Beklagte befürchten muss, dass der Kläger, wenn er mit seiner Teilforderung unterliegt, später in neuen Klagen weitere Teilforderungen gegen ihn geltend macht, kann er im Wege der Widerklage negative Feststellungsklage erheben, um ein für allemal zu klären, dass die gesamte Forderung des Klägers nicht begründet ist. Das Risiko des Beklagten liegt aber darin, dass im Falle der Widerklage nunmehr festgestellt ist, dass dem Kläger über seinen geltend gemachten Anspruch ein hinausgehender Anspruch zusteht.

Mit der negativen Feststellungsklage beantragt der Beklagte die Festsstellung, dass dem Kläger der mit einem Teilbetrag geltend gemachte Gesamtanspruch überhaupt nicht zusteht. Der Beklagte hat es in der Hand, dass der volle Anspruch zum Gegenstand des Prozesses wird. Dann entsteht der volle Streitwert und damit wieder das volle Prozess- und Kostenrisiko. Wegen des höheren Streitwertes müsste dann eine Verweisung an das zuständige Landgericht beantragt werden. Vom Beklagten kann die Zuständigkeit des Gerichtes nach der Höhe des Gesamtanspruches geltend gemacht werden.

Wegen dieser Unwägbarkeiten und Unsicherheiten, ist die Möglichkeit einer Teilklage nur in Ausnahmefällen zu empfehlen. Zu bedenken ist auch, dass der Anwalt wegen des niedrigeren Streitwertes auf Gebühren verzichtet, die ihm nach der auf den Streitwert ausgerichteten Gebührensystematik zustehen.

Will der Anwalt des Beklagten in dem Prozess auch den Schaden einklagen, den seine Partei erlitten hat, so sollte dies im Wege der Widerklage geschehen:

»Ich beantrage, die Klage abzuweisen.

Des Weiteren erhebe ich Widerklage mit dem Antrag, den
Kläger zu verurteilen, an den Beklagten EUR ...... nebst ......% Zinsen seit dem ...... zu zahlen.«

Nicht zu empfehlen ist dem Anwalt des Beklagten, den Schadenersatzanspruch seiner Partei hilfsweise zur Aufrechnung gegenüber der Klageforderung zu stellen. Die Aufrechnung verschafft dem Beklagten keinen Vollstreckungstitel gegen den Kläger. Zudem wird z. B. im Straßenverkehrsfall die Abrechnung mit den hinter den Parteien stehenden Verkehrshaftpflichtversicherungen sehr unübersichtlich.

Kosten u. Gebühren:

Gerichtskosten und Rechtsanwaltsgebühren entstehen nur auf die eingeklagte Teilforderung. Wird in einem zweiten Prozess die Restforderung geltend gemacht, entstehen mehr Kosten, als wenn der Kläger lediglich einen Prozess geführt hätte.

#04 Klage auf Unterlassung

[*HIER Ort, Datum*]

An das
Amtsgericht [- Landgericht]
[*HIER Anschrift*]

Klage
des/der ...... [*HIER Vorname, Name, Anschrift*]

– Klägers/-in, –

Prozessbevollmächtigte(r): Rechtsanwalt/-wältin ...... [*HIER Vorname, Name, Anschrift*]

gegen

den/die ...... [*HIER Vorname, Name, Anschrift*]

– Beklagte(n), –

Prozessbevollmächtigte(r): Rechtsanwalt/-wältin ...... [*HIER Vorname, Name, Anschrift*]

wegen Unterlassung.

Streitwert: ...... EUR [– vorläufig geschätzt mit ...... EUR]

Namens und mit Vollmacht des/der Klägers/-in erhebe ich Klage und werde beantragen,

1. Der/Die Beklagte wird verurteilt, es zu unterlassen, ...
2. Für jeden Fall der Zuwiderhandlung wird ein Ordnungsgeld [bis zu ...... z. B. 2.500,– EUR] oder Ordnungshaft [bis zu ...... z. B. 10 Tagen] angedroht.

[oder]

den/die Beklagte(n) zu verurteilen, bei Vermeidung eines Ordnungsgeldes bis zu 250.000,-EUR oder Ordnungshaft bis zu 6 Monaten die Zuführung von Rauch und Ruß auf das Grundstück des Klägers, Grundbuch von ...... [Ort], Band ......, Blatt ......, insoweit zu unterlassen, als dieser die Benutzung des Grundstückes wesentlich beeinträchtigt und dadurch eine Benutzung des Grundstückes herbeigeführt wird, die nach den örtlichen Verhältnissen in ...... [Ort] ungewöhnlich ist.

Begründung:

...... [*HIER folgt die nähere Ausführung: Bei Immissionen muss der Kläger die Beeinträchtigung seines Eigentums darlegen, die nicht unwesentlich i. S. d. § 906 Abs. 1 ZPO sein darf. Außerdem muss die Wiederholungsgefahr dargelegt werden, die allerdings bei mehrfachen Störungen zu vermuten ist (Palandt § 1004 BGB Rn 29).*

Auch sollte vor Klageeinreichung eine vergebliche Abmahnung des Beklagten erfolgt sein, da dies die Wiederholungsgefahr verdeutlicht und § 93 ZPO ausgeschlossen wird.]

....
Rechtsanwalt/-wältin

Anmerkung

Die **sachliche Zuständigkeit** von Amts- bzw. Landgericht hängt vom Streitwert ab.

Das Einhalten des Bestimmtheitsgebotes des § 253 Abs. 2 Nr. 2 ZPO beim Klageantrag ist bei Unterlassungsklagen besonders zu beachten; dies gilt insbesondere bei Klagen im Presse- und Wettbewerbsrecht. Bei Unterlassungsklagen gegen Immissionen ist die Rechtssprechung in Bezug auf die Beschreibung des Maßes unzulässiger Beeinträchtigungen großzügiger (siehe BGH NJW 1993, 1656). Es sind hier Klageanträge mit dem Gebot, allgemein Störungen bestimmter Art, etwa Gerüche oder Geräusche, zu unterlassen, zulässig.

Die **Vollstreckung** aus einem Unterlassungsurteil erfolgt nach § 890 ZPO. Wegen § 890 Abs. 2 ZPO ist es zweckmäßig den Klageantrag mit den Antrag auf Androhung der Verurteilung zu **Ordnungsgeld/Ordnungshaft** zu verbinden, da dann die Androhung zugleich im Urteil ausgesprochen werden kann. Die Ordnungshaft kann sowohl als Ersatzordnungsmittel, aber auch als primäres Ordnungsmittel in Betracht kommen. Nicht erforderlich, aber sinnvoll ist es, den Ordnungsgeldbetrag zu beziffern bzw. die Ordnungshaft zeitlich einzugrenzen:

»...... den Beklagten zu verurteilen, es zu unterlassen ...... und für jeden Fall der Zuwiderhandlung die Verhängung eines Ordnungsgeldes in Höhe von ...... EUR zu verhängen und für den Fall, dass das Ordnungsgeld nicht beigetrieben werden kann, eine Ordnungshaft bis zu ...... Monat(en) anzudrohen.«

Ist ein Antrag auf Androhung noch nicht im Klageantrag gestellt worden, so ist nach Anhörung des Schuldners ein besonders zu beantragender Beschluss des Prozessgerichts erster Instanz notwendig, der dem Schuldner erneut zugestellt werden muss (Zöller § 890 ZPO Rn 12).

#05 Stufenklage § 254 ZPO

[*HIER Ort, Datum*]

An das
Amtsgericht [- Landgericht] [- Landgericht, Kammer für Handelssachen]
[*HIER Anschrift*]

Klage

des/der ...... [*HIER Vorname, Name, Anschrift*]

- Klägers/-in, -

Prozessbevollmächtigte(r): Rechtsanwalt/-wältin ...... [*HIER Vorname, Name, Anschrift*]

gegen

den/die ...... [*HIER Vorname, Name, Anschrift*]

- Beklagte(n), -

Prozessbevollmächtigte(r): Rechtsanwalt/-wältin ...... [*HIER Vorname, Name, Anschrift*]

wegen ......
- Rechnungslegung -
- Eidesstattliche Versicherung
- Zahlung

Streitwert: ...... EUR [- vorläufig geschätzt mit ...... EUR]

Namens und mit Vollmacht des/der Klägers/-in erhebe ich Klage und werde beantragen,

1. den Beklagten zu verurteilen,
   a) den/die Kläger/-in über die Verwaltung des ...... für die Zeit vom ...... 20.. bis ...... 20.. Rechnung zu legen,
   b) ein Vermögensverzeichnis über ...... vorzulegen;

2. erforderlichenfalls den/die Beklagte(n) zu verurteilen, an Eides Statt zu versichern, dass er/sie nach bestem Wissen die Einnahmen [- den Bestand] so vollständig angegeben habe, als er/sie dazu imstande sei;
3. den/die Beklagte(n) zu verurteilen, den sich aus der ordnungsgemäß gelegten Rechnung [- dem vorgelegten Verzeichnis des Bestandes] ergebenden Betrag nebst ......% Zinsen seit dem ...... 20 ...... und ...... an den/die Kläger/-in zu zahlen;
4. den/der Beklagten die Kosten des Rechtsstreits aufzuerlegen;
5. das Urteil notfalls gegen Sicherheitsleistung für vorläufig vollstreckbar zu erklären;
6. dem/der Kläger/-in im Falle der Klageabweisung zu gestatten, die Vollstreckung wegen der Kosten durch Sicherheitsleistung abzuwenden.

Begründung:

[*Sie ergibt sich aus den allgemeinen Vorschriften für die Klage, wobei die Besonderheiten der Häufung von Ansprüchen aus §§ 259, 260 BGB i. Verb. mit §§ 254, 260 ZPO zu beachten sind.*]

...... [*HIER folgt die nähere Ausführung des Sachverhaltes*]

Das geschilderte Verhalten des Beklagten macht den Antrag erforderlich, die Richtigkeit und Vollständigkeit der Auskunft an Eides Statt zu versichern.

Den Zahlungsantrag wird der Kläger beziffern, sofort wenn der Beklagte die Auskunft erteilt hat.

Um baldige Festsetzung des Streitwertes wird gebeten.

....
Rechtsanwalt/-wältin

Anmerkung

Zuständigkeitsstreitwert:

Der Streitwert der einzelnen Stufen ist zusammenzurechnen (Baumbach/Lauterbach/Albers/Hartmann Anh. § 3 ZPO Stichwort: Stufenklage).

Wenn der Kläger für die inhaltlich bestimmte Geltendmachung eines Anspruchs eine Auskunfts- und Rechnungslegung des Beklagten benötigt, so kann er zunächst eine Klage auf Auskunft und Rechnungslegung und danach eine neue selbstständige, weitere Klage erheben.

Andererseits kann er auch nach § 254 ZPO in **objektiver Klagenhäufung** (§ 260 ZPO) in einer einzigen Klage die Anträge

- zur Auskunftserteilung bzw. Rechnungslegung,
- zur eidesstattlichen Versicherung der Richtigkeit der Auskunft-/Rechnungslegung und
- zur (zunächst noch unbestimmten) Leistung, was sich auf Grundlage der Auskunft oder Rechnungslegung ergeben wird,

miteinander verbinden.

Die Stufenklage ist nicht nur kostengünstiger, sondern der noch nicht bestimmte Leistungsanspruch wird rechtshängig, so dass die Verjährung im Hinblick auf den gesamten Anspruch gehemmt wird. Zu bedenken ist aber, dass sich durch die Stufenklage auch der Streitwert für die Prozessgebühr um den – mutmaßlichen – Wert des Leistungs- bzw. Herausgabeantrages erhöht, während der allein geltend gemachte Auskunftsanspruch im allgemeinen nur mit 1/4 dieses Betrages bewertet wird.

Die Klageschrift muss allen Erfordernissen des § 253 ZPO genügen mit der einzigen Ausnahme, dass die bestimmte Angabe der Zahlungs- bzw. Herausgabeleistung vorbehalten bleibt.

Die Stufenklage ist Leistungsklage, wobei auch ein der Höhe nach noch unbestimmter Anspruch rechtshängig wird. Die Stufenklage beschränkt sich nicht auf Zahlungsklagen, sondern kann z. B. auch auf die Herausgabe von Gegenständen gerichtet werden, die noch vom Beklagten durch die Erstellung eines Inventars näher bezeichnet werden müssen. Die Stufenklage hat vor allem im Schadenersatzrecht, bei denen der Verpflichtete, nicht aber der Berechtigte, die zur Berechnung des Anspruchs erforderlichen Umstände kennt (Palandt §§ 259–261 BGB Rn 12) und bei Unterhalts- oder Erbschaftsansprüchen (siehe hier Formular 1.A.07.d.#09,#11) seine Bedeutung.

§ 254 ZPO macht insofern eine Ausnahme von § 253 ZPO als er die Verbindung mehrerer Ansprüche gestattet, obwohl jeder weitere Anspruch die Erfüllung des vorhergehenden voraussetzt. Verbindbar in der Stufenklage sind etwa die Ansprüche aus §§ 27, 86, 259, 260, 681, 713, 1214, 1421, 1890, 2130, 2218 BGB; §§ 114, 336–339 HGB; § 154 ZVG.

Der vom Kläger in der Klageschrift anzugebende **Zuständigkeitsstreitwert** (§ 253 Abs. 3 ZPO) ist die Summe der jeweiligen Werte aller Stufen (siehe Zöller § 3 ZPO Rn 16 »Stufenklage«).

Das Gericht muss stufenweise entscheiden (Teilurteil). Nach jeder Stufe muss der Kläger Fortgang beantragen. Im Versäumnisverfahren bedeutet Säumnis des Klägers volle Abweisung bezüglich aller geltend gemachten Stufen, soweit nicht schon rechtskräftig erkannt ist. Bei Säumnis des Beklagten erfolgt die Entscheidung über die spruchreife Stufe. Es ergeht, wenn etwa über die erste Stufe noch nicht verhandelt worden ist, ein Teilversäumnisurteil bezüglich des Auskunftsantrages.

Die drei Stufen:

1. Stufe
In der ersten Stufe wird der Antrag auf Auskunftserteilung und Vorlage eines Verzeichnisses geltend gemacht.

2. Stufe
Mit der zweiten Stufe wird ein Antrag auf Abgabe der eidesstattlichen Versicherung nach § 260 Abs. 2 BGB gestellt.

3. Stufe
Die dritte Stufe umfasst den Zahlungs- oder Herausgabeanspruch, wobei der Zahlungsanspruch auch beziffert sein kann, und zwar durch Angabe des Betrages den der Kläger glaubt beanspruchen zu können (BGH WM 1972, 1121).

Über die beiden ersten Stufenanträge wird jeweils durch Teilurteil entschieden, über den Zahlungsantrag durch Schlussurteil. Die Kostenentscheidung ergeht erst im Schlussurteil aufgrund der Einheitlichkeit der Kostenentscheidung.

Der Antrag zur ersten Stufe kann nicht mehr gestellt werden, wenn der Beklagte vor oder während des Prozesses eine formell ordnungsgemäße Auskunft erteilt hat, auch wenn sie nach Meinung des Klägers unvollständig oder unrichtig ist. Hat der Beklagte vor Verurteilung zur Auskunft auf der ersten Stufe eine formell ordnungsgemäß Auskunft erteilt, muss der Kläger die Hauptsache für erledigt erklären, und zwar auch dann, wenn die Auskunft seiner Meinung nach unvollständig oder unrichtig ist. Dem Kläger bleibt in diesem Fall nur der Antrag auf Abgabe der eidesstattlichen Versicherung. Der Antrag zur Abgabe der eidesstattlichen Versicherung kann aber auch nur in diesem Fall, also wenn begründeter Verdacht besteht, dass die Auskunft nicht mit der erforderlichen Sorgfalt erteilt wurde (siehe Palandt §§ 259–261 BGB Rn 6 a), gestellt werden.

Hat der Beklagte die Auskunft erteilt und besteht Grund zur Annahme, dass der Beklagte das Verzeichnis nicht mit der erforderlichen Sorgfalt aufgestellt hat, so kann der Kläger den Antrag aus der zweiten Stufe stellen:

»In Sachen
....../......
Az. ......
stelle ich nunmehr den Antrag zur Ziffer 2. aus der Klageschrift vom ...... und beantrage deshalb,

> den Beklagten zu verurteilen, an Protokoll zu Eides Statt zu versichern, dass er nach bestem Wissen die Einnahmen [– den Bestand] ...... so vollständig angegeben hat, als er dazu imstande war.

Begründung:
Der Beklagte hat die Einnahmen [– den Bestand] ...... nicht vollständig auf den von ihm erstellten Verzeichnis angegeben. ...... [HIER folgt die nähere Ausführung]

gez. Rechtsanwalt/-wältin«

Nach freiwilliger oder vollstreckter Abgabe der eidesstattlichen Versicherung folgt der dritte und abschließende Antrag.

»In Sachen
....../......
Az. ......
stelle ich nunmehr den Antrag aus der dritten Stufe (Ziffer 3.) aus der Klageschrift vom ...... und beantrage deshalb,

> den Beklagten zu verurteilen, an den Kläger ...... EUR an die Klägerin zu zahlen.

Begründung:

Nach der nunmehr vom Kläger an Eides Statt versicherten Auskunft über ......
gez. Rechtsanwalt/-wältin«

Das Gericht muss stufenweise entscheiden (**Teilurteil**). Nach jeder Stufe muss der Kläger Fortgang beantragen. Im Versäumnisverfahren bedeutet Säumnis des Klägers volle Abweisung, soweit nicht schon rechtskräftig erkannt ist. Bei Säumnis des Beklagten erfolgt die Entscheidung über die spruchreife Stufe.

Kosten u. Gebühren:
Für die Gerichtskosten und Rechtsanwaltsgebühren ist der höchste der verbunden Ansprüche maßgebend, § 18 GKG, somit in der Regel der Zahlungs- oder Herausgabeanspruch.

Gerichtskosten:
Auch wenn die Auskunft später zu einem niedrigeren Anspruch führt, ist der Ausgangswert – anders als bei der Verhandlungs- und Beweisgebühr des Anwaltes – maßgeblich.

Drei volle Gebühren, wie bei gewöhnlicher Klage.

Rechtsanwaltsgebühren:
Gebührenstreitwert:
Bei reiner Auskunftsklage: das Interesse des Klägers an der Offenlegung der Tatsachen, die er zur Berechnung des Hauptanspruches benötigt.

Bei Stufenklage: für die Wertberechnung ist gemäß § 18 GKG der höchste Streitwert maßgeblich. Ein gesonderter Wert für die in der ersten Stufe zunächst erhobene Klage auf Auskunft (und Rechnungslegung) samt Antrag auf eidesstattliche Versicherung ist dann nicht hinzuzurechnen (OLG Hamm JurBüro 1986, 745).

Regelgebühren nach § 31 BRAGO, in derselben Instanz nur einmal, auch wenn über die verschiedenen Stufen getrennt verhandelt und entschieden wird, § 13 Abs. 2 BRAGO.

Führt die Auskunft später zu einem niedrigeren Anspruch, so ist dieser für die Verhandlungs- und Beweisgebühr des Rechtsanwaltes maßgeblich, wenn nur über den niedrigeren Antrag verhandelt oder Beweis erhoben wird.

#06 Feststellungsklage § 256 ZPO

[*HIER Ort, Datum*]

An das
Amtsgericht [- Landgericht]
[*HIER Anschrift*]

Klage
des/der ...... [*HIER Vorname, Name, Anschrift*]

- Klägers/-in, -

Prozessbevollmächtigte(r): Rechtsanwalt/-wältin ...... [*HIER Vorname, Name, Anschrift*]

gegen

den/die ...... [*HIER Vorname, Name, Anschrift*]

- Beklagte(n), -

Prozessbevollmächtigte(r): Rechtsanwalt/-wältin ...... [*HIER Vorname, Name, Anschrift*]

wegen ......

Streitwert: ...... EUR [- vorläufig geschätzt mit ...... EUR]

Namens und mit Vollmacht des/der Klägers/-in erhebe ich Klage und werde beantragen,

1. festzustellen, dass ......
2. dem/der Beklagten die Kosten des Rechtsstreits aufzuerlegen.
3. das Urteil wegen der Kosten für vorläufig vollstreckbar zu erklären.

Begründung:

[*HIER ausführliche Begründung des Feststellungsanspruchs*]

....
Rechtsanwalt/-wältin

Anmerkung

Zulässig ist es, Klage auf Feststellung des Bestehens oder Nichtbestehens eines Rechtsverhältnisses, auf Anerkennung einer Urkunde oder auf Feststellung ihrer Unechtheit zu erheben, § 256 ZPO.

Stets muss das rechtliche Interesse besonders dargelegt werden. Daher ist zu prüfen, ob nicht im Wege der Leistungsklage, z. B. auf Abgabe einer Willenserklärung, derselbe Erfolg erzielt werden kann. Die Vollstreckung ist nur wegen der Kosten möglich.

Eine Erweiterung des Klageantrags durch den Kläger oder die Erhebung einer Widerklage durch den Beklagten ist bis zum Schluss derjenigen mündlichen Verhandlung möglich, auf die das Urteil ergeht, § 256 Abs. 2 ZPO.

#07 Negative Feststellungsklage § 256 ZPO

[*HIER Ort, Datum*]

An das
Amtsgericht [- Landgericht]
[*HIER Anschrift*]

Klage

des/der ...... [*HIER Vorname, Name, Anschrift*]

– Klägers/-in, –

Prozessbevollmächtigte(r): Rechtsanwalt/-wältin ...... [*HIER Vorname, Name, Anschrift*]

gegen

den/die ...... [*HIER Vorname, Name, Anschrift*]

– Beklagte(n), –

Prozessbevollmächtigte(r): Rechtsanwalt/-wältin ...... [*HIER Vorname, Name, Anschrift*]

wegen ......

Streitwert: ...... EUR [– vorläufig geschätzt mit ...... EUR]

Namens und mit Vollmacht des/der Klägers/-in erhebe ich Klage und werde beantragen,

1. festzustellen, dem/der Beklagten ein Anspruch auf [*z. B. Zahlung, Leistung von bestimmten Diensten, Herausgabe von Sachen usw.*] nicht zusteht.

2. dem/der Beklagten die Kosten des Rechtsstreits aufzuerlegen.
3. das Urteil wegen der Kosten für vorläufig vollstreckbar zu erklären.

Begründung:

[*HIER ausführliche Begründung des Feststellungsanspruchs*]

....
Rechtsanwalt/-wältin

Anmerkung

Die **negative Feststellungsklage** hat das Ziel einen Anspruch, dessen sich der Beklagte berühmt, abzuwehren. Das »Nichtbestehen eines Rechtsverhältnisses« nebst den in § 256 ZPO genannten Beispielen ist die Grundlage für den Antrag.

Das nach § 256 ZPO notwendige **rechtliche Interesse** ist gegeben, wenn sich der Beklagte eines Anspruches ernstlich berühmt hat. Durch die negative Feststellungsklage ändert sich die Beweislastverteilung für das (Nicht-)Bestehen des Anspruches nicht (Zöller § 256 ZPO Rn 18). Der Kläger der negativen Feststellungsklage hat nur darzulegen, dass der Gegner eine Forderung für sich in Anspruch nimmt. Ansonsten befindet er sich in der Beweisposition des Beklagten bei der Leistungsklage, d. h. die **Darlegungs- und Beweislast** für das Bestehen des Anspruchs trifft nicht ihn, sondern den Prozessgegner (BGH NJW 1993, 1716, 1717). Die Beweislast für das Bestehen des Anspruchs liegt beim Beklagten. Wird der Anspruch des Beklagten nicht als begründet angesehen, so ist der negativen Feststellungsklage stattzugeben. Dies hat zur Folge, dass der Anspruch des Beklagten rechtskräftig aberkannt ist und auch später nicht mehr geltend gemacht werden kann (BGH NJW 1989, 393).

Anlass zur negativen Feststellungsklage kann auch dann vorliegen, wenn der Kläger nur einen Teil seiner streitigen Forderung einklagt, der Beklagte jedoch das gesamte Rechtsverhältnis geklärt wissen will. Mit der negativen Feststellungsklage kann der Beklagte die Feststellung beantragen, dass dem Kläger der mit einem Teilbetrag geltend gemachte Gesamtanspruch überhaupt nicht zusteht. Der Beklagte hat es damit in der Hand zu erreichen, dass der volle Anspruch zum Gegenstand des Rechtsstreites wird. Es erwächst dann das volle Kostenrisiko, und es kann vom Beklagten die Zuständigkeit des Gerichts nach Höhe des Gesamtanspruches geltend gemacht werden.

Achtung:
Der Feststellungebeklagte kann sich der negativen Feststellungsklage dadurch entziehen, dass er seinerseits Leistungsklage erhebt.

Verhältnis zur Leistungsklage:

Eine schon **rechtshängige Leistungsklage** begründet für eine negative Feststellungs(wider)klage das Prozesshindernis der anderweitigen Rechtshängigkeit (BGH MDR 1989, 623), allerdings nicht bei einer Teilleistungsklage (BGH NJW 1993, 2609).

Eine vor der Leistungsklage erhobene negative Feststellungsklage bedeutet für eine Leistungsklage des Beklagten keine Rechtshängigkeit, weil die Leistungsklage einen weitergehenden Streitgegenstand hat (BGH NJW 1993, 2609). Für die negative Feststellungsklage entfällt aber das Rechtsschutzbedürfnis, sobald die Leistungsklage nicht mehr einseitig zurückgenommen werden kann (BGH NJW 1994, 3108). Der Kläger muss dann den Feststellungsantrag für erledigt erklären. Dies gilt aber nur bei gleichem Streitgegenstand beider Klagen (BGH NJW 1984, 1556).

Die negative Feststellungsklage führt für den Gegner nicht zu einer **Verjährungshemmung** bezüglich des streitigen Anspruches. Im Fall der negativen Feststellungsklage richtet sich die Verjährung nach der Ausgangslage des geleugneten Anspruches. Die Verteidigung gegen die negative Feststellungsklage ändert daran nichts, hemmt nicht die Verjährung des verleugneten Anspruches. Aus diesem Grund kann es für den Beklagten der negativen Feststellungsklage manchmal sinnvoll sein, eine Widerklage auf Leistung zu erheben, wobei dann die negative Feststellungsklage beiderseits für erledigt erklärt werden kann.

Die negative Feststellungswiderklage (siehe zur Widerklage Formular 1.A.01.#39) ist dann angebracht, wenn der Kläger nur einen Teilbetrag seiner streitigen Forderung einklagt, der Beklagte aber das gesamte Rechtsverhältnis geklärt wissen will. Erhöht dann aber der Kläger im Laufe des Rechtsstreits auf die volle Summe, muss der Beklagte die Feststellungswiderklage sofort für erledigt erklären, da mit der Klageerweiterung das Rechtsschutzinteresse für die Widerklage wegfällt.

#08 Zahlungs- und Feststellungsklage mit unbeziffertem Antrag §§ 256, 287 ZPO

[*HIER Ort, Datum*]

An das
Amtsgericht [- Landgericht]
[*HIER Anschrift*]

Klage
des/der ...... [*HIER Vorname, Name, Anschrift*]

- Klägers/-in, -

Prozessbevollmächtigte(r): Rechtsanwalt/-wältin ...... [*HIER Vorname, Name, Anschrift*]

gegen

den/die ...... [*HIER Vorname, Name, Anschrift*]

- Beklagte(n), -

Prozessbevollmächtigte(r): Rechtsanwalt/-wältin ...... [*HIER Vorname, Name, Anschrift*]

wegen Schadenersatz, Schmerzensgeld und Feststellung.

Streitwert: ...... EUR [- vorläufig geschätzt mit ...... EUR]

Namens und mit Vollmacht des/der Klägers/-in erhebe ich Klage und werde beantragen,

1. den/die Beklagte(n) zu verurteilen an den/die Kläger/-in
 a) Schadenersatz in Höhe von ...... EUR
 b) Schmerzensgeld in angemessener Höhe zu zahlen, nebst ......% Zinsen seit Rechtshängigkeit

2. festzustellen, dass der/die Beklagte/n verpflichtet ist, dem/der Kläger/in jeglichen weiteren materiellen und immateriellen Schaden zu ersetzen, den der/die Beklagten verursacht haben.
3. dem/der Beklagte(n) die Kosten aufzuerlegen.
4. [*HIER weitere Anträge*]

Begründung:

...... [*HIER Ausführungen über*

1) a) Kosten für Ersatz zerstörter, beschädigter Sachen mit Belegen, Beweisantritt.
b) Dauer von Krankenhausaufenthalt, Arbeitsunfähigkeit, Art der Behinderung usw. Belege, Atteste usw.
2) Grund der Verpflichtung, Verursachung, Kausalzusammenhang, Belege, Beweisantritt, rechtliches Interesse an alsbaldige Feststellung, § 256 ZPO.
3) Höhe des Schmerzensgeldes, evtl. unter Hinweis auf Rechtsprechung bekannter gleichartiger Fälle.]

....
Rechtsanwalt/-wältin

Anmerkung

Die **Prozesszinsen** können nach höchstrichterlicher Rechtsprechung auch bei unbezifferten Anträgen »ab Rechtshängigkeit« gefordert werden.

Um alsbaldige Streitwertfestsetzung zu bitten kann zweckmäßig sein, um das Kostenrisiko abzuschätzen.

Büromäßige Behandlung:
Wie bei gewöhnlicher Klage.

Kosten:
Gerichtskosten:

Gerichtskostenvorschuss nach dem vorläufig geschätzten Streitwert.

Rechtsanwaltsgebühren:
Wie bei gewöhnlicher Klage.

#09 Zwischenfeststellungsklage

[*HIER Ort, Datum*]

An das
Amtsgericht [- Landgericht]
[*HIER Anschrift*]

Zwischenfeststellungsklage

In Sachen

....../......

Az.: ......

beantrage ich durch Erweiterung des Klageantrages,

kostenpflichtig festzustellen, dass ein Stundungsvertrag zwischen den Parteien nicht besteht.

Begründung:

Die Entscheidung dieses Rechtsstreits hängt vom Nichtbestehen des im Laufe des Rechtsstreits gemäß der Klagebeantwortung des Beklagten vom ...... streitig gewordenen Stundungsvertrages ab. Aus diesem Grunde wird obiger Antrag gestellt.

....
Rechtsanwalt/-wältin

Anmerkung

Die Zwischenfeststellungsklage ermöglicht zur Verhinderung späterer abweichender Entscheidungen das Bestehen oder Nichtbestehen des Rechtsverhältnisses zusätzlich im Tenor feststellen zu lassen und auch insoweit die Rechtskraftwirkung herbeizuführen.

Der Zwischenfeststellungsklage kann sogleich mit dem Leistungsantrag (BGH NJW-RR 1990, 320) oder auch nachträglich (§ 261 Abs. 2 ZPO) gestellt werden, so dass eine objektive Klagenhäufung (§ 260 ZPO) besteht.

Der Beklagte kann eine Zwischenfeststellungsklage in Form der **Zwischenfeststellungswiderklage** erheben.

Die Voraussetzungen des im Übrigen vorgreiflichen Rechtsverhältnisse für die Zwischenfeststellungsklage sind:

1. Es muss ein streitiges Rechtsverhältnis bestehen.
2. Die Entscheidung über die Hauptklage muss abhängig sein von der Entscheidung über das Rechtsverhältnis oder das Bestehen oder Nichtbestehen des Rechtsverhältnisses muss entscheidungserheblich sein für die Entscheidung über die Hauptklage.
3. Es muss die Möglichkeit bestehen, dass die Feststellung des Rechtsverhältnisses über die Entscheidung der Hauptsache hinaus Bedeutung haben kann, etwa für weitere Prozesse.

#10 Klage auf künftige Leistung §§ 257, 259 ZPO

[*HIER Ort, Datum*]

An das
Amtsgericht [- Landgericht]
[*HIER Anschrift*]

Klage

des/der ...... [*HIER Vorname, Name, Anschrift*]

- Klägers/-in, -

Prozessbevollmächtigte(r): Rechtsanwalt/-wältin ...... [*HIER Vorname, Name, Anschrift*]

gegen

den/die ...... [*HIER Vorname, Name, Anschrift*]

- Beklagte(n), -

Prozessbevollmächtigte(r): Rechtsanwalt/-wältin ...... [*HIER Vorname, Name, Anschrift*]

wegen künftiger Leistung.

Streitwert: ...... EUR [- vorläufig geschätzt mit ...... EUR]

Namens und mit Vollmacht des/der Klägers/-in erhebe ich Klage und werde beantragen,

1) an den/die Kläger/-in EUR ...... nebst ......% Zinsen seit dem ...... zu zahlen;
2) künftig zu den Fälligkeitsterminen, nämlich am ......, am ...... und am ...... je ...... EUR an den/die Kläger/-in nebst ......% Zinsen jeweils vom Fälligkeitstage an zu zahlen;
3) dem/der Beklagten die Kosten des Rechtsstreits aufzuerlegen
4) das Urteil für vorläufig vollstreckbar zu erklären.

Begründung:

Der Beklagte schuldet dem Kläger aus dem Darlehensvertrag vom ...... EUR ......, die in Raten an den oben genannten Terminen bereits fällig waren bzw. noch fällig werden.

Beweis: Vertrag vom ......, der in Ablichtung beigefügt und im Termin
im Original vorgelegt wird, Anlage K 1

Der Beklagte hat die bereits fälligen Raten trotz schriftlicher Mahnungen nicht gezahlt.

Beweis: Ablichtungen der Mahnschreiben, die beigefügt sind, Anlage K 2 -4

Auf die Mahnungen hat er sich nicht geäußert. Es steht daher zu befürchten, dass er auch die weiteren Raten nicht zahlen wird. Die Befürchtung ist auch dadurch begründet, dass der Beklagte auch bei anderen Gläubigern in Verzug ist.

Beweis: Zeugnis: 1) ......

2) ......

Daher ist auch der Klageantrag zu 2) notwendig und berechtigt.

....
Rechtsanwalt/-wältin

Anmerkung

Eine Klage auf künftige Leistung ist dann zweckmäßig, wenn der Kläger Anlass zu der Annahme hat, der Beklagte werde seine kalendermäßig bestimmte Leistung – Zahlung oder Räumung – nicht erbringen. § 257 ZPO eröffnet die Möglichkeit, dass der Kläger schon vor Fälligkeit sich einen Titel verschaffen kann, um bei Fälligkeit dann sofort vollstrecken zu können. Z. B. Klage aus Hypothek, Grund- oder Rentenschuld, zweiseitigem Vertrag bei vollständiger bewirkter Vorleistung des Klägers. Gem. § 259 ZPO ist die Klage auf künftige Leistung auch gegeben, wenn Besorgnis der Nichterfüllung besteht. Dies erfordert eine genaue Begründung.

Der Kläger sollte nur auf eine noch nicht fällige Leistung klagen, wenn der Beklagte Anlass zur Klageerhebung gegeben hat. Ansonsten hat er im Falle eines Anerkenntnisses nach § 93 ZPO die Kosten zu tragen.

Eine Klage auf künftige Leistung ist in 3 Fällen möglich:

1. **§ 257 ZPO**:
Bei nicht von einer Gegenleistung abhängigem kalendermäßig bestimmtem Geldanspruch (oder Räumungsanspruch, ausgenommen bei Wohnraum).
Der Grund ist hier die frühzeitige Klärung der Rechtslage; der Kläger soll schon vor Fälligkeit – z. B. eines Anspruches auf Rückzahlung eines Darlehens – einen Vollstreckungstitel vorliegen haben können.

2. **§ 258 ZPO**:
Bei nicht von einer Gegenleistung abhängigem Anspruch auf wiederkehrende Leistungen.
Der Grund ist, dass der Kläger nicht in einer Vielzahl von Prozessen jede Einzelleistung einklagen muss:
Besondere Zulässigkeitsvoraussetzung bei § 258 ZPO:
Die Klage ist
(1) gerichtet auf künftig fällig werdende wiederkehrende Leistungen, bei bereits vollständig entstandenem Anspruch, wie z. B. bei Unterhalts- und Schadenersatzrenten.
(2) unabhängig von einer Gegenleistung.
Dies folgt daraus, dass § 258 ZPO eine Ergänzung zu § 257 ZPO ist. Daher z. B. nicht bei Mietzins- oder Gehaltsansprüchen; insoweit ist nur eine Klage auf künftige Leistungen nach § 259 ZPO möglich. Falls bzw. soweit die Höhe unbestimmbar ist, etwa weil die künftige Entwicklung nicht übersehbar ist, bleibt nur die Feststellungsklage gemäß § 256 ZPO (Zöller/Greger § 258 ZPO Rn 2).
Der Antrag würde, wenn z. B. der Beklagte mit seiner Unterhaltsverpflichtung von monatlich 250,–EUR bereits 4 Monate im Rückstand ist, lauten:

> »...... den Beklagten zu verurteilen, an den Kläger 1.000,– EUR und vom ...... [*HIER Angabe Datum*] monatlich 250,– EUR, jeweils fällig zum 3. eines jeden Monats, zu zahlen.«

3. **§ 259 ZPO:**
Generell bei Besorgnis der künftigen Nichterfüllung des Anspruches (daher bei dieser Generalklausel auch bei Nichtvorliegen der Voraussetzungen der §§ 257, 258 ZPO möglich, d. h. bei allen Ansprüchen, auch auf Räumung von Wohnraum und bei einer Gegenleistung).

Der Grund ist hier die rechtzeitige Leistungsverpflichtung des – möglicherweise leistungsunwilligen – Beklagten vor Fälligkeit der Forderung oder Bedingungseintritt zu erreichen. Es reicht aus, dass der Beklagte den Anspruch ernsthaft bestreitet (BGH MDR 1996, 1232). Von Bedeutung ist der § 259 ZPO daher insbesondere auch für Klagen auf Räumung von Wohnraum, z. B. aufgrund einer umstrittenen Kündigung.

Büromäßige Behandlung:
Im Klageantrag muss der Tag der Leistung noch nicht genau bestimmt werden. Es reicht etwa die Angabe wie »binnen eines Monats nach Klagezustellung«. Die Klage auf Zahlung einer regelmäßigen Nutzungsentschädigung bis zur Herausgabe einer Sache ist hinreichend bestimmt (BGH NJW 1999, 954).

Ist zweifelhaft, ob die Voraussetzungen für eine Klage auf künftige Leistung gegeben sind, sollte der Kläger zusätzlich hilfsweise einen Feststellungsantrag stellen, wenn der Beklagte seine Leistungspflicht bestritten hat.

Prozesszinsen können erst ab Fälligkeit verlangt werden, § 291 S. 1 2. Hlbs. BGB.

Neben dem Anspruch selbst müssen auch die Voraussetzungen des § 257 ZPO dargelegt werden. Auch die Tatsache, dass der Beklagte Anlass zur Klageerhebung – etwa durch Nichtzahlung früherer Raten – gegeben hat, sollte vorgetragen werden.

#11 Klage auf wiederkehrende Leistungen

[*HIER Ort, Datum*]

An das
Amtsgericht [- Landgericht]
[*HIER Anschrift*]

Klage
des/der ...... [*HIER Vorname, Name, Anschrift*]

- Klägers/-in, -

Prozessbevollmächtigte(r): Rechtsanwalt/-wältin ...... [*HIER Vorname, Name, Anschrift*]

gegen

den/die ...... [*HIER Vorname, Name, Anschrift*]

- Beklagte(n), -

Prozessbevollmächtigte(r): Rechtsanwalt/-wältin ...... [*HIER Vorname, Name, Anschrift*]

wegen wiederkehrender Leistung.

Streitwert: ...... EUR [- vorläufig geschätzt mit ...... EUR]

Namens und mit Vollmacht des/der Klägers/-in erhebe ich Klage und werde beantragen,

> den/die Beklagte(n) zu verurteilen, an den/die Kläger/-in jeweils bis zum ...... eines Monats ...... EUR an Unterhalt zu zahlen.

Begründung:

[*Beispielssachverhalt*]
Dem Kläger steht gegenüber dem Beklagten ein monatlicher Unterhaltsanspruch in Höhe von ...... EUR, fällig jeweils bis zum ...... eines Monats zu.

Der Anspruch zwischen den Parteien ist unstreitig.

Es handelt sich um wiederkehrende, lebensnotwendige Leistungen, so dass das Rechtsschutzbedürfnis zu bejahen ist. Der Unterhaltsberechtigte hat nach h. M. stets, auch bezüglich freiwilliger Leistungen, ein Rechtsschutzinteresse an einem vollstreckbaren Titel.

....
Rechtsanwalt/-wältin

Anmerkung

§ 258 ZPO setzt einen bereits entstandenen Anspruch des Klägers voraus (BGH NJW 1982, 578) und will bei wiederkehrenden Schuldverhältnissen eine Vielzahl von Prozessen entbehrlich machen.

Der häufigste Anwendungsfall: **Renten- und Unterhaltsverpflichtungen.** § 258 ZPO will den Gläubiger der Notwendigkeit entheben, nach Eintreten der Fälligkeit – demnach mit Zeitverlust – auf wiederkehrende, i. d. R. lebensnotwendige Leistungen klagen zu müssen.

Streitwert:
§ 9 ZPO.

Kosten:
Der Unterhaltsschuldner ist verpflichtet, an der Beschaffung eines kostengünstigen Titels mitzuwirken, wozu er vom Berechtigten vorprozessual aufgefordert werden muss; wirkt der Unterhaltsverpflichtete nicht mit, so trägt er die Titulierungskosten.

#12 Klage wegen Besorgnis der Nichterfüllung § 259 ZPO

[*HIER Ort, Datum*]

An das
Amtsgericht [- Landgericht]

[*HIER Anschrift*]

Klage
des/der ...... [*HIER Vorname, Name, Anschrift*]

– Klägers/-in, –

Prozessbevollmächtigte(r): Rechtsanwalt/-wältin ...... [*HIER Vorname, Name, Anschrift*]

gegen

den/die ...... [*HIER Vorname, Name, Anschrift*]

- Beklagte(n), -

Prozessbevollmächtigte(r): Rechtsanwalt/-wältin ...... [*HIER Vorname, Name, Anschrift*]

wegen Leistung.

Streitwert: ...... EUR [- vorläufig geschätzt mit ...... EUR]

Namens und mit Vollmacht des/der Klägers/-in erhebe ich Klage und werde beantragen,

> den Beklagten zu verurteilen, mit Wirkung vom ...... an den/die Kläger/-in ...... EUR nebst ......% Zinsen seit Rechtshängigkeit zu zahlen.

Begründung:

[*HIER Tatsachenvortrag, der die Besorgnis der Nichterfüllung einer derzeit noch nicht fälligen Leistung stützt; dazu folgender Beispielssachverhalt:*]

Der Kläger hat dem Beklagten ein Darlehen gewährt. Zwischen den Parteien war vereinbart, dass das Darlehen zum ...... zur Rückzahlung fällig ist.

Beweis: Vorlage der Darlehensvereinbarung.

Der Beklagte hat erklärt, er werde den Anspruch dem Grund und der Höhe nach bestreiten.

Beweis: Zeugnis ......

Die Hingabe des Darlehens ist aufgrund der Urkunde sowohl der Höhe als auch dem Grunde nach nachgewiesen, so dass das Darlehen mit Fälligkeit zum ...... an den Kläger zurückzuzahlen ist.

....
Rechtsanwalt/-wältin

Anmerkung

Eine Klage auf künftige Leistung ist nach § 259 ZPO zulässig, wenn bestimmte Umstände die Besorgnis begründen, dass sich der Schuldner der rechtzeitigen Leistung entziehen will. Es genügt, dass der Schuldner den Anspruch ernstlich bestreitet (BGH NJW 1978, 1262; BAG FamRZ 1983, 900) dagegen genügt es nicht, dass der Schuldner voraussichtlich zahlungsunfähig ist. Unter den Voraussetzungen des § 259 ZPO ist auch eine Klage auf künftige Herausgabe von Wohnraum zulässig. Es muss die Besorgnis bestehen, dass der Wohnraum nicht rechtzeitig geräumt mit Ablauf der Mietzeit an den Vermieter herausgegeben wird.

Kosten:
Gerichtskosten, Rechtsanwaltsgebühren:
Wie bei einer üblichen Zahlungsklage.

#13 Klage (Anspruchshäufung) § 260 ZPO

[*HIER Ort, Datum*]

An das
Amtsgericht [- Landgericht]
[*HIER Anschrift*]

Klage
des/der ...... [*HIER Vorname, Name, Anschrift*]

- Klägers/-in, -

Prozessbevollmächtigte(r): Rechtsanwalt/-wältin ...... [*HIER Vorname, Name, Anschrift*]

gegen

den/die ...... [*HIER Vorname, Name, Anschrift*]

- Beklagte(n), -

Prozessbevollmächtigte(r): Rechtsanwalt/-wältin ...... [*HIER Vorname, Name, Anschrift*]

wegen ......

Streitwert: ...... EUR [- vorläufig geschätzt mit ...... EUR]

Namens und mit Vollmacht des/der Klägers/-in erhebe ich Klage und werde beantragen,

den/die Beklagte(n) zu verurteilen, an den Kläger den PKW der Marke [*HIER genaue Bezeichnung*], [*HIER Farbe*], Fahrgestell-Nr. ...... mit dem amtlichen Kennzeichen ...... herauszugeben,

hilfsweise,

an den/die Kläger/-in ...... EUR Schadenersatz nebst ......% Zinsen seit dem ...... zu zahlen.

Begründung:

[*Beispielssachverhalt*]

Der Kläger begehrt die Herausgabe seines im Antrag näher bezeichneten Pkws.

Die Parteien sind miteinander befreundet. Aus diesem Grund hat der Kläger dem Beklagten sein Fahrzeug für eine Auslandsfahrt zu Verfügung gestellt.

Der Beklagte erklärt nunmehr, ihm sei der PKW im Ausland entwendet worden.

Falls es dem Kläger nicht gelingen sollte, nachzuweisen, dass sich der Beklagte noch im Besitz des PKW befindet, hat sich der Beklagte schadenersatzpflichtig gemacht.

....
Rechtsanwalt/-wältin

Anmerkung

Haupt- und Hilfsanspruch.
Eine **Anspruchshäufung** liegt vor, wenn der Kläger neben einem Hauptanspruch (**Prinzipalanspruch**) einen oder mehrere Hilfsansprüche (**Eventualansprüche**) für den Fall erhebt, dass der Hauptanspruch unzulässig oder unbegründet ist, vgl. BGH LM § 253 Nr. 7. Eine Staffelung der Hilfsanträge untereinander ist zulässig.

Streitwert:
Ein hilfsweise geltend gemachter Anspruch wird nur dann mit dem Hauptanspruch zusammengerechnet, soweit über ihn eine Entscheidung ergeht, § 19 Abs. 1 S. 2 GKG. Betreffen die Ansprüche denselben Streitgegenstand, ist nur der Wert des höheren Anspruchs maßgebend, § 19 Abs. 1 S. 3 GKG.

Kosten:
Die für den Hauptantrag entstandenen **Gerichts-/Rechtsanwaltsgebühren** fallen nicht noch einmal an; darin liegt der Vorteil der Anspruchshäufung.

#14 Klageänderung § 263 ZPO

[*HIER Ort, Datum*]

An das
Amtsgericht [- Landgericht]
[*HIER Anschrift*]

In Sachen

....../......

Az.: ......

ändert der/die Kläger/-in [- aufgrund richterlichen Hinweises] [- aufgrund des in der Klageerwiderung mitgeteilten Sachverhalts] die Klage [- seinen Antrag] und beantragt nun,
den/die Beklagte(n) zu verurteilen, [HIER geänderter Antrag]

Der/Die Kläger/-in beantragt außerdem,
einen möglichst nahen Termin zur Fortsetzung des Rechtsstreits anzuberaumen und den/der Beklagten die Klageänderung mit der Ladung zuzustellen.

[oder]

ändert der Kläger [- aufgrund richterlichen Hinweises] [- aufgrund des in der Klageerwiderung mitgeteilten Sachverhalts] wie folgt die Klage

1. den/die Beklagte(n) zu verpflichten, den in seinem/ihrem Besitz befindlichen Beratungsvertrag zwischen dem Landkreis ...... und den/die Kläger/-in herauszugeben.
2. den/die Beklagte(n) zu verpflichten, den Beratungstext oder Teile hieraus in Zukunft nicht mehr zu verwenden.

Begründung:

Nachdem nunmehr davon auszugehen ist, dass ...... [*HIER folgt nähere Ausführung*]

Die Klageänderung ist sachdienlich, da der Streitstoff im wesentlichen identisch ist und ein weiterer Prozess vermieden wird.

....
Rechtsanwalt/-wältin

Anmerkung

Die Klageänderung kann auch noch im zweiten Rechtszug vorgenommen werden (BGH MDR 1983, 1017). Dies ist auch dann noch möglich, wenn die Änderung schon in 1. Instanz möglich gewesen wäre (BGH NJW-RR 1990, 505, 506). Der Kläger muss dann aber mit seiner Berufung auch teilweise noch die alte Klage zumindest teilweise weiterverfolgen (BGH NJW 1988, 2540), da er die Beschwer durch das erstinstanzliche Urteil angreifen muss (Zöller Rn 8, 8 a vor § 511 ZPO). Anders nur in den Fällen des § 264 Nr. 3 ZPO oder wenn lediglich die Schadensberechnung geändert wird (BGH NJW 1992, 566).

Die Klageänderung ist die vom Kläger nach Eintritt der Rechtshängigkeit (§§ 253 Abs. 1, 261 Abs. 1 ZPO) vorgenommene Veränderung des Streitgegenstandes. Eine Klageänderung liegt nicht vor, wenn der Kläger anstelle des rechtshängigen prozessualen Anspruchs oder neben ihm einen anderen Anspruch erhebt. Sie kann den Klagegrund oder den Antrag betreffen. Die Klageänderung setzt eine ordnungsgemäße Klageerhebung voraus. Nach § 263 ZPO ist die Klageänderung bei Einwilligung des Beklagten – die schwer zu erzielen ist – oder bei Sachdienlichkeit zulässig. Maßgeblich ist beim großzügig von der Rechtsprechung ausgelegten Kriterium der Sachdienlichkeit (vgl. Thomas/Putzo § 263 ZPO Rn 8) die Prozesswirtschaftlichkeit, die nach objektiven Gesichtspunkten zu beurteilen ist (BGH NJW 1975, 1229; MDR 1983, 1017, jeweils m. w. N.). Sachdienlich ist also eine Klageänderung, wenn sie die sachliche Erledigung des Streitfalles fördert, z. B. eine Aussetzung verhindert oder einem neuen Prozess vorbeugt.

Die Einwilligung des Beklagten liegt nicht nur in der ausdrücklichen Einverständniserklärung zur Klageänderung, sondern kann auch konkludent erfolgen. Die Einwilligung wird gem. § 267 ZPO unwiderleglich vermutet, sofern sich der Beklagte in der mündlichen Verhandlung auf die Klage einlässt, ohne der Änderung zu widersprechen.

Achtung: Der Beklagte muss der Änderung widersprechen, nicht etwa nur das neue Vorbringen des Klägers bestreiten; denn im Bestreiten des neuen Vorbringens liegt eine Verhandlung zur geänderten Klage und somit eine Einwilligung nach § 267 ZPO.

Bei Sachdienlichkeit kann das Gericht die Klageänderung zulassen. Sachdienlich ist die Änderung, sofern durch sie unter Verwertung des bisher erzielten Prozessergebnisses ein neuer Prozess vermieden wird und die Erledigung des Streits unter den Parteien gefördert wird. (vgl. z. B. BGHZ 1, 65, 77 ff.; 53, 24, 29)

Achtung:
Ist nach diesen Kriterien eine Klageänderung zuzulassen, so darf auch nicht das zur Begründung dienende neue tatsächliche Vorbringen wegen Verspätung zurückgewiesen werden (vgl. BGH MDR 1983, 1017). Das gilt auch dann, wenn weitere Parteierklärungen und Beweiserhebungen erforderlich werden oder eine Tatsacheninstanz verloren geht (vgl. BGH a. a. O.).

Sachdienlichkeit ist zu verneinen, sofern ein gänzlich neuer Prozessstoff zur Entscheidung gestellt wird, ohne dass die Möglichkeit besteht, das bisherige Prozessergebnis auch nur zum Teil zu verwerten oder wenn die Klageänderung für den Beklagten unzumutbar ist.

Die Zulassung der Klageänderung kann durch das Gericht in drei Formen geschehen:

a. Zulassung durch Zwischenurteil gemäß § 303 ZPO,
b. ausdrückliche Zulassung in den Gründen des Endurteils über die geänderte Klage,
c. stillschweigende Zulassung durch das Gericht dadurch, dass das Gericht über die geänderte Klage sachlich verhandelt sowie entscheidet.

Die Sachdienlichkeit der Klageänderung sollte im Klageänderungsschriftsatz begründet werden.

Achtung:
Weil meist nicht sicher ist, ob der Beklagte in die Klageänderung einwilligt, ist zu raten, mit der Klageänderung auch vorsorglich gleichzeitig die Gründe anzugeben, aus denen die Zulassung der Klageänderung als sachdienlich erachtet wird.

Die Zurückweisung verspäteten Vorbringens kann auch durch die Klageänderung umgangen werden. Die Klageänderung ist bis zum Schluss der mündlichen Verhandlung möglich. Sie kann auch nicht gemäß §§ 282, 296 ZPO wegen verspäteten Vorbringens zurückgewiesen werden. Deshalb darf die Entscheidung über die Zulassung der Klageänderung auch nicht davon abhängig gemacht werden, ob durch sie der Rechtsstreit verzögert werden würde. Deshalb kann der Kläger neben den »Umwegen« über die Säumnis oder der Berufung auch den Weg über die Klageänderung beschreiten, um die drohende Zurückweisung wegen verspäteten Vorbringens zu vermeiden.

Die Klageänderung kann auch noch in 2. Instanz erfolgen. Selbst wenn die Klageänderung in erster Instanz möglich gewesen wäre, kann die Klage auch noch im zweiten Rechtszug geändert werden (BGH NJW-RR 1990, 505, 506). Dann ist zusätzlich erforderlich, dass die Klageänderung auf Tatsachen gestützt wird, die das Berufungsgericht ohnehin nach § 529 ZPO seiner Entscheidung zugrunde zu legen hat, § 533 Nr. 2 ZPO. Häufig wird jedoch der Fall des § 531 Abs. 2 Nr. 3 ZPO vorliegen (Zöller § 533 ZPO Rn. 3).

Die Klageänderung bedarf erst nach Eintritt der Rechtshängigkeit der Einwilligung des Beklagten oder der Zustimmung durch das Gericht. Somit kann die Klage zwischen Einreichung und Zustellung uneingeschränkt durch Nachreichen eines ergänzenden Schriftsatzes geändert werden. Dabei muss aber der die Klageänderung enthaltende Schriftsatz vor Zustellung der Klage an den Beklagten bei Gericht eingegangen sein.

Eile ist deshalb angesagt, wenn der Kläger gleichzeitig mit der Klage den nach § 65 GKG nötigen Gerichtskostenvorschuss eingezahlt hat, da dann die alsbaldige Zustellung zu erwarten ist.

Die Klageänderung kann erfolgen durch Einreichung eines den Kriterien des § 153 Abs. 2 Nr. 2 ZPO entsprechenden Schriftsatzes oder durch Geltendmachung in der mündlichen Verhandlung gem. § 297 Abs. 1 ZPO. Welchen Weg man wählt, ist von der Prozessstrategie abhängig.

– Änderung von Antrag und Sachvortrag

Wird die Klageänderung durch Änderung des Sachvortrages und des Antrages vorgenommen, so ist der neue Antrag im Schriftsatz niederzulegen und zu begründen. Dabei reicht ein abgekürztes Schriftsatzrubrum aus.

Formulierungsbeispiel:

»In Sachen

....../......

Az.: 7 M 233/91 –

ändert der Kläger die Klage und beantragt nun,

die Beklagten zu verurteilen, an den Kläger ......

Der Kläger beantragt außerdem,

einen möglichst nahen Termin zur Fortsetzung des Rechtsstreites anzuberaumen und der Beklagten die Klageänderung mit der Ladung zuzustellen.

Begründung:

Nachdem nunmehr davon auszugehen ist, dass ......

Die Klageänderung ist sachdienlich, da der Streitstoff im wesentlichen identisch ist und ein weiterer Prozess vermieden wird.«

Zur Verhandlung über die geänderte Klage ist ein Termin notwendig. Die Sachdienlichkeit der Klageänderung sollte mit prozessökonomischen Erwägungen, z. B. das ein weiterer Prozess vermieden wird, begründet werden.

– Änderung von Sachvortrag ohne Antragsänderung

Wird nicht der Antrag, sondern lediglich der Sachvortrag geändert und hierdurch eine neuer prozessualer Anspruch eingeführt, so ist es ratsam, die darin liegende Klageänderung ausdrücklich zu bezeichnen.

Formulierungsbeispiel:

»In Sachen

....../......

wird die Klage geändert. Der Kläger hat seinen Anspruch zunächst ...... Da ......, gründet er seinen Anspruch jetzt auf ......«

Die in § 264 ZPO genannten Fälle werden nicht als Klageänderung angesehen. In der Praxis besonders wichtig ist in diesem Zusammenhang die Klageerweiterung, z. B. durch Erhöhung der Klagesumme im Laufe des Prozesses sowie die Umstellung des Klageantrages auf Forderung der Surrogate. Mit Einreichung des klageerweiternden Schriftsatzes entsteht die Kostenvorschusspflicht des § 65 GKG. Unter Umständen führt die Klageerweiterung zur Änderung der sachlichen Zuständigkeit, so dass in einem solchen Fall das Amtsgericht auf Antrag für unzuständig zu erklären und die Verweisung an das zuständige Landgericht zu beantragen ist, vgl. § 506 ZPO.

Eine Einschränkung des Klageantrages ist als teilweise Klagerücknahme zu behandeln. Die Zuständigkeit wird hierdurch nicht berührt.

Kosten u. Gebühren:

Soweit sich durch die Klageänderung der Streitwert ändert, ändern sich hierdurch auch die Gebührensätze. Nach einem höheren Streitwert bereits angefallene Gebühren bleiben bestehen.

Gerichts- und Anwaltsgebühren fallen bei der Klageänderung nicht noch mal an.

Wird allerdings der geänderte Klageanspruch vom Beklagten sofort anerkannt, so muss der Kläger gemäß § 93 oder § 91 a ZPO die Kosten tragen.

Bei Nichtzulassung durch das Gericht ist die Klageänderung mit der Kostenfolge aus § 91 ZPO durch Prozessurteil als unzulässig abzuweisen.

Aus diesem Grund ist zu fragen, was mit der alten Klage geschehen soll.

Ist abzusehen, dass das Gericht die Klageänderung nicht für sachdienlich hält, so sollte der Anwalt darüber nachdenken, ob er nicht wenigstens hilfsweise zur alten Klage zurückkehrt oder eine Klagerücknahme vornimmt. Die Zurücknahme der Klage erspart mindestens zwei Urteilsgebühren des Gerichts nach KV Nr. 1211. Erfolgt die Rücknahme noch vor der Erörterung im Termin bzw. streitiger Verhandlung oder vor der Beweisaufnahme, so entfallen auch die zweite und dritte Rechtsanwaltsgebühr nach § 31 Abs. 1 Nr. 2–4 BRAGO.

Verweigert der Beklagte nach Beginn der mündlichen Verhandlung seine dann erforderliche Einwilligung zur Klagerücknahme der alten Klage und seine Zustimmung zur vom Gericht für nicht sachdienlich gehaltenen Klageänderung, so muss das Gericht auch über die alte Klage entscheiden. Der Kläger hätte in diesem Fall sowohl die Kosten der Klagerücknahme gem. § 269 Abs. 3 S. 2 ZPO als auch der Klageabweisung nach § 91 ZPO zu tragen. Deshalb ist es kostengünstiger für den Kläger, wenn in diesem Fall keinen Antrag mehr zur alten Klage gestellt wird und bei entsprechendem Antrag des Beklagten gegen sich ein Versäumnisurteil ergehen lässt, da bei einem Versäumnisurteil keine Gerichtsgebühren anfallen.

Nach der Rechtsprechung ist auch der gewillkürte Parteiwechsel nach den Regeln der Klageänderung zu behandeln ist (BGH NJW 1988, 128). Sollte eine Parteiänderung durch Beklagtenwechsel erfolgt sein, weil die falsche Beklagte verklagt wurde, so hat der Kläger die Kosten der ausscheidenden Beklagten zu tragen (OLG Hamburg, AnwBl 1978, 143). Ist ein Klägerwechsel erfolgt, so hat der ausscheidende Kläger die bisher dadurch entstandenen Mehrkosten zu übernehmen (OLG Düsseldorf MDR 1974, 147).

#15 Klageerweiterung (subjektive Klageerweiterung)

[*HIER Ort, Datum*]

An das
Amtsgericht [- Landgericht]
[*HIER Anschrift*]

In Sachen
....../......
Az.: ......

wird die Klage gegen ...... erweitert und nunmehr beantragt,

die Beklagten als Gesamtschuldner zu verurteilen, an den/die Kläger/-in ...... EUR nebst ......% Zinsen seit dem ...... zu zahlen.

Wir überreichen mit diesem Schriftsatz unsere Klageschrift in dreifacher Ausfertigung mit der Bitte um Zustellung an den weiteren Beklagten.

Begründung:

[*Beispielssachverhalt*]
Der Beklagte hat in seinem Schriftsatz vom ...... vorgetragen, gemeinsam mit dem weiteren Beklagten den PKW des Klägers beschädigt zu haben. Die Beklagten haften daher wegen des geltend gemachten Schadenersatzes als Gesamtschuldner.

....
Rechtsanwalt/-wältin

Anmerkung

Gemäß § 59 ZPO (**Parteihäufung**) können mehrere Personen als Streitgenossen gemeinschaftlich klagen oder verklagt werden, wenn sie, hinsichtlich des Streitgegenstandes in Rechtsgemeinschaft stehen oder wenn sie aus den selben tatsächlichen oder rechtlichen Gründen berechtigt oder verpflichtet sind.

Die Klageerweiterung ist immer dann zweckmäßig, wenn sich in einem Klageverfahren herausstellt, dass noch andere Personen für den geltend gemachten Anspruch in Frage kommen.

Vor Vorteil ist auch, dass die Partei auf die die Klage erweitert wurde, nicht mehr als Zeuge auftreten kann.

Bezüglich der Klageerweiterung ist § 130 ZPO zu beachten.

Kosten:
Es entsteht eine weitere Gebühr, wenn sich der Beklagte durch einen anderen Anwalt vertreten lässt; ansonsten entsteht eine 3/10 Erhöhungsgebühr, falls der bereits beauftragte Anwalt auch für den weiteren Beklagten auftritt.

#16 Eventuelle Klagenhäufung (Klageerweiterung durch Hilfsantrag)

[*HIER Ort, Datum*]

An das
Amtsgericht [- Landgericht]
[*HIER Anschrift*]

[*HIER Anschrift*]

In Sachen
....../......
Az.: ......

wird hilfsweise zu dem zu 1.) gestellten Antrag auf ...... [*z. B. Übereignung*] zusätzlich beantragt,

den/die Beklagte(n) zu verurteilen, an den/die Kläger/-in ...... EUR nebst ......% Zinsen seit Rechtshängigkeit zu zahlen.

....
Rechtsanwalt/-wältin

Anmerkung

Bei der eventuellen Klagenhäufung wird für den Fall der Abweisung des Hauptanspruches ein Hilfsantrag mit einem anderen Streitgegenstand gestellt. Der Hilfsantrag kann auch schon mit der Klageschrift gestellt werden.

Der Hilfsantrag kann auch noch in der Berufungsinstanz zulässig gestellt werden (Zöller § 260 ZPO Rn 4).

In der nachträglichen hilfsweisen Klagenhäufung sieht die Rechtsprechung eine Klageänderung, die aber in der Regel sachdienlich sein dürfte. An die Eventualstellung von Haupt- und Hilfsantrag ist das Gericht gebunden.

Zuständigkeitsstreitwert:
Es erfolgt keine Addition gemäß § 5 ZPO, da der Kläger nicht beide Leistungen verlangt. Entscheidend ist für das Verfahren der insgesamt (Haupt- und Hilfsantrag) höhere Wert, auch wenn dies der Hilfsantrag ist.

Eine Trennung oder Verweisung (nur) des Hilfsantrages vor einer abweisenden Entscheidung über den Hauptantrag ist nicht möglich (Zöller § 260 ZPO Rn 6).

Bei Zuständigkeit des angerufenen Gerichts nur für den Haupt-, nicht aber für den Hilfsantrag: Entscheidung über den Hilfsantrag. Bei Abweisung dann Verweisung hinsichtlich des Hilfsantrages bei entsprechendem Verweisungsantrag (sonst auch insoweit Abweisung).

Umgekehrt: Gericht nur für Hilfs- nicht aber für den Hauptantrag zuständig: Verweisung an das Gericht des Hauptantrages; bei Abweisung Hauptantrag u. U. Zurückweisung.

Hinsichtlich des Streitwertes besteht immer eine einheitliche Zuständigkeit.

Gebührenstreitwert:
Siehe hier dagegen: § 19 Abs. 1 S. 2, 3 GKG.

#17 Uneigentliche eventuelle Klagenhäufung

[*HIER Ort, Datum*]

An das
Amtsgericht [- Landgericht]
[*HIER Anschrift*]

Klage
des/der ...... [*HIER Vorname, Name, Anschrift*]

- Klägers/-in, -

Prozessbevollmächtigte(r): Rechtsanwalt/-wältin ...... [*HIER Vorname, Name, Anschrift*]

gegen

den/die ...... [*HIER Vorname, Name, Anschrift*]

- Beklagte(n), -

Prozessbevollmächtigte(r): Rechtsanwalt/-wältin ...... [*HIER Vorname, Name, Anschrift*]

wegen ......

Streitwert: ...... EUR [– vorläufig geschätzt mit ...... EUR]

Namens und mit Vollmacht des/der Klägers/-in erhebe ich Klage und werde beantragen,

1. den/die Beklagte(n) zu verurteilen, an den Kläger den PKW der Marke [*HIER genaue Bezeichnung*], [*HIER Farbe*], Fahrgestell-Nr. ...... mit dem amtlichen Kennzeichen ...... herauszugeben,
2. eine Frist von 4 Wochen nach Rechtskraft des Urteils zur Herausgabe zu setzen, nach deren Ablauf der Kläger die Leistung ablehnt.
3. nach fruchtlosen Ablauf der Frist ...... EUR nebst ......% Zinsen seit Fristablauf zu zahlen.
4. dem/der Beklagte(n) die Kosten des Rechtsstreits aufzuerlegen
5. [*HIER weitere Anträge*]

Begründung:

[*HIER folgt die nähere Sachverhaltsschilderung*]

Der Kläger hat den PKW mehrfach vergeblich zurückgefordert, zuletzt mit Mahnung vom ......

Beweis: Mahnung vom ...... in Kopie, Anlage K 1

Der Kläger hält es für möglich, dass der Beklagte den PKW nicht mehr in Besitz hat. Er verlangt in erster Linie Herausgabe des PKW. Zugleich macht er aber von seinem Recht Gebrauch, den Beklagten schon im Urteil eine Frist zur Herausgabe zu setzen, nach deren Ablauf er die Leistung ablehnt (§ 281 BGB). Nach Ablauf der Frist kann der Kläger Schadenersatz wegen Nichterfüllung verlangen (§ 281 BGB), den er schon jetzt mit seinem Antrag zu 3. verfolgt. Der Kläger befürchtet, dass sich der Beklagte i. S. d. § 259 ZPO der Rückgabe des PKW entziehen will, da er in Erfahrung gebracht hat, dass der Kläger den PKW an den Zeugen XY zu veräußern versuchte.

Beweis: Zeugnis des XY,
Anschrift: ......

Die Höhe des Schadens ergibt sich aus der Kaufrechnung des vor kurzer Zeit vom Kläger gekauften PKW.

Beweis: Rechnung des Autohauses Z vom ...... in Kopie, Anlage K 2

....
Rechtsanwalt/-wältin

Anmerkung

Bei obiger Klage wurden durch eine uneigentliche eventuellen Klagenhäufung die Anträge auf Herausgabe mit Fristsetzung und Schadenersatz verbunden.

Die Verbindung der Anträge auf Herausgabe und Schadenersatz ist sinnvoll, wenn der Kläger nicht weiß, ob noch Herausgabe möglich ist oder ob er einen Schadenersatzanspruch wegen der Unmöglichkeit der Leistung geltend machen muss. Außerdem ermöglicht der Herausgabetitel dem Kläger die Möglichkeit, mit Hilfe des Gerichtsvollziehers – wobei sich die Vollstreckung nach § 883 ZPO richtet – nach der streitigen Sache zu forschen. Die Sache ist so zu bezeichnen, dass sie auch zweifelsfrei identifiziert werden könnte.

Der Antrag zu 2. beruht auf § 281 BGB. Die Verbindung mit den übrigen Anträgen zu einer uneigentlichen eventuellen Klagenhäufung wird von der h. M. bejaht, sofern für den Antrag auf Schadenersatz die Voraussetzungen des § 259 ZPO vorliegen (Zöller § 255 ZPO Rn 3). Neben den Voraussetzungen für den Herausgabeanspruch und der Höhe des Schadens müssen die Voraussetzungen des § 259 ZPO in der Klagebegründung dargelegt werden, da von deren Vorliegen das Rechtsschutzbedürfnis des Antrages zu 3., des Schadenersatzantrages also, abhängt (Thomas/Putzo § 259 ZPO Rn 2 f.).

Die Verbindung von Herausgabe- und Fristsetzungsantrag ist nach § 255 ZPO zulässig (Thomas/Putzo § 255 ZPO Rn 2).

#18 Klage mit Zug-um-Zug-Antrag

[*HIER Ort, Datum*]

An das
Amtsgericht [– Landgericht]
[*HIER Anschrift*]

Klage
des/der ...... [*HIER Vorname, Name, Anschrift*]

– Klägers/-in, –

Prozessbevollmächtigte(r): Rechtsanwalt/-wältin ...... [*HIER Vorname, Name, Anschrift*]

gegen

den/die ...... [*HIER Vorname, Name, Anschrift*]

– Beklagte(n), –

Prozessbevollmächtigte(r): Rechtsanwalt/-wältin ...... [*HIER Vorname, Name, Anschrift*]

wegen ......

Streitwert: ...... EUR [– vorläufig geschätzt mit ...... EUR]

Namens und mit Vollmacht des/der Klägers/-in erhebe ich Klage und werde beantragen,

1. den/die Beklagte(n) zu verurteilen, an den/die Kläger/-in ...... EUR Zug um Zug gegen Herausgabe des PKW der Marke [*HIER genaue Bezeichnung*], [*HIER Farbe*], Fahrgestell-Nr. ...... mit dem amtlichen Kennzeichen ...... zu zahlen,

2. festzustellen, dass sich die Beklagte mit der Rücknahme des PKW der Marke [*HIER genaue Bezeichnung*], [*HIER Farbe*], Fahrgestell-Nr. . . . . . . mit dem amtlichen Kennzeichen . . . . . . in Verzug befindet.

Begründung:

[*HIER folgt die nähere Ausführung*]

Dem Beklagten ist die Rückgabe des Fahrzeugs gegen Rückzahlung des Kaufpreise angeboten worden.

Beweis: Schreiben des Klägers vom . . . . . . in Kopie; Anlage K 1

Der Beklagte ist dem aber nicht nachgekommen. Damit befindet sich der Beklagte gemäß § 295 BGB in Annahmeverzug.

. . . .
Rechtsanwalt/-wältin

Anmerkung

Neben dem Zug-um-Zug-Antrag sollte in der Regel zusätzlich der Antrag auf Feststellung des Annahmeverzuges des Schuldners gestellt werden.

Sofern die Klageforderung nur Zug-um-Zug gegen Erbringung einer Leistung des Klägers geschuldet wird, ergeben sich für den Kläger häufiger Probleme hinsichtlich der Zwangsvollstreckung. Mit der antragsgemäßen Verurteilung des Beklagten ist dem Kläger meist deshalb nur wenig gedient, weil die Zwangsvollstreckung trotz Erteilung der Vollstreckungsklausel gemäß § 726 Abs. 2 ZPO nach § 756 ZPO nur dann beginnen darf, wenn der Schuldner zuvor in Annahmeverzug gesetzt worden ist. Damit also der Leistungsantrag vollstreckt werden kann, muss der Schuldner hinsichtlich der Leistung des Gläubigers durch den Gerichtsvollzieher in Annahmeverzug gesetzt werden. Hauptsächlich bei Werklohnklagen besteht häufig die Frage, ob der Unternehmer seine Zug-um-Zug geschuldete Gegenleistung ordnungsgemäß angeboten hat. Dieses Problem kann dadurch umgangen werden, dass der Annahmeverzug des Gegners gem. § 756 ZPO durch öffentliche bzw. öffentlich beglaubigte Urkunde bewiesen wird. Eine solche öffentliche Urkunde ist auch ein entsprechendes Feststellungsurteil. Der Kläger kann sich die sofortige Vollstreckungsmöglichkeit also auch dadurch sichern, dass er dem Beklagten vor dem Prozess die sofortige Erfüllung der Zug-um-Zug Leistung anbietet und hierauf im Prozess hinweist. Danach wird dann neben dem Leistungsantrag auf Zug-um-Zug-Leistung zusätzlich der Antrag gestellt, festzustellen, dass sich der Beklagte bezüglich der vom Kläger zu erbringenden Gegenleistung in Annahmeverzug befindet. Wird diese Feststellung im Urteil getroffen, so ist der Annahmeverzug durch öffentliche Urkunde bewiesen, die Zwangsvollstreckung demnach problemlos möglich.

Aus einem Zug-um-Zug-Urteil kann nur der Kläger die Zwangsvollstreckung betreiben. Anders ist es nur, wenn der Beklagte wegen der vom Kläger zu erbringenden Zug-um-Zug- Leistung Widerklage erhoben hat.

Ein **sog. doppelter Zug-um-Zug-Antrag** kann vor allem im Werklohnprozess vorkommen, sofern der Besteller einwendet, zur Zahlung nur gegen Beseitigung von Mängeln verpflichtet zu sein, sich jedoch auch an den Mängelbeseitigungskosten beteiligen muss. Der Antrag könnte in diesen Fall so formuliert sein:

»...... den Beklagten zu verurteilen, an den Kläger ...... EUR [z. B. 8000,– EUR] zu zahlen, Zug um Zug gegen Beseitigung folgender unter 1 bis 4 genannter Mängel:

1. ......
2. ......
3. ......
4. ......,

jedoch mit der Maßgabe, dass die Mängelbeseitigung wiederum nur Zug um Zug gegen eine vom Beklagten zu hinterlegende Zuschusszahlung über den Betrag von ...... EUR [z. B. EUR 1.500,–] zu erfolgen hat.«

Vgl. hierzu auch BGH NJW-RR 1994,148.

#19 Klage auf Vornahme einer Handlung

[*HIER Ort, Datum*]

An das
Amtsgericht [– Landgericht]
[*HIER Anschrift*]

Klage
des/der ...... [*HIER Vorname, Name, Anschrift*]

– Klägers/-in, –

Prozessbevollmächtigte(r): Rechtsanwalt/-wältin ...... [*HIER Vorname, Name, Anschrift*]

gegen

den/die ...... [*HIER Vorname, Name, Anschrift*]

– Beklagte(n), –

Prozessbevollmächtigte(r): Rechtsanwalt/-wältin ...... [*HIER Vorname, Name, Anschrift*]

wegen ......

Streitwert: ...... EUR [– vorläufig geschätzt mit ...... EUR]

Namens und mit Vollmacht des/der Klägers/-in erhebe ich Klage und werde beantragen,

1. den/der Beklagten zu verurteilen, [*HIER genaue Bezeichnung der Handlung, zu der der Beklagte verurteilt werden soll, z. B. ......*] die auf dem Grundstück des Beklagten ...... befindlichen Bäume [*HIER genaue Bezeichnung und Lage*] zu entfernen.
2. dem/der Beklagte(n) die Kosten des Rechtsstreits aufzuerlegen.
3. [*HIER weitere Anträge*]

Begründung:

Der Anspruch auf Vornahme der im Klageantrag näher bezeichneten Handlung ergibt sich aus dem folgenden Sachverhalt: ...... [*HIER genaue Darlegung des Anspruchs u. U. mit Beweisangeboten*]

....
Rechtsanwalt/-wältin

Anmerkung

In diesem Verfahren handelt es sich um eine **vertretbare Handlung**, d. h. um eine solche, bei der es rechtlich und wirtschaftlich betrachtet für den Gläubiger unerheblich ist, ob der Schuldner oder ein Dritter erfüllen.

Die Abgrenzung gegenüber der unvertretbaren Handlung ist oft schwierig.

Wichtig ist, dass die Anträge so genau formuliert werden, damit diese vollstreckungsfähig sind.

Die Vollstreckung wäre im vorliegenden Fall nach § 887 ZPO zu betreiben, d. h. das Gericht müsste ggf. auf Antrag hin den Gläubiger durch Beschluss ermächtigen, die Handlung auf Kosten des Schuldners vornehmen zu lassen oder selbst vorzunehmen.

Kosten:
Diese richten sich nach dem Interesse des Klägers an der Vornahme der Handlung.

#20 Klage auf Vornahme einer unvertretbaren Handlung

[*HIER Ort, Datum*]

An das
Amtsgericht [- Landgericht]
[*HIER Anschrift*]

Klage
des/der ...... [*HIER Vorname, Name, Anschrift*]

- Klägers/-in, -

Prozessbevollmächtigte(r): Rechtsanwalt/-wältin ...... [*HIER Vorname, Name, Anschrift*]

gegen

den/die ...... [*HIER Vorname, Name, Anschrift*]

- Beklagte(n), -

Prozessbevollmächtigte(r): Rechtsanwalt/-wältin ...... [*HIER Vorname, Name, Anschrift*]

wegen ......

Streitwert: ...... EUR [- vorläufig geschätzt mit ...... EUR]

Namens und mit Vollmacht des/der Klägers/-in erhebe ich Klage und werde beantragen,

1. den/die Beklagte(n) zu verurteilen, für die Zeit vom ...... bis ...... in seiner Eigenschaft als ...... [*HIER Eigenschaft des Beklagten einsetzen, aufgrund der sich die Unvertretbarkeit ergibt, z. B.:*] Schatzmeister des Klägers Rechnung zu legen.
2. [HIER weitere Anträge]

Begründung:

[*HIER Tatsachenvortrag einsetzen, aus dem sich die Schlüssigkeit des Anspruchs auf Vornahme der Handlung und deren Unvertretbarkeit ergibt; Beweis der fruchtlosen Aufforderung liefern, z. B.:*]
Der Kläger ist eingetragener Verein.

Der Beklagte war gewählter Schatzmeister.

Der Beklagte wurde mehrfach fruchtlos aufgefordert, für den Zeitraum vom ...... bis ...... Rechnung zu legen.

Beweis: Vorlage des Aufforderungsschreibens vom ......

Der Beklagte weigert sich beharrlich, so dass Klage notwendig ist.

....
Rechtsanwalt/-wältin

Anmerkung

Der nach dem Schuldtitel zu vollstreckende Anspruch muss zu einer Handlung verpflichten, die durch einen Dritten nicht vorgenommen werden kann, die somit ausschließlich vom Willen des Schuldners abhängig ist, z. B. der Anspruch auf Erteilung eines Arbeitszeugnisses, die Mitwirkung des Ehegatten bei der Steuererklärung, die Aufstellung einer Bilanz oder wie im Beispielsachverhalt auf Rechnungslegung.

Vollstreckt wird die geschuldete Verpflichtung in der Weise, dass der Schuldner zur Vornahme der Handlung durch Zwangsgeld (ersatzweise Zwangshaft) oder durch Zwangshaft angehalten wird.

Der Streitwert einer Klage auf Rechnungslegung bemisst sich gemäß § 3 ZPO nach dem Interesse, das der Kläger daran hat, mit einem solchen Anspruch die Begründung des Herausgabeanspruches zu erleichtern, wobei er sich sogleich Mühe der Kosten der eigenen Aufklärung erspart, BGH Rpfleger 199, 110; OLG Köln DB 1955, 724.

#21 Klage wegen Besitzstörung § 862 BGB

[*HIER Ort, Datum*]

An das
Amtsgericht [- Landgericht]
[*HIER Anschrift*]

Klage
des/der ...... [*HIER Vorname, Name, Anschrift*]

- Klägers/-in, -

Prozessbevollmächtigte(r): Rechtsanwalt/-wältin ...... [*HIER Vorname, Name, Anschrift*]

gegen

den/die ...... [*HIER Vorname, Name, Anschrift*]

- Beklagte(n), -

Prozessbevollmächtigte(r): Rechtsanwalt/-wältin ...... [*HIER Vorname, Name, Anschrift*]

wegen Besitzstörung.

Streitwert: ...... EUR [- vorläufig geschätzt mit ...... EUR]

Namens und mit Vollmacht des/der Klägers/-in erhebe ich Klage und werde beantragen,

1. den/die Beklagte(n) zu verurteilen, es zu unterlassen, Regenabflusswasser von seinem/ihrem Hausdach und seinem/ihrem Grundstück auf das Grundstück des/der Kläger/-in überzuleiten.
2. [HIER weitere Anträge]

Begründung:

Die Parteien sind Grundstücksnachbarn. Das Grundstück des Beklagten liegt erhöht und fällt zum Grundstück des Klägers hin ab. Auch das große Hausdach ist zum Grundstück des Klägers hin geneigt.

Beweis: 1) Augenscheinseinnahme
2) Zeugnis des

Der Ablauf der Regenrinnen und des übrigen Regenwassers ergießt sich frei auf das Grundstück des Klägers und richtet dort erhebliche Schäden in der Bepflanzung und im Erdreich an.

Beweis: Zeugnis 1)......
2)......

Trotz mehrfacher Aufforderung hat der Beklagte keine Abhilfe geschaffen, so dass die Klage geboten ist.

....
Rechtsanwalt/-wältin

Anmerkung

Zuständigkeit:
sachlich: nach Wert, örtlich: §§ 12–19, 26 ZPO.

Statt mit einer Klage kann in vielen Fällen auch mit einer einstweiligen Verfügung abgeholfen werden.

#22 Klage auf Abgabe einer Willenserklärung

[*HIER Ort, Datum*]

An das
Amtsgericht [- Landgericht]
[*HIER Anschrift*]

Klage
des/der ...... [*HIER Vorname, Name, Anschrift*]

- Klägers/-in, -

Prozessbevollmächtigte(r): Rechtsanwalt/-wältin ...... [*HIER Vorname, Name, Anschrift*]

gegen

den/die ...... [*HIER Vorname, Name, Anschrift*]

- Beklagte(n), -

Prozessbevollmächtigte(r): Rechtsanwalt/-wältin ...... [*HIER Vorname, Name, Anschrift*]

wegen ......

Streitwert: ...... EUR [- vorläufig geschätzt mit ...... EUR]

Namens und mit Vollmacht des/der Klägers/-in erhebe ich Klage und werde beantragen,

1. den/die Beklagte(n) zu verurteilen, die von ihm aufgestellte ehrenrührige Behauptung [*HIER Inhalt der Behauptung wiedergeben*] ...... zu widerrufen.
2. [*HIER weitere Anträge*]

Begründung:

Der Beklagte hat gegenüber dem Kläger folgende Behauptung aufgestellt:
......

Beweis: Zeugnis ......

Hierbei handelt es sich um eine ehrverletzende Behauptung.

Der Beklagte ist unter Fristsetzung fruchtlos zum Widerrufe aufgefordert worden.

Der Beklagte hat die Aufforderungsfrist fristlos verstreichen lassen.

....
Rechtsanwalt/-wältin

Anmerkung

Der nach dem Schuldtitel durchzusetzende Anspruch muss in der Abgabe einer Willenserklärung bestehen. Diese muss einen bestimmten Inhalt haben. Die Verurteilung muss unbedingt und vorbehaltlos sein. Die Verurteilung des Schuldners muss der Rechtskraft (§ 705 ZPO) fähig sein. Das Urteil muss rechtskräftig sein. Vorher ist eine Vollstreckung ausgeschlossen. Die Vollstreckung gilt (mit der Rechtskraft) als abgegeben (§ 894 Abs. 1 S. 1: gesetzliche Fiktion). Das rechtskräftige Urteil ›ersetzt‹ die Erklärung in der für sie erforderlichen Form.

#23 Klage auf Schadensersatz § 826 BGB

[*HIER Ort, Datum*]

An das
Amtsgericht [- Landgericht]
[*HIER Anschrift*]

Klage
des/der ...... [*HIER Vorname, Name, Anschrift*]

- Klägers/-in, -

Prozessbevollmächtigte(r): Rechtsanwalt/-wältin ...... [*HIER Vorname, Name, Anschrift*]

gegen

den/die ...... [*HIER Vorname, Name, Anschrift*]

- Beklagte(n), -

Prozessbevollmächtigte(r): Rechtsanwalt/-wältin ...... [*HIER Vorname, Name, Anschrift*]

wegen Schadensersatz.

Streitwert: ...... EUR [- vorläufig geschätzt mit ...... EUR]

Namens und mit Vollmacht des/der Klägers/-in erhebe ich Klage und werde beantragen,

1. den Beklagten zu verurteilen, an den/die Kläger/-in ...... EUR nebst ......% Zinsen seit dem ...... zu zahlen.
2. [HIER weitere Anträge]

Begründung:

[*HIER Beispielssachverhalt*]

Der Beklagte hat den Kläger arglistig, vorsätzlich, im vollen Bewusstsein der Unrichtigkeit seiner Auskunft und Empfehlung dazu veranlasst, die Bürgschaft für eine Kredit an den Beklagten zu übernehmen, obwohl er die Kreditunwürdigkeit des Herrn ...... genau kannte. Der Kläger ist aus der Bürgschaft in voller Höhe von ...... EUR in Anspruch genommen worden und hat Zahlung geleistet.

Beweis: 1) Bürgschaftsunterlagen, Anlage K 1
2) Bankauskunft der ...... Bank
3) Zeugnis des ......, der bekunden wird, dass der Beklagte das Unvermögen des Kreditnehmers zur Rückzahlung genau gekannt hat.

[*HIER gegebenenfalls weitere Ausführungen zur Sache*]

....
Rechtsanwalt/-wältin

Anmerkung

Die Schadensersatzklage aus § 826 BGB ist in einer Vielzahl von Einzelfällen gegeben (vgl. Aufzählung bei Palandt in den Anmerkungen zu § 826 BGB).

Zuständigkeit:
Die örtliche Zuständigkeit ergibt sich aus den allgemeinen Bestimmungen gemäß §§ 12 ff. ZPO und dem besonderen Gerichtsstand der unerlaubten Handlung gemäß § 32 ZPO. Die sachliche Zuständigkeit ergibt sich aus dem Streitwert.

Kosten:
Wie bei gewöhnlicher Klage.

#24 Hauptintervention §§ 64 ff. ZPO (Einmischungsklage)

[*HIER Ort, Datum*]

An das
Amtsgericht [– Landgericht]
[*HIER Anschrift*]

Klage
des/der ...... [*HIER Vorname, Name, Anschrift*]

– Klägers/-in, –

Prozessbevollmächtigte(r): Rechtsanwalt/-wältin ...... [*HIER Vorname, Name, Anschrift*]

gegen

1. den/die ...... [*HIER Vorname, Name, Anschrift*]

- Beklagte(n) zu 1), -

2. den/die ...... [*HIER Vorname, Name, Anschrift*]

- Beklagte(n) zu 2), -

Prozessbevollmächtigte(r): Rechtsanwalt/-wältin ...... [*HIER Vorname, Name, Anschrift*]

wegen Hauptintervention.

Streitwert: ...... EUR [- vorläufig geschätzt mit ...... EUR]

Namens und mit Vollmacht des/der Klägers/-in erhebe ich Klage und werde beantragen,

1. den/die Beklagte(n) zu 1) zu verurteilen, an den/die Kläger/-in ...... [*HIER folgt die genaue Bezeichnung dessen, was herauszugeben ist, z. B. den PKW oder das Fernsehgerät*] herauszugeben;
2. festzustellen, dass der/die Beklagte zu 2) nicht Eigentümer/-in des ...... [*z. B. Pkws oder Fernsehgerätes*] ist;
3. die Kosten des Rechtsstreites den Beklagten als Gesamtschuldner aufzuerlegen.
4. [*HIER weitere Anträge*]

Begründung:

Zwischen den Beklagten zu 1) und 2) ist vor dem angerufenen Gericht der Rechtsstreit, Az.: ...... anhängig.

Beweis: Parteivernehmung und Akten [Angabe Aktenzeichen]

Der Beklagte zu 2) macht in dem Rechtsstreit, Az.: ...... geltend, dass ...... [*HIER folgt, was geltend gemacht wird*].

Der Beklagte zu 2) verlangt Herausgabe des bezeichneten ...... [*HIER Gegenstand genau aufführen*], da der Beklagte zu 1) seit ...... Wochen [- Monaten] keine Teilzahlung geleistet haben soll.

Der bezeichnete Klagegegenstand ist jedoch Eigentum des Klägers.

Beweis: Parteivernehmung, Vorlage von Urkunden, usw.

...... [*HIER folgt die weitere Begründung*]

....
Rechtsanwalt/-wältin

Anmerkung

Die Hauptintervention stellt in der Praxis einen Ausnahmefall dar.

Es geht bei ihr darum, dass ein Dritter eine Sache oder ein Recht, über welches zwei andere Personen prozessieren, für sich in Anspruch nimmt. Die Hauptintervention erfolgt durch eine besondere Klage gegen die beiden anderen Parteien, § 64 ZPO. Der Erstprozess kann in diesem Fall ausgesetzt werden, § 65 ZPO.

Ausschließlich örtlich und sachlich zuständig ist das Gericht 1. Instanz des Hauptprozesses, § 64 ZPO.

Die Hauptinterventionsklage (auch Einmischungsklage genannt) ist nicht mit der Widerspruchsklage des § 771 ZPO zu verwechseln. Die Hauptintervention ist nur statthaft, wenn vor einem ordentlichen Gericht ein Prozess rechtshängig ist, d. h. er darf noch nicht rechtskräftig entschieden sein.

Der Hauptprozess kann auf Antrag bis zur rechtskräftigen Entscheidung über die Hauptintervention ausgesetzt werden. Den Antrag auf Aussetzung des Hauptprozesses können nur die an diesem beteiligten Personen stellen. Der Antrag auf Aussetzung kann nie von der Hauptintervention gestellt werden, § 65 ZPO.

Büromäßige Behandlung:

Klage muss gegen beide Parteien des Hauptprozesses erhoben werden. Die Klageschrift der Hauptintervention wird von Amts wegen zugestellt. Sind die Parteien im Hauptprozess durch Rechtsanwälte vertreten, so ist für die Rechtsanwälte, an die zugestellt wird, eine Parteiabschrift beizufügen.

Kosten:
Gerichtskosten:
3 Gebühren, GKG Anl.1 KV Nr. 1210.

Rechtsanwaltsgebühren:
Regelgebühren nach § 31 BRAGO.

#25 Nebenintervention §§ 66 ff. ZPO

[*HIER Ort, Datum*]

An das
Amtsgericht [- Landgericht]
[*HIER Anschrift*]

Streitbeitritt
des/der ...... [*HIER Vorname, Name, Anschrift*]

Prozessbevollmächtigte(r): Rechtsanwalt/-wältin ...... [*HIER Vorname, Name, Anschrift*]

In dem Rechtsstreit
Az.: ......

des/der ...... [*HIER Vorname, Name, Anschrift*]

– Klägers/-in, –

Prozessbevollmächtigte(r): Rechtsanwalt/-wältin ...... [*HIER Vorname, Name, Anschrift*]

gegen

1. den/die ...... [*HIER Vorname, Name, Anschrift*]

- Beklagte(n) zu 1), -

2. den/die ...... [*HIER Vorname, Name, Anschrift*]

- Beklagte(n) zu 2), -

Prozessbevollmächtigte(r): Rechtsanwalt/-wältin ...... [*HIER Vorname, Name, Anschrift*]

wegen: ......

Namens und mit Vollmacht des **Nebenintervenienten** erkläre ich den Beitritt für den/die Kläger/-in [- den/die Beklagte(n)] und werde beantragen,

1. die Klage abzuweisen; [- der Klage stattzugeben;]
2. die Kosten - auch die des Nebenintervenienten - dem/der Kläger/-in [- dem/der Beklagten] aufzuerlegen.
3. [*HIER weitere Anträge*]

Begründung:

Zwischen den Parteien schwebt der Prozess vor dem angerufenen Gericht.

Der Nebenintervenient hat ein rechtliches Interesse daran, dass die Klage abgewiesen [- der Klage stattgegeben] wird.
...... [*HIER folgt ausführliche Glaubhaftmachung des rechtlichen Interesses*].

Beweis: Urkunden, eidesstattliche Versicherung usw.

....
Rechtsanwalt/-wältin

Anmerkung

Die Nebenintervention kann in jeder Lage des Rechtsstreites – auch in der Revisionsinstanz – bis zur rechtskräftigen Entscheidung des Rechtsstreites, dem beigetreten wird, erfolgen, § 66 Abs. 2 ZPO.

Notwendig für den Beitritt als Streithelfer ist ein rechtliches Interesse. Wirtschaftliche Interessen allein sind nicht ausreichend, § 66 ZPO.

Die Stellung des Nebenintervenienten ist, prozessual betrachtet, eine unselbstständige. Er ist berechtigt, alle Angriffs- und Verteidigungsmittel geltend zu machen und Prozesshandlungen vorzunehmen, aber nur soweit kein Widerspruch zu seiner Prozesspartei besteht, § 67 ZPO.

Der Nebenintervenient erlangt jedoch die Stellung eines Streitgenossen und kann Prozesshandlungen unabhängig vom Willen der unterstützten Partei vornehmen, wenn die Rechtskraft der Entscheidung auf das Rechtsverhältnis zu dem Prozessgegner einwirkt, § 69 i. V. m. 61 ZPO.

Im Verhältnis zur Hauptpartei kann sich der Nebenintervenient nicht darauf berufen, dass der Rechtsstreit unrichtig entschieden worden sein. Mangelhafte Prozessführung kann er nur in

Ausnahmefällen geltend machen, § 68 ZPO. Über die Zulässigkeit wird nach mündlicher Verhandlung durch Zwischenurteil entschieden, § 71 Abs. 1 ZPO.

Gegen das Zwischenurteil findet sofortige Beschwerde statt, § 71 Abs. 2 ZPO.

Der Nebenintervenient nimmt so lange am Hauptprozess teil, bis über die Nebenintervention durch Zwischenurteil rechtskräftig entschieden ist, § 71 Abs. 3 ZPO.

Achtung:
Der Beitritt als Nebenintervenient erfolgt meist gemäß § 74 ZPO auf eine Streitverkündung und ist dann auch sinnvoll. Jedoch kann auch sonst jeder, der ein rechtliches Interesse am Obsiegen einer Partei hat, dem Rechtsstreit auf Seiten dieser Partei beitreten. Vor Letzterem kann aber nur gewarnt werden. Man kann dabei nur verlieren. Wer sich trotz des drohenden Regresses in den zwischen Dritten anhängigen Prozess nicht einmischt, hat nämlich zunächst einmal die Chance, dass dieses Verfahren in dem ihm günstigen Sinn ausgeht. Damit hätte sich das Regressrisiko erledigt. Der Kaufpreisklage des Zweitverkäufers wird etwa deshalb stattgegeben, weil das Gericht den vom Zweitkäufer gerügten Mangel nicht festgestellt hat. Verliert die zu unterstützende Partei doch den Prozess, ohne dass sie dem Dritten den Streit verkündet hätte, so kann sich dieser uneingeschränkt darauf berufen, dass das erste Urteil unrichtig sei, weil z. B. die Sache doch nicht mangelhaft gewesen sei. Eine Bindung des Dritten kommt hier abgesehen von den wenigen Fällen einer Rechtskrafterstreckung nicht in Betracht. Folglich ist es ratsam, den Dingen zunächst ihren Lauf zu lassen, sofern keine Streitverkündung erfolgt ist. Man verdoppelt in diesem Fall die Chancen des Mandanten.

Büromäßige Behandlung:
Der Schriftsatz auf Beitritt ist bei dem Prozessgericht einzureichen. Sind die Parteien des Hauptprozesses durch Rechtsanwälte vertreten, so erfolgt Zustellung von Anwalt zu Anwalt gemäß § 195 ZPO.

Kosten und Gebühren:
Keine besondere Gebühr für den Prozessbevollmächtigten des Klägers bzw. Beklagten, wenn der Auftrag zu Vertretung des Nebenintervenienten gleichzeitig mit dem Klageauftrag erteilt wird. Sonst Erhöhung nach § 6 Abs. 2 S. 2 BRAGO. Für den Anwalt, der nur den Nebenintervenienten vertritt, Gebühr nach § 31 BRAGO.

#26 Streitverkündung §§ 72, 73 ZPO

[*HIER Ort, Datum*]

An das
Amtsgericht [- Landgericht]
[*HIER Anschrift*]

Streitverkündung

des/der ...... [*HIER Vorname, Name, Anschrift*]

- Klägers/-in, [- Beklagten]-

Prozessbevollmächtigte(r): Rechtsanwalt/-wältin ...... [*HIER Vorname, Name, Anschrift*]

In Sachen
...... [*HIER folgt das volle Rubrum der Klage nebst Aktenzeichen*]

Namens und mit Vollmacht des/der Klägers/-in [des/der Beklagten] verkünde ich dem/der Beklagten [dem/der Kläger/-in] den Streit und überreiche eine Abschrift der Klage.

Ein Termin zur mündlichen Verhandlung [- Beweisaufnahme] [- Verkündungstermin] ist auf den ...... 20.. um ...... Uhr vor dem ...... Gericht bestimmt worden.

Der/Die Kläger/-in [- Der/Die Beklagte] glaubt, für den Fall des ungünstigen Ausganges des Rechtsstreites einen Anspruch auf Gewährleistung [- Schadloshaltung] [- gegen den Streitverkündeten erheben zu können] [- besorgt den Anspruch des Streitverkündeten] aus folgenden Grunde [- aus den in der Klage dargelegten Gründen]

Abschriften der Schriftsätze

des/der Klägers/-in vom ...... 20..,

des/der Beklagten vom ...... 20..

füge ich bei.

....
Rechtsanwalt/-wältin

Anmerkung

[*Siehe insbesondere die Formulare 1.A.07.b.#19–21.*]

Die Streitverkündung soll vermeiden helfen, dass

1. der Kläger gegen den Beklagten unterliegt und danach dann auch später gegen den Dritten mit der Begründung verliert, der erste Beklagte sei doch der richtige Schuldner gewesen bzw.
2. der Kläger im ersten Prozess unterliegt und überdies auf die Klage eines Dritten, welcher dieselbe Forderung für sich in Anspruch nimmt, nochmals verurteilt wird.

Eine besondere Darstellung des Grundes ist nur insoweit erforderlich, als sich der Grund nicht bereits aus der Klage oder den überreichten Schriftsätzen, auf die dann Bezug zu nehmen ist, ergibt. Streitverkündung ist in jeder Lage des Verfahrens zulässig. Sie wird mit der Zustellung wirksam, § 73 ZPO. Der Stand des anhängigen Rechtsstreits – insbesondere der Grund der Streitverkündung – muss, wenn dies nicht schon aus den Anlagen hervorgeht, die dem Schriftsatz beigefügten sind, unmissverständlich erkennbar sein.
Eine Besonderheit bildet die Urheberbenennung in Verbindung mit der Streitverkündung nach § 76 ZPO, wenn der Besitzer einer Sache verklagt ist, die er aufgrund eines Rechtsverhältnisses der in § 868 BGB bezeichneten Art zu besitzen behauptet. Zur Streitverkündung an den Schuldner ist der Kläger verpflichtet, wenn die Klage eine Forderung aus einem vorangegangenen Pfändungs- und Überweisungsbeschluss gegen den Drittschuldner zum Gegenstand hat, § 841 ZPO. Wenn der Dritte dem Streitverkünder beitritt, so bestimmt sich sein Verhältnis zu den Parteien nach den Grundsätzen über die Nebenintervention, § 74 ZPO.

Büromäßige Behandlung:
Der Schriftsatz mit Klage und alle bis zur Streitverkündung gewechselten Schriftsätze, die rechtliche oder tatsächliche Ausführungen enthalten, sind bei dem Gericht einzureichen, das dem Streitverkündeten von Amts wegen zustellt und dem Gegner des Streitverkünders mitteilt, §§ 73, 261, 253, 496 ZPO.

Dementsprechend viele Abschriften des Schriftsatzes und der Anlagen sind zu fertigen.

Kosten:
Gerichtskosten:
Keine.

Rechtsanwaltsgebühren:
Anwaltsgebühr durch Prozessgebühr abgegolten.

#27 Meldung für die beklagte Partei mit allgemeinem Klageabweisungsantrag

[*HIER Ort, Datum*]

An das
Amtsgericht [– Landgericht]
[*HIER Anschrift*]

In Sachen
....../......
Az.: ......

bestelle ich mich für den/die Beklagte(n) zum/zur Prozessbevollmächtigten und werde im Termin zur mündlichen Verhandlung beantragen,

die Klage kostenpflichtig abzuweisen.

[oder anders formuliert:]
vertrete ich den Beklagten und werde beantragen,

1. die Klage abzuweisen,
2. die Kosten des Rechtsstreits dem/der Kläger/-in aufzuerlegen,
3. das Urteil, soweit es einem vollstreckungsfähigen Inhalt aufweist – notfalls gegen Sicherheitsleistung – für vorläufig vollstreckbar zu erklären.
4. im Verurteilungsfall dem Beklagten nachzulassen, die Zwangsvollstreckung durch Sicherheitsleistung abwenden zu dürfen. [Wo der Rechtsstreit eine hinterlegungsfähige Sache betrifft, kann auch Abwendung durch Hinterlegung beantragt werden]

Es wird weiter beantragt,

dem Beklagten zu gestatten, eine von ihm zu erbringende Sicherheit durch eine Bürgschaft der ......-Bank zu leisten.

Einer Übertragung auf den Einzelrichter stehen keine [– nachfolgende aufgeführte] Gründe entgegen.

Begründung:

...... [*HIER folgt die Begründung*]

Die Klage ist schon unschlüssig. ......

[oder]
Der vom Kläger vorgetragene Sachverhalt trägt die von ihm begehrte Rechtsfolge nicht, da ...... [*HIER nähere Ausführung*]

Des Weiteren ist der Sachvortrag des Klägers auch unrichtig, weil sich in Wirklichkeit ...... Unrichtig ist auch ...... [*HIER nähere Ausführung*].

Zudem stehen dem Beklagten auch noch Gegenrechte zu. ...... [*HIER nähere Ausführung*]

Schließlich wird der Zinsanspruch nach Grund und Höhe bestritten. Alle Angaben zu Kreditaufnahme und Zinshöhe werden mit Nichtwissen bestritten.

[*HIER eventuell Angabe der Gründe, die einer Einzelrichterübertragung entgegenstehen.*]

....
Rechtsanwalt/-wältin

Anmerkung

Die Vollmacht ist gemäß §§ 80, 88 ZPO erforderlich. Der Mangel der Vollmacht ist aber vom Gericht von Amts wegen nur zu berücksichtigen, wenn nicht als Bevollmächtigter ein Rechtsanwalt auftritt, § 88 Abs. 2 ZPO. Erst bei Rüge des Prozessgegners muss die Vollmacht im Zivilprozess vorgelegt werden.

Vor der Klageerwiderung steht noch die innerhalb von zwei Wochen zu erklärende Verteidigungsanzeige, soweit das schriftliche Vorverfahren (§ 276 ZPO) angeordnet ist. Hier wird im allgemeinen wie folgt formuliert:

»In Sachen

....../......
Az. ......

zeige ich an, dass ich den Beklagten vertrete. Die Beklagte wird sich gegen die Klage verteidigen.« (siehe hierzu 1.A.01.#37)

Es kann aber auch sofort eine vollständige Klageerwiderung erfolgen, was oft aus arbeitsökonomischen Gründen sinnvoll ist. Ist das schriftliche Vorverfahren angeordnet und hat der Beklagte noch nicht angezeigt, dass er sich gegen die Klage verteidigen will, so sollte zusätzlich erklärt werden:

»Der Beklagte will sich gegen die Klage verteidigen.«

Schon bei Zustellung der Klageschrift wird der Beklagte unter Fristsetzung aufgefordert, sich zur Übertragung der Sache auf den Einzelrichter zu äußern, § 271 Abs. 3 ZPO. Bedenken der in § 348 Abs. 1 Nr. 1 und 2 ZPO genannten Art sind deshalb schon, sofern die Frist gewahrt wird, in der Klagebeantwortung geltend zu machen. Sonst sind sie in einem vorgezogenen Schriftsatz zu äußern.

Zu Anträgen auf Rückgabe der Sicherheitsleistung (zur Abwendung der Vollstreckung) siehe Formular 1.A.02.#40–#42.

In den Fällen des § 708 Nr. 4–11 ZPO sind Vollstreckungsschutzanträge nicht erforderlich, § 711 ZPO, da das Gericht von Amts wegen entscheidet. Zweckmäßig für den Fall des § 711 ZPO ist jedoch die Art der Sicherheitsleistung zu benennen, wenn die Zwangsvollstreckung statt durch Hinterlegung durch Bürgschaft einer Bank abgewendet werden soll, was regelmäßig der Fall ist. Ein solcher Antrag erspart Zeit und die Erforderlichkeit des Ergänzungsbeschlusses.

Ein besonderer Vollstreckungsschutzantrag ist jedoch erforderlich, wenn der Schuldner den besonderen Schuldnerschutz nach § 712 Abs. 1 ZPO erreichen will, also die Abwendung der Vollstreckung trotz etwaiger Sicherheitsleistung des Gläubigers. Dazu ist die Glaubhaftmachung notwendig, § 714 Abs. 2 ZPO, dass die Vollstreckung dem Schuldner einen nicht zu ersetzenden Nachteil bringen würde, im Fall des § 712 Abs. 1 S. 2 ZPO – keine Sicherheitsleistung des Schuldners möglich – auch die Glaubhaftmachung, dass der Schuldner zur Sicherheitsleistung oder Hinterlegung nicht in der Lage ist. Im Fall des § 712 Abs. 1 S. 1 ZPO könnte der Antrag lauten:

> »..... dem Beklagten zu gestatten, die Zwangsvollstreckung durch Sicherheitsleistung oder Hinterlegung ohne Rücksicht auf eine Sicherheitsleistung des Klägers abzuwenden, weil ihm die Vollstreckung einen unersetzlichen Nachteil bringen würde.«

Im Fall des 712 Abs. 1 S. 2 ZPO könnte der Antrag lauten:

> »..... das Urteil gemäß § 712 Abs. 1 S. 2 ZPO nicht für vollstreckbar zu erklären, hilfsweise die Vollstreckung nach Maßgabe des § 720 a ZPO zu beschränken, da der Schuldner zur Sicherheitsleistung nicht in der Lage ist«

Diese Anträge sind in der Begründung glaubhaft zu machen. Vgl. hierzu Anmerkungen zu Formular 1.A.01.#47.

Anträge zur vorläufigen Vollstreckbarkeit nach §§ 710, 711 S. 2, 712 ZPO müssen vor Schluss der mündlichen Verhandlung gestellt werden, auf die das Urteil ergeht. Einstweilige Einstellung bei Rechtsmittel und Einspruch ergehen auf Antrag gem. § 719 i. V. m. § 707 ZPO. Zur Vorabentscheidung siehe § 718 ZPO.

Gemäß § 277 Abs. 1 ZPO hat der Beklagte in der Klageerwiderung seine Verteidigungsmittel vorzubringen, soweit dies im Hinblick auf die Prozesslage seiner Prozessförderungspflicht entspricht. Nach § 138 Abs. 2 ZPO hat er sich zum gesamten tatsächlichen Vortrag des Klägers zu erklären. Soweit er diesen bestreitet, muss dies vollständig und substantiiert geschehen. Der Beklagte hat bereits in der Klageerwiderung alle Gegenrechte, auf die er sich berufen will, geltend zu machen. Hierbei kann es sich um rechtshindernde, rechtsvernichtende und rechtshemmende Einwendungen handeln.

Inhaltlich muss zuerst geprüft werden, ob Rügen, die die Zulässigkeit der Klage betreffen, geltend gemacht werden können. Dazu gehören u. a.:

- Unzulässigkeit des Rechtsweges,
- Unzuständigkeit des angerufenen Gerichts,
- mangelnde Parteifähigkeit (z. B. Gesellschaft des bürgerlichen Rechts), Prozessunfähigkeit, mangelnde gesetzliche Vertretung (z. B. beim Verein oder Vorstand),
- Rechtshängigkeit (z. B. durch Erhebung einer früheren Klage oder eines Mahnverfahrens).

Der Beklagte kann Tatsachenbehauptungen zugeben, wobei nicht ausdrücklich bestrittene Tatsachen in der Regel als zugestanden anzusehen sind, § 138 Abs. 3 ZPO.

Um Missverständnissen beim Gericht vorzubeugen und damit Nachteile von der eigenen Partei abzuwenden, sollte jeder zu bestreitende Punkt, auch wenn dies noch so mühselig ist, bestritten werden. Ein Globalbestreiten mit der häufig verwendeten Formel »Die Behauptungen des Gegners werden bestritten, soweit nicht ausdrücklich Zugeständnisse erfolgen« ist prozessual bedeutungslos.

Ein Bestreiten kann selbstverständlich auch im Klägerschriftsatz erfolgen, ist aber meist Hauptaufgabe im Beklagtenvortrag.

Bei Behauptungen des Gegners über einen einfachen Vorgang reicht es zu erklären, dass die Behauptung der Gegenpartei bestritten werde, unrichtig sei, oder falsch bzw. nicht zutreffend dargestellt sei.

Bei Behauptungen der Gegenpartei über komplizierte Sachverhalte ist ein begründetes Bestreiten erforderlich. Bei diesem muss erläutert werden, in welcher anderen Form sich das Geschehen oder der Sachverhalt nach Auffassung des Bestreitenden darstellt. Hierher gehört auch das Bestreiten der sog. Aktivlegitimation des Klägers und Passivlegitimation des Beklagten, d. h. es klage nicht der richtige Kläger oder er klage gegen den falschen Beklagten, z. B. der Gemeinschuldner wird anstelle des Insolvenzverwalters verklagt; hier würde ein etwaiges Urteil gegenüber dem Insolvenzverwalter keine Wirkung haben. Ein Fall des Bestreitens der Aktivlegitimation liegt auch bei Geltendmachung einer Abtretung.

In Erweiterung des § 138 Abs. 4 ZPO ist ein **einfaches Bestreiten** unzulässig, wenn der Partei zuzumuten ist, Gegenbehauptungen aufzustellen. Dies gilt insbesondere dann, wenn die Partei selbst den Sachverhalt leicht aufklären kann.

Eine nachweislich vom Aussteller unterschriebene **Privaturkunde** erbringt nach § 416 ZPO nur den Beweis dafür, dass der Aussteller jene Erklärung abgegeben hat. Privatschriftliche Urkunden können hinsichtlich inhaltlicher Richtigkeit, des Datums und der Echtheit der Unterschrift bestritten werden.
Deshalb gilt für Privaturkunden, dass

- diese keinen Beweis für die inhaltliche Richtigkeit der in ihnen enthaltenen Erklärungen erbringen,
- diese keinen Beweis für die Korrektheit des in ihnen angegebenen Datums erbringen,
- auch ein Bestreiten hinsichtlich der Echtheit der Unterschrift möglich ist.

Aus diesem Grund sollten privatschriftliche Urkunden der Gegenseite hinsichtlich der inhaltlichen Richtigkeit, der Korrektheit des Datums und der Echtheit der Unterschrift vom Anwalt bestritten werden.

Wenn die Echtheit einer Urkunde nicht bestritten wird, so ist ihr Inhalt – nicht auch die Wahrheit des Inhalts – nach § 439 ZPO unstreitig. Insoweit entfällt wie bei einer Augenscheinseinnahme die Tatsachenfeststellung. Nur sofern die Echtheit oder die Wahrheit des Inhalts bestritten wird, kommt es insoweit auf den Urkundenbeweis an. Dabei wird die Echtheit von öffentlichen Urkunden gem. § 437 ZPO vermutet. Die Echtheit von Privaturkunden ist hingegen gem. §§ 440–442 ZPO nach den allgemeinen Grundsätzen zu beweisen.

Öffentliche Urkunden begründen vollen Beweis für die Richtigkeit ihres Inhalts. Der Gegenbeweis ist aber grundsätzlich zulässig, §§ 415, 418 ZPO.

Achtung: Besteht nach § 415 ZPO eine öffentliche Urkunde über die Abgabe einer Erklärung, so ist selbstverständlich nur die Abgabe bewiesen, nicht auch die inhaltliche Wahrheit der Erklärung, weil die inhaltliche Wahrheit nicht Gegenstand der Beurkundung war.

Vorgelegte unterschriebene Privaturkunden beweisen nach § 416 ZPO nur, dass der Aussteller die darin enthaltenen Erklärungen abgegeben hat. In freier Beweiswürdigung gem. § 286 ZPO entscheidet das Gericht dann, ob die Erklärung inhaltlich wahr ist.

Gegen die Vermutungsregel des § 440 Abs. 2 ZPO, dass der Text über der Unterschrift vom Aussteller stammt oder mit seinem Willen dort steht, ist der Beweis des Gegenteils nach § 292 ZPO zulässig, etwa dahin, dass der Text verfälscht oder ohne oder gegen eine Vereinbarung nach der Unterschrift eingesetzt wurde. Dieser Beweis des Gegenteils kann dann nach § 292 S. 2 ZPO auch durch Antrag auf Parteivernehmung geführt werden.

Diese vorstehenden Aussagen zum Urkundenbeweis gelten natürlich auch für den Kläger, falls der Beklagte seinen Vortrag unter Bezugnahme auf Urkunden stützt.

Ein von der Gegenseite aufgrund der angeblichen **Inanspruchnahme eines Bankkredits** geltend gemachter **Zinsschaden** über dem gesetzlichen Zinssatz sollte generell bestritten werden.

Der Beklagtenanwalt sollte auch die zum Beweis eines höheren Zinsschadens vorgelegte Bankbescheinigung inhaltlich bestreiten, da die Bescheinigung einer Privatbank als sog. Privaturkunde im Hinblick auf die Richtigkeit ihres Inhalts kein Beweismittel im Sinne der ZPO darstellt.

Privaturkunden erbringen keinen Beweis für die Richtigkeit ihres Inhalts. Die Privaturkunde erbringt nämlich, wie oben dargestellt, keinen Beweis für die Richtigkeit der in ihr enthaltenen Erklärungen einschließlich des angegebenen Datums.

Der Kläger bleibt bei bestrittenem Inhalt der Bankbescheinigung beweisfällig, sofern er kein anderes Beweismittel als die Bescheinigung der Privatbank, wie etwa das Zeugnis des Sachbearbeiters der Bank, benennt.

Bei Tatsachen und Vorgängen, von denen die Partei keine Kenntnis haben kann, weil sie weder eine eigene Handlung der Partei betreffen noch Gegenstand ihrer Wahrnehmung sind, reicht nach § 138 Abs. 4 ZPO ein **Bestreiten mit Nichtwissen**. Nach BGH NJW 1989, 161 f. gilt dies aber nicht für die Partei, die die Darlegungs- und Beweislast hat.

Das Bestreiten braucht nicht ausdrücklich zu geschehen. Es reicht aus, wenn aus dem Gesamtvortrag der Partei ihre Absicht hervorgeht, eine Erklärung der Gegenpartei zu bestreiten, wie aus § 138 Abs. 3 a. E. ZPO hervorgeht. Dieser Fall liegt immer dann vor, wenn die Partei auf das Vorbringen des Prozessgegners nicht eingeht, aber eine abweichende Darstellung des Vorgangs gibt.

Eine nichtbestrittene Behauptung gilt gemäß § 138 Abs. 3 ZPO als zugestanden. Soll ausdrücklich zugestanden werden, so sollte der Anwalt ausdrücklich erklären, den bezeichneten Sachverhalt nicht bestreiten zu wollen, damit vom Gericht nicht ein Geständnis nach § 290 ZPO angenommen wird.

Ein **Nichtbestreiten** kann im Gegensatz zum Geständnis rückgängig gemacht werden. Dieses Zugestehen, also als »unstreitig Erklären« von Tatsachen, kann nämlich durch ein späteres Bestreiten – im Rahmen der Wahrheitspflicht – rückgängig gemacht werden, wenn dies nicht gegen Verspätungsvorschriften verstößt. Das **Geständnis** gemäß § 290 ZPO kann hingegen nur dann widerrufen werden, sofern von der Partei bewiesen wird, dass es nicht der Wahrheit entspricht sowie durch einen Irrtum bewirkt wurde. Der Satz, dass bestrittene Tatsachen als nicht zugestanden gelten, gilt aber nicht in seiner Umkehrung, dass Tatsachen, die nicht zugestanden sind, etwa als streitig gelten. Eine Partei kann folglich Tatsachen nicht dadurch bestreiten, dass sie nicht zugesteht.

Ein **nachteiliges Geständnis** kann durch Nichtbestreiten vermieden werden. Gemäß § 138 Abs. 4 ZPO darf eine gegnerische Behauptung nicht bestritten werden, von der die Partei eigene Kenntnis hat. Umgekehrt aber verlangt die Wahrheitspflicht nicht, dass eine solche Tatsache ausdrücklich zugestanden wird. Es reicht, dass die gegnerische Parteibehauptung vom Anwalt nicht bestritten wird mit der Folge, dass sie nach § 138 Abs. 3 ZPO als zugestanden gilt. Ein möglicherweise nachteiliges Geständnis kann somit durch ein Nichtbestreiten vermieden werden.

Die **Wahrheitspflicht** begründet keine allgemeine Aufklärungspflicht. In diesem Zusammenhang bleibt festzuhalten, dass die Wahrheitspflicht des § 138 ZPO keine allgemeine prozessuale Aufklärungspflicht statuiert, sondern es vielmehr bei dem Grundsatz bleibt, »dass keine Partei gehalten ist, dem Gegner für seinen Prozesssieg das Material zu verschaffen, über das er nicht schon von sich aus verfügt« (BGH NJW 1990, 3151).

Der Beklagte kann auch **Gegeneinwendungen** gegen die Klage erheben. Damit lässt er zwar die den Klageanspruch stützenden Behauptungen des Klägers gelten, stellt aber – unter Anführung von Beweismitteln – Gegenbehauptungen über Tatsachen auf, nach denen der Klageanspruch entweder gar nicht entstanden (z. B. wegen Geschäftsunfähigkeit) oder inzwischen erloschen ist (z. B. wegen Erfüllung oder Verjährung).

Ist der Anwalt des Beklagten sich sicher, dass die in der Klageerwiderung gemachten Einwendungen ausreichen, kann er auf eine weitere Darlegung verzichten und sich aber dadurch absichern, dass er das Gericht um eine entsprechende Auflage bittet, falls es weitere Ausführungen für erforderlich hält:

> »Um den Inhalt der Akte nicht noch weiter zu belasten, sehe ich von einer Schilderung der weiteren Einzelheiten zu diesem Sachverhaltspunkt ab. Ich bitte ausdrücklich um einen Hinweis nach § 139 ZPO, falls das Gericht zur Substantiierung der Einwendung dennoch eine nähere Darlegung in tatsächlicher Hinsicht für notwendig hält. In diesem Fall werde ich noch weitere Einzelheiten ausführlich vortragen.«

oder

> »Um den Inhalt der Akte nicht noch weiter zu belasten, sehe ich von einer Schilderung der weiteren Einzelheiten zu diesem Sachverhaltspunkt ab. Hält das Gericht eine nähere Darlegung über ...... für erforderlich, wird um eine entsprechende Auflage gebeten.«

Zu dieser Auflage wäre das Gericht nach § 139 ZPO verpflichtet. Die formularmäßige Bitte um Hinweise des Gerichts nach § 139 ZPO – die sich hin und wieder am Ende von Schriftsätzen befindet – ist hingegen unerheblich. Aber auch die konkrete Bitte im Einzelfall rechtfertigt nach der Rechtsprechung kein Vertrauen darauf, dass das Gericht einen Hinweis geben wird und befreit deshalb nicht von der Verantwortung zu vollständigem Vortrag (BGH NJW-RR 1990, 1241).

Büromäßige Behandlung:
Mindestens viermal fertigen. Einzureichen beim Gericht als handschriftlich unterzeichnete Urschrift mit beglaubigter Abschrift. Ferner ist für die Handakten und für die eigenen Mandanten je eine Durchschrift zu fertigen sowie für einen etwaigen Korrespondenzanwalt. Bei Meldung in letzter Minute, Gegner und Gericht telefonisch verständigen, damit kein Versäumnisurteil ergeht.

Kosten:
Rechtsanwaltsgebühren:
Regelgebühren nach § 31 BRAGO.

#28 Meldung für den Beklagten ohne Antrag

[*HIER Ort, Datum*]

An das
Amtsgericht [- Landgericht]
[*HIER Anschrift*]

In Sachen
....../......
Az.: ......

zeige ich an, dass ich den/die Beklagte(n) vertrete.

[Vertretungsanzeige mit Ankündigung der Anträge bei frühem ersten Termin]

Vom Termin am ...... habe ich Kenntnis.

Der Beklagte beabsichtigt sich gegen die Klage zu verteidigen. Antrag und Erwiderung erfolgen mit besonderem Schriftsatz.

[oder, wenn feststeht, dass und ggf. in welcher Höhe der Klage entgegengetreten werden soll:]

Ich werde beantragen:

Die Klage wird abgewiesen.

Es wird weiter beantragt,

dem/der Beklagten zu gestatten, eine von ihm/ihr zu erbringende Sicherheit durch eine Bürgschaft der X-Bank zu leisten.

Einer Übertragung auf den Einzelrichter stehen keine [- nachfolgende aufgeführte] Gründe entgegen. [Die Erklärung kann auch noch in der materiellen Klageerwiderung abgegeben werden, § 277 Abs. 1 S. 2 ZPO]

Die materielle Klageerwiderung wird innerhalb der hierzu gesetzten Frist eingereicht werden.

[- Im Übrigen wird beantragt,
die Frist zu Klageerwiderung um zwei Wochen zu verlängern.]

Begründung:

...... [*HIER folgt lediglich die Begründung auf Fristverlängerung gemäß § 224 ZPO, vgl. dazu Formular 1.A.02.#13*]

....
Rechtsanwalt/-wältin

[Vertretungs- und Verteidigungsanzeige bei schriftlichem Vorverfahren]

zeige ich an, dass ich den Beklagten vertrete.

Der Beklagte will sich gegen die Klage verteidigen.

Anträge und Begründung erfolgen innerhalb der vom Gericht gesetzten Frist in einem gesonderten Schriftsatz.

[oder]

Es wird beantragt zu erkennen:

1. Die Klage wird abgewiesen.
2. Die Kosten des Rechtsstreits trägt der Kläger.
3. Das Urteil ist vorläufig vollstreckbar.

Die materielle Klageerwiderung wird binnen der hierzu gesetzten

Frist eingereicht werden.

[- Im Übrigen wird beantragt,
die Frist zu Klageerwiderung um zwei Wochen zu verlängern.]

Begründung:

...... [*HIER folgt lediglich die Begründung auf Fristverlängerung gemäß § 224 ZPO, vgl. dazu Formular 1.A.02.#13*]

....
Rechtsanwalt/-wältin

Anmerkung

Durch die möglichst frühe Anzeige der Vertretung bei Gericht stellt der Rechtsanwalt sicher, dass künftige weitere Zustellungen oder Schriftsätze unmittelbar an ihn gelangen und nicht zunächst erst an die von ihm vertretene Partei.

Durch die Anzeige der Verteidigungsbereitschaft wird der Erlass eines Versäumnisurteils nach § 331 Abs. 3 ZPO verhindert. Im Hinblick auf § 93 ZPO sollte eine Erklärung darüber, ob der Beklagte sich gegen die Klage verteidigt nur abgegeben werden, wenn dies bereits feststeht (siehe Thomas/Putzo § 93 ZPO Rn 9).

Sollte schon feststehen, dass der Klageanspruch – gegebenenfalls teilweise – besteht, so sollte insoweit aus Kostengesichtspunkten sofort anerkannt werden, da ein Anerkenntnis erhebliche Kostenvorteile bringt. Die Gerichtsgebühr ermäßigt sich nach Kostenverzeichnis Nr. 1211 und die Rechtsanwaltsgebühren halbieren sich, auch wenn § 93 ZPO nicht eingreift.

Bei Anordnung des schriftlichen Vorverfahrens erhält der Beklagte mit der Zustellung der Klageschrift gleichzeitig die Aufforderung vom Gericht, sich binnen einer Frist von 2 Wochen nach Zustellung schriftlich dazu zu äußern, ob er sich gegen den in der Klage erhobenen Anspruch verteidigen will, §§ 276 Abs. 1 S. 1, 223 Abs. 3, 224 Abs. 1 ZPO. Lässt der Beklagte – bzw. bei Vertretung durch einen Anwalt dieser – die Frist verstreichen, so ergeht auf Antrag des Klägers ein schriftliches Versäumnisurteil gegen ihn, §§ 276 Abs. 2, 331 Abs. 3 ZPO.

Bei der Anordnung des schriftlichen Vorverfahrens erhält der Beklagte mit Zustellung der Klageschrift neben der Aufforderung, seine Verteidigungsbereitschaft anzuzeigen, die Aufforderung, binnen einer weiteren Frist von mindestens zwei Wochen (=insgesamt somit 4 Wochen nach Zustellung der Klageschrift) auf die Klage zu erwidern, § 276 Abs. 1 S. 2 ZPO). Bei dieser Frist handelt es sich um keine Notfrist, so dass sie auf Antrag des Beklagten bzw. dessen Anwalt verlängert werden kann.

#29 Klagerücknahme

[*HIER Ort, Datum*]

An das
Amtsgericht [- Landgericht]
[*HIER Anschrift*]

In Sachen
....../......
Az.: ......

nehme ich namens und in Vollmacht des/der Klägers/-in die Klage zurück.

Der/Die Beklagte wird um baldige Erklärung ersucht, ob er/sie in die Klagerücknahme einwilligt.

[Nur sinnvoll, wenn bereits streitig verhandelt wurde:
- Das Gericht wird gebeten, diesen Schriftsatz dem Beklagten mit einem Hinweis nach § 269 Abs. 2 S. 4 ZPO zuzustellen.]

[oder anders formuliert + Antrag nach § 269 Abs. 3 S. 3 ZPO]

erkläre ich namens des Klägers:

Der Kläger nimmt die Klage hiermit zurück.

Ich beantrage,
dem Beklagten die Kosten des Rechtsstreits aufzuerlegen.

Begründung: [im Falle des § 269 Abs. 3 S. 3 ZPO]

Der Beklagte hat die Hauptforderung nebst Zinsen [- und vorgerichtliche Mahnkosten] am ...... 20.., somit nach Anhängigkeit, aber vor Rechtshängigkeit der Klage beglichen. Der Kläger hat den Zahlungseingang auf seinem Konto noch am gleichen Tage festgestellt. Die mit diesem Schriftsatz am Tag nach Zahlungseingang und Feststellung des Zahlungseinganges erklärte Rücknahme der Klage erfolgt also unverzüglich, so dass der Beklagte gemäß § 269 Abs. 3 S. 3 ZPO die Kosten des Rechtsstreits zu tragen hat.

....
Rechtsanwalt/-wältin

Anmerkung

Zuständig für die Klagerücknahme ist das Prozessgericht. Die Zurücknahme der Klage ist dem Gericht gegenüber durch Schriftsatz mitzuteilen. Die Zurücknahme kann auch in der mündlichen Verhandlung zu Protokoll erklärt werden, § 269 Abs. 2, § 160 Abs. 3 Ziff. 8 ZPO. Die Erklärung muss vorgelesen und genehmigt werden, § 162 Abs. 1 ZPO.

Die Zurücknahme der Klage kann den ganzen Anspruch erfassen, aber auch auf einen Teil oder auf die Nebenforderungen begrenzt werden.

Die Klagerücknahme ist zulässig bis zur rechtskräftigen Entscheidung des Rechtsstreites. Für die Klagerücknahme ist nach Beginn der mündlichen Verhandlung die Einwilligung des Beklagten erforderlich. Dabei gilt die Einwilligung als erteilt, wenn der Beklagte der Klagerücknahme trotz Hinweises auf diese Folgen seiner Untätigkeit nicht innerhalb einer Notfrist von zwei Wochen seit Zustellung des Schriftsatzes des Kläger nicht widerspricht, da gem. § 269 Abs. 2 S. 4 ZPO die Einwilligung bei Untätigkeit trotz Hinweises unterstellt wird.

Ein Beklagter, der ohne sein Verschulden daran gehindert war, der Klagerücknahme zu widersprechen, hat nach § 233 ZPO Anspruch auf Wiedereinsetzung in den vorigen Stand.

Verweigert der Beklagte die Einwilligung, dann muss der Kläger einen Sachantrag stellen. Stellt er jedoch keinen Sachantrag, kann der Beklagte gemäß §§ 330, 333 ZPO ein Versäumnisurteil gegen den Kläger beantragen. Stellt der Kläger keinen Sachantrag und beantragt der Beklagte auch kein Versäumnisurteil, dann muss durch Urteil entschieden werden. Verweigert der Beklagte seine Zustimmung, so kann der Klägeranwalt noch den Verzicht gem. § 306 ZPO erklären.

Die Klagerücknahme wirkt ab Eingang bei Gericht, § 269 Abs. 2 S. 1 ZPO. Somit entfallen die prozessualen Wirkungen der Rechtswirkung rückwirkend, § 269 Abs. 3 S. 1 ZPO. Wird die Klage zurückgenommen, so ist der Prozess als nicht rechtshängig geworden anzusehen. Ein noch nicht rechtskräftiges Urteil in dem Prozess wird wirkungslos. Es bedarf keiner ausdrücklichen Aufhebung durch das Gericht: § 269 Abs. 3 ZPO.

Der Kläger ist bei Klagerücknahme verpflichtet, die Kosten des Rechtsstreites zu tragen: § 269 Abs. 3 S. 2 ZPO, soweit nicht bereits rechtskräftig über sie erkannt ist.

Die Klagerücknahme kommt in Betracht, wenn der Kläger nach dem allgemeinen Prozessverlauf oder auf Hinweis des Gerichts keine Chancen mehr sieht, den Prozess zu gewinnen und ihn kostengünstig beenden will. Die Rücknahme der Klage empfiehlt sich auch, wenn man sich mit dem Gegner außergerichtlich geeinigt hat oder der Beklagte den Klageanspruch erfüllt und auch die Übernahme der noch nicht bezifferbaren Kosten zugesagt hat, da dies billiger ist, als die Hauptsache für erledigt zu erklären.

Büromäßige Behandlung:
Die Bitte an das Gericht, den Rücknahmeschriftsatz dem Beklagten mit einem Hinweis nach § 269 Abs. 2 S. 4 ZPO zuzustellen, ist nur dann sinnvoll, wenn schon streitig verhandelt wurde.

Abschrift für den Gegner beifügen. Bei einer nur teilweisen Rücknahme wird über die Kosten nicht durch Beschluss nach § 269 Abs. 3 ZPO entschieden, sondern durch Endurteil. Dann ist ein Kostenantrag nicht notwendig.

Gerichtskosten:
Die Klagerücknahme vor Schluss der mündlichen Verhandlung führt zu einer Ermäßigung der Gebühren von drei auf eine, GKG Anl. 1 KV Nr. 1211 Buchst. a, wenn nicht bereits ein Urteil vorausgegangen ist.

Nimmt der Kläger bei Wegfall des Anlasses zur Klage vor Zustellung die inzwischen zugestellte Klage unverzüglich zurück, etwa weil der Beklage die Klageforderung einen Tag vor Stellung oder die Aufrechnungserklärung vor Zustellung eingeht, kann auf Antrag des Klägers das Gericht über die Kosten nach billigem Ermessen unter Berücksichtigung des bisherigen Sach- und Streitstandes entscheiden, § 269 Abs. 3 S. 3, Abs. 4 ZPO. Dieser Fall wird wie die Erledigung der Hauptsache behandelt. Ist mithin der Anlass zur Einreichung der Klage vor Rechtshängigkeit weggefallen und wird die Klage daraufhin unverzüglich zurückgenommen, so bestimmt sich die Kostentragungspflicht unter Berücksichtigung des bisherigen Sach- und Streitstandes nach billigem Ermessen, § 269 Abs. 3 S. 3 ZPO. Dies heißt, der Kläger kann trotz der Klagerücknahme von den Kosten freikommen.

Rechtsanwaltsgebühren:
Sofern die Rücknahme vor der Beweisaufnahme oder vor streitiger Verhandlung bzw. Erörterung im Termin erfolgt, entfällt die zweite und dritte Rechtsanwaltsgebühr nach § 31 Abs. 1 Nr. 2–4 BRAGO.

#30 Zustimmung bzw. Verweigerung zur Klagerücknahme + Kostenantrag bei Zustimmung

[*HIER Ort, Datum*]

An das
Amtsgericht [- Landgericht]
[*HIER Anschrift*]

In Sachen
....../......
Az.: ......

stimmt der/die Beklagte der von dem/der Kläger/-in im Schriftsatz vom ...... erklärten Klagerücknahme zu.

Der Beklagte beantragt,

1. dem/der Kläger/-in durch Beschluss die Kosten des Rechtsstreits aufzuerlegen,
[2. auszusprechen, dass das Versäumnisurteil vom ...... [- Vorbehaltsurteil vom ......] [- der Vollstreckungsbescheid vom ......] wirkungslos ist.]
3. den Streitwert festzusetzen.

[oder im Fall der Verweigerung der Zustimmung]

erklärt der/die Beklagte, dass er/sie seine/ihre Zustimmung zur Klagerücknahme verweigert. Er/Sie ist an einem klageabweisenden Urteil interessiert.

....
Rechtsanwalt/-wältin

Anmerkung

In aller Regel wird der Beklagte seine Zustimmung nicht verweigern, da er ein mit Gründen versehenes klagabweisendes Urteil wegen der Möglichkeit des Klägers, auf den Anspruch gemäß § 306 ZPO zu verzichten, nicht erzwingen kann.

Sollte die Gefahr bestehen, dass der Kläger den Anspruch in einem neuen Rechtsstreit geltend macht, so sollte der Beklagte seine Zustimmung davon abhängig machen, dass der Kläger die Klagerücknahme »unter Verzicht auf den Klageanspruch« erklärt (vgl. Baumbach/Lauterbach/Albers/ Hartmann § 269 ZPO Rn 48).

Rechtsmittel:
Nur dann, wenn der Wert der Hauptsache die Berufungssumme von 600,00 EUR übersteigt, ist gegen den Beschluss die sofortige Beschwerde möglich, § 269 Abs. 5 ZPO. Zudem muss der Kostenwert mehr als 100,00 EUR betragen, § 567 Abs. 2 ZPO.

Kosten und Gebühren:
Durch den Beschluss gemäß § 269 Abs. 3 ZPO entstehen keine. Stellt der Kläger den Antrag nach § 269 Abs. 3 S. 3 ZPO, kann der Beklagte einwenden, dass er keinen Anlass zur Klage gegeben habe.

Rechtsanwaltsgebühren:

Wird der Antrag gemäß § 269 Abs. 3 ZPO im Termin gestellt, so entsteht 1/2 Verhandlungsgebühr gem. § 33 Abs. 1 S. 1 BRAGO bei nichtstreitiger Verhandlung, bei streitiger Verhandlung eine volle Gebühr nach § 31 Abs. 1 Nr. 2, jeweils auf den Kostenwert (vgl. Zöller/Greger § 269 ZPO Rn 24). Dies gilt nicht, sofern schon eine Verhandlungsgebühr in der Hauptsache entstanden war, § 13 Abs. 3 BRAGO.

#31 Antrag, den Rechtsstreit für erledigt zu erklären

[*HIER Ort, Datum*]

An das
Amtsgericht [- Landgericht]
[*HIER Anschrift*]

In Sachen
....../......
Az.: ......

hat der/die Beklagte [- und Widerkläger/-in] am ...... die Forderung an den/die Kläger/-in bezahlt. [- nicht jedoch die Zinsen, an den/die Kläger/-in überwiesen.]

Ich werde daher beantragen,

1. den Antrag des/der Kläger/-in in der Hauptsache für erledigt zu erklären,
[2. den/der Beklagten mit seiner/ihrer Widerklage abzuweisen,]
3. dem/der Beklagten die Kosten des Rechtsstreits [- einschließlich der Widerklage -] aufzuerlegen.

[- Wegen der ......% Zinsen für die Zeit vom ...... bis zum ......, insgesamt ...... EUR, werde ich den Klageantrag aufrechterhalten und daher beantragen, den/die Beklagte(n) zu verurteilen, an den/die Kläger/-in ...... EUR nebst ......% Zinsen seit Rechtshängigkeit zu zahlen.

Der/Die Kläger/-in nimmt einen Bankkredit mit einem Zinssatz von ...... [z. B. 8%] in Anspruch.

Beweis: Auskunft der Stadtsparkasse ......; Zeugnis des Banksachbearbeiters ......]

[oder]

hat der Beklagte am ...... die Forderung an den Kläger bezahlt.

Deshalb erklärt der/die Kläger/-in die Hauptsache für erledigt und beantragt,

dem/der Beklagten die Kosten des Rechtsstreits aufzuerlegen.

Der/Die Kläger/-in regt an, über die Kosten ohne mündliche Verhandlung zu entscheiden.

Der/Die Beklagte wird gebeten, sich der Erledigungserklärung des/der Klägers/-in anzuschließen, damit der Termin aufgehoben werden kann.

[oder in anderer Form]

erklärt der/die Kläger/-in die Hauptsache für erledigt und beantragt,
dem/der Beklagten die Kosten des Rechtsstreits aufzuerlegen.

Begründung:

Der Beklagte [- und Widerkläger] hat die Klageforderung am ......, also nach Rechtshängigkeit, beglichen. Es wird angeregt, über die Kosten ohne mündliche Verhandlung zu entscheiden.

Der Beklagte wird gebeten, sich der Erledigungserklärung des Klägers unverzüglich anzuschließen, damit der Termin zur mündlichen Verhandlung aufgehoben werden kann.

....
Rechtsanwalt/-wältin

Anmerkung

Die Hauptsache ist erledigt, wenn ein Ereignis – z. B. Zahlung, Vergleich – alle Klageansprüche bis auf die Kosten gegenstandslos gemacht hat. Der Kläger sollte die Klage für erledigt erklären, da eine Verurteilung des Beklagten nicht mehr möglich ist und eine Klagerücknahme ihn nach § 269 Abs. 3 ZPO mit den Kosten belasten würde. Ist die Klage hingegen aus anderen Gründen unzulässig oder unbegründet, so bleibt dem Kläger nur die Klagerücknahme (vgl. Formular 1.A.01.#27).

Erklären die Parteien übereinstimmend, den Rechtsstreit für erledigt, so entscheidet das Gericht über die Kosten des Rechtsstreits nach billigem Ermessen unter Berücksichtigung der Sach- und Rechtslage. Gegen die Entscheidung nach § 91 a ZPO, die dann durch Beschluss ergeht, ist die sofortige Beschwerde möglich, sofern der Beschwerdewert gem. § 567 Abs. 2 S. 2 ZPO von 50,– EUR erreicht wird. Frist: 2 Wochen.

Die Erledigungserklärung braucht nicht die ganze Hauptsache in vollem Umfange zu erfassen, sondern kann sich auch auf nur einen – abtrennbaren – Teil des Streitgegenstandes oder auf nur einen von mehreren Streitgegenständen beziehen. Nur hinsichtlich des erledigten Teils des Rechtsstreits tritt dann die Erledigungswirkung mit der Kostenfolge nach § 91 a ZPO ein, während im Übrigen eine normale streitmäßige Entscheidung zu erfolgen hat.

Widerspricht hingegen eine Partei der Erledigung, so muss das Gericht über die Erledigung entscheiden. Diese Entscheidung ergeht durch Urteil, das mit den Rechtsmitteln Berufung bzw. Revision anfechtbar ist.

Büromäßige Behandlung:
Die Erklärung braucht nach § 91 a Abs. 1 S. 1 ZPO nicht in der mündlichen Verhandlung abgegeben werden; sie kann auch schriftsätzlich oder zu Protokoll der Geschäftsstelle abgegeben zu werden.

Gerichtskosten:
Durch die Erledigungserklärung vermindert sich die Gerichtsgebühr nicht.

Rechtsanwaltsgebühren:
Streitwert ist der Wert der entstandenen Kosten und nicht der Wert der Hauptsache (Thomas/Putzo § 91 a ZPO Rn 57).

Soweit noch nicht verhandelt war, entsteht eine 10/10 Verhandlungsgebühr nach § 31 Abs. 1 Nr. 2 BRAGO nach dem Streitwert der bereits entstandenen Kosten, bei nichtstreitigem Verhandeln eine 5/10 Gebühr nach § 33 BRAGO.

#32 Übereinstimmende Erledigungserklärung durch Anschließungserklärung des Beklagten

[*HIER Ort, Datum*]

An das
Amtsgericht [- Landgericht]
[*HIER Anschrift*]

In Sachen
....../......
Az.: ......

schließt sich der/die Beklagte der Erledigungserklärung des/der Klägers/-in an und beantragt,

dem/der Kläger/-in die Kosten des Rechtsstreits aufzuerlegen.

Begründung:

Der/Die Beklagte hat dem/der Kläger/-in keinen Anlass zur Erhebung der Klage gegeben. Der Anspruch wurde sofort nach Klageerhebung erfüllt.

...... [*HIER nähere Ausführung im einzelnen mit zeitlichem Ablauf*]

....
Rechtsanwalt/-wältin

Anmerkung

Sofern sich die Hauptsache erledigt hat, sollte sich der Beklagte der Erledigungserklärung des Klägers anschließen, da ansonsten die Erledigung durch streitiges Urteil festgestellt wird, was mit höheren Kosten verbunden ist. Widerspricht der Beklagte der Erledigung und zwingt somit den Kläger, die Klage zurückzunehmen und den Kostenanspruch als Verzugsschaden geltend zu machen, wird keine kostengünstigere Lösung erreicht.

Büromäßige Behandlung:
Es reicht aus, wenn sich der Beklagte in einem Schriftsatz der Erledigungserklärung des Klägers anschließt. Die Erledigungserklärung braucht nicht in der mündlichen Verhandlung abgegeben werden.

Kosten u. Gebühren:
Siehe Formular 1.A.01.#31.

#33 Einseitige Erledigungserklärung des Klägers

[*HIER Ort, Datum*]

An das
Amtsgericht [- Landgericht]
[*HIER Anschrift*]

In Sachen
....../......
Az.: ......

hat der/die Beklagte der Erledigungserklärung widersprochen und besteht auf seinem/ihrem Antrag auf Klageabweisung. Daher beantragt der/die Kläger/-in,

1. festzustellen, dass sich der Rechtsstreit in der Hauptsache erledigt hat.
2. dem/der Beklagten die Kosten des Rechtsstreits aufzuerlegen.
3. das Urteil für vorläufig vollstreckbar zu erklären.

Begründung:

...... [*HIER folgt die nähere Ausführung: Der Kläger muss hier darlegen, dass der Klageanspruch durch ein Ereignis nach Rechtshängigkeit (Klagezustellung) gegenstandslos geworden ist. Es kommt darauf an, ob die Klage im Zeitpunkt des nach ihrer Zustellung eingetretenen Ereignisses zulässig und begründet war (BGH NJW 1986, 588).*]

....
Rechtsanwalt/-wältin

Anmerkung

Die Hauptsache ist erledigt, wenn ein Ereignis (z. B. Zahlung, Vergleich) alle Klageansprüche bis auf den Kostenpunkt gegenstandslos gemacht hat.

Widerspricht der Beklagte der Erledigung, so muss das Gericht darüber entscheiden, ob die Sache tatsächlich erledigt ist. Die Entscheidung ergeht dann als Urteil und ist mit den normalen Rechtsmitteln – Berufung, Revision – anfechtbar.

Da es nicht möglich ist, den Klageantrag aufrechtzuerhalten und hilfsweise die Hauptsache einseitig für erledigt zu erklären (BGH NJW 1989, 2885), bleiben dem Kläger folgende Möglichkeiten:

1. Ursprünglichen Klageantrag wiederaufnehmen,
2. Klagerücknahme,
3. Festhalten an der Erledigungserklärung.

Das Festhalten an der Erledigungserklärung kommt nur in Frage, wenn sich die Hauptsache wirklich erledigt hat.

Ist der Kläger sich nicht ganz sicher, so sollte er wenigstens hilfsweise den ursprünglichen Klageantrag weiterverfolgen.

Kosten u. Gebühren:
Siehe Formular 1.A.01.#31.

#34 Klageverzicht § 306 ZPO

[*HIER Ort, Datum*]

An das
Amtsgericht [- Landgericht]
[*HIER Anschrift*]

In Sachen
....../......
Az.: ......

hat der/die Beklagte seine/ihre Zustimmung zur Klagerücknahme versagt. Deshalb wird der/die Kläger/-in im nächsten Termin auf den geltend gemachten Anspruch gemäß § 306 ZPO verzichten.

....
Rechtsanwalt/-wältin

Anmerkung

Der Klageverzicht ist in der Praxis selten. Wenn der Kläger den Rechtstreit nicht fortsetzen will, nimmt er i. d. R. lediglich die Klage zurück oder lässt – sofern dies an fehlender Einwilligung des Beklagten scheitert – ein Versäumnisurteil gegen sich ergehen. Regelungen, die den

Anspruch selbst beeinflussen – auch der Verzicht des Klägers – werden hingegen im Allgemeinen durch Vergleich getroffen, auch außergerichtlich, dann oft auch mit der Vereinbarung einer Klagerücknahme zur Beendigung des Prozesses. Im Gegensatz zur Rechtslage bei der Klagerücknahme ist der Kläger daran gehindert, den Anspruch erneut geltend zu machen.

Soweit nicht das schriftliche Verfahren angeordnet ist, muss der Verzicht im mündlichen Termin erklärt werden. Der Verzicht kann auch nur einen Teil des Anspruchs umfassen.

Verweigert der Beklagte seine Zustimmung zur Klagerücknahme, so kann der Klägeranwalt noch den Verzicht erklären. Da die Klagerücknahme gem. § 269 ZPO die kostengünstigere Möglichkeit ist, kommt der Verzicht nur bei Verweigerung der Zustimmung zur Klagerücknahme durch den Beklagten in Betracht.

Gerichtskosten:
Es entfallen zwei Gerichtsgebühren gemäß GKG Anl.1 KV Nr. 1211, so dass sich die allgemeine Verfahrensgebühr auf eine Gebühr reduziert.

Rechtsanwaltsgebühren:
Bei Verzicht des Klägers auf den Klageanspruch und den darauf erklärten Klageabweisungsantrag erhalten beide Rechtsanwälte nach § 33 Abs. 1 S. 1 BRAGO jeweils eine 5/10 Verhandlungsgebühr.

#35 Antrag des Beklagten auf Verzichtsurteil

[*HIER Ort, Datum*]

An das
Amtsgericht [- Landgericht]
[*HIER Anschrift*]

In Sachen
....../......
Az.: ......

wird der/die Beklagte aufgrund des Verzichts des/der Klägers/-in im Termin beantragen:

1. Die Klage wird abgewiesen.
2. Die Kosten des Rechtsstreits trägt der/die Kläger/-in.
3. Das Urteil ist ohne Sicherheitsleistung vorläufig vollstreckbar.

Begründung:

...... [HIER *Beispielssachverhalt ......*]

Der Kläger hat in der mündlichen Verhandlung erklärt, seine Forderung aus einem angeblich hingegebenen Darlehen an den Beklagten nicht mehr aufrecht erhalten zu wollen.

....
Rechtsanwalt/-wältin

Anmerkung

Nach einem Verzicht des Klägers bleibt dem Beklagten nur der Antrag auf ein Verzichtsurteil, da grundsätzlich kein Rechtsschutzinteresse des Beklagten an einem streitigen Urteil besteht. Das Verzichtsurteil ergeht dann ohne Sachprüfung, vgl. § 313 b Abs. 1 ZPO. Es bedarf weder des Tatbestands noch der Entscheidungsgründe.

Liegt ein Teilverzicht vor, so ergeht nur ein Teilverzichtsurteil.

Kosten und Gebühren:
Vgl. Formular 1.A.01.#34

#36 Anerkenntnis des Beklagten

[*HIER Ort, Datum*]

An das
Amtsgericht [- Landgericht]
[*HIER Anschrift*]

In Sachen
....../......
Az.: ......

wird der/die Beklagte im Termin den Klageanspruch [- in Höhe eines Teilbetrages] unter Verwahrung gegen die Kostenlast anerkennen.

[oder im Fall der Anerkennung der Kostenpflicht]

wird der/die Beklagte im Termin den geltend gemachten Anspruch und die Kostenpflicht anerkennen.

Begründung:

...... [*HIER nur im Fall des Protests gegen die Kosten*]

Der Beklagte hat zur Klageerhebung keinen Anlass gegeben. ...... [HIER folgt die nähere Ausführung, da der Beklagte hierfür die Beweislast trägt, wobei er auch beweisen muss, dass er ein vom Kläger behauptetes vorprozessuales Aufforderungsschreiben nicht erhalten hat (OLG Bremen JurBüro 1983, 764).]

....
Rechtsanwalt/-wältin

Anmerkung

Soweit bereits feststeht, dass der Klageanspruch – ggf. teilweise – besteht, sollte insoweit aus Kostengesichtspunkten sofort anerkannt werden, da ein Anerkenntnis erhebliche Kostenvorteile in Form der Ermäßigung der Gerichtsgebühren nach KV Nr. 1211 und die Halbierung der Anwaltsgebühren bringt, soweit § 93 ZPO nicht eingreift.

Das Verfahren richtet sich nach § 307 ZPO. Zuständig ist das Prozessgericht. Das Anerkenntnis ist in jeder Lage des Verfahrens zulässig – auch in der Revisionsinstanz. Das Anerkenntnis ist in der Verhandlung zu Protokoll zu geben. In schriftlichen und Aktenlageverfahren reicht die schriftsätzliche Erklärung aus. Erfolgt das Anerkenntnis im schriftlichen Vorverfahren auf eine Aufforderung gem. § 276 Abs. 1 S. 1 ZPO, so ist der Beklagte ohne mündliche Verhandlung antragsgemäß zu verurteilen.

Hat der Beklagte ganz oder teilweise anerkannt, kann der Kläger Erlass des Anerkenntnisurteils beantragen. Das Anerkenntnisurteil muss ohne Sachprüfung ergehen. Ausnahme: bei sittenwidrigen oder gesetzwidrigen Ansprüchen darf kein Anerkenntnisurteil erlassen werden.

Erkennt die Partei nur einen Teilanspruch an, so ergeht nur Teilanerkenntnisurteil.

Ein Widerruf ist bis zum Urteil jederzeit statthaft. Wird trotz des Anerkenntnisses die Kostenpflicht abgelehnt, weil der Kläger keine Veranlassung zur Klageerhebung hatte, muss die Ablehnung der Kostenpflicht ausführlich begründet werden, § 93 ZPO.

Notwendig für das Anerkenntnis i. S. v. § 307 ZPO ist, dass der Beklagte keinen Anlass zur Klage gegeben hat und ein sofortiges Anerkenntnis des Beklagten. Dies ist auch noch nach der Klageänderung möglich, im schriftlichen Verfahren aber spätestens in der Klageerwiderung nötig.

Büromäßige Behandlung:
Der Anerkenntnis-Schriftsatz ist beim Prozessgericht einzureichen. Eine Abschrift für den gegnerischen Mandanten ist beizufügen.

Sofern die Möglichkeit besteht, dass die Kosten des Rechtsstreits dem Kläger gem. § 93 ZPO auferlegt werden, ist auch an das Anerkenntnis zu denken. Es entfallen gegenüber dem streitigen Urteil zwei der drei Urteilsgebühren nach KV Nr. 1211 b). Weil aber ein Anerkenntnisurteil weniger kostengünstig als ein Versäumnisurteil ist, da auch der Beklagtenanwalt neben der Prozessgebühr eine halbe Verhandlungsgebühr (vgl. §§ 31 Abs. 1 Nr. 1, 33 Abs. 1, 35 BRAGO) erhält, kann es nur empfohlen werden, sofern

- begründete Aussicht besteht, dass das Gericht gem. § 93 ZPO dem Kläger die Kosten auferlegt oder
- durch Teilanerkenntnis hinsichtlich des aussichtslosen Teils des Rechtsstreits der Streitwert für den streitig durchzuführenden Rechtsstreit und somit das Kostenrisiko vermindert werden kann.

Anstatt der Formulierung »unter Verwahrung gegen die Kosten(last)« ist auch die Formulierung »unter Protest gegen die Kosten« üblich.

Gegen die Kostenentscheidung ist das Rechtsmittel der sofortigen Beschwerde nach § 99 Abs. 2 ZPO gegeben.

Gerichtskosten:
Die Gerichtskosten reduzieren sich auf 1 Gebühr, vgl. GKG Anl.1 KV Nr. 1211 b). Dies soll aber nicht gelten bei Verwahrung gegen die Kostenlast (Zöller § 307 ZPO Rn 12 m. w. N.). Bei einem Teilanerkenntnisurteil und streitiger Entscheidung über den Rest kommt es nach dem Wortlaut der Vorschrift zu keiner Ermäßigung.

Rechtsanwaltsgebühren:
Besondere Gebühren entstehen für den Anerkenntnis-Schriftsatz nicht. Es sei denn, dass der Beklagte erst in dieser Phase des Verfahrens dem Rechtsanwalt eine Prozessvollmacht erteilt hat.

Für das Anerkenntnis fällt eine 5/10 Gebühr gemäß § 33 Abs. 1 BRAGO an, im schriftlichen Verfahren gemäß § 35 BRAGO, soweit nicht vorher bereits verhandelt oder erörtert wurde. Bei Anerkenntnis in der mündlichen Verhandlung vor Stellung von Sachanträgen entsteht also auf beiden Seiten die Verhandlungsgebühr nur zu 1/2 nach § 33 BRAGO.

#37 Antrag auf Anerkenntnisurteil durch den Kläger

[*HIER Ort, Datum*]

An das
Amtsgericht [- Landgericht]
[*HIER Anschrift*]

In Sachen
....../......
Az.: ......

wird der/die Kläger/-in im Termin ein Anerkenntnisurteil folgenden Inhalts beantragen:

1. Der/Die Beklagte wird verurteilt, an den/die Kläger/-in ...... EUR nebst ......% Zinsen seit Rechtshängigkeit zu zahlen.
2. Die Kosten des Rechtsstreits trägt der/die Beklagte.

[- Den weitergehenden Zinsanspruch nimmt der Kläger zurück.]

Sollte das Gericht den Kostenpunkt noch für ungeklärt halten, so wird beantragt werden,

ein Teilanerkenntnisurteil zu erlassen und die Kostenentscheidung dem Schlussurteil vorzubehalten.

Begründung:

Entgegen seiner Darstellung im Schriftsatz vom ......, hat der Beklagte Anlass zur Klageerhebung gegeben.

...... [*HIER nähere Ausführung.*]

....
Rechtsanwalt/-wältin

Anmerkung

Der im Schriftsatz angekündigte Antrag des Klägers ist im Termin zu stellen.

Da grundsätzlich das Rechtsschutzbedürfnis für ein streitiges Urteil fehlt, muss der Kläger ein Anerkenntnisurteil beantragen, wenn der Beklagte den Anspruch anerkennt. Eine sachliche Prüfung des Anspruchs findet im Urteil nicht statt, Tatbestand und Entscheidungsgründe enthält das Anerkenntnisurteil nur, wenn die Kostenentscheidung wegen § 93 ZPO streitig ist.

Wird der Anspruch nur hinsichtlich geringer Nebenforderungen nicht anerkannt, ist insoweit eine Rücknahme der Klage zu empfehlen, da damit eine spätere streitige Entscheidung über die Gerichtskosten vermieden wird, die die Ermäßigung der von drei auf eine Gebühr nach GKG Anl.1 KV Nr. 1211 b) verhindern würde.

Hat der Beklagte Anlass zur Klageerhebung gegeben, so lautet der Antrag:

»In dem Rechtsstreit ....../......, Az. ......
wird beantragt,
dem Beklagten entsprechend seines Anerkenntnisses zu verurteilen.«

Kosten:
Siehe ansonsten auch Anmerkungen zu Formular 1.A.01.#36.

Gerichtskosten:
Für die sofortige Beschwerde nach § 99 Abs. 2 ZPO ist GKG Anl.1 KV Nr. 1951 (1,0 Gebühren auf den Kostenwert) anzuwenden.

Rechtsanwaltsgebühren:
Nach h. M. entsteht bei streitiger Verhandlung zusätzlich die 1/2 Verhandlungsgebühr. Dies ist aber umstritten (vgl. Riedel/Sußbauer § 31 BRAGO Rn 52).

Für die sofortige Beschwerde nach § 99 Abs. 1 BRAGO ist § 61 Abs. 1 Nr. 1 BRAGO einschlägig.

#38 Antrag nach § 348 Abs. 3 Nr. 3 ZPO, dass der Einzelrichter den Rechtsstreit der Zivilkammer zur Übernahme vorlegt

[*HIER Ort, Datum*]

An das
Landgericht
[*HIER Anschrift*]

In Sachen [– In der Sache] [– In dem Rechtsstreit]

....../......
Az.: ......

Es wird gemäß § 348 Abs. 3 Nr. 3 ZPO beantragt,
dass der Einzelrichter den Rechtsstreit der Zivilkammer zur Entscheidung über eine Übernahme vorlegt.

[Bei einer Klage vor dem LG, Kammer für Handelssachen:

– Mit einer Entscheidung durch den Vorsitzenden ist der Kläger einverstanden.]

Begründung:

......

....
Rechtsanwalt/-wältin

Anmerkung

Gemäß § 348 Abs. 3 ZPO legt der Einzelrichter den Rechtsstreit der Zivilkammer »zur Entscheidung über eine Übernahme vor, wenn

1. die Sache besondere Schwierigkeiten tatsächlicher oder rechtlicher Art aufweist,
2. die Rechtssache grundsätzliche Bedeutung hat oder
3. die Parteien dies übereinstimmend beantragen.«

Die Parteien haben zwar die Möglichkeit, nach § 348 Abs. 3 Nr. 3 ZPO übereinstimmend die Übertragung des Rechtsstreits auf die Zivilkammer zu beantragen. Es sollten die Gründe in der Begründung dargelegt werden.

Die Zivilkammer ist zur Übernahme des Rechtsstreits dennoch nur dann verpflichtet, wenn einer der beiden anderen Ausnahmetatbestände der Nr. 1, Nr. 2 vorliegt.

Auf eine erfolgte oder unterlassene Vorlage oder Übernahme kann ein Rechtsmittel nicht gestützt werden, § 348 Abs. 4 ZPO.

Eine Erklärung zur Übertragung der Sache durch die Zivilkammer auf den Einzelrichter gem. § 348 a ZPO vor der Begründung der Klage:

»Mit einer Entscheidung der Sache durch den Einzelrichter ist der Kläger einverstanden.«

ist nur dann notwendig, wenn dieser ein Richter auf Probe ist oder sofern es sich um eine Spezialkammer handelt, der im Geschäftsverteilungsplan Streitigkeiten aus den in § 348 Abs. 1 Nr. 2 ZPO genannten Sachgebieten zugewiesen sind.

Bei der Kammer für Handelssachen des Landgerichts kann nur bei Einverständnis beider Parteien der Vorsitzende an Stelle der Kammer entscheiden, siehe § 349 Abs. 3 ZPO. Es kann zwar schon in der Klageschrift erklärt werden. Da dies Einverständnis aber unwiderruflich ist, sollte es nur dann abgegeben werden, sofern der Prozessverlauf für die Partei gut einzuschätzen ist.

Büromäßige Behandlung:
Der Antrag sollte möglichst in der Klageschrift gestellt und begründet werden.

#39 Klagebeantwortung mit Widerklage

[*HIER Ort, Datum*]

An das
[- Amtsgericht] [- Landgericht] [- Landgericht, Kammer für Handelssachen]

In Sachen

des/der ...... [*HIER Vorname, Name, Anschrift*]

- Klägers/-in und Widerbeklagte(r), -

Prozessbevollmächtigte(r): Rechtsanwalt/-wältin ...... [*HIER Vorname, Name, Anschrift*]

gegen

den/die ...... [*HIER Vorname, Name, Anschrift*]

- Beklagte(n) und Widerkläger/-in, -

Prozessbevollmächtigte(r): Rechtsanwalt/-wältin ...... [*HIER Vorname, Name, Anschrift*]

melde ich mich für den/die Beklagte(n) und werde beantragen:

1. Die Klage wird abgewiesen.
2. [Im Verurteilungsfall] Dem/Der Beklagten wird gestattet, die Zwangsvollstreckung durch Sicherheitsleistung abzuwenden.
3. [Als Widerklage] Der/Die Kläger/-in wird verurteilt, an den/die Beklagte(n) ...... EUR nebst ......% Zinsen über dem Basiszinssatz seit Zustellung dieses Schriftsatzes zu zahlen.
4. Der/Die Kläger/-in trägt die Kosten des Rechtsstreits.
5. Das Urteil zu Ziffer 3 und 4 ist vorläufig vollstreckbar.

[oder]

werde ich namens und in Vollmacht des/der Beklagten beantragen,
die Klage abzuweisen.

Gleichzeitig erhebe ich Widerklage mit dem Antrag,
den/die Kläger/-in zu verurteilen, an den/die Beklagte(n) ...... EUR nebst ......% Zinsen über dem Basiszinssatz seit Zustellung dieses Schriftsatzes Zug um Zug gegen Rückgabe des ...... an den/die Kläger/-in zu zahlen.

Begründung:

[*HIER Beispielssachverhalt*]

Der Beklagte begehrt wegen fehlender zugesicherter Eigenschaft des ihm veräußerten Bildes die Rückzahlung des Kaufpreises, der unstreitig in Höhe von ...... EUR an den Kläger gezahlt wurde. Der Kaufvertrag wurde wegen arglistiger Täuschung angefochten.

Beweis: Vorlage des Anfechtungsschreibens vom ......, in Anlage als Kopie beigefügt, Anlage B 1.

Aufgrund der Unwirksamkeit des Kaufvertrages kann der Beklagte die Rückzahlung der Kaufpreissumme verlangen, die im Rahmen der Widerklage geltend gemacht wird.

....
Rechtsanwalt/-wältin

Anmerkung

Im Fall der Berufung vor dem Oberlandesgericht ist der Antrag zu stellen:

»melde ich mich für den/die Beklagte(n) und Berufungsbeklagte(n) als Prozessbevollmächtigter und beantrage,

die Berufung zurückzuweisen.

Gleichzeitig erhebe ich Widerklage mit dem Antrag,

1. ...... [*HIER Antrag*}
2. ...... [*HIER Vollstreckungsschutzantrag*]
3. ...... [*HIER Antrag zur Sicherheitsleistung*]«

Der Beklagte hat das Recht, die Widerklage am Gericht seines allgemeinen Gerichtsstandes erheben zu können, § 33 ZPO.

Auch besteht die Möglichkeit, einen beim Amtsgericht anhängigen Rechtsstreit mit der Widerklage in die sachliche Zuständigkeit des Landgerichts zu bringen, § 506 ZPO.

Die Widerklage ist auch noch in der Berufungsinstanz, also vor dem Landgericht oder Oberlandesgericht – je nach dem, ob das Amtsgericht oder das Landgericht die Eingangsinstanz waren – möglich, vgl. § 530 Abs. 1 ZPO.

Die Widerklage gibt, wenn der Anspruch mit dem Verfahren im Zusammenhang steht, die Möglichkeit, noch weitere Ansprüche gegen den Kläger in den Prozess einzuführen. Dies ist immer dann ratsam, wenn Gegenansprüche rechtlich oder faktisch nicht durch Aufrechnung in das Verfahren eingebracht werden können. Möglich ist auch, dass ein Aufrechnungsverbot besteht oder die Gegenforderung die Klageforderung übersteigt.

Voraussetzungen der Widerklage sind:

- Rechtshängigkeit der Hauptklage im Zeitpunkt der Erhebung der Widerklage,
- Sachzusammenhang zur Klage, aber selbstständiger Streitgegenstand,
- gleiche Prozessart wie die Hauptklage.

Die **Erhebung einer Widerklage** ist nur zuzulassen, wenn der Gegner einwilligt oder das Gericht die Geltendmachung des mit ihr verfolgten Anspruchs in dem anhängigen Verfahren für sachdienlich hält, § 530 Abs. 1 ZPO.

Für die Frage der Sachdienlichkeit kann von Bedeutung sein, ob die Widerklage geeignet ist, den Rechtsstreit zwischen den Parteien endgültig und alsbald zu erledigen.

An erster Stelle steht aber immer der Gesichtspunkt der Prozessökonomie, vor allem dann, wenn beide Ansprüche dasselbe Rechtsverhältnis betreffen und die Aufrechnung keinen Sinn hat, da z. B. die geleistete Zahlung zurückverlangt werden soll.

Die Widerklage kann bis zu letzten mündlichen Verhandlung erhoben werden.

Gegenüber der Klage hat die Widerklage eine prozessuale Selbstständigkeit, bleibt also selbst dann rechtshängig, wenn die Klage zurückgenommen oder vorzeitig rechtskräftig abgewiesen wird.

Im Mahnverfahren, im Urkunden- und Wechselprozess, im Arrest- und einstweiligen Verfügungsverfahren sowie in der Revisionsinstanz ist eine Widerklage nicht zulässig.

Dadurch, dass mit der Widerklage auch Dritte mit in das Verfahren einbezogen werden können, besteht die Möglichkeit, dass eventuell auch Zeugen auf legitime Weise in eine Parteistellung gebracht werden, was ihre Vernehmung als Zeugen ausschließt. Benennt in einem Verkehrsunfallprozess die Gegenseite den Fahrer ihres Kfz als Zeugen, kann der Unfallschaden des Mandanten nicht nur gegen den gegnerischen Kfz-Halter und Kläger, sondern zusätzlich auch gegen dessen Fahrer geltend gemacht werden. Der gegnerische Fahrer darf dann nicht mehr als Zeuge im Verfahren vernommen werden.

Sind hingegen in einem Verkehrsunfallprozess nicht nur auf der Passivseite Fahrer und Halter personenverschieden, sondern auch auf der Aktivseite, so sollte aus prozesstaktischen Gründen möglichst nicht der gegnerische Halter mitverklagt werden, um der Gegenseite die Möglichkeit zu nehmen, mit einer Widerklage den diesseitigen Fahrer als – womöglich einzigen – Zeugen auszuschalten, es sei denn, der Halter ist zugleich Zeuge. Dabei ist aber zu beachten, dass es dem gegnerischen Anwalt dennoch gelingen kann, seine Mandantschaft doch noch in die Lage einer Widerklagemöglichkeit zu versetzen, in dem er die Ansprüche des Halters an den Fahrer abtreten lässt, sofern der Gegenanwalt an diese Möglichkeit denkt.

Büromäßige Behandlung:
Die Widerklage wird gemäß § 261 Abs. 2 ZPO durch Zustellung des sie enthaltenden Schriftsatzes oder in der mündlichen Verhandlung – dann gilt § 297 ZPO – erhoben. Das kann grundsätzlich noch im Haupttermin geschehen, ohne dass eine Zurückweisung zu befürchten ist (vgl. BGH NJW 1995, 1223). Sie bedarf immer der Zustellung, § 253 Abs. 1 ZPO. Wird ein Dritter durch Widerklage mit sog. **Drittwiderklage** (vgl. Thomas/Putzo § 33 ZPO Rn 10) in den Rechtsstreit miteinbezogen, so handelt es sich um eine neue Klage, die ihm zugestellt werden muss. Somit müssen der Dritte und der Widerkläger gemäß § 130 Nr. 1 ZPO mit ladungsfähiger Anschrift bezeichnet werden. Wird nur Widerklage erhoben, sind die Anschriften nicht notwendig, vgl. § 261 Abs. 2 ZPO.

Der Widerkläger braucht keinen Gerichtskostenvorschuss zu zahlen. Ein Gerichtskostenvorschuss braucht auch dann nicht geleistet zu werden, wenn die Widerklageforderung höher ist als die Klageforderung, § 65 Abs. 1 S. 4 GKG.

Mit der negativen Feststellungswiderklage kann der Beklagte die Feststellung beantragen, dass dem Kläger der mit einem Teilbetrag geltend gemachte Gesamtanspruch überhaupt nicht zusteht. Der Beklagte hat es damit in der Hand zu erreichen, dass der volle Anspruch zum Gegenstand des Rechtsstreites wird. Es erwächst dann das volle Kostenrisiko, und es kann vom Beklagten die Zuständigkeit des Gerichts nach Höhe des Gesamtanspruches geltend gemacht werden.

Kosten u. Gebühren:
In einer Klage und in einer Widerklage geltend gemachte Ansprüche, die nicht in getrennten Prozessen verhandelt werden, werden zusammengerechnet, § 19 Abs. 1 S. 1 GKG. Betreffen die Ansprüche denselben Streitgegenstand, ist nur der Wert des höheren Anspruchs maßgebend, § 19 Abs. 1 S. 3 GKG. Somit ist der Kostenaufwand geringer als bei einer gesonderten Klage.

#40 Antrag auf Wiedereinsetzung in den vorigen Stand § 233 ZPO bei versäumter Berufungsfrist

[*HIER Ort, Datum*]

An das
Landgericht [- Oberlandesgericht] [- Kammergericht]

In Sachen

des/der ...... [*HIER Vorname, Name, Anschrift*]

- Berufungsklägers/-in, -

Prozessbevollmächtigte(r): Rechtsanwalt/-wältin ...... [*HIER Vorname, Name, Anschrift*]

gegen

den/die ...... [*HIER Vorname, Name, Anschrift*]

- Berufungsbeklagte(n), -

Prozessbevollmächtigte(r): Rechtsanwalt/-wältin ...... [*HIER Vorname, Name, Anschrift*]

lege ich namens des/der Klägers/-in [- des/der Beklagten] und Berufungsklägers/-in gegen das am ...... 20...... zugestellte Urteil des ......-Gerichts, Az. ......

Berufung

ein und kündige an, dass ich in der mündlichen Verhandlung beantragen werde,

1. unter Abänderung des am ...... verkündeten Urteils des Amtsgerichts [- Landgerichts] ...... den/die Beklagte(n) zu verurteilen, an den/die Kläger/-in ...... EUR nebst ......% Zinsen seit dem ...... zu zahlen.
2. die Zwangsvollstreckung aus dem Urteil des Amtsgerichts [- Landgerichts] ...... vom ...... - notfalls gegen Sicherheitsleistung - vorläufig einzustellen.

Eine Ausfertigung des angefochtenen Urteils füge ich mit der Bitte um Rückgabe bei.

Gleichzeitig wird beantragt,
dem/der Kläger/-in [- dem/der Beklagten] und Berufungskläger/-in gegen die Versäumung der Berufungsfrist Wiedereinsetzung in den vorigen Stand zu gewähren.

[oder]
Gleichzeitig beantrage ich,
dem/der Kläger/-in [- dem/der Beklagten] und Berufungskläger/-in die Wiedereinsetzung in der vorigen Stand für die Versäumung der Berufungsfrist zu gewähren.

Begründung:

...... [*HIER folgt Ausführung, Darlegung der Tatsachen, die ohne Verschulden der Partei die Berufungseinlegung bzw. -begründung verhindert haben*]

[Beispielsbegründung (als weitere Beispielsbegründung siehe auch Formular 1.A.05.a.#06)]

Das angefochtene Urteil wurde dem Unterzeichner und Prozessbevollmächtigten des Beklagten am ...... zugestellt.
Der Unterzeichner hat den Vorgang sodann seiner erfahrenen und bis dahin zuverlässig arbeitenden Büroangestellten mit der Sofortanweisung ausgehändigt, im Fristenkalender die Berufung auf dem ...... [Datum], sowie eine Vorfrist für den ...... [*HIER eine Woche davor liegendes Datum*] zu notieren und dem Unterzeichner anschließend die Akte mit der Ausführungsbestätigung sofort wieder vorzulegen. Diese Anweisung hat die Büroangestellte noch in meinem Beisein auf dem Aktendeckel notiert. Danach wurde von ihr dann die Akte weggelegt. Aus Versehen aber wurde die Eintragung der Fristen im Fristenkalender und die sofortige Wiedervorlage der Akte versäumt.

Durch Zufall stieß die Angestellte [Name] dann am ...... wieder auf die Akte und hat sie sofort dem Unterzeichner vorgelegt.

Glaubhaftmachung: Anliegende eidesstattliche Versicherung der Frau [Name].

Bei der Bürokraft [Name] handelt es sich um eine geschulte und zuverlässige Angestellte. Dies haben regelmäßige Kontrollen des Unterzeichners ergeben. Der Fristenkalender wurde von Frau [Name] seit mehr als drei Jahren zuverlässig und fehlerlos geführt.

Zur Glaubhaftmachung wird die Richtigkeit der vorstehenden Angaben, insofern sie die Wahrnehmung des Unterzeichners betreffen, anwaltlich versichert.

Zur Begründung der Berufung führe ich aus:

...... [*HIER folgt die Berufungsbegründung*]

....
Rechtsanwalt/-wältin

Anmerkung

Die Wiedereinsetzung ist allgemein bei Versäumung einer Notfrist, bei Versäumung der Frist zur Einlegung sowie Begründung der Berufung, der Revision oder Beschwerde gegeben. Nach § 233 ZPO ist einer Partei bei Versäumung einer Notfrist oder einer anderen dort aufgeführten Frist Wiedereinsetzung in den vorigen Stand zu gewähren, wenn sie ohne ihr Verschulden gehindert war, die Frist einzuhalten. Dabei steht nach § 85 Abs. 2 ZPO dem Verschulden der Partei das Verschulden ihres Prozessbevollmächtigten gleich, nicht jedoch das Verschulden dessen Personals.

Die **Frist für Wiedereinsetzungsantrag** beträgt 2 Wochen nach Behebung des Hindernisses. Es ist zwar keine Notfrist, aber eine Verlängerung ist nicht möglich, § 224 Abs. 2 ZPO. Fristbeginn ist der Tag, an dem das Hindernis behoben ist, § 234 ZPO. Die die Wiedereinsetzung begründenden Tatsachen sind glaubhaft zu machen. Die versäumte Prozesshandlung muss stets nachgeholt werden, oder wenn bereits vorher nachgeholt, muss darauf Bezug genommen werden, §§ 233, 236 ZPO. (Bei Strafsachen ist Frist: 1 Woche, §§ 44, 45 StPO).

Die Gerichte stellen äußerst harte, häufig übertriebene Ansprüche hinsichtlich der Glaubhaftmachung und der die Wiedereinsetzung begründenden Umstände. Bei Anwalts- bzw. Büroverschulden ist stets die letzte Rechtsprechung hinsichtlich eines ähnlichen Falles zu prüfen, um die Mittel zur Glaubhaftmachung sorgfältig vorbereiten zu können. Die Berufungs- und Berufungsbegründungsfristen müssen mit einer Vorfrist stets sofort notiert werden. Es gibt keine Wiedereinsetzung bei einem Büroversehen, wenn der Anwalt nicht selbst die Eintragung der Fristen verfügt hat und wenigstens allgemein den Fristenkalender kontrolliert.

Gerichtskosten:
Keine.

Rechtsanwaltsgebühren:
Prozessgebühr gemäß § 31 Abs. 1 Nr. 1 BRAGO, sofern nicht der Anwalt vorher in derselben Instanz tätig war. Ansonsten gehört der Antrag auf Wiedereinsetzung zum Rechtszug gemäß § 13 Abs. 2 S. 2 BRAGO.

Die Kosten der Wiedereinsetzung fallen dem Antragsteller zur Last, soweit sie nicht durch einen unbegründeten Widerspruch des Gegners entstanden sind.

#41 Antrag auf Wiedereinsetzung in den vorigen Stand mit der Anregung, das Verfahren zunächst auf den Wiedereinsetzungsantrag zu beschränken

[*HIER Ort, Datum*]

An das
Landgericht [- Oberlandesgericht] [- Kammergericht]

In Sachen

des/der ...... [*HIER Vorname, Name, Anschrift*]

- Klägers/-in und Berufungsbeklagte(n), -

Prozessbevollmächtigte(r): Rechtsanwalt/-wältin ...... [*HIER Vorname, Name, Anschrift*]

gegen

den/die ...... [*HIER Vorname, Name, Anschrift*]

- Beklagte(n) und Berufungsklägers/-in, -

Prozessbevollmächtigte(r): Rechtsanwalt/-wältin ...... [*HIER Vorname, Name, Anschrift*]

Az.: ......

lege ich namens des/der Berufungsklägers/-in gegen das am ...... 20...... zugestellte Urteil des Amtsgerichts [- Landgerichts] ......, Az. ......,

Berufung

ein mit dem Antrag,

die Klage unter Aufhebung des angefochtenen Urteils abzuweisen.

Eine Ausfertigung [- Kopie] des angefochtenen Urteils ist in Anlage beigefügt.

Wegen der Versäumung der Berufungsfrist beantrage ich

Wiedereinsetzung in den vorigen Stand.

Es wird angeregt, das Verfahren zunächst auf die Verhandlung und Entscheidung über den Wiedereinsetzungsantrag zu beschränken.

[oder]

bestelle ich mich zum/zur Prozessbevollmächtigten des/der Klägers/-in [- Beklagte(n)] und Berufungsklägers/-in. In seinem/ihrem Namen und Auftrag beantrage ich die

Wiedereinsetzung in den vorigen Stand wegen Versäumung der Berufungseinlegungsfrist.

Gleichzeitig lege ich gegen das am ...... zugestellte Endurteil des Amtsgerichts [- Landgerichts] ...... vom ......, Az. ......,

Berufung

ein.

[- Die Berufungsanträge und die Berufungsbegründung reiche ich in einem gesonderten Schriftsatz nach.]

Es wird angeregt, das Verfahren zunächst auf die Verhandlung und Entscheidung über den Wiedereinsetzungsantrag zu beschränken.

Begründung:

[*HIER folgt Ausführung, Darlegung der Tatsachen, die ohne Verschulden der Partei die Berufungseinlegung bzw. -begründung verhindert haben*]

[Beispielsbegründung]

Die Berufungsschrift gegen das am ...... zugestellte Urteil des Amtsgerichts ...... wurde nach Weisung der Mandantin, Berufung einzulegen, in meiner Kanzlei von mir am ...... gefertigt und unterschrieben. Mit Doppeln für die Mandantin wurde es in die Postausgangsmappe gelegt und dem für den Postausgang verantwortlichen Mitarbeiter, Herrn Zuverlässig, vorgelegt.

Herr Zuverlässig ist seit sieben Jahren mein Bürovorsteher. Er ist ausgebildeter Anwaltsgehilfe. Seine Tätigkeit hat nie zu Fristversäumnissen geführt. Die regelmäßige monatliche und zusätzliche überraschende stichprobenartige Kontrolle seiner Arbeit hat keine Beanstandungen ergeben.

Aus mir nicht mehr aufklärbaren Gründen ist der Berufungsschriftsatz nicht beim Landgericht ...... eingegangen, obgleich mein Mandant seine Abschrift erhalten hat. Auch befindet sich ein Doppel mit einem Ab-Vermerk in meinen Akten. Im Fristenkalender ist die Frist unter dem Datum vom ...... als erledigt vermerkt. Ein Erledigungsvermerk wird im Fristenkalender jedes Mal erst dann eingetragen, wenn das Schriftstück postfertig gemacht und von meiner Bürogehilfin Emsig zur Post gebracht worden ist und dies vom Bürovorsteher überprüft worden ist. Auch diese Tätigkeit habe ich regelmäßig stichprobenhaft überwacht, zuletzt am ...... Dabei sind weder in der Vergangenheit noch jetzt je Beanstandungen nötig gewesen. Zur Glaubhaftmachung wird die Richtigkeit der vorstehenden Angaben, soweit sie die Wahrnehmung des Unterzeichners betreffen, anwaltlich versichert.

Als Anlage ist die eidesstattliche Versicherung des Bürovorstehers [Name] und der Bürogehilfen [Name] beigefügt.

....

Rechtsanwalt/-wältin

Anmerkung

Die Möglichkeit, das Verfahren zunächst auf die Verhandlung über den Wiedereinsetzungsantrag zu beschränken, sieht § 238 Abs. 1 S. 2 ZPO vor und ist aus prozessökonomischen Gründen sinnvoll.

Der Sachvortrag des Rechtsanwaltes über Tatsachen aus seinem eigenen Wahrnehmungsbereich macht die förmliche Glaubhaftmachung in der Regel entbehrlich (BVerfG NJW 1976, 1537).

Vgl. ansonsten Anmerkungen zu Formular 1.A.01.#40.

#42 Berufung und Antrag auf Wiedereinsetzung in den vorigen Stand bei Antrag auf Prozesskostenhilfe

[*HIER Ort, Datum*]

An das
Landgericht [- Oberlandesgericht] [- Kammergericht]

In Sachen

des/der ...... [*HIER Vorname, Name, Anschrift*]

- Berufungsklägers/-in, -

Prozessbevollmächtigte(r): Rechtsanwalt/-wältin ...... [*HIER Vorname, Name, Anschrift*]

gegen

den/die ...... [*HIER Vorname, Name, Anschrift*]

- Berufungsbeklagte(n), -

Prozessbevollmächtigte(r): Rechtsanwalt/-wältin ...... [*HIER Vorname, Name, Anschrift*]

Az.: ...... [*HIER folgt das aus dem Bewilligungsverfahren bekannte Aktenzeichen des Berufungsgerichtes*]

lege ich namens und in Vollmacht des/der Klägers/-in [- Beklagten] gegen das Urteil des ...... [z. B. Amtsgerichts/Landgerichts ......], Az. ......, zugestellt am ......,

Berufung

ein und beantrage,

unter entsprechender Abänderung des angegriffenen Urteils ...... [*HIER folgt der Sachantrag*]

Zur Begründung nehme ich auf den Schriftsatz vom ...... Bezug.

Gleichzeitig wird beantragt,

dem/der Kläger/-in [- Beklagten] Wiedereinsetzung in den vorigen Stand für die Berufungsfrist zu gewähren.

[oder]

dem/der Kläger/-in [- Beklagten] gegen die Versäumung der Berufungsfrist Wiedereinsetzung in den vorigen Stand zu gewähren.

Begründung:

Der Kläger [- Beklagte] war aus finanziellen Gründen nicht in der Lage, Berufung einzulegen.

Wegen der Einzelheiten und zur Glaubhaftmachung nehme ich Bezug auf die bei den Gerichtsakten befindlichen Prozesskostenhilfeunterlagen.

[oder]
Aus diesem Grund hat der Kläger [- Beklagte] innerhalb der Berufungsfrist mit Antrag vom ...... für die beabsichtigte Berufung Prozesskostenhilfe beantragt. Diese wurde ihm mit Beschluss vom ......, zugestellt am ......, mit der Begründung verwehrt, dass die Rechtsverteidigung keine hinreichende Aussicht auf Erfolg biete. Der Kläger [- Beklagte] ist nicht dieser Auffassung und hat sich daher entschlossen, die Berufung auf eigene Kosten durchzuführen.

....
Rechtsanwalt/-wältin

Anmerkung

Bei Berufungen sollte vom Anwalt auf jeden Fall – da kein Kostenvorschuss fällig wird – überprüft werden, ob nicht aus Sicherheitsgründen unbedingt Berufung eingelegt wird und diese wie bei der Klageerhebung mit einem Prozesskostenhilfeantrag verbunden werden sollte.

Die durch das Verfahren entstandenen Auslagen des Gerichts und der Parteien trägt der Antragsteller ohne Rücksicht auf den Erfolg des Antrages, soweit sie nicht durch einen unbegründeten Widerspruch des Gegners entstanden sind, § 238 Abs. 4 ZPO.

Da der Anwalt zur Begründung des Wiedereinsetzungsgesuchs den neuesten Stand der Rechtsprechung überprüfen sollte, sei hier auf die höchstrichterliche Entscheidungen zu § 233 ZPO verwiesen, die z. B. in der ›Zeitschrift für Versicherungsrecht‹ jährlich veröffentlicht werden.

Rechtsanwaltsgebühren:
Vgl. Formular 1.A.01.#40

#43 Antrag auf Wiedereinsetzung in den vorigen Stand bei Versäumung der Einspruchsfrist

[*HIER Ort, Datum*]

An das
Landgericht [- Oberlandesgericht] [- Kammergericht]

In Sachen
....../......
Az.: ......

lege ich gegen das Versäumnisurteil vom ......

Einspruch

ein und beantrage,

das Versäumnisurteil vom ...... aufzuheben und die Klage abzuweisen.

Gleichzeitig beantrage ich,

dem Beklagten wegen Versäumung der Einspruchsfrist Wiedereinsetzung in den vorigen Stand zu gewähren

und

die Zwangsvollstreckung aus dem Versäumnisurteil vom ......, notfalls gegen Sicherheitsleistung, einzustellen.

Begründung:

Durch das Versäumnisurteil des ......-Gerichts ist der Beklagte zur Zahlung von ...... EUR verurteilt worden. Das Urteil ist ihm am ...... zugestellt worden. Die Einspruchsfrist ist am ...... abgelaufen. Von der Zustellung hat der Beklagte aber erst am ...... erfahren, da er erst an diesem Tag von einer Geschäftsreise, die er plötzlich am ...... hat antreten müssen und die wider Erwarten vier Tage länger als geplant gedauert hat. Diese Tatsache wird glaubhaft gemacht durch die eidesstattliche Versicherung des Geschäftsführers der Firma des Beklagten, Herrn ...... (Anlage B1).

Der Beklagte bestreitet die eingeklagte Schuld in vollem Umfang.

....
Rechtsanwalt/-wältin

Anmerkung

Zuständig ist nach § 237 ZPO das Gericht, das über die nachgeholte Prozesshandlung zu entscheiden hat, bei versäumten Einspruch das Gericht, welches das Versäumnisurteil erlassen hat, beim Vollstreckungsbescheid sind Wiedereinsetzungsantrag und Einspruch an das Mahngericht zu richten, das die Sache an das im Mahnbescheid bezeichnete Gericht abgibt.

Gemäß § 707 ZPO kann mit einem Wiedereinsetzungsantrag gleichzeitig ein Antrag auf Einstellung der Zwangsvollstreckung gestellt werden. Eine Einstellung ohne Sicherheitsleistung ist nur im Ausnahmefall des § 707 Abs. 1 S. 2 ZPO zulässig.

Der Antrag der Gegenpartei geht dahin, »den Wiedereinsetzungsantrag zurückzuweisen und den Einspruch als unzulässig zu verwerfen.«

Gerichtskosten:
Keine zusätzlichen Gerichtskosten durch den Wiedereinsetzungsantrag.

Rechtsanwaltsgebühren:
Der Rechtsanwalt erhält die volle Prozessgebühr nach § 31 Abs. 1 Nr. 1 BRAGO. Wird nach dem Einspruch zur Sache verhandelt, so erhält der Rechtsanwalt, der das Versäumnisurteil erwirkt hat, die Verhandlungsgebühr gesondert, § 38 BRAGO. Wird der Einspruch zurückgenommen, so gilt das Verfahren als besondere Angelegenheit. Die Prozessgebühr für das bisherige Verfahren wird jedoch angerechnet, § 31 Abs. 1 BRAGO. Streitwert ist der Zahlungsanspruch.

#44 Antrag des/der Klägers/-in auf Absehen vom Gerichtskostenvorschuss

[*HIER Ort, Datum*]

An das
Landgericht [- Oberlandesgericht] [- Kammergericht]

In Sachen
....../......

wegen ......

übermittele ich beigefügt die Klageschrift und beantrage,
gemäß § 65 Abs. 7 Nr. 3 GKG den Verhandlungstermin ohne Zahlung der Gerichtskosten anzusetzen und die Klage beschleunigt an den Beklagten zuzustellen.

Begründung:

[Beispielsbegründung]

Der Kläger hat mit dem Beklagten längere vorprozessuale Verhandlungen wegen ...... geführt, die leider gescheitert sind. Der Verzicht des Beklagten auf die Verjährungseinrede des § ...... BGB endet am ...... Dies mache ich glaubhaft durch Vorlage des Schreiben des Beklagten vom ......

Als Rechtsvertreter des Klägers versichere ich anwaltlich, dass dem Kläger bei dieser zeitlichen Lage durch eine Verzögerung der Zustellung dieser Klage ein nicht zu ersetzender Schaden entstehen würde. Des Weiteren mache ich durch Vorlage der Bestätigung des Finanzamtes . . . . . . vom . . . . . . glaubhaft, dass dem Kläger die alsbaldige Zahlung von Gerichtsgebühren mit Rücksicht auf seine Vermögenslage Schwierigkeiten bereiten würde.

. . . .
Rechtsanwalt/-wältin

Anmerkung

Die Befreiung vom Gerichtskostenvorschuss ist möglich, wenn der Kläger glaubhaft macht, dass ihm die alsbaldige Zahlung der Gebühr

- wegen seiner Vermögenslage Schwierigkeiten bereiten oder
- dass ihm eine Verzögerung eine nicht oder nur schwer ersetzbaren Schaden bringen würde, § 65 Abs. 7 Nr. 3 u. 4 GKG.

#45 Anregung auf Gestattung der Erbringung der Sicherheitsleistung durch Bürgschaft vor/nach Urteil gem. § 709 ZPO

[*HIER Ort, Datum*]

An das
Landgericht [- Oberlandesgericht] [- Kammergericht]
[*HIER Anschrift*]

In Sachen
. . . . . ./. . . . . .
Az.: . . . . . .

[*HIER Ausführung vor Urteil*]

bitte ich,

dem/der Kläger/-in zu gestatten, die Sicherheitsleistung aus einem eventuell gegen Sicherheitsleistung vorläufig vollstreckbaren Urteil in Form einer selbstschuldnerischen, unbefristeten und unbedingten Bürgschaft der X-Bank in . . . . . . erbringen zu dürfen.[- sowie anzuordnen, dass die Hinterlegungsstelle des Amtsgerichts . . . . . . diese Sicherheitsleistung annimmt].

[*HIER Ausführung nach Urteil*]
ersuche ich,

dem/der Kläger/-in [- Beklagten] zu gestatten, die ihm/ihr nach dem Urteil vom . . . . . ., Az. . . . . . ., im Tenor zu Ziffer . . . . . . zu erbringende Sicherheitsleistung in Höhe von . . . . . . EUR durch eine selbstschuldnerische, unbefristete und unbedingte Bürgschaft der X-Bank in . . . . . . erbringen zu dürfen.[- sowie anzuordnen, dass die Hinterlegungsstelle des Amtsgerichts . . . . . . diese Sicherheitsleistung annimmt].

. . . .
Rechtsanwalt/-wältin

Anmerkung

Die Sicherheit soll den **drohenden Schaden** des Schuldners decken. Denn vor Rechtskraft vollstreckt der Gläubiger auf eigene Gefahr. Wird das vorläufig vollstreckbare Urteil auf Rechtsmittel hin aufgehoben, schuldet der Gläubiger dem Schuldner ohne Verschulden vollen Schadenersatz, § 717 Abs. 2 ZPO.

Die Anregung auf Gestattung der Erbringung einer Sicherheitsleistung kann schon nach dem Antrag zu Hauptsache in der Klageschrift erfolgen (vgl. Formular 1.A.01.#01).

Die zur Vollstreckung aus einem vorläufig vollstreckbaren Urteil durch Hinterlegung zu leistende Sicherheit nach § 108 ZPO bedeutet für die hinterlegende Partei einen **Zinsnachteil**. Da die Bankbürgschaft grundsätzlich kostengünstiger ist, sollte immer beantragt werden, der eigenen Partei nachzulassen, die von ihr zu leistende Sicherheit auch durch Bürgschaft einer bestimmten Bank erbringen zu dürfen. Dabei muss die Bank namentlich genannt werden.

Manche Gerichte ordnen die gerichtliche Hinterlegung der Bürgschaftsurkunde an, so dass der ›**Ortsbrauch**‹ festzustellen ist.

Üblicherweise wird eine selbstschuldnerische, unwiderrufliche, unbefristete und unbedingte Bürgschaft einer sicheren Bank vom Gericht verlangt. Deshalb muss der Name und – sofern es sich nicht um eine deutsche Großbank handelt – Sitz der Bank genannt werden, damit das Gericht deren Bonität prüfen kann. Handelt es sich um eine deutsche Großbank, öffentliche Sparkasse, oder Volks- oder Raiffeisenbank, so wird dem Antrag in aller Regel stattgegeben. Wird eine örtlich im beschränkten Umfang tätige Privatbank angegeben, so kann der Antrag abgelehnt werden.

Die **Prozessbankbürgschaft** ist vom Mandanten anzufordern:

»*......, den ...... 20..*

An [Mandant/in]

Betr.: Anforderung Prozessbankbürgschaft

Sehr geehrte(r)Herr/Frau [Name],

die Gegenseite ist zur Zahlung an Sie schon jetzt – also vor Ablauf der Rechtsmittelfrist oder vor Beendigung einer weiteren Instanz – nur verpflichtet, sofern von Ihnen die im Urteil genannte Sicherheitsleistung im entsprechenden Umfange erbracht wird. Dies soll sicherstellen, dass die Gegenseite die geleistete Zahlung auf jeden Fall zurückerhält, wenn das bisher vorliegende Urteil in einer weiteren Instanz abgeändert werden sollte.

Da die Sicherheitsleistung in dem im Urteil bezeichneten Umfang durch eine Bankbürgschaft erbracht werden müsste, bitte ich Sie, das Urteil Ihrer Bank vorzulegen und diese zu veranlassen, eine Prozessbürgschaft auszustellen und meiner Kanzlei die entsprechende Urkunde zuzuschicken.

Alles Weitere werde ich dann veranlassen und, sofern die Gegenseite nicht zahlt, die Zwangsvollstreckung gegen diese einleiten.

....
Rechtsanwalt/-wältin«

Die **Prozessbürgschaftsurkunde** wird vom Kreditsachbearbeiter der Bank des Mandanten ausgefertigt, wobei der Mandant das entsprechende Urteil vorlegen muss. Der Mandant ist vom Anwalt zu bitten, die Bank zu ersuchen, die Prozessbürgschaftsurkunde der Anwaltskanzlei zu übersenden. Dem Mandanten entstehen Bankspesen für die Bankbürgschaft.

Wird die Bürgschaft antragsgemäß vom Gericht zugelassen, so ist die Bürgschaftsurkunde – vor Beginn der Zwangsvollstreckung – dem Sicherungsberechtigen oder dessen Prozessbevollmächtigten unter Vermittlung des Gerichtsvollziehers (OLG Nürnberg WM 1986, 215) entweder in Urschrift oder einer beglaubigten Ausfertigung **zuzustellen.** Die Übergabe der Urschrift ist nur dann erforderlich, wenn die Bürgschaft durch die Rückgabe der Urkunde auflösend bedingt ist (OLG München MDR 1979, 1029). Die Zustellung sollte zweckmäßigerweise über den Gerichtsvollzieher geschehen. Von diesem erhält man den Zustellungsnachweis häufiger schneller zurück als vom Gegenanwalt, der standesrechtlich zu unverzüglicher Rücksendung verpflichtet ist, es aber manchmal doch nicht tut. Zudem genügt nach herrschender Auffassung die Zustellung von Anwalt zu Anwalt nach § 195 ZPO nicht (a. A. OLG Koblenz WM 1993, 1431, vgl. Zöller § 108 ZPO Rn 11 m. w. N.). Soll später in Grundeigentum vollstreckt werden, so kann die Zustellung ohnehin nur durch Zustellungsnachweis des Gerichtsvollziehers nachgewiesen werden, da nur diese – im Unterschied zum anwaltlichen Zustellungsnachweis – eine »öffentliche Urkunde« i. S. v. § 29 GBO ist.

Erst wenn

- bei Hinterlegung der Sicherheitsleistung bei der Hinterlegungsstelle (§ 108 i. V.m der Hinterlegungsordnung) die Zustellung der Abschrift des Hinterlegungsscheins an den Schuldner bzw. bei anwaltlicher Vertretung an den gegnerischen Anwalt,
- bei Erbringung der Sicherheitsleistung durch Bankbürgschaft (§ 232 Abs. 2 BGB) die Zustellung des Originals der Bürgschaft an den Gegenanwalt mit dem Zustellungsnachweis bewiesen ist,

kann mit der Vollstreckung durch den Gläubiger begonnen werden.

Die Sicherheit richtet sich in erster Linie nach dem Betrag, den der Gläubiger insgesamt aus dem Urteil und Kostenfestsetzungsbeschluss (§ 794 Abs. 1 Nr. 2 ZPO) vorläufig vollstrecken kann. Vollstrecken aber kann er nie die ganzen Prozesskosten, sondern immer nur seine eigenen Auslagen. Das gilt auch für die Kostenteilung. Hier bleibt nichts anderes übrig, als die anteiligen Auslagen des Gläubigers auszurechnen, die der Schuldner erstatten kann.

Kosten:
Für den Antrag auf Sicherheitsleistung durch Bankbürgschaft entstehen keine besonderen Gerichts- oder Rechtsanwaltsgebühren.

#46 Schutzantrag des Gläubigers § 710 ZPO

[*HIER Ort, Datum*]

An das
Amtsgericht [- Landgericht] [- Oberlandesgericht]
[*HIER Anschrift*]

In Sachen
....../......
Az.: ......

beantrage ich namens und in Vollmacht des/der Klägers/-in.

das zu erlassende Urteil für den/die Kläger/-in ohne Sicherheitsleistung für vollstreckbar zu erklären.

Begründung:

Im Falle, dass das Gericht zu dem Ergebnis kommen sollte, dass der Klage im vollem Umfange stattzugeben ist, wäre das Urteil nach § 709 S. 1 ZPO von Amts wegen für vorläufig vollstreckbar zu erklären.

Der Kläger ist aber weder in der Lage, den entsprechenden Geldbetrag zu erbringen noch einen Bürgen zu stellen. Auch seine Hausbank ist zu einer Bürgschaft nicht bereit.

Ohne die Vollstreckung bei der Beklagten aber ist die wirtschaftliche Existenz des Klägers gefährdet. Er benötigt dringend Geld, um ...... [HIER folgt die weitere Begründung].

Das Verhalten der Beklagten, die genau weiß, dass sie dem Kläger die mit der Klage geltend gemachte Summe schuldet, grenzt an vorsätzliche, sittenwidrige Schädigung, weil sie Kenntnis davon hat, dass der Kläger existentiell sehr stark gefährdet ist.

Zur Glaubhaftmachung beziehe ich mich auf die beigefügte eidesstattliche Erklärung des Steuerberaters des Klägers und auf die Bestätigung seiner Hausbank, der ......-Bank, dass weitere Darlehen nicht mehr gestellt werden.

....
Rechtsanwalt/-wältin

Anmerkung

Der Antrag kann nach § 714 Abs. 1 ZPO noch bis vor Schluss der letzten mündlichen Verhandlung gestellt werden, wobei die den Antrag begründenden Angaben glaubhaft zu machen sind, §§ 714 Abs. 2, 294 ZPO. Der Antrag kann – und sollte wenn möglich – schon in der Klageschrift gestellt und begründet werden.

Unmöglich ist es, als Sicherheitsleistung für den Gläubiger, sofern er die notwendigen Geldmittel nicht auftreiben kann bzw. nicht in der Lage ist, einen Bürgen zu stellen.

Zusätzlich muss ein Zuwarten für den Gläubiger unbillig sein. Dies ist dann der Fall, wenn der Gläubiger durch die Verzögerung

- einen schwer zu ersetzenden oder
- in seinem ganzen Umfang schwer abzusehenden Nachteil erleiden würde oder
- wenn er die Leistung für seine Lebenshaltung oder seine Erwerbstätigkeit dringend benötigt, § 710 2. Hlbs. ZPO.

#47 Schutzantrag des Schuldners § 712 ZPO

[*HIER Ort, Datum*]

An das
Amtsgericht [- Landgericht] [- Oberlandesgericht]
[*HIER Anschrift*]

In Sachen
....../......
Az.: ......

beantrage ich namens und in Vollmacht des/der Beklagten,

[Im Fall des § 712 Abs. 1 S. 1 ZPO]
dem/der Beklagten zu gestatten, die Zwangsvollstreckung ohne Rücksicht auf eine Sicherheitsleistung des/der Gläubigers/-in durch selbstschuldnerische, unbefristete und unbedingte Bürgschaft der X- Bank abzuwenden.

[oder]
dem/der Beklagten zu gestatten, die Zwangsvollstreckung durch Sicherheitsleistung oder Hinterlegung ohne Rücksicht auf eine Sicherheitsleistung des/der Klägers/-in abzuwenden, weil ihm/ihr die Vollstreckung einen unersetzlichen Nachteil bringen würde.

[oder]
anzuordnen, dass der/die Beklagte die Zwangsvollstreckung seitens des/der Klägers/-in durch Sicherheitsleistung, deren Höhe in das Ermessen des Gerichts gestellt wird, abwenden darf.

[oder]
anzuordnen, dass das Urteil nur gegen Sicherheitsleistung des/der Klägers/-in, deren Höhe in das Ermessen des Gerichts gestellt wird, für vorläufig vollstreckbar erklärt wird.

[Im Fall des 712 Abs. 1 S. 2 ZPO]
das Urteil gemäß § 712 Abs. 1 S. 2 nicht für vorläufig vollstreckbar zu erklären,

hilfsweise,
die Vollstreckung nach Maßgabe des § 720 a ZPO zu beschränken.

Begründung:

[Beispielsbegründung im Fall des § 712 Abs. 1 S. 2 ZPO]

Durch die Vollstreckung des Urteils entstünde dem Beklagten ein nicht zu ersetzender Nachteil. Dem Beklagten droht die Vernichtung seiner Existenz, da ......

...... [*HIER folgt weitere Ausführung*].

Der Beklagte ist auch nicht in der Lage, zur Abwendung der Vollstreckung Sicherheit zu leisten, da er vermögenslos ist und deshalb auch keine Kredite erhält.

...... [*HIER folgt weitere Ausführung*].

Zur Glaubhaftmachung beziehe ich mich auf die eidesstattliche Versicherung des ......

Ein überwiegendes Interesse des Gläubigers an der Anordnung steht nicht entgegen. Der Kläger ist auf die Zahlung nicht angewiesen, da er großes Vermögen besitzt.

Zur Glaubhaftmachung beziehe ich mich auf die eidesstattliche Versicherung des ......

....
Rechtsanwalt/-wältin

Anmerkung

In den Fällen des § 708 Nr. 4–11 ZPO sind Vollstreckungsschutzanträge nicht erforderlich, § 711 ZPO, da das Gericht von Amts wegen entscheidet. Zweckmäßig für den Fall des § 711 ZPO ist jedoch die **Art der Sicherheitsleistung** zu benennen, wenn die Zwangsvollstreckung statt durch Hinterlegung durch Bürgschaft einer Bank abgewendet werden soll, was regelmäßig der Fall ist (siehe hierzu Formular 1.A.01.#27). Ein solcher Antrag erspart Zeit und die Erforderlichkeit des Ergänzungsbeschlusses.

Ein **besonderer Vollstreckungsschutzantrag** ist jedoch erforderlich, wenn der Schuldner den besonderen Schuldnerschutz nach § 712 Abs. 1 ZPO erreichen will, also die Abwendung der Vollstreckung trotz etwaiger Sicherheitsleistung des Gläubigers. Dazu ist die Glaubhaftmachung notwendig, § 714 Abs. 2 ZPO, dass die Vollstreckung dem Schuldner einen nicht zu ersetzenden Nachteil bringen würde, im Fall des § 712 Abs. 1 S. 2 ZPO – keine Sicherheitsleistung des Schuldners möglich – auch die Glaubhaftmachung, dass der Schuldner zur Sicherheitsleistung oder Hinterlegung nicht in der Lage ist.

Der Antrag muss **bis zum Schluss der letzten mündlichen Verhandlung** gestellt werden, § 714 Abs. 1 ZPO, kann aber auch bereits in der Klagebeantwortung gestellt und begründet werden (Siehe auch Anmerkung zu Formular 1.A.01.#27).

Der besondere Vollstreckungsschutzantrag nach § 712 ZPO kommt gegenüber allen Urteilen in Betracht; also alle nach § 709 ZPO für vorläufig vollstreckbar erklärte Urteile, aber auch in den Fällen der § 708 Nr. 4–11 ZPO im Hinblick darauf, dass dem Gläubiger die Möglichkeit verwehrt werden soll, seinerseits durch Sicherheitsleistung vor Vollstreckung die Abwendungsbefugnis des Schuldners auszuschließen. Deshalb ist in den ersten beiden Anträgen auch der Satzteil »ohne Rücksicht auf eine Sicherheitsleistung des Gläubigers« erforderlich, da ansonsten unklar bleibt, ob damit nur für den Fall des § 711 ZPO die Art der Sicherheitsleistung bezeichnet wird oder ob ein besonderer Vollstreckungsschutzantrag gestellt werden soll.

Die strengen Voraussetzungen des § 712 ZPO müssen sorgfältig dargelegt und auch glaubhaft gemacht werden. Es müssen Gründe aufgezeigt werden, warum die Vollstreckung mit hinreichender Sicherheit einen nicht wieder gutzumachenden Schaden verursachen würde, etwa weil die konkrete Gefahr der Kündigung eines Bankkredits besteht und dadurch der Schuldner zahlungsunfähig würde und Insolvenzantrag stellen müsste. Im Fall, dass der Schuldner nicht in der Lage ist die Sicherheitsleistung zu erbringen und daher gem. § 712 Abs. 1 S. 2 ZPO beantragt, das Urteil für nicht vorläufig vollstreckbar zu erklären oder die Vollstreckung auf eine Sicherungsvollstreckung nach § 720 a ZPO zu beschränken, müssen sogar die Vermögens- und Einkommensverhältnisse im einzelnen nachprüfbar dargelegt und glaubhaft gemacht werden, z. B. durch Vorlage des Einkommensteuerbescheides, der Gehaltsbescheinigung, der Aufstellung der laufenden notwendigen Ausgaben und Schuldverpflichtungen.

Neben der Möglichkeit zu beantragen, die Zwangsvollstreckung durch eigene Sicherheitsleistung abwenden zu dürfen, § 712 Abs. 1 S. 1 ZPO, wie es die ersten alternativ aufgeführten Anträge zeigen, besteht auch die Möglichkeit des zuletzt angeführten Haupt- und Hilfsantrages im Fall des § 712 Abs. 1 S. 2 ZPO. Im ersten Fall des § 712 Abs. 1 S. 1 ZPO braucht das Unvermögen zur Sicherheitsleistung nicht dargelegt zu werden.

Der Schutzantrag nach § 712 ZPO kann auch vom Kläger bis zum Schluss der letzten mündlichen Verhandlung – aber am besten vorher schon in der Klageschrift – vorsorglich für den Fall des Unterliegens bezüglich der Vollstreckung wegen der Kosten durch Beklagten gestellt werden.

#48 Antrag auf nachträgliche Vollstreckbarkeitserklärung durch Urteilsergänzung §§ 716, 321 ZPO

[*HIER Ort, Datum*]

An das
Amtsgericht [- Landgericht] [- Oberlandesgericht]
[*HIER Anschrift*]

In Sachen
....../......
Az.: ......

ist das am ...... ergangene Urteil nicht für vorläufig vollstreckbar erklärt worden. Da dies offenbar auf einem Versehen beruht,

beantrage ich namens und in Vollmacht des/der Klägers/-in,

> das bezeichnete Urteil durch nachträgliche Ergänzung für vorläufig vollstreckbar zu erklären.

[oder]
zeige ich an, dass ich den/die Beklagte(n) auch im Ergänzungsverfahren vertrete und beantrage,

das Urteil vom ...... dahingehend zu ergänzen, dass über den von dem/der Beklagten gestellten Vollstreckungsschutzantrag entschieden wird.

Begründung:

Das o. g. Urteil ist dem Beklagten am ...... zugestellt worden. Über den ausweislich meines Schriftsatzes vom ...... gestellten und begründeten und glaubhaft gemachten Vollstreckungsschutzantrag gemäß § 712 ZPO hat das Gericht nicht entschieden.

Der Beklagte ist mit einer Entscheidung im schriftlichen Verfahren nach § 128 Abs. 2 ZPO einverstanden. Sofern aber der Kläger einer solchen Vorgehensweise widersprechen sollte, wird, insbesondere im Hinblick auf die drohende Zwangsvollstreckung, um eine baldige Terminbestimmung ersucht.

....
Rechtsanwalt/-wältin

Anmerkung

Siehe auch Formular 1.A.02.#06 zur Urteilsergänzung.

Siehe §§ 716, 321 ZPO.

Hat das Gericht nicht über die vorläufige Vollstreckbarkeit entschieden, so ist das Urteil auf Antrag durch nachträgliche Entscheidung zu ergänzen. Diese Entscheidung muss innerhalb einer zweiwöchigen Frist, die mit der Zustellung des Urteils beginnt, durch Einreichung eines Schriftsatzes beantragt werden, §§ 716, 321 ZPO. Dieses Urteilsergänzungsverfahren ist nicht nur einschlägig, wenn der Gläubiger durch die Nichtentscheidung benachteiligt ist, sondern auch wenn Schutzanträge des Schuldners übergangen worden sind.

Da die Gefahr besteht, dass der Prozessgegner in dem Zeitraum zwischen Urteilserlass und -ergänzung ohne Rücksicht auf die Sicherheitsleistung zu vollstrecken versucht, sollte deshalb nicht nur an den Antrag auf Urteilsergänzung, sondern auch an die sofortige Unterrichtung des Gegners gedacht werden:

»Sehr geehrter Herr Kollege ......,
in Sachen ....../...... wegen ...... Az. ...... hat das ...... -gericht in dem am ...... verkündeten Urteil übersehen, über meinen Schutzantrag nach § 712 Abs. 1 S. 1 ZPO zu entscheiden. In der Zwischenzeit habe ich Antrag auf Urteilsergänzung gemäß §§ 716, 321 ZPO gestellt. Ich nehme an, dass Sie in Anbetracht des Versehens des Gerichts aus dem Kostenfestsetzungsbeschluss vom ...... nicht vollstrecken werden, da mein Mandant beabsichtigt, die Sicherheitsleistung, die durch das Ergänzungsurteil zugelassen wird, zu erbringen. Ich bitte höflichst um Bestätigung.
....
Rechtsanwalt/-wältin«

Büromäßige Behandlung:
Der Antrag ist an das Streitgericht zu richten.

Die Antragsfrist beträgt 2 Wochen. Die Frist beginnt mit der Urteilszustellung, wobei auch die abgekürzte Ausfertigung, also ohne Tatbestand und Gründe, genügt. Wird die Frist versäumt, so ist ein neuer Prozess nötig und möglich (BGH LM § 322 Nr. 54). Der Antrag muss binnen zwei Wochen durch Einreichung eines Schriftsatzes gestellt werden, § 321 Abs. 2 ZPO.

Das Ergänzungsurteil ist selbstständig anfechtbar (BGH NJW 1980, 840). Es ist auch für die Beschwerdesumme als selbstständig zu behandeln (BGH a. a. O.).

Kosten:
Es entstehen weder Gerichtsgebühren noch Anwaltskosten, diese gehören zum Rechtszug.

02. Begleitanträge

#01 Antrag auf Zwischenurteil § 304 ZPO

[*HIER Ort, Datum*]

An das
Amtsgericht [- Landgericht] [- Oberlandesgericht]
[*HIER Anschrift*]

In Sachen
....../......
Az.: ......

beantrage ich,
ein Grundurteil mit der Maßgabe zu erlassen ...... [*HIER genaue Bezeichnung des Anspruchs, der im Klageverfahren geltend gemacht wurde, und der dem Grunde nach geltend gemacht werden soll*]

Begründung:

...... [*HIER schlüssige Darlegung lediglich des Anspruchsgrundes, keine Ausführungen zur Anspruchshöhe!*]

....
Rechtsanwalt/-wältin

Anmerkung

§ 304 ZPO erlaubt in gewissen Fällen eine Vorabentscheidung über den Grund des Anspruchs durch ein besonders geregeltes Zwischenurteil. Dadurch soll das Verfahren vereinfacht und verbilligt werden, vgl. BGH VersR 79, 282 und MDR 1980, 51 u. 925, in dem eine umfangreiche Beweisaufnahme über den Betrag erspart bleibt.

Der Anspruch muss nach dem Grund und dem Betrag streitig sein.

Eine Vorabentscheidung sollte nur dann ergehen, wenn in ihr eine Förderung des Prozesses liegt und nicht in Wahrheit eine Verschleppung oder Gefährdung.

Der Erlass eines Grundurteils liegt letztlich im freien Ermessen des Gerichts.

Das Urteil ist ein Zwischenurteil, selbstständig anfechtbar und insofern einem Endurteil gleichgestellt, vgl. BGH MDR 1980, 51.

#02 Antrag auf Bestimmung eines Termins zur mündlichen Verhandlung (nach Zwischenurteil)

[*HIER Ort, Datum*]

An das
Amtsgericht [- Landgericht] [- Oberlandesgericht]
[*HIER Anschrift*]

In Sachen
....../......
Az.: ......

beantrage ich,
einen Termin zur mündlichen Verhandlung zu bestimmen.

....
Rechtsanwalt/-wältin

Anmerkung

Das Gericht kann nach dem Zwischenurteil auf Antrag einer Partei jederzeit die Fortsetzung des Verfahrens anordnen.

Nach Eintritt der Rechtskraft des Zwischenurteils ist von Amts wegen zur Fortsetzung des Betragsverfahrens zu bestimmen, BGH NJW 1979, 2307.

Den Parteien stehen gegen das Grundurteil die gewöhnlichen Rechtsmittel zu.

Gebühren:
Zusätzliche Anwaltsgebühren entstehen in derselben Instanz nicht.

#03 Antrag auf Verweisung bei örtlicher Unzuständigkeit

[*HIER Ort, Datum*]

An das
Amtsgericht [- Landgericht]
[*HIER Anschrift*]

In Sachen
....../......
Az.: ......

beantragt der/die Kläger/-in unter Aufrechterhaltung seiner/ihrer bisherigen Anträge hilfsweise,
den Rechtsstreit an das Landgericht - Kammer für Handelssachen - zu verweisen.

Begründung:

Die Parteien haben eine Gerichtsstandvereinbarung getroffen.

Die Parteien sind Vollkaufleute.

Für den Fall, dass sich das Gericht der Meinung des Beklagten anschließen sollte, dass das angerufene Gericht nicht zuständig ist, wird der Hilfsantrag gestellt.

....
Rechtsanwalt/-wältin

Anmerkung

Büromäßige Behandlung:
Sachliche und örtliche Zuständigkeit des Gerichtes sind grundsätzlich Sachurteilsvoraussetzungen, bei deren Fehlen eine Klage durch Prozessurteil als unzulässig abzuweisen wäre.

Zulässigkeit:
Ein Rechtsstreit muss bei dem verweisenden Gericht rechtshängig sein, bloße Anhängigkeit genügt nicht.

Vor der Zustellung der Klage ist auf Antrag des Klägers nur formlose Abgabe ohne Bindungswirkung möglich.

Ein Antrag des Klägers ist nötig.

Verweisung von Amts wegen ist unzulässig (Ausnahme in Familiensachen § 621 Abs. 3, im Mahnverfahren §§ 696 Abs. 1, 698, 700 Abs. 3 ZPO).

Das Gericht, an das zu verweisen ist, sollte genau bezeichnet werden.

Die Entscheidung ergeht grundsätzlich als gemäß § 329 Abs. 2 ZPO formlos mitzuteilender Beschluss.

Die Verweisung ist unanfechtbar.

Achtung:
Der Verweisungsantrag vor dem LG wegen sachlicher und vor allem örtlicher Unzuständigkeit sollte erst nach Geltendmachung durch den Beklagten erfolgen, weil die Möglichkeit besteht, dass die Zuständigkeit nach § 39 S. 1 ZPO durch rügelose Einlassung auf die Klage begründet wird (anders AG: vgl. § 39 S. 2 i. V. m. § 504 ZPO).

Kosten:
Die durch die Anrufung des unzuständigen Gerichts entstandenen Mehrkosten sind vom Kläger zu tragen, auch wenn er in der Hauptsache obsiegt, § 281 Abs. 3 ZPO.

Enthält das Urteil keine entsprechende Kostenentscheidung, muss der Beklagten binnen 2 Wochen eine Urteilsergänzung gem. § 321 ZPO beantragen.

#04 Antrag auf Verweisung wegen sachlicher Unzuständigkeit (wegen zwischenzeitlich eingetretener Erhöhung der Klageforderung)

[*HIER Ort, Datum*]

An das
Amtsgericht [– Landgericht]
[*HIER Anschrift*]

In Sachen
....../......
Az.: ......

werde ich beantragen,
den/die Beklagte(n) zu verurteilen, an den/die Kläger/-in weitere ...... EUR seit dem ...... zu zahlen.

Ferner beantragen wir,
den Rechtsstreit an das Landgericht ...... zu verweisen.

Begründung:

Dem Kläger stehen gegenüber dem Beklagten Ansprüche ...... [z. B. aus wiederkehrenden Leistungen] zu.

Mit der Klage wurden die Leistungen für den Zeitraum vom ...... bis ...... geltend gemacht.

Inzwischen schuldet der Beklagte dem Kläger weitere Leistungen vom ...... bis ......

Der Beklagte schuldet dem Kläger die weiteren mit dem Erhöhungsschriftsatz geltend gemachten Leistungen aus ...... [*HIER schlüssige Begründung der Erhöhung des Anspruches*].

Im Hinblick darauf, dass der Betrag von nunmehr 5.000,00 EUR überschritten ist, ist das Amtsgericht ...... nicht mehr zuständig, sondern das Landgericht ......, so dass der Rechtsstreit dorthin antragsgemäß zu verweisen ist.

....
Rechtsanwalt/-wältin

Anmerkung

Der Antrag ist notwendig, sofern statt des angerufenen Amtsgerichts das Landgericht oder umgekehrt statt des Landgerichts das Amtsgericht zuständig ist. Die sachliche Zuständigkeit ergibt sich aus dem Streitwert, vgl. §§ 23, 71 GVG.

Nur der Rechtsstreit als ganzer kann verwiesen werden, nicht das Verfahren hinsichtlich eines von mehreren Anspruchsgründen, BAG NJW 1964, 1436.

Häufig wird die Verweisung notwendig, weil

- durch Klageerweiterung oder Widerklage ein landgerichtlicher Streitwert erreicht wird, § 506 ZPO
- das zunächst angerufene Gericht den Streitwert so festgesetzt hat, dass er zur sachlichen Zuständigkeit des nichtangerufenen Amts- bzw. Landgerichts führt. Gegen diesen Beschluss gibt es keine Rechtsmittel (vgl. OLG München MDR 1998, 1242).

Die Verweisung ist unwiderruflich für das verweisende und grundsätzlich bindend für das aufnehmende Gericht.

Kosten:
Die durch die Anrufung des unzuständigen Gerichts entstandenen Mehrkosten sind vom Kläger zu tragen, auch wenn er in der Hauptsache obsiegt, § 281 Abs. 3 ZPO.

Enthält das Urteil keine entsprechende Kostenentscheidung, muss der Beklagten binnen 2 Wochen eine Urteilsergänzung gem. § 321 ZPO beantragen.

#05 Antrag auf Urteilsberichtigung § 319 ZPO

[*HIER Ort, Datum*]

An das
Amtsgericht [- Landgericht]
[*HIER Anschrift*]

In Sachen
....../......
Az.: ......

beantragt der/die Kläger/-in,

das Urteil des Amtsgerichts [- Landgerichts] [- Oberlandesgerichts] vom ...... wegen nachstehend aufgeführter offenbarer Unrichtigkeit gemäß § 319 ZPO – ohne mündliche Verhandlung – zu berichtigen:

Der/Die Beklagte wird verurteilt, an den/die Kläger/-in ...... EUR nebst 12,5 % Zinsen seit dem ...... zu zahlen.

Begründung:

Der Kläger hat mir seiner Klageschrift beantragt, den Beklagten zur Zahlung von 12,5 % Zinsen auf die Klagesumme zu verurteilen.

Der Nachweis, dass der Kläger Bankkredit in der geltend gemachten Höhe in Anspruch nimmt, ist durch Vorlage von Urkunden erbracht.

Das Gericht hat dennoch im Urteil nur die gesetzlichen Zinsen von 5 Prozentpunkten über dem Basiszinssatz ausgesprochen, so dass das Urteil insoweit zu berichtigen ist.

In der Anlage wird die vollstreckbare Ausfertigung des Urteils zurückgereicht mit der Bitte, die vollstreckbare Ausfertigung des Urteils antragsgemäß zu berichtigen und uns danach die Ausfertigung wieder zukommen zu lassen.

....
Rechtsanwalt/-wältin

Anmerkung

Der Antrag, der keiner Frist bedarf, ist an das Gericht zu richten, das die zu berichtigende Entscheidung getroffen hat. Wurde gegen diese Entscheidung Rechtsmittel eingelegt, so ist auch das Rechtsmittelgericht zuständig.

Alle offenbaren Unrichtigkeiten unterliegen einer Berichtigung nach § 319 ZPO, BGHZ 28, 22.

Das Gesetz nennt beispielhaft offenbare Unrichtigkeiten wie Schreib- und Rechenfehler. Gemeint sind aber alle versehentlichen Abweichungen von dem Willen bei der Urteilsbildung bei seinem Ausdruck.

Stets muss der Irrtum klar erkennbar »offenbar« sein, und zwar grundsätzlich, abgesehen von Formalien, nicht für den Rechtskundigen.

Kosten:
Gerichtskosten:
Keine.

Rechtsanwaltsgebühren:
Anwaltsgebühren entstehen nicht, § 37 Nr. 6 BRAGO.

#06 Antrag auf Ergänzung des Urteils § 321 ZPO

[*HIER Ort, Datum*]

An das
Amtsgericht [- Landgericht] [- Oberlandesgericht]
[*HIER Anschrift*]

In Sachen
....../......
Az.: ......

beantragt der/die Beklagte,

das Urteil des Gerichts vom ...... gemäß § 321 ZPO insoweit zu ergänzen, dass dem/der Beklagten eine angemessene Räumungsfrist zu gewähren ist.

Begründung:

Ausweislich des Schriftsatzes vom ...... hat der Beklagte beantragt, ihn für den Fall der Verurteilung eine angemessene Räumungsfrist einzuräumen.

Laut Protokoll vom ...... ist der Antrag im Termin gestellt worden. Darüber hat das Gericht jedoch nicht entschieden.

Es bedarf daher einer Ergänzung des Urteils.

Es wird um Anberaumung eins baldigen Termins gebeten. Mit einer Entscheidung ohne mündliche Verhandlung ist der Beklagte einverstanden.

....
Rechtsanwalt/-wältin

Anmerkung

§ 321 ZPO ist anwendbar, wenn das Urteil einen Punkt versehentlich übergeht, den es hätte zu- oder absprechen müssen. Sofern ein geltendgemachter Haupt- oder Nebenanspruch oder der Kostenpunkt im Urteil ganz oder teilweise übergangen ist, findet auf Antrag nachträgliche Urteilsergänzung statt. Unzulässig ist der Antrag, sofern im Urteil einzelne Angriffs- oder Verteidigungsmittel nicht beschieden worden sind.

Achtung:

Ein zu beachtender Fall der Urteilsergänzung ist das Übergehen der vorläufigen Vollstreckbarkeit oder eines Vollstreckungsschutzantrages nach § 712 ZPO im Urteil, vgl. § 716 ZPO. Hier besteht die Gefahr, dass der Prozessgegner in dem Zeitraum zwischen Urteilserlass und -ergänzung ohne Rücksicht auf die Sicherheitsleistung zu vollstrecken versucht. Hier sollte deshalb nicht nur an den Antrag auf Urteilsergänzung (Siehe Formular 1.A.01.#48), sondern auch an die sofortige Unterrichtung des Gegners gedacht werden:

»Sehr geehrte(r) Herr/Frau Kollege/-in ......,
in Sachen ....../...... wegen ...... Az. ...... hat das ...... -gericht in dem am ...... verkündeten Urteil übersehen, über meinen Schutzantrag nach § 712 Abs. 1 S. 1 ZPO zu entscheiden. In der Zwischenzeit habe ich Antrag auf Urteilsergänzung gem. §§ 716, 321 ZPO gestellt. Ich nehme an, dass Sie in Anbetracht des Versehens des Gerichts aus dem Kostenfestsetzungsbeschluss vom ...... nicht vollstrecken werden, da mein Mandant beabsichtigt, die Sicherheitsleistung, die durch das Ergänzungsurteil zugelassen wird, zu erbringen. Ich bitte höflichst um Bestätigung.
gez. Rechtsanwalt/-wältin«

Büromäßige Behandlung:

Nötig ist ein Antrag auf eine bestimmte Ergänzung. Eine Ergänzung von Amts wegen ist unzulässig. Der Antrag ist bei dem Gericht des bisherigen Urteils zu stellen.

Die Antragsfrist beträgt 2 Wochen. Die Frist beginnt mit der Urteilszustellung – wobei auch die abgekürzte Ausfertigung, also ohne Tatbestand und Gründe, genügt. Wird die Frist versäumt, so ist ein neuer Prozess nötig und möglich (BGH LM § 322 ZPO Nr. 54). Der Antrag muss binnen 2 Wochen durch Einreichung eines Schriftsatzes gestellt werden, § 321 Abs. 2 S. 2 ZPO.

Das Ergänzungsurteil ist selbstständig anfechtbar (BGH NJW 1980, 840). Es ist auch für die Beschwerdesumme als selbstständig zu behandeln (BGH a. a. O.).

Kosten:
Es entstehen weder Gerichtsgebühren noch Anwaltskosten, diese gehören zum Rechtszug.

#07 Antrag auf Bewilligung von Prozesskostenhilfe

[*HIER Ort, Datum*]

An das
Amtsgericht [- Landgericht]
[*HIER Anschrift*]

Klage

des/der ...... [*HIER Vorname, Name, Anschrift*]

- Klägers/-in, -

Prozessbevollmächtigte(r): Rechtsanwalt/-wältin ...... [*HIER Vorname, Name, Anschrift*]

gegen

den/die ...... [*HIER Vorname, Name, Anschrift*]

- Beklagte(n), -

Prozessbevollmächtigte(r): Rechtsanwalt/-wältin ...... [*HIER Vorname, Name, Anschrift*]

wegen ......

Streitwert: ...... EUR [- vorläufig geschätzt mit ...... EUR]

Namens und in Vollmacht des/der Klägers/-in erhebe ich Klage und werde beantragen,
den/die Beklagte(n) zu verurteilen, an den/die Kläger/-in ...... EUR nebst Zinsen in Höhe von 5 Prozentpunkten über dem Basiszinssatz seit dem ...... zu zahlen.

Ferner beantragen wir,
dem/der Kläger/-in Prozesskostenhilfe zu bewilligen und den/die Unterzeichner/in beizuordnen.

Begründung:

Dem Kläger steht der geltend gemachte Anpruch aus einem Kaufvertrag gegen die Beklagte zu.

Beweis: Vorlage der Vertragsurkunde.

Der Kläger ist nach seinen persönlichen und wirtschaftlichen Verhältnissen außerstande, die Kosten des Rechtsstreits zu tragen.

Er kann auch nicht durch monatliche Raten zu den Kosten beitragen.

Wir fügen den Antrag auf Bewilligung von Prozesskostenhilfe und die Erklärung über die persönlichen und wirtschaftlichen Verhältnisse des Klägers bei.

Die beabsichtigte Rechtsverfolgung bietet hinreichend Erfolgsaussichten.

....
Rechtsanwalt/-wältin

Anmerkung

Zuständig ist das Gericht des jeweiligen Rechtszuges, § 127 Abs. 1 ZPO.

Die Entscheidung erfolgt durch **Beschluss**.

Die **Bewilligung der Prozesskostenhilfe** befreit den Kläger einstweilen von der Zahlung der Gerichtskosten und der Anwaltsgebühren, § 122 ZPO. Der Kläger kann also eine Klage erheben, ohne einen **Gerichtskostenvorschuss** zu leisten; sein Rechtsanwalt hat keinen Gebührenanspruch gegen ihn, sondern gegen die Staatskasse, §§ 121 ff. BRAGO.

Außerdem ist die Partei von Vorschüssen für Sachverständige pp. befreit.

Jedoch verbleibt ein nicht unerhebliches Prozessrisiko. Die Partei der Prozesskostenhilfe bewilligt wurde, hat im Unterliegensfalle den Gegner die Kosten zu erstatten, § 123 ZPO.

Überschreitet das Einkommen der Partei eine bestimmte Mindesthöhe, muss sie die ihr verauslagten Kosten in monatlichen Raten an die Staatskasse zurückzahlen. Die **Höhe der Raten** richtet sich nach dem Einkommen (vgl. Anl. 1 zu § 114 ZPO).

Büromäßige Behandlung:
Der Antragsteller hat durch Beifügung einer Erklärung über seine persönlichen und wirtschaftlichen Verhältnisse seine Bedürftigkeit darzulegen. Hierzu wurde ein Vordruck eingeführt, dessen Benutzung zwingend vorgeschrieben ist, § 117 Abs. 4 ZPO.

Der Antragsteller muss der Erklärung ›entsprechende Belege‹ beifügen, ansonsten droht die sofortige Zurückweisung des Antrages, vgl. OLG Oldenburg NJW 1981, 1973.

Kosten:
Gerichtskosten:
Das Bewilligungsverfahren ist gerichtsgebührenfrei. Bei der Ablehnung der Prozesskostenhilfe haftet der Antragsteller für die entstandenen Auslagen nach § 49 GKG.

Rechtsanwaltsgebühren:
Die Rechtsanwaltsgebühren des § 31 Abs. 1 BRAGO entstehen im Bewilligungsverfahren zu 5/10, § 51 BRAGO. Sie sind auf die im späteren Prozess entstehenden Gebühren anzurechnen, § 37 Nr. 3 i. V. m. § 13 Abs. 2 BRAGO.

Kostenerstattung:
Im Bewilligungsverfahren entstandene Rechtsanwaltsgebühren des Gegners hat der Antragsteller, auch wenn die Prozesskostenhilfe abgelehnt wird, nicht zu erstatten, § 119 Abs. 1 S. 4 ZPO.

#08 Antrag auf Prozesskostenhilfe und Klageentwurf

[*HIER Ort, Datum*]

An das
Amtsgericht [– Landgericht]
[*HIER Anschrift*]

Klage

des/der ...... [*HIER Vorname, Name, Anschrift*]

– Klägers/-in, –

Prozessbevollmächtigte(r): Rechtsanwalt/-wältin ...... [*HIER Vorname, Name, Anschrift*]

gegen

den/die ...... [*HIER Vorname, Name, Anschrift*]

– Beklagte(n), –

Prozessbevollmächtigte(r): Rechtsanwalt/-wältin ...... [*HIER Vorname, Name, Anschrift*]

wegen ......

Streitwert: ...... EUR [– vorläufig geschätzt mit ...... EUR]

Namens und in Vollmacht des/der Antragstellers/-in beantrage ich,
dem/der Antragstellers/-in unter Beiordnung des/der Unterzeichners/-in Prozesskostenhilfe zu bewilligen.

Begründung:

Der Antragsteller ist nach seinen persönlichen und wirtschaftlichen Verhältnissen außerstande, die Verfahrenskosten aufzubringen. Die notwendigen Unterlagen pp. fügen wir bei.

Die beabsichtigte Klage ist nicht mutwillig; sie hat vielmehr hinreichend Aussichten auf Erfolg; insoweit nehme ich Bezug auf den beiliegenden Klageentwurf.

Sofern das Gericht noch weiter Darlegungen und Erweiserbieten für erforderlich hält, wird es um eine entsprechende Auflage gebeten.

....
Rechtsanwalt/-wältin

Anmerkung

Es steht dem Antragsteller frei, die Klage oder ein Rechtsmittel usw. vor, zusammen mit, oder nach dem Antrag auf Bewilligung von PKH einzureichen.

Das kann nach Wahl des Antragstellers derart geschehen, dass der Bewilligungsantrag unabhängig von der Klage gelten soll. Der Antrag kann auch vorrangig eingereicht werden, wenn der Kläger Klage usw. nur für den Fall der Bewilligung von PKH einreicht. Diese Bedingung ist zulässig, BGHZ 4, 333; 7, 270.

Soweit der Kläger bedingte Klage einreichen will, muss diese Bedingung deutlich zum Ausdruck bringen, BGHZ 4, 333.

Die Klageschrift muss beispielsweise als bloßer Entwurf gekennzeichnet sein; oder es muss die Klageschrift nicht unterzeichnet werden.

Die bedingte Klage hat den Vorteil, dass der Kläger die Rechtsauffassung des Gerichts erfahren und davon die Erhebung der Klage abhängig machen kann.

Zu beachten ist jedoch, dass mit der Einreichung nur des Gesuchs nicht die fristwahrende Wirkung des § 270 Abs. 3 ZPO eintritt. Die Zustellung des Gesuchs führt auch nicht zur Rechtshängigkeit, was die Wahrung von Fristen, die Unterbrechung von Verjährung pp. von Bedeutung sein kann.

Kosten:
vgl. Anmerkungen Formular 1.A.02.#04.

#09 Sofortige Beschwerde gegen ablehnenden Beschluss bzw. Prozesskostenhilfegewährung

[*HIER Ort, Datum*]

An das
Amtsgericht [- Landgericht] [- Oberlandesgericht]
[*HIER Anschrift*]

In Sachen
....../......
Az.: ......

lege ich namens des/der Klägers/-in gegen den die Prozesskostenhilfe ablehnenden Beschluss des Gerichts vom ......

sofortige Beschwerde

ein und beantrage,

unter Aufhebung des ablehnenden Beschlusses dem/der Kläger/-in [rückwirkend] Prozesskostenhilfe zu gewähren.

Begründung:

Das Gericht hätte die hinreichende Aussicht auf Erfolg der Klage nicht verneinen dürfen. Es hat das Klagevorbringen tatsächlich und rechtlich unzutreffend gewürdigt:

...... [*HIER folgt die Stellungnahme zu den ablehnenden Gründen und Entgegnung*]

[und eventuell]
[Da der Rechtsstreit inzwischen in der Hauptsache fortgeführt worden ist und weitere Kosten angefallen sind, hat der Kläger ein Interesse daran, dass die Prozesskostenhilfe ihm mit Rückwirkung auf den Zeitpunkt der Antragstellung bewilligt wird, zumal der Antrag formgerecht mit allen erforderlichen Anlagen gestellt wurde.]

....
Rechtsanwalt/-wältin

Anmerkung

Zuständig ist das Gericht des ersten Rechtszuges, bei Anhängigkeit des Rechtsstreites in einem höheren Rechtszug das Gericht dieses Rechtszuges, § 127 Abs. 1 ZPO. Es ist aber ratsam, die sofortige Beschwerde bei dem Gericht der Vorinstanz einzulegen, welches ohnehin über die Abhilfe nach § 572 ZPO zu entscheiden hat.

Die Bewilligung der Prozesskostenhilfe kann nur von der Staatskasse gem. § 127 Abs. 3 ZPO angefochten werden.

Kosten:
Gerichtskosten:
25,–EUR, wenn die Beschwerde verworfen oder zurückgewiesen wird, GKG KV Nr. 1956.

Rechtsanwalt:
5/10 der in § 31 Abs. 1 BRAGO festgelegten Gebühr, § 61 Abs. 1 Ziff.1 BRAGO.

#10 Antrag auf Berichtigung des Protokolls §§ 164, 165 ZPO

[*HIER Ort, Datum*]

An das
Amtsgericht [- Landgericht] [- Oberlandesgericht]
[*HIER Anschrift*]

In Sachen
....../......
Az.: ......

beantrage ich,
die Berichtigung des Protokolls vom ...... wie folgt:

...... [*HIER genaue Angaben darüber wie es richtig zu heißen hätte, z. B. unrichtig wiedergegebenen Zahlen, Namen, Anschriften, mündlich gestellten Anträgen usw.*]

Die Anhörung der Gegenpartei ist nicht erforderlich, da ihr(e) Prozessbevollmächtigte(r) eine Abschrift des Antrages erhalten und sein/ihr Einverständnis erklärt hat.*

....
Rechtsanwalt/-wältin

Anmerkung

*Wenn möglich sollte eine Absprache mit dem Prozessbevollmächtigten zwecks Zeitersparnis erfolgen, da sonst die Gegenpartei gehört werden muss, § 164 Abs. 2 ZPO

Die Berichtigung des Protokolls ist notwendig, wenn bei stehen bleibender Unrichtigkeit wegen der Beweiskraft des Protokolls – § 165 ZPO – Nachteile für die Partei entstehen.

Hinsichtlich anderer Prozessbeteiligter ist die Anhörung nur beschränkt notwendig, § 164 Abs. 2 i. V. m. § 160 Abs. 3 Ziff.4 ZPO.

Die Beschwerdefähigkeit bei Zurückweisung richtet sich nach § 567 Abs. 1 ZPO, eingeschränkt bzw. ausgeschlossen bei Obergerichten, § 567 Abs. 3 u. 4 ZPO.

Kosten:
Keine Gerichtskosten u. Rechtsanwaltsgebühren.

Rechtsmittel:
Bei Ablehnung der Bewilligung ist die sofortige Beschwerde möglich, soweit es um die Richtigkeit des Protokolls geht (Thomas/Putzo § 164 ZPO Rn 5; OLG München NJW-RR 2002, 863).

#11 Antrag auf Tatbestandsberichtigung § 320 ZPO

[*HIER Ort, Datum*]

An das
Amtsgericht [- Landgericht] [- Oberlandesgericht]
[*HIER Anschrift*]

In Sachen
....../......
Az.: ......

beantrage ich,

den Tatbestand des Urteils vom ...... in den nachfolgenden Punkten zu berichtigen. [- und den Gegner zur mündlichen Verhandlung zu laden.]

Die beigefügte Urteilsausfertigung, die mir am ...... zugestellt wurde, sowie das Urteil selbst enthalten im Tatbestand folgenden Ausführungen:

...... [*HIER genaue Ausführung*]

Hier ist ein Irrtum unterlaufen, ca ...... [*HIER genaue Ausführung*]

Die 2-Wochenfrist des § 320 ZPO wird mit diesem Schriftsatz gewahrt.

[– Nach Rücksprache schließt sich der gegnerische Prozessbevollmächtigte dem diesseitigen Antrag an und wird dies dem Gericht noch selbst erklären.]

....
Rechtsanwalt/-wältin

Anmerkung

Durch Rücksprache mit dem gegnerischen Anwalt und Veranlassung desselben, sich dem Antrag auf Tatbestandsberichtigung anzuschließen, entfällt die Anhörung des Gegners und erspart Zeit. Der Antrag, den Gegner zur mündlichen Verhandlung zu laden, kann dann entfallen.

Die Berichtigung des Tatbestandes wegen Auslassungen und Widersprüchen sowie anderen Unrichtigkeiten, die nicht unter die Urteilsberichtigung nach § 319 ZPO fallen, kann nach § 320 ZPO beantragt werden. Mit dem Antrag auf Berichtigung kann unter den Voraussetzungen des § 321 Abs. 1 ZPO der Antrag auf Ergänzung des Urteils verbunden werden.

Zuständigkeit:
Das Gericht der Urteilsverkündung ist zuständig.

Büromäßige Behandlung:
Der Antrag auf Tatbestandsberichtigung muss binnen zwei Wochen nach Zustellung des vollständigen Urteils gestellt werden. Nach Ablauf von drei Monaten ist sie gem. § 320 Abs. 2 S. 3 ZPO gänzlich ausgeschlossen.

Der Beschluss, der über die Tatbestandsberichtigung entscheidet, ist unanfechtbar, § 320 Abs. 4 S. 4 ZPO.

Kosten:
Gerichtskosten:
Keine.

Rechtsanwaltsgebühren:
Der Antrag gehört zum Rechtszug, § 37 Nr. 6 BRAGO, deshalb keine besonderen Gebühren.

#12 Antrag auf Beiordnung eines Rechtsanwaltes für die Wahrnehmung eines Termins zur Beweisaufnahme § 121 Abs. 3 ZPO

[*HIER Ort, Datum*]

An das
Amtsgericht [- Landgericht] [- Oberlandesgericht]
[*HIER Anschrift*]

In Sachen
....../......
Az.: ......

beantrage ich,

dem/der Kläger/-in zur Wahrnehmung des Termins zur Beweisaufnahme vor dem ersuchten Richter des ...... Gerichts den/die zur Vertretung bereite(n) Rechtsanwalt/-wältin ...... [Name] beizuordnen.

Begründung:

[*HIER Beispielsbegründung*]

Besondere Umstände erfordern die Beiordnung zur Wahrnehmung des beschlossenen Beweistermins. Das Gericht des ersuchten Richters ist so weit entfernt, dass die Reisekosten erheblich höher als die Kosten der Beiordnung sein würden. Auch ist der Kläger aus finanziellen Gründen nicht dazu in der Lage, die Reisekosten zu tragen. Es ist außerdem bekannt geworden, dass sich der Beklagte im Beweistermin anwaltlich vertreten lassen wird.

....
Rechtsanwalt/-wältin

Anmerkung

Zuständig ist das Prozessgericht. Voraussetzung ist, dass der Partei Prozesskostenhilfe bewilligt und der beantragende Prozessbevollmächtigte beigeordnet worden ist.

Um die Entscheidung zu beschleunigen, sollte dem Gericht ein bestimmter Rechtsanwalt im Antrag vorgeschlagen werden.

#13 Antrag auf Fristverlängerung zur Klagebeantwortung

[*HIER Ort, Datum*]

An das
Amtsgericht [- Landgericht] [- Oberlandesgericht]
[*HIER Anschrift*]

In Sachen
....../......
Az.: ......

zeige ich die Vertretung des/der Beklagte(n) an und werde beantragen,
die Klage abzuweisen.

Im Übrigen wird beantragt,
die Frist zur Klageerwiderung um 2 Wochen zu verlängern.

Begründung:

...... [*HIER Beispielsbegründung:*]

Die Beklagte befand sich bei Zustellung der Klageerhebung wegen einer plötzlichen Erkrankung im Krankenhaus, so dass eine hinreichende Information ihres Prozessbevollmächtigten vorher nicht möglich war. Das Mandat wurde mir soeben fernmündlich vorweg erteilt. Die Beklagte muss noch zeitaufwendig Nachforschungen anstellen, so dass wir erst demnächst ausreichend informiert werden können.

[Im Hinblick darauf, dass Verhandlungstermin erst am ...... ansteht, dürfte durch die Bewilligung der erbetenen Fristverlängerung auch keine Verzögerung in der Prozessbearbeitung eintreten.]

Sollte das Gericht zur Begründung des Antrages weiter Glaubhaftmachung für notwendig erachten, so wird um einen Hinweis gebeten.

....
Rechtsanwalt/-wältin

Anmerkung

Droht eine vom Gericht gesetzte richterliche Frist abzulaufen und ist schon abzusehen, dass den Auflagen des Gerichts bis zum Ablauf der Frist nicht nachgekommen werden kann, so kann der Rechtsanwalt einen Antrag auf Fristverlängerung stellen, der aber überzeugend begründet und glaubhaft gemacht werden muss.

Büromäßige Behandlung:

In der Begründung des Antrages muss deutlich gemacht werden, dass der Anwalt nicht verspätet beauftragt oder informiert wurde, obwohl dies möglich und zumutbar gewesen wäre.

- Eine **akute Arbeitsüberlastung** des Anwaltes ist in der Regel als ausreichend anzusehen, sollte aber nicht pauschal behauptet, sondern substantiiert unter Darlegung laufender Fristen und termingebundener Arbeiten vorgetragen werden.
- Auch die Verhinderung des Rechtsanwaltes durch **vorübergehende Abwesenheit** wegen Dienstreise, Urlaubs oder Krankheit können zur Begründung angeführt werden. Verhinderungen von einer Woche sind in jedem Fall vom Gericht hinzunehmen, da nach § 53 BRAGO erst ab diesem Zeitpunkt für eine Vertretung des Anwalts zu sorgen ist. Es kann außerdem zweckmäßig sein, das Einverständnis des Prozessgegners mit der Fristverlängerung einzuholen und dies dem Gericht mitzuteilen. Dies ist zwar nicht daran gebunden, wird es aber berücksichtigen.

Nach § 225 Abs. 2 ZPO darf dem wiederholten Antrag auf Fristverlängerung nur nach Anhörung des Gegners vom Gericht stattgegeben werden. Deshalb ist es in so einem Fall immer ratsam, vorher das kollegiale Einverständnis einzuholen und vorzutragen.

Es empfiehlt sich im Antrag auf Fristverlängerung ein konkretes Datum anzugeben, da die Gerichte, wenn sie dem Antrag stattgeben, in der Regel die Fristverlängerung antragsgemäß gewähren.

#14 Antrag auf Terminverlegung

[*HIER Ort, Datum*]

An das

Amtsgericht [- Landgericht] [- Oberlandesgericht]

[*HIER Anschrift*]

In Sachen

....../......

Az.: ......

bitte ich,
den Verhandlungstermin [- Beweistermin] [- Termin] vom ......
[- auf den Zeitpunkt nach dem ...... 20..]
[- tunlichst auf den ...... 20..]
[- jedoch nicht auf den ...... 20..]
zu verlegen.

Begründung:

[*HIER folgt die kurze Begründung, dass der Prozessbevollmächtigte oder sein Mandant oder ein Zeuge oder Sachverständiger verreist – erkrankt – verhindert sei – der allein informierte Rechtsanwalt zu selben Zeit einen anderen unaufschiebbaren Termin wahrzunehmen hat und deshalb unabkömmlich ist.*]

Eine Vertretung würde dem Wunsch des Mandanten widersprechen. [- und erscheint angesichts des komplizierten Prozessstoffes auch nicht als sachdienlich.]

[Gemäß ausdrücklicher Ermächtigung teile ich mit, dass die Gegenseite einverstanden ist.]

....
Rechtsanwalt/-wältin

Anmerkung

Aus erheblichen Gründen kann nach § 227 ZPO ein Termin aufgehoben oder verlegt bzw. eine Verhandlung vertagt werden. Gründe, die als nicht erheblich anzusehen sind, beinhaltet § 227 Abs. 1 S. 2 ZPO. Auf Verlangen des Vorsitzenden bzw. des Gerichts sind die erheblichen Gründe glaubhaft zu machen. Grund für eine Terminverlegung ist z. B. die Verhinderung der Partei, deren persönliches Erscheinen angeordnet ist oder die Terminkollision des Prozessbevollmächtigten oder eine einvernehmliche Terminverschiebung, soweit außergerichtliche Vergleichsverhandlungen zwischen den Parteien schweben.

Die Terminkollision und die unvorhergesehene Erkrankung des sachbearbeitenden Anwalts werden von den Gerichten akzeptiert, ebenso der bevorstehende Urlaub (Thomas/Putzo § 227 ZPO Rn 6 ff.)

Da die Gerichtsferien aufgehoben sind, ist als Ausgleich der Anspruch auf Terminverlegung gemäß § 227 Abs. 3 ZPO eingeführt worden. Danach ist, mit Ausnahme der dort aufgeführten Ausnahmetatbestände, die Terminverlegung zwingend.

Büromäßige Behandlung:

Der Antrag auf Terminverlegung ist in diesem Fall jedoch innerhalb einer Woche ab Zugang der Ladung oder Terminbestimmung zwingend.

Nur ein in den Zeitraum vom 1. Juli bis 31. August fallender Termin ist auf Antrag ohne Gründe zu verlegen, § 227 Abs. 3 ZPO mit Ausnahmen.

Der Antrag auf Terminverlegung ist wie jeder Schriftsatz zu fertigen und bei Gericht einzureichen. Es kann aber bei entsprechender textlicher Abwandlung, wenn der Prozessbevollmächtigte verhindert ist, die Unterzeichnung durch das Büro genügen.

Die ausdrücklich Zustimmung des Gegners kann man formlos telefonisch einholen, sie allein genügt aber nicht, § 227 Abs. 1 Nr. 3 ZPO.

#15 Anzeige von der Niederlegung des Mandats gegenüber dem Gericht

[*HIER Ort, Datum*]

An das
Amtsgericht [- Landgericht] [- Oberlandesgericht]
[*HIER Anschrift*]

In Sachen

....../......

Az.: ......

zeige ich an, dass ich den/die Kläger/-in [- Beklagte(n)] [- Antragsteller/-in] [- Antragsgegner/-in] nicht mehr vertrete.

....

Rechtsanwalt/-wältin

Anmerkung

Die Beifügung einer kurzen Begründung kann geboten sein, um Missdeutungen zum Nachteil des bisherigen Mandanten vorzubeugen oder darüber hinaus klarzustellen, dass ausnahmsweise die eigenen neben den Gebühren des Nachfolgers erstattungsfähig sind. Das käme z. B. in Betracht bei unvorhergesehener Aufgabe der Zulassung wegen Krankheit, Übernahme eines öffentlichen Amtes. Unzulässig wäre eine Begründung, die in irgendeiner Hinsicht gegen die Person des bisherigen Mandanten oder die für ihn bisher vertretene Sache ausgelegt werden könnte. Die Anzeige gegenüber dem Gericht darf also keine dem Auftraggeber nachteilige Mitteilung enthalten. Diese wäre nicht nur standeswidrig, sondern bedeutet unter Umständen auch einen Bruch der anwaltlichen Schweigepflicht, die auch über die Beendigung des Mandats hinaus besteht.

Ein Mandatsniederlegung kurz vor einem Termin, kurz vor Fristablauf usw. ist, sofern dem bisherigen Mandanten dadurch Schaden entstehen kann, standeswidrig, es sei denn, sie ist rechtzeitig vorher angekündigt worden oder durch das Verhalten des bisherigen Mandanten erzwungen.

Büromäßige Behandlung:
Anzeige in Urschrift und unter Abschrift einzureichen. Einzureichen wie jeder Schriftsatz.

Prozessual erlangt die Niederlegung des Mandats erst Wirksamkeit, wenn im Parteiprozess die Kündigung dem Gericht angezeigt ist, im Anwaltsprozess sobald ein neuer Anwalt sich legitimiert hat, § 87 Abs. 1 ZPO.

Die Anzeige gegenüber dem Gericht bei gleichzeitiger Zustellung einer beglaubigten Abschrift an den Gegner ist im Verfahren, das kein Anwaltsprozess (§ 78 ZPO) ist, zu empfehlen, da im Verhältnis zum Gegner die Vertretungsbefugnis außerhalb von Anwaltsprozessen so lange als fortbestehend gilt, bis die Beendigung des der Vertretungsbefugnis zugrundeliegenden Anwaltvertrages angezeigt wird, § 87 ZPO.

Nach der Mandatsniederlegung erfolgen die Zustellungen weiterhin an den Rechtsanwalt, der das Mandat niedergelegt hat (§ 172 ZPO), bis die entsprechende Partei einen anderen Anwalt bestellt und gegenüber dem Gericht angezeigt hat.

Achtung:
Über die erfolgten Zustellungen, vor allem auch Ladungen usw., hat der Rechtsanwalt, welcher das Mandat niedergelegt hat, seine vorherige Partei weiterhin unverzüglich zu unterrichten, siehe § 11 Abs. 1 BO; BGH NJW 1980, 999. Diese Unterrichtung über den weiteren Verlauf des Verfahrens sollte unbedingt mit dem Hinweis verbunden werden, dass diese nicht die Wiederaufnahme des Mandats bedeutet, um Missverständnissen vorzubeugen.

#16 Anzeige von der Bestellung als neuer Anwalt gegenüber dem Gericht

[*HIER Ort, Datum*]

An das
Amtsgericht [- Landgericht] [- Oberlandesgericht]
[*HIER Anschrift*]

In Sachen
....../......
Az.: ......

zeige ich an, dass ich anstelle von Rechtsanwalt/-wältin ...... die Vertretung des/der Klägers/-in [- des/der Beklagten] übernommen habe.

[Gleichzeitig bitte ich um Anberaumung eines neuen Verhandlungstermins]

....
Rechtsanwalt/-wältin

Anmerkung

War das Verfahren unterbrochen oder ausgesetzt, so muss ein neuer Termin beantragt werden.

Büromäßige Behandlung:
Die Bestellung ist mit zwei Abschriften einzureichen.

Kosten:
Rechtsanwaltsgebühren:
Mit Auftragserteilung durch den (neuen) Mandanten fällt die Prozessgebühr nach § 31 Abs. 1 Nr. 1 BRAGO in voller Höhe an. Die für den bisherigen Anwalt angefallenen Gebühren sind hierauf ohne Einfluss. Die weiteren Gebühren richten sich ebenfalls nach § 31 BRAGO.

#17 Antrag auf Aussetzung des Verfahrens

[*HIER Ort, Datum*]

An das
Amtsgericht [- Landgericht] [- Oberlandesgericht]
[*HIER Anschrift*]

In Sachen
....../......
Az.: ......

beantrage ich,

das Verfahren bis zur Entscheidung des ...... gerichts in dem gegen den/die Kläger/-in geführten Strafverfahren, Az.: ...... auszusetzen.

Begründung:

Der Kläger macht gegen den Beklagten Versicherungsansprüche aus einer X-Versicherung geltend. Gegen den Kläger wurde insoweit wegen ...... ermittelt und die Staatsanwaltschaft hat am ...... Anklage erhoben und das ...... gericht die Hauptverhandlung für den ...... anberaumt.

Beweis: Beiziehung der Strafakte, Az. ...... des ...... gerichts

Die Aussetzung bis zur rechtskräftigen Entscheidung des Strafverfahrens erscheint angezeigt.

[oder]
beantrage ich gemäß § 246 ZPO, als Prozessbevollmächtigte(r) des/der Klägers/-in [- Beklagten]
das Verfahren auszusetzen.

Begründung:

Die von mir vertretene Partei [- die Gegenpartei] ist am ...... verstorben. [- hat die Prozessfähigkeit durch Entmündigung verloren.] [- ist ohne gesetzlichen Vertreter.] [- Die Nachlassverwaltung ist angeordnet worden.] [- die Nacherbfolge ist eingetreten.]

Beweis: ...... [*HIER sind Urkunden beizufügen*]

....
Rechtsanwalt/-wältin

Anmerkung

Ist eine Partei durch einen Prozessbevollmächtigten vertreten, so tritt im Falle des Todes, des Fehlens eines gesetzlichen Vertreters, der Nacherbfolge oder der Nachlassverwaltung gemäß § 246 ZPO eine Unterbrechung nicht ein, doch ist auf Antrag die Aussetzung des Verfahrens anzuordnen. In den Fällen des Todes und der Nacherbfolge auch auf Antrag des Gegners. Stirbt in Anwaltsprozessen der Anwalt oder wird er unfähig, seine Partei zu vertreten (Krankheit oder dgl.), so tritt eine Unterbrechung des schwebenden Verfahrens ein. Das Verfahren nimmt dann erst Fortgang, wenn der neue Anwalt dies dem Gericht mitgeteilt hat. Die Bestellung ist dem Gegner von Amts wegen zuzustellen: § 244 ZPO.

Rechtsmittel:

Sofortige Beschwerde gem. § 567 ZPO (§ 252 ZPO) gegen die Ablehnung der Aussetzung (Frist: 2 Wochen). Gegen den bewilligenden Beschluss die einfache nicht fristgebundene Beschwerde.

Nach Aussetzung aufgrund des Todes einer Partei ist zur Wiederaufnahme zu erklären:
»In Sachen
....../......

Az.: ......

teile ich mit, dass der Kläger durch ...... als Alleinerbe beerbt wurde.

Dieser wird den Rechtsstreit anstelle des Verstorbenen mit den bisherigen Anträgen aufnehmen.

Es wird ersucht,
das Rubrum entsprechend zu berichtigen.

Der Erbe macht sich die Ausführungen des verstorbenen Klägers zu eigen.

gez. Rechtsanwalt/-wältin«

Befindet sich der Erbe nach Aufnahme des Rechtsstreits auf der Beklagtenseite ist nach § 780 ZPO zu beachten, wenn der aufnehmende Erbe die Beschränkung der Erbenhaftung geltend machen will.

#18 Gesuch auf Wiederaufnahme des Rechtsstreites nach Unterbrechung bzw. Aussetzung §§ 239 ff. ZPO

[*HIER Ort, Datum*]

An das
Amtsgericht [- Landgericht] [- Oberlandesgericht]
[*HIER Anschrift*]

In Sachen
....../......
Az.: ......

zeige ich als Prozessbevollmächtigte(r) des/der Klägers/-in [- Beklagten] an, dass der/die verstorbene Kläger/-in [- Beklagte] durch Herrn/Frau ...... [Name] beerbt worden ist. Eine Abschrift des Erbscheins füge ich bei. Der/Die Erbe/Erbin nimmt den Rechtsstreit mit den bisherigen Anträgen auf und wird den möglichst bald anzusetzenden Termin wahrnehmen.

Das Rubrum bitte ich entsprechend zu ändern.

[oder]
Ich nehme namens des/der Erben/Erbin des/der Klägers/-in [- Beklagten] das Verfahren wieder auf und überreiche dessen Vollmacht und bitte um Anberaumung eines neuen Verhandlungstermins.

Der/Die Erbe/Erbin wird im Termin die bisherigen Anträge stellen.,

[im Fall, dass die Erben Beklagte sind]
Zusätzlich wird hilfsweise beantragt,
ihnen die beschränkte Erbenhaftung vorzubehalten.

Im Übrigen machen sich die Erben die Ausführungen des/der verstorbenen Beklagten zu eigen.

....
Rechtsanwalt/-wältin

Anmerkung

Die Aufnahme des Rechtsstreites ist für denkbare Fälle durch die oben genannten Vorschriften der ZPO geregelt. Mit der Anzeige der Aufnahme können Anträge zur Prozessführung verbunden werden, z. B. Beweisanträge. Die Aufnahme erfolgt mit der Zustellung des bei Gericht einzureichenden Schriftsatzes, § 250 ZPO.

Bei einem Bestreiten, dass der Genannte Erbe des Klägers geworden ist, muss der Nachweis hierüber geführt werden. Am besten ist es, gleich die Abschrift des Erbscheins dem Gesuch auf Wiederaufnahme des Verfahrens beizufügen.

Steht noch nicht fest, ob der Erbe unbeschränkt haftet, sollte auf jeden Fall der Vorbehaltsantrag gestellt werden, da ansonsten eine spätere Beschränkung der Haftung in der Zwangsvollstreckung nicht mehr geltend gemacht werden kann, vgl. § 780 ZPO. Siehe hierzu auch Anmerkung zu Formular 1.A.07.D.#14.

Rechtsmittel:
Einfache Beschwerde gem. § 567 ZPO gegen Ablehnung der Aufnahme eines unterbrochenen, ausgesetzten oder ruhenden Verfahrens.

#19 Antrag auf Ruhen des Verfahrens

[*HIER Ort, Datum*]

An das
Amtsgericht [– Landgericht]
[*HIER Anschrift*]

In Sachen
....../......
Az.: ......

wird beantragt,
das Ruhen des Verfahrens anzuordnen.

Begründung:

Hiermit teile ich mit, dass sich die Parteien dahingehend geeinigt haben, dass der noch anhängige Teil des Rechtsstreits unter Terminsvorbehalt ruhen soll, weil außergerichtlich von den Parteien versucht wird, eine Einigung zu erzielen.

Der Beklagtenvertreter hat sich mit dem Ruhen des Verfahrens ausdrücklich einverstanden erklärt.

....
Rechtsanwalt/-wältin

Anmerkung

Die Aufnahme des Terminsvorbehalts in die Erklärung soll die Zustimmung des Gerichts gewährleisten, das Verfahren schon vor Ablauf der 3-Monats-Frist des § 251 Abs. 2 ZPO aufzunehmen.

Gegenüber einer Anregung im Schriftsatz, dass das Ruhen des Verfahrens unter Terminsvorbehalt eintritt, kann erklärt werden:

> »In Sachen
> ....../......
> Az. ......
> erklärt sich der Kläger aus dem im Schriftsatz der Beklagten vom ...... angeführten Gründen damit einverstanden, dass das Ruhen des Verfahrens unter Terminsvorbehalt eintritt.«

#20 Antrag auf Wiederaufnahme des Verfahrens nach Ruhen des Verfahrens

[*HIER Ort, Datum*]

An das
Amtsgericht [- Landgericht] [- Oberlandesgericht]
[*HIER Anschrift*]

In Sachen
....../......
Az.: ......

teile ich mit, dass der/die inzwischen unternommen(e) Versuch(e), die Angelegenheit außergerichtlich zu erledigen, zu keinem Ergebnis geführt haben.

Deshalb bitte ich um Anberaumung eines neuen Termins für die mündliche Verhandlung.

....
Rechtsanwalt/-wältin

Anmerkung

Vgl. §§ 250 f. ZPO. Auch die Aufnahme eines ruhenden Verfahrens erfolgt durch Zustellung eines bei Gericht einzureichenden Schriftsatzes.

Rechtsmittel:
Sofortige Beschwerde gem. § 567 ZPO gegen die Ablehnung der Aufnahme des ruhenden Verfahrens.

#21 Antrag des Gegners auf Aufnahme des Verfahrens bei Verzögerung durch den Rechtsnachfolger § 239 Abs. 2 ZPO

[*HIER Ort, Datum*]

An das
Amtsgericht [- Landgericht] [- Oberlandesgericht]
[*HIER Anschrift*]

In Sachen
....../......
Az.: ......

wurde das Verfahren durch den Tod des/der Beklagten unterbrochen.

Da die Erben, Herr ...... und Frau ...... die Aufnahme des Rechtsstreits verzögern

beantrage ich deshalb,

die Rechtsnachfolger des/der Beklagten zur Aufnahme und zugleich zur Verhandlung der Hauptsache zu laden.

....
Rechtsanwalt/-wältin

Anmerkung

Nach § 239 Abs. 2 ZPO kann der Gegner bei Gericht beantragen, den/die Rechtsnachfolger zur Aufnahme und zu dem anzusetzenden Verhandlungstermin zu laden, wenn der Rechtsnachfolger einer verstorbenen Partei die Aufnahme verzögert.

Rechtsmittel:
Sofortige Beschwerde gem. § 567 ZPO gegen die Ablehnung der Aufnahme des unterbrochenen Verfahrens.

#22 Antrag auf Sachverständigengutachten

[*HIER Ort, Datum*]

An das
Amtsgericht [- Landgericht]
[*HIER Anschrift*]

In Sachen
....../......
Az.: ......

bezieht sich der/die Kläger/-in [- Beklagte] zum Beweis für seine Behauptung, dass ......
[*HIER Ausführung*]

auf das schriftliche Gutachten eines Sachverständigen.

[- Das Gericht wird gebeten, einen geeigneten, von der Industrie- und Handelskammer zu benennenden Sachverständigen zu bestellen, nicht aber die Sachverständigen ...... sowie ......]

[- Das Gericht wird ausdrücklich gebeten, keinen Arzt aus dem Krankenhaus, in dem der Kläger behandelt wurde, zum Sachverständigen zu bestellen, um eine unvoreingenommene Begutachtung sicherzustellen.]

[- Es wird weiter beantragt,
dem Sachverständigen aufzugeben, die Parteien zu der von ihm anzusetzenden Ortsbesichtigung hinzuzuziehen und ihnen den Termin rechtzeitig mitzuteilen.]

....
Rechtsanwalt/-wältin

Anmerkung

In der Regel wird das Gericht dem Antrag nachkommen, obwohl es in seinem Ermessen steht, ob es eine schriftliche Begutachtung anordnet.

Die Auswahl des Sachverständigen trifft das Gericht, § 404 ZPO. Anders nur, wenn sich die Parteien auf einen Sachverständigen einigen, § 404 Abs. 4 ZPO.

Gerichtskosten:
Um die Höhe der Vorschusspflicht festzustellen, muss das Gericht sie beim Sachverständigen erst erfragen, um den Betrag dann einzufordern. Der Zeitverlust kann dadurch verringert werden, dass der Anwalt durch die Erklärung der »Übernahme der Haftung« für die Gebühren diesen Vorgang beschleunigt.

#23 Antrag auf Fristsetzung für Sachverständigengutachten § 411 Abs. 1 S. 2 ZPO

[*HIER Ort, Datum*]

An das
Amtsgericht [– Landgericht]
[*HIER Anschrift*]

In Sachen
....../......
Az.: ......

beantrage ich,

dem Sachverständigen ...... [Name] zur Niederlegung seines Gutachtens bei der Geschäftsstelle eine Frist bis spätestens zum ...... zu setzen.

Begründung:

Der Auftrag des Gerichts zur Erstellung des Gutachtens ist am ......, also vor ...... Monaten erteilt worden. Trotz Mahnungen des Gerichts und Zusagen des Gutachters ist das Gutachten bisher nicht erstellt worden.

Im Hinblick auf diesen zeitlichen Ablauf gebieten es die Interessen des Klägers [– Beklagten], die Gutachtenerstellung durch Setzung einer Frist zu beschleunigen.

....
Rechtsanwalt/-wältin

Anmerkung

In der Praxis leidet der Sachverständigenbeweis häufig an seiner verzögerten Erstellung. Verhindert werden kann dies durch eine Fristbestimmung von Seiten des Gerichts, § 411 Abs. 1 S. 2 ZPO. Wird vom Gutachter dann die Frist versäumt, so kann gegen ihn ein Ordnungsgeld festgesetzt werden, § 411 Abs. 2 ZPO.

#24 Antrag auf Anhörung eines Sachverständigen (sowie auf Ortsbesichtigung)

[*HIER Ort, Datum*]

An das
Amtsgericht [- Landgericht]
[*HIER Anschrift*]

In Sachen
....../......
Az.: ......

beantrage ich,

den Sachverständigen ...... [Name] zur Erläuterung seines schriftlichen Gutachtens vom ...... zu hören und ihn zu diesem Zweck zum nächsten Verhandlungstermin zu laden.

[oder]

den Sachverständigen ...... [Name] zur Erläuterung seines schriftlichen Gutachtens zu laden und zu diesem Zweck einen Ortstermin an ...... [z. B. der Baustelle] anzuberaumen.

Begründung:

Das Sachverständigengutachten ist in folgenden Punkten falsch bzw. bedarf der weiteren Erläuterung:

...... [*HIER weitere Ausführung*]

[- Der Sachverständige sollte insbesondere darüber befragt werden, ob das von ihm festgestellte ...... für ...... ursächlich gewesen ist oder wenigstens die Folgen verstärkt haben kann.]

Sollte der Sachverständige im Termin gegenüber seinem schriftlichen Gutachten neue und abweichende bzw. ausführlichere Beurteilungen abgeben, so wird vorsorglich schon jetzt beantragt,

dem/der Kläger/-in [- Beklagten] Gelegenheit zu geben, hierzu in einem weiteren Schriftsatz Stellung zu nehmen.

....
Rechtsanwalt/-wältin

Anmerkung

Der Antrag auf ein persönliches Erscheinen des Sachverständigen ist spätestens im nächsten Verhandlungstermin zu stellen, in dem das Gutachten vorgetragen wurde, § 285 Abs. 2 ZPO. Wird er erst später gestellt, so liegt es im freien Ermessen des Gerichts, ob es ihn berücksichtigt. Für eine Begründung des Antrags ist ausreichend, dass allgemein angegeben wird, in welcher Richtung dem Sachverständigen klärende Fragen gestellt werden sollen, damit deutlich wird, dass der Antrag nicht aus Prozessverschleppungsabsicht gestellt wird.

Gemäß §§ 397, 402 ZPO besteht zur Gewährleistung des rechtlichen Gehörs ein Anspruch des Klägers bzw. Beklagten, den Sachverständigen mündlich befragen zu können. Dieses Fragerecht besteht unabhängig von dem pflichtgemäßen Ermessen des Gerichts, bei einem erläuterungsbedürftigen schriftlichen Gutachten nach § 411 Abs. 3 ZPO das Erscheinen des Sachverständigen anzuordnen.
Auch wenn das Gericht ein schriftliches Gutachten zur Klärung der Beweisfragen für ausreichend erachtet, kann eine Partei doch nach §§ 397, 402 ZPO beantragen, dem Sachverständigen diejenigen Fragen zur mündlichen Beantwortung vorlegen zu lassen, die sie zur Aufklärung der Sache für erforderlich hält (EBE/BGH 1997,42).

#25 Antrag auf Ablehnung eines Sachverständigen und Einholung eines weiteren Gutachtens

[*HIER Ort, Datum*]

An das
Amtsgericht [- Landgericht]
[*HIER Anschrift*]

In Sachen
....../......
Az.: ......

lehne ich,
den Sachverständigen ...... [Name] wegen Besorgnis der Befangenheit ab.

Weiterhin wird beantragt,
das Gutachten eines weiteren Sachverständigen einzuholen.

Begründung:

[*HIER folgt eine Beispielsbegründung*]

In Ihrem Schriftsatz vom hat die Beklagte [- der Kläger] ein Sachverständigengutachten für die Feststellung beantragt, dass ......
Daraufhin ist beschlossen worden, den Sachverständigen ...... mit der Erstellung eines Gutachtens zu beauftragen.
Der Sachverständige hat das schriftliche Gutachten auf Anforderung des Gerichtes dann eingereicht.

Aufgrund von Nachforschungen meines Mandanten hat sich jetzt erst nach Einreichung des Gutachtens herausgestellt, dass der Sachverständige schon vorher und auch danach für die Beklagte gearbeitet hat.

Beweis: 1. Vernehmung des Sachverständigen ......
2. Vernehmung des Geschäftsführers der Beklagten, Herrn ......

Dafür, dass ein Ablehnungsgrund vorliegt und nicht früher geltend machen konnte, wird zur Glaubhaftmachung eine eidesstattliche Versicherung des Klägers vom ...... eingereicht.

....
Rechtsanwalt/-wältin

Anmerkung

Die Ablehnung ist erst nach Ernennung des Sachverständigen zulässig, jedoch kann der Ernennung schon vorher widersprochen werden.

Bekannte Ablehnungsgründe sind vor der Vernehmung, spätestens aber zwei Wochen nach der Verkündung der Zustellung des Ernennungsbeschlusses geltend zu machen, § 406 Abs. 2 S. 1 ZPO. Bei späterer Ablehnung ist glaubhaft zu machen, dass der Ablehnungsgrund nicht früher geltend gemacht werden konnte, § 406 Abs. 2 S. 2 ZPO.

Der Ablehnungsgrund ist darzulegen und gem. § 294 ZPO glaubhaft zu machen. Dazu ist eine eidesstattliche Versicherung der Partei nicht zulässig, § 406 Abs. 3 ZPO. Die Voraussetzungen des § 406 Abs. 2 S. 2 ZPO sind glaubhaft zu machen.

Kosten und Gebühren:
Keine

#26 Antrag auf Einholung eines Obergutachtens

[*HIER Ort, Datum*]

An das
Amtsgericht [- Landgericht]
[*HIER Anschrift*]

In Sachen
....../......
Az.: ......

beantrage ich,
die Einholung eines Obergutachtens.

Begründung:

Das Gutachten des Sachverständigen ...... [Name] leidet an groben Mängeln, die das Ergebnis als unhaltbar erscheinen lassen:

...... [*HIER Angabe der Mängel des Gutachtens*]

[- Das Gutachten geht von unzutreffenden tatsächlichen Voraussetzungen aus, wenn es ......]
[- Das Gutachten enthält Widersprüche. ......]
[- Der Gutachter hat die vorhandenen wissenschaftlichen Erkenntnisquellen nicht ausgeschöpft
und/oder sich mit beachtlichen wissenschaftlichen Meinungen nicht auseinandergesetzt. ......]
[- Neuere Fachliteratur, wie insbesondere das grundlegende Werk von ...... zum Problem ...... wurden vollkommen unberücksichtigt gelassen.]
[- Die neue Methode von ...... ist der des Gutachters weit überlegen und führt zu sichereren Ergebnissen.]

[Am geeignetsten erscheint ...... [*HIER Name des erstrebten Obergutachters*], der ein anerkannter Fachmann auf dem Gebiet ...... ist.]

....
Rechtsanwalt/-wältin

Anmerkung

Der Antrag auf Einholung eines Obergutachtens hat dann Aussicht auf Erfolg, wenn die Sachkunde des früheren Gutachters zweifelhaft erscheint oder das Gutachten von unzutreffenden tatsächlichen Voraussetzungen ausgeht, wenn es Widersprüche enthält oder es neuere Forschungs- und Erkenntnismethoden anderer Fachleute gibt.

#27 Antrag auf Einnahme gerichtlichen Augenscheins

[*HIER Ort, Datum*]

An das
Amtsgericht [- Landgericht]
[*HIER Anschrift*]

In Sachen
....../......
Az.: ......

ist die Beurteilung über ...... von dem unmittelbaren Eindruck der ...... abhängig.

Deshalb beantrage ich,
die Einnahme eines gerichtlichen Augenscheins.

....
Rechtsanwalt/-wältin

#28 Antrag auf Parteivernehmung

[*HIER Ort, Datum*]

An das
Amtsgericht [- Landgericht]
[*HIER Anschrift*]

In Sachen
....../......
Az.: ......

bezieht sich der/die Kläger/-in zum Beweis dafür, dass ......
auf die Vernehmung des/der Klägers/-in als Partei.

[oder]
auf die Vernehmung des/der Beklagten als Partei.

Der/Die Beklagte [- Kläger/-in] wird im nächsten Termin persönlich erscheinen. Es wird angeregt, ihn/sie anzuhören und ggf. dem/der Kläger/-in [- Beklagten] gegenüberzustellen.

....
Rechtsanwalt/-wältin

Anmerkung

Voraussetzung des Antrags der beweisbelasteten Partei auf Vernehmung des Beweisgegners gemäß § 445 Abs. 1 ZPO ist, dass

- andere Beweismittel nicht vorhanden sind oder
- das Gericht hält das Gegenteil nicht für bewiesen, § 445 Abs. 2 ZPO.

Soll die Parteivernehmung des Gegners zum Erfolg führen, so empfiehlt es sich, eine Gegenüberstellung mit der eigenen Partei herbeizuführen. Bei Anwesenheit der Partei im Beweistermin wird das Gericht diese in der Regel anhören. Auf jeden Fall hat sie aber ein Fragerecht nach § 445 i. V. m. § 397 ZPO.

Voraussetzung des Antrags der beweisbelasteten Partei auf Vernehmung der beweisbelasteten Partei selbst ist das **Einverständnis beider Parteien**, § 447 ZPO.

Steht der Partei nur das Beweismittel des § 445 ZPO, die Vernehmung der Gegenpartei, zur Verfügung, ist in manchen Fällen zu empfehlen, dem Mandanten von der Führung des Rechtsstreites abzuraten. Da die Parteien sich in ihren Schriftsätzen festgelegt haben, wollen sich (moralisch bedenkenlose) Parteien meist nicht bei der Prozesslüge ertappen lassen. Nur wenn beim Gegner Angst vor einer gerichtlichen Vernehmung besteht, kann die Parteivernehmung angebracht sein. Auch wenn die Klage als Voraussetzung für den Regress gegen einen Dritten unerlässlich ist, ist die Klage, bei der nur das Beweismittel der Parteivernehmung zur Verfügung steht, auf jeden Fall einzureichen und die Streitverkündung an den Dritten sollte dann unter keinen Umständen vergessen werden.

Für den Anwalt des Klägers bleibt in diesem Zusammenhang vor Einleitung des Prozesses auch zu überlegen, ob der Mandant die streitige Forderung nicht besser an einen Dritten abtritt und von diesem einklagen lässt. Dies hat den Vorteil, dass der eigene Mandant als Zedent (Altgläubiger) eine Zeugenaussage machen kann.

Gerichtskosten:
Keine Vorschusspflicht des Beweisführers.

Rechtsanwaltsgebühren:
Beweisgebühr nach § 31 Abs. 1 Ziff.3 BRAGO, nicht aber bei bloßer Anhörung der Partei nach § 141 ZPO.

#29 Vorbringen eines Vorbehalts gegen die Vernehmung der beweispflichtigen Partei

[*HIER Ort, Datum*]

An das
Amtsgericht [- Landgericht]
[*HIER Anschrift*]

In Sachen
....../......
Az.: ......

erkläre ich zu der vom Gericht aufgeworfenen Frage der Parteivernehmung, dass der/die Kläger/.in [- Beklagte] mit der Vernehmung des Gegners nur unter ausdrücklicher Verwahrung gegen die Beweispflicht einverstanden ist.

....
Rechtsanwalt/-wältin

Anmerkung

Beim Antrag des Gegners ist Vorsicht in dem Fall geboten, wenn Unklarheit über die Beweispflicht besteht. Im Hinblick auf § 447 ZPO ist in dann die Verwahrung gegen die Beweislast erforderlich, sofern die Vernehmung des Gegners als beweispflichtige Partei vermieden werden soll.

Besteht schon bei Abfassung des Schriftsatzes des Klägers /Beklagten die Möglichkeit kann das Beweisangebot schon hier den Vorbehalt gegen die Vernehmung der beweispflichtigen Partei deutlich machen:

».....

Beweis: Vernehmung des Gegners, jedoch nur, falls der Kläger [– Beklagte] beweispflichtig ist.«

#30 Hinweis auf Absehen von der Parteivernehmung

[*HIER Ort, Datum*]

An das
Amtsgericht [- Landgericht]
[*HIER Anschrift*]

In Sachen
....../......
Az.: ......

erkläre ich, dass die Parteivernehmung des/der Klägers/-in [- Beklagten] gemäß § 448 ZPO nicht zulässig ist, da die erforderliche gewisse Wahrscheinlichkeit für seine Behauptungen nicht erbracht worden ist. ...... [*HIER evtl. noch weitere Ausführungen*]

....
Rechtsanwalt/-wältin

#31 Antrag auf Sicherung des Beweises im selbstständigen Beweisverfahren § 485 Abs. 1, 2 Alt. ZPO

[*HIER Ort, Datum*]

An das
Amtsgericht [- Landgericht]
[*HIER Anschrift*]

Antrag
des/der ...... [*HIER Vorname, Name, Anschrift*]

- Antragstellers/-in, -

Prozessbevollmächtigte(r): Rechtsanwalt/-wältin ...... [*HIER Vorname, Name, Anschrift*]

gegen

den/die ...... [*HIER Vorname, Name, Anschrift*]

- Antragsgegner/-in, -

im selbstständigen Beweisverfahren.

vorläufiger Streitwert: ...... EUR.

Namens und in Vollmacht des/der Antragstellers/-in beantrage ich die Sicherung des Beweises durch

1. Einnahme des Augenscheins
2. Vernehmung
   a) des Zeugen ...... [Name und Anschrift]
   b) der Zeugin ...... [Name und Anschrift]

3. Einholung eines Gutachtens eines ...... [z. B. Kraftfahrzeug-] Sachverständigen über folgende Tatsachen: ...... [*HIER folgt die genaue Bezeichnung der Tatsachen, über welche die Beweisaufnahme erfolgen soll*].

[– Das Gericht wird gebeten, einen von der Handwerkskammer zu benennenden Sachverständigen zu bestellen, nicht aber die Sachverständigen Herrn ......, Herrn ......, Frau ......]

[– Der Gegner stimmt, wie sich aus der Anlage ergibt, dem Antrage zu.]

[oder]
Namens und in Vollmacht des/der Antragstellers/-in beantrage ich, im Wege der Beweissicherung das schriftliche Gutachten eines Sachverständigen über folgende Fragen einzuholen:

1. Sind an dem Bauvorhaben ......, ... straße ......, folgende Mängel vorhanden:......? [*HIER folgt die Angabe der festzustellenden Mängel*]
2. Welche Kosten sind zur ordnungsgemäßen Beseitigung der vorstehend aufgeführten Mängel erforderlich?

[– 3. Welcher Minderungsbetrag ist angemessen, falls eine Beseitigung der Mängel nicht oder nur mit unverhältnismäßigem Aufwand möglich ist?]

Gründe:

...... [*HIER folgt die Schilderung des zugrundeliegenden Sachverhaltes*]

Es ist zu besorgen, dass das Beweismittel verloren oder seine Benutzung erschwert werde, weil ...... [Es folgt Ausführung].

Der Antragsteller hat ein rechtliches Interesse, den Zustand der Sache festzustellen, weil ...... [Es folgt Ausführung].

[– Der Antragsteller geht im Übrigen davon aus, dass sich durch die Klärung der Beweisfragen ein sonst erforderlich werdender Rechtsstreit erübrigt.]

Zur Glaubhaftmachung führe ich an: ...... [Für die Glaubhaftmachung sind alle Möglichkeiten aus § 294 ZPO gegeben].

[– Den Antrag auf eine spätere Vernehmung des Sachverständigen im Termin behält sich der Antragsteller vor.]

[– Der Antragsteller behält sich den Antrag auf spätere Vernehmung des Sachverständigen vor.]

[– Falls das Gericht die Beauftragung des Sachverständigen von einem Kostenvorschuss abhängig macht, wird darum gebeten, dessen Höhe unverzüglich – auch telefonisch – mitzuteilen.]

[oder anders formuliert]

[– Des Weiteren wird gebeten, die Höhe des erforderlichen Kostenvorschusses für die Beauftragung des Sachverständigen unverzüglich – aus Gründen der Beschleunigung möglichst telefonisch – mitzuteilen.]

[– Für die Kosten des Sachverständigen wird die anwaltliche Übernahme der Haftung erklärt.]

....
Rechtsanwalt/-wältin

Anmerkung

*Da das einvernehmliche Verfahren gemäß § 485 Abs. 1, 1. Alternative ZPO kaum Bedeutung hat, wird auf dessen Behandlung verzichtet.

Zuständigkeit:
Sachliche Zuständigkeit:
Bei anhängigem Rechtsstreit ist das Prozessgericht, nur in Fällen dringender Gefahr oder wenn der Rechtsstreit noch nicht anhängig ist das Amtsgericht, in dessen Bezirk die zu vernehmenden Personen oder der in Augenschein zu nehmende Gegenstand sich befinden, zuständig, § 486 ZPO. Bei Anhängigkeit (nicht Rechtshängigkeit) ist das Gericht zuständig, vor dem der Prozess schwebt, vor Anhängigkeit das Gericht, das zur Entscheidung in der Hauptsache berufen wäre. Befindet sich der Rechtsstreit bei Antragstellung schon in der Berufungs- oder Revisionsinstanz, hat das Berufungsgericht über den Antrag zu entscheiden (Zöller § 484 ZPO Rn 3) Bei Stattgeben kein Rechtsbehelf. Bei Ablehnung Beschwerde, §§ 490, 567 Abs. 1 Nr. 2 ZPO.

Zuständig ist das Gericht, das nach dem Vortrag in der Antragsschrift als Gericht der Hauptsache zuständig wäre. Bei Streitwerten über 5.000,– EUR ist dies das Landgericht, ansonsten das Amtsgericht, § 486 Abs. 2 ZPO.

Örtliche Zuständigkeit:
Örtlich zuständig ist ebenfalls das Gericht der Hauptsache, das nach dem Vortrag in der Antragsschrift örtlich zuständig wäre, § 13 ff. ZPO. In Bausachen kommt dem Gericht des Erfüllungsortes besondere Bedeutung zu (BGH NJW 1986, 935).

Streitwert ist der Wert der Hauptsache, nicht der eingeschränkte Wert der Beweissicherung, da das selbstständige Beweisverfahren den Streit der Parteien erledigen soll.

Zum notwendigen Inhalt des Antrags auf Beweiserhebung im selbstständigen Beweisverfahren gehört gem. § 487 ZPO:

- die Bezeichnung des Gegners,
- die Angabe der Tatsachen, über die Beweis erhoben werden soll,
- die Benennung der Zeugen oder des nach § 485 ZPO zulässigen Beweismittels,
- die Glaubhaftmachung der Tatsachen, die die Zulässigkeit des selbstständigen Beweisverfahrens und die Zuständigkeit des Gerichts begründen.

Es ist zweckmäßig, alle denkbaren Schadenverursacher als Antragsgegner zu benennen. Ohne Bezeichnung des Antragsgegners ist der Antrag nach § 494 ZPO nur zulässig, wenn der Antragsteller glaubhaft macht, dass er ohne Verschulden außerstande ist, den Gegner zu bezeichnen. Ein solcher Beweissicherungsantrag gegen unbekannten Gegner unterbricht aber nicht die Verjährung (BGH NJW 1980, 1458).

Im Hinblick auf die Verwertbarkeit des Gutachtens ist es ratsam, die Beweisfragen genau zu formulieren, da die Gerichte häufig den Antrag ohne nähere Prüfung in den Beweisbeschluss übernehmen.

Im Antrag sind die Gründe anzugeben, aus denen sich entnehmen lässt, welche Behauptungen – nicht Rechtsansichten – bewiesen werden sollen. Es genügt dabei eine hinreichend genaue Beschreibung der zutage getretenen Erscheinungsform des Mangels, wobei ausreicht, dass dem Gericht und dem Sachverständigen Anhaltspunkte dafür gegeben werden, was beweiserheblich sein könnte (Koebele, Gewährleistung und Beweissicherung bei Bausachen, 1988, Seite 102 f.). Sofern ein Rechtsstreit noch nicht anhängig ist, ist zu empfehlen, darauf hinzuweisen, dass die Feststellung im selbstständigen Beweisverfahren der Vermeidung eines Rechtsstreits dienen kann.

Für die Glaubhaftmachung der Tatsachen muss der Antragsteller vortragen und glaubhaft machen, dass und in welchem Umfang die Beweiserhebung notwendig ist, um das Beweisverlustrisiko auszuschließen. Hierzu reicht aus, dass der Antragsteller die Schadstellen und die aufgetretenen Schäden in ihrem Erscheinungsbild beschreibt (BGH in SFH Nr. 5 zu § 487 ZPO).

Eine Glaubhaftmachung der Tatsachen, die die Zulässigkeit des Beweissicherungsverfahrens begründen, umfasst auch das rechtliche Interesse an der Beweissicherung.

Die Person des Sachverständigen wird jetzt durch das Gericht bestimmt. Es kann aber der Antragsteller so vorgehen, dass er einen bestimmten Sachverständigen benennt, hilfsweise aber beantragt wird, dass ein von der Industrie- und Handelskammer zu benennender oder ein vom Gericht zu bestimmender Sachverständiger beauftragt werde. Der Antragsteller kann auch versuchen Sachverständige, mit denen er schlechte Erfahrungen gemacht hat, auszuschließen, in dem er diese benennt.

Der Sachverständige kann bei Verdacht der Voreingenommenheit abgelehnt werden. Das Gesuch muss unverzüglich nachgereicht werden (Vgl. Formular 1.A.02.#25). Nach § 406 Abs. 2 ZPO hat die Ablehnung spätestens 2 Wochen nach Verkündung oder Zustellung des Beschlusses über die Ernennung zu erfolgen.

Der stattgebende Beschluss im selbstständigen Beweisverfahren ist nicht anfechtbar, § 490 Abs. 2 S. 2 ZPO. Der Gegner kann nur formlose Einwendungen geltend machen. Gegen die Ablehnung des Gesuchs ist die sofortige Beschwerde gegeben, § 567 ZPO.

Unterlässt es der Sachverständige, den Antragsgegner zur Ortsbesichtigung zu laden, sollte der Antragsteller die Anhörung des Sachverständigen beantragen, sofern er möchte, dass das Gutachten als solches und nicht als bloße Urkunde im Hauptprozess verwertet wird.

Manchmal kann es sinnvoll sein, das Gericht im Antrag zu bitten, den zu bestellenden Sachverständigen Anweisungen für seine Vorgehensweise, wie etwa zur Durchführung einer Ortsbesichtigung, Beschaffung von Unterlagen usw., zu erteilen.

Achtung:
Der zulässige Antrag im selbstständigen Beweisverfahren hemmt die Verjährung des Hauptanspruches, § 204 Abs. 1 Nr. 7 BGB. Die Hemmung der Verjährung endet gemäß § 204 Abs. 2 BGB 6 Monate nach der Beendigung des eingeleiteten Verfahrens. Das selbstständige Beweisverfahren ist mit Übersendung des Gutachtens an die Parteien (BGH WM 2002, 483, 484), wenn weder das Gericht eine Frist zur Stellungnahme setzt noch eine mündliche Erläuterung des Gutachtens stattfindet, beendet, andernfalls nach Fristablauf zur Stellungnahme bzw. nach Erläuterung des Gutachtens, der Verlesung der mündlichen Aussage des Zeugen oder Sachverständigen im Termin (BGH NJW 1973, 698, 699). Endet das Verfahren durch Zugang eines Gutachtens, so sollte die Frist von 6 Monaten des § 204 Abs. 2 BGB vom Tag des Zugangs des Gutachtens berechnet werden, welcher durch den Eingangsstempel zu dokumentieren ist.

Die Kosten der Beweissicherung gehören zu denen des Rechtsstreits, ohne dass darüber besonders entschieden wird. Zu dem weiteren Verfahren, wenn es nicht zum Prozess kommt, vgl. § 494 a ZPO.

Rechtfertigender Grund des beweissichernden Verfahrens nach § 485 Abs. 1 2. Alt. ZPO ist der Schutz gegen das Risiko des Beweisverlustes.

Stellt sich aufgrund der Stellungnahme des Antragsgegners heraus, dass die Ausdehnung des Verfahrens auf einen weiteren Verantwortlichen erforderlich ist, so steht dem Antragsteller die Möglichkeit der Streitverkündung zur Verfügung (OLG Koblenz BauR 1993, 364 ff.).

Aber auch dem Antragsgegner steht der Weg der Streitverkündung offen. Damit kann er erreichen, dass der Sachverständige z. B. auch die Verantwortlichkeit Dritter, etwa des Architekten oder eines weiteren Handwerkers aufklärt. Dies ist für den gesamtschuldnerischen Ausgleich, für mögliche Regressansprüche und für die Unterbrechung der Verjährung (§§ 209 Nr. 4, 215 BGB) sinnvoll.

Die Beweisaufnahme erfolgt nach dem für die Beweisaufnahme hinsichtlich des betreffenden Beweismittels geltenden Vorschriften.

Büromäßige Behandlung:
Einzureichen ist die Urschrift evtl. mit den zur Zustellung erforderlichen Abschriften. Falls der Gegner durch Rechtsanwalt vertreten ist, empfiehlt sich außerdem die direkte Übersendung einer Abschrift. Kann ein Gegner nicht bezeichnet werden, so ist das Gesuch nur zulässig, wenn glaubhaft gemacht wird, dass Antragsteller ohne sein Verschulden außerstande sei, den Gegner zu bezeichnen, § 494 Abs. 1 ZPO.

Das Gericht muss einen Termin bestimmen, in dem der Sachverständige sein Gutachten erläutert, sofern eine Partei dies beantragt (§ 492 Abs. 1 i. V. m. § 411 Abs. 3 ZPO).

Gerichtskosten:
5/10 Gebühr nach GKG Anl.1 KV Nr. 1610, unabhängig davon, ob das selbstständige Beweisverfahren vor oder neben einem Streitverfahren durchgeführt wird.

Als weitere Kosten fallen die Entschädigung für Zeugen und Sachverständige an.

Das Gericht kann gem. §§ 492, 402, 379 ZPO die Beauftragung eines Sachverständigen von der Einzahlung eines Kostenvorschusses abhängig machen. Um die Höhe festzustellen, muss das Gericht sie beim Sachverständigen erst erfragen, um den Betrag dann anzufordern. Der Zeitverlust kann dadurch verringert werden, dass der Anwalt im Antrag durch die Erklärung der »Übernahme der Haftung« für diese Kosten diesen Vorgang beschleunigt.

Rechtsanwaltsgebühren:
Wenn die Hauptsache noch nicht anhängig ist: 10/10 Prozessgebühr, §§ 48, 31 BRAGO, evtl. 10/10 Beweisgebühr. Möglich ist auch eine 10/10 Erörterungsgebühr, §§ 48, 31 Ziff.4 BRAGO.

Die im selbstständigen Beweisverfahren verdienten Gebühren sind allerdings auf die in der Hauptsache erworbenen Anwaltsgebühren anzurechnen, da die im selbstständigen Beweisverfahren erbrachte Leistung stets zum Rechtszug gehört, soweit sie von dem für die Hauptsache bestellten Prozessbevollmächtigten erbracht wird, vgl. § 37 Ziff.3 BRAGO.

Der Anwendungsbereich des § 48 BRAGO erstreckt sich somit nur auf folgenden Fallkonstellationen:

- dem Prozessbevollmächtigten sind im Hauptsacheverfahren nicht alle Gebühren oder nicht in voller Höhe zugefallen,
- die Gegenstände der beiden Verfahren sind nicht identisch,
- die Hauptsache wird nicht anhängig,
- im Hauptprozess und im selbstständigen Beweisverfahren sind für dieselbe Partei jeweils andere Rechtsanwälte tätig (vgl. Hansens NJW 1991, 1137, 1143).

Da die Gebühren im selbstständigen Beweisverfahren auf die Gebühren im Hauptverfahren anzurechnen sind, ist zu überlegen, ob man mit dem Mandanten eine Gebührenvereinbarung trifft. In dieser schriftlichen Vereinbarung ist dann klarzustellen, dass ein Sonderhonorar deshalb vereinbart wird, weil die gesetzlichen Gebühren für das selbstständige Beweisverfahren mit den Gebühren des Hauptprozesses zu verrechnen sind und damit die gesamte Leistung des Anwaltes für das selbstständige Beweisverfahren ohne Vergütung bliebe. Der vernünftige Mandant wird für ein solches Anliegen Verständnis aufbringen.

Im Prozesskostenhilfeverfahren ist zu beachten, dass die Beiordnung für das Beweissicherungsverfahren besonders erfolgt, sonst gibt es keine Gebühr, § 122 Abs. 3 Ziff.3 BRAGO. Daher ist die Beiordnung stets sofort bei Einreichung des Gesuches um Beweissicherung zu beantragen. Die PKH-Bewilligung in einem nachfolgenden Hauptsacheverfahren erstreckt sich nicht auf das früher eingeleitete Beweisverfahren.

Wird das selbstständige Beweisverfahren während des Berufungs- oder Revisionsverfahrens beantragt, beträgt die Gebühr 13/10 der Normalgebühr.

Achtung:
Da im selbstständigen Beweisverfahren grundsätzlich keine Kostenentscheidung getroffen wird, besteht für die Parteien nur die Möglichkeit, durch gesonderte Klage oder den Antrag auf Bestimmung einer Frist zur Klageerhebung oder die Hauptsache, die anhängig gemacht wird, auch die Erstattung ihrer notwendigen Kosten zu erreichen.

Rechtsschutzversicherung:
Auch für das selbstständige Beweisverfahren nach § 485 ZPO ist eine bestehende Rechtsschutzversicherung eintrittspflichtig, weil es sich um eine notwendige Vorbereitungsmaßnahme für die Durchsetzung der Schadenersatzansprüche handelt, vgl. § 2 a ARB 2000/ARB 94; § 2 Abs. 1 e ARB 75.

#32 Antrag auf streitschlichtendes Beweisverfahren § 485 Abs. 2 ZPO

[*HIER Ort, Datum*]

An das
Amtsgericht [– Landgericht]
[*HIER Anschrift*]

Antrag
des/der ...... [*HIER Vorname, Name, Anschrift*]

– Antragstellers/-in, –

Prozessbevollmächtigte(r): Rechtsanwalt/-wältin ...... [*HIER Vorname, Name, Anschrift*]

gegen

den/die ...... [*HIER Vorname, Name, Anschrift*]

– Antragsgegner/-in, –

wegen Beweissicherung.

Gegenstandswert: bedarf der Festsetzung, jedoch nicht mehr als ...... EUR

Im Wege des streitschlichtenden Beweisverfahrens gemäß § 485 ZPO wird namens und in Vollmacht des/der Antragsstellers/-in beantragt,

einen geeigneten Sachverständigen mit folgenden Feststellungen zu beauftragen:

1. Das Eindringen der Feuchtigkeit im Untergeschoss ist auf eine ungenügende Isolierung durch den Antragsgegner zurückzuführen.
2. Welche Sanierungsmaßnahmen sind erforderlich, um die aufgetretenen Durchfeuchtungsschäden dauerhaft zu beseitigen?
3. Welche Sanierungskosten sind hierfür erforderlich?

Es wird beantragt, die Beweiserhebung durch schriftliches Sachverständigengutachten vorzunehmen.

Als Sachverständiger soll bestellt werden: ...... [Name].

Es wird beantragt, den Beschluss ohne mündliche Verhandlung zu erlassen.

Begründung:

I. Der Antragsteller beauftragte die Antragsgegnerin mit ...... [*HIER folgt die Sachverhaltsschilderung*]
Im Zuge der [z. B. Bauarbeiten] hat die Antragsgegnerin folgende Arbeiten ausgeführt:
...... [*HIER durchgeführte Arbeiten aufführen*]

Folgende Schäden sind aufgetreten:
...... [*HIER Schäden genau aufführen*]

Zur Glaubhaftmachung beziehe ich mich auf die beiliegende eidesstattliche Versicherung des Antragstellers und am ...... vom Antragsteller aufgenommene Fotos (Anlagen 6–7).
II. Der Antragsteller hat ein rechtliches Interesse an der Feststellung durch den Gutachter, da ...... [z. B. er die Unterbrechung der Verjährung der Ansprüche gegen die Antragsgegnerin erreichen will.]

Der Antragsteller geht im Übrigen davon aus, dass sich durch Klärung der Beweisfragen ein sonst eventuell erforderlich werdender Rechtsstreit erübrigt.

Ein Rechtsstreit ist noch nicht anhängig.

Der Antragsteller behält sich den Antrag auf spätere Vernehmung des Sachverständigen vor.

[- Des Weiteren wird gebeten, die Höhe des erforderlichen Kostenvorschusses für die Beauftragung des Sachverständigen unverzüglich – aus Gründen der Beschleunigung möglichst telefonisch – mitzuteilen.]

[- Für die Kosten des Sachverständigen wird die anwaltliche Übernahme der Haftung erklärt.]

....
Rechtsanwalt/-wältin

Anmerkung

Vgl. ansonsten Anmerkung zu Formular 1.A.02.#31.

Auch ohne die Besorgnis um Beweisverlust oder Beweissicherung darf, solange der Rechtsstreit noch nicht anhängig ist und zwar nur ausschließlich mit dem Beweismittel der schriftlichen Begutachtung durch einen Sachverständigen außerhalb eines Prozessverfahrens Beweis erhoben werden, sofern ein rechtliches Interesse plausibel gemacht werden kann, § 485 Abs. 2 ZPO.

Die schriftliche Begutachtung durch einen Sachverständigen unterliegt drei Voraussetzungen:

1. Der Rechtsstreit darf noch nicht anhängig sein.
2. Es muss ein rechtliches Interesse an der Sicherung des Beweises bestehen. Dies ist dann der Fall, wenn die Feststellung der Vermeidung eines Rechtsstreites dienen kann. Die Formulierung des Gesetzes macht deutlich, dass nicht nur in den Fällen, in denen möglicherweise ein Rechtsstreit vermieden wird, das rechtliche Interesse zu bejahen ist. Das rechtliche Interessen ist vielmehr immer dann anzunehmen, wenn der Gegner die Tatsache der Behauptung, über die das Beweissicherungsverfahren eingeleitet werden soll, bestreitet und die Behauptung für einen späteren Prozess von Bedeutung ist (Zöller, § 485 ZPO Rn 7).
3. Nur ein schriftliches Sachverständigengutachten und kein sonstiges Beweismittel darf benannt sein.

Wie aus dem Wortlaut »Möglichkeit der Streitverkündung« hervorgeht, sind keine strengen Maßstäbe an die Darlegung des rechtlichen Interesses und an die Glaubhaftmachung anzulegen. Als ein beachtliches Interesse ist das einer Unterbrechung der Verjährung (vgl. Schreiber NJW 1991, 2600 f.) oder die Aussicht zu werten, dass bei mehreren Beteiligten deren Verursachung oder Verursachungsbeitrag« festzustellen ist, da dies die Chancen für eine Schadensregulierung erhöht (Koebele, Gewährleistung und Beweissicherung bei Bausachen, 1988, Seite 107).

Welche Beweisthemen zugelassen sind, ist § 485 Abs. 2 S. 1 ZPO zu entnehmen.

Es kann u. a. die Feststellung begehrt werden, welche Maßnahmen im einzelnen notwendig sind, um Schäden und Mängel zu beheben, welche Sanierungsmaßnahmen hierfür erforderlich sind und welche Kosten dies verursacht.

Die Tatsachenbehauptungen und die Dringlichkeit bzw. die Aussicht auf Förderung außergerichtlicher Klärung müssen glaubhaft gemacht werden. Die Glaubhaftmachung der Tatsachen, die die Zulässigkeit des Beweissicherungsverfahrens begründen, umfasst auch das rechtliche Interesse, die Prozessvermeidung.

Sinnvoll ist es, einen konkreten Sachverständigen unter Angabe der Adresse zu benennen, etwa den eigenen ›Haussachverständigen'. Mit diesem sollte man aber zuvor telefonisch dessen Möglichkeit und Bereitschaft zur Begutachtung abklären.

Büromäßige Behandlung, Kosten:
In dringenden Fällen ist ein ausreichender Vorschuss – in der Regel dürften 500,– EUR ausreichen – einzuzahlen oder der Anwalt kann die Kostenbürgschaft übernehmen, in dem er im Antrag die »Übernahme der Haftung« für die Kosten des Sachverständigen erklärt.

Es kann gegebenenfalls Prozesskostenhilfe für ein Beweissicherungsverfahren beantragt werden.

Vgl. ansonsten Formular 1.A.02.#31.

Rechtsschutzversicherung:
Für die Kosten des Verfahrens ist die Rechtsschutzversicherung des Mandanten eintrittspflichtig, vgl. § 5 Abs. 1 c ARB 2000/ARB 94.

#33 Beschwerde gegen Ablehnung des Beweisverfahrens

[*HIER Ort, Datum*]

An das
Amtsgericht [- Landgericht]
[*HIER Anschrift*]

Betrifft: Antrag im selbstständigen Beweisverfahren ....../......
- Az. ......

Durch den Beschluss des ......-gerichts vom ...... ist der Antrag im selbstständigen Beweisverfahren vom ...... abgelehnt worden.

Namens und in Vollmacht des Antragstellers lege ich gegen diesen Beschluss

Beschwerde

ein mit dem Antrag
[im Fall des § 485 Abs. 1, 2.Alt. ZPO]
unter Aufhebung des angefochtenen Beschlusses die beantragte Beweissicherung anzuordnen.

[oder]
[im Fall des § 485 Abs. 2 ZPO]
unter Aufhebung des angefochtenen Beschlusses das beantragte streitschlichtende Beweisverfahren anzuordnen.

Begründung:

Der angefochtene Beschluss äußert Zweifel an ...... Diese Zweifel sind unbegründet. ......
[*HIER folgt die nähere Ausführung*]

Der Antrag auf Beweissicherung [- auf ein streitschlichtendes Beweisverfahren] vom ...... ist somit gemäß § 485 ZPO begründet.

....
Rechtsanwalt/-wältin

Anmerkung

Der ablehnende Beschluss im selbstständigen Beweisverfahren unterliegt der sofortigen Beschwerde nach § 567 Abs. 1 Nr. 2 ZPO. Die **Auswahl des Sachverständigen** kann allerdings nicht mit der Beschwerde angefochten werden (OLG München MDR 1992, 520).

Gerichtskosten:
1 Gebühr nach GKG Anl.1 KV Nr. 1957, wenn die Beschwerde als unzulässig verworfen oder zurückgewiesen wird, sonst keine Gebühren.

Rechtsanwaltsgebühren:
5/10 Anwaltsgebühr, § 61 BRAGO.

#34 Antrag auf Bestimmung einer Frist zur Klageerhebung im selbstständigen Beweisverfahren § 494 a ZPO

[*HIER Ort, Datum*]

An das
Amtsgericht [- Landgericht]
[*HIER Anschrift*]

In Sachen
....../......
Az.: ......

wird für den/die Antragsgegner/-in beantragt,

1. gegenüber dem/der Antragsteller/-in anzuordnen, dass diese(r) innerhalb einer Frist von vier Wochen Klage zu erheben hat,
2. nach fruchtlosem Verstreichenlassen der Frist auszusprechen, dass der/die Antragsteller/-in die dem/der Antragsgegner/-in entstandenen Kosten zu tragen hat.

Begründung:

Da der Antragsteller binnen der gemäß § 411 Abs. 4 ZPO gesetzten Frist [- innerhalb eines angemessenen Zeitraumes] keine [- weiteren] Einwendungen gegen das Gutachten erhoben und auch sonst keine [- weiteren] Fragen oder sonstigen Anträge zum Gutachten gestellt hat, ist die Beweiserhebung im selbstständigen Beweisverfahren beendet. Da somit die Voraussetzungen des § 494 a Abs. 1 ZPO vorliegen, scheint eine Frist von vier Wochen zur Erhebung der Klage als angemessen.

Schon jetzt wird vorsorglich für den Fall, dass der Antragsteller keine Klage erhebt, der Kostenantrag nach § 494 a Abs. 2 ZPO gestellt. Es wird angeregt, ohne mündliche Verhandlung zu entscheiden.

....
Rechtsanwalt/-wältin

Anmerkung

Zuständig ist das Gericht, bei dem das selbstständige Beweisverfahren anhängig war.

Erst wenn das selbstständige Beweisverfahren beendet ist, kann der Antrag auf Klageerhebung gestellt werden.

Gerichtskosten:
Über die bereits im selbstständigen Beweisverfahren angefallenen Gebühren entstehen keine weiteren.

Rechtsanwaltsgebühren:
In der Regel keine weiteren, es sei denn, dass über den Kostenantrag nach § 494 a Abs. 2 ZPO mündlich verhandelt wird.

#35 Antrag auf öffentliche Zustellung §§ 185 ff. ZPO

[*HIER Ort, Datum*]

An das
Amtsgericht [– Landgericht]
[*HIER Anschrift*]

In Sachen
....../......
Az.: ......

beantrage ich aufgrund der Nachricht von der Unzustellbarkeit der Ladung des/der Beklagten,

1. den Termin vom ...... aufzuheben
2. einen neuen Termin zu bestimmen und die öffentliche Zustellung der Klageschrift und der Ladung zu bewilligen.

Begründung:

Nach Angabe des Gerichts ist der Beklagte nach Auskunft der Post unbekannt verzogen. Eine Anfrage beim bisherigen Vermieter

– Vorgang als Anlage 1 beigefügt –

ergab, dass der Beklagte ohne Hinterlassung seiner neuen Anschrift seine Wohnung aufgegeben hat. Familienangehörige des Beklagten, die befragt werden könnten, sind nicht bekannt.

Ebenso blieb eine Anfrage beim Einwohnermeldeamt

– Vorgang als Anlage 2 anbei –

erfolglos, da sich der Beklagte dort nicht abgemeldet hat.

[oder]

Eine Einwohnermeldeamtsanfrage bleib erfolglos, da sich der Beklagte nicht, wie bei seiner Abmeldung angegeben, bei dem Einwohnermeldeamt in ...... [Ort] angemeldet hat:

1. Mitteilung des Einwohnermeldeamtes in ...... [Ort], aus der sich die Abmeldung des Beklagten nach ...... [Ort] ergibt; Anlage 1

2. Mitteilung des Einwohnermeldeamtes in ...... [Ort], nach welcher der Beklagte dort nicht zur Anmeldung gekommen ist; Anlage 2

Falls das Gericht weitere Nachforschungen für geboten hält, bitte ich um einen Aufklärungshinweis nach § 139 Abs. 1 ZPO.

Es wird um eine Entscheidung ohne mündliche Verhandlung gebeten.

....
Rechtsanwalt/-wältin

Anmerkung

Der Antrag ist von der Partei, der die Zustellung obliegt, an das Prozessgericht zu richten.

Bei Zustellung im Ausland oder bei Exterritorialität ist der Antrag entsprechend zu fassen, § 185 Nr. 2 ZPO.

Das Mahnverfahren kennt keine öffentliche Zustellung oder Zustellung im Ausland: § 688 Abs. 2 ZPO.

Die öffentliche Zustellung von Klageschrift und Ladung soll sicherstellen, dass im Termin ein Antrag auf Versäumnisurteil gestellt werden kann, wobei zugleich ein Antrag auf eine vollstreckbare Ausfertigung des Versäumnisurteils gestellt werden sollte.

Der Antragsteller und das Prozessgericht müssen sich, bevor die öffentliche Zustellung möglich ist, Gewissheit darüber verschaffen, dass der Aufenthaltsort nicht nur ihnen, sondern allgemein nicht bekannt ist. Den strengen Anforderungen an die Prüfungspflicht dürfte genügt sein, wenn versucht worden ist, die Anschrift durch Polizei bzw. Einwohnermeldeamt zu ermitteln. In der Begründung des Antrages sollte dargelegt werden, dass alle zumutbaren Nachforschungen angestellt wurden.

Um zu verhindern, dass das Gericht den Antrag vorschnell abweist und ein mit weiteren Kosten verbundener neuer Antrag erforderlich wird, sollte um einen Hinweis des Gerichts gebeten werden, falls das Gericht weitere Angaben für notwendig erachtet.

Gegen den ablehnenden Beschluss des Gerichts ist die sofortige Beschwerde gemäß § 567 Abs. 1 ZPO statthaft.

Büromäßige Behandlung:
Mit beglaubigter und einfacher Abschrift einreichen; ebenso, wenn nicht eine Klage, sondern ein anderer Schriftsatz zugestellt werden soll.

Kosten:
Keine Gerichtsgebühr, aber Kosten für die Veröffentlichung der Ladung im Bundesanzeiger und ggf. anderen Blättern (siehe § 187 ZPO) werden nach GKG Anl.1 KV Nr. 9004 in voller Höhe erhoben, wenn das Prozessgericht eine solche Veröffentlichung nach § 187 ZPO anordnet.

Rechtsanwaltgebühren:
Keine besondere Anwaltsgebühr, wenn innerhalb des Prozesses Gesuch gestellt wird, § 37 Ziff. 1, 7 BRAGO. Bei bloßer Zustellungstätigkeit 5/10 Gebühr nach § 32 Abs. 1 BRAGO.

#36 Antrag auf Zeugenbeeidigung § 391 ZPO

[*HIER Ort, Datum*]

An das
Amtsgericht [- Landgericht]
[*HIER Anschrift*]

In Sachen
....../......
Az.: ......

beantrage ich zur Herbeiführung einer wahrheitsgemäßen Aussage des Zeugen ...... [Name] die Beeidigung dieses Zeugen anzuordnen und außerdem zu beschließen, dass dieser Zeuge den Eid vor dem Prozessgericht zu leisten habe.

Der/Die Kläger/-in [- Beklagte] ist überzeugt, dass diesem Zeugen zur Auffrischung seines Gedächtnisses Vorhaltungen gemacht werden müssen.

....
Rechtsanwalt/-wältin

Anmerkung

Die Beeidigung des Zeugen hat das Gericht anzuordnen, wenn es dies für geboten erachtet und die Parteien nicht darauf verzichten, § 391 ZPO. Häufig ist es aber sachdienlich, dass eine Prozesspartei das Gericht auf die Erforderlichkeit der Beeidigung hinweist.

#37 Antrag auf Ablehnung eines Richters wegen Besorgnis der Befangenheit § 42 ZPO

[*HIER Ort, Datum*]

An das
Amtsgericht [- Landgericht]
[*HIER Anschrift*]

In Sachen
....../......
Az.: ......

[Amtsgericht als Streitgericht]

steht am ...... der Termin zur mündlichen Verhandlung an. Wie ich erfahren habe, wird Herr/Frau Richter/-in am Amtsgericht ...... [Name] die Verhandlung leiten. Der/Die Kläger/-in [- Beklagte] pflegt freundschaftlichen Verkehr mit diesem/dieser Richter/-in. Nach Aussage des ...... [Name] hat der/die Richter/-in ...... [z. B. den Kläger/Beklagten in Bezug auf die Prozessführung früher beraten]. Dafür wird auf die einzuholende dienstliche Äußerung des abgelehnten Richters Bezug genommen.

Aus diesem Grunde lehnt der Kläger [- Beklagte] diesen Richter wegen Besorgnis der Befangenheit ab und beantragt,

die Verhandlung der Sache einem anderen Richter zu übertragen.

[oder]
[Landgericht als Streitgericht]

wird der/die Einzelrichter/-in ...... [Name] wegen Besorgnis der Befangenheit abgelehnt.

Es wird ersucht, die dienstliche Äußerung des/der Richters/-in unverzüglich einzuholen und diese dem/der Kläger/-in [- Beklagte(n)] mit Gelegenheit der Äußerung zuzuleiten.

Begründung:

Der Einzelrichter hat ...... [*HIER folgt die nähere Schilderung des Ablehnungsgrundes*].

Zur Glaubhaftmachung des Ablehnungsgrundes bezieht sich der Kläger [Beklagte auf die eidesstattliche Versicherung des ...... [Name, Anschrift] und die einzuholende dienstliche Äußerung des Einzelrichters.

....
Rechtsanwalt/-wältin

Anmerkung

Sinnvoll ist die Richterablehnung nur, wenn sich hierdurch die Prozesssituation verbessern lässt.

Auch die Ablehnung des Richters am Amtsgericht hat in der Struktur von Antrag und Begründung wie bei Ablehnung des Einzelrichters am Landgericht zu erfolgen. Gleiches gilt bei der Ablehnung eines Richters am Oberlandesgericht.

Ein Richter kann abgelehnt werden, sofern die Voraussetzungen vorliegen, unter denen der Richter kraft Gesetzes ausgeschlossen ist (siehe § 41 ZPO) oder Besorgnis der Befangenheit besteht. Besorgnis der Befangenheit besteht, wenn ein Misstrauen gegen die Unparteilichkeit des Richters begründet ist. Das Vorbringen und die Glaubhaftmachung können aber z. B. nach Erhalt der dienstlichen Äußerung vervollständigt werden.

Die Ablehnung ist nicht mehr zulässig nach Einlassung vor dem Richter.

Büromäßige Behandlung:
Die Ablehnung ist in Form eines Ablehnungsgesuches bei dem Gericht geltend zu machen, dem der Richter angehört, nicht bei dem, das darüber zu entscheiden hat, § 44 Abs. 1 ZPO. Dabei müssen die Tatsachen, die die Ablehnung begründen, glaubhaft gemacht werden, wobei

die Partei selbst und wohl auch ihr Prozessbevollmächtigter zur eidesstattlichen Versicherung nicht zugelassen sind, § 44 Abs. 2 S. 1 ZPO.

Bei Zurückweisung der Ablehnung findet die sofortige Beschwerde statt, § 46 Abs. 2 ZPO (Zöller § 46 ZPO Rn 14). Gegen den Beschluss, durch den das Ablehnungsgesuch für begründet erklärt wird, findet kein Rechtsmittel statt.

Kosten u. Gebühren:
Besondere Gerichtskosten und Rechtsanwaltsgebühren entstehen nur im Beschwerdeverfahren; siehe GKG Anl.1 KV Nr. 1957, § 61 Abs. 1 Nr. 1 BRAGO.

#38 Antrag des Klägers auf Anordnung des Erlöschens der Sicherheit/auf Rückgabe der Sicherheit § 715 ZPO

[*HIER Ort, Datum*]

An das
Amtsgericht [- Landgericht]
[*HIER Anschrift*]

In Sachen
....../......
Az.: ......

beantrage ich namens und im Auftrage des/der Klägers/-in,
  das Erlöschen der dem/der Beklagten durch Schriftsatz vom ...... zugestellten Bürgschaft anzuordnen.

[oder im Fall der Rückgabe der Sicherheit]
  die Rückgabe der in dem Verfahren geleisteten Sicherheit.

Begründung:

Der Antragsteller hat ein Urteil des Amtsgerichts [-Landgerichts] in ...... vom ...... gegen den Beklagten erwirkt. Das Urteil, gegen das der Beklagte Berufung eingelegt hat, war gegen Sicherheitsleistung in Höhe von ...... EUR für vorläufig vollstreckbar erklärt worden.

[im Falles des zuerst genannten Antrages]

Diese Sicherheit hat der Kläger vor Vollstreckung durch Zustellung einer selbstschuldnerischen, unbefristeten und unbedingten Bürgschaft der X-Bank vom ...... in Höhe von ...... EUR an den Schuldner erbracht.

[oder im Falles des als zweiten genannten Antrages]

Diese Sicherheit hat der Kläger vor Vollstreckung durch Hinterlegung eines Geldbetrages in Höhe von ...... EUR bei der Hinterlegungsstelle des Amtsgerichts in ...... erbracht.

Das angegebene Urteil ist jetzt rechtskräftig geworden. Das Rechtskraftzeugnis des Landgerichts [- Oberlandesgerichts <im Falle der Berufung gegen ein Urteils des Landgerichts>] habe ich als Anlage beigefügt.

Gemäß § 715 ZPO ist deshalb das Erlöschen der Bürgschaft anzuordnen. [- die Rückgabe der Sicherheit anzuordnen.]

Dem Antrag ist ein Rechtskraftzeugnis gemäß § 706 ZPO in Anlage beigefügt.

....
Rechtsanwalt/-wältin

Anmerkung

Hat der Kläger (Gläubiger) zur Herbeiführung der vorläufigen Vollstreckbarkeit nach §§ 709 S. 1, 711, 712 Abs. 2 S. 2 ZPO Sicherheit geleistet, so steht ihm für die Rückgabe der Sicherheit neben dem zwei Beschlüsse erfordernden Verfahren nach § 109 ZPO (siehe hierzu die Formulare 1.A.01.01#45, #46, #47), auf welches der Beklagte angewiesen ist, auch das einfachere Verfahren nach § 715 ZPO zur Verfügung.

Für Fälle, in denen der Gläubiger eine Sicherheit nach den §§ 709, 711, 712 Abs. 2 S. 2 ZPO geleistet hat, regelt § 715 ZPO ein vereinfachtes Verfahren zur Rückgabe der Sicherheit, sofern das Urteil rechtskräftig geworden ist. Der Beklagte (Schuldner) hingegen ist allein auf das Verfahren nach § 109 ZPO angewiesen.

Das Verfahren nach § 715 ZPO ist nicht anwendbar, wenn der Prozess nicht durch rechtkräftiges Urteil, sondern durch Klagerücknahme, beiderseitige Erledigungserklärung oder Vergleich endet.

Erforderlich ist ein Antrag des Gläubigers. Zuständig ist das Gericht, welches die Sicherheitsleistung zugelassen oder angeordnet hat.

Büromäßige Behandlung:
Dem Antrag ist ein Rechtskraftzeugnis gemäß § 706 ZPO beizufügen. Ist dies noch nicht erteilt, so kann es gleichzeitig mitbeantragt werden, sofern das Gericht auch für die Erteilung des Rechtskraftzeugnisses zuständig ist.

Bezüglich der Rechtsbehelfe kommt es auf den Entscheidungsträger an:

Gegen den Beschluss des Rechtspflegers, durch den die Rückgabe angeordnet wird, findet sofortige **Erinnerung** statt, § 11 Abs. 2 RPflG.

Gegen die Ablehnung des Antrags durch den Richter ist die sofortige **Beschwerde** zulässig, § 567 Abs. 1 ZPO, § 11 Abs. 1 RPflG.

Gegen eine stattgebende Entscheidung (Rückgabeanordnung) des Richters ist kein Rechtsbehelf zulässig. (siehe zu den Rechtsbehelfen Baumbach/Lauterbach/Albers/Hartmann § 715 ZPO Rn 4 f.).

Gerichtskosten:
Keine.

Rechtsanwaltsgebühren:
Falls der Anwalt auch den Prozess geführt hat, ist durch die Gebühren für diesen seine Tätigkeit mit abgegolten, § 37 Ziff.3 BRAGO. Ansonsten fällt eine 5/10 Gebühr nach § 56 BRAGO an.

#39 Antrag des Beklagten auf Bestimmung einer Frist zur Einwilligung in die Rückgabe der Sicherheit § 109 Abs. 1 ZPO

[*HIER Ort, Datum*]

An das
Amtsgericht [- Landgericht]
[*HIER Anschrift*]

In Sachen
....../......
Az.: ......

beantrage ich namens und im Auftrage des/der Beklagten,
dem/der Kläger/-in eine Frist zur Einwilligung in die Rückgabe der Sicherheit oder zum Nachweis der Klageerhebung zu setzen.

[oder im Falle der erbrachten Prozessbürgschaft]
dem/der Kläger/-in eine Frist zur Einwilligung in die Rückgabe der Prozessbürgschaft oder zum Nachweis der Klageerhebung zu setzen.

Begründung:

In der genannten Sache hat der Beklagte zur Abwendung der Zwangsvollstreckung aus dem vorläufig vollstreckbaren Urteil vom ...... eine Sicherheit von ...... EUR hinterlegt. Die Veranlassung zur Sicherheit ist entfallen, da die Klage durch Urteil des ......-Gerichts vom ......, Az. ...... rechtskräftig abgewiesen ist.

[oder im Falle der erbrachten Prozessbürgschaft]

In der genannten Sache hat der Beklagte zur Abwendung der Zwangsvollstreckung aus dem vorläufig vollstreckbaren Urteil vom ...... eine Prozessbürgschaft in Höhe von ...... EUR bei der Hinterlegungsstelle des Amtsgerichts hinterlegt/dem Anwalt des Klägers zugestellt. Die Veranlassung zur Sicherheit ist entfallen, da die Klage durch Urteil des ......-Gerichts vom ......, Az. ...... rechtskräftig abgewiesen ist.

Die Ausfertigung des Urteils mit Rechtskraftzeugnis und Hinterlegungsschein sind in Anlage beigefügt.

[im Falle der lediglich dem Klägeranwalt zugestellten Prozessbürgschaft]

Die Ausfertigung des Urteils mit Rechtskraftzeugnis und die Zustellungsbescheinung der Prozessbürgschaft sind in Anlage beigefügt.

....
Rechtsanwalt/-wältin

Anmerkung

Wird ein vorläufig vollstreckbares Urteil aufgehoben, so entfällt nicht erst mit der Rechtskraft, sondern sofort die Veranlassung zur Sicherheitsleistung. Das Gericht erlässt auf Antrag zwei Beschlüsse, und zwar

1. die Setzung einer Frist in die Rückgabe der Sicherheit oder zum Nachweis der Klageerhebung wegen der streitigen Ansprüche, § 109 Abs. 1 ZPO;
2. nach fruchtlosem Ablauf der Frist die Rückgabeanordnung nach § 109 Abs. 2 ZPO (siehe zu diesem Antrag Formular 1.A.#02 u. #04).

Der Antrag des Beklagten auf Anordnung der Rückgabe der Sicherheitsleistung nach § 109 Abs. 1 ZPO kann mit dem Antrag auf Rückzahlung der Prozesssicherheit oder dem Antrag auf Anordnung des Erlöschens der Bürgschaft verbunden werden (siehe zu diesen Möglichkeiten die nachfolgenden Formulare).

Folgende **Rechtsbehelfe** sind möglich:

1. Die Fristbestimmung ist unanfechtbar, sofern der Richter sie angeordnet hat. Gegen den Beschluss des Rechtspflegers findet die **sofortige Erinnerung** statt, § 11 Abs. 2 RPflG.
2. Die abgelehnte Fristbestimmung kann nur der Antragsteller mit der **sofortigen Beschwerde** angreifen, § 109 Abs. 4 ZPO, auch wenn der Rechtspfleger entschieden hat, § 11 Abs. 1 RPflG.

Bei Zulassung der Bankbürgschaft durch das Gericht muss in der Regel eine öffentlich beglaubigte Abschrift der Bürgschaftserklärung dem Prozessgegner zugestellt werden . Ist die Sicherheitsleistung durch Bürgschaft zugelassen und erhält die Bürgschaftserklärung die Bestimmung, dass sie mit der Rückgabe der Urkunde erlöschet, so ist dem Gegner das Original der Bürgschaftsurkunde zu übergeben (§ 77 Nr. 3 GVGA).

Wurde vom Gericht – was bei manchen Gerichten der Fall ist – die Hinterlegung der Bürgschaftsurkunde in Urschrift angeordnet, muss der Nachweis der Hinterlegung bei der Hinterlegungsstelle beim Amtsgericht erfolgen. Daneben muss eine öffentlich beglaubigte Abschrift der Bürgschaftsurkunde dem Prozessgegner zugestellt werden. Ob bei Anwaltsvertretung des Gegners eine Zustellung von Anwalt zu Anwalt ausreicht oder ob auch in diesem Fall die Zustellung per Gerichtsvollzieher erforderlich ist, ist streitig (Zustellung von Anwalt ausreichend: z. B. LG Mannheim JurBüro 1989,72; a. A. z. B. BGH NJW 1979, 417 f.). Wer auf der sicheren Seite sein will, stellt dem gegnerischen Anwalt per Gerichtsvollzieher zu. Ist der Anlass zur Sicherheitsleistung entfallen, sollte die Bürgschaftsurkunde unverzüglich vom Gegner zurückgefordert werden (BGH NJW 1990, 2129).

Zum einfacheren Verfahren für den Kläger (Gläubiger) nach § 715 ZPO siehe Formular 1.A.02#38.

Gerichtskosten:
Keine, § 1 GKG.

Rechtsanwaltsgebühren:
Keine weiteren, da durch die Prozessgebühr mitabgegolten, § 37 Ziff.3 BRAGO.

#40 Antrag des Beklagten auf Anordnung der Rückgabe der Prozesssicherheit § 109 Abs. 2 S. 1 1. Hlbs. ZPO

[*HIER Ort, Datum*]

An das
Amtsgericht [– Landgericht]
[*HIER Anschrift*]

In Sachen
....../......
Az.: ......

beantrage ich namens und im Auftrage des/der Beklagten,

gemäß § 109 Abs. 2 S. 1 1. Hlbs. ZPO anzuordnen, dass die von dem/der Beklagten hinterlegte Sicherheit von ...... EUR nebst Hinterlegungszinsen an diesen zurückgezahlt wird.

Begründung:

Durch Beschluss des Gerichts vom ...... ist dem Kläger eine Frist von 2 Wochen zur Einwilligung in die Rückzahlung der vom Beklagten hinterlegte Sicherheit von ...... EUR oder zum Nachweis der Klageerhebung wegen seiner Ansprüche gegen den Beklagten gesetzt worden. Der Beschluss wurde dem Kläger am ...... zugestellt. Innerhalb der Frist hat er weder seine Einwilligung erteilt, noch die Klage erhoben.

....
Rechtsanwalt/-wältin

Anmerkung

Siehe § 109 Abs. 2 S. 1 1. Hlbs. ZPO. Zum Antrag auf Erlöschen der Bürgschaft nach § 109 Abs. 2 S. 1 2. Hlbs. ZPO siehe Formular 1.A.02#41.

Der Antrag auf Anordnung der Rückzahlung der Sicherheitsleitung gem. § 109 Abs. 2 S. 1 1. Hlbs. ZPO kann auch mit dem Antrag auf Rückgabe der Sicherheitsleistung verbunden werden (siehe hierzu Formular 1.A.02#42).

Gegen den Beschluss haben beide Parteien Möglichkeit der befristeten **Erinnerung** nach § 11 Abs. 1 u. 2 RPflG, gegen die Entscheidung des Richter entsprechend § 109 Abs. 4 ZPO i. V. m. § 11 Abs. 3 RPflG die **sofortige Beschwerde** nach § 567 ZPO binnen 2 Wochen.

Die Herausgabe durch die Hinterlegungsstelle erfolgt nach § 109 Abs. 2 S. 2 ZPO erst nach Rechtskraft des zweiten Beschlusses, also 2 Wochen nach dessen Zustellung.

Gerichtskosten:
Keine, § 1 GKG.

Rechtsanwaltsgebühren:
Keine weiteren, da durch die Prozessgebühr mit abgegolten, § 37 Ziff.3 BRAGO.

#41 Antrag des Beklagten auf Anordnung des Erlöschens der Bürgschaft § 109 Abs. 2 Satz 1 2. Hlbs. ZPO

[*HIER Ort, Datum*]

An das
Amtsgericht [– Landgericht]
[*HIER Anschrift*]

In Sachen
....../......
Az.: ......

beantrage ich namens und im Auftrage des/der Beklagten,

gemäß § 109 Abs. 2 S. 1 2. Hlbs. ZPO das Erlöschen der Bürgschaft der X-Bank vom ...... anzuordnen.

Begründung:

Durch Beschluss des Gerichts vom ...... ist dem Kläger eine Frist von 2 Wochen zur Entlassung der X-Bank aus der Haftung für ihre Bürgschaftserklärung vom ...... oder zum Nachweis der Klageerhebung wegen seiner Ansprüche gegen den Beklagten gesetzt worden. Der Beschluss wurde am ...... dem Kläger zugestellt. Innerhalb der Frist hat er weder seine Einwilligung erteilt, noch die Klage erhoben.

....
Rechtsanwalt/-wältin

Anmerkung

Siehe § 109 Abs. 2 Satz 1 2. Hlbs. ZPO.

Bei Zulassung der Bankbürgschaft durch das Gericht muss in der Regel eine öffentlich beglaubigte Abschrift der Bürgschaftserklärung dem Prozessgegner, bei Anwaltsvertretung dessen Anwalt, zugestellt werden . Ist die Sicherheitsleistung durch Bürgschaft zugelassen und erhält die Bürgschaftserklärung die Bestimmung, dass sie mit der Rückgabe der Urkunde erlöscht, so ist dem Gegner das Original der Bürgschaftsurkunde zuzustellen (§ 77 Nr. 3 GVGA).

Wurde vom Gericht die Hinterlegung der Bürgschaftsurkunde in Urschrift angeordnet, muss der Nachweis der Hinterlegung bei der Hinterlegungsstelle des Amtsgerichts erfolgen. Daneben muss eine öffentlich beglaubigte Abschrift der Bürgschaftsurkunde dem Prozessgegner zugestellt werden. Ob bei Anwaltsvertretung des Gegners eine Zustellung von Anwalt zu Anwalt ausreicht oder ob auch in diesem Fall die Zustellung per Gerichtsvollzieher erforderlich ist, ist streitig (Zustellung von Anwalt ausreichend: z. B. LG Mannheim JurBüro 1989,72; a. A. z. B. BGH NJW 1979, 417 f.). Wer auf der sicheren Seite sein will, stellt auch dem gegnerischen Anwalt per Gerichtsvollzieher zu.

Ist der Anlass zur Sicherheitsleistung entfallen, sollte die Bürgschaftsurkunde unverzüglich vom Gegner zurückgefordert werden (BGH NJW 1990, 2129).

Bei einer Bürgschaft ist deren Erlöschen nach § 109 Abs. 2 2. Hlbs. ZPO anzuordnen, nicht mehr daneben die Rückgabe der Bürgschaftsurkunde, weil der Beschluss vollen Beweis für das Erlöschen der Bürgschaft liefert.

Der Antrag auf Anordnung der Rückzahlung der Sicherheitsleitung gemäß § 109 Abs. 2 2. Hlbs. ZPO kann auch mit dem Antrag auf Rückgabe der Sicherheitsleistung verbunden werden (siehe hierzu nachfolgendes Formular 1.A.02.#42).

Der Beschluss über das Erlöschen der Bürgschaft (§ 109 Abs. 2 S. 1 2. Hlbs. ZPO) ist mit **sofortiger Beschwerde** anfechtbar, § 11 Abs. 1 RPflG; §§ 109 Abs. 4, 567 ZPO.

Gerichtskosten:
Keine, § 1 GKG.

Rechtsanwaltsgebühren:
Keine weiteren, da durch die Prozessgebühr mit abgegolten, § 37 Ziff.3 BRAGO.

#42 Verknüpfung von Antrag auf Bestimmung einer Frist zur Einwilligung in die Rückgabe der Sicherheit/Bürgschaft oder zum Nachweis der Klageerhebung + Anordnung der Rückzahlung der Sicherheit/Erlöschens der Bürgschaft

[*HIER Ort, Datum*]

An das
Amtsgericht [- Landgericht]

[*HIER Anschrift*]

In Sachen

....../......

Az.: ......

beantrage ich namens und im Auftrag des/der Beklagten,
dem/der Kläger/-in eine Frist zur Einwilligung in die Rückgabe der Sicherheit oder zum Nachweis der Klageerhebung zu setzen,

[oder im Falle der erbrachten Prozessbürgschaft]
dem/der Kläger/-in eine Frist zur Einwilligung in die Rückgabe der Prozessbürgschaft oder zum Nachweis der Klageerhebung zu setzen,

und im Fall, dass er/sie weder seine Einwilligung erteilt, noch die Klage erhebt,
gemäß § 109 Abs. 2 S. 1 1. Hlbs. ZPO anzuordnen, dass die von dem/der Beklagten hinterlegte Sicherheit von ...... EUR nebst Hinterlegungszinsen an diesen zurückgezahlt wird.

[oder im Fall der erbrachten Prozessbürgschaft]
gemäß § 109 Abs. 2 S. 1 1. Hlbs. ZPO das Erlöschen der Bürgschaft der X-Bank vom ...... anzuordnen.

Begründung:

[Siehe hierzu Formulare 1.A.02.#39 bis 41]

....
Rechtsanwalt/-wältin

Anmerkung

Siehe die Anmerkungen zu den Formularen 1.A.02.#39 bis 41.

#43 Schuldnererinnerung § 732 ZPO

[*HIER Ort, Datum*]

An das
Amtsgericht [- Landgericht] [- Oberlandesgericht]
[*HIER Anschrift*]

In Sachen
....../......
Az.: ......

vertrete ich ausweislich des Prozessvergleichs vor dem Amtsgericht [-Landgericht] [- Oberlandesgericht] vom ......, Az. ...... den/die Schuldner/-in.

Namens und im Auftrag des/der Schuldners/-in lege ich gegen die Erteilung der Vollstreckungsklausel

Erinnerung

ein und beantrage,

> die Zwangsvollstreckung aus der vollstreckbaren Ausfertigung des Vergleichs des ......-gerichts vom ......, Az. ......, für unzulässig zu erklären.

Gleichzeitig wird beantragt,

vorab im Wege der einstweiligen Anordnung nach § 732 Abs. 2 ZPO zu erkennen,

> die Zwangsvollstreckung aus dem o. g. Prozessvergleich gegen, hilfsweise ohne, Sicherheitsleistung einstweilen einzustellen.

[oder]
Namens und im Auftrag des Schuldners lege ich gegen die Erteilung der Vollstreckungsklausel

Erinnerung

ein und beantrage,

1. die am ...... gegen den Schuldner erteilte Vollstreckungsklausel aufzuheben.

2. bis zur endgültigen Entscheidung über die Erinnerung die Zwangsvollstreckung einstweilen einzustellen.

Begründung:

[*HIER Beispielsbegründung*]

Am ...... wurde zwischen den Parteien vor dem Amtsgericht- [- Landgericht] [- Oberlandesgericht] in ...... ein Widerrufsvergleich geschlossen.

Beweis: Kopie des Terminprotokolls.

Die Widerrufsfrist ist am ...... abgelaufen. Vor Ablauf dieser Frist wurde der Vergleich jedoch fristgerecht widerrufen. Somit ist ein wirksamer Titel nicht vorhanden, so dass die Vollstreckungsklausel nicht hätte erteilt werden dürfen.

Beweis: Widerrufsschreiben vom ...... nebst Zustellungsurkunde.

Die einstweilige Einstellung der Zwangsvollstreckung ist gemäß § 732 Abs. 2 ZPO gerechtfertigt, da der Schuldner weiterhin zur Verweigerung der Leistung berechtigt ist und aufgrund des Verhaltens des Gläubigers trotzdem mit Vollstreckungen zu rechnen ist. Die Erinnerung ist auch nicht aussichtslos, sondern wird Erfolg haben. Insoweit wird auf die obigen Ausführungen verwiesen.

....
Rechtsanwalt/-wältin

Anmerkung

Will der Schuldner Einwendungen formeller Art gegen die erteilte Vollstreckungsklausel machen, etwa das Urteil sei nicht rechtskräftig oder nicht vorläufig vollstreckbar oder die Rechtsnachfolge des Gläubigers nicht nachgewiesen, so muss er einen Antrag auf Aufhebung der Klausel stellen.

Zuständig ist bei Urteilen das Gericht, dessen Geschäftsstelle die Klausel erteilt hat, somit das Gericht nach § 724 Abs. 2 ZPO. Im Fall der vollstreckbaren notariellen Urkunde ist das Amtsgericht zuständig, in dessen Bezirk der Notar seinen Amtssitz hat, § 739 Abs. 3 ZPO.

Die Erinnerung ist zeitlich zulässig vom Zeitpunkt der Klauselerteilung bis zur Beendigung der Zwangsvollstreckung.

Die Erinnerung ist zulässig, wenn der Schuldner Einwendungen formeller oder materiellrechtlicher Art gegen die Klauselerteilung vorbringt (OLG Koblenz NJW 1992, 378). Diese sind z. B.:

- unzuständiges Organ erteilt die Klausel,
- kein Antrag auf Erteilung war gestellt,
- vollstreckbarer Titel fehlt,
- Nachweis wurde nicht durch öffentliche oder öffentliche beglaubigte Urkunde erbracht,
- notarielle Urkunde ist als Titel nicht wirksam,
- wenn der Titel keinen vollstreckungsfähigen Inhalt hat (z. B. wegen Unbestimmtheit),

- wenn der Titel gegen eine Person gerichtet ist, die nicht nach seinem Inhalt zur Leistung verpflichtet ist (OLG Düsseldorf OLGZ 1984, 93),
- notwendige Tatsache nach § 726 Abs. 1 ZPO ist nicht eingetreten,
- Rechtsnachfolge ist schon vor Rechtshängigkeit eingetreten.

Da die Erinnerung nach § 732 ZPO darauf abzielt, die Vollstreckung ganz oder teilweise zum Erliegen zu bringen oder für unzulässig zu erklären, empfiehlt es sich, zugleich einen Antrag auf einstweilige Einstellung der Zwangsvollstreckung zu stellen.

Weist das Gericht die Einwendungen zurück, kann der Schuldner die sofortige Beschwerde gemäß § 567 Abs. 1 ZPO einlegen. Gibt das Gericht den Einwendungen statt, kann der Gläubiger die sofortige Beschwerde gemäß § 567 Abs. 1 ZPO einlegen.

Gegen die einstweilige Anordnung des Rechtspflegers nach § 732 Abs. 2 ZPO ist, da gegen diejenige des Richters kein Rechtsbehelf statthaft wäre, die sofortige Erinnerung gegeben, § 11 Abs. 2 S. 1 RPflG. Gegen die zurückweisende oder stattgebende Entscheidung des Richters nach Abs. 2 gibt es kein Rechtsmittel, obwohl eine dem § 707 Abs. 2 ZPO vergleichbare Vorschrift fehlt. Denn die Rechtslage ist mit der dortigen gleich (Baumbach/Lauterbach/Albers/Hartmann, § 732 ZPO Rn 10 m. w. N., 58. Auflage 2000).

Eine Entscheidung nach § 732 Abs. 1 ZPO macht eine einstweilige Anordnung nach Abs. 2 ohne weiteres unwirksam (Ebenda).

Das Gericht kann vor der Entscheidung eine einstweilige Anordnung erlassen; es kann auch anordnen, dass die Zwangsvollstreckung gegen oder ohne Sicherheitsleistung einstweilen eingestellt oder nur gegen Sicherheitsleistung fortgeführt wird.

Der **Streitwert** entspricht der Höhe der zu vollstreckenden Forderung.

Gerichtskosten:
Das Erinnerungsverfahren ist gerichtskostenfrei. Bei Zurückweisung der Beschwerde fällt eine Gerichtsgebühr nach GKG Anl.1 KV Nr. 1957 an.

Rechtsanwaltsgebühren:
Der Rechtsanwalt erhält die Gebühr nach § 57 Abs. 1 ZPO, die in diesem Fall nicht mit der möglicherweise bereits verdienten allgemeinen Vollstreckungsgebühr mit abgegolten ist, § 58 Abs. 3 Nr. 1 BRAGO.

Der Rechtsanwalt erhält nach §§ 57, 58 Abs. 3 Nr. 1 BRAGO eine 3/10 Gebühr. Dies gilt sowohl für den Anwalt des Schuldners als auch für den des Gläubigers. Für das Beschwerdeverfahren erhält er nach § 61 Abs. 1 Nr. 1 BRAGO die Gebühren in Höhe von 3/10 nach § 31 BRAGO.

#44 Antrag auf Streitwertfestsetzung

[*HIER Ort, Datum*]

An das
Amtsgericht [- Landgericht]
[*HIER Anschrift*]

In Sachen

....../......

Az.: ......

beantrage ich [- beantragen wir],

den Streitwert für den Antrag zu 1) auf ...... EUR und für den Antrag zu 2) auf ...... EUR festzusetzen.

Begründung:

......

....

Rechtsanwalt/-wältin

Anmerkung

Nach § 25 Abs. 1 Nr. 1 GKG setzt das Prozessgericht bei Eingang einer Klage oder eines Antrages den Wert vorläufig fest, sofern der Gegenstand des Verfahrens nicht eine bestimmte Geldsumme in inländischer Währung ist. Am besten sollte der Anwalt gleich im ersten Schriftsatz bei jedem unbezifferten Klageantrag die Festsetzung des Streitwertes im Namen der Partei und im eigenen Namen beantragen.

Ist die Sache nicht sehr eilig, so sollte der Rechtsanwalt bei zweifelhaftem Streitwert keinen Gerichtskostenvorschuss nach einer eigenen vorläufigen Wertangabe einzahlen, sondern sich vom Gericht den Gerichtskostenvorschuss aufgeben lassen. Auf diese Weise liegt eine Bezifferung von Seiten des Gerichts vor, die der Anwalt auch zur Grundlage seiner Vorschussrechnung für Anwaltsgebühren nach § 17 BRAGO machen kann. Er gerät dann nicht in Gefahr, seinem Mandanten später erläutern zu müssen, weshalb seine auf einer lediglich vorläufigen Wertschätzung basierende Vorschussrechnung (§ 17 BRAGO) zu niedrig oder vor allem zu hoch ausgefallen ist.

Die **Streitwertbeschwerde** (siehe Formular 4.B.#01) für die Parteien (§ 25 Abs. 3 GKG) als auch für deren Prozessbevollmächtigte (§ 9 Abs. 2 BRAGO) ist nicht nur gegen die endgültige sondern nach § 25 Abs. 1 S. 1 GKG auch gegen die vorläufige Streitwertfestsetzung möglich. Auch gegen diese hat der Rechtsanwalt ein eigenes Beschwerderecht nach § 9 Abs. 2 BRAGO, da diese Vorschrift lex specialis gegenüber § 25 Abs. 1 S. 2 GKG ist (siehe dazu Egon Schneider, MDR 2000, 380).

Sollte der Anwalt eine Gegenvorstellung gegen die Streitwertfestsetzung einlegen wollen, so ist es ratsam diese vorsorglich mit einer Streitwertbeschwerde zu verbinden:

> »Gegen die Streitwertfestsetzung im Beschluss vom ...... erhebe ich Gegenvorstellung. Falls das Gericht der Gegenvorstellung nicht stattgibt, bitte ich [– bitten wir], diese Eingabe als Streitwertbeschwerde zu behandeln.«

Hiermit bleibt die Beschwerdefrist von 6 Monaten der Streitwertbeschwerde gewahrt, selbst wenn sich die Bescheidung der Gegenvorstellung durch das Gericht bis zum Ablauf der Änderungsfrist von sechs Monaten hinauszögert.

03. Einstweiliger Rechtsschutz

#01 Arrestgesuch § 920 ZPO (dinglicher Arrest)

[*HIER Ort, Datum*]

An das
Amtsgericht [-Landgericht]
[*HIER Anschrift*]

Arrestgesuch

des/der ...... [*HIER Vorname, Name, Anschrift*]

- Gläubigers/-in, -

Verfahrensbevollmächtigte(r): Rechtsanwalt/-wältin ...... [*HIER Vorname, Name, Anschrift*]

gegen

den/die ...... [*HIER Vorname, Name, Anschrift*]

- Schuldner/-in, -

[Verfahrensbevollmächtigte(r): Rechtsanwalt/-wältin ...... [*HIER Vorname, Name, Anschrift*]]

Namens und in Vollmacht des/der Gläubigers/-in beantrage ich,

1. wegen einer Forderung des/der Gläubigers/-in gegen den/die Schuldner/-in in Höhe von ...... EUR nebst ......% Zinsen seit dem ...... 20.. und einer Kostenpauschale von ...... EUR den dinglichen Arrest in das Vermögen des/der Schuldners/-in anzuordnen.
2. dem Schuldner die Kosten des Verfahrens aufzuerlegen....... [*HIER ggf. zusätzlich zu stellender Antrag auf Forderungspfändung*]
3. die angebliche Forderung des Gläubigers gegen [*HIER genaue Drittschuldnerangabe*] ...... [*HIER Angabe des Grundes der Forderung*] bis zur Höhe des Lösungsbetrages zu pfänden.

Begründung:

Der Gläubiger hat gegen den Schuldner eine Geldforderung aus ...... [*HIER schlüssige Darlegung des Arrestanspruchs gemäß § 916 ZPO*]

Zur Glaubhaftmachung füge ich bei:

...... [*HIER Angabe der Mittel der Glaubhaftmachung*]

Aus den nachstehenden Gründen besteht die Besorgnis, dass die Vollstreckung des Urteils vereitelt oder wesentlich erschwert wird.

...... [*HIER schlüssige Darlegung des Arrestgrundes gemäß § 917 Abs. 1 oder 2 ZPO*].

Zur Glaubhaftmachung überreiche ich:

...... [*HIER Angabe der Mittel der Glaubhaftmachung*]

Zur Sicherheitsleistung ist der Gläubiger erforderlichenfalls bereit. Es wird gebeten, eine Sicherheitsleistung durch ...... [*HIER ggf. Antrag gemäß § 108 Abs. 1 ZPO erbringen zu dürfen.*]

[– aus den nachstehenden Gründen nicht in der Lage ...... [*HIER Begründung*].]

Wegen der Dringlichkeit wird gebeten, ohne mündliche Verhandlung zu entscheiden.

....
Rechtsanwalt/Rechtsanwältin

Anmerkung

Gesetzliche Grundlagen: §§ 916 ff. ZPO.

Zuständig für den Arrestantrag ist das Gericht der Hauptsache und auch das Amtsgericht, in dessen Bezirk sich der mit Arrest zu belegende Gegenstand befindet, § 919 ZPO.

Ziel des Arrestverfahrens ist es, eine Sicherungsvollstreckung zu ermöglichen und so eine drohende Verschlechterung der Vollstreckungsmöglichkeiten zu verhindern, nicht aber eine Verbesserung der Vollstreckungsmöglichkeiten zu erreichen (unlauteres Schuldnerverhalten wie Beiseiteschaffen von Vermögenswerten o. ä. ist Arrestgrund, nicht aber allein schlechte Vermögenslage des Schuldners).

Ist der Hauptprozess noch nicht anhängig, muss die Begründung besonders sorgfältig sein. Andernfalls kann auf die Klagebegründung Bezug genommen werden, jedoch muss die Glaubhaftmachung stets vollständig sein. Die Glaubhaftmachung kann ggf. durch Sicherheitsleistung ersetzt werden, § 921 Abs. 2 ZPO. Als Mittel der Glaubhaftmachung gemäß §§ 920 Abs. 2, 294 ZPO kommen nur präsente Beweismittel in Betracht (vor allem eidesstattliche Versicherungen, Urkunden).

Das Gericht (in dringenden Fällen – beim Landgericht vorsorglich beantragen – der Vorsitzende allein, § 944 ZPO) entscheidet durch Beschluss oder aufgrund mündlicher Verhandlung im Urteilsverfahren (Parteibezeichnungen dann: Arrestkläger/Arrestbeklagter). In der Arrestanordnung hat das Gericht eine Lösungssumme gemäß § 923 ZPO festzusetzen, durch deren Hinterlegung der Schuldner die Arrestvollziehung abwenden kann. Der Lösungsbetrag, an dem der Gläubiger gemäß § 233 BGB ein Pfandrecht erwirbt, soll dem Sicherungsinteresse des Gläubigers Rechnung tragen und hat demgemäss die im Antrag anzugebende Hauptforderung, Zinsen und den Kostenpauschbetrag, d. h. die voraussichtlichen Kosten des Haupt- und Arrestprozesses (str.) zu erfassen. Nach heute h. M. kann der Schuldner den Lösungsbetrag auch über Beantragung gemäß § 108 ZPO auf andere Weise sicherstellen (Bankbürgschaft o. ä.).

Das Gericht kann die Arrestanordnung von der Leistung einer Sicherheit abhängig machen. Das Erbieten zur Sicherheitsleistung, ggf. verbunden mit einem Antrag gemäß § 108 ZPO (Bankbürgschaft) kann zur Beschleunigung der Entscheidung und zur Verhinderung der Anberaumung einer mündlichen Verhandlung beitragen. Gegen zurückweisenden Beschluss, der dem Gegner nicht mitgeteilt wird, § 922 Abs. 3 ZPO, sofortige Beschwerde gemäß § 567 ZPO. Sonst greifen die Rechtsmittel des Urteilsverfahrens.

Besonders wichtig ist die Einhaltung der Vollziehungsfrist des § 929 Abs. 2 ZPO durch Einleitung von Zwangsvollstreckungsmaßnahmen binnen eines Monats (Pfändungsauftrag §§ 930, 804 ZPO, Antrag auf Arresthypothek, § 932 ZPO oder Antrag auf Forderungspfändung). Für den Arrestvollzug durch Forderungspfändung ist in § 930 Abs. 1 S. 3 ZPO eine besondere Zuständigkeit des Arrestgerichts begründet. Es ist deshalb möglich und zu empfehlen, zugleich mit dem Arrestantrag gemäß § 829 ZPO die Pfändung (keine Überweisung) einer etwa bekannten Forderung des Schuldners zu beantragen, was zugleich die Vollziehung bewirkt. Bei Versäumung der von Amts wegen zu beachtenden Vollziehungsfrist sind der Arrestbefehl und auf seiner Grundlage ergangene Vollstreckungsmaßnahmen ohne weiteres aufzuheben.

Büromäßige Behandlung:
Der Antrag kann ohne Abschriften eingereicht werden. Zweckmäßig ist es jedoch, für den Fall der Anordnung mündlicher Verhandlung durch das Gericht einfache Abschriften beizufügen. Vollmacht ist dem Arrestantrag beizufügen. Ein antragsgemäß ergehender Arrestbefehl wird dem Antragsteller zugestellt und ist von diesem dem Gegner im Parteibetrieb (Gerichtsvollzieher) zuzustellen. Die Wahrung der Vollziehungsfrist ist notfalls durch Aufnahme in den Fristenkalender mit Vorfristnotierung sicherzustellen.

Kosten:
Streitwert:
grds. 1/3 der Arrestforderung ohne Kostenpauschale.

Gerichtskosten:
Gerichtskostenvorschuss ist nicht erforderlich. 1,0 Gebühr gemäß GKG KV Nr. 1310; findet eine mündliche Verhandlung statt, so sind 3,0 Gebühren zu leisten, GKG KV Nr. 1311. Wert: § 20 Abs. 1 S. 1 GKG, § 3 ZPO.

Rechtsanwaltsgebühren:
Volle Gebühr, § 40 BRAGO. Auch bei anhängigem Hauptprozess bildet das Arrestverfahren eine besondere Angelegenheit, § 40 BRAGO. Es entstehen die vollen Gebühren nach § 31 BRAGO und in der Berufungsinstanz 13/10 Gebühren.
Ist das Gericht der Hauptsache ein Berufungsgericht, § 943 ZPO, so entstehen für das Arrestverfahren erster Instanz nur erstinstanzliche Gebühren. Werden Arrestantrag und Antrag auf Erlass des Pfändungsbeschlusses in dem Gesuch zusammengefasst, entsteht für den Fall des Erlasses des Arrestes die 13/10 Zwangsvollstreckungsgebühr nach §§ 57, 59 BRAGO besonders.
Für das arbeitsgerichtliche Verfahren s. § 62 Abs. 2 ArbGG.

#02 Widerspruch gegen Arrestbeschluss § 924 ZPO

[*HIER Ort, Datum*]

An das
Amtsgericht [-Landgericht]
[*HIER Anschrift*]

In Sachen
....../......
Az.: ......

Namens und in Vollmacht des/der Arrestbeklagten erhebe ich gegen den Arrestbefehl vom ...... 20.. Widerspruch und beantrage,

den Arrestbefehl vom ...... 20.. aufzuheben und dem/die Arrestkläger/-in die Kosten des Verfahrens aufzuerlegen.

[- *HIER ggf. zusätzlicher Antrag auf einstweilige Einstellung der Vollziehung, der fallbezogen unterschiedlich ausgestaltet werden kann:*]

Weiterhin wird beantragt,

die Vollziehung des Arrestes einstweilen bis zur Entscheidung über den Widerspruch
[- Fall a) ohne Sicherheitsleistung einzustellen.]
[- Fall b) von einer Sicherheitsleistung durch den Arrestkläger in Höhe von ...... EUR abhängig zu machen.]
[- Fall c) von einer Sicherheitsleistung durch den Arrestkläger in Höhe von ...... EUR abhängig zu machen und für den Fall der Nichtbefolgung bis zum ...... 20.. bereits erfolgte Vollstreckungsmaßnahmen aufzuheben.]
[- ggf. hilfsweise Fall d) gegen Sicherheitsleistung durch den Arrestbeklagten einzustellen [- ggf. ergänzender Antrag gem. § 108 Abs. 1 ZPO] und zu gestatten, dass die Sicherheit durch ...... erbracht werden kann.]

Begründung:

Ein Arrestanspruch besteht nicht, denn ...... [*HIER Begründung unter Angabe der Mittel der Glaubhaftmachung*]

Überdies fehlt es an einem Arrestgrund. ...... [*HIER Begründung zum Fehlen der Voraussetzungen des § 917 ZPO unter Angabe der Mittel der Glaubhaftmachung*]

Zum Antrag auf einstweilige Einstellung der Vollziehung ist auszuführen:

...... [*HIER fallbezogene Antragsbegründung*]

....
Rechtsanwalt/Rechtsanwältin

Anmerkung

Gesetzliche Grundlage(n): § 924 ZPO.

Der nicht fristgebundene Widerspruch führt zur Anberaumung mündlicher Verhandlung und Entscheidung im Urteilsverfahren über den Bestand des Arrestes. **Adressat des Widerspruchs** ist das Gericht, das den Arrestbeschluss erlassen hat. Die Verhandlung findet, auch wenn der Arrest auf Beschwerde erst vom Beschwerdegericht erlassen worden sein sollte, vor dem Arrestgericht erster Instanz statt und ist auf die Verwertung der präsenten Beweismittel beschränkt. Die bloße Benennung von Zeugen ist riskant, da unabhängig von der Befolgung von Ladungen mit der Entscheidung des Gerichts zu rechnen ist, § 294 Abs. 2 ZPO. Die Vorlage schriftlicher Erklärungen oder besser eidesstattlicher Versicherungen der Zeugen oder ihr Sistierung zum Termin sind vorzuziehen.

Gegen das ergehende Urteil sind die normalen Rechtsmittel gegeben.

Durch Einlegung des Widerspruchs wird die Vollziehbarkeit des Arrests nicht gehemmt, so dass der Widerspruch ggf. mit einem Antrag auf einstweilige Einstellung der Zwangsvollstreckung gem. §§ 924 Abs. 3 S. 2, 707 S. 1, 108 ZPO verbunden werden sollte.

Büromäßige Behandlung:
Der Widerspruch ist dem Arrestgericht mit Abschriften für den/die Gegner einzureichen.

Kosten:
Rechtsanwaltsgebühren:
volle Gebühr gem. §§ 40, 31 BRAGO.

#03 Arrestgesuch § 920 ZPO (Persönlicher Sicherheitsarrest §§ 918, 933 ZPO)

[*HIER Ort, Datum*]

An das
Amtsgericht [-Landgericht]
[*HIER Anschrift*]

Arrestgesuch

des/der ...... [*HIER Vorname, Name, Anschrift*]

– Gläubigers/-in, –

Verfahrensbevollmächtigte(r): Rechtsanwalt/-wältin ...... [*HIER Vorname, Name, Anschrift*]

gegen

den/die ...... [*HIER Vorname, Name, Anschrift*]

– Schuldner/-in, –

[Verfahrensbevollmächtigte(r): Rechtsanwalt/-wältin ...... [*HIER Vorname, Name, Anschrift*]]

Namens und in Vollmacht des/der Gläubigers/-in beantrage ich,

1. wegen einer Forderung des/der Gläubigers/-in gegen den/die Schuldner/-in in Höhe von ...... EUR nebst ...... % Zinsen seit dem ...... 20.. und eines Kostenpauschbetrages von ...... EUR gegen den/die Schuldner/-in den persönlichen Sicherheitsarrest anzuordnen.
2. in Vollziehung des Arrestes ...... [*HIER fallbezogen unterschiedlich zu beantragen*]
   [- Fall a) die Haft gegen den Schuldner anzuordnen,]
   [- ggf. hilfsweise Fall b) den Arrestzweck durch in das Ermessen des Arrestgerichtes gestellte Beschränkungen der persönlichen Freiheit des/der Schuldners/-in zu sichern,]
3. dem/der Schuldner/-in die Kosten des Verfahrens aufzuerlegen.

Begründung:

Der Gläubiger hat gegen den Schuldner eine Geldforderung aus ...... [*HIER schlüssige Darlegung des Arrestanspruchs gem. § 916 ZPO*]

Zur Glaubhaftmachung füge ich bei:

...... [*HIER Angabe der Mittel der Glaubhaftmachung*]

Aus nachstehenden Gründen besteht die Besorgnis, dass die Vollstreckung des Urteils ohne die Verhängung des persönlichen Sicherheitsarrestes gegen den Schuldner vereitelt oder wesentlich erschwert wird. Durch die Anordnung des dinglichen Arrestes kann die Vollstreckung ausreichend nicht gesichert werden und die beantragten Maßnahmen sind unter Würdigung des berechtigten Sicherungsinteresses des Gläubigers auch nicht unverhältnismäßig. ...... [*HIER i. S. des Eingangssatzes schlüssige Darlegung der Arrestgründe gem. §§ 917, 918 ZPO*].

Zur Glaubhaftmachung überreiche ich:
...... [*HIER Angabe der Mittel der Glaubhaftmachung*]

Zur Sicherheitsleistung ist der Gläubiger erforderlichenfalls bereit. Es wird gebeten, eine Sicherheitsleistung durch ...... [*HIER ggf. Antrag gem. § 108 Abs. 1 ZPO*] erbringen zu dürfen.

[- aus den nachstehenden Gründen nicht in der Lage ...... [*HIER Begründung*].]

Wegen der Dringlichkeit und zur Wahrung des Arrestzweckes bitte ich um Entscheidung ohne mündliche Verhandlung.

....
Rechtsanwalt/-wältin

Anmerkung

Gesetzliche Grundlage(n): §§ 916 ff. ZPO.

Im Wesentlichen kann auf die Anmerkungen zum Antrag auf die Anordnung des dinglichen Arrestes verwiesen werden (vgl. zum Antragsmuster 1.A.03.a.#01).

Besonderheiten des persönlichen Sicherheitsarrestes:
Zuständig für den Arrestantrag neben dem Gericht der Hauptsache auch das Amtsgericht, in dessen Bezirk sich der mit Arrest zu belegende Gegenstand befindet, § 919 ZPO.

Die Begründungsanforderungen an den Arrestgrund des § 918 ZPO, die hier zusätzlich zu den auch an die Begründung des dinglichen Arrestes zu stellenden Anforderungen zu stellen sind, sind hoch. Der Grundsatz der Verhältnismäßigkeit ist bei derartigen freiheitsbeschränkenden Maßnahmen besonders zu beachten (Art. 103, 104 GG). Der Personalarrest muss das einzig verbleibenden Mittel sein, um die Vollstreckungssicherung zu erreichen (Schuldner ist z. B. nur so daran zu hindern, Vermögensgegenstände beiseite zuschaffen). Im Bagatellbereich (unter ca. 250,– EUR) kommt Personalarrest von vorneherein nicht in Betracht (Argument § 866 Abs. 3 ZPO).

Besonders wichtig ist auch hier die Einhaltung der Vollziehungsfrist des § 929 Abs. 2 ZPO. Die Vollziehung erfolgt gem. § 933 ZPO. Im Falle der Haftanordnung erlässt das Arrestgericht noch besonderen Haftbefehl gem. § 908 ZPO (str.). Der Verhaftungsauftrag ist als Vollziehungsmaßnahme vom Gläubiger dem Gerichtsvollzieher zu erteilen. Gleiches gilt für die Durchsetzung im Arrestbefehl etwa angeführte mildere freiheitsbeschränkende Anordnung des Arrestgerichtes (Reisepassentzug, Aufenthaltsbeschränkungen, Meldepflichten o. ä.).

#04 Antrag auf Fristbestimmung § 926 Abs. 1 ZPO

[*HIER Ort, Datum*]

An das
Amtsgericht [-Landgericht]
[*HIER Anschrift*]

In Sachen
....../......
Az.: ......

beantrage ich namens und in Vollmacht des/der Schuldners/-in [- Arrestbeklagten] zu beschließen:

> Der/Die Gläubiger/-in [- Arrestkläger/-in] hat bei Meidung der Aufhebung des Arrestbefehls vom ...... 20.. binnen einer Frist von ...... Wochen beim Gericht der Hauptsache Klage zu erheben.

Begründung:

Der Gläubiger [- Arrestkläger] hat den im Antrag genannten Arrestbefehl erwirkt und durch noch andauernde ...... [*HIER Beschreibung der Vollziehungsmaßnahme*] vollzogen.

Klage zur Hauptsache ist noch nicht erhoben. Der Schuldner [- Arrestbeklagte] hat ein berechtigtes Interesse an der alsbaldigen Klärung, ob der Anspruch besteht, dessen sich der Gläubiger [- Arrestkläger] im Eilverfahren berühmt.

....
Rechtsanwalt/-wältin

Anmerkung

Durch den Antrag, der im Zusammenhang mit einer Widerspruchseinlegung gegen den Arrestbefehl auch als Hilfsantrag gestellt werden kann, kann sich der Schuldner davor schützen, auf längere Zeit den Beschwerungen eines Sicherungsarrestes ausgesetzt zu sein, ohne das Prozessrisiko- einer negativen Feststellungsklage auf sich nehmen zu müssen.

Zur Entscheidung über den Antrag ist gem. § 20 Ziff.14 RpflG der Rechtspfleger des Arrestgerichtes berufen. Deshalb ist gegen die Ablehnung oder eine zu großzügig bemessene Fristsetzung nur der Rechtsbehelf der sofortigen Erinnerung gem. § 11 Abs. 2 RpflG gegeben.

Die **Parteibezeichnungen** im Antragsverfahren gem. § 926 Abs. 1 ZPO lauten Schuldner bzw. Gläubiger, bei im Urteilsverfahren erlassenem Arrest oder nach Widerspruch gegen einen Arrestbeschluss Arrestkläger bzw. Arrestbeklagter.

Bei Nichtbefolgung der Anordnung der Klageerhebung ist die Aufhebung des Arrestes gemäß § 926 Abs. 2 ZPO zu beantragen, über die im Urteilsverfahren entschieden wird.

Büromäßige Behandlung:
Obwohl ohne Anhörung des Gegners entschieden werden kann (str.), ist die Beifügung von Abschriften zu empfehlen.

Der **Anordnungsbeschluss** wird dem Gläubiger **von Amts wegen zugestellt**, der Schuldner erhält ihn formlos. Bei Überwachung der gesetzten Klageerhebungsfrist ist von Antragsstellung gem. § 926 Abs. 2 ZPO im Hinblick auf §§ 270 Abs. 3, 693 Abs. 2 ZPO vor Übereilung zu warnen.

Kosten:
Gerichtskosten:
Keine.

Rechtsanwaltsgebühren:
Volle Gebühr nach §§ 40, 31 BRAGO jedoch unter Anrechnung auf die Gebühren der Arrestsache.

#05 Antrag auf Aufhebung des Arrestes wegen Nichterhebung der Hauptklage § 926 Abs. 2 ZPO

[*HIER Ort, Datum*]

An das
Amtsgericht [-Landgericht]
[*HIER Anschrift*]

In Sachen
....../......
Az.: ......

beantrage ich namens und in Vollmacht des/der Schuldner/-in [- Arrestbeklagten]

1. den Arrestbefehl des Amtsgerichts [- Landgerichts] ...... vom ...... 20.. aufzuheben,
2. dem/der Gläubiger/in [- Arrestkläger/-in] die Kosten des Verfahrens aufzuerlegen.

Begründung:

Der Gläubiger [- Arrestkläger] hat der Anordnung des Arrestgerichtes vom ...... 20.. innerhalb der bestimmten Frist, nämlich bis zum ...... 20.. Klage zu erheben, nicht Folge geleistet.

....
Rechtsanwalt/-wältin

Anmerkung

Die Nichteinhaltung der Klagefrist führt auf Antrag gemäß § 926 Abs. 2 ZPO im Urteilsverfahren zur Aufhebung des durch Beschluss oder auch Urteil angeordneten Arrestes. Die Kostenentscheidung des mit den normalen Rechtsmitteln angreifbaren Aufhebungsurteils erfasst das gesamte Arrestverfahren. Das Aufhebungsurteil erfasst das gesamte Arrestverfahren. Das Aufhebungsurteil ist auch Grundlage für den Schadenersatzanspruch aus § 945 ZPO.

Büromäßige Behandlung:
Der Antrag ist mit Abschriften bei dem Arrestgericht einzureichen. Bei Überwachung der gesetzten Klageerhebungsfirst ist vor Antragstellung gem. § 926 Abs. 2 ZPO im Hinblick auf §§ 270 Abs. 3, 693 Abs. 2 ZPO vor Übereilung zu warnen.

Kosten:
Gerichtskosten:
Sie entstehen neben den Kosten für das Arrestanordnungsverfahren für das Aufhebungsverfahren gesondert, GKG KV Nr. 1310, 1311.

Rechtsanwaltsgebühren:
Volle Gebühr nach §§ 40 31 BRAGO jedoch unter Anrechnung auf die Gebühren der Arrestsache.

#06 Antrag auf Aufhebung des Arrestes wegen veränderter Umstände § 927 ZPO

Arrestgesuch gem. § 920 ZPO (dinglicher Arrest)

[*HIER Ort, Datum*]

An das
Amtsgericht [-Landgericht]
[*HIER Anschrift*]

Arrestgesuch
des/der ...... [*HIER Vorname, Name, Anschrift*]

- Arrestschuldners-/in, -

Verfahrensbevollmächtigte(r): Rechtsanwalt/-wältin ...... [*HIER Vorname, Name, Anschrift*]

gegen

den/die ...... [*HIER Vorname, Name, Anschrift*]

- Arrestsgläubiger/-in, -

[Verfahrensbevollmächtigte(r): Rechtsanwalt/-wältin ...... [*HIER Vorname, Name, Anschrift*]]

Namens und in Vollmacht des/der Arrestschuldners/-in beantrage ich,

1. den durch Urteil ...... [*HIER ggf. Angabe des entscheidenden Arrestgerichts*] vom ...... 20.. bestätigten Arrest aufzuheben,
2. dem/der Arrestgläubiger/-in die Kosten des Verfahrens aufzuerlegen.
   [*HIER ggf. zusätzlicher Antrag auf einstweilige Einstellung der Vollziehung, der fallbezogen unterschiedlich ausgestaltet werden kann.*]

Weiterhin wird beantragt,
die Vollziehung des Arrestes einstweilen bis zur Entscheidung über den Aufhebungsantrag

[- Fall a) ohne Sicherheitsleistung einzustellen.]
[- Fall b) von einer Sicherheitsleistung durch den/die Arrestgläubiger/-in in Höhe von ...... EUR abhängig zu machen.]
[- Fall c) von einer Sicherheitsleistung durch den/die Arrestgläubiger/-in in Höhe von ...... EUR abhängig zu machen und für den Fall der Nichtbefolgung bis zum ...... 20.. bereits erfolgte Vollstreckungsmaßnahmen aufzuheben.]
[- ggf. hilfsweise Fall d) gegen Sicherheitsleistung durch den Arrestschuldner einzustellen [- ggf. ergänzender Antrag gem. § 108 Abs. 1 ZPO: und zu gestatten, dass die Sicherheit durch ...... erbracht werden kann.]

Begründung:

Der im Antrag bezeichnete Arrest kann jedenfalls heute keinen Bestand mehr haben. [HIER schlüssige Begründung dafür, dass

- der Arrestanspruch gem. § 916 ZPO nicht mehr besteht (z. B. Klageabweisung erfolgt, Erfüllung Verjährung eintreten, weitere Mittel der Glaubhaftmachung für Schuldner verfügbar) und/oder
- der Arrestgrund gem. §§ 917, 918 ZPO nicht mehr besteht (z. B. Verstreichen der Vollziehungsfrist des § 929 Abs. 2 ZPO, ausreichende anderweitige Sicherung des Gläubigers)]

Zur Glaubhaftmachung füge ich bei:

...... [*HIER Angabe der Mittel der Glaubhaftmachung*]

...... [*ggf. HIER Begründung des Antrages einstweilige Einstellung der Vollziehung*]

....
Rechtsanwalt/-wältin

Anmerkung

Zuständigkeit: Arrestgericht, ggf. aber auch Gericht der Hauptsache (§927 Abs. 2 ZPO).

Das Aufhebungsverfahren gem. § 927 ZPO ist ein selbstständiges Annexverfahren über die Rechtmäßigkeit der Fortdauer des Arrestes (nicht seiner Anordnung). Das Gericht entscheidet im Urteilsverfahren, das auch die üblichen Rechtsmittel eröffnet. Die Kostenentscheidung lässt die Entscheidung des vorausgegangenen Arrestanordnungsverfahrens unberührt. Es wird nur über die Kosten des Aufhebungsverfahrens entschieden.

Nach überwiegender Meinung fehlt für einen Antrag gem. § 927 ZPO das Rechtsschutzbedürfnis, wenn die veränderten Umstände noch im Widerspruchsverfahren gem. §§ 924, 925 ZPO oder im Rechtsmittelverfahren gegen das Arresturteil geltend gemacht werden können. Die Beschränkung auf rechtskräftige Arrestanordnungen ist deshalb zu empfehlen.

Büromäßige Behandlung:
Abschriften für Gegner sind einzureichen.

Kosten:
Gerichtskosten:
Sie entstehen neben den Kosten für das Arrestanordnungsverfahren für das Aufhebungsverfahren gesondert, GKG KV Nr. 1310, 1311. Vorschussleistung ist nicht erforderlich.

Rechtsanwaltsgebühren:
Volle Gebühr nach §§ 40, 30 BRAGO jedoch unter Anrechnung auf die Gebühren der Arrestsache.

#01 Antrag auf Erlass einer einstweiligen Verfügung §§ 935, 940 ZPO – Ziel: Herausgabe an Sequester

[*HIER Ort, Datum*]

An das
Amtsgericht [-Landgericht]
[*HIER Anschrift*]

Antrag auf Erlass einer einstweiligen Verfügung
des/der ...... [*HIER Vorname, Name, Anschrift*]

– Antragstellers-/in, –

Verfahrensbevollmächtigte(r): Rechtsanwalt/-wältin ...... [*HIER Vorname, Name, Anschrift*]

gegen

den/die ...... [*HIER Vorname, Name, Anschrift*]

– Antragsgegner/-in, –

[Verfahrensbevollmächtigte(r): Rechtsanwalt/-wältin ...... [*HIER Vorname, Name, Anschrift*]]

Streitwert: ...... EUR

Namens und in Vollmacht des/der Antragstellers/-in beantrage ich – wegen Dringlichkeit ohne vorherige mündliche Verhandlung – durch einstweilige Verfügung anzuordnen:

1. Der/Die Antragsgegner/-in hat ...... [*HIER genaue Bezeichnung der herauszugebenden Sache*] an den zuständigen Gerichtsvollzieher als Sequester herauszugeben.
2. Der/Die Antragsgegner/-in hat die Kosten des Verfahrens zu tragen.

Begründung:

Der Antragsteller hat gegen den Antragsgegner Anspruch auf Herausgabe der im Antrag näher bezeichneten Sache ...... [*HIER schlüssige Darlegung des Verfügungsanspruches*].

Zur Glaubhaftmachung übereiche ich:

...... [*HIER Angabe der Mittel der Glaubhaftmachung*]

Aus den nachstehenden Gründen ist zu besorgen, dass die Durchsetzung des Herausgabeanspruches vereitelt [– wesentlich erschwert] wird, wenn ...... (die Sache) im Besitz des Antragsgegners belassen wird.

...... [*HIER schlüssige Darlegung des Verfügungsgrundes*].

Zur Glaubhaftmachung der vorgenannten Tatsachen verweise ich auf:

...... [*HIER Angabe der Mittel der Glaubhaftmachung*]

...... [*HIER ggf. noch besondere Begründung für das Erfordernis einer Entscheidung ohne mündliche Verhandlung*]

....
Rechtsanwalt/-wältin

Anmerkung

Gesetzliche Grundlage(n): §§ 935, 940 ZPO i. V. m. § 936 ZPO mit grundsätzlicher Geltung der Arrestvorschriften.

Zuständig ist das Gericht der Hauptsache, in dringenden Fällen auch das Amtsgericht, in dessen Bezirk sich der Streitgegenstand befindet, §§ 937, 942 ZPO.

Ziel des einstweiligen Verfügungsverfahrens ist die Sicherung der Durchsetzbarkeit von nicht auf Geldzahlung (dann Arrest einschlägig) gerichteten Ansprüchen (**Sicherungsverfügung** gem. § 935 ZPO) oder die Regelung einstweiliger Zustände in zwischen den Parteien bestehenden (gewisse Dauer erforderlich) streitigen Rechtsverhältnissen (**Regelungsverfügung**, § 940 ZPO) in einem summarischen Eilverfahren. Die Abgrenzung zwischen §§ 935, 940 ZPO ist oft schwierig, doch wird sie kaum praktisch relevant. Als dritter Typus ist durch die Rechtsprechung die sog. **Leistungsverfügung** gem. §§ 935, 940 ZPO anerkannt, die für besondere Fallgruppen abweichend von dem Grundsatz, dass das summarische Eilverfahren nicht zur Befriedigung wegen der Hauptsache führen darf, ausnahmsweise eine Vollstreckbarkeit in der Hauptsache ermöglicht. Die Fallgruppe, für die nachfolgend Formularmuster zu finden sind, betreffen Fälle der Abwendung akuter Existenzgefährdungen (Argument § 1615 o BGB) oder der sonst nicht möglichen Gewährung effektiven Rechtsschutzes (Argument grundgesetzliche Rechtsschutzgarantie).

Neben dem in jedem Falle glaubhaft zu machenden materiell-rechtlichen Verfügungsanspruch ist ein **Verfügungsgrund** darzutun, der grds. erfordert, dass zur Abwendung der in §§ 935, 940 ZPO genannten Nachteile eine sofortige Regelung nötig ist, weil die Entscheidung im Hauptsacheprozess zu spät kommen würde. Unnötiges Zuwarten vor Beantragung der einstweiligen Verfügung erhöht die Gefahr der Verneinung des Verfügungsgrundes. In einigen Fällen (Sicherung durch Grundbucheintragungen) bedarf es der Darlegung eines Verfügungsgrundes nicht, in Wettbewerbssachen ist seine Glaubhaftmachung nicht erforderlich (vgl. die einschlägigen Antragsmuster).

Ist der Hauptsacheprozess noch nicht anhängig, muss die Begründung besonders sorgfältig sein. Andernfalls kann auf die Klagebegründung Bezug genommen werden, jedoch muss eine erforderliche Glaubhaftmachung stets vollständig sein. Als Mittel der Glaubhaftmachung gem. §§ 936, 920 Abs. 2, 294 ZPO kommen nur präsente Beweismittel in Betracht (vor allem eidesstattliche Versicherungen, Urkunden). Das Gericht kann die Ersetzung der Glaubhaftmachung durch Sicherheitsleistung zulassen, was ggf. beantragt werden sollte, §§ 936 921 Abs. 2 ZPO.

Das Gericht (in dringenden Fällen – beim Landgericht vorsorglich beantragen – der Vorsitzende allein, §§ 936, 944 ZPO) entscheidet mit gelockerter Bindung an einen gestellten Antrag (§ 938 ZPO) durch Beschluss oder aufgrund mündlicher Verhandlung im Urteilsverfahren (Parteibezeichnungen dann: Verfügungskläger/Verfügungsbeklagter). Es kann den Erlass einer einstweiligen Verfügung von der Leistung einer Sicherheit abhängig machen, §§ 936, 921 Abs. 2 ZPO. Das Erbieten zur Sicherheitsleistung, ggf. verbunden mit einem Antrag gem. § 108 ZPO (Bankbürgschaft) kann zur Beschleunigung der Entscheidung und zur Verhinderung der Anberaumung einer mündlichen Verhandlung über den Antrag beitragen. Gegen einen zurückweisenden Beschluss, der dem Gegner nicht mitgeteilt wird, §§ 936, 922 Abs. 3 ZPO, ist sofortige Beschwerde gem. § 567 ZPO gegeben. Sonst greifen die Rechtsmittel des Urteilsverfahrens.

Besonders wichtig ist die Einhaltung der Vollziehungsfrist der §§ 936, 929 Abs. 2 ZPO durch Einleitung von Zwangsvollstreckungsmaßnahmen binnen eines Monats (Je nachdem: Sequestrationsauftrag, Auftrag zur Herausgabevollstreckung gem. § 883 ZPO, Pfändungsauftrag

§ 804 ZPO o. ä.). Bei Versäumung der von Amts wegen zu beachtenden Vollziehungsfrist sind die einstweilige Verfügung und auf ihrer Grundlage ergangenen Vollstreckungsmaßnahmen auf Antrag ohne weiteres aufzuheben.

Büromäßige Behandlung:
Der Antrag kann ohne Abschriften eingereicht werden. Zweckmäßig ist es jedoch für den Fall der Anordnung mündlicher Verhandlung durch das Gericht, einfache Abschriften beizufügen. Eine Vollmacht ist dem Antrag stets beizufügen. Eine antragsgemäß ergehende einstweilige Verfügung wird dem Antragsteller zugestellt und ist von diesem dem Gegner im Parteibetrieb (Gerichtsvollzieher) zuzustellen. Die Wahrung der Vollziehungsfrist ist notfalls durch Aufnahme in den Fristenkalender mit Vorfristnotierung sicherzustellen.

Kosten:
Streitwert: grds. 1/3 des Wertes der zu sichernden Sache/Anspruchs. Bei Leistungsverfügungen voller Wert.

Gerichtskosten:
1 Gebühr, bei mündlicher. Verhandlung 3 Gebühren mit Ermäßigungsmöglichkeiten, GKG KV Nr. 1310–1312.

Gerichtskostenvorschuss ist nicht erforderlich.

Rechtsanwaltsgebühren:
Volle Gebühr, § 40 BRAGO. Auch bei anhängigem Hauptprozess bildet das einstweilige Verfügungsverfahren eine besondere Angelegenheit, § 40 BRAGO. Es entstehen die vollen Gebühren nach § 31 BRAGO und in der Berufungsinstanz 13/10 Gebühren. Ist das Gericht der Hauptsache ein Berufungsgericht, § 943 ZPO, so entstehen für das Verfahren erster Instanz nur erstinstanzliche Gebühren.

Spezielle Anmerkungen zum vorliegenden Antragsmuster:
Es handelt sich um den klassischen Fall, dass durch einstweilige Verfügung ein Herausgabeanspruch durch Sequestration (§ 938 ZPO) gesichert werden soll, § 935 ZPO. Im Beschleunigungsinteresse kann die besondere Zuständigkeit des Amtsgerichts der belegenen Sache gem. § 942 ZPO genutzt werden. Das Amtsgericht hat insoweit aber keine Urteilskompetenz und setzt im Beschluss eine Frist, die dem Antragsteller zwingt, vor dem Gericht der Hauptsache das Rechtfertigungsverfahren zu betreiben (vgl. Antragsmuster 1.A.03 b.#13).

Als Verfügungsgrund ist glaubhaft zu machen, dass die herauszugebende Sache als Objekt des Herausgabeanspruchs infolge Verhaltens oder bestimmter Absichten des Antragsgegners aus tatsächlichen oder rechtlichen (Eigentumsverlust gem. §§ 932, 946 ff. BGB o. ä.) Gründen akut gefährdet ist.

#02 Antrag auf Erlass einer einstweiligen Verfügung §§ 935, 940 ZPO – Ziel: Herausgabe an den Antragsteller

[*HIER Ort, Datum*]

An das
Amtsgericht [-Landgericht]
[*HIER Anschrift*]

Antrag auf Erlass einer einstweiligen Verfügung

des/der ...... [*HIER Vorname, Name, Anschrift*]

– Antragstellers-/in, –

Verfahrensbevollmächtigte(r): Rechtsanwalt/-wältin ...... [*HIER Vorname, Name, Anschrift*]

gegen

den/die ...... [*HIER Vorname, Name, Anschrift*]

– Antragsgegner/-in, –

[Verfahrensbevollmächtigte(r): Rechtsanwalt/-wältin ...... [*HIER Vorname, Name, Anschrift*]]

Streitwert: ...... EUR

Namens und in Vollmacht des/der Antragstellers/-in beantrage ich – wegen Dringlichkeit ohne vorherige mündliche Verhandlung – durch einstweilige Verfügung anzuordnen:

1. Der/Die Antragsgegner/-in hat ...... [*HIER genaue Bezeichnung der herauszugebenden Sachen*] an den/die Antragsteller/-in herauszugeben.
2. Der/Die Antragsgegner/-in hat die Kosten des Verfahrens zu tragen.

Begründung:

Die im Antrag bezeichneten Gegenstände sind Eigentum der Antragstellerin und befinden sich in der Wohnung des Antraggegners, der sich ohne jede Berechtigung weigert, sie der Antragstellerin herauszugeben.

...... [*HIER schlüssige Darlegung des Verfügungsanspruchs*].

Die Antragstellerin ist aus nachstehenden Gründen dringend auf die Sachen angewiesen.

...... [*HIER schlüssige Darlegung des Verfügungsgrundes*].

Zur Glaubhaftmachung füge ich bei:

...... [*HIER Angabe der Mittel der Glaubhaftmachung*].

....
Rechtsanwalt/-wältin

Anmerkung

Vgl. zunächst die allgemeinen Anmerkungen zur einstweiligen Verfügung (s. Antragsmuster 1.A.03.b.#01).

Speziell zum vorliegenden Antragsmuster:
Es handelt sich um eine nur ausnahmsweise zulässige Leistungsverfügung. Sie kann grds. nur auf lebensnotwendige Sachen gerichtet werden, und an den Verfügungsgrund sind hohe Anforderungen zu stellen. Paradefall: Trennungswilliger Partner flüchtet wegen Tätlichkeiten aus der gemeinsamen Wohnung. Der andere will aus Schikane, oder um die Rückkehr zu erzwingen, die in der Wohnung verbliebenen persönlichen Kleidungstücke, Ausweispapiere etc. nicht herausgeben. Der Antragsteller verfügt nicht über die Mittel sich Ersatz zu beschaffen. Die amtsgerichtliche Praxis ist recht großzügig (Kriterium Pfändbarkeit), doch teuere Pelzmäntel, Schmuck und Luxusgegenstände können auf diese Weise nicht erlangt werden.

Ein weiterer wichtiger Anwendungsbereich ist die Rückschaffung durch verbotene Eigenmacht entzogener – nicht notwendiger lebensnotwendiger – Sachen. Der Besitzer, der sich gem. § 859 BGG verbotener Eigenmacht i. S. v. § 858 BGB mit handgreiflicher Gewalt erwehren darf, soll diese Rechtsschutzmöglichkeit auch auf dem »zivilisierten« Weg über die Beantragung einer Leistungsverfügung haben. Hier ist das Vorliegen der Voraussetzungen der §§ 859, 858 BGB als Verfügungsgrund glaubhaft zu machen.

#03 Antrag auf Erlass einer einstweiligen Verfügung §§ 935, 940 ZPO – Ziel: Zutrittsgewährung

[*HIER Ort, Datum*]

An das
Amtsgericht [-Landgericht]
[*HIER Anschrift*]

Antrag auf Erlass einer einstweiligen Verfügung

des/der ...... [*HIER Vorname, Name, Anschrift*]

– Antragstellers-/in, –

Verfahrensbevollmächtigte(r): Rechtsanwalt/-wältin ...... [*HIER Vorname, Name, Anschrift*]

gegen

den/die ...... [*HIER Vorname, Name, Anschrift*]

– Antragsgegner/-in, –

[Verfahrensbevollmächtigte(r): Rechtsanwalt/-wältin ...... [*HIER Vorname, Name, Anschrift*]]

Streitwert: ...... EUR

Namens und in Vollmacht des/der Antragstellers/-in beantrage ich – wegen Dringlichkeit ohne vorherige mündliche Verhandlung – durch einstweilige Verfügung anzuordnen:

1. Der Antragsgegner hat bei Meidung der in § 890 ZPO bezeichneten Ordnungsmittel dem/der Antragsteller/-in den ungehinderten Zugang zu ...... [*HIER genaue Bezeichnung der Räumlichkeiten, ggf. auch der Zeiten*] zu ermöglichen. Für jeden Fall der Zuwiderhandlung wird dem/der Antragsgegner/-in ein Ordnungsgeld in Höhe von ...... EUR, im Nichtbetreibungsfall für je ...... EUR ein Tag Ordnungshaft angedroht.
2. Der/Die Antragsgegner/-in hat die Kosten des Verfahrens zu tragen.

Begründung:

Der Antragsteller hat aus dem mit dem Antragsgegner geschlossenen Mietvertrag vom ...... Anspruch auf ...... [*HIER schlüssige Darlegung des Verfügungsanspruchs*]. Der Antragsgegner verhindert seit ...... durch ...... [*HIER beanstandete Maßnahmen*] den Zutritt und die Benutzbarkeit der bezeichneten Räumlichkeiten, obwohl der Antragsteller aus den nachstehenden Gründen dringend auf den Zutritt angewiesen ist.

...... [*HIER schlüssige Darlegung des Verfügungsgrundes]. Zur Glaubhaftmachung füge ich den Antrag bei:* ...... [*HIER Angabe der Mittel der Glaubhaftmachung*].]

....
Rechtsanwalt/-wältin

Anmerkung

Vgl. zunächst die allgemeinen Anmerkungen zur einstweiligen Verfügung (s. Antragsmuster 1.A.03.b.#01).

Speziell zum vorliegenden Antragsmuster:
Es handelt sich um den klassischen Fall der **Regelungsverfügung** gemäß § 940 ZPO. Die gem. § 890 ZPO vorzunehmende Vollstreckung der Duldung des Zutritts oder auch der Unterlassung der Schaffung von Zugangshindernissen setzt gem. § 890 Abs. 2 ZPO eine vorherige Androhung voraus, die zweckmäßigerweise sogleich mitbeantragt wird. Die Zustellung der einstweiligen Verfügung an den Antragsgegner bewirkt so zugleich auch die Vollziehung.

#04 Antrag auf Erlass einer einstweiligen Verfügung §§ 935, 940 ZPO – Ziel: Unterlassung

[*HIER Ort, Datum*]

An das
Amtsgericht [-Landgericht]
[*HIER Anschrift*]

Antrag auf Erlass einer einstweiligen Verfügung

des/der ...... [*HIER Vorname, Name, Anschrift*]

– Antragstellers-/in, –

Verfahrensbevollmächtigte(r): Rechtsanwalt/-wältin ...... [*HIER Vorname, Name, Anschrift*]

gegen

den/die ...... [*HIER Vorname, Name, Anschrift*]

– Antragsgegner/-in, –

[Verfahrensbevollmächtigte(r): Rechtsanwalt/-wältin ...... [*HIER Vorname, Name, Anschrift*]]

Streitwert: ...... EUR

Namens und in Vollmacht des/der Antragstellers/-in beantrage ich – wegen Dringlichkeit ohne vorherige mündliche Verhandlung – durch einstweilige Verfügung anzuordnen:

1. Der/Die Antragsgegner/-in hat bei Meidung der in § 890 ZPO bezeichneten Ordnungsmittel zu unterlassen, ... [*HIER genaue Bezeichnung der Handlung, die verboten werden soll*]. Für jeden Fall der Zuwiderhandlung wird dem/der Antragsgegner/-in ein Ordnungsgeld in Höhe von ...... EUR, im Nichtbetreibungsfall für je ...... EUR ein Tag Ordnungshaft angedroht.
2. Der/Die Antragsgegner/-in hat die Kosten des Verfahrens zu tragen.

Begründung:

Der Antragsgegner ist ein Nachbar des Antragstellers. Aus unerfindlichen Gründen ist er dazu übergegangen, den Antragsteller über den Gartenzaun hinweg lautstark mit ...... (*Beleidigung*) anzusprechen. Der Antragsteller hat sich dies bereits mehrfach, so am ...... und am ......, verbeten. Der Antragsgegner lässt sich hierdurch nicht beeindrucken und hat sein Verhalten am ...... und ...... wiederholt. Gegenüber den Zeugen ...... hat er am ...... geäußert, er werde schon erreichen, dass der Antragsteller sein Haus verkaufe und wegziehe.

Zur Glaubhaftmachung füge ich den Antrag bei:

...... [*HIER Angabe der Mittel der Glaubhaftmachung*].

....
Rechtsanwalt/-wältin

Anmerkung

Vgl. zunächst die allgemeinen Anmerkungen zur einstweiligen Verfügung (s. Formular 1.A.03.b.#01).

Speziell zum vorliegenden Antragsmuster:
Die Unterlassungsverfügung ist sowohl als Regelungsverfügung (§ 940 ZPO) zur Abwehr von Störungen in Dauerschuldverhältnissen als auch als Leistungsverfügung in starkem Maße praxisrelevant.

Hier die Hauptanwendungsbereiche:

1. Die Gewährleistung des zivilrechtlichen Ehrenschutzes: Verfügungsanspruch ist der negatorische Unterlassungsanspruch gem. §§ 823, 1004 BGB analog, für den ein widerrechtlicher Eingriff in das absolute Allgemeine Persönlichkeitsrecht und Wiederholungsgefahr

erforderlich sind. Ein weitergehender Verfügungsgrund wird darüber hinaus nicht gefordert. Bis zum Streitwert von 5000 EUR ist das Amtsgericht auch für derartige nichtvermögensrechtliche Streitigkeiten das Gericht der Hauptsache.

2. Die Durchsetzung der Unterlassung wettbewerbswidrigen Verhaltens i. S. d. UWG: Sachlich zuständiges Gericht der Hauptsache ist gem. § 27 UWG das Landgericht, Kammer für Handelssachen. Örtlich zuständig, vgl. § 24 UWG. Eine amtsgerichtliche Eilzuständigkeit gem. § 942 ZPO ist denkbar, aber praktisch irrelevant. Die einstweilige Verfügung in Wettbewerbssachen ist gem. § 25 UWG an erleichterte Voraussetzungen geknüpft. Der Unterlassungsanspruch gem. UWG ist als Verfügungsanspruch schlüssig darzulegen und glaubhaft zu machen. Der Verfügungsgrund braucht nicht glaubhaft gemacht zu werden. Dringlichkeit und Eilbedürftigkeit werden – widerleglich – vermutet. Längere Untätigkeit nach Kenntnis des Wettbewerbsverstoßes führt zur Widerlegung der Vermutung. Schon ab 1 Monat besteht die Gefahr der Schädlichkeit.

3. Als im Wege der einstweiligen Verfügung durchsetzbarer Anspruch auf Beseitigung fortdauernder Beeinträchtigung des allgemeinen Persönlichkeitsrechts aus §§ 823, 1004 BGB analog ist ein Gegendarstellungsanspruch anerkannt, der ggf. durch die Landespressegesetze besonders ausgestaltet ist, vgl. Formular 1.A.03.b#05.

#05 Antrag auf Erlass einer einstweiligen Verfügung §§ 935, 940 ZPO – Ziel: Gegendarstellung

[*HIER Ort, Datum*]

An das
Amtsgericht [-Landgericht]
[*HIER Anschrift*]

Antrag auf Erlass einer einstweiligen Verfügung

des/der ...... [*HIER Vorname, Name, Anschrift*]

– Antragstellers-/in, –

Verfahrensbevollmächtigte(r): Rechtsanwalt/-wältin ...... [*HIER Vorname, Name, Anschrift*]

gegen

den/die ...... [*HIER Vorname, Name, Anschrift*]

– Antragsgegner/-in, –

[Verfahrensbevollmächtigte(r): Rechtsanwalt/-wältin ...... [*HIER Vorname, Name, Anschrift*]]

Streitwert: ...... EUR

Namens und in Vollmacht des/der Antragstellers/-in beantrage ich – wegen Dringlichkeit ohne vorherige mündliche Verhandlung – durch einstweilige Verfügung anzuordnen:

1. Dem/Der Antragsgegner/-in wird aufgegeben, bei Meidung der in § 888 ZPO bezeichneten Zwangsmittels in der nächsten Ausgabe des ...... *[HIER genaue Bezeichnung des periodischen Druckwerks]* wortgetreu und an gleicher Stelle des Druckwerks sowie mit gleicher Schrift nachfolgende Gegendarstellung des/der Antragstellers/-in abzudrucken: »......« *[HIER vollständiger Wortlaut der Gegendarstellung]*.
2. Der/Die Antragsgegner/-in hat die Kosten des Verfahrens zu tragen.

Begründung:

Der Antragsgegner zu 1.) ist verantwortlicher Redakteur, der Antragsgegner zu 2.) Verleger der ...... *[HIER Angabe des periodischen Druckwerks]*. In der Ausgabe vom ...... 20.. wurden mit Bezug auf den Antragsteller folgende Tatsachenbehauptungen aufgestellt:
»......« *[HIER genaues Zitat der Tatsachenbehauptungen]*
...... *[HIER Angabe der Mittel der Glaubhaftmachung]*

Diese Tatsachen entsprechen nicht der Wahrheit. Wahr sind die tatsächlichen Angaben, die der Antragsteller in der diesem Antrag beigefügten schriftlichen Gegendarstellung gemacht hat, auf die ich Bezug nehme.

Der Antragsteller hat ein berechtigtes Interesse am unverzüglichen Abdruck der Gegendarstellung. ...... *[HIER nähere Begründung]*.

....
Rechtsanwalt/-wältin

ANLAGE: Schriftliche und vom Antragsteller eigenhändig unterzeichnete Gegendarstellung nebst eidesstattlicher Versicherung.

Anmerkung

Vgl. zunächst die allgemeinen Anmerkungen zur einstweiligen Verfügung (s. Antragsmuster 1.A.03.b.#01).

Speziell zum vorliegenden Antragsmuster:
Der Gegendarstellungsanspruch als Beseitigungsanspruch gem. §§ 823, 1004 BGB analog zur Bekämpfung einer andauernden Verletzung des allgemeinen Persönlichkeitsrechts ist in den Landespressegesetzen besonders geregelt. Der Gegendarstellungsanspruch als nichtvermögensrechtlicher Anspruch führte stets zur Zuständigkeit des Landgerichts als Gericht der Hauptsache. Bis zum Streitwert von 5.000,– EUR ist das Amtsgericht auch für derartige nichtvermögensrechtliche Streitigkeiten das Gericht der Hauptsache, das wegen des i. d. R. höheren Streitwerts in der Praxis der Pressesachen selten angerufen wird.

Der glaubhaft zu machende Verfügungsanspruch setzt Betroffenheit durch eine im Druckwerk aufgestellte Tatsachenbehauptung voraus und berechtigtes Interesse an einer im Umfang angemessenen Gegendarstellung. Wegen der beschränkten Aktualität einer Presseveröffentlichung wird außer der Geltendmachung des Verlangens ohne schuldhaftes Zögern ein besonderer Verfügungsgrund nicht verlangt, auch keine Wiederholungsgefahr. Zuwarten ist demgemäss schädlich.

In sehr engen Grenzen wird vorbeugender Rechtsschutz durch Untersagung der Veröffentlichung ehrverletzender Behauptungen im Wege der einstweiligen Verfügung (Verbot der Auslieferung der Ausgabe o. ä.) zugelassen.

Ein Widerruf kann im Eilverfahren nicht durchgesetzt werden.

#06 Antrag auf Erlass einer einstweiligen Verfügung §§ 935, 940 ZPO – Ziel: Grundbuchwiderspruch

[*HIER Ort, Datum*]

An das
Amtsgericht [-Landgericht]
[*HIER Anschrift*]

Antrag auf Erlass einer einstweiligen Verfügung

des/der ...... [*HIER Vorname, Name, Anschrift*]

– Antragstellers-/in, –

Verfahrensbevollmächtigte(r): Rechtsanwalt/-wältin ...... [*HIER Vorname, Name, Anschrift*]

gegen

den/die ...... [*HIER Vorname, Name, Anschrift*]

– Antragsgegner/-in, –

[Verfahrensbevollmächtigte(r): Rechtsanwalt/-wältin ...... [*HIER Vorname, Name, Anschrift*]]

Streitwert: ...... EUR

Namens und in Vollmacht des/der Antragstellers/-in beantrage ich – wegen Dringlichkeit ohne vorherige mündliche Verhandlung – durch einstweilige Verfügung anzuordnen:

1. Hinsichtlich der im Grundbuch von ...... [*HIER genaue Bezeichnung mit Band und Blattzahl*] in Abt. II lfd. Nr. .... zugunsten des/der Antragsgegners/-in eingetragenen Auflassungsvormerkung ist ein Widerspruch gegen die Richtigkeit des Grundbuchs einzutragen. Das Grundbuchamt wird ersucht, die Eintragung vorzunehmen.
2. Der/Die Antragsgegner/-in hat die Kosten des Verfahrens zu tragen.

Begründung:

Der Antragsteller ist alleiniger Eigentümer des Grundstücks ...... [*HIER genaue Bezeichnung nach Gemarkung, Flur, Flurstück*]. In den im Antrag bezeichneten zugehörigen Grundbuch ist zugunsten des Antragsgegners eine Auflassungsvormerkung eingetragen. Der Antragsteller hat einen Anspruch auf Berichtigung des Grundbuchs, denn der Antragsgegner hat keinen Auflassungsanspruch. [*HIER schlüssige Darlegung des Verfügungsanspruchs*]. Zur Glaubhaftmachung der Eigentumsverhältnisse, des Grundbuchinhalts und der Nichtigkeit des Grundstückskaufvertrages füge ich bei:

...... [*HIER Angabe der Mittel der Glaubhaftmachung*]

Zur Verhinderung eines drohenden Rechtsverlustes ist die Eintragung des Widerspruchs geboten.

....
Rechtsanwalt/-wältin

Anmerkung

Vgl. zunächst die allgemeinen Anmerkungen zur einstweiligen Verfügung (s. Antragsmuster 1.A.03.b.#01).

Speziell zum vorliegenden Antragsmuster:
Neben dem Gericht der Hauptsache ist gem. § 942 Abs. 2 ZPO auch eine Zuständigkeit des Amtsgerichts des belegenen Grundstücks begründet, das zur Fristsetzung zum Betreiben des Rechtsfertigungsverfahrens durch den Antragsteller nur auf Antrag des Antragsgegners verpflichtet ist. Der den Grundbuchberichtigungsanspruch des § 894 BGB sichernden Widerspruch kann gem. § 899 BGB – die Eintragungsvoraussetzungen gem. der Grundbuchordnung ersetzend – durch einstweilige Verfügung angeordnet werden.

Als Verfügungsanspruch sind Anspruchsvoraussetzungen des § 894 BGB glaubhaft zu machen. Ein Verfügungsanspruch ist nicht besonders darzulegen. Er wird in § 899 Abs. 2 S. 2 BGB als gegeben vorausgesetzt. Ziel der Widerspruchseintragung ist die Zerstörung des öffentlichen Glaubens des Grundbuchs zur Verhinderung von Rechtsverlusten infolge gutgläubigen Erwerbs. Im Beschleunigungsinteresse sollte gem. § 941 ZPO die Veranlassung der Grundbucheintragung durch das Gericht stets beantragt werden.

Hauptanwendungsfälle sind in der Praxis **Widersprüche gegen Grundbucheintragungen**, die aufgrund nichtiger oder wirksam angefochtener Verträge zustande gekommen sind. Sofern durch Vollzug des dinglichen Geschäfts, wie über § 313 S. 2 BGB, eine Heilung in Betracht kommen kann, empfiehlt sich zudem die Beantragung eines Erwerbsverbots (s. Antragsmuster 1.A.03.b.#07).

#07 Antrag auf Erlass einer einstweiligen Verfügung §§ 935, 940 ZPO – Ziel: Erwerbsverbot

[*HIER Ort, Datum*]

An das
Amtsgericht [-Landgericht]
[*HIER Anschrift*]

Antrag auf Erlass einer einstweiligen Verfügung

des/der ...... [*HIER Vorname, Name, Anschrift*]

– Antragstellers-/in, –

Verfahrensbevollmächtigte(r): Rechtsanwalt/-wältin ...... [*HIER Vorname, Name, Anschrift*]

gegen

den/die ...... [*HIER Vorname, Name, Anschrift*]

- Antragsgegner/-in, -

[Verfahrensbevollmächtigte(r): Rechtsanwalt/-wältin ...... [*HIER Vorname, Name, Anschrift*]]

Streitwert: ...... EUR

Namens und in Vollmacht des/der Antragstellers/-in beantrage ich - wegen Dringlichkeit ohne vorherige mündliche Verhandlung - durch einstweilige Verfügung anzuordnen:

1. Dem/Der Antragsgegner/-in wird verboten, das im Grundbuch ...... [*HIER genaue Bezeichnung mit Band und Blattzahl*] eingetragene Grundstück ...... [*HIER genaue Bezeichnung nach Gemarkung, Flur, Flurstück*] zu erwerben, den Antrag auf Eintragung des Eigentumsübergangs beim Grundbuchamt zu stellen oder diesen aufrechtzuerhalten. Das Erwerbsverbot soll dem Grundbuchamt mitgeteilt werden.
2. Der/Die Antragsgegner/-in hat die Kosten des Verfahrens zu tragen.

Begründung:

Der Antragsteller hat als alleiniger Eigentümer das im Antrag bezeichnete Grundstück durch notariell beurkundeten Kaufvertrag vom ...... (Urkunden-Rolle des Notars ..../......) an den Antragsgegner veräußert und aufgelassen. Der Antragsteller hat gleichwohl keinen Auflassungsanspruch, denn der Kaufvertrag ist ...... [*HIER schlüssige Darlegung des Verfügungsanspruchs durch Begründung der Nichtigkeit, Unwirksamkeit, erfolgreichen Anfechtung des Kaufvertrages o. ä.*].

Zur Glaubhaftmachung der Eigentumsverhältnisse, des Grundbuchinhalts und der Nichtigkeit des Grundstückskaufvertrages füge ich bei:

...... [*HIER Angabe der Mittel der Glaubhaftmachung*]

Zur Verhinderung eines dem Antragsteller drohenden Rechtsverlustes durch Eintragung des Antragsgegners als Eigentümer im Grundbuch ist der Erlass eines Erwerbsverbotes geboten.

....
Rechtsanwalt/-wältin

Anmerkung

Vgl. zunächst die allgemeinen Anmerkungen zur einstweiligen Verfügung (s. Antragsmuster 1.A.03.b.#01).

Speziell zum vorliegenden Antragsmuster:
Das gesetzlich nicht vorgesehene Erwerbsverbot wird von der Rechtsprechung als Sicherungsmaßnahme gem. § 938 Abs. 2 ZPO mit den Wirkungen des § 136 BGB zugelassen. Obwohl im Grundbuch nicht eintragungsfähig, hat das Grundbuchamt ein ihm mitgeteiltes Veräußerungsverbot als Eintragungshindernis zu beachten. Analog § 941 ZPO kann auf vorsorglich stets zu stellenden Antrag das Gericht die Mitteilung vornehmen.

Hauptanwendungsbereich sind die Verhinderung der Heilung formnichtiger Grundstückskaufverträge gem. § 313 S. 2 BGB durch Blockierung der grundbuchlichen Eigentumsumschreibung und die Fälle, in denen trotz nichtigen oder unwirksamen Kaufvertrages eine gem. § 873 Abs. 2 BGB bindende nicht widerrufliche Auflassung existiert. Auch hier ist die Blockierung der grundbuchlichen Eigentumsumschreibung zur Verhinderung nachfolgender gutgläubiger Erwerbe und zur Ersparung der späteren Verfolgung von Rückauflassungsansprüchen wichtig.

Soweit schon eine Auflassungsvormerkung eingetragen sein sollte, empfiehlt es sich, den Antrag mit dem Antrag auf Eintragung eines Grundbuchwiderspruchs zu kombinieren (vgl. Formular 1.A.03.b.#06).

#08 Antrag auf Erlass einer einstweiligen Verfügung §§ 935, 940 ZPO – Ziel: Eintragung einer Auflassungsvormerkung

[*HIER Ort, Datum*]

An das
Amtsgericht [-Landgericht]
[*HIER Anschrift*]

Antrag auf Erlass einer einstweiligen Verfügung

des/der ...... [*HIER Vorname, Name, Anschrift*]

– Antragstellers-/in, –

Verfahrensbevollmächtigte(r): Rechtsanwalt/-wältin ...... [*HIER Vorname, Name, Anschrift*]

gegen

den/die ...... [*HIER Vorname, Name, Anschrift*]

– Antragsgegner/-in, –

[Verfahrensbevollmächtigte(r): Rechtsanwalt/-wältin ...... [*HIER Vorname, Name, Anschrift*]]

Streitwert: ...... EUR

Namens und in Vollmacht des/der Antragstellers/-in beantrage ich – wegen Dringlichkeit ohne vorherige mündliche Verhandlung – durch einstweilige Verfügung anzuordnen:

1. Im Grundbuch von ...... [*HIER genaue Bezeichnung mit Band und Blattzahl*] ist für den/die Antragsteller/-in an breitester Stelle in Abt. II eine Vormerkung zur Sicherung des Anspruchs des/der Antragstellers/-in auf Auflassung des Grundstücks einzutragen. Das Grundbuchamt wird ersucht, die Eintragung vorzunehmen.
2. Der/Die Antragsgegner/-in hat die Kosten des Verfahrens zu tragen.

Begründung:

Der Antragsgegner ist in dem im Antrag bezeichneten Grundbuch als Eigentümer des Grundstücks ...... [*HIER genaue Bezeichnung nach Gemarkung, Flur, Flurstück*] ...... eingetragen. Durch notariellen Kaufvertrag vom ...... des Notars ...... in ...... (Urkundenrolle Nr. ....../......) hat er das Grundstück an den Antragsteller verkauft. Die Auflassung ist noch nicht erfolgt.

Zur Glaubhaftmachung füge ich bei:

...... [*HIER Angabe der Mittel der Glaubhaftmachung*]

Zur Sicherung des Auflassungsanspruchs ist die Eintragung der Vormerkung erforderlich.

....
Rechtsanwalt/-wältin

Anmerkung

Vgl. zunächst die allgemeinen Anmerkungen zur einstweiligen Verfügung (s. Antragsmuster 1.A.03.b.#01).

Speziell zum vorliegenden Antragsmuster:
Als Verfügungsanspruch ist lediglich der Auflassungsanspruch glaubhaft zu machen. Der Verfügungsgrund wird vom Gesetz vorausgesetzt, §§ 883, 885 BGB. Im Beschleunigungsinteresse sollte die Veranlassung der Eintragung gem. § 941 ZPO durch das Gesetz stets zugleich beantragt werden.

Obwohl auf diese Weise der Auflassungsanspruch unproblematisch gesichert werden kann, ist im Kosteninteresse Vorsicht geboten (§ 93 ZPO). Vor Beantragung einer einstweiligen Verfügung sollte der Antragsgegner grds. erfolglos zur Bewilligung der Eintragung der Vormerkung aufgefordert worden sein.

Bei drohender anderweitiger Veräußerung des Grundstücks durch den Verkäufer kann, ggf. kumulativ, die Beantragung des Erlasses eines Veräußerungsverbotes durch einstweilige Verfügung erfolgen (s. Formular 1.A.03.b.#10).

#09 Antrag auf Erlass einer einstweiligen Verfügung §§ 935, 940 ZPO – Ziel: Vormerkung für eine Bauhandwerkersicherungshypothek

[*HIER Ort, Datum*]

An das
Amtsgericht [-Landgericht]
[*HIER Anschrift*]

Antrag auf Erlass einer einstweiligen Verfügung

des/der ...... [*HIER Vorname, Name, Anschrift*]

– Antragstellers-/in, –

Verfahrensbevollmächtigte(r): Rechtsanwalt/-wältin ...... *[HIER Vorname, Name, Anschrift]*

gegen

den/die ...... *[HIER Vorname, Name, Anschrift]*

– Antragsgegner/-in, –

[Verfahrensbevollmächtigte(r): Rechtsanwalt/-wältin ...... *[HIER Vorname, Name, Anschrift]*]

Streitwert: ...... EUR

Namens und in Vollmacht des/der Antragstellers/-in beantrage ich – wegen Dringlichkeit ohne vorherige mündliche Verhand ung – durch einstweilige Verfügung anzuordnen:

1. Im Grundbuch von ...... *[HIER genaue Bezeichnung mit Band und Blattzahl]* ist für den/die Antragsteller/-in an breitester Stelle in Abt. III eine Vormerkung zur Sicherung des Anspruchs des/der Antragstellers/-in auf Einräumung einer Sicherungshypothek wegen einer Forderung von ...... EUR nebst ......% Zinsen p. a. seit dem ...... 20.. sowie wegen einer Kostenpauschale von ...... EUR einzutragen. Das Grundbuchamt wird ersucht, die Eintragung vorzunehmen.
2. Der/Die Antragsgegner/-in hat die Kosten des Verfahrens zu tragen.

Begründung:

Der Antragsgegner ist Eigentümer des im Antrag bezeichneten Grundstücks ...... *[HIER genaue Bezeichnung nach Gemarkung, Flur, Flurstück]*, das er gegenwärtig mit einem ...... *[HIER Art des durchgeführten Bauvorhabens]* bebaut. Aufgrund des am ...... mit dem Antragsgegner geschlossenen Werkvertrages hat der Antragsteller für dieses Bauvorhaben die nachstehenden Gewerke ausgeführt:
...... *[HIER Bezeichnung der Gewerke]*.
Die Arbeiten sind mangelfrei durchgeführt und abgenommen worden. Mit der Bezahlung der Zwischenrechnung vom ...... über ...... EUR und der Schlussrechnung vom ......über ...... EUR befindet sich der Antragsgegner seit dem ...... in Verzug.
...... *[HIER Angabe der Mittel der Glaubhaftmachung]*

Zur Sicherung des Anspruchs des Antragstellers auf Einräumung einer Sicherungshypothek für seine Forderungen aus dem Bauvertrag und die zur erwartenden Rechtsverfolgungskosten ist die Eintragung der Vormerkung erforderlich, um deren Veranlassung das Gericht im Beschleunigungsinteresse gebeten wird.

....
Rechtsanwalt/-wältin

Anmerkung

Vgl. zunächst die allgemeinen Anmerkungen zur einstweiligen Verfügung (s. Antragsmuster 1.A.03.b.#01).

Speziell zum vorliegenden Antragsmuster:
Als Verfügungsanspruch sind die materiellen Voraussetzungen des § 648 BGB glaubhaft zu machen. Die Werklohnforderung für ausgeführte Leistungen muss noch nicht fällig sein, allerdings dürfen für den Besteller keine Leistungsverweigerungsrechte, z. B. Zurückbehaltungsrechte wegen Baumängeln bestehen (str.). Der Verfügungsgrund wird gesetzlich vorausgesetzt, § 885 Abs. 2 S. 2 BGB.

Im Beschleunigungsinteresse sollte die Veranlassung der Eintragung durch das Gericht gem. § 941 zugleich beantragt werden.

Die unproblematisch erreichbare Sicherung des Anspruchs aus § 648 BGB führt häufig letztlich nicht zu einer werthaltigen dinglichen Sicherung, da sie nur an breitester Rangstelle hinter schon vorhandenen Belastungen rangiert. Grundbucheinsicht vor Beantragung ist anzuraten.

#10 Antrag auf Erlass einer einstweiligen Verfügung §§ 935, 940 ZPO – Ziel: Veräußerungsverbot

[*HIER Ort, Datum*]

An das
Amtsgericht [-Landgericht]
[*HIER Anschrift*]

Antrag auf Erlass einer einstweiligen Verfügung

des/der ...... [*HIER Vorname, Name, Anschrift*]

– Antragstellers-/in, –

Verfahrensbevollmächtigte(r): Rechtsanwalt/-wältin ...... [*HIER Vorname, Name, Anschrift*]

gegen

den/die ...... [*HIER Vorname, Name, Anschrift*]

– Antragsgegner/-in, –

[Verfahrensbevollmächtigte(r): Rechtsanwalt/-wältin ...... [*HIER Vorname, Name, Anschrift*]]

Streitwert: ...... EUR

Namens und in Vollmacht des/der Antragstellers/-in beantrage ich – wegen Dringlichkeit ohne vorherige mündliche Verhandlung – durch einstweilige Verfügung anzuordnen:

1. Dem/Der Antragsgegner/-in wird verboten, das im Grundbuch von ...... [*HIER genaue Bezeichnung mit Band und Blattzahl*] eingetragene Grundstück ...... [*HIER genaue Bezeichnung nach Gemarkung, Flur, Flurstück*] zu veräußern und die grundbuchliche Umschreibung des Eigentums auf einen anderen Erwerber als den/die Antragsteller/-in zu beantragen bzw. einen dahingehend gestellten Antrag aufrechtzuerhalten.
2. Der/Die Antragsgegner/-in hat die Kosten des Verfahrens zu tragen.

Begründung:

Der Antragsgegner hat als alleiniger Eigentümer das im Antrag bezeichnete Grundstück durch notariell beurkundeten Kaufvertrag vom ...... (Urkunden-Rolle des Notars ..../......) an den Antragsteller veräußert und aufgelassen. Der Kaufpreis ist fällig am ...... Die Eigentumsumschreibung soll der Notar nach Zahlung veranlassen. Wie dem Antragsteller bekannt geworden ist, hat der Antragsgegner das Grundstück wenige Tage später zu einem höheren Kaufpreis anderweitig nochmals verkauft und aufgelassen, nämlich am ...... an den Erwerber ...... Im Hinblick auf die bereits erfolgte Zahlung soll der Antrag auf Umschreibung des Eigentums bereits gestellt sein bzw. unmittelbar bevorstehen. Zur Glaubhaftmachung füge ich bei:
...... [*HIER Angabe der Mittel der Glaubhaftmachung*]

Zur Verhinderung eines dem Antragsteller drohenden Rechtsverlustes durch anderweitige Veräußerung des Grundstücks und Eintragung eines anderen als Eigentümer im Grundbuch ist der Erlass eines Veräußerungsverbots geboten.

Der Antragsteller bittet angesichts der besonderen Dringlichkeit um umgehende Entscheidung. Der/Die Unterzeichner/-in wird sich erlauben, die Entscheidung noch heute abzufragen, da bei Erlass der einstweiligen Verfügung noch heute die Zustellung an den Gegner und die Einreichung beim Grundbuchamt erfolgen soll.

....
Rechtsanwalt/-wältin

Anmerkung

Vgl. zunächst die allgemeinen Anmerkungen zur einstweiligen Verfügung (s. Antragsmuster 1.A.03.b.#01).

Speziell zum vorliegenden Antragsmuster:
Das in § 888 Abs. 2 BGB vorausgesetzte Veräußerungsverbot ist als Sicherungsmaßnahme gem. § 938 Abs. 2 ZPO mit den Wirkungen des in § 136 BGB im Wege der einstweiligen Verfügung erreichbar und im Grundbuch nach Entstehung eintragungsfähig mit der Folge der Verhinderung gutgläubigen Erwerbs. Das Grundbuchamt hat ein ihm bekanntes Veräußerungsverbot auch hinsichtlich eingegangener und noch nicht erledigter Anträge zu beachten. Damit kann praktisch eine Grundbuchsperre erreicht werden. Ein Veräußerungsverbot entsteht erst mit der im Parteibetrieb zu bewirkenden Zustellung der einstweiligen Verfügung an den Antragsgegner, die dem Grundbuchamt nachzuweisen ist. Die vorherige Eintragungsfähigkeit gem. §§ 929 Abs. 3, 936 ZPO wird von der h. M. abgelehnt. **Achtung**: Die Antragstellung gem. § 941 ZPO sollte deshalb zugunsten eigener Schritt unterbleiben. Sie birgt hier das Risiko vermeidbarer Verzögerungen.

Der Anwendungsbereich eines per einstweiliger Verfügung ergehenden Veräußerungsverbots ist eng. In der Regel wird über die Beantragung einer einstweiligen Verfügung auf Eintragung einer Auflassungsvormerkung (s. Antragsmuster 1.A.03.b.#08) eine ausreichende Sicherung erreichbar sein. Damit bleiben im wesentlichen die Fälle, in denen Grundstücksverkäufer trotz bindender Auflassung (§ 873 Abs. 2 BGB) zum Nachteil nicht vormerkungsgesicherter Käufer unredlich Mehrfachverkäufe vornehmen wollen, denn das Veräußerungsverbot enthält auch das Gebot zu Zurücknahme gestellter Anträge auf Eigentumsumschreibung (RGZ 117, 290).

Soweit noch keine Auflassungsvormerkung eingetragen sein sollte, empfiehlt sich, den Antrag mit dem Antrag auf Eintragung einer solchen zu kombinieren (vgl. Antragsmuster 1.A.03.b#08).

#11 Antrag auf Erlass einer einstweiligen Verfügung §§ 935, 940 ZPO – Ziel: Leistung des Notunterhalts

[*HIER Ort, Datum*]

An das
Amtsgericht [-Landgericht]
[*HIER Anschrift*]

Antrag auf Erlass einer einstweiligen Verfügung

des/der ...... [*HIER Vorname, Name, Anschrift*]

– Antragstellers-/in, –

Verfahrensbevollmächtigte(r): Rechtsanwalt/-wältin ...... [*HIER Vorname, Name, Anschrift*]

gegen

den/die ...... [*HIER Vorname, Name, Anschrift*]

– Antragsgegner/-in, –

[Verfahrensbevollmächtigte(r): Rechtsanwalt/-wältin ...... [*HIER Vorname, Name, Anschrift*]]

Streitwert: ...... EUR

Namens und in Vollmacht des/der Antragstellers/-in beantrage ich – wegen Dringlichkeit ohne vorherige mündliche Verhandlung – durch einstweilige Verfügung anzuordnen:

1. Der/Die Antragsgegner/-in hat für die Dauer von 6 Monaten, fällig zum ersten eines Monats im voraus, erstmals am ...... für den Monat ...... 20.. an den/die Antragsteller/-in eine monatliche Unterhaltsrente von ...... EUR zu zahlen.
2. Der/Die Antragsgegner/-in hat die Kosten des Verfahrens zu tragen.

Begründung:

Die Parteien sind getrennt lebende Eheleute. Die Antragstellerin ist am ...... wegen Tätlichkeiten des Antragsgegners aus der ehelichen Wohnung ausgezogen und lebt bei ihren alten Eltern, die sie wegen Sozialhilfebezuges nicht nennenswert unterstützten können. Der Antragsgegner, der als ...... über ein monatliches Nettoeinkommen von mindestens ...... EUR verfügt, verweigert jegliche Unterhaltszahlungen mit der Begründung, die Antragstellerin könne wieder in die eheliche Wohnung zurückkehren, was von dieser abgelehnt wird. Die Antragstellerin ist aus den nachstehenden Gründen außerstande, eigenes Einkommen zu erzielen und sich selbst zu unterhalten.
...... [*HIER nähere Begründung*].

Ein durch die Antragstellerin gestellter Sozialhilfeantrag ist aus ihr unverständlichen Gründen abgelehnt worden. ...... [*HIER nähere Begründung*].

Zur Glaubhaftmachung überreiche ich:
...... [*HIER Angabe der Mittel der Glaubhaftmachung*]

Zur Sicherung des notwendigen Unterhalts der Antragstellerin ist der Erlass der einstweiligen Verfügung geboten. Eine Ehesache ist noch nicht anhängig. Hauptsacheklage wird alsbald rechtshängig gemacht werden.

....
Rechtsanwalt/-wältin

Anmerkung

Vgl. zunächst die allgemeinen Anmerkungen zur einstweiligen Verfügung (s. Antragsmuster 1.A.03.b.#01).

Speziell zum vorliegenden Antragsmuster:

Als Familiensache gem. § 23 b Abs. 1 Nr. 6 GVG ist das Gericht der Hauptsache das Amtsgericht als Familiengericht ausschließlich zuständig. Materiell-rechtlich wird im Muster der Unterhalt des getrennt lebenden Ehegatten gem. § 1361 BGB geltend gemacht.

Eine einstweilige Verfügung auf Leistung dieses Unterhalts ist nur zulässig, soweit keine Ehesache i. S. d. §§ 23 b Abs. 1 GVG, 606 Abs. 1 ZPO anhängig ist. Soweit dies der Fall ist, oder auch nur der PKH-Antrag für eine Ehesache gestellt ist (s. § 620 a Abs. 2 S. 1 ZPO), kommt vorläufiger Rechtsschutz nur über einstweilige Anordnung gem. § 620 S. 1 ZPO in Betracht (s. Antragsmuster 1.A.03.b.#12). Als Anwendungsbereich für die einstweilige Verfügung auf Ehegattenunterhalt (Gleiches gilt für den Unterhalt minderjähriger ehelicher Kinder, nicht aber für den volljähriger Kinder) bleibt nur der Zeitraum vor Anhängigkeit der Ehesache oder die Zeit nach ihrem rechtskräftigen Abschluss. Ggf. hat im Widerspruchsverfahren ein Übergang vom einstweiligen Verfügungsverfahren in das einstweilige Anordnungsverfahren zu erfolgen.

Wegen des Ausnahmecharakters der Leistungsverfügung geht der glaubhaft zu machende Verfügungsanspruch (»Bedürftigkeit und Leistungsfähigkeit«) nicht auf den vollen angemessenen Unterhaltsanspruch gem. § 1361 BGB sondern nur auf den Notbedarf (vgl. die einschlägige Unterhalts-Bedarfstabellen) und nach gefestigter Rechtsprechung auch nur auf Unterhalt für 6 Monate ab Antragstellung ohne die Möglichkeit der Geltendmachung von Rückständen. Wegen weitergehender Unterhaltsansprüche muss das daneben zulässig Hauptsacheverfahren betrieben werden.

Als Verfügungsgrund sind Notlagen glaubhaft zu machen. Unterstützung von dritter Seite sowie die Gewährung von Sozialhilfe stehen einer Notlage (die h. M. berücksichtigt die Subsidiarität von Sozialleistungen nur beim Verfügungsanspruch, nicht aber beim Verfügungsgrund).

Entsprechendes gilt für den Notunterhalt minderjähriger Kinder (§ 1602 BGB), der im einstweiligen Verfügungsverfahren auf den Regelunterhalt begrenzt ist.

#12 Antrag auf Erlass einer einstweiligen Anordnung des Familiengerichts § 620 S. 1 Nr. 6 ZPO, gerichtet auf die Leistung von Ehegattenunterhalt

[*HIER Ort, Datum*]

An das
Amtsgericht [-Landgericht]
[*HIER Anschrift*]

Antrag auf Erlass einer einstweiligen Verfügung

des/der ...... [*HIER Vorname, Name, Anschrift*]

- Antragstellers-/in, -

Verfahrensbevollmächtigte(r): Rechtsanwalt/-wältin ...... [*HIER Vorname, Name, Anschrift*]

gegen

den/die ...... [*HIER Vorname, Name, Anschrift*]

- Antragsgegner/-in, -

[Verfahrensbevollmächtigte(r): Rechtsanwalt/-wältin ...... [*HIER Vorname, Name, Anschrift*]]

Streitwert: ...... EUR

Namens und in Vollmacht des/der Antragstellers/-in beantrage ich unter Bezugnahme auf die mit dem Scheidungsantrag nachgewiesene Vollmacht - wegen Dringlichkeit ohne vorherige mündliche Verhandlung - durch einstweilige Verfügung anzuordnen:

> Der/Die Antragsgegner/-in hat, fällig zum ersten eines Monats im Voraus, erstmals am ...... für den Monat ...... 20.. an den/die Antragsteller/-in eine monatliche Unterhaltsrente von ...... EUR zu zahlen.

Begründung:

Unter dem obigen Aktenzeichen ist aufgrund des Antrags der Antragstellerin das Scheidungsverfahren zwischen den Parteien rechtshängig. Auf den dort bisher gehaltenen Vortrag nehme ich Bezug. Der Antragsgegner hat während des nunmehr fast zweijährigen Getrenntlebens an die Antragstellerin regelmäßig und pünktlich eine monatliche Unterhaltsrente in Höhe von ...... EUR gezahlt. Dieser Betrag stellt unter Berücksichtigung aller relevanten Umstände die Untergrenze des vom Antragsgegner zu leistenden angemessenen Unterhalt dar, was dem Antragsgegner anlässlich der Trennung der Parteien bei einer Besprechung in der Kanzlei des Unterzeichners im einzelnen auseinandergesetzt worden ist. Wegen der Einzelheiten verweise ich auf das Besprechungsergebnis bestätigende Anwaltsschreiben vom ......, das diesem Antrag in beglaubigter Ablichtung beigefügt wird. Die persönlichen und wirtschaftlichen Verhältnisse der Parteien haben sich seither nicht geändert. Der Antragsgegner ist nach wie vor in seiner Position als ...... bei ...... beschäftigt und seine Einkünfte dürften sich durch Tariferhöhungen eher verbessert haben. Die Antragstellerin ist nach wie vor außerstande, eigenes Einkommen zu erzielen.

Aus unerfindlichen Gründen hat der Antragsgegner den Unterhaltsbetrag erstmals für ...... nicht überwiesen. Auf Nachfrage hat er gegenüber der Antragstellerin am ...... ohne nachvollziehbare Begründung erklärt, er sei zu Unterhaltsleistungen nicht mehr verpflichtet.

Zur Glaubhaftmachung der vorgetragenen Tatsachen überreiche ich:

......
[HIER Angabe der Mittel der Glaubhaftmachung]

Der Antragsgegner ist nach allem fraglos in der Lage und verpflichtet, jedenfalls die bisherigen Unterhaltszahlungen auch weiterhin zu erbringen. Zur Sicherung des Unterhalts der Antragstellerin ist der Erlass der einstweiligen Anordnung geboten. Inwieweit Klage auf Unterhalt zu erheben sein wird, wird z.Zt. geprüft.

....
Rechtsanwalt/Rechtsanwältin

Anmerkung

Obwohl dem familiengerichtlichen Verfahren zugehörig, wird das Antragsmuster zur Abrundung der Darstellung der Möglichkeiten einer Anspruchsverfügung im Eilverfahren gegenüberstellend zum Antragsmuster 1.A.03.b.#11 hier eingefügt, da die Unterhaltssicherung durch einstweilige Verfügung bei Anhängigkeit einer Ehesache i. S. d. § 620 a Abs. 2 ZPO unzulässig ist, weil das vorgreifliche einstweilige Anordnungsverfahren zur Verfügung steht. Das Muster betrifft den Unterhaltsanspruch des getrennt lebenden Ehegatten. Entsprechendes gilt für den Unterhaltsanspruch minderjähriger Kinder.

Ausschließlich zuständig für die einstweilige Anordnung ist gem. § 620 a Abs. 4 ZPO das Familiengericht der anhängigen Ehesache, ggf. auch das Berufungsgericht. Das Familiengericht entscheidet stets durch Beschluss ohne Kostenentscheidung (§ 620 g ZPO) mit freigestellter mündlicher Verhandlung. Die Entscheidung ist auf Antrag abänderbar, im Abänderungsverfahren muss, wenn noch keine mündliche Verhandlung stattfand, auf Antrag mündlich verhandelt werden, § 620 b ZPO. Die dann ergehende Entscheidung ist nicht anfechtbar, § 620 S. 2 ZPO. Klage auf Getrenntlebendunterhalt oder nachehelichen Unterhalt ist neben dem einstweiligen Anordnungsverfahren möglich. Im Gegensatz zur einstweiligen Verfügung ist die einstweilige Anordnung zeitlich nicht befristet und auch nicht auf den Notunterhalt beschränkt. Auf ihrer Grundlage kann der angemessene Unterhalt auch über die Rechtskraft der Ehesache hinaus, in deren Verfahren sie ergangen ist, tituliert werden. Sie tritt außer Kraft mit Wirksamkeit einer Hauptsacheunterscheidung über ihren Regelungsunterhalt, § 620 f. Abs. 1 ZPO, die der in Anspruch genommene Antragsgegner ggf. auch über die Erhebung einer negativen Feststellungsklage verbunden mit einer Bereicherungsklage herbeiführen kann (die analoge Anwendung der §§ 945, 717 Abs. 2 ZPO auf die einstweilige Anordnung ist str.).

Büromäßige Behandlung:
Der Antrag ist mit Abschriften für die Gegenseite einzureichen. Die ergehende Entscheidung wird vom Familiengericht auch der Gegenseite von Amts wegen zugestellt. Sie ist Vollstreckungstitel gem. § 794 Abs. 1 Nr. 3 a ZPO.

Kosten:
Streitwert:
Unterhaltsbetrag für 6 Monate.

Gerichtskosten:
Keine Vorschusspflicht.

Die Entscheidung über eine einstweilige Anordnung zur Regelung des Ehegatten- oder Kindesunterhalts löst eine 0,5 Gerichtsgebühr aus, GVG KV Nr. 1701, was bei der abschließenden Kostenentscheidung in der Hauptsache berücksichtigt wird. Das Abänderungsverfahren löst vorbehaltlich etwaiger Streiterhöhungen keine weiteren Gebühren aus.

Rechtsanwaltsgebühren:
Es handelt sich gem. § 41 Abs. 1 BRAGO um eine besondere Angelegenheit, in der die Gebühren gem. § 31 BRAGO anfallen.

#13 Antrag auf Einleitung des Rechtfertigungsverfahrens § 942 Abs. 1 ZPO

[*HIER Ort, Datum*]

An das
Amtsgericht [-Landgericht]

[*HIER Anschrift*]

In dem einstweiligen Verfügungsverfahren

des/der ...... [*HIER Vorname, Name, Anschrift*]

– Antragstellers-/in, –
Verfahrensbevollmächtigte(r): Rechtsanwalt/-wältin ...... [*HIER Vorname, Name, Anschrift*]

gegen

den/die ...... [*HIER Vorname, Name, Anschrift*]

– Antragsgegner/-in, –
[Verfahrensbevollmächtigte(r): Rechtsanwalt/-wältin ...... [*HIER Vorname, Name, Anschrift*]]

Az.: ......

beantrage ich namens und in Vollmacht des/der Antragstellers/-in,
das Verfahren an das Gericht der Hauptsache, das Amtsgericht [– Landgericht] in ...... abzugeben.

Gegenüber dem Gericht der Hauptsache wird beantragt,
Termin zur mündlichen Verhandlung über die Rechtmäßigkeit der einstweiligen Verfügung des Amtsgerichts ...... vom ...... anzuberaumen und auch den Antragsgegner zu laden.

Begründung:

Das Amtsgericht hat, weil ein dringender Fall vorlag, antragsgemäß als Gericht der belegenen Sache die einstweilige Verfügung vom ...... gegen den Antragsgegner erlassen und gem.

§ 942 Abs. 1 ZPO Frist zur Einleitung des Rechtsfertigungsverfahrens gesetzt. Die einstweilige Verfügung ist dem Antragsteller am ...... zugestellt worden. Innerhalb der gesetzten Frist wird hiermit der zur Rechtswahrung erforderliche Antrag gestellt.

....
Rechtsanwalt/Rechtsanwältin

Anmerkung

Die ausnahmsweise gegebene Eilzuständigkeit des Amtsgerichts der belegenen Sache gem. § 942 ZPO umfasst unter Ausschluss der Urteilskompetenz allein die Entscheidung über den ursprünglichen Antrag. Die Entscheidung ist ihrer Natur nach vorläufig, denn durch die ab Zustellung laufenden Fristsetzung wird der Antragsteller genötigt, die Befassung des zuständigen Gerichts der Hauptsache zu betreiben. Bei Fristversäumung hat das Amtsgericht auf Antrag des Antraggegners seine einstweilige Verfügung durch Beschluss ohne Sachprüfung aufzuheben, § 942 Abs. 4 ZPO. Gegen diese Entscheidung kann sofortige Beschwerde eingelegt werden, §§ 934 Abs. 4, 936 ZPO, gegen die Ablehnung der Aufhebung hat der Antragsgegner die sofortige Beschwerde, § 567 ZPO.

In den Fällen der amtsgerichtlichen Eilzuständigkeit gem. § 942 Abs. 2 ZPO (Amtsgericht des belegenen Grundstücks) erfolgt die Fristsetzung nur auf Antrag des Gegners.

Da sich die Akten beim Amtsgericht befinden, ist der Antrag entgegen dem Wortlaut der Vorschrift sinnvollerweise an das Amtsgericht zu richten, das damit auch Klarheit über seine mögliche weitere Befassung wegen einer Aufhebung erhält.

Büromäßige Behandlung:
Bei Zustellung einer vom Amtsgericht in Eilzuständigkeit erlassenen einstweiligen Verfügung ist, ggf. mit Vorfristnotierung, die Fristwahrung zu überwachen, wenn nicht der Rechtfertigungsantrag sogleich gestellt wird, was zweckmäßigerweise mit Abschriften für den Gegner geschehen sollte.

Kosten:
Gerichtskosten:
Keine.

Rechtsanwaltsgebühren:
Gem. § 40 Abs. 2 BRAGO dieselbe Angelegenheit.

#14 Widerspruch gegen eine einstweilige Verfügung

[*HIER Ort, Datum*]

An das
Amtsgericht [-Landgericht]
[*HIER Anschrift*]

In Sachen
....../......
Az.: ......

erhebe ich namens und in Vollmacht des/der Antragsgegners/-in [- Verfügungsbeklagten] gegen die einstweilige Verfügung vom ...... 20..

Widerspruch

und beantrage,

die einstweilige Verfügung vom ...... 20.. aufzuheben und dem/der Verfügungskläger/-in die Kosten des Verfahrens aufzuerlegen.

Begründung:

Ein Verfügungsanspruch besteht nicht, denn ...... [*HIER Begründung unter Angabe der Mittel der Glaubhaftmachung*]

Überdies fehlt es auch an einem Verfügungsgrund. ...... [*HIER Begründung zum Fehlen der Voraussetzungen der §§ 935, 940 ZPO unter Angabe der Mittel der Glaubhaftmachung*]

....
Rechtsanwalt/-wältin

Anmerkung

Gesetzliche Grundlage(n): §§ 924, 936 ZPO.

Der nicht fristgebundene Widerspruch führt zur Anberaumung mündlicher Verhandlung und Entscheidung im Urteilsverfahren über den Bestand der einstweiligen Verfügung. Über den Aufhebungsantrag hinaus braucht die vom Gericht auszusprechende Zurückweisung des ursprünglichen Antrags auf Erlass der einstweiligen Verfügung nicht besonders beantragt werden. Adressat des Widerspruchs ist das Gericht, das die einstweilige Verfügung erlassen hat. Die Verhandlung findet, auch wenn die einstweilige Verfügung auf Beschwerde erst vom Beschwerdegericht erlassen worden sein sollte, vor dem Gericht erster Instanz statt und ist auf die Verwertung der präsenten Beweismittel beschränkt. Die bloße Benennung von Zeugen ist riskant, da unabhängig von der Befolgung von Ladungen mit der Entscheidung des Gerichts zu rechnen ist, § 294 Abs. 2 ZPO. Die Vorlage schriftlicher Erklärungen oder besser eidesstattlicher Versicherungen der Zeugen oder ihre Sistierung zum Termin sind vorzuziehen.

Gegen das ergehende Urteil sind die normalen Rechtsmittel gegeben.

Durch Einlegung des Widerspruchs wird die Vollziehbarkeit der einstweiligen Verfügung nicht gehemmt. Anders als beim Arrest, der Geldforderungen sichert, kommt eine Aussetzung der Vollziehung gegen Sicherheitsleistung bei der einstweiligen Verfügung, die sonstige Individualansprüche sichert oder existenznotwendige Leistungen verschaffen soll, grds. nicht in Betracht.

Büromäßige Behandlung:
Der Widerspruch ist dem Arrestgericht mit Abschriften für den/die Gegner einzureichen.

Kosten:
Gerichtskosten:
Durch die Durchführung der mündlichen Verhandlung entstehen 2 weitere Gebühren (Ermäßigungsmöglichkeit, vgl. GKG KV Nr. 1310–1312)

Rechtsanwaltsgebühren:
Volle Gebühr gem. §§ 40, 31 BRAGO. In der mündlichen Verhandlung fällt die Verhandlungsgebühr an. Beweisgebühr nicht bei der Verwertung schriftlicher eidesstattlicher Versicherungen sondern nur, wenn im Termin eidesstattliche Versicherungen abgeben oder Zeugen vernommen werden.

#15 Antrag auf Fristbestimmung §§ 926 Abs. 1, 936 ZPO

[*HIER Ort, Datum*]

An das
Amtsgericht [-Landgericht]
[*HIER Anschrift*]

In Sachen
....../......
Az.: ......

beantrage ich namens und in Vollmacht des/der Antragsgegners/-in [- Verfügungsbeklagten]:

Der/Die Antragsteller/-in [- Verfügungskläger/-in] hat bei Meidung der Aufhebung der einstweiligen Verfügung vom ...... 20.. binnen einer Frist von ...... Wochen beim Gericht der Hauptsache Klage zu erheben.

Begründung:

Der/Die Antragsteller/-in [- Verfügungskläger/-in] hat die im Antrag genannte einstweilige Verfügung erwirkt und durch noch andauernde ...... [*HIER Beschreibung der Vollziehungsmaßnahme*] vollzogen. Der/Die Antragsgegner/-in [- Verfügungsbeklagte] hat ein berechtigtes Interesse an alsbaldiger Klärung, ob der Anspruch besteht, dessen sich der/die Antragsteller/-in [- Verfügungskläger/-in] im Eilverfahren berühmt.

....
Rechtsanwalt/-wältin

Anmerkung

Durch den Antrag, der im Zusammenhang mit einer Widerspruchseinlegung gegen die einstweilige Verfügung auch als Hilfsantrag gestellt werden kann, kann sich der Antragsgegner davor schützen, auf längere Zeit den Beschwerungen einer Sicherungsverfügung ausgesetzt zu sein, ohne das Prozessrisiko- einer negativen Feststellungsklage auf sich nehmen zu müssen. Zur Entscheidung über den Antrag ist gem. § 20 Ziff.14 RpflG der Rechtspfleger des Gerichts der Hauptsache berufen. Deshalb ist die Ablehnung oder eine zu großzügig bemessene Fristsetzung nur der Rechtsbehelf der sofortigen Erinnerung gem. § 11 Abs. 2 RpflG gegeben.

Die Parteibezeichnungen im Antragsverfahren gem. § 926 Abs. 1 ZPO lauten »Antragsteller« bzw. »Antragsgegner«, bei im Urteilsverfahren erlassener einstweiligen Verfügung oder nach Widerspruch gegen eine einstweilige Verfügung »Verfügungskläger« bzw. »Verfügungsbeklagter«.

Bei Nichtbefolgung der Anordnung der Klageerhebung ist die Aufhebung der einstweiligen Verfügung gem. § 926 Abs. 2 ZPO zu beantragen, über die im Urteilsverfahren entschieden wird (siehe Anmerkung zum Antragsmuster 1.A.03.b.#16.).

Büromäßige Behandlung:
Obwohl ohne Anhörung des Gegners entschieden werden kann (str.), ist die Beifügung von Abschriften zu empfehlen.

Der Anordnungsbeschluss wird dem Antragsteller der einstweiligen Verfügung von Amts wegen zugestellt, der Antragsgegner erhält ihn formlos. Bei Überwachung der dem Gegner gesetzten Klageerhebungsfrist ist vor Antragstellung gem. § 926 Abs. 2 ZPO im Hinblick auf §§ 270 Abs. 3, 693 Abs. 2 ZPO vor Übereilung zu warnen.

Kosten:
Gerichtskosten:
Keine.

Rechtsanwaltsgebühren:
Volle Gebühr gem. §§ 40, 31 BRAGO, jedoch unter Anrechnung auf die Gebühren im einstweiligen Verfügungsverfahren.

#16 Antrag auf Aufhebung der einstweiligen Verfügung wegen Nichterhebung der Hauptklage §§ 926 Abs. 2, 936 ZPO

[*HIER Ort, Datum*]

An das
Amtsgericht [-Landgericht]
[*HIER Anschrift*]

In Sachen
....../......
Az.: ......

beantrage ich namens und in Vollmacht des/der Antragsgegners/-in [- Verfügungsbeklagten] zu beschließen:

1. die einstweilige Verfügung des Amtsgerichts [- Landgerichts] ...... vom ...... 20.. aufzuheben,

2. dem/der Antragsteller/-in [– Verfügungsklägers/-in] die Kosten des Verfahrens aufzuerlegen.

Begründung:

Der/Die Antragsteller/-in [– Verfügungskläger/-in] hat der Anordnung des Gerichts vom ...... 20.. innerhalb der bestimmten Frist, nämlich bis zum ...... 20.. Klage zu erheben, nicht Folge geleistet.

....
Rechtsanwalt/-wältin

Anmerkung

Die Nichteinhaltung der Klagefrist führt auf Antrag gem. §§ 926 Abs. 2, 936 ZPO im Urteilsverfahren zur Aufhebung der durch Beschluss oder auch Urteil angeordneten einstweiligen Verfügung. Die Kostenentscheidung des mit den normalen Rechtsmitteln angreifbaren Aufhebungsurteil erfasst das gesamte einstweilige Verfügungsverfahren. Das Aufhebungsurteil ist auch Grundlage für den Schadenersatzanspruch aus § 945 ZPO.

Büromäßige Behandlung:
Der Antrag ist mit Abschriften dem Gericht einzureichen. Bei Überwachung der gesetzlichen Klageerhebungsfrist ist vor Antragstellung gem. §§ 926 Abs. 2, 936 ZPO vor Übereilung zu warnen.

Kosten:
Gerichtskosten:
Sie entstehen neben den Kosten für das Anordnungsverfahren für das Aufhebungsverfahren gesondert, GKG KV Nr. 1310, 1311.

Vorschussleistung ist nicht erforderlich.

Rechtsanwaltsgebühren:
Volle Gebühr gem. §§ 40, 31 BRAGO, jedoch unter Anrechnung auf die sonstigen Gebühren.

#17 Antrag auf Aufhebung der einstweiligen Verfügung wegen veränderter Umstände §§ 927, 936 ZPO

[*HIER Ort, Datum*]

An das
Amtsgericht [-Landgericht]
[*HIER Anschrift*]

Antrag auf Erlass einer einstweiligen Verfügung

des/der ...... [*HIER Vorname, Name, Anschrift*]

- Antragstellers-/in, -

Verfahrensbevollmächtigte(r): Rechtsanwalt/-wältin ...... [*HIER Vorname, Name, Anschrift*]

gegen

den/die ...... [*HIER Vorname, Name, Anschrift*]

- Antragsgegner/-in, -

[Verfahrensbevollmächtigte(r): Rechtsanwalt/-wältin ...... [*HIER Vorname, Name, Anschrift*]]

Az.: ......

Namens und in Vollmacht des/der Verfügungsbeklagten beantrage ich,

1. die durch Urteil [*HIER Angabe des entscheidenden Gerichts*] vom ...... bestätigte [- angeordnete] einstweilige Verfügung aufzuheben,
2. dem Verfügungskläger die Kosten des Verfahrens aufzuerlegen.

Begründung:

Die im Antrag bezeichnete einstweilige Verfügung kann jedenfalls heute keinen Bestand mehr haben.

...... [*HIER schlüssige Begründung dafür, dass*

- *der Verfügungsanspruch nicht mehr besteht (z. B. Klageabweisung erfolgt, Erfüllung, Verjährung eingetreten, weitere Mittel der Glaubhaftmachung für Verfügungsbeklagten verfügbar) und/oder*
- *der Verfügungsgrund gem. §§ 935, 940 ZPO nicht mehr besteht (z. B. verstreichender Vollziehungsfrist des § 929 Abs. 2 ZPO, ausreichende anderweitige Sicherung des Verfügungsklägers)*]

Zur Glaubhaftmachung füge ich bei:
...... [*HIER Angabe der Mittel der Glaubhaftmachung*]

....
Rechtsanwalt/-wältin

Anmerkung

Zuständigkeit: Gericht der Hauptsache, §§ 927 Abs. 2, 936 ZPO.

Das Aufhebungsverfahren gem. § 927 ZPO ist ein selbstständiges Annexverfahren über die Rechtmäßigkeit der Fortdauer der Regelung durch einstweilige Verfügung (nicht der Rechtmäßigkeit der Anordnung). Das Gericht entscheidet im Urteilsverfahren, das auch die üblichen Rechtsmittel eröffnet. Die Kostenentscheidung lässt die Entscheidung des vorangegangenen Anordnungsverfahrens unberührt. Es wird nur über die Kosten des Aufhebungsverfahrens entschieden.

Nach überwiegender Meinung fehlt für einen Antrag gem. § 927 ZPO das Rechtsschutzbedürfnis, wenn die veränderten Umstände noch im Widerspruchsverfahren gem. §§ 924, 925 ZPO oder im Rechtsmittelverfahren gegen das Verfügungsurteil geltend gemacht werden können. Die Beschränkung auf rechtskräftige Anordnungen ist deshalb zu empfehlen.

Eine Aufhebung der einstweiligen Verfügung gegen Sicherheitsleistung kommt vor rechtskräftiger Aufhebungsentscheidung im Gegensatz zum Arrest grds. nicht in Betracht, § 939 ZPO. Anders als beim Arrest, der Geldforderungen sichert, ist auch eine Aussetzung der Vollziehung gegen Sicherheitsleistung bei der einstweiligen Verfügung, die sonstige Individualansprüche sichert oder existenznotwendige Leistungen verschaffen soll, grds. nicht zu erreichen.

Büromäßige Behandlung:
Abschriften für Gegner sind einzureichen.

Kosten:
Gerichtskosten:

Gerichtskosten entstehen neben den Kosten für das Anordnungsverfahren gesondert, GKG KV Nr. 1310, 1311.

Vorschussleistung ist nicht erforderlich.

Rechtsanwaltsgebühren:
Volle Gebühr nach §§ 40, 31 BRAGO, jedoch unter Anrechnung auf die Gebühren des Anordnungsverfahrens.

04. Versäumnisverfahren

#01 Versäumnisurteil gegen den Kläger § 330 ZPO

Antrag im Termin

Mündlicher Antrag des Beklagtenvertreters im Termin, wenn der Kläger nicht erscheint oder nicht verhandelt:

In Sachen
....../......
Az.: ......

beantrage ich,
durch Versäumnisurteil abzuweisen.

Anmerkung

Das VU gegen den Kläger ist ohne eine sachlich rechtliche Schlüssigkeitsprüfung schon aufgrund der Säumnis auf eine Klageerhebung zu erlassen. Dies gilt auch für eine Widerklage. Bei Säumnis des Beklagten Abweisung der Widerklage nach § 330 ZPO, über die Klage gem. § 331 ZPO zu entscheiden.

Weitere Voraussetzungen sind:

a) Es muss ein Termin zur mündlichen Verhandlung bestimmt worden sein, § 216 ZPO.
b) Der Verhandlungstermin muss vor dem Prozessgericht bestimmt worden sein.
c) Das Gericht muss der später säumigen Partei das tatsächliche (frühere) mündliche Vorbringen des Gegners und seine früheren Anträge mitgeteilt haben, § 335 Abs. 1 Ziff.3 ZPO.
d) Die Partei muss nicht erschienen sein bzw. nicht verhandelt haben.

Stellt der Beklagte keinen Antrag, gilt § 251 a ZPO.

Folgende Möglichkeiten bei Beantragung eines Versäumnisurteil gegen den Kläger sind denkbar:

1. Der Kläger ist säumig, die Klage zulässig:
   Die Klage wird abgewiesen (Versäumnisurteil nach § 330 ZPO).
   Dagegen ist Einspruch möglich.
2. Der Kläger ist säumig, die Klage unzulässig:
   Die Klage wird als unzulässig abgewiesen, BGH NJW 1969, 854; kein Versäumnis-, sondern Prozessurteil. Bei Unzulässigkeit der Klage erfolgt eine Klageabweisung durch Prozessurteil (unechtes VU mit Tatbestand und Entscheidungsgründen), so ist kein Einspruch möglich, sondern nur Berufung.

Rechtsmittel und Fristen:
Dem Kläger steht gegen das Versäumnisurteil der Einspruch zu, § 338 ZPO.

Die Einspruchsfrist beträgt 2 Wochen; sie ist eine Notfrist und beginnt mit Zustellung des Versäumnisurteils, § 339 ZPO.

Kosten:
Gerichtskosten:
Keine, das echte Versäumnisurteil ist durch die allgemeine Verfahrensgebühr abgegolten. Keine Gerichtsgebühr auch für den Beschluss, der den Antrag auf Erlass eines Versäumnisurteils zurückweist.

Rechtsanwaltsgebühren:
Prozessgebühr und 1/2 Verhandlungsgebühr, aber nur, wenn vorher nicht eine Verhandlungs- bzw. Erörterungsgebühr entstanden war, § 13 Abs. 2 BRAGO.

Achtung:
Nach § 13 der Berufsordnung für Rechtsanwälte darf selbst gegenüber einer anwaltlich vertretenen Partei auch ohne vorherige Ankündigung ein Versäumnisurteil beantragt werden, wenn das Mandanteninteresse es erfordert.

Dennoch empfiehlt sich, eine Wartezeit von 15 Minuten einzuhalten. Diese Wartezeit hat eine wechselseitige Schutzfunktion und beugt der Gefahr vor, dass unkollegialem Verhalten Tor und Tür geöffnet wird. In vielen Fällen würde der Erlass eines Versäumnisurteils ohnehin lediglich zu einer Verlängerung des Prozesses führen, während durch eine beiderseitige Verhandlung Fortschritte im Rechtsstreit erzielt werden könnten.

Es gibt jedoch keinen grundsätzliche Anspruch auf kollegiale Rücksichtnahme. Darum darf ein Anwalt, der sich verspätet, nicht darauf vertrauen, dass das Gericht und der Gegner warten wird.

#02 Versäumnisurteil gegen den Beklagten § 331 Abs. 1 ZPO

Antrag im Termin

Mündlicher Antrag des Klägervertreters im Termin, wenn der Beklagte nicht erscheint oder nicht verhandelt:

In Sachen
....../......
Az.: ......

> stelle ich den Antrag aus dem Schriftsatz vom ...... [- Mahnbescheid vom ......] und beantrage
> den Erlass eines Versäumnisurteils.

Gleichzeitig beantrage ich, eine vollstreckbare Ausfertigung des Versäumnisurteils zu erteilen.

Anmerkung

Der Erlass eines Versäumnisurteils gegen den Beklagten setzt voraus:

Zulässigkeit:
Es müssen die Prozessvoraussetzungen und die allgemeinen Voraussetzungen des Versäumnisurteils vorliegen. Ein Vorliegen auf die Einhaltung der Prozessvoraussetzungen ist nicht zulässig, vgl. BGH NJW 1986, 1041 m. w. N.

Begründetheit:
Es muss das tatsächliche Vorbringen des Klägers den Klageantrag rechtfertigen. Dabei sind die vom Kläger selbst vorgetragenen rechtshindernden und rechtsvernichtenden Tatsachen zu beachten, OLG Köln VersR 1974, 563. Im Urkundenprozess wird kein Vorbehalt in das Versäumnisurteil aufgenommen.

Unbeachtlich sind dagegen die Einwendungen des Beklagten, d. h. Einreden i. S. d. bürgerlichen Rechts, u. a. Zurückbehaltungsrecht, Verjährung. Was nur schriftsätzlich angekündigt, aber nicht mündlich vorgetragen worden ist, bleibt unbeachtet. Ein Versäumnisurteil des Inhalts, der Anspruch sei dem Grunde nach gerechtfertigt, ist unzulässig.

Bei einem Schmerzensgeld, das der Kläger der Höhe nach in das Ermessen des Gerichts gestellt hat, kommt es darauf an, ob der Kläger diejenigen Tatsachen vorgetragen hat, die dem Gericht eine Bemessung ermöglichen, vgl. OLG Koblenz MDR 1979, 587; dann ist das Versäumnisurteil zu beziffern, vgl. BGH NJW 1969 1427.

Folgende Möglichkeiten bei Beantragung eines Versäumnisurteils gegen den Beklagten sind denkbar:

Der Beklagte ist säumig, die Klage unzulässig:
Versäumnisurteil nach § 331 ZPO mit § 708 Nr. 2 ZPO. Dagegen Einspruch durch Beklagten möglich.

Der Beklagte ist säumig, die Klage unzulässig:
Die Klage wird als unzulässig abgewiesen, BGH NJW 1961, 2207; kein Versäumnisurteil, da nicht gegen die säumige Partei. Dagegen nur Berufung durch Beklagten möglich.

Der Beklagte ist säumig, die Klage zulässig, aber nicht schlüssig:
Die Klage wird abgewiesen. Dagegen nur Berufung durch Beklagten möglich.

Im Urkundenprozess: Abweisung der Urkundenklage als unstatthaft. Dagegen nur Berufung durch den Beklagen möglich.

Bei Zurückweisung des Antrages durch Beschluss oder Vertagung:
Sofortige Beschwerde nach § 336 ZPO im 1. Fall direkt, bei Vertagung analog möglich.

Teilweise Versäumnisurteil und teilweise wird Klage abgewiesen:
Dagegen für den Beklagten Einspruch, für Kläger Berufung möglich.

Kosten:
Gerichtskosten:
Keine für echtes Versäumnisurteil.

Rechtanwaltsgebühren:
Neben der bereits entstandenen Prozessgebühr 1/2 Verhandlungsgebühr, § 33 Abs. 1 BRAGO.

#03 Versäumnisurteil ohne mündliche Verhandlung im schriftlichen Vorverfahren

Da

in Sachen
....../......
Az.: ......

das Gericht in das schriftliche Vorverfahren gem. § 276 ZPO eingetreten ist, beantrage ich,
gegen den/die Beklagte(n) nach § 331 Abs. 3 ZPO ein Versäumnisurteil ohne mündliche Verhandlung zu erlassen,

wenn er/sie nicht rechtzeitig anzeigt, dass er/sie sich gegen die Klage verteidigen will.

[- da eine wirksame Verteidigungsanzeige nicht vorliegt.]

....
Rechtsanwalt/-wältin

Anmerkung

Ein VU ohne mündliche Verhandlung ist unter folgenden Voraussetzungen – die eng auszulegen sind – vgl. BVerfG NJW 1982, 453–zulässig:

Eine ordnungsgemäße Aufforderung an den Beklagten nach § 276 Abs. 1 S. 1 1. Hlbs, Abs. 2 ZPO.

Die Notfrist des § 276 Abs. 1 ZPO von meist 2 Wochen muss abgelaufen sein. Entweder hat der Beklagte überhaupt nicht geantwortet bzw. mitgeteilt, er wolle sich nicht verteidigen.

Bei Anwaltszwang muss die Verteidigungsanzeige durch einen zugelassen RA erfolgen.

Es muss ein Antrag auf Erlass des Versäumnisurteils gestellt werden. Dieser Antrag kann nachträglich bei Eintritt in das schriftliche Vorverfahren gestellt werden, aber auch schon vorsorglich in der Klageschrift enthalten sein, § 331 Abs. 3 S. 2 ZPO.

»An das
Amtsgericht
[*HIER Anschrift*]

Klage
......

beantrage ich,
den/die Beklagte(n) zu verurteilen, an den/die Kläger/-in
Ferner beantragen wir,
für den Fall der Anordnung des schriftlichen Vorverfahrens:
nach Ablauf der Frist des § 276 Abs. 1 ZPO ein Versäumnisurteil,
bei Anerkenntnis ein Urteil nach § 307 Abs. 2 ZPO
zu erlassen.

[oder:]
...... wobei ich für den Fall, dass der/die Beklagte seine/ihre Verteidigungsbereitschaft nicht rechtzeitig mitteilen sollte, beantrage ich,
durch schriftliches Versäumnisurteil zu entscheiden.«

Stellt der Kläger keinen Antrag auf Versäumnisurteil, muss das Gericht seine Fragepflicht ausüben, § 139 ZPO; wenn der Kläger keinen Antrag auf VU stellt, ist § 251 a ZPO anwendbar.

Verfahren:
Die Entscheidung ergeht wie sonst.
Es ist demnach das tatsächliche Vorbringen des Klägers in der Klageschrift als zugestanden anzusehen. Die Zuständigkeit ist von Amts wegen zu prüfen.

Soweit der Klageantrag gerechtfertigt ist, ergeht ein VU; anderenfalls ergeht eine Klageabweisung durch ein echtes Versäumnisurteil, § 331 Abs. 2 ZPO.

Es kann auch ein Urteil ergehen, das teilweise ein VU, teilweise aber ein unechtes VU darstellt.

Teilweise wird vor Erlass eines unechten Versäumnisurteils ein Hinweis des Gerichts an den Kläger gem. § 278 Abs. 3 ZPO gefordert, allerdings nur bei einer unschlüssigen Hauptforderung.

Urteil:
Es lautet:
»Das ......gericht hat antragsgemäß ohne mündliche Verhandlung am ...... entschieden.«

Das Urteil wird nicht verkündet, sondern von Amts wegen zugestellt, §§ 310 Abs. 3 317 Abs. 1 S. 1,2 ZPO.

Kosten:
Es entstehen dieselben Gebühren wie bei einem Versäumnisurteil im Termin.

#04 Einspruch gegen Versäumnisurteil

[*HIER Ort, Datum*]

An das
Amtsgericht [-Landgericht]
[*HIER Anschrift*]

In Sachen
....../......
Az.: ......

lege ich gegen das Versäumnisurteil des Amtsgerichts ...... [– Landgerichts] vom ......, das am ...... zugestellt wurde,

Einspruch

ein und werde beantragen,

1. das Versäumnisurteil vom ...... aufzuheben und die Klage abzuweisen.
2. die Kosten des Rechtsstreits – mit Ausnahme der Säumniskosten – dem/der Kläger/-in aufzuerlegen.
3. das Urteil – notfalls gegen Sicherheitsleistung – für vorläufig vollstreckbar zu erklären.

Begründung:

Der geltend gemachte Anspruch ist erloschen.
Der Beklagte hat mit Schreiben vom ...... die Aufrechnung mit Gegenansprüchen erklärt:

Beweis: Vorlage des Aufrechnungsschreibens des Beklagten vom ......

....
Rechtsanwalt/-wältin

Anmerkung

Der Einspruch ist der einzige zulässige Rechtsbehelf gegen ein Versäumnisurteil, BGH FamRZ 1988, 945.

Der Sachantrag bei Einspruch des Klägers würde lauten:

»Ich werde beantrage,
das Versäumnisurteil vom ...... aufzuheben und den/die Beklagte(n) zu verurteilen, an den/die Kläger/-in ......«

Der Einspruch kann auch gegen einen Teil des Streitgegenstandes eingelegt werden, der teilurteilsfähig ist, BGH a. a. O., oder nur wegen der Kosten, § 340 Abs. 2 S. 2 ZPO.

Teileinspruch:
»...... wird gegen das Versäumnisurteil vom ...... Einspruch eingelegt soweit ......
[a. Kläger:]
die Klage hinsichtlich ...... abgewiesen wurde.«

[b. Beklagter:]
der/die Beklagte verurteilt wurde, an den/die Kläger/-in ......«

Die **Einspruchsfrist** beträgt 2 Wochen. Sie ist eine Notfrist und beginnt mit der Zustellung des Versäumnisurteils, § 339 Abs. 1 ZPO.

Der Einspruch erfolgt durch Einreichung der Einspruchsschrift bei dem Prozessgericht.

Der Einspruch muss enthalten:

1. die Bezeichnung des Urteils, gegen das der Einspruch gerichtet wird;
2. die Erklärung, dass gegen dieses Urteil Einspruch eingelegt wurde.

Die Einspruchsbegründung gem. § 340 Abs. 3 ZPO ist zur Vermeidung erheblicher Rechtsnachteile grundsätzlich notwendig und muss bereits in der Einspruchsfrist erfolgen.

Geht die Einspruchsschrift vor dem Ablauf der Einspruchsfrist ein, dann kann die Einspruchsbegründung trotz des missverständlichen Gesetzeswortlautes auch während der Einspruchsfrist ohne weiteres nachgeholt bzw. verbessert werden.

Die Begründungsfrist ist eine **Notfrist**.

Soweit es um die Begründung als solche geht, gelten zumindest die selben Anforderungen, die bei den §§ 277 Abs. 1, 282 Abs. 1 S. 1, Abs. 3 ZPO gelten. Die Anforderungen sind jedoch eher höher anzusetzen, da es bereits zu einem Versäumnisurteil gekommen ist.

Falls das VU gegen den Kläger erging, muss er jetzt alle auch nur evtl. möglichen Ergänzungen der Klageschrift vornehmen und zugleich auf eine etwaige bereits vorliegende Klageerwiderung antworten.

Die Begründungsfrist kann verlängert werden. Voraussetzung dafür ist, dass der Verlängerungsantrag vor Ablauf der ursprünglichen Begründungsfrist bei Gericht eingegangen ist. Die verlängerte Frist ist ebenfalls eine Notfrist.

Geht die Einspruchsbegründung nach dem Ablauf der gesetzlichen oder der richterlichen Frist ein, wird das Vorbringen als verspätet zurückgewiesen, sofern die Voraussetzungen des § 296 Abs. 1 oder des § 296 Abs. 3, 4 ZPO vorliegen.

Das Vorbringen wird nur dann zugelassen, wenn keine Verzögerung eintritt oder wenn die Verzögerung glaubhaft entschuldigt ist. Es genügt, wenn das Gericht den Vortrag im Einspruchstermin erledigen kann, vgl. BGHZ 76, 173.

Der Antrag der gegnerischen Partei lautet:
»beantrage ich,
das Versäumnisurteil aufrechtzuerhalten.«

Rechtmittel und Fristen:
Wird der Einspruch durch Urteil als unzulässig verworfen, steht der säumigen Partei die Berufung zu. Das gilt auch bei Verwerfung durch ein zweites Versäumnisurteil nach § 345 ZPO. Gegen ein Urteil, das den Einspruch für zulässig hält und das Versäumnisurteil aufhebt oder aufrecht erhält, sind die allgemeinen Rechtsmittel gegeben.

Kosten:
Gerichtskosten und Rechtsanwaltsgebühren entstehen nur einmal.

Die durch die Säumnis verursachten Kosten hat gem. § 344 ZPO regelmäßig die säumige Partei zu tragen. Hierbei handelt es sich um die 5/10 RA-Gebühr des Gegners gem. §§ 33 Abs. 1, 38 Abs. 2 BRAGO sowie um die Auslagen des Gerichts und des Gegners.

#05 Einspruch gegen Versäumnisurteil mit Antrag auf Einstellung der Zwangsvollstreckung

[*HIER Ort, Datum*]

An das
Amtsgericht [-Landgericht]
[*HIER Anschrift*]

In Sachen
....../......
Az.: ......

legen wir gegen das Versäumnisurteil des Amtsgerichts ...... [- Landgerichts] vom ......, das am ...... zugestellt wurde,

Einspruch

ein und beantragen,
das Versäumnisurteil aufzuheben und die Klage kostenpflichtig abzuweisen.

Außerdem beantragen wir,
die Zwangsvollstreckung aus dem Versäumnisurteil - hilfsweise gegen Sicherheitsleistung - einzustellen.

Vorsorglich beantragen wir,
falls die Einstellung nur gegen Sicherheitsleistung erfolgt, dem Beklagten zu gestatten, die Sicherheitsleistung durch selbstschuldnerische Bankbürgschaft beizubringen.

Begründung:

Soweit es um die vermeintliche Forderung geht, kann zwecks Vermeidung von Wiederholungen auf die bereits zu den Gerichtsakten gereichten Schriftsätze vom ...... verwiesen werden.
Die Zwangsvollstreckung aus dem Versäumnisurteil ist nach § 719 ZPO Abs. 2 ZPO - ohne Sicherheitsleistung - einzustellen, da das Versäumnisurteil gesetzwidrig ergangen ist, wie sich aus dem nachfolgenden Vortrag ergibt:
...... [*HIER weitere Ausführung*]

....
Rechtsanwalt/-wältin

Anmerkung

Bei einem Versäumnisurteil ist eine Einstellung der Zwangsvollstreckung grundsätzlich nur gegen eine Sicherheitsleistung des Schuldners zulässig, § 719 Abs. 1 S. 2 HS. 1 ZPO.

Von diesem Grundsatz gelten Ausnahmen gem. Abs. 1 S. 2 2. Hlbs., wenn das Urteil gesetzwidrig ist. Dies muss vom Gericht von Amts wegen erklärt werden, oder wenn der Säumige nach § 294 ZPO glaubhaft macht, dass er an der Säumnis schuldlos ist, OLG Hamm MDR 1978, 412.

Das Verfahren nach § 719 ZPO kann grundsätzlich nicht zur Vorwegnahme des Erkenntnisverfahrens führen, LAG Frankfurt DB 1983, 2257.

Deshalb ist nur eine Einstellung der Zwangsvollstreckung zulässig, nicht jedoch auch eine Aufhebung von Zwangsvollstreckungsmaßregeln und nicht eine Zulassung einer weiteren Zwangsvollstreckung gegen eine Sicherheitsleistung.

Zulässig ist aber eine teilweise Einstellung der Zwangsvollstreckung, nämlich nur insoweit, als durch die Vollstreckung ein nicht zu ersetzender Nachteil eintreten kann, BGHZ 18, 219, 220.

Bei unverschuldeter Säumnis sowie im Fall des § 707 Abs. 1 S. 2 ZPO sind die Voraussetzungen glaubhaft zu machen.

Die Entscheidung über die Einstellung der Zwangsvollstreckung – mit bzw. ohne Sicherheitsleistung – wird im Übrigen davon abhängen, ob der Anspruch zulässig ist und auch in der Sache aussichtsreich erscheint.

#06 Antrag auf Verwerfung des – unzulässigen – Einspruchs durch Urteil ohne mündliche Verhandlung

[*HIER Ort, Datum*]

An das
Amtsgericht [-Landgericht]
[*HIER Anschrift*]

In Sachen
....../......
Az.: ......

wird beantragt,

den Einspruch des/der Beklagten – ohne mündliche Verhandlung – als unzulässig zu verwerfen, dem Beklagten die weiteren Kosten des Rechtsstreits aufzuerlegen und das Urteil ohne Sicherheitsleistung für vorläufig vollstreckbar zu erklären.

Begründung:

Der Beklagte ist durch Versäumnisurteil des ......gerichts vom ...... zur Zahlung verurteilt worden.

Das Urteil ist dem Beklagten von Amts wegen am ...... zugestellt worden.

Die Einspruchsschrift des Prozessbevollmächtigten des Beklagten datiert erst vom ......

Demnach ist die Einspruchsfrist gem. § 339 Abs. 1 ZPO nicht beachtet. Der Einspruch ist daher als unzulässig zu verwerfen.

Es wird daher beantragt,

gem. § 341 Abs. 2 ZPO durch Urteil ohne mündliche Vorhandlung zu entscheiden.

....
Rechtsanwalt/-wältin

Anmerkung

Falls die Unzulässigkeit des Einspruchs offenkundig ist, kann angeregt werden, dass gem. § 341 Abs. 2 ZPO ohne mündliche Verhandlung entschieden wird.

Will das Gericht ohne mündliche Verhandlung entscheiden, hat es dem Gegner rechtliches Gehör zu gewähren.

Die Fassung des Antrags ergibt sich aus § 341 Abs. 1 S. 2 ZPO. Nach § 708 Nr. 3 ZPO ist das Urteil ohne Sicherheitsleistung für vorläufig vollstreckbar zu erklären.

Das Urteil ist – auch wenn es ohne mündliche Verhandlung ergangen ist – mit den gewöhnlichen Rechtsmitteln anfechtbar.

Kosten:
Gerichtskosten:
Keine.

Rechtsanwaltsgebühren:
RA (weitere) Verhandlungsgebühr, vgl. § 38 Abs. 1 BRAGO.

#07 Antrag auf Erlass eines zweiten Versäumnisurteils

Antrag im Termin

In Sachen
....../......
Az.: ......

wird beantragt,

den Einspruch des/der Beklagten gegen das Versäumnisurteil des Amtsgerichts [- Landgerichts] ...... vom ...... durch ein zweites Versäumnisurteil zu verwerfen.

Anmerkung

Der Antrag wird in der Regel nicht schriftsätzlich angekündigt, sondern zu Protokoll in dem nach § 341 a ZPO bestimmten Termin gestellt.

Das zweite Versäumnisurteil verlangt

a. eine Säumnis des Einspruchsführers
   Ist der Gegner säumig, ergeht gegen ihn bei Vorliegen der Voraussetzungen ein normales erstes Versäumnisurteil
b. im Einspruchstermin, d. h. dem ersten Verhandlungstermin, der aufgrund des Einspruchs anberaumt worden ist.
   Ist der Einspruchsführer nicht in diesem Termin, sondern – nach zwischenzeitlichen Verhandeln – in einem späteren Termin erneut säumig, so kann gegen ihn kein zweites VU nach § 345 ZPO erlassen werden, sondern nur ein weiteres, normales VU auf Aufrechterhaltung des ersten VU mit erneuter Einspruchsmöglichkeit, (vgl. BGH VersR 1984, 288) oder
c. das Erscheinen im Termin, aber das Unterlassen der Verhandlung zur Hauptsache. Eine Verhandlung nur zum Einspruch reicht nicht aus. Ein zweites VU kann auch nach Einspruch gegen einen Vollstreckungsbescheid ergehen, § 345 ZPO i. V. m. § 700 Abs. 1 ZPO.

§ 345 ZPO ist auch dann anwendbar, wenn das erste VU gesetzwidrig ergangen ist, LAG Nürnberg NJW 1976, 2231; es wird demnach nicht mehr geprüft werden, ob die säumige Partei auch bei Erlass des ersten Versäumnisurteils säumig war, ob sie beispielsweise ordnungsgemäß geladen wurde, vgl. BGH NJW 1986, 2113.

Ein zweites Versäumnisurteil nach Einspruch gegen einen VB setzt nach allgemeiner Meinung voraus, dass der Vollstreckungsbescheid rechtmäßig ergangen ist, vgl. BGH NJW 1979, 658; 1982, 888.

Eine Berufung gegen das Versäumnisurteil, das den Einspruch als unzulässig verwirft, ist nur zulässig, wenn ein Fall der Versäumung beim Erlass des zweiten Versäumnisurteils fehlte, OLG Hamm AnwBl 1983, 515, eine Versäumung beim Erlass des ersten Versäumnisurteils reicht nicht aus, vgl. BAG DB 1975, 1372.

Ist ein Vollstreckungsbescheid ergangen, kann der Beklagte mit der Berufung geltend machen, dass der VB in verfahrensrechtlich unzulässiger Weise ergangen ist, vgl. BGH NJW 1982, 888.

Kosten:
Gerichtskosten:
Keine.

Rechtsanwaltsgebühren:
Die Gebühren des RA ergeben sich aus §§ 33, 38 BRAGO. Strittig ist, ob erneut 1/2 Gebühr gem. § 33 Abs. 1 BRAGO anfällt.

#08 Sofortige Beschwerde gegen die Zurückweisung des Antrags auf Erlass eines Versäumnisurteils

[*HIER Ort, Datum*]

An das
Amtsgericht [– Landgericht]
[*HIER Anschrift*]

In Sachen

des/der ...... [*HIER Vorname, Name, Anschrift*]

– Klägers/-in, –

Prozessbevollmächtigte(r): Rechtsanwalt/-wältin ...... [*HIER Vorname, Name, Anschrift*]

gegen

den/die ...... [*HIER Vorname, Name, Anschrift*]

– Beklagte(n), –

Prozessbevollmächtigte(r): Rechtsanwalt/-wältin ...... [*HIER Vorname, Name, Anschrift*]

– Az.: ......

lege ich gegen den Beschluss des Landgerichts, mit dem die Verhandlung über den Antrag auf Erlass des Versäumnisurteils vertagt wurde,

sofortige Beschwerde

ein und werde beantragen,

1. den Beschluss des Landgerichts ...... vom ...... aufzuheben,
2. neuen Termin zu bestimmen und den/die Beklagte(n) bzw. dessen/deren Prozessbevollmächtigte(n) zu diesem Termin nicht zu laden.

Begründung:

Der anwaltlich vertretene Beklagte ist ordnungsgemäß geladen worden.

Dessen Prozessbevollmächtigter hat mit Schriftsatz vom ...... das Gericht gebeten, mit der Verhandlung ggf. auch länger als 15 Minuten zu warten, da die Verspätung wegen anderweitiger Termine nicht ausgeschlossen werden könne, ggf. möge das Gericht einen Kollegen bitten, im Termin für den Beklagten aufzutreten.

Der Prozessbevollmächtigte ist nicht erschienen. Auch war kein Kollege im Gerichtssaal anwesend, der für den Beklagten hätte auftreten können. Die Kammer hätte daher antragsgemäß gegen den Beklagten das Versäumnisurteil erlassen müssen.

....
Rechtsanwalt/-wältin

Anmerkung

Die sofortige Beschwerde ist zulässig bei Zurückweisung des Antrags in den vier Fällen des § 335 ZPO sowie bei Vertagung gemäß § 337 ZPO, dem Hauptanwendungsfall.

Die sofortige Beschwerde kann sowohl beim Untergericht als auch bei dem Beschwerdegericht (siehe § 569 Abs. 1 S. 1 ZPO) eingelegt werden.

Es ist jedoch die Einlegung beim Untergericht ratsam, da sich dort die Akten befinden.

Mit der Beschwerde kann erreicht werden, dass das Untergericht einen neuen Termin bestimmt, zu dem der Beklagte nicht geladen wird, § 336 Abs. 1 S. 2 ZPO.

Die 2-Wochenfrist beginnt ab Verkündung des Beschlusses, nicht ab Zustellung.

Kosten:
Gerichtskosten:
1,0 Gebühr nach GKG KV Nr. 1957, wenn die Beschwerde verworfen oder zurückgewiesen wird.

Rechtsanwaltsgebühren:
5/10 gem. § 31 Abs. 1 i. V. m. § 61 Abs. 1 Nr. 1 BRAGO.

#09 Entscheidung nach Aktenlage § 331 a ZPO

Antrag im Termin

In Sachen
....../......
Az.: ......

wiederhole ich den Antrag aus dem Schriftsatz vom ......

Ferner beantragen wir,
eine Entscheidung nach Aktenlage,

hilfsweise,
den Erlass eines Versäumnisurteils.

....
Rechtsanwalt/-wältin

Anmerkung

Beim Ausbleiben einer Partei im Termin zur mündlichen Verhandlung kann der Gegner statt eines Versäumnisurteils eine Entscheidung nach Lage der Akten beantragen.

Dies empfiehlt sich, falls festgestellt werden kann, dass eine Partei in Verschleppungsabsicht – also ein Einspruch des Säumigen gegen ein VU zu erwarten ist – dem Termin fernbleibt.

Ein Urteil nach Lage der Akten kann nur ergehen, wenn in einem frühen Termin streitig zur Sache verhandelt wurde, §§ 331 a S. 2 i. V. m. § 251 a Abs. 2 ZPO.

Der Antrag kann auch hilfsweise auf Erlass eines Versäumnisurteils gestellt werden, falls das Gericht eine Entscheidung nach Lage der Akten ablehnen sollte.

Ein Hilfsantrag auf ein Versäumnisurteil ist aber nicht für den Fall zulässig, dass eine Aktenlageentscheidung ungünstiger ausfallen würde.

Dem Antrag »ist zu entsprechen, wenn der Sachverhalt eine derartige Entscheidung hinreichend geklärt erscheint«.

Trotz der Mussfassung steht die Entscheidung im Ermessen des Gerichts.

Das Urteil ist kein Versäumnisurteil, sondern ein gewöhnliches Endurteil. Seine Voraussetzungen sind die eines streitmäßigen Urteils. Gegen ein Urteil ist nicht der Einspruch, sondern Berufung statthaft.

Die Ablehnung eines Antrages auf Entscheidung nach Lage der Akten ist unanfechtbar, § 336 Abs. 2 ZPO.

Ist sicher, dass der Antragsgegner nicht erscheint, so kann der Antrag auch schon im Schriftsatz angekündigt werden.

Kosten:
Gerichtskosten:
Vgl. GKG KV Nr. 1210.

Rechtsanwaltsgebühren:
§ 33 BRAGO.

05. Rechtsmittelverfahren

#01 Berufungsschrift § 519 ZPO

[*HIER Ort, Datum*]

An das
Landgericht [- Oberlandesgericht]
[*HIER Anschrift*]

In Sachen

des/der ...... [*HIER Vorname, Name, Anschrift*]

- Berufungsklägers/-in und [Klägers/-in] [Beklagte(n)], -
Prozessbevollmächtigte(r): Rechtsanwalt/-wältin ...... [*HIER Vorname, Name, Anschrift*]

gegen

den/die ...... [*HIER Vorname, Name, Anschrift*]

- Berufungsbeklagte(n) und [Klägers/-in] [Beklagte(n)], -
Prozessbevollmächtigte(r) in 1. Instanz: Rechtsanwalt/-wältin ...... [*HIER Vorname, Name, Anschrift*]

Aktenzeichen 1. Instanz: ......

zeige ich an, dass ich den/die Berufungsklägers/-in und [Klägers/-in] [Beklagte(n)]vertrete.

Gegen das am ...... 20.. verkündete und [am ...... 20..] [noch nicht] zugestellte Urteil des Amtsgerichts [- Landgerichts] ...... lege ich hiermit

Berufung

ein.

Eine Ausfertigung [- beglaubigte Abschrift] des angefochtenen Urteils [mit Zustellungsnachweis] [, das noch nicht zugestellt ist,] füge ich mit der Bitte um Rückgabe bei. ...... beglaubigte Abschriften sind ebenfalls beigefügt.

Anträge und Begründung bleiben einem gesonderten Schriftsatz vorbehalten.

....
Rechtsanwalt/-wältin

Anmerkung

Nach § 511 ZPO ist die Berufung gegen erstinstanzliche Endurteile nur zulässig, sofern

- der Wert des Beschwerdegegenstandes 600 EUR übersteigt oder
- das Gericht des ersten Rechtszuges die Berufung im Urteil zugelassen hat (sog. Zulassungsberufung).

Die Zulassungsberufung ist nach § 511 Abs. 4 ZPO nur dann zuzulassen, wenn

- die Rechtssache grundsätzliche Bedeutung hat oder
- die Fortbildung des Rechts oder
- die Sicherung einer einheitlichen Rechtsprechung eine Entscheidung des Berufungsgerichts erfordert. (Zu den einzelnen Zulassungsgründen siehe die einschlägige ZPO-Kommentarliteratur mit weiterem Nachweis)

Die Zulassung der Zulassungsberufung hat im Urteil zu erfolgen, § 511 Abs. 2 Nr. 2 ZPO. Aus diesem Grunde sollte der Rechtsanwalt, der eine obergerichtliche Entscheidung in einer Bagatellsache anstrebt, rechtzeitig vor der Urteilsbegründung die Zulassung anregen und dem Richter der ersten Instanz deutlich machen, dass und welche Zulassungsgründe gegeben sind (Lothar Schmude, Karl Eichele in BRAK-Mitteilungen 6/2001 Seite 255 ff., 255). Am besten ist ein Antrag unter begründetem Hinweis auf die Zulassungsgründe zu stellen, obwohl das Gericht von Amts wegen hierüber zu entscheiden hat, da kaum ein Amtsrichter die Zeit haben dürfte, über »den Tellerrand seines Gerichtssprengels hinauszublicken« und sich etwa über die »grundsätzliche Bedeutung« oder die »Fortbildung des Rechts Gedanken zu machen (Prechtel, Erfolgreiche Taktik im Zivilprozess, 2. Aufl. 2003, Seite 401 m. w. N.).

Ein Rechtsmittel gegen die Nichtzulassung der Berufung gibt es nicht. Eine zugelassene Berufung kann nicht mangels berechtigter Zulassung zurückgewiesen werden. An die Zulassung ist das Berufungsgericht gebunden, allerdings nicht in der Weise, dass es die Berufung nicht trotzdem durch Beschluss zurückweisen kann, wenn es die grundsätzliche Bedeutung verneint oder nicht die Erforderlichkeit sieht, das Recht fortzubilden oder die einheitliche Rechtsprechung zu sichern (BRAK-Mitteilung a. a.0.)

Büromäßige Behandlung:
Die Berufungsbegründungsfrist beträgt 2 Monate und beginnt mit Zustellung des vollständig begründeten Urteils.

Berufungs- und Berufungsbegründungsfrist mit Vorfristen müssen sorgfältig notiert werden. Die Verfügungen hierzu müssen stets vom Anwalt selbst getroffen werden, und es ist auch für eine wirksame Ausgangskontrolle der fristgebundenen Schriftsätze zu sorgen, da sonst die Gefahr besteht, dass keine Wiedereinsetzung bei Büroversehen gewährt werden kann.

Der Berufungsschrift soll eine Ausfertigung oder beglaubigte Abschrift des angefochtenen Urteils beigefügt werden, § 519 Abs. 3 ZPO. Daneben soll der Berufungskläger die nötige Anzahl von beglaubigten Abschriften der Berufungsschrift einreichen. Ist der Prozessbevollmächtigte der Gegenpartei für die Berufungsinstanz bekannt, schickt man ihm kollegial eine Abschrift zur Kenntnis.

Kosten u. Gebühren:
Gerichtskosten:
1,5 Verfahrensgebühren, GKG KV Nr. 1220; im Falle einer gerichtlichen Entscheidung fällt für ein begründetes Urteil eine weitere Gebühr mit einen Gebührensatz von 3,0 Gebühren an, GKG KV Nr. 1226, für ein unbegründetes Urteil eine weitere Gebühr mit einem Gebührensatz von 1,5 Gebühren an, GKG KV Nr. 1227.

Streitwert:
siehe § 14 GKG

Rechtsanwaltsgebühren:
Regelgebühren nach § 31 BRAGO erhöht um 3/10 (= 13/10 Gebühr), § 11 Abs. 1 S. 4 BRAGO.

#02 Berufungsbegründung § 520 ZPO

[*HIER Ort, Datum*]

An das
Landgericht [- Oberlandesgericht]
[*HIER Anschrift*]

In Sachen
....../......
Az.: ......

nehme ich Bezug auf die mit Schriftsatz vom ...... 20.. für den/die Kläger/-in [- Beklagte(n)] und Berufungskläger/-in eingelegte Berufung gegen das Urteil des Amtsgerichts [- Landgerichts] ...... vom ...... 20.. und beantrage,

das angefochtene Urteil abzuändern und
[- die Klage abzuweisen.]
[- die Klage in vollem Umfange abzuweisen.]
[- die Klage insoweit abzuweisen, als der/die Beklagte über ...... [*HIER Bezeichnung des Umfanges der akzeptierten Verurteilung*] hinausgehend verurteilt worden ist.]
[- den/die Beklagte(n) nach dem Antrag aus der Klageschrift [- dem Schriftsatz] vom ...... 20.. zu verurteilen.
[- den/die Beklagte(n) zu verurteilen, ... [*HIER Antrag entsprechend der nicht akzeptierten Klageabweisung*]]

Begründung:

Das Urteil wird in dem aus dem Antrag ersichtlichen Umfang angefochten.

...... [*HIER darlegen, warum das Urteil auf einer Rechtsverletzung beruht oder die zugrunde gelegten Tatsachen eine andere Entscheidung rechtfertigen. Neben der Rechtsverletzung können neue Tatsachen nur im beschränkten Rahmen des § 529 Abs. 1 Nr. 2 ZPO berücksichtigt werden. Es ist der gesamte möglicherweise erhebliche Sachverhalt bereits im ersten Rechtszug vorzutragen (Lothar Schmude, Karl Eichele, BRAK-Mitteilungen 6/2001, S. 255 ff., 255). In der Berufung können nicht mehr eigene Fehler korrigiert, sondern grundsätzlich nur solche des Gerichts gerügt werden (Schmude, Eichele a. a. O.).*

Die Berufungsbegründung muss folgendes enthalten:]

[I. Erhebliche Rechtsverletzung]
Es wird die Verletzung materiellen Rechts gerügt.
...... [*HIER folgt die nähere Ausführung*]

[§ 520 Abs. 3 Nr. 2 ZPO:
Die Umstände, aus denen sich die Rechtsverletzung und deren Erheblichkeit für die angefochtene Entscheidung ergibt: Der Berufungsführer muss sich rechtlich mit dem Urteil auseinandersetzen. Im Mindestfall ist ausreichend, die eigene Rechtsmeinung der des angefochtenen Urteils entgegenzusetzen.]

[oder/und]

[II. Zweifel an der Richtigkeit und Vollständigkeit der Tatsachenfeststellung]
...... [*HIER folgt die nähere Ausführung: Das ...... gericht kam auf Grund falscher Beweiswürdigung zu dem Ergebnis, dass ...... Dabei missachtete das Gericht die Aussage des Zeugen ......*]

[§ 520 Abs. 3 Nr. 3 ZPO:
Die konkreten Anhaltspunkte, die Zweifel an der Richtigkeit oder der Vollständigkeit der Tatsachenfeststellungen im angefochtenen Urteil begründen oder deshalb eine erneute Tatsachenfeststellung gebieten, sind darzulegen. § 529 Abs. 1 Nr. 1 ZPO bindet den Berufungsrichter im Grundsatz an »die vom Gericht des ersten Rechtszuges festgestellten Tatsachen«. Neue Tatsachen sind nur dort zuzulassen, wo das Gericht der ersten Instanz den Vortrag durch seinen unrichtigen Hinweis verhindert hat oder sie ohne jegliches Verschulden der Partei unterblieben sind, § 531 ZPO. Der Berufungsführer muss sich mit den Tatsachenfeststellungen des angegriffenen Urteiles im Einzelnen auseinandersetzen und deutlich machen, dass sie in diesem Urteil nicht richtig oder unvollständig festgestellt wurden; konkrete Anhaltspunkte müssen Zweifel an der richtigen Würdigung und Widergabe von Tatsachenfeststellung vom Berufungsführer begründet werden, und es muss deutlich gemacht werden, dass aufgrund dessen das Urteil im Ergebnis falsch ist (vgl. Schmude, Eichele a. a. O. S. 256 f.).]

[III. Neues Vorbringen]
...... [*HIER nähere Darlegung*]
Tatsachen, welche erst nach Schluss der mündlichen Hauptverhandlung entstanden sind, oder sonstige Angriffs- und Verteidigungsmittel, welche der Partei in 1. Instanz nicht bekannt waren, können noch im Berufungsverfahren vorgebracht werden.]

[IV. Bezugnahme auf erstinstanzlichen Vortrag]
Auf das erstinstanzliche Vorbringen des Klägers [– Beklagten], besonders in den Schriftsätzen vom ...... 20.., einschließlich der dortigen Beweisangebote wird ergänzend Bezug genommen.

Sollte das Berufungsgericht in der einen oder anderen Frage eine Ergänzung für notwendig erachten, so bitte ich um einen richterlichen Hinweis gemäß § 139 ZPO.

Es wird darum gebeten, dass der Rechtsstreit nicht dem Einzelrichter nicht zur Entscheidung übertragen wird:

Der Rechtsstreit hat aus den in der Begründung der Berufung dargelegten Erwägungen grundsätzliche Bedeutung.

[oder]
Die Angelegenheit weist besondere Schwierigkeiten tatsächlicher und rechtlicher Art auf. Der erstinstanzlich entscheidende Einzelrichter hat, wie zuvor oben dargelegt, die angeführten Rechtsfragen unzutreffend entschieden. Aus diesem Grund bedarf ihre Beantwortung der Beratung im Kollegium.

[oder]
Die Feststellung der im Berufungsverfahren zugrunde zu legenden Tatsachen bereitet besondere Schwierigkeiten, da ...... [*HIER folgt die nähere Darlegung*]

....
Rechtsanwalt/-wältin

Anmerkung

Nach § 511 ZPO ist die Berufung gegen erstinstanzliche Endurteile nur zulässig, sofern

- der Wert des Beschwerdegegenstandes 600.– EURO übersteigt oder
- das Gericht des ersten Rechtszuges die Berufung im Urteil zugelassen hat (sog. Zulassungsberufung).

Die Zulassungsberufung ist nach § 511 Abs. 4 nur dann zuzulassen, wenn

- die Rechtssache grundsätzliche Bedeutung hat oder
- die Fortbildung des Rechts oder
- die Sicherung einer einheitlichen Rechtsprechung eine Entscheidung des Berufungsgerichts erfordert. (Zu den einzelnen Zulassungsgründen siehe die einschlägige ZPO-Kommentarliteratur mit weiterem Nachweis)

Die Zulassung der Zulassungsberufung hat im Urteil zu erfolgen, § 511 Abs. 2 Nr. 2 ZPO. Aus diesem Grunde sollte der Rechtsanwalt, der eine obergerichtliche Entscheidung in einer Bagatellsache anstrebt, rechtzeitig vor der Urteilsbegründung die Zulassung anregen und dem Richter der ersten Instanz deutlich mache, dass und welche Zulassungsgründe gegeben sind (Lothar Schmude, Karl Eichele in BRAK-Mitteilungen Seite 255 ff., 255). Am besten ist einen Antrag unter begründetem Hinweis auf die Zulassungsgründe zu stellen, obwohl von Gericht von Amts wegen hierüber zu entscheiden ist, da kaum ein Amtsrichter die Zeit haben dürfte, über »den Tellerrand seines Gerichtssprengels hinauszublicken« und sich etwa über die »grundsätzliche Bedeutung« oder die »Fortbildung des Rechts Gedanken zu machen (Prechtel, Erfolgreiche Taktik im Zivilprozess, 2. Aufl. 2003, Seite 401 m. w. N.).

Ein Rechtsmittel gegen die Nichtzulassung der Berufung gibt es nicht. Eine zugelassene Berufung kann nicht mangels berechtigter Zulassung zurückgewiesen werden. An die Zulassung ist das Berufungsgericht gebunden, allerdings nicht in der Weise, dass es die Berufung nicht trotzdem durch Beschluss zurückweisen kann, wenn es die grundsätzliche Bedeutung verneint oder nicht die Erforderlichkeit sieht, das Recht fortzubilden oder die einheitliche Rechtsprechung zu sichern (BRAK-Mitteilung a. a. O.)

Büromäßige Behandlung:
Die Berufungsbegründungsfrist beträgt 2 Monate und beginnt mit Zustellung des vollständig begründeten Urteils, spätestens mit Ablauf von 5 Monaten nach Verkündung, § 520 Abs. 2 ZPO.

Berufungs- und Berufungsbegründungsfrist mit Vorfristen müssen sorgfältig notiert werden. Die Verfügungen hierzu müssen stets vom Anwalt selbst getroffen werden, und es ist auch für eine wirksame Ausgangskontrolle der fristgebundenen Schriftsätze zu sorgen, da sonst die Gefahr besteht, dass keine Wiedereinsetzung bei Büroversehen gewährt werden kann.

Der Berufungsschrift soll eine Ausfertigung oder beglaubigte Abschrift des angefochtenen Urteils beigefügt werden, § 519 Abs. 3 ZPO. Daneben soll der Berufungskläger die nötige Anzahl von beglaubigten Abschriften der Berufungsschrift einreichen. Ist der Prozessbevollmächtigte der Gegenpartei für die Berufungsinstanz bekannt, schickt man ihm kollegial eine Abschrift zur Kenntnis.

Eine ergänzende Bezugnahme auf den Vortrag in der ersten Instanz soll in der Regel mit einem detaillierten Hinweis auf bestimmte Schriftsätze des erstinstanzlichen Vorbringens verbunden werden (vgl. z. B. BVerfG NJW 1993, 597).

Da ein Antrag auf Einstellung der Zwangsvollstreckung gemäß §§ 707, 719 ZPO nur dann Aussicht auf Erfolg hat, wenn auch das eingelegte Rechtsmittel Erfolg verspricht, sollte dieser mit der Berufungsbegründung eingelegt werden. Er muss gesondert begründet werden, wobei darzulegen ist, dass der Vollstreckungsschuldner durch die vorläufige Vollstreckung eine Schaden erleiden kann, welcher über die bloße Vollstreckungswirkung hinausgeht (vgl. OLG Köln MDR 1975, 850).

Die Berufungsbegründungsfrist kann auf schriftlichen Antrag des Berufungsklägers durch den Vorsitzenden der Berufungskammer/des Berufungssenates nach § 520 Abs. 2 S. 2 u. 3 ZPO verlängert werden, mit Einwilligung des Gegners (sogar mehrfach) über einen Monat hinaus, ohne Einwilligung des Gegners um einen Monat, aber nur dann wenn erhebliche Gründe vorliegen. Zu der Substantiierung der erheblichen Gründe für die Fristverlängerung ohne Einwilligung des Gegners, wie Notwendigkeit einer Rücksprache zwischen Anwalt und Mandant, unvorhersehbare Arbeitsüberlastung des Anwaltes, besondere Schwierigkeiten des Rechtsstreites, Erkrankung des Prozessbevollmächtigten oder des Mandanten, der den Anwalt noch informieren muss, Jahresurlaub des Anwaltes, Mandatswechsel kurz vor Fristablauf ist die ZPO-Kommentarliteratur zu § 520 ZPO und § 233 ZPO nachzusehen.

Bei einer Verwerfung der Berufung als unzulässig, ist hiergegen die Rechtsbeschwerde statthaft, § 522 Abs. 1 ZPO.

Kosten u. Gebühren:
Gerichtskosten:
1,5 Verfahrensgebühren, GKG KV Nr. 1220; im Falle einer gerichtlichen Entscheidung fällt für ein begründetes Urteil eine weitere Gebühr mit einen Gebührensatz von 3,0 Gebühren an, GKG KV Nr. 1226, für ein unbegründetes Urteil eine weitere Gebühr mit einem Gebührensatz von 1,5 Gebühren an, GKG KV Nr. 1227.

Streitwert:
siehe § 14 GKG

Rechtsanwaltsgebühren:
Regelgebühren nach § 31 BRAGO erhöht um 3/10, § 11 Abs. 1 S. 4 BRAGO.

#03 Berufungserwiderung ohne Begründung

[*HIER Ort, Datum*]

An das
Landgericht [– Oberlandesgericht]
[*HIER Anschrift*]

In Sachen
....../......
Az.: ......

zeige ich an, dass ich den/die Berufungsbeklagte(n) und den/die [- Kläger/-in] [- Beklagte(n)] vertrete und beantrage,

die Berufung zurückzuweisen.

....
Rechtsanwalt/-wältin

Anmerkung

Vor Eingang einer die Angriffsrichtung des Gegners verdeutlichenden Berufungsbegründung besteht zur sachlichen Erwiderung kein Anlass. Es ist jedoch üblich und im Hinblick auf § 32 BRAGO (sonst nur halbe Prozessgebühr) zu empfehlen, sogleich nach Zustellung einer – auch noch nicht begründeten – Berufungsschrift sich für den Berufungsbeklagten zu melden und ohne Begründung den Sachantrag auf Zurückweisung der Berufung zu stellen.
Vgl. Antragsmuster 1.A.05.a#04 zur Berufungserwiderung mit Begründung.

#04 Berufungserwiderung mit Begründung

[*HIER Ort, Datum*]

An das
Landgericht [- Oberlandesgericht]
[*HIER Anschrift*]

In Sachen
....../......
Az.: ......

zeige ich an, dass ich den/die Berufungsbeklagte(n) und den/die [- Kläger/-in] [- Beklagte(n)] vertrete und beantrage,

die Berufung zurückzuweisen.

[- hilfsweise dem Berufungsbeklagten nachzulassen, die Vollstreckung durch Sicherheitsleistung ohne Rücksicht auf eine Sicherheitsleistung des Berufungsklägers abzuwenden.]

[oder]
zeige ich an, dass ich den/die Berufungsbeklagte(n) und den/die [- Kläger/-in] [- Beklagte(n)] vertrete und beantrage,

1. die Berufung zurückzuweisen.
2. hilfsweise dem/der Beklagten nachzulassen, die Zwangsvollstreckung gemäß § 712 ZPO gegen Sicherheitsleistung abzuwenden.
3. ferner hilfsweise dem/der Beklagten die Befugnis einzuräumen, die Sicherheitsleistung durch selbstschuldnerische Bürgschaft einer deutschen Großbank, Volksbank oder öffentlichen Sparkasse stellen zu können.

Begründung:

Das Gericht erster Instanz hat zutreffend ...... [*HIER anknüpfend an die Berufungsbegründung des Gegners die Richtigkeit des angegriffenen Urteils darstellen*]

[Aus den zuvor genannten Gründen wird auch gemäß § 712 ZPO vom Beklagten die Befugnis begründet, die Zwangsvollstreckung durch Sicherheitsleistung abzuwenden. ...... [*HIER folgt die nähere Begründung*]]

....
Rechtsanwalt/-wältin

Anmerkung

Vor Eingang einer die Angriffsrichtung des Gegners verdeutlichenden Berufungsbegründung besteht zur sachlichen Erwiderung kein Anlass. Es ist jedoch üblich und im Hinblick auf § 32 BRAGO (sonst nur halbe Prozessgebühr) zu empfehlen, sogleich nach Zustellung einer – auch noch nicht begründeten – Berufungsschrift sich für den Berufungsbeklagten zu melden und ohne Begründung den Sachantrag auf Zurückweisung der Berufung zu stellen, vgl. Antragsmuster 1.A.05.a.#03.

Obwohl eine Begründung dieses Antrages nicht erforderlich ist, soweit der Gegner lediglich Rechtsausführungen macht, ist sie in der Praxis in knapper Form üblich. Bei neuem Vorbringen und vor allem bei neuen Beweisantritten ist eine Begründung unter Einhaltung der Erwiderungsfrist notwendig, um einer Zurückweisung des eigenen Vortrages wegen Verspätung vorzubeugen.

Der für den Berufungsbeklagten hilfsweise in Betracht kommende Vollstreckungsschutzantrag aus § 712 ZPO sollte unterbleiben, wenn zweifelsfrei ein weiteres Rechtsmittel nicht in Frage kommen kann. Sonst ist er bei entsprechendem Bedürfnis des Mandanten gemäß ständiger Rechtsprechung des BGH unbedingt erforderlich, um die Möglichkeit entsprechenden Vollstreckungsschutzes durch das Revisionsgericht gem. § 719 Abs. 2 ZPO offenzuhalten. Die Voraussetzungen des § 712 ZPO sind ggf. eingehend zu begründen. Der Schuldner kann die Zwangsvollstreckung abwenden, sofern er begründen kann, dass sie ihm einen nicht zu ersetzenden Nachteil bringen würde (vgl. Baumbach/Lauterbach/Albers/Hartmann § 712 ZPO Rn 2).

Büromäßige Behandlung:
Wie jeder erstinstanzliche Schriftsatz.

Rechtsanwaltsgebühren:
13/10 Prozessgebühr nach dem Streitwert der Berufungsinstanz, §§ 31, 11 Abs. 1 S. 4 BRAGO.

#05 Anschlussberufung § 524 ZPO

[*HIER Ort, Datum*]

An das
Landgericht [- Oberlandesgericht]
[*HIER Anschrift*]

In Sachen

des/der ...... [*HIER Vorname, Name, Anschrift*]

- Berufungsklägers/-in und [Klägers/-in] [Beklagte(n)], -
Prozessbevollmächtigte(r): Rechtsanwalt/-wältin ...... [*HIER Vorname, Name, Anschrift*]

gegen

den/die ...... [*HIER Vorname, Name, Anschrift*]

- Berufungsbeklagte(n) und [Klägers/-in] [Beklagte(n)], -
Prozessbevollmächtigte(r) in 1. Instanz: Rechtsanwalt/-wältin ...... [*HIER Vorname, Name, Anschrift*]

Aktenzeichen 1. Instanz: ......

lege ich namens des/der Berufungsklägers/-in und [- Klägers/-in] [- Beklagte(n)] gegen das am ...... 20.. verkündete und [am ...... 20..] [noch nicht] zugestellte Urteil des Amtsgerichts [- Landgerichts] ...... [- Az.: ......]

Anschlussberufung

ein und beantrage,

...... [*HIER Antrag des Beklagten bei teilweise erfolgreicher Klage*:]

1. die Berufung des/der Kläger/-in zurückzuweisen.
2. die Klage auf die Anschlussberufung in vollem Umfange abzuweisen.

[oder]

1. das angefochtene Urteil abzuändern und die Klage insgesamt abzuweisen.
2. hilfsweise dem/der Beklagten nachzulassen, die Zwangsvollstreckung gemäß § 712 ZPO gegen Sicherheitsleistung abzuwenden und für die zu erbringende Sicherheitsleistung eine selbstschuldnerische Bürgschaft einer deutschen Großbank, Volksbank oder öffentlichen Sparkasse stellen zu können.
3. die Revision zuzulassen.

...... [*HIER Antrag des Klägers* (Klageerweiterung)]

1. die Berufung des/der Beklagten zurückzuweisen.
2. den/die Beklagte(n) auf die Anschlussberufung zu verurteilen, an den/die Kläger/-in über den vom Amtsgericht [- Landgericht] zuerkannten Betrag weitere ...... EUR nebst ...... % Zinsen p. a. seit Zustellung dieses Schriftsatzes zu zahlen.

[Hilfsanschlussberufung]

beantrage ich,

die Berufung des Beklagten zurückzuweisen.

hilfsweise

auf die Anschlussberufung des Klägers für den Fall des Erfolges der Berufung des/der Beklagten den/die Kläger/-in zu verurteilen, ...

Begründung:

...... [*HIER folgt die Begründung der Anschlussberufung nach den Maßstäben, die für die Berufung gelten, §§ 524 Abs. 2, 520 Abs. 3 ZPO.*]

....

Rechtsanwalt/-wältin

Anmerkung

Die Anschlussberufung kann bis zu einem Monat nach Zustellung der Berufungsbegründung (§ 189 ZPO beachten!) eingelegt werden. Sie setzt keine Beschwer voraus, sondern kann auch zwecks Klageerweiterung oder Durchsetzung neuer Ansprüche eingelegt werden. Dabei gelten die Beschränkungen des Vortrages durch §§ 529, 531 ZPO. Durch die Anschlussberufung kann der Berufungsbeklagte das den Berufungskläger schützende Verbot der reformatio in peius de facto unterlaufen, indem er, der zunächst eine ihm auch nachteilige erstinstanzliche Entscheidung akzeptieren wollte, die durch die Berufung erfolgende Weiterführung des Angriffs des Gegners zum Anlass nimmt, seinerseits zum Gegenangriff überzugehen.

Die Anschlussberufung des Berufungsbeklagten setzt die Einlegung einer (noch) zulässigen Hauptberufung durch den Gegner voraus. Sie ist in der Form einer Anschlussberufung einzulegen und wie die Berufung zu begründen (vgl. Anmerkungen zu Antragsmuster 1.A.05.a.#02). Weitere Zulässigkeitsvoraussetzungen bestehen nicht. Insbesondere ist sie kein eigenes Rechtsmittel, so dass keine Beschwer, keine Einhaltung der Berufungssumme und auch nicht die Einhaltung der Berufungsfrist erforderlich sind. Der in erster Instanz obsiegende Kläger [Beklagte] kann sich der Berufung des Gegners deshalb z. B. allein zum Zweck der Klageerweiterung [Widerklageerhebung] anschließen.

Büromäßige Behandlung:

Es ist auch die Formulierung möglich: »Schließe ich mich hiermit namens des Beklagten und Berufungsbeklagten der Berufung gegen das am ...... 20. . verkündete Urteil, Az. ...... an.«

Neben dem Anschlussberufungsschriftsatz ist auch die beglaubigte Abschrift des Schriftsatzes beim Gericht einzureichen, da Zustellung von Amts wegen an den Gegner erforderlich ist, die Parteizustellung somit nicht ausreicht (zur Erforderlichkeit der Amtszustellung siehe Zöller/Stöber § 189 ZPO Rn 1).

Die Anschlussberufung kann auch in der Weise begründet werden, dass sich der Anschlussberufungskläger (in dem Schriftsatz, der die Anschlussberufung enthält) auf eigenes schriftsätzliches Vorbringen in einem früheren Schriftsatz bezieht. Die Form der Anschlussberufung muss indes auch in diesem Fall ebenso wie die Frist für die Anschlussberufung gewahrt werden. Für die Anschlussberufung gilt § 519 Abs. 2, 4 ZPO, § 524 Abs. 3 ZPO. Es sind folglich die

Förmlichkeiten, die für die Berufungsschrift gelten, einzuhalten sind. Es gilt auch § 520 Abs. 3 ZPO.

Gerichtskosten u. Rechtsanwaltsgebühren:
Siehe Anmerkung zu Formular 1.A.05.a.#01.

#06 Antrag auf Wiedereinsetzung in den vorigen Stand bei versäumter Berufungsfrist § 233 ZPO

[*HIER Ort, Datum*]

An das
Landgericht [- Oberlandesgericht]
[*HIER Anschrift*]

In Sachen

des/der ...... [*HIER Vorname, Name, Anschrift*]

- Berufungsklägers/-in und [Klägers/-in] [Beklagte(n)], -
Prozessbevollmächtigte(r): Rechtsanwalt/-wältin ...... [*HIER Vorname, Name, Anschrift*]

gegen

den/die ...... [*HIER Vorname, Name, Anschrift*]

- Berufungsbeklagte(n) und [Klägers/-in] [Beklagte(n)], -
Prozessbevollmächtigte(r) in 1. Instanz: Rechtsanwalt/-wältin ...... [*HIER Vorname, Name, Anschrift*]

Aktenzeichen 1. Instanz: ......

zeige ich an, dass ich den/die Berufungskläger/-in und [- Kläger/-in] [- Beklagte(n)] vertrete.

Gegen das am ...... 20.. verkündete und [am ...... 20..] [noch nicht] zugestellte Urteil des Amtsgerichts [- Landgerichts] ...... [Az.: ......] lege ich hiermit

Berufung

ein und beantrage,

dem/der Berufungskläger/-in und [- Kläger/-in] [- Beklagte(n)] wegen der Versäumung der Berufungsfrist die Wiedereinsetzung in den vorigen Stand zu gewähren.

[oder]

unter entsprechender Abänderung des angefochtenen Urteils ...... [*HIER folgt der Sachantrag*].

Gleichzeitig wird beantragt,

dem/der Kläger/-in [- Beklagten] die Wiedereinsetzung in den vorigen Stand für die Berufungsfrist zu gewähren.

[oder]

dem/der Kläger/-in [- Beklagten] gegen die Versäumung der Berufungsfrist die Wiedereinsetzung in den vorigen Stand zu gewähren.

Die Berufungsanträge und die Berufungsbegründung reiche ich in einem gesonderten Schriftsatz nach.

Es wird angeregt, das Verfahren zunächst auf die Verhandlung und Entscheidung über den Wiedereinsetzungsantrag zu beschränken.

[Im Fall der Berufungsbegründung verbunden mit Wiedereinsetzungsantrag]

beantrage ich namens des/der Beklagten und Berufungsklägers/-in,

dem/der Beklagten die Wiedereinsetzung in die am ...... 20.. abgelaufene Berufungsbegründungsfrist zu bewilligen,

und begründe die mit Schriftsatz vom ...... 20.. eingelegte Berufung gegen das Urteil des ......, Az. ......, mit folgendem Antrag:

Unter Abänderung des am ...... 20.. verkündeten Urteil des ......gerichts wird die Klage abgewiesen.

Begründung:

...... [*HIER folgt Ausführung, Darlegung der Tatsachen, die ohne Verschulden der Partei die Berufungseinlegung bzw. -begründung verhindert haben*]

Der [- Kläger] [- Beklagte] ist ohne sein Verschulden gehindert gewesen, die Frist zur Einlegung der Berufung, die am ...... 20.. abgelaufen ist, zu wahren ...... [*HIER eingehende Begründung der Voraussetzungen mit Angabe der Mittel der Glaubhaftmachung*].

Die Frist zur Stellung des Wiedereinsetzungsantrages ist gewahrt. Von der Fristversäumung hat der [- Kläger] [- Beklagte] erst am ...... 20.. Kenntnis erhalten. [*HIER Angabe der Glaubhaftmachung*].

Eine Ausfertigung [- beglaubigte Abschrift] des angefochtenen Urteils mit Zustellungsnachweis füge ich mit der Bitte um Rückgabe bei.

Die Berufungsbegründung wird fristgerecht erfolgen.

...... [*HIER Beispielsbegründung*]
Die Berufungsschrift gegen das am ...... zugestellte Urteil des Amtsgerichts ...... wurde nach Weisung des Mandanten, in meiner Kanzlei von mir am ...... gefertigt und unterschrieben. Mit Doppeln für die Mandantin wurde es in die Postausgangsmappe gelegt und dem für den Postausgang verantwortlichen Mitarbeiter, Herrn Zuverlässig, vorgelegt.

Herr Zuverlässig ist seit sieben Jahren mein Bürovorsteher, ist ausgebildeter Rechtsanwaltsfachangestellter. Seine Tätigkeit hat bisher nie zu Fristversäumnissen geführt. Die regelmäßige monatliche und zusätzliche überraschende stichprobenartige Kontrolle seiner Arbeit hat keine Beanstandungen ergeben

Aus mir nicht mehr aufklärbaren Gründen ist der Berufungsschriftsatz nicht beim Landgericht ...... eingegangen, obgleich mein Mandant seine Abschrift erhalten hat. Auch befindet sich ein Doppel mit einem Ab-Vermerk in meinen Akten. Im Fristenkalender ist die Frist unter dem

Datum vom ...... als erledigt vermerkt. Ein Erledigungsvermerk wird im Fristenkalender jedes Mal erst dann eingetragen, wenn das Schriftstück postfertig gemacht und von meiner Bürogehilfin Emsig zur Post gebracht worden ist und dies vom Bürovorsteher überprüft worden ist.

Auch diese Tätigkeit habe ich regelmäßige stichprobenartig überwacht, zuletzt am ...... Dabei sind weder in der Vergangenheit noch jetzt je Beanstandungen nötig gewesen.

Zur Glaubhaftmachung wird die Richtigkeit der vorstehenden Angaben, soweit sie die Wahrnehmung des Unterzeichners betreffen, anwaltlich versichert.

Als Anlage ist die eidesstattliche Versicherung des Bürovorstehers Zuverlässig und der Bürogehilfin Emsig beigefügt.

[Im Fall der Berufungsbegründung verbunden mit Wiedereinsetzungsantrag]

Begründung:

1. Den Wiedereinsetzungsantrag begründe ich wie folgt: ......
...... [*HIER folgt die Begründung des Antrages auf Wiedereinsetzung.*]

2. Zur Begründung der Berufung führe ich aus:
...... [*HIER folgt die Berufungsbegründung*]

....
Rechtsanwalt/-wältin

Anmerkung

Gesetzliche Grundlage(n): §§ 233 ff. ZPO.

Die Wiedereinsetzung ist allgemein bei Versäumung einer Notfrist, zu der auch die Berufungsfrist gehört, aber u. a. auch bei Versäumung der Frist zur Begründung der Berufung oder Revision gegeben, § 233 ZPO. Frist für den Wiedereinsetzungsantrag: 2 Wochen nach Behebung des Hindernisses. Keine Notfrist, aber Verlängerung nicht möglich, allenfalls auch insoweit Wiedereinsetzungsantrag. Fristbeginn mit dem Tag, an dem das Hindernis behoben ist, § 234 ZPO. Die Wiedereinsetzung begründenden Tatsachen sind im Antrag anzugeben und durch Angabe präsenter Beweismittel i. S. d. § 294 ZPO (häufig eidesstattliche Versicherung) glaubhaft zu machen. Die versäumte Prozesshandlung muss stets nachgeholt werden und dies sollte grundsätzlich mit dem Wiedereinsetzungsgesuch verbunden werden.

Die Möglichkeit, das Verfahren zunächst auf die Verhandlung der Wiedereinsetzung zu beschränken, sieht § 238 Abs. 1 S. 2 ZPO vor und ist aus prozessökonomischen Gründen sinnvoll.

Der Sachvortrag des Rechtsanwaltes über Tatsachen aus seinem eigenen Wahrnehmungsbereich macht die förmliche Glaubhaftmachung in der Regel entbehrlich (BVerfG NJW 1976, 1537).

Die Gerichte stellen strenge Anforderungen an die die Wiedereinsetzung begründenden Umstände und die Glaubhaftmachung. Auch leichtestes Verschulden ist schädlich. Die Rechtsprechung ist insbesondere zu Fragen des schädlichen anwaltlichen Verschuldens einerseits und einem dem Rechtsanwalt und damit auch dem Mandanten nicht anzulastenden Versagen von Büropersonal andererseits sehr ausgefeilt und kasuistisch. Hier sollte stets die aktuelle

Rechtsprechung genau verfolgt werden, um die Büroorganisation mit den Anforderungen der Rechtsprechung an Fristenkontrolle und -überwachung in Einklang zu bringen (siehe hierzu Fortsetzungsaufsatz von insgesamt 12 Folgen von Brigitte Borgmann ›Der Anwalt und sein Büro‹ ab BRAK-Mitt. Nr. 1/1998 S. 16 f. bis Nr. 6/1999 S. 258 f. sowie die Rechtsprechung zur Wiedereinsetzung in den BRAK-Mitt.) Es ist auch auf die höchstrichterlichen Entscheidungen zu § 233 ZPO hinzuweisen, die z. B. in der ›Zeitschrift für Versicherungsrecht‹ jährlich veröffentlicht werden.

Es ist auch anzuraten, dass der Rechtsanwalt, der die Wiedereinsetzungsgründe glaubhaft machen kann, den Termin selbst wahrnimmt, damit er notfalls als präsenter Zeuge vernommen werden kann.

Sind für die Behandlung von Fristsachen Rechtsfragen bedeutsam, so hat der Anwalt die Klärung persönlich herbeizuführen, wie z. B. bei der Zustellung nach § 174 ZPO oder einer fristgebundenen Prozesshandlung, also insbesondere bei einer Rechtsmittel- oder Rechtsmittelbegründungsfrist muss der Anwalt Fristen selbst berechnen und den Fristablauf nachprüfen (vgl. BGH NJW 1994, 2831). Gleiches gilt auch bei Unterzeichnung eines Antrages auf Verlängerung der Berufungsbegründungsfrist (BGH NJW-RR 1991, 827).

Achtung: »Die Schwierigkeit des Wiedereinsetzungsantrages liegt nicht darin, dass er schnell geschehen muss, sie liegt auch darin, dass er wahr sein sollte, weil ein Eidesdelikt oder die Veranlassung des Personals zu einer falschen eidesstattlichen Aussage die Rechtsanwaltszulassung kosten kann und obendrein den Anwalt erpressbar macht.« (Brigitte Borgmann in BRAK-Mitt. 4/1999 S. 171)

Vorfristnotierung

Neben dem Ende der Rechtsmittelbegründungsfrist ist auch Sorge dafür zu tragen, dass eine Vorfrist von ca. einer Woche notiert wird (BGH NJW 1994, 2831). Dabei ist darauf zu achten, dass neben der Vorfrist auch immer der Ablauf der Hauptfrist eingetragen wird (BGH VersR 1992, 1154). Werden im Rechtsanwaltsbüro keine Vorfristen zur Berufungsbegründungsfrist eingetragen, so kann die Wiedereinsetzung in den vorigen Stand grundsätzlich nicht gewährt werden, sofern die Nichtnotierung der Vorfrist als Ursache für die Fristversäumung in Betracht kommt. Aber nicht für jede fristgebundene Tätigkeit ist eine Vorfristnotierung notwendig. Ihre Erforderlichkeit ergibt sich aus der notwendigen Vorbereitung. Für die Berufungseinlegungsfrist muss deshalb keine Vorfrist eingetragen werden (BGH NJW 1989, 2393, 2395).

Wurde ein Antrag auf Fristverlängerung gestellt und die Frist versäumt, so kann im Wiedereinsetzungsverfahren nicht geltend gemacht werden, der Anwalt habe mit der Fristverlängerung rechnen dürfen (BGH NJW 1982, 1651, 1652). Eine Ausnahme von dieser Regel gilt aber dann, wenn der Rechtsanwalt »mit großer Wahrscheinlichkeit« mit der Fristverlängerung rechnen durfte (BVerfG NJW 1989, 1147, 1148) und der Antrag auch während der Frist bei Gericht eingegangen ist (BGH VersR 1994, 1493, 1494).

Zulässigkeit und Begründetheit des Wiedereinsetzungsantrages

a. Zulässigkeit

aa. Statthaftigkeit

Der Antrag auf Wiedereinsetzung in den vorigen Stand ist nur bei der Versäumung von Notfristen und anderen gleichgestellten Fristen durch die Partei bzw. deren Bevollmächtigten statthaft.

bb. Zuständigkeit
Zuständig ist nach § 237 ZPO das Gericht, das die Entscheidung über die nachgeholte Prozesshandlung zu fällen hat. Aus diesem Grunde ist bei versäumter Berufungs- oder Berufungsbegründungsfrist das Berufungsgericht zuständig, selbst wenn es das Rechtsmittel bereits verworfen hat.

cc. Antragsberechtigung
Antragsberechtigt ist die Partei, die durch den Fristablauf benachteiligt ist. Der Nebenintervenient kann sich nur auf die Wiedereinsetzungsgründe stützen, die die unterstützte Partei betreffen.

dd. Form
Die Form des Antrages auf Wiedereinsetzung richtet sich gemäß § 236 Abs. 1 ZPO nach den Vorschriften, die für die versäumte Prozesshandlung gelten.

ee. Frist
Nach § 234 ZPO gilt eine Zweiwochenfrist.

Die Antragsfrist beginnt mit dem Tage der Behebung des Hindernisses nach § 233 Abs. 2 ZPO. Dabei wird der Tag, an welchem das Hindernis behoben ist, bei Berechnung der Frist nicht mitgerechnet (BGH NJW 1993, 1332, 1333).Fristbeginn ist der Zeitpunkt, an dem der Irrtum über die zu wahrende Frist nicht mehr unverschuldet ist. Das ist der Fall, sobald die bisherige Ursache der Verhinderung entweder beseitigt oder aber ihr Fortbestand nicht mehr unverschuldet ist, so etwa auch dann, wenn ein Irrtum über die zu wahrende Frist nicht mehr als unverschuldet angesehen werden kann (BGH NJW 1994, 2831, 2831 m. w. N.). Maßgeblich ist hierfür der Zeitpunkt, in dem die Partei bzw. der für sie handelnde Anwalt bei Anwendung der erforderlichen Sorgfalt die Säumnis hätte erkennen können. Dabei wird häufig der Zeitpunkt maßgeblich sein, in dem der Anwalt Anlass zur Prüfung hatte, ob das Fristende richtig ermittelt und festgehalten war (BGH a. a. O.). Dieser Anlass besteht etwa, wenn dem Anwalt anlässlich des bevorstehenden Fristablaufs die Sache – mit oder ohne Akten – vorgelegt wird (BGH a. a. O.).

Beginn der Zwei-Wochenfrist des § 234 ZPO:

»Wird ein Antrag auf Wiedereinsetzung in den vorigen Stand darauf gestützt, dass die Berufungsbegründungsfrist wegen fehlender Fristnotierung im Anwaltsbüro versäumt worden sei, so bedarf es zur Darlegung, dass der Wiedereinsetzungsantrag innerhalb der Zwei-Wochenfrist des § 234 ZPO gestellt worden ist, der Mitteilung, wann die Sache dem Prozessbevollmächtigten nach Ablauf der versäumten Frist erstmals vorgelegt worden ist. Von diesem Zeitpunkt an kann nämlich Kenntnis von der Fristversäumung nicht mehr als unverschuldet angesehen werden.« (EBE/BGH 1997,61).

ff. Prozessvollmacht
Nur bei Rüge des Gegners ist der Vollmachtnachweis der §§ 80, 88 ZPO bei anwaltlicher Vertretung im Zivilprozess erforderlich.

b. Begründetheit des Antrages
Inhaltlich ist im Wiedereinsetzungsantrag die Angabe der

- Tatsachen, die die Wiedereinsetzung begründen,
- Mittel zur Glaubhaftmachung sowie
- die Nachholung der versäumten Prozesshandlung

notwendig.

aa. Darlegung der Wiedereinsetzungstatsachen

Bei der Darlegung der Wiedereinsetzungstatsachen wird häufig nicht hinreichend beachtet, dass alle maßgeblichen Einzelheiten grundsätzlich im Wiedereinsetzungsgesuch innerhalb der 2-Wochenfrist des § 234 ZPO darzulegen sind (BGH NJW 1991, 1359).

1. Angaben zur Organisation und Überwachung der Fristwahrung:
   Sofern ein Gesuch auf Wiedereinsetzung auf das Versehen des Büropersonals gestützt werden soll, ist ein Vortrag über die Organisation und Überwachung der Fristwahrung erforderlich, um ein Verschulden der Partei oder des Rechtsanwaltes auszuräumen.
2. Genaue Angabe zum Zustandekommen des Fristversäumnisses:
   Es sind konkrete Angaben zu machen, aus denen hervorgeht, wie es zur Fristversäumnis gekommen ist. Bei Darlegung des zur Säumnis führenden Sachverhalts sind keine Einzelheiten auszusparen, auf die es ankommen kann.
3. Konkrete Darlegung des Nichtverschuldens:
   Es muss vorgetragen und dargelegt werden, dass das Versäumnis nicht von der Partei bzw. dem Bevollmächtigten verschuldet ist. Hierbei muss etwa vorgetragen werden, dass und welche bestimmte Büroangestellte mit der Berechnung der Frist betraut war. In diesem Zusammenhang muss vorgetragen werden, dass die betreffende Bürokraft hinreichend ausgebildet und bisher einwandfrei gearbeitet hat, im konkreten Fall ihr aber ein Berechnungsfehler unterlaufen ist und dieser trotz regelmäßiger Überwachung auch nicht rechtzeitig vom Rechtsanwalt erkannt werden konnte.
   Beim Vorbringen zum rechtzeitigen Absenden eines Schriftsatzes muss vorgetragen und glaubhaft gemacht werden, dass der Schriftsatz rechtzeitig auf den postalischen Weg gegeben worden ist. Dabei muss dargelegt werden, wer den Schriftsatz zu welchem Zeitpunkt auf den Postweg gebracht hat und wie die Fristenkontrolle organisiert war. Es kann bei einem Rechtsanwalt ausreichen, dass der Erledigungsvermerk im Fristenbuch vorgelegt wird, sofern sich nicht mehr feststellen lässt, welche Büroangestellte den Schriftsatz zur Post gebracht hat (BFH NV 1995, 1064).
4. Angabe der Feststellung des Fristversäumnisses:
   Hier ist etwa der Vortrag erforderlich, dass das Gesuch auf Wiedereinsetzung auch bei rechtzeitiger Erkundigung nach Form und Frist des zulässigen Rechtsmittels nicht früher gestellt werden konnte (BVerfG NJW 1995, 2544).
5. Rechtzeitigkeit des Wiedereinsetzungsgesuches:
   Im Hinblick auf die Wahrung der Wiedereinsetzungsfrist ist der Ablauf bis zur Entdeckung der Fristversäumung darzulegen. Es ist folglich nicht nur der Vortrag unerlässlich, aus dem sich das fehlende Verschulden an der Fristwahrung ergibt – mag dies auch dem um die Reputation seiner Kanzlei besorgten Rechtsanwalt vordringlich scheinen – sondern, wie manchmal übersehen wird, auch die Darstellung derjenigen Tatsachen, aus denen sich ergibt, dass das Wiedereinsetzungsgesuch rechtzeitig nach Behebung des Hindernisses gestellt worden ist.

Das Hindernis ist behoben, sobald die bisherige Ursache der Verhinderung beseitigt oder ihr Fortbestehen nicht mehr unverschuldet ist. Maßgeblich ist hierfür der Zeitpunkt, in dem der Anwalt bzw. die Partei bei Anwendung der unter den gegebenen Umständen erforderlichen Sorgfalt die eingetretene Säumnis hätte erkennen können (BGH NJW 1994, 2831). Dies wiederum ist davon abhängig, wann der Anwalt Anlass zur Prüfung hatte, ob das Fristende richtig festgestellt und festgehalten war. Ein solcher Anlass ist gegeben, wenn die Akte dem Anwalt zur Vorbereitung der Rechtsmitteleinlegung oder -begründung vorgelegt wird (BGH NJW-RR 1990, 830, 831).

Liegt das Hindernis in der Mittellosigkeit der Partei, so entfällt es mit Bekanntgabe des Beschlusses über die Bewilligung der Prozesskostenhilfe (BGH FamRZ 1991, 425, 426). Entfällt die Bedürftigkeit des Antragstellers durch Deckungszusage der Rechtsschutzversicherung, so gilt die Partei bis zu deren Erhalt als bedürftig, so dass hiermit das Wiedereinsetzungsgesuch gegen eine wegen Mittellosigkeit versäumte Rechtsmittelfrist begründet werden kann (BGH NJW 1991, 109, 110). Auch wenn die Prozesskostenhilfe wegen mangelnder Erfolgsaussicht abgelehnt wurde, kann der Antragsteller Wiedereinsetzung verlangen (so z. B. für viele andere BGH VersR 1985, 395).

bb. Glaubhaftmachung

Wenngleich die Glaubhaftmachung nach dem Wortlaut des Gesetzes nicht innerhalb der Zwei-Wochen-Frist des § 234 ZPO erfolgen muss, sondern noch im Verfahren über den Antrag nachgeholt werden kann, sollte sie jedoch zur Vermeidung von Risiken zusammen mit dem Antrag auf Wiedereinsetzung eingereicht werden.

Bei der Glaubhaftmachung ist zu beachten, dass sie sich nicht nur auf die zur – unverschuldeten – Fristversäumnis führenden Tatsachen beziehen muss, sondern auch auf diejenigen, aus denen sich die Rechtzeitigkeit des Wiedereinsetzungsantrages ergibt (BGH VersR 1992, 636). Als Mittel zur Glaubhaftmachung kommt vor allem die eidesstattliche Versicherung von Zeugen in Betracht, wobei sie stets eine eigenständige Darstellung derjenigen Person, die sie abgibt, enthalten sollte.

Die eidesstattliche Versicherung des Antragstellers kann dann ausreichen, wenn andere Glaubhaftmachungsmittel schuldlos nicht zur Verfügung stehen und andere Indizien für die Richtigkeit des Vorbringens sprechen. Aber auch sonst sollte der antragstellende Anwalt eine eidesstattliche Versicherung vorlegen, da in der auch für ihn strafbewehrten Erklärung (§ 156 StGB) eine Bekräftigung der Darstellung bewirkt wird.

Die eidesstattliche Versicherung einer Angestellten oder Partei darf nicht lediglich auf den Schriftsatz des Anwalts Bezug nehmen (BGH VersR 1988, 860 sowie 2045).

Bei Angaben des Anwalts aus seinem Bereich kommt eine anwaltliche Versicherung in Betracht, auch wenn die Versicherung der Richtigkeit schon im Gesuch selbst liegt (BVerfG NJW 1995, 25, 45). Das Gericht kann sich mit einer schlichten Erklärung begnügen, muss aber einen Hinweis geben, sofern es eine förmliche Erklärung für erforderlich hält.

Es kommen aber auch Urkunden, z. B. in Form von Posteinlieferungsscheinen, Bestätigungen über Zugverspätungen, Krankheiten oder Fahrscheine in Betracht.

Zwar verlangt die Glaubhaftmachung nach § 294 Abs. 2 ZPO präsente Beweismittel, es kann aber die Benennung von Zeugen ausreichen, wenn eine schriftliche Erklärung nicht erlangt werden kann (BGHZ 21, 334, 337).

In den Fällen der Glaubhaftmachung des Telefax-Eingangs eines fristwahrenden Faxes kann der Ausschluss der falschen Adressierung des Telefaxes sowie die fehlerfreie Funktion des Telefax-Sendegerätes und dessen korrekter Anschluss an das öffentliche Netz durch Vorlage einer eidesstattlichen Versicherung der mit der Versendung des jeweiligen Telefaxes beauftragten Person dargelegt werden (BGH MDR 1993, 387). Gegebenenfalls kann auch eine anwaltliche Versicherung als Mittel der Glaubhaftmachung ausreichen, wenn der Anwalt selbst den Sendevorgang überwacht hat. In jedem Fall sollte der Sendebericht beigefügt werden, um den Sendeversuch zu dokumentieren.

Auch wenn die Prozesskostenhilfe wegen mangelnder Erfolgsaussicht abgelehnt wurde, kann der Antragsteller Wiedereinsetzung verlangen (vgl. u. a. BGH NJW-RR 2001, 570). Bezüglich der Erfolgsaussichten bedarf es dann nicht einmal einer sachlichen Begründung im Prozesskostenhilfegesuch (BGH a. a. O.). Wurde allerdings die Prozesskostenhilfe versagt, weil der Antragsteller nicht hinreichend bedürftig ist, reicht es nicht aus, dass der Antragsteller auf das Prozesskostenhilfeverfahren Bezug nimmt und die für die Fristeinhaltung maßgeblichen Daten nennt, wie es ansonsten ausreicht, wenn die Prozesskostenhilfe wegen mangelnder Erfolgsaussicht abgelehnt wurde. Bei Ablehnung wegen nicht hinreichender Bedürftigkeit muss der Antragsteller zusätzlich darlegen und glaubhaft machen, warum er annehmen durfte, zur z. B. Berufungseinlegung finanziell nicht in der Lage zu sein (BGH VersR 1987, 1219).

cc. Nachholung der versäumten Prozesshandlung
Gemäß § 236 Abs. 2 S. 2 ZPO muss die versäumte Prozesshandlung innerhalb der Antragsfrist nachgeholt werden. Hierbei ist es aber zweckmäßig, den Antrag auf die Wiedereinsetzung und die nachzuholende Prozesshandlung miteinander zu verbinden.

Die Rechtsmittelbegründung ist innerhalb der Wiedereinsetzungsfrist nachzuholen.

dd. Antrag auf Einstellung der Zwangsvollstreckung
Gemäß § 707 ZPO kann mit einem Wiedereinsetzungsantrag zugleich auch ein Antrag auf Einstellung der Zwangsvollstreckung gestellt werden.

Bei Berufungen sollte vom Anwalt auf jeden Fall – da kein Kostenvorschuss fällig wird – überprüft werden, ob nicht aus Sicherheitsgründen unbedingt Berufung eingelegt und diese wie bei der Klageerhebung mit einem Prozesskostenhilfeantrag verbunden werden sollte.

Das Verfahren auf Wiedereinsetzung verursacht keine besonderen Gerichts- und Rechtsanwaltsgebühren. Die durch das Verfahren entstandenen Auslagen des Gerichts und der Parteien trägt der Antragsteller ohne Rücksicht auf den Erfolg des Antrages, soweit sie nicht durch einen unbegründeten Widerspruch des Gegners entstanden sind, § 238 Abs. 4 ZPO.

Da der Anwalt zur Begründung des Wiedereinsetzungsgesuchs den neuesten Stand der Rechtsprechung überprüfen sollte, sei hier auf die höchstrichterlichen Entscheidungen zu § 233 ZPO verwiesen, die z. B. in der ›Zeitschrift für Versicherungsrecht‹ jährlich veröffentlicht werden.

Es ist anzuraten, dass der Rechtsanwalt, der die Wiedereinsetzungsgründe glaubhaft machen kann, den Termin selbst wahrnimmt, damit er notfalls als präsenter Zeuge vernommen werden kann, § 294 Abs. 2 ZPO.

Büromäßige Behandlung:
Adressat des Antrages auf Wiedereinsetzung ist das Gericht, vor dem die versäumte Prozesshandlung vorgenommen werden muss.

Wiedereinsetzungsantrag und Berufung sollten miteinander verbunden werden (Thomas/ Putzo § 236 ZPO Rn 8).

Es ist die Schuldlosigkeit am Fehler darzustellen. Jede denkbare Möglichkeit eines Verschuldens muss ausgeräumt werden. Des weiteren muss die Begründung Ausführungen dazu enthalten, dass die Wiedereinsetzungsfrist gewahrt worden ist.

Die Glaubhaftmachung muss sich auch auf Tatsachen beziehen, aus denen die Einhaltung der Frist des § 234 Abs. 1, Abs. 2 ZPO folgt.

Ist die Berufungsbegründungsfrist versäumt worden, ist Wiedereinsetzung in die Berufungsbegründungsfrist zu beantragen und die Berufung zu begründen. Die versäumte Prozesshandlung ist die Einreichung der Berufungsbegründungsschrift. Der Antrag auf Verlängerung der

Berufungsbegründungsfrist vermag die fristgerechte Nachholung der Berufungsbegründung nicht zu ersetzen (BGH NJW 1999, 3051).

Ist die Frist zur Begründung der Berufung zu kurz bemessen, ist vorsorglich die Verlängerung der Begründungsfrist zu beantragen. Dem erstmaligen Antrag wird bei Angabe eines erheblichen Grundes stattzugeben sein, § 520 Abs. 2 S. 3 ZPO. Ist die Begründungsfrist verstrichen, so muss auch diesbezüglich um Wiedereinsetzung nachgesucht werden.

Auf jeden Fall sollte bei jeder Fristversäumung aber die Vermögensschadens-Haftpflichtversicherung informiert werden. Da der ungenügende Versuch eines Wiedereinsetzungsantrages ohne vorherige Einschaltung des Versicherungsschutzes eine Pflichtverletzung sein kann (es handelt sich um eine Obliegenheitsverletzung), sollte man z. B. die eigene Berufshaftpflichtversicherung sofort informieren. Weil es sich um eine Angelegenheit handelt, mit der man als Anwalt nicht allzu oft zu tun hat, werden einem zumeist die Sachbearbeiter, die öfter damit zu tun haben, sachdienliche Hinweise geben, »auch wenn ein wahrer Sachverhaltsteil als missverständlich und unerheblich lieber weggelassen oder anders formuliert werden« sollte. (Brigitte Borgmann in BRAK-Mitt. 4/1999 S. 171)

Kosten:
Keine besonderen Gerichtkosten. Das Wiedereinsetzungsverfahren gehört gem. § 37 Ziff.3 BRAGO zum Rechtszug (Zwischenstreit), d. h. volle Rechtsanwaltsgebühr nach § 31 BRAGO (Prozessgebühr) isoliert nur, wenn sich die Tätigkeit auf das Wiedereinsetzungsverfahren beschränkt und die Gebühr nicht schon ohnehin verdient ist, was regelmäßig der Fall ist (Berufungsantrag).

#01 Sofortige Beschwerde §§ 567 ff. ZPO

An das

Landgericht [- Oberlandesgericht]
[*HIER Anschrift*]

In Sachen

des/der ...... [*HIER Vorname, Name, Anschrift*]

Az.: ......

lege ich Namens des Klägers [-Beklagten] [-Antragstellers] [-Antragsgegners]

gegen den Beschluss des Amts- [-Land-] [-Oberlandes-] gerichts vom ...... 20..

sofortige Beschwerde

ein und beantrage

...... [*HIER Angabe des Beschwerdeziels*]

Begründung:

Der angefochtene Beschluss bedarf aus den nachstehenden Gründen der Überprüfung und Abänderung ...... [*HIER weitere Ausführung*]

....

Rechtsanwalt/ -wältin

Anmerkung

Das Beschwerdeverfahren ist nicht nur in den §§ 567 ff. ZPO, sondern in zahlreichen zugehörigen Vorschriften über die gesamte ZPO verteilt.

Die sofortige Beschwerde ist bei dem Erstgericht, welches die Möglichkeit der Abhilfe hat, oder dem Beschwerdegericht einzulegen, § 569 ZPO. Sie ist befristet und muss innerhalb einer Frist von 2 Wochen, falls keine andere Frist bestimmt ist, eingelegt werden, § 569 ZPO.

Achtung:

Besonders zu beachten ist bei sofortigen Beschwerden, die die Kosten betreffen, dass die Beschwerdesumme von über 100,00 EUR erreicht sein muss, wenn sich das Rechtsmittel gegen die Verpflichtung, die Prozesskosten zu tragen, richtet. In den übrigen Fällen von sofortigen Beschwerden, die Kosten betreffen, muss eine Beschwerdesumme von mehr als 50,00 EUR vorliegen, § 567 Abs. 2 ZPO.

Eine **Begründung** ist nicht vorgeschrieben, aber üblich und zu empfehlen, zumal die Beschwerde auch auf neue Tatsachen gestützt werden kann. Es sollte auch ein konkreter Antrag gestellt werden.

Die Beschwerde hat grundsätzlich **keine aufschiebende Wirkung**. In geeigneten Fällen ist der Antrag auf Aussetzung der Vollziehung anzuraten, § 570 Abs. 2, 3 ZPO. Eine aufschiebende Wirkung kraft Gesetzes gibt es, wenn sich das Rechtsmittel gegen die Festsetzung eines Ordnungs- oder Zwangsmittels wendet, § 570 Abs. 1 ZPO.

Büromäßige Behandlung:
Bei Eingang einer der sofortigen Beschwerde unterliegenden beschwerenden Entscheidung ist sorgfältige Fristnotierung und – überwachung einzuleiten. Der Beschwerdeschriftsatz ist mit Abschriften für die Gegenseite einzureichen.

Kosten und Gebühren:
Gerichtskosten:
Für bestimmte sofortige Beschwerden in Arrest- und einstweiligen Verfügungsverfahren eine Gebühr, GKG KV Nr. 1951, sonst nur Gebührenbelastung bei erfolgloser Beschwerdeeinlegung, vgl. GKG KV Nr. 1956. Keine Vorschussleitung

Rechtsanwaltsgebühren:
5/10 nach § 61 Abs. 1 Ziff. 1 BRAGO.

06. Sonstige Verfahren

#01 Restitutionsklage gegen ein stattgebendes Urteil §§ 580 ff. ZPO

[*HIER Ort, Datum*]

An das
Amtsgericht [- Landgericht] [- Oberlandesgericht]
[*HIER Anschrift*]

Restitutionsklage

des/der ...... [*HIER Vorname, Name, Anschrift*]

- Klägers/-in, -

Prozessbevollmächtigte(r): Rechtsanwalt/-wältin ...... [*HIER Vorname, Name, Anschrift*]

gegen

den/die ...... [*HIER Vorname, Name, Anschrift*]

- Beklagte(n), -

Prozessbevollmächtigte(r): Rechtsanwalt/-wältin ...... [*HIER Vorname, Name, Anschrift*]

Streitwert: ...... EUR

Namens und in Vollmacht des/der Klägers/-in erhebe ich Klage und werde beantragen,

1. das Urteil des Amtsgerichts [- Landgerichts] [- Oberlandesgerichts] ...... vom ...... 20.., Aktenzeichen: ......aufzuheben und die frühere Klage abzuweisen.
2. den/die Beklagte(n) weiterhin zu verurteilen, an den/die Kläger/-in die aufgrund des unter Ziff.1 genannten Urteils erlangten Beträge in Höhe von ...... EUR nebst ......% Zinsen p. a. seit dem ...... 20.. zurückzuzahlen.
3. dem/der Beklagten die Kosten dieses und des früheren Rechtsstreits aufzuerlegen und das Urteil für vorläufig vollstreckbar zu erklären.

[Sofern aus dem früheren Urteil noch Vollstreckung drohen sollte:
Vorab wird beantragt,

die Zwangsvollstreckung aus dem zu Ziff.1 genannten Urteil bis zur Entscheidung über die Restitutionsklage ohne Sicherheitsleistung, hilfsweise gegen Sicherheitsleistung, deren Erbringung durch ...... [*HIER Antrag gem. § 108 Abs. 1 ZPO*] gestattet wird, einstweilen einzustellen.]

Begründung:

Im Ergebnis eines zwischen den Parteien mit umgekehrten Rubrum geführten Vorprozesses ist der Kläger durch das im Antrag bezeichnete Urteil vom ...... zur Zahlung von ...... EUR nebst ......% Zinsen p. a. seit ...... 20.. an den Beklagten verurteilt. Die in Anlage beigefügte Ausfertigung des Urteils ist dem Kläger am ...... 20.. zugestellt worden. Das Urteil ist rechtskräftig. In Befolgung des Urteils hat der Kläger ...... EUR und ...... EUR Zinsen, mithin insgesamt ...... EUR an den Beklagten gezahlt.

Der Kläger hat am ...... 20.. davon Kenntnis erhalten, dass das gegen ihn ergangene Urteil auf einer durch die hiermit erhobenen Restitutionsklage anfechtbaren Grundlage ergangen ist, was zur Wiederaufnahme des Verfahrens führen muss. Zum Beweis dafür, dass der Kläger erstmals am ...... 20.. vom Vorliegen des nachstehenden Anfechtungsgrundes erfahren hat, beziehe ich mich auf:

...... [*HIER Angabe der Beweismittel*].

Die Restitutionsklage wird auf folgenden Sachverhalt gestützt.

[-Fall § 580 Ziff.1 ZPO:
Der Beklagte hat durch Beeidigung einer Aussage, auf die das Urteil gegründet ist, sich einer vorsätzlichen [- fahrlässigen] Verletzung der Eidespflicht schuldig gemacht und ist deswegen durch Strafurteil vom ...... des ......gerichts ...... (Az.: ......) rechtskräftig verurteilt worden. Das angegriffene Urteil beruht auf dieser Falschaussage, wie sich daraus ergibt, dass ...... [*HIER weitere Begründung*].]

[-Fall § 580 Ziff.2 ZPO:
Eine im Rechtsstreit vorgelegte Urkunde, nämlich ......, war fälschlich angefertigt worden [- verfälscht worden]. Die Urkundenfälschung hat zur rechtskräftigen Verurteilung des Beklagten durch Urteil des ......gerichts ...... vom ...... 20.. geführt (Az.: ......). Das angegriffene Urteil ist auf die gefälschte Urkunde gegründet, wie sich daraus ergibt, dass ...... [*HIER weitere Begründung*].]

[-Fall § 580 Ziff.3 ZPO:
Bei einem Zeugnis [- Gutachten], nämlich ...... hat sich der Zeuge [- Sachverständige] ...... einer strafbaren Verletzung der Wahrheitspflicht schuldig gemacht indem ...... [*HIER weitere Begründung*]. Er ist deswegen durch Strafurteil vom ...... des ......gerichts ...... (Az.: ...... [*HIER weitere Begründung*] rechtskräftig verurteilt worden. Das Urteil ist auf der strafbaren Handlung gegründet, wie sich daraus ergibt, dass ...... [*HIER weitere Begründung*].]

[-Fall § 580 Ziff.4 ZPO:
Das Urteil ist durch den Vertreter der Partei [- von dem Gegner] [- von dem Vertreter des Gegners] durch folgende in Beziehung auf den Rechtsstreit verübte Straftat erwirkt worden ...... [*HIER weitere Begründung*].] Diese Umstände waren Gegenstand eines Strafverfahrens, das mit der rechtskräftigen Verurteilung des ...... wegen ...... durch Strafurteil vom ...... des ......gerichts ...... (Az.: ......) abgeschlossen worden ist. Das Urteil beruht auf der abgeurteilten Straftat ...... [*HIER weitere Ausführung*].]

[-Fall § 580 Ziff.5 ZPO:
Bei dem Urteil hat ein Richter mitgewirkt, der sich in Beziehung auf den Rechtsstreit einer strafbaren Verletzung seiner Amtspflichten gegen die Partei schuldig gemacht hat, und der deswegen durch Strafurteil vom ...... des ......gerichts ...... (Az.: ......) rechtskräftig verurteilt worden ist. Das Urteil beruht auf dieser Straftat. ...... [*HIER weitere Begründung*].]

[- Fall § 580 Ziff.6 ZPO:
Das Urteil des ......gerichts ...... vom ......, auf welches das angefochtene Urteil gegründet ist, ist durch ein anderes, rechtskräftiges Urteil des ......gerichts ...... vom ...... (Az.:

......) aufgehoben worden. Die angegriffene Verurteilung beruht auf der aufgehobenen Entscheidung ...... [*HIER weitere Begründung*].]

[-Fall § 580 Ziff.7 a ZPO:
Der Kläger hat ein in derselben Sache erlassenes, früher rechtskräftig gewordenes Urteil aufgefunden.]

[-Fall § 580 Ziff.7 b ZPO:
Der Kläger hat eine andere Urkunde aufgefunden [– ist in der Lage eine andere Urkunde vorzuweisen], die eine günstigere Entscheidung herbeigeführt haben würde....... [*HIER weitere Begründung*].]

Die Wiederaufnahme des Verfahrens hat nach alledem wegen Begründetheit der Restitutionsklage zu erfolgen. Im Gegensatz zum früheren Urteil ist die Klage abzuweisen.

...... [*HIER weitere Begründung*].

Der Anspruch des Klägers auf Rückzahlung der aufgrund des aufzuhebenden Urteils zu Unrecht an den Beklagten gezahlten Hauptforderungs- und Zinsbeträge folgt aus entsprechender Anwendung des § 717 Abs. 3 ZPO

[Zum Antrag auf einstweilige Einstellung der Zwangsvollstreckung ist auszuführen, dass ...... [*HIER weitere Begründung*].]

....
Rechtsanwalt/-wältin

Anmerkung

Gesetzliche Grundlage(n): § 578 ff. ZPO.

Die Wiederaufnahme eines rechtskräftig abgeschlossenen Verfahrens ist nur in den engen Grenzen der Nichtigkeits- und/oder Restitutionsklage möglich. Die gem. § 582 ZPO vorgreifliche Nichtigkeitsklage ist bei den in § 579 ZPO ausgeführten schwerwiegenden Verfahrensfehlern einschlägig; die Restitutionsklage greift bei den in § 580 ZPO angeführten schwerwiegenden Ursachen für eine greifbar falsche Entscheidungsgrundlage. Die Klageart muss angegeben werden.

Das Wiederaufnahmeverfahren vollzieht sich in 3 Stufen:

1. Zulässigkeit der Wiederaufnahmeklage. Besonders wichtig ist hier die Einhaltung der Klagefrist des § 586 ZPO (Notfrist von 1 Monat ab Kenntnis des Anfechtungsgrundes) in den Grenzen von 5 Jahren nach Rechtskraft. Für die Nichtigkeitsklage wegen mangelnder Vertretung gelten Besonderheiten (§ 586 Abs. 3 ZPO). Die Voraussetzungen für die Fristwahrung sind vorzutragen und glaubhaft zu machen, was die Beweisführung durch eidesstattliche Versicherung erlaubt, §§ 589 Abs. 2, 294 ZPO. Die Wiederaufnahmeklage ist unzulässig, soweit der geltend gemachte Anfechtungsgrund durch Rechtsbehelfe oder Rechtsmittel im früheren Verfahren noch hätte geltend gemacht werden können, § 582 ZPO.
2. Zur Begründetheit muss einer der abschließend aufgeführten gesetzlichen Nichtigkeits- oder Restitutionsgründe erwiesen sein. Die Beweisführungsmöglichkeiten sind beschränkt (vgl. § 581 ZPO).
3. Bei zulässiger und begründeter Wiederaufnahmeklage wird der zunächst rechtskräftig abgeschlossene Vorprozess fortgesetzt, § 590 ZPO. In dieser 3. Stufe folgt das Verfahren, auch

zu den Rechtsmitteln, allgemeinen Regeln. Das Gericht entscheidet einheitlich über die Kosten des Vor- und Folgeprozesses.

Fehlt es an der Zulässigkeit der Wiederaufnahmeklage, wird sie als unzulässig durch Urteil verworfen, fehlt es am Wiederaufnahmegrund, wird sie als unbegründet abgewiesen ohne die dritte Stufe zu erreichen.

Ausschließlich zuständig ist grds. das Gericht, das im ersten Rechtszuge erkannt hat; wenn das angefochtene Urteil von einem Berufungs- oder Revisionsgericht erlassen wurde oder wenn ein Vollstreckungsbescheid angegriffen werden soll, gelten Besonderheiten, § 584 ZPO.

Besonderheiten der Restitutionsklage:
Der zur Zahlung verurteilte Restitutionskläger kann nach h. M. analog § 717 Abs. 3 ZPO die Klage auf Rückzahlung beigetriebener Beträge mit der Restitutionsklage verbinden. Sonstiger Schadenersatz kann gem. § 717 Abs. 2 ZPO nur in gesondertem Rechtsstreit geltend gemacht werden. Gem. § 707 Abs. 1 ZPO kann die einstweilige Einstellung der Zwangsvollstreckung beantragt werden.

Der in der Praxis wichtigste Restitutionsgrund ist, abgesehen von den Fällen strafbarer Prozessbeeinflussung, das nachträgliche Auffinden von grds. schon zur Zeit des Vorprozesses existierender Urkunden (§ 580 Ziff.7 b ZPO). Das Auffinden sonstiger Beweismittel (weitere Zeugen o. ä.) ist kein Restitutionsgrund und dies kann über die Beibringung von Urkunden nicht unterlaufen werden.

Büromäßige Behandlung:
Wie gewöhnliche Klage, s. a. §§ 587, 588 ZPO. Die Prozessvollmacht gilt weiter, jedoch nicht in Ehesachen (§§ 81, 609 ZPO).

Kosten:
Gerichtskosten und Rechtsanwaltsgebühren wie bei gewöhnlicher Klage in entsprechender Instanz.

#02 Restitutionsklage gegen ein klageabweisendes Urteil §§ 580 ff. ZPO

[*HIER Ort, Datum*]

An das
Amtsgericht [- Landgericht] [- Oberlandesgericht]
[*HIER Anschrift*]

Restitutionsklage

des/der ...... [*HIER Vorname, Name, Anschrift*]

- Klägers/-in, -

Prozessbevollmächtigte(r): Rechtsanwalt/-wältin ...... [*HIER Vorname, Name, Anschrift*]

gegen

den/die ...... [*HIER Vorname, Name, Anschrift*]

- Beklagte(n), -

Prozessbevollmächtigte(r): Rechtsanwalt/-wältin ...... [*HIER Vorname, Name, Anschrift*]

Streitwert: ...... EUR

Namens und in Vollmacht des/der Klägers/-in erhebe ich Klage und werde beantragen,

1. das Urteil des Amtsgerichts [- Landgerichts] [- Oberlandesgerichts] ...... vom ...... 20.., Aktenzeichen: ......, aufzuheben und den/die Beklagte(n) zu verurteilen, an den/die Kläger/-in ......EUR nebst ......% Zinsen p. a. seit ...... 20.. zu zahlen.
2. dem/der Beklagten die Kosten dieses und des früheren Rechtsstreits aufzuerlegen und das Urteil für vorläufig vollstreckbar zu erklären.

Begründung:

Im Ergebnis eines zwischen den Parteien mit umgekehrten Rubrum geführten Vorprozesses ist die Klage des Klägers durch das im Antrag bezeichnete Urteil vom ...... abgewiesen worden. Die in der Anlage beigefügte Ausfertigung des Urteils ist dem Kläger am ...... 20.. zugestellt worden. Das Urteil ist rechtskräftig. Mit der Klage hatte der Kläger die Verurteilung des Beklagten zur Zahlung von ...... EUR nebst ......% Zinsen p. a. seit ...... 20.. begehrt. Dies entspricht dem hiermit zur Sache erneut gestellten Klageantrag.

Der Kläger hat am ...... 20.. davon Kenntnis erhalten, dass das seine frühere Klage abweisende Urteil auf einer durch die hiermit erhobenen Restitutionsklage anfechtbaren Grundlage ergangen ist, was zur Wiederaufnahme des Verfahrens führen muss. Zum Beweis dafür, dass der Kläger erstmals am ...... 20.. vom Vorliegen des nachstehenden Anfechtungsgrundes erfahren hat, beziehe ich mich auf:
...... [*HIER Angabe der Beweismittel*].

Die Restitutionsklage wird auf folgenden Sachverhalt gestützt.

[-Fall § 580 Ziff.1 ZPO:
Der Beklagte hat durch Beeidigung einer Aussage, auf die das Urteil gegründet ist, sich einer vorsätzlichen [- fahrlässigen] Verletzung der Eidespflicht schuldig gemacht und ist deswegen durch Strafurteil vom ...... des ......gerichts ...... (Az.: ......) rechtskräftig verurteilt worden. Das angegriffene Urteil beruht auf dieser Falschaussage, wie sich daraus ergibt, dass ...... [*HIER weitere Begründung*].]

[-Fall § 580 Ziff.2 ZPO:
Eine im Rechtsstreit vorgelegte Urkunde, nämlich ......, war fälschlich angefertigt worden [-verfälscht worden]. Die Urkundenfälschung hat zur rechtskräftigen Verurteilung des Beklagten durch Urteil des ......gerichts ...... vom ...... 20.. geführt (Az.: ......). Das angegriffene Urteil ist auf die gefälschte Urkunde gegründet, wie sich daraus ergibt, dass ...... [*HIER weitere Begründung*].]

[-Fall § 580 Ziff.3 ZPO:
Bei einem Zeugnis [- Gutachten], nämlich ...... hat sich der Zeuge [- Sachverständige] ...... einer strafbaren Verletzung der Wahrheitspflicht schuldig gemacht indem ...... [*HIER weitere Begründung*]. Er ist deswegen durch Strafurteil vom ...... des ......gerichts ...... (Az.: ...... [*HIER weitere Begründung*] rechtskräftig verurteilt worden. Das Urteil ist auf der strafbaren Handlung gegründet, wie sich daraus ergibt, dass ...... [*HIER weitere Begründung*].]

[-Fall § 580 Ziff.4 ZPO:
Das Urteil ist durch den Vertreter der Partei [- von dem Gegner] [- von dem Vertreter des Gegners] durch folgende in Beziehung auf den Rechtsstreit verübte Straftat erwirkt worden ...... [*HIER weitere Begründung*].] Diese Umstände waren Gegenstand eines Strafverfahrens, das mit der rechtskräftigen Verurteilung des ...... wegen ...... durch Strafurteil vom ...... des ......gerichts ...... (Az.: ......) abgeschlossen worden ist. Das Urteil beruht auf der abgeurteilten Straftat ...... [*HIER weitere Ausführung*].]

[-Fall § 580 Ziff.5 ZPO:
Bei dem Urteil hat ein Richter mitgewirkt, der sich in Beziehung auf den Rechtsstreit einer strafbaren Verletzung seiner Amtspflichten gegen die Partei schuldig gemacht hat, und der deswegen durch Strafurteil vom ...... des ......gerichts ...... (Az.: ......) rechtskräftig verurteilt worden ist. Das Urteil beruht auf dieser Straftat. ...... [*HIER weitere Begründung*].]

[- Fall § 580 Ziff.6 ZPO:
Das Urteil des ......gerichts ...... vom ......, auf welches das angefochtene Urteil gegründet ist, ist durch ein anderes, rechtskräftiges Urteil des ......gerichts ...... vom ...... (Az.: ......) aufgehoben worden. Die angegriffene Verurteilung beruht auf der aufgehobenen Entscheidung ...... [*HIER weitere Begründung*].]

[-Fall § 580 Ziff.7 a ZPO:
Der Kläger hat ein in derselben Sache erlassenes, früher rechtskräftig gewordenes Urteil aufgefunden.]

[-Fall § 580 Ziff.7 b ZPO:
Der Kläger hat eine andere Urkunde aufgefunden [- ist in der Lage eine andere Urkunde vorzuweisen], die eine günstigere Entscheidung herbeigeführt haben würde. ...... [*HIER weitere Begründung*].]

Die Wiederaufnahme des Verfahrens hat nach alledem wegen Begründetheit der Restitutionsklage zu erfolgen. Im Gegensatz zum früheren Urteil ist der Klage stattzugeben.

...... [*HIER weitere Begründung*].

....
Rechtsanwalt/-wältin

Anmerkung

Auf die Anmerkungen zum Antragsmuster der Restitutionsklage gegen ein stattgebendes Urteil wird verwiesen (1.A.06.a.#01.)

#03 Nichtigkeitsklage gegen ein stattgebendes Urteil §§ 579 ff. ZPO

[*HIER Ort, Datum*]

An das
Amtsgericht [- Landgericht] [- Oberlandesgericht]
[*HIER Anschrift*]

Nichtigkeitsklage

des/der ...... [*HIER Vorname, Name, Anschrift*]

- Klägers/-in, -

Prozessbevollmächtigte(r): Rechtsanwalt/-wältin ...... [*HIER Vorname, Name, Anschrift*]

gegen

den/die ...... [*HIER Vorname, Name, Anschrift*]

- Beklagte(n), -

Prozessbevollmächtigte(r): Rechtsanwalt/-wältin ...... [*HIER Vorname, Name, Anschrift*]

Streitwert: ...... EUR

Namens und in Vollmacht des/der Klägers/-in erhebe ich Klage und werde beantragen,

1. das Urteil des Amtsgerichts [- Landgerichts] [- Oberlandesgerichts] ...... vom ...... 20.., Aktenzeichen: ...... für nichtig zu erklären und die damalige Klage abzuweisen,
2. den/die Beklagte(n) zu verurteilen, an den/die Kläger/-in die aufgrund des unter Ziff.1 genannten Urteils erlangten Beträge in Höhe von ......EUR nebst ......% Zinsen seit dem ...... 20.. zurückzuzahlen.
3. dem/der Beklagten die Kosten dieses und des früheren Rechtsstreites aufzuerlegen und das Urteil für vorläufig vollstreckbar zu erklären.

[Sofern aus dem früheren Urteil noch Vollstreckung drohen sollte:
Vorab wird beantragt,

die Zwangsvollstreckung aus dem zu Ziff.1 genannten Urteil bis zur Entscheidung über die Nichtigkeitsklage ohne Sicherheitsleistung, hilfsweise gegen Sicherheitsleistung, deren Erbringung durch ...... [*HIER Antrag gem. § 108 Abs. 1 ZPO*] gestattet wird, einstweilen einzustellen.]

Begründung:

Im Ergebnis eines zwischen den Parteien mit umgekehrten Rubrum geführten Vorprozesses ist der Kläger durch das im Antrag bezeichnete Urteil vom ...... zur Zahlung von ...... EUR nebst ......% Zinsen p. a. seit ...... 20.. an den Beklagten verurteilt. Die in der Anlage beigefügte Ausfertigung des Urteils ist dem Kläger am ...... 20.. zugestellt worden. Das Urteil ist rechtskräftig. In Befolgung des Urteils hat der Kläger ...... EUR und ...... EUR Zinsen, mithin insgesamt ...... EUR an den Beklagten gezahlt.

Der Kläger hat am ...... 20.. davon Kenntnis erhalten, dass das gegen ihn ergangene Urteil auf einer durch die hiermit erhobenen Nichtigkeitsklage anfechtbaren Grundlage ergangen ist, was zur Wiederaufnahme des Verfahrens führen muss. Zum Beweis dafür, dass der Kläger erstmals am ...... 20.. vom Vorliegen des nachstehenden Anfechtungsgrundes erfahren hat, beziehe ich mich auf:

...... [*HIER Angabe der Beweismittel*].

Die Nichtigkeitsklage wird auf folgenden Sachverhalt gestützt:

[- Fall § 579 Abs. 1 Ziff.1 ZPO:
Das erkennende Gericht war nicht vorschriftsmäßig, denn ...... [*HIER weitere Begründung*]

[- Fall § 579 Abs. 1 Ziff.2 ZPO:
Bei der Entscheidung hat ein Richter mitgewirkt, der von der Ausübung des Richteramts kraft Gesetzes ausgeschlossen war, ohne dass ein erfolgloses Ablehnungsgesuch angebracht worden ist. Auch ein erfolgloses Rechtsmittel ist darauf nicht gestützt worden ...... [*HIER weitere Begründung*].]

[- Fall § 579 Abs. 1 Ziff.3 ZPO:
Bei der Entscheidung hat ein Richter mitgewirkt, obgleich er wegen Besorgnis der Befangenheit abgelehnt und das Ablehnungsgesuch für begründet erklärt war. ...... [*HIER weitere Begründung*].]

[- Fall § 579 Abs. 1 Ziff.4 ZPO:
Der Kläger war nicht nach Vorschrift des Gesetzes vertreten und hat auch die Prozessführung nicht genehmigt. ...... [*HIER weitere Begründung*].]

Die Wiederaufnahme des Verfahrens hat nach alledem wegen Begründetheit der Nichtigkeitsklage zu erfolgen. Im Gegensatz zum früheren Urteil ist die Klage abzuweisen. ...... [*HIER weitere Begründung*].

Der Anspruch des Klägers auf Rückzahlung der aufgrund des aufzuhebenden Urteils zu Unrecht an den Beklagten gezahlten Hauptforderungs- und Zinsbeträge folgt aus entsprechender Anwendung des § 717 Abs. 3 ZPO

[Zum Antrag auf einstweilige Einstellung der Zwangsvollstreckung ist auszuführen, dass ...... [*HIER weitere Begründung*].]

....
Rechtsanwalt/-wältin

Anmerkung

Vgl. zunächst die allgemeinen Anmerkungen zur Wiederaufnahme durch Nichtigkeits- und Restitutionsklage bei Formular 1.A.06.a.#01.

Speziell zur Nichtigkeitsklage:
Im Gegensatz zur Restitutionsklage ist der Nachweis, dass das angegriffenen Urteil auf dem Anfechtungsgrund beruht, nicht erforderlich.

Der häufigste Fall der Nichtigkeitsklage ist der, dass die Partei nicht nach Vorschrift des Gesetzes vertreten war, also wenn sie z. B. minderjährig, geisteskrank oder entmündigt war und die Klage nicht dem gesetzlichen Vertreter zugestellt worden war. Für die Klagefrist gilt hier die einschränkende Bestimmung des § 586 Abs. 2 ZPO nicht, sie kann also auch noch nach Ablauf von 5 Jahren erhoben werden innerhalb der Notfrist von einem Monat nach Kenntnis (§ 586 Abs. 1 und 3 ZPO).

#04 Nichtigkeitsklage gegen ein klageabweisendes Urteil §§ 579 ff. ZPO

[*HIER Ort, Datum*]

An das
Amtsgericht [- Landgericht] [- Oberlandesgericht]
[*HIER Anschrift*]

Nichtigkeitsklage

des/der ...... [*HIER Vorname, Name, Anschrift*]

\- Klägers/-in, -

Prozessbevollmächtigte(r): Rechtsanwalt/-wältin ...... [*HIER Vorname, Name, Anschrift*]

gegen

den/die ...... [*HIER Vorname, Name, Anschrift*]

\- Beklagte(n), -

Prozessbevollmächtigte(r): Rechtsanwalt/-wältin ...... [*HIER Vorname, Name, Anschrift*]
Streitwert: ...... EUR

Namens und in Vollmacht des/der Klägers/-in erhebe ich Klage und werde beantragen,

1. das Urteil des Amtsgerichts [- Landgerichts] [- Oberlandesgerichts] ...... vom ...... 20.., Aktenzeichen: ...... aufzuheben und den/die Beklagte(n) zu verurteilen, an den/die Kläger/-in ...... EUR nebst ......% Zinsen p. a. seit ...... 20.. zu zahlen.
2. dem/der Beklagten die Kosten dieses und des früheren Rechtsstreits aufzuerlegen und das Urteil für vorläufig vollstreckbar zu erklären.

Begründung:

Im Ergebnis eines zwischen den Parteien mit umgekehrten Rubrum geführten Vorprozesses ist die Klage des Klägers durch das im Antrag bezeichnete Urteil vom ...... abgewiesen worden. Die in der Anlage beigefügte Ausfertigung des Urteils ist dem Kläger am ...... 20.. zugestellt worden. Das Urteil ist rechtskräftig. Mit der Klage hatte der Kläger die Verurteilung des Beklagten zur Zahlung von ...... EUR nebst ......% Zinsen p. a. seit ...... 20.. begehrt. Dies entspricht dem hiermit zur Sache erneut gestellten Klageantrag.

Der Kläger hat am ...... 20.. davon Kenntnis erhalten, dass das seine frühere Klage abweisende Urteil auf einer durch die hiermit erhobenen Nichtigkeitsklage anfechtbaren Grundlage ergangen ist, was zur Wiederaufnahme des Verfahrens führen muss. Zum Beweis dafür, dass der Kläger erstmals am ...... 20.. vom Vorliegen des nachstehenden Anfechtungsgrundes erfahren hat, beziehe ich mich auf: ...... [*HIER Angabe der Beweismittel*].

Die Nichtigkeitsklage wird auf folgenden Sachverhalt gestützt:

[- Fall § 579 Abs. 1 Ziff.1 ZPO:
Das erkennende Gericht war nicht vorschriftsmäßig, denn ...... [*HIER weitere Begründung*]

[-Fall § 579 Abs. 1 Ziff.2 ZPO:
Bei der Entscheidung hat ein Richter mitgewirkt, der von der Ausübung des Richteramts kraft Gesetzes ausgeschlossen war, ohne dass ein erfolgloses Ablehnungsgesuch angebracht worden ist. Auch ein erfolgloses Rechtsmittel ist darauf nicht gestützt worden ...... [*HIER weitere Begründung*].]

[-Fall § 579 Abs. 1 Ziff.3 ZPO:
Bei der Entscheidung hat ein Richter mitgewirkt, obgleich er wegen Besorgnis der Befangenheit abgelehnt und das Ablehnungsgesuch für begründet erklärt war. ...... [*HIER weitere Begründung*].]

[- Fall § 579 Abs. 1 Ziff.4 ZPO:
Der Kläger war nicht nach Vorschrift des Gesetzes vertreten und hat auch die Prozessführung nicht genehmigt. ...... [*HIER weitere Begründung*].]

Die Wiederaufnahme des Verfahrens hat nach alledem wegen Begründetheit der Nichtigkeitsklage zu erfolgen. Im Gegensatz zum früheren Urteil ist die Klage abzuweisen. ...... [*HIER weitere Begründung*].

....
Rechtsanwalt/-wältin

Anmerkung

Vgl. zunächst die allgemeinen Anmerkungen zur Wiederaufnahme durch Nichtigkeits- und Restitutionsklage bei Antragsmuster (1.A.06.a.#01.)

Speziell zur Nichtigkeitsklage vgl. die Anmerkungen bei Antragsmuster 1.A.06.a.#03.

#01 Klage im Urkundenprozess §§ 592 ff. ZPO

Klage im Urkundenprozess §§ 592 ff. ZPO

[*HIER Ort, Datum*]

An das
Amtsgericht [- Landgericht] [- Landgericht, Kammer für Handelssachen]

[*HIER Anschrift*]

Klage im Urkundenprozess
des/der ...... [*HIER Vorname, Name, Anschrift*]

- Klägers/-in, -

Prozessbevollmächtigte(r): Rechtsanwalt/-wältin ...... [*HIER Vorname, Name, Anschrift*]

gegen

den/die ...... [*HIER Vorname, Name, Anschrift*]

- Beklagte(n), -

Prozessbevollmächtigte(r): Rechtsanwalt/-wältin ...... [*HIER Vorname, Name, Anschrift*]
Streitwert: ...... EUR

Namens und in Vollmacht des/der Klägers/-in erhebe ich Klage und werde beantragen,
Den/Die Beklagte(n) kostenpflichtig und vorläufig vollstreckbar zu verurteilen, an den/die Kläger/-in ...... EUR nebst ......% Zinsen seit dem ...... 20.. zu zahlen.

Begründung:

Die beklagte Partei schuldet der klagenden Partei aus ...... [*HIER folgt Bezeichnung der Urkunde*] den Klagebetrag nebst ......% Zinsen seit dem ...... 20...

Beweis: Urkunde, die im Termin vorgelegt und deren beglaubigte Abschrift beigefügt wird.

Für den Fall, dass die Echtheit der Urkunde bestritten werden sollte, beziehe ich mich zum Beweis der Echtheit der Urkunde auf:

1. die weitere - im Termin vorzulegende - jetzt in beglaubigter Abschrift beigefügte ...... Urkunde,
2. für die Echtheit der Unterschrift: Vernehmung des Beklagten als Partei.

Da der Beklagte keinerlei Zahlung geleistet hat, ist nunmehr Klage geboten.

Der Zinsanspruch ergibt sich gleichfalls aus ...... [z. B. dem Schuldanerkenntnis.]

....
Rechtsanwalt/-wältin

Anmerkung

Die Klage muss die Erklärung enthalten, dass im Urkundenprozess geklagt wird.

Zulässigkeit: Nur für Geld – oder – Ansprüche auf andere vertretbare Sachen in bestimmter Qualität oder Wertpapiere, § 599 ZPO. Für Ansprüche aus Hypothek, Grundschuld und Rentenschuld siehe Formular 1.A.06.b.#02.

Die sachliche Zuständigkeit – Amtsgericht oder Landgericht – richtet sich wie beim gewöhnlichen Zivilprozess nach der Höhe des Streitwertes. Anders als im Wechsel- und Scheckrecht ist bei Zuständigkeit des Landgerichts die Kammer für Handelssachen nur zuständig, wenn beide Parteien **Kaufleute** sind, § 95 Abs. 1 GVG.

Die wichtigste Besonderheit des Urkundenprozesses ist, dass der Kläger sämtliche klagebegründenden Tatsachen, sofern sie streitig sind, durch Urkundenvorlage zu beweisen hat, da andere Beweismittel nicht zulässig sind. Nach § 595 Abs. 2 ZPO ist die Parteivernehmung nur bezüglich der Frage der Echtheit einer Urkunde sowie anderer, nicht anspruchsbegründender Tatsachen, wie etwa rechtsvernichtender Einwendungen, zulässig.

Als Urkunden kommen nicht nur Schuldanerkenntnis oder Schuldversprechen in Betracht, sondern auch schriftliche Verträge jeglicher Art, aus denen sich sämtliche anspruchsbegründenden Tatsachen, wie u. a. die Fälligkeit ergeben.

Der Kläger sollte im Klagevortrag, spätestens aber in der Replik sämtliche zu erwartenden bzw. gemachten Einwendungen des Beklagten bestreiten. Dies gilt selbst dann, wenn der Beklagte hierfür nur Beweismittel angeführt hat, die im Urkundenprozess nicht statthaft sind, da die Unzulässigkeit der Beweismittel sich erst auswirkt, wenn der Sachverhalt streitig ist (BGH WM 1985, 739).

Der Urkundenprozess bietet die Möglichkeit, auf schnellerem Weg als mit der normalen Klage zu einem vollstreckbaren Titel gegen den Schuldner zu gelangen. Dies ist immer dann von Vorteil, wenn ein besonders dringendes Interesse an der Erwirkung eines Vollstreckungstitels besteht, weil der Vermögensverfall des Beklagten droht oder der Kläger eigene Liquiditätsprobleme hat. Im Urkundenprozess wird das Verfahren erheblich beschleunigt, wegen der kürzeren Fristen (§ 604 ZPO) und der Beschränkung der Beweismittel (vgl. § 595 Abs. 2 ZPO); die Widerklage ist ausgeschlossen, § 595 Abs. 1 ZPO. Dem beweispflichtigen Beklagten stehen nur der Antrag auf Parteivernehmung oder der Urkundenbeweis zur Verfügung. Der Kläger hat auch den Vorteil, dass das stattgebende Urteil ohne Sicherheitsleistung vorläufig vollstreckbar ist, § 708 Nr. 4 ZPO, wobei aber ein erhöhtes Risiko entsteht, vgl. §§ 600 Abs. 2, 302 Abs. 4 ZPO. Der Beklagte kann aber auch Sicherheit leisten und damit die Zwangsvollstreckung abwenden, wenn nicht seinerseits der Gläubiger Sicherheit leistet, § 711 ZPO.

Der Urkundenprozess ist für den Kläger immer dann von Vorteil, wenn nicht damit zu rechnen ist, dass der Beklagte überhaupt das Nachverfahren aufnimmt, so dass es schon deshalb beim Vorbehaltsurteil bleiben wird. Es kommt in der Praxis nicht selten vor, dass der Beklagte, der zum Zeitgewinn im Urkundenprozess widersprochen hat, es dann beim Vorbehaltsurteil belässt, um weitere Kosten zu vermeiden, so dass ein Nachverfahren nicht stattfindet.

Es kann daher manchmal sinnvoll sein, mit dem Urkundenprozess zu beginnen, und das Verhalten des Beklagten abzuwarten, um dann – falls der Beklagte nicht anerkennt oder ein Säumnisurteil ergeht – erforderlichenfalls bei Widerspruch des Beklagten vom Urkundenprozess Abstand zu nehmen. Dadurch entstandene Mehrkosten hat der Kläger, wenn er obsiegt, nicht zu tragen (Baumbach/Lauterbach § 596 ZPO Rn 10).

Der Klägeranwalt wird von der Klageerhebung im Urkundenverfahren keinen Gebrauch machen, wenn Gegenansprüche oder Einwendungen im Raum stehen, gegen die sich der Mandant nur mit anderen Beweismitteln wehren kann. Der Urkundenprozess sollte also im Hinblick auf die Erhöhung der Prozesskosten im Nachverfahren nicht gewählt werden, sofern aus der Sicht des Klägers der Prozessausgang zweifelhaft erscheint, etwa in Bezug auf streitige Tatsachen.

Nachteil des Urkundenprozesses ist, dass bei Widerspruch des Beklagten lediglich ein Vorbehaltsurteil (§ 599 ZPO) ergeht, auflösend bedingt durch die Möglichkeit einer Aufhebung im Nachverfahren (§ 600 Abs. 1, 2 ZPO), falls sich in diesem normalen Verfahren ohne Beweismittelbeschränkung die Unbegründetheit des Anspruches herausstellt.

Achtung:
Wird im Nachverfahren das Vorbehaltsurteil aufgehoben (§ 600 Abs. 2, § 302 Abs. 4 S. 3 u. 4 ZPO), so haftet der Kläger aus der Vollstreckung aus dem Vorbehaltsurteil ohne Verschulden auf den gesamten dem Beklagten aus der Vollstreckung entstandenen Schaden. Der Kläger vollstreckt daher aus dem Vorbehaltsurteil auf eigene Gefahr. Auch besteht die Möglichkeit der Verteuerung des Verfahrens, da Nachverfahren oder Fortsetzung des Prozesses nach Abstandnahme vom Urkundenprozess für die Anwaltsgebühren als neue Angelegenheit (§ 39 ZPO) mit der Folge gilt, dass bis auf die Prozessgebühr – die angerechnet wird – die Anwaltsgebühren neu anfallen (Zöller § 596 ZPO Rn 13).

Büromäßige Behandlung:
Außer der Urschrift sind so viele Abschriften wie Beklagte beizufügen. Die Klage muss die Erklärung enthalten, dass im Urkundenprozess geklagt werde, § 593 Abs. 1 ZPO. Alle anspruchsbegründenden Tatsachen müssen durch Urkunden bewiesen werden können, § 592 ZPO. Urkunden, aus dem sich der Anspruch ergibt, sind stets mit der Klageschrift im Original – was nicht ratsam ist, da Regressgefahr bei Verlust besteht – oder in beglaubigter Abschrift beizufügen, § 593 Abs. 2 ZPO. Um der Gefahr des Verlustes der Urkunde vorzubeugen, sollte daher nur eine beglaubigte Abschrift mit der Klageschrift eingereicht werden. Unbeglaubigte Fotokopien genügen nicht (vgl. OLG Düsseldorf MDR 1988, 504). Spätestens im Termin müssen Urkunden im Original vorgelegt werden, sonst ist der Urkundenprozess unstatthaft. Nur wenn die klagebegründenden Tatsachen unstreitig oder zugestanden werden, ist es anders (BGHZ 62, 286). Ein Versäumnisurteil kann hingegen nur ergehen, sofern der Kläger die Urkunden im Original im Termin vorlegt (Zöller § 597 ZPO Rn 11).

Als Beweismittel für die Echtheit der vorgelegten Urkunden sind nur Urkunden und Parteivernehmung zulässig, § 595 Abs. 2 ZPO. Widerklagen sind nicht statthaft, § 595 Abs. 1 ZPO.

Bis zum Schluss der mündlichen Verhandlung kann gemäß § 596 ZPO der Kläger vom Urkundenprozess Abstand nehmen, z. B. wenn ihm der Beweis der klagebegründenden Tatsachen durch Urkunden nicht gelingt. Der Prozess geht dann in das ordentlichen Verfahren über.

Das Urteil im Urkundenprozess kann gemäß §§ 597 Abs. 2, 599 ZPO durch ein Nachverfahren, in welchem sämtliche Beweismittel zugelassen sind, wieder aufgehoben werden. Bei Vollstreckung aus dem Vorbehaltsurteil besteht die Gefahr der Schadenersatzpflicht für den Fall der Aufhebung im Nachverfahren, vgl. § 600 Abs. 2 ZPO.

Kosten:
Gerichtsgebühren:
3 volle (10/10) Gebühren wie bei gewöhnlicher Klage, GKG Anl.1 KV Nr. 1210. Urkundenverfahren und Nachverfahren werden gebührenrechtlich als eine Instanz behandelt.

Rechtsanwaltsgebühren:
Regelgebühren nach § 31 BRAGO. Kommt es jedoch zu einem Nachverfahren, so entstehen die Rechtsanwaltsgebühren – mit Ausnahme der Prozessgebühr – erneut, § 39 BRAGO.

#02 Klage im Urkundenprozess mit Nebenanträgen

[*HIER Ort, Datum*]

An das
Amtsgericht [- Landgericht] [- Landgericht, Kammer für Handelssachen]
[*HIER Anschrift*]

Klage im Urkundenprozess
des/der ...... [*HIER Vorname, Name, Anschrift*]

- Klägers/-in, -

Prozessbevollmächtigte(r): Rechtsanwalt/-wältin ...... [*HIER Vorname, Name, Anschrift*]

gegen

den/die ...... [*HIER Vorname, Name, Anschrift*]

- Beklagte(n), -

Prozessbevollmächtigte(r): Rechtsanwalt/-wältin ...... [*HIER Vorname, Name, Anschrift*]

Streitwert: ...... EUR

Namens und in Vollmacht des/der Klägers/-in erhebe ich Klage und werde beantragen,

1. Den/Die Beklagte(n) kostenpflichtig zu verurteilen,
   a) an den/die Kläger/-in den Betrag von ...... EUR nebst ......% Zinsen seit dem ...... 20.. zu zahlen;
   b) wegen dieses Anspruchs die Zwangsvollstreckung in das im Grundbuch des Amtsgerichts ...... von ...... Band ...... Blatt ...... verzeichnete Grundstück aus der in Abt. III unter Nr. ...... eingetragenen Hypothek [- Grundschuld] zu dulden,.
2. das Urteil - evtl. gegen Sicherheitsleistung - für vorläufig vollstreckbar zu erklären.

Begründung:

Der Beklagte schuldet dem Kläger aus ...... [*HIER folgt Bezeichnung des Schuldgrundes*] den Betrag von ...... EUR, der fällig ist.

Wegen dieses Anspruchs ist in dem vorgenannten Grundbuch in Abt. III unter Nr. ...... eine Hypothek [- Grundschuld] [-Sicherungshypothek] eingetragen.

Für den Eingang des Grundschuldbetrages hat der Beklagte die persönliche Haftung übernommen.

Beweis: Schuldurkunde, Hypotheken- [- Grundschuldbrief]

. . . .
Rechtsanwalt/-wältin

Anmerkung

Siehe Formular 1.A.06.b.#01.

#03 Klageerwiderung im Urkundenprozess

[*HIER Ort, Datum*]

An das
Amtsgericht [- Landgericht] [- Landgericht, Kammer für Handelssachen]
[*HIER Anschrift*]

In Sachen
. . . . . ./. . . . . .
Az.: . . . . . .

zeige ich an, dass ich den/die Beklagte(n) vertrete und werde beantragen,

1. die Klage abzuweisen,
2. die Kosten des Rechtstreits dem/der Kläger/-in aufzuerlegen,
3. das Urteil für vorläufig vollstreckbar zu erklären.

Hilfsweise werde ich beantragen,
dem/der Beklagten die Ausführung seiner Rechte im Nachverfahren vorzubehalten.

Begründung:

. . . . . . [*HIER folgt die nähere Ausführung. Die beklagte Partei kann schon im Urkundenprozess alle möglichen Einwendungen geltend machen; auch die Hilfsaufrechnung mit einer urkundlich belegten oder unstreitigen Gegenforderung ist möglich.*]

[oder, falls der Beklagte sich aus Kostengründen oder zur Konzentration des Rechtsstreites im Nachverfahren seine Einwendungen geltend machen will]

Da der Beklagte seine Einwendungen erst im Nachverfahren geltend machen will, erkennt er den Klageanspruch unter dem Vorbehalt seiner Rechte im Nachverfahren an.

Sollte das Gericht ein solches Anerkenntnis nicht für zulässig erachten, widerspricht der Beklagte dem geltend gemachten Anspruch und wird beantragen:

1. Die Klage wird abgewiesen.
2. Die Kosten des Rechtsstreits trägt der/die Kläger/-in.
3. Das Urteil ist vorläufig vollstreckbar.

Hilfsweise werde ich beantragen:

Dem/Der Beklagten wird die Ausführung seiner Rechte im Nachverfahren vorbehalten.

Seine/Ihre Einwendungen wird der/die Beklagte erst im Nachverfahren näher darlegen.

....

Rechtsanwalt/-wältin

Anmerkung

Sollten für den Beklagten keine Chancen bestehen, seine Einwendungen mit den im Urkundenprozess statthaften Beweismitteln zu beweisen, ist zu überlegen, ob er den Anspruch nicht im Urkundenprozess unter Vorbehalt seiner Rechte im Nachverfahren anerkennt. Da in der Rechtsprechung die Zulässigkeit eines eingeschränkten Anerkenntnisses, das zu einem Vorbehaltsanerkenntnisurteil führt, streitig ist (vgl. Thomas/Putzo § 599 ZPO Rn 5), sollte in diesem Fall der zweite Klageantrag in der oben gewählten Form erfolgen.

Sollte die Klage im Urkundenprozess unstatthaft sein, so sollte der Beklagte beantragen:
»Gemäß § 597 Abs. 2 ZPO beantragt der/die Beklagte,
die Klage als in der gewählten Prozessart unstatthaft abzuweisen.«

Gerichtskosten:
Im Fall des Anerkenntnisses entsteht nach GKG Anl.1 KV Nr. 1211 b nur eine Gerichtsgebühr.

Rechtsanwaltsgebühren:
Im Fall des Anerkenntnisses entsteht nur eine halbe Gebühr nach § 33 BRAGO.

#04 Wechselklage

[*HIER Ort, Datum*]

An das
Amtsgericht [- Landgericht] [- Landgericht, Kammer für Handelssachen]
[*HIER Anschrift*]

Klage im Wechselprozess

des/der ...... [*HIER Vorname, Name, Anschrift*]

- Klägers/-in, -

Prozessbevollmächtigte(r): Rechtsanwalt/-wältin ...... [*HIER Vorname, Name, Anschrift*]

gegen

den/die ...... [*HIER Vorname, Name, Anschrift*]

- Beklagte(n), -

Prozessbevollmächtigte(r): Rechtsanwalt/-wältin ...... [*HIER Vorname, Name, Anschrift*]

wegen Wechselforderung.

Streitwert: ...... EUR

Namens und in Vollmacht des/der Klägers/-in erhebe ich Klage und werde beantragen,
den/die Beklagte(n) zu verurteilen, an den/die Kläger/-in ...... EUR nebst Zinsen in Höhe von 2 Prozentpunkten über dem jeweiligen Basiszinssatz, mindestens aber 6 % *Zinsen seit dem ...... sowie Wechselunkosten in Höhe von ...... EUR und Wechselprovision in Höhe von ...... EUR zu zahlen.

Bei Vorliegen der gesetzlichen Voraussetzungen beantrage ich, den Erlass eines Versäumnisurteils im schriftlichen Verfahren.

[Bei Klage vor dem AG:]
Es wird weiterhin beantragt,
die Einlassungsfrist auf ein Mindestmaß abzukürzen und einen möglichst nahen Termin zur mündlichen Verhandlung zu bestimmen.]

[Bei Klage vor dem LG, Kammer für Handelssachen:]
Es wird weiterhin beantragt,
die Einlassungsfrist auf ein Mindestmaß abzukürzen und einen möglichst nahen Termin zur mündlichen Verhandlung vor dem Vorsitzenden der Kammer zu bestimmen sowie im Wechselprozess von der Güteverhandlung abzusehen.]

Begründung:

Aus dem abschriftlich beiliegenden, im Termin in Urschrift vorzulegenden Wechsel vom ...... 20.. schuldet der Beklagte der Klägerin die aus dem Wechsel ersichtliche Wechselsumme.

Beweis: 1. beglaubigte Abschrift des Wechsels,
2. Parteivernehmung.

Der Wechsel ist bei Fälligkeit vergeblich zur Zahlung vorgelegt und mangels Zahlung protestiert worden.

Dadurch sind die aus dem Protest und der Rückwechselrechnung ersichtlichen Unkosten entstanden.

Beweis: Wechselprotest und Rückscheckrechnung, deren Abschrift beiliegt.

Der Wechsel nebst Protesturkunde wird im Termin im Original vorgelegt werden. Außer der Wechselsumme und den Protestkosten macht der Kläger ein Drittel Prozent Provision und Wechselzinsen auf die Wechselsumme geltend (Art. 48 WG).

Der Antrag, die Einlassungsfrist zu verkürzen, ist erforderlich, weil der Beklagte sich offenbar im Vermögensverfall befindet: ...... [*HIER nähere Ausführung*]

Beweis: anliegende eidesstattliche Versicherung des Klägers

Daher wird gebeten, kurzfristig zu terminieren und im Wechselprozess von einer Güteverhandlung abzusehen.

Die Ansprüche rechtfertigen sich nach Art. 48, 49 WG.

Die örtliche Zuständigkeit ergibt sich aus § 603 ZPO, da ...... [*HIER Angabe des Ortes*] im Wechsel als Zahlungsort angegeben ist.

....
Rechtsanwalt/-wältin

Anmerkung

* Wegen der Zinsen beachte auch Fn. 1 zu Art. 48 Abs. 1 Nr. 2 WG, abgedruckt im Schönfelder unter Nr. 54.

Da Wechsel- und Scheckprozess besondere Formen des Urkundenprozesse sind, wird auf die Urkundenklage verwiesen, siehe Formular 1.A.06.b.#01 u. 02.

Achtung:
Es muss bereits in der Klage – wenn diese durch einen Mahnantrag eingeleitet wird, schon in diesem – die unmissverständliche Erklärung enthalten sein, dass im Wechselprozess geklagt werden soll, §§ 604, 703 a ZPO. Die Klageschrift muss also deutlich machen, dass im Wechselprozess geklagt wird. Dies sollte in der Überschrift mit »Klage im Wechselprozess« und im Klageantrag etwa mit den Worten »*Ich beantrage, im Wechselprozess klagend zu erkennen* ......« geschehen.

Eigentlich beträgt die Einlassungsfrist 2 Wochen nach § 274 Abs. 3 ZPO. § 244 Abs. 2 i. V. m. § 226 Abs. 1 ZPO sieht die Beschleunigung des Wechselprozesses durch Verkürzung der Einlassungsfrist vor, da die Nichteinlösung eines Wechsels häufig ein Anzeichen für eine drohende Insolvenz ist. Die Gründe für die Verkürzung der Einlassungsfrist sind glaubhaft zu machen, wofür die Nichteinlösung eines Wechsels, die durch Protest bewiesen wird, genügt.

Für den **Streitwert** bleiben Zinsen, Kosten und Provision außer Betracht, § 4 Abs. 2 ZPO.

Zuständig: Sachlich zuständig ist, je nach dem Streitwert, Amts- oder Landgericht, auch wenn für das zugrundeliegende Rechtsverhältnis z. B. das Arbeitsgericht zuständig wäre. Innerhalb des Landgerichts ist die Kammer für Handelssachen sachlich zuständig, § 95 Abs. 1 Nr. 2 GVG. Dies gilt auch dann, wenn der Anspruch nicht im Wechselprozess, sondern im ordentlichen Verfahren erhoben wird. Der Vorsitzende entscheidet allein (§ 349 Abs. 2 Nr. 8 ZPO) und versteht in der Regel etwas vom Wechselprozess. Im Gegensatz zum ordentlichen Verfahren gibt es keinen Anspruch auf Terminverlegung in der Zeit vom 1. Juli bis 31. August, § 227 Abs. 3 Nr. 4 ZPO.

Örtlich zuständig ist jedes Gericht (nach Wahl des Klägers) bei dem einer der Beklagten seinen allgemeinen Gerichtsstand hat, ferner auch das Gericht des Zahlungsortes, § 603 Abs. 1 u. 2 ZPO.

Gemäß § 592 Abs. 1 ZPO wird dem Kläger, der Inhaber eines Wechsels ist, die Möglichkeit eingeräumt, seinen Anspruch im beschleunigten Verfahren geltend zu machen, falls der Anspruch die Zahlung einer bestimmten Geldsumme oder die Leistung einer bestimmten Menge anderer vertretbarer Sachen oder Wertpapiere zum Gegenstand hat.

Die Klage kann gegen den Wechselverpflichteten – also Indossanten, Aussteller und Akzeptant als Gesamtschuldner oder gegen jeden einzelnen in beliebiger Reihenfolge – erhoben werden.

Die Einlassungs- sowie Ladungsfristen sind stark abgekürzt, § 604 Abs. 2 ZPO.

Ist im Wechselprozess eine bestimmte Zahlstelle genannt, so muss der Wechsel dort protestiert sein.

Der Beweisantritt durch Parteivernehmung ist angezeigt, wenn davon auszugehen ist, dass der Beklagte seine Unterschrift bestreitet.

Urteile im Wechselprozess sind immer vorläufig vollstreckbar, § 708 Ziff.4 ZPO. Sofern der Beklagte dem geltend gemachten Anspruch widersprochen hat, ergeht das Urteil als Vorbehaltsurteil, § 599 ZPO. Dies bedeutet, dass dem Beklagten im Urteil die Ausführung seiner Rechte im Nachverfahren, d. h. einem ordentlicher Prozess, vorbehalten sind. Der Antrag für den Beklagten würde lauten:

»Ich beantrage, das Urteil vom ...... aufzuheben und die Klage abzuweisen.«

Das Vorbehaltsurteil ist zwar als Endurteil vollstreckbar und mit Rechtsmitteln anfechtbar, es hindert den Fortgang des Nachverfahrens nicht.

Der Kläger kann auch nach Antragstellung vom Wechselprozess in den Urkundenprozess übergehen (BGH NJW 1993, 3135 f.).

Büromäßige Behandlung:

Außer der Urschrift sind so viele Abschriften wie Beklagte beizufügen. Die Klage muss die Erklärung enthalten, dass im Wechselprozess geklagt werde, §§ 604, 703 a ZPO. Da der Wechsel oder Scheck für die Zwangsvollstreckung gebraucht wird – er ist dem Vollstreckungsorgan vorzulegen – sollte er nicht im Original eingereicht werden, sondern nur in der Verhandlung vorgelegt, zumal bei Verlust Regressgefahr besteht. Spätestens aber im Termin muss der Wechsel im Original vorgelegt werden, sonst ist der Wechselprozess unstatthaft.

Beglaubigte Abschriften des Wechsels und der Protesturkunden sind für jeden der Beklagten erforderlich.

Zu beachten ist des Weiteren, dass die Abschrift des Wechsels sämtliche Wechselvermerke und die quergeschriebene Unterschrift des Akzeptanten lückenlos enthalten muss, was hin und wieder übersehen wird.

Da der Wechsel für die Zwangsvollstreckung gebraucht wird – er ist dem Vollstreckungsorgan vorzulegen – darf er nicht im Original mit der Klageschrift eingereicht, sondern nur in der Verhandlung vorgelegt werden.

Kosten:

Gerichtskosten:

Wie im ordentlichen Verfahren.

Rechtsanwaltsgebühren:

Es entstehen die Gebühren wie bei einer Klage im ordentlichen Verfahren gem. § 31 BRAGO, bei einem Nachverfahren entstehen die Rechtsanwaltsgebühren – mit Ausnahme der Prozessgebühr – erneut, § 39 BRAGO.

Für den Streitwert bleiben Zinsen, Kosten und Provision außer Betracht, § 4 Abs. 2 ZPO.

#05 Klage im Wechselprozess des Wechselinhabers gegen Annehmer, Aussteller und Indossanten Art. 48 WG, §§ 602 ff. ZPO

[*HIER Ort, Datum*]

An das
Amtsgericht [- Landgericht] [- Landgericht, Kammer für Handelssachen]
[*HIER Anschrift*]

Klage im Wechselprozess
des/der ...... [*HIER Vorname, Name, Anschrift*]

- Klägers/-in, -

Prozessbevollmächtigte(r): Rechtsanwalt/-wältin ...... [*HIER Vorname, Name, Anschrift*]

gegen

1. den/die ...... [*HIER Vorname, Name, Anschrift*]

- Beklagte(n) zu 1), -

2. den/die ...... [*HIER Vorname, Name, Anschrift*]

- Beklagte(n) zu 2), -

3. den/die ...... [*HIER Vorname, Name, Anschrift*]

- Beklagte(n) zu 3), -

Prozessbevollmächtigte(r): Rechtsanwalt/-wältin ...... [*HIER Vorname, Name, Anschrift*]

wegen Wechselforderung.

Streitwert: ...... EUR

Namens und in Vollmacht des/der Klägers/-in erhebe ich Klage und werde beantragen,
den/die Beklagte(n) [- als Gesamtschuldner] kostenpflichtig und vorläufig vollstreckbar zu verurteilen, an den/die Kläger/-in
a. Wechselsumme ...... EUR,
b. ......% Zinsen seit ...... [- Zinsen in Höhe von 2 Prozentpunkten über dem jeweiligen Basiszinssatz, mindestens aber 6 %, seit dem ......]
c. Wechselunkosten ...... EUR,
d. Wechselprovision ...... EUR,
zu zahlen.

Bei Vorliegen der gesetzlichen Voraussetzungen beantrage ich,
den Erlass eines Versäumnisurteils im schriftlichen Verfahren.

[[Bei Klage vor dem AG:]
Es wird weiterhin beantragt,
die Einlassungsfrist auf ein Mindestmaß abzukürzen und einen möglichst nahen Termin zur mündlichen Verhandlung zu bestimmen.]

[[Bei Klage vor dem LG, Kammer für Handelssachen:]
Es wird weiterhin beantragt,

die Einlassungsfrist auf ein Mindestmaß abzukürzen und einen möglichst nahen Termin zur mündlichen Verhandlung vor dem Vorsitzenden der Kammer.]

Begründung:

Der Kläger ist rechtmäßiger Inhaber des am ...... 20.. ausgestellten, am ...... 20.. fälligen und am ...... 20.. protestierten Wechsels.

Die beklagte Partei zu 1. ist Aussteller,
die beklagte Partei zu 2. ist Akzeptant,
die beklagte Partei zu 3. ist Indossant.

Beweis: Wechsel und Protesturkunde, die im Termin vorgelegt werden.
Beglaubigte Abschrift ist beigefügt. (Anlage K 1)

Beweis für die Echtheit der Unterschriften als Aussteller, Akzeptant und Indossant:

Parteivernehmung der Beklagten zu 1. bis 3.

Die Klageforderung setzt sich wie folgt zusammen:

1. Wechselsumme ...... EUR,
2. Wechselzinsen ......% ...... EUR,
3. Wechselunkosten
a) Protestkosten ...... EUR
b) Kosten für Benachrichtigung und Auslagen ...... EUR
c) Provision ...... EUR.

Der Wechsel sowie die Protesturkunde wird im Termin im Original vorgelegt werden.

....
Rechtsanwalt/-wältin

Anmerkung

Für den **Streitwert** bleiben alle Nebenansprüche außer Betracht.

Zuständigkeit: Gericht des Zahlungsortes und jedes Gericht, bei dem einer der Beklagten seinen allgemeinen Gerichtsstand hat, § 603 ZPO. Innerhalb des Landgerichts ist die Kammer für Handelssachen zuständig, § 95 Abs. 1 Nr. 2 GVG. Dies gilt auch dann, wenn der Anspruch nicht im Wechselprozess sondern im ordentlichen Verfahren erhoben wird.

Wechsel niemals im Original sondern nur in beglaubigter Abschrift der Klage beifügen. Regressgefahr bei Verlust.

Wegen der Zinsen ist Fn. 1 zu Art. 48 Abs. 1 Nr. 2 WG zu beachten.

Büromäßige Behandlung:
Die Klage muss die Erklärung enthalten, dass im Wechselprozess geklagt wird, § 604 ZPO. Wechsel- und Protestabschrift in beglaubigter Abschrift beifügen und Original im Termin vorlegen. Es wird auch die Ansicht vertreten, dass der Klageantrag »Zug um Zug gegen Rückgabe des Wechsels« zu lauten habe. Soweit Protesterhebung zur Erhaltung des wechselmäßigen An-

spruchs nicht erforderlich ist, kann zum Beweis der Vorlegung des Wechsels auf Parteivernehmung Bezug genommen werden, § 605 ZPO. Bei sachlicher Landgerichts-Zuständigkeit stets Kammer für Handelssachen zuständig, § 95 Abs. 1, Ziff.2 GVG. Abkürzung der Einlassungs- und Ladungsfristen beachten, § 604 ZPO. Das Wechselprozessurteil ist stets vorläufig vollstreckbar, § 708 Ziff.4 ZPO.

Kosten:
Siehe Formular 1.A.06.b.#03.

#06 Klage im Scheckprozess § 605 a ZPO

[*HIER Ort, Datum*]

An das
Amtsgericht [- Landgericht] [- Landgericht, Kammer für Handelssachen]
[*HIER Anschrift*]

Klage im Scheckprozess
[*HIER Ort, Datum*]

An das
Amtsgericht [- Landgericht] [- Landgericht, Kammer für Handelssachen]
[*HIER Anschrift*]

Klage im Wechselprozess

des/der ...... [*HIER Vorname, Name, Anschrift*]

- Klägers/-in, -

Prozessbevollmächtigte(r): Rechtsanwalt/-wältin ...... [*HIER Vorname, Name, Anschrift*]

gegen

den/die ...... [*HIER Vorname, Name, Anschrift*]

- Beklagte(n), -

Prozessbevollmächtigte(r): Rechtsanwalt/-wältin ...... [*HIER Vorname, Name, Anschrift*]

Streitwert: ...... EUR

Namens und in Vollmacht des/der Klägers/-in erhebe ich Klage und werde beantragen, den/die Beklagte(n) zu verurteilen, an den/die Kläger/-in ...... EUR nebst Zinsen in Höhe von 2 Prozentpunkten über dem jeweiligen Basiszinssatz, mindestens aber 6 % seit dem ......, sowie Scheckunkosten in Höhe von ...... EUR und Scheckprovision in Höhe von ...... EUR zu zahlen.

Begründung:

[*HIER Beispielsbegründung*]
Der Kläger ist Inhaber eines Schecks über ...... EUR, den die Beklagte unter dem Datum des ...... 20.. ausstellte. Der Scheck ist in beglaubigter Abschrift beigefügt. Der Scheck ist auf das Konto der Beklagten bei der XY-Bank, Zweigstelle ......, BLZ: ......, Konto-Nr. ......, gezogen.

Die Beklagte hat bei dem Kläger, der einen Betrieb für den Entwurf und die Herstellung von Druckerzeugnissen betreibt, Materialien im Wert von über ...... EUR bestellt, die sie bereits an die Endabnehmer ausgeliefert und das Entgelt kassiert hat.

Am ...... hat der Kläger den Scheck bei seiner Bank zur Zahlung vorgelegt. Diese hat ihn jedoch nicht eingelöst. Vorlegung und Nichteinlösung des Schecks sind auf diesem vermerkt worden.

Beweis: Vorlage von Originalscheck und Protesturkunde im Termin;
beglaubigte Abschrift ist beigefügt

Gemäß ebenfalls anliegender Scheckrückrechnung der Bank des Klägers vom ...... sind ihm Auslagen über den Betrag von ...... EUR entstanden.

Im Wege des Rückgriffs verlangt der Kläger von der Beklagten Zahlung
a) der Schecksumme,
b) der Auslagen,
c) der Scheckzinsen,
sowie
d) der Provision in Höhe von einem Drittel Prozent auf die Schecksumme.

Im Termin wird der Scheck im Original vorgelegt werden.

....
Rechtsanwalt/-wältin

Anmerkung

Die ordentlichen Gerichte, somit das Amtsgericht und bei höheren Streitwerten die Kammer für Handelssachen des Landgerichts sind nach h. M. selbst dann sachlich zuständig, wenn der Anspruch z. B. arbeitsrechtlicher Natur ist (vgl. OLG Hamm NJW 1980, 1399).

Auch für die Scheckklage gibt es den besonderen Gerichtsstand des Zahlungsortes, siehe § 603 ZPO. Da bei den üblichen Scheckformularen kein Zahlungsort angegeben ist, gilt der beim Namen des bezogenen Bankinstituts angegebene Ort als Zahlungsort, Art. 2 Abs. 2 ScheckG.

Die Vorschriften über den Wechselprozess gem. §§ 602 bis 605 ZPO sind entsprechend anzuwenden. Hauptvoraussetzung für die Klage im Scheckprozess – ausdrückliche Bezeichnung als solcher wie im Wechselprozess erforderlich – ist rechtzeitige Vorlage des Schecks, der gem. Art. 3 ScheckG nur auf eine Bank gezogen sein darf, d. h. innerhalb von 8 Tagen bei im Lande der Ausstellung zahlbaren Scheck. Siehe dazu Art. 29 ScheckG.

Bei Erhebung der Scheckklage müssen die Voraussetzungen des § 40 ScheckG vorliegen.

Bei Versäumung nur Geltendmachung des Anspruches im ordentlichen Verfahren.

Bezüglich der Besonderheiten gilt Gleiches wie für den Wechselprozess, vgl. deshalb Anmerkungen zu 1.A.06.b.#04 u.05.

Der Kläger kann auch nach Antragstellung vom Scheckprozess in den Urkundenprozess übergehen (BGH NJW 1993, 3135 f.).

Büromäßige Behandlung:
Da der Scheck für die Zwangsvollstreckung gebraucht wird – er ist dem Vollstreckungsorgan vorzulegen – darf er nicht im Original mit der Klageschrift eingereicht, sondern nur in der Verhandlung vorgelegt werden.

#07 Abstandnehmen vom Urkunden-, Wechsel-, Scheckprozess

[*HIER Ort, Datum*]

An das
Amtsgericht [- Landgericht] [- Landgericht, Kammer für Handelssachen]
[*HIER Anschrift*]

In Sachen
....../......
Az.: ......

nimmt der/die Kläger/-in vom Urkundenprozess [- Wechselprozess] [- Scheckprozess] Abstand und verfolgt seinen Anspruch nunmehr im ordentlichen Verfahren weiter.

Die in der Klageschrift gestellten Anträge werden auch im ordentlichen Verfahren gestellt.

Hilfsweise stützt der/die Kläger/-in nunmehr seine/ihre Klage auf den der ...... [z. B. Wechselbegehung zugrundeliegendem Kaufpreisanspruch]

[Bei Klage vor dem Landgericht, Kammer für Handelssachen:

Mit einer Entscheidung durch den Vorsitzenden ist der Kläger einverstanden. [- aus den nachfolgend ausgeführten Gründen nicht einverstanden.]

Begründung:

...... [*HIER folgt die nähere Ausführung*]

....
Rechtsanwalt/-wältin

Anmerkung

Es ist ratsam, den Anspruch hilfsweise aus dem zugrunde liegenden Rechtsgeschäft zu begründen. Sollte z. B. der Beweis für die Echtheit des Wechsels nicht gelingen, besteht die Gefahr, dass die dann notwendig werdende Klageänderung nicht zugelassen wird.

Einer Neuformulierung der Anträge – auf jeden Fall aber des Zinsantrages – bedarf es dann, wenn der Kläger, etwa bei nichtigem Scheck oder Wechsel den Anspruch auf das zugrunde liegende Rechtsgeschäft stützen muss.

#08 Antrag im Nachverfahren § 600 ZPO

[*HIER Ort, Datum*]

An das
Amtsgericht [- Landgericht] [- Landgericht, Kammer für Handelssachen]
[*HIER Anschrift*]

In Sachen
....../......
Az.: ......

[Antrag des Beklagten]
ist dem/der Beklagten im Urteil vom ...... die Ausführung seiner/ihrer Rechte im Nachverfahren vorbehalten worden. Der/Die Beklagte will das Verfahren nunmehr durchführen und beantragt:

1. unter Aufhebung des Vorbehaltsurteils des ......gerichts ...... vom ......, Az. ...... die Klage abzuweisen,
2. dem/der Kläger/-in die Kosten beider Verfahren aufzuerlegen,
3. das Urteil - notfalls gegen Sicherheitsleistung - für vorläufig vollstreckbar zu erklären.

Darüber hinaus wird beantragt,
die Zwangsvollstreckung aus dem Vorbehaltsurteil vom ......, notfalls gegen Sicherheitsleistung, einzustellen.

[Wenn das Vorbehaltsurteil durch den Vorsitzenden der Kammer für Handelssachen ergangen ist:
Mit einer Entscheidung des Nachverfahrens durch den Vorsitzenden der Kammer für Handelssachen ist der Beklagte einverstanden.]

Der/Die Beklagte wiederholt zunächst sein/ihr gesamtes Vorbringen aus dem Urkundenprozess [- Wechselprozess] [-Scheckprozess] und begründet seine/ihre Einwendungen im Nachverfahren wie folgt:
...... [*HIER folgt die nähere Ausführung*]

[Der Antrag auf Einstellung der Zwangsvollstreckung nach § 707 ZPO bedarf sorgfältigster Begründung und Glaubhaftmachung. Ihm wird nur in Ausnahmefällen entsprochen, da eine Einstellung an sich dem Ziel des Urkundenprozesses zur beschleunigten Schaffung eines Vollstreckungstitels zuwiderlaufen würde (Zöller § 599 ZPO Rn 17).]

[Antrag des Klägers]
ist durch Urteil vom ...... dem/der Beklagten die Ausführung seiner/ihrer Rechte im Nachverfahren vorbehalten worden. Der/Die Beklagte hat das Nachverfahren bisher nicht aufge-

nommen. Nunmehr bittet der/die Kläger/-in um Durchführung des Nachverfahrens in dem er/sie beantragen wird:

1. das Urteil des ......gerichts vom ......, Az. ...... für vorbehaltlos zu erklären,
2. dem/der Beklagten die Kosten des weiteren Verfahrens aufzuerlegen,
3. das Urteil - notfalls gegen Sicherheitsleistung - für vorläufig vollstreckbar zu erklären.

[Wenn das Vorbehaltsurteil durch den Vorsitzenden der Kammer für Handelssachen ergangen ist:

Mit einer Entscheidung des Nachverfahrens durch den Vorsitzenden der Kammer für Handelssachen ist der Beklagte einverstanden.]

....
Rechtsanwalt/-wältin

Anmerkung

Zuständig für das Nachverfahren ist das Gericht, das das Vorbehaltsurteil erlassen hat.

Das Gericht hat die Wahl zwischen frühem ersten Termin und schriftlichem Vorverfahren. Weil im Nachverfahren sämtliche erheblichen Beweise zu erheben sind, kann es sich für die Parteien empfehlen, das schriftliche Vorverfahren anzuregen.

Ein Nachverfahren kann nur stattfinden, wenn der Beklagte unter Vorbehalt verurteilt worden ist. Es kann nur auf Antrag durchgeführt werden und dieses wird in der Regel durch den Beklagten gestellt. Der Antrag auf das Nachverfahren kann aber auch durch den Kläger gestellt werden, um die Endgültigkeit der Verurteilung herbeizuführen.

Bei Verurteilung des Beklagten durch Vorbehaltsurteil bestehen zwei Möglichkeiten:

1. Berufung gegen das Vorbehaltsurteil (§ 599 Abs. 3 ZPO), mit dem Ziel, die Abweisung der Klage bereits im Urkundenverfahren zu erreichen.
2. Nachverfahren (§ 600 ZPO), mit dem Ziel der Aufhebung des Vorbehaltsurteils im Normalverfahren.

Da es Sache des Beklagten ist, das Vorbehaltsurteil im Nachverfahren anzugreifen, kann sich der Kläger auf sein Vorbringen im Urkunden-, Wechsel- oder Scheckprozess beziehen oder sich wenigstens in seiner Begründung kurz fassen.

Dem Beklagten, der dem geltend gemachten Anspruch widersprochen hat, ist im Urteil die Ausführung seiner Rechte vorbehalten. Aufgrund der Rechtsmittel und der Zwangsvollstreckung gilt dieses Vorbehaltsurteil als Endurteil. Im Übrigen bleibt der Rechtsstreit im gewöhnlichen Verfahren – dem sog. Nachverfahren – beim Instanzgericht anhängig, §§ 599, 600 ZPO. Der Beklagte muss überlegen, ob er neben dem Betreiben des Nachverfahrens gegen das Vorbehaltsurteil Berufung einlegt. Die Berufung ist u. a. dann empfehlenswert, wenn z. B. die Formgültigkeit eines Wechsels oder Schecks fälschlich bejaht wurde (BGH WM 1969, 1279), ein Verstoß des beurkundeten Vertrages gegen das AGBG übersehen wurde (BGH WM 1991, 237), wenn im Prozessurteil eine Prozessvoraussetzung zu Unrecht angenommen wurde. Der Beklagte sollte neben der Berufung auch das Nachverfahren betreiben. Das Gericht darf das Nachverfahren nicht bis zur rechtskräftigen Entscheidung über die Berufung aussetzen. Zur Wechselwirkung der beiden Verfahren zueinander siehe Thomas/Putzo § 600 ZPO Rn 9.

Der Anwalt des Beklagten wird mit der umgehenden Einleitung des Nachverfahrens (§ 600 ZPO) beginnen, auch wenn das Urteil noch nicht rechtskräftig ist, und gleichzeitig gemäß

§ 707 Abs. 1 ZPO die Einstellung der Vollstreckung beantragen. Wichtig ist ein Einstellungsantrag nach § 707 ZPO. Die Abwendungsbefugnis des Beklagten gemäß § 711 ZPO betrifft nur die vorläufige Vollstreckbarkeit des Vorbehaltsurteils. Wird das Vorbehaltsurteil rechtskräftig, so kann aus ihm uneingeschränkt – ohne Abwendungsbefugnis – vollstreckt werden (BGHZ 69, 270). Daran ändert sich nichts durch das Nachverfahren. Eine Einstellung kann somit insoweit nur über § 707 ZPO erreicht werden. Der Antrag bedarf ausführlicher Begründung und Glaubhaftmachung. Ihm wird nur in Ausnahmefällen entsprochen, da eine Einstellung an sich dem Ziel des Urkundenprozesses zur beschleunigten Schaffung eines Vollstreckungstitels zuwiderlaufen würde (Zöller § 599 ZPO Rn 17). Wichtig ist auch, dass der Schuldner nicht vor Einleitung der Zwangsvollstreckung zahlt, ohne Rechtsmittel einzulegen. Dann kann nämlich die Sicherheit des Gläubigers gemäß § 715 ZPO freigegeben werden.

Einer zulässigen Zwangsvollstreckung aus dem Vorbehaltsurteil kann der Beklagte durch Erwirkung einer einstweiligen Verfügung vorbeugen, sofern deren Voraussetzungen vorliegen (§§ 935 ff. ZPO). Wird nach der Zwangsvollstreckung aus dem Vorbehaltsurteil dasselbe aufgehoben, so kann der Beklagte im Nachverfahren seine Schadenersatzansprüche geltend machen, §§ 600 Abs. 2, 302 Abs. 4 ZPO.

Büromäßige Behandlung:
Ist das Vorbehaltsurteil durch den Vorsitzenden der Kammer für Handelssachen ergangen (§ 349 Abs. 2 Nr. 8), z. B. im Wechselprozess, so muss obiges Einverständnis mit einer Entscheidung des Nachverfahrens durch den Vorsitzenden der Kammer für Handelssachen erklärt werden, da die Entscheidungsbefugnis des Vorsitzenden nicht für das Nachverfahren gilt, vgl. § 349 Abs. 3 ZPO.

Gerichtskosten:
Keine.

Rechtsanwaltsgebühren:
Das Nachverfahren gilt gebührenrechtlich als besondere Angelegenheit. Die Prozessgebühr des Vorverfahrens wird jedoch auf die Prozessgebühr des Nachverfahrens angerechnet, § 39 BRAGO. Erhöht sich die Prozessgebühr im Nachverfahren, ist die Differenz nachzufordern, vermindert sie sich, verbleibt es bei der Prozessgebühr des Vorverfahrens. Beachte auch § 302 Abs. 4 S. 3–4 ZPO.

#01 Antrag auf Einleitung des Streitverfahrens § 697 ZPO

[*HIER Ort, Datum*]

An das
Amtsgericht [– Landgericht]
[*HIER Anschrift*]

In der Mahnsache

des/der ...... [*HIER Vorname, Name, Anschrift*]

– Klägers/-in, –

Prozessbevollmächtigte(r): Rechtsanwalt/-wältin ...... [*HIER Vorname, Name, Anschrift*]

gegen

den/die ...... [*HIER Vorname, Name, Anschrift*]

– Beklagte(n), –

Prozessbevollmächtigte(r): Rechtsanwalt/-wältin ...... [*HIER Vorname, Name, Anschrift*]

Az.: ......

zeige ich fristgemäß an, dass ich den/die Kläger/-in auch im streitigen Verfahren vertrete.

Ich bitte alsbald einen Verhandlungstermin anzusetzen, in dem ich beantragen werde:

1. den/die Beklagte(n) zur verurteilen, an den/die Kläger/-in ...... EUR ...... nebst ......% Zinsen seit dem ...... sowie ...... EUR vorgerichtliche Mahnkosten zu zahlen.
2. dem/der Beklagten die Kosten des Rechtsstreits aufzuerlegen.
3. das Urteil, gegebenenfalls gegen Sicherheitsleistung, für vollstreckbar zu erklären.

Für den Fall, dass das Gericht das schriftliche Vorverfahren anordnet, beantrage ich:

a. bei Anerkenntnis ein Urteil nach § 307 Abs. 2 ZPO,
b. nach Ablauf der Frist des § 276 Abs. 1 ZPO ein Versäumnisurteil.

Des Weiteren beantrage ich:

a. nach Erlass des Urteils eine Zustellungsbescheinigung nach § 169 Abs. 1 ZPO zu erteilen.
b. nach Erlass des Urteils eine vollstreckbare Ausfertigung der Entscheidung zu erteilen.

Begründung:

[*Die Anspruchsbegründung muss einer Klageschrift hinsichtlich Genauigkeit, Beweisangaben usw. entsprechen.*]

....
Rechtsanwalt/-wältin

Anmerkung

Allgemein zum Mahnverfahren:
Häufig hat der Schuldner keine Einwände gegen die Forderung des Gläubigers erhoben, aber er hat nicht reagiert. Hier stellt sich die Frage, ob mit gerichtlichem Mahnverfahren vorgegangen oder durch Klage mit einem zu erwartenden Versäumnisurteil tituliert werden soll. Der Nachteil des Mahnverfahrens liegt im Risiko des Zeitverlustes, das sich dann realisiert, wenn der Schuldner zur Verzögerung Widerspruch einlegt und das Verfahren abgegeben und möglicherweise weiter verwiesen werden muss. Aus diesem Grunde ist bei höheren Forderungen gegen in Zahlungsschwierigkeiten befindliche Schuldner das Klageverfahren einzuleiten.

Wurde der Schuldner hingegen bereits außergerichtlich zur Zahlung aufgefordert und hat er die Geldforderung nicht bestritten oder nicht reagiert, weil er zur Zahlung nicht willens oder nicht in der Lage ist, so bietet sich das Mahnverfahren an. Aufgrund des vorherigen Verhaltens kann dann damit gerechnet werden, dass der Schuldner sich auch nicht im Mahnverfahren mit dem Widerspruch gegen den Mahnbescheid bzw. Einspruch gegen den folgenden Vollstreckungsbescheid wehrt. Das gerichtliche Mahnverfahren sollte demnach gegen den passiven Schuldner betrieben werden, von dem mangels begründeter Einwendungen keine aktive Gegenwehr zu erwarten ist. Es hat den Vorteil, sofern es nicht in das streitige Verfahren übergeht, dass nur 1/2 Gerichtsgebühr fällig wird, während für die Einleitung des Klageverfahrens drei volle Gerichtsgebühren zu leisten sind. Liegen also Anhaltspunkte dafür vor, so ist das gerichtliche Mahnverfahren angebracht. Das Mahnverfahren ist auch dann zu bevorzugen, wenn Verjährungs- oder tarifliche Ausschlussfristen einzuhalten sind und die Erstellung der Klageschrift zu zeitaufwendig ist.

Unnötige Verweisungsprobleme ergeben sich aufgrund der seit 1.1. 1992 bestehenden Neuregelung des § 690 Abs. 1 Ziff.5 ZPO auch nicht mehr, da der Mahnbescheid ab diesem Zeitpunkt die Abgabe an jedes örtlich zuständige Gericht vorsieht, nicht mehr nur an das am allgemeinen Gerichtsstand des Schuldners.

Die Vorteile des Mahnverfahrens liegen in den geringeren Kosten und der geringeren Substantiierungspflicht. Soll der Mahnbescheid die Verjährung unterbrechen, so muss der Gegner erkennen können, welche Forderung gegen ihn geltend gemacht wird. Andernfalls entfällt die Unterbrechungswirkung.

Problematisch ist das Mahnverfahren, wenn mit einer streitigen Auseinandersetzung zu rechnen ist. Die Fristen der §§ 694 ff. ZPO sind in der Praxis zu lang, da der Schuldner zwei Wochen Zeit hat, um Widerspruch einzulegen. Danach wird erst der Gläubiger benachrichtigt und dieser muss zuerst die Klage noch begründen. Nach der Klagebegründung wird Termin zur mündlichen Verhandlung anberaumt. Das Klageverfahren ist im Gegensatz hierzu schneller.

Vor Klageerhebung ist auch zu überlegen, ob bei einer Geldforderung vielleicht ein Urkundenprozess in Betracht kommt. Denn Sinn des Urkundenprozesses ist es auch, dem Kläger schnell einen vorläufig vollstreckbaren Titel zu ermöglichen.

Spezielle Anmerkungen zum Antragsmuster bzgl. der Einleitung des Streitverfahrens nach Mahnbescheidsantrag:

Wird vom Antragsgegner gegen den Mahnbescheid Widerspruch erhoben, so wird der Rechtsstreit nicht von Amts wegen, sondern nur auf Antrag der Parteien in das streitige Verfahren übergeleitet.

Achtung:
In der Regel wurde dieser Antrag schon im Kästchen 12 des Vordruckes des Mahnantrages gestellt. In den Formularen einiger Hersteller für den Anwaltsbedarf ist aus Gründen der Arbeitsvereinfachung im Formular für den Mahnbescheidsantrag schon gleich vorgesehen, dass der Antragsteller automatisch mit dem Mahnbescheidsantrag zugleich beantragt, im Falle des Widerspruches das streitige Verfahren durchzuführen. Bisher war dies unschädlich, da die Gerichte von einer Nacherhebung von Gebühren in der Praxis keinen Gebrauch gemacht haben, wenn es zur Durchführung des streitigen Verfahrens nicht gekommen ist. Durch Entscheidung des Oberlandesgerichts Düsseldorf (JurBüro 1997, 145, 146) sind jedoch die Justizverwaltungen und Gerichte der Länder darauf hingewiesen worden, dass in jenen Fällen, in denen der Antragsteller schon im Antrag auf Erlass eines Mahnbescheids für den Fall des Widerspruchs die Durchführung des streitigen Verfahrens beantragt hat, mit Eingang des Widerspruchs gegen den Mahnbescheid die 3,0 Gebühr des GKG Anl.1 KV Nr. 1210 fällig wird. Da durch den im voraus gestellten Antrag mit Einlegung des Widerspruches das Mahnverfahren automatisch in ein erstinstanzliches Verfahren übergeleitet wird (so die h. M. in Literatur u. Rechtsprechung; siehe Hartmann, Kostengesetze KV 1210 Rn 5), somit eine neue streitige Instanz durch den im voraus gestellten Antrag eröffnet wird, schuldet der Antragsteller des auf den Widerspruch folgenden Verfahrens die 3,0 Verfahrensgebühr. Die Zurücknahme des Antrags auf Durchführung des streitigen Verfahrens oder des Widerspruches gegen den Mahnbescheid führt lediglich zu einer Reduzierung der 3,0 Gebühr auf eine 1,0 Gebühr nach GKG Anl.1 KV Nr. 1211. Auch bei einer Rücknahme des Antrages oder Widerspruches vor Abgabe ermäßigt sich die Gebühr somit nur auf 1,0 und nicht auf 0,5 (vgl. Zöller Rn 20 vor § 688 ZPO; OLG Hamburg MDR 2001, 294). In vielen Fällen wurden die Antragsteller mit einer 0,5 Gebühr nachbelastet, somit insgesamt eine volle Gebühr nach GKG Anl.1 KV Nr. 1211 berechnet.

Deshalb sollte der Anwalt in jedem Einzelfall prüfen, ob im Falle des Widerspruches ohne weiteres das streitige Verfahren durchgeführt werden soll. Allgemein zu empfehlen ist, erst bei Eingang der Nachricht über die Einlegung des Widerspruches die Entscheidung zu treffen, ob ein Antrag auf Durchführung des streitigen Verfahren gestellt werden soll, um auf diese Weise die Entstehung überflüssiger Gerichtskosten zu verhindern.

Büromäßige Behandlung:
Der Antrag ist mit den erforderlichen Abschriften einzureichen. Die Anspruchsbegründung ist eigentlich an das Prozessgericht zu richten. Es ist aber zum Teil üblich geworden, diese bereits bei Zahlung des Vorschusses und Antrag auf Abgabe beim Mahngericht einzureichen.

Gerichtskosten:
Bei unverändertem Streitwert gegenüber dem Mahnbescheid ist vom Kläger ein weiterer Gerichtskostenvorschuss in Höhe von 2,5 Gebühren einzuzahlen, § 65 Abs. 1 S. 2 GKG i. V. m. KV Nr. 1210.

Rechtsanwaltsgebühren:
Der Anwalt erhält eine volle Gebühr für seine Tätigkeit im Verfahren über den Antrag auf Erlass eines Mahnbescheides. Diese Gebühr ist auf eine später anfallende Prozessgebühr anzurechnen.

Eine 5/10 Gebühr erhält der Rechtsanwalt des Antragstellers für seine Tätigkeit im Verfahren über den Antrag auf Erlass eines Vollstreckungsbescheides, sofern kein oder nur beschränkt Widerspruch erhoben wird, § 43 Abs. 1 Nr. 3 BRAGO.

Der Rechtsanwalt des Antragsgegners erhält eine 3/10 Gebühr für die Erhebung des Widerspruches (§ 43 Abs. 1 Nr. 3 BRAGO), welche auf eine später anfallende Prozessgebühr anzurechnen ist.

#02 Einspruch gegen Vollstreckungsbescheid § 700 ZPO

[*HIER Ort, Datum*]

An das
Amtsgericht
[*HIER Anschrift*]

In der Mahnsache
....../......
Az.: ......

erhebe ich namens und in Vollmacht des/der Schuldners/-in gegen den Vollstreckungsbescheid des Amtsgerichts ......vom ......, zugestellt am ......

Einspruch.

Gleichzeitig beantrage ich die Einstellung der Zwangsvollstreckung – ohne Sicherheitsleistung –.

....
Rechtsanwalt/-wältin

Anmerkung

Eine Begründung ist nicht erforderlich, aber zu empfehlen, wenn z. B.

- inzwischen gezahlt wurde,
- die Parteien sich geeinigt haben oder
- bei formellen Fehlern.

Für die Einstellung ohne Sicherheitsleistung siehe §§ 707, 719 i. V. m. § 700 Abs. 1 ZPO.

Frist: 2 Wochen ab Zustellung, einzulegen bei dem Mahngericht bzw. Prozessgericht, wenn dieses den Vollstreckungsbefehl erlassen hat. Kein Anwaltszwang, § 700 Abs. 1 i. V. m. § 399 ZPO.

Falls **Vordrucke** vorhanden, sind diese zu verwenden, § 703 c Abs. 2 ZPO.

#03 Antrag im streitigen Verfahren nach Einspruch gegen den Vollstreckungsbescheid § 700 ZPO

[*HIER Ort, Datum*]

An das
Amtsgericht [- Landgericht]
[*HIER Anschrift*]

In Sachen

des/der ...... [*HIER Vorname, Name, Anschrift*]

- Klägers/-in, -

Prozessbevollmächtigte(r): Rechtsanwalt/-wältin ...... [*HIER Vorname, Name, Anschrift*]

gegen

den/die ...... [*HIER Vorname, Name, Anschrift*]

- Beklagte(n), -

Prozessbevollmächtigte(r): Rechtsanwalt/-wältin ...... [*HIER Vorname, Name, Anschrift*]

Az.: ......

vertrete ich den/die Kläger/-in und versichere meine Bevollmächtigung.

Ich bitte möglichst bald den Verhandlungstermin zu bestimmen und werde beantragen zu erkennen:

1. Der Vollstreckungsbescheid vom ...... wird aufrechterhalten.
2. Der/Die Beklagte trägt die Kosten des Verfahrens.
3. Das Urteil ist vorläufig vollstreckbar.

Begründung:

[*Die Begründung muss der Begründung einer Klageschrift entsprechen. Das ergibt sich aus § 700 Abs. 3 in Verbindung mit §§ 345, 331 Abs. 1 ZPO, wonach ein - zweites - Versäumnisurteil nur bei Vorliegen der den Anspruch begründenden Behauptungen ergehen kann.*]

....
Rechtsanwalt/Rechtanwältin

Anmerkung

Das Mahngericht gibt bei Einspruch gegen den Vollstreckungsbescheid die Sache an das im Mahnbescheid bezeichnete Gericht ab, ohne dass es dazu eines Antrages – anders als beim Widerspruch gegen den Mahnbescheid – bedarf.

Büromäßige Behandlung:
Entweder ist die Bevollmächtigung zu versichern, § 703 ZPO oder die Vollmacht einzureichen.

Gerichtskosten:
Keine Vorschusspflicht der Parteien, vgl. § 65 GKG.

#04 Anwaltliches Aufforderungsschreiben

[*HIER Ort, Datum*]

An
Herrn/Frau/Firma ...... [Name oder genaue Firmenbezeichnung]
[*HIER Anschrift*]

[- Einschreiben mit Rückschein]

Betr.: ......

Sehr geehrte(r) Herr/Frau [- Damen und Herren],

ich vertrete die rechtlichen Interessen von Herrn/Frau [- der Firma] ......

[oder]
hiermit erlaube ich mir, Ihnen anzuzeigen, dass Herr/Frau [- die Firma] ...... mich mit der Wahrnehmung seiner/ihrer Interessen Ihnen gegenüber beauftragt hat.

[oder]
die Firma ...... hat mich mit der Wahrnehmung ihrer Interessen beauftragt.

[- Zu meiner Legitimation füge ich das anliegende Vollmachtsformular bei.]

Sie haben am ...... bei meinem/meiner Mandanten/Mandantin] ...... [*HIER Angabe des gekauften/bestellten Produktes nebst Markenbezeichnung*] gekauft [- bestellt]. Der Preis betrug ...... EUR. Der ...... [*HIER Angabe des gekauften/bestellten Produktes*] wurden Ihnen mangelfrei und ordnungsgemäß übergeben [- geliefert]. Die Rechnung ist Ihnen am ...... zugegangen. [- Trotz Mahnungen meines/meiner Mandanten/Mandantin vom ...... und vom ...... ist der Kaufpreis bislang nicht von Ihnen beglichen worden.] [- Obwohl meine Partei Sie angemahnt hat, sind Sie bisher Ihrer Zahlungsverpflichtung leider nicht nachgekommen.]

Namens und in Vollmacht meines/meiner Mandanten/Mandantin habe ich Sie [- letztmalig] aufzufordern, den Kaufpreis über den Betrag von ...... EUR [- nebst ......% Zinsen hieraus seit dem ...... [*HIER Datum 30 Tage nach Fälligkeit und Zugang einer Rechnung oder gleichwertigen Zahlungsaufforderung*] unverzüglich,

spätestens aber bis zum

...... [*HIER Angabe des Datums*]

an meinen Mandanten [- meine Mandantin] zu zahlen.

Bezogen auf meine Geldempfangsberechtigung verweise ich auf das anliegende Vollmachtsformular.

Da Sie sich im Verzug befinden, haben Sie gemäß den gesetzlichen Bestimmungen auch die Kosten meiner Einschaltung gemäß der nachstehenden Kostenrechnung zu tragen. Dem Eingang des dort ausgewiesenen Endbetrages sehe ich ebenfalls innerhalb der gesetzten Frist entgegen.

Nach fruchtlosem Ablauf der Frist werde ich meinem Mandanten anraten, die Ansprüche gerichtlich geltend zu machen. [– Sollte die Zahlung nicht fristgerecht eingehen, so bin ich schon jetzt beauftragt worden, unverzüglich die erforderlichen gerichtlichen Schritte gegen Sie einzuleiten. Die dadurch entstehenden Kosten gehen ebenfalls zu Ihren Lasten.]

Mit freundlichen Grüßen

Rechtsanwalt/-wältin

Anlage: Kostenrechnung

Kostenrechnung:

Gegenstandswert: ...... EUR

7,5/10 Gebühr gem. § 118 Abs. 1 Nr. 1 BRAGO	...... EUR
Auslagenpauschale gem. § 26 BRAGO, 15 v. H.	...... EUR
Zwischensumme	...... EUR
Mehrwertsteuer gem. § 25 Abs. 2 BRAGO, 16 v. H.	...... EUR
zusammen	...... EUR

[oder]
Sie haben am ...... 20.. bei meinem Mandanten die Herstellung von ...... in Auftrag gegeben. Der Auftrag wurde von meiner Mandantin ausgeführt, die Rechnung vom ...... 20.. wurde jedoch von Ihnen, trotz zweier Mahnungen vom ...... und vom ...... bis zum heutigen Tage nicht beglichen. Die Forderung setzt sich wie folgt zusammen:

Rechnung vom	...... EUR
zzgl. Mahngeb., je 2,5 EUR	5,– EUR
zusammen	...... EUR

Da Sie sich im Verzug befinden, haben Sie auch die Kosten meiner Einschaltung, nämlich

...... EUR

zu tragen, die ich Ihnen unten im Einzelnen ausweise.

Ich habe Sie daher aufzufordern, den noch offenen Rechnungsbetrag sowie meine Kosten, zusammen

...... EUR

umgehend auf eines meiner Konten zu überweisen. Für die Zahlung setze ich Ihnen eine Frist bis längstens zum

...... [*HIER Angabe des genauen Datums*]

Sollte der gesamte Betrag bis zu diesem Zeitpunkt nicht bei mir eingegangen sein, so werde ich umgehend das für Sie mit weiteren Kosten verbundene gerichtliche Verfahren mit anschließender Zwangsvollstreckung zwecks Beitreibung des bis dahin aufgelaufenen Gesamtbetrages inklusive Zinsen sowie der Verfahrenskosten einleiten.

Mit freundlichen Grüßen

Rechtsanwalt/-wältin

Anlage: Kostenrechnung

Anmerkung

Da z. B. bei Geldschulden das bloße Überschreiten des Fälligkeitstermins für sich allein nicht ohne weiteres Anlass zur Klage gibt, ist in derartigen Fällen ein anwaltliches Aufforderungsschreiben vor der Klageerhebung zu empfehlen.

In der Regel empfiehlt es sich somit, dem künftigen Beklagten ein anwaltliches Aufforderungsschreiben zuzustellen, in dem der geltend gemachte Anspruch beschrieben und dem Gegner eine letzte Frist zur Regulierung dieses Anspruches – sei er auf Zahlung, Herausgabe oder Unterlassung gerichtet – gesetzt wird. Eine derartige Fristsetzung kann notwendig sein, um die Voraussetzungen des Verzuges gemäß § 286 BGB herbeizuführen, sofern der Verzug noch nicht vorliegt. Ohne Vorschaltung des anwaltlichen Aufforderungsschreibens besteht ansonsten die Gefahr, dass der Gegner bei sofortiger gerichtlicher Geltendmachung den Anspruch unter Verwahrung gegen die Kostenlast anerkennt und das Gericht dann dem Kläger die Verfahrenskosten einschließlich der Rechtsanwaltskosten auferlegt, weil der Beklagte die Klage nicht durch sein Verhalten veranlasst hat, § 93 ZPO.

Voraussetzungen des anwaltlichen Aufforderungsschreiben sind:

- Im Einleitungssatz ist dem Gegner mitzuteilen, in wessen Namen der Rechtsanwalt das Aufforderungsschreiben an ihn richtet.
  Achtung: Ein von der Mandantschaft unterschriebenes Originalvollmachtsformular muss dem Schreiben beigefügt werden, wenn gegenüber der Gegenseite eine Kündigung eines bestehenden Vertragsverhältnisses ausgesprochen wird, etwa bei einem Miet-, Darlehens- oder Arbeitsvertrag. Aus dieser Vollmacht muss ausdrücklich hervorgehen, dass der Rechtsanwalt zum Ausspruch der Kündigung bevollmächtigt ist. Ist die Vollmacht nicht beigefügt, so bleibt die Kündigung wirkungslos, wenn der Gegner das Fehlen der schriftlichen Vollmacht rügt, § 174 BGB.
- Der vom Mandanten geltend gemachte Anspruch ist in der Schilderung des Sachverhaltes genau zu bezeichnen.
- Die Frist, binnen derer der Gegner den Anspruch zu erfüllen hat, ist genau anzugeben. Die Frist sollte nicht zu kurz bemessen sein, sondern etwa 10–14 Tage ab Datum des Schreibens betragen. Im Hinblick auf die Verzugsvorschriften ist es sinnvoll einen genauen Termin für den Fristablauf nach dem Kalender anzugeben.
- Hat die Gegenseite auch die Rechtsanwaltskosten zu übernehmen, folgt die Aufforderung, die am Ende des Schreibens aufgeführte Rechtsanwaltskostenrechnung ebenfalls innerhalb der gesetzten Frist zu begleichen. Eine Verpflichtung besteht hierzu, wenn sich der Gegner mit der zu erbringenden Leistung in Verzug befindet. Die Rechtsanwaltskostenrechnung ist auch zu übernehmen, sofern sich der Anspruch des Mandanten aus einer vom Gegner zu vertretenden Handlung herleitet, wie etwa einer vorsätzlichen oder fahrlässigen Körperverletzung oder einem schuldhaft herbeigeführten Verkehrsunfall.

- Sofern noch kein Klageauftrag erteilt ist, wird am Ende des Schreibens mitgeteilt, dass nach fruchtlosem Ablauf der Frist, dem Mandanten anzuraten ist, den Anspruch gerichtlich geltend zu machen und sich dann den Klageauftrag erteilen zu lassen. In diesem Fall bemisst sich der Gebührenanspruch des Anwaltes nach § 118 BRAGO.

Nach § 286 Abs. 3 BGB kommt der Schuldner einer Entgeltforderung spätestens in Verzug, wenn er nicht innerhalb von 30 Tagen nach Fälligkeit und Zugang einer Rechnung oder gleichwertigen Zahlungsaufstellung leistet. Diese sog. 30-Tages-Regelung gilt nur für Entgeltforderungen. Sie erfasst also nicht alle Geldforderungen.

§ 286 Abs. 3 BGB gilt nur gegenüber einem Verbraucher, wenn er auf die Folgen in der Rechnung oder Zahlungsaufstellung besonders hingewiesen worden ist. In Zukunft müssen also Rechnungen von Lieferanten oder Handwerkern, die eine Privatperson als Kunden haben, einen Hinweis auf § 286 Abs. 3 BGB enthalten, um die Rechtsfolge Verzug ohne Mahnung herbeizuführen.

Liegt der Rechnung der Abschluss eines Bauvertrages auf Grundlage der VOB/B zugrunde, so muss der Auftragnehmer gleichwohl nach wie vor gemäß § 16 Nr. 5 Abs. 3 VOB/B nach Fälligkeit der Rechnung dem Auftraggeber eine Nachfrist zur Zahlung setzen, damit der Auftraggeber in Schuldnerverzug gerät. Ohne eine solche gesetzte Nachfrist erlangt der Auftragnehmer nie Anspruch auf Verzugszinsen. Hierauf ist auch künftig zu achten.

Nach § 286 Abs. 3 BGB gilt auch für Geldforderungen wieder das Mahnungssystem, das durch die 30-Tages-Regelung lediglich ergänzt wird. Verzug bei Geldforderungen kann auch vor Ablauf der 30-Tage durch Mahnung eintreten.

Wenn der Zeitpunkt der Rechnung oder Zahlungsaufforderung unsicher ist und der Schuldner kein Verbraucher, kann der Schuldner bereits 30 Tage nach Fälligkeit und Empfang der Gegenleistung in Verzug kommen. Bestreiten des Zugangs der Rechnung kann also gefährlich sein. Es kommt dann nämlich nicht mehr auf den Zugang der Rechnung, sondern auf den Zeitpunkt der Lieferung an.

Nach § 288 Abs. 1 S. 2 BGB ist eine Geldschuld während des Verzugs für das Jahr mit 5 Prozentpunkten über dem Basiszinssatz zu verzinsen. Eine Definition des Basiszinssatzes enthält § 247 BGB. Er verändert sich zum 1. Januar und Juli eines Jahres gemäß § 247 Abs. 1 BGB. Die Deutsche Bundesbank gibt den geltenden Basiszinssatz unverzüglich nach diesen genannten Zeitpunkten im Bundesanzeiger bekannt, § 247 Abs. 2 BGB.

Der Basiszinssatz kann am besten (weil dort die sorgfältigste Auskunft erfolgt) bei der Landeszentralbank telefonisch erfragt werden, um den jeweils gültigen gesetzlichen Verzugszinssatz zu errechnen. Ansonsten sieht man im Bundesanzeiger nach.

Auch der gesetzliche Zinssatz bei Vorliegen eines Handelsgeschäftes (§§ 352, 343 HGB) ist dementsprechend angepasst worden.

Hat der Anwalt bereits einen Klageauftrag erteilt bekommen, so ist statt dessen die Erhebung der Klage nach Fristablauf anzudrohen. Die Gebühren richten sich dann nach § 32 BRAGO (5/10 der Prozessgebühr sowie Auslagen und Mehrwertsteuer).

Fraglich ist, ob auch bei einer hohen Forderung des Mandanten im Schreiben die Formulierung:

> *»Zu Ihren Lasten geht ferner die durch meine Einschaltung entstandenen, nachstehend näher spezifizierten Rechtsanwaltskosten in Höhe von ...... EUR, die innerhalb der vorstehend genannten Zahlungsfrist ebenfalls zu begleichen sind.«*

zu wählen ist. Häufig haben dann Mandanten kaum Verständnis dafür, dass aus ihrer Sicht nicht unbeträchtliche Gebühren des Rechtsanwaltes für die Absendung eines bloßen Aufforderungsschreibens, das obendrein noch in vielen Fällen formularmäßig abgefasst ist, anfallen. In diesen Fällen könnte folgende Formulierung anstatt der eben genannten gewählt werden: *»Zu Ihren Lasten gehen ferner die bereits entstandenen und gegebenenfalls noch entstehenden Kosten.«*

Büromäßige Behandlung:

Normalerweise werden anwaltliche Aufforderungsschreiben mit einfacher Post versandt.

Problematisch wird die Zustellung nur, wenn der Empfang des Schreiben in beweisbarer Form sichergestellt werden soll:

Ein Einschreiben beweist nur den Abgang des Schreibens. Sicherer als ein Einschreiben ist ein Einschreiben mit Rückschein. Damit ist aber noch nicht bewiesen, dass der per Einschreiben gegen Rückschein zugestellte Umschlag den Inhalt hatte, den der spätere Kläger behauptet, wenn nicht eine weitere Person als Zeuge für das Einstecken des Schreibens in das Kuvert und die Abgabe bei der Post zur Verfügung steht.

Am sichersten ist hier die Gerichtsvollzieherzustellung, sofern eine Frist nicht kurz vor ihrem Ablauf steht. Die Zustellung des vorgerichtlichen Schriftverkehrs durch den Gerichtsvollzieher richtet sich nach den Regelungen der ZPO, vgl. §§ 166 ff. ZPO. Die Gerichtsvollzieherzustellung kostet mehr als die postalische Zustellung per Einschreiben/Rückschein, erspart aber jedenfalls den Weg zum Postamt. Der Rechtsanwalt kann sich dazu schriftlich (oder auch persönlich) an die Verteilungsstelle für Gerichtsvollzieheraufträge wenden, selbst wenn der Empfänger dort nicht seinen Wohnsitz hat. Der Anwalt sollte dem Schreiben eine beglaubigte Kopie beifügen, damit die Beglaubigung durch den Gerichtsvollzieher entfallen kann und Kosten gespart werden. Nach Zustellung erhält der Anwalt das Originalschreiben mit Zustellungsurkunde zurück.

Der Gerichtsvollzieher hat seinen Amtssitz beim Amtsgericht. Er stellt entweder in seinem Bezirk persönlich zu oder bedient sich – was der Regefall ist – der Post (§§ 193 f. ZPO).

Zuständig für Zustellungen im gesamten Bundesgebiet ist der Gerichtsvollzieher, in dessen Bezirk der Auftraggeber oder Zustellungsempfänger seinen Wohn- oder Firmensitz hat (§ 22 GVO). Wendet sich der Anwalt an den Gerichtsvollzieher am Ort des Auftraggebers (Gläubigers), befindet sich aber der Schuldner außerhalb seines Bezirks im Bundesgebiet, so kommt nur eine Zustellung mittels der durch den Gerichtsvollzieher beauftragten Post in Frage. Will man hingegen eine persönliche Zustellung durch einen Gerichtsvollzieher erreichen, so muss man sich an die zuständige Gerichtsvollzieherstelle, an der der Schuldner seinen Wohn- oder Firmensitz hat, wenden.

Die Gerichtsvollzieherzustellung stellt auch den inhaltlichen Zugang eines Schreibens beweisbar sicher. Die Kosten werden dann nach Zustellung gegen Nachnahme bei dem beauftragenden Rechtsanwalt erhoben.

Hinweis: Manche Rechtsanwälte lassen über die erwähnte Gerichtsvollzieherzustellung im vorgerichtlichen Schriftverkehr an den anwaltlich noch nicht vertretenen Gegner zustellen, um zu versuchen, beim Gegner durch diese Art der Zustellung einen Einschüchterungseffekt zu erzielen.

07. Klage und Anträge aus ausgewählten Rechtsgebieten

#01 Ankündigung der Umgestaltung der Mietsache § 554 Abs. 3 S. 1 BGB

[Durch Boten oder Zustellung durch den Gerichtsvollzieher oder per Einschreiben-Rückschein]

[*HIER Ort, Datum*]

An
Herrn / Frau ...... [*HIER Vorname, Name*]
[*HIER Anschrift*]

Betr.: Mietvertrag vom ...... betreffend die im ...... Stock ...... links/rechts des Hauses ...... [*HIER Angabe der Anschrift*] gelegenen Räumlichkeiten

Sehr geehrte(r) Herr / Frau ......,

ausweislich der anliegenden Originalvollmacht vertrete ich Ihre(n) Vermieter/-in, Herrn / Frau ......

Ihr(e) Vermieter/-in möchte das auf seinem Grundstück stehende Gebäude, darunter auch die von Ihnen gemieteten Räumlichkeiten zur Wertbesserung und Energieeinsparung modernisieren. [Er/Sie hat sich deshalb entschlossen Maßnahmen zur Verbesserung der Wärmedämmung durchzuführen, um so zu einer besseren Wärmeausnutzung zu gelangen:

Einbau von isolierverglasten Kunststofffenstern. [- und Erneuerung von sämtlichen Rollläden. Zudem wird die Außenseite des Hauses mit einem speziellen Wärmedämmmaterial verkleidet.]

[- Ihr Vermieter hat sich deshalb entschlossen, in seinem Hause Maßnahmen zur Verbesserung der Energieausnutzung durchzuführen. Dazu ist im Einzelnen folgende Maßnahme durchzuführen:

Modernisierung der Heizungsanlage.

Die neue Wärmeversorgung erfolgt aus einer gasbefeuerten Heizungsanlage modernster Technik. Durch diese Modernisierungsmaßnahme wird eine nachhaltige Einsparung von Heizenergie bewirkt. Damit wird zum Teil die Mieterhöhung durch einen entsprechend geringeren Heizkostenanteil wieder aufgefangen werden.]

Die Arbeiten sollen in der Zeit vom ...... bis ...... durchgeführt werden. Ihre Wohnung wird in dieser Zeit nur für ...... Tag(e) betroffen sein.
[- Mitarbeiter der beauftragten Firma ...... werden Ihnen den genauen Termin mitteilen.]
[- die Arbeiten sollen in den Monaten ...... und ...... dieses Jahres durchgeführt werden. Das Auswechseln der Fenster wird dabei nur einen einzigen Tag in Anspruch nehmen. Den genauen Termin wird der/die Vermieter/-in [- die Einbaufirma] Ihnen bekannt geben.]

Im Auftrage des/der Vermieters/-in kündige ich hiermit an, dass die Kosten für die Maßnahme entsprechend § 559 Bürgerliches Gesetzbuch mietrelevant werden. Wie Sie dem beigefügten Kostenvoranschlag der Firma ...... vom ...... entnehmen können, werden die gesamten Modernisierungsarbeiten einen Kostenaufwand von ca. ...... EUR betragen. Dies wird für Sie eine voraussichtliche Mehrbelastung von ca. ...... EUR pro qm Wohnfläche und Monat bedeuten. [– Der Nettomietzins für die von Ihnen gemieteten Räumlichkeiten wird sich dadurch um monatlich insgesamt ...... EUR erhöhen.]

Die Mietanhebung wird ca. ab 01. ...... 20.. vorgenommen.

Zum Teil wird diese Mieterhöhung durch entsprechend niedrigere Heizkosten wieder ausgeglichen.

Die endgültige Mieterhöhung sowie den genauen Termin für die Modernisierungsmaßnahme werde ich Ihnen im Auftrag des/der Vermieters/-in nach Fertigstellung mit einem weiteren Schreiben mitteilen.

Wenn Sie mit der Modernisierung einverstanden sind, darf ich Sie bitten, das anliegende Doppel dieses Schreibens zu unterschreiben und mir bis zum ...... 20.. zurückzusenden. Andernfalls teilen Sie mir bitte mit, ob und welche Einwendungen Sie erheben.

[oder]

Sollten Sie keine Einwendungen erheben, so ist davon auszugehen, dass Sie mit der vorgenannten Maßnahme einverstanden sind.

Mit freundlichen Grüßen

....
Rechtsanwalt/-wältin

[– Mit der oben genannten Maßnahmen bin ich/sind wir einverstanden

...... (Ort), den ......

......]

Anmerkung

Anwendungsbereich: Wohnraum- sowie Geschäftsraummiete.

Die Mitteilung nach § 554 Abs. 3 BGB (bei Geschäftsraum ist § 554 Abs. 3 über 578 Abs. 2 BGB entsprechend anwendbar), ist formelle Voraussetzung des Duldungsanspruches des Mieters. Gemäß § 541 b Abs. 3 S. 1 BGB ist dem Mieter von Wohnraum zwei Monate vor Beginn der geplanten Modernisierungsmaßnahme diese schriftlich anzukündigen. Möglichst genau sind Art, Umfang, Beginn sowie der Zeitraum der Modernisierungsmaßnahmen zu konkretisieren und die zu erwartende Erhöhung des Mietzinses mitzuteilen. Der Vermieter muss aber nur den »voraussichtlichen« Umfang und Beginn und die »voraussichtliche« Dauer der Maßnahme mitteilen (BT-Drucks. 14/4553 Seite 50 l.Sp. oben). Nach Durchführung der Modernisierung kann der Vermieter eine Erhöhung der Miete nach § 559 BGB vornehmen.

Gemäß § 554 Abs. 2 S. 1 erfasst die Duldungspflicht von Modernisierungsumbauten neben der Einsparung von Wasser oder Schaffung neuen Wohnraums Maßnahmen zur Einsparung aller Art von Energie, also nicht nur Heizenergie. Damit fallen z. B. auch Maßnahmen zur Einsparung von Strom (wie etwa drehzahlgeregelte Umwälzpumpen, Ventilatoren und Aufzugsmotoren sowie Energiesparlampen) darunter (BT-Drucks. 14/4553 S. 49 r.Sp.).

Die Frist für die schriftliche Mitteilung der Modernisierungsmaßnahme beträgt 3 Monate, § 554 Abs. 3 S. 1 BGB. Dem Mieter steht bis zum Ablauf des auf den Zugang der Mitteilung folgenden Monats ein Sonderkündigungsrecht zu, § 554 Abs. 3 S. 2 BGB (bei Geschäftsraum §§ 578 Abs. 2, 554 Abs. 3 S. 2 BGB). Dies gilt auch für den Fall, dass eine Festmietzeit vereinbart war oder eine längere Kündigungsfrist zu beachten wäre.

Lehnt der Mieter die Duldung der Modernisierungsmaßnahme ab, so hat der Vermieter ein berechtigtes Interesse, die Frage klären zu lassen. Gleiches gilt, wenn der Mieter schweigt. Der Vermieter kann aber auch, wie in der zweiten Version am Ende des Musterschreibens, an das Schweigen die Fiktion des Einverständnisses knüpfen. In einem solchen Fall ist der Mieter aufgrund der mietvertraglichen Nebenpflicht gehalten, Einwendungen rechtzeitig zu erheben. Andernfalls muss sein Schweigen als Zustimmung gewertet werden.

Büromäßige Behandlung:
Die Vollmacht des beauftragten Rechtsanwaltes könnte wie folgt formuliert sein:
Briefkopf Vermieter

»Hiermit bevollmächtige ich Herrn Rechtsanwalt [– Frau Rechtsanwältin] ...... die sich im Zusammenhang mit der Verwaltung des Wohnhauses [– meiner Immobilienobjekte ......] ergebenden Handlungen vorzunehmen, alle erforderlichen Erklärungen, insbesondere Mieterhöhungserklärungen, abzugeben und alle notwendigen, gegebenenfalls auch prozessualen Anträge zu stellen.

......, den ......«

Der Vermieter muss über die geplante Maßnahme informieren, hat also eine Mitteilungspflicht, um die Duldungspflicht des Mieters auszulösen. Aus diesem Grund ist für den Nachweis des Zuganges des Ankündigungsschreibens Sorge zu tragen. Der Vermieter hat die Modernisierungsmaßnahme drei Monate vor deren Beginn anzuzeigen und dabei deren Umfang, Beginn, voraussichtliche Dauer und die zu erwartende Mieterhöhung mitzuteilen, § 554 Abs. 3 S. 1 BGB.

Auf das Sonderkündigungsrecht nach § 554 Abs. 3 S. 2 BGB (bei Geschäftsraum: § 578 Abs. 2, 554 Abs. 3 S. 2) kann in dem Ankündigungsschreiben hingewiesen werden:

»Nur der guten Ordnung halber weise ich Sie auf das Ihnen gesetzlich eingeräumte Sonderkündigungsrecht nach § 554 Abs. 3 S. 2 Bürgerliches Gesetzbuch hin. Danach sind Sie berechtigt zum Ablauf des Monates, der auf den Zugang dieses Schreibens folgt, für den Ablauf des nächsten Monates außerordentlich zu kündigen. Sollten Sie kündigen, müsste die Modernisierungsmaßnahme bis zum Ablauf der Mietzeit zurückgestellt werden.«

Da der Erklärende für den Zugang seiner Erklärung die Beweislast trägt, geht der Anwalt ein Haftungsrisiko ein, wenn er nicht für einen nachweisbaren Zugang der Erklärung sorgt. Hierzu reicht nicht der Nachweis eines ordnungsgemäß adressierten und frankierten Briefes zur Post. Die sicherste Zustellungsart ist – neben der Zustellung durch Boten bzw. persönliche Übergabe unter Zeugen – die förmliche Zustellung durch Vermittlung des Gerichtsvollziehers (§ 132 Abs. 1 BGB, §§ 166, 192–194 ZPO). Meist genügt allerdings schon die Übersendung durch Einschreiben mit Rückschein (BGHZ 24, 313).

Hierbei ist aber zu beachten:

Bei einem Übergabe-Einschreiben, zu dem ein Einschreiben mit Rückschein gehört, muss der Mieter die Übergabe selbst quittieren. Wird er nicht angetroffen, wird eine Benachrichtigungskarte in den Briefkasten geworfen. In diesem Fall ist durch den Einwurf des Benachrichtigungsscheins das Schreiben noch nicht zugegangen (siehe Dübbers NJW 1997, 2503, 2504), sondern erst bei Abholung durch den Empfänger.

Kann ein Einschreibebrief wegen Abwesenheit des betroffenen Mieters nicht zugestellt werden, liegt zwar Zugang nur bei einem Einwurf-Einschreiben vor. Die Dokumentation des Einwurfs durch den Postzusteller könnte den Beweis des Einwurfs erbringen. Allerdings wird aber der Auslieferungsbeleg nach seinem Einscannen im Lesezentrum der Deutschen Post AG zerstört und man erhält davon nur einen schriftlichen Datenauszug mit dem Einwurf-Datum. Damit scheidet ein Urkundenbeweis nach § 416 ZPO aus, zudem wäre hier auch nicht die Richtigkeit des Inhalts bewiesen. Die Frage des Beweises bleibt daher letztlich der freien Beweiswürdigung überlassen (§§ 371, 286 ZPO), was indes unsicher ist (Rott, NJW-CoR 1998, 424).

Kosten und Gebühren:
Rechtsanwaltsgebühren:
Gebühren nach § 118 BRAGO.

Streitwert:
§ 16 GKG, § 3 ZPO Jahresbetrag der zu erwartenden Mieterhöhung.

#02 Klage des Vermieters auf Umgestaltung der Mietsache § 554 BGB

[*HIER Ort, Datum*]

An das
Amtsgericht
- Abteilung für Mietsachen -

[*HIER Anschrift*]

Klage

des/der ...... [*HIER Vorname, Name, Anschrift*]

- Klägers/-in, -

Prozessbevollmächtigte(r): Rechtsanwalt/-wältin ...... [*HIER Vorname, Name, Anschrift*]

gegen

[1.] den/die ...... [*HIER Vorname, Name, Anschrift*]

- Beklagte(n) [zu 1)], -

[2. den/die ...... [*HIER Vorname, Name, Anschrift*]

- Beklagte(n) zu 2), -]

[beide wohnhaft ...... [*HIER Anschrift*]]

Prozessbevollmächtigte(r): Rechtsanwalt/-wältin ...... [*HIER Vorname, Name, Anschrift*]

wegen ......

vorläufiger Streitwert: ...... EUR

Namens und in Vollmacht des/der Klägers/-in erhebe ich Klage und werde beantragen,

[- entrichte aus einem vorläufigen Streitwert in Höhe von ...... EUR Vorschuss auf die Gerichtskosten durch beigefügten Verrechnungsscheck in Höhe von ...... EUR und stelle den Antrag wie folgt zu erkennen:]

[- und bitte um Zustellung der Klageschrift an den/die Beklagte(n) und Anberaumung eines baldigen frühen ersten Termins zur mündlichen Verhandlung, in der ich die Anträge

stellen/verlesen werde, wie folgt zu erkennen:]

1. Die Beklagten werden verurteilt, folgende Modernisierungsmaßnahme in Bezug auf die vermietete Wohnung im ...... Stock (links/rechts) des Hauses ...... [*HIER Anschrift*] zu dulden:
   Einbau isolierverglaster Kunststofffenster.
   [- Einbau einer Zentralheizungsanlage im gesamten Anwesen, die dazu erforderlichen Wand- und Deckendurchbrüche zur Verlegung der Steigeleitungen, Zu- und Ableitungen für die Heizkörper, Anbringung der Heizkörper in sämtlichen Räumen.]
2. dem/der Kläger/-in und den von ihm/ihr beauftragen Handwerkern an den Werktagen zwischen ...... und ...... Uhr das Betreten der von den Beklagten gemieteten Räume zu gestatten.
3. Die Beklagten tragen die Kosten des Rechtsstreits.
4. Das Urteil ist, notfalls gegen Sicherheitsleistung, vorläufig vollstreckbar. Dem Kläger wird nachgelassen, Sicherheitsleistung durch unwiderrufliche selbstschuldnerische Bürgschaft eines im Inland zugelassenen Bank- oder Kreditinstituts zu erbringen, ebenfalls - vorsorglich - zwecks Abwendung der Zwangsvollstreckung.

Sollte das Gericht das schriftliche Vorverfahren beschließen, wird bereits jetzt der
Antrag auf Erlass eines Anerkenntnisurteils (§ 307 Abs. 2 ZPO) bzw. eines Versäumnisurteils (§ 331 Abs. 3 ZPO)

gestellt.

Begründung:

...... [*HIER folgt eine Beispielsbegründung*]

Der Kläger hat die im Antrag bezeichneten Wohnräume - eine abgeschlossenen Wohnung - seit dem ...... 20.. an den Beklagten vermietet.

Beweis: anliegender Mitvertrag vom ...... 20.., Anlage K 1

Das im Jahre ...... erstellte Gebäude und die darin befindlichen Wohnungen sind mit ...... [z. B. einfachverglasten Fenstern mit Holzrahmen, Einzelöfen usw.] ausgestattet. Diese entsprechen den heutigen Schall- und Wärmeschutzanforderungen nicht mehr und sind auch teilweise schadhaft. Zur Verbessung der vermieteten Wohnräume und zur Einsparung von Heizenergie will der Kläger ...... [*z. B. die vorhandenen einfachverglasten Holzfenster gegen isolierverglaste Kunststofffenster, vorhandenen Einzelöfen*] ...... [*z. B. gegen eine Gasheizungszentralanlage mit zentraler Wasserversorgung*] austauschen.

Der Kläger hat die geplante Modernisierungsmaßnahme rechtzeitig, d. h. zwei Monate vor Beginn, mit unter dem ...... 20.. datierten Schreiben an den Beklagten angekündigt, in dem er über die geplante Maßnahme nach Art, Umfang, Beginn und voraussichtlicher Dauer informiert hat. Er hat gleichzeitig auf seine Absicht einer Mieterhöhung nach § 559 b Abs. 1 BGB hingewiesen.

Beweis: Schreiben vom ...... 20.., Anlage K 2

Nachdem der Beklagte sich bis zum ...... 20.. nicht äußerte, forderte der Kläger den Beklagten unter Bezugnahme auf das Schreiben vom ...... unter Fristsetzung bis zum ...... erneut zur Abgabe der Duldungserklärung auf.

Beweis: Schreiben vom ...... 20.., Anlage K 3

Der Beklagte lehnte die Modernisierungsmaßnahmen mit Schreiben vom ...... ab.

[- Er hat erklärt, dass er sich den Arbeiten widersetze, weil er mit dem bisherigen Zustand zufrieden sei und die höhere Miete nicht zahlen wolle.]

Beweis: Schreiben vom ...... 20.., Anlage K 4

[- Die Arbeiten sind in den anderen Wohnungen zum Teil bereits durchgeführt ......]

Der Beklagte ist zur Duldung der vom Kläger geplanten Modernisierungsmaßnahme verpflichtet. Die Belästigungen durch die vorzunehmenden Arbeiten halten sich im Rahmen des Üblichen. Besonderheiten in der Person des Beklagten und seiner Familie, die hier zu berücksichtigen wären, liegen nicht vor. ...... [*HIER weitere Ausführung*]

Ergänzend ist festzustellen, dass die geplante Mieterhöhung nach § 559 Abs. 1 BGB sich ebenfalls im Rahmen des Zumutbaren bewegt.

Da die Voraussetzungen der Modernisierungsmaßnahmen gemäß § 554 Abs. 2 BGB vorliegen, ist der Beklagte antragsgemäß zur Duldung zu verurteilen.

....
Rechtsanwalt/-wältin

Anmerkung

Anwendungsbereich: Wohnraum- sowie Geschäftsraummiete.

Gemäß § 554 Abs. 2 BGB (bei Geschäftsraum ist § 554 Abs. 2 gem. § 578 Abs. 2 BGB entsprechend anwendbar) ist der Mieter verpflichtet, Maßnahmen der gemieteten Räume oder sonstigen Teile der Gebäudes zur Einsparung von Energie oder Wasser oder zur Schaffung neuen Wohnraumes zu dulden, es sei denn, dass die Maßnahme für ihn oder seine Familie eine Härte bedeuten würde, die auch unter Würdigung der berechtigten Interessen des Vermieters oder anderer Mieter in dem Gebäude nicht zu rechtfertigen wäre.

Zuständigkeit:
Sachliche Zuständigkeit:
Zuständig ist bei Wohnraummietverhältnissen ausschließlich das Amtsgericht ohne Rücksicht auf den Wert des Streitgegenstandes, § 23 Nr. 2 a GVG.

Örtliche Zuständigkeit:

Örtlich zuständig ist nach § 29 a ZPO ausschließlich das Gericht in dessen Bezirk sich die Räume befinden.

Streitwert:
Der Streitwert der Duldungsklage nach § 554 BGB berechnet sich gemäß §§ 16 Abs. 1 GKG, 3 ZPO nach dem 12 fachen Betrag der vorgesehenen Modernisierungsmieterhöhung nach § 559 BGB (LG Berlin, Grundeigentum 1996, 927).

Zur Duldung der Umbaumaßnahme ist der Mieter verpflichtet, wenn

- eine Modernisierungs- oder Verbesserungsmaßnahme oder eine Maßnahme zur Einsparung von Energie oder Wasser vorliegt,
- die Mitteilung durch den Vermieter von Wohnraum nach § 554 Abs. 4 BGB (bei Geschäftsraum: § 554 Abs. 4 gilt entsprechend gem. § 578 Abs. 2 BGB) ordnungsgemäß erfolgt ist.

Die zu erwartende Mieterhöhung ist dann nicht zu berücksichtigen, wenn der allgemein übliche Zustand hergestellt wird (BGH WuM 1992, 181).

Büromäßige Behandlung:
In Anwaltsprozessen werden die Sachanträge grundsätzlich verlesen, § 297 ZPO. Dies gilt in amtsgerichtlichen Verfahren nur, soweit ausnahmsweise dessen schriftliche Vorbereitung nach § 129 Abs. 2 ZPO aufgegeben wurde. Andernfalls genügt es, die Anträge zu stellen.

Die weitgehend übliche Formulierung im Klageantrag »werde ich beantragen« beruht darauf, dass früher Prozesshandlungen nur in der mündlichen Verhandlung vorgenommen werden konnten (ist aber Geschmackssache). Das gilt nach Einführung des Versäumnisurteils im schriftlichen Vorverfahren (§ 331 Abs. 3 ZPO) nicht mehr. Auch die übliche Bitte um Terminsanberaumung sollte entfallen wegen der Möglichkeit des schriftlichen Vorverfahrens. Bei einem vereinfachten Verfahren (§ 495 a ZPO) wird darüber hinaus die unnötige Anfrage des Gerichts provoziert, ob in jedem Fall Termin anberaumt werden soll.

Kosten und Gebühren:
Gerichtskosten:
3,0 Verfahrensgebühren, Nr. 1210 KV GKG; Ermäßigung der Gebühr auf 1,0 Gebühr, wenn die Voraussetzung nach Nr. 1211 KV GKG vorliegt.

Rechtsanwaltsgebühren:
§ 31 BRAGO, Wert: § 16 GKG, § 3 ZPO: Jahresbetrag der zu erwartenden Mieterhöhung.

#03 Mieterhöhungsverlangen bei Wohnraum § 559 BGB

[Durch Boten oder Zustellung durch den Gerichtsvollzieher oder per Einschreiben-Rückschein]

[*HIER Ort, Datum*]

An
Herrn/Frau ...... [*HIER Vorname, Name*]
[*HIER Anschrift*]

Betr.: Mietvertrag vom ...... betreffend die im ...... Stock ...... links/rechts des Hauses ...... [*HIER Angabe der Anschrift*] gelegenen Räumlichkeiten

Einbau von isolierverglasten Fenstern
[- Modernisierung der Heizungsanlage]
Mieterhöhung gem. § 559 BGB zum ...... [*HIER Datum*]

Sehr geehrte(r) Herr/Frau ......,

ausweislich der anliegenden Originalvollmacht vertrete ich Ihre(n) Vermieter/-in, Herrn/Frau ......

In der von Ihnen gemieteten Wohnung hat mein(e) Mandant/-in die in meinem Schreiben vom [- die im Schreiben vom ......] angekündigten Modernisierungsmaßnahmen mit Ihrer Zustimmung vorgenommen.

[oder]
Nachdem die o. g. Modernisierungsarbeiten abgeschlossen wurden (siehe mein Schreiben vom ......), nimmt mein(e) Mandant/-in, ab dem ...... [*HIER Datum*] entsprechend den Vorschriften des § 559 Bürgerliches Gesetzbuch eine Mietanhebung vor.

[oder]
In der von Ihnen gemieteten Wohnung hat mein(e) Mandant/-in den in meinem Schreiben vom [- die im Schreiben vom] ...... angekündigten Austausch der Einzelöfen gegen eine automatische Zentralheizung mit Warmwasserversorgung vornehmen lassen. Seit dem ...... [*HIER Datum*] sind die Zentralheizung und die Warmwasserversorgungsanlage in Betrieb.

Durch mein Schreiben vom ...... 20.. wurden Sie von der Durchführung der Baumaßnahme sowie auf die sich daraus voraussichtlich ergebende Mieterhöhung hingewiesen.

[- Die im angegebenen Schreiben angekündigten voraussichtlichen Kosten und die sich daraus ergebende Mieterhöhung entsprechen mit geringen Abweichungen den tatsächlich entstandenen Kosten und den sich daraus ergebenden Erhöhungsbeträgen für die Mieter.]

Nach § 559 Bürgerliches Gesetzbuch ist mein Mandant [- meine Mandantin] berechtigt, die aufgewendeten Baukosten durch eine Erhöhung der Grundmiete umzulegen. Danach kann die Jahresmiete um 11 % der für Ihre Wohnung aufgewendeten Kosten erhöht werden:

Die Kosten der Modernisierung betragen	...... EUR
Hiervon sind laut o. a. Gesetz p. a. 11 %	
auf die Mieter umlegbar =	...... EUR

Dies ergibt ...... EUR pro qm Wohnfläche monatlich, um die sich Ihre Miete ab dem ...... 20.. erhöht, so dass bei ...... qm Wohnfläche Ihrer Wohnung der Nettomietzins p. a. ab dem ...... 20.. auf ...... EUR angehoben wird (zuzüglich Nebenkostenvorauszahlung). Die tatsächliche Erhöhung weicht damit nicht um mehr als 10 % von der mit Schreiben vom ...... 20.. angekündigten ab.

In der in der Anlage aufgeführten Aufstellung sind die angefallenen Kosten der Modernisierungsmaßnahme konkret aufgeführt.

[oder]
Im Einzelnen berechnet sich die auf Ihre Wohnung entfallende Erhöhung wie folgt:

Baukosten: ...... EUR

Davon entfällt auf Ihre Wohnung von ...... qm ein Kostenanteil von ...... [z. B. 1/8] (Gesamtwohnfläche des Hauses) = ... EUR

Der jährliche Erhöhungsbetrag von diesem Kostenanteil beträgt 11 % = ... EUR
Ihre bisherige Jahresmiete beträgt ...... EUR
Die neue Jahresmiete beträgt ...... EUR
Somit beträgt die neue Monatsmiete ...... EUR

Ab dem Monat ...... 20.. bitte ich Sie, diese neue Miete – zuzüglich der vereinbarten Vorauszahlung für Nebenkosten von ...... EUR – also insgesamt ...... EUR auf das Ihnen bekannte Mietkonto des Vermieters zu überweisen.

[oder]

a) Berechnung des Kostenansatzes:
Gesamtaufwand = ... EUR
Umlagefähig sind 11 % aus ......(Gesamtaufwandssumme) = ... EUR
b) Berechnung der neuen Jahresmiete:
Bisherige Jahresmiete = ... qm × 6 ......(bisheriger qm-Preis) × 12 =...... EUR

Erhöhte Jahresmiete= ...... EUR (bisherige Jahresmiete) + ... EUR (umlagefähiger Anteil) = ... EUR (neue Jahresmiete)

c) Berechnung der Umlage:
neue Jahresmiete geteilt durch 12 × Gesamtquadratmeterzahl = ... EUR

[– Anbei erhalten Sie eine Aufstellung der angefallenen Kosten, von denen 11 % p. a. umgelegt werden können. Pro Monat und qm ergibt sich ein Zuschlag neben der Grundmiete von ......, der ab dem ...... 20.. erhoben wird. Die ab dem ...... 20.. neu zu zahlende Gesamtmiete plus Nebenkostenvorauszahlung beträgt ......]

[Ab dem ...... 20.. bitte ich Sie die neue Miete zzgl. der vereinbarten Vorauszahlung für Nebenkosten, somit ...... auf das Ihnen bekannte Mietkonto zu überweisen.]

[– Ab ...... 20.. wird die neue Miete zzgl. der vereinbarten Vorauszahlung für Nebenkosten, somit ...... EUR aufgrund der von Ihnen vorliegenden Einzugsermächtigung von Ihrem Konto abgebucht.]

[– Ferner weise ich Sie darauf hin, dass die Anhebung wohngeldfähig ist. Lassen Sie deshalb evtl. Ihren Wohngeldanspruch bei der Stadtverwaltung [– Gemeindeverwaltung] prüfen.]

Wenn Sie mit der Erhöhung einverstanden sind, darf ich Sie bitten, das anliegende Doppel dieses Schreibens zu unterschreiben und mir bis zum ...... 20.. zurückzuschicken. Andernfalls teilen Sie mir bitte bis zum genannten Termin mit, ob und welche Einwendungen Sie erheben.

Mit freundlichen Grüßen

....
Rechtsanwalt/-wältin

Mit der oben genannten Mieterhöhung bin ich/sind wir einverstanden

...... (Ort), den ......

......

Anmerkung

Anwendungsbereich: nur Wohnraummiete.

Siehe Anmerkung zu Formular 1.A.07.a.#01,02.

Gemäß § 559 BGB kann der Vermieter die Kosten der Modernisierungsmaßnahmen auf den Mieter abwälzen. Der Jahresnettomietzins kann bis zur in dieser Vorschrift maximal genannten Prozentzahl von 11 % der für die jeweilige Wohnung aufgewendeten Modernisierungskosten erhöht werden. Dabei sind keine Kappungsgrenzen zu beachten.

In der Mieterhöhungserklärung nach § 559 b Abs. 1 BGB müssen entstandene Kosten berechnet und erläutert werden, somit sind aufzuführen:

- der Gesamtaufwand,
- der auf die Wohnung entfallende Teilbetrag,
- der angewandte Verteilungsschlüssel,
- die einzelnen Rechnungsposten,
- Abzug von Instandsetzungskosten.

In der Mieterhöhungserklärung müssen die einzelnen Kosten nachvollziehbar dargelegt werden, dies gilt auch für Instandsetzungsmaßnahmen (LG Görlitz WuM 1999, 44). Es sind auch die durchgeführten Maßnahmen in ihren Einzelheiten zu erläutern und alle Rechnungsbeträge anzugeben (LG Neubrandenburg WuM 1999, 550).

Mieterhöhungen nach § 559 BGB sind neben den Mieterhöhungen gemäß § 558 und 560 BGB möglich.

Bei den Kosten der Modernisierung sind Zuschüsse oder Darlehensverbilligungen durch aus öffentlichen Haushalten subventionierte Darlehen in Abzug zu bringen, § 559 a Abs. 2 3 BGB.

Dem Mieter steht gemäß § 561 BGB ein Sonderkündigungsrecht zu. Macht er von diesem Gebrauch, so tritt die Mieterhöhung nicht ein.

Büromäßige Behandlung:
Der Mieter schuldet die erhöhte Miete mit Beginn des Monats nach dem Zugang der Erklärung. Die Frist verlängert sich um sechs Monate, wenn der Vermieter dem Mieter die zu erwartende Erhöhung der Miete nicht nach § 554 Abs. 3 S. 1 BGB mitgeteilt hat oder wenn die tatsächliche Mieterhöhung mehr als 10 % höher ist als die mitgeteilte, § 559 b Abs. 2 BGB.

Zur Problematik bei Zustellung von Erklärungen mittels Einschreiben siehe Anmerkung zu Formular 1.A.07.a.#01, Seite 274 f.

Kosten und Gebühren:
Rechtsanwaltsgebühren:
Gebühren nach § 118 BRAGO; Wert: § 16 GKG, § 3 ZPO Jahresbetrag der zu erwartenden Mieterhöhung.

#04 Klage des Vermieters bei Wohnraum auf Zahlung des erhöhten Mietzinses nach Modernisierungsmaßnahmen § 559 BGB

[*HIER Ort, Datum*]

An das
Amtsgericht
- Abteilung für Mietsachen -

[*HIER Anschrift*]

Klage

des/der ...... [*HIER Vorname, Name, Anschrift*]

- Klägers/-in, -

Prozessbevollmächtigte(r): Rechtsanwalt/-wältin ...... [*HIER Vorname, Name, Anschrift*]

gegen

[1.] den/die ...... [*HIER Vorname, Name, Anschrift*]

- Beklagte(n) [zu 1)], -

[2. den/die ......[*HIER Anschrift*]

- Beklagte(n) zu 2), -]

[beide wohnhaft ...... [*HIER Anschrift*]]

Prozessbevollmächtigte(r): Rechtsanwalt/-wältin ...... [*HIER Vorname, Name, Anschrift*]

wegen Mietzinszahlung

vorläufiger Streitwert: ...... EUR

Namens und in Vollmacht des/der Klägers/-in erhebe ich Klage und werde beantragen,

1. den Beklagten zu verurteilen, an den/die Kläger/-in ...... EUR nebst Zinsen in Höhe von 5 Prozentpunkten über dem jeweiligen Basiszinssatz [- ...... % Zinsen] - auf ...... EUR seit dem ...... 20.., auf weitere ...... EUR seit dem ...... 20.., zu zahlen.
2. den Beklagten die Kosten des Rechtsstreits aufzuerlegen.
3. das Urteil für vorläufig vollstreckbar zu erklären.

Vorsorglich stelle ich die Anträge nach § 331 Abs. 3, § 307 Abs. 2 ZPO.

Begründung:

...... [*HIER folgt eine Beispielsbegründung*]

Der Kläger hat die im ...... Stock (links/rechts) seines Hauses gelegenen Wohnräume - eine abgeschlossenen Wohnung - seit dem ...... an den Beklagten vermietet. Nach § ...... des Mietvertrages ist der monatliche Mietzins im voraus, und zwar bis zum ...... eines jeden Monats zu leisten.

Beweis: anliegender Mietvertrag vom ...... in beglaubigter Kopie, Anlage K 1

Das im Jahre ...... erstellte Gebäude und die darin befindlichen Wohnungen waren mit ...... [*z. B. einfachverglasten Fenstern mit Holzrahmen, Einzelöfen usw.*] ausgestattet. Diese entsprachen den heutigen Schall- und Wärmeschutzanforderungen nicht mehr und waren auch teilweise schadhaft. Zur Verbessung der vermieteten Wohnräume und zur Einsparung von Heizenergie hat der Kläger ...... [*z. B. die vorhandenen einfachverglasten Holzfenster gegen isolierverglaste Kunststofffenster, vorhandenen Einzelöfen*] ...... [*z. B. gegen eine Gasheizungszentralanlage mit zentraler Wasserversorgung*] ausgetauscht.

Der Kläger hat die geplante Modernisierungsmaßnahme rechtzeitig, d. h. zwei Monate vor Beginn, mit unter dem ...... 20.. gerichteten Schreiben an den Beklagten angekündigt, in dem er über die geplante Maßnahme nach Art, Umfang, Beginn und voraussichtlicher Dauer informiert hat. Er hat gleichzeitig auf seine Absicht einer Mieterhöhung nach § 554 Abs. 3 BGB hingewiesen.

Beweis: Schreiben vom ...... 20.. in Kopie, Anlage K 2

Nach Abschluss der Arbeiten sprach der Kläger mit Schreiben vom ...... eine Mieterhöhung gemäß § 559 BGB aus.

Beweis: Schreiben vom ...... 20.., Anlage K 3

Die Mieterhöhung des Beklagten errechnet sich wie folgt:

1. Modernisierungskosten a. Aus- und Einbauarbeiten gemäß Rechnung der Firma	...... EUR
Beweis: Kopie der Rechnung, Anlage K	
b.	...... EUR
Summe:	...... EUR
2. Anteil der Wohnung des Beklagten Hiervon entfällt auf die Wohnung des Klägers ein Kostenanteil von ...... %	...... EUR
(Verhältnis Wohnfläche der Wohnung mit ...... qm) zur Gesamtwohnfläche von ...... qm) Der jährliche Erhöhungsbetrag von diesem Kostenanteil beträgt 11 % =	...... EUR

Somit erhöht sich die Monatsmiete des Klägers um ...... EUR auf ...... EUR

[oder] 1. Modernisierungskosten a. Aus- und Einbauarbeiten gemäß Rechnung der Firma	...... EUR
Beweis: Kopie der Rechnung, Anlage K	
b.	...... EUR
Kosten	...... EUR
2. Umlagefähige Kosten a. je Jahr	

Von den Gesamtkosten sind 11 % je Jahr
umlagefähig = je Jahr ...... EUR

b. je Monat
Summe ....../Jahr : 12 Monate = je Monat ...... EUR
c. je Monat pro qm
Summe / Monat : ...... qm Gesamtwohnfläche
= je Monat ....../qm ...... EUR

3. Anteil der Wohnung der Beklagten
Die Umlage erfolgt flächenanteilig.
Die Gesamtwohnfläche des Hauses beträgt ...... qm, davon entfallen ...... qm Wohnfläche auf die Wohnung der Beklagten. Bei ...... EUR je qm umlagefähige Kosten ergibt sich somit ein Gesamterhöhungsbetrag von ...... EUR

[oder]
a. Gesamtkosten der Modernisierung
a. Aus- und Einbauarbeiten gemäß Rechnung der Firma .... EUR

Beweis: Kopie der Rechnung, Anlage K ......

b. .... EUR

Summe ...... EUR
b. Hiervon sind lt. § 559 Abs. 1 BGB 11 % p. a.
auf die Mieter umlegbar = ... EUR

Bei ...... qm Gesamtwohnfläche sind dies ...... EUR pro qm Wohnfläche monatlich, um die sich die Miete ab dem ...... erhöht hat. Bei einer Wohnungsfläche von ...... qm der Wohnung der Beklagten ergibt dies pro Monat einen Gesamtbetrag von ...... EUR.

Ungeachtet dessen zahlt der Beklagte auch weiterhin nur den vor der Erhöhung maßgeblichen Mietzins, so dass wegen folgender Rückstände Klage geboten ist:

1. Miete / Nebenkostenvorauszahlung ...... [Monat / Jahr] ...... EUR
./. am ...... gezahlter ...... EUR

noch offen ...... EUR

2. Miete / Nebenkostenvorauszahlung ...... [Monat / Jahr] ...... EUR
./. am ...... gezahlter ...... EUR

noch offen ...... EUR

Summe Klageforderung ...... EUR

Auf die Mieterhöhungserklärung erfolgte keine Zahlung der Beklagten.

Der Zinsanspruch folgt aus §§ 291, 288 BGB. Die Beklagten haben mithin ab Rechtshängigkeit Zinsen in Höhe von fünf Prozentpunkten über dem Basiszinssatz zu zahlen.

[Bei höherem als dem gesetzlichen Zinssatz:

– Der Kläger forderte die Beklagte mit Schreiben vom ...... auf den Betrag von ...... umgehend, spätestens bis zum ...... 20.. zu bezahlen.

Beweis: Schreiben vom ......, Anlage K ......

Eine Bezahlung der geltend gemachten Forderung erfolgte gleichwohl nicht. Die Beklagte befindet sich somit mit der Bezahlung des Klagebetrages seit dem ...... 20.. in Verzug.

Der/Die Kläger/-in arbeitet selbstständig mit Bankkredit, der die eingeklagte Forderung betragsmäßig übersteigt. Für diesen Kredit muss sie seit dem o. g. Datum, dem ...... 20.. ......%. Zinsen bezahlen.

Beweis: Zinsbestätigung der X-Bank [- Y-Sparkasse], Anlage K ......

Für den Bestreitensfall zusätzlich:

Beweis: [Herr/Frau] ...... zuständige(r) Bankbearbeiter/-in [- Sparkassenangestellte(r)],

zu laden über die X-Bank [- Y-Sparkasse] als Zeuge/Zeugin]

Der betreffende Bankkredit hätte sich um den Klageforderungsbetrag verringert, wenn die Beklagte fristgerecht bezahlt hätte. Der Klageforderungsbetrag ist daher seit dem ...... 20.. mit ...... % Zinsen zu verzinsen.]

....
Rechtsanwalt/-wältin

Anmerkung

Siehe Anmerkung zu Formular 1.A.07.a.03

Anwendungsbereich: nur Wohnraummiete.

Sachliche Zuständigkeit für Wohnraummietsachen: Gem. § 23 Nr. 2 a GVG Amtsgerichte ohne Rücksicht auf den Wert des Streitgegenstandes für Streitigkeiten über Ansprüche aus einem Mietverhältnis über Wohnraum.

Örtliche Zuständigkeit: Gem. § 29 a ZPO das Amtsgericht, in dessen Bezirk sich die gemietete Wohnung befindet.

Bei den Baukosten der Modernisierung sind Zuschüsse oder Darlehensverbilligungen durch aus öffentlichen Haushalten subventionierte Darlehen in Abzug zu bringen, § 559 a Abs. 2 BGB, sowie Mieterdarlehen usw., siehe § 559 a Abs. 3 BGB.

Der Streitwert der Klage auf Zahlung einer Mieterhöhung nach § 559 BGB bemisst sich nach dem einjährigen Mieterhöhungsbetrag soweit Feststellung begehrt wird, sonst nach dem Zahlungsbetrag (LG Hagen WuM 1985, 130).

Im Gegensatz zu der Zustimmungserklärung bei einer Mieterhöhung nach § 558 BGB (Erhöhung der Grundmiete) handelt es sich bei einer Klage auf Zahlung einer Mieterhöhung nach § 559 BGB um eine Zahlungsklage.

Voraussetzung dieser Zahlungsklage ist die Mieterhöhungserklärung in Textform nach § 559 b BGB.

Die Abkürzung der Klagebegründung durch bloße Geltendmachung eines Saldos bei einem über mehrere Monate aufgelaufenen Rückstand trägt mangels hinreichender Konkretisierung die Gefahr einer Klageabweisung in sich, siehe § 253 Abs. 2 S. 2 ZPO.

Der gesetzliche Zinsanspruch ergibt sich aus §§ 286 Abs. 2 Nr. 1, 288 Abs. 1 S. 1 BGB, bei Kreditaufnahme ist der höhere Zinssatz durch Bankbescheinigung pp. nachzuweisen, § 288 Abs. 3 BGB.

Nach § 288 Abs. 1 S. 2 BGB ist eine Geldschuld während des Verzugs für das Jahr mit 5 Prozentpunkten über dem Basiszinssatz zu verzinsen. Eine Definition des Basiszinssatzes enthält § 247 BGB. Er verändert sich zum 1. Januar und Juli eines Jahres gemäß § 247 Abs. 1 BGB. Die Deutsche Bundesbank gibt den geltenden Basiszinssatz unverzüglich nach diesen genannten Zeitpunkten im Bundesanzeiger bekannt, § 247 Abs. 2 BGB.

Der Basiszinssatz kann am besten (weil dort die sorgfältigste Auskunft erfolgt) bei der Landeszentralbank telefonisch erfragt werden, um den jeweils gültigen gesetzlichen Verzugszinssatz zu errechnen. Ansonsten sieht man im Bundesanzeiger nach.

Zum Beleg des über den gesetzlichen Zins hinausgehenden Zinsanspruches sollte bereits in der Klageschrift und nicht erst auf Bestreiten des Beklagten eine Zinsbescheinigung der Bank eingereicht werden. Nach der Rechtsprechung des Bundesgerichtshofes (BGH NJW 1984, 371) braucht der Zahlungsverzug des Schuldners nicht für die Kreditaufnahme ursächlich zu sein. Es reicht aus, eine Kreditaufnahme in Höhe der Klageforderung darzulegen. Wenn der Beklagte bestreitet, ist jedenfalls bei Nichtkaufleuten eine nähere Darlegung erforderlich (BGH NJW-RR 1991, 1406).

Die Benennung des zuständigen Banksachbearbeiters bzw. Sparkassenangestellten unter Entbindung von der Verschwiegenheitspflicht in der Klageschrift bei Geltendmachung von Zinsen über den gesetzlichen Verzugszinssatz des § 288 Abs. 1 BGB ist deshalb ratsam, weil häufig vom Klagegegner die Richtigkeit der Zinsbestätigung in der Zinsbescheinigung mit Nichtwissen bestritten wird und spätere Ergänzungen des Beweisangebotes oft vergessen werden.

Büromäßige Behandlung:
Die weitgehend übliche Formulierung im Klageantrag »werde ich beantragen« beruht darauf, dass früher Prozesshandlungen nur in der mündlichen Verhandlung vorgenommen werden konnten (ist aber Geschmackssache). Das gilt nach Einführung des Versäumnisurteils im schriftlichen Vorverfahren (§ 331 Abs. 3 ZPO) nicht mehr. Auch die übliche Bitte um Terminanberaumung sollte entfallen wegen der Möglichkeit des schriftlichen Vorverfahrens. Bei einem vereinfachten Verfahren (§ 495 a ZPO) wird darüber hinaus die unnötige Anfrage des Gerichts provoziert, ob in jedem Fall Termin anberaumt werden soll.

Kosten und Gebühren:
Gerichtskosten:
3,0 Verfahrensgebühren, Nr. 1210 KV GKG; Ermäßigung der Gebühr auf 1,0 Gebühr, wenn die Voraussetzung nach Nr. 1211 KV GKG vorliegt.

Rechtsanwaltsgebühren:
§ 31 BRAGO, Wert: § 16 GKG, § 3 ZPO: Jahresbetrag der zu erwartenden Mieterhöhung.

#05 Zustimmungsverlangen zur Mieterhöhung bei Wohnraum § 558 BGB

[Durch Boten oder Zustellung durch den Gerichtsvollzieher oder per Einschreiben-Rückschein]

[*HIER Ort, Datum*]

An
Herrn / Frau ...... [*HIER Vorname, Name*]
[*HIER Anschrift*]

Betr.: Mietvertrag vom ...... betreffend die im ...... Stock ...... links/rechts des Hauses ...... [*HIER Angabe der Anschrift*] gelegenen Räumlichkeiten

Mieterhöhung ab ...... 20.. gemäß § 558 Bürgerliches Gesetzbuch (BGB)

Sehr geehrte(r) Herr / Frau ......,

ausweislich der anliegenden Originalvollmacht vertrete ich Ihre(n) Vermieter/-in, Herrn / Frau ......

Auch die Hausbewirtschaftung ist von Kostensteigerungen nicht verschont geblieben. Bitte haben Sie Verständnis dafür, dass [mein(e) Mandant/-in] Ihre Netto-Kaltmiete zum ...... 20.. erhöhen muss.

Dabei ist von folgenden Feststellungen auszugehen:

A. Die neue Berechnung Ihrer Netto-Kaltmiete – also der Miete ohne Nebenkostenvorauszahlung – erfolgt unter Berücksichtigung der zur Zeit geltenden gesetzlichen Bestimmungen des § 558 BGB. Damit Sie die Berechtigung der von uns geforderten Mietanhebung überprüfen können, erhalten Sie folgende Informationen:

Nach § 558 BGB besteht die Berechtigung, die Erhöhung des mit Ihren vereinbarten Mietzinses zu verlangen, wenn üblicherweise für vergleichbare Wohnungen ein höherer Mietzins gezahlt wird und Mietzins seit fünfzehn Monaten unverändert geblieben ist. Von dieser Möglichkeit macht mein Mandant [– meine Mandantin] Gebrauch.

Der von Ihnen gezahlte Mietzins beträgt zur Zeit ohne Nebenkosten ...... Die anrechenbare Wohnfläche beträgt ...... qm, womit sich ein Preis von ...... pro qm ergibt.

Die von Ihnen gemieteten Wohnräume sind im Jahre ...... bezugsfertig geworden. Die Wohnung verfügt über folgende Ausstattung: ...... Sie befindet sich in guter [– mittlerer] [– einfacher] Wohnlage.

Der genannte Mietzins ist seit fünfzehn Monaten nicht mehr erhöht worden.

[oder]
1. Ihre Wohnung ist ...... qm groß und befindet sich in einem im Jahre ...... erbauten Wohnhaus. Als Entgelt ist eine Grundmiete zuzüglich Betriebskosten von zusammen ...... vereinbart. Der Anteil der Betriebskosten an dieser (Brutto-)Miete beläuft sich gegenwärtig auf ...... Eine Kostenfeststellung über die Betriebskosten liegt der Mieterhöhungserklärung bei.

2. Der obengenannte Mietzins ist seit mehr als einem Jahr, nämlich seit dem ...... 20.. nicht mehr erhöht worden.

[Begründung durch Bezugnahme auf [qualifizierten] Mietspiegel]

Ausweislich des Mietspiegels [- des qualifizierten Mietspiegels] der Stadt [- der Gemeinde] ...... beträgt der mittlere Mietpreis der ortsüblichen Vergleichsmiete für Wohnungen Ihrer Kategorie mit Bad und Sammelheizung der Baujahre ...... zwischen ...... EUR und ...... EUR. Da Ihre Wohnung bezüglich Wohnlage und Wohnkomfort den durchschnittlichen Gegebenheiten entspricht, ist daher eine Erhöhung der Grundmiete Ihrer Wohnung von ...... EUR = ... EUR/pro qm gerechtfertigt [- angemessen], die mein(e) Mandant/-in geltend macht.

[sowie]
Bei der Mieterhöhung ist von folgenden Feststellungen auszugehen:

(1) Ihre Wohnung ist ...... qm groß und liegt in einem im Jahre ...... erbauten Wohnhaus. Als Entgelt ist eine Grundmiete zuzüglich Betriebskosten von insgesamt ...... EUR vereinbart. Der Anteil der Betriebskosten an dieser (Brutto-)Miete beläuft sich gegenwärtig auf ...... EUR. Eine Kostenaufstellung der Betriebskosten liegt der Mieterhöhungserklärung bei.

(2) Der oben genannte Mietzins ist seit fünfzehn Monaten unverändert.

(3) Meine Mandantschaft ist berechtigt, die Miete unter Zugrundelegung des Mietspiegels [- qualifizierten Mietspiegels] der Stadt [- der Gemeinde] ...... zu erhöhen. In diesem Mietspiegel ist für Wohnungen mit Bad und Sammelheizung der Baujahre ...... bis ...... ein mittlerer Grundmietzins von ...... EUR ausgewiesen. Da Ihre Wohnung bezüglich Wohnlage und Wohnkomfort den durchschnittlichen Gegebenheiten entspricht, hält meine Mandantschaft diesen Mietpreis für angemessen. Die neue Miete beträgt demnach ...... qm × ...... EUR =...... EUR + ... EUR Betriebskosten= ...... EUR.

[Begründung mit Mietdatenbank gem. § 558 a Abs. 2 Nr. 2 i. V. m. § 558 e BGB]

B. Ausweislich der Mietdatenbank gem. § 558 e BGB der Stadt [- der Gemeinde] ...... beträgt der mittlere Mietpreis der ortsüblichen Vergleichsmiete für Wohnungen Ihrer Kategorie mit Bad und Sammelheizung der Baujahre ...... zwischen ...... EUR und ...... EUR. Da Ihre Wohnung bezüglich Wohnlage und Wohnkomfort den durchschnittlichen Gegebenheiten entspricht, ist daher ist eine Erhöhung der Grundmiete Ihrer Wohnung von ...... EUR = ... EUR/pro qm gerechtfertigt [- angemessen], die mein(e) Mandant/-in geltend macht.

[Begründung mit drei Vergleichswohnungen]
B. Zum Beweis der ortsüblichen Entgelte, die für Wohnungen gezahlt werden, die mit der von Ihnen gemieteten vergleichbar sind, bezieht sich mein Mandant [- meine Mandantin] auf nachfolgend benannte Vergleichswohnungen:

1. ......straße, ... Geschoss Mitte links [- rechts] [-, vorne] [-, hinten], ... Zimmer, Küche, Flur, Bad, Balkon, ... qm, Miete ...... EUR pro qm = monatlich ...... EUR
2. ......straße, ... Geschoss Mitte links [- rechts] [-, vorne] [-, hinten], ... Zimmer, Küche, Flur, Bad, Balkon, ... qm, Miete ...... EUR pro qm = monatlich ...... EUR
3. ......straße, ... Geschoss Mitte links [- rechts] [-, vorne] [-, hinten], ... Zimmer, Küche, Flur, Bad, Balkon, ... qm, Miete ...... EUR pro qm = monatlich ...... EUR

Zur Zeit vereinbarte monatliche Netto-Kaltmiete ...... EUR
bezogen auf die Wohnfläche von ...... qm Ihrer
Mieteinheit ...... EUR/qm

Vergleichsmiete ...... EUR/qm
Begrenzung der Erhöhung nach § 558 BGB auf ...... %
der am ...... geltenden Nettokaltmiete (...... EUR)

Neue Netto-Kaltmiete demnach ...... EUR
bezogen auf die Wohnfläche von ...... qm ...... EUR/qm

[oder]
1. Der Mietzins für Ihre Wohnung beträgt derzeit ohne Nebenkosten ...... EUR.
Die anrechenbare Wohnfläche für Ihre Wohnung beträgt ...... qm.
Die Wohnung ist vom Vermieter mit einem Bad, einer Toilette, Zentralheizung und Warmwasserversorgung ausgestattet.
Der obengenannte Mietzins ist seit fünfzehn Monaten, nämlich seit dem ...... 20.. nicht mehr erhöht worden.
Aus dem Mietzins folgender vergleichbarer Wohnungen entnehmen wir, dass die ortsübliche Miete höher als die von Ihnen gezahlte Miete liegt:
1.) Wohnung ...... [*HIER Ort, Straße. Stockwerk*], ... [*HIER Name Mieter*] ...... qm-Preis: ...... EUR
2.) Wohnung ...... [*HIER Ort, Straße. Stockwerk*], ... [*HIER Name Mieter*] ...... qm-Preis: ...... EUR
3.) Wohnung ...... [*HIER Ort, Straße. Stockwerk*], ... [*HIER Name Mieter*] ...... qm-Preis: ...... EUR

Aus den genannten Vergleichsmieten folgt, dass mindestens ein qm-Preis von ...... EUR ortsüblich ist.

Deshalb hält mein Mandant eine Erhöhung der Grundmiete Ihrer Wohnung von ...... EUR auf ...... EUR monatlich für gerechtfertigt.

[oder anders formuliert]
Ich bitte Sie im Namen meiner Mandantschaft um Ihre Zustimmung zur Erhöhung des monatlichen Mietzinses (Grundmiete) von ...... EUR auf ...... EUR (das sind ...... EUR/qm) beginnend am ......

Zur Begründung werden Ihnen 3 vergleichbare Wohnungen für welche der vom Vermieter geforderte Mietzins bereits gezahlt wird, benannt:
1.) Wohnung ...... [*HIER Ort, Straße. Stockwerk*], ... [*HIER Name Mieter*] ...... qm-Preis: ...... EUR
2.) Wohnung ...... [*HIER Ort, Straße. Stockwerk*], ... [*HIER Name Mieter*] ...... qm-Preis: ...... EUR
3.) Wohnung ...... [*HIER Ort, Straße. Stockwerk*], ... [*HIER Name Mieter*] ...... qm-Preis: ...... EUR

Die Grundmiete beträgt pro qm bei den genannten Wohnungen ...... EUR monatlich.

[Begründung durch Sachverständigengutachten]
Zum Beweis der ortsüblichen Entgelte, die für Wohnungen gezahlt werden, die mit der von Ihnen gemieteten Wohnung vergleichbar sind, füge ich ein Gutachten des öffentlich bestellten und vereidigten Sachverständigen ...... vom ...... 20.. bei.

Wie Sie aus diesem Gutachten ersehen können, beträgt die vergleichbare Nettokaltmiete für Ihre Wohnung:

...... EUR/ qm / monatlich

Der Netto-Kaltmietezins beträgt bisher ...... EUR
Dies entspricht einem Quadratmeterpreis von ...... EUR

Ich mache daher folgende Miete – im Namen des Eigentümers, ... und ausweislich beigefügter Vollmacht – Ihnen gegenüber geltend.

Quadratmeterpreis	Wohnungsgröße	neue Netto-Kaltmiete
...... EUR	...... EUR	...... EUR

[oder]
Die Erhöhung der Grundmiete tritt gesetzlich mit dem Beginn des dritten Monats ein, der auf den Zugang dieser Erklärung folgt also dem ...... 20.. Ab diesem Zeitpunkt setzt sich die von Ihnen zu zahlende Miete wie folgt zusammen:

Netto-Kaltmiete	...... EUR
Nebenkostenvorschuss	...... EUR
Heizkostenvorschuss	...... EUR

Die monatliche Miete setzt sich danach wie folgt zusammen:

	bisher	neu	Änderung
Grundmiete	...... EUR	...... EUR	+ ...... EUR
Vorausz. f. Betriebskosten	...... EUR	...... EUR	
Vorausz. f. Heiz-/WW.-Koster	...... EUR	...... EUR	
Gesamt ab	...... EUR	...... EUR	+ ...... EUR

[oder kürzer formuliert]
Zur Begründung des Mieterhöhungsverlangens verweise ich auf das beigefügte Sachverständigengutachten.

Ab dem ...... 20.. sind monatlich ...... EUR an mein(e) Mandant/-in zu zahlen.

Die geforderte Erhöhung hält sich innerhalb der Kappungsgrenze des § 558 Abs. 3 BGB, wonach die Miete innerhalb von 3 Jahren um nicht mehr als 20 % erhöht werden darf.

Nach § 558 b BGB ist für diese Mieterhöhung Ihre schriftliche Zustimmung erforderlich, die spätestens bis zum Ende des übernächsten Monats, d. h. bis zum ...... 20.. bei mir vorliegen muss. Bitte teilen Sie mir bis Ende des zweiten Monats, der auf Zugang dieses Erhöhungsverlangens folgt, mithin bis zum

...... 20..

mit, ob Sie dem Mieterhöhungsverlangen zustimmen. Dies geschieht zweckmäßigerweise, indem Sie die beigefügte Zweitschrift dieses Schreibens unterschrieben an mich zurücksenden.

Vorsorglich mache ich Sie darauf aufmerksam, dass etwaige Mängel der Mietsache nach der Rechtsprechung eine Verweigerung der Zustimmung nicht rechtfertigen würde.

Vorstehende Erklärungen richten sich (bei Eheleuten) zugleich an Sie als den bevollmächtigten Vertreter Ihres Ehegatten.

Auf die vielleicht für Sie bestehende Möglichkeit, das gesetzliche Wohngeld in Anspruch zu nehmen möchte ich Sie bei dieser Gelegenheit hinweisen. Die Wohngeldstelle Ihres zuständigen Bezirksamtes wird Sie gern beraten.

Der Ordnung halber muss ich Sie darauf aufmerksam machen, dass mein Mandant [- meine Mandantin] nach dem Gesetzesinhalt gehalten ist, Sie auf Zustimmung zu verklagen, wenn Ihr Einverständnis - die alleinige Zahlung des erhöhten Mietzinses ist nicht ausreichend - nicht innerhalb der o. g. Frist eingegangen ist.

[oder]
Ich bitte Sie, die beigefügte Zustimmungserklärung zu unterzeichnen und bis spätestens ...... 20.. an mich zurückzusenden. Vorsorglich weise ich darauf hin, dass ich dann, wenn Sie nicht spätestens bis zum Ablauf des 2. Kalendermonats ab Zugang dieses Schreibens, also bis zum ...... 20.. schriftlich zugestimmt haben, im Auftrag meiner Mandantschaft die Zustimmungserklärung gerichtlich geltend machen werde. Im Interesse der Gleichbehandlung aller Mieter würde meine Mandantschaft von dieser Möglichkeit auch Gebrauch machen. [- und hat mich für diesen Fall schon mit der Klage beauftragt.]

Mit freundlichen Grüßen

....
Rechtsanwalt/-wältin

Erklärung des Mieters:
Mit der verlangten Mieterhöhung bin ich einverstanden,

......(Ort), ... 20.. (Datum) ......
(Unterschrift)

[oder]
Einverständniserklärung der Mietpartei:

......(Ort), den ...... 20..

Einverstanden: ......

[oder]
Ich/Wir stimme(n) der mit Schreiben vom ...... 20.. mitgeteilten Erhöhung des Mietzinses auf ...... EUR/monatlich mit Wirkung ab ...... zu.

...... (Ort), den ...... 20........
(Unterschrift)

Anmerkung

Anwendungsbereich: nur Wohnraummiete.

Ein wirksames schriftliches Erhöhungsverlangen ist die Voraussetzung dafür, dass der Vermieter sein Erhöhungsrecht auch gegen den Willen des Mieters im Weg einer beim zuständigen Amtsgericht zu erhebenden Zustimmungsklage gerichtlich durchsetzen kann (Prozessvoraussetzung).

Die in der Praxis häufigste Mieterhöhung bei Wohnmietverhältnissen ist die Mieterhöhung nach § 558 BGB. Gemäß dieser Bestimmung ist der Vermieter berechtigt, die Miete anzupassen und Zustimmung des Mieters hierzu zu begehren, wenn

a) der Mietzins, von Erhöhungen nach §§ 559 bis 560 BGB abgesehen, seit 15 Monaten unverändert ist,
b) seit dem letzten Mieterhöhungsverlangen ein Jahr vergangen ist, § 558 Abs. 1 S. 2 BGB,
c) der verlangte Mietzins die üblichen Entgelte nicht übersteigt, die in der Gemeinde oder in vergleichbaren Gemeinden für nicht preisgebundenen Wohnraum vergleichbarer Art, Größe, Ausstattung und Lage in den letzten vier Jahren vereinbart oder, von Erhöhungen nach § 560 BGB abgesehen, geändert worden ist (§ 558 Abs. 2 BGB) und die gesetzliche Kappungsgrenze von 20 % (§ 558 Abs. 3 BGB) nicht überschritten wird. Obergrenze für die Mieterhöhung ist die ortsübliche Vergleichsmiete. Eine Mieterhöhung kann nur bis zur Höhe der ortsüblichen Vergleichsmiete erfolgen.

Der Mieterhöhungsanspruch setzt voraus, dass der bisher gezahlte Mietzins niedriger als die ortsübliche Vergleichsmiete ist. Diese Voraussetzung muss der Vermieter bereits in der vorgerichtlichen Erhöhungserklärung darlegen.

Vier Begründungsmittel sind möglich (§ 558 a Abs. 2 BGB):

- Mietspiegel (§§ 558 c, 558 d),
- Auskunft aus einer Mietdatenbank (§ 558 e),
- Sachverständigengutachten,
- Benennung von mindestens drei vergleichbaren Wohnungen.

Bei Begründung durch Benennung von Vergleichswohnungen müssen diese insoweit beschrieben sein, dass dem Mieter eine Identifizierung zur Überprüfung der Berechtigung des Mieterhöhungsverlangens möglich ist. Hierzu reicht die Angabe des Namens des Wohnungsinhabers oder Adresse, Geschoss und Quadratmeterpreis (BGHZ 1984, 392). Die Vergleichswohnungen müssen wie der Begriff schon sagt vergleichbar sein. Dies ist nicht der Fall bei erheblichen Größenabweichungen, unterschiedlicher Ausstattung, unterschiedlicher Baualtersklasse. Es genügt eine ungefähre Vergleichbarkeit. Die Vergleichsobjekte dürfen aus dem Bestand des Vermieters stammen (BVerfG WuM 1994, 139).

Kappungsgrenze:
Nach § 558 Abs. 3 BGB setzt der Anspruch auf Zustimmung zur Mieterhöhung weiter voraus, dass sich der Mietzins innerhalb eine Zeitraumes von 3 Jahren, von Erhöhungen nach §§ 559 bis 560 BGB abgesehen, nicht um mehr als 20 % erhöht. Diese Mieterhöhungsbeschränkung tritt neben die von § 558 Abs. 2 BGB geregelten Voraussetzungen. Eine Mieterhöhung kann also in jedem Fall nur bis zur Höhe der ortsüblichen Miete erfolgen.

Dem Mieter steht gem. § 561 BGB ein Sonderkündigungsrecht zu.

Achtung:
Soweit der Mieter der Mieterhöhung nicht bis zum Ablauf des 2. Kalendermonats ab dem Zugang des Verlangens zustimmt, kann der Vermieter bis zum Ablauf von zwei weiteren Monaten auf die Erteilung der Zustimmung klagen, § 558 b BGB. Diese Klagefrist ist eine materielle Ausschlussfrist. Das bedeutet, dass eine erst nach Ablauf erhobene Klage unzulässig ist mit der Folge, dass der Vermieter grundsätzlich gegebenenfalls ein neues Erhöhungsverlangen stellen muss, mit dem auch die Überlegungs- und Klagefristen neu laufen (vgl. BT-Drucks. 14/4553 S. 56 l.Sp. oben).

Aus der Formulierung des § 558 BGB »Soweit der Mieter der Mieterhöhung ...... zustimmt« geht hervor, dass eine teilweise Zustimmung abweichend vom § 150 Abs. 2 BGB nicht als Ablehnung verbunden mit einem Antrag anzusehen ist (BT-Drucks. 14/5663 S. 80 l. Sp. i. E.).

Büromäßige Behandlung:
Der Anspruch auf Zustimmung des Mieters ist diesem gegenüber schriftlich geltend zu machen und zu begründen.

Sind mehrere Personen Mieter, so muss die Mieterhöhungserklärung gegenüber allen Mietern abgegeben werden. Das nur an einen Mieter gerichtete Erhöhungsverlangen ist unwirksam.

Das Sachverständigengutachten muss dem Erhöhungsverlangen beigefügt werden, ein bloße Bezugnahme reicht nicht aus.

Zur Problematik bei Zustellung von Erklärungen mittels Einschreiben siehe Anmerkung zu Formular 1.A.07.a.#01.

Kosten und Gebühren:
Rechtsanwaltsgebühren:
Gebühren nach § 118 BRAGO;

Streitwert:
§ 16 GKG, § 3 ZPO Jahresbetrag der zu erwartenden Mieterhöhung.

#06 Klage des Vermieters auf Zustimmung des Mieters zur Mieterhöhung bei nichtpreisgebundenem Wohnraum § 558 b Abs. 2 BGB

[*HIER Ort, Datum*]

An das
Amtsgericht
– Abteilung für Mietsachen –

[*HIER Anschrift*]

Klage

des/der ...... [*HIER Vorname, Name, Anschrift*]

– Klägers/-in, –

Prozessbevollmächtigte(r): Rechtsanwalt/-wältin ...... [*HIER Vorname, Name, Anschrift*]

gegen

[1.] den/die ...... [*HIER Vorname, Name, Anschrift*]

– Beklagte(n) [zu 1)], –

[2. den/die ...... [*HIER Vorname, Name, Anschrift*]

– Beklagte(n) zu 2), –]

[beide wohnhaft ...... [*HIER Anschrift*]]

Prozessbevollmächtigte(r): Rechtsanwalt/-wältin ...... [*HIER Vorname, Name, Anschrift*]

wegen Zustimmung zur Mieterhöhung nach § 558 b Abs. 2 BGB

[oder]

wegen Abgabe einer Willenserklärung

Streitwert: ...... EUR (Erhöhungsbetrag – monatlich -12 x, bei Vertragslaufzeit von mehr als einem Jahr, § 16 Abs. 5 GKG)

Namens und in Vollmacht des/der Klägers/-in erhebe ich Klage und werde beantragen,

1. die Beklagten zu verurteilen, der Erhöhung der Miete für die in ......straße Nr. .... im ...... Stock links [- rechts] belegene, aus ...... Zimmern ...... Nebengelass bestehende Wohnung von zur Zeit ...... EUR monatlich zuzüglich Nebenkostenvorauszahlung [- Betriebs- und Heizkostenvorschuss] wie bisher, mit Wirkung ab dem 01. ...... 20.. auf monatlich ...... EUR zuzustimmen;
2. den Beklagten [als Gesamtschuldner] die Kosten des Rechtsstreits aufzuerlegen;
3. das Urteil für vorläufig vollstreckbar zu erklären, soweit es vollstreckungsfähigen Inhalt aufweist;
4. es dem/der Kläger/-in nachzulassen, eventuell zu erbringende Sicherheitsleistungen durch selbstschuldnerische Bürgschaft eines Kreditinstitutes mit Sitz in der Bundesrepublik Deutschland zu erbringen.

Des Weiteren wird beantragt,

1. soweit das Gericht das Verfahren nach § 495 a ZPO betreiben will, die Durchführung einer mündlichen Verhandlung;

2. soweit das Gericht ein schriftliches Vorverfahren anordnet und der/die Beklagte(n) seine/ihre Verteidigungsbereitschaft nicht rechtzeitig anzeigen oder den Klageanspruch anerkennen sollten, den Erlass eines Versäumnis- bzw. Anerkenntnisurteils.

Begründung:

...... [*HIER folgt eine Beispielsbegründung*]

A. Zwischen den Parteien besteht ein Mietverhältnis über die im Antrag zu 1) näher bezeichnete Wohnung. Nach § ...... des Mietvertrages beträgt der Nettomietzins seit fünfzehn Monaten unverändert monatlich ...... EUR zuzüglich Nebenkostenvorauszahlung.

Beweis: Kopie des Mietvertrages, Anlage K 1

Mit Schreiben vom ...... 20.. verlangte der Kläger vom Beklagten die Zustimmung zur Zahlung einer erhöhten Nettomiete von ...... mit Wirkung ab dem 3. Monat ab Zugang des Erhöhungsverlangens, mithin ab dem ...... 20..

Beweis: Kopie des Schreiben ...... 20.. (nebst Kopie der Vollmacht), Anlage K 2

[Begründung durch Bezugnahme auf Mietspiegel]

B. Der Kläger hat sein Mieterhöhungsverlangen mit dem Mietspiegel für die Stadt [- Gemeinde] ...... Stand ...... begründet. Er hat die Wohnung wie folgt eingruppiert:

Baualtersklasse: ......

Wohnlage: ...... [z. B. gute, mittlere]

Ausstattung: ...... [z. B. gute, mittlere]

Größe: ...... qm

Ausweislich des in Bezug genommenen Mietspiegels weist dieser für einen solchen Wohnraum eine Mietspanne von ...... bis ...... pro qm aus. Der Kläger verlangt eine Zustimmung zu einer Erhöhung auf

...... EUR/qm.

Der Mietzins übersteigt nicht die üblichen Entgelte, die für nicht preisgebundenen Wohnraum vergleichbarer Art, Größe, Ausstattung, Beschaffenheit und Lage gezahlt werden.

Beweis: a) Mietspiegel der Stadt [- Gemeinde] ......, Stand ......, in Fotokopie, Anlage K 3
b) Sachverständigengutachten

[Begründung mit Mietdatenbank gem. § 558 a Abs. 2 Nr. 2 i. V. m. § 558 e BGB]
B. Ausweislich der Mietdatenbank gem. § 558 e BGB der Stadt [- der Gemeinde] ...... beträgt der mittlere Mietpreis der ortsüblichen Vergleichsmiete für Wohnungen Ihrer Kategorie mit Bad und Sammelheizung der Baujahre ...... zwischen ...... EUR und ...... EUR. Da Ihre Wohnung bezüglich Wohnlage und Wohnkomfort den durchschnittlichen Gegebenheiten entspricht, ist daher ist eine Erhöhung der Grundmiete Ihrer Wohnung von ...... EUR = ... EUR pro qm gerechtfertigt [- angemessen], die mein Mandant [- meine Mandantin] geltend macht.

Beweis: a) Mietdatenbank der Stadt [- Gemeinde] ......, Stand ......, in Fotokopie, Anlage K 3
b) Sachverständigengutachten

[Begründung mit Vergleichswohnungen]

B. Der vom Kläger verlangte Mietzins übersteigt nicht die üblichen Entgelte, die in ...... für Wohnungen vergleichbarer Art und Größe verlangt werden. Zur Ortsüblichkeit der begehrten Miete bezieht sich mein(e) Mandant/-in auf nachfolgend benannte Vergleichswohnungen:

1. ......straße, ... Geschoss Mitte links [- rechts] [-, vorne] [-, hinten], ... Zimmer, Küche, Flur, Bad, Balkon, ... qm, Miete ...... EUR pro qm = monatlich ...... EUR
2. ......straße, ... Geschoss Mitte links [- rechts] [-, vorne] [-, hinten], ... Zimmer, Küche, Flur, Bad, Balkon, ... qm, Miete ...... EUR pro qm = monatlich ...... EUR
3. ......straße, ... Geschoss Mitte links [- rechts] [-, vorne] [-, hinten], ... Zimmer, Küche, Flur, Bad, Balkon, ... qm, Miete ...... EUR pro qm = monatlich ...... EUR

[Begründung mit Sachverständigengutachten]
B. Zur Begründung verweise ich auf das vom Kläger dem Erhöhungsverlangen beigefügte Gutachten des öffentlich bestellten und vereidigten Sachverständigen.

Beweis: a) anliegendes Gutachten des Sachverständigen ...... vom ......, Anlage K 3;
b) vom Gericht einzuholendes Sachverständigengutachten

C. Da dem Beklagten das Mieterhöhungsverlangen am ...... 20...... zugegangen ist, steht dem Kläger ein Anspruch auf Zustimmung zu einer Anhebung des Mietzinses ab dem ...... 20...... zu.

3 Jahre zuvor betrug der Mietzins ...... EUR

Die Kappungsgrenze ist durch die Anhebung des Mietzinses nicht überschritten.

Da der Beklagte sich innerhalb der Überlegungsfrist gemäß § 558 b Abs. 2 BGB nicht geäußert hat und den alten Mietzins unverändert weiterbezahlt, ist er zur Zustimmung zu der begehrten Mieterhöhung zu verurteilen.

[- Da der Beklagte das Erhöhungsverlangen mit Schreiben vom ...... zurückgewiesen hat, ist nunmehr Klage geboten.

Beweis: Kopie des Schreibens des Beklagten vom ......, Anlage K ......]

....
Rechtsanwalt/-wältin

Anmerkung

Siehe unbedingt auch Formular 1.A.07.A.#05.

Anwendungsbereich: nur Wohnraummiete.

Sachliche Zuständigkeit für Wohnraummietsachen: Gem. § 23 Nr. 2 a GVG Amtsgerichte ohne Rücksicht auf den Wert des Streitgegenstandes für Streitigkeiten über Ansprüche aus einem Mietverhältnis über Wohnraum.

Örtliche Zuständigkeit: Gem. § 29 a ZPO das Amtsgericht, in dessen Bezirk sich die gemietete Wohnung befindet.

Es handelt sich um eine Leistungsklage auf Abgabe einer Willenserklärung. Die rechtskräftige Verurteilung ersetzt die Zustimmung des Mieters zur Mieterhöhung, § 894 ZPO. Zahlt der Mieter nach erfolgreicher Klage nicht, so ist ein neues Verfahren auf Zahlung erforderlich. Eine Verbindung obiger Klage mit einer Mietzahlungsklage ist nicht zulässig. Hinsichtlich der Zustimmungserklärung gibt es keine vorläufige Vollstreckbarkeit, § 895 ZPO. Bei mehreren Beklagten ist keine gesamtschuldnerische Haftung möglich.

Der Klageantrag ist auf Zustimmung zum künftigen zu zahlenden Mietzins zu richten und nicht allein auf den geforderten Erhöhungsbetrag (KG RE v. 5.8. 1997 NZM 1998, 68). Folgende Angaben sind erforderlich:

- Angabe zur Identifizierung des betroffenen Mietverhältnisses,
- neue Miethöhe,
- Wirkungszeitpunkt ab wann diese Miete zu zahlen ist.

Soweit der Mieter vorprozessual teilweise der Mieterhöhung zugestimmt hat, muss dies aus dem Antrag hervorgehen.

Hat der Mieter vorprozessual teilweise der Mieterhöhung zugestimmt, dann ist nur der im Streit befindliche Mehrbetrag maßgeblich, wenn der Vermieter seinen Antrag entsprechend formuliert hat.

Ein Kostenantrag ist nicht zwingend erforderlich, da das Gericht von Amts wegen über die Kosten entscheidet. Werden mehrere Personen auf Zustimmung in Anspruch genommen, so ist erforderlich, in der Kostenentscheidung auszusprechen, dass die Beklagten als Gesamtschuldner die Kosten zu tragen haben.

Achtung: Soweit der Mieter der Mieterhöhung des Vermieters nicht zustimmt, ist die Klagefrist nach § 558 b Abs. 2 BGB einzuhalten. Aus der Formulierung des § 558 BGB »Soweit der Mieter der Mieterhöhung ...... zustimmt« geht hervor, dass eine teilweise Zustimmung abweichend vom § 150 Abs. 2 BGB nicht als Ablehnung verbunden mit einem neuen Antrag anzusehen ist (BT-Drucks. 14/5663 S. 80 l. Sp. a. E.).

Dem Mieter steht nach Zugang des Erhöhungsverlangens eine zweimonatige Überlegungsfrist zu. Stimmt er innerhalb dieser Frist nicht zu, so kann der Vermieter nach Fristablauf binnen einer Frist von weiteren drei Monaten Klage auf Zustimmung zur Mieterhöhung erheben. Dabei ist zu beachten, dass § 558 Abs. 2 S. 2 BGB ausdrücklich klarstellt, dass die Klagefrist eine Ausschlussfrist ist. Dies bedeutet, dass eine erst nach Ablauf erhobenen Klage unzulässig ist mit der Folge, dass der Vermieter gegebenenfalls ein neues Erhöhungsverlangen stellen muss, mit dem auch Überlegungs- und Klagefristen neu zu laufen beginnen (vgl. BT-Drucks. 14/4553 S. 56 l. Sp. oben).

Ist der Klage ein Erhöhungsverlangen vorausgegangen, welches nicht den in § 558 a BGB festgelegten Erfordernissen für Form und Begründung desselben entspricht, so kann es der Vermieter nach § 558 Abs. 3 BGB im Rechtsstreit nachholen oder die Mängel des Erhöhungsverlangens beheben. Damit ist klargestellt, dass die Nachholungsmöglichkeit nur dann besteht, wenn der Zustimmungsklage überhaupt ein in welcher Form auch immer abgegebenes Mieterhöhungsverlangen vorausgegangen ist. Somit besteht das Erfordernis eines wenngleich auch formunwirksamen Mieterhöhungsverlangens.

Nach § 558 b Abs. 3 BGB

- kann der Vermieter ein nicht den Anforderungen des § 558 a BGB entsprechendes Erhöhungsverlangen auch noch im Rechtsstreit nachholen, d. h. ein vollständig neues Erhöhungsverlangen stellen, § 558 b Abs. 3 S. 1 1. Alt. BGB,
- ist es daneben dem Vermieter gestattet, auch einzelne Mängel des Erhöhungsverlangens während des Rechtsstreites nachzubessern, § 558 b Abs. 3 S. 1 2. Alt BGB (z. B. die Begründung ergänzen, eine fehlende Unterschrift vornehmen oder das nicht beigefügte Gutachten eines Sachverständigen nachreichen; BT-Drucks. 14/4553 S. 56 l. Sp. a. E.). Macht der Vermieter von dieser Möglichkeit Gebrauch, so gelten ab dem Zeitpunkt der Nachholung bzw. Nachbesserung wie bisher dieselben Fristen wie bei einem ordnungsgemäßen Mieterhöhungsverlangen, § 558 b Abs. 3 S. 2 BGB. Kostenrechtlich kann die Nachholung oder Nachbesserung durch den Vermieter allerdings dazu führen, dass der Vermieter, wenn der Mieter anschließend die Klage sofort anerkennt oder dem Mieterhöhungsverlangen zustimmt, die Kosten des Rechtsstreits zu tragen hat (vgl. §§ 93, 91 a ZPO) (BT-Drucks. 14/4553 S. 56 r. Sp. oben).

Die Klage ist gegen alle an dem Mietvertrag beteiligten Mieter zu richten.

Ist das Mieterhöhungsverlangen durch ein vorprozessual eingeholtes Gutachten eines öffentlich bestellten und vereidigten Sachverständigen begründet worden, so sind die Kosten für dieses Gutachten im Rechtsstreit nicht erstattungsfähig (LG Heidelberg WuM 1980, 32).

Kosten und Gebühren:
Gerichtskosten:
3,0 Verfahrensgebühren, Nr. 1210 KV GKG; Ermäßigung der Gebühr auf 1,0 Gebühr, wenn die Voraussetzung nach Nr. 1211 KV GKG vorliegt.

Rechtsanwaltsgebühren:
§ 31 BRAGO

Streitwert:
§ 16 GKG, § 3 ZPO: Jahresbetrag der zu erwartenden Mieterhöhung.

#07 Wiederholtes Erhöhungsverlangen

[*HIER Ort, Datum*]

An das
Amtsgericht
- Abteilung für Mietsachen -
[*HIER Anschrift*]

In Sachen
....../......
Az.: ......

beziehe ich mich auf den gerichtlichen Hinweis [- die gerichtliche Verfügung] vom ......, wonach das bisherige Erhöhungsverlangen vom ...... 20.. unwirksam sei.

Vorsorglich holt der/die Kläger/-in ein weiteres Mietzinserhöhungsbegehren nach und fordert den/die Beklagte(n) auf, der Mietzinserhöhung auf ...... EUR (Nettomiete) bis spätestens zum ...... 20.. zuzustimmen.

[oder]
Vorsorglich holt der/die Kläger/-in ein weiteres Mietzinserhöhungsbegehren nach und fordert den/die Beklagte(n) auf, der Erhöhung des Nettomietzinses für die von ihm gemieteten, im ...... Stock links [- rechts] des Wohnhauses ...... [*HIER Angabe der Anschrift*] gelegenen Wohnräume auf monatlich ...... EUR zuzüglich Nebenkostenvorauszahlung ab dem ...... 20.. zuzustimmen.

Zur Begründung beziehe ich mich auf den Mietspiegel für ......, Stand ...... 20...

Für den/die Beklagte(n) füge ich ein Exemplar des Mietspiegels in Kopie bei und gebe folgende Erläuterungen: ......

Auf das für das Gericht und den Beklagten beigefügte Gutachten des ...... vom ...... 20.. wird zur Begründung des Erhöhungsverlangens Bezug genommen. Die Kappungsgrenze aufgrund derer die Miete im vorliegenden Fall innerhalb von 3 Jahren nicht mehr als 20 % erhöht werden darf, wird durch die Erhöhung nicht überschritten. Ebenso bleibt der Nettomietzins im Rahmen der ortsüblichen Vergleichsmiete, die in ...... im Umfeld der betroffenen Wohnung zu zahlen ist.

Der / Die Beklagte(n) wird / werden hiermit aufgefordert, der jetzt geltend gemachten Mietzinserhöhung zuzustimmen und zwar bis zum ......

....
Rechtsanwalt/-wältin

Anmerkung

Anwendungsbereich: nur Wohnraummiete.

§ 558 b Abs. 3 BGB eröffnet dem Kläger die Möglichkeit, ein nicht den Erfordernissen des § 558 a entsprechendes Mieterhöhungsverlangen nachzuholen oder die Mängel des Erhöhungsverlangens nachzubessern.

Ein wirksames Erhöhungsverlangen ist Prozessvoraussetzung für die Zustimmungsklage. Liegt bis zum Schluss der mündlichen Verhandlung, auf die das Urteil ergeht, kein wirksames Erhöhungsverlangen vor, so muss die Klage als unzulässig abgewiesen werden.

Dem Mieter steht auch beim nachgeholten Erhöhungsverlangen die Zustimmungsfrist (Überlegungsfrist) zu.

Das neue Mieterhöhungsverlangen kann auch in der Klageschrift oder in einem prozessualen Schriftsatz abgegeben werden. Allerdings kann in einer Klageschrift nur dann ein neues Mieterhöhungsverlangen gesehen werden, wenn dort für die beklagte Partei erkennbar klar und eindeutig zum Ausdruck kommt, dass nicht nur eine Klagebegründung im Sinne von § 253 Abs. 2 Nr. 2 ZPO erfolgen, sondern eine neue Erklärung im Sinne von § 558 a BGB abgegeben werden soll.

Die Klarstellung ist deshalb geboten, weil die prozessrechtliche Klagebegründung und die materiell-rechtliche Mieterhöhungserklärung unterschiedliche Funktionen erfüllen und unterschiedliche Wirkungen haben.

Büromäßige Behandlung:
Der Schriftsatz und die für die beklagte Partei bestimmten Abschriften müssen vom Vermieter eigenhändig unterschrieben werden; andernfalls ist die Schriftform nicht gewahrt. Ist der Schriftsatz von einem Rechtsanwalt verfasst, so genügt es, wenn dem Mieter beglaubigte Abschriften zugehen und der Beglaubigungsvermerk eigenhändig von dem Rechtsanwalt unterschrieben worden ist.

Um den Ablauf der Zustimmungsfrist zu gewährleisten, ist es ratsam, das Ruhen des Verfahrens gem. § 251 ZPO zu beantragen. Hat der Mieter auch das nachgeholte Erhöhungsverlangen abgelehnt, muss der Ablauf der Zustimmungsfrist nicht abgewartet werden.

#08 Abrechnung von Betriebskostenvorauszahlungen bei Wohnraum § 556 Abs. 3 BGB

[Durch Boten oder Zustellung durch den Gerichtsvollzieher oder per Einschreiben-Rückschein]

[*HIER Ort, Datum*]

An
Herrn / Frau ...... [*HIER Vorname, Name*]
[*HIER Anschrift*]

Betr.: Mietvertrag vom ...... betreffend die im ...... Stock ...... links/rechts des Hauses ...... [*HIER Angabe der Anschrift*] gelegenen Räumlichkeiten
Abrechnung der Umlage für Betriebskosten

Sehr geehrte(r) Herr / Frau ......,

ausweislich der anliegenden Originalvollmacht vertrete ich Ihre(n) Vermieter/-in, Herrn / Frau ......

Grund meiner Beauftragung ist die Abrechnung der Nebenkosten für die Zeit vom ...... 20.. bis einschließlich ...... 20...

Nach § ...... Ihres Mietvertrages sind die Nebenkosten anteilig umzulegen, woraus sich folgende Abrechnung ergibt:

Nebenkostenposition	Gesamtkosten	Umlageschlüssel	Ihr Anteil
1.	...... EUR	...... EUR	...... EUR
2.	...... EUR	...... EUR	...... EUR
Zwischensumme			...... EUR
./. im Abrechnungszeitraum geleistete Nebenkostenvorauszahlungen			...... EUR
Endsumme			...... EUR

Es ergibt sich – abzüglich geleisteter Betriebskostenvorauszahlungen – ein Saldo zu Gunsten meines Mandanten von ...... EUR.

Die Belege zum Nachweis der entstandenen Nebenkosten können Sie bei meinem Mandanten [– beim Hausmeister] [– bei mir] nach vorheriger Terminabsprache einsehen. Den sich zu Gunsten Ihres Vermieters ergebende Saldo bitte ich zusammen mit dem Mietzins des nächsten Monats auf das Ihnen bekannte Mietkonto zu überweisen.

[oder]
Mit diesem Schreiben werden die Kosten, die im vergangenen Abrechnungszeitraum angefallen sind, abgerechnet. Die Abrechnung ist auf den folgenden Seiten dieses Schreibens im Einzelnen wiedergegeben.

Die Abrechnung schließt mit einem Fehlbetrag in Höhe von ...... ab. [– Die Abrechnung schließt mit einem Guthaben in Höhe von ...... ab.]

Die am 01....... 20.. fällige monatliche Miete beträgt	...... EUR
Nachforderungen aus dieser Abrechnung	...... EUR

so dass abweichend zu zahlen sind am 01. . . . . . . 20. .	. . . . . . EUR
Ab 01. ist dann wieder monatlich zu zahlen	. . . . . . EUR

Aufgrund Ihrer Einzugsermächtigung wird der Vermieter diese Beträge bei Fälligkeit per Lastschrift einziehen.

[oder bei Guthaben]	
Die am 01. . . . . . 20. . fällige monatliche Miete beträgt	. . . . . . EUR
aufgrund dieser Abrechnung wird Ihnen erstattet	. . . . . . EUR
so dass abweichend zu zahlen sind am 01. . . . . . . 20. .	. . . . . . EUR
Ab 01. ist dann wieder monatlich zu zahlen	. . . . . . EUR

Aufgrund Ihrer Einzugsermächtigung wird Ihr Vermieter diese Beträge bei fälligen Lastschriften berücksichtigen.

[oder bei gleichzeitiger Änderung der Vorauszahlungsleistung: Zur Erhöhung der Betriebskostenvorauszahlung nach § 560 BGB siehe auch Formular 1.A.07.a.#10.]

Mit diesem Schreiben erhalten Sie eine Abrechnung der Betriebskosten (ohne Heizung/ Warmwasser) und eine Mitteilung über die Änderung Ihrer Vorauszahlungen.

Die Abrechnung der Betriebskosten ergibt eine Nachzahlung von . . . . . . EUR.

Bitte beachten Sie, dass Ihr Vermieter die Nachzahlung mit Ihrer fälligen Monatsleistung für den Monat . . . . . . 20. . einziehen wird.

Die Gebühren für . . . . . . [*HIER folgt eine genaue Spezifizierung der Erhöhungsbeträge: z. B. für Straßenreinigung, Müllabfuhr, Abwässer etc.*] haben sich seit dem . . . . . . 20. . für das Haus von jährlich . . . . . . EUR auf . . . . . . EUR erhöht. Der auf Ihre Wohnung entfallende Anteil beträgt . . . . . . %. Somit erhöht sich die von Ihnen zu zahlende Vorauszahlung um . . . . . . EUR von . . . . . . EUR auf nunmehr monatlich . . . . . . EUR.

Ab . . . . . . 20. . beträgt die monatliche Gesamtleistung . . . . . . EUR und setzt sich wie folgt zusammen:

	bisher	neu	Änderung
Grundmiete	. . . . . . EUR	. . . . . . EUR	. . . . . . EUR
Vorausz. f. Betriebskosten	. . . . . . EUR	. . . . . . EUR	+ . . . . . . EUR
Vorausz. f. Heiz-/ WW.-Kosten	. . . . . . EUR	. . . . . . EUR	+ . . . . . . EUR
Gesamt ab	. . . . . . EUR	. . . . . . EUR	+ . . . . . . EUR

[oder]	bisher	Änderung	neu
Grundmiete	. . . . . .	. . . . . .	. . . . . .
Vorauszahlung Betriebksk. ohne HZ/WW	. . . . . .	. . . . . .	. . . . . .
Vorauszahlung Betriebsk. von HZ/WW	. . . . . .	. . . . . .	. . . . . .
Gesamtleistung	. . . . . .	. . . . . .	. . . . . .

Der Vermieter wird diesen Gesamtbetrag beim Einzug berücksichtigen. [- Den vorstehend berechneten Betrag von ...... EUR wollen Sie bitte bis spätestens zum ...... 20.. auf das Ihnen bekannte Konto des Vermieters [- auf eines meiner oben aufgeführten Konten] überweisen.

Die Abrechnungsunterlagen können auf Wunsch nach vorheriger Terminabsprache 4 Wochen nach Erhalt der Abrechnungen beim Vermieter eingesehen werden. [- Sofern Sie es wünschen, können Sie in der Zeit vom ...... 20.. bis einschließlich zum ...... 20.. die Abrechnungsunterlagen bei meiner Mandantschaft einsehen.] [- Die Abrechnungsunterlagen und die Nachweise für die geltend gemachte Erhöhung können nach vorheriger Anmeldung [- bei meiner Mandantschaft] [- bei mir] eingesehen werden.

Sofern nachträglich Abrechnungsfehler festgestellt werden, oder an den Vermieter aus Gründen, die er nicht zu vertreten hat, berechtigte Nachforderungen gestellt werden, behält sich Ihr Vermieter vor, diese Betriebskostenabrechnung zu korrigieren.

Mit freundlichen Grüßen

....

Rechtsanwalt/-wältin

Anlage: Berechnung der Umlage für Betriebskosten (Abrechnungsperiode 01.01.20.. bis 31.12.20..)

Anmerkung

Anwendungsbereich: nur Wohnraummiete.

Nach § 556 Abs. 1 BGB können die Parteien vereinbaren, dass der Mieter Betriebskosten im Sinne des § 27 der Zweiten Berechnungsverordnung trägt. Nur wenn die Parteien eine derartige Vereinbarung getroffen haben, sei es als Nettomiete mit Betriebskostenvorauszahlung oder -pauschale oder als Teilinklusivmiete, trägt der Mieter die Betriebskosten bzw. einen Teil der Betriebskosten gesondert (vgl. BT-Drucks. 14/5663 S. 79 l.Sp.).

Über Vorauszahlungen der Betriebskosten ist gemäß § 556 Abs. 3 BGB jährlich abzurechnen. Eine Vorauszahlung liegt vor, wenn der Mieter die konkret angefallenen Kosten auf Grundlage einer späteren Abrechnung tragen soll und auf die Abrechnung einen bestimmten Betrag im voraus (in der Praxis regelmäßig monatlich) an den Vermieter zahlt. Um eine Betriebskostenpauschale handelt es sich dagegen, wenn im Mietvertrag für die Betriebskosten ein bestimmter Betrag ausgewiesen ist, den der Mieter unabhängig vom tatsächlichen Verbrauch bzw. den tatsächlich angefallenen Kosten zu zahlen hat. Der Unterschied zwischen beiden besteht darin, dass bei einer Vorauszahlung eine Abrechnung vorgenommen wird, wogegen bei einer Pauschale eine spätere Abrechnung über die Betriebskosten gerade nicht erfolgt (vgl. BT-Drucks. 14/4553 S. 50 r. Sp).

Die Abrechnung ist dem Mieter spätestens bis zum Ablauf des zwölften Monates nach Ende des Abrechnungszeitraumes mitzuteilen, § 556 Abs. 3 S. 2 BGB. Achtung: Nach Ablauf dieser Frist ist die Geltendmachung einer Nachforderung durch den Vermieter ausgeschlossen, es sei denn, der Vermieter hat die verspätete Geltendmachung nicht zu vertreten, § 556 Abs. 3 S. 3 BGB. Solche nicht zu vertretenden Verspätungen können ihre Ursache zum Beispiel darin haben, dass Versorgungsunternehmen ihre Abrechnungen erst lange nach Ablauf der Abrechnungsperiode erstellt haben, so dass die Frist nicht mehr eingehalten werden kann. Auch Steuern oder Abgaben werden häufig erst viel später festgesetzt. § 556 Abs. 3 S. 4 BGB stellt insoweit klar, dass der Vermieter nicht zu Teilabrechnungen verpflichtet ist, auch wenn schon einige Einzelabrechnungen rechtzeitig vorliegen (siehe BT-Drucks. 14/4553 S. 51 l. Sp.).

Einwendungen gegen die Abrechnung hat der Mieter dem Vermieter spätestens bis zum Ablauf des zwölften Monats nach Zugang der Abrechnung mitzuteilen, § 556 Abs. 3 S. 5 BGB. Nach Ablauf dieser Frist kann der Mieter Einwendungen nicht mehr geltend machen, es sei denn, der Mieter hat die verspätete Geltendmachung nicht zu vertreten, § 556 Abs. 3 S. 6 BGB.

Demnach beträgt die Ausschlussfrist des Mieters wie die des Vermieters zwölf Monate und beginnt mit Zugang der Abrechnung.

Die Nebenkostenforderung wird erst mit Erteilung einer ordentlichen Abrechnung fällig.

Ist der Umlagemaßstab für Betriebskosten vertraglich nicht vereinbart, so legt § 556 a Abs. 1 BGB bei fehlender vertraglicher Vereinbarung den Umlagemaßstab fest:

Nach Satz 1 des § 556 a Abs. 1 BGB gilt allgemein der Flächenmaßstab, da die Umlage nach Flächenmaßstab gegenüber der Umlage nach der Personenzahl leichter handhabbar ist (vgl. BT-Drucks. 14/4553 S. 51 r. Sp.). Nur soweit es zu einer krassen Unbilligkeit kommt, hat der Mieter nach § 242 BGB einen Anspruch auf Umstellung des Umlagemaßstabes (BT-Drucks. a. a. O.).

Nach Satz 2 des § 556 a Abs. 2 BGB sollen Betriebskosten, die von einem erfassten Verbrauch oder einer erfassten Verursachung durch den Mieter abhängig sind, nach Verursachung oder Verbrauch abgerechnet werden. Dieser Maßstab geht dem Flächenmaßstab vor. Der Vermieter ist also verpflichtet, verbrauchsabhängig abzurechnen, wenn der Verbrauch erfasst wird (vgl. BT-Drucks. a. a. O.). Der Mieter hat aber keinen zivilrechtlichen Anspruch auf Einbau von Geräten zur Verbrauchserfassung, zum Beispiel (Kalt-)Wasseruhren. Die entsprechende Verpflichtung ist Regelungsgegenstand der Landesbauordnungen (BT-Drucks. a. a. O.).

§ 556 a Abs. 2 gibt dem Vermieter die Möglichkeit, durch einseitige schriftliche Erklärung eine verbrauchsabhängige Abrechung aller verbrauchs- und verursachungsabhängig erfassten Betriebskosten einzuführen.

Büromäßige Behandlung:
Zur Problematik bei Zustellung von Erklärungen mittels Einschreiben siehe Anmerkung zu Formular 1.A.07.a.#01 Seite 274 f.

Kosten und Gebühren:
Rechtsanwaltsgebühren:
§ 118 BRAGO, Wert: § 8 Abs. 1 BRAGO, § 12 GKG.

#09 Klage des Vermieters von Wohnraum auf Zahlung abgerechneter Nebenkosten bei Betriebskostenvorauszahlungen

[*HIER Ort, Datum*]

An das
Amtsgericht
- Abteilung für Mietsachen -
[*HIER Anschrift*]

Klage

des/der ...... [*HIER Vorname, Name, Anschrift*]

- Klägers/-in, -

Prozessbevollmächtigte(r): Rechtsanwalt/-wältin ...... [*HIER Vorname, Name, Anschrift*]

gegen

[1.] den/die ...... [*HIER Vorname, Name, Anschrift*]

- Beklagte(n) [zu 1)],

[2. den/die ...... [*HIER Vorname, Name, Anschrift*]

- Beklagte(n) zu 2), -]

[beide wohnhaft ...... [*HIER Anschrift*]]

Prozessbevollmächtigte(r): Rechtsanwalt/-wältin ...... [*HIER Vorname, Name, Anschrift*]

wegen Zahlung rückständiger Nebenkosten

vorläufiger Streitwert: ...... EUR

Namens und in Vollmacht des/der Klägers/-in erhebe ich Klage und werde beantragen,
die Beklagten zu verurteilen, an den/die Kläger/-in ...... EUR nebst Zinsen in Höhe von fünf Prozentpunkten über dem Basiszinssatz [- nebst ...... %. Zinsen] ab dem ...... 20.. zu zahlen.

Begründung:

...... [*HIER folgt eine Beispielsbegründung*]

Der Kläger ist Vermieter, der Beklagte Mieter der Wohnung ...... [*HIER folgt die genaue Adresse*] im ...... Stock ...... [*z. B. links/rechts, vorne/hinten*].

Beweis: Mietvertrag vom ...... 20.. in Kopie, Anlage K 1

Nach § ...... des Mietvertrages hat der Beklagte für die Nebenkostenpositionen eine monatliche Vorauszahlung von ...... EUR zu leisten. Der Kläger hat einmal im Jahr für das vorangegangene Jahr eine Abrechnung über die Nebenkosten zu erteilen. Die hierbei errechnete Nachforderung hat der Beklagte nach der vorgenannten Bestimmung des Mietvertrages nachzuzahlen.

Beweis: Mietvertrag vom ...... in Kopie, Anlage K 1

Mit anliegenden Schreiben vom ...... rechnete der Kläger für die Zeit vom ...... 20.. bis zum ...... 20.. auf der Grundlage von § ...... des Mietvertrages wie folgt ab:

Nebenkostenposition	Gesamtkosten	Umlageschlüssel	Ihr Anteil
1.	...... EUR	...... EUR	...... EUR
2.	...... EUR	...... EUR	...... EUR
Zwischensumme			...... EUR
./. im Abrechnungszeitraum geleistete Nebenkostenvorauszahlungen			...... EUR
Endsumme			...... EUR

Beweis: Nebenkostenabrechnung vom ...... 20.. in Kopie, Anlage K 2

[oder]
Gemäß der Nebenkostenabrechnung vom ...... schuldet der Beklagte für das Jahr 20.. einen Nachzahlungsbetrag von ......

Beweis: Nebenkostenabrechnung vom ...... 20.. in Kopie, Anlage K 2

Zum Beweis der Richtigkeit des Ansatzes obiger Zahlen beruft sich der Kläger vorsorglich ergänzend auf den ......

Beweis: Sachverständigengutachten.

Die Nebenkostenabrechnung wurde am ...... 20.. durch den Hausmeister der Beklagten, den Zeugen ...... in den Briefkasten des Beklagten eingeworfen.

Beweis: Zeugnis des ......

Der Beklagte hat die im o. g. Schreiben eingeräumte Zahlungsfrist fruchtlos verstreichen lassen.

[- Daraufhin hat die Beklagte mit Schreiben [- des Unterzeichners] vom ...... 20.. zum ...... 20.. eine letzte Frist zur Zahlung der Nebenkostennachforderung gesetzt.

Beweis: Schreiben vom ...... 20.. in Kopie, Anlage K 3]

Da die Zahlung bis heute nicht erfolgte, ist Klage geboten.

Der Zinsanspruch folgt aus §§ 291, 288 BGB. Der Beklagte hat mithin ab Rechtshängigkeit Zinsen in Höhe von fünf Prozentpunkten über dem Basiszinssatz zu zahlen.

[Bei höherem als dem gesetzlichen Zinssatz:
- Eine Bezahlung der geltend gemachten Forderung erfolgte gleichwohl nicht. Die Beklagte befindet sich somit mit der Bezahlung des Klagebetrages seit dem ...... 20.. in Verzug.

Der/Die Kläger/-in arbeitet selbstständig mit einem Bankkredit, der die eingeklagte Forderung betragsmäßig übersteigt. Für diesen Kredit muss sie seit dem o. g. Datum, dem ...... 20........%. Zinsen bezahlen.

Beweis: Zinsbestätigung der X-Bank [- Y-Sparkasse], Anlage K ......

Für den Bestreitensfall zusätzlich:

Beweis: Herr/Frau] ...... zuständige(r) Bankbearbeiter/-in [- Sparkassenangestellte(r)], zu laden über die X-Bank [- Y-Sparkasse] als Zeuge/Zeugin]

Der betreffende Bankkredit hätte sich um den Klageforderungsbetrag verringert, wenn die Beklagte fristgerecht bezahlt hätte. Der Klageforderungsbetrag ist daher seit dem ...... 20.. mit ......% Zinsen zu verzinsen.]

....
Rechtsanwalt/-wältin

Anmerkung

Anwendungsbereich: nur Wohnraummiete.

Siehe auch Anmerkungen zu Formular 1.A.07.a.#08.

Über Vorauszahlungen der Betriebskosten ist gemäß § 556 Abs. 3 BGB jährlich abzurechnen. Die Abrechnung ist dem Mieter spätestens bis zum Ablauf des zwölften Monates nach Ende des Abrechnungszeitraumes mitzuteilen, § 556 Abs. 3 S. 2 BGB. Achtung: Nach Ablauf dieser Frist ist die Geltendmachung einer Nachforderung durch den Vermieter ausgeschlossen, es sei denn, der Vermieter hat die verspätete Geltendmachung nicht zu vertreten, § 556 Abs. 3 S. 3 BGB. Die Nebenkostenforderung wird erst mit Erteilung einer ordentlichen Abrechnung fällig.

Die Abrechnung der Nebenkosten kann auch noch während des Verfahrens korrigiert werden, wobei bei der letzten mündlichen Verhandlung diese allerdings nachvollziehbar sein muss. Eine Nebenkostenabrechnung, die ungerechtfertigte Nebenkostenpositionen enthält, stellt die Fälligkeit nicht in Frage.

Sofern der Mieter vorträgt, die Nebenkostenabrechnung nicht erhalten zu haben, ist der Vermieter für den Zugang beweispflichtig. Sollte der Mieter also nicht auf die Nebenkostenabrechnung reagieren, so sollte diese per Boten oder per Gerichtsvollzieher an den Mieter versandt werden, spätestens jedoch das Mahnschreiben.

Der gesetzliche Zinsanspruch ergibt sich aus den §§ 286 Abs. 2 Nr. 1, 288 Abs. 1 S. 1 BGB, bei Kreditaufnahme ist der höhere Zinssatz durch Bankbescheinigung pp. nachzuweisen, § 288 Abs. 3 BGB.

Nach § 288 Abs. 1 S. 2 BGB ist eine Geldschuld während des Verzugs für das Jahr mit 5 Prozentpunkten über dem Basiszinssatz zu verzinsen. Eine Definition des Basiszinssatzes enthält § 247 BGB. Er verändert sich zum 1. Januar und Juli eines Jahres gemäß § 247 Abs. 1 BGB. Die Deutsche Bundesbank gibt den geltenden Basiszinssatz unverzüglich nach diesen genannten Zeitpunkten im Bundesanzeiger bekannt, § 247 Abs. 2 BGB.

Der Basiszinssatz kann am besten (weil dort die sorgfältigste Auskunft erfolgt) bei der Landeszentralbank telefonisch erfragt werden, um den jeweils gültigen gesetzlichen Verzugszinssatz zu errechnen. Ansonsten sieht man im Bundesanzeiger nach.

Zum Beleg des über den gesetzlichen Zins hinausgehenden Zinsanspruches sollte bereits in der Klageschrift und nicht erst auf Bestreiten des Beklagten eine Zinsbescheinigung der Bank eingereicht werden. Nach der Rechtsprechung des Bundesgerichtshofes (BGH NJW 1984, 371) braucht der Zahlungsverzug des Schuldners nicht für die Kreditaufnahme ursächlich sein. Es reicht aus, eine Kreditaufnahme in Höhe der Klageforderung darzulegen. Wenn der Beklagte bestreitet, ist jedenfalls bei Nichtkaufleuten, eine nähere Darlegung erforderlich (BGH NJW-RR 1991, 1406).

Die Benennung des zuständigen Banksachbearbeiters bzw. Sparkassenangestellten unter Entbindung von der Verschwiegenheitspflicht in der Klageschrift bei Geltendmachung von Zinsen über den gesetzlichen Verzugszinssatz des § 288 Abs. 1 BGB ist deshalb ratsam, weil häufig vom Klagegegner die Richtigkeit der Zinsbestätigung in der Zinsbescheinigung mit Nichtwissen bestritten wird und spätere Ergänzungen des Beweisangebotes oft vergessen werden.

Kosten und Gebühren:
Gerichtskosten:
3,0 Verfahrensgebühren, Nr. 1210 KV GKG; Ermäßigung der Gebühr auf 1,0 Gebühr, wenn die Voraussetzung nach Nr. 1211 KV GKG.

Rechtsanwaltsgebühren:
Regelgebühren nach § 31 BRAGO.

#10 Mieterhöhungsbegehren bei Wohnraum wegen Erhöhung der Betriebskosten § 560 BGB

[Durch Boten oder Zustellung durch den Gerichtsvollzieher oder per Einschreiben-Rückschein]

[*HIER Ort, Datum*]

An
Herrn/Frau ...... [*HIER Vorname, Name*]
[*HIER Anschrift*]

Betr.: Mietvertrag vom ...... betreffend die im ...... Stock ...... links/rechts des Hauses ...... [*HIER Angabe der Anschrift*] gelegenen Räumlichkeiten

Erhöhung der Mietnebenkosten für die von Ihnen gemietete Wohnung

Sehr geehrte(r) Herr/Frau ......,

ausweislich der anliegenden Originalvollmacht vertrete ich Ihre(n) Vermieter/-in, Herrn/Frau ......

[Erhöhung der Betriebskostenvorauszahlungen gem. § 560 Abs. 4 BGB]

Ausweislich § . . . . . . des Mietvertrages haben Sie für die Nebenkostenpositionen eine monatliche Vorauszahlung von . . . . . . EUR zu zahlen.

Wegen zwischenzeitlich eingetretener Erhöhung der Betriebskosten sieht sich Ihr Vermieter, ..., den ich vertrete, leider gezwungen von seinem Recht der Erhöhung der Nebenkostenvorauszahlungen gemäß § . . . . . . des Mietvertrages i. V. m. § 560 Abs. 4 BGB Gebrauch zu machen.

Die Betriebskosten haben sich im Bereich . . . . . . seit dem . . . . . . 20. . erhöht. [- Seit der letzten Anpassung der Nebenkostenvorauszahlungen haben sich die nachfolgenden Kosten erhöht:

. . . . . .]

Ab diesem Datum tritt eine Betriebskostenerhöhung in Form von jährlich . . . . . . EUR ein. Dies entspricht monatlich . . . . . . EUR.

In § . . . . . . des Mietvertrages ist eine Umlage der Nebenkosten nach Quadratmetern Wohnfläche vereinbart. Der auf Ihre Wohnung entfallende Anteil berechnet sich aus dem Verhältnis der Wohnfläche Ihrer Wohnung zur Wohnfläche des gesamten Hauses und wird wie folgt ermittelt:

Wohnfläche Ihrer Wohnung:	. . . . . . Quadratmeter
Wohnfläche des Hauses:	. . . . . . Quadratmeter

Ihre Wohnung umfasst daher . . . . . . % der Gesamtwohnfläche, so dass auf Sie . . . . . . % der benannten Betriebskosten umzulegen sind, was einen Betrag von . . . . . . EUR jährlich und monatlich eine Erhöhung von . . . . . . EUR zur Folge hat.

Bisherige Nebenkosten:	. . . . . . EUR
Aktuelle Nebenkosten seit dem . . . . . . 20. .:	. . . . . . EUR

Aufstellung der neuen Nebenkosten ab dem . . . . . . 20. .:	
a) Wasserversorgung und Kanalisation:	. . . . . . EUR
b) Heizung:	. . . . . . EUR
c) Treppenhausreinigung:	. . . . . . EUR
d) Gartenpflege:	. . . . . . EUR
e) Schnee- und Eisdienst:	. . . . . . EUR
f) Hausmeister:	. . . . . . EUR
g) öffentliche Abgaben:	. . . . . . EUR
- für Müllabfuhr	. . . . . . EUR
- für Straßenreinigung	. . . . . . EUR
- für Schornsteinfeger	. . . . . . EUR
- für Grundsteuer	. . . . . . EUR
h) Wartung der Heizungsanlage	. . . . . . EUR
i) Wartung der Antennen/Kabelanlage	. . . . . . EUR
j)	. . . . . . EUR
Gesamtsumme	. . . . . . EUR

Ihr monatlicher Nebenkostenanteil erhöht sich mithin alles in allem auf . . . . . ./qm., zuzüglich monatlichen Mietzinses somit auf . . . . . . EUR/qm. Bei . . . . . . qm Gesamtfläche Ihrer Wohnung ist somit ab dem . . . . . . 20. . ein Gesamtbetrag von . . . . . . zu zahlen.

Ich bitte Sie, ab dem ...... 20.. den erhöhten Vorauszahlungsbetrag für Nebenkosten zusammen mit dem jeweiligen Mietzins von ...... auf das Ihnen bekannte Mietkonto zu überweisen.

[- Der Vermieter wird den erhöhten Vorauszahlungsbetrag für Nebenkosten - sofern Sie keine Einwände geltend machen - zusammen mit dem jeweiligen Mietzins - aufgrund Ihrer Einzugsermächtigung ab dem ...... 20.. von Ihrem Konto abbuchen.]

Wenn Sie es wünschen, können Sie die der Berechnung zugrundeliegenden Unterlagen in der Zeit vom ...... bis einschließlich zum ...... nach entsprechender Terminabsprache bei meiner Mandantschaft einsehen.

Mit freundlichen Grüßen

....
Rechtsanwalt/-wältin

[Erhöhung der Betriebskostenpauschale gem. § 560 Abs. 1 BGB]
Ausweislich § ...... des Mietvertrages haben Sie für die Nebenkostenpositionen eine Betriebskostenpauschale von ...... EUR zu zahlen.

Wegen zwischenzeitlich eingetretener Erhöhung der Betriebskosten muss Ihr Vermieter, ..., den ich vertrete, von seinem Recht der Mieterhöhung gem. § 560 Abs. 1 BGB Gebrauch machen.

Die Betriebskosten haben sich im Bereich ...... seit dem ...... 20.. erhöht.

Ab diesem Datum tritt eine Betriebskostenerhöhung in Form von jährlich ...... EUR ein. Dies entspricht monatlich ...... EUR.

Der auf Ihre Wohnung entfallende Anteil berechnet sich aus dem Verhältnis der Wohnfläche Ihrer Wohnung zur Wohnfläche des gesamten Hauses und wird wie folgt ermittelt:

Wohnfläche Ihrer Wohnung:	...... Quadratmeter
Wohnfläche des Hauses:	...... Quadratmeter

Ihre Wohnung umfasst daher ...... % der Gesamtwohnfläche, so dass auf Sie ...... % der benannten Betriebskosten umzulegen sind, was einen Betrag von ...... jährlich und monatlich eine Erhöhung von ...... EUR zur Folge hat.

Bisherige Nebenkosten:	...... EUR
Aktuelle Nebenkosten seit dem ...... 20..:	...... EUR

Aufstellung der neuen Nebenkosten ab dem ...... 20..:

a) Wasserversorgung und Kanalisation:	...... EUR
b) Heizung:	...... EUR
c) Treppenhausreinigung:	...... EUR
d) Gartenpflege:	...... EUR
e) Schnee- und Eisdienst:	...... EUR
f) Hausmeister:	...... EUR
g) öffentliche Abgaben:	...... EUR
- für Müllabfuhr	...... EUR
- für Straßenreinigung	...... EUR
- für Schornsteinfeger	...... EUR
- für Grundsteuer	...... EUR

h) Wartung der Heizungsanlage	...... EUR
i) Wartung der Antennen/Kabelanlage	...... EUR
j)	...... EUR
Gesamtsumme	...... EUR
Nebenkosten ab dem ...... 20.. 1/12 pro Monat,	...... EUR

Wenn Sie es wünschen, können Sie die der Berechnung zugrundeliegenden Unterlagen in der Zeit vom ...... bis einschließlich zum ...... 20.. nach entsprechender Terminabsprache bei meiner Mandantschaft einsehen.

Die Betriebskostenpauschale von monatlich ...... EUR erhöht sich
ab dem ...... 20.. somit auf ...... EUR

Ich bitte Sie, ab dem ...... 20.. die erhöhte Betriebskostenpauschale zusammen mit dem jeweiligen Mietzins von ...... EUR, insgesamt also ...... EUR auf das Ihnen bekannte Mietkonto zu überweisen. [- Der Vermieter wird die erhöhte Betriebskostenpauschale zusammen mit dem jeweiligen Mietzins, insgesamt also ...... EUR aufgrund Ihrer Einzugsermächtigung ab dem ...... 20.. von Ihrem Konto abbuchen.]

Mit freundlichen Grüßen

....
Rechtsanwalt/-wältin

Anmerkung

Anwendungsbereich: nur Wohnraummiete.

§ 560 BGB betrifft Veränderungen bei den Betriebskosten. Die Regelungen der Abs. 1 bis 3 sind ausdrücklich auf Mietverträge mit einer vereinbarten Betriebskostenpauschale beschränkt. Abs. 4 betrifft ausschließlich Betriebskostenvorauszahlungen.

Bei dem Muster wird davon ausgegangen, dass der Vermieter erhöhte Nebenkosten, wie zumeist üblich, bereits nach dem Mietvertrag umlegen darf.

Nach § 560 Abs. 1 S. 1 BGB ist der Vermieter berechtigt, Erhöhungen der Betriebskosten bei Betriebskostenpauschalen durch schriftliche Erklärung anteilig auf den Mieter umzulegen, soweit dies im Mietvertrag vereinbart ist. Um eine Betriebskostenpauschale handelt es sich, wenn im Mietvertrag für die Betriebskosten ein bestimmter Betrag ausgewiesen ist, den der Mieter unabhängig vom tatsächlichen Verbrauch bzw. den tatsächlich angefallenen Kosten zu zahlen hat. Eine Betriebskostenvorauszahlung – die in der Praxis heute die Regel ist – liegt dagegen vor, wenn der Mieter die konkret angefallenen Kosten auf Grundlage einer späteren Abrechnung tragen soll und auf die Abrechnung einen bestimmten Betrag im voraus (in der Praxis regelmäßig monatlich) an den Vermieter zahlt. Der Unterschied zwischen beiden besteht darin, dass bei einer Vorauszahlung eine Abrechnung vorgenommen wird, während bei einer Pauschale eine spätere Abrechnung über die Betriebskosten gerade nicht erfolgt (vgl. BT-Drucks. 14/4553 S. 50 r. Sp.).

Die Erhöhungsmöglichkeit bezüglich Betriebskostenpauschalen gem. § 560 Abs. 1 S. 1 BGB besteht nicht bei Bruttomietverträgen oder Teilinklusiverträgen (BT-Drucks. 14/4553 S. 59 l. Sp.).

Bei einer Bruttomiete, bei der die Betriebskosten nicht gesondert ausgewiesen sind, fehlen Anhaltspunkte für eine entsprechende Kostenkalkulation. In diesem Fall muss der Vermieter daher wie auch bei einer Teilinklusivmiete nach der Regelung des § 558 BGB vorgehen (BT-Drucks. 14/4553 S. 59 l. Sp.).

Die Erklärung ist allerdings nur wirksam, sofern in ihr der Grund für die Umlage bezeichnet und erläutert wird, § 560 Abs. 1 S. 2 BGB. Die Umlegung der Betriebskosten gemäß § 560 Abs. 1 BGB ist von der Nebenkostenabrechnung, mit der die geleisteten Anzahlungen verrechnet werden, zu unterscheiden.

Durch die Umlegung der Betriebskostenerhöhungen bei Betriebskostenpauschalen tritt eine unmittelbare Veränderung des Mietvertrages ein, ohne dass es der Zustimmung des Mieters bedarf. Unabhängig davon, ob der Erhöhungsbetrag der Betriebskostenpauschale vor oder nach dem Fünfzehnten des Monats abgegeben wurde, tritt die Erhöhung einheitlich mit Beginn des auf die Erklärung folgenden Monats ein. Auch die rückwirkende Erhöhung ist möglich, sofern der Vermieter die Erhöhungserklärung innerhalb von drei Monaten nach Kenntnis von der Erhöhung abgibt, § 560 Abs. 2 S. 2 BGB. Es kommt auf die Kenntnis von der konkreten Erhöhung an, z. B. in Form des entsprechenden Gebührenbescheides. Dass der Vermieter schon vorher mit einer Erhöhung rechnen musste, reicht nicht aus.

Bezüglich der Anpassung der Betriebskostenvorauszahlung ist § 560 Abs. 4 BGB anzuwenden. Nach dieser Regelung kann jede Vertragspartei nach einer Abrechnung durch Erklärung in Textform eine Anpassung auf angemessen Höhe verlangen.

Büromäßige Behandlung:
Zur Frage, ab wann die Erhöhung gilt, vgl. § 560 Abs. 2 BGB: Unabhängig davon, ob die Erhöhungserklärung vor oder nach dem Fünfzehnten des Monates abgegeben wurde, tritt die Erhöhung einheitlich mit Beginn des auf die Erklärung folgenden übernächsten Monats ein.

Zur Problematik bei Zustellung von Erklärungen mittels Einschreiben siehe Anmerkung zu Formular 1.A.07.a.#01 Seite 274 f.

Bei einer Zahlungsklage bzgl. Betriebskostenpauschalen aus § 560 Abs. 1 BGB: Zur Fälligkeit der Nebenkostenerhöhung vgl. § 560 Abs. 3 BGB: Unabhängig davon, ob die Erhöhungserklärung vor oder nach dem Fünfzehnten des Monates abgegeben wurde, tritt die Erhöhung einheitlich mit Beginn des auf die Erklärung folgenden übernächsten Monats ein.

Eine weiteres Erinnerungsschreiben bzgl. der Nebenkostenerhöhung ist zwar keine Prozessvoraussetzung, kann aber zur Prozessvermeidung dienen.

Zur Verknüpfung von Betriebskostenabrechnung und Erhöhung der Betriebkostenvorauszahlung siehe auch letzte Alternativformulierung des Formulars 1.A.07.a.#08.

Kosten und Gebühren:
Rechtsanwaltsgebühren:
Gebühren nach § 118 BRAGO; Wert § 16 GKG; § 3 ZPO: Jahresbetrag der zu erwartenden Erhöhung.

#11 Klage des Vermieters auf Anhebung der Betriebskostenvorauszahlungen bei Wohnraum § 560 Abs. 4 BGB

[*HIER Ort, Datum*]

An das
Amtsgericht
- Abteilung für Mietsachen -

[*HIER Anschrift*]

Klage

des/der ...... [*HIER Vorname, Name, Anschrift*]

- Klägers/-in, -

Prozessbevollmächtigte(r): Rechtsanwalt/-wältin ...... [*HIER Vorname, Name, Anschrift*]

gegen

[1.] den/die ...... [*HIER Vorname, Name, Anschrift*]

- Beklagte(n) [zu 1)], -

[2. den/die ...... [*HIER Vorname, Name, Anschrift*]

- Beklagte(n) zu 2), -]

[beide wohnhaft ...... [*HIER Anschrift*]]

Prozessbevollmächtigte(r): Rechtsanwalt/-wältin ...... [*HIER Vorname, Name, Anschrift*]

wegen ......

vorläufiger Streitwert: ...... EUR

Namens und in Vollmacht des/der Klägers/-in erhebe ich Klage und werde beantragen,
die Beklagten zu verurteilen, an den/die Kläger/-in ...... EUR nebst Zinsen in Höhe von fünf Prozentpunkten über dem Basiszinssatz [- nebst ......%. Zinsen] seit dem ...... 20.. zu zahlen.

Begründung:

...... [*HIER folgt eine Beispielsbegründung*]

Der Kläger ist Vermieter, der Beklagte Mieter der Wohnung ...... [*HIER folgt die genaue Adresse*] im ...... Stock ...... [z. B. links/rechts, vorne/hinten].

Beweis: Mietvertrag vom ...... 20.. in Kopie, Anlage K 1

Nach § ...... des Mietvertrages hat der Beklagte für die Betriebskostenpositionen eine monatliche Vorauszahlung von ...... zu leisten. Gemäß der genannten Bestimmung ist der Kläger bei Betriebskostensteigerungen berechtigt, eine Erhöhung des vom Beklagten zu erbringenden Vorauszahlungsbetrages vorzunehmen.

Beweis: Mietvertrag vom ...... 20.. in Kopie, Anlage K 1

Bezüglich folgender Betriebskostenposition(en) ist eine Steigerung gegenüber dem Vorjahr eingetreten:

Beweis: ...... für ...... 20.. in Kopie, Anlage K 2
...... für ...... 20.. in Kopie, Anlage K 3

Ausweislich der Betriebskostenabrechnung für das Jahr 20.. sind auf die Wohnung des Beklagten anteilige Nebenkosten in Höhe von ...... entfallen, denen aber nur ...... an Vorauszahlungen entgegengestanden.

Beweis: Betriebskostenabrechung vom ...... 20.. in Kopie, Anlage K 4

Bisherige Nebenkosten:	...... EUR
Aktuelle Nebenkosten seit dem ...... 20..:	...... EUR
Aufstellung der neuen Nebenkosten ab dem ...... 20..:	
a) Wasserversorgung und Kanalisation:	...... EUR
b) Heizung:	...... EUR
c) Treppenhausreinigung:	...... EUR
d) Gartenpflege:	...... EUR
e) Schnee- und Eisdienst:	...... EUR
f) Hausmeister:	...... EUR
g) öffentliche Abgaben:	...... EUR
- für Müllabfuhr	...... EUR
- für Straßenreinigung	...... EUR
- für Schornsteinfeger	...... EUR
- für Grundsteuer	...... EUR
h) Wartung der Heizungsanlage	...... EUR
i) Wartung der Antennen/Kabelanlage	...... EUR
j)	...... EUR
Gesamtsumme	...... EUR

Beweis: Rechnungen und weitere Unterlagen der Betriebskostenabrechnung, Anlagekonvolut der Anlagen K 5–13

Insgesamt ergibt sich ein Mehrbetrag von ......, der durch die Nebenkostenvorauszahlungen aller Mieter zusätzlich abgedeckt werden muss.

In § ...... des Mietvertrages ist eine Umlage der Nebenkosten nach Quadratmetern Wohnfläche vereinbart. Auf den Beklagten fallen nach diesem Schlüssel :...... der Nebenkosten.

Beweis: Mietvertrag vom ...... 20.. in Kopie, Anlage K 14

Auf den Beklagten entfällt somit ein Mehrbetrag von ...... EUR pro Jahr, demnach ...... EUR pro Monat.

Mit Schreiben vom ...... 20.. hat der Kläger den Beklagten unter Darlegung der Erhöhungsgründe und der Berechnung aufgefordert, seine Nebenkostenvorauszahlung um ...... EUR zu erhöhen und zur Zahlung diese Erhöhungsbetrages ab dem ...... 20.. aufgefordert.

Beweis: Schreiben des Klägers vom ...... 20.., Anlage K ......

Der Beklagte überweist aber unverändert lediglich die ursprüngliche Nebenkostenvorauszahlung. Auch auf ein nochmaliges Aufforderungsschreiben des Klägers vom ...... 20.. hat der Beklagte nicht reagiert.

[- Da der Beklagte das Erhöhungsverlangen unter dem ...... 20.. zurückgewiesen hat und den Erhöhungsbetrag nicht zahlt, ist nunmehr Klage geboten.

Beweis: Kopie des Schreibens des Beklagten vom ...... 20.., Anlage K ......]

....

Rechtsanwalt/-wältin

Anmerkung

Anwendungsbereich: nur Wohnraummiete.

Klageart ist die Leistungsklage (Zahlungsklage). Während eine Erhöhung der Grundmiete gem. § 558 BGB der Zustimmung des Mieters bedarf, kann der Vermieter bei der Nebenkostenerhöhung gem. 556 BGB durch einseitige Erklärung eine Erhöhung bestimmen. Daher bedarf es bei der Grundmieterhöhung einer auf Zustimmung des Mieters gerichteten Klage, bei der Nebenkosten(Betriebskosten)erhöhung einer Zahlungsklage.

§ 560 BGB betrifft Veränderungen bei den Betriebskosten. Die Regelungen der Abs. 1 bis 3 sind ausdrücklich auf Mietverträge mit einer vereinbarten Betriebskostenpauschale beschränkt. Abs. 4 betrifft ausschließlich Betriebskostenvorauszahlungen, die in der Praxis die Regel sind.

Da die Nebenkostenerhöhung bei Betriebskostenpauschalen gem. § 560 Abs. 1 BGB nur einer einseitigen Erklärung bedarf, ist die richtige Klageart die Leistungsklage (Zahlungsklage). Sind im Mietvertrag Betriebskostenvorauszahlungen vereinbart worden (was die Regel ist), so kann nach § 560 Abs. 4 BGB jeder Vertragsteil nach einer Abrechnung durch Erklärung in Textform eine Anpassung auf eine angemessene Höhe vornehmen. Zahlt der Mieter die Erhöhung nicht, so wird die Angemessenheit der Erhöhung im Rahmen einer Zahlungsklage des Vermieters gerichtlich überprüft.

Zu den Nebenkosten (Betriebskosten) siehe Anlage 3 zu § 27 der Zweiten Berechnungsverordnung (§ 27 II BV).

Für die Vereinbarung von abzurechnenden Vorauszahlungen trägt der Vermieter die Beweislast (AG Rheine WuM 1980, 42). Die Darlegungs- und Beweislast für die Unbilligkeit des Abrechnungsschlüssels trägt der Mieter (LG Düsseldorf Deutsche Wohnungswirtschaft [abgekürzt DWW] 1990, 240). Ist im Mietvertrag keine Regelung über den Abrechnungsschlüssel getroffen, steht dem Vermieter nach §§ 315, 316 BGB ein Bestimmungsrecht nach billigem Ermessen zu (BGH NJW 1993, 1061, 1062).

Bei einer Zahlungsklage bzgl. Betriebskostenpauschalen aus § 560 Abs. 1 BGB: Zur Fälligkeit der Nebenkostenerhöhung vgl. § 560 Abs. 3 BGB: Unabhängig davon, ob die Erhöhungserklärung vor oder nach dem Fünfzehnten des Monates abgegeben wurde, tritt die Erhöhung einheitlich mit Beginn des auf die Erklärung folgenden übernächsten Monats ein.

Ein weiteres Erinnerungsschreiben bzgl. der Nebenkostenerhöhung ist zwar keine Prozessvoraussetzung, kann aber zur Prozessvermeidung dienen.

Büromäßige Behandlung:
Das Formular ist für den Fall gedacht, dass im Mietvertrag gem. § 556 Abs. 3 BGB eine Nebenkostenvorauszahlung vereinbart wurde, über die abzurechnen ist. Es kann mit geringen Veränderungen aber auch im Falle einer Betriebskostenspauschale (siehe § 560 Abs. 2 BGB) verwendet werden.

Da die Nebenkostenerhöhung gem. § 560 BGB nur einer einseitigen Erklärung der Erhöhung bedarf, ist die richtige Klageart die Leistungsklage (Zahlungsklage), während es bei einer Erhöhung der Grundmiete einer Klage des Mieters auf Zustimmung bedarf.

Kosten und Gebühren:
Gerichtskosten:
3,0 Verfahrensgebühren, Nr. 1210 KV GKG; Ermäßigung der Gebühr auf 1,0 Gebühr, wenn die Voraussetzung nach Nr. 1211 KV GKG vorliegt.

Rechtsanwaltsgebühren:
§ 31 BRAGO, Wert: § 16 GKG, § 3 ZPO: Jahresbetrag der zu erwartenden Mieterhöhung.

#12 Klage des Vermieters auf Zahlung des Mietzinses

[*HIER Ort, Datum*]

An das
Amtsgericht
- Abteilung für Mietsachen -
[*HIER Anschrift*]

Klage

des/der ...... [*HIER Vorname, Name, Anschrift*]

- Klägers/-in, -

Prozessbevollmächtigte(r): Rechtsanwalt/-wältin ...... [*HIER Vorname, Name, Anschrift*]

gegen

[1.] den/die ...... [*HIER Vorname, Name, Anschrift*]

- Beklagte(n) [zu 1)], -

[2. den/die ...... [*HIER Vorname, Name, Anschrift*]

- Beklagte(n) zu 2), -]

[beide wohnhaft ...... [*HIER Anschrift*]]

Prozessbevollmächtigte(r): Rechtsanwalt/-wältin ...... [*HIER Vorname, Name, Anschrift*]

wegen Mietzinsforderung

Streitwert: ...... EUR

Namens und in Vollmacht des/der Klägers/-in erhebe ich Klage und werde beantragen,

1. die Beklagten zu verurteilen, an den/die Kläger/-in ...... EUR nebst Zinsen von fünf Prozentpunkten über dem Basiszinssatz [- nebst ......% Zinsen] seit dem ...... zu zahlen.
2. den Beklagten Fristen zur Anzeige der Verteidigungsbereitschaft zu setzen um im Falle einer Fristversäumnis ohne vorherige mündlichen Verhandlung durch Versäumnisurteil zu erkennen.
3. den Beklagten gesamtschuldnerisch die Kosten des Rechtsstreites aufzuerlegen.

[oder]

1. die Beklagten gesamtschuldnerisch zu verurteilen, an den/die Kläger/-in ...... EUR nebst Zinsen von fünf Prozentpunkten über dem Basiszinssatz [- nebst ......% Zinsen] seit dem ...... zu zahlen.
2. den Beklagten gesamtschuldnerisch die Kosten des Rechtsstreites aufzuerlegen.
3. das Urteil in Ziffer 1. und 2. für vorläufig vollstreckbar zu erklären, notfalls gegen Sicherheitsleistung, die auch durch selbstschuldnerische unbeschränkte unbefristete Bürgschaft der X-Bank erbracht werden kann.

Für den Fall, dass das Gericht ein schriftliches Vorverfahren durchführen sollte und die Voraussetzungen des § 331 Abs. 3 ZPO eintreten, wird rein vorsorglich der Antrag nach § 331 Abs. 3 ZPO gestellt.

Begründung:

...... [*HIER folgt eine Beispielsbegründung*]

Zwischen den Parteien besteht ein Mietverhältnis über die im Hause ......, ...straße, Nr. ......, ... Etage gelegene Wohnung [- über den im Hause ......, ...straße, Nr. ......, ... Etage gelegenen Geschäftsraum] . Der monatliche Mietzins beträgt ...... EUR.

Beweis: Mietvertrag vom ...... 20.. in Kopie, Anlage K 1

Gemäß § ...... des Mietvertrages ist der Beklagte verpflichtet, die Miete im voraus, jeweils bis zum ...... eines Monats, an den Kläger zu entrichten.

Beweis: Mietvertrag vom ...... 20.. in Kopie, Anlage K 1

Mit der anhängigen Klage werden die von dem Beklagten jeweils in voller Höhe geschuldeten Mieten für den Monat ...... sowie den Monat ...... 20 ...... geltend gemacht. Der Zinsanspruch ist dadurch begründet, dass die Miete kalendermäßig bestimmt und im voraus zu zahlen ist.

Der Zinsanspruch folgt aus §§ 286 Abs. 2 Nr. 1, 288 BGB. Der Beklagte hat mithin Zinsen in Höhe von fünf Prozentpunkten über dem Basiszinssatz ab dem ...... 20.. zu zahlen.

[Bei höherem als dem gesetzlichen Verzugszinssatz:

- Der Beklagte befindet sich somit mit der Bezahlung des Klagebetrages seit dem ...... in Verzug.

Der Kläger [- die Klägerin] arbeitet selbstständig mit Bankkredit, der die eingeklagte Forderung betragsmäßig übersteigt. Für diesen Kredit muss sie seit dem o. g. Datum, dem ...... 20........% Zinsen bezahlen.

Beweis: Zinsbestätigung der X-Bank [- Y-Sparkasse], Anlage K ......

Für den Bestreitensfall zusätzlich:

Beweis: Herr/Frau] ...... zuständige(r) Bankbearbeiter/-in [- Sparkassenangestellte(r)], zu laden über die X-Bank [- Y-Sparkasse] als Zeuge/Zeugin]

Der betreffende Bankkredit hätte sich um den Klageforderungsbetrag verringert, wenn der Beklagte fristgerecht bezahlt hätte. Der Klageforderungsbetrag ist daher seit dem ...... 20.. mit ...... % Zinsen zu verzinsen.]

....
Rechtsanwalt/-wältin

Anmerkung

Anwendungsbereich: Wohnraum- sowie Geschäftsraummiete.

In nicht wenigen Fällen versucht der Mieter bei längerfristigen Mietverhältnisse durch Nichtzahlen der Miete eine fristlose Kündigung zu erreichen, um auf diese Weise früher als sonst möglich aus dem Vertrag freizukommen.

Zuständigkeit
§ 29 a ZPO: Das Amtsgericht, in dessen Bezirk der Wohn- bzw. Geschäftsraum gelegen ist, ist örtlich und sachlich ausschließlich zuständig, unabhängig von der Höhe der Mietzinsforderung.

Der Streitwert berechnet sich nach der Höhe des rückständigen Mietzinses, §§ 12 Abs. 1 GKG, 6 ZPO.

Der gesetzliche Zinsanspruch ergibt sich aus §§ 286 Abs. 2 Nr. 1, 288 Abs. 1 S. 1 BGB, bei Kreditaufnahme ist der höhere Zinssatz durch Bankbescheinigung pp. nachzuweisen, § 288 Abs. 3 BGB.

Nach § 288 Abs. 1 S. 2 BGB ist eine Geldschuld während des Verzugs für das Jahr mit 5 Prozentpunkten über dem Basiszinssatz zu verzinsen. Eine Definition des Basiszinssatzes enthält § 247 BGB. Er verändert sich zum 1. Januar und Juli eines Jahres gemäß § 247 Abs. 1 BGB. Die Deutsche Bundesbank gibt den geltenden Basiszinssatz unverzüglich nach diesen genannten Zeitpunkten im Bundesanzeiger bekannt, § 247 Abs. 2 BGB.

Der Basiszinssatz kann am besten (weil dort die sorgfältigste Auskunft erfolgt) bei der Landeszentralbank telefonisch erfragt werden, um den jeweils gültigen gesetzlichen Verzugszinssatz zu errechnen. Ansonsten sieht man im Bundesanzeiger nach.

Zum Beleg des über den gesetzlichen Zins hinausgehenden Zinsanspruches sollte bereits in der Klageschrift und nicht erst auf Bestreiten des Beklagten eine Zinsbescheinigung der Bank eingereicht werden. Nach der Rechtsprechung des Bundesgerichtshofes (BGH NJW 1984, 371) braucht der Zahlungsverzug des Schuldners nicht für die Kreditaufnahme ursächlich sein. Es reicht aus, eine Kreditaufnahme in Höhe der Klageforderung darzulegen. Wenn der Beklagte bestreitet, ist jedenfalls bei Nichtkaufleuten, eine nähere Darlegung erforderlich (BGH NJW-RR 1991, 1406).

Die Benennung des zuständigen Banksachbearbeiters bzw. Sparkassenangestellten unter Entbindung von der Verschwiegenheitspflicht in der Klageschrift bei Geltendmachung von Zinsen über den gesetzlichen Verzugszinssatz des § 288 Abs. 1 BGB ist deshalb ratsam, weil häufig vom Klagegegner die Richtigkeit der Zinsbestätigung in der Zinsbescheinigung mit Nichtwissen bestritten wird und spätere Ergänzungen des Beweisangebotes oft vergessen werden.

Büromäßige Behandlung:
Es empfiehlt sich zu beantragen dass das Gericht gem. § 276 das schriftliche Vorverfahren anordnet; unter den Voraussetzungen des § 331 Abs. 3 ZPO ergeht Versäumnisurteil.

Kosten und Gebühren:
Gerichtskosten:
3,0 Verfahrensgebühren, Nr. 1210 KV GKG; Ermäßigung der Gebühr auf 1,0 Gebühr, wenn die Voraussetzung nach Nr. 1211 KV GKG vorliegt.

Rechtsanwaltsgebühren:
§ 31 BRAGO, Wert: § 12 GKG, § 6 ZPO: rückständiger Mietzins.

#13 Abmahnung durch den Vermieter wegen Zahlungsverzuges des Mieters

[Durch Boten oder Zustellung durch den Gerichtsvollzieher oder per Einschreiben-Rückschein]

[*HIER Ort, Datum*]

An
Herrn/Frau ...... [*HIER Vorname, Name*]
[*HIER Anschrift*]

Mietvertrag vom ...... betreffend die im ...... Stock ...... links/rechts des Hauses ...... [*HIER Angabe der Anschrift*] gelegenen Räumlichkeiten

Abmahnung

Sehr geehrte(r) Herr/Frau ......,

ausweislich der anliegenden Originalvollmacht vertrete ich Ihre(n) Vermieter/-in, Herrn/Frau ......

Da bis zum heutigen Tag der Zahlungseingang der Mieten für die Monate ...... und ...... 20.. nicht festgestellt werden konnte, fordere ich Sie im Namen des Vermieters auf, Ihren vertraglichen Verpflichtungen aus o. g. Mitvertrag

bis spätestens zum ...... 20..

nachzukommen und die beiden Mieten bis zu diesem Termin auf das Ihnen bekannte Mietkonto einzuzahlen.

Da auch mein Mandant seinen finanziellen Verpflichtungen nachkommen muss, erwartet mein Mandant von Ihnen, dass Sie sich in Zukunft an die vertraglichen Abmachungen halten und die Zahlungen pünktlich eingehen.

[- Andernfalls bin ich mit der fristlosen Kündigung des Mietverhältnisses wegen Zahlungsverzuges, die dann die anschließende sofortige Räumung zur Folge hat, beauftragt.]

Mit freundlichen Grüßen

....

Rechtsanwalt/-wältin

Anmerkung

Anwendungsbereich: Wohnraum- sowie Geschäftsraummiete.

Laufen Zahlungsrückstände auf, so sollte zunächst sofort eine Abmahnung erfolgen. Längeres Gewährenlassen setzt den Vermieter unter Umständen dem Vorwurf unzulässiger Rechtsausübung aus. Eine Abmahnung ist aber nicht Voraussetzung einer fristlosen Kündigung wegen Zahlungsverzuges, § 543 Abs. 3 S. 2 Nr. 3 BGB. Zu den Kündigungsmöglichkeiten wegen Mietzinsrückstandes siehe § 543 Abs. 2 Nr. 3 BGB. Siehe unbedingt auch Anmerkungen zu Formular 1.A.07 a.#14.

Eine Vertragsverletzung liegt auch dann vor, wenn der Mieter den Mietzins unpünktlich bezahlt. In § 556 b BGB, einer allerdings durch anderweitige Vereinbarung abdingbare Regelung, ist festgelegt, dass die Miete zu Beginn, spätestens bis zum dritten Werktag der einzelnen Zeitabschnitte, nach denen sie bemessen ist, zu entrichten ist.

Auch bei längerer rügeloser Hinnahme einer verspäteten Mietzinszahlung kann der Vermieter zwar ohne weiteres unmittelbar nach dem Fälligkeitstermin auf Zahlung klagen. Es sind aber Kostennachteile zu befürchten, § 93 ZPO.

Büromäßige Behandlung:
Der Erklärung der Abmahnung durch einen Bevollmächtigten ist eine Vollmachtsurkunde im Original beizulegen, da die Abmahnung ansonsten gemäß § 174 BGB zurückgewiesen werden kann.

Kosten und Gebühren:
Rechtsanwaltsgebühren:
Gebühren nach § 118 BRAGO; Wert: § 8 Abs. 1 BRAGO, § 12 GKG, § 3 ZPO.

#14 Fristlose Kündigung des Vermieters wegen Zahlungsverzuges § 543 Abs. 2 S. 1 Nr. 3 BGB

[Durch Boten oder Zustellung durch den Gerichtsvollzieher oder per Einschreiben-Rückschein]

[*HIER Ort, Datum*]

An
Herrn / Frau ...... [*HIER Vorname, Name*]
[*HIER Anschrift*]

Mietvertrag vom ...... betreffend die im ...... Stock ...... links/rechts des Hauses ...... [*HIER Angabe der Anschrift*] gelegenen Räumlichkeiten

Sehr geehrte(r) Herr / Frau ......,

ausweislich der anliegenden Originalvollmacht vertrete ich Ihre(n) Vermieter/-in, Herrn / Frau ......

Da Sie mit zwei aufeinanderfolgenden Mietzinsraten in Verzug sind, kündige ich Ihnen im Namen meines Mandanten, Ihren Vermieter, das zwischen dem Vermieter und Ihnen bestehende Mietverhältnis über die oben genannte Wohnung.

[oder]
Wie mir mein(e) Mandant/-in mitteilt, haben Sie den Mietzins in den Monaten ...... bis ...... [- und ...... bis ...... - trotz Abmahnung vom ...... 20.. -] nicht gezahlt und befinden sich mittlerweile mit der Zahlung in Verzug für folgende Monate:

1. Miete / Nebenkostenvorauszahlung (Monat / Jahr)	...... EUR
./...... gezahlter	...... EUR
noch offen	...... EUR
2.	...... EUR

Aufgrund dessen spreche ich Ihnen hiermit die fristlose Kündigung des Mietverhältnisses aus und fordere Sie auf, die an Sie vermieteten Räumlichkeiten bis spätestens zum ...... 20.. vollständig geräumt an meine Mandantschaft herauszugeben.

[oder]
Sie haben daher die Mieträume bis spätestens zum ...... 20.. geräumt an den/die Vermieter/-in herauszugeben.

[oder]
[- Sie werden aufgefordert, die an Sie vermieteten Räumlichkeiten [- den Wohnraum] spätestens bis zum ...... 20.. zu räumen und an meine(n) Mandanten/-in herauszugeben; nach fruchtlosem Ablauf der Frist erfolgt Räumungsklage.]

Hilfsweise wird unter Bezugnahme auf die vorstehenden Gründe die ordentliche Kündigung zum ...... 20.. erklärt.

[oder]
Hilfsweise wird die ordentliche Kündigung zum ...... 20.. erklärt. Sie haben in zurückliegender Zeit die Miete unpünktlich gezahlt und dieses Verhalten trotz meiner Abmahnung [- der

Abmahnung des Vermieters] vom ...... 20.. nicht geändert. Der Mietzins für den Monat ...... 20.. ist erst am ...... 20.. und der Mietzins für den Monat ...... 20.. erst am ...... 20.. eingegangen.

[Zusätzlich bei Wohnraum ist zu ergänzen:]
Sie können der fristgemäßen Kündigung gemäß der §§ 574 bis 574 b BGB schriftlich bis spätestens zum ...... 20.. widersprechen und die Fortsetzung des Mietverhältnisses verlangen, wenn dessen Beendigung für Sie, Ihre Familie oder einen anderen Angehörigen Ihres Haushalts eine Härte bedeuten würde. Sofern Sie der Kündigung widersprechen, fordere ich Sie hiermit bereits auf, mir über Ihre Widerspruchsgründe umgehend Auskunft zu erteilen.

[oder]
Ich weise darauf hin, dass Sie der ordentlichen Kündigung gemäß der §§ 574 bis 574 b BGB widersprechen und Fortsetzung des Mietverhältnisses verlangen können, wenn die Beendigung des Mietverhältnisses für Sie, Ihre Familie oder einen anderen Angehörigen Ihres Haushalts eine Härte bedeuten würde, die auch unter Berücksichtigung der berechtigten Interessen meines Mandanten nicht zur rechtfertigen wäre. Ein entsprechendes Schreiben muss die Gründe des Widerspruchs gegen die Kündigung angeben und spätestens zwei Monate vor Beendigung des Mietverhältnisses, also bis spätestens zum ...... 20.. bei mir oder Ihrem Vermieter eingehen. Für den Fall der Einlegung des Kündigungswiderspruches verlange ich bereits jetzt, dass Sie mir die Widerspruchsgründe unverzüglich mitteilen. [- Sofern Sie der Kündigung widersprechen, fordere ich Sie hiermit bereits auf, mir über Ihre Widerspruchsgründe umgehend Auskunft zu erteilen.]

[Bei Wohn- sowie Gewerberaum]
Der stillschweigenden Verlängerung des Mietverhältnisses bei Fortsetzung des Gebrauchs der Mietsache gemäß § 545 BGB widerspreche ich bereits jetzt im Auftrag des Vermieters.

Mit freundlichen Grüßen

....
Rechtsanwalt/-wältin

Anmerkung

Anwendungsbereich: Wohnraum- sowie Geschäftsraummiete.

Zu den Kündigungsmöglichkeiten wegen Mietzinsrückstandes siehe § 543 Abs. 2 S. 1 Nr. 3 BGB. Die Kündigung wegen Mietzinsrückstandes in Falle des S. 1 Nr. 3 des § 543 ist ausgeschlossen, wenn der Vermieter vorher befriedigt wird.

Zur Heilungsmöglichkeit durch den Mieter von Wohnraum siehe § 569 Abs. 3 Nr. 2 BGB.

Laufen Zahlungsrückstände auf, so sollte zunächst sofort eine Abmahnung erfolgen (siehe hierzu Formular 1.A.07 a#13). Längeres Gewährenlassen setzt den Vermieter unter Umständen dem Vorwurf unzulässiger Rechtsausübung aus. Eine Abmahnung ist aber nicht Voraussetzung einer fristlosen Kündigung.

Neben dem Grundmietzins berechtigen auch die (monatlich) laufend zu entrichtenden Nebenkosten-Pauschalen zur Kündigung aus § 543 Abs. 2 Nr. 3 b BGB. Dies sind Beträge, die entsprechend §§ 556 Abs. 1, 27 II. BV neben der Miete fällig werden und oft auch als sog. ›zweite Miete‹ bezeichnet werden. Demgegenüber gehört die Nachforderung aus einer jährlich fällig werdenden Nebenkostenabrechnung nicht in den Bereich des § 543 Abs. 2 Nr. 3 b BGB, wohl aber diejenigen des § 573 Abs. 2 Nr. 1 BGB (Schmidt-Futterer, Mietrecht, Rn 4 ff.).

Gerät der Mieter mit der Zahlung des Mietzinses, d. h. des Bruttomietzinses oder des Nettomietzinses zuzüglich der Nebenkostenvorauszahlungen, in Verzug, so kann der Vermieter nicht nur auf Erfüllung klagen (siehe Formular 1.A.07.a.#12), sondern das Mietverhältnis zudem nach § 543 Abs. 2 S. 1 Nr. 3 BGB fristlos kündigen. Leistet der Mieter vor Zugang der Kündigung voll, so ist sie ausgeschlossen, § 543 Abs. 2 S. 2 BGB.

Eine vorherige Abmahnung wegen Zahlungsverzuges ist nicht Voraussetzung der Kündigung wegen Zahlungsverzuges.

Durch die »hilfsweise« erklärte ordentliche Kündigung wird der unbedingte Wille zur Vertragsbeendigung zum Ausdruck gebracht, so dass es sich nicht um eine zweite Kündigung, die nur unter der Bedingung gelten soll, dass die außerordentliche Kündigung unwirksam ist, handelt, sondern um eine Bekräftigung des Willens zur Vertragsbeendigung.

Die Vorschrift des § 569 Abs. 3 Nr. 2 BGB ist in jedem Fall dann nicht anwendbar, wenn der Kündigung vor nicht länger als zwei Jahren eine auf diese Art und Weise unwirksam gewordene Kündigung vorausgegangen ist. Dann kann die Wirksamkeit der fristlosen Kündigung keinesfalls mehr durch nachträgliche Zahlung beseitigt werden.

Nach § 568 Abs. 2 BGB soll der Vermieter bei ordentlicher Kündigung – hier hilfsweise erklärt – in dem Kündigungsschreiben auf die Möglichkeit des Kündigungswiderspruchs nach den §§ 574 bis 574 b BGB rechtzeitig hinweisen. Ein fehlender Hinweis lässt die Wirksamkeit des Kündigungsschreibens unberührt. In einem solchen Fall kann der Mieter den Widerspruch allerdings noch bis zum 1. Termin in der mündlichen Verhandlung erklären. Für den Vermieter kann dies – je nach Angang des Verfahrens – Kostennachteile zur Folge haben (§ 93 b ZPO).

Bei einer fristlosen Kündigung ist die Angabe eines Räumungstermins entbehrlich, da mit Zugang des Kündigungsschreibens das Mietverhältnis im Fall einer fristlosen Kündigung beendet wird. Der Mieter ist infolgedessen zur sofortigen Räumung verpflichtet. Da wegen der Verhältnisse auf dem Wohnungsmarkt in der Regel niemand sofort die Wohnung räumen kann ist es Praxis, eine angemessene Räumungsfrist zu gewähren. Kommt es zum Räumungsprozess, so kann der Mieter sowieso eine Räumungsfrist beantragen (§ 721 ZPO).

Büromäßige Behandlung:
Da der Zugang des Kündigungsschreibens bewiesen werden muss, ist die Versendung per Einschreiben mit Rückschein oft nicht sicher, weil gerade zahlungsschwache Mieter abzuholende Schriftstücke (da der Postzusteller meist den Mieter nicht antrifft und einen Benachrichtigungsschein hinterlässt) bei der Post vorsorglich nicht abholen. Aus diesem Grunde ist die Zustellung des Kündigungsschreibens durch den Gerichtsvollzieher oder die Aushändigung durch einen Boten (Zeugen) vorzuziehen.

Nach § 568 Abs. 2 BGB soll der Vermieter in dem Kündigungsschreiben auf die Möglichkeit des Kündigungswiderspruchs nach den §§ 574 bis 574 b BGB rechtzeitig hinweisen. Ein fehlender Hinweis lässt die Wirksamkeit des Kündigungsschreibens unberührt. In einem solchen Fall kann der Mieter den Widerspruch allerdings noch bis zum 1. Termin in der mündlichen Verhandlung erklären. Für den Vermieter kann dies, je nach Ausgang des Verfahrens, Kostennachteile zur Folge haben (§ 93 b ZPO).

Nach § 545 BGB, der auch bei fristloser Kündigung gilt, muss der Vermieter innerhalb von zwei Wochen der Fortsetzung des Gebrauchs durch den Mieter widersprechen. Ansonsten wird ein unbefristetes Mietverhältnis fingiert, so dass der Räumungsanspruch erlischt. Der Widerspruch kann im Kündigungsschreiben enthalten sein, muss jedoch auch bei fristloser Kündigung auf jeden Fall ausdrücklich erklärt werden.

Kosten und Gebühren:
Rechtsanwaltsgebühren:
Gebühren nach § 118 BRAGO; Wert: § 8 Abs. 1 BRAGO, § 16 GKG.

#15 Klage des Vermieters auf Räumung nach fristloser Kündigung wegen Zahlungsrückstandes § 543 Abs. 2 S. 1 Nr. 3 BGB

[*HIER Ort, Datum*]

An das
Amtsgericht
- Abteilung für Mietsachen -
[*HIER Anschrift*]

Klage

des/der ...... [*HIER Vorname, Name, Anschrift*]

- Klägers/-in, -

Prozessbevollmächtigte(r): Rechtsanwalt/-wältin ...... [*HIER Vorname, Name, Anschrift*]

gegen

[1.] den/die ...... [*HIER Vorname, Name, Anschrift*]

- Beklagte(n) [zu 1)], -

[2. den/die ...... [*HIER Vorname, Name, Anschrift*]

- Beklagte(n) zu 2), -]

[beide wohnhaft ...... [*HIER Anschrift*]]

Prozessbevollmächtigte(r): Rechtsanwalt/-wältin ...... [*HIER Vorname, Name, Anschrift*]

wegen Räumung und Zahlung

Streitwert:	a) Mietzinsrückstand	...... EUR
	b) Räumung (Jahresmiete)	...... EUR
		...... EUR

Namens und in Vollmacht des/der Klägers/-in erhebe ich Klage und werde beantragen,

1. die Beklagten zu verurteilen, die im Hause ......, ...straße, Nr. ......, ... Stockwerk belegene Mietsache, bestehend aus ...... Zimmern, Küche, Flur, Bad und WC sowie dazugehörigem Kellerraum, geräumt an den/die Kläger/-in herauszugeben.

2. die Beklagten gesamtschuldnerisch zu verurteilen, an den/die Kläger ...... EUR nebst Zinsen von fünf Prozentpunkten über dem Basiszinssatz [- nebst ...... % Zinsen] aus je ...... EUR seit dem ...... 20.., zu zahlen.
3. den Beklagten gesamtschuldnerisch die Kosten des Rechtsstreits aufzuerlegen.
4. das Urteil in Ziffer 1. und 3. für vorläufig vollstreckbar zu erklären, notfalls gegen Sicherheitsleistung, die auch durch selbstschuldnerische unbeschränkte unbefristete Bürgschaft der X-Bank erbracht werden kann.
5. eine etwaige Räumungsfrist von der Zahlung der eingeklagten Mietzinsrückstände und der pünktlichen Zahlung der künftig fällig werdenden Miete abhängig zu machen.
6. den Beklagten bei Vorliegen der gesetzlichen Voraussetzungen durch Versäumnis- oder Anerkenntnisurteil im schriftlichen Verfahren zu verurteilen.

Begründung:

...... [*HIER folgt eine Beispielsbegründung*]

Der Kläger fordert von dem Beklagten Räumung und Herausgabe der Mietsache, da das Mietverhältnis zwischen den Parteien durch die fristlose Kündigung vom ...... 20.. beendet wurde. Zugleich fordert er die Zahlung der rückständigen Mieten.

Der Kläger ist Hauseigentümer, der Beklagte ist Mieter der im Antrag bezeichneten Räume. Die Gesamtmiete beträgt monatlich ...... EUR, zahlbar jeweils zum dritten Werktage eines Monats im voraus.

Beweis: Mietvertrag vom ...... 20.. in Kopie, Anlage K 1

Der Beklagte ist für zwei aufeinanderfolgende Termine, nämlich die Monate ...... 20.. [*HIER sind die betreffende Monate anzugeben*], mit der Entrichtung des Mietzinses und Nebenkostenvorschusses [- Betriebskostenpauschale] in Verzug [- mit der Entrichtung eines nicht unerheblichen Teiles des Mietzinses im Zeitraum von ...... 20.. bis zum ...... 20.. mit einer Summe, die einen Betrag von zwei Monatsmieten erreicht, nämlich ...... [*HIER ist der Betrag konkret anzugeben*] im Verzug.]

...... [*HIER folgt die weitere Ausführung*]

Der Kläger hat dem Beklagten deshalb am ...... 20.. schriftlich fristlos gekündigt und ihn zur sofortigen Räumung aufgefordert. Zugleich widersprach der Kläger in diesem Kündigungsschreiben einer Fortsetzung des Gebrauchs der Wohnung und drohte Räumungsklage an.

Beweis: Kündigungsschreiben vom ...... 20.. in Kopie, Anlage K 2

Das Kündigungsschreiben wurde dem Beklagten am ...... 20.. zugestellt.

Der Aufforderung ist der Beklagte jedoch nicht nachgekommen, so dass auch der Räumungsanspruch fällig geworden ist, damit Klageerhebung geboten ist.

[Nur bei Wohnraum]

Der Beklagte hat keine Möglichkeit mehr, die erklärte Kündigung nach § 569 Abs. 3 Nr. 2 BGB durch Nachzahlung unwirksam zu machen, selbst wenn innerhalb der zweimonatigen Schutzfrist nachgezahlt werden sollte, da bereits in den zwei vorangegangenen Jahren eine fristlose

Kündigung wegen Zahlungsverzuges erfolgte. Die Heilungsmöglichkeit des § 569 Abs. 3 Nr. 2 S. 1 BGB besteht nicht mehr, da dem Beklagten bereits mit Schreiben vom ...... 20.. wegen Zahlungsrückstandes von zwei Monatsmieten gekündigt worden war, § 569 Abs. 3 Nr. 2 S. 2 BGB.

Beweis: Kündigungsschreiben vom ...... 20.. in Kopie, Anlage K 3

Nach Erhalt dieser Kündigung zahlte der Beklagte den Rückstand und machte die damalige Kündigung unwirksam. [– Der Beklagte beglich den Zahlungsrückstand erst, nachdem der Kläger Räumungsklage erhoben hatte.

Beweis: Beiziehung der Akten des Amtsgerichts ......, Az.: ......]

Da die Zweijahresfrist noch nicht abgelaufen ist, hat der Beklagte heute keine Heilungsmöglichkeit mehr, dem Beklagten darf nicht noch einmal die Möglichkeit der Nachzahlung bewilligt werden. Der Beklagte muss antragsgemäß zur Räumung verurteilt werden.

[Bei Wohn- sowie Geschäftsraum]

Bereits im Kündigungsschreiben – Anlage K 2 – wurde der Beklagte darauf hingewiesen, dass eine Fortsetzung des Mietverhältnisses gemäß § 545 BGB nicht in Betracht kommt.

B. Mit der anhängigen Klage werden im Antrag zu 2. auch die von dem Beklagten jeweils in voller Höhe geschuldeten Mieten für den Monat ...... 20 ...... geltend gemacht. Gemäß § ...... des Mietvertrages ist der Beklagte verpflichtet, die Miete im voraus, jeweils bis zum ...... eines Monats, an den Kläger zu entrichten.

Beweis: Mietvertrag von ...... 20.. in Kopie, Anlage K 1

Der Zinsanspruch ist dadurch begründet, dass die Miete kalendermäßig bestimmt und im voraus zu zahlen ist.

Der Zinsanspruch folgt aus §§ 286 Abs. 2 Nr. 1, 288 BGB. Der Beklagte hat mithin Zinsen in Höhe von fünf Prozentpunkten über dem Basiszinssatz ab dem ...... 20.. zu zahlen.

[Bei höherem als dem gesetzlichen Zinssatz:

– Der Beklagte befindet sich somit mit der Bezahlung des Klagebetrages seit dem ...... 20.. in Verzug.

Der/Die Kläger/-in arbeitet selbstständig mit einem Bankkredit, der die eingeklagte Forderung betragsmäßig übersteigt. Für diesen Kredit muss er seit dem o.g. Datum, dem ...... 20........% Zinsen bezahlen.

Beweis: Zinsbestätigung der X-Bank [– Y-Sparkasse], Anlage K ......

Für den Bestreitensfall zusätzlich:

Beweis: Herr/Frau] ...... zuständige(r) Bankbearbeiter/-in [– Sparkassenangestellte(r)], zu laden über die X-Bank [– Y-Sparkasse] als Zeuge/Zeugin]

Der betreffende Bankkredit hätte sich um den Klageforderungsbetrag verringert, wenn die Beklagte fristgerecht bezahlt hätte. Der Klageforderungsbetrag ist daher seit dem ...... 20.. mit ......% Zinsen zu verzinsen.]

....
Rechtsanwalt/-wältin

Anmerkung

Anwendungsbereich: Wohnraum- sowie Geschäftsraummiete.

Zuständigkeit:
In allen Mietstreitigkeiten über Wohnraum ist das Gericht der belegenen Sache örtlich zuständig, d. h. in dessen Bezirk sich die Räume befinden; § 29 a ZPO. Sachlich zuständig ist stets das Amtsgericht, § 23 Nr. 2 a GVG.

Bei der Gewerberaummiete können die Räumungsklagen mit einem höheren Streitwert als 5.000,– EUR (12 × Monatsmiete) an das LG gerichtet werden, § 23 Nr. 2 a GVG.

Der Klageantrag soll die Zubehör- und Nebenräume sowie die sonstigen Flächen (z. B. Garten, Hof, Stellplatz!) angeben, die außerhalb der eigentlichen Mieträume liegen. Das dient der späteren Bestimmung des Vollstreckungsumfangs.

Da bei Räumungsklagen wegen Zahlungsverzuges häufig ein Versäumnisurteil ergeht, sollte auch aus diesem Grunde bereits in der Klageschrift vorsorglich ein Antrag auf Erlass eines Versäumnisurteils im schriftlichen Vorverfahren gestellt werden (§ 331 Abs. 3 ZPO).

Zu den Kündigungsmöglichkeiten wegen Mietzinsrückstandes siehe § 543 Abs. 2 Nr. 3 BGB.

Wegen des Bestimmungsrechts des Schuldners nach § 366 BGB muss angegeben werden, welche konkreten Monatsmietzinsen im Einzelnen geschuldet werden, um sein Nachzahlungsrecht nach § 569 Abs. 3 Nr. 2 BGB auszuüben. Der Vermieter darf aber nicht ledichglich äußern, wie häufig in der Klageschrift angeben, der Mieter sei »für zwei aufeinanderfolgende Termine in Verzug«. Diese Formulierung gibt zwar den Gesetzestext wider, ersetzt aber keinen konkreten Sachvortrag. Ansonsten können erhebliche Bedenken gegen die Schlüssigkeit der Klage erhoben werden (LG Hamburg, ZMR 1996, 327). Deshalb sind die konkreten Monate, für die der Mietzins geschuldet wird, anzugeben.

Zu den Heilungsmöglichkeiten durch den Mieter von Wohnraum siehe § 569 Abs. 3 Nr. 2 BGB: Nach § 569 Abs. 3 Nr. 2 S. 1 BGB wird die Kündigung wegen Zahlungsverzuges bei Wohnraum dann unwirksam, wenn der Vermieter spätestens bis zum Ablauf von zwei Monaten nach Eintritt der Rechtshängigkeit des Räumungsanspruches hinsichtlich der fälligen Miete und der fälligen Entschädigung nach § 546 a Abs. 1 BGB befriedigt wird oder sich eine öffentliche Stelle zur Befriedigung verpflichtet. Die Heilungsfrist bei Wohnraum nach § 569 Abs. 2 Nr. 2 S. 1 BGB wird ab Zugang der letzten Kündigung zurück gerechnet.

Neben des Verzuges des Mietzinses – d. h. des Bruttomietzinses oder des Nettomietzinses plus Nebenkostenvorauszahlung – berechtigen auch die (monatlich) laufend zu entrichtenden Nebenkosten-Pauschalen zur Kündigung aus § 543 Abs. 2 Nr. 3 b BGB. Dies sind Beträge, die bei Wohnraum entsprechend §§ 556 Abs. 1 BGB, 27 II. BV neben der Miete fällig werden und oft auch als sog. ›zweite Miete‹ bezeichnet werden. Demgegenüber gehört die Nachforderung aus einer jährlich fällig werdenden Nebenkostenabrechnung nicht in den Bereich des § 543 Abs. 2 Nr. 3 b BGB, wohl aber diejenigen des § 573 Abs. 2 Nr. 1 BGB. Zahlungsverzug besteht nicht, wenn der Mieter einen Teil des Mietzinses »unter Vorbehalt« zahlt, z. B. weil er eine befürchtete Mietpreisüberhöhung prüfen lassen will (LG München WuM 1987, 223; LG Frankfurt WuM 1987, 318).

Nach § 569 Abs. 3 Nr. 2 S. 2 BGB kann sich der Mieter nicht auf die Unwirksamkeit der Kündigung durch Zahlung innerhalb der Schonfrist berufen, wenn der Kündigung vor nicht länger als zwei Jahren schon einmal eine zulässige Kündigung auf Zahlungsverzug vorausgegangen war, deren Wirkung der Mieter durch Zahlung innerhalb der Schonfrist beseitigt hat. Es ist nicht erforderlich, dass wegen der früheren Kündigung eine Räumungsklage anhängig war. Die Ausschlusswirkung tritt aber nicht ein, wenn die frühere Kündigung aus anderen Gründen keine Wirkung erlangt hat. Das vorsorgliche Vorbringen zur Ausschlusswirkung ist zweckmäßig, um bei Säumnis des Beklagten zu einem Versäumnisurteil zu gelangen. Wäre die Zahlung der Mietrückstände, die zur Kündigung geführt hat, unstreitig und würde der Vermieter sich erst im Verhandlungstermin darauf berufen, dass die Folgen des § 569 Abs. 3 Nr. 2 S. 2 BGB gegeben sind, so wäre dies ein neues Vorbringen, das zu einer Vertagung führen müsste.

Mehrere Vermieter können den Räumungsanspruch nur als Gesamthandsgläubiger geltend machen, müssen also grundsätzlich gemeinschaftlich klagen. Eine gewillkürte Prozessstandschaft ist zulässig: der einzelne Eigentümer muss dann Herausgabe an alle Eigentümer verlangen.

Bei mehreren Mietern ist die Klage gegen alle Mieter zu richten. Mehrere Mieter schulden die Räumung als Gesamtschuldner und können gemeinschaftlich oder einzeln verklagt werden.

Streitwert: Bei der Räumungsklage ist streitig, ob die Brutto- oder die Nettomiete zugrunde zu legen ist. Der Anwalt sollte sich an der Rechtsprechung des angerufenen Gerichts orientieren oder im Zweifelsfalle zur Vermeidung von Zeitverlusten die Gebühren nach dem Bruttomietzins berechnen. Bei einer späteren – niedrigeren – Gebührenstreitwertfestsetzung anhand des Nettomietzinses muss der Gebührenbeamte eine Erstattung der Gerichtskosten vornehmen.

Die Räumungsklage kann mit einer Zahlungsklage wegen rückständiger Mieten verbunden werden. Hinsichtlich des Streitwertes gilt dann § 5 1. Hlbs. ZPO. Einige Gerichte tendieren jedoch dazu, reine Räumungsklagen wegen der Heilungsmöglichkeiten kurzfristiger zu terminieren. Der Anwalt sollte daher überlegen, ob gegebenenfalls die Mietzinsen im Mahnverfahren oder auch durch gesonderte Klage geltend zu machen sind.

Für den Zahlungsrückstand ist Verzug nötig. Die Miete ist nach der, allerdings abdingbaren, Regelung des § 556 b Abs. 1 BGB bis zum dritten Werktag der einzelnen Zeitabschnitte zu entrichten nach denen sie bemessen ist. In den meisten Formularmietverträgen ist vorgesehen, dass der Mietzins jeweils am 3. Werktag eines Monats im voraus fällig ist; da die Fälligkeit kalendermäßig bestimmt ist, bedarf es keiner Mahnung. Verzug tritt danach gemäß § 286 Abs. 2 Nr. 1 BGB mit Ablauf dieses Tages ein, ohne dass es einer Mahnung bedarf. Ist der 3. Werktag ein Sonnabend, tritt die Fälligkeit erst am nächsten Montag, Verzug mithin ab Dienstag ein, § 193 BGB.

Der gesetzliche Zinsanspruch ergibt sich aus §§ 286 Abs. 2 Nr. 1, 288 Abs. 1 S. 1 BGB, bei Kreditaufnahme ist der höhere Zinssatz durch Bankbescheinigung pp. nachzuweisen, § 288 Abs. 3 BGB.

Nach § 288 Abs. 1 S. 2 BGB ist eine Geldschuld während des Verzugs für das Jahr mit 5 Prozentpunkten über dem Basiszinssatz zu verzinsen. Eine Definition des Basiszinssatzes enthält § 247 BGB. Er verändert sich zum 1. Januar und Juli eines Jahres gemäß § 247 Abs. 1 BGB. Die

Deutsche Bundesbank gibt den geltenden Basiszinssatz unverzüglich nach diesen genannten Zeitpunkten im Bundesanzeiger bekannt, § 247 Abs. 2 BGB.

Der Basiszinssatz kann am besten (weil dort die sorgfältigste Auskunft erfolgt) bei der Landeszentralbank telefonisch erfragt werden, um den jeweils gültigen gesetzlichen Verzugszinssatz zu errechnen. Ansonsten sieht man im Bundesanzeiger nach.

Zum Beleg des über den gesetzlichen Zins hinausgehenden Zinsanspruches sollte bereits in der Klageschrift und nicht erst auf Bestreiten des Beklagten eine Zinsbescheinigung der Bank eingereicht werden. Nach der Rechtsprechung des Bundesgerichtshofes (BGH NJW 1984, 371) braucht der Zahlungsverzug des Schuldners nicht für die Kreditaufnahme ursächlich sein. Es reicht aus, eine Kreditaufnahme in Höhe der Klageforderung darzulegen. Wenn der Beklagte bestreitet, ist jedenfalls bei Nichtkaufleuten, eine nähere Darlegung erforderlich (BGH NJW-RR 1991, 1406).

Die Benennung des zuständigen Banksachbearbeiters bzw. Sparkassenangestellten unter Entbindung von der Verschwiegenheitspflicht in der Klageschrift bei Geltendmachung von Zinsen über den gesetzlichen Verzugszinssatz des § 288 Abs. 1 BGB ist deshalb ratsam, weil häufig vom Klagegegner die Richtigkeit der Zinsbestätigung in der Zinsbescheinigung mit Nichtwissen bestritten wird und spätere Ergänzungen des Beweisangebotes oft vergessen werden.

Kosten und Gebühren:
Gerichtskosten:
3,0 Verfahrensgebühren, Nr. 1210 KV GKG; Ermäßigung der Gebühr auf 1,0 Gebühr, wenn die Voraussetzung nach Nr. 1211 KV GKG vorliegt.

Rechtsanwaltsgebühren:
Regelgebühren nach § 31 BRAGO; Wert: 16 Abs. 2 BRAGO.

#16 Abmahnung des Mieters durch den Vermieter wegen vertragswidrigen Verhaltens des Mieters

[Durch Boten oder Zustellung durch den Gerichtsvollzieher oder per Einschreiben-Rückschein]

[*HIER Ort, Datum*]

An
Herrn/Frau ...... [*HIER Vorname, Name*]
[*HIER Anschrift*]

Mietvertrag vom ...... betreffend die im ...... Stock ...... links/rechts des Hauses ...... [*HIER Angabe der Anschrift*] gelegenen Räumlichkeiten

Sehr geehrte(r) Herr/Frau ......,

ausweislich der anliegenden Originalvollmacht vertrete ich Ihre(n) Vermieter/-in, Herrn/Frau ......

Sie und Ihre Familienangehörigen haben in der letzten Zeit mehrfach gegen Ihre Mieterpflichten verstoßen:

1. Obwohl die Zustimmung zur Tierhaltung gemäß § ...... des Mietvertrages von der vorherigen Zustimmung des Vermieters abhängig ist, haben Sie sich vor kurzem einen Hund angeschafft, ohne meine Mandantschaft vorher zu fragen. Zudem kann Ihnen die Tierhaltung nicht genehmigt werden, weil der Hund bereits mehrfach zur Nachtzeit laut gebellt und damit die Ruhe der übrigen Hausbewohner gestört hat. Ich habe Sie deshalb aufzufordern, den Hund bis zum ...... 20.. zu entfernen.

2. Ihre Tochter benutzt in letzter Zeit den Hausflur als Abstellplatz für ihr Fahrrad. Mein Mandant hat Ihre Tochter bereits darauf hingewiesen, dass in dem ohnehin schmalen Flur keine Fahrzeuge abgestellt werden dürfen, weil dadurch der Fluchtweg im Feuerfall verstellt wird. Ich habe Sie daher aufzufordern, Ihre Tochter anzuweisen, ihr Verhalten ab sofort zu unterlassen.

3. Bei dieser Gelegenheit möchte ich Sie zugleich darauf hinweisen, dass der Mietzins nach § ...... des Mietvertrages monatlich im Voraus, spätestens am 3. Werktag des Monats, zu bezahlen ist. Ihre Mietzahlung geht dagegen regelmäßig verspätet, oft erst am Monatsende ein. Bislang hat meine Mandantschaft dies hingenommen. In Zukunft legt sie aber darauf Wert, dass die Zahlungen pünktlich eingehen.

Im Namen meines Mandanten fordere ich Sie deshalb auf, das vertragswidrige Verhalten unverzüglich zu unterlassen. Sollten Sie das gerügte Verhalten gleichwohl fortsetzen, würde dies meine Mandantschaft zum Anlass für eine fristlose Kündigung des Mietverhältnisses nehmen.

[oder anders formuliert]

Mein(e) Mandant/-in erwartet von Ihnen, dass Sie sich in Zukunft an die vertraglichen Abmachungen halten, andernfalls hat er mich mit der Kündigung des Mietverhältnisses beauftragt.

[oder als Vorbereitung einer Unterlassungsklage oder Kündigung]

Ich habe Sie wegen dieser Vertragsverletzungen hiermit ausdrücklich abzumahnen. Sollten Sie die aufgeführten Vertragsverletzungen nicht unterlassen und sich in Zukunft vertragsgemäß verhalten, wird mein Mandant eine Unterlassungsklage gegen Sie erheben oder das Mietverhältnis kündigen.

Mit freundlichen Grüßen

....
Rechtsanwalt/-wältin

Anmerkung

Anwendungsbereich: Wohnraum- sowie Geschäftsraummiete.

Die Abmahnung ist die gesetzliche Voraussetzung sowohl für die Unterlassungsklage nach § 541 BGB als auch für die fristlose Kündigung nach § 543 Abs. 2 Nr. 2 BGB.

§ 543 Abs. 2 Nr. 2 BGB setzt voraus, dass der Mieter die Mietsache vertragswidrig gebraucht und diesen Gebrauch trotz Abmahnung fortsetzt und dadurch die Rechte des Vermieters in erheblichem Umfang verletzt. Dabei ist die Abmahnung zwingendes gesetzliches Erfordernis. Denkbare Fälle sind hierbei die unerlaubte Gebrauchsüberlassung an Dritte oder das Betreiben von Gewerbebetrieben, die mit Publikumsverkehr oder sonstigen Störungen verbunden sind.

Die Abmahnung kann entbehrlich sein, wenn der Mieter bereits vollendete Tatsachen geschaffen hat (BGH MDR 1975, 572), sich weigert, seine vertraglichen Verpflichtungen zu erfüllen bzw. erklärt, er werde sein Verhalten fortsetzen.

Eine Vertragsverletzung liegt auch dann vor, wenn der Mieter den Mietzins nicht pünktlich zahlt.

Wegen der Klarstellungsfunktion müssen die Vertragsverletzungen in der Abmahnung genau bezeichnet sein. Im Abmahnschreiben sind die Pflichtverletzungen bzw. Störungen des Hausfriedens durch den Mieter konkret anzugeben, etwa Störungen der Nachtruhe, unerlaubtes Abstellen von Gegenständen auf Treppen und Fluren, Angriffe oder Beleidigungen von Mitmietern.

Der Erfolg einer späteren Unterlassung- oder Räumungsklage hängt entscheidend davon ab, ob die Abmahnung das geforderte Tun oder Unterlassen hinreichend genau beschreibt. Es reicht deshalb nicht aus, wenn der Vermieter den Mieter nur allgemein an die Erfüllung seiner mietvertraglichen Pflichten lediglich erinnert.

Es kommt auf das Verschulden des Störers nicht an, sondern allein darauf, ob die Fortsetzung des Mietverhältnisses für die andere Vertragspartei noch zumutbar ist. Das Verschulden ist hier aber insoweit von Relevanz, als die Anforderungen an die Unzumutbarkeit bei nicht schuldhaftem Verhalten des Störers höher sein werden, als bei einer schuldhaften Störung des Hausfriedens. Bei den zu berücksichtigen Umständen ist insbesondere in die Abwägung mit einzubeziehen, ob und in welchem Maße die Vertragsparteien ein Verschulden trifft. Dies schließt aber nicht aus, dass auch bei nicht schuldhaftem Verhalten im Einzelfall eine zur fristlosen Kündigung berechtigende Unzumutbarkeit für den Kündigenden vorliegen kann (siehe BT-Drucks. 14/5663 S. 76 r. Sp.).

Ist eine sofortige Verhaltensänderung für den Mieter nicht ohne Weiteres möglich, so hat der Vermieter dem Mieter eine angemessene Frist einzuräumen. Fehlt diese so führt dies aber nicht zur Unwirksamkeit der Abmahnung, sondern der Vermieter muss lediglich mit der Kündigung solange warten, bis ein angemessener Zeitraum zur Abhilfe verstrichen ist. Gleiches gilt bei Gewährung eines zu kurzen Abhilfezeitraumes.

Eine Androhung einer Sanktion ist zwar zur Wirksamkeit der Abmahnung nicht erforderlich, sollte aber zur Unterstreichung der Nachdrücklichkeit der Abmahnung in diese mitaufgenommen werden.

Die Abmahnung sollte alsbald nach der Vertragsverletzung erfolgen, da bereits länger zurückliegende Vertragsverletzungen eine Kündigung nicht mehr rechtfertigen. Dies ist besonders bei unerlaubter Tierhaltung vonnöten, da in der länger dauernden bewussten Duldung der Tierhaltung unter Umständen eine konkludent erklärte Genehmigung gesehen werden kann.

Für eine Unterlassungsklage oder Kündigung ist es nicht notwendig, dass der Mieter mehrere Vertragsverletzungen begangen hat. Liegen jedoch mehrere Vertragsverletzungen vor, so sollten diese auch alle aufgeführt werden, damit gegebenenfalls wegen sämtlicher Vertragsverletzungen gekündigt bzw. Unterlassungsklage erhoben werden kann.

Büromäßige Behandlung:
Der Erklärung der Abmahnung durch einen Bevollmächtigten ist eine Vollmachtsurkunde im Original beizulegen, da die Abmahnung ansonsten gemäß § 174 BGB zurückgewiesen werden kann.

Kosten und Gebühren:
Rechtsanwaltsgebühren:
Gebühren nach § 118 BRAGO; Wert: § 8 Abs. 1 BRAGO, § 12 GKG, § 3 ZPO.

#17 Fristlose Kündigung seitens des Vermieters wegen schwerer Verstöße des Mieters § 543 Abs. 1 BGB (bei Wohnraum § 569 Abs. 2 BGB)

[Durch Boten oder Zustellung durch den Gerichtsvollzieher oder per Einschreiben-Rückschein]

[*HIER Ort, Datum*]

An
Herrn/Frau ...... [*HIER Vorname, Name*]
[*HIER Anschrift*]

Mietvertrag vom ...... betreffend die im ...... Stock ...... links/rechts des Hauses ...... [*HIER Angabe der Anschrift*] gelegenen Räumlichkeiten

Sehr geehrte(r) Herr/Frau ......,

ausweislich der anliegenden Originalvollmacht vertrete ich Ihre(n) Vermieter/-in, Herrn/Frau ......

Namens und im Auftrag meines/-r Mandanten/-in, kündige das Mietverhältnis mit sofortiger Wirkung.

Grund der fristlosen Kündigung ist/sind folgende konkret beschriebene Begebenheit/-en:

...... [*HIER folgt die nähere Schilderung*]

Ihr(e) Vermieter/-in hat Sie schriftlich mehrfach aufgefordert, dies abzustellen. Da dies nicht geschehen ist, ist es meinem Mandanten in tatsächlicher, sozialer und gesundheitlicher Hinsicht unzumutbar, das Mietverhältnis, auch unter Berücksichtigung der berechtigten Interessen Dritter, weiter fortzusetzen.

[Bei Gewerberaum]
Ich fordere Sie daher auf, bis spätestens ...... 20.. die gemieteten Räume an meine(n) Mandanten/-in herauszugeben.

[Bei Wohnraum]
Ich fordere Sie daher auf, bis spätestens ...... 20.. die Wohnung an meine(n) Mandanten/-in herauszugeben.

Hilfsweise wird unter Bezugnahme auf die oben genannten Gründe die ordentliche Kündigung zum ...... 20.. erklärt.

[Zusätzlich bei Wohnraum ist zu ergänzen:]
Sie können der fristgemäßen Kündigung gemäß der §§ 574 bis 574 b BGB schriftlich bis spätestens zum ...... 20.. widersprechen und die Fortsetzung des Mietverhältnisses verlangen, wenn dessen Beendigung für Sie, Ihre Familie oder einen anderen Angehörigen Ihres Haus-

halts eine Härte bedeuten würde. Sofern Sie der Kündigung widersprechen, fordere ich Sie bereits hiermit auf, mir über Ihre Widerspruchsgründe umgehend Auskunft zu erteilen.

[oder]
Ich weise darauf hin, dass Sie der ordentlichen Kündigung gemäß der §§ 574 bis 574 b BGB widersprechen und Fortsetzung des Mietverhältnisses verlangen können, wenn die Beendigung des Mietverhältnisses für Sie, Ihre Familie oder einen anderen Angehörigen Ihres Haushalts eine Härte bedeuten würde, die auch unter Berücksichtigung der berechtigten Interessen meines Mandanten nicht zur rechtfertigen wäre. Ein entsprechendes Schreiben muss die Gründe des Widerspruchs gegen die Kündigung angeben und spätestens zwei Monate vor Beendigung des Mietverhältnisses, also bis spätestens zum ...... 20.. bei mir oder Ihrem Vermieter eingehen. Für den Fall der Einlegung des Kündigungswiderspruches verlange ich bereits jetzt, dass Sie mir die Widerspruchsgründe unverzüglich mitteilen. [– Sofern Sie der Kündigung widersprechen, fordere ich Sie bereits hiermit auf, mir über Ihre Widerspruchsgründe umgehend Auskunft zu erteilen.]

[Bei Gewerbe- sowie Wohnraum]
Einer stillschweigenden Verlängerung des Mietverhältnisses bei Fortsetzung des Gebrauchs der Mietsache gemäß § 545 BGB widerspreche ich im Namen meines Mandanten bereits jetzt, so dass sich durch stillschweigende vertragslose Nutzung kein neues Mietverhältnis bildet.

Mit freundlichen Grüßen

....
Rechtsanwalt/-wältin

Anmerkung

Anwendungsbereich: Wohnraum- sowie Geschäftsraummiete.

Gemäß § 543 Abs. 1 BGB kann der Vermieter ein Mietverhältnis über Räume ohne Einhaltung einer Kündigungsfrist kündigen, wenn ein Vertragsteil seine Verpflichtung aus dem Mietvertrag in einem solchen Maße verletzt, dass dem anderen Teil die Fortsetzung des Mietverhältnisses nicht zugemutet werden kann. Auch in einem solchen Fall ist aber eine vorherige Abmahnung anzuraten. Im Abmahnschreiben sind die Pflichtverletzungen bzw. Störungen konkret anzugeben. Bei Wohnraum sind das etwa Störungen der Nachtruhe, unerlaubtes Abstellen von Gegenständen auf Treppen und Fluren, Angriffe oder Beleidigungen von Mitmietern.

Es kommt auf das Verschulden des Störers nicht an, sondern allein darauf, ob die Fortsetzung des Mietverhältnisses für die andere Vertragspartei noch zumutbar ist. Das Verschulden ist hier aber insoweit von Relevanz, als die Anforderungen an die Unzumutbarkeit bei eine nicht schuldhaften Störung höher sein werden als bei einer schuldhaften Störung des Hausfriedens. Bei den zu berücksichtigen Umständen ist insbesondere in die Abwägung mit einzubeziehen, ob und in welchem Maße die Vertragsparteien ein Verschulden trifft. Dies schließt aber nicht aus, dass auch bei nicht schuldhaftem Verhalten im Einzelfall eine zur fristlosen Kündigung berechtigende Unzumutbarkeit für den Kündigenden vorliegen kann (siehe BT-Drucks. 14/5663 S. 76 r. Sp.).

Nur bei Wohnraum:
Bei Kündigung von Wohnraum ist gemäß § 569 Abs. 4 BGB der zur Kündigung führende wichtige Grund im Kündigungsschreiben anzugeben. Wichtig ist, dass im Kündigungsschrei-

ben die Kündigungsgründe derart konkretisiert werden, dass dem Mieter eine sachliche Nachprüfung und somit eine hinreichende Rechtswahrung auf der Grundlage dieser Angaben möglich ist. An die Begründung sind jedoch keine zu hohen und übertrieben formalistischen Anforderungen gestellt. Es soll durch das Erfordernis der Angabe des zur Kündigung führenden wichtigen Grundes sichergestellt sein, dass der Mieter erkennen kann, welcher Umstand zur fristlosen Kündigung geführt hat. Dies soll ihm der Vermieter mitteilen. Die Begründungspflicht gilt umgekehrt auch für den Mieter (vgl. BT-Drucks. 14/5663 S. 82 l. Sp.)

Bei einer fristlosen Kündigung ist die Angabe eines Räumungstermins entbehrlich, da mit Zugang des Kündigungsschreibens das Mietverhältnis im Fall einer fristlosen Kündigung beendet wird. Der Mieter ist infolgedessen zur sofortigen Räumung verpflichtet. Da wegen der Verhältnisse auf dem Wohnungsmarkt in der Regel niemand sofort die Wohnung räumen kann ist es Praxis, eine angemessene Räumungsfrist zu gewähren. Kommt es zum Räumungsprozess, so kann der Mieter sowieso eine Räumungsfrist beantragen (§ 721 ZPO).

Die Wirksamkeit einer außerordentlichen fristlosen Kündigung hängt in vielen Fällen davon ab, ob die Vertragsverletzung so erheblich ist, dass deswegen eine sofortige Vertragsbeendigung erforderlich scheint. Wird dies verneint, so ist nach herrschender Meinung eine Umdeutung in eine ordentliche, befristete Kündigung möglich (siehe z. B. Schmidt-Futterer, Wohnraumschutzgesetze, Rn B 40 ff.). Nach der Gegenansicht soll eine Umdeutung nicht möglich sein, weil dadurch der Rechtsschutz des Mieters verkürzt wird (vgl. z. B. LG Gießen ZMR 1974, 14). Mit dem Inhalt des Formulars, welches eine Rechtsbelehrung enthält, wird dieser Einwand ausgeräumt. Durch die »hilfsweise« erklärte ordentliche Kündigung wird der unbedingte Wille zur Vertragsbeendigung zum Ausdruck gebracht, so dass es sich nicht um eine zweite Kündigung, die nur unter der Bedingung gelten soll, dass die außerordentliche Kündigung unwirksam ist, handelt, sondern um eine Bekräftigung des Willens zur Vertragsbeendigung.

Nach § 568 Abs. 2 BGB soll der Vermieter bei ordentlicher Kündigung – hier hilfsweise erklärt – in dem Kündigungsschreiben auf die Möglichkeit des Kündigungswiderspruchs nach den §§ 574 bis 574 b BGB rechtzeitig hinweisen. Ein fehlender Hinweis lässt die Wirksamkeit des Kündigungsschreibens unberührt. In einem solchen Fall kann der Mieter den Widerspruch allerdings noch bis zum 1. Termin in der mündlichen Verhandlung erklären. Für den Vermieter kann dies – je nach Angang des Verfahrens – Kostennachteile zur Folge haben (§ 93 b ZPO).

Nach § 545 BGB, der auch bei fristloser Kündigung gilt, muss der Vermieter innerhalb von zwei Wochen der Fortsetzung des Gebrauchs durch den Mieter widersprechen. Ansonsten wird ein unbefristetes Mietverhältnis fingiert, so dass der Räumungsanspruch erlischt. Der Widerspruch kann im Falle der fristlosen Kündigung bereits wirksam im Kündigungsschreiben erklärt werden (OLG Hamburg RE WuM 1981, 205 = NJW 1981, 2258).

Kosten und Gebühren:
Rechtsanwaltsgebühren:
Gebühren nach § 118 BRAGO; Wert: § 8 Abs. 1 BRAGO, § 16 GKG.

#18 Erklärung des Vermieters zur Vermeidung einer stillschweigenden Verlängerung des Mietverhältnisses nach Kündigung § 545 BGB

[Durch Boten oder Zustellung durch den Gerichtsvollzieher oder per Einschreiben-Rückschein]

[*HIER Ort, Datum*]

An
Herrn / Frau ...... [*HIER Vorname, Name*]
[*HIER Anschrift*]

Betr.: Mietvertrag vom ...... betreffend die im ...... Stock ...... links/rechts des Hauses ...... [*HIER Angabe der Anschrift*] gelegenen Räumlichkeiten

Sehr geehrte(r) Herr / Frau ......,

ausweislich der anliegenden Originalvollmacht vertrete ich Ihre(n) Vermieter/-in, Herrn / Frau ......

Durch Schreiben vom ...... 20.. habe ich Ihnen im Auftrag des/der Vermieters/-in das zwischen ihm und Ihnen bestehende Mietverhältnis gekündigt. [- fristlos gekündigt.]

[- Durch Schreiben vom ...... 20.. hat Ihr(e) Vermieter/-in das zwischen ihm und Ihnen bestehende Mietverhältnis gekündigt.]

[- Obwohl die Kündigungsfrist mittlerweile abgelaufen ist, werden die Räume immer noch von Ihnen bewohnt.]

Hiermit widerspreche ich in Vollmacht des/der Vermieters/-in einer Verlängerung des Mietverhältnisses. Ich habe Sie daher nochmals aufzufordern, die Wohnung unverzüglich herauszugeben.

[- Sollte die Wohnung bis zum ...... 20.. nicht geräumt sein, so bin ich beauftragt, Räumungsklage zu erheben.]

[Nur bei Wohnraum:]
[- Da Ihr Nachfolgemieter nicht termingerecht einziehen konnte, hat er sich nun eine andere Wohnung gesucht. Weil Sie schuldhaft die Wohnung nicht rechtzeitig geräumt haben - Ersatzwohnraum stand Ihnen nachweislich zu zumutbaren Bedingungen zur Verfügung - verlangt mein Mandant Schadenersatz für die Kosten, die ihm zur Suche eines neuen Mieters entstehen, gegebenenfalls Ersatz für den entstehenden Mietausfall gemäß §§ 546 a Abs. 2, 571 Abs. 1 BGB.]

[Nur bei Gewerberaum:]
[- Gleichzeitig verlangt meine Mandantschaft die Zahlung einer Nutzungsentschädigung gemäß § 546 a Abs. 1 BGB vom Ablauf der Mietdauer bis zur Rückgabe der Räume in Höhe der Miete. ......]

Mit freundlichen Grüßen

....
Rechtsanwalt/-wältin

Anmerkung

Anwendungsbereich: Wohnraum- sowie Geschäftsraummiete.

Einer der häufigsten Fehler nach Kündigungen ist, dass der zur Vermeidung einer stillschweigenden Verlängerung des Mietverhältnisses nach § 545 BGB notwendige Widerspruch gegen eine Fortsetzung des Mietgebrauchs unterlassen wird. Der Widerspruch kann auch schon im Kündigungsschreiben der fristlosen Kündigung erfolgen.

Der Widerspruch kann sich gegebenenfalls sogar aus dem Zusammenhang der Kündigungserklärung ergeben (vgl. BGH NJW-RR 1988, 76 = BGH WuM 1988, 59). Gewährt der Vermieter eine Räumungsfrist, so bringt er damit zugleich zum Ausdruck, dass er mit einer Vertragsfortsetzung nicht einverstanden ist (RE OLG Schleswig WuM 1982, 65). Will der in Kündigungsangelegenheiten vertretende Anwalt kein Risiko eingehen, sollte er in Vollmacht des Vermieters eine ausdrückliche Erklärung nach § 545 BGB abgeben.

Der sorgfältige Anwalt wird darauf achten und den entweder im Kündigungsschreiben oder getrennt danach erfolgten Widerspruch im Prozess auch vortragen.

Bei den Fällen, in denen zwischen dem Zugang der Widerspruchserklärung und dem Ablauf der Mietzeit ein längerer Zeitraum liegt – also in den Fällen der befristeten Kündigung – kann es durchaus zweifelhaft sein, ob eine Partei an einer länger zurückliegenden Widerspruchserklärung festhalten will. In solchen Fällen ist deshalb aus Gründen der Rechtssicherheit eine Wiederholung der Widerspruchserklärung geboten. In den Fällen der befristeten Kündigung ist es deshalb ratsam, die Widerspruchserklärung nach der Vertragsbeendigung – oder kurz zuvor – zu wiederholen.

Entbehrlich ist eine Widerspruchserklärung für den Vermieter eigentlich, wo innerhalb der Frist des § 545 BGB eine Räumungsklage erhoben wird. Zu bedenken ist allerdings, dass die stillschweigende Vertragsverlängerung nur dann ausgeschlossen wird, wenn die Klageschrift innerhalb der Frist von 2 Wochen des § 545 BGB zugestellt wird. Da der Vermieter auf die Zustellung der Klage keinen Einfluss hat, empfiehlt es sich, auch in jenen Fällen eine Widerspruchserklärung abzugeben.

Büromäßige Behandlung:
Die Frist von 2 Wochen für den Widerspruch ist einzuhalten.

Zu beachten ist auch, dass in einer großen Anzahl von Verträgen die Anwendbarkeit des § 545 BGB allerdings ausgeschlossen ist, was auch durch AGB möglich ist (BGH NJW 1991, 1750). Hierauf ist dann zu achten, wenn ein fristgerechter Widerspruch von Seiten des Vermieters nicht festzustellen ist. In diesen Fällen ist eine Widerspruchserklärung durch den Vermieter in Kündigungsangelegenheiten vertretenden Rechtsanwalt nicht erforderlich.

#19 Klage des Vermieters auf Räumung § 543 Abs. 1 BGB

[*HIER Ort, Datum*]

An das
Amtsgericht
- Abteilung für Mietsachen -
[*HIER Anschrift*]

Klage

des/der ...... [*HIER Vorname, Name, Anschrift*]

- Klägers/-in, -

Prozessbevollmächtigte(r): Rechtsanwalt/-wältin ...... [*HIER Vorname, Name, Anschrift*]

gegen

[1.] den/die ...... [*HIER Vorname, Name, Anschrift*]

- Beklagte(n) [zu 1)], -

[2. den/die ...... [*HIER Vorname, Name, Anschrift*

- Beklagte(n) zu 2), -]

[beide wohnhaft ...... [*HIER Anschrift*]]

Prozessbevollmächtigte(r): Rechtsanwalt/-wältin ...... [*HIER Vorname, Name, Anschrift*]

wegen Räumung und Herausgabe [- von Wohnraum]

Streitwert: (12 × Bruttomiete von ...... EUR =) ...... EUR

Namens und in Vollmacht des/der Klägers/-in erhebe ich Klage und werde beantragen,

1. die Beklagten zu verurteilen, die von ihnen innegehaltene [- bewohnte] Wohnung [- gemieteten Geschäftsräume] im Hause des Klägers in ......, ...straße Nr. ......, ... Stockwerk, bestehend aus ...... [*HIER sind Boden- und oder Kelleraum, Kfz-Stellplatz u. ä. bei der Aufzählung nicht zu vergessen*] mit sofortiger Wirkung zu räumen und herauszugeben [- geräumt an den/die Kläger/-in herauszugeben].
2. den Beklagten gesamtschuldnerisch die Kosten des Rechtsstreits aufzuerlegen;
3. die Beklagten bei Vorliegen der gesetzlichen Voraussetzungen durch Versäumnis- oder Anerkenntnisurteil im schriftlichen Verfahren zu verurteilen;
4. das Urteil, soweit zulässig, für vorläufig vollstreckbar zu erklären;
5. es den/der Kläger/-in nachzulassen, eventuell zu stellende Sicherheitsleistungen durch Bankbürgschaft erbringen zu dürfen.

Begründung:

...... [*HIER Tatsachenvortrag, der die Kündigung des Mietverhältnisses und damit Räumung rechtfertigt; nachfolgend ein Beispiel bezüglich gemieteten Wohnraumes:*]

Der Beklagte bewohnt die im Klageantrag zu 1) näher bezeichnete Wohnung im Hause des Klägers aufgrund des am ...... 20.. abgeschlossenen Mietvertrages. Der monatliche Mietzins beträgt ......

Beweis: Mietvertrag vom ...... 20.. in Kopie, Anlage K 1

Der Beklagte ist aufgrund von Störungen des Mietverhältnisses vom Kläger abgemahnt worden unter gleichzeitigem Hinweis, dass dem Beklagten das Mietverhältnis bei weiteren Vertragsverstößen fristlos gekündigt wird.

Beweis: Abmahnschreiben des Klägers vom ...... 20.. in Kopie, Anlage K 2

Die Abmahnung ist von dem Beklagten nicht beachtet worden, so dass ihm mit sofortiger Wirkung das Mietverhältnis gekündigt wurde.

Beweis: Kündigungsschreiben des Klägers vom ...... 20.. in Kopie, Anlage K 3

Da der Beklagte schuldhaft in einem solchen Maß seine Verpflichtungen verletzt, insbesondere den Hausfrieden so nachhaltig gestört hat, ist dem Kläger die Fortsetzung des Mietverhältnisses nicht mehr zumutbar:

Der Beklagte stört den Hausfrieden nachhaltig durch exzessiven Lärm. Die Mieter ...... und ......

Beweis: Zeugnis des ...... und der ......, zu laden über den Kläger

haben sich mit Schreiben und Auflistungen nachhaltiger Störungen an den Kläger gewandt.

Beweis: Schreiben vom ...... 20.. und vom ...... 20.., Anlagen K 4 + 5

Diese Mitmieter haben mit Minderung des Mietzinses in diesen Schreiben gedroht.

Bereits im Kündigungsschreiben - Anlage K 3-wurde darauf hingewiesen, dass eine Fortsetzung des Mietverhältnisses gemäß § 545 BGB nicht in Betracht kommt.

[- Bei diesen vielen Vertragsverletzungen kommt eine Räumungsfrist für den Beklagten auch nicht mehr in Betracht.]

[- Die Beklagten sind daher als Gesamtschuldner zur Räumung und Herausgabe zu verurteilen.]

....
Rechtsanwalt/-wältin

Anmerkung

Anwendungsbereich: Wohnraum- sowie Geschäftsraummiete.

Zuständigkeit:
In allen Mietstreitigkeiten über Wohnräume ist örtlich zuständig das Gericht der belegenen Sache, also in dessen Bezirk sich die Räume befinden; § 29 a ZPO. Für die sachliche Zuständigkeit gilt, dass stets das Amtsgericht zuständig ist, § 23 Nr. 2 a GVG.

Bei der Gewerberaummiete können die Räumungsklagen mit einem höheren Streitwert als 5.000,– EUR (12 × Monatsmiete) an das LG gerichtet werden, § 23 Nr. 2 a GVG.

Das zu räumende Objekt ist so genau zu bezeichnen, dass ein Dritter (Gerichtsvollzieher) den Umfang der Räumungspflicht dem Tenor entnehmen kann. Es reicht die Verurteilung zur Herausgabe; Formulierungen wie »geräumt herauszugeben« oder »zu räumen und herauszugeben« sind mit Rücksicht auf § 885 ZPO nicht erforderlich, aber auch unschädlich. Für die in den Räumen befindlichen Gegenstände, die nicht Gegenstand der Zwangsvollstreckung sind, gilt § 885 Abs. 2 bis 4 ZPO. Eine Pflicht zur Reinigung ist vom Räumungstitel nicht umfasst (Zöller § 885 ZPO Rn 10).

Achtung: § 545 BGB: grundsätzlich muss der Fortsetzung des Mietverhältnisses innerhalb von 2 Wochen widersprochen werden, da sich das Mietverhältnis andernfalls auf unbestimmte Zeit fortsetzt. Der Widerspruch kann bereits im Kündigungsschreiben erklärt werden (vgl. RE OLG Hamburg NJW 1981, 2258).

Streitwert:

Bei der Räumungsklage ist streitig, ob die Brutto- oder die Nettomiete zugrunde zu legen ist. Der Anwalt sollte sich an der Rechtsprechung des angerufenen Gerichts orientieren oder im Zweifelsfalle die Gebühren nach dem Bruttomietzins berechnen. Bei einer späteren – niedrigeren – Gebührenstreitwertfestsetzung anhand des Nettomietzinses muss der Gebührenbeamte eine Erstattung der Gerichtskosten vornehmen.

Mehrere Vermieter können den Räumungsanspruch nur als Gesamthandsgläubiger geltend machen, müssen also grundsätzlich gemeinschaftlich klagen. Eine gewillkürte Prozessstandschaft ist zulässig: der einzelne Eigentümer muss dann die Herausgabe an alle Eigentümer verlangen.

Bei mehreren Mietern ist die Klage gegen alle Mieter zu richten. Mehrere Mieter schulden die Räumung als Gesamtschuldner und können gemeinschaftlich oder einzeln verklagt werden.

Der Klageantrag soll die Zubehör- und Nebenräume sowie die sonstigen Flächen (z. B. Garten, Hof, Stellplatz!) angeben, die außerhalb der eigentlichen Mieträume liegen. Das dient der späteren Bestimmung des Vollstreckungsauftrages.

Für die fristlose Kündigung gibt es nach fast einhelliger Meinung keinen Begründungszwang. Die Begründung in der Kündigungserklärung ist aber zur Prozessvorbereitung meist zweckmäßig, um unnötige Erwiderungen zu vermeiden.

Der Vermieter darf zudem die fristlose Kündigung im Prozess grundsätzlich auch auf Gründe stützen, welche er in einer schriftlichen Kündigungserklärung nicht geltend gemacht hatte (RE OLG Karlsruhe NJW 1982, 2004). Bei nachträglich entstandenen Gründen ist eine erneute Kündigungserklärung erforderlich, welche aber auch noch im Laufe des Rechtsstreits erfolgen kann (RE OLG Zweibrücken WuM 1981, 177).

Kosten und Gebühren:
Gerichtskosten:
3,0 Verfahrensgebühren, Nr. 1210 KV GKG; Ermäßigung der Gebühr auf 1,0 Gebühr, wenn die Voraussetzung nach Nr. 1211 KV GKG vorliegt.

Rechtsanwaltsgebühren:
§ 31 BRAGO, Wert: § 16 Abs. 2 GKG.

#20 Klage des Vermieters auf Unterlassung wegen vertragswidrigen Gebrauches

[*HIER Ort, Datum*]

An das
Amtsgericht
- Abteilung für Mietsachen -
[*HIER Anschrift*]

Klage

des/der ...... [*HIER Vorname, Name, Anschrift*]

- Klägers/-in, -

Prozessbevollmächtigte(r): Rechtsanwalt/-wältin ...... [*HIER Vorname, Name, Anschrift*]

gegen

[1.] den/die ...... [*HIER Vorname, Name, Anschrift*]

- Beklagte(n) [zu 1)], -

[2. den/die ...... [*HIER Vorname, Name, Anschrift*]

- Beklagte(n) zu 2), -]

[beide wohnhaft ...... [*HIER Anschrift*]]

Prozessbevollmächtigte(r): Rechtsanwalt/-wältin ...... [*HIER Vorname, Name, Anschrift*]

wegen Unterlassung

Streitwert: ...... EUR

Namens und in Vollmacht des/der Klägers/-in erhebe ich Klage und werde beantragen,

1. die Beklagten zu verurteilen, es zu unterlassen, ... [*HIER z. B. den gemeinschaftlichen Speicher im Hause ...... für private Zwecke, insbesondere zum Abstellen von Gegenständen zu benutzen*],
2. den Beklagten wird angedroht, dass für jeden Fall der Zuwiderhandlung ein Ordnungsgeld bis zur Höhe von ...... EUR oder eine Ordnungshaft bis zu sechs Monaten gegen sie festzusetzen,
3. den Beklagten gesamtschuldnerisch die Kosten des Rechtsstreits aufzuerlegen,
4. das Urteil für vorläufig vollstreckbar zu erklären.

Begründung:

...... [*HIER Tatsachenvortrag, der den vertragswidrigen Gebrauch der Mietsache, die Abmahnung des Vermieters und die Fortsetzung des vertragswidrigen Gebrauchs wiedergibt; dazu folgendes Beispiel:*]

Der Beklagte ist Mieter im Hause ......, ...straße ...... in ......

Gemäß § ...... des Mietvertrages ist der Beklagte berechtigt, den Trockenspeicher zum Trocknen von Wäsche gemäß der Hausordnung mitzubenutzen.

Beweis: Vorlage des Mietvertrages vom ...... 20.. in Kopie, Anlage K 1

Der Beklagte verstößt gegen die ihm aus dem Mietvertrag obliegenden Pflichten. Dazu im Einzelnen:

...... [*z. B.: Der Beklagte ist der Auffassung, berechtigt zu sein, den Speicher für seine Privatzwecke, u. a. zum Abstellen von Gegenständen, in Anspruch nehmen zu können.*

Die Auffassung des Beklagten ist aufgrund der klaren mietvertraglichen Regelung rechtsirrig.]

Der Beklagte ist deswegen zwar unter dem ...... 20.. abgemahnt worden, das vertragswidrige Verhalten zu unterlassen und sich vertragsgemäß zu verhalten.

[oder]
Der Beklagte ist abgemahnt worden, es in Zukunft zu unterlassen, ... [*z. B. den Trockenspeicher weiterhin für sich privat zu nutzen.*]

Beweis: Vorlage des Abmahnschreibens vom ...... 20.. in Kopie, Anlage K 2

Davon offenbar unbeeindruckt setzt der Beklagte sein beanstandetes Verhalten allerdings weiterhin fort, so dass nunmehr Klage geboten ist.

....
Rechtsanwalt/-wältin

Anmerkung

Zur vorher erforderlichen Abmahnung siehe Formular 1.A.07.a.#16.

Anwendungsbereich: Wohnraum- sowie Geschäftsraummiete.

Zuständigkeit: §§ 23, 71 GVG; § 29 a ZPO.

Nutzt der Mieter die Mietsache vertragswidrig, kann der Vermieter Unterlassungsklage nach § 541 BGB erheben oder das Mietverhältnis gemäß § 543 Abs. 2 Nr. 2 BGB fristlos kündigen (siehe dazu Formular 1.A.07.1.#21). Beide Konstellationen setzen eine Abmahnung voraus, die nur in Ausnahmefällen entbehrlich ist, siehe § 543 Abs. 3 Nr. 1–3 BGB.

Voraussetzung des Unterlassungsanspruches sind vertragswidriger Gebrauch der Mietsache, Abmahnung durch den Vermieter, Fortsetzung des vertragswidrigen Gebrauchs, vgl. § 541 BGB.

Der vertragswidrige Gebrauch muss nur objektiv vorliegen.

Es ist zulässig, vgl. § 890 Abs. 2 ZPO und zweckmäßig, die Androhung bereits in das Urteil aufnehmen zu lassen. Wird dies verabsäumt, so ist ein besonderer Beschluss des Prozessgerichts der 1. Instanz zu beantragen.

Kosten und Gebühren:
Gerichtskosten:

3,0 Verfahrensgebühren nach Nr. 1210 KV GKG; die Gebühren ermäßigen sich auf 1,0 Gebühr, wenn die Voraussetzungen nach Nr. 1211 KV GKG vorliegen.

Rechtsanwaltsgebühren:
Regelgebühren nach § 31 BRAGO. Wert: § 12 GKG, 3 ZPO.

#21 Fristlose Kündigung seitens des Vermieters wegen vertragswidrigen Gebrauchs § 543 Abs. 2 Nr. 2 BGB

[Durch Boten oder Zustellung durch den Gerichtsvollzieher oder per Einschreiben-Rückschein]

[*HIER Ort, Datum*]

An
Herrn/Frau ...... [*HIER Vorname, Name*]
[*HIER Anschrift*]

Mietvertrag vom ...... betreffend die im ...... Stock ...... links/rechts des Hauses ...... [*HIER Angabe der Anschrift*] gelegenen Räumlichkeiten

Fristlose Kündigung der Wohnung [- der gemieteten Räume]

Sehr geehrte(r) Herr/Frau ......,

ausweislich der anliegenden Originalvollmacht vertrete ich Ihre(n) Vermieter/-in, Herrn/Frau ......

Namens und im Auftrag meines/-r Mandanten/-in kündige ich das o. g. Mietverhältnis fristlos, da Sie trotz Abmahnung vom ...... 20.. den vertragswidrigen Gebrauch der Wohnung [- der gemieteten Räume] fortgesetzt haben. Trotz der Abmahnung haben Sie in der ausschließlich zu Wohnzwecken bestimmten Wohnung [- die gemieteten Räumlichkeiten] weiterhin vertragswidrig ...... [*HIER folgt die Beschreibung des vertragswidrigen Gebrauchs*]. Hierdurch sind die Rechte meines/-r Mandanten/-in im erheblichen Maß beeinträchtigt.

Ich fordere Sie daher auf, bis spätestens ...... 20.. die Wohnung [- gemieteten Räume] an meine(n) Mandanten/-in herauszugeben.

[oder]
Ich kündige deshalb das Mietverhältnis mit sofortiger Wirkung und fordere Sie auf, die Wohnung bis spätestens zum ...... 20.. zu räumen und an den/die Vermieter/-in herauszugeben.

Hilfsweise wird unter Bezugnahme auf die oben genannten Gründe die ordentliche Kündigung zum ...... 20.. erklärt.

[Zusätzlich bei Wohnraum ist zu ergänzen:]
Sie können der fristgemäßen Kündigung gemäß der §§ 574 bis 574 b BGB schriftlich bis spätestens zum ...... 20.. widersprechen und die Fortsetzung des Mietverhältnisses verlangen,

wenn dessen Beendigung für Sie, Ihre Familie oder einen anderen Angehörigen Ihres Haushalts eine Härte bedeuten würde. Sofern Sie der Kündigung widersprechen, fordere ich Sie bereits hiermit auf, mir über Ihre Widerspruchsgründe umgehend Auskunft zu erteilen.

[oder]

Ich weise darauf hin, dass Sie der ordentlichen Kündigung gemäß der §§ 574 bis 574 b BGB widersprechen und Fortsetzung des Mietverhältnisses verlangen können, wenn die Beendigung des Mietverhältnisses für Sie, Ihre Familie oder einen anderen Angehörigen Ihres Haushalts eine Härte bedeuten würde, die auch unter Berücksichtigung der berechtigten Interessen meines/-r Mandanten/-in nicht zu rechtfertigen wäre. Ein entsprechendes Schreiben muss die Gründe des Widerspruchs gegen die Kündigung angeben und spätestens zwei Monate vor Beendigung des Mietverhältnisses, also bis spätestens zum ...... 20.. bei mir oder Ihrem Vermieter eingehen. Für den Fall der Einlegung des Kündigungswiderspruches verlange ich bereits jetzt, dass Sie mir die Widerspruchsgründe unverzüglich mitteilen. [- Sofern Sie der Kündigung widersprechen, fordere ich Sie bereits hiermit auf, mir über Ihre Widerspruchsgründe umgehend Auskunft zu erteilen.]

[Bei Wohn- sowie Gewerberaum]
Einer stillschweigenden Verlängerung des Mietverhältnisses bei Fortsetzung des Gebrauchs der Mietsache gemäß § 545 BGB widerspreche ich im Namen meines/-r Mandanten/-in bereits jetzt, so dass sich durch stillschweigende vertragslose Nutzung kein neues Mietverhältnis bildet.

[oder]
Mit Schreiben vom ...... 20 ...... habe ich Sie im Auftrag Ihres Vermieters aufgefordert, Ihren Hund bis zum ...... 20.. aus der Wohnung zu entfernen. Außerdem habe ich Sie im Namen des Vermieters gebeten, dass Ihre Tochter ihr Fahrrad nicht mehr im Hausflur abstellt.

Leider sind Sie der Aufforderung nicht nachgekommen. Der Hund befindet sich noch immer in Ihrer Wohnung. Ihre Tochter stellt das Fahrrad noch immer im Hauflur ab.

Deshalb kündige ich Ihnen im Auftrag meiner Mandantschaft das Mietverhältnis fristlos mit sofortiger Wirkung und fordere Sie auf, die Wohnung bis spätestens zum ...... 20.. zu räumen und an meine(n) Mandanten/-in herauszugeben.

Hilfsweise wird unter Bezugnahme auf die oben genannten Gründe die ordentliche Kündigung zum ...... 20.. erklärt.

[Zusätzlich bei Wohnraum ist zu ergänzen:]
Sie können der fristgemäßen Kündigung gemäß der §§ 574 bis 574 b BGB schriftlich bis spätestens zum ...... 20.. widersprechen und die Fortsetzung des Mietverhältnisses verlangen, wenn dessen Beendigung für Sie, Ihre Familie oder einen anderen Angehörigen Ihres Haushalts eine Härte bedeuten würde. Sofern Sie der Kündigung widersprechen, fordere ich Sie bereits hiermit auf, mir über Ihre Widerspruchsgründe umgehend Auskunft zu erteilen.

[oder]
Ich weise darauf hin, dass Sie der ordentlichen Kündigung gemäß der §§ 574 bis 574 b BGB widersprechen und Fortsetzung des Mietverhältnisses verlangen können, wenn die Beendigung des Mietverhältnisses für Sie, Ihre Familie oder einen anderen Angehörigen Ihres Haushalts eine Härte bedeuten würde, die auch unter Berücksichtigung der berechtigten Interessen meines/-r Mandanten/-in nicht zu rechtfertigen wäre. Ein entsprechendes Schreiben

muss die Gründe des Widerspruchs gegen die Kündigung angeben und spätestens zwei Monate vor Beendigung des Mietverhältnisses, also bis spätestens zum ...... 20.. bei mir oder Ihrem Vermieter eingehen. Für den Fall der Einlegung des Kündigungswiderspruches verlange ich bereits jetzt, dass Sie mir die Widerspruchsgründe unverzüglich mitteilen. [- Sofern Sie der Kündigung widersprechen, fordere ich Sie bereits hiermit auf, mir über Ihre Widerspruchsgründe umgehend Auskunft zu erteilen.]

[Bei Wohn- sowie Gewerberaum]

Einer Verlängerung des Mietverhältnisses nach § 545 BGB widerspreche ich bereits heute.

Mit freundlichen Grüßen

....
Rechtsanwalt/-wältin

Anmerkung

Anwendungsbereich: Wohnraum- sowie Geschäftsraummiete.

§ 543 Abs. 2 Nr. 2 BGB setzt voraus, dass der Mieter die Mietsache vertragswidrig gebraucht und diesen Gebrauch trotz Abmahnung fortsetzt und dadurch die Rechte des Vermieter in erheblichem Umfang verletzt. Dabei ist die Abmahnung zwingendes gesetzliches Erfordernis. Denkbare Fälle sind hierbei die unerlaubte Gebrauchsüberlassung an Dritte oder das Betreiben von Gewerbebetrieben in Wohnräumen, die mit Publikumsverkehr oder sonstigen Störungen verbunden sind.

Ist eine fristlose Kündigung nicht möglich, kann dem Vermieter von Wohnraum unter Umständen ein Recht zur ordentlichen Kündigung wegen schuldhafter Vertragsverletzung nach § 573 Abs. 2 Nr. 1 BGB zustehen.

Die Abmahnung kann entbehrlich sein, wenn der Mieter bereits vollendete Tatsachen geschaffen hat (BGH MDR 1975, 572), sich weigert, seine vertraglichen Verpflichtungen zu erfüllen bzw. erklärt, er werde sein Verhalten fortsetzen.

Bei einer fristlosen Kündigung ist die Angabe eines Räumungstermins entbehrlich, da mit Zugang des Kündigungsschreibens das Mietverhältnis im Fall einer fristlosen Kündigung beendet wird. Der Mieter ist infolgedessen zur sofortigen Räumung verpflichtet. Da wegen der Verhältnisse auf dem Wohnungsmarkt in der Regel niemand sofort die Wohnung räumen kann ist es Praxis, eine angemessene Räumungsfrist zu gewähren. Kommt es zum Räumungsprozess, so kann der Mieter sowieso eine Räumungsfrist beantragen (§ 721 ZPO).

Die Wirksamkeit einer außerordentlichen fristlosen Kündigung hängt in vielen Fällen davon ab, ob die Vertragsverletzung so erheblich ist, dass deswegen eine sofortige Vertragsbeendigung erforderlich scheint. Wird dies verneint, so ist nach herrschender Meinung eine Umdeutung in eine ordentliche, befristete Kündigung möglich (siehe z. B. Schmidt-Futterer, Wohnraumschutzgesetze, Rn B 40 ff.). Nach der Gegenansicht soll eine Umdeutung nicht möglich sein, weil dadurch der Rechtsschutz des Mieters verkürzt wird (vgl. z. B. LG Gießen ZMR 1974, 14). Mit dem Inhalt des Formulars, welches eine Rechtsbelehrung enthält, wird dieser Einwand ausgeräumt. Durch die »hilfsweise« erklärte ordentliche Kündigung wird der unbedingte Wille zur Vertragsbeendigung zum Ausdruck gebracht, so dass es sich nicht um eine zweite Kündigung handelt, die nur unter der Bedingung gelten soll, dass die ordentliche Kündigung unwirksam ist, sondern um eine Bekräftigung des Willens zur Vertragsbeendigung.

Nach § 568 Abs. 2 BGB soll der Vermieter bei einer ordentlichen Kündigung – hier hilfsweise erklärt – in dem Kündigungsschreiben auf die Möglichkeit des Kündigungswiderspruchs nach den §§ 574 bis 574 b BGB rechtzeitig hinweisen. Ein fehlender Hinweis lässt die Wirksamkeit des Kündigungsschreibens unberührt. In einem solchen Fall kann der Mieter den Widerspruch allerdings noch bis zum 1. Termin in der mündlichen Verhandlung erklären. Für den Vermieter kann dies – je nach Angang des Verfahrens – Kostennachteile zur Folge haben (§ 93 b ZPO).

Nach § 545 BGB, der auch bei fristloser Kündigung gilt, muss der Vermieter innerhalb von zwei Wochen der Fortsetzung des Gebrauchs durch den Mieter widersprechen. Ansonsten wird ein unbefristetes Mietverhältnis fingiert, so dass der Räumungsanspruch erlischt. Der Widerspruch kann im Kündigungsschreiben enthalten sein, muss jedoch auch bei fristloser Kündigung auf jeden Fall ausdrücklich erklärt werden.

Kosten und Gebühren:
Rechtsanwaltsgebühren:
Gebühren nach § 118 BRAGO; Wert: § 8 Abs. 1 BRAGO, § 16 GKG.

#22 Klage des Vermieters auf Räumung und Herausgabe

[*HIER Ort, Datum*]

An das
Amtsgericht
- Abteilung für Mietsachen -
[*HIER Anschrift*]

Klage

des/der ...... [*HIER Vorname, Name, Anschrift*]

- Klägers/-in, -

Prozessbevollmächtigte(r): Rechtsanwalt/-wältin ...... [*HIER Vorname, Name, Anschrift*]

gegen

[1.] den/die ...... [*HIER Vorname, Name, Anschrift*]

- Beklagte(n) [zu 1)], -

[2. den/die ...... [*HIER Vorname, Name, Anschrift*]

- Beklagte(n) zu 2), -]

[beide wohnhaft ...... [*HIER Anschrift*]]

Prozessbevollmächtigte(r): Rechtsanwalt/-wältin ...... [*HIER Vorname, Name, Anschrift*]

wegen ......

vorläufiger Streitwert: ...... EUR.

Namens und in Vollmacht des/der Klägers/-in erhebe ich Klage und werde beantragen,

1. die Beklagten zu verurteilen, die von ihnen innegehaltene [- bewohnte] Wohnung [- gemieteten Geschäftsräume] im Hause des Klägers in ......, ...straße Nr. ......, ... Stockwerk, bestehend aus ...... [*HIER sind Boden- und oder Kelleraum, Kfz-Stellplatz u. ä. bei der Aufzählung nicht zu vergessen*] mit sofortiger Wirkung zu räumen und herauszugeben [- geräumt an den/die Kläger/-in herauszugeben].
2. den Beklagten gesamtschuldnerisch die Kosten des Rechtsstreits aufzuerlegen;
3. den Beklagten bei Vorliegen der gesetzlichen Voraussetzungen durch Versäumnis- oder Anerkenntnisurteil im schriftlichen Verfahren zu verurteilen.

Begründung:

...... [*HIER folgt eine Beispielsbegründung*]

Der Kläger ist Eigentümer des im Klageantrag näher bezeichneten und von dem Beklagten bewohnten Mietobjekts.

Beweis: Mietvertrag vom ...... 20.. in Kopie, Anlage K 1

Der Kläger hat das Mietverhältnis wegen vertragswidrigen Verhaltens des Beklagten am ...... 20.. fristlos gekündigt.

Beweis: Kündigungsschreiben vom ...... 20.. in Kopie, Anlage K 2

Die Wohnung wurde nicht geräumt, so dass der Räumungsanspruch nach §§ 546, 543 Abs. 2 Nr. 2 BGB fällig ist. Der Kläger stützt sich zunächst auf die Ausführungen in seinem Kündigungsschreiben und macht sie zum Inhalt seines Vortrages. Im Einzelnen wird hierzu folgendes vorgetragen:
...... [*HIER folgt die Schilderung des der Kündigung wegen vertragswidrigen Gebrauchs zugrunde liegenden Sachverhalts.*]

Der Beklagte ist wegen dieser vertragswidrigen Verhaltensweisen am ...... 20.. abgemahnt worden.

Beweis: Abmahnungsschreiben vom ...... 20.. in Kopie, Anlage K 4

[- Die Beklagten sind daher als Gesamtschuldner zur Räumung und Herausgabe verpflichtet.]

Da die Beklagten das Mietobjekt nicht räumten, ist Räumungsklage geboten.

....
Rechtsanwalt/-wältin

Anmerkung

Siehe Anmerkungen zu Formular 1.A.07.a.#17.

Anwendungsbereich: Wohnraum- sowie Geschäftsraummiete.

Anders als eine Unterlassungsklage nach § 541 BGB setzt eine fristlose Kündigung nach § 543 Abs. 2 Nr. 3 BGB stets eine »erhebliche Verletzung« der vertraglichen Pflichten aus dem Mietvertrag voraus. Bei nicht so erheblichen Verstößen oder Verstößen mit geringen Auswirkungen kann der Vermieter nur die Unterlassungsklage nach § 541 BGB erheben.

Neben dem vertragswidrigen Gebrauch und der Überlassung an Dritte beinhaltet § 543 Abs. 2 Nr. 2 BGB auch den Tatbestand der Gefährdung des Mietobjektes durch mangelnde Sorgfalt, die die Obhutspflicht des Mieters betrifft, d. h. der Mieter muss Vorkehrungen zum Schutz der Mietsache treffen, wie z. B. vor der Frostgefährdung der Mietsache im Winter (der Heizkörper oder gefährdeter Wasserleitungen).

Mehrere Vermieter können den Räumungsanspruch nur als Gesamthandsgläubiger geltend machen, müssen also grundsätzlich gemeinschaftlich klagen. Eine gewillkürte Prozessstandschaft ist zulässig: der einzelne Eigentümer muss dann Herausgabe an alle Eigentümer verlangen.

Mehrere Mieter schulden die Räumung als Gesamtschuldner und können gemeinschaftlich oder einzeln verklagt werden.

Der Klageantrag soll die Zubehör- und Nebenräume sowie die sonstigen Flächen (z. B. Garten, Hof, Stellplatz!) angeben, die außerhalb der eigentlichen Mieträume liegen. Das dient der späteren Bestimmung des Vollstreckungsauftrages.

Kosten und Gebühren:
Gerichtskosten:
3,0 Verfahrensgebühren, Nr. 1210 KV GKG; Ermäßigung der Gebühr auf 1,0 Gebühr, wenn die Voraussetzung nach Nr. 1211 KV GKG vorliegt.

Rechtsanwaltsgebühren:
§ 31 BRAGO, Wert: § 16 Abs. 2 GKG.

#23 Klage des Erwerbers auf zukünftige Räumung und Herausgabe von Wohnraum

[*HIER Ort, Datum*]

An das
Amtsgericht
- Abteilung für Mietsachen -
[*HIER Anschrift*]

Klage

des/der ...... [*HIER Vorname, Name, Anschrift*]

- Klägers/-in, -

Prozessbevollmächtigte(r): Rechtsanwalt/-wältin ...... [*HIER Vorname, Name, Anschrift*]

gegen

[1.] den/die ...... [*HIER Vorname, Name, Anschrift*]

- Beklagte(n) [zu 1)], -

[2. den/die ...... [*HIER Vorname, Name, Anschrift*]

- Beklagte(n) zu 2), -]

[beide wohnhaft ...... [*HIER Anschrift*]]

Prozessbevollmächtigte(r): Rechtsanwalt/-wältin ...... [*HIER Vorname, Name, Anschrift*]

wegen Räumung und Herausgabe von Wohnraum

Streitwert: (12 × Bruttomiete von ...... EUR=) ...... EUR.

Namens und in Vollmacht des/der Klägers/-in erhebe ich Klage und werde beantragen,

1. die Beklagten zu verurteilen, die von ihnen innegehaltene [- bewohnte] Wohnung [- gemieteten Geschäftsräume] im Hause des Klägers in ......, ...straße Nr. ......, ... Stockwerk, bestehend aus ...... [*HIER sind Boden- und oder Kelleraum, Kfz-Stellplatz u. ä. bei der Aufzählung nicht zu vergessen*] mit sofortiger Wirkung zu räumen und herauszugeben [- geräumt an den/die Kläger/-in herauszugeben].
2. die Beklagten gesamtverbindlich zu verurteilen, das an den Beklagten zu 1) mitvermietete, vom Beklagten zu 2) bewohnte Maisonettenzimmer zu räumen und an den/die Kläger/-in herauszugeben.
3. den Beklagten gesamtschuldnerisch die Kosten des Rechtsstreits aufzuerlegen.
4. das Urteil, soweit zulässig, für vorläufig vollstreckbar zu erklären.

Begründung:

...... [*HIER folgt eine Beispielsbegründung*]

Der Voreigentümer, Herr ......, hat mit dem Beklagten zu 1) einen Mietvertrag vom ...... 20.. über die im Klageantrag genannte Wohnung geschlossen.

Beweis: Mietvertrag vom ...... 20.. in Kopie, Anlage K 1

Der Kläger hat die Eigentumswohnung des Herrn ...... gekauft und ist somit in die Rechte aus dem Mietverhältnis eingetreten. Die Eintragung des Klägers in das Grundbuch erfolgte am ...... 20..

Beweis: in Kopie anliegender Grundbuchauszug, Anlage K 2

Alle die im Klageantrag zu 1. genannten Räumlichkeiten, inklusive des im Klageantrag zu 2. erwähnten Maisonettenzimmers, waren an den Beklagten zu 1) vermietet.

Der Kläger hat mit ebenfalls in Kopie anliegendem Schreiben vom ...... 20.. zum ...... 20.. das Mietverhältnis wegen Eigenbedarfs gekündigt, wobei in diesem die Gründe des Eigenbedarfs des Klägers im Einzelnen dargelegt sind.

Beweis: Kündigungsschreiben wegen Eigenbedarfs in Kopie vom ...... 20.., Anlage K 3

Der Beklagte zu 1) hat das Maisonettenzimmer ohne Zustimmung des Klägers an den Beklagten zu 2) untervermietet. Der Kläger hat nach Kündigung des Beklagten zu 1) ebenfalls den Beklagten zu 2) mit Schreiben vom ...... 20...... zur Räumung des Maisonettenzimmers zum ...... 20.. aufgefordert.

Beweis: Schreiben vom ...... 20.. in Kopie, Anlage K 4

Es besteht die Besorgnis, dass die Beklagten zu dem gesetzten Termin, dem ...... 20.., die o. a. Wohnung nicht räumen werden, da beide Beklagen erklärt haben, dass sie nicht zur Räumung der Wohnung bereit seien, da ihrer Meinung nach der Kläger Eigenbedarf nur vortäusche.

Der Kläger braucht die Wohnung, da ...... [*HIER nähere Ausführung*]

Beweis: ......

Obwohl auf sein Widerspruchsrecht im Kündigungsschreiben hingewiesen, hat der Beklagte zu 1) der Kündigung nicht widersprochen. Zudem sind Gründe, die die vertragsgemäße Beendigung des Mietverhältnisses als Härte für den Beklagten zu 1) bedeuten könnten, nicht erkennbar.

Die Beklagten sind zur Räumung und Herausgabe verpflichtet, insofern es das Maisonettenzimmer betrifft gesamtschuldnerisch.

....
Rechtsanwalt/-wältin

Anmerkung

Anwendungsbereich: nur Wohnraummiete.

Streitwerte: Grundsätzlich die Jahresmiete, § 16 Abs. 2 GKG; dies gilt auch bei einer Klage gegen Haupt- und Untermieter.

Grundsätzlich kann der Vermieter seine Klage auf die Verurteilung des Mieters zur Räumung und Herausgabe von Wohnraum erst nach Ablauf der Kündigungsfrist erheben; eine vor Ablauf dieser Frist erhobene Räumungsklage ist unzulässig.

Eine künftig Räumungsklage von Wohnraum vor dieser Frist ist nur unter den besonderen Voraussetzungen des § 259 ZPO statthaft. Danach muss den Umständen nach die Besorgnis gerechtfertigt sein, dass der Räumungsschuldner sich der rechtzeitigen Leistung entziehen werde. Voraussetzung ist, dass der Beklagte klar zu erkennen gegeben hat, dass er bei Vertragsende nicht räumen werden. Es reicht hierfür z. B. aber auch der Widerspruch nach § 574 BGB.

Bei der Räumung von gewerblich genutzten Grundstücken oder Flächen ist die Spezialvorschrift des § 257 ZPO anwendbar, die nur noch auf das Kalenderdatum abstellt und die Besorgnis der nicht rechtzeitigen Räumung aber nicht verlangt.

Der Ablauf der Räumungsfrist oder das Vorliegen der besonderen Voraussetzungen des § 259 ZPO sind Prozessvoraussetzungen, demnach von Amts wegen zu prüfen; fehlen sie bis zum Schluss der letzten mündlichen Verhandlung, ist die Räumungsklage durch Prozessurteil abzuweisen.

Räumung und Herausgabe zu verlangen entspricht der Terminologie des § 885 ZPO.

Vor Grundbuchumschreibung kann der Erwerber von Grundstück oder einer Eigentumswohnung nur mit Vollmacht des bisherigen Vermieters kündigen (BGH NJW 1998, 896) und gegebenenfalls in Prozessstandschaft für diesen klagen. Klagen vor Grundbuchumschreibung unterliegen ansonsten der Abweisung (BGH ZMR 1961, 327).

Erklärt der Mieter, er werde nach Ablauf der Kündigungsfrist nicht ausziehen, so ist die Klage statthaft. Dabei ist unerheblich, dass der Mieter möglicherweise Widerspruch gegen die Kündigung gemäß § 574 BGB erklärt hat.

Bei vermieteten Eigentumswohnungen sind die drei- bzw. zehnjährigen Kündigungssperrfristen des § 577 a BGB zu beachten.

Haupt- und Untermieter haften bei Beendigung des Mietverhältnisses für die Räumung gesamtschuldnerisch und können gleichzeitig verklagt werden.

Kosten und Gebühren:
Gerichtskosten:
3,0 Verfahrensgebühren, Nr. 1210 KV GKG; Ermäßigung der Gebühr auf 1,0 Gebühr, wenn die Voraussetzung nach Nr. 1211 KV GKG vorliegt.

Rechtsanwaltsgebühren:
§ 31 BRAGO, Wert: § 16 Abs. 2 GKG: grundsätzlich die Jahresmiete, auch bei Klagen gegen Haupt- und Untermieter.

#24 Fristgemäße Kündigung des Vermieters von Wohnraum wegen Eigenbedarfs § 573 Abs. 2 Nr. 2 BGB

[Durch Boten oder Zustellung durch den Gerichtsvollzieher oder per Einschreiben-Rückschein]

[*HIER Ort, Datum*]

An
Herrn/Frau ...... [*HIER Vorname, Name*]
[*HIER Anschrift*]

Mietvertrag vom ...... betreffend die im ...... Stock ...... links/rechts des Hauses ......
[*HIER Angabe der Anschrift*] gelegenen Räumlichkeiten

Sehr geehrte(r) Herr/Frau ......,

ausweislich der anliegenden Originalvollmacht vertrete ich Ihre(n) Vermieter/-in, Herrn/Frau ......

Namens und mit Vollmacht Ihres/-r Vermieters/-in kündige ich hiermit das bestehende Mietverhältnis aufgrund der vertraglich vereinbarten Kündigungsfrist zum ...... 20..

[oder]
Sie haben mit dem o. g. Mietvertrag die Wohnung im Hause ......straße Nr....... gemietet, die Ihnen ab dem ...... 20.. überlassen wurde. Meine Mandantschaft sieht sich leider veranlasst, diesen Mietvertrag hiermit zu kündigen.

[Für vor September 2001 abgeschlossene Mietverträge]

Die Kündigungsfrist ist gemäß § 565 Abs. 2 S. 2 a. F. BGB verlängert, da der Zeitraum zwischen Überlassung der Wohnung und Zugang dieser Kündigung mehr als ...... Jahre [siehe Anmerkung] beträgt. Ich spreche Ihnen daher die Kündigung zum ...... 20.. aus.

[Für ab September 2001 abgeschlossene Mietverträge, wobei diese Kündigung(-sformulierung) erst ab dem 1. 09. 2006 möglich ist [siehe Anmerkung]]

Die Kündigungsfrist ist gemäß § 573 c Abs. 1 BGB verlängert, weil der Zeitraum zwischen Überlassung der Wohnung und Zugang dieses Kündigungsschreibens mehr als 5 Jahre beträgt. Ich spreche Ihnen daher die Kündigung des Mietvertrages

zum ...... 20..

aus und darf Sie bitten, die derzeit noch an Sie vermieteten Räumlichkeiten bis dahin vollständig geräumt an meine Mandantschaft herauszugeben.

Die Kündigungserklärung erfolgt gemäß § 573 Abs. 2 Nr. 2 BGB wegen Eigenbedarfs. Die von Ihnen gemieteten Wohnräume werden von meiner Mandantschaft [– von folgenden zum Hausstand meiner Mandantschaft gehörenden Personen beziehungsweise Familienangehörigen] benötigt:

...... *[HIER folgt nähere Begründung für den Eigenbedarf]*

Ich weise Sie auf die Möglichkeit des Widerspruchs nach den §§ 574 bis 574 b BGB hin. Sie können nach dieser Vorschrift der Kündigung bis spätestens zum ...... 20.. widersprechen und die Fortsetzung des Mietverhältnisses verlangen, wenn dessen Beendigung für Sie, Ihre Familie oder einem anderen Angehörigen Ihres Haushalts eine Härte bedeuten würde. Sofern Sie der Kündigung widersprechen, fordere ich Sie hiermit bereits jetzt auf, mir über Ihre Widerspruchsgründe umgehend Auskunft zu erteilen.

Einer Verlängerung des Mietverhältnisses gem. § 545 BGB widerspreche ich schon jetzt.

[oder anders formuliert]
Die Kündigung ist erforderlich, da meine Mandantschaft die Wohnung selbst benötigt, § 573 Abs. 2 Nr. 2 BGB. Die derzeitige Wohnung ist zu klein geworden, weil die verheiratete Tochter, die bei meinen Mandanten lebt, ein zweites Kind erwartet.

Gemäß § 568 Abs. 2 BGB weise ich Sie darauf hin, dass Sie gegen diese Kündigung Widerspruch gemäß der §§ 574 bis 574 b BGB einlegen können. Danach können Sie vom Vermieter die Fortsetzung des Mietverhältnisses verlangen, wenn die vertragsgemäße Beendigung des Mietverhältnisses für Sie, Ihre Familie oder einen anderen Angehörigen Ihres Haushalts eine Härte bedeuten würde, die auch unter Würdigung der berechtigten Interessen meines Mandanten nicht zu rechtfertigen ist. Die Widerspruchserklärung muss schriftlich erfolgen und soll die Gründe des Widerspruchs angeben. Die Widerspruchserklärung muss spätestens zwei Monate vor der Beendigung des Mietverhältnisses bei mir oder meinem Mandanten vorliegen.

Ich bitte Sie, die Wohnung geräumt und in vertragsgemäßem Zustand (siehe § ...... des Mietvertrages) mit allen Schlüsseln zurückzugeben. Des Weiteren bitte ich Sie, sich vor der Rückgabe mit meiner Mandantschaft zur Vereinbarung des Abgabetermins in Verbindung zu setzen. Vorsorglich weise ich schon jetzt darauf hin, dass mein Mandant unter den gesetzlichen Voraussetzungen dann, sofern Sie die Wohnung nicht rechtzeitig räumen, eine Nutzungsentschädigung verlangen wird. [- Diese wird in Höhe der Vergleichsmiete liegen, d. h. über Ihrer bisher bezahlten Miete.]

Einer Verlängerung des Mietverhältnisses gem. § 545 BGB widerspreche ich schon jetzt.

Als Kündigungsgrund macht meine Mandantschaft Eigenbedarf geltend. Sie will die Wohnung nämlich ihrer Tochter ...... überlassen. Diese wird demnächst heiraten und benötigt die Wohnung zur Gründung eines Hausstandes. Weder die Tochter noch ihr Verlobter verfügen zur Zeit über eine ausreichende Wohnung. Die Tochter meiner Mandanten wohnt zur Zeit noch bei diesen, ihr Verlobter hat ein kleines möbliertes Zimmer im Haus der ......straße Nr. ......, in ...... gemietet.

[- Außerdem ist es für meine Mandantschaft vorteilhaft, wenn die Tochter in ihrer unmittelbaren Nähe wohnt, da meine Mandantschaft in ihrem fortgeschrittenen Alter jemanden braucht, der sich um sie kümmert und kleinere Besorgungen übernimmt.]

Ich weise Sie ausdrücklich darauf hin, dass Sie das gesetzliche Recht haben, unter den Voraussetzungen der §§ 574 bis 574 b BGB der Kündigung zu widersprechen und der Fortsetzung des Mietverhältnisses zu widersprechen. Sie können nach der genannten Vorschrift die Fortsetzung des Mietverhältnisses verlangen, wenn dessen vertragsgemäße Beendigung für Sie, Ihre Familie oder einen anderen Angehörigen Ihres Haushalts eine Härte bedeuten würde, die auch unter Berücksichtigung der berechtigten Interessen meines Mandanten nicht zu rechtfertigen wäre. Ein entsprechendes Schreiben muss die Gründe des Widerspruchs gegen die Kündigung angeben und spätestens zwei Monate vor Ablauf der Kündigungsfrist bei mir oder Ihrem Vermieter eingehen. Für den Fall der Einlegung des Kündigungswiderspruches verlange ich bereits jetzt, dass Sie mir die Widerspruchsgründe unverzüglich mitteilen.

Meine Mandantschaft bittet Sie, ihr die Wohnung nach Ablauf der Kündigungsfrist zu übergeben. Mit einer früheren Räumung besteht Einverständnis, wenn Sie meiner Mandantschaft den Räumungstermin 14 Tage vor Auszug mitteilen.

Mit einer Verlängerung des Mietverhältnisses entsprechend § 545 BGB erklärt sich meine Mandantschaft bereits jetzt nicht einverstanden.

Mit freundlichen Grüßen

....
Rechtsanwalt/-wältin

Anmerkung

Anwendungsbereich: nur Wohnraummiete.

Sofern die Parteien keine Mietzeit bestimmt haben, setzt die Kündigung eines Wohnraummietverhältnis durch den Vermieter ein berechtigtes Interesse an der Vertragsbeendigung voraus, § 573 Abs. 1 S. 1 BGB. Was hierunter im Einzelnen zu verstehen ist, zählt Abs. 2 des § 573 BGB beispielhaft auf.

Einige Voraussetzungen der Eigenbedarfskündigung sind:

1. Der Vermieter muss im Kündigungsschreiben die Person angeben, für die die Wohnung benötigt wird. Eigenbedarf zu Gunsten von Angehörigen kann aber nicht geltend gemacht werden, wenn diese Person selbst Vermieter ist und kündigen könnte.
2. Es muss ein konkreter Sachverhalt dargelegt werden, auf den der Vermieter das Interesse gerade dieser Person an der Wohnung stützt.
3. Der Mieter soll anhand der Angaben im Kündigungsschreiben überprüfen können, ob eine Verteidigung gegen die Kündigung möglich und sinnvoll ist. Fehlen diese notwendigen Angaben, so ist die Kündigung nicht wirksam; sie kann auch nicht durch Nachschieben von Gründen wirksam werden (LG Hamburg WuM 1989, 385). Ein Auswechseln der Kündigungsgründe vor Gericht ist nicht möglich.

Achtung: Zur Verminderung des anwaltlichen Haftungsrisikos sollten die Voraussetzungen für eine Vermieterkündigung sehr sorgfältig geprüft werden.

In einem eventuell folgenden Räumungsverfahren sind nur diejenigen Kündigungsgründe beachtlich, welche im Kündigungsschreiben genannt worden sind, es sei den, sie sind erst danach entstanden, § 573 Abs. 3 BGB.

Büromäßige Behandlung:
Wird die Kündigung durch einen Rechtsanwalt erklärt, so genügt es nicht, dass die Kündigungsvollmacht lediglich in beglaubigter Abschrift beigefügt ist. Dies gilt auch dann, wenn die Zustellung der Kündigung durch einen Gerichtsvollzieher erfolgt, da § 167 Abs. 2 ZPO außerhalb eines Zivilprozesses nicht gilt (BGH NJW 1981, 1210).

Nach § 573 c Abs. 1 BGB beträgt die Kündigungsfrist bei ordentlicher Kündigung durch den Mieter einheitlich drei Monate unabhängig von der Dauer des Mietverhältnisses. Für den Vermieter verlängert sich die Kündigungsfrist bei ordentlicher Kündigung nach fünf Jahren Mietdauer von drei auf sechs Monate und nach achtjähriger Mietdauer von sechs auf neun Monate. Für vor dem 01. 09. 2001 abgeschlossene Mietverträge, sog. Altverträge, gilt nach der Rechtsprechung des BGH (Urt. v. 18.06.03, Az.: VIII ZR 240/02) noch das alte Mietrecht und hernach die Kündigungsfristen des § 565 Abs. 2 S. 2 a. F. BGB. Danach gelten für Mieter und Vermieter gleiche Kündigungsfristen: Bei einer Mietdauer von bis zu fünf Jahren beträgt die Kündigungsfrist 3 Monate, bis zu acht Jahren 6 Monate, bis zu zehn Jahren 9 Monate, ab zehn Jahren Mietdauer beträgt die Kündigungsfrist 12 Monate. Die gesetzlich festgelegten Kündigungsfristen gelten aber nicht, wenn Vermieter und Mieter andere Kündigungsfristen individuell ausgehandelt und diese in den schriftlichen Mietvertrag aufgenommen haben.

Nach § 568 Abs. 2 BGB soll der Vermieter in dem Kündigungsschreiben auf die Möglichkeit des Kündigungswiderspruchs nach den §§ 574 bis 574 b BGB rechtzeitig hinweisen. Ein fehlender Hinweis lässt die Wirksamkeit des Kündigungsschreibens unberührt. In einem solchen Fall kann der Mieter den Widerspruch allerdings noch bis zum 1. Termin in der mündlichen Verhandlung erklären. Für den Vermieter kann dies – je nach Angang des Verfahrens – Kostennachteile zur Folge haben (§ 93 b ZPO).

Nach der Rechtsprechung ist es zulässig, dass der Widerspruch gegen die Gebrauchsfortsetzung nach § 545 BGB bereits im Kündigungsschreiben erklärt wird (so z. B. OLG Hamburg RE WuM 1981, 205; BayObLG RE WuM 1981, 253). Allerdings muss zwischen der Vertragsbeendigung und der Widerspruchserklärung ein gewisser zeitlicher Zusammenhang bestehen (BayObLG a. a. O.). Deshalb sollte in allen Fällen der befristeten Kündigung der Widerspruch nach Ablauf der Kündigungsfrist wiederholt werden. Siehe hierzu Formular 1.A.07.a.#18.

Kosten und Gebühren:
Rechtanwaltsgebühren:
2/10 Gebühren nach § 120 Abs. 1 BRAGO; Wert: § 16 Abs. 2 BGB.

#25 Klage des Vermieters auf Räumung von Wohnraum wegen Eigenbedarfs § 573 Abs. 2 Nr. 2 BGB

[*HIER Ort, Datum*]

An das
Amtsgericht
- Abteilung für Mietsachen -
[*HIER Anschrift*]

Klage

des/der ...... [*HIER Vorname, Name, Anschrift*]

- Klägers/-in, -

Prozessbevollmächtigte(r): Rechtsanwalt/-wältin ...... [*HIER Vorname, Name, Anschrift*]

gegen

[1.] den/die ...... [*HIER Vorname, Name, Anschrift*]

- Beklagte(n) [zu 1)], -

[2. den/die ...... [*HIER Vorname, Name, Anschrift*]

- Beklagte(n) zu 2), -]

[beide wohnhaft ...... [*HIER Anschrift*]]

Prozessbevollmächtigte(r): Rechtsanwalt/-wältin ...... [*HIER Vorname, Name, Anschrift*]

wegen Räumung und Herausgabe von Wohnraum

Streitwert: (12 × Bruttomiete von ...... EUR=) ...... EUR.

Namens und in Vollmacht des/der Klägers/-in erhebe ich Klage und werde beantragen,
die Beklagten zu verurteilen, die von ihnen innegehaltene [- bewohnte] Wohnung [- gemieteten Geschäftsräume] im Hause des/der Klägers/-in in ......, ...straße Nr. ......, ... Stockwerk, bestehend aus ...... [*HIER sind Boden- und oder Kellerraum, Kfz-Stellplatz u. ä. bei der Aufzählung nicht zu vergessen*] mit sofortiger Wirkung zu räumen und herauszugeben [- geräumt an den/die Kläger/-in herauszugeben].

Begründung:

...... [*HIER folgt eine Beispielsbegründung*]

Der Beklagte bewohnt die Parterrewohnung im o. g. Hause.

Dem Beklagten ist mit Schreiben vom ...... 20.. des Klägers das Mietverhältnis wegen Eigenbedarfs gekündigt worden.

Zur Begründung wurde ausgeführt, ... [*HIER Darlegung des Nutzungswillens und Interesses einer zum Hausstand des Vermieters gehörenden Person, z. B.: dass der noch im elterlichen Haus lebende Sohn zu heiraten beabsichtige und in der Beklagtenwohnung seine eheliche Wohnung einrichten wolle.*]

Beweis: Vorlage des Kündigungsschreibens vom ...... 20.. in Kopie, Anlage K 1

Der Beklagte erhebt gegen die Eigenbedarfskündigung keine Einwendungen, ist jedoch der Meinung, aus sozialen Gründen wegen seiner körperlichen Behinderung nicht aus der Wohnung ausziehen zu müssen.

Aus diesem Grunde wurde von dem Beklagten vorprozessual Widerspruch erhoben.

Beweis: Vorlage des Widerspruchsschreibens vom ...... 20.. in Kopie, Anlage K 2

Da der Beklagte die Räumlichkeiten trotz Ablauf der Mietzeit nicht geräumt und an den Kläger zurückgegeben hat, ist nunmehr Klage geboten.

[- Die Beklagten sind daher als Gesamtschuldner zur Räumung und Herausgabe zu verurteilen.]

....
Rechtsanwalt/-wältin

Anmerkung

Anwendungsbereich: nur Wohnraummiete.

Siehe Anmerkungen zu Formular 1.A.07.a.#24.

In einem Räumungsverfahren sind nur diejenigen Kündigungsgründe beachtlich, welche im Kündigungsschreiben genannt worden sind, es sei den, sie sind erst danach entstanden, § 573 Abs. 3 BGB.

Kosten und Gebühren:
Gerichtskosten:
3,0 Verfahrensgebühren, Nr. 1210 KV GKG; Ermäßigung der Gebühren auf 1,0 Gebühr, wenn die Voraussetzungen nach Nr. 1211 KV GKG vorliegen.

Rechtsanwaltsgebühren:
§ 31 BRAGO, Wert: § 16 Abs. 2 GKG.

#26 Fristgemäße Kündigung des Vermieters von Wohnraum gegenüber dem im selben Gebäude wohnenden Mieter § 573 a Abs. 1 S. 1 BGB

[Durch Boten oder Zustellung durch den Gerichtsvollzieher oder per Einschreiben-Rückschein]

[*HIER Ort, Datum*]

An
Herrn / Frau ...... [*HIER Vorname, Name*]
[*HIER Anschrift*]

Mietvertrag vom ...... betreffend die im ...... Stock ...... links/rechts des Hauses ...... [*HIER Angabe der Anschrift*] gelegenen Räumlichkeiten

Sehr geehrte(r) Herr / Frau ......,

ausweislich der anliegenden Originalvollmacht vertrete ich Ihre(n) Vermieter/-in, Herrn / Frau ......

Da meine Mandantschaft das Mietverhältnis nicht mehr fortsetzen möchte, kündige ich Ihnen gemäß § 573 a Abs. 1 S. 1 BGB über die im Hause ...... [*HIER Angabe von Straße und Wohnort*] meiner Mandantschaft gelegene Wohnung unter Einhaltung der hierzu geltenden besonderen gesetzlichen Kündigungsfristen zum ...... 20... Gleichzeitig darf ich Sie bitten, die derzeit noch an Sie vermieteten Räumlichkeiten bis dahin vollständig an meine Mandantschaft zurückzugeben.

Da sich in dem Haus meiner Mandantschaft außer in den selbst von ihr bewohnten Räumen nur noch eine weitere Wohnung befindet, ist sie zu dieser Kündigung ohne Angabe von Gründen berechtigt.

Ich weise Sie ausdrücklich darauf hin, dass Sie das gesetzliche Recht haben, unter den Voraussetzungen der §§ 574 bis 574 b BGB der Kündigung zu widersprechen. Sie können nach der genannten Vorschrift die Fortsetzung des Mietverhältnisses verlangen, wenn dessen vertragsgemäße Beendigung für Sie, Ihre Familie oder einen anderen Angehörigen Ihres Haushalts eine Härte bedeuten würde, die auch unter Berücksichtigung der berechtigten Interessen meines Mandanten nicht zu rechtfertigen wäre. Ein entsprechendes Schreiben muss die Gründe des Widerspruchs gegen die Kündigung angeben und spätestens zwei Monate vor Ablauf der Kündigungsfrist bei mir oder meiner Mandantschaft eingehen. Für den Fall der Einlegung des Kündigungswiderspruches verlange ich bereits jetzt, dass Sie mir die Widerspruchsgründe unverzüglich mitteilen.

[oder]
Ich weise Sie auf die Möglichkeit des Widerspruchs nach den §§ 574 bis 574 b BGB hin. Sie können nach dieser Vorschrift der Kündigung bis spätestens zum ...... 20.. widersprechen und die Fortsetzung des Mietverhältnisses verlangen, wenn dessen Beendigung für Sie, Ihre Familie oder einen anderen Angehörigen Ihres Haushalts eine Härte bedeuten würde. Sofern Sie der Kündigung widersprechen, fordere ich Sie bereits jetzt hiermit auf, mir über Ihre Widerspruchsgründe umgehend Auskunft zu erteilen.

Meine Mandantschaft bittet Sie, ihr die Wohnung nach Ablauf der Kündigungsfrist zu übergeben. Mit einer früheren Räumung besteht Einverständnis, wenn Sie meiner Mandantschaft den Räumungstermin 14 Tage vor Auszug mitteilen.

Mit einer Verlängerung des Mietverhältnisses entsprechend § 545 BGB erklärt sich meine Mandantschaft bereits jetzt nicht einverstanden.

Mit freundlichen Grüßen

....

Rechtsanwalt/-wältin

Anmerkung

Anwendungsbereich: nur Wohnraummiete.

Ausnahmen vom Kündigungsschutz des Mieters bezüglich Wohnraummietverhältnissen gewährt das Gesetz nur im begrenzten Umfang, etwa bei erheblichen Vertragsverletzungen. Eine weitere Ausnahme ermöglicht § 573 a Abs. 1 S. 1 BGB bei Mietverhältnissen über Wohnraum, der sich in einem vom Vermieter selbst bewohnten Gebäude befindet, z. B. einer Einliegerwohnung im Einfamilienhaus oder einem Zweifamilienhaus. Die Vorschrift ist auch dann anwendbar, wenn in einem auch gewerblich genutzten Haus zwei Wohnungen bestehen, von denen eine vom Vermieter bewohnt wird. Es kommt nicht darauf an, dass die Gewerberäume vom Vermieter selbst genutzt werden (siehe BT-Drucks. 14/4553 S. 66 l. Sp.). Der Mieterschutz besteht hier – abgesehen von § 574 BGB – nur in einer dreimonatigen Verlängerung der sich aus § 573 a Abs. 1 S. 2 BGB ergebenden Kündigungsfristen.

Die Kündigung nach § 573 a Abs. 1 S. 1 BGB kann gegebenenfalls mit einer Kündigung nach § 573 Abs. 1 S. 1 BGB kombiniert werden.

Gemäß § 573 a Abs. 1 S. 1 BGB besteht für den Vermieter ein Sonderkündigungsrecht für eine Wohnung im selbst vom Vermieter bewohnten Wohngebäude mit nicht mehr als zwei – (siehe aber für ausgebaute Dreifamilienhäuser zeitliche Übergangsvorschriften für Vermieter in Art. 229 § 3 EGBGB) – Wohnungen, ohne dass es der sonst notwendigen Kündigungsgründe bedarf. Bei Kündigung nach dem Sonderkündigungsrecht verlängert sich die Kündigungsfrist um drei Monate, § 573 a Abs. 1 S. 2 BGB.

Nach § 573 c Abs. 1 verlängert sich die Kündigungsfrist bei ordentlicher Kündigung durch den Vermieter nach fünf Jahren Mietdauer von drei auf sechs Monate und nach achtjähriger Mietdauer von sechs auf neun Monate. Für vor dem 01. 09. 2001 abgeschlossene Mietverträge, sog. Altverträge, gilt nach der Rechtsprechung des BGH (Urt. v. 18.06.03, Az.: VIII ZR 240/02) noch das alte Mietrecht und somit die Kündigungsfristen des § 565 Abs. 2 S. 2 a. F. BGB. Für den Vermieter (Gleiches gilt auch für den Mieter)) beträgt die Kündigungsfrist: bei einer Mietdauer von bis zu fünf Jahren 3 Monate, bis zu acht Jahren 6 Monate, bis zu zehn Jahren 9 Monate, ab zehn Jahren Mietdauer beträgt die Kündigungsfrist 12 Monate. Bei der Kündigung nach § 573 a Abs. 1 gemäß § 573 a Abs. 1 S. 2 BGB sind jeweils drei Monate hinzuzurechnen. Haben Vermieter und Mieter hingegen im Mietvertrag andere Kündigungsfristen vereinbart, so gelten nur diese.

Nach § 568 Abs. 2 BGB soll der Vermieter in dem Kündigungsschreiben auf die Möglichkeit des Kündigungswiderspruchs nach den §§ 574 bis 574 b BGB rechtzeitig hinweisen. Ein fehlender Hinweis lässt die Wirksamkeit des Kündigungsschreibens unberührt. In einem solchen Fall kann der Mieter den Widerspruch allerdings noch bis zum 1. Termin in der mündlichen Verhandlung erklären. Für den Vermieter kann dies – je nach Ausgang des Verfahrens – Kostennachteile zur Folge haben (§ 93 b ZPO).

Nach der Rechtsprechung ist es zulässig, dass der Widerspruch gegen die Gebrauchsfortsetzung nach § 545 BGB bereits im Kündigungsschreiben erklärt wird (so z. B. OLG Hamburg RE WuM 1981, 205; BayObLG RE WuM 1981, 253). Allerdings muss zwischen der Vertragsbeendigung und der Widerspruchserklärung ein gewisser zeitlicher Zusammenhang bestehen (BayObLG a. a. O.). Deshalb sollte in allen Fällen der befristeten Kündigung der Widerspruch nach Ablauf der Kündigungsfrist wiederholt werden. Siehe hierzu Formular 1.A.07.a.#18.

Kosten und Gebühren:
Rechtanwaltsgebühren:
2/10 Gebühren nach § 120 Abs. 1 BRAGO; Wert: § 16 Abs. 2 GKG.

#27 Klage des Vermieters auf Räumung von Wohnraum § 573 a Abs. 1 S. 1 BGB

[*HIER Ort, Datum*]

An das
Amtsgericht
- Abteilung für Mietsachen -
[*HIER Anschrift*]

Klage

des/der ...... [*HIER Vorname, Name, Anschrift*]

- Klägers/-in, -

Prozessbevollmächtigte(r): Rechtsanwalt/-wältin ...... [*HIER Vorname, Name, Anschrift*]

gegen

[1.] den/die ...... [*HIER Vorname, Name, Anschrift*]

- Beklagte(n) [zu 1)], -

[2. den/die ...... [*HIER Vorname, Name, Anschrift*]

- Beklagte(n) zu 2), -]

[beide wohnhaft ...... [*HIER Anschrift*]]

Prozessbevollmächtigte(r): Rechtsanwalt/-wältin ...... [*HIER Vorname, Name, Anschrift*]

wegen ......

vorläufiger Streitwert: ...... EUR.

Namens und in Vollmacht des/der Klägers/-in erhebe ich Klage und werde beantragen, die Beklagten zu verurteilen, die von ihnen innegehaltene [- bewohnte] Wohnung [- gemieteten Geschäftsräume] im Hause des/der Klägers/-in in ......, ...straße Nr. ......, ... Stockwerk, bestehend aus ...... [*HIER sind Boden- und oder Kelleraum, Kfz-Stellplatz u. ä. bei der Aufzählung nicht zu vergessen*] mit sofortiger Wirkung zu räumen und herauszugeben [- geräumt an den/die Kläger/-in herauszugeben].

Begründung:

...... [*HIER folgt eine Beispielsbegründung*]

Der Kläger vermietete seine o. g. Räumlichkeiten an den Beklagten.

Beweis: Mietvertrag vom ...... 20.. in Fotokopie, gemäß § 133 Abs. 1 S. 2 ZPO einfach beigefügt in Ablichtung als Anlage K 1

Da der Kläger das Mietverhältnis nicht mehr fortsetzen möchte, kündigte er mit Schreiben vom ...... 20.. - zugegangen am ...... 20.. - dem Beklagten gemäß § 573 a Abs. 1 S. 1 BGB die in seinem Hause ...... gelegene Wohnung des Beklagten unter Einhaltung der hierzu geltenden besonderen gesetzlichen Kündigungsfristen zum ...... 20... Gleichzeitig forderte er den Beklagten auf, die derzeit noch an ihn vermieteten Räumlichkeiten bis dahin vollständig an meine Mandantschaft zurückzugeben.

Beweis: Kündigungsschreiben vom ...... 20.. in Fotokopie, gemäß § 133 Abs. 1 S. 2 ZPO einfach beigefügt in Ablichtung als Anlage K 2

Da sich in dem Haus des Klägers außer in den selbst von ihm bewohnten Räumen nur noch eine weitere Wohnung befindet, ist er zu dieser Kündigung ohne Angabe von Gründen berechtigt.

Die Kündigung blieb unwidersprochen.

Da der Beklagte die Räumlichkeiten trotz Ablauf der Mietzeit nicht geräumt und an den Kläger herausgegeben hat, ist nunmehr Klage geboten.

Mit einer Verlängerung des Mietverhältnisses entsprechend § 545 BGB erklärt sich der Kläger nicht einverstanden

....
Rechtsanwalt/-wältin

Anmerkung

Siehe auch Formular 1.A.07.a.#24.

Anwendungsbereich: nur Wohnraummiete.

Bei der Klage auf Räumung nach § 573 a Abs. 1 S. 1 BGB sind Ausführungen zum berechtigten Interesse nicht erforderlich, § 573 a Abs. 1 S. 1 BGB: »ohne dass es eines berechtigten Interesses im Sinne des § 573 bedarf«.

Kosten und Gebühren:
Gerichtskosten:
3,0 Verfahrensgebühren, Nr. 1210 KV GKG; Ermäßigung der Gebühren auf 1,0 Gebühr, wenn die Voraussetzungen nach Nr. 1211 KV GKG vorliegen.

Rechtsanwaltsgebühren:
§ 31 BRAGO, Wert: § 16 Abs. 2 GKG.

#28 Klage des Vermieters auf Unterlassung der gewerblichen Nutzung von Wohnräumen

[*HIER Ort, Datum*]

An das
Amtsgericht
- Abteilung für Mietsachen -
[*HIER Anschrift*]

Klage

des/der ...... [*HIER Vorname, Name, Anschrift*]

- Klägers/-in, -

Prozessbevollmächtigte(r): Rechtsanwalt/-wältin ...... [*HIER Vorname, Name, Anschrift*]

gegen

[1.] den/die ...... [*HIER Vorname, Name, Anschrift*]

- Beklagte(n) [zu 1)], -

[2. den/die ...... [*HIER Vorname, Name, Anschrift*]

- Beklagte(n) zu 2), -]

[beide wohnhaft ...... [*HIER Anschrift*]]

Prozessbevollmächtigte(r): Rechtsanwalt/-wältin ...... [*HIER Vorname, Name, Anschrift*]

wegen Unterlassung.

Streitwert: ...... EUR

Namens und in Vollmacht des/der Klägers/-in erhebe ich Klage und werde beantragen,

1. Die Beklagten werden bei Vermeidung der gerichtlichen Festsetzung eines Ordnungsgeldes, ersatzweise Ordnungshaft, verurteilt die Nutzung der von ihm gemieteten Wohnung im ...... Stockwerk, ... straße Nr. ......, in ...... als ...... [*HIER Gewerbe beschreiben, z. B. Steuerberatungskanzlei*] zu unterlassen.
2. Die Beklagten tragen gesamtschuldnerisch die Kosten des Rechtsstreits.
3. Das Urteil ist, notfalls gegen Sicherheitsleistung, vorläufig vollstreckbar. Dem/Der Kläger/-in wird nachgelassen, Sicherheitsleistung auch durch unwiderrufliche selbstschuldnerische Bürgschaft eines im Inland zugelassenen Bank- oder Kreditinstituts zu erbringen, ebenfalls - vorsorglich - zwecks Abwendung der Zwangsvollstreckung.

Sollte das Gericht das schriftliche Verfahren beschließen, wird bereits jetzt

Antrag auf Erlass eines Versäumnisurteils (§ 307 Abs. 2 ZPO) bzw. eines Versäumnisurteils (§ 331 Abs. 3 ZPO)

gestellt.

Begründung:

...... [*HIER folgt eine Beispielsbegründung*]

Mit der vorliegenden Klage verlangt der Kläger als Vermieter vom Beklagten als Mieter die Unterlassung der vertragswidrigen Nutzung von Wohnräumen zum Betrieb einer Steuerberatungskanzlei.

Der Kläger hat an den Beklagten die im Klageantrag zu Ziffer 1 näher bezeichnete ...... Zimmer-Wohnung mit Wohnraummietvertrag vom ...... 20.. ausdrücklich zu Wohnzwecken vermietet.

Beweis: Wohnraummietvertrag vom ...... 20.. in Kopie, Anlage K 1

Durch Schreiben von dem Hausmeisterehepaar hat der Kläger erfahren, dass ein Schild neben der Haustür des Hauses auf die Steuerberatungskanzlei des Beklagten hinweist und sich täglich unterschiedliche Personen in die Wohnung des Beklagten begeben haben und dieser Publikumsverkehr der Kundschaft des Beklagten immer mehr zunimmt.

Beweis: Schreiben der ...... in Kopie, Anlage K 2;
Zeugnis des ...... und der ......, wohnhaft im o. g. Wohnhaus;
2 Lichtbilder von Haustür und dem daneben angebrachten Schild,
gemäß § 133 Abs. 1 S. 2 ZPO einfach beigefügt im Original als Anlagenkonvolut K 3

Zudem wirbt der Beklagte unter derselben Anschrift in Telefon- und Branchenbüchern der Telekom AG.

Beweis: Auszüge aus dem aktuellen Telefon- sowie Branchenbuch
der Telekom AG, gemäß § 133 Abs. 1 S. 2 ZPO einfach beigefügt in Ablichtung als Anlage K 4

Mit Schreiben vom ...... 20.., zugegangen am ...... 20.. hat der Kläger den Beklagten nach Feststellung dieser Tatsachen abgemahnt und ihn aufgefordert, die teilweise Nutzung der ihm vermieteten Wohnräume zum Betrieb einer Steuerberatungskanzlei zu unterlassen.

Beweis: Vorerwähntes Abmahnschreiben, gemäß § 133 Abs. 1 S. 2 ZPO einfach beigefügt in Ablichtung als Anlage K 5

Obwohl inzwischen vier Wochen vergangen sind und keine Veränderung des Sachstandes eingetreten ist und der Beklagte seine Steuerberatungskanzlei mit werktäglichem Publikumsverkehr weiterhin betreibt, ist nunmehr die Inanspruchnahme gerichtlicher Hilfe unumgänglich.

Das Unterlassungsbegehren nach der vergeblichen Abmahnung rechtfertigt sich aus § 541 BGB:

Mit der Nutzung der Wohnung zum überwiegenden Teil zum Betrieb einer Steuerberatungskanzlei mit Außenwirkung, die Kundschaft in das Wohnhaus anzieht, überschreitet die Grenzen des zulässigen und ausdrücklich vereinbarten Wohngebrauchs und erweist sich damit als vertragswidrige Nutzung. Dessen Unterlassung verlangt der Kläger vom Beklagten. Der Beklagte ist daher wie beantragt zu verurteilen.

....
Rechtsanwalt/-wältin

Anmerkung

Zur vorher erforderlichen Abmahnung siehe Formular 1.A.07.a.#16.

Anwendungsbereich: nur Wohnraummiete.

Sachliche Zuständigkeit bei Wohnraummietverhältnissen: § 23 Nr. 2 a GVG; Örtliche Zuständigkeit: § 29 a ZPO: das Gericht, in dessen Bezirk die Mietsache liegt.

Streitwert: Jahresbetrag der Differenzmiete bei entsprechender gewerblicher Nutzung oder Jahresbetrag der möglichen Mietminderung anderer Mieter im selben Wohnhaus.

Der Antrag orientiert sich an § 890 ZPO. Die nach § 890 Abs. 2 ZPO erforderliche Androhung eines Ordnungsmittels sollte sinnvollerweise mit in den Antrag aufgenommen werden, damit sie schon in der gerichtlichen Entscheidung enthalten ist. Dies ist zulässig (vgl. Zöller/Stöber § 890 ZPO Rn 12). Andernfalls bedarf es eines besonderen Beschlusses nach Anhörung des Schuldners.

Eine rechtswirksame vergebliche Abmahnung ist Tatbestandsvoraussetzung nach § 541 BGB; andernfalls wäre eine Unterlassungsklage unbegründet.

Die Grenze zur vertragswidrigen Nutzung von Wohnräumen wird dann überschritten, sofern die gewerbliche Tätigkeit gegenüber der Wohnraumnutzung überwiegt oder nicht unerhebliche Außenwirkung entfaltet (vgl. RE BayObLG NJW-RR 1986, 892).

Kosten und Gebühren:
Gerichtskosten:
3,0 Verfahrensgebühren, Nr. 1210 KV GKG; Ermäßigung der Gebühren auf 1,0 Gebühr, wenn die Voraussetzungen nach Nr. 1211 KV GKG vorliegen.

Rechtsanwaltsgebühren:
§ 31 BRAGO, Wert: § 12 GKG, § 3 ZPO.

#29 Klage des Vermieters auf Räumung und Herausgabe gewerblicher Räume § 543 BGB

[*HIER Ort, Datum*]

An das
Amtsgericht [- Landgericht]
[*HIER Anschrift*]

Klage

des/der ...... [*HIER Vorname, Name, Anschrift*]

- Klägers/-in, -

Prozessbevollmächtigte(r): Rechtsanwalt/-wältin ...... [*HIER Vorname, Name, Anschrift*]

gegen

[1.] den/die ...... [*HIER Vorname, Name, Anschrift*]

- Beklagte(n) [zu 1)], -

[2. den/die ...... [*HIER Vorname, Name, Anschrift*]

- Beklagte(n) zu 2), -]

[beide wohnhaft ...... [*HIER Anschrift*]]

Prozessbevollmächtigte(r): Rechtsanwalt/-wältin ...... [*HIER Vorname, Name, Anschrift*]

wegen Räumung [- und Zahlung]

Streitwert: [a)] Mietzinsrückstand ...... EUR
[- b) Räumung (Jahresmiete) ...... EUR]

Namens und in Vollmacht des/der Klägers/-in erhebe ich Klage und werde beantragen,

1. die Beklagten zu verurteilen,
   a. die von ihnen gemieteten Geschäftsräume [*HIER evtl.: in anliegendem Plan näher bezeichneten*] im Hause des/der Klägers/-in in ......, ...straße Nr. ......, ... Stockwerk, bestehend aus ...... [*HIER sind Boden- und oder Kelleraum, Kfz-Stellplatz u. ä. bei der Aufzählung nicht zu vergessen*] mit sofortiger Wirkung zu räumen und herauszugeben [- geräumt an den/die Kläger/-in herauszugeben].
   b. die eingefügten Vorrichtungen und Gerätschaften (Werkbänke, Regale, Einbauten) zu entfernen.

   [- an den/die Kläger/-in ......EUR nebst Zinsen von fünf Prozentpunkten über dem Basiszinssatz [- nebst ...... % Zinsen] aus je ...... EUR seit dem ...... 20.. zu zahlen.]
2. den Beklagten als Gesamtschuldner die Kosten des Rechtsstreits aufzuerlegen.
3. das Urteil, soweit zulässig, für vorläufig vollstreckbar zu erklären, notfalls gegen Sicherheitsleistung, die auch durch selbstschuldnerische unbeschränkte unbefristete Bürgschaft der X-Bank erbracht werden kann.
4. eine etwaige Räumungsfrist von der Zahlung der eingeklagten Mietzinsrückstände und der pünktlichen Zahlung der künftig fällig werdenden Miete abhängig zu machen.

Begründung:

...... [*HIER folgen Ausführungen zu den notwendigen Voraussetzungen des § 543 BGB, z. B. Zahlungsverzug, unzumutbares Verhalten.*]

A. Der Kläger hatte seine o. g. Räumlichkeiten seit dem ...... 20.. an den Beklagten vermietet. Dafür musste der Beklagte gemäß § ...... des Mietvertrages monatlich ...... EUR Nettomietzins nebst ...... EUR Nebenkostenvorauszahlung, demnach insgesamt ...... zahlen, und zwar gemäß § ...... des Mietvertrages monatlich im voraus bis spätestens zum ...... eines jeden Monats.

Beweis: anliegender Mietvertrag vom ...... 20.. in Fotokopie,
gemäß § 133 Abs. 1 S. 2 ZPO einfach beigefügt in Ablichtung als Anlage K 1

Der Beklagte hat gegen die ihm obliegenden Vertragspflichten in eklatanter Weise verstoßen. Dazu im Einzelnen: ...... [*HIER folgt die nähere Ausführung*]

Den Mietzins hat der Beklagte in den Monaten ...... und ...... [- bis ...... 20..] – trotz Abmahnungen vom ...... 20.. und vom ...... 20.. – nicht gezahlt.

Beweis: anliegende Abmahnungen vom ...... und vom ...... 20.., gemäß § 133 Abs. 1 S. 2 ZPO einfach beigefügt in Ablichtungen als Anlage K 2

Zahlung der offenen Mieten ist auch anschließend nicht erfolgt, auch nicht die Räumung des Mietobjekts, so dass Klage geboten ist.

Mittlerweile befindet er sich in Verzug für folgende Monate:

1. Miete/NK-Vorauszahlung ...... EUR (Monat/Jahr)	...... EUR
./. am gezahlter	...... EUR
noch offen	...... EUR
2.	...... EUR

[- Als der Kläger den Beklagten persönlich aufgesucht hat um ihn nochmals zur Zahlung der Mietschulden aufzufordern, hat dieser ihn in folgender Weise beschimpft:

...... [*Hier weitere Ausführung*]

Beweis: Zeugnis des ......]

Angesichts dieser Sachlage hat der Kläger das Mietverhältnis mit Schreiben vom ...... 20.. – dem Beklagten zugegangen am ...... 20.. – fristlos [–, hilfsweise fristgemäß zum ......] gekündigt und ihm eine Räumungsfrist bis zum ...... 20.. gewährt.

Beweis: anliegendes Kündigungsschreiben vom ...... 20.. in Fotokopie,
gemäß § 133 Abs. 1 S. 2 ZPO einfach beigefügt in Ablichtung als Anlage K 3

Bereits in diesem Kündigungsschreiben – Anlage K 3–wurde darauf hingewiesen, dass eine Fortsetzung des Mietverhältnisses gem. § 545 BGB nicht in Betracht kommt.

[- C. Mit der anhängigen Klage werden im Antrag zu 2. auch die von dem Beklagten jeweils in voller Höhe geschuldeten Mieten für die Monate ...... 20 ...... geltend gemacht. Gemäß § ...... des Mietvertrages ist der Beklagte verpflichtet, die Miete im voraus, jeweils bis zum ...... eines Monats, an den Kläger zu entrichten.

Beweis: Mietvertrag vom ...... 20.. in Kopie, Anlage K 1

Der Zinsanspruch ist dadurch begründet, dass die Miete kalendermäßig bestimmt und im voraus zu zahlen ist.

Der Zinsanspruch folgt aus §§ 286 Abs. 2 Nr. 1, 288 Abs. 1 S. 1 BGB. Der Beklagte hat mithin Zinsen in Höhe von fünf Prozentpunkten über dem Basiszinssatz ab dem ...... 20.. zu zahlen.

[Bei höherem als dem gesetzlichen Zinssatz:

- Der Beklagte befindet sich somit mit der Bezahlung des Klagebetrages seit dem ...... 20.. in Verzug.

Der Kläger [- die Klägerin] arbeitet selbstständig mit Bankkredit, der die eingeklagte Forderung betragsmäßig übersteigt. Für diesen Kredit muss sie seit dem o.g. Datum, dem ...... 20........%. Zinsen bezahlen.

Beweis: Zinsbestätigung der X-Bank [- Y-Sparkasse],Anlage K ......

Für den Bestreitensfall zusätzlich:

Beweis: Herr/Frau] ...... zuständige(r) Bankbearbeiter/-in [- Sparkassenangestellte(r)], zu laden über die X-Bank [- Y-Sparkasse] als Zeuge/Zeugin]

Der betreffende Bankkredit hätte sich um den Klageforderungsbetrag verringert, wenn die Beklagte fristgerecht bezahlt hätte. Der Klageforderungsbetrag ist daher seit dem ...... 20.. mit ......% Zinsen zu verzinsen.]

Da der Beklagte die ihm eingeräumte Räumungsfrist ungenutzt hat verstreichen lassen, ist nunmehr Klage geboten.

....
Rechtsanwalt/-wältin

Anmerkung

Anwendungsbereich: Geschäftsraummiete.

Zuständigkeit: §§ 23, 71 GVG; § 29 a ZPO.

Die Wertangabe ist zweckmäßig, um den einzuzahlenden Gerichtskostenvorschuss berechnen zu können. Die Angabe in der Klage erspart Rückfragen und beschleunigt daher das Verfahren.

Mehrere Vermieter können den Räumungsanspruch nur als Gesamthandsgläubiger geltend machen, müssen also grundsätzlich gemeinschaftlich klagen. Eine gewillkürte Prozessstandschaft ist zulässig: der einzelne Eigentümer muss dann Herausgabe an alle Eigentümer verlangen.

Bei mehreren Mietern ist die Klage gegen alle Mieter zu richten. Mehrere Mieter schulden die Räumung als Gesamtschuldner und können gemeinschaftlich oder einzeln verklagt werden.

Streitwert: Bei der Räumungsklage ist streitig, ob die Brutto- oder die Nettomiete zugrunde zu legen ist. Der Anwalt sollte sich an der Rechtsprechung des angerufenen Gerichts orientieren oder im Zweifelsfalle zur Vermeidung von Zeitverlusten die Gebühren nach dem Bruttomietzins berechnen. Bei einer späteren – niedrigeren – Gebührenstreitwertfestsetzung anhand des Nettomietzinses muss der Gebührenbeamte eine Erstattung der Gerichtskosten vornehmen.

Die Räumungsklage kann mit einer Zahlungsklage wegen rückständiger Mieten verbunden werden. Hinsichtlich des Streitwertes gilt dann § 5 1. Hlbs. ZPO. Einige Gerichte tendieren jedoch dazu, reine Räumungsklagen wegen der Heilungsmöglichkeiten kurzfristiger zu terminieren. Der Anwalt sollte daher überlegen, ob gegebenenfalls die Mietzinsen im Mahnverfahren oder auch durch gesonderte Klage geltend zu machen sind.

Für den Zahlungsrückstand ist Verzug nötig. Bei Formularmietverträgen ist meist vorgesehen, dass der Mietzins jeweils am 3. Werktag eines Monats im voraus fällig ist. In § 556 b Abs. 1 BGB, einer – abdingbaren – Regelung für Wohnmietraum ist festgelegt, dass die Miete spätestens bis zum dritten Werktag der einzelnen Zeitabschnitte zu entrichten ist, nach denen sie bemessen ist; da die Fälligkeit kalendermäßig bestimmt ist, bedarf es keiner Mahnung. Verzug tritt danach gemäß § 286 Abs. 2 Nr. 1 BGB mit Ablauf dieses Tages ein, ohne dass es einer Mahnung bedarf. Ist der 3. Werktag ein Sonnabend, tritt die Fälligkeit erst am nächsten Montag, Verzug mithin ab Dienstag ein, § 193 BGB.

Der gesetzliche Zinsanspruch ergibt sich aus §§ 286 Abs. 2 Nr. 1, 288 Abs. 1 S. 1 BGB, bei Kreditaufnahme ist der höhere Zinssatz durch Bankbescheinigung pp. nachzuweisen, § 288 Abs. 3 BGB.

Nach § 288 Abs. 1 S. 2 BGB ist eine Geldschuld während des Verzugs für das Jahr mit 5 Prozentpunkten über dem Basiszinssatz zu verzinsen. Eine Definition des Basiszinssatzes enthält § 247 BGB. Er verändert sich zum 1. Januar und Juli eines Jahres gemäß § 247 Abs. 1 BGB. Die Deutsche Bundesbank gibt den geltenden Basiszinssatz unverzüglich nach diesen genannten Zeitpunkten im Bundesanzeiger bekannt, § 247 Abs. 2 BGB.

Der Basiszinssatz kann am besten (weil dort die sorgfältigste Auskunft erfolgt) bei der Landeszentralbank telefonisch erfragt werden, um den jeweils gültigen gesetzlichen Verzugszinssatz zu errechnen. Ansonsten sieht man im Bundesanzeiger nach.

Zum Beleg des über den gesetzlichen Zins hinausgehenden Zinsanspruches sollte bereits in der Klageschrift und nicht erst auf Bestreiten des Beklagten eine Zinsbescheinigung der Bank eingereicht werden. Nach der Rechtsprechung des Bundesgerichtshofes (BGH NJW 1984, 371) braucht der Zahlungsverzug des Schuldners nicht für die Kreditaufnahme ursächlich sein. Es reicht aus, eine Kreditaufnahme in Höhe der Klageforderung darzulegen. Wenn der Beklagte bestreitet, ist jedenfalls bei Nichtkaufleuten, eine nähere Darlegung erforderlich (BGH NJW-RR 1991, 1406).

Die Benennung des zuständigen Banksachbearbeiters bzw. Sparkassenangestellten unter Entbindung von der Verschwiegenheitspflicht in der Klageschrift bei Geltendmachung von Zinsen über den gesetzlichen Verzugszinssatz des § 288 Abs. 1 BGB ist deshalb ratsam, weil häufig vom Klagegegner die Richtigkeit der Zinsbestätigung in der Zinsbescheinigung mit Nichtwissen bestritten wird und spätere Ergänzungen des Beweisangebotes oft vergessen werden.

Kosten und Gebühren:
Gerichtskosten:
3,0 Verfahrensgebühren, Nr. 1210 KV GKG; Ermäßigung der Gebühr auf 1,0 Gebühr, wenn die Voraussetzungen nach Nr. 1211 KV GKG vorliegen.

Rechtsanwaltsgebühren:
§ 31 BRAGO, Wert: § 16 Abs. 2 GKG.

#30 Klage des Vermieters auf Räumung eines gewerblich genutzten Grundstückes

[*HIER Ort, Datum*]

An das
Amtsgericht [- Landgericht]
[*HIER Anschrift*]

Klage

des/der ...... [*HIER Vorname, Name, Anschrift*]

- Klägers/-in, -

Prozessbevollmächtigte(r): Rechtsanwalt/-wältin ...... [*HIER Vorname, Name, Anschrift*]

gegen

[1.] den/die ...... [*HIER Vorname, Name, Anschrift*]

- Beklagte(n) [zu 1)], -

[2. den/die ...... [*HIER Vorname, Name, Anschrift*]

- Beklagte(n) zu 2), -]

[beide wohnhaft ...... [*HIER Anschrift*]]

Prozessbevollmächtigte(r): Rechtsanwalt/-wältin ...... [*HIER Vorname, Name, Anschrift*]

wegen ......

vorläufiger Streitwert: ...... EUR

Namens und in Vollmacht des/der Klägers/-in erhebe ich Klage und werde beantragen,

1. den Beklagten zu verurteilen,
   a. das von ihr gemietete und als Lagerplatz genutzte Grundstück, eingetragen im Grundbuch des Amtsgerichts ...... für ......, Band ......, Blatt ......, Flurstück-Nr. ...... von insgesamt ...... qm zu räumen und an den/die Kläger/-in herauszugeben,
   b. die von ihr auf dem zu 1. näher bezeichneten Grundstück errichtete Lagerhalle von ...... m Länge und ...... m Breite und ...... m Höhe abzubrechen und zu entfernen,
2. den Beklagten die Kosten des Rechtsstreits aufzuerlegen.

Des Weiteren beantrage ich,
das Urteil, notfalls gegen Sicherheitsleistung für vorläufig vollstreckbar zu erklären.

Begründung:

Der Kläger hat an den Beklagten das in Ziffer 1. näher bezeichnete Grundstück zum Zwecke der gewerblichen Nutzung ausschließlich als Lagerplatz bis ...... 20.. - ohne darauf irgendwelche Gebäude errichten zu dürfen - vermietet, wie sich aus § ...... des Vertrages eindeutig ergibt.

Beweis: anliegender Mietvertrag vom ...... 20.., in Fotokopie,

gemäß § 133 Abs. 1 S. 2 ZPO einfach beigefügt in Ablichtung als Anlage K 1

Der Beklagte hat aber nun einen Lagerschuppen, der im Klageantrag zu 2. genannten Größe aus Holz errichten lassen, woraufhin der Kläger mit Abmahnschreiben vom ...... 20.. den Beklagten aufgefordert hat, die Lagerhalle zu entfernen.

Beweis: Abmahnschreiben vom ...... 20.., in Fotokopie, gemäß § 133 Abs. 1 S. 2 ZPO einfach beigefügt in Ablichtung als Anlage K 2

Als daraufhin nichts geschah, wurde dem Beklagten vom Kläger mit Schreiben vom ...... 20.. das Mietverhältnis fristlos gekündigt.

Beweis: Kündigungsschreiben vom ...... 20.., in Fotokopie, gemäß § 133 Abs. 1 S. 2 ZPO einfach beigefügt in Ablichtung als Anlage K 3

Der Beklagte ist nach den §§ 543 Abs. 2 Nr. 1, 546 BGB zum sofortigen Abriss der Lagerhalle und deren Beseitigung sowie zur sofortigen Räumung und Herausgabe des gemieteten Grundstückes verpflichtet.

....
Rechtsanwalt/-wältin

Anmerkung

Anwendungsbereich: Gewerbemiete.

Da es sich um die Räumung eines Grundstückes handelt, richtet sich die sachliche Zuständigkeit nur nach dem Streitwert, §§ 71 23 GVG.

Sicherheitshalber sollte der Antrag zu 2. gestellt werden. Zwar umfasst die Räumung, welche nach § 885 ZPO vollstreckt wird, auch das Recht, den Schuldner ein von ihm errichtetes Bauwerk entfernen zu lassen (str. Zöller § 885 ZPO Rn 1), nicht aber ohne weiteres die Befugnis, vom Schuldner errichtete Bauwerke selbst zu beseitigen. Deshalb ist es ratsam, einen Antrag auf Entfernung und Beseitigung des Bauwerkes zu stellen, der unabhängig von der Räumung nach § 887 ZPO vollstreckt werden kann.

#31 Klage des Vermieters auf Räumung von hauptsächlich Gewerberaum sowie einer Wohnung nach Kündigung eines Pachtverhältnisses

[*HIER Ort, Datum*]

An das
Amtsgericht [- Landgericht]
[*HIER Anschrift*]

Klage

des/der ...... [*HIER Vorname, Name, Anschrift*]

- Klägers/-in, -

Prozessbevollmächtigte(r): Rechtsanwalt/-wältin ...... [*HIER Vorname, Name, Anschrift*]

gegen

[1.] den/die ...... [*HIER Vorname, Name, Anschrift*]

- Beklagte(n) [zu 1)], -

[2. den/die ...... [*HIER Vorname, Name, Anschrift*]

- Beklagte(n) zu 2), -]

[beide wohnhaft ...... [*HIER Anschrift*]]

Prozessbevollmächtigte(r): Rechtsanwalt/-wältin ...... [*HIER Vorname, Name, Anschrift*]

wegen ......

vorläufiger Streitwert: ......EUR

Namens und in Vollmacht des/der Klägers/-in erhebe ich Klage und werde beantragen,

die Beklagten zu verurteilen, das Gaststättengrundstück ......straße Nr. ......, in ......, einschließlich aller Nebenräume und der Wohnung im 1. Stockwerk, spätestens bis zum ...... 20.., 24 Uhr geräumt an den/die Kläger/-in herauszugeben.

Für den Fall, dass der/die Beklagte(n) seine/ihre Verteidigungsabsicht nicht rechtzeitig erklären sollte, beantrage ich
durch schriftliches Versäumnisurteil zu entscheiden.

Begründung:

...... [*HIER folgt eine Beispielsbegründung*]

Der Beklagte nutzte die im Klageantrag näher bezeichneten Räume aufgrund eines Pachtvertrages vom ...... 20...

Nach § ...... des Pachtvertrages läuft das Pachtverhältnis bis zum ...... 20.. und verlängert sich auf die Dauer von ...... Jahren, falls es nicht ...... Jahr(e) vor Ablauf der Pachtzeit durch schriftliche Erklärung gekündigt wird.

Beweis: anliegender Pachtvertrag vom ...... 20.. in Kopie,
gemäß § 133 Abs. 1 S. 2 ZPO einfach beigefügt in
Ablichtung als Anlage K 1

Durch Einschreiben vom ...... 20.. hat die Klägerin das Pachtverhältnis gegenüber dem Beklagten gekündigt.

Beweis: anliegende Durchschrift des Schreibens vom ...... 20..
in Kopie, gemäß § 133 Abs. 1 S. 2 ZPO einfach beigefügt
in Ablichtung als Anlage K 2

Das Pachtverhältnis endet daher mit dem ...... 20...

Der Beklagte hält die Kündigung für unwirksam und hat erklärt, der Kündigung nicht Folge zu leisten.

Daher ist Klage geboten.

....
Rechtsanwalt/-wältin

Anmerkung

Wenn sich das Vertragsverhältnis der Parteien nicht auf Wohnraum, sondern auch auf Gewerberaum bezieht, somit ein Mischverhältnis vorliegt, greift § 29 a ZPO (der ansonsten auch bei Pachtverhältnissen eingreift, weil die Abgrenzung von Miet- und Pachtverhältnissen oft nicht eindeutig ist) dann nicht ein, wenn der Geschäftsraum überwiegt. Es bleibt dann bei der allgemeinen Zuständigkeitsregelung.

Es handelt sich um eine Klage nach § 259 ZPO, der voraussetzt, dass den Umständen nach die Besorgnis gerechtfertigt ist, dass der Schuldner sich der rechtzeitigen Leistung entziehen werde.

Der materiellrechtliche Räumungsanspruch richtet sich nach den §§ 546, 581, 985 BGB.

An sich reicht ein Antrag auf Verurteilung zur »Herausgabe«; es ist jedoch auch die – die Räumungsverpflichtung deutlich zu machende – Verurteilung zur »Räumung und Herausgabe« oder zur »geräumten Herausgabe« üblich.

Der Zuständigkeitsstreitwert beläuft sich gem. § 8 ZPO, wenn innerhalb eines Räumungsprozesses um eine Verlängerung des Pachtvertrages um mehrere Jahre gestritten wird, um den vielfachen Jahresbetrag des Pachtzinses wie um Jahre der Verlängerung gestritten wird.

Kosten und Gebühren:
Der Gebührenstreitwert nach dem die Gerichts- und Anwaltsgebühren berechnet werden, bestimmt sich dagegen nach § 16 GKG bzw. § 8 BRAGO, so dass hier der einjährige Pachtzins zu Grunde zu legen ist.

#32 Fristgemäße Kündigung des Vermieters bei Geschäftsraum § 580 a Abs. 2 BGB

[Durch Boten oder Zustellung durch den Gerichtsvollzieher oder per Einschreiben-Rückschein]

[*HIER Ort, Datum*]

An
Herrn/Frau ...... [*HIER Vorname, Name*]
[*HIER Anschrift*]

Mietvertrag vom ...... betreffend die im ...... Stock ...... links/rechts des Hauses ...... [*HIER Angabe der Anschrift*] gelegenen Räumlichkeiten

Sehr geehrte(r) Herr/Frau ......,

ausweislich der anliegenden Originalvollmacht vertrete ich Ihre(n) Vermieter/-in, Herrn/Frau ......

Da meine Mandantschaft das Mietverhältnis nicht mehr fortsetzen möchte, spreche ich Ihnen hiermit die fristgemäße Kündigung

zum ...... 20..

aus und darf Sie bitten, die derzeit noch an Sie vermieteten Räumlichkeiten bis dahin vollständig geräumt an meine Mandantschaft herauszugeben.

Einer stillschweigenden Verlängerung des Mietverhältnisses gemäß § 545 BGB widerspricht meine Mandantschaft bereits heute.

Mit freundlichen Grüßen

....
Rechtsanwalt/-wältin

Anmerkung

Anwendungsbereich: Geschäftsraummiete.

Wenn keine Mietzeit im Mietvertrag bestimmt ist, so kann gemäß § 580 a Abs. 2 BGB ein Mietverhältnis über Geschäftsräume spätestens am dritten Werktag eines Kalendervierteljahres zum Ablauf des nächsten Kalendervierteljahres gekündigt werden, folglich mit knapp sechsmonatiger Frist zum

31.3, 30.06., 30.09., 31.12.

Nach der Rechtsprechung ist es zulässig, dass der Widerspruch gegen die Gebrauchsfortsetzung nach § 545 BGB bereits im Kündigungsschreiben erklärt wird (so z. B. OLG Hamburg RE WuM 1981, 205; BayObLG RE WuM 1981, 253). Allerdings muss zwischen der Vertragsbeendigung und der Widerspruchserklärung ein gewisser zeitlicher Zusammenhang bestehen (BayObLG a. a. O.). Deshalb sollte in allen Fällen der befristeten Kündigung der Widerspruch nach Ablauf der Kündigungsfrist wiederholt werden. Siehe hierzu Formular 1.A.07.a.#18.

Kosten und Gebühren:
Rechtsanwaltsgebühren:
2/10 Gebühren nach § 120 Abs. 1 BRAGO; Wert: § 16 Abs. 2 GKG: Jahresmietzins.

#33 Klage des Vermieters aus gesetzlichem Pfandrecht § 562 BGB

[*HIER Ort, Datum*]

An das
Amtsgericht
- Abteilung für Mietsachen -

[*HIER Anschrift*]

Klage

des/der ...... [*HIER Vorname, Name, Anschrift*]

- Klägers/-in, -

Prozessbevollmächtigte(r): Rechtsanwalt/-wältin ...... [*HIER Vorname, Name, Anschrift*]

gegen

[1.] den/die ...... [*HIER Vorname, Name, Anschrift*]

- Beklagte(n) [zu 1)], -

[2. den/die ...... [*HIER Vorname, Name, Anschrift*]

- Beklagte(n) zu 2), -]

[beide wohnhaft ...... [*HIER Anschrift*]]

Prozessbevollmächtigte(r): Rechtsanwalt/-wältin ...... [*HIER Vorname, Name, Anschrift*]

wegen Überlassung des Besitzes [oder anders formuliert: wegen Herausgabe]

Streitwert: ...... EUR

Namens und in Vollmacht des/der Klägers/-in erhebe ich Klage und werde beantragen,
die Beklagten kostenpflichtig und vorläufig vollstreckbar zu verurteilen, an den/die Kläger/-in folgende Gegenstände [- an den Gerichtsvollzieher] [- zwecks öffentlicher Versteigerung] herauszugeben:
1. ...... [*HIER genaue Bezeichnung*]
2. ......
3. ......

Begründung:

...... [*HIER folgt eine Beispielsbegründung*]

Der Kläger war Vermieter, der Beklagte Mieter einer Wohnung im Hause des Klägers. Die monatliche Miete betrug nach § ...... des Mietvertrages monatlich ...... Nettomietzins zzgl. ...... Nebenkostenvorauszahlung, mithin insgesamt ......, die der Mieter zu zahlen hatte, und zwar gem. § ...... des Mietvertrages monatlich im voraus bis zum ...... eines jeden Monats.

Beweis: Mietvertrag vom ...... 20.. in Kopie, Anlage K 1

Der Beklagte befindet sich mit der Zahlung folgender Beträge im Rückstand:

1. Miete/NK-Voraus (Monat/Jahr)	...... EUR
abzüglich am ...... gezahlter	...... EUR
noch offen	...... EUR
2. Miete/NK-Voraus (Monat/Jahr)	...... EUR
abzüglich am ...... gezahlter	...... EUR
noch offen	...... EUR
insgesamt offen	...... EUR

In die von ihm gemieteten Räumlichkeiten hatte der Beklagte die im Klageantrag genannten Gegenstände eingebracht, die sein Eigentum sind. Der Kläger hat daran ein Pfandrecht, § 562 Abs. 1 BGB. [- Die im Klageantrag bezeichneten Sachen stehen im Eigentum des Mieters und befanden sich in der o. g. Wohnung des Mieters. Sie unterliegen dem Vermieterpfandrecht.]

Da der Beklagte am ...... 20.. ausgezogen ist und fragliche Sachen gegen den Widerspruch des Klägers mitgenommen hat, ist nunmehr Klage geboten.

Beweis: ......

[- Der Beklagte ist am ...... 20.. ausgezogen ist und hat fragliche Sachen ohne Wissen des Klägers mitgenommen. Der Kläger hat hiervon Kenntnis durch eine Mitteilung des Nachbarn des Beklagten, Herrn ...... am ...... 20.. erlangt.

Beweis: Zeugnis Herr ......

Der Kläger begehrt vom Beklagten gem. § 562 b Abs. 2 BGB Herausgabe der Sachen.

Deshalb ist nunmehr Klage geboten.]

[oder]
Der Beklagte ist mit der Miete für die Zeit vom ...... 20.. bis ...... 20.., also mit einem Gesamtbetrag von ...... im Rückstand. Am ...... 20.. ist er ohne Wissen [- unter Widerspruch] des Klägers mit den im Klageantrag bezeichneten Gegenständen ausgezogen.

Beweis: ......

Der Kläger fordert daher aufgrund seines gesetzlichen Pfandrechts die Überlassung des Besitzes. Der Wert entspricht der Forderung.

....
Rechtsanwalt/-wältin

Anmerkung:

Anwendungsbereich: Wohnraum- sowie Geschäftsraummiete.

Örtliche Zuständigkeit: § 29 a Abs. 1 ZPO.

Sachliche Zuständigkeit:
Wohnraum: § 23 Nr. 2 a GVG: Amtsgericht.

Geschäftsraum: § 23 Nr. 1 GVG, es gilt die sachliche Zuständigkeit nach der allgemeinen Streitwertgrenze von 5.000,–EUR.

Das Vermieterpfandrecht hat bei Wohnraum kaum noch praktische Bedeutung, allenfalls noch bei Geschäftsraum.

Voraussetzung für ein Vermieterpfandrecht ist, dass die Sachen im Eigentum des Mieters stehen.

Die Beweislast dafür, dass die Sache im Eigentum des Mieters steht, trägt der Vermieter; allerdings kommt ihm die Eigentumsvermutung des § 1006 BGB zugute, so dass letztlich der Mieter beweisen muss, dass er trotz seines Besitzes nicht Eigentümer ist. Der Vermieter trägt auch die Beweislast dafür, dass die Sache in die Wohnung des Mieters eingebracht war und dass sie gegen seinen Widerspruch oder sein Wissen entfernt worden ist (AG Köln WuM 1985, 123). Der Vermieter muss das Entstehen seiner Forderung, der Mieter ihr Erlöschen beweisen (BGH NJW 1986, 2426, 247). Der Mieter muss die Unpfändbarkeit beweisen.

Der Vermieter muss seine Rechte aus § 562 b Abs. 2 BGB (bei Geschäftsraum ist § 562 Abs. 2 BGB entsprechend über § 578 Abs. 1 BGB anwendbar) innerhalb eines Monats, nachdem er von der Entfernung der Sachen Kenntnis erlangt hat, gerichtlich geltend machen. Die Frist ist eine Ausschlussfrist, nach der das Pfandrecht erlischt.

Ist der Mieter bereits ausgezogen, so kann der Vermieter Herausgabe der Sachen an sich verlangen, ist er hingegen noch nicht ausgezogen, so kann der Vermieter nur die Zurückschaffung der Sachen in die Mieträume (»in das Grundstück«) verlangen.

Kosten und Gebühren:
Streitwert:

Wert der Sache: § 12 GKG, § 6 ZPO.

Gerichtskosten:
3,0 Verfahrensgebühren, Nr. 1210 KV GKG; Ermäßigung der Gebühr auf 1,0 Gebühr, wenn die Voraussetzungen nach Nr. 1211 KV GKG vorliegen.

Rechtsanwaltsgebühren:
§ 31 BRAGO.

#34 Widerspruchserklärung des Mieters gegen Wohnraumkündigung § 574 BGB

[Durch Boten oder Zustellung durch den Gerichtsvollzieher oder per Einschreiben-Rückschein]

[*HIER Ort, Datum*]

An
Herrn / Frau / Firma ...... [*HIER Vorname, Name*]
[*HIER Anschrift*]

Betr.: Mietvertrag vom ...... betreffend die im ...... Stock ...... links/rechts des Hauses ...... [*HIER Angabe der Anschrift*] gelegenen Räumlichkeiten

Sehr geehrte Damen u. Herren, [- Sehr geehrte(r) Herr / Frau ......,]

ausweislich der anliegenden Originalvollmacht vertrete ich Ihre(n) Mieter/-in, Herrn / Frau ......

Namens und in Vollmacht meiner Mandantschaft widerspreche ich der Kündigung vom ...... 20.., meinem Auftraggeber [- meiner Auftraggeberin] zugegangen am ...... 20.. zum ...... 20.. über ...... - Wohnraum - Wohnräume - aus dem Mietvertrag vom ...... 20...

[- Die Kündigung ist unbegründet; dazu im Einzelnen:

...... [*Hier folgt die nähere Ausführung*]]

[Auch für den Fall, dass man die Kündigung für unbegründet hält, sollte nachfolgender Passus im Widerspruchsschreiben enthalten sein:]

Der Kündigung wird [- außerdem] nach § 574 BGB widersprochen und die Fortsetzung des Mietverhältnisse bis zum ...... 20.. [- auf unbestimmte Zeit] verlangt. Die vertragsmäßige Beendigung des Mietverhältnisses würde wegen der besonderen Umstände dieses Falles einen Eingriff in die Lebensverhältnisse meiner Mandantschaft bewirken, dessen Härte auch unter voller Würdigung Ihrer Belange nicht zu rechtfertigen ist....... [*HIER z. B.: kein angemessener Ersatzwohnraum zu zumutbaren Bedingungen verfügbar ist; Ersatzwohnraum erst nach Ablauf der Mietzeit verfügbar ist und damit zur Vermeidung des doppelten Umzuges; Alter; Krankheit; Beruf; Ausbildung der Kinder, insbesondere kurz vor dem Ausbildungsabschluss usw.*]

[- Meine Mandantschaft ist grundsätzlich bereit auszuziehen. Allerdings hat sie noch keine Ersatzwohnung gefunden, hofft aber dennoch, dass ein termingerechter Auszug möglich ist. Um jedoch möglichen Rechtsverlusten vorzubeugen, wird dieser Widerspruch gemäß § 574 BGB erhoben und um Vertragsfortsetzung gebeten bis meine Mandantschaft eine Ersatzwohnung gefunden hat.]

Ich fordere Sie daher auf, in die Fortsetzung des Mietverhältnisses - auf unbestimmte Zeit - bis zum ...... 20.. einzuwilligen.

Vollmacht anbei.

Mit freundlichen Grüßen

....
Rechtsanwalt/-wältin

Anmerkung

Anwendungsbereich: nur Wohnraummiete.

Nach § 574 BGB kann ein Mieter von Wohnraum der Kündigung des Mietverhältnisses widersprechen und vom Vermieter die Fortsetzung des Mietverhältnisses verlangen, wenn die vertragsmäßige Beendigung für den Mieter, seine Familie oder einen anderen Angehörigen seines Haushaltes eine Härte bedeuten würde, die auch unter Würdigung der berechtigten Interessen des Vermieters nicht zu rechtfertigen ist. Wie auch in anderen Vorschriften sind neben dem Mieter und seiner Familie auch die anderen »Angehörigen seines Haushalts«, also weitere Personen, die dauerhaft im Haushalt des Mieters leben, zum Beispiel der Lebenspartner, der mit dem Mieter einen auf Dauer angelegten gemeinsamen Haushalt führt, Pflegekinder oder Kinder des Lebenspartners mit einbezogen.

Überwiegen die Härtegründe des Mieters gegenüber den berechtigten Interessen des Vermieters, so kommt eine befristete Vertragsverlängerung in Betracht, in Ausnahmefällen kann auch eine auf unbestimmte Zeit gerechtfertigt sein. Letzterer Fall wird dann vorliegen, wenn etwa wegen dauernder Krankheit oder Alter die Härtegründe voraussichtlich auch in der Zukunft nicht entfallen.

Die schriftliche Form ist notwendig (§ 574 b Abs. 1 BGB). Auf Verlangen des Vermieters bedarf das schriftliche Fortsetzungsverlangen auch der Angabe von Gründen, § 574 b Abs. 1 S. 2 BGB.

Die Frist von zwei Monaten ist gem. § 574 b Abs. 2 BGB zu beachten. Die Widerspruchserklärung muss dem Vermieter spätestens 2 Monate vor Beendigung des Mietverhältnisses zugehen, sofern der Vermieter den Mieter nach § 568 Abs. 2 BGB auf die Form und die Frist des Widerspruchs (nach den §§ 574 bis 574 b) hingewiesen hat. Andernfalls kann der Mieter den Widerspruch noch im ersten Termin des Räumungsrechtsstreits erklären, § 574 b Abs. 2 S. 2 BGB.

Die Vorschriften gelten nur für Wohnraum, der nicht nur zum vorübergehenden Gebrauch vermietet ist.

Die Begründung des Widerspruchs ist nicht erforderlich aber ratsam im Hinblick auf § 93 b ZPO.

Das Mietverhältnis kann auch mehrmals verlängert werden. Die weitere Verlängerung setzt indes voraus, dass dies durch eine wesentliche Änderung der Umstände gerechtfertigt ist oder das Umstände nicht eingetreten sind, deren vorgesehener Eintritt für die Zeitdauer der Fortsetzung bestimmend gewesen war, § 574 c Abs. 1 BGB.

Büromäßige Behandlung:
Vollmacht beifügen: § 174 BGB.
Widerspruchsfrist: siehe § 574 b Abs. 2 BGB.

Erhält der Wohnraummieter eine Kündigung, so sollte zunächst geprüft werden, ob diese überhaupt wirksam ist, etwa Form- oder Zustellungsmängel vorliegen oder eine nicht tragfähige Begründung vorliegt. Ist dies nicht der Fall, so ist zu prüfen, ob ein Härtefall im Sinne des § 574 Abs. 1 S. 1 BGB vorliegt. Wird die Kündigung des Vermieters auf einen Grund gestützt, der den Vermieter zu einer fristlosen Kündigung berechtigt oder berechtigt hätte, so kann sich der Mieter nicht auf die ›Sozialklausel‹ des § 574 Abs. 1 S. 1 BGB berufen, § 574 Abs. 1 S. 2 BGB. Die Sozialklausel des § 574 Abs. 1 S. 1 BGB gilt indessen jedoch bei der außerordentlichen Kündigung mit gesetzlicher Frist.

Die Begründung des Widerspruchs ist nicht zwingend vorgeschrieben. Eine unterlassene Begründung kann aber Kostennachteile zur Folge haben. Wird nämlich die Räumungsklage abgewiesen, weil der Tatbestand des § 574 Abs. 1 S. 1 BGB vorliegt, so kann das Gericht die Kosten trotzdem dem Mieter auferlegen, wenn dieser dem Vermieter auf Verlangen nicht über die Gründe des Widerspruchs Auskunft erteilt hat, § 93 Abs. 2 ZPO.

Eine Klage auf künftige Räumung durch den Vermieter ist nach § 259 ZPO nur möglich, sofern den Umständen nach die Besorgnis gerechtfertigt ist, dass der Schuldner sich der rechtzeitigen Leistung entziehen werde. Diese ist nach der Rechtsprechung dann der Fall, wenn der Mieter nicht nur schweigt oder pauschal auf voraussichtliche Schwierigkeiten, eine Ersatzwohnung zu finden hinweist, sondern durch ernstliches Bestreiten des Kündigungsgrundes eindeutig zu erkennen gegeben hat, dass er nicht gewillt ist, fristgerecht zu räumen. Deshalb sollte der Widerspruch so formuliert werden, dass hieraus keine Schlüsse auf den Tatbestand des § 259 ZPO gezogen werden können. Beispiel:

»Meine Mandaten haben Ihre Kündigung erhalten und sind grundsätzlich bereit auszuziehen. Allerdings haben sie noch keine Ersatzwohnung gefunden, hoffen aber dennoch, dass ein termingerechter Auszug möglich ist. Um jedoch möglichen Rechtsverlusten vorzubeugen, wird dieser Widerspruch gemäß § 574 BGB erhoben und um Vertragsfortsetzung gebeten bis meine Mandantschaft eine Ersatzwohnung gefunden hat.«

Kosten und Gebühren:
Rechtsanwaltsgebühren:
Werden nach § 118 BRAGO berechnet; Wert: § 8 Abs. 1 BRAGO, § 16 GKG.

#35 Klage des Mieters von Wohnraum auf Verlängerung des Mietverhältnisses § 574 BGB

[*HIER Ort, Datum*]

An das
Amtsgericht
- Abteilung für Mietsachen -
[*HIER Anschrift*]

Klage

des/der ...... [*HIER Vorname, Name, Anschrift*]

- Klägers/-in, -

Prozessbevollmächtigte(r): Rechtsanwalt/-wältin ...... [*HIER Vorname, Name, Anschrift*]

gegen

[1.] den/die ...... [*HIER Vorname, Name, Anschrift*]

- Beklagte(n) [zu 1)], -

[2. den/die ...... [*HIER Vorname, Name, Anschrift*]

- Beklagte(n) zu 2), -]

[beide wohnhaft ...... [*HIER Anschrift*]]

Prozessbevollmächtigte(r): Rechtsanwalt/-wältin ...... [*HIER Vorname, Name, Anschrift*]

wegen Abgabe einer Willenserklärung.

Streitwert: [Jahresbetrag der Miete, außer wenn der Kläger die Fortsetzung für einen geringeren Zeitraum begehrt] ...... EUR

Namens und in Vollmacht des/der Klägers/-in erhebe ich Klage und werde beantragen,

1. die Beklagten zu verurteilen, darin einzuwilligen, dass das zwischen den Parteien bestehende Mietverhältnis über die im Hause ......, ... straße, Nr. ......, ... Stockwerk gelegene, aus ...... Zimmern und Nebengelass bestehende Wohnung - auf unbestimmte Zeit [- bis zum ...... 20..] [- auf unbestimmte Zeit, hilfsweise bis zum ...... 20..] fortdauert.
2. den Beklagten gesamtschuldnerisch die Kosten des Verfahrens aufzuerlegen, hilfsweise für den Fall der Klageabweisung, dem/der Kläger/-in Räumungsschutz bis zum ...... 20.. zu gewähren
3. das Urteil, notfalls gegen Sicherheitsleistung, für vorläufig vollstreckbar zu erklären und dem Kläger nachzulassen, Sicherheitsleistung auch durch unwiderrufliche, selbstschuldnerische Bürgschaft eines im Inland zugelassenen Bank- oder Kreditinstituts erbringen zu dürfen, ebenfalls - vorsorglich - zwecks Abwendung der Zwangsvollstreckung.

Sollte das Gericht das schriftliche Vorverfahren beschließen, wird bereits jetzt

Antrag auf Erlass eines Anerkenntnisurteils (§ 307 Abs. 2 ZPO) bzw. eines Versäumnisurteils (§ 331 Abs. 3 ZPO)

gestellt.

Begründung:

Mit der vorliegenden Klage verlangt der Kläger als Mieter von seinem Vermieter die Fortsetzung des zwischen beiden Parteien bestehenden Mietverhältnisses.

Der Kläger ist Mieter, der Beklagte Vermieter der im Klageantrag bezeichneten Räume. Mit Schreiben vom ...... 20.. hat der Beklagte das Mietverhältnis zum ...... 20.. ohne Angabe von Gründen [- mit folgender Begründung gekündigt: ......]

Beweis: Kündigungsschreiben vom ...... 20.., gemäß § 133 Abs. 1 S. 2 ZPO einfach beigefügt in Ablichtung als Anlage K 1

Der Kündigung hat der Kläger durch Schreiben vom ...... 20.. fristgemäß widersprochen und Fortsetzung des Mietverhältnisses verlangt.

Beweis: Widerspruchsschreiben vom ...... 20.., gemäß § 133 Abs. 1 S. 2 ZPO einfach beigefügt in Ablichtung als Anlage K 2

Der Beklagte hat sich geweigert, diesem Verlangen zu entsprechen ...... [*HIER folgen Ausführungen*]. Das Verlangen des Klägers ist jedoch aus folgenden Gründen gerechtfertigt:

...... [*HIER folgen Ausführungen, nach den Möglichkeiten des § 574 Abs. 1 S. 1, Abs. 2 BGB*]

Dem Kläger ist es nicht zuzumuten, erst abzuwarten, ob der Beklagte Klage auf Räumung erhebt. Er hat vielmehr ein Interesse daran, bereits jetzt eine gerichtliche Entscheidung über die Verlängerung oder Fortsetzung des Mietverhältnisses nach § 574 BGB herbeizuführen.

....
Rechtsanwalt/-wältin

Anmerkung

Siehe auch Anmerkung zu Formular 1.A.07.A.#34.

Anwendungsbereich: nur Wohnraummiete.

Sachliche Zuständigkeit: § 23 Nr. 2 a GVG, § 29 a ZPO.
Örtliche Zuständigkeit: Ausschließlich das AG, in dessen Bezirk die Wohnung liegt. § 29 a ZPO.

Kommt es nach Widerspruch des Mieters nicht zu einer Einigung, so kann eine Entscheidung des Gerichts über die Fortsetzung des Mietverhältnisses herbeigeführt werden.

Diese Klage muss erhoben werden, wenn der Vermieter die Fortsetzung des Mietverhältnisses verweigert. Es kann natürlich auch die Räumungsklage des Vermieters abgewartet werden und der Fortsetzungsanspruch im Wege der Widerklage geltend gemacht werden. Ebenso kann Räumung im Wege der Widerklage verlangt werden, im Falle des § 257 ZPO allerdings nach dessen Neufassung nur, wenn die Voraussetzungen des § 259 ZPO erfüllt sind. Hinsichtlich der Kostenentscheidung ist § 93 b ZPO zu beachten.

Der Mieter kann die hier auf die Sozialklausel des § 574 Abs. 1 S. 1 BGB gestützte Fortsetzungsklage auch als Widerklage gegenüber einer Klage auf Räumung durch den Vermieter geltend machen. Wird die Räumungsklage aber z. B. mangels berechtigten Interesses des Vermieters nach § 573 BGB abgewiesen, ist die Widerklage unbegründet. Deshalb sollte man um dieses Risiko zu vermeiden, die Widerklage nur eventuell für den Fall erheben, dass der Räumungsklage stattgegeben wird.

Gleiches gilt auch für das Fortsetzungsverlangen bei befristetem Mietverhältnis nach § 574 c Abs. 1 BGB. Weil dem Fortsetzungsverlangen keine Gestaltungswirkung zukommt, muss der Mieter gegenüber der Räumungsklage des Vermieters stets Widerklage auf Fortsetzung des Mietverhältnisses erheben.

§ 574 Abs. 3 BGB bestimmt, dass bei Würdigung der berechtigten Interessen des Vermieters nur die im Kündigungsschreiben nach § 573 Abs. 3 angegebenen Gründe berücksichtigt werden, außer wenn Gründe nachträglich entstanden sind. Kündigt der Vermieter dagegen auf der Grundlage der § 573 a oder b BGB und braucht er deshalb im Kündigungsschreiben kein berechtigtes Interesse darzulegen, so greift § 574 Abs. 3 BGB nicht ein.

Kosten und Gebühren:
Gerichtskosten:
3,0 Verfahrensgebühren, Nr. 1210 KV GKG; Ermäßigung der Gebühr auf 1,0 Gebühr, wenn die Voraussetzungen nach Nr. 1211 KV GKG vorliegen.

Rechtsanwaltsgebühren:
§ 31 BRAGO.

#36 Antrag des Mieters von Wohnraum auf Gewährung einer Räumungsfrist § 721 ZPO

[*HIER Ort, Datum*]

An das
Amtsgericht
- Abteilung für Mietsachen -
[*HIER Anschrift*]

In Sachen
....../......
Az.: ......

bestelle ich mich zum/zur Prozessbevollmächtigten des/der Beklagten und beantrage,

1. Der Räumungsanspruch wird anerkannt,
2. den/der Beklagten wird eine in das Ermessen des Gerichts gestellte Räumungsfrist bewilligt,
3. der/die Kläger/-in hat die Kosten des Rechtsstreits zu tragen,
4. das Urteil ist wegen der Kosten vorläufig vollstreckbar.

Begründung:

...... [*HIER Tatsachenvortrag, der die Unzumutbarkeit der Räumung in der ursprünglich gesetzten Frist begründet und gleichzeitig die Umstände für die Festsetzung einer angemessenen Frist darlegt (§ 721 Abs. 2 ZPO); dazu der folgende Beispielsachverhalt:*]

Der Kläger begehrt mit seiner Klage die Räumung und Herausgabe der von den Beklagten innegehaltenen Wohnung.

Der Anspruch des Klägers wird auf Eigenbedarf gestützt, den die Beklagten bereits außergerichtlich anerkannt haben.

Beweis: Schreiben der Beklagten vom ...... 20.. in Kopie, Anlage B 1

Die Beklagten haben in diesem Schreiben vergeblich um die Einräumung einer ausreichenden Räumungsfrist gebeten, da die Umbauarbeiten an dem von ihnen erworbenen Haus kurz vor dem Abschluss stehen, aber im Moment noch kein Einzug möglich ist. Nach der Auskunft des beauftragten Bauunternehmers sind die Bauarbeiten am ...... 20.. abgeschlossen.

Beweis: Auskunftsschreiben vom ...... 20.., Anlage B 2

Der Umzug wird am ...... 20.. erfolgen.

Beweis: Mietvertrag über die neu angemietete Wohnung, Anlage B 2

Ein Zwischenumzug ist den Beklagten daher nicht zumutbar.

[- Die Beklagten haben die Bitte um eine Räumungsfrist damit begründet, dass es ihnen trotz intensiver Suche unter Beauftragung des Maklerbüros ...... und dem Schalten eigener Annoncen noch nicht gelungen ist, eine anderweitige Wohnung zu finden. Eine Bestätigung des Maklerbüros ......, aus der sich ergibt, dass die Beklagten dieses mit der Wohnungsvermittlung beauftragt haben, sowie die Rechnung der Zeitung ...... über die geschalteten Anzeigen ist beigefügt.

Beweis: Bestätigung des Maklerbüros über seine Beauftragung, Anlage B 2;
Rechnung der Zeitung ...... über die geschalteten Annoncen, Anlage B 3.]

Weil der Kläger diesem Sachverhalt trotz Bitten der Beklagten keine Rechnung tragen will, ist es billig, ihm die Kosten des Rechtsstreits aufzuerlegen.

....
Rechtsanwalt/-wältin

[oder]

1. Die Klage wird abgewiesen.
2. Der/Die Kläger/-in hat die Kosten des Rechtsstreits zu tragen.
3. Das Urteil ist in Ziff. 2-evtl. gegen Sicherheitsleistung - vorläufig vollstreckbar.

Vorsorglich beantrage ich Vollstreckungsschutz nach § 711 ZPO und Gewährung einer angemessenen Räumungsfrist nach § 721 Abs. 1 ZPO.

Begründung:

...... [*HIER folgt zunächst die Begründung für die Klageabweisung*]

Selbst wenn das Gericht bei der Interessenabwägung nach § 574 BGB den Belangen des Vermieters den Vorrang geben sollte, rechtfertigt sich jedenfalls der vorsorgliche Antrag auf Gewährung einer angemessenen Räumungsfrist.

Im Hinblick auf die geschilderten angespannten finanziellen Verhältnisse, in denen sich der Beklagte befindet und wegen der ebenfalls dargelegten Notwendigkeit, eine Wohnung in der Nähe seiner Arbeitsstätte zu finden, bereitet ihm die Erlangung einer Ersatzwohnung besondere Schwierigkeiten. Daher wird angeregt, die Räumungsfrist gegebenenfalls auf 6 Monate zu bemessen.

....
Rechtsanwalt/-wältin

Anmerkung

Anwendungsbereich: nur Wohnraummiete.

Zuständig ist das Prozessgericht, vgl. §§ 721 Abs. 4, 794 a Abs. 1 ZPO; nicht die Vollstreckungsabteilung. Deshalb sollte auf jeden Fall das Aktenzeichen angegeben werden. Das Landgericht wird zuständig mit Einlegung der Berufung.

Der Antrag muss spätestens 2 Wochen vor dem Tag, an dem nach dem Urteil zu räumen ist (Abs. 2 des § 721 ZPO), gestellt werden. Bei sofortigem Anerkenntnis und Bewilligung der Räumungsfrist richtet sich die Kostenentscheidung nach § 93 b Abs. 2 ZPO.

Büromäßige Behandlung:
Der Antrag ist bei Antrag auf Verurteilung zur Räumung vor dem Schluss der letzten mündlichen Verhandlung zu stellen, bei Verurteilung auf zukünftige Räumung oder bei Verlängerung einer eingeräumten Räumungsfrist spätestens zwei Wochen vor Ablauf der Räumungsfrist.

Um einer ungünstigen Kostenentscheidung vorzubeugen, muss der Mieter einen konkreten Auszugstermin nennen und glaubhaft darlegen.

Rechtsmittel: sofortige Beschwerde innerhalb von 2 Wochen, § 721 Abs. 6, § 577 ZPO.

Kosten und Gebühren:
Gerichtskosten:
Keine Gebühr, § 1 GKG; keine besondere Gerichts- oder Anwaltsgebühr, wenn der Antrag mit der Hauptsache verbunden ist, wie beim 2. Alternativantrag in Ziff. 1–3–Antrag auf Klageabweisung.

Rechtsanwaltsgebühren:
Falls das Verfahren nicht mit der Hauptsache verbunden ist (§ 50 BRAGO), erhält der Rechtsanwalt 5/10 der in § 31 BRAGO bestimmten Gebühren gesondert.

#37 Antrag des Mieters auf Urteilsergänzung bezüglich einer Räumungsfrist bei Wohnraum wegen Fehlens einer Räumungsfrist

[*HIER Ort, Datum*]

An das
Amtsgericht
- Abteilung für Mietsachen -
[*HIER Anschrift*]

In Sachen
....../......
Az.: ......

beantrage ich,

1. die Zwangsvollstreckung aus Ziff. I und II des Endurteils vom ...... 20.. ohne, hilfsweise gegen Sicherheitsleistung, deren Höhe in das Ermessen des Gerichts gestellt wird, einstweilen einzustellen,
2. dem/der Beklagten in Ergänzung des vorgenannten Urteils eine Räumungsfrist bis zum ...... 20.. zu setzen.

[oder]

das Urteil vom ...... 20.. lautend auf zukünftige Räumung der Wohnung ...... straße Nr. ...... in ...... bis zum ...... 20.. dahin im Beschlusswege zu ergänzen, dass den Antragstellern eine Räumungsfrist bis zum ...... 20.. gewährt wird.

[oder]

ist mir das Urteil des Amtsgerichts ...... vom ...... 20.. am ...... des Monats zugestellt worden. Im Urteil ist der Antrag auf Gewährung einer Räumungsfrist übergegangen. Deshalb beantrage ich,

1. die Ergänzung des Urteils dahin, dass dem/der Mieter/-in die in der Verhandlung vom ...... des Monats beantragte Räumungsfrist bis 31. Dezember des Jahres gewährt wird.
2. die Zwangsvollstreckung wegen des Räumungsanspruchs in Ziffer 1 und 3 des Urteils einstweilen einzustellen.

Begründung:

Mir wurde das Urteil des Amtsgerichts ...... vom ...... 20.. am ...... 20.. zugestellt. Im Urteil wurde der von mir mit Schriftsatz vom ...... 20.. gestellte Antrag auf Einräumung einer Räumungsfrist nicht verabschiedet. Eine sofortige Räumung würde aus den in der Klageerwiderung genannten Gründen eine unzumutbare Härte darstellen.

....
Rechtsanwalt/-wältin

Anmerkung

Anwendungsbereich: nur Wohnraummiete.

Der Antrag ist binnen 2 Wochen ab Zustellung des Urteils einzureichen, wenn Antrag übergangen wurde, vgl. §§ 721 Abs. 1 S. 3, 321 Abs. 2 ZPO.

Kosten u. Gebühren:
Gerichtskosten:
keine, § 1 GKG.

Rechtsanwaltsgebühren:
der Antrag gehört zum Rechtszug, § 37 Nr. 6 BRAGO.

#38 Antrag des Mieters auf Verlängerung einer bereits gewährten Räumungsfrist bei Wohnraum

[*HIER Ort, Datum*]

An das
Amtsgericht
- Abteilung für Mietsachen -
[*HIER Anschrift*]

In Sachen
....../......
Az.: ......

beantrage ich,

die vom Gericht im Urteil vom ...... 20.. zuerkannte Räumungsfrist bis zum ...... 20.. nunmehr um ...... [- 1 Monat/um 2 Monate usw.] zu verlängern bis zum ...... 20...

[oder]

die mit Beschluss vom ...... 20.. des Jahres bis ...... 20.. bewilligte Räumungsfrist bis zum 31. Dezember des Jahres zu verlängern.

Begründung:

...... [*HIER Tatsachenvortrag, der eine den Umständen nach angemessene Räumungsfrist für den Mieter begründet. Hierbei muss es sich um Umstände handeln, die z.Zt. der Festsetzung der ursprünglichen Frist nicht bekannt waren. So z. B. Ersatzwohnraum verspätet verfügbar/Vermeidung eines doppelten Umzugs/plötzliche Krankheit etc. mit Beweisangebot. Dazu folgender Beispielsachverhalt:*]

Das Gericht hat den Beklagten eine Räumungsfrist bis zum ...... 20.. gewährt. Bis zu dieser Entscheidung sind die Beklagten davon ausgegangen, dass sie die von ihnen innegehaltenen Räumlichkeiten spätestens bis zu dem genannten Termin räumen zu können. Mittlerweile haben sich jedoch durchgreifenden Änderungen ergeben, wegen der eine Räumung innerhalb der vom Gericht gesetzten Frist unzumutbar wäre. Im Einzelnen:

Die Beklagten können nicht innerhalb der Frist in das von ihnen gekaufte Einfamilienhaus einziehen, da durch unvorhergesehene Schwierigkeiten beim Umbau des Hauses die Umbauarbeiten nicht abgeschlossen sind, obwohl die Beklagten innerhalb der zuvor gewährten Frist fest damit rechnen konnten. Ein Schreiben des Bauunternehmers, der die unvorhergesehen Schwierigkeiten beim Umbau beschreibt ist beigefügt.

Beweis: Schreiben des Bauunternehmers ...... vom ...... 20.., in Anlage B 1

Wie aus dem genannten Schreiben hervorgeht, kann der Bezug des Hauses nunmehr bis zum ...... 20...... erfolgen.

[oder]
Es hat sich in der Zwischenzeit herausgestellt, dass der Vermieter der neu gemieteten Wohnung ...... straße, Nr. ......, in ......, diese nicht bereits wie vorgesehen zum ...... 20.. freimachen kann, sondern wegen verzögerter Fertigstellung des Einfamilienhauses der vorherigen Mieter diese erst am ...... 20.. ausziehen können.

Beweis: ......

[oder]
Das Gericht hat dem Beklagten eine Räumungsfrist bis zum ...... 20.. gewährt. Dem Beklagten ist es zwischenzeitlich gelungen, eine anderweitige Wohnung zu finden. Diese kann aber erst zum ...... 20.. bezogen werden.

Beweis: Vorlage des Mietvertrages über die Wohnung ......

[– Da ein Zwischenumzug für den verbleibenden Zeitraum von ...... Monaten nicht zumutbar ist, ist die Räumungsfrist entsprechend zu verlängern.]

[oder]

Die Beklagte ist lt. beigefügter chefärztlicher Bescheinigung erst am ...... 20.. operiert worden. Sie bedarf noch bis mindestens Mitte ...... 20.. eines stationären Krankenhausaufenthalts und anschließend einer Erholung von etwa drei Wochen.

Beweis: Vorlage der Bescheinigung des Chefarztes des ...... Krankenhauses ...... vom ...... 20..

Die Beklagte kann daher die Vorbereitungen für den Umzug erst nach dieser Zeit abschließen und frühestens am 31. Dezember umziehen.

....
Rechtsanwalt/-wältin

Anmerkung

Anwendungsbereich: nur Wohnraummiete.

Zuständig ist das Prozessgericht.

Streitwert:
Mietbetrag, der auf den für die Räumungsfrist gewünschten Zeitraum entfällt.

Gründe für den Antrag können u. a. sein: Ersatzwohnraum erst verspätet verfügbar/damit Vermeidung eines doppelten Umzuges; plötzliche Krankheit usw.

Der Antrag muss spätestens 2 Wochen vor Ablauf der bisherigen Räumungsfrist (§ 721 Abs. 3 S. 2 ZPO) gestellt werden. Die Zweiwochenfrist wird ›von-rückwärts-her‹ berechnet, der letzte Tag ist einzubeziehen (§ 22 ZPO, § 187 Abs. 2 BGB). Wird die Frist versäumt, ist das Verlängerungsgesuch als unzulässig abzuweisen.

Es sind auch wiederholende Verlängerungsanträge bei Vorbringen neuer Tatsachen möglich, wobei nötig ist, dass der Räumungsschuldner sich nach erstmaliger Bewilligung genügend um rechtzeitige Räumung gekümmert hat.

Die Räumungsfrist darf insgesamt nicht mehr als 1 Jahr betragen, vgl. § 721 Abs. 5 S. 1 ZPO.

Büromäßige Behandlung:
Unter Umständen ist ein ergänzender Antrag auf vorläufige Einstellung der Zwangsvollstreckung nach § 721 Abs. 4 S. 4, 732 Abs. 2 ZPO ratsam.

Der Vermieter kann nach § 721 Abs. 3 einen umgekehrten Antrag auf Verkürzung einer bewilligten Räumungsfrist stellen.

Kosten u. Gebühren:
Gerichtskosten:
keine, § 1 GKG.

Rechtsanwaltsgebühren:
5/10 der in § 31 BRAGO bestimmten Gebühren (§ 50 BRAGO), Wert: § 12 GKG, § 3 ZPO.

#39 Antrag des Mieters auf Verlängerung einer bereits gewährten Räumungsfrist bei Räumungsvergleich bzgl. Wohnraum

[*HIER Ort, Datum*]

An das
Amtsgericht
- Abteilung für Mietsachen -
[*HIER Anschrift*]

In Sachen
....../......
Az.: ......

beantrage ich,

die im Prozessvergleich vom ...... 20.. den/der Antragstellern/-in bewilligte Räumungsfrist, wonach der/die Antragsteller/-in die Wohnung spätestens am ...... 20.. räumen muss/müssen, zu verlängern bis zum ...... 20.. und die einstweilige Einstellung der Zwangsvollstreckung aus dem Vergleich vom ...... 20.. anzuordnen.

Begründung:

...... [*HIER Tatsachenvortrag, der Umstände in der Person des Mieters darlegt, die eine Verlängerung der ursprünglichen Frist rechtfertigen und die nach Abschluss des Vergleichs entstanden sind, vgl. dazu die §§ 721 Abs. 3 i. V. m. 233 ff. ZPO; dazu folgender Mustersachverhalt:*]

Gemäß Prozessvergleich vom ...... 20.. ist der Beklagte verpflichtet, die von ihm innegehaltene Wohnung in ......, ... straße, Nr. ......, spätestens bis zum ...... 20.. zu räumen und an den Kläger herauszugeben.

Beweis: Beiziehung der Prozessakten.

Der Beklagte hat am ...... 20.. einen Verkehrsunfall erlitten. Er befindet sich noch in Krankenhausbehandlung:

Beweis: Bescheinigung des Krankenhauses vom ...... 20..

Die Wohnung kann daher nicht fristgerecht geräumt werden.

....
Rechtsanwalt/-wältin

Anmerkung

Anwendungsbereich: nur Wohnraummiete.

Maßgeblich ist hier § 794 a ZPO. Die Verlängerung ist ebenfalls nur auf Antrag möglich; grundsätzlich gelten dafür die Regelungen des § 721 ZPO.

Die Antragsfrist beträgt ebenfalls 2 Wochen und beginnt frühestens ab Vergleichsschluss.

Wird die Antragsfrist schuldlos versäumt, gewährt § 794 a Abs. 2 S. 2 2. Hlbs. ZPO ausdrücklich Wiedereinsetzung in den vorigen Stand.

Gegen die Entscheidung des AG findet sofortige Beschwerde statt, §§ 794 a Abs. 4, 577 ZPO.

#40 Sofortige Beschwerde gegen den Beschluss des Amtsgerichts auf Bewilligung oder Verlängerung (Verkürzung) der Räumungsfrist

[*HIER Ort, Datum*]

An das
Amtsgericht [- Landgericht]
[*HIER Anschrift*]

In Sachen
....../......
Az.: ......

lege ich gegen den Beschluss des Amtsgerichts ...... vom ...... 20.., zugestellt am ...... 20.., Az.: ......

sofortige Beschwerde

ein und beantrage:

1. Der Beschluss des Amtsgerichts vom ...... 20.., zugestellt am ...... 20.., Az.: ......, wird aufgehoben.
2. Der Antrag auf Bewilligung [- Verlängerung] der Räumungsfrist wird abgewiesen.
3. Der/Die Beklagte hat die Kosten des Verfahrens zu tragen.

[oder im Fall des Abweisungsantrages]

1. den angefochtenen Beschluss aufzuheben,
2. den Antrag auf Verlängerung der Räumungsfrist abzuweisen.

Begründung:

...... [*HIER folgt eine Beispielsbegründung*]

Die Bewilligung [- Verlängerung] der Räumungsfrist ist bei gerechter Interessenabwägung nicht vertretbar.

Die Beschwerdegegnerin zahlt seit ...... Monaten keine Miete. Ihr Gesamtrückstand beläuft sich auf ......

Beweis: ......

Dem Beschwerdeführer entsteht deshalb durch die Bewilligung [- Verlängerung] der Räumungsfrist fortlaufend ein sich vergrößernder Schaden. Die Beschwerdegegnerin hat keinerlei Bemühungen unternommen, Ersatzwohnraum anzumieten. Härtegründe wurden nicht ausreichend vorgetragen.

[oder im Fall des Abweisungsantrages]

Der gegnerische Vortrag ist unzutreffend, denn ...... [*HIER folgt die nähere Ausführung*]

Beweis: ......

Schließlich ist zugunsten des Beschwerdeführers zu berücksichtigen, dass der Beschwerdegegner seit dem ...... 20.. keine Zahlung mehr leistet.

....
Rechtsanwalt/-wältin

Anmerkung

Die Beschwerde kann bei dem Gericht, dass die Entscheidung über die Bewilligung bzw. Verlängerung (Verkürzung) der Räumungsfrist getroffen hat, aber auch beim Beschwerdegericht selbst erfolgen, §§ 577 Abs. 2 S. 2, 569 ZPO.

Kosten u. Gebühren:
Gerichtskosten:
1,0 Gebühr nach GKG KV Nr. 1957, soweit die Beschwerde verworfen oder zurückgewiesen wird.

Rechtsanwaltsgebühren:
5/10 der in § 31 BRAGO bestimmten Gebühren, § 61 Abs. 1 Nr. 1 BRAGO; Wert: § 12 GKG, § 3 ZPO.

#41 Antrag des Vermieters auf Verkürzung einer bereits gewährten Räumungsfrist

[*HIER Ort, Datum*]

An das
Amtsgericht
- Abteilung für Mietsachen -
[*HIER Anschrift*]

In Sachen
....../......
Az.: ......

beantrage ich,

die dem/der Beklagten bis ...... des Jahres bewilligte Räumungsfrist zu verkürzen und nur bis 30. [- 31.] des Monats zu gewähren.

Begründung:

Der Beklagte hat es ohnehin verstanden, den Räumungsprozess durch zahlreiche Ausflüchte unnötig in die Länge zu ziehen. Außerdem beschimpfen der Beklagte und seine Familie seit dem Gerichtstermin vom ...... 20.. den Kläger und seine Familienangehörigen fortgesetzt.

Beweis: die im Termin vom ...... 20.. vernommenen Zeugen

Schließlich ist auch dem Kläger wegen seines dringenden Eigenbedarfs, welchen das Gericht im Urteil vom ...... 20.. Seite ...... gewürdigt hat, nicht zuzumuten, gerade im Weihnachtsmonat die vom Beklagten belegten Räume zu entbehren. Bei Abwägung der Gesamtumstände sind die Interessen des Beklagten durch Gewährung einer Räumungsfrist bis zum ...... des Monats ...... schon mehr als gebührend berücksichtigt.

....
Rechtsanwalt/-wältin

Anmerkung

Anwendungsbereich: nur Wohnraummiete.

Siehe §§ 721 Abs. 3, 794 a Abs. 2 ZPO.

Rechtsmittel: Gegen die gerichtlichen Entscheidungen über die Versagung, Gewährung oder Bemessung einer Räumungsfrist, auch wenn sie Teil eines Urteils sind, ist nur das Rechtsmittel der sofortigen Beschwerde gegeben.

Kosten u. Gebühren:
Gerichtskosten:
keine Gerichtsgebühr, § 1 Abs. 1 GKG.

Rechtsanwaltsgebühren:
5/10 der in § 31 BRAGO bestimmten Gebühren, § 50 BRAGO; Gegenstandswert: Interesse an der Verkürzung der Räumungsfrist: Mietzins für den Monat/die Monate der Verkürzung der Räumungsfrist.

#42 Antrag des Mieters auf Vollstreckungsschutz § 765 a ZPO

[*HIER Ort, Datum*]

An das
Amtsgericht
- Vollstreckungsgericht -
[*HIER Anschrift*]

in ......

Vollstreckungsschutzantrag

In Sachen
....../......
Az.: ......

zeige ich an, dass ich die Räumungsschuldner vertrete und beantrage namens und in Vollmacht der Räumungsschuldner,

1. die Zwangsvollstreckung aus dem Räumungsurteil des ......gerichts ...... vom ...... 20.., Az.: ...... hinsichtlich des Räumungsanspruches bis zum ...... 20.. [- zeitlich unbefristet] zu untersagen.
2. die Zwangsräumung des/der Gläubigers/-in aus dem Urteil des Amtsgerichts ......, Az. ...... vom ...... 20.. einstweilen einzustellen.
3. die Kosten dem/der Gläubiger/-in nach § 788 Abs. 3 ZPO aufzuerlegen.

Begründung:

Nach dem ...... [*HIER Angabe von Titel, ggf. i. V. m. gesonderter Entscheidung gem. § 721 ZPO*] müssen die Schuldner die derzeit noch von ihnen innegehaltenen Räumlichkeiten bis spätestens zum ...... 20.. räumen. Die Räumungsschuldner erhielten die - als Anlage 1 - in beglaubigter Kopie anliegende Räumungsmitteilung des Gerichtsvollziehers ...... [*HIER Angabe des*

Namens des GVZ] mit dem Aktenzeichen ......, wonach die Zwangsräumung aus dem o. g. Urteil am ...... 20.. erfolgen soll.

Selbst unter voller Würdigung der Schutzbedürfnisse des Gläubigers würde die Vollstreckung für die Schuldner eine Härte bedeuten, die mit den guten Sitten unvereinbar ist. Hierzu im Einzelnen: ......

[oder]
Die Zwangsvollstreckung zum gegenwärtigen Zeitpunkt bedeutet auch unter voller Würdigung des Schutzbedürfnisses des Gläubigers wegen ganz besonderer Umstände für die Schuldner eine Härte, die mit den guten Sitten nicht vereinbar ist. Die ganz besonderen Umstände ergeben sich aus folgendem Tatbestand:

...... [*HIER Angabe der Gründe.: etwa Fehlen einer Ersatzwohnung zu zumutbaren Bedingungen, Vermeidung eines doppelten Umzuges, erhebliche gesundheitliche Gefährdung; dazu ein Beispiel:*]

Die Schuldner haben sich nach rechtskräftiger Verurteilung umgehend nach einer anderweitigen Wohnung umgesehen, leider bisher aber keinen Erfolg gehabt. Nach Mitteilung des Wohnungsamtes ...... kann den Räumungsschuldnern bis zum Räumungstermin eine Ersatzwohnung nicht zugewiesen werden, da eine Notunterkunft nicht zur Verfügung steht.

Beweis: Vorlage der Bescheinigung des Wohnungsamtes der Stadt ...... vom ...... 20..,
Anlage 2

Durch Zwangsräumung würden die Schuldner obdachlos werden.

Zudem ist der Räumungsschuldner, Herr ...... suizidgefährdet, bis ihm und seiner Familie eine andere Wohnung zur Verfügung steht.

Beweis: Vorlage des Attestes Dr. med ......, Anlage 3

Die geplante Räumung würde somit auch unter Würdigung der Belange des Gläubigers als Härte erscheinen, die mit den guten Sitten nicht vereinbar ist, so dass die Zwangsvollstreckung aus dem o. a. Urteil einstweilen einzustellen ist, bis es dem Räumungsschuldner gelungen ist, für sich und seine Familie anderweitigen Wohnraum zu finden.

[oder]
Der Räumungsschuldner hat sich seit längerer Zeit sehr intensiv um eine Ersatzwohnung bemüht. Zunächst gelang dies nicht. Ihm wurde daher gemäß § 721 Abs. 5 ZPO eine Räumungsfrist von ...... ab Rechtskraft des gegen ihn ergangenen Räumungsurteils gewährt. Diese Frist ist jetzt abgelaufen.

Der Schuldner hat in der Zwischenzeit eine Ersatzwohnung gefunden, die mit an Sicherheit grenzender Wahrscheinlichkeit in ...... [z. B. drei] Monaten bezugsfertig ist. Zum Beweis hierfür wird die auf die in Ablichtung als

Anlage 1

beigefügte Bestätigung des Vermieters sowie auf dessen Zeugnis Bezug genommen. Der geschlossene Mietvertrag über die Ersatzwohnung wird als

Anlage 2

in Fotokopie ergänzend überreicht.

Es wäre eine unzumutbare Härte für den Räumungsschuldner, innerhalb einer kurzen Frist zweimal umziehen zu müssen. Da der Schuldner seinen finanziellen Verpflichtungen in Form der Zahlung der laufenden monatlichen Nutzungsentschädigung im vollen Umfange nachgekommen ist, steht der Stattgabe seines Antrages den Belangen des Gläubigers nicht entgegen.

[oder]
Ausweislich des in Ablichtung als

Anlage 1

beigefügten ärztlichen Attestes erlitt der allein lebende Räumungsschuldner einen Schlaganfall. Nach seiner Entlassung aus dem Krankenhaus bedarf er in den nächsten Wochen zu seiner weiteren gesundheitlichen Erholung absolute Ruhe. Die Mühen eines Umzuges oder gar einer Zwangsräumung während dieser Zeit würde die konkrete Gefahr mit sich bringen, dass der Schuldner erneut einen Schlaganfall erleidet.

Beweis: Einholung eines Sachverständigengutachtens

Belange des Gläubigers stehen dem oben gestellten Antrag nicht entgegen. Die Verpflichtung zur Räumung beruht auf einer fristlosen Kündigung wegen Zahlungsverzuges. In der Zwischenzeit hat der Schuldner alle Zahlungsrückstände ausgeglichen und zahlt die laufende monatliche Nutzungsentschädigung pünktlich.

....
Rechtsanwalt/-wältin

Anmerkung

Anwendungsbereich: Wohnraum- sowie Geschäftsraummiete.

Zuständig ist das Amtsgericht als Vollstreckungsgericht, in dessen Bezirk die zu räumende Wohnung liegt, § 764 Abs. 2 ZPO.

Jeder Schuldner, nicht nur der Mieter einer Wohnung, kann sich auf die Vorschrift des § 765 a ZPO berufen.

Dieser Vollstreckungsschutz nach § 765 a ZPO kann neben dem Räumungsschutz nach §§ 721, 794 a ZPO – und nach dessen Ausschöpfung – zur vorläufigen Verhinderung drohender Vollstreckungsmaßnahmen gewährt werden.

Der Mieter kann neben den Möglichkeiten des Räumungsschutzes bzw. nach dessen Ausschöpfung oder bei Vorliegen der Ausschlusstatbestände Vollstreckungsschutz gemäß § 765 a ZPO beantragen. Da die Vorschrift nicht zur Aushebelung der Rechtskraft führen darf, ist sie eng auszulegen.

Es müssen aber Umstände vorliegen, die die geplante Räumung auch unter Berücksichtigung der Belange des Gläubigers für den Schuldner eine Härte bedeuten, die mit den guten Sitten unvereinbar ist.

Zur Abwägung bei gesundheitlichen Risiken und Suizidgefahr, vgl. BVerfG NJW 1994, 1719.

Das Vollstreckungsgericht kann selbst die einstweilige Anordnung nach § 732 ZPO erlassen, § 765 a Abs. 1 S. 2 ZPO.

Kostentragungspflichtig ist i. d. R. der Räumungsschuldner, vgl. aber § 788 Abs. 3 ZPO.

Büromäßige Behandlung:
Der Vollstreckungsschutzantrag kann spätestens 2 Wochen vor dem festgesetzten Räumungstermin gestellt werden, es sei denn, dass die Gründe auf denen der Antrag beruht, erst nach diesem Zeitpunkt entstanden sind oder der Schuldner ohne sein Verschulden an einer rechtzeitigen Antragstellung gehindert war, § 765 a Abs. 3 ZPO.

Bei der Zwangsräumung von Wohnungen ist der Antrag dann sinnvoll, wenn kein Mietrückstand besteht und ein Mietvertrag für die nächste Wohnung mit kurzfristigem Einzugstermin glaubhaft gemacht werden kann.

Rechtsmittel:
sofortige Beschwerde, § 793 ZPO.

Kosten und Gebühren:
Gerichtskosten:
GKG KV Nr. 1641: 10 EUR

Rechtsanwaltsgebühren:
3/10 Gebühr, § 58 Abs. 3 Nr. 3, § 57 BRAGO.

#43 Klage des Mieters auf Rückzahlung der Mietsicherheit

[*HIER Ort, Datum*]

An das
Amtsgericht [- Landgericht]
[*HIER Anschrift*]

Klage

des/der ...... [*HIER Vorname, Name, Anschrift*]

- Klägers/-in, -

Prozessbevollmächtigte(r): Rechtsanwalt/-wältin ...... [*HIER Vorname, Name, Anschrift*]

gegen

[1.] den/die ...... [*HIER Vorname, Name, Anschrift*]

- Beklagte(n) [zu 1)], -

[2. den/die ...... [*HIER Vorname, Name, Anschrift*]

- Beklagte(n) zu 2), -]

[beide wohnhaft ...... [*HIER Anschrift*]]

Prozessbevollmächtigte(r): Rechtsanwalt/-wältin ...... [*HIER Vorname, Name, Anschrift*]

wegen Rückzahlung der Mietsicherheit

vorläufiger Streitwert: ......EUR

Namens und in Vollmacht des/der Klägers/-in erhebe ich Klage und werde beantragen, den/die Beklagten zu verurteilen, an den/die Kläger/-in ...... EUR nebst Zinsen von fünf Prozentpunkten über dem Basiszinssatz [- nebst ...... % Zinsen] seit dem ...... 20.. zu zahlen.

Begründung:

...... [*HIER folgt eine Beispielsbegründung*]

Der Kläger hatte die im ...... Stock links [- rechts] des Hauses ...... straße, Nr. ......, in ...... gelegenen Räumlichkeiten in der Zeit vom ...... 20.. bis zum ...... 20.. vom Beklagten gemietet.

Beweis: Mietvertrag vom ...... 20.., Kopie Anlage K 1

[- Er hat ihm gemäß § ...... des Mietvertrages vom ...... 20.. am ...... als Mietsicherheit gezahlt.

Beweis: Quittung des Klägers vom ...... 20.., Kopie Anlage K 2;

Einzahlungsbeleg des Beklagten vom ...... 20.., Kopie Anlage K 3]

Der Beklagte hat mit Schreiben vom ...... 20.. die vom Kläger gezahlte Kaution abgerechnet. Danach ergibt sich ein Kautionsguthaben einschließlich aufgelaufener Kautionszinsen in Höhe von ...... EUR.

Beweis: Schreiben vom ...... 20.., Kopie Anlage K 2

Der Beklagte hat aber den Kautionsbetrag nicht ausgezahlt. Aus der Abrechnung ergeben sich weder Abrechnungsbeträge, noch hat der Beklagte mitgeteilt, ob und aus welchen Gründen er die Kaution noch zurückbehält.

Vorsorglich wird bereits jetzt mitgeteilt, dass Gründe zum Abzug von der Kaution nicht bestehen. Der Kläger schuldet dem Beklagten aus dem Mietverhältnis nichts.

Der Kläger hat den Beklagten mit Schreiben vom ...... 20.. unter Fristsetzung zum ...... 20.. aufgefordert, die Rückzahlung des Kautionsguthabens vorzunehmen. [- über die Mietsicherheit abzurechnen und sich den danach ergebenden Betrag auszuzahlen.]

Beweis: Schreiben vom ...... 20.., Kopie Anlage K 3

Da der Beklagte darauf nicht reagiert hat, steht dem Kläger der Zinsanspruch aus §§ 286 Abs. 2 Nr. 1, 288 Abs. 1 S. 1 BGB zu. Der Beklagte hat mithin Zinsen in Höhe von fünf Prozentpunkten über dem Basiszinssatz ab dem ...... 20.. zu zahlen.

[Bei höherem als dem gesetzlichen Zinssatz:

- Der Beklagte befindet sich somit mit der Bezahlung des Klagebetrages seit dem ...... in Verzug.

Der Kläger [- die Klägerin] arbeitet selbstständig mit Bankkredit, der die eingeklagte Forderung betragsmäßig übersteigt. Für diesen Kredit muss sie seit dem o. g. Datum, dem ...... 20........% Zinsen bezahlen.

Beweis: Zinsbestätigung der X-Bank [- Y-Sparkasse], Anlage K ......

Für den Bestreitensfall zusätzlich:

Beweis: Herr/Frau] ...... zuständige(r) Bankbearbeiter/-in [- Sparkassenangestellte(r)],

zu laden über die X-Bank [- Y-Sparkasse] als Zeuge/Zeugin]

Der betreffende Bankkredit hätte sich um den Klageforderungsbetrag verringert, wenn die Beklagte fristgerecht bezahlt hätte. Der Klageforderungsbetrag ist daher seit dem ...... 20.. mit ...... % Zinsen zu verzinsen.]

Da Zahlung bisher jedoch nicht erfolgt ist, ist Klage geboten.

....
Rechtsanwalt/-wältin

Anmerkung

Anwendungsbereich: Wohnraum- sowie Geschäftsraummiete.

Zuständigkeit: §§ 23, 71 GVG; § 29 a ZPO

Örtliche Zuständigkeit: § 29 a ZPO

Sachliche Zuständigkeit: Wohnraum: Amtsgericht; § 23 Nr. 2 a GVG andere Mietstreitigkeiten: allgemeine Streitwertgrenze von 5.000,– EUR, § 23 Nr. 1 GVG.

Bei einem Streitwert über 5.000,–EUR besteht bei Streitigkeiten über Wohnraum kein Anwaltszwang, da diese Streitigkeiten ausschließlich in die Zuständigkeit des Amtsgerichts fallen.

Es muss eine Abrechnungsreife gegeben sein. Bei Wohnraummietverhältnissen ist § 551 BGB zu beachten.

Büromäßige Behandlung:
Vortrag und Beweisangebot, dass der Kläger die Kaution gezahlt hat, sind entbehrlich, sofern der Kläger die Kaution abgerechnet und dann nicht gezahlt hat.

Die Beweislast für die Höhe der Kautionszinsen trägt der Mieter, es bietet sich aber eine Schätzung des Gerichtes gem. § 287 ZPO an (Zinssatz für Spareinlagen mit dreimonatiger Kündigungsfrist, siehe LG Nürnberg-Fürth NJW-RR 1992, 335).

Kosten und Gebühren:
Gerichtskosten:
3,0 Verfahrensgebühren, Nr. 1210 KV GKG; Ermäßigung der Gebühr auf 1,0 Gebühr, wenn die Voraussetzungen nach Nr. 1211 KV GKG vorliegen.

Rechtsanwaltsgebühren:
§ 31 BRAGO, Wert: § 12 GKG, § 6 ZPO: rückständiger Mietzins.

#01 Antrag auf Sicherung des Beweises im selbstständigen Beweisverfahren während oder außerhalb des Streitverfahrens § 485 Abs. 1, 2 Alt. ZPO

[*HIER Ort, Datum*]

An das
Amtsgericht [- Landgericht]
[*HIER Anschrift*]

Antrag auf Durchführung eines selbstständigen Beweisverfahrens

des/der ...... [*HIER Vorname, Name, Anschrift*]

- Antragstellers/-in [- Beklagte(r)], -

Verfahrensbevollmächtigte(r): Rechtsanwalt/-wältin ...... [*HIER Vorname, Name, Anschrift*]

gegen

den/die ...... [*HIER Vorname, Name, Anschrift*]

- Antragsgegner/-in [Kläger/-in], -

Verfahrensbevollmächtigte(r): Rechtsanwalt/-wältin ...... [*HIER Vorname, Name, Anschrift*]

im selbstständigen Beweisverfahren.

vorläufiger Streitwert: ...... EUR [- Gegenstandswert: bedarf der Festsetzung, jedoch mehr als 5.000,- EUR]

Namens und in Vollmacht des/der Antragsteller/-in beantrage ich,

ohne mündliche Verhandlung im Wege der Beweissicherung gemäß § 485 Abs. 1 ZPO folgenden

Beweisbeschluss

zu erlassen:

Es ist ein schriftliches Sachverständigengutachten über die Behauptung des Antragstellers einzuholen, dass folgende Baumängel an der von dem/der Antragsgegner/-in auf dem Grundstück des/der Antragstellers/-in in ...... durchgeführten Baumaßnahme vorliegen:

I.
1. ......
2. ......
3. ......

II. Dem Sachverständigen wird aufgegeben, zu folgenden Fragen des Antragstellers hinsichtlich der in Ziffer I. aufgelisteten Mängel Stellung zu nehmen:

1. Worauf sind die in Ziffer I. aufgelisteten Baumängel zurückzuführen?
2. Handelt es sich hierbei um planerische oder handwerkliche Fehler?
3. Welche Maßnahmen sind notwendig, um die Mängel zu beheben?
4. Welche Kosten sind für die fachgerechte Beseitigung der Mängel erforderlich?

Es wird beantragt,
den Beschluss ohne mündliche Verhandlung zu erlassen.

[oder]

......
die Sicherung des Beweises gemäß §§ 485 ff. ZPO anzuordnen, dass Beweis über Mängel in Form von ...... [*HIER z. B. Undichtigkeiten der Kellermauern der hangwärts gegen Norden gelegenen Seite des Wohn- und Geschäftsgebäudes ...... straße ...... in ......; Undichtigkeiten des Daches des Wohngebäudes ...... straße ...... in ......*] durch Einholung eines schriftlichen Sachverständigengutachtens erhoben werden soll. Dabei soll sich die Beweiserhebung auf folgende Fragen erstrecken:

1. Die Kellermauern, die sich an der hangwärts gegen Norden gelegenen Seite befinden, sind undicht, so dass Wasser in die Kellerräume eingetreten ist, das dort bereits Feuchtigkeitsschäden verursacht hat.
Welcher Art sind die Undichtigkeiten? Welchen Umfang haben sie?
2. Welches sind die Ursachen? Liegt ein Verstoß gegen die anerkannten Regeln der Baukunst vor?
3. Welche Maßnahmen sind zur Beseitigung der Undichtigkeiten und der Wasserschäden am Gebäude erforderlich?
4. Welche Kosten entstehen für die Beseitigung der Mängel und der Wasserschäden?

Als Sachverständiger wird bezeichnet:
Herr/Frau Dipl.-Ing. ...... von der IHK ...... in ...... öffentlich bestellte(r) Sachverständige(r) für ......, ...straße ......,. in ......

Es wird beantragt,
den Beweissicherungsbeschluss ohne mündliche Verhandlung zu erlassen.

[oder]

......
im Wege der Beweissicherung das schriftliche Gutachten eines Sachverständigen über folgende Fragen einzuholen:

1. Sind an dem Bauvorhaben ......, ... straße ...... folgende Mängel vorhanden:
...... [*HIER folgt die Angabe der festzustellenden Mängel*]
2. Welche Kosten sind zur ordnungsgemäßen Beseitigung der vorstehend aufgeführten Mängel erforderlich?

3. [– 3. Welcher Minderungsbetrag ist angemessen, falls eine Beseitigung der Mängel nicht oder nur mit unverhältnismäßigem Aufwand möglich ist?]

[oder]

......

einen geeigneten Sachverständigen mit folgenden Feststellungen zu beauftragen:

1. Das Eindringen der Feuchtigkeit im Untergeschoss ist auf eine ungenügende Isolierung durch den Antragsgegner zurückzuführen.
2. Welche Sanierungsmaßnahmen sind erforderlich, um die aufgetretenen Durchfeuchtungsschäden dauerhaft zu beseitigen?
3. Welche Sanierungskosten sind hierfür erforderlich?

Es wird beantragt,
die Beweiserhebung durch schriftliches Sachverständigengutachten vorzunehmen.

Als Sachverständiger soll bestellt werden:
Herr/Frau Dipl.-Ing. ...... von der IHK ...... in ...... öffentlich bestellte(r) Sachverständige(r) für ......, ...straße ......,. in ......

[– Das Gericht wird gebeten, den Sachverständigen zu benennen und diesem aufzugeben, vor Erstellung seines Gutachtens eine Ortsbesichtigung durchzuführen und dazu die Parteien zu laden.]

Das Gericht wird ferner gebeten, über dieses Beweisgesuch ohne mündliche Verhandlung zu entscheiden, da aus den im einzelnen noch in der Begründung aufzuführenden und glaubhaft zu machenden Gründen die Durchführung dieses Beweissicherungsverfahrens außerordentlich eilbedürftig ist.

Begründung:

...... [*HIER folgt die Schilderung des zugrundeliegenden Sachverhaltes*]

I. Der Antragsteller beauftragte die Antragsgegnerin mit ...... [*HIER folgt die Sachverhaltsschilderung*]

Im Zuge der [z. B. Bauarbeiten] hat die Antragsgegnerin folgende Arbeiten ausgeführt:

...... [*HIER weitere Ausführung*]

Folgende Schäden sind aufgetreten:

...... [*HIER weitere Ausführung*]

Zur Glaubhaftmachung beziehe ich mich auf die beiliegenden eidesstattliche Versicherung des Antragstellers und am ...... vom Antragsteller aufgenommenen Fotos (Anlagen 1–5).

Es ist zu besorgen, dass das Beweismittel verloren oder seine Benutzung erschwert werden, weil ...... [*HIER folgt Ausführung*].

Der Antragsteller hat ein rechtliches Interesse, den Zustand der Sache festzustellen, weil ...... [*HIER folgt Ausführung*].

[- Der Antragsteller geht im Übrigen davon aus, dass sich durch die Klärung der Beweisfragen ein sonst erforderlich werdender Rechtsstreit erübrigt.]

Zur Glaubhaftmachung führe ich an:

...... [*HIER Für die Glaubhaftmachung sind alle Möglichkeiten aus § 294 ZPO gegeben*].

[- Den Antrag auf eine spätere Vernehmung des Sachverständigen im Termin behält sich der Antragsteller vor.]

[oder anders formuliert]

[- Der Antragsteller behält sich den Antrag auf spätere Vernehmung des Sachverständigen vor.]

[- Falls das Gericht die Beauftragung des Sachverständigen von einem Kostenvorschuss abhängig macht, wird darum gebeten, dessen Höhe unverzüglich - auch telefonisch - mitzuteilen.]

[oder anders formuliert]
[- Des Weiteren wird gebeten, die Höhe des erforderlichen Kostenvorschusses für die Beauftragung des Sachverständigen unverzüglich - aus Gründen der Beschleunigung möglichst telefonisch - mitzuteilen.]

[- Für die Kosten des Sachverständigen wird die anwaltliche Übernahme der Haftung erklärt.]

[oder]
In Bezug auf die in diesem Beweissicherungsverfahren abzuklärenden Fragen wurde vom Kläger bereits mit Schriftsatz vom ...... gegen die Beklagte Klage auf ...... [z. B. auf Vorschusszahlung zur Beseitigung der vom Kläger gerügten Baumängel] erhoben. Diese Klage ist beim Landgericht ...... unter dem Aktenzeichen ...... anhängig.

Zur Begründung dieses Antrages auf Beweissicherung wegen Besorgnis des Verlustes oder der erschwerten Benutzung des Beweismittels gemäß § 485 Abs. 1 ZPO wird deswegen auf folgende, dem Gericht bereits in diesem Verfahren vorliegende Unterlagen verwiesen:

1. Bauvertrag zwischen den Parteien vom ......, siehe Anlage K 1
2. Abnahmeprotokoll vom ......, siehe Anlage K 2
3. Schreiben des Klägers vom ...... mit der Rüge der in Ziffer I. einzeln aufgelisteten Baumängeln und Aufforderung gegenüber der Beklagten, diese spätestens bis zum ...... zu beseitigen, siehe Anlage K 3
4. Schreiben der Beklagten vom ......, mit dem die Beklagte jegliche Gewährleistungsverpflichtung bezüglich der gerügten Baumängel ablehnte, siehe Anlage K 4
5. Schreiben des Kläger vom ......, mit dem dieser der Beklagten das Mängelbeseitigungsrecht entzogen hat, siehe Anlage K 5

Der Kläger ist gezwungen, diesen Antrag auf Beweissicherung gemäß § 485 Abs. 1 ZPO zu stellen, da ein Zuwarten mit der Mängelbeseitigung nicht möglich ist. Die bestehenden Mängel müssen noch vor dem Winter beseitigt werden, um größeren Schaden am Bauobjekt des Klägers zu vermeiden. Zudem ist ein Fortbestand der Mängel über den Winter hinaus dem Kläger unter keinen Umständen zumutbar.

Glaubhaftmachung: Eidesstattliche Versicherung des Klägers, Anlage Ast 1

Mit dem Entzug des Rechtes auf Mängelbeseitigung durch Schreiben vom ...... an die Beklagte (siehe Anlage K 5), hat der Kläger mit Auftrag vom ...... die Firma ...... damit beauftragt, die in Ziffer I. des Beweissicherungsantrages aufgelisteten Mängel zu beseitigen.

Glaubhaftmachung: Schreiben des Klägers vom ...... an die Firma ......, Anlage Ast 2

Die beauftragte Firma ...... teilte daraufhin dem Kläger mit Schreiben vom ...... mit, dass sie am ...... mit der Durchführung der Maßnahmen zur Mängelbeseitigung beginnen müsse, damit diese noch vor dem Winter abgeschlossen werden könnten.

Glaubhaftmachung: Schreiben der Firma ...... vom ......, Anlage Ast 3

Bei Durchführung der Mängelbeseitigungsmaßnahmen durch die Firma ...... gehen die in Ziffer I. aufgelisteten Baumängel als Beweismittel im Sinne von § 485 Abs. 1 ZPO verloren, wenn nicht zuvor die mit diesem Antrag begehrte Beweissicherung durch Erstellung eines Sachverständigengutachtens erfolgt.

Glaubhaftmachung: Eidesstattliche Versicherung des Klägers, siehe Anlage Ast 1

Da die Antragsgegnerin sich weigert, die Mängelbeseitigung durchzuführen, wird der Antragsteller die Mängelbeseitigung durch andere Fachhandwerker durchführen lassen. Er hat deshalb ein rechtliches Interesse daran, die vorhandenen Mängel und den Beseitigungsaufwand durch einen Sachverständigen feststellen zu lassen. [- Der Antragsteller geht im Übrigen davon aus, dass sich durch die Klärung der Beweisfragen ein sonst eventuell erforderlicher Rechtsstreit erübrigt.]

Der Antragsteller behält sich den Antrag auf spätere Vernehmung des Sachverständigen vor.

[- Deckungszusage der Rechtsschutzversicherung liegt bereits vor.]

[- Der Rechtsstreit ist noch nicht anhängig.]

Des Weiteren wird gebeten, die Höhe des erforderlichen Kostenvorschusses für die Beauftragung des Sachverständigen unverzüglich – aus Gründen der Beschleunigung möglichst telefonisch – mitzuteilen.

Sollte nach Auffassung des Gerichts der Beweissicherungsantrag des Antragstellers [- Klägers] nicht ausreichend glaubhaft gemacht worden sein, wird um einen diesbezüglichen Hinweis gemäß § 139 ZPO gebeten, der wegen der Eilbedürftigkeit der Sache gegenüber dem Unterzeichner [- der Unterzeichnerin] gleich telefonisch abgegeben werden sollte.

Da die Durchführung des Beweissicherungsverfahrens aus den oben genannten Gründen besonders eilbedürftig ist, wird das Gericht gebeten, über diesen Beweissicherungsantrag ohne mündliche Verhandlung zu entscheiden.

[oder]
...... [*HIER folgt eine Beispielsbegründung*]

Die Parteien führen beim Landgericht ...... einen Rechtsstreit unter dem Aktenzeichen ...... In diesem fordert die Antragsgegnerin vom Antragsteller restlichen Werklohn über den Betrag von ...... EUR nebst Zinsen. Auf die Klageschrift vom ...... wird verwiesen. Schon in der Klageerwiderung vom ...... hat der Antragsteller gerügt, dass die von der Antragsgegnerin im

Rahmen ihrer Bauleistungen ...... [z. B. errichteten Kellermauern in Richtung Norden undicht sind; errichtete Dach undicht ist. usw.] Der Mangel ist bis zum heutigen Tage nicht beseitigt worden.

Unterdessen rügte der Mieter [- Untermieter] des Antragstellers mit Schreiben von ......, [z. B. dass Wasser in die von ihm gemieteten Souterrain- bzw. Kellerräume eindringt; dass Wasser in die gemietete Dachwohnung eindringt. Deshalb fordert er sofortige Mängelbeseitigung. Zugleich kündigte er die Minderung des Mietzinses sowie Schadenersatzansprüche gegen den Antragsteller an.]

Glaubhaftmachung: Eidesstattliche Versicherung des Antragstellers vom ...... im Original, Anlage Ast 1, Schreiben des Mieters vom ...... in Kopie, Anlage Ast 2

Um einen weiteren Schaden zu vermeiden, muss der Antragsteller ...... [z. B. die hangwärts gegen Norden gelegenen gerichteten Kellerwände; das Dach] reparieren lassen.

Deshalb ist die Durchführung eines selbstständigen Beweisverfahrens notwendig, da ohne die vorherige Begutachtung durch einen Sachverständigen die Beweisführung für das Vorhandensein und die Ursache des Mangels unmöglich oder zumindest erschwert sein wird. Nach der Mangelbeseitigung kann nicht mehr festgestellt werden, wie der Zustand vorher war und ob jener durch die mangelhafte Arbeit der Antragsgegnerin verursacht wurde.

Glaubhaftmachung: oben angegebene eidesstattliche Versicherung des Antragstellers vom ......, Anlage Ast 1

Die Antragsgegnerin bestreitet ihre Verantwortlichkeit für die ......schäden [z. B. Durchfeuchtungsschäden] und die hieraus resultierenden Sanierungsmaßnahmen. Die alsbaldige gutachterliche Klärung der in den Anträgen zu Ziffer I. 1. bis 3. genannten Fragen im Wege des selbstständigen Beweisverfahrens ist geboten, da endgültige Sanierungsmaßnahmen im Interesse des Antragstellers geboten sind.

Die Zulässigkeit des Antrages ergibt sich aus § 485 Abs. 1 2. Alt. ZPO.

Die Zuständigkeit des angerufenen Gerichtes ergibt sich aus § 486 Abs. 1 ZPO.

Auf die besondere Eilbedürftigkeit des vorliegenden Beweissicherungsantrages wird hingewiesen und daher eine schnelle Entscheidung erbeten. Des weiteren wird um alsbaldige Bekanntgabe des Auslagenvorschusses für den Sachverständigen nachgesucht, der sofort nach Erlass des Beweisbeschlusses einbezahlt werden wird. Zur vorläufigen Deckung wird ein Verrechnungsscheck diesem Antrag über den Betrag von EUR ...... beigefügt.

Der Streitwert wird mit vorläufig ...... EUR beziffert.

....
Rechtsanwalt/-wältin

Anmerkung

*Da das einvernehmliche Verfahren gemäß § 485 Abs. 1, 1. Alternative ZPO kaum Bedeutung hat, wird auf dessen Behandlung im Rahmen der Prozessformularsammlung verzichtet.

Anträge auf Durchführung des selbstständigen Beweisverfahrens wegen Besorgnis des Verlustes des Beweismittels oder der Erschwerung seiner Benutzung sind in der Baupraxis von erheblicher Bedeutung.

Ein Antrag nach § 485 Abs. 1, § 486 Abs. 1 ZPO ist dann sinnvoll, wenn mit ihm z. B. die materiell-rechtliche Wirkung der Verjährungshemmung herbeigeführt werden soll oder muss oder absehbar ist, dass es im anhängigen Verfahren nicht bald zu einer Beweiserhebung kommt.

Nicht ausreichend für die Besorgnis des Verlustes des Beweismittels oder dessen erschwerter Benutzung ist jedoch der Eintritt einer bevorstehenden Verjährung (Oelmeiner/Merl, Hdb. priv. BauR, § 17 Rn 113). Soll die Verjährung durch das selbstständige Beweisverfahren gehemmt werden oder steht eine Veränderung des Zustandes der Sache wegen unzumutbaren Erhaltungsaufwandes oder einer alsbaldigen Instandsetzung bevor, besteht bei einem Antrag nach § 485 Abs. 2 ZPO immer ein rechtliches Interesse (Oelmeier/Merl a. a. O. Rn 121).

Zuständigkeit:
Sachliche Zuständigkeit:
Bei anhängigem Rechtsstreit ist das Prozessgericht, nur in Fällen dringender Gefahr oder wenn der Rechtsstreit noch nicht anhängig ist das Amtsgericht, in dessen Bezirk die zu vernehmenden Personen oder der in Augenschein zu nehmende Gegenstand sich befinden, zuständig, § 486 ZPO. Bei Anhängigkeit (nicht Rechtshängigkeit) ist das Gericht zuständig, vor dem der Prozess schwebt, vor Anhängigkeit das Gericht, das zur Entscheidung in der Hauptsache berufen wäre. Befindet sich der Rechtsstreit bei Antragstellung schon in der Berufungs- oder Revisionsinstanz, hat das Berufungsgericht über den Antrag zu entscheiden (Zöller § 484 ZPO Rn 3). Bei Stattgeben kein Rechtsbehelf. Bei Ablehnung Beschwerde, §§ 490, 567 ZPO.

Zuständig ist das Gericht, das nach dem Vortrag in der Antragsschrift als Gericht der Hauptsache zuständig wäre. Bei Streitwerten über 5.000,– EUR ist dies das Landgericht, ansonsten das Amtsgericht, § 486 Abs. 2 ZPO.

Örtliche Zuständigkeit:
Örtlich zuständig ist ebenfalls das Gericht der Hauptsache, das nach dem Vortrag in der Antragsschrift örtlich zuständig wäre, § 13 ff. ZPO. In Bausachen kommt dem Gericht des Erfüllungsortes besondere Bedeutung zu (BGH NJW 1986, 935).

Streitwert ist der Wert der Hauptsache, nicht der eingeschränkte Wert der Beweissicherung, da das selbstständige Beweisverfahren den Streit der Parteien erledigen soll. (siehe hierzu Göttlich/Mümmler, BRAGO, Stichwort Selbstständiges Beweisverfahren Anm. 5 m. w. N.).

Zum notwendigen Inhalt des Antrags auf Beweiserhebung im selbstständigen Beweisverfahren gehört gem. § 487 ZPO:

- die Bezeichnung des Gegners,
- die Angabe der Tatsachen, über die Beweis erhoben werden soll,
- die Benennung der Zeugen oder des nach § 485 ZPO zulässigen Beweismittels,
- die Glaubhaftmachung der Tatsachen, die die Zulässigkeit des selbstständigen Beweisverfahrens und die Zuständigkeit des Gerichts begründen.

Es ist zweckmäßig, alle denkbaren Schadenverursacher als Antragsgegner zu benennen. Es ist oft nicht von vorneherein zu erkennen, ob für einen Mangel ein bestimmter Handwerker, ein Subunternehmer, der Architekt oder ein sonstiger Beteiligter verantwortlich ist oder die Verantwortung mehrere gemeinsam trifft (Ingenstau/Korbion, VOB, Teile A, B, B § 18 Rn 92). In solchen Situationen empfiehlt es sich u. a. eher alle in Betracht kommenden Verursacher eines

Schadens oder eines Mangels als Antragsgegner zu bezeichnen. Damit erreicht der Antragsteller, dass die Beweissicherung gegen alle verwertet werden kann und gegen alle die Verjährung unterbrochen wird.

Ohne Bezeichnung des Antragsgegners ist der Antrag nach § 494 ZPO nur zulässig, wenn der Antragsteller glaubhaft macht, dass er ohne Verschulden außerstande ist, den Gegner zu bezeichnen. Ein solcher Beweissicherungsantrag gegen unbekannten Gegner unterbricht aber nicht die Verjährung (BGH NJW 1980, 1458).

Der Antragsteller kann den Antrag erweitern, einschränken oder zurücknehmen (OLG Köln ZfBR 1995, 35).

Im Gegensatz zu einem Antrag nach § 485 Abs. 2 ZPO. sieht der Antrag nach § 485 Abs. 1 ZPO ausdrücklich keine schriftliche Begutachtung durch einen Sachverständigen vor. Deshalb sollte diese zweckmäßigerweise beantragt werden, da der Sachverständige das Gutachten grundsätzlich nur mündlich zu erstatten hat (§§ 402, 395 ff. ZPO). Die schriftliche Gutachtenerstattung muss das Gericht ausdrücklich anordnen, § 411 Abs. 1 S. 1 ZPO, was in seinem Ermessen steht.

Im Hinblick auf die Verwertbarkeit des Gutachtens ist es ratsam, die Beweisfragen genau zu formulieren, da die Gerichte häufig den Antrag ohne nähere Prüfung in den Beweisbeschluss übernehmen.

Die Benennung der Zeugen oder die Bezeichnung der übrigen nach § 485 ZPO zulässigen Beweismittel, muss im Antrag erfolgen, § 487 Nr. 3 ZPO. Dazu gehört u. a. auch die Bezeichnung des Sachverständigen.

Im Antrag sind die Gründe anzugeben, aus denen sich entnehmen lässt, welche Behauptungen – nicht Rechtsansichten – bewiesen werden sollen. Es genügt dabei eine hinreichend genaue Beschreibung der zutage getretenen Erscheinungsform des Mangels (Ingenstau/Korbion, VOB, B § 18 Rn 93), wobei ausreicht, dass dem Gericht und dem Sachverständigen Anhaltspunkte dafür gegeben werden, was beweiserheblich sein könnte (Koebele, Gewährleistung und Beweissicherung bei Bausachen, 1988, Seite 102 f.). Sofern ein Rechtsstreit noch nicht anhängig ist, sollte darauf hingewiesen werden, dass die Feststellung im selbstständigen Beweisverfahren der Vermeidung eines Rechtsstreits dienen kann.

Für die Glaubhaftmachung der Tatsachen muss der Antragsteller vortragen und glaubhaft machen, dass und in welchem Umfang die Beweiserhebung notwendig ist, um das Beweisverlustrisiko auszuschließen. Hierzu reicht es aus, dass der Antragsteller die Schadstellen und die aufgetretenen Schäden in ihrem Erscheinungsbild beschreibt (BGH in SFH Nr. 5 zu § 487 ZPO). Die Gründe dafür, dass die Benutzung des Beweismittels verloren geht oder seine Benutzung erschwert wird, sind darzulegen und glaubhaft zu machen. Der Antragsteller muss z. B. konkrete Tatsachen vortragen und glaubhaft machen, dass die Beweiserhebung durch Einholung eines Sachverständigengutachtens wegen einer Veränderung des Bauwerkes erschwert bzw. unmöglich gemacht wird, da z. B. an undichten Kellermauern, dem undichten Dach sofortige Maßnahmen zur sofortigen Beseitigung der Mängel notwendig sind und in Angriff genommen werden (LG Heilbronn BauR 1980, 93, 94). Da die Glaubhaftmachung eine bestimmte Art der Beweisführung ist, darf die eidesstattliche Versicherung nicht nur den Inhalt haben, dass sie sich lediglich auf die in der Antragsschrift vom Verfahrensbevollmächtigen geschilderten Tatsachen bezieht. Sie muss Angaben zum Person und zur Sache, somit eigene konkrete Wahrnehmungen beinhalten, vgl. §§ 395, 396 ZPO.

Die Tatsachen, die die Zulässigkeit des selbstständigen Beweisverfahrens und die Zuständigkeit des Gerichts begründen sollen, sind glaubhaft zu machen, § 487 Nr. 4 ZPO. Eine Glaubhaftmachung der Tatsachen, die die Zulässigkeit des Beweissicherungsverfahrens begründen, umfasst auch das rechtliche Interesse an der Beweissicherung.

Die Person des Sachverständigen wird jetzt durch das Gericht bestimmt. Es kann aber der Antragsteller so vorgehen, dass er einen bestimmten Sachverständigen benennt, hilfsweise aber beantragt wird, dass ein von der Industrie- und Handelskammer zu benennender oder ein vom Gericht zu bestimmender Sachverständiger beauftragt werde. Der Antragsteller kann auch versuchen Sachverständige, mit denen er schlechte Erfahrungen gemacht hat, auszuschließen, in dem er diese benennt.

Der Sachverständige kann bei Verdacht der Voreingenommenheit abgelehnt werden. Das Gesuch muss unverzüglich nachgereicht werden (Vgl. Formular 1.A.02.#25). Nach § 406 Abs. 2 ZPO hat die Ablehnung spätestens 2 Wochen nach Verkündung oder Zustellung des Beschlusses über die Ernennung zu erfolgen.

Der stattgebende Beschluss im selbstständigen Beweisverfahren ist nicht anfechtbar, § 490 Abs. 2 S. 2 ZPO. Der Gegner kann nur formlose Einwendungen geltend machen. Gegen die Ablehnung des Gesuchs ist die sofortige Beschwerde gegeben, § 567 Abs. 1 Nr. 2 ZPO.

Unterlässt es der Sachverständige, den Antragsgegner zur Ortsbesichtigung zu laden, sollte der Antragsteller die Anhörung des Sachverständigen beantragen, sofern er möchte, dass das Gutachten als solches und nicht als bloße Urkunde im Hauptprozess verwertet wird.

Manchmal kann es sinnvoll sein, das Gericht im Antrag zu bitten, den zu bestellenden Sachverständigen Anweisungen für seine Vorgehensweise, wie etwa zur Durchführung einer Ortsbesichtigung, Beschaffung von Unterlagen usw., zu erteilen.

Achtung:
Der zulässige Antrag im selbstständigen Beweisverfahren hemmt die Verjährung des Hauptanspruches, § 204 Abs. 1 Nr. 7 BGB. Die Hemmung der Verjährung endet gemäß § 204 Abs. 2 BGB 6 Monate nach der Beendigung des eingeleiteten Verfahrens. Das selbstständige Beweisverfahren ist mit Übersendung des Gutachtens an die Parteien (BGH WM 2002, 483, 484), wenn weder das Gericht eine Frist zur Stellungnahme setzt noch eine mündliche Erläuterung des Gutachtens stattfindet, beendet, andernfalls nach Fristablauf zur Stellungnahme bzw. nach Erläuterung des Gutachtens, der Verlesung der mündlichen Aussage des Zeugen oder Sachverständigen im Termin (BGH NJW 1973, 698, 699). Endet das Verfahren durch Zugang eines Gutachtens, so sollte die Frist von 6 Monaten des § 204 Abs. 2 BGB vom Tag des Zugangs des Gutachtens berechnet werden, welcher durch den Eingangsstempel zu dokumentieren ist.

Im selbstständigen Beweisverfahren prüft das Gericht allerdings nicht, ob z. B. Gewährleistungsansprüche, deren Tatsachen geklärt werden sollen, verjährt sind oder nicht, da dies dem Hauptprozess vorbehalten ist.

Die Kosten der Beweissicherung gehören zu denen des Rechtsstreits, ohne dass darüber besonders entschieden wird. Zu dem weiteren Verfahren, wenn es nicht zum Prozess kommt, vgl. § 494 a ZPO.

Rechtfertigender Grund des beweissichernden Verfahrens nach § 485 Abs. 1 2. Alt. ZPO ist der Schutz gegen das Risiko des Beweisverlustes.

Stellt sich aufgrund der Stellungnahme des Antragsgegners heraus, dass die Ausdehnung des Verfahrens auf einen weiteren Verantwortlichen erforderlich ist, so steht dem Antragsteller die Möglichkeit der Streitverkündung zur Verfügung (OLG Koblenz BauR 1993, 364 ff.).

Aber auch dem Antragsgegner steht der Weg der Streitverkündung offen. Damit kann er erreichen, dass der Sachverständige z. B. auch die Verantwortlichkeit Dritter, etwa des Architekten oder eines weiteren Handwerkers aufklärt. Dies ist für den gesamtschuldnerischen Ausgleich, für mögliche Regressansprüche und für die Hemmung der Verjährung (§ 204 Nr. 6 BGB) sinnvoll.

Die Beweisaufnahme erfolgt nach dem für die Beweisaufnahme hinsichtlich des betreffenden Beweismittels geltenden Vorschriften.

Der stattgebende Beschluss ist wie ein gewöhnlicher Beweisbeschluss unanfechtbar, § 490 Abs. 2 S. 2 ZPO. Der ablehnende Beschluss unterliegt der sofortigen Beschwerde gem. § 567 Abs. 1 Nr. 2 ZPO. Die Auswahl des Sachverständigen kann nicht mit der Beschwerde angefochten werden.

Zum ›Antrag auf Bestimmung einer Frist zur Klageerhebung im selbstständigen Beweisverfahren gemäß § 494 a ZPO des Antragsgegners‹ siehe Formular 1.A.02.#34.

Büromäßige Behandlung:
Einzureichen ist die Urschrift evtl. mit den zur Zustellung erforderlichen Abschriften. Falls der Gegner durch Rechtsanwalt vertreten ist, empfiehlt sich außerdem die direkte Übersendung einer Abschrift. Kann ein Gegner nicht bezeichnet werden, so ist das Gesuch nur zulässig, wenn glaubhaft gemacht wird, dass der Antragsteller ohne sein Verschulden außerstande sei, den Gegner zu bezeichnen, § 494 Abs. 1 ZPO.

Das Gericht muss einen Termin bestimmen, in dem der Sachverständige sein Gutachten erläutert, sofern eine Partei dies beantragt (§ 492 Abs. 1 i. V. m. § 411 Abs. 3 ZPO).

Gerichtskosten:
5/10 Gebühr nach GKG Anl.1 KV Nr. 1610, unabhängig davon, ob das selbstständige Beweisverfahren vor oder neben einem Streitverfahren durchgeführt wird; sie wird mit Einreichung des Antrages auf Beweissicherung fällig. Diese Gebühr bleibt bestehen, auch wenn der Antrag zurückgenommen oder das Verfahren erledigt ist. Eine Vorschusspflicht des kostenpflichtigen Antragstellers besteht allerdings nicht, vgl. § 49 S. 1 GKG u. § 65 GKG. Im Arbeitsgerichtsverfahren 4/10 Gebühr nach Anlage 1 zu ArbGG KV Nr. 9200.

Neue Anträge lösen im Gegensatz zur Ergänzung von Anträgen neue Kosten aus.

Weitere Kosten sind die Entschädigungen für Zeugen und Sachverständige.

Das Gericht kann gem. §§ 492, 402, 379 ZPO die Beauftragung eines Sachverständigen von der Einzahlung eines Kostenvorschusses abhängig machen. Um die Höhe festzustellen, muss das Gericht sie beim Sachverständigen erst erfragen, um den Betrag dann anzufordern. Die Entschädigung des Sachverständigen richtet sich nach dem Gesetz über Entschädigung von Zeugen und Sachverständigen (ZSEG). Der Zeitverlust kann dadurch verringert werden, dass der Anwalt im Antrag durch die Erklärung der »Übernahme der Haftung« für diese Kosten diesen Vorgang beschleunigt.

Die Prozesskostenhilfe ist nach § 114 ZPO möglich, wobei es auf die Erfolgsaussichten des Hauptverfahrens ankommt (LG Freiburg, BauR 1988, 400).

Rechtsanwaltsgebühren:
Wenn die Hauptsache noch nicht anhängig ist: 10/10 Prozessgebühr, §§ 48, 31 BRAGO, evtl. 10/10 Beweisgebühr. Möglich ist auch eine 10/10 Erörterungsgebühr, §§ 48, 31 Ziff.4 BRAGO.

(Siehe hierzu im näheren Göttlich/Mümmler, BRAGO, Stichwort Selbstständiges Beweisverfahren Anm. 3.).

Wenn ein selbstständiges Beweisverfahren neben einem Hauptprozess geführt wird, fällt die volle Beweisgebühr nach § 31 Abs. 1 Nr. 3 BRAGO an. § 48 BRAGO findet keine Anwendung mehr, § 37 Nr. 3 BRAGO.

Die im selbstständigen Beweisverfahren verdienten Gebühren sind allerdings auf die in der Hauptsache erworbenen Anwaltsgebühren anzurechnen, da die im selbstständigen Beweisverfahren erbrachte Leistung stets zum Rechtszug gehört, soweit sie von dem für die Hauptsache bestellten Prozessbevollmächtigten erbracht wird, vgl. § 37 Ziff.3 BRAGO.

Der Anwendungsbereich des § 48 BRAGO erstreckt sich somit nur auf folgende Fallkonstellationen:

- dem Prozessbevollmächtigten sind im Hauptsacheverfahren nicht alle Gebühren oder nicht in voller Höhe zugefallen,
- die Gegenstände der beiden Verfahren sind nicht identisch,
- die Hauptsache wird nicht anhängig,
- im Hauptprozess und im selbstständigen Beweisverfahren sind für dieselbe Partei jeweils andere Rechtsanwälte tätig (vgl. Hansens NJW 1991, 1137, 1143).

Da die Gebühren im selbstständigen Beweisverfahren auf die Gebühren im Hauptverfahren anzurechnen sind, ist zu überlegen, ob man mit dem Mandanten eine Gebührenvereinbarung trifft. In dieser schriftlichen Vereinbarung ist dann klarzustellen, dass ein Sonderhonorar deshalb vereinbart wird, weil die gesetzlichen Gebühren für das selbstständige Beweisverfahren mit den Gebühren des Hauptprozesses zu verrechnen sind und damit die gesamte Leistung des Anwaltes für das selbstständige Beweisverfahren ohne Vergütung bliebe. Der vernünftige Mandant wird für ein solches Anliegen Verständnis aufbringen.

Im Prozesskostenhilfeverfahren ist zu beachten, dass die Beiordnung für das Beweissicherungsverfahren besonders erfolgt, sonst gibt es keine Gebühr, § 122 Abs. 3 Ziff.3 BRAGO. Daher ist die Beiordnung stets sofort bei Einreichung des Gesuches um Beweissicherung zu beantragen. Die PKH-Bewilligung in einem nachfolgenden Hauptsacheverfahren erstreckt sich nicht auf das früher eingeleitete Beweisverfahren.

Wird das selbstständige Beweisverfahren während des Berufungs- oder Revisionsverfahrens beantragt, beträgt die Gebühr 13/10 der Normalgebühr.

Achtung:
Da im selbstständigen Beweisverfahren grundsätzlich keine Kostenentscheidung getroffen wird, besteht für die Parteien nur die Möglichkeit, durch gesonderte Klage oder den Antrag auf Bestimmung einer Frist zur Klageerhebung oder die Hauptsache, die anhängig gemacht wird, auch die Erstattung ihrer notwendigen Kosten zu erreichen.

Rechtsschutzversicherung:
Auch für das selbstständige Beweisverfahren nach § 485 ZPO ist eine bestehende Rechtsschutzversicherung eintrittspflichtig, weil es sich um eine notwendige Vorbereitungsmaßnahme für die Durchsetzung der Schadenersatzansprüche handelt, vgl. § 2 a ARB 2000/94; § 2 Abs. 1 e ARB 75, (vgl. auch Harbauer, ARB, § 2 ARB 75 Rn 20).

#02 Antrag auf streitschlichtendes Beweisverfahren § 485 Abs. 2 ZPO

[*HIER Ort, Datum*]

An das
Amtsgericht [- Landgericht]
[*HIER Anschrift*]

Antrag auf Durchführung eines selbstständigen Beweisverfahrens

des/der ...... [*HIER Vorname, Name, Anschrift*]

- Antragstellers/-in [- Beklagte(r)], -

Verfahrensbevollmächtigte(r): Rechtsanwalt/-wältin ...... [*HIER Vorname, Name, Anschrift*]

gegen

[1.] den/die ...... [*HIER Vorname, Name, Anschrift*]

- Antragsgegner/-in zu 1) [- Kläger/-in zu 1)], -

[2.] den/die ...... [*HIER Vorname, Name, Anschrift*]

- Antragsgegner/-in zu 2) [- Kläger/-in zu 2)], -

[3.] den/die ...... [*HIER Vorname, Name, Anschrift*]

- Antragsgegner/-in zu 3) [- Kläger/-in zu 3)], -

Verfahrensbevollmächtigte(r): Rechtsanwalt/-wältin ...... [*HIER Vorname, Name, Anschrift*]

im selbstständigen Beweisverfahren wegen Beweissicherung.

vorläufiger Streitwert: ...... EUR [- Gegenstandswert: bedarf der Festsetzung, jedoch mehr als 5.000,- EUR]

Namens und in Vollmacht des/der Antragsteller/-in beantrage ich,

ohne mündliche Verhandlung im Wege der Beweissicherung gemäß § 485 Abs. 1 ZPO folgenden

Beweisbeschluss

zu erlassen:

Es ist ein schriftliches Sachverständigengutachten über die Behauptung des Antragstellers einzuholen, dass folgende Baumängel an der von dem/der Antragsgegner/-in auf dem Grundstück des/der Antragstellers/-in in ...... durchgeführten Baumaßnahme vorliegen:

I.
1. ......
2. ......
3. ......

II. Dem Sachverständigen wird aufgegeben, zu folgenden Fragen des Antragstellers hinsichtlich der in Ziffer I. aufgelisteten Mängel Stellung zu nehmen:

1. Worauf sind die in Ziffer I. aufgelisteten Baumängel zurückzuführen?
2. Handelt es sich hierbei um planerische oder handwerkliche Fehler?
3. Welche Maßnahmen sind notwendig, um die Mängel zu beheben?
4. Welche Kosten sind für die fachgerechte Beseitigung der Mängel erforderlich?

Das Gericht wird ferner gebeten, über dieses Beweisgesuch ohne mündliche Verhandlung zu entscheiden, da aus den im einzelnen noch in der Begründung aufzuführenden und glaubhaft zu machenden Gründen die Durchführung dieses Beweissicherungsverfahrens außerordentlich eilbedürftig ist.

[oder]

Im Wege des streitschlichtenden Beweisverfahrens gemäß § 485 Abs. 2 ZPO wird namens und in Vollmacht des/der Antragstellers/-in beantragt,

einen geeigneten Sachverständigen mit folgenden Feststellungen zu beauftragen:

1. Das Eindringen der Feuchtigkeit im Untergeschoss ist auf eine ungenügende Isolierung durch den Antragsgegner zurückzuführen.
2. Welche Sanierungsmaßnahmen sind erforderlich, um die aufgetretenen Durchfeuchtungsschäden dauerhaft zu beseitigen?
3. Welche Sanierungskosten sind hierfür erforderlich?

Es wird beantragt,
die Beweiserhebung durch schriftliches Sachverständigengutachten vorzunehmen.

Als Sachverständiger wird bezeichnet:
Herr/Frau Dipl.-Ing. ...... von der IHK ...... in ...... öffentlich bestellte(r) Sachverständige(r) für ......, ...straße ......,. in ......

Es wird beantragt,
den Beweissicherungsbeschluss ohne mündliche Verhandlung zu erlassen.

[oder]
Namens und in Vollmacht des/der Antragstellers/-in beantrage ich,
die Sicherung des Beweises gemäß §§ 485 ff. ZPO im streitschlichtenden Beweisverfahren anzuordnen, dass Beweis über Mängel der ...... arbeiten [z. B. Estrich- und Fliesenarbeiten] in dem Geschäftsgebäude der Firma ......, ... straße ......, in ......, durch Einholung eines schriftlichen Sachverständigengutachtens erhoben werden soll. Dabei soll sich die Beweiserhebung auf folgende Fragen erstrecken:

1. Auf allen Fußböden des Geschäftshauses löst sich das Parkett vom Estrich.
2. Welches sind die Ursachen? Liegt ein Verstoß gegen die anerkannten Regeln der Baukunst vor?
3. Welche Maßnahmen sind zur Beseitigung des Schadens, ... [z. B. des sich ablösenden Parketts; der Undichtigkeiten und der Wasserschäden am Gebäude] erforderlich?
4. Welche Kosten entstehen für die Beseitigung der Mängel und der Wasserschäden?

Als Sachverständiger wird bezeichnet:
Herr/Frau Dipl.-Ing. ...... von der IHK ...... in ...... öffentlich bestellte(r) Sachverständige(r) für ......, ...straße ......,. in ......

Es wird beantragt,
den Beweissicherungsbeschluss ohne mündliche Verhandlung zu erlassen.

Begründung:

...... [*HIER Beispielsbegründung*]

Die Antragstellerin errichtete als Generalunternehmerin für die Firma ...... deren neues Geschäftshaus ......straße ......, in ...... im Jahre ......

Mit dem Vertrag vom ...... übertrug die Antragstellerin sämtliche Architektenleistungen dem Antragsgegner zu 1).

Glaubhaftmachung: Vorlage des Architektenvertrages vom ...... in Kopie, Anlage Ast 1

Mit Werkvertrag vom ...... übertrug die Antragstellerin die Ausführung der ...... [z. B. Estricharbeiten] der Antragsgegnerin zu 2).

Glaubhaftmachung: Vorlage des Werkvertrages vom ...... in Kopie, Anlage Ast 2

Mit Werkvertrag vom ...... übertrug die Antragstellerin die Ausführung der Parkettverlegerarbeiten der Antragsgegnerin zu 3).

Glaubhaftmachung: Vorlage des Werkvertrages vom ...... in Kopie, Anlage Ast 3

Am ...... hat die Auftraggeberin die erbrachten Bauleistungen der Antragstellerin förmlich abgenommen. Eine gesonderte Abnahme der Bauleistungen im Verhältnis der Antragstellerin zu den Antragsgegnern zu 2) und 3) hat nicht stattgefunden.

Ein viertel Jahr nach Bezug des Geschäftshauses traten erstmals die im Antrag bezeichneten Baumängel auf. Sie sind bisher nicht beseitigt worden.

Glaubhaftmachung: Eidesstattliche Versicherung des Bauleiters, der Antragstellerin, Dipl.- Ing. ......, vom ...... im Original, Anlage Ast 4

Da die Verantwortlichkeit für den Mangel von einem Antragsgegner auf den anderen zugeschoben wird, müssten die Antragsgegner durch einen Rechtsstreit die Verantwortlichkeit klären lassen, der durch das selbstständige Beweisverfahren nach Einholung eines Sachverständigengutachten wahrscheinlich vermieden wird.

Zwischen der Antragstellerin und den Antragsgegnern ist ein Rechtsstreit noch nicht anhängig.

Die Antragstellerin hat ein rechtliches Interesse an der Feststellung durch den Gutachter, da ...... [z. B. er die Unterbrechung der Verjährung der Ansprüche gegen die Antragsgegner erreichen will.]

Der Antragsteller ist sich nicht darüber im klaren, ob für das Ablösen des Parketts einer oder mehrere der Antragsgegner verantwortlich sind, weil jeder der Antragsgegner auf das Nachbesserungsverlangen des Antragstellers die Verantwortlichkeit für den Mangel einem anderen Antragsgegner zuschob.

Glaubhaftmachung: Schreiben vom ......, vom ......, vom ......, Anlage Ast 5–7

Der Antragsteller geht deshalb davon aus, dass sich durch Klärung der Beweisfragen ein sonst eventuell erforderlich werdender Rechtsstreit erübrigt.

Für den Antragsgegner zu 1) gilt der Gerichtsstand des Erfüllungsortes (§ 29 ZPO),. . . . . . . ist auch sein allgemeiner Gerichtsstand (§ 13 ZPO).

Der Ort, an dem die bauvertraglichen Leistungen der Antragsgegner zu 2) und 3) erbracht worden sind, befindet sich ebenfalls im Landgerichtsbezirk . . . . . ., so dass der Gerichtsstand des Erfüllungsortes (§ 29 ZPO) gegeben ist.

Die Kosten für die Arbeiten zur Mängelbeseitigung werden mit Sicherheit einen Betrag von über 5.000,- EUR übersteigen, voraussichtlich werden sie eine Betrag von . . . . . . EUR erfordern, so dass das angerufene Landgericht insoweit zuständig ist.

Glaubhaftmachung: Eidesstattliche Versicherung des Bauleiters,
der Antragstellerin, Dipl.- Ing. . . . . . ., vom
. . . . . . im Original, Anlage Ast 4

Auf die besondere Eilbedürftigkeit des vorliegenden Beweissicherungsantrages wird hingewiesen und daher eine schnelle Entscheidung erbeten. Des weiteren wird um alsbaldige Bekanntgabe des Auslagenvorschusses für den Sachverständigen nachgesucht, der sofort nach Erlass des Beweisbeschlusses einbezahlt werden wird. Zur vorläufigen Deckung wird ein Verrechnungsscheck diesem Antrag über den Betrag von . . . . . . EUR beigefügt.

Anhand der vorgelegten Unterlagen ist das rechtliche Interesse des Antragstellers an diesem selbstständigen Beweisverfahren gemäß § 487 Nr. 4 ZPO ausreichend glaubhaft gemacht. Sollte das Gericht nicht dieser Auffassung sein, so wird um einen Hinweis gemäß § 139 ZPO gebeten, der zur Beschleunigung des Verfahrens gegenüber dem Unterzeichner [- der Unterzeichnerin] gleich telefonisch erfolgen sollte.

[oder]

[- Des Weiteren wird gebeten, die Höhe des erforderlichen Kostenvorschusses für die Beauftragung des Sachverständigen unverzüglich - aus Gründen der Beschleunigung möglichst telefonisch - mitzuteilen.]

[oder]

[- Für die Kosten des Sachverständigen wird die anwaltliche Übernahme der Haftung erklärt.]

Der Streitwert wird mit vorläufig . . . . . . EUR beziffert.

. . . .
Rechtsanwalt/-wältin

Anmerkung

Vgl. ansonsten Anmerkung zum vorigen Formular .

Bei Anhängigkeit – nicht Rechtshängigkeit – ist das Gericht zuständig, vor dem der Prozess schwebt. Vor Anhängigkeit ist der Antrag auf Durchführung des selbstständigen Beweisverfahrens bei dem Gericht zu stellen, das nach dem Vortrag des Antragstellers zur Entscheidung in der Hauptsache berufen wäre, § 486 Abs. 2 S. 1 ZPO. Ausschlaggebend ist im zweiten Fall folglich der Sachvortrag des Antragstellers.

Für die sachliche Zuständigkeit kommt das Amts- oder Landgericht in Betracht, die sich nach dem Streitwert im selbstständigen Beweisverfahren, jedoch bezogen auf den in Betracht kommenden Prozess in der Hauptsache (§ 486 Abs. 2 S. 1, §§ 2, 3 ZPO), richtet.

Übersteigt der Streitwert somit den Betrag von 5.000,– EUR, so muss im selbstständigen Beweisverfahren das Landgericht angerufen werden.

Für die Zuständigkeit der Kammer für Handelssachen müssen alle Antragsgegner Kaufmann sein, sonst ist die Zivilkammer zuständig (OLG Frankfurt NJW 1992, 2900).

Es ist ratsam, alle in Betracht kommenden Schadensverursacher als Antragsgegner zu benennen.

Auch ohne die Besorgnis um Beweisverlust oder Beweissicherung darf, solange der Rechtsstreit noch nicht anhängig ist und zwar nur ausschließlich mit dem Beweismittel der schriftlichen Begutachtung durch einen Sachverständigen außerhalb eines Prozessverfahrens Beweis erhoben werden, sofern ein rechtliches Interesse plausibel gemacht werden kann, § 485 Abs. 2 ZPO.

Die schriftliche Begutachtung durch einen Sachverständigen unterliegt drei Voraussetzungen:

- Der Rechtsstreit darf noch nicht anhängig sein.
- Es muss ein rechtliches Interesse an der Sicherung des Beweises bestehen. Dies ist dann der Fall, wenn die Feststellung der Vermeidung eines Rechtsstreites dienen kann. Die Formulierung des Gesetzes macht deutlich, dass nicht nur in den Fällen, in denen möglicherweise ein Rechtsstreit vermieden wird, das rechtliche Interesse zu bejahen ist. Das rechtliche Interesse ist vielmehr immer dann anzunehmen, wenn der Gegner die Tatsache der Behauptung, über die das Beweissicherungsverfahren eingeleitet werden soll, bestreitet und die Behauptung für einen späteren Prozess von Bedeutung ist (Zöller, § 485 ZPO Rn 7).
- Nur ein schriftliches Sachverständigengutachten und kein sonstiges Beweismittel darf benannt sein.

Das ausdrücklich von § 485 Abs. 2 ZPO geforderte rechtliche Interesse ist nicht nur gegeben, wenn ein Rechtsstreit vermieden wird, sondern auch dann, wenn die Beweiserhebung der Vorbereitung eines Hauptsacheprozesses dienen kann (OLG Celle BauR 1992, 405).

Wie aus dem Wortlaut »Möglichkeit der Streitverkündung« hervorgeht, sind keine strengen Maßstäbe an die Darlegung des rechtlichen Interesses und an die Glaubhaftmachung zu legen. Als ein beachtliches Interesse ist das einer Unterbrechung der Verjährung (vgl. Schreiber NJW 1991, 2600 f.) oder die Aussicht zu werten, dass bei mehreren Beteiligten deren Verursachung oder Verursachungsbeitrag« festzustellen ist, da dies die Chancen für eine Schadensregulierung erhöht (Koebele, Gewährleistung und Beweissicherung bei Bausachen, 1988, Seite 107).

Welche Beweisthemen zugelassen sind, ist § 485 Abs. 2 S. 1 ZPO zu entnehmen.

Es kann u. a. die Feststellung begehrt werden, welche Maßnahmen im einzelnen notwendig sind, um Schäden und Mängel zu beheben, welche Sanierungsmaßnahmen hierfür erforderlich sind und welche Kosten dies verursacht.

Die Tatsachenbehauptungen und die Dringlichkeit bzw. die Aussicht auf Förderung außergerichtlicher Klärung müssen glaubhaft gemacht werden. Die Glaubhaftmachung der Tatsachen, die die Zulässigkeit des Beweissicherungsverfahrens begründen, umfasst auch das rechtliche Interesse, die Prozessvermeidung.

Sinnvoll ist es, einen konkreten Sachverständigen unter Angabe der Adresse zu benennen, etwa den eigenen ›Haussachverständigen‹. Mit diesem sollte man aber zuvor telefonisch dessen Möglichkeit und Bereitschaft zur Begutachtung abklären.

Büromäßige Behandlung, Kosten:
In dringenden Fällen ist ein ausreichender Vorschuss – in der Regel dürften 500,– EUR ausreichen – einzuzahlen oder der Anwalt kann die Kostenbürgschaft übernehmen, in dem er im Antrag die »Übernahme der Haftung« für die Kosten des Sachverständigen erklärt.

Die im selbstständigen Beweisverfahren erhobenen Beweise können im späteren Rechtsstreit von beiden Parteien benutzt werden. Sie sind genauso zu behandeln, wie wenn sie erst im Rechtsstreit selbst erhoben worden wären. Die Beweisverhandlung im Beweissicherungsverfahren haben für das Prozessgericht keine Bindungswirkung im Hinblick auf im Hauptverfahren einzuholende Beweiserhebung.

Die Streitverkündung ist im selbstständigen Beweisverfahren zulässig und hat verjährungshemmende Wirkung gem. § 204 Nr. 6 BGB.

Es kann gegebenenfalls Prozesskostenhilfe für ein Beweissicherungsverfahren beantragt werden.

Vgl. ansonsten Formular 1.A.02.#31.

Rechtsschutzversicherung:
Für die Kosten des Verfahrens ist die Rechtsschutzversicherung des Mandanten eintrittspflichtig, vgl. § 5 Abs. 1 c ARB 2000/94.

#03 Antrag auf Erlass einer einstweiligen Verfügung auf Unterlassung von Bauarbeiten bis zur Durchführung eines Beweissicherungsverfahrens

[*HIER Ort, Datum*]

An das
Amtsgericht [-Landgericht]
[*HIER Anschrift*]

Eilt sehr! Bitte sofort vorlegen!

Antrag auf Erlass einer einstweiligen Verfügung
des/der ...... [*HIER Vorname, Name, Anschrift*]

– Antragstellers-/in, –

Verfahrensbevollmächtigte(r): Rechtsanwalt/-wältin ...... [*HIER Vorname, Name, Anschrift*]

gegen

den/die ...... [*HIER Vorname, Name, Anschrift*]

– Antragsgegner/-in, –

[Verfahrensbevollmächtigte(r): Rechtsanwalt/-wältin ...... [*HIER Vorname, Name, Anschrift*]]

wegen Unterlassung von Bauarbeiten bis zur Durchführung des Beweissicherungsverfahrens

Streitwert: ...... EUR

Namens und in Vollmacht des/der Antragstellers/-in beantrage ich - wegen der Dringlichkeit ohne vorherige mündliche Verhandlung - durch einstweilige Verfügung anzuordnen:

1. Dem/Der Antragsgegner/-in wird es bei Vermeidung eines für jeden Fall der Zuwiderhandlung fälligen Ordnungsgeldes bis zu 250.000,- EUR, ersatzweise Ordnungshaft bis zu 6 Monaten, untersagt, ... [z. B. die Bauarbeiten bei dem Bauvorhaben ...... in der ...... straße Nr. ...... fortzuführen oder durch Dritte fortführen zu lassen], bis nach dem Beweissicherungsantrag des/der Antragstellers/-in im selbstständigen Beweisverfahren gemäß Schriftsatz vom ...... an das Amtsgericht ...... durch die vom Sachverständigen an Ort und Stelle zu treffenden tatsächlichen Feststellungen erfolgt sind.
2. Der/Die Antragsgegner/-in hat die Kosten des Verfahrens zu tragen.

[oder]

1. Dem/Der Antragsgegner/-in wird untersagt, die Bauarbeiten bei dem Bauvorhaben ...... in der ...... straße Nr. ...... fortzuführen oder durch Dritte fortführen zu lassen, bis nach dem Beweissicherungsantrag des/der Antragstellers/-in im selbstständigen Beweisverfahren gemäß Schriftsatz vom ...... an das Amtsgericht ...... durch die vom Sachverständigen an Ort und Stelle zu treffenden tatsächlichen Feststellungen erfolgt sind.
2. Dem/Der Antragsgegner/-in wird für den Fall der Zuwiderhandlung gegen das in Ziffer 1. ausgesprochene Verbot ein Ordnungsgeld bis zu 250.000,- EUR und für den Fall, dass diese nicht beigetrieben werden kann, Ordnungshaft bis zu sechs Monaten angedroht.
3. Der/Die Antragsgegner/-in hat die Kosten des Verfahrens zu tragen.

Begründung:

Zwischen den Parteien besteht ein Bauvertrag, durch den die Antragsgegnerin beauftragt wurde, ... arbeiten in dem auf dem Grundstück des Antragsstellers errichteten Wohnhaus [- Geschäftshaus] [Wohn- und Geschäftshaus] vorzunehmen.

[oder]
Der Antragsteller hat mit der Antragsgegnerin am ...... einen Werkvertrag [- Bauvertrag] zur Errichtung des Rohbaues eines Wohnhauses in ...... geschlossen [- Die Antragsgegnerin hat aufgrund des Werkvertrages vom ...... für den Antragssteller als Unternehmerin an dessen Bauvorhaben - Bau eines Wohnhauses [- Geschäftshauses] [- Geschäfts- und Wohnhauses] an dessen Bauvorhaben die nachstehende Gewerke [- das nachstehende Gewerk] ausgeführt:

...... [*HIER Bezeichnung des Gewerks*].

Zwischen den Parteien wurde ein Bauvertrag am ...... geschlossen, bei dem die VOB/B nicht zur Vertragsgrundlage gemacht wurden, sondern das Recht nach dem BGB gilt.

[Gemäß Ziffer ...... des zwischen den Parteien geschlossenen Bauvertrages vom ...... war die VOB/B als Vertragsgrundlage vereinbart.]

Glaubhaftmachung: Bauvertrag vom ......, Anlage Ast 1

Am ...... rügte der Antragsteller, dass ......, so dass ...... eintraten.

Glaubhaftmachung: Rügeschreiben vom ......, Anlage Ast 2
Privatgutachten des Dipl.-Ing. ......, Anlage Ast 3

Die Antragsgegnerin bestreitet ihre Verantwortlichkeit für den Schaden.

Glaubhaftmachung: Schreiben der Antragsgegnerin vom ......, Anlage Ast 4

Aufgrund dieser Erklärung sah sich der Antragsteller veranlasst, mit Datum vom ...... beim Amtsgericht ...... einen Beweissicherungsantrag einzureichen mit dem Inhalt, dass ...... [*HIER weitere Ausführung*]

Hierzu wurde vom Antragsteller beantragt, den Sachverständigen ...... mit der Durchführung der diesbezüglich erforderlichen tatsächlichen Feststellungen zu beauftragen. Das Beweissicherungsverfahren läuft beim Amtsgericht ...... unter dem Aktenzeichen Az. ......

Glaubhaftmachung: Beweissicherungsantrag des Antragsstellers zum Amtsgericht ...... vom ......, Anlage Ast 5

Die Antragsgegnerin schickte trotzdem 2 Arbeiter, die am ...... an die Baustelle, die damit begannen, an den Schadstellen ...... aufzureißen und herauszureißen.

Glaubhaftmachung: Eidesstattliche Versicherung des ...... [z. B. Antragstellers], Anlage - Ast 6

Für den Antragsteller ist bis zur Feststellung durch den im selbstständigen Beweisverfahren zu bestellenden Sachverständigen die Klärung der Verantwortlichkeit erschwert, wenn die Antragsgegnerin ...... herausreißt und entfernt, bis die nach Antrag im selbstständigen Beweisverfahren des Antragstellers im Schriftsatz vom ...... an Ort und Stelle zu treffenden Feststellungen erfolgt sind.

Ohne den Erlass der einstweiligen Verfügung bestünde die Besorgnis, dass durch eine Veränderung des bestehenden Zustandes die Verwirklichung der Rechte des Antragstellers vereitelt oder wesentlich erschwert werden könnten (§ 935 ZPO).

Das Erfordernis der Dringlichkeit und damit der Erlass der beantragten einstweiligen Verfügung ohne mündliche Verhandlung ist durch den oben geschilderten Sachverhalt gegeben.

Sollte das Gericht der Auffassung sein, für den Erlass der beantragten einstweiligen Verfügung seien weitere Sachverhaltsangaben oder Glaubhaftmachungsmittel notwendig, wird gemäß § 139 ZPO um einen entsprechenden richterlichen Hinweis gebeten. Wegen der besonderen Eilbedürftigkeit bittet der Unterzeichner [– die Unterzeichnerin] in diesem Falle möglichst um telefonische Rückäußerung durch das Gericht.

....
Rechtsanwalt/-wältin

Anmerkung

Das Verfahren der einstweiligen Verfügung hat in Bausachen häufig eine große Bedeutung.

Zuständig für den Erlass der einstweiligen Verfügung ist in der Regel nach § 937 ZPO das Gericht der Hauptsache. Ist die Hauptsache noch nicht anhängig, so ist das Gericht zuständig, das in der Hauptsache endgültig zu entscheiden hat.

Büromäßige Behandlung:
Die einstweilige Verfügung im Falle anwaltlicher Vertretung aufgrund der durch den Anwalt zu veranlassenden bloßen Zustellung des Gerichtsbeschlusses wird im Parteibetrieb vollzogen.

Eine einstweilige Verfügung kann nach § 929 Abs. 2 ZPO nur innerhalb eines Monats nach Erlass durch das Gericht vollzogen werden.

Die Zustellung hat entgegen § 317 ZPO durch die Partei zu erfolgen. Der Anwalt des Verfügungsklägers muss dann die einstweilige Verfügung binnen eines Monats im Parteibetrieb dem Antragsgegner zustellen, weil ansonsten die einstweilige Verfügung aufgehoben wird und dem Verfügungskläger die gesamten Kosten des Rechtsstreits auferlegt werden (vgl. BGH WM 1993, 304). Die Zustellung im Parteibetrieb ist selbst dann vorzunehmen, wenn aufgrund mündlicher Verhandlung ein Urteil erlassen wurde, welches nach den §§ 317, 270 ZPO von Amts wegen zugestellt wird. Die Amtszustellung ist nämlich keine Vollziehung i. S. d. § 929 Abs. 2 ZPO. Die Vollziehung erfolgt erst durch Zustellung im Parteibetrieb, muss also zwingend neben der Amtszustellung erfolgen.

Kosten und Gebühren:
Gerichtskosten:
10/10 Gebühr gem. KV Nr. 1310

Rechtsanwaltsgebühren:
10/10 Anwaltsgebühr gem. § 40 BRAGO

#04 Antrag auf Erlass einer einstweiligen Verfügung auf Eintragung einer Vormerkung zur Sicherung einer Bauhandwerkersicherunghypothek

[*HIER Ort, Datum*]

An das
Amtsgericht [-Landgericht]
[*HIER Anschrift*]

Eilt sehr! Bitte sofort vorlegen!

Antrag auf Erlass einer einstweiligen Verfügung
des/der ...... [*HIER Vorname, Name, Anschrift*]

- Antragstellers-/in, -

Verfahrensbevollmächtigte(r): Rechtsanwalt/-wältin ...... [*HIER Vorname, Name, Anschrift*]

gegen

den/die ...... [*HIER Vorname, Name, Anschrift*]

- Antragsgegner/-in, -

[Verfahrensbevollmächtigte(r): Rechtsanwalt/-wältin ...... [*HIER Vorname, Name, Anschrift*]]

wegen Eintragung einer Vormerkung zur Sicherung des Anspruchs auf Einräumung einer Bauhandwerkersicherungshypothek

Streitwert: ...... EUR

Namens und in Vollmacht des/der Antragstellers/-in beantrage ich - wegen der Dringlichkeit ohne vorherige mündliche Verhandlung - gemäß §§ 648, 883, 888 BGB, 935, 941 ZPO durch einstweilige Verfügung anzuordnen:

1. Für den/die Antragsteller/-in ist auf dem Grundstück, eingetragen im Grundbuch vom ......, beim Amtsgericht ...... Band ......, Blatt ......, Grundstücks-Flur-Nr. ......, Straßenbezeichnung ......, [- zu Lasten des/der Antragstellers/-in] eine Vormerkung zur Sicherung des Anspruches auf Einräumung einer Sicherungshypothek für seine/ihre Werklohnforderung aus dem Werkvertrag [- Bauvertrag] vom ...... in Höhe von ...... EUR gemäß Rechnung [- Abschlagsrechnung] vom ...... nebst ...... % Zinsen seit dem ...... sowie einer Kostenpauschale von ...... EUR einzutragen.
2. Der/Die Antragsteller/-in hat die Kosten des Verfahrens zu tragen.
3. Es wird insoweit angeregt, dass das Gericht - bei Erlass der einstweiligen Verfügung - von seiner Befugnis nach § 941 ZPO Gebrauch macht und das zuständige Grundbuchamt bei dem Amtsgericht in ...... um die Eintragung der Vormerkung ersucht und dem Antragsteller eine entsprechende Mitteilung macht. Für den Fall, dass das Gericht von dieser Befugnis keinen Gebrauch machen will, bitte ich - wegen der Dringlichkeit - vorab um telefonische Nachricht, damit ich den Eintragungsantrag stellen kann.
   [- 3. Das zuständige Grundbuchamt wird gemäß § 941 ZPO ersucht, die Eintragung der Vormerkung vorzunehmen.]

Begründung:

Der Antragsgegner ist Eigentümer des im Antrag näher bezeichneten Grundstückes.

Glaubhaftmachung: beigefügter (beglaubigter) Grundbuchauszug, Ast 1

Zwischen den Parteien besteht ein Bauvertrag, durch den die Antragstellerin beauftragt wurde, ... arbeiten in dem auf dem Grundstück des Antragsgegners errichteten Wohnhaus [- Geschäftshaus] [Wohn- und Geschäftshaus] vorzunehmen.

[oder]
Der Antragsteller hat mit dem Antragsgegner am ...... einen Werkvertrag [- Bauvertrag] zur Errichtung des Rohbaues eines Wohnhauses in ...... geschlossen [- Der Antragsteller hat aufgrund des Werkvertrages vom ...... für den Antragsgegner als Unternehmer an dessen Bauvorhaben - Bau eines Wohnhauses [- Geschäftshauses] [- Geschäfts- und Wohnhauses] auf dem im Antrag näher bezeichneten Grundstück die nachstehende Gewerke [- das nachstehende Gewerk] ausgeführt:

...... [*HIER Bezeichnung des Gewerks*].

Die Arbeiten sind abgenommen. Die Schlussrechnung lautet auf ...... EUR.

Glaubhaftmachung: beiliegende Kopie des Werkvertrages [Bauvertrages], Abnahmeprotokoll vom ......, Schlussrechnung vom ......

Die genannte Schlussrechnung war am ...... zur Zahlung fällig.

[- Die Leistungen des Antragsteller sind mangelfrei. Die Werklohnforderung ist fällig.]

Der Antragsgegner wurde vom Antragsteller mit Schreiben vom ...... zur Bezahlung des noch offenen Restforderungsbetrages aus der Schlussrechnung bis zum ...... aufgefordert. Auch innerhalb dieser gesetzten Frist ist dennoch von dem Antragsgegner keine Zahlung erfolgt. [- Der Antragsgegner hat die Werklohnforderung trotz Mahnungen nicht gezahlt.]

Glaubhaftmachung: Mahnschreiben des Antragstellers vom ......, Ast 2, eidesstattliche Versicherung des Antragstellers, Ast 3

Der Antragsgegner hat hierauf lediglich gegenüber dem Antragsteller erklärt, seine Bausparkasse habe ein versprochenes Darlehen noch nicht ausgezahlt. Daraufhin hat der Antragsteller [auf meinen Rat hin] von dem Antragsgegner mit Schreiben vom ...... die Bewilligung zur Eintragung einer Vormerkung auf Eintragung einer (Bauhandwerker-)Sicherungshypothek gefordert.

Glaubhaftmachung: beiliegende Fotokopie des Schreibens vom ......, Ast 4

Der Antragsgegner hat mit Schreiben vom ...... die freiwillige Bewilligung zur Eintragung einer Vormerkung auf Eintragung einer Sicherungshypothek abgelehnt.

Glaubhaftmachung: beigefügtes Schreiben vom ......, Ast 5

Einen Anspruch auf Bauhandwerkersicherheit nach § 648 a BGB hat der Antragsteller nicht geltend gemacht und er hat eine Sicherheit für seine Vergütung auch nicht erlangt.

Aufgrund der Tatsache, dass der Antragsgegner die zwischenzeitlich fällige Werklohnforderung nicht bezahlt hat, sind dem Antragsteller seit dem ...... Verzugszinsen in Höhe von ...... EUR Zinsen aus dem Schlussrechnungsbetrag von ...... EUR entstanden.

Glaubhaftmachung: Bankbestätigung vom ......; Ast 6 eidesstattliche Versicherung des ...... vom ......, Ast 7

Der Antragsteller hat als Bauwerkunternehmer wegen der genannten Vergütungsforderung [- Vergütungsteilforderung] gegen den Antragsgegner gem. § 648 Abs. 1 BGB Anspruch auf Einräumung einer Sicherungshypothek, zu deren Sicherung er aufgrund §§ 883, 885 BGB die Eintragung einer Vormerkung verlangen kann. Die Darlegung und Glaubhaftmachung des Verfügungsgrundes ist nicht erforderlich, § 885 Abs. 2 S. 2 BGB.

Der Antragsteller hat in Erfahrung gebracht, dass die Finanzierungsbank des Antragsgegners, die X-Bank, keinerlei Zahlungen mehr für den Antragsgegner aus dem zugrundeliegenden Bauvorhaben leistet.

Glaubhaftmachung: eidesstattliche Versicherung des Antragstellers vom ......, Ast 8

Da der Antragsgegner offensichtlich nicht in der Lage ist, seinen Zahlungsverpflichtungen nachzukommen, ist zu befürchten, dass der Antragsteller durch Zeitverlust um die Vorteile der einstweiligen Verfügung gebracht würde und dass potenzielle andere Gläubiger vorrangig die Zwangsvollstreckung in das Grundbuch des Antragsgegners betreiben können.

Sollte das Gericht weiteren Sachvortrag oder die Vorlage weiterer Mittel der Glaubhaftmachung für erforderlich halten, so bitte ich um einen Hinweis gemäß § 139 ZPO.

Es wird darum gebeten, wegen der Dringlichkeit die einstweilige Verfügung ohne mündliche Verhandlung zu erlassen.

Der Kostenbetrag für diesen Antrag berechnet sich wie folgt:

Gegenstandswert für Prozessgebühr: ...... EUR (= 1/3 der geltend gemachten Forderung in Höhe von	...... EUR
10/10 Prozessgebühr gem. §§ 40, 31 Abs. 1 Nr. 1 BRAGO	...... EUR
Gegenstandswert für ZV-Gebühr:...... EUR (= voller Forderungsbetrag gem. § 57 Abs. 3 BRAGO)	
3/10 ZV-Gebühr gem. §§ 57, 58 BRAGO	...... EUR
Auslagenpauschale gem. § 26 BRAGO für gerichtliche Tätigkeit	...... EUR
Auslagenpauschale gem. § 26 BRAGO für ZV	...... EUR
insgesamt notwendig erbrachte Ablichtungen gem. § 27 BRAGO	...... EUR
Zwischensumme	...... EUR
zuzüglich gesetzliche MWSt. (falls Antragsteller nicht vorsteuerabzugsberechtigt sein sollte)	...... EUR
zuzüglich Gerichtskosten für Grundbuchauszug	...... EUR
Gesamtsumme	...... EUR

....
Rechtsanwalt/-wältin

Anmerkung

Zum Antrag auf Eintragung einer Bauhandwerkersicherunghypothek siehe Formular 1.D.01#21.

Zuständig ist das Gericht der Hauptsache. Unter mehreren hat der Antragsteller die Wahl (§ 35 ZPO), solange die Hauptsache nicht anhängig ist. Für die örtliche Zuständigkeit können von Bedeutung sein die §§ 12, 13, 26 und 29 ZPO. Die sachliche Zuständigkeit richtet sich nach den allgemeinen Grundsätzen (§ 23 Nr. 1, § 71 Abs. 1 GVG), so dass es auf den Wert der zu sichernden Forderung (§ 6 ZPO) ankommt. Streitwertunabhängig kann die einstweilige Verfügung auch beim Amtsgericht des belegenen Grundstückes anhängig gemacht werden. Auf das Erfordernis der »besonderen Dringlichkeit« (§ 942 Abs. 1 ZPO) wird hinsichtlich der Eintragung von Vormerkung und Widerspruch nach § 942 Abs. 2 S. 1 ZPO verzichtet.

Für die Vormerkung zur Sicherung einer Bauhandwerkersicherungshypothek wird 1/4 bis 1/3 der Forderung angesetzt (Baumbach/Lauterbach/Albers/Hartmann Anh. § 3 ZPO Rn 35).

Die einstweilige Verfügung einer Vormerkung zur Sicherung des Anspruches auf Einräumung einer Bauhandwerkersicherungshypothek kommt in der Praxis recht häufig vor (vgl. umfassend Siegburg, BauR 1990, 290). Wegen der im Baubereich liegenden, spezifischen Gründe ist ein Bauprozess meist nicht von kurzer Dauer, die einstweilige Verfügung deshalb sehr häufig die einzige Möglichkeit für den Bauhandwerker seine Rechte und Ansprüche sachgerecht zu wahren und zu sichern.

Für den Bauhandwerker ist in der Regel zunächst die Sicherung seines Ansprüche durch Eintragung einer Vormerkung (§ 883 BGB) sinnvoll. Durch die Vormerkung wird verhindert, dass die erst später einzutragende Sicherungshypothek wegen zwischenzeitlich erfolgter Eintragungen eine wertlose Rangstelle erhält. Die Eintragung der Vormerkung kann der Bauwerkunternehmer im Wege der einstweiligen Verfügung erstreiten. Eine einstweilige Verfügung auf Einräumung der Bauhandwerkersicherungshypothek selbst ist hingegen nicht möglich, weil damit eine endgültige Regelung getroffen würde und damit eine unzulässige Vorwegnahme der Hauptsache vorläge.

Den Antrag zu 3. kann nur das Gericht stellen, nicht der Urkundsbeamte der Geschäftsstelle, § 39 GBO, 110 FGG. Um Regressrisiken zu vermeiden, überlässt es die Gerichtspraxis in der Regel dem Antragsteller die Eintragung zu beantragen. Hierauf ist aber im Beschluss des Gerichtes von diesem hinzuweisen (Zöller, § 941 ZPO Rn 1; Münchener Kommentar-Heinze § 941 ZPO Rn 1; der Beschlusstenor in dieser Hinsicht könnte etwa lauten: Es bleibt dem Antragsteller überlassen, die zur Eintragung erforderlichen Anträge beim Grundbuchamt zu stellen.)

Zur Begründetheit des Antrages muss der Bauhandwerksunternehmer darlegen und glaubhaft machen,

- dass er Bauhandwerksunternehmer i. S. d. § 648 Abs. 1 BGB ist, also ein Werkvertrag vorliegt, der die Herstellung oder Änderung eines Bauwerkes oder Teiles desselben zum Gegenstand hat (Siegburg BauR 1990, 297). Die Ausführung lediglich mittelbarer Bauwerksleistung, wie Vor- oder Hilfsarbeiten, z. B. durch Anlieferung von Baumaterialien, Bauteilen oder Gerüsten gehört nicht hierzu, auch wenn andere Bauwerksunternehmer diese voll im Bauwerk verwendet haben (vgl. Palandt § 648 BGB Rn 2).
- dass die geschuldete Bauwerksleistung vollständig ausgeführt ist, sofern der Bauwerksunternehmer für die volle vereinbarte Bauwerkforderung die Eintragung verlangt. Ist die Bauwerkleistung nur teilweise erbracht, so kann gem. § 648 Abs. 1 S. 2 BGB nicht mehr als für die anteilige, auf die ausgeführten Bauwerkleistungen entsprechende Forderung die Eintragung einer Vormerkung verlangt werden. In diesem Fall muss das Verhältnis der ausgeführten Leistung zur Gesamtleistung näher dargelegt und entsprechend die anteilige sicherungsfähige Forderung substantiiert vorgetragen werden (Siegburg a. a. O. S. 298).
- wie hoch die vereinbarte Forderung ist, deren Sicherung durch die Vormerkung verlangt wird. Die Fälligkeit der Forderung ist nicht erforderlich. Der Anspruch aus § 648 BGB entsteht ab Baubeginn und wächst mit dem Baufortschritt. Er kann folglich jeweils in Höhe der Teilvergütung geltend gemacht werden, die der schon geleisteten Arbeit entspricht.
- dass der Besteller des Bauwerkes im Zeitpunkt der Geltendmachung des Anspruches aus § 648 BGB noch Eigentümer des Grundstückes ist.

Abnahme, soweit VOB/B Vertragsgegenstand ist, siehe § 12 VOB/B (i. ü. § 641 BGB) ist Fälligkeitsvoraussetzung, ebenso bei Zugrundeliegen der VOB die Erteilung der Schlussrechnung (§ 16 Nr. 3 VOB/B).

Das vorherige erfolglose Verlangen auf Bewilligung einer Vormerkung ist keine Voraussetzung für den Erlass einer einstweiligen Verfügung; bei Unterlassung kann jedoch die Kostenfolge des § 93 ZPO eintreten.

Die Werklohnforderung für ausgeführte Leistungen muss aber noch nicht fällig sein, allerdings dürfen für den Besteller keine Leistungsverweigerungsrechte, z. B. wegen Baumängeln bestehen (str.). Die einstweilige Verfügung kann auch wegen einer Abschlagszahlung und wegen einer noch nicht fälligen Forderung beantragt werden (Münchener Kommentar-Wacke § 885 BGB Rn 5; BGH NJW 1977, 947). Die Glaubhaftmachung ist dann jedoch mit großen Risiken verbunden.

Der Anspruch auf Bauhandwerkersicherungshypothek und die darauf gerichtete Vormerkung besteht nicht, wenn der »Unternehmer« eine Sicherheit nach § 648 a BGB »erlangt« hat, § 648 a Abs. 4 BGB (OLG Köln BauR 1996, 272). Es ist ratsam, in der Klage hierzu Stellung zu nehmen, auch wenn dies keine Anspruchsvoraussetzung für die Hypothek und Vormerkung sein dürfte, sondern lediglich eine Einwendung ist.

Der Verfügungsgrund wird zwar gesetzlich vorausgesetzt, § 885 Abs. 1 S. 2 BGB. Soll die einstweilige Verfügung aber ohne mündliche Verhandlung ergehen, so muss der Antragsteller darlegen, dass es sich um einen ›dringenden Fall‹ handelt, § 937 Abs. 2 ZPO.

Die unproblematische Sicherung des Anspruches aus § 648 BGB führt häufig nicht zu einer werthaltigen dinglichen Sicherung, da sie nur an breitester Rangstelle hinter schon vorhandenen Belastungen rangiert. Siegburg weist in BauR 1990, 290 darauf hin, dass die Bauhandwerkersicherungshypothek oft wegen der Vorbelastungen im Grundbuch eine sog. ›Schornsteinhypothek‹ ist, mit der der Gläubiger in der Zwangsvollstreckung ausfällt und die einstweilige Verfügung somit zumeist nur den Zweck verfolgen kann, den Bauherren ›nervös‹ zu machen, um auf diese Weise ganz oder teilweise eine Befriedigung der Bauforderung zu erreichen.

Büromäßige Behandlung:
Der Anwalt hat die Einhaltung zweier außerordentlich wichtiger Frist zu beachten:

1. die Monatsfrist für die Vollziehung der einstweiligen Verfügung (= Eintragung im Grundbuch) gemäß § 929 Abs. 2 ZPO und
2. die Wochenfrist der Zustellung der einstweiligen Verfügung gemäß § 929 Abs. 3 ZPO.

Die einstweilige Verfügung muss innerhalb eines Monats nach Verkündung – bei mündlicher Verhandlung – bzw. Zustellung – ohne mündliche Verhandlung vollzogen sein, weil sie ansonsten auf Widerspruch des Antragsgegners hin aufgehoben werden muss, § 929 Abs. 2 ZPO. Die Vollziehung erfolgt durch Eintragung im Grundbuch. Sie kann schon vor der Zustellung erfolgen. Die Zustellung muss dann jedoch innerhalb einer Woche nach der Vollziehung (= Eintragung ins Grundbuch) und vor Ablauf der Monatsfrist des § 929 Abs. 2 ZPO erfolgt sein, § 929 Abs. 3 ZPO.

Die einstweilige Verfügung wird im Falle anwaltlicher Vertretung aufgrund der durch den Anwalt zu veranlassenden bloßen Zustellung des Gerichtsbeschlusses im Parteibetrieb vollzogen. Zur Wirksamkeit des Erlasses einer einstweiligen Verfügung ist die Parteizustellung zwingend erforderlich. Dies bedeutet, dass die Zustellung der einstweiligen Verfügung von Amts wegen an den Antragsgegner keine wirksame Zustellung im Sinne von § 929 Abs. 3 ZPO darstellt.

Die Zustellung hat entgegen § 317 ZPO durch die Partei zu erfolgen. Der Anwalt des Verfügungsklägers muss dann die einstweilige Verfügung binnen einer Woche, nachdem von ihm der Antrag auf Eintragung der Vormerkung im Grundbuchamt gestellt worden ist, im Parteibetrieb dem Antragsgegner zustellen, weil ansonsten die einstweilige Verfügung aufgehoben wird und dem Verfügungskläger die gesamten Kosten des Rechtsstreits auferlegt werden (vgl. BGH WM 1993, 304). Die Zustellung im Parteibetrieb ist selbst dann vorzunehmen, wenn aufgrund mündlicher Verhandlung ein Urteil erlassen wurde, welches nach den §§ 317, 270 ZPO von Amts wegen zugestellt wird. Die Amtszustellung ist nämlich keine Vollziehung i. S. d. § 929 Abs. 2 ZPO. Die Vollziehung erfolgt erst durch Zustellung im Parteibetrieb, muss also zwingend neben der Amtszustellung erfolgen.

Nach § 929 Abs. 3 S. 1 ZPO ist die Vollziehung (Eintragung im Grundbuch) schon vor der Zustellung der einstweiligen Verfügung beim Antragsgegner zulässig. In diesem Fall muss der Antragsteller jedoch die Zustellung innerhalb einer Woche nach der Vollziehung, also innerhalb einer Woche nach Eintragung der Vormerkung im Grundbuch, und vor Ablauf der Monatsfrist des § 929 Abs. 2 ZPO beim Antragsgegner vornehmen, weil sonst auf Widerspruch des Antraggegners die einstweilige Verfügung aufgehoben werden muss, § 929 Abs. 2, Abs. 3 ZPO.

Es steht im freien Ermessen des mit der einstweiligen Verfügung angegangenen Gerichts, inwieweit es gemäß § 941 ZPO von sich aus, d. h. also von Amts wegen, das Grundbuchamt ersucht, die Eintragung der Vormerkung der Bauhandwerkersicherungshypothek vorzunehmen.

Achtung:
In der Praxis ersucht das Gericht das Grundbuchamt selten antragsgemäß. Um Regressrisiken zu vermeiden, überlässt es die Gerichtspraxis in der Regel dem Antragsteller die Eintragung zu beantragen. Hierauf ist aber im Beschluss des Gerichtes von diesem hinzuweisen (Zöller, § 941 ZPO Rn 1; Münchner Kommentar- Heinze § 941 ZPO Rn 1; der Beschlusstenor in dieser Hinsicht könnte etwa lauten: Es bleibt dem Antragsteller überlassen, die zur Eintragung erforderlichen Anträge beim Grundbuchamt zu stellen.)

Soll der Anwalt für den Antragsteller den Antrag auf Eintragung der Vormerkung beim Grundbuchamt vornehmen, so ist die Monatsfrist des § 929 Abs. 2 ZPO gewahrt, wenn er innerhalb dieses Monats den Antrag auf Eintragung der Sicherungshypothek beim Grundbuchamt stellt, § 932 Abs. 3 ZPO.

Ist es dem Antragsteller überlassen worden, die Eintragung der Vormerkung im Grundbuch beim Grundbuchamt selbst zu beantragen, so ist zudem darauf zu achten, dass insoweit die Durchführung des Antrages das Grundbuchamt des Vollstreckungsgerichtes ist. Dies bedeutet, dass das Grundbuchamt das Original, zumindest aber eine richterliche Ausfertigung der zugrundeliegenden einstweiligen Verfügung erhalten muss.

Sollte das Gericht des Eintragungsantrages beim Grundbuchamt den Antrag nicht selbst stellen, so sollte der Anwalt darauf achten, dass er von der einstweiligen Verfügung vom Gericht zumindest zwei richterliche Ausfertigungen erhält, nämlich eine für das Grundbuchamt und die andere für die noch vorzunehmende Zustellung der einstweiligen Verfügung beim Antragsgegner durch den Gerichtsvollzieher.

Wegen kurzen Vollziehungsfristen des § 929 Abs. 2 sowie des § 929 Abs. 3 ZPO kann es ansonsten zu außerordentlich großen Schwierigkeiten kommen.

Ist die Vormerkung auf einstweilige Verfügung antragsgemäß im Grundbuch eingetragen worden, versäumt es der Anwalt des Gläubigers jedoch, die einstweilige Verfügung innerhalb der Wochenfrist dem Schuldner zuzustellen, ist aber die Monatsfrist nach § 929 Abs. 2 ZPO noch nicht abgelaufen, so kann der Anwalt des Gläubigers diesen vor weiteren Rechtsnachteilen dadurch schützen, indem er selbst die Berichtigung des Grundbuches und damit die Löschung der bewirkten Vormerkung beantragt unter gleichzeitiger Wiederholung eines neuen Eintragungsantrages. Dieser neuerliche Eintragungsantrag hat die nochmalige Eintragung der Vormerkung im Grundbuch zur Folge, so dass – sofern die Monatsfrist des § 929 Abs. 2 ZPO eingehalten ist – auf diese Weise vom Anwalt des Gläubigers der gemachte Fehler im Hinblick auf die zuvor nicht eingehaltene Wochenfrist des § 929 Abs. 3 ZPO berichtigt werden kann.

Ersucht das Gericht das Grundbuchamt von sich aus oder antragsgemäß – was in seinem Ermessen steht und wie oben geschildert in der Praxis recht selten ist – um die betreffende Eintragung der Vormerkung von Amts wegen, so wahrt der Antrag des Gerichtes die Frist für die Vollziehung, da insoweit § 932 Abs. 3 ZPO analog gilt. Da auch das Ersuchen des Gerichts um Eintragung die Einwochenfrist des § 929 Abs. 3 ZPO in Lauf setzt, (es gilt dann § 929 Abs. 3 ZPO analog), und der Antragsteller in der Regel nicht weiß, wann das betreffende Gesuch beim Grundbuchamt eingeht und somit die Wochenfrist des § 929 Abs. 3 ZPO zu laufen beginnt, ist dem Rechtsanwalt dringend zu empfehlen, sich mit dem Gericht bzw. dem Grundbuchamt telefonisch in Verbindung zu setzen, um Kenntnis darüber zu erlangen, bis zu welchem Tage er zwingend die einstweilige Verfügung dem Antragsgegner zugestellt haben muss. Sonst besteht die Gefahr, dass er unter Umständen die Mitteilung, dass seine einstweilige Verfügung im Grundbuch vollzogen ist, erst erhält, wenn schon die Wochenfrist des § 929 Abs. 3 ZPO abgelaufen ist.

Gegen die durch Beschluss erlassene einstweilige Verfügung kann der Antragsgegner zeitlich unbegrenzt Widerspruch einlegen (§§ 936, 924 Abs. 1 ZPO) oder einen Aufhebungsantrag (§§ 936, 927 ZPO) stellen. Er kann des weiteren beantragen, dass dem Antragsteller Frist zur Erhebung der Hauptklage gesetzt wird (§ 936, 926 Abs. 1 ZPO). Der Antragsgegner kann sich aber auch nur gegen die Kostenentscheidung mit Hilfe eines Kostenwiderspruches wehren. Gegen Urteile aufgrund mündlicher Verhandlung ist die Berufung gegeben.

Kosten und Gebühren:
Neben der offenen Forderung der Bauhandwerkers sind auch die Kosten der Hypothek oder der Vormerkung sicherbar.

Die fruchtlose Aufforderung zur Bewilligung der Eintragung der Vormerkung ist keine Voraussetzung der Anordnung im Wege der einstweiligen Verfügung, sie ist aber aus Kostengründen angezeigt, § 93 ZPO.

Gerichtskosten:
10/10 Gebühr gem. KV Nr. 1310

Rechtsanwaltsgebühren:
10/10 Anwaltsgebühr gem. § 40 BRAGO

vor #05 Erläuterungen aus dem Schuldrecht Allgemeiner Teil

Leistungsstörungsrecht

I. Pflichtverletzung des § 280 BGB als Ausgangspunkt des Leistungsstörungsrechts

Die zentrale Regelung und damit das Kernelement für alle schadensersatzrechlichen Erwägungen ist der einheitliche Tatbestand der Pflichtverletzung des § 280 BGB.

1. Pflichtverletzung

Eine Pflichtverletzung ist immer dann gegeben, wenn der Schuldner eine Haupt- oder Nebenleistung aus dem Vertragsverhältnis oder aus einem sonstigen Schuldverhältnis ganz oder teilweise nicht erbracht hat. Für die Beurteilung, ob eine Pflichtverletzung vorliegt ist allein die objektive Sachlage maßgebend. Ob den Schuldner hinsichtlich der Pflichtverletzung ein Verschulden trifft, ist für das Tatbestandsmerkmal der Pflichtverletzung nicht von Bedeutung. Eine Unterscheidung zwischen Verletzung einer Hauptleistungspflicht und einer Nebenleistungspflicht erfolgt nicht.

Der Anwendungsbereich des § 280 BGB erfasst die bislang nicht kodifizierten Regelungen von positiver Vertragsverletzung und culpa in contrahendo.

2. Verschuldensvermutung

Bei feststehender Pflichtverletzung wird das Verschulden des Schuldners grundsätzlich vorerst, jedoch widerlegbar, vermutet. Dem Schuldner obliegt bei sämtlichen Pflichtverletzungen die Beweislast und er muss darlegen, dass ihn kein Verschulden trifft.

3. Schadenersatz wegen Nichterfüllung gem. § 281 BGB

a. Vorliegen der Voraussetzungen des § 281 BGB

Der auf § 280 BGB aufbauende § 281 BGB erfasst Verzug und Schlechtleistung. Der Gläubiger kann anstatt der Leistung Schadenersatz verlangen, wenn die Leistung nicht oder nicht wie geschuldet erbracht wird.

b. Fristsetzung zur Leistungserbringung vor Schadenersatzanspruch

aa. Grundsatz:

Die Vertragserfüllung geht dem Schadenersatz vor. Bevor der Gläubiger Schadenersatz verlangen kann, muss dem Schuldner eine angemessene Nachfrist gesetzt werden (§§ 280, 281 BGB), innerhalb derer dieser noch die Leistung erbringen kann. Danach erst entsteht der Anspruch auf Schadenersatz anstelle der vertragsgemäßen Leistungserbringung.

bb. Ausnahme:

Die Nachfrist erübrigt sich, so etwa bei einer ernsthaften und endgültigen Leistungsverweigerung des Schuldners, § 281 Abs. 2 BGB.

4. Ersatz vergeblicher Aufwendungen gem. § 284 BGB

Gem. § 284 BGB kann der Gläubiger gegenüber dem Schuldner einen Anspruch auf Ersatz von Aufwendungen, die der Gläubiger im Vertrauen auf die Leistung des Schuldners gemacht hat (sog. frustrierte Aufwendungen), geltend machen.

II. Unmöglichkeit, § 275 BGB – Befreiung von der Primärleistungspflicht

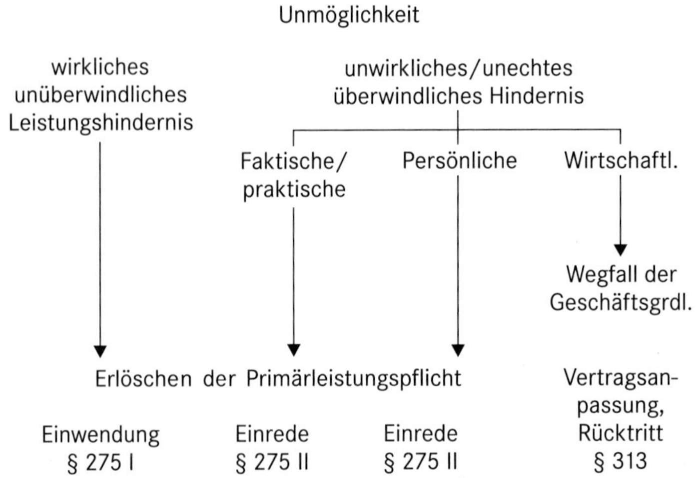

– Schicksal der Gegenleistung

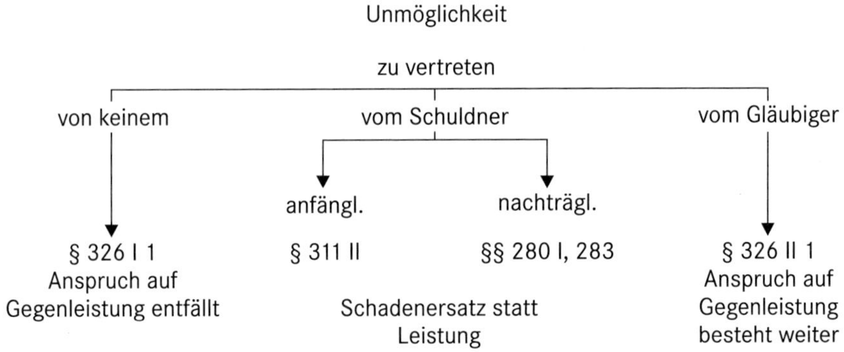

1. Tatbestand der Unmöglichkeit

Nach § 275 BGB ist der Anspruch auf Leistung ausgeschlossen, soweit diese für den Schuldner oder jedermann ausgeschlossen ist. Somit führt jede Art der Unmöglichkeit zu einer Befreiung des Schuldners von seiner Primärleistungspflicht. Nach § 311 a Abs. 1 BGB wird klargestellt, dass die so genannte anfängliche Unmöglichkeit nicht mehr zur Nichtigkeit des Vertrages führt.

2. Rechtsfolge

§ 275 Abs. 4 BGB stellt klar, dass sich die Rechte des Gläubigers aus den §§ 280, 283 bis 285, 311 a und 326 BGB ergeben:

Der Gläubiger kann

- gemäß § 326 BGB vom Vertrag zurücktreten,
- Schadenersatz nach den §§ 280, 283 BGB verlangen, wenn der Schuldner die Unmöglichkeit und die damit verbundene Befreiung von der Leistungspflicht zu vertreten hat,
- anstelle des Schadenersatzanspruches nach §§ 280, 283 BGB vom Schuldner Ersatz für seine vergeblichen Aufwendungen gemäß § 284 BGB verlangen,
- nach § 285 BGB vom Schuldner Herausgabe eines Ersatzes verlangen,
- die Möglichkeit des § 311 a BGB nutzen, so dass ihm die gleichen Rechte aus § 284 BGB und § 281 Abs. 1 S. 3 u. Abs. 4 BGB zustehen, wenn dem Schuldner das Leistungshindernis bekannt war und der Schuldner trotzdem eine Leistungsverpflichtung eingegangen ist.

III. Verzug gem. §§ 286, 280 BGB

Unterschiede außer in der Paragraphenbezifferung ergeben sich zu vorigem Recht in folgender Regelung:

Nach § 286 Abs. 3 BGB kommt der Schuldner spätestens in Verzug, wenn er nicht innerhalb von 30 Tagen nach Fälligkeit und Zugang der Rechnung oder einer gleichwertigen Forderungsaufstellung leistet. Für den Verzug ist in diesem Fall keine Mahnung mehr erforderlich.

1. Voraussetzungen des Verzuges

Die Voraussetzungen des § 280 Abs. 1 und des § 286 BGB müssen kumulativ vorliegen:

a. Pflichtverletzung des Schuldners nach § 280 Abs. 1 BGB
b. Anspruch des Schuldners gegenüber dem Gläubiger fällig gem. § 286 BGB
c. Gläubiger muss den Schuldner gemahnt haben
Ausnahme: Entbehrlichkeit der Mahnung: Hierzu ist nur erforderlich nach § 286 Abs. 2 BGB, dass sich die Zeit für die Leistungserbringung nach einem Ereignis berechnen lässt

2. Verzugseintritt

§ 286 Abs. 1 BGB: Mahnung
Mahnung entbehrlich, § 286 Abs. 2 BGB:

- Zeitbestimmung nach dem Kalender,
- Berechnungsmöglichkeit nach dem Kalender,
- ernsthafte und endgültig Leistungsverweigerung durch den Schuldner,
- bei besonderen Gründen unter Abwägung der beiderseitigen Interessen.

§ 286 Abs. 3 BGB: bei Entgeltforderungen spätestens 30 Tage nach Erhalt und Fälligkeit einer Rechnung oder gleichwertigen Zahlungsaufforderung.

Achtung: bei Verbrauchern ist eine besondere Hinweispflicht notwendig.

3. Rechtsfolge

Verzugszinsen
§ 288 BGB
Abs. 1: 5 Prozentpunkte über dem Basiszinssatz, sofern Verbraucher an dem Rechtsgeschäft beteiligt sind.
Abs. 2: 8 Prozentpunkte über dem Basiszinssatz bei Rechtsgeschäften, an dem Verbraucher nicht beteiligt sind.

Legaldefinition des Verbrauchers in § 13 BGB.

Die Definition des Basiszinssatzes enthält § 247 BGB:

Abs. 1 BGB: Der Basiszinssatz beträgt 3,62 Prozent. Er wird halbjährlich zum 1. Januar und 1. Juli angepasst.
Abs. 2 BGB: Die Deutsche Bundesbank gibt den geltenden Basiszinssatz unverzüglich nach diesen genannten Zeitpunkten im Bundesanzeiger bekannt, § 247 Abs. 2 BGB.

Achtung: Der Basiszinssatz kann am besten (weil dort die sorgfältigste Auskunft erfolgt) bei der Landeszentralbank telefonisch erfragt werden, um den jeweils gültigen gesetzlichen Verzugszinssatz zu errechnen. Ansonsten sieht man im Bundesanzeiger nach.

§ 288 Abs. 2 BGB: Bei Rechtsgeschäften, an denen ein Verbraucher nicht beteiligt ist, beträgt der Zinssatz acht Prozentpunkte über dem Basiszinssatz.

§ 288 Abs. 3 BGB: Kann der Gläubiger aus einem anderen Rechtsgrund höhere Zinsen verlangen, so sind diese fortzuentrichten.

§ 288 Abs. 4 BGB: Die Geltendmachung eines weiteren Schadens ist nicht ausgeschlossen.

IV. Rücktritt, § 323 BGB

1. Voraussetzungen

a. Pflichtverletzung: Schuldner hat eine ihm obliegende Pflicht aus einem gegenseitigen Vertrag nicht oder nicht vertragsgemäß erbracht,
b. Frist zur Erbringung der Leistung oder Nacherfüllung ist erfolglos verstrichen.

2. Rechtsfolge

Der Gläubiger kann vom Vertrag zurücktreten und gleichzeitig Schadenersatz verlangen, etwa die Mehrkosten aus einem Deckungsgeschäft oder eine entgangenen Gewinn vom Schuldner ersetzt verlangen.

Ersatz für vergebliche Aufwendung kann über § 284 BGB geltend gemacht werden.

Untergang der Sache schließt den Rücktritt nicht mehr aus. Nach § 346 dann Geltendmachung des Wertersatzes.

V. Aufnahme von Richterrecht

- Positive Vertragsverletzung: §§ 280 Abs. 1 S. 1 BGB
  Wird die Verletzung einer Schutzpflicht i. S. d. §§ 280 Abs. 1 S. 1 i. V. m. 241 Abs. 1 geltend

gemacht, trägt der Verletzte (der Gläubiger) die Beweislast für das Vorligen einer Pflichtverletzung, wenn er sich auf § 241 Abs. 2 BGB beruft.
- culpa in contrahendo: §§ 280 Abs. 1. S. 1, 311 Abs. 2, 3 BGB
  Voraussetzungen von c. i. c. sind in § 311 Abs. 2 BGB dargelegt.
- Wegfall der Geschäftsgrundlage: § 313 BGB

Folgende Merkmale müssen nach § 313 BGB kumulativ vorliegen:

- Veränderungen der Umstände nach Vertragsschluss,
- Umstände sind nicht Bestandteil des Vertrags geworden,
- bei Kenntnis von den Änderungen hätten die Parteien den Vertrag nicht oder mit anderem Inhalt geschlossen,
- ein Festhalten am unveränderten Vertrag muss für eine Vertragspartei, unter Berücksichtigung der Einzelumstände, unzumutbar sein.
- Kündigung von Dauerschuldverhältnissen: § 314 BGB

vor #05 Kurzüberblick über die Verjährungsfristen

Nach der neuen Fassung des § 195 BGB wird die regelmäßige Verjährungsfrist von 30 Jahren auf 3 Jahre verringert, wobei der Zeitpunkt der Kenntnisnahme durch den Gläubiger entscheidend ist. Aber auch ohne Kenntnis verjähren die Ansprüche nach 10 Jahren. Bei unerlaubten Handlungen und bei durch Urteil erwirkten Ansprüchen bleibt es bei der regelmäßigen Verjährung von 30 Jahren.

Beim Kauf verlängert sich die Verjährung der Mängelansprüche von bisher 6 Monaten auf 2 Jahre seit Ablieferung der Sache, § 438 Abs. 1 Nr. 3 BGB. Außerdem wird die Fristverkürzung in diesem Bereich beschränkt.

I. Regelmäßige Verjährungsfrist: 3 Jahre

§ 195 BGB: Verjährungsfrist von 3 Jahren

Gilt für:

- vertragliche Ansprüche, unabhängig davon, ob sie auf Sachleistung oder ein Entgelt gerichtet sind,
  Ausnahme: Gewährleistungsansprüche und die unter § 196 BGB fallenden Ansprüche auf Übertragung und Begründung von Rechten an einem Grundstück,
- Ansprüche aus Delikts- und Gefährdungshaftung (Wegfalls des § 852 BGB),
- Ansprüche aus Geschäftsführung ohne Auftrag,
- Ansprüche aus ungerechtfertigter Bereicherung.

Verjährungsbeginn gemäß § 199 BGB: hängt wie bisher auch (vgl. § 198 BGB a. F.) von der Entstehung des Anspruches ab.

II. Weitere Verjährungsfristen

1. Verjährungsfrist von 30 Jahren

§ 199 Abs. 2 BGB: Verjährungsfrist von 30 Jahren
Gilt für:
Schadensersatzansprüche wegen Verletzung des Lebens, des Körpers, der Gesundheit oder Freiheit aus

- unerlaubter Handlung,
- Gefährdungshaftung,
- Verletzung einer Pflicht aus dem Schuldverhältnis.

Verjährungsbeginn gemäß § 199 Abs. 2 BGB: Vornahme der pflichtwidrigen Handlung (nicht der Eintritt des Schadens).

§ 197 BGB: Verjährungsfrist von 30 Jahren
Gilt für:

- Nr. 1 Herausgabeansprüche aus dinglichen Rechten,
- Nr. 2 familien- und erbrechtliche Ansprüche,
- Nr. 3 rechtskräftig festgestellte Ansprüche,
- Nr. 4 Ansprüche aus vollstreckbaren Vergleichen oder vollstreckbaren Urkunden
- Nr. 5 Ansprüche, die durch die im Insolvenzverfahren erfolgte Feststellung vollstreckbar geworden sind.

Verjährungsbeginn nach §§ 200, 201 BGB: Entstehung des Anspruchs, die Rechtskraft der Entscheidung, die Errichtung des vollstreckbaren Titels oder die Feststellung im Insolvenzverfahren.

2. Verjährungsfrist von 10 Jahren

§ 196 BGB: Verjährungsfrist von 10 Jahren
Gilt für:
Abwicklung von Grundstücksgeschäften.

§ 199 Abs. 3 BGB: Sonstige Schadenersatzansprüche, etwa aus Verletzung des Eigentums oder des Vermögens:
ohne Rücksicht auf die Kenntnis oder grob fahrlässige Unkenntnis in 10 Jahren von der Entstehung an (und spätestens in 30 Jahren von schadensauslösenden Ereignis an, sofern Voraussetzung der Entstehung des Anspruchs nicht vorliegt.) Entscheidend ist die Verjährung, die am ehesten endet.

§ 199 Abs. 4 BGB: Nichtschadenersatzansprüche (etwa vertragliche Erfüllungsansprüche, Ansprüche aus Rückgewährschuldverhältnissen, bereicherungsrechtliche Ansprüche etc.)

Verjährungsbeginn nach §§ 200, 201 BGB: Entstehung des Anspruchs, die Rechtskraft der Entscheidung, die Errichtung des vollstreckbaren Titels oder die Feststellung im Insolvenzverfahren.

III. Verjährungsvereinbarungen

§ 202 BGB: Grundsätzlich zulässig.
Besonderheit in § 202 Abs. 2 BGB:
Für den Verbrauchsgüterkauf (§ 473 BGB), also eines Kaufes einer beweglichen Sache eines Verbrauchers von einem Unternehmer,

- ist für Ansprüche des Verbrauchers wegen Mängel der Sache eine Erleichterung der Verjährung durch Rechtsgeschäfte dann unwirksam,
- wenn sie bei neuen Sachen zu einer Verjährungsfrist von unter 2 Jahren oder
- wenn sie bei gebrauchten Sachen zu einer Verjährungsfrist von unter 1 Jahr führt und
- vor der Mitteilung des Mangels an den Verkäufer vereinbart wurde.

Dann gilt für den Unternehmer die regelmäßige Verjährungsfrist von 3 Jahren.

IV. Verjährung von Schadenersatzansprüchen geordnet nach Rechtsgütern

Bei den Schadenersatzansprüchen kommt es für die Bestimmung der Verjährungshöchstgrenze darauf an, welches Rechtsgut verletzt wurde.

1. Verletzung des Lebens, Körpers, Gesundheit, Freiheit, § 199 Abs. 2 BGB

Verjährung spätestens in 30 Jahren von der Begehung der Handlung, der Pflichtverletzung oder dem sonstigen, den Schaden auslösenden Ereignis an.

2. Sonstige Schadenersatzansprüche, § 199 Abs. 3 BGB

Sonstige Schadenersatzansprüche, etwa aus Verletzung des Eigentums oder des Vermögens: ohne Rücksicht auf die Kenntnis oder grob fahrlässige Unkenntnis in 10 Jahren von der Entstehung an (und spätestens in 30 Jahren vom schadensauslösenden Ereignis an, sofern Voraussetzung der Entstehung des Anspruchs nicht vorliegt.)

3. Nichtschadenersatzansprüche, § 199 Abs. 4 BGB

Nichtschadenersatzansprüche (etwa vertragliche Erfüllungsansprüche, Ansprüche aus Rückgewährschuldverhältnissen, bereicherungsrechtliche Ansprüche etc.) verjähren spätestens in 10 Jahren von ihrer Entstehung an.

V. Sonderregelungen

1. Kaufrecht

i. d. R.:
§ 438 Abs. 1 Nr. 3 BGB:
Bei Gewährleistungsansprüchen gilt eine Verjährungsfrist von 2 Jahren.

Die Frist beginnt mit der Lieferung.
Bei Arglist gilt nach § 438 Abs. 3 BGB die regelmäßige Verjährungsfrist von 3 Jahren.

Ausnahme:
§ 438 Abs. 1 BGB:
30 Jahre: wenn ein Dritter aufgrund eines dinglichen Rechts die Herausgabe der verkauften Sache verlangen kann und bei einem sonstigen, im Grundbuch eingetragenen Recht,

5 Jahre: für Bauwerke und für Baumaterialien, die entsprechend dem üblichen Verwendungszweck verwendet worden sind und den Mangel eines Bauwerks verursacht haben.

2. Werkvertragsrecht

Die in § 634 bezeichneten Ansprüche verjähren

a. in zwei Jahren bei einem Werk, dessen Erfolg in der Herstellung, Wartung oder Veränderung einer Sache oder in der Erbringung von Planungs- oder Überwachungsleistungen hierfür besteht,
b. in fünf Jahren bei einem Bauwerk und einem Werk, dessen Erfolg in der Erbringung von Planungsleistungen (z. B. Planungsleistungen von Architekten, Statikern) oder Überwachungsleistungen (z. B. des bauaufsichtsführenden Architekten, Ingenieurs etc.) hierfür besteht,
c. im Übrigen in der regelmäßigen Verjährungsfrist,

Die Verjährung beginnt in den Fällen von Nr. 1 und 2 mit der Abnahme, § 634 Abs. 2 BGB.

Bei Arglist gilt nach § 634 a Abs. 3 BGB die regelmäßige Verjährungsfrist von 3 Jahren der §§ 195, 199 BGB.

Auch für Reparaturarbeiten wird nun eine Gewährleistung von zwei Jahren statuiert – und zwar unabhängig davon, ob neue oder gebrauchte Teile eingebaut werden. Sie kann aber vertraglich auf 1 Jahr verkürzt werden, siehe § 475 Abs. 2 BGB.

Herausgabeansprüche aus absoluten Recht (und einige weitere Ansprüche, siehe § 197 BGB)

§ 197 BGB:
Verjährung in 30 Jahren.

VI. Sonderregelungen abweichend von den §§ 194 ff. BGB für den Beginn der Verjährung

- im Kaufrecht in § 438 BGB
- im Werkvertragsrecht in § 634 a BGB.

Fristbeginn der Verjährung

§ 199 BGB: Mit dem Schluss des Jahres, in dem der Anspruch entstanden ist und der Gläubiger von den Anspruch begründenden Umständen und der Person des Schuldners Kenntnis erlangt hat oder zumindest hätte erlangen müssen.

VII. Verjährungshemmung statt -unterbrechung

Eine Vielzahl von Umständen, die bisher zur Unterbrechung der Verjährung führten, finden jetzt ihren Platz im Anwendungsbereich der Hemmung der Verjährung.

Nach § 209 BGB wird in diesen Fällen lediglich der Lauf der Verjährungsfrist angehalten, bis der Hemmungsgrund entfallen ist, danach läuft der noch nicht abgelaufene Verjährungsrest zu Ende.

Eine besondere Haftungsfalle enthält der § 204 Abs. 2 BGB. Die in § 204 Abs. 1 BGB aufgezählten 14 verschiedenen Maßnahmen der Rechtsverfolgung bewirken nach Maßgabe des Abs. 2 nur noch eine Ablaufhemmung von 6 Monaten nach der letzten Verfahrenshandlung.

Mit der Klage wird nunmehr die Verjährung nicht mehr unterbrochen, sondern nur noch gehemmt. Auch Arrest und einstweilige Verfügung hemmen nur noch die Verjährung.

Die Abkehr vom System der Unterbrechung zum System der Hemmung der Verjährung durch die Klage erfordert eine taggenaue Fristberechnung, um beispielsweise bei einem Stillstand des Gerichtsverfahrens nicht in die Verjährungsfalle zu geraten.

Der Gesetzgeber hat zudem mit § 203 BGB einen neuen Hemmungstatbestand der Verjährung eingeführt. Demnach ist die Verjährung so lange gehemmt, bis der Schuldner oder Gläubiger die Fortsetzung der Verhandlungen verweigert.

vor #05 Einbeziehung von zivilrechtlichen Nebengesetzen

Folgende Nebengesetze sind in das BGB mit aufgenommen worden:

I. in das Schuldrecht, Allgemeiner Teil, weil nicht vertragsorientiert:
1. AGB materieller Teil in §§ 305 bis 310 BGB
2. HWiG in §§ 312–312 a BGB
3. Fernabsatzgesetz in §§ 312–312 d BGB

II. in das Schuldrecht, Besonderer Teil, weil vertragsorientiert:
4. TzWrG in §§ 481 bis 487 BGB
5. VerbrKrG in §§ 491 bis 504 BGB

Die bisherigen §§ 13 ff. des AGBG – also der formelle Teil – befindet sich in dem Gesetz über Unterlassungsklagen bei Verbraucherrechts- und anderen Verstößen im Unterlassungsklagengesetz (UKlaG).

War das AGBG bisher auf Arbeitsverträge generell nicht anwendbar, so gilt dies nach § 310 Abs. 4 BGB nun nicht mehr für Individualarbeitsverträge. Eine Inhaltskontrolle ist aber nach den §§ 307–309 BGB nur bezüglich solcher Regelungen im Individualarbeitsvertrag möglich, die von stets höherrangigen Tarifverträgen, Betriebs- und Dienstvereinbarungen abweichen.

In § 307 Abs. 1 S. 2 BGB ist nunmehr das von der Rechtsprechung entwickelte Transparenzgebot normiert.

Das Produkthaftungsgesetz wurde (noch) nicht in das BGB integriert.

vor #05 A. Die wesentlichen Änderungen im Werkvertragsrecht nach dem Schuldrechtsmodernisierungsgesetz

I. Grundlagen der Mängelgewährleistung

1. Mangelbegriff

Nach § 633 Abs. 1 BGB hat der Werkunternehmer dem Besteller ein Werk frei von Sach- und Rechtsmängeln zu erstellen.

a. Sachmangel

§ 633 Abs. 2 BGB: Das Werk hat nicht die vereinbarte Beschaffenheit.

Grundlage der Beurteilung ist die vertragliche Vereinbarung der Parteien.

§ 633 Abs. 2 S. 3 BGB: Sowohl Falschlieferung (sog. aliud) als auch die Lieferung einer zu geringen Menge (Zuweniglieferung) ist dem Sachmangel gleichgestellt.

b. Rechtsmangel

§ 633 Abs. 3 BGB: Ein Rechtsmangel ist dann nicht gegeben, wenn Dritte in Bezug auf das Werk keine oder nur im Vertrag übernommene Rechte gegen den Besteller geltend machen können.

2. Gewährleistungsrecht

Im Wesentlichen wurden die beiden Stränge des Werkvertragsrechts beibehalten, nämlich erstens seine Zweispurigkeit mit verschuldensunabhängiger Mängelbeseitigung und grundsätzlich verschuldensabhängiger Schadensersatzpflicht und zweitens der Vorrangigkeit des Beseitigungsanspruches – jetzt Nacherfüllungsanspruch, § 635 BGB, genannt –, der den Rechtsbehelfen Selbstvornahme, Rücktritt, Minderung und dem Schadensersatzanspruch vorgeschaltet ist.

a. Vorrangigkeit der Nacherfüllung

Die Vorrangigkeit der Nacherfüllung ist in den §§ 634 Nr. 1, 635 BGB erhalten geblieben. Die Rechtsbehelfe der Selbstvornahme, des Rücktritts vom Werkvertrag und der Minderung des Werklohnes hängen von der einheitlichen Voraussetzung einer vorangegangenen Fristsetzung durch den Besteller ab. Unter dem neu geschaffenen Oberbegriff »Nacherfüllung« wird jetzt im Gesetz klargestellt, dass Anspruchsziel nicht nur Nachbesserung, sondern auch Neuherstellung des Werkes sein kann.

b. Stärkung des verschuldensunabhängigen Selbstvornahmerechts

Im Rahmen der Zweispurigkeit des Werkvertragsrechts werden die verschuldensunabhängigen Elemente gestärkt, da das in § 637 BGB geregelte Recht des Bestellers zur Selbstvornahme nicht mehr davon abhängt, dass der Werkunternehmer mit der Beseitigung des Mangels in Verzug ist. Ähnlich wie beim Selbstvornahmerecht nach § 13 Nr. 5 Abs. 2 VOB/B reicht es aus, dass der Besteller eine angemessene Frist zur Nacherfüllung gesetzt hat.

c. Rücktritt

Das jetzt als Gestaltungsrecht ausgeformte Rücktrittsrecht ist in § 634 Nr. 2, 2. Alt BGB zu finden. Die Norm hat lediglich klarstellenden Charakter, da die Voraussetzungen des Rücktritts in § 323 BGB geregelt sind.

d. Schadensersatz

Für den Schadensersatz kennt § 634 Nr. 3 BGB mit einer Verweisung auf die Grundnorm des § 280 BGB – wie auch schon im früheren Recht § 635 BGB a. F. – die allgemein geltende Verschuldenshaftung einschließlich der Fahrlässigkeit.

Der Besteller kann nach § 634 Nr. 3 BGB Schadensersatz geltend machen, wenn die Pflichtverletzung vom Unternehmer zu vertreten ist. Im Unterschied zum bisherigen Recht kann der Besteller Schadensersatz auch neben weiteren Rechten wie Rücktritt verlangen (§ 325 BGB).

Will der Besteller wegen eines Mangels des Werks selbst Schadensersatz verlangen, so muss er eine Frist zur Mangelbeseitigung setzen, §§ 280, 281 BGB. Damit hat derjenige Werkunternehmer eine Nachbesserungschance, der den Mangel zu vertreten hat. Ist die Frist erfolglos abgelaufen, so ist der Anspruch auf Nacherfüllung nicht schon automatisch ausgeschlossen. Vielmehr behält der Gläubiger (Werkunternehmer) sein Wahlrecht während des Schwebezustandes, den der Schuldner unter den Voraussetzungen des § 281 BGB beenden kann.

Den sog. »großen Schadensersatz« kann der Besteller nur bei erheblichen Mängeln verlangen. Nur dann kann die Annahme des Werks abgelehnt und der durch die Nichterfüllung entstandene Schaden gelten gemacht werden.

Dagegen wird bei unerheblichen Mängeln Minderung nach §§ 638 S. 2, 323 Abs. 4 S. 2 BGB wie beim »kleinen Schadensersatz«, bei dem der Besteller die mangelhafte Sache behält und die Wertdifferenz zwischen mangelfreier und mangelhafter Sache, verlangt. Dies entspricht auch der vorher geltenden Rechtslage.

§ 634 BGB: Dem Besteller stehen folgende Rechte zu:

- Nacherfüllung gem. §§ 634 Nr. 1, 635 BGB,
- Selbstvornahme gem. §§ 634 Nr. 2, 637 BGB,
- Rücktritt gem. §§ 634 Nr. 3 1. Alt., 636, 323, 326 Abs. 1 S. 3 BGB,
- Minderung gem. §§ 634 Nr. 3 2. Alt, 638 BGB,
- Schadensersatz gem. §§ 634 Nr. 4 1. Alt, 280, 281, 283 bzw. 311 a Abs. 2 BGB,
- Ersatz für vergebliche Aufwendungen gem. §§ 634 Nr. 4 2. Alt, 284 BGB.

Dem Besteller stehen die gleichen Rechte sowohl vor als auch nach der Abnahme zu.

II. Gewährleistungsrechte im Überblick

1. Nacherfüllung, § 635 BGB

Der Besteller hat nach § 635 Abs. 1 BGB bei einem Mangel des Werks einen Nacherfüllungsanspruch.

Die Nacherfüllung kann durch Beseitigung des Mangels oder durch Neuherstellung des Werks erfolgen. Dieses Wahlrecht steht – anders als im Kaufrecht (siehe § 439 Abs. 1 BGB) – nur dem Werkunternehmer zu, nicht hingegen dem Besteller.

2. Selbstvornahme, § 637 BGB

Selbstvornahme erfordert nur den erfolglosen Ablauf einer vom Besteller gesetzten Frist zur Nacherfüllung.
Fristsetzung entbehrlich:

- bei Vorliegen der Voraussetzungen des § 323 Abs. 2 BGB:
  - ernsthafte und endgültige Erfüllungsverweigerung des Werkunternehmers,
  - Termingeschäft,
  - besondere Umstände, welche einen Rücktritt rechtfertigen,

- Nachbesserung fehlgeschlagen,
- Fristsetzung dem Besteller unzumutbar.

Gem. § 637 Abs. 3 BGB kann der Besteller einen Vorschuss für die erforderlichen Aufwendungen, die für die Mängelbeseitigung aufgebracht werden müssen, verlangen.

3. Minderung, § 638 BGB

Mindern kann der Besteller erst nachdem der Besteller dem Werkunternehmer erfolglos eine Frist zur Nacherfüllung gesetzt hat.

Da § 638 Abs. 1 S. 2 BGB den § 323 Abs. 5 S. 2 BGB für nicht anwendbar erklärt, kann der Besteller auch dann mindern, wenn der Mangel den Wert oder die Tauglichkeit des Werks nur unerheblich mindert.

Die Vergütung kann um den Betrag herabgesetzt werden, um den der Mangel den Wert des Werks herabmindert. Die Minderung orientiert sich dabei nicht an dem Verkehrswert, sondern an dem wirklichen Wert des Werks im mangelfreien Zustand. Die Minderung kann gem. § 638 Abs. 3 S. 2 BGB auch durch Schätzung ermittelt werden.

Stehen auf der Seite des Bestellers oder des Unternehmers mehrere Beteiligte, so kann die Minderung nur von allen oder gegen alle erklärt werden, § 638 Abs. 3 BGB.

4. Rücktritt, § 634 Nr. 3 BGB

Das in § 634 Nr. 3 BGB geregelte Rücktrittsrecht, welches als Gestaltungsrecht ausgeformt ist, verweist für das Rücktrittsrecht auf die Vorschriften des allgemeinen Leistungsstörungsrecht. Die Voraussetzungen der § 323, 326 BGB müssen vorliegen:

a. Voraussetzungen des § 323 BGB

- Pflichtverletzung: Schuldner hat eine ihm obliegende Pflicht aus einem gegenseitigen Vertrag nicht oder nicht vertragsgemäß erbracht,
- Frist zur Erbringung der Leistung oder Nacherfüllung ist erfolglos verstrichen.

b. Rechtsfolge

Der Gläubiger kann vom Vertrag zurücktreten und gleichzeitig Schadensersatz verlangen, etwa die Mehrkosten aus einem Deckungsgeschäft oder einen entgangenen Gewinn vom Schuldner ersetzt verlangen.

Ersatz für vergebliche Aufwendung kann über § 284 BGB geltend gemacht werden.

Untergang der Sache schließt den Rücktritt nicht mehr aus. Nach § 346 BGB dann Geltendmachung des Wertersatzes.

5. Schadensersatz, § 634 Nr. 4 BGB

Schadensersatz ist – wie im Kaufrecht – neben Rücktritt und Minderung zulässig. Es sind alle Schäden zu ersetzen. Die Unterscheidung zwischen Mangel- und Mangelfolgeschäden ist nicht mehr notwendig.

a. Voraussetzungen

- Schaden
- Frist, die der Besteller dem Werkunternehmer zur Nacherfüllung gesetzt hat, ist erfolglos abgelaufen

b. Rechtfolge

Ersatz aller Schäden, somit auch Mangelfolgeschäden. Die Schadensersatzansprüche unterliegen einer einheitlichen Verjährung, vgl. § 634 a BGB.

6. Gewährleistungsfrist

a. Verjährungsfristen

aa. 2-Jahres-Frist bei körperlichen Arbeitsprodukten

Die Verjährungsfrist für Mängelansprüche bei Werken, die in der Herstellung, Wartung oder Veränderung von Sachen inkl. etwaiger Planungsleistungen mit der Ausnahme von Bauleistungen – die gem. § 634 a Abs. 1 Nr. 2 BGB in 5 Jahren verjähren (§ 634 a Abs. 1 Nr. 1, 2 BGB e contrario) – beträgt 2 Jahre, die gem. § 634 a Abs. 2 BGB mit der Abnahme des Werkes zu laufen beginnt.

bb. 5- Jahresfrist bei Bauwerken

Die Verjährungsfrist für Mängelansprüche im Zusammenhang mit der Herstellung, Planung bzw. der Überwachung von Bauwerken beträgt 5 Jahre ab der Abnahme des jeweiligen Werks, § 634 a Abs. 1 Nr. 2 BGB.

cc. Regelmäßige Verjährungsfrist von 3 Jahren bei unkörperlichen Arbeitsergebnissen

Für unkörperliche Arbeitsergebnisse (»Im Übrigen«) gilt nach § 634 a Abs. 1 Nr. 3 die regelmäßige Verjährungsfrist von 3 Jahren nach § 195 BGB. Mit unkörperlichen Arbeitergebnissen sind etwa Beratungsverträge, die dem Werkvertragsrecht unterstehen, so z. B. wenn ein Unternehmensberater eine Risikoanalyse eines in Aussicht genommen Projekts vornehmen soll, gemeint.

Der Verjährungsbeginn richtet sich nach § 199 BGB.

dd. bei Arglistfällen Verjährungsfrist von 3 Jahren

Gem. § 634 a Abs. 3 BGB verjähren Ansprüche – abweichend von § 634 a Abs. 1 Nr. 1 u. 2 BGB – in der regelmäßigen Verjährungsfrist des § 195 BGB von 3 Jahren, wenn der Unternehmer den Mangel arglistig verschwiegen hat.

ee. vertragliche Verlängerung der Verjährungsfrist

Eine vertragliche Verlängerung der Verjährungsfrist ist möglich. § 202 Abs. 2 BGB sieht die Möglichkeit einer Verlängerungsfrist bis zu einer Obergrenze von 30 Jahren vor.

b. Verjährungsbeginn

Die 2- und 5 jährige Verjährung (§ 634 a Abs. 1 Nr. 1 u.2 BGB) beginnt mit der Abnahme.

Die regelmäßige Verjährungsfrist (§ 634 a Abs. 1 Nr. 3 BGB) von 3 Jahren richtet sich nach § 199 BGB. Demzufolge beginnt die regelmäßige Verjährungsfrist, wenn der Berechtigte Kenntnis bzw. grob fahrlässige Unkenntnis von den anspruchsbegründenden Umständen und der Person des Schuldners hat.

III. Abnahme

Das BGB kennt mit der rechtsgeschäftlichen Abnahme des § 640 Abs. 1 S. 1 BGB und der Abnahmefiktion des § 640 Abs. 1 S. 3 BGB zwei Zäsuren mit Bedeutung für die Fälligkeit.

Mit diesen genannten Zeitpunkten für die Fälligkeit des Werklohnanspruches hängt die tiefgreifende Neuregelung des Vorhalts bei der Abnahme in § 633 Abs. 4 BGB zusammen. »Nimmt der Besteller ein mangelhaftes Werk ab, obwohl der den Mangel kennt, so stehen ihm wegen dieses Mangels Rechte nur zu, wenn er sich diese bei Abnahme vorbehält. Mit dieser Regelung sollen bewusst Schadensersatzansprüche ausgeschlossen werden. Allerdings beschränkt sich diese Regelung auf die rechtsgeschäftliche Abnahme des § 640 Abs. 1 S. 1 BGB. Da der Besteller bei der Abnahmefikion des § 640 Abs. 1 S. 3 BGB keine Möglichkeit hat, das Werk auf seine Vertragsgemäßheit zu prüfen, kann die Vorschrift hier nicht greifen. § 640 Abs. 2 BGB lässt die Abnahmefikion ebenfalls nicht genügen.

IV. Kostenvoranschlag

Gem. § 632 Abs. 3 BGB sind Kostenvoranschläge nur kostenpflichtig, sofern dies durch eine ausdrückliche vertragliche Regelung zwischen den Parteien vereinbart worden ist. Eine Vergütungspflicht kann nicht durch allgemeine Geschäftsbedingungen vereinbart werden.

V. Besonderheit Werklieferungsvertrag, § 651 BGB

Auf den Werklieferungsvertrag findet gemäß § 651 S. 1 BGB ausschließlich Kaufrecht Anwendung, wenn die Lieferung herzustellender oder zu erzeugender beweglicher Sachen Gegenstand des Vertrages ist. Der Anwendungsbereich des § 651 BGB erfasst nur bewegliche Sachen. § 442 Abs. 1 BGB enthält einen Haftungsausschluss für den Fall, dass der Mangel dadurch entstanden ist, weil der vom Besteller gelieferte Stoff den Mangel hervorgerufen hat. Dieser Haftungsausschluss ist auf den Werklieferungsvertrag beschränkt, kann folglich nicht auf den Werkvertrag übertragen werden.

Bei einem Werklieferungsvertrag, der die Herstellung oder Erzeugung nicht vertretbarer Sachen zum Gegenstand hat, finden die §§ 642, 643, 645, 649 und 650 BGB Anwendung. § 651 S. 3 BGB stellt klar, dass bei dieser Vertragskonstellation an die Stelle der Abnahme der maßgebliche Zeitpunkt nach den §§ 446, 447 BGB tritt.

vor #05 B. Prüfungsfolge im Werkvertragsrecht

I. Entstehungsvoraussetzungen der Mängelrechte des Bestellers

1. Wirksamer Werkvertrag nach § 631 Abs. 1 BGB

2. a. Sachmangel gem. § 633 Abs. 2 BGB

aa. Sache hat die vereinbarte bzw. vertragsgemäße/gewöhnliche Beschaffenheit

bb. Aliudlieferung und Quantitätsabweichung

b. Rechtsmangel gem. § 633 Abs. 3 BGB

3. kein Ausschluss

- kraft Gesetzes (z. B. § 640 Abs. 2 BGB)
- kraft rechtsgeschäftlicher Vereinbarung (z. B. bei AGB: §§ 307, 309 Nr. 8 b) BGB

II. Rechtsfolge der Mängelrechte des Bestellers

Rechtsfolge in § 634 BGB

1. Vorrangig § 635 BGB: Nacherfüllung nach Wahl des Unternehmers

Achtung: Der Werkunternehmer hat – anders als im Kaufrecht, dort der Besteller – das Wahlrecht zwischen Nacherfüllung in Form der Mängelbeseitigung oder Neuherstellung.

2. nach erfolglosem Ablauf einer für den Werkvertragsunternehmer gesetzten Frist zur Nacherfüllung

a) §§ 634 Nr. 2, 637 BGB

Recht zur Selbstvornahme und Anspruch auf Aufwendungsersatz, § 637 Abs. 1 BGB bzw.

Vorschuss auf Mangelbeseitigungskosten, § 637 Abs. 3 BGB

b) §§ 634 Nr. 2, 323 Abs. 1 BGB

Rücktritt nach § 323 BGB

- Rücktritt Gestaltungsrecht nach § 349 BGB
- § 326 BGB
- § 636 BGB

c) §§ 634 Nr. 3, 638, 323 Abs. 1 BGB

Minderung nach § 638 BGB statt Rücktritt

d) §§ 634 Nr. 3, 280 Abs. 3, 281 BGB

Schadenersatz bzgl. des Mangelunwertes:

- Besteller muss ergebnislos dem Werkunternehmer Frist zur Nacherfüllung gesetzt haben
- Werkunternehmer muss die Pflichtverletzung zu vertreten haben

- Rechtsfolge: alle Schäden sind zu ersetzen, keine Unterscheidung mehr nach Mangel- und Mangelfolgeschaden

Das Recht zur Selbstvornahme der §§ 634 Nr. 2 1. Hlbs., 637 BGB setzt keinen Verzug mehr voraus, sondern es reicht eine Fristsetzung zur Nacherfüllung durch den Werkunternehmer. Es kommt nicht darauf an, ob die ausgebliebene Nacherfüllung vom Werkunternehmer zu vertreten ist oder nicht.

Rücktritt und Minderung sind – wie im Kaufrecht – als Gestaltungsrechte normiert.

III. Verjährung

Auf alle in Betracht kommenden Schadenersatzansprüche findet eine einheitliche Verjährung auf Grundlage des § 634 a BGB statt. In dieser Vorschrift werden die Verjährung für die Ansprüche auf Nacherfüllung, Aufwendungsersatz und Schadenersatz geregelt. Der Verweis auf § 218 Abs. 1 BGB stellt klar, dass die Ausübung des Rücktrittrechts unwirksam ist, wenn der Anspruch auf Nacherfüllung verjährt ist.

Verjährung:

Die in § 634 bezeichneten Ansprüche verjähren

1. in zwei Jahren bei einem Werk, dessen Erfolg in der Herstellung, Wartung oder Veränderung einer Sache oder in der Erbringung von Planungs- oder Überwachungsleistungen hierfür besteht,
2. in fünf Jahren bei einem Bauwerk und einem Werk, dessen Erfolg in der Erbringung von Planungsleistungen (z. B. Planungsleistungen von Architekten, Statikern) oder Überwachungsleistungen (z. B. des bauaufsichtsführenden Architekten, Ingenieurs etc.) hierfür besteht,
3. in übrigen in der regelmäßigen Verjährungsfrist des § 195 BGB in 3 Jahren.

Die Verjährung beginnt in den Fällen von Nr. 1 und 2 mit der Abnahme, § 634 Abs. 2 BGB. Bei Arglist gilt nach § 634 a Abs. 3 BGB die regelmäßige Verjährungsfrist von 3 Jahren der §§ 195, 199 BGB.

Auch für Reparaturarbeiten wird nun eine Gewährleistung von zwei Jahren statuiert – und zwar unabhängig davon, ob neue oder gebrauchte Teile eingebaut werden. Sie kann aber vertraglich auf 1 Jahr verkürzt werden, siehe § 475 Abs. 2 BGB.

#05 Klage auf Minderung beim BGB-Vertrag § 638 BGB

[*HIER Ort, Datum*]

An das
Amtsgericht [- Landgericht]
[*HIER Anschrift*]

Klage

des/der ...... [*HIER Vorname, Name, Anschrift*]

- Klägers/-in, -

Prozessbevollmächtigte(r): Rechtsanwalt/-wältin ...... [*HIER Vorname, Name, Anschrift*]

gegen

den/die ...... [*HIER Vorname, Name, Anschrift*]

- Beklagte(n), -

Prozessbevollmächtigte(r): Rechtsanwalt/-wältin ...... [*HIER Vorname, Name, Anschrift*]

wegen Minderung bei einer Bausache

Streitwert: ...... EUR [- vorläufig geschätzt mit ...... EUR]

Namens und in Vollmacht des/der Klägers/-in erhebe ich Klage und werde beantragen,

Der/Die Beklagte wird verurteilt, an den/die Kläger/-in ...... EUR nebst ...... % Zinsen seit Rechtshängigkeit [- seit dem ...... 20..] zu zahlen.

Begründung:

Der Kläger macht gegen die Beklagte, ein Beton- und Maurerunternehmen, Minderungsansprüche nach § 638 BGB geltend.

Die Parteien haben für Beton- und Maurerarbeiten für ein Bauwesen des Beklagten in ......, ...straße ...... einen Bauvertrag abgeschlossen.

Beweis: Bauvertrag vom ...... 20.., Anlage K 1

Die Geltung der VOB/B wurde nicht vereinbart, so dass für das Gewährleistungsrecht die gesetzliche Regelung des BGB zwischen den Parteien anzuwenden ist.

Der Beklagte hat die Arbeiten der Klägerin am ...... 20.. abgenommen.

Beweis: Vorlage des Abnahmeprotokolls vom ...... 20.., Anlage K2

In dem Abnahmeprotokoll sind keine Mängel aufgeführt, da diese zu diesem Zeitpunkt nicht erkennbar waren.

Beweis unter Verwahrung gegen die Beweislast: Zeugnis des Architekten ......, ...straße ...... in ......

[- Schon bei Abnahme wies der Kläger auf den Mangel ...... hin. Wörtlich wurde deshalb in das Abnahmeprotokoll aufgenommen:
»......«

Beweis: Abnahmeprotokoll vom ...... 20.., Anlage K 2]

Etwa ...... Monate nach Abnahme traten folgende Mängel auf:
...... [*HIER weitere Ausführung*]

Beweis: Einholung eines Sachverständigengutachtens

Die Beklagte wurde mit Schreiben vom ...... 20.. zur Nachbesserung bis zum ...... 20.. aufgefordert. Gleichzeitig wurde ihr mitgeteilt, dass der Kläger nach Fristablauf eine Mangelbeseitigung durch die Beklagte ablehnen würde.

Beweis: Schreiben vom ...... 20.., Anlage K 3

Die Beklagte hat daraufhin mit Schreiben vom ...... 20.. erklärt, dass kein Mangel vorläge, so dass eine Nacherfüllung abgelehnt würde.

[- Der Mangel, die gegenüber dem im Bauvertrag festgelegte

Beweis: Bauvertrag Ziff. ......, Anlage K 1

um 10 qm zu kleine Dachgeschossfläche, wird von der Beklagten nicht bestritten, wie aus ihrem Schreiben vom ...... 20.. an den Kläger hervorgeht.

Beweis: Schreiben vom ...... 20.., Anlage K 3]

Nachdem die Beklagte eine Nacherfüllung abgelehnt hatte, macht der Kläger Minderungsansprüche gemäß § 638 BGB geltend. [- Der Kläger begehrt mit der Klage Minderung gemäß § 638 Abs. 1 BGB. Der streitgegenständliche Mangel, die um 10 qm zu kleine Dachgeschossfläche, die vom Kläger bereits bei der Abnahme gerügt wurde, wird von der Beklagten nicht bestritten. Ebenfalls nicht bestritten wird von der Beklagten, dass eine Beseitigung des Mangels unmöglich ist, es somit gemäß § 636 BGB einer zusätzlichen Fristsetzung für die Mangelbeseitigung nicht bedurfte.

Beweis: Sachverständigengutachten]

Die Höhe des Minderwertes wird auf Grundlage des vereinbarten Werklohnes von EUR ...... wie folgt berechnet:
...... [*HIER weitere Ausführung*]

Beweis: Kostenvoranschlag der Firma ...... 20.., Anlage K 4

[- Es verbleibt auf Grund des nachbleibenden Schadens wegen ...... ein merkantiler Minderwert von ...... EUR.

Beweis: Einholung eines Sachverständigengutachtens]

Der Minderungsanspruch wird infolgedessen wie folgt beziffert:

1. Abbruchkosten	...... EUR
2. Kosten für den Einbau von	...... EUR

3. Kosten für das Neuverputzen der Außenwände ...... EUR
4. Minderwert ...... EUR

Insgesamt ...... EUR

[- Nach § 638 Abs. 3 BGB ist bei einer Minderung die Vergütung in dem Verhältnis herabzusetzen, in welchem zur Zeit der Abnahme der Wert der Sache, gemessen an der Vergütung, im mangelfreien Zustand zu dem wirklichen Wert der mangelhaften Sache steht.

Der Wert des um 10 qm kleineren Wohnhauses ist um den Quadratmeterpreis der Baukosten des Hauses von ...... EUR zu berechnen. Die Verringerung der Wohnfläche hat demnach einen Minderwert von ...... EUR zur Folge.

Beweis: Sachverständigengutachten]

Mit Schreiben vom ...... 20.. des Prozessbevollmächtigten des Klägers wurde die Beklagte aufgefordert, die geltend gemachte Minderung in Höhe von ...... EUR bis zum ...... 20.. zu zahlen.

Beweis: Aufforderungsschreiben vom ...... 20.., Anlage K 5

Von der Beklagten wurde innerhalb der gesetzten Frist noch später Zahlung geleistet, so dass sie sich mit der Bezahlung des Betrages von EUR ...... seit dem ...... 20.. in Verzug befindet.

Der Zinsanspruch folgt aus §§ 291, 288 Abs. 1 BGB. [Bei höherem als dem gesetzlichen Zinssatz: - Der Zinsanspruch folgt aus §§ 291, 288 Abs. 3 BGB.

Die Klägerin nimmt Bankkredit in Höhe der Klageforderung zu dem im Antrag genannten Zinssatz in Anspruch, den sie bei Zahlung der Beklagten insoweit zurückgeführt hätte.

Beweis: Zinsbestätigung der X-Bank [- -Y-Sparkasse], Anlage K 6

Für den Fall des Bestreitens zusätzlich:
Beweis: Herr/Frau ......, zuständige(r) Bankbearbeiter/-in [- Sparkassenangestellte(r)] unter Entbindung von der Verschwiegenheitspflicht, zu laden über die X-Bank [- Y-Sparkasse] als Zeuge/Zeugin

[oder]
[Bei vorgerichtlicher Inverzugsetzung wie im vorliegenden Fall:

bei gesetzlichem Zinssatz: - Der Zinsanspruch rechtfertigt sich aus §§ 286 Abs. 1, 288 Abs. 1 BGB.

bei höherem Zinssatz: - Der Zinsanspruch beruht auf den §§ 286 Abs. 1, 288 Abs. 3 BGB.

Die Klägerin nimmt einen Bankkredit in Höhe der Klageforderung zu dem im Antrag genannten Zinssatz in Anspruch, den sie bei Zahlung der Beklagten insoweit zurückgeführt hätte.

Beweis: Zinsbestätigung der X-Bank [- -Y-Sparkasse], Anlage K 6

Für den Fall des Bestreitens zusätzlich:

Beweis: Herr/Frau ......, zuständige(r) Bankbearbeiter/-in [- Sparkassenangestellte(r)] unter Entbindung von der Verschwiegenheitspflicht, zu laden über die X-Bank [- Y-Sparkasse] als Zeuge/Zeugin]

[oder]
[Die Klägerin arbeitet selbst ständig mit einem Bankkredit, der die Klageforderung betragsmäßig übersteigt. Für diesen Kredit muss sie seit Rechtshängigkeit [- dem o. g. Datum, dem ...... 20. .] ...... [z. B. 10] % Zinsen bezahlen.

Beweis: Zinsbestätigung der X-Bank [- -Y-Sparkasse], Anlage K 6

Für den Fall des Bestreitens zusätzlich:

Beweis: Herr/Frau ......, zuständige(r) Bankbearbeiter/-in [- Sparkassenangestellte(r)] unter Entbindung von der Verschwiegenheitspflicht, zu laden über die X-Bank [- Y-Sparkasse] als Zeuge/Zeugin]

Bei dem Kredit handelt es sich um einen Kredit, der bei rechtzeitiger Zahlung entsprechend zurückgeführt worden wäre.

....
Rechtsanwalt/-wältin

Anmerkung

Zu beachten ist im Gewährleistungsrecht, dass nunmehr dem Besteller sowohl vor als auch nach der Abnahme die gleichen Rechte zustehen.

Die Minderung nach § 638 BGB sieht durch Bezugnahme auf das Rücktrittsrecht vor, dass der Besteller erst nach fruchtlosem Ablauf einer dem Werkunternehmer bestimmten Frist zur Nacherfüllung mindern kann.

Stehen auf der Seite des Bestellers oder des Unternehmers mehrere Beteiligte, so kann die Minderung nur von allen oder gegen alle erklärt werden, § 638 Abs. 3 BGB.

Bei einer Minderungsklage hat der Kläger gemäß § 35 ZPO die Wahl zwischen der örtlichen Zuständigkeit des Erfüllungsortes, des allgemeinen Gerichtsstandes des Beklagten gem. § 12 ZPO oder im Einzelfall weiterer Gerichtsstände, wie z. B. des Gerichtsstandes der gewerblichen Niederlassung des Beklagten, § 21 ZPO, des Gerichtsstandes des Vermögens- und Streitobjektes, § 23 ZPO.

Es ist ratsam in der Begründung der Klage das Klageziel im Eingangssatz voranzustellen, damit das Gericht gerade auch im Hinblick darauf eine Schlüssigkeitsprüfung und Sichtung der häufig sehr umfangreichen Unterlagen vornehmen kann.

Will der Besteller die Minderung erreichen, so muss er unbedingt dem Unternehmer vorher letztmals die Gelegenheit zur Nacherfüllung geben (BGH NJW-RR 1988, 208 zum alten Recht). § 638 Abs. 1 S. 1 BGB regelt die Minderung als Gestaltungsrecht. Er sieht durch Bezugnahme auf das Rücktrittrecht (»Statt zurückzutreten«), ebenso wie § 441 Abs. 1 S. 1 BGB im Kaufrecht vor, dass der Besteller erst nach fruchtlosem Ablauf einer von ihm dem Werkunternehmer zur Nacherfüllung gesetzten Frist mindern kann. Voraussetzung für den Minderungsanspruch nach § 638 Abs. 1 BGB ist somit, dass der Besteller dem Unternehmer eine Frist zur

Nacherfüllung setzt und diese mit der Erklärung verbindet, dass er nach Fristablauf eine Nacherfüllung ablehnt.

Gemäß § 636 BGB ist eine Fristsetzung aber dann entbehrlich, sofern die Mangelbeseitigung unmöglich ist, vom Unternehmer verweigert oder wenn die Nacherfüllung fehlgeschlagen oder dem Besteller unzumutbar ist.

Ansprüche wegen entgangener Nutzung bleiben bei dem Minderungsanspruch unberücksichtigt. Dem Auftraggeber ist hier die Geltendmachung des Schadenersatzanspruches nach § 634 Nr. 3 BGB zu empfehlen.

§ 638 Abs. 1 S. 2 BGB erklärt – ebenso wie § 441 Abs. 1 S. 2 im Kaufrecht – den Ausschlussgrund des § 323 Abs. 4 S. 2 BGB für die Minderung nicht für anwendbar. Deshalb ist – anders als beim Rücktrittsrecht nach § 634 Nr. 2 i. V. m. § 323 BGB – eine Herabsetzung des Werklohnes durch den Besteller grundsätzlich auch dann möglich, wenn der Mangel den Wert oder die Tauglichkeit des Werkes nur unerheblich mindert.

§ 638 Abs. 3 BGB regelt die Berechnung der Minderung in einer dem § 441 Abs. 3 BGB im Kaufrecht weitgehend entsprechenden Weise. Dementsprechend gilt eine Regelung, die an den vereinbarten Werklohn anknüpft. Nach dessen Höhe ist in relativer Berechnungsweise der Minderungsbetrag zu berechnen. Die Vergütung kann um den Betrag herabgesetzt werden, um den der Mangel den Wert des Werks herabmindert. Die Minderung orientiert sich dabei nicht an dem Verkehrswert, sondern an dem wirklichen Wert des Werks im mangelfreien Zustand. Die Minderung kann gem. § 638 Abs. 3 S. 2 BGB auch durch Schätzung ermittelt werden.

Die Berechnung des Minderungsbetrages ist dagegen nicht von den Kosten der Nachbesserung abhängig. Diese können besonders hoch sein und stünden dann zur Leistung des Werkunternehmers in einem auffälligen Missverhältnis. Nicht vorgesehen wird auch, bei der Berechnung des Minderungsbetrages subjektive Gesichtspunkte zu berücksichtigen. Wird durch den Mangel des Werkes ein Affektionsinteresse des Bestellers verletzt, kann der Werkunternehmer unter Umständen bereits nach § 634 Abs. 3 BGB die Nacherfüllung verweigern, wenn sie einen unverhältnismäßigen Aufwand erfordert. Subjektive Erwartungen und Vorstellungen können bei der insoweit gebotenen umfassenden Interessenabwägung besser berücksichtigt werden als bei der Minderung.

Für die Wertbestimmung ist auf die Fertigstellung oder die Abnahme des Werks abzustellen (siehe hierzu BGHZ 58, 181, 183 zum alten Recht).

Hat der Besteller den Werklohn bereits ganz oder teilweise gezahlt, so steht ihm gem. § 638 Abs. 4 BGB nach der Minderung ein Anspruch auf Rückzahlung des geleisteten Mehrbetrages nach Rücktrittsrecht zu.

Hat der Bauherr noch nicht den vollständigen Werklohn bezahlt, so kann er auch auf Feststellung klagen, dass dem Unternehmer infolge der Minderung kein Werklohn mehr zusteht.

§ 638 Abs. 5 BGB erklärt die §§ 281 und 634 a Abs. 4 BGB, die das Rücktrittsrecht betreffen, für entsprechend anwendbar. Dadurch wird – wie auch im Kaufrecht nach § 441 Abs. 5 BGB – die verjährungsrechtliche Konsequenz aus der Minderung zu einem Gestaltungsrecht gezogen. Der Werkunternehmer kann sich also auch gegenüber der Minderungserklärung des Bestellers mit Wirkung des § 281 BGB auf die Verjährung des Nacherfüllungsanspruches gemäß § 634 a BGB berufen und gegenüber einem noch nicht verjährten Vergütungsanspruch die Einrede des § 634 a Abs. 4 BGB erheben.

Nach § 288 Abs. 1 S. 2 BGB ist eine Geldschuld während des Verzugs für das Jahr mit 5 Prozentpunkten über dem Basiszinssatz zu verzinsen. Eine Definition des Basiszinssatzes enthält § 247 BGB. Er verändert sich zum 1. Januar und Juli eines Jahres gemäß § 247 Abs. 1 BGB. Die Deutsche Bundesbank gibt den geltenden Basiszinssatz unverzüglich nach diesen genannten Zeitpunkten im Bundesanzeiger bekannt, § 247 Abs. 2 BGB.

Der Basiszinssatz kann am besten (weil dort die sorgfältigste Auskunft erfolgt) bei der Landeszentralbank telefonisch erfragt werden, um den jeweils gültigen gesetzlichen Verzugszinssatz zu errechnen. Ansonsten sieht man im Bundesanzeiger nach.

Auch der gesetzliche Zinssatz bei Vorliegen eines Handelsgeschäftes (§§ 352, 343 HGB) ist dementsprechend angepasst worden.

Zum Beleg des über den gesetzlichen Zins hinausgehenden Zinsanspruches sollte bereits in der Klageschrift und nicht erst auf Bestreiten des Beklagten eine Zinsbescheinigung der Bank eingereicht werden. Nach der Rechtsprechung des Bundesgerichtshofes (BGH NJW 1984, 371) braucht der Zahlungsverzug des Schuldners nicht für die Kreditaufnahme ursächlich sein. Es reicht aus, eine Kreditaufnahme in Höhe der Klageforderung darzulegen. Wenn der Beklagte bestreitet, ist jedenfalls bei Nichtkaufleuten, eine nähere Darlegung erforderlich (BGH NJW-RR 1991, 1406).

Die Benennung des zuständigen Banksachbearbeiters bzw. Sparkassenangestellten unter Entbindung von der Verschwiegenheitspflicht in der Klageschrift bei Geltendmachung von Zinsen über den gesetzlichen Verzugszinssatz des § 288 Abs. 1 BGB ist deshalb ratsam, weil häufig vom Klagegegner die Richtigkeit der Zinsbestätigung in der Zinsbescheinigung mit Nichtwissen bestritten wird und spätere Ergänzungen des Beweisangebotes oft vergessen werden.

Kosten u. Gebühren:
Gerichtskosten:
3,0 Verfahrensgebühren nach GKG KV Nr. 1210; die Gebühren können sich unter den Voraussetzungen des KV Nr. 1211 des GKG auf eine 1,0 Gebühr ermäßigen.

Streitwert:
§ 12 Abs. 1 GKG, §§ 3, 4 ZPO.

Rechtsanwaltsgebühren:
Regelgebühren nach § 31 BRAGO; sofern für die außergerichtliche Tätigkeit Gebühren nach § 118 BRAGO angefallen sind, ist die Geschäftsgebühr nach § 118 Abs. 1 Nr. 1 BRAGO auf die Prozessgebühr anzurechnen, § 118 Abs. 2 S. 1 BRAGO.

#06 Klage auf Minderung § 13 Nr. 6 VOB

[*HIER Ort, Datum*]

An das
Amtsgericht [- Landgericht]
[*HIER Anschrift*]

Klage

des/der ...... [*HIER Vorname, Name, Anschrift*]

- Klägers/-in, -

Prozessbevollmächtigte(r): Rechtsanwalt/-wältin ...... [*HIER Vorname, Name, Anschrift*]

gegen

den/die ...... [*HIER Vorname, Name, Anschrift*]

- Beklagte(n), -

Prozessbevollmächtigte(r): Rechtsanwalt/-wältin ...... [*HIER Vorname, Name, Anschrift*]

wegen Minderung bei einer Bausache

Streitwert: ...... EUR [- vorläufig geschätzt mit ...... EUR]

Namens und in Vollmacht des/der Klägers/-in erhebe ich Klage und werde beantragen,

Der/Die Beklagte wird verurteilt, an den/die Kläger/-in ...... EUR nebst Zinsen in Höhe von 5 Prozentpunkten über dem jeweiligen Basiszinssatz [- ...... % Zinsen] hieraus seit Rechtshängigkeit [- seit dem ...... 20..] zu zahlen.

Begründung:

Der Kläger macht gegen die Beklagte, ein Beton- und Maurerunternehmen, Minderungsansprüche nach § 13 Nr. 6 VOB/B geltend.

Die Parteien haben für Beton- und Maurerarbeiten für ein Bauwesen des Beklagten in ......, ...straße ...... einen Bauvertrag abgeschlossen. In Ziffer ...... wurden die Geltung der VOB/B vereinbart.

Beweis: Bauvertrag vom ...... 20.., Anlage K 1

Der Beklagte hat die Arbeiten der Klägerin am ...... 20.. abgenommen.

Beweis: Vorlage des Abnahmeprotokolls vom ...... 20.., Anlage K2

Schon bei Abnahme wies der Kläger auf den Mangel ...... hin. Wörtlich wurde deshalb in das Abnahmeprotokoll aufgenommen:

»......«

Beweis: Abnahmeprotokoll vom ...... 20.., Anlage K 2; Fotos der Außenfassade des Hauses

Die Außenelemente des Hauses weisen optisch sichtbare starke Strukturunterschiede auf. Nach einem vom Kläger außergerichtlich eingeholten Privatgutachten des vereidigten Sachverständigen für das Bauhandwerk Dipl.-Ing. ...... kann eine Mangelbeseitigung nur durch

Entfernen und Austausch aller Außenelemente und eine Neuherstellung der Fassade mit einem Aufwand von ...... EUR erfolgen. Mit dem Auswechseln einzelner Elemente kann der uneinheitliche Gesamteindruck der Außenfassade des Hauses nicht beseitigt werden.

Beweis: Gutachten des Sachverständigen Dipl.-Ing. ...... vom ...... 20.., Anlage K 3

Mit Schreiben vom ...... 20.. hat die Beklagte eine Nachbesserung verweigert, da Strukturunterschiede der einzelnen Elemente der Außenfassade unvermeidlich seien.

Beweis: Schreiben der Beklagten vom ...... 20.., Anlage K 4

Der Sachverständige hingegen hat in seinem Gutachten festgestellt, dass die erheblichen Strukturunterschiede auf Verwendung von Elementen minderer Qualität hinweisen, ein starker optischer Mangel vorliegt, der somit vermeidbar war.

Beweis: Gutachten des Sachverständigen Dipl.-Ing. ...... vom ......, Anlage K 3;
Einholung eines Sachverständigengutachtens

Durch Schreiben vom ...... 20.. hat der Kläger gegenüber dem Beklagten eine Minderung von ...... EUR entsprechend der Regelung der §§ 13 Nr. 6 VOB/B, 638 BGB geltend gemacht.

Beweis: Schreiben des Klägers vom ...... in Ablichtung, Anlage K 4

Der Kläger geht davon aus, dass eine Nachbesserung einen unverhältnismäßig hohen Aufwand erfordern würde, der im Verhältnis zu dem hierdurch zu erreichenden Vorteil einer Beseitigung der optischen Mängel in keinem Verhältnis steht. Infolgedessen werden mit der Klage Minderungsansprüche nach § 13 Nr. 6 VOB/B geltend gemacht.

Die Höhe der Minderung entsprechend der Regelung des § 13 Nr. 6 VOB/B i. V. m. § 638 BGB wird wie folgt beziffert:

Der Sachverständige kommt zu folgendem Ergebnis:

...... [*HIER weitere Ausführung*]

Beweis: Gutachten des Sachverständigen Dipl.-Ing. ...... vom ...... 20.., Anlage K 3;
Einholung eines Sachverständigengutachtens

Die Beklagte hat dem Kläger für die Erstellung der Außenfassade einen Betrag von EUR ...... in Rechnung gestellt.

Beweis: Vorlage der geprüften Schlussrechnung des Beklagten vom ...... 20.., Anlage K 5

Somit ergibt sich ein Minderwert von EUR ......

[Da der Kläger von der Schlussrechnung des Beklagten einen Einbehalt von EUR ...... vorgenommen hat, steht ihm unter Verrechung mit diesem Betrag noch eine Forderung in Höhe von EUR ...... seit dem ...... 20.., dem Tag des Eingangs des Schreibens der Beklagten, mit dem diese eine Nachbesserung (Beseitigung des Mangels) abgelehnt hat, zu.

Beweis: Schreiben der Beklagten vom ...... 20.., Anlage K 4

Der Zinsanspruch folgt aus §§ 291, 288 Abs. 1 BGB. [Bei höherem als dem gesetzlichen Zinssatz: - Der Zinsanspruch folgt aus §§ 291, 288 Abs. 3 BGB.]

Die Klägerin nimmt Bankkredit in Höhe der Klageforderung zu dem im Antrag genannten Zinssatz in Anspruch, den sie bei Zahlung der Beklagten insoweit zurückgeführt hätte.

Beweis: Zinsbestätigung der X-Bank [- -Y-Sparkasse], Anlage K 6

Für den Fall des Bestreitens zusätzlich:

Beweis: Herr/Frau ......, zuständige(r) Bankbearbeiter/-in [- Sparkassenangestellte(r)] unter Entbindung von der Verschwiegenheitspflicht, zu laden über die X-Bank [- Y-Sparkasse] als Zeuge/Zeugin

[Bei vorgerichtlicher Inverzugsetzung wie im vorliegenden Fall:
bei gesetzlichem Zinssatz: - Der Zinsanspruch rechtfertigt sich aus §§ 286 Abs. 1, 288 Abs. 1 BGB.
bei höherem Zinssatz: - Der Zinsanspruch beruht auf den §§ 286 Abs. 1, 288 Abs. 3 BGB.

Die Klägerin nimmt Bankkredit in Höhe der Klageforderung zu dem im Antrag genannten Zinssatz in Anspruch, den sie bei Zahlung der Beklagten insoweit zurückgeführt hätte.

Beweis: Zinsbestätigung der X-Bank [- -Y-Sparkasse], Anlage K 6

Für den Fall des Bestreitens zusätzlich:

Beweis: Herr/Frau ......, zuständige(r) Bankbearbeiter/-in [- Sparkassenangestellte(r)] unter Entbindung von der Verschwiegenheitspflicht, zu laden über die X-Bank [- Y-Sparkasse] als Zeuge/Zeugin]

[oder]
Die Klägerin nimmt laufend einen die Klageforderung übersteigenden Bankkredit zu dem angegebenen Zinssatz in Anspruch. Für diesen Kredit muss sie seit Rechtshängigkeit [- dem o. g. Datum, dem ...... 20..] ...... [z. B. 10] % Zinsen bezahlen.

Beweis: Zinsbestätigung der X-Bank [- -Y-Sparkasse], Anlage K 6

Für den Fall des Bestreitens zusätzlich:

Beweis: Herr/Frau ......, zuständige(r) Bankbearbeiter/-in [- Sparkassenangestellte(r)] unter Entbindung von der Verschwiegenheitspflicht, zu laden über die X-Bank [- Y-Sparkasse] als Zeuge/Zeugin

Bei dem Kredit handelt es sich um einen Kredit, der bei rechtzeitiger Zahlung entsprechend zurückgeführt worden wäre.

....
Rechtsanwalt/-wältin

Anmerkung

Nach § 13 Nr. 6 VOB/B kann der Auftraggeber nur in drei Fallgruppen einen Anspruch auf Minderung wegen eines gerügten Mangels geltend machen:

Die Beseitigung des Mangels

1. ist unmöglich;
2. würde einen unverhältnismäßig hohen Aufwand erfordern und wird deshalb vom Auftragnehmer verweigert;
3. ist für den Auftraggeber unzumutbar.

Eine Unverhältnismäßigkeit ist dann anzunehmen, wenn der mit der Nachbesserung erzielbare Erfolg bei Abwägung aller Umstände in keinem vernünftigen Verhältnis zur Höhe des dafür erforderlichen Aufwands steht. Dies ist häufig dann der Fall, wenn der Mangel zu keiner wesentlichen Beeinträchtigung der Gebrauchsfähigkeit führt, wie z. B. in den häufig vorkommenden Fällen der optischen Mängel.

Bei der gebotenen Abwägung ist auch die Schwere des Vertragsverstoßes in die Abwägung miteinzubeziehen (BGH BauR 1995, 540).

Die Minderung in § 13 Nr. 6 VOB/B hat als Gestaltungsakt durch Erklärung zu erfolgen. Zur Berechnung der Minderung wird in § 13 Nr. 6 VOB/B auf § 638 BGB verwiesen, der diese Frage regelt.

Bei einer Minderungsklage hat der Kläger gemäß § 35 ZPO die Wahl zwischen der örtlichen Zuständigkeit des Erfüllungsortes, des allgemeinen Gerichtsstandes des Beklagten gem. § 12 ZPO oder im Einzelfall weiterer Gerichtsstände, wie z. B. des Gerichtsstandes der gewerblichen Niederlassung des Beklagten, § 21 ZPO, des Gerichtsstandes des Vermögens- und Streitobjektes, § 23 ZPO.

Es ist ratsam, in der Begründung der Klage das Klageziel im Eingangssatz voran zu stellen, damit das Gericht auch im Hinblick darauf ein Schlüssigkeitsprüfung und Sichtung, der häufig sehr umfangreichen Unterlagen vornehmen kann.

Hat der Bauherr noch nicht den vollständigen Werklohn bezahlt, so kann er auch auf Feststellung klagen, dass dem Unternehmer infolge der Minderung kein Werklohn mehr zusteht.

Zu den Zinsen siehe voriges Formular 1.A.07.b.#05 a. E.

#07 Klage auf Schadensersatz § 634 Nr. 4 BGB

[*HIER Ort, Datum*]

An das
Amtsgericht [– Landgericht]
[*HIER Anschrift*]

Klage

des/der ...... [*HIER Vorname, Name, Anschrift*]

– Klägers/-in, –

Prozessbevollmächtigte(r): Rechtsanwalt/-wältin ...... [*HIER Vorname, Name, Anschrift*]

gegen

den/die ...... [*HIER Vorname, Name, Anschrift*]

- Beklagte(n), -

Prozessbevollmächtigte(r): Rechtsanwalt/-wältin ...... [*HIER Vorname, Name, Anschrift*]

wegen ......

Streitwert: ...... EUR

Namens und in Vollmacht des/der Klägers/-in erhebe ich Klage und werde beantragen,

1. Der/Die Beklagte wird verurteilt, an den/die Kläger/-in ...... EUR nebst Zinsen in Höhe von 5 Prozentpunkten über dem jeweiligen Basiszinssatz [- ...... % Zinsen] hieraus seit Rechtshängigkeit [- seit dem ...... 20..] zu zahlen.
2. dem/der Beklagten die Kosten des Rechtsstreits aufzuerlegen.
3. das Urteil - notfalls gegen Sicherheitsleistung - für vorläufig vollstreckbar zu erklären.

Weiterhin wird vorsorglich der

Antrag auf schriftliches Anerkenntnis- oder Versäumnisurteil im schriftlichen Vorverfahren gestellt,

oder andernfalls,

möglichst einen baldigen Termin zur mündlichen Verhandlung anzuberaumen.

Begründung:

...... [*HIER folgt eine Beispielsbegründung*]

Der Kläger gab sein Sportboot mit dem Namen »Seestern« im April 2002 in die Werkstatt des Beklagten mit dem schriftlichen Auftrag, die große Inspektion einschließlich Ölwechsel durchzuführen.

Beweis: schriftlicher Auftrag vom ...... 20.., Anlage K 1.

Diese Arbeiten wurden auch durchgeführt.

Der Beklagte hat aber vergessen, bei dem Ölwechsel wieder die Ölfüllung des Z-Antriebes aufzufüllen. Durch diese Unterlassung ist der Antrieb der »Seestern« bei der ersten Fahrt gleich nach Abholung aus der Werkstatt des Beklagten, am ...... April 2003, nach nur ca. 2 Seemeilen total beschädigt worden. An dem genannten Fahrttermin hat ein Bekannter des Klägers teilgenommen.

Beweis: Zeugnis des ......, wohnhaft ......

Der Schaden machte sich durch ein brummendes Geräusch im Getriebe bemerkbar. Das Boot musste zum Bootsanleger geschleppt werden.

Beweis: wie zuvor.

Der Kläger hat dann unverzüglich den Beklagten mit Schreiben vom ...... 20.. angerufen und Mängelbeseitigung bis zum ...... 20.. verlangt.

Beweis: Schreiben vom ...... 20.. des Klägers in Kopie, Anlage K 2.

Die Schadensbeseitigung wurde aber vom Beklagten durch telefonischen Anruf beim Kläger vom ...... 20.. mit dem Hinweis abgelehnt, dass der Mangel nicht auf seinem Verschulden beruhen könne.

Beweis: Parteivernehmung.

Daraufhin beauftragte der Kläger einen Sachverständigen. Nach dem in Anlage beigefügten Gutachten des Sachverständigen Dipl.-Ing. ...... vom ...... 20.. steht fest, dass der obere Getriebekasten für das Umlenkgetriebe vollständig trocken war und sich kein Öl mehr darin befand. Durch den Betrieb des Z-Antriebs ohne Schmiermittel ist die Zerstörung des Antriebs eingetreten.

Beweis: anliegendes Gutachten des Dipl.-Ing. ...... vom ...... 20.., Anlage K 3.

Der dem Kläger entstandene Schaden berechnet sich wie folgt:

1. Kosten der Instandsetzung durch die Firma ...... **Beweis**: anliegende Rechnung vom ...... 20.., Anlage K 4.	...... EUR
2. Kosten des Sachverständigen ...... **Beweis**: anliegende Rechnung vom ...... 20.., Anlage K 5.	...... EUR
Gesamtsumme	...... EUR

Im Anschluss an die Sachverständigenbegutachtung hat der Kläger die Reparatur durch die oben genannte Firma durchführen lassen.

Mit Schreiben vom ...... 20.. habe ich den Beklagten aufgefordert, Schadensersatz zu leisten.

Beweis: Aufforderungsschreiben vom ...... 20.., Anlage K 6.

Der Beklagte hat hierauf bis zum heutigen Tage nicht reagiert. Deshalb ist Klage geboten.

Der Zinsanspruch folgt aus §§ 291, 288 Abs. 1 BGB. [Bei höherem als dem gesetzlichen Zinssatz: - Der Zinsanspruch folgt aus §§ 291, 288 Abs. 3 BGB.

Die Klägerin nimmt einen Bankkredit in Höhe der Klageforderung zu dem im Antrag genannten Zinssatz in Anspruch, den sie bei Zahlung der Beklagten insoweit zurückgeführt hätte.

Beweis: Zinsbestätigung der X-Bank [- -Y-Sparkasse], Anlage K 6

Für den Fall des Bestreitens zusätzlich:

Beweis: Herr/Frau ......, zuständige(r) Bankbearbeiter/-in [- Sparkassenangestellte(r)] unter Entbindung von der Verschwiegenheitspflicht, zu laden über die X-Bank [- Y-Sparkasse] als Zeuge/Zeugin

[Bei vorgerichtlicher Inverzugsetzung wie im vorliegenden Fall:
bei gesetzlichem Zinssatz: - Der Zinsanspruch rechtfertigt sich aus §§ 286 Abs. 1, 288 Abs. 1 BGB.
bei höherem Zinssatz: - Der Zinsanspruch beruht auf den §§ 286 Abs. 1, 288 Abs. 3 BGB.

Die Klägerin nimmt Bankkredit in Höhe der Klageforderung zu dem im Antrag genannten Zinssatz in Anspruch, den sie bei Zahlung der Beklagten insoweit zurückgeführt hätte.

Beweis: Zinsbestätigung der X-Bank [- -Y-Sparkasse], Anlage K 6

Für den Fall des Bestreitens zusätzlich:

Beweis: Herr/Frau ......, zuständige(r) Bankbearbeiter/-in [- Sparkassenangestellte(r)] unter Entbindung von der Verschwiegenheitspflicht, zu laden über die X-Bank [- Y-Sparkasse] als Zeuge/Zeugin

[oder]
Die Klägerin nimmt laufend einen die Klageforderung übersteigenden Bankkredit zu dem angegebenen Zinssatz in Anspruch. Für diesen Kredit muss sie seit Rechtshängigkeit [- dem o. g. Datum, dem ...... 20..] ...... [z. B. 10] % Zinsen bezahlen.

Beweis: Zinsbestätigung der X-Bank [- -Y-Sparkasse], Anlage K 6

Für den Fall des Bestreitens zusätzlich:

Beweis: Herr/Frau ......, zuständige(r) Bankbearbeiter/-in [- Sparkassenangestellte(r)] unter Entbindung von der Verschwiegenheitspflicht, zu laden über die X-Bank [- Y-Sparkasse] als Zeuge/Zeugin

Bei dem Kredit handelt es sich um einen Kredit, der bei rechtzeitiger Zahlung entsprechend zurückgeführt worden wäre.]

....
Rechtsanwalt/-wältin

Anmerkung

Zu beachten ist im Gewährleistungsrecht, dass nunmehr dem Besteller sowohl vor als auch nach der Abnahme die gleichen Rechte zustehen.

Der Besteller kann gemäß § 634 Nr. 4 BGB nach den §§ 636, 280, 281, 283 und 311 a BGB Schadensersatz vom Werkunternehmer verlangen.

§ 634 Nr. 4 BGB regelt den Anspruch des Bestellers auf Schadensersatz wegen Nichterfüllung bei Mangelhaftigkeit des Werks durch eine alle Schadensersatzansprüche umfassende Verweisung auf die allgemeinen Vorschriften. Durch die Verweisung auf § 280 BGB wird klargestellt, dass der Besteller, wenn die Pflichtverletzung vom Werkunternehmer zu vertreten ist, Ersatz seines Schadens verlangen kann, gleichgültig ob der Schaden durch den Mangel entstanden ist, nicht mit dem Mangel zusammenhängt oder zwar mit dem Mangel zusammenhängt, aber dessen entferntere Folge ist. Damit ist eine Unterscheidung zwischen Mangelschaden, Mangelfolgeschaden und sonstigen Schäden entbehrlich.

Wie sich aus § 280 Abs. 1 BGB ergibt, ist jedoch von einem Vertretenmüssen auszugehen, wenn sich der Werkunternehmer nicht entlastet.

Die Verweisung in § 634 Nr. 4 BGB auf § 281 BGB bedeutet, dass der Besteller wegen eines Mangels des Werkes selbst Schadensersatz erst verlangen kann, wenn die dem Werkunternehmer zur Nacherfüllung gesetzte Frist erfolglos abgelaufen ist. Eine Ablehnungsandrohung ist allerdings nicht mehr erforderlich. Außerdem wird durch die Verweisung auf § 280 BGB klargestellt, dass der Besteller Schadensersatz nur verlangen kann, wenn der Werkunternehmer die Pflichtverletzung zu vertreten hat.

Der Besteller kann Schadensersatz auch neben seinen weiteren Rechten auf Grund der Pflichtverletzung (Rücktritt oder Minderung) verlangen, wie § 325 BGB klarstellt.

Von § 634 Nr. 4 BGB werden auch die Gutachterkosten erfasst (BGHZ 54, 352, 358 zum alten Recht). Bei einen Eintritt von Schäden im Zusammenhang mit mangelhaften Werkleistungen – insbesondere bei Bauverträgen – ist typische Folge, dass der Besteller ein Sachverständigengutachten einholt, um sich über Ursachen und Ausmaß der Mängel und Schäden zuverlässig zu informieren. Die Einholung des Gutachtens zielt deswegen auf die Beseitigung der Mängel und ihrer Schadensfolgen ab, so dass die Gutachterkosten ihrerseits mit dem Mangel zusammenhängen.

Statt Schadensersatz zu verlangen, kann der Besteller nach § 634 Nr. 4 BGB auch gemäß § 284 BGB Ersatz seiner vergeblichen Aufwendungen verlangen.

Die Schadensersatzansprüche unterliegen einer einheitlichen Verjährung, siehe § 634 a BGB.

Mit der Beispielsbegründung der obigen Klage sind ebenfalls die Voraussetzungen eines Schadensersatzanspruches aus §§ 831, 823 BGB (Widerrechtliche Schadenzufügung durch einen Verrichtungsgehilfen – Betriebsangehörigen -) des Beklagten in Ausführung der Verrichtung durch mangelhafte Arbeit erfüllt.

Zum Verschulden des Verrichtungsgehilfen braucht der Kläger nichts vorzutragen, hierauf kommt es nur im Rahmen des Entlastungsbeweises nach § 831 Abs. 1 S. 2 BGB des Beklagten an.

Zu den Zinsen siehe Formular 1.A.07.b.#05 a. E.

Kosten u. Gebühren:
Siehe Anmerkungen zu Formular 1.A.07.b.#05.

#08 Klage auf Nacherfüllung vor Abnahme (oder nach Abnahme) §§ 634 Nr. 1, 635 BGB

[*HIER Ort, Datum*]

An das
Amtsgericht [- Landgericht]
[*HIER Anschrift*]

Klage

des/der ...... [*HIER Vorname, Name, Anschrift*]

- Klägers/-in, -

Prozessbevollmächtigte(r): Rechtsanwalt/-wältin ...... [*HIER Vorname, Name, Anschrift*]

gegen

den/die ...... [*HIER Vorname, Name, Anschrift*]

- Beklagte(n), -

Prozessbevollmächtigte(r): Rechtsanwalt/-wältin ...... [*HIER Vorname, Name, Anschrift*]

wegen ......

Streitwert: ...... EUR

Namens und in Vollmacht des/der Klägers/-in erhebe ich Klage und werde beantragen,

1. Der/Die Beklagte wird verurteilt folgenden Baumangel am Haus des/der Klägers/-in in ......, ...straße ...... durch Nacherfüllung zu beheben:
   - Eintreten von Feuchtigkeit an der Nord-Ost-Ecke des dort gelegenen Kellerraumes (Heizungsraum).
   - ...... [*HIER ggf. weitere Mängel ausführen*]
2. Der/Die Beklagte wird verurteilt, folgende durch den Eintritt der Feuchtigkeit in dem Kellerraum (Heizungsraum) entstandenen Schäden durch Nacherfüllung zu beheben:
   a. Nässeflecken an den Kellerwänden,
   b. Aufnahme der sich im Wandbereich lösenden Bodenfliesen,
   c. Neuverlegung von Fliesen im Bereich der aufgenommen Bodenfliesen.

[oder]

......

den/die Beklagte(n) zur Nacherfüllung zu verurteilen, die hintere Kelleraußenwand im Hause, ...straße, Nr. ......, in ...... mit wasserundurchlässigem Dichtungsputz von 2,5 cm Stärke der Herstellerfirma ......, mit der Bezeichnung ...... zu versehen, so dass in die Kellerräume kein Wasser mehr eindringen kann, und die durch den Wassereintritt hervorgerufene Feuchtigkeitsflecken an den Kellerwänden zu beseitigen.

Weiterhin wird vorsorglich der

Antrag auf schriftliches Anerkenntnis- oder Versäumnisurteil im schriftlichen Vorverfahren gestellt,

oder andernfalls,

möglichst einen baldigen Termin zur mündlichen Verhandlung anzuberaumen.

Begründung:

Bei dem Kläger handelt es sich um einen privaten Bauherren.

Der Kläger hat mit der Beklagten, einem Beton- und Maurerunternehmen, einen Werkvertrag über Beton- und Maurerarbeiten eines Wohnhausneubaues mit Unterkellerung in ...... abgeschlossen.

Beweis: anliegender Vertrag vom ...... 20.., Anlage K 1.

Die VOB wurden nicht zum Vertragsgegenstand gemacht. [- Dem Vertrag lag die VOB/B zugrunde.] Eine Abnahme der Werkleistung ist nicht erfolgt. [- Eine Abnahme der Werkleistung ist erfolgt.]

Da es sich bei dem zu bebauenden Grundstück um ein Hanggrundstück handelt, wurde die Beklagte laut Leistungsverzeichnis vom ...... 20.. Punkt ...... verpflichtet, die quer zum Hang befindliche hintere Kellerwand von innen mit einem wasserundurchlässigen Dichtungsputz der Herstellerfirma ...... mit der Bezeichnung ...... von 2,5 cm Stärke zu versehen.

Beweis: Leistungsverzeichnis vom ...... 20.., Anlage K 2.

Aufgrund der Hanglage steht drückendes Wasser an. Die betreffende Kellerwand ist jedoch nur gegen normale Erdfeuchte isoliert. Zwar wurde der Keller des Hauses von außen mit einem zweifachen Isolieranstrich versehen, die quer zum Hang liegende Außenwand des Kellers wurde aber nicht wie vereinbart mit einem 2,5 cm starken speziellen Dichtungsputz, sondern mit einem normalem Putz gleicher Dicke versehen.

Beweis: Sachverständigengutachten.

Dies hatte zur Folge, dass durch die betreffende Kellerwand Wasser eindrang und diesen unter Wasser setzte.

Beweis: Vorlage der Fotos, Anlage K 3
Zeugnis des ......

Mit Schreiben vom ...... 20.. forderte der Kläger die Beklagte unter genauer Beschreibung der Mängel auf, eine Beseitigung der Mängel vorzunehmen.

Beweis: Aufforderungsschreiben vom ...... 20.., Anlage K 4.

Die Beklagte hat vielmehr erklärt, bei dem Putz an der Kellerwand handele es sich um den geforderten Dichtungsputz.

Beweis: Schreiben der Beklagten vom ...... 20.., Anlage K 5.

Schon an der Grobheit der Struktur des Putzes lässt sich aber erkennen, dass die Aussage der Beklagten nicht stimmen kann.

Beweis: Sachverständigengutachten.

Da die Beklagte den im Leistungsverzeichnis vorgeschriebenen speziellen wasserundurchlässigen Dichtungsputz nicht angebracht hat, ist diese Unterlassung ursächlich für den eingetretenen Schaden.

Beweis: Sachverständigengutachten.

Der Dichtungsputz hätte eine ausreichende Abdichtung gegen Wassereinbrüche von außen gewährleistet.

Beweis: Sachverständigengutachten.

Die Kosten für die Beseitigung der Mängel betragen laut Auskunft des bauausführenden Architekten ...... ca. 6.000,- EUR.

[Falls die VOB zur Vertragsgrundlage gemacht wurden:

- Der Anspruch beruht auf § 13 Nr. 5 VOB/B. Anspruchsvoraussetzung ist das Bestehen eines Werkmangels und eine schriftliche Aufforderung zur Mängelbeseitigung. Die schriftliche Aufforderung ist - wie oben dargestellt - erfolgt. Die Zuordnung des geschilderten Werkmangels zum Gewerk der Beklagten ist dadurch gegeben, dass der Mangel unmittelbar dem Gewerk anhaftet.

Soweit die Beklagte die Einwendung erhebt, die Verantwortung oder eine Mitverantwortung für den Mangel trage die Firma ...... hätte sie den Nachweis zu führen, dass der Mangel auf einer im Verantwortungsbereich der diese Firma beauftragenden Kläger liegenden Ursache beruht und dass sie, die Beklagte, ihrer Prüfungs- und Hinweispflicht nachgekommen ist, § 13 Nr. 3, § 4 Nr. 3 VOB/B. Das ist jedoch nicht der Fall.]

....
Rechtsanwalt/-wältin

Anmerkung

Zu beachten ist im Gewährleistungsrecht, dass nunmehr dem Besteller sowohl vor als auch nach der Abnahme die gleichen Rechte zustehen.

Achtung:
Die Klage auf Nacherfüllung ist zwar mit geringen Prozessrisiken verbunden, führt aber zu dem Problem, dass das Urteil nach § 887 ZPO zu vollstrecken ist. Kommt der Auftragnehmer der Nacherfüllung nicht nach oder entsteht Streit um die ordnungsgemäße Ausführung der Nacherfüllung, dann ist dieser Streit im dafür nur bedingt geeigneten Beschlussverfahren des § 891 ZPO auszufechten. Aus diesem Grunde sollte die Nacherfüllungsklage möglichst vermieden werden. Die Kostenerstattungs-, Kostenvorschuss- und Schadenersatzklage sind der Nacherfüllungsklage vorzuziehen.

Gerichtsstand für die Klage auf Nacherfüllung ist der Ort des Bauwerks (BGH BauR 1986, 241).

In Baurechtssachen ist in jeder Klagebegründung anzugeben, ob die VOB Vertragsgegenstand sind. Diese sind es nur dann, wenn sie ausdrücklich vereinbart worden sind. Ansonsten gilt nur das BGB.

Bei dem **BGB-Werkvertrag** hat der Auftraggeber vor und nach der Abnahme den Nacherfüllungsanspruch, wobei es keinen Unterschied zwischen dem Anspruchsinhalt vor und nach der Abnahme gibt.

Bei dem **VOB-Vertrag** besteht vor Abnahme nach § 4 Nr. 7 VOB/B ein formloser, an keine weiteren Anforderungen geknüpfter Anspruch auf Mängelbeseitigung. Nach der Abnahme setzt der Mängelbeseitigungsanspruch allerdings eine schriftliche Mängelbeseitigungsaufforderung voraus, § 13 Nr. 5 VOB.

Bei Gewährleistungsklagen ist vom Kläger in der Begründung darzulegen, ob eine Abnahme erfolgt ist. Vor der Abnahme muss der Bauunternehmer beweisen, dass seine Leistung mangelfrei ist. Nach der Abnahme muss der Auftraggeber die mangelhafte Werkleistung unter Beweis stellen.

Zu § 634 Nr. 1 BGB: Bezüglich des Nacherfüllungsanspruches enthält das Werkvertragsrecht jedoch in § 635 BGB eine Sonderregelung, die von der Vorschrift des Kaufrechts in § 439 BGB abweicht.

Geregelt ist der Nacherfüllungsanspruch im Einzelnen in § 635 BGB, auf den § 634 Nr. 1 BGB verweist. Die Grundstruktur ähnelt § 439 BGB im Kaufrecht, weicht allerdings hinsichtlich der Frage, wem das Wahlrecht zwischen den verschiedenen Arten der Nacherfüllung zustehen soll, von der kaufrechtlichen Lösung ab. Im Unterschied zum Nacherfüllungsanspruch des Käufers gem. § 439 Abs. 1 BGB hat der Besteller nach § 635 BGB kein Wahlrecht. Der Unternehmer kann nach seiner Wahl den Mangel beseitigen oder ein neues Werk herstellen.

Der Nacherfüllungsanspruch der Klage auf Mängelbeseitigung nach §§ 634 Nr. 1, 635 BGB erstreckt sich auf Arbeiten, die erforderlich sind, um das Bauwerk in einen mangelfreien Zustand zu versetzen.

Durch den Werkvertrag wird der Werkunternehmer verpflichtet, das vereinbarte Werk mangelfrei zu erstellen. Kommt er dieser Verpflichtung nicht nach, kann der Besteller Nacherfüllung verlangen. Der Nacherfüllungsanspruch wird im einzelnen in § 635 BGB geregelt, auf den § 634 Nr. 1 BGB verweist.

§ 635 Abs. 1 BGB räumt dem Besteller bei einem Mangel des Werks einen Nacherfüllungsanspruch ein. Verlangt der Besteller Nacherfüllung, hat der Unternehmer nach seiner Wahl das Werk nachzubessern oder ein neues Werk zu erstellen. Der Besteller kann bei Mangelhaftigkeit des Werks nicht Beseitigung, sondern allgemein Nacherfüllung verlangen. Dem Unternehmer steht es frei, ob der dem Nacherfüllungsbegehren des Bestellers durch Nachbesserung nachkommt oder ob er – falls das für ihn günstiger ist – das Werk völlig neu herstellt. Das Wahlrecht steht dem Besteller nicht zu.

Schönheitsfehler sind auch Mängel (BGH BauR 1981, 577). Auch der bloße Verdacht eines Mangels kann ein Mangel sein (BGH DB 1969, 877). Der Grundsatz, dass der Mangel zum Zeitpunkt der Abnahme vorhanden sein muss bedeutet aber nicht, dass der Mangel bereits zu diesem Zeitpunkt erkennbar sein musste.

§ 635 Abs. 2 BGB sieht vor, dass der Werkunternehmer die zum Zweck der Nacherfüllung erforderlichen Aufwendungen zu tragen hat. § 635 Abs. 3 begrenzt den Anspruch des Bestellers auf Nacherfüllung im Falle der Unverhältnismäßigkeit. Eine solche wird von der Rechtsprechung vor allem angenommen, wenn die Mängelbeseitigung für den Unternehmer nach Treu und Glauben nicht zumutbar ist (BGB NJW 1973, 138, 139). Auf diese Weise wird der Nacherfüllungsanspruch des Bestellers insbesondere in den Fällen eingeschränkt, in denen der Mangel des Werks auf Verschulden eines Lieferanten des Werkunternehmers beruht und der Werkunternehmer die Mangelhaftigkeit des Werks nicht zu vertreten hat. Hier wird dem Werkunternehmer eine Nacherfüllung in der Regel nicht zumutbar sein.

§ 635 Abs. 4 BGB räumt dem Werkunternehmer, der Nacherfüllung in Form der Herstellung eines neuen Werks leistet, einen Anspruch auf Rückgewähr des mangelhaften Werks nach den §§ 346 bis 348 BGB.

Zur Verjährung der Mängelansprüche aus § 634 BGB siehe § 634 a BGB.

Achtung:
Vor Einreichung der Klage sollte der Anwalt vorsorglich eine kurze Frist zur Nacherfüllung setzen. Damit eröffnet er auf jeden Fall dem Mandanten den Weg des Schadenersatzes wegen Nichterfüllung nach § 634 Nr. 4 BGB. Diese Vorsichtsmaßnahme ist umso mehr erforderlich, als Gerichte auch in Gewährleistungsprozessen davon absehen, auf – wirklich oder vermeintliche – Substantiierungsmängel hinzuweisen.

Büromäßige Behandlung:
Nach der Rechtsprechung ist der Erfolg der vom Beklagten zu leistenden Nacherfüllung unter Angabe der betreffenden Mängel im Urteil so präzise zu umschreiben, dass Zweifel in der Zwangsvollstreckung nicht aufkommen. Demgegenüber bleiben Art und Weise der Nachbesserung der Wahl des Schuldners überlassen (vgl. BGH MDR 1977, 133; BauR 1973, 313, 317).

Bei der prozessualen Darstellung des Nacherfüllungsanspruches ist lediglich das erkennbare Erscheinungsbild eines Fehler zu beschreiben, verbunden mit der Behauptung, dass es sich um einen Mangel des Gewerkes des Auftragnehmers handelt. Beim VOB-Vertrag ist nach der Abnahme noch die schriftliche Mängelbeseitigungsaufforderung nachzuweisen. Der Antrag ist darauf zu richten, »den Beklagten zu verurteilen, auf seine Kosten die nachstehende dargestellten Mängel auf Objekt ...... zu beseitigen.« Es folgt dann die Mängeldarstellung.

Eigentlich kann der Bauunternehmer bestimmen, in welcher Weise er den Schaden beheben will. Es ist daher nicht zu empfehlen, eine bestimmte Art der Mängelbeseitigung im Antrag zu bezeichnen, weil man damit die Einwendung des Beklagten ermöglicht, er sei zur Mängelbeseitigung bereit, aber eben auf andere Weise. Bei der Darstellung von Mängeln ist es ratsam, ausschließlich die funktionellen Mängelerscheinungen darzustellen. Nur wenn keine erkennbaren Schadenserscheinungen vorliegen, muss ein Verstoß gegen anerkannte Regeln der Technik dargelegt werden.

Der Bauherr kann aber dann auf Vornahme bestimmter Nachbesserungsarbeiten klagen, wenn im Leistungsverzeichnis eine bestimmte Art der Ausführung festgelegt worden ist. Da es sich insoweit um einen Erfüllungsanspruch handelt, hat der Unternehmer in diesem Fall keine Wahl der Ausführung.

Die Zwangsvollstreckung erfolgt auf der Grundlage des § 887 ZPO (OLG Oldenburg MDR 1985, 855). Sind Vorgaben, etwa einer Baubeschreibung, einzuhalten, kann diese der Verurteilung – ggf. durch bildliche Darstellung – nur durch Einbeziehung in den Tenor wirksam zugrunde gelegt werden.

Kosten u. Gebühren:
Siehe Anmerkungen zu Formular 1.A.07.b.#05.

#09 Klage auf Schadensersatz im Baubereich (BGB-Bauvertrag) § 634 Nr. 4 BGB

[*HIER Ort, Datum*]

An das
Amtsgericht [- Landgericht]
[*HIER Anschrift*]

Klage

des/der ...... [*HIER Vorname, Name, Anschrift*]

- Klägers/-in, -

Prozessbevollmächtigte(r): Rechtsanwalt/-wältin ...... [*HIER Vorname, Name, Anschrift*]

gegen

den/die ...... [*HIER Vorname, Name, Anschrift*]

- Beklagte(n), -

Prozessbevollmächtigte(r): Rechtsanwalt/-wältin ...... [*HIER Vorname, Name, Anschrift*]

wegen Schadensersatz.

vorläufiger Streitwert: ...... EUR

Namens und in Vollmacht des/der Klägers/-in erhebe ich Klage und werde beantragen,

1. Der/Die Beklagte wird verurteilt, an den/die Kläger/-in ...... EUR nebst Zinsen in Höhe von 5 Prozentpunkten über dem jeweiligen Basiszinssatz [- ...... % Zinsen] hieraus seit Rechtshängigkeit [- seit Zustellung] zu zahlen.
2. Der/Die Beklagte hat die Kosten des Rechtsstreits zu tragen.
3. Das Urteil ist gegen Sicherheitsleistung vorläufig vollstreckbar. Dem Kläger wird für alle Fälle einer von ihm zu leistenden Sicherheit nachgelassen, diese Sicherheitsleistung durch eine selbstschuldnerische, unbedingte, unbefristete und unwiderrufliche Bürgschaft der X-Bank erbringen zu dürfen.

Weiterhin wird vorsorglich der

Antrag auf schriftliches Anerkenntnis- oder Versäumnisurteil im schriftlichen Vorverfahren gestellt,

oder andernfalls,

möglichst einen baldigen Termin zur mündlichen Verhandlung anzuberaumen.

Begründung:

Der Kläger macht Schadensersatzansprüche aus § 634 Nr. 4 BGB gegen die Beklagte, ein Parkettverlegerunternehmen, aus einem BGB-Bauvertrag geltend.

Zwischen den Parteien wurde ein Bauvertrag über Parkettverlegerarbeiten von Mosaikparkett, japanische Eiche, sowie Anbringung von Fußleisten in einen Neubau, einem Einfamilienhaus des Klägers in ……..……straße …… abgeschlossen.

Beweis: Vorlage des Parkettverlegvertrages, Anlage K 1

Die Geltung der VOB/B wurde nicht vereinbart, so dass das Gewährleistungsrecht des BGB anzuwenden ist.

Eine förmliche Abnahme der Parkettverlegarbeiten durch den Kläger ist am …… 20.. erfolgt.

Beweis: Abnahmeprotokoll vom …… 20.., Anlage K 2

Ca. 1 Monat nach Bezug des Hauses löste sich das Parkett im Flur und im Wohnzimmer.

Beweis: Vorlage von Fotos,
Sachverständigengutachten

Mit Schreiben vom …… 20.. hat der Kläger die Beklagte zur Nacherfüllung aufgefordert.

Beweis: Schreiben vom …… 20.., Anlage K 2

Hierauf reagierte die Beklagte nicht. Nachdem keine Reaktion erfolgt war, wurde der Beklagten mit weiterem Schreiben vom …… 20.. eine Frist zur Nachbesserung bis zum …… 20.. gesetzt.

Beweis: Schreiben vom …… 20.., Anlage K 3

Da die Beklagte auch auf dieses Schreiben nicht reagierte, ließ der Kläger den Mangel beseitigen. Das Parkett musste herausgenommen werden, die Klebereste am Estrich entfernt werden und neues Parkett gleicher Art und Güte wieder verlegt und danach versiegelt werden, die Fußleisten gelöst und nach der Parkettverlegung wieder angebracht werden.

Diese Arbeiten führte die Firma …… durch. Der Kläger holte drei Angebote ein und beauftragte die preiswerteste Firma mit den Nachbesserungsarbeiten.

Beweis: Vorlage der Angebote, Anlage K 4

Vorlage des Vertrags mit der Parkettverlegerfirma ……, Anlage K 5

Die Parkettverlegerfirma berechnete für Ihre Arbeiten EUR ……

Beweis: Rechnung vom …… 20.., Anlage K 6

Den genannten Betrag macht der Kläger als Schadensersatzanspruch nach § 634 Nr. 4 BGB geltend.

Im Bereich der Laufflächen des Flurs und der unter der Treppe zum oberen Geschoss im Flur befindlichen Garderobe musste der über dem Parkett verlegte Teppichboden gelöst und wieder neu verlegt werden.

Beweis: Vorlage von Fotos,
Sachverständigengutachten

Die Teppichbodenverlegefirma ......, die auch im Kinderzimmer und auf der Treppe zum oberen Geschoss den Teppichboden verlegt hat, stellte für die im vorigen Absatz genannten Arbeiten ...... EUR in Rechnung. Auch dieser Betrag wird als Schadensersatzanspruch gem. § 634 Nr. 4 BGB in Rechnung gestellt.

Beweis: Rechnung vom ...... 20.., Anlage K 6

Der im Wohnzimmer befindliche aus Einzelteilen zusammengesetzte große Wohnzimmerschrank der Marke ...... musste von der Möbelfirma ......, bei der der Schrank gekauft wurde, zuerst demontiert und nach Neuverlegung und -versiegelung des Parketts wieder aufgebaut werden. Hierfür hat das Möbelgeschäft ...... EUR in Rechnung gestellt.

Beweis: Vorlage des Fotos,
Rechnung der Firma ......

Da der Kläger – ein in Baudingen unerfahrener Lehrer – nicht wusste, ob die Ablösung des Parketts an der Mangelhaftigkeit des Estrichs oder der Verklebung des Parketts durch das Parkettverlegerunternehmens lag, wandte er sich an den amtlich vereidigten Sachverständigen Dipl.-Ing. ......, um sich im Hinblick auf die Schadensursache und -beseitigung beraten zu lassen. Der Sachverständige hat beiliegendes Privatgutachten erstattet.

Beweis: Privatgutachten des Sachverständigen Dipl.-Ing. ...... vom ...... 20..; Anlage K 7

Für die Erstellung des Gutachtens hat er einen Betrag von EUR ...... in Rechnung gestellt, die ebenfalls geltend gemacht werden.

Die Klägerin nimmt laufend einen die Klageforderung übersteigenden Bankkredit zu dem angegebenen Zinssatz in Anspruch. Für diesen Kredit muss sie seit Rechtshängigkeit [– dem o. g. Datum, dem ...... 20..] ...... [z. B. 10] % Zinsen bezahlen.

Beweis: Zinsbestätigung der X-Bank [– -Y-Sparkasse], Anlage K 6

Für den Fall des Bestreitens zusätzlich:

Beweis: Herr/Frau ......, zuständige(r) Bankbearbeiter/-in [– Sparkassenangestellte(r)]
unter Entbindung von der Verschwiegenheitspflicht, zu laden über die X-Bank
[– Y-Sparkasse] als Zeuge/Zeugin

Bei dem Kredit handelt es sich um einen Kredit, der bei rechtzeitiger Zahlung entsprechend zurückgeführt worden wäre.

....
Rechtsanwalt/-wältin

Anmerkung

Zu beachten ist im Gewährleistungsrecht, dass nunmehr dem Besteller sowohl vor als auch nach der Abnahme die gleichen Rechte zustehen.

§ 634 Nr. 4 BGB regelt den Anspruch des Bestellers auf Schadensersatz wegen Nichterfüllung bei Mangelhaftigkeit des Werks durch eine alle Schadensersatzansprüche umfassende Verweisung auf die allgemeinen Vorschriften. Durch die Verweisung auf § 280 BGB wird klargestellt, dass der Besteller, wenn die Pflichtverletzung vom Werkunternehmer zu vertreten ist, Ersatz seines Schadens verlangen kann, gleichgültig ob der Schaden durch den Mangel entstanden ist, nicht mit dem Mangel zusammenhängt oder zwar mit dem Mangel zusammenhängt, aber dessen entferntere Folge ist. Damit ist eine Unterscheidung zwischen Mangelschaden, Mangelfolgeschaden und sonstigen Schäden entbehrlich.

Die Verweisung in § 634 Nr. 4 BGB auf § 281 BGB bedeutet, dass der Besteller wegen eines Mangels des Werkes selbst Schadensersatz erst verlangen kann, wenn die dem Werkunternehmer zur Nacherfüllung gesetzte Frist erfolglos abgelaufen ist.

Außerdem wird durch die Verweisung auf § 280 BGB klargestellt, dass der Besteller Schadensersatz nur verlangen kann, wenn der Werkunternehmer die Pflichtverletzung zu vertreten hat.

Der Besteller kann Schadensersatz auch neben seinen weiteren Rechten auf Grund der Pflichtverletzung (Rücktritt oder Minderung) verlangen, wie § 325 BGB klarstellt.

Von § 634 Nr. 3 BGB werden auch die Gutachterkosten erfasst (BGHZ 54, 352, 358 zu § 635 BGB a. F.). Bei einem Eintritt von Schäden im Zusammenhang mit mangelhaften Werkleistungen – insbesondere bei Bauverträgen – ist typische Folge, dass der Besteller ein Sachverständigengutachten einholt, um sich über Ursachen und Ausmaß der Mängel und Schäden zuverlässig zu informieren. Die Einholung des Gutachtens zielt deswegen auf die Beseitigung der Mängel und ihrer Schadensfolgen ab, so dass die Gutachterkosten ihrerseits mit dem Mangel zusammenhängen.

Die Verjährung des Schadensersatzanspruches aus § 634 BGB ist in § 634 a BGB geregelt.

Vor Beginn des Prozesses ist zu überlegen ob die Klage auf Vorschuss (siehe Formular 1.A.07.b.#12) ratsamer ist.

Der Vorschussanspruch hat zwar gegenüber dem Schadensersatzanspruch den Vorteil, dass

- er etwas einfacher darzulegen ist,
- eine exakte Schadensberechnung nicht notwendig ist,
- eine Nachforderung erfolgen kann, sofern der eingesetzte Betrag zur Mängelbeseitigung nicht ausreicht,
- eine Verjährung auch für einen eventuellen Nachforderungsanspruch unterbrochen wird, so dass keine zusätzliche Feststellungsklage erforderlich ist.

Über die Verwendung des Vorschusses zur Mängelbeseitigung ist aber abzurechnen (vgl. Werner/Pastor, Der Bauprozess, Rn 1389). Der Auftragnehmer wird in der Regel die Auffassung vertreten, der Auftraggeber habe zu teuer nachgebessert. Der Auftraggeber wird möglicherweise mit dem Betrag nicht auskommen und Nachforderungsansprüche geltend machen. Möglich ist auch, dass der Auftraggeber an der Nachbesserung die Lust verliert oder sich die Nachbesserung als nicht möglich erweist und der Auftraggeber deshalb doch lieber den Betrag als Schadensersatz behalten möchte. Dies ist aber nur dann möglich, wenn auch die Voraussetzungen des Schadensersatzes vorliegen. Ein zweiter Prozess ist folglich vorhersehbar.

Im Gegensatz zum Vorschussanspruch ist der Bauherr nicht verpflichtet, den als Schadensersatz verlangten Geldbetrag zur Mängelbeseitigung zu verwenden, so dass dieser auch dann besteht, wenn der Auftraggeber das Gebäude bereits veräußert hat (BGH NJW 1987, 645). Durch die zusätzliche Möglichkeit eines Feststellungsklageantrages kann auch der zukünftigen Schadensentwicklung Rechnung getragen werden.

Sofern der Kläger während der Schadensbeseitigung das Haus nicht bewohnen kann und deshalb Ersatzwohnraum während dieser Zeit in Anspruch nehmen muss, kann er Schadensersatz wegen entgangener Gebrauchsvorteile während der Sanierungszeit des Hauses geltend machen. Voraussetzung für die Erstattung ist, dass der Hauswohnraum für die eigenwirtschaftliche Lebensführung des Bauherrn von zentraler Bedeutung war und er ihn auch tatsächlich nutzen wollte (BGH NJW 1992, 1500). Für einzelne Wohnräume, Garagen, Schwimmbäder, Terrassen usw. dürfte der Anspruch zu verneinen sein (BGH NJW 1980, 1386).

Beispiel einer Begründung:

»Der Kläger kam mit seiner Frau während des Zeitraums der Sanierung des Hauses von ...... Monaten im Dachzimmer des Hauses eines befreundeten Ehepaares unter. Für den Zeitraum von ...... Monaten wird ein Schadensersatzanspruch wegen entgangener Gebrauchsvorteile des Hauses wie folgt berechnet:
der übliche Mietzins 5 Zimmer des Hauses betrüge ...... EUR.
***Beweis:** Sachverständigengutachten*
Als ortsübliche Miete ist als qm-Preis von ...... EUR nach dem Mietspiegel der Stadt ...... anzusehen.«

Möglicherweise muss bei den entgangenen Gebrauchsvorteilen bei der Schadensbemessung die Kosten um die Gewinnspanne des Vermieters und bei privater Nutzung um nicht anfallende Kosten reduziert werden (vgl. BGH NJW 1987, 50).

Da die Kosten des Privatgutachtens mit dem Mangel zusammenhängen, sind diese nach § 634 Nr. 4 BGB ebenfalls zu ersetzen. Die Einholung eines Privatgutachtens stellt jedenfalls dann keinen Verstoß gegen die Schadensminderungspflicht dar, wenn der Bauherr (der Auftraggeber) keine Fachkunde besitzt.

Treten die Mängel bei einem gewerblich genutzten Objekt, z. B. einer Kegelbahn oder ähnlichem auf, so kann auch der entgangene Gewinn gestützt auf § 634 Nr. 4 BGB geltend gemacht werden. Bei der Geltendmachung entgangenen Gewinns aufgrund mangelhafter Bauleistung und damit im Zusammenhang entstandener Miet-, Nutzungs-, Produktions- und Verdientsausfällen handelt es sich nach der Rechtsprechung des BGH noch um einen Schaden, der der Werkleistung anhaftet, so dass er noch vom Schadensbereich des § 634 Nr. 4 BGB umfasst wird (BGH NJW 1978, 1626 zu § 635 BGB a. F.).

Durch die Fristsetzung zur Nacherfüllung ist kein Verzug des Zahlungsanspruches eingetreten. Daher können Zinsen erst ab Rechtshängigkeit geltend gemacht werden.

Nach § 288 Abs. 1 S. 2 BGB ist eine Geldschuld während des Verzugs für das Jahr mit 5 Prozentpunkten über dem Basiszinssatz zu verzinsen. Eine Definition des Basiszinssatzes enthält § 247 BGB. Er verändert sich zum 1. Januar und Juli eines Jahres gemäß § 247 Abs. 1 BGB. Die Deutsche Bundesbank gibt den geltenden Basiszinssatz unverzüglich nach diesen genannten Zeitpunkten im Bundesanzeiger bekannt, § 247 Abs. 2 BGB.

Der Basiszinssatz kann am besten (weil dort die sorgfältigste Auskunft erfolgt) bei der Landeszentralbank telefonisch erfragt werden, um den jeweils gültigen gesetzlichen Verzugszinssatz zu errechnen. Ansonsten sieht man im Bundesanzeiger nach.

Auch der gesetzliche Zinssatz bei Vorliegen eines Handelsgeschäftes (§§ 352, 343 HGB) ist dementsprechend angepasst worden.

Zum Beleg des über den gesetzlichen Zins hinausgehenden Zinsanspruches sollte bereits in der Klageschrift und nicht erst auf Bestreiten des Beklagten eine Zinsbescheinigung der Bank eingereicht werden. Nach der Rechtsprechung des Bundesgerichtshofes (BGH NJW 1984, 371) braucht der Zahlungsverzug des Schuldners nicht für die Kreditaufnahme ursächlich sein. Es reicht aus, eine Kreditaufnahme in Höhe der Klageforderung darzulegen. Wenn der Beklagte bestreitet, ist jedenfalls bei Nichtkaufleuten, eine nähere Darlegung erforderlich (BGH NJW-RR 1991, 1406).

Die Benennung des zuständigen Banksachbearbeiters bzw. Sparkassenangestellten unter Entbindung von der Verschwiegenheitspflicht in der Klageschrift bei Geltendmachung von Zinsen über den gesetzlichen Verzugszinssatz des § 288 Abs. 1 BGB ist deshalb ratsam, weil häufig vom Klagegegner die Richtigkeit der Zinsbestätigung in der Zinsbescheinigung mit Nichtwissen bestritten wird und spätere Ergänzungen des Beweisangebotes oft vergessen werden.

Kosten u. Gebühren:
Siehe Anmerkungen zu Formular 1.A.07.b.#05.

#10 Klage auf Schadenersatz im Baubereich (BGB-Bauvertrag) § 634 Nr. 4 BGB

[*HIER Ort, Datum*]

An das
Amtsgericht [- Landgericht]
[*HIER Anschrift*]

Klage

des/der ...... [*HIER Vorname, Name, Anschrift*]

- Klägers/-in, -

Prozessbevollmächtigte(r): Rechtsanwalt/-wältin ...... [*HIER Vorname, Name, Anschrift*]

gegen

den/die ...... [*HIER Vorname, Name, Anschrift*]

- Beklagte(n), -

Prozessbevollmächtigte(r): Rechtsanwalt/-wältin ...... [*HIER Vorname, Name, Anschrift*]

wegen Schadenersatz.

Streitwert: ...... EUR [- vorläufig geschätzt mit ...... EUR]

Namens und in Vollmacht des/der Klägers/-in erhebe ich Klage und werde beantragen,

1. den/die Beklagte zu verurteilen, an den/die Kläger/-in ...... EUR nebst Zinsen in Höhe von 5 Prozentpunkten über dem jeweiligen Basiszinssatz [- ...... % Zinsen] hieraus seit Rechtshängigkeit [- seit Zustellung] zu zahlen.

[- 2. festzustellen, dass der/die Beklagte verpflichtet ist, den über ...... EUR hinausgehenden Schaden [z. B. für die Beseitigung der Kellerfeuchtigkeit in der nördlichen Kelleraußenwand des Hauses ......straße ......n ......] zu ersetzen.]

Des Weiteren wird beantragt,

dem/der Kläger/-in für alle Fälle einer von ihm/ihr zu leistenden Sicherheit nachzulassen, diese durch eine selbstschuldnerische, unbedingte, unbefristete, unwiderrufliche Bürgschaft der X-Bank erbringen zu dürfen.

Weiterhin wird vorsorglich der

Antrag auf schriftliches Anerkenntnis- oder Versäumnisurteil im schriftlichen Vorverfahren gestellt,

oder andernfalls,

möglichst einen baldigen Termin zur mündlichen Verhandlung anzuberaumen.

Begründung:

Die Kläger machen gegen die Beklagte, eine Bauunternehmung, Schadenersatzansprüche aus § 634 Nr. 4 BGB geltend.

Die Parteien haben am ...... 20.. einen Bauvertrag über ein schlüsselfertiges Einfamilienwohnhaus auf dem Grundstück ......straße ...... in ...... abgeschlossen.

Beweis: Vorlage des Bauvertrages, Anlage K 1

Nach § ...... des Vertrages wäre die Beklagte verpflichtet, das Gebäude nach den Plänen und der Baubeschreibung sowie des Leistungsverzeichnisses des Architekten ...... vom ...... 20.. zu errichten.

Aufgrund von § 5 des Vertrages ist das BGB ergänzend auf die Parteien anzuwenden.

Beweis: Vorlage des Bauvertrages, Anlage K 1

Das Einfamilienwohnhaus wurde von den Klägern nach Fertigstellung am ...... 20.. bezogen. Eine förmliche Abnahme ist nicht erfolgt.

[- Die Bauleistungen wurden von den Klägern am ...... 20.. abgenommen. Es ist eine förmliche Abnahme erfolgt.

Beweis: Abnahmeprotokoll vom ...... 20.., Anlage K 2]

Etwa ...... Monate nach Bezug des Hauses drang nach starken Regenfällen erstmals an der Unterseite der Terrassentür Wasser in das Wohnzimmer der Kläger ein. Sie teilten dies der Beklagten zuerst telefonisch mit. Als diese daraufhin nicht reagierte, forderten sie die Beklagte mit Schreiben vom ...... 20.., den Mangel zu beseitigen.

Beweis: Schreiben vom ...... 20.., Anlage K 3

Da die Beklagte untätig blieb, leiteten die Kläger ein Beweissicherungsverfahren ein. Das Amtsgericht ...... bestellte ...... als Sachverständigen. Ich beantrage,

die Akten des Amtsgerichts ......, Az.: ...... beizuziehen.

In seinem Gutachten kommt der Sachverständige ...... zu dem Ergebnis, dass die Beklagte ...... [*HIER folgt die Schilderung des festgestellten Mangels*]

Im Monat ...... 20.. stellten die Kläger dann fest, dass an mehreren Stellen Feuchtigkeit in den Keller eindrang und sich langsam immer größer werdende Wasserpfützen bildeten. Sie forderten unter dem ...... 20.. die Beklagte auf, den Mangel zu besichtigen und mit Nacherfüllungsarbeiten bis zum ...... 20.. zu beginnen.

Beweis: Schreiben vom ...... 20.., Anlage K 4

Die Beklagte beseitigte den Mangel nicht, sondern erklärte vielmehr, sie sei für den Mangel nicht verantwortlich.

Die Kläger beauftragten daraufhin den Sachverständigen ...... mit einem Gutachten. Dieses kommt zu dem Ergebnis, dass der im Leistungsverzeichnis unter Position ...... vorgeschriebene zweimalige Isolieranstrich der Marke ......, damit die Kellerwände des am Hang gelegenen Hauses gegen drückendes Wasser isoliert sind, nicht angebracht worden ist.

Beweis: Leistungsverzeichnis des Architekten vom ...... 20.., Anlage K 5
Privatgutachten des Sachverständigen ......, Anlage K 6

Zudem haben die Kläger festgestellt, dass die Türlaibungen der Türen im inneren Bereich des Hauses unterschiedlich breit sind. Das gleiche gilt für die Türschwellen im Innenbereich.

Beweis: Sachverständigengutachten

Diesen Umstand haben die Kläger schon kurz nach Einzug in das Haus der Beklagten mit Schreiben vom ...... 20.. mitgeteilt.

Beweis: Schreiben vom ...... 20.., Anlage K 7

Mit Einschreiben/Rückschein vom ...... 20.. wurde die Beklagte aufgefordert, die Terrassentür ordnungsgemäß abzudichten und die Kellerwände gemäß Leistungsverzeichnis zu isolieren und die unterschiedliche Breite bei den Türlaibungen der Türen sowie der Türschwellen im Hausinneren zu beseitigen. In diesem Schreiben wurde eine Frist zur Aufnahme der Nachbesserung bis zum ...... 20.. gesetzt.

Beweis: Einschreiben/Rückschein vom ...... 20.., Anlage K 8

Auch hierauf reagierte die Beklagte nicht, sie ist untätig geblieben.

Die Kläger machen gegen die Beklagte einen Schadensersatzanspruch nach § 634 Nr. 4 BGB in Höhe von ...... EUR geltend.

1. a. Die Terrassentür ist nicht dicht. Aufgrund des Gutachtens des Sachverständigen ...... des selbstständigen Beweisverfahrens steht fest, dass ...... [*HIER folgt die Schilderung des verursachenden Fehlers*]. Zum Herstellen einer ordnungsgemäßen Abdichtung der Terrassentür müssen im Bereich der Türschwelle der Plattenbelag entfernt und eine Zinkrinne eingelegt werden, damit kein aufspritzendes Wasser unter dem Wetterschenkel der Terrassentür nach innen gelangen kann.
Beweis: Anhörung des Sachverständigen ......
b. Der Sachverständige hat für die genannten Mängelbeseitigungsmaßnahmen einen Betrag von ...... EUR ermittelt.
Beweis: Sachverständigengutachten des Sachverständigen ...... des selbstständigen Beweisverfahrens Amtsgericht ......, Az. ......:

2. a. In den Keller kann aufgrund der Hanglage des Grundstücks drückendes Wasser eindringen, weil die Kelleraußenwände nicht wie im Leistungsverzeichnis vorgesehen, mit einem zweifachen Isolieranstrich versehen sind.
Beweis: 1. anliegendes Privatgutachten des Sachverständigen ......
2. Sachverständigengutachten
b. Nach Privatgutachten des Sachverständigen fallen für diese Mängelbeseitigung Kosten in Höhe von ...... EUR an.
Beweis: Sachverständigengutachten.
3. Darüber hinaus wird nach § 634 Nr. 4 BGB Ersatz der Gutachterkosten für das Privatgutachten des Sachverständigen ...... verlangt. Der Sachverständige ...... hat für seine Leistungen ...... EUR abgerechnet.

Beweis: Rechnung des Sachverständigen ......, Anlage K 8

Diesen Betrag hat er auch erhalten, wie sich aus dem Kontoauszug der Kläger vom ...... 20.. ergibt.

Beweis: Kontoauszug der Kläger vom ......, Anlage K 9

Die Einholung des Privatgutachtens des Sachverständigen ...... war für die Kläger zur Feststellung der Mängelursachen unabdingbar. Die Kläger sind von Beruf ...... und ...... und in baulichen Dingen völlig unerfahren.

Den Klägern steht des weiteren gegen die Beklagte ein Minderungsanspruch gemäß § 638 BGB auf Minderung des Werklohnes in Höhe von EUR ...... zu.

Alle Türlaibungen und Türschwellen im Innenbereich des Hauses sind unterschiedlich breit. Es handelt sich um einen Mangel, da die unterschiedliche Breite stark ins Auge fällt.

Beweis: Sachverständigengutachten

Unter Fristsetzung mit Ablehnungsandrohung ist die Beklagte zur Nacherfüllung aufgefordert worden.

Beweis: Einschreiben/Rückschein vom ...... 20.., Anlage K 8

Den optischen Minderwert hat der Privatsachverständige ...... auf ...... EUR geschätzt.

Beweis: Sachverständigengutachten

Die Kläger machen den gesetzlichen Zinssatz geltend. Der Zinsanspruch ergibt sich §§ 291, 288 Abs. 1 BGB. [- Der Verzugszinsanspruch von ...... Zinsen seit Rechtshängigkeit rechtfertigt sich aus §§ 286 Abs. 1, 288 Abs. 3 BGB.

Die Klägerin nimmt laufend einen die Klageforderung übersteigenden Bankkredit zu dem angegebenen Zinssatz in Anspruch.

Beweis: Vorlage der Bestätigung der ...... Bank vom, Anlage K 9
im Bestreitensfalle: Zeugnis der/des zuständigen Bankmitarbeiters/-in
unter Entbindung von der Verschwiegenheitspflicht, zu laden über die Kläger

Der betreffende Bankkredit hätte sich um den Klageforderungsbetrag verringert, wenn die Beklagte fristgerecht bezahlt hätte. Der Klageforderungsbetrag ist daher seit dem ...... 20.. mit ......% zu verzinsen.]

Das angerufene Gericht ist zuständig. Nach § 29 ZPO ist Erfüllungsort die Baustelle. Die Parteien haben einen Bauvertrag abgeschlossen. Im Gerichtsstand der Baustelle können auch Gewährleistungsklagen ausgebracht werden (BGH NJW 1986, 935).

[- Der Feststellungsantrag ist notwendig, weil sich Einzelheiten bei Durchführung der Mängelbeseitigungsmaßnahmen ergeben. Zudem geht der Sachverständige von der Preissituation Anfang des Jahres ...... 20.. aus, so dass sich bis zur Entscheidung des Rechtsstreites die Notwendigkeit der Anpassung an die allgemeine Preissteigerung ergeben kann. Da somit eine abschließende Bezifferung der Schadenersatzansprüche derzeit unmöglich ist, besteht ein Feststellungsinteresse für die im Klageantrag zu Ziff. 2 verfolgte Feststellungsklage.

Ein rechtliches Interesse für eine neben der Leistungsklage erhobene Feststellungsklage liegt immer dann vor, wenn der entstandene oder noch entstehende Schaden nicht bereits in vollem Umfange durch den Antrag auf Zahlung erfasst wird (BGH BauR 1986, 345).]

....
Rechtsanwalt/-wältin

Anmerkung

Zur Abwägung, ob Klage auf Schadenersatz sinnvoller ist als Klage auf Vorschuss siehe Anmerkungen zu Formular 1.A.07.b.#09.

Im Prozess kann sich jede Partei auf das Gutachten des selbstständigen Beweisverfahrens berufen, vgl. § 493 ZPO.

Das Privatgutachten kann als Urkunde im Prozess verwertet werden. Sollte allerdings der Prozessgegner widersprechen, so muss das Gericht Beweis erheben. Deshalb muss zusätzlich zu dem Beweisangebot des Privatgutachtens auch das Beweisangebot »Sachverständigengutachten« in die Klage aufgenommen werden.

Da die Kosten des Privatgutachtens mit dem Mangel zusammenhängen, sind diese nach § 634 Nr. 4 BGB ebenfalls zu ersetzen.

Bei der Frist zur Nacherfüllung ist sinnvollerweise auf den Beginn der Arbeitsaufnahme abzustellen, da Bauherr und ihn betreuender Anwalt häufig als Nichtfachleute nicht die Angemessenheit der Dauer zur Behebung der Mängel beurteilen können.

Zur Verjährung des Schadensersatzanspruches aus § 634 Nr. 4 BGB siehe § 634 a BGB.

Zinsen können erst ab Rechtshängigkeit geltend gemacht werden, da durch die Aufforderung zur Aufnahme der Nacherfüllung kein Verzug des Zahlungsanspruches eingetreten ist.

Bei Geltendmachung von höheren Zinsen als den Prozesszinsen ist die Benennung des zuständigen Banksachbearbeiters bzw. Sparkassenangestellten unter Entbindung von der Verschwiegenheitsverpflichtung in der Klageschrift deshalb ratsam, weil häufig vom Klagegegner die

Richtigkeit der Zinsbestätigung in der Zinsbescheinigung mit Nichtwissen bestritten wird und spätere Ergänzungen des Beweisangebotes oft vergessen werden.

Kosten u. Gebühren:
Siehe Anmerkungen zu Formular 1.A.07.b.#05.

#11 Klage auf Schadensersatz § 13 Nr. 7 Abs. 3 VOB/B

[*HIER Ort, Datum*]

An das
Amtsgericht [- Landgericht]
[*HIER Anschrift*]

Klage

des/der ...... [*HIER Vorname, Name, Anschrift*]

\- Klägers/-in, -

Prozessbevollmächtigte(r): Rechtsanwalt/-wältin ...... [*HIER Vorname, Name, Anschrift*]

gegen

den/die ...... [*HIER Vorname, Name, Anschrift*]

\- Beklagte(n), -

Prozessbevollmächtigte(r): Rechtsanwalt/-wältin ...... [*HIER Vorname, Name, Anschrift*]

wegen Schadensersatz (Bausache).

Streitwert: ...... EUR [- vorläufig geschätzt mit ...... EUR]

Namens und in Vollmacht des/der Klägers/-in erhebe ich Klage und werde beantragen,

1. den/die Beklagte(n) zu verurteilen, an den/die Kläger ...... EUR nebst ...... % Zinsen p. a. hieraus seit dem ...... 20.. zu zahlen.
2. festzustellen, dass der/die Beklagte verpflichtet ist, den weiteren Schaden dem/der Kläger/-in zu ersetzen, der diesem/dieser durch ...... entstanden ist.
3. den/der Beklagten die Kosten des Rechtsstreits aufzuerlegen.

Des Weiteren wird beantragt,

dem/der Kläger/-in für alle Fälle einer von ihm zu leistenden Sicherheit nachzulassen, diese durch eine selbstschuldnerische, unbedingte, unbefristete, unwiderrufliche Bürgschaft der X-Bank erbringen zu dürfen.

Weiterhin wird vorsorglich der

Antrag auf schriftliches Anerkenntnis- oder Versäumnisurteil im schriftlichen Vorverfahren gestellt,

oder andernfalls,

möglichst einen baldigen Termin zur mündlichen Verhandlung anzuberaumen.

Begründung:

Mit der vorliegenden Klage werden Schadensersatzansprüche gemäß § 13 Nr. 7 Abs. 3 VOB/B aus VOB-Vertrag geltend gemacht.

Die Beklagte ist ein ......betrieb. Bei dem Kläger handelt es sich um einen privaten Bauherren.

Mit Bauvertrag vom ...... 20.. beauftragte der Kläger die Beklagte mit der Ausführung der gesamten Sanitärinstallationen an ihrem Neubau in der ...... straße ...... in ......

Beweis: Bauvertrag vom ...... 20.., Anlage K 1

Gemäß Ziff. ...... des Vertrages war die VOB/B Vertragsbestandteil.

Beweis: Ziff. ...... des Vertrages vom ...... 20.., Anlage K 1

Nach Fertigstellung des Hauses wurde die Werkleistung der Beklagten vom Kläger am ...... 20.. abgenommen.

Beweis: Abnahmeprotokoll vom ...... 20.., Anlage K 2

Zwei Wochen nach der Abnahme kam es im streitgegenständlichen Anwesen im ersten Stock zu einem Wasserrohrbruch.

Da sich die Mieter zu diesem Zeitpunkt im Urlaub befanden, breitete sich das Wasser des Wasserrohrbruches nicht nur in der Wohnung dieser Mieter aus, sondern die Wassermassen durchfeuchteten auch die darunter liegende Wohnung.

Beweis: Mieter ......, als Zeuge

Der Kläger beauftragte am nächsten Vormittag den Sachverständigen Dipl. Ing. ...... mit der Begutachtung des eingetretenen Schadens.

Von dem Sachverständigen wurde festgestellt, dass die Ursache für den Wasserrohrbruch darin besteht, dass die Beklagte an der betreffenden Kaltwasserleitung keine Isolierung gegen Frosteinwirkung angebracht hat, obwohl diese außerhalb der beheizbaren Wohnung verläuft. Die Beklagte hatte es unterlassen, besondere Schutzmaßnahmen gegen Frostschäden wie Umhüllungen vorzunehmen. Diese sind nach DIN 1988, S. 12, Ziff. 8.2 als Schutz gegen Kälte immer dann notwendig, sofern durch die Anordnung der Leitungen kein ausreichender Frostschutz gewährleistet wird.

Beweis: Gutachten des Sachverständigen vom ...... 20.., Anlage K 3

Auf das dem Beklagten zugesandte Gutachten antwortete die Beklagte mit Schreiben vom ...... 20.., dass sie die Auffassung des Sachverständigen in dessen Gutachten nicht teilen könne und aus diesem Grunde nicht bereit sei, den Schaden zu beheben.

Beweis: Schreiben des Beklagten vom ...... 20.., Anlage K 4

Der Kläger sah sich daraufhin gezwungen, mit Schreiben vom ...... 20.. der Beklagten das Nachbesserungsrecht zu entziehen. Mit Auftrag vom ...... 20.. wurde die Sanitärinstallationsfirma ...... beauftragt, den Mangel zu beseitigen.

Beweis: Vertrag mit der Sanitär- und Installationsfirma ......, Anlage K 5

Vom Kläger werden folgende Schadensersatzansprüche geltend gemacht:

1. Ersatz der Mangelbeseitigungskosten

Gemäß § 13 Nr. 7 Abs. 3 S. 1 VOB/B wird der Schaden an der baulichen Anlage selbst von diesem Anspruch erfasst.

Die Kosten an den Wasserrohren betragen

Beweis: Rechnung der Firma ...... vom ...... 20.., Anlage K 6

...... EUR

2. Ersatz der entgangenen Miete während der Mängelbeseitigung sowie Erstattung der von den Mietern vorgenommenen Mietzinsminderung für die Zeit der eingeschränkten Nutzbarkeit infolge des Wasserschadens.

Beweis: Zusammenstellung des Mietausfalles, Anlage K 7

...... EUR

Zum »Schaden der baulichen Anlage« gehört alles, was die mangelhafte Leistung selbst oder deren unmittelbare, am Bauwerk auftretende Folgen betrifft, insbesondere auch durch Herabsetzung ihres Nutzungs- oder Verkehrswertes, insbesondere der Mietausfall (Ingenstau/Korbion § 13 VOB/B Rn 707 m. w. N.).

Der Mietausfall ist daher dem Kläger ebenfalls gemäß § 13 Nr. 7 Abs. 3 S. 1 VOB/B zu ersetzen.

3. Ersatz der Möbelschäden, die der Kläger dem Mieter ...... bezahlen musste.

Beweis: Rechnung der Möbelfirma ...... vom ...... 20.., Anlage K 8

...... EUR

Hinsichtlich der Schäden an den Möbeln handelt es sich nicht mehr um einen Schaden ›an der baulichen Anlage‹, so dass sich der Schadensersatzanspruch des Klägers auf § 13 Nr. 7 Abs. 3 S. 2 VOB/B stützt.

4. Ersatz der Hotelkosten für Unterbringung der Mieter,

Beweis: Rechnung des Gasthofes ›Zum fetten Ochsen‹, Anlage K 9

...... EUR

Gesamtsumme ...... EUR

Mit Schreiben vom ...... 20.. forderten die Kläger die Beklagte auf, den Betrag von ...... EUR bis zum ...... 20.. zu bezahlen.

Beweis: Schreiben der Kläger an die Beklagte vom ...... 20.., Anlage K 10

Eine Zahlung erfolgte nicht, so dass sich die Beklagte mit der Bezahlung der Klageforderung seit dem ...... 20.. in Verzug befindet.

Die Beklagte hat demnach aus der Klageforderung von EUR ...... seit dem ...... 20.. Verzugszinsen in Höhe des gesetzlichen Zinssatzes zu bezahlen.

Durch den Feuchtigkeitsschaden wurde die Decke zwischen erstem und Erdgeschoss beschädigt. Nach Angaben des Sachverständigen Dipl.-Ing. .... ist eine Beeinträchtigung der Tragfähigkeit zu befürchten. Der genaue Schadensumfang und die erforderlichen Mängelbeseitigungsmaßnahmen sind erst nach Freilegen der Deckenkonstruktion feststellbar.

Beweis: schriftliche Stellungnahme des Sachverständigen, Dipl.-Ing. ......, Anlage K 11

Da infolgedessen eine abschließende Bezifferung der Schadensersatzansprüche derzeit nicht möglich ist, besteht ein Feststellungsinteresse für die im Klageantrag zu Ziff. 2. verfolgte Feststellungsklage.

....
Rechtsanwalt/-wältin

Anmerkung

Nach § 13 Nr. 7 Abs. 3 VOB/B setzt der Schadensersatzanspruch einen wesentlichen Mangel, der die Gebrauchsfähigkeit erheblich beeinträchtigt, und Verschulden des Auftragnehmers oder eines Erfüllungsgehilfen für die Entstehung des Bauwerkschadens voraus. Über den reinen Bauwerksschaden hinausgehender (Vermögens-)Schaden kann auf Grundlage von § 13 Nr. 7 Abs. 2 VOB/B geltend gemacht werden bei Vorsatz oder grober Fahrlässigkeit oder Verstoß gegen die anerkannten Regeln der Technik oder wenn der Schaden versichert war oder hätte versichert werden können.

Die Schadensersatzansprüche nach § 13 Nr. 7 VOB/B bestehen neben den Mängelbeseitigungs- und Minderungsansprüchen nach § 13 Nr. 5 und Nr. 6 VOB/B.

Der Anspruch aus § 13 Nr. 7 Abs. 3 S. 1 VOB/B umfasst Schäden, die mit dem Mangel am Bauwerk eng und unmittelbar zusammenhängen, während § 13 Nr. 7 Abs. 3 S. 2 VOB/B entferntere Mangelfolgeschäden umfasst.

Für die Rechte aus § 13 Nr. 7 Abs. 3 VOB/B müssen dieselben Voraussetzungen vorliegen wie für die Ansprüche aus § 13 Nr. 5 bzw. § 13 Nr. 6 VOB/B:

1. Abnahme der Bauleistung
2. Fälliger Mangelbeseitigungsanspruch
3. Auforderung des Auftraggebers zur Beseitigung des Mangels
4. Setzen einer angemessenen Frist zur Mangelbeseitigung
5. erfolgloser Fristablauf

Der Mangel muss

- wesentlich sein,
- die Gebrauchsfähigkeit erheblich beeinträchtigen und
- auf ein Verschulden des Auftragnehmers oder seines Erfüllungsgehilfen zurückzuführen sein und
- einen Schaden an der baulichen Anlage, zu deren Herstellung, Instandhaltung oder Änderung die mangelhafte Leistung diente, geführt haben, wobei
- Ursächlichkeit der Pflichtverletzung des Auftragnehmers für den Schaden vorliegen muss.

Zum Schaden an der baulichen Anlage gehört alles, was die mangelhafte Leistung selbst oder deren unmittelbare, am Bauwerk auftretende Folgen betrifft.

Die Kosten des Mietausfalles oder für die Unterbringung in einem Hotel oder die Anmietung einer Ersatzwohnung ist ein nach § 13 Nr. 7 Abs. 3 S. 2 VOB/B erstattungsfähiger Schaden.

Ein Schadensersatzanspruch gemäß § 13 Nr. 7 Abs. 3 VOB/B auf die Kosten der Beseitigung der mangelhaften Werkleistung kann auch beim Vorliegen der Voraussetzungen des § 13 Nr. 5 Abs. 2 VOB/B geltend gemacht werden. Dies setzt grundsätzlich voraus, dass der Auftragnehmer vergeblich unter Fristsetzung zur Mangelbeseitigung aufgefordert wurde (OLG Düsseldorf BauR 1997, 312).

Der Schadensersatzanspruch nach § 13 Nr. 7 Abs. 3 S. 2 VOB/B verlangt folgende zusätzliche Voraussetzungen zum Anspruch aus Abs. 3 S. 1:

- es muss ein weitergehender, nicht an der baulichen Anlage eingetretener Schaden entstanden sein,
- der Mangel muss
  - auf einem Verstoß gegen die anerkannten Regeln der Technik, oder
  - in dem Fehlen einer vertraglich zugesicherten Eigenschaften, oder
- der Auftragnehmer muss den Schaden durch eine Haftpflichtversicherung gedeckt haben oder hätte decken können.

Der Schadensersatzanspruch nach § 13 Nr. 7 Abs. 3 S. 2 VOB/B umfasst auch alle entfernteren und mittelbaren Folgeschäden.

Da es sich bei der Beschädigung von Einrichtungsgegenständen um entferntere Mangelfolgeschäden handelt, sind diese nur bei Vorliegen der speziellen Voraussetzungen des § 13 Nr. 7 Abs. 3 S. 2 VOB/B erstattungsfähig (vgl. BGH BauR 1990, 466).

Nach § 13 Nr. 7 Abs. 3 S. 1 VOB/B sind zu ersetzen:

1. alle Kosten, die zur Beseitigung der am Bauwerk in seiner Gesamtheit aufgetretenen Schäden erforderlich sind (vgl. BGH NJW 1974, 143), wie z. B. Feuchtigkeitsschäden etc.,
2. alle Kosten, die vom Auftraggeber zur Schadensminderung aufgewandt werden. Insoweit diese aber aufschiebbar sind, ist vorher jedoch dem Auftragnehmer Gelegenheit zu geben, diese Maßnahmen zur Schadensminderung selbst durchzuführen,
3. entgangener Gewinn:
   - entgangene Mieteinnahmen,
   - entgangene Betriebseinnahmen,
   - mangelbedingter Verdienstausfall (BGH NJW 1985, 381),
   - entgangene Zinseinnahmen aufgrund zeitweiliger Unverkäuflichkeit des Bauwerkes (BGH NJW 1967, 340),
   - Anmietung eines Ersatzobjektes für den Eigennutzer oder den Mieter, sofern das Bauwerk wegen der Mängel nicht nutzbar ist,
   - abstrakte Entschädigung für entgangene Eigennutzung, sofern der Geschädigte konkret den Willen und die Möglichkeit zur Nutzung gehabt hätte.

Kosten u. Gebühren:
Siehe Anmerkungen zu Formular 1.A.07.b.#05.

#12 Klage auf Vorschuss für Mängelbeseitigungskosten § 637 Abs. 3 BGB (beim BGB-(Bau-)vertrag) bzw. § 13 Nr. 5 Abs. 2 VOB/B (beim VOB-Vertrag)

[*HIER Ort, Datum*]

An das
Amtsgericht [- Landgericht]
[*HIER Anschrift*]

Klage

des/der ...... [*HIER Vorname, Name, Anschrift*]

- Klägers/-in, -

Prozessbevollmächtigte(r): Rechtsanwalt/-wältin ...... [*HIER Vorname, Name, Anschrift*]

gegen

den/die ...... [*HIER Vorname, Name, Anschrift*]

- Beklagte(n), -

Prozessbevollmächtigte(r): Rechtsanwalt/-wältin ...... [*HIER Vorname, Name, Anschrift*]

wegen Kostenvorschuss zur Mängelbeseitigung.

Streitwert: ...... EUR [- vorläufig geschätzt mit ...... EUR]

Namens und in Vollmacht des/der Klägers/-in erhebe ich Klage und werde beantragen,
den/die Beklagte(n) zu verurteilen, an den/die Kläger/-in ...... EUR nebst Zinsen in Höhe von 5 Prozentpunkten über dem jeweiligen Basiszinssatz [...... % Zinsen] hieraus seit Rechtshängigkeit [- seit dem ...... 20..] zu zahlen.

Begründung:

Der Kläger macht mit der vorliegenden Klage einen Vorschussanspruch wegen Mängeln in der Ausführung eines zwischen den Parteien geschlossenen Bauvertrages geltend.

Am ...... 20.. hat der Kläger die Beklagte im Rahmen eines Neubaues seines Hauses in ......, ... straße ...... mit der Ausführung von ...... arbeiten beauftragt.

Inhalt des Bauvertrages ist in rechtlicher Hinsicht das BGB. [- Die VOB wurden zum Vertragsgegenstand des Bauvertrages.]

Beweis: Bauvertrag vom ...... 20.. in Fotokopie, Anlage K 1

Die förmliche Abnahme ist am ...... 20.. erfolgt.

Beweis: Abnahmeprotokoll vom ...... 20.. in Fotokopie, Anlage K 2

Die Arbeiten des Beklagten waren mangelhaft:
...... [*HIER folgt die nähere Ausführung*]

Der geschilderte Mangel wurde bei der Abnahme ausdrücklich vorbehalten. Mit Schreiben vom ...... 20.. hat der Kläger diese Mängel ausdrücklich gerügt und die Nacherfüllung vom Beklagten bis zum ...... 20.. gefordert.

Beweis: Schreiben vom ...... 20.. in Fotokopie, Anlage K 3

Die Mängel sind auf die vertragswidrige Leistung des Beklagten zurückzuführen.

Beweis: Sachverständigengutachten

Auf dieses Schreiben hin meldete sich der Beklagte und bestritt seine Einstandspflicht. Er habe diese Mängel nicht zu vertreten.

Beweis: Schreiben vom ...... 20.. in Fotokopie, Anlage K 5

Der Vorschussanspruch des Klägers ergibt sich aus § 637 BGB. Die Voraussetzungen für das dort geregelte Selbstbeseitigungsrecht mit Aufwendungsersatzanspruch liegen vor. Durch die Aufforderung des Klägers zur Mängelbeseitigung liegt auch die erforderliche Fristsetzung zur Nacherfüllung vor. Der Vorschussanspruch auf die Aufwendungen ergibt sich nach § 637 Abs. 3 BGB. [- Der Kläger kann nunmehr die Mängel auf Kosten der Beklagten gemäß § 13 Nr. 5 Abs. 2 VOB/B beseitigen lassen.]

Der Kläger macht mit der Klage einen Vorschussanspruch über den Betrag der voraussichtlichen Kosten geltend. Nach Kostenvoranschlag der Firma ......, betragen die Kosten EUR ......

Beweis: Vorlage des Kostenvoranschlages, Anlage K 6

Eine weitere Firma für...... arbeiten, an die sich der Kläger ebenfalls gewandt hat, verlangt in ihrem Kostenvoranschlag eine um ...... EUR höheren Betrag.

Beweis: Vorlage des zweiten Kostenvoranschlages, Anlage K 7

Beide Kostenvoranschläge enthalten die üblichen Preise. Die darin aufgeführten Arbeiten sind zur Beseitigung der Mängel erforderlich.

Beweis: Sachverständigengutachten

Der Kläger forderte die Beklagte mit Schreiben vom ...... 20.. unter Fristsetzung zum ...... 20.. zur Zahlung auf.

Beweis: Schreiben vom ...... 20.., Anlage K 7

Der Zinsanspruch folgt aus §§ 291, 288 Abs. 1 BGB. [Bei höherem als dem gesetzlichen Zinssatz: - Der Zinsanspruch folgt aus §§ 291, 288 Abs. 3 BGB].

Der Kläger nimmt einen Bankkredit in Höhe der Klageforderung zu dem im Antrag genannten Zinssatz in Anspruch, den sie bei Zahlung der Beklagten insoweit zurückgeführt hätte.

Beweis: Zinsbestätigung der X-Bank [- Y-Sparkasse], Anlage K ......

Für den Fall des Bestreitens zusätzlich:

Beweis: Herr [- Frau] ......, zuständige(r) Bankbearbeiter/-in [- Sparkassenangestellte(r)] unter Entbindung von der Verschwiegenheitspflicht, zu laden über die X-Bank [- Y-Sparkasse]
als Zeuge/Zeugin]

[Bei vorgerichtlicher Inverzugsetzung wie im vorliegenden Fall:

bei gesetzlichem Zinssatz: - Der Zinsanspruch rechtfertigt sich aus §§ 286 Abs. 1, 288 Abs. 1 BGB.

bei höherem Zinssatz: - Der Zinsanspruch beruht auf den §§ 286 Abs. 1, 288 Abs. 3 BGB.

Der Kläger nimmt Bankkredit in Höhe der Klageforderung zu dem im Antrag genannten Zinssatz in Anspruch, den sie bei Zahlung der Beklagten insoweit zurückgeführt hätte.

Beweis: Zinsbestätigung der X-Bank [- Y-Sparkasse], Anlage K ......

Für den Fall des Bestreitens zusätzlich:

Beweis: Herr [- Frau] ......, zuständige(r) Bankbearbeiter/-in [- Sparkassenangestellte(r)] unter Entbindung von der Verschwiegenheitspflicht, zu laden über die X-Bank [- Y-Sparkasse]
als Zeuge/Zeugin]

[oder]
Der Kläger arbeitet selbst ständig mit Bankkredit, der die Klageforderung betragsmäßig übersteigt. Für diesen Kredit muss sie seit Rechtshängigkeit [- dem o. g. Datum, dem ...... 20..] ...... [z. B. 10] % Zinsen bezahlen.

Beweis: Zinsbestätigung der X-Bank [- Y-Sparkasse], Anlage K ......

Für den Fall des Bestreitens zusätzlich:

Beweis: Herr [- Frau] ......, zuständige(r) Bankbearbeiter/-in [- Sparkassenangestellte(r)] unter Entbindung von der Verschwiegenheitspflicht, zu laden über die X-Bank [- Y-Sparkasse]
als Zeuge/Zeugin]

Bei dem Kredit handelt es sich um einen Kredit, der bei rechtzeitiger Zahlung entsprechend zurückgeführt worden wäre.

Der Kläger wird nach Beseitigung der Mängel über den Kostenvorschuss abrechnen.

....
Rechtsanwalt/-wältin

Anmerkung

Zu beachten ist im Gewährleistungsrecht, dass nunmehr dem Besteller sowohl vor als auch nach der Abnahme die gleichen Rechte zustehen.

Der Kostenvorschussanspruch ist der prozessual wirksamste und damit letztlich am effektivsten durchzusetzende Anspruch für den Auftraggeber.

Zumeist werden Klagen auf Vorschuss für Mängelbeseitigungskosten bei Qualitätsabweichungen (Risse; mangelhafte Verfugung, Schimmelbildung aufgrund unzureichender Wärmedämmung, eindringende Feuchtigkeit) erhoben. Aber auch Schönheitsfehler und Abweichungen von der vertraglich vereinbarten Beschaffenheit berechtigen zur Klage.

Der Kostenvorschussanspruch setzt nur den erfolglosen Ablauf einer vom Besteller dem Werkunternehmer gesetzten angemessenen Frist zur Nacherfüllung voraus (siehe § 637 Abs. 1 BGB). Es kommt also auch nicht mehr darauf an, ob die ausgebliebene Nacherfüllung vom Werkunternehmer zu vertreten ist oder nicht. Nach § 637 Abs. 2 S. 1 BGB wird auf § 323 Abs. 2 BGB verwiesen. In den dort genannten Ausnahmefällen (ernsthafte und endgültige Leistungsverweigerung des Werkunternehmers; Termingeschäft; besondere Umstände, die einen Rücktritt rechtfertigen) ist die Bestimmung und der Ablauf einer Frist nicht erforderlich. Der Besteller braucht eine Frist zur Nacherfüllung dann nicht zu setzen, wenn sie offensichtlich erfolglos wäre, der Werkunternehmer also zur Mängelbeseitigung nicht in der Lage ist. Einer Fristsetzung bedarf es dann nicht, wenn dem Werkvertrag ein Fixgeschäft zugrunde liegt, z. B. bei einem Vertrag über eine bis zu einem bestimmten Zeitpunkt fertig zu stellende Autoreparatur. Nach Abs. 2 S. 2 braucht eine Frist auch dann nicht bestimmt zu werden, wenn die Mangelbeseitigung fehlgeschlagen oder dem Besteller unzumutbar ist.

Im Rahmen des § 13 Nr. 5 Abs. 2 VOB/B gewährt die Rechtsprechung dem Auftraggeber einen Vorschussanspruch auf Zahlung in Höhe der Mängelbeseitigungskosten (BGHZ 47, 272; 66 138). Dieselben Grundsätze gelten beim BGB-Werkvertrag.

Der Vorschussanspruch nach § 13 Nr. 5 Abs. 2 VOB/B entspricht dem des § 637 Abs. 3 BGB.

Gegen einen unzuverlässigen Werkunternehmer bietet sich der Vorschussanspruch als sinnvollerweise einzuklagender Gewährleistungsanspruch geradezu an.

Vor Beginn des Prozesses ist zu überlegen, ob die Klage auf Vorschuss ratsamer als die auf Gewährleistung (siehe hierzu Formulare 1.A.07.b.#09 bis #11) ist.

Der Vorschussanspruch hat gegenüber dem Schadensersatzanspruch den Vorteil, dass

- er etwas einfacher darzulegen ist,
- eine exakte Schadensberechnung nicht notwendig ist,
- eine Nachforderung erfolgen kann, sofern der eingesetzte Betrag zur Mängelbeseitigung nicht ausreicht,
- eine Verjährung auch für einen eventuellen Nachforderungsanspruch unterbrochen wird, so dass keine zusätzliche Feststellungsklage erforderlich ist.

Über die Verwendung des Vorschusses zur Mängelbeseitigung ist aber abzurechnen (vgl. Werner/Pastor, Der Bauprozess, Rn 1389). Der Auftragnehmer wird in der Regel die Auffassung vertreten, der Auftraggeber habe zu teuer nachgebessert. Der Auftraggeber wird möglicherweise mit dem Betrag nicht auskommen und Nachforderungsansprüche geltend machen. Möglich ist auch, dass der Auftraggeber an der Nachbesserung die Lust verliert oder sich die Nachbesserung als nicht möglich erweist und der Auftraggeber deshalb doch lieber den Betrag als Schadensersatz behalten möchte. Dies ist aber nur dann möglich, wenn auch die Voraussetzungen des Schadensersatzes vorliegen. Ein zweiter Prozess ist folglich vorhersehbar.

Im Gegensatz zum Vorschussanspruch ist der Bauherr beim Schadensersatzanspruch nicht verpflichtet, den als Schadensersatz verlangten Geldbetrag zur Mängelbeseitigung zu verwenden, so dass dieser auch dann besteht, wenn der Auftraggeber das Gebäude bereits veräußert hat (BGH NJW 1987, 645). Durch die zusätzliche Möglichkeit eines Feststellungsklageantrages kann auch der zukünftigen Schadensentwicklung Rechnung getragen werden.

Der Besteller, der einen Kostenvorschuss einklagt, ist nicht gehindert, die Feststellung zu begehren, dass der Unternehmer verpflichtet ist, auch die den Vorschuss übersteigenden Mängelbeseitigungskosten zu tragen.

Der BGH sieht ein rechtliches Interesse für einen neben der Leistungsklage erhobenen Feststellungsantrag immer dann als gegeben an, wenn der entstandene oder noch entstehende Schaden nicht bereits in vollem Umfang durch den Antrag auf Zahlung erfasst wird (BGH BauR 1986, 345).

Der Auftraggeber kann die Kosten ersetzt verlangen, die notwendig sind, den Mangel zuverlässig und nachhaltig zu beseitigen. Ein Risiko braucht er nicht zu übernehmen (OLG Düsseldorf BauR 1974, 61). Die Kosten müssen durch Vergleichsangebote oder durch Sachverständigengutachten nachgewiesen werden. Der Bauherr braucht aber keine Ausschreibung durchzuführen, um einen besonders preiswerten Anbieter zu ermitteln (OLG Düsseldorf a. a.0.).

Der Kostenvorschussanspruch umfasst nicht den merkantilen Minderwert (BGH BauR 1997, 129).

Der Verzug mit der Kostenvorschusszahlung tritt nicht (schon) mit dem Ablauf der zur Mängelbeseitigung gesetzten Frist ein. Es bedarf vielmehr einer Mahnung zur Zahlung des Kostenvorschusses (BGH BauR 1980, 359 LS).

Zinsen können gesondert geltend gemacht werden (BGH BauR 1983, 365) und verbleiben beim Auftraggeber und müssen am Ende der Mangelbeseitigungsmaßnahmen nicht mitabgerechnet werden. Die Abrechnungs- und Erstattungspflicht bezieht sich nur auf den eigentlichen Vorschuss, nicht auf den Zins (BGH BauR 1985 569 = NJW 1985 2325).

Nach § 288 Abs. 1 S. 2 BGB ist eine Geldschuld während des Verzugs für das Jahr mit 5 Prozentpunkten über dem jeweiligen Basiszinssatz zu verzinsen. Eine Definition des Basiszinssatzes enthält § 247 BGB. Er verändert sich zum 1. Januar und Juli eines Jahres gemäß § 247 Abs. 1 BGB. Die Deutsche Bundesbank gibt den geltenden Basiszinssatz unverzüglich nach diesen genannten Zeitpunkten im Bundesanzeiger bekannt, § 247 Abs. 2 BGB.

Der Basiszinssatz kann am Besten (weil dort die sorgfältigste Auskunft erfolgt) bei der Landeszentralbank telefonisch erfragt werden, um den jeweils gültigen gesetzlichen Verzugszinssatz zu errechnen. Ansonsten sieht man im Bundesanzeiger nach.

Auch der gesetzliche Zinssatz bei Vorliegen eines Handelsgeschäftes (§§ 352, 343 HGB) ist dementsprechend angepasst worden.

Die Benennung des zuständigen Banksachbearbeiters bzw. Sparkassenangestellten unter Entbindung von der Verschwiegenheitspflicht in der Klageschrift bei Geltendmachung von Zinsen über den gesetzlichen Verzugszinssatz des § 288 Abs. 1 BGB ist deshalb ratsam, weil häufig vom Klagegegner die Richtigkeit der Zinsbestätigung in der Zinsbescheinigung mit Nichtwissen bestritten wird und spätere Ergänzungen des Beweisangebotes oft vergessen werden.

Kosten u. Gebühren:
Siehe Anmerkungen zu Formular 1.A.07.b.#05.

#13 Schadensersatzklage wegen Verzögerungsschadens §§ 5 Nr. 4 i. V. m. 6 Nr. 6 VOB/B

[*HIER Ort, Datum*]

An das
Amtsgericht [- Landgericht]
[*HIER Anschrift*]

Bausache im Sinne der Geschäftsverteilung

Klage

des/der ...... [*HIER Vorname, Name, Anschrift*]

- Klägers/-in, -

Prozessbevollmächtigte(r): Rechtsanwalt/-wältin ...... [*HIER Vorname, Name, Anschrift*]

gegen

den/die ...... [*HIER Vorname, Name, Anschrift*]

- Beklagte(n), -

Prozessbevollmächtigte(r): Rechtsanwalt/-wältin ...... [*HIER Vorname, Name, Anschrift*]

wegen Verzögerungsschadens

Streitwert: ...... EUR [- vorläufig geschätzt mit ...... EUR]

Namens und in Vollmacht des/der Klägers/-in erhebe ich Klage und werde beantragen,

1. den/die Beklagte(n) zu verurteilen, an den/die Kläger/-in ...... EUR nebst Zinsen in Höhe von 5 Prozentpunkten p. a. über dem jeweiligen Basiszinssatz [- ...... % Zinsen] hieraus seit dem ...... 20.. zu zahlen.
2. den/der Beklagten die Kosten des Rechtsstreits aufzuerlegen.
3. das Urteil gegen Sicherheitsleistung für vorläufig vollstreckbar zu erklären.

dem/der Kläger/-in nachzulassen, eine von ihnen zu erbringende Sicherheitsleistung durch eine schriftliche, unbedingte, unbefristete und selbstschuldnerische Bürgschaft der X-Bank zu erbringen.

Außerdem beantrage ich,
den Erlass eines Versäumnis- oder Anerkenntnisurteils, sobald die Voraussetzungen hierfür vorliegen.

Begründung:

Mit der vorliegenden Klage wird ein Anspruch der Kläger auf Schadensersatz nach § 5 Nr. 4 i. V. m. § 6 Nr. 6 VOB wegen Verzögerungsschäden bei Arbeiten aufgrund eines VOB-Vertrages geltend gemacht, die durch eine von der Beklagten verursachte Bauverzögerung eingetreten sind. Bei dieser Klage handelt es sich somit um eine Bausache im Sinne der Geschäftsverteilung.

I.

Im Jahr ...... 20.. haben die Kläger die Beklagte mit dem Bau eines schlüsselfertigen Einfamilienhauses beauftragt.

[oder]

Die Kläger, bei denen es sich um private Bauherren handelt, schlossen mit der Beklagten am ...... 20.. einen Bauvertrag über die Errichtung eines Wohn- und Geschäftshauses in ...... an der ...... straße Nr. ......

Die VOB wurden zur Grundlage des Vertrages gemacht.

Beweis: Bauvertrag vom ...... 20.., Anlage K 1

In dem Vertrag hat sich die Beklagte verpflichtet, das Bauvorhaben innerhalb von 120 Tagen fertigzustellen. Die Bauarbeiten wurden am ...... 20.. begonnen.

[oder]

Gemäß Ziff. ...... des Vertrages war zwischen den Parteien als Baubeginn der ...... 20.. vereinbart. Als Fertigstellungszeitpunkt war in Ziff. ...... der ...... 20.. festgelegt.

Beweis: Ziff. ...... des Bauvertrages, siehe Anlage K 1

Folgende Bauleistungen fehlten am ...... 20.. noch völlig bzw. waren bislang nur teilweise durchgeführt:
...... [*HIER weitere Ausführung*]

Beweis: Niederschrift über die Ortsbegehung des Architekten ...... vom ......, Anlage K 2;
Architekt ......, als Zeuge

Als Ende ...... 20.. ein Abschluss der Bauarbeiten noch nicht abzusehen war, forderten die Kläger die Beklagte mit dem als

Anlage K 3

beigefügten Mahnschreiben nach § 5 Nr. 4 VOB/B vom ...... auf, ihrer vertraglichen Verpflichtung nachzukommen.

Die Beklagte hat innerhalb der gesetzten Frist bis zum ...... 20.. die ihr obliegenden Leistungen nicht erbracht.

Beweis: Architekt ......, als Zeuge;
Niederschrift über die Ortsbegehung des Architekten ...... vom ......, Anlage K 4

Die Endabnahme des Objektes konnte entgegen der vertraglichen Vereinbarung nicht am ...... 20.. erfolgen. Mit dem in Kopie als

Anlage K 5

beigefügtem Schreiben vom ...... 20.. teilte die Beklagte den Klägern mit, dass das Bauvorhaben erst am ...... 20.. abgeschlossen und somit erst zu diesem Zeitpunkt das Objekt abnehmbar sei.

Die Beklagte war im Hinblick auf den vertraglich vereinbarten Fertigstellungstermin vom ...... 20.. in Verzug. Sie hat ferner die von den Klägern gesetzte angemessene Frist zur Auftragserfüllung bis zum ...... 20.. ungenutzt verstreichen lassen.

II.
Aufgrund der verspäteten Fertigstellung des Bauvorhabens ist den Klägern folgender Schaden entstanden:

Im Vertrauen auf den mit der Beklagten vereinbarten Fertigstellungstermin hatten die Kläger die von ihnen bis zum Umzug in ihr eigenes Haus bewohnte Mietwohnung in der...... straße ...... in ...... unter Einhaltung der gesetzlichen Kündigungsfrist von ...... Monaten mit Schreiben vom ...... 20.. zum ...... gekündigt.

Beweis: 1. Mietvertrag der Kläger über die o. g. Wohnung vom ......, Anlage K 6
2. Kündigungsschreiben vom ......, Anlage K 7
3. Kündigungsbestätigung der ...... Wohnungsverwaltungsgesellschaft ...... vom ...... 20.., Anlage K 8

Als die Kläger feststellen mussten, dass die Beklagte den vertraglich vereinbarten Fertigstellungstermin des Bauvorhabens nicht halten würden, setzten sich die Kläger mit der den Vermieter vertretenden Wohnungsverwaltungsgesellschaft ...... in Verbindung. Diese war ausweislich der als

Anlage K 7

in Kopie beigefügten Vereinbarung vom ...... 20.. bereit, den Kläger die Wohnung für weitere drei Monate, also bis zum ...... 20.. zur Nutzung zu überlassen für den Mietbetrag kalt von ...... EUR pro Monat.

Insgesamt entstanden den Klägern insoweit Mehraufwendungen ohne Heizkosten von ...... EUR.

Die Beklagte hat die verspätete Fertigstellung des Bauvorhabens gegenüber den Klägern zu vertreten.

Die Kläger sind daher gemäß § 5 Nr. 4 VOB/B unter Aufrechterhaltung des Vertrages berechtigt, von der Beklagten nach § 6 Nr. 6 VOB/B Ersatz für den ihnen aufgrund der verspäteten Fertigstellung des Bauvorhabens entstandenen Schaden zu verlangen.

[Soweit Verzugszinsen über dem gesetzlichen Zinssatz, also von mehr als 5 Prozentpunkten über dem Basiszinssatz, gefordert werden:

Die Kläger forderten die Beklagte mit Schreiben vom ...... 20.. auf, den Betrag von ...... EUR umgehend, spätestens jedoch bis zum ...... 20.. zu bezahlen.

Beweis: Schreiben vom ...... 20.., Anlage K 8

Ein Bezahlung der geltend gemachten Forderung erfolgte gleichwohl nicht. Die Beklagte befindet sich somit mit der Bezahlung des Klagebetrages seit dem ...... 20.. in Verzug.

Die Kläger arbeiten selbst ständig mit einem Bankkredit, der die Klageforderung betragsmäßig übersteigt. Für diesen Kredit müssen sie seit dem o. g. Datum, dem ...... 20........ [z. B. 10] % Zinsen bezahlen.

Beweis: Vorlage der Bestätigung der ...... Bank vom, Anlage K 9

im Bestreitensfalle: Zeugnis des zuständigen Bankmitarbeiters unter Entbindung von der Verschwiegenheitspflicht, zu laden über die Kläger

Der betreffende Bankkredit hätte sich um den Klageforderungsbetrag verringert, wenn die Beklagte fristgerecht bezahlt hätte. Der Klageforderungsbetrag ist daher seit dem ...... 20.. mit ......% zu verzinsen.]

....
Rechtsanwalt/-wältin

Anmerkung

Gemäß § 5 Nr. 4 VOB/B können die Rechte des § 6 Nr. 6 oder des § 8 Nr. 3 VOB/B in Anspruch genommen werden, sofern folgende Voraussetzungen, die alternativ vorliegen können, gegeben sind:

- sich der Beginn der Ausführung verzögert,
- der Bauunternehmer mit der Vollendung in Verzug gerät, oder
- wenn er Arbeitskräfte, -geräte, Gerüste, Stoffe oder Bauteile unzureichend bereitstellt, so dass die Bauausführungsfristen offenbar nicht eingehalten werden können.

Ein Verschulden des Auftragnehmers oder seines Erfüllungsgehilfen ist nur im Hinblick auf den Verzug der Vollendung notwendig.

Ein vorheriges Abhilfeverlangen des Auftraggebers ist nach § 5 Nr. 4 VOB/B erforderlich.

Neben eventuellen Schäden am Bauwerk selbst sind auch Schäden ersatzfähig, die sich auf das sonstige Vermögen des Auftraggebers adäquat kausal auswirken, wie insbesondere auch Kosten für den notwendigen Hotelaufenthalt oder die Nutzung einer Mietwohnung.

Kosten u. Gebühren:
Siehe Anmerkungen zu Formular 1.A.07.b.#05.

#14 Schadensersatzklage § 5 Nr. 4 i. V. m. § 8 Nr. 3 VOB/B

[*HIER Ort, Datum*]

An das
Amtsgericht [- Landgericht]
[*HIER Anschrift*]

Bausache im Sinne der Geschäftsverteilung

Klage

des/der ...... [*HIER Vorname, Name, Anschrift*]

– Klägers/-in, –

Prozessbevollmächtigte(r): Rechtsanwalt/-wältin ...... [*HIER Vorname, Name, Anschrift*]

gegen

den/die ...... [*HIER Vorname, Name, Anschrift*]

- Beklagte(n), -

Prozessbevollmächtigte(r): Rechtsanwalt/-wältin ...... [*HIER Vorname, Name, Anschrift*]

wegen Verzögerungsschadens

Streitwert: ...... EUR [- vorläufig geschätzt mit ...... EUR]

Namens und in Vollmacht des/der Klägers/-in erhebe ich Klage und werde beantragen,

1. den/die Beklagte(n) zu verurteilen, an den/die Kläger/-in ...... EUR nebst Zinsen in Höhe von 5 Prozentpunkten p. a. über dem jeweiligen Basiszinssatz [- ...... % Zinsen] hieraus seit dem ...... 20.. zu zahlen.
2. den/der Beklagten die Kosten des Rechtsstreits aufzuerlegen.
3. das Urteil gegen Sicherheitsleistung für vorläufig vollstreckbar zu erklären.
4. dem/der Kläger/-in nachzulassen, eine von ihnen zu erbringende Sicherheitsleistung durch eine schriftliche, unbedingte, unbefristete und selbstschuldnerische Bürgschaft der X-Bank zu erbringen.

Außerdem beantrage ich,

den Erlass eines Versäumnis- oder Anerkenntnisurteils, sobald die Voraussetzungen hierfür vorliegen.

Begründung:

Mit der vorliegenden Klage wird ein Anspruch des Klägers auf Ersatz eines eingetretenen Verzögerungsschadens bei Durchführung des Bauvertrages gemäß § 5 Nr. 4 in Verbindung mit § 8 Nr. 3 VOB/B geltend gemacht. Bei dieser Klage handelt es sich somit um eine Bausache im Sinne der Geschäftsverteilung.

I.

Im Jahr ...... haben die Kläger die Beklagte mit dem Bau eines schlüsselfertigen Einfamilienhauses beauftragt.

[oder]

Die Kläger, bei denen es sich um private Bauherren handelt, schlossen mit der Beklagten am ...... 20.. einen Bauvertrag über die Errichtung eines Wohn- und Geschäftshauses in ...... an der ......straße Nr. ......

Die VOB wurden zur Grundlage des Vertrages gemacht.

Beweis: Bauvertrag vom ...... 20.., Anlage K 1

In dem Vertrag hat sich die Beklagte verpflichtet, das Bauvorhaben innerhalb von 120 Tagen fertigzustellen. Die Bauarbeiten wurden am ...... 20.. begonnen.

Beweis: Ziff. ...... des Bauvertrages, siehe Anlage K 1

[oder]

Gemäß Ziff. ...... des Vertrages war zwischen den Parteien als Baubeginn der ...... 20.. vereinbart. Als Fertigstellungszeitpunkt war in Ziff. ...... der ...... 20.. verbindlich festgelegt.

Beweis: Ziff. ...... des Bauvertrages, siehe Anlage K 1

Folgende Bauleistungen fehlten am ...... 20.. noch völlig bzw. waren bislang nur teilweise durchgeführt:

......

Beweis: Niederschrift über die Ortsbegehung des Architekten ...... vom ......, Anlage K 2; Architekt ......, als Zeuge

Als Ende ...... 20.. ein Abschluss der Bauarbeiten noch nicht abzusehen war, forderten die Kläger die Beklagte mit dem als

Anlage K 3

beigefügten Mahnschreiben nach § 5 Nr. 4 VOB/B vom ...... 20.. auf, ihrer vertraglichen Verpflichtung nachzukommen. In dem Schreiben haben sie der Beklagten eine Frist von 3 Wochen zur Vertragserfüllung gesetzt und erklärt, dass sie ihr nach fruchtlosem Ablauf der Frist den Auftrag entziehen.

Die Beklagte hat innerhalb der gesetzten Frist bis zum ...... 20.. die ihr obliegenden Leistungen nicht erbracht.

Beweis: Architekt ......, als Zeuge;
Niederschrift über die Ortsbegehung des Architekten ...... vom ......, Anlage K 4

Die Kläger haben den Vertrag am ...... 20.. gekündigt. [- Die Kläger haben daraufhin der Beklagten den Auftrag gem. § 8 Nr. 3 VOB/B entzogen.]

Beweis: Schreiben vom ...... 20.., Anlage K 5

Die Kläger machen daher Schadensersatzansprüche nach §§ 5 Nr. 4, 8 Nr. 3 Abs. 2 VOB/B geltend.

Gemäß § 8 Nr. 3 Abs. 2 S. 1 VOB/B waren die Kläger infolgedessen berechtigt, den noch nicht vollendeten Teil der Leistung zu Lasten der Beklagten durch einen Dritten ausführen zu lassen.

Die Kläger haben die bei Zugang der Kündigungserklärung noch nicht vollendeten Leistungen, nämlich folgende Arbeiten:

......

durch die Firma ...... ausführen lassen, die ihre Arbeiten laut Abrechnung vom ...... 20.. mit ...... EUR abgerechnet hat.

Beweis: Abrechnung vom ...... 20.., Anlage K 6

Die Kläger haben sich einen Kostenvoranschlag von drei Firmen, und zwar der Bauunternehmen ...... und ...... und ...... geben lassen. Die beauftragte Firma war die preisgünstigste.

Beweis: Angebot der drei Firmen ......, Anlage K 7, 8, 9

Nach § 8 Nr. 3 Abs. 2 S. 1 VOB/B sind die Kläger berechtigt, von der Beklagten den Betrag ersetzt zu verlangen, den sie wegen der Beauftragung der Firma ...... über den Preis des bisherigen Bauvertrages hinaus ausgeben muss, orientiert an dessen vereinbarten Leistungsinhalt. Bei der Berechnung des betreffenden Schadens kommt es deshalb auf die Differenz zwischen der bisherigen vereinbarten Vergütung und dem Betrag an, den die Kläger zuletzt an die Beklagte und an die Drittfirma ...... gezahlt haben bzw. zahlen mussten.

Gemäß Einheitspreisvertrag hätten die Kläger für die nicht von der Beklagten ausgeführten Arbeiten noch EUR ...... zu bezahlen gehabt.

Beweis: Bauvertrag vom ...... 20.., Anlage K 1,
Sachverständigengutachten

Die Differenz der ausführenden Drittfirma ihn Höhe von EUR ...... wird als Verzugsschaden in Rechnung gestellt.

Die Kläger forderten die Beklagte mit Schreiben vom ...... 20.. den Betrag von ...... EUR umgehend, spätestens aber bis zum ...... 20.. zu bezahlen.

Beweis: Schreiben der Kläger vom ...... 20.., Anlage K 10

Die Beklagte hat die geltend gemachte Forderung jedoch nicht bezahlt. Sie befindet sich daher mit der Bezahlung des Klagebetrages seit dem ...... 20.. in Verzug.

Die Kläger arbeiten selbst ständig mit einem Bankkredit, der die Klageforderung betragsmäßig übersteigt. Für diesen Kredit müssen sie seit dem o. g. Datum, dem ...... 20........[z. B. 10] % Zinsen bezahlen.

Beweis: Vorlage der Bestätigung der ...... Bank vom, Anlage K 9
im Bestreitensfalle: Zeugnis des zuständigen Bankmitarbeiters unter Entbindung von der Verschwiegenheitspflicht, zu laden über die Kläger

Der betreffende Bankkredit hätte sich um den Klageforderungsbetrag verringert, wenn die Beklagte fristgerecht bezahlt hätte. Der Klageforderungsbetrag ist daher seit dem ...... 20.. mit ......% zu verzinsen.

....
Rechtsanwalt/-wältin

Anmerkung

Gemäß § 5 Nr. 4 VOB/B können die Rechte des § 6 Nr. 6 oder des § 8 Nr. 3 VOB/B in Anspruch genommen werden, sofern folgende Voraussetzungen, die alternativ vorliegen können, gegeben sind:

- sich der Beginn der Ausführung verzögert,
- der Bauunternehmer mit der Vollendung in Verzug gerät, oder wenn er Arbeitskräfte, -geräte, Gerüste, Stoffe oder Bauteile unzureichend bereitstellt, so dass die Bauausführungsfristen offenbar nicht eingehalten werden können.

Ein Verschulden des Auftragnehmers oder seines Erfüllungsgehilfen ist nur im Hinblick auf den Verzug der Vollendung notwendig.

Liegen die Voraussetzungen der Verzögerung des Ausführungsbeginnes, des Verzuges oder der Nichterfüllung der Verpflichtung gemäß § 5 Nr. 3 VOB/B vor, so kann der Auftraggeber den Vertrag aufrechterhalten und Schadensersatz gemäß § 6 Nr. 6 VOB/B verlangen. Es kann dann nur der nachweislich entstandene Schaden verlangt werden, es sei denn die Verzögerung ist grob fahrlässig oder vorsätzlich herbeigeführt worden.

Der Auftraggeber kann aber auch, sofern er die in § 5 Nr. 4 VOB/B aufgeführten Voraussetzungen geschaffen hat, demzufolge eine angemessene Frist mit Kündigungsandrohung gesetzt hat, kündigen und die Rechte nach § 8 Nr. 3 VOB/B geltend machen.

Nach der Kündigung kann der Auftraggeber den noch nicht vollendeten Teil der Arbeiten zu Lasten des Auftragnehmers durch eine Drittfirma ausführen lassen und kann die Mehraufwendungen geltend machen. Daneben bleiben die Ansprüche auf Ersatz des entstehenden weiteren Schadens bestehen. Der Auftraggeber kann aber auch auf die weitere Ausführung verzichten und Schadensersatz wegen Nichterfüllung verlangen, sofern die Ausführung aus den Gründen, die zur Entziehung des Auftrags geführt haben, für ihn keine Interesse mehr hat, § 8 Nr. 3 Abs. 2 S. 2 VOB/B.

Der Ersatzanspruch bei Beauftragung eines Ersatzunternehmers umfasst die Differenz zwischen der bisherigen Vergütung und dem Betrag, den der Auftraggeber an den Auftragnehmer und zusätzlich an den Dritten zu zahlen hat. Dabei handelt es sich um einen verschuldensunabhängigen Erstattungsanspruch (Locher, Das private Baurecht Rn 125).

Kosten u. Gebühren:
Siehe Anmerkungen zu Formular 1.A.07.b.#05.

#15 Klage auf Feststellung wegen Baumängeln

[*HIER Ort, Datum*]

An das
Amtsgericht [– Landgericht]
[*HIER Anschrift*]

Klage

des/der ...... [*HIER Vorname, Name, Anschrift*]

– Klägers/-in, –

Prozessbevollmächtigte(r): Rechtsanwalt/-wältin ...... [*HIER Vorname, Name, Anschrift*]

gegen

den/die ...... [*HIER Vorname, Name, Anschrift*]

- Beklagte(n), -

Prozessbevollmächtigte(r): Rechtsanwalt/-wältin ...... [*HIER Vorname, Name, Anschrift*]

wegen Feststellung (Bausache).

Streitwert: ...... EUR [- vorläufig geschätzt mit ...... EUR]

Namens und in Vollmacht des/der Klägers/-in erhebe ich Klage und werde beantragen, festzustellen, dass der/die Beklagte dem/der Kläger/-in sämtliche Schäden zu ersetzen hat, die dadurch entstehen, dass der/die Beklagte das Bauwerk nicht nach der Leistungsbeschreibung und Plänen des Architekten mit Betonpfählen von einer Länge von 4 m, sondern nur von 2 m gegründet hat.

Begründung:

Die Beklagte, ein Bauunternehmen, hat zur Errichtung eines Einfamilienhauses des Klägers auf dessen Seegrundstück ...... einen Bauwerkvertrag mit diesen abgeschlossen. Die VOB ist Vertragsbestandteil.

Beweis: Bauvertrag vom ...... 20.., Anlage K 1

Die vertraglich geschuldeten Arbeiten wurden von der Beklagten in der Zeit vom ...... bis ...... 20.. erstellt und am ...... 20.. vom Kläger abgenommen. [- Die förmliche Abnahme ist am ...... 20.. erfolgt.]

Beweis: Abnahmeprotokoll vom ...... 20.., Anlage K 2

Gemäß Leistungsbeschreibung und Plänen des Architektenbüros ...... hatte die Gründung mittels 12 Betonpfählen von einer Tiefe von 4 m zu erfolgen.

Beweis: Leistungsbeschreibung und Pläne, Anlagenkonvolut K 3

In den letzten 3 Wochen nach Abnahme sind Risse im Mauerwerk entstanden.

Beweis: beigefügte Fotos vom Mauerwerk, Anlage K 4;
Sachverständigengutachten

Aufgrund unzureichender Gründung mit Betonpfählen von 2 anstatt mit 4 Metern Länge sind die Risse im Mauerwerk entstanden.

Beweis: Sachverständigengutachten

Der Kläger hat ein selbstständiges Beweisverfahren eingeleitet.

Mit Datum vom ...... 20.. hat der Kläger die Beklagte zur Beseitigung der Mängel unter Fristsetzung bis zum ...... 20.. aufgefordert.

Beweis: Schreiben vom . . . . . . 20. ., Anlage K 5

Die Beseitigung der Mängel hat die Beklagte mit der Begründung abgelehnt, dass diese unzumutbar sei.

Beweis: Schreiben vom . . . . . . 20. ., Anlage K 6

Die Risse im Mauerwerk haben sich in den letzten beiden Wochen bis zum Tag der Klageerhebung verbreitert.

Die Rissbildung aufgrund der mangelhaften Bauleistung der Beklagten ist somit noch nicht abgeschlossen. Der anspruchsbegründende Sachverhalt ist somit noch in der Entwicklung.

Das Feststellungsinteresse als Prozessvoraussetzung für die Feststellungsklage dürfte somit auch aus diesem Grunde nicht zu bestreiten sein.

Weil noch nicht abzusehen ist, wie sich die Rissbildung weiterentwickelt und es von der Weiterentwicklung abhängig ist, welche Sanierungsmaßnahmen erforderlich sind, sind die Voraussetzungen der Feststellungsklage gegeben.

Aufgrund der Tatsache, dass die Beklagte ihre Verantwortung für den gerügten Baumangel bestreitet, hat der Kläger auch ein rechtliches Interesse an der alsbaldigen Feststellung des von ihm geltend gemachten Nachbesserungsanspruches.

. . . .
Rechtsanwalt/-wältin

Anmerkung

Die positive Feststellungsklage wird häufig dann erhoben, wenn die Erhebung einer Leistungsklage nicht möglich oder wenn ihr erhebliche Schwierigkeiten im Wege stehen.

Es muss dargelegt werden, worin die mangelhafte Ausführung der Bauarbeit liegt.

Das Rechtsschutzbedürfnis für eine Feststellungsklage in Bausachen ist zu bejahen,

- wenn es sich um einen nichtabgeschlossenen mit Mängeln behafteten Baukomplex handelt und der endgültige Schadensumfang noch nicht feststeht,
- wenn zwar der Mangel, nicht aber die Mängelbeseitigungskosten feststehen.

Kosten u. Gebühren:
Siehe Anmerkungen zu Formular 1.A.07.b.#05.

#16 Klage des Bauunternehmers auf Vergütung aufgrund BGB-Werkvertrages

[*HIER Ort, Datum*]

An das
Amtsgericht [- Landgericht]
[*HIER Anschrift*]

Klage

des/der ...... [*HIER Vorname, Name, Anschrift*]

- Klägers/-in, -

Prozessbevollmächtigte(r): Rechtsanwalt/-wältin ...... [*HIER Vorname, Name, Anschrift*]

gegen

den/die ...... [*HIER Vorname, Name, Anschrift*]

- Beklagte(n), -

Prozessbevollmächtigte(r): Rechtsanwalt/-wältin ...... [*HIER Vorname, Name, Anschrift*]

wegen ......

Streitwert: ...... EUR [- vorläufig geschätzt mit ...... EUR]

Namens und in Vollmacht des/der Klägers/-in erhebe ich Klage und werde beantragen,

1. den/die Beklagte(n) zu verurteilen, an den/die Kläger/-in ...... EUR nebst Zinsen in Höhe von 5 Prozentpunkten über dem jeweiligen Basiszinssatz [...... % Zinsen] seit dem ...... 20.. zu zahlen.
2. dem/der Beklagte(n) die Kosten des Rechtsstreits aufzuerlegen.
3. das Urteil – notfalls gegen Sicherheitsleistung – für vorläufig vollstreckbar zu erklären.
4. hilfsweise – für den Fall des Unterliegens – dem/der Kläger/-in Vollstreckungsschutz zu gewähren.

Des Weiteren wird beantragt,
es dem/der Kläger/-in zu gestatten, eine eventuell von ihm zu stellende Sicherheitsleistung durch selbstschuldnerische Bürgschaft der X-Bank [- Y-Sparkasse] erbringen zu dürfen.

Es wird angeregt, einen frühen ersten Termin zur mündlichen Verhandlung zu bestimmen.

Für den Fall der Anordnung des schriftlichen Vorverfahrens wird beantragt,
bei Anerkenntnis ein Urteil nach § 307 Abs. 2 ZPO, nach Ablauf der Frist des 276 Abs. 1 ZPO ein Versäumnisurteil zu erlassen.

Für den Fall, dass der/die Beklagte die ihm/ihr zu setzende Frist zur Klageerwiderung nicht einhalten sollte, wird beantragt,
den Klageantrag durch Versäumnisurteil gemäß § 331 Abs. 3 ZPO zuzuerkennen.

[- Sollte der Gegner nicht erscheinen, so wird vorsorglich beantragt,
eine Entscheidung nach Lage der Akten zu erlassen.

Für den Fall, dass das Gericht eine Entscheidung nach Lage der Akten ablehnt, wird hilfsweise beantragt,
ein Versäumnisurteil zu erlassen.]

Für den Fall des Anerkenntnisses oder Teilanerkenntnisses wird beantragt,
nach § 307 ZPO zu verfahren.

Des Weiteren wird beantragt,

a. nach Erlass des Urteils eine Zustellungsbescheinigung gemäß § 169 Abs. 1 ZPO zu erteilen,
b. nach Erlass des Urteils eine vollstreckbare Ausfertigung der Entscheidung zu erteilen.

Begründung:

Die Parteien haben für Beton- und Maurerarbeiten für ein Bauwesen des Klägers in ......, ... straße ...... einen Bauvertrag abgeschlossen. Die VOB sind nicht Gegenstand des Vertrages.

Beweis: Bauvertrag vom ...... 20.., Anlagenkonvolut K 1

Der Beklagte hat die Arbeiten des Klägers am ...... 20.. abgenommen.

Beweis: Abnahmeprotokoll vom ...... 20.., Anlage K2

Am ...... 20.. hat der Kläger dem Beklagten eine Rechnung über EUR ...... übergeben. Die abgerechneten Leistungen sind vertragsgerecht ausgeführt.

Beweis: im Bestreitensfalle: Sachverständigengutachten.

Die Rechnung ist dem Beklagten am ...... 20.. zugegangen, die Forderung ist seit dem ...... 20.. fällig. Zahlung unterblieb ohne Reaktion.

Die Verzugszinsen ergeben sich aus §§ 286 Abs. 1, 288 Abs. 1 BGB.

[- Der geltend gemachte Zinsanspruch rechtfertigt sich aus §§ 286 Abs. 1, 288 Abs. 3 BGB.

Die Klägerin nimmt laufend einen die Klageforderung übersteigenden Bankkredit zu dem angegebenen Zinssatz in Anspruch.

Beweis: Zinsbestätigung der X-Bank [- Y-Sparkasse], Anlage K 6

Für den Fall des Bestreitens zusätzlich:

Beweis: Herr [- Frau] ......, zuständige(r) Bankbearbeiter/-in [- Sparkassenangestellte(r)] unter Entbindung von der Verschwiegenheitspflicht, zu laden über die X-Bank [- Y-Sparkasse] als Zeuge/Zeugin]

....
Rechtsanwalt/-wältin

Anmerkung

Ausschließlich nach § 641 BGB richtet sich die Fälligkeit beim BGB-Werkvertrag. Mit Abnahme der Werkleistung tritt die Fälligkeit der Vergütung ein.

Der Anspruch des Werkunternehmers auf Abschlagszahlungen auch bei BGB-Verträgen besteht nach dem neuen § 632 a BGB nur »für in sich abgeschlossene Leistungsteile«. Da schon bei § 12 Nr. 2 VOB/B häufig streitig ist, wann jeweils ein »in sich abgeschlossener Teil der Leistung« vorliegt, sollte der einen Vertragspartner beratende Anwalt bei einem BGB-Vertrag darauf dringen, die Voraussetzungen für eine Abschlagszahlung konkret zu vereinbaren oder gleich die VOB/B zur Vertragsgrundlage zu machen. Die Abschlagsregelung des § 16 Nr. 1 VOB/B ist für den Auftragnehmer nach wie vor günstiger.

Nach § 641 Abs. 2 BGB hat der Unternehmer einen fälligen Zahlungsanspruch gegen seinen Auftraggeber, wenn und soweit dieser vom Bauherren für die hergestellte Werkleistung des Unternehmers eine Zahlung erhalten hat.

Gemäß § 641 Abs. 3 BGB hat der Besteller ein Leistungsverweigerungsrecht bei Vorliegen von Mängeln in Höhe des Zwei- bis Dreifachen der voraussichtlichen Mängelbeseitigungskosten.

Nach § 286 Abs. 3 BGB tritt bei einer Geldschuld der Verzug automatisch 30 Tage nach Fälligkeit und Zugang einer Rechnung oder gleichwertige Zahlungsaufforderung ein. Es bedarf mithin nicht mehr einer vorherigen Mahnung. Die sog. 30-Tagesregelung gilt nur für Entgeltforderungen, erfasst somit nicht alle Geldforderungen. § 286 Abs. 3 BGB gilt gegenüber einem Verbraucher nur, wenn er auf die Folgen in der Rechnung oder Zahlungsaufstellung besonders hingewiesen worden ist. Deshalb müssen Rechnungen von Handwerkern oder Lieferanten, die eine Privatperson als Kunden haben, einen Hinweis auf § 286 Abs. 3 BGB enthalten, um die Rechtsfolge Verzug ohne Mahnung herbeizuführen.

Achtung:
Liegt der Rechnung jedoch der Abschluss eines Bauvertrages auf Grundlage der VOB/B zugrunde, so muss der Auftragnehmer gleichwohl nach wie vor gemäß § 16 Nr. 5 Abs. 3 VOB/B nach Fälligkeit einer Rechnung dem Auftraggeber eine Nachfrist zur Zahlung setzen, damit der Auftraggeber in Schuldnerverzug gerät. Ohne eine solche gesetzte Nachfrist erlangt der Auftragnehmer nie einen Anspruch auf Verzugszinsen. Hierauf ist auch künftig zu achten.

Nach § 288 Abs. 1 S. 2 BGB ist eine Geldschuld während des Verzugs für das Jahr mit 5 Prozentpunkten über dem Basiszinssatz zu verzinsen. Eine Definition des Basiszinssatzes enthält § 247 BGB. Er verändert sich zum 1. Januar und Juli eines Jahres gemäß § 247 Abs. 1 BGB. Die Deutsche Bundesbank gibt den geltenden Basiszinssatz unverzüglich nach diesen genannten Zeitpunkten im Bundesanzeiger bekannt, § 247 Abs. 2 BGB.

Der Basiszinssatz kann am besten (weil dort die sorgfältigste Auskunft erfolgt) bei der Landeszentralbank telefonisch erfragt werden, um den jeweils gültigen gesetzlichen Verzugszinssatz zu errechnen. Ansonsten sieht man im Bundesanzeiger nach.

Auch der gesetzliche Zinssatz bei Vorliegen eines Handelsgeschäftes (§§ 352, 343 HGB) ist dementsprechend angepasst worden.

Die Benennung des zuständigen Banksachbearbeiters bzw. Sparkassenangestellten unter Entbindung von der Verschwiegenheitspflicht in der Klageschrift bei Geltenmachung von Zinsen über den gesetzlichen Verzugszinssatz des § 288 Abs. 1 BGB ist deshalb ratsam, weil häufig vom Klagegegner die Richtigkeit der Zinsbestätigung in der Zinsbescheinigung mit Nichtwissen bestritten wird und spätere Ergänzungen des Beweisangebotes oft vergessen werden.

Zum Antrag auf eine einstweilige Verfügung zwecks Vormerkung für eine Bauhandwerkersicherungshypothek nach § 648 BGB siehe unbedingt Formular 1.A.07.b.#04.

Kosten u. Gebühren:
Siehe Anmerkungen zu Formular 1.A.07.b.#05.

#17 Klage des Bauunternehmers auf Vergütung bei Vereinbarung der VOB

[*HIER Ort, Datum*]

An das
Amtsgericht [- Landgericht]
[*HIER Anschrift*]

Klage

des/der ...... [*HIER Vorname, Name, Anschrift*]

- Klägers/-in, -

Prozessbevollmächtigte(r): Rechtsanwalt/-wältin ...... [*HIER Vorname, Name, Anschrift*]

gegen

den/die ...... [*HIER Vorname, Name, Anschrift*]

- Beklagte(n), -

Prozessbevollmächtigte(r): Rechtsanwalt/-wältin ...... [*HIER Vorname, Name, Anschrift*]

wegen ......

Streitwert: ...... EUR [- vorläufig geschätzt mit ...... EUR]

Namens und in Vollmacht des/der Klägers/-in erhebe ich Klage und werde beantragen,

1. den/die Beklagte(n) zu verurteilen, an den/die Kläger/-in ...... EUR nebst Zinsen in Höhe von 5 Prozentpunkten über dem jeweiligen Basiszinssatz [...... % Zinsen] seit dem ...... 20.. zu zahlen.
2. dem/der Beklagte(n) die Kosten des Rechtsstreits aufzuerlegen.
3. das Urteil - notfalls gegen Sicherheitsleistung - für vorläufig vollstreckbar zu erklären.
4. hilfsweise - für den Fall des Unterliegens - dem/der Kläger/-in Vollstreckungsschutz zu gewähren.

Des Weiteren wird beantragt,
es dem/der Kläger(-in) zu gestatten, eine eventuell von ihm zu stellende Sicherheitsleistung durch selbstschuldnerische Bürgschaft der X-Bank [- Y-Sparkasse] erbringen zu dürfen.

Es wird angeregt, einen frühen ersten Termin zur mündlichen Verhandlung zu bestimmen.

Für den Fall der Anordnung des schriftlichen Vorverfahrens wird beantragt,
bei Anerkenntnis ein Urteil nach § 307 Abs. 2 ZPO, nach Ablauf der Frist des 276 Abs. 1 ZPO ein Versäumnisurteil zu erlassen.

Für den Fall, dass die Beklagte die ihr zu setzende Frist zur Klageerwiderung nicht einhalten sollte, wird beantragt,
den Klageantrag durch Versäumnisurteil gemäß § 331 Abs. 3 ZPO zuzuerkennen.

[- Sollte der Gegner nicht erscheinen, so wird vorsorglich beantragt,
eine Entscheidung nach Lage der Akten zu erlassen.

Für den Fall, dass das Gericht eine Entscheidung nach Lage der Akten ablehnt, wird hilfsweise beantragt,
ein Versäumnisurteil zu erlassen.]

Für den Fall des Anerkenntnisses oder Teilanerkenntnisses wird beantragt,
nach § 307 ZPO zu verfahren.

Des Weiteren wird beantragt,

a. nach Erlass des Urteils eine Zustellungsbescheinigung gemäß § 169 Abs. 1 ZPO zu erteilen,
b. nach Erlass des Urteils eine vollstreckbare Ausfertigung der Entscheidung zu erteilen.

Begründung:

Die Parteien haben für Beton- und Maurerarbeiten für ein Bauwesen des Beklagten in ......, ... straße ...... einen Bauvertrag abgeschlossen. In diesem wurden die VOB zum Vertragsbestandteil gemacht.

Beweis: Bauvertrag vom ...... 20.., Anlage K 1

Der Beklagte hat die Arbeiten der Klägerin am ...... 20.. abgenommen.

Beweis: Abnahmeprotokoll vom ...... 20.., Anlage K2

Am ...... 20.. erteilte die Klägerin Schlussrechnung.

Beweis: Schlussrechnung vom ...... 20.., Anlagenkonvolut K3

Diese Schlussrechnung ist prüfbar. Sie ist übersichtlich aufgestellt und hat die Reihenfolge der Posten sowie die Bezeichnungen verwendet, die im Leistungsverzeichnis aufgeführt sind. Änderungen und Ergänzungen des Vertrages sind in der Rechnung besonders kenntlich gemacht und getrennt abgerechnet.

Zwei Monate sind ab Zugang der Schlussrechnung vergangen.

Die Beklagte hat am ...... 20.. nur EUR ...... bezahlt und dabei auf dem Überweisungsträger »Schlusszahlung« vermerkt, wie sich aus dem Kontoauszug der Klägerin ergibt. Die Klägerin hat daraufhin ihren Vorbehalt innerhalb von 20 Werktagen, und zwar am ...... 20.. erklärt sowie den Vorbehalt binnen weiterer 22 Werktage eingehend begründet.

Beweis: Schreiben vom ...... 20.., Anlage K 4,
Schreiben vom ...... 20.., Anlage K 5

Den Restbetrag von ...... EUR hat die Klägerin nach Ablauf der Zweimonatsfrist ab Zugang der Rechnung, nämlich am ...... 20.. angemahnt. Mit Einschreiben/Rückschein vom ...... 20.. mahnte die Klägerin und setzte eine Nachfrist zur Bezahlung des offenen Rechnungsbetrages bis zum ...... 20...

Beweis: Schreiben vom ...... 20.. nebst Rückschein, Anlage K 6

Die Nachfrist ist fruchtlos verstrichen. Bis zum heutigen Tage hat die Beklagte den offenen Restbetrag nicht bezahlt. Seit dem ...... 20.. muss die Klägerin deshalb 5 Prozentpunkte über dem Basiszinssatz nach § 16 Nr. 5 Abs. 3 VOB/B Zinsen bezahlen.

[Bei höherem Zinssatz als 5 Prozentpunkte über dem Basiszinssatz:

- Die Klägerin arbeitet selbst ständig mit einem Bankkredit, der die eingeklagte Restforderung betragsmäßig übersteigt. Für diesen Kredit muss sie seit dem o. g. Datum, dem ...... 20.., ... [z. B. 12 %] Zinsen bezahlen.

Beweis: Zinsbestätigung der X-Bank [- Y-Sparkasse], Anlage K ......

Für den Fall des Bestreitens zusätzlich:

Beweis: Herr [- Frau] ......, zuständige(r) Bankbearbeiter/-in [- Sparkassenangestellte(r)] unter Entbindung von der Verschwiegenheitspflicht, zu laden über die X-Bank [- Y-Sparkasse] als Zeuge/Zeugin]

Bei dem Kredit handelt es sich um einen Geschäftskredit, der bei rechtzeitiger Zahlung entsprechend zurückgeführt worden wäre.]

....
Rechtsanwalt/-wältin

Anmerkung

Zum Antrag auf eine einstweilige Verfügung zwecks Vormerkung für eine Bauhandwerkersicherungshypothek nach § 648 BGB siehe unbedingt Formular 1.A.07.b.#04.

Da nach h. M. auch beim VOB-Vertrag die Abnahme Fälligkeitsvoraussetzung ist, muss in der Begründung der Vergütungsklage nach VOB dargelegt werden, dass die Bauleistung abgenommen worden ist.

Nach § 16 Nr. 3 Abs. 1 VOB/B ist die Werklohnforderung aber – im Unterschied zum BGB-Werkvertrag – erst nach Erteilung der Schlussrechnung fällig.

Gemäß § 16 Nr. 3 VOB/B ist die Schlusszahlung alsbald nach Prüfung und Feststellung der vom Auftragnehmer vorgelegten Schlussrechnung zu leisten, spätestens innerhalb von 2 Monaten nach Zugang der Rechnung, und zwar unabhängig davon, ob die Rechnung tatsächlich geprüft oder festgestellt worden ist (Ingenstau/Korbion § 16 Nr. 3 VOB/B Rn 105). Ist aus sachlichen Gründen die Prüfung und Feststellung der Schlussrechnung alsbald nicht möglich, so hat der Auftraggeber die vertragliche Pflicht, das unbestrittene Guthaben des Auftragnehmers sofort an diesen als Abschlagszahlung zur Auszahlung zu bringen.

Der Schlussrechnung des Unternehmers sind nach § 14 Nr. 1 VOB/B die zum Nachweis von Art und Umfang der Leistung erforderlichen Mengenberechnungen, Zeichnungen und andere Belege beizufügen. Diese Unterlagen sind mit der Klageschrift dem Gericht vorzulegen.

Achtung:
Nach § 16 Nr. 3 Abs. 2 VOB/B schließt die vorbehaltlose Annahme der Schlusszahlung Nachforderungen aus, sofern nicht binnen 24 Werktagen nach schriftlicher Unterrichtung und Hinweis auf die Ausschlusswirkung ein Vorbehalt erklärt wird und nicht innerhalb von weiteren 24 Werktagen eine prüfbare Rechnung über die vorbehaltene Forderung eingereicht oder, sofern dies nicht möglich ist, der Vorbehalt eingehend begründet wird.

Die vorbehaltlose Annahme der Schlusszahlung schließt allerdings nicht von selbst Nachforderungen des Auftragnehmers aus, sondern der Auftraggeber muss sich ausdrücklich auf sie berufen (BGHZ 62, 15). Sie gibt diesem vielmehr nur eine Einrede.

Nach § 16 Nr. 5 Abs. 3 VOB/B muss der Unternehmer eine angemessene Nachfrist zur Zahlung setzen. Diese braucht nur dann nicht zu erfolgen, wenn der Auftraggeber sich ernstlich weigert, seine Zahlungsverpflichtung zu erfüllen.

Zahlt der Auftraggeber innerhalb der Nachfrist nicht, so hat der Auftragnehmer vom Ende der Nachfrist an Anspruch auf Zinsen von 5 Prozentpunkten über dem Basiszinssatz, wenn er nicht einen höheren Verzugsschaden nachweist. Außerdem darf er die Arbeiten bis zur Zahlung einstellen.

§ 16 Nr. 5 Abs. 3 VOB/B verweist bzgl. der gesetzlichen Zinsen auf die Regelung des § 288 BGB. Der gesetzliche Zinssatz beträgt somit gem. § 288 Abs. 1 BGB 5 Prozentpunkte über dem Basiszinssatz, wenn ein Verbraucher (§ 13 BGB) am Rechtsgeschäft beteiligt ist, bei Rechtsgeschäften an dem kein Verbraucher beteiligt ist, beträgt der gesetzliche Zinssatz gemäß § 288 Abs. 2 BGB 8 Prozentpunkte über dem Basiszinssatz.

Zahlt der Auftraggeber das fällige unbestrittene Guthaben nicht innerhalb von 2 Monaten nach Zugang der Schlussrechnung, so hat der Auftragnehmer für dieses Guthaben ohne Nachfristsetzung einen Anspruch auf Zinsen in Höhe der in § 288 BGB angegebenen Zinssätze, wenn er nicht einen höheren Verzugsschaden nachweist, § 16 Nr. 5 Abs. 4 VOB/B.

Die Benennung des zuständigen Banksachbearbeiters bzw. Sparkassenangestellten unter Entbindung von der Verschwiegenheitspflicht in der Klageschrift bei Nachweis eines höheren Verzugsschadens ist deshalb ratsam, weil häufig vom Klagegegner die Richtigkeit der Zinsbestätigung in der Zinsbescheinigung mit Nichtwissen bestritten wird und spätere Ergänzungen des Beweisangebotes oft vergessen werden.

Kosten u. Gebühren:
Siehe Anmerkungen zu Formular 1.A.07.b.#05.

#18 Klage auf Abnahme

[*HIER Ort, Datum*]

An das
Amtsgericht [- Landgericht]
[*HIER Anschrift*]

Klage

des/der ...... [*HIER Vorname, Name, Anschrift*]

- Klägers/-in, -

Prozessbevollmächtigte(r): Rechtsanwalt/-wältin ...... [*HIER Vorname, Name, Anschrift*]

gegen

den/die ...... [*HIER Vorname, Name, Anschrift*]

- Beklagte(n), -

Prozessbevollmächtigte(r): Rechtsanwalt/-wältin ...... [*HIER Vorname, Name, Anschrift*]

wegen Abnahme.

Streitwert: ...... EUR [- vorläufig geschätzt mit ...... EUR]

Namens und in Vollmacht des/der Klägers/-in erhebe ich Klage und werde beantragen,

1. den/die Beklagte(n) zu verurteilen, die für das Bauvorhaben des Beklagten ...... straße ...... in ...... fertiggestellten ...... arbeiten abzunehmen.
   [oder - den/die Beklagte(n) zu verurteilen, die für sein/ihr Bauvorhaben ...... in ...... an der ...... straße von dem/der Kläger/-in fertiggestellten ...... arbeiten abzunehmen.]
2. dem/der Beklagte(n) die Kosten des Rechtsstreits aufzuerlegen.
3. Das Urteils ist gegen Sicherheitsleistung vorläufig vollstreckbar.

Für den Fall einer von der Klägerin zu leistenden Sicherheit wird beantragt,
dem/der Kläger/-in nachzulassen, diese Sicherheitsleistung durch eine selbstschuldnerische, unbedingte, unbefristete und unwiderrufliche Bürgschaft der X-Bank erbringen zu dürfen.

Begründung:

Die Klägerin war auf Grundlage eines schriftlichen Bauvertrages beauftragt, die ...... arbeiten in einem Neubau des Beklagten in der ...... straße ...... in ...... durchzuführen.

Beweis: Bauvertrag von ...... 20.. in Anlage in Fotokopie, Anlage K 1

Die VOB sind zum Vertragsgegenstand gemacht worden. [- Die VOB wurden nicht zum Vertragsgegenstand gemacht.]

Die Klägerin hat die Arbeiten mangelfrei erstellt.

Beweis: Sachverständigengutachten

[*HIER im Fall der Vereinbarung der VOB:* – Da im oben angegebenen VOB-Bauvertrag die fiktiven Abnahmeformen des § 12 Nr. 5 VOB ausgeschlossen sind, hat die Abnahme förmlich zu erfolgen.]

Die Klägerin hat den Beklagten mit Schreiben vom ...... 20.. zur Abnahme bis zum ...... 20.. aufgefordert.

Beweis: Schreiben vom ...... 20.., Anlage K 2

Der Beklagte hat auf das Abnahmeverlangen der Klägerin nicht reagiert.

....
Rechtsanwalt/-wältin

Anmerkung

Der Anspruch auf Abnahme setzt voraus, dass die Bauleistung bis auf unbedeutende Mängel oder geringfügigen Restarbeiten erbracht ist (BGH BauR 1972, 252).

Nach § 640 Abs. 1 S. 2 BGB besteht keine Möglichkeit für den Besteller die Abnahme bei unwesentlichen Mängeln zu verweigern.

Ähnlich wie in § 12 Nr. 3 VOB/B gilt auch für den BGB-Werkvertrag, dass der Besteller wegen unwesentlicher Mängel die Abnahme nicht verweigern darf. Somit muss der Auftraggeber auch bei Vorliegen von Mängeln, sofern sie nicht wesentlich sind, die Abnahme durchführen. Satz 3 des § 640 Abs. 1 BGB beinhaltet ferner eine gesetzliche Abnahmefiktion für den Fall, dass der Besteller innerhalb einer ihm vom Unternehmer bestimmten angemessenen Frist das Werk nicht abnimmt.

Zur Fertigstellungsbescheinigung als Abnahmeersatz siehe unbedingt § 641 a BGB.

Folge der Abnahme sind u. a.:

- Fälligkeit der Vergütung, § 641 BGB
- Beginn der Gewährleistungsfrist, § 634 a Abs. 2, § 13 Nr. 4 VOB/B
- Verlust von Mängelrechten des § 634 Nr. 1 bis 3 BGB hinsichtlich bekannter Mängel, die nicht gerügt werden mit Ausnahme des Schadenersatzanspruches, § 640 Abs. 2 BGB,
- Entfallen der Vorleistungspflicht des Unternehmers, § 641 Abs. 1 S. 1 BGB, § 16 Nr. 1 VOB/B.

Eine gesonderte Klage auf Abnahme ist häufig deshalb nicht erforderlich, weil damit zusammenhängende Fragen im Wege des Zahlungsprozesses geklärt werden können (Nicklisch/Weick VOB/B § 12 Rn 44; Locher, Das private Baurecht Rn 40).

Die Vollstreckung erfolgt nach § 888 ZPO, bei vertretbarer Entgegennahme § 887 ZPO; nicht § 894 (vgl. Staudinger § 640 BGB Rn 54). Wenn der Besteller die Erfüllung des Vertrages oder die geschuldete Mitwirkung grundlos und endgültig verweigert, kann der Auftragnehmer unmittelbar auf Zahlung klagen (vgl. BGHZ 50, 175; WM 1986, 73). Gleiches gilt, wenn der Besteller allein die Abnahme grundlos verweigert. Das Verlangen nach Abnahme ist im Zahlungsantrag stillschweigend enthalten. Der gleichzeitigen Klage auf Zahlung des Werklohnes bedarf es nicht (BGH NJW 1996, 1749).

Kosten u. Gebühren:
Siehe Anmerkungen zu Formular 1.A.07.b.#05.

#19 Streitverkündung

[*HIER Ort, Datum*]

An das
Amtsgericht [- Landgericht] [- Oberlandesgericht]
[*HIER Anschrift*]

In Sachen

des/der ...... [*HIER Vorname, Name, Anschrift*]

- Klägers/-in, -

Prozessbevollmächtigte(r): Rechtsanwalt/-wältin ...... [*HIER Vorname, Name, Anschrift*]

gegen

den/die ...... [*HIER Vorname, Name, Anschrift*]

- Beklagte(n), -

Prozessbevollmächtigte(r): Rechtsanwalt/-wältin ...... [*HIER Vorname, Name, Anschrift*]

Az.: ......

verkünde ich namens des/der Klägers/-in [- Beklagte(n)] dem

Bauunternehmer ......, ...straße ...... in ......

den Streit mit der Aufforderung, dem Rechtsstreit auf Seiten des/der Klägers/-in [- Beklagten] beizutreten.

Das Gericht wird gebeten,
diesen Schriftsatz nebst anliegender Kopie der Klageschrift und der Klageerwiderung dem Streitverkündeten alsbald zuzustellen.

[- Das Gericht wird gebeten,
die Streitverkündungsschrift samt Anlagen dem Streitverkündungsempfänger alsbald zuzustellen, nachdem durch gerichtliche Verfügung vom ...... 20.. der Termin zur mündlichen Verhandlung auf den ...... 20.. bestimmt wurde.]

Begründung:

I. Zulässigkeit der Streitverkündung

Der Beklagte hat bezüglich des streitgegenständlichen Bauvorhabens ...... mit dem Streitverkündeten einen ......vertrag über [- für] ...... abgeschlossen.

Beweis: Vorlage des Auftragsschreibens der Beklagten vom ...... 20.. sowie der Auftragsbestätigung des Streitverkündeten vom ...... 20.., Anlage S 1

Der Kläger nimmt die Beklagte auf Mängelbeseitigung wegen ...... des Bauvorhabens in Anspruch. Würde der Kläger mit seinen Behauptungen zur Mangelhaftigkeit der ...... durchdringen, so würde sich die Beklagte insoweit bei dem Streitverkündeten als ...... [z. B. Nachunternehmer] im Regresswege schadlos halten können.

[- Der Kläger verlangt von der Beklagten Schadensersatz wegen mangelhafter ...... in seinem Wohnhaus. In seiner Klageerwiderung hat der Beklagte eingewandt, dass die vorhandenen Schäden nicht auf mangelhafte Arbeit seiner Firma, sondern auf Fehler des Streitverkündeten zurückzuführen seien. Der Streitverkündete hatte im Auftrag des Klägers ...... arbeiten am Haus des Klägers ausgeführt.

Für den Fall, dass der Einwand des Beklagten zutrifft und er aus diesem Grunde im Prozess gegen die Beklagte unterliegt, hätte er gegen den Streitverkündeten einen Anspruch auf Schadloshaltung.]

[- Die Klägerin war von der Beklagten mit Maurer- und Betonarbeiten für das zu errichtende Einfamilienhaus in ......, ... straße ......, beauftragt worden. Sie ließ die Isolierung des Kellers durch den Streitverkündeten als Subunternehmer durchführen. Der Beklagte, der Bauherr, bestreitet, dass die Kellerisolierung mangelfrei erstellt ist, er behauptet Feuchtigkeitsschäden und verweigert die Abnahme.]

[- Sollte das Gericht zu dem Ergebnis gelangen, dass die vom Beklagten behaupteten Mängel vorliegen, und sollte deshalb der Kläger in diesem Rechtsstreit ganz oder teilweise unterliegen, dann wird der Kläger bei dem Streitverkündeten, der die ...... arbeiten ausgeführt hat, Rückgriff nehmen und seinerseits Ansprüche wegen dieser Mängel gegen den Streitverkündeten geltend machen.]

II. Unterrichtung über den Prozessstand [Sofern sich der Rechtsstreit in der Berufungsinstanz befindet: - Zur Lage des Rechtsstreites]

Zur Unterrichtung des Streitverkündeten über den Prozessstand werden in der Anlage folgende Unterlagen beigefügt:

1. Ladung des Gerichtes zur mündlichen Verhandlung vom ...... 20.., als Anlage S 2
2. Klageschriftsatz des Klägers vom ...... 20.. samt Anlagen, als Anlage S 3
3. Klageerwiderung des Beklagten vom ...... 20.., als Anlage S 4
4. Replikschriftsatz des Klägers vom ...... 20.., als Anlage S 5
5. Aufklärungs- und Beweisbeschluss des Gerichtes vom ...... 20.., als Anlage S 6
6. Sachverständigengutachten des ...... vom ...... 20.., als Anlage S 7.

[- Der Stand des Prozesses ergibt sich aus der anliegenden beglaubigten Ablichtung der Klageschrift, Klageerwiderung und der Anordnung des schriftlichen Vorverfahrens. Ein Termin zur mündlichen Verhandlung ist noch nicht bestimmt worden und auch sonst noch keine prozessleitenden Anordnungen getroffen.]

....

Rechtsanwalt/-wältin

Anmerkung

Die Gliederungspunkte in der Begründung der Klageschrift sind:

1. Zulässigkeit der Streitverkündung und
2. Unterrichtung über den Prozessstand [sofern sich der Rechtsstreit in der Berufungsinstanz befindet: – Zur Lage des Rechtsstreites]

und können auch in umgekehrter Reihenfolge dargestellt werden.

Voraussetzung für eine Streitverkündung ist ein anhängiger Prozess, der sich auch in der Rechtmittelinstanz befinden kann.

Obwohl die Streitverkündung eines der wirkungsvollsten prozesstaktischen Mittel ist, wird von ihr in der Praxis viel zu wenig Gebrauch gemacht. Gleiches gilt auch für das selbstständige Beweisverfahren, in dem die Streitverkündung ebenfalls zulässig ist (BGH VersR 1997, 855).

Ob der Streit verkündet werden soll, hängt von der Klärung in tatsächlicher und rechtlicher Hinsicht ab, ob ein Dritter in Anspruch genommen werden kann, wenn der Mandant als Kläger oder Beklagter den Prozess verlieren sollte. In der Praxis des Baurechts ist die Streitverkündung vor allem in denjenigen Fällen gebräuchlich und angezeigt, in denen die im Bauprozess beklagte Partei einen für sie ungünstigen Prozessausgang berücksichtigen muss, sich aber im Fall des Unterliegens im Regressweg bei anderem Baubeteiligten schadlos halten kann. Solche Fälle kommen häufig im Bauvertragsrecht vor, wenn z. B. der Bauherr seinen Bauunternehmer wegen Baumängeln in Anspruch nimmt, die Arbeiten aber von einem Subunternehmer ausgeführt worden sind, der Bauunternehmer für die Mängel jedoch haften würde. Dann wird der Bauunternehmer seinem Subunternehmer den Streit verkünden.

Mit der Streitverkündung kann die streitverkündende Partei verhindern, dass sie nach einem Prozessverlust im Vorprozess im zweiten Prozess mit einer dem ersten Urteil widersprechenden Urteilsbegründung unterliegt.

Mit einer Streitverkündung kann der Verkünder, neben der praktisch wichtigen Hemmung der Verjährung, die Verwertung der Ergebnisse des Vorprozesses in einem möglichen Folgeprozess erwirken. Da beide Prozesse in ihren Darlegungs- und Beweislastregeln den jeweils einschlägigen materiellrechtlichen Vorschriften folgen, muss der Streitverkünder darauf achten, dass der im Folgeprozess erforderliche Vortrag nicht den Feststellungen des Vorprozesses widerspricht.

Achtung: Eine wichtige Auswirkung in der Praxis der Streitverkündung liegt in der Hemmung der Verjährung gem. § 204 Abs. 1 Nr. 6 BGB. Sie endet 6 Monate nach der rechtskräftigen Entscheidung oder anderer Beendigung des Verfahrens, § 204 Abs. 2 BGB. Bei Erhebung der Klage gegen den Streitverkündeten innerhalb dieser Frist bleibt die Hemmung demnach bestehen.

Die Streitverkündung hemmt die Verjährung aber nur wegen derjenigen Ansprüche, die sich aus der Streitverkündungsschrift ergeben. Sind dies z. B. Ansprüche aus eigenem Recht, dann wird die Verjährung nicht gehemmt, wenn die Anspruchsberechtigung später auf Abtretung gestützt wird (BGH BauR 1996, 860).

Der Streitverkündete (= der Streitverkündungsempfänger) sollte von seiner Beitrittsmöglichkeit Gebrauch machen, wenn er befürchten muss, dass der Rechtsstreit nicht in seinem Sinne geführt wird, da die Nebeninterventionswirkung auch dann eintritt, wenn er dem Rechtsstreit nicht beitritt.

Prozessual ist die Streitverkündung gegen den Dritten nur vorteilhaft, da sich die Streitverkündung nur zu Lasten des (Streit-)verkündungsempfängers, der auch als (Streit)verkündungsgegner oder Streitverkündeter bezeichnet wird, auswirkt:

- die tatsächlichen und rechtlichen Feststellungen des im Vorprozess erfolgten Urteils braucht der Streitverkünder nicht gegen sich gelten zu lassen. Ob für den Verkündungsempfänger die Nichtfeststellbarkeit einer Tatfrage im Vorprozess zum Nachteil im Folgeprozess führt, hängt allerdings dann wieder von der Beweislastverteilung ab.
- der Streitverkündete/Streitverkündungsempfänger kann sich in einem nachfolgenden Prozess wegen der Streithilfewirkung gem. §§ 74, 68 ZPO nicht darauf berufen, dass der Vorprozess unrichtig entschieden worden sei.
- die Verjährung von Ansprüchen gegen den Streitverkündeten/Streitverkündungsempfänger wird nach § 204 Abs. 1 Nr. 6 BGB gehemmt.

Da die Wirkungen nur zugunsten der streitverkündenden Partei eintreten, muss nötigenfalls die Gegenpartei auch eine Streitverkündung vornehmen, um selbst in den Vorteil der Streitverkündung zu kommen.

Die Streithilfewirkung tritt auch ein, wenn der Streitverkündete der Gegenpartei beitritt (BGH NJW 1988, 1379).

Bei der Streitverkündung entstehen kostenrechtliche Risiken für den Verkünder nur, wenn der Streitverkündungsempfänger dem Prozessgegner beitritt und dieser obsiegt. Tritt der Streitverkündete/Streitverkündungsempfänger der Partei nicht bei, so entstehen keine weiteren Kosten. Ein kostenrechtliches Risiko entsteht nur dann, wenn der Streitverkündete dem Prozessgegner beitritt oder im Laufe des Verfahrens zu diesem überwechselt (BGHZ 18, 110, 112). Unterliegt in diesem Fall die streitverkündende Partei, so hat sie nach § 101 ZPO auch die Kosten des Streitverkündeten zu tragen, zu denen auch die außergerichtlichen Kosten, somit auch die Anwaltskosten der streitverkündeten Partei gehören. Eine spezielle Anwaltsgebühr entsteht durch die Streitverkündung nicht.

Der Verkündungszeitpunkt ist für die Verjährung bedeutsam:

Da die Zulässigkeit der Streitverkündung erst im Folgeprozess geprüft wird, muss Verkündungszeitpunkt und Zulässigkeit der Streitverkündung vom Anwalt geprüft werden, sofern eine Verjährungsfrist gehemmt werden soll. Dabei ist zu bedenken, dass die Streitverkündung schon mit der Klageschrift erklärt werden kann, da es für sie genügt, dass der Rechtstreit anhängig ist (BGH NJW 1985, 328). Die Hemmung der Verjährung tritt dann mit Zustellung der Klageschrift, in der die Streitverkündung erklärt wird, ein; siehe § 204 Abs. 1 Nr. 6 BGB. Die Streitverkündung sollte möglichst frühzeitig, also schon mit der Klage erfolgen, um so dem Verkündungsempfänger die Möglichkeit zu nehmen im Folgeprozess die Interventionswirkung (§§ 74,68 ZPO) durch den Vortrag einer fehlerhaften Prozessführung zu entkräften. Entscheidend für die Zulässigkeit der Streitverkündung – die im Folgeprozess geprüft wird – ist, dass der Gegner und der Dritte nicht gemeinsam als Gesamtschuldner in Anspruch genommen werden können, sondern eine alternative Haftung besteht.

Büromäßige Behandlung:
Form der Streitverkündung:

- volles Rubrum des Rechtsstreites
- Angabe der ladungsfähigen Anschrift des Streitverkündeten
- Angabe des tatsächlichen und rechtlichen Grundes aufgrund dessen der Streitverkünder annimmt, im Falle eines Unterliegens einen Regressanspruch gegen den Verkündungsempfänger zu haben
- Angabe von Lage und Stand des Rechtsstreites
- Einreichung des Streitverkündungsschriftsatzes bei dem Prozessgericht (Siehe dazu § 73 ZPO, aber auch: §§ 496, 129 a ZPO)

Streitverkündungsfolgen:
– Materielle Folgen
Die Streitverkündung hemmt die Verjährung des (Rückgriff)Anspruches der streitverkündenden Prozesspartei gegen den Dritten, den Verkündungsempfänger. Die Hemmung der Verjährung beginnt mit der Zustellung der Streitverkündung, § 204 Abs. 1 Nr. 6 BGB.

– Prozessuale Folgen
a. Gegenstand der Interventionswirkung
Feststellungen, die die Entscheidung des Vorprozesses nicht tragen, werden nicht von der Bindungswirkung erfasst.

Streithelfer und ebenso der Streitverkündungsempfänger (vgl. § 74 Abs. 3 ZPO) werden nach § 68 ZPO im Verhältnis zur Hauptpartei bzw. zum Streitverkünder nicht mit der Behauptung gehört, dass der Vorprozess unrichtig entschieden worden sei. Die Bindungswirkung ist auf das Verhältnis zwischen den Genannten begrenzt und entfaltet sich nur zu Ungunsten des Streithelfers. Die Anwendung des § 68 ZPO gegen die Hauptpartei ist nicht möglich, da sie mit dem Gesetzeswortlaut unvereinbar ist. Die Bindungswirkung hat für den Streitverkünder die Wirkung, dass dem Verkündungsempfänger alle Einwendungen abgeschnitten sind, die sich gegen die tatsächlichen und rechtlichen Grundlagen des Urteils des Vorprozesses richten. Allerdings darf das Gericht des Folgeprozesses Fragen frei prüfen, die im Vorprozess nicht entschieden worden sind, weil es auf sie nicht ankam. Feststellungen, die die Entscheidung des Vorprozesses nicht tragen, werden von der Intervention nicht erfasst (OLG München NJW 1986, 263).

b. Einschränkung der Interventionswirkung
Die Interventionswirkung ist für den Fall eingeschränkt, dass die Hauptpartei im Vorprozess unterlegen ist, weil sie einen ihr obliegenden Beweis nicht führen konnte. Für den Folgeprozess steht dann nur die Unbeweisbarkeit der von der Hauptpartei behaupteten Tatsache fest. Da durch die Interventionswirkung die Beweislastverteilung im Folgeprozess nicht geändert werden soll, kann die Hauptpartei im Folgeprozess wieder unterliegen, wenn sie das Gegenteil der im Vorprozess geltend gemachten Tatsache beweisen muss und ihr der Beweis nicht gelingt. Weil beide Prozesse in ihren Darlegungs- und Beweislastregeln den jeweilig einschlägigen materiellrechtlichen Vorschriften folgen, muss der Streitverkünder darauf achten, dass sein Vortrag im Folgeprozess von den Feststellungen des Vorprozesses abgedeckt ist.

Nur wenn der Verkündungsempfänger beweispflichtig ist, geht die nicht ergriffene Möglichkeit der Beweisführung im Vorprozess zu seinen Lasten im Folgeprozess. Es unterliegen aber nur positive Tatsachenfeststellungen der Interventionswirkung. Ob die Nichtfeststellbarkeit einer Tatsache für den Verkündungsempfänger im Folgeprozess zum Nachteil führt, ist von der Beweislastverteilung abhängig. Ist der vorherige Verkündungsempfänger im Folgeprozess nicht beweispflichtig, so wirkt es sich nicht zu seinen Ungunsten aus, dass im Vorprozess lediglich aufgrund einer anderen Beweislastverteilung vom Nichtvorliegen einer streitigen Tatsache ausgegangen worden ist. Nach BGHZ 85, 252, 257 wirkt sich die im Vorprozess nicht ergriffene Möglichkeit der Beweisführung gegen den Verkündungsempfänger im Folgeprozess nur dann aus, wenn er auch im Folgeprozess beweispflichtig ist.

c. Aufhebung der Interventionswirkung

Soweit der Streithelfer, aber auch der Streitverkündungsempfänger, nicht die Möglichkeit hatten an der Prozessführung mitzuwirken, ist die Interventionswirkung insoweit aufgehoben und eine beschränkte Überprüfung der Entscheidung des Vorprozesses möglich als § 68 2. HS ZPO in dreifacher Weise den Einwand der mangelhaften Prozessführung ermöglicht:

Die Interventionswirkung der Streitverkündung ist bei Beweis mangelhafter Prozessführung der Hauptpartei aufgehoben.

- Der Streithelfer muss durch die Lage des Rechtsstreits zur Zeit seines Beitritts, der Streitverkündungsempfänger durch die Lage des Rechtsstreits zur Zeit, zu welcher infolge der Streitverkündung ein Beitritt möglich war (§ 74 Abs. 3 ZPO), verhindert gewesen sein, Angriffs- oder Verteidigungsmittel geltend zu machen. Eine im Zeitpunkt des Beitritts oder des möglichen Beitritts (§ 74 Abs. 3 ZPO) eingetretene Verspätungslage kann allerdings durch den Streithelfer nicht mehr korrigiert werden, weil er nach § 67 ZPO den Rechtsstreit in der Lage annehmen muss, in der er sich zur Zeit des Beitritts befindet (BGH NJW 1976, 294).
- Streithelfer oder Streitverkündungsempfänger müssen durch Erklärungen und Handlungen der Hauptpartei verhindert worden sein, Angriffs- oder Verteidigungsmittel geltend zu machen. Jedoch findet die Handlungsbefugnis des Streithelfers dort gem. § 67 ZPO ihre Grenzen, wo seine Erklärungen und Handlungen in Widerspruch zu denen der Hauptpartei geraten.
- Die Hauptpartei muss Angriffs- oder Verteidigungsmittel, welche dem Streithelfer oder Streitverkündungsempfänger unbekannt waren, absichtlich oder aus grobem Verschulden nicht geltend gemacht haben.

Der Einwand der mangelhaften Prozessführung wird durch den Streithelfer erhoben, indem er

- die Angriffs- und Verteidigungsmittel, die er nicht vorbringen konnte,
- den Grund für die Verbindung und
- die Ursächlichkeit des Nichtvorbringens für den ungünstigen Prozessausgang darlegt.

Wird der Sachvortrag zum Einwand der mangelhaften Prozessführung vom Prozessgegner bestritten oder hat das Gericht Zweifel an seiner Richtigkeit, so muss der Streithelfer oder Streitverkündungsempfänger seine Sachdarstellung beweisen. Bei Nichtbeweisbarkeit ist der Einwand nicht zu berücksichtigen.

Antrag auf Überprüfung der Streithilfe:

Sofern eine der beiden Parteien keinen Antrag auf Überprüfung der Zulässigkeit der Streithilfe nach § 71 Abs. 1 ZPO stellt, prüft das Gericht des Vorprozesses nur die Prozesshandlungsvoraussetzungen des Streithelfers. Von diesem Antragsrecht ist allerdings die unterstützte Partei ausgeschlossen, die zuvor auch dem Streithelfer den Streit verkündet hat, da sie sich mit ihrem Antrag auf Zurückweisung der Streithilfe zu ihrem vorherigen Verhalten in Widerspruch setzen würde.

In diesem Zwischenstreit über die Streithilfe obliegt es dann dem Streithelfer, die Richtigkeit der Begründung seines rechtlichen Interesses gem. § 294 ZPO – meist in der Form einer Versicherung an Eides Statt – glaubhaft zu machen.

Der Antrag auf Überprüfung der Streithilfe hat Erfolg, wenn das Urteil die Rechtsstellung des Beitretenden nicht beeinflussen kann.

Doppelte Streitverkündung:
Wenn sowohl Kläger als auch Beklagter den Streit verkünden, so bewirkt jede Streitverkündung grundsätzlich im Verhältnis der daran Beteiligten Bindungswirkung. Von dieser Bindungswirkung sind nur solche Tatsachen ausgenommen, mit denen der Verkündungsempfänger sich nicht in Widerspruch zum Vortrag des jeweiligen Streitverkünders setzen kann.

Achtung:
Eine vorherige Abstimmung mit der Rechtsschutzversicherer hinsichtlich der Erfolgsaussichten ist notwendig (§ 17 ARB), da die Streitverkündung über § 101 ZPO im Fall eines ungünstigen Urteils zu Kostenbelastungen führen kann. Es handelt sich deshalb um eine Obliegenheit nach § 15 Abs. 1 d, cc ARB.

#20 Streitbeitritt

[*HIER Ort, Datum*]

An das
Amtsgericht [- Landgericht] [- Oberlandesgericht]
[*HIER Anschrift*]

In Sachen

des/der ...... [*HIER Vorname, Name, Anschrift*]

- Klägers/-in, -

Prozessbevollmächtigte(r): Rechtsanwalt/-wältin ...... [*HIER Vorname, Name, Anschrift*]

gegen

den/die ...... [*HIER Vorname, Name, Anschrift*]

- Beklagte(n), -

Prozessbevollmächtigte(r): Rechtsanwalt/-wältin ...... [*HIER Vorname, Name, Anschrift*]

Az.: ......

zeige ich an, dass ich die Streitverkündete,

die Firma ......, vertreten durch den Geschäftsführer ......

anwaltlich vertrete.

Namens und in Vollmacht der Streitverkündeten erkläre ich :

Die Streitverkündete tritt dem Rechtsstreit auf Seiten des/der Klägers/-in als Nebenintervenient bei.

Er schließt sich als Nebenintervenient dem in der Klageschrift gestellten Antrag an und beantragt außerdem,

dem Beklagten die durch die Nebenintervention verursachten Kosten aufzuerlegen.

Ergänzend zur Klageschrift wird folgendes vorgetragen:

Die Kellerisolierungsarbeiten sind vom Nebenintervenienten entsprechend der Vergabebedingungen unter Beachtung von DIN-Vorschriften ausgeführt worden.

Beweis: Sachverständigengutachten.

Zur Ausführung der ......-Arbeiten durch die Beklagte ist vorzutragen, dass ......

[oder]
Der Streitverkündete tritt dem Rechtsstreit auf Seiten des/der Beklagten bei.

Der Streitverkündete schließt sich den Anträgen des/der Beklagten gemäß Klageerwiderung vom ...... 20.. an und wird daher in der mündlichen Verhandlung folgende Anträge stellen:

1. Die Klage wird abgewiesen.
2. Der/Die Kläger/-in trägt die Kosten des Verfahrens einschließlich der durch die Nebenintervention verursachten Kosten.
3. Das Urteil ist - ggf. gegen Sicherheitsleistung - vorläufig vollstreckbar.
4. Der Streitverkündeten wird nachgelassen, eine zu leistende Sicherheit durch eine schriftliche, selbstschuldnerische, unbedingte, unbefristete und unwiderrufliche Bürgschaft der X-Bank [- Y-Sparkasse] zu erbringen.

[oder]
erkläre ich namens und in Vollmacht des Streitverkündeten,

dass die Streitverkündete dem Rechtsstreit auf Seiten des/der Klägers/-in als Nebenintervenient beitritt.

Die Streitverkündete schließt sich als Nebenintervenient dem in der Klageschrift gestellten Antrag an und beantragt zusätzlich,

dem/der Beklagten die durch die Nebenintervention verursachten Kosten aufzuerlegen.

Ergänzend zur Klagebegründung wird vorgetragen,

dass ......

Begründung:

...... [*HIER folgt eine Beispielsbegründung*]

I. Zulässigkeit des Streitbeitritts

Soweit im Rahmen dieses Rechtsstreits Feststellungen zum Vorliegen der Mängelbehauptungen getroffen werden, wird hierdurch die Rechtsstellung der Streitverkündeten möglicherweise beeinflusst, da sie im Fall des Unterliegens der Streitverkünderin, der Beklagten also, sich etwaiger Regressansprüche ausgesetzt sehen könnte. Die Beklagte forderte mit Schreiben vom ...... 20.. die Streitverkündete bereits zur Beseitigung der hier streitgegenständlich behaupteten Mängel an ...... auf.

Beweis: Vorlage des Schreibens vom ...... 20.., Anlage S 1

Der Streitbeitritt ist deshalb zulässig.

II. Begründetheit [- der Streitverkündungsanträge]

Zur Begründung der Streitverkündungsanträge wird vollumfänglich auf die Ausführungen der Streitverkünderin, der Beklagten, verwiesen, die sich die Streitverkündete uneingeschränkt zu eigen macht.

Ergänzend wird folgendes ausgeführt:
...... [*HIER weitere Ausführung*]

Beweis: ......

[oder]
Ergänzend wird zum Klageabweisungsschriftsatz der Beklagten, den sich die Streitverkündete vollumfänglich zu eigen macht, noch folgendes ausgeführt:
...... [*HIER weitere Ausführung*]

....
Rechtsanwalt/-wältin

Anmerkung

Ob und auf welcher Seite der Streitverkündungsempfänger (= der Streitverkündete) dem Rechtsstreit beitritt, hängt vom jeweiligen Einzelfall ab. Auch nach erfolgter Streitverkündung kann der Empfänger frei entscheiden, welcher Partei er als Streithelfer beitritt.

- Der Streitverkündungsempfänger kann überlegen, ob er während des Rechtsstreits als Streithelfer auf der Seite des Streitverkünders beitritt, sofern er sich davon verspricht, dass er dessen Prozesssieg möglicherweise herbeiführen kann, um so einem Folgeprozess mit Regressansprüchen des Streitverkünders entgegenzuwirken.
- Der Streitverkündungsempfänger kann auch dem Prozessgegner beitreten.
- Er kann auch dem Prozessgegner beitreten, wenn er mit dem für ihn günstigen Sachvortrag den Streitverkünder nicht zu unterstützen vermag und er hofft, durch diesen Sachvortrag einen Folgeprozess des Streitverkünders gegen sich zu vermeiden.
- Der Streitverkündungsempfänger kann abwarten, ob der Streitverkünder den Vorprozess verliert und noch vor Eintritt der formellen Rechtskraft in Verbindung mit der Einlegung eines Rechtsmittels dem Streitverkünder gem. § 66 Abs. 2 ZPO beitreten, um ihn erst in der Berufungsinstanz zu unterstützen.
- Der Streitverkündungsempfänger kann auch nachträglich die Seiten wechseln.
- Der Verkündungsempfänger kann nach erfolgtem Beitritt einen nachträglichen Wechsel im Beitritt vornehmen. Er muss dann die Rücknahme des ersten Beitritts erklären und zugleich die neue Beitrittserklärung für die andere Partei abgeben. Nötig sein kann der Beitrittswechsel bei einer nacheinander erfolgten doppelten Streitverkündung oder wenn der Verkündungsempfänger sich im weiteren Prozessablauf in Widerspruch setzen würde zu der vorher unterstützten Partei.

- Der Streitverkündungsempfänger kann untätig bleiben.
- Der Streitverkündungsempfänger kann auf die Streitverkündung hin untätig bleiben.

Kommt es zu einen Folgeprozess zwischen dem Streitverkünder und dem Streitverkündungsempfänger, so hilft es letzterem nicht, dass er im Vorprozess untätig geblieben ist. Gemäß §§ 74 Abs. 3, 68 ZPO tritt die Bindungswirkung auch dann ein, wenn der Streitverkündungsempfänger nicht als Streithelfer beigetreten ist.

Der Streitverkündungsempfänger erlangt durch die Streitverkündung das Recht der weiteren Streitverkündung nach § 72 Abs. 2 ZPO. Er darf seinerseits einem weiteren Dritten den Streit verkünden, obwohl er noch nicht von dem Streitverkünder in einem Folgeprozess in Anspruch genommen worden ist. Hierdurch kann der Streitverkündungsempfänger frühzeitig seine eigenen Rechte gegenüber anderen Personen geltend machen. Der weitere Streitverkündungsempfänger kann damit bereits während des Prozesses an die eventuelle Entscheidung in einem Folgeprozess zwischen dem Streitverkünder und dem Streitverkündungsempfänger gebunden werden, obwohl dieser Folgeprozess noch nicht einmal anhängig ist.

Insgesamt bleibt festzustellen, dass dem Mandanten, dem der Streit verkündet wurde, zu empfehlen ist, dem Rechtsstreit auch beizutreten. Der Beitritt sollte auf der Seite erfolgen, bei deren Obsiegen mit Ansprüchen gegen den Mandanten nicht zu rechnen ist. Ein Wechsel der Seite im Laufe des Verfahrens ist dabei ohne weiteres möglich.

Nicht sinnvoll ist ein Beitritt, wenn der Prozess bereits fortgeschritten ist und der Streitverkündungsempfänger deshalb keine sinnvollen Einflussmöglichkeiten mehr hat.

Tritt der Streitverkündungsempfänger einer der beiden Parteien bei, hat er die Stellung eines Nebenintervenienten (Streithelfers), mit der Folge, dass für ihn auch § 67 ZPO gilt. Er kann alle Angriffs- und Verteidigungsmittel vorbringen, soweit er sich nicht mit diesen Erklärungen und Handlungen nicht in Widerspruch zur Hauptpartei setzt. Ein Vorbringen des beigetretenen Streitverkündungsempfängers ist demgemäss nur zu beachten, wenn es auch die Hauptpartei hätte vortragen können.

Ob eine Fristversäumung vorliegt, richtet sich allein nach den Umständen in der Person der Hauptpartei. Wichtig ist dies vor allem, wenn das Vorbringen der Partei als verspätet zurückgewiesen werden müsste. Die Präklusion wirkt dann auch dem Streitverkündeten/Streitverkündungsempfänger gegenüber, unabhängig davon, ob die Präklusion schon vor oder erst nach dem Beitritt des Streitverkündeten eingetreten ist (BGH JZ 1989, 807, 808). Ob die Fristversäumung verschuldet ist, richtet sich selbst bei Vorbringen durch den Streitverkündeten allein nach den Umständen in der Person der Hauptpartei auch dann, wenn der Streitverkündete keine Kenntnis von der Fristversäumung hatte.

Der Streitverkündete, der auf Seiten des Klägers beitritt, sollte als Nebenintervenient insbesondere Tatsachen vortragen und Beweisanträge stellen, die zur Inanspruchnahme des Beklagten führen und einen späteren gegen ihn gerichtete Regressansprüche des Klägers im Folgeprozess verhindern. Tritt er auf Seiten des Beklagten bei, so muss sein Vortrag dem Anspruch des Klägers entgegenstehende und seinen Anspruch stützende Tatsachen und Beweisanträge beihalten.

Auch ohne Streitverkündung ist ein Beitritt als Streithelfer möglich. Es ist auch möglich, dass jemand einer Partei als Streithelfer beitritt, ohne dass eine Streitverkündung an ihn erfolgt ist. Vor diesem Beitritt ohne vorherige Streitverkündung kann aber nur gewarnt werden. Der Mandant kann dabei nur verlieren. Wer sich trotz des drohenden Regresses in den zwischen anderen Parteien anhängigen Prozess nicht einmischt, hat nämlich zunächst einmal die Chance, dass dieses Verfahren in dem ihm günstigen Sinn ausgeht. Damit hätte sich das Regressrisiko erledigt. Verliert die zu unterstützende Partei doch den Prozess, ohne dass sie dem Dritten den Streit verkündet hätte, so kann sich dieser uneingeschränkt darauf berufen, dass das erste Urteil unrichtig sei. Eine Bindung des Dritten kommt abgesehen von den wenigen Fällen einer Rechtskrafterstreckung nicht in Betracht. Folglich ist es ratsam, den Dingen zunächst ihren Lauf zu lassen, sofern keine Streitverkündung erfolgt ist. Man verdoppelt in diesem Fall die Chancen des Mandanten.

Der Streitverkünder will hauptsächlich die Bindungswirkung für einen Folgeprozess herbeiführen, unabhängig davon, ob der Streitverkündungsempfänger beitritt oder nicht. Hauptzweck der Streitverkündung ist deshalb nicht die Herbeiführung der durch Beitritt des Verkündungsempfängers erwirkten Streithilfe. Aus diesem Grund muss die Streitverkündung auch nicht die Aufforderung an den Streitverkündungsempfänger beinhalten, dem Rechtsstreit als Streithelfer beizutreten.

Stellung des aus eigener Initiative Beigetretenen sowie des beigetretenen Streitverkündungsempfängers als Streithelfer:
Die Stellung des Streithelfers ist dadurch gekennzeichnet, dass er im Prozess auch als Zeuge und nicht als Partei vernommen werden kann. Durch seinen Tod oder Insolvenz wird das Verfahren nicht unterbrochen (OLG Hamburg NJW 1961, 616). Seine prozessualen Befugnisse bestimmen sich dadurch, dass er in seinen Befugnissen abhängig ist von der unterstützten Partei. Prozesshandlungen zum Nachteil der unterstützten Partei kann er nicht vornehmen, selbst wenn sie ihm günstig wären. Die Partei kann die Tätigkeit des Streithelfers durch ihren Widerspruch jederzeit einschränken. Wenn sie dies unterlässt, sind die Prozesshandlungen des Streithelfers vom Prozessgericht so anzusehen, als hätte die Partei sie selbst vorgenommen.

Gemäß § 67 2. Hlbs. ZPO ist der Streithelfer berechtigt, »Angriffs- und Verteidigungsmittel geltend zu machen und alle Prozesshandlungen wirksam vorzunehmen«, d. h. mit derselben Wirkung als wenn sie die Partei selbst vorgenommen hätte. Der Streithelfer hat folgende Möglichkeiten:

Der unterstützten Partei widersprechende Erklärungen des Streithelfers sind unwirksam. In Schriftsätzen kann er, wie die Partei selbst, Behauptungen aufstellen und bestreiten, Beweis anbieten, sich zum Beweisergebnis äußern und alle Prozessanträge stellen. In der mündlichen Verhandlung werden alle Erklärungen wirksam, soweit sie nicht denen der unterstützten Partei widersprechen.

Prozesshandlungen des Streithelfers wirken wie die der unterstützten Partei. Nimmt der Streithelfer von der Partei unterlassene Prozesshandlungen vor, weil er diese Fristen versäumt oder im Termin nicht erscheint, so wirken diese als ob die unterstützte Partei sie selbst vorgenommen hätte. Die Tätigkeit des Streithelfers kann so weit gehen, dass er bei teilweiser oder gänzlicher Untätigkeit der unterstützten Partei den Prozess allein führt. Der Streithelfer darf auch mit Wirkung für die unterstützte Partei gegen ein Versäumnisurteil Einspruch einlegen sowie mit Wirkung für die Partei vor Ablauf der Rechtsmittelfristen Rechtsmittel einlegen und begründen, was beides gem. § 66 Abs. 2 ZPO auch erst in Verbindung mit seiner Beitrittserklärung möglich ist.

Bei Säumnis der Partei im Termin verhindert der Streithelfer durch sein Erscheinen das Versäumnisurteil gegen die von ihm unterstützte nicht erschienene Partei. Der Streithelfer kann dann auch alle Anträge des Gegners für und gegen die unterstützte Partei annehmen, so als ob diese anwesend wäre.

Tritt der Streithelfer erst in einem fortgeschrittenen Verfahrensstadium bei, so ist er nach § 67 1. Hlbs. ZPO an bereits erreichte Zwischenergebnisse gebunden. Angriffs- und Verteidigungsmittel kann er nach § 67 2. Hlbs. ZPO nur geltend machen und sonstige Prozesshandlungen nur vornehmen, soweit »nicht seine Erklärungen und Handlungen der Hauptpartei in Widerspruch stehen«.

Nachteile entstehen dem Streithelfer aus dieser Einschränkung nicht. Beruft sich die Hauptpartei im Folgeprozess gegenüber dem Streithelfer auf das ergangene Urteil, dann kann dieser eine Überprüfung der Richtigkeit des Urteils verlangen, soweit er gem. § 68 2. Hlbs. ZPO »durch die Lage des Rechtsstreits zur Zeit seines Beitritts oder durch Erklärungen und Handlungen der Hauptpartei verhindert worden ist, Angriffs- oder Verteidigungsmittel geltend zu machen«.

Nachfolgende Beschränkungen ergeben sich gem. § 67 ZPO für den Streithelfer:

Erklärungen und Handlungen der unterstützten Partei haben Vorrang vor denen des Streithelfers. Jede Prozesshandlung des Streithelfers kann deshalb von Seiten der unterstützten Partei widerrufen werden. Der Streithelfer kann nicht eine von der Partei zugestandene Tatsache bestreiten oder eine bestrittene zugestehen. Ist jedoch unklar, ob sich Prozesshandlungen von Partei und Streithelfer widersprechen, dann gehen diese Zweifel nicht zu Lasten des Streithelfers und dessen Prozesshandlung bleibt wirksam.

Sind zum Zeitpunkt des Beitritts des Streithelfers bestimmte Prozesshandlungen für die Hauptpartei nicht mehr möglich, so kann der Streithelfer daran auch nichts mehr ändern. Auch auf Streitpunkte, die durch Zwischen- oder Teilurteil erledigt sind, darf er nichts mehr vorbringen.

Nimmt der Streithelfer Prozesshandlungen vor, die ausschließlich seiner Rechtsposition zugute kommen, um sich etwa dadurch gegenüber der Bindungswirkung im Folgeprozess abzusichern, so sind solche Prozesshandlungen auch ohne einen ausdrücklichen oder schlüssigen Widerspruch der Partei unbeachtlich.

Prozesshandlungen, die nur der Parteidisposition unterliegen, sind dem Streithelfer versagt, da lediglich die Parteien das Streitprogramm und den Prozessgegenstand bestimmen.

Der Streithelfer darf nicht:

- die Klage ändern (dazu gehört auch die Klagebeschränkung und -erweiterung),
- die Klage zurücknehmen,
- die Hauptsache für erledigt erklären,
- mit dem Gegner der unterstützten Partei einen Vergleich schließen,
- auf Klägerseite auf den Anspruch gem. § 306 ZPO verzichten,
- auf Beklagtenseite den Anspruch gem. § 307 ZPO anerkennen,
- einen neuen prozessualen Anspruch wie Widerklage oder Zwischenfeststellungsklage erheben.

Aufrechnungs-, Anfechtungs- sowie Rücktrittserklärung sind für den Streithelfer nicht möglich. Rechtsgeschäftliche Willenserklärungen für die unterstützte Partei, wie Aufrechnung mit einem Gegenanspruch der Partei, Anfechtung oder Rücktritt vom Vertrag, sind für den Streithelfer nicht möglich. Dagegen können Einwendungen oder Einreden der Partei, die eine Gestaltungserklärung nicht voraussetzen, wie Verjährung, Vorausklage, Zurückbehaltungsrecht, von ihm geltend gemacht werden.

Doppelte Streitverkündung:
Bei doppelter Streitverkündung sollte der Empfänger einer der beiden Seiten beitreten.

Zur Vermeidung von Rechtsnachteilen ist dem Dritten, dem Streitverkündungsempfänger, dringend anzuraten, im Vorprozess einer Seite beizutreten und alle ihm für einen Folgeprozess günstigen Angriffs- und Verteidigungsmittel geltend zu machen.

Kosten der Streithilfe:
Zu den Kosten der Streithilfe gehören alle Auslagen und Aufwendungen des Streithelfers anlässlich seiner Prozessbeteiligung, vor allem also die Anwaltskosten. Darunter fallen nicht die Kosten der Streitverkündung oder die Kosten für Angriffs- und Verteidigungsmittel sowie Rechtsmittel des Streithelfers zugunsten der unterstützten Partei. Das gilt allerdings dann nicht, wenn ohne Beteiligung der unterstützten Partei, etwa durch Teilnahme dieser an der mündlichen Verhandlung, der Streithelfer selbstständig ein Rechtsmittel eingelegt hat.

Bei Unterliegen der unterstützten Partei hat der Streithelfer seine Streithilfekosten zu tragen. Die unterstützte Partei hat nicht die Kosten der Streithilfe zu tragen. Bei Unterliegen der unterstützten Partei hat der Streithelfer die Kosten der Streithilfe zu übernehmen. Ansonsten hat nach § 101 ZPO der Prozessgegner der unterstützten Partei in dem gleichen Anteil wie die Kosten des Rechtsstreits auch die der Streithilfe zu tragen. Sofern allerdings der Streithelfer von seinem Beitritt zurücktritt, muss er in entsprechender Anwendung des § 269 Abs. 3 ZPO die Streithilfekosten tragen. Die Kosten des Rechtsstreits hat der Streithelfer allerdings nie zu tragen.

Zu den Streitverkündungsfolgen siehe Anmerkungen zu vorigem Formular 1.A.07.b.#19

Büromäßige Behandlung:
Da der Anwalt des Streithelfers sich erfahrungsgemäß nicht darauf verlassen kann, dass ihm ein verkündetes Urteil formlos mitgeteilt wird, sollte er sich mit der von ihm unterstützten Partei in Verbindung setzen und Informationen darüber einholen, was im Verkündungstermin herausgekommen ist. Sollte das Urteil ungünstig sein, so kann er sich nach dem Beginn der Berufungsfrist erkundigen und aufgrund des Urteilsinhalts mit dem Streithelfer über legen, ob er selbst Berufung einlegen soll, sofern die von ihm unterstützte Partei davon absehen will.

#21 Streitverkündung im selbstständigen Beweisverfahren

[*HIER Ort, Datum*]

An das
Amtsgericht [- Landgericht]
[*HIER Anschrift*]

Az.: ......

Streitverkündung im selbstständigen Beweisverfahren

in Sachen

des/der ...... [*HIER Vorname, Name, Anschrift*]

– Antragstellers/-in [Beklagte(n)], –

Verfahrensbevollmächtigte(r): Rechtsanwalt/-wältin ...... [*HIER Vorname, Name, Anschrift*]

gegen

den/die ...... [*HIER Vorname, Name, Anschrift*]

- Antragsgegners/-in [- Klägers/-in], -

Verfahrensbevollmächtigte(r): Rechtsanwalt/-wältin ...... [*HIER Vorname, Name, Anschrift*]

im selbstständigen Beweisverfahren.

Namens und in Vollmacht des/der Antragsgegners/-in verkünde ich der

Firma ......, gesetzlich vertreten durch den Geschäftsführer ......, wohnhaft ......

den Streit.

I. Zum Grund der Streitverkündung:

Der Antragsgegner hat mit der Streitverkündeten am ...... 20.. einen ...... [z. B. Bauvertrag] abgeschlossen. Nach diesem Bauvertrag musste die Streitverkündete als Nachunternehmerin der Antragsgegnerin für das Bauvorhaben des Antragstellers die ...... arbeiten ausführen. Werden die Behauptungen des Antragstellers durch das Einholen des Sachverständigengutachtens bestätigt, so stehen dem Antragsgegner gegen die Streitverkündete Regressansprüche in Form von Gewährleistungs- und Schadensersatzansprüchen zu.

II. Zur Lage des selbstständigen Beweisverfahrens:

Der Antragsteller hat gegen die Antragsgegnerin ein selbstständiges Beweisverfahren eingeleitet, welches beim Amtsgericht [- Landgericht] ...... unter dem Aktenzeichen ...... anhängig ist. Dazu hat dieses am ...... 20.. einen Beweisbeschluss erlassen.

III. Auch im selbstständigen Beweisverfahren ist eine Streitverkündung zulässig (BGH NJW 1997, 859; BGH BauR 1998, 172).

Zwei Abschriften des Schriftsatzes sind für den Antragsteller beigefügt.

....
Rechtsanwalt/-wältin

Anmerkung

Vor allem im Baurecht ergibt sich häufig die Situation, dass zunächst unklar ist, wer für einen Mangel verantwortlich ist, einer von mehreren in Betracht kommenden Handwerkern und/oder der Architekt. Hier kann der Bauherr zwar gegen jeden in Betracht kommenden möglichen Verantwortlichen ein eigenes selbstständiges Beweisverfahren durchführen, jedoch hat dies den Nachteil für ihn, dass er wahrscheinlich erhebliche Kostennachteile hinnehmen muss. Dies lässt sich auch nicht dadurch vermeiden, dass statt mehrerer Beweisverfahren nur eines durchgeführt wird, dass sich gegen mehrere Antragsgegner richtet. Das ist zwar zulässig, ändert aber nichts an dem Kostenrisiko. Hier kommt die Streitverkündung in Betracht. Der Antragssteller bzw. Antragsgegner kann das selbstständige Beweisverfahren gegen einen möglicherweise Verantwortlichen durchführen und den übrigen in Betracht kommenden den Streit verkünden, was kostenrechtlich für ihn erheblich günstiger ist.

Im selbstständigen Beweisverfahren ist nach der BGH-Rechtsprechung nun auch die Streitverkündung zulässig (BGH NJW 1997, 347), so dass der verjährungshemmende (§ 204 Abs. 1 Nr. 6 BGB) Rückgriff auf einen Dritthaftenden abgesichert werden kann.

Die bislang schon praktizierte Gleichstellung der Streitverkündung im selbstständigen Beweisverfahren mit der Streitverkündung im Prozess (BGHZ 134, 190) ist nach § 204 Abs. 1 Nr. 6 BGB durch die Anknüpfung an die Streitverkündung zwanglos möglich (BT-Drucks. 14/6040 S. 114 r. Sp.).

Dem Streitverkündeten kann das Ergebnis der Beweisaufnahme in einem nachfolgenden Prozess entgegengehalten werden, § 68 ZPO. Fehler, die zur Unzulässigkeit des Antrages auf Beweissicherung führen können, stehen der durch die Zustellung des Antrags nach § 204 Abs. 1 Nr. 6 BGB bewirkten Hemmung der Verjährung nicht entgegen, wenn der Antrag nicht als unstatthaft zurückgewiesen worden ist (BGH BauR 1998, 390).

#01 Herausgabeklage § 985 BGB

[*HIER Ort, Datum*]

An das
Amtsgericht [- Landgericht]
[*HIER Anschrift*]

Klage

des/der ...... [*HIER Vorname, Name, Anschrift*]

- Klägers/-in, -

Prozessbevollmächtigte(r): Rechtsanwalt/-wältin ...... [*HIER Vorname, Name, Anschrift*]

gegen

den/die ...... [*HIER Vorname, Name, Anschrift*]

- Beklagte(n), -

Prozessbevollmächtigte(r): Rechtsanwalt/-wältin ...... [*HIER Vorname, Name, Anschrift*]

wegen Herausgabe

Streitwert: ......EUR [- vorläufig geschätzt mit ...... EUR]

Namens und in Vollmacht des/der Klägers/-in erhebe ich Klage und werde beantragen,

1. den/die Beklagte(n) zu verurteilen, den Personenkraftwagen Marke ......, Motor-Nr. ......, Fahrgestell-Nr......., amtliches Kennzeichen ......, an den/die Kläger/-in herauszugeben,
2. hilfsweise
   den Wagen auf das Betriebsgrundstück des/der Klägers/-in in ......, ...straße ...... zurückzuschaffen.

Für den Fall, dass der Beklagte seine Verteidigungsabsicht nicht rechtzeitig erklärt, beantrage ich

durch schriftliches Versäumnisurteil zu entscheiden.

Begründung:

......[*HIER Beispielssachverhalt*]

Der Kläger betreibt in ......, ... straße ...... einen Baustoffhandel.

Es war beabsichtigt, dass der Beklagte in einigen Jahren den Baustoffhandel übernehmen sollte, weil sich der Kläger zur Ruhe setzen wollte.

Wegen Unstimmigkeiten der Parteien wird es hierzu nicht kommen. Der Beklagte hat inzwischen auch mit seiner Ehefrau das Haus des Klägers verlassen.

Der Beklagte hat dabei - gegen den Willen des Klägers - den im Antrag genannten PKW mitgenommen. Dieser PKW gehört zum Inventar des Baustoffhandels und steht daher im Eigentum des Klägers.

Der Beklagte behauptet zu Unrecht, Eigentümer des PKW zu sein. Das Fahrzeug ist bei der Firma ...... in ...... zum Preis von EUR ...... als gebrauchtes Fahrzeug gekauft worden, und zwar vom Kläger. Es ist zwar richtig, dass der Beklagte die Kaufverhandlungen über den im Streit befindlichen PKW mit der Autofirma ...... geführt hat. Der Wagen ist aber zum Kaufpreis von EUR ...... für den Baustoffhandel ...... gekauft und erworben worden. Entsprechend ist der Wagen auch vom Baustoffhandel ...... bezahlt worden.

Beweis: Auskunft der Firma Autohaus ...... in ......,
...... straße ......, bzw. Zeugnis der Angstellten dieser
Firma, zu laden über die genannte Firma.

Der Beklagte ist bei den Verhandlungen mit der Autofirma ...... als Vertreter für den Kläger - als dem Inhaber des Baustoffhandels - aufgetreten. Diese Verhandlungen hat er somit für den Baustoffhandel ...... geführt.

Beweis: wie vor

Aufgrund dieses Kaufs ist der Kläger auch im Kraftfahrzeugbrief als Eigentümer des Wagens eingetragen worden.

Beweis: Vorlage des Kraftfahrzeugbriefs im Verhandlungstermin.

Demnach ist der Kläger Eigentümer des Wagens. Der Beklagte ist daher verpflichtet, den Wagen an den Kläger herauszugeben.

Da er die Herausgabe abgelehnt hat, ist Klage geboten.

Der Wert des Wagens wird etwa ...... EUR betragen. Nach diesem Wert ist der Gerichtskostenvorschuss beigefügt.

....
Rechtsanwalt/-wältin

Anmerkung

Örtlich zuständig ist das Gericht des allgemeinen Gerichtsstandes, §§ 12–19 ZPO.

Für die Herausgabeklage bei Grundstücken ist der dingliche Gerichtsstand nach § 24 ZPO gegeben, wenn der Kläger Eigentümer ist, andernfalls der allgemeine Gerichtsstand.

Der für die sachliche Zuständigkeit maßgebliche Streitwert ist der nach § 6 ZPO zu bestimmende Wert. Dies ist der Verkehrswert der Sache.

Gerichtskosten und Rechtsanwaltsgebühren:
Wie bei gewöhnlicher Klage.

#02 Herausgabeklage § 861 BGB

[*HIER Ort, Datum*]

An das
Amtsgericht [- Landgericht]
[*HIER Anschrift*]

Klage

des/der ...... [*HIER Vorname, Name, Anschrift*]

- Klägers/-in, -

Prozessbevollmächtigte(r): Rechtsanwalt/-wältin ...... [*HIER Vorname, Name, Anschrift*]

gegen

den/die ...... [*HIER Vorname, Name, Anschrift*]

- Beklagte(n), -

Prozessbevollmächtigte(r): Rechtsanwalt/-wältin ...... [*HIER Vorname, Name, Anschrift*]

wegen Herausgabe.

Streitwert: ......EUR [- vorläufig geschätzt mit ...... EUR]

Namens und in Vollmacht des/der Klägers/-in erhebe ich Klage und werde beantragen,

den/die Beklagte(n) zu verurteilen,

den Wohnwagenanhänger Marke ......, amtliches Kennzeichen ......, an den/die Kläger/-in herauszugeben.

Weiterhin wird vorsorglich der
Antrag auf schriftliches Anerkenntnis- oder Versäumnisurteil im schriftlichen Vorverfahren gestellt.

Begründung:

...... [*HIER Beispielssachverhalt*]

Der im Klageantrag genannte Wohnwagenanhänger ist vom ...... bis zum ...... bei der Wohnwagenvermietungsfirma ...... vom Beklagten, einem früheren Mitarbeiter des Klägers, im Namen des Klägers geliehen worden. Der Mietbetrag für den genannten Zeitraum wurde auch im voraus vom Kläger bezahlt.

Beweis: Zeugnis der Geschäftsführerin der Wohnwagenvermietungsfirma ......,

Frau ......, zu laden bei der genannten Firma.

Der Beklagte, dessen Zeitarbeitsvertrag als Angestellter – mit der Funktion Werber – für die Klägerin am ...... endete, wurde mit Aufforderungsschreiben vom ...... aufgefordert, den Wohnwagen an den Kläger herauszugeben.

Beweis: Aufforderungsschreiben vom ...... in Kopie, Anlage K 1

Der Beklagte ist dieser Aufforderung nicht nachgekommen, sondern behauptet vielmehr, er habe den Wohnwagen für sich gemietet und sei weiterhin zum Besitz berechtigt.

Beweis: Schreiben des Beklagten vom ......, in Kopie, Anlage K 2

Aus diesem Grunde ist Klage geboten.

....
Rechtsanwalt/-wältin

Anmerkung

Örtlich zuständig ist das Gericht des allgemeinen Gerichtsstandes, §§ 12–19 ZPO.

Streitwert: Der für die sachliche Zuständigkeit maßgebliche Streitwert ist der nach § 6 ZPO zu bestimmende Wert. Dies ist der Verkehrswert der Sache.

Für die Herausgabeklage bei Grundstücken ist der dingliche Gerichtsstand nach § 24 ZPO gegeben.

Aus § 861 BGB kann sich grundsätzlich nur ein Anspruch auf Wiederherstellung der früheren Besitzlage – d. h. vor der verbotenen Eigenmacht – ergeben. Wegen der sozialen Abhängigkeit war der Beklagte Besitzdiener des Klägers, der damit Alleinbesitz an der Sache hatte. Anders wäre die Lage zu beurteilen, wenn es sich um einen freien Mitarbeiter, etwa einen freien Handelsvertreter, handelt. Mangels sozialer Abhängigkeit wäre dieser nicht etwa Besitzdiener des Klägers, sondern Kläger und Beklagter hätten Mitbesitz, §§ 866 ff. BGB. Der Anspruch kann dann aber nur auf Wiedereinräumung des Mitbesitzes gerichtet sein, es sei denn, dass der andere Mitbesitzer den Mitbesitz nicht wieder übernehmen will oder kann.

Im Falle der Wiedereinräumung des Mitbesitzes würde der Antrag lauten:

> »...... den/die Beklagte(n) zu verurteilen, den Wohnwagenanhänger Marke ......, amtliches Kennzeichen ......, auf das Geschäftsgrundstück in ......, ...straße ...... zurückzuschaffen.«

Gerichtskosten und Rechtsanwaltsgebühren:
Wie bei gewöhnlicher Klage.

#03 Klage auf Beseitigung einer Störung § 1004 BGB

[*HIER Ort, Datum*]

An das
Amtsgericht [- Landgericht]
[*HIER Anschrift*]

Klage

des/der ...... [*HIER Vorname, Name, Anschrift*]

- Klägers/-in, -

Prozessbevollmächtigte(r): Rechtsanwalt/-wältin ...... [*HIER Vorname, Name, Anschrift*]

gegen

den/die ...... [*HIER Vorname, Name, Anschrift*]

- Beklagte(n), -

Prozessbevollmächtigte(r): Rechtsanwalt/-wältin ...... [*HIER Vorname, Name, Anschrift*]

wegen Störungsbeseitigung.

Streitwert: ......EUR [- vorläufig geschätzt mit ...... EUR]

Namens und in Vollmacht des/der Klägers/-in erhebe ich Klage und werde beantragen, den/die Beklagte(n) zu verurteilen, [*z. B. die auf seinem Grundstück an der Grenze zum Grundstück des Klägers aufgestellten Bienenstöcke zu beseitigen und den Imkerbetrieb einzustellen.*]

Begründung:

...... [*HIER Beispielssachverhalt*]

Der Kläger ist Eigentümer des angrenzenden Grundstückes. Die aus den an seiner Grenze aufgestellten Bienenstöcke ausschwärmenden Bienen ziehen über das Grundstück des Klägers und gefährden die dort sich aufhaltenden Personen, insbesondere spielende Kinder.

Beweis: 1) Zeugnis des ......
2) Augenscheinseinnahme ......
3) Sachverständigen - Gutachten

Diese Gefährdung und Beeinträchtigung des Eigentums ist unzumutbar. Die Klage ist erforderlich, da der Beklagte auf Abmahnung nicht reagiert.

....
Rechtsanwalt/-wältin

Anmerkung

Örtlich zuständig ist bei Grundstücken das Gericht der belegenen Sache von denen eine Gefahr ausgeht und ein anderes Grundstück in seiner Nutzung eingeschränkt wird, § 24 ZPO. .

Betrifft die Eigentumsstörung nicht Grundstücke, so gilt der allgemeine Gerichtsstand.

Sachlich zuständig ist das Gericht nach dem zu schätzenden Streitwert. Dieser bemisst sich nach dem Interesse, das der Kläger vernünftigerweise an der Störungsbeseitigung hat.

Der Anspruch steht nur dem Eigentümer zu und in entsprechender Anwendung des § 1004 BGB z. B. dem Erbbauberechtigten, Dienstbarkeitsberechtigten.

Gerichtskosten und Rechtsanwaltsgebühren:
Wie bei gewöhnlicher Klage.

#04 Klage wegen Beseitigung und Unterlassung § 1004 BGB

[*HIER Ort, Datum*]

An das
Amtsgericht [- Landgericht]
[*HIER Anschrift*]

Klage

des/der ...... [*HIER Vorname, Name, Anschrift*]

- Klägers/-in, -

Prozessbevollmächtigte(r): Rechtsanwalt/-wältin ...... [*HIER Vorname, Name, Anschrift*]

gegen

den/die ...... [*HIER Vorname, Name, Anschrift*]

- Beklagte(n), -

Prozessbevollmächtigte(r): Rechtsanwalt/-wältin ...... [*HIER Vorname, Name, Anschrift*]

wegen Beseitigung und Unterlassung.

Streitwert: ......EUR [- vorläufig geschätzt mit ...... EUR]

Namens und in Vollmacht des/der Klägers/-in erhebe ich Klage und werde beantragen,

1. den/die Beklagte(n) zu verurteilen, ... [*HIER Beispielsantrag:*
   a. die Auskragung im Oberstock an der Ostseite seines Hauses zur Westgrenze des Grundstückes des Klägers hin zu beseitigen.
   b. es zu unterlassen, das Bauwerk über die Höhe des jetzt bestehenden Obergeschosses hinaus höher zu führen.]
2. dem/der Beklagten die Kosten des Rechtsstreites aufzuerlegen.
3. das Urteil - soweit zulässig - für vorläufig vollstreckbar zu erklären.

Begründung:

[Zur Begründung gehört
zu 1 a), dass der Abstand zur Grenze des Klägers - Bauwich - nicht den gesetzlichen Bestimmungen entsprechend eingehalten wurde;
zu 1 b), dass die Absicht, höher zu bauen, dem Kläger bekannt wurde - Beweisantritt - und dass dies den gegebenen oder sonstigen Vorschriften zuwiderläuft.]

....
Rechtsanwalt/-wältin

Anmerkung

Zuständigkeit: örtlich das Gericht der belegenen Sache,

[im Beispielsfall sachlich ausschließlich das Landgericht, da es sich im Beispiel um einen nichtvermögensrechtlichenen Anspruch handelt, § 24 ZPO, §§ 23, 71 GVG.]

Streitwert:
Als nichtvermögensrechtlicher Anspruch gem. § 12 Abs. 2 S. 1 ZPO nach Ermessen zu bestimmen.

Die Klage aus dem § 1004 BGB steht nur dem Eigentümer zu. Ist der Eigentümer zugleich Besitzer, kann er auch die Klage auf Besitzstörung stützen und entsprechend gestalten.

Gerichtskosten und Rechtsanwaltsgebühren:
Wie bei gewöhnlicher Klage.

#05 Klage wegen Duldungsanspruch aus vertraglichem Pfandrecht §§ 1233 Abs. 2, 1207 BGB

[*HIER Ort, Datum*]

An das
Amtsgericht [- Landgericht]
[*HIER Anschrift*]

Klage

des/der ...... [*HIER Vorname, Name, Anschrift*]

- Klägers/-in, -

Prozessbevollmächtigte(r): Rechtsanwalt/-wältin ...... [*HIER Vorname, Name, Anschrift*]

gegen

den/die ...... [*HIER Vorname, Name, Anschrift*]

- Beklagte(n), -

Prozessbevollmächtigte(r): Rechtsanwalt/-wältin ...... [*HIER Vorname, Name, Anschrift*]

wegen Duldung der Pfandverwertung.

Streitwert: ......EUR [- vorläufig geschätzt mit ...... EUR]

Namens und in Vollmacht des/der Klägers/-in erhebe ich Klage und werde beantragen,

1. a) den/die Beklagte(n) zu verurteilen, die Pfandverwertung des PKW ...... [*Angabe der Marke, Baujahr*] ......, Fahrgestell-Nr. ......, wegen der Werklohnforderung des/der Klägers/-in gegen den ......, wohnhaft ...... gemäß Reparaturrechnung vom ...... über den Betrag von ...... EUR zu dulden.
1. b) den Kraftfahrzeugbrief zu dem zu a) genannten Fahrzeug an den Kläger herauszugeben.
2. die Kosten des Rechtsstreits der Beklagten aufzuerlegen,
3. das Urteil für vorläufig vollstreckbar zu erklären.

Vorsorglich wird der
Antrag auf Erlass eines Versäumnis- oder Anerkenntnisurteils im schriftlichen Vorverfahren gestellt.

Begründung:

...... [*HIER Beispielssachverhalt*]

Der Kläger betreibt eine Reparaturwerkstatt. Am ...... hatte der ...... den im Klageantrag näher bezeichneten PKW zum Kläger zwecks Reparatur gebracht. Dabei legte er einen auf seinen Namen ausgestellten Fahrzeugschein vor, womit er schlüssig behauptete, Eigentümer des Fahrzeugs zu sein.

Beweis: Zeugnis des Angestellten ......, wohnhaft ......

Der Kfz-Brief wurde nicht vorgelegt, was auch nicht branchenüblich ist.

Der Auftraggeber unterzeichnete das ausgefüllte Auftragsformular des Klägers.

Beweis: Kopie des Auftragsformulars, Anlage K 1

Auf der Vorderseite des Formulars ist mit Fettdruck auf die auf der Rückseite abgedruckten »Bedingungen für die Kfz-Reparatur« Bezug genommen. In Nr ...... der Bedingungen heißt es:

> »Dem Auftragnehmer steht wegen seiner Forderungen aus dem Auftrag ein Zurückbehaltungsrecht sowie ein vertragliches Pfandrecht an den aufgrund des Auftrags in seinen Besitz gelangten Gegenständen zu.«

Nach Ausführung der Reparatur, forderte der Kläger den Auftraggeber unter Zusendung der Rechnung vom ...... über den Betrag von EUR ...... zur Abholung des Wagens auf.

Beweis: Kopie der Rechnung vom ......, Anlage K 2

Der Auftraggeber ließ aber nichts von sich hören. Als der Beklagte nochmals telefonisch zur Abholung des Wagens aufgefordert wurde, erklärte er, er könne zur Zeit die Rechnung nicht begleichen. Er sei zwar Eigentümer des PKW gewesen, habe diesen aber zur Absicherung eines Kredits übereignet. Nach diesem Sicherungsübereignungsvertrag, den der Auftraggeber mit der Beklagten geschlossen hatte, durfte dieser im Besitz des Wagens zur Ausübung seiner beruflichen Tätigkeit bleiben. Der ...... war aber verpflichtet, das Fahrzeug in ordnungsgemäßem Zustand zu halten und die Wartungskosten selbst zu tragen.

Beweis: Vorlage des Sicherungsübereignungsvertrages des Beklagten.

Da nicht sicher ist, ob eine Zwangsvollstreckung wegen der Werklohnforderung gegen den Auftraggeber erfolgreich sein wird, hält sich der Kläger an den Beklagten. Mit Aufforderungsschreiben vom ...... hat der Kläger den Beklagten den Verkauf des PKW zwecks Pfandverwertung angedroht und hierbei den Reparaturkostenbetrag von EUR ...... angegeben. Zudem hat der Kläger dem Beklagten eine Frist von 2 Wochen gesetzt, zu erklären, ob er die Verwendungen genehmige.

Beweis: Kopie des Schreibens vom ......

Daraufhin hat der Beklagte im Antwortschreiben vom ...... seine Passivlegitimation bestritten und auf den Auftraggeber, Herrn ...... verwiesen.

Beweis: Vorlage des Schreibens vom ......

Deshalb ist nun Klage geboten.

....
Rechtsanwalt/-wältin

Anmerkung

Der Werkstattinhaber kann ohne Einsichtnahme in den Kfz-Brief gutgläubig ein Pfandrecht erwerben (BGH NJW 1983, 2140 f.). Der Kfz-Brief gibt keinen Aufschluss über die Eigentumsverhältnisse an dem Kfz, weil nicht der Eigentümer, sondern der Kfz-Halter eingetragen ist. Auch würde es zu einer »Lahmlegung der Reparaturtätigkeit« führen, wenn jeder Werkstattinhaber sich den Kfz-Brief vorlegen lassen müsste (BGH a. a.0.). Die Anforderungen an den guten Glauben im Fall des Erwerbs des Pfandrechts sind geringer als im Fall des Eigentumserwerbs, wo der Erwerber des Eigentums an einem Kfz nur dann gutgläubig ist, wenn er sich zumindest den Kfz-Brief vorlegen lassen muss und im Falle von Unstimmigkeit darüber hinaus eine Erkundigungspflicht beim vormaligen eingetragenen Kfz-Halter besteht (BGH NJW 1992, 310).

Zu Klageantrag zu 2.: Der Kfz-Brief ist als Urkunde i. S. d. § 952 BGB anzusehen (BGH NJW 1978, 1854). Da der Kläger ein vertragliches Pfandrecht hat und zur Verwertung der Sache berechtigt ist, kann er die Herausgabe des Kfz-Briefes verlangen, §§ 952, 1231 BGB (Palandt § 952 BGB Rn 7).

Gerichtskosten und Rechtsanwaltsgebühren:
Wie bei gewöhnlicher Klage.

#06 Klage auf Duldung eines Notweges § 917 BGB (§ 1004 Abs. 2 BGB)

[*HIER Ort, Datum*]

An das
Amtsgericht [- Landgericht]
[*HIER Anschrift*]

Klage

des/der ...... [*HIER Vorname, Name, Anschrift*]

- Klägers/-in, -

Prozessbevollmächtigte(r): Rechtsanwalt/-wältin ...... [*HIER Vorname, Name, Anschrift*]

gegen

den/die ...... [*HIER Vorname, Name, Anschrift*]

- Beklagte(n), -

Prozessbevollmächtigte(r): Rechtsanwalt/-wältin ...... [*HIER Vorname, Name, Anschrift*]

wegen Duldung eines Notwegs.

Streitwert: ......EUR [- vorläufig geschätzt mit ...... EUR]

Namens und in Vollmacht des/der Klägers/-in erhebe ich Klage und werde beantragen, den/die Beklagte(n) zu verurteilen, ... [*HIER Beispielsantrag: entlang der linken Grenze seines Grundstückes vom Grundstück des/der Klägers/-in bis zur öffentlichen Straße ...... zugunsten des/der Klägers/-in einen drei Meter breiten Grundstücksstreifen für Zugang und Zufahrt als Notweg zu dulden.*]

Begründung:

[*HIER folgen Ausführungen über die Notwendigkeit der Verbindung i. S. v. § 917 BGB, die Lage beider Grundstücke zueinander und den Ausschluss anderer Möglichkeiten. Als Beweismittel bieten sich an: Auskunft der Baubehörde, Augenscheinseinnahme. Anspruch auf Geldrente für den Eigentümer des Nachbargrundstückes ist zu beachten.*]

....
Rechtsanwalt/-wältin

Anmerkung

Der Anspruch auf den Notweg steht nur dem Eigentümer, nicht einem Pächter, Mieter oder sonstigen Besitzer zu. Der Anspruch auf Duldung eines Notweges begründet kein Recht an dem Grundstück und ist daher nicht eintragungsfähig. Anders bei vertraglicher Vereinbarung. Der Eigentümer des Nachbargrundstückes hat keinen Anspruch auf Unterlassung, § 1004 Abs. 2 BGB.

Zuständigkeit:
Örtlich das Gericht der belegenen Sache, §§ 24, 26 ZPO, sachlich das dem Streitwert entsprechende Gericht. Bei vertraglicher Regelung und eingetragener Grunddienstbarkeit ausschließlich örtlich das Gericht der belegenen Sache, § 24 ZPO.

Streitwert:
Bestimmung nach §§ 3, 7 ZPO.

Gerichtskosten und Rechtsanwaltsgebühren:
Wie bei gewöhnlicher Klage.

#07 Klage auf Auflassung

[*HIER Ort, Datum*]

An das
Amtsgericht [- Landgericht]
[*HIER Anschrift*]

Klage

des/der ...... [*HIER Vorname, Name, Anschrift*]

– Klägers/-in, –

Prozessbevollmächtigte(r): Rechtsanwalt/-wältin ...... [*HIER Vorname, Name, Anschrift*]

gegen

den/die ...... [*HIER Vorname, Name, Anschrift*]

– Beklagte(n), –

Prozessbevollmächtigte(r): Rechtsanwalt/-wältin ...... [*HIER Vorname, Name, Anschrift*]

wegen Auflassung.

Streitwert: ......EUR [- vorläufig geschätzt mit ...... EUR]

Namens und in Vollmacht des/der Klägers/-in erhebe ich Klage und werde beantragen,

Der/Die Beklagte wird verurteilt, zu erklären, dass das Eigentum an dem Grundstück Gemarkung ......, Flurstück Nr. ......, im Grundbuch vom ......, Band ......, Blatt ......, je zur Hälfte an den/die Kläger/-in übergehen soll und den/die Kläger/-in je zur Hälfte als Miteigentümer des Grundstücks eingetragen werden sollen.

[oder in anderer Formulierungsweise]

Der/Die Beklagte wird verurteilt, das Grundstück Gemarkung ......, Flurstück Nr. ......, im Grundbuch vom ......, Band ......, Blatt ......, an den/die Kläger/-in zu je hälftigem Miteigentum aufzulassen und die Eintragung im Grundbuch zu bewilligen.

Begründung:

...... [*HIER Beispielsbegründung*]

Mit notariellem Kaufvertrag vom ...... schlossen die Kläger, das Ehepaar ...... mit der Beklagten einen Kaufvertrag über das im Eigentum der Beklagten stehende oben im Klageantrag genannte Grundstück.

Beweis: Notarieller Kaufvertrag vom ......, des Notars ......, Urkundenrolle Nr. ......

Den Kaufpreis von ...... EUR, von dessen vollständiger Bezahlung gemäß § ...... des Vertrages die Auflassung abhängig ist, wurde von den Kläger am ...... bezahlt.

Beweis: Anliegende bankbestätigte Einzahlungsquittung der X-Bank des Beklagten

im Original, Anlage K 1.

Der Auflassungsanspruch ergibt sich aus dem notariellen Kaufvertrag in Verbindung mit den §§ 433, 873, 925 BGB.

....
Rechtsanwalt/-wältin

Anmerkung

Ist der Kaufpreis noch nicht vollständig bezahlt, so ist ein Zug-um-Zug Antrag zustellen:

»Der Beklagte wird verurteilt, das Grundstück Gemarkung ......, Flurstück Nr. ......, im Grundbuch vom ......, Band ......, Blatt ......, Zug um Zug gegen Zahlung des Restkaufpreises von EUR ...... an die Kläger zu je hälftigem Miteigentum zu übereignen.«

Die Zug-um-Zug-Einschränkung muss aber so bestimmt sein, dass sie ihrerseits zum Gegenstand einer Leistungsklage gemacht werden könnte (BGH NJW 1993, 324, 325), damit sie einen vollstreckungsfähigen Inhalt hat (BGH a. a. O.).

Sachliche Zuständigkeit: Streitwert ist allein der Verkehrswert, nicht etwa der Kaufpreis oder Einheitswert.

Örtliche Zuständigkeit: Allgemeiner Gerichtsstand des Schuldners, §§ 12–19 ZPO. § 24 ZPO ist nicht anwendbar.

Die Zwangsvollstreckung erfolgt nach § 894 ZPO.

Gerichtskosten und Rechtsanwaltsgebühren:
Wie bei gewöhnlicher Klage.

#08 Klage auf Grundbuchberichtigung § 894 BGB

[*HIER Ort, Datum*]

An das
Amtsgericht [- Landgericht]
[*HIER Anschrift*]

Klage

des/der ...... [*HIER Vorname, Name, Anschrift*]

- Klägers/-in, -

Prozessbevollmächtigte(r): Rechtsanwalt/-wältin ...... [*HIER Vorname, Name, Anschrift*]

gegen

den/die ...... [*HIER Vorname, Name, Anschrift*]

- Beklagte(n), -

Prozessbevollmächtigte(r): Rechtsanwalt/-wältin ...... [*HIER Vorname, Name, Anschrift*]

wegen Grundbuchberichtigung.

Streitwert: ......EUR [- vorläufig geschätzt mit ...... EUR]

Namens und in Vollmacht des/der Klägers/-in erhebe ich Klage und werde beantragen,

> Der/Die Beklagte wird verurteilt, darin einzuwilligen, dass der im Grundbuch vom ......, Band ......, Blatt ......, in Abt. I ......, bezüglich des früheren Miteigentumsanteils des ...... an dem Grundstück ......straße ...... eingetragene Widerspruch gegen die Eintragung des/der Klägers/-in als Eigentümer/-in gelöscht wird.

Weiterhin wird vorsorglich der

> Antrag auf schriftliches Anerkenntnis- oder Versäumnisurteil im schriftlichen Vorverfahren gestellt.

Begründung:

...... [*HIER Beispielsbegründung*]

Die Parteien sind Geschwister, die Tochter Gerda ist die Klägerin. Ihre Mutter, die ......, war Eigentümerin der in ...... gelegenen Grundstücke ......straße ...... und ......straße ...... Nach dem Tod des Vaters errichtete die Mutter ein Testament, in dem es u. a. heißt:

»Zu meinen Erben setze ich meine drei Kinder Heike, Gerda und Bernd ein.

Mein Sohn Bernd erhält das Haus mit Grundstück ......straße ...... (Grundstück 1)

Das Haus mit Grundstück an der ......straße ...... (Grundstück 2) erhalten meine beiden Töchter zu gleichen Teilen. Es darf nur verkauft werden, wenn beide damit einverstanden sind.

Sollte eines der drei Kinder unverheiratet sterben, so fällt der Erbteil dieses Kindes an die überlebenden Geschwister.«

Beweis: anliegende Ablichtung des Testaments, Anlage K 1

Am ...... verstarb die Mutter, Frau ...... Am ...... wurde von Nachlassgericht ein Erbschein des Inhalts ausgestellt, dass sie aufgrund ihres Testaments von ihren drei Kindern zu je 1/3 Anteil beerbt worden sei.

Beweis: Ablichtung des Erbscheines vom ......, Anlage K 2

Die drei Geschwister schlossen am ...... einen Erbauseinandersetzungsvertrag, in dem sie das Grundstück an der ...... straße ...... (Grundstück 1) an den Beklagten und das Grundstück an der ...... straße ...... (Grundstück 2) an die Klägerin und ihre Schwester Heike als Miteigentümer zu je 1/2 Anteil aufließen und die entsprechenden Grundbucheintragungen beantragten, die alsbald erfolgten. Irgendwelche Beschränkungen der Verfügungsmacht der beiden Schwestern, die beide damals noch unverheiratet waren, wurden nicht eingetragen.

Die Klägerin Gerda ...... heiratete am ......

Am ...... verkaufte die Tochter Heike ...... ihren Miteigentumsanteil am Grundstück ...... straße ...... (Grundstück 2) durch notariellen Vertrag an die Klägerin Gerda, die als Gegenleistung die auf dem Grundstücksanteil ruhenden erheblichen Lasten übernahm. Zugleich wurde die Auflassung des Miteigentumsanteils an die Klägerin erklärt. Am ...... wurde die Klägerin im Grundbuch als Alleineigentümerin des Grundstücks ...... straße ...... (Grundstück 2) eingetragen.

Beweis: Beiziehung der Grundakten des Grundbuchamtes ...... Band ......, Blatt ......

Wenige Wochen später, am ...... verstarb Heike unverheiratet und wurde aufgrund gesetzlicher Erbfolge von den Parteien beerbt.

Als der Sohn Bernd, der Beklagten von der Übertragung des Miteigentumsanteils seiner Schwester Heike ...... auf die Klägerin Gerda erfuhr, war er der Ansicht, dass diese Übertragung unwirksam sei und erwirkte eine einstweilige Verfügung auf Eintragung eines Widerspruches gegen die Eintragung der Klägerin als Eigentümerin des von ihrer Schwester Heike erworbenen Eigentumsanteils.

Beweis: Beiziehung der Akten des Verfahrens des Landgerichts ......, Az. ......

Am ...... wurde der im Klageantrag näher bezeichnete Widerspruch in das Grundbuch eingetragen.

Beweis: vorgenannte Grundakten des Grundbuchamtes ......

Der Widerspruch ist zu löschen, da das Grundbuch unrichtig ist. Die Klägerin ist zu Recht als Alleineigentümerin des Grundstücks ...... straße ...... (Grundstück 2) eingetragen. Gründe, warum eine Auflassung des Grundstücks von der Erbengemeinschaft auf die Klägerin und ihre Schwester Heike und die danach erfolgte Übertragung des Anteils von dieser Schwester auf die Klägerin unwirksam sein sollte, sind nicht ersichtlich.

Einen nennenswerten Überschuss hat das Grundstück nicht erbracht, die Klägerin hat sogar zu den Ausgaben aus ihrem sonstigen Einkommen beigetragen. Eine Benachteiligung des Beklagten war unter diesen Umständen ausgeschlossen und von der Klägerin und ihrer inzwischen verstorbenen Schwester nicht beabsichtigt.

Aus diesen Gründen ist der Klage stattzugeben.

Das betroffene Grundstück hat einen Wert von ca. ...... EUR.

....
Rechtsanwalt/-wältin

Anmerkung

Zur Sicherung des Grundbuchberichtigungsanspruches mittels einer einstweiligen Verfügung auf Eintragung eines Widerspruches im Grundbuch siehe Formular 1.A.03.b.#06

Sachliche Zuständigkeit: Maßgeblich ist der Streitwert (= Verkehrswert ohne Abzug der Belastungen). Geht es um Berichtigung von Belastungen, so ist deren Nennwert maßgeblich.

Örtliche Zuständigkeit: § 24 ZPO, dinglicher Gerichtsstand, gibt einen ausschließlichen Gerichtsstand nur für die örtliche, nicht für die sachliche Zuständigkeit.

Das Rechtsschutzinteresse ist dann nicht gegeben, wenn das grundbuchrechtliche Löschungsverfahren nach §§ 22 ff. GBO der einfachere und billigere Weg ist. Nach der Rechtsprechung ist das grundbuchrechtliche Antragsverfahren dann der einfachere Weg, wenn die Urkunden aus § 22 GBO leicht zu beschaffen sind (BGH NJW 1969, 1906; vgl. auch Palandt § 894 BGB Rn 2). Sind die Urkunden aus § 22 GBO nur mit Schwierigkeiten zu beschaffen, so ist das Rechtsschutzinteresse hingegen gegeben. Ist es also zweifelhaft, ob das Antragsverfahren vor dem Grundbuchamt zum Erfolg führt, so kann sogleich Klage erhoben werden (OLG Schleswig MDR 1982, 143). Das gleiche gilt in den Sonderfällen der §§ 23, 24 GBO.

Achtung: Der Antrag gegenüber dem Grundbuchamt nach § 22 GBO hat einen Vorteil. Ein Zurückbehaltungsrecht, das gegenüber dem materiellrechtlichen Anspruch aus § 894 BGB geltend gemacht werden kann, ist im Rahmen des § 22 GBO unerheblich. Es liegt nämlich außerhalb des Aufgabenbereichs des Grundbuchamtes, das Bestehen eines Verwendungsersatzanspruches zu prüfen (OLG Frankfurt NJW 1969, 1907).

Der dingliche Anspruch aus § 894 schließt wegen Gesetzeskonkurrenz den dinglichen Anspruch aus § 1004 BGB aus. Schuldrechtliche Ansprüche z. B. aus § 812 BGB bleiben hingegen daneben bestehen.

Die Zwangsvollstreckung richtet sich nach § 894 BGB.

Erläuterungen zum Beispielsfall:
Mit dem Tode der Mutter der Parteien waren zunächst gem. §§ 1922, 2032 BGB die drei Geschwister Eigentümer des Nachlasses und damit auch des Grundstückes 2 in Erbengemeinschaft (Gesamthandsgemeinschaft) geworden. Die von der Erblasserin getroffenen Bestimmungen über die Verteilung des Grundbesitzes hatten als Teilungsanordnungen i. S. v. § 2048 BGB keine dingliche Wirkung.

Aufgrund des Testaments der Erblasserin war zwar die Erbenstellung der drei Geschwister jeweils mit einem bedingten Nacherbenrecht für die übrigen Geschwister belastet, da die Erblasserin bestimmt hatte, dass für den Fall, dass ein Kind unverheiratet sterben sollte, dessen Erbteil den überlebenden Geschwistern zufallen sollte. Diese Nacherbfolge steht jedoch der Wirksamkeit des Auseinandersetzungsvertrages nicht entgegen, da die den Vorerben belastende Verfügungsbeschränkung nach § 2113 BGG, die ohnehin erst mit dem Nacherbfall wirksam wird, nicht Verfügungen in Ausführung von Teilungsanordnungen des Erblassers betrifft. Denn die Ausführung solcher Teilungsanordnungen durch den Vorerben stellt keine Beeinträchtigung des Nacherben dar.

Es lag vielmehr ein Fall des § 2111 BGB vor. Ein Gegenstand, der im Wege der Auseinandersetzung der Vor-Miterben einem der Vorerben zu (Allein- oder Bruchteils-) Eigentum übertragen wird, wird von diesem i. S. v. § 2111 BGB »mit Mitteln der Erbschaft« erworben, so dass dieser Gegenstand weiterhin der Nacherbenbeschränkung unterliegt (dingliche Surrogation).

Eine Unwirksamkeit der Verfügung von Heike ...... über den Grundstücksanteil gemäß § 2113 Abs. 1 BGB liegt nicht vor, weil Heike ...... als Vorerbin von der Beschränkung des § 2113 Abs. 1 i. S. v. § 2136 BGB befreit – und damit befreite Vorerbin – war, da ihr von der Erblasserin die Veräußerung des Grundstückes grundsätzlich, im Einverständnis mit der Klägerin, gestattet war.

Gerichtskosten und Rechtsanwaltsgebühren::
Wie bei gewöhnlicher Klage.

Gegenstandswert: Wird von einem Miterben gegen einen anderen ein Anspruch auf Übertragung eines zum Nachlass gehörenden Grundstücks geltend gemacht, so wird der Streitwert dadurch ermittelt, dass vom Wert des Grundstücks der Erbanteil des Anspruchsstellers abgezogen wird (BGH NJW 1972, 909).

#09 Klage auf Löschung eines Nießbrauchs § 894 BGB

[*HIER Ort, Datum*]

An das
Amtsgericht [- Landgericht]
[*HIER Anschrift*]

Klage

des/der ...... [*HIER Vorname, Name, Anschrift*]

- Klägers/-in, -

Prozessbevollmächtigte(r): Rechtsanwalt/-wältin ...... [*HIER Vorname, Name, Anschrift*]

gegen

den/die ...... [*HIER Vorname, Name, Anschrift*]

- Beklagte(n), -

Prozessbevollmächtigte(r): Rechtsanwalt/-wältin ...... [*HIER Vorname, Name, Anschrift*]

Streitwert: ......EUR [- vorläufig geschätzt mit ...... EUR]

Namens und in Vollmacht des/der Klägers/-in erhebe ich Klage und werde beantragen,

den/die Beklagte(n) zu verurteilen:

1. Der im Grundbuch von ...... Band ......, Blatt ...... in Abt. II unter lfd. Nr. ...... eingetragene Nießbrauch wird gelöscht.
2. Der/die Beklagte trägt die Kosten des Verfahrens.

Vorsorglich wird der
Antrag auf Erlass eines Versäumnis- oder Anerkenntnisurteils im schriftlichen Vorverfahren gestellt.

Begründung:

...... [*HIER Beispielssachverhalt*]

Der Kläger wurde durch rechtskräftiges Urteil des Landgerichts ...... vom ......, Az. ...... von seiner Frau geschieden. Durch notariellen Erbvertrag vom ......- beurkundet von Notar ...... in ...... unter der UR-Nr. ...... - wurde in § 2 bestimmt:

»Der Nießbrauch endet vorzeitig, wenn Frau ...... wieder heiratet.«

Der Beklagten steht der Nießbrauch nicht mehr zu, weil sie am ...... wieder geheiratet hat.

Beweis: Vorlage der standesamtlichen Heiratsurkunde.

Auf vorgerichtliches Schreiben hat die Beklagte mit Schreiben vom ...... mitgeteilt, dass sie einer Löschung widersprechen wird.

Beweis: Schreiben der Beklagten vom ...... in Anlage.

....
Rechtsanwalt/-wältin

Anmerkung

Rechtsschutzinteresse: Ist es zweifelhaft, ob das Antragsverfahren vor dem Grundbuchamt zum Erfolg führt, kann sogleich Klage erhoben werden (OLG Schleswig MDR 1982, 143). Dem Kläger ist es nicht zuzumuten, angesichts der Gefahr eines Widerspruchs, den Löschungsantrag zu stellen, wenn die Beklagte deutlich gemacht hat, dass sie der Löschung widersprechen wird.

Der Berichtigungsanspruch geht »auf Zustimmung zur Berichtigung des Grundbuchs«, § 894 BGB. Darunter ist zu verstehen, dass eine dem grundbuchrechtlichen Eintragungsverfahren Genüge tragende Löschungsbewilligung zu erteilen ist. Dazu gehört an sich eine Löschungsbewilligung in den Formen der §§ 22, 29 GBO. Die Rechtskraft des Urteils ersetzt jedoch jede Form, § 894 BGB.

Gerichtskosten und Rechtsanwaltsgebühren:
Wie bei gewöhnlicher Klage.

#10 Klage auf Löschung einer Auflassungsvormerkung § 894 BGB analog

[*HIER Ort, Datum*]

An das
Amtsgericht [- Landgericht]
[*HIER Anschrift*]

Klage

des/der ...... [*HIER Vorname, Name, Anschrift*]

- Klägers/-in, -

Prozessbevollmächtigte(r): Rechtsanwalt/-wältin ...... [*HIER Vorname, Name, Anschrift*]

gegen

den/die ...... [*HIER Vorname, Name, Anschrift*]

- Beklagte(n), -

Prozessbevollmächtigte(r): Rechtsanwalt/-wältin ...... [*HIER Vorname, Name, Anschrift*]

Streitwert: ......EUR [- vorläufig geschätzt mit ...... EUR]

Namens und in Vollmacht des/der Klägers/-in erhebe ich Klage und werde beantragen,

1. Der/Die Beklagte wird verurteilt, die Löschung der im Grundbuch vom ......, Band ......, Blatt ......, Flur ...... [Angabe der Nr.], Flurstück ...... [Angabe der Ziffer] in Abt. II lfd. Nr. ...... zugunsten des/der Beklagten eingetragenen Auflassungsvormerkung zu bewilligen.
2. Die Kosten des Rechtsstreits trägt der/die Beklagte.

Vorsorglich wird der

Antrag auf Erlass eines Versäumnis- oder Anerkenntnisurteils im schriftlichen Vorverfahren gestellt.

Begründung:

...... [*HIER Beispielssachverhalt*]

Die Klägerin ist Eigentümerin des Grundstücks in ......, ... straße ......, Band ......, Blatt ...... Am ...... wurde zugunsten des Beklagten die im Klageantrag näher bezeichnete Auflassungsvormerkung eingetragen. Sie war im notariellen Kaufvertrag vom ......, den der ...... mit der Beklagten abgeschlossen hatte, bewilligt worden.

Beweis: Vorlage des notariellen Kaufvertrags vom ...... (UR-Nr. ...... [z. B. 210/96] des Notars ......) sowie die Beiziehung der Grundakten von ......, Band ......, Blatt ......

In dem Vertrag vom ...... ist seinerzeit eine unvermessene Parzelle des Grundstücks in ......, Flur ...... [Angabe der Ziffer], Flurstück Nr. ...... an die Beklagte verkauft worden. Die genannte Auflassungsvormerkung wurde hinsichtlich des Gesamtgrundstücks bewilligt, da nur so der Anspruch auf Übereignung des noch nicht parzellierten Teilgrundstücks gesichert werden konnte.

Das Grundstück in ......, Flur ...... [z. B. 20], Flurstück Nr. ...... [z. B. 68], das ursprünglich dem ...... gehörte, ist inzwischen in die Grundstücke in ......, Flur ...... [z. B. 20], Flurstücke Nr. ...... [z. B. 151] und Nr. ...... [z. B. 152] geteilt und das Eigentum an dem Flurstück Nr. ...... [z. B. 152] am ...... auf die Beklagte umgeschrieben worden. Danach hat der Kläger das Restgrundstück von ...... käuflich erworben.

Beweis: Vorlage des notariellen Kaufvertrags vom ...... (UR-Nr. ...... des Notars ......)

Der Beklagte ist durch Schreiben von ...... und Schreiben von ...... aufgefordert worden, die Vormerkung auf dem Grundstück der Klägerin löschen zu lassen. Er hat darauf nicht reagiert. Die Klägerin stellt deshalb eine Antrag beim Grundbuchamt des Amtsgerichts ...... auf Löschung der Auflassungsvormerkung.

Dieser wurde zurückgewiesen. Begründet wurde dies damit, dass weder dem Grundbuch noch anderen Urkunden entnehmbar sei, dass die auf die Beklagte umgeschriebene Teilfläche nach Lage und Größe dem Flurstück Nr. 152 entspreche.

Beweis: Beschluss des Grundbuchamtes des Amtsgerichts ......, Az.:...... in Anlage

Da der durch Vormerkung gesicherte Anspruch hier durch zwischenzeitliche Auflassung und Eintragung erfüllt ist, hat dies zum Untergang der streng akzessorischen Vormerkung geführt. Der Inhalt des Grundbuchs steht daher mit der wirklichen Rechtslage nicht mehr im Einklang.

Der Kläger hat somit einen Berichtigungsanspruch analog § 894 BGB. Der Kaufvertrag ist zwar über eine »noch unvermessene Parzelle« abgeschlossen worden. Dies steht jedoch der Wirksamkeit des Kaufvertrags nicht entgegen, da die Teilfläche durch die Bezugnahme auf Karten und Zeichnungen im notariellen Kaufvertrag vom ...... hinreichend festgelegt ist (vgl. BGH NJW 1986, 2821 f. sowie 1981, 2803).

Der Berichtigungsanspruch ist darüber hinaus auch wegen Wegfalls des Rechtsgrundes aus § 812 Abs. 1 S. 2 2. Fall BGB gegeben, da die Buchposition der Beklagten ein »etwas« ist (BGH NJW 1973, 614).

....
Rechtsanwalt/-wältin

Anmerkung

Es besteht zwar kein freies Wahlrecht zwischen Grundbuchberichtigung im Prozessweg und im grundbuchlichen Antragsverfahren. Das grundbuchliche Antragsverfahren ist dann zu beschreiten, wenn die Urkunden leicht zu beschaffen und der Nachweis der Unrichtigkeit des Grundbuchs glatt zu führen ist (BGH NJW 1962, 963). Sofern dies nicht der Fall ist, kann auch der Prozessweg beschritten werden.

Unmittelbar kann § 894 BGB nur für Rechte am Grundstück, Rechte an Grundstücksrechten und Verfügungsbeschränkungen i. S. d. § 892 Abs. 1 BGB angewendet werden. Analog ist § 894 BGB aber auch auf Vormerkungen anzuwenden, da der durch die Vormerkung gesicherte Anspruch eine quasi-dingliche Erstarkung gemäß den §§ 883 Abs. 2, 888 Abs. 1 BGB erlangt.

Gerichtskosten und Rechtsanwaltsgebühren:
Wie bei gewöhnlicher Klage.

#11 Klage auf Duldung der Zwangsvollstreckung aus einer Hypothek § 1147 ZPO

[*HIER Ort, Datum*]

An das
Amtsgericht [- Landgericht]
[*HIER Anschrift*]

Klage

des/der ...... [*HIER Vorname, Name, Anschrift*]

- Klägers/-in, -

Prozessbevollmächtigte(r): Rechtsanwalt/-wältin ...... [*HIER Vorname, Name, Anschrift*]

gegen

den/die ...... [*HIER Vorname, Name, Anschrift*]

- Beklagte(n), -

Prozessbevollmächtigte(r): Rechtsanwalt/-wältin ...... [*HIER Vorname, Name, Anschrift*]

wegen Duldung der Zwangsvollstreckung.

Streitwert: ......EUR [- vorläufig geschätzt mit ...... EUR]

Namens und in Vollmacht des/der Klägers/-in erhebe ich Klage und werde beantragen,

1. den/die Beklagte(n) zu verurteilen, ... [*HIER Beispielsantrag*]
   a) an den/die Kläger/-in ...... EUR nebst ...... % Zinsen seit dem ...... zu zahlen.
   b) die Zwangsvollstreckung aus der im Grundbuch vom ...... Bd. ......, Bl. ......, in Abt. III, lfd. Nr. ...... eingetragenen Hypothek in Höhe von ...... EUR nebst ...... % Zinsen in das Grundstück zu dulden.
2. dem/der Beklagten die Kosten des Rechtsstreits aufzuerlegen und das Urteil für vorläufig vollstreckbar zu erklären.

Begründung:

...... [*HIER Beispielssachverhalt*]

Der Kläger ist Gläubiger der oben näher bezeichneten Hypothek sowie aus dem der Hypothek zugrundeliegenden Darlehensvertrag; der Beklagte ist Eigentümer des Grundstückes.

Beweis: Beglaubigter Grundbuchauszug vom ......, der in Anlage beigefügt ist (Anlage K 1).

Hypothek und Darlehen sind fristgemäß am ...... zum ...... gekündigt worden.

Beweis: ......

Der Beklagte hat die Zahlung nicht geleistet.

....
Rechtsanwalt/-wältin

Anmerkung

Zuständigkeit:

Örtlich zuständig ist das Gericht der belegenen Sache (§ 24 ZPO) und ebenso für die Schuldklage soweit Eigentümer und Schuldner identisch sind, § 25 ZPO.

Die sachliche Zuständigkeit richtet sich nach dem Streitwert, der sich nach der Hypothek- bzw. Schuldsumme bemisst, wobei die Streitwerte von persönlicher und dinglicher Klage nicht zusammenzurechnen sind.

Die Klage aus § 1147 BGB hat an Bedeutung verloren. Sie gehört aber zur Grundausstattung des BGB, ist jedoch in Folge der Entwicklung von Darlehens- und Hypothekengeschäften durch die Nutzung von Vertragsformularen mit Unterwerfungsklausel, also notariell vollstreckbaren Urkunden nur noch am Rande von Bedeutung.

Buch- und Briefhypothek weisen Besonderheiten auf. Entsprechendes gilt für Grund- und Rentenschulden.

Gerichtskosten und Rechtsanwaltsgebühren:
Keine Besonderheiten.

#12 Klage wegen Besitzstörung § 862 BGB

[*HIER Ort, Datum*]

An das
Amtsgericht [- Landgericht]
[*HIER Anschrift*]

Klage

des/der ...... [*HIER Vorname, Name, Anschrift*]

- Klägers/-in, -

Prozessbevollmächtigte(r): Rechtsanwalt/-wältin ...... [*HIER Vorname, Name, Anschrift*]

gegen

den/die ...... [*HIER Vorname, Name, Anschrift*]

- Beklagte(n), -

Prozessbevollmächtigte(r): Rechtsanwalt/-wältin ...... [*HIER Vorname, Name, Anschrift*]

wegen Besitzstörung.

Streitwert: ......EUR [- vorläufig geschätzt mit ...... EUR]

Namens und in Vollmacht des/der Klägers/-in erhebe ich Klage und werde beantragen,

Den/die Beklagte(n) kostenpflichtig und vorläufig vollstreckbar zu verurteilen, es zu unterlassen, Regenabflusswasser von seinem/ihrem Hausdach und seinem/ihrem Grundstück auf das Grundstück des/der Klägers/-in überzuleiten.

Begründung:

Die Parteien sind Grundstücksnachbarn. Das Grundstück des Beklagten liegt erhöht und fällt zum Grundstück des Klägers hin ab. Auch das große Hausdach ist zum Grundstück des Klägers hin geneigt.

Beweis: 1) Augenscheinseinnahme
2) Zeugnis des ......

Der Ablauf der Regenrinnen und des übrigen Regenwassers ergießt sich frei auf das Grundstück des Klägers und richtet dort erhebliche Schäden in der Bepflanzung und im Erdreich an.

Beweis: Zeugnis: 1) ......
2) ......

Trotz mehrfacher Aufforderung hat der Beklagte Abhilfe nicht geschaffen, so dass die Klage geboten ist.

....
Rechtsanwalt/-wältin

Anmerkung

Zuständigkeit:
sachlich: nach Wert, örtlich: §§ 12–19, 26 ZPO.

Statt mit einer Klage kann in vielen Fällen auch mit einer einstweiligen Verfügung abgeholfen werden.

#01 Haftungsbeschränkung des Mandats im Einzelfall zur Begrenzung von Ersatzansprüchen

A. Einzelvereinbarung der Haftungsbeschränkung in einer Erbrechtsangelegenheit

[*HIER Ort, Datum*]

Erbrechtsangelegenheit ......

Zwischen
Rechtsanwalt/-wältin ......
[*HIER Anschrift*]

und

Herrn/Frau] ......
[*HIER Anschrift*]

wird in obiger Erbrechtsangelegenheit aufgrund unserer Verhandlung vom heutigen Tage bezüglich eines Haftungsausschlusses meiner Tätigkeit im Beisein von Herrn/Frau ...... das Verhandlungsergebnis wie folgt zusammengefasst:

1. Es wird vereinbart, dass mir, [Rechtsanwalt/-wältin] ...... die oben genannte Erbrechtsangelegenheit zur Bearbeitung übertragen wird. Eine Überprüfung von Fragen des Steuerrechts wird nicht mitübernommen. Dies gilt selbst dann, wenn der Anwalt behilflich ist, einen Steuerberater zu finden oder/und die Angelegenheit mit ihm bespricht.

2. Die Haftung des beauftragten Rechtsanwalts [- der beauftragten Rechtsanwältin] wird für alle Fälle leichter Fahrlässigkeit auf einen Höchstbetrag von 250.000,- EUR beschränkt. Hiervon unberührt bleibt eine Haftung für Vorsatz und grobe Fahrlässigkeit.

[oder anders formuliert]

2. Die Haftung des/der beauftragten Rechtsanwalts/-wältin wird auf 250.000 EUR beschränkt, soweit die Haftung nicht auf Vorsatz oder grober Fahrlässigkeit beruht.

3. Eventuelle Ersatzansprüche gegen den beauftragten Rechtsanwalt verjähren in drei Jahren vom Zeitpunkt an, zu dem der Anspruch entstanden ist, spätestens jedoch in drei Jahren nach der Beendigung des Mandats.

4. Sollten einige der vorstehenden Bestimmungen ganz oder teilweise unwirksam sein, so wird hierdurch die Wirksamkeit der übrigen Bestimmungen nicht berührt.

....
[Unterschrift Mandant] [Unterschrift Rechtsanwalt/-wältin]

B. Vereinbarung einer Beschränkung der gesamtschuldnerischen Haftung auf einzelne Mitglieder der Sozietät

......, den ......

Erbrechtsangelegenheit ......

Zwischen
der Anwaltssozietät ......
[*HIER Anschrift*]

und

Herrn/Frau ......
[*HIER Anschrift*]

wird nachfolgende Haftungsbeschränkung vereinbart:

Das am heutigen Tage angenommene Mandat bezüglich der im Betreff genannten Erbrechtsangelegenheit wird ausschließlich von dem/der Rechtsanwalt/-wältin ...... der oben genannten Sozietät bearbeitet.

Die persönliche Haftung in dieser Angelegenheit wird auf dieses genannte Mitglied der Sozietät beschränkt.

Der Mandant stimmt mit seiner Unterschrift dieser Vereinbarung zu.

....
(Ort, Datum) (Unterschrift Mandant)

Anmerkung

Zu A) Einzel(Individual-)Vereinbarung der Haftungsbeschränkung in einer Erbrechtsangelegenheit:

Es ist unbedingt zu beachten, dass das Mandat, auf das sich die Vereinbarung über die Haftungsbegrenzung erstreckt, im Betreff genau beschrieben wird.

Da im Erbrecht sehr häufig um sehr hohe Summen gestritten wird, ist eine Haftungsbeschränkung für die anwaltliche Tätigkeit sinnvoll.

Zu den Möglichkeiten der Haftungsbeschränkung, siehe § 51 a BRAO.

Wegen § 276 Abs. 3 BGB ist eine Haftungsausschluss wegen Vorsatzes nicht möglich.

Eine Vereinbarung der Haftungsbeschränkung im Einzelfall ist nur dann möglich, wenn diese Vereinbarung Ergebnis einer Verhandlung mit dem Mandanten ist, der Mandant also Möglichkeiten hatte, auf Gang und Ergebnis der Aushandelung der Haftungsbeschränkung im Rahmen des Mandantengesprächs Einfluss zu nehmen. Die Individualvereinbarung muss Ergebnis eines freien, wirklichen Aushandelns sein. Aus diesem Grunde sollten vorformulierte Texte nicht verwendet werden. Auch sollte erkennbar sein, wie die individuelle Vereinbarung gefunden wurde.

Neben der Einschränkung des Rechtsgebiets besteht keine Möglichkeit weitere Haftungsminderungen und Haftungsausschlüsse zu vereinbaren.

Haftungsbeschränkungen durch vorformulierte Vertragsbedingungen sind nur dann möglich, wenn der Anwalt eine Vermögensschadenshaftpflichtversicherung abgeschlossen hat, die den vierfachen Betrag der Mindestversicherungssumme beträgt, § 51 a Abs. 1 Nr. 2 BRAO, also zur Zeit einen Deckungsbetrag von 1 Million EUR aufweist. Die Haftungsbeschränkung tritt aber auch dann nur in Fällen einfacher Fahrlässigkeit ein, § 309 Nr. 7 b) BGB.

Zu B) Vereinbarung einer Beschränkung der gesamtschuldnerischen Haftung auf einzelne Mitglieder der Sozietät:

§ 51 a BRAO ermöglicht eine persönliche Haftungseinschränkung auf einzelne Sozien, was vor allem bei Erbrechtsstreitigkeiten mit hohem Streitwerten sinnvoll sein kann. Dabei kann aber nur die persönliche Haftung der Rechtsanwälte, nicht aber die Haftung der BGB-Gesellschaft an sich ausgeschlossen werden (BGH NJW 1992, 3037).

§ 51 a Abs. 2 BRAO gibt zudem die Möglichkeit, die Beschränkung der Haftung auf einzelne Mitglieder der Sozietät in Form von vorformulierten Vertragsbedingungen zu gestalten. Die Erklärung mit den vorformulierten Vertragsbedingungen muss, da es sich bei solchen ergänzungsbedürftigen Formularklauseln um Allgemeine Geschäftsbedingungen handelt, vom Mandanten zu Mandatsbeginn unterschrieben werden. Auch sollte die Zustimmungserklärung zu den vorformulierten Vertragsbedingungen keine weiteren Erklärungen enthalten und auch nicht mit anderen Schreiben verbunden werden.

Rechtsanwaltsgebühren:
Ist eine Gebühr im Sinne des § 118 BRAGO bei außergerichtlicher Tätigkeit angefallen und muss anschließend die Angelegenheit doch noch in einem ordentlichen Prozessverfahren streitig geklärt werden, so ist die Gebühr nach § 118 BRAGO auf die Gebühren des gerichtlichen Verfahrens anzurechnen, § 118 Abs. 2 BRAGO.

Trifft die Tätigkeit des Rechtsanwaltes in einem Verfahren der freiwilligen Gerichtsbarkeit mit einer Vertretung im einem Verfahren vor dem Zivilgericht zusammen, so umfasst in einem solchen Fall die Gebühr des FGG-Verfahrens nicht auch die Prozessgebühr (Gerold/Schmidt/van Eicken/Madert, BRAGO § 31 Rn 36). Der Rechtsanwalt hat die Möglichkeit, zwei Verfahren abzurechnen, so etwa bei einer Vertretung im Erbscheinsverfahren und in einem parallel laufenden Prozessverfahren auf Feststellung des betreffenden Erbrechts (siehe hierzu auch Formular 1.A.07.d.#07 u. 1.D.02.#05 jeweils am Ende).

Der Vorschuss nach § 17 BRAGO kann – wird aber in der Regel nicht – in der vollen Höhe der prognostizierten Vergütung gefordert werden (vgl. Gerold/Schmidt/van Eicken/Madert, BRAGO § 17 Rn 5).

Gerichtskosten:
Für ein Gerichtverfahren vor dem Zivilgericht entstehen Gerichtskosten wie bei einer normalen Klage.

Rechtsschutzversicherung:
Nach den alten Allgemeinen Bedingungen für den Rechtsschutz, ARB 75, die für alte Rechtsschutzversicherungsverträge gelten, fallen gemäß § 4 Abs. 1 lit.i ARB 75 Angelegenheiten aus dem Erbrecht unter den allgemeinen Risikoausschluss. Allerdings bieten die §§ 25 Abs. 2 lit.e, 26 Abs. 3 lit.g und 27 Abs. 3 lit.g ARB 75 einen eingeschränkten, auf reine Beratungstätigkeit begrenzten Versicherungsschutz auch im Erbrecht an, sofern ein bestimmtes Ereignis die Rechtslage des Versicherungsnehmers verändert hat und vor diesem Hintergrund dessen Beratung erforderlich wird (vgl. Harbauer zu ARB 75 Rn 148 vor § 21). Deckungsschutz besteht aber nur, wenn Rat und Auskunft nicht mit einer anderen gebührenpflichtigen Tätigkeit des Anwaltes zusammenhängt.

Auch nach den neuen Rechtsschutzbedingungen, ARB 2000 und ARB 94, besteht nach § 2 k ARB 2000/94 nur ein so genannter Beratungsrechtsschutz im Familien- und Erbrecht bei Änderung der Rechtslage (§ 4 Abs. 1 b) ARB 2000/94) des Versicherungsnehmers. Ansonsten ist ein Versicherungsrechtsschutz in diesem Bereich ausgeschlossen, § 3 Abs. 2 g ARB 2000/94. Um eine geänderte rechtliche Situation handelt es sich aber erst, wenn zum Beispiel ein Erbfall eingetreten ist. Deckungsschutz besteht aber auch dann nur, sofern Rat oder die Auskunft nicht mit einer anderen gebührenpflichtigen Tätigkeit des Rechtsanwaltes zusammenhängt, § 2 k ARB 2000/94. Der Rechtsschutz entfällt bei familien- und erbrechtlichen Problemen rückwirkend. D. h., empfiehlt der Anwalt, beispielsweise für einen höheren Erbanteil zu prozessieren, muss das von der Versicherung finanzierte Beratungshonorar zurückgezahlt werden. Auch die Kosten eines Prozesses würde sie nicht übernehmen. Die Leistungen der meisten Rechtsschutzversicherungen beschränken sich im Erbrecht somit ausschließlich auf den Beratungsrechtsschutz und damit auf die Beratungsgebühr.

Im Einzelfall kommt es jedoch auf den einzelnen Versicherer und die abgeschlossene Versicherung an, die möglicherweise Sonderbedingungen enthält, die über die ARB 2000 bzw. 94 bzw. 75 hinausgehen. Es ist somit ratsam, vor Beginn des Mandats die Einzelheiten mit dem jeweiligen Versicherer abzuklären.

#02 Haftungsbeschränkung des Mandats durch allgemeine Mandatsbedingungen

[*HIER Ort, Datum*]

Allgemeine Mandatsbedingungen des/der Rechtsanwalts/-wältin [- der Rechtsanwälte]

In Sachen der Erbrechtsangelegenheit ......

gelten in Verbindung mit der Vollmachtserteilung an

den/die Rechtsanwalt/-wältin [- die Rechtsanwälte] ......

folgende Vereinbarungen:

1. Sämtliche dem Auftraggeber erwachsenden Kostenerstattungsansprüche sind mit der Erteilung der Vollmacht an den oben genannten bevollmächtigten Rechtsanwalt [- an die oben genannten bevollmächtigten Rechtsanwälte] abgetreten mit der Ermächtigung, diese Abtretung dem Gegner mitzuteilen.
2. Die Notwendigkeit der Anfertigung von Fotokopien liegt im Ermessen des Anwalts.
3. Mehrere Vollmachtgeber haften als Gesamtschuldner.
4. Die Haftung des/der bevollmächtigten Rechtsanwalts/wältin [- Rechtanwälte] für alle Fälle leichter Fahrlässigkeit ist auf einen Betrag von 1.000.000,- EUR beschränkt. Unberührt hiervon bleibt die Haftung für Vorsatz und grobe Fahrlässigkeit.
5. Dem/Der Rechtsanwalt/-wältin [- den Rechtsanwälten] wird die Sache zur erbrechtlichen Bearbeitung übertragen. Eine Überprüfung von Fragen des Steuerrechts wird nicht mitübernommen. Dies gilt auch dann, wenn der Anwalt [- die Anwälte] behilflich ist [- behilflich sind], einen Steuerberater ausfindig zu machen oder/und die Angelegenheit mit ihm bespricht.
6. Erfüllungsort und Gerichtsstand sind gemäß § 29 ZPO der Kanzleiort des bevollmächtigten Rechtsanwalts. [- der bevollmächtigten Rechtsanwälte.]
7. Sollte eine der vorstehenden Bestimmungen ganz oder teilweise unwirksam sein, so wird hierdurch die Wirksamkeit der übrigen Bestimmungen nicht berührt.
8. Der Auftraggeber bestätigt, auf die vorstehenden Mandatsbedingungen ausdrücklich hingewiesen worden zu sein und von ihrem Inhalt Kenntnis genommen zu haben sowie mit ihrer Geltung einverstanden zu sein.

....	....
(Unterschrift Auftraggeber)	(Unterschrift Rechtsanwälte)

Anmerkung

Da im Erbrecht sehr häufig um sehr hohe Summen gestritten wird, ist eine Haftungsbeschränkung für die anwaltliche Tätigkeit sinnvoll.

Bei der Beschreibung der Erbrechtsangelegenheit im Kopf des Formulars ist unbedingt zu beachten, dass das Mandat, auf das sich die Vereinbarung über die Haftungsbegrenzung erstreckt, genau beschrieben wird.

Zu den Möglichkeiten der Haftungsbeschränkung, siehe § 51 a BRAO.

Es bestehen drei Möglichkeiten der Haftungsbeschränkung:

- schriftliche Vereinbarung einer Haftungsbeschränkung im Einzelfall bis zur Höhe der Mindestversicherungssumme (von z.Zt. 250.000 EUR), § 51 a Abs. 1 Nr. 1 BRAO,
- vorformulierte Vertragsbedingungen (AGB) bei einfacher Fahrlässigkeit auf den vierfachen Betrag der Mindestversicherungssumme, sofern insoweit Versicherungsschutz besteht, § 51 a Abs. 1 Nr. 2 BRAO,
- eine Beschränkung der Haftung (Gesamtschuldnerhaftung) auf namentlich benannte Mitglieder der Sozietät in Form von vorformulierten Vertragsbedingungen,.

Wegen § 276 Abs. 3 BGB ist eine Haftungsausschluss wegen Vorsatzes nicht möglich.

Haftungsbeschränkungen durch vorformulierte Vertragsbedingungen sind nur dann möglich, wenn der Anwalt eine Vermögensschadenshaftpflichtversicherung abgeschlossen hat, die den vierfachen Betrag der Mindestversicherungssumme beträgt, § 51 a Abs. 1 Nr. 2 BRAO, also zur Zeit einen Deckungsbetrag von 1 Million EUR aufweist. Die Haftungsbeschränkung tritt aber auch dann nur in Fällen einfacher Fahrlässigkeit ein, § 309 Nr. 7 b) BGB.

§ 51 BRAO gibt auch noch die Möglichkeit der persönlichen Haftungsbeschränkung auf einzelne Sozien, wobei zu beachten ist, dass nur die persönliche Haftung der Anwälte, nicht aber die der BGB-Gesellschaft an sich ausgeschlossen werden kann (BGH NJW 1992, 3037). § 51 a Abs. 2 S. 2 BRAO lässt die Beschränkung der persönlichen Haftung – auch durch vorformulierte Vertragsbedingungen – aber nur dann auf einzelne Mitglieder der Sozietät zu, wenn diese das Mandat auch tatsächlich bearbeiten und namentliche bezeichnet sind (für Partnerschaftsgesellschaften vgl. § 9 Abs. 2 PartGG):

»*Vereinbarung der Beschränkung der gesamtschuldnerischen Haftung auf einzelne Mitglieder der Sozietät (persönliche Haftungsbeschränkung)*

Die Anwaltssozietät [– Die Rechtsanwälte] ......

und

Herr/Frau/Firma ......

vereinbaren für die Durchführung der Angelegenheit ......

folgende Haftungsbeschränkung:

Das am heutigen Datum angenommene Mandat in oben bezeichneter Angelegenheit wird ausschließlich von Rechtsanwalt ...... *der oben genannten Sozietät bearbeitet.*

Die persönliche Haftung in der Sache wird auf dieses genannte Mitglied der Sozietät beschränkt.

Der Mandant stimmt dieser Vereinbarung zu:

......
Datum

....
(Unterschrift Mandant) *(Unterschrift Rechtsanwälte)*«

Die Zustimmungserklärung des Auftraggebers zu einer solchen persönlichen Haftungsbeschränkung ist von diesem zu unterzeichnen und darf keine andere Erklärung enthalten (siehe § 51 Abs. 2 S. 3 BRAO). Der Mandant muss die Erklärung zum Zeitpunkt des Mandatsbeginns unterschreiben, da es sich bei solchen ergänzungsbedürftigen Formularklauseln um AGBs handelt.

Die Beschränkung der persönlichen Haftung auf einen freien Mitarbeiter, angestellten Anwalt oder ›Außensozius‹ ist nicht möglich.

#03 Klage des Pflichtteilsberechtigten gegen den Erben wegen eines Pflichtteilsergänzungsanspruches

[*HIER Ort, Datum*]

An das
Amtsgericht [- Landgericht]
[*HIER Anschrift*]

Klage

des/der ...... [*HIER Vorname, Name, Anschrift*]

- Klägers/-in, -

Prozessbevollmächtigte(r): Rechtsanwalt/-wältin ...... [*HIER Vorname, Name, Anschrift*]

gegen

den/die ...... [*HIER Vorname, Name, Anschrift*]

- Beklagte(n), -

Prozessbevollmächtigte(r): Rechtsanwalt/-wältin ...... [*HIER Vorname, Name, Anschrift*]

wegen Pflichtteilsergänzungsanspruch.

Streitwert: ...... EUR [- vorläufig geschätzt mit ...... EUR]

Namens und in Vollmacht des/der Klägers/-in erhebe ich Klage und werde beantragen,

1. Der/Die Beklagte wird verurteilt, an den/die Kläger/-in ...... EUR nebst Zinsen in Höhe von 5 Prozentpunkten über dem Basiszinssatz ab Rechtshängigkeit zu zahlen,
2. Der/Die Beklagte hat die Kosten des Rechtsstreits zu beantragen.

Weiterhin wird vorsorglich der
Antrag auf schriftliches Anerkenntnis- oder Versäumnisurteil im schriftlichen Vorverfahren gestellt,

oder andernfalls,
möglichst baldigen Termin zur mündlichen Verhandlung anzuberaumen.

Begründung:

Die Klägerin macht einen Pflichtteilsergänzungsanspruch geltend.

Im Einzelnen liegt der Klage folgender Sachverhalt zugrunde:

Folgende verwandtschaftlichen Verhältnisse liegen vor. Die Klägerin ist die Schwester der Beklagten. ...... [*HIER weitere Ausführung*]

Die Klägerin ist somit Pflichtteilsberechtigte nach ......

Bereits zu Lebzeiten hat die Erblasserin über ihr damaliges Vermögen verfügt:

Durch notariellen Überlassungsvertrag vom ...... hat sie das ihr gehörende Grundstück in ......, ... straße ......, eingetragen im Grundbuch von ......, Band ......, Blatt ......, an die Beklagte und Erbin ...... übertragen. Der Kaufpreis betrug ......

Beweis: Grundakten des Grundbuchamtes ......, Band ......,
Blatt ......, die ich beizuziehen bitte und in denen
sich der Überlassungsvertrag vom ...... befindet.

Die Beklagte hat das Grundstück inzwischen zum Preis von EUR ...... weiterveräußert.

Beweis: die vorgenannten Grundakten

Aus dem erzielten Verkaufspreis und dem vorher an den Erblasser gezahlten Preis wird deutlich, dass die Erblasserin ihr Grundstück praktisch an die Beklagte verschenkt hat. Die Gegenleistung war so gering, dass von einem Kauf nicht gesprochen werden kann.

Beweis: Sachverständigengutachten

Nach alledem wird zu entscheiden sein wie beantragt.

....
Rechtsanwalt/-wältin

Anmerkung

Zuständigkeit: Örtlich: der allgemeine Gerichtsstand des Beklagten, §§ 12, 13 ZPO, unter Umständen der Ort des Vermögens, § 23 ZPO. Bei Klage bezüglich eines Pflichtteilsergänzungsanspruches gibt § 27 ZPO den besonderen Wahlgerichtsstand der Erbschaft.

Sachlich: nach dem Streitwert Amts- oder Landgericht.

Streitwert:
Meistens zunächst vorläufig zu schätzen.

Pflichtteilsberechtigte können grundsätzlich vom Beschenkten Berücksichtigung von Schenkungen verlangen, die der Erblasser innerhalb der letzten 10 Jahre vor dem Erbfall gemacht hat, §§ 2325 ff. BGB. Es soll verhindert werden, dass der Erblasser durch unentgeltliche Zuwendungen vor seinem Tode Pflichtteilsansprüche aushöhlt. Dieser Pflichtteilsergänzungsanspruch muss der Pflichtteilsberechtigte grundsätzlich gegen den Erben richten. Nur wenn der Erbe nicht zur Ergänzung des Pflichtteils verpflichtet ist, kann der Pflichtteilsberechtigte vom Beschenkten Herausgabe des Geschenks verlangen.

Dritter im Sinne von § 2325 BGB kann auch der auf Pflichtteilsergänzung in Anspruch genommene Erbe selbst sein.

Gegenüber dem Pflichtteilsergänzungsanspruch nach § 2325 BGB kann der in Anspruch genommene Erbe die Dürftigkeitseinrede des § 1990 BGB erheben.

Soweit der Erbe – z. B. wegen Dürftigkeit oder Unzulänglichkeit des Nachlasses – zur Pflichtteilsergänzung nicht verpflichtet ist, hat der Pflichtteilsberechtigte gegen den Beschenkten nach § 2329 BGB einen Anspruch »auf Herausgabe des Geschenkes zum Zwecke der Befriedigung wegen des fehlenden Betrages«. Beschenkter i. S. d. § 2329 BGB kann hier auch der Erbe sein (BGH MDR 1961, 491).

Nach § 2325 BGB kann der Pflichtteilsberechtigte vom Erben eine Ergänzung des Erbteils um den Betrag verlangen, um den sich der Pflichtteil erhöht, wenn der Gegenstand der Erbschaft einer vom Erblasser gemachten Schenkung dem Nachlass hinzugerechnet wird. Durch diesen außerordentlichen Pflichtteilsanspruch – im Unterschied zum ordentlichen Pflichtteilsanspruch gem. § 2303 BGB, für dessen Berechnung es nach § 2311 BGB auf den tatsächlichen Bestand des Nachlasses im Zeitpunkt des Erbfalles ankommt – soll der Pflichtteilsberechtigte davor geschützt werden, dass der Erblasser durch Schenkungen unter Lebenden sein Vermögen und damit seinen späteren Nachlas um die Höhe der Pflichtteilsansprüche schmälert. Der Begriff der Schenkung i. S. d. § 2325 BGB entspricht dem des § 516 BGB. Diese muss innerhalb der letzten 10 Jahre vor dem Erbfall erfolgt sein, § 2325 Abs. 3 BGB. Beschenkter i. S. d. § 2329 BGB kann auch ein Erbe selbst sein.

Eine gemischte Schenkung liegt dann vor, wenn sich bei einem gegenseitigen Geschäft der Wert der beiderseitigen Leistungen nicht deckt und die Parteien sich darüber einig sind, dass der überschießende Wert unentgeltlich zugewendet werde (BGH NJW 1987, 890, 892). Es muss ein auffallendes grobes Missverhältnis zwischen den Werten der Leistung und der Gegenleistung bestehen, d. h. das Verhältnis von Leistung und Gegenleistung ist maßgeblich.

Es spricht dann eine tatsächliche Vermutung dafür, dass sich die Parteien über die Unentgeltlichkeit der Wertdifferenz einig waren und dass dann eine gemischte Schenkung vorliegt (BGH FamRZ 1989, 732). In der neueren Rechtsprechung soll aber eine Anwendung der Beweislastregeln schon dann möglich sein, wenn das Mehr an Leistung »über ein geringeres Maß deutlich hinausgeht« (BGH NJW 1995, 1349), wobei keine genaueren Angaben in Prozent gemacht werden.

Die Beweislast für das Vorliegen des Missverhältnisses zwischen Leistung und Gegenleistung trägt der Pflichtteilsberechtigte (BGH NJW 1981, 2458, 2459). Greift die Beweiserleichterung ein, so muss sich allerdings der Übernehmer durch den Gegenbeweis entlasten, dass die Zuwendung des Erblassers nicht unentgeltlich war.

Nach § 2325 Abs. 3 BGB bleibt die Schenkung unberücksichtigt, wenn zur Zeit des Erbfalls 10 Jahre seit der Leistung des verschenkten Gegenstandes vergangen sind. Die Frist beginnt bei beweglichen Sachen mit Vollendung des Übergangs des Eigentums und bei Grundstücken mit der Umschreibung im Grundbuch (BGH NJW 1988, 821). Hat sich der Erblasser bei Schenkung eines Grundstückes den Nießbrauch uneingeschränkt vorbehalten, so hat er nach der Rechtsprechung den Genuss des geschenkten Gegenstandes nicht aufgegeben und trotz Umschreibung liegt eine Leistung des verschenkten Gegenstandes i. S. v. § 2325 Abs. 3 1. Hlbs. BGB nicht vor (BGH NJW 1994, 1791).

Nach BGHZ 59, 210 ff. kann nur derjenige Pflichtteilsberechtigte einen Pflichtteilsergänzungsanspruch geltend machen, der schon zur Zeit der Schenkung pflichtteilsberechtigt war. Der Ehegatte hat deshalb keinen Pflichtteilsergänzungsanspruch wegen Schenkungen, die vor der Ehe gemacht wurden.

Gerichtskosten u. Rechtsanwaltsgebühren:
Wie bei gewöhnlicher Klage.

Rechtsschutzversicherung:
Siehe Ende der Anmerkungen Formular 1.A.07.d.#01.

#04 Klage des Pflichtteilsberechtigten auf Auskunft

[*HIER Ort, Datum*]

An das
Amtsgericht [- Landgericht]
[*HIER Anschrift*]

Klage

des/der ...... [*HIER Vorname, Name, Anschrift*]

- Klägers/-in, -

Prozessbevollmächtigte(r): Rechtsanwalt/-wältin ...... [*HIER Vorname, Name, Anschrift*]

gegen

den/die ...... [*HIER Vorname, Name, Anschrift*]

- Beklagte(n), -

Prozessbevollmächtigte(r): Rechtsanwalt/-wältin ...... [*HIER Vorname, Name, Anschrift*]

wegen Auskunft.

Streitwert: ...... EUR [- vorläufig geschätzt mit ...... EUR]

Namens und in Vollmacht des/der Klägers/-in erhebe ich Klage und werde beantragen, den/die Beklagte(n) zu verurteilen, dem/der Kläger/-in Auskunft über den Bestand des Nachlasses des/der am ...... verstorbenen ...... zu erteilen.

Begründung:

Am ...... verstarb in ......, ihrem letzten Wohnsitz die ...... Sie war Mutter der Parteien.

Die Erblasserin errichtete am ...... ein privatschriftliches Testament, in dem sie die Beklagte als Alleinerbin einsetzte.

Beweis: Testament vom ...... (in Ablichtung), Anlage K 1

Durch anwaltliches Schreiben vom ...... hat die Klägerin gegenüber der Beklagten ihren Pflichtteilsanspruch geltend gemacht und um Auskunft über den Nachlass gebeten.

Beweis: anwaltliches Aufforderungsschreiben vom ......, Anlage K 2

Die Beklagte hat hierauf bis zum heutigen Tage nicht reagiert.

....
Rechtsanwalt/-wältin

Anmerkung

Die häufigsten Prozesse auf dem Gebiet des Erbrechts betreffen Pflichtteils- bzw. Pflichtteilsergänzungsansprüche, wobei es im wesentlichen um die Erfassung und Bewertung der Nachlassgegenstände geht.

Wird seitens des Erben keine oder keine ordnungsgemäße Auskunft erteilt, so muss auf Erteilung der Auskunft bezüglich des Nachlassvermögens geklagt werden.

Streitwert:
Interesse an der Auskunftserteilung. Der Streitwert der Auskunftsklage beträgt nur einen Bruchteil des zu fordernden Pflichtteils, üblicherweise ein 1/10 bis 1/4 (Thomas/Putzo zu § 3 ZPO Rn 21).

Deshalb wird bei Streit über den Bestand des Pflichtteilsanspruches manchmal zunächst lediglich die Auskunftsklage erhoben, um die Prozesskosten niedrig zu halten. Es besteht dann aber die Gefahr, dass der Pflichtteilsanspruch verjähren könnte, sofern er nicht innerhalb der 3-Jahresfrist des § 2332 BGB geltend gemacht wird. Steht die Gefahr der Verjährung im Raume, so ist die Stufenklage des § 254 ZPO zu empfehlen.

Achtung:
Legt der gegnerische Anwalt unmittelbar vor dem Termin oder gar in der mündlichen Verhandlung ein Nachlassverzeichnis vor, so sollte der auf Auskunft klagende Rechtsanwalt um eine Unterbrechung der Verhandlung bitten, um das Nachlassverzeichnis mit seinem Mandanten zu prüfen. Entspricht das Verzeichnis einer korrekten Auskunftserteilung, so ist zu empfehlen, den Klageanspruch auf Erteilung der Auskunft für erledigt zu erklären, um nur noch den Kostenantrag nach § 91 a ZPO zu stellen.

Rechtsschutzversicherung:
Siehe Ende der Anmerkungen Formular 1.A.07.d.#01.

#05 Klage des Pflichtteilsberechtigten gegen den Beschenkten wegen eines Pflichtteilsergänzungsanspruches

[*HIER Ort, Datum*]

An das
Amtsgericht [- Landgericht]
[*HIER Anschrift*]

Klage

des/der ...... [*HIER Vorname, Name, Anschrift*]

- Klägers/-in, -

Prozessbevollmächtigte(r): Rechtsanwalt/-wältin ...... [*HIER Vorname, Name, Anschrift*]

gegen

den/die ...... [*HIER Vorname, Name, Anschrift*]

- Beklagte(n), -

Prozessbevollmächtigte(r): Rechtsanwalt/-wältin ...... [*HIER Vorname, Name, Anschrift*]

wegen Zahlungsanspruch.

[oder]

wegen Duldung der Zwangsvollstreckung.

Streitwert: ...... EUR [- vorläufig geschätzt mit ...... EUR]

Namens und in Vollmacht des/der Klägers/-in erhebe ich Klage und werde beantragen,

den/die Beklagte(n) zu verurteilen, an den/die Kläger/-in ...... EUR nebst Zinsen hieraus von 5 Prozentpunkten über dem Basiszinssatz ab Rechtshängigkeit zu zahlen,

[oder]

den/die Beklagte(n) zu verurteilen, wegen des Ergänzungsbetrages von ...... EUR die Zwangsvollstreckung in ...... [*Angabe des geschenkten Gegenstandes*] zu dulden.

[oder]

den Beklagten zu verurteilen, wegen einer Forderung über den Betrag von ...... EUR nebst Zinsen von 5 Prozentpunkten über dem Basiszinssatz seit Rechtshängigkeit zugunsten des/der Klägers/-in die Zwangsvollstreckung ...... [*z. B. in das Grundbuch von ......, Band ......, Blatt ......, eingetragene Grundstück/ in den PKW, polizeiliches Kennzeichen ...... / in das Sparbuch Nr. ...... der B-Bank*] zu dulden.

Begründung:

Die Klägerin macht einen Pflichtteilsergänzungsanspruch gegen die beschenkte Beklagte geltend.

Im Einzelnen liegt der Klage folgender Sachverhalt zugrunde:

Am ...... verstarb in ...... der ...... Der Erblasser hinterließ ein Testament, in dem er das örtliche Tierheim in ...... straße ...... – dessen Vorsitzender er bis zum Tode war – als Alleinerbe einsetzte. Vermögen von Wert war allerdings zum Todeszeitpunkt nicht mehr vorhanden. Der Nachlass reichte, um die Beerdigung zu bezahlen.

Beweis: Akten des Nachlassgerichtes ......, Az. ......

Einzige Hinterbliebene ist seine Tochter, die Klägerin.

Bereits zu Lebzeiten hat der Erblasser über sein damaliges Vermögen verfügt:

Durch notariellen Überlassungsvertrag vom ...... hat er das ihm gehörende Grundstück in ......, ... straße ......, eingetragen im Grundbuch von ......, Band ......, Blatt ......, an die Beklagte ...... im Wege der Schenkung übertragen.

Beweis: Grundakten des Grundbuchamtes ......, Band ......, Blatt ......, die ich beizuziehen bitte und in denen sich der Überlassungsvertrag vom ...... befindet.

Das Grundstück hatte im Zeitpunkt der Schenkung einen Wert von EUR ......

Beweis: Sachverständigengutachten.

Der Tochter als Pflichtteilsberechtigte steht ein Pflichtteilsanspruch in Höhe der Hälfte des Nachlasswertes zu. Dabei ist bei Berechnung des Wertes des Nachlasses der Wert des übertragenen Grundstückes an die Beklagte hinzuzurechnen. Da der Erblasser beim Tode nichts von Wert hinterlassen hat, kann die Klägerin von der Beklagten wegen ihres Pflichtteilsergänzungsanspruches verlangen, dass sie die Zwangsvollstreckung in das geschenkte Grundstück duldet.

....
Rechtsanwalt/-wältin

Anmerkung

Nur wenn die Voraussetzungen des § 2329 BGB gegeben sind und der Erbe selbst nicht verpflichtet ist, kann gegen den Beschenkten der Anspruch geltend gemacht werden. Der Anspruch aus § 2329 BGB ist gegenüber dem Anspruch aus § 2325 BGB immer subsidiär.

Es handelt sich im Gegensatz zu dem Ergänzungsanspruch gegen den Erben bei dem Anspruch aus § 2329 BGB um einen bereicherungsrechtlichen Herausgabeanspruch. Der Bereicherte ist nach bereicherungsrechtlichen Grundsätzen verpflichtet, den geschenkten Gegenstand zum Zwecke der Befriedung wegen des fehlenden Betrages herauszugeben. Er kann nach § 2329 Abs. 2 BGB aber auch die Herausgabe durch Zahlung des fehlenden Betrages abwenden.

Achtung: Während die Verjährung eines Pflichtteilsanspruches Kenntnis von der enterbenden Verfügung voraussetzt, beginnt die Frist der Verjährung eines gegen den Beschenkten bestehenden Pflichtteilsergänzungsanspruches i. S. v. § 2329 BGB bereits mit dem Erbfall zu laufen, ohne dass der Berechtigte vom Geschenk Kenntnis haben müsste, § 2332 Abs. 2 BGB. Dies gilt auch dann, wenn der Beschenkte zugleich Miterbe ist (BGH NJW 1986, 1610). Für die erforderliche ›Kenntnis des Erbfalles‹ i. S. v. § 2332 Abs. 2 BGB reicht schon die mündliche Mitteilung vom Testamentsinhalt (OLG Düsseldorf FamRZ 1992, 1223).

Ist der Pflichtteilsberechtigte Alleinerbe, so geht der Anspruch von vorneherein gegen den Beschenkten, soweit der Nachlass den ergänzten Pflichtteil nicht deckt, § 2329 Abs. 1 S. 2 BGB.

Ist der Erbe selbst beschenkt worden, so kann er, soweit er nach § 2325 BGB nicht oder nicht mehr verpflichtet ist, wegen des restlichen Teils auch als Beschenkter nach § 2359 BGB in Anspruch genommen werden. Ist der Erbe selbst Beschenkter, so ist es ratsam, als Hauptantrag den Zahlungsantrag in Höhe des Ergänzungsanspruches zu stellen, § 2325 BGB und als Hilfsantrag nach § 2329 BGB den Antrag

> »den Beklagten zu verurteilen, wegen des Ergänzungsbetrages von ...... EUR die Zwangsvollstreckung in ...... [*HIER Angabe des geschenkten Gegenstandes*] zu dulden.«,

zu stellen. Mit diesem Hilfsantrag kann der Ergänzungsberechtigte der Dürftigkeitseinrede des Erben entgegentreten. Wäre nämlich kein Nachlasswert vorhanden, so würde auf die Dürftigkeitseinrede des Erben hin der Zahlungsantrag aus § 2325 BGB abgewiesen. In diesem Fall würde dann der Hilfsantrag dem Ergänzungsberechtigten zu seinem Recht verhelfen.

Bei Geldgeschenken ist der Beschenkte auf Zahlung in Anspruch zu nehmen, ansonsten im Wege der Zwangsvollstreckung in den geschenkten Gegenstand in Höhe der verbleibenden Ergänzungsforderung (Palandt/Edenhofer § 2329 BGB Rn 8).

#06 Klage der Miterbengemeinschaft gegen einen Miterben

[*HIER Ort, Datum*]

An das
Amtsgericht [- Landgericht]
[*HIER Anschrift*]

Klage

1. des/der ...... [*HIER Vorname, Name, Anschrift*]

- Klägers/-in zu 1), -

2. des/der ...... [*HIER Vorname, Name, Anschrift*]

- Klägers/-in zu 2), -

Prozessbevollmächtigte(r): Rechtsanwalt/-wältin ...... [*HIER Vorname, Name, Anschrift*]

gegen

den/die ...... [*HIER Vorname, Name, Anschrift*]

- Beklagte(n), -

Prozessbevollmächtigte(r): Rechtsanwalt/-wältin ...... [*HIER Vorname, Name, Anschrift*]

Streitwert: ...... EUR [- vorläufig geschätzt mit ...... EUR]

Namens und in Vollmacht des/der Klägers/-in erhebe ich Klage und werde beantragen, den/die Beklagten zu verurteilen, den aus dem Nachlass des/der ...... [Name des Erblassers], verstorben am ......, entnommenen Betrag von EUR ...... nebst Zinsen [- hieraus] von 5 Prozentpunkten über dem jeweiligem Basiszinssatz seit Klagezustellung an die Erbengemeinschaft auf das Konto des Erblassers der X-Bank, Zweigstelle ......, Nr. ...... zurückzuzahlen.
Vorsorglich stelle ich bereits jetzt die Anträge aus §§ 307 Abs. 2, 331 Abs. 3 ZPO.

Begründung:

Der Kläger zu 1) ist ...... Der Kläger zu 2) ist ......

Ausweislich der Ausfertigung des Erbscheins sind die Kläger zu je ...... [z. B. 1/4] Erben des Erblassers. Auch die Beklagte ist Erbin, und zwar zu ...... [z. B. 1/2]

Beweis: Ausfertigung des Erbscheins vom ......, sowie
gemeinschaftliches Testament der Eheleute ...... vom
......, in den Akten IV 23/96 des Amtsgerichts ......

Gleich nach dem Tode des Erblassers, am ......, hat die Beklagte vom Sparbuch des Erblassers ...... EUR abgehoben.

Der Nachlass des Erblassers, zu dem auch das Sparkonto bei der B-Bank, Zweigstelle ...... gehört, ist jedoch ungeteilt. Der Nachlass wurde bis zur nicht erfolgten Auseinandersetzung gemeinschaftliches Vermögen der Erben. Die Beklagte war somit nicht berechtigt, von dem Sparkonto Geld abzuheben.

Ihr eigenmächtiges Verhalten ist auch nicht als Verwaltungsmaßnahme zu rechtfertigen, denn damit hätten alle Erben einverstanden sein müssen. Die Kläger wären aber mit der Abhebung keinesfalls einverstanden gewesen. Da die Beklagte nicht berechtigt war, den vorgenannten Betrag dem gemeinschaftlichen Vermögen zu entnehmen, ist sie verpflichtet, den Betrag wieder in das Gesamtvermögen der Erbengemeinschaft zurückzuführen.

Die Erbengemeinschaft hat einmal einen Anspruch aus § 816 Abs. 1 S. 1 BGB. Danach ist ein Nichtberechtigter, der über einen Gegenstand einem dem Berechtigten gegenüber wirksame Verfügung trifft, diesem zur Herausgabe des durch die Verfügung Erlangten verpflichtet.

Die Beklagte hat in Höhe von EUR ...... die Forderung aus dem Sparvertrag gegen die B-Bank eingezogen und damit eine Verfügung getroffen. Auch die Einziehung einer Forderung ist eine Verfügung. Die Beklagte hat dabei als Nichtberechtigte gehandelt. Die Forderung aus dem Sparvertrag stand der Erbengemeinschaft nach dem Erblasser ...... [Name des Erblassers] zu, weil die Forderung mit dem Erbfall gemäß § 1922 BGB in den Nachlass gefallen war. Im Wege der Universalsukzession fallen auch teilbare Forderungen in den Nachlass und werden damit Gesamthandseigentum der Erbengemeinschaft, so dass deshalb an ihnen keine Alleinberechtigung in Höhe ihrer Erbquote entstehen kann. Die Alleininhaberschaft der Miterben könnte nur durch eine Auseinandersetzung der Miterben entstehen. Diese ist aber noch nicht erfolgt.

Die Einziehung der Forderung durch die Beklagte war gegenüber den Berechtigten, der Erbengemeinschaft, wirksam, da die B-Bank gemäß § 808 BGB mit befreiender Wirkung und daher wirksam an die Beklagte als Inhaber des Sparbuches geleistet hat.

Durch die Klage für die Erbengemeinschaft auf Herausgabe des Erlangten wird die Verfügung der Beklagten genehmigt, was gemäß § 2040 Abs. 1 BGB auch nachträglich möglich ist und wodurch jedenfalls die Verfügung der Beklagten wirksam i. S. v. § 816 BGB geworden ist.

In gleicher Weise sind die Voraussetzungen des Anspruchs aus § 816 Abs. 2 BGB erfüllt, da die B-Bank durch die Auszahlung des Betrages von ...... EUR an die nichtberechtigte Beklagte eine Leistung bewirkt hat, die dem Berechtigten in Form der Erbengemeinschaft nach dem Erblasser ...... gegenüber wirksam ist.

....
Rechtsanwalt/-wältin

Anmerkung

Gemäß § 2039 BGB besitzen Miterben die Befugnis, zum Nachlass gehörende Ansprüche im eigenen Namen – grundsätzlich: auf Leistung an die Erbengemeinschaft – geltend zu machen; § 2039 BGB betrifft die Prozessführungsbefugnis, und zwar einen Fall der gesetzlichen Prozessstandschaft.

Zuständigkeit: Örtlich: der allgemeine Gerichtsstand des Beklagten, §§ 12, 13 ZPO, unter Umständen der Ort des Vermögens, § 23 ZPO; sowie nach § 27 ZPO den besonderen Wahlgerichtsstand der Erbschaft.

Sachlich: nach dem Streitwert Amts- oder Landgericht.

Gerichtskosten u. Rechtsanwaltsgebühren:
Wie bei gewöhnlicher Klage.

Rechtsschutzversicherung:
Siehe Ende der Anmerkungen Formular 1.A.07.d.#01.

#07 Klage auf Feststellung des Erbrechts

[*HIER Ort, Datum*]

An das
Amtsgericht [- Landgericht]
[*HIER Anschrift*]

Klage

des/der ...... [*HIER Vorname, Name, Anschrift*]

- Klägers/-in, -

Prozessbevollmächtigte(r): Rechtsanwalt/-wältin ...... [*HIER Vorname, Name, Anschrift*]

gegen

den/die ...... [*HIER Vorname, Name, Anschrift*]

- Beklagte(n), -

Prozessbevollmächtigte(r): Rechtsanwalt/-wältin ...... [*HIER Vorname, Name, Anschrift*]

wegen Feststellung des Erbrechts.

Streitwert: ...... EUR [- vorläufig geschätzt mit ...... EUR]

Namens und in Vollmacht des/der Klägers/-in erhebe ich Klage und werde beantragen,

1. festzustellen, dass der/die Kläger/-in Alleinerbe/-in [-Miterbe/-in] des/der am ...... in ...... verstorbenen ...... [Name des Erblassers] ist.
2. dem/der Beklagten die Kosten des Rechtsstreits aufzuerlegen.

Begründung:

Am ...... verstarb der ...... in ......, seinem letzten Wohnsitz.

...... [*HIER folgt die Schilderung des Sachverhalts mit Beweisangeboten*]

Der Nachlass hat einen Wert von ca. EUR ......

....
Rechtsanwalt/-wältin

Anmerkung

Sachliche Zuständigkeit: Siehe §§ 71, 23 GVG.

Örtliche Zuständigkeit:
Hier gibt es nach § 27 ZPO den besonderen Wahlgerichtsstand der Erbschaft. Im besonderen Gerichtsstand der Erbschaft gemäß § 27 ZPO können Klagen auf Feststellung des Erbrechts gegen den Erbschaftsbesitzer wegen Pflichtteilsansprüchen, aus Vermächtnissen und der Erbauseinandersetzung geltend gemacht werden. Zuständig ist das Gericht, bei dem der Erblasser zur Zeit des Todes den allgemeinen Gerichtsstand hatte.

Streitwert:
Bei der Feststellungsklage ist nach § 3 ZPO das Interesse an der Feststellung maßgeblich, was in der Regel bedeutet, dass gegenüber der entsprechenden Leistungsklage ein Abschlag von 20 % bei der Festlegung des Streitwertes zu machen ist.

Der Erbanwärter kann sein Erbrecht durch eine Feststellungsklage gem. § 256 ZPO klären lassen, selbst wenn daneben ein Erbscheinsverfahren läuft (zum Erbscheinsverfahren vgl. Formular 1.D.02.#05 ff.). Das Erbscheinsverfahren ist für den Zivilprozess nicht vorgreiflich und führt auch nicht zu seiner Aussetzung. Anstatt des Erbscheinsverfahrens kann der Erbanwärter auch die Klage wählen. Das Urteil im Prozessverfahren hat den Vorteil, dass es im Gegensatz zum Erbscheinsverfahren in materielle Rechtskraft erwächst. Ein erteilter Erbschein hat im Zivilprozess keine bindende Wirkung (vgl. z. B. BGH WM 1987, 564).Das Erbscheinsverfahren kann bei gleichzeitiger Anhängigkeit eines Zivilprozesses ausgesetzt werden. Der Obsiegende hat die Rechte aus § 2362 BGB.

Gegenstand der Feststellungsklage gem. § 256 ZPO kann u. a. sein:

- das Bestehen oder Nichtbestehen eines Erbrechts,
- die Unwirksamkeit der Anfechtung eines Erbvertrages,
- die Verpflichtung des Vorerben gegenüber dem Nacherben,
- das Recht des Vertragserben auf Feststellung der Böswilligkeit einer Schenkung gem. § 2287 BGB.

Gerichtskosten:
Wie bei gewöhnlicher Klage.

Rechtsanwaltsgebühren:
Wie bei gewöhnlicher Klage.

Gegenstandswert: der Wert nach dem Anteil, der im Streit steht.

Trifft die Vertretung im Zivilprozess mit einer Tätigkeit im FGG-Verfahren zusammen, so ist die Prozessgebühr durch die Gebühren im FGG-Verfahren nicht mit abgegolten (vgl. Gerold/Schmidt/van Eicken/Madert, BRAGO § 31 Rn 36).

Rechtsschutzversicherung:
Siehe Ende der Anmerkungen Formular 1.A.07.d.#01.

#08 Klage des Nacherben gegen den befreiten Vorerben auf Herausgabe und Schadenersatz § 2138 Abs. 2 BGB i. V. m. § 2113 Abs. 2 BGB

[*HIER Ort, Datum*]

An das
Amtsgericht [- Landgericht]
[*HIER Anschrift*]

Klage

des/der ...... [*HIER Vorname, Name, Anschrift*]

- Klägers/-in, -

Prozessbevollmächtigte(r): Rechtsanwalt/-wältin ...... [*HIER Vorname, Name, Anschrift*]

gegen

den/die ...... [*HIER Vorname, Name, Anschrift*]

- Beklagte(n), -

Prozessbevollmächtigte(r): Rechtsanwalt/-wältin ...... [*HIER Vorname, Name, Anschrift*]

wegen Herausgabe und Schadenersatz.

Streitwert: ...... EUR [- vorläufig geschätzt mit ...... EUR]

Namens und in Vollmacht des/der Klägers/-in erhebe ich Klage und werde beantragen, den Beklagten zu verurteilen: ...... [*HIER Beispielsantrag*]

1. folgende Gegenstände an den Kläger herauszugeben:
   a. den PKW Marke ...... Pol. Kennz. ......
   b. ......
   c. ......
2. ...... EUR nebst ...... % Zinsen seit dem ...... an den/die Kläger/-in zu zahlen.

Begründung:

Der Kläger ist der Nacherbe und der Beklagte der befreite Vorerbe des am ...... verstorbenen ...... [Name des Erblassers]. Der Nacherbfall ist eingetreten. Der Erblasser hat in seinem - notariellen - Testament bestimmt, dass der Nacherbfall mit Erreichung des 25 Lebensjahres des Vorerben eintritt.

Beweis: Testament des Erblassers vom ......, das in -beglaubigter - Ablichtung beigefügt wird. (Anlage K 1)

Der Beklagte ist am ...... geboren. Er ist also am ...... 25 Jahre alt geworden.

Beweis: Vorlage der Geburtsurkunde (Anlage K 2)

Die im Klageantrag zu 1) genannten Gegenstände sind noch vorhanden.

Beweis: Zeugnis des ......

Der Beklagte ist daher zur Herausgabe an den Kläger verpflichtet.

Der Beklagte hat über folgende Nachlassgegenstände unentgeltlich verfügt und diese wahllos verschenkt, ohne dass damit einer sittlichen Pflicht oder auf den Anstand zu nehmenden Rücksicht entsprochen wurde. Es handelt sich um folgenden Nachlassgegenstände

a) ......
b) ......
c) ......

Dafür sind folgende Werte einzusetzen:

a) ...... EUR
b) ...... EUR
c) ...... EUR

Zu Wertermittlung bezieht sich der Kläger auf

1) Zeugnis des ......
2) Zeugnis des Sachverständigen ......
3) die vom Beklagten herauszugebenden Rechnungen über Anschaffungskosten, nämlich ......
4) ......

Daraus ergibt sich der im Antrage genannte Schadenersatzbetrag von EUR ......

Die Klage ist geboten, da der Beklagte die noch vorhandenen Gegenstände nicht herausgegeben und sich zur geforderten Ersatzleistung für die sonstigen Gegenstände nicht geäußert hat.

....
Rechtsanwalt/-wältin

Anmerkung

Zuständigkeit: Örtlich: der allgemeine Gerichtsstand des Beklagten, §§ 12, 13 ZPO, unter Umständen der Ort des Vermögens, § 23 ZPO. Bei einer Feststellungsklage auf Feststellung des Nacherbrechts gibt § 27 ZPO den besonderen Wahlgerichtsstand der Erbschaft.

Sachlich: nach dem Streitwert Amts- oder Landgericht.

Streitwert:
Meistens zunächst vorläufig zu schätzen.

Soweit die herausgeforderten und die zu ersetzenden Gegenstände nicht bekannt sind, wird die Klage mit dem Antrag auf Auskunftserteilung als erste Stufe zu verbinden sein.

Die Grenzen, die der befreite Vorerbe zu beachten hat, ergeben sich aus den Vorschriften der §§ 2136–2138 BGB. Insbesondere zu beachten ist, dass die Befreiung sich nicht auf § 2112 Abs. 2 BGB bezieht, der Vorerbe also nicht unentgeltlich über Erbschaftsgegenstände verfügen darf oder zum Zwecke der Erfüllung eines Schenkungsversprechens. Ausgenommen sind davon nur Schenkungen, durch die einer sittlichen Pflicht oder einer auf den Anstand zu nehmenden Rücksicht entsprochen wird, § 2113 Abs. 2 BGB.

Gerichtskosten u. Rechtsanwaltsgebühren:
Wie bei gewöhnlicher Klage.

Rechtsschutzversicherung:
Siehe Ende der Anmerkungen Formular 1.A.07.d.#01.

#09 Stufenklage auf Auskunft, Feststellung des Erbrechts und Herausgabe des Nachlasses

[*HIER Ort, Datum*]

An das
Amtsgericht [- Landgericht]
[*HIER Anschrift*]

Klage

des/der ...... [*HIER Vorname, Name, Anschrift*]

- Klägers/-in, -

Prozessbevollmächtigte(r): Rechtsanwalt/-wältin ...... [*HIER Vorname, Name, Anschrift*]

gegen

den/die ...... [*HIER Vorname, Name, Anschrift*]

- Beklagte(n), -

Prozessbevollmächtigte(r): Rechtsanwalt/-wältin ...... [*HIER Vorname, Name, Anschrift*]

wegen Auskunft, Feststellung des Erbrechts und Herausgabe.

Streitwert: ...... EUR [- vorläufig geschätzt mit ...... EUR]

Namens und in Vollmacht des/der Klägers/-in erhebe ich Klage und werde beantragen,

1. den/die Beklagte(n) zu verurteilen, dem/der Kläger/-in Auskunft über den Bestand der Erbschaft und über den Verbleib der Erbschaftsgegenstände nach dem/der am ...... in ...... verstorbenen ...... zu erteilen.
2. festzustellen, dass der/die Kläger/-in Alleinerbe/-in des/der am ...... in ...... verstorbenen ...... geworden ist.
3. dem/der Beklagten die Kosten des Rechtsstreits aufzuerlegen.

Begründung:

Am ...... verstarb der ...... in ......, seinem letzten Wohnsitz. Hiervon hat der Kläger erst jetzt erfahren. Er ist im Besitz eines vom Erblasser errichteten eigenhändigen Testaments, in dem er zum Alleinerben des Verstorbenen eingesetzt worden ist.

Beweis: Testament vom ......

Der einzige lebende Verwandte des Verstorbenen, der Beklagte, ist der Meinung, dass das Testament unwirksam sei. Er hat in der Zwischenzeit den Nachlass in Besitz genommen und verweigert die Herausgabe der Nachlassgegenstände. Dem Kläger ist der genaue Bestand der Erbschaft nicht bekannt.

....

Rechtsanwalt/-wältin

Anmerkung

Zur Stufenklage nach § 254 ZPO siehe Formular 1.A.01.#05.

Zuständigkeitsstreitwert: Der Streitwert der einzelnen Stufen ist zusammenzurechnen (Baumbach/Lauterbacht/Albers/Hartmann Anh. § 3 ZPO Stichwort: Stufenklage).

Für die Klage gegen den Erbschaftsbesitzer aus §§ 2018, 2027 Abs. 1 BGB – nicht aus § 985 BGB auf Herausgabe einzelner Sachen – ist der besondere Gerichtsstand der Erbschaft gemäß § 27 ZPO anwendbar. Zuständig ist das Gericht, bei dem der Erblasser zur Zeit des Todes den allgemeinen Gerichtsstand hatte.

Die Klageschrift muss allen Erfordernissen des § 253 ZPO genügen mit der einzigen Ausnahme, dass die bestimmte Angabe der Herausgabeleistung vorbehalten bleibt.

Das Gericht muss stufenweise entscheiden (Teilurteil). Nach jeder Stufe muss der Kläger Fortgang beantragen. Im Versäumnisverfahren bedeutet Säumnis des Klägers volle Abweisung, soweit nicht schon rechtskräftig erkannt ist. Bei Säumnis des Beklagten erfolgt die Entscheidung über die spruchreife Stufe.

Bei der Klage des Erben gegen den Erbschaftsbesitzer nach § 2018 BGB auf Herausgabe des Erlangten handelt es sich um einen erbrechtlichen Gesamtanspruch, bei dem aufgrund der Regelung des § 253 Abs. 2 Nr. 2 ZPO die einzelnen Gegenstände, deren Herausgabe verlangt werden, genau zu bezeichnen sind. Ist dies nicht möglich, so muss die Herausgabeklage in Form einer Stufenklage nach § 254 ZPO mit einer Auskunftsklage verbunden werden, wobei sich der materiellrechtliche Auskunftsanspruch aus § 2027 BGB ergibt. Da die Rechtskraft des Herausgabeurteils nur den Anspruch auf Herausgabe der einzelnen Nachlassgegenstände umfasst, ist es ratsam, die Herausgabeklage gleichzeitig mit einer Klage auf Feststellung des Erbrechts zu verbinden (Palandt/Edenhofer Einf. vor § 2018 BGB Rn 2).

Kosten u. Gebühren:
Für Gerichtskosten und Rechtsanwaltsgebühren ist der höchste der verbundenen Ansprüche maßgebend, § 18 GKG.

Gerichtskosten:
Wie bei gewöhnlicher Klage.

Rechtsanwaltsgebühren:
Regelgebühren nach § 31 BRAGO, in derselben Instanz nur einmal, § 13 Abs. 2 BRAGO.

Trifft die Vertretung im Zivilprozess mit einer Tätigkeit im FGG-Verfahren zusammen, so ist die Prozessgebühr durch die Gebühren im FGG-Verfahren nicht mit abgegolten (vgl. Gerold/Schmidt/van Eicken/Madert, BRAGO § 31 Rn 36).

Rechtsschutzversicherung:
Siehe Ende der Anmerkungen Formular 1.A.07.d.#01.

#10 Klage auf Feststellung des Erbrechts nach Anfechtung des Testamentes

[*HIER Ort, Datum*]

An das
Amtsgericht [- Landgericht]
[*HIER Anschrift*]

Klage

des/der ...... [*HIER Vorname, Name, Anschrift*]

- Klägers/-in, -

Prozessbevollmächtigte(r): Rechtsanwalt/-wältin ...... [*HIER Vorname, Name, Anschrift*]

gegen

den/die ...... [*HIER Vorname, Name, Anschrift*]

- Beklagte(n), -

Prozessbevollmächtigte(r): Rechtsanwalt/-wältin ...... [*HIER Vorname, Name, Anschrift*]

wegen Feststellung des Erbrechts.

Streitwert: ...... EUR [- vorläufig geschätzt mit ...... EUR]

Namens und in Vollmacht des/der Klägers/-in erhebe ich Klage und werde beantragen,

1. festzustellen, dass der/die Kläger/-in - Alleinerbe/-in[- Miterbe/-in] zu ...... [*z. B. zur Hälfte, zu einem Viertel usw.*] des am ...... in ...... verstorbenen ...... geworden ist.
2. dem/der Beklagten die Kosten des Rechtsstreits aufzuerlegen.

Begründung:

Am ...... ist ...... in ......, ... straße ...... der ...... gestorben. Der Kläger ist der Sohn des Verstorbenen.

In seinem Testament, welches sich bei den Akten des Nachlassgerichtes befindet, ist der Beklagte vom Erblasser als Alleinerbe eingesetzt worden, der Kläger soll lediglich seinen Pflichtteil erhalten. Am ...... hat der Kläger dieses Testament durch Erklärung gegenüber dem Nachlassgericht angefochten.

Beweis: Beiziehung der Akten des Amtsgerichts ......, Az. ......

Folgender Anfechtungsgrund ist gegeben: ...... [*HIER nähere Ausführung zu § 2078 BGB mit Beweisangeboten*]

....
Rechtsanwalt/-wältin

Anmerkung

Vgl. auch Formulare 1.D.02.#28, 29.

Im besonderen Gerichtsstand der Erbschaft gemäß § 27 ZPO können Klagen auf Feststellung des Erbrechts gegen den Erbschaftsbesitzer, aus Pflichtteilsansprüchen, aus Vermächtnissen und der Erbauseinandersetzung geltend gemacht werden. Zuständig ist das Gericht, bei dem der Erblasser zur Zeit des Todes den allgemeinen Gerichtsstand hatte.

Der Beweis für den Anfechtungsgrund und Ursächlichkeit des Irrtums für die Verfügung obliegt dem Anfechtenden.

Gerichtskosten und Rechtsanwaltsgebühren:
Wie bei gewöhnlicher Klage.

Trifft die Vertretung im Zivilprozess mit einer Tätigkeit im FGG-Verfahren zusammen, so ist die Prozessgebühr durch die Gebühren im FGG-Verfahren nicht mit abgegolten (vgl. Gerold/Schmidt/van Eicken/Madert, BRAGO § 31 Rn 36).

Rechtsschutzversicherung:
Siehe Ende der Anmerkungen Formular 1.A.07.d.#01.

#11 (Stufen-)Klage auf Auskunft, eidesstattliche Versicherung und Zahlung des Pflichtteils

[*HIER Ort, Datum*]

An das
Amtsgericht [- Landgericht]
[*HIER Anschrift*]

Klage

des/der ...... [*HIER Vorname, Name, Anschrift*]

- Klägers/-in, -

Prozessbevollmächtigte(r): Rechtsanwalt/-wältin ...... [*HIER Vorname, Name, Anschrift*]

gegen

den/die ...... [*HIER Vorname, Name, Anschrift*]

- Beklagte(n), -

Prozessbevollmächtigte(r): Rechtsanwalt/-wältin ...... [*HIER Vorname, Name, Anschrift*]

wegen Pflichtteils.

Streitwert: ...... EUR [- vorläufig geschätzt mit ...... EUR]

Namens und in Vollmacht des/der Klägers/-in erhebe ich Klage und werde beantragen, den Beklagten zu verurteilen,

1. [I. erste Stufe]
   Auskunft über den Bestand des Nachlasses des/der am ...... in ...... verstorbenen ...... [*Name des Erblassers*] durch Vorlage eines von einem Notar aufgenommenen Verzeichnisses zu erteilen,
2. [II. zweite Stufe]
   an Eides Statt zu versichern, dass er nach dem besten Wissen den Bestand des Nachlasses so vollständig angegeben hat, als er dazu im Stande ist,
3. [III. dritte Stufe]
   an den/die Kläger/-in den Pflichtteil in Höhe von 1/4 des sich aus der Auskunft ergebenden Nachlasswertes zu zahlen.

Begründung:

Am ...... ist die ......, Ehefrau des Beklagten, in ......, ... straße ...... verstorben.

In ihrem Testament, welches sich bei den Akten des Nachlassgerichtes befindet, ist der Beklagte von der Erblasserin als Alleinerbe eingesetzt worden, die Klägerin auf ihren Pflichtteil gesetzt worden.

Beweis: Beiziehung der Akten des Amtsgerichts ......, Az. ......

Durch anwaltliches Schreiben vom ...... hat die Klägerin gegenüber ihrem Vater und Beklagten ihren Pflichtteilsanspruch geltend gemacht und Auskunft über den Bestand des Nachlasses erbeten.

Beweis: Aufforderungsschreiben vom ......, Anlage (K1)

Daraufhin hat der Beklagte mit Schreiben vom ...... mitgeteilt, dass die Beklagte keinen Anspruch mehr auf einen Pflichtteil habe, weil sie von der Erblasserin ein Jahr vor deren Tod ...... EUR erhalten habe, die auf den Pflichtteil anzurechnen seien. Auch wurde mit Hinweis hierauf die Auskunftserteilung abgelehnt.

Eine Erklärung darüber, dass das der Klägerin übergebene Geld auf ihren Pflichtteil anzurechnen sei, hat die Erblasserin nicht getroffen.

Da der Pflichtteilsanspruch somit nicht erfüllt ist, verlangt die Klägerin 1/4 des Nachlasswertes als Pflichtteil vom Beklagten.

....
Rechtsanwalt/-wältin

Anmerkung

Zur Stufenklage nach § 254 ZPO siehe Formular 1.A.01.#05.

Zuständigkeitsstreitwert: Der Streitwert der einzelnen Stufen ist zusammenzurechnen (Baumbach/Lauterbacht/Albers/Hartmann Anh. § 3 ZPO Stichwort: Stufenklage).

Die Klageschrift muss allen Erfordernissen des § 253 ZPO genügen mit der einzigen Ausnahme, dass die bestimmte Angabe der Herausgabeleistung vorbehalten bleibt.

Das Gericht muss stufenweise entscheiden (Teilurteil). Nach jeder Stufe muss der Kläger Fortgang beantragen. Im Versäumnisverfahren bedeutet Säumnis des Klägers volle Abweisung, soweit nicht schon rechtskräftig erkannt ist. Bei Säumnis des Beklagten erfolgt die Entscheidung über die spruchreife Stufe.

Achtung: Der Anspruchssteller kann die einzelnen Stufen auch in gesonderten Klagen verfolgen (OLG Zweibrücken FamRZ 1969, 230). Die Stufenklage nach § 254 BGB auf Auskunft, Leistung einer eidesstattlichen Versicherung sowie Zahlung hat aber den Vorteil, dass durch sie die Verjährung des Pflichtteilsanspruches in drei Jahren sogleich unterbrochen wird, wohingegen die Klage auf Auskunftserteilung allein nicht zu einer umfassenden Verjährungsunterbrechung führt (Palandt/Edenhofer § 2332 Rn 8; BGH NJW 1975, 1409). Die Stufenklage unterbricht die Verjährung auch bezüglich des noch nicht bezifferten Anspruches der 3. Stufe.

Im besonderen Gerichtsstand der Erbschaft gemäß § 27 ZPO können Klagen auf Feststellung des Erbrechts und wegen Pflichtteilsansprüchen geltend gemacht werden. Zuständig ist das Gericht, bei dem der Erblasser zur Zeit des Todes den allgemeinen Gerichtsstand hatte.

Die drei Stufen:

1. Stufe

In der ersten Stufe wird der Antrag auf Auskunftserteilung und Vorlage eines Verzeichnisses geltend gemacht.

2. Stufe

Mit der zweiten Stufe wird ein Antrag auf Abgabe der eidesstattlichen Versicherung nach § 260 Abs. 2 BGB gestellt.

3. Stufe

Die dritte Stufe umfasst den Zahlungs- oder Herausgabeanspruch, wobei der Zahlungsanspruch auch beziffert sein kann, den der Kläger glaubt beanspruchen zu können (BGH WM 1972, 1121).

Vorsorglich kann der Mandant darauf hingewiesen werden, dass der Erbe durch Bestreiten der Wertangaben eines jeden Nachlassgegenstandes den Pflichtteilsprozess verzögern kann, da in vielen Fällen über die Werte der einzelnen Nachlassgegenstände Sachverständigenbeweis einzuholen ist.

Die Zwangsvollstreckung des Urteils, welches zur Auskunftserteilung und der Vorlage des Verzeichnisses verpflichtet, erfolgt gemäß § 888 ZPO.

Kosten u. Gebühren:

Für Gerichtskosten und Rechtsanwaltsgebühren ist der höchste der verbundenen Ansprüche maßgebend, § 18 GKG.

Gerichtskosten:

Wie bei gewöhnlicher Klage.

Rechtsanwaltsgebühren:

Regelgebühren nach § 31 BRAGO, in derselben Instanz nur einmal, § 13 Abs. 2 BRAGO.

Trifft die Vertretung im Zivilprozess mit einer Tätigkeit im FGG-Verfahren zusammen, so ist die Prozessgebühr durch die Gebühren im FGG-Verfahren nicht mit abgegolten (vgl. Gerold/Schmidt/van Eicken/Madert, BRAGO § 31 Rn 36).

Gegenstandswert:

Bei reiner Auskunftsklage: das Interesse des Klägers an der Offenlegung der Tatsachen, die er zur Berechnung des Hauptanspruches benötigt.

Bei Stufenklage: für die Wertberechnung ist gemäß § 18 GKG der höchste Streitwert maßgeblich. Hier ist es der auf den Pflichtteil. Ein gesonderter Wert für die in der ersten Stufe zunächst erhobene Klage auf Auskunft (und Rechnungslegung) samt Antrag auf eidesstattliche Versicherung ist dann nicht hinzuzurechnen (OLG Hamm JurBüro 1986, 745).

Rechtsschutzversicherung:
Siehe Ende der Anmerkungen Formular 1.A.07.d.#01.

#12 Klage auf Erbauseinandersetzung

[*HIER Ort, Datum*]

An das
Amtsgericht [- Landgericht]
[*HIER Anschrift*]

Klage

1. des/der ...... [*HIER Vorname, Name, Anschrift*]

- Klägers/-in zu 1), -

2. des/der ...... [*HIER Vorname, Name, Anschrift*]

- Klägers/-in zu 2), -

Prozessbevollmächtigte(r): Rechtsanwalt/-wältin ...... [*HIER Vorname, Name, Anschrift*]

gegen

den/die ...... [*HIER Vorname, Name, Anschrift*]

- Beklagte(n), -

Prozessbevollmächtigte(r): Rechtsanwalt/-wältin ...... [*HIER Vorname, Name, Anschrift*]

Streitwert: ...... EUR [- vorläufig geschätzt mit ...... EUR]

Namens und in Vollmacht des/der Klägers/-in erhebe ich Klage und werde beantragen,

1. den/die Beklagte(n) zu verurteilen, folgendem Teilungsplan zur Herbeiführung der Erbauseinandersetzung nach dem/der am ...... verstorbenen ...... zuzustimmen:
   a. Das im Grundbuch des Amtsgerichts ...... von ......, Band ......, Blatt ...... eingetragene Grundstück erhält der/die Kläger/-in mit Inventar zum Alleineigentum.
   b. Der/Die Beklagte erhält die Wertpapiere, Depot-Nr. ...... der B-Bank, Filiale ......
2. den/die Beklagte(n) zu verurteilen, das im Grundbuch von ......, Blatt ......, eingetragene Grundstück an den/die Kläger/-in als Alleineigentümerin aufzulassen und in die entsprechende Umschreibung in das Grundbuch einzuwilligen.

Begründung:

Die Parteien sind Geschwister.

Am ...... errichtete der ...... ein privatschriftliches Testament, in dem er festlegte, dass die Klägerin das Grundstück ...... straße ......, eingetragen im Grundbuch von ...... Band ......, Blatt ...... erhalten solle. Der Beklagte solle seine Wertpapiere erhalten.

Beweis: Testament von ...... in Fotokopie, Anlage K 1

Durch anwaltliches Aufforderungsschreiben vom. ...... hat die Klägerin die Aufteilung des Nachlasses gemäß o. g. Testaments vom Beklagten verlangt. Dieser weigert sich aber.

Aus diesem Grund ist Klage geboten.

....
Rechtsanwalt/-wältin

Anmerkung

Streitwert: Interesse des Klägers

Zuständigkeit: Örtlich: der allgemeine Gerichtsstand des Beklagten, §§ 12, 13 ZPO, unter Umständen der Ort des Vermögens, § 23 ZPO; für die Klage steht aber auch der besondere Gerichtsstand des § 27 ZPO zur Verfügung, so dass sich eine Gerichtsstandsbestimmung erübrigt, wenn Miterben unterschiedliche allgemeine Gerichtsstände haben.

Sachlich: nach dem Streitwert Amts- oder Landgericht.

Da dem Erbschein keine Rechtskraft zukommt (§ 2361 BGB), stellt ein laufendes Erbscheinsverfahren keinen Grund dar, den Prozess über die Auseinandersetzung auszusetzen, auch hindert eine Entscheidung im Erbscheinsverfahren einem Beteiligten nicht, im Auseinandersetzungsprozess einen abweichenden Rechtsstandpunkt zu verfolgen.

Jeder Miterbe ist aktivlegitimiert. Die Klage ist zu richten gegen die Miterben und gegen sonstige Personen, die nach materiellem Recht dem Auseinandersetzungsvertrag zustimmen müssen, wie z. B.: dem Erbteilserwerber (§ 2033 BGB), Nießbraucher (§ 1066 Abs. 2 BGB), Pfandgläubiger (§ 1258 Abs. 2 BGB) sowie gegen den Testamentsvollstrecker, der nur für einen Teil des Erbes bestellt ist (Soergel/Wolff § 2042 BGB Rn 14).

Die Beklagten sind keine notwendigen Streitgenossen (Soergel/Wolff § 2042 BGB Rn 18).

Die Klage nach § 2042 BGB ist gerichtet auf den Abschluss des schuldrechtlichen Auseinandersetzungsvertrages. Das Urteil ersetzt nach § 894 ZPO die Annahmeerklärung des Beklagten. Weigert sich ein Miterbe, den so zustande gekommenen Vertrag zu erfüllen, so ist eine erneute Klage auf Vornahme der zur Erfüllung erforderlichen Handlungen, z. B. auf Abgabe der dinglichen Erklärung (siehe § 2040 BGB) erforderlich. Diese Vollzugsklage kann mit der Klage auf Zustimmung zum schuldrechtlichen Auseinandersetzungsvertrag verbunden werden, was bei widerstrebenden Miterben ratsam ist, um die Abwicklung zu forcieren.

Der Klageantrag ist zu richten auf die Zustimmung zum Abschluss des schuldrechtlichen Auseinandersetzungsvertrages (KG NJW 1961, 733): »Die Beklagten sind zu verurteilen, folgendem Teilungsplan zuzustimmen.«

Es muss mit dem Klageantrag ein Auseinandersetzungsplan vorgelegt werden, der den gesamten Nachlass erfasst und die Auseinandersetzung zwischen allen Erben regeln muss. Entspricht der Teilungsplan nicht den gesetzlichen Auseinandersetzungsregeln, so ist einer möglichen Klageabweisung nur durch Antragsänderung oder durch Stellung von Hilfsanträgen zu entgehen, § 308 Abs. 1 ZPO. Für einen Teilungsplan empfiehlt sich folgendes Aufbauschema:

I. Berichtigung der Nachlassverbindlichkeiten
  1. Schuldensstand
    a) fällige u. unstreitige Verbindlichkeiten
    b) sonstige Verbindlichkeiten
  2. Mittel zur Berichtigung
    a) vorhandene Barmittel
    b) Verwertungsgegenstände und Verwertungsart

II. Verteilung des Nachlasses
  1. Teilungsanordnung des Erblassers, sofern in Verfügung von Todes wegen eine Teilungsanordnung enthalten ist
  2. Verteilung nach Teilungsquote
    a) Verteilung in Natur
    b) Teilung durch Verkauf

Der an sich formfreie Auseinandersetzungsvertrag unterliegt den einschlägigen Formvorschriften dann, sofern er formbedürftige Verpflichtungen enthält, wie etwa die Verpflichtung zur Übereignung eines Grundstückes oder eines GmbH-Anteils (Staudinger/Werner § 2042 BGB Rn 31).

Wegen des erhöhten Risikos einer Klage auf Teilauseinandersetzung ist nach Möglichkeit auf Feststellungsklagen oder auf die isolierte Leistungsklage zurückzugreifen.

Achtung: In geeigneten Fällen ist die Auseinandersetzungsklage nicht selbst das Ziel, sondern die Einreichung dieser Klage kann zur Förderung einer raschen Lösung dienen. Zum Mittel des Antrags auf Zwangsversteigerung als Druckmittel siehe Formular 1.D.02.#32.

Eine Klage gegen alle Beteiligten ist nicht immer notwendig. Aus Kostengründen (siehe § 93 ZPO) sind vielmehr nur die Personen zu verklagen, die sich dem vorgeschlagenen Teilungsplan widersetzen. Bei den Zustimmenden muss allerdings dann die Zustimmung zum Teilungsplan unwiderruflich und formwirksam (siehe unten) gestaltet sein und die eingeholte Zustimmung muss sich auch auf die in Frage kommenden Hilfsanträge erstrecken.

Um eine unnötige Klageabweisung wegen unangemessener Vorschläge im Hauptantrag zu verhindern, ist es ratsam, entsprechende Hilfsanträge vorzubereiten.

Zur Ausführung des Teilungsplanes kann die Klage auch zugleich auf die Verurteilung zur Zustimmung zu dinglichen Erklärungen gerichtet werden (Palandt/Edenhofer § 2042 BGB Rn 16). Durch das rechtskräftige Urteil wird die Zustimmungserklärung des sich weigernden Erben ersetzt, § 894 ZPO.

Achtung: Gehört zum Nachlass ein Grundstück, so kann ein Antrag auf Teilungsversteigerung ein taktisches Mittel sein, beim widerstrebenden Miterben die Verhandlungsbereitschaft herbeizuführen. Hat der Antragsteller genügende Mittel, so kann die Teilungsversteigerung aber auch gewählt werden, um eine Nachlassimmobilie gegen den Willen des oder der Miterben als alleiniges Eigentum zu erhalten. Die Teilungsversteigerung ist bei Uneinigkeit über die Erlösverteilung aber keine Klagevoraussetzung. Die Auseinandersetzungsklage kann auch ohne vorherigen Antrag auf Teilungsversteigerung oder während eines laufenden Teilungsversteigerungsverfahrens erhoben werden.

Es kann aber auch jeder der Miterben das Nachlassgericht mit der Bitte um Vermittlung anrufen, §§ 76 ff. FGG, wobei aber auch dann das Gericht keinen eigenen Vermittlungsplan vorschlagen darf. (vgl. Formular 1.D.02.#30).

Gerichtskosten und Rechtsanwaltsgebühren:
Wie bei gewöhnlicher Klage.

Trifft die Vertretung im Zivilprozess mit einer Tätigkeit im FGG-Verfahren zusammen, so ist die Prozessgebühr durch die Gebühren im FGG-Verfahren nicht mit abgegolten (vgl. Gerold/Schmidt/van Eicken/Madert, BRAGO § 31 Rn 36).

Rechtsschutzversicherung:
Siehe Ende der Anmerkungen Formular 1.A.07.d.#01.

#13 Klageabweisungsantrag

[*HIER Ort, Datum*]

An das
Amtsgericht [- Landgericht]
[*HIER Anschrift*]

In Sachen
....../......
Az.: ......

vertrete ich den/die Beklagte(n) und zeige an, dass der/die Beklagte sich gegen die Klage verteidigen wird.

Ich werde beantragen,
die Klage abzuweisen.

[und falls ein Nachlassgläubiger klagt]

*(2.) dem/der Beklagten als Erben/-in die Beschränkung seiner Haftung auf den Nachlass des/der ...... [*HIER Angabe des Namens des Erblassers*] vorzubehalten.

Die Begründung des Abweisungsantrags folgt.

[oder]

Begründung:

...... [*HIER folgt die Abweisungsbegründung*]

....
Rechtsanwalt/-wältin

Anmerkung

***Achtung:** Die für die Haftung des Anwalts im Erbrecht wichtigsten Bestimmungen sind in den §§ 780 ff. ZPO enthalten.

Nach § 780 Abs. 1 ZPO kann der als Erbe eines Schuldners verurteilte Beklagte die Beschränkung seiner Haftung lediglich dann geltend machen, wenn sie ihm im Urteil vorbehalten ist. Wenn ein Gläubiger des Erblassers gegen den Erben eine Klage führt, muss der Anwalt des Erben im Prozess die Einrede der beschränkten Erbenhaftung geltend machen, damit der Erbe nicht uneingeschränkt und vorbehaltlos verurteilt wird und damit sein Recht auf Haftungsbeschränkung gegen den klagenden Nachlassgläubiger mit der Rechtskraft des Urteils verwirkt.

Wird also der Erbe auf Erfüllung einer Nachlassverbindlichkeit in Anspruch genommen, so muss der Rechtsanwalt im Erkenntnisverfahren für den beklagten Erben stets die Einrede der beschränkten Erbenhaftung (§§ 780, 781 ZPO) erheben. Der Erbe kann sich nur mit Erfolg gegen die Vollstreckung unter der Voraussetzung wehren, dass er den Vorbehalt bereits im Erkenntnisverfahren erreicht. Deshalb muss er sich die beschränkte Erbenhaftung selbst dann vorbehalten lassen, sofern er deren Voraussetzungen noch nicht darzulegen vermag, selbst wenn er nicht einmal weiß, ob sie überhaupt eintreten wird (BGH NJW 1991, 2839 ff.). Der Rechtsanwalt sollte für den Erben den Haftungsbeschränkungsvorbehalt selbst dann im Prozess geltend machen, wenn der Nachlass ausreichend Aktiva zu enthalten scheint, da nie ausgeschlossen werden kann, dass sich der Nachlass durch unvorhergesehene Geschehnisse vermindert. Im Urteil wird der Vorbehalt regelmäßig anerkannt. Ob die beschränkte Erbenhaftung durchgreift, kann sich dann erst später im Rahmen der Zwangsvollstreckung bzw. einer Vollstreckungsabwehrklage erweisen (BGH WM 1992, 2020, 2021).

#14 Einrede der beschränkten Erbenhaftung durch den Beklagten

[*HIER Ort, Datum*]

An das
Amtsgericht [– Landgericht]
[*HIER Anschrift*]

In Sachen
....../......
Az.: ......

mache ich namens des/der Beklagten vorsorglich die Einrede der beschränkten Erbenhaftung geltend und beantrage daher, in den Urteilstenor folgenden Vorbehalt aufzunehmen:

Dem/Der Beklagten bleibt die Beschränkung seiner/ihrer Haftung auf den Nachlass des/der am ...... verstorbenen ...... vorbehalten.

....
Rechtsanwalt/-wältin

Anmerkung

Verstirbt eine Partei während des laufenden Prozesses, so wird der Prozess mit dem Tod nach § 239 Abs. 1 ZPO unterbrochen. Der Erbe hat aber das Recht, den Rechtsstreit wieder aufzunehmen und fortzuführen. Wurde der Verstorbene durch einen Anwalt im Prozess vertreten, so tritt die Unterbrechung nur auf Antrag ein, § 246 Abs. 1 ZPO.

Nimmt nur der Erbe den Rechtsstreit auf, so muss er darauf achten, dass er sich die Möglichkeit, seine Haftung auf den Nachlass zu beschränken, vorbehält. § 780 Abs. 1 ZPO sieht hier vor, dass ein Vorbehalt in den Urteilstenor aufgenommen wird, wobei die Aufnahme in die Urteilsgründe nicht ausreicht.

Der Gläubiger des Urteils kann gegen den Erben sowohl in den Nachlass als auch in das persönliche Vermögen vollstrecken. Ob der Erbe beschränkt oder unbeschränkt haftet, ist zunächst ohne Belang. Die Beschränkung der Erbenhaftung kann erst berücksichtigt werden, sofern der Erbe sie gegen eine bereits erfolgte Zwangsvollstreckung durch eine Gegenklage nach § 767 ZPO geltend macht. Die Beschränkung seiner Haftung kann er aber durch eine Gegenklage nur geltend machen, wenn sie ihm in einem gegen ihn als Erben des Schuldners ergangenen Urteil ausdrücklich vorbehalten ist, § 780 ZPO. Dieser Vorbehalt wird von Gericht allerdings nur dann aufgenommen, wenn sich der Erbe auf die Einrede der beschränkten Haftung beruft. Wichtig ist vor allem die Geltendmachung der Einrede, so dass das Gericht den Vorbehalt auch ohne Antrag in den Urteilstenor aufnimmt. Ein besonderer Antrag ist somit nicht erforderlich, aber zur Deutlichmachung ratsam. Wird die Einrede trotzdem nicht ins Urteil aufgenommen, so ist entweder ein Antrag auf Urteilsergänzung nach § 321 ZPO, damit der Vorbehalt in den Urteilstenor aufgenommen wird, oder Rechtsmittel erforderlich.

Vgl. auf jeden Fall auch Anmerkungen zu Formular 1.A.07.d#13.

#15 Klageantrag gegen Erben und Testamentsvollstrecker bei Teilverwaltung

[*HIER Ort, Datum*]

An das
Amtsgericht [- Landgericht]
[*HIER Anschrift*]

Klage

des/der ...... [*HIER Vorname, Name, Anschrift*]

– Klägers/-in, –

Prozessbevollmächtigte(r): Rechtsanwalt/-wältin ...... [*HIER Vorname, Name, Anschrift*]

gegen

1. den/die ...... [*HIER Vorname, Name, Anschrift*]

- Beklagte(n) zu 1), -

2. den/die ...... [*HIER Vorname, Name, Anschrift*]

- Beklagte(n) zu 2), -

Prozessbevollmächtigte(r): Rechtsanwalt/-wältin ...... [*HIER Vorname, Name, Anschrift*]

wegen Nachlassverbindlichkeit.

Streitwert: ...... EUR [- vorläufig geschätzt mit ...... EUR]

Namens und in Vollmacht des/der Klägers/-in erhebe ich Klage und werde beantragen,

1. Die Beklagten haben als Erben des/der ...... [*HIER Name und Anschrift des Erblassers*] ...... EUR nebst Zinsen [- hieraus] von 5 Prozentpunkten über dem jeweiligen Basiszinssatz seit der Klagezustellung an den/die Kläger/-in zu zahlen.
2. Der/Die Beklagte zu 2) hat als Testamentsvollstrecker/-in die Zwangsvollstreckung in den seiner/ihrer Verwaltung unterliegenden Barnachlass des/der Erblassers/-in ...... [*HIER Name*] zu dulden.

Begründung:

...... [*HIER folgt die Begründung des Klageantrages*]

....
Rechtsanwalt/-wältin

Anmerkung

Verwaltet ein Testamentsvollstrecker den ganzen Nachlass, so ist zur Vollstreckung in den Nachlass ein Titel gegen den Testamentsvollstrecker erforderlich, § 748 ZPO. Die Erhebung der Klage gegen den Erben und gegen den Testamentsvollstrecker ist nicht zweckmäßig, da sie gegen den Erben abgewiesen werden würde und der Gläubiger mit der Kostenlast beschwert wäre.

Steht dem Testamentsvollstrecker lediglich die Verwaltung einzelner Nachlassgegenstände zu, so ist zur Zwangsvollstreckung in diese Gegenstände ein Urteil gegen den Erben auf Leistung und den Testamentsvollstrecker auf Duldung notwendig, § 748 ZPO. Zu einem für oder gegen den Erblasser ergangenem Urteil wird nötigenfalls die Vollstreckungsklausel für oder gegen den Testamentsvollstrecker umgeschrieben, § 749 ZPO.

Rechtsschutzversicherung:
Siehe Ende der Anmerkungen Formular 1.A.07.d.#01.

#16 Antrag auf Erlass einer einstweiligen Verfügung hinsichtlich der Eintragung eines Widerspruchs gegen die Nichteintragung eines Nacherbenvermerks

[*HIER Ort, Datum*]

An das
Landgericht
[*HIER Anschrift*]

In Sachen

des/der ...... [*HIER Vorname, Name, Anschrift*]

– Antragsstellers/-in, –

Verfahrensbevollmächtigte(r): Rechtsanwalt/-wältin ...... [*HIER Vorname, Name, Anschrift*]

gegen

den/die ...... [*HIER Vorname, Name, Anschrift*]

– Antragsgegner/-in, –

Verfahrensbevollmächtigte(r): Rechtsanwalt/-wältin ...... [*HIER Vorname, Name, Anschrift*]

beantrage ich im Wege der einstweiligen Verfügung, wegen Dringlichkeit ohne mündliche Verhandlung, anzuordnen:

Im Grundbuch von ......, Band ......, Blatt ......, ist zugunsten des/der Antragstellers/-in in ...... [Ort] ein Widerspruch gegen die Nichteintragung des Nacherbenvermerks hinsichtlich des Eigentums für den Vorgenannten einzutragen.

Hilfsweise,

Im Grundbuch von ......, Band ......, Blatt ......, ist eine Vormerkung zur Sicherung des Anspruchs des/der Antragstellers/-in in ...... [Ort] auf Übertragung des Eigentums aus dem Vermächtnis vom ...... einzutragen.

Begründung:

...... [*HIER folgt eine Beispielsbegründung*]

Die Antragsgegnerin ist als unbeschränkte Eigentümerin des vorgenannten Grundstücks eingetragen. Sie ist aber nur Vorerbin vor dem Antragsteller und deshalb gemäß § 894 BGB verpflichtet, die Eintragung des Nacherbenvermerks zugunsten des Antragstellers zu bewilligen. Zur Sicherung dieses Anspruches bedarf es der Eintragung eines Widerspruchs (§ 899 BGB).

...... [*HIER folgt die nähere Ausführung*]

Zum Hilfsantrag:

Sollte in der letztwilligen Verfügung vom ...... ein Vermächtnis zu sehen sein, so steht dem Antragsteller gegen die Antragsgegnerin ein durch Ableben aufschiebend befristeter Anspruch auf Eigentumsübertragung zu. Zur Sicherung dieses Anspruches wäre die Anordnung der hilfsweise begehrten Vormerkung erforderlich.

Zur Glaubhaftmachung der nicht durch Urkunden belegten entscheidungserheblichen Tatsachen ist eine eidesstattliche Versicherung des Antragstellers beigefügt.

....
Rechtsanwalt/-wältin

Anmerkung

Hat das Landgericht die einstweilige Verfügung erlassen, hat sich der Anwalt eine Ausfertigung des Beschlusses aushändigen zu lassen und unter Vorlage des Beschlusses die Eintragung des Widerspruchs beim zuständigen Amtsgericht zu beantragen.

§ 51 GBO bestimmt zwar, dass bei der Eintragung des Vorerben das Recht des Nacherben von Amts wegen einzutragen ist. Das bedeutet aber nicht, dass bei der Eintragung eines Erben das Grundbuchamt von Amts wegen Nachforschungen anzustellen hat, ob eine Nacherbfolge angeordnet worden ist. Die Eintragung erfolgt vielmehr nur dann, wenn ein Erbschein vorgelegt wird (§ 35 GBO), welcher eine Nacherbfolge ausweist, oder sich die Nacherbfolge aus einem öffentlichen Testament ergibt, das die Vorlegung eines Erbscheines erübrigt, § 35 Abs. 1 S. 2 GBO.

#17 Klage auf Erfüllung eines Grundstücksvermächtnisses

[*HIER Ort, Datum*]

An das
Landgericht
[*HIER Anschrift*]

Klage

des/der ...... [*HIER Vorname, Name, Anschrift*]

– Klägers/-in, –

Prozessbevollmächtigte(r): Rechtsanwalt/-wältin ...... [*HIER Vorname, Name, Anschrift*]

gegen

den/die ...... [*HIER Vorname, Name, Anschrift*]

– Beklagte(n), –

Prozessbevollmächtigte(r): Rechtsanwalt/-wältin ...... [*HIER Vorname, Name, Anschrift*]

wegen Zustimmung zur Auflassung.

Streitwert: ...... EUR [– vorläufig geschätzt mit ...... EUR]

Namens und in Vollmacht des/der Klägers/-in erhebe ich Klage und werde beantragen,

1. den/die Beklagte(n) zu verurteilen, das im Grundbuch von ...... [Ort], Blatt ...... eingetragene Grundstück an den/die Kläger/-in aufzulassen und in die entsprechende Änderung des Grundbuches einzuwilligen.
2. dem/der Beklagte(n) die Kosten des Rechtsstreits aufzuerlegen.

Begründung:

Der Erblasser hat in seinem privatschriftlichen Testament vom ......, das am ...... vom Amtsgericht ...... als Nachlassgericht unter dem Aktenzeichen ...... eröffnet wurde, dem Kläger ein Vermächtnis des Inhalts ausgesetzt, dass der Kläger das Alleineigentum an dem im Klageantrag zu Ziffer 1 bezeichneten Grundstück erhalten soll.

Beweis: beglaubigte Kopie des privatschriftlichen Testaments vom ...... und der Eröffnungsniederschrift vom ......

Die Beklagte weigert sich, den letzten Willen des Erblassers zu erfüllen. Trotz Aufforderung und Mahnung hat die Beklagte, die Witwe des Erblassers, sich bisher nicht bereit erklärt, die Auflassung formgemäß zu erklären und die entsprechende Eigentumsbewilligung abzugeben.

Das Grundstück hat einen Verkehrswert von EUR ......

....
Rechtsanwalt/-wältin

Anmerkung

Die sachliche Zuständigkeit des Gerichts ergibt sich aus §§ 71, 23 GVG, sofern das Grundstück mehr als 5.000 EUR wert ist; hinsichtlich der örtlichen Zuständigkeit gibt § 27 ZPO den besonderen Wahlgerichtsstand der Erbschaft.

Aufgrund eines Vermächtnisses wird gemäß § 2174 BGB für den Bedachten lediglich ein Forderungsrecht gegen den Beschwerten begründet. Durch ein Vermächtnis kann der Erbe oder auch ein Vermächtnisnehmer beschwert sein, § 2186 BGB. Die Höhe des Vermächtnisses ist nicht beschränkt, kann somit auch den gesamten Nachlass aufzehren (Palandt Einf. vor § 2147 BGB Rn 7).

Die Klage auf Erfüllung eines Grundsstücksvermächtnisses richtet sich auf Zustimmung zur Auflassung und Abgabe der grundbuchrechtlichen Eintragungsbewilligung, §§ 925 BGB, 19 GBO. Mit der Rechtskraft des Urteils gelten die Zustimmung zur Auflassung und die grundbuchrechtliche Bewilligung als abgeben, § 894 BGB.

Büromäßige Behandlung:
Der Vermächtnisnehmer und Kläger muss mit einer Ausfertigung des rechtskräftigen Urteils zu einen Notar gehen und dort die Auflassung beurkunden lassen, da sonst der Form des § 925 BGB nicht genügt ist. Eine Ausfertigung der Auflassung und die Ausfertigung des rechtskräftigen Urteils sind dem Grundbuchamt zur Eigentumsumschreibung vorzulegen. Der Eintragungsantrag des Vermächtnisnehmers bedarf nach § 13 GBO nur der Schriftform. Eine Vollstreckungsklausel und deren Zustellung an den Beklagten ist nicht erforderlich, da das Urteil keiner weiteren Vollstreckung bedarf.

Der Beschwerte muss nicht nur die vermachte Sache übereignen, sondern auch die Kosten für die Umschreibung des Grundbuchs tragen (Palandt § 2174 BGB Rn 4).

Gerichtskosten, Rechtsanwaltsgebühren:
Wie bei gewöhnlicher Klage.

Rechtsschutzversicherung:
Siehe Ende der Anmerkungen Formular 1.A.07.d.#01.

#18 Klage auf Nießbrauchsbestellung aufgrund eines Nießbrauchsvermächtnisses

[*HIER Ort, Datum*]

An das
Landgericht
[*HIER Anschrift*]

Klage

des/der ...... [*HIER Vorname, Name, Anschrift*]

– Klägers/-in, –

Prozessbevollmächtigte(r): Rechtsanwalt/-wältin ...... [*HIER Vorname, Name, Anschrift*]

gegen

den/die ...... [*HIER Vorname, Name, Anschrift*]

– Beklagte(n), –

Prozessbevollmächtigte(r): Rechtsanwalt/-wältin ...... [*HIER Vorname, Name, Anschrift*]

wegen Nießbrauchsbestellung.

Streitwert: ...... EUR [– vorläufig geschätzt mit ...... EUR]

Namens und in Vollmacht des/der Klägers/-in erhebe ich Klage und werde beantragen,

1. Der/Die Beklagte wird verurteilt, dem/der Kläger/-in an dem Grundstück, eingetragen im Grundbuch von ...... [Ort], Blatt ......, Bestandsverzeichnis Nr. ......, Gemarkung ......, den Nießbrauch mit dem gesetzlichen Inhalt der §§ 1030 ff. BGB zu bestellen und die Eintragung des Nießbrauchs zugunsten der Klägerin im Grundbuch zu bewilligen.
2. Der/Die Beklagte hat die Kosten des Rechtsstreits zu tragen.

Begründung:

Am ...... verstarb der ...... in ......, seinem letzten Wohnsitz. In dessen privatschriftlichen Testament vom ......, das das Nachlassgericht ...... am ...... eröffnet hat, ist die Anordnung enthalten, dass der überlebenden Ehefrau der lebenslange Nießbrauch an dessen Grundstück zustehen soll. Die nunmehrige Witwe und Klägerin hat dieses Nießbrauchsvermächtnis angenommen. Das Nießbrauchsrecht hat den gesetzlichen Inhalt der §§ 1030 ff. BGB.

Beweis: beglaubigte Kopie des privatschriftlichen Testaments vom ...... und der Eröffnungsniederschrift vom ......

Der Beklagte weigert sich, den letzten Willen des Erblassers zu erfüllen. Trotz Aufforderung und Mahnung hat der Beklagte, sich bisher nicht bereit erklärt, den Nießbrauch zu bestellen und die Eintragung des Nießbrauchs zugunsten des Klägers im Grundbuch zu bewilligen. Deshalb ist Klage geboten.

Das Grundstück hat einen Verkehrswert von EUR ......

....
Rechtsanwalt/-wältin

Anmerkung

Die sachliche Zuständigkeit des Gerichts ergibt sich aus §§ 71, 23 GVG, sofern das Grundstück mehr als 5.000,– EUR wert ist; hinsichtlich der örtlichen Zuständigkeit gibt § 27 ZPO den besonderen Wahlgerichtsstand der Erbschaft.

Die Klage auf Einräumung des Grundstücksnießbrauchs ist dann einzureichen, wenn der Grundstückseigentümer trotz Aufforderung den Anspruch des Nießbrauchsvermächtnisnehmers nicht freiwillig erfüllt. Es ist Klage auf Abgabe der dinglichen Einigungserklärung nach § 873 BGB samt Eintragungsbewilligung zu erheben. Mit Rechtskraft des Urteils sind die Willenserklärungen des Beklagten ersetzt, § 894 ZPO.

Gerichtskosten, Rechtsanwaltsgebühren:
Wie bei gewöhnlicher Klage.

Rechtsschutzversicherung:
Siehe Ende der Anmerkungen Formular 1.A.07.d.#01.

#19 Antrag auf Erlass einer einstweiligen Verfügung auf Eintragung einer Auflassungsvormerkung wegen eines Grundstücksvermächtnisses

[*HIER Ort, Datum*]

An das
Amtsgericht [- Landgericht]
[*HIER Anschrift*]

Eilt sehr! Bitte sofort vorlegen!

des/der ...... [*HIER Vorname, Name, Anschrift*]

– Antragsstellers/-in, –

Verfahrensbevollmächtigte(r): Rechtsanwalt/-wältin ...... [*HIER Vorname, Name, Anschrift*]

gegen

den/die ...... [*HIER Vorname, Name, Anschrift*]

- Antragsgegner/-in, -

Verfahrensbevollmächtigte(r): Rechtsanwalt/-wältin ...... [*HIER Vorname, Name, Anschrift*]

Streitwert: ...... EUR [- vorläufig geschätzt mit ...... EUR]

Namens und in Vollmacht des/der Antragstellers/-in beantrage ich - wegen Dringlichkeit ohne vorherige mündliche Verhandlung - durch einstweilige Verfügung anzuordnen:

1. Im Grundbuch von ...... [*HIER genaue Grundbuchbezeichnung*], Band ...... und Blatt ...... ist für den/die Antragsteller/-in an breitester Stelle in Abt. II eine Vormerkung zur Sicherung des Anspruchs des/der Antragsteller/-in auf Auflassung des Grundstücks einzutragen.
2. Der Antragsgegner/-in hat die Kosten des Verfahrens zu tragen.

Des Weiteren wird beantragt,

dass das erkennende Gericht das Grundbuchamt ersucht, die Eintragung der Vormerkung vorzunehmen.

Begründung:

...... [*HIER folgt eine Beispielsbegründung*:]

A. Die Antragsgegnerin ist Schwester des am 10. 10. 2003 in ...... verstorbenen Erblassers, Herrn Fritz Hansen. Der Erblasser hat in seiner letztwilligen Verfügung, welche als

Anlage 1

überreicht wird, die Antragsgegnerin als Alleinerbin eingesetzt und zugunsten des Antragstellers ein Grundstücksvermächtnis angeordnet.

Auf Antrag der Antragsgegnerin wurde dieser ein Erbschein erteilt, der sie als Alleinerbin ausweist.

Beweis: Vorlage des Erbscheins in Kopie, Anlage 2.

Das Hausgrundstück - und damit Vermächtnisgegenstand - ist in der Zwischenzeit auf die Antragsgegnerin umgeschrieben worden.

Beweis: 1. Vorlage des Umschreibungsantrages, Anlage 3;
2. Vorlage eines Grundbuchauszuges als Ablichtung, Anlage 4

Über die Umschreibung hat die Antragsgegnerin den Antragsteller nicht in Kenntnis gesetzt. Auf das Aufforderungsschreiben, mit der diese gebeten wurde, das Vermächtnis zu erfüllen, hat die Antragsgegnerin nur mit einem hinhaltenden Schreiben, welches als

Anlage 5

beigefügt ist, reagiert.

B. Der Verfügungsgrund braucht im Hinblick auf § 885 Abs. 1 Satz 2 BGB nicht glaubhaft gemacht zu werden. Nachdem die Gefahr besteht, dass der Antragsgegner das Grundstück veräußert und damit für den Antragsteller aufgrund gutgläubigen Erwerbs verloren geht (vgl. BGHZ 12, 115), kann der Antragsteller die Eintragung der Vormerkung verlangen.

C. Im Hinblick auf die Vorschrift des § 941 ZPO wird das Gericht der einstweiligen Verfügung gebeten, das Grundbuchamt um die Eintragung der Auflassungsvormerkung zu ersuchen (§ 38 GBO).

....

Rechtsanwalt/-wältin

Anmerkung

*Zum Streitwert: Bei der einstweiligen Verfügung auf Eintragung einer Auflassungsvormerkung entspricht der Streitwert dem Sicherungsinteresse, das in der Regel mit einem Bruchteil des Verkehrswertes des Grundstückes anzunehmen ist (Ebmeiner/Schöne, Der einstweilige Rechtsschutz, Rn 387). Die Streitwertangabe basiert auf dem Wert von einem Viertel des Kaufpreises, der üblicherweise für die Eintragung der Auflassungsvormerkung angesetzt wird, § 3 ZPO.

Im einstweiligen Verfügungsverfahren ist grundsätzlich das ›Gericht der Hauptsache‹ örtlich und sachlich ausschließlich zuständig, §§ 802, 937 Abs. 1 ZPO mit Definition in § 943 Abs. 1 ZPO. Das ist eine Abweichung vom Arrestprozess, bei dem nach Wahl des Antragstellers sowohl das Gericht der Hauptsache als auch das Gericht der Vollstreckung zuständig ist, § 919 ZPO.

Im einstweiligen Verfügungsverfahren besteht neben dem ›Gericht der Hauptsache‹ außerdem noch die Eilzuständigkeit des Amtsgerichts der belegenen Sache, § 942 ZPO. Im Fall des § 942 Abs. 1 ZPO kann das Amtsgericht nur »in dringenden Fällen« angerufen werden. Im Fall, dass eine Vormerkung im Wege der einstweiligen Verfügung eingetragen werden soll, ergibt sich die Eilzuständigkeit aus § 942 Abs. 2 ZPO, ohne dass die Dringlichkeit besonders darzulegen ist.

Bis zur Durchsetzbarkeit kann der Vermächtnisanspruch durch Arrest oder einstweilige Verfügung gesichert werden, sofern der Bedingungseintritt nicht fern liegt und deshalb der Anspruch einen gegenwärtigen Vermögenswert hat, §§ 916 Abs. 2, 936 ZPO.

Bei einem Grundstückvermächtnis ergibt sich nach der Rechtsprechung der Verfügungsanspruch auf Eintragung einer Vormerkung gemäß §§ 883, 885 BGB, »solange sich aus dem Testament nichts anderes ergibt« (BGHZ 12, 115).

Soll der Anwalt für den Antragsteller den Antrag auf Eintragung der Vormerkung beim Grundbuchamt vornehmen, so ist die Monatsfrist des § 929 Abs. 2 ZPO gewahrt, wenn er innerhalb dieses Monats den Antrag auf Eintragung der Sicherungshypothek beim Grundbuchamt stellt, § 932 Abs. 3 ZPO.

Der Vollzug der einstweiligen Verfügung im Grundbuch erfolgt in der Regel auf Parteiantrag, § 13 GBO. Das Gericht, welches die einstweilige Verfügung erlässt, kann aber gem. § 941 ZPO das Grundbuchamt auch unmittelbar um Eintragung ersuchen (Ebmeiner/Schöne, Der einstweilige Rechtsschutz, Rn 563 a. E.). Im Beschleunigungsinteresse sollte deshalb die Veranlassung der Eintragung gemäß § 941 ZPO durch das Gericht stets zugleich beantragt werden.

Ersucht das Gericht das Grundbuch antragsgemäß um die betreffende Eintragung der Vormerkung von Amts wegen, so wahrt der Antrag des Gerichts die Frist für die Vollziehung, da insoweit § 932 Abs. 3 ZPO analog gilt.

Achtung: In der Praxis ersucht das Gericht das Grundbuchamt selten antragsgemäß. Um Regressrisiken zu vermeiden, überlässt es die Gerichtspraxis in der Regel dem Antragsteller die Eintragung zu beantragen. Hierauf ist aber im Beschluss des Gerichtes von diesem hinzuweisen (Zöller, § 941 ZPO Rn 1; Münchner Kommentar- Heinze § 941 ZPO Rn 1; der Beschlusstenor in dieser Hinsicht könnte etwa lauten: Es bleibt dem Antragsteller überlassen, die zur Eintragung erforderlichen Anträge beim Grundbuchamt zu stellen.)

Ist es dem Antragsteller überlassen worden, die Eintragung der Vormerkung im Grundbuch beim Grundbuchamt selbst zu beantragen, so ist darauf zu achten, dass insoweit die Durchführung des Antrages das Grundbuchamt des Vollstreckungsgerichtes ist. Dies bedeutet, dass das Grundbuchamt das Original, zumindest aber eine richterliche Ausfertigung der zugrundeliegenden einstweiligen Verfügung erhalten muss.

Sollte das Gericht des Eintragungsantrages beim Grundbuchamt den Antrag nicht selbst stellen, so sollte der Anwalt darauf achten, dass er von der einstweiligen Verfügung vom Gericht zumindest zwei richterliche Ausfertigungen erhält, nämlich eine für das Grundbuchamt und die andere für die noch vorzunehmende Zustellung der einstweiligen Verfügung beim Antragsgegner durch den Gerichtsvollzieher.

Wegen der kurzen Vollziehungsfristen des § 929 Abs. 2 sowie des § 929 Abs. 3 ZPO kann es ansonsten zu außerordentlich großen Schwierigkeiten kommen.

Gemäß § 885 Abs. 1 S. 2 BGB braucht der Verfügungsgrund, abweichend von §§ 917, 920 Abs. 2 ZPO, nicht glaubhaft gemacht zu werden. Der Verfügungsgrund wird nach dem Gesetz unwiderleglich vermutet. Dies ergibt sich aus der jederzeitigen Verfügungsmöglichkeit der Betroffenen und der dadurch bestehenden Gefahr, dass ein Dritter möglicherweise gutgläubig erwirbt (Ebmeiner/Schöne a.a.0. Rn 65). Die Glaubhaftmachung des Verfügungsgrundes ist also entbehrlich (§ 885 Abs. 1 S. 2 BGB) und der »besonderen Dringlichkeit« des § 942 Abs. 1 ZPO bedarf es wegen § 942 Abs. 2 ZPO nicht.

Achtung:
Obwohl der Auflassungsanspruch unproblematisch gesichert werden kann, ist im Kosteninteresse Vorsicht geboten (§ 93 ZPO). Deshalb sollte vor Beantragung einer einstweiligen Verfügung der Antragsgegner grundsätzlich erfolglos zur Bewilligung der Eintragung der Vormerkung aufgefordert worden sein.

Bei drohender anderweitiger Veräußerung des Grundstückes durch den Verkäufer kann, gegebenenfalls kumulativ, die Beantragung des Erlasses eines Veräußerungsverbotes durch einstweilige Verfügung erfolgen (siehe Formular 1.A.03.b.#10).

Zum Antrag an das Grundbuchamt auf Eintragung einer Vormerkung aufgrund einer einstweiligen Verfügung siehe Formular 1.D.01.#10.

Büromäßige Behandlung:
Die Beschlussverfügung muss der Antragsteller im Anschluss an die von Amts wegen erfolgte Urteilszustellung (§ 317 ZPO) nunmehr im Parteibetrieb dem Antragsgegner zustellen, §§ 936, 922 Abs. 2 ZPO. Von diesem Zeitpunkt an läuft die Frist des § 929 Abs. 3 ZPO. Die Vollziehungsfrist wird zwar bereits mit Eingang des Antrages beim Grundbuchamt gewahrt

(§ 929 Abs. 2 ZPO). Die Beschlussverfügung muss gleichwohl im Parteibetrieb zugestellt werden (siehe § 929 Abs. 2 u. Abs. 3 ZPO).

vor #01 A. Kurzüberblick der wesentlichen Änderungen im Kaufrecht

Zum Verständnis der kaufrechtlichen Gesetzesänderungen wird auf die Erläuterungen zum Schuldrecht AT (vor 1.A.07.05) verwiesen.

Im Wesentlichen kommt es im Kaufrecht zu einer Änderung in folgenden Punkten:

I. Erfüllungsanspruch geht auf Lieferung einer mangelfreien Sache
Der Verkäufer wird zur Lieferung einer mangelfreien Sache verpflichtet. Sie wird für den Käufer zum Inhalt des Erfüllungsanspruches.

II. Werbung und Etikettierung als Beschaffenheitsaussage
Es ist genauer definiert, was als gewährleistungspflichtiger Mangel gilt.

Der Käufer kann auch ohne gesonderte Vereinbarung konkrete Beschaffenheiten der Kaufsache erwarten, wenn sich diese aus Werbung und Etikettierung ergeben, § 434 Abs. 1 S. 3 BGB.

Die vom Käufer zu Recht erwarteten Eigenschaften einer Ware müssen erfüllt werden. Solche Erwartungen werden durch spezifische objektivierbare Werbeaussagen der Hersteller oder Händler hervorgerufen, wie z. B. die Anpreisung eines PKW als ›3-Liter-Auto‹. Hier haftet der Händler gegenüber dem Käufer für das Vorliegen dieser Eigenschaft. Fehlt sie nachweislich, so liegt ein gewährleistungspflichtiger Mangel vor. Dies bedeutet, der Verkäufer muss letztlich hierfür einstehen, da dieser für die Werbeaussage des Herstellers haftet, die der Verkäufer sich zu eigen gemacht hat. Unspezifische Anpreisungen sind hingegen nicht justitiabel.

III. Fehlerhafte Montageanleitung als Sachmangel
Zu einer Haftungsverschärfung führt auch die einer Sache beigefügte mangelhafte (fehlerhafte oder missverständliche) Montageanleitung, § 434 Abs. 2 S. 1 BGB.

Sind etwa im Zubehörhandel für Autos den Zubehörprodukten unverständliche Bau- und Montageanleitungen beigefügt, so stellt dies ebenfalls einen Mangel dar, für den der Händler einzustehen hat. Eine etwa nur englischsprachige (z. B. bei Computern) oder nur Experten verständliche Anleitung, die ansonsten korrekt sein mag, stellt aus Verbrauchersicht einen Sachmangel dar, der die Gewährleistungsrechte auslöst.

IV. Vorrang des Nacherfüllungsanspruches (§ 439 BGB) vor Gewährleistungsansprüchen
Der Nacherfüllungsanspruch des § 439 BGB: Danach kann der Käufer beim Stückkauf bei Feststellung eines Mangels vom Käufer verlangen, dass dieser den Kaufgegenstand repariert. Der Nacherfüllungsanspruch ist die modifizierte Fortsetzung des ursprünglichen Erfüllungsanspruches, der den Anspruch auf Mangelfreiheit umfasst. Der Verkäufer muss den Mangel zu vertreten haben.

Die beiden Alternativen des Nacherfüllungsanspruches sind

- die Nachbesserung im Sinne der Beseitigung des Mangels und
- die Ersatzlieferung im Sinne der Lieferung einer mangelfreien Sache.

Erfasst werden Sach- und Rechtmängel. Das Wahlrecht der beiden Möglichkeiten hat gemäß § 439 Abs. 1 BGB der Käufer.

Der Nacherfüllungsanspruch hat Vorrang vor den eigentlichen Gewährleistungsansprüchen.

Der Nacherfüllungsanspruch setzt anders als die eigentlichen Gewährleistungsrechte des Käufers keine Fristsetzung voraus. Umgekehrt bezieht sich eine für das Rücktritts-, Minderungs- oder Schadensersatzbegehren erforderliche Fristsetzung auf den Nacherfüllungsanspruch bzw. setzen die ergebnislose Fristsetzung zur Nacherfüllung voraus.

V. Gewährleistungsansprüche

1. Rücktritt

Das Recht des Käufers, wegen eines Mangels den Vertrag aufzuheben, ist für Sach- als auch Rechtsmangel als Rücktritt ausgestaltet. Dieser richtet sich nach den allgemeinen Rücktrittsvorschriften der §§ 323 ff. BGB. Ergänzende Bestimmungen beinhaltet § 440 BGB.

Der Rücktritt ist jetzt – wie die Minderung auch – ein Gestaltungsrecht. Mit seiner Erklärung ist der Rücktritt bewirkt. Einer Einverständnis des Käufers ist nicht mehr erforderlich.

Bagatellgrenze: Rücktritt nicht möglich, wenn Mangel unerheblich, § 323 Abs. 4 S. 2 BGB.

Rücktrittsvoraussetzungen:

- eine fällige Leistung ist nicht oder nicht vertragsgemäß erbracht worden,
- angemessene – vom Käufer gesetzte – Frist ist erfolglos abgelaufen,
- Fristsetzung entbehrlich:
  - Nacherfüllung unmöglich,
  - Nacherfüllung fehlgeschlagen,
  - Verkäufer verweigert Nacherfüllung ernsthaft und endgültig,
  - Nacherfüllung für Käufer unzumutbar. Siehe § 440 Abs. 1 BGB.

2. Minderung

Das Recht in § 437 Nr. 2 BGB auf Minderung hat, mit Ausnahme der Bagatellgrenze die gleichen Voraussetzungen wie der Rücktritt. Für die Minderung gilt die Bagatellgrenze des § 323 Abs. 4 S. 2 BGB nicht, siehe hierzu § 441 Abs. 1 S. 2 BGB).

Das Minderungsrecht steht dem Käufer nach § 437 Nr. 2 BGB alternativ zu dem Rücktritt zu (»oder«).

Die Regelung der Minderung weicht vom früheren Recht ab:

Der Käufer

- kann den Kaufpreis auch beim Vorliegen eines Rechtsmangels in gleicher Weise wie beim Sachmangel mindern,
- ist zur Minderung erst nach erfolgloser Fristsetzung zur Nacherfüllung berechtigt,
- Die Minderung ist ein Gestaltungsrecht.

Die Minderungsberechnung erfolgt nach den in § 441 Abs. 2 BGB niedergelegten Berechnungsgrundsätzen.

3. Schadensersatz

a. Grundlage

Regelung in §§ 437 Nr. 3, 440 BGB: Verweis auf Schadensersatzregeln des allgemeinen Leistungsstörungsrechts.

Voraussetzungen sind gem. §§ 280, 281 BGB:

1. Pflichtverletzung des Verkäufers
2. angemessene Frist zur Nacherfüllung erfolglos abgelaufen

Der Käufer hat bei Vorliegen eines anfänglichen Mangels Anspruch auf Schadensersatz aus § 311 a Abs. 2 BGB, bei Vorliegen eines nachträglichen Mangels den Anspruch aus §§ 283, 280 BGB.

Aus § 437 Nr. 3 BGB i. V. m. § 280 BGB Abs. 1 u. 3 BGB sowie § 281 BGB ergibt sich grundsätzlich ein Anspruch auf Ersatz des Schadens, der dem Käufer dadurch entstanden ist, dass der Verkäufer seine Pflicht zur Lieferung einer mangelfreien Lieferung (§ 433 Abs. 1 S. 2 BGB) in zu vertretender Weise verletzt hat. Sofern diese Pflicht des Verkäufers gem. § 275 Abs. 1 BGB nicht besteht, soll ihre Existenz nach § 283 S. 1 BGB bei der Anwendung des § 280 Abs. 1 BGB offenbar fingiert werden.

Die Ansprüche nach den § 437 Nr. 3 i. V. m. § 280 BGB und § 281 bzw. § 283 BGB umfassen sowohl Mangel- als auch Mangelfolgeschäden.

Beim Ersatz des Mangelschadens tritt der Schadensersatz ganz (so beim sog. großen Schadensersatz) oder teilweise (so beim kleinen Schadensersatz) an die Stelle der geschuldeten Leistung. Bei Ersatz des Mangelschadens sieht das Gesetz ebenso einen Vorrang der Nacherfüllung durch Nachbesserung oder Neulieferung vor wie für das Recht auf Rücktritt vom Kaufvertrag und für das Recht von Minderung, bei denen an die Stelle der geschuldeten Leistung ebenfalls (teilweise) eine andere Leistung tritt, §§ 437 Nr. 3, 280, 281 Abs. 1 u. 2 BGB.

Bei Ansprüchen auf Ersatz von Mangelfolgeschäden, die durch die Mangelhaftigkeit der Kaufsache an anderen Rechtsgütern als der Kaufsache eingetreten sind (Körper-, Vermögensschäden), gilt hingegen der Vorrang der Nacherfüllung nicht. Hier findet über § 437 Nr. 3 § 280 Abs. 1 BGB Anwendung, nicht aber § 281 BGB, da es nicht um Schadensersatz statt der Leistung geht.

Wenn der Verkäufer eine andere gegenüber dem Käufer bestehende Pflicht zur Lieferung einer mangelfreien Sache verletzt (z. B. eine Aufklärungs- oder eine Schutzpflicht), richten sich die Schadensersatzansprüche des Käufers (ohne kaufrechtliche Verweisung) nach den §§ 280 ff. BGB. Ergänzt werden die Ansprüche wegen zu vertretender Pflichtverletzung im vorvertraglichen Bereich durch § 311 a Abs. 2 BGB.

Verzögert der Verkäufer schuldhaft die Pflicht zur fristgemäßen Nacherfüllung gem. §§ 437 Nr. 1, 439 BGB, muss er den durch die verzögerte Nacherfüllung entstehenden Verzögerungsschaden ersetzen.

b. Umfang des Schadensersatzanspruches:

1) sog. kleiner Schadensersatzanspruch:
Grundsätzlich kann der Käufer den Mangelschaden, also den Schaden geltend machen, der durch die mangelhafte Leistung des Verkäufers entsteht. Dieser besteht aus der Differenz zwischen dem Wert des mangelhaften Gegenstandes und dem hierfür zu zahlenden Kaufpreis. Im Falle der Zuweniglieferung (§ 434 Abs. 3 BGB) können z. B. die Kosten für die Ersatzbeschaffung geltend gemacht werden.

Der Anspruch tritt an die Stelle der Leistung. Im Übrigen wird der Vertrag – anders als beim sog. großen Schadensersatzanspruch – abgewickelt.

Der Anspruch ergibt sich aus §§ 437 Nr. 3, 280 Abs. 3, 281 Abs. 1 S. 1 BGB.

2) sog. großer Schadensersatzspruch:
Im Übrigen ist der Kaufvertrag zu erfüllen. Großer Schadensersatz – ggf. unter Rückgabe der Gegenleistung gem. §§ 311 a Abs. 2, 281 Abs. 4 BGB – wird nur im Fall des Interessenwegfalls geschuldet.

Der Anspruch ergibt sich aus §§ 437 Nr. 3, 280 Abs. 3, 281 Abs. 1 S. 1 BGB.

4. Gewährleistungsfrist
a. Verjährungsfrist
aa. 2-Jahres-Frist
›Normale‹ Mängelansprüche des Käufers verjähren gem. § 438 Abs. 1 Nr. 3 BGB in 2 Jahren.

Beim Verbrauchsgüterkauf kann bei neuen Sachen auf 2 Jahre, bei gebrauchten Sachen kann die Verjährungsfrist auf 1 Jahr verkürzt werden, § 475 Abs. 2 BGB.

Außerhalb des Verbrauchsgüterkaufes gestattet § 202 Abs. 1 BGB grundsätzlich jede Verkürzung durch Rechtsgeschäft, ausgenommen bei Haftung wegen Vorsatzes. Geschieht die Verkürzung durch Allgemeine Geschäftsbedingungen, beträgt bei neuen Sache die Untergrenze 2 Jahre, § 309 Nr. 8 b ff) BGB.

bb. 5-Jahres-Frist

Nach § 438 Abs. 1 Nr. 2 BGB verjähren die in § 437 BGB genannten Ansprüche in 5 Jahren, wenn die Sache entsprechend ihrer üblichen Verwendungsweise für ein Bauwerk verwendet worden ist und dessen Mangelhaftigkeit verursacht hat.

cc. 30-Jahres-Frist

Gem. § 438 Abs. 1 Nr. 1 BGB verjähren die Ansprüche aus § 437 BGB in 30 Jahren, wenn der Mangel in einem dinglichen Recht eines Dritten besteht, auf Grund dessen die Herausgabe der Sache verlangt werden kann.

b. Verjährungsbeginn
Die Verjährung der Mängelansprüche beginnt nach § 438 Abs. 2 BGB bei Grundstücken mit der Übergabe, im Übrigen mit der Ablieferung der Sache.

c. Arglistverjährung von 3 Jahren
Nach § 438 Abs. 3 BGB verjähren Ansprüche in der regelmäßigen Verjährungsfrist von 3 Jahren, wenn der Verkäufer den Mangel arglistig verschwiegen hat.

Achtung: Die Verjährungsfrist beginnt nicht nach § 438 Abs. 2 BGB bereits mit Ablieferung bzw. der Übergabe, sondern gem. § 199 BGB dann, wenn der Käufer von dem Mangel Kenntnis erlangt oder ohne grobe Fahrlässigkeit hätte erlangen müssen, § 199 Abs. 1 Nr. 2 BGB.

VI. Besonderheiten beim Verbrauchsgüterkauf, §§ 474–479 BGB
1. Verbrauchsgüterkaufsrecht allgemein
a. Persönlicher Anwendungsbereich
Kaufvertrag zwischen Verbraucher (§ 13 BGB) und Unternehmer (§ 14 BGB), wenn Unternehmer Verkäufer und Verbraucher Käufer.

Der Handel zwischen Privatpersonen ist nicht umfasst, ebenso Verkäufe zwischen Unternehmern untereinander.

b. Sachlicher Anwendungsbereich
Kaufgegenstand bewegliche Sache (und daher z. B. nicht Elektrizität).

Gem. § 475 Abs. 1 BGB gilt:

- Die Vorschriften über den Verbrauchsgüterkauf sind zwingendes Recht (S. 1),
- Die in § 475 Abs. 1 S. 1 BGB aufgezählten Vorschriften sind grundsätzlich zwingendes Rechts, soweit sie nicht auf den Ausschluss oder die Beschränkung des Schadensersatzanspruches beziehen (S. 2). Die Regeln über den Schadensersatz steht deshalb, ggf. im Rahmen der allgemeinen AGB-Prüfung gem. §§ 307–309 BGB, zur Disposition der Parteien.
- Soweit die Vorschriften zwingendes Recht sind, können sie auch nicht durch andere Gestaltungen umgangen werden (§ 475 Abs. 1 S. 3 BGB).

Die Vorschriften über den Verbrauchsgüterkauf finden in folgenden Bereichen keine Anwendung:

- Kaufverträge über bewegliche Sachen zwischen Verbraucher auf Verkäuferseite und Unternehmer auf Käuferseite,
- Kaufverträge über bewegliche Sachen zwischen Unternehmern bzw. zwischen Verbrauchern,
- Kaufverträge über Immobilien oder Forderungen.

Beweislast: Umkehr der Beweislast gem. § 476 BGB zugunsten der Verbrauchers hinsichtlich der Mängel, die sich innerhalb von 6 Monaten nach der Lieferung zeigen. Tritt ein Sachmangel innerhalb von 6 Monaten seit Gefahrübergang auf, wird vermutet, dass er bereits zu diesem Zeitpunkt bestand. Die gesetzliche Vermutung muss der Verkäufer gem. § 292 ZPO widerlegen.

Ausnahme: die gesetzliche Vermutung des § 476 BGB gilt z. B. nicht:

- für verderbliche Waren wie Lebensmittel,
- für gebrauchte Sachen.

Die Verjährung von Mängelansprüchen darf – mit Ausnahme der Schadensersatzansprüche – nach § 475 Abs. 2 BGB im Voraus nicht so erleichtert werden, dass die Verjährung früher als zwei Jahre nach dem gesetzlichen Verjährungsbeginn eintritt. Bei gebrauchten Sachen darf die Verjährung frühestens ein Jahr nach dem gesetzlichen Verjährungsbeginn eintreten.

Auch für Reparaturarbeiten ist eine Gewährleistung von 2 Jahren – unabhängig davon, ob neue oder gebrauchte Teile eingebaut werden – gegeben.

Diese Gewährleistungsfrist kann aber vertraglich – in der Regel durch Allgemeine Geschäftsbedingungen – auf ein Jahr verkürzt werden.

2. Verbrauchsgüterkaufrecht beim Gebrauchtwagenkauf
Beim Gebrauchtwagenkauf ist die Vorschrift des § 475 Abs. 2 BGB besonders relevant, da diese bestimmt, dass beim Verbrauchsgüterkauf über gebrauchte Sachen die Mängelhaftung nicht ausgeschlossen werden kann. Die Vertragsklausel »Gekauft wie besehen und probegefahren (unter Ausschluss jeglicher Gewährleistung)« kann die Mängelhaftung nicht mehr ausschließen. Möglich ist hingegen noch eine konkrete Beschaffenheitsvereinbarung nach § 434 Abs. 1 S. 1 BGB, die den Zustand des Gebrauchtwagens berücksichtigt.

Der Gebrauchtwagenhändler muss im Rahmen des Verbrauchsgüterkaufs (siehe VI.1.) jetzt auch bei Gebrauchtwagen eine Gewährleistung von mindestens einem Jahr geben, siehe § 475 Abs. 2 BGB.

vor #01 B. Kaufrechtliche Gewährleistung im Kurzüberblick

Das Gewährleistungsrecht im Kaufrecht umfasst sowohl Sach- wie auch Rechtsmängel.

Die Freiheit von Mängeln gehört zu gesetzlichen Leistungspflicht des Verkäufers, § 433 Abs. 1 S. 2 BGB.

Aus der bisherigen Wandelung ist ein Rücktritts- und damit Gestaltungsrecht geworden.

I. Anwendungsbereich

1. Kaufverträge über Sachen (§ 433 BGB), Rechte und sonstige Gegenstände wie Unternehmen, freiberufliche Praxen, Elektrizität, Fernwärme (§ 453 BGB)

2. Verträge über die Lieferung herzustellender oder zu erzeugender beweglicher Sachen (§ 651 BGB)

II. Gründe für die Gewährleistung

1. Sachmangel, § 434 BGB

Im Zeitpunkt des Gefahrübergangs (§§ 445 ff. BGB) (Vermutung im Fall der §§ 476, 474 Abs. 1 BGB)

- hat die Sache nicht die vereinbarte Beschaffenheit (§ 434 Abs. 1)
- ist die Sache bei fehlender Beschaffenheitsvereinbarung:
  a. nicht für die vertraglich vereinbarte Verwendung geeignet (§ 434 Abs. 1 S. 2 Nr. 1 BGB) oder
  b. fehlt der Sache die gewöhnliche Verwendungseignung oder übliche und von einem Durchschnittskäufer bzgl. dieser Sache erwartete Beschaffenheit
- Bei zu montierenden Kaufsachen (§ 434 Abs. 2 BGB)
  a. Zusammenbaufehler des Verkäufers, sofern dieser die Montage nach dem Vertragsinhalt schuldet
  b. Fehlerhafte Montageanleitung steht Mangel der Kaufsache gleich
- Auch: Aliudlieferung und negative Quantitätsabweichung (§ 434 Abs. 3 BGB)

2. Rechtsmangel, § 435 BGB

gilt für Sach- und Rechtskauf

nicht: § 436 BGB

Das Vorliegen eines aufgetretenen Sachmangels wird bereits im Zeitpunkt des Gefahrübergangs im Bereich des Verbrauchsgüterkaufs vermutet, §§ 476, 474 Abs. 1 BGB.

III. Rechtsfolge der Gewährleistung

1. Vorrangig: § 439 BGB: Nacherfüllung auf Kosten des Verkäufers

Wahlrecht des Käufers: Nach Wahl der Käufers entweder

a) Mangelbeseitigung

Ausnahmen: Mangelbeseitigung unmöglich: 275 Abs. 1 BGB
Leistungsverweigerung des Käufers:
- § 275 Abs. 2 BGB
- § 439 Abs. 3 S. 1 BGB

b) Nachlieferung
Mangelbeseitigung unmöglich: 275 Abs. 1 BGB
Leistungsverweigerung des Käufers:
- § 275 Abs. 2 BGB
- § 439 Abs. 3 S. 1 BGB

2. Nachrangig: § 437 BGB: Rücktritt, Minderung, Schadensersatz

Zunächst ist der Erfüllungsanspruch aus § 433 Abs. 1 S. 2 BGB im Wege der Nacherfüllung zu verfolgen

a) Rücktritt, Minderung und Schadensersatz sind i. d. R. nur zu erlangen:
eine dem Verkäufer gesetzte Frist zur Nacherfüllung ist ergebnislos verstrichen

aa) Rücktritt, § 437 Nr. 1 1. Alt BGB
1) kein unerheblicher Mangel, § 323 Abs. 4 S. 2 BGB
2) Gestaltungserklärung
3) Kein § 281 BGB
4) Rechtsfolge: Pflicht zur wechselseitigen Rückgewähr des Empfangenen gem. §§ 346 ff BGB

bb) Minderung, § 437 Nr. 2 2. Alt. BGB
1) auch bei unerheblichem Mangel, § 441 Abs. 1 S. 2 BGB
2) Gestaltungserklärung
3) Kein § 281 BGB
4) Rechtsfolge:
- § 441 Abs. 3: Minderung des Kaufpreises
- § 441 Abs. 4 BGB: Ggf. Anspruch auf Rückerstattung des zu viel Gezahlten

b) Schadensersatz
Regelung in §§ 437 Nr. 3, 440 BGB: Verweis auf Schadensersatzregeln des allgemeinen Leistungsstörungsrechts.

aa) Voraussetzungen sind gem. §§ 280, 281 BGB
1) Pflichtverletzung des Verkäufers
2) angemessene Frist zur Nacherfüllung erfolglos abgelaufen

Der Käufer hat bei Vorliegen eines anfänglichen Mangels Anspruch auf Schadensersatz aus § 311 a Abs. 2 BGB, bei Vorliegen eines nachträglichen Mangels den Anspruch aus §§ 283, 280 BGB.

bb) Umfang des Schadensersatzanspruches

1. sog. **kleiner Schadensersatzanspruch**:
   Grundsätzlich kann der Käufer den Mangelschaden, also den Schaden geltend machen, der durch die mangelhafte Leistung des Verkäufers entsteht. Dieser besteht aus der Differenz zwischen dem Wert des mangelhaften Gegenstandes und dem hierfür zu zahlenden Kaufpreis. Im Falle der Zuweniglieferung (§ 434 Abs. 3 BGB) können z. B. die Kosten für die Ersatzbeschaffung verlangt werden.
2. sog. **großer Schadensersatzspruch**:
   Im Übrigen ist der Kaufvertrag zu erfüllen. Großer Schadensersatz – ggf. unter Rückgabe der Gegenleistung gem. §§ 311 a Abs. 2, 281 Abs. 4 BGB wird nur im Fall des Interessenwegfalls geschuldet.

IV. Verjährungsfrist
Jede Verjährungsfrist ist in gleicher Weise zu berechnen:

1. Welche Frist ist einschlägig: § 438 BGB (nach § 438 Abs. 1 Nr. 3 beträgt die regelmäßige kaufrechtliche Verjährungsfrist zwei Jahre)
2. Wann beginnt die Frist: § 438 Abs. 2 BGB (lex specialis zu § 199 BGB) Fristberechnung: Beachtung des § 187 Abs. 1 BGB
3. Wie lange dauert die Frist: § 438 Abs. 1, Abs. 3 BGB
4. Wann endet die Frist: §§ 188 Abs. 2, 187 Abs. 1 BGB
5. Wurde die Frist mit der Rechtsfolge des § 209 BGB gehemmt oder mit der Rechtsfolge des § 212 BGB neu in Gang gesetzt?
6. Wann endet die Frist zur Berücksichtigung der Hemmung/des Neubeginns?

Neue Produkte:
Für alle neuen Produkte gilt eine gesetzliche Gewährleistung von in der Regel 2 Jahren, § 438 Abs. 1 Nr. 3 BGB.

Gebrauchte Produkte:
Im Bereich des Verbrauchsgüterkaufes, § 474 BGB

(§ 474 BGB findet keine Anwendung bei Kaufverträgen von Unternehmern oder Verbrauchern (privaten Kunden) untereinander oder dann, wenn ein Verbraucher eine Sache an einen Unternehmer verkauft, also für einen Kauf zwischen einem Verbraucher (§ 13 BGB) und einem Unternehmer (§ 14 BGB).

§ 475 Abs. 2 BGB:
Durch Rechtsgeschäft darf die Verjährungsfrist von 2 Jahren bei neuen Sachen nicht unterschritten werden.

Auch bei gebrauchten Produkten muss der Händler Gewährleistung geben – und zwar mindestens ein Jahr.

Beim Handel zwischen Privatpersonen kann die Gewähr weiterhin ausgeschlossen werden. Auch Verkäufe zwischen Gewerbetreibenden untereinander gelten nicht als Verbrauchsgüterkauf, so dass andere Gewährleistungsregeln möglich sind.

§ 438 Abs. 3 BGB: Regelmäßige Verjährungsfrist von 3 Jahren, wenn der Käufer den Mangel arglistig verschwiegen hat.

#01 Klage des Verkäufers auf Kaufpreis, vereinbarte Vergütung

[*HIER Ort, Datum*]

An das
Amtsgericht [- Landgericht]
[*HIER Anschrift*]

Klage

des/der ...... [*HIER Vorname, Name, Anschrift*]

- Klägers/-in, -

Prozessbevollmächtigte(r): Rechtsanwalt/-wältin ...... [*HIER Vorname, Name, Anschrift*]

gegen

den/die ...... [*HIER Vorname, Name, Anschrift*]

- Beklagte(n), -

Prozessbevollmächtigte(r): Rechtsanwalt/-wältin ...... [*HIER Vorname, Name, Anschrift*]

wegen ......

Streitwert: ...... EUR [- vorläufig geschätzt mit ...... EUR]

Namens und in Vollmacht des/der Klägers/-in erhebe ich Klage und werde beantragen,

1. den/die Beklagte(n) zu verurteilen, an den/die Kläger/-in ...... EUR nebst Zinsen von 5 Prozentpunkten über dem jeweiligen Basiszinssatz [– ...... % Zinsen] seit Rechtshängigkeit [– seit Zustellung] [– seit dem ...... 20. .] zu zahlen.
2. dem/der Beklagten die Kosten des Rechtsstreits aufzuerlegen.
3. das Urteil - notfalls gegen Sicherheitsleistung - für vorläufig vollstreckbar zu erklären.

Weiterhin wird vorsorglich der
Antrag auf schriftliches Anerkenntnis- oder Versäumnisurteil im schriftlichen Vorverfahren gestellt,

oder andernfalls,
möglichst einen baldigen Termin zur mündlichen Verhandlung anzuberaumen.

Begründung:

...... [*HIER folgt eine Beispielsbegründung*]

Die Parteien schlossen am ...... 20.. einen schriftlichen Kaufvertrag über das gebrauchte Fahrzeug des Klägers, den PKW der Marke ......, Fahrgestell-Nr. ......, Motor-Nr. ...... Als Kaufpreis wurden ...... EUR vereinbart. Die Bezahlung sollte bei Übergabe des PKW erfolgen.

Beweis: Kaufvertrag vom ...... 20.., in Fotokopie als Anlage K 1

Der Kläger übergab am ...... 20.. das oben bezeichnete Fahrzeug dem Beklagten an dessen Wohnsitz.

Der Beklagte zahlte allerdings den Kaufpreis nicht, so dass der Kläger ihn mit Schreiben vom ...... 20.. aufforderte, den Kaufpreis bis zum ...... 20.. zu bezahlen.

Da dies bis zum heutigen Tage nicht geschah, ist Klage geboten.

Der Kläger hat gegen den Beklagten einen Anspruch gemäß § 433 Abs. 2 BGB auf Zahlung des Kaufpreises.

[Bei Geltendmachung von Zinsen seit Klageerhebung]

Der Anspruch aus Zinsen ergibt sich aus §§ 291, 288 Abs. 1 BGB. [Bei höherem als dem gesetzlichen Zinssatz: - Der Zinsanspruch folgt aus §§ 291, 288 Abs. 3 BGB.

Die Klägerin nimmt einen Bankkredit in Höhe der Klageforderung zu dem im Antrag genannten Zinssatz in Anspruch, den sie bei Zahlung der Beklagten insoweit zurückgeführt hätte.

Beweis: Zinsbestätigung der X-Bank [- Y-Sparkasse], Anlage K ......

Für den Fall des Bestreitens zusätzlich:

Beweis: Herr [- Frau] ......, zuständige(r) Bankbearbeiter/-in [- Sparkassenangestellte(r)] unter Entbindung von der Verschwiegenheitspflicht, zu laden über die X-Bank [- Y-Sparkasse] als Zeuge/Zeugin]

[Bei vorgerichtlicher Inverzugsetzung wie im vorliegenden Fall:

Mit o. g. Schreiben per Einschreiben/Rückschein vom ...... 20.. hat der Kläger den Beklagten aufgefordert, den Kaufpreis bis zum ...... 20.. zu bezahlen.

Beweis: Schreiben des Klägers vom ...... 20.., in Fotokopie als Anlage K 2

Der Beklagte kam demnach am ...... 20.. [*HIER Datum des Zugangs des Schreibens einsetzen*] in Verzug.

[bei gesetzlichem Zinssatz: - Der Zinsanspruch rechtfertigt sich aus §§ 286 Abs. 1, 288 Abs. 1 BGB.

bei höherem Zinssatz: - Der Zinsanspruch beruht auf den §§ 286 Abs. 1, 288 Abs. 3 BGB.

Die Klägerin nimmt Bankkredit in Höhe der Klageforderung zu dem im Antrag genannten Zinssatz in Anspruch, den sie bei Zahlung der Beklagten insoweit zurückgeführt hätte.

Beweis: Zinsbestätigung der X-Bank [- Y-Sparkasse], Anlage K ......

Für den Fall des Bestreitens zusätzlich:

Beweis: Herr [- Frau] ......, zuständige(r) Bankbearbeiter/-in [- Sparkassenangestellte(r)] unter Entbindung von der Verschwiegenheitspflicht, zu laden über die X-Bank [- Y-Sparkasse] als Zeuge/Zeugin]

[oder]

Die Klägerin arbeitet selbst ständig mit einem Bankkredit, der die Klageforderung betragsmäßig übersteigt. Für diesen Kredit muss sie seit Rechtshängigkeit [- dem o. g. Datum, dem ...... 20..] ...... [z. B. 10] % Zinsen bezahlen.

Beweis: Zinsbestätigung der X-Bank [- Y-Sparkasse], Anlage K ......

Für den Fall des Bestreitens zusätzlich:

Beweis: Herr [- Frau] ......, zuständige(r) Bankbearbeiter/-in [- Sparkassenangestellte(r)] unter Entbindung von der Verschwiegenheitspflicht, zu laden über die X-Bank [- Y-Sparkasse] als Zeuge/Zeugin]

Bei dem Kredit handelt es sich um einen Kredit, der bei rechtzeitiger Zahlung entsprechend zurückgeführt worden wäre.

....
Rechtsanwalt/-wältin

Anmerkung

Zu den Streitwerten von LG bzw. AG siehe § 23 Nr. 1, § 71 Abs. 1 GVG.

Die Klage ist nicht auf Leistung Zug-um-Zug gegen Abnahme zu richten, weil die Abnahme Pflicht des Käufers ist und hier die Gegenleistung des Verkäufers aufgeführt werden muss.

Der Kaufpreisanspruch ist bei vereinbarter Vergütung mit einer Klage durchzusetzen, die auf Zahlung lautet. Da es sich bei der Zahlung des Kaufpreises wie meist bei einer Geldschuld um eine Schickschuld handelt, ist Erfüllungsort i. S. d. § 29 ZPO der Wohnort des Käufers (Baumbach/Hartmann § 29 ZPO Rn 26).

Zur Schlüssigkeit der Klage genügt es, den Abschluss des Kaufvertrages und seinen wesentlichen Inhalt im Hinblick auf die Hauptleistungspflichten der Vertragsparteien sowie die Voraussetzungen für den Anspruch auf Zinsen vorzutragen.

Um Kostennachteile einer teilweisen Klageabweisung zu vermeiden (§ 92 Abs. 1 ZPO), muss der Kläger in bestimmten Fällen auf Zahlungen Zug-um-Zug gegen Erbringung seiner Gegenleistung klagen. Dies immer dann, wenn keine ausdrückliche Vorleistungspflicht des Käufers vereinbart ist und auch die Voraussetzungen des § 321 BGB nicht gegeben sind. Soweit der Käufer hier die Einrede des nichterfüllten Vertrages (§ 320 BGB) erhebt, führt dies zwar nicht zur vollen Abweisung der Klage, sondern zur Zug-um-Zug Verurteilung, die grundsätzlich eine teilweise Klageabweisung mit der Kostenfolge des § 92 Abs. 1 ZPO beinhaltet. Erhebt der Käufer die Einrede nicht, so ergeht ein unbeschränktes Urteil auf Zahlung, auch ohne dass der Verkäufer behauptet, er habe seine Leistung bereits erbracht.

Die Zwangsvollstreckung des Zug-um-Zug Urteils erfolgt nach § 756 ZPO.

Der Verzugszinssatz beträgt gem. § 288 Abs. 1 BGB grundsätzlich 5 Prozentpunkte über dem Basiszinssatz pro Jahr. Bei Rechtsgeschäften an denen ein Verbraucher nicht beteiligt ist, erhöht sich der Zinssatz für Entgeltzahlungen auf 8 Prozentpunkte über dem Basiszinssatz,

§ 288 Abs. 2 BGB. Bei der Abgrenzung kommt es nicht darauf an, ob der Verbraucher oder der Unternehmer wegen Entgeltzahlung in Verzug geraten ist. Gerät also ein Unternehmer gegenüber einem Verbraucher in Verzug, so belaufen sich die gesetzlichen Zinsen ebenfalls nur auf 5 Prozentpunkte über dem Basiszinssatz.

Nach § 288 Abs. 1 S. 2 BGB ist eine Geldschuld während des Verzugs für das Jahr mit 5 Prozentpunkten über dem jeweiligen Basiszinssatz zu verzinsen. Eine Definition des Basiszinssatzes enthält § 247 BGB. Er verändert sich zum 1. Januar und Juli eines Jahres gemäß § 247 Abs. 1 BGB. Die Deutsche Bundesbank gibt den geltenden Basiszinssatz unverzüglich nach diesen genannten Zeitpunkten im Bundesanzeiger bekannt, § 247 Abs. 2 BGB.

Der Basiszinssatz kann am besten (weil dort die sorgfältigste Auskunft erfolgt) bei der Landeszentralbank telefonisch erfragt werden, um den jeweils gültigen gesetzlichen Verzugszinssatz zu errechnen. Ansonsten sieht man im Bundesanzeiger nach.

Auch der gesetzliche Zinssatz bei Vorliegen eines Handelsgeschäftes (§§ 352, 343 HGB) ist dementsprechend angepasst worden.

Zum Beleg des über den gesetzlichen Zins hinausgehenden Zinsanspruches sollte bereits in der Klageschrift und nicht erst auf Bestreiten des Beklagten eine Zinsbescheinigung der Bank eingereicht werden. Nach der Rechtsprechung des Bundesgerichtshofes (BGH NJW 1984, 371) braucht der Zahlungsverzug des Schuldners nicht für die Kreditaufnahme ursächlich sein. Es reicht aus, eine Kreditaufnahme in Höhe der Klageforderung darzulegen. Wenn der Beklagte bestreitet, ist jedenfalls bei Nichtkaufleuten, eine nähere Darlegung erforderlich (BGH NJW-RR 1991, 1406).

Die Benennung des zuständigen Banksachbearbeiters bzw. Sparkassenangestellten unter Entbindung von der Schweigepflicht in der Klageschrift bei Geltendmachung von Zinsen über den gesetzlichen Verzugszinssatz des § 288 Abs. 1 BGB ist deshalb ratsam, weil häufig vom Klagegegner die Richtigkeit der Zinsbestätigung in der Zinsbescheinigung mit Nichtwissen bestritten wird und spätere Ergänzungen des Beweisangebotes oft vergessen werden.

Schon in der Klage sollte der über den gesetzlichen Zinssatz hinausgehende Zinsanspruch durch eine Zinsbescheinigung der Bank nachgewiesen werden und nicht erst auf ein Bestreiten vom Beklagten abgewartet werden. Die Zinsbescheinigung sollte deshalb zur Vorbereitung der Klage vom Mandanten angefordert werden:

»*[HIER Ort, Datum]*

An
[HIER Name, Anschrift]

Anforderung Zinsbescheinigung

Sehr geehrte(r) Herr/Frau ......,

um Beweis zu erbringen, dass Zinsen im geltend zu machenden Umfang bei Ihnen tatsächlich angefallen sind, muss ein entsprechender Nachweis erbracht werden.

Aus diesem Grunde bitte ich Sie zu veranlassen, dass Ihre Bank eine entsprechende schriftliche Bestätigung ausstellt. Hierbei genügt es, dass in dieser nur der im Prozess verlangte Forderungsbetrag und der im Klageantrag erwähnte Zinszeitraum abgedeckt ist.

Bitten Sie Ihr Kreditinstitut, Ihnen zur Vorlage bei Gericht zu bestätigen, dass Sie einen Kredit von mindestens ...... EUR seit dem ...... in Anspruch genommen haben, für den Ihnen seit dem genannten Zeitraum ......% Zinsen berechnet werden.

Am günstigsten wäre es, wenn Sie Ihre Bank bitten würden, die – an Sie adressierte – Bescheinigung gleich an meine Kanzlei zu senden.

......
Rechtsanwalt/-wältin«

Da die Zinsbescheinigung einer Privatbank als Privaturkunde nach § 416 ZPO nur den Beweis dafür erbringt, dass der Aussteller jene Erklärung abgegeben hat, muss der Kläger für den Fall, dass der Beklagte die inhaltliche Richtigkeit der Bankbescheinigung bestreiten sollte, etwa das Zeugnis des Banksachbearbeiters als Beweis anbieten, da er ansonsten beweisfällig bleibt.

Achtung: Sicherheitshalber sollte man für den Fall, dass der Verzug oder der geltend gemachte Kreditzins nicht bewiesen werden kann, hilfsweise die Verzinsung in gesetzlicher Höhe seit Klagezustellung beantragen (siehe §§ 291. 288 Abs. 1 BGB).

Achtung: Der Schuldner gerät in Verzug, wenn der Gläubiger nach Eintritt der Fälligkeit mahnt und diese Mahnung erfolglos bleibt (§ 286 Abs. 1 BGB). Dieser Grundsatz gilt uneingeschränkt auch für Geldforderungen, so dass auch schon vor Ablauf der 30-Tagesfrist Verzug des Schuldners eintreten kann. Die 30-Tage-Regelung gilt nur für Entgeltforderungen, somit erfasst sie nicht alle Geldforderungen.

Die 30-Tagesregelung gilt nach § 286 Abs. 3 BGB gegenüber einem Verbraucher (Definition des Verbrauchers in § 13 BGB) nur dann, wenn er auf die Folgen der Nichtzahlung in der Rechnung oder Zahlungsaufstellung hingewiesen worden ist.

Bei der Errechnung des Beginns der Zahlungsverpflichtung des Verzugszinses gemäß den §§ 286 Abs. 3, 288 Abs. 1 BGB ist außer auf die §§ 187 Abs. 1, 188 Abs. 1 BGB auch auf § 193 BGB zu achten. Endet die 30-tägige Frist des § 286 Abs. 3 BGB an einem Sonntag oder staatlich anerkannten Feiertag oder Sonnabend, so beginnt die Zinspflicht erst am nächsten Werktag. Weil Leistungsort für die Geldleistung in der Regel der Wohnort des Schuldners ist (siehe §§ 269 Abs. 1, 270 Abs. 4 BGB), kommt es darauf an, ob der 30. Tag nach Fälligkeit der Geldforderung und Zugang der Rechnung am Wohnsitz des Schuldners ein staatlich anerkannter allgemeiner Feiertag im Bundesland des Schuldners ist.

Wichtig ist auch, dass bei Übersendung einer Rechnung gegenüber einem Schuldner, der Verbraucher ist, die Verzugsregelung des § 286 Abs. 1 S. 1 1. Hlbs. BGB nur dann gilt, wenn der Verbraucher auf die Folgen des § 286 Abs. 3 S. 1 1. Hlbs. BGB besonders hingewiesen worden ist.

Weil Rechnungen zumeist nicht per Einschreiben/Rückschein oder gegen Empfangsbestätigung übersandt werden, ist es ratsam, zu den Voraussetzungen des § 286 Abs. 3 S. 2 BGB schon in der Klage vorzutragen, sofern Zinsen entsprechend der Regelung des § 286 Abs. 3 S. 1 BGB gefordert werden. Weil der Schuldner die Gegenleistung regelmäßig vor Zugang der Rechnung erhalten hat, wird er, sofern er den Zeitpunkt des Zugangs der Rechnung bestreitet mit diesem Bestreiten aufgrund des Vortrags zum Zeitpunkt des Empfangs der Gegenleistung den Zeitpunkt der Verzinsungspflicht vorverlegen. Damit ist allemal auf Grundlage der gem. § 286 Abs. 3 S. 1 BGB begehrten Zinsen zu urteilen. Dem Kläger bleibt es trotzdem unbenommen, den aus § 286 Abs. 3 S. 2 BGB entnommenen Verzugszeitpunkt zum Gegenstand eines Hilfsantrages zu machen, um so dem Beklagten die Folgen seine möglicherweise beabsichtigten Bestreitens des Zugangs der Rechnung deutlich zu machen.

Kosten u. Gebühren:
Gerichtskosten:
3,0 Verfahrensgebühren nach GKG KV Nr. 1210; die Gebühren können sich unter den Voraussetzungen des KV Nr. 1211 des GKG auf eine 1,0 Gebühr ermäßigen.

Streitwert:
§ 12 Abs. 1 GKG, §§ 3, 4 ZPO.

Rechtsanwaltsgebühren:
Regelgebühren nach § 31 BRAGO; sofern für die außergerichtliche Tätigkeit Gebühren nach § 118 BRAGO angefallen sind, ist die Geschäftsgebühr nach § 118 Abs. 1 Nr. 1 BRAGO auf die Prozessgebühr anzurechnen, § 118 Abs. 2 S. 1 BRAGO.

#02 Klage des Verkäufers auf Kaufpreis, Antrag auf Feststellung des Annahmeverzuges

[*HIER Ort, Datum*]

An das
Amtsgericht [- Landgericht]
[*HIER Anschrift*]

Klage

des/der ...... [*HIER Vorname, Name, Anschrift*]

- Klägers/-in, -

Prozessbevollmächtigte(r): Rechtsanwalt/-wältin ...... [*HIER Vorname, Name, Anschrift*]

gegen

den/die ...... [*HIER Vorname, Name, Anschrift*]

- Beklagte(n), -

Prozessbevollmächtigte(r): Rechtsanwalt/-wältin ...... [*HIER Vorname, Name, Anschrift*]

wegen ......

Streitwert: ...... EUR [- vorläufig geschätzt mit ...... EUR]

Namens und in Vollmacht des/der Klägers/-in erhebe ich Klage und werde beantragen,

1. den/die Beklagte(n) zu verurteilen, an den/die Kläger/-in ...... EUR nebst ...... % Zinsen hieraus seit dem ...... 20.. Zug um Zug gegen Übertragung des Eigentums an dem PKW Marke ......, Fahrgestell-Nr. ......, Motor-Nr. ......, zu bezahlen.
2. festzustellen, dass sich der/die Beklagte seit dem ...... 20.. in Annahmeverzug befindet.

Begründung:

...... [*HIER folgt eine Beispielsbegründung*]

I. Die Parteien schlossen am ...... 20.. einen schriftlichen Kaufvertrag über das gebrauchte Fahrzeug des Klägers, den PKW der Marke ......, Fahrgestell-Nr. ......, Motor-Nr. ...... Als Kaufpreis wurden EUR ...... vereinbart. Die Bezahlung sollte bei Übergabe des PKW erfolgen.

Beweis: Kaufvertrag vom ...... 20.., in Fotokopie als Anlage K 1

Der Kläger bot am ...... 20.. das oben bezeichnete Fahrzeug dem Beklagten an dessen Wohnsitz an. Der Kläger lehnte die Übernahme des PKW und die Bezahlung mit der Begründung ab, dass ......

Beweis: Zeugnis des Herrn ......, zu laden beim Kläger

Der Klageanspruch ergibt sich aus § 433 Abs. 2 BGB.

Der Zinsanspruch folgt aus §§ 280 Abs. 2, 286 Abs. 2 Nr. 3 BGB, da sich der Beklagte am 1.9.20.. endgültig geweigert hat, seiner Verpflichtung aus dem Kaufvertrag nachzukommen.

[bei gesetzlichem Zinssatz: - Die Höhe des Zinsanspruches rechtfertigt sich aus §§ 286 Abs. 2 Nr. 3, 288 Abs. 1 BGB.

bei höherem Zinssatz: - Die Höhe des Zinsanspruches beruht auf den §§ 286 Abs. 2 Nr. 3, 288 Abs. 3 BGB.

Die Klägerin nimmt einen Bankkredit in Höhe der Klageforderung zu dem im Antrag genannten Zinssatz in Anspruch, den sie bei Zahlung der Beklagten insoweit zurückgeführt hätte.

Beweis: Zinsbestätigung der X-Bank [- Y-Sparkasse], Anlage K ......

Für den Fall des Bestreitens zusätzlich:

Beweis: Herr [- Frau] ......, zuständige(r) Bankbearbeiter/-in [- Sparkassenangestellte(r)] unter Entbindung von der Verschwiegenheitspflicht, zu laden über die X-Bank [- Y-Sparkasse] als Zeuge/Zeugin]

[oder]

Die Klägerin arbeitet selbst ständig mit einem Bankkredit, der die Klageforderung betragsmäßig übersteigt. Für diesen Kredit muss sie seit Rechtshängigkeit [- dem o. g. Datum, dem ...... 20..] ...... [z. B. 10] % Zinsen bezahlen.

Beweis: Zinsbestätigung der X-Bank [- Y-Sparkasse], Anlage K ......

Für den Fall des Bestreitens zusätzlich:

Beweis: Herr [- Frau] ......, zuständige(r) Bankbearbeiter/-in [- Sparkassenangestellte(r)] unter Entbindung von der Verschwiegenheitspflicht, zu laden über die X-Bank [- Y-Sparkasse] als Zeuge/Zeugin

Bei dem Kredit handelt es sich um einen Kredit, der bei rechtzeitiger Zahlung entsprechend zurückgeführt worden wäre.

....

Rechtsanwalt/-wältin

Anmerkung

Zu den Streitwerten von LG bzw. AG siehe § 23 Nr. 1, § 71 Abs. 1 GVG.

Örtlich zuständig ist das Gericht am Wohnsitz des Käufers (siehe z. B. Baumbach/Lauterbach § 29 ZPO Rn 26).

Ist der Käufer mit der Annahme der Kaufsache schon in Verzug geraten, kann die Klage mit der Klage auf Feststellung, dass sich der Käufer im Annahmeverzug befindet, verbunden werden. Ergänzend zum Leistungsantrag empfiehlt sich daher nach Eintritt des Leistungsverzuges wegen § 756 ZPO einen Antrag auf Feststellung zu stellen, dass Annahmeverzug eingetreten ist. Die tenorierte Feststellung hat zur Folge, dass das Urteil wie ein normales Leistungsurteil vollstreckt werden kann.

Die Klage ist nicht auf Leistung Zug um Zug gegen Abnahme zu richten, weil die Abnahme Pflicht des Käufers ist und hier die Gegenleistung des Verkäufers aufgeführt werden muss.

Zur Schlüssigkeit der Klage reicht es aus, den Abschluss des Kaufvertrages und seinen wesentlichen Inhalt in Hinblick auf die Hauptleistungspflichten der Parteien sowie die Voraussetzungen für den Anspruch auf Zinsen darzulegen.

Nach Rechtskraft/im Fall vorläufiger Vollstreckbarkeit des Herausgabetitels hat der Kläger die Möglichkeit, gem. § 883 ZPO in der Weise zu vollstrecken, dass der Gerichtsvollzieher dem Schuldner die Sache wegnimmt und dem Gläubiger übergibt.

Der Verzugszinssatz beträgt gem. § 288 Abs. 1 BGB grundsätzlich 5 Prozentpunkte über dem Basiszinssatz pro Jahr. Bei Rechtsgeschäften, bei denen ein Verbraucher nicht beteiligt ist, erhöht sich der Zinssatz für Entgeltzahlungen auf 8 Prozentpunkte über dem Basiszinssatz, § 288 Abs. 2 BGB. Bei der Abgrenzung kommt es nicht darauf an, ob der Verbraucher oder der Unternehmer wegen Entgeltzahlung in Verzug geraten ist. Gerät also ein Unternehmer gegenüber einem Verbraucher in Verzug, so belaufen sich die gesetzlichen Zinsen ebenfalls nur auf 5 Prozentpunkte über dem Basiszinssatz.

Nach § 288 Abs. 1 S. 2 BGB ist eine Geldschuld während des Verzugs für das Jahr mit 5 Prozentpunkten über dem jeweiligen Basiszinssatz zu verzinsen. Eine Definition des Basiszinssatzes enthält § 247 BGB. Er verändert sich zum 1. Januar und Juli eines Jahres gemäß § 247 Abs. 1 BGB. Die Deutsche Bundesbank gibt den geltenden Basiszinssatz unverzüglich nach diesen genannten Zeitpunkten im Bundesanzeiger bekannt, § 247 Abs. 2 BGB.

Der Basiszinssatz kann am besten (weil dort die sorgfältigste Auskunft erfolgt) bei der Landeszentralbank telefonisch erfragt werden, um den jeweils gültigen gesetzlichen Verzugszinssatz zu errechnen. Ansonsten sieht man im Bundesanzeiger nach.

Auch der gesetzliche Zinssatz bei Vorliegen eines Handelsgeschäftes (§§ 352, 343 HGB) ist dementsprechend angepasst worden.

Zum Beleg des über den gesetzlichen Zins hinausgehenden Zinsanspruches sollte bereits in der Klageschrift und nicht erst auf Bestreiten des Beklagten eine Zinsbescheinigung der Bank eingereicht werden. Nach der Rechtsprechung des Bundesgerichtshofes (BGH NJW 1984, 371) braucht der Zahlungsverzug des Schuldners nicht für die Kreditaufnahme ursächlich sein. Es reicht aus, eine Kreditaufnahme in Höhe der Klageforderung darzulegen. Wenn der Beklagte bestreitet, ist jedenfalls bei Nichtkaufleuten, eine nähere Darlegung erforderlich (BGH NJW-RR 1991, 1406).

Die Benennung des zuständigen Banksachbearbeiters bzw. Sparkassenangestellten unter Entbindung von der Schweigepflicht in der Klageschrift bei Geltendmachung von Zinsen über den gesetzlichen Verzugszinssatz des § 288 Abs. 1 BGB ist deshalb ratsam, weil häufig vom Klagegegner die Richtigkeit der Zinsbestätigung in der Zinsbescheinigung mit Nichtwissen bestritten wird und spätere Ergänzungen des Beweisangebotes oft vergessen werden.

Schon in der Klage sollte der über den gesetzlichen Zinssatz hinausgehende Zinsanspruch durch eine Zinsbescheinigung der Bank nachgewiesen werden und nicht erst auf ein Bestreiten vom Beklagten abgewartet werden. Die Zinsbescheinigung sollte deshalb zur Vorbereitung der Klage vom Mandanten angefordert werden:

»[HIER Ort, Datum]

An

[HIER Anschrift]

Anforderung Zinsbescheinigung

Sehr geehrte(r) Herr/Frau ......,

um den Beweis zu erbringen, dass Zinsen im geltend zu machenden Umfang bei Ihnen tatsächlich angefallen sind, muss ein entsprechender Nachweis erbracht werden.

Aus diesem Grunde bitte ich Sie zu veranlassen, dass Ihre Bank eine entsprechende schriftliche Bestätigung ausstellt. Hierbei genügt es, dass in dieser nur der im Prozess verlangte Forderungsbetrag und der im Klageantrag erwähnte Zinszeitraum abgedeckt ist.

Bitten Sie Ihr Kreditinstitut, Ihnen zur Vorlage bei Gericht zu bestätigen, dass Sie einen Kredit von mindestens EUR ...... seit dem ...... in Anspruch genommen haben, für den Ihnen seit dem genannten Zeitraum ......% Zinsen berechnet werden.

Am günstigsten wäre es, wenn Sie Ihre Bank bitten würden, die – an Sie adressierte – Bescheinigung gleich an meine Kanzlei zu senden.

....
Rechtsanwalt/-wältin«

Da die Zinsbescheinigung einer Privatbank als Privaturkunde nach § 416 ZPO nur den Beweis dafür erbringt, dass der Aussteller jene Erklärung abgegeben hat, muss der Kläger für den Fall, dass der Beklagte die inhaltliche Richtigkeit der Bankbescheinigung bestreiten sollte, etwa das Zeugnis des Banksachbearbeiters als Beweis anbieten, da er ansonsten beweisfällig bleibt.

Achtung:
Sicherheitshalber sollte man für den Fall, dass der Verzug oder der geltend gemachte Kreditzins nicht bewiesen werden kann, hilfsweise die Verzinsung in gesetzlicher Höhe seit Klagezustellung beantragen (siehe §§ 291. 288 Abs. 1 BGB).

Kosten u. Gebühren:
Eine Zusammenrechnung der Werte für den Leistungs- und den Feststellungsantrag erfolgt nicht, da die Anträge eine wirtschaftliche Einheit bilden (siehe Hartmann, Kostengesetze, Rn 4 zu Anhang I § 12 GKG (§ 5 ZPO)).

Gerichtskosten:
3,0 Verfahrensgebühren nach GKG KV Nr. 1210; die Gebühren können sich unter den Voraussetzungen des KV Nr. 1211 des GKG auf eine 1,0 Gebühr ermäßigen.

Streitwert:
§ 12 Abs. 1 GKG, §§ 3, 4 ZPO.

Rechtsanwaltsgebühren:
Regelgebühren nach § 31 BRAGO; sofern für die außergerichtliche Tätigkeit Gebühren nach § 118 BRAGO angefallen sind, ist die Geschäftsgebühr nach § 118 Abs. 1 Nr. 1 BRAGO auf die Prozessgebühr anzurechnen, § 118 Abs. 2 S. 1 BRAGO.

#03 Klage des Verkäufers auf Abnahme verknüpft mit der Kaufpreisklage

[*HIER Ort, Datum*]

An das
Amtsgericht [- Landgericht]
[*HIER Anschrift*]

Klage

des/der ...... [*HIER Vorname, Name, Anschrift*]

– Klägers/-in, –

Prozessbevollmächtigte(r): Rechtsanwalt/-wältin ...... [*HIER Vorname, Name, Anschrift*]

gegen

den/die ...... [*HIER Vorname, Name, Anschrift*]

– Beklagte(n), –

Prozessbevollmächtigte(r): Rechtsanwalt/-wältin ...... [*HIER Vorname, Name, Anschrift*]

wegen ......

Streitwert: ...... EUR [- vorläufig geschätzt mit ...... EUR]

Namens und in Vollmacht des/der Klägers/-in erhebe ich Klage und werde beantragen,

1. den/die Beklagte(n) zu verurteilen, an den/die Kläger/-in ...... EUR nebst ...... % Zinsen hieraus seit dem ...... 20.. Zug um Zug gegen Übertragung des Eigentums des ...... [*HIER folgt die genaue Beschreibung des Objekts*] zu bezahlen.
2. den/die Beklagte(n) zu verurteilen, den ...... [*HIER folgt die genaue Beschreibung des Objekts*] abzunehmen.

3. festzustellen, dass sich der/die Beklagte mit der Abnahme des ...... [*HIER folgt die genaue Beschreibung des Objekts*] in Verzug befindet.

Begründung:

...... [*HIER folgt die nähere Begründung*]

Die Parteien schlossen am ...... 20.. einen schriftlichen Kaufvertrag über das gebrauchte Kraftfahrzeug der Klägerin, einen PKW der Marke ......, amtliches Kennzeichen: ......, Fahrgestell-Nr. ......, Motor-Nr. ...... Es wurde ein Kaufpreis von ...... EUR vereinbart. Der Kaufpreis sollte am ...... 20.. gezahlt werden.

Beweis: anliegender Kaufvertrag vom ...... 20.. in Kopie, Anlage K 1

Die Klägerin bot am ...... 20.. das Fahrzeug dem Beklagten an dessen Wohnsitz an. Der Beklagte erklärt, er lehne die Übernahme des PKW ab, da ihm die Fahrerlaubnis entzogen worden sei und er deshalb keine Verwendung mehr für den PKW habe.

Beweis: Zeugnis des ......, ...straße ...... in ......

[- Der Beklagte weigert sich, den Wagen abzunehmen und seiner Verpflichtung zur Zahlung des Kaufpreises nachzukommen. Deshalb ist Klage geboten.

Dem Beklagten steht der gekaufte PKW natürlich zur Verfügung.]

Der Klageanspruch ergibt sich aus § 433 Abs. 2 BGB.

....
Rechtsanwalt/-wältin

Anmerkung

Die Abnahmeklage ist am allgemeinen Gerichtsstand zu erheben (§§ 12–19 ZPO). Wird die Abnahmeklage mit der Kaufpreisklage verbunden, so ist für die sachliche Zuständigkeit maßgebend der Wert für den Kaufpreis (Zöller/Herget § 3 ZPO Rn 15); die Abnahmeklage kann mit der Kaufpreisklage verbunden werden. Wird die Abnahmeklage mit der Klage auf Kaufpreis verknüpft, entscheidet die Zuständigkeit für den Zahlungsanspruch (Baumbach/Lauterbach § 29 ZPO Rn 15). Die beiden Werte für Kaufpreis- und Abnahmeklage werden nicht zusammengerechnet (Baumbach/Lauterbach § 3 ZPO Rn 5).

Die isolierte Abnahmeklage ist dann zu wählen, wenn der Verkäufer vorleistungspflichtig und der Käufer noch nicht in Annahmeverzug geraten ist. Die isolierte Abnahmeklage kommt ebenso in Betracht, sofern es nur noch um die Abnahme der Kaufsache geht, weil etwa der Käufer nach Zahlung der Kaufpreisschuld die Abnahme verzögert, da er die Kaufsache selbst nicht lagern kann und der Abnehmer der Klägers insolvent geworden ist.

Die Klage auf Abnahme verbunden mit der Klage auf Zahlung des Kaufpreises ist in der Regel dann vorzugswürdig, wenn es darum geht, ob der Kaufvertrag wirksam ist und die Leistungspflichten Zug-um-Zug erbracht werden müssen.

Kosten u. Gebühren:
Eine Zusammenrechnung der Werte für den Leistungs- und den Feststellungsantrag erfolgt nicht, da die Anträge eine wirtschaftliche Einheit bilden (siehe Hartmann, Kostengesetze, Rn 4 zu Anhang I § 12 GKG (§ 5 ZPO)).

Gerichtskosten:
3,0 Verfahrensgebühren nach GKG KV Nr. 1210; die Gebühren können sich unter den Voraussetzungen des KV Nr. 1211 des GKG auf eine 1,0 Gebühr ermäßigen.

Streitwert:
§ 12 Abs. 1 GKG, §§ 3, 4 ZPO.

Rechtsanwaltsgebühren:
Regelgebühren nach § 31 BRAGO; sofern für die außergerichtliche Tätigkeit Gebühren nach § 118 BRAGO angefallen sind, ist die Geschäftsgebühr nach § 118 Abs. 1 Nr. 1 BRAGO auf die Prozessgebühr anzurechnen, § 118 Abs. 2 S. 1 BRAGO.

#04 Klage des Käufers auf Übereignung der Kaufsache verbunden mit der Feststellung, dass sich der Verkäufer mit der Annahme des Kaufpreises in Verzug befindet

[*HIER Ort, Datum*]

An das
Amtsgericht [- Landgericht]
[*HIER Anschrift*]

Klage

des/der ...... [*HIER Vorname, Name, Anschrift*]

- Klägers/-in, -

Prozessbevollmächtigte(r): Rechtsanwalt/-wältin ...... [*HIER Vorname, Name, Anschrift*]

gegen

den/die ...... [*HIER Vorname, Name, Anschrift*]

- Beklagte(n), -

Prozessbevollmächtigte(r): Rechtsanwalt/-wältin ...... [*HIER Vorname, Name, Anschrift*]

wegen ......

Streitwert: ...... EUR [- vorläufig geschätzt mit ...... EUR]

Namens und in Vollmacht des/der Klägers/-in erhebe ich Klage und werde beantragen:

1. Der/Die Beklagte wird verurteilt, an den/die Kläger/-in ...... [*HIER folgt die genaue Beschreibung des Objekts*] zu übergeben und zu übereignen Zug um Zug gegen Zahlung des Kaufpreises i. H. v. ...... EUR.

2. Es wird festgestellt, dass sich der/die Beklagte mit der Abnahme des Kaufpreises in Höhe von ...... EUR in Verzug befindet.

Begründung:

...... [*HIER folgt die nähere Begründung*]

Der Klageanspruch ergibt sich aus § 433 Abs. 1 S. 1 BGB.

....
Rechtsanwalt/-wältin

Anmerkung

Die Verurteilung Zug-um-Zug ist zu begehren, wenn die Leistungen Zug-um-Zug zu erbringen sind. Ist der Verkäufer im Verzug, bietet sich auch hier an, die Klage mit dem Begehren, festzustellen, dass sich der Verkäufer mit der Annahme der Zahlung in Verzug befindet, zu verbinden.

Kosten u. Gebühren:
Eine Zusammenrechnung der Werte für den Leistungs- und den Feststellungsantrag erfolgt nicht, da die Anträge eine wirtschaftliche Einheit bilden (siehe Hartmann, Kostengesetze, Rn 4 zu Anhang I § 12 GKG (§ 5 ZPO)).

Gerichtskosten:
3,0 Verfahrensgebühren nach GKG KV Nr. 1210; die Gebühren können sich unter den Voraussetzungen des KV Nr. 1211 des GKG auf eine 1,0 Gebühr ermäßigen.

Streitwert:
§ 12 Abs. 1 GKG, §§ 3, 4 ZPO.

Rechtsanwaltsgebühren:
Regelgebühren nach § 31 BRAGO; sofern für die außergerichtliche Tätigkeit Gebühren nach § 118 BRAGO angefallen sind, ist die Geschäftsgebühr nach § 118 Abs. 1 Nr. 1 BRAGO auf die Prozessgebühr anzurechnen, § 118 Abs. 2 S. 1 BRAGO.

#05 Gewährleistungsklage des Käufers, Rücktritt § 437 Nr. 2, 1. Alt BGB

[*HIER Ort, Datum*]

An das
Amtsgericht [- Landgericht]
[*HIER Anschrift*]

Klage

des/der ...... [*HIER Vorname, Name, Anschrift*]

- Klägers/-in, -

Prozessbevollmächtigte(r): Rechtsanwalt/-wältin ...... [*HIER Vorname, Name, Anschrift*]

gegen

den/die ...... [*HIER Vorname, Name, Anschrift*]

- Beklagte(n), -

Prozessbevollmächtigte(r): Rechtsanwalt/-wältin ...... [*HIER Vorname, Name, Anschrift*]

wegen ......

Streitwert: ...... EUR [- vorläufig geschätzt mit ...... EUR]

Namens und in Vollmacht des/der Klägers/-in erhebe ich Klage und werde beantragen,

1. den/die Beklagte(n) zu verurteilen, an den/die Kläger/-in ...... EUR nebst Zinsen hieraus von 5 Prozentpunkten über dem jeweiligen Basiszinssatz [- ...... % Zinsen hieraus] seit Rechtshängigkeit [- seit dem ...... 20..] Zug um Zug gegen Übergabe der [- des] ...... zu zahlen.
2. festzustellen, dass sich der/die Beklagte in Annahmeverzug befindet.
3. dem/der Beklagten die Kosten des Rechtsstreits aufzuerlegen.
4. das Urteil - notfalls gegen Sicherheitsleistung - für vorläufig vollstreckbar zu erklären.

Weiterhin wird vorsorglich der
Antrag auf schriftliches Anerkenntnis- oder Versäumnisurteil im schriftlichen Vorverfahren gestellt,

oder andernfalls,
möglichst baldigen Termin zur mündlichen Verhandlung anzuberaumen.

Begründung:

...... [*HIER folgt eine Beispielsbegründung*]

Der Kläger kaufte am ...... 20.. bei dem Beklagten ...... zum Kaufpreis von ...... EUR. Der Kaufvertrag wurde mündlich abgeschlossen. Der Kläger zahlte den Kaufpreis am o. g. Datum bar. [- Der Kläger bezahlte des Kaufpreis i. H. v. ...... EUR, wie im Kaufvertrag vereinbart durch Überweisung auf das Konto des Klägers bei der ...... Bank am ...... 20...]

Nach ein paar Tagen stellte sich heraus, dass der [- die] [- das] ...... defekt ist, da ...... [HIER folgt die nähere Begründung]

Beweis: Einnahme eines Augenscheins; Sachverständigengutachten

Der Kläger hat den Beklagten unter Fristsetzung zur Nacherfüllung aufgefordert.

Beweis: Einschreiben-Rückschein vom ...... 20.., Anlage K 1

Der Beklagte lehnte jedoch mit Schreiben vom ...... 20.., dem Kläger am ...... 20.. zugegangen, eine Nacherfüllung ab.

Beweis: Schreiben des Beklagten vom ...... 20.., Anlage K 2

Daraufhin erklärte der Kläger mit Schreiben vom ...... 20.. den Rücktritt vom Kaufvertrag und verlangt den bezahlten Kaufpreis zurück.

Beweis: Einschreiben-Rückschein vom ...... 20.., Anlage K 2

Mit Schreiben vom ...... 20.. bot der Kläger der [- die] [- das] ...... [*HIER Angabe des Produktes*] nochmals an. Mit Schreiben vom ...... 20.. nahm die Beklagte Bezug auf das Schreiben des Klägers vom ...... 20.. und lehnte die Rücknahme ab, da ein Mangel nicht vorliege. Da dies jedoch nicht richtig ist, war deshalb Klage geboten.

Mit Ablehnung der Rücknahme ...... und Rückzahlung des Kaufpreises durch Schreiben vom ...... 20.. befindet sich der Beklagte mit Rückzahlung des Kaufpreises in Verzug. Er hat den zurückzuzahlenden Kaufpreis demnach ab diesen Zeitpunkt [- mit dem gesetzlichen Zinssatz] zu verzinsen.

Der Zinsanspruch folgt aus §§ 291, 288 Abs. 1 BGB. [Bei höherem als den gesetzlichen Zinssatz: - Der Zinsanspruch folgt aus §§ 291, 288 Abs. 3 BGB.

Die Klägerin nimmt Bankkredit in Höhe der Klageforderung zu dem im Antrag genannten Zinssatz in Anspruch, den sie bei Zahlung der Beklagten insoweit zurückgeführt hätte.

Beweis: Zinsbestätigung der X-Bank [- Y-Sparkasse], Anlage K ......

Für den Fall des Bestreitens zusätzlich:

Beweis: Herr [- Frau] ......, zuständige(r) Bankbearbeiter/-in [- Sparkassenangestellte(r)] unter Entbindung von der Verschwiegenheitspflicht, zu laden über die X-Bank [- Y-Sparkasse] als Zeuge/Zeugin]

[Bei vorgerichtlicher Inverzugsetzung wie im vorliegenden Fall:

bei gesetzlichem Zinssatz: - Der Zinsanspruch rechtfertigt sich aus §§ 286 Abs. 1, 288 Abs. 1 BGB.

bei höherem Zinssatz: - Der Zinsanspruch beruht auf den §§ 286 Abs. 1, 288 Abs. 3 BGB.

Die Klägerin nimmt Bankkredit in Höhe der Klageforderung zu dem im Antrag genannten Zinssatz in Anspruch, den sie bei Zahlung der Beklagten insoweit zurückgeführt hätte.

Beweis: Zinsbestätigung der X-Bank [- Y-Sparkasse], Anlage K ......

Für den Fall des Bestreitens zusätzlich:

Beweis: Herr [- Frau] ......, zuständige(r) Bankbearbeiter/-in [- Sparkassenangestellte(r)] unter Entbindung von der Verschwiegenheitspflicht, zu laden über die X-Bank [- Y-Sparkasse] als Zeuge/Zeugin]

[oder]
Die Klägerin nimmt laufend einen die Klageforderung übersteigenden Bankkredit zu dem angegebenen Zinssatz in Anspruch. Für diesen Kredit muss sie seit Rechtshängigkeit [- dem o. g. Datum, dem ...... 20..] ...... [z. B. 10] % Zinsen bezahlen.

Beweis: Zinsbestätigung der X-Bank [- Y-Sparkasse], Anlage K ......

Für den Fall des Bestreitens zusätzlich:

Beweis: Herr [- Frau] ......, zuständige(r) Bankbearbeiter/-in [- Sparkassenangestellte(r)] unter Entbindung von der Verschwiegenheitspflicht, zu laden über die X-Bank [- Y-Sparkasse] als Zeuge/Zeugin]

Bei dem Kredit handelt es sich um einen Kredit, der bei rechtzeitiger Zahlung entsprechend zurückgeführt worden wäre.

....
Rechtsanwalt/-wältin

Anmerkung

Die sachliche Zuständigkeit des Gerichts bemisst sich nach dem Wert der zurückgeforderten Leistung.

Für die örtliche Zuständigkeit kommt neben dem allgemeinen Gerichtsstand des Verkäufers der besondere des § 29 ZPO in Betracht. Der Käufer kann an dem Gerichtsstand klagen, an dem sich die verkaufte Sache bestimmungsgemäß befindet (Zöller § 29 ZPO Rn 25 »Kaufvertrag«; Baumbach/Lauterbach § 29 Rn 14). Hat der Käufer den Kaufpreis noch nicht gezahlt, so ist das Gericht an seinem Wohnsitz zuständig, da hier um eine Zahlungspflicht gestritten wird und diese an seinem Wohnsitz zu erfüllen ist.

Grundsätzlich ist vom Käufer zunächst der Erfüllungsanspruch aus § 433 Abs. 1 S. 2 BGB im Weg der Nacherfüllung zu verfolgen. Der Käufer kann gem. § 439 Abs. 1 BGB nach seiner Wahl entweder

- Nachbesserung oder
- Ersatzlieferung einer mangelfreien Sache

verlangen. Dies gilt sowohl für Rechts- als auch Sachmängel. Die Pflicht zur Nacherfüllung trifft den Verkäufer unabhängig davon, ob er den Mangel zu vertreten hat oder nicht. Die Wahl zwischen den beiden Formen der Nacherfüllung steht dem Käufer zu. Die Nacherfüllungsansprüche haben Vorrang vor den eigentlichen Gewährleistungsansprüchen.

Das Recht des Käufers zum Rücktritt setzt nach §§ 437 Nr. 2, 323 Abs. 1 S. 1 BGB grundsätzlich voraus, dass eine dem Verkäufer gesetzte angemessene Frist zur Nacherfüllung erfolglos abgelaufen ist. Die Nacherfüllung durch den Verkäufer hat somit Vorrang vor dem Rücktritt vom Vertrag.

Der Rücktritt (§ 437 Nr. 2, 1. Alt. BGB) hat das Ziel, den Kaufvertrag unter Rückabwicklung der jeweils empfangenen Leistungen rückgängig zu machen. Bei der Minderung hingegen soll der Kaufvertrag grundsätzlich abgewickelt werden; nur die Gegenleistung des Käufers soll der Minderleistung des Verkäufers angepasst werden.

Für den Fall, dass der Käufer den Verkäufer bereits vergeblich mit Fristsetzung zur Nacherfüllung aufgefordert hat, muss der Käufer dem Verkäufer anschließend nicht nochmals nach den allgemeinen Vorschrift des § 323 BGB eine weitere Frist setzen, um zum Rücktritt zu gelangen zu können.

Rücktritts- und Minderungsrechte sind jetzt als Gestaltungsrechte geregelt (§ 349 BGB für den Rücktritt, § 441 Abs. 1 S. 1 BGB für das Minderungsrecht).

Anders als bisher bedarf es keines Wandelungsvollzuges, so dass die Erklärungen nach den allgemeinen Regeln mit Zugang beim Verkäufer wirksam werden (§ 130 Abs. 1 BGB) und ihre Rechtswirkungen entfalten.

Bisher gezogene Nutzungen sind gem. § 346 Abs. 1 BGB herauszugeben. So muss z. B. der Käufer, der nach einem Jahr wegen eines Mangels des gekauften PKW vom Kaufvertrag gem. §§ 437 Nr. 2, 323 BGB zurücktritt, dem Verkäufer Nutzungsersatz für die Nutzung des PKW leisten. (Der Kunde muss dem Händler eine Nutzungsentschädigung zahlen, die laut ADAC als Richtwert 0,67 % des Kaufpreises je 1000 gefahrene Kilometer und 1 % bei Gebrauchtwagen beträgt.) Gleiches gilt für den Käufer, der als Nachlieferung gem. § 439 Abs. 1 Fall 2 BGB einen neuen Pkw erhält und seinen mangelhaften Wagen zurückgibt, §§ 439 Abs. 3, 346 BGB.

Achtung:
Kein Rücktritt bei unerheblicher Wertminderung
Nach § 323 Abs. 5 S. 2 BGB ist der Rücktritt bei unerheblichen Pflichtverletzungen ausgeschlossen. Bezogen auf den Rücktritt vom Kaufvertrag bedeutet dies, dass der Käufer bei einer unerheblichen Wert- oder Tauglichkeitsminderung nicht zum Rücktritt berechtigt ist.

Bei der Errechnung des Beginns der Zahlungsverpflichtung des Verzugszinses gemäß den §§ 286 Abs. 3, 288 Abs. 1 BGB ist außer auf die §§ 187 Abs. 1, 188 Abs. 1 BGB auch auf § 193 BGB zu achten. Endet die 30-tägige Frist des § 284 Abs. 3 BGB an einem Sonntag oder staatlich anerkannten Feiertag oder Sonnabend, so beginnt die Zinspflicht erst am nächsten Werktag. Weil Leistungsort für die Geldleistung in der Regel der Wohnort des Schuldners ist (siehe §§ 269 Abs. 1, 270 Abs. 4 BGB), kommt es darauf an, ob der 30. Tag nach Fälligkeit der Geldforderung und Zugang der Rechnung am Wohnsitz des Schuldners ein staatlich anerkannter allgemeiner Feiertag im Bundesland des Schuldners ist.

Der Verzugszinssatz beträgt gem. § 288 Abs. 1 BGB grundsätzlich 5 Prozentpunkte über dem Basiszinssatz pro Jahr. Bei Rechtsgeschäften an denen ein Verbraucher nicht beteiligt ist, erhöht sich der Zinssatz für Entgeltzahlungen auf 8 Prozentpunkte über dem Basiszinssatz, § 288 Abs. 2 BGB. Bei der Abgrenzung kommt es nicht darauf an, ob der Verbraucher oder der Unternehmer wegen Entgeltzahlung in Verzug geraten ist. Gerät also ein Unternehmer gegenüber einem Verbraucher in Verzug, so belaufen sich die gesetzlichen Zinsen ebenfalls nur auf 5 Prozentpunkte über dem Basiszinssatz.

Nach § 288 Abs. 1 S. 2 BGB ist eine Geldschuld während des Verzugs für das Jahr mit 5 Prozentpunkten über dem jeweiligen Basiszinssatz zu verzinsen. Eine Definition des Basiszinssatzes enthält § 247 BGB. Er verändert sich zum 1. Januar und Juli eines Jahres gemäß § 247 Abs. 1 BGB. Die Deutsche Bundesbank gibt den geltenden Basiszinssatz unverzüglich nach diesen genannten Zeitpunkten im Bundesanzeiger bekannt, § 247 Abs. 2 BGB.

Der Basiszinssatz kann am besten (weil dort die sorgfältigste Auskunft erfolgt) bei der Landeszentralbank telefonisch erfragt werden, um den jeweils gültigen gesetzlichen Verzugszinssatz zu errechnen. Ansonsten sieht man im Bundesanzeiger nach.

Auch der gesetzliche Zinssatz bei Vorliegen eines Handelsgeschäftes (§§ 352, 343 HGB) ist dementsprechend angepasst worden.

Zum Beleg des über den gesetzlichen Zins hinausgehenden Zinsanspruches sollte bereits in der Klageschrift und nicht erst auf Bestreiten des Beklagten eine Zinsbescheinigung der Bank eingereicht werden. Nach der Rechtsprechung des Bundesgerichtshofes (BGH NJW 1984, 371) braucht der Zahlungsverzug des Schuldners nicht für die Kreditaufnahme ursächlich sein. Es reicht aus, eine Kreditaufnahme in Höhe der Klageforderung darzulegen. Wenn der Beklagte bestreitet, ist jedenfalls bei Nichtkaufleuten, eine nähere Darlegung erforderlich (BGH NJW-RR 1991, 1406).

Die Benennung des zuständigen Banksachbearbeiters bzw. Sparkassenangestellten unter Entbindung von der Schweigepflicht in der Klageschrift bei Geltendmachung von Zinsen über den gesetzlichen Verzugszinssatz des § 288 Abs. 1 BGB ist deshalb ratsam, weil häufig vom Klagegegner die Richtigkeit der Zinsbestätigung in der Zinsbescheinigung mit Nichtwissen bestritten wird und spätere Ergänzungen des Beweisangebotes oft vergessen werden.

Achtung: Sicherheitshalber sollte man für den Fall, dass der Verzug oder der geltend gemachte Kreditzins nicht bewiesen werden kann, hilfsweise die Verzinsung in gesetzlicher Höhe seit Klagezustellung beantragen (siehe §§ 291. 288 Abs. 1 BGB).

Kosten u. Gebühren:
Gerichtskosten:
3,0 Verfahrensgebühren nach GKG KV Nr. 1210; die Gebühren können sich unter den Voraussetzungen des KV Nr. 1211 des GKG auf eine 1,0 Gebühr ermäßigen.

Streitwert:
§ 12 Abs. 1 GKG, §§ 3, 4 ZPO.

Rechtsanwaltsgebühren:
Regelgebühren nach § 31 BRAGO; sofern für die außergerichtliche Tätigkeit Gebühren nach § 118 BRAGO angefallen sind, ist die Geschäftsgebühr nach § 118 Abs. 1 Nr. 1 BRAGO auf die Prozessgebühr anzurechnen, § 118 Abs. 2 S. 1 BRAGO.

#06 Gewährleistungsklage des Käufers, Minderung § 437 Nr. 2, 2. Alt BGB

[*HIER Ort, Datum*]

An das
Amtsgericht [- Landgericht]
[*HIER Anschrift*]

Klage

des/der ...... [*HIER Vorname, Name, Anschrift*]

- Klägers/-in, -

Prozessbevollmächtigte(r): Rechtsanwalt/-wältin ...... [*HIER Vorname, Name, Anschrift*]

gegen

den/die ...... [*HIER Vorname, Name, Anschrift*]

- Beklagte(n), -

Prozessbevollmächtigte(r): Rechtsanwalt/-wältin ...... [*HIER Vorname, Name, Anschrift*]

wegen ......

Streitwert: ...... EUR [- vorläufig geschätzt mit ...... EUR]

Namens und in Vollmacht des/der Klägers/-in erhebe ich Klage und werde beantragen,

1. den/die Beklagte(n) zu verurteilen, an den/die Kläger/-in ...... EUR nebst Zinsen von 5 Prozentpunkten über dem jeweiligen Basiszinssatz [- ...... % Zinsen hieraus] seit Rechtshängigkeit [- seit dem ...... 20..] zu zahlen.
2. dem/der Beklagten die Kosten des Rechtsstreits aufzuerlegen.
3. das Urteil - notfalls gegen Sicherheitsleistung - für vorläufig vollstreckbar zu erklären.

Weiterhin wird vorsorglich der
Antrag auf schriftliches Anerkenntnis- oder Versäumnisurteil im schriftlichen Vorverfahren gestellt,

oder andernfalls,
möglichst baldigen Termin zur mündlichen Verhandlung anzuberaumen.

Begründung:

...... [*HIER folgt eine Beispielsbegründung*]

Die Parteien schlossen am ...... 20.. einen Kaufvertrag über das Grundstück Gemarkung ......, Flurstück-Nr. ......, Grundbuchheft ......, auf dem sich ein Einfamilienhaus aus dem Jahre ...... befindet.

Beweis: Kaufvertrag zwischen den Parteien vom ...... 20.., in Ablichtung, Anlage K 1

Die Auflassung erfolgte am ...... 20... Die Kläger wurden am ...... 20.. als Eigentümer in das Grundbuch eingetragen.

Kurze Zeit nach Einzug des Klägers am ...... in das Haus stellte sich heraus, dass dieses mit Hausschwamm befallen ist.

Beweis: 1. Einnahme eines Augenscheins;
2. Einholung eines Sachverständigengutachten.

Mit Einschreiben/Rückschein forderten die Kläger den Beklagten auf, den Mangel bis zum ...... 20.. beseitigen zu lassen. Der Beklagte reagierte bis zum genannten Zeitpunkt nicht.

Beweis: Schreiben vom ...... 20.. in Fotokopie, Anlage K 2

Daraufhin haben die Kläger durch eine weiteres Schreiben (per Einschreiben/Rückschein) gegenüber dem Beklagten die Minderung des Kaufpreises erklärt und den Kläger aufgefordert, den Betrag von ...... EUR an sie bis zum ...... 20.. zu zahlen.

Beweis: Schreiben vom ...... 20.. in Fotokopie, Anlage K 3

Da der Beklagte auch hierauf nicht reagierte, ist Klage geboten.

Mit der Zahlung des Minderungsbetrages über ......EUR befindet sich die Beklagte seit dem ...... 20.. [*HIER Zeitpunkt der Fristsetzung in der Minderungserklärung angeben*]. Er hat den zu zahlenden Minderungsbetrag demnach ab diesen Zeitpunkt [- mit dem gesetzlichen Zinssatz] zu verzinsen.

Der Zinsanspruch folgt aus §§ 291, 288 Abs. 1 BGB. [Bei höherem als dem gesetzlichen Zinssatz: - Der Zinsanspruch folgt aus §§ 291, 288 Abs. 3 BGB.

Die Klägerin nimmt Bankkredit in Höhe der Klageforderung zu dem im Antrag genannten Zinssatz in Anspruch, den sie bei Zahlung der Beklagten insoweit zurückgeführt hätte.

Beweis: Zinsbestätigung der X-Bank [- Y-Sparkasse], Anlage K ......

Für den Fall des Bestreitens zusätzlich:

Beweis: Herr [- Frau] ....., zuständige(r) Bankbearbeiter/-in [- Sparkassenangestellte(r)] unter Entbindung von der Verschwiegenheitspflicht, zu laden über die X-Bank [- Y-Sparkasse] als Zeuge/Zeugin]

[Bei vorgerichtlicher Inverzugsetzung wie im vorliegenden Fall:

bei gesetzlichem Zinssatz: - Der Zinsanspruch rechtfertigt sich aus §§ 286 Abs. 1, 288 Abs. 1 BGB.

bei höherem Zinssatz: - Der Zinsanspruch beruht auf den §§ 286 Abs. 1, 288 Abs. 3 BGB.

Die Klägerin nimmt Bankkredit in Höhe der Klageforderung zu dem im Antrag genannten Zinssatz in Anspruch, den sie bei Zahlung der Beklagten insoweit zurückgeführt hätte.

Beweis: Zinsbestätigung der X-Bank [- Y-Sparkasse], Anlage K ......

Für den Fall des Bestreitens zusätzlich:

Beweis: Herr [- Frau] ......, zuständige(r) Bankbearbeiter/-in [- Sparkassenangestellte(r)] unter Entbindung von der Verschwiegenheitspflicht, zu laden über die X-Bank [- Y-Sparkasse] als Zeuge/Zeugin]

[oder]
Die Klägerin nimmt laufend einen die Klageforderung übersteigenden Bankkredit zu dem angegebenen Zinssatz in Anspruch. Für diesen Kredit muss sie seit Rechtshängigkeit [- dem o. g. Datum, dem ...... 20..] ...... [z. B. 10] % Zinsen bezahlen.

Beweis: Zinsbestätigung der X-Bank [- Y-Sparkasse], Anlage K ......

Für den Fall des Bestreitens zusätzlich:

Beweis: Herr [- Frau] ......, zuständige(r) Bankbearbeiter/-in [- Sparkassenangestellte(r)] unter Entbindung von der Verschwiegenheitspflicht, zu laden über die X-Bank [- Y-Sparkasse] als Zeuge/Zeugin]

Bei dem Kredit handelt es sich um einen Kredit, der bei rechtzeitiger Zahlung entsprechend zurückgeführt worden wäre.

....
Rechtsanwalt/-wältin

Anmerkung

Die sachliche Zuständigkeit des Gerichts bemisst sich nach dem Wert der zurückgeforderten Leistung.

Grundsätzlich ist vom Käufer zunächst der Erfüllungsanspruch aus § 433 Abs. 1 S. 2 BGB im Wege der Nacherfüllung zu verfolgen. Der Käufer kann gem. § 439 Abs. 1 BGB nach seiner Wahl entweder

- Nachbesserung oder
- Ersatzlieferung einer mangelfreien Sache

verlangen. Dies gilt sowohl für Rechts- als auch Sachmängel. Die Pflicht zur Nacherfüllung trifft den Verkäufer unabhängig davon, ob er den Mangel zu vertreten hat oder nicht. Die Wahl zwischen den beiden Formen der Nacherfüllung steht dem Käufer zu. Die Nacherfüllungsansprüche haben Vorrang vor den eigentlichen Gewährleistungsansprüchen.

Nur wenn das nicht zum Ziel führt, sind die weiteren Gewährleistungsinstitute Rücktritt, Minderung oder Schadenersatz möglich.

Bei der Minderung (§ 437 Nr. 2, 2. Alt. BGB) soll der Kaufvertrag grundsätzlich abgewickelt werden; nur die Gegenleistung des Käufers soll der Minderleistung des Verkäufers angepasst werden.

Rücktritts- und Minderungsrechte sind jetzt als Gestaltungsrechte geregelt (§ 349 BGB für den Rücktritt, § 441 Abs. 1 S. 1 BGB für das Minderungsrecht).

Voraussetzung der Minderung in § 441 Abs. 1 S. 1 BGB sind:

- Der Käufer kann den Kaufpreis auch beim Vorliegen eines Rechtsmangels in gleicher Weise wie beim Vorliegen eines Sachmangels mindern;
- Der Käufer ist zur Minderung erst nach erfolgloser Fristsetzung zur Nacherfüllung berechtigt;
- Die Minderung ist Gestaltungsrecht.

Das Recht des Käufers zur Kaufpreisminderung setzt – wie beim Rücktritt auch – voraus, dass eine dem Verkäufer gesetzte Frist zur Nacherfüllung, erfolglos abgelaufen ist. Bei der Minderung (§ 437 Nr. 2, 2. Alt. BGB) bei Lieferung einer mangelhaften Sache bezieht sich die Fristsetzung nach § 323 Abs. 1 BGB auf den Nacherfüllungsanspruch des Käufers nach §§ 437 Nr. 1, 439 BGB.

Da die Minderung gem. § 441 Abs. 1 BGB alternativ neben dem Rücktritt (»statt«) möglicht ist, sind demzufolge immer die Rücktrittsvoraussetzungen herbeizuführen.

Achtung:
Minderung auch bei Unerheblichkeit des Mangels möglich. Im Gegensatz zum Rücktritt ist die Minderung auch bei unerheblichen Mängeln möglich, § 441 Abs. 1 S. 2 BGB.

Die Minderung wird künftig relativ zum Wert der mangelhaften Sache berechnet, § 441 Abs. 3 S. 1 BGB. Etwaige Wertveränderungen im Zeitraum zwischen Vertragsschluss und Minderung bleiben nach dem Gesetzestext außer Betracht. Soweit erforderlich, ist der Minderungsbetrag nach § 441 Abs. 3 S. 2 BGB durch Schätzung zu ermitteln.

Der Verzugszinssatz beträgt gem. § 288 Abs. 1 BGB grundsätzlich 5 Prozentpunkte über dem Basiszinssatz pro Jahr. Bei Rechtsgeschäften an denen ein Verbraucher nicht beteiligt ist, erhöht sich der Zinssatz für Entgeltzahlungen auf 8 Prozentpunkte über dem Basiszinssatz, § 288 Abs. 2 BGB. Bei der Abgrenzung kommt es nicht darauf an, ob der Verbraucher oder der Unternehmer wegen Entgeltzahlung in Verzug geraten ist. Gerät also ein Unternehmer gegenüber einem Verbraucher in Verzug, so belaufen sich die gesetzlichen Zinsen ebenfalls nur auf 5 Prozentpunkte über dem Basiszinssatz.

Nach § 288 Abs. 1 S. 2 BGB ist eine Geldschuld während des Verzugs für das Jahr mit 5 Prozentpunkten über dem jeweiligen Basiszinssatz zu verzinsen. Eine Definition des Basiszinssatzes enthält § 247 BGB. Er verändert sich zum 1. Januar und Juli eines Jahres gemäß § 247 Abs. 1 BGB. Die Deutsche Bundesbank gibt den geltenden Basiszinssatz unverzüglich nach diesen genannten Zeitpunkten im Bundesanzeiger bekannt, § 247 Abs. 2 BGB.

Der Basiszinssatz kann am besten (weil dort die sorgfältigste Auskunft erfolgt) bei der Landeszentralbank telefonisch erfragt werden, um den jeweils gültigen gesetzlichen Verzugszinssatz zu errechnen. Ansonsten sieht man im Bundesanzeiger nach.

Auch der gesetzliche Zinssatz bei Vorliegen eines Handelsgeschäftes (§§ 352, 343 HGB) ist dementsprechend angepasst worden.

Zum Beleg des über den gesetzlichen Zins hinausgehenden Zinsanspruches sollte bereits in der Klageschrift und nicht erst auf Bestreiten des Beklagten eine Zinsbescheinigung der Bank eingereicht werden. Nach der Rechtsprechung des Bundesgerichtshofes (BGH NJW 1984, 371) braucht der Zahlungsverzug des Schuldners nicht für die Kreditaufnahme ursächlich sein. Es reicht aus, eine Kreditaufnahme in Höhe der Klageforderung darzulegen. Wenn der Beklagte bestreitet, ist jedenfalls bei Nichtkaufleuten, eine nähere Darlegung erforderlich (BGH NJW-RR 1991, 1406).

Die Benennung des zuständigen Banksachbearbeiters bzw. Sparkassenangestellten unter Entbindung von der Schweigepflicht in der Klageschrift bei Geltendmachung von Zinsen über den gesetzlichen Verzugszinssatz des § 288 Abs. 1 BGB ist deshalb ratsam, weil häufig vom Klagegegner die Richtigkeit der Zinsbestätigung in der Zinsbescheinigung mit Nichtwissen bestritten wird und spätere Ergänzungen des Beweisangebotes oft vergessen werden.

Da die Zinsbescheinigung einer Privatbank als Privaturkunde nach § 416 ZPO nur den Beweis dafür erbringt, dass der Aussteller jene Erklärung abgegeben hat, muss der Kläger für den Fall, dass der Beklagte die inhaltliche Richtigkeit der Bankbescheinigung bestreiten sollte, etwa das Zeugnis des Banksachbearbeiters als Beweis anbieten, da er ansonsten beweisfällig bleibt.

Achtung: Sicherheitshalber sollte man für den Fall, dass der Verzug oder der geltend gemachte Kreditzins nicht bewiesen werden kann, hilfsweise die Verzinsung in gesetzlicher Höhe seit Klagezustellung beantragen (siehe §§ 291, 288 Abs. 1 BGB).

Büromäßige Behandlung:

Falls der Anwalt mit einer vorgerichtlichen Minderungserklärung beauftragt ist:

Muster einer Erklärung der Minderung

»[HIER Ort, Datum]

Einschreiben/Rückschein
Herrn/Frau] ......
[HIER Anschrift]

Erklärung der Minderung

Sehr geehrte(r) Herr/Frau ......,

in dem zwischen Ihnen und meinem Mandanten [– meiner Mandantin] (Vollmacht liegt anbei) abgeschlossenen Kaufvertrag über das Kraftfahrzeug der Marke ......, pol. Kennzeichen ......, haben Sie zugesichert, dass das Fahrzeug einen Kilometerstand von ...... km hatte.

Inzwischen hat mein Mandant [– meine Mandantin] feststellen können, dass der tatsächliche Kilometerstand mindestens ...... km beträgt. Dies hat zur Folge, dass allenfalls ein Kaufpreis von ...... EUR gerechtfertigt ist.

Namens und in Vollmacht meines Mandanten [– meiner Mandantin] verlange ich daher Herabsetzung des Kaufpreises auf den vorgenannten Betrag und fordere Sie auf, mir spätestens bis zum

...... 20..

zu erklären, ob Sie bereit sind, die Differenz zwischen dem ursprünglich vereinbarten und dem herabgesetzten Kaufpreis, nämlich dem Betrag von ...... EUR, an meine Mandantin zurückzuzahlen. Andernfalls ist Klage geboten.

....
Rechtsanwalt/-wältin«

Kosten u. Gebühren:
Gerichtskosten:
3,0 Verfahrensgebühren nach GKG KV Nr. 1210; die Gebühren können sich unter den Voraussetzungen des KV Nr. 1211 des GKG auf eine 1,0 Gebühr ermäßigen.

Streitwert:
§ 12 Abs. 1 GKG, §§ 3, 4 ZPO.

Rechtsanwaltsgebühren:
Regelgebühren nach § 31 BRAGO; sofern für die außergerichtliche Tätigkeit Gebühren nach § 118 BRAGO angefallen sind, ist die Geschäftsgebühr nach § 118 Abs. 1 Nr. 1 BRAGO auf die Prozessgebühr anzurechnen, § 118 Abs. 2 S. 1 BRAGO.

#07 Gewährleistungsklage des Käufers, Klage auf Schadensersatz § 437 Nr. 3, 1. Alt BGB

[*HIER Ort, Datum*]

An das
Amtsgericht [- Landgericht]
[*HIER Anschrift*]

Klage

des/der ...... [*HIER Vorname, Name, Anschrift*]

- Klägers/-in, -

Prozessbevollmächtigte(r): Rechtsanwalt/-wältin ...... [*HIER Vorname, Name, Anschrift*]

gegen

den/die ...... [*HIER Vorname, Name, Anschrift*]

- Beklagte(n), -

Prozessbevollmächtigte(r): Rechtsanwalt/-wältin ...... [*HIER Vorname, Name, Anschrift*]

wegen Rückzahlung des Kaufpreises.

Streitwert: ...... EUR [- vorläufig geschätzt mit ...... EUR]

Namens und in Vollmacht des/der Klägers/-in erhebe ich Klage und werde beantragen,

1. den/die Beklagte(n) zu verurteilen, an den/die Kläger/-in ...... EUR nebst Zinsen hieraus von 5 Prozentpunkten über dem jeweiligen Basiszinssatz [- ...... % Zinsen hieraus] seit Rechtshängigkeit [- seit dem ...... 20..] zu zahlen.
2. dem/der Beklagten die Kosten des Rechtsstreits aufzuerlegen.
3. das Urteil - notfalls gegen Sicherheitsleistung - für vorläufig vollstreckbar zu erklären.

Weiterhin wird vorsorglich der
Antrag auf schriftliches Anerkenntnis- oder Versäumnisurteil im schriftlichen Vorverfahren gestellt,

oder andernfalls,
möglichst baldigen Termin zur mündlichen Verhandlung anzuberaumen.

Begründung:

...... [*HIER folgt eine Beispielsbegründung*]

Die Klägerin macht Schadensersatzansprüche gem. § 437 Abs. 3, 1. Alt. BGB geltend, da ein ihr vom Beklagten verkauftes Grundstück nicht über die vertraglich zugesicherte Grundstücksfläche verfügt.

Mit notariellem Vertrag vom ...... 20.. kaufte die Klägerin vom Beklagten einen noch wegzumessenden Teil des Grundstückes des Beklagten Flurstück-Nr. ...... Die zu erwerbenden Teilfläche ist in § ...... des notariellen Vertrages und auch im Lageplan, welcher Gegenstand dieses Vertrages ist, näher beschrieben und mit »ca. ...... qm« angegeben. In § ...... des notariellen Vertrages ist geregelt, dass der Kaufpreis des Grundstückes ...... EUR beträgt.

Beweis: notarieller Kaufvertrag vom ...... 20.., in Fotokopie, Anlage K 1

Laut Wertgutachten des vereidigten Sachverständigen ...... [*HIER Angabe des Namens nebst Anschrift*] beträgt der Verkehrswert des Grundstückes mit der vertraglich geschuldeten Fläche von ...... qm ...... EUR.

Beweis: Wertgutachten des Sachverständigen ......, Anlage K 2

Am ...... 20 ...... bezahlte die Klägerin den Kaufpreis von EUR .... Die Auflassung geschah am ...... 20.. durch die bevollmächtigten Mitarbeiter des Notars. Die Eintragung der Klägerin im Grundbuch erfolgte am ...... 20...

Am ...... 20.. stellte die Klägerin fest, dass die tatsächliche Fläche des ihr übertragenen Grundstücks lediglich ...... qm beträgt.

Der Verkehrswert für das an die Klägerin tatsächlich aufgelassene Grundstück mit einer Fläche von ...... qm beträgt EUR ......

Beweis: Wertgutachten des Sachverständigen ......, Anlage K 3

Aufgrund der geringeren Größe des Grundstückes steht der Klägerin nach § 473 Abs. 3, 1. Alt BGB ein Schadensersatzanspruch zu.

Unter Fristsetzung bis zum ...... 20.. hat die Klägerin den Beklagten per Einschreiben/ Rückschein – unter Beifügung des Wertgutachten des Sachverständigen – aufgefordert, ihr die vertraglich vereinbarte Grundstücksfläche zu verschaffen.

Beweis: Schreiben vom ...... 20.. in Kopie, Anlage 3

Der Beklagte reagierte hierauf nicht.

Daraufhin hat die Klägerin durch Schreiben vom .... 20.. (ebenfalls per Einschreiben/ Rückschein) gegenüber dem Beklagten ihren Schadensersatzanspruch geltend gemacht und ihn aufgefordert, den Betrag von ...... EUR an sie bis zum .... 20.. zu zahlen.

Beweis: Schreiben vom .... 20.. in Fotokopie, Anlage K 4

Auch auf dieses Schreiben reagierte der Beklagte nicht, so dass Klage geboten ist.

Die Klägerin macht Schadensersatz geltend. Der Schaden besteht in der Differenz zwischen dem Wert des gekauften Grundstückes mit der geschuldeten Grundstückfläche in Höhe von EUR ...... und dem Wert des Grundstückes mit der tatsächliche Fläche von EUR ......

Mit Zahlung des Schadensersatzbetrages über ......EUR befindet sich der Beklagte seit dem ...... 20.. [*HIER Zeitpunkt der Fristsetzung in der Schadensersatzerklärung angeben*]. Er hat den zu zahlenden Schadensersatzbetrag demnach ab diesen Zeitpunkt [- mit dem gesetzlichen Zinssatz] zu verzinsen.

Der Zinsanspruch folgt aus §§ 291, 288 Abs. 1 BGB. [Bei höherem als dem gesetzlichen Zinssatz: - Der Zinsanspruch folgt aus §§ 291, 288 Abs. 3 BGB.

Die Klägerin nimmt Bankkredit in Höhe der Klageforderung zu dem im Antrag genannten Zinssatz in Anspruch, den sie bei Zahlung dem Beklagten insoweit zurückgeführt hätte.

Beweis: Zinsbestätigung der X-Bank [- Y-Sparkasse], Anlage K ......

Für den Fall des Bestreitens zusätzlich:

Beweis: Herr [- Frau] ......, zuständige(r) Bankbearbeiter/-in [- Sparkassenangestellte(r)] unter Entbindung von der Verschwiegenheitspflicht, zu laden über die X-Bank [- Y-Sparkasse] als Zeuge/Zeugin]

[Bei vorgerichtlicher Inverzugsetzung:
bei gesetzlichem Zinssatz: - Der Zinsanspruch rechtfertigt sich aus §§ 286 Abs. 1, 288 Abs. 1 BGB.
bei höherem Zinssatz: - Der Zinsanspruch beruht auf den §§ 286 Abs. 1, 288 Abs. 3 BGB.

Die Klägerin nimmt Bankkredit in Höhe der Klageforderung zu dem im Antrag genannten Zinssatz in Anspruch, den sie bei Zahlung dem Beklagten insoweit zurückgeführt hätte.

Beweis: Zinsbestätigung der X-Bank [- Y-Sparkasse], Anlage K ......

Für den Fall des Bestreitens zusätzlich:

Beweis: Herr [- Frau] ......, zuständige(r) Bankbearbeiter/-in [- Sparkassenangestellte(r)] unter Entbindung von der Verschwiegenheitspflicht, zu laden über die X-Bank [- Y-Sparkasse] als Zeuge/Zeugin]

[oder]
Die Klägerin nimmt laufend einen die Klageforderung übersteigenden Bankkredit zu dem angegebenen Zinssatz in Anspruch. Für diesen Kredit muss sie seit Rechtshängigkeit [- dem o. g. Datum, dem ...... 20..] ...... [z. B. 10] % Zinsen bezahlen.

Beweis: Zinsbestätigung der X-Bank [- Y-Sparkasse], Anlage K ......

Für den Fall des Bestreitens zusätzlich:

Beweis: Herr [- Frau] ......, zuständige(r) Bankbearbeiter/-in [- Sparkassenangestellte(r)] unter Entbindung von der Verschwiegenheitspflicht, zu laden über die X-Bank [- Y-Sparkasse] als Zeuge/Zeugin]

Bei dem Kredit handelt es sich um einen Kredit, der bei rechtzeitiger Zahlung entsprechend zurückgeführt worden wäre.

....
Rechtsanwalt/-wältin

Anmerkung

Die sachliche Zuständigkeit des Gerichts bemisst sich nach dem Streitwert. Örtlich zuständig ist das Gericht am Wohnsitz des Beklagten.

Verletzt der Verkäufer seine Pflicht aus § 433 Abs. 1 S. 2 BGB (Lieferung ohne Sach- und Rechtsmängel), erleidet der Käufer einen Schaden, da die Sache wegen des Mangels nicht den Wert hat, den sie ohne Mangel hätte (eigentlicher Mangelschaden).

Aus § 280 BGB, auf den § 437 Nr. 3 BGB verweist, ergibt sich ein Anspruch des Käufers auf Ersatz des Schadens, der ihm dadurch entstanden ist, dass der Verkäufer seine Pflicht zur Lieferung einer mangelfreien Sache aus § 433 Abs. 1 S. 2 BGB verletzt hat. Dieser Anspruch ist ausgeschlossen, wenn der Verkäufer die mangelfreie Sache nicht zu vertreten hat.

Nach § 437 Nr. 3 BGB kann der Käufer grundsätzlich bei jedem verschuldeten Mangel Schadensersatz verlangen; hat der Verkäufer eine Garantie für das Vorhandensein einer Eigenschaft übernommen (vgl. § 276 Abs. 1 BGB), hat er ihr Fehlen auch ohne Verschulden zu vertreten. In § 437 Nr. 3 BGB wird auf das allgemeine Leistungsstörungsrecht verwiesen. Danach hat der Käufer einen Anspruch auf Ersatz des Schadens, der ihm dadurch entstanden ist, dass der Verkäufer seine Pflicht zur Verschaffung einer mangelfreien Sache gem. § 433 Abs. 1 BGB verletzt hat. Der Anspruch ist ausgeschlossen, wenn der Verkäufer die mangelhafte Lieferung nicht zu vertreten hat.

Den Mangelschaden kann der Käufer nur verlangen, sofern zusätzlich die Voraussetzungen des § 281 BGB vorliegen, also regelmäßig der ergebnislose Ablauf einer zuvor gesetzten Frist zur Nacherfüllung. Entsprechend der Regelung für den Rücktritt und die Minderung erhält der Verkäufer noch eine Gelegenheit, durch Nachbesserung oder Neulieferung die ihn wirtschaftlich härter treffende Schadensersatzpflicht abzuwenden. Keine Fristsetzung ist notwendig, wenn die Nacherfüllung (anfänglich oder nachträglich) unmöglich ist, § 326 Abs. 5 BGB. Im vorliegenden Fall handelt es sich um den Kauf einer Teilfläche vom Beklagten, der dem Kläger möglicherweise noch einen weiteren Grundstücksteil verschaffen könnte, damit die vereinbarte Quadratmeterzahl erreicht wird. Bei Lieferung einer mangelhaften Sache hat der Käufer bei Unmöglichkeit der Nacherfüllung gemäß § 437 Nr. 3 BGB i. V. m. §§ 326 Abs. 5, 323 BGB das Recht zum Rücktritt ohne Fristsetzung.

Des Weiteren ist nach § 440 BGB eine Fristsetzung nicht erforderlich, wenn

- der Verkäufer beide Arten der Nacherfüllung verweigert oder
- die dem Käufer zustehende Nachbesserung fehlgeschlagen oder ihm unzumutbar ist.

Der Verkäufer haftet dem Käufer nach § 281 Abs. 1 i. V. m. § 280 Abs. 1 S. 2 BGB, wenn er die Pflichtverletzung zu vertreten hat. Dabei wird das Verschulden des Verkäufers vermutet. Er kann sich jedoch gem. § 280 Abs. 1 S. 2 BGB entlasten. Es kommt auch weiterhin eine verschuldensunabhängige Schadensersatzhaftung im Kaufrecht in Betracht. Gemäß § 276 Abs. 1 S. 1 BGB haftet der Verkäufer ohne Verschulden, wenn er eine »Garantie« übernommen hat. In der Zusicherung einer Eigenschaft liegt gleichzeitig eine Garantieübernahme.

Der Schadensersatz kann nach dem Wortlaut des § 437 Nr. 2 BGB (»und«) neben Rücktritt und Minderung gelten machen.

§ 437 Nr. 3 BGB nimmt auf die Vorschriften Bezug, die im allgemeinen Leistungsstörungsrecht die Schadensersatzpflicht des Schuldners bei Unmöglichkeit regeln, §§ 283, 311 a BGB. Ist also die Erfüllung des Nachlieferungsanspruches aus § 439 BGB unmöglich, so ergibt sich die Schadensersatzpflicht bei anfänglicher Unmöglichkeit aus § 311 a BGB und in den übrigen Fällen der Unmöglichkeit aus den §§ 283, 280 BGB. Der Käufer kann dann ohne Fristsetzung, die in diesem Fall sinnlos geworden ist, gem. §§ 283, 280 S. 1 BGB statt der Leistung Schadensersatz verlangen.

Der Anspruch ist auf den »kleinen Schadensersatz« (= Behalten der fehlerhaften Sache und Liquidation des Minderwertes) beschränkt. Der eigentliche Mangelschaden wird durch die §§ 281, 280 BGB ersetzt. Die Schadensersatzhaftung des Verkäufers für den »eigentlichen« Mangelschaden greift auch bei nur fahrlässigem Verschulden des Verkäufers ein.

Den »großen Schadensersatz« (= Ersatz des durch die Nichterfüllung des gesamten Vertrages entstandenen Schaden unter Zurückweisung der Kaufsache) kann der Käufer nur bei Interessenfortfall verlangen, § 437 Nr. 3 BGB i. V. m. §§ 280, 281 Abs. 1 S. 3 BGB.

Der Schadensersatz kann nach dem Wortlaut des § 437 Nr. 2 BGB (»und«) neben Rücktritt und Minderung gelten gemacht werden. Da der Schadensersatz nach § 437 Nr. 3 BGB durch ein »und« mit der vorhergehenden Nummer 2, die den Rücktritt und die Minderung betrifft, verbunden ist, kann er eben auch neben Rücktritt oder Minderung verlangt werden, vgl. auch § 325 BGB.

Der Verzugszinssatz beträgt gem. § 288 Abs. 1 BGB grundsätzlich 5 Prozentpunkte über dem Basiszinssatz pro Jahr. Bei Rechtsgeschäften an denen ein Verbraucher nicht beteiligt ist, erhöht sich der Zinssatz für Entgeltzahlungen auf 8 Prozentpunkte über dem Basiszinssatz, § 288 Abs. 2 BGB. Bei der Abgrenzung kommt es nicht darauf an, ob der Verbraucher oder der Unternehmer wegen Entgeltzahlung in Verzug geraten ist. Gerät also ein Unternehmer gegenüber einem Verbraucher in Verzug, so belaufen sich die gesetzlichen Zinsen ebenfalls nur auf 5 Prozentpunkte über dem Basiszinssatz.

Nach § 288 Abs. 1 S. 2 BGB ist eine Geldschuld während des Verzugs für das Jahr mit 5 Prozentpunkten über dem jeweiligen Basiszinssatz zu verzinsen. Eine Definition des Basiszinssatzes enthält § 247 BGB. Er verändert sich zum 1. Januar und Juli eines Jahres gemäß § 247 Abs. 1 BGB. Die Deutsche Bundesbank gibt den geltenden Basiszinssatz unverzüglich nach diesen genannten Zeitpunkten im Bundesanzeiger bekannt, § 247 Abs. 2 BGB.

Der Basiszinssatz kann am besten (weil dort die sorgfältigste Auskunft erfolgt) bei der Landeszentralbank telefonisch erfragt werden, um den jeweils gültigen gesetzlichen Verzugszinssatz zu errechnen. Ansonsten sieht man im Bundesanzeiger nach.

Auch der gesetzliche Zinssatz bei Vorliegen eines Handelsgeschäftes (§§ 352, 343 HGB) ist dementsprechend angepasst worden.

Zum Beleg des über den gesetzlichen Zins hinausgehenden Zinsanspruches sollte bereits in der Klageschrift und nicht erst auf Bestreiten des Beklagten eine Zinsbescheinigung der Bank eingereicht werden. Nach der Rechtsprechung des Bundesgerichtshofes (BGH NJW 1984, 371) braucht der Zahlungsverzug des Schuldners nicht für die Kreditaufnahme ursächlich sein. Es reicht aus, eine Kreditaufnahme in Höhe der Klageforderung darzulegen. Wenn der Beklagte bestreitet, ist jedenfalls bei Nichtkaufleuten, eine nähere Darlegung erforderlich (BGH NJW-RR 1991, 1406).

Die Benennung des zuständigen Banksachbearbeiters bzw. Sparkassenangestellten unter Entbindung von der Schweigepflicht in der Klageschrift bei Geltendmachung von Zinsen über den gesetzlichen Verzugszinssatz des § 288 Abs. 1 BGB ist deshalb ratsam, weil häufig vom Klagegegner die Richtigkeit der Zinsbestätigung in der Zinsbescheinigung mit Nichtwissen bestritten wird und spätere Ergänzungen des Beweisangebotes oft vergessen werden.

Achtung:
Sicherheitshalber sollte man für den Fall, dass der Verzug oder der geltend gemachte Kreditzins nicht bewiesen werden kann, hilfsweise die Verzinsung in gesetzlicher Höhe seit Klagezustellung beantragen (siehe §§ 291, 288 Abs. 1 BGB).

Kosten u. Gebühren:
Gerichtskosten:
3,0 Verfahrensgebühren nach GKG KV Nr. 1210; die Gebühren können sich unter den Voraussetzungen des KV Nr. 1211 des GKG auf eine 1,0 Gebühr ermäßigen.

Streitwert:
§ 12 Abs. 1 GKG, §§ 3, 4 ZPO.

Rechtsanwaltsgebühren:
Regelgebühren nach § 31 BRAGO; sofern für die außergerichtliche Tätigkeit Gebühren nach § 118 BRAGO angefallen sind, ist die Geschäftsgebühr nach § 118 Abs. 1 Nr. 1 BRAGO auf die Prozessgebühr anzurechnen, § 118 Abs. 2 S. 1 BRAGO.

B. Zwangsvollstreckung

01. Durchführung der Zwangsvollstreckung

#01 Antrag auf Prozesskostenhilfe

[*HIER Ort, Datum*]

An das
Amtsgericht
- Vollstreckungsgericht

[*HIER Anschrift*]

In Sachen

des/der ...... [*HIER Vorname, Name, Anschrift*]

- Gläubigers/-in, -

Verfahrensbevollmächtigte(r): Rechtsanwalt/-wältin ...... [*HIER Vorname, Name, Anschrift*]

gegen

den/die ...... [*HIER Vorname, Name, Anschrift*]

- Schuldner/-in, -

[Verfahrensbevollmächtigte(r): Rechtsanwalt/-wältin ...... [*HIER Vorname, Name, Anschrift*]

melde ich mich für den/die Gläubiger/-in und beantrage,

dem/der Kläger/-in Prozesskostenhilfe für die beabsichtigte Zwangsvollstreckung zu bewilligen und den/die Unterzeichner/-in beizuordnen.

Begründung:

Dem Gläubiger steht der geltend gemachte Anspruch aus dem beigefügten bereits mit der Vollstreckungsklausel versehenen Titel gegen den Schuldner zu.

Beweis: beigefügte Kopie des Titels.

Die Zustellung des Titels an den Schuldner ist bereits am ...... erfolgt.

Beweis: beigefügter Zustellungsnachweis in Kopie.

Gleichwohl hat der Schuldner bisher die geschuldete Leistung nicht erbracht. Die Zwangsvollstreckung ist daher geboten. Vollstreckungshindernisse stehen nicht entgegen.

Der Gläubiger ist nach seinen persönlichen und wirtschaftlichen Verhältnissen außerstande, die Kosten der Zwangsvollstreckung zu tragen.

Er kann auch nicht durch monatliche Raten zu den Kosten beitragen.

Ich füge dem Antrag auf Bewilligung von Prozesskostenhilfe die Erklärung über die persönlichen und wirtschaftlichen Verhältnisse des Gläubigers bei.

Die beabsichtigte Rechtsverfolgung bietet hinreichende Erfolgsaussichten.

Sofern das Gericht noch weitere Darlegungen oder Beweiserbieten für notwendig hält, wird um eine entsprechende Auflage gebeten.

....
Rechtsanwalt/-wältin

Anmerkung

Sachlich und örtlich zuständig ist das für die Zwangsvollstreckung zuständige Gericht (§ 117 Abs. 1 S. 3 ZPO), also das Vollstreckungsgericht gemäß § 764 ZPO oder das Gericht, welches die Aufgaben des Vollstreckungsgerichts wahrnimmt (z. B. das Grundbuchamt im Fall des § 867 ZPO oder das Prozessgericht des ersten Rechtszuges bei der Vollstreckung nach §§ 887, 888, 890 ZPO).

Die Entscheidung erfolgt durch Beschluss.

Die Bewilligung von Prozesskostenhilfe für die Zwangsvollstreckung in das bewegliche Vermögen umfasst alle Vollstreckungshandlungen im Bezirk des Vollstreckungsgerichts einschließlich des Verfahrens auf Abgabe der eidesstattlichen Versicherung (§ 119 ZPO).

Die Bewilligung der Prozesskostenhilfe befreit den Gläubiger einstweilen von der Zahlung der Gerichtskosten und der Anwaltsgebühren, § 122 ZPO. Der Gläubiger kann also die Zwangsvollstreckung einleiten, ohne einen Gerichtskostenvorschuss zu leisten; sein Rechtsanwalt hat keinen Gebührenanspruch gegen ihn, sondern gegen die Staatskasse, §§ 121 ff. BRAGO.

Überschreitet das Einkommen der Partei eine bestimmte Mindesthöhe, muss sie die ihr verauslagten Kosten in monatlichen Raten an die Staatskasse zurückzahlen. Die Höhe der Raten richtet sich nach dem Einkommen (vgl. Anl. 1 zu § 114 ZPO).

Büromäßige Behandlung:
Der Antragsteller hat durch die Beifügung einer Erklärung über seine persönlichen und wirtschaftlichen Verhältnisse seine Bedürftigkeit darzulegen. Hierzu wurde ein Vordruck eingeführt, dessen Benutzung zwingend vorgeschrieben ist, § 117 Abs. 4 ZPO.

Der Antragsteller muss der Erklärung ›entsprechende Belege‹ beifügen; ansonsten droht die sofortige Zurückweisung des Antrages, vgl. OLG Oldenburg NJW 1981, 1973.

Kosten:
Gerichtskosten:
Das Bewilligungsverfahren ist gerichtsgebührenfrei; bei Ablehnung der Prozesskostenhilfe haftet der Antragsteller für die entstandenen Auslagen nach § 49 GKG.

Rechtsanwaltsgebühren:
Die Rechtsanwaltsgebühren des § 31 Abs. 1 BRAGO entstehen im Zwangsvollstreckungsverfahren jeweils zu 3/10 (§ 57 Abs. 1 BRAGO – zur Bestimmung des Gegenstandswertes, vgl. § 57 Abs. 2 und 3 BRAGO).

Kostenerstattung:
Im Bewilligungsverfahren entstandene Rechtsanwaltsgebühren des Gegners hat der Antragsteller, auch wenn die Prozesskostenhilfe abgelehnt wird, nicht zu erstatten, § 119 Abs. 1 S. 4 ZPO.

Der Antrag ist zulässig, sobald das Urteil/Beschluss verkündet bzw. an Verkündungs statt zugestellt ist, § 317 Abs. 2 ZPO. Eine verkürzte Ausfertigung eines Versäumnis-, Anerkenntnis- und Verzichtsurteils erfolgt nach § 313 b ZPO.

Neben Beantragung der Erteilung der Urteilsausfertigung sollte zugleich eine vollstreckbare Ausfertigung (mit Klausel versehen) begehrt werden.

Kosten:
Besondere Gebühren entstehen nicht, diese Tätigkeit ist durch die allgemeine Prozessgebühr abgegolten, §§ 37, 58 BRAGO.

#02 Antrag auf Erteilung einer abgekürzten Ausfertigung des Urteils § 317 Abs. 2 ZPO

[*HIER Ort, Datum*]

An das
Amtsgericht [- Landgericht] [- Oberlandesgericht] [- Kammergericht]

- Geschäftsstelle -
[*HIER Anschrift*]

In Sachen

....../......

Az.: ......

beantrage ich namens und in Vollmacht des/der Klägers/-in,

eine zur Zwangsvollstreckung geeignete Ausfertigung des am .... verkündeten [- zugestellten] Urteils vom ...... ohne Tatbestand und Gründe zu erteilen.

....
Rechtsanwalt/-wältin

Anmerkung

Der Antrag ist zulässig, sobald das Urteil/Beschluss verkündet bzw. an Verkündungs statt zugestellt ist, § 317 Abs. 2 ZPO. Eine verkürzte Ausfertigung eines Versäumnis-, Anerkenntnis- und Verzichtsurteils erfolgt nach § 313 b ZPO.

Neben der Beantragung der Erteilung einer Urteilsausfertigung sollte zugleich eine vollstreckbare Ausfertigung (mit Klausel versehen) begehrt werden.

Kosten:
Besondere Gebühren entstehen nicht, diese Tätigkeit ist durch die allgemeine Prozessgebühr abgegolten, §§ 37, 58 BRAGO.

#03 Antrag auf Rechtskraft- oder Notfristzeugnis § 706 ZPO

[*HIER Ort, Datum*]

An das

An das
Amtsgericht [- Landgericht] [- Oberlandesgericht] [- Kammergericht]

- Geschäftsstelle -
[*HIER Anschrift*]

In Sachen

....../......
Az.: ......

[Antrag auf Notfristzeugnis]

lege ich anliegende Kurzausfertigung des Urteils des ......gerichts ......, Az. ...... vom ...... vor und bitte,

das Notfristzeugnis zu erteilen.

[Antrag auf Rechtskraftzeugnis]
überreiche ich anliegend die Kurzausfertigung des Urteils des ......gerichts ......, Az. ...... vom ...... mit Zustellungs- und Notfristzeugnis

[oder]
überreiche ich beigefügt das Versäumnisurteil vom ...... nebst Zustellungsnachweis vom ...... und bitte,

das Rechtskraftzeugnis zu erteilen.

....
Rechtsanwalt/-wältin

Anmerkung

Bei einfachem Versäumnisurteil des AG erteilt die Geschäftsstelle des Prozessgerichts das Rechtskrafterzeugnis.

Verfahren nach § 706 ZPO. Das Notfristzeugnis ist nur ein Beweismittel zur Erlangung des Rechtskraftzeugnisses.

Über die Rechtskraft wird vom Urkundsbeamten der Geschäftsstelle des Prozessgerichts ein Zeugnis erteilt, § 706 ZPO. Soweit aber die Erteilung dieses Zeugnisses davon abhängig ist, dass das Urteil nicht mit einem Rechtsmittel angefochten ist, ist ein Notfristzeugnis der Geschäftsstelle des Rechtsmittelgerichtes vorzulegen, § 706 Abs. 2 ZPO.

Bei Ablehnung der Erteilung des Notfrist- oder Rechtskraftzeugnisses kann der Antragsteller gegen diese Entscheidung des Urkundsbeamten der Geschäftsstelle befristete Erinnerung gem. § 573 Abs. 1 ZPO. Gleiches gilt für den Gegner bei Erteilung.

Büromäßige Behandlung:
Der Antrag auf Erteilung des Rechtskraft- und des Notfristzeugnisses richtet sich an die Geschäftsstelle. Er ist formlos. Bei einem einfachen Versäumnisurteil erteilt die Geschäftstelle des Prozessgerichts das Rechtskraftzeugnis ohne Notfrist-Attest, da sie das Fehlen eines Einspruchs aus den Akten feststellen kann.

Gerichtskosten:
Keine.

Rechtsanwaltsgebühren:
Es entstehen keine besonderen Rechtsanwaltsgebühren: §§ 37 Ziff.7; 58 Abs. 2 Ziff.1 BRAGO. Es sind jedoch § 56 in Verbindung mit § 120 BRAGO zu beachten.

#04 Antrag auf Erteilung einer einfachen Vollstreckungsklausel § 724 ZPO

[*HIER Ort, Datum*]

An das
Amtsgericht [- Landgericht] [- Oberlandesgericht] [- Kammergericht]

[*HIER Anschrift*]

In Sachen

....../......
Az.: ......

bitte ich um Erteilung einer vollstreckbaren Ausfertigung des Endurteils vom ......

[oder]
wird anliegende Abschrift des Urteils [- Vergleichs] des Amtsgerichts [- Landgerichts] ...... vom ...... überreicht, mit der Bitte um Anbringung der vollstreckbaren Ausfertigung (Vollstreckungsklausel).

[oder]
überreiche ich die Ausfertigung des Urteils vom ...... nebst Zustellungsurkunde vom ...... sowie das Zeugnis, wonach eine Rechtsmittelschrift nicht eingereicht ist,

und bitte,
da das Urteil rechtskräftig geworden ist, die Vollstreckungsklausel zu erteilen.

[oder]
beantrage ich,

gemäß § 724 ZPO eine mit der Vollstreckungsklausel versehene Urteilsausfertigung zu erteilen.

[- die Vollstreckungsklausel auf die beigefügte Urteilsausfertigung zu setzen.]

....
Rechtsanwalt/-wältin

Anmerkung

Der Antrag auf Erteilung einer Vollstreckungsklausel kann bereits mit Einreichung der Klageschrift gestellt werden, um unnötige Wartezeiten bei der Vollstreckung zu vermeiden (sog. Blitzklausel). Beispiel:

»Des Weiteren wird beantragt,

nach Erlass des Urteils eine vollstreckbare Ausfertigung der Entscheidung zu erteilen.«

Nach Urteilsverkündung kann diese dann sofort zugestellt werden.

Die Klausel wird nur auf Antrag erteilt. Zuständig ist das Gericht des ersten Rechtszuges. Gegen die Ablehnung der Erteilung der Vollstreckungsklausel kann befristete Erinnerung eingelegt werden, § 573 Abs. 1 ZPO. Bei ihrer Erteilung kann der Schuldner gem. § 732 oder § 768 ZPO vorgehen.

Büromäßige Behandlung:
Die vollstreckbare Ausfertigung wird unter Beifügung des Vollstreckungstitels (z. B. Urteils, Vergleichs) bei dem Gericht des ersten Rechtszuges, oder, wenn der Streit bei einem höheren Gericht anhängig ist, beantragt.

Das Zeugnis, in dem bestätigt wird, dass eine Rechtsmittelschrift nicht eingereicht ist (Notfristzeugnis, siehe Formular 1.B.01.#03) ist vorher bei der Geschäftsstelle des für das Rechtsmittel zuständigen Gerichts zu beantragen.

Kosten:
Rechtsanwaltskosten entstehen keine, § 58 Abs. 2 Nr. 1 BRAGO.

#05 Antrag auf Erteilung der titelergänzenden Vollstreckungsklausel § 726 ZPO

[*HIER Ort, Datum*]

An das
Amtsgericht [- Landgericht] [- Oberlandesgericht] [- Kammergericht]
- Geschäftsstelle -

[*HIER Anschrift*]

In Sachen

....../......
Az.: ......

beantrage ich,

gemäß § 726 ZPO eine mit der Vollstreckungsklausel versehene Urteilsausfertigung zu erteilen.

[- die Vollstreckungsklausel auf die beigefügte Urteilsausfertigung zu setzen.]

Die nach dem Urteil zu beweisende Bedingung ist erfüllt und nachgewiesen.

Das Urteil ist erst vollstreckbar, nachdem dem/der Schuldner/-in ordnungsgemäß gekündigt wurde. Anliegend füge ich eine Kopie des Kündigungsschreibens und die Zustellungsurkunde des Gerichtsvollziehers ...... vom ...... bei, aus der sich die ordnungsgemäße Zustellung ergibt.

....
Rechtsanwalt/-wältin

Anmerkung

Die vollstreckbare Ausfertigung wird nur auf Antrag erteilt, § 724 ZPO. Zuständig ist die Geschäftsstelle des Gerichts des ersten Rechtszuges. Ist der Rechtsstreit bei einem höheren Gericht anhängig, ist die Geschäftsstelle dieses Gerichts zuständig. Gegen die Entscheidung kann der Schuldner Erinnerung nach § 732 ZPO oder Klage nach § 768 ZPO erheben. Bei Ablehnung des Antrags für den Gläubiger sofortige Beschwerde gem. § 567 Abs. 1 ZPO mit § 11 Abs. 1 RPflG möglich.

Keiner Klausel bedürfen z. B. der Vollstreckungsbescheid, § 796 Abs. 1 ZPO, Arrest und einstweilige Verfügung, § 929 ZPO, ein auf das Urteil gesetzter Kostenfestsetzungsbeschluss, § 795 a ZPO.

Das obige Formular ist entsprechend für notarielle Urkunden zu verwenden, §§ 795–800 ZPO. Der Antrag ist an den Notar zu richten, der die Urkunde verwahrt, § 797 ZPO.

Kosten:
Rechtsanwaltsgebühren entstehen keine, § 58 Abs. 2 Nr. 1 BRAGO.

#06 Erteilung einer Vollstreckungsklausel für den Rechtsnachfolger § 727 ZPO

[*HIER Ort, Datum*]

An das
Amtsgericht [- Landgericht] [- Oberlandesgericht] [- Kammergericht]

- Geschäftsstelle -
[*HIER Anschrift*]

In Sachen

....../......
Az.: ......

beantrage ich namens des Klägers gemäß § 727 ZPO,

die Umschreibung der Vollstreckungsklausel des Urteils [- des Beschlusses] des ...... gerichts vom ...... 20...

Der/Die Antragsteller/-in ist alleinige(r) Erbe/-in [- Rechtnachfolger/-in] des/der im Urteil [- Beschluss] genannten Gläubigers/-in geworden.

Beweis: [*z. B. Erbschein, andere öffentliche Urkunden*]

Der/Die Rechtsnachfolger/-in ist bei Gericht offenkundig.

....
Rechtsanwalt/-wältin

Anmerkung

Der Antrag ist beim Gericht des ersten Rechtszuges einzureichen, § 724 Abs. 2 ZPO.

Die Ausfertigung erfolgt durch den Rechtspfleger.

Bei Ablehnung für den Gläubiger sofortige Beschwerde, § 567 Abs. 1 ZPO i. V. m. § 11 Abs. 1 RPflG, bei Erteilung für Schuldner die Erinnerung nach § 732 ZPO oder Klage nach § 768 ZPO.

Das Formular ist entsprechend für vollstreckbare notarielle Urkunden zu verwenden. Die §§ 795–800 ZPO sind zu beachten.

Kosten:
Rechtanwaltsgebühren entstehen keine.

#07 Erteilung einer weiteren vollstreckbaren Ausfertigung § 733 ZPO

[*HIER Ort, Datum*]

An das
Amtsgericht [- Landgericht] [- Oberlandesgericht] [- Kammergericht]
- Geschäftsstelle -
[*HIER Anschrift*]

In Sachen

....../......
Az.: ......

beantrage ich namens des/der Gläubigers/-in gemäß § 727 ZPO,

die Erteilung einer weiteren vollstreckbaren Ausfertigung des Urteils vom ...... 20.. des ...... - Gerichts

[- des Beschlusses vom ...... 20.. des ...... - Gerichts [- der Urkunde des Notars - ...... [Name und Anschrift] Urkundenrolle ......]

Begründung:

Die erste vollstreckbare Ausfertigung ist in Verlust geraten - [- der Gerichtsvollzieher ...... [Name und Anschrift] hat dem Schuldner die erste vollstreckbare Ausfertigung irrtümlich ausgehändigt]
[- ist vernichtet - ...... [*HIER folgt Ausführung und Glaubhaftmachung*]
[- Der Gläubiger möchte gegen die Gesamtschuldner ...... gleichzeitig vollstrecken in ......]

....
Rechtsanwalt/-wältin

Anmerkung

Der Antrag ist in doppelter Ausführung bei dem Prozessgericht bzw. dem Notar einzureichen, §§ 733, 734 ZPO, siehe auch § 797 Abs. Abs. 3 ZPO.

Kosten:
Gerichtsgebühren entstehen nicht, § 1 GKG. Ab der zweiten Ausfertigung fällt die Dokumentenpauschale nach GKG KV Nr. 9000 an.

Für den Rechtsanwalt eine 3/10 Gebühr nach §§ 57, 58 Abs. 2 Ziff.2 BRAGO.

#08 Zustellungsauftrag an den Gerichtsvollzieher (Zustellung von Urkunden)

[*HIER Ort, Datum*]

An die
Verteilungsstelle für Gerichtsvollzieheraufträge
beim Amtsgericht ....
[*HIER Anschrift*]

In der Zwangsvollstreckungssache
....../......
Az.: ......

überreiche ich anliegend die vollstreckbare Ausfertigung des Urteils [- Beschlusses] [- Urkunde] vom ...... 20.. des .... gerichts [- Notars] zwecks Zustellung an den/ die Schuldner/-in.

Gleichzeitig bitte ich,

die Urkunden ......, aufgrund derer die Vollstreckungsklausel nach §§ 726, 727 ZPO erteilt wurde, dem/der Schuldner/-in zuzustellen.

....
Rechtsanwalt/-wältin

Anmerkung

Zuständig ist das Amtsgericht – Verteilungsstelle für Gerichtsvollzieheraufträge – in dessen Bezirk der Schuldner seinen Wohnsitz hat.

Achtung:
Der Auftrag sollte an die Verteilungsstelle für Gerichtsvollzieher des Amtsgerichts, in dessen Bezirk der Schuldner seinen Wohnsitz hat, gerichtet sein. Es sollte vermieden werden, den Auftrag an den Gerichtsvollzieher am Wohnsitz des Schuldners zu senden, da dieser plötzlich erkranken kann und der Auftrag dann unbearbeitet bleibt, Fristen könnten damit versäumt werden.

Kosten:
Rechtsanwaltsgebühren entstehen keine, diese sind durch die Prozessgebühr im Hauptsacheverfahren mit abgegolten, § 37 Nr. 3 BRAGO.

#09 Zwangsvollstreckungsauftrag an den Gerichtsvollzieher (Einzug von Geldforderung)

[*HIER Ort, Datum*]

An die
Verteilungsstelle für Gerichtsvollzieheraufträge
beim Amtsgericht ......
[*HIER Anschrift*]

In der Zwangsvollstreckungssache
....../......
Az.: ......

überreiche ich anliegend die vollstreckbare Ausfertigung des Urteils [- Beschlusses] [- Urkunde] vom ...... 20.. des .... gerichts [- Notars] mit dem Auftrage, nachstehende Beträge im Wege der Zwangsvollstreckung einzuziehen:

1. Hauptsumme	...... EUR
2. ...... % Zinsen seit dem ...... 20..	...... EUR
3. festgesetzte Kosten	...... EUR
4. Kosten des Mahnbescheids	...... EUR
5. Kosten des Vollstreckungsbescheids	...... EUR
6 ...... % Zinsen aus den Kosten seit dem ...... 20..	...... EUR

7. Kosten früherer Mahn- und Vollstreckungsmaßnahmen ...... EUR
8. Zwangsvollstreckungsgebühr (§ 57 BRAGO) ...... EUR
9. Auslagen (§ 26 BRAGO) ...... EUR
10. Mehrwertsteuer ...... EUR

Ich bitte:

a) die eingezogenen Beträge an mich - an den Gläubiger - abzuführen,
b) in jedem Fall ein vollständiges Pfändungsprotokoll zu fertigen,
c) um Vornahme einer vorläufigen Austauschpfändung nach § 811 b Abs. 1 ZPO,
d) den Arbeitgeber zu ermitteln,
e) eine Vorpfändung zu erlassen, § 845 Abs. 1 ZPO.

Mit der Einziehung der Forderung auch in Teilbeträgen gemäß § 806 b ZPO ist der/die Gläubiger/-in [- nicht] einverstanden.

....
Rechtsanwalt/-wältin

Anmerkung

Zuständig ist das Amtsgericht, – Verteilungsstelle für Gerichtsvollzieheraufträge – in dessen Bezirk der Schuldner seinen Wohnsitz bat.

Im Hinblick auf die vorgesehene Möglichkeit der kurzfristigen Tilgung in Teilbeträgen binnen 6 Monaten (§ 806 b ZPO) ist eine klarstellende Erklärung des Gläubigers angezeigt, ob er mit der Einziehung in Teilbeträgen einverstanden ist oder nicht. Daraus ergeben sich für den Gerichtsvollzieher für den Verlauf des weiteren Vollstreckungsverfahrens weitreichende Konsequenzen (vgl. § 813 a ZPO – Möglichkeit eines vom Gerichtsvollzieher zu gewährenden Verwertungsaufschubs von bis zu einem Jahr.

Büromäßige Behandlung:
War der Schuldtitel noch nicht zugestellt, muss noch eine beglaubigte Abschrift des Titels für den Schuldner beigefügt werden. Beifügung einer Prozessvollmacht erforderlich, wenn nicht der Rechtsanwalt bereits Prozessbevollmächtigter war, eine solche ist aber auch sonst zweckmäßig.

Im Übrigen ohne Abschrift einzureichen.

Bei Arrestsachen ist der Zwangsvollstreckungsauftrag mit dem entsprechenden Vermerk zu versehen.

Kosten:
Für den Rechtsanwalt ein 3/10 Gebühr nach § 57 BRAGO. Für die Wertberechnung s. § 57 Abs. 2 und 3 BRAGO.

Büromäßige Behandlung:
Vollstreckungsauftrag und spezielle Ergänzungen:

In über 90 % der Fälle ist der Sachpfändungsversuch fruchtlos. Da der Sachpfändungsauftrag an den Gerichtsvollzieher häufig in Ermangelung von Informationen über den Schuldner das einzige Mittel ist, diese zu erhalten, empfiehlt es sich, durch eine spezifizierte Gestaltung des Vollstreckungsantrages die Effektivität dieses Zugriffsinstruments zu verbessern. Es gibt im

Handel zwar Vordrucke des Vollstreckungsauftrages, in denen vorformulierte besondere Hinweise für den Gerichtsvollzieher vorgesehen sind. In der Praxis zeigt sich aber, dass diese nicht immer beachtet werden. Es ist daher zu empfehlen, im Einzelfall neben dem Vordruck den Gerichtsvollzieher in einem individuellen Anschreiben durch gezielte Fragen und Anweisungen auf besonders zu beachtende Punkte hinzuweisen.

Der Vollstreckungsauftrag kann mit einer Reihe von speziellen Angaben und Weisungen ergänzt werden, die die Effektivität der Maßnahme des Gerichtsvollziehers steigern. So wird z. B. die Möglichkeit des Hinweises auf eine vorläufige Austauschpfändung als Weg der Gläubigerbefriedigung viel zu wenig genutzt, obwohl häufig Anhaltspunkte für einen erfolgversprechenden Antrag vorliegen. Durch dieses Mittel hat der Gläubiger die Möglichkeit, eine höherwertige, an sich unpfändbare Sache durch eine geringwertigere Sache auszutauschen und für sich den Mehrwert abzuschöpfen. Deshalb ist schon im Vorfeld darauf zu achten, dass der Gerichtsvollzieher im Wege einer vorläufigen Austauschpfändung (§ 811 b ZPO) die Gegenstände sicherstellt. Der Gerichtsvollzieher benachrichtigt dann den Gläubiger von der vorgenommenen vorläufigen Austauschpfändung mit dem Hinweis, dass der Gläubiger innerhalb von 2 Wochen nach Zugang der Pfändungsbenachrichtigung einen Antrag auf endgültige Austauschpfändung beim Vollstreckungsgericht nach § 811 a ZPO stellen kann und dass nach fruchtlosem Ablauf der Frist die Pfändung aufzuheben ist (§ 811 b Abs. 2 ZPO).

1. Zusatzantrag Arbeitgeberermittlung

Der Gerichtsvollzieher kann z. B. gleich mit dem Vollstreckungsauftrag beauftragt werden, durch Befragung des Schuldners oder Einsicht in Schriftstücke Kenntnis von Forderungen des Schuldners gegenüber einem Arbeitgeber in Form von Lohnforderungen (§ 806 a ZPO) oder gegen Dritte zu erlangen:

Muster einer Ergänzung:

»Bei (auch teilweise) fruchtlosem Pfändungsversuch bitte ich im Hinblick auf § 806 a ZPO, den Schuldner zu folgenden Punkten zu befragen:

- *Name und Anschrift des Arbeitgebers des Schuldners,*
- *bei Arbeitslosigkeit zur Angabe der Stamm-Nr. des zuständigen Arbeitsamtes,*
- *bei Zahlung von Rente oder Pension zur Angabe der auszuzahlenden Stelle und*
- *der Versicherungs- bzw. Rentennummer,*
- *ob Ehepartner oder Kinder eigenes Einkommen haben,*
- *sonstige Forderungen gegen Dritte.*

Des Weiteren bitte ich um Benachrichtigung von den getroffenen Maßnahmen und Feststellungen durch Erteilung von vollständigen Abschriften der Gesamtprotokolle und der Gesamturkunden, falls die Zwangsvollstreckung ganz oder teilweise erfolglos ausgefallen ist. Dieser Antrag gilt auch bei Nichtantreffen des Schuldners.
Die eingezogenen Beträge sind auf eines der oben angegebenen Konten zu überweisen. Die Geldempfangsvollmacht ergibt sich aus der beigefügten Vollmacht.
gez. Rechtsanwalt/-wältin«

Dem Ersuchen auf die Frage nach Arbeitgeber, Arbeitsamt oder Rententräger wird der Gerichtsvollzieher sicherlich nachkommen. Allerdings ist der Schuldner nicht verpflichtet, hierüber Auskunft zu erteilen.

Da manche Schuldner auch den früheren Arbeitgeber angeben, sollte man erst anrufen und feststellen, ob er noch dort tätig ist.

Sollten schon andere Gläubiger beim Arbeitgeber oder Sozialleistungsträger vorrangig gepfändet haben, so sollte der Anwalt auf jeden Fall die Pfändung des Anspruchs des Schuldners gegen Arbeitgeber bzw. Leistungsträger veranlassen. Denn erst nach der Drittschuldnererklärung von Arbeitgeber bzw. Sozialleistungsträger kann man beurteilen, ob er dem Mandanten von einer weiteren Vollstreckung abraten soll oder nicht.

2. Vorpfändungsermächtigung und vorläufige Wegnahme von Papieren i. S. v. § 836 Abs. 3 ZPO

Mit einer weiteren Ergänzung des Vollstreckungsauftrages sollte versucht werden, eventuelle Forderungen des Schuldners mit einer Pfändungsankündigung, die als Vorpfändung (oder vorläufiges Zahlungsverbot) bezeichnet wird, zu blockieren.

Es kann vorkommen, dass der Schuldner vor dem Zeitpunkt, in dem die Forderungspfändung mit der Zustellung des Pfändungsbeschlusses an den Drittgläubiger wirksam wird, über seine Forderung verfügt oder diese vorher von anderer Seite gepfändet wird. In diesem Fall ginge der Gläubiger leer aus. Für diesen Fall sieht das Gesetz die Vorpfändung nach § 845 ZPO vor. Sie ermöglicht dem Gläubiger schon vor der Pfändung aufgrund eines vollstreckbaren Schuldtitels durch den Gerichtsvollzieher dem Drittschuldner und dem Schuldner die Benachrichtigung zuzustellen, dass die Pfändung bevorsteht. Sie enthält die Aufforderung an den Drittschuldner, nicht an den Schuldner zu zahlen und die Aufforderung an den Schuldner, sich jeder Verfügung über die Forderung, insbesondere ihrer Einziehung zu enthalten. Der Gerichtsvollzieher hat die Benachrichtigung nach § 845 Abs. 1 S. 2 ZPO selbst anzufertigen, sofern er dazu vom Gläubiger ausdrücklich ermächtigt ist.

Der Pfändungsauftrag sollte auf alle Fälle einen Auftrag auf Ausbringung einer Vorpfändung nach § 845 Abs. 1 S. 2 ZPO und unverzügliche Nachricht hiervon enthalten.

Nur auf Antrag des Gläubigers also hat der Gerichtsvollzieher nach § 845 Abs. 1 S. 2 ZPO ein vorläufiges Zahlungsverbot zu erlassen und zuzustellen, sofern ihm während der Ausführung des Pfändungsauftrages Forderungen des Schuldners gegen Dritte bekannt werden. Der Gläubiger hat dadurch die Möglichkeit, ohne Angaben über Art der Forderung und Anschrift des Drittschuldners seine Ansprüche zu sichern. Die anschließende rechtzeitige Pfändung ist nach § 829 ZPO dann Aufgabe des Gläubigers. Sie hat nach § 845 Abs. 2 ZPO innerhalb eines Monats nach Zustellung der Vorpfändungsbenachrichtigung an den Drittschuldner zu erfolgen.

Der Gläubiger kann zudem den Gerichtsvollzieher ersuchen, soweit Dokumente gefunden werden sollten, die den Bestand einer Forderung beweisen, diesen im Wege der Hilfspfändung gem. § 836 Abs. 3 ZPO vorläufig wegzunehmen und den Gläubigeranwalt sofort zu informieren.

Muster einer Ergänzung des Vollstreckungsauftrages:

»Es wird der Auftrag erteilt,

bei verwertbaren Forderungen des Schuldners die selbstständige Vorpfändung gem. §845 ZPO durchzuführen. Werden im Rahmen der Ermittlungen Dokumente aufgefunden, die den Bestand einer Forderung beweisen, so wird ausdrücklich beantragt, diese im Wege der Hilfspfändung entsprechend § 156 GVGA vorläufig wegzunehmen (§ 836 Abs. 3 ZPO) und mich umgehend zu informieren.

gez. Rechtsanwalt/-wältin«

Für die Durchführung des Auftrages nach § 845 Abs. 1 S. 2 ZPO erhebt der Gerichtsvollzieher eine Gebühr unabhängig von der Anzahl der Vorpfändungsbenachrichtigungen. Hinzu kommen die Schreib- und Zustellungsauslagen sowie Wegegeld, die allerdings bei jeder Wiederholung der Vorpfändung erneut anfallen. Hat er eine Vorpfändung vorgenommen, so ist vom Anwalt umgehend ein Pfändungs- und Überweisungsbeschluss zu beantragen, mit dem die

Forderung endgültig gepfändet wird. Dieser ist dem Schuldner innerhalb eines Monats zuzustellen. In einem Antrag für den Pfändungsbeschluss muss auch die endgültige Herausgabe der im Wege der Hilfspfändung nur vorläufig weggenommenen Dokumente beantragt werden. Diese Dokumente müssen exakt bezeichnet werden. Erst dann wird die vorläufige Wegnahme durch den gerichtlichen Pfändungsbeschluss zu einer endgültigen.

Es ist auch daran zu denken, dass der Gläubigeranwalt unmittelbar nach Verkündung eines Urteils die Vorpfändung vornehmen kann. Die Vorpfändung kann schon erfolgen, sobald ein vollstreckbarer Titel vorliegt. Dafür reicht die mündliche Verkündung eines gerichtlichen Urteils. Der vorherigen Erteilung einer vollstreckbaren Ausfertigung und Zustellung des Schuldtitels bedarf es nicht, Klausel und Zustellung sind nicht schon für die Vorpfändung, sondern erst für den Pfändungsbeschluss erforderlich.

3. Weitere Zusätze

Weitere Zusätze, die dem Gerichtsvollzieher auch zeigen, dass auf Seiten des Anwalts Kenntnis von den Geschäftsanweisungen für Gerichtsvollzieher (GVGA) besteht, sind u. a. noch:

»*Falls ein Beschluss nach § 761 ZPO erforderlich wird, werden Sie hierdurch ausdrücklich ermächtigt, diesen Beschluss im Auftrag des Gläubigers bei dem zuständigen Vollstreckungsgericht zu beantragen.*«
(Den Antrag auf Gestattung der Vollstreckung zur Nachtzeit/an Sonn- und Feiertagen gem. § 761 ZPO darf der Gerichtsvollzieher selbst einholen, sofern er hierzu vom Gläubiger ausdrücklich beauftragt ist. Auch hier ist es ratsam, einen bereits vorgefertigten unterschriebenen Antrag den Vollstreckungsunterlagen beizufügen.)

»*Sollten Urkunden vorgefunden werden, die den Bestand einer Forderung beweisen, so beantrage ich ausdrücklich die Hilfspfändung entsprechend § 156 GVGA und bitte, mich umgehend zu informieren.*«

»*Bitte bezeichnen Sie die nicht gepfändeten Gegenstände so genau, dass anhand des Protokolls überprüft werden kann, ob die unterlassene Pfändung zu Recht unterblieben ist (vgl. § 135 Nr. 6 GVGA).*«

»*Sollten Sie für andere Gläubiger schon vorgepfändet haben, so bitte ich auch dann Anschlusspfändung, wenn der Wert des Gegenstandes für beide Forderungen nicht auszureichen scheint (§ 167 Nr. 5 S. 2 GVGA).*«

»*Sollten Dritte, insbesondere die Ehefrau, Rechte an Gegenständen behaupten, die Sie pfänden wollen, bitte ich gleichwohl darum, die Pfändung durchzuführen (§ 119 Nr. 1 GVGA), ein Gütertrennungsvertrag ohne Vermögensaufstellung reicht nicht aus.*«

»*Sollte der Schuldner Ratenzahlung anbieten, so besteht Bereitschaft, Ratenzahlungen verteilt auf ein Jahr einzuräumen, sofern möglich mit einem gleich zu zahlenden Abschlag, wenn hierdurch der Rang nicht leidet.*« (vgl. § 141 Nr. 2 Abs. 3 u. Abs. 4, § 813 a Abs. 4 ZPO)

»*Ich bitte Sie, keine Pfändung von Gegenständen durchzuführen, an denen der Gläubiger ein Sicherungseigentum besitzt (§ 111 Nr. 1 GVGA).*«

»*Ich bitte besonders § 107 Nr. 2 GVGA zu beachten.*«

Die letzte Anweisung sollte auf jeden Fall erfolgen. Mit Hilfe der Vorschrift des § 107 Nr. 2 GVGA wird dem Schuldner rechtliches Gehöhr gewährt. Gestattet der Angetroffene die Durchsuchung nicht, so ist der Gerichtsvollzieher nach der genannten Regelung verpflichtet, nach den Gründen zu fragen, die der Angetroffene gegen eine Durchsuchung geltend machen will und diese Erklärung ihrem wesentlichen Inhalt nach im Protokoll festzuhalten. Dies ist zur Vorbereitung des Antrages auf eine Durchsuchungsanordnung erforderlich und gleichzeitig wird hierdurch die Grundlage für die eidesstattliche Offenbarungsversicherung geschaffen.

Außerdem sollte der Gläubiger ausdrücklich angeben, ob er mit einer Ratenzahlung einverstanden ist oder nicht. Dem Gläubiger ist zu empfehlen, von vornherein Teilzahlungen des Schuldners zu akzeptieren und dieses Einverständnis im Vollstreckungsauftrag ausdrücklich zu vermerken. In der Praxis hat sich gezeigt, dass Gerichtsvollzieher die Forderungen im Wege der Ratenzahlungsbewilligung – ohne Pfändung – mit gutem Erfolg beitreiben und so die Effektivität der Zwangsvollstreckung gesteigert wird.

Ist der Gläubiger bereit, Ratenzahlungsangebote zu akzeptieren, so sollte jedoch die monatliche Mindestrate festgelegt werden. In diesem Zusammenhang ist es ratsam, unter der Voraussetzung von Teilzahlungen einen Versteigerungstermin hinsichtlich gepfändeter Sachen um ca. 3–4 Wochen zu verlegen. In der Praxis erweist sich dieses Vorgehen als Vorteil, weil viele Schuldner Zahlungen nur unter dem Druck eines Versteigerungstermins leisten und Zahlungen ausbleiben, wenn dieser Druck nicht mehr besteht. Viele Schuldner sind nämlich nur zur Abwendung einer drohenden Verwertung gepfändeter Sachen bereit, die beizutreibende Schuld wenigstens in Raten abzuzahlen. Hierdurch vermeiden sie nicht nur die Verschleuderung der gepfändeten Sache, sondern vermeiden auch die eidesstattliche Versicherung. Trotz aller Zahlungsbereitschaft des Schuldners sollte aber der Gläubiger auf einer möglichen Pfändung bestehen, denn sollte der Schuldner die Ratenzahlungen einstellen, so ist es dem Gläubiger noch möglich, auf das bestehende Pfandrecht nach § 804 ZPO zurückzugreifen.

Aus den genannten Gründen sollte ein Gläubiger sich mit einem entsprechenden Antrag des Schuldners auf Aussetzung der Verwertung einverstanden erklären, selbst wenn die zweiwöchige Frist nach der Kannbestimmung des § 813 a Abs. 2 ZPO abgelaufen ist.

Die Beachtung der GVGA, die bundesweit gilt, gehört gem. § 1 Abs. 3 GVGA zu den Amtspflichten des Gerichtsvollziehers. Sie ist allerdings nur eine Richtlinie für einzelne Maßnahmen des Gerichtsvollziehers, so dass einzelne Vorschriften in ihr rechtswidrig sein können.

Abgedruckt ist die GVGA u. a. in Richard Piller/Georg Hermann, Landesjustizverwaltungsvorschriften; Loseblatt-Textsammlung, unter der Ordnungsziffer 9 d. Als Textsammlung in Loseblattform kann die Geschäftsanweisung für Gerichtsvollzieher auch beim Niedersächsischen Ministerium der Justiz, Justizvollzugsanstalt Wolfenbüttel, Ziegenmarkt 10, 38300 Wolfenbüttel bezogen werden. In dieser Sammlung sind auch die Gerichtsvollzieherordnung und Durchführungsbestimmungen zum Gesetz über Kosten der Gerichtsvollzieher enthalten.

Zusätzlich zu den geschilderten Antragsmöglichkeiten bringt eine unmittelbare Beauftragung des zuständigen Gerichtsvollziehers einen Zeitgewinn. Zuständig ist der Gerichtsvollzieher, in dessen Bezirk der Schuldner wohnt oder Geschäftsräume unterhält (§ 753 Abs. 1, § 764 Abs. 2 ZPO). Es ist ratsam, eine Ablichtung des Verteilungsplanes von der Gerichtsvollzieherverteilungsstelle dafür anzufordern; ansonsten kann die Anschrift des zuständigen Gerichtsvollziehers bei der Gerichtsvollzieherverteilungsstelle des Schuldner-Wohnsitzes erfragt werden. In Eilfällen ist die telefonische Antragstellung mit nachfolgender schriftlicher Bestätigung zu empfehlen.

Zum Zusatzantrag auf Durchsuchungsanordnung siehe Anmerkung zu folgendem Formular.

#10 Antrag des Gläubigers § 758 ZPO – Durchsuchungsanordnung –

[*HIER Ort, Datum*]

An das
Amtsgericht

– Vollstreckungsgericht –
[*HIER Anschrift*]

In der Vollstreckungssache

des/der ...... [*HIER Vorname, Name, Anschrift*]

– Gläubigers/-in, –

Verfahrensbevollmächtigte(r): Rechtsanwalt/-wältin ...... [*HIER Vorname, Name, Anschrift*]

gegen

den/die ...... [*HIER Vorname, Name, Anschrift*]

– Schuldner/-in, –

[Verfahrensbevollmächtigte(r): Rechtsanwalt/-wältin ...... [*HIER Vorname, Name, Anschrift*]]

Namens und in Vollmacht des/der Gläubigers/-in beantrage ich,
eine richterliche Durchsuchungsanordnung nach § 758 a Abs. 1 ZPO aufgrund folgenden Titels: ...... [*HIER genaue Bezeichnung einfügen*]

für folgende Wohn-/Geschäftsräume des/der Schuldners/-in: ...... [*HIER genaue Anschrift*]

[– Die Anwesenheit des Gläubigers oder seines Vertreters bei der Durchsuchung wird gestattet.]

Außerdem wird beantragt,
von einer etwaigen vorherigen Anhörung des/der Schuldners/-in abzusehen.

Begründung:

Ausweislich des/der in Ablichtung beigefügten Vollstreckungsprotokolls/Mitteilung des zuständigen Gerichtsvollziehers vom .... 20 ...... hat der Schuldner die Durchsuchung nicht gestattet. [– wurde der Schuldner wiederholt nicht angetroffen.]

Deshalb ist die richterliche Gestattung der Durchsuchungsanordnung geboten. [– wie auch die Anwesenheit des Gläubigers, der zur Klärung etwa geltend gemachter Rechte Dritter am Pfändungstermin teilnehmen will.]

Von einer vorherigen Anhörung des Schuldners ist abzusehen, da der Schuldner durch die Benachrichtigung des Gerichtsvollziehers gewarnt ist und durch keinerlei Reaktionen zu erkennen gegeben hat, dass keine anzuerkennenden Gründe gegen die Durchsuchung vorliegen können. Bei einer vorherigen Anhörung besteht die Gefahr, dass der Schuldner die letzten eventuell noch pfändbaren Gegenstände beiseite schafft.

Die Forderung beläuft sich auf: ...... EUR [*HIER genaue Forderungsaufstellung*]

Den Durchsuchungsbeschluss nebst Titel und Vollstreckungsunterlagen bitte ich, direkt an die dortige Verteilungsstelle für Gerichtsvollzieheraufträge weiterzuleiten zur Vermittlung der Fortführung der Vollstreckung durch den zuständigen Gerichtsvollzieher.

Anlagen: a) Vollstreckungstitel [Original]
b) Ablichtung des Vollstreckungsprotokolls

....
Rechtsanwalt/-wältin

Anmerkung

§ 758 a Abs. 1 ZPO stellt im Rahmen der Vollstreckungsvorschriften ausdrücklich klar, dass die Wohnung des Schuldners gegen dessen Willen nur aufgrund einer richterlichen Anordnung betreten werden darf. Bei Gefahr im Verzuge ist jedoch eine richterliche Durchsuchungsanordnung nicht mehr erforderlich, § 758 a Abs. 1 S. 2 ZPO, z. B. bei konkreten Anhaltspunkten für eine Vollstreckungsvereitelung (siehe dazu BVerfG NJW 2001, 1121). Nach der gesetzlichen Regelung haben auch die Personen, die Mitgewahrsam an der Wohnung des Schuldners haben, die Durchsuchung zu dulden, § 758 Abs. 3 ZPO.

Nicht erforderlich ist eine richterliche Anordnung bei einer Vollstreckung eines Titels auf Räumung oder Herausgabe von Räumen und bei der Vollstreckung eines Haftbefehls nach § 901 ZPO, § 758 a Abs. 2 ZPO.

Der Begriff der Wohnung von Art. 13 GG umfasst auch Nebenräume sowie Geschäftsräume, auch solche, die der Inhaber der Öffentlichkeit zugänglich gemacht hat (vgl. BVerfG NJW 1998, 1627, 1631).

Ein gleichzeitiger Antrag auf Gestattung der Vollstreckung zur Nachtzeit/an Sonn- und Feiertagen gem. § 758 a Abs. 4 ZPO (gesondertes Formular 1.B.01.#11) ist nur ausnahmsweise sinnvoll, wenn die persönliche Anwesenheit des Schuldners benötigt wird. Die Durchsuchung kann auch in seiner Abwesenheit erfolgen, § 759 ZPO.

Eine genaue Forderungsaufstellung ermöglicht dem Gericht eine beschleunigte Prüfung beim Erfüllungseinwand und hilft, diesbezügliche Rückfragen des Schuldners zu vermeiden.

Die ergangene richterliche Anordnung ist bei der Zwangsvollstreckung vorzuzeigen, § 758 a Abs. 5 ZPO.

Kosten:
Gerichtskosten:
keine

Rechtsanwaltsgebühren:
keine besondere Gebühr, § 58 Abs. 2 Nr. 3 BRAGO.

Achtung:
Rein vorsorglich sollte zur Beschleunigung der Zwangsvollstreckung dem Vollstreckungsauftrag an den Gerichtsvollzieher gleichzeitig auch ein vorbereiteter Antrag nach § 758 ZPO auf Durchsuchungsnordung durch das Vollstreckungsgericht beigefügt sein. Dieser wird für den Fall, dass der Schuldner dem Gerichtsvollzieher das Betreten oder die Durchsuchung seiner

Wohnung oder Geschäftsräume verweigert, mit der Bitte an den Gerichtsvollzieher übergeben, den Antrag auf Gestattung der Durchsuchung beim Vollstreckungsgericht einzureichen. Erstens kann der Gerichtsvollzieher dem die Durchsuchung verweigernden Schuldner auf diesen Umstand hinweisen. Zweitens braucht der Anwalt nicht nochmals zwecks Fertigung des Antrages der richterlichen Gestattung der Durchsuchung beim örtlich zuständigen Amtsgericht eingeschaltet werden, was noch mehr Zeit kosten würde. Da die Geschäftsanweisung für Gerichtsvollzieher (GVGA) den Fall der Einreichung des Durchsuchungsantrages bei Durchsuchungsverweigerung nicht regelt, muss der Gerichtsvollzieher der Bitte nicht nachkommen; in der Praxis tut er dies aber in der Regel. Ein vorsorglicher Durchsuchungsbeschluss vor Vollstreckungsbeginn ist hingegen nicht zulässig, weil dem Schuldner zunächst Gelegenheit gegeben werden soll, die Durchsuchung seiner Wohnung zu gestatten.

Dem Vollstreckungsauftrag sollte vorsorglich ein Antrag auf Durchsuchungsanordnung beigefügt sein.

Muster einer Ergänzung des Vollstreckungsauftrages:

»Es wird ferner beantragt,
falls der Schuldner eine freiwillige Durchsuchung seiner Wohnung, Geschäftsräume und Behältnisse nicht gestattet, den vorsorglich beigefügten, vorgefertigten und unterschriebenen Antrag nach § 758 ZPO auf Durchsuchungsanordnung mit dem Datum zu versehen und unter Beifügung des Protokolls sowie der Vollstreckungsunterlagen dem zuständigen Vollstreckungsgericht vorzulegen und nach Erlass der Durchsuchungsanordnung die Pfändung erneut zu versuchen.

gez. Rechtsanwalt/-wältin«

Muster des beigefügten Antrages auf Durchsuchungserlaubnis:

»[HIER Ort, Datum]

An das

Amtsgericht

– Vollstreckungsgericht –
[HIER Anschrift]

Antrag auf Durchsuchungserlaubnis

in der Vollstreckungssache

Namens und in Vollmacht des Gläubigers wird Antrag gestellt, nach Art. 13 Abs. 2 GG i. V. m. § 758 ZPO zu beschließen, dass die zwangsweise Öffnung und Durchsuchung von der Wohnung des Schuldners in der ...... straße, in ...... zur Durchführung der Vollstreckung sowie zur Einschaffung von Pfändungsgegenständen durch den Gerichtsvollzieher aus – dem Urteil des AG/LG vom ...... – der vollstreckbaren Ausfertigung des Vergleichs vom ...... – und der vollstreckbaren Ausfertigung des Kostenfestsetzungsbeschlusses vom ...... des Amtsgerichts/ Landgerichts ......

– Aktenzeichen: ...... –

angeordnet und die der Öffnung und Durchsuchung aller verschlossenen Räume und Behältnisse einschließlich der Anwesenheit des Gläubigers oder seines Vertreters dabei gestattet wird.

Begründung:
Ausweislich des beigefügten Vollstreckungsprotokolls ist die Vollstreckung aus dem gleichfalls anliegenden im Antrag genannten Urteil/Vergleich/und Kostenfestsetzungsbeschluss erfolglos geblieben, da der Schuldner die Durchsuchung seiner Räume ohne Angaben von Gründen nicht gestattet hat bzw. auch bei wiederholten Vollstreckungsversuchen nicht angetroffen wurde.

Die richterliche Gestattung der Durchsuchung gegebenenfalls unter zwangsweiser Wohnungsöffnung ist deshalb auch unter dem Gesichtspunkt der Verhältnismäßigkeit geboten.

Den Durchsuchungsbeschluss nebst Titel(n) und Vollstreckungsunterlagen, welche beigefügt sind, bitte ich direkt an die dortige Verteilungsstelle für Gerichtsvollzieheraufträge weiterzuleiten zwecks Vermittlung der Fortführung durch den zuständigen Gerichtsvollzieher.

gez. Rechtsanwalt/-wältin«

Beide Begründungen für den Durchsuchungsbeschluss (Durchsuchung verweigert bzw. bei wiederholten Versuchen nicht angetroffen) werden hintereinander aufgeführt. Der Nichtgestattung der Durchsuchung steht es gleich, wenn der Gerichtsvollzieher mindestens zweimal, davon einmal zu einer Zeit, in der sich auch Berufstätige zu Hause aufhalten können, erfolglos versucht hat, Zutritt zu der Wohnung des Schuldners zu erlangen. Der Durchsuchungsbeschluss wird in der Regel schnell erlassen. Die Durchsuchung kann auch in Abwesenheit des Schuldners erfolgen, § 759 ZPO. In Großstädten gestattet in ca. einem Drittel aller Fälle der Schuldner dem Gerichtsvollzieher nicht, die Wohnung nach pfändbaren Gegenständen zu durchsuchen.

Für jeden weiteren Pfändungsversuch, bei der der Schuldner einer Durchsuchung widerspricht, ist eine neue Durchsuchungsanordnung erforderlich, bei der sowohl bei der Auftragserteilung als auch im Antrag auf eine Durchsuchungsanordnung Ausführungen zu einem neuen Vermögenserwerb des Schuldners zu machen sind. Bei Geschäftsleuten, bei denen tägliche Veränderungen im Waren- und Kassenbestand zu erwarten sind, genügt ein Hinweis auf diese Tatsache zur Begründung der Zulässigkeit eines weiteren Pfändungsversuchs.

Für den Antrag auf Erlass der Durchsuchungsanordnung als auch für den Nacht-, Sonn- und Feiertagsbeschluss entsteht keine über die für die erstmalige Beauftragung des Gerichtsvollziehers hinausgehende besondere Vollstreckungsgebühr für den Rechtsanwalt des Gläubigers. Auch die nach Erlass eines solchen Beschlusses erneute Beauftragung des Gerichtsvollziehers löst keine weitere als die bereits entstandene Gebühr aus, weil es sich insgesamt um die Fortsetzung einer einmal begonnen Vollstreckung handelt.

Kosten:
Gerichtskosten:
Keine, § 1 GKG.

Rechtsanwaltsgebühren:
Keine besonderen Gebühren, § 58 Abs. 2 Nr. 3 BRAGO.

#11 Antrag des Gläubigers § 758 a Abs. 4 ZPO – Vollstreckung zur Nachtzeit/an Sonn- und Feiertagen –

[*HIER Ort, Datum*]

An das
Amtsgericht

- Vollstreckungsgericht -
[*HIER Anschrift*]

In der Vollstreckungssache

des/der ...... [*HIER Vorname, Name, Anschrift*]

- Gläubigers/-in, -

Verfahrensbevollmächtigte(r): Rechtsanwalt/-wältin ...... [*HIER Vorname, Name, Anschrift*]]

gegen

den/die ...... [*HIER Vorname, Name, Anschrift*]

- Schuldner/-in, -

[Verfahrensbevollmächtigte(r): Rechtsanwalt/-wältin ...... [*HIER Vorname, Name, Anschrift*]]

Namens und in Vollmacht des/der Gläubigers/-in beantrage ich,

die Erlaubnis, die Zwangsvollstreckung in der Wohnung des/der Schuldners/-in zur Nachtzeit und an Sonn- und Feiertagen zu gestatten.

Begründung:

Der Gläubiger vollstreckt eine Forderung gegen den Schuldner aus folgendem Titel: ...... [*HIER genaue Bezeichnung*].

Der Schuldner ist zu normalen Tageszeiten/an Werktagen nicht anzutreffen.

Beweis: Vollstreckungsprotokoll/Mitteilung des zuständigen Gerichtsvollziehers

Ein Vollstreckungsversuch zur Nachtzeit/an Sonn- und Feiertagen könnten dagegen Erfolg haben, weil ...... [*HIER individuelle Begründung, z. B. Betreiben einer Gaststätte o. ä. auswärtige Montagearbeiten, Handelsvertreter*]

Anlagen: a) Vollstreckungstitel [Original]
b) Ablichtung des Vollstreckungsprotokolls

....
Rechtsanwalt/-wältin

Anmerkung

Die Zwangsvollstreckung zur Nachtzeit sowie an Sonn- und Feiertagen ist weitgehend nach dem Ermessen des Gerichtsvollziehers möglich. Unbillige Härten zu Lasten des Schuldners und der Mitgewahrsamsinhaber hat der Gerichtsvollzieher zu vermeiden, § 758 a Abs. 4 ZPO.

Nur für die Vornahme einer Vollstreckungshandlung in der Wohnung des Schuldners zur Nachtzeit oder an einem Sonn- und Feiertag in der Wohnung des Schuldners bedarf es nach wie vor einer richterlichen Anordnung.

Ist dem Gläubiger bekannt, dass der Schuldner zu den betreffenden Zeiten, am Wochenende oder zur Nachtzeit (9 Uhr abends bis 6 Uhr morgens, § 758 a Abs. 4 S. 2 ZPO) in seiner Wohnung anzutreffen ist, kann der Gläubiger schon vor Beauftragung des Gerichtsvollziehers beim Richter am Amtsgericht die Erlaubnis zur Durchsuchung in den betreffenden Zeiten beantragen, wobei die Gründe glaubhaft gemacht werden müssen.

Kosten:
Gerichtskosten:
keine

Rechtsanwaltsgebühren:
keine besondere Gebühr, § 58 Abs. 2 Nr. 3 BRAGO.

#12 Ausnahmepfändung von unpfändbaren Sachen § 811 Abs. 2 ZPO

[*HIER Ort, Datum*]

An das
Amtsgericht

- Vollstreckungsgericht -
[*HIER Anschrift*]

In der Zwangsvollstreckungssache
....../......
Az.: ......

wird namens und in Vollmacht des/der Gläubigers/-in beantragt,

ausnahmsweise die Pfändung des ...... [*HIER zu pfändende Sache einsetzen*] gemäß §§ 811 Abs. 2 ZPO i. V. m. § 811 Abs. 1 Nr. [1, 4 oder 5 bis 7 einsetzen] ZPO durch den Gerichtsvollzieher zuzulassen.

Gründe:

Die Zwangsvollstreckung gegen den Schuldner erfolgt wegen des noch nicht bezahlten Kaufpreises für das ...... [*HIER zu pfändende Sache einsetzen*]. Zwar gehört das ...... [*HIER zu pfändende Sache einsetzen*] zu den grundsätzlich unpfändbaren Sachen gemäß § 811 Abs. 1 Nr. [1, 4 oder 5 bis 7 einsetzen] ZPO. Jedoch ist ausnahmsweise die Pfändung gemäß § 811

Abs. 2 ZPO i. V. m. § 811 Abs. 1 Nr. [1, 4 oder 5 bis 7 einsetzen] ZPO zulässig und auch erforderlich.

Der Gläubiger hatte das ...... [*HIER zu pfändende Sache einsetzen*] an den Schuldner am ...... unter Eigentumsvorbehalt verkauft, wie sich aus der beigefügten Kaufvertragsurkunde ergibt.

Beweis: 1. Kaufvertrag vom ......
2. ...... [*HIER eventuell weitere Urkunden zum Nachweis des Verkaufs unter Eigentumsvorbehalt beifügen*]

Die beantragte Verwertung lässt einen dem Wert angemessenen Erlös sowie voraussichtlich einen Überschuss über die Kosten der Vollstreckung erwarten.

....
Rechtsanwalt/-wältin

Anmerkung

Die ausnahmsweise Pfändung an sich unpfändbarer Sachen ist nach § 811 Abs. 1 Nr. 1, 4, 5 bis 7 ZPO vorgesehen. Der Urkundennachweis ist erforderlich.

Der Schuldner ist zu hören. Außerdem müssen die allgemeinen Voraussetzungen einer Pfändung gemäß § 803 Abs. 2 ZPO erfüllt sein, d. h. es müssen auch in diesem Fall wenigstens die Kosten der Vollstreckung gedeckt sein. Handelt es sich insoweit um einen Gegenstand, der zum Hausrat des Schuldners gehört, sollt die Verwertung jedenfalls einen Erlös erwarten lassen, der zum Wert der Sache nicht außer jedem Verhältnis steht, § 812 ZPO.

Kosten:
Rechtsanwaltsgebühren:
3/10 Gebühr §§ 57, 58 Abs. 1 BRAGO.

Streitwert:
§ 57 Abs. 2 ZPO.

#13 Austauschpfändung § 811 a ZPO

[*HIER Ort, Datum*]

An das
Amtsgericht

- Vollstreckungsgericht -
[*HIER Anschrift*]

In der Zwangsvollstreckungssache

....../......

Az.: ......

wird namens und in Vollmacht des/der Gläubigers/-in beantragt,

die am ...... durchgeführte Pfändung des ...... durch den Gerichtsvollzieher ...... Dr.-Nr. ...... gegen Überlassung eines ...... [*HIER Ersatzstück einsetzen*] zuzulassen. [- ...... durchgeführte Pfändung des ...... durch den Gerichtsvollzieher ...... Dr.-Nr. ...... zuzulassen. Dem Schuldner ist aus dem Versteigerungserlös ein Betrag von ...... zur Beschaffung eines Ersatzstückes zu überlassen.]

Die Kosten des Verfahrens trägt der Schuldner.

Gründe:
...... [*HIER weitere Ausführung*]

....
Rechtsanwalt/-wältin

Anmerkung

Zuständig ist das örtliche Vollstreckungsgericht, §§ 811 a Abs. 2, 764 Abs. 2 ZPO, hier der Rechtspfleger, § 20 Nr. 17 RpflG.

Das Verfahren gilt nur für Gegenstände nach § 811 Abs. 1 Nr. 1, 5, 6 ZPO.

Schlüssiger Vortrag des Gläubigers mit Angabe des Ersatzstückes oder konkreter Betragsangabe zur Ersatzbeschaffung ist erforderlich. Die Vollstreckungsunterlagen sind dem Gericht vorzulegen. Der Schuldner ist zu hören.

Kosten:
Gerichtskosten:
Keine.

Rechtsanwaltsgebühren:
3/10 Gebühr nach §§ 57, 58 Abs. 3 Nr. 4 BRAGO.

Streitwert:
Der zu schätzende Überschuss des Versteigerungserlöses oder die Wertdifferenz zwischen dem gepfändeten Gegenstand und dem Austauschgegenstand.

Die Kosten dieses Verfahrens trägt regelmäßig der Schuldner, nur ausnahmsweise der Gläubiger nach § 788 Abs. 3 ZPO.

Büromäßige Behandlung:
Gleichzeitig zu dem obigen Antrag sollte ein Auftrag an den Gerichtsvollzieher zur vorläufigen Austauschpfändung gemäß § 811 b ZPO gestellt werden. Zulässig ist dies, wenn zu erwarten ist, dass das Gericht die Austauschpfändung zulassen und der Versteigerungserlös den Wert des Ersatzstückes erheblich übersteigen wird.

»Eilt sehr – vorläufige Austauschpfändung!

Gerichtsvollzieher ...... [HIER vollständige Anschrift]

Zu: Dr.Nr. ......

Sehr geehrter ......,

unter Bezugnahme auf das zugesandte Pfändungsprotokoll vom ...... übersende ich Ihnen im Auftrag meines Mandanten eine Abschrift des Antrages vom heutigen Tage an das Zulassungsgericht auf Zulassung der Austauschpfändung. Da Sie bisher nicht Sicherungsmaßnahmen getroffen habe, ersuche ich Sie, gem. § 124 GVGA umgehend eine Austauschpfändung des ...... [HIER Angabe des Gegenstandes von mindestens einigem Wert] des Schuldners durchzuführen. Der Gegenstand befindet sich ...... [HIER Angabe des Ortes] und kann dort jederzeit abgeholt werden.

gez. Rechtanwalt/-wältin«

Der Versteigerungserlös muss den Wert des Ersatzstückes erheblich übersteigen.

#14 Antrag auf Aussetzung der Verwertung § 813 b ZPO

[*HIER Ort, Datum*]

An das
Amtsgericht

– Vollstreckungsgericht –
[*HIER Anschrift*]

In der Zwangsvollstreckungssache

....../......

Az.: ......

wird namens und in Vollmacht des/der Schuldners/-in beantragt:

1. Die Verwertung der am ...... durch den Gerichtsvollzieher ...... Dr.-Nr. .... gepfändeten Gegenstände ...... wird ausgesetzt.
2. Dem/Der Schuldner/-in wird gestattet, die Forderung des/der Gläubigers/-in über insgesamt ...... in monatlichen Raten zu zahlen.
3. Der Versteigerungstermin vom ...... wird aufgehoben.
4. Die Zwangsvollstreckung wird bis zur endgültigen Entscheidung einstweilen eingestellt.

Gründe:

......

....
Rechtsanwalt/-wältin

Anmerkung

Der Antrag des Schuldners ist binnen 2 Wochen nach der Pfändung zu stellen, § 813 b Abs. 2 ZPO. Schlüssiger Vortrag zur Persönlichkeit des Schuldners, seine wirtschaftlichen Verhältnisse und der Art der Schuld ist erforderlich. Es muss dargelegt werden, dass der Schuldner sich nicht schuldhaft in seine Lage gebracht hat. Der Gläubiger ist zu hören. Der Gläubiger darf nicht dringend auf den Erlös angewiesen sein. Die Verwertung kann maximal bis zu einem Jahr hinausgeschoben werden, auch bei mehrmaliger Anordnung eines Aufschubs.

Zuständig ist das örtliche Vollstreckungsgericht, §§ 811 a Abs. 2, 764 Abs. 2 ZPO, hier der Rechtspfleger, § 20 Nr. 17 RpflG.

Wenn der Rechtspfleger entscheidet, wie dies regelmäßig der Fall ist, kann dagegen eine Erinnerung nach § 11 RPflG eingelegt werden. Der Beschluss ist unanfechtbar, § 813 b Abs. 5 S. 4 ZPO, sofern er durch den Richter ergeht.

Kosten:
Gerichtskosten:
10,– EUR, nach GKG KV Nr. 1642.

Rechtsanwaltsgebühren:
3/10 Gebühr nach § 58 Abs. 3 Nr. 3 BRAGO. Jede Änderung einer getroffenen Entscheidung löst die Gebühr erneut aus.

Streitwert:
Unterschied zwischen Verkaufswert und geschätztem Versteigerungserlös.

#15 Antrag auf andere Verwertungsart § 825 Abs. 1 ZPO

[*HIER Ort, Datum*]

An
Herrn / Frau
- Gerichtsvollzieher
[*HIER Anschrift*]

[oder]

An die
Verteilungsstelle für Gerichtsvollzieheraufträge
beim Amtsgericht ......
[*HIER Anschrift*]

In der Zwangsvollstreckungssache
....../......
Az.: ......

wird namens und in Vollmacht des/der Gläubigers/-in beantragt,

1. der am ...... durch den Gerichtsvollzieher ...... DR-Nr. ...... gepfändete ...... ist nicht in ......, sondern in ...... zu versteigern.
   [- ist nicht am ......, sondern günstiger am ...... zu versteigern.]

[- ist dem Gläubiger zum Preis von ...... zu verkaufen.]
[- ist dem Gläubiger zu Eigentum zu übereignen in Höhe des Kaufpreises als Übernahmepreis.]

2. Die Kosten des Verfahrens trägt der/die Schuldner/-in.

Gründe:

......

....
Rechtsanwalt/-wältin

Anmerkung

Zuständig für eine anderweitige Verwertung ist der Gerichtsvollzieher. Nur die Entscheidung über einen Antrag, die Versteigerung durch eine andere Person als den Gerichtsvollzieher durchführen zu lassen, bleibt weiterhin dem Vollstreckungsgericht vorbehalten, § 825 Abs. 2 ZPO.

Der Antrag auf anderweitig Verwertung kann vom Gläubiger oder Schuldner gestellt werden. Der jeweilige Gegner ist vom Gerichtsvollzieher im Wege der Zustellung zu unterrichten, § 825 Abs. 1 S. 2 ZPO. Ohne Zustimmung des Antragsgegners darf der Gerichtsvollzieher die Sache nicht vor Ablauf von zwei Wochen ab Zustellung der Unterrichtung verwerten, § 825 Abs. 1 S. 3 ZPO.

Kosten:
Gerichtskosten:
Keine.

Der Gerichtsvollzieher erhält auch für die andere Verwertung die Verwertungsgebühr von 40,– EUR nach Nr. 300 des KV zum GVKostG, bei Mitwirkung an der Versteigerung durch einen Dritten die Gebühr nach Nr. 310 KV zum GVKostG über 12,50 EUR.

Rechtsanwaltsgebühren:
Für den Rechtsanwalt entsteht eine 3/10 Gebühr gem. § 58 Abs. 3 Nr. 4 a BRAGO.

Streitwert:
Vollstreckungsforderung oder der Übernahmepreis, falls dieser niedriger ist.

#16 Antrag auf andere Verwertungsart § 825 Abs. 2 ZPO

[*HIER Ort, Datum*]

An das
Amtsgericht

- Vollstreckungsgericht -
[*HIER Anschrift*]

In der Zwangsvollstreckungssache
....../......
Az.: ......

wird namens und in Vollmacht des/der Gläubigers/-in beantragt:

Der am ...... durch den Gerichtsvollzieher ...... DR.-Nr. ...... gepfändete ...... ist nicht durch den Gerichtsvollzieher selbst, sondern durch den ...... zu versteigern.

Die Kosten des Verfahrens trägt der Schuldner.

Gründe:

......

....
Rechtsanwalt/-wältin

Anmerkung

Für die Anordnung der Versteigerung durch eine andere Person als den Gerichtsvollzieher ist das Vollstreckungsgericht zuständig, § 825 Abs. 2 ZPO.

Der Antrag kann vom Gläubiger oder Schuldner gestellt werden. Der jeweilige Gegner ist zu hören.

Kosten:
Für den Rechtsanwalt entsteht eine 3/10 Gebühr, § 58 Abs. 3 Nr. 4 a BRAGO.
Wert: Vollstreckungsforderung oder der Übernahmepreis, falls dieser niedriger ist.

#17 Antrag auf einheitlichen Pfändungs- und Überweisungsbeschluss für mehrere Forderungen (Parallelpfändung) § 829 Abs. 1 S. 3 ZPO

[*HIER Ort, Datum*]

An das
Amtsgericht

- Vollstreckungsgericht -
[*HIER Anschrift*]

In der Zwangsvollstreckungssache
....../......
Az.: ......

wird namens und in Vollmacht des/der Gläubigers/-in beantragt,
einen einheitlichen Pfändungs- und Überweisungsbeschluss gemäß § 829 Abs. 1 ZPO zu erlassen und seine Zustellung – an alle nachbenannten Drittschuldner mit der Aufforderung nach § 840 ZPO – zu vermitteln.

Gründe:

Der Gläubiger kann von dem Schuldner nach dem vollstreckbaren ...... [z. B. Urteil des Landgerichts] ...... Az. .... vom ...... und dem ...... [z. B. Kostenfestsetzungsbeschluss des ...... Az.: ...... vom .....] Zahlung in Gesamthöhe von ...... EUR verlangen, wie sich im einzelnen aus der nachfolgenden Forderungsaufstellung ergibt.

1. Hauptsumme	...... EUR
2. ...... % Zinsen seit dem ...... 20..	...... EUR
3. vorgerichtliche Kosten	...... EUR
4. Kosten des Mahnverfahrens	...... EUR
5. festgesetzte Kosten	...... EUR
6. Kostenzinsen seit dem ...... bis heute	...... EUR
7. bisherige Vollstreckungskosten	...... EUR
8. Kosten des Vollstreckungsbescheids	...... EUR
Gesamtforderungssumme	...... EUR

Diese Forderung vermindert sich um dem am ...... gezahlten Betrag von ...... EUR. Sie erhöht sich um Zinsen aus dem letztgenannten Betrag ab morgen.

Beweis: 1. beigefügter Schuldtitel
2. ...... [evtl. weitere Vollstreckungsbelege]

Wegen dieser Ansprüche sowie wegen der Kosten dieses Beschlusses sollten die Ansprüche des Schuldners gegen

1. ...... [z. B. Fa. Bau AG]
......
...... – Drittschuldnerin zu 1) –

auf Zahlung des gesamten Arbeitseinkommens, gleich wie es benannt wird, einschließlich des Geldwertes von Sachbezügen,

2. ...... [z. B. Herrn ......].
   ...... [Adresse]
   ...... - Drittschuldner zu 2)-

auf Mietzinszahlung wegen Vermietung der im Eigentum des Schuldners stehenden Wohnung ...... [*HIER Adresse einfügen*] an den Drittschuldner zu 2) sowie

3. ...... [z. B. A-Bank AG]
   ...... [Adresse]
   ...... - Drittschuldnerin zu 3) -

wegen der Ansprüche aus dem Girokontokorrentverhältnis des Schuldners, welche bei der Filiale der Drittschuldnerin zu 3) in ...... [*HIER Adresse einfügen*] zur Kontonummer ...... geführt wird, so lange gepfändet werden, bis die Ansprüche des Gläubigers vollständig befriedigt sind.

Es wird um einen einheitlichen Beschluss gebeten, weil dies aus Gründen der Vollstreckung geboten ist, da ...... [z. B. bei gebotener Zusammenrechnung verschiedener Einkommensquellen nach § 850 e ZPO] ...... und schutzwürdige Interessen der Drittschuldner nicht entgegenstehen.

....
Rechtsanwalt/-wältin

Anmerkung

Mehrere Geldforderungen gegen verschiedene Drittschuldner können auf Antrag des Gläubigers grundsätzlich durch einen einheitlichen Beschluss ausgesprochen werden (nicht »müssen«, da es sich nur um eine »Soll«-Vorschrift handelt).

Der Antrag kann nur vom Gläubiger gestellt werden.

Kosten:
Für den Rechtsanwalt entsteht eine 3/10 Gebühr gem. §§ 57, 58 BRAGO.

Streitwert:
Vollstreckungsforderung gem. § 57 Abs. 2 BRAGO.

#18 Aufforderung zur Pfandfreigabe

[*HIER Ort, Datum*]

An
Herrn/Frau ......
[Pfändungsgläubiger/-in bzw. Prozessbevollmächtigte(n)]
[*HIER Anschrift*]

In der Zwangsvollstreckungssache
....../......
Az.: ......

hat in Ihrem Auftrag der Gerichtsvollzieher ...... am ...... nachstehende Sachen bei dem Schuldner gepfändet:

...... [*HIER gepfändete Sachen aufführen*]

Namens und in Vollmacht meiner Mandantschaft mache ich Sie darauf aufmerksam, dass die gepfändeten Sachen nicht Eigentum des Schuldners sind, sondern meinem Mandanten gehören.

Die gepfändeten Sachen sind bei meinem Mandanten unter Vorbehalt des Eigentums bis zur völligen Bezahlung des Kaufpreises auf Abzahlung gekauft worden. Der Kaufpreis ist noch in Höhe von ...... EUR rückständig.

Die gepfändeten Sachen sind dem ...... [*HIER Name Anschrift*] ...... leihweise zur Verfügung gestellt.

Zur Glaubhaftmachung füge ich eidesstattliche Versicherungen [- Kaufbescheinigung] bei.

Ich fordere Sie namens meiner Mandantschaft auf, die gepfändeten Sachen bis zum ...... 20.. freizugeben. Sollte ich bis zum ...... nicht im Besitz der Freigabeerklärung sein, werde ich gegen Sie Interventionsklage erheben.

Gleichzeitig ersuche ich Sie, mir schriftlich mitzuteilen, dass Sie mit der Aufhebung des Versteigerungstermins am ...... 20.. einverstanden sind.

....
Rechtsanwalt/-wältin

Anmerkung

Wenn der Pfändungsgläubiger die gepfändeten Sachen nicht freigibt, bleibt nur die Möglichkeit der Widerspruchsklage. Es empfiehlt sich jedoch, mit der Widerspruchsklage, wenn Zeitnot besteht, einen Einstellungsantrag an das Prozessgericht zustellen, §§ 771, 769 ZPO. Die Klageerhebung allein berührt die Vollstreckungsmaßnahme nicht.

Das Schreiben kann dem Prozessbevollmächtigten der Gegenpartei zugestellt werden, sofern bekannt ist, dass dieser zustellungsbevollmächtigt ist.

Kosten:
Für den Rechtsanwalt eine 5/10 nach § 32 BRAGO. Reicht jedoch der beauftragte Rechtsanwalt auch die Widerspruchsklage ein, entsteht keine besondere Gebühr, sondern gemäß § 31 BRAGO die vollen Gebühren.

02. Eidesstattliche Versicherung

#01 Antrag auf Bestimmung eines Termins zur Abgabe der eidesstattlichen Versicherung nach bürgerlichem Recht §§ 807, 889 ZPO

[*HIER Ort, Datum*]

An das
Amtsgericht

- Vollstreckungsgericht -
[*HIER Anschrift*]

In der Zwangsvollstreckungssache
....../......
Az.: ......

Namens und in Vollmacht des/der Gläubigers/-in beantrage ich,
einen Termin zur Abgabe der eidesstattlichen Versicherung gem. § 899 ZPO zu bestimmen.

Gründe:

Der Schuldner ist durch vorläufig vollstreckbares Urteil des Amts-/Land-/Oberlandesgerichts in ...... vom ...... Az. ...... zur Abgabe einer eidesstattlichen Versicherung verurteilt.

Beweis: 1. anliegendes Urteil
2. ...... [*HIER weitere Urkunden, aus denen sich die Verpflichtung zur Abgabe der eidesstattlichen Versicherung ergibt*]

Sollte der Schuldner im Termin nicht erscheinen oder die Abgabe ohne Grund verweigern, beantrage ich, Haftbefehl gegen den Schuldner zu erlassen und mir eine Ausfertigung des Haftbefehls zu erteilen.

Dem Schuldner sind insbesondere folgende Fragen zu stellen:

1. ......
2. ......

Gibt der Schuldner die eidesstattliche Versicherung ab oder hat er sie innerhalb der letzten drei Jahre schon abgegeben, so beantrage ich, mir Abschriften des Vermögensverzeichnisses und des Terminprotokolls zu erteilen.

Eine Abschrift für den Schuldner liegt anbei.

....
Rechtsanwalt/-wältin

Anmerkung

Die eidesstattliche Versicherung, die nach dem bürgerlichen Recht geschuldet wird und gesetzlich in § 889 ZPO geregelt ist, darf nicht verwechselt werden mit der vollstreckungsrechtlichen eidesstattlichen Versicherung nach §§ 807, 883, 899 ff. ZPO: Nur die vollstreckungsrechtliche eidesstattliche Versicherung ist von der Neuregelung durch die 2. Zwangsvollstreckungsnovelle mit Wirkung ab 1. 1. 1999 betroffen, und nur insoweit ergeben sich Veränderungen durch weitgehende Verlagerung der Zuständigkeit auf den Gerichtsvollzieher. Der vorstehend vorgeschlagene Antrag zur Abgabe einer eidesstattlichen Versicherung ist daher an dieser Stelle im Grunde systemfremd und nur zum besseren Verständnis als Vergleich zum Verfahren der vollstreckungsrechtlichen eidesstattlichen Versicherung wiedergegeben.

Der Antrag zur Abgabe der eidesstattlichen Versicherung nach dem bürgerlichen Recht ist auch nach dem 1. 1. 1999 unverändert bei dem Amtsgericht einzureichen, in dessen Bezirk der Schuldner seinen Wohnsitz hat, § 899 ZPO. Dem Antrag sind die Vollstreckungstitel und die sonstigen Urkunden, aus denen sich die Verpflichtung des Schuldners zur Abgabe der eidesstattlichen Versicherung ergibt, beizufügen.

Kosten:
Rechtsanwaltsgebühren:
3/10 Gebühr nach §§ 57, 58 Abs. 3 Nr. 8 BRAGO.

Streitwert:
Der Streitwert bestimmt sich nach § 57 Abs. 2 Nr. 4 BRAGO, höchstens 1.500,– EUR.

Gerichtskosten:
25,– EUR gemäß GKG KV Nr. 1643.

#02 Antrag auf Bestimmung eines Termins zur Abgabe der eidesstattlichen Versicherung §§ 807, 900 ZPO

[*HIER Ort, Datum*]

An
Herrn/Frau ......
- Gerichtsvollzieher/-in
[*HIER Anschrift*]

[oder]
An die
Verteilungsstelle für Gerichtsvollzieheraufträge
beim Amtsgericht ......
[*HIER Anschrift*; *Wohnsitz des Schuldners ist maßgebend*]

Antrag auf Bestimmung eines Termins zur Abgabe der eidesstattlichen Versicherung gem. §§ 807, 900, 903 ZPO

In der Zwangsvollstreckungssache

....../......

Az.: ......

wird namens und in Vollmacht des/der Gläubigers/-in beantragt,

einen Termin zur Abgabe des eidesstattlichen Versicherung sowie zur Vorlage eines Vermögensverzeichnisses wegen folgender Ansprüche und Kosten des Verfahrens

1. Hauptforderung	...... EUR
2. ......% Zinsen seit dem ...... 20..	...... EUR
3. Kosten des Mahnverfahrens	...... EUR
4. Verauslagte Gerichtsvollzieherkosten	...... EUR
5. Kosten dieses Verfahrens	...... EUR
6. Gebühr für diesen Antrag § 57 BRAGO	...... EUR
7. Auslagen § 26 BRAGO	...... EUR
8. Mehrwertsteuer	...... EUR
insgesamt also	...... EUR

zu bestimmen.

Gründe:

Die Zwangsvollstreckung aus dem anliegenden Schuldtitel des ......gerichts vom ...... Az.: ...... hat gemäß ebenfalls beigefügtem Pfändungsprotokoll des Gerichtsvollziehers ...... vom ...... nicht zur vollständigen Befriedigung des Gläubigers geführt (§ 807 Abs. 1 Nr. 1 ZPO).

Beweis: beigefügte vorgenannten Anlagen.

[oder alternativ]

Die Zwangsvollstreckung aus dem anliegenden Schuldtitel des ...... gerichts ...... vom ...... Az.: ...... wird gemäß ebenfalls beigefügter eidesstattlicher Erklärung des Vermieters des Schuldners voraussichtlich nicht zur vollständigen Befriedigung des Gläubigers führen (§ 807 Abs. 1 Nr. 2 ZPO).

Beweis: beigefügte vorgenannten Anlagen.

[oder alternativ]
Der Schuldner hat am ...... die nach § 758 ZPO vorgesehene Durchsuchung seiner Wohnung verweigert (§ 807 Abs. 1 Nr. 3 ZPO)

Beweis: Protokoll des Gerichtsvollziehers ...... vom ......

[oder alternativ]
Der Gerichtsvollzieher ...... hat den Schuldner am ...... und am ...... nicht in seiner Wohnung angetroffen, obwohl die Vollstreckung in der Wohnung bereits am ......, mithin mindestens 2 Wochen vorher angekündigt worden war (§ 807 Abs. 1 Nr. 4 ZPO).

Beweis: 1. Protokoll des Gerichtsvollziehers ...... vom ......
2. Protokoll des Gerichtsvollziehers ...... vom ......

[oder alternativ]
Der Gläubiger und/oder der Schuldner widerspricht einer sofortigen Abnahme der eidesstattlichen Versicherung gemäß § 900 Abs. 2 ZPO,

[fakultativ: weil ...... z. B. der Schuldner voraussichtlich erst in der kommenden Woche mit bereits bezahlter Ware beliefert werden wird]

Beweis: beigefügtes Schreiben des Gläubigers vom ......

Dem Schuldner sind insbesondere – über die Fragen im amtlichen Vordruck hinaus – folgende Fragen zustellen:

1. Wo arbeitet der Schuldner? Dauer des Arbeitsvertrages?
2. Von welchem Leistungsträger erhält der Schuldner welche Leistungen (z. B. Arbeitsamt oder Krankenkasse oder Rentenkasse)?
3. Bankverbindungen und Versicherungsansprüche des Schuldners – Kontonummern, Saldostände, Sparbücher und Versicherungspolicen?
4. ...... [*HIER weitere Fragen*]

Gibt der Schuldner die eidesstattliche Versicherung ab oder hat er sie innerhalb der letzten drei Jahre schon abgegeben, so beantrage ich, mir Abschriften des Vermögensverzeichnisses und des Terminprotokolls zu erteilen.

Im Falle eines Angebotes des Schuldners zu angemessener Ratenzahlung erklären wir uns bereits jetzt mit einer Verlegung des jeweiligen Versicherungstermins nach dem Ermessen des Gerichtsvollziehers einverstanden. Auch erklären wir uns mit der Einziehung von Teilbeträgen durch den Gerichtsvollzieher einverstanden.

Eine Abschrift für den Schuldner anbei.

....
Rechtsanwalt/-wältin

[oder anders aufgebaut]
[*HIER Ort, Datum*]

An
Herrn/Frau ......
- Gerichtsvollzieher/-in
[*HIER Anschrift*]

[oder]
An die
Verteilungsstelle für Gerichtsvollzieheraufträge
beim Amtsgericht ......
[*HIER Anschrift*; *Wohnsitz des Schuldners ist maßgebend*]

Antrag auf Bestimmung eines Termins zur Abgabe der eidesstattlichen Versicherung gem. §§ 807, 900, 903 ZPO

In Sachen
[*HIER Langrubrum*]

beantrage ich, namens und in Vollmacht des Gläubigers, wegen des nachstehend bezeichneten Anspruchs,

einen Termin gemäß § 807, 900 ZPO zur Abgabe eines Vermögensverzeichnisses und der eidesstattlichen Versicherung zu bestimmen, für den Fall, dass gegen den Schuldner bereits ein Haftbefehl vorliegt, eine Abschrift des Vermögensverzeichnisses zu übersenden.

Der Antrag wird auch für den Fall gestellt, dass gegen den Schuldner bereits Haft zur Erzwingung der Abgabe der eidesstattlichen Versicherung angeordnet ist.

Für den Fall, dass der Schuldner innerhalb der letzten drei Jahre die eidesstattliche Versicherung nach § 807 ZPO oder § 284 AO bereits abgegeben hat, erkläre ich vorstehenden Antrag für erledigt. In diesem Fall bitte ich um Übersendung von Abschriften des Terminsprotokolls und des Vermögensverzeichnisses jener Versicherung sowie um Rückgabe der Vollstreckungsunterlagen.

Ich bitte, mir umgehend nach dem Termin Protokoll und Vermögensverzeichnis zu übersenden.
Weiter wird beantragt,

einen Haftbefehl gemäß § 901 ZPO zu erlassen für den Fall, dass der Schuldner nicht erscheint oder ohne Grund verweigert bzw. keine ausreichende Entschuldigung für sein Fernbleiben vorlegen kann und eine Ausfertigung des Haftbefehls zu übersenden;

den Termin um vier Wochen zu vertagen, wenn sich der Schuldner zu einer Ratenzahlung i. H. v. monatlich ...... EUR bereit erklärt und die Zahlung der ersten Rate im Termin ausreichend nachweisen kann. Mit dem Ruhen des Verfahrens besteht kein Einverständnis.
Ich überreiche anliegend die vollstreckbaren zugestellten Schuldtitel, eine Antragsabschrift und Vollstreckungsunterlagen, wonach die Gläubigerin noch beanspruchen kann:

1. Hauptforderung
   ...... EUR Hauptforderung aus Vergleich
   - ...... EUR abzgl. gezahlter ...... Raten à ...... EUR v. ......
   bis zum ......
   ...... EUR verbliebener Restbetrag + ... % Zinsen aus EUR seit dem ...... bis
   + ... EUR zum ...... auf ...... EUR Restbetrag
   ...... EUR Summe
2. Festgesetzte Kosten
   ...... EUR Festgesetzte Kosten
   - ...... EUR abzgl. bereits am ...... gezahlter Kosten
   ...... EUR verbliebener Restbetrag der Kosten

   ...... % Zinsen aus EUR seit dem ...... bis
   + ... EUR zum ...... auf ...... EUR Restbetrag der Kosten

   ...... EUR Summe

nebst ...... Zinsen auf die Summen 1. + 2. entsprechend EUR ...... seit dem ......

3. bisherige Vollstreckungskosten (lt. Anlagen)
   ...... EUR Kosten des Gerichtsvollziehers
   ...... EUR Kosten des Bevollmächtigten

   ...... EUR Summe

4. Außerdem trägt der Schuldner die Kosten dieses Verfahrens (§ 788 ZPO), nämlich
   ...... EUR 3/10 Gebühr, §§ 57, 58 Abs. 3 Nr. 11 BRAGO (aus höchstens 1.500,- EUR)
   ...... EUR Auslagen - pauschal, § 26 BRAGO
   ...... EUR Umsatzsteuer (MwSt.), § 25 Abs. 2 BRAGO
   ...... EUR Kosten dieses Verfahrens

...... EUR Summe

...... EUR Gesamtsumme. Hinzu kommen die weiteren Zinsen.

Die Voraussetzungen von § 807 Abs. 1 ZPO mache ich glaubhaft durch die Protokollabschrift des Gerichtsvollziehers XY in .... vom ...... 20...
Um Erstattung nicht verbrauchter Gerichtskosten wird gebeten. Es wird versichert, dass diese aus eigenen Mitteln verauslagt sind.

......
Rechtsanwalt/-wältin«

Anmerkung

Die eidesstattliche Versicherung, die nach dem bürgerlichen Recht geschuldet wird und gesetzlich in § 889 ZPO geregelt ist, darf nicht verwechselt werden mit der vollstreckungsrechtlichen eidesstattlichen Versicherung nach §§ 807, 883, 899 ff. ZPO. Nur die vollstreckungsrechtliche eidesstattliche Versicherung ist von der Neuregelung durch die 2. Zwangsvollstreckungsnovelle mit Wirkung ab 1. 1. 1999 betroffen, und nur insoweit ergeben sich Veränderungen durch weitgehende Verlagerung der Zuständigkeit auf den Gerichtsvollzieher.

Der Antrag zur Abgabe der vollstreckungsrechtlichen Versicherung ist nach dem 1. 1. 1999 an den Gerichtsvollzieher bei dem Amtsgericht zu richten, in dessen Bezirk der Schuldner seinen Wohnsitz hat, § 899 Abs. 1 ZPO. Dem Antrag sind die Vollstreckungstitel und die sonstigen Urkunden aus denen sich die Verpflichtung des Schuldners zur Abgabe der eidesstattlichen Versicherung ergibt, beizufügen.

Ein Antrag auf Sachpfändung kann mit einem Antrag auf Abgabe der eidesstattlichen Versicherung auch verbunden werden, denn der Gerichtsvollzieher kann die eidesstattliche Versicherung bei Vorliegen der Voraussetzungen des § 807 Abs. 1 ZPO sofort abnehmen, sofern weder Gläubiger noch Schuldner widersprechen (§ 900 Abs. 2 ZPO). Für diesen Fall dürfte es sich empfehlen, die beabsichtigten zusätzlichen Fragen an den Schuldner besonders sorgsam auszuarbeiten und dem Gerichtsvollzieher vorab zuzuleiten.

Da es nicht strafbar ist, dem Gerichtsvollzieher zur Verschleierung der wahren Vermögensverhältnisse die Unwahrheit zu sagen, versuchen Schuldner immer wieder, den Gerichtsvollzieher in die Irre zu führen. Nur die eidesstattliche Offenbarungsversicherung zwingt den Schuldner, sein Vermögen genau anzugeben. Die Richtigkeit muss an Eides Statt versichert werden.

Die eidesstattliche Offenbarungsversicherung ermöglicht dem Anwalt einen Einblick in die Vermögensverhältnisse des Schuldners, der ein Vermögensverzeichnis aufzustellen hat. Aufgrund dieser Unterlage kann dann geklärt werden, welche Vollstreckungsmöglichkeiten noch bestehen. Auf Seiten des Gläubigers ist für den Antrag auf Abgabe einer eidesstattlichen Offenbarungsversicherung das Vorliegen eines zugestellten vollstreckbaren Titels sowie ein erfolgloser Sachpfändungsversuch (Pfandabstandsprotokoll des Gerichtsvollziehers, auch als Unpfändbarkeitsattest oder sog. Fruchtlosigkeitsbescheinigung bezeichnet) oder die Glaubhaftmachung, dass die Sachpfändung ohne Erfolg sein werde, erforderlich (vgl. § 807 Abs. 1 ZPO).

Während die Fruchtlosigkeitsbescheinigung nach § 807 Abs. 1 S. 1 1. Alternative ZPO, § 63 GVGA in Praxis immer mehr in den Hintergrund rückt, hat die 2. Alternative des § 807 Abs. 1 S. 1 ZPO immer mehr an Bedeutung gewonnen, weil hier lediglich Glaubhaftmachung erforderlich ist. In diesem Zusammenhang ist häufig unbekannt, dass neben der Glaubhaftmachung durch eidesstattliche Versicherung nach § 294 ZPO auch alle Tatsachen geeignet sind, die die Prognose für eine aussichtslose Vollstreckung mit ›überwiegender Wahrscheinlichkeit‹ zulassen. Zu solchen geeigneten Tatsachen, die die Aussichtslosigkeit der Vollstreckung ›überwiegend wahrscheinlich‹ erscheinen lassen, gehören im wesentlichen (vgl. im näheren Behr JurBüro 1995, 67 ff. m. w. N.):

- hohe Verschuldung des Schuldners,
- fehlende Wohnung des Schuldners im Inland,
- gegen oder für den Schuldner wurde ein PKH-Verfahren durchgeführt,
- der Schuldner ist Sozialhilfeempfänger,
- die Ablehnung der gerichtlichen Durchsuchungsanordnung,
- der Rückgriff auf nicht vollzogene Haftbefehle,
- der Drittschuldner kommt seiner Erklärungspflicht nach § 840 Abs. 1 ZPO nicht nach,
- Zutrittsverweigerung durch den Schuldner (in der Rechtsprechung aber streitig, vgl. Behr JurBüro 1995, 68 m. w. N. für zustimmende und ablehnende Judikatur).

Zu vermeidende typische Fehler und Mängel eines Antrags auf Ladung des Schuldners zur Abgabe der eidesstattlichen Versicherung sind:

- es fehlt der mit Zustellungsnachweis versehene Titel,
- es fehlt die Fruchtlosigkeitsbescheinigung des Gerichtsvollziehers (die nicht älter als sechs Monate sein darf),
- dem Antrag ist nicht die Antragskopie zur Information des Schuldners beigefügt,
- es ist nicht mitgeteilt worden, ob bei einem gemäß § 903 ZPO bekannt gewordenen Arbeitgeber die Pfändung und Überweisung des Arbeitseinkommens versucht wurde,
- es wird nicht mitgeteilt, ob ein Haftbefehl dann ergehen soll, wenn der Schuldner nicht erscheint,

Der Gläubiger sollte sich bei einem im Termin der eidesstattlichen Versicherung zahlungsfähigen und zahlungswilligen Schuldner mit einem Ruhen des Verfahrens schriftlich im voraus im Antrag oder im Termin selbst einverstanden erklären, sofern der Schuldner bereits im Termin eine angemessene Teilzahlung erbringt.

Dem Schuldner wird in der Praxis der Erlass eines Haftbefehls in der Regel nicht bekannt gegeben. Zwar ergibt sich aus der Ladung zum Termin der eidesstattlichen Offenbarungsversicherung, dass beim unentschuldigten Ausbleiben des Schuldners ein Haftbefehl ergeht. Häufig aber ist der Schuldner dann überrascht, wenn er Informationen darüber erhält, dass gegen ihn ein Haftbefehl nach § 901 ZPO ergangen ist. Nach Erhalt des Haftbefehls kann der Anwalt dann unter Mitteilung, dass ein Haftbefehl gegen den Schuldner vorliegt, den Schuldner unter Beifügung einer Ablichtung des Haftbefehls nochmals auffordern, die Zahlungen aufzunehmen, um eine Verhaftung zu vermeiden. Es empfiehlt sich, den Gerichtsvollzieher zu ermächtigen, von der Verhaftung Abstand zu nehmen, wenn der Schuldner Teilzahlungen anbietet (vgl. LG Köln JurBüro 1985, 464).

Es gibt dann noch die Möglichkeit, im sog. Nachbesserungsverfahren Druck auf den Gläubiger auszuüben. Bei diesem Verfahren handelt es sich um die Fortführung des alten Verfahrens (OLG Köln JurBüro 1994, 408), die dann in Betracht zu ziehen ist, sofern der Schuldner im Verfahren der eidesstattlichen Versicherung unvollständige, ungenaue oder unrichtige Angaben gemacht hat (vgl. z. B. LG Flensburg JurBüro 1995, 443). Diese Lücken braucht der Gläubiger nur glaubhaft zu machen. Mit diesem Nachbesserungsverfahren hat der Gläubiger ein dauerhaftes Zwangsmittel gegen den Schuldner zur Verfügung, da er es so oft beantragen kann, bis der Schuldner alle Informationswünsche erfüllt oder wegen der dauernden Unannehmlichkeiten Zahlungsbereitschaft zeigt bzw. wenigstens zu Ratenzahlungen bereit ist.

Für die Mitwirkung am Verfahren der eidesstattlichen Versicherung erhält der Rechtsanwalt eine weitere Gebühr, weil es sich insoweit um eine besondere Angelegenheit nach § 58 Abs. 3 Nr. 11 BRAGO handelt.

Kostentragung der Zwangsvollstreckung:
Die Rechtsschutzversicherung trägt nach § 5 Abs. 1 c, Abs. 3 d, e der Allgemeinen Rechtsschutzbedingungen (ARB 2000) die Kosten einer Zwangsvollstreckung nur bis zu 3 Anträgen auf Vollstreckung je Vollstreckungstitel und nur innerhalb von 5 Jahren nach Rechtskraft des Titels.

Setzt die Zwangsvollstreckung aus einem Titel die Erteilung einer Vollstreckungsklausel voraus, so sind die Kosten einer vor Erteilung der Vollstreckungsklausel abgefassten anwaltlichen Zahlungsaufforderung mit Vollstreckungsandrohung jedenfalls dann nicht erstattungsfähig, wenn der Schuldner noch vor Erteilung der Klausel erfüllt (KG JurBüro 1987, 390).

Da die Prozessvollmacht nur für den Empfang der vom Gegner zu erstattenden Prozesskosten ausreicht (§ 81 ZPO), ist zu beachten, dass der Gläubigervertreter für den Empfang von Geld eine gesonderte Geldempfangsvollmacht dem Gerichtsvollzieher in Urschrift vorzulegen hat (§ 62 Nr. 2 GVGA).

Rechtsanwaltsgebühren:
3/10 Gebühr nach §§ 57, 58 Abs. 3 Nr. 8 BRAGO.

Streitwert:
Der Streitwert bestimmt sich nach § 57 Abs. 2 Nr. 4 BRAGO, höchstens 1.500,– EUR.

Gerichtsvollziehergebühren:
Festgebühr von 30,– EUR gem. KV zum GVKostG Nr. 260; wird die eidesstattliche Versicherung nicht abgegeben: 12,50 EUR; keine Gebühr wenn die Abnahme nicht erfolgt, weil der Schuldner die eidesstattliche Versicherung innerhalb der letzten drei Jahre abgegeben hat, KV zum GVKostG Nr. 604; zzgl. Zustellungskosten.

#03 Antrag auf wiederholte Abgabe der eidesstattlichen Versicherung § 903 ZPO

[*HIER Ort, Datum*]

An
Herrn/Frau ......
- Gerichtsvollzieher/-in
[*HIER Anschrift*]

[oder]
An die
Verteilungsstelle für Gerichtsvollzieheraufträge
beim Amtsgericht ......
[*HIER Anschrift*; *Wohnsitz des Schuldners ist maßgebend*]

In der Zwangsvollstreckungssache

des/der ...... [*HIER Vorname, Name, Anschrift*]

- Gläubigers/-in, -

Prozessbevollmächtigte(r): Rechtsanwalt/-wältin ...... [*HIER Vorname, Name, Anschrift*]

gegen

den/die ...... [*HIER Vorname, Name, Anschrift*]

- Schuldner/-in, -

Prozessbevollmächtigte(r): Rechtsanwalt/-wältin ...... [*HIER Vorname, Name, Anschrift*]

Az.: ......

hat der Schuldner bereits innerhalb der letzten drei Jahre, und zwar am ...... Az.: ...... die eidesstattliche Versicherung abgegeben.

Der Gläubiger hat das Arbeitseinkommen des Schuldners gepfändet. Der Drittschuldner hat nunmehr mitgeteilt, der Schuldner sei aus dem Arbeitsverhältnis ausgeschieden.

Beweis: 1. Anliegend zugestellter Pfändungs- und Überweisungsbeschluss
2. Erklärung des Drittschuldners vom ......

Namens des/der Gläubigers/-in wird beantragt,
einen Termin zur nochmaligen Abgabe der eidesstattlichen Versicherung zu bestimmen.

Sollte der Schuldner im Termin nicht erscheinen oder die Abgabe ohne Grund verweigern, beantrage ich ferner, Haftbefehl gegen den Schuldner zu erlassen und mir eine Ausfertigung des Haftbefehls zu erteilen.

Die noch offenstehende Forderung berechnet sich wie folgt: ......

Der Vollstreckungstitel ist beigefügt.

....
Rechtsanwalt/-wältin

Anmerkung

Der Antrag zur wiederholten Abgabe der eidesstattlichen Versicherung ist bei dem Amtsgericht einzureichen, in dessen Bezirk der Schuldner seinen Wohnsitz hat. Dem Antrag sind der Vollstreckungstitel und die Unterlagen beizufügen, aus denen sich ein Vermögenserwerb oder der Wechsel des Arbeitsverhältnisses ergibt. Eine erneute Fruchtlosigkeitsbescheinigung ist für den Antrag auf wiederholte Abgabe der eidesstattlichen Versicherung des § 807 Abs. 1 ZPO nicht erforderlich, wie § 903 S. 2 ZPO klarstellt.

Kosten:
Rechtsanwaltsgebühren:
3/10 Gebühr nach §§ 57, 58 Abs. 3 Nr. 8 BRAGO.

Streitwert:
Der Streitwert bestimmt sich nach § 57 Abs. 2 BRAGO, höchstens 1.500,– EUR.

Gerichtsvollziehergebühren:
Festgebühr von 30,– EUR gemäß KV zum GVKostG Nr. 260; wird die eidesstattliche Versicherung nicht abgegeben: 12,50 EUR; keine Gebühr. Wenn die Abnahme nicht erfolgt, weil der Schuldner die eidesstattliche Versicherung innerhalb der letzten drei Jahre abgegeben hat, KV zum GVKostG Nr. 604; zzgl. Zustellungskosten.

#04 Verfahren zur Abgabe der eidesstattlichen Versicherung § 883 Abs. 2 ZPO

[*HIER Ort, Datum*]

An
Herrn/Frau ......
- Gerichtsvollzieher/-in
[*HIER Anschrift*]

[oder]
An die
Verteilungsstelle für Gerichtsvollzieheraufträge
beim Amtsgericht ......
[*HIER Anschrift*; *Wohnsitz des Schuldners ist maßgebend*]

In der Zwangsvollstreckungssache

des/der ...... [*HIER Vorname, Name, Anschrift*]

- Gläubigers/-in, -

Prozessbevollmächtigte(r): Rechtsanwalt/-wältin ...... [*HIER Vorname, Name, Anschrift*]

gegen

den/die ...... [*HIER Vorname, Name, Anschrift*]

- Schuldner/-in, -

Prozessbevollmächtigte(r): Rechtsanwalt/-wältin ...... [*HIER Vorname, Name, Anschrift*]

Az.: ......

hat der/die Gläubiger/-in die Ansprüche aus [*z. B. dem Lebensversicherungsvertrag des Schuldners gegenüber der Versicherung*] ...... gepfändet.

Beweis: Anliegender Pfändungs- und Überweisungsbeschluss des Amtsgerichts ...... Az.: ......

Die Drittschuldnerin hat in ihrer Erklärung vom ...... um Vorlage der [Angabe der Unterlagen] gebeten. Der Gerichtsvollzieher hat diese Urkunde beim Schuldner nicht vorgefunden.

Beweis: Anliegendes Gerichtsvollzieherprotokoll vom ......

Namens und in Vollmacht des/der Gläubigers/-in beantrage ich,

einen Termin zur Abgabe der eidesstattlichen Versicherung zu bestimmen, in dem der Schuldner sich über den Verbleib der Unterlagen [*z. B. Versicherungspolice*] zu erklären hat.

Sollte der Schuldner zu diesem Termin nicht erschienen oder die eidesstattliche Versicherung verweigern, beantrage ich ferner bereits jetzt,

einen Haftbefehl zu erlassen.

....
Rechtsanwalt/-wältin

Anmerkung

Gemäß § 899 Abs. 1 ZPO ist der Antrag an den Gerichtsvollzieher bei dem Amtsgericht zu richten, in dessen Bezirk der Schuldner seinen Wohnsitz hat. Dem Antrag ist der Vollstreckungstitel beizufügen, aus dem sich die Verpflichtung zur Herausgabe der Urkunden ergibt. Eine Eintragung in die Schuldnerkartei erfolgt nicht.

Kosten:
Rechtsanwaltsgebühren:
3/10 Gebühr nach §§ 57, 58 Abs. 3 Nr. 11 BRAGO.

Streitwert:
Der Wert ist zu schätzen, § 57 Abs. 2 BRAGO.

#05 Widerspruch gegen die Verpflichtung zur Abgabe der eidesstattlichen Versicherung, § 900 Abs. 4 ZPO

[*HIER Ort, Datum*]

An
Herrn/Frau ......
- Gerichtsvollzieher/-in
[*HIER Anschrift*]

In der Zwangsvollstreckungssache

des/der ...... [*HIER Vorname, Name, Anschrift*]

- Gläubigers/-in, -

Prozessbevollmächtigte(r): Rechtsanwalt/-wältin ...... [*HIER Vorname, Name, Anschrift*]

gegen

den/die ...... [*HIER Vorname, Name, Anschrift*]

- Schuldner/-in, -

Prozessbevollmächtigte(r): Rechtsanwalt/-wältin ...... [*HIER Vorname, Name, Anschrift*]

Az.: ......

erhebe ich namens und in Vollmacht des/der Schuldners/-in

Widerspruch

gegen die Verpflichtung zur Abgabe der eidesstattlichen Versicherung.

Begründung:

...... [*allgemein: Fehlen oder Wegfall der Vollstreckungsvoraussetzungen*]

[oder]
Die Ladung zur Abgabe der eidesstattlichen Versicherung ist nicht gemäß den gesetzlichen Bestimmungen erfolgt ...... [*HIER Ausführungen*]

[oder]
Die Zwangsvollstreckung ist nicht fruchtlos ausgefallen ...... [*HIER Ausführungen*]

[oder]
Der Gläubiger ist nach Erlass des Vollstreckungstitels mit mehr als ...... EUR befriedigt worden ...... [*HIER Ausführungen*]

[oder]
Der Gläubiger hat dem Schuldner am ...... Vertagung zur Ableistung der eidesstattlichen Versicherung bewilligt.

[oder]
Der Vollstreckungstitel ist durch vollstreckbares Urteil des ......gerichts [- durch Beschluss] vom ...... aufgehoben worden.

[oder]
Der Schuldner hat in den letzten drei Jahren, und zwar am ......, vor dem ......gericht in ...... die eidesstattliche Versicherung abgegeben.

....
Rechtsanwalt/-wältin

Anmerkung

Der Antrag ist an den Gerichtsvollzieher zu richten, der den Schuldner vorgeladen hat. Der Widerspruch ist spätestens mündlich in der Verhandlung zur Abgabe der eidesstattlichen Versicherung gegenüber dem Gerichtsvollzieher zu erklären. Dieser hat den Widerspruch dem Vollstreckungsgericht vorzulegen. Denn über den Widerspruch entscheidet nach § 900 Abs. 4 ZPO das Gericht nach Beschluss.

Die Abgabe der eidesstattlichen Versicherung erfolgt nach dem Eintritt der Rechtskraft der Entscheidung. Jedoch kann das Vollstreckungsgericht bei Vorliegen bestimmter Voraussetzungen zur Verfahrensbeschleunigung anordnen, dass die Abgabe der eidesstattlichen Versicherung schon vor Eintritt der Rechtskraft zu erfolgen hat, § 900 Abs. 4 S. 2 ZPO.

Kosten:
Rechtsanwaltsgebühren:
3/10 Gebühr nach § 57 BRAGO.

Streitwert:
Der Streitwert bestimmt sich nach § 57 Abs. 2 BRAGO, höchstens 1.500,– EUR.

#06 Antrag auf Verhaftung des Schuldners § 909 ZPO

[*HIER Ort, Datum*]

An
Herrn/Frau ......
- Gerichtsvollzieher/-in
[*HIER Anschrift*]

[oder]
An die
Verteilungsstelle für Gerichtsvollzieheraufträge
beim Amtsgericht ......
[*HIER Anschrift*; *Wohnsitz des Schuldners ist maßgebend*]

In der Zwangsvollstreckungssache

des/der ...... [*HIER Vorname, Name, Anschrift*]

- Gläubigers/-in, -

Prozessbevollmächtigte(r): Rechtsanwalt/-wältin ...... [*HIER Vorname, Name, Anschrift*]

gegen

den/die ...... [*HIER Vorname, Name, Anschrift*]

- Schuldner/-in, -

Prozessbevollmächtigte(r): Rechtsanwalt/-wältin ...... [*HIER Vorname, Name, Anschrift*]

Az.: ......

überreiche ich anliegend Schuldtitel des ......gerichts vom ...... 20.. und Haftbefehl des ...... -Gerichts in doppelter Ausfertigung mit dem Antrage, den Schuldner zu verhaften, wenn er nicht den gesamten Betrag [- wenn er keine angemessene Teilzahlung] leistet.

Außer der im Schuldtitel vom ...... 20.. angegebenen Hauptforderung von ...... EUR und ......% Zinsen von ...... EUR sind noch zu zahlen:

1. Vollstreckungsgebühr
2. Vollstreckungskosten
3. Gebühr zur Ladung zur Abgabe der eidesstattlichen Versicherung
4. Porto und Auslagen
5. Mehrwertsteuer

Für den Fall, dass der Schuldner nach seiner Verhaftung die eidesstattliche Versicherung abgeben will, wird bereits jetzt gemäß § 902 Abs. 1 S. 3 ZPO beantragt, dem Gläubiger persönlich die Teilnahme am Termin zu ermöglichen. Der Gläubiger kann jederzeit ohne terminliche Verzögerung einen auch kurzfristig anberaumten Termin wahrnehmen.

....
Rechtsanwalt/-wältin

Anmerkung

Der Verhaftungsauftrag sollte schon vorsorglich mit dem Pfändungsauftrag gestellt werden. Das Verfahren richtet sich nach §§ 901 ff. ZPO. Der Haftbefehl muss bei der Verhaftung durch den Gerichtsvollzieher dem Schuldner vorgezeigt werden. Einer Zustellung des Haftbefehls von Amts wegen bedarf es nach § 901 S. 2 ZPO nicht. Die Vollziehung des Haftbefehls ist nach Ablauf von drei Jahren nach dessen Erlass unstatthaft, § 909 Abs. 2 ZPO.

Bei Verweigerung des Gerichtsvollziehers kann der Gläubiger Erinnerung einlegen, § 766 Abs. 2 ZPO. Dies gilt auch für den Schuldner, der sich gegen den Vollzug des Haftbefehls wendet. Gegen die Ablehnung oder Anordnung der Haft haben – weil sie durch den Richter erfolgen – beide Parteien die sofortige Beschwerde innerhalb zwei Wochen gem. § 793 ZPO.

Kosten:
Rechtsanwaltsgebühren werden durch den Antrag auf eidesstattliche Versicherung abgegolten, § 58 Abs. 1 ZPO. Wenn der Anwalt erstmals tätig wird mit dem Verhaftungsauftrag, erhält er eine 3/10 Gebühr nach § 57 BRAGO.

Gerichtsvollziehergebühren:
Festgebühr von 30,– EUR gem. KV zum GVKostG Nr. 270; wird die eidesstattliche Versicherung nicht abgegeben: 12,50 EUR; keine Gebühr wenn die Abnahme nicht erfolgt, weil der Schuldner die eidesstattliche Versicherung innerhalb der letzten drei Jahre abgegeben hat, KV zum GVKostG Nr. 604; zzgl. Zustellungskosten.

Gericht:
Haftkosten in Höhe von des Haftkostenbeitrags nach § 50 Abs. 2 u. 3 StVollzG, GKG KV Nr. 9010.

#07 Antrag auf Löschung der Eintragung in Schuldnerverzeichnis § 915 a Abs. 2 ZPO

[*HIER Ort, Datum*]

An das
Amtsgericht
- Vollstreckungsgericht -
[*HIER Anschrift*]

Antrag auf Löschung der Eintragung im Schuldnerverzeichnis

des/der ...... [*HIER Vorname, Name, Anschrift*]

- Antragstellers/-in,

Prozessbevollmächtigte(r): Rechtsanwalt/-wältin ...... [*HIER Vorname, Name, Anschrift*].

Begründung:

Der/Die Antragsteller/-in hat am ...... 20.. vor dem Amtsgericht in ......, Az.: ......, die eidesstattliche Versicherung abgegeben.

Gemäß § 915 a Abs. 2 ZPO wird die Löschung im Schuldnerverzeichnis beantragt, da

die Schuld nachweislich anliegender Quittungen getilgt ist
[- die Schuld ausweislich anliegender Bescheinigung des ehemaligen Gläubigers ...... beglichen ist]
[- seit dem Schluss des Jahres, in dem die Eintragung erfolgte, drei Jahre vergangen sind.]

[fakultativ]
Da der Antragsteller die eidesstattliche Versicherung vor dem Gerichtsvollzieher beim Amtsgericht in ...... abgegeben hat und er infolgedessen auch in das Schuldnerverzeichnis dieses Gerichts eingetragen ist, wird zusätzlich gemäß § 915 a Abs. 1 S. 2 ZPO die Löschung im Schuldnerverzeichnis des Amtsgerichts in ...... beantragt.

....
Rechtsanwalt/-wältin

Anmerkung

Das Verfahren richtet sich nach § 915 a Abs. 2 ZPO. Der Antrag ist an das Amtsgericht zu richten, bei dem der Schuldner ins Schuldnerverzeichnis eingetragen wurde. Da ein Schuldner, der die eidesstattliche Versicherung vor einem Gerichtsvollzieher eines anderen Amtsgerichts abgegeben hat, auch im Verzeichnis diese Gerichts eingetragen wird, § 915 Abs. 2 ZPO, ist die Löschung gem. § 915 a Abs. 1 S. 2 ZPO auch im Verzeichnis des anderen Gerichts vorzunehmen. Dies kann zusätzlich mitbeantragt werden.

Der Antrag kann gestellt werden, wenn die Schuld getilgt oder die Frist abgelaufen ist. Bei Stellung des Antrages sind stets Nachweise über die Tilgung der Schuld mit einzureichen. Erlass der Schuld genügt nicht.

Mit der Löschung im Schuldnerverzeichnis verliert der Schuldner den Schutz der §§ 903, 914 ZPO.

Kosten:
Gerichtskosten:
Keine.

Rechtsanwaltsgebühren:
3/10 Gebühr nach §§ 57, 58 Abs. 3 Nr. 12 BRAGO.

03. Zwangsvollstreckung in Forderungen

#01 Vorpfändungsbenachrichtigung § 845 ZPO (Vorläufiges Zahlungsverbot)

[*HIER Ort, Datum*]

An das
Amtsgericht
- Vollstreckungsgericht -
[*HIER Anschrift*]

In der Zwangsvollstreckungssache

des/der ...... [*HIER Vorname, Name, Anschrift*]

- Gläubigers/-in, -

Prozessbevollmächtigte(r): Rechtsanwalt/-wältin ...... [*HIER Vorname, Name, Anschrift*]

gegen

den/die ...... [*HIER Vorname, Name, Anschrift*]

- Schuldner/-in, -

Prozessbevollmächtigte(r): Rechtsanwalt/-wältin ...... [*HIER Vorname, Name, Anschrift*]

kann der/die Gläubiger/-in von dem/der Schuldner/-in aufgrund des Urteils des ...... gerichts in ...... vom ...... Az.: ...... und des ...... nachfolgende Beträge verlangen:

1. ...... EUR [Hauptforderung] nebst ......% Zinsen seit dem ...... aus ......
2. ...... EUR [festgesetzte Kosten] nebst ......% Zinsen seit dem ...... aus ......
3. ...... EUR [bisherige Vollstreckungskosten]
   ...... EUR Summe

Ich benachrichtige Sie

...... [- Drittschuldner]

hiermit hierüber, dass die Pfändung des Anspruchs des Schuldners gegen Sie aus ...... bevorsteht.

Bei Arbeitseinkommen sind die Pfändungsfreigrenzen gemäß §§ 850 ff. ZPO (insbesondere § 850 c ZPO) zu beachten.

Der Drittschuldner darf nicht mehr an den Schuldner Zahlung leisten.

Der Schuldner darf nicht mehr über die Forderung verfügen, sie insbesondere nicht mehr einziehen.

Diese Benachrichtigung hat die Wirkung des Arrestes (§ 930 ZPO), sofern die Pfändung des Anspruchs innerhalb von 1 Monat bewirkt wird.

....
Rechtsanwalt/-wältin

Anmerkung

Achtung: Die Monatsfrist muss beim Rechtsanwalt des Gläubigers notiert und überwacht werden.

Die Vorpfändung verhindert die Verschlechterung der Vollstreckungsmöglichkeiten während der Bearbeitung des Pfändungsantrages beim Gericht.

Es handelt sich um eine private Zwangsvollstreckungsmaßnahme des Gläubigers. Voraussetzungen sind vollstreckbarer Titel, Bedingungen müssen erfüllt sein, § 726 Abs. 1, § 751 Abs. 1, § 765 ZPO.

Nicht erforderlich sind: Klauselerteilung, Zustellung des Titels, Zustellung der Urkunden gem. § 750 Abs. 2 ZPO und Nachweis der Sicherheitsleistung. Damit hat die Vorpfändungsbenachrichtigung den Vorteil, dass sie es dem Gläubiger ermöglicht, unverzüglich nach Beschaffung eines vollstreckbaren Titels auf die Forderungen (Außenstände) des Schuldners Hand zu legen.

Büromäßige Behandlung:
Die Zustellung erfolgt im Parteibetrieb durch den Gerichtsvollzieher und wird wirksam mit Zugang an den Drittschuldner. Die Vorpfändung wird wirkungslos, wenn der Pfändungsbeschluss nicht binnen 1 Monat nach der Zustellung ebenfalls zugestellt wird. Weitere Vorpfändungen sind zulässig, wirken jedoch nur jeweils 1 Monat. Eine Verlängerung der Frist der ersten Vorpfändung kann damit nicht erreicht werden.

Die Benachrichtigung muss an Drittschuldner und Schuldner zugestellt werden.

Die Vorpfändungsbenachrichtigung kann auch mit in den Zwangsvollstreckungsauftrag aufgenommen werden; sie wird dann vom Gerichtsvollzieher angefertigt, § 845 Abs. 1 S. 2 ZPO (siehe Formular 1.B.01.#09).

Man kann ins Formular die Bitte zur Abgabe der Erklärung nach § 840 ZPO aufnehmen. Die Verpflichtung dazu besteht erst ab Pfändung, nicht ab Vorpfändung (BGH NJW 1977, 1199).

Rechtsmittel:
Einfache, nicht fristgebundene Erinnerung gemäß § 766 ZPO, die aber wegen der Wirkung der Vorpfändung von 1 Monat kaum Bedeutung hat.

Kosten:
Rechtsanwaltsgebühren:
Keine spezielle neben der 3/10 Pfändungsgebühr gem. §§ 57, 58 Abs. 1 BRAGO für den Pfändungsauftrag selbst.

Streitwert:
Vollstreckungsforderung, § 57 Abs. 2 BRAGO.

Gerichtsvollziehergebühren:
7,50 EUR Zustellungsgebühr nach KV zum GVKostG Nr. 100.

#02 Pfändungs- und Überweisungsbeschluss §§ 828 ff. ZPO

[*HIER Ort, Datum*]

An das
Amtsgericht
- Vollstreckungsgericht -
[*HIER Anschrift*]

In der Zwangsvollstreckungssache
....../......
Az.: ......

beantrage ich den nachstehenden Beschluss zu erlassen. Die Zustellung bitte ich durch Vermittlung der Geschäftsstelle zu veranlassen, und zwar an den Drittschuldner mit der Aufforderung zur Erklärung gemäß § 840 ZPO [- besorge ich selbst].

Schuldtitel und ...... Unterlagen über bisherige Vollstreckungskosten sind beigefügt.

Der Gläubiger hat [- keine] Prozesskostenhilfe.

....
Rechtsanwalt/-anwältin

[oder]
beantrage ich,

den nachstehend entworfenen Beschluss zu erlassen und seine Zustellung an Schuldner und Drittschuldner durch Vermittlung der Geschäftsstelle zu veranlassen, und zwar an den Drittschuldner mit der Aufforderung gemäß § 840 ZPO durch den Gerichtsvollzieher persönlich.

Drei Durchschläge sind beigefügt.

Schuldtitel und ...... Unterlagen über bisherige Vollstreckungskosten sind beigefügt.

Der Gläubiger hat keine Prozesskostenhilfe. [- Der Gläubiger hat Prozesskostenhilfe.]

....
Rechtsanwalt/-anwältin

Pfändungs- und Überweisungsbeschluss

In der Zwangsvollstreckungssache

des/der ...... [*HIER Vorname, Name, Anschrift*]

- Gläubigers/-in, -

Prozessbevollmächtigte(r): Rechtsanwalt/-wältin ...... [*HIER Vorname, Name, Anschrift*]

gegen

den/die ...... [*HIER Vorname, Name, Anschrift*]

– Schuldner/-in, –

Prozessbevollmächtigte(r): Rechtsanwalt/-wältin ...... [*HIER Vorname, Name, Anschrift*]

Nach der vollstreckbaren Ausfertigung des ......gerichts in ...... vom ...... Az.: ...... und dem Kostenfestsetzungsbeschluss vom ...... Az.: ...... stehen dem/der Gläubiger/-in gegen den/die Schuldner/-in nachfolgende Ansprüche zu:

[oder]
Nach dem vollstreckbaren ...... [*HIER Angabe des vollstreckbaren Schuldtitels: z. B. Urteil, Vollstreckungsbescheid*] des ......gerichts in ...... vom ...... 20.. Az.: ...... – und dem Kostenfestsetzungsbeschluss vom ...... Az.: ...... – stehen dem/der Gläubiger/-in gegen den/die Schuldner/-in nachfolgende Ansprüche zu:

a) ...... EUR Hauptforderung
b) ...... EUR ...... % Zinsen seit dem ...... 20.. für die Hauptforderung
c) ...... EUR vorgerichtliche Kosten
d) ...... EUR festgesetzte Kosten des automatisierten Mahnverfahrens
e) ...... EUR Kosten des gerichtlichen Mahnbescheids
f) ...... EUR Kosten des gerichtlichen Vollstreckungsbescheids
g) ...... EUR Zinsen von 5 Prozentpunkten über dem Basiszinssatz
seit dem ...... 20.. aus den Kosten gem. § 104 Abs. 1 S. 1 ZPO
nach § 104 Abs. 1 S. 2 ZPO
h) ...... EUR Kosten früherer Vollstreckungsmaßnahmen gem. Anlage

...... EUR Hinzu kommen die weiteren Zinsen

abzüglich am ...... 20.. gezahlter ...... EUR.

Wegen und bis zur Höhe dieser Ansprüche und wegen der Kosten für diesen Beschluss (siehe unten unter I.–III.) werden die angeblichen Ansprüche des Schuldners gegen

...... – Drittschuldner –

[*HIER genaue Drittschuldnerbezeichnung, Firmenbezeichnung bzw. Vor- und Zuname, Vertretungsberechtigte, genaue Anschrift des Arbeitgebers*]

auf ...... aus ...... gepfändet.

Der Drittschuldner darf, sowie die Ansprüche gepfändet sind, nicht mehr an den Schuldner zahlen. Der Schuldner hat sich insoweit jeder Verfügung über die Ansprüche zu enthalten, insbesondere darf er sie nicht mehr einziehen. Die gepfändeten Ansprüche werden dem Gläubiger zur Einziehung überwiesen.

Kosten:

I. Gerichtskosten Gebühr (KV-Nr. 1640 GKG)	10,00 EUR
Summe I.:	10,00 EUR
II. Zustellungskosten (Gerichtsvollzieherkostengesetz)	
a) Gebühr für die Zustellung an Drittschuldner	...... EUR
b) Gebühr für die Zustellung an Schuldner	...... EUR
c) Gebühr für die Beglaubigung von ...... Seiten	...... EUR
d) Pauschsatz Vordruckkosten	...... EUR
e) Wegegelder	...... EUR
f) Postgebühren für Zustellung an Schuldner/Drittschuldner	...... EUR
g)	...... EUR
Nachnahmekosten	...... EUR
Summe II. :	...... EUR
III. Anwaltskosten	
Gegenstandswert	...... EUR
1. Gebühr §§ 11, 31, 57 BRAGO (3/10)	...... EUR
2. Auslagen § 26 BRAGO	...... EUR
3. Umsatzsteuer	...... EUR
Summe III. :	...... EUR
Gesamtsumme I.–III.	...... EUR

......, den ...... 20..

Amtsgericht

......

Rechtspfleger(in)

Ausgefertigt:

....

als Urkundsbeamter der Geschäftsstelle des Amtsgerichts

Anmerkung

Zuständig ist das Amtsgericht, bei dem der Schuldner seinen Wohnsitz hat, § 828 Abs. 2 ZPO, ansonsten gilt § 23 ZPO entsprechend. Bei mehreren Schuldnern mit verschiedenen Wohnsitzen ist bei jedem zuständigen Gericht ein Antrag einzureichen.

Verfahren nach §§ 829, 835 ZPO.
Der Antrag ist ohne Abschrift einzureichen. Zuständig ist das Vollstreckungsgericht. Auf die Pflicht zur Streitverkündung gem. 841 ZPO ist hinzuweisen, falls der Gläubiger gegen Drittschuldner klagen muss.

Der **Rang der einzelnen Ansprüche** bestimmt sich nicht nach dem Eingang des Antrags auf Pfändung und Überweisung beim Vollstreckungsgericht, sondern allein nach dem Zeitpunkt der Zustellung des Pfändungs- und Überweisungsbeschlusses an den Drittschuldner (§§ 804 Abs. 3, 829 Abs. 3 ZPO). Wenn der Gläubiger, wie auf jeden Fall zu empfehlen ist, beim Vollstreckungsgericht die Zustellung durch den Gerichtsvollzieher beantragt hat, so ist nicht gewährleistet, dass der Rang gegenüber später eingegangenen Anträgen besser ist. Der Gerichtsvollzieher darf nämlich nicht die Zustellungsaufträge nach ihrem Eingang bei ihm abarbeiten, sondern muss Pfändungs- und Überweisungsbeschlüsse demselben Drittschuldner zum identischen Zeitpunkt zustellen, wenn er zu dem Zeitpunkt Beschlüsse von mehreren Gläubigern vorliegen hat. In dem Falle haben alle Pfändungen denselben Rang; die Gläubiger sind anteilig zu befriedigen (§ 827 Abs. 3 ZPO).

Erst das **Auskunftsverlangen nach § 840 ZPO**, welches stets mit der Pfändung und Überweisung einer Forderung verbunden werden sollte, versetzt den Gläubiger in die Lage, die Einziehung zu betreiben. Hier hat der Gläubiger gegenüber dem Drittschuldner eine sehr starke Rechtsposition, weil der Drittschuldner nach § 840 Abs. 2 Satz 2 ZPO bei Nichterfüllung seiner Auskunftspflicht zum Schadenersatz verpflichtet ist. Diese Ersatzpflicht setzt Verschulden voraus. Dies hat nicht der Gläubiger zu beweisen, sondern der Drittschuldner muss sich entlasten (Zöller/Stöber § 840 ZPO Rn 12).

Sofern der Drittschuldner die Auskunft gänzlich verweigert, kann der Gläubiger nicht auf Auskunft klagen, jedoch kann er die Forderung beim Drittschuldner einklagen und im Falle des Unterliegens von ihm gemäß § 840 Abs. 2 Satz 2 ZPO Ersatz der Prozesskosten verlangen. Ähnlich liegt es bei unvollständiger oder inhaltlich falscher Auskunft. Bevor der Gläubiger aber gerichtlich gegen den Drittschuldner vorgeht, sollte er diesen auf die Folgen des § 840 Abs. 2 Satz 2 ZPO hinweisen.

Bei der Forderungspfändung muss der Anwalt des Gläubigers neben seiner eigenen titulierten Forderung darlegen, dass der Schuldner eine bestimmte Forderung gegen einen bestimmten Drittschuldner hatte, deren Pfändung das Gericht aussprechen soll. Für diese Forderungspfändung gilt in besonderer Weise, dass ausreichende Informationen auf der Gläubigerseite erlangt werden, da sie überhaupt nur möglich ist, wenn einigermaßen konkret der Drittschuldner und die zu pfändende Forderung bezeichnet werden können. Der Anwalt des Gläubigers muss sich also möglichst umfassende Kenntnisse über mögliche Ansprüche aus dem jeweiligen Vertragsverhältnis zwischen Schuldner und Drittschuldner verschaffen. Im Antrag ist konkret jeder Einzelanspruch genau zu bezeichnen, eine generelle Angabe, wie z. B. »Ansprüche aus dem Erbfall XY« ist nicht ausreichend.

Weil die Anwalts- und Gerichtskosten gleich bleiben, selbst wenn der Pfändungsantrag sich auf mehrere Forderungen gegen mehrere verschiedene Drittschuldner bezieht, sollten alle bekannten Forderungen des Schuldners gegen Drittschuldner mit einem einheitlichen Antrag gepfändet werden, denn z. B. die Pfändung von Arbeitseinkommen und die eines Bankkontos usw. kann im selben Beschluss angeordnet werden. Die Gerichts- und Anwaltskosten fallen aber nur einmal an. Der durch die Zustellung an verschiedene Drittschuldner bedingte Zeitverlust kann dadurch vermieden werden, dass der Anwalt das Vollstreckungsgericht um mehrere Ausfertigungen des Beschlusses bittet und sie gleichzeitig zustellen lässt, oder indem er an alle Drittschuldner vorläufige Zahlungsverbote zustellen lässt. Damit die Pfändung wirksam wird, ist der Beschluss an den Drittschuldner – bei mehreren an jeden einzelnen – zuzustellen, wobei eine öffentliche Zustellung ausscheidet. Die Zustellung erfolgt durch den Gerichtsvollzieher im Parteibetrieb und nicht von Amts wegen. Deshalb sollte der Gläubiger, um wertvolle Zeit zu sparen, schon im Pfändungsantrag die Geschäftsstelle um Vermittlung der Zustellung ersuchen (§§ 829 Abs. 2, 192 Abs. 3) ersuchen. Die Geschäftsstelle wird dann sofort nach Erlass des Beschlusses anstelle des Gläubigers den Gerichtsvollzieher oder die Post um Bewirkung der Zustellung ersuchen.

Die gleichzeitige Pfändung von mehreren Ansprüchen spart Gerichts- und Anwaltskosten.

Der Gläubiger sollte die Zustellung nur dann selbst durch einen zu beauftragenden Gerichtsvollzieher im Parteibetrieb vornehmen lassen, wenn er zugleich eine Urkundenherausgabe im Wege der Hilfspfändung erreichen will, §§ 836 Abs. 3 ZPO, 174 GVGA.

Die Erfolgsquoten sind bei Forderungspfändungen erfahrungsgemäß nicht sehr hoch. Lohnpfändungen gehen oft fehl, weil der Schuldner die Arbeitsstelle wechselt oder arbeitslos wird, nicht eingezogenen Forderungen des Schuldners gegen Dritte stehen etliche Male Gegenrechte und Aufrechnungsmöglichkeiten des Dritten gegenüber. Aus diesem Grund sollte man möglichst ausreichend Informationen zur Abschätzung der Aussichtsmöglichkeiten einer Forderungspfändung einholen. Dies gilt insbesondere bei kleineren Forderungen des Gläubigers, da hier sehr schnell wiederholte Vollstreckungskosten die Höhe der Forderung des Gläubigers erreichen, wenn nicht gar übersteigen.

Rechtsmittel:

Gläubiger: Bei Ablehnung der Pfändung befristete Erinnerung nach § 11 Abs. 2 RPflG binnen 2 Wochen.

Schuldner: Bei Pfändung nach § 766 ZPO gilt § 834 ZPO, ebenso für sonstige Beteiligte.

Siehe hierzu im genaueren auch Anmerkung zu Formular 1.B.03.b.#01 a. E.

Büromäßige Behandlung:

Es empfiehlt sich stets, die im Handel erhältlichen Formulare zu verwenden, an die die Gerichte gewöhnt sind und die die Arbeit erleichtern. Der Antrag ist, wenn Zustellung durch die Geschäftstelle vermittelt werden soll, mit Abschriften für Drittschuldner und Schuldner einzureichen.

Gerichtskosten:

Unabhängig von der Höhe der Forderung und der Forderung, in die vollstreckt werden soll, ist für die Beantragung eines Pfändungs- und Überweisungsbeschlusses eine Gerichtsgebühr in Höhe einer Festgebühr von 10,– EUR nach Kostenverzeichnis (KV) Nr. 1640 der Anlage 1 zu § 11 Abs. 1 Gerichtskostengesetz (GKG) für jeden Schuldner zu zahlen.

Für die Pfändung und Überweisung (derselben Forderung) wird die Gebühr nach KV Nr. 1640 auch dann nur einmal fällig, wenn Pfändungs- und Überweisungsbeschluss nicht in einem, sondern in zwei Beschlüssen infolge getrennter Antragstellung zu verschiedenen Zeiten und auch von verschiedenen Gerichten erlassen werden. Mehrere Verfahren innerhalb eines Rechtszuges gelten als ein Verfahren, sofern sie denselben Anspruch und denselben Gegenstand betreffen (Zöller § 835 ZPO Rn 14).

Die Gebühr fällt auch dann nur einmal an, wenn in einem Antrag wegen des gleichen titulierten Anspruchs die Pfändung mehrerer des (selben) Schuldners begehrt wird.

Für die Zurückweisung des Antrags auf Erlass eines Pfändungs- und Überweisungsbeschlusses wird nach KV Nr. 1640 die gleiche Gebühr wie für den Erlass des Beschlusses erhoben.

Keine weitere Gebühr entsteht, wenn auf die Erinnerung hin der Zurückweisungsbeschluss aufgehoben und der Pfändungs- und Überweisungsbeschluss erlassen wird.

Die Gebühr wird fällig mit Antragstellung. Nach § 65 Abs. 5 GKG besteht eine Vorschusspflicht. Der Pfändungs- und Überweisungsbeschluss soll erst nach Zahlung der Gebühr für das Verfahren und für die Zustellung – falls sie von Amts wegen erfolgen soll oder zu erfolgen hat – ergehen.

Die Vorschusspflicht entfällt bei der Zwangsvollstreckung aus Titeln der Arbeitsgerichte, § 12 Abs. 4 Satz 2 und 3 ArbGG.

Gerichtsvollzieherkosten:
Für die Zustellungstätigkeit des Gerichtsvollziehers entstehen Zustellungsgebühren zuzüglich Nebenkosten nach dem Gesetz über Kosten der Gerichtsvollzieher (Gerichtsvollzieherkostengesetz – GvKostG). Die Kosten werden berechnet nach Anlage zu § 9 GvKostG.

Rechtsanwaltsgebühren:
3/10 Vollstreckungsgebühr nach § 57 BRAGO für jeden Schuldner, bei mehreren Gläubigern gilt § 6 BRAGO.

Auch bei Pfändung mehrerer Forderungen in einem Antrag fällt die Gebühr nur einmal an (LG Lübeck JurBüro 1953, 494), ebenso die Festgebühr für das Gericht.

Gegenstandswert: Gesamtforderung inkl. Zinsen und Kosten, § 57 Abs. 2 BRAGO. Bei Pfändung von künftigem Arbeitseinkommen ist dieses nach § 17 Abs. 1 und 2 GKG zu bewerten, § 57 Abs. 2 S. 3 BRAGO.

Hat der Rechtsanwalt des Gläubigers die allgemeine 3/10 Vollstreckungsgebühr nach § 57 BRAGO bereits verdient, fallen durch den Antrag keine weiteren Anwaltsgebühren an, § 58 BRAGO.

#03 Aufforderung an den Drittschuldner § 840 ZPO

[*HIER Ort, Datum*]

An das
Amtsgericht
- Verteilungsstelle für Gerichtsvollzieheraufträge -
[*HIER Anschrift*]

In Sachen
....../......
Az.: ......

übersende ich nachfolgende

Drittschuldnererklärung gemäß § 840 ZPO

[bei Verknüpfung mit Zustellung des Pfändungs- und Überweisungsbeschlusses: - anliegend die Ausfertigung des Pfändungs- und Überweisungsbeschlusses des Amtsgerichts ...... vom ...... 20.., Az. ......]

zur Zustellung an

1. Herrn/Frau/Firma ...... [*HIER genaue Drittschuldnerbezeichnung, Firmenbezeichnung bzw. Vor- und Zuname, Vertretungsberechtigte*]

als Drittschuldner [- bitte nicht an Herrn/Frau ...... ersatzweise zuzustellen, da Schuldner/-in]

[- 2. dessen/deren Ehemann/Ehefrau ......, als Schuldner/-in]

Die mit Zustellungsurkunde versehene Ausfertigung erbitte ich zurück.

Besondere Hinweise:

Zur Beurkundung der Drittschuldnererklärung gemäß § 840 ZPO bitte ich die Zustellung an den Drittschuldner nicht durch Aufgabe zur Post zu bewirken.

An
Herr/Frau/Firma ...... [*HIER genaue Drittschuldnerbezeichnung, Firmenbezeichnung bzw. Vor- und Zuname, Vertretungsberechtigte*]

- Drittschuldner -

In der Zwangsvollstreckungssache

des/der ...... [*HIER Vorname, Name, Anschrift*]

- Gläubigers/-in, -

Prozessbevollmächtigte(r): Rechtsanwalt/-wältin ...... [*HIER Vorname, Name, Anschrift*]

Az.: ......

gegen den/die bei Ihnen beschäftigte(n) ...... [*HIER Name des/der Schuldners/-in*] nehme ich Bezug auf den Ihnen durch den Gerichtsvollzieher ...... am ...... 20.. zugestellten Pfändung- und Überweisungsbeschluss des Amtsgerichts ...... vom ...... 20...

Unter Hinweis auf die Bestimmung des § 840 ZPO bitte ich Sie, mir binnen zwei Wochen nach Zustellung diese Schreibens [falls der Pfändungsbeschluss noch nicht zugestellt ist: - und des Pfändungsbeschlusses des Amtsgericht ...... vom ......, Az. ......] mir, dem/der (Vollstreckungs-)gläubiger/-in, gegenüber zu erklären:

1. ob und wieweit Sie die gepfändete Forderung als begründet anerkennen und Zahlung an mich zu leisten bereit sind;
2. ob und welche Ansprüche andere Personen u. U. an die Forderung stellen;
3. ob und wegen welcher Ansprüche die Forderung bereits für andere Gläubiger gepfändet ist.

Ich weise vorsorglich darauf hin, dass Sie für den aus der Nichterfüllung der Ihnen durch Gesetz auferlegten Auskunftsverpflichtung entstehenden Schaden haften (§ 840 Abs. 2 Satz 2 ZPO). Sollte ein solcher Schaden durch die Nichtbeantwortung dieser Aufforderung entstehen, werde ich Sie dafür - notfalls im Klagewege - haftbar machen.

....

Rechtsanwalt/-wältin

Drittschuldnererklärung

In der Zwangsvollstreckungssache

des/der ...... [*HIER Vorname, Name, Anschrift*]

- Gläubigers/-in, -

Prozessbevollmächtigte(r): Rechtsanwalt/-wältin ...... [*HIER Vorname, Name, Anschrift*]

gegen

den/die ...... [*HIER Vorname, Name, Anschrift*]

- Schuldner/-in, -

Prozessbevollmächtigte(r): Rechtsanwalt/-wältin ...... [*HIER Vorname, Name, Anschrift*]

Az.: ......

bestätige ich den Eingang des Pfändungs- und Überweisungsbeschlusses vom ...... 20.., zugestellt am ...... 20.. und erkläre gemäß § 840 ZPO:

Gepfändet wird bereits wegen:

gewöhnliche Forderung in Höhe von	EUR ......
bevorrechtigte Forderungen in Höhe von	EUR ......
Unterhaltsrückstand	EUR ......
und laufend monatlich	EUR ......

Im Einzelnen gehen folgende Pfändungen im Rang vor:

Az.	zugestellt	Gläubiger	Forderung
	......	......	......
	......	......	......

Mit freundlichen Grüßen

(Unterschrift)

Anmerkung

Verfahren nach § 840 ZPO. Der Drittschuldner hat die rein prozessuale Pflicht zur Erklärung. Erzwingbar ist die Erklärung nicht. Der Drittschuldner haftet dem Gläubiger bei Unterlassen auf Ersatz ohne Rücksicht auf Verschulden, ferner nach allgemeinen Grundsätzen, wenn er schuldhaft gehandelt hat.

Der Gläubiger kann sein Auskunftsverlangen auch auf einzelne Fragen des § 840 ZPO beschränken, nicht aber auf weitere Einzelfragen ausdehnen (Zöller § 840 ZPO Rn 8).

Der Gläubiger muss die Aufforderung in die Zustellungsurkunde aufnehmen oder bei einer nicht mit dem Pfändungs- und Überweisungsbeschluss verbundenen Aufforderung durch den Gerichtsvollzieher zustellen lassen. Die Aufforderung ist in die Zustellungsurkunde aufzunehmen, sonst hat sie keine Wirkung (Baumbach/Lauterbach § 840 ZPO Rn 6); deshalb ist persönliche Zustellung durch den Gerichtsvollzieher nötig.

Der Gerichtsvollzieher kann die Zustellung zwar auch durch Aufgabe zur Post bewirken; aber beim Pfändungsbeschluss reicht das nicht aus, um bei der Erklärungsaufforderung an den Drittschuldner nach § 840 ZPO dessen Schadenersatzpflicht zu begründen. Daher ist vom Gerichtsvollzieher in Person zuzustellen. Eine solche vermittelt durch die Post reicht nicht aus, da der Postbote zur Entgegennahme mündlicher Erklärungen nicht befugt ist (vgl. § 840 Abs. 2 ZPO). Erforderlich ist somit die Zustellung durch den Gerichtsvollzieher persönlich (siehe auch Zöller § 840 ZPO Rn 3; Mümmler JurBüro 1986, 333 m. w. N.; MünchKomm/Schmid § 840 ZPO Rn 6, 7).

Zu erteilen ist die Auskunft binnen zwei Wochen nach Zustellung des Pfändungsbeschlusses mit der Aufforderung an den Drittschuldner. Der Tag der Zustellung rechnet nicht mit.

Die Erklärung kann bei Zustellung des Pfändungsbeschlusses oder innerhalb der Zweiwochenfrist an den Gerichtsvollzieher erfolgen, § 840 Abs. 3 ZPO.

Bei Nichterfüllung der Auskunftspflicht haftet der Drittschuldner dem Gläubiger für den entstehenden Schaden, § 840 Abs. 2 Satz 2 ZPO. Den Drittschuldner trifft ein Verschulden auch, wenn er die Frage, wem die gepfändete Forderung zusteht, nicht mit der gebotenen Sorgfalt geprüft hat (BGH MDR 1983, 308). Dass ihn kein Verschulden trifft, hat der Drittschuldner zu beweisen (BGH a. a. O.). Eine Auskunft, die der Drittschuldner ohne rechtliche Verpflichtung erteilt, muss richtig sein. Eine falsche oder unvollständige freiwillige Auskunft begründet Haftung, und zwar auch dann, wenn die Auskunft nachträglich unrichtig wird, der Drittschuldner jedoch den Gläubiger nicht benachrichtigt (Zöller § 840 ZPO Rn 16).

Einen einklagbaren Anspruch gegen den schweigenden Drittschuldner auf die Auskünfte des § 840 Abs. 1 ZPO hat der Gläubiger nicht (BGH 91, 126 = BGH NJW 1984, 1901). § 840 ZPO begründet eine Auskunftspflicht mit der Folge, dass sich die Haftung des Drittschuldners in seiner Schadensersatzpflicht erschöpft. Dem Drittschuldner ist damit auferlegt, vermeidbaren Schaden durch Klarstellung (Offenlegung) der Verhältnisse abzuwenden (Zöller § 840 ZPO Rn 15). Einen im Wege der Klage durchsetzbaren Auskunftsanspruch begründet § 840 ZPO darüber hinaus nicht (BGH a. a. O.).

Erst das Auskunftsverlangen nach § 840 ZPO, welches stets mit der Pfändung und Überweisung einer Forderung verbunden werden sollte, versetzt den Gläubiger in die Lage, die Einziehung zu betreiben. Hier hat der Gläubiger gegenüber dem Drittschuldner eine sehr starke Rechtsposition, weil der Drittschuldner nach § 840 Abs. 2 Satz 2 ZPO bei Nichterfüllung seiner Auskunftspflicht zum Schadenersatz verpflichtet ist. Diese Ersatzpflicht setzt Verschulden voraus. Dies hat nicht der Gläubiger zu beweisen, sondern der Drittschuldner muss sich entlasten (Zöller/Stöber § 840 ZPO Rn 12).

Sofern der Drittschuldner die Auskunft gänzlich verweigert, kann der Gläubiger nicht auf Auskunft klagen, jedoch kann er die Forderung beim Drittschuldner einklagen und im Falle des Unterliegens von ihm gemäß § 840 Abs. 2 Satz 2 ZPO Ersatz der Prozesskosten verlangen. Ähnlich liegt es bei unvollständiger oder inhaltlich falscher Auskunft. Bevor der Gläubiger aber gerichtlich gegen den Drittschuldner vorgeht, sollte er diesen auf die Folgen des § 840 Abs. 2 Satz 2 ZPO hinweisen:

»An
Herrn/Frau/Firma ...... [*HIER genaue Drittschuldnerbezeichnung, Firmenbezeichnung bzw. Vor- und Zuname, Vertretungsberechtigte*]

In der Zwangsvollstreckungssache

des/der ...... [*HIER Vorname, Name, Anschrift*]

– Gläubigers/-in, –

gegen

den/die bei Ihnen beschäftigte(n) ...... [*HIER Name und Anschrift des/der Schuldners/-in*]

– Schuldner/-in, –

ist aufgrund des Beschlusses des Amtsgerichts – Vollstreckungsgerichts – in ...... vom ...... 20.., Az.: ...... die Ihnen gegenüber bestehende Forderung des o. g. Schuldners gepfändet und mir zur Einziehung überwiesen worden. Sie sind zugleich über den zuständigen Gerichtsvollzieher aufgefordert worden, dem Gläubiger binnen zwei Wochen zu erklären:

1. ob und wieweit Sie die gepfändete Forderung als begründet anerkennen und Zahlung an mich zu leisten bereit sind;
2. ob und welche Ansprüche andere Personen u. U. an die Forderung stellen;
3. ob und wegen welcher Ansprüche die Forderung bereits für andere Gläubiger gepfändet ist.

Bis zum heutigen Tage sind Sie dieser Auflage nicht nachgekommen. Weil die gesetzliche Frist von zwei Wochen abgelaufen ist, weise ich Sie darauf hin, dass Sie sich nach § 840 Abs. 2 Satz 2 ZPO schadenersatzpflichtig machen, wenn Sie weiterhin untätig bleiben. Ich setze Ihnen daher eine letzte Nachfrist bis zum ...... 20.. [*HIER 7-Tages-Frist*]. Nach fruchtlosem Ablauf dieser Frist wird die Forderung bei Ihnen eingeklagt. Sollte sich in diesem Prozess herausstellen, dass die Forderung nicht besteht oder ihr Einwendungen entgegenstehen, würden Sie zumindest für die Kosten dieses dann unnützen Rechtsstreits aufkommen müssen.

Bereits jetzt schon haben Sie für die durch die Inanspruchnahme entstandenen und nachfolgenden Kosten aufzukommen, da Sie bereits durch Ihr zum Schadenersatz führendes Verhalten entstanden ist.

Hochachtungsvoll

(Unterschrift)
– Rechtsanwalt/-wältin«

Kosten:
Gerichtsvollzieherkosten:
Für die Zustellungstätigkeit des Gerichtsvollziehers entstehen Zustellungsgebühren zuzüglich Nebenkosten nach dem Gesetz über Kosten der Gerichtsvollzieher (Gerichtsvollzieherkostengesetz – GvKostG). Die Kosten werden berechnet nach Anlage zu § 9 GvKostG.

Rechtsanwaltsgebühren:
Der Rechtsanwalt des Vollstreckungsgläubigers erhält für die Aufforderung an den Drittschuldner die 3/10 Vollstreckungsgebühr des § 57 BRAGO.

Hat er jene – wie im Regelfall – bereits verdient, fällt durch diese Handlung keine neue weitere Gebühr an, § 58 Abs. 1 BRAGO. Dies gilt selbst dann, wenn er wegen der Auskunft bereits mehrfach schreiben und mahnen muss.

Alle weiteren Tätigkeiten des Rechtsanwalts gegenüber dem Drittschuldner wie Einziehungsprozess, Schadenersatzklage nach § 840 Abs. 2 Satz 2 ZPO, Abwehr einer negativen Feststellungsklage des Drittschuldners, werden von der Vollstreckungsgebühr nach § 57 BRAGO nicht mitumfasst und sind daher nach den allgemeinen Bestimmungen (§ 31 BRAGO) zu vergüten.

Für die Tätigkeit des Rechtsanwalts, der im Auftrag des Drittschuldners die Auskunft nach § 840 Abs. 1 ZPO erteilt, erhält der Anwalt nach einer Auffassung die 3/10 Gebühr aus § 57 BRAGO (Zöller § 840 ZPO Rn 17, MünchKomm/ZPO § 840 Rn 32, AG Düsseldorf JurBüro 1985, 723). Nach anderer, wohl zutreffender Ansicht, erhält der Anwalt dafür die Gebühr nach den §§ 118 (5/10 bis 10/10), 120 BRAGO, da gegenüber dem Drittschuldner keine Zwangsvollstreckung betrieben wird (so Stöber, Forderungspfändung Rn 864; Schuschke § 840 ZPO Rn 17).

Für die Vertretung des Drittschuldners im Einziehungsprozess und im Rechtsstreit der negativen Feststellungsklage erhält der Rechtsanwalt die allgemeinen Gebühren nach § 31 BRAGO.

Der Gläubiger hat dem Drittschuldner die Kosten, die diesem durch die Erteilung der Auskunft entstanden ist, nicht zu erstatten (BAG 47, 138 = BAG BB 1986, 188).

vor #01 Antrag auf einfache Vollstreckungsklausel, um vollstreckbare Ausfertigung des Titels zu erlangen (Voraussetzung der Zwangsvollstreckung betreffend die Formulare 1.B.03.b.#01-05, sofern kein Vollstreckungsbescheid vorliegt)

A. [Der Antrag auf Erteilung einer Vollstreckungsklausel kann bereits mit Einreichung der Klageschrift gestellt werden.]

»Des Weiteren wird beantragt,

nach Erlass des Urteils eine vollstreckbare Ausfertigung der Entscheidung zu erteilen.«

B. [Antrag auf Erteilung einer Vollstreckungsklausel]

»[*HIER Ort, Datum*]

An das
Amtsgericht [- Landgericht] [- Oberlandesgericht]
- Geschäftsstelle -
[*HIER Anschrift*]

In Sachen
....../......
Az.: ......

überreiche ich anliegende Ausfertigung des Urteils [- Prozessvergleichs] des Amtsgerichts [- Landgerichts] [- Oberlandesgerichts], Az. .... vom ...... 20.. und beantrage,

die Vollstreckungsklausel zu erteilen.

....
Rechtsanwalt/-wältin«

C. [Antrag auf Erteilung einer abgekürzten Ausfertigung des Urteils nach § 317 Abs. 2 ZPO mit Vollstreckungsklausel]

»[*HIER Ort, Datum*]

An das
Amtsgericht [- Landgericht] [- Oberlandesgericht]
- Geschäftsstelle -
[*HIER Anschrift*]

In Sachen
....../......
Az.: ......

beantrage ich,

eine zur Zwangsvollstreckung geeignete vollstreckbare Ausfertigung des am ...... 20.. verkündeten [- zugestellten] Urteils vom ...... 20.. ohne Tatbestand und Gründe zu erteilen.

....
Rechtsanwalt/-wältin«

[Bei der Erteilung der vollstreckbaren Ausfertigung bedarf es nicht des Tatbestandes und der Entscheidungsgründe (§ 317 Abs. 2 Satz 2 ZPO). Der Antrag ist zulässig, sobald das Urteil verkündet bzw. an Verkündungs statt zugestellt ist, § 317 Abs. 2 ZPO. Eine verkürzte Ausfertigung eines Versäumnis-, Anerkenntnis- und Verzichtsurteils erfolgt nach § 313 b Abs. 2 ZPO.
Neben der Beantragung auf Erteilung der Urteilsausfertigung sollte zugleich eine vollstreckbare Ausfertigung (mit Vollstreckungsklausel versehen) begehrt werden.]

Anmerkung

Das Original einer gerichtlichen Entscheidung, die so genannte Urschrift, verbleibt bei den Gerichtsakten. Den Beteiligten werden Ausfertigungen hiervon zu gestellt. Das sind Kopien oder Durchschläge, deren Übereinstimmung mit der Urschrift bestätigt wird.

Mit einer (einfachen) Ausfertigung eines Titels kann und darf ein Gläubiger noch nicht in der Lage sein, sofort die Zwangsvollstreckung zu beginnen. Schließlich sind mehrere Möglichkeiten denkbar, dass der in der Ausfertigung des Urteils dokumentierte Anspruch des Gläubigers später – z. B. in der Berufungsinstanz – abgeändert oder ganz abgewiesen wird, die Entscheidung also keinen endgültigen Bestand hat.

Verpflichtet z. B. das Amtsgericht den Beklagten durch Endurteil zur Zahlung an den Kläger, so werden beiden Parteien einfache Ausfertigungen des Urteils mit Gründen zugestellt. Der Beklagte legt nun gegen das Urteil Berufung ein, das Landgericht hebt die Entscheidung des Amtsgerichts in seinem Berufungsurteil auf. Der Kläger hat nun aber immer noch die Ausfertigung des ersten Urteils in Händen, obwohl abschließend entschieden ist, dass sein Anspruch nicht besteht.

Da ein gerichtliches Urteil häufig in mehreren Ausfertigungen existiert, muss verhindert werden, dass ein Gläubiger zunächst aus der einen Ausfertigung vollstreckt und dann später eine weitere vorlegt, um nochmals zu vollstrecken.

Um hier jeglichen Missbrauch auszuschließen, fordert das Gesetz für den Beginn der Zwangsvollstreckung, dass der Gläubiger keine einfache, sondern eine vollstreckbare Ausfertigung des Titels vorlegen muss (§§ 724, 725 ZPO). Sie stellt eine amtliche Bescheinigung der Vollstreckbarkeit von Vollstreckungstiteln dar und wird als Vermerk auf die Ausfertigung des Titels gesetzt (§ 725 ZPO). Bei der vollstreckbaren Ausfertigung des Titels handelt es sich um eine Ausfertigung, die mit der so genannten Vollstreckungsklausel (»Vorstehende (mit der Urschrift übereinstimmende) Ausfertigung wird dem (Kläger/Beklagten) zum Zwecke der Zwangsvollstreckung (oder kürzer: zur Zwangsvollstreckung) erteilt. Ort, Datum (Gerichtssiegel) und Unterschrift des Urkundsbeamten der Geschäftsstelle.«) versehen ist.

Es gibt aus den oben genannten Gründen in der Regel nur eine vollstreckbare Ausfertigung des Urteils, eben eine mit der Vollstreckungsklausel versehene Urteilsabschrift, die nach erfolgreicher Vollstreckung an den Schuldner herausgegeben werden muss.

Bei Urteilen (auch u. a. bei Prozessvergleichen) muss also der Gläubiger bei Gericht beantragen, ihm eine vollstreckbare Ausfertigung zu erteilen.

Achtung:
Ausnahmsweise ist keine Vollstreckungsklausel erforderlich für u. a. folgende Vollstreckungstitel:

- Vollstreckungsbescheid (§ 796 Abs. 1 ZPO),

- Arrestbefehl (§§ 929 Abs. 1, 936 ZPO),
  In den beiden vorgenannten Fällen ist die Klauselerteilung entbehrlich, wenn die Vollstreckung für oder gegen die im Rubrum bezeichneten Beteiligten erfolgen soll.
- Kostenfestsetzungsbeschluss, der nach § 105 ZPO auf den Titel gesetzt wird (§ 795 a ZPO), Hier kann sich der Kostenfestsetzungsbeschluss mit auf der vollstreckbaren Ausfertigung des Urteils befinden, so dass keine eigene Vollstreckungsklausel benötigt wird.

In dem Klauselerteilungsverfahren wird nur die formale Prüfung vorgenommen, ob der Titel für die Vollstreckung geeignet ist, z. B.

- ob das Urteil unterschrieben ist,
- ob die Entscheidung wirksam verkündet wurde,
- ob der Titel einen vollstreckungsfähigen Inhalt hat,
- ob das Urteil rechtskräftig ist bzw. die Voraussetzungen der Vollstreckbarkeit vorliegen.

Ob der Titel von seinem Inhalt her richtig ist, der Titel zugestellt wurde oder eine Sicherheitsleistung bei vorläufig vollstreckbaren Urteilen erbracht wurde, wird nicht überprüft.

Die (ebenfalls eine Voraussetzung des Beginns der Vollstreckung bildende) Zustellung des Vollstreckungstitels an den Schuldner erfolgt grundsätzlich durch das Gericht von Amts wegen. Bei einer auch möglichen Zustellung des Titels im Parteibetrieb kommt es öfter zu nicht unerheblichen Zeitersparungen, die sich in einer eventuellen Rangstelle der Pfändungsgläubiger niederschlägt. Die Parteizustellung erfolgt über den Gerichtsvollzieher oder von Anwalt zu Anwalt (§ 195 ZPO), wenn beide Parteien durch Rechtsanwälte vertreten sind. Soweit der Schuldner durch eine Prozessbevollmächtigten vertreten ist, muss die Zustellung erkennbar an diesen, nicht an den Schuldner selbst erfolgen (§ 172 ZPO).

Büromäßige Behandlung:
Die Vollstreckungsklausel wird nur auf ausdrücklichen Antrag hin erteilt. Dieser kann formlos sowohl schriftlich als auch mündlich zu Protokoll der Geschäftsstelle gestellt werden (§ 129 a ZPO). Es besteht kein Anwaltszwang.

Antragsberechtigt ist nur der sich aus dem Titel ergebende Gläubiger bzw. Rechtsnachfolger, nicht jedoch eine sich aus dem Titel ergebende begünstigte dritte Person.

Sachlich und örtlich zuständig ist der Urkundsbeamte der Geschäftsstelle (§ 153 GVG) des Gerichts des ersten Rechtszuges, wenn der Rechtsstreit bei einem höheren Gericht anhängig ist, dieser Urkundsbeamte (§ 724 Abs. 2 ZPO).

Die vollstreckbare Ausfertigung wird unter Beifügung des zu vollstreckenden Titels (z. B. Urteils, Prozessvergleichs) bei dem Gericht des ersten Rechtszuges, oder, wenn der Streit bei einem höherrangigen Gericht anhängig ist, bei diesem beantragt.

Kosten:
Gerichtskosten:
Keine.

Rechtsanwaltsgebühren:
Keine besondere Anwaltsgebühr.

#01 Antrag auf Pfändung von Arbeitseinkommen §§ 850 ff. ZPO

[*HIER Ort, Datum*]

An das
Amtsgericht
- Vollstreckungsgericht

[*HIER Anschrift*]

Antrag auf Erlass eines Pfändungsbeschlusses

In der Zwangsvollstreckungssache

des/der ...... [*HIER Vorname, Name, Anschrift*]

- Gläubigers/-in, -

Verfahrensbevollmächtigte(r): Rechtsanwalt/-wältin ...... [*HIER Vorname, Name, Anschrift*]

gegen

den/die ...... [*HIER Vorname, Name, Anschrift*]

- Schuldner/-in, -

[Verfahrensbevollmächtigte(r): Rechtsanwalt/-wältin ...... [*HIER Vorname, Name, Anschrift*]]

beantrage ich,

den nachstehend entworfenen Beschluss zu erlassen

und seine Zustellung an Schuldner und Drittschuldner durch Vermittlung der Geschäftsstelle zu veranlassen, und zwar an den Drittschuldner mit der Aufforderung gemäß § 840 ZPO durch den Gerichtsvollzieher persönlich.

Drei Durchschläge sind beigefügt.

Schuldtitel und ...... Unterlagen über bisherige Vollstreckungskosten sind beigefügt.

Der/Die Gläubiger/-in hat keine Prozesskostenhilfe. [– Der/Die Gläubiger/-in hat Prozesskostenhilfe.]

....
Rechtsanwalt/-wältin

Pfändungs- und Überweisungsbeschluss

In der Zwangsvollstreckungssache
des/der ...... [*HIER Vorname, Name, Anschrift*]

- Gläubigers/-in, -

Verfahrensbevollmächtigte(r): Rechtsanwalt/-wältin ...... [*HIER Vorname, Name, Anschrift*]

gegen

den/die ...... [*HIER Vorname, Name, Anschrift*]

- Schuldner/-in, -

[Verfahrensbevollmächtigte(r): Rechtsanwalt/-wältin ...... [*HIER Vorname, Name, Anschrift*]]

Nach dem vollstreckbaren ...... [*HIER Angabe des vollstreckbaren Schuldtitels: z. B. Urteil, Vollstreckungsbescheid*] des ...... gerichts in ...... vom ...... 20.. Az.: ...... - und dem Kostenfestsetzungsbeschluss vom ...... 20.. Az.: ...... - stehen dem/der Gläubiger/-in [- den Gläubigern] gegen den/die Schuldner/-in nachfolgende Ansprüche zu:

a) ...... EUR Hauptforderung
b) ...... EUR ...... % Zinsen seit dem ...... 20.. für die Hauptforderung
c) ...... EUR vorgerichtliche Kosten
d) ...... EUR festgesetzte Kosten - Kosten des automatisierten Mahnverfahrens
e) ...... EUR Kosten des gerichtlichen Mahnbescheids
f) ...... EUR Kosten des gerichtlichen Vollstreckungsbescheids
g) ...... EUR Zinsen von 5 Prozentpunkten über dem Basiszinssatz seit dem ...... 20.. aus den Kosten gem. § 104 Abs. 1 S. 1 ZPO nach § 104 Abs. 1 S. 2 ZPO
h) ...... EUR Kosten früherer Vollstreckungsmaßnahmen gem. Anlage
...... EUR
...... EUR
...... EUR Hinzu kommen die weiteren Zinsen

...... EUR abzüglich am ...... 20.. gezahlter ...... EUR

Wegen und bis zur Höhe dieser Ansprüche und wegen der Kosten für diesen Beschluss (siehe unten unter I.- III.) werden die angeblichen Ansprüche des/der Schuldners/-in gegen

- Drittschuldner -

[*HIER genaue Drittschuldnerbezeichnung, Firmenbezeichnung bzw. Vor- und Zuname, Vertretungsberechtigte, genaue Anschrift des Arbeitgebers*]

auf Zahlung des gesamten, jetzigen und künftigen Arbeitseinkommens ohne Rücksicht auf die Benennung - einschließlich des Geldwertes von Sachbezügen - aus dem Arbeits- und Dienstvertrag - gepfändet. Mehrere Arbeitsvergütungen sind zusammenzuzählen.

Gepfändet wird ferner der Anspruch auf Herausgabe der Lohnsteuerkarte mit Lohnsteuerbescheinigung zur Stellung des Antrages auf Lohnsteuerjahresausgleich bzw. der Anspruch auf Auszahlung von Steuererstattungsansprüchen für das laufende Jahr und die folgenden Jahre bei Durchführung des Lohnsteuerjahresausgleichs durch den Arbeitgeber.

Ausgenommen sind die durch Gesetz als unpfändbar bezeichneten Beträge. Die Pfändung wird nach § 850 c ZPO beschränkt.

Der Drittschuldner - Arbeitgeber - darf, sowie die Ansprüche gepfändet sind, nicht mehr an den Schuldner zahlen. Der Schuldner hat sich insoweit jeder Verfügung über das Arbeitseinkommen zu enthalten, insbesondere darf er es nicht mehr einziehen. Das gepfändete Arbeitseinkommen wird dem Gläubiger zur Einziehung überwiesen.

Ergänzende Bestimmungen:

Von der Pfändung sind ausgenommen, Steuern und Beiträge zur Sozialversicherung. Diesen Zahlungen stehen Beträge gleich, die in üblicher Höhe an eine Ersatzkasse, eine private Krankenversicherung oder zu Weiterversicherung gezahlt werden. Ebenfalls unpfändbar sind die in § 850 a ZPO genannten Bezüge.

Von dem errechneten Nettoeinkommen ergibt sich der pfändbare Betrag unter Berücksichtigung der Unterhaltspflicht des Schuldners aus der Tabelle zu § 850 c ZPO – Anlage 2. Im Übrigen wird für die Berechnung des pfändbaren Betrages auf die Tabelle zu § 850 c Abs. 3 ZPO Bezug genommen.

Kosten:

I. Gerichtskosten Gebühr (KV-Nr. 1640 GKG)	10,00 EUR
Summe I.:	10,00 EUR
II. Anwaltskosten	
Gegenstandswert	...... EUR
1. Gebühr (§§ 11, 31, 57 BRAGO)	...... EUR
2. Auslagen (Richtigkeit versichert)	...... EUR
3. Umsatzsteuer	...... EUR
Summe II.:	...... EUR
III. Zustellungskosten (Gerichtsvollzieherkostengesetz)	
a) Gebühr für die Zustellung an Drittschuldner	...... EUR
b) Gebühr für die Zustellung an Schuldner	...... EUR
c) Gebühr für die Beglaubigung von ...... Seiten	...... EUR
d) Pauschsatz Vordruckkosten	...... EUR
e) Wegegelder	...... EUR
f) Postgebühren für Zustellung an Schuldner/Drittschuldner	...... EUR
g)	...... EUR
Nachnahmekosten	...... EUR
Summe III.:	...... EUR
Gesamtsumme I.–III.	...... EUR

......, den ...... 20..

Amtsgericht

....

Rechtspfleger(in)

Ausgefertigt:

....

als Urkundsbeamter der Geschäftsstelle des Amtsgerichts

Anmerkung

Zu den Vollstreckungsvoraussetzungen siehe bitte (unbedingt!) Formular 1.B.03.b.vor#01.

Die Lohnpfändung ist die am häufigsten vorkommende Forderungspfändung. Sie verspricht am meisten Erfolg, weil viele Schuldner Arbeitseinkommen beziehen.

Da zumeist die Familienverhältnisse des Schuldners unbekannt sind und er nicht gehört wird, erfolgt die Pfändung durch Blankettbeschluss ohne Bezifferung des pfandfreien Betrages mit Bezugnahme auf die gesetzliche Pfändungstabelle, § 850 c Abs. 3 S. 2 ZPO. Die zusätzliche Nennung der einschlägigen Vorschriften ist jedoch klarstellend.

Gerade bei Lohnpfändungen ist eine Mehrheit von Gläubigern nicht selten.

Der Rang der einzelnen Ansprüche bestimmt sich nicht nach dem Eingang des Antrags auf Pfändung und Überweisung beim Vollstreckungsgericht, sondern allein nach dem Zeitpunkt der Zustellung des Pfändungs- und Überweisungsbeschlusses an den Drittschuldner (§§ 804 Abs. 3, 829 Abs. 3 ZPO). Wenn der Gläubiger, wie auf jeden Fall zu empfehlen ist, beim Vollstreckungsgericht die Zustellung durch den Gerichtsvollzieher beantragt hat, so ist nicht gewährleistet, dass der Rang gegenüber später eingegangenen Anträgen besser ist. Der Gerichtsvollzieher darf nämlich nicht die Zustellungsaufträge nach ihrem Eingang bei ihm abarbeiten, sondern muss Pfändungs- und Überweisungsbeschlüsse demselben Drittschuldner zum identischen Zeitpunkt zustellen, wenn er zu dem Zeitpunkt Beschlüsse von mehreren Gläubigern vorliegen hat. In dem Falle haben alle Pfändungen denselben Rang; die Gläubiger sind anteilig zu befriedigen (§ 827 Abs. 3 ZPO).

Erst das Auskunftsverlangen nach § 840 ZPO, welches stets mit der Pfändung und Überweisung einer Forderung verbunden werden sollte, versetzt den Gläubiger in die Lage, die Einziehung zu betreiben. Hier hat der Gläubiger gegenüber dem Drittschuldner eine sehr starke Rechtsposition, weil der Drittschuldner nach § 840 Abs. 2 Satz 2 ZPO bei Nichterfüllung seiner Auskunftspflicht zum Schadensersatz verpflichtet ist. Diese Ersatzpflicht setzt Verschulden voraus. Dies hat nicht der Gläubiger zu beweisen, sondern der Drittschuldner muss sich entlasten (Zöller/Stöber § 840 ZPO Rn 12).

Sofern der Drittschuldner die Auskunft gänzlich verweigert, kann der Gläubiger nicht auf Auskunft klagen, jedoch kann er die Forderung beim Drittschuldner einklagen und im Falle des Unterliegens von ihm gemäß § 840 Abs. 2 Satz 2 ZPO Ersatz der Prozesskosten verlangen. Ähnlich liegt es bei unvollständiger oder inhaltlich falscher Auskunft. Bevor der Gläubiger aber gerichtlich gegen den Drittschuldner vorgeht, sollte er diesen auf die Folgen des § 840 Abs. 2 Satz 2 ZPO hinweisen.

Büromäßige Behandlung:
Der Antrag hat u. a. die Aufstellung über die Ansprüche des die Zwangsvollstreckung betreibenden Gläubigers zu enthalten. Der Drittschuldner ist wie eine Prozesspartei zu bezeichnen.

Auch die Forderung muss nach Rechtsgrund und Gegenstand möglichst konkret bezeichnet werden.

Zu empfehlen ist (vgl. Grunau JurBüro 61, 267 u. 62, 241), dass sich der Arbeitgeber (als Drittschuldner) bei Eingang des Pfändungsbeschlusses vom Schuldner (Arbeitnehmer) schriftlich bestätigen lässt, welchen Personen er Unterhalt zu gewähren hat und gewährt und dann dem Gläubiger (auch unabhängig von § 840 ZPO) und dem Schuldner eine Berechnung etwa folgender Art übermittelt:

»Berechnung des gepfändeten Arbeitseinkommens des ......
1. Monatliches Bruttoeinkommen ...... EUR, davon ab
2. Lohnsteuer ...... EUR
3. Kirchensteuer ...... EUR
4. Sozialversicherungsbeiträge ...... EUR
5. Vermögenswirksam angelegter Einkommensanteil ...... EUR
6. Nach § 850 a ZPO unpfändbare Bezüge ...... EUR

Verbleibt pfändbares Nettoeinkommen ...... EUR

Der Schuldner ist ledig – gewährt insgesamt ...... Personen kraft Gesetzes Unterhalt, nämlich – seiner Ehefrau – seiner Mutter –
seinem Vater – ...... ehelichen minderjährigen Kindern – ...... nichtehelichen Kindern. Den nach der Tabelle pfändbaren Betrag von ...... EUR erhält der Pfändungsgläubiger auf Kosten des Schuldners übersandt.«

Für den Arbeitgeber als Drittschuldner ist bei der Ermittlung des Nettolohns von besonderer Bedeutung, dass der Arbeitgeber den Abzug nach § 850 a ZPO der Pfändung entzogenen Bezüge auf jeden Fall unabhängig davon vorzunehmen hat, ob dies im Pfändungsbeschluss angeordnet ist oder nicht. Unterlässt der Drittschuldner den Abschluss, kann er sich dem Schuldner gegenüber nicht darauf berufen, er habe geleistet.

Die Zusammenrechnung von Geld- sowie Naturalbezügen ist vom Drittschuldner, somit in der Regel vom Arbeitgeber, selbst vorzunehmen, ohne dass es dafür eines Antrages oder einer gerichtlichen Anordnung bedarf. Weil eine sachgerechte Bewertung der in Naturalien gewährten Teile des Arbeitseinkommens im Einzelfall sehr schwierig sein kann, ist es im Zweifelsfall ratsam, beim zuständigen Vollstreckungsgericht die Wertfestsetzung zu beantragen.

Erhält der Schuldner Arbeitseinkommen in Geld und Naturalien von verschiedenen Arbeitgebern, so hat eine Zusammenrechnung durch das Vollstreckungsgericht gem. § 850 e Nr. 2 ZPO zu erfolgen.

Für die Gewährung von Sozialleistungen ist zwar in der Regel ein Antrag des Sozialhilfeberechtigten notwendig. Ein solcher Antrag kann im Fall der Pfändung aber auch vom Gläubiger gestellt werden.

Rechtsbehelfe:

a) Gläubiger: befristete Erinnerung nach § 11 Abs. 2 RPflG binnen 2 Wochen bei Ablehnung der Pfändung.
b) Schuldner: Erinnerung nach § 766 ZPO.
c) sonstige Beteiligte: Erinnerung nach § 766 ZPO, da sie nicht gehört werden, § 834 ZPO (OLG Köln in NJW-RR 2001, 69).

Behauptet ein Dritter, dass ihm die gepfändete Forderung oder ein Vorzugsrecht hieran zusteht, so kann er gegen den Pfändungsgläubiger aus § 771 ZPO bzw. § 805 ZPO klagen (Zöller § 829 ZPO Rn 32). Ziel der Drittwiderspruchsklage ist es, die im Wege der Zwangsvollstreckung erwirkte Pfändung für unzulässig zu erklären.

Richtet sich eine Einwendung nicht gegen die Förmlichkeiten des Vollstreckungsverfahrens – insoweit ist auch für Dritte die Erinnerung nach § 766 ZPO statthaft –, sondern gegen die Begründetheit der der Vollstreckung zu Grunde liegenden Forderung, so kann der Schuldner

Vollstreckungsgegenklage gem. § 767 ZPO erheben (etwa im Fall bereits erfolgter Zahlung auf die Forderung oder bei vereinbarter Stundung) (Schubert, Luchterhand Lohnpfändungstabelle, Stand: Januar 2002, A Erläuterungen zum Lohnpfändungsrecht, Seite 19 l. Sp.).

Achtung:
Wird vom Vollstreckungsgericht die Aufhebung eines Pfändungsbeschlusses beschlossen, so wird mit der Bekanntgabe dieses Beschlusses die Aufhebung sofort wirksam, und zwar unabhängig davon, ob der Drittschuldner von dieser Entscheidung Kenntnis hat. Danach erlischt zugleich das zunächst entstandene Pfändungspfandrecht mit der Folge, dass ein anderweitiger Zugriff oder sonstige Verfügungen des Schuldner sofort möglich werden (Schubert a. a. O.).

Kosten:
Gerichtskosten:
Unabhängig von der Höhe der Forderung und der Forderung, in die vollstreckt werden soll, ist für die Beantragung eines Pfändungs- und Überweisungsbeschlusses eine Gerichtsgebühr in Höhe einer Festgebühr von 10,– EUR nach Kostenverzeichnis (KV) Nr. 1640 der Anlage 1 zu § 11 Abs. 1 Gerichtskostengesetz (GKG) für jeden Schuldner zu zahlen.

Für die Pfändung und Überweisung (derselben Forderung) wird die Gebühr nach KV Nr. 1640 auch dann nur einmal fällig, wenn Pfändungs- und Überweisungsbeschluss nicht in einem, sondern in zwei Beschlüssen infolge getrennter Antragstellung zu verschiedenen Zeiten und auch von verschiedenen Gerichten erlassen werden. Mehrere Verfahren innerhalb eines Rechtszuges gelten als ein Verfahren, sofern sie denselben Anspruch und denselben Gegenstand betreffen (Zöller § 835 ZPO Rn 14).

Die Gebühr fällt auch dann nur einmal an, wenn in einem Antrag wegen des gleichen titulierten Anspruchs die Pfändung mehrerer des (selben) Schuldners begehrt wird.

Für die Zurückweisung des Antrags auf Erlass eines Pfändungs- und Überweisungsbeschlusses wird nach KV Nr. 1640 die gleiche Gebühr wie für den Erlass des Beschlusses erhoben.

Keine weitere Gebühr entsteht, wenn auf die Erinnerung hin der Zurückweisungsbeschluss aufgehoben und der Pfändungs- und Überweisungsbeschluss erlassen wird.

Die Gebühr wird fällig mit Antragstellung. Nach § 65 Abs. 5 GKG besteht eine Vorschusspflicht. Der Pfändungs- und Überweisungsbeschluss soll erst nach Zahlung der Gebühr für das Verfahren und für die Zustellung – falls sie von Amts wegen erfolgen soll oder zu erfolgen hat – ergehen.

Die Vorschusspflicht entfällt bei der Zwangsvollstreckung aus Titeln der Arbeitsgerichte, § 12 Abs. 4 Satz 2 und 3 ArbGG.

Gerichtsvollzieherkosten:
Für die Zustellungstätigkeit des Gerichtsvollziehers entstehen Zustellungsgebühren zuzüglich Nebenkosten nach dem Gesetz über Kosten der Gerichtsvollzieher (Gerichtsvollzieherkostengesetz – GvKostG).

Rechtsanwaltsgebühren:
3/10 Vollstreckungsgebühr nach § 57 BRAGO für jeden Schuldner, bei mehreren Gläubigern gilt § 6 BRAGO.

Auch bei Pfändung mehrerer Forderungen in einem Antrag fällt die Gebühr nur einmal an (LG Lübeck JurBüro 1953, 494), ebenso die Festgebühr für das Gericht.

Gegenstandswert: Gesamtforderung inkl. Zinsen und Kosten, § 57 Abs. 2 BRAGO. Bei Pfändung von künftigem Arbeitseinkommen ist dieses nach § 17 Abs. 1 und 2 GKG zu bewerten, § 57 Abs. 2 S. 3 BRAGO.

Hat der Rechtsanwalt des Gläubigers die allgemeine 3/10 Vollstreckungsgebühr nach § 57 BRAGO bereits verdient, fallen durch den Antrag keine weiteren Anwaltsgebühren an, § 58 BRAGO.

#02 Antrag auf Pfändung des Unterhalts-/Taschengeldanspruches § 850 b ZPO

[*HIER Ort, Datum*]

An das
Amtsgericht
- Vollstreckungsgericht
[*HIER Anschrift*]

Antrag auf Pfändung des Unterhalts-/Taschengeldanspruches, § 850 b ZPO

In der Zwangsvollstreckungssache

des/der ...... [*HIER Vorname, Name, Anschrift*]

- Gläubigers/-in, -

Verfahrensbevollmächtigte(r): Rechtsanwalt/-wältin ...... [*HIER Vorname, Name, Anschrift*]

gegen

den/die ...... [*HIER Vorname, Name, Anschrift*]

- Schuldner/-in, -

[Verfahrensbevollmächtigte(r): Rechtsanwalt/-wältin ...... [*HIER Vorname, Name, Anschrift*]]

Nach dem Urteil des Amtsgerichts [- Landgerichts] ...... vom ...... 20.., Az. ......, dessen zugestellte vollstreckbare Ausfertigung nebst Kostenfestsetzungsbeschluss beigefügt ist, kann

[oder]
Aufgrund ...... [*HIER Angabe des vollstreckbaren Titels wie z. B.: der vollstreckbaren Ausfertigung des Urteils, des Vollstreckungsbescheids, der vollstreckbaren Ausfertigung des gerichtlichen Vergleichs*] des ...... gerichts in ...... vom ...... 20.. kann

der Gläubiger/-in vom Schuldner/-in beanspruchen:

1. Hauptforderung	...... EUR
2.	...... EUR

Namens und in Vollmacht des/der Schuldners/-in beantrage ich zu beschließen:

Wegen dieser Ansprüche und in Höhe diese Betrages - sowie wegen der Kosten dieses Beschlusses und seiner Zustellung - wird die angebliche Forderung des/der Schuldners/-in

gegen ...... [*HIER Name u. Anschrift des Ehegatten*]

- Drittschuldner/-in -

auf Zahlung des jetzigen und künftigen Unterhalts, insbesondere des pfändbaren Barunterhalts (Taschengeld) einschließlich der künftig fällig werdenden Beträge gepfändet.

Ich bitte,

die Zustellung an Schuldner/-in und Drittschuldner/-in zu vermitteln, an den Drittschuldner/-in durch Gerichtsvollzieher persönlich mit der Aufforderung nach § 840 ZPO.

Der Taschengeldanspruch ist zur Ermittlung der Pfändungsgrenze nach § 850 c ZPO mit dem Wert der sonstigen Ansprüche des/der Schuldner/-in auf Familienunterhalt zusammenzurechnen.

Dem/Der Drittschuldner/-in wird verboten, an den/die Schuldner/-in zu zahlen, soweit gepfändet ist.

Dem/Der Schuldner/-in wird verboten, über die Forderung zu verfügen, insbesondere sie einzuziehen, soweit gepfändet ist.

Begründung:

Die Schuldnerin ist laut dem in der Anlage beigefügten Pfändungsprotokoll des Gerichtsvollziehers ...... vom ...... 20.. DR-Nr. ...... unpfändbar und Hausfrau ohne eigenes Einkommen. Sonstige pfändbare Forderungen der Schuldnerin sind dem Gläubiger nicht bekannt.

Seit dem ...... 20.. entzieht sich die Schuldnerin der Vollstreckung mit viel Geschick.

...... [*HIER nähere Ausführung*]

Die Pfändung entspricht der Billigkeit:

Der Ehemann verfügt über ein Nettoeinkommen von mindestens ...... EUR. Die Schuldnerin hat einen Unterhaltsanspruch nach der Düsseldorfer Tabelle (letzter Stand) von ...... EUR. Nach § 850 c ZPO sind davon ...... EUR pfändbar. Das bar zu leistende Taschengeld beläuft sich auf mindestens 5 % des Familieneinkommens, also mindestens ...... EUR, so dass der Betrag von ...... EUR pfändbar ist.

....
Rechtsanwalt/-wältin

Anmerkung

Zu den Vollstreckungsvoraussetzungen siehe bitte (unbedingt!) Formular 1.B.03.b.vor#01.

§ 850 b ZPO gilt für einkommensersetzende privatrechtliche Ansprüche, die unter den besonderen Voraussetzungen des § 850 b Abs. 2 ZPO dann wie Arbeitseinkommen pfändbar sind.

Vor der Stellung obigen Antrages sollte der Gläubiger stets überprüfen, ob seine Forderung aus einem Geschäft zur angemessenen Deckung des Familienbedarfs stammt. Dann haftet der andere Ehepartner direkt gem. § 1357 BGB (»Schlüsselgewalt«).

Nach § 850 b Abs. 2 ZPO muss die erfolglose Vollstreckung in das bewegliche Vermögen dargetan werden. Die eidesstattliche (›Offenbarungs-‹)Versicherung nach den §§ 899 ff. ZPO ist nicht erforderlich.

Als Ausnahme zu § 834 ZPO sind Schuldner und Drittschuldner anzuhören, § 850 b Abs. 3 ZPO. Die Billigkeit der Pfändung ist vom Gläubiger vorzutragen. Die Höhe des Taschengeldes entspricht etwa 5–7 % des Einkommens des Ehegatten. Über die Höhe des Taschengeldes ist im Prozesswege zu entscheiden. Zuständig ist das Familiengericht (OLG Celle FamRZ 1986, 196; OLG Hamm RPfleger 1989, 207).

Kosten:
Gerichtskosten:
An Gerichtsgebühren entsteht die Gebühr in Höhe von EUR 10,00 nach KV Nr. 1640 der Anlage 1 zu § 11 Abs. 1 GKG.

Gerichtsvollzieherkosten:
Für die Zustellungstätigkeit des Gerichtsvollziehers entstehen Zustellungsgebühren zuzüglich Nebenkosten nach dem Gesetz über Kosten der Gerichtsvollzieher (Gerichtsvollzieherkostengesetz – GvKostG). Die Kosten werden berechnet nach Anlage zu § 9 GvKostG.

Rechtsanwaltsgebühren:
Siehe Anmerkung zu Formular 1.B.03.b.#01.

Hat der Rechtsanwalt des Gläubigers die allgemeine 3/10 Vollstreckungsgebühr nach § 57 BRAGO bereits verdient, fallen durch den Antrag keine weiteren Anwaltsgebühren an, § 58 BRAGO.

#03 Pfändung von Arbeitseinkommen wegen Unterhaltsforderungen § 850 d ZPO

[*HIER Ort, Datum*]

An das
Amtsgericht
- Vollstreckungsgericht
[*HIER Anschrift*]

Antrag auf Erlass eines Pfändungsbeschlusses, § 850 d ZPO

In der Zwangsvollstreckungssache

des/der ...... [*HIER Vorname, Name, Anschrift*]

– Gläubigers/-in, –

Verfahrensbevollmächtigte(r): Rechtsanwalt/-wältin ...... [*HIER Vorname, Name, Anschrift*]

gegen

den/die ...... [*HIER Vorname, Name, Anschrift*]

- Schuldner/-in, -

[Verfahrensbevollmächtigte(r): Rechtsanwalt/-wältin ...... [*HIER Vorname, Name, Anschrift*]]

Namens und in Vollmacht des/der Gläubigers/-in beantrage ich,
den nachfolgend entworfenen Beschluss zu erlassen.

Ich bitte,
die Zustellung durch Vermittlung der Geschäftsstelle zu veranlassen, an den Drittschuldner durch Gerichtsvollzieher persönlich mit der Aufforderung zur Erklärung nach § 840 ZPO.

Schuldtitel und ...... Unterlagen über bisherige Vollstreckungskosten sind beigefügt.

Soweit Rückstände älter als ein Jahr sind, hat sich der Schuldner absichtlich seiner Zahlungspflicht entzogen.

Der Schuldner ist ledig [- verheiratet] [- verwitwet] [- geschieden] und hat ...... weitere unterhaltsberechtigte Kinder.

Drei Durchschläge sind beigefügt.

Der Gläubiger hat keine Prozesskostenhilfe. [- Es ist laut beigefügter Beschlussabschrift dem Gläubiger Prozesskostenhilfe für die Zwangsvollstreckung bewilligt.]

....
Rechtsanwalt/-wältin

Pfändungs- und Überweisungsbeschluss

In der Zwangsvollstreckungssache

des/der ...... [*HIER Vorname, Name, Anschrift*]

- Gläubigers/-in, -

Verfahrensbevollmächtigte(r): Rechtsanwalt/-wältin ...... [*HIER Vorname, Name, Anschrift*]

gegen

den/die ...... [*HIER Vorname, Name, Anschrift*]

- Schuldner/-in, -

[Verfahrensbevollmächtigte(r): Rechtsanwalt/-wältin ...... [*HIER Vorname, Name, Anschrift*]

Nach der vollstreckbaren Ausfertigung des ...... [*HIER Angabe des Schuldtitels: z. B. Urteils, gerichtlichen Vergleichs usw.*] des ...... gerichts vom ...... Az.: ...... stehen dem/der Gläubiger/-in [- /den Gläubigern] gegen den/die Schuldner/-in nachfolgende Ansprüche zu:

a) ...... EUR (i. B. ...... EUR, Cent wie vorstehend) Unterhaltsrückstand für die Zeit vom ...... 20.. bis ...... 20.. dazu ...... v. H. Zinsen seit dem ...... 20..
wöchentlich – monatlich – vierteljährlich zahlbar am ......
jeder Woche – jedes Monats – jedes Jahres zahlbar ab ...... 20..

b) ...... EUR (i. B. ...... EUR, Cent wie vorstehend)
Unterhalt bis zur Vollendung des 6. Lebensjahres des Gläubigers

c) ...... EUR (i. B. ...... EUR, Cent wie vorstehend)
Unterhalt von der Vollendung des 6. Lebensjahres bis zur Vollendung des 12. Lebensjahres des Gläubigers

d) ...... EUR (i. B. ...... EUR, Cent wie vorstehend)
Unterhalt von der Vollendung des 12. Lebensjahres bis zur Vollendung des 18. Lebensjahres des Gläubigers

e) ...... EUR festgesetzte Kosten nebst ......% Zinsen ab dem ...... 20..

f) ...... EUR bisherige Vollstreckungskosten (siehe anliegende Aufstellung)

...... EUR abzüglich am ...... 20.. gezahlter ...... EUR.

Wegen und bis zur Höhe dieser Ansprüche und wegen der Kosten für diesen Beschluss (siehe unten unter I.- III.) werden die angeblichen Ansprüche des Schuldners gegen

– Drittschuldner –

[*HIER Name und Anschrift des Arbeitgebers: genaue Bezeichnung des Drittschuldners, Firmenbezeichnung bzw. Vor- und Zuname, Vertretungsberechtigte, genaue Anschrift*]

auf Zahlung des gesamten, jetzigen und künftigen Arbeitseinkommens ohne Rücksicht auf die Benennung – einschließlich des Geldwertes von Sachbezügen – aus dem Arbeits- und Dienstvertrag – gepfändet. Mehrere Arbeitsvergütungen sind zusammenzuzählen.

Der Drittschuldner darf, insoweit das Arbeitseinkommen gepfändet ist, nicht mehr an den Schuldner zahlen.

Der Schuldner hat sich insoweit jeder Verfügung über das Arbeitseinkommen zu enthalten, insbesondere darf er es nicht mehr einziehen.

Das gepfändete Arbeitseinkommen wird dem Gläubiger zur Einziehung überwiesen.

Ergänzende Bestimmungen:

Von der Pfändung sind ausgenommen, Steuern und Beiträge zur Sozialversicherung. Diesen Zahlungen stehen Beträge gleich, die in üblicher Höhe an eine Ersatzkasse, eine private Krankenversicherung oder zu Weiterversicherung gezahlt werden. Ebenfalls unpfändbar sind die in § 850 a ZPO genannten Bezüge, wobei dem Schuldner von den Bezügen nach § 850 a Nr. 1, 2 und 4 ZPO mindestens die Hälfte der nach § 850 a ZPO unpfändbaren Beträge zu verbleiben haben.

Pfandfreier Betrag nach § 850 d ZPO:

Der Schuldner ist nach Angabe des Gläubigers ledig [– verheiratet] [– geschieden] und hat noch ...... weitere unterhaltsberechtigte Kinder. Als notwendiger Unterhalt und zur Erfüllung seiner laufenden gesetzlichen Unterhaltspflichten sind dem Schuldner ...... EUR monatlicher Grundfreibetrag zzgl. ...... EUR des Mehrbetrages zu belassen.

Der dem Schuldner hiernach verbleibende Teil seines Arbeitseinkommens darf den Betrag nicht übersteigen, der ihm nach den Vorschriften des § 850 c ZPO gegenüber nicht bevorrechtigten Gläubigern zu verbleiben hätte.

Kosten:

I. Gerichtskosten Gebühr (KV-Nr. 1640 GKG)	10,00 EUR
Summe I.:	10,00 EUR
II. Anwaltskosten	
Gegenstandswert	...... EUR
1. Gebühr (§§ 11, 31, 57 BRAGO)	...... EUR
2. Auslagen (Richtigkeit versichert)	...... EUR
3. Umsatzsteuer	...... EUR
Summe II.:	...... EUR
III. Zustellungskosten (Gerichtsvollzieherkostengesetz)	
a) Gebühr für die Zustellung an Drittschuldner	...... EUR
b) Gebühr für die Zustellung an Schuldner	...... EUR
c) Gebühr für die Beglaubigung von ...... Seiten	...... EUR
d) Pauschsatz Vordruckkosten	...... EUR
e) Wegegelder	...... EUR
f) Postgebühren für Zustellung an Schuldner/Drittschuldner	...... EUR
g)	...... EUR
Nachnahmekosten	...... EUR
Summe III.:	...... EUR
Gesamtsumme I.–III.	...... EUR

......, den ...... 20..

Amtsgericht

....

Rechtspfleger(in)

Ausgefertigt:

....

als Urkundsbeamter der Geschäftsstelle des Amtsgerichts

Anmerkung

Zu den Vollstreckungsvoraussetzungen siehe bitte (unbedingt!) Formular 1.B.03.b.#00.

§ 850 d Abs. 1 ZPO bestimmt einen Kreis von Gläubigern, die von Unterhaltsleistungen des Schuldners abhängig sind. Als so genannte bevorrechtigte Gläubiger können sie den Antrag, der auch noch nachträglich gestellt werden kann, ohne die Beschränkungen der Tabelle zu § 850 c ZPO auf das Arbeitseinkommen des Schuldners zugreifen, und zwar wegen laufender

Unterhaltsansprüche unbeschränkt sowie in eingeschränktem Umfang auch wegen Unterhaltsrückständen.

Die pfändbaren Beträge sind regelmäßig höher als die gesetzlichen Beträge nach der Lohnpfändungstabelle nach § 850 c ZPO. Das Pfändungsvorrecht muss im Pfändungsantrag geltend gemacht werden, d. h. in der Regel werden sich die Unterhaltsforderungen aus dem vorgelegten Titel ergeben.

Hat der Gläubiger das Vorrecht dargelegt, sind das Arbeitseinkommen des Schuldners einschließlich der Mehrarbeitsvergütung, der Urlaubs- und Treuegelder und der Weihnachtsvergütungen sowie die Bezüge des § 850 b Abs. 1 ZPO ohne die Beschränkungen des § 850 c ZPO pfändbar.

Bei der Berechnung muss dem Schuldner von seinem Einkommen so viel belassen werden, so viel er für seinen notwendigen Unterhalt (Selbsterhalt) und zur Erfüllung seiner laufenden gesetzlichen Unterhaltspflichten bedarf. Welcher Betrag den notwendigen Selbsterhalt ausmacht, richtet sich nach dem Einzelfall.

Zuständigkeit: Siehe Anmerkung zu Formular 1.B.03.b.#01.

Drittschuldner ist der Arbeitgeber. Die Unterhaltsforderungen sind aufzulisten nach Rückständen – unter Nennung derjenigen die älter als ein Jahr sind – und laufenden Ansprüchen (monatlich, wöchentlich, täglich). Die persönlichen Verhältnisse des Schuldners, wie Familienstand, Unterhaltsberechtigte in seiner häuslichen Gemeinschaft, Beiträge dieser Personen zum Familienunterhalt sind darzulegen. Besondere Bedürfnisse des Gläubigers, etwa aus Schwerbehinderung, sind vorzutragen.

Der Gläubiger muss Angaben zu den weiteren unterhaltsberechtigten Personen machen, ansonsten ergeht der Beschluss nach § 850 c ZPO.

Kein Blankettbeschluss, das Gericht setzt den pfändungsfreien Betrag betragsmäßig fest.

Rechtsbehelfe:
Gegen den Pfändungsbeschluss steht dem Schuldner, dem Drittschuldner und dem Unterhaltsberechtigten die Erinnerung gem. § 766 ZPO zu.

Gegen die auch teilweise Ablehnung des Pfändungsantrages findet für den Gläubiger die sofortige Beschwerde statt (§ 11 Abs. 1 RPflG; § 793 ZPO).

Kosten:
Gerichtskosten:
Festgebühr von 10,– EUR nach Kostenverzeichnis (KV) Nr. 1640 zum Gerichtskostengesetz (GKG).

Gerichtsvollzieherkosten:
Für die Zustellungstätigkeit des Gerichtsvollziehers entstehen Zustellungsgebühren zuzüglich Nebenkosten nach dem Gesetz über Kosten der Gerichtsvollzieher (Gerichtsvollzieherkostengesetz – GvKostG).

Rechtsanwaltsgebühren:
Siehe Anmerkung zu Formular 1.B.03.b.#01.

Für den Rechtsanwalt entsteht die Gebühr nach § 57 BRAGO, es sei denn, er hat sie schon verdient.

Gegenstandswert im Fall des § 850 Abs. 3 ZPO: § 57 Abs. 2 Nr. 1 BRAGO.

#04 Antrag auf Pfändung bei Lohnverschiebung § 850 h Abs. 1 ZPO

[*HIER Ort, Datum*]

An das
Amtsgericht
- Vollstreckungsgericht
[*HIER Anschrift*]

Antrag auf Erlass eines Pfändungsbeschlusses wegen Lohnschiebung, § 850 h Abs. 1 ZPO

In der Zwangsvollstreckungssache

des/der ...... [*HIER Vorname, Name, Anschrift*]

- Gläubigers/-in, -

Verfahrensbevollmächtigte(r): Rechtsanwalt/-wältin ...... [*HIER Vorname, Name, Anschrift*]

gegen

den/die ...... [*HIER Vorname, Name, Anschrift*]

- Schuldner/-in, -

[Verfahrensbevollmächtigte(r): Rechtsanwalt/-wältin ...... [*HIER Vorname, Name, Anschrift*]]

Namens und in Vollmacht des/der Gläubigers/-in beantrage ich,

1. den nachstehend entworfenen Beschluss zu erlassen.
[2. den nachstehend entworfenen Beschluss zu erlassen, seine Zustellung an den/die Schuldner/-in und Drittschuldner - mit der Aufforderung nach § 840 BGB - durch Vermittlung der Geschäftsstelle zu veranlassen.]

[Alternative: - Ich stelle selbst zu.]

Drei Durchschläge sind beigefügt.

Schuldtitel und ...... Unterlagen über bisherige Vollstreckungskosten sind beigefügt.

Der/Die Gläubiger/-in hat keine Prozesskostenhilfe. [- Der/Die Gläubiger/-in hat Prozesskostenhilfe.]

Pfändungs- und Überweisungsbeschluss

....
Rechtsanwalt/-wältin

Pfändungs- und Überweisungsbeschluss

In der Zwangsvollstreckungssache
des/der ...... [*HIER Vorname, Name, Anschrift*]

- Gläubigers/-in, -

Verfahrensbevollmächtigte(r): Rechtsanwalt/-wältin ...... [*HIER Vorname, Name, Anschrift*]

gegen

den/die ...... [*HIER Vorname, Name, Anschrift*]

– Schuldner/-in, –

[Verfahrensbevollmächtigte(r): Rechtsanwalt/-wältin ...... [*HIER Vorname, Name, Anschrift*]]

Nach dem vollstreckbaren ...... [*HIER Angabe des vollstreckbaren Schuldtitels: z. B. Urteil, Vollstreckungsbescheid*] des ...... gerichts in ...... vom ...... 20.. Az.: ...... – und dem Kostenfestsetzungsbeschluss vom ...... 20.. Az.: ...... – stehen dem/der Gläubiger/-in [– den Gläubigern] gegen den/die Schuldner/-in nachfolgende Ansprüche zu:

a) ...... EUR Hauptforderung/Forderung entsprechend anliegender Aufstellung
b) ...... EUR ......% Zinsen für die Hauptforderung seit dem ...... 20..
c) ...... EUR vorgerichtliche Mahnkosten
d) ...... EUR Kosten des Mahn- und Vollstreckungsbescheides – festgesetzte Kosten –
e) ...... EUR Zinsen von 5 Prozentpunkten über dem Basiszinssatz aus den festgesetzten Kosten seit dem ...... 20..

...... EUR Zwischensumme

...... EUR abzgl. Zahlungen vom ...... 20.. über ......

...... EUR Zwischensumme

...... EUR Gerichtskosten für diesen Beschluss (KV Nr. 1640 Anlage 1 zu § 11 Abs. 1 GKG)

...... EUR Gesamtsumme

Wegen dieser Summe und in Höhe dieses Betrages – sowie wegen der Kosten dieses Beschlusses und seiner Zustellung (s. unten unter I.–III.) –

wird die angebliche Forderung des/der Schuldners/-in gegen

– Drittschuldner –

[*HIER genaue Drittschuldnerbezeichnung, Firmenbezeichnung bzw. Vor- und Zuname, Vertretungsberechtigte, genaue Anschrift des Arbeitgebers*]

auf Zahlung des gesamten Arbeitseinkommens einschließlich des Geldwertes von Sachbezügen, der nach den ortsüblichen Sätzen zu berechnen ist, ohne Rücksicht auf seine Benennung so lange nach § 850 h ZPO gepfändet, bis die Ansprüche des Gläubigers vollständig befriedigt sein werden. Ausgenommen von der Pfändung sind nur solche Beträge, die ein Gesetz für unpfändbar erklärt. Die Pfändung wird nach § 850 c ZPO beschränkt.

Die Pfändung umfasst auch den Anspruch des ...... [*HIER Name und Anschrift*]

– Drittberechtigter –

Dem Drittschuldner wird, soweit die Pfändung reicht, verboten an den Schuldner und den Drittberechtigten zu leisten.

Dem Schuldner und dem Drittberechtigen wird geboten, sich jeder Verfügung über die gepfändete Forderung, insbesondere ihrer Einziehung zu enthalten.

Zugleich wird die Forderung soweit gepfändet, dem Gläubiger zur Einziehung überwiesen.

Kosten:

I. Gerichtskosten Gebühr (KV-Nr. 1640 GKG)	10,00 EUR
Summe I.:	10,00 EUR
II. Anwaltskosten	
Gegenstandswert	...... EUR
1. Gebühr (§§ 11, 31, 57 BRAGO)	...... EUR
2. Auslagen (Richtigkeit versichert)	...... EUR
3. Umsatzsteuer	...... EUR
Summe II.:	...... EUR
III. Zustellungskosten (Gerichtsvollzieherkostengesetz)	
a) Gebühr für die Zustellung an Drittschuldner	...... EUR
b) Gebühr für die Zustellung an Schuldner	...... EUR
c) Gebühr für die Beglaubigung von ...... Seiten	...... EUR
d) Pauschsatz Vordruckkosten	...... EUR
e) Wegegelder	...... EUR
f) Postgebühren für Zustellung an Schuldner/Drittschuldner	...... EUR
g)	...... EUR
Nachnahmekosten	...... EUR
Summe III.:	...... EUR
Gesamtsumme I.–III.	...... EUR

......, den ...... 20..

Amtsgericht

....

Rechtspfleger(in)

Ausgefertigt:

....

als Urkundsbeamter der Geschäftsstelle des Amtsgerichts

Anmerkung

Zu den Vollstreckungsvoraussetzungen siehe bitte (unbedingt!) Formular 1.B.03.b.vor#01.

Zweck des § 850 h ZPO ist der Gläubigerschutz zur Verhütung von Rechtnachteilen. Es soll verhindert werden, dass durch unlautere Machenschaften Schuldnereinkommen dem Gläubigerzugriff entzogen wird (Zöller § 850 h ZPO Rn 1).

Schuldner versuchen nicht selten, ihr Arbeitseinkommen dem Zugriff der Gläubiger durch Lohn(ver-)schiebung zu entziehen, in dem sie mit ihrem Arbeitgeber vereinbaren, dass von dem nach Lage der Verhältnisse wirklich geschuldete Lohn nur ein Teil an den Schuldner, der andere Teil an eine dritte Person, den ›Drittberechtigten‹ ausgezahlt wird. Der an die dritte Person gezahlte Lohnteil ist an sich von der Pfändung nicht erfasst.

Hier hilft § 850 h Abs. 1 ZPO, indem er den ›verschobenen‹ Gehaltsteil weiter als einen Anspruch des Schuldners gegen seinen Arbeitgeber behandelt. Damit wird auch dieser Teil des Lohnes von der Pfändung erfasst. Dem Dritten muss der Pfändungsbeschluss ebenso wie dem Schuldner zugestellt werden. Der Drittschuldner darf nicht mehr an den Drittberechtigten, sondern muss an den Gläubiger zahlen.

Es reicht – im Gegensatz zu § 850 h Abs. 2 ZPO – auch eine einmalige oder nur vorübergehende Tätigkeit. Unter Vergütung ist jeder Vermögensvorteil zu verstehen, der die Gegenleistung für die Tätigkeit des Schuldners darstellt. Hierbei kann es sich auch – wieder im Unterschied zu § 850 h Abs. 2 ZPO – um eine einmalige Leistung handeln. Auch auf die Bezeichnung Vergütung kommt es nicht an. Maßgebend ist immer, dass der Schuldner für den Drittschuldner tatsächlich Arbeitsleitungen erbringt und für diese entweder keine oder nur eine geringfügige Vergütung erhält und der Drittberechtigte, der die Leistung erhält, dem Drittschuldner keine oder nur eine geringwertige Gegenleistung erbringt.

Das Vollstreckungsgericht erlässt ohne Anhörung des Schuldners und des Drittberechtigten (§ 834 ZPO) den Pfändungs- und Überweisungsbeschluss. Es prüft weder die Voraussetzungen des § 850 h ZPO noch ob die Ansprüche gegen den Drittschuldner bestehen. Gepfändet wird nur die »angebliche« Forderung des Schuldners.

Leistet der Drittschuldner nach Zustellung des Pfändungs- und Überweisungsbeschlusses nicht an den Gläubiger, so kann dieser sein Recht durch Klageerhebung verfolgen. Erst in diesem Rechtsstreit wird durch das Gesetz geprüft, ob der Anspruch auf Arbeitseinkommen besteht und in welcher Höhe und ob Voraussetzungen für die Anwendung des § 850 h Abs. 1 ZPO vorliegen. Ausschließlich zuständig ist dann das Arbeitsgericht.

Rechtsbehelfe:
Der Schuldner und Drittschuldner haben gegen eine Maßnahme die Erinnerung nach § 766 ZPO. Nach einer Entscheidung des Rechtspflegers gilt § 11 RPflG.

Der Dritte, der den Fall des § 850 h Abs. 1 ZPO leugnet, kann Widerspruchsklage nach § 771 ZPO einlegen (Baumbach/Lauterbach § 850 h ZPO Rn 12).

Kosten:
Gerichtskosten:
Für die Pfändung (und Überweisung) fällt die Gerichtsgebühr nach KV Nr. 1640 der Anlage 1 zu § 11 Abs. 1 Gerichtskostengesetz (GKG) in Höhe von 10,– EUR für den Gläubiger an.

Gerichtsvollzieherkosten:
Für die Zustellungstätigkeit des Gerichtsvollziehers entstehen Zustellungsgebühren zuzüglich Nebenkosten nach dem Gesetz über Kosten der Gerichtsvollzieher (Gerichtsvollzieherkostengesetz – GvKostG).

Rechtsanwaltsgebühren:
Der Rechtsanwalt erhält für den Antrag auf Pfändung und Überweisung die 3/10 Vollstreckungsgebühr nach § 57 Abs. 1 BRAGO, falls eine Anrechnung nach § 58 Abs. 1 BRAGO nicht erfolgt.

#05 Antrag auf Pfändung bei Lohnverschleierung § 850 h Abs. 2 ZPO

[*HIER Ort, Datum*]

An das
Amtsgericht
- Vollstreckungsgericht
[*HIER Anschrift*]

Antrag auf Erlass eines Pfändungsbeschlusses

In der Zwangsvollstreckungssache

des/der ...... [*HIER Vorname, Name, Anschrift*]

- Gläubigers/-in, -

Verfahrensbevollmächtigte(r): Rechtsanwalt/-wältin ...... [*HIER Vorname, Name, Anschrift*]

gegen

den/die ...... [*HIER Vorname, Name, Anschrift*]

- Schuldner/-in, -

[Verfahrensbevollmächtigte(r): Rechtsanwalt/-wältin ...... [*HIER Vorname, Name, Anschrift*]]

Namens und in Vollmacht des/der Gläubigers/-in beantrage ich,

1. den nachfolgend entworfenen Beschluss zu erlassen.
2. den nachstehend entworfenen Beschluss zu erlassen, seine Zustellung an den/die Schuldner/-in und Drittschuldner - mit der Aufforderung nach § 840 BGB - durch Vermittlung der Geschäftsstelle zu veranlassen.

Drei Durchschläge sind beigefügt.

Schuldtitel und ...... Unterlagen über bisherige Vollstreckungskosten sind beigefügt.

Der/Die Gläubiger/-in hat keine Prozesskostenhilfe. [- Der/Die Gläubiger/-in hat Prozesskostenhilfe.]

....
Rechtsanwalt/-wältin

Pfändungs- und Überweisungsbeschluss wegen Lohnverschleierung, § 850 h Abs. 2 ZPO

In der Zwangsvollstreckungssache
des/der ...... [*HIER Vorname, Name, Anschrift*]

- Gläubigers/-in, -
Verfahrensbevollmächtigte(r): Rechtsanwalt/-wältin ...... [*HIER Vorname, Name, Anschrift*]

gegen

den/die ...... [*HIER Vorname, Name, Anschrift*]

- Schuldner/-in, -

[Verfahrensbevollmächtigte(r): Rechtsanwalt/-wältin ...... [*HIER Vorname, Name, Anschrift*]]

Nach dem vollstreckbaren ...... [*HIER Angabe des vollstreckbaren Schuldtitels: z. B. Urteil, Vollstreckungsbescheid*] des ...... gerichts in ...... vom ...... 20.. Az.: ...... - und dem Kostenfestsetzungsbeschluss vom ...... 20.. Az.: ...... - stehen dem/der Gläubiger/-in [- den Gläubigern] gegen den/die Schuldner/-in nachfolgende Ansprüche zu:

a) ...... EUR Hauptforderung/Forderung entsprechend anliegender Aufstellung
b) ...... EUR ......% Zinsen für die Hauptforderung seit dem ...... 20..
c) ...... EUR vorgerichtliche Mahnkosten
d) ...... EUR Kosten des Mahn- und Vollstreckungsbescheides - festgesetzte Kosten -
e) ...... EUR Zinsen von 5 Prozentpunkten über dem Basiszinssatz aus den festgesetzten Kosten seit dem ...... 20..

...... EUR Zwischensumme

...... EUR abzgl. Zahlungen vom ...... 20.. über ......

...... EUR Zwischensumme

...... EUR Gerichtskosten für diesen Beschluss (KV Nr. 1640 Anlage 1 zu § 11 Abs. 1 GKG)

...... EUR Gesamtsumme

Wegen dieser Summe und in Höhe dieses Betrages - sowie wegen der Kosten dieses Beschlusses und seiner Zustellung (s. unten unter I.-III.) -

wird die angebliche Forderung des/der Schuldners/-in gegen

- Drittschuldner -

[*HIER genaue Drittschuldnerbezeichnung, Firmenbezeichnung bzw. Vor- und Zuname, Vertretungsberechtigte, genaue Anschrift des Arbeitgebers*]

auf Zahlung des gesamten Arbeitseinkommens einschließlich des nach den ortsüblichen Sätzen zu berechnenden Geldwertes von Sachbezügen in Höhe einer angemessenen Vergütung nach § 850 h Abs. 2 ZPO so lange gepfändet, bis die Ansprüche es Gläubigers vollständig befriedigt sein werden. Die Pfändung wird nach § 850 c ZPO beschränkt.

Dem Drittschuldner wird, soweit gepfändet, verboten an den Schuldner zu zahlen.

Dem Schuldner wird geboten, sich jeder Verfügung über die gepfändete Forderung, insbesondere ihrer Einziehung zu enthalten.

Zugleich wird die gepfändete Forderung in Höhe des Pfandbetrages dem Gläubiger zur Einziehung überwiesen.

Kosten:

I. Gerichtskosten	10,00 EUR
Gebühr (KV-Nr. 1640 GKG)	
Summe I.:	10,00 EUR
II. Anwaltskosten	
Gegenstandswert	...... EUR
1. Gebühr (§§ 11, 31, 57 BRAGO)	...... EUR
2. Auslagen (Richtigkeit versichert)	...... EUR
3. Umsatzsteuer	...... EUR
Summe II.:	...... EUR
III. Zustellungskosten (Gerichtsvollzieherkostengesetz)	
a) Gebühr für die Zustellung an Drittschuldner	...... EUR
b) Gebühr für die Zustellung an Schuldner	...... EUR
c) Gebühr für die Beglaubigung von ...... Seiten	...... EUR
d) Pauschsatz Vordruckkosten	...... EUR
e) Wegegelder	...... EUR
f) Postgebühren für Zustellung an Schuldner/Drittschuldner	...... EUR
g)	...... EUR
Nachnahmekosten	...... EUR
Summe III.:	...... EUR
Gesamtsumme I.-III.	...... EUR

......, den ...... 20..

Amtsgericht

....

Rechtspfleger(in)

Ausgefertigt:

....

als Urkundsbeamter der Geschäftsstelle des Amtsgerichts

Anmerkung

Zu den Vollstreckungsvoraussetzungen siehe bitte (unbedingt!) Formular 1.B.03.b.vor#01.

Um sich ihren Gläubigern zu entziehen, geben immer wieder Schuldner ihren selbstständigen oder nichtselbstständigen Erwerb auf, übertragen ihr Unternehmen einem Dritten – bevorzugt dem Ehegatten oder Kindern – arbeiten für diese Dritten oder andere Personen und vereinbaren für ihre Tätigkeit eine unangemessen niedrige Vergütung, die unter der Pfändungsgrenze liegt oder diese nur geringfügig übersteigt, oder sie erbringen ihre Leistung angeblich gar ohne Vergütung.

Hier hilft § 850 h Abs. 2 ZPO, der bestimmt, dass im Verhältnis der Gläubiger zum Empfänger der Arbeits- und Dienstleistung, also dem Drittschuldner, eine angemessene Vergütung als geschuldet gilt.

Die Anwendung des § 850 h Abs. 2 ZPO setzt voraus, dass »in einem ständigen Verhältnis« Arbeiten und Dienste geleistet werden. Ein »ständiges« Arbeits- oder Dienstverhältnis liegt auch bei einer Teilzeitbeschäftigung des Schuldners vor, sofern diese nur von gewisser Dauer und regelmäßig ist (LAG Hamm NZA 1988, 657).

Bei der Prüfung, ob die Voraussetzungen – Üblichkeit der Vergütung, Gewährung einer unverhältnismäßigen Vergütung – vorliegen, ist auf die Umstände des Einzelfalles, insbesondere auf die Art der Arbeits- und Dienstleistung, auf die verwandtschaftlichen oder sonstigen Beziehungen zwischen Dienstberechtigten und Dienstverpflichteten und auf die wirtschaftliche Leistungsfähigkeit des Dienstberechtigen Rücksicht zu nehmen. Deshalb wird der Gläubiger bei seinem Antrag selten voraussehen können, ob und inwieweit der Antrag Erfolg hat.

Ein Indiz für das Vorliegen einer üblicherweise vergüteten Tätigkeit ist es z. B., wenn der Dritte durch die Leistungen des Schuldners eine andere Arbeitskraft einspart.

Zur Ermittlung der »angemessenen Vergütung« wird man meist von dem jeweils vergleichsweise in Betracht kommenden Tariflohn oder der sonst ortsüblichen Vergütung ausgehen können.

Leistet der Drittschuldner nach Zustellung des Beschlusses keine Zahlung, so ist die Klage beim zuständigen Gericht zu erheben. Handelt es sich um ein Arbeitsverhältnis oder ein sonstiges, dem ArbGG unterliegendes Rechtsverhältnis, was sehr häufig der Fall sein wird, dann ist für die Klage ausschließlich das Arbeitsgericht zuständig. Erst das Prozessgericht entscheidet darüber, ob und in welchem Umfang die Voraussetzungen des § 850 h Abs. 2 ZPO tatsächlich vorliegen. Die Beweislast trägt der Kläger, also der Gläubiger.

Rechtsbehelfe:
Der Schuldner und Drittschuldner haben gegen eine Maßnahme die Erinnerung nach § 766 ZPO. Nach einer Entscheidung des Rechtspflegers gilt § 11 RPflG.

Wenn der Gläubiger gegen den Drittschuldner auf eine Zahlung klagt oder wenn der Drittschuldner gegen den Gläubiger eine Klage auf Feststellung des Nichtbestehens des Anspruchs erhebt, dann hat er die Darlegungslast und die Beweislast für die Tatsachen zur fingierten Vergütung (LAG Lübeck RPfleger 1986, 100; LAG Hamm DB 1993, 1428). Dann muss das Prozessgericht prüfen, ob ein Anspruch nach § 850 h Abs. 2 ZPO besteht. Der Schuldner selbst hat kein Klagerecht. Im Prozess sind Einwendungen gegen die Wirksamkeit der Pfändung zulässig. Da das Gesetz ein Arbeitsverhältnis unterstellt, ist meist das Arbeitsgericht zuständig (Baumbach/Lauterbach § 850 h ZPO Rn 12).

Zu den **Kosten** siehe Anmerkungen zu vorigem Formular 1.B.03.b.#04.

#06 Antrag § 850 c Abs. 4 ZPO - Wegfall des Unterhaltsberechtigten -

[*HIER Ort, Datum*]

An das
Amtsgericht
- Vollstreckungsgericht
[*HIER Anschrift*]

Antrag auf Nichtberücksichtigung von Unterhaltsberechtigten nach § 850 c Abs. 4 ZPO

In der Zwangsvollstreckungssache

des/der ...... [*HIER Vorname, Name, Anschrift*]

- Gläubigers/-in, -

Verfahrensbevollmächtigte(r): Rechtsanwalt/-wältin ...... [*HIER Vorname, Name, Anschrift*]

gegen

den/die ...... [*HIER Vorname, Name, Anschrift*]

- Schuldner/-in, -

[Verfahrensbevollmächtigte(r): Rechtsanwalt/-wältin ...... [*HIER Vorname, Name, Anschrift*]]

Namens und in Vollmacht des/der Gläubigers/-in beantrage ich:

Der Pfändungs- und Überweisungsbeschluss des Amtsgerichts ...... vom ...... 20.. Az.: ...... ist dahingehend abzuändern, dass bei der Berechnung des pfändbaren Betrages die/der unterhaltsberechtigte ...... gänzlich unberücksichtigt zu lassen ist.
[- der/die unterhaltsberechtigte ...... des/der Schuldners/-in bei der Berechnung des unpfändbaren Einkommensanteils unberücksichtigt bleibt.]
[- dass bei der Berechnung des pfändbaren Betrages der/die unterhaltsberechtigte ...... nur mit ...... EUR [*HIER Angabe konkreter Betrag*] zu berücksichtigen ist.]

Begründung:

Mit dem im Antrag näher bezeichneten Pfändungs- und Überweisungsbeschluss des angerufenen Amtsgerichts wurde das Arbeitseinkommen des Schuldners gepfändet und dem Gläubiger zur Einziehung überwiesen. Seither führt der Drittschuldner ab dem ...... 20.. den sich aus der Tabelle zu § 850 c ZPO unter Berücksichtigung ...... [z. B. einer] unterhaltsberechtigten Person ergebenden pfändbaren Teil des Schuldnereinkommens an den Unterzeichner ab. Das Arbeitseinkommen des Schuldners liegt bei monatlich EUR ......

Laut diesem Antrag in Anlage beiliegender Bescheinigung der Fa. ...... verdient die Ehefrau des Schuldners, der sonst keine Unterhaltspflichten hat, monatlich EUR ...... netto. Da sich die Ehefrau mit dem gesamten Verdienst durchaus selbst unterhalten kann, ist diese bei der Berechnung des unpfändbaren Einkommensanteils des Schuldners nicht zu berücksichtigen.

....
Rechtsanwalt/-wältin

Anmerkung

Hat eine Person, welcher der Schuldner aufgrund gesetzlicher Verpflichtung Unterhalt gewährt, eigene Einkünfte, so kann das Vollstreckungsgericht auf Antrag des Gläubigers nach billigem Ermessen bestimmen, dass diese Person bei der Berechnung des unpfändbaren Teiles des Arbeitseinkommens ganz oder teilweise unberücksichtigt bleibt, § 850 c Abs. 4 1. Hlbs. ZPO. Ein solcher Antrag kommt immer dann in Betracht, wenn die Ehefrau des Schuldners mehr als den unpfändbaren Grundbetrag nach § 850 c Abs. 1 S. 1 ZPO verdient.

Der Antrag kann bereits im Pfändungsantrag gestellt werden, dann erfolgt keine Schuldneranhörung. Nicht nur die spätere Abänderung ist zulässig, sondern ebenso auch die weitere Abänderung nach § 850 g ZPO.

Wird der Antrag bereits im Pfändungsantrag gestellt, so könnte er lauten:

»Es wird beantragt,

anzuordnen, dass die Ehefrau [– das Kind] des Schuldners bei der Berechnung des unpfändbaren Grundbetrages nicht [– nur zu Hälfte] [– nur zu einem Drittel] [– nur zu einem Viertel] als unterhaltsberechtigte Person berücksichtigt wird, da sie [– es] über eigenes Einkommen verfügt.«

Der Gläubiger muss im Tatsachenvortrag schlüssig darlegen (Darlegungslast): Angabe über unterhaltsberechtigte Personen mit Art und Höhe der Einkünfte. Der Gläubiger kann die Informationen aus dem Vermögensverzeichnis des Schuldners durch Detektivermittlung oder Zufallsinformation beschaffen.

Auch ohne Antrag bleiben Angehörige unberücksichtigt, die sich selbst unterhalten können. Nur bei geringerem Verdienst, der den Unterhaltsanspruch mindert, aber nicht beseitigt, greift § 850 c Abs. 4 ZPO ein.

Bei dem letzten Alternativantrag, bei teilweiser Berücksichtigung, ist Bezugnahme auf die Tabelle für diese Person unzulässig, § 850 c Abs. 4 2. Hlbs. ZPO, da die Tabelle teilweise Berücksichtigung nicht vorsieht. Es ist folglich in Abänderung der Regelung in § 850 c Abs. 1 und 2 ZPO ziffern- bzw. anteilsmäßig anzugeben, wie die Person zu berücksichtigen ist.

Wirkung: Der Beschluss wirkt nur für den antragstellenden Gläubiger, nicht für weitere. Diese müssen ebenfalls einen eigenen Antrag stellen (ArbG Bamberg, JurBüro 1990, 264; BAG NJW 1987, 1573).

Auf dem Weg des Antrages nach § 850 c Abs. 4 ZPO kann auch ein nachrangiger Gläubiger zum Zuge kommen.

Rechtsbehelfe:
Gegen den Beschluss des Rechtspflegers findet sofortige Beschwerde statt, § 11 Abs. 1 RPflG, § 793 Abs. 1 ZPO.

Dem Unterhaltsberechtigten steht die Erinnerung gem. § 766 ZPO zu, nicht der Antrag nach § 850 g Satz 2 ZPO (Thomas/Putzo § 850 c ZPO Rn 11).

Kosten:
Gerichtskosten:
Keine besondere Gebühr neben der Pfändungsgebühr gem. KV Nr. 1640 zum GKG.

Rechtsanwaltsgebühren:
Siehe Anmerkung zu Formular 1.B.03.b.#01.

Für den Rechtsanwalt entsteht die allgemeine 3/10 Vollstreckungsgebühr nach § 57 BRAGO, es sei denn er hätte sie schon verdient, § 58 BRAGO.

#07 Antrag § 850 e Nr. 4 ZPO - Verrechnungsantrag bei Pfändung - oder Abtretung § 850 c und § 850 d ZPO -

[*HIER Ort, Datum*]

An das
Amtsgericht
- Vollstreckungsgericht
[*HIER Anschrift*]

Verrechnungsantrag gemäß § 850 e Nr. 4 ZPO

In der Zwangsvollstreckungssache

des/der ...... [*HIER Vorname, Name, Anschrift*]

- Gläubigers/-in, -

Verfahrensbevollmächtigte(r): Rechtsanwalt/-wältin ...... [*HIER Vorname, Name, Anschrift*]

gegen

den/die ...... [*HIER Vorname, Name, Anschrift*]

- Schuldner/-in, -

[Verfahrensbevollmächtigte(r): Rechtsanwalt/-wältin ...... [*HIER Vorname, Name, Anschrift*]]

Namens und in Vollmacht des/der Gläubigers/-in wird

ein Verrechnungsantrag gemäß § 850 e Nr. 4 ZPO gestellt.

und beantragt,

anzuordnen, dass an den/die Unterhaltsgläubiger/-in abzuführenden laufenden Unterhaltsleistungen von monatlich ...... EUR in erster Linie aus dem nach § 850 d Abs. 1 ZPO in erweitertem Umfang der Pfändung unterliegenden Teil des Arbeitseinkommens des/der Schuldners/-in zu entnehmen sind.

Der/Die Gläubiger/-in erhält durch den

- Drittschuldner -

[*HIER Name und Anschrift des Arbeitgebers*]

aus dem gepfändeten Arbeitseinkommen aufgrund des Pfändungs- und Überweisungsbeschlusses des Amtsgerichts ...... vom ...... 20.., Az.: ...... keine Zahlungen, da eine bevorrechtigte Unterhaltspfändung vorliegt.

Fall a) Auf diese Unterhaltspfändung sind jedoch zunächst die gemäß § 850 d ZPO der Pfändung im erweiterten Umfang unterliegenden Teile des Arbeitseinkommens zu verrechnen.

Fall b) Der nicht § 850 d ZPO in den erweiterten Umfang pfändende Unterhaltsgläubiger ist jedoch auf diesen Vorratsbereich zu verweisen.

Gründe: ......

....

Rechtsanwalt/-wältin

Anmerkung

Erfährt ein nach § 850 c ZPO nichtbevorrechtigter Gläubiger anlässlich der Pfändung über die Drittschuldnererklärung nach § 840 ZPO, dass ein Unterhaltsgläubiger bereits vor ihm gepfändet hat oder dass eine vorrangige Abtretung zugunsten des Unterhaltsgläubigers vorliegt, so kann sich der gewöhnliche Gläubiger dennoch dadurch eine Befriedigungschance einräumen, dass er beim Vollstreckungsgericht beantragt, dass die Unterhaltsansprüche zunächst aus dem der Pfändung im erweiterten Umfang unterliegenden Teil des Arbeitseinkommens zu entnehmen sind, § 850 e Nr. 4 ZPO. Dies hat zur Folge, dass die Forderung des Unterhaltsgläubigers zunächst durch die pfändbaren Teile des Arbeitseinkommens getilgt werden, die über die Beträge der Tabelle hinaus im Wege der bevorrechtigten Unterhaltspfändung (§ 850 d Abs. 1 ZPO) das Arbeitseinkommen erfassen.

Auch im Falle erheblicher Unterhaltsrückstände wirkt sich ein entsprechender Antrag des nichtbevorrechtigten Gläubigers doch noch günstig aus, da die Rückstände durch die Verweisung des Unterhaltsgläubigers in den Vorrechtsbereich rascher getilgt werden und der normal pfändende Gläubiger demzufolge auch schneller befriedigt wird.

Das gepfändete Arbeitseinkommen gliedert sich bei einer gewöhnlichen Pfändung nach § 850 c ZPO und einer bevorrechtigten Pfändung nach § 850 d ZPO wie folgt:

a) in den Pfändungsbereich nach der Lohnpfändungstabelle § 850 c ZPO, der jedem Gläubiger offen steht.
b) in den Mehrbetrag über den Teil a) hinaus, aufgrund festgesetzter Freigrenzen für den Schuldner durch das Gericht, § 850 d ZPO, der nur dem Unterhaltsgläubiger offen steht.

Hat der Schuldner sein Arbeitseinkommen abgetreten oder pfändet zunächst ein Gläubiger wegen einer gewöhnlichen Forderung nach § 850 c ZPO, erhält der Gläubiger den errechneten Betrag zu a). Ein nachrangig pfändender Unterhaltsgläubiger wird nach dem Prioritätsprinzip im Bereich a) von der Abtretung oder dem erstpfändenden Gläubiger verdrängt, erhält aber den Mehrbetrag zu b).

Pfändet zuerst ein Unterhaltsgläubiger nur in den Bereich zu a), ist dieser für nachrangige Gläubiger gesperrt, die nicht auf den Bereich b) Zugriff nehmen können. Oder ist der vollstreckbare Anspruch des Unterhaltsgläubigers niedriger als der mögliche Pfändungsbetrag zu a) und b), ist der Bereich zu a) ebenfalls zunächst blockiert.

Den entsprechenden Verrechnungsantrag muss der Gläubiger stellen. Der Schuldner wird hierzu gehört.

Die Verrechnung erfolgt nur auf Antrag eines der Beteiligten, § 850 e Satz 2 ZPO. Der Antrag ist keine Vollstreckungserinnerung nach § 766 ZPO; es soll nicht nachgeprüft werden, ob der Pfändungsbeschluss zu Recht ergangen ist.

Der Beschluss ist den mehreren Gläubigern, dem Schuldner und dem Drittschuldner von Amts wegen zuzustellen, § 329 Abs. 3 ZPO. Bis zur Zustellung an ihn darf der Drittschuldner nach Maßgabe des vorausgegangenen Pfändungsbeschlusses bzw. der sonstigen Verfügung über die Forderung (Abtretung, Verpfändung) mit befreiender Wirkung leisten, § 850 e Nr. 3 Satz 3 ZPO.

Rechtsbehelfe:
Gegen den Beschluss steht dem durch ihn beschwerten Beteiligten die sofortige Beschwerde gem. § 793 ZPO zu (Zöller § 850 e ZPO Rn 33).

Kosten:
Gerichtskosten:
Der Beschluss nach § 850 e Nr. 4 ZPO ergeht gerichtsgebührenfrei.

Rechtsanwaltsgebühren:
Siehe Anmerkung zu Formular 1.B.03.b.#01.

Für den Rechtsanwalt entsteht die allgemeine 3/10 Vollstreckungsgebühr nach § 57 BRAGO, es sei denn er hätte sie schon verdient, § 58 BRAGO.

#08 Antrag auf Erweiterung des Pfändungsumfanges bei Forderung aus unerlaubter Handlung § 850 f Abs. 2 ZPO

[*HIER Ort, Datum*]

An das
Amtsgericht
- Vollstreckungsgericht
[*HIER Anschrift*]

Verrechnungsantrag gemäß § 850 e Nr. 4 ZPO

In der Zwangsvollstreckungssache
des/der ...... [*HIER Vorname, Name, Anschrift*]

- Gläubigers/-in, -

Verfahrensbevollmächtigte(r): Rechtsanwalt/-wältin ...... [*HIER Vorname, Name, Anschrift*]

gegen

den/die ...... [*HIER Vorname, Name, Anschrift*]

- Schuldner/-in, -

[Verfahrensbevollmächtigte(r): Rechtsanwalt/-wältin ...... [*HIER Vorname, Name, Anschrift*]]

Namens und in Vollmacht des/der Gläubigers/-in beantrage ich,

den aufgrund des Pfändungs- und Überweisungsbeschlusses des Amtsgerichts ...... vom ...... 20.. Az.: ...... pfändbaren Teil des Arbeitseinkommens ohne Rücksicht auf die in § 850 c ZPO vorgesehenen Beschränkungen auf monatlich mindestens ...... EUR für den notwendigen Unterhalt des/der Schuldners/-in festzusetzen.

Dieser Betrag erhöht sich um ...... [*HIER bitte offen lassen, wenn Familienverhältnisse des Schuldners nicht bekannt*] die gemäß § 850 c Abs. 1 S. 2 ZPO anzusetzenden Beträge für Personen, denen der Schuldner Unterhalt gewährt.

Gründe:

Nach dem Titel stammt die Forderung des Gläubigers aus einer vorsätzlich begangenen Handlung des Schuldners, nämlich aus ...... [– Zur Erfüllung seiner Unterhaltspflichten gegen seine nicht berufstätige Ehefrau und ...... Kinder sind ihm die dafür nach § 850 c ZPO zustehenden Beträge als Maximalbeträge belassen.]

....
Rechtsanwalt/-wältin

Schreiben an den Drittschuldner wegen benötigter Angaben zur Antragsbegründung

An
...... [*HIER Name u. Anschrift Drittschuldner*]

Zwangsvollstreckungsangelegenheit ......

Pfändungs- und Überweisungsbeschluss des Amtsgerichts ...... vom ...... 20.., Az.: ......

Sehr geehrte Damen und Herren,

zur Vorbereitung eines Antrags nach § 850 f Abs. 2 ZPO bei dem zuständigen Vollstreckungsgericht bitte ich um Beantwortung nachfolgender Fragen:

1. Wie hoch ist das durchschnittliche Nettoeinkommen des Schuldners?
2. Gegenüber wie vielen Personen ist der Schuldner zur Zahlung von Unterhalt verpflichtet?
3. Liegen Pfändungen oder Abtretungen wegen laufender oder rückständiger Unterhaltsansprüche vor?
   Falls ja: Wie hoch sind die laufenden Unterhaltszahlungen?

Für die Beantwortung der Fragen bedanke ich mich hiermit im voraus und verbleibe

mit freundlichen Grüßen

......

(Unterschrift)

Anmerkung

Resultiert die Forderung aus einer vorsätzlichen unerlaubten Handlung (§§ 823 ff., 847 BGB), so privilegiert das Gesetz solche Forderungen ähnlich wie Unterhaltsforderungen nach § 850 f Abs. 2 ZPO. Ein Unterschied besteht lediglich darin, dass auf die Bezüge nach § 850 a Nr. 1, 2 und 4 ZPO nicht zugegriffen werden kann.

Der Antrag kann direkt bei der Pfändung oder nachträglich gestellt werden. Im ersten Fall ist der Schuldner nicht zu hören, sonst grundsätzlich.

Ergibt sich die unerlaubte Handlung (§§ 823 ff. BGB) nicht aus dem Tenor des Titels, kann auf die Urteilsgründe zurückgegriffen werden, bei einem Versäumnisurteil auf den Klageantrag. Bei einem Vollstreckungsantrag genügt der schlüssige Vortrag.

Forderungen wegen – vorsätzlicher – unerlaubter Handlung sind durch den Wegfall der Pfändungsgrenzen von § 850 c ZPO privilegiert. Für die Berechnung des pfändbaren Einkommens gilt aber nichts besonderes.

Untergrenze für den notwendigen Unterhalt ist der je nach Wohnort unterschiedliche Sozialhilfesatz.

Rechtsbehelfe:
In allen Fällen des § 850 f ZPO findet sofortige Beschwerde statt (§ 11 Abs. 1 RPflG, § 793 Abs. 1 ZPO), da eine Entscheidung des Rechtspflegers, keine Vollstreckungsaufnahme, vorliegt (Thomas/Putzo § 850 f ZPO Rn 11).

Kosten:
Gerichtskosten:
Die Beschlüsse nach § 850 f ZPO lösen keine Gerichtsgebühr aus (siehe auch Zöller § 850 f ZPO Rn 21).

Rechtsanwaltsgebühren:

a. Stellt der Rechtsanwalt des Schuldners den Antrag nach § 850 f Abs. 2 ZPO, so erhält er die 3/10 Vollstreckungsgebühr aus § 57 BRAGO.
b. Die Anträge nach § 850 f Abs. 1 und 3 ZPO gehören zu der gleichen Angelegenheit (§ 58 Abs. 1 BRAGO) und werden daher durch die 3/10 Gebühr nach §§ 57 Abs. 1, 31, 58 Abs. 1 BRAGO mit abgegolten (vgl. Zöller § 850 f ZPO Rn 21).

#09 Antrag auf Erweiterung des pfändbaren Betrages § 850 f Abs. 3 ZPO

[*HIER Ort, Datum*]

An das
Amtsgericht
- Vollstreckungsgericht
[*HIER Anschrift*]

Antrag auf Erweiterung des pfändbaren Betrages nach § 850 f Abs. 3 ZPO

In der Zwangsvollstreckungssache

des/der ...... [*HIER Vorname, Name, Anschrift*]

- Gläubigers/-in, -
Verfahrensbevollmächtigte(r): Rechtsanwalt/-wältin ...... [*HIER Vorname, Name, Anschrift*]

gegen

den/die ...... [*HIER Vorname, Name, Anschrift*]

- Schuldner/-in, -
[Verfahrensbevollmächtigte(r): Rechtsanwalt/-wältin ...... [*HIER Vorname, Name, Anschrift*]]

Namens und in Vollmacht des/der Gläubigers/-in beantrage ich,
den Pfändungs- und Überweisungsbeschluss des Amtsgerichts ...... vom ...... 20.. Az.: ...... dahingehend zu ergänzen, dass über die nach § 850 c ZPO pfändbaren Beträge hinaus das Einkommen des/der Schuldners/-in, soweit es den Betrag von ...... EUR netto monatlich übersteigt, der Pfändung unterliegt.

Begründung:

Mit dem im Antrag näher bezeichneten Pfändungs- und Überweisungsbeschluss des angerufenen Amtsgerichts wurde der Anspruch des Schuldners gegen den Drittschuldner gepfändet.

Die Ansprüche gegen den Schuldner sind erheblich; sie betragen ...... EUR. Bislang sind keine Zahlungen auf die titulierte Forderung erfolgt.

Laut Erklärung des Drittschuldners vom ...... 20.. liegen erhebliche Vorpfändungen über den Betrag von ...... EUR vor.

Beweis: Kopie der vorbezeichneten Drittschuldnererklärung,
Anlage 1

Weiteres pfändbares Vermögen des Schuldners gibt es nicht.

Beweis: Beiziehung der eidesstattlichen Versicherung des
Schuldners vom ...... 20.., Amtsgericht ......, Az.: ......

Es kann somit ohne die erweiterte Pfändung nach § 850 f Abs. 3 ZPO auch in den nächsten Jahren mit einer teilweisen Befriedigung der titulierten Forderung nicht gerechnet werden.

Das Einkommen des Schuldner liegt jährlich bei brutto ...... EUR laut Lohnsteuerkarte für das Kalenderjahr 20... Dies entspricht einem Nettoeinkommen von monatlich ...... EUR.

Beweis: Kopie der vorbezeichneten Lohnsteuerkarte, Anlage 2

Der Schuldner ist ...... [z. B. geschieden und seinen zwei ehelichen Kindern gegenüber zum Unterhalt verpflichtet]. Er leistet Unterhaltszahlungen von monatlich insgesamt ...... EUR. Nach Tabelle zu § 850 c ZPO ist bei Berücksichtigung von ...... [z. B. zwei] Unterhaltspflichtigen ein Betrag von EUR ...... pfändbar. Ohne Berücksichtigung von Unterhaltspflichten ist ein Betrag von monatlich ...... EUR pfändbar. Die Differenz beträgt ...... EUR.

Dem Schuldner verbleibt folglich ein ›Pfändungsvorteil‹ in Höhe von ...... EUR. Bei Zulassung der beantragten Pfändungserweiterung verbleiben dem Schuldner ...... EUR monatlich. Der Schuldner wird also auch bei Zulassung der Pfändungserweiterung nicht hilfebedürftig im Sinne der Vorschriften des Bundessozialhilfegesetzes und ist auch weiterhin in der Lage, seiner Verpflichtung auf Zahlung von Barunterhalt nachzukommen. Nach § 850 f Abs. 3 S. 2 ZPO ist dem Schuldner mindestens dieser Betrag von ...... EUR zu belassen.

Der Forderung gegen den Schuldner liegt ein Anspruch auf ...... zugrunde.

....
Rechtsanwalt/-wältin

Anmerkung

Bei der erweiterten Lohnpfändung nach § 850 f Abs. 3 ZPO kann das Vollstreckungsgericht die Pfändbarkeit des Arbeitseinkommens unter Berücksichtigung der Belange des Gläubigers und des Schuldners nach freiem Ermessen über die Beträge hinaus festsetzen, die nach § 850 c ZPO pfändbar gewesen wären. Hierdurch kann auch ein nachrangig pfändender Gläubiger zusätzlich noch einen nur für ihn pfändbaren Betrag herbeiführen.

Der Antrag kann direkt bei der Pfändung oder nachträglich gestellt werden. Der Schuldner ist nicht zu hören.

Wird der Antrag direkt bei der Pfändung als Zusatzantrag gestellt, so könnte er wie folgt formuliert werden:

»Es wird beantragt,

die Pfändung der ...... EUR übersteigenden Beträge des Monatseinkommens des Schuldners ohne Beschränkung des § 850 c ZPO zuzulassen (§ 850 f Abs. 3 ZPO).«

Rechtsbehelfe:
Siehe Anmerkung zu Formular 1.B.03.B.#06.

Kosten:
Siehe Anmerkung zu Formular 1.B.03.B.#06.

Rechtsanwaltsgebühren:

a. Stellt der Rechtsanwalt des Schuldners den Antrag nach § 850 f Abs. 3 ZPO, so erhält er die 3/10 Vollstreckungsgebühr aus § 57 BRAGO.
b. Die Anträge nach § 850 f Abs. 1 und 2 ZPO gehören zu der gleichen Angelegenheit (§ 58 Abs. 1 BRAGO) und werden daher durch die 3/10 Gebühr nach §§ 57 Abs. 1, 31, 58 Abs. 1 BRAGO mit abgegolten (vgl. Zöller § 850 f ZPO Rn 21).

#10 Antrag § 850 e Nr. 2 ZPO – Zusammenrechnung mehrerer Einkünfte –

[*HIER Ort, Datum*]

An das
Amtsgericht
- Vollstreckungsgericht
[*HIER Anschrift*]

Antrag nach § 850 e Nr. 2 ZPO – Zusammenrechnung mehrerer Einkünfte –

In der Zwangsvollstreckungssache
des/der ...... [*HIER Vorname, Name, Anschrift*]

- Gläubigers/-in, -

Verfahrensbevollmächtigte(r): Rechtsanwalt/-wältin ...... [*HIER Vorname, Name, Anschrift*]

gegen

den/die ...... [*HIER Vorname, Name, Anschrift*]

- Schuldner/-in, -

[Verfahrensbevollmächtigte(r): Rechtsanwalt/-wältin ...... [*HIER Vorname, Name, Anschrift*]]

Namens und in Vollmacht des/der Gläubigers/-in beantrage ich,

die gepfändeten Arbeitseinkommen aufgrund der Pfändungs- und Überweisungsbeschlüsse des Amtsgerichts ...... vom ...... 20.., Az.: ......, Az.: ...... gegenüber dem Drittschuldner

a) ......

b) ......

zusammenzurechnen.

Der unpfändbare Grundbetrag ist in erster Linie dem Arbeiteinkommen bei dem Drittschuldner zu a) [– b)] zu entnehmen.

Begründung:

......

....

Rechtsanwalt/-wältin

Anmerkung

Bezieht ein Schuldner mehrere Arbeitseinkommen von verschiedenen Drittschuldnern, so besteht für ihn ein ungerechtfertigter Schutz, wenn man die unterschiedlichen Einkommen gesondert der Pfändungsfreigrenze des § 850 c ZPO unterwirft.

Die Zusammenrechnung bewirkt, dass dem Schuldner nur ein einmaliger Freibetrag verbleibt, der dem Einkommen zu entnehmen ist, das die wesentliche Lebensgrundlage bildet (§ 850 e Nr. 2 S. 2 ZPO). Der Zusammenrechnungsbeschluss wirkt nur zugunsten desjenigen Gläubigers, der ihn beantragt hat.

Der Antrag kann bereits im Pfändungsantrag gestellt werden, dann erfolgt keine Schuldneranhörung.

Wenn der Antrag schon im Pfändungsantrag gestellt wird, so lautet er:

»Es wird beantragt,

zur Berechnung des nach § 850 c ZPO pfändbaren Teiles des Gesamteinkommens die Nettoarbeitseinkommen des/der Schuldners/-in aus den Arbeitsverhältnissen bei den Drittschuldnern zu 1. und zu 2. nach § 850 e Nr. 2 ZPO zusammenzurechnen. Der unpfändbare Grundbetrag ist in erster Linie dem Arbeitseinkommen beim Drittschuldner zu 1. zu entnehmen.«

Der Gläubiger muss mehrere Arbeitseinkommen schlüssig vortragen. Die Entscheidung ergeht als »Blankettbeschluss«. Die Drittschuldner müssen sich untereinander in Verbindung setzen und berechnen den pfändbaren Betrag nach der Lohnpfändungstabelle.

Wirkung: Der Zusammenrechnungsbeschluss wirkt für den antragstellenden Gläubiger, nicht für weitere nachrangige Gläubiger. Diese müssen ebenfalls einen eigenen Antrag stellen (LArbG Düsseldorf RPfleger 1986, 100).

Kosten:
Gerichtskosten:
Der Beschluss nach § 850 e Nr. 4 ZPO ergeht gerichtsgebührenfrei.

Rechtsanwaltsgebühren:
Siehe Anmerkung zu Formular 1.B.03.b.#01.
Für den Rechtsanwalt entsteht die allgemeine 3/10 Vollstreckungsgebühr nach § 57 BRAGO, es sei denn er hätte sie schon verdient, § 58 BRAGO.

#11 Aufforderung an den Drittschuldner § 840 ZPO

[*HIER Ort, Datum*]

An das
Amtsgericht
- Verteilungsstelle für Gerichtsvollzieheraufträge
[*HIER Anschrift*]

In Sachen
....../......
Az.: ......

übersende ich

nachfolgende Drittschuldnererklärung gemäß § 840 ZPO [bei Verknüpfung mit Zustellung des Pfändungs- und Überweisungsbschlusses: - anliegend die Ausfertigung des Pfändungs- und Überweisungsbeschlusses des AG ...... vom ...... 20.., Az. ......]

zur Zustellung an

1. Herrn / Frau / Firma ...... als Drittschuldner/-in [- bitte nicht an Herrn / Frau ...... ersatzzustellen, da Schuldner/-in]
[- 2. dessen Ehegatten Herrn / Frau ......, als Schuldner/-in]

Die mit Zustellungsurkunden versehene Ausfertigung erbitte ich zurück.

Besondere Hinweise:

Zur Beurkundung der Drittschuldnererklärung gemäß § 840 ZPO bitte ich die Zustellung an den Drittschuldner nicht durch Aufgabe zur Post zu bewirken.

An

Herrn / Frau / Firma ...... [*HIER Vorname, Name bzw. Firmenbezeichnung, Anschrift*]

- Drittschuldner -

[*HIER genaue Drittschuldnerbezeichnung, Firmenbezeichnung bzw. Vor- und Zuname, Vertretungsberechtigte, genaue Anschrift des Arbeitgebers*]

In der Zwangsvollstreckungssache

des/der ...... [*HIER Vorname, Name, Anschrift*]

- Gläubigers/-in, -

gegen den/die bei Ihnen beschäftigten ...... [*HIER Name des/der Arbeitnehmers/-in, der/ die Schuldner/-in ist*] nehme ich Bezug auf den Ihnen durch den Gerichtsvollzieher ...... am ...... 20.. zugestellten Pfändung- und Überweisungbeschluss des Amtsgerichts ...... vom ...... 20... Unter Hinweis auf die Bestimmung des § 840 ZPO bitte ich Sie, binnen zwei Wochen nach Zustellung diese Schreibens [falls der Pfändungsbeschluss noch nicht zugestellt ist: - und des Pfändungsbeschlusses des Amtsgericht ...... vom ......, Az. ......] mir, dem (Vollstreckungs-)gläubiger, gegenüber zu erklären:

1. ob und wieweit Sie die gepfändete Forderung als begründet anerkennen und Zahlung an mich zu leisten bereit sind;
2. ob und welche Ansprüche andere Personen u. U. an die Forderung stellen;
3. ob und wegen welcher Ansprüche die Forderung bereits für andere Gläubiger gepfändet ist.

Ich weise vorsorglich darauf hin, dass Sie für den aus der Nichterfüllung der Ihnen durch Gesetz auferlegten Auskunftsverpflichtung entstehenden Schaden haften (§ 840 Abs. 2 Satz 2 ZPO). Sollte ein solcher Schaden durch die Nichtbeantwortung dieser Aufforderung entstehen, werde ich Sie dafür - notfalls im Klagewege - haftbar machen.

....
Rechtsanwalt/-wältin

Drittschuldnererklärung

In der Zwangsvollstreckungssache

Az.: ......

des/der ...... [*HIER Vorname, Name, Anschrift*]

- Gläubigers/-in, -

gegen unsere(n) Mitarbeiter/-in ......

bestätigen wir den Eingang des Pfändungs- und Überweisungsbeschlusses vom ...... 20.., zugestellt am ...... 20.. und erklären gem. § 840 ZPO:

Gepfändet wird bereits wegen:

gewöhnliche Forderung in Höhe von	...... EUR
bevorrechtigte Forderungen in Höhe von	...... EUR
Unterhaltsrückstand	...... EUR
und laufend monatlich	...... EUR

Im Einzelnen gehen folgende Pfändungen im Rang vor:

Az.	zugestellt	Gläubiger/in	Forderung
......	......	......	......
......	......	......	......
......	......	......	......

Mit freundlichen Grüßen

(Unterschrift)

Anmerkung

Verfahren nach § 840 ZPO. Der Drittschuldner hat die rein prozessuale Pflicht zur Erklärung. Erzwingbar ist die Erklärung nicht. Der Drittschuldner haftet dem Gläubiger bei Unterlassen auf Ersatz ohne Rücksicht auf Verschulden, ferner nach allgemeinen Grundsätzen, wenn er schuldhaft gehandelt hat.

Der Gläubiger kann sein Auskunftsverlangen auch auf einzelne Fragen des § 840 ZPO beschränken, nicht aber auf weitere Einzelfragen ausdehnen (Zöller § 840 ZPO Rn 8).

Der Gläubiger muss die Aufforderung in die Zustellungsurkunde aufnehmen oder bei einer nicht mit dem Pfändungs- und Überweisungsbeschluss verbundenen Aufforderung durch den Gerichtsvollzieher zustellen lassen. Die Aufforderung ist in die Zustellungsurkunde aufzunehmen, sonst hat sie keine Wirkung (Baumbach/Lauterbach § 840 ZPO Rn 6); deshalb ist persönliche Zustellung durch den Gerichtsvollzieher nötig.

Der Gerichtsvollzieher kann die Zustellung zwar auch durch Aufgabe zur Post bewirken; aber beim Pfändungsbeschluss reicht das nicht aus, um bei der Erklärungsaufforderung an den Drittschuldner nach § 840 ZPO dessen Schadensersatzpflicht zu begründen. Daher ist vom Gerichtsvollzieher in Person zuzustellen. Eine solche durch die Post reicht nicht aus, da der Postbote zur Entgegennahme mündlicher Erklärungen nicht befugt ist (vgl. § 840 Abs. 2 ZPO). Erforderlich ist somit die Zustellung durch den Gerichtsvollzieher persönlich (siehe auch Zöller § 840 ZPO Rn 3; Mümmler JurBüro 1986, 333 m. w. N.; MünchKomm/Schmid § 840 ZPO Rn 6, 7).

Zu erteilen ist die Auskunft binnen zwei Wochen von der Zustellung des Pfändungsbeschlusses mit der Aufforderung an den Drittschuldner. Der Tag der Zustellung wird nicht mitgerechnet.

Die Erklärung kann bei Zustellung des Pfändungsbeschlusses oder innerhalb der Zweiwochenfrist an den Gerichtsvollzieher erfolgen, § 840 Abs. 3 ZPO.

Bei Nichterfüllung der Auskunftspflicht haftet der Drittschuldner dem Gläubiger für den entstehenden Schaden, § 840 Abs. 2 Satz 2 ZPO. Den Drittschuldner trifft ein Verschulden auch, wenn er die Frage, wem die gepfändete Forderung zusteht, nicht mit der gebotenen Sorgfalt geprüft hat (BGH MDR 1983, 308). Dass ihn kein Verschulden trifft, hat der Drittschuldner zu beweisen (BGH a. a. O.). Eine Auskunft, die der Drittschuldner ohne rechtliche Verpflichtung erteilt, muss richtig sein. Eine falsche oder unvollständige freiwillige Auskunft begründet Haftung, und zwar auch dann, wenn die Auskunft nachträglich unrichtig wird, der Drittschuldner jedoch den Gläubiger nicht benachrichtigt (Zöller § 840 ZPO Rn 16).

Einen einklagbaren Anspruch gegen den schweigenden Drittschuldner auf die Auskünfte des § 840 Abs. 1 ZPO hat der Gläubiger nicht (BGH 91, 126 = BGH NJW 1984, 1901). § 840 ZPO begründet Auskunftspflicht mit der Folge, dass sich die Haftung des Drittschuldners in seiner Schadensersatzpflicht erschöpft. Dem Drittschuldner ist damit auferlegt, vermeidbaren Schaden durch Klarstellung (Offenlegung) der Verhältnisse abzuwenden (Zöller § 840 ZPO Rn 15). Einen im Wege der Klage durchsetzbaren Auskunftsanspruch begründet § 840 ZPO darüber hinaus nicht (BGH a. a. O.).

Erst das Auskunftsverlangen nach § 840 ZPO, welches stets mit der Pfändung und Überweisung einer Forderung verbunden werden sollte, versetzt den Gläubiger in die Lage, die Einziehung zu betreiben. Hier hat der Gläubiger gegenüber dem Drittschuldner eine sehr starke Rechtsposition, weil der Drittschuldner nach § 840 Abs. 2 Satz 2 ZPO bei Nichterfüllung seiner Auskunftspflicht zum Schadensersatz verpflichtet ist. Diese Ersatzpflicht setzt Verschulden voraus. Dies hat nicht der Gläubiger zu beweisen, sondern der Drittschuldner muss sich entlasten (Zöller/Stöber § 840 ZPO Rn 12).

Sofern der Drittschuldner die Auskunft gänzlich verweigert, kann der Gläubiger nicht auf Auskunft klagen, jedoch kann er die Forderung beim Drittschuldner einklagen und im Falle des Unterliegens von ihm gemäß § 840 Abs. 2 Satz 2 ZPO Ersatz der Prozesskosten verlangen. Ähnlich liegt es bei unvollständiger oder inhaltlich falscher Auskunft. Bevor der Gläubiger aber gerichtlich gegen den Drittschuldner vorgeht, sollte er diesen auf die Folgen des § 840 Abs. 2 Satz 2 ZPO hinweisen:

»*An*
Herrn/Frau/Firma ...... [HIER Vorname, Name bzw. Firmenbezeichnung, Anschrift]

In der Zwangsvollstreckungssache

des/der ...... [*HIER Vorname, Name, Anschrift*]

– Gläubigers/-in, –

gegen
den/die bei Ihnen beschäftigte(n) ...... [HIER Vornamen, Name, Anschrift]
– Schuldners/-in –

ist aufgrund des Beschlusses des Amtsgerichts – Vollstreckungsgerichts – in ...... vom ...... 20.., Az.: ...... die Ihnen gegenüber bestehende Forderung des o. g. Schuldners gepfändet und mir [– uns] zur Einziehung überwiesen worden. Sie sind zugleich über den zuständigen Gerichtsvollzieher aufgefordert worden, dem Gläubiger binnen zwei Wochen zu erklären:

1. *ob und wieweit Sie die gepfändete Forderung als begründet anerkennen und Zahlung an mich zu leisten bereit sind;*
2. *ob und welche Ansprüche andere Personen u. U. an die Forderung stellen;*
3. *ob und wegen welcher Ansprüche die Forderung bereits für andere Gläubiger gepfändet ist.*

Bis zum heutigen Tage sind Sie dieser Auflage nicht nachgekommen. Weil die gesetzliche Frist von zwei Wochen abgelaufen ist, weise ich Sie darauf hin, dass Sie sich nach § 840 Abs. 2 Satz 2 ZPO schadensersatzpflichtig machen, wenn Sie weiterhin untätig bleiben. Ich setze Ihnen daher eine letzte Nachfrist bis zum ...... 20.. [HIER 7-Tages-Frist]. Nach fruchtlosem Ablauf dieser Frist wird die Forderung bei Ihnen eingeklagt. Sollte sich in diesem Prozess herausstellen, dass die Forderung nicht besteht oder ihr Einwendungen entgegenstehen, würden Sie zumindest für die Kosten dieses dann unnützen Rechtsstreits aufkommen müssen.
Bereits jetzt schon haben Sie für die durch die Inanspruchnahme entstandenen und nachfolgenden Kosten aufzukommen, da sie bereits durch Ihr zum Schadensersatz führendes Verhalten entstanden sind.

Hochachtungsvoll

(Unterschrift)
– Rechtsanwalt -«

Kosten:
Gerichtsvollzieherkosten:
Für die Zustellungstätigkeit des Gerichtsvollziehers entstehen Zustellungsgebühren zuzüglich Nebenkosten nach dem Gesetz über Kosten der Gerichtsvollzieher (Gerichtsvollzieherkostengesetz – GvKostG).

Rechtsanwaltsgebühren:
Der Rechtsanwalt des Vollstreckungsgläubigers erhält für die Aufforderung an den Drittschuldner die 3/10 Vollstreckungsgebühr des § 57 BRAGO.

1. Hat er jene – wie im Regelfall – bereits verdient, fällt durch diese Handlung keine neue weitere Gebühr an, § 58 Abs. 1 BRAGO. Dies gilt selbst dann, wenn er wegen der Auskunft bereits mehrfach schreiben und mahnen muss.
   Alle weiteren Tätigkeiten des Rechtsanwalts gegenüber dem Drittschuldner wie Einziehungsprozess, Schadensersatzklage nach § 840 Abs. 2 Satz 2 ZPO, Abwehr einer negativen Feststellungsklage des Drittschuldners, werden von der Vollstreckungsgebühr nach § 57 BRAGO nicht mitumfasst und sind daher nach den allgemeinen Bestimmungen (§ 31 BRAGO) zu vergüten.
2. Für die Tätigkeit des Rechtsanwalts, der im Auftrag des Drittschuldners die Auskunft nach § 840 Abs. 1 ZPO erteilt, erhält der Anwalt nach einer Auffassung die 3/10 Gebühr aus § 57 BRAGO (Zöller § 840 ZPO Rn 17, MünchKomm/ZPO § 840 Rn 32, AG Düsseldorf JurBüro 1985, 723). Nach anderer, wohl zutreffener Ansicht, erhält der Anwalt dafür die Gebühr nach den §§ 118 (5/10 bis 10/10), 120 BRAGO, da gegenüber dem Drittschuldner keine Zwangsvollstreckung betrieben wird (so Stöber, Forderungspfändung Rn 864; Schuschke § 840 ZPO Rn 17).
3. Für die Vertretung des Drittschuldners im Einziehungsprozess und im Rechtsstreit der negativen Feststellungsklage erhält der Rechtsanwalt die allgemeinen Gebühren nach § 31 BRAGO.

Der Gläubiger hat dem Drittschuldner die Kosten, die diesem durch die Erteilung der Auskunft entstanden sind, nicht zu erstatten (BAG 47, 138 = BAG BB 1986, 188).

#12 Antrag auf Änderung der Unpfändbarkeitsvoraussetzung § 850 g ZPO

[*HIER Ort, Datum*]

An das
Amtsgericht
- Verteilungsstelle für Gerichtsvollzieheraufträge
[*HIER Anschrift*]

Antrag auf Änderung der Unpfändbarkeitsvoraussetzung gem. § 850 g ZPO

In der Zwangsvollstreckungssache
des/der ...... [*HIER Vorname, Name, Anschrift*]

- Gläubigers/-in, -

Verfahrensbevollmächtigte(r): Rechtsanwalt/-wältin ...... [*HIER Vorname, Name, Anschrift*]

gegen

den/die ...... [*HIER Vorname, Name, Anschrift*]

- Schuldner/-in, -

[Verfahrensbevollmächtigte(r): Rechtsanwalt/-wältin ...... [*HIER Vorname, Name, Anschrift*]]

Namens und in Vollmacht des/der Schuldner/-in [- des/der Gläubigers/-in] [- ...... [*HIER sonstiger Dritter möglich*] beantrage ich,

den Pfändungs- und Überweisungsbeschluss des Amtsgerichts ...... vom ...... 20.. Az.: ...... dahingehend zu abzuändern, dass sofort bei der Berechnung des unpfändbaren Betrages gemäß § 850 c (§ 850 d) die Ehefrau] oder ein weiteres Kind [- das weitere Kind] ...... berücksichtigt wird.

Begründung:

......

....
Rechtsanwalt/-wältin

Anmerkung

Örtlich zuständig ist das Wohnsitzgericht des Schuldners bei Antragstellung, nicht ohne weiteres das Amtsgericht, das den Pfändungsbeschluss erlassen hat (Zöller § 850 g ZPO Rn 4 m. w. N.; andere Ansicht BGH RPfleger 90, 308).

Antragsberechtigt ist der Gläubiger, der Schuldner oder auch ein betroffener Dritter. Die Gründe der Änderung müssen nach Erlass der Pfändung eingetreten sein, ansonsten greift die Erinnerung nach § 766 ZPO. Der Antragsgegner ist zu hören.

Änderungen können sein: Geburt, Heirat, Tod eines Unterhaltsberechtigten, Scheidung, Wegfall der Unterhaltsbedürftigkeit mit Erlangung eigenen Einkommens, Wiederverheiratung des Schuldners, erhöhter Unterhaltsbedarf (im Falle des § 850 d ZPO) nach Verlegung des Wohnsitzes in eine Großstadt (LG Hamburg MDR 1988, 154 u. 241), Pfändung durch einen Unterhaltsberechtigten, auch Minderung oder Erhöhung des Arbeitseinkommens sowie Änderung des Sozialhilfebedarfs (§ 850 f Abs. 1 a ZPO) und besondere Bedürfnisse oder Unterhaltspflichten (§ 850 f Abs. 1 b u. c ZPO).

Wirkung:
Der alte Pfändungsbeschluss wirkt bis zur Aufhebung. Die Wirkung des Drittschuldners reicht bis zur Zustellung an ihn, § 850 g Satz 3 ZPO.

Rechtsbehelfe:
Sofortige Beschwerde (§ 11 Abs. 1 RPflG, § 793 Abs. 1 ZPO).

Werden ältere Tatsachen geltend gemacht, insbesondere die von vorneherein unrichtig angenommen Bemessungsgrundlagen, liegt Erinnerung (§ 766 ZPO) vor (Thomas/Putzo § 850 g ZPO Rn 3).

Kosten:
Gerichtskosten:
Die Beschlüsse nach § 850 g ZPO lösen keine Gerichtsgebühr aus.

Rechtsanwaltsgebühren:
Für den Rechtsanwalt entstehen keine Gebühren, sie sind mit der Gebühr für die Pfändung abgegolten. Tritt der Anwalt hingegen erstmals auf, gilt § 57 BRAGO = 3/10 Vollstreckungsgebühr.

#13 Antrag des Schuldners auf Lohnpfändungsschutz § 850 f Abs. 1 ZPO

[*HIER Ort, Datum*]

An das
Amtsgericht
- Vollstreckungsgericht
[*HIER Anschrift*]

Antrag auf Lohnpfändungsschutz gem. § 850 f Abs. 1 ZPO

In der Zwangsvollstreckungssache
des/der ...... [*HIER Vorname, Name, Anschrift*]

- Gläubigers/-in, -

Verfahrensbevollmächtigte(r): Rechtsanwalt/-wältin ...... [*HIER Vorname, Name, Anschrift*]

gegen

den/die ...... [*HIER Vorname, Name, Anschrift*]

- Schuldner/-in, -

[Verfahrensbevollmächtigte(r): Rechtsanwalt/-wältin ...... [*HIER Vorname, Name, Anschrift*]]

Namens und in Vollmacht des/der Schuldners/-in beantrage ich,

den Pfändungs- und Überweisungsbeschluss des Amtsgerichts ...... vom ...... 20.. Az.: ...... teilweise abzuändern und über die pfändbaren Beträge gemäß § 850 c, d ZPO hinaus weitere ...... EUR monatlich für unpfändbar zu erklären.

[oder anders formuliert: - und gemäß § 850 f Abs. 1 ZPO abweichend von § 850 c Abs. 1 ZPO einen Betrag von ...... EUR statt ...... EUR als unpfändbar zu belassen.]

Begründung:

...... [*HIER folgt eine Beispielsbegründung*]

Gemäß anliegender Bescheinigung des Sozialamtes der Stadt ...... vom ...... 20.. errechnet sich der Sozialhilfebedarf auf ...... EUR. Dieser Betrag liegt über der Pfändungsfreigrenze.

....
Rechtsanwalt/-wältin

Anmerkung

Zur Beispielsbegründung siehe den in § 850 f Abs. 1 a) ZPO ausdrücklich geregelten Fall.

Es geht hier um die Heraufsetzung des Pfändungsfreibetrages auf Antrag des Schuldners oder des Unterhaltsberechtigten, dem der erhöhte Freibetrag zugute kommen soll. Notwendig ist ein schlüssiger Vortrag der besondern Bedürfnisse (erhöhter Sozialhilfebedarf, hohe Miete, krankheitsbedingte Mehrkosten, besondere Ernährung, hohe Ausbildungskosten, berufliche Mehraufwendungen) oder besondere umfangreiche gesetzliche Unterhaltspflichten, insbesondere bei mehr als 5 Unterhaltsberechtigten, da die Lohnpfändungstabelle nur diese Anzahl maximal berücksichtigt.

Zuständig ist das Gericht, welches die Pfändung erlassen hat (RPfleger 1990, 308). Antragsberechtigt ist der Gläubiger, der Schuldner oder auch ein betroffener Dritter. Die Gründe der Änderung müssen nach Erlass der Pfändung eingetreten sein, ansonsten greift die Erinnerung nach § 766 ZPO. Der Antragsgegner ist zu hören.

Änderungen können sein: Geburt, Heirat, Tod, Scheidung usw.

Rechtsbehelfe:
In allen Fällen des § 850 f ZPO findet sofortige Beschwerde statt (§ 11 Abs. 1 RPflG, § 793 Abs. 1 ZPO), da eine Entscheidung des Rechtspflegers, keine Vollstreckungsaufnahme, vorliegt (Thomas/Putzo § 850 f ZPO Rn 11).

Kosten:
Gerichtskosten:
Die Beschlüsse nach § 850 f ZPO lösen keine Gerichtsgebühr aus (siehe auch Zöller § 850 f ZPO Rn 21).

Rechtsanwaltsgebühren:

a. Stellt der Rechtsanwalt des Schuldners den Antrag nach § 850 f Abs. 1 ZPO, so erhält er die 3/10 Vollstreckungsgebühr aus § 57 BRAGO.
b. Die Anträge nach § 850 f Abs. 2 und 3 ZPO gehören zu der gleichen Angelegenheit (§ 58 Abs. 1 BRAGO) und werden daher durch die 3/10 Gebühr nach §§ 57 Abs. 1, 31, 58 Abs. 1 BRAGO mit abgegolten (Zöller § 850 f ZPO Rn 21).

#14 Antrag des Schuldners auf Pfändungsschutz § 850 i ZPO

[*HIER Ort, Datum*]

An das
Amtsgericht
- Vollstreckungsgericht
[*HIER Anschrift*]

Antrag auf Lohnpfändungsschutz gem. § 850 i ZPO

In der Zwangsvollstreckungssache
des/der ...... [*HIER Vorname, Name, Anschrift*]

- Gläubigers/-in, -

Verfahrensbevollmächtigte(r): Rechtsanwalt/-wältin ...... [*HIER Vorname, Name, Anschrift*]

gegen

den/die ...... [*HIER Vorname, Name, Anschrift*]

- Schuldner/-in, -

[Verfahrensbevollmächtigte(r): Rechtsanwalt/-wältin ...... [*HIER Vorname, Name, Anschrift*]]

Namens und in Vollmacht des/der Schuldners/-in beantrage ich,

den Pfändungs- und Überweisungsbeschluss des Amtsgerichts ...... vom ...... 20.. Az.: ...... teilweise aufzuheben und für die Zeit bis zum ...... 20.. einen Teilbetrag von ...... EUR freizugeben.

Begründung:

Den obenstehenden Betrag benötigt der Schuldner zum Unterhalt für sich und seine gesetzlichen Unterhaltsverpflichteten. ...... [*HIER folgt die nähere Ausführung*]

....
Rechtsanwalt/-wältin

Anmerkung

§ 850 i ZPO regelt den Schutz von einmaligem Einkommen aus Arbeits- und Dienstvertrag, insbesondere das Einkommen der Freiberufler. Antragsberechtigt sind außer dem Schuldner dessen unterhaltsberechtigte Angehörige. Der Gläubiger ist zu hören.

Kosten:
Gerichtskosten:
Keine für das Verfahren der Änderung des Pfändungsbeschlusses.

Rechtsanwaltsgebühren:
Die Abänderungsanträge, auch soweit sie sich auf den Pfändungsschutz beziehen, gehören zu der gleichen Angelegenheit der Vollstreckung (§ 58 Abs. 1 BRAGO). Stellt der Rechtsanwalt eines Unterhaltsberechtigen den Antrag, so erhält er die 3/10 Vollstreckungsgebühr aus § 57 BRAGO.

#15 Antrag des Schuldners gegen Kontenpfändung § 850 k ZPO

[*HIER Ort, Datum*]

An das
Amtsgericht
- Vollstreckungsgericht
[*HIER Anschrift*]

Antrag nach § 850 k ZPO

In der Zwangsvollstreckungssache
des/der ...... [*HIER Vorname, Name, Anschrift*]

- Gläubigers/-in, -

Verfahrensbevollmächtigte(r): Rechtsanwalt/-wältin ...... [*HIER Vorname, Name, Anschrift*]

gegen

den/die ...... [*HIER Vorname, Name, Anschrift*]

- Schuldner/-in, -

[Verfahrensbevollmächtigte(r): Rechtsanwalt/-wältin ...... [*HIER Vorname, Name, Anschrift*]]

Namens und in Vollmacht des/der Schuldners/-in beantrage ich,

1. den Pfändungsbeschluss des angerufenen Gerichts vom ...... 20.. dahingehend abzuändern, dass die erfolgte Pfändung des Guthabens zur Konto-Nr. ...... bei der ...... - Bank in Höhe von EUR ...... und die Pfändung künftiger Überweisungen in einer Höhe von EUR ...... monatlich aufgehoben werden,
2. in Höhe von EUR ...... die Pfändung vorab aufzuheben (§ 850 k Abs. 2 ZPO),

Ich beantrage ferner,

3. gem. §§ 850 k Abs. 3, 732 Abs. 2 ZPO die Zwangsvollstreckung aus dem genannten Pfändungsbeschluss in Höhe von EUR ...... einstweilen einzustellen.

Begründung:

Aus den in Anlage beigefügten Überweisungsbelegen geht hervor, dass das Lohn- und Gehaltskonto des Schuldners gepfändet ist (**Beweis:** Überweisungsbelege in Kopie).

Nach der ebenfalls in Kopie beigefügten Lohnsteuerkarte ist der Schuldner folgenden Personen unterhaltspflichtig: …… (**Beweis:** Lohnsteuerkarte für das laufende Jahr in Kopie).

Deshalb steht ihm ein Pfändungsfreibetrag nach den §§ 850 a, 850 c ZPO von EUR …… zu.

Da die Pfändung gemäß Bankmitteilung erst am 16. des Monats und die Lohn- und Gehaltszahlungen ausweislich der Überweisungsbelege monatlich zum 1. eines jeden Monats erfolgen, ist die Pfändung in Höhe von 1/2 dieses Betrages aufzuheben. [– Da die Pfändung gemäß Bankmitteilung erst am 21. des Monats und die Lohn- und Gehaltszahlungen ausweislich der Überweisungsbelege monatlich zum 1. eines jeden Monats erfolgen, ist die Pfändung in Höhe von 1/3 dieses Betrages aufzuheben.]

Da die Pfändung auch künftige Geldbeträge erfasst, ist sie für diese zugleich in Höhe des monatlich unpfändbaren Betrages aufzuheben.

Da der Schuldner ausweislich seiner beigefügten eidesstattlichen Versicherung über keinerlei Bargeld mehr verfügt, ist die Pfändung vorab in dem für den monatlichen Unterhalt notwendigen Unterhalt für die restliche Hälfte [– für das restliche Monatsdrittel] sofort aufzuheben.

Da die Entscheidung über den Hauptantrag erst nach Ablauf der 2-Wochen-Sperrfrist des § 835 Abs. 2 ZPO ergeht und dann an den Gläubiger gezahlt werden muss, bitte ich, vorab die Vollstreckung in Höhe des voraussichtlichen Freibetrages einstweilen einzustellen nach § 835 k Abs. 3 i. V. m. § 732 Abs. 2 ZPO.

…………
Rechtsanwalt/-wältin

Anmerkung

§ 850 k ZPO verlängert den Lohnpfändungsschutz, um bargeldlose Zahlung zu ermöglichen.

§ 850 k Abs. 2 ZPO soll den notwendigen Unterhalt unverzüglich sichern.

Nicht erforderlich ist, dass gerade das gepfändete Guthaben aus der Gehaltsüberweisung stammt (Zöller § 850 k ZPO Rn 3).

Der Schuldner muss die Voraussetzungen der Pfändungsfreiheit dartun.

Untergrenze für den notwendigen Unterhalt ist mindestens der je nach Wohnort unterschiedliche Sozialhilfesatz.

Rechtsbehelfe:
Sofortige Beschwerde (§ 11 Abs. 1 RPflG, § 793 ZPO) gegen Entscheidungen des Rechtspflegers; keine Erinnerung (§ 766 ZPO).

Kosten:
Gerichtskosten: Keine Gerichtsgebühren.

Im Beschwerdeverfahren: nur soweit die Beschwerde verworfen oder zurückgewiesen wird, 1,0 Gebühr nach GKG KV Nr. 1957.

Rechtsanwaltsgebühren:

a. Schuldneranwalt: Für den Antrag auf Pfändungsaufhebung (§ 850k Abs. 1 ZPO) einschließlich der Vorwegaufhebung (§ 850 k Abs. 2) ZPO oder auch einer einstweiligen Anordnung (§ 850 k Abs. 3 ZPO) erhält der Rechtsanwalt die 3/10 Gebühr nach § 57 BRAGO, insgesamt jedoch nur einmal.
b. Gläubigeranwalt: Für den Rechtsanwalt des Gläubigers, der die Pfändung und Überweisung des Kontoguthabens des Schuldners beantragt hat, ist die Tätigkeit im Verfahren der Pfändungsaufhebung einschließlich der Vorwegaufhebung durch die bereits verdiente 3/10 Vollstreckungsgebühr aus § 57 BRAGO abgegolten.
c. Beschwerdeverfahren: § 61 BRAGO.

Kostentragung:
§ 788 Abs. 3 ZPO, regelmäßig durch den Schuldner, ausnahmsweise durch den Gläubiger, wenn dieser etwa auf außergerichtliche Darlegung die Pfändung nicht beschränkt hat.

#16 Klage gegen den Drittschuldner auf Arbeitslohn

[*HIER Ort, Datum*]

An das
Arbeitsgericht
[*HIER Anschrift*]

Klage und Streitverkündungsschrift

des/der ...... [*HIER Vorname, Name, Anschrift*]

- Klägers/-in, -

Prozessbevollmächtigte(r): Rechtsanwalt/-wältin ...... [*HIER Vorname, Name, Anschrift*]

gegen

den/die ...... [*HIER Vorname, Name, Anschrift*]

- Beklagte(n), -

Prozessbevollmächtigte(r): Rechtsanwalt/-wältin ...... [*HIER Vorname, Name, Anschrift*]

wegen Zahlung.

Streitwert: ...... EUR [- vorläufig geschätzt mit ...... EUR]

Streitverkündete(r): ...... [*z. B. Maurer ......, HIER Angabe ladungsfähiger Anschrift*]

Namens und in Vollmacht des/der Klägers/-in erhebe ich Klage und werde beantragen,

1. den/die Beklagte(n) zu verurteilen, an den/die Kläger/-in ...... EUR nebst ...... % Zinsen auf diesen Betrag seit dem ...... 20.. zu zahlen,

2. künftig für die Dauer der Beschäftigung des/der Streitverkündeten bei ihm/ihr ...... EUR monatlich, beginnend mit dem ...... 20.. bis zur völligen Abtragung des Betrages von ...... EUR sowie ......% Zinsen an den/die Kläger/-in zu zahlen.

Außerdem verkünde ich dem/der ......

den Streit

und fordere ihn/sie auf, dem Rechtsstreit auf Seiten des/der Klägers/-in beizutreten.

Die Streitverkündung erfolgt gemäß §§ 856, 841 ZPO. Die Lage des Rechtsstreits ergibt sich aus der vorliegenden Klageschrift.

Ich bitte dem/der Streitverkündeten ein Exemplar der Klageschrift zuzustellen und füge dafür ein zusätzliches Exemplar bei.

Begründung:

Der Klägerin steht gegen den Streitverkündeten aus dem Vollstreckungsbescheid des Amtsgerichts ...... vom ...... 20.., Az.: ...... eine Forderung über den Betrag von ...... EUR zzgl. ......% Zinsen seit dem ...... 20.. zu. Zudem sind ...... EUR an festgesetzten Kosten entstanden, die seit dem ...... 20.. mit 5 Prozentpunkten über dem jeweiligen Basiszinssatz zu verzinsen sind, außerdem weitere ...... EUR an bisherigen Vollstreckungskosten.

Beweis: anliegende Kopie von Titel und Vollstreckungsunterlagen, Anlage K 1

Der Streitverkündete ist Arbeitnehmer der Beklagten. Sein Lohnanspruch gegen den Beklagten ist vom Kläger durch Pfändungs- und Überweisungsbeschluss des Amtsgerichtes ...... vom ...... 20.., Az.: ...... gepfändet worden. Der Beschluss ist der Beklagten am ...... 20.. zugestellt worden.

Beweis: Kopie des Pfändungs- und Überweisungsbeschlusses sowie Kopie der Zustellungsbescheinigung, Anlage K 2

Seither steht die Lohnforderung des Streitverkündeten, soweit sie pfändbar ist, in Höhe des sich aus Hauptforderung, Zinsen und Kosten ergebenden Betrages der Klägerin zu. Diese hat die Beklagte mit am ...... 20.. zugestellten Schreiben zur Abgabe der gesetzlich vorgeschriebenen Erklärung nach § 840 ZPO und zur Zahlung der sich danach ergebenden Beträge aufgefordert.

Der Streitverkündete ist bei der Beklagten als ...... beschäftigt. Der Tariflohn für diese Tätigkeit beträgt nach dem für ihn geltenden Tarifvertrag, dem Lohntarifvertrag für ...... vom ...... 20.., ... EUR brutto pro Stunde. Bei einer regelmäßigen Arbeitszeit von ...... Stunden pro Woche ergibt sich daraus ein Bruttomonatsverdienst von ...... EUR, also ...... EUR netto/Monat.

Beweis: 1. Vernehmung des Buchhalters ...... der Beklagten,
2. Vernehmung des Streitverkündeten,
3. Vernehmung des Inhabers der Beklagten als Partei.

Der Streitverkündete hat ...... Unterhaltsberechtigte (Ehefrau und ...... Kinder). Pfändbar ist danach monatlich ein Betrag von ...... EUR. Mindestens diesen Betrag muss die Beklagte für jeden Lohnfälligkeitstermin nach dem Zustellungstage an die Klägerin abführen, bis die Forderung gegen den Streitverkündeten abgedeckt ist. Da die Beklagte diese Verpflichtung nicht erfüllt, ist Klage geboten.

Seit der Zustellung des Pfändungs- und Überweisungsbeschlusses ist der Lohn ...... mal fällig gewesen. Hieraus ergibt sich die Klageforderung zu 1.

Die Klägerin arbeitet mit einem die Klage- und die Hauptforderung übersteigenden Bankkredit, für den sie mindestens ......% Zinsen zahlen muss.

Beweis: Zinsbestätigung der X-Bank [– Y-Sparkasse], Anlage K ......

Für den Fall des Bestreitens zusätzlich:

Beweis: Herr [– Frau] ......, zuständige(r) Bankbearbeiter/-in [– Sparkassenangestellte(r)] unter Entbindung von der Verschwiegenheitspflicht, zu laden über die X-Bank [– Y-Sparkasse]

als Zeuge/Zeugin]

Bei dem Kredit handelt es sich um einen Kredit, der bei rechtzeitiger Zahlung entsprechend zurückgeführt worden wäre.

Danach rechtfertigt sich der Zinsanspruch nach Grund und Höhe.

Aufgrund der bisherigen Zahlungsverweigerung der Beklagten besteht die Besorgnis, dass sie auch die zukünftig fällig werdenden gepfändeten Beträge nicht an die Klägerin auszahlt. Daher rechtfertigt sich der auf zukünftige Zahlung gerichtete Klageanspruch zu 2., § 259 ZPO.

....
Rechtsanwalt/-wältin

Anmerkung

Arbeitseinkommen ist nach Maßgabe der §§ 850 ff. ZPO pfändbar. Infolgedessen können Gläubiger gegen einen Arbeitgeber wegen titulierter Forderungen, die sie gegen Arbeitnehmer haben, sog. Drittschuldnerklagen erheben. Diese kommen insbesondere in Betracht, sofern der Arbeitgeber auf einen Pfändungs- und Überweisungsbeschluss nicht reagiert oder behauptet, der Schuldner sei nicht bei ihm als Arbeitnehmer beschäftigt oder erziele nur ein ungewöhnlich geringes Arbeitseinkommen.

Eingeklagt wird der gepfändete Anspruch des Schuldners/Arbeitnehmers gegen den Drittschuldner/Arbeitgeber. Es handelt sich um eine Arbeitssache im Sinne von § 2 ArbGG. Die örtliche Zuständigkeit richtet sich demnach über die §§ 46, 48 ArbGG nach der ZPO, Arbeitsgericht des Beklagtensitzes oder des Erfüllungsortes.

Der Gläubiger muss dem Schuldner den Streit verkünden, sofern dieser eine ladungsfähige Anschrift im Inland hat, § 841 ZPO. Der dazu nach § 73 ZPO erforderliche Schriftsatz kann mit der Klageschrift verbunden werden.

Nach § 288 Abs. 1 S. 2 BGB ist eine Geldschuld während des Verzugs für das Jahr mit 5 Prozentpunkten über dem Basiszinssatz zu verzinsen. Eine Definition des Basiszinssatzes enthält § 247 BGB. Er verändert sich zum 1. Januar und Juli eines Jahres gemäß § 247 Abs. 1 BGB. Die Deutsche Bundesbank gibt den geltenden Basiszinssatz unverzüglich nach diesen genannten Zeitpunkten im Bundesanzeiger bekannt, § 247 Abs. 2 BGB.

Der Basiszinssatz kann am besten (weil dort die sorgfältigste Auskunft erfolgt) bei der Landeszentralbank telefonisch erfragt werden, um den jeweils gültigen gesetzlichen Verzugszinssatz zu errechnen. Ansonsten sieht man im Bundesanzeiger nach.

Zum Beleg des über den gesetzlichen Zins hinausgehenden Zinsanspruches sollte bereits in der Klageschrift und nicht erst auf Bestreiten des Beklagten eine Zinsbescheinigung der Bank eingereicht werden. Nach der Rechtsprechung des Bundesgerichtshofes (BGH NJW 1984, 371) braucht der Zahlungsverzug des Schuldners nicht für die Kreditaufnahme ursächlich sein. Es reicht aus, eine Kreditaufnahme in Höhe der Klageforderung darzulegen. Wenn der Beklagte bestreitet, ist jedenfalls bei Nichtkaufleuten, eine nähere Darlegung erforderlich (BGH NJW-RR 1991, 1406).

Die Benennung des zuständigen Banksachbearbeiters bzw. Sparkassenangestellten unter Entbindung von der Schweigepflicht in der Klageschrift bei Geltendmachung von Zinsen über den gesetzlichen Verzugszinssatz des § 288 Abs. 1 BGB ist deshalb ratsam, weil häufig vom Klagegegner die Richtigkeit der Zinsbestätigung in der Zinsbescheinigung mit Nichtwissen bestritten wird und spätere Ergänzungen des Beweisangebotes oft vergessen werden.

Kosten:
Gerichtskosten: Pauschgebühr nach § 12 ArbGG, Nr. 9111 GebVerz ArbGG. Die Gebühr entfällt, wenn die Voraussetzungen nach Nr. 9112 GebVerz ArbGG vorliegen, oder ermäßigt sich auf 1/2 wenn die Voraussetzungen der Nr. 9113 GebVerz ArbGG vorliegen; die Gebühren richten sich nach der Tabelle der Anlage 2 zum ArbGG.

Rechtsanwaltsgebühren:
Normale Gebühren des Erkenntnisverfahrens nach §§ 31 ff. BRAGO, die auch die Streitverkündung abdecken.

#01 Pfändung des Herausgabeanspruches § 846 ZPO

[*HIER Ort, Datum*]

An das
Amtsgericht
- Vollstreckungsgericht
[*HIER Anschrift*]

In der Zwangsvollstreckungssache

des/der ...... [*HIER Vorname, Name, Anschrift*]

- Gläubigers/-in, -

Verfahrensbevollmächtigte(r): Rechtsanwalt/-wältin ...... [*HIER Vorname, Name, Anschrift*]

gegen

den/die ...... [*HIER Vorname, Name, Anschrift*]

- Schuldner/-in, -

[Verfahrensbevollmächtigte(r): Rechtsanwalt/-wältin ...... [*HIER Vorname, Name, Anschrift*]]

Namens und in Vollmacht des/der Gläubigers/-in beantrage ich,

den nachstehenden Beschluss zu erlassen. Die Zustellung bitte ich durch Vermittlung der Geschäftsstelle zu veranlassen, und zwar an den Drittschuldner mit der Aufforderung zur Erklärung gemäß § 840 ZPO [- besorge ich selbst].

[oder]

den nachstehend entworfenen Beschluss zu erlassen und seine Zustellung an Schuldner und Drittschuldner durch Vermittlung der Geschäftsstelle zu veranlassen, und zwar an den Drittschuldner mit der Aufforderung gemäß § 840 ZPO durch den Gerichtsvollzieher persönlich.

Drei Durchschläge sind beigefügt.

Schuldtitel und ...... Unterlagen über bisherige Vollstreckungskosten sind beigefügt.

Der/Die Gläubiger/-in hat keine Prozesskostenhilfe. [- Der/Die Gläubiger/-in hat Prozesskostenhilfe.]

....
Rechtsanwalt/-anwältin

Pfändungs- und Uberweisungsbeschluss

des/der ...... [*HIER Vorname, Name, Anschrift*]

- Gläubigers/-in, -

Verfahrensbevollmächtigte(r): Rechtsanwalt/-wältin ...... [*HIER Vorname, Name, Anschrift*]

gegen

den/die ...... [*HIER Vorname, Name, Anschrift*]

– Schuldner/-in, –

[Verfahrensbevollmächtigte(r): Rechtsanwalt/-wältin ...... [*HIER Vorname, Name, Anschrift*]]

Nach dem vollstreckbaren ...... [*HIER Angabe des vollstreckbaren Schuldtitels: z. B. Urteil, Vollstreckungsbescheid*] des ......gerichts in ...... vom ...... 20.. Az.: ...... – und dem Kostenfestsetzungsbeschluss vom ...... 20.. Az.: ...... – stehen dem/der Gläubiger/-in [– den Gläubigern] gegen den/die Schuldner/-in nachfolgende Ansprüche zu:

a) ...... EUR Hauptforderung
b) ...... EUR ...... % Zinsen seit dem ...... 20.. für die Hauptforderung
c) ...... EUR vorgerichtliche Kosten
d) ...... EUR festgesetzte Kosten
e) ...... EUR ...... % Zinsen seit dem ...... 20..
f) ...... EUR bisherige Vollstreckungskosten (s. anliegende Aufstellung)

...... EUR Gesamtsumme. Hinzu kommen die weiteren Zinsen.

Wegen und bis zur Höhe dieser Ansprüche und wegen der Kosten für diesen Beschluss (siehe unten unter I.– III.) werden die angeblichen Ansprüche des/der Schuldners/-in gegen

– Drittschuldner –

[*HIER genaue Drittschuldnerbezeichnung, Firmenbezeichnung bzw. Vor- und Zuname, Vertretungsberechtigte, genaue Anschrift des Arbeitgebers*]

auf Herausgabe nachfolgender Gegenstände ...... aus ...... [*HIER Angabe des Rechtsgrundes*] gepfändet.

Dem Drittschuldner wird verboten, an den Schuldner zu leisten.

Dem Schuldner wird geboten, sich jeder Verfügung über den gepfändeten Anspruch, insbesondere seiner Einziehung zu enthalten.

Gleichzeitig wird angeordnet, dass der Schuldner die vorbezeichneten Sachen an einen vom Gläubiger zu beauftragenden Gerichtsvollzieher zur Verwertung herauszugeben hat.

Zugleich wird der gepfändete Anspruch dem Gläubiger zur Einziehung überwiesen.

Kosten:

I. Gerichtskosten Gebühr (KV-Nr. 1640 GKG)	10,00 EUR
Summe I.:	10,00 EUR
II. Anwaltskosten	
Gegenstandswert	...... EUR
1. Gebühr (§§ 11, 31, 57 BRAGO)	...... EUR
2. Auslagen (Richtigkeit versichert)	...... EUR

3. Umsatzsteuer	...... EUR
Summe II.:	...... EUR
III. Zustellungskosten (Gerichtsvollzieherkostengesetz)	
a) Gebühr für die Zustellung an Drittschuldner	...... EUR
b) Gebühr für die Zustellung an Schuldner	...... EUR
c) Gebühr für die Beglaubigung von ...... Seiten	...... EUR
d) Pauschsatz Vordruckkosten	...... EUR
e) Wegegelder	...... EUR
f) Postgebühren für Zustellung an Schuldner/Drittschuldner	...... EUR
g)	...... EUR
Nachnahmekosten	...... EUR
Summe III.:	...... EUR
Gesamtsumme I.–III.	...... EUR

......, den ...... 20..

Amtsgericht

....

Rechtspfleger(in)

Ausgefertigt:

....

als Urkundsbeamter der Geschäftsstelle des Amtsgerichts

Anmerkung

Zuständig ist das Amtsgericht, bei dem der Schuldner seinen Wohnsitz hat, § 828 Abs. 2 ZPO, ansonsten gilt § 23 ZPO entsprechend. Bei mehreren Schuldnern mit verschiedenen Wohnsitzen ist bei jedem zuständigen Gericht ein Antrag einzureichen.

Ansprüche auf Gegenstände, die nach § 811 ZPO unpfändbar sind, können auch im Wege der Herausgabepfändung nicht gepfändet werden. Dies gilt ebenso für Sachen, die keinen eignen Vermögenswert besitzen (Kfz-Brief, Ausweispapiere usw.).

Kosten:
Gerichtskosten:
Unabhängig von der Höhe der Forderung, in die vollstreckt werden soll, ist für die Beantragung eines Pfändungs- und Überweisungsbeschlusses eine Gerichtsgebühr in Höhe einer Festgebühr von 10,– EUR nach Kostenverzeichnis (KV) Nr. 1640 der Anlage 1 zu § 11 Abs. 1 Gerichtskostengesetz (GKG) für jeden Schuldner zu zahlen.

Für die Pfändung und Überweisung wird die Gebühr nach KV Nr. 1640 auch dann nur einmal fällig, wenn Pfändungs- und Überweisungsbeschluss nicht in einem, sondern in zwei Beschlüssen infolge getrennter Antragstellung zu verschiedenen Zeiten und auch von verschiedenen Gerichten erlassen werden. Mehrere Verfahren innerhalb eines Rechtszuges gelten als ein Verfahren, sofern sie denselben Anspruch und denselben Gegenstand betreffen (Zöller § 835 ZPO Rn 14).

Die Gebühr fällt auch dann nur einmal an, wenn in einem Antrag wegen des gleichen titulierten Anspruchs die Pfändung mehrerer Gegenstände des (selben) Schuldners begehrt wird.

Für die Zurückweisung des Antrags auf Erlass eines Pfändungs- und Überweisungsbeschlusses wird nach KV Nr. 1640 die gleiche Gebühr wie für den Erlass des Beschlusses erhoben.

Keine weitere Gebühr entsteht, wenn auf die Erinnerung der Zurückweisungsbeschluss aufgehoben und der Pfändungs- und Überweisungsbeschluss erlassen wird.

Die Gebühr wird fällig mit Antragstellung. Nach § 65 Abs. 5 GKG besteht eine Vorschusspflicht. Der Pfändungs- und Überweisungsbeschluss soll erst nach Zahlung der Gebühr für das Verfahren und für die Zustellung – falls sie von Amts wegen erfolgen soll oder zu erfolgen hat – ergehen.

Die Vorschusspflicht entfällt bei der Zwangsvollstreckung aus Titeln der Arbeitsgerichte, § 12 Abs. 4 Satz 2 und 3 ArbGG.

Gerichtsvollzieherkosten:
Für die Zustellungstätigkeit des Gerichtsvollziehers entstehen Zustellungsgebühren zuzüglich Nebenkosten nach dem Gesetz über Kosten der Gerichtsvollzieher (Gerichtsvollzieherkostengesetz – GvKostG). Der Gerichtsvollzieher erhält eine Gebühr von 12,50 EUR gemäß KV zum GVKostG Nr. 206 Zustellungsgebühr von 7,50 EUR bei persönlicher Zustellung gemäß KV zum GVKostG Nr. 100.

Rechtsanwaltsgebühren:
3/10 Vollstreckungsgebühr nach § 57 BRAGO für jeden Schuldner, bei mehreren Gläubigern gilt § 6 BRAGO.

Auch bei Pfändung mehrerer Forderungen in einem Antrag fällt die Gebühr nur einmal an (LG Lübeck JurBüro 1953, 494), ebenso die Festgebühr für das Gericht.

Gegenstandswert: Gesamtforderung incl. Zinsen und Kosten, § 57 Abs. 2 BRAGO. Bei Pfändung von künftigem Arbeitseinkommen ist dieses nach § 17 Abs. 1 und 2 GKG zu bewerten, § 57 Abs. 2 S. 3 BRAGO.

Hat der Rechtsanwalt des Gläubigers die allgemeine 3/10 Vollstreckungsgebühr nach § 57 BRAGO bereits verdient, fallen durch den Antrag keine weiteren Anwaltsgebühren an, § 58 BRAGO.

Rechtsmittel:
Gläubiger: Bei Ablehnung der Pfändung befristete Erinnerung nach § 11 Abs. 2 RPflG binnen 2 Wochen.

Schuldner: Bei Pfändung nach § 766 ZPO gilt § 834 ZPO, ebenso für sonstige Beteiligte. Siehe hierzu im genaueren auch Anmerkung zu Formular 1.B.03.b.#01 a. E.

#02 Pfändung des Eigentumsverschaffungsanspruches

[*HIER Ort, Datum*]

An das
Amtsgericht
- Vollstreckungsgericht
[*HIER Anschrift*]

In der Zwangsvollstreckungssache

des/der ...... [*HIER Vorname, Name, Anschrift*]

- Gläubigers/-in, -

Verfahrensbevollmächtigte(r): Rechtsanwalt/-wältin ...... [*HIER Vorname, Name, Anschrift*]

gegen

den/die ...... [*HIER Vorname, Name, Anschrift*]

- Schuldner/-in, -

[Verfahrensbevollmächtigte(r): Rechtsanwalt/-wältin ...... [*HIER Vorname, Name, Anschrift*]]

Namens und in Vollmacht des/der Gläubigers/-in beantrage ich,
den nachstehenden Beschluss zu erlassen. Die Zustellung bitte ich durch Vermittlung der Geschäftsstelle zu veranlassen, und zwar an den Drittschuldner mit der Aufforderung zur Erklärung gemäß § 840 ZPO [- besorge ich selbst].

Schuldtitel und ...... Unterlagen über bisherige Vollstreckungskosten sind beigefügt.

Der/Die Gläubiger/-in hat keine Prozesskostenhilfe. [- Der/Die Gläubiger/-in hat Prozesskostenhilfe.]

....
Rechtsanwalt/-anwältin

Pfändungs- und Überweisungsbeschluss

des/der ...... [*HIER Vorname, Name, Anschrift*]

- Gläubigers/-in, -

Verfahrensbevollmächtigte(r): Rechtsanwalt/-wältin ...... [*HIER Vorname, Name, Anschrift*]

gegen

den/die ...... [*HIER Vorname, Name, Anschrift*]

- Schuldner/-in, -

[Verfahrensbevollmächtigte(r): Rechtsanwalt/-wältin ...... [*HIER Vorname, Name, Anschrift*]]

Nach dem vollstreckbaren ...... [*HIER Angabe des vollstreckbaren Schuldtitels: z. B. Urteil, Vollstreckungsbescheid*] des ......gerichts in ...... vom ...... 20.. Az.: ...... - und dem

Kostenfestsetzungsbeschluss vom ...... 20.. Az.: ...... – stehen dem/der Gläubiger/-in [-den Gläubigern] gegen den/die Schuldner/-in nachfolgende Ansprüche zu:

a) ...... EUR Hauptforderung
b) ...... EUR ...... % Zinsen seit dem ...... 20.. für die Hauptforderung
c) ...... EUR vorgerichtliche Kosten
d) ...... EUR festgesetzte Kosten
e) ...... EUR ...... % Zinsen seit dem ...... 20..
f) ...... EUR bisherige Vollstreckungskosten (s. anliegende Aufstellung)

...... EUR Gesamtsumme. Hinzu kommen die weiteren Zinsen.

Wegen und bis zur Höhe dieser Ansprüche und wegen der Kosten für diesen Beschluss (siehe unten unter I.- III.) werden die angeblichen Ansprüche des/der Schuldners/-in gegen

– Drittschuldner –

[*HIER genaue Drittschuldnerbezeichnung, Firmenbezeichnung bzw. Vor- und Zuname, Vertretungsberechtigte, genaue Anschrift des Arbeitgebers*]

aus dem Kaufvertrag ...... geschlossen vor Notar ...... auf Auflassung und Eintragung des Eigentums an dem Grundstück ...... eingetragen im Grundbuch vom ...... Blatt .... gepfändet.

Der Drittschuldner darf, soweit die Forderung gepfändet ist, nicht mehr an den Schuldner zahlen.

Der Schuldner hat sich insoweit jeder Verfügung über die Forderung, insbesondere ihrer Einziehung, zu enthalten (§ 829 ZPO).

Zugleich wird die gepfändete Forderung dem Gläubiger zur Einziehung überwiesen (§ 835 ZPO).

Gleichzeitig wird angeordnet, dass das Grundstück an den Sequester ...... aufzulassen ist.

Kosten:

I. Gerichtskosten Gebühr (KV-Nr. 1640 GKG)	10,00 EUR
Summe I.:	10,00 EUR
II. Anwaltskosten	
Gegenstandswert	...... EUR
1. Gebühr (§§ 11, 31, 57 BRAGO)	...... EUR
2. Auslagen (Richtigkeit versichert)	...... EUR
3. Umsatzsteuer	...... EUR
Summe II.:	...... EUR
III. Zustellungskosten (Gerichtsvollzieherkostengesetz)	
a) Gebühr für die Zustellung an Drittschuldner	...... EUR
b) Gebühr für die Zustellung an Schuldner	...... EUR
c) Gebühr für die Beglaubigung von ...... Seiten	...... EUR

d) Pauschsatz Vordruckkosten	...... EUR
e) Wegegelder	...... EUR
f) Postgebühren für Zustellung an Schuldner/Drittschuldner	...... EUR
g)	...... EUR
Nachnahmekosten	...... EUR
Summe III.:	...... EUR
Gesamtsumme I.–III.	...... EUR

......, den ...... 20..

Amtsgericht

....

Rechtspfleger(in)

Ausgefertigt:

....

als Urkundsbeamter der Geschäftsstelle des Amtsgerichts

Anmerkung

Zuständig ist das Amtsgericht, bei dem der Schuldner seinen Wohnsitz hat, § 828 Abs. 2 ZPO, ansonsten gilt § 23 ZPO entsprechend. Bei mehreren Schuldnern mit verschiedenen Wohnsitzen ist bei jedem zuständigen Gericht ein Antrag einzureichen.

Die Sequesterbestellung erfolgt entweder direkt im Beschluss oder später, § 848 Abs. 1 ZPO.

Kosten:
siehe Anmerkung zu Formular 1.B.03.c.#01.

Wert für Rechtsanwaltsgebühren:
Vollstreckungsforderung nebst Nebenforderungen, § 57 Abs. 2 ZPO.

#03 Antrag auf Bestellung eines Sequesters § 848 Abs. 1 ZPO

[*HIER Ort, Datum*]

An das
Amtsgericht
- Vollstreckungsgericht
[*HIER Anschrift*]

In der Zwangsvollstreckungssache
des/der ...... [*HIER Vorname, Name, Anschrift*]

- Gläubigers/-in, -

Verfahrensbevollmächtigte(r): Rechtsanwalt/-wältin ...... [*HIER Vorname, Name, Anschrift*]

gegen

den/die ...... [*HIER Vorname, Name, Anschrift*]

- Schuldner/-in, -

[Verfahrensbevollmächtigte(r): Rechtsanwalt/-wältin ...... [*HIER Vorname, Name, Anschrift*]]

Az.: ......

wird anliegend eine Ausfertigung des Pfändungs- und Überweisungsbeschlusses vom Amtsgericht ...... Az.: ...... vom ...... überreicht.

Namens und in Vollmacht des/der Gläubigers/-in beantrage ich,

Herrn/Frau ......

zum Sequester zu bestellen.

....
Rechtsanwalt/-wältin

Anmerkung

Die Sequesterbestellung nach Pfändung des Eigentumsverschaffungsanspruches erfolgt durch das Gericht der belegenen Sache (wo das Grundstück liegt). Der Sequester ist für die Entgegennahme der Auflassung zu bestellen; er bewilligt weiterhin die für die Forderung des Gläubigers entstehende Sicherungshypothek im Grundbuch, § 848 Abs. 2 ZPO.

Kosten:
Für den Rechtsanwalt entsteht keine Gebühr, § 58 Abs. 2 Nr. 4 BRAGO, diese wird mit der vorher entstandenen Vollstreckungsgebühr abgegolten. Die Kosten des Sequesters trägt der Gläubiger. Diese Kosten können als Zwangsvollstreckungskosten nach § 788 ZPO beigetrieben werden.

#04 Antrag auf Eintragung der Pfändung des Eigentumsverschaffungsanspruches im Grundbuch

[*HIER Ort, Datum*]

An das
Amtsgericht
- Grundbuchamt -
[*HIER Anschrift*]

In der Zwangsvollstreckungssache
des/der ...... [*HIER Vorname, Name, Anschrift*]

- Gläubigers/-in, -

Verfahrensbevollmächtigte(r): Rechtsanwalt/-wältin ...... [*HIER Vorname, Name, Anschrift*]

gegen

den/die ...... [*HIER Vorname, Name, Anschrift*]

- Schuldner/-in, -

[Verfahrensbevollmächtigte(r): Rechtsanwalt/-wältin ...... [*HIER Vorname, Name, Anschrift*]]

Az.: ......

wird anliegend eine Ausfertigung des Pfändungs- und Überweisungsbeschlusses vom Amtsgericht ...... Az.: ...... vom ...... nebst Zustellungsurkunde des Gerichtsvollziehers vom ...... überreicht.

Namens und in Vollmacht des/der Gläubigers/-in beantrage ich,

die Pfändung des Eigentumsverschaffungsanspruches bei der für den/die Schuldner/-in im Grundbuch eingetragenen Auflassungsvormerkung (eingetragen in Abteilung II ......) zu vermerken.

....
Rechtsanwalt/-wältin

Anmerkung

Der Antrag auf Eintragung der Pfändung wird formlos durch den Gläubiger beim Grundbuchamt gestellt. Der Pfändungsvermerk bietet Schutz vor gutgläubigen vormerkungswidrigen Verfügungen des Schuldners.

Rechtsmittel:
Beschwerde nach § 71 GBO.

Kosten:
Gerichtskosten:
1/2 Gebühr nach § 65 ZPO.

Rechtsanwaltsgebühren:
Für den Rechtsanwalt entsteht eine Gebühr nach § 118 BRAGO.

04. Zwangsvollstreckung in besondere Vermögenswerte

#01 Pfändung eines Erbanteils

[*HIER Ort, Datum*]

An das
Amtsgericht
- Vollstreckungsgericht
[*HIER Anschrift*]

In der Zwangsvollstreckungssache
des/der ...... [*HIER Vorname, Name, Anschrift*]

- Gläubigers/-in, -

Verfahrensbevollmächtigte(r): Rechtsanwalt/-wältin ...... [*HIER Vorname, Name, Anschrift*]

gegen

den/die ...... [*HIER Vorname, Name, Anschrift*]

- Schuldner/-in, -

[Verfahrensbevollmächtigte(r): Rechtsanwalt/-wältin ...... [*HIER Vorname, Name, Anschrift*]]

Namens und in Vollmacht des/der Gläubigers/-in beantrage ich,
den nachstehenden Beschluss zu erlassen. Die Zustellung bitte ich durch Vermittlung der Geschäftsstelle zu veranlassen, und zwar an den Drittschuldner mit der Aufforderung zur Erklärung gemäß § 840 ZPO [- besorge ich selbst].

Schuldtitel und ...... Unterlagen über bisherige Vollstreckungskosten sind beigefügt.

Der/Die Gläubiger/-in hat keine Prozesskostenhilfe. [- Der/Die Gläubiger/-in hat Prozesskostenhilfe.]

....
Rechtsanwalt/-anwältin

Pfändungs- und Überweisungsbeschluss

des/der ...... [*HIER Vorname, Name, Anschrift*]

- Gläubigers/-in, -

Verfahrensbevollmächtigte(r): Rechtsanwalt/-wältin ...... [*HIER Vorname, Name, Anschrift*]

gegen

den/die ...... [*HIER Vorname, Name, Anschrift*]

- Schuldner/-in, -

[Verfahrensbevollmächtigte(r): Rechtsanwalt/-wältin ...... [*HIER Vorname, Name, Anschrift*]]

Nach dem vollstreckbaren ...... [*HIER Angabe des vollstreckbaren Schuldtitels: z. B. Urteil, Vollstreckungsbescheid*] des ......gerichts in ...... vom ...... 20.. Az.: ...... - und dem Kostenfestsetzungsbeschluss vom ...... 20.. Az.: ...... - stehen dem/der Gläubiger/-in [- den Gläubigern] gegen den/die Schuldner/-in nachfolgende Ansprüche zu:

a) ...... EUR Hauptforderung
b) ...... EUR ...... % Zinsen seit dem ...... 20.. für die Hauptforderung
c) ...... EUR vorgerichtliche Kosten
d) ...... EUR festgesetzte Kosten
e) ...... EUR ...... % Zinsen seit dem ...... 20..
f) ...... EUR bisherige Vollstreckungskosten (s. anliegende Aufstellung)
...... EUR Gesamtsumme. Hinzu kommen die weiteren Zinsen.

Wegen und bis zur Höhe dieser Ansprüche und wegen der Kosten für diesen Beschluss (siehe unten unter I.-III.) wird der angebliche Anspruch des/der Schuldners/-in an dem Nachlass des/der am ...... verstorbenen ...... gepfändet.

Drittschuldner ist [- sind]

...... [Miterben]

- Drittschuldner -

[*HIER genaue Drittschuldnerbezeichnung, Firmenbezeichnung bzw. Vor- und Zuname, Vertretungsberechtigte, genaue Anschrift des Arbeitgebers*]

Der Drittschuldner darf, soweit die Forderung gepfändet ist, nicht mehr an den Schuldner zahlen.

Der Schuldner hat sich insoweit jeder Verfügung über den Anspruch, insbesondere seiner Einziehung, zu enthalten (§ 829 ZPO).

Zugleich wird der gepfändete Anspruch dem Gläubiger zur Einziehung überwiesen (§ 835 ZPO).

Kosten:

I. Gerichtskosten Gebühr (KV-Nr. 1640 GKG)	10,00 EUR
Summe I.:	10,00 EUR
II. Anwaltskosten	
Gegenstandswert	...... EUR
1. Gebühr (§§ 11, 31, 57 BRAGO)	...... EUR
2. Auslagen (Richtigkeit versichert)	...... EUR

3. Umsatzsteuer	...... EUR
Summe II.:	...... EUR
III. Zustellungskosten (Gerichtsvollzieherkostengesetz)	
a) Gebühr für die Zustellung an Drittschuldner	...... EUR
b) Gebühr für die Zustellung an Schuldner	...... EUR
c) Gebühr für die Beglaubigung von ...... Seiten	...... EUR
d) Pauschsatz Vordruckkosten	...... EUR
e) Wegegelder	...... EUR
f) Postgebühren für Zustellung an Schuldner/Drittschuldner	...... EUR
g)	...... EUR
Nachnahmekosten	...... EUR
Summe III.:	...... EUR
Gesamtsumme I.–III.	...... EUR

......, den ...... 20..

Amtsgericht

....

Rechtspfleger(in)

Ausgefertigt:

....

als Urkundsbeamter der Geschäftsstelle des Amtsgerichts

Anmerkung

Verfahren nach §§ 857, 859 ZPO. Zuständig ist das Amtsgericht, bei dem der Schuldner seinen Wohnsitz hat, § 828 Abs. 2 ZPO, ansonsten gilt § 23 ZPO entsprechend. Bei mehreren Schuldnern mit verschiedenen Wohnsitzen ist bei jedem zuständigen Gericht ein Antrag einzureichen.

Die Zustellung erfolgt an alle Miterben, bei Testamentvollstrecker an diesen.

Gehört zum Nachlass ein Grundstück, kann die Pfändung dort eingetragen werden.

Rechtsmittel:
Gläubiger: Bei Ablehnung der Pfändung befristete Erinnerung nach § 11 Abs. 2 RPflG binnen 2 Wochen.

Schuldner: Bei Pfändung nach § 766 ZPO gilt § 834 ZPO, ebenso für sonstige Beteiligte.

Siehe hierzu im genaueren auch Anmerkung zu Formular 1.B.03.b.#01 a. E.

Kosten:
Gerichtskosten:
Festgebühr von 10,– EUR nach GKG KV Nr. 1640 für jeden Schuldner.

Rechtsanwaltsgebühren:
Für den Rechtsanwalt entsteht die 3/10 Vollstreckungsgebühr nach § 57 BRAGO für jeden Schuldner, bei mehreren Gläubigern gilt § 6 BRAGO.

Streitwert:
Vollstreckungsforderung nebst Nebenforderungen, § 57 Abs. 2 BRAGO.

#02 Pfändung der Nacherbschaft

[*HIER Ort, Datum*]

An das
Amtsgericht
- Vollstreckungsgericht
[*HIER Anschrift*]

In der Zwangsvollstreckungssache
des/der ...... [*HIER Vorname, Name, Anschrift*]

- Gläubigers/-in, -

Verfahrensbevollmächtigte(r): Rechtsanwalt/-wältin ...... [*HIER Vorname, Name, Anschrift*]

gegen

den/die ...... [*HIER Vorname, Name, Anschrift*]

- Schuldner/-in, -

[Verfahrensbevollmächtigte(r): Rechtsanwalt/-wältin ...... [*HIER Vorname, Name, Anschrift*]]

Namens und in Vollmacht des/der Gläubigers/-in beantrage ich,
den nachstehenden Beschluss zu erlassen. Die Zustellung bitte ich durch Vermittlung der Geschäftsstelle zu veranlassen, und zwar an den Drittschuldner mit der Aufforderung zur Erklärung gemäß § 840 ZPO [- besorge ich selbst].

Schuldtitel und ...... Unterlagen über bisherige Vollstreckungskosten sind beigefügt.

Der/Die Gläubiger/-in hat keine Prozesskostenhilfe. [- Der/Die Gläubiger/-in hat Prozesskostenhilfe.]

....
Rechtsanwalt/-anwältin

Pfändungs- und Überweisungsbeschluss

des/der ...... [*HIER Vorname, Name, Anschrift*]

- Gläubigers/-in, -

Verfahrensbevollmächtigte(r): Rechtsanwalt/-wältin ...... [*HIER Vorname, Name, Anschrift*]

gegen

den/die ...... [*HIER Vorname, Name, Anschrift*]

- Schuldner/-in, -

[Verfahrensbevollmächtigte(r): Rechtsanwalt/-wältin ...... [*HIER Vorname, Name, Anschrift*]]

Nach dem vollstreckbaren ...... [*HIER Angabe des vollstreckbaren Schuldtitels: z. B. Urteil, Vollstreckungsbescheid*] des ......gerichts in ...... vom ...... 20.. Az.: ...... - und dem Kostenfestsetzungsbeschluss vom ...... 20.. Az.: ...... - stehen dem/der Gläubiger/-in [- den Gläubigern] gegen den/die Schuldner/-in nachfolgende Ansprüche zu:

a) ...... EUR Hauptforderung
b) ...... EUR ...... % Zinsen seit dem ...... 20.. für die Hauptforderung
c) ...... EUR vorgerichtliche Kosten
d) ...... EUR festgesetzte Kosten
e) ...... EUR ...... % Zinsen seit dem ...... 20..
f) ...... EUR bisherige Vollstreckungskosten (s. anliegende Aufstellung)
...... EUR Gesamtsumme. Hinzu kommen die weiteren Zinsen.

Wegen und bis zur Höhe dieser Ansprüche und wegen der Kosten für diesen Beschluss (siehe unten unter I.-III.) wird der angebliche Anspruch des/der Schuldners/-in auf die Nacherbschaft nach dem - der ...... verstorben am ...... einschließlich des Herausgabeanspruches auf die Erbschaft gegen den Vorerben gepfändet.

Drittschuldner ist [- sind]
...... [Vorerben]

- Drittschuldner -

[*HIER genaue Drittschuldnerbezeichnung, Firmenbezeichnung bzw. Vor- und Zuname, Vertretungsberechtigte, genaue Anschrift des Arbeitgebers*]

Es wird angeordnet, dass die Erbschaft an einen vom Gläubiger zu beauftragenden Gerichtsvollzieher herauszugeben ist.

Der Drittschuldner darf, soweit die Forderung gepfändet ist, nicht mehr an den Schuldner zahlen.

Der Schuldner hat sich insoweit jeder Verfügung über den Anspruch, insbesondere seiner Einziehung, zu enthalten (§ 829 ZPO).

Zugleich wird der gepfändete Anspruch dem Gläubiger zur Einziehung überwiesen (§ 835 ZPO).

Kosten:

I. Gerichtskosten Gebühr (KV-Nr. 1640 GKG)	10,00 EUR
Summe I.:	10,00 EUR

II. Anwaltskosten

Gegenstandswert	...... EUR
1. Gebühr (§§ 11, 31, 57 BRAGO)	...... EUR
2. Auslagen (Richtigkeit versichert)	...... EUR
3. Umsatzsteuer	...... EUR
Summe II.:	...... EUR

III. Zustellungskosten (Gerichtsvollzieherkostengesetz)

a) Gebühr für die Zustellung an Drittschuldner	...... EUR
b) Gebühr für die Zustellung an Schuldner	...... EUR
c) Gebühr für die Beglaubigung von ...... Seiten	...... EUR
d) Pauschsatz Vordruckkosten	...... EUR
e) Wegegelder	...... EUR
f) Postgebühren für Zustellung an Schuldner/Drittschuldner	...... EUR
g)	...... EUR
Nachnahmekosten	...... EUR
Summe III.:	...... EUR
Gesamtsumme I.–III.	...... EUR

......, den ...... 20..

Amtsgericht

....

Rechtspfleger(in)

Ausgefertigt:

....

als Urkundsbeamter der Geschäftsstelle des Amtsgerichts

Anmerkung

Verfahren nach § 857 ZPO. Gepfändet wird das Anwartschaftsrecht des Schuldners auf die Nacherbschaft, § 2100 BGB. Zuständig ist das Amtsgericht, bei dem der Schuldner seinen Wohnsitz hat, § 828 Abs. 2 ZPO, ansonsten gilt § 23 ZPO entsprechend. Die Zustellung erfolgt an den Vorerben als Drittschuldner.

Rechtsmittel:
Gläubiger: Bei Ablehnung der Pfändung befristete Erinnerung nach § 11 Abs. 2 RPflG binnen 2 Wochen.

Schuldner: Bei Pfändung nach § 766 ZPO gilt § 834 ZPO, ebenso für sonstige Beteiligte.

Siehe hierzu im genaueren auch Anmerkung zu Formular 1.B.03.b.#01 a. E.

Kosten:
Gerichtskosten:
Festgebühr von 10,– EUR nach GKG KV Nr. 1640 für jeden Schuldner.

Rechtsanwaltsgebühren:
Für den Rechtsanwalt entsteht die 3/10 Vollstreckungsgebühr nach § 57 BRAGO.

Streitwert:
Vollstreckungsforderung nebst Nebenforderungen, § 57 Abs. 2 BRAGO.

#03 Antrag auf Eintragung der Pfändung des Erbanteils im Grundbuch

[*HIER Ort, Datum*]

An das
Amtsgericht
- Grundbuchamt -
[*HIER Anschrift*]

Betreff: Grundbuch von ...., Blatt ......

In der Zwangsvollstreckungssache

des/der ...... [*HIER Vorname, Name, Anschrift*]

- Gläubigers/-in, -

Verfahrensbevollmächtigte(r): Rechtsanwalt/-wältin ...... [*HIER Vorname, Name, Anschrift*]

gegen

den/die ...... [*HIER Vorname, Name, Anschrift*]

- Schuldner/-in, -

[Verfahrensbevollmächtigte(r): Rechtsanwalt/-wältin ...... [*HIER Vorname, Name, Anschrift*]]

Az.: ......

überreiche ich anliegend eine Ausfertigung des Pfändungs- und Überweisungsbeschlusses des Amtsgerichts ...... Az.: ...... vom ...... nebst Zustellungsnachweis des Gerichtsvollziehers ...... vom ......

Namens und in Vollmacht des/der Gläubigers/-in beantrage ich,
die Pfändung des Erbanteils im Grundbuch auf dem Grundstück ...... zu vermerken.

....
Rechtsanwalt/-anwältin

Anmerkung

Der Antrag wird formlos durch den Gläubiger beim Grundbuchamt gestellt. Der Pfändungsvermerk bietet Schutz vor gutgläubigem Erwerb, § 892 Abs. 1 S. 2 BGB.

Rechtsmittel:
Beschwerde nach § 71 GBO.

Kosten:
Gerichtskosten:
1/2 Gebühr nach § 65 KostO.

Rechtsanwaltsgebühren:
Für den Rechtanwalt entsteht eine Gebühr nach § 118 BRAGO.

#04 Pfändung des Anteils an der Gesellschaft bürgerlichen Rechts

[*HIER Ort, Datum*]

An das
Amtsgericht
- Vollstreckungsgericht
[*HIER Anschrift*]

In der Zwangsvollstreckungssache
des/der ...... [*HIER Vorname, Name, Anschrift*]

- Gläubigers/-in, -

Verfahrensbevollmächtigte(r): Rechtsanwalt/-wältin ...... [*HIER Vorname, Name, Anschrift*]

gegen

den/die ...... [*HIER Vorname, Name, Anschrift*]

- Schuldner/-in, -

[Verfahrensbevollmächtigte(r): Rechtsanwalt/-wältin ...... [*HIER Vorname, Name, Anschrift*]]

Namens und in Vollmacht des/der Gläubigers/-in beantrage ich,

den nachstehenden Beschluss zu erlassen. Die Zustellung bitte ich durch Vermittlung der Geschäftsstelle zu veranlassen, und zwar an den Drittschuldner mit der Aufforderung zur Erklärung gemäß § 840 ZPO [- besorge ich selbst].

Schuldtitel und ...... Unterlagen über bisherige Vollstreckungskosten sind beigefügt.

Der/Die Gläubiger/-in hat keine Prozesskostenhilfe. [- Der/Die Gläubiger/-in hat Prozesskostenhilfe.]

....
Rechtsanwalt/-anwältin

Pfändungs- und Überweisungsbeschluss

des/der ...... [*HIER Vorname, Name, Anschrift*]

- Gläubigers/-in, -

Verfahrensbevollmächtigte(r): Rechtsanwalt/-wältin ...... [*HIER Vorname, Name, Anschrift*]

gegen

den/die ...... [*HIER Vorname, Name, Anschrift*]

- Schuldner/-in, -

[Verfahrensbevollmächtigte(r): Rechtsanwalt/-wältin ...... [*HIER Vorname, Name, Anschrift*]]

Nach dem vollstreckbaren ...... [*HIER Angabe des vollstreckbaren Schuldtitels: z. B. Urteil, Vollstreckungsbescheid*] des ......gerichts in ...... vom ...... 20.. Az.: ...... – und dem Kostenfestsetzungsbeschluss vom ...... 20.. Az.: ...... – stehen dem/der Gläubiger/-in [– den Gläubigern] gegen den/die Schuldner/-in nachfolgende Ansprüche zu:

a) ...... EUR Hauptforderung
b) ...... EUR ...... % Zinsen seit dem ...... 20.. für die Hauptforderung
c) ...... EUR vorgerichtliche Kosten
d) ...... EUR festgesetzte Kosten
e) ...... EUR ...... % Zinsen seit dem ...... 20..
f) ...... EUR bisherige Vollstreckungskosten (s. anliegende Aufstellung)
...... EUR Gesamtsumme. Hinzu kommen die weiteren Zinsen.

Wegen und bis zur Höhe dieser Ansprüche und wegen der Kosten für diesen Beschluss (siehe unten unter I.–III.) wird der angebliche Anteil an dem Vermögen der Gesellschaft bürgerlichen Rechts mit den

...... [übrigen Gesellschaftern]

- Drittschuldner -

[*HIER genaue Drittschuldnerbezeichnung, Firmenbezeichnung bzw. Vor- und Zuname, Vertretungsberechtigte, genaue Anschrift des Arbeitgebers*]

gepfändet.

Weiterhin wird gepfändet:

a) der Gewinnanteil
b) der Auseinandersetzungsanspruch und der Anspruch auf Teilung des Erlöses
c) ein Vergütungsanspruch, Auslagenersatz oder sonstige Entschädigung für geleistete Tätigkeiten in der Gesellschaft; hierbei erfolgt die Pfändung wie Arbeitseinkommen, § 850 c ZPO

Der Drittschuldner darf, soweit die Forderung gepfändet ist, nicht mehr an den Schuldner zahlen.

Der Schuldner hat sich insoweit jeder Verfügung über den Anspruch, insbesondere seiner Einziehung, zu enthalten (§ 829 ZPO).

Zugleich wird der gepfändete Anspruch dem Gläubiger zur Einziehung überwiesen (§ 835 ZPO).

Kosten:

I. Gerichtskosten Gebühr (KV-Nr. 1640 GKG)	10,00 EUR
Summe I.:	10,00 EUR
II. Anwaltskosten	
Gegenstandswert	...... EUR
1. Gebühr (§§ 11, 31, 57 BRAGO)	...... EUR
2. Auslagen (Richtigkeit versichert)	...... EUR
3. Umsatzsteuer	...... EUR
Summe II.:	...... EUR
III. Zustellungskosten (Gerichtsvollzieherkostengesetz)	
a) Gebühr für die Zustellung an Drittschuldner	...... EUR
b) Gebühr für die Zustellung an Schuldner	...... EUR
c) Gebühr für die Beglaubigung von ...... Seiten	...... EUR
d) Pauschsatz Vordruckkosten	...... EUR
e) Wegegelder	...... EUR
f) Postgebühren für Zustellung an Schuldner/Drittschuldner	...... EUR
g)	...... EUR
Nachnahmekosten	...... EUR
Summe III.:	...... EUR
Gesamtsumme I.–III.	...... EUR

......, den ...... 20..

Amtsgericht

....

Rechtspfleger(in)

Ausgefertigt:

....

als Urkundsbeamter der Geschäftsstelle des Amtsgerichts

Anmerkung

Verfahren nach §§ 857, 859 ZPO. Zuständig ist das Amtsgericht, bei dem der Schuldner seinen Wohnsitz hat, § 828 Abs. 2 ZPO, ansonsten gilt § 23 ZPO entsprechend. Bei mehreren Schuldnern mit verschiedenen Wohnsitzen ist bei jedem zuständigen Gericht ein Antrag einzureichen.

Die Zustellung erfolgt an alle Mitgesellschafter.

Gehört zum Nachlass ein Grundstück, kann die Pfändung dennoch nicht im Grundbuch eingetragen werden.

Rechtsmittel:
Gläubiger: Bei Ablehnung der Pfändung befristete Erinnerung nach § 11 Abs. 2 RPflG binnen 2 Wochen.
Schuldner: Bei Pfändung nach § 766 ZPO gilt § 834 ZPO, ebenso für sonstige Beteiligte. Siehe hierzu im genaueren auch Anmerkung zu Formular 1.B.03.b.#01 a. E.

Kosten:
Gerichtskosten:
Festgebühr von 10,– EUR nach GKG KV Nr. 1640 für jeden Schuldner.

Rechtsanwaltsgebühren:
Für den Rechtsanwalt entsteht die 3/10 Vollstreckungsgebühr nach § 57 BRAGO für jeden Schuldner, bei mehreren Gläubigern gilt § 6 BRAGO.

Streitwert:
Vollstreckungsforderung nebst Nebenforderungen, § 57 Abs. 2 BRAGO.

#05 Pfändung des Miteigentumsanteils an einer beweglichen Sache

[*HIER Ort, Datum*]

An das
Amtsgericht
- Vollstreckungsgericht
[*HIER Anschrift*]

In der Zwangsvollstreckungssache

des/der ...... [*HIER Vorname, Name, Anschrift*]

- Gläubigers/-in, -

Verfahrensbevollmächtigte(r): Rechtsanwalt/-wältin ...... [*HIER Vorname, Name, Anschrift*]

gegen

den/die ...... [*HIER Vorname, Name, Anschrift*]

- Schuldner/-in, -

[Verfahrensbevollmächtigte(r): Rechtsanwalt/-wältin ...... [*HIER Vorname, Name, Anschrift*]]

Namens und in Vollmacht des/der Gläubigers/-in beantrage ich,

den nachstehenden Beschluss zu erlassen. Die Zustellung bitte ich durch Vermittlung der Geschäftsstelle zu veranlassen, und zwar an den Drittschuldner mit der Aufforderung zur Erklärung gemäß § 840 ZPO [- besorge ich selbst].

Schuldtitel und ...... Unterlagen über bisherige Vollstreckungskosten sind beigefügt.

Der/Die Gläubiger/-in hat keine Prozesskostenhilfe. [- Der/Die Gläubiger/-in hat Prozesskostenhilfe.]

....
Rechtsanwalt/-anwältin

Pfändungs- und Überweisungsbeschluss

des/der ...... [*HIER Vorname, Name, Anschrift*]

- Gläubigers/-in, -

Verfahrensbevollmächtigte(r): Rechtsanwalt/-wältin ...... [*HIER Vorname, Name, Anschrift*]

gegen

den/die ...... [*HIER Vorname, Name, Anschrift*]

- Schuldner/-in, -

[Verfahrensbevollmächtigte(r): Rechtsanwalt/-wältin ...... [*HIER Vorname, Name, Anschrift*]]

Nach dem vollstreckbaren ...... [*HIER Angabe des vollstreckbaren Schuldtitels: z. B. Urteil, Vollstreckungsbescheid*] des ......gerichts in ...... vom ...... 20.. Az.: ...... - und dem Kostenfestsetzungsbeschluss vom ...... 20.. Az.: ...... - stehen dem/der Gläubiger/-in [- den Gläubigern] gegen den/die Schuldner/-in nachfolgende Ansprüche zu:

a) ...... EUR Hauptforderung
b) ...... EUR ...... % Zinsen seit dem ...... 20.. für die Hauptforderung
c) ...... EUR vorgerichtliche Kosten
d) ...... EUR festgesetzte Kosten
e) ...... EUR ...... % Zinsen seit dem ...... 20..
f) ...... EUR bisherige Vollstreckungskosten (s. anliegende Aufstellung)
...... EUR Gesamtsumme. Hinzu kommen die weiteren Zinsen.

Wegen und bis zur Höhe dieser Ansprüche und wegen der Kosten für diesen Beschluss (siehe unten unter I.-III.) wird der angebliche Miteigentumsanteil des/der Schuldners/-in an

...... [*HIER genaue Bezeichnung der Sache ......*]

gepfändet, die ihm zusammen mit

......

- Drittschuldner -

[*HIER genaue Drittschuldnerbezeichnung, Firmenbezeichnung bzw. Vor- und Zuname, Vertretungsberechtigte, genaue Anschrift des Arbeitgebers*]

gehört.

Weiterhin wird gepfändet: der Auseinandersetzungsanspruch und der Anspruch auf Teilung des Erlöses.

Der Drittschuldner darf, soweit die Forderung gepfändet ist, nicht mehr an den Schuldner zahlen.

Der Schuldner hat sich insoweit jeder Verfügung über den Anspruch, insbesondere seiner Einziehung, zu enthalten (§ 829 ZPO).

Zugleich wird der gepfändete Anspruch dem Gläubiger zur Einziehung überwiesen (§ 835 ZPO).

Kosten:

I. Gerichtskosten	10,00 EUR
Gebühr (KV-Nr. 1640 GKG)	
Summe I.:	10,00 EUR
II. Anwaltskosten	
Gegenstandswert	...... EUR
1. Gebühr (§§ 11, 31, 57 BRAGO)	...... EUR
2. Auslagen (Richtigkeit versichert)	...... EUR
3. Umsatzsteuer	...... EUR
Summe II.:	...... EUR
III. Zustellungskosten (Gerichtsvollzieherkostengesetz)	
a) Gebühr für die Zustellung an Drittschuldner	...... EUR
b) Gebühr für die Zustellung an Schuldner	...... EUR
c) Gebühr für die Beglaubigung von ...... Seiten	...... EUR
d) Pauschsatz Vordruckkosten	...... EUR
e) Wegegelder	...... EUR
f) Postgebühren für Zustellung an Schuldner/Drittschuldner	...... EUR
g)	...... EUR
Nachnahmekosten	...... EUR
Summe III.:	...... EUR
Gesamtsumme I.–III.	...... EUR

......, den ...... 20..

Amtsgericht

....

Rechtspfleger(in)

Ausgefertigt:

....

als Urkundsbeamter der Geschäftsstelle des Amtsgerichts

Anmerkung

Verfahren nach §§ 857, 829 ZPO. Der Miteigentumsanteil ist übertragbar nach § 747 BGB und daher pfändbar. Zuständig ist das Amtsgericht, bei dem der Schuldner seinen Wohnsitz hat, § 828 Abs. 2 ZPO, ansonsten gilt § 23 ZPO entsprechend.

Rechtsmittel
Gläubiger: Bei Ablehnung der Pfändung befristete Erinnerung nach § 11 Abs. 2 RPflG binnen 2 Wochen.
Schuldner: Bei Pfändung nach § 766 ZPO gilt § 834 ZPO, ebenso für sonstige Beteiligte. Siehe hierzu im genaueren auch Anmerkung zu Formular 1.B.03.b.#01 a. E.

Kosten:
Gerichtskosten:
Festgebühr von 10,– EUR nach GKG KV Nr. 1640 für jeden Schuldner.

Rechtsanwaltsgebühren:
Für den Rechtsanwalt entsteht die 3/10 Vollstreckungsgebühr nach § 57 BRAGO für jeden Schuldner, bei mehreren Gläubigern gilt § 6 BRAGO.

Streitwert:
Vollstreckungsforderung nebst Nebenforderungen, § 57 Abs. 2 BRAGO.

#06 Pfändung des Anwartschaftsrechts an einer beweglichen Sache bei Eigentumsvorbehaltskauf

[*HIER Ort, Datum*]

An das
Amtsgericht
- Vollstreckungsgericht
[*HIER Anschrift*]

In der Zwangsvollstreckungssache

des/der ...... [*HIER Vorname, Name, Anschrift*]

- Gläubigers/-in, -

Verfahrensbevollmächtigte(r): Rechtsanwalt/-wältin ...... [*HIER Vorname, Name, Anschrift*]

gegen

den/die ...... [*HIER Vorname, Name, Anschrift*]

- Schuldner/-in, -

[Verfahrensbevollmächtigte(r): Rechtsanwalt/-wältin ...... [*HIER Vorname, Name, Anschrift*]]

Namens und in Vollmacht des/der Gläubigers/-in beantrage ich,
den nachstehenden Beschluss zu erlassen. Die Zustellung bitte ich durch Vermittlung der Geschäftsstelle zu veranlassen, und zwar an den Drittschuldner mit der Aufforderung zur Erklärung gemäß § 840 ZPO [- besorge ich selbst].

Schuldtitel und ...... Unterlagen über bisherige Vollstreckungskosten sind beigefügt.

Der/Die Gläubiger/-in hat keine Prozesskostenhilfe. [- Der/Die Gläubiger/-in hat Prozesskostenhilfe.]

....
Rechtsanwalt/-anwältin

Pfändungs- und Überweisungsbeschluss

des/der ...... [*HIER Vorname, Name, Anschrift*]

- Gläubigers/-in, -

Verfahrensbevollmächtigte(r): Rechtsanwalt/-wältin ...... [*HIER Vorname, Name, Anschrift*]

gegen

den/die ...... [*HIER Vorname, Name, Anschrift*]

- Schuldner/-in, -

[Verfahrensbevollmächtigte(r): Rechtsanwalt/-wältin ...... [*HIER Vorname, Name, Anschrift*]]

Nach dem vollstreckbaren ...... [*HIER Angabe des vollstreckbaren Schuldtitels: z. B. Urteil, Vollstreckungsbescheid*] des ......gerichts in ...... vom ...... 20.. Az.: ...... - und dem Kostenfestsetzungsbeschluss vom ...... 20.. Az.: ...... - stehen dem/der Gläubiger/-in [- den Gläubigern] gegen den/die Schuldner/-in nachfolgende Ansprüche zu:

a) ...... EUR Hauptforderung
b) ...... EUR ...... % Zinsen seit dem ...... 20.. für die Hauptforderung
c) ...... EUR vorgerichtliche Kosten
d) ...... EUR festgesetzte Kosten
e) ...... EUR ...... % Zinsen seit dem ...... 20..
f) ...... EUR bisherige Vollstreckungskosten (s. anliegende Aufstellung)

...... EUR Gesamtsumme. Hinzu kommen die weiteren Zinsen

Wegen und bis zur Höhe dieser Ansprüche und wegen der Kosten für diesen Beschluss (siehe unten unter I.-III.) wird das angebliche Anwartschaftsrecht des Schuldners auf Eigentumserwerb an

...... [*HIER genaue Bezeichnung der Sache ......*]

welcher der/die Schuldner/-in unter Eigentumsvorbehalt von

......

- Drittschuldner -

[*HIER genaue Drittschuldnerbezeichnung, Firmenbezeichnung bzw. Vor- und Zuname, Vertretungsberechtigte, genaue Anschrift des Arbeitgebers*]

erworben hat, gepfändet.

Der Drittschuldner darf, soweit die Forderung gepfändet ist, nicht mehr an den Schuldner zahlen.

Der Schuldner hat sich insoweit jeder Verfügung über den Anspruch, insbesondere seiner Einziehung, zu enthalten (§ 829 ZPO).

Zugleich wird der gepfändete Anspruch dem Gläubiger zur Einziehung überwiesen (§ 835 ZPO).

Kosten:

I. Gerichtskosten Gebühr (KV-Nr. 1640 GKG)	10,00 EUR
Summe I.:	10,00 EUR
II. Anwaltskosten	
Gegenstandswert	...... EUR
1. Gebühr (§§ 11, 31, 57 BRAGO)	...... EUR
2. Auslagen (Richtigkeit versichert)	...... EUR
3. Umsatzsteuer	...... EUR
Summe II.:	...... EUR
III. Zustellungskosten (Gerichtsvollzieherkostengesetz)	
a) Gebühr für die Zustellung an Drittschuldner	...... EUR
b) Gebühr für die Zustellung an Schuldner	...... EUR
c) Gebühr für die Beglaubigung von ...... Seiten	...... EUR
d) Pauschsatz Vordruckkosten	...... EUR
e) Wegegelder	...... EUR
f) Postgebühren für Zustellung an Schuldner/Drittschuldner	...... EUR
g)	...... EUR
Nachnahmekosten	...... EUR
Summe III.:	...... EUR
Gesamtsumme I.–III.	...... EUR

......, den ...... 20..

Amtsgericht

....

Rechtspfleger(in)

Ausgefertigt:

....

als Urkundsbeamter der Geschäftsstelle des Amtsgerichts

Anmerkung

Verfahren nach §§ 857, 829 ZPO. Zuständig ist das Amtsgericht, bei dem der Schuldner seinen Wohnsitz hat, § 828 Abs. 2 ZPO, ansonsten gilt § 23 ZPO entsprechend.

Der Gläubiger soll in jedem Fall auch die Sachpfändung durch den Gerichtsvollzieher durchführen lassen, da sich das Pfandrecht an dem Anwartschaftsrecht nach dem Eigentumserwerb nicht an der Sache fortsetzt.

Rechtsmittel:
Gläubiger: Bei Ablehnung der Pfändung befristete Erinnerung nach § 11 Abs. 2 RPflG binnen 2 Wochen.
Schuldner: Bei Pfändung nach § 766 ZPO gilt § 834 ZPO, ebenso für sonstige Beteiligte. Siehe hierzu im genaueren auch Anmerkung zu Formular 1.B.03.b.#01 a. E.

Kosten:
Gerichtskosten:
Festgebühr von 10,– EUR nach GKG KV Nr. 1640 für jeden Schuldner.

Rechtsanwaltsgebühren:
Für den Rechtsanwalt entsteht die 3/10 Vollstreckungsgebühr nach § 57 BRAGO für jeden Schuldner, bei mehreren Gläubigern gilt § 6 BRAGO.

Streitwert:
Vollstreckungsforderung nebst Nebenforderungen, § 57 Abs. 2 BRAGO.

#07 Pfändung des Anwartschaftsrechts an einer unbeweglichen Sache

[*HIER Ort, Datum*]

An das
Amtsgericht
- Vollstreckungsgericht
[*HIER Anschrift*]

In der Zwangsvollstreckungssache

des/der ...... [*HIER Vorname, Name, Anschrift*]

- Gläubigers/-in, -

Verfahrensbevollmächtigte(r): Rechtsanwalt/-wältin ...... [*HIER Vorname, Name, Anschrift*]

gegen

den/die ...... [*HIER Vorname, Name, Anschrift*]

- Schuldner/-in, -

[Verfahrensbevollmächtigte(r): Rechtsanwalt/-wältin ...... [*HIER Vorname, Name, Anschrift*]]

Namens und in Vollmacht des/der Gläubigers/-in beantrage ich,
den nachstehenden Beschluss zu erlassen. Die Zustellung bitte ich durch Vermittlung der Geschäftsstelle zu veranlassen, und zwar an den Drittschuldner mit der Aufforderung zur Erklärung gemäß § 840 ZPO [- besorge ich selbst].

Schuldtitel und ...... Unterlagen über bisherige Vollstreckungskosten sind beigefügt.

Der/Die Gläubiger/-in hat keine Prozesskostenhilfe. [- Der/Die Gläubiger/-in hat Prozesskostenhilfe.]

....
Rechtsanwalt/-anwältin

Pfändungs- und Überweisungsbeschluss

des/der ...... [*HIER Vorname, Name, Anschrift*]

- Gläubigers/-in, -

Verfahrensbevollmächtigte(r): Rechtsanwalt/-wältin ...... [*HIER Vorname, Name, Anschrift*]

gegen

den/die ...... [*HIER Vorname, Name, Anschrift*]

- Schuldner/-in, -

[Verfahrensbevollmächtigte(r): Rechtsanwalt/-wältin ...... [*HIER Vorname, Name, Anschrift*]]

Nach dem vollstreckbaren ...... [*HIER Angabe des vollstreckbaren Schuldtitels: z. B. Urteil, Vollstreckungsbescheid*] des ......gerichts in ...... vom ...... 20.. Az.: ...... - und dem Kostenfestsetzungsbeschluss vom ...... 20.. Az.: ...... - stehen dem/der Gläubiger/-in [- den Gläubigern] gegen den/die Schuldner/-in nachfolgende Ansprüche zu:

a) ...... EUR Hauptforderung
b) ...... EUR ...... % Zinsen seit dem ...... 20.. für die Hauptforderung
c) ...... EUR vorgerichtliche Kosten
d) ...... EUR festgesetzte Kosten
e) ...... EUR ...... % Zinsen seit dem ...... 20..
f) ...... EUR bisherige Vollstreckungskosten (s. anliegende Aufstellung)
...... EUR Gesamtsumme. Hinzu kommen die weiteren Zinsen.

Wegen und bis zur Höhe dieser Ansprüche und wegen der Kosten für diesen Beschluss (siehe unten unter I.-III.) wird das angebliche Anwartschaftsrecht des Schuldners auf Eigentumsumschreibung als Eigentümer an dem Grundstück

......
eingetragen im Grundbuch von ......

gepfändet.

Der Schuldner hat sich insoweit jeder Verfügung über den Anspruch, insbesondere seiner Einziehung, zu enthalten (§ 829 ZPO).

Zugleich wird der gepfändete Anspruch dem Gläubiger zur Einziehung überwiesen (§ 835 ZPO).

Kosten:

I. Gerichtskosten Gebühr (KV-Nr. 1640 GKG)	10,00 EUR
Summe I.:	10,00 EUR
II. Anwaltskosten	
Gegenstandswert	...... EUR
1. Gebühr (§§ 11, 31, 57 BRAGO)	...... EUR
2. Auslagen (Richtigkeit versichert)	...... EUR
3. Umsatzsteuer	...... EUR
Summe II.:	...... EUR
III. Zustellungskosten (Gerichtsvollzieherkostengesetz)	
a) Gebühr für die Zustellung an Drittschuldner	...... EUR
b) Gebühr für die Zustellung an Schuldner	...... EUR
c) Gebühr für die Beglaubigung von ...... Seiten	...... EUR
d) Pauschsatz Vordruckkosten	...... EUR
e) Wegegelder	...... EUR
f) Postgebühren für Zustellung an Schuldner/Drittschuldner	...... EUR
g)	...... EUR
Nachnahmekosten	...... EUR
Summe III.:	...... EUR
Gesamtsumme I.-III.	...... EUR

......, den ...... 20..

Amtsgericht

....

Rechtspfleger(in)

Ausgefertigt:

....

als Urkundsbeamter der Geschäftsstelle des Amtsgerichts

Anmerkung

Ein Anwartschaftsrecht entsteht nach erklärter Auflassung und Antragstellung beim Grundbuchamt oder nach Auflassung und sobald für den Schuldner im Grundbuch eine Auflassungsvormerkung eingetragen ist (BGH NJW 1989, 1093).

Verfahren nach §§ 857, 829 ZPO. Zuständig ist das Amtsgericht, bei dem der Schuldner seinen Wohnsitz hat, § 828 Abs. 2 ZPO, ansonsten gilt § 23 ZPO entsprechend. Einen Drittschuldner gibt es nicht.

Rechtsmittel:
Gläubiger: Bei Ablehnung der Pfändung befristete Erinnerung nach § 11 Abs. 2 RPflG binnen 2 Wochen.
Schuldner: Bei Pfändung nach § 766 ZPO gilt § 834 ZPO, ebenso für sonstige Beteiligte. Siehe hierzu im genaueren auch Anmerkung zu Formular 1.B.03.b.#01 a. E.

Kosten:
Gerichtskosten:
Festgebühr von 10,– EUR nach GKG KV Nr. 1640 für jeden Schuldner.

Rechtsanwaltsgebühren:
Für den Rechtsanwalt entsteht die 3/10 Vollstreckungsgebühr nach § 57 BRAGO für jeden Schuldner, bei mehreren Gläubigern gilt § 6 BRAGO.

Streitwert:
Vollstreckungsforderung nebst Nebenforderungen, § 57 Abs. 2 BRAGO.

#08 Kontenpfändung

[*HIER Ort, Datum*]

An das
Amtsgericht
- Vollstreckungsgericht
[*HIER Anschrift*]

In der Zwangsvollstreckungssache

des/der ...... [*HIER Vorname, Name, Anschrift*]

- Gläubigers/-in, -

Verfahrensbevollmächtigte(r): Rechtsanwalt/-wältin ...... [*HIER Vorname, Name, Anschrift*]

gegen

den/die ...... [*HIER Vorname, Name, Anschrift*]

- Schuldner/-in, -

[Verfahrensbevollmächtigte(r): Rechtsanwalt/-wältin ...... [*HIER Vorname, Name, Anschrift*]]

Namens und in Vollmacht des/der Gläubigers/-in beantrage ich,
den nachstehenden Beschluss zu erlassen. Die Zustellung bitte ich durch Vermittlung der Geschäftsstelle zu veranlassen, und zwar an den Drittschuldner mit der Aufforderung zur Erklärung gemäß § 840 ZPO [- besorge ich selbst].

Schuldtitel und ...... Unterlagen über bisherige Vollstreckungskosten sind beigefügt.

Der/Die Gläubiger/-in hat keine Prozesskostenhilfe. [- Der/Die Gläubiger/-in hat Prozesskostenhilfe.]

....
Rechtsanwalt/-anwältin

Pfändungs- und Überweisungsbeschluss

des/der ...... [*HIER Vorname, Name, Anschrift*]

- Gläubigers/-in, -

Verfahrensbevollmächtigte(r): Rechtsanwalt/-wältin ...... [*HIER Vorname, Name, Anschrift*]

gegen

den/die ...... [*HIER Vorname, Name, Anschrift*]

- Schuldner/-in, -

[Verfahrensbevollmächtigte(r): Rechtsanwalt/-wältin ...... [*HIER Vorname, Name, Anschrift*]]

Nach dem vollstreckbaren ...... [*HIER Angabe des vollstreckbaren Schuldtitels: z. B. Urteil, Vollstreckungsbescheid*] des ......gerichts in ...... vom ...... 20.. Az.: ...... - und dem Kostenfestsetzungsbeschluss vom ...... 20.. Az.: ...... - stehen dem/der Gläubiger/-in [- den Gläubigern] gegen den/die Schuldner/-in nachfolgende Ansprüche zu:

a) ...... EUR Hauptforderung
b) ...... EUR ...... % Zinsen seit dem ...... 20.. für die Hauptforderung
c) ...... EUR vorgerichtliche Kosten
d) ...... EUR festgesetzte Kosten
e) ...... EUR ...... % Zinsen seit dem ...... 20..
f) ...... EUR bisherige Vollstreckungskosten (s. anliegende Aufstellung)
...... EUR Gesamtsumme. Hinzu kommen die weiteren Zinsen.

Wegen und bis zur Höhe dieser Ansprüche und wegen der Kosten für diesen Beschluss (siehe unten unter I.–III.) werden nachfolgende Ansprüche gegen

......

- Drittschuldner -

[*HIER genaue Drittschuldnerbezeichnung, Firmenbezeichnung bzw. Vor- und Zuname, Vertretungsberechtigte, genaue Anschrift des Arbeitgebers*] gepfändet und zwar:

der Anspruch aus der bestehenden Geschäftsverbindung insbesondere dem Kontokorrent und Girovertrag für das Konto Nr. ......

hierbei der Anspruch auf

- Auszahlung des gegenwärtigen Guthabens im Zeitpunkt der Zustellung (Zustellungssaldo),
- Auszahlung des zukünftigen Guthabens, welches sich bei Saldoziehung des jeweiligen Rechnungsabschlusses ergibt (zukünftiges Saldo),
- fortlaufende Zahlung der sich zwischen den Rechnungsabschlüssen ergebenden Guthaben (Tagessaldo),
- das Recht über diese Guthaben durch Überweisungsaufträge zu verfügen,
- der Anspruch auf Gutschrift aller künftigen Eingänge aus dem Girovertrag.

[*HIER sind ggf. weitere Ansprüche aufzuführen:*
Herausgabe von Wertpapieren oder verwahrter bzw. hinterlegter Sachen, Zutrittsrecht zum Stahlkammerfach und dessen Öffnung, Ansprüche auf Auszahlung und Abrufung von Überziehungskrediten oder Dispositionskrediten]

Der Drittschuldner darf, soweit der Anspruch gepfändet ist, nicht mehr an den Schuldner leisten.

Der Schuldner hat sich insoweit jeder Verfügung über den Anspruch, insbesondere seiner Einziehung, zu enthalten (§ 829 ZPO).

Zugleich wird der gepfändete Anspruch dem Gläubiger zur Einziehung überwiesen (§ 835 ZPO).

Kosten:

I. Gerichtskosten Gebühr (KV-Nr. 1640 GKG)	10,00 EUR
Summe I.:	10,00 EUR
II. Anwaltskosten	
Gegenstandswert	...... EUR
1. Gebühr (§§ 11, 31, 57 BRAGO)	...... EUR
2. Auslagen (Richtigkeit versichert)	...... EUR
3. Umsatzsteuer	...... EUR
Summe II.:	...... EUR
III. Zustellungskosten (Gerichtsvollzieherkostengesetz)	
a) Gebühr für die Zustellung an Drittschuldner	...... EUR
b) Gebühr für die Zustellung an Schuldner	...... EUR
c) Gebühr für die Beglaubigung von ...... Seiten	...... EUR
d) Pauschsatz Vordruckkosten	...... EUR
e) Wegegelder	...... EUR
f) Postgebühren für Zustellung an Schuldner/Drittschuldner	...... EUR
g)	...... EUR
Nachnahmekosten	...... EUR

Summe III.: ...... EUR

Gesamtsumme I.-III. ...... EUR

......, den ...... 20..

Amtsgericht

....

Rechtspfleger(in)

Ausgefertigt:

....

als Urkundsbeamter der Geschäftsstelle des Amtsgerichts

Anmerkung

Verfahren nach § 829 ZPO. Zuständig ist das Amtsgericht, bei dem der Schuldner seinen Wohnsitz hat, § 828 Abs. 2 ZPO, ansonsten gilt § 23 ZPO entsprechend.

An zweiter Stelle der Forderungspfändungen nach der Pfändung der Lohnansprüche steht die Pfändung der Ansprüche des Schuldners gegen seine Bank aus einer Kontoverbindung, insbesondere auf Auszahlung eines Kontoguthabens, die als Kontopfändung bezeichnet wird.

Für die Pfändung eines Spar- oder Girokontos, die eine Forderungspfändung darstellt, ist die Angabe der Kontonummer nicht unbedingt erforderlich, sofern der Anspruch auch ohne sie hinreichend bezeichnet wird. Weil der Gläubiger in der Regel die Verhältnisse des Schuldners nur oberflächlich kennt, schaden Ungenauigkeiten bei der Bezeichnung der zu pfändenden Forderung nicht, sofern diese Ungenauigkeiten nicht Anlass zu Zweifeln geben, welche Forderung tatsächlich gemeint ist (BGH NJW 1980, 584). Der Pfändungsbeschluss kann sowohl der Hauptstelle wie der Filiale oder einer sonstigen Niederlassung wirksam zugestellt werden.

Zur Pfändung von Spar- oder Girokonten des Schuldners ist die Angabe der Kontonummer nicht erforderlich. Der Gläubiger kann nach erfolgter Pfändung und Überweisung des Guthabens auch ohne Angabe eines zwischen Schuldner und Bank vereinbarten Kennwortes über das Guthaben verfügen.

Zur Ermittlung, ob der Schuldner ein Girokonto bei einer Bank oder Sparkasse oder der Post hat, kann man den Mandanten (Gläubiger) bitten, kleine Überweisungen auf angebliche Konten des Schuldners bei verschiedenen Banken, Sparkassen oder der örtlich zuständigen Postbankniederlassung (früher Postgiroamt) vorzunehmen. Es genügt oft die Angabe der vermuteten Bank oder Sparkasse mit Ort und beim Postgirokonto die Angabe der Bankleitzahl der örtlich zuständigen Postbankniederlassung. Von den Postbankniederlassungen gibt es nur 14 (örtlich zuständige Postbankniederlassung mit Bankleitzahl kann man bei der Post oder einem Kreditinstitut erfahren) in der Bundesrepublik Deutschland. Wird der überwiesene Betrag nicht zurückgewiesen, ist zu vermuten, dass bei dem betreffenden Kreditinstitut ein Konto des Schuldners existiert. Da mehr als fünf Millionen Postgirokonten bestehen, ist hier die Chance am größten. Zur Pfändung von Girokonten des Schuldners ist die Angabe der Kontonummer nicht erforderlich. Es ist auch nicht ratsam, die Kontonummer anzugeben, da ggf. hierdurch nur das betreffende Konto gepfändet wird und andere Konten nicht erfasst werden.

Bei der Pfändung eines Girokontos kann es sich lohnen, sofern der Schuldner in einem kleineren Ort ansässig ist, allen ortsansässigen Banken und Sparkassen, bei denen Konten des Schuldners vermutet werden, Pfändungs- und Überweisungsbeschlüsse zustellen zu lassen, selbst wenn einige davon ins Leere gehen. Für jeden Pfändungs- und Überweisungsbeschluss entstehen dabei Kosten von 10,– EUR plus Zustellgebühren. Die Pfändung bei mehreren Banken kann in einem Beschluss zusammengefasst werden. Werden allerdings mehrere Pfändungsanträge gleichzeitig gestellt, in dem schleppnetzartig alle vermuteten Bankverbindungen des Schuldners an dessen Wohnsitzgericht aufgeführt sind, wird dies in der Regel als unzulässiger Ausforschungsantrag zurückgewiesen. Um dies zu verhindern, können aber Einzelanträge gestellt werden, sofern der Mandant zur Tragung der Kosten bereit ist. In einem Einzelantrag können bis zu drei Pfändungen gleichzeitig bei drei Banken am Wohnsitz des Schuldners zusammengefasst werden, da es durchaus möglich ist, dass der Schuldner sein Sparbuch, sein Girokonto oder ein Festgeldkonto jeweils bei einem anderen Bankinstitut führt. Mangels Rechtsschutzinteresse ist ein solcher Antrag nicht zurückzuweisen (Hintzen, InVO 1996,9).

Für den Gläubiger besteht die Möglichkeit, die Ansprüche des Schuldners aus dem mit der Bank, Postbank oder Sparkasse geschlossenen Vertrag, auf Gutschrift aller Eingänge oder fortlaufenden Auszahlung der Guthaben sowie Durchführung von Überweisungen an Dritte zusätzlich pfänden zu lassen.

Muster:

»[HIER Ort, Datum]

An das
Amtsgericht
– Vollstreckungsgericht
[HIER Anschrift]

Anliegend überreiche ich namens und im Auftrage des Gläubigers – Vollmacht liegt an – ...... [Angabe des Vollstreckungstitels: Vollstreckungsbescheid/Urteil/ Versäumnisurteil/Vergleich usw. vom ......

Az.: ......]

über folgende Beträge:
...... [es folgt Forderungsaufstellung]

Die in der Forderungsaufstellung genannten Verfahrenskosten ergeben sich aus den Vollstreckungsunterlagen, die ich ebenfalls beifüge.

Wegen der vorstehend aufgeführten Forderungen wird beantragt, die Ansprüche aus der bestehenden Geschäftsverbindung des Schuldners gegen die A-Bank – Sparkasse – in Schuldnerstadt/die Deutsche Postbank, vertreten durch die Niederlassung ...... bestehend aus dem Kontokorrent und Girovertrag unter der bestehenden Konto-Nr. ...... zu pfänden und zum Einzug zu überweisen:

1. *das gegenwärtige Guthaben im Zeitpunkt der Zustellung (Zustellungssaldo),*
2. *auf fortlaufende Auszahlung der sich zwischen den Rechnungsabschlüssen ergebenden Guthaben (Tagessaldo),*
3. *alle zukünftigen Guthaben, die sich bei Saldoziehung des jeweiligen Rechnungsabschlusses ergeben (zukünftiges Saldo),*

4. *alle Ansprüche und Forderungen aus dem Girovertrag auf Gutschrift aller künftigen Eingänge und auf fortlaufende Auszahlung der Guthaben sowie auf Durchführung der Überweisung an Dritte,*
5. *das Recht, über diese Guthaben durch Überweisungsaufträge zu verfügen,*
6. *die im Rahmen einer gegenwärtig oder künftig gewährten Kreditzusage gegenwärtig oder künftig bestehenden Ansprüche des Vollstreckungsschuldners auf Auszahlung von Kreditmitteln oder auf Überweisung an Dritte aus Kreditmitteln.*

Dem Drittschuldner wird verboten, an den Schuldner zu leisten, soweit gepfändet ist.

Dem Schuldner wird verboten, über die Forderung zu verfügen, insbesondere einzuziehen, soweit gepfändet ist.

Um Vermittlung der Zustellung an Drittschuldner und Schuldner bitte ich.

gez. Rechtsanwalt/-wältin«

Weil der Gläubiger durch die Pfändung des Anspruchs auf Gutschrift keinen unmittelbaren Anspruch auf Auszahlung erlangt, kann dieser Anspruch nur im Wege der Hilfspfändung mit der Pfändung auf Auszahlung des Tagesguthabens gepfändet werden (BGH NJW 1985, 1219). Ist der Schuldner eine natürliche Person, so darf die Bank erst 2 Wochen nach Zustellung des Überweisungsbeschlusses aus dem Guthaben an den Gläubiger überweisen, § 835 Abs. 2 S. 3 ZPO. Der Schuldner soll die Gelegenheit zur Stellung des Antrages nach § 835 k ZPO erhalten.

Weil die Anwalts- und Gerichtskosten gleich bleiben, selbst wenn der Pfändungsantrag sich auf mehrere Forderungen gegen mehrere verschiedene Drittschuldner bezieht, sollten alle bekannten Forderungen des Schuldners gegen Drittschuldner mit einem einheitlichen Antrag gepfändet werden, denn z. B. die Pfändung von Arbeitseinkommen und die eines Bankkontos usw. kann im selben Beschluss angeordnet werden. Die Gerichts- und Anwaltskosten fallen aber nur einmal an. Der durch die Zustellung an verschiedene Drittschuldner bedingte Zeitverlust kann dadurch vermieden werden, dass der Anwalt das Vollstreckungsgericht um mehrere Ausfertigungen des Beschlusses bittet und sie gleichzeitig zustellen lässt, oder indem er an alle Drittschuldner vorläufige Zahlungsverbote zustellen lässt. Damit die Pfändung wirksam wird, ist der Beschluss an den Drittschuldner – bei mehreren an jeden einzelnen – zuzustellen, wobei eine öffentliche Zustellung ausscheidet. Die Zustellung erfolgt durch den Gerichtsvollzieher im Parteibetrieb und nicht von Amts wegen. Deshalb sollte der Gläubiger, um wertvolle Zeit zu sparen, schon im Pfändungsantrag die Geschäftsstelle um Vermittlung der Zustellung ersuchen (§§ 829 Abs. 2, 192 Abs. 3 ZPO) ersuchen. Die Geschäftsstelle wird dann sofort nach Erlass des Beschlusses anstelle des Gläubigers den Gerichtsvollzieher oder die Post um Bewirkung der Zustellung ersuchen. Die gleichzeitige Pfändung von mehreren Ansprüchen spart Gerichts- und Anwaltskosten.

Der Gläubiger sollte die Zustellung nur dann selbst durch einen zu beauftragenden Gerichtsvollzieher im Parteibetrieb vornehmen lassen, wenn er zugleich eine Urkundenherausgabe im Wege der Hilfspfändung erreichen will, §§ 836 Abs. 3 ZPO, 174 GVGA.

Rechtsmittel:
Gläubiger: Bei Ablehnung der Pfändung befristete Erinnerung nach § 11 Abs. 2 RPflG binnen 2 Wochen.
Schuldner: Bei Pfändung nach § 766 ZPO gilt § 834 ZPO, ebenso für sonstige Beteiligte. Siehe hierzu im genaueren auch Anmerkung zu Formular 1.B.03.b.#01 a. E.

Kosten:
Gerichtskosten:
Festgebühr von 10,– EUR nach GKG KV Nr. 1640 für jeden Schuldner.

Rechtsanwaltsgebühren:
Für den Rechtsanwalt entsteht die 3/10 Vollstreckungsgebühr nach § 57 BRAGO für jeden Schuldner, bei mehreren Gläubigern gilt § 6 BRAGO.

Streitwert:
Vollstreckungsforderung nebst Nebenforderungen, § 57 Abs. 2 BRAGO.

#09 Kontenschutz § 860 k ZPO

[*HIER Ort, Datum*]

An das
Amtsgericht
- Vollstreckungsgericht
[*HIER Anschrift*]

In der Zwangsvollstreckungssache

des/der ...... [*HIER Vorname, Name, Anschrift*]

- Gläubigers/-in, -

Verfahrensbevollmächtigte(r): Rechtsanwalt/-wältin ...... [*HIER Vorname, Name, Anschrift*]

gegen

den/die ...... [*HIER Vorname, Name, Anschrift*]

- Schuldner/-in, -

[Verfahrensbevollmächtigte(r): Rechtsanwalt/-wältin ...... [*HIER Vorname, Name, Anschrift*]]

wird namens des/der Schuldners/-in beantragt,
den Pfändungs- und Überweisungsbeschluss des Amtsgerichts vom ...... Az.: ...... abzuändern und zu beschließen:

1. Die Pfändung des Guthabens auf dem Konto Nr. ...... bei dem Drittschuldner ist in Höhe von ...... bis zum nächsten Zahlungstermin am ...... aufzuheben.
2. Die Pfändung ist weiterhin wegen der künftigen Geldeingänge aus Arbeitseinkommen in Höhe von ...... monatlich aufzuheben.
3. Vorab ist dem Schuldner ein Betrag von ...... freizugeben.
4. Die Zwangsvollstreckung aus dem Pfändungs- und Überweisungsbeschluss ist bis zur endgültigen Entscheidung einstweilen einzustellen.
5. Die Kosten des Verfahrens sind dem Gläubiger aufzuerlegen.

Gründe:

......

....
Rechtsanwalt/-wältin

Anmerkung

Pfändungsschutz gebührt nur dem Konto des Schuldners, auf welches wiederkehrende Einkünfte der in §§ 850 bis 850 b ZPO genannten Art eingehen. Der Antrag ist möglichst innerhalb der 2-Wochen-Schutzfrist nach § 835 Abs. 3 ZPO zu stellen. Der Gläubiger ist zu hören. Schlüssiger Vortrag der Voraussetzungen mit Nachweis der Angaben (Kontoauszug pp.) ist erforderlich.

Rechtsbehelfe:
Sofortige Beschwerde (§ 11 Abs. 1 RPflG, § 793 ZPO) gegen Entscheidungen des Rechtspflegers; keine Erinnerung (§ 766 ZPO).

Kosten:
Gerichtskosten: Keine Gerichtsgebühren.

Im Beschwerdeverfahren: nur soweit die Beschwerde verworfen oder zurückgewiesen wird: 1,0 Gebühr nach GKG KV Nr. 1957.

Rechtsanwaltsgebühren:

a. Schuldneranwalt: Für den Antrag auf Pfändungsaufhebung (§ 850 k Abs. 1 ZPO) einschließlich der Vorwegaufhebung (§ 850 k Abs. 2) ZPO oder auch einer einstweiligen Anordnung (§ 850 k Abs. 3 ZPO) erhält der Rechtsanwalt die 3/10 Gebühr nach § 57 BRAGO, insgesamt jedoch nur einmal.
b. Gläubigeranwalt: Für den Rechtsanwalt des Gläubigers, der die Pfändung und Überweisung des Kontoguthabens des Schuldners beantragt hat, ist die Tätigkeit im Verfahren der Pfändungsaufhebung einschließlich der Vorwegaufhebung durch die bereits verdiente 3/10 Vollstreckungsgebühr aus § 57 BRAGO abgegolten.
c. Beschwerdeverfahren: § 61 BRAGO.

Kostentragung:
§ 788 Abs. 3 ZPO, regelmäßig durch den Schuldner, ausnahmsweise durch den Gläubiger, wenn dieser etwa auf außergerichtliche Darlegung die Pfändung nicht beschränkt hat.

#10 Pfändung des Bausparguthabens

[*HIER Ort, Datum*]

An das
Amtsgericht
- Vollstreckungsgericht
[*HIER Anschrift*]

In der Zwangsvollstreckungssache
des/der ...... [*HIER Vorname, Name, Anschrift*]

- Gläubigers/-in, -

Verfahrensbevollmächtigte(r): Rechtsanwalt/-wältin ...... [*HIER Vorname, Name, Anschrift*]

gegen

den/die ...... [*HIER Vorname, Name, Anschrift*]

- Schuldner/-in, -

[Verfahrensbevollmächtigte(r): Rechtsanwalt/-wältin ...... [*HIER Vorname, Name, Anschrift*]]

Namens und in Vollmacht des/der Gläubigers/-in beantrage ich,
den nachstehenden Beschluss zu erlassen. Die Zustellung bitte ich durch Vermittlung der Geschäftsstelle zu veranlassen, und zwar an den Drittschuldner mit der Aufforderung zur Erklärung gemäß § 840 ZPO [- besorge ich selbst].

Schuldtitel und ...... Unterlagen über bisherige Vollstreckungskosten sind beigefügt.

Der Gläubiger hat [- keine] Prozesskostenhilfe.

....
Rechtsanwalt/-anwältin

Pfändungs- und Überweisungsbeschluss

des/der ...... [*HIER Vorname, Name, Anschrift*]

- Gläubigers/-in, -

Verfahrensbevollmächtigte(r): Rechtsanwalt/-wältin ...... [*HIER Vorname, Name, Anschrift*]

gegen

den/die ...... [*HIER Vorname, Name, Anschrift*]

- Schuldner/-in, -

[Verfahrensbevollmächtigte(r): Rechtsanwalt/-wältin ...... [*HIER Vorname, Name, Anschrift*]]

Nach dem vollstreckbaren ...... [*HIER Angabe des vollstreckbaren Schuldtitels: z. B. Urteil, Vollstreckungsbescheid*] des ......gerichts in ...... vom ...... 20.. Az.: ...... - und dem

Kostenfestsetzungsbeschluss vom ...... 20.. Az.: ...... – stehen dem/der Gläubiger/-in [– den Gläubigern] gegen den/die Schuldner/-in nachfolgende Ansprüche zu:

a) ...... EUR Hauptforderung

b) ...... EUR ...... % Zinsen seit dem ...... 20.. für die Hauptforderung
c) ...... EUR vorgerichtliche Kosten
d) ...... EUR festgesetzte Kosten
e) ...... EUR ...... % Zinsen seit dem ...... 20..
f) ...... EUR bisherige Vollstreckungskosten (s. anliegende Aufstellung)
...... EUR Gesamtsumme. Hinzu kommen die weiteren Zinsen.

Wegen und bis zur Höhe dieser Ansprüche und wegen der Kosten für diesen Beschluss (siehe unten unter I.–III.) werden nachfolgende Ansprüche gegen

......

– Drittschuldner –

[*HIER genaue Drittschuldnerbezeichnung, Firmenbezeichnung bzw. Vor- und Zuname, Vertretungsberechtigte, genaue Anschrift des Arbeitgebers*]

gepfändet und zwar:

der Anspruch aus dem bestehenden Bausparvertrag Nr. ......

hierbei der Anspruch auf

- Auszahlung der Bausparsumme,
- Rückzahlung des Bausparguthabens,
- Teilung des Bausparvertrages bzw. Ermäßigung der Bausparsumme.

Der Drittschuldner darf, soweit der Anspruch gepfändet ist, nicht mehr an den Schuldner leisten.

Der Schuldner hat sich insoweit jeder Verfügung über den Anspruch, insbesondere seiner Einziehung, zu enthalten (§ 829 ZPO).

Zugleich wird der gepfändete Anspruch dem Gläubiger zur Einziehung überwiesen (§ 835 ZPO).

Kosten:

I. Gerichtskosten Gebühr (KV-Nr. 1640 GKG)	10,00 EUR
Summe I.:	10,00 EUR
II. Anwaltskosten	
Gegenstandswert	...... EUR
1. Gebühr (§§ 11, 31, 57 BRAGO)	...... EUR
2. Auslagen (Richtigkeit versichert)	...... EUR
3. Umsatzsteuer	...... EUR
Summe II.:	...... EUR

III. Zustellungskosten (Gerichtsvollzieherkostengesetz)

a) Gebühr für die Zustellung an Drittschuldner	...... EUR
b) Gebühr für die Zustellung an Schuldner	...... EUR
c) Gebühr für die Beglaubigung von ...... Seiten	...... EUR
d) Pauschsatz Vordruckkosten	...... EUR
e) Wegegelder	...... EUR
f) Postgebühren für Zustellung an Schuldner/Drittschuldner	...... EUR
g)	...... EUR
Nachnahmekosten	...... EUR
Summe III.:	...... EUR
Gesamtsumme I.-III.	...... EUR

......, den ...... 20..

Amtsgericht

....

Rechtspfleger(in)

Ausgefertigt:

....

als Urkundsbeamter der Geschäftsstelle des Amtsgerichts

Anmerkung

Verfahren nach § 829 ZPO. Zuständig ist das Amtsgericht, bei dem der Schuldner seinen Wohnsitz hat, § 828 Abs. 2 ZPO, ansonsten gilt § 23 ZPO entsprechend. Eine Wohnungsbauprämie ist gegenüber dem zuständigen Finanzamt zu pfänden.

Rechtsmittel:
Gläubiger: Bei Ablehnung der Pfändung befristete Erinnerung nach § 11 Abs. 2 RPflG binnen 2 Wochen.
Schuldner: Bei Pfändung nach § 766 ZPO gilt § 834 ZPO, ebenso für sonstige Beteiligte. Siehe hierzu im genaueren auch Anmerkung zu Formular 1.B.03.b.#01 a. E.

Kosten:
Gerichtskosten:
Festgebühr von 10,– EUR nach GKG KV Nr. 1640 für jeden Schuldner.

Rechtsanwaltsgebühren:
Für den Rechtsanwalt entsteht die 3/10 Vollstreckungsgebühr nach § 57 BRAGO für jeden Schuldner, bei mehreren Gläubigern gilt § 6 BRAGO.

Streitwert:
Vollstreckungsforderung nebst Nebenforderungen, § 57 Abs. 2 BRAGO.

#11 Pfändung einer Lebensversicherung

[*HIER Ort, Datum*]

An das
Amtsgericht
- Vollstreckungsgericht
[*HIER Anschrift*]

In der Zwangsvollstreckungssache

des/der ...... [*HIER Vorname, Name, Anschrift*]

- Gläubigers/-in, -

Verfahrensbevollmächtigte(r): Rechtsanwalt/-wältin ...... [*HIER Vorname, Name, Anschrift*]

gegen

den/die ...... [*HIER Vorname, Name, Anschrift*]

- Schuldner/-in, -

[Verfahrensbevollmächtigte(r): Rechtsanwalt/-wältin ...... [*HIER Vorname, Name, Anschrift*]]

Namens und in Vollmacht des/der Gläubigers/-in beantrage ich,
den nachstehenden Beschluss zu erlassen. Die Zustellung bitte ich durch Vermittlung der Geschäftsstelle zu veranlassen, und zwar an den Drittschuldner mit der Aufforderung zur Erklärung gemäß § 840 ZPO [- besorge ich selbst].

Schuldtitel und ...... Unterlagen über bisherige Vollstreckungskosten sind beigefügt.

Der/Die Gläubiger/-in hat keine Prozesskostenhilfe. [- Der/Die Gläubiger/-in hat Prozesskostenhilfe.]

....
Rechtsanwalt/-anwältin

Pfändungs- und Überweisungsbeschluss

des/der ...... [*HIER Vorname, Name, Anschrift*]

- Gläubigers/-in, -

Verfahrensbevollmächtigte(r): Rechtsanwalt/-wältin ...... [*HIER Vorname, Name, Anschrift*]

gegen

den/die ...... [*HIER Vorname, Name, Anschrift*]

- Schuldner/-in, -

[Verfahrensbevollmächtigte(r): Rechtsanwalt/-wältin ...... [*HIER Vorname, Name, Anschrift*]]

Nach dem vollstreckbaren ...... [*HIER Angabe des vollstreckbaren Schuldtitels: z. B. Urteil, Vollstreckungsbescheid*] des ......gerichts in ...... vom ...... 20.. Az.: ...... - und dem

Kostenfestsetzungsbeschluss vom ...... 20.. Az.: ...... – stehen dem/der Gläubiger/-in [-den Gläubigern] gegen den/die Schuldner/-in nachfolgende Ansprüche zu:

a) ...... EUR Hauptforderung
b) ...... EUR ...... % Zinsen seit dem ...... 20.. für die Hauptforderung
c) ...... EUR vorgerichtliche Kosten
d) ...... EUR festgesetzte Kosten
e) ...... EUR ...... % Zinsen seit dem ...... 20..
f) ...... EUR bisherige Vollstreckungskosten (s. anliegende Aufstellung)
...... EUR Gesamtsumme. Hinzu kommen die weiteren Zinsen.

Wegen und bis zur Höhe dieser Ansprüche und wegen der Kosten für diesen Beschluss (siehe unten unter I.–III.) werden nachfolgende Ansprüche gegen

......

– Drittschuldner –

[*HIER genaue Drittschuldnerbezeichnung, Firmenbezeichnung bzw. Vor- und Zuname, Vertretungsberechtigte, genaue Anschrift des Arbeitgebers*]

gepfändet und zwar:

der Anspruch aus dem bestehenden Lebensversicherungsvertrag Nr. ...., hierbei der Anspruch auf

- Auszahlung der Versicherungssumme, einschließlich Dividenden, Gewinnanteile,
- Rückzahlung des Rückkaufwertes,
- Kündigung des Vertrages,
- Widerruf der Bezugsberechtigung,
- Herausgabe der Versicherungspolice und letzten Prämienquittung, diese sind an den Gerichtsvollzieher zu übergeben.

Der Drittschuldner darf, soweit der Anspruch gepfändet ist, nicht mehr an den Schuldner leisten.

Der Schuldner hat sich insoweit jeder Verfügung über den Anspruch, insbesondere seiner Einziehung, zu enthalten (§ 829 ZPO).

Zugleich wird der gepfändete Anspruch dem Gläubiger zur Einziehung überwiesen (§ 835 ZPO).

Kosten:

I. Gerichtskosten Gebühr (KV-Nr. 1640 GKG)	10,00 EUR
Summe I.:	10,00 EUR
II. Anwaltskosten	
Gegenstandswert	...... EUR
1. Gebühr (§§ 11, 31, 57 BRAGO)	...... EUR

2. Auslagen (Richtigkeit versichert)	...... EUR
3. Umsatzsteuer	...... EUR
Summe II.:	...... EUR
III. Zustellungskosten (Gerichtsvollzieherkostengesetz)	
a) Gebühr für die Zustellung an Drittschuldner	...... EUR
b) Gebühr für die Zustellung an Schuldner	...... EUR
c) Gebühr für die Beglaubigung von ...... Seiten	...... EUR
d) Pauschsatz Vordruckkosten	...... EUR
e) Wegegelder	...... EUR
f) Postgebühren für Zustellung an Schuldner/Drittschuldner	...... EUR
g)	...... EUR
Nachnahmekosten	...... EUR
Summe III.:	...... EUR
Gesamtsumme I.-III.	...... EUR

......, den ...... 20..

Amtsgericht

....

Rechtspfleger(in)

Ausgefertigt:

....

als Urkundsbeamter der Geschäftsstelle des Amtsgerichts

Anmerkung

Verfahren nach § 829 ZPO. Zuständig ist das Amtsgericht, bei dem der Schuldner seinen Wohnsitz hat, § 828 Abs. 2 ZPO, ansonsten gilt § 23 ZPO entsprechend. Mit Kündigung des Vertrages sollte die Bezugsberechtigung immer widerrufen werden.

Rechtsmittel:
Gläubiger: Bei Ablehnung der Pfändung befristete Erinnerung nach § 11 Abs. 2 RPflG binnen 2 Wochen.
Schuldner: Bei Pfändung nach § 766 ZPO gilt § 834 ZPO, ebenso für sonstige Beteiligte. Siehe hierzu im genaueren auch Anmerkung zu Formular 1.B.03.b.#01 a. E.

Kosten:
Gerichtskosten:
Festgebühr von 10,– EUR nach GKG KV Nr. 1640 für jeden Schuldner.

Rechtsanwaltsgebühren:
Für den Rechtsanwalt entsteht die 3/10 Vollstreckungsgebühr nach § 57 BRAGO für jeden Schuldner, bei mehreren Gläubigern gilt § 6 BRAGO.

Streitwert:
Vollstreckungsforderung nebst Nebenforderungen, § 57 Abs. 2 BRAGO.

#12 Pfändung des Sparguthabens

[*HIER Ort, Datum*]

An das
Amtsgericht
- Vollstreckungsgericht
[*HIER Anschrift*]

In der Zwangsvollstreckungssache

des/der ...... [*HIER Vorname, Name, Anschrift*]

- Gläubigers/-in, -

Verfahrensbevollmächtigte(r): Rechtsanwalt/-wältin ...... [*HIER Vorname, Name, Anschrift*]

gegen

den/die ...... [*HIER Vorname, Name, Anschrift*]

- Schuldner/-in, -

[Verfahrensbevollmächtigte(r): Rechtsanwalt/-wältin ...... [*HIER Vorname, Name, Anschrift*]]

Namens und in Vollmacht des/der Gläubigers/-in beantrage ich,
den nachstehenden Beschluss zu erlassen. Die Zustellung bitte ich durch Vermittlung der Geschäftsstelle zu veranlassen, und zwar an den Drittschuldner mit der Aufforderung zur Erklärung gemäß § 840 ZPO [- besorge ich selbst].

Schuldtitel und ...... Unterlagen über bisherige Vollstreckungskosten sind beigefügt.

Der/Die Gläubiger/-in hat keine Prozesskostenhilfe. [- Der/Die Gläubiger/-in hat Prozesskostenhilfe.]

....
Rechtsanwalt/-anwältin

Pfändungs- und Überweisungsbeschluss

des/der ...... [*HIER Vorname, Name, Anschrift*]

- Gläubigers/-in, -

Verfahrensbevollmächtigte(r): Rechtsanwalt/-wältin ...... [*HIER Vorname, Name, Anschrift*]

gegen

den/die ...... [*HIER Vorname, Name, Anschrift*]

- Schuldner/-in, -

[Verfahrensbevollmächtigte(r): Rechtsanwalt/-wältin ...... [*HIER Vorname, Name, Anschrift*]]

Nach dem vollstreckbaren ...... [*HIER Angabe des vollstreckbaren Schuldtitels: z. B. Urteil, Vollstreckungsbescheid*] des ......gerichts in ...... vom ...... 20.. Az.: ...... - und dem Kostenfestsetzungsbeschluss vom ...... 20.. Az.: ...... - stehen dem/der Gläubiger/-in [- den Gläubigern] gegen den/die Schuldner/-in nachfolgende Ansprüche zu:

a) ...... EUR Hauptforderung
b) ...... EUR ...... % Zinsen seit dem ...... 20.. für die Hauptforderung
c) ...... EUR vorgerichtliche Kosten
d) ...... EUR festgesetzte Kosten
e) ...... EUR ...... % Zinsen seit dem ...... 20..
f) ...... EUR bisherige Vollstreckungskosten (s. anliegende Aufstellung)
...... EUR Gesamtsumme. Hinzu kommen die weiteren Zinsen.

Wegen und bis zur Höhe dieser Ansprüche und wegen der Kosten für diesen Beschluss (siehe unten unter I.–III.) werden nachfolgende Ansprüche gegen

......

- Drittschuldner -

[*HIER genaue Drittschuldnerbezeichnung, Firmenbezeichnung bzw. Vor- und Zuname, Vertretungsberechtigte, genaue Anschrift des Arbeitgebers*]

gepfändet und zwar:

der Anspruch aus dem Sparbuch Nr. ......,
hierbei der Anspruch auf

- Auszahlung des gegenwärtigen und künftigen Guthabens,
- Auskunft und Kündigung.

Zugleich wird angeordnet, dass der Schuldner das Sparbuch über das oben bezeichnete Sparkonto an den Gerichtsvollzieher herauszugeben hat.

Der Drittschuldner darf, soweit der Anspruch gepfändet ist, nicht mehr an den Schuldner leisten.

Der Schuldner hat sich insoweit jeder Verfügung über den Anspruch, insbesondere seiner Einziehung, zu enthalten (§ 829 ZPO).

Zugleich wird der gepfändete Anspruch dem Gläubiger zur Einziehung überwiesen (§ 835 ZPO).

Kosten:

I. Gerichtskosten Gebühr (KV-Nr. 1640 GKG)	10,00 EUR
Summe I.:	10,00 EUR

II. Anwaltskosten

Gegenstandswert	...... EUR
1. Gebühr (§§ 11, 31, 57 BRAGO)	...... EUR
2. Auslagen (Richtigkeit versichert)	...... EUR
3. Umsatzsteuer	...... EUR
Summe II.:	...... EUR

III. Zustellungskosten (Gerichtsvollzieherkostengesetz)

a) Gebühr für die Zustellung an Drittschuldner	...... EUR
b) Gebühr für die Zustellung an Schuldner	...... EUR
c) Gebühr für die Beglaubigung von ...... Seiten	...... EUR
d) Pauschsatz Vordruckkosten	...... EUR
e) Wegegelder	...... EUR
f) Postgebühren für Zustellung an Schuldner/Drittschuldner	...... EUR
g)	...... EUR
Nachnahmekosten	...... EUR
Summe III.:	...... EUR
Gesamtsumme I.-III.	...... EUR

......, den ...... 20..

Amtsgericht

....

Rechtspfleger(in)

Ausgefertigt:

....

als Urkundsbeamter der Geschäftsstelle des Amtsgerichts

Anmerkung

Verfahren nach § 829 ZPO. Zuständig ist das Amtsgericht, bei dem der Schuldner seinen Wohnsitz hat, § 828 Abs. 2 ZPO, ansonsten gilt § 23 ZPO entsprechend. Die Wegnahme des Sparbuches erfolgt im Wege der Hilfspfändung, § 836 Abs. 3, § 883 ZPO.

Rechtsmittel:
Gläubiger: Bei Ablehnung der Pfändung befristete Erinnerung nach § 11 Abs. 2 RPflG binnen 2 Wochen.
Schuldner: Bei Pfändung nach § 766 ZPO gilt § 834 ZPO, ebenso für sonstige Beteiligte. Siehe hierzu im genaueren auch Anmerkung zu Formular 1.B.03.b.#01 a. E.

Kosten:
Gerichtskosten:
Festgebühr von 10,– EUR nach GKG KV Nr. 1640 für jeden Schuldner.

Rechtsanwaltsgebühren:
Für den Rechtsanwalt entsteht die 3/10 Vollstreckungsgebühr nach § 57 BRAGO für jeden Schuldner, bei mehreren Gläubigern gilt § 6 BRAGO.

Streitwert:
Vollstreckungsforderung nebst Nebenforderungen, § 57 Abs. 2 BRAGO.

#13 Pfändung des Girokontos

[*HIER Ort, Datum*]

An das
Amtsgericht
- Vollstreckungsgericht
[*HIER Anschrift*]

In der Zwangsvollstreckungssache

des/der ...... [*HIER Vorname, Name, Anschrift*]

- Gläubigers/-in, -

Verfahrensbevollmächtigte(r): Rechtsanwalt/-wältin ...... [*HIER Vorname, Name, Anschrift*]

gegen

den/die ...... [*HIER Vorname, Name, Anschrift*]

- Schuldner/-in, -

[Verfahrensbevollmächtigte(r): Rechtsanwalt/-wältin ...... [*HIER Vorname, Name, Anschrift*]]

Anliegend überreiche ich namens und im Auftrage des/der Gläubigers/-in - Vollmacht liegt an - ...... [Angabe des Vollstreckungstitels: Vollstreckungsbescheid/Urteil/ Versäumnisurteil/Vergleich usw. vom ...... Az.: ......].

Ich beantrage,

> den nachstehenden Beschluss zu erlassen. Die Zustellung bitte ich durch Vermittlung der Geschäftsstelle zu veranlassen, und zwar an den Drittschuldner mit der Aufforderung zur Erklärung gemäß § 840 ZPO [- besorge ich selbst].

Schuldtitel und ...... Unterlagen über bisherige Vollstreckungskosten sind beigefügt.

Der/Die Gläubiger/-in hat keine Prozesskostenhilfe. [- Der/Die Gläubiger/-in hat Prozesskostenhilfe.]

....
Rechtsanwalt/-anwältin

Pfändungs- und Überweisungsbeschluss

des/der ...... [*HIER Vorname, Name, Anschrift*]

- Gläubigers/-in, -

Verfahrensbevollmächtigte(r): Rechtsanwalt/-wältin ...... [*HIER Vorname, Name, Anschrift*]

gegen

den/die ...... [*HIER Vorname, Name, Anschrift*]

- Schuldner/-in, -

[Verfahrensbevollmächtigte(r): Rechtsanwalt/-wältin ...... [*HIER Vorname, Name, Anschrift*]]

Nach dem vollstreckbaren ...... [*HIER Angabe des vollstreckbaren Schuldtitels: z. B. Urteil, Vollstreckungsbescheid*] des ......gerichts in ...... vom ...... 20.. Az.: ...... - und dem Kostenfestsetzungsbeschluss vom ...... 20.. Az.: ...... - stehen dem/der Gläubiger/-in [- den Gläubigern] gegen den/die Schuldner/-in nachfolgende Ansprüche zu:

a) ...... EUR Hauptforderung
b) ...... EUR ...... % Zinsen seit dem ...... 20.. für die Hauptforderung
c) ...... EUR vorgerichtliche Kosten
d) ...... EUR festgesetzte Kosten
e) ...... EUR ...... % Zinsen seit dem ...... 20..
f) ...... EUR bisherige Vollstreckungskosten (s. anliegende Aufstellung)
...... EUR Gesamtsumme. Hinzu kommen die weiteren Zinsen.

Die in der Forderungsaufstellung genannten Verfahrenskosten ergeben sich aus den Vollstreckungsunterlagen, die ich ebenfalls beifüge.

Wegen der vorstehend aufgeführten Forderungen und der Kosten für diesen Beschluss (s. unten I.–III.) wird beantragt, die Ansprüche aus der bestehenden Geschäftsverbindung des/der Schuldners/-in gegen die A-Bank [- Sparkasse] [- Deutsche Postbank, vertreten durch die Niederlassung ......] in ...... aus dem Kontokorrent und Girovertrag unter der bestehenden Konto-Nr. ...... zu pfänden und zum Einzug zu überweisen:

1. das gegenwärtige Guthaben im Zeitpunkt der Zustellung (Zustellungssaldo),
2. auf fortlaufende Auszahlung der sich zwischen den Rechnungsabschlüssen ergebenden Guthaben (Tagessaldo),
3. alle zukünftigen Guthaben, die sich bei Saldoziehung des jeweiligen Rechnungsabschlusses ergeben (zukünftiges Saldo),
4. alle Ansprüche und Forderungen aus dem Girovertrag auf Gutschrift aller künftigen Eingänge und auf fortlaufende Auszahlung der Guthaben sowie auf Durchführung der Überweisung an Dritte,
5. das Recht, über diese Guthaben durch Überweisungsaufträge zu verfügen,
6. die im Rahmen einer gegenwärtig oder künftig gewährten Kreditzusage gegenwärtig oder künftig bestehenden Ansprüche des Vollstreckungsschuldners auf Auszahlung von Kreditmitteln oder auf Überweisung an Dritte aus Kreditmitteln.

Dem Drittschuldner wird verboten, an den Schuldner zu leisten, soweit gepfändet ist.
Dem Schuldner wird verboten, über die Forderung zu verfügen, insbesondere einzuziehen, soweit gepfändet ist.

Kosten:

I. Gerichtskosten Gebühr (KV-Nr. 1640 GKG)	10,00 EUR
Summe I.:	10,00 EUR
II. Anwaltskosten	
Gegenstandswert	...... EUR
1. Gebühr (§§ 11, 31, 57 BRAGO)	...... EUR
2. Auslagen (Richtigkeit versichert)	...... EUR
3. Umsatzsteuer	...... EUR
Summe II.:	...... EUR
III. Zustellungskosten (Gerichtsvollzieherkostengesetz)	
a) Gebühr für die Zustellung an Drittschuldner	...... EUR
b) Gebühr für die Zustellung an Schuldner	...... EUR
c) Gebühr für die Beglaubigung von ...... Seiten	...... EUR
d) Pauschsatz Vordruckkosten	...... EUR
e) Wegegelder	...... EUR
f) Postgebühren für Zustellung an Schuldner/Drittschuldner	...... EUR
g)	...... EUR
Nachnahmekosten	...... EUR
Summe III.:	...... EUR
Gesamtsumme I.–III.	...... EUR

......, den ...... 20..

Amtsgericht

....

Rechtspfleger(in)

Ausgefertigt:

....

als Urkundsbeamter der Geschäftsstelle des Amtsgerichts

Anmerkung

Verfahren nach § 829 ZPO. Zuständig ist das Amtsgericht, bei dem der Schuldner seinen Wohnsitz hat, § 828 Abs. 2 ZPO, ansonsten gilt § 23 ZPO entsprechend.

Für die Pfändung eines Spar- oder Girokontos, die eine Forderungspfändung darstellt, ist die Angabe der Kontonummer nicht unbedingt erforderlich, sofern der Anspruch auch ohne sie hinreichend bezeichnet wird. Weil der Gläubiger in der Regel die Verhältnisse des Schuldners nur oberflächlich kennt, schaden Ungenauigkeiten bei der Bezeichnung der zu pfändenden Forderung nicht, sofern diese Ungenauigkeiten nicht Anlass zu Zweifeln geben, welche Forderung tatsächlich gemeint ist (BGH NJW 1980, 584). Der Pfändungsbeschluss kann sowohl der Hauptstelle wie der Filiale oder einer sonstigen Niederlassung wirksam zugestellt werden.

Zur Pfändung von Spar- oder Girokonten des Schuldners ist die Angabe der Kontonummer nicht erforderlich.

Gläubiger kann nach erfolgter Pfändung und Überweisung des Guthabens auch ohne Angabe eines zwischen Schuldner und Bank vereinbarten Kennwortes über das Guthaben verfügen.

Zur Ermittlung, ob der Schuldner ein Girokonto bei einer Bank oder Sparkasse oder der Post hat, kann man den Mandanten (Gläubiger) bitten, kleine Überweisungen auf angebliche Konten des Schuldners bei verschiedenen Banken, Sparkassen oder der örtlich zuständigen Postbankniederlassung (früher Postgiroamt) vorzunehmen. Es genügt oft die Angabe der vermuteten Bank oder Sparkasse mit Ort und beim Postgirokonto die Angabe der Bankleitzahl der örtlich zuständigen Postbankniederlassung. Von den Postbankniederlassungen gibt es nur 14 (örtlich zuständige Postbankniederlassung mit Bankleitzahl kann man bei der Post oder einem Kreditinstitut erfahren) in der Bundesrepublik Deutschland. Wird der überwiesene Betrag nicht zurückgewiesen, ist zu vermuten, dass bei dem betreffenden Kreditinstitut ein Konto des Schuldners existiert. Da mehr als fünf Millionen Postgirokonten bestehen, ist hier die Chance am größten. Zur Pfändung von Girokonten des Schuldners ist die Angabe der Kontonummer nicht erforderlich. Es ist auch nicht ratsam, die Kontonummer anzugeben, da ggf. hierdurch nur das betreffende Konto gepfändet wird und andere Konten nicht erfasst werden.

Bei der Pfändung eines Girokontos kann es sich lohnen, sofern der Schuldner in einem kleineren Ort ansässig ist, allen ortsansässigen Banken und Sparkassen, bei denen Konten des Schuldners vermutet werden, Pfändungs- und Überweisungsbeschlüsse zustellen zu lassen, selbst wenn einige davon ins Leere gehen. Für jeden Pfändungs- und Überweisungsbeschluss entstehen dabei Kosten von 10,– EUR plus Zustellgebühren. Die Pfändung bei mehreren Banken kann in einem Beschluss zusammengefasst werden. Werden allerdings mehrere Pfändungsanträge gleichzeitig gestellt, in dem schleppnetzartig alle vermuteten Bankverbindungen des Schuldners an dessen Wohnsitzgericht aufgeführt sind, wird dies in der Regel als unzulässiger Ausforschungsantrag zurückgewiesen. Um dies zu verhindern, können aber Einzelanträge gestellt werden, sofern der Mandant zur Tragung der Kosten bereit ist. In einem Einzelantrag können bis zu drei Pfändungen gleichzeitig bei drei Banken am Wohnsitz des Schuldners zusammengefasst werden, da es durchaus möglich ist, dass der Schuldner sein Sparbuch, sein Girokonto oder ein Festgeldkonto jeweils bei einem anderen Bankinstitut führt. Mangels Rechtsschutzinteresse ist ein solcher Antrag nicht zurückzuweisen (Hinzten, InVo 1996, 9).

Für den Gläubiger besteht die Möglichkeit, die Ansprüche des Schuldners aus dem mit der Bank, Postbank oder Sparkasse geschlossenen Vertrag, auf Gutschrift aller Eingänge oder fortlaufenden Auszahlung der Guthaben sowie Durchführung von Überweisungen an Dritte zusätzlich pfänden zu lassen.

Weil der Gläubiger durch die Pfändung des Anspruchs auf Gutschrift keinen unmittelbaren Anspruch auf Auszahlung erlangt, kann dieser Anspruch nur im Wege der Hilfspfändung mit der Pfändung auf Auszahlung des Tagesguthabens gepfändet werden (BGH NJW 1985,

1219). Ist der Schuldner eine natürliche Person, so darf die Bank erst 2 Wochen nach Zustellung des Überweisungsbeschlusses aus dem Guthaben an den Gläubiger überweisen, § 835 Abs. 2 S. 3 ZPO. Der Schuldner soll die Gelegenheit zur Stellung des Antrages nach § 835 k ZPO erhalten.

Rechtsmittel:
Gläubiger: Bei Ablehnung der Pfändung befristete Erinnerung nach § 11 Abs. 2 RPflG binnen 2 Wochen.
Schuldner: Bei Pfändung nach § 766 ZPO gilt § 834 ZPO, ebenso für sonstige Beteiligte. Siehe hierzu im genaueren auch Anmerkung zu Formular 1.B.03.b.#01 a. E.

Kosten:
Gerichtskosten:
Festgebühr von 10,– EUR nach GKG KV Nr. 1640 für jeden Schuldner.

Rechtsanwaltsgebühren:
Für den Rechtsanwalt entsteht die 3/10 Vollstreckungsgebühr nach § 57 BRAGO für jeden Schuldner, bei mehreren Gläubigern gilt § 6 BRAGO.

Streitwert:
Vollstreckungsforderung nebst Nebenforderungen, § 57 Abs. 2 BRAGO.

#14 Pfändung von Steuererstattungsansprüchen

[*HIER Ort, Datum*]

An das
Amtsgericht
- Vollstreckungsgericht
[*HIER Anschrift*]

In der Zwangsvollstreckungssache

des/der ...... [*HIER Vorname, Name, Anschrift*]

- Gläubigers/-in, -

Verfahrensbevollmächtigte(r): Rechtsanwalt/-wältin ...... [*HIER Vorname, Name, Anschrift*]

gegen

den/die ...... [*HIER Vorname, Name, Anschrift*]

- Schuldner/-in, -

[Verfahrensbevollmächtigte(r): Rechtsanwalt/-wältin ...... [*HIER Vorname, Name, Anschrift*]]

Namens und in Vollmacht des/der Gläubigers/-in beantrage ich,
den nachstehenden Beschluss zu erlassen. Die Zustellung bitte ich durch Vermittlung der Geschäftsstelle zu veranlassen, und zwar an den Drittschuldner mit der Aufforderung zur Erklärung gemäß § 840 ZPO [- besorge ich selbst].

Schuldtitel und ...... Unterlagen über bisherige Vollstreckungskosten sind beigefügt.

Der/Die Gläubiger/-in hat keine Prozesskostenhilfe. [- Der/Die Gläubiger/-in hat Prozesskostenhilfe.]

....
Rechtsanwalt/-anwältin

Pfändungs- und Überweisungsbeschluss

des/der ...... [*HIER Vorname, Name, Anschrift*]

- Gläubigers/-in, -

Verfahrensbevollmächtigte(r): Rechtsanwalt/-wältin ...... [*HIER Vorname, Name, Anschrift*]

gegen

den/die ...... [*HIER Vorname, Name, Anschrift*]

- Schuldner/-in, -

[Verfahrensbevollmächtigte(r): Rechtsanwalt/-wältin ...... [*HIER Vorname, Name, Anschrift*]]

Nach dem vollstreckbaren ...... [*HIER Angabe des vollstreckbaren Schuldtitels: z. B. Urteil, Vollstreckungsbescheid*] des ......gerichts in ...... vom ...... 20.. Az.: ...... - und dem Kostenfestsetzungsbeschluss vom ...... 20.. Az.: ...... - stehen dem/der Gläubiger/-in [- den Gläubigern] gegen den/die Schuldner/-in nachfolgende Ansprüche zu:

a) ...... EUR Hauptforderung
b) ...... EUR ...... % Zinsen seit dem ...... 20.. für die Hauptforderung
c) ...... EUR vorgerichtliche Kosten
d) ...... EUR festgesetzte Kosten
e) ...... EUR ...... % Zinsen seit dem ...... 20..
f) ...... EUR bisherige Vollstreckungskosten (s. anliegende Aufstellung)
...... EUR Gesamtsumme. Hinzu kommen die weiteren Zinsen.

Wegen und bis zur Höhe dieser Ansprüche und wegen der Kosten für diesen Beschluss (siehe unten unter I.-III.) werden nachfolgende Ansprüche gegen das Land ...... vertreten durch das Finanzamt in ......

- Drittschuldner -

[*HIER genaue Drittschuldnerbezeichnung, Firmenbezeichnung bzw. Vor- und Zuname, Vertretungsberechtigte, genaue Anschrift des Arbeitgebers*]

gepfändet und zwar:

- der Anspruch auf Durchführung des Lohnsteuerjahresausgleichs für die vergangenen Jahre,
- der Anspruch auf Erstattung der Beträge der vergangenen Jahre aus der Einkommenssteuer einschließlich Solidaritätszuschlag,

- der Anspruch des Schuldners gegen seinen Arbeitgeber .... – Drittschuldner – auf Herausgabe der Lohnsteuerkarte für das vergangene Jahr.

Der Drittschuldner darf, soweit der Anspruch gepfändet ist, nicht mehr an den Schuldner leisten.

Der Schuldner hat sich insoweit jeder Verfügung über den Anspruch, insbesondere seiner Einziehung, zu enthalten (§ 829 ZPO).

Zugleich wird der gepfändete Anspruch dem Gläubiger zur Einziehung überwiesen (§ 835 ZPO).

Kosten:

I. Gerichtskosten Gebühr (KV-Nr. 1640 GKG)	10,00 EUR
Summe I.:	10,00 EUR
II. Anwaltskosten	
Gegenstandswert	...... EUR
1. Gebühr (§§ 11, 31, 57 BRAGO)	...... EUR
2. Auslagen (Richtigkeit versichert)	...... EUR
3. Umsatzsteuer	...... EUR
Summe II.:	...... EUR
III. Zustellungskosten (Gerichtsvollzieherkostengesetz)	
a) Gebühr für die Zustellung an Drittschuldner	...... EUR
b) Gebühr für die Zustellung an Schuldner	...... EUR
c) Gebühr für die Beglaubigung von ...... Seiten	...... EUR
d) Pauschsatz Vordruckkosten	...... EUR
e) Wegegelder	...... EUR
f) Postgebühren für Zustellung an Schuldner/Drittschuldner	...... EUR
g)	...... EUR
Nachnahmekosten	...... EUR
Summe III.:	...... EUR
Gesamtsumme I.–III.	...... EUR

......, den ...... 20..

Amtsgericht

....

Rechtspfleger(in)

Ausgefertigt:

....

als Urkundsbeamter der Geschäftsstelle des Amtsgerichts

Anmerkung

Verfahren nach § 829 ZPO. Zuständig ist das Amtsgericht, bei dem der Schuldner seinen Wohnsitz hat, § 828 Abs. 2 ZPO, ansonsten gilt § 23 ZPO entsprechend. Die Pfändung darf erst am 2. Januar des Folgejahres erlassen werden, § 46 AO. Auch der Arbeitgeber mit mindestens 10 Arbeitnehmern kann einen Lohnsteuerjahresausgleich durchführen; der Zeitpunkt 2. Januar gilt hier nicht. Nach Pfändung und Überweisung kann der Gläubiger selbst den Erstattungsantrag beim Finanzamt stellen.

Rechtsmittel:
Gläubiger: Bei Ablehnung der Pfändung befristete Erinnerung nach § 11 Abs. 2 RPflG binnen 2 Wochen.
Schuldner: Bei Pfändung nach § 766 ZPO gilt § 834 ZPO, ebenso für sonstige Beteiligte. Siehe hierzu im genaueren auch Anmerkung zu Formular 1.B.03.b.#01 a. E.

Kosten:
Gerichtskosten:
Festgebühr von 10,– EUR nach GKG KV Nr. 1640 für jeden Schuldner.

Rechtsanwaltsgebühren:
Für den Rechtsanwalt entsteht die 3/10 Vollstreckungsgebühr nach § 57 BRAGO für jeden Schuldner, bei mehreren Gläubigern gilt § 6 BRAGO.

Streitwert:
Vollstreckungsforderung nebst Nebenforderungen, § 57 Abs. 2 BRAGO.

05. Zwangsvollstreckung in Grundbuchpositionen

#01 Antrag auf Eigentumsumschreibung und Eintragung der Sicherungshypothek § 848 ZPO

[*HIER Ort, Datum*]

An das
Amtsgericht

- Grundbuchamt -
[*HIER Anschrift*]

Betreff: Grundbuch vom ......, Blatt ......

In der Zwangsvollstreckungssache

des/der ...... [*HIER Vorname, Name, Anschrift*]

- Gläubigers/-in, -

Verfahrensbevollmächtigte(r): Rechtsanwalt/-wältin ...... [*HIER Vorname, Name, Anschrift*]

gegen

den/die ...... [*HIER Vorname, Name, Anschrift*]

- Schuldner/-in, -

[Verfahrensbevollmächtigte(r): Rechtsanwalt/-wältin ...... [*HIER Vorname, Name, Anschrift*]]

überreiche ich anliegend eine Ausfertigung des Pfändungs- und Überweisungsbeschlusses des Amtsgerichts ...... Az.: ......vom ...... nebst Zustellungsurkunde des Gerichtsvollziehers vom ......

Namens und in Vollmacht des/der Gläubigers/-in beantrage ich,

unter Bezugnahme auf die in den Grundakten vorliegende Auflassungserklärung die Umschreibung des Eigentums an dem vorbezeichneten Grundstück auf den Vollstreckungsschuldner.

Gleichzeitig mit der Umschreibung beantrage ich,

die Eintragung einer Sicherungshypothek für und in Höhe der aus dem Pfändungs- und Überweisungsbeschluss ersichtlichen Forderung zugunsten des Vollstreckungsgläubigers.

....
Rechtsanwalt/-wältin

Anmerkung

Hat der Gläubiger das Anwartschaftsrecht des Schuldners auf Eigentumsumschreibung gepfändet, kann er den Antrag zur Umschreibung des Eigentums auf den Schuldner unter gleichzeitiger Eintragung einer Sicherungshypothek für die in dem Pfändungsbeschluss ersichtliche Forderung beantragen. Eine Mitwirkung des Sequesters ist nicht erforderlich.

Kosten:
Gerichtskosten:
Für die Eigentumsumschreibung § 60 KostO, für die Sicherungshypothek § 62 KostO.

Rechtsanwaltsgebühren:
Für den Rechtsanwalt entsteht eine Gebühr nach § 118 BRAGO.

#02 Antrag auf Eintragung der Pfändung des Anwartschaftsrechtes bei der Auflassungsvormerkung im Grundbuch

[*HIER Ort, Datum*]

An das
Amtsgericht
- Grundbuchamt -
[*HIER Anschrift*]

Betreff: Grundbuch vom ......, Blatt ......

In der Zwangsvollstreckungssache

des/der ...... [*HIER Vorname, Name, Anschrift*]

- Gläubigers/-in, -

Verfahrensbevollmächtigte(r): Rechtsanwalt/-wältin ...... [*HIER Vorname, Name, Anschrift*]

gegen

den/die ...... [*HIER Vorname, Name, Anschrift*]

- Schuldner/-in, -

[Verfahrensbevollmächtigte(r): Rechtsanwalt/-wältin ...... [*HIER Vorname, Name, Anschrift*]]

überreiche ich anliegend eine Ausfertigung des Pfändungs- und Überweisungsbeschlusses des Amtsgerichts ...... Az.: ......vom ...... [nebst Zustellungsurkunde des Gerichtsvollziehers vom ......].

Namens und in Vollmacht des/der Gläubigers/-in beantrage ich,

die Pfändung des Anwartschaftsrechtes bei der im Grundbuch für den Schuldner eingetragenen Vormerkung zur Sicherung des Anspruches auf Eigentumserwerb (Abteilung II Nr. ......) zu vermerken.

....
Rechtsanwalt/-wältin

Anmerkung

Der Antrag auf Eintragung der Pfändung des Anwartschaftsrechtes kann formlos gestellt werden. Die Eintragung des Pfändungsvermerkes erfolgt zum Schutz vor gutgläubigen vormerkungswidrigen Verfügungen, § 892 Abs. 1 S. 2 BGB.

Rechtsmittel:
Beschwerde nach § 71 GBO.

Kosten:
Gerichtskosten:
1/2 Gebühr nach § 65 KostO.

Rechtsanwaltsgebühren:
Für den Rechtsanwalt entsteht eine Gebühr nach § 118 BRAGO.

#03 Antrag auf Eintragung einer Sicherungshypothek § 867 ZPO

[*HIER Ort, Datum*]

An das
Amtsgericht
- Grundbuchamt -
[*HIER Anschrift*]

Betreff: Grundbuch vom ......, Blatt ......

In der Zwangsvollstreckungssache

des/der ...... [*HIER Vorname, Name, Anschrift*]

- Gläubigers/-in, -

Verfahrensbevollmächtigte(r): Rechtsanwalt/-wältin ...... [*HIER Vorname, Name, Anschrift*]

gegen

den/die ...... [*HIER Vorname, Name, Anschrift*]

- Schuldner/-in, -

[Verfahrensbevollmächtigte(r): Rechtsanwalt/-wältin ...... [*HIER Vorname, Name, Anschrift*]]

überreiche ich anliegend folgende Schuldtitel: ......

Namens und in Vollmacht des/der Gläubigers/-in beantrage ich,

wegen der nachstehend berechneten Forderung aus den genannten Schuldtiteln eine Sicherungshypothek auf dem in dem obigen Grundbuch verzeichneten Grundstück/Anteil einzutragen:

1. Hauptsumme ...... EUR
2. ...... % Zinsen seit dem ...... 20.. ...... EUR
3. festgesetzte Kosten ...... EUR
4. Kosten des Mahnbescheids ...... EUR
5. Kosten des Vollstreckungsbescheids ...... EUR
6. ......% Zinsen aus den Kosten seit dem .... 20.. ...... EUR
7. Kosten früherer Vollstreckungsmaßnahmen ...... EUR

Der Betrag der Forderung soll auf die einzelnen Grundstücke wie folgt verteilt werden: ......

....
Rechtsanwalt/-wältin

Anmerkung

Verfahren nach § 867 ZPO. Zuständig ist das Amtsgericht, bei dem das Grundbuch über das zu belastende Grundstück geführt wird. Die Gesamtforderung einschließlich Kosten, ohne Zinsen muss 750,– EUR überschreiten, § 866 Abs. 3 S. 1 ZPO. Bei mehreren Grundstücken ist die Forderung aufzuteilen, der einzelne Betrag kann dann auch unter dem angegebenen Betrag liegen.

Kosten:
Gerichtskosten:
Volle Gebühr nach § 62 KostO.

Rechtsanwaltsgebühren:
3/10 Gebühr nach §§ 57, 58 Abs. 3 Nr. 6 BRAGO. Für diese Kosten haftet das Grundstück kraft Gesetzes, sie können nicht im Grundbuch eingetragen werden.

#04 Antrag auf Pfändung und Überweisung einer Hypothek oder Grundschuld § 830 ZPO

[*HIER Ort, Datum*]

An das
Amtsgericht
- Grundbuchamt -
[*HIER Anschrift*]

Betreff: Grundbuch vom ......, Blatt ......

In der Zwangsvollstreckungssache

des/der ...... [*HIER Vorname, Name, Anschrift*]

– Gläubigers/-in, –

Verfahrensbevollmächtigte(r): Rechtsanwalt/-wältin ...... [*HIER Vorname, Name, Anschrift*]

gegen

den/die ...... [*HIER Vorname, Name, Anschrift*]

- Schuldner/-in, -

[Verfahrensbevollmächtigte(r): Rechtsanwalt/-wältin ...... [*HIER Vorname, Name, Anschrift*]]

Namens und in Vollmacht des/der Gläubigers/-in beantrage ich,

den nachstehenden Beschluss zu erlassen. Die Zustellung bitte ich durch Vermittlung der Geschäftsstelle zu veranlassen, und zwar an den Drittschuldner mit der Aufforderung zur Erklärung gemäß § 840 ZPO [- besorge ich selbst].

Schuldtitel und ...... Unterlagen über bisherige Vollstreckungskosten sind beigefügt.

Der/Die Gläubiger/-in hat keine Prozesskostenhilfe. [- Der/Die Gläubiger/-in hat Prozesskostenhilfe.]

....
Rechtsanwalt/-wältin

Pfändungs- und Überweisungsbeschluss

des/der ...... [*HIER Vorname, Name, Anschrift*]

- Gläubigers/-in, -

Verfahrensbevollmächtigte(r): Rechtsanwalt/-wältin ...... [*HIER Vorname, Name, Anschrift*]

gegen

den/die ...... [*HIER Vorname, Name, Anschrift*]

- Schuldner/-in, -

[Verfahrensbevollmächtigte(r): Rechtsanwalt/-wältin ...... [*HIER Vorname, Name, Anschrift*]]

Nach dem vollstreckbaren ...... [*HIER Angabe des vollstreckbaren Schuldtitels: z. B. Urteil, Vollstreckungsbescheid*] des ......gerichts in ...... vom ...... 20.. Az.: ...... - und dem Kostenfestsetzungsbeschluss vom ...... 20.. Az.: ...... - stehen dem/der Gläubiger/-in [- den Gläubigern] gegen den/die Schuldner/-in nachfolgende Ansprüche zu:

a) ...... EUR Hauptforderung
b) ...... EUR ...... % Zinsen seit dem ...... 20.. für die Hauptforderung
c) ...... EUR vorgerichtliche Kosten
d) ...... EUR festgesetzte Kosten
e) ...... EUR ...... % Zinsen seit dem ...... 20..
f) ...... EUR bisherige Vollstreckungskosten (s. anliegende Aufstellung)
...... EUR Gesamtsumme. Hinzu kommen die weiteren Zinsen.

Wegen und bis zur Höhe dieser Ansprüche und wegen der Kosten für diesen Beschluss (siehe unten unter I.–III.) wird die angebliche ......forderung des/der Schuldners/-in

gegen

......

- persönlicher Drittschuldner -

[*HIER genaue Drittschuldnerbezeichnung, Firmenbezeichnung bzw. Vor- und Zuname, Vertretungsberechtigte, genaue Anschrift des Arbeitgebers*]

zusammen mit der angeblich für diese Forderung im Grundbuch von ...... Blatt ...... in Abt. III unter lfd. Nr. ...... auf dem Grundstück lfd. Nr. ...... des Bestandsverzeichnisses des ...... [- dinglicher Schuldner -] eingetragenen Briefhypothek [- Hypothek ohne Brief] in Höhe von ...... nebst Zinsen seit dem ...... gepfändet.

Die Pfändung erfolgt auch wegen der Kosten der Briefwegnahme und der Eintragungskosten im Grundbuch.

[- Im Falle Briefhypothek:

Die Pfändung erfasst auch den Anspruch des/die Schuldners/-in gegen

......

- Drittschuldner -

[*HIER genaue Drittschuldnerbezeichnung, Firmenbezeichnung bzw. Vor- und Zuname, Vertretungsberechtigte, genaue Anschrift des Arbeitgebers*]

auf Herausgabe des für die vorstehend bezeichnete Hypothek erstellten Briefes.

Der Brief ist vom Schuldner an den Gläubiger herauszugeben.]

Der Drittschuldner darf, insoweit die Ansprüche gepfändet sind, nicht mehr an den Schuldner zahlen.

Der Schuldner hat sich insoweit jeder Verfügung über die gepfändeten Ansprüche zu enthalten, insbesondere darf er sie nicht mehr einziehen.

Die gepfändeten Ansprüche werden dem Gläubiger zur Einziehung [- an Zahlung statt] überwiesen.

Kosten:

I. Gerichtskosten Gebühr (KV-Nr. 1640 GKG)	10,00 EUR
Summe I.:	10,00 EUR
II. Anwaltskosten	
Gegenstandswert	...... EUR
1. Gebühr (§§ 11, 31, 57 BRAGO)	...... EUR
2. Auslagen (Richtigkeit versichert)	...... EUR
3. Umsatzsteuer	...... EUR
Summe II.:	...... EUR

III. Zustellungskosten (Gerichtsvollzieherkostengesetz)

a) Gebühr für die Zustellung an Drittschuldner	...... EUR
b) Gebühr für die Zustellung an Schuldner	...... EUR
c) Gebühr für die Beglaubigung von ...... Seiten	...... EUR
d) Pauschsatz Vordruckkosten	...... EUR
e) Wegegelder	...... EUR
f) Postgebühren für Zustellung an Schuldner/Drittschuldner	...... EUR
g)	...... EUR
Nachnahmekosten	...... EUR
Summe III.:	...... EUR
Gesamtsumme I.–III.	...... EUR

......, den ...... 20..

Amtsgericht

....

Rechtspfleger(in)

Ausgefertigt:

....

als Urkundsbeamter der Geschäftsstelle des Amtsgerichts

Anmerkung

Die Formulierung gilt auch für die Grundschuldpfändung, nur kann hier die Grundschuld auch ohne die Forderung aus der Sicherungsabrede gepfändet werden.

Die Pfändung wird wirksam mit der Übergabe des Briefes, gleichgestellt ist die Wegnahme des Briefes durch den Gerichtsvollzieher. Bei der Buchhypothek tritt die Wirksamkeit mit der Eintragung der Pfändung im Grundbuch ein.

Die Pfändung der Briefhypothek/Grundschuld ist als Verfügungsbeschränkung im Grundbuch eintragbar, § 892 Abs. 1 S. 2 BGB. Die Zustellung des Pfändungsbeschlusses an den Drittschuldner ist empfehlenswert wegen der Kenntnis nach § 830 Abs. 2 ZPO, notwendig bei der Pfändung von Zinsrückständen, da hier die Wirksamkeit nach §§ 830 Abs. 3, 829 Abs. 3 ZPO eintritt.

Rechtsmittel:
Gläubiger: Bei Ablehnung der Pfändung befristete Erinnerung nach § 11 Abs. 2 RPflG binnen 2 Wochen.
Schuldner: Bei Pfändung nach § 766 ZPO gilt § 834 ZPO, ebenso für sonstige Beteiligte. Siehe hierzu im genaueren auch Anmerkung zu Formular 1.B.03.b.#01 a. E.

Kosten:
Gerichtskosten:
Festgebühr von 10,– EUR nach GKG KV Nr. 1640 für jeden Schuldner.

Rechtsanwaltsgebühren:
3/10 Gebühr nach §3 57, 58 Abs. 3 Nr. 6 BRAGO für jeden Schuldner; bei mehreren Gläubigern gilt § 6 BRAGO.

Streitwert:
Vollstreckungsforderung nebst Nebenforderungen, § 57 Abs. 2 BRAGO.

#05 Antrag auf Eintragung der Pfändung und Überweisung einer Buchhypothek im Grundbuch

[*HIER Ort, Datum*]

An das
Amtsgericht
- Grundbuchamt -
[*HIER Anschrift*]

Betreff: Grundbuch vom ......, Blatt ......

Im vorbezeichneten Grundbuch vom ...... Blatt ...... ist in Abt. III unter lfd. Nr. ...... auf dem Grundstück lfd. Nr.: ...... des Bestandsverzeichnisses eine Hypothek ohne Brief über ...... EUR nebst Zinsen eingetragen.

Gemäß beiliegendem Pfändungs- und Überweisungsbeschluss des AG ...... vom ...... Az.: ...... ist die Hypothekenforderung nebst Zinsen seit dem ...... für den Gläubiger ...... gepfändet.

Ich beantrage,

die Pfändung im Grundbuch bei der Hypothek einzutragen und zu vermerken, dass die Pfändung auch wegen der Zustellungskosten und der Eintragungskosten erfolgt.

....
Rechtsanwalt/-wältin

Anmerkung

Eintragung im Grundbuch ist Wirksamkeitsvoraussetzung bei der Buchhypothek/Grundschuld, § 830 Abs. 1 S. 2 ZPO. Die Pfändung der Briefhypothek/Grundschuld ist als Verfügungsbeschränkung im Grundbuch eintragbar, § 892 Abs. 1 S. 2 BGB. Dem Grundbuchamt muss neben dem Pfändungsbeschluss auch der Brief vorgelegt werden.

Rechtsmittel:
§ 71 GBO.

Kosten:
Gerichtskosten:
(Grundbuchamt) 1/2 der vollen Gebühr § 65 KostO.

Rechtsanwaltsgebühren:
Bei der Buchhypothek/Grundschuld keine Gebühr, da mit der Pfändung bereits abgegolten; bei der Briefhypothek/Grundschuld § 118 BRAGO.

#06 Pfändung der offenen und zukünftigen Eigentümergrundschuld § 857 Abs. 6 ZPO

[*HIER Ort, Datum*]

An das
Amtsgericht
- Vollstreckungsgericht -
[*HIER Anschrift*]

Betreff: Grundbuch vom ......, Blatt ......

In der Zwangsvollstreckungssache

des/der ...... [*HIER Vorname, Name, Anschrift*]

- Gläubigers/-in, -

Verfahrensbevollmächtigte(r): Rechtsanwalt/-wältin ...... [*HIER Vorname, Name, Anschrift*]

gegen

den/die ...... [*HIER Vorname, Name, Anschrift*]

- Schuldner/-in, -

[Verfahrensbevollmächtigte(r): Rechtsanwalt/-wältin ...... [*HIER Vorname, Name, Anschrift*]]

Namens und in Vollmacht des/der Gläubigers/-in beantrage ich,

den nachstehenden Beschluss zu erlassen. Die Zustellung bitte ich durch Vermittlung der Geschäftsstelle zu veranlassen, und zwar an den Drittschuldner mit der Aufforderung zur Erklärung gemäß § 840 ZPO [- besorge ich selbst].

Schuldtitel und ...... Unterlagen über bisherige Vollstreckungskosten sind beigefügt.

Der/Die Gläubiger/-in hat keine Prozesskostenhilfe. [- Der/Die Gläubiger/-in hat Prozesskostenhilfe.]

....
Rechtsanwalt/-wältin

Pfändungs- und Überweisungsbeschluss

des/der ...... [*HIER Vorname, Name, Anschrift*]

- Gläubigers/-in, -

Verfahrensbevollmächtigte(r): Rechtsanwalt/-wältin ...... [*HIER Vorname, Name, Anschrift*]

gegen

den/die ...... [*HIER Vorname, Name, Anschrift*]

- Schuldner/-in, -

[Verfahrensbevollmächtigte(r): Rechtsanwalt/-wältin ...... [*HIER Vorname, Name, Anschrift*]]

Nach dem vollstreckbaren ...... [*HIER Angabe des vollstreckbaren Schuldtitels: z. B. Urteil, Vollstreckungsbescheid*] des ......gerichts in ...... vom ...... 20.. Az.: ...... - und dem Kostenfestsetzungsbeschluss vom ...... 20.. Az.: ...... - stehen dem/der Gläubiger/-in [- den Gläubigern] gegen den/die Schuldner/-in nachfolgende Ansprüche zu:

a) ...... EUR Hauptforderung
b) ...... EUR ...... % Zinsen seit dem ...... 20.. für die Hauptforderung
c) ...... EUR vorgerichtliche Kosten
d) ...... EUR festgesetzte Kosten
e) ...... EUR ...... % Zinsen seit dem ...... 20..
f) ...... EUR bisherige Vollstreckungskosten (s. anliegende Aufstellung)
...... EUR

Wegen und bis zur Höhe dieser Ansprüche und wegen der Kosten für diesen Beschluss (siehe unten unter I.-III.)

a) wird die angeblich für den/die Schuldner/-in im Grundbuch des Amtsgerichtes von ...... Gemarkung ...... Blatt ...... in Abt. III und lfd. Nr.: ...... auf dem Grundstück lfd. Nr.: ...... des Bestandsverzeichnisses eingetragene Eigentümergrundschuld mit [- ohne] Brief in Höhe von ...... nebst ...... Zinsen seit dem ...... gepfändet.

b) wird die angebliche Eigentümergrundschuld, in die sich im Grundbuch des Amtsgerichtes von ...... Gemarkung ...... Blatt ...... in Abt. III und lfd. Nr.: ...... auf dem Grundstück lfd. Nr.: ...... des Bestandsverzeichnisses eingetragene Hypothek mit [- ohne] Brief in Höhe von ...... nebst ...... Zinsen seit dem ...... ganz oder teilweise umgewandelt hat, mit Zinsen seit dem ...... gepfändet. Gleichzeitig wird die zukünftig Eigentümergrundschuld gepfändet.

Weiterhin wird gepfändet:

- das Miteigentum an dem über die vorbezeichnete Hypothek erstellten Brief,
- der Anspruch auf Aufhebung der Gemeinschaft an dem Brief und
- auf Erstellung und Herausgabe eines Teilgrundschuldbriefes entweder durch das Grundbuchamt oder den Notar,
- der Anspruch auf Grundbuchberichtigung und Herausgabe der für diese Berichtigung erforderlichen Urkunden.

Drittschuldner der Hilfsansprüche ist:

...... [*HIER genaue Drittschuldnerbezeichnung, Firmenbezeichnung bzw. Vor- und Zuname, Vertretungsberechtigte, genaue Anschrift des Arbeitgebers*]

Zu a) und b):
Die Pfändung erfolgt auch wegen der Kosten der Briefwegnahme und der Eintragungskosten im Grundbuch.

[- Im Falle der Briefhypothek:
Die Pfändung erfasst auch den Anspruch des/der Schuldners/-in gegen

......

- Drittschuldner -

[*HIER genaue Drittschuldnerbezeichnung, Firmenbezeichnung bzw. Vor- und Zuname, Vertretungsberechtigte, genaue Anschrift des Arbeitgebers*]

auf Herausgabe des für die vorstehend bezeichnete Hypothek erstellten Briefes. Der Brief ist an den/die Gläubiger/-in herauszugeben.

Der Drittschuldner darf, insoweit die Ansprüche gepfändet sind, nicht mehr an den Schuldner zahlen.

Der Schuldner hat sich insoweit jeder Verfügung über die gepfändeten Ansprüche zu enthalten, insbesondere darf er sie nicht mehr einziehen.

Die gepfändeten Ansprüche werden dem Gläubiger zur Einziehung [- an Zahlung statt] überwiesen.

Kosten:

I. Gerichtskosten Gebühr (KV-Nr. 1640 GKG)	10,00 EUR
Summe I.:	10,00 EUR
II. Anwaltskosten	
Gegenstandswert	...... EUR
1. Gebühr (§§ 11, 31, 57 BRAGO)	...... EUR
2. Auslagen (Richtigkeit versichert)	...... EUR
3. Umsatzsteuer	...... EUR
Summe II.:	...... EUR
III. Zustellungskosten (Gerichtsvollzieherkostengesetz)	
a) Gebühr für die Zustellung an Drittschuldner	...... EUR
b) Gebühr für die Zustellung an Schuldner	...... EUR
c) Gebühr für die Beglaubigung von ...... Seiten	...... EUR
d) Pauschsatz Vordruckkosten	...... EUR
e) Wegegelder	...... EUR
f) Postgebühren für Zustellung an Schuldner/Drittschuldner	...... EUR
g)	...... EUR
Nachnahmekosten	...... EUR

Summe III.: ...... EUR

Gesamtsumme I.-III. ...... EUR

......, den ...... 20..

Amtsgericht

....

Rechtspfleger(in)

Ausgefertigt:

....

als Urkundsbeamter der Geschäftsstelle des Amtsgerichts

Anmerkung

Verfahren zu a): Bei der offenen – im Grundbuch eingetragenen – Eigentümergrundschuld gilt das zu 1.B.05.a.#03 und 1.B.05.a.#04 Gesagte.

Zu b) Die zukünftige Eigentümergrundschuld kann nur gepfändet werden: die Wirksamkeit tritt erst ein, wenn der (noch) Grundpfandrechtsgläubiger den Brief herausgibt bzw. die Eintragung der Pfändung im Grundbuch bei der Buchgrundschuld erfolgen kann. Hierzu muss das Grundbuch vorher berichtigt werden. Der Gläubiger hat einen Urkundenherausgabeanspruch (§ 792 ZPO, löschungsfähige Quittung, Verzichtserklärung pp.).

Rechtsmittel:
Gläubiger: Bei Ablehnung der Pfändung befristete Erinnerung nach § 11 Abs. 2 RPflG binnen 2 Wochen.
Schuldner: Bei Pfändung nach § 766 ZPO gilt § 834 ZPO, ebenso für sonstige Beteiligte. Siehe hierzu im genaueren auch Anmerkung zu Formular 1.B.03.b.#01 a. E.

Kosten:
Gerichtskosten:
Festgebühr von 10,– EUR nach GKG KV Nr. 1640 für jeden Schuldner.

Rechtsanwaltsgebühren:
3/10 Gebühr nach §§ 57, 58 Abs. 3 Nr. 6 BRAGO für jeden Schuldner; bei mehreren Gläubigern gilt § 6 BRAGO.

Streitwert:
Vollstreckungsforderung nebst Nebenforderungen, § 57 Abs. 2 BRAGO.

#07 Pfändung der Rückgewähransprüche bei der Grundschuld

[*HIER Ort, Datum*]

An das
Amtsgericht
- Vollstreckungsgericht -
[*HIER Anschrift*]

Betreff: Grundbuch vom ......, Blatt ......

In der Zwangsvollstreckungssache

des/der ...... [*HIER Vorname, Name, Anschrift*]

- Gläubigers/-in, -

Verfahrensbevollmächtigte(r): Rechtsanwalt/-wältin ...... [*HIER Vorname, Name, Anschrift*]

gegen

den/die ...... [*HIER Vorname, Name, Anschrift*]

- Schuldner/-in, -

[Verfahrensbevollmächtigte(r): Rechtsanwalt/-wältin ...... [*HIER Vorname, Name, Anschrift*]]

Namens und in Vollmacht des/der Gläubigers/-in beantrage ich,

den nachstehenden Beschluss zu erlassen. Die Zustellung bitte ich durch Vermittlung der Geschäftsstelle zu veranlassen, und zwar an den Drittschuldner mit der Aufforderung zur Erklärung gemäß § 840 ZPO [- besorge ich selbst].

Schuldtitel und ...... Unterlagen über bisherige Vollstreckungskosten sind beigefügt.

Der/Die Gläubiger/-in hat keine Prozesskostenhilfe. [- Der/Die Gläubiger/-in hat Prozesskostenhilfe.]

....
Rechtsanwalt/-wältin

Pfändungs- und Überweisungsbeschluss

des/der ...... [*HIER Vorname, Name, Anschrift*]

- Gläubigers/-in, -

Verfahrensbevollmächtigte(r): Rechtsanwalt/-wältin ...... [*HIER Vorname, Name, Anschrift*]

gegen

den/die ...... [*HIER Vorname, Name, Anschrift*]

- Schuldner/-in, -

[Verfahrensbevollmächtigte(r): Rechtsanwalt/-wältin ...... [*HIER Vorname, Name, Anschrift*]]

Nach dem vollstreckbaren ...... [*HIER Angabe des vollstreckbaren Schuldtitels: z. B. Urteil, Vollstreckungsbescheid*] des ......gerichts in ...... vom ...... 20.. Az.: ...... – und dem Kostenfestsetzungsbeschluss vom ...... 20.. Az.: ...... – stehen dem/der Gläubiger/-in [– den Gläubigern] gegen den/die Schuldner/-in nachfolgende Ansprüche zu:

a) ...... EUR Hauptforderung
b) ...... EUR ...... % Zinsen seit dem ...... 20.. für die Hauptforderung
c) ...... EUR vorgerichtliche Kosten
d) ...... EUR festgesetzte Kosten
e) ...... EUR ...... % Zinsen seit dem ...... 20..
f) ...... EUR bisherige Vollstreckungskosten (s. anliegende Aufstellung)
...... EUR

Wegen und bis zur Höhe dieser Ansprüche und wegen der Kosten für diesen Beschluss (siehe unten unter I.–III.) wird gepfändet der Anspruch des/der Schuldners/-in gegen

......

– Drittschuldner –

[*HIER genaue Drittschuldnerbezeichnung, Firmenbezeichnung bzw. Vor- und Zuname, Vertretungsberechtigte, genaue Anschrift des Arbeitgebers*]

- auf Rückübertragung der im Grundbuch vom ...... Blatt ...... in Abt. III unter lfd. Nr. ...... eingetragenen Grundschuld durch Rückabtretung, Verzicht oder Aufhebung sowohl hinsichtlich des vollen Grundschuldbetrages über ...... EUR oder eines Teiles der Grundschuld
- auf zukünftige Eigentümergrundschuld
- auf Auszahlung des Mehrerlöses, der in einer eventuellen Zwangsversteigerung auf die Grundschuld entfällt und von dem der Gläubiger nicht in Anspruch genommen wird
- auf Berichtigung des Grundbuches durch Umschreibung des Rechte in eine Eigentümergrundschuld und auf Herausgabe der für die Grundbuchberichtigung benötigten Urkunden
- auf Herausgabe des Grundschuldbriefes
- bei teilweiser Valutierung der Grundschuld:
  auf den Miteigentumsanteil an dem über die vorbezeichnete Grundschuld erstellten Brief, auf Aufhebung der Gemeinschaft an dem Brief und auf Erstellung und Herausgabe eines Teilgrundschuldbriefes entweder durch das Grundbuchamt oder den Notar
- bei abgetretenen Rückgewähransprüchen:
  auf Rückabtretung der abgetretenen Rückgewähransprüche gegenüber ...... – Drittschuldner –

Die Pfändung erfolgt auch wegen der Kosten der Briefwegnahme und der Eintragungskosten im Grundbuch.

Der Drittschuldner darf, insoweit die Ansprüche gepfändet sind, nicht mehr an den Schuldner zahlen.

Der Schuldner hat sich insoweit jeder Verfügung über die gepfändeten Ansprüche zu enthalten, insbesondere darf er sie nicht mehr einziehen.

Die gepfändeten Ansprüche werden dem Gläubiger zur Einziehung [– an Zahlung statt] überwiesen.

Kosten:

I. Gerichtskosten Gebühr (KV-Nr. 1640 GKG)	10,00 EUR
Summe I.:	10,00 EUR
II. Anwaltskosten	
Gegenstandswert	...... EUR
1. Gebühr (§§ 11, 31, 57 BRAGO)	...... EUR
2. Auslagen (Richtigkeit versichert)	...... EUR
3. Umsatzsteuer	...... EUR
Summe II.:	...... EUR
III. Zustellungskosten (Gerichtsvollzieherkostengesetz)	
a) Gebühr für die Zustellung an Drittschuldner	...... EUR
b) Gebühr für die Zustellung an Schuldner	...... EUR
c) Gebühr für die Beglaubigung von ...... Seiten	...... EUR
d) Pauschsatz Vordruckkosten	...... EUR
e) Wegegelder	...... EUR
f) Postgebühren für Zustellung an Schuldner/Drittschuldner	...... EUR
g)	...... EUR
Nachnahmekosten	...... EUR
Summe III.:	...... EUR
Gesamtsumme I.–III.	...... EUR

......, den ...... 20..

Amtsgericht

....

Rechtspfleger(in)

Ausgefertigt:

....

als Urkundsbeamter der Geschäftsstelle des Amtsgerichts

Anmerkung

Das Verfahren richtet sich nach §§ 857 Abs. 1, 829 ZPO.

Rechtsmittel:
Gläubiger: Bei Ablehnung der Pfändung befristete Erinnerung nach § 11 Abs. 2 RPflG binnen 2 Wochen.
Schuldner: Bei Pfändung nach § 766 ZPO gilt § 834 ZPO, ebenso für sonstige Beteiligte. Siehe hierzu im genaueren auch Anmerkung zu Formular 1.B.03.b.#01 a. E.

Kosten:
Gerichtskosten:
Festgebühr von 10,– EUR nach GKG KV Nr. 1640 für jeden Schuldner.

Rechtsanwaltsgebühren:
3/10 Gebühr nach §§ 57, 58 Abs. 3 Nr. 6 BRAGO für jeden Schuldner; bei mehreren Gläubigern gilt § 6 BRAGO.

Streitwert:
Vollstreckungsforderung nebst Nebenforderungen, § 57 Abs. 2 BRAGO.

#01 Antrag auf Zwangsversteigerung eines Grundstückes §§ 15 ff. ZVG

[*HIER Ort, Datum*]

An das
Amtsgericht
- Vollstreckungsgericht -
[*HIER Anschrift*]

In der Zwangsversteigerungssache
....../......
Az.: ......

Namens und in Vollmacht des/die Gläubigers/-in beantrage ich,

die Zwangsversteigerung des in ...... [*HIER genaue Ortsbezeichnung des Grundstücks*] belegenen, im Grundbuch des Amtsgerichts ...... von ......, Band ...... Blatt ...... Nr ...... verzeichneten, dem/der Schuldner/-in gehörigen Grundstücks(-anteils) aufgrund des anliegenden vollstreckbaren, mit Zustellungsurkunde versehenen Titels, wegen nachstehender Ansprüche anzuordnen:

1. Hauptforderung nebst ......% Zinsen seit dem	...... EUR
2. festgesetzte Kosten nebst ......% Zinsen seit dem	...... EUR
3. Kosten der bisherigen Zwangsvollstreckung lt. Anlage	...... EUR
4. Kosten für diesen Antrag	...... EUR

....
Rechtsanwalt/-wältin

Anmerkung

Zuständig ist für die Zwangsversteigerung das Vollstreckungsgericht, § 15 ZVG. Die örtliche Zuständigkeit liegt nach § 1 ZVG bei dem Amtsgericht, in dessen Bezirk das Grundstück gelegen ist. Verfahren nach § 15 ff. des Gesetzes über die Zwangsversteigerung und Zwangsverwaltung (ZVG). Der Antrag auf Zwangsversteigerung kann nur gestellt werden, wenn der Schuldner im Grundbuch als Eigentümer eingetragen ist oder wenn er Erbe des eingetragenen Eigentümers ist § 17 Abs. 1 ZVG. Darauf ist in dem Antrag hinzuweisen. Nachweis der Rechtsnachfolge ist notwendig, soweit das nicht bei Gericht offenkundig ist. Also Einsicht im Grundbuch vor Antragstellung stets erforderlich.

Bei Zwangsversteigerung aus einem eingetragenen Recht hat eine nach der Beschlagnahme bewirkte Veräußerung des Grundstücks auf den Fortgang des Verfahrens gegen den Schuldner keinen Einfuß, § 26 ZVG.

Büromäßige Behandlung:
Der Antrag ist mit einer Abschrift für den Schuldner einzureichen. Ihm ist der Vollstreckungstitel – und wenn das Grundbuch nicht bei dem Versteigerungsgericht geführt wird, ein neuer Auszug aus dem Grundbuch beizufügen (§ 17 Abs. 2 ZVG). Ist das Versteigerungsgericht zugleich Grundbuchamt, so genügt statt des Grundbuchauszuges die Bezugnahme auf das Grundbuch: § 17 Abs. 2 ZVG.

Kosten:
Gerichtskosten:
Festgebühr von 51,– EUR gem. GKG KV Nr. 5210, für das weitere Verfahren i. d. R. 2 Gerichtsgebühren, vgl. GKG KV Nr. 5210 ff.

Rechtsanwaltsgebühren:
3/10 Gebühr nach § 68 Abs. 1 Nr. 1 BRAGO.

Gegenstandswert:
Wert der zu vollstreckenden Forderung ohne Nebenkosten (§ 22 Abs. 1 GKG), maximal der Grundstückswert, vgl. § 29 Abs. 1 GKG u. § 68 Abs. 3 Nr. 1 BRAGO.

#02 Antrag auf Zwangsversteigerung eines Grundstückes aus einem eingetragenen Recht

[*HIER Ort, Datum*]

An das
Amtsgericht
- Vollstreckungsgericht -
[*HIER Anschrift*]

In der Zwangsversteigerungssache
....../......
Az.: ......

Namens und in Vollmacht des/die Gläubigers/-in beantrage ich,
die Zwangsversteigerung des im Grundbuch des Amtsgerichts ...... von ...... Blatt ...... verzeichneten Grundstücks [*HIER evtl. Einzelbezeichnung der Grundstücke nach lfd. Nr. des Bestandsverzeichnisses, falls nicht der gesamte Grundbesitz für das Recht des Gläubigers haftet*] wegen der nachstehenden dem Gläubiger aus der in Abt. III unter Nr. ...... des Grundbuchs eingetragenen Hypothek [- Grundschuld] zustehenden Forderung anzuordnen:

1. Kapitalbetrag nebst ......% Zinsen seit dem	...... EUR
2. festgesetzte Kosten nebst ......% Zinsen seit dem	...... EUR
3. Kosten der bisherigen Zwangsvollstreckung lt. Anlage	...... EUR
4. Kosten für diesen Antrag	...... EUR

Der Antrag erfolgt aus dem nachstehenden dinglichen Titel:

...... [*notarielle Urkunde ...... nebst Klausel und Zustellung*]

Begründung:

Der Gläubiger hat aus dem Schuldtitel die oben berechnete Forderung zu verlangen. Die Forderung ist fällig. Wegen der Forderung ist im Grundbuch in Abt.III unter Nr. ...... eine Hypothek [- Grundschuld] eingetragen. Der Gläubiger verlangt die Befriedigung wegen seiner Forderung aus diesem Recht.

....
Rechtsanwalt/-anwältin

Anmerkung

Siehe Anmerkung zu Formular 1.B.05.b.#01.

#03 Antrag auf Zwangsversteigerung aus einer Zwangsversicherungshypothek

[*HIER Ort, Datum*]

An das
Amtsgericht
- Vollstreckungsgericht -
[*HIER Anschrift*]

In der Zwangsversteigerungssache
....../......
Az.: ......

Namens und in Vollmacht des/die Gläubigers/-in beantrage ich,

die Zwangsversteigerung des im Grundbuch des Amtsgerichts ...... von ...... Blatt ...... verzeichneten Grundstücks [*HIER evtl. Einzelbezeichnung der Grundstücke nach lfd. Nr. des Bestandsverzeichnisses, falls nicht der gesamte Grundbesitz für das Recht des Gläubigers haftet*] wegen der nachstehenden dem Gläubiger aus der in Abt. III unter Nr. ...... des Grundbuchs eingetragenen Zwangssicherungshypothek anzuordnen:

1. Kapitalbetrag nebst ......% Zinsen seit dem	...... EUR
2. Kosten der Eintragung der Hypothek im Grundbuch	...... EUR
3. Kosten für die Erwirkung des dinglichen Titels	...... EUR
4. Kosten für diesen Antrag	...... EUR

Der Antrag erfolgt aus dem nachstehenden dinglichen Titel: ...... [notarielle Urkunde ...... nebst Klausel und Zustellung]

....
Rechtsanwalt/-wältin

Anmerkung

Siehe Anmerkung zu Formular 1.B.05.b.#01.

#04 Beitritt zum Zwangsversteigerungsverfahren

[*HIER Ort, Datum*]

An das
Amtsgericht
- Vollstreckungsgericht -
[*HIER Anschrift*]

In der Zwangsversteigerungssache
....../......
Az.: ......

Namens und in Vollmacht des/die Gläubigers/-in beantrage ich,
den Beitritt zu der oben bezeichneten Zwangsversteigungssache zuzulassen.

Begründung:

Der Gläubiger hat gegen den Schuldner aus dem vollsreckbaren Titel des ...... gerichts in ...... Az. ...... folgende fällige Forderung:

1. Kapitalbetrag nebst ......% Zinsen seit dem	...... EUR
2. festgesetzte Kosten nebst ......% Zinsen seit dem	...... EUR
3. Kosten der bisherigen Zwangsvollstreckung lt. Anlage	...... EUR

Der Schuldner ist Eigentümer des in dem Grundbuch des Amtsgerichts von ...... Blatt ...... verzeichneten Grundstücks, dessen Versteigerung in den Akten ...... angeordnet ist.

Wegen der oben bezeichneten Forderung des Gläubigers, die sich aus den beigefügten Unterlagen ergibt, ist der Beitritt zur Zwangsversteigerung zuzulassen.

[Wenn der Beitritt aus einem eingetragenen Recht betrieben wird, ist der letzte Absatz wie folgt zu fassen:

Wegen der Forderung des Gläubigers ist in Abt.III unter Nr. ...... des Grundbuchs eine Hypothek [- Grundschuld] eingetragen. Die Befriedigung aus diesem Recht im Range desselben ist beantragt.]

....
Rechtsanwalt/-wältin

Anmerkung

Siehe Anmerkung zu Formular 1.B.05.b.#01.

#05 Einstweilige Einstellung der Zwangsversteigerung auf Antrag des Schuldners § 30 a ZVG

[*HIER Ort, Datum*]

An das
Amtsgericht
- Vollstreckungsgericht -
[*HIER Anschrift*]

In der Zwangsversteigerungssache
....../......
Az.: ......

auf einstweilige Einstellung der Zwangsversteigerung.

Namens und in Vollmacht des/der Schuldners/-in beantrage ich,

die für den/die Gläubiger/-in angeordnete Zwangsversteigerung einstweilen [- auf die Dauer von 6 Monaten] einzustellen.

Begründung:

Durch Beschluss vom ...... ist die Zwangsversteigerung der in dem Antrag bezeichneten Grundstücke angeordnet worden.

Nachweislich anliegender Bescheinigung des Amtsarztes [- Krankenhauses] in ...... war der Schuldner wegen eines erlittenen Unfalls in stationärer Krankenbehandlung und konnte aus diesem Grunde den Forderungen des Gläubigers ...... [*HIER Name und Anschrift*] nicht nachkommen.

[- Der Antragsteller hat seine berufliche Tätigkeit wieder aufgenommen und ist in der Lage, seinen dem Gläubiger gegenüber obliegenden Verpflichtungen nachzukommen.]

Es besteht daher Aussicht, dass durch die Einstellung des Verfahrens die Zwangsversteigerung vermieden wird. Nach den persönlichen und wirtschaftlichen Verhältnissen des Schuldners, sowie nach der Art der Schuld entspricht sie auch der Billigkeit, weil ...... [*HIER folgt Ausführung*].

Die einstweilige Einstellung der Zwangsversteigerung auf - 6 Monate - ist bei der bezeichneten Sachlage dem Gläubiger auch zuzumuten, weil ...... [*HIER folgt Ausführung*].

Anbei: Attest [- Krankenhausbescheinigung].

....
Rechtsanwalt/-wältin

Anmerkung

Verfahren nach § 30 a ZVG. Der Antrag ist dem Gericht mit der erforderlichen Anzahl von Abschriften zwecks Anhörung des Gläubigers einzureichen.

Kosten:
Rechtsanwaltsgebühren:
Für den Rechtsanwalt: § 68 Abs. 1 Nr. 1 BRAGO. Ein besondere Gebühr entsteht für den Antrag auf Einstellung nach § 765 a ZPO, vgl. § 58 Abs. 3 Nr. 3 BRAGO.

#06 Einstweilige Einstellung der Zwangsversteigerung auf Antrag des Gläubigers § 30 ZVG

[*HIER Ort, Datum*]

An das
Amtsgericht
- Vollstreckungsgericht -
[*HIER Anschrift*]

In der Zwangsversteigerungssache
....../......
Az.: ......

bewillige ich namens und für den/die Gläubiger/-in die einstweilige Einstellung des auf den Namen meines Mandanten angeordneten Zwangsversteigerungsverfahren.

....
Rechtsanwalt/-anwältin

Anmerkung

Verfahren gemäß § 30 ZVG. Antrag kann ohne Abschrift eingereicht werden. Die Einstellung kann wiederholt bewilligt werden. Eine 3. Bewilligung des Gläubigers gilt als Rücknahme des Versteigerungsantrages, § 30 Abs. 1 ZVG.

Kosten:
Rechtsanwaltsgebühren:
3/10 Gebühr nach § 68 Abs. 1 Nr. 1 BRAGO.

#07 Fortsetzung der Zwangsversteigerung auf Antrag des Gläubigers § 31 ZVG

[*HIER Ort, Datum*]

An das
Amtsgericht
- Vollstreckungsgericht -
[*HIER Anschrift*]

In der Zwangsversteigerungssache
....../......
Az.: ......

Namens und in Vollmacht des/die Gläubigers/-in beantrage ich,
die Fortsetzung des am ...... eingestellten Zwangsversteigerungsverfahrens.

Begründung:

Die an die Einstellung geknüpften Erwartungen sind nicht erfüllt worden. Weder hat der Schuldner seine berufliche Tätigkeit wieder aufgenommen noch ist er den übernommenen Verpflichtungen (Ratenzahlung usw.) nachgekommen. Vielmehr hat sich seine wirtschaftliche Lage weiter verschlechtert.

...... [Es folgen Ausführungen]

Dem Gläubiger ist daher längeres Warten nicht zuzumuten.

....
Rechtsanwalt/-anwältin

Anmerkung

Verfahren nach § 31 ZVG. Der Antrag ist innerhalb von sechs Monaten zu stellen. Für den Fristbeginn in den verschiedenen Fällen s. § 31 Abs. 2 ZVG. Das Gericht hat den Gläubiger auf den Fristbeginn nebst Rechtsfolgen hinzuweisen, was für den Fristbeginn maßgebend ist, § 31 Abs. 3 ZVG.

#08 Forderungsanmeldung eines dinglichen Gläubigers zum Zwangsversteigerungsverfahren

[*HIER Ort, Datum*]

An das
Amtsgericht
- Vollstreckungsgericht -
[*HIER Anschrift*]

In der Zwangsversteigerungssache
....../......
Az.: ......

melde ich namens und in Vollmacht des/der Gläubigers/-in nachfolgende dingliche Ansprüche aus der im Grundbuch von ...... Blatt ...... eingetragenen Hypothek/Grundschuld, eingetragen in Abt. III Nr. ...... zum Verfahren an:

1. Kapitalbetrag nebst ......% Zinsen seit dem	...... EUR
2. Kosten der bisherigen dinglichen Rechtsverfolgung	...... EUR
3. Anordnungs-/Beitrittskosten	...... EUR
4. Kosten für die Terminswahrnehmung (geschätzt)	...... EUR
5. Rechtsanwaltskosten	...... EUR

....
Rechtsanwalt/-anwältin

Anmerkung

Eine Anmeldung zum Zwangsversteigerungsverfahren ist nur dann rangwahrend, wenn sie spätestens im Versteigerungstermin vor der Aufforderung zur Abgabe von Geboten eingericht wird, § 37 Nr. 4 ZVG. Zur Berücksichtigung angemeldet werden müssen alle Rechte, die zeitgleich oder nach dem Zwangsversteigerungsvermerk im Grundbuch eingetragen sind. Rückständige Zinsen der dinglichen Rechte müssen ebenso immer angemeldet werden wie sämtliche Kosten der dinglichen Rechtsverfolgung, §§ 10 Abs. 2, 13 ZVG.

#09 Antrag auf Freigabe eines Zubehörgegenstandes in der Zwangsversteigerung

[*HIER Ort, Datum*]

An das
Amtsgericht
- Vollstreckungsgericht -
[*HIER Anschrift*]

In der Zwangsversteigerungssache
....../......
Az.: ......

beantrage ich namens und in Vollmacht der Firma ...... [*HIER Firmenbezeichnung, Anschrift*] das Zwangsversteigerungsverfahren hinsichtlich der sich auf dem zu versteigernden Grundstück befindenden Gegenstände ...... aufzuheben.

Sämtliche betreibenden Gläubiger haben insoweit die Freigabe erklärt.

[- Ich überreiche anliegend eine Ausfertigung des Beschlusses des ...... gerichts vom ...... Az.: ......, aus der sich die einstweilige Einstellung des Verfahrens in nachfolgende Gegenstände ergibt, §§ 775, 776 ZPO: ......]

....
Rechtsanwalt/-anwältin

Anmerkung

Die rechtzeitige Freigabe oder Einstellung von Fremdzubehör muss spätestens im Versteigerungstermin vor der Aufforderung von Geboten erklärt und nachgewiesen, § 37 Nr. 5 ZVG. Sollte bis zu diesem Zeitpunkt weder die Freigabe der betreibenden Gläubiger vorliegen noch eine einstweilige Einstellung des Prozessgerichts eingereicht werden können, kann auch das Zwangsversteigerungsgericht in dringenden Fällen selbst vorläufig die Zwangsversteigerung in diese Gegenstände einstweilen einstellen, §§ 771, 769 Abs. 2 ZPO.

Kosten:
Für den Rechtanwalt § 118 BRAGO.

#10 Antrag auf Klauselerteilung zum Zuschlagsbeschluss

[*HIER Ort, Datum*]

An das
Amtsgericht
- Vollstreckungsgericht -
[*HIER Anschrift*]

In der Zwangsversteigerungssache
....../......
Az.: ......

beantrage ich namens und in Vollmacht des/der Erstehers/-in ......,
den Zuschlagsbeschluss vom ...... für vollstreckbar zu erklären, und zwar gegen den/die Schuldner/-in und seine/ihre Familienangehörigen.

....
Rechtsanwalt/-anwältin

Anmerkung

Der Zuschlagsbeschluss ist ein Räumungstitel gegen den Schuldner und seine Familienangehörigen, § 93 ZVG. Die Räumung erfolgt durch den Gerichtsvollzieher. Bei Weigerung des Schuldners ist ein Durchsuchungsbeschluss erforderlich, § 758 a ZPO, dieser Beschluss wird durch den Richter erteilt.

#11 Antrag auf Zwangsversteigerung zum Zwecke der Aufhebung einer Gemeinschaft §§ 180 ff. ZVG

[*HIER Ort, Datum*]

An das
Amtsgericht
- Vollstreckungsgericht -
[*HIER Anschrift*]

In der Zwangsversteigerungssache
....../......
Az.: ......

zum Zwecke der Aufhebung der ...... Erben [- Miteigentümer-Gemeinschaft] zwischen

......

beantrage ich,

für den im Grundbuch eingetragenen [- Mit-]Eigentümer des in ...... [*HIER Ortsbezeichnung des Grundstücks*] belegenen, im Grundbuch des Amtsgerichts in ...... von ...... Band ...... Blatt ...... verzeichneten Grundstückes, die Zwangsversteigerung zum Zwecke der Aufhebung der ...... -Gemeinschaft anzuordnen.

Begründung:

...... [*HIER folgt Ausführung*]

....
Rechtsanwalt/-anwältin

Anmerkung

Zuständigkeit: Amtsgericht im Bezirk der belegenen Sache. § 1 ZVG.

Das Verfahren kann auf Antrag jedes eingetragenen Miteigentümers oder Miterben eines eingetragenen Grundstückes, grundstücksgleichen Rechtes, Schiff, Schiffs-Bauwerk, Luftfahrzeug jederzeit ohne vollstreckbaren Titel angeordnet werden, §§ 180, 181 ZVG. Durch das Verfahren wird die Auseinandersetzung nur vorbereitet, indem die Gemeinschaft aufgehoben wird. Es ist nicht Sache des Gerichts, den Erlös zu verteilen, sondern der Miteigentümer selbst. Den Antrag kann auch der Pfändungsgläubiger stellen.

Büromäßige Behandlung:
Mit Abschrift für jeden Miteigentümer einreichen.

Kosten:
Gerichtskosten:
Kein Gerichtskostenvorschuss.

Rechtsanwaltsgebühren:
§§ 68 ff. BRAGO gelten entsprechend.

#12 Einstellungsantrag in der Teilungsversteigerung § 180 Abs. 2 ZVG

[*HIER Ort, Datum*]

An das
Amtsgericht
- Vollstreckungsgericht -
[*HIER Anschrift*]

In der Zwangsversteigerungssache
....../......
Az.: ......

zur Aufhebung der Gemeinschaft bestehend aus den Miteigentümern ......

beantrage ich namens und in Vollmacht des/der Miteigentümers/-in ......
die einstweilige Einstellung des Verfahrens.

Ich beantrage,
das Verfahren auf die Dauer von 6 Monaten einstweilen einzustellen. Diese Einstellung ist nach Abwägung aller widerstreitenden Interessen der Miteigentümer geboten.

Gründe:

[*z. B. Versteigerung zur Unzeit, Darlehensbeschaffung steht in Aussicht, freihändiger Verkauf wäre günstiger*]

....
Rechtsanwalt/-anwältin

Anmerkung

Der Antrag auf einstweilige Einstellung ist binnen einer Notfrist von 2 Wochen zu beantragen. Die Frist beginnt ab Zustellung des Anordnungsbeschlusses nebst Belehrung, § 30 b Abs. 1 ZVG.

#13 Antrag auf einstweilige Einstellung des Teilungsversteigerungsverfahrens zum Schutze des Kindeswohls § 180 Abs. 3 ZVG

[*HIER Ort, Datum*]

An das
Amtsgericht
- Vollstreckungsgericht -
[*HIER Anschrift*]

In der Zwangsversteigerungssache
....../......
Az.: ......

In der Teilungsversteigerungssache der Miteigentümer ...... beantrage ich namens und in Vollmacht des/der ......

das Verfahren auf die Dauer von ...... einzustellen.

Gründe:

Das Verfahren ist auf Antrag des Herrn/Frau ...... angeordnet worden. Zum Schutze des gemeinsamen Kindes ...... ist das Verfahren auf die Dauer von mindestens ...... Jahren einzustellen.

Die Durchführung des Verfahrens bedeutet eine ernsthafte Gefährdung des Wohles des Kindes ...... [Es folgen weitere Ausführungen]

....
Rechtsanwalt/-anwältin

Anmerkung

Der Antrag auf einstweilige Einstellung ist binnen einer Notfrist von 2 Wochen zu stellen. Die Frist beginnt ab Zustellung der Anordnung und der Belehrung, § 30 b ZVG. Die Höchstdauer der einstweiligen Einstellung beträgt fünf Jahre, § 180 Abs. 4 ZVG.

#14 Antrag auf Anordnung der Zwangsverwaltung §§ 146 ff. ZVG

[*HIER Ort, Datum*]

An das
Amtsgericht
- Vollstreckungsgericht -
[*HIER Anschrift*]

In der Zwangsversteigerungssache

....../......
Az.: ......

Namens und in Vollmacht des/der Gläubigers/-in beantrage ich, wegen der ihm/ihr zustehenden

Hauptforderung in Höhe von ......EUR nebst ......% Zinsen seit dem ......

die Zwangsverwaltung des in ...... gelegenen, in dem Grundbuch des Amtsgerichts ...... Blatt ...... verzeichneten Grundstücks ...... anzuordnen.

Begründung:

Der Schuldner ist Eigentümer [- im Eigenbesitz] des oben genannten Grundstücks.

Beweis: [nur bei Eigenbesitz nötig]

Der mit Zustellungsurkunde vom ...... 20.. versehene vollstreckbare Titel wird beigefügt.

Ich rege an, Herrn ...... [*HIER Name, Anschrift*] zum Zwangsverwalter zu bestellen.

....
Rechtsanwalt/-anwältin

Anmerkung

Verfahren nach §§ 146 ff. ZVG. Der Antrag ist an das Amtsgericht zu richten, in dessen Bezirk das Grundstück belegen ist. Im Gegensatz zur Zwangsversteigerung ist die Zwangsverwaltung auch dann zulässig, wenn der Schuldner nicht als Eigentümer eingetragen, aber Eigenbesitzer des Grundstücks ist, § 147 ZVG. Hat der Schuldner/Antragsgegner das Grundstück in Eigenbesitz, so sind demgemäß Urkunden bzw. Beweise dem Antrag beizufügen, die den Eigenbesitz nachweisen, § 147 ZVG.

Kosten:
Gerichtskosten:

a. für die Anordnung der Zwangsverwaltung: eine Festgebühr von 51,– EUR nach GKG KV Nr. 5220.
b. für die Durchführung der Zwangsverwaltung: jährlich eine 1/2 Gebühr nach GKG KV Nr. 5221.

Rechtsanwaltsgebühren:
Für den Rechtsanwalt 3/10 Gebühr nach § 69 Abs. 1 Nr. 1 BRAGO. Bei Vertretung im weiteren Verfahren 3/10, mindestens 40,– EUR, § 69 Abs. 1 Nr. 2 BRAGO.

06. Zwangsvollstreckung zur Erwirkung von Handlungen

#01 Herausgabevollstreckung § 883 ZPO

[*HIER Ort, Datum*]

An das
Amtsgericht
- Gerichtsvollzieherverteilerstelle beim Amtsgericht -
[*HIER Anschrift*]

In der Zwangsvollstreckungssache
....../......
Az.: ......

überreiche ich anliegend die vollstreckbare Ausfertigung des ...... gerichts in ...... vom ...... Az.: ...... mit dem Auftrag, nachfolgend näher bezeichnete, aus dem Titel erkennbare, Gegenstände bei dem/der Schuldner/-in wegzunehmen und mir zu übergeben:

...... [*HIER genaue Bezeichnung der Gegenstände*]

Gleichzeitig bitte ich wegen der entstandenen Kosten die Sachpfändung durchzuführen.

....
Rechtsanwalt/-wältin

Anmerkung

Zuständig ist der Gerichtsvollzieher, in dessen Bezirk der Schuldner seinen Wohnsitz hat. War der Schuldtitel noch nicht zugestellt, muss noch eine Abschrift des Titels für den Schuldner beigefügt werden.

Kosten:
Gerichtvollzieherkosten:
Festgebühr von 20,– EUR nach KV zum GVKostG Nr. 221, wird die Sache nicht vorgefunden, dann nur 12,50 nach KV zum GVKostG Nr. 604; Zeitzuschlag bei mehr als 3 Stunden nach KV Nr. 500.

Rechtsanwaltsgebühren:
3/10 Gebühr nach § 57 BRAGO.

Streitwert:
Für die Herausgabevollstreckung ist der Wert der herauszugebenden Gegenstände maßgebend, § 57 Abs. 2 Nr. 2 BRAGO.

#02 Verfahren zur Abgabe der eidesstattlichen Versicherung § 883 Abs. 2 ZPO

[*HIER Ort, Datum*]

An das
Amtsgericht
- Gerichtsvollzieherverteilerstelle beim Amtsgericht -
[*HIER Anschrift*]

In der Zwangsvollstreckungssache
....../......
Az.: ......

hat die Herausgabevollstreckung aus dem anliegend beigefügten Schuldtitel des ...... vom ...... Az.: ...... nicht zum Erfolg geführt.

Namens und in Vollmacht des/der Gläubigers/-in beantrage ich,

einen Termin zur Abgabe der eidesstattlichen Versicherung gemäß § 883 ZPO zu bestimmen. In dem Termin hat der/die Schuldner/-in an Eides Statt zu versichern, dass er/sie die herauszugebenden Gegenstände
...... [*HIER Gegenstand genau bezeichnen*]

nicht besitzt und auch nicht weiß, wo sich diese befinden. Der/Die Schuldner/-in hat gegebenenfalls detailliert Angaben zum Verbleib der Sachen zu machen. Sollte der/die Schuldner/-in die eidesstattliche Versicherung verweigern oder dem Termin fernbleiben, erbitte ich einen Haftbefehl zu erteilen und mir zu übersenden.

....
Rechtsanwalt/-wältin

Anmerkung

Der Antrag zur Abgabe der eidesstattlichen Versicherung ist bei dem Amtsgericht einzureichen, in dessen Bezirk der Schuldner seinen Wohnsitz hat. Dem Antrag ist der Vollstreckungstitel, aus dem sich die herauszugebenden Sachen ergeben, beizufügen. Gleichfalls beizufügen ist das Gerichtsvollzieherprotokoll.

Wird die Sache nicht gefunden, muss der Schuldner auf Gläubigerantrag nach § 883 Abs. 2 ZPO die eidesstattliche Versicherung abgeben. Da hierfür auch der Gerichtsvollzieher zuständig ist, ist es ratsam den Antrag des § 883 Abs. 1 ZPO mit dem Antrag auf Abnahme der eidesstattlichen Offenbarungsversicherung gem. § 883 Abs. 2 ZPO zu kombinieren. Dann kann gem. § 883 Abs. 3 ZPO auch Auskunft verlangt werden, wie und an wen der Schuldner den Besitz verloren hat.

Kosten:
Rechtsanwaltsgebühren:
Besondere Angelegenheit, vgl. § 58 Abs. 3 Nr. 11 BRAGO.

#03 Antrag auf Ersatzvornahme und Kostenvorschuss § 887 ZPO

[*HIER Ort, Datum*]

An das
Amtsgericht
- Prozessgericht -
[*HIER Anschrift*]

In der Zwangsvollstreckungssache
....../......
Az.: ......

Namens und in Vollmacht des/der Gläubigers/-in beantrage ich,

Der/Die Gläubiger/-in wird ermächtigt, die nach dem vollstreckbaren Urteil des ...... gerichts vom ...... Az.: ...... von dem/der Schuldner/-in vorzunehmende Handlung ...... durch einen von dem/der Gläubiger/-in zu beauftragenden ...... vornehmen zu lassen.

Zugleich ist der/die Schuldner/-in zu verpflichten, die für die Ersatzvornahme voraussichtlich entstehenden Kosten über ......EUR an den/die Gläubiger/-in vorauszuzahlen.

....
Rechtsanwalt/-wältin

Anmerkung

Zuständig ist das Prozessgericht des ersten Rechtszuges, § 887 Abs. 1 ZPO. Zur Kostenvorauszahlung, vgl. § 887 Abs. 2 ZPO.

Rechtsmittel:
Sofortige Beschwerde, § 793 mit §§ 567 ff. ZPO binnen 2 Wochen nach Zustellung der Entscheidung, § 569 Abs. 1 ZPO.

Kosten:
Gerichtskosten:
Keine.

Rechtsanwaltsgebühren:
Zur Vollstreckung des Kostenvorschusses entsteht eine weitere Gebühr gemäß § 58 Abs. 3 Nr. 7 BRAGO.

#04 Antrag zur Erzwingung von Unterlassung und Duldung § 890 ZPO

[*HIER Ort, Datum*]

An das
Amtsgericht
- Prozessgericht -
[*HIER Anschrift*]

In der Zwangsvollstreckungssache
....../......
Az.: ......

Namens und in Vollmacht des/der Gläubigers/-in beantrage ich:

Gegen den/die Schuldner/-in wird wegen des Verstoßes gegen das Verbot ...... ein Ordnungsgeld bis zu 250.000,- EUR, ersatzweise Ordnungshaft bis zu sechs Monaten festgesetzt bzw. angeordnet.

Weiterhin ist der/die Schuldner/-in zu verpflichten, für den entstandenen Schaden und die entstandenen Kosten des Verfahrens Sicherheit in Höhe von ...... EUR zu leisten.

Gründe:
......

....
Rechtsanwalt/-wältin

Anmerkung

Der Antrag ist beim Prozessgericht des ersten Rechtszuges zu stellen, § 890 Abs. 1 ZPO. Zu den Voraussetzungen, vgl. § 890 Abs. 2 ZPO, und zur Bestellung einer Sicherheit, § 890 Abs. 3 ZPO.

Rechtsmittel:
Sofortige Beschwerde binnen 2 Wochen, § 793 ZPO.

Kosten:
Gerichtskosten:
Keine.

Rechtsanwaltsgebühren:
3/10 Gebühr nach § 58 Abs. 3 Nr. 9 BRAGO. Für den Antrag auf Sicherheitsleistung eine 3/10 Gebühr nach § 58 Abs. 3 Nr. 10 BRAGO.

#05 Antrag auf Grundbucheintragung § 895 ZPO – Fiktion einer Willenserklärung –

[*HIER Ort, Datum*]

An das
Amtsgericht
- Grundbuchamt -
[*HIER Anschrift*]

Betreff: Grundbuch vom .... Blatt ....

In Sachen
....../......
Az.: ......

Namens und in Vollmacht des/der Gläubigers/-in beantrage ich,
die Eintragung einer Vormerkung zur Sicherung des Anspruches auf ...... im Grundbuch vom ...... Blatt ...... auf dem Grundstück ...... einzutragen.

Der Schuldner ist aufgrund beigefügten Urteils des ...... gerichts ...... vom ...... Az.: ...... zur Abgabe der ...... Erklärung verurteilt worden. Das Urteil ist vorläufig vollstreckbar.

Die Eintragung, eine Vormerkung zur Sicherung des vorbezeichneten Anspruches, gilt somit als bewilligt.

....
Rechtsanwalt/-wältin

Anmerkung

Der Antrag kann formlos bei dem Grundbuchamt eingereicht werden, in dessen Bezirk das Grundstück liegt. Die Vormerkung kann eingetragen werden zur Sicherung des Anspruches auf Eigentumsumschreibung oder Einräumung eines dinglichen Rechts am Grundstück.

Das Urteil bedarf keiner Klausel und muss auch nicht zugestellt sein.

Rechtsmittel:
Beschwerde nach § 71 GBO.

Kosten:
Gerichtskosten:
1/2 Gebühr nach § 66 KostO.

Rechtsanwaltsgebühren:
Gebühr nach § 118 BRAGO.

07. Rechtsbehelfe, Rechtsmittel und Klagen

#01 Erinnerung des Schuldners [Gläubigers] § 766 ZPO – gegen die Art und Weise der Zwangsvollstreckung

[*HIER Ort, Datum*]

An das
Amtsgericht
– Vollstreckungsgericht –
[*HIER Anschrift*]

In der Zwangsvollstreckungssache
des/der ...... [*HIER Vorname, Name, Anschrift*]

– Gläubigers/-in, –

Verfahrensbevollmächtigte(r): Rechtsanwalt/-wältin ...... [*HIER Vorname, Name, Anschrift*]

gegen

den/die ...... [*HIER Vorname, Name, Anschrift*]

– Schuldner/-in, –

[Verfahrensbevollmächtigte(r): Rechtsanwalt/-wältin ...... [*HIER Vorname, Name, Anschrift*]]

Namens und in Vollmacht des/der Gläubigers/-in [– Schuldners/-in] lege ich
Erinnerung nach § 766 Abs. 1 ZPO gegen folgende Maßnahme der Zwangsvollstreckung:
......

ein und beantrage,
diese ganz [– teilweise] aufzuheben.

[– Erinnerung nach § 766 Abs. 2 ZPO gegen
[– die Art und Weise der Vollstreckung]
[– den Ansatz der Vollstreckungskosten]
durch den zuständigen Gerichtsvollzieher.]

Begründung:

[Sachpfändung]
Der Gerichtsvollzieher hat gemäß des beigefügten Vollstreckungsprotokolls vom ...... – DR.Nr.: ...... die folgenden Sachen gepfändet: ...... [*HIER Auflistung*], die nach § 811 Ziff. ...... ZPO nicht gepfändet werden dürfen.

Der Schuldner benötigt diese Gegenstände ...... [*genaue Begründung für die einzelnen Anwendungsfälle*].

Zur Glaubhaftmachung wird auf die beigefügte eidesstattliche Versicherung des ...... Bezug genommen.

Anlage: Vollstreckungsprotokoll des Gerichtsvollziehers ...... vom ...... Dr.Nr. ......

[Forderungspfändung]
Der Pfändungs- und Überweisungsbeschluss vom ...... – Az. ...... – ist ohne Anhörung des Schuldners und unter Nichtbeachtung des dem Schuldner zu belassenden pfandfreien Betrages ergangen. [*nähere Ausführungen dazu, vgl. §§ 850 ff. ZPO*]

[§ 766 Abs. 2 ZPO – Untätigkeit/Weigerung]

Dem zuständigen Gerichtsvollzieher wurde der in Abschrift beigefügte Vollstreckungsauftrag vom ...... erteilt. Dieser ist bis heute trotz mehrfacher Erinnerungen nicht ausgeführt. Ein sachlicher Grund ist nicht erkennbar.

Anlage: Abschriften des Vollstreckungsauftrages und der Erinnerungsschreiben.

[– Die mit Schreiben des Gerichtsvollziehers ...... vom ...... ausgesprochene Weigerung der Vollstreckungsmaßnahme ist unberechtigt, weil ...... [*konkret darstellen*].

Anlage: Schreiben des Gerichtsvollziehers in Ablichtung.

[§ 766 Abs. 2 ZPO – Kosten]

Die für die ...... [*konkrete Vollstreckungsmaßnahme*] des Gerichtsvollziehers ...... – DR.Nr.: ...... am ...... angesetzten Kosten sind nicht gerechtfertigt, weil ...... [*kurze, aber detaillierte Begründung*].

....
Rechtsanwalt/-wältin

Anmerkung

Die Erinnerung nach § 766 Abs. 1 ZPO richtet sich gegen einzelne – konkret zu benennende Maßnahmen der Zwangsvollstreckung.

Das Gericht kann nach §§ 766 Abs. 1 S. 2, 732 Abs. 2 ZPO die weitere Vollstreckung aufhalten.

Die entscheidungserheblichen Tatsachen sollten glaubhaft gemacht werden.

Die Erinnerung ist auch anstelle der sofortigen Beschwerde nach § 793 gegen Forderungspfändungen anzubringen, wenn der Schuldner vor Erlass des Pfändungs- und Überweisungsbeschlusses kein rechtliches Gehör erhalten hat (Regelfall/ebenso im Zwangsversteigerungsverfahren).

Die Erinnerung nach § 766 Abs. 2 ZPO ist in erster Linie für den Gläubiger bei Untätigkeit oder Vollstreckungsverweigerung des Gerichtsvollziehers, aber auch für beide Parteien hinsichtlich des Kostenansatzes von Bedeutung.

Bei Erinnerung des Gläubigers sollten die Vollstreckungsunterlagen beigefügt werden (Titel mit Klausel und Zustellungsnachweis, Vollstreckungsprotokoll).

In keinem Fall kann damit die gesamte Vollstreckung aufgehalten werden (dafür: §§ 767, 768, 771 ZPO Formulare 1.B.07.#05, 1.B.07.#07).

Rechtsmittel:
Sofortige Beschwerde binnen 2 Wochen, § 793 ZPO.

Kosten:
Gerichtskosten:
Keine besondere Gebühr.

Rechtsanwaltsgebühren:

1. Gläubigeranwalt:
   mit der Vollstreckungsgebühr abgegolten, § 58 Abs. 2 BRAGO:
2. Schuldneranwalt od. Anwalt eines Dritten: war er bisher bezüglich dieser Vollstreckung nicht tätig:
   3/10 Gebühr nach §§ 57, 58 BRAGO. Erst bei der Beschwerde entstehen für beide weitere Gebühren, § 61 Abs. 1 Nr. 1 BRAGO.
3. Schuldneranwalt oder Anwalt eines Dritten, der bisher in dieser Vollstreckung nicht tätig war:
   3/10 Gebühr nach §§ 57, 58 BRAGO. Erst bei Beschwerde entstehen für beide weitere Gebühren nach § 61 Abs. 1 Nr. 1 BRAGO.

Streitwert:
Gegenstandswert des strittigen Vollstreckungsgegenstandes.

#02 Sofortige Beschwerde gegen den Beschluss auf einstweilige Einstellung der Zwangsversteigerung § 30 b Abs. 3 ZVG

[*HIER Ort, Datum*]

An das
Amtsgericht
- Vollstreckungsgericht -
[*HIER Anschrift*]

In der Zwangsversteigerungssache
....../......
Az.: ......

Namens und in Vollmacht des/der Gläubigers/-in [- Schuldners/-in] lege ich gegen den Beschluss vom ...... 20.. - zugestellt am ...... 20.. sofortige Beschwerde ein.

Begründung:

[*HIER Ausführung darüber, dass die Voraussetzungen für eine einstweilige Einstellung nicht gegeben sind bzw. dass der Antrag auf einstweilige Einstellung begründet ist.*]

....
Rechtsanwalt/-wältin

Anmerkung

Verfahren nach § 30 b Abs. 3 ZVG.

Kosten:
Rechtsanwaltsgebühren:
§ 70 BRAGO, 5/10 Gebühr als Prozessgebühr und je eine weitere 5/10 Gebühr für die Wahrnehmung der Termine und des Beweisverfahrens.

#03 Sofortige Beschwerde gegen den Beschluss über die Verkehrswertfestsetzung

[*HIER Ort, Datum*]

An das
Amtsgericht
- Vollstreckungsgericht -
[*HIER Anschrift*]

In der Zwangsvollstreckungssache
....../......
Az.: ......

Namens und in Vollmacht des/der Gläubigers/-in [- Schuldners/-in] lege ich

...... gegen den Beschluss vom ...... 20.., mit dem der Verkehrswert auf ...... EUR festgesetzt wurde - zugestellt am ...... 20.. sofortige Beschwerde ein. Der Wert ist festzusetzen auf ...... EUR.

Begründung:

......

....
Rechtsanwalt/-wältin

Anmerkung

Verfahren nach § 74 a Abs. 5 S. 3 ZVG.

Kosten:
Gerichtskosten:
1/4 Gebühr gem. GKG KV Nr. 5241 bei Verwerfung oder Zurückweisung der Beschwerde.

Rechtsanwaltsgebühren:
hälftige Gebühr nach § 70 Abs. 1 BRAGO.

#04 Sofortige Beschwerde gegen die Zuschlagserteilung

[*HIER Ort, Datum*]

An das
Amtsgericht
- Vollstreckungsgericht -
[*HIER Anschrift*]

In der Zwangsversteigerungssache
....../......
Az.: ......

Namens und in Vollmacht des/der Schuldners/-in lege ich
gegen die Zuschlagsentscheidung vom ...... sofortige Beschwerde ein.
Der Beschluss ist aufzuheben und der Zuschlag zu versagen.

Begründung:

Das Versteigerungsgericht hat im Versteigerungstermin den Antrag des Schuldners nach § 765 a ZPO zurückgewiesen und den Zuschlag dem Meistbietenden ...... erteilt. Die Voraussetzungen nach § 765 a ZPO sind nach wie vor gegeben ...... [es folgen Ausführungen].

....
Rechtsanwalt/-wältin

Anmerkung

Der Zuschlagsbeschluss ist mit der sofortigen Beschwerde anfechtbar, § 95 ZVG. Sie muss innerhalb von zwei Wochen eingelegt werden, § 96 ZVG, § 569 ZPO. Zum Fristbeginn siehe § 98 ZVG. Zur Beschwerdeberechtigung vgl. § 97 ZVG. Die Gründe ergeben sich aus § 100 ZVG.

Kosten:
Gerichtkosten:
Siehe GKG KV Nr. 5240.

Rechtsanwaltsgebühren:
Nach Vorlage an das Beschwerdegericht 5/10 Gebühr, § 70 BRAGO.

#05 Vollstreckungsabwehrklage § 767 ZPO

[*HIER Ort, Datum*]

An das
Amtsgericht [- Landgericht]
[*HIER Anschrift*]

Klage

des/der ...... [*HIER Vorname, Name, Anschrift*]

- Klägers/-in, -

Prozessbevollmächtigte(r): Rechtsanwalt/-wältin ...... [*HIER Vorname, Name, Anschrift*]

gegen

den/die ...... [*HIER Vorname, Name, Anschrift*]

- Beklagte(n), -

Prozessbevollmächtigte(r): Rechtsanwalt/-wältin ...... [*HIER Vorname, Name, Anschrift*]

wegen: Unzulässigkeit der Zwangsvollstreckung.

Streitwert: ...... EUR

Namens und in Vollmacht des/der Klägers/-in erhebe ich Klage und werde beantragen,

1. die Zwangsvollstreckung aus den am ...... verkündeten und am ...... zugestellten Urteil [-Beschluss] [-geschlossenen Vergleich] [- der vollstreckbaren Urkunden des Notars ...... vom ...... 20.. (UR. Nr. ......] des Amtsgerichts [- Landgerichts] - Az.: ...... - für unzulässig zu erklären und das Urteil - evtl. gegen Sicherheitsleistung - für vorläufig vollstreckbar zu erklären.
2. dem/der Beklagte(n) die Kosten des Rechtsstreites aufzuerlegen.
   [- 3. Die Zwangsvollstreckung der beklagten Partei aus dem zu 1) genannten Titel einstweilen - evtl. gegen Sicherheitsleistung - einzustellen.]

Begründung:

Der Kläger ist aufgrund des in dem Klageantrag bezeichneten Vollstreckungstitels gehalten, an den Beklagten ...... den Betrag von ...... EUR nebst ...... % Zinsen seit dem ...... zu zahlen.

[- die folgenden Gegenstände herauszugeben: ......]

[- dem Beklagten Auskunft über ...... zu erteilen und die eidesstattliche Versicherung abzugeben.]

Der dem Schuldtitel zugrunde liegende Anspruch ist fortgefallen. [weitere Begründung]

Die beklagte Partei hat trotzdem die Vollstreckung eingeleitet.

Beweis: Vollstreckungsprotokoll des Gerichtsvollziehers ...... vom ......, DR.-Nr. ......
[- Deren einstweilige Einstellung ist geboten, da dem Kläger durch die sofortige Vollstreckung unverhältnismäßige Nachteile entstehen würden.] Zur Glaubhaftmachung der vorgetragenen Tatsachen beziehe ich mich auf die beigefügte eidesstattliche Versicherung des Klägers.

....
Rechtsanwalt/-wältin

Anmerkung

Die Klage wird unabhängig vom Streitwert beim Prozessgericht des ersten Rechtszuges eingereicht, § 767 ZPO. Klage wird an den Prozessbevollmächtigten des Vorprozesses zugestellt, § 172 Abs. 1 ZPO.

Für den Einstellungsantrag sind die tatsächlichen Behauptungen glaubhaft zu machen, §§ 769 Abs. 1, 294 Abs. 1 ZPO. Er kann auch nachträglich gestellt werden (gesondertes Formular 1.B.07.#06). Für Eilfälle ist ein gesonderter Antrag an das Vollstreckungsgericht möglich (gesondertes Formular 1.B.07.#08).

Zuständigkeit:
Sachlich und örtlich ausschließlich das Prozessgericht I. Instanz, §§ 767, 802 ZPO.

Als Klagegründe kommen nur solche Einwendungen in Frage, deren Grund erst nach dem Schluss der mündlichen Verhandlung entstanden ist, § 767 Abs. 2 ZPO.

Es müssen alle Einwendungen geltend gemacht werden, die im Zeitpunkt der Klageerhebung überhaupt geltend gemacht werden können: § 767 Abs. 3 ZPO. Bei vollstreckbaren Urkunden (notariellen Urkunden) gilt die einschränkende Bestimmung des § 767 Abs. 2 ZPO nicht. Es können also auch Einwendungen geltend gemacht werden, deren Gründe vor der Ausstellung der Urkunde liegen: § 797 Abs. 4 ZPO.

Die obigen Vorschriften sind entsprechend bei Klage gegen Vollstreckungsklausel anzuwenden. § 768 ZPO.

Kosten:
Gerichtskosten:
Wie bei Zahlungsklage, drei Gebühren nach GKG KV Nr. 1210.

Rechtsanwaltsgebühren nach § 31 BRAGO.

Rechtsmittel:
Wie bei einem normalem Prozess.

#06 Gesonderter Antrag auf Einstellung der Zwangsvollstreckung bei Vollstreckungsgegen-/Drittwiderspruchsklage und Klage gegen Vollstreckungsklausel an das Prozessgericht § 769 ZPO

[*HIER Ort, Datum*]

An das
Amtsgericht [- Landgericht]
[*HIER Anschrift*]

In Sachen

des/der ...... [*HIER Vorname, Name, Anschrift*]

- Antragstellers/-in, -

Prozessbevollmächtigte(r): Rechtsanwalt/-wältin ...... [*HIER Vorname, Name, Anschrift*]

gegen

den/die ...... [*HIER Vorname, Name, Anschrift*]

- Antragsgegner/-in, -

Prozessbevollmächtigte(r): Rechtsanwalt/-wältin ...... [*HIER Vorname, Name, Anschrift*]

beantrage ich,

die Zwangsvollstreckung bis zur Entscheidung in der Hauptsache einzustellen.

Begründung:

Ich überreiche

1. Vollstreckungsprotokoll / Pfändungsprotokoll vom ...... 20..
   [- Pfändungs- und Überweisungsbeschluss des Amtsgerichts vom ...... 20.., Az.: ......]
2. eidesstattliche Versicherungen

Im Übrigen nehme ich Bezug auf die am ...... eingereichte Klage. Die einstweilige Einstellung der Vollstreckung ist geboten, da dem Kläger sonst unverhältnismäßige Nachteile entstehen würden.

Aus anliegenden eidesstattlichen Versicherungen und Urkunden ergibt sich, dass die Zwangsvollstreckung aus ...... [Bezeichnung des Titels] begonnen hat.

[- [bei Drittwiderspruchsklage] nicht der Schuldner, sondern der Kläger Eigentümer der gepfändeten Sache ist.]

Der Gerichtsvollzieher hat die Versteigerung am ...... 20.. für die gepfändeten Sache angesetzt. [- die lt. Pfändungsprotokoll aufgeführten Sachen sollen am ...... 20.. aus der Wohnung des Schuldners ...... abgeholt werden.]

....
Rechtsanwalt/-wältin

Anmerkung

Zuständig ist das Prozessgericht der Verfahren nach §§ 767, 768, 771 ZPO.

Ausnahmsweise bei nicht sofortiger Erreichbarkeit des Prozessgerichts: Vollstreckungsgericht nach §§ 769 Abs. 2, 764 Abs. 2 ZPO (besonderes Formular 1.B.07.#08).

Zweckmäßig ist es, den Antrag mit der jeweiligen Klage zu verbinden.

Die eidesstattlichen Versicherungen zur Glaubhaftmachung des Eigentums müssen sehr sorgfältig abgefasst und lückenlosen Eigentumserwerb der gepfändeten Sachen beweisen. Ist Klage beim AG eingereicht, ist besondere Vollmacht für diesen Antrag nicht erforderlich.

Kosten:
Rechtsanwaltsgebühren:
3/10 Gebühr nach § 49 BRAGO, wenn eine gesonderte Verhandlung stattfindet. Diese wird für den Prozessbevollmächtigten neben der Verhandlungsgebühr in der Hauptsache fällig. Ohne gesonderte Verhandlung keine besondere Gebühr, da durch Prozessgebühr abgegolten, § 37 Ziff.3 BRAGO.

#07 Drittwiderspruchsklage (Interventionsklage) §§ 771 ff. ZPO

[*HIER Ort, Datum*]

An das
Amtsgericht [- Landgericht]
[*HIER Anschrift*]

Drittwiderspruchsklage

des/der ...... [*HIER Vorname, Name, Anschrift*]

- Klägers/-in, -

Prozessbevollmächtigte(r): Rechtsanwalt/-wältin ...... [*HIER Vorname, Name, Anschrift*]

gegen

den/die ...... [*HIER Vorname, Name, Anschrift*]

- Beklagte(n), -

Prozessbevollmächtigte(r): Rechtsanwalt/-wältin ...... [*HIER Vorname, Name, Anschrift*]

Streitwert: ...... EUR

Namens und in Vollmacht des/der Klägers/-in erhebe ich Drittwiderspruchsklage und werde beantragen,

1. die von dem Gerichtsvollzieher ...... am ...... 20.. in Sachen ...... gegen ...... DR.Nr. ...... aufgrund des Urteils des ......gerichts vom ...... 20.. - Az.: - ...... vorgenommene Pfändung in folgende Gegenstände ...... [*Gegenstände aufzählen*] für unzulässig zu erklären,

2. dem/der Beklagten die Kosten des Verfahrens aufzuerlegen,
3. das Urteil evtl. gegen Sicherheitsleistung für vorläufig vollstreckbar zu erklären.

Ich beantrage gleichzeitig,
die Zwangsvollstreckung in die im Klageantrag zu 1. aufgeführten Gegenstände bis zur Entscheidung des Rechtsstreits einstweilen einzustellen.

Begründung:

Der im Klageantrag zu 1. genannte Gerichtsvollzieher hat am ...... 20.. die dort genannten Gegenstände im Auftrage des Beklagten gepfändet.

Beweis: Pfändungsprotokoll vom ...... 20..

Der Beklagte ist am ...... 20.. unter Glaubhaftmachung des Eigentums des Klägers unter Fristsetzung erfolglos zur Freigabe der gepfändeten Sachen aufgefordert worden.

Beweis: Einschreiben vom ...... 20..

Die im Klageantrag zu 1) bezeichneten Gegenstände sind

- unter Eigentumsvorbehalt bis zur restlosen Bezahlung des Kaufpreises dem Schuldner geliefert worden; der Kaufpreis ist noch in Höhe von ...... EUR unbeglichen.

- dem Kläger durch Vertrag vom ...... 20.. für ein dem Schuldner gegebenes und noch nicht zurückgezahltes Darlehen zur Sicherheit übereignet worden.

Beweis: Abzahlungsverkauf vom ...... 20.. [- Mietvertrag usw.]

....
Rechtsanwalt/-wältin

Anmerkung

Verfahren richtet sich nach den §§ 771 ff. ZPO.

Ausschließlich zuständig für die Widerspruchsklage ist das Gericht, in dessen Bezirk der Pfandgläubiger vollstreckt, §§ 771 Abs. 1, 802 ZPO. Die Widerspruchsklage kann auch gegen Gläubiger und Schuldner – als Streitgenossen – eingereicht werden: § 771 Abs. 2 ZPO. Die Klageschrift ist mit der entsprechenden Anzahl von Abschriften dem Gericht einzureichen. Das Formular ist entsprechend auch für die Widerspruchsfälle der §§ 772–774 ZPO zu verwenden.

Der Tatsachenvortrag zum Antrag auf vorläufige Einstellung der Zwangsvollstreckung ist glaubhaft zu machen, §§ 769 Abs. 1, 294 ZPO.

Kosten:
Gerichtskosten:
3,0 Verfahrensgebühr nach GKG KV Nr. 1210; Ermäßigung der Verfahrensgebühr auf 1,0, wenn die Voraussetzungen von GKG KV Nr. 1211 vorliegen.

Streitwert:
Wert des vollstreckbaren Anspruchs.

Rechtsanwaltsgebühren:
Gebühren nach § 31 BRAGO.

#08 Antrag auf Einstellung der Zwangsvollstreckung an das Vollstreckungsgericht § 769 Abs. 2 ZPO

[*HIER Ort, Datum*]

An das
Amtsgericht
- Vollstreckungsgericht -
[*HIER Anschrift*]

In Sachen

des/der ...... [*HIER Vorname, Name, Anschrift*]

- Antragstellers/-in, -

Prozessbevollmächtigte(r): Rechtsanwalt/-wältin ...... [*HIER Vorname, Name, Anschrift*]

gegen

den/die ...... [*HIER Vorname, Name, Anschrift*]

- Antragsgegner/-in, -

Prozessbevollmächtigte(r): Rechtsanwalt/-wältin ...... [*HIER Vorname, Name, Anschrift*]

beantrage ich,
die Vollstreckung aus dem ...... [*Daten zum Vollstreckungstitel*]
[- Drittwiderspruchsklage] wegen folgender von dem Gerichtsvollzieher am ...... - DR. Nr. ...... gepfändeten Gegenstände: ...... [*Auflistung*] einstweilen einzustellen.]

Begründung:

1. Pfändungsprotokoll vom ...... 20..
[- Pfändungs- und Überweisungsbeschluss des Amtsgerichts vom ...... 20.., Az.: ......]
2. eidesstattliche Versicherungen
3. beglaubigte Abschrift der vorbereiteten Klage.

Es ist beabsichtigt, die in Abschrift beigefügt Klage wegen Unzulässigkeit der Vollstreckung

[- Vollstreckungsgegenklage / Klage gegen Klausel aus dem oben genannten Vollstreckungstitel]

[- [- Drittwiderspruchsklage] in die oben genannten Sachen, die im Eigentum des Antragstellers stehen,]

gegen den Antragsgegner zu erheben, auf die vollinhaltlich Bezug genommen wird.

[- [Sachpfändung] Der Gerichtsvollzieher hat Versteigerung für die am ...... 20.. gepfändeten Sachen angesetzt. Die lt. Pfändungsprotokoll aufgeführten Sachen sollen am ...... 20.. aus der Wohnung des Schuldners ...... abgeholt werden.]

[- [Räumung] Die zwangsweise Räumung der Wohnung/des Grundstücks ist bereits für den ...... angesetzt.]

[- [Forderungspfändung] Das Konto des Antragstellers bei der ...... - Bank in ...... ist beschlagnahmt. Der Antragsteller verfügt über keine anderen Barmittel.]

Das zuständige Prozessgericht kann wegen der räumlichen Entfernung voraussichtlich nicht mehr rechtzeitig angerufen werden.

....
Rechtsanwalt/-wältin

Anmerkung

Verfahren nach § 769 Abs. 2 ZPO. Zuständig ist das Amtsgericht als Vollstreckungsgericht, § 764 Abs. 1 ZPO.

Dieser Antrag ist vor einer beabsichtigten Klage nach §§ 767, 768, 771 ZPO sinnvoll, wenn das Prozessgericht vor allem wegen räumlicher Entfernung nicht sofort erreichbar ist. Es erfolgt nur eine befristet wirksame Vollstreckungseinstellung.

Bei einer Vollstreckungsgegenklage oder Klage gegen die Vollstreckungsklausel (§§ 767, 768 ZPO) ist der aus dem Titel ersichtliche Prozessbevollmächtigte der Gegenseite empfangsbefugt.

Drittwiderspruchsklage: Die eidesstattlichen Versicherungen zur Glaubhaftmachung des Eigentums müssen sehr sorgfältig abgefasst und lückenlosen Eigentumserwerb der gepfändeten Sachen nachweisen.

Kosten:
Gerichtskosten:
Keine.

Rechtsanwaltsgebühren:
Keine besonderen, da durch Prozessgebühr abgegolten, § 37 Ziff.3 BRAGO.

#09 Antrag des Schuldners § 765 a ZPO - Vollstreckungsschutz -

[*HIER Ort, Datum*]

An das
Amtsgericht
- Vollstreckungsgericht -
[*HIER Anschrift*]

In der Zwangsvollstreckungssache
des/der ...... [*HIER Vorname, Name, Anschrift*]

- Gläubigers/-in, -

Verfahrensbevollmächtigte(r): Rechtsanwalt/-wältin ...... [*HIER Vorname, Name, Anschrift*]

gegen

den/die ...... [*HIER Vorname, Name, Anschrift*]

- Schuldner/-in, -

Verfahrensbevollmächtigte(r): Rechtsanwalt/-wältin ...... [*HIER Vorname, Name, Anschrift*]

Namens und in Vollmacht des/der Schuldners/-in beantrage ich,
Vollstreckungsschutz

nämlich folgende Maßnahme der Zwangsvollstreckung: ...... ganz [- teilweise] aufzuheben [- zu untersagen] [- einstweilen einzustellen.]

Begründung:

Die vorgenannte Maßnahme würde auch bei voller Würdigung des Schutzbedürfnisses des Gläubigers, wegen der nachfolgend dargestellten ganz besonderen Umstände, eine Härte bedeuten, die mit den guten Sitten nicht vereinbar ist.

...... [*HIER folgen entsprechende Ausführungen, die sehr sorgfältig dargestellt und glaubhaft gemacht werden müssen. Wegen der Pfändung von Leistungen in der Sozialversicherung s. die Regelung in § 54 Sozialgesetzbuch.*]

....
Rechtsanwalt/-wältin

Anmerkung

Verfahren nach § 765 a ZPO, das nur in Ausnahmefällen Sinn und Erfolg hat. Für Vollstreckungsschutz bei Verfassungsklage s. § 79 BVerfGG.

Kosten:
Gerichtskosten:
Festgebühr von 10 EUR nach GKG KV Nr. 1641.

Rechtsanwaltsgebühren:
3/10 Gebühr nach §§ 57, 58 Abs. 3 Nr. 3 BRAGO, da besondere Angelegenheit.

C. Insolvenzrecht

#01 Antrag eines Gläubigers auf Eröffnung des Insolvenzverfahrens §§ 11, 14, 16, 17, 19 InsO

[*HIER Ort, Datum*]

An das
Amtsgericht
- Insolvenzgericht -
[*HIER Anschrift*]

Antrag

des/der ...... [*HIER Vorname, Name, Anschrift*]

- Antragstellers/-in, -

Verfahrensbevollmächtigte(r): Rechtsanwalt/-wältin ...... [*HIER Vorname, Name, Anschrift*]

gegen

den/die ...... [*HIER Vorname, Name, Anschrift; z. B. Firma, Name der Firma, Name, Anschrift des Geschäftsführers der GmbH*]

- Antragsgegner/-in, -

Verfahrensbevollmächtigte(r): Rechtsanwalt/-wältin ...... [*HIER Vorname, Name, Anschrift*]

wegen Eröffnung des Insolvenzverfahrens

Namens und in Vollmacht des/der Gläubigers/-in beantrage ich,

das Insolvenzverfahren über das Vermögen des/der ...... [*HIER genaue Bezeichnung des/der Gemeinschuldners/-in; bei juristischen Personen mit gesetzlichen Vertretern*] zu eröffnen.

Begründung:

Der Antragsteller/-in hat die nachfolgend näher bezeichnete fällige [- rechtskräftig gestellte] Forderung gegen den Schuldner:

...... [*HIER folgt Forderung und Rechtsgrund*].

Die Antragsgegnerin schuldet dem Antragsteller aus ...... [*HIER Angabe des Forderungsgrundes*] ...... EUR. Die Forderung ist rechtskräftig tituliert. Zahlungen hat der Antragsgegner trotz mehrfacher Aufforderung bisher nicht geleistet. Die Zwangsvollstreckung aus dem Urteil des ......-gerichts vom ...... 20.. - Az.: ......, ist ohne Erfolg geblieben. Der Antragsgegner ist deshalb zahlungsunfähig.

Zur Glaubhaftmachung sind diesem Antrag die vollstreckbare Ausfertigung des bezeichneten Urteils sowie die Fruchtlosigkeitsbescheinigung des Gerichtsvollziehers ...... [*HIER Name u. Anschrift*] vom ...... 20.. beigefügt.

Die Zwangsvollstreckung in das Vermögen des Antragsgegners [- der Antragsgegnerin] ist ohne Erfolg versucht worden. Der Antragsgegner [- die Antragsgegnerin] hat sich außerstande erklärt, die fällige Forderung zu erfüllen. [- und nur unzureichende Ratenzahlung angeboten.]

Der/Die Antragsgegner/-in ist danach zahlungsunfähig.

Zur Glaubhaftmachung überreiche ich:

...... [*HIER z. B. Schreiben des Gemeinschuldners an Gläubiger, in dem die Zahlungsunfähigkeit eingeräumt wird, Fruchtlosigkeitsbescheinigung oder Unpfändbarkeitsbescheinigung des Gerichtsvollziehers, Protokoll über die Abgabe der eidesstattlichen Versicherung, eidesstattliche Versicherung von Arbeitnehmern der Gemeinschuldnerin, dass bereits seit mehreren Monaten kein Lohn gezahlt wurde, Bescheinigung einer Krankenkasse, dass seit mehreren Monaten keine Sozialversicherungsbeiträge abgeführt wurden usw.*]

Zur Glaubhaftmachung des Anspruches lege ich vor:

...... [*HIER z. B. Schuldanerkenntnis, Schuldtitel, u. a.*]

Soweit das Vermögen des Antragsgegners nicht ausreicht, um die Kosten des Insolvenzverfahrens zu decken, bitte ich, einen entsprechenden Vorschuss anzufordern.

[- Zur Beschleunigung einer eventuellen Entscheidung nach § 26 InsO erkläre ich schon jetzt, dass der Gläubiger einen Massekostenvorschuss (§ 26 InsO) nicht leisten wird.]

[oder]
Die Antragsgegnerin schuldet dem Antragsteller aus ...... gegenwärtig ...... EUR.

Die entsprechenden Rechnungen sind diesem Antrag in Kopie beigefügt.

Das Bestehen der Forderung wird von dem Antragsteller an Eides statt versichert.

Zahlungen hat der Antragsgegner trotz mehrfacher Aufforderung bisher nicht geleistet.

Der Schuldner ist daher als zahlungsunfähig im Sinne des § 17 InsO anzusehen.

Soweit das Vermögen des Antragsgegners nicht ausreicht, um die Kosten des Insolvenzverfahrens zu decken, bitte ich, einen entsprechenden Vorschuss anzufordern.

....
Rechtsanwalt/-wältin

Anmerkung

Gem. § 3 InsO ist für das Insolvenzverfahren grundsätzlich das Insolvenzgericht ausschließlich zuständig, in dessen Bezirk der Schuldner seinen allgemeinen Gerichtsstand hat. Weicht der Mittelpunkt der selbstständigen Tätigkeit des Schuldners von dessen allgemeinem Gerichtsstand ab, ist das Insolvenzgericht zuständig, in dessen Bezirk der Mittelpunkt der wirtschaftlichen Tätigkeit des Schuldners liegt.

Da durch einen vom Gläubiger des Schuldners unberechtigt gestellten Antrag die wirtschaftliche Existenz des Schuldners möglicherweise bedroht wird, sind höhere Anforderungen an einen Gläubigerantrag als an einen Eigenantrag des Schuldners zu stellen. Gem. § 14 InsO muss der Gläubiger ein rechtliches Interesse an der Eröffnung des Insolvenzverfahrens haben und den Insolvenzgrund sowie seine Forderung glaubhaft machen. Zur Glaubhaftmachung des Insolvenzgrundes sowie der ausstehenden Forderung sind alle Beweismittel, insbesondere auch die eidesstattliche Versicherung zulässig (§ 294 ZPO, § 4 InsO).

Als Insolvenzgründe kommen nach §§ 17–19 InsO für natürliche Personen Zahlungsunfähigkeit, bei juristischen Personen zusätzlich Überschuldung in Betracht. Zahlungsunfähigkeit des Schuldners ist anzunehmen, wenn er seine Zahlungen eingestellt hat. Überschuldung bei juristischen Personen liegt nach § 19 InsO dann vor, wenn das Vermögen nicht mehr die Verbindlichkeiten deckt.

Besondere Hinweise:

a) Der Insolvenzgrund der Überschuldung wird wohl von Gläubigern in den seltensten Fällten glaubhaft gemacht werden können, da es am Einblick in die wirtschaftliche Situation des Unternehmens fehlt.
b) Nach der Rechtsprechung einiger Gerichte dürfen Fruchtlosigkeitsbescheinigung, Pfändungsprotokoll und das Protokoll über die Abgabe der eidesstattlichen Versicherung nicht älter als 6 Monate sein. Falls die eidesstattliche Versicherung nach § 807 ZPO über die Vermögenslosigkeit vor dem Insolvenzgericht abgegeben wurde, ist die Beifügung des Vermögensverzeichnisses nicht erforderlich, sondern der Hinweis auf die Abgabe der eidesstattlichen Versicherung reicht aus. In besonders gelagerten Ausnahmefällen kann auch die eidesstattliche Versicherung nach § 294 ZPO des Gläubigers zur Glaubhaftmachung ausreichen, wenn dieser ausreichenden Einblick in die Vermögenslage des Gemeinschuldners hat.
c) Das Anregen von Sicherungsmaßnahmen nach § 21 InsO sollte genau bedacht werden, da diese das Gericht von Amts wegen veranlassen müsste und sie sich in der Regel sehr aufwendig gestalten (Anordnung einer vorläufigen Insolvenzverwaltung, früher: Sequestration), wobei nach nunmehr wohl herrschender Rechtsprechung bei einer Nichteröffnung des Verfahrens die Vergütung des vorläufigen Insolvenzverwalters nicht zu den von der Staatskasse zu tragenden Auslagen gehört. Nach der Rechtsprechung einiger Gerichte soll der Antragsteller in diesem Fall für den Vergütungsanspruch haften.
d) Prozesskostenhilfe wird im Regelfall nicht für die Inanspruchnahme eines Anwalts zu bewilligen sein (Beschluss BVerfG vom 27. 10. 1988, NJW 1989, 3271). Auf keinen Fall ist damit ein Massekostenvorschuss nach § 26 InsO abzudecken.

Büromäßige Behandlung:
Wird der Gläubiger durch einen Rechtsanwalt vertreten, so wird die Vorlage der Vollmacht nur auf eine Rüge des Schuldners verlangt, § 88 ZPO, § 4 InsO.

Sind die nach § 54 InsO zu berücksichtigen Gerichtskosten für das Insolvenzverfahren sowie die Vergütung und Auslagen des vorläufigen Insolvenzverwalters, des Insolvenzverwalters und der Mitglieder des Gläubigerausschusses nicht durch die Masse gedeckt, so weist das Gericht den Eröffnungsantrag gem. § 26 Abs. 1 S. 1 InsO ab. Soll dies vermieden werden, kann u. a. vom Gläubiger ein ausreichender Geldbetrag vorgeschossen werden, § 26 Abs. 1 S. 2 InsO. Die Höhe dieses Kostenvorschusses bemisst sich nach den voraussichtlichen Verfahrenskosten i. S. d. § 54 InsO. Die Leistung eines solchen sog. Massekostenvorschusses ist dann ratsam, wenn vorhersehbar ist, dass das vorhandene Vermögen des Schuldners im Laufe des Insolvenzverfahrens noch angereichert werden kann, etwa durch Anfechtungsprozesse. Zumeist gibt das Gericht dem antragstellenden Gläubiger von sich aus die Gelegenheit, einen Massekostenvorschuss zu leisten. Um aus Arbeitsökonmie- und Zeitersparnisgründen diesen Zwischenschritt zu vermeiden, ist es sinnvoll, das Gericht schon im Gläubigerantrag auf die Bereitschaft zur Leistung eines Massekostenvorschusses hinzuweisen.

Die Rücknahme des Insolvenzantrages empfiehlt sich in der Regel nicht. Selbst wenn der Schuldner die Forderung des antragstellenden Gläubigers erfüllt hat, sind die Gebühren und Auslagen sowie die Kosten der Anordnung von Sicherungsmaßnahmen vom Antragsteller zu tragen.

Achtung: Erfüllt der Schuldner nach Antragstellung die Forderung, die Anlass für die Stellung des Insolvenzantrages war, muss der Gläubiger, der den Insolvenzantrag gestellt hat, daran denken, dass die Erfüllung der Schuld der Insolvenzanfechtung unterliegen kann, sofern später ein Insolvenzverfahren eröffnet wird (BGH NJW 2000, 211).

Wenn der Schuldner im Laufe des Insolvenzverfahrens die Forderung des antragstellenden Gläubigers erfüllt, kann letzterer die Hauptsache für erledigt erklären, obwohl dies im Gesetz nicht ausdrücklich geregelt ist (Kübler/Prütting § 13 InsO Rn 23). Der Gläubiger hat nur dann die Kosten des Verfahrens zu tragen, sofern sein Antrag von vornherein Mängel aufwies und das Gericht die Eröffnung des Insolvenzverfahrens hätte ablehnen müssen. Sonst greift das Gericht wegen der Kostenforderung nur dann auf den Gläubiger zurück, wenn die Zwangsvollstreckung gegen den Schuldner fruchtlos verlaufen ist.

Kosten und Gebühren:
Gerichtskosten:
0,5 Gebühr nach GKG KV Nr. 5111, mindestens 100,00 EUR für das Eröffnungsverfahren nach dem Betrag der Forderung; sofern der Wert der Insolvenzmasse geringer ist, nach dieser; § 37 Abs. 2 GKG. Wird der Antrag abgewiesen oder zurückgenommen, haftet der Antragsteller auch für die Auslagen, § 50 Abs. 1 S. 2 GKG.

Rechtsanwaltsgebühren:
5/10 Gebühr nach § 72 Abs. 2 S. 1 BRAGO. Gegenstandswert: Nennwert der Forderung, § 77 Abs. 2 BRAGO.

#02 Antrag eines Gläubigers auf Anordnung von Sicherungsmaßnahmen § 21 InsO

[*HIER Ort, Datum*]

An das
Amtsgericht
- Insolvenzgericht -
[*HIER Anschrift*]

In dem Insolvenzverfahren

des/der ...... [*HIER Vorname, Name, Anschrift*]

- Antragstellers/-in, -

Verfahrensbevollmächtigte(r): Rechtsanwalt/-wältin ...... [*HIER Vorname, Name, Anschrift*]

gegen

den/die ...... [*HIER Vorname, Name, Anschrift; z. B. Firma, Name der Firma, Name, Anschrift des Geschäftsführers der GmbH*]

– Antragsgegner/-in, –

Verfahrensbevollmächtigte(r): Rechtsanwalt/-wältin ...... [*HIER Vorname, Name, Anschrift*]

Az.: ......

nehme ich auf den mit Schriftsatz vom ...... 20.. gestellten Insolvenzantrag Bezug und beantrage,

gemäß § 21 Abs. 2 Nr. 2 InsO dem/der Schuldner/-in ein allgemeines Verfügungsverbot aufzuerlegen.

Begründung:

Dem Antragsteller ist bekannt geworden, dass der Geschäftführer der Schuldnerin damit begonnen hat, Vermögensgegenstände zu Bedingungen zu veräußern, die sich gläubigerschädigend auswirken. So ist ...... [*HIER Angabe des Gegenstandes mit genauer Bezeichnung, z. B. Auto, polizeiliches Kennzeichen*] zum Verkauf angeboten worden.

Der Glaubhaftmachung dient die anliegende eidesstattliche Versicherung des Antragstellers.

....
Rechtsanwalt/-wältin

Anmerkung

Um nachteilige Vermögensverfügungen zu verhindern, kann dem Schuldner ein allgemeines Verfügungsverbot auferlegt werden, § 21 Abs. 2 Nr. 2 InsO. Dabei sind die in § 21 Abs. 2 InsO genannten Maßnahmen, wie das Wort »insbesondere« zeigt, nur beispielhaft und nicht abschließend aufgezählt.

Durch § 21 Abs. 3 S. 2 InsO wird der Anwendungsbereich der Vorschrift auch auf organschaftliche Vertreter einer juristischen Person, eines nicht rechtsfähigen Vereins oder einer Gesellschaft ohne Rechtspersönlichkeit ausgedehnt.

Kosten und Gebühren:
Keine weiteren.

#03 Antrag auf Akteneinsicht

[*HIER Ort, Datum*]

An das
Amtsgericht
- Insolvenzgericht -

[*HIER Anschrift*]

In dem Insolvenzverfahren

des/der ...... [*HIER Vorname, Name, Anschrift*]

- Antragstellers/-in, -

Verfahrensbevollmächtigte(r): Rechtsanwalt/-wältin ...... [*HIER Vorname, Name, Anschrift*]

gegen

den/die ...... [*HIER Vorname, Name, Anschrift; z. B. Firma, Name der Firma, Name, Anschrift des Geschäftsführers der GmbH*]

- Antragsgegner/-in, -

Verfahrensbevollmächtigte(r): Rechtsanwalt/-wältin ...... [*HIER Vorname, Name, Anschrift*]

Az.: ......

nehme ich auf den mit Schriftsatz vom ...... 20.. gestellten Insolvenzantrag Bezug und beantrage,

mir Akteneinsicht zu gewähren und mir die Verfahrensakten zur Einsichtnahme in meine Büroräume zu überlassen.

Das Gutachten des gerichtlich bestellten Sachverständigen soll mir insbesondere Aufschluss über ...... [z. B.: den Zeitpunkt des Eintritts des Eröffnungsgrundes] geben.

Ich versichere, die Verfahrensakten unverzüglich zurückzugeben.

....
Rechtsanwalt/-wältin

Anmerkung

Das rechtliche Interesse auf Gestattung der Einsicht in die Verfahrensakten folgt aus der Gläubigerstellung. Diese muss glaubhaft gemacht werden.

Ist das Insolvenzverfahren aufgrund eines Gläubigerantrages eingeleitet und über diesen noch nicht entschieden, so haben nach § 299 Abs. 1 ZPO, § 4 InsO nur die Parteien, somit nur der Schuldner und nur der antragstellende Gläubiger, ein Akteneinsichtsrecht. Nur diese können Auskünfte verlangen.

Hat hingegen der Schuldner selbst den Antrag auf Eröffnung des Insolvenzverfahrens gestellt, so sind alle Verfahrensbeteiligten unbeschränkt berechtigt, Akteneinsicht zu nehmen.

Ebenso ist nach Eröffnung des Insolvenzverfahrens jeder Verfahrensbeteiligte berechtigt, Akteneinsicht zu nehmen.

Für die Verfahrensbeteiligten ist vor allem das Gutachten des Sachverständigen von Interesse. Dieses gibt nicht nur Aufschluss über das Vorliegen eines Eröffnungsgrundes, sondern enthält auch detaillierte Feststellungen über das Vermögen des Schuldners.

Büromäßige Behandlung:
Wird einem Gläubiger, der nicht den Antrag auf Eröffnung eines Insolvenzverfahrens gestellt hat, im Insolvenzverfahren Akteneinsicht verweigert, kann er sich die Parteistellung dadurch verschaffen, dass er selbst Antrag auf Eröffnung eines Insolvenzverfahrens stellt.

Kosten und Gebühren:
Gerichtskosten:
Nach GKG KV Nr. 9003 Aktenversendungspauschale über 8,00 EUR.

#04 Antrag auf Einberufung einer Gläubigerversammlung § 75 Abs. 1 InsO

[*HIER Ort, Datum*]

An das
Amtsgericht
- Insolvenzgericht -
[*HIER Anschrift*]

In dem Insolvenzverfahren

Az.: ......

über das Vermögen des/der ......[*HIER Name u. Anschrift des/der Schuldners/-in*]

zeige ich an, dass ich die Interessen der Gläubiger

1. ...... [HIER Name, Anschrift des/der Gläubigers/-in]
2. ...... [HIER Name, Anschrift des/der Gläubigers/-in]
3. ...... [HIER Name, Anschrift des/der Gläubigers/-in]
4. ...... [HIER Name, Anschrift des/der Gläubigers/-in]
5. ...... [HIER Name, Anschrift des/der Gläubigers/-in]

vertrete. Eine auf mich ausgestellte Vollmacht füge ich bei.

Namens und im Auftrag der genannten Gläubiger beantrage ich,
eine Gläubigerversammlung einzuberufen.

Begründung:

...... [*HIER folgt eine Beispielsbegründung*]

Insgesamt wurden Forderungen in Höhe von ...... EUR zur Tabelle angemeldet. Die Gesamthöhe der von den antragstellenden Gläubigern angemeldeten Forderungen beträgt ...... EUR und erreicht somit ein Fünftel der Forderungsbeträge aller nicht nachrangigen Insolvenzgläubiger.

Herr/Frau ...... hat ein befristetes Angebot vorgelegt, das Unternehmen insgesamt zu erwerben.

Nach § 162 Abs. 1 InsO ist diese Veräußerung von der Zustimmung der Gläubigerversammlung abhängig.

....
Rechtsanwalt/-wältin

Anmerkung

Die Gläubigerversammlung wird durch Beschluss des Gerichts einberufen, §§ 74, 75 InsO.

Gem. § 75 InsO hat das Insolvenzgericht eine Gläubigerversammlung einzuberufen, sofern dies vom Insolvenzverwalter beantragt wird.

Neben dem Insolvenzverwalter sind aber auch antragsberechtigt:

- der Gläubigerausschuss,
- mindestens fünf absonderungsberechtigte Gläubiger oder nicht nachrangige Insolvenzgläubiger, deren Absonderungsrechte und Forderungen nach der Schätzung des Insolvenzgerichtes zusammen ein Fünftel der Summe erreichen, die sich aus dem Wert aller Absonderungsrechte und den Forderungsbeträgen aller nicht nachrangigen Insolvenzgläubiger ergibt,
- einer oder mehrere absonderungsberechtigte Gläubiger oder nicht nachrangige Insolvenzgläubiger, deren Absonderungsrechte und Forderungen nach der Schätzung des Gerichts zwei Fünftel der vorstehend bezeichneten Summen erreichen.

Ein Beschluss der Gläubigerversammlung kommt dann zustande, wenn die Summe der Forderungsbeträge der zustimmenden Gläubiger die Hälfte der Summe der abstimmenden Gläubiger übersteigt. Bei absonderungsberechtigten Gläubigern, denen der Schuldner nicht persönlich haftet, tritt der Wert des Absonderungsrechts an die Stelle des Forderungsbetrages, § 76 InsO.

Kosten und Gebühren:
Gerichtskosten:
3,0 Gebühr nach GKG KV Nr. 5115. Wert: Betrag der Forderung; wenn der Wert der Insolvenzmasse geringer ist, nach dieser, § 37 Abs. 2 GKG.

Rechtsanwaltsgebühren:
Für die Vertretung im Insolvenzverfahren nach Eröffnung 5/10 Gebühr nach § 73 Abs. 1 BRAGO. Wert: Nennwert der Forderungen ohne Nebenforderung, § 77 Abs. 2 BRAGO.

#05 Aufrechnungserklärung eines Gläubigers gegenüber dem Insolvenzverwalter § 94 InsO

[*HIER Ort, Datum*]

An
...... [*Insolvenzverwalter/-in*]
[*HIER Anschrift*]

Insolvenzverfahren über das Vermögen des ...... [*HIER Name des Schuldners bzw. des Unternehmens, Ort, Az.*]

Sehr geehrte(r) Herr/Frau ......,

ich zeige an, dass ich die Interessen des/der Gläubigers/-in ...... [*HIER Name, Anschrift*] anwaltlich vertrete. Eine auf mich ausgestellte Vollmacht habe ich zu Ihrer Kenntnisnahme beigefügt.

Sie haben meinen Mandanten mit Schreiben vom ...... 20.. aufgefordert, die Rechnung des Schuldners vom ...... 20.., Rechnungs-Nr. ...... über den Betrag von EUR ...... aus der Lieferung von ...... [*HIER Angabe des Produktes*] auf Ihr Insolvenztreuhandkonto anzuweisen.

Mein Mandant hatte dem Schuldner mit – in Kopie – beiliegendem Schreiben vom ...... 20.. bereits mitgeteilt, dass ein Ausgleich der genannten Rechnung nicht in Frage kommt, da ihm eine Gegenforderung in überschießender Höhe zusteht. Wie sie aus der beigefügten Auftragsbestätigung vom ...... 20.. sowie der Lieferquittung vom ...... 20.. und der Rechnung meines Mandanten vom ...... 20.. ersehen können, hat dieser dem Schuldner am ...... 20.. zum Gesamtpreis von ...... EUR ...... zzgl. Mwst. geliefert.

Der Schuldner hat den Kaufpreis trotz mehrfacher Aufforderung bisher nicht beglichen und Gründe hierfür nicht angegeben. Die Forderung meines Mandanten bestand schon vor Eröffnung des Insolvenzverfahrens.

Namens und in Vollmacht meines Mandanten erkläre ich mit der ihm zustehenden Forderung gegenüber der Forderung des Schuldners die Aufrechnung.

Den zugunsten meines Mandanten überschießenden Betrag habe ich schon zur Tabelle angemeldet.

Mit freundlichen Grüßen

....
Rechtsanwalt/-wältin

Anmerkung

Nach § 94 InsO bleibt die Aufrechnungslage von der Eröffnung des Insolvenzverfahrens unberührt, wenn sich die Forderungen schon bei Verfahrenseröffnung gegenüberstanden.

Zu der Aufrechnungslage nach Verfahrenseröffnung siehe § 95 InsO.

Die Aufrechnung ist in folgenden Fällen im Insolvenzverfahren unzulässig (ausgeschlossen), wenn ein Insolvenzgläubiger

a) erst nach der Eröffnung des Insolvenzverfahrens etwas zur Insolvenzmasse schuldig geworden ist,
b) seine Forderung erst nach der Eröffnung des Verfahrens von einem anderen Gläubiger erworben hat,
c) die Möglichkeit der Aufrechnung durch eine anfechtbare Handlung erlangt hat,
d) , dessen Forderung aus dem freien Vermögen des Schuldners zu erfüllen ist, etwas zur Insolvenzmasse schuldet.

Kosten und Gebühren:
Die **Rechtsanwaltsgebühren** bestimmen sich nach § 118 BRAGO, 5/10–1/10.

#06 Forderungsanmeldung eines Gläubigers zur Insolvenztabelle § 174 InsO

[*HIER Ort, Datum*]

An
...... [*Insolvenzverwalter/-in*]
[*HIER Anschrift*]

Insolvenzverfahren über das Vermögen des ......[*HIER Name des Schuldners bzw. des Unternehmens, Ort, Az.*]

Sehr geehrte(r) Herr/Frau ......,

in den dem vorbezeichneten Insolvenzverfahren sind Sie vom Amtsgericht ...... zum Insolvenzverwalter/-in bestellt worden.

Hiermit zeige ich Ihnen an, dass ich die rechtlichen Interessen des/der Gläubigers/-in ...... [*HIER Name, Anschrift*] vertrete. Eine auf mich ausgestellte Vollmacht habe ich beigefügt.

Für den Insolvenzgläubiger melde ich folgende Forderungen zur Insolvenztabelle an:

1. Forderung aus ...... gemäß Rechnung vom ...... 20..	...... EUR
2. Zinsen bis zum Tag der Eröffnung des Insolvenzverfahrens gemäß Aufstellung	...... EUR
3. Kosten meiner Beauftragung gemäß Kostennote	...... EUR
Gesamtbetrag	...... EUR

Eine Kopie des bestätigten Lieferscheines vom ...... 20.. sowie der Rechnung vom ...... 20.. überreiche ich nebst meiner Kostennote in der Anlage. [– Abschriften der entsprechenden Rechnungen sowie meine Kostennote sind beigefügt.]

Ich bitte um kurze Bestätigung der Feststellung der Forderung zur Insolvenztabelle in voller Höhe nach dem Prüfungstermin.

Mit freundlichen Grüßen

....
Rechtsanwalt/-wältin

/Anlagen

Anmerkung

Gem. § 174 InsO sind Forderungen beim Insolvenzverwalter schriftlich mit Grund anzumelden.

Falls Eigenverwaltung des Schuldners angeordnet ist, so hat die Anmeldung an den Sachwalter, im vereinfachten Verfahren gem. §§ 304 ff. InsO (Verbraucherinsolvenzverfahren) an den Treuhänder zu erfolgen.

Am Insolvenzverfahren nehmen die in §§ 38–46 InsO aufgeführten Forderungen teil. Nachrangige Forderungen gem. § 39 InsO sind nur anzumelden, soweit das Insolvenzgericht hierzu auffordert, § 174 Abs. 2 InsO.

Zinsen können nur bis zum Tage der Insolvenzeröffnung – dieser Tag wird mitgerechnet – beansprucht werden; sie sind zu berechnen und ziffernmäßig in die Anmeldung aufzunehmen. Die nach der Insolvenzeröffnung entstandenen Zinsen sind ebenso wie die Kosten für die Teilnahme des Gläubigers am Insolvenzverfahren gem. § 39 InsO nachrangig und können daher nur geltend gemacht werden, wenn das Insolvenzgericht besonders auffordert.

Wird eine Forderung zur Insolvenztabelle festgestellt, so wird der Gläubiger hiervon nicht benachrichtigt. Eine Benachrichtigung erfolgt gemäß § 179 Abs. 3 InsO nur, wenn seine Forderung bestritten geblieben ist. Da aber oftmals – etwa bei Bestehen einer Kreditsicherung – eine Bestätigung notwendig ist, kann in diesem Fall der Insolvenzverwalter gegen Erstattung der Schreib- und Versendungskosten zur Übersendung einer solchen Bestätigung aufgefordert werden.

Büromäßige Behandlung:

Erfolgt die Anmeldung der Forderung durch den Vertreter des Gläubigers, so ist eine sich auf das Insolvenzverfahren beziehende Vollmacht vorzuweisen. Fehlt die Vollmacht, so ist dies allein ausreichend, um die angemeldete Forderung zu bestreiten.

Der Anmeldung sind nach § 174 Abs. 1 S. 2 InsO die Urkunden, aus denen sich die Forderung ergibt, in Kopie beizufügen.

Kosten und Gebühren:
Rechtsanwaltsgebühren:
3/10 Gebühr nach § 75 BRAGO, sofern sich die Tätigkeit auf Anmeldung der Forderung beschränkt. Wert: Nennwert der Forderung ohne Nebenkosten, § 77 Abs. 2 BRAGO. Im Übrigen gehört die Tätigkeit zur Vertretung im Insolvenzverfahren: Bei weiterer Tätigkeit im Verfahren: §§ 73, 74, 76 BRAGO. Die Gebühr des § 75 BRAGO ist auf eine Gebühr des § 73 BRAGO anzurechnen, § 12 Abs. 5 S. 1 BRAGO.

#07 Antrag auf Berichtigung der Insolvenztabelle § 183 Abs. 2 InsO

[*HIER Ort, Datum*]

An das
Amtsgericht
- Insolvenzgericht -
[*HIER Anschrift*]

Antrag auf Berichtigung der Insolvenztabelle

In der Insolvenzsache
....../......
Az.: ......

Namens des/der Insolvenzgläubigers/-in ......, dessen Vollmacht überreicht wird [- sich bei den Akten befindet], lege ich das rechtskräftige Urteil des ......gerichts ......- Az.: ...... vom ...... 20.. vor. Danach ist die Forderung zur Insolvenztabelle festgestellt worden.

Ich beantrage,
die Insolvenztabelle entsprechend zu berichtigen.

....
Rechtsanwalt/-wältin

Anmerkung

Kosten und Gebühren:
Rechtsanwaltsgebühren:
Gebühr wie bei Anmeldung der Insolvenzforderung: 3/10 vom Nennwert der Forderung: § 75 BRAGO. Sie entsteht nicht neu, wenn die Gebühr für die Forderungsanmeldung entstanden ist.

#08 Geltendmachung eines Aussonderungsanspruches durch den Gläubiger § 47 InsO

[*HIER Ort, Datum*]

An
...... [*Insolvenzverwalter/-in*]
[*HIER Anschrift*]

als Insolvenzverwalter/-in] in dem Insolvenzverfahren über das Vermögen des/der ...... [*HIER Name des/der Schuldners/-in*]

Sehr geehrte(r) Herr/Frau ......,

in dem vorbezeichneten Insolvenzverfahren sind Sie vom Amtsgericht ...... zum Insolvenzverwalter/-in bestellt worden.

Namens und im Auftrag des/der Gläubigers/-in, dessen/deren Vollmacht ich überreiche, erhebe ich

1. Anspruch auf Aussonderung der nachfolgend bezeichneten Gegenstände:
...... [*Auflistung*]

Die Gegenstände gehören nicht dem Gemeinschuldner. An dem Gegenstand zu Nr. ...... steht dem Anspruchsteller ein dingliches Recht zu:
...... [*HIER folgt Begründung*]

Der Gläubiger hat an die Schuldnerin ...... [*HIER Angabe des Produktes*] geliefert. Kopie der Rechnung und des Lieferscheines ist beigefügt. Der Gläubiger hat sich das Eigentum bis zur vollständigen Zahlung des Kaufpreises vorbehalten. Dies folgt aus den auf dem Lieferschein und der Rechnung aufgedruckten Vermerke bzw. der Allgemeinen Geschäftsbedingungen, die Inhalt des Kaufvertrages sind, der ebenfalls in Ablichtung beigefügt ist.

Bisher sind auf den Kaufpreis keine Zahlungen erfolgt. Deshalb habe ich Sie aufzufordern, ... [*HIER Bezeichnung des Gegenstandes*] bis zum ...... 20.. herauszugeben.

[- An dem Gegenstand zu Nr. ...... steht dem Anspruchsteller ein persönliches Recht zu:
...... [*HIER folgt Begründung*]

[- 2. Anspruch auf Abtretung des Rechts auf Gegenleistung als Ersatzaussonderung für die nachfolgenden bezeichneten Gegenstände:
...... [*Auflistung*]

Für die vorbezeichneten Gegenstände hätte die Aussonderung aus der Insolvenzmasse beansprucht werden können, weil ...... [folgt Begründung]

[- Der Gegenstand zu Nr. ...... ist vor der Insolvenzeröffnung von dem Gemeinschuldner, der Gegenstand Nr. ...... nach der Insolvenzeröffnung von dem Insolvenzverwalter veräußert worden.
...... [*HIER folgen nähere Angaben*]

Die Gegenleistung ist nach Kenntnis des Gläubigers noch nicht erbracht.

[- 3. Anspruch auf die Gegenleistung aus der Masse bezüglich folgender Gegenstände:
...... [*Auflistung*]

Die Gegenleistung für den vorbezeichneten Gegenstand ist nach der Insolvenzeröffnung zur Masse eingezogen worden. ...... [*HIER folgen nähere Angaben, die auch dartun müssen, dass sich die Gegenleistung noch unterscheidbar in der Masse befindet, da sonst nur noch Bereicherungs- und Schadenersatzansprüche gegen den Insolvenzverwalter in Betracht kommen.*]

Für eine schnelle Bearbeitung wäre ich Ihnen sehr verbunden. Sie werden Verständnis haben, dass ich mir für die Erledigung dieses Schreibens eine Frist bis zum ...... 20.. notiert habe.

Höchst vorsorglich verweise ich auf die Pflicht, die Richtigkeit der Auskünfte ggf. eidesstattlich zu versichern.

[oder anders formuliert]

Ihre eidesstattliche Versicherung der Richtigkeit der erteilten Auskünfte möchte ich mir vorbehalten.

Mit freundlichen Grüßen

....

Rechtsanwalt/-wältin

/Anlagen

Anmerkung

Als dingliches, den Aussonderungsanspruch begründendes Recht, kommt vor allem Eigentum in Betracht. Veräußerung unter einfachem Eigentumsvorbehalt gibt ein Aussonderungsrecht, verlängerter und erweiterter Eigentumsvorbehalt jedoch nur ein Absonderungsrecht. Bei dem verlängerten Eigentumsvorbehalt vereinbaren Verkäufer und Käufer über einen einfachen Eigentumsvorbehalt hinaus, dass bei Weiterveräußerung des Kaufgegenstandes durch den Käufer anstelle des vorbehaltenen Eigentums, sobald diese infolge Übergabe an den Käufer erlischt, die Forderung aus dem Weiterverkauf tritt. Diese Abtretung einer erst künftig entstehenden Forderung ist eine Sicherungsabtretung. Der erweiterte Eigentumsvorbehalt erstreckt die Rechte der Lieferanten im Fall der Verbindung, Vermischung (§§ 947, 948 BGB) und Verarbeitung (§ 950 BGB) auf die neu entstehenden Sachen. Sie werden in der Insolvenz wie sicherungsübereignete Sachen behandelt.

Auch Sicherungseigentum und Sicherungszession begründen nur Absonderungsrechte. Schuldrechtliche Herausgabeansprüche begründen ein Aussonderungsrecht nur, wenn der herauszugebende Gegenstand nicht zur Insolvenzmasse gehört, wie z. B. der Rückgabeanspruch des Vermieters gem. § 546 BGB, wobei nicht erforderlich ist, dass die herauszugebende Sache dem Gläubiger gehört.

Lehnt der Insolvenzverwalter die Herausgabe ab, ist die Klage gegen den Insolvenzverwalter zu richten.

Büromäßige Behandlung:
Das Schreiben ist mit einer Abschrift für den Gemeinschuldner und evtl. soviel weiteren Abschriften einzureichen, wie Gläubigerausschussmitglieder im Falle der Bestellung eines Gläubigerausschusses vorhanden sind.

Kosten und Gebühren:
Rechtsanwaltsgebühren:
5/10–10/10 nach § 118 BRAGO.

#09 Geltendmachung eines Absonderungsanspruches durch den Gläubiger § 51 InsO

[*HIER Ort, Datum*]

An
...... [*Insolvenzverwalter/-in*]
[*HIER Anschrift*]

als Insolvenzverwalter/-in] in dem Insolvenzverfahren über das Vermögen des/der ......
[*HIER Name des/der Schuldners/-in*]

Sehr geehrte(r) Herr/Frau ......,

ausweislich der als Anlage 1 in Ablichtung beigefügten Vollmachtsurkunde zeige ich an, dass der/die ...... [*HIER Name, Anschrift*] anwaltlich von mir vertreten wird.

Der ...... [*HIER Angabe des Gegenstandes*] ist der Gläubigerin sicherungsübereignet worden. Die Kopie des Sicherungsübereignungsvertrages vom ...... 20.. ist beigefügt als Anlage 2.

Der Gläubigerin steht gegen den Schuldner gemäß Darlehensvertrag vom ...... 20.. eine Forderung über den Betrag von ...... EUR zu.

Ich mache an dem oben bezeichneten Gegenstand ein Absonderungsrecht gemäß § 51 InsO geltend und bitte um Herausgabe an die Gläubigerin.

[- Namens und im Auftrag meiner Mandantin beanspruche ich schon jetzt die abgesonderte Befriedigung aus dem geltend gemachten Sicherungsrecht. Die Forderungsanmeldung folgt mit gesonderter Post.

Ich erlaube mir noch, darauf hinzuweisen, dass mir vor einer Veräußerung des Sicherungsguts die beabsichtigte Art und Weise der Verwertung mitzuteilen ist. Sowie es nach dem Berichtstermin nicht unverzüglich verwertet wird, behalte ich mir vor, ab diesem Zeitpunkt die geschuldeten Zinsen zu verlangen. Sollten Sie den Gegenstand für die Insolvenzmasse weiter nutzen und dadurch ein Wertverlust eintreten, werde ich Sie auffordern, Ausgleichszahlungen zu leisten.

Mit freundlichen Grüßen

....
Rechtsanwalt/-wältin

/Anlagen

Anmerkung

Zur Absonderungsberechtigung siehe § 50 sowie § 51 InsO.

Hat der Insolvenzverwalter den Gegenstand (Sache oder zur Sicherung abgetretene Forderung) verwertet, so sind aus dem Verwertungserlös vorab

- 4 % des Erlöses für die Kosten der Feststellung der Pauschale,
- 5 % des Verwertungserlöses bzw. der tatsächlichen Kosten, falls diese erheblich niedriger oder erheblich höher lagen,

- 16 % des Erlöses für die Umsatzsteuer, sofern durch die Verwertung solche zulasten der Masse ausgelöst wird,

zu entnehmen.

Hat der Insolvenzverwalter dem Gläubiger die Verwertung des Gegenstandes bzw. der Forderung überlassen, so hat dieser

- 4 % des Erlöses für die Kosten der Feststellung,
- 16 % des Erlöses für die Umsatzsteuer, sofern durch die Verwertung solche zulasten der Masse ausgelöst wird,

an die Masse abzuführen (vgl. §§ 170 u. 171 InsO).

Büromäßige Behandlung:
Das Schreiben ist mit einer Abschrift für den Gemeinschuldner und evtl. soviel weiteren Abschriften einzureichen, wie Gläubigerausschussmitglieder im Falle der Bestellung eines Gläubigerausschusses vorhanden sind.

Kosten und Gebühren:
Rechtsanwaltsgebühren:
5/10–10/10 nach § 118 BRAGO.

#10 Forderungsfeststellungsklage des Gläubigers wegen einer Insolvenzforderung § 179 InsO

[*HIER Ort, Datum*]

An das
Amtsgericht [- Landgericht]
[*HIER Anschrift*]

Klage

des/der ...... [*HIER Vorname, Name, Anschrift*]

- Klägers/-in, -

Prozessbevollmächtigte(r): Rechtsanwalt/-wältin ...... [*HIER Vorname, Name, Anschrift*]

gegen

den/die ...... [*HIER Vorname, Name, Anschrift; z. B. Firma, Name der Firma, Name, Anschrift des Geschäftsführers der GmbH*]

vertreten durch den/die Insolvenzverwalter/-in: ...... [*HIER Name und Anschrift*]

- Beklagte(n), -

Prozessbevollmächtigte(r): Rechtsanwalt/-wältin ...... [*HIER Vorname, Name, Anschrift*]

wegen Feststellung einer Insolvenzforderung

vorläufiger Streitwert: ...... EUR [*HIER Betrag der zu erwartenden Quote*]

Namens und in Vollmacht des/der Klägers/-in erhebe ich Klage und werde beantragen,

1. Die Forderung der/des Klägers/-in wird in Höhe von EUR ...... als Insolvenzforderung gem. § 38 InsO zur Insolvenztabelle festgestellt.
2. Der/Die Beklagte trägt die Kosten des Rechtsstreits.
3. Das Urteil ist - notfalls gegen Sicherheitsleistung - vorläufig vollstreckbar.

Sofern das Gericht das schriftliche Vorverfahren (§ 276 ZPO) anordnen sollte, wird für den Fall des Anerkenntnisses oder der Säumnis bereits an dieser Stelle beantragt,

den/die Beklagte(n) durch Anerkenntnisurteil oder Versäumnisurteil antragsgemäß zu verurteilen.

[Bei Aufnahme des Rechtsstreits durch den Prozessgegner:

- **In Sachen**

des/der ...... [*HIER Vorname, Name, Anschrift*]

- Klägers/-in, -

Prozessbevollmächtigte(r): Rechtsanwalt/-wältin ...... [*HIER Vorname, Name, Anschrift*]

gegen

den/die ...... [*HIER Vorname, Name, Anschrift; z. B. Firma, Name der Firma, Name, Anschrift des Geschäftsführers der GmbH*]

vertreten durch den/die Insolvenzverwalter/-in: ...... [*HIER Name und Anschrift*]

- Beklagte(n), -

Prozessbevollmächtigte(r): Rechtsanwalt/-wältin ...... [*HIER Vorname, Name, Anschrift*]

Az.: ......

nimmt der/die Kläger/-in den Rechtsstreit gegen Herrn/Frau Rechtsanwalt/-wältin ...... als Insolvenzverwalter/-in über das Vermögen des/der Beklagten auf und beantragt,

festzustellen, dass dem/der Kläger/-in im Insolvenzverfahren über das Vermögen des/der Beklagten eine Insolvenzforderung aus dem Kaufvertrag vom ...... 20.. über einen LKW Marke ...... mit dem gesetzlichen Kennzeichen in Höhe von .... EUR nebst Zinsen von 5 Prozentpunkten über dem Basiszinssatz seit dem ...... 20.. zusteht.]

Begründung:

Das Amtsgericht ...... als Insolvenzgericht hat durch Beschluss vom ...... 20.., Az. ...... das Insolvenzverfahren über das Vermögen des ...... eröffnet und den Beklagten zum Insolvenzverwalter bestellt.

Beweis: 1. Beiziehung der Insolvenzakten des Amtsgerichts ......, Az. ......
2. Eröffnungsbeschluss in Kopie, Anlage K 1

Die Klägerin hat mit Schreiben vom ...... 20.. ihre Forderung in Höhe von EUR ...... fristgemäß bei dem Beklagten zur Insolvenztabelle angemeldet.

Beweis: Forderungsanmeldung in Kopie, Anlage K 2

Es handelt sich um eine Forderung aus ...... vom ...... 20..

Beweis: 1. Rechnung vom ...... 20.. in Kopie, Anlage K 3
2. Lieferschein vom ...... 20 .. in Kopie, Anlage K 4

Im Prüfungstermin vom ...... 20.. wurde die Forderung vom Beklagten in voller Höhe endgültig bestritten.

Beweis: Beglaubigter Tabellenauszug, Anlage K 5

[oder anders formuliert]

[- Mit Schreiben vom ...... 20.. teilte der Insolvenzverwalter dem Kläger mit, dass die Forderung bestritten wird.

Beweis: Schreiben des Insolvenzverwalters vom ...... 20.., in Kopie als Anlage K ......

Die Forderung wurde nicht zur Tabelle festgestellt.

Beweis: Beglaubigter Tabellenauszug, Anlage K 5]

Der Beklagte wurde von der Klägerin mit Schreiben vom ...... 20.. noch einmal zur Stellungnahme aufgefordert und er wurde auch auf die Berechtigung der von der Klägerin geltend gemachten Forderung sowie die Beweismittel hingewiesen.

Beweis: Schreiben vom ...... 20.. in Kopie, Anlage K 6

Eine Stellungnahme des Beklagen ist jedoch nicht eingegangen. Dementsprechend war nunmehr Klage geboten.

Die vorläufige Streitwertangabe beruht darauf, dass zur Zeit nach Angaben des Beklagten nur mit einer Quote von ......% zu rechnen ist.

Ein Kostenvorschuss in Höhe von EUR ...... wurde geleistet (s. Anlage).

[- Der Kläger ist gemäß § 180 Abs. 2 InsO berechtigt, den Rechtsstreit aufzunehmen und die Feststellung der Forderung zu betreiben. Mit der Aufnahme des Rechtsstreits durch den Kläger verändert sich der Streitgegenstand kraft Gesetzes mit der Folge, dass der Kläger seinen Antrag auf Feststellung der Forderung zur Insolvenztabelle umzustellen hat (BGH NJW-RR 1994, 1251).

Die Begründetheit der Forderung ergibt sich aus dem bisherigen Vortrag des Klägers.]

....
Rechtsanwalt/-wältin

Anmerkung

Achtung: Aus § 189 Abs. 1 InsO ist zu schließen, dass die Feststellungsklage spätestens innerhalb von 2 Wochen nach öffentlicher Bekanntmachung des Schlussverteilungsverzeichnisses erhoben werden muss, damit die Forderung noch bei der Schlussverteilung berücksichtigt werden kann.

Zuständigkeit:

Nach § 180 Abs. 1 S. 2 InsO ist das Zivilgericht zuständig, und zwar in seinem Zuständigkeitsbereich das Amtsgericht, in dessen Bezirk das Insolvenzverfahren anhängig ist, bzw. bei entsprechendem Streitwert das Landgericht, zu dessen Bezirk das Insolvenzgericht gehört (Ausnahmen: § 185 InsO)

Gemäß § 182 InsO bestimmt sich der Streitwert nicht nach dem (Nominal-)Wert der Forderung, sondern nach dem Betrag, der bei der Verteilung der Insolvenzmasse für die Forderung zu erwarten ist.

Beklagter im Feststellungsverfahren ist derjenige, der die fragliche Forderung bestritten hat, nach § 179 Abs. 1 InsO also der Schuldner, der Insolvenzverwalter oder ein Insolvenzgläubiger. Dies gilt nicht, wenn der Gläubiger über eine bereits titulierte Forderung verfügt. In diesem Fall muss der Bestreitende Klage erheben, § 179 Abs. 2 InsO. Hatte der Gläubiger bereits vor Eröffnung des Verfahrens die angemeldete Forderung gegen den Schuldner gerichtlich geltend gemacht, so muss er diesen Prozess gegen den Schuldner wieder aufnehmen, § 180 Abs. 2 InsO.

Die Feststellung kann sich gem. § 181 InsO auf das Bestehen der Forderung, dem Grund, der Höhe oder dem Rang nach beziehen.

Zur Aufnahme eines vorher geführten Rechtsstreits:

Wird nach Anmeldung der Forderung zur Eintragung in die Insolvenztabelle durch den Gläubiger die Forderung vom Insolvenzverwalter oder einem Insolvenzgläubiger bestritten, ist der Gläubiger zur Aufnahme des vorher geführten Rechtsstreits befugt (nicht der Insolvenzverwalter; vgl. Zöller/Greger § 240 ZPO Rn 13). Der Streitwert des Rechtsstreits richtet sich von diesem Zeitpunkt an nach § 182 InsO. Maßgeblich ist der Betrag, der bei Verteilung der Insolvenzmasse für die Forderung zu erwarten ist (BGH WM 2000, 211; NJW-RR 1993, 317).

Kosten und Gebühren:
Gerichtskosten:

3,0 Gebühr nach GKG KV Nr. 1210; ermäßigt sich unter den Voraussetzungen von GKG KV Nr. 1211.

Rechtsanwaltsgebühren:
Regelgebühren nach § 31 BRAGO.

#11 Antrag eines Gläubigers auf Versagung der Bestätigung des Insolvenzplanes § 251 InsO

[*HIER Ort, Datum*]

An das
Amtsgericht ......
- Insolvenzgericht -
[*HIER Anschrift*]

Insolvenzverfahren über das Vermögen des/der ...... [*HIER Name u. Anschrift des/der Schuldners/*-in]
Az.: ......

In dem vorgenannten Insolvenzverfahren beantrage ich namens und in Vollmacht des/der Insolvenzgläubigers/-in ...... [*HIER Name u. Anschrift*]
die Bestätigung des Insolvenzplanes zu versagen.

Begründung:

Der Insolvenzgläubiger hat mit Schreiben vom ...... 20.. bei dem Insolvenzverwalter seine Forderungen ordnungsgemäß und fristgemäß angemeldet. Die Forderungen wurden im Prüfungstermin am ...... 20.. unter der laufenden Nr. ...... zur Tabelle festgestellt.

Im Termin vom ...... 20.. ist ein Insolvenzplan angenommen worden. Im Abstimmungstermin hat der von mir vertretene Gläubiger dem Plan widersprochen und, nachdem sein Widerspruch keine Beachtung fand, den Widerspruch zu Protokoll der Geschäftstelle erklärt. Gemäß der anliegenden eidesstattlichen Versicherung wird mein Mandant durch den Insolvenzplan schlechter gestellt.

....
Rechtsanwalt/-wältin

Anmerkung

Voraussetzung des Antrages auf Versagung der Bestätigung des Insolvenzplanes ist, dass der Gläubiger dem Plan spätestens im Abstimmungstermin schriftlich oder zu Protokoll der Geschäftstelle widersprochen hat und er durch den Plan schlechter gestellt wird.

Büromäßige Behandlung:
Der Antrag ist nur zulässig, wenn der Gläubiger glaubhaft macht, dass er durch den Plan schlechter gestellt wird. Dies kann auch durch eine eidesstattliche Versicherung geschehen.

Gegen den Beschluss, durch den der Insolvenzplan bestätigt oder die Bestätigung versagt wird, steht den Gläubigern und dem Schuldner die sofortige Beschwerde zu, § 253 InsO.

Kosten und Gebühren:
Gerichtskosten:
Durchführung des Insolvenzverfahrens auf Antrag des Gläubigers: 3,0 Gebühr nach GKG KV Nr. 5115.

Rechtsanwaltsgebühren:
5/10 Gebühr für die Vertretung im Insolvenzverfahren nach Eröffnung, § 73 Abs. 1 BRAGO; Wert: Nennwert der Forderungen ohne Nebenforderungen, § 77 Abs. 2 BRAGO. Neben diesen Gebühren erhält der Anwalt eine besondere 10/10 Gebühr für die Vertretung im Verfahren über den Insolvenzplan; § 74 Abs. 1 S. 1 BRAGO.; Wert: wirtschaftliches Interesse, § 77 Abs. 3 BRAGO. Die besondere Gebühr entsteht aber nur einmal, auch wenn der Anwalt sowohl im Verfahren über einen Antrag auf Restschuldbefreiung als auch im Verfahren über einen Insolvenzplan tätig wird, § 74 Abs. 1 S. 3 BRAGO.

#12 Sofortige Beschwerde eines Gläubigers gegen die Anordnung der Restschuldbefreiung § 289 Abs. 2 InsO

[*HIER Ort, Datum*]

An das
Amtsgericht ......
- Insolvenzgericht -
[*HIER Anschrift*]

Insolvenzverfahren über das Vermögen des/der ...... [*HIER Name u. Anschrift des/der Schuldners/*-in]
Az.: ......

zeige ich an, dass ich die rechtlichen Interessen des/der Insolvenzgläubigers/-in ...... [*HIER Name u. Anschrift*] anwaltlich vertrete. Eine auf mich ausgestellte Vollmacht ist beigefügt.

Namens und im Auftrag des/der genannten Insolvenzgläubigers/-in lege ich in dem vorbezeichneten Insolvenzverfahren gegen den Beschluss des Amtsgerichts ...... vom ...... 20.., mit dem dem/der Schuldner/-in Restschuldbefreiung gewährt worden ist,

sofortige Beschwerde

ein.

Begründung:

Der Beschwerdeführer ist in dem oben genannten Insolvenzverfahren Insolvenzgläubiger und hat im Schlusstermin die Versagung des Restschuldbefreiung unter Angabe der Gründe beantragt. Insoweit nehme ich auf das Terminsprotokoll Bezug.

....
Rechtsanwalt/-wältin

Anmerkung

Hat ein Insolvenzgläubiger im Schlusstermin die Versagung der Restschuldbefreiung beantragt und gewährt das Insolvenzgericht dennoch die Restschuldbefreiung, so hat der Insolvenzgläubiger die Möglichkeit, den Beschluss mit der sofortigen Beschwerde anzufechten, § 289 Abs. 2 InsO.

Es ist zu beachten, dass der Antrag eines Insolvenzgläubigers auf Versagung der Restschuldbefreiung nur zulässig ist, wenn ein Versagungsgrund glaubhaft gemacht worden ist, § 290 Abs. 2 InsO. Die Versagungsgründe sind in § 290 Abs. 1 InsO näher aufgeführt.

Kosten und Gebühren:
Gerichtskosten:
50,00 EUR nach GKG KV Nr. 5131.

Rechtsanwaltsgebühren:
5/10 Gebühr der in § 31 bestimmten Gebühren. § 76 BRAGO.

#13 Antrag eines Gläubigers auf Versagung der Restschuldbefreiung § 296 InsO

[*HIER Ort, Datum*]

An das
Amtsgericht ......
- Insolvenzgericht -
[*HIER Anschrift*]

Insolvenzverfahren über das Vermögen des/der ...... [*HIER Name u. Anschrift des/der Schuldners/*-in]
Az.: ......

zeige ich an, dass ich die rechtlichen Interessen des/der Insolvenzgläubigers/-in ...... [*HIER Name u. Anschrift*] anwaltlich vertrete. Eine auf mich ausgestellte Vollmacht ist beigefügt.

Namens und im Auftrag des/der genannten Insolvenzgläubigers/-in beantrage ich,
dem/der Schuldner/-in die Restschuldbefreiung zu versagen.

Weiterhin beantrage ich,
dem/der Schuldner/-in aufzugeben, über die Erfüllung seiner/ihrer Obliegenheiten Auskunft zu geben und die Richtigkeit dieser Auskunft an Eides Statt zu versichern.

Begründung:

Das Amtsgericht ...... - Insolvenzgericht - hat mit Beschluss vom ...... 20.. dem Schuldner Restschuldbefreiung gewährt.

Der Schuldner hat am ...... 20.. eine Erbschaft gemacht, die einen Wert von ca. ...... EUR hat. Hiervon wurden aber nur etwa ...... EUR an den Treuhänder herausgegeben.

Damit hat der Schuldner die Befriedigung der Insolvenzgläubiger beeinträchtigt.

Diese Tatsache ist mir am ...... 20.. bekannt geworden. Eine eidesstattliche Versicherung des Insolvenzgläubigers ist zur Glaubhaftmachung diesem Antrag beigefügt.

....
Rechtsanwalt/-wältin

Anmerkung

Auf Antrag eines Insolvenzgläubigers kann das Gericht die Restschuldbefreiung versagen, wenn der Schuldner während der Laufzeit der Abtretungserklärung eine seiner Obliegenheiten verletzt und dadurch die Befriedigung der Insolvenzgläubiger beeinträchtigt.

Zu den Obliegenheiten des Schuldners siehe § 295 InsO.

Der Antrag ist nur zulässig, wenn der Insolvenzgläubiger glaubhaft macht, dass der Schuldner seine Obliegenheiten verletzt hat und hierdurch die Befriedigung der Insolvenzgläubiger beeinträchtigt worden ist.

Der Schuldner hat über die Erfüllung seiner Obliegenheiten Auskunft zu erteilen und die Richtigkeit dieser Auskunft an Eides Statt zu versichern, sofern dies der Gläubiger verlangt. Kommt er dem ohne hinreichende Entschuldigung innerhalb der vom Gericht gesetzten Frist nicht nach, so hat das Gericht die Restschuldbefreiung zu versagen, § 296 Abs. 2 InsO.

Kosten und Gebühren:
Gerichtskosten:
30,00 EUR nach GKG KV Nr. 5119.

Rechtsanwaltsgebühren:
5/10 Gebühr für die Vertretung im Insolvenzverfahren nach Eröffnung, § 73 Abs. 1 BRAGO; Wert: Nennwert der Forderungen ohne Nebenforderungen, § 77 Abs. 2 BRAGO. Neben diesen Gebühren erhält der Anwalt eine besondere 10/10 Gebühr für die Vertretung im Verfahren über den Insolvenzplan; § 74 Abs. 1 S. 1 BRAGO.; Wert: wirtschaftliches Interesse, § 77 Abs. 3 BRAGO. Die besondere Gebühr entsteht aber nur einmal, auch wenn der Anwalt sowohl im Verfahren über einen Antrag auf Restschuldbefreiung als auch im Verfahren über einen Insolvenzplan tätig wird, § 74 Abs. 1 S. 3 BRAGO.

#14 Antrag eines Gläubigers auf Ersetzung der Zustimmung zum Schuldenbereinigungsplan im Verbraucherinsolvenzverfahren § 309 InsO

[*HIER Ort, Datum*]

An das
Amtsgericht ......
- Insolvenzgericht -
[*HIER Anschrift*]

Insolvenzverfahren über das Vermögen des/der ...... [*HIER Name u. Anschrift des/der Schuldners/*-in]
Az.: ......

zeige ich an, dass ich die rechtlichen Interessen des/der Insolvenzgläubigers/-in ...... [*HIER Name u. Anschrift*] anwaltlich vertrete. Eine auf mich ausgestellte Vollmacht ist beigefügt.

Namens und im Auftrag des/der genannten Insolvenzgläubigers/-in beantrage ich,
die Einwendungen des/der Gläubigers/-in ...... [*HIER Name u. Anschrift*] gegen den Schuldenbereinigungsplan durch gerichtliche Zustimmung zu ersetzen.

Begründung:

Dem Schuldenbereinigungsplan haben mehr als die Hälfte der benannten Gläubiger zugestimmt. Außerdem beläuft sich die Summe ihrer Forderungen auf mehr als die Hälfte der Forderungen der benannten Gläubiger.

Der Gläubiger ...... [*HIER Name*] hat Einwendungen gegen den Schuldenbereinigungsplan gemacht. Diese Einwendungen gegen den Schuldenbereinigungsplan sind sachfremd und beruhen auf dem persönlichen Verhältnis zum Schuldner.

Bei dieser Sachlage scheint es geboten, die Zustimmung des Gläubigers zu ersetzen.

....
Rechtsanwalt/-wältin

Anmerkung

Voraussetzung für eine Zustimmung ist zunächst, dass eine Kopf- und Summenmehrheit der Gläubiger dem Verbraucherinsolenzplan zugestimmt hat.

Nur wenn der Gläubiger, dessen Zustimmung durch gerichtliche Entscheidung ersetzt werden soll, Gründe glaubhaft machen kann, die die Ersetzung seiner Zustimmung entgegenstehen, hat sich das Gericht mit diesen Gründen zu befassen. Vor der Entscheidung des Gerichts ist der betreffende Gläubiger zu hören.

Kosten und Gebühren:
Gerichtskosten:
keine zusätzlichen Gebühren neben den der 0,5 Gebühr nach GKG KV Nr. 5110.

Rechtsanwaltsgebühren:
Die Geschäftsgebühr nach § 72 Abs. 2 S. 2 BRAGO erhöht sich auf 8/10.

#15 Antrag auf Eröffnung einer Nachlassinsolvenz durch einen Nachlassgläubiger § 1975 BGB, §§ 317, 319 InsO

[*HIER Ort, Datum*]

An das
Amtsgericht ......
- Insolvenzgericht -
[*HIER Anschrift*]

Antrag

des/der ...... [*HIER Vorname, Name, Anschrift*]

- Antragstellers/-in, -

Verfahrensbevollmächtigte(r): Rechtsanwalt/-wältin ...... [*HIER Vorname, Name, Anschrift*]

auf Eröffnung des Nachlassinsolvenzverfahrens

Namens und in Vollmacht des/der Antragstellers/-in beantrage ich,
das Nachlassinsolvenzverfahren über den Nachlass des/der am ...... 20.. in ...... verstorbenen ......, zuletzt wohnhaft gewesen in ......, zu eröffnen.

Begründung:

Der Antragsteller ist [- Mit-] Erbe aufgrund gesetzlicher Erbfolge [- aufgrund des Testaments [- gemeinschaftlichen Testaments] [- Erbvertrages] vom ...... 20...]

Der Antragsteller ist Nachlassgläubiger. Seine Forderung ergibt sich aus dem in Ablichtung beigefügtem Urteil des Amtsgerichts ...... vom ...... 20...

Der Verstorbene ist von ...... [*HIER Angabe des Namens*] beerbt worden.

Gemäß Schreiben vom ...... 20.., von dem eine Fotokopie beigefügt ist, ist ...... [*HIER Name*] aufgefordert worden, die Forderung aus dem amtsgerichtlichen Urteil zu begleichen.

...... [*HIER Name*] hat mir mitgeteilt, dass durch die Zahlung der Beerdigungskosten der Nachlass im Wesentlichen aufgebraucht sei und die Forderung des Antragstellers nicht beglichen werden könne.

[- Der Antragsteller hat gegen den Verstorbenen eine rechtskräftig titulierte Forderung aus ......, die sich aus der im Original beiliegenden vollstreckbaren Ausfertigung des Urteils des ......-gerichts vom ...... 20.., Az. ...... ergibt. Der Verstorbene ist von ...... [*HIER Name, Anschrift*] beerbt worden. Diese wurde mit Schreiben vom ...... 20.., das ebenfalls mit anliegender Kopie überreicht wird, aufgefordert, die Nachlassverbindlichkeit zu begleichen.

Die Erbin ...... [*HIER Name*] hat gemäß beigefügter Kopie ihres Schreibens vom ...... 20.. mitgeteilt, dass der Nachlass bereits durch den Ausgleich von Vermächtnissen und die Zahlung der Beerdigungskosten aufgezehrt sei, und den Ausgleich der Forderung abgelehnt.]

[- Es droht Zahlungsunfähigkeit des Nachlasses. Um ...... 20..

werden folgende Verbindlichkeiten fällig, die nicht beglichen werden können.]

[- Der Nachlass ist zahlungsunfähig [- hat seine Zahlungen seit dem ...... 20.. eingestellt.]

[- Der Nachlass ist überschuldet, wie sich aus der beiliegenden Vermögensübersicht [- eidesstattlichen Versicherung des Antragstellers] ergibt.]

[- Weitere Erben sind: ...... [Anschriftenliste]].

[- Zur Beschleunigung einer eventuellen Entscheidung nach § 26 InsO erkläre ich schon jetzt, dass der Antragsteller einen Massekostenvorschuss (§ 26 InsO) [- nicht] leisten wird.]

Zur Glaubhaftmachung sind folgende Unterlagen beigefügt:

1) Urteil des Amtsgerichtes ...... vom ...... 20..,
2) Schreiben an ...... vom ...... 20..,
3) Antwortschreiben von ...... vom ...... 20..,
4) Eidesstattliche Versicherung des Antragstellers.

....
Rechtsanwalt/-wältin

Anmerkung

Zuständig ist das Insolvenzgericht, in dessen Bezirk der Erblasser zum Zeitpunkt seines Todes seinen allgemeinen Gerichtsstand hatte, falls der Erblasser noch einer selbstständigen wirtschaftlichen Tätigkeit nachging, das Insolvenzgericht, in dessen Bezirk der Mittelpunkt dieser Tätigkeit lag, § 315 InsO.

Insolvenzgrund: Zahlungsunfähigkeit und/oder Überschuldung (§ 320 InsO), bei Eigenantrag auch drohende Zahlungsunfähigkeit. Falls der Antrag nicht durch alle Erben gestellt wird, ist der Insolvenzgrund glaubhaft zu machen, § 317 Abs. 2 InsO.

Falls der Antrag durch einen Nachlassgläubiger gestellt wird, ist seine Forderung und der Insolvenzgrund glaubhaft zu machen, § 14 InsO. Somit ist, soweit der Insolvenzantrag von einem Nachlassgläubiger gestellt wird, nicht nur der Eröffnungsgrund (§ 317 Abs. 2 InsO), sondern zusätzlich noch das rechtliche Interesse und die Forderung glaubhaft zu machen.

Der Antrag eines Nachlassgläubigers ist nur innerhalb einer Frist von 2 Jahren seit der Annahme der Erbschaft zulässig, § 319 InsO.

Gründe für die Eröffnung des Insolvenzverfahrens sind die Zahlungsunfähigkeit und die Überschuldung des Nachlasses, § 320 S. 1 InsO. Beantragt der Erbe, der Nachlassverwalter oder ein anderer Nachlasspfleger oder ein Testamentsvollstrecker die Eröffnung des Verfahrens, so ist auch die drohende Zahlungsunfähigkeit Eröffnungsgrund, § 320 S. 2 InsO.

Büromäßige Behandlung:
Nach den §§ 14, 320 InsO muss der Gläubiger ein rechtliches Interesse an der Eröffnung des Insolvenzverfahrens haben und seine Forderung und den Eröffnungsgrund glaubhaft machen.

Im Falle eines Gläubigerantrages müssen nach § 14 Abs. 1 InsO die Forderung des Gläubigers, ein Eröffnungsgrund sowie das rechtliche Interesse glaubhaft gemacht werden. Über § 4 InsO gilt für die Glaubhaftmachung § 294 ZPO, so dass alle präsenten Beweismittel der ZPO und darüber hinaus die eidesstattliche Versicherung (zumeist die des Antragstellers) Mittel der Glaubhaftmachung sind.

Gerichtskosten:
5/10 Gebühr nach GKG KV Nr. 5111, mindestens 100,00 EUR. Geschäftswert: Siehe §§ 35, 37 GKG.

Rechtsanwaltsgebühren:
5/10 Gebühr gem. § 72 BRAGO. Wert wie vor, § 8 BRAGO.

#16 Aufnahme eines durch die Insolvenzeröffnung unterbrochenen Rechtsstreites durch den Gläubiger als Prozessgegner § 85 Abs. 1 S. 2 InsO

a) auf Klägerseite

[*HIER Ort, Datum*]

An das
Amtsgericht [- Landgericht] ......
[*HIER Anschrift*]

In Sachen

des/der ...... [*HIER Vorname, Name, Anschrift*]

- Klägers/-in, -

Prozessbevollmächtigte(r): Rechtsanwalt/-wältin ...... [*HIER Vorname, Name, Anschrift*]

gegen

den/die ...... [*HIER Vorname, Name, Anschrift; z. B. Firma, Name der Firma, Name, Anschrift des Geschäftsführers der GmbH*]

- Beklagte(n), -

Prozessbevollmächtigte(r): Rechtsanwalt/-wältin ...... [*HIER Vorname, Name, Anschrift*]

Az.: ......

wegen Herausgabe

nehme ich in meiner Eigenschaft als Prozessbevollmächtigter des/der Klägers/-in den Rechtsstreit, der durch das am ...... 20.. eröffnete Insolvenzverfahren über das Vermögen des/der Beklagten unterbrochen ist, gegen den Insolvenzverwalter/-in [- den/die bestreitende(n) Insolvenzgläubiger/-in] [- den/die bestreitende(n) Gemeinschuldner/-in] auf.

Ich beantrage,

das Rubrum auf Beklagtenseite wie folgt zu ändern:

Rechtsanwalt/-waltin ...... [*HIER Name u. Anschrift*] als Insolvenzverwalter/in über das Vermögen des/der ...... [*HIER Name des/der Schuldners/-in*]

und

diesen Schriftsatz dem/der Insolvenzverwalter/-in zuzustellen.

[- und diese sogleich zur Hauptverhandlung zu laden.]

Im Termin zur mündlichen Verhandlung werde ich beantragen,

1. den/die Beklagte(n) zu verurteilen, den LKW [- PKW] ...... [*HIER Marke, Typ, Baujahr, Fahrgestell-Nr., amtliches Kennzeichen*] herauszugeben.
2. dem/der Beklagten die Kosten des Rechtsstreits aufzuerlegen,
3. das Urteil für vorläufig vollstreckbar zu erklären.

Begründung:

Das Amtsgericht ...... - Insolvenzgericht - hat mit Beschluss vom ...... 20.., Az.: ...... das Insolvenzverfahren über das Vermögen des ...... [- *HIER Name des Insolvenzschuldners*] eröffnet. Zum Insolvenzverwalter [- Zur Insolvenzverwalterin] ist ...... [*HIER Name, Anschrift*] bestellt worden.

Beweis: Eröffnungsbeschluss des Amtsgerichts ...... -

Insolvenzgericht -, Az.: ...... in Kopie, Anlage K ......

Der Kläger hat den Schuldner bereits vor der Eröffnung des Insolvenzverfahrens auf Herausgabe des im Klageantrag bezeichneten LKW [- PKW] gerichtlich in Anspruch genommen. Der Kläger hat diesen LKW [- PKW] unter Eigentumsvorbehalt an den Schuldner geliefert und Zahlungen auf den Kaufpreis bisher nicht erhalten. Hinsichtlich der weiteren Einzelheiten des Sachverhaltes und der dazugehörigen Beweisanerbieten nehme ich im vollem Umfange Bezug auf die Klageschrift.

Der Herausgabeanspruch beinhaltet ein Aussonderungsrecht nach § 47 InsO. Der Kläger ist damit gemäß § 86 InsO berechtigt, diesen Anspruch außerhalb des Insolvenzverfahrens einzuklagen.

Die Beklagte hat dem Herausgabeverlagen vom ...... 20.. unter Fristsetzung bis zum ...... 20.. nicht entsprochen und die Erfüllung des Kaufvertrages abgelehnt.

Beweis: Vorlage des Schreibens der Beklagten an den Kläger vom ...... 20.., Anlage K ......

Die Aufnahme des Rechtsstreites war damit geboten.

....
Rechtsanwalt/-wältin

b) auf Beklagtenseite

An das
Amtsgericht [- Landgericht] ......
in ......

Az.: ......

...... [*HIER Rubrum*]

wegen Herausgabe

beantrage ich, als Prozessbevollmächtigter für den/die Beklagte(n)
den/die Kläger/-in zur Aufnahme des Rechtsstreits und zugleich zur Hauptverhandlung zu laden.

Das Rubrum bitte ich auf Klägerseite wie folgt zu ändern:
Rechtsanwalt/-wältin ......, als Insolvenzverwalter/-in] über das Vermögen des/der ...... [*HIER Name, Anschrift*]

Dieser Schriftsatz ist dem/der Kläger/-in zuzustellen.

Im Termin zur mündlichen Verhandlung werde ich beantragen,
die Klage abzuweisen.

Begründung:

Mit Beschluss des Amtsgerichtes ...... – Insolvenzgericht – vom ...... 20.., Az.: ......, wurde über das Vermögen der Firma ...... das Insolvenzverfahren eröffnet und der Kläger zum Insolvenzverwalter bestellt.

Beweis: Beiziehung der Akten des Amtsgerichts ...... – Insolvenzgericht –, Az. ......

Die ...... [*HIER Name der Firma, z. B. XY-GmbH*] hat den Beklagten bereits vor Eröffnung des Insolvenzverfahrens auf ...... in Anspruch genommen.

Dies hat der Insolvenzverwalter/-in selbst dem Gericht angezeigt. Er hat somit Kenntnis von dem vorliegenden Rechtsstreit.

Beweis: Anzeige der Prozessunterbrechung vom ...... 20.., in Kopie als Anlage B 1

Bereits am ...... 20.. hat die Beklagte den Kläger aufgefordert, den Rechtsstreit entweder aufzunehmen oder die Aufnahme abzulehnen.

Beweis: Schreiben vom ...... 20.., in Kopie als Anlage B 2

Der Kläger hat daraufhin mitgeteilt, dass nach seiner bisherigen Prüfung der Sachlage Interesse bestehe, das Verfahren wieder aufzunehmen, aber eine abschließende Entscheidung vor der ersten Gläubigerversammlung nicht möglich sei.

Beweis: Schreiben des Klägers vom ...... 20.., in Kopie als Anlage B 3

Trotz der mittlerweile abgehaltenen Gläubigerversammlung hat der Kläger bis zum heutigen Tage weder die Aufnahme des Rechtsstreits abgelehnt, noch das Verfahren weiter betrieben.

Der Kläger hat damit die Aufnahme des Rechtsstreits im Sinne des § 85 Abs. 1 S. 2 InsO verzögert, so dass er gemäß § 239 Abs. 2 ZPO zur Aufnahme des Verfahrens und zugleich zur Verhandlung der Hauptsache zu laden ist.

....
Rechtsanwalt/-wältin

Anmerkung

Mit der Anordnung der vorläufigen Insolvenzverwaltung, bei der der vorläufige Insolvenzverwalter die volle Verfügungsbefugnis über das Schuldnervermögen erhalten hat, oder mit der Eröffnung des Insolvenzverfahrens werden alle Prozesse, bei denen der Schuldner Partei ist und die Insolvenzmasse betreffen, unterbrochen, § 249 ZPO.

Es können nur solche Passivprozesse (Prozesse, die sich gegen den Schuldner richten) vom Gläubiger aufgenommen werden, die die Aussonderung eines Gegenstandes aus der Insolvenzmasse, die abgesonderte Befriedigung des Gläubigers oder eine Masseverbindlichkeit betreffen, § 86 InsO.

Passivprozesse, die eine Insolvenzforderung zum Gegenstand haben, können zunächst nicht aufgenommen werden. Der Gläubiger muss hier seine Forderung zur Tabelle anmelden. Wird diese im Prüfungstermin bestritten, so kann er nach den §§ 178, 184 InsO gegen den widersprechenden Schuldner oder nach den §§ 179 ff. InsO gegen den widersprechenden Insolvenzverwalter oder Gläubiger die Fesststellung der Forderung zur Tabelle betreiben, siehe hierzu Formular 1.C.#10.

Dem Insolvenzverwalter ist eine angemessene Überlegungszeit zur Prüfung der Frage, ob er den Rechtsstreit aufnehmen will, zu gewähren. Wenn der Insolvenzverwalter danach die Aufnahme verzögert, kann der Prozessgegner beantragen, den Insolvenzverwalter zur Aufnahme und sogleich zur Verhandlung der Hauptsache zu laden (vgl. Nerlich/Romermann/Wittkowski § 85 InsO Rn 20).

Büromäßige Behandlung:
Es ist zu beachten, dass die vor der Insolvenz erteilte Prozessvollmacht durch die Verfahrenseröffnung erloschen ist.

Der Aufnahmeschriftsatz nach § 250 InsO ist nicht gegen den Schuldner, sondern gegen den Insolvenzverwalter zu richten.

Unterliegt der Insolvenzverwalter, so sind die Kosten des Rechtsstreites aus der Insolvenzmasse zu zahlen, und zwar unabhängig davon, ob sie vor oder nach der Verfahrenseröffnung entstanden sind.

Erkennt der Insolvenzverwalter den Anspruch sofort an, so kann der Gegner den Kostenerstattungsanspruch nur als Insolvenzforderung geltend machen, § 86 Abs. 2 InsO.

Kosten u. Gebühren:
Keine besonderen Gebühren.

#17 Aufnahme eines durch die Insolvenzeröffnung unterbrochenen Rechtsstreites durch den Gläubiger §§ 180, 184 InsO

An das
Amtsgericht [- Landgericht] ......
[*HIER Anschrift*]

In Sachen
....../......
Az.: ......

nehme ich in namens des/der Klägers/-in den Rechtsstreit, der durch das am ...... 20.. eröffnete Insolvenzverfahren über das Vermögen des/der Beklagten unterbrochen ist, gegen den Insolvenzverwalter/-in [- den/die bestreitende(n) Insolvenzgläubiger/-in] [- den/die bestreitende(n) Gemeinschuldner/in] auf.

Der/Die Insolvenzgläubiger/in ...... [- Der/Die Gemeinschuldnerin] [- Der Insolvenzverwalter] hat die Forderung im Prüfungstermin vom ...... 20.. bestritten.

Beweis: Auszug aus der Tabelle

Ich bitte, einen neuen Termin möglichst bald anzusetzen.

Ich werde ergänzend beantragen:

Die Forderung des/der Klägers/-in in Höhe von ...... EUR im Insolvenzverfahren über das Vermögen des/der ...... - Az.: ...... - wird zur Insolvenztabelle festgestellt.

....
Rechtsanwalt/-wältin

Anmerkung

Die Aufnahme des Rechtstreites nach § 179 InsO ist notwendig, wenn der Insolvenzverwalter oder ein Insolvenzgläubiger die Forderung bestritten hat. Hat der Gemeinschuldner im Prüfungstermin bestritten, so ist der Rechtsstreit gegen ihn aufzunehmen, § 184 InsO.

Der Widerspruch des Schuldners – außer bei Eigenverwaltung – hindert aber die Feststellung der Forderung zur Insolvenztabelle nicht, so dass der Gläubiger an der Verteilung teilnimmt. Der Widerspruch des Insolvenzschuldners hindert lediglich nach Abschluss des Insolvenzverfahrens die Zwangsvollstreckung gegen den Schuldner mit einem vollstreckbaren Tabellenauszug als Vollstreckungstitel, § 201 InsO.

Kosten u. Gebühren:
Wie bei gewöhnlicher Klage

#18 Anfechtungsklage eines Gläubigers außerhalb des Insolvenzverfahrens § 13 Anfechtungsgesetz

[*HIER Ort, Datum*]

An das
Amtsgericht [- Landgericht]
[*HIER Anschrift*]

Klage
des/der ...... [*HIER Vorname, Name, Anschrift*]

- Klägers/-in, -

Prozessbevollmächtigte(r): Rechtsanwalt/-wältin ...... [*HIER Vorname, Name, Anschrift*]

gegen

den/die ...... [*HIER Vorname, Name, Anschrift; z. B. Firma, Name der Firma, Name, Anschrift des Geschäftsführers der GmbH*]

- Beklagte(n), -

Prozessbevollmächtigte(r): Rechtsanwalt/-wältin ...... [*HIER Vorname, Name, Anschrift*]

wegen Anfechtung außerhalb des Insolvenzverfahrens

Streitwert: ...... EUR

Namens und in Vollmacht des/der Klägers/-in erhebe ich Klage und werde beantragen,

1. den/die Beklagte(n) zu verurteilen, wegen der dem/der Kläger/-in aus dem vollstreckbaren Urteil [- Vergleich] [- Kostenfestsetzungsbeschluss] [- Vollstreckungsbescheid] - des ......gerichts ......, Az.: ...... gegen den/die ...... [*HIER Name des/der Schuldners/-in*] zustehenden Forderungen von ...... EUR nebst ......% Zinsen seit dem ...... 20.. und wegen ...... EUR Kosten die Zwangsvollstreckung in folgende Gegenstände ...... zu dulden:
   a) ......
   b) ......
2. dem/der Beklagten die Kosten des Rechtsstreits aufzuerlegen;
3. das Urteil - evtl. gegen Sicherheitsleistung - für vorläufig vollstreckbar.

Begründung:

Der Schuldner des Klägers schenkte dem Beklagten im letzten Jahr, nämlich am ...... 20.. die in dem Klageantrag zu 1. näher bezeichneten Gegenstände, deren Art und Wert allein schon erkennen lassen, dass es sich nicht um ein gebräuchliches Gelegenheitsgeschenk geringen Werts handelt (§ 4 Abs. 2 AnfG).

Der Kläger hat den Beklagten durch Schreiben vom ...... 20.. unter Fristsetzung aufgefordert, die in dem Klageantrag aufgeführten Gegenstände an den Schuldner des Klägers zurückzugeben, damit die Pfändung bei dem Schuldner in diese Gegenstände durchgeführt werden kann. Der Beklagte hat dieser Aufforderung keine Folge geleistet. [- hat die Rückgabe mit Schreiben vom ...... 20.. abgelehnt.]

Die Zwangsvollstreckung in das Vermögen des Schuldners hat zur Befriedigung des [- der] Kläger nicht geführt [- wird voraussichtlich nicht zur Befriedigung des [- der] Kläger führen, denn ...... [*HIER folgt Ausführung*]

Beweis: Vollstreckungsprotokoll vom ...... 20..

....
Rechtsanwalt/-wältin

Anmerkung

Zuständigkeit: Gericht des allgemeinen Gerichtsstandes, bei Anfechtung nach § 3 Abs. 1 AnfG auch das Gericht der unerlaubten Handlung.

Eine Anfechtung ist durch eine Einrede möglich, § 9 AnfG. Auch durch Widerklage kann die Anfechtung geltend gemacht werden. Unterschiedliche Anfechtungsfristen in den §§ 3 und 4 AnfG sind zu beachten.

Wird während des Anfechtungsprozesses das Insolvenzverfahren über das Vermögen des Schuldners eröffnet, wird der Prozess gem. § 16 AnfG unterbrochen und kann während der Dauer des Insolvenzverfahrens nur durch den Insolvenzverwalter aufgenommen werden.

Der **Wert des Streitgegenstandes** richtet sich nach dem, was der Kläger zu beanspruchen hat, letztlich freies Ermessen des Gerichts (§ 3 ZPO).

Kosten u. Gebühren:
Wie bei gewöhnlicher Klage.

#19 Antrag eines Gläubigers auf Zwangsversteigerung § 49 InsO

[*HIER Ort, Datum*]

An das
Amtsgericht
- Vollstreckungsgericht -
[*HIER Anschrift*]

Grundbuch von ......, Band ......, Blatt ......, Flurstück(e) Nr. ......
Insolvenzverfahren, Az. ...... [*HIER Aktenzeichen des Insolvenzgerichtes*]
hier: Antrag auf Zwangsversteigerung gem. § 49 InsO i. V. m. § 15 ZVG

Antrag

des/der ...... [*HIER Vorname, Name, Anschrift*]

– Antragstellers/-in, –

Prozessbevollmächtigte(r): Rechtsanwalt/-wältin ...... [*HIER Vorname, Name, Anschrift*]

gegen

den/die ...... als Insolvenzverwalter/-in des/der Schuldners/-in ...... [*HIER Vorname, Name, Anschrift*]

– Antragsgegner/-in, –

Ausweislich der als Anlage 1 in Ablichtung beigefügten Vollmachtsurkunde zeige ich die anwaltliche Interessenvertretung des/der Gläubigers/-in, Herrn/Frau ...... an.

Namens des/der Gläubigers/-in beantrage ich,

aufgrund titulierten Zahlungsanspruches vom ...... 20.. über ...... EUR gegen den/die Insolvenzschuldner/-in die Zwangsversteigerung des im Grundbuch des Amtsgerichtes ......, Band ......, Blatt ......, verzeichneten Grundstückes, Flur-Nr. ......, wegen der nachstehenden dem/der Gläubiger/-in aus der in Abteilung III unter der Nr. ...... eingetragenen Grundschuld zustehenden Forderungen anzuordnen.

[– Zugleich wird die Zustellung des Anordnungsbeschlusses an Herrn/Frau ...... (Mieter/-in),

beantragt.]

Die Forderung des/der Gläubigers/-in setzt sich wie folgt zusammen:

1. Hauptforderung (Anlage 2) Urteil des ...... vom ......, Az.	...... EUR
2. festgesetzte Kosten	...... EUR
3. bisherige Vollstreckungskosten lt. Anlage 3	...... EUR
[– 3. Kosten der Rechtsverfolgung (Anlage 3) (einschl. dieses Auftrages)	...... EUR

sowie ......% Zinsen von der Summe zu 1. seit dem ...... 20.. bis zum Versteigerungstermin und Zinsen in Höhe von 5 Prozentpunkten über dem Basiszinssatz aus der Summe zu 2. seit dem ...... 20.. bis zum Versteigerungstermin.

Begründung:

Der Gläubiger hat nach Maßgabe des beigefügten Urteils die oben berechnete Forderung zu verlangen.

Die Insolvenzschuldnerin ist Eigentümerin des im Grundbuch des Amtsgerichts von ......, Band ......, Blatt ......, Flurstück(e) Nr. ...... eingetragenen, mit ...... bebautem Grundstück.

Zugunsten meines Auftraggebers besteht eine Grundschuld oder andere dingliche Sicherheit an dem vorgenannten, in ......, ... belegenen Grundstück, die in dem vorstehend näher bezeichneten Grundbuch in Abt. II, lfd. Nr. ...... eingetragen ist. Laut Urteil vom ...... 20..

[- Nach der sofort vollstreckbaren Ausfertigung der Grundschuldbestellungsurkunde] ist die Schuldnerin zur Duldung der Zwangsvollstreckung in das Grundstück verpflichtet (Anlage 4).

[- Die Forderung des Gläubigers ist fällig. Der Gläubiger verlangt die Befriedigung wegen seiner Forderung aus diesem Recht.

Wegen der Forderung ist im Grundbuch unter Abteilung III Nr. ...... eine Grundschuld eingetragen.

Über das Vermögen des Schuldners ist durch Beschluss des Amtsgerichtes ...... vom ...... 20.. das Insolvenzverfahren eröffnet worden.

Gemäß § 49 InsO können Gläubiger, denen ein Recht auf Befriedigung aus Gegenständen zusteht, die der Zwangsvollstreckung in das unbewegliche Vermögen unterliegen, die Zwangsversteigerung betreiben.]

....
Rechtsanwalt/-wältin

/Anlagen: Kopie der Vollmacht (Anlage 1)
Kopie des Urteils über die Hauptforderung nebst Zinsen (Anlage 2)
Aufstellung über die Kosten der Rechtsverfolgung nebst Zinsen (Anlage 3)
Kopie des Titels für die Zwangsvollstreckung (Anlage 4)

Anmerkung

Der Gläubiger, dem ein Recht auf Befriedigung aus einem Grundstück, einer Grundschuld oder Hypothek zusteht, ist berechtigt, die Verwertung der Immobilie im Wege der Zwangsversteigerung oder der Zwangsverwaltung zu betreiben, § 165 InsO.

Das Verwertungsrecht des Gläubigers wird jedoch durch die Möglichkeit des Insolvenzverwalters, eine Einstellung des Verfahrens zu veranlassen, und durch Kostenbeteiligungspflichten beschränkt.

#20 Antrag des Schuldners auf Insolvenzeröffnung bei juristischen Personen, Gesellschaften ohne Rechtspersönlichkeit §§ 13, 15 ff. InsO

[*HIER Ort, Datum*]

An das
Amtsgericht
- Insolvenzgericht -
[*HIER Anschrift*]

Antrag

den/die ...... [*HIER Vorname, Name, Anschrift; z. B. Firma, Name der Firma, Name, Anschrift des Geschäftsführers der GmbH*]

– Antragstellers/-in, –

Verfahrensbevollmächtigte(r): Rechtsanwalt/-wältin ...... [*HIER Vorname, Name, Anschrift*]

auf Insolvenzeröffnung.

Namens und in Vollmacht des/der Schuldners/-in beantrage ich,
das Insolvenzverfahren über sein [- ihr] Vermögen zu eröffnen.

[Bei natürlichen Personen:
- Weiterhin beantrage ich,
dem/der Schuldner/-in die Restschuldbefreiung gem. § 287 Abs. 1 InsO zu gewähren.]

Begründung:

Dem Schuldner [- Der Schuldnerin] droht Zahlungsunfähigkeit; zum ...... 20.. werden folgende Forderungen fällig, die nicht beglichen werden können:

......

[- ist seit dem ...... 20.. zahlungsunfähig [- hat seine/ihre Zahlungen seit dem ...... 20.. eingestellt.]

[Zusätzlich bei juristischen Personen und Gesellschaften ohne Rechtspersönlichkeit, wenn persönlich haftender Gesellschafter keine natürliche Person ist, sofern nicht persönlich haftender Gesellschafter eine andere Gesellschaft mit einer natürlichen Person als persönlich haftender Gesellschafter ist:

- ist überschuldet, wie sich aus der beigefügten Vermögensübersicht ergibt.]

Ein Verzeichnis aller Gläubiger und Schuldner sowie eine Übersicht der Vermögensmasse reiche ich als Anlage ein. [- wird derzeit erstellt und unverzüglich nachgereicht.]

[Bei natürlichen Personen:
Der Schuldner [- Die Schuldnerin] hat ...... Mitarbeiter. Er [- Sie] hat zuletzt einen Umsatz von ...... EUR erzielt. Der Gewinn vor Steuern betrug ...... EUR.]

Die persönlichen und wirtschaftlichen Verhältnisse des Schuldners sehen folgendermaßen aus:

a. Persönliche Verhältnisse:
...... [*HIER folgt die nähere Ausführung zu Familienstand, Kindern usw.*]

b. Wirtschaftliche Verhältnisse:
...... [*HIER folgt die ausführliche Darstellung der wirtschaftlichen Situation des Schuldners, über die Bezeichnung und Art seines Geschäftsbetriebes, den Warenbestand, die geschäftliche Situation*]

Dem Antrag ist ein Gläubiger- und Schuldnerverzeichnis sowie ein Vermögensverzeichnis beigefügt.

Der Schuldner ist bereit, seine pfändbaren Forderungen aus einem Dienstverhältnis oder an andere Stelle tretende laufende Bezüge für die Zeit von sieben Jahren nach der Aufhebung des Insolvenzverfahrens an einen vom Gericht zu bestimmenden Treuhänder abzutreten.

Es wird ausdrücklich darauf hingewiesen, dass der Schuldner mit Erklärung vom ...... 20.. die pfändbaren Forderungen aus Bezügen aus einem Dienstverhältnis an die ...... - Bank abgetreten hat.

Dem Insolvenzgericht schlage ich als Treuhänder Herrn ...... [*HIER Angabe von Name, Tätigkeit*] vor. Herr ...... hat sich bereit erklärt, das Amt des Treuhänders anzunehmen.

Zur Glaubhaftmachung sind folgende Unterlagen beigefügt:
1) eidesstattliche Versicherung
2) Gläubiger- und Schuldnerverzeichnis
3) Vermögensverzeichnis
4) Abtretungserklärung]

Als weitere Anlage liegt ein Insolvenzplan des Schuldners [- der Schuldnerin] bei.

[- Der/Die Schuldner/-in beantragt Eigenverwaltung.]

[Nur bei natürlichen Personen:
Der Schuldner [- Die Schuldnerin] beantragt gemäß § 287 Abs. 1 InsO Restschuldbefreiung.]]

Er ist bereit, seine pfändbaren Forderungen aus einem Dienstverhältnis oder an andere Stelle tretende laufende Bezüge für die Zeit von sieben Jahren nach der Aufhebung des Insolvenzverfahrens an eine vom Gericht zu bestimmenden Treuhänder abzutreten.

Es wird ausdrücklich darauf hingewiesen, dass der Schuldner mit Erklärung vom ...... 20.. die pfändbaren Forderungen aus Bezügen aus einem Dienstverhältnis an die ...... - Bank abgetreten hat.

Dem Insolvenzgericht wird als Treuhänder Herr [- Frau] ...... [*HIER Name u. Tätigkeit*] vor vorgeschlagen. Herr [- Frau] ...... hat sich bereit erklärt, das Amt des Treuhänders anzunehmen.

[- Zur Beschleunigung einer eventuellen Entscheidung nach § 26 InsO erkläre ich schon jetzt, dass der Schuldner [- die Schuldnerin] einen Massekostenvorschuss (§ 26 InsO) nicht leisten kann.]

....
Rechtsanwalt/-wältin

Anmerkung

Gem. § 3 InsO ist für das Insolvenzverfahren grundsätzlich das Insolvenzgericht ausschließlich zuständig, in dessen Bezirk der Schuldner seinen allgemeinen Gerichtsstand hat. Weicht der Mittelpunkt der selbstständigen Tätigkeit des Schuldner von dessen allgemeinem Gerichtsstand ab, ist das Insolvenzgericht zuständig, in dessen Bezirk der Mittelpunkt der wirtschaftlichen Tätigkeit des Schuldners liegt.

Als Insolvenzgründe kommen nach §§ 17–19 InsO für natürliche Personen Zahlungsunfähigkeit, bei juristischen Personen zusätzlich Überschuldung in Betracht. Zahlungsunfähigkeit des Schuldners ist anzunehmen, wenn er seine Zahlungen eingestellt hat. Überschuldung bei juristischen Personen liegt nach § 19 InsO dann vor, wenn das Vermögen nicht mehr die Verbindlichkeiten deckt.

Insolvenzgrund: im allgemeinen Zahlungsunfähigkeit, d. h. eine nicht nur vorübergehende Unfähigkeit, alle Forderungen zu befriedigen und drohende Zahlungsunfähigkeit, § 18 InsO, die vorliegt, wenn der Schuldner voraussichtlich nicht in der Lage sein wird, die bestehenden Zahlungspflichten im Zeitpunkt der Fälligkeit zu erfüllen.

Bei juristischen Personen und Gesellschaften ohne Rechtspersönlichkeit muss der Antrag entweder von allen Vertretungsberechtigten gemeinschaftlich gestellt oder der Insolvenzgrund glaubhaft gemacht werden.

Für natürliche Personen gibt es nur das Verbraucherinsolvenzverfahren gem. §§ 304 ff. InsO, das hinsichtlich der Zulässigkeitsvoraussetzungen andere Anforderungen stellt. Das Verbraucherinsolvenzverfahren gilt für natürliche Personen, die eine selbstständige wirtschaftliche Tätigkeit ausüben nur dann, wenn sie nur bis zu 19 Gläubiger haben (§ 304 Abs. 2 InsO) und gegen sie keine Forderungen aus dem Arbeitsverhältnis bestehen (§ 304 Abs. 1 S. 2 InsO).

Bei der Eigenverwaltung gem. §§ 270 ff. InsO behält der Schuldner die Verwaltungs- und Verfügungsbefugnis über sein Vermögen und wird lediglich der Aufsicht eines Sachwalters unterstellt.

Restschuldbefreiung gem. §§ 286 ff. InsO kann nur von natürlichen Personen beantragt werden. Der Antrag ist spätestens im Berichtstermin zu stellen.

Büromäßige Behandlung:
Bei einem Eigenantrag bedarf es keiner Glaubhaftmachung des Insolvenzgrundes.

Das Gericht ist an einen Vorschlag des Schuldners bezüglich des Treuhänders nicht gebunden. Wird ein Angehöriger der rechts- oder wirtschaftsberatenden Berufe vorgeschlagen, so dürfte aber im Allgemeinen keine Bedenken bestehen, den Vorgeschlagenen zu beauftragen.

Kosten u. Gebühren:
Gerichtskosten:
0,5 Gebühr gem. GKG KV Nr. 5110 nach dem Wert der Insolvenzmasse, § 37 Abs. 1 GKG.

Rechtsanwaltsgebühren:
§§ 72 bis 76 BRAGO.

3/10 Gebühr bei obigem Antrag, nach dem Wert der Insolvenzmasse, also wie bei den Gerichtskosten (Berechnung vom Gegenstandswert nach den Beträgen der Aktivmasse), jedoch mindestens nach dem Wert von 3.000,– EUR, § 77 Abs. 1 BRAGO. Bei Vertretung des Schuldners im ganzen Verfahren 5/10 Gebühr nach § 73 BRAGO.

#21 Schuldner im Insolvenzverfahren

Antrag des Schuldners auf Einleitung eines Verbraucherinsolvenzverfahren gem. §§ 304 ff. InsO nebst Antrag auf Restschuldbefreiung (bei natürlichen Personen sowie bei selbstständiger wirtschaftlicher Tätigkeit bei weniger als 20 Gläubigern bei Nichtbestehen von Forderungen gegen diese aus dem Arbeitsverhältnis)

Für die im Verbraucherinsolvenzverfahren nach § 305 InsO zu stellenden Anträge und für die vorzulegenden Bescheinigungen sowie für das Restschuldbefreiungsverfahren dürfen ab dem

1. 3. 2002 nur noch die amtlichen Vordrucke verwendet werden (siehe BGBl. I 2002, 703). Das Antragsformular ist in der Regel beim Insolvenzgericht zu erhalten.

Anmerkung

Zunächst muss der Schuldner versuchen, eine außergerichtliche Einigung auf Grundlage eines Planes mit seinen Gläubigern herbeizuführen, § 305 Abs. 1 Nr. 1 InsO. Bei Erfolglosigkeit, kann ein gerichtliches Schuldenbereinigungsverfahren betrieben werden, § 304 Abs. 1 InsO. Ist auch dieses Verfahren erfolglos geblieben, kann das Restschuldbereinigungsverfahren (§ 286 InsO) eingeleitet werden.

Gem. § 3 InsO ist für das Insolvenzverfahren grundsätzlich das Insolvenzgericht ausschließlich zuständig, in dessen Bezirk der Schuldner seinen allgemeinen Gerichtsstand hat. Weicht der Mittelpunkt der selbstständigen Tätigkeit des Schuldners von dessen allgemeinem Gerichtsstand ab, ist das Insolvenzgericht zuständig, in dessen Bezirk der Mittelpunkt der wirtschaftlichen Tätigkeit des Schuldners liegt.

Als Insolvenzgründe kommen nach §§ 17–19 InsO für natürliche Personen Zahlungsunfähigkeit, bei juristischen Personen zusätzlich Überschuldung in Betracht. Zahlungsunfähigkeit des Schuldners ist anzunehmen, wenn er seine Zahlungen eingestellt hat. Überschuldung bei juristischen Personen liegt nach § 19 InsO dann vor, wenn das Vermögen nicht mehr die Verbindlichkeiten deckt.

Insolvenzgrund: im allgemeinen Zahlungsunfähigkeit, d. h. eine nicht nur vorübergehende Unfähigkeit, alle Forderungen zu befriedigen und drohende Zahlungsunfähigkeit, § 18 InsO, die vorliegt, wenn der Schuldner voraussichtlich nicht in der Lage sein wird, die bestehenden Zahlungspflichten im Zeitpunkt der Fälligkeit zu erfüllen.

Das Verbraucherinsolvenzverfahren gilt für natürliche Personen, die eine selbstständige wirtschaftliche Tätigkeit ausüben nur dann, wenn sie nur bis zu 19 Gläubiger haben (§ 304 Abs. 2 InsO) und gegen sie keine Forderungen aus dem Arbeitsverhältnis bestehen (§ 304 Abs. 1 S. 2 InsO).

Bei der Eigenverwaltung gem. §§ 270 ff. InsO behält der Schuldner die Verwaltungs- und Verfügungsbefugnis über sein Vermögen und wird lediglich der Aufsicht eines Sachwalters unterstellt.

Restschuldbefreiung gem. §§ 286 ff. InsO kann nur von natürlichen Personen beantragt werden. Der Antrag ist spätestens im Berichtstermin zu stellen.

Die Bescheinigung über einen erfolglosen außergerichtlichen Einigungsversuch muss durch eine geeignete Stelle oder Person erteilt werden. Wer zur Erteilung der Bescheinigung in Betracht kommt, ist durch die Landesregierungen bestimmt worden.

Das Gläubigerverzeichnis muss die gegen den Schuldner gerichteten Forderungen nach Grund und Höhe und die Namen und Anschriften aller Gläubiger enthalten, wobei auch auf beizufügende Forderungsaufstellungen der Gläubiger Bezug genommen werden kann. In das Schuldnerverzeichnis sind die Forderungen des Schuldners nach Grund und Höhe und die Namen der Drittschuldner aufzunehmen. Der Schuldner hat den Verzeichnissen Erklärungen beizufügen, dass seine Angaben richtig und vollständig sind.

Achtung: Falsche Angaben des Schuldners führen gem. § 296 Abs. 1 Nr. 6 InsO zur Versagung der Restschuldbefreiung.

Büromäßige Behandlung:
Der Antragsteller hat u. a. mit dem Antrag eine Bescheinigung vorzulegen, aus der sich ergibt, dass eine außergerichtliche Einigung mit den Gläubigern gescheitert ist, § 305 Abs. 1 Nr. 1 InsO. Wer zu Erteilung der Bescheinigung in Betracht kommt, ist durch die Landesregierungen bestimmt worden.

Der Schuldenbereinigungsplan ist ein Angebot des Schuldners an seine Gläubiger zur Schuldenbereinigung. In der inhaltlichen Gestaltung ist der Schuldner und damit auch der ihn vertretende Rechtsanwalt frei. Der Plan muss aber klar erkennen lassen, welche Leistungen die einzelnen Gläubiger erhalten sollen. Auch ein sog. »Nullplan«, in dem der Schuldner erklärt, dass er über keinerlei finanzielle Mittel verfüge, um die Gläubiger befriedigen zu können ist möglich (Hujer JR 1996, 314).

Mit dem Antrag ist ein Antrag auf Erteilung der Restschuldbefreiung zu stellen oder zu erklären, dass eine Restschuldbefreiung nicht beantragt werden soll, § 305 Abs. 1 Nr. 2 InsO. Wird ein Antrag auf Stundung der Verfahrenskosten gestellt, so ist dieser zwingend mit dem Antrag auf Restschuldbefreiung zu verbinden.

Die aufgeführten Anlagen können auch nachgereicht werden. Bei unvollständigem Antrag wird das Gericht gem. § 305 Abs. 3 InsO zur unverzüglichen Nachreichung auffordern.

Achtung:
Der Antrag gilt als zurückgenommen, wenn die fehlenden Unterlagen nicht binnen 1 Monats nachgereicht werden.

Das Insolvenzverfahren dient nicht mehr nur der gleichmäßigen Befriedigung der Gläubiger, sondern auch der Entschuldung.

Gegenstandswert:
§§ 37 GKG, 77 BRAGO.

Kosten u. Gebühren:
Gerichtskosten:
0,5 Gebühr gem. GKG KV Nr. 5110 nach dem Wert der Insolvenzmasse, § 37 Abs. 1 GKG.

Rechtsanwaltsgebühren:
§§ 72 bis 76 BRAGO.

3/10 Gebühr bei obigem Antrag, nach dem Wert der Insolvenzmasse, also wie bei den Gerichtskosten (Berechnung vom Gegenstandswert nach den Beträgen der Aktivmasse), jedoch mindestens nach dem Wert von 3.000,– EUR, § 77 Abs. 1 BRAGO. Bei Vertretung des Schuldners im ganzen Verfahren 5/10 Gebühr nach § 73 BRAGO.

#22 Antrag des Schuldners auf Einstellung des Verfahrens wegen Zustimmung der Gläubiger nach Ablauf der Anmeldefrist § 213 Abs. 1 InsO

[*HIER Ort, Datum*]

An das
Amtsgericht
- Insolvenzgericht -
[*HIER Anschrift*]

In dem Insolvenzverfahren
......
Az.: ......

Antrag auf Einstellung des Verfahrens mit Zustimmung der Gläubiger, § 213 Abs. 1 InsO

Sehr geehrte(r) Herr/Frau Rechtspfleger/-in ......,

ausweislich der als Anlage 1 in Kopie beigefügten Vollmachtsurkunde zeige ich an, dass der/die Insolvenzschuldner/-in ...... anwaltlich von mir vertreten wird.

Namens und in Vollmacht meiner Mandantschaft beantrage ich,

das am ...... 20.. eröffnete Insolvenzverfahren über das Vermögen des/der Insolvenzschuldners/-in ...... nach § 213 Abs. 1 InsO wegen Zustimmung der Gläubiger einzustellen.

Die Zustimmungserklärungen aller zur Tabelle angemeldeten Insolvenzgläubiger liegen vor. Ich füge diese im Original als Anlagenkonvolut 2 bei.

Die Frist zu Anmeldung von Forderungen (§ 28 Abs. 1 InsO) ist bereits mit dem ...... 20.. abgelaufen. Einer Einstellung stehen mithin keine Gründe entgegen.

Um die Veröffentlichung dieses Antrages auf Einstellung des Verfahrens wegen Zustimmung der Gläubiger wird gebeten, § 214 Abs. 1 InsO

....
Rechtsanwalt/-wältin

/Anlagen:
1. Ablichtung der Vollmacht
2. Originale der Zustimmungserklärungen der Gläubiger

Anmerkung

Gemäß § 213 Abs. 1 InsO ist das Insolvenzverfahren auf Antrag des Schuldners einzustellen, wenn er nach Ablauf der Anmeldefrist die Zustimmung aller Insolvenzgläubiger, die Forderungen angemeldet haben, vorlegt.

Die Zustimmungserklärung der Gläubiger ist unwiderruflich und nicht anfechtbar, weil es sich um eine Prozesshandlung handelt.

Gegen die Einstellung des Insolvenzverfahrens kann der Insolvenzgläubiger sofortige Beschwerde einlegen. Wird der Antrag abgelehnt, steht dem Schuldner die sofortige Beschwerde zu, § 216 InsO.

#23 Antrag des Schuldners auf Einstellung des Verfahrens wegen Zustimmung der Gläubiger vor Ablauf der Anmeldefrist § 213 Abs. 2 InsO

[*HIER Ort, Datum*]

An das
Amtsgericht
- Insolvenzgericht -
[*HIER Anschrift*]

In dem Insolvenzverfahren
......
Az.: ......

Antrag auf Einstellung des Verfahrens mit Zustimmung der Gläubiger vor Ablauf der Anmeldefrist, § 213 Abs. 2 InsO

Sehr geehrte(r) Herr/Frau Rechtspfleger/-in ......,

ausweislich der als Anlage 1 in Kopie beigefügten Vollmachtsurkunde zeige ich an, dass der/die Insolvenzschuldner/-in ...... anwaltlich von mir vertreten wird.

Namens und in Vollmacht meiner Mandantschaft beantrage ich,

das am ...... 20.. eröffnete Insolvenzverfahren über das Vermögen des/der Insolvenzschuldners/-in ...... nach § 213 Abs. 2 InsO bereits vor Ablauf der Anmeldefrist wegen Zustimmung der Gläubiger einzustellen.

Die Zustimmungserklärungen aller zur Tabelle angemeldeten Insolvenzgläubiger liegen vor. Ich füge diese im Original als Anlagenkonvolut 2 bei.

Weitere Gläubiger sind nicht bekannt und aus den Büchern des Insolvenzschulders [- der Insolvenzschuldnerin] auch nicht ersichtlich. Dieses wird gleichermaßen von dem Insolvenzverwalter gem. seinem als Anlage 3 beigefügtem Schreiben vom ...... 20.. bestätigt.

Demnach ist das Insolvenzverfahren ungeachtet der erst am ...... 20.. ablaufenden Frist zur Anmeldung von Forderungen schon jetzt einstellungsreif.

Um die Veröffentlichung dieses Antrages auf Einstellung des Verfahres wegen Zustimmung der Gläubiger wird gebeten, § 214 Abs. 1 InsO

....
Rechtsanwalt/-wältin

/Anlagen:
1. Kopie der Vollmacht
2. Originale der Zustimmungserklärungen der Gläubiger
3. Schreiben des Insolvenzverwalters

Anmerkung

Siehe Anmerkung zu Formular 1.C.#22.

#24 Antrag durch den Erben auf Eröffnung eines Nachlassinsolvenzverfahrens §§ 1975, 1980 BGB, §§ 315 ff. InsO

[*HIER Ort, Datum*]

An das
Amtsgericht
- Insolvenzgericht -
[*HIER Anschrift*]

In dem Insolvenzverfahren
......
Az.: ......

Antrag auf Eröffnung des Nachlassinsolvenzverfahrens

Namens und in Vollmacht des/der ...... beantrage ich,

über den Nachlass des/der am ...... 20.. verstorbenen ...... [*HIER Name, Vorname*], zuletzt wohnhaft in ......, das Insolvenzverfahren zu eröffnen.

Begründung:

Der/Die Antragsteller/-in ist Witwe(r) von ...... [*HIER Name des Erblassers*]. Sie/Er ist [- zusammen mit den Kindern ...... [*HIER Angabe von Namen u. Adresse der Kinder*] Erbe des ...... [*HIER Name des Erblassers*].

[- Die Erben haben noch keine Erklärung abgegeben, ob sie das Erbe annehmen.]

Der Erblasser ist am ...... 20.. geboren und am ...... 20...... gestorben und war zuletzt wohnhaft in ...... [*HIER die vollständige Adresse*]

Der Nachlass ist überschuldet. Der Wert der Aktiva ...... [*HIER Angabe über Bankguthaben, Grundstücke, PKW, Pflichtteilsansprüche und Sonstiges*] beträgt ca ...... EUR.

Diesen Aktiva stehen Verbindlichkeiten entgegen, die der Antragsteller [- die Antragstellerin] mit einem Betrag von ...... EUR bewertet. Sie resultieren im Wesentlichen aus ...... [*z. B. einem Kredit bei der ...... - Bank*].

[- Zur Beschleunigung einer eventuellen Entscheidung nach § 26 InsO erkläre ich schon jetzt, dass der Antragsteller einen Massekostenvorschuss nicht leisten wird.]

Zur Glaubhaftmachung sind folgende Unterlagen beigefügt:

1) Sterbeurkunde
2) Testament
3) Nachlassverzeichnis
4) eidesstattliche Versicherung
5) Verkehrswertschätzung über das Grundstück, eingetragen im Grundbuch von ...... [Ort], ... [Blatt]
6) Bestätigung der ...... -Bank über die Valutierung des eingereichten Kredites

[oder]

Antrag auf Eröffnung des Nachlassinsolvenzverfahrens

In der Nachlasssache des/der am ...... verstorbenen Herrn / Frau ......, zuletzt wohnhaft in ......, beantrage ich namens des/der Alleinerben/-in wegen Überschuldung des Nachlasses die Eröffnung des Nachlassinsolvenzverfahrens.

Begründung:

Der Antragsteller ist [-Mit]Erbe aufgrund gesetzlicher Erbfolge [- aufgrund des Testaments des Verstorbenen [- gemeinschaftlichen Testaments] [- Erbvertrages] vom ...... 20..

[- Weitere Erben sind: ......[*HIER Anschriftenliste*]]

Der Nachlass ist überschuldet, wie sich aus der beiliegenden Vermögensübersicht [- eidesstattlichen Versicherung des Antragstellers] ergibt.

[- Zur Beschleunigung einer eventuellen Entscheidung nach § 26 InsO erkläre ich schon jetzt, dass der Antragsteller einen Massekostenvorschuss nicht leisten wird.]

Von der ergehenden Entscheidung bitte ich um Übersendung einer Ausfertigung gegen Empfangsbestätigung.

[oder mit anderer Begründung]

Begründung:

Am ...... ist ...... in ......, ... straße ......, der Vater meines Mandanten gestorben. Der Erblasser war als selbstständiger Kaufmann bis zu seinem Tod tätig.

In seinem Testament, welches sich bei den Akten des Nachlassgerichtes, (Az. ......) befindet, ist mein Mandant als Alleinerbe eingesetzt. Mein Mandant hat die Erbschaft angenommen. Nach Durchsicht der Unterlagen ist von meinem Mandanten folgendes festgestellt worden:

Der Nachlass des Erblassers besteht aus der Wohnungseinrichtung und die des Büros. Eintreibbare Forderungen des Erblassers bestehen nicht mehr. ......

Verschiedene Gläubiger haben sich schon bei meinem Mandanten gemeldet. Der Nachlass ist demnach überschuldet. Als Insolvenzverwalter [- Insolvenzverwalterin] wird Herr [- Frau] ...... vorgeschlagen.

Von der ergehenden Entscheidung bitte ich um Übersendung einer Ausfertigung der Empfangsbestätigung.

[oder]
Antrag auf Eröffnung des Nachlassinsolvenzverfahrens

In der Nachlasssache des/der am ...... verstorbenen Herrn/Frau ......, zuletzt wohnhaft in ......, beantrage ich namens des Alleinerben - Vollmacht in Anlage - wegen Überschuldung des Nachlasses die Eröffnung des Nachlassinsolvenzverfahrens.

Begründung:

Aufgrund privatschriftlichen Testamtens vom ...... wurde Herr ...... Alleinerbe des oben näher bezeichneten Erblassers. Eine beglaubigte Kopie des Testaments samt Eröffnungsniederschrift sind beigefügt.

Der Alleinerbe lässt durch mich vortragen, dass nach den bisherigen Erkenntnissen der Nachlass überschuldet ist, wie sich aus dem von meinem Mandanten erstellten Nachlassverzeichnis ergibt. Danach übersteigt die Summe der Passiva die der Aktiva um EUR ...... Das Nachlassverzeichnis, dessen Richtigkeit der Alleinerbe an Eides statt versichert, ist diesem Antrag in Anlage beigefügt.

Zur Deckung, der durch das Nachlassinsolvenzverfahrens entstandenen Kosten, dürfte der Nachlass ausreichen. Ansonsten bitte ich, durch Beschluss diesen Antrag mangels Vorhandenseins einer die Verfahrenskosten deckenden Masse zurückzuweisen.

Von der ergehenden Entscheidung bitte ich um Übersendung einer Ausfertigung gegen Empfangsbestätigung.

[oder in anderer Form]

Mein Mandant ist nach dem in Anlage befindlichen Erbscheins der alleinige Erbe des/der Herrn/Frau ......, der/die am ...... 20.., in ......, an seinem/ihrem letzten Wohnsitz verstorben ist. Der Nachlass des/der Verstorbenen ist in Höhe von etwa ...... EUR überschuldet, wie sich aus dem ebenfalls beigefügten Nachlassverzeichnis ergibt.

Namens und in Vollmacht meiner Mandantschaft beantrage ich,

> das Insolvenzverfahren über den Nachlass des ......[*HIER Name des Erblassers*] zu eröffnen.

Sollten weitere Angaben erforderlich sein, so ist mein Mandant zu weiterer Glaubhaftmachung bereit.

Von der ergehenden Entscheidung bitte ich um Übersendung einer Ausfertigung der Empfangsbestätigung.

....
Rechtsanwalt/-wältin

Anmerkung

Den Nachlassgläubigern gegenüber besteht nach § 1980 Abs. 1 S. 1 BGB i. d. F. des Art. 33 EGInsO eine unverzügliche Antragspflicht, wenn der Erbe Kenntnis von Zahlungsunfähigkeit oder der Überschuldung erlangt. Der Kenntnis der Zahlungsunfähigkeit oder der Überschuldung steht die auf Fahrlässigkeit beruhende Unkenntnis gleich, § 1980 Abs. 2 S. 1 BGB.

Mit einem Nachlassinsolvenzverfahren wollen die Erben in aller Regel eine Haftungsbeschränkung aus dem Nachlass gemäß § 1975 BGB herbeiführen.

Zuständig ist das Insolvenzgericht, in dessen Bezirk der Erblasser zum Zeitpunkt seines Todes seinen allgemeinen Gerichtsstand hatte. Falls der Erblasser noch einer selbstständigen wirtschaftlichen Tätigkeit nachging, ist das Insolvenzgericht zuständig, in dessen Bezirk der Mittelpunkt dieser Tätigkeit lag, § 315 InsO.

Eine endgültige Haftungsbeschränkung gegenüber allen Nachlassgläubigern kann der Erbe nur durch Nachlassverwaltung (§ 1975 BGB) oder das Nachlassinsolvenzverfahren erreichen.

Der Erbe ist verpflichtet, das Nachlassinsolvenzverfahren zu beantragen, wenn ihm die Zahlungsunfähigkeit oder Überschuldung des Nachlasses bekannt ist, §§ 1975, 1980 BGB, 315–331 InsO. Bei Überschuldung ist lediglich auf die rechnerische Überschuldung abzustellen. Wird der Antrag von einem Erben, dem Nachlassverwalter, einem Nachlasspfleger oder einem Testamentsvollstrecker gestellt, so ist auch die drohende Zahlungsunfähigkeit Eröffnungsgrund, § 320 InsO.

Der Insolvenzantrag bleibt dem Erben aber erspart, wenn die Überschuldung des Nachlasses nur auf Vermächtnissen oder Auflagen beruht, § 1992 BGB.

Die Eröffnung eines Nachlassinsolvenzverfahrens ist eine der Möglichkeiten, die Haftung des Erben auf den Nachlass zu beschränken.

Die Eröffnung des Nachlassinsolvenzverfahrens wie auch die Nachlassverwaltung hat die Sonderung des Nachlasses vom eigenen Vermögen des Schuldners zur Folge, § 1976 BGB.

Kennt der Erbe die Überschuldung des Nachlasses oder ist sie ihm aus Fahrlässigkeit unbekannt, so ist er den Gläubigern schadenersatzpflichtig, falls er nicht unverzüglich das Nachlassinsolvenzverfahren über den Nachlass beantragt, § 1980 BGB. Fahrlässigkeit ist anzunehmen, wenn der Erbe das Aufgebot der Nachlassgläubiger nicht beantragt, obwohl er Grund hat, das Vorhandensein unbekannter Nachlassverbindlichkeiten anzunehmen. Mehrere Erben haften als Gesamtschuldner.

Nach § 1990 BGB besteht die Pflicht zur Eröffnung des Insolvenzverfahrens aber nicht, wenn mangels Masse keine den Kosten entsprechende Masse vorhanden ist.

Da der Erbe für die Kosten des Antrages eines gegen ihn ergangenen Ablehnungsbeschlusses mit seinem eigenen Vermögen haftet, kann es in Zweifelsfällen ratsam sein, unter Darlegung der Verhältnisse ein Insolvenzverfahren zu beantragen, in dem man es dem Gericht überlässt, den Antrag mangels Masse abzulehnen.

Die Eröffnung des Nachlassinsolvenzverfahrens ist auch vor Annahme der Erbschaft möglich, § 316 InsO.

Antragsberechtigt sind zur Eröffnung des Nachlassinsolvenzverfahrens nach § 317 InsO

- der Erbe, auch der einzelne Miterbe, § 317 Abs. 2 InsO,
- der Nachlasspfleger,
- der Nachlassverwalter,

- der Verwaltungstestamentsvollstrecker,
- jeder Nachlassgläubiger, befristet auf 2 Jahre nach Erbschaftsannahme, §§ 14, 319 InsO.

Nach Beendigung des Nachlassinsolvenzverfahrens haftet der Erbe nach wie vor beschränkt, sog. Dürftigkeitseinrede gem. § 1990 Abs. 1 S. 1 BGB. Seine Haftung ist allerdings unbeschränkt, sofern er schon vor dem Nachlassinsolvenzverfahren seine Haftungsbeschränkung, etwa durch Inventaruntreue, verloren hatte.

Büromäßige Behandlung:

Insolvenzgrund ist Zahlungsunfähigkeit und/oder Überschuldung (§ 320 InsO), bei Eigenantrag auch drohende Zahlungsunfähigkeit.

Bei der Ermittlung der Überschuldung sind neben den Masseverbindlichkeiten nach § 334 InsO alle in §§ 235 ff. InsO genannten Verbindlichkeiten, also auch Vermächtnisse, Auflagen und Pflichtteilsansprüche, zu berücksichtigen.

Hat der Erbe vor der Eröffnung des Nachlassinsolvenzverfahrens aus dem Nachlass Pflichtteilsanspruche, Vermachtnisse oder Auflagen erfüllt, so sind diese Rechtshandlungen in gleicher Weise insolvenzrechtlich anfechtbar wie eine unentgeltliche Leistung des Erben (§ 322 InsO), weil die Begünstigten zu den nachrangigen Insolvenzgläubigern gehören (§ 327 InsO) und nicht besser gestellt werden sollen als der Erbe selbst, § 327 InsO.

Wird der Antrag nicht durch alle Erben gemeinsam gestellt, so ist der Insolvenzgrund glaubhaft zu machen.

Kosten u. Gebühren:
Gerichtskosten:
5/10 Gebühr nach GKG KV Nr. 5110. Geschäftswert: Siehe §§ 35, 37 GKG.

Rechtsanwaltsgebühren:
3/10 Gebühr gem. § 72 BRAGO. Wert wie vor, § 8 BRAGO. Wird nicht nur obiger Antrag gestellt, sondern erfolgt Vertretung im ganzen Verfahren: 5/10 Gebühr gem. § 73 BRAGO.

#25 Mitteilung an das Prozessgericht zur Verfahrensunterbrechung bei Bestellung eines vorläufigen Insolvenzverwalters § 240 S. 2 ZPO und Verhängung eines allgemeinen Veräußerungs- und Verfügungsverbotes § 4 InsO, § 240 S. 2 ZPO

[*HIER Ort, Datum*]

An das
Amtsgericht [- Landgericht] ......
[*HIER Anschrift*]

In Sachen
....../......
Az.: ......

teile ich unter Hinweis auf den in Ablichtung beigefügten Beschluss des Amtsgerichts ...... - Insolvenzgericht -, Az.: ...... mit, dass am ...... 20.. im Rahmen eines anhängigen Insolvenzantragsverfahrens die vorläufige Verwaltung des Vermögens der Klägerin nach § 21 Abs. 2 Nr. 1 InsO angeordnet und ein allgemeines Verfügungsverbot nach § 21 Abs. 2 Nr. 2 InsO gegen die Schuldnerin verhängt wurde.

Der Unterzeichner dieses Schriftsatzes wurde zum vorläufigen Verwalter bestellt.

Aufgrund der angeordneten Sicherungsmaßnahmen ist die Verwaltungs- und Verfügungsbefugnis der Klägerin über ihr Vermögen gem. § 22 Abs. 1 InsO auf den vorläufigen Verwalter übergegangen.

Der Rechtsstreit ist aus diesem Grunde nach § 240 S. 2 ZPO unterbrochen.

....
Rechtsanwalt/-wältin als vorläufige(r) Insolvenzverwalter(in)

/Anlage:
Beschluss über die Anordnung der vorläufigen Insolvenzverwaltung durch das Insolvenzgericht in Fotokopie

Anmerkung

Gem. § 4 InsO, § 240 ZPO tritt durch die Verfahrenseröffnung im Insolvenzverfahren eine Unterbrechung anhängiger Rechtstreitigkeiten des Schuldners ein, die die Insolvenzmasse betreffen.

#26 Schriftsatz zur Aufnahme eines unterbrochenen Aktivprozesses durch den (vorläufigen) Insolvenzverwalter § 240 S. 2 ZPO, § 24 Abs. 2, § 85 Abs. 1 S. 1 InsO

[*HIER Ort, Datum*]

An das
Amtsgericht [- Landgericht] ......
[*HIER Anschrift*]

In Sachen
....../......
Az.: ......

nehme ich in meiner Eigenschaft als [- vorläufige(r)] Insolvenzverwalter/-in für das Vermögen des/der Klägers/-in den nach § 240 ZPO unterbrochenen Rechtsstreit gemäß [- § 24 Abs. 2,] § 85 Abs. 1 S. 1 InsO auf.

Da Rubrum bitte ich auf Klägerseite wie folgt zu ändern:
Rechtanwalt/-wältin] ......, als Insolvenzverwalter/-in über das Vermögen des/der ......, ... straße ......, in ......

Den vorliegenden Aufnahmeschriftsatz dem/der Beklagten zuzustellen.

In dem noch anzuberaumenden Termin zur mündlichen Verhandlung werde ich folgende Anträge stellen:

1. den/die Beklagte(n) zu verurteilen, an den/die Kläger/-in ...... EUR nebst Zinsen in Höhe von 5 Prozentpunkten über dem Basiszinssatz [- nebst .....% Zinsen] seit dem ...... 20.. zu zahlen.
2. dem/der Beklagen die Kosten des Rechtsstreits aufzuerlegen.
3. das Urteil gegen Sicherheitsleistung für vorläufig vollstreckbar zu erklären, wobei dem/der Kläger/-in nachgelassen wird, diese Sicherheitsleistung auch durch eine unbefristete selbstschuldnerische Bürgschaft eines zugelassenen Kreditinstituts zu erbringen.

Begründung:

[Beim vorläufigen Insolvenzverwalter/in:]
Durch Beschluss des Amtsgerichts ...... - Insolvenzgericht -, Az.: ...... wurde im Rahmen eines anhängigen Insolvenzantragsverfahrens die vorläufige Verwaltung des Vermögens der Klägerin nach § 21 Abs. 2 Nr. 1 InsO angeordnet und gegen sie ein allgemeines Verfügungsverbot nach den § 21 Abs. 2 Nrn.1, 2, § 22 Abs. 1 InsO verhängt. Der Unterzeichner wurde zum vorläufigen Insolvenzverwalter bestellt.

Beweis: Beschluss über die Anordnung der vorläufigen Insolvenzverwaltung durch das Amtsgericht ...... - Insolvenzgericht -, Az.: ......, als Anlage K 1 in Fotokopie

Damit wurde der Rechtsstreit gem. § 240 S. 2 ZPO unterbrochen.

Da wegen der gleichzeitigen Verhängung eines allgemeinen Verfügungsverbotes gegen die Klägerin die allgemeine Verwaltungs- und Verfügungsbefugnis über deren Vermögen auf den vorläufigen Insolvenzverwalter übergegangen ist, steht diesem gem. § 24 Abs. 2 InsO das Recht zu, die gem. § 85 Abs. 1 InsO anhängige Rechtsstreitigkeit aufzunehmen. Hierzu ist nach § 85 Abs. 1 S. 1 InsO erforderlich, dass sich der Rechtstreit auf einen zur Insolvenzmasse gehörenden Vermögensgegenstand bezieht. Die von der ursprünglichen Klägerin geltend gemachte Forderung resultiert aus ihrem Geschäftsbetrieb und gehört daher zu dem Vermögen der Gesellschaft, welches nach § 35 InsO von einem Insolvenzbeschlag erfasst wird.

Im Übrigen bezieht sich der Kläger auf das Vorbringen der bisherigen Klägerin und trägt darüber hinaus folgendes ergänzend vor: ....

Mit Schreiben vom ...... 20.. wurde die Forderung der Klägerin geltend gemacht.

Beweis: Schreiben vom ...... 20.. in Fotokopie, Anlage K ......

Der Beklagte hat die im o. g. Schreiben eingeräumte Zahlungsfrist fruchtlos verstreichen lassen.

[- Daraufhin hat der Kläger mit Schreiben vom ...... 20.. zum ...... 20.. eine letzte Frist zur Zahlung der Forderung gesetzt.

Beweis: Schreiben vom ...... 20.. in Kopie, Anlage K ......]

Der Zinsanspruch folgt aus §§ 286 Abs. 1, 288 Abs. 1 S. 1 BGB. Der Beklagte hat mithin Zinsen in Höhe von fünf Prozentpunkten über dem Basiszinssatz zu zahlen.

[- Eine Bezahlung der geltend gemachten Forderung erfolgte gleichwohl nicht. Die Beklagte befindet sich somit mit der Bezahlung des Klagebetrages seit dem ...... 20.. in Verzug.

Der Kläger [- die Klägerin] arbeitet selbst ständig mit Bankkredit, der die eingeklagte Forderung betragsmäßig übersteigt. Für diesen Kredit muss sie seit dem o. g. Datum, dem ...... 20........% Zinsen bezahlen.

Beweis: Zinsbestätigung der X-Bank [- Y-Sparkasse], Anlage K ......

Für den Fall des Bestreitens zusätzlich:

Beweis: Herr [- Frau] ......, zuständige(r) Bankbearbeiter/-in [- Sparkassenangestellte(r)] unter Entbindung von der Verschwiegenheitspflicht, zu laden über die X-Bank [- Y-Sparkasse] als Zeuge/Zeugin]

Der betreffende Bankkredit hätte sich um den Klageforderungsbetrag verringert, wenn die Beklagte fristgerecht bezahlt hätte. Der Klageforderungsbetrag ist daher seit dem ...... 20.. mit ......% Zinsen zu verzinsen.]

....
Rechtsanwalt/-wältin

[Beim Insolvenzverwalter/in:]

Mit Beschluss des Amtsgerichts ...... - Insolvenzgericht -, Az.: ...... vom ...... 20.. wurde über das Vermögen der Firma ...... das Insolvenzverfahren eröffnet.

Beweis: Beschluss des Amtsgerichts ...... - Insolvenzgericht -,

vom ...... 20.., in Ablichtung als Anlage K 1

Die ...... Firma hat den Beklagten bereits vor Eröffnung des Insolvenzverfahrens wegen einer ......forderung auf Zahlung von EUR ...... in Anspruch genommen.

Dieser ......anspruch ist eine Forderung der Gemeinschuldnerin und daher zur Insolvenzmasse gehörendes Vermögen im Sinne des § 85 Abs. 1 S. 1 InsO.

Wegen der Begründung des ......anspruches wird auf den Klageschriftsatz vom ...... 20.. verwiesen.

Ergänzend wird hierzu Folgendes vorgetragen: ......

....
Rechtsanwalt/-wältin

Anmerkung

Mit Anordnung der vorläufigen Insolvenzverwaltung, bei der der vorläufige Insolvenzverwalter die volle Verfügungsbefugnis über das Schuldnermögen erhalten hat, oder mit Eröffnung des Insolvenzverfahrens werden alle Prozesse, bei denen der Schuldner Partei ist und die Insolvenzmasse betreffen, unterbrochen, § 240 ZPO.

Der Gläubiger hat vielmehr seine Forderung zur Tabelle anzumelden. Wird diese im Prüfungstermin bestritten, so kann er nach §§ 179 ff. InsO gegen den widersprechenden Insolvenzverwalter oder Gläubiger die Feststellung der Forderung zur Tabelle betreiben.

Gemäß § 286 Abs. 3 BGB tritt der Verzug bei einer Geldschuld automatisch 30 Tage nach Fälligkeit und mit Zugang einer Rechnung ein. Es bedarf insofern nicht mehr einer vorherigen Mahnung. nach § 284 Abs. 1 BGB.

Der Zinsanspruch ergibt sich aus § 286 Abs. 1, 288 Abs. 3 BGB, bei Kreditaufnahme ist der höhere Zinssatz durch Bankbescheinigung pp. nachzuweisen, § 288 Abs. 1 S. 2 BGB.

#27 Anfechtungsklage des Insolvenzverwalters §§ 129 ff. InsO

[*HIER Ort, Datum*]

An das
Amtsgericht [- Landgericht]
[*HIER Anschrift*]

Klage

des/der Rechtsanwalts/-wätin ...... [*HIER als Insolvenzverwalter/*-in] in seiner Eigenschaft als Insolvenzverwalter/-in des/der Insolvenzschuldners/-in ...... [*HIER Bezeichnung des/der Insolvenzschuldners/-in*]

- Klägers/-in, -

Prozessbevollmächtigte(r): Rechtsanwalt/-wältin ...... [*HIER Vorname, Name, Anschrift; soweit nicht identisch mit Insolvenzverwalter/*-in]

gegen

den/die ...... [*HIER Vorname, Name, Anschrift*]

- Beklagte(n), -

Prozessbevollmächtigte(r): Rechtsanwalt/-wältin ...... [*HIER Vorname, Name, Anschrift*]

wegen Insolvenzanfechtung

Streitwert: ...... EUR

Namens und in Vollmacht des/der Klägers/-in erhebe ich Klage und werde beantragen,

1. den/die Beklagte(n) zu verurteilen:
   a) an den/die Kläger/-in folgende Gegenstände herauszugeben:
   ......
   [- b) an den/die Kläger/-in folgende Forderungen abzutreten:
   ......

[- c) die Löschung der Position Nr. ...... im Grundbuch des AG ......, Band ......, Bl. ...... zu bewilligen,]
2. dem/die Beklagte(n) die Kosten des Rechtsstreits aufzuerlegen.
3. das Urteil, soweit zulässig, für vorläufig vollstreckbar zu erklären.

Sofern das Gericht das schriftliche Vorverfahren (§ 276 ZPO) anordnen sollte, wird für den Fall des Anerkenntnisses oder der Säumnis des Beklagten bereits an dieser Stelle beantragt, den/der Beklagten durch Anerkenntnisurteil oder Versäumnisurteil antragsgemäß zu verurteilen.

Begründung:

Das Amtsgericht ...... als Insolvenzgericht hat durch Beschluss vom ...... 20..,...... [*HIER Uhrzeit*] Az. ......, das Insolvenzverfahren über das Vermögen des/der Herrn/Frau ...... eröffnet und den Kläger zum Insolvenzverwalter bestellt.

Beweis: 1. Eröffnungsbeschluss in Kopie, Anlage 1
2. Bestellungsurkunde in Kopie, Anlage 2

Grundlage dieser Anordnungen war der Eröffnungsantrag des Gläubigers ......[*HIER Name*] vom ...... 20...

Beweis: Beziehung der Insolvenzakten des Amtsgerichts ......
- Insolvenzgericht - zur Geschäfts-Nr. ......

...... [*HIER folgen die Ausführungen zu den Klageanträgen*]

....
Rechtsanwalt/-wältin

Anmerkung

Zuständig ist das Gerichts des allgemeinen Gerichtsstandes des Gegners. Anfechtungsberechtigt ist der Insolvenzverwalter, § 129 InsO, bei Eigenverwaltung der Sachwalter, § 280 InsO, im Verbraucherinsolvenzverfahren jeder Insolvenzgläubiger.

Die Anfechtungsgründe sind in den §§ 130–137 InsO geregelt. Anfechtungsfrist: 2 Jahre seit Eröffnung des Insolvenzverfahrens, § 146 InsO.

Hat ein Insolvenzgläubiger im letzten Monat vor dem Antrag auf Eröffnung des Insolvenzverfahrens oder nach Antragstellung im Wege der Zwangsvollstreckung eine Sicherung an den zur Insolvenzmasse gehörenden Vermögen des Schuldners erlangt, wird die Sicherung gem. § 88 InsO mit der Eröffnung des Verfahrens unwirksam, ohne dass es des Vorliegens eines Anfechtungsgrundes gem. §§ 130 ff. InsO bedarf.

Kosten u. Gebühren:
Wie bei gewöhnlicher Klage.

#28 Vollstreckungsauftrag auf der Grundlage des Eröffnungsbeschlusses § 148 InsO

[*HIER Ort, Datum*]

Rechtsanwalt/-wältin ...... mein Zeichen: ......

An das
Amtsgericht
- Verteilungsstelle für Gerichtsvollzieheraufträge -
[*HIER Anschrift*]

Insolvenzverfahren ...... Geschäftsnummer: ......

hier: Vollstreckungsauftrag

In Sachen

Rechtsanwalt/-wältin ...... als Insolvenzverwalter/-in über das Vermögen des/der Insolvenzschuldners/-in ...... [*HIER Bezeichnung des/der Insolvenzschuldners/-in*]

gegen

den/die Insolvenzschuldner/-in ......

überreiche ich als Anlage 1 eine vollstreckbare Ausfertigung des Eröffnungsbeschlusses vom ...... 20.. nebst beglaubigter Abschrift mit dem Auftrag zur Zustellung des Titels und dem Antrag,

dem/der Insolvenzschuldner/-in im Wege der Zwangsvollstreckung folgende zur Insolvenzmasse gehörende Gegenstände wegzunehmen:

1. ...... [*HIER genaue Bezeichnung des Gegenstandes*]
2. ...... [*HIER genaue Bezeichnung des Gegenstandes*]
3. ...... [*HIER genaue Bezeichnung des Gegenstandes*]

Ich bitte, mich über den Termin der Zwangsvollstreckung zu informieren, damit ich Gelegenheit zur Teilnahme habe.

Mit freundlichen Grüßen

....
Rechtsanwalt/-wältin als Insolvenzverwalter/-in

#29 Antrag des Insolvenzverwalters zur Löschung einer innerhalb der Sperrfrist eingetragenen Vormerkung zur Sicherung der Eintragung einer Bauhandwerkersicherungshypothek

[*HIER Ort, Datum*]

An das
Amtsgericht
- Grundbuchamt -
[*HIER Anschrift*]

In der Zwangsvollstreckungssache
....../......
Az.: ......

beantrage ich in meiner Eigenschaft als Insolvenzverwalter/-in in dem Insolvenzverfahren über das Vermögen des/der Schuldners/-in,

die Löschung zugunsten der ...... am ...... 20.. in das Grundbuch von ......, Band ......, Blatt ......, in Abteilung III. eingetragenen Vormerkung des Anspruchs auf Eintragung einer Bauhandwerkersicherungshypothek über den Betrag von ...... EUR.

Begründung:

Mit Schreiben vom ...... 20.. hat die ...... Antrag auf Eröffnung des Insolvenzverfahrens über ihr Vermögen beantragt.

Beweis: Beiziehung der Insolvenzakte des Amtsgerichts ......
- Insolvenzgericht -, Az.: ......

Mit Beschluss des Amtsgerichts ...... - Insolvenzgericht -, Az.: ...... vom ...... 20.. wurde über das Vermögen der ...... das Insolvenzverfahren eröffnet und der Kläger zum Insolvenzverwalter bestellt.

Beweis: Beschluss des Amtsgerichts ...... vom ...... 20.., in Ablichtung als Anlage 1

Aufgrund einer einstweiligen Verfügung vom ...... 20.. wurde zugunsten der Gläubigerin im Wege der Zwangsvollstreckung am ...... 20.. in das Grundbuch von ......, Band ......, Blatt ......, in Abt. III. eine Vormerkung zur Sicherung des Anspruches auf Eintragung einer Bauhandwerkersicherungshypothek in Höhe von ...... EUR eingetragen.

Beweis: Beiziehung des Grundbuchs von ......, Band ......, Blatt ......

Die Gläubigerin hat damit innerhalb der Frist des § 88 InsO eine Sicherung erlangt. Diese ist mit Eröffnung des Insolvenzverfahrens gemäß § 88 InsO unwirksam geworden. Die zugrundeliegenden Vollstreckungsmaßnahmen sind aufzuheben; demgemäss ist die Vormerkung antragsgemäß zu löschen.

....
Rechtsanwalt/-wältin als Insolvenzverwalter/-in

Anmerkung

Hat ein Insolvenzgläubiger im letzten Monat vor dem Antrag auf Eröffnung des Insolvenzverfahrens oder nach diesem Antrag durch Zwangsvollstreckung eine Sicherung an dem zur Insolvenzmasse gehörenden Vermögen des Schuldners erlangt, so wird diese Sicherung mit der Eröffnung des Verfahrens unwirksam, § 88 InsO.

#30 Antrag des Insolvenzverwalters auf Anordnung einer Postsperre § 99 InsO

[*HIER Ort, Datum*]

An das
Amtsgericht
- Insolvenzgericht -
[*HIER Anschrift*]

In Sachen
....../......
Az.: ......

In dem Insolvenzverfahren über das Vermögen des/der ...... [*HIER Name des/der Schuldners/-in*] beantrage ich als Insolvenzverwalter/-in, folgenden Beschluss zu fassen:

Gemäß §§ 21, 99 InsO wird eine Postsperre angeordnet.

An den/die Schuldner/-in gerichtete Postsendungen sind nur an den/die Insolvenzverwalter/-in auszuhändigen.

Gerichtliche, staatsanwaltschaftliche und behördliche Postsendungen sind von der Postsperre ausgenommen.

Der/Die Insolvenzverwalter/-in ist berechtigt, die ihm/ihr zugeleiteten Schriftstücke und Sendungen zu öffnen. Sendungen, deren Inhalt nicht die Vermögensverhältnisse betrifft, hat der/die Insolvenzverwalter/-in unverzüglich an den/die Schuldner/-in weiterzuleiten.

Begründung:

Ich habe festgestellt, dass der Schuldner an ihn gerichtete Schreiben, die für das Insolvenzverfahren von Bedeutung sind, an sich nimmt und beiseite schafft.

...... [*HIER folgt die nähere Ausführung*]

Aufgrund dieser Handlungen ist es notwendig, in Zukunft für die Gläubiger nachteilige Handlungen zu verhindern.

Von der Anhörung des Schuldners bitte ich abzusehen. Die Anhörung des Schuldners würde das Insolvenzverfahren nur verzögern und dem Schuldner die Möglichkeit geben, weitere für die Gläubiger nachteilige Rechtshandlungen vorzunehmen.

....
Rechtsanwalt/-wältin als Insolvenzverwalter/-in

Anmerkung

Siehe § 99 InsO.

Gegen die Anordnung der Postsperre steht dem Schuldner die sofortige Beschwerde zu, § 99 Abs. 3 S. 1 InsO.

D. FGG Verfahren

01. Grundbuchsachen

#01 Antrag auf Erteilung eines Grundbuchauszuges

[*HIER Ort, Datum*]

An das
Amtsgericht
- Grundbuchamt -
[*HIER Anschrift*]

Grundbuch von ...... [*HIER Ortsangabe*], Band ......, Blatt ...... [Nummer]

Im bezeichneten Grundbuch soll der/die ...... [*HIER Name*] als Eigentümer/-in des dort verzeichneten Grundbesitzes eingetragen sein. Meine Mandanten beliefern ihn seit Jahren mit ...... und gewähren ihm aus der Geschäftsbeziehung laufend einen ungesicherten Warenkredit, der sich nach den beigefügten Rechnungskopien auf derzeit insgesamt ...... EUR beläuft.

Meine Mandantschaft hat daher ein berechtigtes Interesse an der Beurteilung der weiteren Kreditwürdigkeit ihres Kunden.

Deshalb beantrage ich namens und in Vollmacht meines Mandanten,

> mir einen alle Abteilungen des Grundbuchs umfassenden unbeglaubigten Grundbuchauszug für den bezeichneten Grundbesitz zu erteilen.

Die Beschaffung eines Grundbuchauszuges über den Kunden unseres Mandanten oder mit dessen Vollmacht möchten unsere Mandantschaft vermeiden, um die Geschäftsbeziehungen nicht unnötig zu belasten.

Die Kopiekosten bitte ich per Nachname zu erheben.

[oder]

Grundstück mit Wohnhaus/Geschäftsgebäude in ......straße ......; Eigentümer/-in: ......
[*HIER Angabe Name*]

Meiner Mandantschaft steht gegen die oben bezeichnete Person eine Forderung zu, wie sich aus dem Vollstreckungsbescheid [- Urteil] vom ......, aus dem die Vollstreckung betrieben werden soll, ergibt. Eine Kopie des Vollstreckungstitels ist in Anlage beigefügt.

Namens und im Auftrag meiner Mandantin [- meines Mandantin] [- meiner Mandanten] - eine Vollmacht liegt an - beantrage ich,

> mir einen alle Abteilungen des Grundbuchs umfassenden unbeglaubigten Grundbuchauszug für den bezeichneten Grundbesitz zu erteilen.

Die Kopiekosten bitte ich per Nachname zu erheben.

....
Rechtsanwalt/-wältin

Anmerkung

Büromäßige Behandlung:

Als Anlage ist die Vollmacht dem Antrag beizufügen, im zweiten Fall auch die Kopie von Urteil bzw. Vollstreckungsbescheid.

Einsichtnahme in das Grundbuch ist nach § 12 GBO jedem gestattet, der ein berechtigtes Interesse darlegt. Es sind sachliche Gründe vorzutragen, die »die Verfolgung unbefugter Zwecke oder bloßer Neugier ausgeschlossen erscheinen lassen« (OLG HMM NJW-RR 1986, 824).

Danach hat jeder Buchberechtigte ein berechtigtes Interesse, aber auch derjenige, der Forderungen gegen einen Grundstückseigentümer hat (BayOBLG Rpfleger 1975, 361) oder mit ihm über Kreditgewährung verhandelt oder Inhaber eines Vollstreckungstitels. Aber auch rechtliche und tatsächliche Interessen wie es z. B. Mieter, Makler mit Verkaufsauftrag, Notwegeberechtigte, Erbberechtigte, Kaufinteressenten, sofern schon Vorverhandlungen oder Gespräche vorhergegangen sind oder Verwalter oder Miteigentümer von Wohnungseigentum haben, reichen aus.

Es müssen nicht unbedingt entsprechende Urkunden vorgelegt werden, ein sachlich begründeter Vortrag reicht aus (OLG Düsseldorf Rpfleger 1987, 199 = JurBüro 1987, 422 zur Einsicht vom Wohnungseigentümer in die Grundbücher der Miteigentümer; BayObLG Rpfleger 1983,22 u. OLG Stuttgart Rpfleger 1993, 272 zum Immobilienmakler; LG Mannheim Rpfleger 1992, 246 zum Mieter in das Grundbuch des Vermieters).

Die Einsicht kann je nach dem dargelegten Interesse auch partiell gewährt werden, etwa unter Auslassungen von Belastungen in Abt. II und/oder III.

Aus dem Grundbuch selbst können nur die Angaben über den Grundbesitz, die persönlichen Angaben des Eigentümers und der Umfang der Belastungen entnommen werden.

Sollen weitere Angaben ermittelt werden, die sich selbst nicht aus dem Inhalt des Grundbuches ergeben, wie z. B. Namen und Anschriften eines Käufers, Wertangaben zu Rechten der Abt. II, Inhalt der Sicherungsabrede von Grundschulden der Abt. III, Daten über einzelne Zinsfälligkeiten usw., muss Einsicht in die Grundakte genommen werden. Sofern hierfür ein berechtigtes Interesse dargelegt werden kann, ist nach § 46 GBV Einsicht zu gewähren, z. B. für den Gläubiger des Eigentümers. In der Grundbuchakte befinden sich sämtliche Anträge sowie die dazugehörigen notariellen Urkunden, die Bedingungen und Befristungen eingetragener Rechte und bei den Grundpfandrechten zur Sicherungsabrede, Zins- und Kündigungsbestimmung etc.

Bei Bedenken kann Glaubhaftmachung, Vorlage von Unterlagen oder anderen Beweisen verlangt werden (BayObLG RPfleger 1983, 272).

Kosten:
Während für die Einsicht in das Grundbuch keine Kosten erhoben werden, § 74 KostO, werden für Abschriften Schreibauslagen erhoben. Für Beglaubigungen werden Gebühren erhoben, § 73 KostO.

Rechtsanwaltsgebühren:
In Angelegenheiten der freiwilligen Gerichtsbarkeit ist nach § 118 BRAGO abzurechnen, soweit nicht § 63 BRAGO eine Anwendungsmöglichkeit bietet.

Gegenstandswert:

Für die Bestimmung des Gegenstandswertes ist § 1 KostO maßgeblich.

Rechtsschutzversicherung:
Nach den alten Allgemeinen Bedingungen für den Rechtsschutz, ARB 75, fallen gemäß § 4 Abs. 1 lit.p ARB 75 Angelegenheiten der Freiwilligen Gerichtsbarkeit unter den allgemeinen Risikoausschluss.

Für neue Rechtsschutzverträge, die die neuen Rechtschutzbedingungen ARB 2000 oder ARB 94 zur Grundlage haben, ist die Rechtslage anders. Nach den neuen Allgemeinen Bedingungen für den Rechtsschutz gehören Angelegenheiten der Freiwilligen Gerichtsbarkeit nicht mehr zu den Rechtsgebieten, die durch den Ausschlusstatbestand des § 3 ARB vom Risikoausschluss erfasst sind, so dass im Rahmen der versicherten Leistungsarten Rechtsschutz besteht.

Im Einzelfall kommt es jedoch auf den einzelnen Versicherer und die abgeschlossene Versicherung an, die möglicherweise Sonderbedingungen, die über die ARB 75 hinausgehen oder die ARB 2000 oder ARB 94 einschränken, enthält. Es ist somit ratsam, vor Beginn des Mandats die Einzelheiten mit dem jeweiligen Versicherer abzuklären.

#02 Antrag des Gläubigers auf Eintragung einer Hypothek auf Grund rechtskräftiger Verurteilung

[*HIER Ort, Datum*]

An das
Amtsgericht
- Grundbuchamt -
[*HIER Anschrift*]

Grundbuch von ...... [*HIER Ortsangabe*], Band ......, Blatt ...... [Nummer]

Hiermit zeige ich an, dass mich Herr/Frau ......, wohnhaft ......, mit seiner/ihrer Vertretung beauftragt hat.

In der Anlage überreichen wir die vollstreckbare, mit dem Zeugnis der Rechtskraft versehene Ausfertigung des Urteils des ......gerichts ...... vom ......, Az. ......, durch das der ...... [*HIER Angabe vom Namen des/der Schuldners/-in*] verurteilt worden ist, unserem Mandanten für eine Darlehensforderung von ...... EUR nebst ...... % Zinsen seit dem ...... eine Hypothek an seinem im Grundbuch von ...... [*HIER Ortsangabe*], Band ......, Blatt ......, eingetragenen Grundstück zu bestellen und in die Aushändigung des Hypothekenbriefes an den Kläger einzuwilligen.

Namens und im Auftrag unseres(r) Mandanten/-in beantrage ich als Prozessbevollmächtigte(r),

> die Eintragung der vorbezeichneten Hypothek in das Grundbuch und die Aushändigung des Hypothekenbriefes an ihn/sie.

....
Rechtsanwalt/-wältin

Anmerkung

Soll das Grundbuchamt den Hypothekenbrief an den Gläubiger aushändigen, so muss im Prozess der Antrag gestellt werden, den Eigentümer zur Einwilligung in die Aushändigung des Hypothekenbriefes an den Kläger zu verurteilen.

Ist schon eine Vormerkung auf Grund einer einstweiligen Verfügung oder auf Grund eines vorläufig vollstreckbaren Urteils eingetragen, so kann auf Grund des rechtskräftigen Urteils die Umschreibung in eine Hypothek beantragt werden.

Büromäßige Behandlung:
Die Prozessvollmacht ermächtigt gemäß § 81 ZPO, da der Antrag eine Vollstreckungshandlung ist, zur Stellung des Eintragungsantrages. Dieser bedarf gemäß §§ 13 und 30 GBO keiner Form. Es genügt die Bezeichnung des Anwalts als Prozessbevollmächtigter im Urteil sowohl bei Landgerichts- als auch bei Amtsgerichtssachen, das Grundbuchamt kann die Vorlegung einer Vollmacht nicht verlangen. Der Beglaubigung der Vollmacht bedarf es gemäß § 30 GBO nicht.

Gerichtskosten:
10/10 Gebühr gem. § 62 Abs. 1 KostO; für die Brieferteilung eine 1/4 Gebühr gem. § 71 Kost0. Geschäftswert gem. § 23 Abs. 2 KostO ist der Nennbetrag der Schuld, und zwar auch dann, wenn der Grundstückwert niedriger ist.

Rechtsanwaltsgebühren:
Anwaltsgebühr nach § 57 BRAGO, da es sich um eine Vollstreckungshandlung handelt.

#03 Antrag auf Eintragung einer Arresthypothek

[*HIER Ort, Datum*]

An das
Amtsgericht
- Grundbuchamt -
[*HIER Anschrift*]

Grundbuch von ...... [*HIER Ortsangabe*], Band ......, Blatt ...... [Nummer]

Hiermit zeige ich an, dass mich Herr/Frau ......, wohnhaft ......, mit seiner/ihrer Vertretung beauftragt hat.

In der Anlage überreiche ich den Arrestbefehl des Landgerichtes ...... vom ......, Az.: ...... Darin ist wegen einer Forderung des durch mich vertretenen Mandanten/-in, Herrn/Frau ......, über den Betrag von ...... EUR nebst ...... Zinsen vom ...... [*HIER Datum*] jährlich hieraus der dingliche Arrest in das Vermögen des/der ...... [*HIER Name des/der Schuldners/-in*] angeordnet. Die Lösungssumme ist auf ...... EUR [*HIER Betrag der Lösungssumme angeben, § 923 ZPO*] festgesetzt.

Der Geldbetrag, durch dessen Hinterlegung die Vollziehung des Arrestes gehemmt und der Schuldner zu dem Antrag auf Aufhebung des vollzogenen Arrestes berechtigt wird, ist auf EUR ...... festgesetzt.

Der/Die Schuldner/-in ist Eigentümer/-in des Grundstücks, Flurstück Nr. ......, eingetragen im oben bezeichneten Grundbuch.

Unter Bezugnahme auf anliegenden Arrestbschluss beantrage ich,
in Höhe der Lösungssumme eine Arresthypothek auf dem Grundstück des/der Schuldners/-in ...... [*HIER Anschrift und Flurstück-Nr.*], eingetragen im Grundbuch von ......, Bd. ......, Bl. ......, einzutragen

[oder]
Namens und im Auftrag unseres(r) Mandanten/-in beantrage ich,
auf Grund des überreichten Arrestbefehls die Eintragung einer Sicherungshypothek zum Höchstbetrag von ...... EUR für die oben bezeichnete Forderung in das vorbezeichnete Grundbuch.

[oder]
die Eintragung einer Sicherungshypothek im Höchstbetrag von ...... EUR zu Lasten dieses Grundstückes.

Ich bitte um schleunige Rückgabe des Arrestbefehls, von dem wir eine Abschrift beigefügt haben.

....
Rechtsanwalt/-wältin

Anmerkung

Die Arresthypothek sichert dem Gläubiger die spätere Vollstreckung des noch zu erstreitenden Hauptsachetitels. Die Eintragung bewirkt, dass der Schuldner zwar noch über sein Grundstück verfügen, aber nicht verhindern kann, dass es dem Gläubiger als Haftungsgrundlage erhalten bleibt. Die Hypothek sichert den Rang gegenüber später vollstreckenden anderen Gläubigern.

Die Arresthypothek ist eine Sonderform der Zwangshypothek und wird auf Grundlage eines Arrestbefehls eingetragen, § 932 ZPO. Nach § 923 ZPO muss im Arrestbefehl ein Betrag, die sog. Lösungssumme, festgestellt werden, durch dessen Hinterlegung die Arrestvollziehung gehemmt wird. Die Arresthypothek ist eine Höchstbetragshypothek: der Höchstbetrag ist die Lösungssumme (Zöller § 932 ZPO Rn 3). Bei Festsetzung der Lösungssumme ist zu beachten, dass der Betrag neben der Hauptforderung auch die Zinsen und Kosten umfassen muss, vgl. hierzu auch Formular 1.A.03.a.#01.

Achtung:
Wenn die Hypothek eingetragen wird, so gilt gem. § 929 Abs. 3 ZPO der Antrag auf Eintragung als Arrestvollziehung i. S. d. § 929 Abs. 2 u. Abs. 3 ZPO. Es kommt also darauf an, ob der Antrag innerhalb der Vollziehungsfrist von einem Monat eingegangen ist, und durch ihn die Wochenfrist für die Zustellung im Falle vorhergegangener Vollziehung in Lauf gesetzt wurde. Maßgebend für die Berechnung der Fristen ist der Zeitpunkt des Eingangs beim Grundbuchamt.

Die Eintragung der Hypothek kann auch vor Zustellung des Arrestbefehls an den Schuldner erfolgen. Die Einhaltung der Wochenfrist für die nachträgliche Zustellung überprüft das Grundbuchamt nicht. Der Schuldner oder betroffene Dritte können aber bei Fristversäumung durch den Gläubiger die Eintraggung anfechten (Antrag auf Grundbuchberichtigung gem. § 22 GBO oder Eintragung eines Widerspruches, Stein-Jonas-Grunsky § 932 ZPO Rn 10). Für den Beginn der Frist des § 929 Abs. 3 S. 2 ZPO kommt es ebenfalls auf den Zeitpunkt des Eingangs des Eintragungsantrages beim Grundbuchamt an (RGZ 67, 164). Versäumt der Gläubiger die Wochenfrist, ist aber die Vollziehungsfrist des § 929 Abs. 2 ZPO noch nicht abgelaufen, kann er einen neuen Antrag auf Eintragung der Arresthypothek stellen. Ist die zunächst eingetragene Hypothek noch nicht gelöscht worden, muss der Gläubiger gleichzeitig durch formlosen Antrag oder Rücknahme des ersten Vollstreckungsantrages die Löschung veranlassen. Dadurch wird die doppelte Belastung des Schuldners vermieden.

Auf eine ausreichende und mit dem Grundbuch übereinstimmende Bezeichung des Schuldners im Arrestbefehl ist zu achten.

Da das Arrestverfahren aufgrund der Sicherungsfunktion einen vorläufigen Charakter hat, kann aus der Arresthypothek keine Zwangsvollstreckung betrieben werden. Diese ist erst dann möglich, wenn sich die Arresthypothek aufgrund eines rechtskräftigen Urteils wegen der Arrestforderung in eine normale Zwangshypothek verwandelt hat und die Umwandlung auf Antrag des Gläubigers im Grundbuch eingetragen ist.

Büromäßige Behandlung:
Dem Antrag ist der Arrestbefehl als Vollstreckungstitel beizufügen. Er muss das Grundstück, auf dem die Arresthypothek eingetragen werden soll, genau bezeichnen.

Zum Ausreichen der Prozessvollmacht siehe Formular 1.D.01.#02.

Gerichtskosten:
10/10 Gebühr gem. § 62 Abs. 1 KostO; Geschäftswert gem. § 23 Abs. 2 KostO.

Rechtsanwaltsgebühren:
Anwaltsgebühr gem. §§ 57, 58 Abs. 3 Nr. 6 i. V. m. § 59 Abs. 1 BRAGO.

#04 Antrag auf Umwandlung einer Arrest- in eine gewöhnliche Zwangshypothek § 866 ff. ZPO

[*HIER Ort, Datum*]

An das
Amtsgericht
- Grundbuchamt -
[*HIER Anschrift*]

Grundbuch von ...... [*HIER Ortsangabe*], Band ......, Blatt ...... [Nummer]

Hiermit zeige ich an, dass mich Herr/Frau ......, wohnhaft ......, mit seiner/ihrer Vertretung beauftragt hat.

Im Grundbuch vom ......, Band ......, Blatt ......, in Abt. III Nr. ......, ist eine Sicherungshypothek zum Höchstbetrag von ...... EUR für den/die ......, wohnhaft in ......, aufgrund des Arrestbefehls des ......gerichts ...... von ......, Az. ......, eingetragen. Durch das in vollstreckbarer Ausfertigung mit Zustellungsnachweis überreichte Versäumnisurteil des ......gerichts ...... vom ...... ist der/die Eigentümer/-in des bezeichneten Grundstücks, der ......, wegen der dem Arrestbefehl zugrundeliegenden Forderung verurteilt worden, ... EUR sowie ......% Zinsen seit dem ...... an den/die Gläubiger/-in zu zahlen.

Namens und im Auftrag – Vollmacht liegt an – des/der Gläubigers/-in, beantrage ich,

die Umschreibung der Arresthypothek in eine Zwangshypothek auf dem bezeichneten Grundstück in Höhe von ...... EUR, nämlich EUR ......Kapitel sowie ...... EUR Zinsen für die Zeit vom ...... bis zum sowie wegen ......% Zinsen seit der Eintragung der beantragten Umwandlung.

Sofern in der Zwischenzeit in der Abteilung III Eintragungen erfolgt sein sollten, bitte ich bezüglich der über......% hinausgehenden Zinsen zu vermerken, dass sie diesen Neueintragungen im Range nachstehen.

....
Rechtsanwalt/-wältin

Anmerkung

Büromäßige Behandlung:

Der vollstreckbare Titel ersetzt die Bewilligung des Eigentümers. Es reicht deshalb ein unbeglaubigter Antrag des Gläubigers.

Ein Prozessbevollmächtigter ist durch seine Anführung im Vollstreckungstitel zur Stellung des Antrags auf Eintragung einer Zwangshypothek auch dann ausreichend legitimiert, wenn es sich um ein landgerichtliches Urteil handelt (Demharter § 30 GBO Rn 8 m. w. N.).

Gerichtskosten:
5/10 Gebühr gem. § 64 Abs. 1 KostO; Geschäftswert gem. § 30 Abs. 1 KostO ist auf 5 % bis 10 % des Nennbetrags zu bestimmen.

Rechtsanwaltsgebühren:
Anwaltsgebühr gem. §§ 57, 58 Abs. 3 Nr. 6 i. V. m. § 59 Abs. 2 BRAGO.

#05 Antrag auf Eintragung einer Vormerkung aufgrund eines vorläufig vollstreckbaren Urteils auf Abgabe einer Willenserklärung § 895 ZPO

[*HIER Ort, Datum*]

An das
Amtsgericht
– Grundbuchamt –
[*HIER Anschrift*]

Betr.: Grundbuch von ...... [*HIER Ortsangabe*], Band ......, Blatt ...... [Nummer]

Hiermit zeige ich an, dass mich Herr/Frau ......, wohnhaft ......, mit seiner/ihrer Vertretung beauftragt hat.

Zu dem bezeichneten Grundbuch überreiche ich die vollstreckbare Ausfertigung des Urteils des ......gerichts ...... vom ......, Az. ......, durch welches der/die eingetragene Eigentümer/-in des o. g. Grundstücks, Herr/Frau ......, verurteilt worden ist, die Eintragung einer

Sicherungshypothek zum Höchstbetrag von ...... EUR für die Ansprüche des/der Antragstellers/-in gegen ihn/sie aus laufender Geschäftverbindung zu bewilligen.

Das Urteil ist gegen Sicherheitsleistung von ...... EUR für vorläufig vollstreckbar erklärt worden. Die Hinterlegungsquittung über die beim Amtsgericht ......, Hinterlegungsstelle, erfolgte Hinterlegung von ...... EUR ist beigefügt. Ebenso sind die Nachweise über die Zustellung des Urteils und der Hinterlegungsquittung beigefügt.

Namens und im Auftrage des/der ...... beantrage ich gemäß § 895 ZPO

die Eintragung einer Vormerkung zugunsten des/der ...... [*HIER Angabe vom Namen des Mandanten*] zur Sicherung seines Anspruches auf Eintragung einer Sicherungshypothek zum Höchstbetrag von EUR ......

Ich bitte um Rückgabe der Anlagen.

....
Rechtsanwalt/-wältin

Anmerkung

Ist das Urteil gegen Sicherheitsleistung für vollstreckbar erklärt, so muss der Nachweis über die Leistung der Sicherheit erbracht werden.

Büromäßige Behandlung:
Zur Stellung des Antrages reicht die Prozessvollmacht gem. § 81 ZPO aus, da der o. g. Antrag eine Vollstreckungshandlung darstellt. Diese bedarf nach den §§ 13 u. 30 GBO keiner Form. Der Beglaubigung der Vollmacht des Rechtsanwaltes bedarf es nicht, § 30 GBO.

Gerichtskosten:
Eine volle Gebühr gem. § 62 Abs. 1 KostO aus der Höchstbetragssumme, § 23 KostO.

Rechtsanwaltsgebühren:
Der Rechtsanwalt erhält neben den Gebühren für die Prozessführung die Geschäftsgebühr nach § 118 Abs. 1 Nr. 1 BRAGO für den Antrag.

Rechtsschutzversicherung:
Siehe Anmerkung zu Formular 1.D.01.#01.

#06 Antrag auf Grundbuchberichtigung durch den Rechtsanwalt als Testamentsvollstrecker § 894 BGB; § 22 GBO

[*HIER Ort, Datum*]

An das
Amtsgericht
- Grundbuchamt -
[*HIER Anschrift*]

Betr.: Grundbuch von ...... [*HIER Ortsangabe*], Band ......, Blatt ...... [Nummer]

Ausweislich des Testamentsvollstreckerzeugnisses des Amtsgerichts ...... vom ......, Az. ...... bin ich, Rechtsanwalt/-wältin ......, für den Nachlass des/der ...... zum/zur Testamentsvollstrecker/-in bestellt.

Zum Nachlass gehört das im Grundbuch von ......, Band ......, Blatt ......, eingetragene Grundstück der Gemarkung ......, Flur ......, Flurstück Nr. ......, Wohnhaus mit Hofraum als dessen/deren Eigentümer/-in der/die Erblasser/-in ...... eingetragen ist.

Ausweislich des von demselben Gericht am ...... unter dem Aktenzeichen Az. ...... erteilten Erbscheines sind Erben:

1. der ......,
2. die ......,
3. der ......,

Ich beantrage,

das Grundbuch dahingehend zu berichtigen, dass Eigentümer des bezeichneten Grundstücks die Vorgenannten in ungeteilter Erbengemeinschaft sind und eine Testamentsvollstreckung angeordnet ist.

Auf die angegebenen Nachlassakten des Amtsgerichts ...... nehme ich Bezug.

......

Testamentsvollstrecker(in)

Rechtsanwalt/-wältin

Anmerkung

Ist die Testamentsvollstreckung angeordnet, so steht nur dem Testamentsvollstrecker das Recht auf Stellung des Antrags zur Berichtigung des Grundbuches zu.

Sofern der Testamentsvollstrecker den Berichtigungsantrag stellt, reicht die Bezugnahme auf die Nachlassakten desselben Gerichts.

Der Antrag auf Berichtigung bedarf nicht der Form des § 29 GBO, vgl. § 30 GBO.

Gerichtskosten:
10/10 Gebühr nach § 60 KostO. Sofern die Eintragung von Ehegatten oder Abkömmlingen beantragt wird, erhebt das Grundbuchamt die Hälfte der vollen Gebühr, § 60 Abs. 2 KostO.

Dazu kommt die Hälfte der vollen Gebühr für die Eintragung der angeordneten Testamentsvollstreckung, § 65 Abs. 2 KostO.

Wird der Eintragungsantrag binnen 2 Jahren seit dem Erbfall eingereicht, so erfolgt die Eintragung der Erben gebührenfrei, § 60 Abs. 4 KostO.

Ob die Eintragung der Anordnung der Testamentsvollstreckung ebenfalls gebührenfrei ist, ist in der Rechtsprechung umstritten.

Geschäftswert nach § 19 Abs. 2 KostO. Sofern die Grundbuchberichtigung durch unrichtige Sachbehandlung erforderlich wurde, unterbleibt die Kostenerhebung gem. § 16 KostO.

#07 Antrag auf Grundbuchberichtigung nach Einziehung eines Erbscheines § 894 BGB; § 22 GBO

[*HIER Ort, Datum*]

An das
Amtsgericht
- Grundbuchamt -
[*HIER Anschrift*]

Betr.: Grundbuch von ...... [*HIER Ortsangabe*], Band ......, Blatt ...... [Nummer]

Als Anlage überreiche ich die Ausfertigung des Beschlusses des Nachlassgerichtes ...... vom ......, Az. ......, durch welchen der zugunsten von ...... [*HIER Name*] erteilte Erbschein nach dem/der am ...... verstorbenen ...... [*HIER Name des/der Erblassers/-in*] als unrichtig eingezogen worden ist.

[oder]
Ich beziehe mich auf den dort in Ausfertigung bereits vorliegenden Beschluss des Nachlassgerichtes ...... vom ......, Az. ......, durch welchen der zugunsten von ...... [*HIER Name*] erteilte Erbschein nach dem/der am ...... verstorbenen ...... [*HIER Name des/der Erblassers/-in*] als unrichtig eingezogen worden ist.

Da aufgrund dieses Erbscheines bereits die Eigentumsumschreibung auf die vermeintlichen Erben vollzogen wurde, ist das Grundbuch unrichtig geworden.

Hiermit stelle ich nach § 22 GBO den

Antrag auf Grundbuchberichtigung dahingehend, dass der/die Erblasser/-in bis zum Nachweis der tatsächlichen Erbfolge wieder als Eigentümer/-in eingetragen wird.

Schriftliche Vollmacht des Mandanten [- der Mandantin] liegt an.

[oder]
Ich beziehe mich auf den Beschluss des Nachlassgerichts ...... vom ......, Az. ......, und die bezeichnete Nachlassakte. Durch den Beschluss ist der auf Herrn/Frau ...... ausgestellte Erbschein als Alleinerbe/-in des/der am verstorbenen Herrn/Frau ...... als unrichtig eingezogen worden. Die inzwischen im Grundbuch auf Herrn/Frau ...... vollzogene Eigentümerumschreibung ist damit rückwirkend unrichtig geworden.

Deshalb stelle ich namens und in Vollmacht von Herrn / Frau – schriftliche Vollmacht liegt an – den Antrag,

das Grundbuch von ......, Band ......, Blatt ......betreffend das Grundstück ......straße ......, dahingehend zu berichtigen, dass der/die Erblasser/-in, Herr/Frau ...... wieder als Eigentümer/-in eingetragen wird, bis die Erbfolge rechtskräftig geklärt ist.

....
Rechtsanwalt/-wältin

Anmerkung

Zum Nachweis der Unrichtigkeit des Grundbuchs reicht die Ausfertigung des Beschlusses des Nachlassgerichtes, vgl. § 22 GBO.

Wegen nachgewiesener Unrichtigkeit ist keine Bewilligung nach § 19 GBO erforderlich, vgl. § 30 GBO.

Antragsberechtigt ist jeder unmittelbar Beteiligte, somit sowohl der ›richtige‹ als auch der ›vermeintliche‹ Erbe, nicht hingegen der Vermächtnisnehmer. Im Falle einer Mehrheit von Erben hat jeder Erbe das Antragsrecht, vgl. § 22 Abs. 2 GBO. Ist ein Testamtensvollstrecker für den ganzen Nachlass eingesetzt, so kann dieser und jeder Erbe den Berichtigungsantrag stellen.

Die Berichtigung des Grundbuchs kann erfolgen auf Bewilligung des Betroffenen. Ggf. kann die Berichtigung im Wege der Klage auf Grund von § 894 BGB erreicht werden, und zwar auf Nachweis der Unrichtigkeit, § 22 GBO. Der Berechtigte hat die Wahl zwischen beiden Wegen.

Büromäßige Behandlung:
Der Berichtigungsantrag nach § 13 GBO kann von jedem Miterben gestellt werden. Er bedarf nicht der in § 29 GBO vorgeschriebenen Form, somit reicht Schriftlichkeit aus. Der Nachweis der Antragsberechtigung bedarf keiner Form, es reicht schlüssiger Sachvortrag aus (BGH DNotI-Report 1999, 37). Soll der Rechtsanwalt für seinen Mandanten als dessen Bevollmächtigter (§ 13 FGG) einen Antrag auf Grundbuchberichtigung stellen, so bedarf die Vollmacht nur der Schriftform (§ 30 GBO).

Gerichtskosten:
10/10 Gebühr nach § 60 KostO. Geschäftswert nach § 19 Abs. 2 KostO. Sofern die Grundbuchberichtigung durch unrichtige Sachbehandlung erforderlich wurde, unterbleibt die Kostenerhebung gem. § 16 KostO.

Rechtsanwaltsgebühren:
In Angelegenheiten der freiwilligen Gerichtsbarkeit ist nach § 118 BRAGO abzurechnen, soweit nicht § 63 BRAGO eine Anwendungsmöglichkeit bietet.

Gegenstandswert:

Für die Bestimmung des Gegenstandswertes ist § 1 KostO maßgeblich.

Rechtsschutzversicherung:
Nach den alten allgemeinen Bedingungen für den Rechtsschutz, ARB 75, fallen gemäß § 4 Abs. 1 lit.p ARB 75 Angelegenheiten der Freiwilligen Gerichtsbarkeit unter den allgemeinen Risikoausschluss.

Für neue Rechtsschutzverträge, die die neuen Rechtschutzbedingungen ARB 2000 oder ARB 94 zur Grundlage haben, ist die Rechtslage anders. Nach den neuen Allgemeinen Bedingungen für den Rechtsschutz gehören Angelegenheiten der Freiwilligen Gerichtsbarkeit nicht mehr zu den Rechtsgebieten, die durch den Ausschlusstatbestand des § 3 ARB vom Risikoausschluss erfasst sind, so dass im Rahmen der versicherten Leistungsarten Rechtsschutz besteht.

Im Einzelfall kommt es jedoch auf den einzelnen Versicherer und die abgeschlossenen Versicherung an, die möglicherweise Sonderbedingungen, die über die ARB 75 hinausgehen oder die ARB 2000 oder ARB 94 einschränken, enthält. Es ist somit ratsam, vor Beginn des Mandats die Einzelheiten mit dem jeweiligen Versicherer abzuklären.

#08 Antrag auf Grundbuchberichtigung auf Eintragung von Erben einer Erbengemeinschaft § 894 BGB; § 22 GBO

[*HIER Ort, Datum*]

An das
Amtsgericht
- Grundbuchamt -
[*HIER Anschrift*]

Grundbuch von ...... [*HIER Ortsangabe*], Band ......, Blatt ...... [Nummer]

Der Miteigentümer und Erblasser ...... [*HIER Angabe des Namens*] ist am ...... in ...... gestorben. Er ist von seiner Witwe, Frau ......, geborene ...... und den beiden Kindern ...... beerbt worden. Auf den in den Nachlassakten des Amtsgerichts ......, Az. ......, befindlichen Erbschein wird Bezug genommen.

Im oben bezeichneten Grundbuch sind die Eheleute ...... [*HIER Angabe des Namens des Ehemannes*] und ...... [*HIER Angabe des Namens der Ehefrau*] als Miteigentümer der dort im Bestandsverzeichnis unter Nr. ...... gebuchten Grundstücke Flurstück ...... je zur Hälfte eingetragen.

Namens und in Vollmacht der Witwe ...... [*HIER Angabe des Namens*] - schriftliche Vollmacht liegt an –, beantrage ich hiermit,

die Berichtigung des Grundbuches bezüglich der Eigentumshälfte des ...... [*HIER Name des Erblassers*] durch Eintragung der bezeichneten Erben in Erbengemeinschaft im Grundbuch.

....
Rechtsanwalt/-wältin

Anmerkung

Der Unrichtigkeitsnachweis des Grundbuches kann ausschließlich durch Urkunden geführt werden, die in § 35 GBO aufgeführt sind. Die Erbfolge ist grundsätzlich durch einen Erbschein nachzuweisen. Der Erbschein ist in Urkunde oder Ausfertigung vorzulegen, eine beglaubigte

Abschrift genügt nicht, da lediglich die Urschrift oder Ausfertigung die Vermutung des § 2365 BGB hat.

Befinden sich allerdings Grundbuchamt oder Nachlassgericht bei dem gleichen Amtsgericht, so ist die Vorlage einer Erbscheinsausfertigung nicht notwendig. Es reicht dann aus, wenn im Grundbuchantrag auf den in den Nachlassakten befindlichen Erbschein verwiesen wird (BGH DNotZ 1982, 159).

Büromäßige Behandlung:
Der Berichtigungsantrag nach § 13 GBO kann von jedem Miterben gestellt werden. Er bedarf nicht der in § 29 GBO vorgeschriebenen Form, somit reicht Schriftlichkeit aus. Der Nachweis der Antragsberechtigung bedarf keiner Form, es reicht schlüssiger Sachvortrag aus (DNotI-Report 1999, 37). Soll der Rechtsanwalt für seinen Mandanten als dessen Bevollmächtigter (§ 13 FGG) einen Antrag auf Grundbuchberichtigung stellen, so bedarf die Vollmacht nur der Schriftform (§ 30 GBO).

Gerichtskosten:
Eigentlich beträgt die Eintragung von Eigentümern oder Miteigentümern – worunter auch die Eintragung von Eigentümern bzw. Miteigentümern im Wege der Grundbuchberichtigung fällt – eine 10/10 Gebühr, § 60 KostO. Maßgeblich sind die Wertvorschriften der §§ 18 ff. KostO.

Achtung: Die Grundbuchberichtigungsgebühr wird allerdings nicht bei der Eintragung des Erben des eingetragenen Eigentümers erhoben, wenn der Antrag auf Eintragung innerhalb von 2 Jahren seit dem Erbfall beim Grundbuchamt eingereicht wird, § 60 Abs. 4 KostO.

Rechtsanwaltgebühren, Rechtsschutzversicherung:
Siehe Anmerkungen zu Formular 1.D.01.#07.

#09 Antrag auf Grundbuchberichtigung auf Eintragung eines Alleinerben aufgrund öffentlichen Testaments § 894 BGB; § 22 GBO

[*HIER Ort, Datum*]

An das
Amtsgericht
- Grundbuchamt -
[*HIER Anschrift*]

Betr.: Grundbuch von ...... [*HIER Ortsangabe*], Band ......, Blatt ...... [Nummer]

Am ...... ist ...... in ......, ... straße ......, der ...... [*HIER Angabe des Namens des Erblassers*] gestorben.

Aufgrund notariellen Testaments, welches sich bei den Akten des Nachlassgerichtes, (Az. ......) befindet, wurde die Witwe, ... [*HIER Angabe des Namens der Witwe und Mandantin*] als Alleinerbin des ...... [*HIER Angabe des Namens des Erblassers*] eingesetzt. Auf das Testament und die Eröffnungsniederschrift nehme ich Bezug.

In Abteilung I des o. g. Grundbuches ist der Erblasser, Herr ......, zuletzt wohnhaft in ......, als Eigentümer des Gebäudegrundstückes Bestandsverzeichnis Nr. ...... Markung ...... [*HIER Angabe des Ortes bzw. der Stadt mit Straße und Hausnummer*] eingetragen.

Da der Eigentümer gestorben ist, beantrage ich namens und in Vollmacht der Witwe – schriftliche Vollmacht liegt an –

diese im Wege der Grundbuchberichtigung als neue Eigentümerin des bezeichneten Grundbesitzes im Grundbuch einzutragen.

....
Rechtsanwalt/-wältin

Anmerkung

Es handelt sich auch hier um einen Antrag auf Grundbuchberichtigung gem. §§ 894 BGB, 22 GBO. Der Nachweis der Erbfolge wird durch Vorlage jeweils einer beglaubigten Abschrift des notariell beurkundeten Testaments und der Niederschrift des Nachlassgerichts über die Eröffnung des Testaments gemäß § 35 Abs. 1 S. 2 GBO geführt. Weil mit diesen Urkunden der Nachweis der Unrichtigkeit des Grundbuches geführt ist, bedarf es keiner Beglaubigung der Unterschrift des Antragstellers, da der Antrag nach § 13 GBO grundsätzlich nur der Schriftlichkeit bedarf.

Der Unrichtigkeitsnachweis des Grundbuches kann ausschließlich durch Urkunden geführt werden, die in § 35 GBO aufgeführt sind. Die Erbfolge ist grundsätzlich durch einen Erbschein nachzuweisen. Der Erbschein ist in Urkunde oder Ausfertigung vorzulegen, eine beglaubigte Abschrift genügt nicht, da lediglich die Urschrift oder Ausfertigung die Vermutung des § 2365 BGB hat.

Befinden sich allerdings Grundbuchamt oder Nachlassgericht bei dem gleichen Amtsgericht, so ist die Vorlage einer Erbscheinsausfertigung nicht notwendig. Es reicht dann aus, wenn im Grundbuchantrag auf den in den Nachlassakten befindlichen Erbschein verwiesen wird (BGH DNotZ 1982, 159).

Büromäßige Behandlung:
Siehe Anmerkung zu Formular 1.D.01.07.

Gerichtskosten:
Eigentlich beträgt die Eintragung von Eigentümern oder Miteigentümern, worunter auch die Eintragung von Eigentümern bzw. Miteigentümern im Wege der Grundbuchberichtigung fällt, eine 10/10 Gebühr, § 60 KostO. Maßgeblich sind die Wertvorschriften der §§ 18 ff. KostO.

Achtung: Die Grundbuchberichtigungsgebühr wird allerdings nicht bei der Eintragung des Erben des eingetragenen Eigentümers erhoben, wenn der Antrag auf Eintragung innerhalb von 2 Jahren seit dem Erbfall beim Grundbuchamt eingereicht wird, § 60 Abs. 4 KostO.

Rechtsanwaltgebühren, Rechtsschutzversicherung:
Siehe Anmerkungen zu Formular 1.D.01.#07.

#10 Antrag auf Eintragung einer Vormerkung aufgrund einer einstweiligen Verfügung

[*HIER Ort, Datum*]

An das
Amtsgericht
- Grundbuchamt -
[*HIER Anschrift*]

Betr.: Grundbuch von ...... [*HIER Ortsangabe*], Band ......, Blatt ...... [Nummer]

Zu dem bezeichneten Grundbuch überreiche ich namens und in Vollmacht des Anspruchsgläubigers – eines schriftliche Vollmacht liegt an – eine Ausfertigung der einstweiligen Verfügung des Landgerichts ...... vom ......, Az. ...... und beantrage,

die in dieser Verfügung angeordnete Vormerkung einzutragen.

[oder]

die darin angeordnete Vormerkung einzutragen.

....
Rechtsanwalt/-wältin

Anmerkung

Der Antrag ist formlos, da die einstweilige Verfügung die Bewilligung ersetzt.

Die Eintragung der Vormerkung erfolgt hier nach § 885 Abs. 1 BGB aufgrund einer einstweiligen Verfügung.

Neben dem Gericht der Hauptsache gem. §§ 919, 927 ZPO, ist in dringenden Fällen auch das Amtsgericht nach § 942 ZPO zuständig.

Achtung: Der Eingang des Antrags beim Grundbuchamt gilt als Vollziehung der einstweiligen Verfügung i. S. d. §§ 929, 936 ZPO, also als Beginn der einwöchigen Frist, in der bei Vollziehung vor Zustellung die Zustellung nachgeholt werden muss. Der Antragsteller muss also auf die schleunige Rückgabe der Ausfertigung der einstweiligen Verfügung achten, wenn er beim Grundbuchamt den Antrag stellt. Zur Beschleunigung ist es ratsam, eine Abschrift der Ausfertigung der einstweiligen Verfügung zwecks Herstellung einer beglaubigten Abschrift durch das Grundbuchamt beizufügen, siehe § 10 GBO.

Gemäß §§ 936, 929 Abs. 2 ZPO darf die Eintragung nicht erfolgen, sofern der Antrag oder das Ersuchen auf Eintragung erst eingeht (§ 932 Abs. 3 ZPO), nachdem seit der Verkündung der einstweiligen Verfügung oder, wenn sie ohne vorhergehende mündliche Verhandlung erlassen ist (§§ 937 Abs. 2, 924 Abs. 4 ZPO), seit ihrer Zustellung an den Antragsteller ein Monat vergangen ist. Der Nachweis der Zustellung, ob die Zustellung an die Gegenpartei erfolgt ist, braucht, weil die Vollziehung vor Zustellung zulässig ist, nicht erbracht werden.

Werden die Fristen nicht eingehalten, so ist es Aufgabe des Antragsgegners, die Löschung der Vormerkung herbeizuführen. Dies kann entweder dadurch erfolgen, dass der Antrag auf Aufhebung der einstweiligen Verfügung gemäß § 927 ZPO gestellt wird – und eventuell auch Widerspruch gemäß § 924 ZPO eingelegt wird – und sodann die Aufhebungsentscheidung dem Grundbuchamt vorgelegt wird, § 25 GBO. Es gibt aber auch die Möglichkeit – abgesehen von der Bewilligung des Berechtigten – über die Klage die Einwilligung in die Löschung zu erreichen.

Die Löschung der Vormerkung kann auch erfolgen, sofern nach den §§ 934, 939 ZPO die Aufhebung der einstweiligen Verfügung gegen Sicherheitsleistung angeordnet und die Sicherheit geleistet ist.

Zum Antrag auf Erlass einer einstweiligen Verfügung gem. §§ 935, 940 ZPO mit dem Ziel der Eintragung einer Vormerkung siehe Formular 1.A.03.b.#08.

Büromäßige Behandlung.
Siehe Anmerkung zu Formular 1.D.01.#07.

Gerichtskosten:
1/2 Gebühr der vollen Gebühr, die für die endgültige Eintragung zu erheben sein würde, § 66 Abs. 1 KostO.

Rechtsanwaltsgebühren, Rechtsschutzversicherung:
Siehe Formular 1.D.01.#07.

#11 Beschwerde gegen eine Vormerkung

[*HIER Ort, Datum*]

An das
Amtsgericht
- Grundbuchamt -
[*HIER Anschrift*]

Betr.: Grundbuch von ...... [*HIER Ortsangabe*], Band ......, Blatt ...... [Nummer]

Hiermit zeige ich an, dass ich die Interessen des/der Grundstückseigentümers/-in ...... vertrete.

Namens und in Vollmacht meines/-r Mandanten/-in lege ich gegen die Eintragung der Vormerkung

Beschwerde

ein und zwar mit dem Antrag,

die Vormerkung zu löschen.

Begründung:

Die gegen ...... [*HIER Name des Grundstückseigentümers*] erlassene einstweilige Verfügung vermag die Eintragung nicht zu rechtfertigen.

Entgegen der Ansicht des Landgerichts ...... besteht ...... Das Landgericht hat übersehen, dass ......

Die Eintragung ist unter Verletzung gesetzlicher Vorschriften vorgenommen worden und muss deshalb gelöscht werden.

....
Rechtsanwalt/-wältin

Anmerkung

Frist: die Grundbuch-Beschwerde kann unbefristet eingelegt werden, da eine Frist im Gesetz nicht vorgesehen ist (siehe §§ 71 ff. GBO).

Die Beschwerde kann beim Grundbuchamt oder beim Beschwerdegericht eingelegt werden. Beschwerdegericht ist immer das dem Grundbuchamt übergeordnete Landgericht, § 72 GBO.

Beschwerdeberechtigt ist, wer durch eine Entscheidung des Grundbuchamtes in seinen Rechten beeinträchtigt ist. Bei Ablehnung eines Antrages ist dies immer der Antragsteller.

Beschwerdeberechtigt ist in diesen Fällen immer jeder weitere Antragsberechtigte, auch wenn er selbst den zurückgewiesenen Antrag nicht gestellt hat (BayObLGZ 1980, 37, 40).

Beschwerdeberechtigt ist zudem derjenige, dessen im Grundbuch eingetragenes Recht durch eine Entscheidung des Grundbuchamtes betroffen ist, in dessen geschütztes Recht eingegriffen wird (BGH NJW 1981, 1563).

Beschwerdefähig sind alle Sachentscheidungen des Grundbuchamtes:

- Zurückweisung eines Antrages,
- Zwischenverfügung nach § 18 GBO,
- Ablehnende Entscheidungen über Erteilung von Abschriften aus dem Grundbuch und Grundakten,
- Entscheidungen über das Berichtigungsverfahren nach §§ 82 ff. GBO,
- Entscheidungen über Löschung gegenstandsloser Eintragungen nach §§ 84 ff. GBO,
- Entscheidungen über die Fertigung, Aushändigung, Einforderung, Unbrauchbarmachung von Hypotheken-, Grundschuld- oder Rentenschuldbriefen (BayObLGZ 1974, 55),
- Ablehnende Entscheidungen über Grundbucheinsicht.

Ein Beschwerderecht des Eigentümers gegen Gewährung von Einsicht in das Grundbuch besteht nicht (BGH NJW 1981, 1563).

Regelfall im Grundbuchverfahren ist die einfache – unbefristete – Beschwerde.

Lediglich in zwei gesetzlich vorgesehen Fällen ist die sofortige Beschwerde einzulegen:

- gegen die Entscheidung des Grundbuchamtes, mit der festgestellt wird, dass die Voraussetzung für die Löschung einer gegenstandslosen Eintragung vorliegen, § 89 i. V. m. § 87 GBO,
- gegen die Entscheidung, mit der eine neue Rangordnung von eingetragenen Rechten festgestellt wird, § 110 i. V. m. § 108 GBO.

Diese sofortige Beschwerde ist aber keine Beschwerde nach den Vorschriften der GBO. Für diese Beschwerde gelten lediglich die Vorschriften des FGG über die Beschwerde. Die weitere Beschwerde ist ausgeschlossen, § 110 Abs. 2 GBO.

Wird das Grundbuchamt zugleich in Grundbuchsachen und in der Zwangsvollstreckung tätig, so ist nach ganz h. M. nur die Beschwerde gem. § 71 GBO und nicht die Vollstreckungsbeschwerde nach § 793 ZPO gegeben.

Eine Beschwerde gegen eine »Eintragung« ist grundsätzlich unzulässig, § 71 Abs. 2 S. 1 GBO. Ausnahme: § 71 Abs. 2 S. 2 GBO: Im Wege der Beschwerde kann verlangt werden, dass das Grundbuchamt angewiesen wird, nach § 53 GBO einen Widerspruch einzutragen oder eine Löschung vorzunehmen. Eine weitere, von der Rechtsprechung entwickelte Ausnahme: An die Eintragung schließt sich kein guter Glaube an.

Im FGG-Verfahren und in der GBO entfällt eine Kostenentscheidung im Verhältnis zur Staatskasse. Geregelt ist die Kostentragungs- und Kostenerstattungspflicht im Verhältnis von mehreren Beteiligten in: § 13 a FGG.

Über die Beschwerde entscheidet das Landgericht auch in Baden-Württemberg, wenn der Notar im Landesdienst als Grundbuchbeamter erstinstanzlich entschieden hat (§ 5 Ba.-Wü. LFGG), sofern ihr das Grundbuchamt nicht abhilft (§ 74 GBO).

Gegen die Entscheidung des Landgerichtes ist die weitere Beschwerde (Rechtsbeschwerde) zum Oberlandesgericht statthaft. Dort besteht Anwaltszwang (§§ 78, 80 GBO). Das OLG kann keine neue Tatsachen berücksichtigen, ist an den in der Vorinstanz festgestellten Sachverhalt gebunden (BayObLG 1971, 309).

Büromäßige Behandlung:
Im Beschwerdeverfahren ist neuer Tatsachenvortrag möglich (§ 74 GBO).

Gerichtskosten:
a) 5/10 Gebühr bei der Verwerfung der Beschwerde, § 131 Abs. 1 Nr. 1 KostO.
b) 5/20 Gebühr bei Zurücknahme der Beschwerde, § 131 Abs. 1 Nr. 2 KostO

Gegenstandswert:
§ 30 KostO.

Rechtsanwaltsgebühren:
In Angelegenheiten der freiwilligen Gerichtsbarkeit ist nach § 118 BRAGO abzurechnen, soweit nicht § 63 BRAGO eine Anwendungsmöglichkeit bietet.

Gegenstandswert: Für die Bestimmung des Gegenstandswertes ist § 1 KostO maßgeblich.

Für das Mitwirken bei Beweisaufnahmen, die von einem Gericht oder einer Behörde angeordnet worden sind, erhält der Rechtsanwalt eine 7,5/10 Beweisaufnahmegebühr, § 118 Abs. 1 Nr. 3 BRAGO. Dies kommt im Rahmen eines Verfahrens der freiwilligen Gerichtsbarkeit in Betracht, soweit Zeugen oder die Parteien im Sinne einer Beweisaufnahme (§ 613 ZPO) vernommen werden. Der Anwalt hat hier einen Anspruch auf 5/10 bis 10/10 der vollen Gebühr, so dass eine 7,5/10 (Mittelgebühr) bis 10/10 Gebühr akzeptiert wird.

Trifft die Tätigkeit im FGG-Verfahren mit einer Vertretung im Zivilprozess zusammen, so ist die Prozessgebühr durch die Gebühren im FGG-Verfahren nicht mit abgegolten (vgl. Gerold/Schmidt/van Eicken/Madert, BRAGO § 31 Rn 36).

Rechtsschutzversicherung:
Nach den alten allgemeinen Bedingungen für den Rechtsschutz, ARB 75, fallen gemäß § 4 Abs. 1 lit.p ARB 75 Angelegenheiten der Freiwilligen Gerichtsbarkeit unter den allgemeinen Risikoausschluss.

Für neue Rechtsschutzverträge, die die neuen Rechtschutzbedingungen ARB 2000 oder ARB 94 zur Grundlage haben, ist die Rechtslage anders. Nach den neuen Allgemeinen Bedingungen für den Rechtsschutz gehören Angelegenheiten der Freiwilligen Gerichtsbarkeit nicht mehr zu den Rechtsgebieten, die durch den Ausschlusstatbestand des § 3 ARB vom Risikoausschluss erfasst sind, so dass im Rahmen der versicherten Leistungsarten Rechtsschutz besteht.

Im Einzelfall kommt es jedoch auf den einzelnen Versicherer und die abgeschlossenen Versicherung an, die möglicherweise Sonderbedingungen, die über die ARB 75 hinausgehen oder die ARB 2000 oder ARB 94 einschränken, enthält. Es ist somit ratsam, vor Beginn des Mandats die Einzelheiten mit dem jeweiligen Versicherer abzuklären.

#12 Beschwerde gegen einen Beschluss des Rechtspflegers

[*HIER Ort, Datum*]

An das
Amtsgericht
- Grundbuchamt -
[*HIER Anschrift*]

Grundbuch von ...... [*HIER Ortsangabe*], Band ......, Blatt ...... [Nummer]

Hiermit zeige ich an, dass ich die Interessen des/der ...... vertrete.

In der o. g. Grundbuchsache lege ich namens und in Vollmacht des/der von mir vertretenen Antragstellers/-in gegen den Beschluss vom ......

Beschwerde

ein und beantrage,

den angefochtenen Beschluss aufzuheben und die Eigentumsumschreibung sowie die Auflassungsvormerkung in das Grundbuch einzutragen.

Begründung:

Der Beschwerdeführer kann die Umschreibung des Eigentums verlangen, da die Auflassung in der gehörigen Form (§ 925 BGB, § 1 BeurkG, § 29 Abs. 1 GBO) erfolgt ist und auch die Voreintragung des Passivbeteiligten (§ 39 Abs. 1 GBO), nämlich des Veräußerers, gegeben ist.

Auch der Antrag auf Eintragung der Vormerkung ist begründet. ...... [*HIER folgt die nähere Ausführung*]

Die Bewilligung ist in der gehörigen Form der §§ 19, 29 Abs. 1 GBO erfolgt. Die Bewilligung muss durch den Betroffenen erfolgen. Das war hier der Beschwerdeführer.

Auch die Voreintragung des Betroffenen nach § 39 Abs. 1 GBO ist gegeben.

....
Rechtsanwalt/-wältin

Anmerkung

Vgl. Anmerkungen zu Formular 1.D.01.#11.

#13 Beschwerde gegen eine Zwischenverfügung

[*HIER Ort, Datum*]

An das
Amtsgericht
- Grundbuchamt -
[*HIER Anschrift*]

Grundbuch von ...... [*HIER Ortsangabe*], Band ......, Blatt ...... [Nummer]

Hiermit zeige ich an, dass ich die Interessen des/der ...... vertrete.

Gegen die Zwischenverfügung des Amtsgerichts ......, Grundbuchamt, vom ...... lege ich im Namen von Herrn/Frau ......

Beschwerde

ein und beantrage,

die Zwischenverfügung aufzuheben und die beantragte Eintragung im Grundbuch unverzüglich vorzunehmen.

Sämtliche vom Grundbuchamt angeführten Eintragungshindernisse bestehen nicht.

Im Einzelnen führe ich dazu aus:

...... [*HIER folgt die nähere Begründung*]

[oder]

Im Einzelnen werde ich in einer ausführlichen Begründung, die ich innerhalb einer Woche nachreiche, zu den angeblichen Eintragungshindernissen Stellung nehmen.

....
Rechtsanwalt/-wältin

Anmerkung

Vgl. Anmerkungen zu Formular 1.D.01.#11.

Gegen die Zwischenverfügung des Grundbuchamtes (§ 18 GBO) und den Zurückweisungsbeschluss ist die formlose unbefristete Beschwerde nach §§ 71 ff. GBO zulässig.

Zuständig zur Entscheidung über die eingelegte Beschwerde ist die Beschwerdekammer des Landgerichts, §§ 72, 81 GBO.

Über die Beschwerde entscheidet das Landgericht auch in Baden-Württemberg, wenn der Notar im Landesdienst als Grundbuchbeamter erstinstanzlich entschieden hat (§ 5 Ba.-Wü. LFGG), sofern ihr das Grundbuchamt nicht abhilft (§ 75 GBO).

Gegen die Entscheidung des Landgerichtes ist die weitere Beschwerde (Rechtsbeschwerde) zum Oberlandesgericht statthaft. Dort besteht Anwaltszwang (§§ 78, 80 GBO). Das OLG kann keine neuen Tatsachen berücksichtigen, ist an den in der Vorinstanz festgestellten Sachverhalt gebunden (BayObLG 1971, 309). Die Beschwerde ist nur zulässig, wenn die Entscheidung auf einer Verletzung des Rechts beruht, § 78 S. 1 GBO. Über die weitere Beschwerde entscheidet das OLG, § 79 Abs. 1 GBO.

Büromäßige Behandlung:
Eine Beschwerdefrist ist im Gesetz nicht vorgesehen. Aus diesem Grund kann die Beschwerde auch nach Ablauf einer in der Zwischenverfügung gesetzten Frist eingelegt werden. Dies gilt allerdings im Hinblick auf das Rechtsschutzbedürfnis dann nicht, wenn zwischenzeitlich das Grundbuchamt den Antrag zurückgewiesen hat.

Im Beschwerdeverfahren ist neuer Tatsachenvortrag möglich (§ 74 GBO).

Gerichtkosten, Rechtsanwaltsgebühren, Rechtsschutzversicherung:
Siehe Formular 1.D.01.#11.

#14 Beschwerde gegen die Richtigkeit der Eintragung von Zwangshypotheken

[*HIER Ort, Datum*]

An das
Amtsgericht
- Grundbuchamt -
[*HIER Anschrift*]

Grundbuch von ...... [*HIER Ortsangabe*], Band ......, Blatt ...... [Nummer]

Hiermit zeige ich an, dass ich die Interessen des/der ...... vertrete.

Der/Die ...... erwirkte am ...... gegen den/die ......, wohnhaft ......, ein Versäumnisurteil auf Zahlung von ...... EUR Zug um Zug gegen Lieferung eines ...... Auf Grund dieses Versäumnisurteils wurde am ...... auf dem Grundstück des ......, Grundbuch von ......, Band ......, Blatt ......, eine Zwangshypothek in Höhe von ...... EUR eingetragen.

Namens und im Auftrage des/der ......, wohnhaft ......, der/die auf Grund eines auf Zahlung von ...... EUR lautenden Schuldtitels vom ...... auf dem bezeichneten Grundstück des ...... am ...... ebenfalls, und zwar an dritter Rangstelle, Zwangshypotheken in Höhe von je ...... EUR hat eintragen lassen, erhebe ich

Beschwerde

zum Landgericht ...... und beantrage,

gegen die Richtigkeit der Zwangshypotheken des/der Gläubigers/-in ...... [*HIER Name*] Amtswidersprüche einzutragen.

Begründung:

Die Beschwerde ist wie folgt begründet:

Die Hypotheken des ...... sind inhaltlich unzulässig, da keine von ihnen ...... [z. B. den nach § 866 Abs. 3 ZPO vorgeschriebenen Betrag erreicht hat].

......

Die gleichwohl eingetragenen Hypotheken sind daher nicht zur Entstehung gelangt. Selbst wenn sie aber mit der Eintragung entstanden wären, würden sie nunmehr dem Eigentümer ...... [*HIER Name des Eigentümers*] zustehen, da die Zwangsvollstreckung aus dem Versäumnisurteil vom ...... am ...... gegen Sicherheitsleistung einstweilen eingestellt wurde und die Sicherheit geleistet wurde (§ 866 ZPO).

Beweis: Ausfertigung des Beschlusses vom ...... und Abschrift der Hinterlegungsurkunde gleichen Datums.

Mein Mandant ist auch zur Einlegung der Beschwerde befugt. Da die Grundstücke an erster Rangstelle, je mit einer Darlehenshypothek von EUR ...... belastet sind, könnte er durch den gutgläubigen Erwerb einen Ausfall erleiden. Um dieses zu verhindern, kann er die Löschung der an zweiter Rangstelle eingetragenen Zwangshypotheken des ...... [*HIER Name des Gläubigers*] verlangen. Selbst wenn die Voraussetzungen hierfür nicht vorliegen sollten, so kann er die Eintragung eines Widerspruchs zu seinen Gunsten verlangen. Er ist aber auch berechtigt, die Eintragung von Widersprüchen zugunsten des Grundstückeigentümers ...... [*HIER Angabe des Namens des Gläubigers*] zu verlangen, auch wenn dieser nicht eine Vollmacht erteilt hat, da er auf Grund des oben bezeichneten Schuldtitels vom ...... den Berechtigungsanspruch des ...... hat pfänden lassen und sich zum Zwecke der Ausübung hat überweisen lassen.

Beweis: Ausfertigung des Pfändungs- und Überweisungsbeschlusses vom ......

....
Rechtsanwalt/-wältin

Anmerkung

siehe Anmerkungen zu Formular 1.D.01.#11.

Wird das Grundbuchamt zugleich in Grundbuchsachen und in der Zwangsvollstreckung tätig, so ist nach ganz h. M. nur die Beschwerde gem. § 71 GBO und nicht die Vollstreckungsbeschwerde nach § 793 ZPO gegeben.

Eine Beschwerde gegen eine »Eintragung« ist grundsätzlich unzulässig, § 71 Abs. 2 S. 1 GBO. Ausnahme: § 71 Abs. 2 S. 2 GBO: Im Wege der Beschwerde kann verlangt werden, dass das

Grundbuchamt angewiesen wird, nach § 53 GBO einen Widerspruch einzutragen oder eine Löschung vorzunehmen. Eine weitere, von der Rechtsprechung entwickelte Ausnahme: An die Eintragung schließt sich kein guter Glaube an.

Im FGG-Verfahren und in der GBO entfällt eine Kostenentscheidung im Verhältnis zur Staatskasse. Geregelt ist die Kostentragungs- und Kostenerstattungspflicht im Verhältnis von mehreren Beteiligten in: § 13 a FGG.

Gerichtskosten, Rechtsanwaltsgebühren, Rechtsschutzversicherung:
Siehe Formular 1.D.01.#11.

#15 Beschwerde gegen eine Vormerkung verbunden mit dem Antrag auf Löschung (Berichtigungsantrag)

[*HIER Ort, Datum*]

An das
Amtsgericht
- Grundbuchamt -
[*HIER Anschrift*]

Grundbuch von ...... [*HIER Ortsangabe*], Band ......, Blatt ...... [Nummer]

Hiermit zeige ich an, dass ich die Interessen des/der ...... vertrete.

Namens und im Auftrag meines/-r Mandanten/-in lege ich

Beschwerde

gegen die vom Amtsgericht ......, Grundbuchamt, in Abt. III lfd. Nr. ...... eingetragene Vormerkung zugunsten des/der ...... ein und beantrage,

> die auf dem obigen Grundstück in Abt. III, lfd. Nr. ...... zugunsten des/der ...... eingetragene Vormerkung zur Sicherung des Anspruchs des/der Gläubigers/-in auf Eintragung einer Bauhandwerkersicherungshypothek in Höhe von ...... EUR nebst Zinsen von 5 Prozentpunkten über dem Basiszinssatz seit dem ...... und einer Kostenpauschale von ...... EUR zu löschen.

Begründung:

Der Gläubiger ...... [*HIER Name*] erwirkte am ...... bei dem Landgericht ...... eine einstweilige Verfügung (Az.: ......), in der die Eintragung einer Vormerkung zur Sicherung des Anspruchs auf Eintragung einer Bauhandwerkersicherungshypothek in Höhe von ...... EUR nebst Zinsen in Höhe von 5 Prozentpunkten über dem Basiszinssatz seit dem ...... und einer Kostenpauschale von ...... EUR angeordnet wurde. Auf Antrag des Gläubiger wurde die Vormerkung am ...... in Abt. III lfd. Nr. ...... eingetragen.

Die Vormerkung muss wieder gelöscht werden, da ......

[- Es handelt sich um eine unzulässige Eintragung, die von Amts wegen gelöscht werden muss, da ...... [*z. B. sich aus der in Anlage beigefügten Sterbeurkunde des Standesamtes in ...... ergibt, dass der Miterbe ...... am ...... verstorben ist und bei einem Toten Eintragungen nicht vorgenommen werden können.*]]

Als Anlage überreiche ich das Urteil der ...... Zivilkammer des Landgerichts ...... vom ...... nebst Zustellungsurkunde.

....
Rechtsanwalt/-wältin

/Anlagen: Vollmacht
[Sterbeurkunde]

Anmerkung

Zum Antrag auf Erlass einer einstweiligen Verfügung gem. §§ 935, 940 ZPO mit dem Ziel einer Vormerkung für eine Bauhandwerkersicherungshypothek siehe Formular 1.A.03.b.#09.

Gerichtskosten, Rechtsanwaltsgebühren, Rechtsschutzversicherung:
Siehe Formular 1.D.01.#11.

#16 Weitere Beschwerde

[*HIER Ort, Datum*]

An das
Oberlandesgericht ......
Beschwerdesenat
[*HIER Anschrift*]

In der Grundbuchsache

betreffend die im Grundbuch von ...... [*HIER Ortsangabe*], Band ......, Blatt ...... eingetragenen Grundstücke,

Aktenzeichen 2. Instanz: ...... Landgericht ......

lege ich im Namen des/der ......, wohnhaft ......,

gegen den Beschluss der ...... Zivilkammer des Landgerichts ...... vom ......

weitere Beschwerde

ein und beantrage,

den angefochtenen Beschluss abzuändern und das Amtsgericht ......, Grundbuchamt, anzuweisen, die beantragte Eintragung vorzunehmen.

[oder]
Ich lege für den/die Antragsteller/-in gegen den Beschluss des LG...... vom......, Az.......
weitere Beschwerde ein.

Begründung:

......

....
Rechtsanwalt/-wältin

Anmerkung

Auch die weitere Beschwerde ist in Grundbuchsachen möglich, §§ 78–81 GBO. Ergänzend werden Beschwerdevorschriften der ZPO für anwendbar erklärt. Ausgeschlossen ist allerdings die weitere Beschwerde in § 110 Abs. 2 GBO bei Klarstellung der Rangverhältnisse.

Gegen die Entscheidung des Landgerichtes ist die weitere Beschwerde – als Rechtsbeschwerde – zum Oberlandesgericht statthaft. Dort besteht Anwaltszwang (§§ 78, 80 GBO). Das OLG kann keine neuen Tatsachen berücksichtigen, ist an den in der Vorinstanz festgestellten Sachverhalt gebunden (BayObLG 1971, 309). Die Beschwerde ist nur zulässig, wenn die Entscheidung auf einer Verletzung des Rechts beruht, § 78 S. 1 GBO. Über die weitere Beschwerde entscheidet das OLG, § 79 Abs. 1 GBO.

Ein Antrag wird üblicherweise gestellt, ist aber nicht erforderlich.

Die Begründung wird vom Gesetz nicht vorgesehen, ist also auch nicht unbedingt erforderlich.

Gerichtskosten, Rechtsanwaltgebühren, Rechtsschutzversicherung:
Siehe Anmerkungen zu Formular 1.D.01.#11.

#17 Zurückweisungsantrag bezüglich einer Beschwerde

[*HIER Ort, Datum*]

An das
Amtsgericht
- Grundbuchamt -
[*HIER Anschrift*]

In der Grundbuchsache
....../......
Az.: ......

Grundbuch von ......, Band ......, Blatt ...... –

beantrage ich namens und im Auftrage des/der ...... – Vollmacht liegt an – die Beschwerde des/der ...... [*z. B. Grundstückeigentümers/-in*] zurückzuweisen.

Die Sachdarstellung ist nicht richtig. ......

[oder]
In der Beschwerdesache
....../......
Az.: ......

zeige ich an, dass ich den/die ...... [*z. B. Gläubiger/-in*] vertrete und beantrage,
die Beschwerde zurückzuweisen und die gesamten Kosten des Verfahrens dem der Beschwerdeführer/-in aufzuerlegen.

Begründung:

...... [*HIER folgt die nähere Ausführung*]

....
Rechtsanwalt/-wältin

#18 Antrag auf Grundbuchberichtigung aufgrund eines Erbscheines § 894 BGB, § 22 GBO

[*HIER Ort, Datum*]

An das
Amtsgericht
– Grundbuchamt –
[*HIER Anschrift*]

Grundbuch von ...... [*HIER Ortsangabe*], Band ......, Blatt ...... [Nummer]

Am ...... ist ...... in ......, ... straße ......, der/die ...... [*HIER Angabe des Namens des/der Erblassers/-in*] gestorben.

Aufgrund privatschriftlichen Testaments, welches sich bei den Akten des Nachlassgerichtes, (Az. ......) befindet, wurde Herr/Frau ...... [*HIER Namen des/der Mandanten/-in*] als Alleinerbe/-in des/der ...... [*HIER Namen des/der Erblassers/-in*] eingesetzt. Den Originalerbschein habe ich diesem Antrag beigefügt. [*Nur wenn sich Nachlassgericht und Grundbuchamt beim gleichen Amtsgericht befinden möglich: – Bei Beantragung des Erbscheines wurde das Nachlassgericht ersucht, diesen dem Grundbuchamt zu übersenden.*]

In Abteilung I des o. g. Grundbuches ist der/die Erblasser/-in, Herr/Frau, zuletzt wohnhaft in ......, als Eigentümer/-in des Gebäudegrundstückes Bestandsverzeichnis Nr. ...... Markung ...... [*HIER Angabe des Ortes bzw. der Stadt mit Straße und Hausnummer*] eingetragen.

Da der/die Eigentümer/-in gestorben ist, beantrage ich namens und in Vollmacht meines/-r Mandanten/-in – schriftliche Vollmacht liegt an –,

diese(n) im Wege der Grundbuchberichtigung als neue(n) Eigentümer/-in des bezeichneten Grundbesitzes im Grundbuch einzutragen.

....

Rechtsanwalt/-wältin

Anmerkung

Es handelt sich auch hier um einen Antrag auf Grundbuchberichtigung gem. §§ 894 BGB, 22 GBO. Der Nachweis der Erbfolge erfolgt durch Vorlage des Erbscheines im Original. Weil mit dieser Urkunde der Nachweis der Unrichtigkeit des Grundbuches geführt ist, bedarf es keiner Beglaubigung der Unterschrift des Antragstellers, da der Antrag nach § 13 GBO grundsätzlich nur der Schriftlichkeit bedarf.

Büromäßige Behandlung:
Der Unrichtigkeitsnachweis des Grundbuches kann ausschließlich durch Urkunden geführt werden, die in § 35 GBO aufgeführt sind. Die Erbfolge ist grundsätzlich durch einen Erbschein nachzuweisen. Der Erbschein ist in Urkunde oder Ausfertigung vorzulegen, eine beglaubigte Abschrift genügt nicht, da lediglich die Urschrift oder Ausfertigung die Vermutung des § 2365 BGB hat.

Befinden sich allerdings Grundbuchamt oder Nachlassgericht bei dem gleichen Amtsgericht, so ist die Vorlage einer Erbscheinsausfertigung nicht notwendig. Es reicht dann aus, wenn im Grundbuchberichtigungsantrag auf den in den Nachlassakten befindlichen Erbschein verwiesen wird (BGH DNotZ 1982, 159). Es muss dann aber, wenn der Erbschein beantragt wird, gleichzeitig darum gebeten werden, diesen dem Grundbuchamt zu übersenden. Er muss dort im Original vorliegen.

Achtung: Gebührenersparnis
Wird glaubhaft gemacht, dass der Erbscheinsantrag nur zur Verfügung über Grundstücke oder im Grundbuch eingetragener Rechte oder zum Zwecke der Grundbuchberichtigung, benötigt wird (vgl. § 107 Abs. 3 KostO), so wird für die Gebührenberechnung nur der Wert des Grundstücksrechts zugrundegelegt. Der für Grundbuchzwecke erteilte Erbschein wird vom Nachlassgericht direkt an das Grundbuchamt übersandt. Der Erbe erhält weder eine Ausfertigung noch Abschrift. Wenn ein Erbschein ausschließlich nur für Grundbuchzwecke erwirkt wird, so kann dieser nicht für andere Zwecke verwendet werden.

Wird ein Erbschein allerdings auch noch für andere Zwecke benötigt (Bank etc.), so müssen weitere Ausfertigungen bzw. beglaubigte Abschriften beim Nachlassgericht beantragt werden, die Kostenersparnis ist dann nicht mehr möglich.

Die Umschreibung des Grundbuches aufgrund eines Erbscheines vollzieht sich meist recht schnell, dauert bei den meisten Grundbuchämtern nur ein paar Wochen.

Gerichtskosten:
Eigentlich beträgt die Eintragung von Eigentümern oder Miteigentümern, worunter auch die Eintragung von Eigentümern bzw. Miteigentümern im Wege der Grundbuchberichtigung fällt, eine 10/10 Gebühr, § 60 KostO. Maßgeblich sind die Wertvorschriften der §§ 18 ff. KostO.

Die Grundbuchberichtigungsgebühr wird nicht bei der Eintragung des Erben des eingetragenen Eigentümers erhoben, wenn der Antrag auf Eintragung innerhalb von 2 Jahren seit dem Erbfall beim Grundbuchamt eingereicht wird, § 60 Abs. 4 KostO. Als Erbe im Sinne dieser Vorschrift gilt auch der Erbeserbe und der Nacherbe (OLG Düsseldorf NJW 1967, 2414).

Rechtsanwaltgebühren, Rechtsschutzversicherung:
Siehe Anmerkungen zu Formular 1.D.01.#07.

#19 Antrag auf Eintragung einer Sicherungshypothek § 720 a Abs. 1 Buchstabe b ZPO

[*HIER Ort, Datum*]

An das
Amtsgericht
- Grundbuchamt -
[*HIER Anschrift*]

Antrag auf Sicherungsvollstreckung gem. § 720 a Abs. 1 Buchstabe b ZPO

In Sachen

des/der ...... [*HIER Vorname, Name, Anschrift*]

- Antragstellers/-in, -

Verfahrensbevollmächtigte(r): Rechtsanwalt/-wältin ...... [*HIER Vorname, Name, Anschrift*]

gegen

den/die ...... [*HIER Vorname, Name, Anschrift; z. B. Firma, Name der Firma, Name, Anschrift des Geschäftsführers der GmbH*]

- Antragsgegner/-in, -

Verfahrensbevollmächtigte(r): Rechtsanwalt/-wältin ...... [*HIER Vorname, Name, Anschrift*]

wegen Sicherungsvollstreckung gem. § 720 a ZPO

überreiche ich - namens und in Vollmacht des/der Antragsteller/-in - den gegen Sicherheitsleistung vorläufig vollstreckbaren Titel mit Vollstreckungsklausel, beide zugestellt am ......, mit dem

> Antrag zur Sicherungsvollstreckung gemäß § 720 a ZPO wegen dieser Ansprüche eine Sicherungshypothek auf dem Grundstück des Schuldners in ......, Flurstück-Nr. ......, eingetragen im Grundbuch vom ......, Band ......, Blatt ...... einzutragen.

Titel und sonstige Vollstreckungsunterlagen bitte ich, an mich zurückzusenden. Die Kosten des vorstehenden Antrags berechne ich nachstehend:

Gebühren (§§ 11, 57 BRAGO)	...... EUR
Auslagenpauschale (§ 26 BRAGO)	...... EUR

16 % MwSt	...... EUR
Gesamtbetrag	...... EUR

....

Rechtsanwalt/-wältin

[oder]

zeige ich an, dass ich den/die Antragsteller/-in vertrete. Namens und in Vollmacht desselben/derselben - Vollmacht liegt an - wird beantragt,

aufgrund der anliegenden - mit Zustellungsvermerk versehenen - vollstreckbaren Ausfertigung des Urteils des ......gerichts ...... vom ......, Az.: ...... die Eintragung einer Sicherungshypothek vorzunehmen,

und zwar auf dem den/der Schuldner/-in gehörenden Grundstück in ......straße ...... Nr. ......, eingetragen im Grundbuch ...... des Amtsgerichts ......, Grundbuchblatt ......, Flurstück-Nr. ......

wegen

der Forderung aus dem vorläufig vollstreckbaren Schuldtitel in Höhe von EUR ...... nebst ......% Zinsen seit dem ......, sowie der anliegend belegten Zustellungskosten früherer Vollstreckungen, Gebühren und Auslagen von insgesamt weiteren ...... EUR.

Titel und sonstige Vollstreckungsunterlagen bitte ich, an mich zurückzusenden. Die Kosten des vorstehenden Antrags berechne ich nachstehend:

Gebühren (§§ 11, 57 BRAGO)	...... EUR
Auslagenpauschale (§ 26 BRAGO)	...... EUR
16% MwSt	...... EUR
Gesamtbetrag	...... EUR

Begründung:

Gemäß Urteil des Amtsgerichts [- Landgerichts] ...... vom ......, Az.: ...... wurde der Schuldner verpflichtet, an den Gläubiger einen Betrag in Höhe von EUR ...... nebst ......% Zinsen seit dem ...... zu bezahlen. Das Urteil ist gegen Sicherheitsleistung vorläufig vollstreckbar.

Beweis: Urteil des ......gerichts ...... vom ...... als Anlage. Beiziehung der betreffenden Gerichtsakte, Az.: ...... des ......gerichts ......

Gemäß § 720 a Abs. 1 Buchstabe b ZPO ist es dem Gläubiger ohne Sicherheitsleistung gestattet, die Zwangsvollstreckung insoweit zu betreiben, als im Wege der Zwangsvollstreckung in das unbewegliche Vermögen des Schuldners eine Sicherungshypothek eingetragen wird.

Entsprechend dieser gesetzlichen Bestimmung wird hiermit namens des Gläubigers die Eintragung der Sicherungshypothek in der oben genannten Höhe beantragt.

Sollte das Gericht gemäß § 720 a Abs. 2 ZPO dem Schuldner gestatten, die Zwangsvollstreckung durch Leistung einer Sicherheit in Höhe des Hauptanspruches abzuwenden, ist auszusprechen, dass dies nur insoweit gestattet wird als der Gläubiger nicht vorher die ihm obliegende Sicherheit leistet.

....
Rechtsanwalt/-wältin

Anmerkung

Die Sicherungsvollstreckung in unbewegliches Vermögen erfolgt durch die Eintragung einer Sicherungshypothek (§ 866 Abs. 1, § 867 ZPO) auf Antrag des Gläubigers.

Die Sicherungsvollstreckung ist ein probates Mittel gegen Berufungen, die der Schuldner nur eingelegt hat, um Zeit zu gewinnen.

Die Sicherungsvollstreckung nach § 720 a ZPO kommt nur in Betracht, wenn der Schuldner zu einer Geldleistung verurteilt worden ist. Bedeutsam ist die Sicherungsvollstreckung insbesondere deshalb, weil sie dem Beklagten/Schuldner die Möglichkeit nehmen, durch reine Prozessverschleppung über die 1. Instanz hinaus die Zwangsvollstreckung auf unabsehbare Zeit zu verhindern. Der den Mandanten beratende Anwalt setzt sich einer Haftpflichtgefahr aus, sofern er in den in Frage kommenden Fällen nicht mit den Mandanten diese Möglichkeit der Vollstreckung erörtert.

Viele Urteile sind nur gegen Sicherheitsleistung vorläufig vollstreckbar und die Beibringung einer Sicherheit dauert häufig seine Zeit. Deshalb eröffnet die Sicherungsvollstreckung dem Gläubiger die Möglichkeit, diesen Zeitverlust der seinen Rang bei der Sachpfändung (§ 803 ZPO), der Pfändung von Forderungen (§ 829 ZPO), der Eintragung einer Sicherungshypothek (§ 866 f. ZPO) gefährdet, dadurch auszugleichen, dass er die Sicherungsvollstreckung betreibt.

Als arrestähnlich ausgestaltete Vollstreckungsmöglichkeit bewirkt sie die Wahrung des Ranges vor späteren Pfändungen anderer Gläubiger und ermöglicht eine schnelle Beschlagnahme verwertbarer Vermögensbestandteile des Schuldners.

Neben dem Urteil ist auch die (einfache) Klausel mindestens zwei Wochen vor der Sicherungsvollstreckung dem Schuldner zuzustellen.

Die Sicherungsvollstreckung ermöglicht es dem Gläubiger, aus einem nur gegen Sicherheitsleistung durch den Gläubiger vollstreckbaren Urteil, durch das der Schuldner zu einer Geldleistung verurteilt worden ist, ohne Sicherheitsleistung eine Zwangsvollstreckung einzuleiten. Abweichend von der üblichen Praxis muss gem. § 750 Abs. 3 ZPO die Zustellung des Urteils nebst Vollstreckungsklausel (auch einfache) zwei Wochen vor der Sicherungsvollstreckung erfolgen; d. h. eine gem. § 170 Abs. 2 ZPO beglaubigte Abschrift der vollstreckbaren Ausfertigung nach § 725 ZPO muss zwei Wochen vor Beginn der Sicherungsvollstreckung übergeben worden sein, § 170 Abs. 1 ZPO.

Sind diese Voraussetzungen erfüllt, kann

- ein Antrag an den Gerichtsvollzieher gestellt werden, die Pfändung körperlicher Sachen des Schuldners vorzunehmen, wobei ein Hinweis darauf zu erfolgen hat, dass nur eine Sicherungsvollstreckung betrieben werden soll (Bei jeder einzelnen Vollstreckungsmaßnahme hat der Zusatz zu erfolgen: »Es wird lediglich die Sicherungsvollstreckung gemäß § 720 a ZPO beantragt«),
- ein Antrag auf die Pfändung von Forderungen und anderen Vermögensrechten durch Pfändungsbeschluss gestellt werden, wobei das Wort »Überweisung« zu unterbleiben hat,

- ein Antrag auf Eintragung einer Sicherungshypothek nach §§ 866 f. ZPO oder Schiffshypothek (§ 870 a ZPO) gestellt werden.

Der Schuldner kann die Sicherungsvollstreckung nach § 720 a Abs. 3 ZPO dadurch verhindern, dass er selbst Sicherheit in Höhe des Hauptanspruchs leistet, obgleich er hierzu normalerweise nicht verpflichtet wäre.

Mit der Pfändung im Rahmen der Sicherungsvollstreckung wird nur der Rang gesichert, eine Verwertung darf nicht erfolgen.

Die Sicherungsvollstreckung führt nur, wie es der Name schon besagt, zur Sicherung seines Anspruches. Sie führt aber nicht zur Befriedigung des Anspruches, da es bei den Zwangsvollstreckungsmaßnahmen am Verwertungsakt fehlt. Mit der Pfändung im Rahmen der Sicherungsvollstreckung wird nur der Rang gesichert, eine Verwertung darf nicht erfolgen. Die Verwertung, also die Versteigerung bei gepfändeten körperlichen Sachen und die Überweisung zur Einziehung bei gepfändeten Forderungen ist solange nicht möglich, bis der Gläubiger die Sicherheitsleistung erbracht hat oder der Titel rechtskräftig geworden ist.

Das Haftungsrisiko bei der Sicherungsvollstreckung ist nicht unerheblich, wenn das Urteil später aufgehoben wird.

Achtung: Sollte z. B. ein Bauunternehmer ein vorläufig vollstreckbares Urteil (Zahlungstitel) aus dem Bauvertrag gegen den Bauherren erwirken, so hat er über § 720 a Abs. 1 Buchstabe b ZPO die Möglichkeit, im Wege der Zwangsvollstreckung eine Sicherungshypothek auf das Grundstück des Bauherren eintragen zu lassen. Dabei ist aber zu bedenken, dass dann für einen Antrag des Bauunternehmers auf Erlass einer einstweiligen Verfügung auf Eintragung einer Vormerkung für eine Bauhandwerkersicherungshypothek ein Rechtsschutzinteresse nicht mehr gegeben ist.

Liegt ein vollstreckbarer Schuldtitel vor, der ohne jede Sicherheitsleistung vollstreckbar ist, so ist die Eintragung einer Zwangshypothek gemäß § 867 ZPO zu beantragen (siehe Formular 1.D.01#20)

Büromäßige Behandlung:
Nach § 750 Abs. 3 ZPO darf eine Zwangsvollstreckung gemäß § 720 a ZPO erst begonnen werden, wenn das Urteil und die Vollstreckungsklausel mindestens 2 Wochen vorher dem Schuldner zugestellt worden sind, § 750 Abs. 3 ZPO.

Kosten u. Gebühren:
Gerichtskosten:
Eine volle Gebühr nach §§ 32, 62 KostO.

Rechtsanwaltsgebühren:
3/10 Gebühr gem. §§ 57, 58 Abs. 3 Nr. 6 BRAGO, da auch die Sicherungsvollstreckung Vollstreckung im Sinne des § 57 BRAGO ist. Die Fortsetzung der Vollstreckung nach Rechtskraft des Titels oder Wegfall der Verpflichtung zur Sicherheitsleistung ist dann allerdings kein neues ›Geschäft‹ und mit der bereits verdienten Gebühr abgegolten. Die bloße Androhung der Sicherungsvollstreckung löst die Vollstreckungsgebühr nur dann aus, wenn die Wartefrist des § 750 Abs. 3 ZPO abgelaufen ist.

#20 Antrag auf Eintragung einer Zwangshypothek § 867 ZPO

[*HIER Ort, Datum*]

An das
Amtsgericht
- Grundbuchamt -
[*HIER Anschrift*]

Antrag auf Eintragung einer Zwangshypothek gem. § 867 ZPO

In Sachen
des/der ...... [*HIER Vorname, Name, Anschrift*]

- Antragstellers/-in, -

Verfahrensbevollmächtigte(r): Rechtsanwalt/-wältin ...... [*HIER Vorname, Name, Anschrift*]

gegen

den/die ...... [*HIER Vorname, Name, Anschrift; z. B. Firma, Name der Firma, Name, Anschrift des Geschäftsführers der GmbH*]

- Antragsgegner/-in, -

Verfahrensbevollmächtigte(r): Rechtsanwalt/-wältin ...... [*HIER Vorname, Name, Anschrift*]

Namens und mit Vollmacht des/der Antragsteller/-in wird beantragt,

aufgrund des anliegenden Urteils des ......gerichts ...... vom ......, Az.: ......, dessen vollstreckbare, zugestellte Ausfertigung nebst Kostenfestsetzungsbeschluss ich beifüge,
[- aufgrund der anliegenden Ausfertigung des Vollstreckungsbescheides des ......gerichts ...... vom ......, dem/der Antragsgegner/-in zugestellt am ......]

die Eintragung einer Zwangshypothek

wegen ...... EUR nebst ......% Zinsen seit dem ...... sowie der Kosten für diesen Beschluss und seine Zustellung, Kosten früherer Vollstreckungsmaßnahmen, Gebühren und Auslagen von insgesamt weiteren ...... EUR

auf dem den/der Antragsgegner/-in gehörenden Grundstück ......straße, Nr. ......, eingetragen im Grundbuch des Amtsgerichts ......, Band ......, Blatt ......
[- auf den im Grundbuch von ......, Band ......, Blatt ...... auf den Namen des/der Antragsgegner/-in eingetragenen Grundstücken Flur-Nummer ...... und Flur-Nummer ...... Die Forderung soll dahingehend verteilt werden, dass die Zwangshypothek eingetragen werden soll auf Flur-Nummer ...... bezüglich ...... EUR Teilbetrag samt Zinsen hieraus und der gesamten Kosten mit ...... EUR und auf Flur-Nummer bezüglich ...... EUR Teilbetrag samt Zinsen hieraus.]

[oder]
Aufgrund der anliegenden Ausfertigung des Vollstreckungsbescheides des Amtsgerichts ...... vom ......, den/der Antragsgegner/-in zugestellt am ......, wird namens und in Vollmacht des/der Antragsteller/-in beantragt,

wegen der Forderung des/der Antragsteller/-in ...... EUR Hauptsumme, ... EUR festgesetzten Kosten, sowie ......% Zinsen aus ...... seit ......

die Eintragung einer Zwangshypothek

auf dem den/der Antragsgegner/-in gehörenden Grundstück ...... Straße, Nr. ......, eingetragen im Grundbuch des Amtsgerichts ......, Band ......, Blatt ......
[- auf den im Grundbuch von ......, Band ......, Blatt ...... auf den Namen des/der Antragsgegner/-in eingetragenen Grundstücken Flur-Nummer ...... und Flur-Nummer ......
Die Forderung soll dahingehend verteilt werden, dass die Zwangshypothek eingetragen werden soll auf Flur-Nummer ...... bezüglich ...... EUR Teilbetrag samt Zinsen hieraus und der gesamten Kosten mit ...... EUR und auf Flur-Nummer bezüglich ...... EUR Teilbetrag samt Zinsen hieraus.]

[oder]
Namens und in Vollmacht des/der Antragsteller/-in beantrage ich,
wegen seiner/ihrer Ansprüche eine Zwangshypothek auf den hälftigen Miteigentumsanteil des/der Antragsgegner/-in an dem Grundstück ......straße ...... in ......, Flurstück-Nr. ......, eingetragen im Grundbuch von ......, Band ......, Blatt ...... einzutragen,

und zwar zu ...... EUR der Hauptforderung zuzüglich ......% Zinsen darauf seit dem ...... auf dem Miteigentum des/der Antragsgegners/-in an dem Grundstück Bestandsverzeichnis Nr. ......, Flurstück-Nr. ...... und für die restliche Forderung über ...... EUR [*HIER mit Zinsen und Kosten anzugeben*] auf dem Miteigentum des/der Antragsgegners/-in an dem Grundstück Bestandsverzeichnis Nr. ...... [z. B. Nr. 2], Flurstück-Nr. ......

Titel und Vollstreckungsunterlagen erbitte ich [- erbitten wir] anschließend zurück. [- Die Vollstreckungsunterlagen nebst dem vollstreckbaren Titel bitte ich [- bitten wir] anschließend zurück.]

Die Kosten des Eintragungsantrages berechne ich nachstehend wie folgt:

Gebühren (§§ 11, 57 BRAGO)	...... EUR
Auslagenpauschale (§ 26 BRAGO)	...... EUR
16 % MwSt	...... EUR
Gesamtbetrag	...... EUR

[oder]
Zu den Grundakten des Amtsgerichts ......, Band ......, Blatt ......, eingetragener Eigentümer ...... [*HIER folgt der Name*], überreiche ich als Prozessbevollmächtigte(r) des/der Antragstellers/-in:

1. die vollstreckbare Ausfertigung des gegen Sicherheitsleistung für vorläufig vollstreckbaren Urteils des ......gerichts ......, Az. ......, vom ......, durch das der/die Antragsgegner/-in verurteilt worden ist, an den/der Antragstellers/-in ...... EUR nebst ......% Zinsen zu zahlen, sowie den Nachweis der erfolgten Zustellung;
2. die Ausfertigung des vorläufig vollstreckbaren Urteils des Landgerichts [- Oberlandesgerichts] ......, Az. ......, durch das die Berufung gegen das vorbezeichnete Urteil zurückgewiesen worden ist, sowie den Nachweis der Zustellung;
3. den mit der Vollstreckungsklausel versehenen Kostenfeststellungsbeschluss des ......gerichts ...... vom ......, zugestellt am ......, durch den die dem/der Antragsgegner/-in zu erstattenden Kosten aus diesem Rechtsstreit auf ...... EUR festgesetzt sind;

[- 4. das Protokoll des Gerichtsvollziehers ...... [*HIER folgt der Name des Gerichtsvollziehers*] vom ...... über die fruchtlos versuchte Mobiliarvollstreckung, aus dem sich ergibt, dass bisher durch die Vollstreckung Anwalts- und Gerichtskosten über den Betrag von ...... EUR entstanden sind.

Ich beantrage,

für die sich hiernach ergebenden Forderungen des/der Antragstellers/-in von ...... EUR nebst ......% Zinsen seit dem ...... und ...... EUR Kosten eine Sicherungshypothek für den/der Antragsteller/-in in das oben bezeichnete Grundbuch von ...... Band ......, Blatt ...... einzutragen.

[oder]
Betr.: Grundbuch von ...... [*HIER Ort*], Band ......, Blatt ......

Namens und in Vollmacht des/der Antragsteller/-in beantrage ich,

überreiche ich eine Ausfertigung des Vollstreckungsbescheides des Amtsgerichts ...... – Az.: ...... – nach dessen Inhalt der/die oben bezeichnete Antragsgegner/-in an den/die Antragsteller/-in ...... EUR nebst ......% Zinsen jährlich hieraus seit ...... zu zahlen hat, ferner die festgesetzten Kosten von ...... EUR nebst ......% Zinsen jährlich hieraus seit dem ......

Der/Die Antragsgegner/-in ist Miteigentümer/-in zu je 1/2 an den beiden im bezeichneten Grundbuch eingetragenen Grundstücken

a) Flurstück Nr. ......
b) Flurstück Nr. ......

Ich beantrage,

zu Lasten der Miteigentumsanteile an den beiden Grundstücken je eine Zwangs-Sicherungshypothek für den/die Antragsteller/-in einzutragen, wobei die Forderungsbeträge wie folgt verteilt werden:

a) Zu Lasten des Miteigentumsanteils an dem Grundstück Bestandsverzeichnis Nr. ...... [z. B. Nr. 1], Flurstück-Nr. ...... ist von der Hauptforderung ein Teilbetrag von ...... EUR [*HIER ist der Teilbetrag anzugeben*] nebst zugehörigen Zinsen einzutragen;

b) Zu Lasten des Miteigentumsanteils an dem Grundstück Bestandsverzeichnis Nr. ......, Flurstück-Nr. ...... sind von der Hauptforderung der verbleibende Teilbetrag von ...... EUR [*HIER ist der Teilbetrag anzugeben*] nebst zugehörigen Zinsen sowie die Kostenforderung nebst Zinsen einzutragen.]

[oder]
In der Zwangsvollstreckungssache
....../......
Az.: ......

überreiche ich anliegend folgende Schuldtitel: ......

Namens und in Vollmacht des/der Antragsteller/-in beantrage ich,
wegen der nachstehend berechneten Forderung aus den beigefügten Schuldtiteln

eine Sicherungshypothek
aus dem im Grundbuch von ......, Band ......, Blatt ...... in dem obigen Grundbuch verzeichneten Grundstück / Anteil an dem Grundstück einzutragen:

1. Hauptsumme	...... EUR
2. ...... % Zinsen seit dem ...... 20......	...... EUR
3. festgesetzte Kosten	...... EUR
4. Kosten des Mahnbescheids	...... EUR
5. Kosten des Vollstreckungsbescheids	...... EUR
6. ......% Zinsen seit dem ...... 20......	...... EUR
7. Kosten früherer Vollstreckungsmaßnahmen	...... EUR
Gesamtbetrag	...... EUR

[- Der Betrag der Forderung soll auf die einzelnen Grundstücke wie folgt verteilt werden: ......]

Titel und Vollstreckungsunterlagen erbitte ich [- erbitten wir] anschließend zurück. [- Die Vollstreckungsunterlagen nebst dem vollstreckbaren Titel bitte ich [- bitten wir] anschließend zurück.]

Die Kosten des Eintragungsantrages berechne ich [- berechnen wir] nachstehend wie folgt:

Gebühren (§§ 11, 57 BRAGO)	...... EUR
Auslagenpauschale (§ 26 BRAGO)	...... EUR
16 % MwSt.	...... EUR
Gesamtbetrag	...... EUR

....
Rechtsanwalt/-wältin

Anmerkung

Gemäß § 1 GBO ist für den Antrag das Grundbuchamt der Grundstücksbelegenheit zuständig.

Die Zwangshypothek ist eine nach §§ 866 ff. ZPO im Zwangsvollstreckungsverfahren aufgrund eines Vollstreckungstitels eingetragene Sicherungshypothek. Dabei muss die Hauptforderung den Betrag von EUR 750,– übersteigen, § 866 Abs. 3 S. 1 ZPO. Eine Gesamt-Zwangshypothek ist nicht zulässig, § 867 Abs. 2 ZPO, wohl aber umgekehrt die Zusammenfassung mehrer titulierter Forderungen desselben Gläubigers in eine einheitliche Sicherungshypothek, § 866 Abs. 3 S. 2 ZPO.

Wirtschaftlich wird der Antrag in der Regel keinen Erfolg haben, da bei Gewerbe- wie auch Wohngrundstücken jedenfalls in den ersten Jahren nach Bau oder Erwerb der Immobilie die werthaltigen Rangstellen für die Finanzierung ausgeschöpft sind.

Die Zwangssicherungshypothek bietet dem Gläubiger aber den Vorteil, in das Grundbuch eingetragen zu sein und somit bereits den Zugriff auf das Grundbuch des Schuldners zu haben. Der Gläubiger kann von diesem Zeitpunkt an in aller Ruhe abwarten, bis es dem Schuldner finanziell besser geht. Die nach der Zwangssicherungshypothek eingetragenen Rechte, die damit nachrangig sind, beeinträchtigen die Position des Gläubigers nicht mehr.

Sofern der Schuldner Eigentümer mehrere Grundstücke ist, kann der Gläubiger den Forderungsbetrag auf die einzelnen Grundstücke verteilen, § 867 Abs. 2 ZPO.

Ist der Gläubiger im Besitz mehrerer vollstreckbarer, zugestellter Titel (Urteile bzw. Kostenfestsetzungsbeschlüsse), so kann gemäß § 866 Abs. 3 S. 2 ZPO eine einheitliche Zwangs-Sicherungshypothek eingetragen werden.

Mit der Zwangshypothek hat der Gläubiger zwar eine häufig nicht sehr gute Sicherheit und auch noch kein Geld erlangt. Für den Schuldner ist die Situation aber immer dann unangenehm, wenn er beabsichtigt, den belasteten Grundbesitz in naher Zukunft zu veräußern. Denn dann ist ihm daran gelegen, die Zwangssicherungshypothek bald wieder zur Löschung zu bringen, denn der Käufer wird eine solche Zwangshypothek in der Regel nicht übernehmen wollen.

Kommt der Gläubiger durch die Zwangshypothek nicht zu seinem Geld, so kann er die Zwangsversteigerung und/oder die Zwangsverwaltung des belasteten Grundbesitzes betreiben. Dazu ist ihm nur dann zu raten, wenn er hoffen kann, im Fall der Zwangsversteigerung auf Grund des Ranges seiner Zwangshypothek durch das Meistgebot noch gedeckt zu werden. Bei Zwangsverwaltung für sich allein wird der Gläubiger nicht aus der Substanz, sondern höchstens aus den laufenden Erträgnissen des Grundstücks befriedigt.

Kosten einer früheren Zwangsvollstreckung, die ebenfalls durch öffentliche Urkunden nachgewiesen werden, können gem. § 788 ZPO miteingetragen werden, ohne dass es für sie eines besonderen vollstreckbaren Titels bedarf. Gemäß § 867 Abs. 1 S. 2 ZPO haftet das Grundstück ohne weiteres für die Kosten der Eintragung, wozu auch die Rechtsanwaltskosten für den Antrag zu rechnen sind.

Büromäßige Behandlung:
Gemäß § 866 Abs. 3 ZPO ist bei dem zugrundeliegenden Vollstreckungstitel darauf zu achten, dass dieser eine höhere Hauptforderung als 750,– EUR (ohne Zinsen) tituliert. Beträgt die Gesamtforderung weniger, so kann der Gläubiger gleichwohl Grundstücks-Zwangsversteigerung oder -Zwangsverwaltung betreiben.

Sollen mehrere Grundstücke des Schuldners mit der Zwangshypothek belastet werden, so ist gemäß § 867 Abs. 2 ZPO der Betrag der Forderung vom Gläubiger auf die einzelnen Grundstücke zu verteilen.

Sofern der Anwalt nicht bereits im Titel als Bevollmächtigter ausgewiesen ist, muss er eine schriftliche Vollmacht dem Antrag beifügen.

Die nicht titulierten bisherigen Vollstreckungskosten sind zu belegen.

Das Rechtsschutzbedürfnis für die Eintragung einer Zwangssicherungshypothek ist nicht gegeben, wenn an dem Grundstück für dieselbe Forderung bereits ein rechtsgeschäftlich bestelltes Grundpfandrecht besteht.

Rechtsmittel ist die einfache Beschwerde (§ 71 GBO) zum LG und die weitere Beschwerde zum OLG.

Kosten u. Gebühren:
Gerichtskosten:
Eine volle Gebühr zu § 32 KostO nach § 62 Abs. 1 KostO. Bei Verteilung auf mehrere Grundstücke liegen mehrere Zwangshypotheken vor, für die jeweils gesondert die Eintragungsge-

bühr erhoben wird, § 63 Abs. 1 KostO. Geschäftswert ist der bzw. sind die Forderungsbeträge, § 23 Abs. 2 KostO.

Rechtsanwaltsgebühren:
3/10 Gebühr gem. §§ 57, 58 Abs. 3 Nr. 6 BRAGO

Für diese Kosten haftet das Grundstück kraft Gesetzes, sie können nicht im Grundbuch eintragen werden.

#21 Antrag auf Eintragung der Vormerkung zur Sicherung einer Bauhandwerkersicherungshypothek beim Grundbuchamt

[*HIER Ort, Datum*]

An das
Amtsgericht
- Grundbuchamt -
[*HIER Anschrift*]

Antrag auf Eintragung der Vormerkung zur Sicherung einer Bauhandwerkersicherungshypothek

In Sachen
des/der ...... [*HIER Vorname, Name, Anschrift*]

- Antragstellers/-in, -

Verfahrensbevollmächtigte(r): Rechtsanwalt/-wältin ...... [*HIER Vorname, Name, Anschrift*]

gegen

den/die ...... [*HIER Vorname, Name, Anschrift; z. B. Firma, Name der Firma, Name, Anschrift des Geschäftsführers der GmbH*]

- Antragsgegner/-in, -

Verfahrensbevollmächtigte(r): Rechtsanwalt/-wältin ...... [*HIER Vorname, Name, Anschrift*]

wegen Eintragung einer Vormerkung

Namens und mit Vollmacht des/der Antragsteller/-in wird beantragt,

die in der einstweiligen Verfügung des ......gerichts ...... Az.: ...... vom ...... enthaltene Vormerkung zugunsten des/der Antragstellers/-in zur Sicherung einer Bauhandwerkersicherungshypothek im Grundbuch vom ......, Band ......, Blatt ......, Flurstück-Nr. ......, zu lasten des/der Antragsgegners/-in einzutragen.

Vor der Eintragung bitte ich, mir Nachricht zu geben.

Das Original der einstweiligen Verfügung des Landgericht [- Amtsgerichts] ...... vom ...... ist als Anlage beigefügt.

....
Rechtsanwalt/-wältin

Anmerkung

Zum Antrag auf Erlass einer einstweiligen Verfügung auf Eintragung einer Vormerkung zur Sicherung einer Bauhandwerkersicherungshypothek siehe bitte Formular 1.A.07.b.#04.

Ist es dem Antragsteller überlassen worden, die Eintragung der Vormerkung im Grundbuch beim Grundbuchamt selbst zu beantragen, so ist darauf zu achten, dass insoweit für die Durchführung des Antrages das Grundbuchamt des Vollstreckungsgerichtes zuständig ist. Dies bedeutet, dass das Grundbuchamt das Original, zumindest aber eine richterliche Ausfertigung der zugrundeliegenden einstweiligen Verfügung erhalten muss.

Büromäßige Behandlung:
Sollte das Gericht des Eintragungsantrages beim Grundbuchamt den Antrag nicht selbst stellen, so sollte der Anwalt darauf achten, dass er von der einstweiligen Verfügung vom Gericht zumindest zwei richterliche Ausfertigungen erhält, nämlich eine für das Grundbuchamt und die andere für die noch vorzunehmende Zustellung der einstweiligen Verfügung beim Antragsgegner durch den Gerichtsvollzieher.

Wegen kurzen Vollziehungsfristen des § 929 Abs. 2 sowie des § 929 Abs. 3 ZPO kann es ansonsten zu außerordentlich großen Schwierigkeiten kommen.

Kosten u. Gebühren:
Gerichtskosten:
Nach §§ 23, 66 KostO mindestens 1/4 der vollen Gebühr.

Rechtsanwaltgebühren:
3/10 Gebühr gem. § 59 i. V. m. §§ 57, 58 Abs. 3 Nr. 6 BRAGO.

02. Erbrechtsverfahren

#01 Antrag auf amtliche Verwahrung eines Testaments

[*HIER Ort, Datum*]

An das
Amtsgericht [- Notariat in Bad.-Württ.]
- Nachlassgericht -
[*HIER Anschrift*]

Antrag auf amtliche Verwahrung eines Testaments des/der ......, wohnhaft ......

Dem Amtsgericht übersende ich in der Anlage einen verschlossenen Briefumschlag, in dem sich das eigenhändige Testament des o. g. Mandanten befindet.

Namens und in Vollmacht meines/-r Mandanten/-in beantrage ich,
das Testament in amtliche Verwahrung zu nehmen.

Den Wert des Nachlasses gebe ich nach Angaben meines/-r Mandanten/-in mit ...... EUR an.

....
Rechtsanwalt/-wältin

Anmerkung

Örtlich zuständig für die Verwahrung von Privattestamenten ist jedes Amtsgericht.

Der Erblasser kann die Verwahrung jederzeit bei einem anderen Amtsgericht verlangen, § 2258 a Abs. 2 BGB.

Über die Verwahrung wird vom Gericht ein Hinterlegungsschein ausgestellt, § 2258 b Abs. 3 BGB. Befindet sich ein solcher im Nachlass, so können die Erben daraus das Vorhandensein eines Testaments ersehen.

Der Briefumschlag, in dem sich das Privattestament befindet, ist am zweckmäßigsten mit der Aufschrift zu versehen:
»*Inliegend das Testament des ......*«

Das Testament kann auch offen übersandt werden.

Gerichtskosten:
Der Wert des Nachlasses ist im Begleitschreiben wegen der Kosten anzugeben.

1/4 Gebühr gem. § 101 KostO. Wert gem. § 103 i. V. m. § 46 Abs. 4 KostO.

Rechtsanwaltsgebühren:
In Angelegenheiten der freiwilligen Gerichtsbarkeit ist nach § 118 BRAGO abzurechnen, soweit nicht § 63 BRAGO eine Anwendungsmöglichkeit bietet.

Gegenstandswert:
Für die Bestimmung des Gegenstandswertes ist § 1 KostO maßgeblich.

Rechtsschutzversicherung:
Nach den alten Allgemeinen Bedingungen für den Rechtsschutz, ARB 75, fallen gemäß § 4 Abs. 1 lit.p ARB 75 Angelegenheiten der Freiwilligen Gerichtsbarkeit unter den allgemeinen Risikoausschluss. Allerdings bieten die §§ 25 Abs. 2 lit.e, 26 Abs. 3 lit.g ARB 75 einen eingeschränkten, auf reine Beratungstätigkeit begrenzten Versicherungsschutz bei Änderung der Rechtslage für den Versicherungsnehmer (vgl. hierzu Harbauer ARB 75 Rn 148 vor § 21) auch im Erbrecht an. Deckungsschutz besteht aber nur hinsichtlich der Beratungstätigkeit, sofern Rat oder Auskunft nicht mit einer anderen gebührenpflichtigen Tätigkeit des Rechtsanwalts zusammenhängt.

Auch nach den neuen Allgemeinen Rechtsschutzbedingungen, ARB 2000 und ARB 94, besteht lediglich ein so genannter Beratungsrechtsschutz nach § 2 k ARB im Familien- und Erbrecht, sofern sich die Rechtslage für den Versicherungsnehmer verändert hat (siehe § 4 Abs. 1 b) ARB). Ansonsten ist ein Versicherungsschutz in diesem Bereich ausgeschlossen, § 3 Abs. 2 g ARB, so dass sich die Leistung nur auf den Beratungsbereich und auf seine Beratungsgebühr beschränkt. Beratungsrechtsschutz gibt es hier auch nur, sofern Rat und Auskunft nicht mit einer anderen gebührenpflichtigen Tätigkeit des Anwaltes zusammenhängen, § 2 k ARB.

Im Einzelfall kommt es jedoch auf den einzelnen Versicherer und die abgeschlossene Versicherung an, die möglicherweise Sonderbedingungen, die über die ARB 75 oder ARB 2000 bzw. 94 hinausgehen, enthält. Es ist somit ratsam, vor Beginn des Mandats die Einzelheiten mit dem jeweiligen Versicherer abzuklären, zumal die ARB 2000/94 in ihrem Risikoausschlusstatbestand, dem § 3 ARB, Angelegenheiten der Freiwilligen Gerichtsbarkeit nicht mehr ausschließen wie die ARB 75 noch in ihrem § 4 Abs. 1 lit.p ARB 75.

#02 Antrag auf Aufforderung zur Ablieferung eines Testaments

[*HIER Ort, Datum*]

An das
Amtsgericht [- Notariat in Bad.-Württ.]
- Nachlassgericht -
[*HIER Anschrift*]

Antrag von Frau/Herrn ...... auf Aufforderung von Herrn/Frau ......

zur Ablieferung eines Testaments des/der Erblassers/-in, Herrn/Frau ......

Am ...... ist Herr ...... in ...... gestorben, wie sich aus der beigefügten Sterbeurkunde ergibt.

Aus Gesprächen mit dem/der Erblasser/-in weiß mein(e) Mandant/-in, dass Herr/Frau ...... ein von ihm/ihr errichtetes Testament besitzt.

Da er/sie es bisher nicht herausgegeben hat, beantrage ich namens und in Vollmacht meines/-r Mandanten/-in - Vollmacht liegt bei -:

Herr/Frau ...... ist auf seine/ihre Pflicht zur unverzüglichen Ablieferung des Testaments an das Nachlassgericht gemäß § 2259 BGB hinzuweisen und unter Fristsetzung die Ablieferung zu veranlassen.

....
Rechtsanwalt/-wältin

Anmerkung

Jeder, der ein Testament in Besitz hat, ist verpflichtet, dieses unverzüglich nach Kenntnis des Sterbefalles an das Nachlassgericht abzuliefern, § 2259 BGB. Erlangt das Nachlassgericht Kenntnis davon, dass ein Dritter in Besitz des Testaments ist, so muss es von Amts wegen die Ablieferung veranlassen, § 2259 Abs. 2 BGB.

Gerichtskosten:
keine, § 1 KostO.

Rechtsanwaltsgebühren, Rechtsschutzversicherung:
Vgl. Anmerkungen am Ende von Formular 1.D.02.#01.

#03 Antrag auf Eröffnung eines hinterlegten Testaments

[*HIER Ort, Datum*]

An das
Amtsgericht [- Notariat in Bad.-Württ.]
- Nachlassgericht -
[*HIER Anschrift*]

Antrag auf Eröffnung eines hinterlegten Testaments des/der ......

Ich vertrete die Interessen des/der ......

Nach der beigefügten Sterbeurkunde ist der/die ...... am ...... gestorben. Seine/Ihre gesetzlichen Erben sind außer meinem/-r Mandanten/-in

1. ......
2. ......
3. ......

Namens und in Vollmacht meines/-r Mandanten/-in beantrage ich,
das nach dem beigefügten Hinterlegungsschein unter der Nr. ...... beim Nachlassgericht ...... verwahrte Testament des/der Erblassers/-in zu eröffnen.

....
Rechtsanwalt/-wältin

Anmerkung

Vgl. §§ 2260, 2261 BGB.

Gerichtskosten:
1/2 Gebühr gem. § 102 KostO.

Gegenstandswert:
reiner Nachlass inklusive Vermächtnisse, Pflichtteilsrechte u. Auflagen, § 103 i. V. m. § 46 Abs. 4 KostO.

Rechtsanwaltsgebühren, Rechtsschutzversicherung:
Vgl. Anmerkungen am Ende von Formular 1.D.02.#01.

#04 Antrag auf Eröffnung eines in eigener Verwahrung befindlichen Testaments

[*HIER Ort, Datum*]

An das
Amtsgericht [- Notariat in Bad.-Württ.]
- Nachlassgericht -
[*HIER Anschrift*]

Antrag auf Eröffnung eines in eigener Verwahrung befindlichen Testaments des/der ......

Ich vertrete die Interessen des/der ...... Eine auf mich lautende Vollmacht liegt diesem Schreiben bei.

Nach der beigefügten Sterbeurkunde ist der/die ...... am ...... gestorben. Seine/Ihre gesetzlichen Erben sind außer meinem/-r Mandanten/-in

1. ......
2. ......
3. ......

Namens und in Vollmacht meines/-r Mandanten/-in beantrage ich,
das anliegende - bisher nicht in amtlicher Verwahrung befindliche - Testament des/der Erblassers/-in zu eröffnen.

....
Rechtsanwalt/-wältin

Anmerkung

Vgl. §§ 2260, 2261 BGB.

Gerichtskosten:
1/2 Gebühr gem. § 102 KostO.

Gegenstandswert:
reiner Nachlass inklusive Vermächtnisse, Pflichtteilsrechte u. Auflagen, § 103 i. V. m. § 46 Abs. 4 KostO.

Rechtsanwaltsgebühren, Rechtsschutzversicherung:
Vgl. Anmerkungen am Ende von Formular 1.D.02.#01.

#05 Antrag auf Erteilung eines Erbscheines aufgrund einer Verfügung von Todes wegen § 2355 BGB

[*HIER Ort, Datum*]

An das
Amtsgericht [- Notariat in Bad.-Württ.]
- Nachlassgericht -
[*HIER Anschrift*]

Antrag auf Erteilung eines Erbscheins ...... bzgl. des Nachlasses des/der ......, verstorben am ......

Erbscheinsantrag

Hiermit zeige ich unter Vorlage einer schriftlichen Vollmacht an, dass ich die/den ...... anwaltlich vertrete.

Namens und im Auftrag meines/-r Mandant/-in stelle ich hiermit den Antrag,

einen Alleinerbschein nach dem/der verstorbenen ...... [*HIER Angabe des Vornamens u. Namens des/der Verstorbenen*] dahin zu erteilen, dass diese(r) von ...... [*HIER Angabe von Vornamen u. Namen der Mandantin*] aufgrund Testaments allein beerbt worden ist.

[oder]

das Gericht wolle einen Alleinerbschein dahin erteilen, dass mein(e) Mandant/-in alleinige(r) Erbe/-in des/der ...... [*HIER Angabe des Vornamens u. Namens des/der Verstorbenen*] geworden ist.

Für den Fall, dass unten angeführter Begründung vom Nachlassgericht nicht beigetreten werden sollte, beantrage ich hilfsweise,

den Erbschein dahin auszustellen, dass mein(e) Mandant/-in und sein/ihr Bruder [- seine/ihre Schwester] Erben des Verstorbenen zu je ...... [*HIER Angabe der Erbquote*] sind.

Begründung:

...... [*HIER Beispielsbegründung des Antrags auf Erteilung eines Erbscheines aufgrund einer Verfügung von Todes wegen*]

Am ...... verstarb der Ehemann meiner Mandantin, der ...... [Name, eventuell davor Berufsbezeichnung oder ähnliches], in ...... [*HIER Ort, Straße*], seinem letzten Wohnsitz. Er war deutscher Staatsangehöriger. Auf die anliegende Sterbeurkunde wird Bezug genommen.

In seinem am ...... eröffneten eigenhändigen Testament vom ...... hat er meine Mandantin als Alleinerbin eingesetzt.

Auf die Akten des Nachlassgerichts, Az. ......, wird Bezug genommen. Weitere Verfügungen von Todes wegen sind nicht vorhanden.

Der Erblasser ist in einziger Ehe mit der jetzigen Witwe, Frau ......, verheiratet gewesen. Beide Eheleute hatten im Zeitpunkt der Eheschließung und auch während der gesamten Ehedauer die deutsche Staatsangehörigkeit und ihren Wohnsitz in Deutschland. Einen Ehevertrag haben die Eheleute nicht errichtet, so dass in der Ehe ununterbrochen der gesetzliche Güterstand der Zugewinngemeinschaft bestand.

Aus der Ehe sind ein Sohn ......, und eine Tochter ...... hervorgegangen.

Beweis: beiliegende beglaubigte Abschrift des Familienstammbuches.

Weitere Personen, durch die die Vorgenannte von der gesetzlichen Erbfolge - falls diese eintreten würde - ausgeschlossen oder ihr Erbteil gemindert werden würde, sind nicht vorhanden. Insbesondere hat der Erblasser keine weiteren - eheliche, nichteheliche, adoptierte oder für ehelich erklärte - Kinder hinterlassen.

Aufgrund des Testaments ist meine Mandantin Alleinerbin geworden und kann daher einen diesbezüglichen Erbschein beanspruchen. Irgendwelche Beschränkungen der Alleinerbenstellung meiner Mandantin, wie Testamentsvollstreckung oder Nacherbschaft, sind nicht angeordnet.

Die Antragstellerin hat die Erbschaft als Alleinerbin angenommen. Ein Rechtsstreit über das Erbrecht ist nicht anhängig. Im Ausland befindet sich kein Vermögen.

Der reine Wert des Nachlasses nach Abzug der Nachlassverbindlichkeiten beträgt EUR ......

Diesem Antrag ist beigefügt:

(1. Testament [nicht nötig, falls Testament bereits eröffnet])
2. Sterbeurkunde
3. Geburtsurkunde(n)
(4. Heiratsurkunde)

Es wird gebeten, von dem Erbschein eine Ausfertigung und zwei beglaubigte Abschriften der Antragstellerin zu Händen des unterzeichneten Rechtsanwalts zu erteilen.

Maßnahmen zur Sicherung des Nachlasses wurden nicht ergriffen; solche sind und waren nicht geboten.

....
Rechtsanwalt/-wältin

Erklärung der/des Antragsteller/-in:

Die/Der Unterzeichner/-in erklärt, den obigen Schriftsatz gelesen zu haben. Er/Sie versichert, nach besten Wissen und Gewissen, dass ihm/ihr nichts bekannt ist, was der Richtigkeit der oben gemachten Angaben entgegensteht. Sie/Er erklärt sich bereit, die Angaben im obigen Schriftsatz an Eides statt zu versichern, bittet jedoch darum, ihr/ihm die Angabe der eidesstattlichen Versicherung gemäß § 2356 Abs. 2 S. 2 BGB zu erlassen.

......	......	......
(Ort)	(Datum)	(Unterschrift)

Anmerkung

Verfahren:

Der Erbschein wird vom Nachlassgericht im Verfahren der freiwilligen Gerichtsbarkeit erteilt, §§ 2354–2360 BGB, §§ 72 ff. FGG.

Zuständigkeit:
Sachlich zuständig: Grundsätzlich das Amtsgericht, Abt. Nachlassgericht, § 2353 BGB, § 72 FGG; in Baden-Württemberg dagegen das Notariat, Art. 147 EGBGB, §§ 1, 36, 38 LFGG Bad.-Württ.

Örtlich zuständig: das Amtsgericht, in dessen Bezirk der Verstorbene seinen letzten Wohnsitz (nicht: Aufenthalt!) hatte, § 73 Abs. 1 FGG, § 7 BGB, § 3 FGG.

Funktionelle Zuständigkeit: Richtet sich die Erbfolge nach Gesetz und liegt kein Testament vor, ist der Rechtspfleger zuständig, § 3 Nr. 2 c RPflG.

Bei Verfügungen von Todes wegen (Testament, Erbvertrag) entscheidet der Richter, §§ 3 Nr. 2 c, 16 Abs. 1 Nr. 6 RPflG.

Büromäßige Behandlung:
Zur Erklärung des/der Antragstellers(in) am Ende des Erbscheinsantrages:

Nur die rein verfahrensrechtlichen Erklärungen können vom Rechtsanwalt als Bevollmächtigten abgegeben werden, § 13 FGG. Die reinen Wissenserklärungen im Erbscheinsantrag müssen vom Antragsteller persönlich erklärt werden.

Achtung:
Für den Rechtsanwalt empfiehlt es sich, aus Kostengründen für seine Mandantschaft vorher beim Nachlassgericht abzuklären, ob auf eine eidesstattliche Versicherung verzichtet wird. Wird hierauf nicht verzichtet, so kann der Erbscheinsantrag samt eidesstattlicher Versicherung des Mandanten zur Niederschrift erklärt werden, ohne dass dadurch zusätzliche Kosten entstehen. Da der protokollierende Nachlassrichter alles in den Antrag aufnehmen wird, was er für ein erfolgreiches Erbscheinsverfahren für erforderlich hält, wird das Verfahren für die Erlangung des Erbnachweises auf diese Weise beschleunigt abgewickelt und damit, der meist bei Erlangung des Erbnachweises gebotenen Eile, Rechnung getragen.

In der Regel ist es notwendig, die Verfügung von Todes wegen in Urschrift vorzulegen. Eine Bezugnahme reicht aber aus, wenn sich die Urschrift infolge der Eröffnung des Testaments schon beim Nachlassgericht befindet (Palandt/Edenhofer § 2356 BGB Rn 9).

Den Nachlasswert zur Errechnung der Gerichtsgebühren ermittelt das Nachlassgericht von Amts wegen. Der Antragsteller erhält ein Formular, in dem er detailliert nach dem Wert von Nachlassmasse und Verbindlichkeiten gefragt wird.

Der Antrag kann (bis zur Erteilung des Erbscheins) jederzeit zurückgenommen oder geändert werden.

Hilfsanträge sind zulässig: hier muss jeder Antrag für sich vollständig sein; die Prüfungsreihenfolge muss angegeben werden.

Achtung:
Das Erbscheinsverfahren ist in der Regel auszusetzen, falls ein vorgreiflicher Rechtsstreit über das Erbrecht anhängig ist. Der Zivilprozess hingegen wird mangels Vorgreiflichkeit nicht bis zur Erledigung des Erbscheinsverfahrens gemäß § 148 ZPO ausgesetzt. Bei der Abwägung, ob neben dem Erbscheinsverfahren auch eine Feststellungsklage betrieben werden soll, ist zu bedenken: Das Nachlassgericht ermittelt den Sachverhalt von Amts wegen und ist verpflichtet, die erforderliche Tatsachenaufklärung zu betreiben und die erforderlichen Beweise zu erheben, § 2353 BGB, § 12 FGG. Im Gegensatz zum Zivilprozess richtet sich die Erstattung der außergerichtlichen Kosten eines Beteiligten nicht nach dem Verhältnis des Obsiegens und Ver-

lierens. Grundsätzlich hat jede Partei die bei ihr angefallenen Kosten zu tragen. Das FGG -Verfahren unterliegt allerdings nicht den strengen Fristenregeln und damit dem Fristendruck des Zivilprozesses, so dass manchmal mit dem Zeitfaktor im Erbscheinsverfahren taktiert wird. Derjenige, der darauf angewiesen ist, dass die Nachlasssituation schnell geklärt wird, dem ist der Zivilprozess zu empfehlen. Wer hingegen den Nachlass in Besitz hält und nicht darauf angewiesen ist, über Nachlassgegenstände zu verfügen, der kann Nutzen aus dem in der Regel länger dauernden Erbscheinsverfahren ziehen.

Der Erbschein wird nur auf Antrag erteilt. Antragsberechtigt sind der Erbe, der Miterbe, der Vorerbe, der Testamentsvollstrecker, der Nachlassverwalter, der Nachlasskonkursverwalter sowie die Gläubiger des Erben bei der Zwangsvollstreckung (§§ 792, 896 ZPO).

Der Nacherbe ist erst nach Eintritt des Nacherbfalles antragsberechtigt.

Ein Nacherbe ist nicht antragsberechtigt für die Antragstellung auf Ausstellung eines Erbscheines auf den Vorerben. Dagegen ist der Nacherbe antragsberechtigt, soweit er sich dagegen wehrt, dass dem Vorerben ein Erbschein ohne Kundbarmachung des Nacherbenrechts erteilt wird.

In einem Erbschein, welcher dem Nacherben erteilt wird, ist der Tag anzugeben, an dem der Nacherbfall eingetreten ist (BayObLG FamRZ 1990, 320).

Jeder Erbe ist antragsberechtigt, selbst wenn mehrere gemeinschaftlich erben, und der Miterbe kann den Antrag auch für die übrigen Miterben stellen.

Auch der Rechtsnachfolger des Erben, der Erbteilserwerber und der Erbschaftskäufer können den Antrag stellen. Dabei ist zu beachten, dass diese ihn nur auf den Namen des Erben beantragen können. Nachlassgläubiger und Gläubiger des Erben müssen dazu zusätzlich noch den Vollstreckungstitel bei Antragstellung vorlegen (BayObLGZ 73, 224).

Nicht antragsberechtigt sind nur mittelbar Betroffene, wie Pflichtteilsberechtigte, Vermächtnisnehmer, Erbersatzberechtigte (§ 1934 a BGB), Nachlasspfleger (§ 1960 BGB).

Folgende Angaben müssen gem. §§ 2354, 2355 BGB im Erbscheinsantrag gemacht werden:

1. der Erbquote (»Alleinerbe«, Erbe zu 1/3 usw.):
Der Antrag muss das beanspruchte Erbrecht genau bezeichnen (Angabe der Erbquoten). Im Antrag muss angegeben werden, in welchem Umfang ein Erbrecht in Anspruch genommen wird. Dabei ist bei einem gesetzlichen Erben auch wesentlich, ob der überlebende Ehegatte des Erblassers mit diesem im gesetzlichen Güterstand der Zugewinngemeinschaft gelebt hat, § 2356 Abs. 2 BGB. Ein Antrag, den A, B, C als gesetzliche Erben ihres Vaters einen Erbschein zu erteilen, würde nicht der Vorschrift des § 2357 Abs. 2 BGB entsprechen, nach der der Bruchteil anzugeben ist (OLGZ 40, 155). Dies gilt bei einer Erbfolge auf Grund einer Verfügung von Todes wegen auch dann, wenn sich der Bruchteil nur durch Feststellung des Wertes der den einzelnen Erben zugewendeten Gegenstände bestimmen lässt.
Unzulässig sind Anträge auf Erbschein »aufgrund Gesetzes oder des Testaments vom ...... »(BayOblG 1973, 28 weil das Wort ›oder‹ keine Prüfungsreihenfolge kennzeichnet), sowie ...... »nach Ermessen des Nachlassgerichts«...... (BayObLG 1967, 1), da diese Anträge nach Auffassung der Rechtsprechung zu unbestimmt sind.
Wegen der strengen Bindung des Nachlassgerichtes an den gestellten Antrag empfiehlt es sich, bei zweifelhafter Erbfolge einen oder mehrere Hilfsanträge zu stellen.

2. Angabe der gewünschten Erbscheinsart:

- Alleinerbschein, § 2353 1. Alt. BGB,
- gemeinschaftlicher Erbschein, § 2357 BGB:
  »...... *dass E von A zu 1/3 und B zu 2/3 beerbt worden ist.*«
- Teilerbschein, § 2353 2. Alt. BGB:
  »...... *dass E von A zu 1/3 beerbt worden ist.*«

3. Personalien des Erblassers inklusive der Staatsangehörigkeit und dem letzten Wohnsitz,

4. Sterbeort und Zeit des Todes des Erblassers, § 2354 Abs. 1 Nr. 1 BGB.
Der Nachweis erfolgt durch öffentliche Urkunde, § 2356 BGB. In der Regel wird auf die beigefügte Sterbeurkunde verwiesen.

5. Berufungsgrund, auf den sich der Antragsteller stützt: (Testament von ......; Erbvertrag von ......; Gesetz).
Es ist anzugeben, welche Verfügungen von Todes wegen der Erblasser sonst noch hinterlassen hat.
Beim gesetzlichen Erben ist das Verhältnis, auf dem sein Erbrecht beruht, anzugeben.

6. Angabe der Person, die das Erbrecht des Antragstellers ausschließen oder mindern können, § 2354 Abs. 1 Nr. 2 BGB.

7. Angabe, ob die Erbfolge auf gesetzlicher Erbfolge oder letztwilliger Verfügung beruht,
   a. Beim gesetzlichen Erben: Angaben gem. § 2354 BGB,
   b. Beim Erben aufgrund letztwilliger Verfügung: Angaben gem. § 2355 BGB

Bei gesetzlicher Erbfolge müssen die verwandtschaftlichen Verhältnisse dargelegt werden, bei Ehegatten ist der Güterstand anzugeben.

Bei Berufung auf eine letztwillige Verfügung sind alle Personen anzugeben, die nicht gesetzliche oder testamentarische Erben werden können, weil sie zur Zeit des Erbfalles nicht mehr leben oder wegen Ausschlagung, Erbverzicht oder Erbunwürdigkeit als vor dem Erbfall verstorben gelten, § 2354 Abs. 1 Nr. 3, Abs. 2 BGB.

8. bei Antragstellung durch Miterben ist die Erklärung abzugeben, dass die anderen Erben die Erbschaft angenommen haben,

Falls nicht alle Miterben den Antrag stellen, empfiehlt es sich, zur Beschleunigung des Verfahrens die anderen Miterben eine Zustimmungserklärung zu dem gestellten Antrag auf den Erbschein abgeben zu lassen. Diese sollte möglichst gleichzeitig mit dem Erbscheinsantrag dem Nachlassgericht übersandt werden. Da das Nachlassgericht den anderen Miterben gemäß § 2360 BGB rechtliches Gehör gewähren muss, wird dieser Vorgang auf diese Weise abgekürzt.

9. Angabe, ob ein Rechtsstreit über das geltend gemachte Erbrecht anhängig ist,

10. Bezeichnung der vorzulegenden Urkunden,

11. Eidesstattliche Versicherung nach § 2356 Abs. 2 BGB.

Den Nachweis der Richtigkeit der vom Antragsteller gemachten Angaben regelt § 2356 BGB. Hinsichtlich der in Betracht kommenden Urkunden kann dabei zumindest auf den Inhalt von Akten desselben Gerichts Bezug genommen werden. Nach h. M. kann auch die Bezugnahme auf andere Akten zugelassen werden. Im Übrigen gilt der Amtsermittlungsgrundsatz, § 2358 Abs. 1 BGB.

Der Antragsteller ist für die in § 2354 Abs. 1 Nr. 1, 2 u. Abs. 2 BGB aufgeführten Tatsachen beweispflichtig, § 2356 BGB. Seine Angaben muss er durch Vorlage öffentlicher Urkunden nachweisen, wobei es sich zumeist um Personenstandsurkunden handelt.

Zum Nachweis der Todeszeit und der nach § 2354 Abs. 2 BGB erforderlichen Angaben ist die Vorlage von Sterbeurkunden gem. §§ 61 a Nr. 3, 66 PStG nötig. Außer durch die Sterbeurkunde kann der Todeszeitpunkt auch durch einen Todeserklärung- oder Todesfeststellungsbeschluss belegt werden.

Der Nachweis der Eheschließung erfolgt durch Heiratsurkunde. In der Regel kann der Nachweis, dass keine oder keine weiteren Kinder vorhanden sind durch eidesstattliche Versicherung nachgewiesen werden.

Der Nachweis der gesetzlichen Erbfolge ist durch Personenstandsurkunden nach § 61 a PStG in Form von Heiratsurkunden, Abstammungsurkunden zu führen. Die Erbfolge aufgrund einer letztwilligen Verfügung, wird durch deren Vorlegung bei Antragstellung nachgewiesen, sofern sich die letztwillige Verfügung nicht in amtlicher Verwahrung befindet.

Soweit keine Urschriften vorgelegt werden können, insbesondere bei notariellen Urkunden, sind Ausfertigungen vorzulegen, die die Urschrift ersetzen, vgl. § 47 BeurkG.

Sind Urkunden nicht oder nur mit unverhältnismäßigen Schwierigkeiten – worunter auch unverhältnismäßig hohe Kosten fallen – zu beschaffen, so sind auch andere Beweismittel zulässig, § 2356 Abs. 1 S. 2 BGB.

Generell für das FGG-Verfahren, zu dem auch das Erbscheinsverfahren zählt, siehe § 12 FGG. Das Nachlassgericht hat gem. § 2358 BGB i. V. m. § 12 FGG den Sachverhalt von Amts wegen zu ermitteln und den Antragsteller zur Ergänzung unvollständiger Tatsachen anzuhalten.

Zum Inhalt des Erbscheinsantrages siehe § 2354 BGB bzgl. gesetzlicher Erbfolge u. § 2355 BGB bzgl. Erbfolge aufgrund einer Verfügung von Todes wegen.

Das Nachlassgericht ist an den gestellten Antrag gebunden und darf keinen vom Antrag abweichenden Erbschein erteilen, selbst wenn dies der Rechtslage entspricht. Das Nachlassgericht hat somit nur die Möglichkeit, den beantragten Erbschein zu erteilen oder den Antrag abzulehnen. Der Antrag bindet das Gericht, welches nur stattgeben oder ablehnen kann (vgl. Palandt/Edenhofer § 2353 Rn 14).

Die Verbindung von Haupt- und Hilfsanträgen mit sachlich verschiedenen Inhalt ist unter der doppelten Voraussetzung zulässig, dass jeder der Anträge für sich das mit ihm geltend gemachte Erbrecht bestimmt bezeichnet und dass der Antragsteller die Reihenfolge, in der die Anträge geprüft und beschieden werden sollen, dem Nachlassgericht bestimmt vorschreibt (BayObLG FamRZ 1983, 835). Somit kann für den Antragsteller ein Antrag dergestalt gestellt werden, dass der Mandant aufgrund Testaments seiner Mutter deren alleiniger Erbe sei, dass aber, falls das Nachlassgericht das Testament für ungültig erachten sollte, der Mandant und seine Schwester Erben je zur Hälfte seien.

Ein Antrag, der sowohl den Erfordernissen des § 2354 BGB als auch der des § 2355 BGB entspricht, muss keine Angaben darüber enthalten, ob die Erteilung des Erbscheins aufgrund gesetzlicher Erbfolge oder aufgrund einer damit übereinstimmenden Erbeinsetzung verlangt wird (OLG Frankfurt MDR 1978, 228).

Zum Nachweis, dass der Erblasser zur Zeit seines Todes im Güterstand der Zugewinngemeinschaft gelebt hat und bezüglich der nach den §§ 2354, 2355 BGB erforderlichen Angaben hat der Antragsteller vor Gericht oder einem Notar an Eides Statt zu versichern, dass ihm nichts bekannt sei, was der Richtigkeit seiner Angaben entgegensteht. Das Nachlassgericht kann die Versicherung erlassen, wenn es sie nicht für erforderlich erachtet, § 2356 Abs. 2 BGB.

Die eidesstattliche Versicherung ist entweder vor dem Notar oder zu nachlassgerichtlichem Protokoll abzugeben. Insofern würde der Schriftsatz des Rechtsanwaltes allein nicht ausreichen. Aber nach § 2356 Abs. 2 BGB kann das Nachlassgericht die eidesstattliche Versicherung erlassen. In der Praxis geschieht dies auf Bitten des Antragstellers sehr häufig. Dann reichen der Anwaltsschriftsatz samt Anwaltsvollmacht für den Erbscheinsantrag aus. In diesem Zusammenhang ist zu beachten, dass nur verfahrensrechtliche Erklärungen vom Anwalt als Bevollmächtigten abgegeben werden können, § 13 FGG. Die reinen Wissenserklärungen müssen vom Antragsteller selbst erklärt werden.

Achtung:
Der Antragsteller hat nicht zu versichern, dass z. B. kein Testament vorhanden ist. Denn dies kann er gar nicht wissen. Es ist somit nur zu versichern, dass dem Antragsteller vom Vorhandensein eines Testaments nichts bekannt ist.

Offenkundige Tatsachen, wie z. B. dem Nachlassgericht vorliegende Ausschlagungs- und Anfechtungserklärungen brauchen weder bewiesen, noch glaubhaft gemacht zu werden. Hier genügt ein Hinweis auf die Akten.

Der Antragsteller hat folgende Beschwerdemöglichkeiten im Erbscheinsverfahren:

Entscheidungen des Amtsgerichts sind mit einfacher Beschwerde (bzw. vorgeschalteter Erinnerung, soweit es sich um Rechtspflegerentscheidungen bei gesetzlicher Erbfolge handelt) anfechtbar. Darüber entscheidet das Landgericht (Zivilkammer), § 19 Abs. 2, 30 FGG.

Eine Frist besteht nicht. Die Beschwerde wird beim Amtsgericht oder beim übergeordneten Landgericht eingelegt, § 21 FGG. Ein bestimmter Antrag und eine Begründung ist nicht vorgeschrieben, aber dringend zu empfehlen.

1. Der Beschluss über die Zurückweisung des Erbscheinsantrages kann von jedem, der ein Erbrecht für sich in Anspruch nimmt, (somit auf jeden Fall vom Antragsteller), mit der einfachen Beschwerde angefochten werden, § 20 Abs. 1 FGG. Nach dem Wortlaut des § 20 Abs. 2 FGG ist eigentlich nur derjenige beschwerdebefugt, der auch zusätzlich Antragsteller im erstinstanzlichen Verfahren war. Die Rechtsprechung gewährt aber aus prozessökonomischen Gründen auch den übrigen Miterben ein Beschwerderecht, die erstinstanzlich nicht Antragsteller waren (KG MDR 1990, 1023; BayObLG FamRZ 1990, 650).

2. Gegen die Beschwerdeentscheidung des Landgerichts ist die weitere Beschwerde zum Oberlandesgericht statthaft, § 27 ff. FGG. Sie kann beim Nachlassgericht, beim Landgericht oder beim Oberlandesgericht eingelegt werden, § 29 Abs. 1 FGG. Nach § 29 Abs. 1 S. 2 FGG besteht für die weitere Beschwerde Anwaltszwang. Auch die weitere Beschwerde ist unbefristet, § 29 Abs. 2 FGG. Weder das Nachlassgericht noch das Landgericht können der weiteren Beschwerde abhelfen, § 29 Abs. 3 FGG.

Da im Erbscheinsverfahren ein bestimmter Antrag gestellt werden muss und über diesen bestimmten Antrag eine erstinstanzliche Entscheidung vorliegt, kann der einmal gestellte Antrag in der Beschwerdeinstanz nicht geändert werden. Auch erstmalige Hilfsanträge sind in der Beschwerdeinstanz nicht zulässig (OLG Köln OLGZ 1994, 334).

Der erteilte Erbschein selbst kann nicht mit der Beschwerde angefochten werden. Nach Erbscheinserteilung ist nur noch das Einziehungsverfahren nach § 2361 BGB möglich (siehe hierzu Formular 1.D.02.#16). Es kann aber ein entsprechender Beschwerdeantrag in einen Einziehungsantrag umgedeutet werden.

Zu beachten ist, dass in der Beschwerdeinstanz nur der beim Nachlassgericht gestellte Antrag weiterverfolgt werden kann, denn nur darüber liegt eine Entscheidung des Amtsgerichts bereits vor, § 19 Abs. 1 FGG. Hier wirkt sich aus, dass im Erbscheinsverfahren ein bestimmter Antrag gestellt werden muss und jeder Antrag einen selbstständigen Verfahrensgegenstand darstellt. Antragsänderungen in der Beschwerdeinstanz sind nicht zulässig, und dort können auch nicht erstmals Erbscheins-Hilfsanträge gestellt werden (OLG Köln 1994, 334).

Ist der Erbschein bereits erteilt, so kann dieser, da mit Rücksicht auf § 2366 BGB eine rückwirkende Beseitigung oder Änderung nicht möglich ist, nur durch Einziehung oder Kraftloserklärung gem. § 2361 BGB oder durch Klage des wirklichen Erben nach § 2362 BGB wieder beseitigt werden, Rechtspflegererinnerung und Beschwerde sind in diesem Fall nicht möglich.

Gerichtskosten:
Zur Vorschusszahlung im FGG-Verfahren, siehe § 8 KostO. Ein Kostenvorschuss muss nicht schon mit der Einreichung des Antrages einbezahlt werden. Nach Maßgabe des § 8 KostO erhebt das Gericht einen zur Deckung der Kosten hinreichenden Vorschuss. Zum Gegenstandswert im Erbscheinsverfahren, siehe § 107 KostO.

Der Erbschein kostet in der Regel im Ergebnis zwei Gebühren nach der KostO, §§ 107, 49 KostO:

10/10 Gebühr für die Erteilung des Erbscheins, § 107 Abs. 1 KostO nach dem Wert des Nachlasses unter Abzug der Nachlassverbindlichkeiten, § 107 Abs. 2 KostO. Für die Beurkundung der eidesstattlichen Versicherung wird daneben noch eine weitere volle Gebühr erhoben, § 49 Abs. 3 KostO.

Der Gegenstandswert richtet sich nach dem Reinnachlass (§ 107 Abs. 2 KostO), also dem Wert des Nachlasses unter Abzug der Nachlassverbindlichkeiten, wozu auch Vermächtnisse und Pflichtteile gehören.

Den Nachlasswert ermittelt das Nachlassgericht von Amts wegen, wobei die Einholung eines Sachverständigengutachtens durch das Gericht nicht zulässig ist, § 19 Abs. 2 KostO. Der Antragsteller erhält ein Formular, in dem detailliert nach dem Wert der Nachlassmasse und Verbindlichkeiten gefragt wird. Problematisch ist die Bewertung von Grundbesitz. Hier ist die Bewertungspraxis der einzelnen Gerichte unterschiedlich. Gegen den Gebührenansatz kann Erinnerung eingelegt werden, § 14 KostO, sofern die angesetzten Verkehrswerte zu hoch erscheinen.

Bei Erteilung des Erbscheins für eine Miterben bestimmt sich der Wert nach dessen Erbteil.

Bei einem gemeinschaftlichen Erbschein, vgl. § 5 Abs. 1 KostO.

Bezüglich Gebührenfreiheit – oder Ermäßigung siehe § 107 Abs. 3, 4; 107 a KostO.

Gebührenprivilegien:

- Erbschein wird nur für sozialrechtliche Zwecke benötigt, § 64 Abs. 2 SGB X,
- zum Nachlass gehört ein land- und forstwirtschaftlicher Betrieb mit Hofstelle, §§ 107 Abs. 2, 19 Abs. 4 KostO,
- wird glaubhaft gemacht, dass der Antrag nur zur Verfügung über Grundstücke oder im Grundbuch eingetragener Rechte oder zum Zwecke der Grundbuchberichtigung benötigt wird (vgl. § 107 Abs. 3 KostO), so wird für die Gebührenberechnung nur der Wert des Grundstücksrechts zugrundegelegt. Der für Grundbuchzwecke erteilte Erbschein wird vom Nachlassgericht direkt an das Grundbuchamt übersandt. Der Erbe erhält weder eine Ausfertigung noch Abschrift.

Wird der Grundbuchberichtigungsantrag innerhalb von zwei Jahren seit dem Erbfall gestellt, so ist die Grundbuchberichtigung gem. § 60 Abs. 4 KostO gebührenfrei.

Für die Zurückweisung eines Erbscheinsantrages wird eine 1/2 Gebühr erhoben, jedoch höchstens 35,– EUR, § 130 KostO. Unter Umständen kann auf die Gebührenerhebung verzichtet werden, § 130 Abs. 5 KostO.

Rechtsanwaltsgebühren:
Der Gebührenanspruch im Verfahren der Freiwilligen Gerichtsbarkeit richtet sich nach § 118 BRAGO.

Gegenstandswert:
Für die Bestimmung des Gegenstandswertes ist § 1 KostO maßgeblich.

Trifft die Tätigkeit im FGG-Verfahren mit einer Vertretung im Zivilprozess zusammen, so ist die Prozessgebühr durch die Gebühren im FGG-Verfahren nicht mit abgegolten (vgl. Gerold/ Schmidt/van Eicken/Madert, BRAGO § 31 Rn 36).

Rechtsschutzversicherung:
Siehe Ende der Anmerkungen Formular 1.D.02.#01.

#06 Antrag eines Miterben auf Erteilung eines gemeinschaftlichen Erbscheines § 2357 BGB

[*HIER Ort, Datum*]

An das
Amtsgericht [- Notariat in Bad.-Württ.]
- Nachlassgericht -
[*HIER Anschrift*]

Antrag auf Erteilung eines Erbscheins ...... bzgl. des Nachlasses des/der ......, verstorben am ......

Erbscheinsantrag

Hiermit zeige ich unter Vorlage einer schriftlichen Vollmacht an, dass ich die/den ...... anwaltlich vertrete.

Namens und im Auftrag meines/-r Mandant/-in stelle ich hiermit den Antrag,

einen gemeinschaftlichen Erbschein dahin zu erteilen, dass mein(e) Mandant/-in sowie die ...... Erben zu ...... [*z. B. je 1/2*] nach dem/der verstorbenen ...... [*HIER Angabe des Vornamens u. Namens des/der Verstorbenen*] geworden sind.

[oder]

das Gericht wolle einen gemeinschaftlichen Erbschein dahin erteilen, dass der/die Antragsteller/-in zur ...... [*z. B. Hälfte*] und der/die ...... sowie der/die ...... Erben nach dem verstorbenen ...... [*HIER Angabe des Vornamens u. Namens des/der Verstorbenen*] zu je ...... [*z. B. einem Viertel*] geworden sind.

[Antrag bei mehreren Mandanten, deren Vollmacht beizufügen ist]
das Gericht wolle einen gemeinschaftlichen Erbschein dahin erteilen, dass meine Mandanten Erben zu ...... [*z. B. je 1/2*] nach dem verstorbenen ...... [*HIER Angabe des Vornamens u. Namens des/der Verstorbenen*] geworden sind.

Begründung:

Am ...... ist der ......in ......, seinem letzten Wohnsitz, verstorben. Er war deutscher Staatsangehöriger. Auf die Sterbeurkunde, die dem Nachlassgericht bereits vorliegt, wird Bezug genommen.

In seinem am ...... eröffneten Testament vom ...... hat er die ...... sowie meinen Mandanten zu gleichen Teilen als Erben eingesetzt.

Die ...... hat durch Erklärung gegenüber dem Nachlassgericht die Erbschaft angenommen.

Auf die Akten des Nachlassgerichtes, Az. ......, wird Bezug genommen.

Vom Vorhandensein sonstiger vom Erblasser errichteten Verfügungen von Todes wegen ist dem Antragsteller nichts bekannt.

Weitere Personen, durch die die Vorgenannten von der gesetzlichen Erbfolge - falls diese eintreten würde - ausgeschlossen oder ihr Erbteil gemindert werden würde, sind nicht vorhanden. Insbesondere hat der Erblasser keine weiteren Kinder - eheliche, nichteheliche, adoptierte oder für ehelich erklärte - hinterlassen.

Aufgrund des Testaments ist mein Mandant Miterbe [- sind meine Mandanten Miterben] geworden und kann [können] daher einen diesbezüglichen Erbschein beanspruchen. Irgendwelche Beschränkungen der Miterbenstellung meines Mandanten [- meiner Mandanten], wie Testamentsvollstreckung oder Nacherbschaft, sind nicht angeordnet.

Der Antragsteller hat die Erbschaft als Miterbe angenommen. Im Ausland befindet sich kein Vermögen. Ein Rechtsstreit über das Erbrecht meines(r) Mandanten ist nicht anhängig.

Der reine Wert des Nachlasses nach Abzug der Nachlassverbindlichkeiten beträgt ......EUR.

Es wird gebeten, von dem Erbschein eine Ausfertigung und zwei beglaubigte Abschriften der Antragstellerin zu Händen des unterzeichneten Rechtsanwalts zu erteilen.

Maßnahmen zur Sicherung des Nachlasses wurden nicht ergriffen; solche sind und waren nicht geboten.

....
Rechtsanwalt/-wältin

Erklärung des/der Antragstellers/-in:

Der/Die Unterzeichner/-in erklärt, den obigen Schriftsatz gelesen zu haben. Er/Sie versichert nach besten Wissen und Gewissen, dass ihm/ihr nichts bekannt ist, was der Richtigkeit der oben gemachten Angaben entgegensteht. Die unterzeichnenden Miterben erklären sich bereit, die Angaben im obigen Schriftsatz an Eides statt zu versichern, bitten jedoch darum, ihnen die Abgabe der eidesstattlichen Versicherung gemäß §§ 2356 Abs. 2 S. 2, 2357 Abs. 4 BGB zu erlassen.

......,	......	......
(Ort)	(Datum)	(Unterschrift)

Anmerkung

Befindet sich das Testament beim Nachlassgericht, so reicht die Bezugnahme aus (Palandt § 2356 BGB Rn 9), ansonsten ist die Urschrift des Testaments vorzulegen.

Antragsberechtigt ist jeder Miterbe. Im Antrag sind die Erben sowie deren Erbteile anzugeben. Es ist daneben auch die Erteilung eines Teilerbscheines möglich, in dem die Größe des Erbteils angegeben ist (Palandt § 2335 Rn 6).

Stellt ein Miterbe einen Antrag auf Erteilung eines gemeinschaftlichen Erbscheines, so muss er angeben sowie nachweisen, dass der bzw. die anderen Miterben die Erbschaft angenommen haben. Ist von den Miterben keine Annahmeerklärung abgegeben worden, so muss durch öffentliche Urkunden oder gegebenenfalls durch Versicherung an Eides Statt nachgewiesen werden, wann für jeden von ihnen die Ausschlagungsfrist begonnen hat und abgelaufen ist. Gem. §§ 1944, 1949 BGB muss zudem der Nachweis erbracht werden, dass ihnen der Berufungsgrund bekannt war.

Sofern nur ein Miterbe den Antrag auf einen gemeinschaftlichen Erbschein stellt, müssen dennoch grundsätzlich alle Miterben die Versicherung an Eides Statt abgeben. Gemäß § 2038 BGB kann der Antragsteller die Miterben zur Mitwirkung anhalten. Das Nachlassgericht kann aber auch die Versicherung eines oder einiger Miterben nach § 2357 Abs. 4 BGB als ausreichend ansehen und die erforderlichen Feststellung nach § 2358 BGB selbst treffen.

Büromäßige Behandlung:
Zur Erklärung des/der Antragstellers(in) am Ende des Erbscheinsantrages:

Nur die rein verfahrensrechtlichen Erklärungen können vom Rechtsanwalt als Bevollmächtigten abgegeben werden, § 13 FGG. Die reinen Wissenserklärungen im Erbscheinsantrag müssen vom Antragsteller persönlich erklärt werden.

Achtung:
Für den Rechtsanwalt empfiehlt es sich, aus Kostengründen für seine Mandantschaft vorher beim Nachlassgericht abzuklären, ob auf eine eidesstattliche Versicherung verzichtet wird. Wird hierauf nicht verzichtet, so kann der Erbscheinsantrag samt eidesstattlicher Versicherung des Mandanten zur Niederschrift erklärt werden, ohne dass dadurch zusätzliche Kosten entstehen. Da der protokollierende Nachlassrichter all das in den Antrag aufnehmen wird, was er für ein erfolgreiches Erbscheinsverfahren für erforderlich hält, wird das Verfahren für die Erlangung des Erbnachweises auf diese Weise beschleunigt abgewickelt und damit der meist bei Erlangung des Erbnachweises gebotenen Eile Rechnung getragen.

Falls nicht alle Miterben den Antrag stellen, empfiehlt es sich, zur Beschleunigung des Verfahrens, die anderen Miterben eine Zustimmungserklärung zu dem gestellten Antrag auf den Erbschein abgeben zu lassen. Diese sollte möglichst gleichzeitig mit dem Erbscheinsantrag dem Nachlassgericht übersandt werden. Da das Nachlassgericht den anderen Miterben gemäß § 2360 BGB rechtliches Gehör gewähren muss, wird dieser Vorgang auf diese Weise abgekürzt.

Vgl. ansonsten Anmerkungen zu Formular 1.D.02.#05.

Gerichtskosten:
Bei Erteilung eines Erbscheines nur für einen Miterben bestimmt sich der Wert nach dessen Erbteil. Kostenschuldner ist der Antragsteller. Bei einem gemeinschaftlichen Erbschein gilt § 5 Abs. 1 KostO.

Zu **Gerichtskosten u. Rechtsanwaltsgebühren** siehe ansonsten Formular 1.D.02.#05.

Rechtsschutzversicherung:
Siehe Ende der Anmerkungen Formular 1.D.02.#01.

#07 Antrag eines Miterben auf Erteilung eines Teilerbscheines §§ 2353, 2354 BGB

[*HIER Ort, Datum*]

An das
Amtsgericht [- Notariat in Bad.-Württ.]
- Nachlassgericht -
[*HIER Anschrift*]

Antrag auf Erteilung eines Erbscheins ...... bzgl. des Nachlasses des/der ......, verstorben am ......

Erbscheinsantrag

Hiermit zeige ich unter Vorlage einer schriftlichen Vollmacht an, dass ich die/den ...... anwaltlich vertrete.

Namens und im Auftrag meines/-r Mandant/-in stelle ich hiermit den Antrag,

einen Teilerbschein nach dem/der verstorbenen ...... [*HIER Angabe des Vornamens u. Namens des Verstorbenen*] dahin zu erteilen, dass ...... [*HIER Angabe von Vornamen u. Namen des Mandanten*] Erbe/-in (des/der Erblassers/-in) zur ...... [*z. B. Hälfte des Nachlasses*] geworden ist.

Begründung:

...... [*HIER Beispielsbegründung*]

Am ...... ist in ......, wo er seinen letzten Wohnsitz hatte, der ......, verstorben. Die Sterbeurkunde ist in Anlage (Anlage 1) beigefügt.

Der Erblasser, der deutscher Staatsangehöriger war, hat am ...... mit der ......, einen von dem Amtsgericht ......, am ...... eröffneten Erbvertrag geschlossen, in dem die ...... zur Hälfte des Nachlasses als Erbin eingesetzt ist. Auf die Akten des Amtsgerichts, Az. ......, wird Bezug genommen.

Die ...... hat die Erbschaft angenommen. Weitere Verfügungen von Todes wegen hat der Erblasser nicht hinterlassen.

Hinsichtlich des restlichen Nachlasses ist somit die gesetzliche Erbfolge eingetreten.

Der Erblasser war nur einmal verheiratet, und zwar ausweislich Heiratsurkunde, die in Anlage (Anlage 2) beigefügt ist, mit der ......, geborene ...... Diese ist ausweislich der Sterbeurkunde vom ......, die ebenfalls als Anlage (Anlage 3) beigefügt ist, am ...... gestorben. Aus der Ehe sind zwei Kinder hervorgegangen, und zwar die ......, die nicht verheiratet war sowie kinderlos geblieben ist und ausweislich der Sterbeurkunde vom ...... (Anlage 4) am ...... gestorben ist sowie mein Mandant.

Es sind und waren keine weitere Personen vorhanden, durch die mein Mandant von der Erbfolge ausgeschlossen oder sein Erbteil gemindert werden würde.

Ein Rechtsstreit über das Erbrecht ist nicht anhängig. Im Ausland befindet sich kein Vermögen.

Der reine Wert des Nachlasses nach Abzug der Nachlassverbindlichkeiten beträgt EUR ......

Diesem Antrag ist beigefügt:

1. Sterbeurkunde des ......, Anlage 1
2. Heiratsurkunde des ......, Anlage 2
3. Sterbeurkunde der ......, Anlage 3
4. Sterbeurkunde der ......, Anlage 4

Es wird gebeten, von dem Erbschein eine Ausfertigung und zwei beglaubigte Abschriften der Antragstellerin zu Händen des unterzeichneten Rechtsanwalts zu erteilen.

Maßnahmen zur Sicherung des Nachlasses wurden nicht ergriffen; solche sind und waren nicht geboten.

....
Rechtsanwalt/-wältin

Erklärung der/des Antragsteller/-in:

Die/Der Unterzeichner/-in erklärt, den obigen Schriftsatz gelesen zu haben. Er/Sie versichert, nach besten Wissen und Gewissen, dass ihm/ihr nichts bekannt ist, was der Richtigkeit der oben gemachten Angaben entgegensteht. Sie/Er erklärt sich bereit, die Angaben im obigen Schriftsatz an Eides statt zu versichern, bittet jedoch darum, ihr/ihm die Abgabe der eidesstattlichen Versicherung gemäß § 2356 Abs. 2 S. 2 BGB zu erlassen.

......	......	......
(Ort)	(Datum)	(Unterschrift)

Anmerkung

Vgl. ansonsten Anmerkung zu Formular 1.D.02.#05.

Ein Teilerbschein kann aus Kostenersparnisgründen sinnvoll sein (vgl. § 107 Abs. 2 KostO), wenn wie hier sich der Miterbe durch den Erbvertrag und das Eröffnungsprotokoll ausweisen kann und nur für einen Teil des Nachlasses die gesetzliche Erbfolge stattfindet, so dass nur für diesen Teil ein amtliches Zeugnis erforderlich ist. Ein Teilerbschein kann auch sinnvoll sein, wenn ein Miterbe seinen Erbteil veräußern und dem Erwerber den Umfang seines Erbrechtes nachweisen will.

Auf Antrag des Miterben (oder mehrer, aber nicht aller Miterben) kann der Erbschein auch über das Erbrecht mehrer, aber nicht aller Miterben und deren Anteil am Nachlass erteilt werden. Dann handelt es sich um einen gemeinschaftlichen Teilerbschein, § 2353 2. Fallalternative BGB.

Die Erklärung, dass auch der Miterbe, für dessen Anteil kein Erbschein beantragt wird, die Erbschaft angenommen hat, ist nicht erforderlich.

Büromäßige Behandlung:
Zur Erklärung des/der Antragstellers(in) am Ende des Erbscheinsantrages:

Nur die rein verfahrensrechtlichen Erklärungen können vom Rechtsanwalt als Bevollmächtigten abgegeben werden, § 13 FGG. Die reinen Wissenserklärungen im Erbscheinsantrag müssen vom Antragsteller persönlich erklärt werden.

Achtung:
Für den Rechtsanwalt empfiehlt es sich, aus Kostengründen für seine Mandantschaft vorher beim Nachlassgericht abzuklären, ob auf eine eidesstattliche Versicherung verzichtet wird. Wird hierauf nicht verzichtet, so kann der Erbscheinsantrag samt eidesstattlicher Versicherung des Mandanten zur Niederschrift erklärt werden, ohne dass dadurch zusätzliche Kosten entstehen. Da der protokollierende Nachlassrichter all das in den Antrag aufnehmen wird, was er für ein erfolgreiches Erbscheinsverfahren für erforderlich hält, wird das Verfahren für die Erlangung des Erbnachweises auf diese Weise beschleunigt abgewickelt und damit der meist bei Erlangung des Erbnachweises gebotenen Eile Rechnung getragen.

Gerichtskosten:
Es wird nicht eine Gebühr nach dem zusammen gerechneten Wert beider Nachlässe berechnet, sondern die Gebühr nach dem jeweiligen Wert erhoben. Beziehen sich einzelne Schulden, z. B. ein Vermächtnis, nur auf einen Miterben und beantragt dieser für sich einen Erbschein, so sind die Schulden bei diesem im vollen Umfange abzuziehen.

Rechtsanwaltsgebühren:
Siehe Formular 1.D.02.#05.

Rechtsschutzversicherung:
Siehe Ende der Anmerkungen Formular 1.D.02.#01.

#08 Antrag des Vorerben auf Erteilung eines Erbscheines § 2355 BGB

[*HIER Ort, Datum*]

An das
Amtsgericht [– Notariat in Bad.-Württ.]
– Nachlassgericht –
[*HIER Anschrift*]

Antrag auf Erteilung eines Erbscheins ...... bzgl. des Nachlasses des/der ......, verstorben am ......

Erbscheinsantrag

Hiermit zeige ich unter Vorlage einer schriftlichen Vollmacht an, dass ich die/den ...... anwaltlich vertrete.

Namens und im Auftrag meines/-r Mandant/-in stelle ich hiermit den Antrag,

> einen Erbschein nach dem/der verstorbenen ...... [*HIER Angabe des Vornamens u. Namens des Verstorbenen*] dahin zu erteilen, dass der/die Antragsteller/-in alleinige(r) Vorerbe/-in ist und der/die ...... sowie der/die ...... und der/die ...... für den Fall des Todes und im Fall der Wiederheirat der Antragstellerin – im Fall der Wiederheirat aber nur zu 3/4 des vorhandenen Nachlasses – Nacherben sein sollen. Außerdem ist ein Testamentsvollstrecker ernannt.

Begründung:

...... [*HIER Beispielsbegründung*]

Am ...... verstarb in ......, seinem letzten Wohnsitz, der Ehemann meiner Mandantin, der ...... [Name, eventuell davor Berufsbezeichnung oder ähnliches]. Er war deutscher Angehöriger. Auf die anliegende Sterbeurkunde wird Bezug genommen.

Der Erblasser ist in einziger Ehe mit der seiner jetzigen Witwe, Frau ......, verheiratet gewesen. Beide Eheleute hatten im Zeitpunkt der Eheschließung und auch während der gesamten Ehedauer die deutsche Staatsangehörigkeit und ihren Wohnsitz in Deutschland. Einen Ehevertrag haben die Eheleute nicht errichtet, so dass in der Ehe ununterbrochen der gesetzliche Güterstand der Zugewinngemeinschaft bestand.

Aus der Ehe sind die beiden Söhne ...... und ...... sowie die Tochter ...... hervorgegangen. Der Erblasser hat ansonsten weder nichteheliche noch adoptierte Kinder.

Beweis: anliegende beglaubigte Abschrift des Familienbuches.

In den am ...... eröffneten privatschriftlichen gemeinschaftlichen Testament vom ......, welches die Ehefrau eigenhändig geschrieben und von beiden Ehepartner unterschrieben wurde, haben sich der Erblasser und meine Mandantin gegenseitig zu Vorerben und die gemeinsamen Kinder, den ...... und den ...... und die ...... als Nacherben eingesetzt. Ersatznacherben wurden nicht bestimmt.

Die Nacherbfolge soll sowohl im Falle des Todes meiner Mandantin als auch im Falle der Wiederverheiratung eintreten.

Von den gesetzlichen Beschränkungen ist meine Mandantin als Vorerbin befreit.

Die Nacherben sind auf dasjenige eingesetzt, was beim Eintritt der Nacherbfolge von der Erbschaft übrig sein wird und zwar im Falle der Wiederverheiratung der Antragstellerin von drei Vierteln des vorhandenen Nachlasses.

Ein Testamentsvollstrecker ist bis zum Eintritt der Nacherfolge zum Zwecke, die Rechte der Nacherben und ihre Pflichten zu erfüllen, ernannt.

Meine Mandantin ist daher Alleinerbin bei Nacherbfolge für den Fall des Todes und im Fall der Wiederverheiratung Erbin zu 3/4 des Nachlasses geworden. Nacherbe sind die oben genannten Kinder.

Personen, durch die die Erbfolge beeinträchtigt werden würde, sind und waren nicht vorhanden.

Vom Vorhandensein weiterer vom Erblasser errichteteter Verfügungen von Todes wegen ist der Antragstellerin nichts bekannt.

Ein Rechtsstreit über das Erbrecht ist nicht anhängig.

Der reine Wert des Nachlasses nach Abzug der Nachlassverbindlichkeiten beträgt ......EUR.

Das Testament ist in Anlage in Urschrift ebenso wie das Familienstammbuch diesem Antrag beigefügt.

Es wird gebeten, von dem Erbschein eine Ausfertigung und zwei beglaubigte Abschriften der Antragstellerin zu Händen des unterzeichneten Rechtsanwalts zu erteilen.

Maßnahmen zur Sicherung des Nachlasses wurden nicht ergriffen; solche sind und waren nicht geboten.

....
Rechtsanwalt/-wältin

Erklärung der/des Antragsteller/-in:

Die/Der Unterzeichner/-in erklärt, den obigen Schriftsatz gelesen zu haben. Er/Sie versichert, nach besten Wissen und Gewissen, dass ihm/ihr nichts bekannt ist, was der Richtigkeit der oben gemachten Angaben entgegensteht. Sie/Er erklärt sich bereit, die Angaben im obigen Schriftsatz an Eides statt zu versichern, bittet jedoch darum, ihr/ihm die Abgabe der eidesstattlichen Versicherung gemäß § 2356 Abs. 2 S. 2 BGB zu erlassen.

......	......	......
(Ort)	(Datum)	(Unterschrift)

Anmerkung

Vgl. auch Anmerkung zu Formular 1.D.02.#05.

Bis zum Eintritt des Nacherbfalles – im vorliegenden Fall des Todes oder der Wiederverheiratung – ist nur der Vorerbe bzw. die Vorerbin berechtigt, einen Erbschein zu beantragen.

Ein Nacherbe ist nicht antragsberechtigt für die Antragstellung auf Ausstellung eines Erbscheines auf den Vorerben. Dagegen ist der Nacherbe antragsberechtigt, soweit er sich dagegen wehrt, dass dem Vorerben ein Erbschein ohne Kundbarmachung des Nacherbenrechts erteilt wird.

Die Namen der Nacherben sind im Erbschein anzuführen, vgl. § 2363 Abs. 1 S. 1 BGB. Steht die Person des Nacherben noch nicht fest, so sind zusammenfassende Bezeichnungen, etwa »die zur Zeit des Todes des Vorerben lebenden ehelichen Abkömmlingen« zu wählen.

Nicht anzugeben sind die Erbteile der Nacherben.

Auch der Ersatzerbe des Nacherben ist aufzuführen. Ebenso anzugeben ist eine etwaige Nichtvererblichkeit der dem Nacherben zustehenden Anwartschaft, siehe § 2180 Abs. 2 BGB.

Zur Vollständigkeit des Antrages gehört die Bezeichnung des Zeitpunktes oder des Ereignisses, mit dem der Fall der Nacherbfolge eintreten soll, siehe §§ 2103 ff. BGB.

Sowohl die Befreiung des Vorerben i. S. d. § 2137 BGB als auch die Befreiung von einzelnen im § 2136 BGB aufgeführten Verfügungsbeschränkungen sind anzugeben.

Die Ernennung des Testamentsvollstreckers in dem Antrag ist nur dann aufzunehmen, wenn eine den Erben – oder bei Miterben einen von ihnen – beschränkende Testamentsvollstreckung angeordnet ist.

Der Name des Testamentsvollstreckers ist nicht anzugeben.

Der dem Vorerben erteilte Erbschein wird mit dem Eintritt der Nacherbfolge unrichtig und ist einzuziehen.

Büromäßige Behandlung:
Zur Erklärung des/der Antragstellers(in) am Ende des Erbscheinsantrages:

Nur die rein verfahrensrechtlichen Erklärungen können vom Rechtsanwalt als Bevollmächtigten abgegeben werden, § 13 FGG. Die reinen Wissenserklärungen im Erbscheinsantrag müssen vom Antragsteller persönlich erklärt werden.

Achtung:
Für den Rechtsanwalt empfiehlt es sich, aus Kostengründen für seine Mandantschaft vorher beim Nachlassgericht abzuklären, ob auf eine eidesstattliche Versicherung verzichtet wird. Wird hierauf nicht verzichtet, so kann der Erbscheinsantrag samt eidesstattlicher Versicherung des Mandanten zur Niederschrift erklärt werden, ohne dass dadurch zusätzliche Kosten entstehen. Da der protokollierende Nachlassrichter all das in den Antrag aufnehmen wird, was er für ein erfolgreiches Erbscheinsverfahren für erforderlich hält, wird das Verfahren für die Erlangung des Erbnachweises auf diese Weise beschleunigt abgewickelt und damit der meist bei Erlangung des Erbnachweises gebotenen Eile Rechnung getragen.

Gerichtskosten u. Rechtsanwaltsgebühren:
Siehe Formular 1.D.02.#05.

Für die Angaben über die Einsetzung eines Testamentsvollstreckers sowie die Anordnung der Nacherbfolge wird keine gesonderte Gebühr erhoben.

Anders, wenn der Name des Testamentsvollstreckers aufgeführt wird: zusätzliche Gebühr gem. § 109 Abs. 1 Nr. 2 KostO. Es liegt dann mit dem Erbschein ein Testamentsvollstreckerzeugnis vor.

Rechtsschutzversicherung:
Siehe Ende der Anmerkungen Formular 1.D.02.#01.

#09 Antrag des Nacherben auf Erteilung eines Erbscheines nach Eintritt der Nacherbfolge § 2355 BGB

[*HIER Ort, Datum*]

An das
Amtsgericht [- Notariat in Bad.-Württ.]
- Nachlassgericht -
[*HIER Anschrift*]

Antrag auf Erteilung eines Erbscheins ...... bzgl. des Nachlasses des/der ......, verstorben am ......

Erbscheinsantrag

Hiermit zeige ich unter Vorlage einer schriftlichen Vollmacht an, dass ich die/den ...... anwaltlich vertrete.

Namens und im Auftrag meines/-r Mandant/-in stelle ich hiermit den Antrag,

[Antrag des Nacherben auf Erteilung eines Erbscheines nach Eintritt der Nacherbfolge, z. B. bei Wiederheirat des Vorerben im Falle einer Wiederverheiratungsklausel, die den Nacherbfall eintreten lässt oder bei Tod des Vorerben]

> das Gericht wolle einen Erbschein nach dem/der verstorbenen ...... [*HIER Angabe des Vornamens u. Namens des/der verstorbenen Erblassers/*-in] dahin erteilen, dass mein(e) Mandant/-in Erbe/-in des/der am ...... verstorbenen ...... [*HIER nochmals Angabe des Vornamens u. Namens des/der verstorbenen Erblassers/*-in] ist.

Begründung:

...... [*HIER Beispielsbegründung*]

Am ...... ist der ...... in ......, seinem letzten Wohnsitz, verstorben. Er war deutscher Staatsangehöriger. Auf die anliegende Sterbeurkunde wird Bezug genommen.

In seinem Testament vom ......, eröffnet vom Amtsgericht ......, zu den Akten Az. ......, hat er seine Ehefrau ...... [*HIER Angabe des Namens*] als alleinige Vorerbin und meinen Mandanten als alleinigen Nacherben eingesetzt. Die Nacherbfolge sollte mit dem Tode der Vorerbin eintreten.

Die Vorerbin ist laut Sterburkunde am ...... gestorben.

Von sonstigen Verfügungen von Todes wegen des Erblassers ist dem Antragsteller nichts bekannt.

Weitere Personen, durch die die Vorgenannte von der gesetzlichen Erbfolge - falls diese eintreten würde - ausgeschlossen oder ihr Erbteil gemindert werden würde, sind nicht vorhanden. Insbesondere hat der Erblasser keine weiteren Kinder - eheliche, nichteheliche, adoptierte oder für ehelich erklärte - hinterlassen.

Ein Rechtsstreit über das Erbrecht meines Mandanten ist nicht anhängig.

Der reine Wert des Nachlasses nach Abzug der Nachlassverbindlichkeiten beträgt ......EUR.

Diesem Antrag ist beigefügt:

Sterbeurkunde der ......, Anlage 1

Es wird gebeten, von dem Erbschein eine Ausfertigung und zwei beglaubigte Abschriften der Antragstellerin zu Händen des unterzeichneten Rechtsanwalts zu erteilen.

Maßnahmen zur Sicherung des Nachlasses wurden nicht ergriffen; solche sind und waren nicht geboten.

....
Rechtsanwalt/-wältin

Erklärung der/des Antragsteller/-in:

Die/Der Unterzeichner/-in erklärt, den obigen Schriftsatz gelesen zu haben. Er/Sie versichert, nach besten Wissen und Gewissen, dass ihm/ihr nichts bekannt ist, was der Richtigkeit der oben gemachten Angaben entgegensteht. Sie/Er erklärt sich bereit, die Angaben im obigen Schriftsatz an Eides statt zu versichern, bittet jedoch darum, ihr/ihm die Abgabe der eidesstattlichen Versicherung gemäß § 2356 Abs. 2 S. 2 BGB zu erlassen.

......	......	......
(Ort)	(Datum)	(Unterschrift)

Anmerkung

Vgl. ansonsten Anmerkungen zu Formular 1.D.02.#05.

Der Nacherbe ist nicht Erbe des Vorerben, sondern Erbe des Erblassers. Dies ist bei der Formulierung des Antrages zu berücksichtigen.

In dem Erbscheinsantrag, der nach dem Eintritt des Falles der Nacherbfolge gestellt wird, ist neben dem Todeszeitpunkt auch der Zeitpunkt der Nacherbfolge, der Tag an dem der Nacherbfall eingetreten ist, anzugeben (vgl. BayObLG FamRZ 1990, 320).

Büromäßige Behandlung:
Zur Erklärung des/der Antragstellers(in) am Ende des Erbscheinsantrages:

Nur die rein verfahrensrechtlichen Erklärungen können vom Rechtsanwalt als Bevollmächtigten abgegeben werden, § 13 FGG. Die reinen Wissenserklärungen im Erbscheinsantrag müssen vom Antragsteller persönlich erklärt werden.

Achtung:
Für den Rechtsanwalt empfiehlt es sich, aus Kostengründen für seine Mandantschaft vorher beim Nachlassgericht abzuklären, ob auf eine eidesstattliche Versicherung verzichtet wird. Wird hierauf nicht verzichtet, so kann der Erbscheinsantrag samt eidesstattlicher Versicherung des Mandanten zur Niederschrift erklärt werden, ohne dass dadurch zusätzliche Kosten entstehen. Da der protokollierende Nachlassrichter alles in den Antrag aufnehmen wird, was er für ein erfolgreiches Erbscheinsverfahren für erforderlich hält, wird das Verfahren für die Erlangung des Erbnachweises auf diese Weise beschleunigt abgewickelt und damit der meist bei Erlangung des Erbnachweises gebotenen Eile Rechnung getragen.

Gerichtskosten:
Als Wert ist der nach Abzug der noch vorhandenen Verbindlichkeiten an den Nacherben gelangte Teil des Nachlasses, inklusive der dem Nacherben gegen den Vorerben zustehenden Ersatzansprüche maßgeblich. Die bei Erteilung des Erbscheins für den Vorerben entrichteten Gebühren werden nicht angerechnet.

Zu Gerichtkosten u. Rechtsanwaltsgebühren siehe ansonsten Formular 1.D.02.#05.

Rechtsschutzversicherung:
Siehe Ende der Anmerkungen Formular 1.D.02.#01.

#10 Antrag auf Erteilung eines Erbscheines bei gesetzlicher Erbfolge § 2355 BGB

[*HIER Ort, Datum*]

An das
Amtsgericht [- Notariat in Bad.-Württ.]
- Nachlassgericht -
[*HIER Anschrift*]

Antrag auf Erteilung eines Erbscheins ...... bzgl. des Nachlasses des/der ......, verstorben am ......

Erbscheinsantrag

Hiermit zeige ich unter Vorlage einer schriftlichen Vollmacht an, dass ich die/den ...... anwaltlich vertrete.

Namens und im Auftrag meines/-r Mandant/-in stelle ich hiermit den Antrag,

[Antrag auf Erteilung eines Alleinerbscheines aufgrund gesetzlicher Erbfolge]
dem/der Antragsteller/-in einen Alleinerbschein nach dem/der verstorbenen ...... [*HIER Angabe von Vornamen u. Namen des/der Verstorbenen*] zu erteilen.

[oder]

meinem/-r Mandanten/-in, Herrn/Frau ......, einen Alleinerbschein dahin zu erteilen, dass diese(r) alleinige(r) Erbe/-in des/der ...... [*HIER Angabe des Vornamens u. Namens des/der Verstorbenen*] geworden ist.

[oder]

[Antrag eines Miterben auf Erteilung eines Teilerbscheines bei gesetzlicher Erbfolge]

einen Teilerbschein nach dem/der verstorbenen ...... [*HIER Angabe von Vornamen u. Namen des/der Verstorbenen*] dahin zu erteilen, dass der/die ...... [*HIER Angabe des Namens des/der Mandanten/-in*] Erbe/-in (des/der Erblassers/-in) zur ...... [*z. B. Hälfte des Nachlasses*] geworden ist. Außerdem ist ein Testamentsvollstrecker ernannt.

[oder]

[Antrag eines Miterben auf Erteilung eines gemeinschaftlichen Erbscheines bei gesetzlicher Erbfolge]

einen gemeinschaftlichen Erbschein dahin zu erteilen, dass mein(e) Mandant/-in, Herr/Frau ......, aufgrund gesetzlicher Erbfolge zur ...... [*z. B. Hälfte*] und der/die ...... sowie der/die ...... Erben nach dem/der verstorbenen ...... [*HIER Angabe des Vornamens u. Namens des/der Verstorbenen*] zu je ...... [*z. B. einem Viertel*] geworden sind.

[oder]

einen gemeinschaftlichen Erbschein dahin zu erteilen, dass meine Mandanten Erben kraft Gesetzes zu ...... [*z. B. je 1/2*] nach dem/der verstorbenen ...... [*HIER Angabe des Vornamens u. Namens des/der Verstorbenen*] geworden sind.

[oder]

einen gemeinschaftlichen Erbschein dahin zu erteilen, dass der/die Antragsteller/-in aufgrund gesetzlicher Erbfolge zur ...... [*z. B. Hälfte*] und seine/ihre Kinder ...... [*z. B. Anton, Bernd, Cecilie*] zu je ...... [*z. B. einem Sechstel*] Erben des/der verstorbenen ...... [*HIER Angabe des Vornamens u. Namens des/der Verstorbenen*], geworden sind.

[oder]

in der Nachlasssache ...... einen Erbschein mit folgendem Inhalt zu erteilen:

Erben des/der am ...... in ...... gestorbenen ......, zuletzt in ...... wohnhaft gewesenen Herrn/Frau ...... [*HIER Angabe des Namens des/der Verstorbenen*]

sind kraft Gesetzes geworden:

1. der/die Witwe(r), Herr/Frau ......, wohnhaft ...... zur Hälfte
2. der/die Antragsteller/-in als Sohn/Tochter des/der Erblassers/-in, Herr/Frau ......, wohnhaft ...... zu einem Viertel
3. der/die weitere Sohn/Tochter, Herr/Frau ......, wohnhaft ...... zu einem Viertel

Begründung:

...... [*HIER Beispielsbegründung des Antrags auf Erteilung eines Erbscheines bei gesetzlicher Erbfolge*]

Am ...... verstarb der Ehemann meiner Mandantin, der ...... [*HIER Name, eventuell davor Berufsbezeichnung oder Ähnliches*], in ......, seinem letzten Wohnsitz. Er war deutscher Staatsangehöriger. Auf die anliegende Sterbeurkunde wird Bezug genommen.

Vom Vorhandensein einer Verfügung von Todes wegen ist der Antragstellerin nichts bekannt, so dass die gesetzliche Erbfolge eingetreten ist.

Der Erblasser ist in einziger Ehe mit seiner jetzigen Witwe, Frau ......, verheiratet gewesen. Beide Eheleute hatten im Zeitpunkt der Eheschließung und auch während der gesamten Ehedauer die deutsche Staatsangehörigkeit und ihren Wohnsitz in Deutschland. Einen Ehevertrag haben die Eheleute nicht errichtet, so dass in der Ehe ununterbrochen der gesetzliche Güterstand der Zugewinngemeinschaft bestand.

Aus der Ehe sind die beiden Töchter ...... und ...... hervorgegangen.

Beweis: beiliegende beglaubigte Abschrift des Familienstammbuches.

Andere Personen, durch die die Antragstellerin von der gesetzlichen Erbfolge - falls diese eintreten würde - ausgeschlossen oder ihr Erbteil gemindert werden würde, sind und waren nicht vorhanden. Insbesondere hat der Erblasser keine weiteren Kinder - eheliche, nichteheliche, adoptierte oder für ehelich erklärte - hinterlassen.

Alle Erben haben die Erbschaft angenommen. Ein Rechtsstreit über das Erbrecht ist nicht anhängig. Im Ausland befindet sich kein Vermögen.

Der reine Wert des Nachlasses nach Abzug der Nachlassverbindlichkeiten beträgt EUR ......

Diesem Antrag ist beigefügt:

1. Sterbeurkunde des Ehemannes meiner Mandantin
2. beglaubigte Abschrift des Familienstammbuches
3. Heiratsurkunde

Es wird gebeten, von dem Erbschein eine Ausfertigung und zwei beglaubigte Abschriften der Antragstellerin zu Händen des unterzeichneten Rechtsanwalts zu erteilen.

Maßnahmen zur Sicherung des Nachlasses wurden nicht ergriffen; solche sind und waren nicht geboten.

....
Rechtsanwalt/-wältin

Erklärung der/des Antragsteller/-in:

Die/Der Unterzeichner/-in erklärt, den obigen Schriftsatz gelesen zu haben. Er/Sie versichert, nach besten Wissen und Gewissen, dass ihm/ihr nichts bekannt ist, was der Richtigkeit der oben gemachten Angaben entgegensteht. Die unterzeichnenden Miterben erklären sich bereit, die Angaben im obigen Schriftsatz an Eides statt zu versichern, bitten jedoch darum, ihnen die Abgabe der eidesstattlichen Versicherung gemäß §§ 2356 Abs. 2 S. 2, 2357 Abs. 4 BGB zu erlassen.

......	......	......
(Ort)	(Datum)	(Unterschrift)

Anmerkung

Vgl. auf jeden Fall auch Anmerkung zu Formular 1.D.02.#05.

Verfahren: Der Erbschein wird vom Nachlassgericht im Verfahren der freiwilligen Gerichtsbarkeit erteilt, §§ 2354–2360 BGB, §§ 72 ff. FGG.

Sachlich zuständig: Grundsätzlich das Amtsgericht, § 72 FGG.

Örtlich zuständig: vgl. § 73 Abs. 1 FGG.

Funktionelle Zuständigkeit: Über den Erbscheinsantrag entscheidet der Rechtspfleger, sofern er auf gesetzlicher Erbfolge beruht, § 3 Nr. 2 c RPflG.

Achtung:

Das Erbscheinsverfahren ist in der Regel auszusetzen, falls ein vorgreiflicher Rechtsstreit über das Erbrecht anhängig ist. Der Zivilprozess hingegen wird mangels Vorgreiflichkeit nicht bis zur Erledigung des Erbscheinsverfahrens gemäß § 148 ZPO ausgesetzt. Bei der Abwägung, ob neben dem Erbscheinsverfahren auch eine Feststellungsklage betrieben werden soll, ist zu bedenken: Das Nachlassgericht ermittelt den Sachverhalt von Amts wegen und ist verpflichtet, die erforderliche Tatsachenaufklärung zu betreiben und die erforderlichen Beweise zu erheben, § 2353 BGB, § 12 FGG. Im Gegensatz zum Zivilprozess richtet sich die Erstattung der außergerichtlichen Kosten eines Beteiligten nicht nach dem Verhältnis des Obsiegens und Verlierens. Grundsätzlich hat jede Partei die bei ihr angefallenen Kosten zu tragen. Das FGG-Verfahren unterliegt allerdings nicht den strengen Fristenregeln und damit Fristendruck des Zivilprozesses, so dass manchmal mit dem Zeitfaktor im Erbscheinsverfahren taktiert wird. Derjenige, der darauf angewiesen ist, dass die Nachlasssituation schnell geklärt wird, dem ist der Zivilprozess zu empfehlen. Wer hingegen den Nachlass in Besitz hält und nicht darauf angewiesen ist, über Nachlassgegenstände zu verfügen, der kann Nutzen aus dem in der Regel länger dauernden Erbscheinsverfahren ziehen.

Der Antragsteller ist für die in § 2354 Abs. 1 Nr. 1, 2 u. Abs. 2 BGB aufgeführten Tatsachen beweispflichtig, § 2356 BGB. Seine Angaben muss er durch Vorlage öffentlicher Urkunden nachweisen, wobei es sich zumeist um Personenstandsurkunden handelt.

Zum Nachweis der Todeszeit und der nach § 2354 Abs. 2 BGB erforderlichen Angaben ist die Vorlage von Sterbeurkunden gem. §§ 61 a Nr. 3, 66 PStG nötig. Außer durch Sterbeurkunde kann der Todeszeitpunkt auch durch Todeserklärung- oder Todesfeststellungsbeschluss belegt werden.

Der Nachweis der Eheschließung erfolgt durch Heiratsurkunde. In der Regel kann der Nachweis, dass keine oder keine weiteren Kinder vorhanden sind, durch eidesstattliche Versicherung nachgewiesen werden.

Der Nachweis der gesetzlichen Erbfolge ist durch Personenstandsurkunden nach § 61 a PStG in Form von Heiratsurkunden, Abstammungsurkunden zu führen.

Sind Urkunden nicht oder nur mit unverhältnismäßigen Schwierigkeiten – worunter auch unverhältnismäßig hohe Kosten fallen – zu beschaffen, so sind auch andere Beweismittel zulässig, § 2356 Abs. 1 S. 2 BGB.

Generell für das FGG-Verfahren, zu dem auch das Erbscheinsverfahren zählt, siehe § 12 FGG. Das Nachlassgericht hat gem. § 2358 BGB i. V. m. § 12 FGG den Sachverhalt von Amts wegen zu ermitteln und den Antragsteller zur Ergänzung unvollständiger Tatsachen anzuhalten.

Zum Inhalt des Erbscheinantrages siehe § 2354 BGB bzgl. gesetzlicher Erbfolge.

Das Nachlassgericht ist an den gestellten Antrag gebunden und darf keinen vom Antrag abweichenden Erbschein erteilen, selbst wenn dies der Rechtslage entspricht. Das Nachlassgericht hat somit nur die Möglichkeit, den beantragten Erbschein zu erteilen oder den Antrag abzulehnen. Der Antrag bindet das Gericht, welches nur stattgeben oder ablehnen kann (vgl. Palandt/Edenhofer § 2353 BGB Rn 14).

Die Verbindung von Haupt- und Hilfsanträgen mit sachlich verschiedenem Inhalt ist unter der doppelten Voraussetzung zulässig, dass jeder der Anträge für sich das mit ihm geltend gemachte Erbrecht bestimmt bezeichnet und dass der Antragsteller die Reihenfolge, in der die Anträge geprüft und beschieden werden sollen, dem Nachlassgericht bestimmt vorschreibt (BayObLG FamRZ 1983, 835).

Zum Nachweis, dass der Erblasser zur Zeit seines Todes im Güterstand der Zugewinngemeinschaft gelebt hat und bezüglich der nach den §§ 2354, 2355 BGB erforderlichen Angaben hat der Antragsteller vor Gericht oder einem Notar an Eides Statt zu versichern, dass ihm nichts bekannt sei, was der Richtigkeit seiner Angaben entgegensteht. Das Nachlassgericht kann die Versicherung erlassen, wenn es sie nicht für erforderlich erachtet, § 2356 Abs. 2 BGB.

Der Antragsteller hat bei Zurückweisung seines Antrages durch Beschluss folgende Möglichkeiten:

1. Der Beschluss über die Zurückweisung des Erbscheinsantrages kann von jedem, der ein Erbrecht für sich in Anspruch nimmt, – somit auf jeden Fall vom Antragsteller –, mit der einfachen Beschwerde angefochten werden, § 20 Abs. 1 FGG. Nach dem Wortlaut des § 20 Abs. 2 FGG ist eigentlich nur derjenige beschwerdebefugt, der auch zusätzlich Antragsteller im erstinstanzlichen Verfahren war. Die Rechtsprechung gewährt aber aus prozessökonomischen Gründen auch den übrigen Miterben ein Beschwerderecht, die erstinstanzlich nicht Antragsteller waren (KG MDR 1990, 1023; BayObLG FamRZ 1990, 650).

sowie

2. Gegen die Beschwerdeentscheidung des Landgerichts ist die weitere Beschwerde zum Oberlandesgericht statthaft, § 27 ff. FGG. Sie kann beim Nachlassgericht, beim Landgericht oder beim Oberlandesgericht eingelegt werden, § 29 Abs. 1 FGG. Nach § 29 Abs. 1 S. 2 FGG besteht für die weitere Beschwerde Anwaltszwang. Auch die weitere Beschwerde ist unbefristet, § 29 Abs. 2 FGG. Weder das Nachlassgericht noch das Landgericht können der weiteren Beschwerde abhelfen, § 29 Abs. 3 FGG.

Da im Erbscheinsverfahren ein bestimmter Antrag gestellt werden muss und über diesen bestimmten Antrag eine erstinstanzliche Entscheidung vorliegt, kann der einmal gestellte Antrag in der Beschwerdeinstanz nicht geändert werden. Auch erstmalige Hilfsanträge sind in der Beschwerdeinstanz nicht zulässig (OLG Köln OLGZ 1994, 334).

Der erteilte Erbschein selbst kann nicht mit der Beschwerde angefochten werden. Nach Erbscheinserteilung ist nur noch das Einziehungsverfahren nach § 2361 BGB möglich (siehe hierzu Formular 1.D.02.#16). Es kann aber ein entsprechender Beschwerdeantrag in einen Einziehungsantrag umgedeutet werden.

Büromäßige Behandlung:
Zur Erklärung des/der Antragstellers(in) am Ende des Erbscheinsantrages:

Nur die rein verfahrensrechtlichen Erklärungen können vom Rechtsanwalt als Bevollmächtigten abgegeben werden, § 13 FGG. Die reinen Wissenserklärungen im Erbscheinsantrag müssen vom Antragsteller persönlich erklärt werden.

Achtung:
Für den Rechtsanwalt empfiehlt es sich, aus Kostengründen für seine Mandantschaft vorher beim Nachlassgericht abzuklären, ob auf eine eidesstattliche Versicherung verzichtet wird. Wird hierauf nicht verzichtet, so kann der Erbscheinsantrag samt eidesstattlicher Versicherung des Mandanten zur Niederschrift erklärt werden, ohne dass dadurch zusätzliche Kosten entstehen. Da der protokollierende Nachlassrichter all das in den Antrag aufnehmen wird, was er für ein erfolgreiches Erbscheinsverfahren für erforderlich hält, wird das Verfahren für die Erlangung des Erbnachweises auf diese Weise beschleunigt abgewickelt und damit der meist bei Erlangung des Erbnachweises gebotenen Eile Rechnung getragen.

Gerichtskosten:
Zur Vorschusszahlung im FGG-Verfahren, siehe § 8 KostO. Ein Kostenvorschuss muss nicht schon mit der Einreichung des Antrages einbezahlt werden. Nach Maßgabe des § 8 KostO erhebt das Gericht einen zur Deckung der Kosten hinreichenden Vorschuss. Zum Gegenstandswert im Erbscheinsverfahren, siehe § 107 KostO.

In der Regel fallen zwei volle Gerichtsgebühren an, und zwar für die Erteilung des Erbscheins und die Beurkundung der eidesstattlichen Versicherung, §§ 107, 49 KostO.

Bei Erteilung des Erbscheins für einen Miterben bestimmt sich der Wert nach dessen Erbteil.

Bei einem gemeinschaftlichen Erbschein, vgl. § 5 Abs. 1 KostO.

Bezüglich Gebührenfreiheit – oder Ermäßigung siehe § 107 Abs. 3, 4; 107 a KostO.

Wird glaubhaft gemacht, dass der Antrag nur zur Verfügung über Grundstücke oder im Grundbuch eingetragener Rechte oder zum Zwecke der Grundbuchberichtigung benötigt wird (vgl. § 107 Abs. 3 KostO), so wird für die Gebührenberechnung nur der Wert des Grundstücksrechts zugrunde gelegt.

Rechtsanwaltsgebühren:
Der Gebührenanspruch im Verfahren der Freiwilligen Gerichtsbarkeit richtet sich nach § 118 BRAGO.

Gegenstandswert:

Für die Bestimmung des Gegenstandswertes ist § 1 KostO maßgeblich.

Trifft die Tätigkeit im FGG-Verfahren mit einer Vertretung im Zivilprozess zusammen, so ist die Prozessgebühr durch die Gebühren im FGG-Verfahren nicht mit abgegolten (vgl. Gerold/Schmidt/van Eicken/Madert, BRAGO § 31 Rn 36).

Rechtsschutzversicherung:
Siehe Ende der Anmerkungen Formular 1.D.02.#01.

#11 Antrag auf Zurückweisung des Erbscheinantrages

[*HIER Ort, Datum*]

An das
Amtsgericht [- Notariat in Bad.-Württ.]
- Nachlassgericht -
[*HIER Anschrift*]

In der Nachlasssache
......,
Az. ......,

bestelle ich mich zum/zur Verfahrensbevollmächtigten des/der ...... und beantrage,
den Erbscheinsantrag des/der Herrn/Frau ...... vom ...... zurückzuweisen.

Begründung:

...... [*HIER folgt die nähere Begründung*]

....
Rechtsanwalt/-wältin

#12 Antrag des Nachlassgläubigers auf Erteilung eines Erbscheines zum Zwecke der Zwangsvollstreckung § 792 ZPO

[*HIER Ort, Datum*]

An das
Amtsgericht [- Notariat in Bad.-Württ.]
- Nachlassgericht -
[*HIER Anschrift*]

Nachlass des/der ......, verstorben am ......;

Antrag auf Erteilung eines Erbscheins zum Zwecke der Zwangsvollstreckung

Hiermit zeige ich unter Vorlage einer schriftlichen Vollmacht an, dass ich die/den ...... anwaltlich vertrete.

Da mein(e) Mandant/-in zur Zwangsvollstreckung aus dem Urteil des ......gerichts vom ......, Az. ...... eine vollstreckbare Ausfertigung gegen den/die Schuldner/-in und Erbe/-in des/der verstorbenen ...... [*Name des/der Erblassers/*-in] bedarf, beantrage ich namens und in Vollmacht des/der Antragstellers/-in, diesem/-r einen Erbschein dahin zu erteilen, dass Erbe/-in des/der am ...... verstorbenen ...... [*HIER Name des/der Erblassers/-in*] der/die ...... [*HIER Name des/der Erben/-in und Schuldners/-in*] ist.

Eine Urteilsabschrift des Urteils des ......gerichts vom ...... ist diesem Antrag beigefügt.

Begründung:

...... [*HIER Beispielsbegründung*]

Der ...... [*HIER Name des Erben und Schuldners*] hat durch Erklärung gegenüber dem Nachlassgericht die Erbschaft angenommen.

Beweis: Akten ......, Az. ......

Der genannte Erbe ist Alleinerbe. Andere Personen, durch die der Erbe von der Erbfolge ausgeschlossen oder sein Erbteil gemindert werden würde, sind und waren nicht vorhanden.

Ein Rechtsstreit über das Erbrecht ist nicht anhängig.

Da der reine Wert des Nachlasses schwer zu ermitteln ist, schätzt ihn mein Mandant auf EUR ......

Es wird gebeten, von dem Erbschein eine Ausfertigung und zwei beglaubigte Abschriften dem Antragsteller zu Händen des unterzeichneten Rechtsanwalts zu erteilen.

....
Rechtsanwalt/-wältin

Erklärung der/des Antragsteller/-in:

Die/Der Unterzeichner/-in erklärt, den obigen Schriftsatz gelesen zu haben. Er/Sie versichert, nach besten Wissen und Gewissen, dass ihm/ihr nichts bekannt ist, was der Richtigkeit der oben gemachten Angaben entgegensteht. Sie/Er erklärt sich bereit, die Angaben im obigen Schriftsatz an Eides statt zu versichern, bittet jedoch darum, ihr/ihm die Abgabe der eidesstattlichen Versicherung gemäß § 2356 Abs. 2 S. 2 BGB zu erlassen.

......	......	......
(Ort)	(Datum)	(Unterschrift)

Anmerkung

Bedarf es zum Zwecke der Zwangsvollstreckung, insbesondere zur Erteilung oder Umschreibung einer Vollstreckungsklausel (§§ 727 f., 795 ZPO) des Nachweises der Erbfolge nach dem Schuldner, so kann der Gläubiger nach § 792 ZPO die Erteilung eines Erbscheines verlangen. Dies gilt auch, sofern aufgrund eines eine Willenserklärung ersetzenden Urteils eine Eintragung in ein öffentliches Buch oder Register vorgenommen werden soll, § 896 ZPO.

Der Gläubiger muss die Annahme der Erbschaft durch den Schuldner nachweisen, wenn er den Antrag auf Erteilung eines Erbscheines stellt.

Voraussetzung für die Erteilung des Erbscheines ist die Abgabe der eidesstattlichen Versicherung durch den Gläubiger, der aufgrund des Vollstreckungstitels und Nachweis des rechtlichen Interesses anstelle des Erben die erforderliche Versicherung abgeben kann beim Nachlassgericht oder Notar.

Büromäßige Behandlung:
Der einen Erbschein beantragende Nachlassgläubiger kann die gem. § 2356 Abs. 1 BGB erforderliche eidesstattliche Versicherung selbst abgeben. Dabei muss er den Titel, nicht aber die vollstreckbare Ausfertigung des Titels vorlegen (Baumbach/Lauterbach/Albers/Hartmann § 792 ZPO Rn 2).

Die eidesstattliche Versicherung ist entweder vor dem Notar oder zu nachlassgerichtlichem Protokoll abzugeben. Insofern würde der Schriftsatz des Rechtsanwaltes allein nicht ausreichen. Aber nach § 2356 Abs. 2 BGB kann das Nachlassgericht die eidesstattliche Versicherung erlassen. In der Praxis geschieht dies auf Bitten des Antragstellers häufig. Dann reichen Anwaltsschriftsatz samt Anwaltsvollmacht für den Erbscheinsantrag aus. In diesem Zusammenhang ist zu beachten, dass nur verfahrensrechtliche Erklärungen vom Anwalt als Bevollmächtigten abgegeben werden können, § 13 FGG. Die reinen Wissenserklärungen müssen vom Antragsteller selbst erklärt werden.

Achtung:
Für den Rechtsanwalt empfiehlt es sich, aus Kostengründen für seine Mandantschaft vorher beim Nachlassgericht abzuklären, ob auf eine eidesstattliche Versicherung verzichtet wird. Wird hierauf nicht verzichtet, so kann der Erbscheinsantrag samt eidesstattlicher Versicherung des Mandanten zur Niederschrift erklärt werden, ohne dass dadurch zusätzliche Kosten entstehen. Da der protokollierende Nachlassrichter all das in den Antrag aufnehmen wird, was er für ein erfolgreiches Erbscheinsverfahren für erforderlich hält, wird das Verfahren für die Erlangung des Erbnachweises auf diese Weise beschleunigt abgewickelt und damit der meist bei Erlangung des Erbnachweises gebotenen Eile Rechnung getragen.

Gerichtskosten:
Siehe § 107, § 2 Abs. 1 Nr. 1 KostO; § 788 ZPO. Für die Beurkundung der eidesstattlichen Versicherung fällt eine volle Gebühr gem. § 49 Abs. 1 KostO an. Die gleiche Gebühr entsteht für die Erteilung des Erbscheines gem. § 107 Abs. 1 KostO. Soweit dem Nachlassgericht glaubhaft gemacht wird, dass der Erbschein zur Verfügung über ein Grundstück gebraucht wird, sind die Gebühren nur nach dem Wert des Grundstücks zu berechnen, § 107 Abs. 3 KostO.

Rechtsanwaltsgebühren:
Es handelt sich um ein Verfahren der freiwilligen Gerichtsbarkeit. Der Rechtsanwalt erhält die Gebühren des § 118 BRAGO. Für den Antrag auf Erteilung des Erbscheins erhält der Rechtsanwalt: 7,5/10 Geschäftsgebühr, § 118 Abs. 1 Nr. 1 BRAGO.

#13 Beschwerde gegen Vorbescheid

[*HIER Ort, Datum*]

An das
Landgericht ......
- Beschwerdekammer -
[*HIER Anschrift*]

Zum Az.: ......

Ich vertrete die Interessen des/der ...... Eine auf mich lautende Vollmacht liegt bei.

Gegen den vom Amtsgericht - Nachlassgericht - ...... am ...... vom ......, Az. ......, erlassenen Vorbescheid in der Nachlasssache des/der am ...... verstorbenen Herrn / Frau, zuletzt wohnhaft in ......, lege ich für Herrn / Frau - Beschwerdeführer/-in -

Beschwerde

ein.

Beschwerdegegner/in ist Herr/Frau ......

Ich beantrage, wie folgt zu beschließen:

1. Der Vorbescheid des Amtsgerichts - Nachlassgericht - vom ......, Az. ......, wird aufgehoben.
2. Das Nachlassgericht wird angewiesen, dem/der Beschwerdeführer/in einen Erbschein folgenden Inhalts zu erteilen:
   Alleinerbe/in des/der Erblassers/in wurde aufgrund Testaments Herr/Frau ...... [*HIER Angabe des Namens des Beschwerdeführers/-in*]
3. Der/Die Beschwerdegegner/-in hat die Kosten des Beschwerdeverfahrens einschließlich der außergerichtlichen Kosten des/der Beschwerdeführers/in zu tragen.

Begründung:

...... [*HIER folgt die nähere Ausführung*]

[- Schon wegen der schwerwiegenden Verletzung von Verfahrensvorschriften bei der Beweiserhebung ist der Vorbescheid aufzuheben.

Hilfsweise wird deshalb beantragt,
den angefochtenen Vorbescheid aufzuheben und die Sache zur erneuten Behandlung und Entscheidung an das Nachlassgericht zurückzuverweisen.]

Dem Beschwerdegegner [- Der Beschwerdegegnerin] sind gemäß § 13 a Abs. 1 S. 1 FGG die Kosten des Beschwerdeverfahrens zuzuweisen. Es wird beantragt,
ihm/ihr auch die außergerichtlichen Kosten des/der Beschwerdeführers/-in aufzuerlegen.

....
Rechtsanwalt/-wältin

Anmerkung

Siehe auch Anmerkungen zu Formular 1.D.02.#15.

Der zwar nicht gesetzlich geregelte, aber von der Rechtsprechung anerkannte Vorbescheid im Erbverfahren, ist zulässig, sofern einander widersprechende Erbscheinsanträge vorliegen und die Sach- und Rechtslage schwierig ist. Mit dem Vorbescheid kündigt der Richter die Erteilung eines bestimmten Erbscheines in Beschlussform für den Fall an, dass ein Rechtsmittel innerhalb einer bestimmten Frist nicht eingelegt wird. Der Beschluss bezeichnet den Inhalt des Erbscheines im Einzelnen und ist zu begründen.

Die Beschwerde ist auch gegen Vorbescheide zulässig. Der Vorbescheid ergeht, wenn die Erbfolge umstritten und die Rechtslage undurchsichtig ist. Meist erlässt das Nachlassgericht einen Vorbescheid, wenn widersprechende Anträge vorliegen, z. B. zwei verschiedene Personen wollen einen Erbschein beantragen. Dieser Beschluss wird dann dem Antragsteller, dem kein Erbschein erteilt werden soll, zugestellt. Dieser kann innerhalb von zwei Wochen gegen den Vorbescheid Beschwerde einlegen. Legt er Beschwerde ein, so wird der ganze Vorgang dem Landgericht zur Entscheidung vorgelegt, §§ 19 Abs. 2, 30 FGG. Legt er keine Beschwerde ein, so erteilt das Nachlassgericht dem anderen Antragsteller den angekündigten Erbschein.

Das Nachlassgericht ist an seine im Vorbescheid vorgenommene Ankündigung nicht gebunden, sondern kann entgegen der Ankündigung den Erbscheinsantrag doch zurückweisen.

Der Vorbescheid ist nach § 19 Abs. 1 FGG anfechtbar.

Beschwerdeberechtigt ist nach § 20 Abs. 1 FGG auf jeden Fall derjenige Beteiligte, dessen Erbscheinsantrag zurückgewiesen werden würde, wenn ein Erbschein des Inhalts erteilt würde, der im Vorbescheid angekündigt wurde.

Im Vorbescheid kündigt das Nachlassgericht an, welchen Erbschein es zu erteilen gedenkt, falls gegen den durch Beschluss erlassenen Vorbescheid nicht innerhalb einer vom Nachlassgericht festgelegten Frist Beschwerde eingelegt wird. Diese vom Nachlassgericht gesetzte Frist – die auch verlängerbar ist – ist eine richterliche Frist und fällt nicht unter die Vorschrift des § 22 FGG. Diese Frist ist somit keine Ausschlussfrist, da es sich um keine gesetzliche Frist handelt, so dass die Überschreitung der Einlegungsfrist nicht zur Unzulässigkeit der Beschwerde führt.

Eine Beschwerde bedarf – im Gegensatz zu § 253 Abs. 2 Nr. 2 ZPO – keines bestimmten Beschwerdeantrages. Der Beschwerdeantrag sowie eine Begründung sind aber zu empfehlen. Wird ein Beschwerdeantrag gestellt, so muss er allerdings inhaltlich bestimmt sein. Die Beschwerde gegen den Vorbescheid kann auch – im Gegensatz zur Beschwerde gegen den Beschluss über die Erbscheinsversagung – Eventualanträge enthalten. Dadurch wird unter Umständen das Erteilungsverfahren wesentlich beschleunigt. Das Nachlassgericht wird durch den Hilfs-(Eventual-)antrag in die Lage versetzt wird, den Erbschein wenigstens in der von ihm für richtig gehaltenen Form zu erteilen, während es sich bei seinem Fehlen darauf beschränken müsste, den Hauptantrag abzulehnen.

Gegen den Beschwerdebeschluss des Landgerichts ist die weitere Beschwerde zulässig, §§ 27 ff. FGG. Diese kann beim Nachlassgericht, beim Landgericht oder beim Oberlandesgericht (in Bayern: zum BayObLG) eingelegt werden, § 29 Abs. 1 FGG. Hierfür besteht Anwaltszwang, § 29 Abs. 1 S. 1 FGG. Auch die weitere Beschwerde ist unbefristet, § 29 Abs. 2 FGG. Weder das Nachlassgericht noch das Landgericht können der weiteren Beschwerde abhelfen, § 29 Abs. 3 FGG. Die weitere Beschwerde ist nur zulässig, wenn die Entscheidung auf einer Verletzung des Rechts beruht, § 27 Abs. 1 S. 1 FGG.

Gerichtskosten, Rechtsanwaltskosten:
Vgl. Ende der Anmerkungen zu Formular 1.D.02.#15.

Rechtsschutzversicherung:
Siehe Ende der Anmerkungen Formular 1.D.02.#01.

#14 Weitere Beschwerde nach Aufhebung des Vorbescheides

[*HIER Ort, Datum*]

An das
Amtsgericht
- Nachlassgericht -
[*HIER Anschrift*]

[oder]
An das
Landgericht ......
- Beschwerdekammer -
[*HIER Anschrift*]

[oder]
An das
Oberlandesgericht ......
- Beschwerdekammer -
[*HIER Anschrift*]

Zum Aktenzeichen: ......

Ich vertrete die Interessen des/der ...... Eine auf mich lautende Vollmacht liegt bei.

Gegen den Beschluss der Beschwerdekammer vom ......, Az. ......, mit der in der Nachlasssache des [- der] am ...... verstorbenen Herrn [- Frau], zuletzt wohnhaft in ......der Vorbescheid des Nachlassgerichtes vom ...... aufgehoben wurde, lege ich für Herrn [- Frau] - Beschwerdeführer [- in] -

weitere Beschwerde

ein.

Beschwerdegegner/-in ist Herr/Frau ......

Ich beantrage, wie folgt zu beschließen:

1. Der Vorbescheid des Amtsgerichts - Nachlassgericht - vom ......, Az. ......, wird wiederhergestellt.
2. Das Nachlassgericht wird angewiesen, dem/der Beschwerdeführer/-in einen Erbschein gemäß des Vorbescheides zu erteilen.
3. Der/Die Beschwerdegegner/-in hat die Kosten des Beschwerdeverfahrens einschließlich der außergerichtlichen Kosten des/der Beschwerdeführers/-in zu tragen.

Begründung:

...... [*HIER folgt die nähere Ausführung*]

....
Rechtsanwalt/-wältin

Anmerkung

Gegen den Beschwerdebeschluss des Landgerichts ist die weitere Beschwerde möglich, §§ 27 ff. FGG. Diese kann beim Nachlassgericht, beim Landgericht oder beim Oberlandesgericht (in Bayern: zum BayObLG) eingelegt werden, § 29 Abs. 1 FGG. Hierfür besteht Anwaltszwang, § 29 Abs. 1 S. 1 FGG. Auch die weitere Beschwerde ist unbefristet, § 29 Abs. 1 FGG. Weder das Nachlassgericht noch das Landgericht können der weiteren Beschwerde abhelfen, § 29 Abs. 3 FGG.

Hebt das Landgericht einen Vorbescheid des Nachlassgerichtes auf, kann gegen diese Entscheidung aber nur derjenige mit dem Ziel der Wiederherstellung des Vorbescheides weitere Beschwerde einlegen, der den im Vorbescheid angekündigten Erbschein beantragt hat oder hätte beantragen können (BayOBLG, MittBayNot 1999, 193).

Büromäßige Behandlung:
Gegen die Entscheidung des Beschwerdegerichts ist das Rechtsmittel der weiteren Beschwerde nur dann zulässig, wenn die Entscheidung auf einer Verletzung des Rechts beruht, § 27 Abs. 1 S. 1 FGG.

In der weiteren Beschwerde – Rechtsbeschwerde – im Sinn des § 27 FGG prüft das Gericht nur, ob eine Gesetzesverletzung vorliegt. Da das Beschwerdegericht nicht selbstständig Tatsachenfeststellungen betreibt, kann mit der weiteren Beschwerde nur gerügt werden, dass die Entscheidungen des Nachlassgerichtes unter Verletzung des Gesetzes zustande gekommen sind und das Gericht seiner Amtsermittlungspflicht nicht hinreichend genügt hat. Verfahrensverstöße bilden dann einen Beschwerdegrund, wenn diese so schwerwiegend sind, dass die Möglichkeit einer anderen Entscheidung bei ordnungsgemäßem Verfahrensablauf nicht ausgeschlossen werden kann. Nachprüfbar ist auch die Anwendung von Denkgesetzen und Erfahrungssätzen, so dass auch bei Auslegungsfragen das Beschwerdegericht prüfen muss, ob die gesetzlichen Auslegungsregeln zutreffend angewendet wurden (BayObLG 1966, 413).

Gerichtskosten, Rechtsanwaltsgebühren:
Vgl. Ende der Anmerkungen zu Formular 1.D.#15.

Rechtsschutzversicherung:
Siehe Ende der Anmerkungen Formular 1.D.02.#01.

#15 Beschwerde gegen die Erbscheinsversagung § 19 FGG

[*HIER Ort, Datum*]

An das
Amtsgericht
- Nachlassgericht -
[*HIER Anschrift*]

Zum Aktenzeichen: ......

Ich vertrete die Interessen des/der ...... Eine auf mich lautende Vollmacht liegt bei.

Gegen den Beschluss des Nachlassgerichtes ...... vom ......, Az. ......, durch den der Antrag vom ...... meines/-r Mandanten/-in auf Ausstellung eines Erbscheines zurückgewiesen wurde, lege ich namens und im Auftrag meines/-r Mandanten/-in

Beschwerde

ein mit dem Antrag,

den angefochtenen Beschluss aufzuheben und den Erbschein gemäß des Antrages meines/-r Mandanten/-in vom ...... auszustellen.

Begründung:

Die Beschwerde wendet sich gegen den angefochtenen Beschluss, soweit darin der Erbscheinsantrag meines Mandanten zurückgewiesen und die Erteilung eines Erbscheins an ...... in Aussicht gestellt wurde.

...... [*HIER folgt die nähere Ausführung*]

....
Rechtsanwalt/-wältin

Anmerkung

Der erteilte Erbschein selbst kann nicht mit der Beschwerde angefochten werden. Ist der Erbschein erteilt worden, so kann hiergegen nur ein Antrag mit dem Ziel der Einziehung bzw. Kraftloserklärung des unrichtigen Erbscheins beim Nachlassgericht eingelegt werden. Der erteilte Erbschein ist nicht mehr mit der Beschwerde anfechtbar. Nur noch das Einziehungsverfahren nach § 2361 BGB ist zulässig.

Eine ›Beschwerde‹ wäre in der Praxis als ›Antrag‹ auf Einziehung nach § 2361 BGB umzudeuten.

Die Beschwerde ist statthaft

- gegen eine Antragsablehnung,
- gegen einen Bewilligungsbeschluss, gegen eine Ankündigung eines bestimmten Inhalts, sofern daran die Eröffnung geknüpft wird, dass abweichende, bereits angekündigte Anträge abgelehnt werden, solange der Erbschein noch nicht erteilt ist.

Die Beschwerde ist gegen alle Verfügungen des Gerichts statthaft, § 19 FGG. Somit kann sie auch gegen Zwischenverfügungen eingelegt werden, mit denen etwa eine Änderung oder Ergänzung des Antrages oder die Vorlage von Beweismitteln gefordert wird, da darin die Ankündigung der Zurückweisung des Antrags liegt, sofern die verlangten Handlungen nicht vorgenommen werden.

Die Beschwerde ist auch gegen Vorbescheide zulässig. Der Vorbescheid ergeht, wenn die Erbfolge umstritten und die Rechtslage undurchsichtig ist. Meist erlässt das Nachlassgericht einen Vorbescheid, wenn widersprechende Anträge vorliegen, z. B. zwei verschiedenen Personen einen Erbschein beantragen wollen. Dieser Beschluss wird dann dem Antragsteller, dem kein Erbschein erteilt werden soll, zugestellt. Dieser kann dann innerhalb von zwei Wochen gegen den Vorbescheid Beschwerde einlegen. Vgl. Formular 1.D.O2.13. Legt er Beschwerde ein, so wird der ganze Vorgang dem Landgericht zur Entscheidung vorgelegt, §§ 19 Abs. 2, 30 FGG. Legt er keine Beschwerde ein, so erteilt das Nachlassgericht dem anderen Antragsteller den angekündigten Erbschein.

Die Beschwerde ist nach § 19 FGG nur gegen Anordnungen im Erbscheinserteilungsverfahren – außer gegen die Erteilung selbst – statthaft, die durch richterliche Entscheidungen erfolgt sind. Dies sind Anordnungen, die auf Grund einer Verfügung von Todes wegen erfolgt sind, da für diese ausschließlich der Richter zuständig ist, § 16 Abs. 1 Nr. 6 RpflG.

Einfache Schriftform genügt bei der Beschwerde, vgl. § 21 Abs. 2 FGG.

Die Beschwerde im Erbscheinsverfahren ist nicht fristgebunden.

Eine Beschwerde bedarf – im Gegensatz zu § 253 Abs. 2 Nr. 2 ZPO – keines bestimmten Beschwerdeantrages. Der Beschwerdeantrag sowie eine Begründung sind aber zu empfehlen. Wird ein Beschwerdeantrag gestellt, so muss er inhaltlich bestimmt sein. Zu beachten ist, dass in der Beschwerdeinstanz nur der beim Nachlassgericht gestellte Antrag weiterverfolgt werden kann, denn nur darüber liegt eine Entscheidung des Amtsgerichts bereits vor, § 19 Abs. 1 FGG. Hier wirkt sich aus, dass im Erbscheinsverfahren ein bestimmter Antrag gestellt werden muss und jeder Antrag einen selbstständigen Verfahrensgegenstand darstellt. Antragsänderungen in der Beschwerdeinstanz sind nicht zulässig, und dort können auch nicht erstmals Erbscheins-Hilfsanträge gestellt werden (OLG Köln 1994,334).

Die Beschwerde gegen den Vorbescheid kann auch Eventualanträge enthalten. Dadurch wird unter Umständen das Erteilungsverfahren wesentlich beschleunigt. Das Nachlassgericht wird durch den Hilfs-(Eventual-)antrag in der Beschwerde gegen den Vorbescheid in die Lage versetzt, den Erbschein wenigstens in der von ihm für richtig gehaltenen Form zu erteilen, während es sich bei seinem Fehlen darauf beschränken müsste, den Hauptantrag abzulehnen.

Eine Frist besteht nicht. Die Beschwerde wird beim Amtsgericht oder beim übergeordneten Landgericht eingelegt, § 21 FGG. Zweckmäßig wird die Beschwerde beim Nachlassgericht eingelegt. Dieses hat dann Gelegenheit, den Fall anhand des Beschwerdevorbringens nochmals zu überprüfen und gegebenenfalls der Beschwerde abzuhelfen.

Ein bestimmter Antrag, auch eine Begründung, ist nicht vorgeschrieben, aber ratsam, damit sich das Beschwerdegericht mit der Rechtsansicht des Beschwerdeführers auseinandersetzen kann.

Die Beschwerde steht bei der Ablehnung oder der Ankündigung der Ablehnung des Erbscheins nur dem Antragsteller zu.

Beschwerdebefugt (§ 20 Abs. 1 FGG) ist jeder, der ein Erbrecht für sich in Anspruch nimmt, z. B. der angebliche Erbe, nicht aber der Vermächtnisnehmer. § 20 Abs. 2 FGG schränkt aber

§ 20 Abs. 1 FGG weiter ein. Nur der Beschwerdebefugte, der zusätzlich Antragsteller in der 1. Instanz war (§ 2353 BGB), ist beschwerdeberechtigt. Nach dem Wortlaut des § 20 Abs. 2 FGG ist zwar nur derjenige beschwerdeberechtigt, der auch zusätzlich Antragsteller im erstinstanzlichen Verfahren war. Wenn also von mehreren Miterben nur einer die Erteilung eines gemeinschaftlichen Erbscheines nach § 2357 BGB beantragt hat und dieser zurückgewiesen wird, wären nach dem Wortlaut des § 20 Abs. 2 FGG eigentlich die übrigen, nicht antragstellenden Miterben nicht beschwerdeberechtigt. Die Rechtsprechung gewährt aber den übrigen Erben, die erstinstanzlich nicht Antragsteller waren, aus prozessökonomischen Gründen trotzdem ein Beschwerderecht. Bei Miterben gilt also: Beantragt Miterbe A einen gemeinschaftlichen Erbschein (§ 2357 BGB) und wird dieser Antrag zurückgewiesen, ist auch Miterbe B beschwerdeberechtigt. Zwar hat Miterbe B keinen Antrag in erster Instanz gestellt, es wäre aber nicht prozessökonomisch, wenn man von Miterbe B noch einen Erstantrag fordern würde, obwohl schon feststeht, dass er zurückgewiesen wird. Nach h. M. (BayObLG FamRZ 1990, 650; KG MDR 1990, 1023; a. A. Bassenge/Herbst FGG § 20 Anm. 3 a) ist § 20 Abs. 2 FGG so auszulegen, dass bei einer Mehrheit von Antragsberechtigten auch derjenige beschwerdebefugt ist, der in 1. Instanz antragsberechtigt wäre, den Antrag aber nicht gestellt hat.

Gegen den Beschwerdebeschluss des Landgerichts ist die weitere Beschwerde zulässig, §§ 27 ff. FGG. Diese kann beim Nachlassgericht, beim Landgericht oder beim Oberlandesgericht (in Bayern: zum BayObLG) eingelegt werden, § 29 Abs. 1 FGG. Hierfür besteht Anwaltszwang, § 29 Abs. 1 S. 1 FGG. Auch die weitere Beschwerde ist unbefristet, § 29 Abs. 2 FGG. Weder das Nachlassgericht noch das Landgericht können der weiteren Beschwerde abhelfen, § 29 Abs. 3 FGG.

Gerichtskosten:
a) 5/10 Gebühr bei der Verwerfung der Beschwerde, § 131 Abs. 1 Nr. 1 KostO.
b) 5/20 Gebühr bei Zurücknahme der Beschwerde, § 131 Abs. 1 Nr. 2 KostO.

Gegenstandswert:
§ 30 KostO.

Rechtsanwaltsgebühren:
5/10 Gebühr nach § 61 Abs. 1 Nr. 1 BRAGO.

Für das Mitwirken bei Beweisaufnahmen, die von einem Gericht oder einer Behörde angeordnet worden sind, erhält der Rechtsanwalt eine 7,5/10 Beweisaufnahmegebühr, § 118 Abs. 1 Nr. 3 BRAGO. Dies kommt im Rahmen eines Verfahrens der freiwilligen Gerichtsbarkeit in Betracht, soweit Zeugen oder die Parteien im Sinne einer Beweisaufnahme vernommen werden. Der Anwalt hat hier einen Anspruch auf 5/10 bis 10/10 der vollen Gebühr, so dass eine 7,5/10 (Mittelgebühr) bis 10/10 Gebühr akzeptiert wird.

Rechtsschutzversicherung:
Siehe Ende der Anmerkungen Formular 1.D.02.#01.

#16 Antrag auf Einziehung eines unrichtigen Erbscheines § 2361 Abs. 1 BGB

[*HIER Ort, Datum*]

An das
Amtsgericht [- Notariat in Bad.-Württ.]
- Nachlassgericht -
[*HIER Anschrift*]

Zum Aktenzeichen: ......

Antrag auf Einziehung eines unrichtigen Erbscheines

Ich vertrete die Interessen des/der ...... Eine auf mich lautende Vollmacht liegt bei.

Das Amtsgericht hat am ...... zu den Akten, Az. ......, einen Erbschein dahin erteilt, dass ......

Der Erbschein ist unrichtig [geworden], weil ...... [*z. B. der Vater meines Mandanten sich verheiratet hat und damit die Wiederverheiratungsklausel des gemeinschaftlichen Testamentes vom ...... dazu führt, dass ...... oder z. B. der Nacherbfall ist eingetreten. ......*]

Deshalb beantrage ich namens und in Vollmacht meines/-r Mandanten/-in,

den unrichtigen [- den unrichtig gewordenen] Erbschein einzuziehen und ihn, falls er nicht sofort erlangt werden kann, für kraftlos zu erklären.

....
Rechtsanwalt/-wältin

Anmerkung

Zuständig ist das Nachlassgericht, § 2361 BGB.

Der Erbschein wird entweder durch Einziehung nach § 2361 Abs. 1 BGB oder durch Kraftloserklärung nach § 2361 Abs. 2 BGB kraftlos.

Der Richter ist für diese Maßnahmen zuständig, wenn er den Erbschein erteilt oder dieser wegen einer Verfügung von Todes wegen einzuziehen ist, § 16 Abs. 1 Nr. 7 RPflG. Der Rechtspfleger ist zuständig, wenn er den Erbschein erteilt hat oder erteilen konnte, §§ 3 Nr. 2 c; 16 Abs. 2 RPflG.

Da das Amtsgericht von Amts wegen zu ermitteln hat, ist für die Einleitung des Verfahrens auf Einziehung eines Erbscheines ein Antrag nicht erforderlich. Es kann aber von jedem Beeinträchtigten die Anregung erfolgen und diese kann dann auch mit einem neuen Erbscheinsantrag verbunden werden.

Gerichtskosten:
1/2 Gerichtsgebühr gem. § 108 KostO nach dem Wert des Nachlasses gem. § 107 Abs. 2 KostO.

Zur Gebührenermäßigung siehe §§ 107 Abs. 3, 4 KostO.

Rechtsanwaltsgebühren, Rechtsschutzversicherung:
Vgl. Anmerkungen am Ende von Formular 1.D.02.#01.

#17 Antrag auf Sicherung des Nachlasses § 1960 BGB

[*HIER Ort, Datum*]

An das
Amtsgericht [- Notariat in Bad.-Württ.]
- Nachlassgericht -
[*HIER Anschrift*]

Antrag auf Anordnung der Nachlasspflegschaft in der Nachlasssache des/der am ......

verstorbenen ......, zuletzt wohnhaft in ......

Ich vertrete die Interessen des/der ...... Eine auf mich lautende Vollmacht liegt bei.

Am ...... ist hier in ......, ... straße ......, Herr/Frau ...... verstorben.

Ein Testament ist nicht aufgefunden worden, Verwandte sind nicht bekannt. Mein(e) Mandant/-in möchte als Vermieter/-in der Wohnung des/der Verstorbenen nun diese anderweitig vermieten. Möbel und Hausrat des Verstorbenen müssen daher sichergestellt werden.

Namens und in Vollmacht meines/-r Mandanten/-in beantrage ich,
die erforderlichen Sicherungsmaßnahmen für den Nachlass zu treffen.

Der Wert des Nettonachlasses wird schätzungsweise bei ...... EUR liegen.

....
Rechtsanwalt/-wältin

Anmerkung

Gegen die Anordnung der Nachlasspflegschaft ist die einfache Beschwerde zulässig. Beschwerdeberechtigt sind die Erben, der Testamtensvollstrecker, der Nachlassgläubiger, der den Anspruch des Erben auf Herausgabe des Nachlasses gegen den Pfleger gepfändet hat. Keine Beschwerderecht steht den Nacherben, Ersatzerben, Nachlassgläubigern zu.

Gegen die Bestellung des Pflegers kann der Erbe einfache Beschwerde einlegen.

Gerichtskosten:
10/10 Gebühr, § 104 Abs. 1 KostO. Die Gebühr richtet sich nach dem Wert der sichergestellten Nachlassgegenstände ohne Abzug von Verbindlichkeiten, § 18 Abs. 1, 3 KostO.

Daneben werden die Gebühren für die Siegelung, Entsiegelung oder Aufnahme des Vermögensverzeichnisses nach § 52 KostO besonders erhoben, § 104 Abs. 2 KostO.

Rechtsanwaltsgebühren, Rechtsschutzversicherung:
Vgl. Anmerkungen am Ende von Formular 1.D.02.#01.

#18 Antrag des Miterben auf Versteigerung eines Nachlassgrundstückes zur Feststellung, ob und inwieweit sich Nachlassgläubiger aus dem Nachlassgrundstück befriedigen können

[*HIER Ort, Datum*]

An das
Amtsgericht
- Vollstreckungsgericht -
[*HIER Anschrift*]

Antrag des/der Erben/-in, Herrn/Frau ......, wohnhaft ......, auf Anordnung der Zwangsversteigerung eines Grundstückes

Mein(e) Mandant/-in ist zusammen mit seiner/ihrer Schwester, Frau ...... Miterbe/-in des/der am ...... verstorbenen ...... [*Name des/der Erblassers/-in*], zuletzt wohnhaft ......, geworden. Er/Sie hat die Erbschaft als Erbe/-in angenommen und haftet für die Nachlassverbindlichkeiten mit der gesetzlichen Möglichkeit der Beschränkung.

Der/Die Erblasser/-in ...... [*HIER Angabe des Namens des/der Erblassers/-in*] war eingetragene(r) Eigentümer/-in des Grundstücks der ......straße ......, in ......, Grundbuch für ......, Band ......, Blatt ...... Auf diesem Grundstück ist in Abt. III Nr. 2 eine Hypothek von ...... EUR nebst ......% Zinsen seit dem ...... 20.. zugunsten des Gläubigers ...... [*Angabe des Namens des Gläubigers*], wohnhaft in ......, eingetragen.

Die in diesem Antrag genannten Tatsachen mache ich glaubhaft durch Vorlage des Erbscheins, des Grundbuchauszuges und der Niederschrift des Nachlassgerichtes ...... vom ...... 20.. über die Nachlassverhandlung ...... [*Angabe des Namens des/der Erblassers*/-in], Az. ......

Namens und in Vollmacht meines/-r Mandanten/-in als Miterben/-in beantrage ich,
gemäß §§ 175 ff. ZVG die Zwangsversteigerung des bezeichneten Grundstückes anzuordnen.

....
Rechtsanwalt/-wältin

Anmerkung

Vgl. Anmerkung zu Formular 1.D.02.#32.

Sachlich Zuständig für die Zwangsversteigerung ist das Vollstreckungsgericht, § 15 ZVG. Die örtliche Zuständigkeit liegt beim AG der Grundstücksangelegenheit, § 1 ZVG.

Bei Miterben ist jeder Miterbe antragsberechtigt.

Zwar kann sich der Erbe durch das Aufgebotsverfahren zur Anmeldung der Forderungen der Nachlassgläubiger (§ 1970 BGB, §§ 898–1000 ZPO) einen Überblick über die gewöhnlichen Nachlassgläubiger und ihre Forderungen verschaffen, dies gilt aber nicht für Gläubiger mit dinglichen Rechten am unbeweglichen Nachlass, § 1971 BGB. Ob und inwieweit sich Gläubiger aus dem im Nachlass befindlichen Grundstück befriedigen können und in welcher Höhe der Gläubiger etwa noch persönlich für den Sonderfall haftet, kann der Erbe dadurch feststellen, dass er nach Annahme der Erbschaft die Zwangsversteigerung des Grundstücks beantragt,

§ 175 Abs. 1 ZVG. Voraussetzung ist dafür aber, dass er für die Nachlassverbindlichkeiten nicht unbeschränkt haftet, etwa wegen der Versäumung der Inventarfrist gem. § 1994 Abs. 1 S. 2 BGB, § 175 Abs. 2 ZVG.

Büromäßige Behandlung:
Die für das Antragsrecht maßgeblichen Tatsachen müssen durch Urkunden glaubhaft gemacht werden, § 177 ZVG.

Gerichtskosten:
51,00 EUR Gerichtsgebühr gem. Nr. 5210 KostVerz. zum GKG für die Entscheidung über den Antrag, für das weitere Verfahren i. d. R. 2 Gerichtsgebühren, vgl. Nr. 5210 ff. Kostverz. zum GKG.

Rechtsanwaltsgebühren:
für den Zwangsversteigerungsantrag: 3/10 Gebühr nach § 68 Abs. 1 Nr. 1 BRAGO.

Gegenstandswert:
Wert des dem Gläubiger zustehenden Rechts, § 68 Abs. 3 Nr. 1 BRAGO, maximal der Grundstückswert, vgl. § 28 Abs. 1 GKG sowie § 68 Abs. 1 Nr. 1 BRAGO.

#19 Antrag auf Erteilung einer Grundbuchabschrift zur Ermittlung des Gesamtwertes des Nachlasses

[*HIER Ort, Datum*]

An das
Amtsgericht [- Notariat oder Gemeinden in Bad.-Württ.]
- Grundbuchamt -
[*HIER Anschrift*]

Nachlass des/der am ...... in ...... verstorbenen Erblassers/-in ......

Sehr geehrte Damen u. Herren,

eine schriftliche Vollmacht vorlegend zeige ich an, dass ich Herrn/Frau ......, wohnhaft ...... [*HIER Angabe der genauen Adresse*], in der Nachlasssache ...... [*HIER Angabe des Namens des/der Erblassers/-in*], verstorben am ...... in ...... anwaltlich vertrete.

Damit der Gesamtwert des Nachlasses abschließend beurteilt werden kann, ist es erforderlich, in Erfahrung zu bringen, welche Grundstücke im dortigen Amtsbezirk ...... im Zeitpunkt des Erbfalles im Allein- oder Miteigentum des/der Erblassers/-in gestanden habe.

Aus diesem Grund bitte ich Sie um entsprechende Mitteilungen bzw. eine unbeglaubigte [- beglaubigte] Kopie der betreffenden Grundbuchblätter.

Die Kosten bitte ich per Nachnahme zu erheben.

....
Rechtsanwalt/-wältin

Anmerkung

Sollte der Mandant nicht wissen, ob und wie viele Grundstücke sich im Eigentum des Erblassers befanden, so ist beim Grundbuchamt oder dem zuständigen Finanzamt des Erblassers Auskunft über den betreffenden Grundbesitz einzuholen.

Vgl. im Übrigen auch Anmerkungen zu Formular 1.D.01.#01.

Büromäßige Behandlung:
Als Anlage ist die Vollmacht beizufügen.

Kosten:
Während für die Einsicht in das Grundbuch keine Kosten erhoben werden, § 74 KostO, werden für Abschriften Schreibauslagen erhoben. Für Beglaubigungen werden Gebühren erhoben, § 73 KostO.

Rechtsanwaltsgebühren:
In Angelegenheiten der freiwilligen Gerichtsbarkeit ist nach § 118 BRAGO abzurechnen, soweit nicht § 63 BRAGO eine Anwendungsmöglichkeit bietet.

Gegenstandswert:
Für die Bestimmung des Gegenstandswertes ist § 1 KostO maßgeblich.

Rechtsschutzversicherung:
Nach den alten Allgemeinen Bedingungen für den Rechtsschutz, ARB 75, fallen gemäß § 4 Abs. 1 lit.p ARB 75 Angelegenheiten der Freiwilligen Gerichtsbarkeit unter den allgemeinen Risikoausschluss.

Für neue Rechtsschutzverträge, die die neuen Rechtschutzbedingungen ARB 2000 oder 94 zur Grundlage haben, ist die Rechtslage anders. Nach den neuen Allgemeinen Bedingungen für den Rechtsschutz gehören Angelegenheiten der Freiwilligen Gerichtsbarkeit nicht mehr zu den Rechtsgebieten, die durch den Ausschlusstatbestand des § 3 ARB vom Risikoausschluss erfasst sind, so dass im Rahmen der versicherten Leistungsarten Rechtsschutz besteht.

Im Einzelfall kommt es jedoch auf den einzelnen Versicherer und die abgeschlossenen Versicherung an, die möglicherweise Sonderbedingungen, die über die ARB 75 hinausgehen oder die ARB 2000 oder ARB 94 einschränken, enthält. Es ist somit ratsam, vor Beginn des Mandats die Einzelheiten mit dem jeweiligen Versicherer abzuklären.

#20 Antrag auf Teilungsversteigerung durch einen Miterben

[*HIER Ort, Datum*]

An das
Amtsgericht
- Abteilung für Zwangsversteigerungssachen -
[*HIER Anschrift*]

Namens des/der Herrn/Frau ......, dessen/deren Vollmacht anliegt, beantrage ich hiermit die Zwangsversteigerung des im Grundbuch von ......, Amtsgericht ......, Band ......, Blatt ......, Bestandsverzeichnis Nr. ......, eingetragenen Gebäudegrundstückes der Gemarkung ......, Flur-Nr. ......, Fläche: ...... qm,

mit dem Ziel, die Erbengemeinschaft [-, die als Eigentümerin im Grundbuch eingetragen ist,] aufzuheben.

[oder]

Ich vertrete die Interessen des/der Herrn/Frau ...... Eine auf mich lautende Vollmacht liegt bei.

Im Grundbuch des Amtsgerichts ......, Gemarkung ......, Band ......, Blatt ......, ist das Grundstück (mit der Flur-Nr. ......), ... straße ......, Wohnhaus, Grünfläche, Größe ......qm eingetragen. Als Eigentümer/-in ist der/die ...... vermerkt. Der/Die Eigentümer/-in ist am ...... in ...... verstorben. Erben sind die Kinder des/der Erblassers/-in:

1. ...... [Name, Vorname, Anschrift]
2. ...... [Name, Vorname, Anschrift]
3. ...... [Name, Vorname, Anschrift]
4. ...... [Name, Vorname, Anschrift]

Die in diesem Antrag genannten Tatsachen mache ich glaubhaft durch Vorlage des Erbscheins, des Grundbuchauszuges und der Niederschrift des Nachlassgerichtes ...... vom ...... 19.. über die Nachlassverhandlung ...... [*HIER Angabe des Namens des/der Erblassers/-in*], Az. ......

Ich beantrage im Namen des/der Miterben/-in ...... [*HIER Angabe von Vornamen u. Namen*]

unter Hinweis auf die beigefügte Vollmacht,
die Zwangsversteigerung des oben genannten Grundstückes zum Zwecke der Aufhebung der Erbengemeinschaft anzuordnen.

Begründung:

[*Der nachfolgende in Klammern gesetzte Abschnitt ist nur im Fall der ersten Antragsformulierung zu verwenden*]

[- Im Grundbuch des Amtsgerichts ...... ist das oben bezeichnete Grundstück mit Wohnhaus eingetragen. Als Eigentümerin ist die ...... vermerkt. Die Eigentümerin ist am ...... in ...... verstorben. Erben sind die Kinder der Erblasserin:

1. ...... [Name, Vorname, Anschrift]
2. ...... [Name, Vorname, Anschrift]
3. ...... [Name, Vorname, Anschrift]
4. ...... [Name, Vorname, Anschrift]

Die in diesem Antrag genannten Tatsachen mache ich glaubhaft durch Vorlage des Erbscheins, des Grundbuchauszuges und der Niederschrift des Nachlassgerichtes ...... vom ...... 20.. über die Nachlassverhandlung ...... [*HIER Angabe des Namens des Erblassers*], Az. ......]

Der Erblasser hat keinen Ausschluss der Auseinandersetzung angeordnet. Auch die Erben haben einen solchen Auseinandersetzungsausschluss nicht vereinbart.

Die Miteigentümer versuchen bereits seit mehr als zwei Jahren, das Gebäudegründstück einvernehmlich zu veräußern. Dies ist bisher nicht gelungen. Zur Vorbereitung der Nachlassteilung ist nunmehr die Versteigerung des Gebäudes zum Zwecke der Aufhebung der Gemeinschaft erforderlich.

Zu den ladungsfähigen Anschriften der Beteiligen siehe oben Nr. 1-4.

Der Antragsteller hat zur Ermittlung des Verkehrswertes eine Kurz-Expertise des Maklers ...... erstellen lassen. Danach beträgt der Verkehrswert per ...... ca. EUR ...... Eine Kopie der Expertise ist beigefügt.

....
Rechtsanwalt/-wältin

Anmerkung

Sachlich zuständig ist für die Zwangsversteigerung das Vollstreckungsgericht, § 15 ZVG. Die örtliche Zuständigkeit liegt beim Amtsgericht der Grundstücksbelegenheit, § 1 ZVG.

Achtung:
Das Haftungsrisiko für den Anwalt ist groß, da es zumeist um große wirtschaftliche Werte geht und der Mandant/die Mandanten ausreichend über den Gang des Zwangsversteigerungsverfahrens und die damit verbundenen Gefahren sowie über die Möglichkeit zum Mitbieten im Termin aufgeklärt werden müssen. Der Anwalt muss dafür Sorge tragen, dass das Grundstück nicht verschleudert wird (vgl. BGHZ 79, 249).

Der Antrag ist beim Vollstreckungsgericht, dem Amtsgericht, in dessen Bezirk das Grundstück liegt, zu stellen, §§ 1, 15 ZVG.

Antragsberechtigt sind

- jeder Miteigentümer, also jeder (Mit-)Erbe, somit auch der Vorerbe,
- der Erbteilserwerber nach dinglicher Übertragung des Erbteils,
- der Pfändungspfandgläubiger bzgl. eines Erbteils, dessen Titel endgültig vollstreckbar ist,
- der Nießbraucher zusammen mit dem Miteigentümer, § 1066 Abs. 2 BGB.

Der Erbe, der die Zwangsversteigerung betreiben will, benötigt hierzu keinen Vollstreckungstitel. Die Anordnung des Verfahrens erfolgt auf bloßen Antrag eines Mitberechtigten. Jeder Erbe kann mitbieten.

Die in der Begründung enthaltene Feststellung des Grundstückswertes ist nicht unbedingt notwendig, da das Gericht nach § 85 a Abs. 2 ZVG den Wert des Grundstückes zu ermitteln und festzusetzen hat, § 74 a ZVG. Ist einer der Beteiligten, der das Grundstück erwerben will, mit der Wertermittlung durch den Sachverständigen nicht einverstanden, so kann er dies durch eine Gegenvorstellung geltend machen. Sollte das Gericht den Gegenstandswert trotz Gegenvorstellung nach Maßgabe des Gutachtens festsetzen, so ist die sofortige Beschwerde zum Landgericht möglich, §§ 11 Abs. 1 RPflG, 74 a Abs. 5 S. 3 ZVG.

Den Antrag auf Versteigerung kann ein Erbe, dem ein erheblicher Anteil zusteht, als Mittel dazu benutzen, sich die in den Nachlass gefallene Immobilie im Zwangsversteigerungsverfahren zu verschaffen, ohne vorher mit allen Miterben einig werden zu müssen.

Der Versteigerungsantrag, aber auch schon der Hinweis auf die beabsichtigte Teilungsversteigerung, kann ein Druckmittel dazu sein, die anderen Miterben in kurzer Frist zu einer einvernehmlichen Lösung zu zwingen und damit langwierige Verhandlungen oder eine Auseinandersetzungsklage (vgl. hierzu Formular 1.A.07.c.#12) zu vermeiden.

Jedes Mitglied der Erbengemeinschaft kann dem Verfahren beitreten und wird hierdurch ebenfalls zum Antragsteller. Es ist dem Miterben zu raten, dem Versteigerungstermin beizutreten, um zu vermeiden, dass der die Versteigerung betreibende Miterbe zu einem ihm passend erscheinenden Zeitpunkt seinen Versteigerungsantrag zurücknimmt. Durch den Beitritt wird der beitretende Miterbe selbst zum Antragsteller. Er kann somit gegen den Willen des ursprünglich betreibenden Miterben das Versteigerungsverfahren fortsetzen.

Die Verteilung des Versteigerungserlöses erfolgt aufgrund eines Verteilungsplanes, §§ 105 ff. ZVG. Da die Verteilung des Erlöses nur bei Einigkeit vorgenommen werden kann, kann sich auch noch nach Durchführung des Zwangsversteigerungsverfahrens ein die endgültige Auseinandersetzung verzögernder Streit ergeben. Auch der Hinweis hierauf kann ein Druckmittel zu einer einvernehmlichen Auseinandersetzung ohne Zwangsversteigerung sein.

Büromäßige Behandlung:
Es ist nicht notwendig, dass die Erbengemeinschaft als Eigentümer im Grundbuch eingetragen ist. Genügend ist, wenn das Erbrecht des Antragstellers durch Erbschein oder beglaubigte Abschrift einer notariellen Verfügung von Todes wegen nachgewiesen werden kann, § 35 GBO. Die Eintragung des Antragstellers selbst oder des Erblassers, von dem er sein Recht herleitet, muss durch Zeugnis gemäß § 17 ZVG oder durch beglaubigte Grundbuchabschrift nachgewiesen werden.

Die für das Antragsrecht maßgeblichen Tatsachen müssen durch Urkunden glaubhaft gemacht werden, § 177 ZVG.

Gerichtskosten:
51,00 EUR Gerichtsgebühr gem. KV Nr. 5210 für die Entscheidung über den Antrag, für das weitere Verfahren i. d. R. 2 Gerichtsgebühren, vgl. KV Nr. 5210 ff. .

Rechtsanwaltsgebühren:
Bei Vertretung eines Beteiligten (§ 9 ZVG) erhält der Rechtsanwalt

- eine allgemeine Verfahrensgebühr von 3/10 Gebühr nach § 68 Abs. 1 Nr. 1 BRAGO,
- für die Wahrnehmung des Versteigerungstermins eine 4/10 Gebühr nach § 68 Abs. 1 Nr. 2 BRAGO,

- für die Mitwirkung am Verteilungsverfahren eine 3/10 Gebühr nach § 68 Abs. 1 Nr. 3 BRAGO,
- für die Vertretung eines Bieters eine 2/10 Gebühr Nach § 68 Abs. 2 BRAGO.

Gegenstandswert:
Wert des dem Gläubiger zustehenden Rechts, § 68 Abs. 3 Nr. 1 BRAGO, maximal der Grundstückswert, vgl. § 28 Abs. 1 GKG sowie § 68 Abs. 1 Nr. 1 BRAGO.

#21 Antrag auf einstweilige Einstellung des Zwangsversteigerungsverfahrens

[*HIER Ort, Datum*]

An das
Amtsgericht
- Abteilung für Zwangsversteigerungssachen -
[*HIER Anschrift*]

Zum Aktenzeichen: ......

Ich vertrete die Interessen des/der ...... Eine auf mich lautende Vollmacht liegt bei.

In dem Verfahren auf Versteigerung des Grundstücks im Grundbuch des Amtsgerichts ......, Gemarkung ......, Band ......, Blatt ......, ...straße ......, mit Wohnhaus, Grünfläche, Größe ...... qm zum Zwecke der daran bestehenden Gemeinschaft [- zum Zwecke der Aufhebung der Erbengemeinschaft] beantrage ich namens des/der Antragstellers/-in

die einstweilige Einstellung des Verfahrens für die Dauer der gesetzlich längst möglichen Frist.

Begründung:

Die Durchführung der Teilungsversteigerung zum jetzigen Zeitpunkt bringt für alle Beteiligten und damit auch für meinen Mandanten [meine Mandantin] erhebliche wirtschaftliche Nachteile.

...... [*HIER folgt die nähere Ausführung*]

Da im Zwangsversteigerungsverfahren erheblich niedrigere Erlöse als beim freihändigen Verkauf zu erzielen sind, will mein(e) Mandant/-in noch einmal versuchen, einen Käufer zu finden, dessen Kaufpreis von allen Miterben akzeptiert werden kann. Diese Möglichkeit sollte noch einmal ermöglicht werden.

....
Rechtsanwalt/-wältin

Anmerkung

Das Gesetz räumt dem Gericht bei der Entscheidung über die Einstellung des Zwangsversteigerungsverfahrens einen weiten Spielraum ein (Zeller/Stöber ZVG § 180 Rn 122 b).

In den häufig vorkommenden Fällen, in denen die Versteigerung betrieben wird, um eine im Streit befindliche Erbengemeinschaft auseinander zusetzen, führt der Einstellungsantrag allerdings nur in Ausnahmefällen zum Erfolg. Die Einstellung gemäß § 180 Abs. 2 ZVG kann aber dann angemessen sein kann, wenn

- aus besonderen Gründen der Grundstückswert nur vorübergehend gesunken ist, sich aber voraussichtlich in Kürze wieder erholen wird (BGHZ 79, 249), etwa bei plötzlich auftretenden preisdrückenden Ereignissen oder wenn eine Werterhöhung durch Ausführung von Reparaturen oder Renovierung zu erwarten ist,
- der Antragsgegner glaubhaft macht, dass er in Kürze über ausreichend Mittel verfügen kann, die ihm dem Erwerb des Miteigentumsanteiles des Antragstellers auf Zwangsversteigerung ermöglichen (Zeller/Stöber ZVG 180 Rn 12.3.),
- Vergleichsverhandlungen zwischen den Beteiligten schweben, die so konkret sind, dass in kurzer Zeit mit dem Abschluss des Vergleiches gerechnet werden kann (Zeller/Stöber a. a. O.).

Die Verzögerung des Zwangsversteigerungsverfahrens kann die Verhandlungen der Erbengemeinschaft wieder in Gang setzten. Dabei kann der Hinweis, dass auch bei Zurückweisung des Einstellungsantrages durch das Beschwerdegericht häufig eine tatsächliche Verzögerung von ca. einem halben Jahr eintritt, sehr fruchtbar sein.

Gerichtskosten:
keine

Rechtsanwaltsgebühren:
3/10 Gebühr für die Vertretung im Verfahren, § 68 Abs. 1 Nr. 1 BRAGO.

#22 Antrag auf Aufgebot der Nachlassgläubiger § 1970 BGB, §§ 989 ff. ZPO

[*HIER Ort, Datum*]

An das
Amtsgericht
- Nachlassgericht -
[*HIER Anschrift*]

Az.: ......

Ich vertrete die Interessen des/der ...... Eine auf mich lautende Vollmacht liegt bei.

Am ...... ist ...... in ......, ... straße ......, der/die Vater/Mutter meines/-r Mandanten/in gestorben.

In seinem/ihrem Testament, welches sich bei den Akten des Nachlassgerichtes, (Az. ......) befindet, sind mein(e) Mandant/-in sowie ...... als Erben eingesetzt. Mein(e) Mandant/-in hat die Erbschaft angenommen. Für die Nachlassverbindlichkeiten haftet mein(e) Mandant/-in nicht unbeschränkt.

Namens und in Vollmacht meines/-r Mandanten/-in überreiche ich in Anlage ein Verzeichnis der ihm bekannten Nachlassgläubiger mit der Angabe des Wohnortes und beantrage,

die Nachlassgläubiger des/der am ...... verstorbenen ...... [*HIER Angabe von Vorname u. Name des/der verstorbenen Erblassers/-in*] im Wege des Aufgebotsverfahrens zur Anmeldung ihrer Forderung aufzufordern und im Aufgebotstermin das Ausschlussurteil zu erlassen.

....
Rechtsanwalt/-wältin

Anmerkung

Die Inventarerrichtung (§§ 1993 ff. BGB) und das Gläubigeraufgebot (§§ 1970–1974 BGB; 989 ff. ZPO) sind keine Haftungsbeschränkungsmaßnahmen, sondern können diese nur vorbereiten.

Das Gläubigeraufgebot dient nur dazu, dass sich der Erbe einen Überblick über die vorhandenen Nachlassverbindlichkeiten verschafft, er ist keine Maßnahme zur Herbeiführung der Haftungsbeschränkung.

Eine endgültige Haftungsbeschränkung gegenüber einzelnen Nachlassgläubigern erreicht der Erbe durch Ausschließung im Aufgebotsverfahren, § 1973 Abs. 1 BGB, sowie durch Verschweigung, § 1974 Abs. 1 BGB.

Nach § 1970 BGB kann der Erbe Nachlassgläubiger zur Anmeldung ihrer Forderungen im Wege des Aufgebotsverfahrens auffordern. Das Aufgebotsverfahren dient zur Klärung der Frage, ob Haftungsbeschränkungsmaßnahmen erforderlich sind. Meldet sich ein Gläubiger zu spät, so kann ihm die Verschweigungseinrede entgegengehalten werden, einem Gläubiger, der sich nicht meldet, kann die Ausschließungseinrede entgegengehalten werden.

Das Verfahren richtet sich nach den §§ 989 ff. ZPO. Das Ausschlussurteil hat zur Folge, dass der Erbe den ausgeschlossenen Gläubigern gegenüber, also denjenigen gegenüber, welche ihre Forderungen im Verfahren nicht angemeldet haben, die Ausschlusseinrede des § 1973 BGB entgegenhalten kann. Diese Einrede muss der Erbe aber in einem etwaigen gegen ihn von einem Gläubiger geführten Erkenntnisverfahren vortragen und auch beweisen.

Der Antrag auf Aufgebot der Nachlassgläubiger dient zur Feststellung der Nachlassverbindlichkeiten. Das Aufgebot soll dem Erben Aufschluss über den Stand des Nachlasses und die Höhe der Nachlassverbindlichkeiten verschaffen und ihn gegen unbekannte Nachlassgläubiger durch die Ausschließungseinrede gemäß § 1973 BGB sichern. Hat der Erbe ein solches Verfahren durchgeführt, so sind die Gläubiger ausgeschlossen, die Forderungen nicht angemeldet haben, §§ 1970 ff. BGB.

Antragsberechtigung ist jeder Erbe, Miterbe und Nacherbe, der Nachlassverwalter, der Testamtensvollstrecker, sofern ihm die Verwaltung des Nachlasses zusteht und er Erbschaftskäufer ist.

Erbe und Testamentsvollstrecker können den Antrag erst nach Annahme der Erbschaft stellen, § 991 Abs. 3 ZPO.

Der Nacherbe kann schon vor Eintritt der Nacherbfolge das Aufgebot beantragen, sofern er das Nacherbe bereits angenommen hat.

Gerichtskosten:
5/10 Gebühr gem. Nr. 1620 KV zu § 11 Abs. 1 GKG.

Gegenstandswert:
Interesse des Antragstellers, welches frei zu schätzen ist.

Rechtsanwaltsgebühren, Rechtsschutzversicherung:
Vgl. Anmerkungen am Ende von Formular 1.D.02.#01.

#23 Antrag auf Eröffnung einer Nachlassinsolvenz durch den Erben §§ 1975, 1980 BGB, §§ 315 ff. InsO

[*HIER Ort, Datum*]

An das
Amtsgericht
- Insolvenzgericht -
[*HIER Anschrift*]

Antrag auf Eröffnung des Nachlassinsolvenzverfahrens

In der Nachlasssache des/der am ...... verstorbenen Herrn/Frau ......, zuletzt wohnhaft in ......, beantrage ich namens des/der Alleinerben/-in wegen Überschuldung des Nachlasses die Eröffnung des Nachlassinsolvenzverfahrens.

Begründung:

...... [*HIER Beispielsbegründung*]

Der Antragsteller ist [-Mit]Erbe aufgrund gesetzlicher Erbfolge [- aufgrund des Testaments des Verstorbenen] [- gemeinschaftlichen Testaments] [- Erbvertrages] vom ......

[- Weitere Erben sind: ...... [*HIER Anschriftenliste*]]

Der Nachlass ist überschuldet, wie sich aus der beiliegenden Vermögensübersicht [- eidesstattlichen Versicherung des Antragstellers] ergibt.

[- Zur Beschleunigung einer eventuellen Entscheidung nach § 26 InsO erkläre ich schon jetzt, dass der Antragsteller einen Massekostenvorschuss nicht leisten wird.]

Von der ergehenden Entscheidung bitte ich um Übersendung einer Ausfertigung gegen Empfangsbestätigung.

[oder mit anderer Begründung]

Begründung:

Am ...... ist ...... in ......, ... straße ......, der Vater meines Mandanten gestorben. Der Erblasser war als selbstständiger Kaufmann bis zu seinem Tod tätig.

In seinem Testament, welches sich bei den Akten des Nachlassgerichtes, (Az. ......) befindet, ist mein Mandant als Alleinerbe eingesetzt. Mein Mandant hat die Erbschaft angenommen. Nach Durchsicht der Unterlagen ist von meinem Mandanten folgendes festgestellt worden:

Der Nachlass des Erblassers besteht aus der Wohnungseinrichtung und des Büros. Eintreibbare Forderungen des Erblassers bestehen nicht mehr. ....

......

Verschiedene Gläubiger haben sich schon bei meinem Mandanten gemeldet. Der Nachlass ist demnach überschuldet.

Von der ergehenden Entscheidung bitte ich um Übersendung einer Ausfertigung der Empfangsbestätigung.

[oder]
Antrag auf Eröffnung des Nachlassinsolvenzverfahrens

In der Nachlasssache des/der am ...... verstorbenen Herrn/Frau ......, zuletzt wohnhaft in ......, beantrage ich namens des/der Alleinerben/-in – Vollmacht in Anlage – wegen Überschuldung des Nachlasses die Eröffnung des Nachlassinsolvenzverfahrens.

Begründung:

...... [*HIER Beispielsbegründung*]

Aufgrund privatschriftlichen Testamtens vom ...... wurde Herr ...... Alleinerbe des oben näher bezeichneten Erblassers. Eine beglaubigte Kopie des Testaments samt Eröffnungsniederschrift sind beigefügt.

Der Alleinerbe lässt durch mich vortragen, dass nach den bisherigen Erkenntnissen der Nachlass überschuldet ist, wie sich aus dem von meinem Mandanten erstellten Nachlassverzeichnis ergibt. Danach übersteigt die Summe der Passiva die der Aktiva um EUR ...... Das Nachlassverzeichnis, dessen Richtigkeit der Alleinerbe an Eides statt versichert, ist diesem Antrag in Anlage beigefügt.

Zur Deckung der durch das Nachlassinsolvenzverfahrens entstandenen Kosten dürfte der Nachlass ausreichen. Ansonsten bitte ich, durch Beschluss diesen Antrag mangels Vorhandenseins einer die Verfahrenskosten deckenden Masse zurückzuweisen.

Von der ergehenden Entscheidung bitte ich um Übersendung einer Ausfertigung gegen Empfangsbestätigung.

[oder in anderer Form]
Mein(e) Mandant/-in ist nach dem in Anlage befindlichen Erbschein der/die alleinige Erbe/-in des/der ......, der/die am ......, in ......, seinen/ihrem Wohnsitz verstorben ist. Der Nach-

lass des/der Verstorbenen ist in Höhe von etwa ...... EUR überschuldet, wie sich aus dem ebenfalls beigefügten Nachlassverzeichnis ergibt.

Namens und in Vollmacht meines/-r Mandanten/-in beantrage ich,

das Insolvenzverfahren über den Nachlass des/der ...... [*HIER Name des/der Erblassers*/-in] zu eröffnen.

Sollten weitere Angaben erforderlich sein, so ist mein(e) Mandant/-in zu weiterer Glaubhaftmachung bereit.

Von der ergehenden Entscheidung bitte ich um Übersendung einer Ausfertigung der Empfangsbestätigung.

....
Rechtsanwalt/-wältin

Anmerkung

Zuständig ist das Insolvenzgericht, in dessen Bezirk der Erblasser zum Zeitpunkt seines Todes seinen allgemeinen Gerichtsstand hatte. Falls der Erblasser noch einer selbstständigen wirtschaftlichen Tätigkeit nachging, ist das Insolvenzgericht zuständig, in dessen Bezirk der Mittelpunkt dieser Tätigkeit lag, § 315 InsO.

Eine endgültige Haftungsbeschränkung gegenüber allen Nachlassgläubigern kann der Erbe nur durch Nachlassverwaltung (§ 1975 BGB) oder das Nachlassinsolvenzverfahren erreichen.

Der Erbe ist verpflichtet, das Nachlassinsolvenzverfahren zu beantragen, wenn ihm die Zahlungsunfähigkeit oder Überschuldung des Nachlasses bekannt ist, §§ 1975, 1980 BGB, 315–331 InsO.

Der Insolvenzantrag bleibt dem Erben aber erspart, wenn die Überschuldung des Nachlasses nur auf Vermächtnissen oder Auflagen beruht, § 1992 BGB.

Die Eröffnung eines Nachlassinsolvenzverfahrens ist eine der Möglichkeiten, die Haftung des Erben auf den Nachlass zu beschränken.

Sowohl die Eröffnung des Nachlassinsolvenzverfahrens als auch die Nachlassverwaltung hat die Sonderung des Nachlasses vom eigenen Vermögen des Schuldners zur Folge, § 1976 BGB.

Kennt der Erbe die Überschuldung des Nachlasses oder ist sie ihm aus Fahrlässigkeit unbekannt, so ist er den Gläubigern schadensersatzpflichtig, falls er nicht unverzüglich das Nachlassinsolvenzverfahren über den Nachlass beantragt, § 1980 BGB.

Nach § 1990 BGB besteht die Pflicht zur Eröffnung des Insolvenzverfahrens aber nicht, wenn mangels Masse keine den Kosten entsprechende Masse vorhanden ist.

Da der Erbe für die Kosten des Antrages eines gegen ihn ergangenen Ablehnungsbeschlusses mit seinem eigenen Vermögen haftet, kann es in Zweifelsfällen ratsam sein, unter Darlegung der Verhältnisse ein Insolvenzverfahren zu beantragen, in dem man es dem Gericht überlässt, den Antrag mangels Masse abzulehnen.

Die Eröffnung des Nachlassinsolvenzverfahrens ist auch vor Annahme der Erbschaft möglich, § 316 InsO.

Antragsberechtigt sind zur Eröffnung des Nachlassinsolvenzverfahrens nach § 317 InsO

- der Erbe, auch einzelne Miterbe, § 317 Abs. 2 InsO,
- der Nachlasspfleger,

- der Nachlassverwalter,
- der Verwaltungstestamentsvollstrecker,
- jeder Nachlassgläubiger, befristet auf 2 Jahre nach Erbschaftsannahme, §§ 14, 319 InsO.

Nach Beendigung des Nachlassinsolvenzverfahrens haftet der Erbe nach wie vor beschränkt, sog. Dürftigkeitseinrede gem. § 1990 Abs. 1 S. 1 BGB. Seine Haftung ist allerdings unbeschränkt, sofern er schon vor dem Nachlassinsolvenzverfahren seine Haftungsbeschränkung, etwa durch Inventaruntreue, verloren hatte.

Büromäßige Behandlung:
Insolvenzgrund ist Zahlungsunfähigkeit und/oder Überschuldung (§ 320 InsO), bei Eigenantrag auch drohenden Zahlungsunfähigkeit. Wird der Antrag nicht durch alle Erben gemeinsam gestellt, so ist der Insolvenzgrund glaubhaft zu machen.

Gerichtskosten:
5/10 Gebühr nach KV Nr. 5110. Geschäftswert: Siehe §§ 35,37 GKG.

Rechtsanwaltsgebühren:
3/10 Gebühr gem. § 72 BRAGO. Wert wie vor, § 8 BRAGO. Wird nicht nur obiger Antrag gestellt, sondern erfolgt Vertretung im ganzen Verfahren 5/10 Gebühr gem. § 73 BRAGO.

#24 Antrag auf Eröffnung einer Nachlassinsolvenz durch einen Nachlassgläubiger § 1975 BGB, §§ 317, 319 InsO

[*HIER Ort, Datum*]

An das
Amtsgericht
- Insolvenzgericht -
[*HIER Anschrift*]

Ich vertrete die Interessen des/der ...... Eine auf mich lautende Vollmacht liegt bei.

Am ...... ist ...... in ......, ... straße ......, der ...... Firmeninhaber der Firma ...... gestorben.

In seinem Testament, welches sich bei den Akten des Nachlassgerichtes, (Az. ......) befindet, ist seine Ehefrau, Frau ......, geborene ...... wohnhaft ...... als Alleinerbin eingesetzt.

Laut vollstreckbarer Ausfertigung des beigefügten gerichtlichen Vergleiches vom ...... schuldet der Erblasser meiner Mandantschaft ...... EUR .

Mit der in Anlage befindlicher Aufstellung und einer eidesstattlichen Versicherung hat die Witwe des Erblasser mitgeteilt, dass der Nachlass überschuldet ist.

Deshalb beantrage ich namens und im Auftrag des/der Gläubigers/-in,
über den Nachlass des ...... das Insolvenzverfahren zu eröffnen.

....
Rechtsanwalt/-wältin

Anmerkung

Gründe für die Eröffnung des Insolvenzverfahrens sind die Zahlungsunfähigkeit und die Überschuldung des Nachlasses, § 320 S. 1 InsO. Beantragt der Erbe, der Nachlassverwalter, ein anderer Nachlasspfleger oder ein Testamentsvollstrecker die Eröffnung des Verfahrens, so ist auch die drohende Zahlungsunfähigkeit Eröffnungsgrund, § 320 S. 2 InsO.

Büromäßige Behandlung:
Nach den §§ 14, 320 InsO muss der Gläubiger ein rechtliches Interesse an der Eröffnung des Insolvenzverfahrens haben und seine Forderung und den Eröffnungsgrund glaubhaft machen.

Im Falle eines Gläubigerantrages müssen nach § 14 Abs. 1 InsO die Forderung des Gläubigers, ein Eröffnungsgrund sowie das rechtliche Interesse glaubhaft gemacht werden. Über § 4 InsO gilt für die Glaubhaftmachung § 294 ZPO, so dass alle präsenten Beweismittel der ZPO und darüber hinaus die eidesstattliche Versicherung (zumeist die des Antragstellers) Mittel der Glaubhaftmachung sind.

Der Antrag eines Nachlassgläubigers ist nur innerhalb einer Frist von 2 Jahren seit Annahme der Erbschaft zulässig, § 319 InsO.

Gerichtskosten:
5/10 Gebühr nach KV 5111, mindestens 100,00 EUR. Geschäftswert: Siehe §§ 35,37 GKG.

Rechtsanwaltsgebühren:
5/10 Gebühr gem. § 72 BRAGO. Wert wie vor, § 8 BRAGO.

#25 Antrag eines Erben auf Anordnung der Nachlassverwaltung §§ 1975, 1981 BGB

[*HIER Ort, Datum*]

An das
Amtsgericht [- Notariat in Bad.-Württ.]
- Nachlassgericht -
[*HIER Anschrift*]

Antrag auf Anordnung der Nachlassverwaltung

Ich vertrete die Interessen des/der ...... Eine auf mich lautende Vollmacht liegt bei.

Am ...... ist der ......, geboren am ...... in ...... an seinem Wohnsitz verstorben.

Nach seinem beim Amtsgericht ...... bei den Akten, Az. ...... befindlichen Testament ist mein(e) Mandant/-in alleinige(r) Erbe/-in des Verstorbenen.

[oder]
Nach dem in der Anlage in Ausfertigung überreichten Testament vom ...... ist mein(e) Mandant/-in alleinige(r) Erbe/-in des in ......, an seinem letzten Wohnsitz verstorbenen ......

Namens und in Vollmacht meines/-r Mandanten/-in beantrage ich,
die Nachlassverwaltung anzuordnen.

Begründung:

Nach Angaben meines Mandanten ist der Wert des Nachlasses schwer abzuschätzen. Er umfasst ......

Die Restschuld aus einem Darlehensvertrag bei der A-Bank betrug am Todestag jedenfalls ...... EUR.

Da zur Zeit offen ist, ob der aktive Nachlass für die Nachlassverbindlichkeiten ausreichen wird, wird der Antrag auf Anordnung der Nachlassverwaltung gestellt.

Dem Nachlassgericht bleibt es überlassen, die Person des Nachlassverwalters auszuwählen.

....
Rechtsanwalt/-wältin

Anmerkung

Die Nachlassverwaltung wird nur auf Antrag angeordnet. Zuständig ist das Nachlassgericht, § 1981 Abs. 1 BGB.

Eine endgültige Haftungsbeschränkung gegenüber allen Nachlassgläubigern kann der Erbe nur durch Nachlassverwaltung oder das Nachlassinsolvenzverfahren erreichen. Nach Eröffnung der Nachlassverwaltung kann der Erbe die Nachlassgläubiger auf den Nachlass beschränken, § 1975 BGB. So kann der Erbe den Zugriff auf sein Eigenvermögen verhindern.

Durch die Anordnung der Nachlassverwaltung wird der Nachlass vom sonstigen Vermögen des/der Erben abgesondert. Die Nachlassverwaltung beschränkt gem. § 1975 BGB, ebenso wie das Insolvenzverfahren, § 1975 BGB, die Haftung des Erben auf den Nachlass vorbehaltlich seiner Verantwortlichkeit nach §§ 1978 f. BGB.

Die Nachlassverwaltung wird auf Antrag des Erben angeordnet, § 1981 Abs. 1 BGB, mit dem Ziel, die Nachlassverbindlichkeiten durch den Nachlassverwalter berichtigen zu lassen, § 1985 Abs. 1 BGB. Die Nachlassverwaltung kommt nur in Betracht, wenn der Nachlass nicht überschuldet ist. Bei Kenntnis der Überschuldung hat der Erbe sofort die Nachlassinsolvenz zu beantragen, § 1980 Abs. 1 BGB.

Antragsberechtigt sind

- der Erbe, (§ 1981 Abs. 1 BGB), wobei mehrere Erben den Antrag nur gemeinschaftlich stellen können,
- der Erbschaftskäufer,
- jeder Nachlassgläubiger innerhalb von 2 Jahren nach Erbschaftsannahme, falls die Gefahr besteht, dass nicht alle Nachlassverbindlichkeiten aus dem Nachlass erfüllt werden können, § 1981 Abs. 2 BGB und
- der Testamentsvollstrecker, § 317 Abs. 1 InsO.

Der den Antrag stellende Erbe hat dem Gericht darzulegen, dass die gesetzlichen Voraussetzungen für den Antrag gegeben sind. In Betracht kommen hierfür der Erbschein, die Bezugnahme und bei gesetzlicher Erbfolge, eine eidesstattliche Versicherung, dass ihm nichts bekannt ist, was der Richtigkeit seiner Angaben entgegensteht unter Vorlage der standesamtlichen Urkunden.

Voraussetzung für die Anordnung der Nachlassverwaltung ist, dass wenigstens eine die Kosten deckende Masse vorhanden ist, § 1982 BGB.

Wird die Anordnung aufgrund des Antrages des/des Erben bzw. des Testamentsvollstreckers vorgenommen, so ist die Beschwerde ausgeschlossen, § 76 FGG.

Büromäßige Behandlung:
Der Rechtsanwalt als Bevollmächtigter des Erben (§ 13 FGG) kann die Anordnung der Nachlassverwaltung beantragen, ebenso kann er dies als Bevollmächtigter des Nachlassgläubigers oder Testamentsvollstreckers.

Gerichtskosten:
10/10 Gebühr gem. § 106 Abs. 1 S. 1 KostO. Sie wird fällig mit der Anordnung, § 106 Abs. 1 S. 2 KostO.

Gegenstandswert:
Maßgebend ist der Wert des von der Verwaltung betroffenen Vermögens, § 106 Abs. 1 KostO.

Kostenschuldner sind nicht die Erben, sondern der Nachlass.

Bei Ablehnung des Antrages wird 1/4 Gebühr vom Antragsteller erhoben, § 106 Abs. 2 1. Hlbs. KostO.

Rechtsanwaltsgebühren, Rechtsschutzversicherung:
Vgl. Anmerkungen am Ende von Formular 1.D.02.#01.

#26 Antrag eines Nachlassgläubigers auf Anordnung der Nachlassverwaltung § 1981 Abs. 2 BGB

[*HIER Ort, Datum*]

An das
Amtsgericht [- Notariat in Bad.-Württ.]
- Nachlassgericht -
[*HIER Anschrift*]

Ich vertrete die Interessen des/der ...... Eine auf mich lautende Vollmacht liegt bei.

Namens und in Vollmacht meines/-r Mandanten/-in beantrage ich,
die Verwaltung des Nachlasses des ...... anzuordnen.

Begründung:

Am ...... verstarb hier in ...... an ihrem Wohnsitz die verwitwete Geschäftsinhaberin. Die Verstorbene wurde kraft Gesetzes von ihren beiden Söhnen ...... [*HIER Angabe der Namen*] je zur Hälfte beerbt. Seit Annahme der Erbschaft sind noch keine 2 Jahre vergangen.

Die Aktiva des Nachlasses betragen ...... EUR, die Passiva ...... EUR. Eine den Kosten entsprechende Masse ist damit vorhanden. Zur Glaubhaftmachung dieser Angabe wird Bezug genommen auf die Nachlassakten des hiesigen Nachlassgerichtes, Az. ......, insbesondere auf den dort befindlichen Erbschein und die Nachlassaufstellung.

Meine Mandantschaft hat gegen den Erblasser eine fällige Forderung über ...... EUR aus Darlehen vom ...... Der Schuldschein hierüber ist in Ablichtung beigefügt.

Durch das Verhalten des Miterben ......, der außer seinem Anteil am Nachlass über kein weiteres persönliches Vermögen verfügt, ist die Befriedigung des Nachlasses gefährdet. Nähere Angaben über das Verhalten des ...... befinden sich in der diesem Antrag beigefügten eidesstattlichen Versicherung meines Mandanten. Erforderlichenfalls wird die weitere Glaubhaftmachung erboten.

....
Rechtsanwalt/-wältin

Anmerkung

Der Antrag des Nachlassgläubigers ist im Gegensatz zu dem des Erben nur innerhalb von 2 Jahren seit Annahme der Erbschaft zulässig, § 1981 Abs. 2 S. 2 BGB.

Auch die Nachlassgläubiger können einen Antrag auf Nachlassverwaltung stellen. Der Begriff des Nachlassgläubigers ergibt sich aus § 1967 BGB. Daher zählt auch der Miterbe, der Nachlassgläubiger ist, ein Pflichtteilsberechtigter und ein Vermächtnisnehmer dazu.

Die Voraussetzungen des § 1981 Abs. 2 BGB müssen zumindest schlüssig vorgetragen werden (KG OLGZ 77, 309).

Der Antrag setzt voraus, dass die Befriedigung der Nachlassgläubiger aus dem Nachlass durch das Verhalten oder die Vermögenslage des Erben gefährdet ist. Die Gefährdung kann subjektiv im Verhalten des Erben, etwa unordentlicher, unwirtschaftlicher Verwaltung oder objektiv in seiner schlechten Vermögenslage liegen, die befürchten lässt, dass andere Gläubiger des Erben sich aus dem Nachlass befriedigen oder der Erbe aus Not seine Bedürfnisse aus dem Nachlass deckt. Es reicht dabei aus, wenn die Voraussetzung bei einem der Miterben vorliegen (BayObLGZ 66,75).

Rechtsmittel: Sofortige Beschwerde, vgl. § 76 Abs. 2 FGG. Frist: Einlegung innerhalb von zwei Wochen. Beginn der Frist: Zeitpunkt, in dem die Verfügung dem Beschwerdeführer bekannt gemacht worden ist, § 22 Abs. 1 S. 2 FGG. Zur Wahrung der Frist genügt eine gem. §§ 21, 29 S. 1 FGG bei dem Gericht 1. Instanz oder dem Beschwerdegericht eingelegte Beschwerde (Keidel/Kuntze/Winkler, FGG § 22 Rn 14). Beschwerdeberechtigt sind der Erbe, bei Miterben jeder einzelne und der verwaltungsberechtigte Testamentsvollstrecker.

Wird der Gläubigerantrag zurückgewiesen, so steht dem Antragsteller die einfache Beschwerde zu.

Gerichtskosten:
10/10 Gebühr gem. § 106 Abs. 1 S. 1 KostO. Sie wird fällig mit der Anordnung, § 106 Abs. 1 S. 2 KostO.

Gegenstandswert:
Maßgebend ist der Wert des von der Verwaltung betroffenen Vermögens, § 106 Abs. 1 KostO.

Kostenschuldner sind nicht die Erben, sondern der Nachlass.

Bei Ablehnung des Antrages wird 1/4 Gebühr vom Antragsteller erhoben, § 106 Abs. 2 1. Hlbs. KostO.

Rechtsanwaltsgebühren:
Vgl. Anmerkungen am Ende von Formular 1.D.02.#01.

#27 Übersendung eines Inventars an das Nachlassgericht durch den Erben

[*HIER Ort, Datum*]

An das
Amtsgericht [- Notariat in Bad.-Württ.]
- Nachlassgericht -
[*HIER Anschrift*]

Ich vertrete die Interessen des/der ...... Eine auf mich lautende Vollmacht liegt bei.

Am ...... ist der Vater meines/-r Mandanten/-in, Herr ...... in ...... verstorben. Durch Testament, welches sich bei den Akten des Gerichts, Az. ......, befindet, ist mein(e) Mandant/-in Alleinerbe/-in des Verstorbenen geworden.

In der Anlage zu diesem Schreiben überreiche ich das Verzeichnis des Nachlasses des Verstorbenen. Wie in dem Verzeichnis ausdrücklich vermerkt ist, hat der Gerichtsvollzieher beim Amtsgericht ......, Herr ...... bei der Errichtung des Inventars mitgewirkt.

....
Rechtsanwalt/-wältin

Anlage: Inventar

Inventar

Unter Mithilfe des Gerichtsvollziehers beim Amtsgericht ......, Herrn ...... habe ich über den Bestand des Nachlasses des ...... [*HIER Name des Erblassers*] das nachfolgende Inventar errichtet:

A. Aktiva

I. Grundstücke	
Hausgrundstück mit Verkehrswert	...... EUR
Summe I - Grundstücke -	...... EUR
II. Bewegliche Sachen	
1. Bargeld	...... EUR
2. Wohnungseinrichtung	...... EUR
3. Wertgegenstände	...... EUR
4. persönliche Gegenstände	...... EUR
5. sonstige bewegliche Sachen	...... EUR
Summe II - bewegliche Sachen -	...... EUR

III. Forderungen	
1. Bankguthaben	...... EUR
2. Sparkasseneinlagen	...... EUR
3. Wertpapiere	...... EUR
4. Lebensversicherungen	...... EUR
5. sonstige Versicherungen	...... EUR
6. sonstige Forderungen	...... EUR
Summe III – Forderungen –	...... EUR
B. Passiva	
IV. Verbindlichkeiten	
1. Beerdigungskosten	...... EUR
2. Grundschulden	...... EUR
3. Darlehen ......-Bank	...... EUR
4. Darlehen ......-Sparkasse	...... EUR
5. Steuerschulden	...... EUR
Summe IV – Verbindlichkeiten	...... EUR
Reiner Nachlass (Summe I.–III. abzgl. IV.)	...... EUR

...... [*HIER Unterschrift Erbe/*in]
Unterschrift

Bei der Aufnahme des vorstehenden Inventars habe ich, Gerichtsvollzieher ...... des Amtsgerichts amtlich mitgewirkt.

gez. ......, Gerichtsvollzieher in ......

Anmerkung

Das Inventar ist ein Verzeichnis des Nachlasses, § 1993 BGB, und zwar sämtlicher Aktiva und Passiva des Nachlasses, die beim Erbfall vorhanden sind, § 2001 BGB. Ein privat aufgestelltes Verzeichnis reicht nicht, erforderlich ist ein Verzeichnis, zu dessen Aufnahme der Erbe einen Notar oder sonstigen Amtsträger, § 2002 BGB, zugezogen hat oder das amtlich unter der Vorschrift des § 2003 BGB aufgenommen worden ist.

Achtung:
Das Inventar beschränkt die Haftung des Erben nicht, verhütet aber, sofern es rechtzeitig und richtig errichtet ist, dass der Erbe sein Recht zur Haftungsbeschränkung endgültig verliert. Der Erbe sollte darauf hingewiesen werden, dass bei absichtlicher unvollständiger Nichtangabe von Nachlassgegenständen in erheblichem Umfang oder wenn in der Absicht, die Nachlassgläubiger zu benachteiligen, eine nicht bestehende Nachlassverbindlichkeit aufgeführt wird, er die Beschränkung der Haftung verliert, vgl. § 2005 BGB.

Die Errichtung des Inventars begründet gem. § 2009 BGB zwischen dem Erben und dem Nachlassgläubigern die Vermutung, dass zur Zeit des Erbfalles weitere Nachlassgegenstände als die angegebenen nicht vorhanden sind. Eine haftungsbeschränkende Wirkung hat die Einreichung des Inventars nicht. Sie erleichtert aber dem Erben den Nachweis der Voraussetzungen einer Haftungsbeschränkung nach §§ 1973, 1990 BGB. Die Inventarerrichtung dient den

Interessen des Erben an der Erhaltung seines Rechts, seine beschränkte Haftung herbeizuführen.

Die freiwillige Abgabe des Inventars beim Nachlassgericht hat den Vorteil, dass dem Erben keine Inventarfrist mehr gesetzt werden kann. Außerdem sichert sie gegenüber den Nachlassgläubigern die Vermutung des § 2009 BGB, dass zur Zeit des Erbfalles keine weiteren als die angegebenen Gegenstände vorhanden gewesen sind. Vor einer möglichen Haftungsbeschränkung durch Gläubigeraufgebot, Nachlassverwaltung oder -insolvenz erleichtert das Inventar den Nachweis über den Bestand des Nachlasses.

Wird auf Antrag eines Nachlassgläubigers gem. § 1994 BGB eine Inventarfrist vom Nachlassgericht gesetzt, so sichert nur die Inventarerrichtung dem Erben die Möglichkeit der Herbeiführung einer beschränkten Haftung. Durch Verletzung der Inventarerrichtungspflicht verlieren die Erben die Möglichkeit der Beschränkung ihrer Haftung auf den Bestand des Nachlasses, §§ 1993–2013 BGB.

Gerichtskosten:
5/10 Gebühr gem. § 114 Ziff.1 KostO. Geschäftswert ist der Nachlasswert nach Abzug der Schulden.

Gerichtsvollziehergebühren:

1/2 Gebühr gem. § 52 KostO nach dem Wert der verrechneten Gegenstände, § 52 Abs. 1 S. 1 KostO, § 32 Abs. 1 GvKostG.

Rechtsanwaltsgebühren, Rechtsschutzversicherung:
Siehe Formular 1.D.02.#01.

#28 Antrag auf Errichtung eines Inventars durch den Erben

[*HIER Ort, Datum*]

An das
Amtsgericht [- Notariat in Bad.-Württ.]
- Nachlassgericht -
[*HIER Anschrift*]

Ich vertrete die Interessen des/der ...... Eine auf mich lautende Vollmacht liegt bei.

Am ...... ist der Vater meines/-r Mandanten/-in, Herr ...... in ...... verstorben. Durch Testament, welches sich bei den Akten des Gerichts, Az. ......, befindet, ist mein(e) Mandant/-in Alleinerbe/-in des Verstorbenen geworden.

Ich beantrage namens und im Auftrag meines/-r Mandanten/-in,
dass das Inventar durch das Nachlassgericht aufgenommen wird.

....
Rechtsanwalt/-wältin

Anmerkung

Nach § 2003 Abs. 1 S. 1 BGB hat das Nachlassgericht auf Antrag des Erben entweder das Inventar selbst aufzunehmen oder die Aufnahme einer zuständigen Behörde oder einem zuständigen Beamten oder einem Notar zu übertragen. Schon dadurch, dass der Erbe den Antrag auf amtliche Aufnahme des Inventars an das Nachlassgericht stellt, wird die Inventarfrist gewahrt, § 2003 Abs. 1 S. 2 BGB. Der Antrag eines Miterben wahrt die Frist für die übrigen Erben, § 2063 BGB.

Lässt der Erbe die Inventarfrist ungenutzt vergehen oder führt er absichtlich Unrichtigkeiten im Hinblick auf die Nachlassverbindlichkeiten in der Absicht der Gläubigerbenachteiligung herbei, so haftet er den Gläubigern unbeschränkt, § 2005 BGB. Zu den Ausnahmen: siehe §§ 2013 Abs. 1 S. 2, 2063 Abs. 2, 2144 Abs. 3 BGB.

Zuständig (siehe § 73 FGG) ist der Rechtspfleger; § 3 Nr. 2 c RPflG.

Rechtsmittel:
Beschwerde des Erben gegen Bestimmung der Frist: siehe § 77 FGG.

Gerichtskosten:
1/2 Gebühr nach § 114 Ziff.1 KostO für den Antrag, für die Errichtung 5/10 Gebühr nach § 52 KostO. Geschäftswert: Nachlass nach Abzug der Schulden, § 114 Abs. 1 2. Hlbs. KostO.

Kostenschuldner: beantragender Gläubiger.

Rechtsanwaltsgebühren, Rechtsschutzversicherung:
Vgl. Anmerkungen am Ende von Formular 1.D.02.#01.

#29 Antrag eines Nachlassgläubigers, dem Erben zur Ergänzung des Inventars eine neue Frist zu bestimmen § 2005 Abs. 2 BGB

[*HIER Ort, Datum*]

An das
Amtsgericht [- Notariat in Bad.-Württ.]
- Nachlassgericht -
[*HIER Anschrift*]

Ich vertrete die Interessen des/der ...... Eine auf mich lautende Vollmacht liegt bei.

In der Nachlasssache des Nachlasses des ......, Az. .... hat der Erbe ...... [*HIER Angabe des Namens des Erben*] am ...... ein Inventar des Nachlasses eingereicht, in welchem mein(e) Mandant/-in unter der Ziffer ...... als Nachlassgläubiger/-in aufgeführt ist.

Die im Inventar enthaltenen Angaben sind im folgenden Punkt(en) unvollständig:

...... [*HIER folgt die nähere Ausführung*]

Namens und in Vollmacht meines/-r Mandanten/-in beantrage ich,
Herrn ...... als Erben zur Ergänzung des Inventars eine (neue) Inventarfrist zu bestimmen.

....
Rechtsanwalt/-wältin

Anmerkung

Voraussetzung der Bestimmung einer neuen Inventarfrist zur Ergänzung der Angaben der Nachlassgegenstände durch den Erben ist, dass der antragstellende Nachlassgläubiger eine Unvollständigkeit des Inventars behauptet, § 2005 Abs. 1 BGB.

Der Antragsteller muss im Antrag seine Zweifel an der Vollständigkeit des Inventars behaupten. Ansonsten bleibt ihm nur der Antrag auf eidesstattliche Versicherung gem. § 2006 BGB.

Gegen die Verfügung, durch die über die Bestimmung einer neuen Inventarfrist oder über den Antrag des Erben auf Verlängerung entschieden wird, ist die sofortige Beschwerde möglich, vgl. § 77 Abs. 2 FGG.

Frist: Einlegung innerhalb von zwei Wochen. Die Frist beginnt in dem Zeitpunkt, in dem die Verfügung dem Beschwerdeführer bekannt gemacht worden ist, § 22 Abs. 1 S. 2 FGG. Zur Wahrung der Frist genügt eine gem. §§ 21, 29 S. 1 FGG bei dem Gericht 1. Instanz oder dem Beschwerdegericht eingelegte Beschwerde (Keidel/Kuntze/Winkler, FGG § 22 Rn 14).

Gerichtskosten:
5/10 Gebühr gem. § 114 Ziff.1 KostO.

Gegenstandswert:
Wert des Nachlasses abzüglich der Schulden.

Rechtsanwaltsgebühren:
Siehe Formular 1.D.02.#01.

#30 Antrag eines Nachlassgläubigers auf Abgabe der eidesstattlichen Versicherung gegen den Erben, der ein Inventar errichtet hat § 2006 Abs. 1 BGB, § 76 FGG

[*HIER Ort, Datum*]

An das
Amtsgericht [- Notariat in Bad.-Württ.]
- Nachlassgericht -
[*HIER Anschrift*]

Zum Aktenzeichen: ......

Ich vertrete die Interessen des/der ...... Eine auf mich lautende Vollmacht liegt bei.

In der Nachlasssache des Nachlasses des ......, Az. ...... hat der Erbe ...... [*HIER Angabe des Namens des Erben*] am ...... ein Inventar des Nachlasses eingereicht. Dieses ist unvollständig, da ...... [*Hier folgt die nähere Ausführung*] und wie ich durch Vorlage von ...... belege.

Namens und in Vollmacht meines/-r Mandanten/-in beantrage ich,

dem Schuldner gemäß § 2006 BGB aufzugeben, dass er zu Protokoll des Nachlassgerichts die vorgeschriebene eidesstattliche Versicherung abgibt.

....
Rechtsanwalt/-wältin

Anmerkung

Auf Verlangen eines Nachlassgläubigers hat der Erbe zu Protokoll des Nachlassgerichts an Eides Statt zu versichern, dass er die Nachlassgegenstände so vollständig angegeben hat, wie er dazu imstande ist. Die Verweigerung der eidesstattlichen Versicherung hat die unbeschränkte Haftung zur Folge, § 2006 BGB.

Gerichtskosten:
10/10 Gebühr gem. § 124 Abs. 1 KostO. Kommt es nicht zur mündlichen Verhandlung: § 130 KostO.

Gegenstandswert:
Wert des Antragstellers an der Eidesleistung.

Kostenschuldner ist der Antragsteller, § 2 Nr. 1 KostO.

Rechtsanwaltsgebühren:
Vgl. Anmerkungen am Ende von Formular 1.D.02.#01.

#31 Antrag des Nachlassverwalters auf Eintragung der Anordnung der Nachlassverwaltung in das Grundbuch

[*HIER Ort, Datum*]

An das
Amtsgericht
- Grundbuchamt -

[*HIER Anschrift*]

Aufgrund Beschlusses des Amtsgerichtes ...... vom ...... ist der/die Unterzeichner/-in zum/zur Nachlassverwalter/-in für den Nachlass des am ...... in ...... verstorbenen ...... bestellt worden. Meine Bestellung füge ich mit der Bitte um Rückgabe bei.

[oder]
Durch Beschluss des Amtsgerichtes ...... vom ...... – Akten des Nachlassgerichtes Az. ...... – ist der/die Unterzeichner/-in zum/zur Nachlassverwalter/-in für den Nachlass des am ...... in ...... verstorbenen ...... bestellt worden.

Der Erblasser ist als Eigentümer im Grundbuch von ......, Band ......, Blatt ...... des in ......, ... straße ...... belegenen Grundstückes eingetragen.

Hiermit beantrage ich,
die Anordnung der Nachlassverwaltung durch mich in das Grundbuch einzutragen.

....
Rechtsanwalt/-wältin

Anmerkung

Ein unbeglaubigter Antrag des Nachlassverwalters unter Beifügung seiner Bestellung oder Bezugnahme auf die Akten des Nachlassgerichtes reicht aus.

Ein gutgläubiger Erwerb aufgrund der §§ 892, 893 BGB kann gem. § 1984 BGB trotz Verfügung des Erben eintreten. Deshalb ist es notwendig, dass die Anordnung der Nachlassverwaltung ins Grundbuch eingetragen wird.

Gerichtskosten:
5/10 Gebühr gem. § 65 Abs. 1 KostO.

#32 Antrag eines Miterben auf amtliche Vermittlung der Auseinandersetzung §§ 86 ff. FGG

[*HIER Ort, Datum*]

An das
Amtsgericht [- Notariat in Bad.-Württ.]
- Nachlassgericht -
[*HIER Anschrift*]

Antrag des/der ...... wegen Vermittlung der Auseinandersetzung.

In der Nachlasssache des/der ......, beantrage ich namens und mit Vollmacht des/der Antragstellers/-in und Miterben/-in, Herrn/Frau ......,
die Auseinandersetzung unter den Miterben zu vermitteln.

Begründung:

Am ...... verstarb die Ehefrau des Antragstellers in ......, ... straße ......, ihrem Wohnsitz. Sie wurde von ihrem Ehemann, dem Antragsteller zu 1/2 und den beiden Töchtern zu je 1/4 beerbt.

Mein Mandant hat seinen beiden Töchtern mehrere verschiedene Vorschläge zur Teilung des Nachlasses gemacht. Eine Einigung konnte aber nicht erzielt werden.

Der Nachlass besteht aus den im angeführten Nachlassverzeichnis bezeichneten Gegenständen und Werten. Das Nachlassverzeichnis ist in Anlage beigefügt.

Beigefügt sind:

1. Sterbeurkunde des Erblassers
2. Bestandsverzeichnis
3. Auslagenaufstellung
4. Geburtsurkunden der o. a. Erben

(5. Abschrift des am. . . . . . . eröffneten Testaments)

. . . .
Rechtsanwalt/-wältin

Anmerkung

Da das nachlassgerichtliche Vermittlungsverfahren schon am Widerspruch auch nur eines Beteiligten scheitert (Palandt/Edenhofer § 2038 Rn 43), kann dem Mandanten zu diesem nur geraten werden, wenn zu erwarten ist, dass die gerichtliche Vermittlung bzw. die Ankündigung derselben der passiven Haltung des oder der Miterben abhilft.

Auf Antrag auch nur eines Erben wird das Nachlassgericht zur Vermittlung der Auseinandersetzung tätig (§§ 86–98 FGG), sofern ein Testamentsvollstrecker nicht vorhanden ist.

Zuständig ist der Rechtspfleger, der Richter dann, wenn etwaige vormundschaftliche Genehmigungen ihm vorbehalten sind, § 16 Abs. 1 Nr. 8 RPflG.

Nach § 193 FGG kann landesrechtlich an Stelle des Nachlassgerichtes oder neben diesem auch der Notar die Auseinandersetzung vermitteln, so in Baden-Württemberg, Bayern, Hessen, Niedersachsen. Gericht oder Notar stellen einen Auseinandersetzungsplan auf, dessen Annahme von der Zustimmung aller Erben abhängig ist. Säumige Erben gelten als zustimmend.

Der Antrag ist unzulässig, sofern Testamentsvollstreckung angeordnet ist und es zu den Aufgaben des Testamentsvollstreckers gehört, die Auseinandersetzung zu betreiben (Münchener Kommentar/Dütz § 2042 Rn. 47).

Sind die Erben uneinig oder zerstritten, so geht auch ein gerichtlicher Vermittlungsversuch meistens in die Leere und es entstehen nur zusätzliche Kosten. Er bleibt dann nur der Weg der gerichtlichen Auseinandersetzung.

Zur Erbauseinandersetzungsklage, siehe Formular 1.A.07.d.#12.

Wird auch von nur einem Erben widersprochen, so scheitert die Auseinandersetzung. Die Klärung muss sodann in einem Prozess gegen die die Zustimmung verweigernden Erben aufgrund einer Auseinandersetzungsklage erfolgen. Der oder die auf Auseinandersetzung klagenden Kläger müssen einen Teilungsplan vorlegen, wobei der Nachlass teilungsreif sein muss. Ansonsten ist eine Feststellungsklage zu erheben (OLG Karlsruhe NJW 1974, 956).

Es kann jeder der Miterben das Nachlassgericht mit der Bitte um Vermittlung anrufen, §§ 76 ff. FGG, wobei das Gericht aber keinen eigenen Vermittlungsplan vorschlagen darf. Für einen Teilungsplan empfiehlt sich folgendes Aufbauschema:

I. Berichtigung der Nachlassverbindlichkeiten
   1. Schuldensstand
      a) fällige u. unstreitige Verbindlichkeiten
      b) sonstige Verbindlichkeiten

2. Mittel zur Berichtigung
   a) vorhandene Barmittel
   b) Verwertungsgegenstände und Verwertungsart

II. Verteilung des Nachlasses
   1. Teilungsanordnung des Erblassers, sofern in Verfügung von Todes eine Teilungsanordnung enthalten ist
   2. Verteilung nach Teilungsquote
      a) Verteilung in Natur
      b) Teilung durch Verkauf

Der an sich formfreie Auseinandersetzungsvertrag unterliegt den einschlägigen Formvorschriften dann, sofern er formbedürftige Verpflichtungen enthält, wie etwa die Verpflichtung zur Übereignung eines Grundstückes oder eines GmbH-Anteils (Staudinger/Werner § 2042 BGB Rn 31).

Das amtliche Vermittlungsverfahren hilft vor allem dann, wenn ein Miterbe unbekannten Aufenthalts vorhanden ist. In diesem Fall kann gem. § 88 FGG dem abwesenden Beteiligten für das Verfahren der Auseinandersetzung vor dem Nachlassgericht ein Pfleger – wozu anstelle des Vormundschaftsgerichts das Nachlassgericht gem. § 88 S. 2 FGG zuständig ist – bestellt werden. Die Pflegschaft endet mit dem Abschluss des Auseinandersetzungsverfahrens (Bassenge/Herbst, FGG/RPflG § 88 FGG Anm. 2 c).

Achtung:
Der Widerspruch im Vermittlungsverfahren kann nach herrschender Meinung nur im Termin, nicht schriftlich erklärt werden (Münchener Kommentar/Dütz § 2042 Rn 51, a. A.: OLG Köln DNotz 1951, 524).

Sind sich die Erben hingegen einig über die Aufteilung des Nachlasses oder ergibt sich diese aus einer Teilungsanordnung, bedarf es weder einer amtlichen Vermittlung der Auseinandersetzung noch einer Erbauseinandersetzungsklage. Die Erben müssen nur die Gegenstände auf den jeweiligen Erben übertragen. Die Regelung sollte von den Erben schriftlich festgelegt werden, damit jeder Klarheit darüber hat, wie die Auseinandersetzung aussieht. Eine solche Vereinbarung ist grundsätzlich formlos möglich, mit der Ausnahme, wenn zum Nachlass Grundstücke gehören.

Gerichtskosten:
40/10 Gebühr gem. § 116 Abs. 1 S. 1 BRAGO.

Rechtsanwaltsgebühren:
Der Gebührenanspruch im Verfahren der Freiwilligen Gerichtsbarkeit richtet sich nach § 118 BRAGO.

Gegenstandswert:

Für die Bestimmung des Gegenstandswertes ist § 1 KostO maßgeblich.

Trifft die Tätigkeit im FGG-Verfahren mit einer Vertretung im Zivilprozess zusammen, so ist die Prozessgebühr durch die Gebühren im FGG-Verfahren nicht mit abgegolten (vgl. Gerold/Schmidt/van Eicken/Madert, BRAGO § 31 Rn 36).

Rechtsschutzversicherung:
Siehe Ende der Anmerkungen Formular 1.D.02.#01.

#33 Antrag des Gläubigers auf amtliche Vermittlung der Auseinandersetzung §§ 86 ff. FGG

[*HIER Ort, Datum*]

An das
Amtsgericht [- Notariat in Bad.-Württ.]
- Nachlassgericht -
[*HIER Anschrift*]

Antrag des/der ...... wegen Vermittlung der Auseinandersetzung.

Ich vertrete die Interessen des/der ...... Eine auf mich lautende Vollmacht liegt bei.

Durch Beschluss des Amtsgerichts ......, Az. ......, hat mein(e) Mandant/-in am ...... den Anteil des ...... [*HIER Angabe des Namens des Schuldners u. Erben*], wohnhaft ...... an dem Nachlass des ...... [*HIER Angabe des Namens des Erblassers*] seines/ihres am ...... in ......, [*HIER letzter Wohnsitz des Erblassers*] verstorbenen Vaters in Höhe von ...... EUR gepfändet und zur Einziehung überwiesen erhalten. Eine vollstreckbare Ausfertigung des Beschlusses ist diesem Antrag beigefügt.

Die weiteren Miterben sind:
1. ......
2. ......
3 ......

Die Erbanteile betragen je 1/4 des Nachlasses. Der o. g. Beschluss ist den Erben am ...... zugestellt worden.

Namens und mit Vollmacht meines/-r Mandanten/-in beantrage ich,
die Erbauseinandersetzung des Nachlasses zu vermitteln.

....
Rechtsanwalt/-wältin

Anmerkung

Der Antrag auf amtliche Auseinandersetzung kann auch durch einen Gläubiger gestellt werden, der ein Pfandrecht an einem Nachlassteil erlangt hat, entweder durch Pfandvertrag oder durch gerichtlichen Pfand- oder Überweisungsbeschluss, sofern die Forderung gegenüber den Erben fällig ist.

Gerichtskosten:
20/10 Gebühr gem. § 116 Abs. 1 Nr. 1 KostO für das Vermittlungsverfahren

zzgl. 20/10 Gebühr, wenn sich die Erben einigen und das Gericht die Vereinbarung beurkundet, vgl. § 116 Abs. 1 S. 1 KostO.

Geschäftswert: Gesamtwert des Nachlasses ohne Abzug der Schulden, § 116 Abs. 5 KostO.

Rechtsanwaltsgebühren:
Der Gebührenanspruch im Verfahren der Freiwilligen Gerichtsbarkeit richtet sich nach § 118 BRAGO.

Gegenstandswert: Für die Bestimmung des Gegenstandswertes ist § 1 KostO maßgeblich.

Trifft die Tätigkeit im FGG-Verfahren mit einer Vertretung im Zivilprozess zusammen, so ist die Prozessgebühr durch die Gebühren im FGG-Verfahren nicht mit abgegolten (vgl. Gerold/Schmidt/van Eicken/Madert, BRAGO § 31 Rn 36).

#34 Anfechtung eines Testaments § 2078 BGB

[*HIER Ort, Datum*]

An das
Amtsgericht [- Notariat in Bad.-Württ.]
- Nachlassgericht -
[*HIER Anschrift*]

Ich vertrete die Interessen des/der ...... Eine auf mich lautende Vollmacht liegt bei.

Am ...... ist in ......, seinem Wohnsitz, der ...... verstorben. Er hat in seinem Testament vom ...... den ...... und die ...... zu gleichen Teilen als Erben eingesetzt und meine(n) Mandanten/-in von der Erbschaft ausgeschlossen. Der Erblasser hat das im Testament damit begründet, ... (z. B. dass er meine(n) Mandanten/-in in guten Vermögensverhältnissen gewähnt hat, was nicht der Fall ist. Die zum Erhalt seines Betriebes gewährten Kredite seiner Hausbank kann mein(e) Mandant/-in nur bedienen, wenn ihm ausreichende Mittel aus der Erbschaft zufließen, ansonsten muss er/sie das Vergleichs- und möglicherweise anschließend das Insolvenzverfahren einleiten.)

Da der Erblasser keine Abkömmlinge hinterlassen hat, kommt als gesetzliche(r) Erbe/-in nur mein(e) Mandant/-in in Betracht.

Namens und mit Vollmacht meines/-r Mandanten/-in fechte ich das Testament an.

....
Rechtsanwalt/-wältin

Anmerkung

Es genügt die unbeglaubigte, schriftliche Erklärung gegenüber dem Nachlassgericht, § 2081 BGB.

Die Anfechtungserklärung kann erfolgen, sofern durch die letztwillige Verfügung ein Erbe – auch Nacherbe – eingesetzt, ein gesetzlicher Erbe von der Erbfolge ausgeschlossen, ein Testamentsvollstrecker ernannt oder eine Verfügung solcher Art aufgehoben wird.

Anfechtungsberechtigt ist, wer durch die Aufhebung der Verfügung Erbe oder Miterbe wird, § 2080 BGB.

Das Nachlassgericht nimmt nur die Erklärung entgegen. Entscheidungen trifft es nicht. Bei einem Streit entscheidet das Prozessgericht.

Die Anfechtungserklärung kann gegenüber dem Anfechtungsgegner erfolgen, § 143 Abs. 1 BGB.

Nach § 2082 BGB beträgt die Anfechtungsfrist ein Jahr nach Kenntnis des Anfechtungsgrundes.

Die Anfechtungsgründe sind in den §§ 2078, 2079 BGB angegeben.

Gemäß § 2078 Abs. 1 BGB kann eine letztwillige Verfügung angefochten werden, sofern sich der Wille des Erblassers nicht mit der von ihm abgegebenen Erklärung deckt und anzunehmen ist, dass er die Erklärung ohne den Irrtum nicht abgegeben haben würde.

Das Anfechtungsrecht entfällt, falls der Erblasser trotz Kenntnis des Anfechtungsgrundes die Verfügung nicht geändert hat.

Die Feststellungslast für das Vorliegen eines Anfechtungsgrundes trägt im Falle der Irrtumsanfechtung nach § 2078 BGB derjenige, der die Anfechtung geltend macht.

Vgl. zur Feststellungsklage nach Anfechtung des Testaments Formular 1.A.07.d.#09.

Achtung:
Auch wenn der Rechtsanwalt Zweifel an der Schlagkraft von Anfechtungsgründen oder etwaiger Unwirksamkeitsgründe hat, ist es häufig aus taktischen Gründen angebracht, denkbare Angriffsmöglichkeiten gegen das Testament ins Feld zu führen, um möglicherweise ›Verhandlungsmasse‹ zu schaffen.

Gerichtskosten:
1/4 Gerichtsgebühr bezüglich der Entgegennahme der Anfechtung eines Testaments durch das Gericht, § 112 Abs. 1 Nr. 4 KostO.

Gegenstandswert:
Gesamtnachlass abzüglich der Schulden (= Reinnachlass) § 112 Abs. 2 KostO; nicht aber das Interesse des Anfechtenden.

Kostenschuldner ist der Antragsteller, § 2 Nr. 1 KostO.

Rechtsanwaltsgebühren, Rechtsschutzversicherung:
Vgl. Anmerkungen am Ende von Formular 1.D.02.#01.

#35 Anfechtung eines Testaments § 2079 BGB

[*HIER Ort, Datum*]

An das
Amtsgericht [- Notariat in Bad.-Württ.]
- Nachlassgericht -
[*HIER Anschrift*]

Ich vertrete die Interessen des/der ...... Eine auf mich lautende Vollmacht liegt bei.

Am ...... ist in ......, seinem Wohnsitz, der ...... [*HIER Angabe des Namens des Erblassers*] verstorben. Er hat in seinem Testament vom ...... seine Nichte, Frau ...... zur Alleinerbin eingesetzt.

Mein(e) Mandant/-in ist erst nach der Testamentserrichtung am ...... geboren worden.

Namens und mit Vollmacht meines/-r Mandanten/-in, der/die Pflichtteilsberechtigte(r) ist, fechte ich das Testament an.

....
Rechtsanwalt/-wältin

Anmerkung

Die Anfechtung kann auch wegen Übergehung eines Pflichtteilsberechtigten erfolgen, wenn der Erblasser einen zur Zeit des Erbfalles vorhandenen Pflichtteilsberechtigten übergangen hat,

a. dessen Vorhandensein ihm bei der Errichtung der Verfügung nicht bekannt war oder
b. der erst nach der Errichtung geboren oder
c. etwa durch Heirat erst pflichtteilsberechtigt geworden ist.

Im Falle der Anfechtung nach § 2079 BGB wegen Übergehung eines Pflichtteilsberechtigten wird von Gesetzes wegen ein Motivirrtum des Erblassers vermutet. Deshalb trägt in diesem Fall derjenige die Feststellungslast, der behauptet, der Erblasser hätte den Pflichtteilsberechtigten auch bei Kenntnis von dessen Existenz als Erben übergangen.

Vgl. zur Feststellungsklage nach Anfechtung des Testamensts Formular 1.A.07.d.#09.

Achtung:
Auch wenn der Rechtsanwalt Zweifel an der Schlagkraft von Anfechtungsgründen oder etwaiger Unwirksamkeitsgründe hat, so ist es häufig aus taktischen Gründen angebracht, denkbaree Angriffsmöglichkeiten gegen das Testament ins Feld zu führen, um möglicherweise ›Verhandlungsmasse‹ zu schaffen.

Gerichtskosten:
Siehe Formular 1.D.02.#28.

Rechtsanwaltsgebühren, Rechtsschutzversicherung:
Vgl. Anmerkungen am Ende von Formular 1.D.02.#01.

#36 Antrag auf Erteilung einer Grundbuchabschrift zur Ermittlung des Gesamtwertes des Nachlasses

[*HIER Ort, Datum*]

An das
Amtsgericht [- Notariat oder Gemeinden in Bad.-Württ.]
- Grundbuchamt -
[*HIER Anschrift*]

Nachlass des/der am ...... in ...... verstorbenen Erblassers/-in ......

Sehr geehrte Damen u. Herren,

eine schriftliche Vollmacht vorlegend zeige ich an, dass ich Herrn/Frau ......, wohnhaft ...... [*HIER Angabe der genauen Adresse*], in der Nachlasssache ...... [*HIER Angabe des Namens des/der Erblassers/-in*], verstorben am ...... in ...... anwaltlich vertrete.

Damit der Gesamtwert des Nachlasses abschließend beurteilt werden kann, ist es erforderlich, in Erfahrung zu bringen, welche Grundstücke im dortigen Amtsbezirk ...... im Zeitpunkt des Erbfalles im Allein- oder Miteigentum des/der Erblassers/-in gestanden haben.

Aus diesem Grund bitte ich Sie um entsprechende Mitteilungen bzw. eine unbeglaubigte [-beglaubigte] Kopie der betreffenden Grundbuchblätter.

Die Kosten bitte ich per Nachname zu erheben.

....
Rechtsanwalt/-wältin

Anmerkung

Sollte der Mandant nicht wissen, ob und wie viele Grundstücke sich im Eigentum des Erblassers befanden, so ist beim Grundbuchamt oder dem zuständigen Finanzamt des Erblassers Auskunft über den betreffenden Grundbesitz einzuholen.

Vgl. im Übrigen auch Anmerkungen zu Formular 1.D.01.#01.

Büromäßige Behandlung:
Als Anlage ist die Vollmacht beizufügen.

Rechtsanwaltsgebühren:
In Angelegenheiten der freiwilligen Gerichtsbarkeit ist nach § 118 BRAGO abzurechnen, soweit nicht § 63 BRAGO eine Anwendungsmöglichkeit bietet.

Gegenstandswert:
Für die Bestimmung des Gegenstandswertes ist § 1 KostO maßgeblich.

Rechtsschutzversicherung:
Nach den alten Allgemeinen Bedingungen für den Rechtsschutz, ARB 75, fallen gemäß § 4 Abs. 1 lit.p ARB 75 Angelegenheiten der Freiwilligen Gerichtsbarkeit unter den allgemeinen Risikoausschluss.

Für neue Rechtsschutzverträge, die die neuen Rechtschutzbedingungen ARB 2000 oder ARB 94 zur Grundlage haben, ist die Rechtslage anders. Nach den neuen Allgemeinen Bedingungen für den Rechtsschutz gehören Angelegenheiten der Freiwilligen Gerichtsbarkeit nicht mehr zu den Rechtsgebieten, die durch den Ausschlusstatbestand des § 3 ARB vom Risikoausschluss erfasst sind, so dass im Rahmen der versicherten Leistungsarten Rechtsschutz besteht.

Im Einzelfall kommt es jedoch auf den einzelnen Versicherer und die abgeschlossenen Versicherung an, die möglicherweise Sonderbedingungen, die über die ARB 75 hinausgehen oder die ARB 2000 oder ARB 94 einschränken, enthält. Es ist somit ratsam, vor Beginn des Mandats die Einzelheiten mit dem jeweiligen Versicherer abzuklären.

03. Wohnungseigentumsverfahren

#01 Anfechtbarkeit und Anfechtung von Beschlüssen (allgemein)

[*HIER Ort, Datum*]

An das
Amtsgericht
- Gericht der freiwilligen Gerichtsbarkeit -
Abteilung für Wohnungseigentumssachen
[*HIER Anschrift*]

In der Wohnungseigentumssache

der Wohnungseigentümergemeinschaft, ... straße Nr. ...... in ......,
bestehend aus den Wohnungseigentümern gem. beigefügter Eigentümerliste,

- Antragsteller/-in, -

Verfahrensbevollmächtigte(r): Rechtsanwalt/-wältin ...... [*HIER Vorname, Name, Anschrift*]

gegen

1. ......
2. ......

......
vertreten durch
den Verwalter der Eigentumsanlage, ...

- Antragsgegner/-in, -

beantrage ich,

den Beschluss der WEG-Versammlung vom ...... unter TOP ...... für ungültig zu erklären.

Begründung:

Auf der Wohnungseigentümerversammlung vom ...... wurde unter TOP ...... der Beschluss gefasst, auf dem Gemeinschaftseigentum, nämlich auf der hinter der Wohnungseigentumsanlage gelegenen Rasenfläche, einen Kinderspielplatz einzurichten.

Der Beschluss wurde mehrheitlich gefasst; er hätte jedoch der Zustimmung aller Wohnungseigentümer bedurft.

Der Beschluss ist daher unwirksam und antragsgemäß für ungültig zu erklären.

....
Rechtsanwalt/-wältin

Anmerkung

Zu unterscheiden sind wirksame, anfechtbare und nichtige Beschlüsse. Die Besonderheit anfechtbarer Beschlüsse liegt darin, dass sie wirksam werden und bleiben, wenn sie nicht gerichtlich rechtskräftig für ungültig erklärt werden, vgl. BGHZ 106, 124, das heißt, jeder einzelne Wohnungseigentümer muss entscheiden, ob er von seinem Anfechtungsrecht Gebrauch machen oder einen mängelbehafteten Beschluss hinnehmen will.

Ein Beschluss ist anfechtbar, wenn er formell nicht wirksam zustandegekommen ist oder inhaltliche Mängel aufweist, insbesondere gegen Vereinbarungen und die Gemeinschaftsordnung der Wohnungseigentümer (vgl. BayObLG ZMR 1983, 107; OLG Düsseldorf, MittRhNot 1980, 208), oder gegen gesetzliche Vorschriften, die die Wohnungseigentümer nicht abbedungen haben, vgl. BayObLG ZMR 1980, 188, oder gegen die Grundsätze ordnungsgemäßer Verwaltung verstößt.

Der Anfechtungsantrag muss für den ungültig zu erklärenden Beschluss zumindest bestimmbar bezeichnen, vgl. OLG Celle OLGZ 1989, 183, dass das Gericht an den gestellten Antrag gem. § 308 ZPO gebunden ist, weil ansonsten die Ausschlussfrist des § 23 Abs. 4 WEG von einem Monat ihrem der Rechtssicherheit dienenden Zweck nicht mehr gerecht werden könnte und der Umfang der Bestandskraft des Beschlusses ungewiss bliebe, vgl. BayObLGZ 1985, 176.

Der Antrag muss gem. § 23 Abs. 4 WEG spätestens bis zum Ablauf 1 Monats nach dem Tag der Beschlussfassung beim Amtsgericht eingegangen sein, vgl. BGH NJW 1970, 1316.

Wird ein Kinderspielplatz aufgrund einer Auflage in der Baugenehmigung von den Wohnungseigentümern erstmalig hergestellt oder verändert und mit weiteren Spielgeräten ausgestattet, so handelt es sich um Maßnahmen der ordnungsgemäßen Instandhaltung und Instandsetzung, die mehrheitlich beschlossen werden können, vgl. OLG Düsseldorf, DWE 1983, 31; BayOBLG ZMR 1980, 381.

Mehrheitlich kann auch in der Hausordnung beschlossen werden, dass das Spielen der Kinder hinsichtlich Zeit, Art und Umfang eingeschränkt wird.

Die nachträgliche Herstellung eines nicht vorgeschriebenen Kinderspielplatzes oder seiner Erweiterung oder die Aufstellung zusätzlicher Spielgeräte sind bauliche Veränderungen i. S. d. § 22 Abs. 1 WEG, die der Zustimmung aller Wohnungseigentümer bedürfen, vgl. BayObLG ZMR 1980, 381.

Kosten:
Gerichtskosten:
Das 3fache der vollen Gebühr, § 48 Abs. 1 WEG.

Sofern es nicht zu einer gerichtlichen Entscheidung kommt, die 1 fache Gebühr, § 48 Abs. 1 S. 1 u. 2 WEG.

Die Gebühren richten sich nach der Tabelle der KostO.

Der **Geschäftswert** wird vom Richter nach dem Interesse der Beteiligten festgesetzt, § 48 Abs. 3 WEG.

Rechtsanwaltsgebühren:
Die Regelgebühren nach § 31 BRAGO, § 63 Abs. 1 Nr. 2 BRAGO.

#02 Anfechtbarkeit eines Wirtschaftsplanbeschlusses (Sonderfall)

[*HIER Ort, Datum*]

An das
Amtsgericht
- Gericht der freiwilligen Gerichtsbarkeit -
Abteilung für Wohnungseigentumssachen
[*HIER Anschrift*]

In der Wohnungseigentumssache
der Wohnungseigentümergemeinschaft, ... straße Nr. ...... in ......
bestehend aus den Wohnungseigentümern gem. beigefügter Eigentümerliste,
- Antragsteller/-in, -
Verfahrensbevollmächtigte(r): Rechtsanwalt/-wältin ...... [*HIER Vorname, Name, Anschrift*]

gegen

die Miteigentümer
1. ......
2. ......
......

vertreten durch

den Verwalter der Eigentumsanlage, ...

- Antragsgegner/-in, -

beantrage ich namens der Antragsteller zu beschließen:

der Beschluss der Eigentümergemeinschaft vom ...... unter TOP...... betreffende die Genehmigung des Wirtschaftsplanes 20.. wird für ungültig erklärt.

Begründung:

Die Beteiligten bilden die eingangs bezeichnete Wohnungseigentümergemeinschaft.

Unter § ...... der Teilungserklärung ist die Verpflichtung der Wohnungseigentümer zur Tragung der Lasten und Kosten des gemeinschaftlichen Eigentums in Ergänzung und teilweise Abänderung des § 16 WEG bestimmt.

Die Eigentümergemeinschaft hat in der Wohnungseigentümerversammlung vom ...... unter TOP ...... den Wirtschaftsplan 20.. mehrheitlich genehmigt.

Die Antragsteller fechten diesen Beschluss in dem vorliegenden Verfahren an.

Zur Begründung führen sie aus, dass gem. § ...... der Teilungserklärung die ......gebühren nicht nach Miteigentumsanteilen, sondern nach der Personenzahl aufzuteilen waren.

....
Rechtsanwalt/-wältin

Anmerkung

Anfechtbar ist der Beschluss eines Wirtschaftsplanes, der zu erheblichen Nachzahlungen, BayObLG WE 1989, 64, oder Überzahlung, BayObLG a. a. O. führen wird, wobei die Wohnungseigentümer einen weiten Ermessenspielraum haben, ob sie die Ansätze knapp oder reichlich bemessen, KG WuM 1991,114.

Anfechtbar ist auch ein Beschluss, der vom Verwalter noch zu erstellende Einzelwirtschaftspläne unter dem »Vorbehalt der Richtigkeit« genehmigt, BayObLG WE 1990, 138.

Die Anfechtbarkeit kann auf einzelne Posten des Wirtschaftsplanes beschränkt werden, die dann allein Gegenstand des Verfahrens sind, BayObLG WE 1989, 64.

Zu beachten ist, dass der durch den Gesamtwirtschaftsplan ermittelte Finanzbedarf unter Anwendung des in der Teilungserklärung vorgesehenen Verteilungsschlüssels auf die Sondereigentumseinheiten konkret umzulegen ist.

Wird ein Wirtschaftplanbeschluss wegen zu geringer Ansätze für ungültig erklärt, so hat das Gericht ersatzweise einen Wirtschaftsplan mit höheren Ansätzen zu bestimmen, vgl. KG WuM 1991, 224.

Die Kostenentscheidung ergeht gem. § 47 WEG, d. h. über die Kosten entscheidet das Gericht nach billigem Ermessen.

Es gilt im WEG-Recht der Grundsatz, dass jeder Verfahrensbeteiligte seine außergerichtlichen Kosten selbst zu tragen hat.

Die Festsetzung des Geschäftswertes erfolgt gem. § 48 Abs. 2 WEG.

Kosten:
siehe Anmerkungen Formular 1.D.03.#01.

#03 Anfechtbarkeit von Beschlüssen der Wohnungseigentümergemeinschaft (Sonderfall)

[*HIER Ort, Datum*]

An das
Amtsgericht
- Gericht der freiwilligen Gerichtsbarkeit -
Abteilung für Wohnungseigentumssachen
[*HIER Anschrift*]

In der Wohnungseigentumssache
der Wohnungseigentümergemeinschaft, ... straße Nr. ...... in ......
bestehend aus den Wohnungseigentümern gem. beigefügter Eigentümerliste,
- Antragsteller/-in, -
Verfahrensbevollmächtigte(r): Rechtsanwalt/-wältin ...... [*HIER Vorname, Name, Anschrift*]

gegen

die übrigen Miteigentümer
1. . . . . . .
2. . . . . . .
. . . . . .

vertreten durch

den Verwalter der Eigentumswohnanlage, ...

- Antragsgegner/-in, -

beantrage ich namens der Antragsteller zu beschließen,
den unter TOP 4 gefassten Beschluss der Eigentümerversammlung vom . . . . . .
a) Hausordnung
und den weiter unter TOP 4 gefassten Beschluss
b) Geldstrafe
für unwirksam zu erklären.

Auf der Eigentümerversammlung vom . . . . . . wurde unter TOP 4 unter anderem eine Hausordnung beschlossen.

Diese lautet unter TOP 4 a)
»Haftung
Für die Erfüllung der aus dem Gemeinschaftsverhältnis erwachsenden Verpflichtungen haftet jeder Wohnungseigentümer nach den allgemeinen Grundsätzen; er hat Vorsatz und Fahrlässigkeit zu vertreten.«

Unter TOP 4 b) ist weiter geregelt:
»Hat ein Wohnungseigentümer eine grobe oder trotz Abmahnung fortgesetzte Verletzung dieser Hausordnung zu vertreten, so kann ihm der Verwalter mit vorheriger Zustimmung der Mehrheit der Miteigentümer eine Vertragsstrafe bis zur Höhe des Betrages des für eine Wohneinheit zu zahlenden monatlichen Hausgeldes androhen und im Wiederholungsfall, nachdem er ihn angehört hat, auferlegen.«

Die Antragsteller halten die Beschlüsse, insbesondere die Vertragsstrafenregelung, für sittenwidrig und damit unwirksam.

. . . .
Rechtsanwalt/-wältin

Anmerkung

Gem. § 43 WEG entscheidet das Amtsgericht, in dessen Bezirk das Grundstück liegt, im Verfahren der freiwilligen Gerichtsbarkeit. U. a. ist das Gericht für eine Entscheidung über die Gültigkeit von Beschlüssen der Wohnungseigentümer berufen, § 43 Abs. 1 Nr. 4 WEG.

Der Antrag muss innerhalb der Anfechtungsfrist des § 23 Abs. 4 WEG bei Gericht eingegangen sein.

Die Frist beginnt ab Beschlussfassung zu laufen. Das Protokoll ist für die Fristberechnung unmaßgeblich.

Auch kann ein Eigentümer, nachdem er einem Beschluss zunächst zugestimmt hat, ihn anfechten, wenn er sich später anders überlegt, da der Beschluss als solcher, unabhängig von der sachlichen Zustimmung, fehlerhaft sein kann.

Was die Hausordnung anbetrifft, so handelt es sich um eine typische Verwaltungsregelung, die durch Mehrheitsbeschluss geregelt wird.

Die Wohnungseigentümer können durch eine Vereinbarung bzw. eine Gemeinschaftsordnung Strafen für den Fall des Verstoßes gegen Gemeinschaftspflichten oder gegen die Hausordnung vorsehen, vgl. OLG Frankfurt Rpfleger 1979, 109. In Betracht kommen insbesondere Geldstrafen, die durch Mehrheitsbeschluss verhängt werden können, BayObLGZ 1985, 347, ebenfalls auch das Ruhen des Stimmrechts, z. B. bei Bestehen von Hausgeldrückständen, vgl. BayOBLGZ 1965, 34.

Der Betroffene kann gegen die Verhängung der Strafe durch Anfechtung des zugrundeliegenden Beschlusses nach § 23 Abs. 4, 43 Abs. 1 Nr. 4 WEG vorgehen.

Ein Fall der offenbaren Unbilligkeit ist z. B. gegeben bei einem Verstoß gegen den Gleichheitsgrundsatz, BGHZ 47, 385.

Kosten:
siehe Anmerkungen Formular 1.D.03.#01.

#04 Negativbeschluss (Nichtbeschluss)

[*HIER Ort, Datum*]

An das
Amtsgericht
- Gericht der freiwilligen Gerichtsbarkeit -
Abteilung für Wohnungseigentumssachen
[*HIER Anschrift*]

In der Wohnungseigentumssache
der Wohnungseigentümergemeinschaft, ... straße Nr. ...... in ......
bestehend aus den Wohnungseigentümern gem. beigefügter Eigentümerliste,

- Antragsteller/-in, -

Verfahrensbevollmächtigte(r): Rechtsanwalt/-wältin ...... [*HIER Vorname, Name, Anschrift*]

gegen

die übrigen Miteigentümer
1. ......
2. ......
......
vertreten durch
den Verwalter der Eigentumsanlage, ...

- Antragsgegner/-in, -

beantrage ich namens der Antragsteller zu beschließen,

den auf der Wohnungseigentümerversammlung am ...... gefassten Beschluss unter TOP ...... für ungültig zu erklären.

Begründung:

...... [*HIER Tatsachenvortrag, warum der im Protokoll wiedergegebene Beschluss in der Weise gefasst wurde und damit nicht durchgeführt zu werden braucht. Es könnte sich z. B. der folgende Sachverhalt ergeben:*]

Auf der Wohnungseigentümerversammlung vom ...... wurde unter TOP...... eine Änderung über die Hausordnung beschlossen.

In der inzwischen vorliegenden Niederschrift des Verwalters steht unter dem TOP...... Folgendes:

»Es wurde eine Änderung der Hausordnung beschlossen«.

Die Wiedergabe der Eigentümerversammlung zu diesem Punkt ist unrichtig. Ein Beschluss über die Änderung der Hausordnung wurde mehrheitlich nicht gefasst.

....
Rechtsanwalt/-wältin

Anmerkung

Voraussetzung für eine Anfechtung ist zunächst, dass überhaupt ein ›Mehrheitsbeschluss‹ vorliegt, vgl. BayObLG MDR 1980, 142.

So liegt beispielsweise ein anfechtbarer schriftlicher Beschluss gem. § 23 Abs. 3 WEG nicht vor, wenn nicht alle Wohnungseigentümer zugestimmt haben, vgl. BayObLG OLGZ 81, 384 = Rpfleger 81, 12, MDR 81, 320.

Er ist ein rechtlich bedeutungsloser ›Scheinbeschluss‹.

Ein Negativ- oder Nichtbeschluss ist grundsätzlich nicht anfechtbar. Ein gegen einen solchen Negativbeschluss gerichteter Antrag ist aber als Antrag auf Durchführung einer Maßnahme im Rahmen ordnungsgemäßer Verwaltung auszulegen, wenn der abgelehnte Beschlussantrag eine solche Maßnahme zum Gegenstand hatte, vgl. BayObLGZ 1974, 172; OLG Frankfurt OLGZ 1980, 418.

Kosten:
siehe Anmerkungen Formular 1.D.03.#01.

#05 Geltendmachung von rückständigen Hauslasten

[*HIER Ort, Datum*]

An das
Amtsgericht
- Gericht der freiwilligen Gerichtsbarkeit -
Abteilung für Wohnungseigentumssachen
[*HIER Anschrift*]

In der Wohnungseigentumssache
der Wohnungseigentümergemeinschaft, ... straße Nr. ...... in ......
bestehend aus den Wohnungseigentümern gem. beigefügter Eigentümerliste, vertreten durch den Verwalter der Eigentumswohnanlage

- Antragsteller/-in, -

Verfahrensbevollmächtigte(r): Rechtsanwalt/-wältin ...... [*HIER Vorname, Name, Anschrift*]

gegen

den Wohnungseigentümer ......

- Antragsgegner/-in, -

wegen Zahlung von rückständigen Hauslasten.

Geschäftswert: ...... EUR

Namens und im Auftrag der Antragsteller beantrage ich,
die Antragsgegner zu verurteilen, an die Antragsteller, z.Hd. des Verwalters, ... EUR nebst ......% Zinsen seit dem ......, abzüglich am ...... gezahlter ...... EUR zu zahlen.

Begründung:

...... [*HIER Tatsachenvortrag, aus dem die Verpflichtung des in Anspruch genommenen Wohnungseigentümers zur Tragung der Kosten hervorgeht, die sich aus dem gemeinschaftlichen Eigentum ergeben, § 16 Abs. 1, 2 WEG; hierzu folgender Beispielssachverhalt:*]

Die Antragsgegnerin ist Eigentümerin einer Wohnung der Wohnungseigentumsanlage in ......, ...straße.

Die Antragsteller machen rückständige Wohnlasten entsprechend der Verwaltungsabrechnung für ...... 20.. in Höhe von ...... EUR abzüglich am ...... gezahlter ...... EUR geltend.

Einen Teilbetrag hat die Antragsgegnerin am ...... an den Verwalter überwiesen.

Zur Sache selbst hat sich die Antragsgegnerin ansonsten nicht eingelassen.

....
Rechtsanwalt/-wältin

Anmerkung

Ungeachtet des Amtsermittlungsprinzips aus § 12 FGG entspricht es ständiger Rechtsprechung in Verfahren, die reine Zahlungsansprüche aus dem rechtsbeständig geschlossenen Wirtschaftsplan bzw. aus der rechtsbeständig gebilligten Abrechnung betreffen, § 138 Abs. 3 ZPO entsprechend anzuwenden.

Danach ist der Sachvortrag der Antragsteller bezüglich der rückständigen Wohngelder als von der Antragsgegnerin zugestanden anzusehen.

Die Begründetheit des geltend gemachten Anspruchs ergibt sich aus § 16 Abs. 2 WEG, wonach die Wohnungseigentümer einander zu pünktlichen und vollständigen Zahlungen der Beiträge bezüglich der Kosten und Lasten des gemeinschaftlichen Eigentums, wie sich aus Wirtschaftsplanung und Abrechnung ergeben, verpflichtet sind.

Mit der Genehmigung der Abrechnung werden die sich aus der Einzelabrechnung ergebenden Nachzahlungsverpflichtungen der einzelnen Wohnungseigentümer zur Zahlung fällig, vgl. BGH WPM 1984, 1338.

Da der Beschluss bis zur Ungültigerklärung als wirksam gilt, kommt es insoweit nicht auf den Eintritt der Bestandskraft des Genehmigungsbeschlusses an, vgl. OLG Karlsruhe WEM 1980, 80; a. A. OLG Frankfurt Rpfleger 1978, 383.

Die Ansprüche gegen Wohnungseigentümer auf Zahlung von Rückständen aus genehmigten Jahresabrechnungen oder Umlagen verjähren nach 30 Jahren, BayObLG DWE 1984, 30.

Die Kostenentscheidung ergibt sich aus § 47 WEG. Dabei bestimmt der Richter nach billigem Ermessen, welche Beteiligten die Gerichtskosten zu tragen haben. Er kann dabei auch bestimmen, dass die außergerichtlichen Kosten ganz oder teilweise zu erstatten sind.

In diesem Fall dürfte es billigem Ermessen entsprechen, die Antragsgegnerin mit den Gerichtskosten und der Erstattung der außergerichtlichen Kosten der Antragsteller zu belasten, da die pünktliche und vollständige Zahlung des auf einen Wohnungseigentümer entfallenden Anteils an den gemeinschaftlichen Lasten und Kosten zu den wichtigsten solidarischen Pflichten eines Wohnungseigentümers gehört, die der Gesetzgeber so ernst genommen hat, dass ihre Verletzung unter den Voraussetzungen des § 18 WEG sogar zur Entziehung des Wohnungseigentums führen kann.

Büromäßige Behandlung:
Mit Einreichung des Antrages braucht nicht schon ein Kostenvorschuss einbezahlt werden. Das Gericht erhebt nach § 8 KostO einen zur Deckung der Kosten hinreichenden Vorschuss, dessen Höhe sich gem. § 32 KostO nach der Gebührentabelle für das FGG-Verfahren richtet.

Um Rückfragen des Gerichts zum Geschäftswert zur Berechnung des Gerichtskostenvorschusses zu ersparen, ist dessen Angabe zu empfehlen, da die Gerichtskosten – wie auch die Anwaltsgebühren – nach dem Geschäftswert berechnet werden, § 18 KostO.

Kosten:
Der Geschäftswert bei Geldforderung bemisst sich gem. § 48 Abs. 2 WEG grundsätzlich nach der Höhe der gelten gemachten Forderung, RA § 31 BRAGO.

#06 Besonderheiten der Ansprüche aus Hauslasten

[*HIER Ort, Datum*]

An das
Amtsgericht
- Gericht der freiwilligen Gerichtsbarkeit -
Abteilung für Wohnungseigentumssachen
[*HIER Anschrift*]

In der Wohnungseigentumssache
der Wohnungseigentümergemeinschaft, ... straße Nr. ...... in ......
bestehend aus den Wohnungseigentümern gem. beigefügter Eigentümerliste,
vertreten durch
den Verwalter der Eigentumswohnanlage, ...

- Antragsteller/-in, -

Verfahrensbevollmächtigte(r): Rechtsanwalt/-wältin ...... [*HIER Vorname, Name, Anschrift*]

gegen

die Miteigentümer, die Eheleute
1. ......
2. ......

- Antragsgegner/-in, -

beantrage ich namens der Antragsteller zu beschließen,

die Antragsgegner als Gesamtschuldner zu verpflichten, an die Wohnungseigentümergemeinschaft z.Hd. des Verwalters ...... EUR zuzüglich ......% Zinsen aus ...... ab dem ......, aus weiteren ...... EUR ab dem ...... und aus weiteren ...... EUR ab dem ...... zu zahlen.

Begründung:

[Das folgende Beispiel enthält einen Musterfall, der die besondere Rechtsqualität - hier Aufrechnungsverbot - deutlich macht:]

Die Beteiligten bilden die eingangs bezeichnete Eigentümergemeinschaft. Die Antragsteller fordern im vorliegenden Verfahren von den Antragsgegnern die rückständigen Beträge aufgrund der Wohngeldabrechnung für das Wirtschaftsjahr 20. . .

Über den Wirtschaftsplan wurde in der Wohnungseigentümerversammlung am ...... beschlossen.

Die Eigentümergemeinschaft hat unter Tagesordnungspunkt ...... den Wirtschaftsplan für das Kalenderjahr 20. . genehmigt.

Ausweislich des beschlossenen Wirtschaftsplanes für 20. . beträgt das von den Antragsgegnern zu zahlende Haushaltsgeld ...... EUR/mtl.

Die Antragsgegner behaupten, ihnen stehen Gegenansprüche zu, mit denen sie gegen die rückständigen Beträge die Aufrechnung mit Schreiben vom ...... erklärt haben.

Beweis*: Vorlage des Aufrechnungsschreibens der Antragsgegner.

Die Aufrechnung ist unzulässig.

....
Rechtsanwalt/-wältin

Anmerkung

***Achtung:** Trotz Amtsermittlungsgrundsatzes und obwohl nicht gesetzlich vorgeschrieben, ist das Gericht auf Tatsachenvortrag und Angabe von Beweismitteln der Beteiligten angewiesen. Neben der gerichtlichen Amtsermittlungspflicht besteht eine prozessuale Förderungspflicht der Beteiligten.

Der Wirtschaftsplan ist der Haushaltsplan der Wohnungseigentümergemeinschaft für das folgende Wirtschaftsjahr.

Gemäß §§ 28 Abs. 1, 21 Abs. 5 Nr. 5 WEG ist der Verwalter verpflichtet, für jedes Kalenderjahr ohne Aufforderung als Maßnahme ordnungsgemäßer Verwaltung einen Wirtschaftsplan aufzustellen. Jeder einzelne Wohnungseigentümer hat einen gerichtlich durchsetzbaren Anspruch auf Vorlegung eines Wirtschaftsplanes, vgl. BayObLG DBE 1990, 67.

Der Wirtschaftsplan wird mit der Genehmigung durch Mehrheitsbeschluss der Wohnungseigentümer gem. § 28 Abs. 5 WEG wirksam.

Gemäß § 28 Abs. 2 WEG sind die Wohnungseigentümer verpflichtet, die gem. Wirtschaftsplan beschlossenen Vorschüsse, das so genannte Haushaltsgeld, zu zahlen.

Der Beschluss über die Genehmigung des Wirtschaftsplans bestimmt den vorläufigen Beitrag zu den Lasten und den Kosten des gemeinschaftlichen Eigentums, der Beschluss über die Jahresabrechnung den endgültigen Beitrag, BayObLG WE 1990, 220.

Nicht bezahlte Vorschüsse hat der Verwalter gem. § 27 Abs. 2 Nr. 1 WEG einzufordern bzw. gem. § 43 Abs. 1 Nr. 1 WEG gerichtlich geltend zu machen, soweit der Verwalter hierzu gem. § 27 Abs. 2 Nr. 5 WEG ermächtigt ist.

Nach gefestigter Rechtsprechung, BayObLG 1986, 133; KG GE 1988, 973; OLG Frankfurt OLGZ 1989, 179, kann aus Gründen der Sicherung der Liquidität der Wohnungseigentümergemeinschaft ein Wohnungseigentümer gegen Hausgeldforderungen nur ausnahmsweise aufrechnen und zwar mit Ansprüchen gegen die Wohnungseigentümergemeinschaft auf Ersatz von Kosten für Notgeschäftsführungsmaßnahmen, vgl. § 21 Abs. 2 WEG, § 683 BGB oder mit anerkannten oder rechtskräftig festgestellten Ansprüchen gegen Hausgeldforderungen.

Kosten:
Vergleiche vorhergehendes Formular.

#07 Haftung für Wohngeldrückstände des Voreigentümers

[*HIER Ort, Datum*]

An das
Amtsgericht
- Gericht der freiwilligen Gerichtsbarkeit -
Abteilung für Wohnungseigentumssachen
[*HIER Anschrift*]

In der Wohnungseigentumssache
der Wohnanlage, ... straße Nr. ...... in ......
bestehend aus den Wohnungseigentümern
......

Antragsteller/-in, -

Verfahrensbevollmächtigte(r): Rechtsanwalt/-wältin ...... [*HIER Vorname, Name, Anschrift*]

gegen

den Wohnungseigentümer
......

- Antragsgegner/-in, -

beantrage ich namens der Antragsteller zu beschließen,
die Antragsgegner zu verpflichten, an die Antragsteller zu Händen des Verwalters ...... EUR nebst ......% Zinsen seit dem ...... zu zahlen.

Begründung:

.... [*HIER Tatsachenvortrag, der die Haftung des Erwerbers aufgrund einer Eintragung im Grundbuch als Inhalt des Sondereigentums (im Rahmen der Gemeinschaftsordnung) begründet. Als Beispiel könnte sich der folgende Sachverhalt ergeben:*]

Die Beteiligten bilden die genannte Eigentümergemeinschaft. Der Antragsgegner hat das Wohnungseigentum, die Wohnung Nr. ...... vom vormaligen Eigentümer, Herrn ...... erworben.

Dieser schuldete der Eigentümergemeinschaft Wohngeldrückstände in Höhe von ...... EUR.

Auf Mahnungen hat der Rechtsvorgänger des Antragsgegners nicht reagiert.

Zwischenzeitlich kam es zur Veräußerung des Wohnungseigentums an den Antragsgegner, der nunmehr auf die Wohngeldrückstände in Anspruch genommen wird.

Der Anspruch ist begründet, da durch Teilungserklärung bestimmt ist, dass auch der Erwerber bei einer Eigentumswohnung für Wohngeldrückstände haftet.

Beweis: Teilungserklärung in Kopie

....
Rechtsanwalt/-wältin

Anmerkung

Der Erwerber einer Eigentumswohnung ist gem. § 16 Abs. 2 WEG vom Zeitpunkt seiner Eintragung als Wohnungseigentümer im Grundbuch an verpflichtet, zu den Lasten des gemeinschaftlichen Eigentums und den Kosten der Instandhaltung, Instandsetzung, sonstigen Verwaltung und eines gemeinschaftlichen Gebrauchs des gemeinschaftlichen Eigentums beizutragen.

Dies gilt auch dann, wenn aus materiell-rechtlichen Gründen unsicher ist, ob der Erwerber tatsächlich Wohnungseigentümer geworden ist, z. B. wenn der Kaufvertrag angefochten wurde.

Die übrigen Wohnungseigentümer können sich unter dem Gesichtspunkt des Gut-Glaubens-Schutzes darauf verlassen, dass der im Grundbuch eingetragene Wohnungseigentümer auch verpflichtet ist, Kostenbeiträge gem. § 28 WEG zu leisten, ohne das Rechtsverhältnis zwischen ihm und seinem Veräußerer abschließend klären zu müssen, OLG Celle DWE 1983, 122.

War der Eigentumsumschreibung zugrundeliegende Kaufvertrag nichtig, so kann der Erwerber im Rahmen der Rückabwicklung des Kaufvertrages die Erstattung der geleisteten Kostenbeiträge vom Veräußerer, nicht jedoch von der Wohnungseigentümergemeinschaft verlangen, OLG Celle a. a. O.

Nachforderungen aus solchen Abrechnungen, die erst nach seiner Eintragung im Grundbuch als Eigentümer beschlossen worden sind, auch wenn die abgerechneten Lasten und Kosten die Zeit vor der Eigentumsumschreibung betreffen, hat der Erwerber im Innenverhältnis zu den übrigen Wohnungseigentümern zu tragen, vgl. BGHZ 104, 197.

Die Verpflichtung zur Zahlung von Abrechnungsfehlbeträgen entsteht grundsätzlich erst mit der Beschlussfassung, vgl. BGH NJW 1984, 913, durch die sich nur die beschließenden Wohnungseigentümer untereinander verpflichten können. Würde der bereits ausgeschiedene Wohnungseigentümer verpflichtet werden, läge ein unzulässiger Gesamtakt zu Lasten Dritter vor, vgl. BGHZ 104, 203.

Der Erwerber haftet auch nicht für solche Verbindlichkeiten gegenüber der Wohnungseigentümergemeinschaft, die nach Abschluss des Kaufvertrages, Eintragung einer Auflassungsvormerkung und Übergang vom Besitz, Nutzungen und Lasten durch Beschluss begründet und fällig geworden sind, vgl. BGH WE 1989, 197.

Für die Haushaltsverbindlichkeiten des Veräußerers, die im Zeitpunkt der Eigentumsumschreibung trotz Fälligkeit nicht erfüllt worden sind, hat der Erwerber nicht schon aufgrund seines Beitritts zur Wohnungseigentümergemeinschaft einzustehen, vgl. BGHZ 88, 305.

Eine Haftung des rechtsgeschäftlichen Erwerbers für Hausgeldverbindlichkeiten des Veräußerers kann jedoch durch die Gemeinschaftsordnung begründet werden, weil diese gem. § 10 Abs. 2 WEG auch gegen den Sondernachfolger wirkt, wenn sie als Inhalt des Sondereigentums im Grundbuch eingetragen ist, vgl. BGHZ 99, 358.

#08 Haftung des Veräußerers von Wohnungseigentum

[*HIER Ort, Datum*]

An das
Amtsgericht
- Gericht der freiwilligen Gerichtsbarkeit -
Abteilung für Wohnungseigentumssachen
[*HIER Anschrift*]

In der Wohnungseigentumssache
...... /......
Az.: ......

wird beantragt,
den Antrag der Antragsteller auf Zahlung von ...... EUR (Instandhaltungskosten) zurückzuweisen.

Begründung:

...... [*HIER Tatsachenvortrag mit der Begründung, warum die Haftung des Veräußerers ausgeschlossen ist. Dazu folgender Beispielssachverhalt:*]

Der Antragsgegner wird auf Zahlung von Instandhaltungskosten in Höhe von ...... EUR in Anspruch genommen.

Der Anspruch ist nicht mehr begründet, da der Antragsgegner seine Eigentumswohnung durch notariellen Vertrag vom ...... veräußert hat.

Beweis: Vorlage des notariellen Kaufvertrages von Notar ...... vom ......

Zugunsten des Antragsgegners ist auch bereits eine Auflassungsvormerkung im Grundbuch eingetragen.

Beweis: Beiziehung der Grundbuchakten vom ......, Blatt ......

....
Rechtsanwalt/-wältin

Anmerkung

Der Veräußerer ist gem. § 16 Abs. 2 WEG den anderen Wohnungseigentümern gegenüber verpflichtet, die Lasten des gemeinschaftlichen Eigentums und die Kosten der Instandhaltung, Instandsetzung, sonstigen Verwaltung und eines gemeinschaftlichen Gebrauchs des gemeinschaftlichen Eigentums solange zu tragen, bis der Erwerber als neuer Eigentümer im Grundbuch eingetragen ist, vgl. BGH NJW 1983, 1615.

Dies gilt auch, wenn zugunsten des Erwerber bereits eine Auflassungsvormerkung im Grundbuch eingetragen ist und der Erwerber das Wohnungseigentum nutzt.

Der Veräußerer haftet aber im Verhältnis zu seinen früheren Miteigentümern nicht für Nachforderungen aus einer Abrechnung, die erst nach seinem Ausscheiden aus der Wohnungseigentümergemeinschaft aufgestellt und genehmigt wird und zwar auch nicht insoweit, als die hierdurch konkretisierte Beitragspflicht von seinem Ausscheiden angefallene Lasten und Kosten betrifft, vgl. BGHZ 104, 197, unter Aufgabe der gegenteiligen Ansicht in BGHZ 95, 118.

Der Erwerber haftet auch nicht für solche Verbindlichkeiten gegenüber der Wohnungseigentümergemeinschaft, die nach Abschluss des Kaufvertrages, Eintragung einer Auflassungsvormerkung und Übertragung von Besitz, Nutzungen und Lasten durch Beschluss begründet und fällig geworden sind, vgl. BGH WE 1989, 197.

#09 Notgeschäftsführung in Wohnungseigentumssachen

[*HIER Ort, Datum*]

An das
Amtsgericht
- Gericht der freiwilligen Gerichtsbarkeit -
Abteilung für Wohnungseigentumssachen
[*HIER Anschrift*]

In der Wohnungseigentumssache
des/der ......

- Antragsteller/-in, -

Verfahrensbevollmächtigte(r): Rechtsanwalt/-wältin ...... [*HIER Vorname, Name, Anschrift*]

gegen

die Eigentümer der Wohnungsanlage, an der die Wohnungseigentümer, wie aus der Anlage ersichtlich, beteiligt sind,
......

- Antragsgegner/-in, -

Verwalter: ......

Gegenstandswert: ...... EUR

Namens und im Auftrage des Antragstellers beantragen wir,

die Antragsgegner zu verpflichten, an den Antragsteller ...... EUR zu zahlen.

Begründung:

...... [*HIER Vortrag, der die Notgeschäftsführung des betroffenen Wohnungseigentümers rechtfertigt; im folgenden dazu eine Beispielsfall (vgl. hierzu auch die ausführliche Anmerkung)*]

Der Antragsteller ist Mitglied der Wohnungseigentümergemeinschaft.

Mit vorliegendem Rechtsstreit fordert er von der Wohnungseigentümergemeinschaft die Zahlung der Kosten des Austausches von Fenstern, die im Bereich seiner Sondereigentumseinheit liegen.

Er trägt vor, diese Fenster seien vor dem Austausch verrottet, verfault und undicht gewesen.

Da die Fenster zum gemeinschaftlichen Eigentum gehörten, sei die Wohnungseigentümergemeinschaft insgesamt auch verpflichtet, für deren Austausch zu sorgen bzw. die Kosten hierfür zu tragen.

Der Antragsteller hat den Fenstertausch selbst ausführen lassen und beantragt nunmehr die hierfür entstandenen Kosten in Höhe von ...... EUR ersetzt zu erhalten.

Die Antragsgegner bringen vor, der Antragsteller habe den Fenstertausch ohne eine entsprechende Beschlussfassung der Wohnungseigentümergemeinschaft durchgeführt, so dass diese nicht verpflichtet sei, die Kosten hierfür zu übernehmen.

Im Übrigen sei ein Fenstertausch sachlich auch nicht notwendig gewesen, da die ursprünglich vorhandenen Holzfenster durchaus durch einen weiteren Anstrich renovierbar gewesen wären.

....
Rechtsanwalt/-wältin

Anmerkung

Grundsätzlich ist gem. § 27 Abs. 1 Nr. 2 WEG der Verwalter verpflichtet, das gemeinschaftliche Eigentum instandzuhalten und instandzusetzen.

Davon ist ohne Zustimmung der anderen Wohnungseigentümer jeder Wohnungseigentümer gem. § 21 Abs. 2 WEG berechtigt, die Maßnahmen zu treffen, die zur Abwendung eines dem gemeinschaftlichen Eigentum unmittelbar drohenden Schadens erforderlich sind; diese Verpflichtung ergibt sich aus dem Gemeinschaftsverhältnis der Wohnungseigentümer zueinander, vgl. OLG Oldenburg DWE 1988, 64.

Es muss eine Gefahrenlage bestehen, das heißt, es muss dem gemeinschaftlichen Eigentum unmittelbar ein Schaden drohen, und es muss damit im Interesse der Eigentümergemeinschaft liegen, diesen Schaden abzuwenden; die Maßnahme muss objektiv notwendig zur Erhaltung der Substanz und des wirtschaftlichen Wertes sein. Droht ein solcher Schaden, so sind auch Verfügungshandlungen, selbst Prozessführung, zulässig, z. B. die Einleitung eines Rechtsstreits zur Verjährungsunterbrechung, vgl. BayObLGZ 1975, 58, eines Beweissicherungsverfahrens wegen Mängeln am gemeinschaftlichen Eigentum, vgl. BGH Rpfleger 1980, 14.

Der handelnde Wohnungseigentümer kann Ersatz seiner Aufwendungen von den übrigen Wohnungseigentümern unter Abzug des auf ihn entfallenden Anteils, vgl. BayObLGZ 1986, 322 bzw. ohne Abzug aus dem Verwaltungsvermögen verlangen.

War die getroffene Maßnahme zur Gefahrenabwehr nicht erforderlich, kann der Wohnungseigentümer Aufwendungsersatz nur nach den Bestimmungen über die Geschäftsführung ohne Auftrag und zwar in Höhe der durch die Maßnahme bewirkten Wertsteigerungen verlangen, § 687 Abs. 1 i. V. m. §§ 812 ff. BGB, vgl. BayObLGZ 1986, 322 bzw. gem. § 16 Abs. 2 WEG verlangen, vgl. BayObLG WE 1990, 146.

Für die Erforderlichkeit der Maßnahme trägt der handelnde Wohnungseigentümer die Beweislast.

Grundsätzlich wird die Gemeinschaft der Wohnungseigentümer Dritten gegenüber gerichtlich und außergerichtlich aufgrund Vollmacht entsprechend der Ermächtigung auf der Grundlage eines Beschlusses der Wohnungseigentümer vertreten.

In dringenden Fällen, § 21 Abs. 2 WEG, gilt § 1011 BGB analog, wonach jeder Miteigentümer die Ansprüche aus dem Eigentum Dritten gegenüber in Ansehung der ganzen Sache geltend machen kann, vgl. BGH ZMR 80, 54, NJW 1979 2207.

Die Zulässigkeit eines eigenmächtigen Handelns eines Wohnungseigentümers kann insbesondere dann gegeben sein, wenn ein Verwalter nicht bestellt bzw. nicht zu erreichen ist und die Maßnahme das zeitraubende Verfahren der Einberufung einer Eigentümerversammlung nicht duldet.

#10 Klage auf Entziehung des Wohnungseigentums §§ 18, 19 WEG

[*HIER Ort, Datum*]

An das
Amtsgericht
Zivilabteilung – Abteilung für Wohnungseigentumssachen –
[*HIER Anschrift*]

Klage
der Wohnungseigentümer der Eigentumswohnanlage .... Straße Nr. .... in ......
aufgeführt in der beiliegenden Liste,
vertreten durch
den Verwalter der Eigentumswohnanlage, ...

– Kläger/-in, –

Prozessbevollmächtigte(r): Rechtsanwalt/-wältin ...... [*HIER Vorname, Name, Anschrift*]

gegen

den/die (Miteigentümer/-in) ......

– Beklagte(r), –

wegen Entziehung des Wohnungseigentums.

Streitwert: ...... EUR

Namens und in Vollmacht der Kläger und des Verwalters erhebe ich Klage und beantrage,

1. den/die Beklagte zu verurteilen, sein/ihr in der Eigentumswohnanlage in ...... straße in ...... gelegenes Wohnungseigentum, bestehend aus einem Miteigentumsanteil zu ....../tausendstel, verbunden mit dem Sondereigentum an der Wohnung Nr. ......, eingetragen im Grundbuch des Amtsgerichts ......, Blatt ......, zu veräußern.

2. dem/der Beklagte(n) die Kosten des Rechtsstreits aufzuerlegen.
3. das Urteil gegen Sicherheitsleistung für vorläufig vollstreckbar zu erklären.

Gleichzeitig beantrage ich,
das schriftliche Vorverfahren anzuordnen.

Begründung:

...... [*HIER Subsumtion der Voraussetzungen des § 18 Abs. 1 u. 2 WEG, letztere i. V. m. den §§ 14 u. 16 WEG, die die Einziehung des Wohnungseigentums regeln. Das folgende Beispiel schildert den Fall der § 18 Abs. 2 i. V. m. § 16 WEG*]

Die Kläger sind Mitglieder der Wohnungseigentümergemeinschaft der Wohnungseigentumsanlage ...... straße in ......

Der Beklagte ist Eigentümer der in der Wohnanlage und im Antrag näher bezeichneten Wohnung Nr. ......

Der Beklagte weigert sich hartnäckig, seinen Zahlungsverpflichtungen nachzukommen.

Der Beklagte zahlt weder das Haushaltsgeld, noch die Abrechnungsfehlbeträge.

Die Kläger sahen sich daher veranlasst, den Beklagten wiederholt gerichtlich in Anspruch nehmen zu müssen, wobei die Zwangsvollstreckung teilweise fruchtlos ausgefallen ist.

Beweis: Vorlage des Pfändungsprotokolls des ...... vom ......

Damit hat sich der Beklagte einer so schweren Verletzung der ihm gegenüber den anderen Wohnungseigentümern obliegenden Verpflichtung schuldig gemacht, dass diesen die Fortsetzung der Gemeinschaft mit dem Beklagten nicht mehr zugemutet werden kann.

Aus diesem Grunde können die anderen Wohnungseigentümer von dem Beklagten die Veräußerung seines Wohnungseigentums verlangen.

Über die Entziehung des Wohnungseigentums ist in der Eigentümerversammlung vom ...... mehrheitlich entschieden worden.

Beweis: Vorlage des Sitzungsprotokolls vom ......

....
Rechtsanwalt/-wältin

Anmerkung

Zuständig für die Klage auf Entziehung des Wohnungseigentums ist gem. § 51 WEG ohne Rücksicht auf den Wert des Streitgegenstandes das Amtsgericht, in dessen Bezirk das Grundstück liegt.

Die Ansprüche aus § 18 WEG u. 17 WEG sind demnach im ordentlichen Klageverfahren vor dem Prozessgericht und nicht im Verfahren der freiwilligen Gerichtsbarkeit geltend zu machen, vgl. § 43 Abs. 1 Nr. 1 WEG.

Das Verfahren richtet sich – mit den Besonderheiten des § 19 WEG – ausschließlich nach den Vorschriften der ZPO; der Inhalt der Klageschrift muss daher § 253 ZPO entsprechen.

Die Klagebefugnis ist gesetzlich nicht geregelt. Eine Klageerhebung durch alle übrigen Wohnungseigentümer ist jedoch möglich.

Eine Klageerhebung durch den Verwalter als Prozesstandschafter ist ebenfalls zulässig.

Unter den Voraussetzungen des § 18 Abs. 2 WEG kann das Wohnungseigentum entzogen werden.

Ein Mehrheitsbeschluss der Wohnungseigentümer ist erforderlich, § 18 Abs. 3 S. 1 WEG.

Es genügt nicht die einfache Mehrheit (der Anwesenden). Erforderlich ist gem. § 18 Abs. 3 S. 2 WEG die absolute Mehrheit aller Stimmberechtigten – mit Ausnahme des Störers – BGHZ 59, 104.

Der Beschluss ist besondere Verfahrensvoraussetzung der Entziehungsklage, BayObLG WuM 1990, 95.

Im Fall der Anfechtung des Beschlusses gem. § 23 Abs. 4 WEG entscheidet das Gericht der freiwilligen Gerichtsbarkeit über die Gültigkeit des Beschlusses, § 43 Abs. 1 Nr. 4 WEG. Das Gericht hat ausnahmsweise nur formelle Mängel zu prüfen, nicht aber, ob die behaupteten Pflichtverletzungen die Entziehung rechtfertigen, vgl. BayObLG WUM 1990, 95; OLG Frankfurt DWE 1984, 62.

Büromäßige Behandlung:
Der Klageantrag ist auf Veräußerung des Wohnungseigentums schlechthin, nicht an bestimmte Personen gerichtet. Es muss ein bestimmter Antrag anders als im streitigen Verfahren der freiwilligen Gerichtsbarkeit nach §§ 43 ff. WEG gestellt werden. Dies folgt aus § 253 Abs. 2 Nr. 2 ZPO, der Inhalt des Antrags bestimmt sich nach § 19 WEG. Der Streitwert für die Entziehungsklage bestimmt sich nach § 12 Abs. 1 GKG. Entscheidend ist das Interesse der klagenden Wohnungseigentümer am Eigentumswechsel.

Kosten:
Gerichtskosten:
3,0 Verfahrensgebühr nach GKG KV Nr. 1210. Streitwert ist der Verkehrswert des Wohnungseigentums (Zöller/Herget, Streitwertkommentar, Rn 5133).

Rechtsanwaltsgebühren:
Regelgebühren des § 31 BRAGO.

#11 Antrag auf Feststellung des Fehlens eines Verwalters

[*HIER Ort, Datum*]

An das
Amtsgericht
- Gericht der freiwilligen Gerichtsbarkeit -
Abteilung für Wohnungseigentumssachen
[*HIER Anschrift*]

In der Wohnungseigentumssache

der Wohnungseigentümergemeinschaft, ... straße Nr. ...... in ......,
bestehend aus den Wohnungseigentümern gem. beigefügter Eigentümerliste,

- Antragsteller/-in, -

Verfahrensbevollmächtigte(r): Rechtsanwalt/-wältin ...... [*HIER Vorname, Name, Anschrift*]

gegen

die Firma ...... GmbH, vertr. d. d. Geschäftsführer, [*HIER Anschrift*] ......

- Antragsgegner/-in, -

wegen Feststellung des Fehlens eines Verwalters.

Vorläufiger Geschäftswert: ...... EUR

Namens und in Vollmacht der Antragsteller beantrage ich,

1. festzustellen, dass die Antragsgegnerin nicht mehr Verwalter der Eigentumswohnanlage ...... straße, Nr. ......, in ...... ist.
2. die Verfahrenskosten der Antragsgegnerin aufzuerlegen.

Begründung:

...... [*HIER Subsumtion der Voraussetzungen des § 26 WEG, d. h. neben dem förmlichen Beschluss der Wohnungseigentümergemeinschaft Prüfung des Kündigungsgrundes betreffend den Verwalter, dazu folgender Beispielsfall:*]

Die Antragsgegnerin war ehemals Verwalterin der Wohnungseigentumsanlage ...... straße, ... [Ort]

Mit Mehrheitsbeschluss in der Eigentümerversammlung vom ...... ist die Verwalterin mit sofortiger Wirkung abberufen worden.

Beweis: Vorlage des Sitzungsprotokolls der Eigentümerversammlung vom ......

Die Antragsgegnerin vertritt die Auffassung, dass die ihr zur Last gelegten Vorwürfe unberechtigt sind.

Sie will daher die Verwaltergeschäfte für die Antragsteller fortsetzen. Weiter hat die Antragsgegnerin ihr Verwalterhonorar geltend gemacht.

Die Abberufung der Verwalterin ist wegen erheblicher Vertragsverstöße, insbesondere wegen nicht ordnungsgemäßer Einberufung der Jahreshauptversammlung, nicht durchgeführter Beschlüsse der Wohnungseigentümergemeinschaft, wirksam erfolgt.

Die Gründe sind im einzelnen im Schreiben vom ...... aufgeführt.

Beweis: Vorlage des Schreibens der Antragsteller vom ......

....
Rechtsanwalt/-wältin

Anmerkung

Über die Abberufung des Verwalters entscheiden in erster Linie die Wohnungseigentümer durch Mehrheitsbeschluss, § 26 Abs. 1 S. 1 WEG.

Ist der Verwalter selbst Wohnungseigentümer oder von diesem Wohnungseigentümer mit der Ausübung des Stimmrechts bevollmächtigt, so ist er ebenfalls bei der Abstimmung über einen Antrag, ihn abzuberufen, stimmberechtigt, vgl. BayObLG WE 1987, 45; OLG Celle NJW 1958, 307.

Wird zugleich über die Abberufung des Verwalters und über die Kündigung des Verwaltervertrages abgestimmt, so ist der Verwalter hingegen gem. § 25 Abs. 5 WEG von der Abstimmung insgesamt ausgeschlossen, vgl. BayObLG WE 1987, 45.

Sobald der Verwalter von dem Abberufungsbeschluss in Kenntnis gesetzt worden ist, wird die Abberufung wirksam.

Von diesem Zeitpunkt an stehen dem Verwalter keine Verwaltungsbefugnisse mehr zu, vgl. BGHZ 106, 122.

Die Abberufung bleibt solange wirksam, bis der Beschluss rechtskräftig für ungültig erklärt worden ist, vgl. Rpfleger 1978, 257.

Die Abberufung ist jederzeit möglich, vgl. BayObLGZ 1974, 279, kann aber vertraglich gem. § 26 Abs. 1 S. 3 WEG auf das Vorliegen eines wichtigen Grundes beschränkt werden.

Das Recht zur Abberufung aus wichtigem Grund kann gem. § 26 Abs. 1 S. 2 WEG vertraglich nicht ausgeschlossen werden, vgl. OLG Schleswig NJW 1961, 1870; BayOblGZ 1972, 139.

Ein wichtiger, die Abberufung rechtfertigender Grund liegt vor, wenn das Vertrauensverhältnis zwischen dem Verwalter und dem Wohnungseigentümer insbesondere durch Vertragsverletzungen schwerwiegend gestört ist. Weniger schwerwiegende Vertragsverletzungen rechtfertigen eine Abberufung nicht. Hierzu zählen Rechenfehler in der Abrechnung oder die Verweigerung der Akteneinsicht, vgl. BayObLG ZMR 1985, 390.

Nach der Abberufung hat der Verwalter sämtliche Verwaltungsunterlagen und die der Wohnungseigentümergemeinschaft gehörenden Gelder an die Wohnungseigentümer, in der Regel z.Hd. des neuen Verwalters, gem. § 675 BGB herauszugeben und hierüber gem. §§ 675, 666 BGB, § 28 Abs. 4 WEG, Rechnung zu legen, vgl. BayObLG WE 1989, 63.

Wird der Abberufungsbeschluss für ungültig erklärt, so kann der Verwalter seine Dienste weiter anbieten. Dies ist u. a. Voraussetzung für den Fortzahlungsanspruch der Verwaltervergütung.

Gerichtskosten:
Für das Verfahren selbst eine volle Gebühr gem. § 48 Abs. 1 S. 1 WEG, kommt es zur Entscheidung so fällt das 3 fache der vollen Gebühr nach der KostO an. Bei Antragsrücknahme fällt nur die Hälfte der vollen Gebühr an, § 48 Abs. 1 S. 2 u. 3 WEG. Die Gebühren richten sich nach der Tabelle der KostO. Der Geschäftswert wird nach dem Interesse der Beteiligten vom Richter festgesetzt, § 48 Abs. 3 WEG.

Rechtsanwaltsgebühren:
Regelgebühren nach § 31 BRAGO, § 63 Abs. 1 Nr. 2 BRAGO.

#12 Bestellung eines Notverwalters §§ 26 Abs. 3, 43 Abs. 1 Nr. 3 WEG

[*HIER Ort, Datum*]

An das
Amtsgericht
- Gericht der freiwilligen Gerichtsbarkeit -
Abteilung für Wohnungseigentumssachen
[*HIER Anschrift*]

In der Wohnungseigentumssache

der Wohnungseigentümergemeinschaft, ... straße Nr. ...... in ......,
bestehend aus den Wohnungseigentümern gem. beigefügter Eigentümerliste,

- Antragsteller/-in, -

Verfahrensbevollmächtigte(r): Rechtsanwalt/-wältin ...... [*HIER Vorname, Name, Anschrift*]

gegen

die Firma ...... GmbH, vertr. d. d. Geschäftsführer, [*HIER Anschrift*] ......

- Antragsgegner/-in, -

wegen Feststellung des Fehlens eines Verwalters.

Vorläufiger Geschäftswert: ...... EUR

Namens und in Vollmacht der Antragsteller beantrage ich,

1. festzustellen, dass die Antragsgegnerin nicht mehr Verwalter der Eigentumswohnanlage ...... straße, Nr. ......, in ...... ist.
2. die Verfahrenskosten der Antragsgegnerin aufzuerlegen.

Ferner regen wir an,
vorab eine einstweilige Anordnung wie folgt zu erlassen:
Die Firma ......, ... [*HIER Anschrift*], wird ermächtigt und angewiesen, umgehend eine außerordentliche Eigentümerversammlung einzuberufen zu dem Tagesordnungspunkt: Bestellung eines neuen Verwalters.

Begründung:

...... [*HIER Subsumtion der Voraussetzungen des § 26 WEG, d. h. neben dem förmlichen Beschluss der Wohnungseigentümergemeinschaft Prüfung des Kündigungsgrundes betreffend den Verwalter, siehe hierzu Formular 1.D.03.#11*

danach dann:

Tatsachenvortrag, der die Dringlichkeit der Bestellung eines Notverwalters, z. B. Wahrnehmung nicht aufschiebbarer Verwaltungsaufgaben, ohne dass das Wohnungseigentum Schaden nähme; dazu folgender standardisierter Text:]

Die Neubestellung eines Verwalters ist dringend erforderlich, weil ein Verwaltervertrag mit dem ehemaligen Verwalter aufgrund des Abberufungsbeschlusses nicht mehr besteht.

Durch den Antrag auf Bestellung eines neuen Verwalters kann sichergestellt werden, dass die Eigentumswohnanlage alsbald wieder ordnungsgemäß verwaltet wird.

Soweit die Firma ...... als neuer Verwalter vorgeschlagen wurde, ist darauf hinzuweisen, dass diese Firma bereits früher Verwalterin der Eigentumsanlage war und zur Einberufung und Leitung einer Eigentümerversammlung bereit ist.

....
Rechtsanwalt/-wältin

Anmerkung

Fehlt ein Verwalter oder verweigert er seine Tätigkeit oder kann der vorhandene Verwalter sein Amt aus rechtlichen oder tatsächlichen Gründen nicht ausüben, so hat das Amtsgericht gem. §§ 26 Abs. 3, 43 Abs. 1 Nr. 3 WEG in dringenden Fällen bis zur Behebung des Mangels auf Antrag eines Wohnungseigentümers nach freiem Ermessen einen Notverwalter zu bestellen.

Da die Bestellung erst mit der Rechtskraft gem. § 45 Abs. 2 WEG wirksam wird, sollte das Gericht zugleich gem. § 44 Abs. 3 WEG eine einstweilige Anordnung erlassen, durch die es die sofortige Wirksamkeit der Bestellung beschließt, damit der Notverwalter handlungsfähig ist, vgl. BayObLG DWE 1984, 59, OLG Düsseldorf ZMR 1989, 315.

Das Gericht kann auch einen Wohnungseigentümer ermächtigen, sofort eine Wohnungseigentümerversammlung mit dem Tagesordnungspunkt – Bestellung eins Verwalters und Abschluss des Verwaltervertrages – einzuberufen, vgl. BayObLG WuM 1990, 320.

Der vom Gericht bestellte Verwalter besitzt die gleiche Stellung wie ein regulär bestellter Verwalter, vgl. OLG Hamm OLGZ 1967, 109, ohne dass es hierfür eines entsprechenden Anstellungsvertrages bedürfte.

Seine Stellung als Verwalter erhält er mit Annahme der rechtskräftigen richterlichen Berufung, vgl. OLG Hamm NJW 1973, 2302.

Das Gericht hat die Bedingungen der Verwaltertätigkeit auch die Vergütung des Verwalters in ortsüblicher Höhe, zu bestimmen, vgl. BGH NJW 1980, 2466.

Wird sie nicht bestimmt, hat der Verwalter Anspruch auf eine angemessene Vergütung gem. § 612 BGB, vgl. OLG Hamm NJW 1973, 2302.

Die Bestellung des Notverwalters endet entweder mit Ablauf der vom Gericht nach billigem Ermessen festzulegenden Bestellungszeit, durch Amtsenthebung durch den Richter, vgl. BayObLGZ 1972, 250, mit der Wahl eines neuen Verwalters oder mit Ablauf von 5 Jahren nach der Bestellung.

Gerichtskosten:
das 3 fache der vollen Gebühr, sofern es nicht zu einer gerichtlichen Entscheidung kommt, fällt nur die einfache Gebühr an, § 48 Abs. 1 S. 1 u. 2 WEG. Die Gebühren richten sich nach der Tabelle der KostO. Der Geschäftswert wird nach dem Interesse der Beteiligten vom Richter festgesetzt, § 48 Abs. 3 WEG.

Rechtsanwaltsgebühren:
Regelgebühren nach § 31 BRAGO, § 63 Abs. 1 Nr. 2 BRAGO.

#13 Sofortige Beschwerde

[*HIER Ort, Datum*]

An das
Amtsgericht
- Gericht der freiwilligen Gerichtsbarkeit -
Abteilung für Wohnungseigentumssachen
[*HIER Anschrift*]

[oder]
An das
Landgericht ......
- Beschwerdekammer/ Wohnungseigentumssachen -
[*HIER Anschrift*]

In der Wohnungseigentumssache
....../...... [*HIER Langrubrum*]
Az.: ......

lege ich namens und in Vollmacht des/der Antragstellers/-in gegen den Beschluss des Amtsgerichts ...... vom ......

sofortige Beschwerde

ein und beantrage zu erkennen:

1. Der Beschluss des Amtsgerichts ...... vom ...... wird aufgehoben.
2. Gemäß dem Antrag erster Instanz wird erkannt ......
3. Der Beschwerdegegner trägt die gerichtlichen und die außergerichtlichen Kosten der Verfahren erster und zweiter Instanz.

Gründe:

[Die Begründung der sofortigen Beschwerde ist fakultativ. Falls der Beschwerdeführer eine solche für angezeigt hält, kann diese materielle und formelle Gründe aufführen, warum der Beschluss des AG aufzuheben ist. Eine solche Begründung könnte z. B. wie folgt lauten:]

Die Beteiligten bilden die Wohnungseigentümergemeinschaft ...... in ...... Die Teilungserklärung stammt vom ......, eine Gemeinschaftsordnung gibt es nicht.

Insbesondere gibt es keine Regelungen über die Abrechnungen der gemeinschaftlichen Kosten. Bislang wurde die Kaltwasser- und Kanalkosten nach Miteigentumsanteilen abgerechnet.

In der Eigentümerversammlung vom ...... fassten die Wohnungseigentümer unter TOP...... mehrheitlich folgenden Beschluss:

Die Eigentümerversammlung beschließt die Anschaffung und den Einbau von Wasseruhren zum Messen des individuellen Wasserverbrauchs.

Das Amtsgericht ...... hat den Antrag auf Ungültigkeit des Beschlusses zurückgewiesen mit der Begründung, der gefasste Beschluss sei gültig; eines einstimmigen Beschlusses bedürfe es nicht, da es sich bei dem Einbau und der Umrüstung auf Wasseruhren um eine Modernisierungsmaßnahme handele.

Die Auffassung des Amtsgerichts ist fehlerhaft.

Die Wohnungseigentümer konnten nicht mehrheitlich den Einbau von Kaltwasseruhren und damit verbunden die Abrechnung der Wasser- und Kanalkosten nach Verbrauch beschließen.

....
Rechtsanwalt/-wältin

Anmerkung

Gegen die Entscheidungen des Amtsgerichts ist die sofortige Beschwerde statthaft, wenn der Wert des Beschwerdegegenstandes 750,00 EUR übersteigt, § 45 Abs. 1 WEG.

Der **Beschwerdewert** ist nicht der Wert dessen, was die angefochtene Entscheidung insgesamt versagt, oder der Geschäftswert, sondern nur das, was dem einzelnen Beschwerdeführer versagt bleibt, vgl. BayObLGZ 1990, 141, OLG Hamm MDR 1971, 1018.

Die Beschwerdefrist beträgt 2 Wochen, § 22 Abs. 1 FGG und beginnt gem. § 16 Abs. 2 FGG mit der Zustellung oder gem. § 16 Abs. 3 FGG mit der Bekanntmachung der Entscheidung, letztere aber in Anwesenheit des Beteiligten, § 1970, 65.

Die Wiedereinsetzung in den vorigen Stand ist bei unverschuldeter Versäumung der Beschwerdefrist gem. § 22 Abs. 2 FGG möglich, vgl. BayOblG WE 1988, 206.

Die Einlegung erfolgt durch Einreichung einer Beschwerdeschrift, sie kann auch zu Protokoll der Geschäftsstelle des AG oder des LG eingelegt werden, § 22 Abs. 2 FGG.

Die sofortige Beschwerde bedarf nach den allgemeinen Verfahrensvorschriften des FGG weder eines bestimmten Antrages noch einer Begründung, vgl. BGHZ 95, 125.

Behält sich der Beschwerdeführer eine Beschwerdebegründung vor, so kann dennoch das Beschwerdegericht, ohne eine Frist zu setzen oder den Eingang der Beschwerdebegründung abzuwarten, nach angemessener Zeit entscheiden, vgl. BayObLG WE 1988, 205.

Wird ein Antrag zurückgewiesen, ist nur der Antragsteller gem. § 20 Abs. 2 FGG beschwerdeberechtigt.

Wird einem Antrag stattgegeben, hat jeder in seinem Recht beeinträchtigte Beteiligte gem. § 20 Abs. 1 FGG ein Beschwerderecht, vgl. OLG Frankfurt OLGZ 1982, 420.

Über die sofortige Beschwerde ist in der Regel vor der Kammer in öffentlicher Sitzung zu verhandeln, vgl. BayObLG WE 1990, 58; KG WuM 1990, 184.

Materiell-rechtlicher Teil:
Die Verteilungsschlüssel für die gemeinschaftlichen Kosten und Lasten kann nur durch Vereinbarung geändert werden, es sei denn, in der Gemeinschaftsordnung ist ausdrücklich eine Abänderung durch Beschluss zugelassen.

Dies gilt nicht nur für die Abänderung eines in einer Gemeinschaftsordnung vereinbarten Verteilungsschlüssels, sondern auch dann, wenn in der Gemeinschaftsordnung keine Verteilungsschlüssel vereinbart ist.

Kosten:
Gericht und Rechtsanwalt erhalten die gleichen Gebühren wie im ersten Rechtszug, § 48 Abs. 4 WEG; § 63 Abs. 2 BRAGO. Siehe hierzu Anmerkungen zu Formulare 1.D.03.#01.

#14 Sofortige weitere Beschwerde

[*HIER Ort, Datum*]

An das
Amtsgericht [- Landgericht] [- Oberlandesgericht]
[*HIER Anschrift*]

In der Wohnungseigentumssache
....../...... [*HIER Langrubrum*]
AG Az.: ......
LG Az.: ......

lege ich gegen den Beschluss des Landgerichts ...... vom ......

sofortige weitere Beschwerde

ein.

Ich beantrage,

den Beschluss des Amtsgerichts - Landgerichts aufzuheben und den Beschluss der Eigentümerversammlung vom ...... zu Tagesordnungspunkt ...... für ungültig zu erklären und den Antragsgegnern [- Antragsstellern] die Kosten des Verfahrens einschließlich der außergerichtlichen Kosten des Antragstellers [- Antraggegners] [- ...... *HIER sonstiger Beteiligter*] aufzuerlegen.

Gründe:

Die Entscheidung des LG beruht auf einer Rechtsverletzung: Dazu wird wie folgt näher ausgeführt: ...... [*HIER folgt die nähere Ausführung*]

....
Rechtsanwalt/-wältin

Anmerkung

Die sofortige weitere Beschwerde gegen einen Beschluss des Beschwerdegerichts kann nach § 29 Abs. 1 FGG wahlweise beim AG, LG oder beim OLG eingelegt werden.

Auch die weitere Beschwerde ist gem. §§ 45 Abs. 1 WEG, 29 Abs. 2 FGG sofortige weitere Beschwerde. Sie ist zulässig, wenn der Wert der Beschwer die allgemeine Beschwerdegrenze übersteigt. Sie ist statthaft, wenn der Beschwerdewert 750 EUR übersteigt bzw. 100 EUR bei der erstmaligen isolierten Kostenentscheidung, vgl. BayObLG WE 1990, 219.

Die sofortige weitere Beschwerde ist eine Rechtsbeschwerde, so dass lediglich eine Rechtsverletzung mit ihr gerügt werden kann.

Voraussetzung ist folglich, dass die Entscheidung mit der Begründung angegriffen wird, sie beruhe auf einer Rechtsverletzung. Eine Rechtsverletzung liegt vor, wenn eine Rechtsnorm nicht richtig angewendet worden ist, § 27 FGG, oder wenn der Sachverhalt nicht richtig festgestellt wurde, weil beispielsweise der Tatrichter gegen Auslegungsregeln und allgemein anerkannte Erfahrungssätze oder gegen Denkgesetze verstoßen oder nicht alle für die Auslegung maßgeblichen Gesichtspunkte gewürdigt hat. In diesem Fall ist das Rechtsbeschwerdegericht berufen, selbstständig den Sachverhalt zu würdigen, vgl. BayObLG WE 1987, 17.

Büromäßige Behandlung:
Die Beschwerdefrist beträgt auch hier 2 Wochen. Die Einlegung erfolgt durch Einreichung einer Beschwerdeschrift, die von einem Rechtsanwalt unterzeichnet sein muss, § 29 Abs. 1 S. 2 FGG oder durch Erklärung zu Protokoll der Geschäftsstelle des Amts-, Land- oder Oberlandesgerichts.

E. Familienrecht

#01 Scheidungsantrag Frau - Einverständlich - 1-jährige Trennung

[*HIER Ort, Datum*]

[*HIER Langrubrum*]

vertreten wir die Antragstellerin, in deren Namen wir unter Vorlage

- Einer Kopie der Heiratsurkunde
- Des Originals der Heiratsurkunde
- Eines beglaubigten Auszugs aus dem Familienbuch
- Einer schriftlichen besonderen Prozessvollmacht gemäß § 609 ZPO

Antrag auf Ehescheidung

stellen.

Wir beantragen namens der Antragstellerin,

die am ...... unter der Registernummer ...... beim Standesamt ...... geschlossene Ehe der Parteien zu scheiden.

Ferner beantragen wir,

die Verfahrenskosten gegeneinander aufzuheben.

Begründung:

I. Persönliche Verhältnisse / Eheschließung

Die Parteien schlossen wie oben angegeben ihre Ehe. Es ist die ...... Ehe der Antragstellerin und die ...... Ehe des Antragsgegners.

Die Parteien waren und sind lückenlos deutsche Staatsangehörige; auf das Scheidungsbegehren ist deshalb deutsches Recht anzuwenden.

Die Antragstellerin ist am ...... geboren, der Antragsgegner am ......

Identität und Staatsangehörigkeit werden in der mündlichen Verhandlung durch Lichtbildausweise nachgewiesen.

Die Anschrift der früheren Ehewohnung lautet ......

II. Kinder

Die Parteien haben kein gemeinsames Kind, auch nicht im Wege der Adoption.

[- Aus der Ehe der Parteien ging das Kind ...... geboren am ...... hervor.]
[- Aus der Ehe der Parteien gingen folgende Kinder hervor:

...... geboren am ......
...... geboren am ......
......]

Das Kind lebt [- Die Kinder leben] seit Trennung der Parteien im Haushalt der Antragstellerin [- des Antragsgegners].

Soweit ein minderjähriges Kind betroffen ist, werden Regelungen zum Sorgerecht und zum Umgangsrecht derzeit nicht beantragt oder angeregt weil sich die Parteien verständigen können.

[- Das Kind ist [- Alle Kinder sind] bereits volljährig, so dass hierzu im Ehescheidungsverbund keine Regelung zu treffen ist.]

III. Materielle Ehescheidungsvoraussetzungen

Die Ehe der Parteien ist endgültig gescheitert, da die eheliche Lebensgemeinschaft nicht mehr besteht und nicht zu erwarten ist, dass sie wieder aufgenommen wird (§ 1565 I BGB).

Die Parteien leben seit ...... im Sinne des § 1567 I BGB getrennt. Eine häusliche eheliche Gemeinschaft besteht seitdem nicht mehr. Die Antragstellerin will sie auch nicht wiederherstellen.

Versöhnungsbemühungen [- haben nicht stattgefunden] [- waren von kurzer Dauer] (§ 1567 II BGB) und haben zu keiner Basis für eine Wiederaufnahme der ehelichen Lebensgemeinschaft geführt.

[- Das Getrenntleben erfolgte zunächst bis ...... innerhalb der früheren Ehewohnung.

Zu diesem Zeitpunkt ist ...... endgültig aus der Ehewohnung ausgezogen.]

Der Antragsgegner wird dem Scheidungsantrag zustimmen oder gar selbst auch Ehescheidungsantrag stellen.

Dies ergibt sich aus [- seinen vorgerichtlichen Erklärungen] [- Gesprächen der Parteien] [- der vorgerichtlichen Anwaltskorrespondenz].

Daher greift die unwiderlegbare gesetzliche Zerrüttungsvermutung des § 1566 I BGB ohne dass weitere - für die Parteien nur belastende Feststellungen - zu treffen sind.

IV. Zum Verfahren

Wegen der Vorschrift des § 622 II Nr. 2 ZPO wird ausgeführt, dass Familiensachen gemäß § 621 II S. 1 ZPO anderweitig **nicht anhängig** sind [- beim Prozessgericht unter dem Aktenzeichen ...... ein Verfahren anhängig ist] [- beim Familiengericht ...... wegen ...... unter dem Aktenzeichen ...... ein Verfahren anhängig ist] [- mehrfach wie folgt anhängig sind ......] .

Die ausschließliche **örtliche Zuständigkeit** des Familiengerichts ergibt sich aus folgendem:

[- Beide Parteien haben ihren gemeinsamen gewöhnlichen Aufenthalt im Sinne des § 606 I ZPO im Gerichtsbezirk.]
[- Die Antragstellerin [- Der Antragsgegner lebt mit mindestens einem minderjährigen gemeinsamen Kind im Gerichtsbezirk.]
[- Es fehlt jetzt an einem gemeinsamen gewöhnlichen Aufenthalt der Parteien, ... lebt jedoch noch im Bezirk des früheren gemeinsamen Aufenthalts; § 606 II ZPO.]
[- Da keines der vorrangigen Zuständigkeitsmerkmale des § 606 ZPO vorliegt, richtet sich die örtliche Zuständigkeit nach dem gewöhnlichen Inlandsaufenthalt des Antragsgegners. [*Sel-*

tene Alternative dazu: Der Antragsgegner hält sich jedoch im Ausland auf, so dass subsidiär der Aufenthalt der Antragstellerin maßgeblich ist.]

[- Zu den von einem Teil der Rechtsprechung für eine einverständliche Scheidung nach § 1565 i. V. m. § 1566 I BGB beachteten Formalien des **§ 630 ZPO** wird ausgeführt, soweit oben nicht erwähnt:]

[- Zu § 630 I Nr. 2 ZPO werden die Parteien im Verfahren übereinstimmend erklären, dass eine gerichtliche Regelung zum Sorge- und Umgangsrecht wegen bestehender Einigkeit nicht getroffen werden soll.]

[- Zu § 630 I Nr. 3 ZPO können die Parteien Fragen des Kindes- und Ehegattenunterhaltes sowie zu Ehewohnung und Hausrat einverständlich regeln.] [- war sieht § 630 III ZPO vor, dass die Ehescheidung erst ausgesprochen werden soll, wenn hierzu vollstreckbare Schuldtitel herbeigeführt sind. Das ist aber eine in der Praxis kaum oder nicht restriktiv angewandte Sollvorschrift.] [- Dies wird im Laufe des Verfahrens durch familiengerichtlich beurkundete Vereinbarung oder anderweitige formwirksame Urkunden geschehen.]
[- Nicht zum Zwangsverbund gehörende **Folgesachen** im Sinne der §§ 623, 621 ZPO werden voraussichtlich nicht anhängig gemacht.]
Im Hinblick auf die notwendige **mündliche Verhandlung** wird angeregt,
[- Termin erst nach Eingang der Auskünfte zum Versorgungsausgleich zu bestimmen.]
[- frühen Termin zu bestimmen, damit die Parteien die Anhörung hinter sich bringen und etwa offene Fragen andiskutiert werden können.]
[- bald Termin zu bestimmen, in dem eine Vereinbarung gemäß § 127 a BGB beurkundet wird.]

Wir erbitten formlos gesonderte Mitteilung über das genaue **Zustelldatum** des Scheidungsantrages, falls sich dieses nicht aus gerichtlichen Hinweisen zum Versorgungsausgleich ergibt; hierauf kommt es gemäß § 1384 BGB an.

V. Streitwert

Den für die Vorschusszahlung einer Gerichtsgebühr nach dem GKG zu ermittelnde Streitwert des Verfahrens errechne ich vorläufig so:

Bestandteil	Monats-nettoeinkommen	Faktor	Wert
Antragstellereinkommen	xx		-
Antragsgegnereinkommen	xx		-
Summe	xx	× 3	xx
Abzugsposten Kind/Kinder	xx	× 3	xx
Zuschlag aus bereinigtem Vermögen	xx	x %	xx
Gesamtstreitwert ohne Folgesachen			xx

#02 Scheidungsantrag Frau - »Einverständlich streitig« - ohne § 630 ZPO

[*HIER Ort, Datum*]

[*HIER Langrubrum*]

vertreten wir die Antragstellerin, in deren Namen wir unter Vorlage

- Einer Kopie der Heiratsurkunde
- Des Originals der Heiratsurkunde
- Eines beglaubigten Auszugs aus dem Familienbuch
- Einer schriftlichen besonderen Prozessvollmacht gemäß § 609 ZPO

Antrag auf Ehescheidung

stellen.

Wir beantragen namens der Antragstellerin,
die am ...... unter der Registernummer ...... beim Standesamt ...... geschlossene Ehe der Parteien zu scheiden.

Ferner beantragen wir,
die Verfahrenskosten gegeneinander aufzuheben.

Begründung:

I. Persönliche Verhältnisse / Eheschließung

Die Parteien schlossen wie oben angegeben ihre Ehe. Es ist die ...... Ehe der Antragstellerin und die ...... Ehe des Antragsgegners.

Die Parteien waren und sind lückenlos deutsche Staatsangehörige; auf das Scheidungsbegehren ist deshalb deutsches Recht anzuwenden.

Die Antragstellerin ist am ...... geboren, der Antragsgegner am ....

Identität und Staatsangehörigkeit werden in der mündlichen Verhandlung durch Lichtbildausweise nachgewiesen.

Die Anschrift der früheren Ehewohnung lautet ....

II. Kinder

Die Parteien haben kein gemeinsames Kind, auch nicht im Wege der Adoption.

[- Aus der Ehe der Parteien ging das Kind ...... geboren am ...... hervor.]
[- Aus der Ehe der Parteien gingen folgende Kinder hervor:

...... geboren am ......
...... geboren am ......
......]

Das Kind lebt [- Die Kinder leben] seit Trennung der Parteien im Haushalt der Antragstellerin [- des Antragsgegners].

Soweit ein minderjähriges Kind betroffen ist, werden Regelungen zum Sorgerecht und zum Umgangsrecht derzeit nicht beantragt oder angeregt weil sich die Parteien verständigen können.
[- Das Kind ist [- Alle Kinder sind] bereits volljährig, so dass hierzu im Ehescheidungsverbund keine Regelung zu treffen ist.]

III. Materielle Ehescheidungsvoraussetzungen

Die Ehe der Parteien ist endgültig gescheitert, da die eheliche Lebensgemeinschaft nicht mehr besteht und nicht zu erwarten ist, dass sie wieder aufgenommen wird (§ 1565 I BGB).

Die Parteien leben seit ...... im Sinne des § 1567 I BGB getrennt. Eine häusliche eheliche Gemeinschaft besteht seitdem nicht mehr. Die Antragstellerin will sie auch nicht wiederherstellen.

Versöhnungsbemühungen [- haben nicht stattgefunden] [- waren von kurzer Dauer] (§ 1567 II BGB) und haben zu keiner Basis für eine Wiederaufnahme der ehelichen Lebensgemeinschaft geführt.

[- Das Getrenntleben erfolgte zunächst bis ...... innerhalb der früheren Ehewohnung.

Zu diesem Zeitpunkt ist ...... endgültig aus der Ehewohnung ausgezogen.]

Der Antragsgegner wird dem Scheidungsantrag zustimmen oder gar selbst auch Ehescheidungsantrag stellen.

Dies ergibt sich aus [- seinen vorgerichtlichen Erklärungen] [- Gesprächen der Parteien] [- der vorgerichtlichen Anwaltskorrespondenz].

Daher würde die unwiderlegbare gesetzliche Zerrüttungsvermutung des § 1566 I BGB greifen, ohne dass weitere - für die Parteien nur belastende Feststellungen - zu treffen sind, wenn die Formalien des § 630 ZPO gewahrt würden. Die Parteien möchten sich aber zu diesen Rechtsfragen gesondert verständigen ohne bereits bis zum Scheidungsausspruch endgültige Regelungen zu treffen und vollstreckbare Titel zu schaffen. Es wird daher ausgeführt, dass die Ehe aus Sicht beider Parteien endgültig gescheitert ist und eine Wiederaufnahme der ehelichen Lebensgemeinschaft ausgeschlossen ist.

IV. Zum Verfahren

Wegen der Vorschrift des § 622 II Nr. 2 ZPO wird ausgeführt, dass Familiensachen gemäß § 621 II S. 1 ZPO anderweitig **nicht anhängig** sind [- beim Prozessgericht unter dem Aktenzeichen ...... ein Verfahren anhängig ist] [- beim Familiengericht ...... wegen ...... unter dem Aktenzeichen ...... ein Verfahren anhängig ist] [- mehrfach wie folgt anhängig sind ......] .

Die ausschließliche **örtliche Zuständigkeit** des Familiengerichts ergibt sich aus folgendem:

[- Beide Parteien haben ihren gemeinsamen gewöhnlichen Aufenthalt im Sinne des § 606 I ZPO im Gerichtsbezirk.]
[- Die Antragstellerin [- Der Antragsgegner lebt mit mindestens einem minderjährigen gemeinsamen Kind im Gerichtsbezirk.]

[- Es fehlt jetzt an einem gemeinsamen gewöhnlichen Aufenthalt der Parteien, ... lebt jedoch noch im Bezirk des früheren gemeinsamen Aufenthalts; § 606 II ZPO.]
[- Da keines der vorrangigen Zuständigkeitsmerkmale des § 606 ZPO vorliegt, richtet sich die örtliche Zuständigkeit nach dem gewöhnlichen Inlandsaufenthalt des Antragsgegners. [*Seltene Alternative dazu:* Der Antragsgegner hält sich jedoch im Ausland auf, so dass subsidiär der Aufenthalt der Antragstellerin maßgeblich ist.]

Das Scheitern der Ehe lässt sich in dieser Sache bereits durch Anhörung der Parteien klar feststellen, weshalb auf die Formalien des § 630 ZPO nicht abzustellen ist.

[- Nicht zum Zwangsverbund gehörende **Folgesachen** im Sinne der §§ 623, 621 ZPO werden voraussichtlich nicht anhängig gemacht.]

Im Hinblick auf die notwendige **mündliche Verhandlung** wird angeregt,
[- Termin erst nach Eingang der Auskünfte zum Versorgungsausgleich zu bestimmen.]
[- frühen Termin zu bestimmen, damit die Parteien die Anhörung hinter sich bringen und etwa offene Fragen andiskutiert werden können.]
[- bald Termin zu bestimmen, in dem eine Vereinbarung gemäß § 127 a BGB beurkundet wird.]

Wir erbitten formlos gesonderte Mitteilung über das genaue **Zustelldatum** des Scheidungsantrages, falls sich dieses nicht aus gerichtlichen Hinweisen zum Versorgungsausgleich ergibt; hierauf kommt es gemäß § 1384 BGB an.

V. Streitwert

Den für die Vorschusszahlung einer Gerichtsgebühr nach dem GKG zu ermittelnde Streitwert des Verfahrens errechne ich vorläufig so:

Bestandteil	Monats-nettoeinkommen	Faktor	Wert
Antragstellereinkommen	xx		-
Antragsgegnereinkommen	xx		-
Summe	xx	× 3	xx
Abzugsposten Kind/Kinder	xx	× 3	xx
Zuschlag aus bereinigtem Vermögen	xx	x %	xx
Gesamtstreitwert ohne Folgesachen			xx

#03 Scheidungsantrag - 3-jährige Trennung

[*HIER Ort, Datum*]

[*HIER Langrubrum*]

vertreten wir die Antragstellerin, in deren Namen wir unter Vorlage

- Einer Kopie der Heiratsurkunde
- Des Originals der Heiratsurkunde
- Eines beglaubigten Auszugs aus dem Familienbuch
- Einer schriftlichen besonderen Prozessvollmacht gemäß § 609 ZPO

Antrag auf Ehescheidung

stellen.

Wir beantragen namens der Antragstellerin,
die am ...... unter der Registernummer ...... beim Standesamt ...... geschlossene Ehe der Parteien zu scheiden.

Ferner beantragen wir,
die Verfahrenskosten gegeneinander aufzuheben.

Begründung:

I. Persönliche Verhältnisse / Eheschließung

Die Parteien schlossen wie oben angegeben ihre Ehe. Es ist die ...... Ehe der Antragstellerin und die ...... Ehe des Antragsgegners.

Die Parteien waren und sind lückenlos deutsche Staatsangehörige; auf das Scheidungsbegehren ist deshalb deutsches Recht anzuwenden.

Die Antragstellerin ist am ...... geboren, der Antragsgegner am ......

Identität und Staatsangehörigkeit werden in der mündlichen Verhandlung durch Lichtbildausweise nachgewiesen.

Die Anschrift der früheren Ehewohnung lautet ......

II. Kinder

Die Parteien haben kein gemeinsames Kind, auch nicht im Wege der Adoption.

[-Aus der Ehe der Parteien ging das Kind ...... geboren am ...... hervor.]

[-Aus der Ehe der Parteien gingen folgende Kinder hervor:

...... geboren am ......
...... geboren am ......
....

Das Kind lebt [- Die Kinder leben] seit Trennung der Parteien im Haushalt der Antragstellerin [- des Antragsgegners].

Soweit ein minderjähriges Kind betroffen ist, werden Regelungen zum Sorgerecht und zum Umgangsrecht derzeit nicht beantragt oder angeregt weil sich die Parteien verständigen können.
[- Das Kind ist [- Alle Kinder sind] bereits volljährig, so dass hierzu im Ehescheidungsverbund keine Regelung zu treffen ist.]

III. Materielle Ehescheidungsvoraussetzungen

Die Ehe der Parteien ist entsprechend unwiderlegbarer gesetzlicher Vermutung in § 1566 II BGB endgültig gescheitert, da die eheliche Lebensgemeinschaft seit mindestens drei Jahren nicht mehr besteht und nicht zu erwarten ist, dass sie wieder aufgenommen wird (§ 1565 I BGB). Die Trennung im Sinne des § 1567 I BGB erfolgte ......

Der Antragsgegner wird dem Scheidungsantrag zustimmen.

IV. Zum Verfahren

Wegen der Vorschrift des § 622 II Nr. 2 ZPO wird ausgeführt, dass Familiensachen gemäß § 621 II S. 1 ZPO anderweitig **nicht anhängig** sind [- beim Prozessgericht unter dem Aktenzeichen ...... ein Verfahren anhängig ist] [- beim Familiengericht ...... wegen ...... unter dem Aktenzeichen ...... ein Verfahren anhängig ist] [- mehrfach wie folgt anhängig sind ......].

Nicht zum Zwangsverbund gehörende **Folgesachen** im Sinne der §§ 623, 621 ZPO werden voraussichtlich nicht anhängig gemacht.
[- Die Parteien haben sich über alle Folgesachen außer dem Versorgungsausgleich bereits abschließend notariell auseinandergesetzt.]
[- Die Parteien haben zu allen Folgesachen einschließlich Ausschluss des Versorgungsausgleichs bereits eine notarielle Regelung getroffen. Die Urkunde wird übergeben; sie wurde vor mehr als einem Jahr errichtet und bedarf daher keiner familiengerichtlichen Genehmigung gemäß § 1408 II BGB.]

Die ausschließliche **örtliche Zuständigkeit** des Familiengerichts ergibt sich aus folgendem:

[- Beide Parteien haben ihren gemeinsamen gewöhnlichen Aufenthalt im Sinne des § 606 I ZPO im Gerichtsbezirk.]
[- Die Antragstellerin [- Der Antragsgegner lebt mit mindestens einem minderjährigen gemeinsamen Kind im Gerichtsbezirk.]
[- Es fehlt jetzt an einem gemeinsamen gewöhnlichen Aufenthalt der Parteien, ... lebt jedoch noch im Bezirk des früheren gemeinsamen Aufenthalts; § 606 II ZPO.]
[- Da keines der vorrangigen Zuständigkeitsmerkmale des § 606 ZPO vorliegt, richtet sich die örtliche Zuständigkeit nach dem gewöhnlichen Inlandsaufenthalt des Antragsgegners. [*Seltene Alternative dazu:* Der Antragsgegner hält sich jedoch im Ausland auf, so dass subsidiär der Aufenthalt der Antragstellerin maßgeblich ist.]

Im Hinblick auf die notwendige **mündliche Verhandlung** wird angeregt,
[- Termin erst nach Eingang der Auskünfte zum Versorgungsausgleich zu bestimmen.]
[- frühen Termin zu bestimmen, damit die Parteien die Anhörung hinter sich bringen und etwa offene Fragen andiskutiert werden können.]

[- bald Termin zu bestimmen, in dem eine Vereinbarung gemäß § 127 a BGB beurkundet wird.]
[- alsbald zu terminieren, da der Versorgungsausgleich wirksam ausgeschlossen ist und andere Folgesachen nicht anhängig gemacht werden.]
[- Wir erbitten formlos gesonderte Mitteilung über das genaue **Zustelldatum** des Scheidungsantrages, falls sich dieses nicht aus gerichtlichen Hinweisen zum Versorgungsausgleich ergibt; hierauf kommt es gemäß § 1384 BGB an.]

V. Streitwert

Den für die Vorschusszahlung einer Gerichtsgebühr nach dem GKG zu ermittelnde Streitwert des Verfahrens errechnen wir vorläufig so:

Bestandteil	Monats-nettoeinkommen	Faktor	Wert
Antragstellereinkommen	xx		-
Antragsgegnereinkommen	xx		-
Summe	xx	× 3	xx
Abzugsposten Kind/Kinder	xx	× 3	xx
Zuschlag aus bereinigtem Vermögen	xx	x %	xx
Gesamtstreitwert ohne Folgesachen			xx

#04 Scheidungsantrag Frau - Härtefall

[*HIER Ort, Datum*]

[*HIER Langrubrum*]

vertreten wir die Antragstellerin, in deren Namen wir unter Vorlage

→ Einer Kopie der Heiratsurkunde
→ Des Originals der Heiratsurkunde
→ Eines beglaubigten Auszugs aus dem Familienbuch
→ Einer schriftlichen besonderen Prozessvollmacht gemäß § 609 ZPO

Antrag auf Ehescheidung

stellen.

Wir beantragen namens der Antragstellerin,
die am ...... unter der Registernummer ...... beim Standesamt ...... geschlossene Ehe der Parteien baldmöglichst zu scheiden.

Ferner beantragen wir,
die Verfahrenskosten gegeneinander aufzuheben.

Begründung:

I. Persönliche Verhältnisse / Eheschließung

Die Parteien schlossen wie oben angegeben ihre Ehe. Es ist die ...... Ehe der Antragstellerin und die ...... Ehe des Antragsgegners.

Die Parteien waren und sind lückenlos deutsche Staatsangehörige; auf das Scheidungsbegehren ist deshalb deutsches Recht anzuwenden.

Die Antragstellerin ist am ...... geboren, der Antragsgegner am ......

Identität und Staatsangehörigkeit werden in der mündlichen Verhandlung durch Lichtbildausweise nachgewiesen.

Die Anschrift der früheren Ehewohnung lautet ......

II. Kinder

Die Parteien haben kein gemeinsames Kind, auch nicht im Wege der Adoption.

[– Aus der Ehe der Parteien ging das Kind ...... geboren am ...... hervor.]
[– Aus der Ehe der Parteien gingen folgende Kinder hervor:

...... geboren am ......
...... geboren am ......
....

Das Kind lebt [– Die Kinder leben] seit Trennung der Parteien im Haushalt der Antragstellerin [– des Antragsgegners].

Soweit ein minderjähriges Kind betroffen ist, werden Regelungen zum Sorgerecht und zum Umgangsrecht derzeit nicht beantragt oder angeregt weil sich die Parteien verständigen können.
[– Das Kind ist [– Alle Kinder sind] bereits volljährig, so dass hierzu im Ehescheidungsverbund keine Regelung zu treffen ist.]

III. Materielle Ehescheidungsvoraussetzungen

Die Ehe der Parteien ist endgültig gescheitert. Der Scheidungsantrag wird auf die **Härtefallregelung des § 1565 II BGB** gestützt, so dass es unberücksichtigt bleiben kann, dass die Parteien noch nicht ein Jahr lang ständig getrennt leben.

Die Trennung im Sinne des § 1567 I BGB erfolgte ......

Der Antragsgegner wird dem Scheidungsantrag vermutlich nicht zustimmen.

Die Fortsetzung der Ehe ist für die Antragstellerin aus konkreten Gründen unzumutbar, die in der Person des Antragsgegners liegen. Der Sachverhalt ist so gravierend, dass die Interessen der Antragstellerin nicht gewahrt sind, wenn die Parteien zwar getrennt leben, im Rechtssinne aber noch miteinander verheiratet sind. Allein die Aufrechterhaltung der Ehe »auf dem Papier« bedeutet eine unzumutbare Härte für die Antragstellerin, die mit folgendem Sachverhalt begründet wird:

......

Diese gravierenden und ehefeindlichen Vorgänge werden wie folgt unter Beweis gestellt.

Beweis: ......

IV. Zum Verfahren

Wegen der Vorschrift des § 622 II Nr. 2 ZPO wird ausgeführt, dass Familiensachen gemäß § 621 II S. 1 ZPO anderweitig **nicht anhängig** sind [- beim Prozessgericht unter dem Aktenzeichen ...... ein Verfahren anhängig ist] [- beim Familiengericht ...... wegen ...... unter dem Aktenzeichen ...... ein Verfahren anhängig ist] [- mehrfach wie folgt anhängig sind ......].

Die ausschließliche **örtliche Zuständigkeit** des Familiengerichts ergibt sich aus folgendem:

[- Beide Parteien haben ihren gemeinsamen gewöhnlichen Aufenthalt im Sinne des § 606 I ZPO im Gerichtsbezirk.]
[- Die Antragstellerin [- Der Antragsgegner lebt mit mindestens einem minderjährigen gemeinsamen Kind im Gerichtsbezirk.]
[- Es fehlt jetzt an einem gemeinsamen gewöhnlichen Aufenthalt der Parteien, ... lebt jedoch noch im Bezirk des früheren gemeinsamen Aufenthalts; § 606 II ZPO.]
[- Da keines der vorrangigen Zuständigkeitsmerkmale des § 606 ZPO vorliegt, richtet sich die örtliche Zuständigkeit nach dem gewöhnlichen Inlandsaufenthalt des Antragsgegners. [*Seltene Alternative dazu:* Der Antragsgegner hält sich jedoch im Ausland auf, so dass subsidiär der Aufenthalt der Antragstellerin maßgeblich ist.]

Im Hinblick auf den Härtefall wird beantragt, alsbald Termin zur mündlichen Verhandlung zu bestimmen und das persönliche Erscheinen beider Parteien anzuordnen.

V. Streitwert

Den für die Vorschusszahlung einer Gerichtsgebühr nach dem GKG zu ermittelnde Streitwert des Verfahrens errechnen wir vorläufig so:

Bestandteil	Monats-nettoeinkommen	Faktor	Wert
Antragstellereinkommen	xx		-
Antragsgegnereinkommen	xx		-
Summe	xx	× 3	xx
Abzugsposten Kind/Kinder	xx	× 3	xx
Zuschlag aus bereinigtem Vermögen	xx	x %	xx
Gesamtstreitwert ohne Folgesachen			xx

#05 Scheidungsantrag Mann – Einverständlich – 1-jährige Trennung

[*HIER Ort, Datum*]

[*HIER Langrubrum*]

vertreten wir den Antragsteller, in dessen Namen wir unter Vorlage

- Einer Kopie der Heiratsurkunde
- Des Originals der Heiratsurkunde
- Eines beglaubigten Auszugs aus dem Familienbuch
- Einer schriftlichen besonderen Prozessvollmacht gemäß § 609 ZPO

Antrag auf Ehescheidung

stellen.

Wir beantragen namens des Antragstellers,
die am ...... unter der Registernummer ...... beim Standesamt ...... geschlossene Ehe der Parteien zu scheiden.

Ferner beantragen wir,
die Verfahrenskosten gegeneinander aufzuheben.

Begründung:

I. Persönliche Verhältnisse / Eheschließung

Die Parteien schlossen wie oben angegeben ihre Ehe. Es ist die ...... Ehe des Antragstellers und die ...... Ehe der Antragsgegnerin.

Die Parteien waren und sind lückenlos deutsche Staatsangehörige; auf das Scheidungsbegehren ist deshalb deutsches Recht anzuwenden.

Der Antragsteller ist am ...... geboren, die Antragsgegnerin am ......

Identität und Staatsangehörigkeit werden in der mündlichen Verhandlung durch Lichtbildausweise nachgewiesen.

Die Anschrift der früheren Ehewohnung lautet ......

II. Kinder

Die Parteien haben kein gemeinsames Kind, auch nicht im Wege der Adoption.

[-Aus der Ehe der Parteien ging das Kind ...... geboren am ...... hervor.]

[-Aus der Ehe der Parteien gingen folgende Kinder hervor:

...... geboren am ......
...... geboren am ......
....

Das Kind lebt [- Die Kinder leben] seit Trennung der Parteien im Haushalt des Antragstellers [- der Antragsgegnerin].

Soweit ein minderjähriges Kind betroffen ist, werden Regelungen zum Sorgerecht und zum Umgangsrecht derzeit nicht beantragt oder angeregt weil sich die Parteien verständigen können.
[- Das Kind ist [- Alle Kinder sind] bereits volljährig, so dass hierzu im Ehescheidungsverbund keine Regelung zu treffen ist.]

III. Materielle Ehescheidungsvoraussetzungen

Die Ehe der Parteien ist endgültig gescheitert, da die eheliche Lebensgemeinschaft nicht mehr besteht und nicht zu erwarten ist, dass sie wieder aufgenommen wird (§ 1565 I BGB).

Die Parteien leben seit ...... im Sinne des § 1567 I BGB getrennt. Eine häusliche eheliche Gemeinschaft besteht seitdem nicht mehr. Der Antragsteller will sie auch nicht wiederherstellen.

Versöhnungsbemühungen [- haben nicht stattgefunden] [- waren von kurzer Dauer (§ 1567 II BGB) und haben zu keiner Basis für eine Wiederaufnahme der ehelichen Lebensgemeinschaft geführt.]

Das Getrenntleben erfolgte zunächst bis ...... innerhalb der früheren Ehewohnung.

Zu diesem Zeitpunkt ist ...... endgültig aus der Ehewohnung ausgezogen.

Die Antragsgegnerin wird dem Scheidungsantrag zustimmen oder gar selbst auch Ehescheidungsantrag stellen.

Dies ergibt sich aus [- ihren vorgerichtlichen Erklärungen][- Gesprächen der Parteien][- der vorgerichtlichen Anwaltskorrespondenz].

Daher greift die unwiderlegbare gesetzliche Zerrüttungsvermutung des § 1566 I BGB ohne dass weitere - für die Parteien nur belastende Feststellungen - zu treffen sind.

IV. Zum Verfahren

Wegen der Vorschrift des § 622 II Nr. 2 ZPO wird ausgeführt, dass Familiensachen gemäß § 621 II S. 1 ZPO anderweitig **nicht anhängig** sind [- beim Prozessgericht unter dem Aktenzeichen ...... ein Verfahren anhängig ist] [- beim Familiengericht ...... wegen ...... unter dem Aktenzeichen ...... ein Verfahren anhängig ist] [- mehrfach wie folgt anhängig sind ......] .

Die ausschließliche **örtliche Zuständigkeit** des Familiengerichts ergibt sich aus folgendem:
[- Beide Parteien haben ihren gemeinsamen gewöhnlichen Aufenthalt im Sinne des § 606 I ZPO im Gerichtsbezirk.]
[- Der Antragsteller [- Die Antragsgegnerin] lebt mit mindestens einem minderjährigen gemeinsamen Kind im Gerichtsbezirk.]
[- Es fehlt jetzt an einem gemeinsamen gewöhnlichen Aufenthalt der Parteien, ... lebt jedoch noch im Bezirk des früheren gemeinsamen Aufenthalts; § 606 II ZPO.]
[- Da keines der vorrangigen Zuständigkeitsmerkmale des § 606 ZPO vorliegt, richtet sich die örtliche Zuständigkeit nach dem gewöhnlichen Inlandsaufenthalt der Antragsgegnerin. [*Seltene Alternative dazu:* Die Antragsgegnerin hält sich jedoch im Ausland auf, so dass subsidiär der Aufenthalt des Antragstellers maßgeblich ist.]

[– Zu den von einem Teil der Rechtsprechung für eine einverständliche Scheidung nach § 1565 i. V. m. § 1566 I BGB beachteten Formalien des **§ 630 ZPO** wird ausgeführt, soweit oben nicht erwähnt:

- Zu § 630 I Nr. 2 ZPO werden die Parteien im Verfahren übereinstimmend erklären, dass eine gerichtliche Regelung zum Sorge- und Umgangsrecht wegen bestehender Einigkeit nicht getroffen werden soll.
- Zu § 630 I Nr. 3 ZPO können die Parteien Fragen des Kindes- und Ehegattenunterhaltes sowie zu Ehewohnung und Hausrat einverständlich regeln. → Zwar sieht § 630 III ZPO vor, dass die Ehescheidung erst ausgesprochen werden soll, wenn hierzu vollstreckbare Schuldtitel herbeigeführt sind. Das ist aber eine in der Praxis kaum oder nicht restriktiv angewandte Sollvorschrift. → Dies wird im Laufe des Verfahrens durch familiengerichtlich beurkundete Vereinbarung oder anderweitige formwirksame Urkunden geschehen.]

[– Nicht zum Zwangsverbund gehörende **Folgesachen** im Sinne der §§ 623, 621 ZPO werden voraussichtlich nicht anhängig gemacht.]

Im Hinblick auf die notwendige **mündliche Verhandlung** wird angeregt,
[– Termin erst nach Eingang der Auskünfte zum Versorgungsausgleich zu bestimmen.]
[– frühen Termin zu bestimmen, damit die Parteien die Anhörung hinter sich bringen und etwa offene Fragen andiskutiert werden können.]
[– bald Termin zu bestimmen, in dem eine Vereinbarung gemäß § 127 a BGB beurkundet wird.]
[– alsbald zu terminieren, da der Versorgungsausgleich wirksam ausgeschlossen ist und andere Folgesachen nicht anhängig gemacht werden.]

[– Wir erbitten formlos gesonderte Mitteilung über das genaue **Zustelldatum** des Scheidungsantrages, falls sich dieses nicht aus gerichtlichen Hinweisen zum Versorgungsausgleich ergibt; hierauf kommt es gemäß § 1384 BGB an.]

V. Streitwert

Den für die Vorschusszahlung einer Gerichtsgebühr nach dem GKG zu ermittelnde Streitwert des Verfahrens errechnen wir vorläufig so:

Bestandteil	Monatsnettoeinkommen	Faktor	Wert
Antragstellereinkommen	xx		–
Antragsgegnereinkommen	xx		–
Summe	xx	× 3	xx
Abzugsposten Kind/Kinder	xx	× 3	xx
Zuschlag aus bereinigtem Vermögen	xx	x %	xx
Gesamtstreitwert ohne Folgesachen			xx

#06 Scheidungsantrag Mann - 3-jährige Trennung

[*HIER Ort, Datum*]

[*HIER Langrubrum*]

vertreten wir den Antragsteller, in dessen Namen wir unter Vorlage

- einer Kopie der Heiratsurkunde
- des Originals der Heiratsurkunde
- eines beglaubigten Auszugs aus dem Familienbuch
- einer schriftlichen besonderen Prozessvollmacht gemäß § 609 ZPO

Antrag auf Ehescheidung

stellen.

Wir beantragen namens des Antragstellers,
die am ...... unter der Registernummer ...... beim Standesamt ...... geschlossene Ehe der Parteien zu scheiden.

Ferner beantragen wir,
die Verfahrenskosten gegeneinander aufzuheben.

Begründung:

I. Persönliche Verhältnisse / Eheschließung

Die Parteien schlossen wie oben angegeben ihre Ehe. Es ist die ...... Ehe des Antragstellers und die ...... Ehe der Antragsgegnerin.

Die Parteien waren und sind lückenlos deutsche Staatsangehörige; auf das Scheidungsbegehren ist deshalb deutsches Recht anzuwenden.

Der Antragsteller ist am ...... geboren, die Antragsgegnerin am ......

Identität und Staatsangehörigkeit werden in der mündlichen Verhandlung durch Lichtbildausweise nachgewiesen.

Die Anschrift der früheren Ehewohnung lautet ......

II. Kinder

Die Parteien haben kein gemeinsames Kind, auch nicht im Wege der Adoption.

[- Aus der Ehe der Parteien ging das Kind ...... geboren am ...... hervor.]

[- Aus der Ehe der Parteien gingen folgende Kinder hervor:

...... geboren am ......
...... geboren am ......
....

Das Kind lebt [- Die Kinder leben] seit Trennung der Parteien im Haushalt des Antragstellers [- der Antragsgegnerin].

Soweit ein minderjähriges Kind betroffen ist, werden Regelungen zum Sorgerecht und zum Umgangsrecht derzeit nicht beantragt oder angeregt weil sich die Parteien verständigen können.
[- Das Kind ist [- Alle Kinder sind] bereits volljährig, so dass hierzu im Ehescheidungsverbund keine Regelung zu treffen ist.]

III. Materielle Ehescheidungsvoraussetzungen

Die Ehe der Parteien ist entsprechend unwiderlegbarer gesetzlicher Vermutung in § 1566 II BGB endgültig gescheitert, da die eheliche Lebensgemeinschaft seit mindestens drei Jahren nicht mehr besteht und nicht zu erwarten ist, dass sie wieder aufgenommen wird (§ 1565 I BGB). Die Trennung im Sinne des § 1567 I BGB erfolgte ......

Die Antragsgegnerin wird dem Scheidungsantrag zustimmen.

IV. Zum Verfahren

Wegen der Vorschrift des § 622 II Nr. 2 ZPO wird ausgeführt, dass Familiensachen gemäß § 621 II S. 1 ZPO anderweitig **nicht anhängig** sind [- beim Prozessgericht unter dem Aktenzeichen ...... ein Verfahren anhängig ist] [- beim Familiengericht ...... wegen ...... unter dem Aktenzeichen ...... ein Verfahren anhängig ist] [- mehrfach wie folgt anhängig sind ......] .

Nicht zum Zwangsverbund gehörende **Folgesachen** im Sinne der §§ 623, 621 ZPO werden voraussichtlich nicht anhängig gemacht.
[- Die Parteien haben sich über alle Folgesachen außer dem Versorgungsausgleich bereits abschließend notariell auseinandergesetzt.]
[- Die Parteien haben zu allen Folgesachen einschließlich Ausschluss des Versorgungsausgleichs bereits eine notarielle Regelung getroffen. Die Urkunde wird übergeben; sie wurde vor mehr als einem Jahr errichtet und bedarf daher keiner familiengerichtlichen Genehmigung gemäß § 1408 II BGB.]

Die ausschließliche **örtliche Zuständigkeit** des Familiengerichts ergibt sich aus folgendem:

[- Beide Parteien haben ihren gemeinsamen gewöhnlichen Aufenthalt im Sinne des § 606 I ZPO im Gerichtsbezirk.]
[- Der Antragsteller [- die Antragsgegnerin] lebt mit mindestens einem minderjährigen gemeinsamen Kind im Gerichtsbezirk.]
[- Es fehlt jetzt an einem gemeinsamen gewöhnlichen Aufenthalt der Parteien, ... lebt jedoch noch im Bezirk des früheren gemeinsamen Aufenthalts; § 606 II ZPO.]
[- Da keines der vorrangigen Zuständigkeitsmerkmale des § 606 ZPO vorliegt, richtet sich die örtliche Zuständigkeit nach dem gewöhnlichen Inlandsaufenthalt der Antragsgegnerin. [*Seltene Alternative dazu:* Die Antragsgegnerin hält sich jedoch im Ausland auf, so dass subsidiär der Aufenthalt des Antragstellers maßgeblich ist.]

Im Hinblick auf die notwendige **mündliche Verhandlung** wird angeregt,
[- Termin erst nach Eingang der Auskünfte zum Versorgungsausgleich zu bestimmen.]
[- frühen Termin zu bestimmen, damit die Parteien die Anhörung hinter sich bringen und etwa offene Fragen andiskutiert werden können.]

[– bald Termin zu bestimmen, in dem eine Vereinbarung gemäß § 127 a BGB beurkundet wird.]
[– alsbald zu terminieren, da der Versorgungsausgleich wirksam ausgeschlossen ist und andere Folgesachen nicht anhängig gemacht werden.]

[– Wir erbitten formlos gesonderte Mitteilung über das genaue **Zustelldatum** des Scheidungsantrages, falls sich dieses nicht aus gerichtlichen Hinweisen zum Versorgungsausgleich ergibt; hierauf kommt es gemäß § 1384 BGB an.]

V. Streitwert

Den für die Vorschusszahlung einer Gerichtsgebühr nach dem GKG zu ermittelnde Streitwert des Verfahrens errechnen wir vorläufig so:

Bestandteil	Monats-nettoeinkommen	Faktor	Wert
Antragstellereinkommen	xx		–
Antragsgegnereinkommen	xx		–
Summe	xx	× 3	xx
Abzugsposten Kind/Kinder	xx	× 3	xx
Zuschlag aus bereinigtem Vermögen	xx	x %	xx
Gesamtstreitwert ohne Folgesachen			xx

#07 Scheidungsantrag Mann – »Einverständlich streitig« – ohne § 630 ZPO

[*HIER Ort, Datum*]

[*HIER Langrubrum*]

vertreten wir den Antragsteller, in dessen Namen wir unter Vorlage

- Einer Kopie der Heiratsurkunde
- Des Originals der Heiratsurkunde
- Eines beglaubigten Auszugs aus dem Familienbuch
- Einer schriftlichen besonderen Prozessvollmacht gemäß § 609 ZPO

Antrag auf Ehescheidung

stellen.

Wir beantragen namens des Antragstellers,
die am ...... unter der Registernummer ...... beim Standesamt ...... geschlossene Ehe der Parteien zu scheiden.

Ferner beantragen wir,
die Verfahrenskosten gegeneinander aufzuheben.

Begründung:

I. Persönliche Verhältnisse / Eheschließung

Die Parteien schlossen wie oben angegeben ihre Ehe. Es ist die ...... Ehe des Antragstellers und die ...... Ehe der Antragsgegnerin.

Die Parteien waren und sind lückenlos deutsche Staatsangehörige; auf das Scheidungsbegehren ist deshalb deutsches Recht anzuwenden.

Der Antragsteller ist am ...... geboren, die Antragsgegnerin am ......

Identität und Staatsangehörigkeit werden in der mündlichen Verhandlung durch Lichtbildausweise nachgewiesen.

Die Anschrift der früheren Ehewohnung lautet ......

II. Kinder

Die Parteien haben kein gemeinsames Kind, auch nicht im Wege der Adoption.

[– Aus der Ehe der Parteien ging das Kind ...... geboren am ...... hervor.]
[– Aus der Ehe der Parteien gingen folgende Kinder hervor:

...... geboren am ......
...... geboren am ......
....

Das Kind lebt [– Die Kinder leben] seit Trennung der Parteien im Haushalt des Antragstellers [– der Antragsgegnerin].

Soweit ein minderjähriges Kind betroffen ist, werden Regelungen zum Sorgerecht und zum Umgangsrecht derzeit nicht beantragt oder angeregt weil sich die Parteien verständigen können.
[– Das Kind ist [– Alle Kinder sind] bereits volljährig, so dass hierzu im Ehescheidungsverbund keine Regelung zu treffen ist.]

III. Materielle Ehescheidungsvoraussetzungen

Die Ehe der Parteien ist endgültig gescheitert, da die eheliche Lebensgemeinschaft nicht mehr besteht und nicht zu erwarten ist, dass sie wieder aufgenommen wird (§ 1565 I BGB).

Die Parteien leben seit ...... im Sinne des § 1567 I BGB getrennt. Eine häusliche eheliche Gemeinschaft besteht seitdem nicht mehr. Der Antragsteller will sie auch nicht wiederherstellen.

Versöhnungsbemühungen [– haben nicht stattgefunden] [– waren von kurzer Dauer (§ 1567 II BGB) und haben zu keiner Basis für eine Wiederaufnahme der ehelichen Lebensgemeinschaft geführt.]

Das Getrenntleben erfolgte zunächst bis ...... innerhalb der früheren Ehewohnung.

Zu diesem Zeitpunkt ist ...... endgültig aus der Ehewohnung ausgezogen.

Die Antragsgegnerin wird dem Scheidungsantrag zustimmen oder gar selbst auch Ehescheidungsantrag stellen.

Dies ergibt sich aus [- ihren vorgerichtlichen Erklärungen][- Gesprächen der Parteien] [- der vorgerichtlichen Anwaltskorrespondenz].

Daher würde die unwiderlegbare gesetzliche Zerrüttungsvermutung des § 1566 I BGB greifen, ohne dass weitere - für die Parteien nur belastende Feststellungen - zu treffen sind, wenn die Formalien des § 630 ZPO gewahrt würden. Die Parteien möchten sich aber zu diesen Rechtsfragen gesondert verständigen ohne bereits bis zum Scheidungsausspruch endgültige Regelungen zu treffen und vollstreckbare Titel zu schaffen. Es wird daher ausgeführt, dass die Ehe aus Sicht beider Parteien endgültig gescheitert ist und eine Wiederaufnahme der ehelichen Lebensgemeinschaft ausgeschlossen ist.

IV. Zum Verfahren

Wegen der Vorschrift des § 622 II Nr. 2 ZPO wird ausgeführt, dass Familiensachen gemäß § 621 II S. 1 ZPO anderweitig **nicht anhängig** sind [- beim Prozessgericht unter dem Aktenzeichen ...... ein Verfahren anhängig ist] [- beim Familiengericht ...... wegen ...... unter dem Aktenzeichen ...... ein Verfahren anhängig ist] [- mehrfach wie folgt anhängig sind ......].

Die ausschließliche **örtliche Zuständigkeit** des Familiengerichts ergibt sich aus folgendem:
[- Beide Parteien haben ihren gemeinsamen gewöhnlichen Aufenthalt im Sinne des § 606 I ZPO im Gerichtsbezirk.]
[- Der Antragsteller [- die Antragsgegnerin] lebt mit mindestens einem minderjährigen gemeinsamen Kind im Gerichtsbezirk.]
[- Es fehlt jetzt an einem gemeinsamen gewöhnlichen Aufenthalt der Parteien, ... lebt jedoch noch im Bezirk des früheren gemeinsamen Aufenthalts; § 606 II ZPO.]
[- Da keines der vorrangigen Zuständigkeitsmerkmale des § 606 ZPO vorliegt, richtet sich die örtliche Zuständigkeit nach dem gewöhnlichen Inlandsaufenthalt der Antragsgegnerin. [*Seltene Alternative dazu:* Die Antragsgegnerin hält sich jedoch im Ausland auf, so dass subsidiär der Aufenthalt des Antragstellers maßgeblich ist.]

Im Hinblick auf die notwendige **mündliche Verhandlung** wird angeregt,
[- Termin erst nach Eingang der Auskünfte zum Versorgungsausgleich zu bestimmen.]
[- frühen Termin zu bestimmen, damit die Parteien die Anhörung hinter sich bringen und etwa offene Fragen andiskutiert werden können.]
[- bald Termin zu bestimmen, in dem eine Vereinbarung gemäß § 127 a BGB beurkundet wird.]
[- alsbald zu terminieren, da der Versorgungsausgleich wirksam ausgeschlossen ist und andere Folgesachen nicht anhängig gemacht werden.]

[- Wir erbitten formlos gesonderte Mitteilung über das genaue **Zustelldatum** des Scheidungsantrages, falls sich dieses nicht aus gerichtlichen Hinweisen zum Versorgungsausgleich ergibt; hierauf kommt es gemäß § 1384 BGB an.]

V. Streitwert

Den für die Vorschusszahlung einer Gerichtsgebühr nach dem GKG zu ermittelnde Streitwert des Verfahrens errechnen wir vorläufig so:

Bestandteil	Monatsnettoeinkommen	Faktor	Wert
Antragstellereinkommen	xx		–
Antragsgegnereinkommen	xx		–
Summe	xx	× 3	xx
Abzugsposten Kind / Kinder	xx	× 3	xx
Zuschlag aus bereinigtem Vermögen	xx	x %	xx
Gesamtstreitwert ohne Folgesachen			xx

#08 Scheidungsantrag Mann – Härtefall

[*HIER Ort, Datum*]

[*HIER Langrubrum*]

vertreten wir den Antragsteller, in dessen Namen wir unter Vorlage

- Einer Kopie der Heiratsurkunde
- Des Originals der Heiratsurkunde
- Eines beglaubigten Auszugs aus dem Familienbuch
- Einer schriftlichen besonderen Prozessvollmacht gemäß § 609 ZPO

Antrag auf Ehescheidung

stellen.

Wir beantragen namens des Antragstellers,

die am ...... unter der Registernummer ...... beim Standesamt ...... geschlossene Ehe der Parteien baldmöglichst zu scheiden.

Ferner beantragen wir,

die Verfahrenskosten gegeneinander aufzuheben.

Begründung:

I. Persönliche Verhältnisse / Eheschließung

Die Parteien schlossen wie oben angegeben ihre Ehe. Es ist die ...... Ehe des Antragstellers und die ...... Ehe der Antragsgegnerin.

Die Parteien waren und sind lückenlos deutsche Staatsangehörige; auf das Scheidungsbegehren ist deshalb deutsches Recht anzuwenden.

Der Antragsteller ist am ...... geboren, die Antragsgegnerin am ......

Identität und Staatsangehörigkeit werden in der mündlichen Verhandlung durch Lichtbildausweise nachgewiesen.

Die Anschrift der früheren Ehewohnung lautet ......

II. Kinder

Die Parteien haben kein gemeinsames Kind, auch nicht im Wege der Adoption.

[-Aus der Ehe der Parteien ging das Kind ...... geboren am ...... hervor.]

[-Aus der Ehe der Parteien gingen folgende Kinder hervor:

...... geboren am ......,
...... geboren am ......
....

Das Kind lebt [- Die Kinder leben] seit Trennung der Parteien im Haushalt des Antragstellers [- der Antragsgegnerin].

Soweit ein minderjähriges Kind betroffen ist, werden Regelungen zum Sorgerecht und zum Umgangsrecht derzeit nicht beantragt oder angeregt weil sich die Parteien verständigen können.

[- Das Kind ist [- Alle Kinder sind] bereits volljährig, so dass hierzu im Ehescheidungsverbund keine Regelung zu treffen ist.]

III. Materielle Ehescheidungsvoraussetzungen

Die Ehe der Parteien ist endgültig gescheitert. Der Scheidungsantrag wird auf die **Härtefallregelung des § 1565 II BGB** gestützt, so dass es unberücksichtigt bleiben kann, dass die Parteien noch nicht ein Jahr lang ständig getrennt leben.

Die Trennung im Sinne des § 1567 I BGB erfolgte ......

Die Antragsgegnerin wird dem Scheidungsantrag vermutlich nicht zustimmen.

Die Fortsetzung der Ehe ist für den Antragsteller aus konkreten Gründen unzumutbar, die in der Person der Antragsgegnerin liegen. Der Sachverhalt ist so gravierend, dass die Interessen des Antragstellers nicht gewahrt sind, wenn die Parteien zwar getrennt leben, im Rechtssinne aber noch miteinander verheiratet sind. Allein die Aufrechterhaltung der Ehe »auf dem Papier« bedeutet eine unzumutbare Härte für den Antragsteller, die mit folgendem Sachverhalt begründet wird:

......

Diese gravierenden und ehefeindlichen Vorgänge werden wie folgt unter Beweis gestellt.

Beweis: ......

IV. Zum Verfahren

Wegen der Vorschrift des § 622 II Nr. 2 ZPO wird ausgeführt, dass Familiensachen gemäß § 621 II S. 1 ZPO anderweitig **nicht anhängig** sind [– beim Prozessgericht unter dem Aktenzeichen ...... ein Verfahren anhängig ist] [– beim Familiengericht ...... wegen ...... unter dem Aktenzeichen ...... ein Verfahren anhängig ist] [– mehrfach wie folgt anhängig sind ......].

Die ausschließliche **örtliche Zuständigkeit** des Familiengerichts ergibt sich aus folgendem:
[– Beide Parteien haben ihren gemeinsamen gewöhnlichen Aufenthalt im Sinne des § 606 I ZPO im Gerichtsbezirk.]
[– Der Antragsteller [– Die Antragsgegnerin] lebt mit mindestens einem minderjährigen gemeinsamen Kind im Gerichtsbezirk.]
[– Es fehlt jetzt an einem gemeinsamen gewöhnlichen Aufenthalt der Parteien, ... lebt jedoch noch im Bezirk des früheren gemeinsamen Aufenthalts; § 606 II ZPO.]
[– Da keines der vorrangigen Zuständigkeitsmerkmale des § 606 ZPO vorliegt, richtet sich die örtliche Zuständigkeit nach dem gewöhnlichen Inlandsaufenthalt der Antragsgegnerin. [*Seltene Alternative dazu:* Die Antragsgegnerin hält sich jedoch im Ausland auf, so dass subsidiär der Aufenthalt des Antragstellers maßgeblich ist.]

Im Hinblick auf den Härtefall wird beantragt, alsbald Termin zur mündlichen Verhandlung zu bestimmen und das persönliche Erscheinen beider Parteien anzuordnen.

V. Streitwert

Den für die Vorschusszahlung einer Gerichtsgebühr nach dem GKG zu ermittelnde Streitwert des Verfahrens errechnen wir vorläufig so:

Bestandteil	Monatsnettoeinkommen	Faktor	Wert
Antragstellereinkommen	xx		–
Antragsgegnereinkommen	xx		–
Summe	xx	× 3	xx
Abzugsposten Kind / Kinder	xx	× 3	xx
Zuschlag aus bereinigtem Vermögen	xx	x %	xx
Gesamtstreitwert ohne Folgesachen			xx

#09 Zustimmung zum Scheidungsantrag/Widerantrag

[*HIER Ort, Datum*]

[*HIER Langrubrum*]

vertreten wir den/die Antragsgegner/-in.

Auftragsgemäß erklären wir
die Zustimmung zum Ehescheidungsantrag.

Auch diesseits wird namens unserer Partei **Ehescheidungsantrag** gestellt und beantragt, die am ...... unter der Registernummer ...... beim Standesamt ...... geschlossene Ehe der Parteien zu scheiden.

Begründung:

I. Persönliche Verhältnisse / Eheschließung

Die persönlichen Daten sind in der Antragsschrift [– weitgehend] richtig wiedergegeben.

[– Zu berichtigen ist folgendes ......]

II. Kinder

Eine Kinderregelung erübrigt sich. [– Auch diesseits besteht die Vorstellung, dass die Parteien mit dem gemeinsamen Sorgerecht umgehen können und in der Lage sind, das Umgangsrecht weiter einvernehmlich abzusprechen.] [– Hierzu sind Vereinbarungen möglich, die noch abgestimmt gehören.]

III. Materielle Ehescheidungsvoraussetzungen

Die Ehe der Parteien ist auch aus Sicht unserer Partei nachhaltig gescheitert. Der Trennungszeitpunkt ist unstreitig. Die Ehe kann nach den Vorschriften der §§ 1564 ff BGB geschieden werden, sobald die übrigen Voraussetzungen im Verbund vorliegen, weitere Feststellungen werden dazu nicht verlangt.

[– Auf den Sachvortrag in der Antragsschrift, der weitere Umstände für das Scheitern der Ehe aufzeigt, soll deswegen hier nicht eingegangen werden, schon deshalb nicht um zu vermeiden, dass das Klima durch die Diskussion nicht unbedingt erheblicher Nebenfragen getrübt wird.]

[– Die Vorwürfe in der Antragsschrift sind unrichtig und zeichnen auch ein sehr einseitiges Bild vom Scheitern der Ehe. Das soll nach dem Willen unserer Partei aber nicht vertieft werden, da die Scheidungsvoraussetzungen auch ohne diesen Komplex zweifelsfrei vorliegen.]

IV. Zum Verfahren

Die Angaben im Scheidungsantrag zur Anhängigkeit anderer Familiensachen sind richtig.

Die örtliche Zuständigkeit des Prozessgerichtes ist unproblematisch.

......

#10 Keine Zustimmung zum Scheidungsantrag

[*HIER Ort, Datum*]

[*HIER Langrubrum*]

vertreten wir den/die Antragsgegner/-in. Eine besondere Vollmacht für das Scheidungsverfahren ist beigefügt.

Der Ehescheidungsantrag wurde unserer Partei am ...... zugestellt.

Keine Zustimmung

Eine Zustimmung zum Scheidungsantrag kann derzeit nicht erklärt werden, ohne dass aber gegenwärtig Antrag auf Abweisung des Scheidungsbegehrens gestellt wird. Weitere Entwicklung und Lösungsmöglichkeiten sollen abgewartet werden.

Begründung:

Die persönlichen Daten sind in der Antragsschrift richtig [- weitgehend richtig] wiedergegeben.

[- Zu berichtigen ist folgendes ......]

[- Die mit dem Antrag verfolgte Scheidung der Ehe hat für unsere Partei einschneidende persönliche Nachteile. Trotz Getrenntlebens besteht keine Überzeugung, dass die Ehe wirklich irreparabel gescheitert ist. Dazu wird ausgeführt, dass ......]

[- Die Rechtskraft der Scheidung hätte auch gravierende wirtschaftliche Nachteile, nämlich [- den Verlust der Beihilfeberechtigung] [- den Verlust der Familienversicherung in der gesetzlichen Krankenversicherung] [- den Verlust freier Heilbehandlung]. [- Diese Verluste können nachehelich nur mit hohem Kostenaufwand ausgeglichen werden. Der zusätzlich anfallende Prämien- oder Beitragsaufwand für eine freiwillige Krankenversicherung belastet die wirtschaftliche Lage meist beider Parteien zusätzlich.]]

[- Unsere Partei hat das 55. Lebensjahr bereits vollendet und kann damit der gesetzlichen Krankenversicherung überhaupt nicht mehr, auch nicht freiwillig, beitreten. Versicherungsschutz kann nur mit hohem monatlichen Prämienaufwand erreicht werden, bei dessen Gestaltung Eintrittsalter und oft auch Vorerkrankungen eine teure Rolle spielen.]

[- Der dadurch entstehende zusätzliche Aufwand für die unverzichtbare soziale Sicherung belastet im Rahmen des Unterhaltsrechts in hohem Masse auch die Antragstellerseite. Die für die Lebensführung bzw den Elementarunterhalt verbleibenden flüssigen Mittel schrumpfen, was beide Parteien stark belastet.]

[- Einzelne Folgen der geplanten Scheidung lassen sich auch in anderer Weise herbeiführen, so z. B. durch Eheverträge im güterrechtlichen oder erbrechtlichen Bereich. Hierzu besteht Verhandlungsbereitschaft.]

[- Unsere Partei wird in nicht allzu weiter Ferne Ruhestandseinkommen beziehen, womit sich drohende erhebliche Verluste beim Versorgungsausgleich im Rahmen des Rentner- bzw. Pensionistenprivilegs vermeiden lassen, wenn die Ehescheidung aufgeschoben wird.]

#11 Abweisungsantrag

[*HIER Ort, Datum*]

[*HIER Langrubrum*]

vertreten wir den/die Antragsgegner/-in. Eine besondere Vollmacht für das Scheidungsverfahren ist beigefügt.

Der Ehescheidungsantrag wurde unserer Partei am ...... zugestellt.

Anträge

Dem Ehescheidungsantrag ist entgegenzutreten, seine **kostenfällige Abweisung** wird mit der Bitte um alsbaldige Terminsbestimmung förmlich beantragt.

Begründung:

Die Scheidungsvoraussetzungen nach den Vorschriften der §§ 1564 ff BGB liegen entgegen dem Vortrag in der Antragsschrift bei richtiger Gesamtwürdigung nicht vor.

[- Die Parteien leben noch nicht ausreichend lange getrennt.]
[- Bis zum ...... hielten die Parteien in wesentlichen Bereichen ihre häusliche Gemeinschaft aufrecht. Hierzu im Einzelnen ......]
[- Bis ...... verbrachten die Parteien auch noch Freizeit miteinander, dazu ist auf folgende Sachverhalte abzustellen ......, die wie folgt unter **Beweis** gestellt werden: ......]
[- Ständig getrennte Wohnungen unterhalten die Parteien erst seit ......]

[- Das Scheidungsbegehren wird unberechtigt auf die Härteklausel des § 1565 II BGB gestützt. Diese Klausel verlangt, dass aus Gründen in der Person des Antragsgegners die Fortsetzung der Ehe eine unzumutbare Härte darstellt.]
[- Solche Gründe in der Person unserer Partei liegen nicht vor.]
[- Die erhobenen Vorwürfe sind insgesamt unberechtigt bzw schildern Unstimmigkeiten zwischen den Parteien einseitig, unrichtig und unvollständig. Zum wahren Sachverhalt ist detailliert wie folgt Stellung zu nehmen: ......

Beweis: ......

[- Unter Abwägung der wahren tatsächlichen Verhältnisse und ihrer Entwicklung führt die Fortsetzung der Ehe für die Antragstellerseite bis zum Ablauf der erforderlichen Trennungszeit (§ 1565 II, § 1566 I und II BGB) keinesfalls zu einer unzumutbaren Härte.]
[- Das gilt umso mehr, als die Parteien nun räumlich völlig getrennt leben und die Trennungsfolgen durchaus regelungsfähig sind.]

[- Unsere Partei beruft sich ausdrücklich auf die Härteklausel des § 1568 BGB. Angesichts der geschilderten Umstände würde die Scheidung der Ehe eine Schwere Härte bedeuten. Im einzelnen ist hierzu detailliert auszuführen, dass ...... Auch unter Abwägung mit den antragstellerseitigen Interessen an der Ehescheidung ist diese letztlich wegen des Ausnahmetatbestandes zu versagen.]

[- Die Interessen des gemeinsamen Kindes ...... gebieten, auch wenn die allgemeinen Scheidungsvoraussetzungen gegeben sein mögen, derzeit die Aufrechterhaltung der Ehe weil folgende gesundheitliche Beeinträchtigungen des Kindes bestehen ...... Eine ernsthafte Gefährdung des Kindeswohls ist zu befürchten, wenn das Ehescheidungsverfahren durchgeführt wird. Die Kindesinteressen können nicht in anderer Weise als durch Zurückstellung der Ehescheidung gewahrt werden.

Beweis: Beigefügtes ärztliches Attest ......
beigefügte psychologische Bescheinigung ......
medizinisches [- psychologisches] Sachverständigengutachten Zeugen ......]

Zum Verfahren beantragen wir,

alsbald Termin zur mündlichen Verhandlung zu bestimmen und das persönliche Erscheinen der Parteien anzuordnen.

#01 Formularmitteilungen FamG

......

verwenden wir zur Beschleunigung das folgende Formular, in dem Zutreffendes angekreuzt ist:

I. Verfahrenseinleitung

- ☐ Der Versorgungsausgleich ist nach Aktenlage gesetzlich durchzuführen.
  Formulare und Unterlagen zum Versorgungsausgleich reichen wir nach.
- ☐ Wir haben alle Formulare vorrätig, bitte nichts übermitteln.
- ☐ Wir erbitten Mitteilung über das Zustelldatum des Scheidungsantrages, damit wir das Ende der Ehezeit bestimmen können.
- ☐ Laut beigefügter Notarurkunde ist der VA wirksam ausgeschlossen.
  Die Jahresfrist nach § 1408 II S. 2 BGB ist bereits abgelaufen, damit bedarf es keiner familiengerichtlichen Genehmigung.
- ☐ Mit beigefügter notarieller Urkunde haben die Parteien den VA modifiziert.
  Wir bitten das zu beachten.
- ☐ Beide Parteien sind Ausländer. Die Durchführung des VA wird ausdrücklich beantragt.

II. Übergabe von Formularen und Unterlagen

- ☐ Wir übergeben die unten gekennzeichneten Unterlagen zum VA.
- ☐ Wir bemühen uns nochmals um die fehlenden Unterlagen zum VA.
- ☐ Unsere Partei hat erst demnächst einen Termin bei der Rentenberatungsstelle.
- ☐ Unsere Partei ist dabei, fehlende Rentenbelege für zurückliegende Zeiten zu beschaffen.
- ☐ Von Zwangsgeldandrohungen und anderen Maßnahmen bitten wir abzusehen.

III. Betroffene Formulare / Belege in der Anlage

☐ Fragebogen V1.

☐ Kontenklärungsantrag.

☐ Versicherungsverlauf.

☐ Antrag auf Berücksichtigung von Kindererziehungszeiten.

☐ Entgeltsbescheinigung für den maßgeblichen Zeitraum bis Ende der Ehezeit.

☐ Diverse Belege.

......

#02 Formularanforderung

Das Familiengericht muss die von beiden Ehegatten in der Ehezeit erworbenen Renten- und Versorgungsansprüche umfassend klären. Es erholt dazu amtliche Auskünfte der beteiligten Rententräger, die dabei auch die voreheliche Rentenzeit klären müssen. Dazu benötigen wir **umgehend** die unten angegebenen Unterlagen. Geben Sie diese bitte **ausschließlich an uns**, damit wir sie nach Durchsicht an das Gericht weiterleiten können. Das Gericht informiert uns über die Ergebnisse, die aber Monate auf sich warten lassen können.

☐ **Fragebogen V1**, bitte in **jedem** Punkt genau ausfüllen und unterschrieben zurückgeben.

☐ **Kontenklärungsantrag** Ihres Rentenversicherungsträgers, erhältlich evtl. auch bei der

Kommunalverwaltung oder beim Versichertenältesten. Dieses Formular benötigen wir nur, wenn Sie gesetzlich rentenversichert sind oder waren, sei es als Pflichtmitglied oder freiwillig. Das Formular sollten Sie möglichst bei einer Beratungsstelle des Rentenversicherungsträgers ausfüllen lassen. Selbst sollten Sie das nicht versuchen, wenn Sie zeitraubende Rückfragen vermeiden wollen. Bitte alle für Ihre Rente maßgeblichen Unterlagen* und einen Ausweis zur Beratungsstelle mitnehmen. Das ausgefüllte und unterschriebene Formular und eventuelle Anlagen bitte zur Vorlage bei Gericht **unbedingt an uns geben und nicht beim Rentenversicherer lassen, auch wenn das dort verlangt wird**. Das Gericht will und muss die Unterlagen selbst sehen und prüfen und erst danach bei der Zentrale des Rentenversicherungsträgers die Rentenauskunft für die Ehezeit erholen, für die auch die voreheliche Zeit geklärt werden muss.

☐ **Antrag auf Berücksichtigung von Kindererziehungszeiten.**
Wird nur benötigt, wenn Kindererziehungszeiten für gemeinsame Kinder Ihnen und nicht Ihrem Ehegatten zugerechnet werden sollen. Das Formular erhalten Sie beim Rentenversicherer. Dort oder bei einer anderen Beratungsstelle sollten Sie es ausfüllen lassen. Bitte Geburtsurkunden aller Kinder im **Original** mitnehmen, Kopien reichen nicht. Auch dieses Formular bitte **zu uns** und nicht beim Rententräger lassen.

☐ **Entgeltsbescheinigung Ihres Arbeitgebers** auf einem **Formular** Ihres Rententrägers.

Das Formular gibt es beim Rentenversicherer; größere Lohnbüros haben es meist auch. Darauf muss Ihr Arbeitgeber Ihr sozialversicherungspflichtiges Bruttoentgelt genau für den nachstehenden Zeitraum in **einer Summe** eintragen und bescheinigen. Das ist nötig, weil Ihre jüngsten Rentendaten womöglich noch nicht beim Rentenversicherer gespeichert sind.

Zeitraum: von ...... bis ......

* Für die Klärung Ihres Rentenkontos sollten Sie insbesondere folgende Originalunterlagen mitnehmen: Schulabschlusszeugnisse, Unterlagen über den Abschluss einer Berufsausbildung, Rentenversicherungskarten, Durchschriften aus dem Versicherungsnachweisheft, Jahresentgeltbescheinigungen; schlichtweg alles, was die gesetzliche Rente beeinflussen kann, auch aus der Zeit vor der Ehe, die zwar in den VA nicht einbezogen wird, aber für die Klärung der Rentenansprüche grundlegend ist.

Wir weisen darauf hin, dass die Dauer des Scheidungsverfahrens oft vor allem von den Ermittlungen zum Versorgungsausgleich bestimmt ist. **Das Familiengericht kann gegen einen Ehegatten, der die Unterlagen nicht beibringt, erhebliche Zwangsgelder festsetzen und vollstrecken.**

#03 Reklamation und Hinweise

Zum Versorgungsausgleich informieren wir Sie zur Vereinfachung mit dem nachstehenden Formular. Soweit Ihrerseits noch etwas zu erledigen ist, empfehlen wir, das umgehend zu tun.

☐ a **Wir erinnern dringend an fehlende Unterlagen zum Versorgungsausgleich.**

☐ b **Folgende Unterlagen zum Versorgungsausgleich fehlen:**

- ☐ Fragebogen V1
- ☐ Kontenklärungsantrag Ihres Rentenversicherers
- ☐ Antrag auf Berücksichtigung von Kindererziehungszeiten
- ☐ Entgeltsbescheinigung (auf Formular) des Arbeitgebers

☐ c **Das Gericht hat eine Frist zur Erledigung gesetzt bis →.**

☐ d **Bleibt die Erledigung aus, kann das Gericht gegen Sie ein Zwangsgeld verhängen.**

☐ e **Mit dem beigefügten Beschluss wurde das Zwangsgeld bereits angedroht.** Sie sollten durch umgehende Erledigung der offenen Fragen einen Zwangsgeldbeschluss vermeiden. Aus ihm könnte die Gerichtskasse gegen Sie zwangsvollstrecken.

☐ f **Auf der Anlage fehlt Ihre Unterschrift, bitte eilig unterschrieben an uns zurück.**

☐ g **Wir müssen eilig nachweisen, dass Sie die Anfrage des Rententrägers erledigt haben.**
Bitte überlassen Sie uns Schriftwechsel oder andere schriftliche Belege hierzu.

☐ h **Das Gericht hat bei Ihrem Ehegatten die Vorlage von Unterlagen angemahnt.**

☐ i **Für Ihre Akten übergeben wir die Kopie einer Rentenauskunft.**
Bitte sehen Sie sie durch und geben Sie uns bei Unstimmigkeiten Bescheid.

☐ j ……

Bitte beachten Sie, dass die Dauer des Scheidungsverfahrens oft durch die Formalitäten und Ermittlungen zum Versorgungsausgleich bedingt wird. In diesem Bereich haftet der Familienrichter persönlich und erweitert für mögliche Fehler. Es wird deswegen nach dem Gesetz alles genau und von Amts wegen aufgeklärt. Viele Familienrichter sind überlastet und drängen daher auf Straffung. Das Gericht kann gegen eine Partei, die Unterlagen oder Informationen nicht beibringt erhebliche **Zwangsgelder** festsetzen.

#04 Splittingergebnis

Dem Familiengericht liegen jetzt die Auskünfte der Renten- bzw. Versorgungsträger über die in den Versorgungsausgleich einzubeziehenden öffentlichrechtlichen Anwartschaften aus der Ehezeit vor, die allesamt dynamisch sind. Hierzu geben wir tabellarisch Übersicht.

Die heutige Mitteilung betrifft allein solche Anwartschaften und nicht etwaige weitere, wie zum Beispiel aus Betriebsrenten oder Zusatzversorgungen, die das Gesamtergebnis noch verändern können. Solche nicht gesetzlichen Anrechte bereiten Sonderprobleme. Sie werden nur in das Scheidungsurteil einbezogen, wenn sie bereits rechtlich gesichert d. h. unverfallbar sind. Sie sind oft nicht dynamisch und müssen dann vom Gericht auf den Wert einer dynamischen Versorgung nach der Barwertverordnung umgerechnet werden.

Übersicht **Öffentlichrechtliche Anrechte**	**Renten/Versorgungsträger**	**Monatswert** **€**
Sie haben in der Ehezeit erworben	……	……
Demgegenüber erwarb Ihr Ehegatte	……	……
Wertdifferenz monatlich		……
Auszugleichen ist ½ davon		……

Der Ausgleich geht zu Ihren Gunsten. [– Lasten.]

Ausgeglichen wird stets zugunsten des gesetzlichen Rentenkontos des Ausgleichsberechtigten. Das gilt auch, wenn beide Ehegatten Beamte sind. Ein direkter Ausgleich zwischen Beamtenpensionen ist nicht möglich.

Der Ausgleich durch Splitting oder Quasisplitting ist nur möglich, soweit das Rentenkonto des ausgleichsberechtigten Ehegatten eine Auffüllung noch erlaubt. Dazu gibt es rentenrechtliche Obergrenzen.

Beim Splitting überträgt das Familiengericht im Scheidungsurteil Rentenanwartschaften vom gesetzlichen Rentenkonto des Ausgleichspflichtigen unmittelbar auf das Rentenkonto des Ausgleichsberechtigten.

Das Quasisplitting greift, soweit der Ausgleich zu Lasten einer Beamtenpension oder gleichartigen Versorgung durchgeführt wird. In diesem Fall werden vom Pensionsträger aufgrund der familiengerichtlichen Entscheidung die zum Ausgleich erforderlichen Rentenbeiträge auf einmal auf das gesetzliche Rentenkonto des Ausgleichsberechtigten einbezahlt. Dort werden also Anwartschaften begründet. Im Ergebnis geht das ab Pensionsbezug zu Lasten der Pension, die brutto vor der Besteuerung gekürzt wird.

All dies wird im Scheidungsurteil bindend geregelt. Die übertragenen oder begründeten Rentenanwartschaften teilen danach das Schicksal des gesetzlichen Rentenkontos des Ausgleichsberechtigten. Für den Ausgleichspflichtigen wirkt sich das nachteilig aus, wenn und sobald er Rente oder Pension bezieht. Verstirbt der Ausgleichsberechtigte bevor er Rente bezieht oder alsbald danach, besteht Beratungsbedarf, in solchen Fällen kann das Ergebnis des Versorgungsausgleichs korrigiert werden. In anderen Fällen, in denen das Ergebnis nicht mehr passt, kommt später ein gerichtliches Abänderungsverfahren in Betracht.

Wichtiger Hinweis: Nach Abschluss Ihres Ehescheidungsverfahrens überwachen wir den Vorgang naturgemäß nicht im Hinblick auf solche künftigen Entwicklungen oder Veränderungen der Entscheidungsgrundlagen oder des Gesetzes. Im Zweifel sollten Sie sich später sogleich um die Sache kümmern, da in Betracht kommende Maßnahmen fristgebunden sein können. Wegen häufiger Gesetzesänderungen kann diese Materie auch im Voraus nicht abschließend beurteilt werden.

#05 Genehmigungsantrag FamG

Antrag auf familiengerichtliche Genehmigung.

Mit beigefügter nicht mit Rücktrittsrechten belasteter notarieller Urkunde haben die Parteien [- eine Regelung zum Versorgungsausgleich getroffen und diesen beschränkt] [- den Versorgungsausgleich völlig ausgeschlossen.]

Die Parteien möchten beiderseits anwaltlich vertreten im nächsten Termin eine Vereinbarung zu Protokoll beurkunden, mit der sie [- ganz] [- teilweise] auf die Durchführung des Versorgungsausgleichs verzichten. [- Folgende Regelung ist vorgesehen ......]

[- Die Vereinbarung zum Versorgungsausgleich ist Teil einer »Paketlösung« mit der die Parteien wesentliche wirtschaftliche Fragen im Zusammenhang mit der Ehescheidung angemessen bereinigen.]

[- Die Regelung zum Versorgungsausgleich wird erst mit familiengerichtlicher Genehmigung wirksam weil die Jahresfrist des § 1408 BGB nicht eingehalten ist.]

Wir **beantragen**, die Vereinbarung gemäß § 1587 o BGB familiengerichtlich zu genehmigen. Die Genehmigungsfähigkeit ergibt sich daraus, dass die Vereinbarung ausgewogen und angemessen ist und die Grundversorgung des beim Versorgungsausgleich ausgleichsberechtigten Ehegatten gesichert ist.

[- Das ergibt sich aus den Versicherungsunterlagen / Versicherungsverläufen der Parteien [- und aus den bereits vorliegenden Rentenauskünften.]]

[- Das ergibt sich aus folgenden Unterlagen ......]

[- Für den Ausschluss oder die Einschränkung des Versorgungsausgleichs sind adäquate Gegenleistungen vereinbart:

- Die Parteien haben ihr Vermögen wie folgt auseinandergesetzt: ......
- Die Parteien regeln den nachehelichen Unterhalt wie folgt: ......
- ...... [*z. B. Übertragung eines Miteigentumsanteils an einer Immobilie*]
- Schließlich haben die Parteien als Gegenleistung im wirtschaftlichen Zusammenhang mit dem Versorgungsausgleich noch folgendes vereinbart: ......]

Die familiengerichtliche Genehmigung einer Vereinbarung zum Versorgungsausgleich soll gemäß § 1587 o II BGB nur dann versagt werden, wenn die vereinbarte Leistung unter Einbeziehung der Unterhaltsregelung und der Vermögensauseinandersetzung nicht zur Sicherung des Berechtigten für den Fall der Erwerbsunfähigkeit und des Alters geeignet ist. Auf Grund der oben dargestellten Vereinbarungen der Parteien ist aber für die Bedürfnisse der Erwerbsunfähigkeit und des Alters eine angemessene Sicherung geschaffen, so dass die beantragte Genehmigung unbedenklich ist.

#06 Ausschlussantrag FamG

......

beantragen wir, den Versorgungsausgleich gemäß § 1587 c BGB wegen grober Unbilligkeit auszuschließen [- wie folgt durch Teilausschluss zu beschränken] ......
[- hilfsweise in angemessener Weise zu beschränken oder eine anderweitige angemessene Regelung zu treffen.]

Der Ausschluss ist nach § 1587 c Ziffer 1 [- 2] [- 3] BGB berechtigt.

[- § 1587 c Ziffer 1 BGB gebietet einen Ausschluss in Fällen, in denen die Inanspruchnahme des Ausgleichspflichtigen unter Berücksichtigung der beiderseitigen Verhältnisse grob unbillig ist. Diese Verhältnisse werden auch vom beiderseitigen Vermögenserwerb in der Ehe oder im Scheidungszusammenhang bestimmt. Der Gesetzgeber schränkt lediglich ein, dass Umstände nicht allein deshalb berücksichtigt werden dürfen weil sie zum Scheitern der Ehe geführt haben.]

[- § 1587 c Ziffer 2 BGB ist erfüllt weil der ausgleichsberechtigte Ehegatte in Erwartung der Scheidung ihm selbst zustehende Anwartschaften im Sinne des Versorgungsausgleichs wie folgt beeinträchtigt hat ......]

[- Hier zwingt 1587 c Ziffer 3 BGB zum Ausschluss des Versorgungsausgleichs weil der Ausgleichsberechtigte während der Ehe längere Zeit seine Beitragspflicht zum Familienunterhalt grob verletzt hat, wozu im einzelnen auszuführen ist: ......]

Die künftige Versorgung der Parteien für Fälle der Erwerbsunfähigkeit und des Alters muss unter Berücksichtigung der folgenden Umstände gewertet werden:

- Zu den ohne VA erworbenen vorehelichen und ehelichen Anwartschaften: ......
- Zur Möglichkeit, künftige Anwartschaften zu erwerben: ......
- Zum Vermögenserwerb während der Ehe und zur Vermögenslage nach Ehe: ......
- Zur beruflichen Ausbildungssituation der Parteien: ......
- Zur Erwerbstätigkeit der Parteien während der Ehe: ......
- Zur aktuellen und künftigen Erwerbschance der Parteien: ......
- Zur Verteilung der Kindererziehungslasten: ......
- Zur Altersstruktur der Parteien: ......
- Zur gesundheitlichen Lage: ......
- Zu sicher erwarteten späteren Vermögenszuflüssen: ......

#07 Abschlusshinweise VA

Mit der Empfehlung, dieses Schreiben mit Ihren Rentenunterlagen und dem Scheidungsurteil auf Dauer gut aufzubewahren, geben wir Ihnen abschließende Hinweise zum Versorgungsausgleich (VA). Es gelten je die angekreuzten Textpassagen.

[X] **Die gerichtliche Entscheidung und mögliche Rechtsmittel dagegen**

Das Familiengericht hat

[- neben dem Scheidungsausspruch]
[- im abgetrennten VA-Verfahren]

pflichtgemäß den VA durchgeführt. Die zugrundegelegte Ehezeit ist nach Aktenlage zutreffend. Grundlage der Entscheidung sind die vom Familiengericht erholten Auskünfte über die in der Ehezeit erworbenen und in den VA einzubeziehenden Anrechte, die in der Begründung der Entscheidung im einzelnen aufgeführt sind. Diese Auskünfte blieben allseits unbeanstandet. Weitere Anrechte sind nicht ersichtlich. Die Richtigkeit und Vollständigkeit der Auskünfte, insbesondere die von Renten- oder Pensionsberechnungen, wird von uns nicht überprüft. Wenn Sie insoweit Zweifel haben oder letzte Sicherheit gewinnen wollen, müssten Sie alles schnellstens innerhalb der einmonatigen Beschwerdefrist durch einen Rentensachverständigen überprüfen lassen, wofür Ihnen allerdings gesonderte Kosten entstünden.

Die Entscheidung zum Versorgungsausgleich kann als solche isoliert mit dem **Rechtsmittel der Beschwerde** angefochten werden. Die Beschwerdefrist endet einen Monat nach Zustellung des Urteils an uns. Dieses Zustelldatum ergibt sich aus unserem Eingangsstempel. Die Beschwerde ist beim zuständigen übergeordneten Oberlandesgericht einzulegen. Das kann wirksam nur durch einen bei einem beliebigen Oberlandesgericht zugelassenen Rechtsanwalt und nicht durch Sie persönlich geschehen. Eine Beschwerde, die Sie selbst einlegen würden, wäre unzulässig und völlig wirkungslos, da im Ehescheidungsverfahren auch in der zweiten Instanz für alle Teilbereiche des Scheidungsverbundverfahrens Anwaltszwang besteht, auch für abgetrennte Folgesachen. Wir überwachen die Beschwerdefrist nicht, da keine hier zu prüfenden Anhaltspunkte ersichtlich sind, die gegen die Richtigkeit der Entscheidung des Familiengerichts sprechen. Bitte bestätigen Sie kurz telefonisch, dass dieses Schreiben ankam.

☐ **Nichtdynamische Anrechte**

In den VA wurden Anrechte einbezogen, die nicht wie gesetzliche Rentenanwartschaften dynamisch sind. Sie waren deswegen nach der Barwertverordnung auf einen deutlich niedrigeren dynamischen Wert umzurechnen. Die tatsächliche Rente aus diesen Anrechten wird später voraussichtlich sehr viel höher ausfallen. Der Ehegatte, der durch die momentane Umrechnung benachteiligt ist, kann unter bestimmten Voraussetzungen später in einem neuen familiengerichtlichen Verfahren Abänderung der jetzigen Entscheidung verlangen. Die Wirksamkeit des Scheidungsausspruchs oder anderer Regelungsgegenstände wird dadurch nicht berührt. Von voreiligen Abänderungsanträgen ohne genaue fachkundige Prüfung (ggf. durch einen Rentensachverständigen) ist abzuraten, da im Abänderungsverfahren auch eine Verschlechterung zulasten des Antragstellers eintreten kann.

☐ **Verfallbare Anrechte**

Die folgenden Anrechte konnten vom Familiengericht noch nicht in den VA einbezogen werden weil sie nach der gerichtlich erholten Auskunft noch nicht unverfallbar sind, also noch keinen bindenden rechtlichen Bestand haben:

→ Bei Ihnen ......
→ Beim Ehegatten ......

Diese Situation kann sich künftig durch Zeitablauf, weitere Betriebszugehörigkeit und andere Umstände dergestalt ändern, dass die jetzt noch nicht berücksichtigten verfallbaren Anrechte unverfallbar werden. Das kann sich beispielsweise durch den tatsächlichen Bezug einer Rente oder Zusatzrente auswirken. Insoweit kommt eine künftige Korrektur des VA in Betracht, und zwar

- Entweder durch Abänderungsverfahren nach § 10 a VAHRG
- Oder in Form des schuldrechtlichen VA, der auf Antrag zu einer Ausgleichsrente unmittelbar zwischen den geschiedenen Ehegatten führt. Diese Rente kann erst dann verlangt werden, wenn entweder beide Ehegatten eine Versorgung erlangt haben, oder wenn der ausgleichspflichtige Ehegatte eine Versorgung erlangt hat und der andere Ehegatte wegen Krankheit oder anderer Gebrechen oder Schwäche seiner körperlichen oder geistigen Kräfte auf nicht absehbare Zeit eine ihm nach Ausbildung und Fähigkeiten zumutbare Erwerbstätigkeit nicht ausüben kann oder das 65. Lebensjahr vollendet hat.

☐ **Abänderungsverfahren / Rechtsverluste**

Voraussetzungen, Zeitpunkte und Folgen des **Abänderungsverfahrens** sind in § 10 a VAHRG geregelt. Ein zu später Abänderungsantrag kann Nachteile bringen. Zum frühestmöglichen Antragszeitpunkt gilt Absatz 5 der Vorschrift. Es muss mindestens ein Ehegatte das 55. Lebensjahr vollendet haben oder der Versorgungsausgleich muss sich bei mindestens einem Ehegatten oder seinen Hinterbliebenen bereits beim Rentenbezug auswirken. Ein Abänderungsantrag kann per Saldo auch einmal nachteilig sein, weshalb zu gegebener Zeit eine genaue fachkundige Prüfung nötig ist.

Sofern der **schuldrechtliche Versorgungsausgleich** in Betracht kommt, muss er zu gegebener Zeit **verlangt** werden.

Sonderfälle, in denen Sie einen Antrag stellen müssen

1) Wenn Sie am Ende des Ehescheidungsverfahrens Rentner oder Pensionist sind und der Versorgungsausgleich zu Ihren Lasten geht und Ihr Ehepartner noch keine gesetzliche Rente bezieht, sollten Sie zur Durchsetzung Ihres Rentner- bzw. Pensionistenprivilegs beim Träger der Rente oder Versorgung beantragen, die Wirkungen des VA auszusetzen.

2) Auch wenn Sie kein Privileg nach Ziffer 1) genießen, aber bei sonst gleichen Voraussetzungen nachehelich Ehegattenunterhalt bezahlen, werden Sie von § 5 VAHRG zunächst entlastet und müssen einen gleichartigen Antrag stellen.

3) Wenn der VA zu Ihren Lasten geht und Ihr Ehegatte verstirbt nach der Ehescheidung ohne dass er oder seine Hinterbliebenen Leistungen aus dem VA beziehen, sollten Sie ebenfalls sofort beantragen, dass Ihre Rente oder Pension nicht wegen des VA gekürzt wird.

4) Gleiches gilt, wenn Ihr Ehegatte nachehelich verstirbt und nur zeitlich beschränkt Leistungen aus den beim VA transferierten Anwartschaften bezieht.

Bitte bedenken Sie, dass sich zu all diesen Fragen die Gesetzeslage künftig ändern kann.

Wichtige Schlussbemerkung

1) Die Voraussetzungen und Zeitpunkte für ein Abänderungsverfahren, die Durchführung des schuldrechtlichen VA oder einen der oben erwähnten Anträge nach Scheidung werden hier nach Abschluss Ihres Scheidungsverfahrens nicht überwacht. Bitte behalten Sie das selbst im Auge.

2) Hier muss die Akte nur für die gesetzliche Aufbewahrungsfrist von fünf Jahren nach Beendigung des Auftrages aufbewahrt werden. Danach können wir den Vorgang nicht rekonstruieren. Sie sollten das Urteil und alle Unterlagen ebenso wie dieses Schreiben sorgfältig aufheben und die Versorgungssituation ebenso wie mögliche Gesetzesänderungen überwachen und sich bei Änderungen sofort sozialrechtlich beraten lassen, bevor Sie etwas tun oder unterlassen. Beides könnte sehr nachteilig sein.

#01 Folgesachenantrag – ein minderjähriges Kind

[*HIER Ort, Datum*]

[*HIER Kurzrubrum*]

bedarf es zum Minderjährigenunterhalt einer gerichtlichen Regelung, worauf wir folgenden Folgesachenantrag stellen:

> Der/Die Antragsteller/-in [– Antragsgegner/-in wird verurteilt, dem gemeinsamen ehelichen Kind der Parteien ...... geboren am ...... ab Rechtskraft des Scheidungsausspruchs monatlich vorauszahlbaren Unterhalt
>
> [– im Zeitraum bis zum 30. 6. 2005 in Höhe von ...... EUR zu bezahlen]
> [*Anmerkung: Soweit in dem Zeitraum ein »Alterssprung« stattfindet, muss der bezifferte Antrag zeitlich gestuft werden.*]

[- ab 1. 7. 2005 *oder bereits ab Rechtskraft der Ehescheidung, sofern das Prozessgericht sinnvollerweise hier bereits dynamisiert, obwohl eine Bezifferung aufgrund feststehender Regelbeträge möglich ist*

[- in Höhe ...... % des jeweiligen Regelbetrags nach]
[- § 1 [*alte Bundesländer*][- §2 [*Beitrittsgebiet*]] der Regelbetrag-Verordnung
[- [*entbehrlich*] für die jeweilige Altersstufe des Kindes zu bezahlen.

Auf den Unterhalt ist jeweils das hälftige Kindergeld für ein

erstes [- zweites] [- drittes] [- viertes] [- fünftes] Kind

[- gesetzlich anrechenbar *§ 1612 b BGB*]

[- anrechenbar soweit es zusammen mit dem Unterhalt 135 % des jeweiligen Regelbetrags übersteigt.]

[*führt bei Gesetzesänderung eher zu Unklarheit:* - Kindergeldanrechnung erfolgt derzeit mit monatlich ...... EUR.]

[- Die Gegenpartei trägt die Kosten der Folgesache.]

Begründung:

Gegenstand des Folgesachenantrages ist der nacheheliche Barunterhalt des im Antrag bezeichneten gemeinsamen minderjährigen unverheirateten Kindes nach den Vorschriften der §§ 1601, 1602 I, 1603 II 1 BGB. Das Kind wird von der Mutter [- vom Vater] betreut. Mit dieser Betreuung ist die anteilige Unterhaltspflicht erfüllt.

Die Gegenpartei ist alleine barunterhaltspflichtig. Zu ihrer beruflichen und wirtschaftlichen Situation ist zu sagen ......

Das bereinigte durchschnittliches Nettoeinkommen beträgt monatlich mindestens ......

Der Kindesunterhalt ist noch nicht tituliert. Eine außergerichtliche Bereinigung oder Titulierung konnte nicht erreicht werden.

[- Die Gegenpartei wurde erfolglos zur Vorlage eines Titels aufgefordert, der kostenfrei z. B. bei einem Jugendamt gemäß § 59 I S. 1 Nr. 3 SGB VIII hätte errichtet werden können.]

Das Kindergeld wird in gesetzlicher Höhe von unserer Partei bezogen, es ist nach § 1612 b V BGB auf den Tabellenbedarf hälftig anzurechnen, soweit dieser mindestens 135% des jeweiligen Regelbetrages beträgt. Ist er niedriger, erfolgt die Anrechnung im Sinne der gesetzlichen Neuregelung ab 1. 1. 2001 beschränkt oder gar nicht.

Sonstige Unterhaltspflichten der Gegenpartei bestehen [- nicht] [- gegenüber ...... mit einem monatlichen Zahlbetrag von ......] .

Der laut Klageantrag dynamisierte Kindesunterhalt ist daraufhin unter Berücksichtigung der Einkommenssituation geschuldet und zutreffend.

Die Gegenpartei wurde, [- wie in der Anlage dokumentiert]
ohne ausreichendes Ergebnis
[- zur Unterhaltszahlung]

[- zur Vorlage eines Vollstreckungstitels zum Kindesunterhalt]
[- zur Auskunft (§ 1613 I BGB)]
aufgefordert, worauf der nacheheliche Kindesunterhalt im Verbund geregelt werden soll.

Folgende Belege werden hierzu vorgelegt: ......

#02 Folgesachenantrag zwei oder mehr minderjährige Kinder

[*HIER Ort, Datum*]

[*HIER Langrubrum*]

bedarf es zum Minderjährigenunterhalt einer gerichtlichen Regelung, worauf wir folgenden Folgesachenantrag stellen:

Der/Die Antragsteller/-in [- Antragsgegner/-in wird verurteilt, den gemeinsamen ehelichen Kindern der Parteien ......
1) ...... geboren am ......
2) ...... geboren am ......
3) ...... geboren am ......
ab Rechtskraft des Scheidungsausspruchs monatlich vorauszahlbaren Unterhalt
[- im Zeitraum bis zum 30. 6. 2005 in folgender bezifferter Höhe zu bezahlen

- Kind zu 1) ...... EUR
- Kind zu 2) ...... EUR
- Kind zu 3) ...... EUR]

[*Anmerkung: Soweit in dem Zeitraum ein »Alterssprung« stattfindet, muss der bezifferte Antrag zeitlich gestuft werden*]

[- ab 1. 7. 2005 *oder bereits ab Rechtskraft der Ehescheidung, sofern das Prozessgericht sinnvollerweise hier bereits dynamisiert, obwohl eine Bezifferung aufgrund feststehender Regelbeträge möglich ist*

[- in Höhe ...... % des jeweiligen Regelbetrags nach
[- § 1 [*alte Bundesländer]* [- §2 [*Beitrittsgebiet*]] der Regelbetrag-Verordnung]
[*entbehrlich:* - für die jeweilige Altersstufe des jeweiligen Kindes zu bezahlen.]
Auf den Unterhalt ist jeweils das hälftige Kindergeld

Für Kind 1) für ein 1. [- 2]. [- 3]. [- 4]. [- 5]. Kind
Für Kind 2) für ein 1. [- 2]. [- 3]. [- 4]. [- 5]. Kind
Für Kind 3) für ein 1. [- 2]. [- 3]. [- 4]. [- 5]. Kind

[- gesetzlich anrechenbar *§ 1612 b BGB]*
[- anrechenbar soweit es zusammen mit dem Unterhalt 135 % des jeweiligen Regelbetrags übersteigt.]

[*Häufig verwandter Zusatz; führt bei Gesetzesänderung eher zu Unklarheit:* - Die derzeitige Kindergeldanrechnung beträgt für das Kind zu 1) ...... EUR ......]

[- Die Gegenpartei trägt die Kosten der Folgesache.]

Begründung:

Gegenstand des Folgesachenantrages ist der nacheheliche Barunterhalt der im Antrag bezeichneten gemeinsamen minderjährigen unverheirateten Kinder nach den Vorschriften der §§ 1601, 1602 I, 1603 II 1 BGB. Die Kinder werden von der Mutter [- vom Vater] betreut. Mit dieser Betreuung ist die anteilige Unterhaltspflicht erfüllt.

Die Gegenpartei ist alleine barunterhaltspflichtig. Zu ihrer beruflichen und wirtschaftlichen Situation ist zu sagen ......

Das bereinigte durchschnittliches Nettoeinkommen beträgt monatlich mindestens ...... EUR.

Der Kindesunterhalt ist noch nicht tituliert. Eine außergerichtliche Bereinigung oder Titulierung konnte nicht erreicht werden.

[- Die Gegenpartei wurde erfolglos zur Vorlage von Titeln aufgefordert, die kostenfrei z. B. bei einem Jugendamt gemäß § 59 I S. 1 Nr. 3 SGB VIII hätten errichtet werden können.]

Das Kindergeld wird in gesetzlicher Höhe von unserer Partei bezogen, es ist nach § 1612 b V BGB auf den Tabellenbedarf hälftig anzurechnen, soweit dieser mindestens 135% des jeweiligen Regelbetrages beträgt. Ist er niedriger, erfolgt die Anrechnung im Sinne der gesetzlichen Neuregelung ab 1. 1. 2001 beschränkt oder gar nicht.

Sonstige Unterhaltspflichten der Gegenpartei bestehen [- nicht] [- gegenüber ...... mit einem monatlichen Zahlbetrag von ...... EUR].

Der laut Klageantrag dynamisierte Kindesunterhalt ist daraufhin unter Berücksichtigung der Einkommenssituation geschuldet und zutreffend. Die Leistungsfähigkeit ist nicht beschränkt.

Die Gegenpartei wurde, [- wie in der Anlage dokumentiert]
ohne ausreichendes Ergebnis
[- zur Unterhaltszahlung]
[- zur Vorlage eines Vollstreckungstitels zum Kindesunterhalt]
[- zur Auskunft (§ 1613 I BGB)]
aufgefordert, worauf der nacheheliche Kindesunterhalt im Verbund geregelt werden soll.

Folgende Belege werden hierzu vorgelegt: ......

#03 Stufenklage Unterhalt Kind minderjährig

[*HIER Ort, Datum*]

[*HIER Langrubrum*]

Folgesachenantrag Kindesunterhalt

erheben wir für unsere Partei im Ehescheidungsverbund Stufenklage zum Unterhalt [- des minderjährigen Kindes ......] [- der minderjährigen Kinder ......] mit folgenden Anträgen:

Der/Die Antragsteller/-in [– Antragsgegner/-in wird verurteilt,

1)

unserer Partei Auskunft über das Erwerbseinkommen im Zeitraum vom ...... bis ...... [*üblicherweise die letzten 12 beendeten Monate*] durch Vorlage eines spezifizierten und nach Monaten systematisch geordneten Verzeichnisses zu erteilen, in dem das gesamte lohnsteuerpflichtige und nicht lohnsteuerpflichtige, laufende oder einmalige Arbeitsentgelt einschließlich aller Zulagen, Zuschläge, Sonderleistungen, geldwerter Vorteile sowie Auslösen und Spesen und auf der Ausgabeseite je als gesonderte Posten die einzelnen steuerlichen Abzugsbeträge unter Angabe der verwendeten Steuerklasse und steuerlicher Freibeträge sowie die einzelnen Abzugsbeträge (Arbeitnehmeranteile) für die gesetzliche Sozialversicherung angegeben sind, im Falle freiwilliger Krankenversicherung auch die Arbeitgeberzuschüsse und die Aufwendungen dafür. Ebenso ist Auskunft über Lohnersatzeinkommen wie beispielsweise Krankengeld und Arbeitslosengeld zu erteilen.

2)

unserer Partei folgende Belege vorzulegen:

a)

Die abgegebene Einkommensteuererklärung für das Jahr ...... (ersatzweise die letzte beim Finanzamt eingereichte Einkommensteuererklärung) mit allen amtlichen Anlagen, speziell der Anlage N und alle dazugehörigen Steuerbescheide samt eventueller Berichtigungsbescheide, soweit erlassen.

b)

Den letzten erlassenen Einkommensteuerbescheid, soweit nicht von vorstehender Ziffer umfasst.

c)

Detaillierte und lesbare Lohn- Gehalts- oder Bezügeabrechnungen für den Zeitraum in Ziffer 1 a) der Klageanträge, ebenso Bescheide und Abrechnungen über eventuelle Lohnersatzleistungen.

d)

Ebenso etwa betroffene Abrechnungen über Spesen und Auslösen für den gleichen Zeitraum.

3.

dem Kind ...... [– den Kindern ......] ab Rechtskraft des Scheidungsausspruches monatlich vorauszahlbaren Kindesunterhalt

[– zu Händen ......]

zu bezahlen, der nach Auskunftserteilung beziffert wird.

Begründung:

Gegenstand der **Stufenklage**, die auch im Ehescheidungsverbund möglich ist, ist in erster Stufe die Auskunftspflicht der Gegenpartei über das eigene Erwerbseinkommen, einschließlich des Anspruchs auf Belegvorlage. Hierüber möge vorab durch Teilurteil entschieden werden.

In der erst nach Auskunftserteilung zu beziffernden Leistungsstufe geht es um den Minderjährigenunterhalt aufgrund alleiniger Barunterhaltspflicht der Gegenpartei nach den Vorschriften der §§ 1601, 1602 I, 1603 II 1 BGB. Unsere Partei betreut und erfüllt damit - ein Regelfall liegt vor - die eigene gesetzliche Unterhaltspflicht gemäß § 1606 III 2 BGB.

Der Kindesunterhalt ist noch nicht tituliert, auch nicht teilweise.

Im Interesse der Klärung der Unterhaltsansprüche ist die Gegenpartei mindestens im Umfang der Klageanträge verpflichtet, Auskunft über das Einkommen zu erteilen und die Auskunft umfassend zu belegen. Aufforderung hierzu erging mit Schreiben vom ......

[- Es wird in Kopie als Anlage vorgelegt.]

[- Auch auf eine mit Klageandrohung versehene Mahnung vom ...... erfolgte keinerlei Auskunft oder Belegvorlage. Damit besteht Anlass zur Stufenklage.]

Eine Erweiterung der Klage nach Auskunftserteilung bleibt vorbehalten, falls die Auskunft nicht mit der nötigen Sorgfalt erteilt wird und deshalb in zweiter Stufe auch noch die Verurteilung zur Abgabe der Eidesstattlichen Versicherung über die Richtigkeit und Vollständigkeit der Auskunft verfolgt werden muss. Weitergehende Ansprüche auf Auskunft und Belegvorlage bleiben ebenfalls vorbehalten, wir haben uns mit den Klageanträgen der Übersicht halber auf die nach Aktenlage wahrscheinliche Einkommensquelle beschränkt.

[- Auch die von § 1605 BGB umfasste Vermögensauskunft bleibt vorbehalten.]

#04 Hinweise zum Kindesunterhalt im Scheidungsverbund

Im Verbundverfahren darf gerichtlich nicht über folgende Gegenstände entschieden werden *(Ein gerichtlich beurkundeter Vergleich ist natürlich über die Rechtshängigkeit hinaus immer möglich)*:

1) Jeglicher Unterhalt volljähriger Kinder. Es ist auch keine Einstweilige Anordnung (EA) möglich.

2) Unterhaltsansprüche minderjähriger Kinder bis zur exakten Rechtskraft des Scheidungsausspruchs. Eine Regelung durch EA ist im Verbund jedoch möglich.

Ein »prozessuales Minus« kann immer beantragt werden, also ist ein in der Praxis häufiger Antrag zulässig, den Minderjährigenunterhalt erst ab dem Monatsersten nach Rechtskraft des Scheidungsausspruches zuzusprechen. Das erspart praxisnah die Berechnung von Rumpfmonaten.

#01 Leistungsklage § 1570 (§ 1573 II)

[*HIER Ort, Datum*]

[*HIER Langrubrum*]

Folgesachenantrag

beantragen wir mangels Einigung der Parteien im Ehescheidungsverbund auch über den nachehelichen Ehegattenunterhalt zu entscheiden. Wir erheben insoweit Klage mit folgenden Anträgen:

> Der/Die Antragsteller/-in [- Antragsgegner/-in wird verurteilt, unserer Partei ab Rechtskraft des Scheidungsausspruches monatlich im Voraus nachehelichen Ehegattenunterhalt in Höhe von ...... EUR zu bezahlen.

Begründung:

Wegen der Kindesbetreuung ist unsere Partei auch nachehelich gemäß § 1570 BGB unterhaltsbedürftig. Sie kann den eigenen eheangemessenen Bedarf nicht durch eigenes Einkommen decken. [- Der Unterhaltsanspruch wird auch auf § 1573 II BGB gestützt weil selbst bei fiktiver voller Erwerbstätigkeit unserer Partei zu deren Lasten ein deutliches Einkommensgefälle bestünde.]

[- Unsere Partei erzielt kein eigenes Erwerbseinkommen, Lohnersatzeinkommen oder sonstiges Einkommen.]

[- Unsere Partei erzielt lediglich Arbeitseinkommen aus einer Teilzeitbeschäftigung im Umfang von ...... Wochenstunden. Dieses Einkommen beträgt bereinigt um berufsbedingten Aufwand durchschnittlich ...... EUR im Monat.]

[- Unsere Partei erzielt lediglich nicht voll bedarfsdeckendes Einkommen aus ...... in Höhe von durchschnittlich ...... EUR monatlich. Dieses Einkommen ist eheprägend [- nicht eheprägend.]]

[- Das Einkommen belegen wir in der Anlage mit ......]

Die Gegenpartei ist als ...... erwerbstätig und verfügt über ein durchschnittliches bereinigtes Nettoeinkommen von monatlich ...... EUR.

[- Hinzu kommt Einkommen aus ...... in Höhe von monatlich ...... EUR.]

[- Das Einkommen belegen wir in der Anlage wie folgt: ......]

[Der Einkommensbestimmung ist die je zutreffende Steuerklasse zugrundegelegt, die sich damit deckt, dass die Parteien nicht mehr als Ehegatten zur Einkommensteuer veranlagt werden dürfen.]

[- Zwar weisen die vorliegenden Einkommensbelege ganz oder teilweise noch eine inzwischen wegen dauernden Getrenntlebens unzulässige Steuerklasse aus. Das haben wir in unserer Einkommensbestimmung bereinigt.]

Die dargelegten Einkommensverhältnisse zeigen, dass unsere Partei den eheangemessenen grundsätzlich durch Halbteilung zu ermittelnden Lebensbedarf nicht oder nicht voll decken kann. Dabei errechnet sich unter Gutschrift der vom Prozessgericht angewandten Erwerbsanreizquote von 1/7 [- 1/10] der im Klageantrag bezifferte Betreuungsunterhalt.

Die vollständige Unterhaltsberechnung wird

[- auf einem gesonderten Berechnungsblatt, das wir zum Gegenstand unseres Sachvortrags machen, jedem Schriftsatzexemplar beigefügt.]

[nachstehend wiedergegeben.]

Der Gegenpartei verbleibt nach Erfüllung der gesamten Unterhaltspflicht ein ausreichender Betrag, so dass eine Leistungseinschränkung nicht vorliegt.

#02 Folgesachenantrag - Aufstockungsunterhalt § 1573 II

[*HIER Ort, Datum*]

[*HIER Langrubrum*]

Folgesachenantrag wegen Ehegattenunterhalts nach § 1573 II BGB

beantragen wir mangels Einigung der Parteien im Ehescheidungsverbund auch über den nachehelichen Ehegattenunterhalt zu entscheiden. Wir erheben insoweit Klage mit folgenden Anträgen:

> Der/Die Antragsteller/-in [- Antragsgegner/-in wird verurteilt, unserer Partei ab Rechtskraft des Scheidungsausspruches monatlich im Voraus nachehelichen Ehegattenunterhalt in Höhe von ...... Euro zu bezahlen.

Begründung:

Beide Parteien erzielen eigenes Einkommen. Dennoch besteht unter Berücksichtigung der ehelichen Verhältnisse ein Unterhaltsbedürfnis, denn unsere Partei kann den eigenen eheangemessenen Bedarf nicht voll mit dem eigenen Einkommen decken. Der Unterhaltsanspruch wird auf § 1573 II BGB gestützt.

[- Unsere Partei erzielt Erwerbseinkommen aus vollschichtiger Beschäftigung. Es beträgt bereinigt um berufsbedingten Aufwand durchschnittlich ...... Euro im Monat.]

[- Hinzu kommt Einkommen aus ...... in Höhe von durchschnittlich ...... Euro monatlich. Dieses Einkommen ist eheprägend [- nicht eheprägend.]]

[- Das Einkommen belegen wir in der Anlage mit ......]

Die Gegenpartei ist als ...... erwerbstätig und verfügt über ein durchschnittliches bereinigtes Nettoeinkommen von monatlich ...... Euro.

[- Hinzu kommt Einkommen aus ...... in Höhe von monatlich ...... Euro.]

[- Das Einkommen belegen wir in der Anlage wie folgt: ......]

[- Der Einkommensbestimmung ist die je zutreffende Steuerklasse zugrundegelegt, die sich damit deckt, dass die Parteien nicht mehr als Ehegatten zur Einkommensteuer veranlagt werden dürfen.]

[- Zwar weisen die vorliegenden Einkommensbelege ganz oder teilweise noch eine inzwischen wegen dauernden Getrenntlebens unzulässige Steuerklasse aus. Das haben wir in unserer Einkommensbestimmung bereinigt.]

Die dargelegten Einkommensverhältnisse zeigen, dass unsere Partei den eheangemessenen grundsätzlich durch Halbteilung zu ermittelnden Lebensbedarf nicht oder nicht voll decken kann. Dabei errechnet sich unter Gutschrift der vom Prozessgericht angewandten Erwerbsanreizquote von 1/7 [- 1/10] der im Klageantrag bezifferte Betreuungsunterhalt.

Die vollständige Unterhaltsberechnung wird

[- auf einem gesonderten Berechnungsblatt, das wir zum Gegenstand unseres Sachvortrags machen, jedem Schriftsatzexemplar beigefügt.]

[- nachstehend wiedergegeben.]

Der Gegenpartei verbleibt nach Erfüllung der gesamten Unterhaltspflicht ein ausreichender Betrag, so dass eine Leistungseinschränkung nicht vorliegt.

#03 Stufenklage

[*HIER Ort, Datum*]

[*HIER Langrubrum*]

Stufenklage im Verbund zum nachehelichen Ehegattenunterhalt

erheben wir für unsere Partei Klage zum nachehelichen Ehegattenunterhalt mit folgenden Anträgen:

Der/Die Antragsteller/-in [- Antragsgegner/-in wird verurteilt,

1)

unserer Partei Auskunft über das Erwerbseinkommen im Zeitraum vom ...... bis ...... [*üblicherweise die letzten 12 beendeten Monate*] durch Vorlage eines spezifizierten und nach Monaten systematisch geordneten Verzeichnisses zu erteilen, in dem das gesamte lohnsteuerpflichtige und nicht lohnsteuerpflichtige, laufende oder einmalige Arbeitsentgelt einschließlich aller Zulagen, Zuschläge, Sonderleistungen, geldwerter Vorteile sowie Auslösen und Spesen und auf der Ausgabeseite je als gesonderte Posten die einzelnen steuerlichen Abzugsbeträge unter Angabe der verwendeten Steuerklasse und steuerlicher Freibeträge sowie die einzelnen Abzugsbeträge (Arbeitnehmeranteile) für die gesetzliche Sozialversicherung angegeben sind, im Falle freiwilliger Krankenversicherung auch die Arbeitgeberzuschüsse und die Aufwendungen dafür. Ebenso ist Auskunft über Lohnersatzeinkommen wie beispielsweise Krankengeld und Arbeitslosengeld zu erteilen.

2)
unserer Partei folgende Belege vorzulegen:

a)
Die abgegebene Einkommensteuererklärung für das Jahr...... (ersatzweise die letzte beim Finanzamt eingereichte Einkommensteuererklärung) mit allen amtlichen Anlagen, speziell der Anlage N und alle dazugehörigen Steuerbescheide samt eventueller Berichtigungsbescheide, soweit erlassen.

b)
Den letzten erlassenen Einkommensteuerbescheid, soweit nicht von vorstehender Ziffer umfasst.

c)
Detaillierte und lesbare Lohn- Gehalts- oder Bezügeabrechnungen für den Zeitraum in Ziffer 1 a) der Klageanträge, ebenso Bescheide und Abrechnungen über eventuelle Lohnersatzleistungen.

d)
Ebenso etwa betroffene Abrechnungen über Spesen und Auslösen für den gleichen Zeitraum.

3.
unserer Partei ab Rechtskraft des Scheidungsausspruchs monatlich vorauszahlbaren Ehegattenunterhalt zu bezahlen, der nach Auskunftserteilung beziffert wird.

Begründung:

Gegenstand der **Stufenklage**, die auch im Ehescheidungsverbund möglich ist, ist in erster Stufe die Auskunftspflicht der Gegenpartei über das eigene Erwerbseinkommen, einschließlich des Anspruchs auf Belegvorlage. Hierüber möge vorab durch Teilurteil entschieden werden.

In der erst nach Auskunftserteilung zu beziffernden Leistungsstufe geht es um den noch nicht geregelten Geschiedenenunterhalt nach den Vorschriften der §§ 1570 ff BGB.

Im Interesse der Klärung der Unterhaltsansprüche ist die Gegenpartei mindestens im Umfang der Klageanträge verpflichtet, Auskunft über das Einkommen zu erteilen und die Auskunft umfassend zu belegen. Aufforderung hierzu erging mit Schreiben vom ......
[- Es wird in Kopie als Anlage vorgelegt.]
[- Auch auf eine mit Klageandrohung versehene Mahnung vom ...... erfolgte keinerlei Auskunft oder Belegvorlage. Damit besteht Anlass zur Stufenklage.]

Eine Erweiterung der Klage nach Auskunftserteilung bleibt vorbehalten, falls die Auskunft nicht mit der nötigen Sorgfalt erteilt wird und deshalb in zweiter Stufe auch noch die Verurteilung zur Abgabe der Eidesstattlichen Versicherung über die Richtigkeit und Vollständigkeit der Auskunft verfolgt werden muss. Weitergehende Ansprüche auf Auskunft und Belegvorlage bleiben ebenfalls vorbehalten, wir haben uns mit den Klageanträgen der Übersicht halber auf die nach Aktenlage wahrscheinliche Einkommensquelle beschränkt.

[- Auch die von den Vorschriften der §§ 1580, 1605 BGB umfasste Vermögensauskunft bleibt vorbehalten.]

#04 Folgesachenantrag mit Vorsorgeunterhalt

[*HIER Ort, Datum*]

[*HIER Langrubrum*]

beantragen wir mangels außergerichtlicher Einigungsmöglichkeit, im Ehescheidungsverbund auch über den nachehelichen Ehegattenunterhalt samt Altersvorsorgeunterhalt zu entscheiden. Wir beantragen hierzu,

den/die Antragsgegner/-in [- Antragsteller/-in]zu verurteilen, an unsere Partei ab Rechtskraft des Scheidungsausspruches folgenden monatlich vorauszahlbaren Ehegattenunterhalt zu bezahlen:

...... EUR für Elementarunterhalt
...... EUR für Altersvorsorgeunterhalt
[- ...... EUR für Krankenvorsorgeunterhalt (Kranken- und Pflegeversicherung)]

Mit einer anderweitigen Verteilung zwischen den Unterhaltskomponenten nach gerichtlichem Ermessen im Rahmen des geltend gemachten Gesamtunterhaltes besteht Einverständnis.

Begründung:

Unsere Partei ist nachehelich nicht in der Lage, den eigenen eheangemessenen Bedarf selbst zu decken und damit unterhaltsbedürftig. Dabei ist von folgenden bereinigten und eheprägenden durchschnittlichen Monatseinkommen auszugehen:

Ehemann ...... EUR Beruf ......
Ehefrau ...... EUR Beruf ......

Der Unterhaltsbedarf umfasst neben dem Elementarunterhalt auch den Aufwand für Altersvorsorge, der im Zuge einer zweistufigen Berechnung nach der Bremer Tabelle zu bestimmen ist. In der ersten Berechnungsstufe für die Bestimmung des Altersvorsorgeunterhaltes ergibt sich ein monatliches Unterhaltsbedürfnis von ...... EUR.

[- Wir beziehen uns auf [- das beigefügte Berechnungsblatt] [- die folgende Detailberechnung].]

Hieraus ergibt sich unter Anwendung der aktuellen Bremer Tabelle ein prozentualer Zuschlag zum erststufigen Unterhalt von ...... %. Aus der damit hochgerechneten Bemessungsgrundlage von ...... EUR ergibt sich mit dem aktuellen Beitragssatz in der gesetzlichen Rentenversicherung in Höhe von ...... % ein Altersvorsorgeunterhalt von ...... EUR. Dieser ist rechnerisch vom Unterhaltspflichtigen vorab zu decken, so dass sich gleichermaßen wie durch eigenen Sozialaufwand das bereinigte Nettoeinkommen um diesen Betrag des Altersvorsorgeunterhaltes auf ...... EUR reduziert. Damit ist zweitstufig eine neue Berechnung des Elementarunterhaltes auf einer niedrigeren Basis durchzuführen, die zu einem Elementarunterhalt in Höhe von ...... führt.

[- Wir beziehen uns auf [- das beigefügte Berechnungsblatt] [- die folgende Berechnung].]

Diesem zweistufig ermittelten Ergebnis zu beiden Unterhaltskomponenten entsprechen die Klageanträge.

[- Der als dritte Komponente des nachehelichen Ehegattenunterhaltes verfolgte Bedarf für Krankenversicherung und Pflegeversicherung unserer Partei ist [- zwischen den Parteien unstreitig] [- in der Anlage dokumentiert]. Er ist in beiden Stufen der Unterhaltsberechnung vom verfügbaren Einkommen des Pflichtigen abgezogen.]

#01 Folgesachenantrag Sorgerecht oder Aufenthalt

[*HIER Ort, Datum*]

[*HIER Langrubrum*]

wird beantragt, eine Folgesachenregelung bezüglich des gemeinsamen Kindes ...... [- der gemeinsamen Kinder ......] zu treffen.

Es erweist sich zum Wohl des Kindes [- der Kinder] als notwendig, unserer Partei

[- das gesamte Sorgerecht alleine zu übertragen.]

[- hilfsweise das Aufenthaltsbestimmungsrecht zu übertragen.]

Begründung:

Unsere Partei ist zur vollen Kindesbetreuung und zur Erziehung bereit und in der Lage. Dies entspricht auch den persönlichen Bindungen und wahrt das Kindeswohl am besten.

[- Die beantragte Regelung entspricht den Absprachen der Parteien. Sie dient dem Kindeswohl auch deswegen am ehesten.]

Zur aktuellen Betreuungs- und Wohnsituation ist zu sagen ......

[- Die Parteien können sich zu den Sorgerechtsfragen im Kindesinteresse bisher recht gut abstimmen.]

[- Es genügt deshalb, derzeit eine Regelung zum Aufenthaltsbestimmungsrecht zu treffen. Diese ist allerdings notwendig, damit insoweit klare Vertretungsverhältnisse herrschen, auch bei Wohnsitzfragen, die auch für das Kindergeld Bedeutung haben.]

[- Die Fortführung gemeinsamer elterlicher Sorge nach Ehescheidung dient nicht dem Kindeswohl, [- ja sie widerspricht ihm sogar massiv.]

[- zwischen den Parteien ist jede Art von unmittelbarer Verständigung unmöglich.]

[- Kaum kommt es zu telefonischen Kontakten, geschieht folgendes ......]

[- Soweit sich die Parteien persönlich begegnen, entsteht sofort von der Gegenseite gezielt entfachter massiver Streit, auch in Anwesenheit des Kindes [- der Kinder].]

[- Beispielsweise kam es am ...... zu folgendem Vorfall ...... der durch die nachbenannten Zeugen bestätigt werden kann.]

[- Die elterliche Sorge umfasst auch die Vertretung des Kindes in Schulangelegenheiten [- und zu Vermögensfragen]. Hier verweigert die Gegenseite jede vernünftige Mitwirkung, wozu im Einzelnen auszuführen ist: ......]

[- Die Gegenseite kümmert sich in keiner Weise um das Kindeswohl und die Mitbetreuung und übt auch das Umgangsrecht [- gar nicht aus] [- nur höchst sporadisch und nach eigenem Gutdünken aus], wozu detailliert ausgeführt wird: ......]

[- Chronische Erkrankung des Kindes ...... erfordert laufende medizinische Betreuung zu der rechtzeitige Zustimmung der Gegenpartei - selbst volle Kooperationsbereitschaft vorausgesetzt - nicht rechtzeitig erholt werden könnte.]

[- Die Kindesanhörung wird ausdrücklich beantragt → und zwar wegen des Alters beschränkt auf das Kind ...... [- die Kinder ......].]

[- Um Schaden vom Kind abzuwenden halten wir die Erholung eines psychologischen Sachverständigengutachtens für unentbehrlich.]

#02 Erwiderung zu Sorgerecht oder Aufenthalt

[*HIER Ort, Datum*]

[*HIER Kurzrubrum*]

wird der beantragten Folgesachenregelung zugestimmt [- insoweit zugestimmt, als die Übertragung des Aufenthaltsbestimmungsrechts akzeptiert wird] [- entgegengetreten] [- zugleich wird beantragt, folgende Regelung zu treffen ......]

Begründung:

Im Vordergrund muss das Kindeswohl stehen.

Begründung:

[- Die Parteien haben sich über die beantragte Regelung verständigt.]
[- Die Dinge sind noch nicht endgültig abgestimmt, es sollte deshalb zunächst eine Anhörung der Parteien und nähere Diskussion im Gerichtstermin erfolgen.]

[- Eine Verständigung dürfte möglich sein.]
[- Es sollte zunächst der Jugendamtsbericht abgewartet werden.]
[- Eilbedürftige Maßnahmen stehen nicht an.]
[- Alsbaldige Terminsbestimmung dient der Sache und wird vorab beantragt.]
[- Die erklärte Zustimmung bedeutet nicht, dass der Sachvortrag der Gegenseite damit zugestanden wird. Es soll einfach im Kindesinteresse Ruhe herbeigeführt werden.]

Zur Wohn- und Betreuungssituation und den Bindungen wird im Detail ausgeführt ......

[- Es ist in keiner Weise notwendig eine Regelung abweichend vom gemeinsamen gesetzlichen Sorgerecht zu treffen.]
[- Unsere Partei ist überaus verständig und kooperativ. Absprachen sind jederzeit möglich.]
[- Die Gegenpartei schildert Tatsachen und Verhältnisse, die so nicht zutreffen. Dazu im Einzelnen: ......]
[- Um den Streit nicht zu vertiefen sehen wir vom Vortrag weiterer Details vorerst ab.
[- Wir beantragen die Kindesanhörung.]
[- Wir halten die Erholung eines psychologischen Sachverständigengutachtens für zwingend notwendig um die Problematik zu klären.]

#03 Folgesachenantrag Umgangsrecht

[*HIER Ort, Datum*]

[*HIER Kurzrubrum*]

wird beantragt, das nacheheliche Umgangsrecht unserer Partei mit dem Kind ...... [- den Kindern ......] gerichtlich zu regeln.

Hierzu wird ein Umgangsrecht mit folgendem Umfang angeregt, wobei zugrundegelegt ist, dass wie üblich Abholung und Rückbringung erfolgen.

[- An jedem zweiten Wochenende von Freitag [- Samstag] ...... Uhr bis Sonntag ...... Uhr.]
[- An jedem Wochenende von Freitag [- Samstag] ...... Uhr bis Samstag [- Sonntag] ...... Uhr.]
[- Zusätzlich an jedem ...... von ...... bis ...... Uhr.]
[- An Weihnachten, Ostern und Pfingsten jeweils am zweiten Feiertag von ...... bis ...... Uhr.]
[- In den Sommerferien [- allen Schulferien] während einer zusammenhängenden Zeit von ...... Woche(n) in der ersten [- zweiten] Hälfte der Ferien.]

Begründung:

Es erweist sich als sinnvoll, für die Zeit nach der Ehescheidung eine Umgangsregelung zu treffen. [- In letzter Zeit sind zunehmend Probleme bei den Absprachen zum Umgangsrecht oder seiner Durchführung aufgetreten, und zwar ......]

Eine feste Regelung ist auch geeignet, Streit zu vermeiden. Sie erleichtert es beiden Parteien und altersabhängig auch den Kindern, zu planen.

Die Anregungen zum Umfang des Umgangsrechtes werden von folgenden Erwägungen getragen: ......

[- Wir regen an, die Parteien und das Jugendamt alsbald anzuhören.]
[- Wir regen an, alsbald Termin zu bestimmen, da Gespräche erfahrungsgemäß mindestens den einen oder anderen Punkt klären können, wenn nicht gar eine Gesamtverständigung erfolgt, [- ggf. im Rahmen einer Übergangsregelung].]

Die Gegenseite blockiert das Umgangsrecht [- und arbeitet erkennbar auf eine Entfremdung hin.] [- Sie verknüpft in unzulässiger und schädlicher Weise finanzielle Interessen mit der Einräumung eines ausreichenden Umgangsrechts.]

[- Die Einschränkung und Blockade des Umgangsrechts ist für die Kindesinteressen schädlich. [- Mehr als Erwachsene brauchen Kinder Regelmäßigkeit und Sicherheit beim Umgangsrecht, das vom Gesetz seit dem 1. 7. 1998 auch als Pflicht verstanden wird.]]
[- Wir beantragen die Erholung eines Sachverständigengutachtens, das erhellen wird, dass die diesseitigen Anträge zum Umgangsrecht den Kindesinteressen dienen.

[- Eine Kindesanhörung wird angeregt [- beantragt] [- scheint derzeit noch entbehrlich.]

#04 Erwiderung Umgangsrecht

[*HIER Ort, Datum*]

[*HIER Langrubrum*]

wird beantragt,

den Antrag auf Umgangsrecht abzuweisen [- und das Umgangsrecht auf einen Zeitraum von ...... auszusetzen] [- das Umgangsrecht anders zu regeln, nämlich ......]

Begründung:

Die beantragte Regelung dient den Kindesinteressen auch unter Abwägung der eigenen Interessen der Gegenseite, soweit diese berechtigt erscheinen, nicht.

[- Das beantragte Umgangsrecht ist viel zu umfangreich weil ......]
[- Die beantragte Regelung entspricht nicht dem Kindesalter [- und auch nicht der Wohn- und Betreuungssituation.]
[- Die beantragte Regelung würde nur zu neuem Streitstoff führen weil ......]
[- Das beantragte Umgangsrecht kann und will die Gegenseite so gar nicht selbst wahrnehmen sondern ......]
[- Die Gegenseite ist gar nicht in der Lage, die Kindesbetreuung während des Umgangsrechts sicherzustellen. [- Hierzu werden folgende Hinweise gegeben: ......]]

[- Es wäre derzeit äußerst schädlich ein Umgangsrecht gegen den Willen und die wahren Interessen des Kindes zu erzwingen weil ......]
[- Die Gegenseite schafft es nicht, schädliche Einflüsse Dritter vom Kind fernzuhalten, wozu im Einzelnen ausgeführt wird: ......]
[- Das rechtfertigt den Antrag auf vorübergehende Aussetzung.]
[- Aufgrund der folgenden Belastungen des Kindes ...... kann derzeit allenfalls ein vorsichtiges begleitetes Umgangsrecht bei einer Beratungsstelle in Frage kommen.]

[- Wir beantragen die Anhörung der Parteien.]
[- Wir beantragen die Kindesanhörung, natürlich durch den Familienrichter alleine.]
[- Wir beantragen zur Wahrung des Kindeswohls die Erholung eines psychologischen Sachverständigengutachtens.]

#01 Folgesachenantrag Mietehewohnung

[*HIER Ort, Datum*]

[*HIER Langrubrum*]

Verfahrensbeteiligter Vermieter: ......

Wir beantragen,
die Rechtsverhältnisse an der Ehewohnung in ......, Anschrift ......, bestehend aus ...... ab Rechtskraft der Scheidung zu regeln. Die Ehewohnung möge ...... mit allen Rechten und Pflichten aus dem Mietverhältnis samt einem etwaigen Kautionsguthaben unserer Partei zugewiesen werden, unter Begründung eines alleinigen Mietverhältnisses mit dem Vermieter.

[- Das Gericht möge erforderlichenfalls Anordnungen nach § 5 I HausratVO treffen, die angemessen und erforderlich sind um die Ansprüche des Vermieters zu sichern.]

Begründung:

Die beantragte Regelung ist nach der Hausratverordnung sachgerecht. [- Die Parteien haben die Ehewohnung gemeinsam vom oben bezeichneten Vermieter gemietet.] [- Die Gegenpartei ist im Außenverhältnis alleine Mieter der Ehewohnung.]

Die Parteien können sich über das endgültige Schicksal der Ehewohnung nicht einigen.

Die monatliche Kaltmiete beträgt derzeit ...... EUR. [- Hinzu kommen Nebenkostenvorauszahlungen von monatlich ...... EUR.]

Der Mietvertrag datiert vom ...... und begründet ein Mietverhältnis mit unbestimmter Dauer ab ...... [- Der Mietvertrag wird vorgelegt.] [- Der Vermieter ist Alleineigentümer der betroffenen Immobilie.] [- Rechte weiterer Personen sind nicht berührt.]

Aus folgenden Gründen ist es angemessen und notwendig, unserer Partei die Ehewohnung zuzuweisen: ......

Der Gegenpartei ist diese Maßnahme aufgrund der Gesamtumstände zuzumuten.

Zu den Vermögens- und Einkommensverhältnissen und der Unterhaltssituation wird vorgetragen: ......

Berechtigte Interessen des Vermieters stehen der beantragten Regelung nicht entgegen weil: ......

Der Vermieter [– wurde bisher nicht befragt] [– hat sich bisher nicht oder nicht abschließend geäußert] [– stimmt der beantragten Regelung zu] [– widerspricht der beantragten Regelung ohne ausreichenden Grund, denn seine Interessen sind ungefährdet.]
[– Er ist bereit, das Mietverhältnis umzuschreiben und die Gegenseite aus jeder künftigen Haftung zu entlassen.]

#02 Folgesache Hausrat

[*HIER Ort, Datum*]

[*HIER Langrubrum*]

Folgesachenantrag wegen Hausratsteilung

wird im laufenden Scheidungsverbund beantragt,

> den ehelichen Hausrat soweit er im Miteigentum der Parteien steht, nach den Grundsätzen des § 8 HausratVO gerecht und zweckmäßig zu verteilen und es ansonsten beim angegebenen Alleineigentum zu belassen.

Um dem Gericht ein verständliches Bild des bei Trennung vorhandenen gesamten Hausrates zu vermitteln, wird dieser tabellarisch und nach Zimmern oder Bereichen gegliedert in der nachstehenden Hausratsliste dargestellt. Soweit die Erinnerung unserer Partei das erlaubt.

Die Struktur der Tabellen wird wie folgt erläutert:

Spalte 1 Sie enthält fortlaufende Nummern für die einzelnen Gegenstände eines Raumes. So können Gegenstände in der weiteren Debatte oder einer Vereinbarung kurz mit Ziffern gekennzeichnet werden, z. B. I 2. oder II.497.

Spalte 2 Enthält die Kurzbezeichnung und soweit möglich nähere Merkmale der einzelnen Hausratsgegenstände.

Spalte 3 Enthält soweit möglich Angaben zum Anschaffungsjahr, gleich wie der Gegenstand in das Eigentum eines oder beider Ehegatten gelangte.

Spalte 4 Enthält den seinerzeitigen Anschaffungspreis ggf. umgerechnet in Euro.

Spalte 5 Enthält ggf. die Vorstellungen unserer Partei zum jetzigen Zeitwert.

Spalte 6 Spiegelt die Eigentumsverhältnisse; Teilung hat dabei nur bezüglich der Gegenstände im gemeinsamen Eigentum zu erfolgen.

Spalte 7 Die mit »+« gekennzeichneten Gegenstände stehen derzeit bei der Gegenpartei.

Spalte 8 Die mit »+« gekennzeichneten Gegenstände stehen derzeit bei unserer Partei.

Spalte 9 Teilungsvorschlag unserer Partei, der die mit »+« gekennzeichneten Gegenstände unter Verurteilung der Gegenpartei zur Herausgabe soweit Spalte 7 positiv betroffen ist, zugewiesen werden mögen.

Hausratsliste

I. Wohnzimmer

1	2	3	4	5	6	7	8	9
Nr.	Gegenstand/Beschreibung	Kauf Jahr	Kauf-preis €	Heutiger Wert €	Eigen-tum M/F/ beide	Hat Gegner +/-	Habe ich +/-	Will ich +/-
1.								
2.								
3.								
4.								
5.								
6.								
7.								
8.								
9.								
10.								

II. Esszimmer

1	2	3	4	5	6	7	8	9
Nr.	Gegenstand/Beschreibung	Kauf Jahr	Kauf-preis €	Heutiger Wert €	Eigen-tum M/F/ beide	Hat Gegner +/-	Habe ich +/-	Will ich +/-
1.								
2.								
3.								
4.								
5.								
6.								
7.								
8.								
9.								
10.								

III. usw.

....

Begründung:

Die Parteien vermögen sich
[- natürlich auch
über die Teilung des ehelichen Hausrates nicht zu verständigen, so dass das Familiengericht gebeten werden muss, eine Regelung zu treffen.]

[- Die Gegenpartei hat zumindest wertmäßig den ganz überwiegenden Hausrat in ihrem faktischen Besitz und ist zu einer gerechten Teilung nicht bereit. [- Natürlich nicht, wenn man den bisherigen Verlauf der Ehesache betrachtet.]]
[- Es wird deshalb *»Teller um Teller und Tasse um Tasse«* auseinander zu dividieren sein.]
[- Unsere Partei sieht zu Recht nicht ein, dass sie auch in diesem Bereich immer nur nachgeben und die Zeche der gescheiterten Ehe bezahlen soll. Die Vorstellungen der Gegenpartei würden insgesamt zu einer völlig unausgewogenen Lösung führen.]
[- Der außergerichtliche Schriftwechsel spricht für sich und wird zur Illustration übergeben.]

Der diesseitige Teilungsvorschlag berücksichtigt angemessen:

- Das Eigentum an den einzelnen Gegenständen
- Das jeweilige Alter, den Erhaltungszustand und den Zeitwert
- Die Wohnsituation der Parteien
- Soweit betroffen die Kindesbedürfnisse
- Die wirtschaftlichen Verhältnisse der Parteien jetzt und in der Zukunftsprognose (Vermögen/Einkommen)
- Unterhaltsbezüge

Hierzu ist im einzelnen folgendes zu erläutern: ......

[- In die Überlegungen darf nicht nur der Zeitwert einbezogen werden, es kommt auch auf die Nutzungsbedürfnisse und die Wiederbeschaffungskosten an. Ein alter Kleiderschrank kann z. B. technisch intakt und wirtschaftlich annähernd wertlos sein. Trotzdem benötigt jeder einen Kleiderschrank und muss ihn mit dem Neupreis bezahlen, wenn er ihn notgedrungen neu anschaffen muss.
[- Ein Fahrzeug ist in die Hausratsteilung nicht einzubeziehen, es ist kein Fahrzeug mit Hausratsqualität vorhanden. Kraftfahrzeuge werden auch üblicherweise im güterrechtlichen Bereich ausgeglichen.]
[- Es ist kein Fahrzeug im gemeinsamen Eigentum der Parteien vorhanden.]
[- Das einzige Fahrzeug ...... der Parteien ist in die Hausratsteilung einbezogen. Es wurde gemeinsam für die Familie benutzt und nicht etwa für den Beruf eines Ehegatten.]

[- Wir regen an, die Sache baldmöglichst in mündlicher Verhandlung zu erörtern, da sonst der Schriftwechsel erfahrungsgemäß ausufert, was der Übersichtlichkeit nicht dient.]
[- Es wird notwendig sein, einen Augenschein zu den einzelnen Hausratsgegenständen einzunehmen.]
[- Die in den Spalten 4 und 5 angegebenen Werte werden vorsorglich durch Sachverständigengutachten unter **Beweis** gestellt.]
[- Soweit unserer Partei Belege zu den einzelnen Hausratsgegenständen zugänglich sind, werden Kopien übergeben, deren Nummerierung mit der Hausratsliste übereinstimmt.]

#01 Stufenklage - Zugewinnausgleich

[*HIER Ort, Datum*]

[*HIER Langrubrum*]

Folgesachenantrag - Stufenklage zum güterrechtlichen Ausgleich im Verbund

haben unsere außergerichtlichen Bemühungen leider nicht zu einer Bereinigung der güterrechtlichen Ausgleichsfragen geführt, weshalb hiermit eine Regelung im Verbund beantragt wird. Wir stellen insoweit gestuft **Folgesachenantrag** wie folgt:

Der/Die Antragsgegner/-in [- Antragsteller/-in] wird verurteilt, unserer Partei

1.

spezifizierte Auskunft über ihr/sein Vermögen am ...... [*Alternativ*: *Tag der Zustellung des Scheidungsantrages*] durch Vorlage eines detaillierten und geordneten
[- eigenhändig unterzeichneten]
Verzeichnisses über alle Vermögenswerte, gegliedert nach Aktiva und Passiva zu erteilen
[- und die Auskunft zum Stichtag zu belegen *Anm.: Beleganspruch wird überwiegend verneint.*]

2.

zum Ausgleich des Zugewinns einen Geldbetrag zuzüglich 5 % Zinsen über dem jeweiligen Basiszins ab Rechtskraft des Scheidungsausspruches zu bezahlen, der nach Auskunftserteilung beziffert wird.

Begründung:

Die Parteien sind Deutsche; sie schlossen wie im Ehescheidungsantrag angegeben ihre Ehe, die mangels notariellen Ehevertrages stets im gesetzlichen Güterstand der Zugewinngemeinschaft geführt wurde. Eine Ausgleichsregelung wurde bisher nicht gefunden. Die Gegenpartei wurde vorgerichtlich erfolglos aufgefordert, spezifiziert Auskunft über ihr Endvermögen zum gesetzlichen Bewertungsstichtag des § 1384 BGB zu erteilen. Dieser Stichtag der Zustellung des Scheidungsantrages geht aus der Gerichtsakte hervor.

Der Folgesachenantrag ist eine Stufenklage, über deren letzte Stufe erst zu beziffern und zu befinden ist, wenn die Auskunft erteilt ist.

Es bleibt vorbehalten, die Klage in dann zweiter Stufe nach Auskunftserteilung auf einen Antrag auf Ableistung der Eidesstattlichen Versicherung zu erweitern, falls die Auskunft nicht vollständig und sorgfältig erteilt wird, § 260 II BGB.

[- Das Auskunftsverlangen datiert vom ......]

[- Es wird in der Anlage in Kopie übergeben.]

#02 Erweiterung Stufenklage Eidesstattliche Versicherung

[*HIER Ort, Datum*]

[*HIER Kurzrubrum*]

erweitern wir die Stufenklage mit dem Antrag,

die Gegenpartei in nunmehr zweiter Stufe zu verurteilen, bei Gericht die Eidesstattliche Versicherung darüber abzuleisten, dass sie
Auskunft über ihr Endvermögen zum Stichtag ...... mit
[- Schreiben] [- Verzeichnis] [- Schreiben der Rechtsanwälte ......]
vom ...... so vollständig und richtig erteilt hat, als sie dazu in der Lage war.

Begründung:

Die in erster Stufe zu Lasten der Gegenpartei geregelte Auskunftspflicht ist inzwischen erfüllt. Sie wurde wie folgt erteilt ......

[- Die Auskunft wird anliegend in Kopie übergeben.]

Die Gegenseite hat Anlass zu dieser Klageerweiterung gegeben weil die Auskunft nicht mit der vom Gesetz in § 260 II BGB geforderten Sorgfalt erteilt ist.

[- Dabei wurde erfolglos Gelegenheit zur Nachbesserung gegeben.]
[- Die Auskunft ist teils zu einem falschen Stichtag erteilt, an dem die Bewertung ganz anders aussehen kann. Im Einzelnen: ......]
[- Der folgende Bestandteil ihres geldwerten Aktivvermögens ist von der Gegenseite nicht angegeben worden: ......]
[- Er gehörte zum Bewertungsstichtag aber eindeutig zum Vermögen der Gegenpartei.]
[- Er wird wie folgt in der Anlage belegt ......]
[- Er wird wie folgt unter **Beweis** gestellt: ......]
[- Der wesentliche vorgerichtliche Schriftwechsel wird zur Veranschaulichung in Kopie beigefügt.]

#03 Folgesachenantrag Zugewinnausgleich

[Anm.: Kann auch zur isolierten nachehelichen Zugewinnklage umgebaut werden.]

[*HIER Ort, Datum*]

[*HIER Kurzrubrum*]

Folgesachenantrag Zugewinnausgleich

beantragen wir nunmehr

zum güterrechtlichen Ausgleich der Parteien, die Gegenpartei zu verurteilen,

1.
unserer Partei zum Ausgleich des Zugewinns ...... Euro zuzüglich 5 % Zinsen über dem jeweiligen Basiszins daraus ab Rechtskraft des Scheidungsausspruchs zu bezahlen.

2.
die Kosten der Folgesache zu tragen, zu deren gerichtlicher Durchsetzung sie Anlass gegeben hat.

Begründung:

A. Grundlagen / Stichtage / Indexwerte

Die Parteien schlossen wie im Scheidungsantrag angegeben ihre Ehe, die lückenlos im gesetzlichen Güterstand der Zugewinngemeinschaft geführt wurde. Eine güterrechtliche Folgesachenregelung wurde bisher nicht getroffen. Der Scheidungsantrag wurde am ...... förmlich zugestellt. Dieses Datum bestimmt im Scheidungsfall den Stichtag für die Bewertung des Endvermögens, §§ 1376 II, 1384 BGB.

Maßgeblich sind folgende Bewertungsstichtage und Indexzahlen:

Stichtag für	**Stichtag**	**Lebenshaltungskosten-Index***
Das Anfangsvermögen	Eheschließung am	......
Das Endvermögen	Zustellung Scheidungsantrag	......

Angewandt wird hier der folgende vom Statistischen Bundesamt ermittelte Lebenshaltungskostenindex für ......

Die gesetzlich aufgestellte güterrechtliche Bilanz der Parteien ergibt zugunsten unserer Partei einen Ausgleichsanspruch gemäß § 1378 I BGB, der streitig ist und mit Rechtskraft des Scheidungsausspruchs fällig wird.

B. Vermögen des Ehemannes

I. Anfangsvermögen

1. Vermögen bei Eheschließung, § 1374 I BGB

Betreff	Bemerkung	€
1.		
2.		
3.		
4.		
5. Summe		

2. Privilegierter Erwerb gemäß § 1374 II BGB

Betreff	Jahr der Zuwendung	€
1.		
2.		
3.		
4.		
5. Summe		

II. Endvermögen

1. Aktiva

Betreff	Bemerkung	€
1.		
2.		
3.		
4.		
5. Summe		

2. Passiva

Betreff	Bemerkung	€
1.		
2.		
3.		
4.		
5. Summe		

3. Übersicht Endvermögen

1.	Aktivposten	
2.	– Passivposten	
3.	Saldo Endvermögen	

III. Zugewinn

1.	Endvermögen	
2.	– Anfangsvermögen (inflationsbereinigt) ⟶ laut Anlage	
3.	Zugewinn (wenn > 0)	

C. Vermögen der Ehefrau

I. Anfangsvermögen

1. Vermögen bei Eheschließung, § 1374 I BGB

Betreff	Bemerkung	€
1.		
2.		
3.		
4.		
5. Summe		

2. Privilegierter Erwerb gemäß § 1374 II BGB

Betreff	Jahr der Zuwendung	€
1.		
2.		
3.		
4.		
5. Summe		

II. Endvermögen

1. Aktiva

Betreff	Bemerkung	€
1.		
2.		
3.		
4.		
5. Summe		

2. Passiva

Betreff	Bemerkung	€
1.		
2.		
3.		
4.		
5. Summe		

3. Übersicht Endvermögen

1.	Aktivposten	
2.	- Passivposten	
3.	Saldo Endvermögen	

III. Zugewinn

1.	Endvermögen	
2.	- Anfangsvermögen (inflationsbereinigt) → laut Anlage	
3.	Zugewinn (wenn > 0)	

D. Auseinandersetzungsbilanz

Güterrechtliche Ausgleichsforderung

1.	Werthöherer Zugewinn der Gegenpartei	
2.	Wertniedrigerer Zugewinn unserer Partei	
3.	Wertdifferenz	
4.	Ausgleichsforderung ½ davon	
5.	Hierauf etwa geleistet oder bindend anerkannt	
6.	Restforderung	

E. Verzug

Die Gegenseite ist gemäß der beigefügten Korrespondenz in Verzug gesetzt worden, hat aber trotzdem [- nicht] [- nicht in vollem Umfang] anerkannt, so dass es einer gerichtlichen Entscheidung bedarf.

#01 Aufenthaltsbestimmung u. a.

[*HIER Ort, Datum*]

[*HIER Langrubrum*]

beantragen wir

[- wegen Dringlichkeit] das Aufenthaltsbestimmungsrecht] über das Kind ...... [- die Kinder ......] im Wege der Einstweiligen Anordnung im Ehescheidungsverbund auf unsere Partei zu übertragen

[- und die Herausgabe des Kindes [- der Kinder] anzuordnen.]

[- Hilfsweise das Aufenthaltsbestimmungsrecht auf einen vom Gericht auszuwählenden Pfleger zu übertragen.]

Begründung:

Wegen der persönlichen Daten der Parteien beziehen wir uns auf den Sachvortrag zum Ehescheidungsbegehren. Die Parteien leben seit ......
[- innerhalb der Ehewohnung] [- räumlich in verschiedenen Wohnungen]
dauernd getrennt. Die Ehe ist ohne Zweifel gescheitert. Leider besteht zur Betreuung und Versorgung [- des gemeinsamen Kindes] [- der gemeinsamen Kinder]
volle Uneinigkeit zwischen den Parteien.
[- Das Kindeswohl ist wegen folgender Umstände massiv gefährdet ......]

Bis zur Trennung war ...... überwiegend mit der Kindesbetreuung befasst. Diese gestaltete sich wie folgt: ......

Zur beruflichen Lage der Parteien bis zur Trennung und danach ist zu sagen ......

Die Verhältnisse der letzten Zeit sind im Detail wie folgt zu schildern: ......

[- Die Gegenseite drängt aus rein
[- finanziellen] [- unterhaltsrechtlichen]
Erwägungen in die Kindesbetreuung, mit der sie bis zum Beginn des Getrenntlebens nur untergeordnet oder gar nicht befasst war.]

Unsere Partei ist persönlich, zeitlich und räumlich in der Lage, die Kindesbetreuung und die Erziehung zu übernehmen. Das entspricht auch im Hinblick auf die bestehenden Bindungen am ehesten dem Kindeswohl.
[- Auch deckt es sich mit der überwiegenden Betreuungssituation bis zur Trennung.]
[- Dabei ist es gar keine Frage, dass der Gegenseite ein [- angemessenes] [- großzügiges] Umgangsrecht eingeräumt wird, dessen Absprache direkt möglich sein sollte, sobald das Gezerre aufhört.]

Es bedarf deshalb zunächst einer Regelung zum Aufenthaltsbestimmungsrecht [- und zur Kindesherausgabe.]

[- Zur Glaubhaftmachung des vorstehenden Sachvortrages beziehen wir uns auf die beigefügte eidesstattliche Erklärung der/des ...... sowie auf die Bescheinigung ......]

[- Wir regen an, beschleunigt einen Jugendamtsbericht zu erholen]
[- und Termin zur mündlichen Verhandlung und Anhörung
[- der Parteien des Kindes [- der Kinder] [- des/der Zeugen]
[- eines psychologischen/medizinischen Sachverständigen]
zu bestimmen.]

#02 Umgangsrecht

[*HIER Ort, Datum*]

[*HIER Langrubrum*]

beantragen wir

das Umgangsrecht unserer Partei mit dem Kind ...... [- mit den Kindern ......] im Wege der Einstweiligen Anordnung im Ehescheidungsverbund vorläufig zu regeln.

Es wird angeregt, den Umfang des Umgangsrechts vorläufig wie folgt zu bestimmen: ......

Begründung:

Wegen der persönlichen Daten der Parteien beziehen wir uns auf den Sachvortrag zum Ehescheidungsbegehren. Die Parteien leben seit ...... innerhalb der Ehewohnung [- räumlich in verschiedenen Wohnungen] dauernd getrennt. Die Ehe ist ohne Zweifel gescheitert.

Zur aktuellen Betreuungs- und Wohnsituation ......

Leider ist zum Umgangsrecht unserer Partei keine vernünftige Verständigung möglich.

[- Mit allerhand Ausflüchten und Manövern verhindert die Gegenseite seit ...... [- jedes] [- fast jedes] Umgangsrecht.]

Es droht deshalb eine Entfremdung, der nur durch kurzfristige gerichtliche Entscheidung begegnet werden kann.

Die Verhältnisse der letzten Zeit sind im Detail wie folgt zu schildern: ......

Unsere Partei hat ein sehr gutes Verhältnis zum Kind [- zu den Kindern.]

und ist in der Lage ein geordnetes Umgangsrecht zu den zu bestimmenden Zeiten auszuüben.

[- Zur Glaubhaftmachung des vorstehenden Sachvortrages beziehen wir uns auf die beigefügte eidesstattliche Erklärung der/des ......]

[- Wir regen an, beschleunigt einen Jugendamtsbericht zu erholen
[- und Termin zur mündlichen Verhandlung und Anhörung]
[- der Parteien des Kindes [- der Kinder]
zu bestimmen.]

#03 Ehewohnung

[*HIER Ort, Datum*]

[*HIER Langrubrum*]

Antrag auf Zuweisung der Ehewohnung

Wir beantragen, unserer Partei im Wege der einstweiligen Anordnung
die Ehewohnung in ...... mit der Anschrift ...... zur alleinigen Nutzung zuzuweisen und auszusprechen, dass

[- die Ehewohnung an unsere Partei herauszugeben ist]
[- die Gegenpartei die Wohnung nicht mehr betreten darf.]

[- Ergänzend bietet es sich an, eine Regelung über die Bezahlung der Miet- und Nebenkosten zu treffen. *Ggf. konkretisieren.*]

[- Der Gegenpartei möge bereits jetzt für jeden Fall der Zuwiderhandlung ein Zwangsgeld in gesetzlicher Höhe angedroht werden.]

Begründung:

Die persönlichen Daten sind aus dem Scheidungsbegehren bekannt. Es bedarf dringend einer Regelung zur Ehewohnung.

Diese wird derzeit bewohnt von ......

[- Zur Betreuungssituation sieht es so aus: ......]
[- Auch im Kindesinteresse gehören die räumlichen Bereiche klar getrennt.]

Das Getrenntleben der Parteien vollzieht sich wie folgt ......

[- Die Gegenpartei ist aus der Ehewohnung ausgezogen und lebt dort nicht mehr. Es finden weder Übernachtungen noch eine Benutzung der Gemeinschaftsräume statt.]
[- Das Erscheinen in der Ehewohnung dient nur der Kontrolle und der Beeinträchtigung der Privatsphäre unserer Partei.]

[- Gegenüber dem nachbenannten Zeugen hat die Gegenseite [- wörtlich] [- sinngemäß] erklärt, ...
Beweis: ......
Das spricht für sich.]

[- Das Verhalten der Gegenpartei führte zuletzt zu folgenden Konfrontationen: ......]

[- Zur Glaubhaftmachung beziehen wir uns auf folgende Anlagen ......]

[- Wir regen Terminsbestimmung und Anhörung der Parteien an.]
[- Wir regen die Einnahme eines Augenscheins an.]

#04 Kindesunterhalt - Minderjährige

[*HIER Ort, Datum*]

[*HIER Langrubrum*]

Antrag auf Erlass einer einstweiligen Anordnung im Verbund

Wir beantragen ohne Verzicht auf weitergehende Ansprüche, im Wege der einstweiligen Anordnung

> den Kindesunterhalt vorläufig zu regeln und die Gegenpartei im Wege der einstweiligen Anordnung zu verurteilen, vorläufigen Kindesunterhalt ab dem Monatsersten vor Eingang dieses Antrags bei Gericht wie folgt zu bezahlen:
>
> für das Kind ...... geboren am ...... monatlich im Voraus je ...... % des jeweiligen Regelbetrages nach § 1 [- 2] der Regelbetragverordnung. Kindergeld für ein erstes [- zweites] [- drittes] [- viertes] [- fünftes] Kind ist gesetzlich anrechenbar [- zur Hälfte anrechenbar] soweit diese zusammen mit dem Unterhalt je 135 % des jeweiligen Regelbetrages übersteigt.

Begründung:

Die persönlichen Daten sind aus dem Scheidungsbegehren bekannt. Die Gegenpartei schuldet verschärft durch § 1603 BGB Minderjährigenunterhalt in Form des Barunterhalts nach den Vorschriften der §§ 1600 ff BGB. Kinderbetreuung erfolgt durch unsere Partei, die entsprechend dem Vorrang aus der Haushaltszugehörigkeit auch das im Grundsatz gesetzlich nach § 1612 b BGB verrechenbare Kindergeld bezieht.

Dynamische Titulierung in der beantragten Weise ist zulässig, denn alle Daten außer dem Geburtsdatum des Kindes und dessen Rangstelle beim Kindergeld ergeben sich aus dem Gesetz.

Ein Hauptsacheverfahren zum laufenden Kindesunterhalt ist bisher nicht anhängig.
Die Parteien konnten sich über den Unterhalt bisher nicht verständigen.
Die Gegenseite wurde zur Unterhaltszahlung erfolglos aufgefordert.
[- Die dazugehörige Korrespondenz wird zur Glaubhaftmachung beigefügt.]

[- Trotz verschärfter Haftung wird keinerlei Barunterhalt bezahlt.]
[- Es erfolgen nur unzureichende Unterhaltszahlungen wie folgt: ......]

Zur wirtschaftlichen Situation der Gegenseite und ihrer Unterhaltspflichten insgesamt ist auszuführen: ......

[- Damit besteht für den geltend gemachten Unterhalt Leistungsfähigkeit. Gegenteiliges liegt eindeutig im Bereich ihrer Darlegungs- und Beweislast.]

[- Hierzu werden folgende Belege vorgelegt:]

[- Trotz dieser klaren Lage regen wir an, vorerst nicht ohne mündliche Verhandlung zu entscheiden und kurzfristig Termin zu bestimmen, zu dem das persönliche Erscheinen der Parteien angeordnet werden möge.]

#05 Trennungsunterhalt

[*HIER Ort, Datum*]

[*HIER Langrubrum*]

Antrag auf Erlass einer einstweiligen Anordnung im Verbund

Wir beantragen ohne Verzicht auf weitergehende Ansprüche, im Wege der einstweiligen Anordnung

> den Trennungsunterhalt unserer Partei nach § 1361 BGB vorläufig zu regeln und die Gegenpartei zu verurteilen, vorläufigen monatlich vorauszahlbaren Unterhalt ab dem Monatsersten vor Eingang dieses Antrags bei Gericht in Höhe von ...... EUR zu bezahlen.

Begründung:

Die persönlichen Daten sind aus dem Scheidungsbegehren bekannt. Die Parteien leben dauernd getrennt. Die Gegenpartei schuldet nach den Lebensverhältnissen und den Erwerbs- und Vermögensverhältnissen der Parteien laufenden angemessenen Unterhalt in der bezifferten Höhe.

Zur Einkommenslage der Gegenseite ist auszuführen: ......
[- Hierzu werden folgende Belege vorgelegt: ......]

Unsere Partei
[- ist wegen Kinderbetreuung erwerbslos und hat auch sonst kein Einkommen]
[- ist im Einklang mit der ehelichen Aufgabenverteilung einkommenslos }
[- verfügt nur über ein monatliches Einkommen von durchschnittlich ...... EUR, [- das in der Anlage belegt wird]].

Ein Hauptsacheverfahren zum laufenden Trennungsunterhalt ist bisher nicht anhängig.

Die Parteien konnten sich über den Unterhalt bisher nicht verständigen. Die Gegenseite wurde zur Unterhaltszahlung erfolglos aufgefordert.

[- Die dazugehörige Korrespondenz wird zur Glaubhaftmachung beigefügt.]

[- Es erfolgen keinerlei Unterhaltszahlungen.]
[- Es erfolgen nur unzureichende Unterhaltszahlungen wie folgt: ......]
[- Wir regen an, nicht ohne mündliche Verhandlung zu entscheiden und kurzfristig Termin zu bestimmen, zu dem das persönliche Erscheinen der Parteien angeordnet werden möge.]

#06 Prozesskostenvorschuss

[*HIER Ort, Datum*]

[*HIER Langrubrum*]

Antrag auf Einstweilige Anordnung wegen Kostenvorschusses und vorsorglicher Antrag auf Bewilligung von Prozesskostenhilfe

beantragen wir,

der Gegenseite im Wege der Einstweiligen Anordnung die Bezahlung eines Prozesskostenvorschusses für das Hauptverfahren und das Anordnungsverfahren in Höhe von insgesamt ...... EUR aufzuerlegen.

Begründung:

Unsere Partei ist wirtschaftlich nicht in der Lage, die anstehenden Prozesskosten des Verbundverfahrens aus eigenem Einkommen oder Vermögen zu decken. Demgegenüber ist die Gegenseite auch unter Billigkeitsgesichtspunkten für die Kosten leistungsfähig. Das ergibt sich aus den bereits vorliegenden oder dieser Schrift beigefügten Einkommens- oder Vermögensbelegen.

Unsere Partei ist unterhaltsberechtigt und hat gemäß § 1360 a IV S. 1 BGB Anspruch auf Prozesskostenvorschuss, der geklärt gehört, bevor ein Antrag auf Bewilligung von Prozesskostenhilfe zum Tragen kommen könnte.

Die Gegenseite wurde vorgerichtlich mit Schreiben vom ...... erfolglos zur Bezahlung des Prozesskostenvorschusses aufgefordert. [- Das Schreiben wird in der Anlage vorgelegt.]

Zur Vermeidung von Rechtsverlusten wird jetzt bereits Hilfsantrag auf

- Bewilligung von Prozesskostenhilfe
- Beiordnung des Unterfertigten

gestellt, verbunden mit der Anregung, die Entscheidung hierzu bis zur Klärung der Vorschusspflicht und ihrer Realisierung zurückzustellen.

Die für das unvermeidbaren Verfahren anfallenden Kosten betragen mindestens:

Streitwert

Er beträgt für die Ehesache mindestens ...... und für das Gesamtverfahren mit Folgesachen mindestens ...... Euro. Vorsorglich beantragen wir, den Streitwert vorab festzusetzen.

Kosten des Hauptverfahrens

Gebühr	§§ BRAGO	Wert €	Gebühr €
10/10 Prozessgebühr	§ 31 I 1	......	......
10/10 Verhandlungsgebühr	§ 31 I 2	......	......
10/10 Beweisgebühr	§ 31 I 3	......	......
Telekommunikation / Porto	§ 26		20,00
16 % Umsatzsteuer	§ 25		......
Gesamt		......	

Kosten des Anordnungsverfahrens

Gebühr	§§ BRAGO	Wert €	Gebühr €
10/10 Prozessgebühr	§ 31 I 1	......	......
10/10 Verhandlungsgebühr	§ 31 I 2	......	......
Telekommunikation / Porto	§ 26		20,00
16 % Umsatzsteuer	§ 25		......
Gesamt			......

#01 Auskunftsklage gegen Arbeitnehmer

[*HIER Ort, Datum*]

[*HIER Langrubrum*]

erheben wir für die Klagepartei im isolierten Verfahren Auskunftsklage mit folgenden Anträgen:

Die beklagte Partei wird verurteilt,

1. der Klagepartei Auskunft über ihr Erwerbseinkommen im Zeitraum vom ...... bis zum ...... durch Vorlage eines spezifizierten und nach Monaten systematisch geordneten Verzeichnisses zu erteilen, in dem das gesamte lohnsteuerpflichtige und nicht lohnsteuerpflichtige, laufende oder einmalige Arbeitsentgelt einschließlich aller Zulagen, Zuschläge, Sonderleistungen, geldwerter Vorteile sowie Auslösen und Spesen und auf der Ausgabeseite je als gesonderte Posten die einzelnen steuerlichen Abzugsbeträge unter Angabe der verwendeten Steuerklasse und steuerlicher Freibeträge sowie die einzelnen Abzugsbeträge (Arbeitnehmeranteile) für die gesetzliche Sozialversicherung angegeben sind, im Falle freiwilliger Krankenversicherung auch die Aufwendungen und die Arbeitgeberzuschüsse dafür. Ebenso ist Lohnersatzeinkommen wie beispielsweise Arbeitslosengeld und Krankengeld in die Auskunft einzubeziehen.

2. der Klagepartei folgende Belege vorzulegen:

a. Die abgegebene Einkommensteuererklärung für das Jahr ...... (ersatzweise die letzte beim Finanzamt eingereichte Einkommensteuererklärung) mit allen amtlichen Anlagen, speziell der Anlage N, und alle dazugehörigen Steuerbescheide samt eventueller Berichtigungsbescheide, ersatzweise den letzten erlassenen Einkommensteuerbescheid.

b. Detaillierte und lesbare Lohn- Gehalts- oder Bezügeabrechnungen für den Zeitraum in Ziffer 1) des Klageantrags.

c. Ebenso soweit betroffen Abrechnungen über Spesen und Auslösen für den gleichen Zeitraum.

[- 3 der Klagepartei spezifizierte Auskunft über ihr Vermögen zum ...... zu erteilen.]

Begründung:

[– Die Parteien sind seit ...... ständig getrenntlebende Eheleute. Ein Ehescheidungsverfahren ist [– unter dem Aktenzeichen ...... anhängig] [– nicht anhängig].]

[– Die Parteien sind rechtskräftig geschiedene Eheleute.]

[– Die Klagepartei ist ein unterhaltsberechtigtes Kind der beklagten Partei.]

Zur Klärung der gesetzlichen Unterhaltsansprüche ist unsere Partei mindestens auf die klagegegenständliche Auskunft angewiesen.

Zur Einkommenssituation der Klagepartei ist auszuführen: ......

Die beklagte Partei erzielt nach Aktenlage Arbeitnehmereinkommen, aus dem Unterhalt zu leisten ist. Zwecks Klärung der Unterhaltsansprüche besteht im Umfang der Klageanträge die Verpflichtung zur Auskunft samt Belegvorlage.

Aufforderung hierzu erfolgte erfolglos mit Schreiben vom ......

[– Mit weiterem Schreiben vom ...... wurde mit angemessener Nachfristsetzung ebenso erfolglos gemahnt.]

Der Anspruch auf Auskunft und Belegvorlage muss daher tituliert werden. Seine vorläufige Beschränkung auf die wahrscheinlichen Einkommensquellen dient der Prozessökonomie und beinhaltet keinen materiellen Verzicht auf weitergehende Ansprüche.

#02 Auskunftsklage (umfassend)

[*HIER Ort, Datum*]

[*HIER Langrubrum*]

erheben wir für die Klagepartei isoliert Auskunftsklage mit folgenden Anträgen:

I. Auskunft

Die beklagte Partei wird verurteilt, der Klagepartei Auskunft zu erteilen

1. über ihr Vermögen am ...... durch Vorlage eines spezifizierten Vermögensverzeichnisses über alle aktiven und passiven Vermögenswerte im In- und Ausland.
2. über ihr Einkommen

a. Einkommen aus nichtselbstständiger Arbeit im Zeitraum vom ...... bis zum ...... durch Vorlage eines spezifizierten und nach Monaten systematisch geordneten Verzeichnisses, in dem das gesamte lohnsteuerpflichtige und nicht lohnsteuerpflichtige, laufende oder einmalige Arbeitsentgelt einschließlich aller Zulagen, Zuschläge, Sonderleistungen, geldwerter Vorteile sowie Auslösen und Spesen und auf der Ausgabeseite je als gesonderte Posten die einzelnen steuerlichen Abzugsbeträge unter Angabe der verwendeten Steuerklasse und steuerlicher Freibeträge sowie die einzelnen Abzugsbeträge (Arbeitnehmeranteile) für die gesetzliche Sozialversicherung angegeben sind.

b. Einkommen, das keiner einkommenssteuerlichen Einkunftsart unterfällt, wie beispielsweise Lohnersatzleistungen aller Art, Altersteilzeitzuschläge und Sozialleistungen für den gleichen Zeitraum zu a).

c. selbst getragene (gegebenenfalls freiwillige) Aufwendungen für die soziale Sicherung für den Zeitraum zu a); spezifiziert nach Sozial- oder Versicherungsträgern, Monaten und die einzelnen Aufwendungen. Mögliche Arbeitgeberzuschüsse sind gesondert aufzuführen.

d. Einkommen aus anderen einkommenssteuerlichen Einkunftsarten für die Kalenderjahre ...... bis ...... durch Vorlage eines spezifizierten und nach Jahren und Einkunftsquellen systematisch geordneten Verzeichnisses, in dem alle Einnahmen und Ausgaben angegeben sind.

e. Bei Einkünften aus Vermietung und Verpachtung ist die steuerliche Gebäudeabschreibung gesondert auszuweisen. Bei Einkünften aus selbstständiger Arbeit, Gewerbe oder Land- und Forstwirtschaft ist detaillierte Auskunft über den ermittelten Gewinn sowie die Privateinlagen und Privatentnahmen zu erteilen.

II. Belegvorlage

Die beklagte Partei wird verurteilt, der Klagepartei folgende Belege vorzulegen:

1. Die abgegebene Einkommensteuererklärung für [- das Jahr] [- die Jahre] ...... mit allen amtlichen Anlagen (z. B. Anlagen N, KAP, SO, GSE, V, Kinder je soweit betroffen) und alle dazugehörigen Steuerbescheide samt eventueller Berichtigungsbescheide.

2. Zum Einkommen aus nichtselbstständiger Arbeit für den in Ziffer I. 2. a). angegebenen Zeitraum

   a. Detaillierte Lohn- Gehalts- oder Bezügeabrechnungen,

   b. Abrechnungen über Spesen, Auslösen und andere Nebenleistungen,

   c. Soweit betroffen, Provisionsabrechnungen.

3. Zum Renteneinkommen für den gleichen Zeitraum

   a. Die Rentenbescheide oder Bewilligungsschreiben,

   b. Die letzte Rentenanpassungsmitteilung,

   c. Rentenabrechnungen unter Einbeziehung von Zuschüssen und Abzügen für die Kranken- und Pflegeversicherung.

4. Zum Einkommen aus Kapital für den Zeitraum gemäß Ziffer I. 2. d)

   a. Abrechnungen, Gutschriften und Ausschüttungsbescheinigungen über den Kapitalertrag, speziell Zinsen, Dividenden, Ausschüttungen aus GmbH's,

   b. Abrechnungen über einbehaltene inländische und ausländische Steuern,

   c. Bei Beteiligung an einer GmbH, auch in mittelbarer Form, die vollständigen Jahresabschlüsse mit allen Anlagen, Erläuterungen und Verzeichnissen.

5. Zum Einkommen aus Vermietung und Verpachtung für den gleichen Zeitraum
   a. Spezifizierte Abrechnungen oder Journale über alle Einnahmen und Werbungskosten,
   b. Die Anlagen V zu den Einkommensteuererklärungen oder steuerlichen Gemeinschaftserklärungen,
   c. Beim Finanzamt eingereichte Anlagen, Übersichten und Erläuterungen zu den Anlagen V.
6. Zum Einkommen aus selbstständiger Arbeit, Gewerbe oder Land- und Forstwirtschaft für den gleichen Zeitraum
   a. Vollständige Jahresabschlüsse einschließlich detaillierter Verzeichnisse über das betriebliche Anlagevermögen und dessen steuerliche Abschreibung,
   b. Bei Gesellschaften oder Mitunternehmerschaften die steuerlichen Gewinnerklärungen mit allen Anlagen,
   c. Etwa vorliegende Berichte über steuerliche Außenprüfungen, die im Auskunftszeitraum ergangen sind oder diesen betreffen,
   d. Soweit betroffen, die Umsatzsteuervoranmeldungen sowie die Umsatzsteuererklärungen und Steuerbescheide dazu.

Begründung:

[- Die Parteien sind seit ...... ständig getrenntlebende Eheleute. Ein Ehescheidungsverfahren ist [- unter dem Aktenzeichen ...... anhängig] [- nicht anhängig].]
[- Die Parteien sind rechtskräftig geschiedene Eheleute.]
[- Die Klagepartei ist ein unterhaltsberechtigtes Kind der beklagten Partei.]

Im Interesse der Klärung der Unterhaltsansprüche ist die Gegenpartei im Umfang der Klageanträge verpflichtet, Auskunft über das Einkommen und Vermögen zu erteilen und die Auskunft über das Einkommen umfassend zu belegen.

Aufforderung hierzu erfolgte erfolglos mit Schreiben vom ......
[- Mit weiterem Schreiben vom ...... wurde mit angemessener Nachfristsetzung ebenso erfolglos gemahnt.]

[- Die Auskunft wurde nur völlig unzureichend wie folgt erteilt: ......]

Mit der Klage wird vorerst isoliert nur der Auskunftsanspruch verfolgt. Eine stufenweise Klageerweiterung bleibt vorbehalten.

#01 Zahlungsklage - Minderjähriger (auch Auszubildender)

[*HIER Ort, Datum*]

[*HIER Langrubrum*]

erheben wir für die Klagepartei Unterhaltsklage mit dem Antrag,

die beklagte Partei zu verurteilen, folgenden Unterhalt zu bezahlen.
[- An die Klagepartei *Anm.: Wenn nachehelich namens des Kindes geklagt wird*]
[- An die Klagepartei für das/die Kind(er)...... geboren am ......
Anm.: Während Getrenntlebens. Prozessstandschaft des betreuenden Elternteils.]

1. **Unterhaltsrückstände** für den Zeitraum vom ...... bis zum ...... in Höhe von ...... EUR.

2. **Künftig fälliger Unterhalt:** Ab ...... monatlich [- je] [*Anm.: Bei mehr als einem Kind*] ...... vom Hundert des jeweiligen Regelbetrages nach § [- 1] [- 2 *Anm.: Beitrittsgebiet*] der Regelbetragverordnung [- für die jeweilige Altersstufe des Kindes. *Anm.: Entbehrlich, ebenso wie die monatlich vorauszahlbare Fälligkeit, die sich zwingend aus dem Gesetz ergibt*]

Die Hälfte des jeweiligen Kindergeldes für ein [- erstes] [- zweites] [- drittes] [- viertes] [- fünftes] Kind ist abzuziehen, [*Anm.: Der Kindergeldrang muss angegeben werden, damit der erstrebte Titel bestimmt genug ist*] soweit sie zusammen mit dem Unterhalt 135 % des Regelbetrages übersteigt.
[- *Anm.: Nichtdynamisch, speziell für Auszubildenden zu erwägen* Ab ...... monatlich ...... EUR.]

3. Der Unterhalt zu Ziffer 1. ist seit [- Klagezustellung] [- ......], die übrigen Unterhaltsbeträge sind ab jeweiliger Fälligkeit je mit 5 % Jahreszins über dem jeweiligen Basiszins gemäß § 247 BGB zu verzinsen.

Begründung:

Gegenstand der Klage ist Minderjährigenunterhalt nach den Vorschriften der §§ 1601, 1602 Abs. 1, 1603 Abs. 2 S. 1 BGB.

Kinderbetreuung und Erziehung erfolgt durch [- die Mutter] [- den Vater]. Der betreuende Elternteil erfüllt damit seine anteilige Unterhaltspflicht, § 1606 III 2 BGB.

Die beklagte Partei ist als nicht betreuender Elternteil alleine barunterhaltspflichtig.

[- Die Parteien sind getrennt lebende Eheleute. Die Ehe ist noch nicht geschieden. Der Unterhaltsanspruch kann gemäß § 1629 III 1 BGB vor dem Scheidungsausspruch nur im eigenen Namen in gesetzlicher Prozessstandschaft geltend gemacht werden.]

[- Die Ehe ist geschieden, Kindesunterhalt ist daher im Namen des Kindes zu verfolgen.]

[- Das Sorgerecht steht den Eltern bisher gemeinsam zu. Das steht wegen Obhut des betreuenden Elternteils der Geltendmachung des Kindesunterhaltes gemäß § 1629 II S. 2 in der Fassung ab 1. 7. 1998 nicht entgegen.]

Das Kindergeld wird vom betreuenden Elternteil in gesetzlicher Höhe bezogen, es ist gemäß § 1612 b I BGB grundsätzlich hälftig (mit der seit 1. 1. 2001 geltenden Beschränkung des § 1612 b V BGB) auf den Tabellenbedarf des Kindes anzurechnen, womit es den Eltern im Ergebnis gleichmäßig zugute kommt.

Der Kindesunterhalt ist noch nicht tituliert. An die Erfüllung der Unterhaltspflicht sind gemäß § 1603 II BGB sehr strenge Maßstäbe anzulegen.

Zur beruflichen und wirtschaftlichen Situation ist zu sagen, dass die beklagte Partei ......

Das bereinigte durchschnittliches Nettoeinkommen beträgt monatlich mindestens ...... EUR.

Sonstige Unterhaltspflichten bestehen [- nicht] [- gegenüber ......] in Höhe von ...... EUR monatlich.

[- Der Unterhalt soll für die Zukunft nach § 1612 a I BGB dynamisch bemessen werden.]

Ausgehend vom Beklagteneinkommen und dem Umfang der gesamten Unterhaltslast ist in Anlehnung an Gruppe ...... der Düsseldorfer Tabelle der im Klageantrag angegebene Vomhundertsatz des Regelbetrages zutreffend.

Dabei ist eine [- Höhergruppierung] [- Herabstufung] um ...... Gruppe(n) innerhalb der Unterhaltstabelle zutreffend.

[*Wenn Unterhalt eines minderjährigen Auszubildenden betroffen ist (Tabelle und Beispiel)*]

Z.	Betreff	EUR	EUR
1.	Tabellenbedarf		568
2.	Eigenes Ausbildungseinkommen	495	
3.	- Freibetrag oder ausbildungsbedingte Kosten	- 85	
4.	Resteinkommen / Anrechnung zu ½ (Mdj)	410	-205
5.	- Anrechnung ½ Kindergeld, § 1612 b I BGB		- 77
6.	Ergibt Unterhaltsanspruch		286

Von einer dynamischen Titulierung soll hier wegen der komplexen Berechnungsstruktur abgesehen werden.

[*Ende Unterhaltsberechnung Auszubildender*]

Die heute fälligen Unterhaltsrückstände errechnen sich wie folgt:

Zeitraum	von	bis	Anzahl Monate	Je EUR monatlich	Summe EUR
1.					
2.					
3. - Zahlungen					
4. Gesamt					

Zum Verzug: Die Gegenseite wurde [- (wie in der Anlage dokumentiert)] zur Unterhaltszahlung bzw. Auskunft (§ 1613 Abs. 1 BGB) aufgefordert. Die Aufforderung war in wesentlichem Umfang ergebnislos, es erfolgte keine oder nur die angegebene Zahlung, so dass es gerichtlicher Titulierung bedarf.

#02 Zahlungsklage - Volljähriger (Quotenhaftung)

[*HIER Ort, Datum*]

[*HIER Langrubrum*]

bestellen wir uns als Prozessbevollmächtigte der Klagepartei, in deren Namen wir Klage erheben:

Die beklagte Partei wird mit gesetzlicher Kostenfolge verurteilt, der Klagepartei folgenden Unterhalt zu bezahlen:

1. Unterhaltsrückstände für die Zeit vom ...... bis zum ...... in Höhe von insgesamt ...... EUR.
2. Ab ...... laufenden Unterhalt in Höhe von monatlich ...... EUR.
3. Der Unterhalt zu Ziffer 1. ist seit [- Klagezustellung] [- ......], die übrigen Unterhaltsbeträge sind ab jeweiliger Fälligkeit je mit 5 % Jahreszins über dem jeweiligen Basiszins gemäß § 247 BGB zu verzinsen.

Begründung:

Die Klagepartei ist ein volljähriges quotenmäßig unterhaltsberechtigtes Kind in Ausbildung. Folgende Ausbildung wird planmäßig und zielstrebig absolviert: ......

[- Eigenes Einkommen fließt nicht.]

[- Eigenes Einkommen fällt in Höhe von durchschnittlich ...... EUR im Monat an.] [- Es wird in der Anlage belegt.] Das eigene Einkommen ist um ausbildungsbedingte Kosten gemäß nachstehender Berechnung zu vermindern. Das Resteinkommen kommt in Zeile 9 der folgenden Unterhaltsberechnung nach dem Verhältnis der Haftungsanteile der Eltern am Bedarf zur Anrechnung.

Beide Eltern haften quotenmäßig nach Maßgabe Ihrer wirtschaftlichen Verhältnisse, § 1603 Abs. 3 BGB. Der Haftungsanteil des anderen Elternteils ist nicht streitbefangen. Die Klagepartei hat ihre Wohnung ......

[– Das Einkommen des anderen Elternteiles ist unstreitig, weshalb vorab keine Belege vorgelegt werden.]
[– Das Einkommen des anderen Elternteiles ist streitig, weshalb es durch die folgenden Anlagen belegt wird: ......]

[– Das Kindergeld wird in gesetzlicher Höhe von monatlich ...... EUR geleistet, jedoch nicht an die Gegenpartei, zu deren Gunsten es hälftig gutzuschreiben ist; § 1612 b Abs. 2 BGB.]

[– Das Kindergeld wird in Höhe von monatlich ...... EUR an die Gegenpartei geleistet, deren Unterhaltsanteil sich deshalb gemäß § 1612 b II BGB um den halben Kindergeldbetrag erhöht.]
Haftungsanteile und Unterhaltsanspruch sind nach der folgenden tabellarischen Unterhaltsberechnung zu bestimmen: *[Anm.: Berechnungsmaske und Beispiel]*

Z	Betreff	Vater	Mutter	Summe
1	Bereinigtes Gesamteinkommen	2.400	1.620	4.020
2	– Vorrangige Unterhaltspflichten Gegenüber Minderjährigen / Schülern	0	0	0
3	– Sockelbetrag in Höhe des angemessenen Selbstbehaltes	-1.000	-1.000	-2.000
4	Ergibt Einsatzbeträge in EUR	1.400	620	2.020
	in %	69,3	30,7	100
5	Tabellengruppe DT – Ohne Gruppenveränderung –	7	3	12
6	Bedarfsanteile aus Einkommen	432	190	622
7	Tabellenbedarf aus Einzeleinkommen (zur Kontrolle und ggf. Korrektur)	465	373	///
8	Es gilt der niedrigere Betrag aus Z. 6/7	432	190	622
9	Anrechenbares Einkommen des Kindes (aufgeteilt nach dem Zahlenverhältnis in Z.4)	0	0	0
10	Ungedeckter Unterhaltsbedarf	432	190	622
11	Verrechnung Kindergeld	-77	77	///
12	**Unterhaltsanspruch** kindergeldbereinigt	**355**	**267**	622

Die Gegenpartei leistet keinen bzw. unzureichenden Unterhalt in Höhe von ...... EUR.

Sie wurde in der vorgerichtlichen Korrespondenz mindestens zur Zahlung des Unterhaltes laut Klageantrag ergebnislos aufgefordert.

Unterhaltsrückstände bestehen für den Zeitraum ...... bis ...... Sie errechnen sich wie folgt:
......

#03 Einstweilige Anordnung - Kindesunterhalt § 644 ZPO

[*HIER Ort, Datum*]

[*HIER Langrubrum*]

Antrag auf einstweilige Anordnung gemäß § 644 ZPO

beantragen wir,

die Gegenpartei vorweg im summarischen Verfahren gemäß §§ 644, 620 a bis 620 g ZPO zur Zahlung folgenden vorläufigen Unterhalts für die Zeit ab dem Monatsersten vor Antragseingang zu verurteilen
[- an die Klagepartei für das Kind ......, geboren am ...... monatlich]
[- ...... EUR]
[- ...... % des jeweiligen Regelbetrages nach § [- 1] [- 2 *Anm.: Beitrittsgebiet*]
der Regelbetragverordnung [- für die jeweilige Altersstufe des Kindes.]]
[*Anm.: Entbehrlich, ebenso wie die monatlich vorauszahlbare Fälligkeit, die sich zwingend aus dem Gesetz ergibt.*]
Die Hälfte des jeweiligen Kindergeldes für ein [- erstes] [- zweites] [- drittes] [- viertes] [- fünftes] Kind ist abzuziehen,
[*Anm.: Der Kindergeldrang muss angegeben werden, damit der erstrebte Titel bestimmt genug ist*]
soweit sie zusammen mit dem Unterhalt 135 % des Regelbetrages übersteigt.

Begründung:

Die beklagte Partei schuldet Kindesunterhalt nach den Vorschriften der §§ 1600 ff BGB. Seit 1. 7. 1998 besteht die Möglichkeit der vorläufigen Regelung des laufenden Unterhaltes im anhängigen isolierten Hauptsacheverfahren. Der Erlass einer entsprechenden einstweiligen Anordnung wird hiermit beantragt.

[- Das Hauptsacheverfahren wird mit gleicher Post anhängig gemacht.]
[- Das Hauptsacheverfahren ist unter dem oben angegebenen Aktenzeichen bereits anhängig. Rechtshängigkeit ist nach dem ausdrücklichen Wortlaut des Gesetzes nicht erforderlich.]

Auf den Sachvortrag im Hauptsacheverfahren und dort vorgelegte Belege nehmen wir Bezug. Es ist belegt, dass die beklagte Partei zur Unterhaltszahlung aufgefordert wurde.

[- Aus eigener Kenntnis teilen wir hierzu nach Lage unserer Akten zur Glaubhaftmachung mit, dass eine Reaktion der Gegenpartei jedenfalls hier nicht einging.]

Der Antrag umfasst zunächst nur den laufenden Unterhalt in Höhe
[- des im Klageantrag bezifferten Monatsbetrags, den wir wie folgt errechnen: ......]
[- des Regelbetrags mit gesetzlicher Verrechnung des halben Kindergeldes gemäß § 1612 b BGB, soweit Abs. 5 der Vorschrift dem nicht entgegensteht.]

Die Gegenpartei leistet trotz Aufforderung [- keinerlei Unterhalt.] [- Das wird wie folgt glaubhaft gemacht: ......] [- nur völlig unzureichenden Unterhalt von monatlich ...... EUR.]

[- Das Zahlungsverhalten ist unverständlich, da für minderjährige und gleichgestellte Kinder eine gesetzlich verschärfte Unterhaltshaftung besteht.]

[- Zur wirtschaftlichen Situation der beklagten Partei und ihren sonstigen Unterhaltspflichten ist auszuführen ......]

[- Trotz eindeutigen Verzuges regen wir an, vorerst nicht ohne mündliche Verhandlung zu entscheiden und kurzfristig Termin zu bestimmen, zu dem das persönliche Erscheinen der Parteien angeordnet werden möge. Hierbei lassen sich erfahrungsgemäß besser akzeptierte Lösungen finden als bei einer Entscheidung im schriftlichen summarischen Verfahren.]

#01 Berechnungsblatt Hausfrau

Beispiel Bedarfsbestimmung Unterhaltspflicht für ein Kind und die einkommenslose Ehefrau	**Grundlagen** €	**Kindesunterhalt** €	**Ehegatten-unterhalt** €
Bereinigtes Nettoeinkommen Ehemann, ehetypisch (prägend)	2.062 →		→ 2.062
Tabellenbedarf Kind(er)		326	-326[1]
	Volles KG	Halbes KG	
Kindergeld (KG)/Anrechnung	154 →	→ -77	
Unterhaltsanspruch Kind(er) *(Zahlbetrag)*		249	
Resteinkommen			1.736
- Erwerbsanreizquote Süddeutschland *(ansonsten Quote überwiegend 1/7)*	1/10 →		→ -174
Resteinkommen für Halbteilung	←		1.562
Halbteilung = Bedarf Ehefrau	1/2 →		→ 781

1 Hier ist der Tabellenbetrag und nicht der Zahlbetrag einzusetzen, da das Kindergeld den Eltern im Ergebnis je zur Hälfte zugute kommen soll

***Hinweis**: Der zuvor festgestellte Bedarf ist noch keinesfalls mit dem Unterhaltsanspruch identisch. Es ist weiter zu prüfen, ob Bedürftigkeit besteht. Soweit das bejaht wird, kommt es letztlich auch noch auf die aktuelle Leistungsfähigkeit des Unterhaltspflichtigen an*

#02 Bedarfsbestimmung beim Ehegattenunterhalt - Doppelverdiener -

Z.	*Was*	*Bemerkung*	*Ehemann* €	*Ehefrau* €	*Summe* €
1.	Erwerbseinkommen	(netto bereinigt)	4.800	2.200	
2.	+ Wohnwert		0	500	
3.	+ Einkommen ohne Erwerb		0	0	
4.	- Berücksichtigungsfähige Schuldraten / Sozialaufwand		-400	0	
5.	Summe / Saldo		4.400	2.700	7.100
6.	- Bedarf Kind(er)		-816		
7.	Rest für Ehegattenbedarf		3.584	2.700	6.284
8.	- Erwerbsanreiz	Quote 1/10 Süddeutschland	-358	-220	-578
9.	Rest bereinigt um Erwerbsanreiz	Halbteilungsmasse	3.226	2.480	5.706
10.	Halbteilung (eheangemessener Bedarf ohne Erwerbsanreiz)		2.853	2.853	
11.	- Eigenes bereinigtes Einkommen	Auch um Zeile 8		-2.480	
12.	Ungedeckter Bedarf			373	

***Hinweis**: Der zuvor in Zeile 12 festgestellte ungedeckte Bedarf ist noch keinesfalls mit dem Unterhaltsanspruch identisch. Es ist weiter zu prüfen, ob Bedürftigkeit besteht. Soweit das bejaht wird, kommt es letztlich auch noch auf die aktuelle Leistungsfähigkeit des Unterhaltspflichtigen an.*

#03 Unterhaltsklage bei Trennung oder nachehelich

[*HIER Ort, Datum*]

[*HIER Langrubrum*]

vertreten wir die Klagepartei, für die wir isoliert Unterhaltsklage mit folgenden Anträgen erheben:

Die beklagte Partei wird verurteilt, der Klagepartei folgenden Unterhalt zu bezahlen:

[1.] Unterhaltsrückstände in Höhe von ...... EUR → für den Zeitraum vom ...... bis zum ......

[- 2. Getrenntlebensunterhalt in Höhe von monatlich im Voraus ...... EUR vom ...... bis zur Rechtskraft eines Scheidungsausspruchs.]
[- nachehelichen Ehegattenunterhalt in Höhe von monatlich im Voraus ...... EUR.]

3. Der Unterhalt zu Ziffer 1. ist seit [- Klagezustellung] [- ......], die übrigen Unterhaltsbeträge sind ab jeweiliger Fälligkeit je mit 5 % Jahreszins über dem jeweiligen Basiszins gemäß § 247 BGB zu verzinsen.

Begründung:

[- Die Parteien sind seit ...... getrennt lebende Eheleute, Klagegegenstand ist der nach den Lebens- und Wirtschaftsverhältnissen der Parteien geschuldete angemessene Unterhalt nach der Vorschrift des § 1361 BGB.]

[- Die Ehe der Parteien wurde mit Urteil des Familiengerichts ...... vom ...... rechtskräftig geschieden. Gegenstand der Klage ist Unterhalt nach § [- 1570 (Betreuung)] [- 1571 (Alter)] [- 1572 (Krankheit)] [- 1573 (Erwerbslosigkeit / Aufstockung)] [- 1575 (Ausbildung)] [- 1576 (Billigkeitsunterhalt)] BGB.]

[- Wegen der Kindesbetreuung ist unsere Partei unterhaltsbedürftig. Sie kann den eigenen eheangemessenen Bedarf nicht durch eigenes Einkommen decken. [- *Häufige gemischte nacheheliche Anspruchsgrundlage:* Der Unterhaltsanspruch wird auch auf § 1573 Abs. 2 BGB gestützt weil selbst bei fiktiver voller Erwerbstätigkeit unserer Partei zu deren Lasten ein deutliches Einkommensgefälle bestünde.]

[- Unsere Partei erzielt kein eigenes Erwerbseinkommen, Lohnersatzeinkommen oder sonstiges Einkommen. Dazu ist auszuführen ......]

[- Unsere Partei erzielt lediglich Arbeitseinkommen aus einer Teilzeitbeschäftigung im Umfang von ...... Wochenstunden. Dieses Einkommen beträgt bereinigt um berufsbedingten Aufwand durchschnittlich ...... EUR im Monat.]

[- Unsere Partei erzielt lediglich nicht voll bedarfsdeckendes Einkommen aus ...... in Höhe von durchschnittlich ...... EUR monatlich. Dieses Einkommen ist [- nicht] eheprägend [- in Höhe eines Teilbetrages von ...... ehetypisch].

[- Das eigene Einkommen belegen wir in der Anlage wie folgt: ......

Die Gegenpartei ist als ...... erwerbstätig und verfügt über ein durchschnittliches bereinigtes Nettoeinkommen von monatlich ...... EUR.

[- Hinzu kommt Einkommen aus ...... in Höhe von monatlich ...... EUR.]
[- Das Einkommen belegen wir in der Anlage wie folgt: ......]
[- Der Einkommensbestimmung ist die je zutreffende Besteuerung zugrundegelegt, die sich damit deckt, dass die Parteien nicht mehr als Ehegatten zur Einkommensteuer veranlagt werden dürfen.]
[- Zwar weisen die vorliegenden Einkommensbelege ganz oder teilweise noch eine inzwischen wegen dauernden Getrenntlebens unzulässige Steuerklasse aus. Das haben wir in unserer Einkommensbestimmung bereinigt.]

Die dargelegten Einkommensverhältnisse zeigen, dass unsere Partei den eheangemessenen grundsätzlich durch Halbteilung zu ermittelnden Lebensbedarf nicht oder nicht voll decken kann. Dabei errechnet sich unter Gutschrift der vom Prozessgericht angewandten Erwerbsanreizquote von [- 1/7] [- 1/10] der im Klageantrag bezifferte Unterhalt.]
[- Die vollständige Unterhaltsberechnung wird [- auf einem gesonderten Berechnungsblatt, das wir zum Gegenstand unseres Sachvortrags machen, jedem Schriftsatzexemplar beigefügt] [- nachstehend wiedergegeben].

[- Die Beklagte Partei verweigert [- jede Zahlung] [- eine höhere Zahlung als ...... EUR im Monat.]]]

#04 Unterhaltsabänderungsklage

[*HIER Ort, Datum*]

Abänderungsklage
wegen Unterhaltserhöhung [- Unterhaltsherabsetzung] [- Unterhaltswegfall]

[*HIER Langrubrum*]

vertreten wir die Klagepartei, für die wir isoliert Unterhaltsabänderungsklage mit folgenden Anträgen erheben:

> Das Urteil [- der Vergleich] des Familiengerichts ...... vom ...... Aktenzeichen ...... wird ab ...... in Ziffer ...... dahingehend abgeändert, dass
> [- die Beklagte Partei an die Klagepartei monatlichen Unterhalt von nunmehr erhöht ...... Euro zu bezahlen hat.]
> [- die Beklagte Partei an die Klagepartei monatlichen Unterhalt von nur noch ...... Euro zu bezahlen hat.]
> [- Unterhaltszahlungen entfallen.]

[*Bei Bedarf (Herabsetzung eines Unterhaltsurteils)*]
[- Die Klagepartei ist auf Prozesskostenhilfe angewiesen. Die Klagezustellung kann sich deshalb verzögern. Mit der Klage wird Herabsetzung von Ehegattenunterhalt verfolgt. Der Unterhalt ist durch Urteil tituliert, das nach der BGH-Rechtsprechung erst für die Zeit ab Zustellung der Abänderungsklage unterhaltsmindernd abgeändert werden darf. Wir beantragen mit

Rücksicht auf den dadurch drohenden Schaden, gemäß § 65 VII 1 Nr. 4 GKG vorab und vor der Entscheidung zum PKH – Gesuch die Zustellung der Klage zu bewilligen und durchzuführen. Die gesetzlich notwendige Glaubhaftmachung ergibt sich aus vorstehendem anwaltlichen Hinweis.]

Begründung:

Der abzuändernde Titel regelt Ehegattenunterhalt. [– Die Parteien können sich über die Abänderung nicht verständigen, so dass es einer gerichtlichen Regelung bedarf.]

Grundlage der Regelung waren die folgenden wirtschaftlichen und persönlichen Verhältnisse: ......

Daran hat sich nachhaltig folgendes geändert:

[*Passendes verwenden:*]
[– Die Klagepartei ist unverschuldet auf Dauer nicht mehr in der Lage Unterhalt zu leisten. Dazu wird im Detail ausgeführt ......]
[– Es ist eine Einschränkung der Leistungsfähigkeit eingetreten.]
[– Folgendes gleichrangiges unterhaltsberechtigtes Kind im Sinne des § 1603 II BGB ist hinzugekommen ......]
[– Die Beklagte Partei ist unter Berücksichtigung der ehelichen Verhältnisse nicht mehr unterhaltsbedürftig weil ......]
[– Gegenüber den Verhältnissen, die der abzuändernden Regelung zugrunde liegen, ist höhere Erwerbsobliegenheit eingetreten. [– Es ist nunmehr eine Ganztagsarbeit zuzumuten, die den eheangemessenen Bedarf voll [– erhöht] deckt.]]
[– Die Beklagte Partei erzielt inzwischen ein durchschnittliches Nettoeinkommen von mindestens ...... EUR im Monat, zu dem auszuführen ist ......]
[– Die Beklagte Partei hat nicht dargelegt, sich ausreichend um eine Erwerbstätigkeit zu bemühen, die ihren Lebensbedarf deckt. Aufgrund ihrer beruflichen Lage muss sie sich daher mindestens ein fiktives monatliches Einkommen – bereinigt um eine Erwerbsanreizquote – in Höhe von ...... EUR anrechnen lassen.]
[– Eine weitergehende Inanspruchnahme der Klagepartei würde unter Abwägung aller Interessen zu unbilligen Ergebnissen führen.]
[– Die Beklagte Partei lebt seit ...... ständig in verfestigter eheähnlicher Gemeinschaft mit ......, die sich nach außen nicht von einer ehelichen Gemeinschaft unterscheidet.]
[– Die Beklagte betreut ein am ...... geborenes Kind, das zweifelsfrei nicht vom Kläger stammt und auch nicht den Status eines ehelichen Kindes hat. Sie erzielt nur deshalb kein bedarfsdeckendes eigenes Einkommen.]
[– Die Beklagte Partei hat aus folgenden schwerwiegenden Gründen gemäß § 1579 BGB Unterhaltsansprüche verwirkt ......]

Die Gegenpartei hat Anlass zur Klage gegeben weil sie dem außergerichtlichen Verlangen auf Abänderung des Unterhalts gemäß der beigefügten Korrespondenz nicht gefolgt ist.

#05 Negative Feststellungsklage gegen fortwirkende einstweilige Anordnung

[*HIER Ort, Datum*]

[*HIER Langrubrum*]

Wir bestellen uns als Prozessbevollmächtigte der Klagepartei, für die wir Klage zum örtlich und sachlich zuständigen Familiengericht mit folgendem Antrag erheben:

1. Es wird festgestellt, dass die Klagepartei aus der einstweiligen Anordnung des Familiengerichts ......, Aktenzeichen ......, vom ......
   [- ab ...... nicht mehr verpflichtet ist, an die beklagte Partei Unterhalt zu bezahlen.]
   [- nur noch zur Bezahlung von Unterhalt in Höhe von monatlich ...... ab ...... verpflichtet ist.]
2. Die Zwangsvollstreckung aus der einstweiligen Anordnung wird vorläufig, erforderlichenfalls gegen Sicherheitsleistung, die auch in Form einer selbstschuldnerischen Bürgschaft eines im Inland zulässigerweise tätigen Kreditinstituts erbracht werden kann, eingestellt.

Begründung:

Das Familiengericht hatte den Ehegattenunterhalt durch einstweilige Anordnung gemäß § 620 Nr. 6 ZPO geregelt. Dieser Titel gilt fort, weil kein Hauptsacheprozess geführt wurde und auch sonst keine Hauptsacheregelung getroffen ist; § 620 f Abs. 1 ZPO.

Eine Hauptsacheregelung kann die Klagepartei, die sich nach Maßgabe des Klageantrages gegen die Verpflichtung zum Ehegattenunterhalt wendet, hierauf nur im Wege der negativen Feststellungsklage herbeiführen.

Das Familiengericht ging bei Erlass der oben näher bezeichneten einstweiligen Anordnung von folgenden Verhältnissen aus: ......

Inzwischen haben sich diese Verhältnisse wie folgt dauernd verändert: ......

[- Somit ist die Klagepartei nicht mehr verpflichtet, Ehegattenunterhalt zu zahlen.]
[- Somit ist kein höherer Unterhalt mehr geschuldet als im Klageantrag ausgewiesen.]

Die einstweilige Einstellung der Zwangsvollstreckung ist angesichts des Wegfalls der Unterhaltspflicht erforderlich, es wäre unangemessen und unsicher, auf eine problematische Rückforderung überzahlter Beträge zu verweisen.

#06 Einstweilige Anordnung nach § 644 ZPO

[*HIER Ort, Datum*]

[*HIER Langrubrum*]

beantragen wir,

die beklagte Partei vorweg ab ...... im summarischen Verfahren gemäß § 644 ZPO zur Zahlung vorläufigen monatlichen Unterhaltes in Höhe von ...... EUR an die Klagepartei zu verurteilen.

Ferner beantragen wir jetzt schon, eine vollstreckbare Ausfertigung des Beschlusses zu erteilen.

Begründung:

Seit 1. 7. 1998 besteht die Möglichkeit der vorläufigen Regelung des laufenden Unterhaltes im anhängigen isolierten Hauptsacheverfahren. Der Erlass einer entsprechenden einstweiligen Anordnung wird hiermit beantragt.

Das Hauptsacheverfahren [– wird mit gleicher Post anhängig gemacht] [– ist unter dem oben angegebenen Aktenzeichen anhängig.] Rechtshängigkeit ist nach dem ausdrücklichen Wortlaut des Gesetzes nicht erforderlich.

Auf den Sachvortrag im Hauptsacheverfahren und dort vorgelegte Belege nehmen wir Bezug. Es ist demnach dokumentiert, dass die beklagte Partei zur Unterhaltszahlung aufgefordert wurde und auch Unterhalt schuldet.

[– Aus eigener Kenntnis teilen wir hierzu nach Lage unserer Akten zur Glaubhaftmachung mit, dass eine Reaktion der Gegenpartei auf die Korrespondenz nicht erfolgte, sie hüllt sich in Stillschweigen. Die Gegenseite leistet trotz Aufforderung keinerlei Unterhalt.] [Das wird durch ...... glaubhaft gemacht.]

Der Antrag umfasst zunächst nur den laufenden Notunterhalt in geschätzter Höhe, die den Verhältnissen Rechnung trägt.

Zur wirtschaftlichen Situation der beklagten Partei und ihren sonstigen Unterhaltspflichten ist auszuführen ......

[– Trotz dieser klar erscheinenden Situation regen wir an, vorerst nicht ohne mündliche Verhandlung zu entscheiden und kurzfristig Termin zu bestimmen, zu dem das persönliche Erscheinen der Parteien angeordnet werden möge.]
[– Wegen Dinglichkeit beantragen wir vorab ohne mündliche Verhandlung zu entscheiden.]

#01 Unterhaltsklage, § 1615 l Abs. 1 BGB

[*HIER Ort, Datum*]

[*HIER Langrubrum*]

Wir bestellen uns als Prozessbevollmächtigte der Klägerin und beantragen:

Der Beklagte wird verurteilt, an die Klägerin zu bezahlen:

1. Schwangerschafts- und Entbindungskosten in Höhe von ...... nebst 5 % Jahreszinsen daraus über dem jeweiligen Basiszins seit ......
2. Rückständigen Unterhalt für die Zeit vom ...... bis zum ...... in Höhe von ...... nebst 5 % Jahreszinsen daraus über dem jeweiligen Basiszins seit ......
3. Monatlich vorauszahlbaren Unterhalt in Höhe von ...... EUR vom ...... bis zum ......

[*Hinweis: in der Regel bis zu 3 Jahre*]

Begründung:

Die am ...... geborene Klägerin ist die Mutter des Kindes ......, geboren am ...... Das Kind stammt vom Beklagten ab. Die Vaterschaft ist → anerkannt → gerichtlich festgestellt.

Die Klägerin ist wegen Schwangerschaft, Geburt und Kindesbetreuung unterhaltsbedürftig. Sie macht Unterhalt gemäß § 1615 l BGB geltend.

Der Klägerin sind folgende Schwangerschafts- und Entbindungskosten entstanden, die gemäß § 1615 l Abs. 1 S. 2 BGB zu erstatten sind: ......
[- Die Kostennachweise sind als Anlage beigefügt.]

Die Klägerin kann wegen des Kindes seit ...... [- nicht] [- nur teilschichtig] erwerbstätig sein. Dadurch ist ein Unterhaltsbedürfnis entstanden.
[- Das aktuelle Einkommen der Klägerin wird in der Anlage belegt, es beträgt im Durchschnitt monatlich ...... EUR.]
[- Bis zum ...... verdiente die Klägerin in ihrem Beruf als ...... im Durchschnitt monatlich ...... EUR. Dieses frühere Einkommen bestimmt ihren Lebensbedarf.]
[- Das frühere Einkommen wird in der Anlage belegt.]
[- Die Klägerin verfügt nicht über verwertbares Vermögen, wozu ausgeführt wird ......]

Der Beklagte ist für den Unterhalt leistungsfähig und hat Gegenteiliges nicht dargelegt. Er wurde mit Schreiben vom ...... beziffert und erfolglos zur Unterhaltszahlung aufgefordert.

#01 Vaterschaftsanfechtung zum FamG

[*HIER Ort, Datum*]

[*HIER Langrubrum*]

Wir bestellen uns als Prozessbevollmächtigte des Klägers und erheben Feststellungsklage, mit dem Antrag

festzustellen, dass der Kläger nicht der Vater des beklagten Kindes ist.

[- Wir übergeben einen Beschluss vom ...... demzufolge ...... vom Gericht als Pfleger für das beklagte Kind bestellt wurde.]

Begründung:

Der Kläger schloss am ...... die Ehe mit der Mutter des am ...... geborenen beklagten Kindes. Die Vaterschaft des Klägers wird wegen der zum Geburtszeitpunkt formell bestehenden Ehe gemäß §§ 1592 Nr. 1, 1600 c Abs. 1 BGB derzeit noch gesetzlich vermutet.

Diese gesetzliche Vermutung ist objektiv falsch, denn das Kind stammt biologisch nicht vom Kläger ab.

Beweis: Medizinisches Sachverständigengutachten

In der für die Zeugung in Betracht kommenden Zeitspanne hatte der Kläger keinerlei maßgeblichen persönlichen Kontakt mit der Mutter des Kindes.

Zum Trennungszeitpunkt und dem weiteren rechtlichen Bestand der Ehe merken wir an:

[*HIER zutreffendes verwerten:*]
[- Der Kläger und die Mutter des Kindes leben seit ...... ständig getrennt, auch räumlich.]
[- Dieser Trennungszeitpunkt ist völlig unstreitig und ergibt sich auch aus ...... **]**
[- Versöhnungsbemühungen gab es nicht.]
[- Die Ehe ist seit dem ...... rechtskräftig geschieden.]
[- Das Ehescheidungsverfahren läuft beim Familiengericht ...... unter dem Aktenzeichen ...... aufgrund Scheidungsantrages vom ......]

[*Für bestimmte Fälle:*]
[- Es ist völlig zweifelsfrei, dass der Kläger nicht der Erzeuger des Kindes sein kann. Die Grundlagen dazu wird auch die Mutter des Kindes bestätigen, die wir als Zeugin benennen. Die näheren Umstände können im Verhandlungstermin erörtert werden.]
[- Die Beteiligten zeigen sich verantwortungsbewusst und wissen um die Bedeutung der Klärung der Abstammung des Kindes auch für das Kind. Erzeuger des Kindes ist völlig unstreitig Herr ......, den wir vorsorglich als Zeugen benennen.]
[- Wir werden daher je nach dem Ergebnis der mündlichen Verhandlung anregen, von der Erholung eines medizinischen Sachverständigengutachtens abzusehen, wenn alle Zweifel beseitigt sind und alle Betroffenen zustimmen.]
[- Zum Vaterschaftsanerkenntnis des Herrn ...... führen wir aus: ......]

#01 Vorläufige Zuweisung der Ehewohnung

[*HIER Ort, Datum*]

[*HIER Langrubrum*]

Wir bestellen uns als Prozessbevollmächtigte der Antragstellerpartei und beantragen:

[1.]Die Ehewohnung in ......, Anschrift ......, bestehend aus ...... wird der Antragstellerpartei für die Dauer des Getrenntlebens der Parteien zur alleinigen Nutzung zugewiesen (§ 1361 b Abs. 1 BGB). Die Antragsgegnerpartei hat die Wohnung an die Antragstellerpartei herauszugeben.

[- 2. Der Antragsgegnerpartei wird verboten, das Anwesen der Ehewohnung künftig zu betreten.]

Begründung:

Die Parteien haben am ...... die Ehe miteinander geschlossen. Die Ehe ist gescheitert.
Die Parteien haben seit ...... keine Gemeinsamkeiten in der Lebensführung mehr.
Der Ehe entstammt/-en das/die Kind(er) ......
Kinderbetreuung erfolgt durch ......

Die im Antrag angegebene Ehewohnung
[- wurde bis ...... gemeinsam benutzt [- die Gegenpartei erscheint aber immer wieder in der Wohnung, was zu Unzuträglichkeiten führt. Dazu wird folgendes ausgeführt: ......]]

[- wird noch gemeinsam benutzt, es bedarf aber dringend einer Neuregelung.]

Wegen des im nachfolgenden beschriebenen Verhaltens der Gegenpartei ist die beantragte Regelung einer alleinigen Wohnungszuweisung an unsere Partei erforderlich. Nur so ist eine unbillige Härte im Sinne des § 1361 b Abs. 1 BGB zu vermeiden. Dazu wird im Detail ausgeführt: ......

[- Die beantragte Regelung liegt auch im Kindesinteresse.]

[- Die Ehewohnung steht nicht im Eigentum der Parteien sondern ist gemietet.]

[- Die Ehewohnung steht zwar wie folgt im Eigentum/Miteigentum einer Partei oder beider Parteien, es bedarf aber trotzdem zur Vermeidung unbilliger Härte einer Zuweisung für die Trennungsdauer: ......]

#02 Vorläufige Aufteilung der Ehewohnung

[*HIER Ort, Datum*]

[*HIER Langrubrum*]

Wir bestellen uns als Prozessbevollmächtigte der Antragstellerpartei und beantragen:

Die Ehewohnung in ......, Anschrift ......, bestehend aus ...... wird für die Dauer des Getrenntlebens der Parteien zur Benutzung wie folgt aufgeteilt:

a. Der Antragstellerpartei steht die ausschließliche Nutzung der folgenden Räume zu ......

b. Der Antragsgegnerpartei steht die ausschließliche Nutzung der folgenden Räume zu ......

c. Die Benutzung folgender Gemeinschaftsräume wird wie folgt geregelt: ......

Begründung:

Die Parteien haben am ...... die Ehe miteinander geschlossen. Die Ehe ist gescheitert.
Die Parteien haben seit ...... keine Gemeinsamkeiten in der Lebensführung mehr.
Der Ehe entstammt/-en das/die Kind(er) ......
Kinderbetreuung erfolgt durch ......

Die im Antrag angegebene Ehewohnung wird noch gemeinsam benutzt.
[- Es handelt sich um ein Einfamilienhaus]
[- Pläne werden vorgelegt.]

Wegen des im nachfolgenden beschriebenen unzumutbaren Verhaltens der Gegenpartei und ständiger Streitigkeiten ist die beantragte Regelung einer klaren Aufteilung der Räume erforderlich. Sie ist auch räumlich möglich. Nur so ist eine unbillige Härte im Sinne des § 1361 b Abs. 1 BGB zu vermeiden. Dazu wird im Detail ausgeführt: ......

[- Die beantragte Regelung liegt auch im Kindesinteresse.]

[- Die Ehewohnung steht nicht im Eigentum der Parteien sondern ist gemietet.]
[- Es ist wie folgt Eigentum einer Partei oder beider Parteien an der Ehewohnung betroffen: ......]

#03 Vorläufige Hausratszuweisung § 1361 a BGB

[*HIER Ort, Datum*]

[*HIER Langrubrum*]

Wir bestellen uns als Prozessbevollmächtigte der Antragstellerpartei und beantragen,

unserer Partei vorläufig die folgenden Hausratsgegenstände ...... [*HIER Gegenstände so bestimmbar wie möglich aufführen*] zur alleinigen Benutzung zuzuweisen und die Gegenseite zur Herausgabe zu verurteilen.

Begründung:

Die Parteien haben am ...... die Ehe miteinander geschlossen. Die Ehe ist gescheitert.
Die Parteien haben seit ...... keine Gemeinsamkeiten in der Lebensführung mehr.
Der Ehe entstammt/-en das/die Kind(er) ......
Kinderbetreuung erfolgt durch ......

Die Ehewohnung in ......
[- wird noch gemeinsam benutzt, eine räumliche Trennung steht bevor, wie folgt: ......]
[- wird nicht mehr gemeinsam benutzt; ...... ist am ...... ausgezogen.]

Im Besitz der Gegenpartei befinden sich vom Verfahren betroffene Hausratsgegenstände, die von unserer Partei aus folgenden Gründen dringend benötigt werden: ......
Eine Verständigung der Parteien ist unmöglich.

[- Wir übergeben den diesbezüglichen Schriftwechsel.]

[- Die Gegenstände stehen insgesamt im Alleineigentum unserer Partei, das wie folgt nachgewiesen wird ......]
[- Die Hausratsgegenstände dürften gemeinsames Eigentum sein. Sie werden von unserer Partei zur Lebensführung benötigt. Die Herausgabe ist nach den Gesamtverhältnissen auch billig.]

Es bestehen folgende Einkommensverhältnisse: ......

Der gesamte eheliche Hausrat ist sehr viel umfangreicher.
[- Hierüber wird ein detailliertes Verzeichnis übergeben, das auch angibt, in wessen Besitz derzeit welcher Gegenstand ist.]

[- Wir regen an,

[- alsbald Termin zu bestimmen und das persönliche Erscheinen der Parteien anzuordnen.]
[- den Termin an Ort und Stelle in der Ehewohnung durchzuführen.]]

#01 Hinweise zu den Steuerklassen

Hinweise zu den Steuerklassen

bei Trennung und Scheidung

Die nachfolgenden Hinweise gelten nur, wenn beide Ehegatten steuerlich Inländer, also unbegrenzt einkommensteuerpflichtig sind.

A) Im Jahr des Trennungsbeginns

1. Bleiben die für Ehegatten möglichen Steuerklassenkombinationen IV/IV oder III/V bis zum Jahresende zulässig, sie müssen nicht geändert werden. Die Eheleute behalten Ihr Recht zur Ehegattenveranlagung, das steuerlich ein Wahlrecht zwischen Zusammenveranlagung (das ist der häufigste Fall) und getrennter Veranlagung beinhaltet.

2. Möglich ist in diesem Jahr mindestens ein ganz normaler Wechsel, z. B. von der Steuerklassenkombination III/V zu IV/IV. Dieser ist häufiger zu empfehlen weil er die internen Abrechnungsprobleme verringert und die Unterhaltsfragen entzerrt. Dafür müssen aber beide Lohnsteuerkarten bei der Kommunalverwaltung vorgelegt werden.

3. Für beide Ehegatten ist die Steuerklasse II für den Rest des Jahres unzulässig.

4. Strebt ein Ehegatte für das Folgejahr die Steuerklasse II an, muss das dazu berechtigende Kind vor dem Ende des laufenden Jahres in seiner Wohnung gemeldet sein und zwar bis auf besondere Fälle ausschließlich und nicht auch in der des anderen Elternteils.

5. Bei mindestens zwei berechtigenden Kindern können beide Elternteile in den Genuss der Steuerklasse II kommen. Auch hier kommt es auf die Meldung vor dem Jahreswechsel an, fachkundiger Rat sollte dazu erholt werden, es gibt Problemfälle.

6. Sonderausgabenabzug des Ehegattenunterhaltes (begrenztes Realsplitting) ist im Jahr des Trennungsbeginns möglich, aber in der Regel nicht sinnvoll, da meist die Vorteile einer Zusammenveranlagung der Ehegatten überwiegen.

7. Die Ehegatten dürfen nämlich aus steuerrechtlicher Sicht noch unbedenklich zusammen zur Einkommensteuer veranlagen. Sie haben hierzu ein steuerliches Wahlrecht und sollten sich im Innenverhältnis rechtzeitig und schriftlich verständigen, spätestens im Zusammenhang mit der Festlegung des laufenden Unterhalts.

8. Die Trennung kann irreparable Nachteile bei der Wohnraumförderung, z. B. nach dem Eigenheimzulagegesetz einläuten, es sollte frühzeitig sachkundiger Rat erholt werden.

B) Ab dem ersten Januar nach Trennung

1. Die Ehegatten werden steuerlich wie Unverheiratete behandelt. Die Steuerklassenkombinationen zu A) 1 sind in keinem Fall mehr zulässig wenn das dauernde Getrenntleben über den Jahreswechsel andauert oder die Ehe gar ohne Einhaltung eines Trennungsjahres im Ausnahmefall bereits geschieden ist.

2. Dann sind nur noch die Steuerklassen I oder II möglich und zulässig, für ein zweites oder weiteres Arbeitsverhältnis auch die Steuerklasse VI. Anderes kann nur für einen Ehegatten gelten, der wieder heiratet.

3. Eine noch in die Lohnsteuerkarte eingetragene falsche Steuerklasse gehört sofort berichtigt. Es ergeben sich sonst steuerstrafrechtliche Risiken (Steuerhinterziehung!), spätere Steuernachzahlungen und of schwer lösbare Unterhaltsprobleme. Diese Berichtigung ist kein Fall der Änderung einer Steuerklassenkombination von Ehegatten, es müssen also nicht beide Steuerkarten vorgelegt werden. Leider geben die für die Berichtigung zuständigen Gemeindeverwaltungen zu diesem Thema mitunter Hinweise, die dem Gesetz nicht entsprechen.

4. Ehegattenunterhalt (nur dieser) bis zu jährlich 13.805 EUR kann als Sonderausgabe steuerlich vor Bestimmung des zu versteuernden Einkommens des Unterhaltpflichtigen abgezogen werden. Das geht nur auf seinen Antrag und mit Zustimmung des Unterhaltsempfängers. Die Zustimmung muss gegen Zusage des Nachteilsausgleiches erteilt werden. Die Zustimmung ist beim Familiengericht einklagbar und durch Urteil ersetzbar.

5. Beim unterhaltsberechtigten Gatten wandelt sich der Unterhalt zu steuerlichen Einkünften, die nicht nur zu einer Steuerbelastung oder Steuermehrbelastung führen können. Vom 1. 4. 1999 bis zum 31. 3. 2003 können negative Auswirkungen auch im Bereich des Geringverdienereinkommens eintreten. Dieses kann voll steuerpflichtig werden.
6. Nachteile aus dem begrenzten Realsplitting können auch im sozialrechtlichen Bereich eintreten, etwa durch Verlust der Familienversicherung, Kürzung oder Wegfall von Erziehungsgeld oder/und negative Auswirkungen auf die Sparförderung. Die Nachteile zu 4. und 5. muss der Unterhaltspflichtige ersetzen. Trotzdem ist sorgfältige Planung und Abstimmung nötig, zumal der Nachteilsausgleich wiederum das unterhaltsrechtliche Einkommen des Pflichtigen vermindert.
7. Soweit vom begrenzten Realsplitting Gebrauch gemacht wird, kann vom Finanzamt, das dafür allein zuständig ist, sofort ein Freibetrag in die Lohnsteuerkarte eingetragen werden.

C) Zweites und weiteres Arbeitsverhältnis

Für dieses gilt unabhängig von Ehe, Zusammenleben, Trennung und Scheidung stets die Steuerklasse VI. Diese führt zu einer zunächst teils hohen Lohnsteuerbelastung. Diese nivelliert sich bei der steuerlichen Veranlagung, da die Lohnsteuer ja nur eine Vorabzahlung auf die Einkommensteuer ist. Gleiches gilt für die Zuschlagsteuern, nämlich Solidaritätszuschlag und Kirchensteuer, letztere soweit betroffen.

#02 Hinweise zum Realsplitting

Hinweise zum Realsplitting[1]
– Diese Hinweise gelten nur für Fälle in denen beide Ehegatten oder Exgatten Steuerinländer[2] **sind –**

Unterhalt, den man an den getrennt lebenden oder geschiedenen **Ehegatten**[3] tatsächlich leistet, darf man einkommensteuerrechtlich unter bestimmten Umständen als Sonderausgabe[4] beschränkt bis zu jährlich 13.805 EUR »von der Steuer absetzen[5]«. Das kann vorab schon durch einen Freibetrag in der Lohnsteuerkarte geschehen, aber auch erst später oder spät bei der Veranlagung zur Einkommenstreuer. Steuerrechtlich kann die Gestaltung Jahr für Jahr gewählt werden oder nicht. Es ist zulässig, nur einen Teilbetrag des tatsächlich geleisteten Unterhaltes dem Realsplitting zu unterwerfen um das steuerliche Ergebnis zu optimieren.

1 Dieser Begriff hat sich eingebürgert, genauer muss man von »begrenztem Realsplitting» oder nach der Formulierung des Gesetzes in § 10 I Nr. 1 EStG vom »Sonderausgabenabzug des Ehegattenunterhaltes» reden
2 Es muss beiderseits unbeschränkte Einkommensteuerpflicht bestehen
3 Das gilt nicht für Kindesunterhalt, der steuerlich nach ganz anderen Regeln läuft und über das Kindergeld und steuerliche Freibeträge entlastet wird
4 Es gibt für wirtschaftlich sehr beengte Verhältnisse beim Unterhaltsberechtigten noch einen zweiten Weg steuerlicher Entlastung durch Ehegattenunterhalt, nämlich den der »außergewöhnlichen Belastung»
5 Richtiger: Der Abzugsbetrag mindert das zu versteuernde Einkommen, aus dem die tarifliche Steuer bestimmt wird

Rechtsebenen

Es müssen zwei völlig wesensverschiedene Rechtsebenen unterschieden werden. Einmal die **steuerrechtliche** zwischen dem Staat (Finanzamt) und den Ehegatten. Sie verlangt zwingend, dass der Unterhaltspflichtige das Realsplitting je beantragt und der Unterhaltsberechtigte zustimmt. Antrag und Zustimmung sind jedenfalls für begonnene oder abgeschlossene Jahre unwiderruflich. Das Finanzamt hat Mitwirkungs- und Freistellungspflichten im Innenverhältnis der Gatten nicht zu beachten. Zum anderen gibt es die **familienrechtliche** Ebene, also das Innenverhältnis, das auf dem Unterhaltsrecht beruht. Vorweg: Es darf familienrechtlich aber nichts verlangt werden, was steuerlich unzulässig ist.

Was ist Unterhalt?

Unterhalt ist mehr als Geldzahlungen. Auch die Übernahme von Kredit- oder Leasingraten, von Wohnungsnebenkosten oder gar die Überlassung von Wohnraum[6] kann steuerlich gesehen Unterhalt darstellen. Steuerlich maßgeblich ist das Jahr, **in** dem je geleistet wird, nicht das Jahr für das die Leistung erfolgt. Als Unterhalt zählen auch Leistungen im Rahmen des unten behandelten Nachteilsausgleiches.

Zeitliche Schranken

Im Kalenderjahr, in dem die endgültige Trennung der Ehegatten im steuerlichen Sinne eintritt, ist letztmals eine so genannte Ehegattenveranlagung[7] zur Einkommensteuer zulässig. Dazu genügt eine Haushaltsgemeinschaft für nur kurze Zeit am Jahresanfang oder ein echter Versöhnungsversuch. Bestehende Steuerklassen dürfen[8] bis zum Jahresende beibehalten werden. In diesem Jahr wird, obwohl zulässig, das Realsplitting regelmäßig keinen Sinn machen. Es gibt aber Ausnahmefälle.

Die Zustimmungspflicht

Der Unterhaltsberechtigte muss dem Realsplitting auf Verlangen zustimmen, wenn sich der Gatte / Exgatte bindend verpflichtet, ihn von dadurch entstehenden finanziellen[9] Nachteilen freizustellen. Die Zustimmung ist gegenüber dem Finanzamt zu erklären und nicht formgebunden, in der Praxis wird aber meist das Formular »Anlage U« verwandt. Es kann sinnvoll sein, die Zustimmung je auf ein Jahr zu beschränken, denn eine unbeschränkte Zustimmung kann nur für noch nicht begonnene Kalenderjahre widerrufen werden. Sie kann familiengerichtlich erzwungen und durch Urteil ersetzt werden. Sie darf nicht davon abhängig gemacht werden, dass erwartete Steuererstattungen geteilt werden. Pflichtwidriges Versagen der Zustimmung kann Schadenersatzansprüche auslösen, oder den Unterhaltsanspruch mindern.

Die Obliegenheit des Unterhaltspflichtigen zum Gebrauch des Realsplitting

Unterhaltsrechtlich muss der Unterhaltspflichtige zulässige steuerliche Gestaltungsmöglichkeiten nutzen um ein möglichst hohes Nettoeinkommen zu erzielen. Die Gestaltung ist gegen-

6 Maßgeblich ist dann der wahre wirtschaftliche Wert der Leistung
7 Steuerlich beinhaltet sie gemäß § 26 I EStG in der Regel ein Wahlrecht zwischen getrennter Veranlagung und Zusammenveranlagung
8 Eine ganz andere Frage ist, ob das steuerlich zweckmäßig und im Einklang mit dem familienrechtlichen Innenverhältnis ist; das lässt sich nur im Einzelfall konkret klären
9 Nicht nur von steuerlichen Nachteilen

über dem Unterhaltspflichtigen nicht gerichtlich erzwingbar, verletzt er aber seine Obliegenheit, kann das Gericht das mit Realsplitting erzielbare höhere Nettoeinkommen zugrunde legen.

Nachteilsausgleich

Beim Unterhaltsempfänger entstehen durch das Realsplitting steuerliche Einkünfte.[10] Diese können zu einer Steuerbelastung oder Steuermehrbelastung und zu komplexen sozialrechtlichen Nachteilen führen. Während des Getrenntlebens droht speziell der unbemerkte Verlust der Familienversicherung.[11] Es können auch vierteljährliche Steuervorauszahlungen anfallen Von diesen Nachteilen muss der Unterhaltspflichtige gegen Nachweis auf Verlangen Freistellen. Dieser so genannte Nachteilsausgleich mindert sein Einkommen wiederum. Durch das Realsplitting ausgelöste Steuerberatungskosten des Unterhaltsberechtigten werden von der Rechtsprechung nur sehr zögernd und nur soweit absolut unvermeidbar in den Nachteilsausgleich einbezogen.

Beratungsbedarf

In vielen Fällen ergibt erst die Kombination qualifizierter familienrechtlicher und steuerlicher Beratung, ob und in welcher Höhe das begrenzte Realsplitting je sinnvoll und unter Berücksichtigung des internen Nachteilsausgleichs sinnvoll und unschädlich ist. In Grenzfällen können die entstehenden Nachteile auch einmal höher als der Nutzen sein, vor allem auch im sozialrechtlichen Bereich, z. B. bei der Familienversicherung, beim Erziehungsgeld, das auch einkünfteabhängig ist oder bei der Sparförderung.

#03 Zustimmungsklage / Realsplitting

[*HIER Ort, Datum*]

[*HIER Langrubrum*]

bestellen wir uns als Prozessbevollmächtigte der Klagepartei, für die wir Klage mit folgendem Antrag erheben:

> Die beklagte Partei wird verurteilt, gegenüber dem Finanzamt ...... zur Steuernummer ...... der Klagepartei dem einkommensteuerlichen Sonderausgabenabzug des Ehegattenunterhaltes (in Höhe von ...... EUR) für den Veranlagungszeitraum ...... zuzustimmen.

Begründung:

Unsere Partei bezahlt oder bezahlte der Gegenseite für den im Klageantrag angegebenen Veranlagungszeitraum (= Kalenderjahr) Ehegattenunterhalt in Höhe von monatlich ...... EUR;

10 In der Einkunftsart »Sonstige Einkünfte»; der Unterhaltsberechtigte muss je eine Einkommensteuererklärung abgeben. Bei den Steuererklärungen des Berechtigten dürfen die Werbungskosten (z. B. Kosten für den Unterhaltsprozess) nicht vergessen werden

11 In der gesetzlichen Krankenversicherung

Jahresleistung im betroffenen Jahr insgesamt ...... EUR. Dieser soll zulässigerweise dem steuerlichen Sonderausgabenabzug gemäß § 10 Abs. 1 S. 1 EStG unterzogen werden.

Das ist bis zum gesetzlichen Jahreshöchstbetrag von 27.000 DM bis 31. 12. 2001 und 13.805 EUR ab 1. 1. 2002 möglich.

Auf der steuerrechtlichen Ebene bedarf es aber zwingend der Zustimmung der Gegenseite, die zur Zustimmung verpflichtet ist weil sich unsere Partei bindend und in Schriftform entsprechend der eindeutigen und allseits anerkannten BGH-Rechtsprechung verpflichtet hat, sie von den dadurch entstehenden finanziellen Nachteilen gegen Nachweis freizustellen. Das geschah mit Schreiben vom ......

[– Die Klagepartei hat eindeutige Pflichten stets zuverlässig erfüllt.]

Die Gegenseite hat trotz Mahnung nicht zugestimmt, so dass ihre Willenserklärung durch Urteil ersetzt werden muss. Für die Erklärung gegenüber dem Finanzamt besteht kein Formularzwang. Da der Gegenseite nicht vorgeschrieben werden darf, wie sie die Zustimmung erklärt, ist der Klageantrag in der vorstehenden allgemeinen Form richtig. Das im Klageantrag bezeichnete Finanzamt ist für die Veranlagung des Klägers zuständig. Die Gegenpartei kam mit der Erklärung der Zustimmung in Verzug. Das Familiengericht ist zuständig, denn die Zustimmungspflicht ist unmittelbarer Ausfluss des an die Ehe geknüpften gesetzlichen Unterhaltsverhältnisses der Parteien.

Der Streitwert richtet sich nach der Steuerersparnis der Klagepartei aus dem bezahlten Unterhalt, vgl. OLG München vom 25. 11. 1994, OLG- Rp München 1995, 72.

#04 Klage auf Nachteilsausgleich / Realsplitting

[*HIER Ort, Datum*]

[*HIER Langrubrum*]

bestellen wir uns als Prozessbevollmächtigte der Klagepartei, für die wir Klage zum örtlich und sachlich zuständigen Familiengericht mit folgendem Antrag erheben:

> Die beklagte Partei wird verurteilt, an die Klagepartei ...... EUR zuzüglich 5 % Zinsen jährlich über dem Basiszinssatz seit ...... zu bezahlen.

Begründung:

Unsere Partei bezieht oder bezog von der Gegenseite Ehegattenunterhalt, und zwar im Kalenderjahr ......, in dem die Parteien nicht mehr die Voraussetzungen für eine Ehegattenveranlagung nach § 26 Abs. 1 EStG erfüllten, in Höhe von ...... EUR.

Auf Verlangen der Gegenpartei,
[– die sich schriftlich zum Nachteilsausgleich verpflichtet hat,]
[– die auch ohne vorherige Verpflichtungserklärung nach der BGH-Rechtsprechung zum Nachteilsausgleich verpflichtet ist, }

hat unsere Partei für das betroffene Kalenderjahr dem einkommensteuerlichen Sonderausgabenabzug des Unterhalts zugestimmt. Die Leistung ist der Höhe nach unstreitig und ergibt sich aus der Korrespondenz.
Die Gegenpartei kam in den Genuss steuerlicher Entlastung gemäß § 10 Abs. 1 S. 1 EStG. Unsere Partei hingegen erlitt finanzielle Nachteile, deren Ausgleich Klagegegenstand ist.
Aus dem Unterhalt wurden bei der Klagepartei ausweislich des in Kopie beigefügten Einkommensteuerbescheides Einkünfte, die zu einer steuerlichen Belastung oder Mehrbelastung im Umfang des Klageantrags führten. Diese ist aus dem Einkommensteuerbescheid und der beigefügten Korrespondenz heraus ersichtlich.

[- Die Höhe des auszugleichenden Nachteils blieb beklagtenseits unbestritten.]

[- Für die Richtigkeit des abgerechneten und auszugleichenden Nachteils der Höhe nach wird vorsorglich]

Beweis durch Sachverständigengutachten angeboten.

Der vorgerichtliche Schriftwechsel belegt, dass die beklagte Seite ergebnislos zum Nachteilsausgleich aufgefordert wurde.

#05 Klage auf Zustimmung zur einkommenssteuerlichen Zusammenveranlagung

[*HIER Ort, Datum*]

[*HIER Langrubrum*]

bestellen wir uns als Prozessbevollmächtigte der Klagepartei, für die wir Klage zum örtlich und sachlich zuständigen Zivilgericht mit folgendem Antrag erheben:

> Die beklagte Partei wird verurteilt, gegenüber dem Finanzamt ...... zur Steuernummer ...... der Zusammenveranlagung der Parteien zur Einkommensteuer für den Veranlagungszeitraum ...... zuzustimmen.

Begründung:

In dem streitgegenständlichen Kalenderjahr (steuerlich = Veranlagungszeitraum) erfüllten die Parteien noch die Voraussetzungen des § 26 Abs. 1 EStG für eine Ehegattenveranlagung. Sie lebten nicht das ganze Jahr über getrennt. Steuerrechtlich haben die Parteien zwar die Wahl zwischen der Zusammenveranlagung und der getrennten Veranlagung. Das Finanzamt darf auf der steuerrechtlichen Rechtsebene in diese Wahl nicht eingreifen. Die beklagte Partei verweigert Zustimmung zur Zusammenveranlagung. Es liegt kein Sonderfall vor, in dem das Finanzamt die Wahl der Gegenseite als unbeachtlich einordnen dürfte, z. B. wegen eindeutigen Fehlens jeglicher Einkünfte.

Die Gegenseite ist im Innenverhältnis verpflichtet, der zulässigen Zusammenveranlagung zuzustimmen, da bei dieser Veranlagungsform für die Parteien zusammen die geringere Einkommensteuerbelastung (samt Zuschlagsteuern) anfällt.

Beweis: Sachverständigengutachten

Die Gegenseite erleidet durch die Zusammenveranlagung auch keine Nachteile, da sich unsere Partei schriftlich verpflichtet hat, sie im Innenverhältnis so zu stellen, wie sie bei einer getrennten Veranlagung stehen würde.

Beweis: Schreiben ......

Mangels eigener Nachteile der Gegenseite kann daher aus dem familienrechtlichen Verhältnis der Parteien heraus zur Erlangung zulässiger steuerlicher Vorteile Zustimmung verlangt werden.

[– Nach überschlägiger Berechnung führt die von der Gegenseite versagte Zusammenveranlagung zu einer Steuererstattung in der Größenordnung von ...... EUR.]

[– Unsere Partei hat verbindlich angeboten, dass die Parteien diese Erstattung hälftig erhalten. Vorsorglich hat sie sich für den Fall einer anfallenden Steuernachzahlung verpflichtet, diese alleine zu tragen. Diese Lösung ist angemessen und für die beklagte Partei tragbar, da die Parteien in dem betroffenen Kalenderjahr noch bis ...... zusammen gelebt und gewirtschaftet haben.]

Es würde zu einem unbilligen Ergebnis führen, wenn die Gegenpartei nun durch getrennte Veranlagung aufgrund der Einkommensstruktur der Parteien wesentliche Teile der vorausbezahlten Steuern zurückerhielte, während die Klagepartei erheblich nachzahlen müsste.

Das Zivilgericht ist zuständig. Die überwiegende Rechtsprechung verneint das Vorliegen einer Familiensache, vgl. OLG Stuttgart in FamRZ 1992, 1447.

Der oben vorläufig bezeichnete Streitwert orientiert sich am wirtschaftlichen Interesse der Klagepartei an der Zusammenveranlagung, das zunächst grob geschätzt ist.

Arbeitsrecht

A. Klageverfahren

#01 Vollmacht, Kostenbelehrung, Antrag auf Anwaltsbeiordnung § 11 a ArbGG

a) Vollmacht

Vollmacht

Rechtsanwalt/-wältin ......

wird hiermit

in Sachen
....../......

1. für alle Instanzen Prozessvollmacht erteilt.

a) zu allen den Rechtsstreit betreffenden Prozesshandlungen, einschließlich derjenigen, welche durch eine Widerklage, Wiederaufnahme des Verfahrens oder die Zwangsvollstreckung veranlasst werden.

b) zur Bestellung eines Vertreters sowie eines Bevollmächtigten für die höheren Instanzen,

c) zur Erledigung des Rechtsstreits durch Vergleich, Anerkenntnis des vom Gegner geltend gemachten Anspruches oder der Verzichtsleistung auf den Streitgegenstand,

d) zur Entgegennahme des vom Gegner zu leistenden Geldes, Wertsachen und Urkunden und der vom Gegner, der Justizkasse oder von sonstigen Stellen zu erstattenden Betrages

2. wird auch zur Abgabe von einseitigen Willenserklärungen, insbesondere Kündigungserklärungen erteilt.

3. Die Vollmacht erstreckt sich auch auf Nebenverfahren, wie z. B. Arrest, einstweilige Verfügung und Kostenfestsetzung.

....
Rechtsanwalt/-wältin

Anmerkung

Bei Mandanten in Arbeitsrechtsangelegenheiten hat der Rechtsanwalt/Bevollmächtigte zu beachten, dass er bei einer für den Mandanten ausgesprochenen Kündigung des Arbeitsverhältnisses eine diesbezügliche Vollmacht vorlegt, um die unverzügliche Zurückweisung nach § 174 BGB zu verhindern (vgl. BAG BB 1981, 791). Für diesen Fall ist der unter Punkt 2. gemachte Zusatz gedacht.

Erfolgt die vorgeschriebene Belehrung nicht, so hat der Mandant einen Schadenersatzanspruch gegen den Prozessbevollmächtigten aus Verschulden bei Vertragsschluss, wenn aufgrund der fehlenden Belehrung ein Schaden entstanden ist, etwa weil bei ordnungsgemäßer Belehrung eine Beauftragung des Rechtsanwalts nicht erfolgt wäre. In die Belehrung ist ebenfalls aufzunehmen, dass die Partei eine Entschädigung wegen Zeitversäumnis nicht erhält. In jedem Fall sollte auch darauf hingewiesen werden, dass bei Mitgliedschaft in der Gewerkschaft diese ihren Mitgliedern unentgeltliche Prozessvertretung anbietet.

b) Kostenbelehrung

K o s t e n b e l e h r u n g

Feststellung zur Prozessvollmacht

In Sachen
....../......

1. Hiermit bestätige ich als Mandant, vor Abschluss der Vereinbarung darauf hingewiesen worden zu sein, dass im Arbeitsgerichtsverfahren des 1. Rechtszuges kein Anspruch der obsiegenden Partei auf Entschädigung wegen Zeitversäumnis und auf Erstattung der Kosten für die Zuziehung eines Prozessbevollmächtigten besteht.

2. Des weiteren bestätige ich als Mandant, darauf hingewiesen worden zu sein, dass ich auch selbst auftreten kann oder mich durch einen Verbandsvertreter vertreten lassen kann.

......, den ...... 20..

......

Unterschrift Mandant/-in

Anmerkung

Der Anwalt muss seinen Mandaten auf den Ausschluss der Kostenerstattung nach § 12 a Abs. 1 S. 1 ArbGG hinweisen, § 12 a Abs. 1 S. 2 ArbGG.

Erfolgt die vorgeschriebene Belehrung nicht, so hat der Mandant einen Schadenersatzanspruch gegen den Prozessbevollmächtigten aus Verschulden bei Vertragsschluss, wenn aufgrund der fehlenden Belehrung ein Schaden entstanden ist, etwa weil bei ordnungsgemäßer Belehrung eine Beauftragung des Rechtsanwalts nicht erfolgt wäre. In die Belehrung ist ebenfalls aufzunehmen, dass die Partei eine Entschädigung wegen Zeitversäumnis nicht erhält. In jedem Fall sollte auch darauf hingewiesen werden, dass bei Mitgliedschaft in der Gewerkschaft diese ihren Mitgliedern unentgeltliche Prozessvertretung anbietet.

Achtung:
Die Kostenbelehrung darf nicht in die Mandatsbedingung aufgenommen werden (vgl. BGH JurBüro 85, 390)

Verfahrens- und Kostenstreitwert in Arbeitsgerichtssachen:
Der im Arbeitsgerichtsurteil festgelegte Verfahrens- bzw. Zulässigkeitswert ist nicht in jedem Fall für die Berechnung der Rechtsanwaltsgebühren maßgeblich. In Arbeitsgerichtsangelegenheiten gilt nicht das in Zivilsachen bestehende Einheitlichkeitsprinzip, wonach der Verfahrensstreitwert (prozessualer Streitwert, Zuständigkeits- bzw. Zulässigkeitswert) auch gleichzeitig für die Gerichtskosten und Rechtsanwaltsgebühren maßgebender Gegenstandswert ist, weil § 12 Abs. 7 S. 3 ArbGG den § 24 GKG ausdrücklich ausschließt. Deshalb kann es zu unterschiedlichen Werten kommen.

Der prozessuale Verfahrensstreitwert wird durch die §§ 2–9 ZPO und § 64 Abs. 2 ArbGG bestimmt.

Der Kosten- und Gebührenstreitwert richtet sich hingegen nach den §§ 12 ff. GKG (- wobei § 12 GKG auch wieder auf die §§ 3–9 ZPO verweist -) und vor allem den Sonderregelungen in § 12 Abs. 7 ArbGG für die Berechnung des Gebührenstreitwertes in bestimmten Angelegenheiten, welche in Arbeitsgerichtssachen den Bestimmungen der ZPO und des GKG vorgehen. Auf jeden Fall gehen die Sondervorschriften des ArbGG, also § 12 Abs. 7 ArbGG vor.

Richten sich der Gebührenstreitwert und der Verfahrensstreitwert nach denselben Vorschriften, so gilt der im Urteil festgesetzte Zulässigkeitswert auch für die Berechnung der Gebühren des Anwalts. Ist dies nicht der Fall, so ist der für die Rechtsanwaltsgebühren maßgebende Wert vom Arbeitsgericht auf Antrag nach § 26 GKG, §§ 7–10 BRAGO gesondert festzusetzen.

c) Antrag auf Anwaltsbeiordnung gem. § 11 a ArbGG

An das
Arbeitsgericht
[*HIER Anschrift*]

In Sachen
....../......
Az.: ......

zeige ich an, dass ich den/die Kläger/-in anwaltlich vertrete und beantrage,
dem/der Kläger/-in gem. § 11 a ArbGG Herrn/Frau Rechtsanwalt/-in ...... beizuordnen.

Begründung:

Die Klägerin ist nicht in der Lage, ohne Beeinträchtigung ihres persönlichen Unterhalts und des Unterhalts ihrer Familie die Kosten des Arbeitsgerichtsprozesses zu tragen.

Da die Klägerin kein Gewerkschaftsmitglied ist, erhält sie auch von dieser Seite keinen Rechtsschutz. Eine Rechtsschutzversicherung, die Arbeitsgerichtsstreitigkeiten umfasst, besteht ebenfalls nicht.

Wegen der persönlichen und wirtschaftlichen Verhältnisse verweise ich auf die beigefügte Erklärung.

....
Rechtsanwalt/-wältin

Anmerkung

Ist eine Partei außerstande, ohne Beeinträchtigung des für sie und ihre Familie notwendigen Unterhalts die Kosten des Prozesses zu bestreiten und ist sie kein Gewerkschaftsmitglied oder einer Arbeitgebervereinigung, so hat der Vorsitzende des Arbeitsgerichts auf Antrag einen Rechtsanwalt beizuordnen, sofern die Gegenpartei durch einen Anwalt vertreten ist, § 11 a Abs. 1 S. 1 ArbGG.

Im Gegensatz zur Prozesskostenhilfe hängt die Beiordnung nach § 11 a ArbGG nicht von den Erfolgsaussichten der Klage oder Rechtsverteidigung ab. Deshalb ist es ratsam, die Beiordnung nach § 11 a ArbGG zu beantragen, wenn die Gegenseite anwaltlich vertreten ist. Gemäß § 11 a ArbGG kann das Gericht auf Antrag auch den schon tätigen Wahlanwalt beiordnen.

Büromäßige Behandlung:
Die Abrechnung erfolgt wie im Prozesskostenhilfeverfahren.

#02 Feststellungsklage auf Unwirksamkeit der Kündigung § 256 ZPO (KSchG findet keine Anwendung)

[*HIER Ort, Datum*]

An das
Arbeitsgericht
[*HIER Anschrift*]

Klage
des/der ...... [*HIER Vorname, Name, Anschrift*]

– Klägers/-in, –

Prozessbevollmächtigte(r): Rechtsanwalt/-wältin ...... [*HIER Vorname, Name, Anschrift*]

gegen

den/die ...... [*HIER Vorname, Name, Anschrift oder Firmenbezeichnung, gesetzlich vertreten durch den/die Geschäftsführer/-in*]

– Beklagte(n), –

Prozessbevollmächtigte(r): Rechtsanwalt/-wältin ...... [*HIER Vorname, Name, Anschrift*]

Namens und in Vollmacht des/der Kläger/-in bitte ich um kurzfristige Anberaumung eines Gütetermins und werde im Übrigen beantragen,

1. festzustellen, dass zwischen den Parteien weiter ein Arbeitsverhältnis zu den Bedingungen des Arbeitsvertrages vom ...... besteht,
2. dem/der Kläger/-in ein Zwischenzeugnis zu erteilen, das sich auf Art, Dauer sowie Führung und Leistung erstreckt,
3. die Kosten des Rechtsstreits der Beklagten aufzuerlegen.

Begründung:

Der Kläger steht seit dem ...... 20.. bei der Beklagten in einem Arbeitsverhältnis.

Beweis: Anliegender Arbeitsvertrag, Anlage K 1

Das letzte Bruttomonatsgehalt betrug ...... EUR.

Beweis: Gehaltsabrechnung des Klägers vom ......, Anlage K 2

Die Beklagte hat das Arbeitsverhältnis durch Brief vom ...... 20.., zugegangen am ...... 20.. zum ...... 20.. ordentlich gekündigt.

Beweis: Kündigungsschreiben vom ......, Anlage K 3

Die Kündigung ist unwirksam, da die tarifliche [-gesetzliche], [– einzelvertraglich vereinbarte] Kündigungsfrist nicht eingehalten wurde.

Beweis: Kopie des Anstellungsvertrages vom ...... [- den Tarifvertrag für ......], Anlage K 4

[oder]
Die Kündigung ist unwirksam, weil ...... [*HIER folgt die nähere Ausführung*]

In der Firma besteht ein Betriebsrat. Dieser hat der Kündigung widersprochen. [- ist nicht gehört worden.] [- ist nicht ordnungsgemäß gehört worden.]

Damit der Kläger seiner Schadensminderungspflicht nachkommt, bedarf es eines Zwischenzeugnisses, um sich bei anderen Arbeitgebern bewerben zu können.

[im Fall der außerordentlichen Kündigung]

Die Beklagte hat das Arbeitsverhältnis durch Schreiben vom ...... 20.. fristlos gekündigt.

Beweis: Kündigungsschreiben vom ......, Anlage K 3

Der von der Beklagten behauptete Sachverhalt trifft nicht zu.

[oder]
Die fristlose Kündigung ist rechtsunwirksam, weil ...... [*HIER folgt die nähere Ausführung*]

In der Firma besteht ein Betriebsrat. Dieser hat der Kündigung widersprochen. [- ist nicht gehört worden.] [- ist nicht ordnungsgemäß gehört worden.]

Damit der Kläger seiner Schadensminderungspflicht nachkommt, bedarf es eines Zwischenzeugnisses, um sich bei anderen Arbeitgebern bewerben zu können.

....
Rechtsanwalt/-wältin

Anmerkung

Anträge zu den Kosten sind nicht unbedingt erforderlich, da über sie von Amts wegen entschieden wird.

Achtung:
Es ist nicht ratsam, die Kündigungsgründe selbst auszuführen, da der Arbeitgeber für diese darlegungs- und beweispflichtig ist. Ausreichend ist, den im Beklagtenvortrag angegebenen Begründungen in einer Replik zu erwidern.

Es handelt sich um eine reine Feststellungsklage nach § 256 ZPO, bei der der Kündigungsschutz nach dem Kündigungsschutzgesetz (KSchG) keine Anwendung findet.

§ 13 Abs. 1 S. 2 KSchG gilt nicht für solche Arbeitnehmer, die die Voraussetzungen von § 1 KSchG (Beschäftigungsdauer und Beschäftigtenanzahl) nicht erfüllen.

Ist eine Kündigung aus anderen Gründen rechtsunwirksam, z. B. wegen fehlender Form, fehlenden Zuganges, Verstoßes gegen ein Gesetz, wegen fehlender Zustimmung der Hauptfürsorgestelle bei Schwerbehinderten usw., so können derartige Rechtsmängel unabhängig von den Vorschriften des KSchG mit einer auf § 256 ZPO gestützten Feststellungsklage geltend gemacht werden (§ 13 Abs. 3 KSchG).

Arbeitnehmer, auf die das KSchG nicht anwendbar ist, können auch noch nach Ablauf der Dreiwochenfrist eine auf § 256 ZPO gestützte Klage erheben. Es kann aber in diesem Fall nach Ablauf einer längeren Frist das Klagerecht verwirkt sein.

Ist im Kleinbetrieb ein Betriebsrat gewählt worden, wozu fünf ständig wahlberechtigte Arbeitnehmer erforderlich sind, von denen drei wählbar sein müssen (§ 1 BetrVG), ist jede Kündigung unwirksam ohne ordnungsgemäße Anhörung des Betriebsrates (§ 102 BetrVG).

Zuständigkeit: Arbeitsgericht: § 2 Abs. 1 Nr. 3 ArbGG

Kosten und Gebühren:
Vgl. auch Anmerkungen zu Formular 2.A.#01.

Gerichtskosten:
§ 12 Abs. 1, 2 ArbGG.

Rechtanwaltsgebühren:
a. Gebührenstreitwertberechnung: § 12 Abs. 7 ArbGG. Es gilt § 12 Abs. 7 S. 1 ArbGG, höchstens vierteljährliches Arbeitsentgelt, eine Abfindung wird nicht hinzugerechnet (BAG NJW 1980, 2151). Bei Stellung eines Abfindungsantrages darf dieser nach § 12 Abs. 7 S. 1 ArbGG nicht hinzugerechnet werden; letzteres gilt auch, wenn die Abfindung im Vergleich vereinbart worden ist.

In den einzelnen LAG-Bezirken ist die Bemessung unterschiedlich. Insoweit ist auf ausführliche Kommentierung von Wenzel im GKG-ArbGG zu § 12 ArbGG zu verweisen.

b. Rechtsanwaltsgebühren: §§ 62, 31, 9 Abs. 1 BRAGO. Die Verhandlungsgebühr im Güteverfahren ist auf eine im nachfolgenden Streitwertverfahren entstehende Verhandlungsgebühr nicht anzurechnen. Für die Güteverhandlung erhält der Anwalt 1 volle Gebühr, § 65 Abs. 1 Nr. 1 BRAGO.

Büromäßige Behandlung:
Wie Klage vor dem Amtsgericht, jedoch kein Gerichtskostenvorschuss, § 12 Abs. 4 ArbGG.

Vor Abschluss einer Mandatsvereinbarung ist der Mandant darauf hinzuweisen, dass keine Kostenerstattung im ersten Rechtszug stattfindet, § 12 a Abs. 1 ArbGG. Vgl. dazu Formular 2.A.#01.

#03 Feststellungsklage nach dem KSchG

[*HIER Ort, Datum*]

An das
Arbeitsgericht
[*HIER Anschrift*]

Klage
des/der ...... [*HIER Vorname, Name, Anschrift*]

– Klägers/-in, –

Prozessbevollmächtigte(r): Rechtsanwalt/-wältin ...... [*HIER Vorname, Name, Anschrift*]

gegen

den/die ...... [*HIER Vorname, Name, Anschrift oder Firmenbezeichnung, gesetzlich vertreten durch den/die Geschäftsführer/-in*]

\- Beklagte(n), -

Prozessbevollmächtigte(r): Rechtsanwalt/-wältin ...... [*HIER Vorname, Name, Anschrift*]

wegen ordentlicher Kündigung eines Arbeitsverhältnisses.

Namens und in Vollmacht des/der Kläger/-in bitte ich um kurzfristige Anberaumung eines Gütetermins und werde im Übrigen beantragen,

1. festzustellen, dass die Kündigung der Beklagten vom ......, zugegangen am ......, rechtsunwirksam ist und das Arbeitsverhältnis nicht aufgelöst worden ist,
2. festzustellen, dass das Arbeitsverhältnis auch nicht durch andere Beendigungstatbestände endet, sondern zu unveränderten Bedingungen über den Ablauf der Kündigungsfrist am ...... [*HIER Datum einsetzen*] hinaus weiter unverändert fortbesteht,
3. die Beklagte zu verurteilen, den/der Kläger/-in bis zum rechtskräftigen Abschluss dieses Rechtsstreites zu den bisherigen Bedingungen weiterzubeschäftigen,
4. die Kosten des Rechtsstreits der Beklagten aufzuerlegen.
5. die Beklagte zur verurteilen, dem/der Kläger/-in ein Zwischenzeugnis, das sich auf Führung und Leistung erstreckt, zu erteilen,

Hilfsweise, für den Fall dass der Feststellungsantrag zu Ziffer 1. abgewiesen wird, wird beantragt,

die Beklagte zu verurteilen, dem/der Kläger/-in ein endgültiges Zeugnis zu erteilen, das sich auf Führung und Leistung erstreckt.

Begründung:

Der am ...... geborene Kläger, der ledig [- verheiratet] [- geschieden] [- verwitwet] ist [- und ...... Kinder hat], wurde am ...... von der Beklagten eingestellt.

Beweis: Anliegender Arbeitsvertrag, Anlage K 1

Das letzte Bruttomonatsgehalt betrug ...... EUR.

Beweis: Gehaltsabrechnung des Klägers vom ......, Anlage K 2

Die Beklagte beschäftigt mehr als ...... Arbeitnehmer (§ 23 KSchG). Das Arbeitsverhältnis zur Beklagten dauert bereits länger als ...... Monate (§ 1 Abs. 1 KSchG). Bei der Beklagten besteht ein Betriebsrat.

Die Beklagte hat das Arbeitsverhältnis mit Schreiben vom ...... - dem Kläger zugegangen am ...... - ordentlich zum ...... [- außerordentlich fristlos] gekündigt.

Beweis: Kündigungsschreiben vom ......, Anlage K 3

Es wird bestritten, dass die Beklagte den Betriebsrat vor Ausspruch der Kündigung ordnungsgemäß angehört hat.

[oder]
Im Betrieb des Beklagten besteht ein Betriebsrat. Vorsorglich wird bestritten, dass die Beklagte den Betriebsrat ordnungsgemäß vor dem Ausspruch der Kündigung angehört hat.

[oder]
Der Betriebsrat hat der Kündigung widersprochen.

Auf den Widerspruch, der in Anlage beigefügt und zum Inhalt der Klageschrift gemacht wird, wird verwiesen.

Beweis: Widerspruch vom ......, Anlage K 4

[oder]

Beweis: Kopie des Widerspruchsschreibens, vorzulegen durch die Beklagte

Die Beklagte hatte keinen Grund zur Kündigung, da die angegebenen Kündigungsgründe unzutreffend sind (§ 1 Abs. 1 S. 1 KSchG). [– In dem Kündigungsschreiben ist ein Grund für die Kündigung nicht angegeben. Tatsachen, die eine personen-, verhaltens- oder betriebsbedingte Kündigung rechtfertigen, liegen nicht vor.]

Die Kündigung ist weder durch betriebsbedingte Gründe, noch durch Gründe, die in der Person des Klägers liegen, gerechtfertigt. Eine verhaltsbedingte Kündigung wäre auch deshalb unwirksam, weil die Beklagte den Kläger nicht abgemahnt hat.

Das Vorliegen von betriebs- und personenbedingten Gründen wird bestritten. Hierzu wird weiterer Sachvortrag erfolgen, wenn die Beklagte eine konkrete Begründung der Kündigung vorgelegt hat.

Sollte die Beklagte sich auf betriebsbedingte Gründe berufen, möge die Beklagte auch die Namen und sozialen Daten der Mitarbeiter nennen, die sie in die soziale Auswahl einbezogen hat. Derzeit kann der Kläger zur sozialen Auswahl nichts vortragen, da er über die erforderlichen Informationen nicht verfügt.

[oder]
Zudem ist die Kündigung gem. § 1 Abs. 2 S. 2 KSchG auch sozial ungerechtfertigt, weil ....

Schon jetzt wird behauptet, dass die Beklagte ...... [*HIER ziffernmäßige Angabe der Anzahl*] Arbeitnehmer mit gleicher Qualifikation wie der Kläger beschäftigt. Alle anderen Arbeitnehmer sind dienstjünger und auch an Lebensjahren jünger. Hinzu kommt, dass der Zeuge ...... nur ein Kind und der Zeuge ...... überhaupt keine Kinder hat.

Beweis: Zeugnis ......

Die genannten Kollegen des Klägers würden daher von einer Kündigung nicht so hart betroffen.

Die Beklagte ist bereits jetzt gem. § 102 Abs. 5 BetrVG zur Weiterbeschäftigung des Klägers zu verurteilen, denn sie hat angekündigt, sie werde ihn auf keinen Fall weiterbeschäftigen.

Außerdem werden hiermit alle Ansprüche auf rückständiges und zukünftiges Arbeitsentgelt geltend gemacht.

Es wird im Hinblick auf die Entscheidungen des BAG (BAG DB 1994, 992; BAG NZA 1994, 860; Werner Ziemann, BRAK-Mitt. 6/97 S. 244 ff.) ausdrücklich klargestellt, dass der Klageantrag zu 2. eine selbstständige allgemeine Feststellungsklage nach § 256 ZPO enthält, da nicht ausgeschlossen werden kann, dass die Beklagte im Laufe des Verfahrens weitere Kündigungen ausspricht. Es wird deshalb mit dem Klageantrag zu 2. die Feststellung begehrt, dass das Arbeitsverhältnis auch durch solche weiteren Kündigungen nicht beendet wird.

Der Antrag zu 3. ist erforderlich. Nach der Rechtsprechung (Großer Senat des BAG, BAG AP Nr. 14 zu § 611 BGB) steht dem Arbeitnehmer ein Anspruch auf Weiterbeschäftigung zu unveränderten Arbeitsbedingungen zu, sofern ein obsiegendes erstinstanzliches Urteil vorliegt. Das Weiterbeschäftigungsinteresse überwiegt dann das Gegeninteresse des Arbeitgebers an der Nichtbeschäftigung des Arbeitnehmers. Wenn der Arbeitgeber im Gütetermin sich nicht zum Weiterbeschäftigungsverlangen des Arbeitnehmers erklärt, besteht die Gefahr, dass die Beklagte den Weiterbeschäftigungsanspruch des Klägers nicht freiwillig befolgt. Daher ist dem Antrag stattzugeben.

Der Kläger bietet hiermit erneut der Beklagten seine weitere Arbeitsleistung an.

Um der Schadensminderungspflicht zu genügen, verlangt der Kläger ein Zwischenzeugnis, damit er sich bei anderen Arbeitgebern bewerben kann.

Im Klageantrag zu Ziffer 5. wird ein Zwischenzeugnis verlangt, obwohl der Arbeitnehmer bereits bei Erhebung der Kündigungsschutzklage einen Anspruch auf ein Endzeugnis hat (BAG AP Nr. 16 zu § 630 BGB), weil ein Zwischenzeugnis die Bewerbungschancen des Arbeitnehmers erhöht. Bei einem Zwischenzeugnis kommt nicht zum Ausdruck, dass der Arbeitnehmer bereits gekündigt ist.

Der Hilfsantrag auf Erteilung eines Endzeugnisses wird für den Fall gestellt, dass die Kündigungsschutzklage rechtskräftig abgewiesen wird, da der Arbeitnehmer einen Anspruch auf Rückdatierung des Endzeugnisses auf den Zeitpunkt der tatsächlichen Beendigung des Arbeitsverhältnisses hat.

Mit der vorliegenden Klage werden alle Ansprüche auf rückständiges und zukünftiges Arbeitsentgelt geltend gemacht.

Weiterer Sach- und Rechtsvortrag bleibt ausdrücklich vorbehalten, bis die Beklagte ihrer Darlegungs- und Beweispflicht nachgekommen ist.

....
Rechtsanwalt/-wältin

Anmerkung

Vgl. zum Antrag zu 2. auch Formular 4.B.01.#01 und dortige Anmerkungen.

Außer in den Fällen der Feststellungsklage nach § 256 ZPO sieht das Kündigungsschutzgesetz (KSchG) drei besondere Fälle der Kündigungsschutzklage vor, und zwar auf Feststellung, dass eine ordentliche oder Änderungskündigung sozial ungerechtfertigt ist, § 4 KSchG; oder dass eine außerordentliche bzw. fristlose Kündigung unwirksam ist, § 13 Abs. 1 S. 2 KSchG.

Zur Anwendbarkeit des Kündigungsschutzgesetzes siehe bitte unbedingt § 1 sowie § 23 KSchG, deren Voraussetzungen bezüglich Beschäftigungsdauer sowie Beschäftigtenanzahl kumulativ vorliegen müssen.

Sofern die Voraussetzungen des Kündigungsschutzes vorliegen, muss die Klage innerhalb einer Frist von 3 Wochen nach Zugang der Kündigung erhoben werden, § 4 KSchG. Pflicht zur Weiterbeschäftigung durch den Arbeitgeber besteht bei Widerspruch des Betriebsrates gegen die Kündigung, § 102 Abs. 5 BetrVG.

Gründe nach denen die Kündigung sozial ungerechtfertigt ist, vgl. § 1 KSchG.

Im Rahmen des Kündigungsschutzprozesses (§§ 12, 4 KSchG) ist der Arbeitnehmer für die Tatsache beweispflichtig, dass der Arbeitgeber den Ausspruch einer Kündigung behauptet. Bei einem Feststellungsprozess nach § 256 ZPO reicht zur Begründung des Rechtsschutzinteresses der Nachweis des Arbeitnehmers, dass der Arbeitgeber den Fortbestand des Arbeitsverhältnisses überhaupt leugnet.

Für die Kündigungsgründe trägt der Arbeitgeber die Beweislast. Behauptet der Arbeitnehmer Rechtfertigungsgründe für sein Verhalten, dann hat der Arbeitgeber diese zu widerlegen (so ständige Rspr. ab BAG AP 3 zu § 1 KSchG).

Hat sich ein bestehender Betriebsrat innerhalb der in § 102 Abs. 2 BetrVG genannten Frist nicht geäußert, so gilt seine Zustimmung zur Kündigung als erteilt. Hat der Betriebsrat hingegen aus den § 102 Abs. 3 BetrVG aufgezählten Gründen schriftlich und fristgemäß widersprochen, so kann der Arbeitnehmer hierauf seine Kündigungsschutzklage stützen (§ 1 Abs. 2 S. 2 KSchG).

Im Fall der ordentlichen Kündigung kann der Arbeitnehmer auch den Weiterbeschäftigungsanspruch nach § 102 Abs. 5 BetrVG geltend machen, sofern er nach dem KSchG Klage auf Feststellung erhoben hat, dass sein Arbeitsverhältnis durch Kündigung nicht aufgelöst worden ist.

Achtung:
Der Klageantrag sollte auch eine selbstständige allgemeine Feststellungsklage enthalten. In der Klagebegründung sollte deutlich gemacht werden, dass zusätzlich zur Kündigungsschutzklage auch eine allgemeine Festsstellungsklage nach § 256 ZPO erhoben wird. Es ist dann darauf zu achten, dass innerhalb der 3-Wochen-Frist des § 4 KSchG deutlich gemacht wird, dass auch die spätere weitere Kündigung mit dem schon gestellten allgemeinen Feststellungsantrag angegriffen wird.

Büromäßige Behandlung:
Die Sozialdaten sollten aufgrund ihrer Bedeutung für die Sozialauswahl und damit Grundlage für die Beurteilung der Sozialwidrigkeit der Kündigung ebenso wie die Beschäftigungsdauer in der Klageschrift angegeben werden. Die Angabe Beschäftigungsdauer hat auch noch für die Anwendbarkeit des Kündigungsschutzgesetzes Bedeutung, da dieses erst nach einer gewissen Beschäftigungsdauer anwendbar ist, § 1 Abs. 1 KSchG. Die Angaben zum Einkommen sind für die Streitwertfestsetzung (§ 12 Abs. 7 KSchG) wichtig.

Da der Arbeitgeber für die im Kündigungsschreiben angegebenen Kündigungsgründe beweispflichtig ist, sollte sich der Anwalt des Gekündigten mit diesen nur dann auseinandersetzen, wenn auf sie im Kündigungsschreiben ausführlich eingegangen worden ist.

Achtung:
Möchte der Arbeitnehmer möglichst lange am Arbeitsverhältnis festhalten, so kann die Rüge der nicht ordnungsgemäßen Anhörung des Betriebsrates erst später im Verfahren erhoben werden, um auf diese Weise zu verhindern, dass der Arbeitgeber diese nicht kurzfristig nachholt oder wiederholt und sodann erneut kündigt.

Kosten und Gebühren:
Hat der Arbeitnehmer eine Feststellungsklage nach § 256 ZPO auf Fortbestehen seines Arbeitsverhältnisses mit einer Kündigungsschutzklage nach § 1 KSchG verbunden, so gilt nach der Rechtsprechung des Bundesarbeitsgerichtes ebenfalls die Höchstgrenze des § 12 Abs. 7 ArbGG (EzA Nr. 34 zu § 12 ArbGG 1979 Streitwert).

Als **Gegenstandswert** für den im Antrag 2. geltend gemachten Weiterbeschäftigungsanspruch werden von vielen Arbeitsgerichten 2 Monatsgehälter angesetzt (vgl. LAG Düsseldorf Anwbl. 1979, 26; anders aber LAG Hamburg Anwbl. 1984, 316: ein Nettogehalt).

Vgl. des weiteren Formular 2.A.#02.

#04 Feststellungsklage nach dem KSchG bei einer Änderungskündigung

[*HIER Ort, Datum*]

An das
Arbeitsgericht
[*HIER Anschrift*]

Klage
des/der ...... [*HIER Vorname, Name, Anschrift*]

– Klägers/-in, –

Prozessbevollmächtigte(r): Rechtsanwalt/-wältin ...... [*HIER Vorname, Name, Anschrift*]

gegen

den/die ...... [*HIER Vorname, Name, Anschrift oder Firmenbezeichnung, gesetzlich vertreten durch den/die Geschäftsführer/-in*]

– Beklagte(n), –

Prozessbevollmächtigte(r): Rechtsanwalt/-wältin ...... [*HIER Vorname, Name, Anschrift*]

wegen ordentlicher Änderungskündigung eines Arbeitsverhältnisses.

Namens und in Vollmacht des/der Klägers/-in erhebe ich Klage und werde beantragen,

1. festzustellen, dass die Änderungskündigung vom ...... unwirksam ist und das Arbeitsverhältnis über den Ablauf der Kündigungsfrist am ...... unverändert fortbesteht,
2. die Beklagte zu verurteilen, dem/der Kläger/-in ein Zwischenzeugnis auszustellen, das sich auf Führung und Leistung erstreckt,
3. die Kosten des Rechtsstreits der Beklagten aufzuerlegen.

Begründung:

Der am ...... geborene Kläger, der ledig [- verheiratet] [- geschieden] [- verwitwet] ist [- und ...... Kinder hat], wurde am ...... von der Beklagten auf unbestimmte Zeit als ...... gegen ein vereinbartes Monatsgehalt von zuletzt ...... EUR brutto in einem Arbeitsverhältnis beschäftigt.

Beweis: Vorlage des Arbeitsvertrages in Kopie, Anlage K 1;
Vorlage einer Verdienstbescheinigung des Klägers vom ......, Anlage K 2

Die Beklagte beschäftigt mehr als ...... Arbeitnehmer (§ 23 KSchG). Das Arbeitsverhältnis dauert bereits länger als ...... Monate (§ 1 Abs. 1 KSchG). Bei der Beklagten besteht ein Betriebsrat.

Die Beklagte hat das Arbeitsverhältnis mit Schreiben vom ...... - dem Kläger zugegangen am ...... - gekündigt und dem Kläger zugleich mit diesem Schreiben den Abschluss eines neuen Arbeitsvertrages zu geänderten Bedingungen angeboten.

Beweis: Vorlage des Änderungs-Kündigungsschreiben vom ...... in Kopie, Anlage K 3

Der Betriebsrat ist vor Ausspruch der Änderungskündigung gehört worden. [- nicht gehört worden].

Er hat der Änderungskündigung innerhalb der gesetzlichen Frist widersprochen [- gegenüber Bedenken geäußert] [- wie folgt geäußert] [- zugestimmt].

[oder]
[- Er hat sich zur Änderungskündigung nicht geäußert.]

Der Kläger hat die Änderung unter Vorbehalt angenommen. [Der Kläger hat die Änderungskündigung durch Schreiben ihres anwaltlichen Bevollmächtigten unter Vorbehalt, dass die Änderung der Arbeitsbedingungen nicht sozial gerechtfertigt ist, angenommen.]

Beweis: Schreiben vom ......, Anlage K 4

Zum Zeitpunkt der Kündigung bestand das Arbeitsverhältnis seit ...... Jahren/Monaten. Die Beklagte beschäftigt ...... Vollzeitangestellte.

Die Kündigung ist sozial nicht gerechtfertigt, da es für sie keinen personen-, verhaltens- oder betriebsbedingten Grund gibt.

Deshalb ist die Beklagte auch zur Weiterzahlung des Gehaltes nach den unveränderten Arbeitsbedingungen verpflichtet. Vorsorglich wird dieser Anspruch mit der Klage geltend gemacht.

....
Rechtsanwalt/-wältin

Anmerkung

Die Änderungskündigung ist eine echte Kündigung, d. h. für die Änderungskündigung gelten alle formellen und materiellen Grundsätze der Kündigung. Sie hat Vorrang vor der Beendigungskündigung. Letztere ist nämlich dann unwirksam, wenn eine Weiterbeschäftigung des

Arbeitnehmers zu zumutbaren veränderten Bedingungen möglich ist (vgl. BAG AP 10 zu § 626 Ausschlussfrist).

Der Arbeitgeber muss die tariflichen oder gesetzlichen (vgl. § 622 BGB) Kündigungsfristen einhalten, den Betriebsrat anhören, § 102 BetrVG, und der Arbeitnehmer muss, wenn er dem KSchG unterliegt, die Klagefrist einhalten.

Hat der Betriebsrat der Änderungskündigung widersprochen, so kann der Arbeitnehmer bis zum Abschluss des arbeitsgerichtlichen Verfahren die Weiterbeschäftigung zu den alten Bedingungen verlangen.

Kosten und Gebühren:
Gebührenstreitwert:
Bei Ablehnung der angebotenen Vertragsänderung:

Ein Teil der Gerichte wendet § 12 Abs. 7 S. 1 ArbGG an: höchstens 3 Bruttomonatsvergütungen.

Eine anderer Teil der Rechtsprechung wendet § 12 Abs. 7 S. 2 ArbGG an: dreijähriger Unterschiedsbetrag zur bisherigen Vergütung (Hartmann, Kostengesetze, § 12 ArbGG Rn 10).

Annahme der Änderung unter Vorbehalt:
Es wird die Auffassung vertreten, dass das Arbeitsverhältnis zur geänderten Bedingungen fortbesteht. Danach kann der Streitwert nur auf die Differenz des Wertes der alten und der neuen Vertragsbedingungen berechnet werden, wobei § 12 Abs. 7 ArbGG entsprechend mit der Maßgabe anzuwenden ist, dass höchstens die Differenz für drei Monate den Streitwert ergeben kann (LAG München AP 10 zu § 12 ArbGG 1979).

Nach anderer Meinung hat die Streitwertfestsetzung nach § 3 ff. ZPO zu erfolgen. § 12 Abs. 7 ArbGG limitiert den Streitwert auf höchstens drei Monatsverdienste, so dass der Streitwert höher als die Differenz des Wertes des Arbeitsvertrages vor und nach der Änderungskündigung sein kann (vgl. LAG Frankfurt DB 1986, 1400).

Vgl. des weiteren Formular 2.A.#02.

#05 Feststellungsklage nach dem KSchG mit Auflösungsantrag

[*HIER Ort, Datum*]

An das
Arbeitsgericht
[*HIER Anschrift*]

Klage
des/der ...... [*HIER Vorname, Name, Anschrift*]

– Klägers/-in, –

Prozessbevollmächtigte(r): Rechtsanwalt/-wältin ...... [*HIER Vorname, Name, Anschrift*]

gegen

den/die ...... [*HIER Vorname, Name, Anschrift oder Firmenbezeichnung, gesetzlich vertreten durch den/die Geschäftsführer/-in*]

- Beklagte(n), -

Prozessbevollmächtigte(r): Rechtsanwalt/-wältin ...... [*HIER Vorname, Name, Anschrift*]

Namens und in Vollmacht des/der Klägers/-in erhebe ich Klage und werde beantragen,

1. festzustellen, dass durch die von der Beklagten am ...... 20.. zum ...... 20.. - fristlos - ausgesprochene - fristgerechte - Kündigung das zwischen den Parteien bestehende Arbeitsverhältnis nicht aufgelöst ist,
2. das Arbeitsverhältnis durch das Gericht zum ...... 20.. aufzulösen,
3. die Beklagte zu verurteilen, an den/die Kläger/-in eine Abfindung in Höhe von ...... EUR zu zahlen, [- deren Höhe in das Ermessen des Gerichts gestellt wird],
4. der Beklagten die Kosten des Rechtsstreits aufzuerlegen,
5. das Urteil - soweit zulässig - evt. gegen Sicherheitsleistung - für vorläufig vollstreckbar zu erklären.

Begründung:

Der am ...... geborene Kläger, der ledig [-verheiratet] ist [-und ...... Kinder hat], wurde am ...... von der Beklagten eingestellt.

Beweis: anliegender Arbeitsvertrag, Anlage K 1

Die Beklagte beschäftigt mehr als ...... Arbeitnehmer (§ 23 KSchG). Die Beklagte hat das Arbeitsverhältnis mit Schreiben vom ...... - dem Kläger zugegangen am ...... ordentlich [-außerordentlich] zum ...... gekündigt.

Beweis: Kündigungsschreiben vom ......, Anlage K 2

Der Betriebsrat ist vor Ausspruch der Kündigung gehört - nicht gehört worden - nicht ordnungsgemäß gehört worden.

Er hat der Kündigung innerhalb der gesetzlichen Frist widersprochen [-gegenüber Bedenken geäußert].

Beweis: Widerspruch - Schreiben des Betriebsrates vom ...... Anlage K 3

[oder]

[- Er hat sich zur Kündigung nicht geäußert.]

Der Kläger hat der Kündigung widersprochen und seine Arbeitskraft angeboten, da Kündigungsgründe nicht bestehen.

Eine Weiterarbeit ist dem Kläger nach der Kündigung aber nunmehr nicht mehr zuzumuten, da ...... [*HIER folgt nähere Ausführung*]. Aus diesen Gründen bedarf das Arbeitsverhältnis der Auflösung gegen Zahlung einer Abfindung.

....

Rechtsanwalt/-wältin

Anmerkung

Die Klageanträge zu 2. und 3. sind nur zu stellen, wenn der Kläger geltend machen will, dass zwar das Arbeitsverhältnis durch die Kündigung nicht aufgelöst, ihm aber die Fortsetzung des Arbeitsverhältnisses nicht zuzumuten sei, § 9 KSchG.

Wenn die Voraussetzungen des KSchG vorliegen, muss die Klage innerhalb der Frist von 3 Wochen nach Zugang der Kündigung erhoben werden, § 4 KSchG.

Kosten und Gebühren
Vgl. Formular 2.A.#02.

#06 Kündigungsschutzklage bei außerordentlicher Kündigung

[*HIER Ort, Datum*]

An das
Arbeitsgericht
[*HIER Anschrift*]

Klage
des/der ...... [*HIER Vorname, Name, Anschrift*]

– Klägers/-in, –

Prozessbevollmächtigte(r): Rechtsanwalt/-wältin ...... [*HIER Vorname, Name, Anschrift*]

gegen

den/die ...... [*HIER Vorname, Name, Anschrift oder Firmenbezeichnung, gesetzlich vertreten durch den/die Geschäftsführer/-in*]

– Beklagte(n), –

Prozessbevollmächtigte(r): Rechtsanwalt/-wältin ...... [*HIER Vorname, Name, Anschrift*]

wegen außerordentlicher Kündigung eines Arbeitsverhältnisses.

Namens und in Vollmacht des/der Klägers/-in erhebe ich Klage und werde beantragen,

1. festzustellen, dass die Kündigung der Beklagten vom ......, zugegangen am ......, rechtsunwirksam ist und das Arbeitsverhältnis nicht aufgelöst worden ist,
2. festzustellen, dass das Arbeitsverhältnis auch nicht durch andere Beendigungstatbestände endet, sondern zu unveränderten Bedingungen über den Ablauf der Kündigungsfrist am ...... [*HIER Datum einsetzen*] hinaus weiter unverändert fortbesteht,
3. die Beklagte zu verurteilen, den/der Kläger/-in bis zum rechtskräftigen Abschluss diese Rechtsstreites zu den bisherigen Bedingungen weiterzubeschäftigen,
4. die Kosten des Rechtsstreits der Beklagten aufzuerlegen.
5. die Beklagte zur verurteilen, dem/der Kläger/-in ein Zwischenzeugnis, das sich auf Führung und Leistung erstreckt, zu erteilen.

Hilfsweise, für den Fall dass der Feststellungsantrag zu Ziffer 1. abgewiesen wird, wird beantragt,

> die Beklagte zu verurteilen, dem/der Kläger/-in ein endgültiges Zeugnis zu erteilen, das sich auf Führung und Leistung erstreckt,

Sollte die Beklagte im Gütetermin nicht zu Protokoll des Gerichts erklären, dass sie den Kläger weiterbeschäftigen wird, sofern ein der Klage stattgebendes Urteil ergeht, wird beantragt,

> die Beklagte zu verurteilen, den/der Kläger/-in für den Fall des Obsiegens mit dem Feststellungsantrag zu Ziffer 1. für den im Arbeitsvertrag von ...... geregelten Arbeitsbedingungen als ...... bis zu einer rechtskräftigen Entscheidung über den Feststellungsantrag weiterzubeschäftigen.

Begründung:

Der am ...... geborene Kläger, der ledig [- verheiratet] [- geschieden] [- verwitwet] ist [- und ...... Kinder hat], wurde am ...... von der Beklagten eingestellt.

Beweis: Anliegender Arbeitsvertrag, Anlage K 1

Das letzte Bruttomonatsgehalt betrug ...... EUR.

Beweis: Gehaltsabrechnung des Klägers vom ......, Anlage K 2

Die Beklagte beschäftigt mehr als ...... Arbeitnehmer (§ 23 KSchG). Das Arbeitsverhältnis dauert bereits länger als ...... Monate (§ 1 Abs. 1 KSchG). Bei der Beklagten besteht ein Betriebsrat.

Die Beklagte hat das Arbeitsverhältnis mit Schreiben vom ...... – dem Kläger zugegangen am ...... – ordentlich zum ...... [- außerordentlich fristlos] gekündigt.

Beweis: Kündigungsschreiben vom ......, Anlage K 2

Es wird bestritten, dass die Beklagte den Betriebsrat vor Ausspruch der Kündigung ordnungsgemäß angehört hat.

Beweis: Zeugnis des Betriebsratsvorsitzenden

Die Kündigung ist bereits aus diesem Grund unwirksam.

[oder]
Der Betriebsrat hat der Kündigung widersprochen.

Auf den Widerspruch, der in Anlage beigefügt und zum Inhalt der Klageschrift gemacht wird, wird verwiesen.

Beweis: Widerspruch vom ......, Anlage K 3

[oder]

Beweis: Kopie des Widerspruchsschreibens, vorzulegen durch die Beklagte

Die Beklagte hatte keinen Grund zur Kündigung, da die angegebenen Kündigungsgründe unzutreffend sind (§ 1 KSchG). [- In dem Kündigungsschreiben ist ein Grund für die Kündigung nicht angegeben. Tatsachen, die eine personen-, verhaltens- oder betriebsbedingte Kündigung rechtfertigen, liegen nicht vor.]

Die Kündigung ist weder durch betriebsbedingte Gründe, noch durch Gründe, die in der Person des Klägers liegen, gerechtfertigt. Eine verhaltsbedingte Kündigung wäre auch deshalb unwirksam, weil die Beklagte den Kläger nicht abgemahnt hat.

Das Vorliegen von betriebs- und personenbedingten Gründen wird bestritten. Hierzu wird weiterer Sachvortrag erfolgen, wenn die Beklagte eine konkrete Begründung der Kündigung vorgelegt hat.

Sollte die Beklagte sich auf betriebsbedingte Gründe berufen, möge die Beklagte auch die Namen und sozialen Daten der Mitarbeiter nennen, die sie in die soziale Auswahl einbezogen hat. Derzeit kann der Kläger zur sozialen Auswahl nichts vortragen, da die erforderlichen Informationen nicht vorliegen.

[oder]
Zudem ist die Kündigung gem. § 1 Abs. 2 S. 2 KSchG auch sozial ungerechtfertigt, weil ....

Die Beklagte ist bereits jetzt gem. § 102 Abs. 5 BetrVG zur Weiterbeschäftigung des Klägers zu verurteilen, denn sie hat angekündigt, sie werde ihn auf keinen Fall weiterbeschäftigen.

Außerdem werden hiermit alle Ansprüche auf rückständiges und zukünftiges Arbeitsentgelt geltend gemacht.

Es wird im Hinblick auf die Entscheidungen des BAG (BAG DB 1994, 992; BAG NZA 1994, 860; Werner Ziemann, BRAK-Mitt. 6/97 S. 244 ff.) ausdrücklich klargestellt, dass der Klageantrag zu 2. eine selbstständige allgemeine Feststellungsklage nach § 256 ZPO enthält, da nicht ausgeschlossen werden kann, dass die Beklagte im Laufe des Verfahrens weitere Kündigungen ausspricht. Es wird deshalb mit dem Klageantrag zu 2. die Feststellung begehrt, dass das Arbeitsverhältnis auch durch solche weiteren Kündigungen nicht beendet wird.

Der Antrag zu 3. ist erforderlich. Nach der Rechtsprechung (Großer Senat des BAG, BAG AP Nr. 14 zu § 611 BGB) steht dem Arbeitnehmer ein Anspruch auf Weiterbeschäftigung zu unveränderten Arbeitsbedingungen zu, sofern ein obsiegendes erstinstanzliches Urteil vorliegt. Das Weiterbeschäftigungsinteresse überwiegt dann das Gegeninteresse das Arbeitgebers an der Nichtbeschäftigung des Arbeitnehmers. Wenn der Arbeitgeber im Gütetermin sich nicht zum Weiterbeschäftigungsverlangen des Arbeitnehmers erklärt, besteht die Gefahr, dass die Beklagte den Weiterbeschäftigungsanspruch des Klägers nicht freiwillig befolgt. Daher ist dem Antrag stattzugeben.

Der Kläger bietet hiermit erneut der Beklagten seine weitere Arbeitsleistung an.

Um der Schadensminderungspflicht zu genügen, verlangt der Kläger ein Zwischenzeugnis, damit er sich bei anderen Arbeitgebern bewerben kann.

Im Klageantrag zu Ziffer 5. wird ein Zwischenzeugnis verlangt, obwohl der Arbeitnehmer bereits bei Erhebung der Kündigungsschutzklage einen Anspruch auf ein Endzeugnis hat (BAG AP Nr. 16 zu § 630 BGB), weil dies die Bewerbungschancen des Arbeitnehmers erhöht. Bei einem Zwischenzeugnis kommt nicht zum Ausdruck, dass der Arbeitnehmer bereits gekündigt ist.

Der Hilfsantrag auf Erteilung eines Endzeugnisses wird für den Fall gestellt, dass die Kündigungsschutzklage rechtskräftig abgewiesen wird, da der Arbeitnehmer einen Anspruch auf

Rückdatierung des Endzeugnisses auf den Zeitpunkt der tatsächlichen Beendigung des Arbeitsverhältnisses hat.

Mit der vorliegenden Klage werden alle Ansprüche auf rückständiges und zukünftiges Arbeitsentgelt geltend gemacht.

Weiterer Sach- und Rechtsvortrag bleibt ausdrücklich vorbehalten, bis die Beklagte ihrer Darlegungs- und Beweispflicht nachgekommen ist.

....
Rechtsanwalt/-wältin

Anmerkung

Es ist nicht ratsam, die Kündigungsgründe selbst einzuführen, da der Arbeitgeber für diese darlegungs- und beweispflichtig ist. Ausreichend ist, den im Beklagtenvortrag angegebenen Begründungen in einer Replik zu erwidern.

Alle Arbeitnehmer, die den Voraussetzungen des Kündigungsschutzgesetzes (vgl. § 23 KSchG) genügen, also auch leitende Angestellte (§ 14 KSchG), Arbeitnehmer mit befristeten Arbeitsverträgen, Auszubildende, Betriebs- und Personalratsmitglieder, können die Unwirksamkeit einer außerordentlichen Kündigung nur geltend machen, sofern sie innerhalb der 3-wöchigen Klagefrist des § 4 KSchG Klage erheben, § 13 Abs. 1 S. 2 KSchG. Außer in der in § 13 KSchG genannten Form ist das KSchG ansonsten nicht auf die außerordentlichen Kündigungen anwendbar, § 13 Abs. 1 S. 1 KSchG.

Für Arbeitnehmer, auf die das KSchG nicht anwendbar ist, können auch noch nach Ablauf der Dreiwochenfrist eine auf § 256 ZPO gestützte Klage erheben. Es kann aber in diesem Fall nach Ablauf einer längeren Frist das Klagerecht verwirkt sein.

Die Darlegung und der Beweis des ordnungsgemäßen Anhörung des Betriebsrates obliegt dem Arbeitgeber.

Büromäßige Behandlung:
Auf Kündigungsgrund und Umstände, die zur Kündigung geführt haben, sollte der Rechtsanwalt bei einer außerordentlichen Kündigung ausführlich im Klageschriftsatz eingehen, um dem Gericht deutlich zu machen, dass die fristlose Kündigung nicht gerechtfertigt ist.

Kosten und Gebühren:
Vgl. Formular 2.A.#02. und 2.A.#11.

#07 Kündigungsschutzklage bei außerordentlicher Verdachtskündigung

[*HIER Ort, Datum*]

An das
Arbeitsgericht
[*HIER Anschrift*]

Klage
des/der ...... [*HIER Vorname, Name, Anschrift*]

– Klägers/-in, –

Prozessbevollmächtigte(r): Rechtsanwalt/-wältin ...... [*HIER Vorname, Name, Anschrift*]

gegen

den/die ...... [*HIER Vorname, Name, Anschrift oder Firmenbezeichnung, gesetzlich vertreten durch den/die Geschäftsführer/-in*]

– Beklagte(n), –

Prozessbevollmächtigte(r): Rechtsanwalt/-wältin ...... [*HIER Vorname, Name, Anschrift*]

wegen Feststellung

Namens und in Vollmacht des/der Klägers/-in erhebe ich Klage und werde beantragen,
festzustellen, dass die am ...... erklärte fristlose Kündigung des Arbeitsverhältnisses unwirksam ist und das Arbeitsverhältnis fortbesteht.

Begründung:

Der Kläger steht seit dem ...... 20.. bei dem Beklagten in einem Arbeitsverhältnis.

Der Kläger war als ...... beim Beklagten beschäftigt.

Der Beklagte hat dem Kläger fristlos mit der Begründung gekündigt, dass dieser im dringenden Verdacht stehe.

Beweis: Vorlage des Kündigungsschreibens des Beklagten vom ......, Anlage K 1.

Der Betriebsrat hat der Entlassung widersprochen, weil eine Verdachtskündigung einer Vorverurteilung gleichkomme.

....
Rechtsanwalt/-wältin

Anmerkung

Der begründete Verdacht einer strafbaren Handlung oder sonstigen schweren Verfehlung eines Beschäftigten berechtigt den Arbeitgeber zur fristlosen Kündigung.

Voraussetzung ist, dass für die Fortsetzung des Arbeitsverhältnisses erforderliche Vertrauensverhältnis gestört ist. Das BAG hat entschieden, für jedes Arbeitsverhältnis sei das Vertrauen des Arbeitsgebers in die Person des Arbeitnehmers erforderlich. Der Verlust dieses Vertrauens sei ein wichtiger Grund zur fristlosen Kündigung.

Kosten:
Siehe Formular 2.A.#02.

#08 Klage auf Ausstellung eines Zeugnisses

[*HIER Ort, Datum*]

An das
Arbeitsgericht
[*HIER Anschrift*]

Klage
des/der ...... [*HIER Vorname, Name, Anschrift*]

– Klägers/-in, –

Prozessbevollmächtigte(r): Rechtsanwalt/-wältin ...... [*HIER Vorname, Name, Anschrift*]

gegen

den/die ...... [*HIER Vorname, Name, Anschrift oder Firmenbezeichnung, gesetzlich vertreten durch den/die Geschäftsführer/-in*]

– Beklagte(n), –

Prozessbevollmächtigte(r): Rechtsanwalt/-wältin ...... [*HIER Vorname, Name, Anschrift*]

Namens und in Vollmacht des/der Klägers/-in erhebe ich Klage und werde beantragen:

die Beklagte zu verurteilen, dem/der Kläger/-in ein Zeugnis zu erteilen, das sich auf Art, Dauer sowie Führung und Leistung im Arbeitsverhältnis erstreckt.

Begründung:

Der Kläger war bei dem Beklagten in der Zeit vom ...... bis zum ...... beschäftigt.

Der Beklagte hat dem Kläger ein einfaches Zeugnis erteilt, welches sich auf Art und Dauer der Beschäftigung erstreckt.

Der Beklagte ist vom Kläger mehrmals, zuletzt schriftlich, aufgefordert worden, ihm ein qualifiziertes Zeugnis zu erteilen.

Beweis: Schreiben vom ...... (Anlage K 1)

Das Verlangen des Klägers wird von der Beklagten mit der Begründung abgelehnt, dazu nicht verpflichtet zu sein.

Die Auffassung der Beklagten ist rechtsfehlerhaft.

Klage ist daher geboten.

....
Rechtsanwalt/-wältin

Anmerkung

Achtung: Ebenso wie das einfache ist auch das qualifizierte Arbeitszeugnis erst auf Verlangen des Arbeitnehmers auszustellen, § 630 BGB. Das einfache Arbeitszeugnis enthält nach der Überschrift nur Angaben zur Person, zur Dauer und Art der Beschäftigung. Danach erfolgt die Beschreibung der Tätigkeit. Zusätzlich zu diesen Angaben hat im qualifizierten Zeugnis die Beurteilung der Leistung und Führung des Arbeitnehmers zu erfolgen. Fällig wird das qualifizierte Arbeitszeugnis grundsätzlich spätestens 2–3 Wochen nach Geltendmachung durch den Arbeitnehmer.

Zuständigkeit: Arbeitsgericht gem. § 2 Abs. 1 Nr. 3 ArbGG.

1. Anspruch auf:

a) Normales Arbeitszeugnis

§ 630 BGB schreibt die Pflicht zur Zeugniserteilung für das Ende eines Beschäftigungsverhältnis fest. Allerdings muss der Arbeitnehmer vom Arbeitgeber ein Zeugnis »fordern«. Das bedeutet, dass der Arbeitnehmer grundsätzlich erst zunächst sein Zeugnis vom Arbeitgeber verlangen muss. Somit muss das Arbeitszeugnis zum Ende des Arbeitsverhältnisses nicht in jedem Fall erstellt werden, sondern nur, wenn dies der Arbeitnehmer fordert. Der Arbeitgeber ist also nicht von sich aus verpflichtet, bei Ausscheiden des Arbeitnehmers, etwa durch Kündigung, ein Zeugnis zu erstellen und auszuhändigen. Ein ohne Verlangen ausgestelltes Zeugnis kann der Arbeitnehmer zurückweisen (Staudinger-Neumann § 630 BGB Rn 17; MünchKomm-Schwerdtner § 630 BGB Rn 7).

Ein Zeugnisanspruch auf ein Endzeugnis und nicht nur auf ein Zwischenzeugnis besteht nicht nur dann, wenn der Arbeitnehmer Kündigungsschutzklage erhoben hat (BAG DB 1987, 1845), sondern auch wenn wegen eines Kündigungsrechtsstreits der Zeitpunkt der rechtlichen Beendigung noch offen ist (LAG Nürnberg ARST 1986, 187).

b) Ausbildungszeugnis

Von dem Grundsatz, dass der Arbeitgeber nicht verpflichtet ist, automatisch und von selbst bei einer Kündigung auch ein Zeugnis abzufassen und auszuhändigen, gibt es eine Ausnahme. Nach § 8 BBiG hat der Ausbildende (nicht der Ausbilder!) das Ausbildungszeugnis auch ohne Aufforderung des Auszubildenden zu erteilen. Hat der Ausbildende die Berufsausbildung nicht selbst durchgeführt, soll auch der Ausbilder das Zeugnis unterschreiben. Gleiches gilt für Praktikanten (siehe § 19 BBiG).

c) Arbeitszeugnis bei Probearbeitsverhältnis

Auch Arbeitnehmer in einem Probearbeitsverhältnis haben ein Anspruch auf ein Arbeitszeugnis. Da das Probearbeitsverhältnis ein vollwertiges Arbeitsverhältnis ist, entsteht ein Anspruch des Arbeitnehmers nach § 630 BGB mit dessen Beendigung. War das Probearbeitsverhältnis von vornherein auf bestimmte Dauer befristet und der sachliche Grund für die Befristung als solche und deren Dauer die Erprobung des Arbeitnehmers gerichtet, dann endet das Probearbeitsverhältnis automatisch, d. h. ohne dass es einer Kündigung bedarf, mit Ablauf der vereinbarten Zeit.

d) Arbeitszeugnis bei Teilzeitbeschäftigten

Teilzeitbeschäftigte sind Arbeitnehmer, deren regelmäßige wöchentlichen Arbeitszeit kürzer ist als diejenige der vergleichbaren vollzeitbeschäftigten Arbeitnehmer in einem Betrieb. Diese haben, wie alle anderen Arbeitnehmer auch, den Anspruch auf Zeugniserteilung gemäß § 630 BGB.

Bei befristeten Arbeitsverhältnissen ist das Zeugnis schon angemessene Zeit vor dem Vertragsende auszustellen, z. B. bei Beginn der fiktiven Kündigungsfrist.

e) Zwischenzeugnis

Ein Anspruch auf ein Zwischenzeugnis besteht, wenn der Arbeitnehmer einen triftigen und anzuerkennenden Grund hat. Dabei ist bei der Auslegung des Begriffes »triftig« nicht kleinlich vorzugehen (BAG NZA 1993, 1031). Als triftige Gründe nennt das Bundesarbeitsgericht:

- Bewerbung um eine neue Stelle,
- strukturelle Änderungen des Betriebsgefüges,
- persönliche Veränderungen des Arbeitnehmers, wie z. B. Versetzung, Fort- und Weiterbildung oder eine geplante längere Arbeitsunterbrechung (wie etwa beim Mutterschaftsurlaub), ferner auch Wehr- und Zivildienst (BAG NZA a. a.0.),
- Vorlage bei Gerichten und Behörden,
- Stellung eines Kreditantrages,
- Ablauf der Probezeit.

Wesentliche Gründe können auch Änderungen im Aufgabengebiet, Beförderung und Vorgesetztenwechsel und Vergleichbares sein.

f) Vorläufiges Zeugnis

Das vorläufige Zeugnis, das im Zusammenhang mit der baldigen Beendigung des Beschäftigungsverhältnisses durch Kündigung oder Zeitablauf steht (während das Zwischenzeugnis während des Arbeitsverhältnisses erteilt wird), kann nach der herrschenden Auffassung schon gefordert werden, wenn nach dem Ausspruch der Kündigung, dem Abschluss eines Aufhebungsvertrages oder aufgrund der Befristung eines Arbeitsverhältnisses dessen Beendigung feststeht. Als Zeitpunkt für die Entstehung des Zeugnisanspruches wird dabei der Beginn der regelmäßigen Kündigungsfrist angenommen (vgl. z. B. MünchKomm-Schwerdtner, § 630 BGB Rn 21) Bei befristeten Arbeitsverhältnissen hat der Arbeitnehmer einen Anspruch auf die Erstellung eines vorläufigen Zeugnisses in angemessener Zeit vor Beendigung des Arbeitsverhältnisses, nach der Rechtsprechung ca. 3 Monate vor dem Ende.

2. Anspruchsbeginn

Der Anspruch auf ein Arbeitszeugnis beginnt bei Beendigung des Arbeitsverhältnisses.

Da das Arbeitszeugnis die wichtigste Bewerbungsunterlage des Arbeitnehmers ist, geht die einhellige Meinung davon aus, dass der Arbeitgeber bereits bei tatsächlicher Beendigung des Arbeitsverhältnisses zur Ausstellung eines Zeugnisses verpflichtet ist. Das bedeutet, dass der Anspruch nicht erst ab dem rechtlichen Ende des Arbeitsverhältnisses – etwa dem Ablauf der Kündigungsfrist – beginnt. Müsste der Arbeitnehmer erst den Ablauf der Kündigungsfrist abwarten, könnte er sich während der Restlaufzeit seines Arbeitsverhältnisses nicht anderweitig bewerben, um eine lückenlose Beschäftigung sicherzustellen. Der Zeugnisanspruch entsteht bei Ausspruch der ordentlichen Kündigung des Arbeitgebers oder Arbeitnehmers – sei sie begründet oder unbegründet – daher sofort mit Zugang (MünchKomm-Schwerdtner § 630 BGB Rn 23), selbst wenn die Kündigung bereits vor Beginn der gesetzlichen oder vereinbarten Kündigungsfrist ausgesprochen wird (MünchKomm-Schwerdtner § 630 BGB Rn 23; a. A. Schaub ArbR.Hdb. § 164 I 4 Anspruch entsteht erst mit Beginn der Kündigungsfrist, wenn die Kündigung bereits vor Beginn der gesetzlichen oder vereinbarten Kündigungsfrist erklärt wurde.).

Wird der Arbeitnehmer nach Erhalt einer Kündigung innerhalb der Kündigungsfrist weiterbeschäftigt, so steht ihm kein endgültiges, sondern nur ein vorläufiges Arbeitszeugnis zu. Es handelt sich bei dem vorläufigen Arbeitszeugnis nicht um ein Zwischenzeugnis, da es in Zusammenhang mit der bevorstehenden Kündigung steht (so auch z. B. § 61 BAT). Der Anspruch auf ein lediglich vorläufiges Arbeitszeugnis ist deshalb gerechtfertigt, weil sich für die zu erbringende Arbeitsleistung des Arbeitnehmers während der Kündigungsfrist noch Gesichtspunkte ergeben könnten, die ein Abweichen des schließlich zu erteilenden Endzeugnisses von dem vorläufigen Arbeitszeugnis ergeben könnten. Hat der Anwalt hingegen den Arbeitnehmer – unter Fortzahlung seiner vertragsmäßigen Vergütung – von der Erbringung seiner Arbeitsleitung freigestellt und diesem ein Endzeugnis erteilt, kann sich an dessen Beurteilung nichts mehr ändern. Nur das Beendigungsdatum – von der Beendigungsart einmal abgesehen – kann nachträglich zu ändern sein.

Bei einer fristlosen außerordentlichen Kündigung ist das Zeugnis auf Verlangen sofort zu erstellen, weil in der außerordentlichen Kündigung eine fristgemäße Kündigung stecken kann (Schaub, ArbR.Hdb. § 146 I 4). Sollte der Arbeitnehmer gegen die Kündigung Kündigungsschutzklage erheben, so hat er trotzdem einen Anspruch auf Erteilung eines Arbeitszeugnisses, auch wenn die Beendigung des Arbeitsverhältnisses nicht feststellbar ist (BAG 5 AZR 710/85).

Bei Auszubildenden, Praktikanten und Volontären muss automatisch bei Ausbildungsende ohne entsprechenden Wunsch ein Ausbildungszeugnis erstellt und ausgehändigt werden.

3. Fälligkeit

a) des einfachen Zeugnisses

Nach den § 630 BGB ist der Arbeitgeber nur dann verpflichtet ein einfaches Arbeitszeugnis auszustellen, wenn sein Arbeitnehmer es verlangt. Das einfache Arbeitszeugnis muss dann einen bis zwei Tage nach Geltendmachung dieses Zeugnisanspruches durch den Arbeitnehmer ausgestellt sein.

b) des qualifizierten Zeugnisses

Das qualifizierte Arbeitszeugnis – auch das qualifizierte Ausbildungszeugnis – ist ebenfalls erst nach Geltendmachung durch den Arbeitnehmer auszustellen, § 630 BGB, § 8 Abs. 2 S. 2 BBiG. Fällig wird das qualifizierte Arbeitszeugnis grundsätzlich spätestens 2–3 Wochen nach Geltendmachung durch den Arbeitnehmer.

c) des Ausbildungszeugnisses

Demgegenüber ist das einfache Endausbildungszeugnis nach § 8 Abs. 1 BBiG ohne Verlangen des Auszubildenden mit Beendigung des Berufsausbildungsverhältnisses fällig.

4. Zeitpunkt der Aushändigung
Nach § 630 BGB entsteht der Anspruch auf ein Zeugnis mit der Erklärung der Kündigung. Häufig schließt sich daran eine längere Kündigungsfrist. Der Arbeitnehmer kann schon bei Erklärung der Kündigung ein Zeugnis beantragen und der Arbeitgeber muss es dann auch ohne große Verzögerung erstellen und aushändigen. In der Praxis wird der Arbeitnehmer dies auch tun, um sich gleich mit dem Arbeitszeugnis bei einer neuen Arbeitsstelle zu bewerben. Allgemeine Erfahrung in diesem Zusammenhang ist, dass sich die Leistungen des Arbeitnehmers nach der Erklärung der Kündigung verschlechtern, sofern man sich nicht im beiderseitigen Einvernehmen getrennt hat. Dem Schriftstück, das unmittelbar nach der Erklärung der Kündigung erstellt wird, darf der Arbeitgeber – und dies ist aus Motivationsgründen auch zu empfehlen – den Vermerk ›Vorläufiges Zeugnis‹ geben. Damit wird dokumentiert, dass es nach Ende der Beschäftigungszeit ein endgültiges Arbeitszeugnis geben wird, welches sich dann auf die vollständige Arbeitsdauer, also auch auf die Leistungen während der Kündigungszeit bezieht.

Kosten:
Gerichtskosten:
Anlage 1 u. 2 zu § 12 Abs. 1 ArbGG.

Rechtsanwaltsgebühren:
a. Hauptverfahren:
Gegenstandswert gem. § 3 ZPO: 1 Bruttomonatsgehalt (vgl. Schneider/Herget, Streitwertkommentar, Rn 5103).

b. Zwangsvollstreckung:
Gebühren gem. §§ 57 Abs. 1, 58 Abs. 3 Nr. 8 BRAGO, die nach § 788 ZPO vom Schuldner/Arbeitgeber zu tragen und bei Zahlungsverweigerung bei diesem zu vollstrecken sind. Sie errechnen sich nicht aus dem Wert des festgesetzten Zwangsgeldes, sondern aus dem Gegenstandswert der Hauptsache, dem mit einem Bruttomonatsgehalt zu bewertenden Zeugnisanspruch.

#09 Klage auf Berichtigung eines Zeugnisses

[*HIER Ort, Datum*]

An das
Arbeitsgericht
[*HIER Anschrift*]

Klage
des/der ...... [*HIER Vorname, Name, Anschrift*]

– Klägers/-in, –

Prozessbevollmächtigte(r): Rechtsanwalt/-wältin ...... [*HIER Vorname, Name, Anschrift*]

gegen

den/die ...... [*HIER Vorname, Name, Anschrift oder Firmenbezeichnung, gesetzlich vertreten durch den/die Geschäftsführer/-in*]

– Beklagte(n), –

Prozessbevollmächtigte(r): Rechtsanwalt/-wältin ...... [*HIER Vorname, Name, Anschrift*]

wegen Berichtigung eines Arbeitszeugnisses.

Gegenstandswert: ...... EUR [eine Bruttomonatsvergütung]

Namens und in Vollmacht des/der Klägers/-in erhebe ich Klage und werde beantragen:

Namens und in Vollmacht des/der Kläger/-in bitte ich um kurzfristige Anberaumung eines Gütetermins und werde im Übrigen beantragen,

1. die Beklagte zu verurteilen, dem/der Kläger/-in ein Arbeitszeugnis mit folgendem Wortlaut zu erteilen:
   ...... [*HIER folgt das vollständig neu abgefasste Arbeitszeugnis*]

hilfsweise:

die Beklagte zu verurteilen, das dem/der Kläger/-in mit Datum vom ...... erteilte Arbeitszeugnis wie folgt zu berichtigen und neu zu erteilen:
......[*HIER folgen die neuen Formulierungen zu den einzelnen Berichtigungspunkten*]

2. der Beklagten die Kosten des Rechtsstreits aufzuerlegen.
3. dem/der Kläger/-in eine vollstreckbare Ausfertigung des Urteils zu erteilen.

Begründung:

Der Kläger war bei der Beklagten als Arbeitnehmer in der Zeit vom ...... bis zum ...... als ...... beschäftigt.

Beweis: Vorlage des Arbeitsvertrages, Anlage K 1

Das letzte Bruttomonatsgehalt betrug EUR ......

Beweis: Gehaltsabrechnung des Klägers vom ......, Anlage K 2

Die Beklagte hat das Arbeitsverhältnis mit Schreiben vom ...... - dem Kläger zugegangen am ...... - ordentlich zum ...... [- außerordentlich fristlos] gekündigt.

Beweis: Kündigungsschreiben vom ......, Anlage K 2

Die Beklagte hat dem Kläger am ...... ein qualifiziertes Zeugnis ausgestellt.

Beweis: Anliegendes Zeugnis vom ......, Anlage K 1

Dieses Zeugnis enthält falsche Behauptungen und lässt für die Beurteilung erhebliche Tatsachen aus, so dass ein fehlerhafter Gesamteindruck entsteht.

Unter Punkt a hat die Beklagte festgestellt, der Kläger habe Buchhaltungsaufgaben verrichtet. Der Kläger hat nicht nur Buchhaltungsaufgaben verrichtet, sondern auch die Bilanzen erstellt und Steuererklärungen vorbereitet.

Beweis: Zeugnis des ......

Die Beklagte hat unter Punkt b angeführt, der Kläger sei seinen Aufgaben im Bereich seiner Aufsichtspflicht als Gruppenleiter nicht im vollen Umfang nachgekommen. Diese Behauptung ist unzutreffend, wie sich aus nachfolgender Darstellung ergibt:

......

Beweis: Zeugnis des ......

Mit Schreiben vom ...... hat der Kläger seinen Zeugnisberichtigungsanspruch geltend gemacht.

Beweis: Vorlage des Schreibens des Klägers vom ......, Anlage K 3

Die Beklagte hat diesen Anspruch abgelehnt. [- ist untätig geblieben.]

Das Arbeitszeugnis ist daher entsprechend zu berichtigen und dem Kläger eine Neuschrift zu erteilen.

....
Rechtsanwalt/-wältin

Anmerkung

Da Verwirkung des Zeugnisberichtigungsanspruches alsbald nach Fälligkeit droht, ist eine schnelle Geltendmachung zu empfehlen. Die Erhebung der Kündigungsschutzklage hindert die Verwirkung nicht, wenn der Kündigungsgrund als Beendigungsmodalität im Zeugnis beanstandet wird (BAG AP Nr. 8 zu § 630 BGB).

Bei umfangreichen Berichtigungsanträgen ist ein Hauptantrag ratsam, der ein vollständig neu gefasstes Arbeitszeugnis zum Gegenstand hat, sowie ein Hilfsantrag, der jeweils nur zu den einzelnen Beanstandungen die Neuformulierungen enthält.

Der Antrag ist bestimmt zu formulieren, die zu berichtigen Punkte sind im Einzelnen selbst zu formulieren, erforderlichenfalls das ganze Zeugnis, sofern der Berichtigungsanspruch so weit reicht. Im Antrag der Klage muss konkret im einzelnen angegeben werden, auf welche formellen oder inhaltlichen Mängel sich der Zeugnisberichtigungsanspruch richtet. Zudem ist durch ersatzweise Formulierungen anzugeben, in welcher Form das Zeugnis geändert werden soll. Nötigenfalls ist das Zeugnis in Gänze neu zu formulieren, allerdings nur soweit der Berichtigungsanspruch reicht. Er dient nur zur Berichtigung, nicht um eigene Formulierungen des Arbeitnehmers durchzusetzen.

In der Klagebegründung muss zu den Änderungswünschen konkret Stellung genommen werden.

Nach der Rechtsprechung des Bundesarbeitsgerichts ist der Arbeitgeber grundsätzlich darlegungs- und beweispflichtig für die Tatsachen, die dem Zeugnis und der darin enthaltenen Bewertung zugrunde liegen. Für unterdurchschnittliche Leistungen ist der Arbeitgeber darlegungs- und beweispflichtig, für über dem Durchschnitt liegende Leistungen der Arbeitnehmer (BAG AP Nr. 12 zu § 630 BGB; LAG Düsseldorf, DB 1985, 2692; LAG Hamm BB 1989, 1486; Küttner-Reinecke, Personalbuch, Zeugnis Rn 40). Nach einer Entscheidung des Landesarbeitsgerichts Köln besteht eine abgestufte Darlegungs- und Beweislast dergestalt, dass der Arbeitnehmer Anspruch auf eine gute überdurchschnittliche Bewertung hat, wenn der Arbeitgeber Defizite des Arbeitnehmers nicht substantiiert beweist (LAG Köln, NZA-RR 1997, 84–Urt. v. 26. 04. 1996, 11 (13) Sa 1231/95; a. A. LAG Hamm, Urt. v. 13. 02. 1992, LAGE Nr. 16 zu § 630 BGB, LAG Frankfurt, Urt. v. 09. 06. 1991, LAGE Nr. 14 zu § 630 BGB). Fordert der Arbeitnehmer Bewertungen, die weit über das übliche Maß hinausgehen, so ist der Arbeitnehmer darlegungs- und gegebenenfalls beweispflichtig (LAG Köln a. a. O. sowie LAG Hamm u. Frankfurt a. a. O.) Wenn man einen Arbeitnehmer vertritt, so kann man auf diese Entscheidung verweisen.

Der Arbeitgeber ist verpflichtet, das Zeugnis ohne Hinweis auf das Urteil oder den Rechtsstreit mit dem Inhalt des Urteilstenors auszustellen. Sofern eine verspätete Ausstellung vom Arbeitnehmer nicht zu vertreten ist, er insbesondere Zeugnis und Zeugnisberichtigung rechtzeitig verlangt hat (BAG AP Nr. 19 zu § 630 BGB), muss der Arbeitgeber das Zeugnis auf das ursprüngliche Ausstellungsdatum zurückdatieren.

Die Vollstreckung des Zeugnisberichtigungsurteils folgt nach § 888 ZPO.

Zuständigkeit:

Arbeitsgericht gem. § 2 Abs. 1 Nr. 3 ArbGG (vgl. Grunsky ArbGG § 2 Rn 90)

Kosten und Gebühren:
vgl. Formular 2.A.#08.

#10 Klage auf Entfernung der Abmahnung aus der Personalakte

[*HIER Ort, Datum*]

An das
Arbeitsgericht
[*HIER Anschrift*]

Klage
des/der ...... [*HIER Vorname, Name, Anschrift*]

– Klägers/-in, –

Prozessbevollmächtigte(r): Rechtsanwalt/-wältin ...... [*HIER Vorname, Name, Anschrift*]

gegen

den/die ...... [*HIER Vorname, Name, Anschrift oder Firmenbezeichnung, gesetzlich vertreten durch den/die Geschäftsführer/-in*]

– Beklagte(n), –

Prozessbevollmächtigte(r): Rechtsanwalt/-wältin ...... [*HIER Vorname, Name, Anschrift*]

Namens und in Vollmacht des/der Klägers/-in erhebe ich Klage und werde beantragen,
die Beklagte zur verurteilen, die Abmahnung vom ......, Az.: ...... aus der Personalakte des/der Klägers/-in zu entfernen.

Begründung:

Der Kläger ist beim Beklagten beschäftigt. Zwischen den Parteien war bereits ein Rechtsstreit vor dem Arbeitsgericht anhängig, bei dem es über die Vergütung von Überstunden ging. Der Rechtsstreit wurde vergleichsweise beigelegt.

Beweis: anliegender Prozessvergleich vom ......, Anlage K 1

In dem Abmahnschreiben vom ...... wird dem Kläger vorgeworfen, dass [Es folgt ein Beispiel] der von ihm für die Tage vom ...... bis zum ...... eingereichte Überstundennachweis nicht akzeptiert werden könne.

Beweis: anliegendes Abmahnschreiben vom ......, Anlage K 2

Der Kläger ist der Ansicht, dass die Abmahnung nicht gerechtfertigt sei, da die strittigen Überstunden bereits Gegenstand des abgeschlossenen gewesen seien.

....
Rechtsanwalt/-wältin

Anmerkung

Da bei Ausspruch einer verhaltensbedingten Kündigung, die auch Störungen im Leistungsbereich (z. B. Schlechtleistung, mangelhafte Leistung) umfasst, der Grund für die Beendigung des Arbeitsverhältnisses in der Sphäre des Arbeitnehmers liegt, hat der Arbeitgeber grundsätzlich in einer Vorstufe zunächst abzumahnen. D. h. das vertragswidrige Verhalten (wie z. B. unentschuldigtes Fehlen, Unpünktlichkeit, Verletzung der Anzeige- oder Nachweispflicht im Krankheitsfall, unzulässiges Verlassen des Arbeitsplatzes, Arbeitsverweigerung usw.) ist zu bezeichnen und Rechtsfolgen anzudrohen. Auch die Abmahnung selbst unterliegt dabei dem Grundsatz der Verhältnismäßigkeit.

Bei gravierenden Störungen im Vertrauens- und Betriebsbereich, wenn also der Arbeitnehmer seine Treuepflicht verletzt oder Handlungen begeht, die die erforderliche Vertrauensgrundlage zwischen Arbeitnehmer und Arbeitgeber erheblich beeinträchtigen (z. B. Diebstahl, Spesenbetrug zu Lasten des Arbeitgebers, unerlaubte Konkurrenztätigkeit, Verstöße gegen die Betriebsordnung usw.), braucht in der Regel eine Abmahnung vor der Kündigung nicht zu erfolgen.

Eine Abmahnung kann nicht aufrechterhalten werden, wenn in dem Abmahnschreiben mehrere Pflichtverletzungen gerügt werden, aber nur einzelne zutreffen. Soweit sie stimmen, darf die dann korrigierte Abmahnung unter dem ursprünglichen Datum erneut übergeben werden.

Die Abmahnung muss folgende Punkte enthalten, um auch formal wirksam zu sein:

1. Der konkrete Vorwurf muss genau erläutert werden.
2. Der Arbeitgeber muss deutlich machen, welches Verfahren er künftig in ähnlichen Situationen erwartet.
3. Es muss darauf hingewiesen werden, dass im Wiederholungsfall mit arbeitsrechtlichen Konsequenzen zu rechnen ist.

Ist die Abmahnung formal unwirksam, so ist eine hierauf gestützte spätere Kündigung wirkungslos. Der Arbeitgeber sollte durch eine isolierte Klage gegen eine solche Abmahnung vor einem Kündigungsschutzprozess auf diesen Umstand nicht hingewiesen werden. Er hätte dann möglicherweise noch die Gelegenheit zur Heilung dieser formalen Mängel.

Nach der Rechtsprechung des BAG gibt es keinen Grundsatz, nach der eine wirksame Abmahnung bis zu ca. 2 Jahren für eine darauf gestützte Kündigung gilt und dann ›verbraucht‹ ist, vielmehr ist auch auf die konkreten Umstände des Einzelfalles abzustellen (BAG AP 17 zu 1 KSchG 1969 Verhaltensbedingte Kündigung). In der Personalakte kann die Abmahnung auf jeden Fall auch auf dann noch aufbewahrt werden, wenn sie als Vorstufe einer Kündigung nicht mehr geeignet ist, was sich auf die Beförderung auswirken kann. Auch dieser Umstand ist bei den Klageerwägungen zu beachten.

Es gibt keine Klagefrist, insbesondere ist die dreiwöchige Klagefrist des § 4 Abs. 1 S. 1 KSchG auch nicht entsprechend auf die Abmahnung anwendbar. Der Arbeitnehmer ist auch nicht daran gehindert, die abgemahnte Pflichtwidrigkeit erst in einem späteren Kündigungsschutzprozess zu bestreiten (BAG NZA 1987, 518).

Im Abmahnungsprozess hat der Arbeitgeber darzulegen und ggf. zu beweisen, dass die Abmahnung auf zutreffenden Tatsachen beruht. Im Kündigungsschutzprozess muss der Arbeitgeber darüber hinaus vortragen, dass er abgemahnt hat, und dies ggf. beweisen.

Streitwert:
Auf arbeitsrechtliche Streitigkeiten wegen Zurücknahme einer Abmahnung aus der Personalakte wird die Begrenzungsvorschrift des § 12 Abs. 7 S. 1 ArbGG angewandt und meist ein Streitwert von einem Monatseinkommen angesetzt (Schneider/Herget, Streitwertkommentar, Rn 3560).

#11 Klage auf Arbeitsentgelt

[*HIER Ort, Datum*]

An das
Arbeitsgericht
[*HIER Anschrift*]

Klage
des/der ...... [*HIER Vorname, Name, Anschrift*]

– Klägers/-in, –

Prozessbevollmächtigte(r): Rechtsanwalt/-wältin ...... [*HIER Vorname, Name, Anschrift*]

gegen

den/die ...... [*HIER Vorname, Name, Anschrift oder Firmenbezeichnung, gesetzlich vertreten durch den/die Geschäftsführer/-in*]

– Beklagte(n), –

Prozessbevollmächtigte(r): Rechtsanwalt/-wältin ...... [*HIER Vorname, Name, Anschrift*]

wegen Arbeitsvergütung.

Namens und in Vollmacht des/der Klägers/-in erhebe ich Klage und werde beantragen:

[*HIER Bruttoklage*]

1. Die Beklagte wird verurteilt, ... EUR brutto nebst Zinsen von 5 Prozentpunkten über dem Basiszinssatz seit dem ...... [- seit dem Tage der Klagezustellung] [abzüglich am ...... gezahlter EUR ...... netto] an den/die Kläger/-in zu zahlen.
2. Sofern die Beklagte den Anspruch ganz oder teilweise anerkennt, wird beantragt, in Höhe des anerkannten Betrages ein Anerkenntnisurteil zu erlassen.
3. Die Kosten des Rechtsstreits trägt die Beklagte.

[*HIER Nettoklage*]

1. Die Beklagte wird verurteilt, ... EUR nebst Zinsen von 5 Prozentpunkten über dem Basiszinssatz aus dem Nettobetrag seit dem ...... [- seit dem Tage der Klagezustellung] [abzüglich am ...... gezahlter EUR ...... netto] an den/die Kläger/-in zu zahlen.
2. Sofern die Beklagte den Anspruch ganz oder teilweise anerkennt, wird beantragt, in Höhe des anerkannten Betrages ein Anerkenntnisurteil zu erlassen.
3. Die Kosten des Rechtsstreits trägt die Beklagte.

Begründung:

Der am ...... geborene Kläger, der ledig [- verheiratet] [- geschieden] [- verwitwet] ist [- und ...... Kinder hat], wurde am ...... von der Beklagten eingestellt.

Beweis: Anliegende Kopie des Arbeitsvertrages, Anlage K 1

Das Arbeitsverhältnis wurde vom Kläger/der Beklagten gekündigt zum ...... [- besteht ungekündigt fort] [- wurde am ...... beendet].

Das jeweils zum Ersten eines Monats zahlbare Arbeitsentgelt beträgt ...... EUR.

Beweis: wie zuvor.

Mit der anhängigen Klage wird das Arbeitsentgelt für die Monate ...... [*HIER Angabe des Monats/der Monate sowie des betreffenden Jahres*] jeweils in voller Höhe geltend gemacht.

[oder]
Mit der anhängigen Klage wird das Arbeitsentgelt für die Monate ...... diesen Jahres, abzüglich einer am ...... geleisteten Teilzahlung von ...... EUR geltend gemacht.

[oder]
Der Kläger hat wöchentlich ...... Überstunden geleistet. Diese Überstunden sind von der Beklagten angeordnet worden.

Beweis: Zeugnis ......

Folglich kann der Kläger verlangen, dass die wöchentlichen Überstunden gemäß folgender Berechnung vergütet werden:

......

Die Beklagte ist mit Schreiben des Klägers vom ...... fruchtlos zur Zahlung aufgefordert worden.

Beweis: Vorlage der Kopie des Aufforderungsschreibens des Klägers vom ......, Anlage K 2

Die Beklagte befindet sich somit in Verzug (§ 286 BGB). Sie weigert sich zu zahlen.

Die Beklagte wendet ein, dem Kläger keine Vergütung zu schulden, da ein wirksamer Arbeitsvertrag mangels Beachtung der Schriftform nicht zustandegekommen sei.

Diese Auffassung ist nicht nur sachlich - wie oben dargestellt existiert ein schriftlicher Arbeitsvertrag - sondern auch rechtlich falsch.

Der Vergütungsanspruch besteht, wie mit der Klage geltend gemacht, daher im vollem Umfange. Die Beklagte ist zur Zahlung des gemäß Ziffer 1. auszuurteilenden Betrages verpflichtet. [Der Betrag setzt sich wie folgt zusammen: ......]

....
Rechtsanwalt/-wältin

Anmerkung

Streitig ist in der Rechtsprechung, ob dem Arbeitnehmer als Gläubiger einer Bruttoentgeltforderung die gesetzlichen Verzugs- oder Prozesszinsen (§ 288 Abs. 1 S. 1 BGB) vom Brutto- oder Nettoentgelt zustehen. Da die Rechtsprechung des Bundesarbeitsgerichtes nicht einheitlich ist (BAG AP Nr. 3 zu § 1 TVG, 4. Senat des BAG: Zinsen nur auf Nettobetrag; BAG AP Nr. 64 zu Art. 9 GG, Arbeitskampf, 1. Senat des BAG: Zinsen auf Bruttoforderung, ebenso BAG NZA 1999, 85), was auch für die Landesarbeitsgerichte gilt (Zinsen auf Bruttobetrag: LAG Hamburg LAGE Nr. 1 zu § 288 BGB, siehe auch LAG Schleswig-Holstein, LAGE Nr. 3 zu § 288 BGB, LAG Nürnberg, LAGE Nr. 2 zu § 288 BGB; Zinsen nur auf Nettovergütungen: Sächs. LAG, DB 1997, 1086), besteht die Möglichkeit, die Klage zuerst als Bruttoklage zu erheben und, sofern ein richterlicher Hinweis erfolgt, auf die Nettoklage umzustellen.

Werden im betreffenden Gerichtsbezirk nur Nettoklagen akzeptiert, da auf an Sozialversicherungsträger abzuführende Beträge kein Zins dem Arbeitnehmer zugesprochen werden kann, wird angeregt, von vorneherein eine Nettoklage einzureichen.

Für den Abschluss des Arbeitsvertrages gilt der Grundsatz der Formfreiheit, d. h. der Arbeitsvertrag kann grundsätzlich wirksam mündlich, schriftlich, ausdrücklich oder durch schlüssiges Verhalten abgeschlossen werden. Vom Grundsatz der Formfreiheit gibt es aber auch einige Ausnahmen . Der Abschluss eines Arbeitsvertrages ist von demjenigen zu beweisen, der Rechte aus ihm herleitet. Dies gilt auch für den Anfangstermin.

Kosten und Gebühren:
Die Festsetzung des Streitwertes erfolgt nach § 61 Abs. 1 ArbGG im Urteil des Arbeitsgerichtes. Das Arbeitsgericht kann die Festsetzung von Amts wegen oder auf Antrag ändern. Bei unrichtiger Festsetzung des Gebührenstreitwertes ist die Beschwerde nicht gegeben, § 25 Abs. 2 GKG.

Zu der Berechnung des Gebührenstreitwertes vgl. §§ 1 Abs. 3, 12, 17 GKG.

Gerichtskosten:
§ 12 Abs. 1, 2 ArbGG.

1 Verfahrensgebühr gem. Nr. 9111 GebVerzArbGG. Die Gebühr entfällt, sofern die Voraussetzungen des Nr. 9112 GebVerzArbGG vorliegen, Ermäßigung auf 1/2, sofern die Voraussetzungen des Nr. 9113 GebVerzArbGG. Die Gebühren richten sich nach der Tabelle der Anlage 2 zum ArbGG.

Rechtsanwaltsgebühren:
Regelgebühren gem. §§ 62, 31, 9 Abs. 1 BRAGO.

Büromäßige Behandlung:
Wie Klage vor dem Amtsgericht, jedoch kein Gerichtskostenvorschuss, § 12 Abs. 4 ArbGG. Der Streitwert ist der Betrag der Forderung, § 12 Abs. 1 S. 1 GKG, § 3 ZPO.

#12 Klage auf Gratifikation

[*HIER Ort, Datum*]

An das
Arbeitsgericht
[*HIER Anschrift*]

Klage
des/der ...... [*HIER Vorname, Name, Anschrift*]

– Klägers/-in, –

Prozessbevollmächtigte(r): Rechtsanwalt/-wältin ...... [*HIER Vorname, Name, Anschrift*]

gegen

den/die ...... [*HIER Vorname, Name, Anschrift oder Firmenbezeichnung, gesetzlich vertreten durch den/die Geschäftsführer/-in*]

– Beklagte(n), –

Prozessbevollmächtigte(r): Rechtsanwalt/-wältin ...... [*HIER Vorname, Name, Anschrift*]

Namens und in Vollmacht des/der Klägers/-in erhebe ich Klage und werde beantragen:
die Beklagte zu verurteilen, an den/die Kläger/-in ...... EUR nebst Zinsen in Höhe von 5 Prozentpunkten über dem Basiszinssatz seit dem ...... zu zahlen.

Begründung:

Der Kläger begehrt von der Beklagten für das Kalenderjahr 20.. die Weihnachtsgratifikation. Er beruft sich darauf, dass die Gratifikation in den Vorjahren bereits viermal vorbehaltlos von der Beklagten gezahlt wurde.

Beweis: Zeugnis des Buchhalters ......, zu laden über die Beklagte

Die Beklagte wendet ein, wegen der schlechten finanziellen Entwicklung ihres Unternehmens dazu nicht in der Lage zu sein; es bestehe auch kein Rechtsanspruch auf die Zuwendung einer Gratifikation, da keine Vereinbarung getroffen worden sei.

Diese Auffassung ist rechtsirrig und deshalb Klage geboten.

....
Rechtsanwalt/-wältin

Anmerkung

Ein Anspruch auf die Zahlung der Sonderzuwendung besteht weder kraft Gesetzes, Gewohnheitsrechtes, noch ergibt sich ein derartiger Anspruch aus der Fürsorgepflicht des Arbeitgebers.

Er kann sich aber aufgrund tariflicher Regelungen, einzelvertraglicher oder betrieblicher Vereinbarungen aber auch kraft tatsächlicher betrieblicher Übung ergeben. Kraft betrieblicher Übung entsteht ein Gratifikationsanspruch, wenn der Arbeitgeber eine Gratifikation wiederholt vorbehaltlos gewährt und dadurch für den Arbeitnehmer ein Vertrauenstatbestand entsteht, der Arbeitgeber wolle sich auch für die Zukunft binden. Ein derartiger Vertrauenstatbestand ist nach der Rechtsprechung regelmäßig nach dreimaliger Zahlung anzunehmen, falls der Arbeitgeber nicht bei jeder Zahlung seinen Bindungswillen für die Zukunft ausgeschlossen hat bzw. nicht besondere Umstände dagegen sprechen.

#13 Klage auf Unwirksamkeit eines Aufhebungsvertrages

[*HIER Ort, Datum*]

An das
Arbeitsgericht
[*HIER Anschrift*]

Klage
des/der ...... [*HIER Vorname, Name, Anschrift*]

– Klägers/-in, –

Prozessbevollmächtigte(r): Rechtsanwalt/-wältin ...... [*HIER Vorname, Name, Anschrift*]

gegen

den/die ...... [*HIER Vorname, Name, Anschrift oder Firmenbezeichnung, gesetzlich vertreten durch den/die Geschäftsführer/-in*]

– Beklagte(n), –

Prozessbevollmächtigte(r): Rechtsanwalt/-wältin ...... [*HIER Vorname, Name, Anschrift*]

Namens und in Vollmacht des/der Klägers/-in erhebe ich Klage und werde beantragen,
festzustellen, dass der zwischen den Parteien geschlossene Aufhebungsvertrag vom ...... unwirksam ist, und das zwischen den Parteien bestehende Arbeitsverhältnis unverändert fortbesteht.

Begründung:

Zu dem Aufhebungsvertrag kam es wie folgt:

[*Es folgt ein Beispielsachverhalt, aus dem sich die Unwirksamkeit des Aufhebungsvertrages ergibt.*]

Seitens der Beklagten wurden der Klägerin drei vorbereitete Schriftstücke präsentiert, alle datiert auf den ......

Zuerst legte die Beklagte der Klägerin ein Schreiben vor, in dem ihr die fristlose Kündigung erklärt wurde. Das Schreiben enthielt zahlreiche Vorwürfe.

Die Klägerin lehnte es ab, eine fristlose Kündigung zu akzeptieren.

Daraufhin legte die Beklagte der Klägerin eine bereits vorbereitete »Eigenkündigung« vor. Die Klägerin lehnte es kategorisch ab, dieses Kündigungsschreiben zu unterzeichnen. Daraufhin wurde die Klägerin massiv. Sie erklärte, die Klägerin habe noch eine Chance, ein weiteres Schriftstück zu unterschreiben, nämlich den Aufhebungsvertrag; wenn sie nicht unterschreibe, werde sie die Klägerin wegen erheblicher Verluste schadensersatzpflichtig machen.

Beweis: Zeugnis ...... (Name, Anschrift)

Die Klägerin unterschrieb daraufhin den Aufhebungsvertrag, den sie später angefochten hat.

Beweis: Vorlage der Anfechtungserklärung der Klägerin vom ......,Anlage K 1

....
Rechtsanwalt/-wältin

Anmerkung

Auch hier geht es im Ergebnis um die Feststellung, dass das Arbeitsverhältnis fortbesteht, es wurde allerdings ein Aufhebungsvertrag geschlossen, so dass die von der Klägerin selbst abgegebene Erklärung zum Vertragsschluss – zu Beendigung des Arbeitsverhältnisses – wegen widerrechtlicher Drohung gemäß § 123 BGB angefochten wurde, und die Anfechtung wirksam durchgreift, wenn die Klägerin, die die volle Beweislast trägt, alle Voraussetzungen des § 123 BGB nachweist.

Gerichtskosten:
1 Verfahrensgebühr gem. Nr. 9111 GebVerzArbGG. Die Gebühr entfällt, sofern die Voraussetzungen des Nr. 9112 GebVerzArbGG vorliegen, Ermäßigung auf 1/2, sofern die Voraussetzungen des Nr. 9113 GebVerzArbGG. Die Gebühren richten sich nach der Tabelle der Anlage 2 zum ArbGG.

Rechtsanwaltsgebühren:
Regelgebühren gem. §§ 62, 31, 9 Abs. 1 BRAGO.

#14 Klage auf Herausgabe der Arbeitspapiere und auf Erteilung [Ergänzung] [Berichtigung] eines Zeugnisses

[*HIER Ort, Datum*]

An das
Arbeitsgericht
[*HIER Anschrift*]

Klage
des/der ...... [*HIER Vorname, Name, Anschrift*]

- Klägers/-in, -

Prozessbevollmächtigte(r): Rechtsanwalt/-wältin ...... [*HIER Vorname, Name, Anschrift*]

gegen

den/die ...... [*HIER Vorname, Name, Anschrift oder Firmenbezeichnung, gesetzlich vertreten durch den/die Geschäftsführer/-in*]

- Beklagte(n), -

Prozessbevollmächtigte(r): Rechtsanwalt/-wältin ...... [*HIER Vorname, Name, Anschrift*]

Namens und in Vollmacht des/der Klägers/-in erhebe ich Klage und werde beantragen,
die Beklagte zu verurteilen,
1. an den Kläger die Arbeitspapiere bestehend aus
   1. Lohnsteuerkarte,
   2. Sozialversicherungsausweis,
   3. Sozialversicherungsnachweisheft,
   4. Rentenversicherungskarte,

herauszugeben.
2. dem Kläger ein Zeugnis zu erteilen, das sich auf Art, Dauer sowie Führung und Leistung im Arbeitsverhältnis erstreckt.

[oder]
2. das am ...... ausgehändigte Zeugnis in folgenden Punkten zu berichtigen, dass der/die Kläger/-in ......

[oder]
2. das am ...... erteilte Zeugnis in folgenden Punkten zu ergänzen:
a. dass der/die Kläger/-in auch, ...
b. ......

Begründung:

Der am ...... geborene Kläger war vom ...... bis zum ...... als ...... bei der Beklagten beschäftigt. Die Beklagte ist nach Beendigung des Arbeitsverhältnisses ihrer Pflicht nicht nachgekommen, dem Kläger die Arbeitspapiere herauszugeben. Ein Zurückbehaltungsrecht steht der Beklagten nicht zu.

Die Beklagte ist auch ihrer Verpflichtung zur Erteilung eines Zeugnisses, das sich auf Art, Dauer sowie Führung und Leistung im Arbeitsverhältnis erstreckt, nicht nachgekommen.

[oder]
[zur Begründung einer Berichtigung oder Ergänzung eines Zeugnisses vgl. Formular 2.A.#09]

....
Rechtsanwalt/-wältin

Anmerkung

Vgl. auch Anm. zu Formular 2.A.#08, 2.A.#09.

Kosten und Gebühren
Vgl. Anm. zu Formular 2.A.#08

Streitwert:
§ 12 Abs. 1 S. 1 GKG; § 3 ZPO.
Streitwertbemessung bzgl. a. Zeugniserteilung: 1 Bruttomonatsgehalt, b. Herausgabe der Arbeitspapiere: 150,– EUR (vgl. Schaub, Arbeitsrechts-Handbuch § 146 Rn 22).

#15 Klage auf Abrechnung

[*HIER Ort, Datum*]

An das
Arbeitsgericht
[*HIER Anschrift*]

Klage
des/der ...... [*HIER Vorname, Name, Anschrift*]

– Klägers/-in, –

Prozessbevollmächtigte(r): Rechtsanwalt/-wältin ...... [*HIER Vorname, Name, Anschrift*]

gegen

den/die ...... [*HIER Vorname, Name, Anschrift oder Firmenbezeichnung, gesetzlich vertreten durch den/die Geschäftsführer/-in*]

– Beklagte(n), –

Prozessbevollmächtigte(r): Rechtsanwalt/-wältin ...... [*HIER Vorname, Name, Anschrift*]

Namens und in Vollmacht des/der Klägers/-in erhebe ich Klage und werde beantragen,

die Beklagte zu verurteilen, dem/der Kläger/-in Abrechnung zu erteilen über ...... für den Zeitraum vom ...... bis zum ...... und den sich aus der Abrechnung ergebenden Betrag zuzüglich Zinsen in Höhe von 5 Prozentpunkten über dem Basiszinssatz seit dem ...... [ein Tag bis nach der Zahlungsfrist] an den Kläger zu zahlen.

Begründung:

Die klagende Partei, geboren am ......, ... Kinder, verheiratet [-nicht verheiratet], [- einziger Familienverdiener], hat mit der beklagten Partei am ...... einen Arbeitsvertrag geschlossen.

Aus dem Arbeitsvertrag ergibt sich die Nebenpflicht, dem Kläger Abrechnung zu erteilen über ......

Der Kläger [- Die Klägerin] ist auf die Abrechnung angewiesen, weil ihm [-ihr] sonst nicht möglich ist ......

Die Beklagte ist mit Schreiben vom ...... unter Fristsetzung bis zum ...... aufgefordert worden, eine Abrechnung zu erteilen.

Beweis: Aufforderungsschreiben

Abrechnung wurde bis heute nicht erteilt.

....
Rechtsanwalt/-wältin

#16 Auskunftsklage

[*HIER Ort, Datum*]

An das
Arbeitsgericht
[*HIER Anschrift*]

Klage
des/der ...... [*HIER Vorname, Name, Anschrift*]

- Klägers/-in, -

Prozessbevollmächtigte(r): Rechtsanwalt/-wältin ...... [*HIER Vorname, Name, Anschrift*]

gegen

den/die ...... [*HIER Vorname, Name, Anschrift oder Firmenbezeichnung, gesetzlich vertreten durch den/die Geschäftsführer/-in*]

- Beklagte(n), -

Prozessbevollmächtigte(r): Rechtsanwalt/-wältin ...... [*HIER Vorname, Name, Anschrift*]

Namens und in Vollmacht des/der Klägers/-in erhebe ich Klage und werde beantragen,
die Beklagte zu verurteilen, dem/der Kläger/-in Auskunft zu erteilen, zur Frage ......

Begründung:

Die klagende Partei, geboren am ......, ... Kinder, verheiratet [- nicht verheiratet], [- einziger Familienverdiener], hat mit der beklagten Partei am ...... einen Arbeitsvertrag geschlossen.

Aus dem Arbeitsvertrag ergibt sich die Nebenpflicht, der klagenden Partei Auskunft zu erteilen über ......

Der Kläger [- Die Klägerin] ist auf die Erteilung dieser Auskunft angewiesen, weil ihm [- ihr] sonst nicht möglich ist ......

Die Beklagte ist mit Schreiben vom ...... unter Setzung einer Frist bis zum ...... aufgefordert worden, Auskunft zu erteilen.

Beweis: Aufforderungsschreiben

Auskunft wurde bis heute nicht erteilt.

....
Rechtsanwalt/-wältin

#17 Klageerwiderung bei außerordentlicher Kündigung

[*HIER Ort, Datum*]

An das
Arbeitsgericht
[*HIER Anschrift*]

In Sachen
....../......
Az.: ......

wird beantragt,

1. die Klage abzuweisen,
2. das Arbeitsverhältnis gegen Zahlung einer Abfindung, deren Höhe in das Ermessen des Gerichts gestellt wird, aufzulösen.

Begründung:

Der am ...... geborene Kläger, der ledig [-verheiratet] ist [-und ...... Kinder hat], wurde am ...... von der Beklagten eingestellt.

Beweis: anliegender Arbeitsvertrag, Anlage B 1

Die Beklagte hat das Arbeitsverhältnis mit Schreiben vom ...... – dem Kläger zugegangen am ...... außerordentlich und hilfsweise ordentlich zum ...... gekündigt.

Beweis: Kündigungsschreiben vom ......, Anlage B 2

Der Betriebsrat ist vor Ausspruch der Kündigung gehört worden.

Er hat der außerordentlichen/ordentlichen Kündigung zugestimmt [- gegenüber Bedenken geäußert] [- widersprochen].

Beweis: Schreiben des Betriebsrates vom ......, Anlage B 3

[- Der Betriebsrat hat sich nicht geäußert.]

Die außerordentliche Kündigung ist gerechtfertigt. Der Kläger hat folgende Vertragsverletzungen begangen:

......

Beweis: Zeugnis des ......, zu laden bei der Beklagten.

Mit Schreiben vom ...... ist der Kläger deshalb abgemahnt worden.

Beweis: Abmahnungsschreiben vom ......, Anlage B 4

Das Verhalten des Klägers stellt einen wichtigen Grund dar, weil ......

Trotzdem hat der Kläger am ...... wiederholt die gleiche Vertragsverletzung erneut begangen.

Beweis: Zeugnis des ......, zu laden bei der Beklagten.

Der Beklagten war es deshalb nicht mehr zumutbar, den Kläger weiterzubeschäftigen. Auch durch eine Versetzung oder Änderungskündigung des Klägers können die Interessen der Beklagten nicht gewahrt werden, weil ......

Rein vorsorglich hat die Beklagte dem Kläger die ordentliche Kündigung erklärt, falls das Gericht der Auffassung sein sollte, dass die außerordentliche Kündigung nicht gerechtfertigt war. In diesem Fall ist die außerordentliche in eine ordentliche Kündigung umzudeuten. Der Betriebsrat ist auch hierzu gehört.

Beweis: Mitteilung an den Betriebsrat vom ......, Anlage B 5

....
Rechtsanwalt/-wältin

Anmerkung

Der Abmahnung und der nachfolgenden Kündigung müssen gleichartige und vergleichbare Verhaltensverstöße zugrunde liegen. Ist das beanstandete Verhalten von einiger Erheblichkeit, so ist eine zweite Abmahnung vor außerordentlicher Kündigung nicht erforderlich. Ganz entbehrlich ist die Abmahnung bei besonders schweren Verstößen gegen die arbeitsvertraglichen Pflichten.

Achtung:
Bei einer außerordentlichen Kündigung muss neben der Vertragsverletzung dargelegt werden, weshalb dem Arbeitgeber die Fortsetzung des Arbeitsverhältnisses bis zum Ablauf der Kündigungsfrist unzumutbar ist.

Das Anhörungsrecht des Betriebsrates entfällt in Kleinbetrieben und Betrieben, in denen ein Betriebsrat von den Arbeitnehmern nicht gebildet worden ist. Auch bei leitenden Angestellten i. S. v. § 5 BetrVG besteht ebenfalls kein Anhörungsrecht vor der Kündigung.

Die außerordentliche Kündigung kann nur dann in eine ordentliche umgedeutet werden, sofern der Arbeitgeber den Betriebsrat hierauf deutlich hingewiesen hat (BAG NJW 1979, 76; NZA 1992, 416).

Hat der Betriebsrat der außerordentlichen Kündigung zugestimmt, so ist eine Umdeutung in eine ordentliche immer möglich. Bei Widerspruch des Betriebsrates nur dann, wenn der Arbeitgeber den Betriebsrat auch vorsorglich zur ordentlichen Kündigung angehört hat.

Rechtsanwaltsgebühren:
Regelgebühren des § 31 BRAGO, § 62 Abs. 1 BRAGO.

#18 Klageabweisungsantrag des Arbeitgebers bei Kündigungsschutzklage (und Begründungsstruktur)

[*HIER Ort, Datum*]

An das
Arbeitsgericht
[*HIER Anschrift*]

In Sachen
....../......
Az.: ......

Namens und im Auftrage der Beklagten werde ich im Termin zur mündlichen Verhandlung beantragen,

die Klage abzuweisen.

hilfsweise:

das Arbeitsverhältnis durch das Gericht zum ...... 20.. aufzulösen.

Begründung:

Der am ...... geborene Kläger ist ledig [- verheiratet] [- geschieden] [- verwitwet] [- und hat ...... minderjährige Kinder.]. Am ...... wurde er als ...... eingestellt. Im Berufsbild des Klägers sind ...... weitere Beschäftigte [- keine weiteren Beschäftigte] angestellt.

Der Beklagte hat den Kläger am ...... zum ...... ordentlich gekündigt.

Der Betriebsrat ist vor der Kündigung vom der Beklagten angehört worden. Er hat sich zur Kündigung nicht geäußert [- der Kündigung widersprochen] [- der Kündigung zugestimmt] [- Einwendungen gegen die Kündigung erhoben] [- sich zur Kündigung, wie aus der beigefügten Stellungnahme zu entnehmen, geäußert].

[*HIER folgt die Erläuterung, warum die Kündigung aus*

- *personenbedingten Gründen (z. B. Krankheit usw.).*
- *verhaltensbedingten Gründen (hier ist nur bei gravierenden Verfehlungen eine vorherige Abmahnung entbehrlich. Ist vor der Kündigung eine Abmahnung erfolgt, so ist hierfür Beweis anzubieten),*
- *aus betriebsbedingten Gründen*

notwendig war.]

Auch durch eine Versetzung oder Änderungskündigung ist der Einsatz des Klägers auf einen anderen Arbeitsplatz nicht möglich, da …………

…………
Rechtsanwalt/-wältin

Anmerkung

Der Hilfsantrag ist nur zu stellen, wenn Gründe vorgetragen werden, die eine den Betriebszwecken dienliche weitere Zusammenarbeit zwischen Arbeitnehmer und Arbeitgeber nicht erwarten lassen, § 9 KSchG. Der Antrag kann bis zum Schluss der mündlichen Verhandlung gestellt werden.

Bei der betriebsbedingten Kündigung sind zuerst die dringenden betrieblichen Erfordernisse für die Kündigung darzulegen und zu beweisen. Hierfür kommen außerbetriebliche Ursachen (wie z. B. Rohstoffmangel) und innerbetriebliche Ursachen (wie z. B. Rationalisierungsmaßnahmen auf Grund Gewinnverfall und Unrentabilität) in Betracht.

Während das Arbeitsgericht die Tatsachenangaben über außerbetriebliche Ursachen voll nachprüfen darf, ist bei den innerbetrieblichen Ursachen die gerichtliche Nachprüfungsbefugnis nur auf die Kontrolle offenbarer Unvernunft oder Willkür begrenzt.

Nach der Darstellung der dringenden betrieblichen Erfordernisse für die Kündigung, muss die Kündigung gerade diese Arbeitnehmer betroffen haben. Bei der sozialen Auswahl gehen viele Arbeitsgerichte – die auch für den Anwalt einen Anhaltspunkt gibt – nach folgender Punktetabelle, die jedoch nicht allgemein verbindlich ist, vor:

Arbeitnehmer, bis zu 20 Jahre alt: 0 Punkte
Arbeitnehmer, bis zu 30 Jahre alt: 1 Punkt
Arbeitnehmer, bis zu 40 Jahre alt: 2 Punkte
Arbeitnehmer, bis zu 50 Jahre alt: 3 Punkte
Arbeitnehmer, bis zu 60 Jahre alt: 5 Punkte

Je Beschäftigungsjahr kommen 5 Punkte hinzu, je Kind 5 Punkte.

#19 Klageerwiderung bei verhaltensbedingter Kündigung

[*HIER Ort, Datum*]

An das
Arbeitsgericht
[*HIER Anschrift*]

In Sachen
....../......
Az. ......

wegen verhaltensbedingter Kündigung

werde ich beantragen,
die Klage abzuweisen.

Begründung:

Der am ...... geborene Kläger ist ledig [- verheiratet] und hat ...... minderjährige Kinder. Am ...... wurde er als ...... eingestellt. Im Berufsbild der Kläger sind ...... weitere Beschäftigte [- keine weiteren Beschäftigten] angestellt.

Die Beklagte hat dem Kläger das Arbeitsverhältnis mit Schreiben vom ......, zugegangen am ......, zum ...... ordentlich gekündigt.

Die Kündigung ist aus verhaltensbedingten Gründen nach § 1 KSchG sozial gerechtfertigt. Der Kündigung lag folgendes arbeitsvertragswidriges Verhalten des Klägers zugrunde:

...... [*HIER folgt die Schilderung des arbeitsvertragswidrigen Verhaltens*]

Beweis: Zeugnis des ......

Der Kläger ist wegen des gleichen Verhaltens bereits schon einmal [- bereits mehrfach] abgemahnt worden.

Beweis: Abmahnung(en) vom ...... [- und vom ......]

Trotz dieser Abmahnung(en) hat der Kläger sein Verhalten nicht geändert. [z. B.: Ein wiederholtes unentschuldigtes Fehlen nach Abmahnung ist geeignet, eine verhaltensbedingte Kündigung zu rechtfertigen (BAG DB 1991, 1226).]

Das Verhalten des Klägers stellt eine erhebliche Störung des Betriebsfriedens dar und konnte unter Berücksichtigung der sozialen Belange des Klägers nicht länger hingenommen werden.

Der Betriebsrat ist vor der Kündigung von der Beklagten gem. § 102 BetrVG angehört worden. Er hat sich zur Kündigung nicht geäußert [- der Kündigung widersprochen] [- der Kündigung zugestimmt] [- Einwendungen gegen die Kündigung erhoben] [- sich zur Kündigung, wie aus der beigefügten Stellungnahme zu entnehmen, geäußert].

[Die Einwendungen des Betriebsrates gegen die Kündigung sind nicht gerechtfertigt].

....
Rechtsanwalt/-wältin

Anmerkung

Der allgemeine Kündigungsschutz nach dem Kündigungsschutzgesetz greift nur ein, wenn dessen Voraussetzungen vorliegen. Siehe hierzu § 1 sowie § 23 KSchG, deren Voraussetzungen bezüglich Beschäftigungsdauer und Beschäftigungsanzahl kumulativ vorliegen müssen.

Im Rahmen der verhaltensbedingten Kündigung wird von der Rechtsprechung zwischen Störungen im Leistungsbereich und Störungen im Vertrauens- und betrieblichen Bereich unterschieden.

Als Störungen im Leistungsbereich, bei denen in der Regel erst im Wiederholungsfall nach einer vorherigen Abmahnung eine Kündigung möglich ist, kommen z. B. in Betracht:

- Schlechtleistung, mangelhafte Leistung,
- unentschuldigtes Fehlen,
- Unpünktlichkeit,
- Verweigerung der Arbeit,
- Verletzung der Anzeigepflicht im Krankheitsfall,
- Verletzung der Nachweispflicht im Krankheitsfall,
- eigenmächtiger Urlaubsantritt,
- eigenmächtige Urlaubsverlängerung,
- unzulässiges Verlassen des Arbeitsplatzes,
- alkoholbedingtes Fehlverhalten.

Im Falle eines eigenmächtigen Urlaubsantritts bzw. einer Urlaubsverlängerung kann eine Abmahnung entbehrlich sein, da es sich um Fälle schwerwiegender Vertragsverletzung handelt, bei denen der Arbeitnehmer nicht davon ausgehen konnte, dass der Arbeitgeber sie akzeptieren würde.

Bei den Störungen im Leistungsbereich ist das Bestandsschutzinteresse des Arbeitnehmers gegen das Auflösungsinteressen des Arbeitgebers abzuwägen. Von Bedeutung sind hierbei die Art und Schwere der Verfehlung, die Wiederholungsgefahr, die Betriebszugehörigkeit und das Lebensalter, der Zeitraum des störungsfreien Ablaufs des Arbeitsverhältnisses.

Eine Störung im Vertrauens- und Betriebsbereich liegt vor, wenn der Arbeitnehmer seine Treuepflicht verletzt oder Handlungen begeht, die die erforderliche Vertrauensgrundlage zwischen Arbeitgeber und Arbeitnehmer beeinträchtigen. Hier kann im allgemeinen eine Kündigung ohne vorherige Abmahnung erfolgen. Folgende Fälle seien hier beispielhaft genannt:

- Diebstahl zu Lasten des Arbeitgebers,
- Spesenbetrug,
- Fälschen einer Arbeitsunfähigkeitsbescheinigung,
- vorsätzliche Manipulation an der Zeiterfassungskarte,
- unerlaubte Konkurrenztätigkeit,
- unsittliches Verhalten eines Ausbilders gegenüber Auszubildenden,

- falsche Auskünfte über Tatsachen, die für den Abschluss des Arbeitsvertrages wesentlich sind,
- Verstöße gegen die Betriebsordnung,
- Störungen des Betriebsablaufs,
- Störungen des Betriebsfriedens,
- Beleidigungen,
- Tätlichkeiten.

Rechtsanwaltsgebühren:
Regelgebühren des § 31 BRAGO, § 62 Abs. 1 BRAGO.

#20 Klageerwiderung bei betriebsbedingter Kündigung

[*HIER Ort, Datum*]

An das
Arbeitsgericht
[*HIER Anschrift*]

In Sachen
....../......
Az. ......

wegen betriebsbedingter Kündigung

werde ich beantragen,
die Klage abzuweisen.

Begründung:

Der am ...... geborene Kläger ist ledig [- verheiratet] und hat ...... minderjährige Kinder. Am ...... wurde er als ...... eingestellt. Im Berufsbild der Kläger sind ...... weitere Beschäftigte [- keine weiteren Beschäftigten] angestellt.

Die Beklagte hat dem Kläger das Arbeitsverhältnis mit Schreiben vom ......, zugegangen am ......, zum ...... ordentlich gekündigt. Die Kündigung ist aus dringenden betrieblichen Gründen nach § 1 KSchG sozial gerechtfertigt.

Die Kündigung ist infolge Arbeitsmangels gerechtfertigt, da der Auftragsbestand erheblich zurückgegangen ist.

Die Beklagte stellt ...... her [-vertreibt ......]. In der Zeit normalen Geschäftsganges vom ...... bis zum ...... hatte die Beklagte Aufträge zu einem Auftragswert EUR ...... Lagen im letzten Jahr zu diesem Zeitpunkt Aufträge zu einem Auftragswert von EUR ...... vor, beträgt der Auftragswert in diesem Jahr zum gleichen Zeitpunkt nur EUR ...... Weitere Aufträge sind nicht in Sicht. Aufgrund des Auftragsmangels ist der Arbeitsplatz des Klägers weggefallen.

Beweis: Betriebswirtschaftliche Auswertung vom ......

Im Betrieb gilt die ......-Stunden-Woche. Insgesamt sind ...... Arbeitnehmer beschäftigt. Somit stehen zur Erledigung der Arbeiten ...... Betriebsstunden zur Verfügung. Aufgrund des zurückgegangenen Auftragsbestandes sind jedoch nur ...... Stunden erforderlich. Die Beklagte hat sich entschlossen, der Reduzierung des Auftragsbestandes durch Abbau des Personalbestandes Rechnung zu tragen.

Der Beklagten ist es nicht möglich, andere Maßnahmen auf technischem, organisatorischem oder wirtschaftlichem Gebiet zu treffen, um die betriebliche Lage zu verbessern:

Maßnahmen der Arbeitsstreckung kommen nicht in Betracht, weil ...... Auch eine Kurzarbeitsperiode ist angesichts der sich kontinuierlich verschlechternden Auftragslage betriebswirtschaftlich nicht vertretbar.

Die Weiterbeschäftigung des Klägers auf einem anderen, freien Arbeitsplatz wurde geprüft, kommt wegen des Fehlens einer zur Zeit freien bzw. in absehbarer Zeit frei werden Stelle nicht in Betracht.

Die Beklagte hat sorgfältig geprüft, welchen ihrer Arbeitnehmer die Kündigung am wenigsten hart trifft. Hierbei ist die Auswahl auf den Kläger gefallen. Die Beklagte hat in die soziale Auswahl alle Arbeitnehmer einbezogen, die dem Betrieb länger als 6 Monate angehören und deren Arbeitsverhältnisse ordentlich gekündigt werden können. Die Sozialauswahl wurde unter Berücksichtigung folgender Sozialdaten vorgenommen:

Name	Tätigkeit	Lebensalter	Betriebszugehörigkeit	Unterhaltspflichten
1.				
2.				

Danach ist der Kläger am wenigsten sozial schutzbedürftig.

Der Betriebsrat ist vor der Kündigung von der Beklagten gem. § 102 BetrVG angehört worden.

Beweis: Mitteilung an den Betriebsrat, Anlage B 2; Zeugnis des Betriebsratsvorsitzenden

Er hat sich zur Kündigung nicht geäußert [- der Kündigung widersprochen] [- der Kündigung zugestimmt] [- Einwendungen gegen die Kündigung erhoben] [- sich zur Kündigung, wie aus der beigefügten Stellungnahme zu entnehmen, geäußert].

[Die Einwendungen des Betriebsrates gegen die Kündigung sind nicht gerechtfertigt].

....
Rechtsanwalt/-wältin

Anmerkung

Als Gründe für die betriebsbedingte Kündigung kommen in Betracht:

– außerbetriebliche Gründe:
z. B. Umsatz- und Gewinnrückgang, Auftragsmangel, Rohstoff- oder Energiemangel sowie Verbot der Produktion. Trägt der Arbeitgeber außerbetriebliche Gründe vor, so muss er den Umsatzrückgang beweisen und nachweisen, aufgrund welcher Berechnungsmethode er die Anzahl der zu entlassenden Mitarbeiter errechnet hat. Außerdem muss begründet werden, ob und warum gerade der konkrete Arbeitsplatz des betroffenen Mitarbeiters wegfallen soll. Das Arbeitsgericht kann diese Tatsachenangaben voll nachprüfen.

Auftrags- und Umsatzrückgang stellen dann einen betriebsbedingten Kündigungsgrund dar, wenn der Arbeitsanfall sinkt und deshalb ein Arbeitskräfteüberhang entsteht.

– innerbetriebliche Gründe:
Stützt der Arbeitgeber hingegen seine Kündigungsentscheidung ausschließlich auf innerbetriebliche Gründe, so hat er eine bessere Position vor dem Arbeitsgericht. Begründet die Firma ihre Entscheidung damit, dass eine unternehmerische Organisationsentscheidung zum Wegfall des Beschäftigungsbedürfnisses für mehrere Mitarbeiter geführt hat, so prüft das Arbeitsgericht diese wirtschaftliche Unternehmerentscheidung nur auf ihre sachliche Rechtfertigung und Zweckmäßigkeit. Dabei ist die gerichtliche Nachprüfungsbefugnis nur auf die Kontrolle offenbarer Unvernunft oder Willkür begrenzt.

Gewinnverfall und Unrentabilität können in diesem Zusammenhang dann eine betriebsbedingte Kündigung rechtfertigen, wenn der Arbeitgeber sie zum Anlass nimmt, Rationalisierungsmaßnahmen durchzuführen um dadurch die Zahl der erforderlichen Arbeitsplätze zu verringern. Gleiches gilt, wenn der Arbeitgeber durch keine andere Maßnahme als durch eine zumutbare Änderung der Vertragsbedingungen des Arbeitnehmers die Kosten senken und die Rentabilität des Betriebs wiedererlangen kann, der Arbeitnehmer jedoch mit einer solchen Vertragsänderung nicht einverstanden ist.

Über alle organisatorischen Maßnahmen des Betriebes, die der Arbeitgeber zur Anpassung an das Marktgeschehen oder zur Verbesserung der Ertragslage für angebracht hält, kann er somit frei entscheiden. Nach den § 111 ff. BetrVG hat der Betriebsrat in Betrieben mit mehr als 20 Arbeitnehmern bei bestimmten Betriebsveränderungen zwar ein Beteiligungsrecht. Der Betriebsrat kann die geplanten Maßnahmen jedoch nicht verhindern, sondern nur einen Sozialplan erreichen, um die den Arbeitnehmern entstehenden wirtschaftlichen Nachteile zu entschärfen. Zudem kann der Arbeitgeber zu einem Nachteilsausgleich verurteilt werden. Die Betriebsänderung kann aber nicht rückgängig gemacht werden. Die Arbeitsgerichte dürfen nicht die wirtschaftliche, technische oder organisatorische Notwendigkeit und Zweckmäßigkeit unternehmerischer Entscheidungen nachprüfen. Sie dürfen nur untersuchen, ob die Maßnahme offenbar unsachlich bzw. unvernünftig oder willkürlich ist.

Hat ein Arbeitgeber wegen des vorübergehenden Arbeitsmangels Kurzarbeit eingeführt, so ist nach der Rechtsprechung eine betriebsbedingte Kündigung nur zulässig, wenn außer den Gründen, die zur Kurzarbeit geführt haben, noch zusätzlich Gründe vorhanden sind, die nicht nur vorübergehend, sondern auf unbestimmte Dauer das Bedürfnis für eine Weiterbeschäftigung des gekündigten Arbeitnehmers entfallen lassen.

Soziale Auswahl:
Sozial ungerechtfertigt ist eine Kündigung nach § 1 Abs. 2 S. 2 KSchG auch dann, wenn der Arbeitnehmer an einen vorhandenen anderen, freien, gleichwertigen Arbeitsplatz im selben

Betrieb weiterbeschäftigt werden kann. Die Versetzungsmöglichkeit führt bei der betriebsbedingten Kündigung auch dann zur Sozialwidrigkeit der Kündigung, wenn der Betriebsrat deswegen nicht der Kündigung widersprochen hat. Das gleiche gilt, falls der Arbeitnehmer nach Einarbeitung oder Umschulung den vorhandenen freien anderen Arbeitsplatz besetzen kann. Der Arbeitgeber hat auch vor Ausspruch der Kündigung dem Arbeitnehmer die Möglichkeit der Beschäftigung auf einem freien schlechteren Arbeitsplatz anzubieten (vgl. BAG NZA 1985, 455).

Die Kündigung aus dringenden betrieblichen Erfordernissen ist bei Anwendbarkeit des Kündigungsschutzgesetzes gemäß § 1 Abs. 3 KSchG dann sozial nicht gerechtfertigt, wenn der Arbeitgeber bei der Auswahl des Arbeitnehmers aus einem vergleichbarem Mitarbeiterkreis die sozialen Gesichtspunkte Beschäftigungsdauer, Lebensalter und Zahl der Unterhaltspflichten nicht oder nicht genügend berücksichtigt hat. In der Regel ist der sozial Schwächere vor der Kündigung besser geschützt, weil sie ihn härter trifft. Die Arbeitsgerichte stellen bei der Abwägung aber vor allem auch auf die Dauer der Betriebszugehörigkeit ab.

Viele Arbeitsgerichte arbeiten z. B. nach folgender Punktetabelle, die jedoch nicht allgemein verbindlich ist:

Arbeitnehmer
bis zu 20 Jahre alt: 0 Punkte
bis zu 30 Jahre alt: 1 Punkt
bis zu 40 Jahre alt: 2 Punkte
bis zu 50 Jahre alt: 3 Punkte
bis zu 60 Jahre alt: 5 Punkte.

Je Beschäftigungsjahr kommen 4 Punkte hinzu, je Unterhaltsberechtigtem (z. B. Kind) 5 Punkte.

Die soziale Auswahlpflicht entfällt jedoch, wenn betriebstechnische, wirtschaftliche oder sonstige berechtigte betriebliche Bedürfnisse die Weiterbeschäftigung eines oder mehrerer bestimmter Arbeitnehmer bedingen.

Sozial ungerechtfertigt ist eine Kündigung nach § 1 Abs. 2 S. 2 KSchG auch dann, wenn der Arbeitnehmer an einem anderen Arbeitsplatz im selben Betrieb weiterbeschäftigt werden kann und wenn der Betriebsrat aus einem dieser Gründe der Kündigung innerhalb der Frist des § 102 Abs. 2 S. 1 BetrVG von einer Woche schriftlich widersprochen hat.

Rechtsanwaltsgebühren:
Regelgebühren des § 31 BRAGO, § 62 Abs. 1 BRAGO.

#21 Klageerwiderung bei personenbedingter Kündigung

[*HIER Ort, Datum*]

An das
Arbeitsgericht
[*HIER Anschrift*]

In Sachen
....../......
Az. ......

wegen personenbedingter Kündigung

werde ich beantragen,
die Klage abzuweisen.

Begründung:

Der am ...... geborene Kläger ist ledig [– verheiratet] und hat ...... minderjährige Kinder. Am ...... wurde er als ...... eingestellt. Im Berufsbild der Kläger sind ...... weitere Beschäftigte [– keine weiteren Beschäftigten] angestellt.

Die Beklagte hat dem Kläger das Arbeitsverhältnis mit Schreiben vom ......, zugegangen am ......, zum ...... ordentlich gekündigt.

Die Kündigung ist aus personenbedingten Gründen nach § 1 KSchG sozial gerechtfertigt.

Der Kläger hat in den letzten ...... Jahren bis zum Zeitpunkt des Zugangs der Kündigung folgenden Fehlzeiten wegen Arbeitsunfähigkeit aufzuweisen:

vom ...... bis zum ......
vom ...... bis zum ......
vom ...... bis zum ......
vom ...... bis zum ......

Beweis: Fotokopierte Personalkarte

[Seit dem ...... ist der Kläger fortlaufend krank.]

Der Kläger ist vom Prokuristen der Beklagten, Herrn ...... gehört worden. Er hat bei dieser Gelegenheit erklärt, er leide an ...... und es sei nicht damit zu rechnen, dass sich sein Gesundheitszustand bessere. Sein behandelnder Arzt könne nicht beurteilen, ob und gegebenenfalls wann er wieder arbeiten können.

[oder]
Die Krankenkasse des Klägers hat der Beklagten mitgeteilt, dass erneut [fortdauernde] Arbeitsunfähigkeit des Arbeitnehmers auf derselben Krankheit im entgeltfortzahlungsrechtlichen Sinn beruht.

Die hohen Fehlzeiten in der Vergangenheit legen die Vermutung nahe, dass auch zukünftig in erheblichem Umfang mit krankheitsbedingten Ausfallzeiten des Klägers gerechnet werden muss.

Die Beklagte beschäftigt in der Fachrichtung des Klägers nur ...... [*HIER Angabe der Mitarbeiter der Fachrichtung*] Mitarbeiter. Aus diesem Grunde kommt es zu betrieblichen Schwierigkeiten, wenn der Kläger ausfällt, weil ......

Die häufigen kurzfristigen Erkrankungen können nicht durch fremde Aushilfskräfte überbrückt werden, sondern die Beklagte muss Über- und Mehrarbeitsstunden der Kollegen des Klägers anordnen.

Auch ist ein Einsatz auf einem anderen Arbeitsplatz nicht möglich, da kein geeigneter vorhanden ist.

Selbst unter Berücksichtigung der sozialen und berechtigten Interessen des Klägers erscheint die weitere Hinnahme der erheblichen betrieblichen Beeinträchtigungen und wirtschaftlichen Belastungen für die Beklagte nicht zumutbar:

[*HIER folgt die weitere Ausführung, dass auch keine Besonderheiten vorliegen, die eine Weiterbeschäftigung trotz erheblicher Beeinträchtigungen zumutbar erscheinen lassen. Je länger die Dauer des Verlaufs des Arbeitsverhältnisses ohne Ausfallzeiten gedauert hat, desto mehr Rücksichtnahme hat der Arbeitgeber aufzubringen.*]

Beispiel: Die Beklagte kann den Kläger nicht länger weiterbeschäftigen, weil sie entweder eine Ersatzkraft einstellen oder die bisher von dem Kläger verrichteten Arbeiten durch fremde Unternehmen ausführen lassen. Die damit verbunden Mehrkosten kann die Beklagte nicht tragen. Der Einsatz des Klägers auf einem anderen Arbeitsplatz ist nicht möglich.]

Der Betriebsrat ist vor der Kündigung von der Beklagten gem. § 102 BetrVG angehört worden.

Beweis: Mitteilung an den Betriebsrat, Anlage B 2; Zeugnis des Betriebsratsvorsitzenden

Er hat sich zur Kündigung nicht geäußert [- der Kündigung widersprochen] [- der Kündigung zugestimmt] [- Einwendungen gegen die Kündigung erhoben] [- sich zur Kündigung, wie aus der beigefügten Stellungnahme zu entnehmen, geäußert].

[Die Einwendungen des Betriebsrates gegen die Kündigung sind nicht gerechtfertigt].

....
Rechtsanwalt/-wältin

Anmerkung

Die krankheitsbedingte Kündigung kann erfolgen wegen

- häufiger Kurzerkrankungen,
- lang anhaltender Erkrankung,
- dauernder Unfähigkeit, die arbeitsvertragliche Leistung zu erbringen.

Die krankheitsbedingte Kündigung ist sozial nur dann gerechtfertigt, wenn sie zu einer erheblichen Beeinträchtigung der betrieblichen Interessen führt.

Die Betriebsablaufstörungen sind vom Arbeitgeber insbesondere bei immer wieder auftretenden kurzfristigen Erkrankungen genau darzulegen, am besten durch ein »Protokoll der Störungen«, in dem die durch Fehlzeiten aufgetretenen Auswirkungen auf den Betriebsablauf und die ergriffenen Maßnahmen genau festgehalten sind. Zu möglichen Überbrückungsmaßnahmen der Ausfallzeiten sollte Stellung genommen werden.

#22 Ersuchen um Deckungszusage wegen Kündigung bei Rechtsschutzversicherung

[*HIER Ort, Datum*]

An das
...... - Versicherung
Abt. Rechtsschutz
[*HIER Anschrift*]

Rechtsschutzersuchen
Ihr VN, Herr/Frau ......, wohnhaft ...... Versicherungs-Nr. ......

Sehr geehrte Damen und Herren,

hierdurch zeige ich an, dass ich Herrn [- Frau] ......, ...straße ...... in ...... vertrete.

[oder]
ich vertrete die rechtlichen Interessen von Herrn/Frau ......, ...straße ...... in ......
Eine auf mich lautende Vollmacht füge ich in Kopie bei.

Der Arbeitgeber Ihres Versicherungsnehmers [- Ihrer Versicherungsnehmerin], die Firma ......, hat eine Kündigung des Arbeitsverhältnisses ausgesprochen. Aus diesem Grunde bin ich von Ihrem/-r Versicherungsnehmer/-in, Herrn/Frau ...... beauftragt worden, seine rechtlichen Interessen aus einem Arbeitsverhältnis wahrzunehmen.

Die Kündigung stellt einen Rechtspflichtenverstoß im Sinne des § 4 Abs. 1 c ARB dar (AG Hamburg, Urt. v. 22. 08. 1995, r + s 1996, 107; AG Köln, Urt. v. 01. 06. 1994, r + s 1995, 68).

Ich bitte um Deckungszusage für die Wahrnehmung rechtlicher Interessen in einer arbeitsrechtlichen Angelegenheit.

[*Bei Kündigungsschutzklage*]
Sehr geehrte Damen und Herren,

hiermit zeige ich an, dass mich Ihr Versicherungsnehmer ...... mit der Wahrnehmung seiner rechtlichen Interessen in einer arbeitsgerichtlichen Angelegenheit beauftragt hat. Eine Kopie [des Entwurfs] meiner Klageschrift füge ich bei. Der Rechtspflichtenverstoß des Arbeitgebers gemäß § 4 Abs. 1 c ARB wird aus der Sachverhaltsschilderung [des Entwurfes] der Klageschrift ersichtlich.

[*Sofern Klage aus Fristgründen schon eingereicht wurde*]
Angesichts der Ausschlussfrist des § 4 KSchG und meiner anwaltlichen Obliegenheiten, gesetzliche Fristen einzuhalten, musste ich die Klage vor Eingang Ihrer Deckungszusage einrei-

chen. Ich bitte um Deckungszusage für die gerichtliche Wahrnehmung der Interessen Ihres Versicherungsnehmers in einer arbeitsgerichtlichen Angelegenheit.

Ich bitte um eine Kostenzusage für die 1. Instanz und in diesem Fall die Überweisung eines allgemeine Gebühren- und Auslagenvorschusses über den Betrag von

...... EUR

[oder]
Für die 1. Instanz bitte ich um Kostenzusage und in diesem Falle um Überweisung eines allgemeinen Gebühren- und Auslagenvorschusses von EUR ......

[- Sollte aus internen Gründen eine rechtzeitige Überweisung nicht möglich sein, teilen Sie mir schriftlich oder telefonisch Ihre Bereitschaft zur Übernahme dieses Kostenbetrages mit. Ich werde Ihn dann einstweilen verauslagen.]

Über den weiteren Fortgang der Angelegenheit werde ich Sie nach Eingang Ihrer Deckungszusage auf dem laufenden halten.

[oder]
Sobald sich in der Angelegenheit etwas Neues ergibt, werde ich mich mit Ihnen in Verbindung setzen. Bis dahin verbleibe ich

mit freundlichen Grüßen

....
Rechtsanwalt/-wältin

B. Einstweiliger Rechtsschutz

#01 Antrag auf Erlass einer einstweiligen Verfügung zur Durchsetzung des Weiterbeschäftigungsanspruches des Arbeitnehmers

[*HIER Ort, Datum*]

An das
Arbeitsgericht
[*HIER Anschrift*]

Antrag auf Erlass einer einstweiligen Verfügung

In Sachen

des/der ...... [*HIER Vorname, Name, Anschrift*]

- Antragstellers/-in, -

Verfahrensbevollmächtigte(r): Rechtsanwalt/-wältin ...... [*HIER Vorname, Name, Anschrift*]

gegen

den/die ...... [*HIER Vorname, Name, Anschrift oder Firmenbezeichnung, gesetzlich vertreten durch den/die Geschäftsführer/-in*]

- Antragsgegner/-in, -

[Verfahrensbevollmächtigte(r): Rechtsanwalt/-wältin ...... [*HIER Vorname, Name, Anschrift*]]

Namens und in Vollmacht des/der Antragstellers/-in wird beantragt,

den gesetzlichen Vertretern der Antragsgegnerin aufzuheben, bei Meidung eines vom Gericht festzusetzenden Zwangsgeldes gegen die Antragsgegnerin bzw. der Zwangshaft gegen die gesetzlichen Vertreter, die Antragstellerin bis zum rechtskräftigen Abschluss des Kündigungsschutzverfahrens weiterzubeschäftigen.

Begründung:

Die im Jahre ...... geborene Antragstellerin, die ledig [- verheiratet] [- geschieden] ist und für ......Kinder im Alter von ...... unterhaltspflichtig ist, trat am ...... in die Dienste der Antragsgegnerin ein. Der Arbeitsvertrag ist diesem Antrag in Ablichtung beigefügt.

Gegen die von der Antragsgegnerin erfolgte ordentliche Kündigung zum ...... legte der Betriebsrat Widerspruch ein. Kündigung sowie Widerspruch sind in Fotokopie beigefügt.

Die Antragstellerin hat beim Arbeitsgericht ...... eine Kündigungsschutzklage erhoben. Das Aktenzeichen lautet ...... [- es ist noch nicht bekannt].

Die Antragsgegnerin hat erklärt, dass sie die Antragstellerin nach Ablauf der Kündigungsfrist nicht bis zum Abschluss des Kündigungsschutzverfahrens weiterbeschäftigen wird. Aus diesem Grund bedarf es des Erlasses einer einstweiligen Verfügung, um die Antragstellerin anzuhalten, dem Weiterbeschäftigungsanspruch aus § 102 Abs. 5 BetrVG nachzukommen.

Zur Glaubhaftmachung, dass die Antragsgegnerin gegenüber der Antragstellerin erklärt hat, sie werde sie nach Ablauf der Kündigungsfrist nicht weiterbeschäftigen, füge ich eine eidesstattliche Versicherung der Antragstellerin bei.

....
Rechtsanwalt/-wältin

Anmerkung

Der titulierte Anspruch des Arbeitnehmers auf Weiterbeschäftigung wird nach § 888 ZPO durch Zwangsgeld oder – haft gegenüber dem Arbeitgeber vollstreckt.

Achtung:

Außerhalb der Regelung des § 102 Abs. 5 BetrVG u. § 79 Abs. 2 BPersVG hat der gekündigte Arbeitnehmer einen arbeitsvertraglichen Anspruch bei einer ordentlichen Kündigung über den Ablauf der Kündigungsfrist bei einer fristlosen Kündigung über deren Zugang hinaus nur im Falle einer offensichtlich unwirksamen Kündigung. Ansonsten begründet die Ungewissheit über den Ausgang des Kündigungsschutzprozesses ein schützenswertes Interesse des Arbeitgebers an der Nichtbeschäftigung des Arbeitnehmers, dass dessen Beschäftigungsinteresse überwiegt.

Ergeht ein die Unwirksamkeit der ordentlichen Kündigung feststellendes Urteil, kehrt dieses Verhältnis um, so dass über die Gewissheit des weiteren Prozessverfahrens hinausgehende weitere Umstände auf Seiten des Arbeitgebers vorliegen müssen, aus denen sich ein überwiegendes Interesse ergibt, den Arbeitnehmer nicht weiter zu beschäftigen.

Kosten:
Der Streitwert beträgt i. d. R. zwei Monatsvergütungen.

Gerichtskosten:
4/10 Gebühr nach der Tabelle der Anlage 2 zum GKG, Nr. 9150 Gebührenverzeichnis (GV) ArbGG; Streitwert bestimmt sich nach § 3 ZPO (§ 20 Abs. 1 GKG).

Rechtsanwaltsgebühren:
Regelgebühren nach § 31 BRAGO, § 62 Abs. 1 BRAGO. Das Verfahren gilt als besondere Angelegenheit nach 40 BRAGO.

#02 Antrag auf Erlass einer einstweiligen Verfügung zur Entbindung des Arbeitgebers von der Weiterbeschäftigungspflicht

[*HIER Ort, Datum*]

An das
Arbeitsgericht
[*HIER Anschrift*]

Antrag auf Erlass einer einstweiligen Verfügung

In Sachen

des/der ...... [*HIER Vorname, Name, Anschrift oder Firmenbezeichnung, gesetzlich vertreten durch den/die Geschäftsführer/-in*]

– Antragstellers/-in, –

Verfahrensbevollmächtigte(r): Rechtsanwalt/-wältin ...... [*HIER Vorname, Name, Anschrift*]

gegen

den/die ...... [*HIER Vorname, Name, Anschrift*]

- Antragsgegner/-in, -

[Verfahrensbevollmächtigte(r): Rechtsanwalt/-wältin ...... [*HIER Vorname, Name, Anschrift*]]

Namens und in Vollmacht des/der Antragstellers/-in wird beantragt,

die Antragstellerin im Wege der einstweiligen Verfügung von der Verpflichtung zur Weiterbeschäftigung des Antragsgegners zu entbinden.

Begründung:

Den im Jahre ...... geborenen Antragsgegner, der ledig [- verheiratet] [- geschieden] ist und für ...... unterhaltspflichtige Kinder im Alter von ...... zu sorgen hat, wurde am ...... ordentlich zum gekündigt. Dies geschah aus folgenden Gründen: ......

Der Betriebsrat des Antragsgegners hat Widerspruch gegen die Kündigung erhoben. Dieser ist in Anlage beigefügt. Der Antragsgegner hat am ...... beim Arbeitsgericht Kündigungsschutzklage erhoben. Das Aktenzeichen lautet ...... Es wird um Beiziehung der Akten gebeten.

Der Antragsgegner hat seine Weiterbeschäftigung gefordert.

Die Kündigungsschutzklage des Antragsgegners hat keine hinreichende Aussicht auf Erfolg [- erscheint mutwillig -], weil ......

[und/oder]
Der Widerspruch des Betriebsrates ist offensichtlich unbegründet, da ......

....
Rechtsanwalt/-wältin

Anmerkung

Auf Antrag des Arbeitgebers kann das Gericht diesen von der Weiterbeschäftigung durch einstweilige Verfügung im Urteilsverfahren entbinden, wenn die Kündigungsschutzklage des Arbeitnehmers keine hinreichende Aussicht auf Erfolg hat, mutwillig erscheint (vgl. § 102 Abs. 5 S. 2 Nr. 1 BetrVG) oder der Widerspruch des Betriebsrates offensichtlich unbegründet war.

Kosten:
Vgl. Formular 2.B.01#01.

C. Rechtsbehelfe und Rechtsmittel

#01 Einspruch gegen ein Versäumnisurteil

[*HIER Ort, Datum*]

An das
Arbeitsgericht
[*HIER Anschrift*]

In Sachen
des/der ...... [*HIER Vorname, Name, Anschrift*]

- Klägers/-in, -

Prozessbevollmächtigte(r): Rechtsanwalt/-wältin ...... [*HIER Vorname, Name, Anschrift*]

gegen

den/die ...... [*HIER Vorname, Name, Anschrift*]

- Beklagte(n), -

Prozessbevollmächtigte(r): Rechtsanwalt/-wältin ...... [*HIER Vorname, Name, Anschrift*]

Gegen das Versäumnisurteil des Arbeitsgerichts ...... vom lege ich

Einspruch

ein und werde beantragen,

[*HIER Antrag Kläger/-in*]

1. das Versäumnisurteil des erkennenden Gerichts vom ...... aufzuheben und nach dem Antrag der Klageschrift zu erkennen.
2. den/die Beklagte zu verurteilen, die Kosten des Rechtsstreits mit Ausnahme der Kosten der Versäumnis zu tragen.

[*HIER Antrag Beklagte*(r):]
1. das Versäumnisurteil des erkennenden Gerichtes vom ...... aufzuheben,
2. die Klage abzuweisen,
3. den/die Klägerin zu verurteilen, die Kosten des Rechtsstreites mit Ausnahme der Kosten der Versäumnis zu tragen.

....
Rechtsanwalt/-wältin

Anmerkung

Siehe auch Anmerkungen zu Formular 1.A.04#01 ff. [Zivilprozess]

#02 Berufung mit Begründung

[*HIER Ort, Datum*]

An das
Landesarbeitsgericht
[*HIER Anschrift*]

In Sachen

des/der ...... [*HIER Vorname, Name, Anschrift*]

- Berufungsklägers/-in und [Klägers/-in] [Beklagte(n)], -

Prozessbevollmächtigte(r): Rechtsanwalt/-wältin ...... [*HIER Vorname, Name, Anschrift*]

gegen

den/die ...... [*HIER Vorname, Name, Anschrift*]

- Berufungsbeklagte(n) und [Klägers/-in] [Beklagte(n)], -

Prozessbevollmächtigte(r) in 1. Instanz: Rechtsanwalt/-wältin ...... [*HIER Vorname, Name, Anschrift*]

Aktenzeichen 1. Instanz: ......

lege ich namens und in Vollmacht des/der ...... gegen das Urteil des Amtsgerichts ...... vom ...... - Ca ....../...... zugestellt am ......

Berufung

ein und werde beantragen,

1. das Urteil des Arbeitsgerichts ...... vom ...... - Ca/...... abzuändern
[- und nach den Schlussanträgen der 1. Instanz zu erkennen.]
[- und festzustellen, dass ...... [*z. B.: die Kündigung von ...... unwirksam ist.*] [- sowie weiterhin den/die Beklagte(n) zu verurteilen, ...]]
2. dem/der Beklagten die Kosten des Rechtsstreits aufzuerlegen.

Begründung:

A. Der Kläger ist seit dem ...... bei der Beklagten als ...... beschäftigt. Der Beklagte nimmt dem Klägers wegen ...... in Anspruch ......

...... [*HIER erfolgt die Kurzusammenfassung streitigen wie unstreitigen Sachverhalts*]

[oder]
A. Die Beklagte beschäftigt den Kläger seit dem ...... als ...... Mit der Klage hat der Kläger von dem Beklagten ...... verlangt ......
...... [*HIER erfolgt die Kurzusammenfassung streitigen wie unstreitigen Sachverhalts*]

B. Das Arbeitsgericht hat durch Urteil vom ...... die Klage abgewiesen/der Klage stattgegeben weil, ...

C. Das Urteil des Arbeitsgerichts beruht auf einer Rechtsverletzung, § 513 ZPO:
...... [*Siehe hierzu Formular 1.A.5.a.#01 sowie #02, da für die Berufungsbegründung im Arbeitsgerichtverfahren die gleichen Grundsätze wie im Zivilprozess gelten*]

....
Rechtsanwalt/-wältin

Anmerkung

Die Berufung ist nur zulässig,

a. sofern sie im Urteil des Arbeitsgerichts zugelassen ist;
b. sofern der Wert des Beschwerdegegenstandes 600,– EUR übersteigt;
c. in Rechtsstreitigkeiten über das Bestehen, Nichtbestehen oder die Kündigung des Arbeitsverhältnisses oder
d. sofern es sich um ein Versäumnisurteil handelt, gegen das der Einspruch an sich nicht statthaft ist, wenn die Berufung oder Anschlussberufung darauf gestützt ist, dass der Fall der schuldhaften Versäumung nicht vorgelegen habe.

In § 64 Abs. 2 ArbGG sind enumerativ die Gründe aufgeführt, in denen die Berufung statthaft ist. Selbst bei schwersten Fällen ist sie in anderen Fällen nicht statthaft.

Zu den Fristen im Berufungsverfahren:

Siehe § 66 Abs. 1 ArbGG.

Achtung:
Die Berufungsbegründungsfrist kann – im Gegensatz zum Zivilprozess – keine zweites Mal verlängert werden.

Kosten:
Gerichtskosten:
12/10 Gebühr der Tabelle der Anlage 2 zum GKG, Nr. 9120 GebVerzArbGG; die Gebühr entfällt, sofern die Voraussetzungen der Nr. 9121 GebVerzArbGG vorliegen; sie ermäßigen sich auf 4/10 Gebühr, sofern das Verfahren ohne streitige Verhandlung beendet wird, Nr. 9122 GebVerzArbGG.

Rechtsanwaltsgebühren:
um 3/10 erhöhte Regelgebühren nach § 31 BRAGO, §§ 62 Abs. 1, 11 Abs. 1 S. 4 BRAGO.

Verkehrsunfallrecht

A. (Außer-)gerichtliche Geltendmachung

#01 Außergerichtliche Geltendmachung des Anspruchs

[*HIER Ort, Datum*]

An die
...... -Versicherungs-AG
[*HIER Anschrift*]

Schaden-Nr ...... – [Angabe der Parteinamen X ./. Y]

Sehr geehrte Damen und Herren,

in o. g. Schadensangelegenheit mache ich unter Bezugnahme auf die mich lautende Vollmacht, die diesem Schreiben in Fotokopie beiliegt, die Schadensersatzansprüche meines/-r Mandanten/-in geltend. Der von Ihrem/Ihrer Versicherungsnehmer/-in, die mit Ihrem PKW der Marke ...... und dem Kennzeichen ...... fuhr, verschuldete Verkehrsunfall ereignete sich wie folgt: ......

Eine Vollkaskoversicherung für den PKW des Mandanten besteht nicht. [– liegt vor.]

Der dem Mandanten, der – nicht zum – Vorsteuerabzug berechtigt ist – entstandene Schaden beziffert sich im einzelnen wie folgt:

materieller Schaden:

a.	Reparaturkosten des Fahrzeugschadens laut in Fotokopie beigefügter Rechnung	...... EUR
b.	Anspruch aus Wertminderung. Im Hinblick auf den Wiederbeschaffungswertes eines ebenfalls __ Jahre alten PKW mit einer Kilometerleistung von ______ km und die Reparaturkosten ergibt sich eine Wertminderung in Höhe von	...... EUR
b.	Abschleppkosten laut in Fotokopie beigefügter Rechnung	...... EUR
c.	An- und Abmeldekosten pauschal	25,00 EUR
d.	Mietwagenkosten für 14 Tage laut	

Mietwagenrechnung in Fotokopie ...... EUR

Der Kläger musste für die Dauer bis zur Wiederbeschaffung eines Ersatzfahrzeugs einen Wagen mieten, da die Fahrt zur Arbeitsstätte und die beruflichen Fahrten einen PKW erfordern. Da der Sachverständige 10 Werktage angesetzt hat, ist die Wiederbeschaffungsdauer von 14 Tagen auch angemessen.

Für eigene ersparte Aufwendungen muss der Kläger einen Abzug nicht vornehmen, da er einen PKW einer niedrigeren Klasse gemietet hat.

e.	Gutachterkosten laut in Fotokopie beigefügter Rechnung	...... EUR
f.	Unkostenpauschale für Telefonate, Porto und Fahrtkosten	...... EUR
g.	Kreditkosten inkl. Zinsen bis ......, die mein Mandant zur Bezahlung der Reparaturrechnung aufnehmen musste	...... EUR

immaterieller Schaden:

h. Schmerzensgeld ...... EUR

Der Mandant erlitt ...... [es folgt Angabe des Köperschadens], für den das angegebene Schmerzensgeld angemessen ist.

Rechtsanwaltskosten:

Gegenstandswert	...... EUR
15/10 gem. DAV-Empfehlung Ziff.7 a)*	...... EUR
Unkostenpauschale gem. § 26 BRAGO	...... EUR
16 % MwSt. gem. § 25 Abs. 2 BRAGO	...... EUR
insgesamt	...... EUR

sowie [falls von der gegnerischen Versicherung gewünscht:]

Kosten für den angeforderten Aktenauszug

Gebühr	...... EUR
...... Fotokopien a 0,50 EUR	...... EUR
16 % MwSt.	...... EUR
insgesamt	...... EUR
Gesamtsumme	...... EUR

Für die Zahlung setze ich eine Frist bis zum ......

[Der vom Mandanten ausgefüllte Fragebogen für Anspruchssteller ist diesem Anspruchsschreiben beigefügt.]

....
Rechtsanwalt/-wältin

Anmerkung

* Siehe DAV-Empfehlung über Verhaltens- und Abrechnungsgrundsätze bei der Regulierung von Kfz-Haftpflichtschäden, nach denen 28 Versicherungsgesellschaften verfahren, AnwBl 1994, Nr. 12, S. 564 ff.; 1995, Nr. 2, S. 95, Nr. 7 S. 367. Sind Gegenstand der Regulierung (auch) Körperschäden, so erhöht sich die Gebühr ab einem Gesamterledigungswert von 20.000 EUR auf 17,5/10.

Adressat des Anspruchsschreibens ist die Haftpflichtversicherung für das Fahrzeug des Schädigers.

Hat die Polizei keine Feststellung zum Haftpflichtversicherer getroffen, so kann beim Zentralruf der Autoversicherer, der unter der einheitlichen Servicenummer 0180/25026 erreichbar ist, nachgefragt werden. Das Kennzeichen des Schädigerfahrzeugs des Unfallgegners und Name des Halters muss dann angegeben werden. Ist nur das Kennzeichen des gegnerischen Unfallfahrzeugs bekannt, so muss die Ermittlung bei der Kraftfahrzeug-Zulassungsstelle des zuständigen Straßenverkehrsamtes erfolgen. Die Zulassungsstelle reagiert aber nur auf schriftliche Anfrage, wenn gleichzeitig klargestellt wird, dass die Anfrage der Unfallregulierung dient. Dieser Weg muss auch beschritten werden, sofern ein Fahrzeug erst kürzlich zugelassen wurde und deshalb möglicherweise nur mit vorläufiger Deckungszusage fährt.

Liegt keine Haftpflichtversicherung für das Schädigerfahrzeug vor, so sind die Ansprüche beim Verein Verkehrsopferhilfe, Glockengießerwall 1, 20095 Hamburg, Tel.: 040/30180–0, geltend zu machen.

Nach § 12 Abs. 1 S. 2 PflVG haftet der Verein nur subsidiär.

In Deutschland fahren ca. 260.000 Fahrzeuge ohne Kfz- Versicherung. Die Verkehrsopferhilfe ist ein Fonds, in den alle Autoversicherer zahlen. Der Verein regelt Schäden, die durch unversicherte Fahrzeuge herbeigeführt werden, oder bei vorsätzlicher Handlung bis zur gesetzlichen Mindestsumme:

- bei Personenschäden bis zu 1 Mio. EUR, bei mehreren Verletzten bis zu 1,5 Mio. EUR
- bei Sachschäden bis zu 400.000,–EUR.

Auch bei vorsätzlicher Schädigung hilft der Verein. Aber nur unter folgenden Voraussetzungen:

- wenn Kranken- und Sozialversicherung nicht leisten und
- eine Vollkaskoversicherung nicht besteht
- wenn der unversicherte oder vorsätzliche Täter nicht bereit ist, zu zahlen.

Bei Nichtermittlung des Schädigers, der Unfallflucht begangen hat, werden nur Personenschäden, nicht aber Schäden am Fahrzeug ersetzt; sonstige Sachschäden wie Gepäck, Kleidung, Ladung, soweit sie 500,– EUR übersteigen.

Schmerzensgeld wird nur ausnahmsweise geleistet, wenn dies wegen der bestehenden Schwere der Verletzung zur Vermeidung einer groben Unbilligkeit erforderlich ist (LG Krefeld VersR 1986, 270).

Nach gängiger Praxis erstatten die gegnerischen Versicherungen für die Übersendung von Aktenauszügen 25,– EUR und die Kopierkosten zuzüglich Mehrwertsteuer. Unter dem Gesichtspunkt des Parteiverrates ist zu überprüfen, ob die Übersendung dem Interesse des Mandanten entspricht. In dem Kommentar zur Berufsordnung der Anwälte von Hartung/Proll in Rn 29 zu § 3 BerufsO heißt es zudem auch:

»Das Verbot der Vertretung widerstreitender Interessen gilt auch für die im Rahmen eines Unfallmandates übliche Erstellung von Strafaktenauszügen gegen Entgelt für die gegnerische Haftpflichtversicherung. Den Auftrag hierzu erteilt nicht der Mandant, sondern die generische Haftpflichtversicherung, die auch das Honorar bezahlt, das auch einer zwischen DAV und HUK-Verband ausgehandelten Pauschale besteht. Widerstreitende Interessen sind gegeben, weil der Rechtsanwalt für seinen am Unfall beteiligten Mandanten Schadensersatzansprüche gegen die gegnerische Haftpflichtversicherung durchsetzen soll und diese, weil sie kein eigenständiges Akteneinsichtsrecht hat, die Beschaffung der Strafakten über einen Rechtsanwalt benötigt, um die Ansprüche abwehren zu können.«

Nicht problematisch ist die Übersendung des Aktenauszuges deswegen nur dann, sofern der Mandant zugestimmt hat und sich aus dem Aktenauszug selbst keinerlei nachteilige Tatsachen oder sonstigen Angaben für den Mandanten ergeben. Eine solche Überprüfung setzt die Durchsicht der Akten durch den Rechtsanwalt selbst voraus.

Da die Versicherungen einen vollständigen Aktenauszug anfordern, handelt es sich bei Zusendung eines unvollkommenen Aktenauszuges um (versuchten) Betrug.

Das **DAV-Abkommen** gilt in nachfolgender Fassung (Stand 01. 01. 2003):

1. Rechtsanwälte und Kfz-Haftpflichtversicherer bemühen sich um eine zügige, rationelle und kostengünstige Unfallschadenregulierung.

2. Verhandlungen mit Geschädigten, insbesondere Vergleichsverhandlungen, sollen von Vertretern der betreffenden Versicherung nur mit den vom Geschädigten gestellten Anwalt geführt werden.
3. Vor Beauftragung eines Sachverständigen soll der Rechtsanwalt, wenn die Wahrung der Interessen seines Mandanten dies zulässt, mit dem Versicherer prüfen, ob die Beauftragung erforderlich ist. Entsprechendes gilt für weitere Fragen der Schadensminderung (z. B. Unfallfinanzierung, Anmietung eines Mietwagens).
4. Anwälte sollten für die Anmeldung von Kfz-Haftpflichtschäden den zwischen dem DAV und dem HUK-Verband vereinbarten einheitlichen Fragebogen für Anspruchsteller verwenden. Versicherer sollten in diesem Falle auf die Verwendung eines eigenen Fragebogens verzichten.
5. Der Name des Sachbearbeiters sowohl der bevollmächtigten Anwaltskanzlei als auch der Versicherung soll aus der Korrespondenz erkennbar sein.
6. Rechtsanwälte und Kraftfahrversicherer sollten im Falle eines Anrufs, der den jeweiligen Partner nicht erreicht, sofort zurückrufen.
7. Vielfältige und häufige Meinungsverschiedenheiten zwischen Versicherern und Rechtsanwälten über Art und Höhe der bei außergerichtlichen Unfallschadenregulierung zu ersetzenden Anwaltsgebühren stellen für beide Seiten eine unerfreuliche und unrationelle Belastung dar. Zur Vermeidung solcher Meinungsverschiedenheiten und im Interesse einer außergerichtlichen Schadenregulierung wird wie folgt verfahren:
   a) Im Verhältnis zwischen dem Rechtsanwalt des Geschädigten und dem Kfz-Haftpflichtversicherer des Schädigers zahlt der Versicherer dem Rechtsanwalt anstelle der ihm nach §§ 118, 22, 23, 31 BRAGO entstandenen Gebühren unabhängig davon, ob ein Vergleich geschlossen wurde oder eine Besprechung stattgefunden hat, einen einheitlichen Pauschbetrag in Höhe einer 15/10 Gebühr nach dem Erledigungswert der Angelegenheit. Sind Gegenstand der Regulierung (auch) Körperschäden, erhöht sich die Gebühr ab einem Gesamterledigungswert von 10.000 EUR auf 17,5/10.
   b) Wird der Rechtsanwalt in einem Haftpflichtschadenfall auch mit der Abwicklung des Kaskoschadens beauftragt, dann wird der Erledigungswert angesetzt, der ohne Inanspruchnahme der Kaskoversicherung in Ansatz käme.
   c) Vertritt der Rechtsanwalt mehrere durch ein Schadenereignis Geschädigte, so errechnet sich der zu ersetzende Pauschbetrag aus der Summe der Erledigungswerte. Er erhöht sich in diesen Fällen auf 20/10; betrifft die Regulierung (auch) Körperschäden, auf 22,5/10 ab einem Gesamterledigungswert von 10.000 EUR.
   d) Auslagen werden dem Rechtsanwalt nach den gesetzlichen Vorschriften ersetzt. MwSt. auf die Anwaltskosten wird nicht ersetzt, wenn der Geschädigte vorsteuerabzugsberechtigt ist.
   e) Wird der Haftpflichtversicherer für eine ausländische Versicherungsgesellschaft als Korrespondenzgesellschaft tätig, dann gilt die Regelung nur, wenn die ausländische Versicherungsgesellschaft sie gegen sich gelten lässt.
   f) Die Regelung gilt grundsätzlich nur für den Fall der vollständigen außergerichtlichen Schadenregulierung; bei nur teilweiser Regulierung dann, wenn der Ausgleich weiterer Schadenpositionen einvernehmlich vorbehalten bleibt. Sie gilt dann nicht, wenn über eine Teilanspruch, sei es auch nur über die Kosten, gerichtlich entschieden worden ist.
   g) Die Regelung gilt generell für die Rechtsanwälte nicht (mehr), die von ihr, sei es auch nur in einem Einzelfall, abweichen.
   h) Vertritt der Anwalt mehrere Geschädigte und reguliert er den Schaden eines oder mehrerer Mandanten außergerichtlich, während er für einen oder mehrere andere eine gerichtliche Entscheidung herbeiführt, sind dies gebührenrechtlich verschiedene Angelegenheiten. Demzufolge kann der außergerichtlich erledigte Teil den vorstehenden Regeln entsprechend pauschaliert abgerechnet werden.

Die Regelung braucht nicht angewendet werden, wenn

- der Sachschaden durch eine Zwischenfinanzierung erhöht wurde, ohne dass dem Versicherer vorher Gelegenheit zur Zahlung gegeben war.
- generell, wenn sich der Rechtsanwalt in Widerspruch zu der von der Rechtsanwaltskammer über die Zusammenarbeit von Anwälten mit Unfallhelfern veröffentlichten Auffassung (Stapelvollmacht, Beteiligt an einem Unfallhelferin usw.; AnwBl 1971, 133) gesetzt hat.

In den neuen Bundesländern ist nach den dort gültigen Gebührensätzen abzurechnen.

Bisher haben sich folgende Gesellschaften den Regulierungsempfehlungen angeschlossen:

1. Allgemeine Versicherungs-AG der HUK-Coburg
2. Allianz Versicherungs AG, München
3. A&O Kfz Autoversicherung Oldenburg,
4. Bayerische Versicherungsbank AG
5. Bruderhilfe Sachversicherungs a. G. im Rahmen der Kirchen, Kassel
6. Continentale Versicherungs a. G., Dortmund
7. Deutscher Herold Allgemeine Versicherungs AG
8. Deutsche Versicherungs-AG
9. DEVK Deutsche Eisenbahnvericherungs a. G.
10. Europa Versicherung-AG, Köln
11. Frankfurter Versicherungs-AG einschließlich Volkswagen-Versicherungsdienst (VVD) und Opel-Händler Versicherungsdienst (OVD), Frankfurt/M.
12. Generali Versicherungs-AG, München (frühe Erste Allgemeine Versicherungs-AG und Interunfall Allgemeine Versicherungs-AG, Hamburg)
13. Gerling Konzern Allgemeine Versicherungs-AG
14. HUK Coburg
15. HDI Haftpflichtverband der Deutschen Industrie V. A. G.
16. Karlsruher Versicherungs AG, Karlsruhe
17. Karlsruher Beamten-Versicherung AG, Karlsruhe
18. KRAVAG-SACH Versicherung des Deutschen Kraftverkehrs V. a. G., Hamburg
19. Landschaftliche Brandkasse Hannover (VGH Versicherungsgruppe), Hannover
20. Öffentliche Versicherung Oldenburg, Oldenburg
21. Provinzial Brandkasse und Feuerversicherungsanstalt
22. SAVAG Saarbrücker Versicherungs-AG, Saarbrücken
23. Sparkassen-Versicherung Allgemeine Versicherung AG, Stuttgart
24. Vereinigte Haftpflicht Versicherung a. G., Hannover
25. Vereinte Versicherung AG, München
26. Volksfürsorge Deutsche Sachversicherung AG
27. Westfälische Provinzial Feuersozietät, Münster
28. Württembergische Versicherung AG, Stuttgart

Das Abkommen gilt nur bei vollständiger außergerichtlicher Regulierung von Kfz-Haftpflichtschäden, nicht aber bei sonstigen Haftpflichtschäden. Kommt es dazu, dass nur ein Teil reguliert und ein Teil eingeklagt wird, so ist bezüglich des regulierten Teiles die Abrechnung nach einer 7,5/10 Geschäftsgebühr gem. § 118 Abs. 1 Nr. 1 BRAGO vorzunehmen. Wird nach dem DAV-Abkommen abgerechnet, so ist der Rechtsanwalt nicht berechtigt, eine höhere Gebühr gegenüber seinem Mandanten abzurechnen (Chemnitz AnwBl 1985, 115, 119).

Büromäßige Behandlung:
Es empfiehlt sich, ein konkretes Datum des Endes der gesetzten Frist im Anspruchsschreiben zu nennen und zur Zahlung aufzufordern.

Dem Anspruchsschreiben sollte der von allen Versicherern anerkannte ausgefüllte ›Fragebogen für Anspruchssteller', der u. a. bei den Herstellern für den Anwaltsbedarf erhältlich ist, beigefügt werden. Wenn dieser korrekt ausgefüllt ist, erübrigen sich im obigen Anspruchsschreiben Angaben zur Vorabsteuerabzugsberechtigung und Vollkaskoversicherung, da nach diesen dort gefragt wird.

Der Fragebogen für Anspruchssteller sollte auf jeden Fall der Mandant selbst ausfüllen und unterschreiben, damit der Rechtsanwalt nicht für mögliche Falschangaben etwa bezüglich des Kilometerstandes oder der Unfallschilderung haftbar gemacht wird.

#02 Zahlungs- und Feststellungsklage mit unbeziffertem Antrag §§ 256, 287 ZPO

[*HIER Ort, Datum*]

An das Amtsgericht [- Landgericht]
[*HIER Anschrift*]

Klage

des/der ...... [*HIER Vorname, Name, Anschrift*]

- Klägers/-in, -

Prozessbevollmächtigte(r): Rechtsanwalt/-wältin ...... [*HIER Vorname, Name, Anschrift*]

gegen

1. den/die ...... [*HIER Vorname, Name, Anschrift*]

- Beklagte(n) zu 1), -

2. den/die ...... [*HIER Vorname, Name, Anschrift*]

- Beklagte(n) zu 2), -

3. die ...... -Versicherungs-AG, vertreten durch den Vorstand

- Beklagte zu 3), -

Prozessbevollmächtigte(r): Rechtsanwalt/-wältin ...... [*HIER Vorname, Name, Anschrift*]

wegen Schadensersatz, Schmerzensgeld und Feststellung

Streitwert vorläufig geschätzt: ...... EUR

Namens und in Vollmacht des/der Kläger/-in erhebe ich Klage und beantrage,

a) einen frühen ersten Termin zur mündlichen Verhandlung zu bestimmen,
b) für den Fall der Anordnung des schriftlichen Vorverfahrens: bei Anerkenntnis ein Urteil nach § 307 Abs. 2 ZPO, nach Ablauf der Frist des 276 Abs. 1 ZPO ein Versäumnisurteil zu erlassen,
c) nach Erlass des Urteils eine Zustellungsbescheinigung gemäß § 169 Abs. 1 ZPO zu erteilen,

d) nach Erlass des Urteils eine vollstreckbare Ausfertigung der Entscheidung zu erteilen,
e) jede gerichtlichen Entscheidung oder eines geschlossenen Vergleichs in zweifacher Ausfertigung oder Abschrift zu erteilen,
f) alle künftigen Sitzungs- und Verkündungsprotokolle in zweifacher Ausfertigung zu übermitteln.

Zur Sache werde ich beantragen, die Beklagten als Gesamtschuldner zu verurteilen:

1) an den/die Kläger/-in
a) Schadenersatz in Höhe von ...... EUR und
b) Schmerzensgeld in angemessener Höhe
zu zahlen, nebst Zinsen in Höhe von 5 Prozentpunkten über dem Basiszinssatz seit Rechtshängigkeit.

2) festzustellen, dass die Beklagten verpflichtet ist/sind, dem/der Kläger/-in jeglichen weiteren materiellen und immateriellen Schaden, den die Beklagten verursacht haben, zu ersetzen, soweit die Ansprüche nicht auf Sozialversicherungsträger oder Dritte übergehen.

3) den Beklagten die Kosten des Rechtsstreits aufzuerlegen, hilfsweise Vollstreckungsschutz.

Begründung:

Der Kläger macht Schadenersatzansprüche aus einem Verkehrsunfall geltend, der sich am ...... um ...... auf der ......straße, also im Bezirk des angerufenen Gerichts, ereignet hat. Der Beklagte zu Ziff. 1.) ist der Fahrer/und Halter des beteiligten Fahrzeugs Marke ...... mit dem polizeilichen Kennzeichen ......,/Halter ist der Beklagte zu Ziff. 2.). Bei der Beklagten zu Ziff. 3.) war das Fahrzeug bei der Beklagten am Unfalltag haftpflichtversichert.

Der Verkehrsunfall ereignete sich wie folgt: [*HIER individuelle Sachverhaltsschilderung mit Beweisangeboten*]

[eventuell:]In dem eingeleiteten Ermittlungsverfahren konnte der genaue Unfallhergang geklärt werden.

Beweis: Beiziehung der Akten der Staatsanwaltschaft beim LG ......, Az.: ...... Js ....../03

Nach alledem war der Verkehrsunfall für den Kläger unvermeidbar.

Der Beklagte zu Ziff. 1.) hat somit den Unfall allein verschuldet und haftet deshalb nach § 823 Abs. 2 BGB, § 8 StVO. (Der Beklagte zu Ziff. 2.), haftet als Halter des Fahrzeugs nach § 7 Abs. 2 StVG. Nach § 3 Nr. 1 PflVersG ist die Beklagte zu 3.) einstandspflichtig. Letztere hat die Regulierung abgelehnt.

[*HIER Ausführungen über*

a) Kosten für Ersatz zerstörter, beschädigter Sachen mit Belegen, Beweisantritt und Angabe darüber, ob der Kläger zum Vorsteuerabzug berechtigt ist.

b) Dauer von Krankenhausaufenthalt, Arbeitsunfähigkeit, Art der Behinderung usw., Belege, Atteste usw.]

Der Kläger wurde bei dem Unfall schwer verletzt.

Beweis: Attest des Krankenhauses ...... (Anlage K 1);
Einholung eines Sachverständigengutachtens durch das Gericht nach § 287 ZPO.

[Beispielsfall:]Es ist nicht abzusehen, ob der Kläger seinen Beruf als ...... je wieder ausüben kann. Aus diesem Grund bleiben hinsichtlich des Schmerzensgeldes, des Erwerbsschaden und einer etwaigen Rente Ansprüche noch vorbehalten. Das Feststellungsinteresse bezüglich dieser Schäden ist aber schon jetzt gegeben, weil die Beklagte zu Ziff. 3.) trotz Aufforderung und Mahnung vom ...... (Anlage K 2) kein Anerkenntnis abgegeben hat.

....
Rechtsanwalt/-wältin

Anmerkung

1) Der Kraftfahrzeughaftpflichtversicherer ist stets in den Prozess als Beklagter miteinzubeziehen. Nicht nur, dass nach § 3 Nr. 1 PflVersG ein Direktanspruch gegen ihn besteht, sondern er hat nach § 3 Nr. 9 PflVersG die Zahlung zu leisten und kann es jedenfalls auch. Das gegenüber dem Unfallgegner erlassene Urteil bindet im Falle des gewonnenen Prozesses den Versicherer nicht, § 3 Nr. 8 PflVersG.

2) Befindet sich der Sitz des Kraftfahrzeughaftpflichtversicherer an einem anderen Ort als dem Wohnsitz des Halters und/oder Fahrers, so ergibt sich als besonderer Gerichtsstand nach § 32 ZPO der der unerlaubten Handlung. Örtlich zuständig ist danach das Gericht, in dessen Bezirk sich der Unfall ereignet hat.

3) Die Prozesszinsen ab Rechtshängigkeit können nach höchstrichterlicher Rechtsprechung auch bei unbezifferten Anträgen gefordert werden.

4) Gerichtsstände sind der allgemeine Gerichtsstand nach §§ 12–19 ZPO, aber auch der Gerichtsstand der unerlaubten Handlung nach § 32 ZPO.

5) Der Zuständigkeitsstreitwert ergibt aus der Summe der beiden Anträge. Dabei ist bei dem nach § 3 ZPO zu schätzenden erwarteten Schaden bezüglich des Feststellungsantrages ein Abzug von in der Regel 20 % vorzunehmen.

6) Um alsbaldige Streitwertfestsetzung zu bitten, kann zweckmäßig sein, um das Kostenrisiko abzuschätzen.

7) Der gesetzliche Forderungsübergang kann sich u. a. aus § 116 SGB X oder aus § 77 Abs. 2 AVG ergeben, während als sonstige Dritte u. a. die Schadens- und Krankenversicherer nach § 67 VVG oder Arbeitgeber nach § 6 EFZG in Betracht kommen.

8) Die Schilderung des Unfallherganges muss auch dann erfolgen, wenn der Haftungsgrund unstreitig ist. Bestätigt nämlich die gegnerische Partei in Klageerwiderung die Unstreitigkeit des Haftungsgrundes, so wäre die Klage unschlüssig.

Büromäßige Behandlung:

Wie bei gewöhnlicher Klage.

Kosten:
Gerichtskostenvorschuss nach dem vorläufig geschätzten Streitwert.

Rechtsanwaltsgebühren:
Wie bei gewöhnlicher Klage.

#03 Zahlungsklage als Teilklage

[*HIER Ort, Datum*]

An das
Amtsgericht [- Landgericht]
[*HIER Anschrift*]

Klage

des/der ...... [*HIER Vorname, Name, Anschrift*]

- Klägers/-in, -

Prozessbevollmächtigte(r): Rechtsanwalt/-wältin ...... [*HIER Vorname, Name, Anschrift*]

gegen

1. den/die ...... [*HIER Vorname, Name, Anschrift*]

- Beklagte(n) zu 1), -

2. den/die ...... [*HIER Vorname, Name, Anschrift*]

- Beklagte(n) zu 2), -

3. die ...... -Versicherungs-AG, vertreten durch den Vorstand

- Beklagte zu 3), -

Prozessbevollmächtigte(r): Rechtsanwalt/-wältin ...... [*HIER Vorname, Name, Anschrift*]

wegen Schadensersatz

Streitwert: ...... EUR

Namens und im Auftrage des/der Kläger/-in erhebe ich Klage und werde beantragen,

die Beklagten zu verurteilen, an den/die Kläger/-in Schadensersatz in Höhe von ...... nebst 9,5 % Zinsen seit Rechtshängigkeit zu zahlen,

und ferner,

bei Vorliegen der Voraussetzungen durch schriftliches Versäumnis- oder Anerkenntnisurteil zu entscheiden.

Begründung:

Der Kläger macht gegen die Beklagten Schadensersatzansprüche aufgrund eines Verkehrsunfalls geltend, der sich am ...... in ...... ereignet hat. Der Beklagte zu Ziff.1 ist Fahrer und Halter des unfallbeteiligten Fahrzeugs, die Beklagte zu Ziff.2 seine Haftpflichtversicherung.

......

[*HIER folgt nähere Ausführung des Unfallsachverhalts*]

Demnach sind die Beklagten dem Kläger zum Schadensersatz verpflichtet.

Zur Vermeidung eines Prozessrisikos macht der Kläger folgende, der Höhe nach auf 60 % seines Schadens begrenzte Einzelposten kumulativ geltend:

Dem Kläger, der nicht zum Vorsteuerabzug berechtigt ist, sind durch den Unfall folgende Aufwendungen entstanden:

1. Reparaturkosten (Autohaus ......)	...... EUR
2. Merkantiler Minderwert	...... EUR
3. Sachverständigenkosten	...... EUR
4. Nutzungsausfall (12 Tage a ......EUR)	...... EUR
5. Unkostenpauschale	...... EUR
insgesamt	...... EUR

Beweis: Vorlage der Rechnung des Autohauses ...... (Anlage K1)
des Gutachtens des Sachverständigen ...... (Anlage K2)

Demnach ergibt sich die Klageforderung (60 %) über den Betrag von ...... EUR.

Der Beklagte und seine Haftpflichtversicherung sind vergeblich zum ...... gemahnt worden.

Der Kläger nimmt Bankkredit zu einem die Klageforderung übersteigenden Betrag mit einem Zinssatz von 9,5 % in Anspruch.

Beweis: Bankbescheinigung der ......bank; ein vorsorglich im Bestreitensfall der Echtheit der Bankbescheinigung: Zeugnis des/der Banksachbearbeiters/-in ......

....
Rechtsanwalt/-wältin

Anmerkung

Zur Verringerung des Kostenrisikos besteht die Möglichkeit, einen Teil des gesamten Schadens einzuklagen. In diesem Zusammenhang muss aber zumindest in der Klagebegründung angegeben werden, dass es sich um einen Teilbetrag des Gesamtschadens handelt. Es ist aber auch möglich von jeder einzelnen Schadensgruppe bzw. -position einen Teilbetrag geltend zu machen, der seiner Höhe nach dem Verhältnis zwischen Klagebetrag und wirklicher Schadenshöhe entspricht, demnach quotal anzugeben.

Durch Erhebung der im Wege der Widerklage erhobenen negativen Zwischen-Feststellungsklage gem. § 256 ZPO hinsichtlich des Nichtbestehens der ganzen Forderung kann der Beklagte allerdings die restliche Forderung zum Prozess bringen, damit wird der mit einem Teilbetrag geltend gemachte Gesamtanspruch zum Prozessgegenstand.

Wegen dieser Unwägbarkeit und Unsicherheit ist die Möglichkeit einer Teilklage nur in Ausnahmefällen zu empfehlen. Zu bedenken ist auch, dass der Anwalt wegen des niedrigeren Streitwertes auf Gebühren verzichtet, die ihm nach der auf den Streitwert ausgerichteten Gebührensystematik zustehen.

Für die Berechnung der Nutzungsausfallentschädigung wird von den Gerichten nur die Tabelle von Sanden/Danner/Küppersbusch (abgedruckt u. a. bei Palandt/Heinrichs Anh. zu § 249 BGB) anerkannt.

Der merkantile Minderwert kann dann nicht berechnet werden, wenn:
1. das Kfz älter als 4–5 Jahre ist,
2. das Kfz mehr als 100.000 km Fahrleistung aufweist,
3. der Schaden unter 500,– EUR liegt.

#04 Zahlungsteilklage bei streitigem Haftungsgrund

[*HIER Ort, Datum*]

An das
Amtsgericht [- Landgericht]
[*HIER Anschrift*]

Klage

des/der ...... [*HIER Vorname, Name, Anschrift*]

- Klägers/-in, -

Prozessbevollmächtigte(r): Rechtsanwalt/-wältin ...... [*HIER Vorname, Name, Anschrift*]

gegen

1. den/die ...... [*HIER Vorname, Name, Anschrift*]

- Beklagte(n) zu 1), -

2. den/die ...... [*HIER Vorname, Name, Anschrift*]

- Beklagte(n) zu 2), -

3. die ...... -Versicherungs-AG, vertreten durch den Vorstand

- Beklagte zu 3), -

Prozessbevollmächtigte(r): Rechtsanwalt/-wältin ...... [*HIER Vorname, Name, Anschrift*]

wegen Schadensersatz

Streitwert vorläufig geschätzt: ...... EUR

Namens und in Vollmacht des/der Kläger/-in erhebe ich Klage und beantrage,

A.

1. einen frühen ersten Termin zur mündlichen Verhandlung zu bestimmen,
2. für den Fall der Anordnung des schriftlichen Vorverfahrens: bei Anerkenntnis ein Urteil nach § 307 Abs. 2 ZPO, nach Ablauf der Frist des 276 Abs. 1 ZPO ein Versäumnisurteil gemäß nachfolgender Buchstabe B. zu erlassen,
3. nach Erlass des Urteils eine Zustellungsbescheinigung gemäß § 169 Abs. 1 ZPO zu erteilen,
4. nach Erlass des Urteils eine vollstreckbare Ausfertigung der Entscheidung zu erteilen.
5. jede gerichtlichen Entscheidung oder einen geschlossenen Vergleich in zweifacher Ausfertigung oder Abschrift zu erteilen,
6. alle künftigen Sitzungs- und Verkündungsprotokolle in zweifacher Ausfertigung zu übermitteln.

B. Zur Sache werde ich beantragen, die Beklagten als Gesamtschuldner zu verurteilen, an den/die Kläger/-in

1. Schadensersatz in Höhe von EUR ...... nebst ......% Zinsen hieraus seit dem ...... zu zahlen.

2. das Urteil gegen Sicherheitsleitung, die seitens des Klägers durch unbedingte, unbefristete, unwiderrufliche und selbstschuldnerische Bürgschaft der ......bank in ...... erbracht werden kann, für vorläufig vollstreckbar zu erklären.

Begründung:

Der Kläger macht Schadensersatzansprüche aus einem Verkehrsunfall geltend, der sich am ...... um ...... auf der ......straße, also im Bezirk des angerufenen Gerichts, ereignet hat. Der Beklagte zu Ziff. 1.) ist der Fahrer/und Halter des beteiligten Fahrzeugs Marke ...... mit dem polizeilichen Kennzeichen ......, -Halter ist der Beklagte zu Ziff. 2.). Bei der Beklagten zu Ziff. 3.) war das Fahrzeug bei der Beklagten am Unfalltag haftpflichtversichert.

Der Verkehrsunfall ereignete sich wie folgt:
...... [*HIER nähere Ausführung*]

In dem eingeleiteten Ermittlungsverfahren konnte der genaue Unfallhergang nicht geklärt werden.

Beweis: Beiziehung der Akten der Staatsanwaltschaft
beim LG ......, Az.: ...... Js ....../03

...... [*HIER Schilderung des Unfallherganges*]

Den geschilderten Sachverhaltshergang kann der nachbenannte Zeuge bestätigen.

Beweis: Zeuge ......, wohnhaft: ......

Die Einvernahme des vorbenannten Zeugen wird ausdrücklich beantragt. Es wird erwartet, dass der Zeuge über seine schriftlichen Aussage im Ermittlungsverfahren hinaus weitere sachdienliche Angaben über den Unfallhergang machen kann.

Der Kläger ist der Auffassung, dass der Unfall allein vom Beklagten zu 1.) verursacht und verschuldet wurde. Angesichts der Beweislage macht er jedoch nur 50 % des ihm insgesamt entstandenen materiellen Schadens geltend. Aus diesem Grund lässt er auch seinen immateriellen Schaden unberücksichtigt.

Der dem Kläger entstandene materielle Schaden beziffert sich im einzelnen wie folgt:

a. Fahrzeugschaden aus Wiederbeschaffungswert
abzüglich Restwert ...... EUR

Beweis: Gutachten des Sachverständigen ......; Einholung eines Sachverständigengutachtens

b. Abschleppkosten ...... EUR
c. An- und Abmeldekosten pauschal ...... EUR
d. Mietwagenkosten für 14 Tage ...... EUR

Beweis: Mietwagenrechnung in Fotokopie (Anlage K ......)

Der Kläger musste für die Dauer bis zur Wiederbeschaffung eines Ersatzfahrzeugs einen Wagen mieten, da die Fahrt zur Arbeitsstätte und die beruflichen Fahrten einen PKW erfordern. Da der Sachverständige 10 Werktage angesetzt hat, ist die Wiederbeschaffungsdauer von 14 Tagen auch angemessen.

Beweis: Gutachten des Sachverständigen ...... in Fotokopie (Anlage K ......); Sachverständigengutachten

Für eigene ersparte Aufwendungen muss der Kläger einen Abzug nicht vornehmen, da er einen PKW einer niedrigeren Klasse gemietet hat.

e. Unkostenpauschale für Telefonate, Porto und Fahrtkosten ...... EUR

Gesamtsumme ...... EUR

Hiervon wird eine Quote von 50 %, demnach der entsprechende Teil jeder vorstehenden Schadensposition, das sind somit insgesamt EUR ......, ... geltend gemacht. Der Kläger ist nicht zum Vorsteuerabzug berechtigt.

....
Rechtsanwalt/-wältin

Anmerkung

Büromäßige Behandlung:

wie bei gewöhnlicher Klage.

Kosten:
Gerichtskostenvorschuss nach dem vorläufig geschätzten Streitwert.

Rechtsanwaltsgebühren:
Wie bei gewöhnlicher Klage.

#05 Klage aus Gefährdungshaftung

[*HIER Ort, Datum*]

An das
Amtsgericht [- Landgericht]
[*HIER Anschrift*]

Klage

des/der ...... [*HIER Vorname, Name, Anschrift*]

- Klägers/-in, -

Prozessbevollmächtigte(r): Rechtsanwalt/-wältin ...... [*HIER Vorname, Name, Anschrift*]

gegen

1. den/die ...... [*HIER Vorname, Name, Anschrift*]

- Beklagte(n) zu 1), -

2. den/die ...... [*HIER Vorname, Name, Anschrift*]

- Beklagte(n) zu 2), -

3. die ...... -Versicherungs-AG, vertreten durch den Vorstand

- Beklagte zu 3), -

Prozessbevollmächtigte(r): Rechtsanwalt/-wältin ...... [*HIER Vorname, Name, Anschrift*]

wegen Schadensersatz

Vorläufiger Streitwert für Antrag 1): ...... EUR
Vorläufiger Streitwert für Antrag 2): ...... EUR

Namens und in Vollmacht des/der Kläger/-in erhebe ich Klage und beantrage,

1. die Beklagten als Gesamtschuldner zur verurteilen, an den/die Kläger/-in Schadenersatz in Höhe von ...... EUR nebst Zinsen von 5 Prozentpunkten über dem Basiszinssatz seit Rechtshängigkeit zu zahlen.
2. festzustellen, dass die Beklagten verpflichtet sind, dem/der Kläger/-in jegliche weiteren materiellen und immateriellen Schäden nach den Bestimmungen des StVG zu ersetzen, die ihm/ihr künftig aus dem Verkehrsunfall vom ...... auf der ......straße in ...... entstehen.
3. den Beklagten die Kosten des Rechtsstreits aufzuerlegen, hilfsweise Vollstreckungsschutz zu gewähren.

Begründung:

Der Kläger macht Schadenersatzansprüche aus dem Gesichtspunkt der Gefährdungshaftung aufgrund eines Verkehrsunfalles vom ...... auf der ......straße in ...... um ...... Uhr geltend. Die Beklagte zu Ziff. II. ist die Haftpflichtversicherung für das Fahrzeug, dass der/die Beklagte zu Ziff. I. fuhr/deren Halter die Beklagte zu Ziff. I. ist.

Der Unfall ereignete sich wie folgt:
...... [*HIER folgt Schilderung des Unfallherganges*]

Der Unfallverlauf konnte im weiteren nicht geklärt werden. Der Beklagte zu I. wurde in dem gegen ihn eingeleiteten Strafverfahren freigesprochen, weil ihm ein Verschulden in strafrechtlicher Hinsicht nicht nachgewiesen werden konnte. Aus diesem Grund haben die Beklagten eine Ersatzpflicht bestritten. Der Kläger macht aber geltend, dass der Unfall für den Beklagten zu I. nicht unabwendbar war, so dass eine Haftung der Beklagten nach §§ 7, 10 StVG, 1 u. 3 PflVG besteht.

Der Unfall ist für den Beklagten zu Ziff. I. nicht unabwendbar gewesen, da ...... [*HIER folgt Begründung*]

Dem Kläger ist folgender Schaden entstanden: ......

...... [*HIER Ausführungen über*

1) a) Kosten für Ersatz zerstörter oder beschädigter Sachen mit Belegen, Beweisantritt, sowie die Angabe, ob der Kläger zum Vorsteuerabzug berechtigt ist.

b) Dauer von Krankenhausaufenthalt, Arbeitsunfähigkeit, Art der Behinderung usw., Belege, Atteste usw.

2) Grund der Verpflichtung, Verursachung, Kausalzusammenhang, Belege, Beweisantritt, rechtliches Interesse an alsbaldiger Feststellung (§ 256 ZPO).

3) Höhe des Schmerzensgeldes, evtl. unter Hinweis auf aus der Rechtsprechung bekannte gleichartige Fälle.]

....
Rechtsanwalt/wältin

Anmerkung

1) Die Prozesszinsen ab Rechtshängigkeit können nach höchstrichterlicher Rechtsprechung auch bei unbezifferten Anträgen gefordert werden.

2) Die alsbaldige Streitwertfestsetzung kann für die Abschätzung des Kostenrisikos zweckmäßig sein.

3) Das für die Erhebung einer Feststellungsklage erforderliche Feststellungsinteresse ist immer dann gegeben, wenn die Verjährung droht (BGH VersR 72,459), weil auch die unbezifferte Feststellungsklage die Verjährung des gesamten Anspruchs unterbricht (BGH 54,69).

Der Ersatzpflichtige haftet gem. § 12 StVG für Personenschäden bis zu 600.000 EURO bei einem Verletzten bzw. bis zu 36.000 EURO Jahresrente, bei Verletzung oder Tötung mehrerer Menschen bis zu 3 Mio. EURO, bzw. bis zu 180.000 EURO jährliche Rente. Übersteigen die Ansprüche die Haftungshöchstgrenzen, so findet gem. § 12 Abs. 2 StVG eine verhältnismäßige Kürzung der Ansprüche statt. Sofern die Beklagten nur nach StVG haften, sind diese Haftungshöchstgrenzen beim Feststellungsantrag zu berücksichtigen.

Achtung:
Nicht der Fahrer, sondern nur der Halter haftet aus § 7 Abs. 1 StVG. Die Fahrerhaftung hat ihre Rechtsgrundlage in § 18 Abs. 1 StVG.

Ist die Halterhaftung aus § 7 Abs. 1 StVG gegeben, so haftet der Fahrer nur für vermutetes Verschulden. Der Fahrer kann aber den Entlastungsbeweis antreten und führen, § 18 Abs. 1 S. 2 StVG.

Büromäßige Behandlung:
Wie bei gewöhnlicher Klage.

Gerichtskosten:
Gerichtskostenvorschuss nach dem vorläufig geschätzten Streitwert.

Rechtsanwaltsgebühren:
Wie bei gewöhnlicher Klage.

#06 Klage wegen Schadensersatz, Feststellung und Schmerzensgeld

[*HIER Ort, Datum*]

An das
Amtsgericht [– Landgericht]
[*HIER Anschrift*]

Klage

des/der ...... [*HIER Vorname, Name, Anschrift*]

– Klägers/-in, –

Prozessbevollmächtigte(r): Rechtsanwalt/-wältin ...... [*HIER Vorname, Name, Anschrift*]

gegen

1. den/die ...... [*HIER Vorname, Name, Anschrift*]

– Beklagte(n) zu 1), –

2. den/die ...... [*HIER Vorname, Name, Anschrift*]

– Beklagte(n) zu 2), –

3. die ...... -Versicherungs-AG, vertreten durch den Vorstand

– Beklagte zu 3), –

Prozessbevollmächtigte(r): Rechtsanwalt/-wältin ...... [*HIER Vorname, Name, Anschrift*]

wegen Schadensersatz, Feststellung und Schmerzensgeld

Streitwert vorläufig geschätzt: ...... EUR.

Namens und in Vollmacht des/der Kläger/-in erhebe ich Klage und beantrage,

1. die Beklagten zu verurteilen, an den/die Kläger/n
   a) Schadenersatz in Höhe von ...... EUR nebst ......% Zinsen hieraus seit Rechtshängigkeit zu zahlen
   b) ein angemessenes Schmerzensgeld – mindestens jedoch ...... EUR – nebst Zinsen in Höhe von 5 Prozentpunkten über dem Basiszinssatz seit Rechtshängigkeit zu zahlen,
2. festzustellen, dass die Beklagten verpflichtet sind, dem/der Kläger/-in jegliche Schäden, die ihm/ihr in Zukunft aus dem Verkehrsunfall vom ...... auf der ......straße in ...... entstehen, zu 2/3 zu ersetzen, soweit die Ansprüche nicht auf Sozialversicherungsträger oder sonstige Dritte übergehen.
3. den Beklagten die Kosten des Rechtsstreits aufzuerlegen, hilfsweise Vollstreckungsschutz zu gewähren.

Begründung:

...... [*HIER Ausführungen über*

1) a) Kosten für Ersatz zerstörter oder beschädigter Sachen mit Belegen, Beweisantritt.

b) Dauer von Krankenhausaufenthalt, Arbeitsunfähigkeit, Art der Behinderung usw., Belege, Atteste usw.

2) Grund der Verpflichtung, Verursachung, Kausalzusammenhang, Belege, Beweisantritt, rechtliches Interesse an alsbaldiger Feststellung (§ 256 ZPO).

3) Höhe des Schmerzensgeldes, evtl. unter Hinweis auf aus der Rechtsprechung bekannte gleichartige Fälle.]

....
Rechtsanwalt/-wältin

Anmerkung

Verzugszinsen bei materiellrechtlicher Inverzugsetzung und Prozesszinsen ab Rechtshängigkeit können nach höchstrichterlicher Rechtsprechung auch bei einem unbezifferten Antrag verlangt werden. Sie müssen aber besonders beantragt werden (vgl. § 308 Abs. 1 S. 2 ZPO). Bei langwierigen Schmerzensgeldprozessen kann hier ein erheblicher Betrag zusammenkommen. Vergisst der Anwalt eine solchen Zinsantrag, so macht er sich gegenüber dem Mandanten haftbar.

Die alsbaldige Streitwertfestsetzung kann für die Abschätzung des Kostenrisikos zweckmäßig sein.

Das Risiko, mit einer Zuvielforderung abgewiesen zu werden und für die Teilabweisung auch die Kosten tragen zu müssen, kann der Kläger durch die Stellung eines unbezifferten Zahlungsantrages vermeiden. Der unbezifferte Antrag mit der Angabe einer Mindestsumme hat den Vorteil, dass ein höheres Schmerzensgeld durch das Gericht festgesetzt werden kann. Zudem kann bei Zusprechen eines niedrigeren Betrages durch das Gericht eine Kostenentscheidung nach § 92 Abs. 2 ZPO erfolgen.

Da bei den Gerichten allgemein die Tendenz besteht, ›unter dem Antrag zu bleiben‹, sollte nicht zu wenig gefordert werden. Die Angabe einer erstrebten Größenordnung führt bei einem Urteil erst dann zu einer Teilabweisung, wenn es mehr als 20 % oberhalb oder unterhalb dieser Größenordnungsvorstellung liegt. Aber selbst bei einer Teilabweisung wiegt ein höheres Schmerzensgeld zumeist den Kostennachteil auf.

Büromäßige Behandlung:
Wie bei gewöhnlicher Klage.

Gerichtskosten:
Gerichtskostenvorschuss nach dem vorläufig geschätzten Streitwert.

Rechtsanwaltsgebühren:
Wie bei gewöhnlicher Klage.

#07 Klage auf Geldrente § 843 BGB

[*HIER Ort, Datum*]

An das
Amtsgericht [- Landgericht]
[*HIER Anschrift*]

Klage

des/der ...... [*HIER Vorname, Name, Anschrift*]

- Klägers/-in, -

Prozessbevollmächtigte(r): Rechtsanwalt/-wältin ...... [*HIER Vorname, Name, Anschrift*]
gegen

1. den/die ...... [*HIER Vorname, Name, Anschrift*]

- Beklagte(n) zu 1), -

2. den/die ...... [*HIER Vorname, Name, Anschrift*]

- Beklagte(n) zu 2), -

3. die ...... -Versicherungs-AG, vertreten durch den Vorstand

- Beklagte zu 3), -

Prozessbevollmächtigte(r): Rechtsanwalt/-wältin ...... [*HIER Vorname, Name, Anschrift*]

wegen Geldrente

Streitwert vorläufig geschätzt: ...... EUR. [*HIER wird nur der für die Gebühren maßgebende Streitwert, der Gebührenstreitwert angegeben*]

Namens und in Vollmacht des/der Kläger/-in erhebe ich Klage und beantrage,

1. die Beklagten als Gesamtschuldner zu verurteilen an den/die Kläger/-in
   a) ...... EUR nebst Zinsen von 5 Prozentpunkten über dem Basiszinssatz hieraus seit dem ...... zu bezahlen.
   b) monatlich im voraus, beginnend mit dem 01......, eine monatliche Geldrente in Höhe von EUR ...... bis zum ...... [*HIER ist der Zeitpunkt bis zum Beginn des Renteneintritts bzw. bis zum Ende der voraussichtlichen Dauer der Erwerbstätigkeit anzugeben*] zu bezahlen.
2. festzustellen, dass die Beklagten als Gesamtschuldner verpflichtet sind, dem/der Kläger/-in sämtliche weiteren Schäden, die ihm/ihr aus dem Verkehrsunfall vom ...... 20.. auf der ...... straße in ...... entstehen zu ersetzen, soweit die Ansprüche nicht auf Sozialversicherungsträger oder sonstige Dritte übergehen.
3. den Beklagten die Kosten des Rechtsstreits aufzuerlegen, hilfsweise Vollstreckungsschutz zu gewähren.

Begründung:

Die Klägerin macht Schadensersatzansprüche aus einem Verkehrsunfall vom ...... auf der ......straße in ...... geltend. Der/die Beklagte zu 1) ist Halter und Fahrer des unfallbeteiligten Fahrzeugs mit dem polizeilichen Kennzeichen ......, die Beklagte zu 2) seine Haftpflichtversicherung.

Der Verkehrsunfall ereignete sich folgendermaßen: ......

[*HIER Ausführungen über*
1) Dauer von Krankenhausaufenthalt, Art der Behinderung usw., Belege, Atteste usw.
2) Grund der Verpflichtung, Verursachung, Kausalzusammenhang, Belege, Beweisantritt.]

Die Klägerin bedarf aus den genannten Gründen eine Haushaltshilfe.

Zur Höhe des geltend gemachten Rentenspruches ist folgendes vorzutragen: ...... [*Rentenanspruchsberechnung: bisheriger durchschnittlicher Bruttoverdienst abzüglich des Einkommens, welches dem/der Geschädigten nach dem Unfall zufließt, und eventueller schadensbedingter Steuerersparnisse*]

Die Errechnung des Ersatzanspruches orientiert sich an die von Schulz-Borck / Hofmann* aufgestellte Tabelle. Eine etwaige Mithilfepflicht des Klägers wurde in Anrechnung gebracht und auf diese Weise die Anzahl der Wochenarbeitsstunden für eine fiktive Ersatzkraft ermittelt. Die Berechnung sieht in einzelnen wie folgt aus:

Der von der Klägerin mit ihrer Familie bewohnte Haushalt umfasst

01 Wohnraum mit	......qm
01 Schlafzimmer mit	......qm
01 Kinderzimmer mit	......qm
01 Küche mit	......qm
01 Flur mit	......qm
01 Bad mit	......qm
01 Gäste-WC mit	......qm
01 Balkon mit anteilig	......qm
gesamt Wohnfläche	......qm

An Haushaltsgeräten verfügt die Klägerin über: ......

Der durchschnittliche Arbeitszeitbedarf für einen solchen 4-Personen Haushalt ist nach der erwähnten Tabelle mit ...... Wochenstunden anzusetzen. Der Haushalt der Klägerin ist als ...... [*HIER erfolgt die Qualifizierung des Haushalts etwa als einfacher Haushalt der unteren sozialen Schicht*] Haushalt mit Kindern unter ...... Jahren einzustufen und der genannten Tabelle zufolge in die Vergütungsgruppe ...... des BAT einzuordnen. Hieraus folgt bei ...... Wochenstunden für eine fiktive Arbeitskraft eine Netto-Monatsvergütung von ...... EUR.

Beweis für die Richtigkeit der Berechnung: Einholung eines Sachverständigengutachtens.

Da die künftige Entwicklung der Behinderung der Klägerin nicht abzusehen ist und auch nicht zu übersehen ist, ob weitere Schäden noch entstehen, ist der Feststellungsantrag notwendig.

....
Rechtsanwalt/-wältin

Anmerkung

*Schulz-Borck/Hofmann, Schadensersatz bei Ausfall von Hausfrauen und Müttern, 6. Aufl. 2000, Karlsruhe.

Die Kosten für eine Haushaltshilfe sind auch dann zu ersetzen, wenn diese nicht in Anspruch genommen wird.

Es bestehen 2 Möglichkeiten, wenn eine Hausfrau verletzt wird: Es wird für die Dauer der Verletzung eine Haushaltshilfe eingestellt. Diese Kosten muss der Unfallverursacher oder seine Versicherung tragen.

Der Schaden kann aber auch fiktiv berechnet werden. Es wird dann errechnet, was es kosten würde, die Arbeitskraft der Hausfrau und möglicherweise auch Mutter zu ersetzen. Auch das geht zu Lasten des Unfallverursachers und seiner Versicherung. Die Höhe des Schadensersatzanspruches für die verletzte Hausfrau wird mit Annäherungstabellen berechnet. Die Standardtabellen sind die von Schulz-Borck/Hofmann sowie von Prof. Landau (sog. Hohenheimer Verfahren). Danach kommt es zunächst darauf an, wie viel Zeit für die jeweilige Haushaltsführung benötigt wird, z. B. bei einem 4-Personen Haushalt sind dies zwischen 41,8 und 69 Wochenstunden. Es kann aber auch mehr sein. Berücksichtigt wird neben der Wohnungsgröße, ob ein Einfamilienhaus mit Garten oder Mietwohnung und ob es sich um einen technisch voll ausgerüsteten Haushalt mit Spülmaschine und Wäschetrockner usw. handelt oder ob die meisten Arbeiten von Hand getan werden müssen. Berücksichtigt wird auch, ob der Ehemann oder die Kinder vor dem Unfall im Haushalt mitgeholfen haben. Hat der Mann jedoch vor dem Unfall nicht mitgeholfen, so braucht er das für die Ausfallzeit auch nicht tun und die Ehefrau erhält ungeschmälert ihren vollen Ersatzanspruch.

War die Frau berufstätig, wird eine solche Mithilfe von den Gerichten unterstellt und der Ersatzanspruch mindert sich um den prozentualen Anteil der Hilfe.

In die Berechnung einzubeziehen sind:

die Zeit für das

- Einkaufen,
- Zubereiten der Mahlzeiten,
- Putzen und Aufräumen,
- Waschen,
- Abwaschen,
- Kinder- und Altenbetreuung,
- Gartenarbeit,
- sonstige Kleinarbeit.

Für diese Punkte geben die Tabellen für die Verteilung der Hausarbeitszeit der Frau auf einzelne Tätigkeitsbereiche Näherungswerte, wie viel Zeit für welche Tätigkeit anzusetzen ist.

Danach ist zu prüfen, wie viele Stunden mit welcher Intensität konnte die Frau vor dem Unfall im Haushalt arbeiten, und wie viele nach dem Unfall. Dabei kommt es auch auf die Art der Verletzung und die hierdurch eingeschränkte Arbeitskraft an. Bei einer Versteifung des Schultergelenks sind für das Einkaufen etwa 20 % konkrete Behinderung anzusetzen, für das Putzen und Aufräumen ca. 30 %, für die Wäsche ca. 35%. Aus diesen Werten ergibt sich dann, wie viele Stunden eine Hilfskraft benötigt, um die Beeinträchtigung der Hausfrau zu 100 % auszugleichen und damit die Kosten für eine Ersatzkraft zu berechnen. Die Kosten für die Haushaltshilfe sind unabhängig davon zu ersetzen, ob diese in Anspruch genommen wird oder nicht.

Büromäßige Behandlung:
Wie bei gewöhnlicher Klage.

Gerichtskosten:
Gerichtskostenvorschuss nach dem vorläufig geschätzten Streitwert.

Rechtsanwaltsgebühren:
Wie bei gewöhnlicher Klage.

#08 Klage auf Geldrente wegen Tötung eines Unterhaltspflichtigen § 844 Abs. 2 BGB

[*HIER Ort, Datum*]

An das
Amtsgericht [- Landgericht]
[*HIER Anschrift*]

Klage

1. des/der ...... [*HIER Vorname, Name, Anschrift*]

- Klägers/-in zu 1), -

2. des/der ...... [*HIER Vorname, Name, Anschrift*]

- Klägers/-in zu 2), -

Prozessbevollmächtigte(r): Rechtsanwalt/-wältin ...... [*HIER Vorname, Name, Anschrift*]

gegen

1. den/die ...... [*HIER Vorname, Name, Anschrift*]

- Beklagte(n) zu 1), -

2. den/die ...... [*HIER Vorname, Name, Anschrift*]

- Beklagte(n) zu 2), -

3. die ...... -Versicherungs-AG, vertreten durch den Vorstand

- Beklagte zu 3), -

Prozessbevollmächtigte(r): Rechtsanwalt/-wältin ...... [*HIER Vorname, Name, Anschrift*]

wegen Schadensersatz als Geldrente nach § 844 Abs. 2 BGB
wegen Tötung des Unterhaltspflichtigen

Streitwert vorläufig geschätzt:

zu Antrag A. 1. ...... EUR
zu Antrag A. 2. ...... EUR
zu Antrag A. 3. ...... EUR
zu Antrag B. 1. ...... EUR
zu Antrag B. 2. ...... EUR
zu Antrag B. 3. ...... EUR
[*HIER wird der für die Gebühren maßgebliche Streitwert, der Gebührenstreitwert angegeben*]

Namens und in Vollmacht des/der Kläger/-in erhebe ich Klage und beantrage,

A.

1. die Beklagten als Gesamtschuldner zu verurteilen, an den/die Kläger/-in zu 1) monatlich im voraus, beginnend mit dem ...... eine monatliche Geldrente in Höhe von ...... EUR zu bezahlen.

2. die Beklagten als Gesamtschuldner zu verurteilen, an den/die Kläger/-in zu 1) die rückständige Geldrente für die Monate ...... 20.. in Höhe von ...... nebst Zinsen in Höhe von 5 Prozentpunkten über dem Basiszinssatz seit dem jeweiligen 2. der Monate zu bezahlen.
3. festzustellen, dass die Beklagten als Gesamtschuldner verpflichtet sind, dem/der Kläger/-in zu 1) sämtliche weiteren – über die Anträge zur Nr. 1 und 2. hinausgehenden – Schäden aus dem Verkehrsunfall vom ...... in ...... in Form einer Geldrente bis zur Haftungshöchstgrenze des § 12 Nr. 1 StVG zu bezahlen.

B.

1. die Beklagten als Gesamtschuldner zu verurteilen, an den/die Kläger/-in zu 2) monatlich im voraus, beginnend mit dem ...... eine monatliche Geldrente – deren Höhe in das Ermessen des Gerichts gestellt wird – mindestens aber in Höhe von ...... EUR bis zur Vollendung des 18. Lebensjahres zu bezahlen.
2. die Beklagten als Gesamtschuldner zu verurteilen, an den/die Kläger/-in zu 2) die rückständige Geldrente für die Monate ...... 20.. in Höhe von ...... EUR nebst Zinsen von 5 Prozentpunkten über dem Basiszinssatz seit dem jeweiligen 2. der Monate zu bezahlen.
3. festzustellen, dass die Beklagten als Gesamtschuldner verpflichtet sind, dem/der Kläger/-in zu 2) sämtliche weiteren – über den Antrag zur Nr. 1 hinausgehenden – (Unterhalts-)Schaden aus dem Verkehrsunfall vom ...... in ...... in Form einer Geldrente bis zur Haftungshöchstgrenze des § 12 Nr. 1 StVG zu bezahlen.

Begründung:

Mit der vorliegenden Klage machen die Kläger Schadensersatzansprüche aus einem Verkehrsunfall vom ...... in ...... nach § 844 Abs. 2 BGB geltend.

Der Verkehrsunfall ereignete sich folgendermaßen:
...... [*HIER folgt die Schilderung des Unfallherganges*]

Beweis: Akten des Amtsgerichts in der Strafsache gegen den Beklagten, Az.: ......,

deren Beiziehung hiermit beantragt wird.

Der Ehemann und Vater der Kläger erlitt durch den Unfall so schwere Verletzungen, dass – er noch am Unfallort – am gleichen Tag im Krankenhaus ...... – ...... Tage später im Krankenhaus ...... – verstarb.

Der Verstorbene war zum Zeitpunkt ...... Jahre alt und bei hervorragender Gesundheit, so dass er nach derzeitigen Erwartungen das 70. Lebensjahr erreicht hätte.

Beweis: Zeugnis des Hausarztes ......;
Sachverständigengutachten.

Der Ehemann und Vater der Kläger arbeitete bei der Firma ...... als ...... und sorgte allein für den Familienunterhalt. Sein Nettoeinkommen betrug monatlich im Durchschnitt ...... EUR.

Beweis: Gehaltsbescheinigungen der Firma ...... der letzten zwei Jahr bis zum Unfallzeitpunkt in Fotokopie (Anlage K 1)

Die Kläger waren gegenüber dem Verstorbenen unterhaltsberechtigt.

Zur Höhe des Unterhaltsanspruches sind folgenden Angaben zu machen:

A.) Die Klägerin zu I. ist ...... Jahre alt und Hausfrau. Seit der Eheschließung im Jahre 19.. übt sie keinen Beruf mehr aus, sondern versorgt ausschließlich den Haushalt.

Der Schadensersatzanspruch der Klägerin zu I. errechnet sich wie folgt:

Monatliches Nettoeinkommen des verstorbenen Ehemannes	...... EUR
abzüglich fixer Haushaltskosten (Miete, Strom, Heizung, Zeitung etc.)	...... EUR
frei verfügbares Nettoeinkommen	...... EUR
Hiervon entfallen auf den verstorbenen Ehemann und Vater sowie die Klägerin zu I., weil ein unterhaltspflichtiges Kind vorhanden ist, je 40 % des frei verfügbaren Nettoeinkommens	...... EUR
zuzüglich fixer Haushaltskosten	...... EUR
Gesamtbetrag	...... EUR

Anrechenbare Einkünfte aus Vermögen oder Leistungen Dritter erhält die Klägerin zu I. nicht.

B.) Der Kläger zu II. ist 14 Jahre alt und Schüler. Vom dem der Familie zustehenden Unterhalt entfallen auf ihn 20 % des frei verfügbaren Nettoeinkommens von ......,....... EUR, also hält der Kläger zu II., da er auch über keine anrechenbaren Einkünfte aus Vermögen sowie Leistungen Dritter verfügt, einen monatlichen Mindestbetrag von ......,....... EUR als Schadensersatz für angemessen.

....

Rechtsanwalt/-wältin

Anmerkung

Vgl. auch die Anmerkungen zum vorigen Formular

Die alsbaldige Streitwertfestsetzung kann für die Abschätzung des Kostenrisikos zweckmäßig sein.

Büromäßige Behandlung:
wie bei gewöhnlicher Klage.

Gerichtskosten:
Gerichtskostenvorschuss nach dem vorläufig geschätzten Streitwert.

Rechtsanwaltsgebühren:
Wie bei gewöhnlicher Klage.

#09 Akteneinsichtsersuchen an Polizei

[*HIER Ort, Datum*]

An den
Polizeiverkehrsdienst
[*HIER Anschrift*]

Akteneinsichtsersuchen bzgl. des Verkehrsunfalls
vom ...... auf der ...... straße in ...... um ...... Uhr

Sehr geehrte Damen und Herren,

ich vertrete in der o. g. Verkehrsunfallangelegenheit

Herrn / Frau
wohnhaft ......

Eine auf mich ausgestellte Vollmacht liegt -in Fotokopie - bei. - Mein/e Mandant/in war ist Fahrzeughalter/in und zugleich Fahrerin des am Verkehrsunfall beteiligten Fahrzeugs mit dem polizeilichen Kennzeichen ...... - Mein/e Mandant/-in war/ist lediglich Fahrzeughalter/-in des am Verkehrsunfall beteiligten Fahrzeugs mit dem polizeilichen Kennzeichen ......, Fahrer/in war Herr/Frau ......

[nachfolgender Absatz ist nicht unbedingt erforderlich, etwa wenn der Mandant/die Mandantin keine Angaben zum Unfallgegner zur Hand hat] Herr/Frau mit seinem/ihrem Fahrzeug mit dem polizeilichen Kennzeichen ...... hat das Fahrzeug meines Mandanten/meiner Mandantin beschädigt. [und meinen Mandanten/meiner Mandantin verletzt.]

Zur Regulierung der sich aus dem Unfall ergebenden zivilrechtlichen Ersatzansprüche bitte ich um

Akteneinsicht,

gegebenenfalls um Weiterleitung des Aktengesuchs und um Abgabenachricht.

Ich bitte um kurzfristige Herausgabe der Akten an meine Kanzlei. Für anfallende Übersendungskosten übernehme ich die persönliche Haftung.

....
Rechtsanwalt/-wältin

Anmerkung

Für die schnelle Bearbeitung durch die Polizei ist es überaus hilfreich, wenn dem Ersuchen neben dem Tatzeitpunkt und den Namen des Mandanten bei Nichtidentität von Fahrzeughalter und Fahrer zusätzlich das polizeiliche Aktenzeichen und/oder der Name des jeweiligen Fahrzeugführers benannt wird, da die Registrierung auf Fahrernamen und Aktenzeichen beruht und demzufolge eine Zuordnung dann für die Polizei schneller und leichter möglich ist.

#10 Akteneinsichtsersuchen an Staatsanwaltschaft

[*HIER Ort, Datum*]

An die
Staatsanwaltschaft bei dem
Landgericht ......
[*HIER Anschrift*]

Verkehrssache ...... [*HIER Unfallgegner angeben*], Az.: ...... Js ....../0.

Sehr geehrte Damen und Herren,

ich vertrete die Interessen von Herrn/Frau ......, wohnhaft in ...... Eine auf mich ausgestellte Vollmacht füge ich bei.

Am ...... schädigte Herr/Frau, wohnhaft in ...... mit ihrem Kraftfahrzeug den PKW/LKW/das Motorrad meines/-r Mandanten/-in in der ...... straße um ...... Uhr. Zur Durchsetzung zivilrechtlicher Ansprüche gegen den Haftpflichtversicherer des(r) Beschuldigten bitte ich um

Übersendung der Ermittlungsakten, Az.: ......Js ....../0...

....
Rechtsanwalt/-wältin

Anmerkung

Das betreffende Aktenzeichen kann telefonisch unter Angabe des Namens des beschuldigten Unfallteilnehmers bei der zuständigen Staatsanwaltschaft vom Rechtsanwalt erfragt werden.

#11 Schadensanzeige und Deckungsanfrage bzgl. Beratungsgespräch an Rechtsschutzversicherung

[*HIER Ort, Datum*]

An die
...... Rechtsschutz-Versicherung AG
[*HIER Anschrift*]

Rechtsschutzersuchen für Ihren Versicherungsnehmer ......, wohnhaft: ......
Versich.-Nr.: ......

Sehr geehrte Damen und Herren,

ich vertrete die rechtlichen Interessen von Herrn/Frau ......

Mein(e) Mandant/-in erlitt am ...... mit seinem/ihrem PKW einen Unfallschaden. Herr/Frau wünscht zunächst in einem Beratungsgespräch zu klären, welche Ansprüche ihm/ihr gegen den Schädiger zustehen und wie diese möglicherweise realisiert werden können.

In der vorgenannten Angelegenheit bitte ich um die Gewährung von Rechtsschutz für meine(n) Mandanten/-in. Nach Durchführung der Beratung werde ich sie über den Verlauf der Angelegenheit unterrichten.

......

Rechtsanwalt/-wältin

Anmerkung

Gem. § 20 Abs. 1 S. 2 BRAGO ist die Gebühr für eine erste Beratung auf 180,–EUR beschränkt. Dies schließt aber eine Gebührenvereinbarung nicht aus. Diese Gebührenvereinbarung ist dann dem Rechtsschutzersuchen beizufügen und deren Erforderlichkeit, wegen z. B. der Schwierigkeit des Falles oder sonstiger Umstände, kurz zu begründen.

#12 Schadensanzeige und Deckungsanfrage an Rechtsschutzversicherung

[*HIER Ort, Datum*]

An die
...... Rechtsschutz-Versicherung AG
[*HIER Anschrift*]

Rechtsschutzersuchen für Ihren Versicherungsnehmer ......, wohnhaft: ......
Versich.-Nr.: ......

Sehr geehrte Damen und Herren,

Ihr(e) Versicherungsnehmer/-in hat mich mit der Regulierung seiner/ihrer Schadensersatzansprüche beauftragt, die sich aus einem Verkehrsunfall ergeben, der sich nach Angaben des/der Mandanten/-in wie folgt ereignet hat: ......

In der vorgenannten Angelegenheit bitten wir um die Gewährung von Rechtsschutz für meine(n) Mandanten/-in und deshalb um Mitteilung, ob ihre Gesellschaft für das Schadensereignis dem Grunde nach Versicherungsschutz gewährt. Über Einzelheiten zum Umfange der erforderlichen Deckung werde ich Ihnen im Bedarfsfall unaufgefordert berichten.

....
Rechtsanwalt/-wältin

Anmerkung

Der Mandant ist spätestens vor Einreichung der Klageschrift zu fragen, ob eine Rechtsschutzversicherung besteht oder gegebenenfalls nach den Voraussetzungen der Prozesskostenhilfe zu befragen. Liegt eine Rechtsschutzversicherung vor, so ist vom Anwalt zu überprüfen, welche Risiken der Vertrag abdeckt. Danach ist vor Klageerhebung die Deckungs-(Rechtsschutz)zusage des Rechtsschutzversicherers einzuholen. Der allgemeine Privatrechtsschutz umfasst nicht die Regulierung von Verkehrsunfällen.

Lehnt die Rechtsschutzversicherung die Deckungszusage wegen angeblich fehlender Erfolgsaussichten ab, kann der Mandant mit einem Vertrag nach den Rechtsschutzbedingungen (ARB) ein Schiedsverfahren beantragen. Ein von der Rechtsanwaltskammer benannter Gutachter entscheidet dann für beide Seiten verbindlich über die Erfolgsaussichten. Gibt der Gutachter der Versicherung recht, muss der Mandant auch noch die Kosten des Schiedsgutachterverfahrens tragen. Hierauf sollte die Mandantschaft hingewiesen werden, da die Kosten des Schiedsverfahrens je nach Streitwert von mindestens 100,–EUR bis zu weit mehr als tausend EURO beträgt. Der Versicherungsnehmer kann nach § 19 ARB im Falle der Ablehnung des Rechtsschutzes, und wenn ein Schiedsgutachterverfahren nicht durchgeführt oder die ergangene Entscheidung des Schiedsgutachters nicht anerkannt wird, den Anspruch auf Rechtsschutz aber auch innerhalb von 6 Monaten gerichtlich geltend machen.

Rechtsschutzversicherte Mandanten mit einem Vertrag nach den alten allgemeinen Rechtsschutzversicherungsbedingungen (ARB 75) unterliegen besseren Bedingungen. Bei ihnen muss der Rechtsanwalt bei Ablehnung wegen mangelnder Erfolgsaussichten durch die Versicherung lediglich begründen, warum die Leistungsablehnung nicht gerechtfertigt ist. Die Versicherung ist nach § 17 Abs. 2 ARB 75 an diesen Stichentscheid des vom Versicherungsnehmer beauftragten Rechtsanwalts gebunden. Auch die Kosten für diese Stellungnahme muss in jedem Fall die Rechtsschutzversicherung tragen. Häufig reicht bei Einwänden der Versicherung die Aussage, dass man die Rechtsverfolgung für erfolgversprechend hält und ansonsten auf das Klärungsverfahren nach § 17 ARB 75 verweist.

Da die Police mindestens drei Monate bestehen muss und die Ursache für den Rechtsstreit erst nach dieser Zeit liegen darf, bevor mit einer Deckungszusage die Kostenübernahme erteilt werden kann, sollte der Stammmandant darauf hingewiesen werden, dass es Rechtsschutzversicherungen gibt, die auch jetzt noch Verträge nach den ARB 75 mit den günstigen Altklauseln anbieten. Aber auch eine Reihe von Versicherern, die nach den Versicherungsbedingungen ARB 94 oder 2000 Rechtsschutzversicherungen anbieten, verzichten jedenfalls auf die Entscheidung durch den Gutachter, und die Prüfung der Erfolgsaussichten durch den eigenen Rechtsanwalt ist möglich.

Beim Rechtsschutz im Zusammenhang mit dem Straßenverkehr, der die Geltendmachung, aber nicht die Abwehr von Schadensersatzansprüchen umfasst und somit dem Mandanten nur die den eigenen Schaden aus Verkehrsunfällen geltend machen lässt, ist der

- Verkehrsrechtschutz (§ 21 ARB 75, 94, 2000)
- Fahrzeugrechtsschutz (§ 22 ARB 75; § 21 Abs. 3 ARB 94, 2000)
- Fahrerrechtschutz (§ 23 ARB 75; § 22 ARB 94, 2000)

hinsichtlich des Deckungsumfangs zu unterscheiden.

Beim Verkehrsrechtsschutz ist der Versicherungsnehmer immer als Fahrer eines Wagens versichert, selbst wenn ihm dieser nicht gehört. Daneben sind auch alle berechtigten Fahrer und Insassen aller auf den Versicherungsnehmer zugelassenen Fahrzeuge erfasst. Somit sind etwa auch Insassen versichert, die Schadensersatzansprüche nach einem Verkehrsunfall geltend machen wollen.

Der Fahrzeugrechtsschutz knüpft an ein bestimmtes Fahrzeug und erfasst somit Eigentümer, Halter, berechtigten Fahrer, Insassen des Fahrzeugs.

Der Fahrerrechtsschutz ist an eine bestimmte Person geknüpft und erfasst nur den Versicherungsnehmer als Fahrer fremder Fahrzeuge.

Sofern also der Mandant nicht selbst verkehrsrechtsschutzversichert ist, muss folglich noch festgestellt werden, ob für das betroffene Fahrzeug nicht bei Dritten eine Fahrzeug- oder Verkehrsrechtsschutzversicherung besteht.

Bei allen drei Arten des Rechtsschutzes bezüglich des Straßenverkehrs sind auch die Wahrnehmung von Interessen aus schuldrechtlichen Verträgen mitabgedeckt, so dass auch schuldrechtliche Streitigkeiten beim Autokauf erfasst werden.

Die Haftpflichtversicherung übernimmt die Anwaltskosten, wenn sich der Mandant dagegen wendet, auf Schadensersatz in Anspruch genommen zu werden. Deshalb ist der Anwalt in diesen Fällen verpflichtet, nach dem Bestehen einer Haftpflichtversicherung zu fragen. Besteht eine, so hat eine Anfrage auf Kostendeckungszusage zu erfolgen.

Da bei der Kraftfahrzeughaftpflichtversicherung der Versicherer häufig selbst Partei des Verfahrens nach § 3 Ziff. 1 PflVG ist und aus diesem Grund auch den Anwalt auswählt, kann eine Angelegenheit nur aufgenommen werden, wenn der Anwalt durch den Haftpflichtversicherer beauftragt worden ist.

Wird die Deckungszusage »aus Gründen, die wir unserem Versicherungsnehmer in einem gesonderten Schreiben mitgeteilt haben« oder »aus versicherungsrechtlichen Gründen« abgelehnt, so kann es sein, dass der Mandant sich in Zahlungsschwierigkeiten befindet. Deshalb sollte vom Mandanten in diesen Fällen ein angemessener Vorschuss nach § 17 BRAGO verlangt werden. Dieser ist bis zur Höhe der voraussichtlich entstehenden Gebühren möglich und die Anforderung in diesem Falle dann auch anzuraten.

#13 Auskunftsersuchen über Fahrzeughalter und Versicherung

[*HIER Ort, Datum*]

An das
Straßenverkehrsamt
- Kraftfahrzeugzulassungsstelle -
[*HIER Anschrift*]

Auskunftsersuchen über Fahrzeughalter und Versicherung

Name des/der Mandanten/-in: ......
Verkehrsunfall vom: ......
Amtl. Kennzeichen des am Verkehrsunfall beteiligten Kraftfahrzeuges: ......

Namens und in Vollmacht des oben genannten Unfallbeteiligten - Vollmacht liegt [in Fotokopie] an - erbitte ich um Mitteilung des Namens und der Anschrift des
1. Halters des am Unfall beteiligten Kraftfahrzeuges mit dem oben angegebenen amtlichen Kennzeichen,
2. Haftpflichtversicherers am Unfalltag und der Nummer des Versicherungsscheins bzw. der Versicherungsbestätigung.

Es wird anwaltlich versichert, dass die erbetenen Daten ausschließlich zur Geltendmachung von Rechtsansprüchen gemäß § 39 StVG benötigt werden.

Um eine kurzfristige Antwort wird gebeten, damit die zweiwöchige Frist des § 3 Nr. 7 PflVG eingehalten werden kann.

Die Auskunftsgebühr bitte ich, durch Nachnahme zu erheben.

....
Rechtsanwalt/-wältin

Anmerkung

Ist dem Mandanten bloß der Halter bekannt, nicht aber das Kennzeichen, so besteht nur die Möglichkeit, den Halter zur Bekanntgabe von Kennzeichen, Kfz-Kennzeichen, Kfz-Haftpflichtversicherung einschließlich Versicherungs-Nr. aufzufordern. Reagiert dieser nicht, so bleibt lediglich die gerichtliche Auskunftsklage.

#14 Anfrage an Schadensverursacher

[*HIER Ort, Datum*]

An
Herrn/Frau ......
[*HIER Anschrift*]

Verkehrsunfall vom ......

Sehr geehrte(r) Herr/Frau ......,

Herr/Frau ...... hat mich beauftragt, die ihm/ihr aus dem oben genannten Verkehrsunfall zustehenden Schadensersatzansprüche geltend zu machen. An diesem Verkehrsunfall war Ihr Kraftfahrzeug mit dem polizeilichen Kennzeichen ...... beteiligt.

Teilen Sie mir bitte innerhalb einer Woche mit,

- bei welcher Versicherungsgesellschaft und
- unter welcher Versicherungsnummer Ihr Kraftfahrzeug am Unfalltag versichert war.

Nach Ihrer Mitteilung werde ich mich dann unmittelbar an Ihre Versicherung zur Regulierung des Schadens wenden.

Vorsorglich weise ich Sie darauf hin, dass Sie nach § 7 Abs. 2 AKB damit rechnen müssen, Ihren Versicherungsschutz zu verlieren, sofern sie nicht innerhalb einer Woche nach Zugang dieses Schreibens Ihre Versicherung von den gegenüber Ihnen erhobenen Ansprüchen unterrichten.

Zur vereinfachten Beantwortung bitte ich, die nächsten Zeilen auszufüllen und das ausgefüllte Schreiben zurückzusenden:

Name der Versicherungsgesellschaft:

Anschrift:

Versicherungs-Nr.:

Zur Weitergabe an Ihre Versicherungsgesellschaft ist eine Zweitschrift beigefügt; die ebenfalls beigelegte Drittschrift ist für Ihre Unterlagen bestimmt.

....
Rechtsanwalt/-wältin

Anmerkung

Büromäßige Behandlung:
Das Schreiben ist in dreifacher Ausfertigung dem Schadensverursacher zuzusenden.

#15 Erklärung über die Entbindung von der ärztlichen Schweigepflicht

E r k l ä r u n g

über die Entbindung von der ärztlichen Schweigepflicht

Hiermit entbinde ich,

Name:
Vorname:
Geburtsdatum:
Anschrift:

alle mich anlässlich des am ...... erlittenen Unfalls behandelnden Ärzte von der ärztlichen Schweigepflicht gegenüber den beteiligten:
1. Versicherungsgesellschaften
2. Gerichten und Strafverfolgungsbehörden
3. den beteiligten Rechtsanwälten bzw. Rechtsanwältinnen

unter der Bedingung, dass die Ärzte Auskünfte und Stellungnahmen schriftlich erteilen und hiervon jeweils zugleich ein Kopie dem/der von mir Rechtsanwalt/Rechtsanwältin Herrn/Frau ...... [*HIER folgt Name und Anschrift des Rechtsvertreters*] zusenden.

...... den, ...
(Ort) (Datum) (Unterschrift)

#16 Schreiben an Krankenhaus

[*HIER Ort, Datum*]

An
Klinik / Krankenhaus
Unfallabteilung, Station ......
[*HIER Anschrift*]

Patient u. Mandant ...... [*HIER Name, Vorname, Geburtsdatum, Anschrift*]

Sehr geehrte Damen und Herren,

aus Anlass eines Verkehrsunfalls vom ...... [*Unfalldatum*] ist das oben genannte Unfallopfer in Ihrem Hause ärztlich behandelt und versorgt worden.

Die Aufnahme erfolgte am ...... [Datum]. - Die Entlassung ist noch am gleichen Tag erfolgt, weil eine weitere stationäre Behandlung nicht für notwendig erachtet wurde. - Nach stationärer Behandlung wurde die Patientin/der Patient am ...... [*HIER Datum*] entlassen.

Nach den mir vorliegenden Angaben erfolgte die Behandlung in der in der Anschrift angegebenen Abteilung und Station.

Kraft des mir erteilten Mandates ist es meine Aufgabe, die berechtigten Schadensersatzansprüche wegen Personenschadens aus dem Unfall gegenüber dem Verursacher und dessen Haftpflichtversicherung durchzusetzen. Auf die ärztlichen Feststellungen ist das Unfallopfer angewiesen, da ohne diese die Geltendmachung und Durchsetzung der Ansprüche nicht möglich ist.

- Zur Klärung von Art und Umfang der erlittenen Verletzungen hat die Haftpflichtversicherung des Unfallschädigers bei Ihnen ein ärztliches Attest angefordert. Leider ist das Attest bei der Versicherung noch nicht eingegangen.
- Leider ist auf mein Schreiben vom ......, der auch die Erklärung über die Entbindung von der ärztlichen Schweigepflicht des Unfallopfers beigefügt war, der Arztbericht bei mir noch nicht eingetroffen. -

Ich bitte deswegen um baldige Erstellung des Attestes, so dass die Schadensersatz- und Schmerzensgeldansprüche weiterbearbeitet werden können.

....
Rechtsanwalt/-wältin

#17 Attestersuchen an Arzt

[*HIER Ort, Datum*]

An
Frau/Herr Dr. med. ......
[*HIER Anschrift*]

Mandant und Ihr Patient
...... [*HIER Name, Anschrift und Geburtsdatum Mandant*]
Verkehrsunfall vom ......

Sehr geehrte(r) Frau/Herr Dr. ......,

Ihr o. g. Patient und mein Mandant wurde nach einem Verkehrsunfall von Ihnen behandelt. Namens und im Auftrag seiner Person bitte ich um Erstellung eines ärztlichen Berichtes. Eine Erklärung über die Entbindung von der ärztlichen Schweigepflicht ist beigefügt.* Für eine baldige Erledigung wäre ich Ihnen sehr dankbar.

Ich bitte um Angaben über

- Dauer der Behandlung
- kurzgefasste Diagnose
- die Dauer der Behandlung
- Angaben über die Haushaltsbeeinträchtigung oder
- Angaben über Dauer und Grad der Arbeitsunfähigkeit
- Ist ein Dauerschaden zu befürchten?
  - wenn ja, wegen welcher Erkrankung?
  - Angabe der Erwerbsminderung
- voraussichtliche Wiederherstellung

Die Kosten für die Erstellung dieses Attestes bitte ich, mir mit Angabe Ihrer Bankverbindung aufzugeben.

....
Rechtsanwalt/-wältin

Anmerkung

* Zur Schweigepflichtentbindungserklärung siehe Formular 3.A.#15.

#18 Ermittlung der gegnerischen Versicherung über den Zentralruf der Autoversicherer per Fax

[*HIER Ort, Datum*]

An den
Zentralruf
der Autoversicherer
Fax-Nr.: 040/33965-401

Absender/in: RA ......
Fax-Nr. für Antwortfax: ......

Name des Mandanten: ......

Sehr geehrte Damen und Herren,

namens und kraft erteilter Vollmacht meines o. g. Mandanten bitte ich um Mitteilung des Haftpflichtversicherers des Unfallgegners. Folgende Angaben kann ich Ihnen zum Unfallereignis mitteilen:

[In jedem Fall notwendig sind die Angaben zu polizeilichem Kennzeichen sowie Haltername des Schädigerfahrzeuges und der Schadenstag, um den Haftpflichtversicherer von Zentralruf im Antwortfax zu erfahren.]

Kennzeichen des Schädigerfahrzeuges: ....

Name (sowie Adresse) des gegnerischen Fahrzeughalters: ......

......

Datum des Unfallereignisses: ....

Geschädigter: ....

....
Rechtsanwalt/-wältin

Anmerkung

Erforderliche Angaben sind das

- polizeiliche Kennzeichen des Verursachers,
- das Schadensdatum,
- der Haltername des Schädigerfahrzeuges.

Aufgrund der Umstellung auf eine eigene Datenbank des Gesamtverbandes der deutschen Versicherungswirtschaft e. V. entfällt jetzt das früher aufwendige Nachfragen bei den Straßenverkehrszulässungsämtern, wenn dem Geschädigten die Haftpflichtversicherung des Schädigers nicht bekannt ist.

Der Zentralruf kann wegen der Datenaktualität nur tätig werden, sofern der Unfall nicht länger als drei Monate zurückliegt.

Der Zentralruf ist nicht nur 24 Stunden per Fax unter der bundeseinheitlichen Fax-Nummer: 040/33965–401, sondern auch telefonisch unter der bundeseinheitlichen Telefonnummer 0180–25026 erreichbar. Es braucht nur der Name des Fahrzeughalters des Schädigerfahrzeugs, das polizeiliche Kennzeichen des Schädigerfahrzeuges und das Schadensdatum genannt werden, und der zuständige Versicherer wird ermittelt.

Mit der Anfrage beim Zentralruf, wird der Schadensfall zugleich bei der zuständigen Versicherung gemeldet. Dies führt dazu, dass diese sogleich einen Schadensmeldebogen mit dem Hinweis, dass ein Schadensfall gemeldet worden sei, an ihren Versicherungsnehmer sendet, was zu einer weiteren Zeitersparnis im Schadensabwicklungsvorgang führt.

Die erforderlichen Angaben zu polizeilichen Kennzeichen und Namen des Halters des Schädigerfahrzeuges sowie Schadenstag sind gegebenenfalls bei der Polizei zu erfragen.

Sind die Angaben zu Name des gegnerischen Fahrzeughalters, Kennzeichen, Datum des Unfallereignisses nicht vollständig oder falsch, ist eine Ermittlung der gegnerischen Versicherung über den Zentralruf nicht möglich. Dann bleibt nur die gebührenpflichtige Anfrage beim zuständigen Straßenverkehrsamt bzw. der Zulassungsstelle (siehe hierzu Formulare 3.A.#13, 3.B.01.#11). Gleiches gilt, falls seit dem Unfall längere Zeit vergangen ist, da dann der Zentralruf keine Auskunft mehr gibt.

Die zuständige Straßenverkehrsbehörde ist über das Kfz-Kennzeichen des gegnerischen Fahrzeugs zu ermitteln. Falls es Probleme beim Auffinden der zuständigen Straßenverkehrszulassungsstelle gibt, kann man diese über den ›Zentralruf der Autoversicherer‹ 24 Stunden täglich unter der

Rufnummer

0180–25026

erfahren. Die genaue Adresse der Straßenverkehrszulassungsstelle kann man danach dann über die telefonische Auskunft erfragen.

Ist dem Mandanten nur der Halter, nicht aber das Kennzeichen bekannt, muss der Halter zur Bekanntgabe von Kennzeichen und Kfz-Haftpflichtversicherung aufgefordert werden (siehe hierzu Formular 3.A.#14). Notfalls müssen diese Angaben gerichtlich durch eine Auskunftsklage erzwungen werden.

Liegt eine Unfallflucht vor und ist das schädigende Fahrzeug unbekannt oder besteht für das Schädigerfahrzeug keine Haftpflichtversicherung, sollte man, um Schadensersatz zu erlangen, an die »Verkehrsopferhilfe« in Hamburg denken. Diese wurde von den Haftpflichtversicherern eingerichtet, um Geschädigten bei unbekannten Schädiger-Fahrzeugen zu helfen. Adresse der »Verkehrsopferhilfe« ist: Glockengießerwall 1, 20095 Hamburg; Tel.: 040/30 180–0; Fax: 040/30 180–7070.

Nach § 12 PflVG übernimmt die Verkehrsopferhilfe wie ein Pflichtversicherer die Schadenregulierung bei:

- unfallflüchtigem Unfallverursacher,
- Schädigung durch ein pflichtwidrig nicht haftpflichtversichertes Fahrzeug,
- vorsätzlicher Schädigung durch einen Kraftfahrer, der wegen § 152 VVG keinen Versicherungsschutz in der Haftpflichtversicherung genießt,
- Insolvenz des leistungspflichtigen Haftpflichtversicherers.

Zum Regulierungsumfang der »Verkehrsopferhilfe« siehe Formular 3.A.#01.

Die »Verkehrsopferhilfe« ist jedoch nur subsidiär einstandspflichtig. Deshalb sind vorher Ansprüche gegen einen Schadensversicherer – also etwa die Kaskoversicherung oder private Krankenversicherer für Heilbehandlungskosten – Sozialversicherungsträger, Arbeitgeber oder gegen eine solventen Halter und Fahrer vorrangig geltend zu machen.

Kosten der Nachfrage beim Zentralruf der Autoversicherer:
keine.

#19 Anfrage an Unfallzeugen

[*HIER Ort, Datum*]

An
Herrn / Frau ......
[*HIER Anschrift*]

Verkehrsunfall vom ......
PKW ......, amtliches Kennzeichen ......

Sehr geehrte(r) Frau / Herr ......

ich vertrete die Interesse des/der Herrn / Frau ...... Gegenstand meines Auftrages ist der oben genannte Verkehrsunfall. Aufgrund der mir vorliegenden Informationen waren Sie Zeuge des Verkehrsunfalls.

Zur Wahrung der berechtigten Interessen meines Mandanten benötige ich dringend weitere Informationen zum Unfallhergang. Aus diesem Grund bitte ich Sie, den beiliegenden Kurz-Fragebogen auszufüllen und an mich zurückzusenden. Einen frankierten und an mich adressierten Freiumschlag habe ich in Anlage beigefügt.

Für Ihre Bemühungen bedanke ich mich – auch im Namen meines Mandanten im voraus.

Mit freundlichen Grüßen

....
Rechtsanwalt/-wältin

Zeugenfragebogen

Wann und wo passierte der Unfall?

Waren Sie unmittelbar Zeugen des Unfallgeschehens? Wenn ja, bitte geben Sie Ihren genauen Standpunkt an.

Wie ereignete sich der Verkehrsunfall? Fertigen Sie bitte erforderlichenfalls eine Unfallskizze auf der Rückseite des Fragebogens an.

Wie waren die Straßen-, Licht- und Witterungsverhältnisse zum Zeitpunkt des Verkehrsunfalls?

Gibt es noch weitere Unfallzeugen?

Anmerkung

Sind Namen und Daten der Unfallzeugen nicht bekannt, so lassen sie sich in der Regel durch Einsicht in die polizeiliche Ermittlungsakte ermitteln (zum Akteneinsichtsersuchen siehe Formulare 3.A.#09, 3.B.01.#02). Noch wichtiger als die Daten der Unfallzeugen sind die in der Ermittlungsakte befindlichen schon vorhandenen Zeugenaussagen.

#20 Anspruchsschreiben gegenüber Verkehrsopferhilfe

[*HIER Ort, Datum*]

An
Verein Verkehrsopferhilfe e. V.
Glockengießerwall 1
20095 Hamburg

Verkehrsunfallschaden vom ......
PKW ......, amtl. Kennzeichen ......

Sehr geehrte Damen und Herren,

[*Wenn der Mandant seinen Anspruch zum Teil anderweitig geltend machen kann*]

Namens und im Auftrag meines/-r Mandanten/-in] – Vollmacht ist in Anlage beigefügt – mache ich Leistungen aus dem Entschädigungsfond für Schäden aus Kraftfahrzeugunfällen vom 14. 12. 1965 aus Anlass eines Verkehrsunfallschadens vom ...... geltend.

Der Verkehrsunfallschaden ereignete sich wie folgt:

...... [*HIER Darstellung des Unfallsachverhalts in tatsächlicher und rechtlicher Hinsicht*]

Aus der Unfallschilderung ergibt sich, dass der Schaden für meinen Mandanten [– meine Mandantin] unabwendbar war.

Mein(e) Mandant/-in] hat den Sachschaden an seinem/ihrem Fahrzeug seiner/ihrer Vollkaskoversicherung [– Kaskoversicherung] gemeldet. Es wurde aber bei dem Verkehrsunfall noch eine mittransportierte Stereoanlage zerstört, die ich zum Ersatz anmelde:

Wert der Stereoanlage (Anschaffungsbeleg als Anlage)	...... EUR
abzüglich Selbstbehalt	...... EUR
Forderungssumme	...... EUR

Abschließend bitte ich um zeitnahe Bestätigung Ihrer Eintrittspflicht sowie um den Ausgleich der bezifferten Schadenspositionen. Hierfür habe ich vorsorglich eine Frist bis zum

...... [*HIER 4-Wochen-Frist*]

[*Bei Nichtversicherung des anderen Fahrzeugs oder bei vorsätzlicher Schadensherbeiführung und wenn keine anderweitige Geltendmachung des Schadens möglich ist*]
Namens und im Auftrag meines/-r Mandanten/-in – Vollmacht ist in Anlage beigefügt – mache ich Leistungen aus dem Entschädigungsfond für Schäden aus Kraftfahrzeugunfällen vom 14. 12. 1965 aus Anlass eines Verkehrsunfallschadens vom ...... 20.. geltend.

Der Verkehrsunfallschaden ereignete sich wie folgt: ...... [*HIER Darstellung des Unfallsachverhalts in tatsächlicher und rechtlicher Hinsicht*]

Aus der Unfallschilderung ergibt sich, dass der Schaden für meine(n) Mandanten/-in unabwendbar war.

Folgender Fahrzeugschaden ist dem Kläger durch den Verkehrsunfall entstanden: ......

Näheres entnehmen Sie bitte dem in der Anlage beigefügten Gutachten des Sachverständigen ...... (Anlage 1)

[- Folgende mit im Auto transportierten Teile wurde ebenfalls beschädigt:
Dieser Sachschaden ist mit. ...... EUR zu beziffern.]

[- Darüber hinaus hat meine Mandant einen Personenschaden erlitten. Näheres entnehmen Sie bitte dem beigefügten Arztbericht des/der Herrn/Frau Dr. ......(Anlage 2). [- Näheres entnehmen Sie bitte dem beigefügten Attest des Krankenhauses ...... (Anlage 2)]

Nach Maßgabe dieser Unterlagen beziffere ich den Personenschaden auf ......

Insgesamt ergibt sich somit aus dem Sach- und Personenschaden ein Forderungsbetrag von ...... EUR, der hiermit geltend gemacht wird.

Der Kläger ist nicht vollkaskoversichert und hat auf die vorstehenden Schadenspositionen keinerlei sonstige Leistungen erhalten, vgl. § 12 Abs. 1 S. 3-5 PflVG.

Damit sie weitere ärztliche Auskünfte einholen können, habe ich ein Formular über die Entbindung von der ärztlichen Schweigepflicht durch meine(n) Mandanten/-in] beigefügt.

Abschließend bitte ich um zeitnahe Bestätigung Ihrer Eintrittspflicht sowie um den Ausgleich der bezifferten Schadenspositionen. Hierfür habe ich vorsorglich eine Frist bis zum

...... [*HIER 4-Wochen-Frist*]

notiert.

[Bei Fahrerflucht]
Namens und im Auftrag meines/-r Mandanten/-in - Vollmacht ist in Anlage beigefügt - mache ich Leistungen aus dem Entschädigungsfond für Schäden aus Kraftfahrzeugunfällen vom 14. 12. 1965 aus Anlass eines Verkehrsunfallschadens vom ...... 20.. geltend.
Der Verkehrsunfallschaden ereignete sich wie folgt:
...... [*HIER Darstellung des Unfallsachverhalts in tatsächlicher und rechtlicher Hinsicht*]

Aus der Unfallschilderung ergibt sich, dass der Unfall für meinen Mandanten [- meine Mandantin] unabwendbar war.

Der Fahrer bzw. Halter des gegnerischen Fahrzeuges war nicht zu ermitteln. Diese Feststellung traf auch die an der Unfallstelle erschienene Polizei des ...... Reviers, die den Unfall zu Tagebuch-Nr. ...... aufnahm.

Folgender Sachschaden, der nicht Fahrzeugschaden ist, ist entstanden: ...... [*HIER folgt die Angabe des reinen Sachschadens, der nicht Fahrzeugschaden ist und die wertmäßige Bezifferung dieses Schadens.*]

Von diesem Sachschaden hat der Kläger gemäß § 12 Abs. 1 S. 3 PflVG einen Selbstbehalt von 500,- EUR zu tragen. Der übrig bleibende Restbetrag über ...... EUR wird mit dem vorliegenden Anspruchsschreiben geltend gemacht.

[- Als Weiteres steht dem Kläger ein Schmerzensgeldanspruch gem. § 847 BGB i. V. m. § 12 Abs. 2 PflVG zu:

Der Kläger wurde bei dem Unfall gravierend verletzt. Näheres entnehmen sie dem im Anlage beigefügten Arztbericht von Herrn Dr. [- Frau Dr.] ...... (Anlage 2). Die Verletzung erfordert trotz der einschränkenden Formulierung des § 12 Abs. 2 PflVG die Zuerkennung eines

Schmerzensgeldes. Zwar reichen auch mittlere Verletzungen wie etwa Knochenbrüche, die folgenlos verheilen nicht aus (siehe Weber DAR 1987, 333, 360). Um eine Verletzung von besonderer Schwere handelt es sich aber, wenn dauernde Beeinträchtigungen zurückbleiben, wie es beim Mandanten der Fall ist, der ...... [*HIER folgt die nähere Ausführung*]. Auf Grundlage der ärztlichen Unterlagen beziffere ich den Personenschaden meines/-r Mandanten/-in auf ...... EUR.

Insgesamt ergibt sich aus Sach- und Personenschaden ein Forderungsbetrag von ...... EUR, der hiermit geltend gemacht wird.

Der Kläger ist nicht vollkaskoversichert und hat auf die vorstehenden Schadenspositionen keinerlei sonstige Leistungen erhalten, vgl. § 12 Abs. 1 S. 3–5 PflVG.

Damit sie weitere ärztliche Auskünfte einholen können, habe ich ein Formular über die Entbindung von der ärztlichen Schweigepflicht durch meinen Mandanten [- meine Mandantin] beigefügt.

Abschließend bitte ich um zeitnahe Bestätigung Ihrer Eintrittspflicht sowie um den Ausgleich der bezifferten Schadenspositionen. Hierfür habe ich vorsorglich eine Frist bis zum

...... [*HIER 4-Wochen-Frist*]

notiert.

Mit freundlichen Grüßen

....
Rechtsanwalt/-wältin

Anmerkung

In Deutschland fahren ca. 260.000 Fahrzeuge ohne Kfz-Versicherung. Die Verkehrsopferhilfe ist ein Fonds, in dem alle Autoversicherer zahlen. Der Verein regelt Schäden, die durch unversicherte Fahrzeuge herbeigeführt werden oder bei vorsätzlicher Handlung bis zur gesetzlichen Mindestsumme. Bei der Unfallflucht des Schädigers gibt es starke Beschränkungen bzgl. der Leistungspflicht.

Über die Bearbeitung von Auto-Haftpflichtschäden durch den Verein Deutsches Büro Grüne Karte und den Verein Verkehrsopferhilfe sowie über Hilfestellung des Deutschen Büros Grüne Karte bei Schadenfällen im Ausland gibt es ein Merkblatt.

Wird ein Verkehrsunfall durch ein Kraftfahrzeug verursacht und kann der Geschädigte seine Ansprüche nicht durchsetzen, weil das Fahrzeug nicht ermittelt werden kann, keine Haftpflichtversicherung besteht oder die Haftpflichtversicherung insolvent ist, so besteht unter bestimmten Voraussetzungen eine Anspruch gegen die

Verkehrsopferhilfe e. V., Glockengießerwall 1, 20095 Hamburg.

Die Verkehrsopferhilfe zahlt aber nur in den Fällen, in denen der Geschädigte seinen Anspruch nicht anderweitig geltend machen kann, § 12 Abs. 1 S. 2 PflVG. Die Verkehrsopferhilfe haftet nur subsidiär, d. h. nur insoweit, als nicht Ansprüche gegen Dritte, wie z. B. die Kaskoversicherung wegen des Fahrzeugschadens, den Arbeitgeber wegen Verdienstausfällen, die Krankenversicherung wegen Heilbehandlungskosten usw., bestehen. Der Geschädigte muss zunächst versuchen, von Halter oder Fahrer des anderen Fahrzeuges Schadensersatz zu bekommen.

Wenn ein Amtsträger fahrlässig einen Unfall verschuldet hat, so muss er sich an die Behörde wenden (BGH VersR 1976, 885).

Auch bei vorsätzlicher Schädigung hilft der Verein. Aber nur unter folgenden Voraussetzungen:

- wenn Kranken- und Sozialversicherung nicht leisten und
- eine Vollkaskoversicherung nicht besteht
- wenn der unversicherte oder vorsätzliche Täter nicht bereit ist zu zahlen.

Bei Nichtermittlung des Schädigers, der Unfallflucht begangen hat, werden nur Personenschäden, nicht aber Schäden am Fahrzeug ersetzt; sonstige Sachschäden wie Gepäck, Kleidung, Ladung sind erstattungsfähig, sofern sie 500,– EUR übersteigen.

Schmerzensgeld wird bei Unfallflucht nur ausnahmsweise geleistet, wenn dies wegen der bestehenden Schwere der Verletzung zur Vermeidung einer groben Unbilligkeit erforderlich ist (LG Krefeld VersR 1986, 270), d. h. etwa ab einer Schmerzensgeldhöhe von ca. 10.000 EUR an aufwärts.

Somit besteht bei Verkehrsunfallfluchtfällen ein sehr eingeschränkter Anspruch auf Schadenersatz:

- der Ersatz des reinen Fahrzeugschadens ist von vorneherein ausgeschlossen,
- sonstige Sachschäden werden nur ersetzt, soweit sie 500,– EUR übersteigen. (Evtl. kann wenigstens der Glasbruchschaden bei der Teilkaskoversicherung abgerechnet werden.)
- Schmerzensgeldansprüche werden grundsätzlich nur ausnahmsweise bei besonderer Schwere sowie zur Vermeidung grober Unbilligkeit ersetzt. Die Eintrittspflicht des Fonds ist auf Schäden beschränkt, die bei dem Geschädigten zu erheblichen Härten führen.

Diese Einschränkungen gelten bei den anderen Fallkonstellationen allerdings nicht. Dort wird uneingeschränkt Ersatz geleistet, sofern der Geschädigte nicht anderweitig Ersatz erlangen kann.

Die Verkehrsopferhilfe zahlt mit Ausnahme der genannten Leistungsbeschränkungen so, als wäre der Schuldige mit der gesetzlichen Mindestdeckungssumme bzw. ein nichtversichertes Fahrzeug im Rahmen der Mindestdeckungssumme versichert.

Büromäßige Behandlung:
Anschrift der Verkehrsopferhilfe e. V. ist:
Glockengießerwall 1,
20095 Hamburg;
Tel: 040/301800,
Telefax: 040/301807070.

Ist der Geschädigte mit einem abschließenden schriftlichen Bescheid der Verkehrsopferhilfe über die Regelung des Schadensfalles nicht einverstanden oder wird der angemeldete Schaden von der Verkehrsopferhilfe nicht in angemessener Frist bearbeitet, so kann der Geschädigte eine Schiedsstelle anrufen, die bei der Verkehrsopferhilfe eingerichtet ist für Streitfälle zwischen dem Geschädigten und der Verkehrsopferhilfe. Dieses Schiedsstellenverfahren erfolgt in schriftlicher Form.

Ansprüche gegen die Verkehrsopferhilfe nach § 12 PflVG können im Wege der Klage nur dann geltend gemacht werden, wenn zuvor ein Verfahren vor der Schiedsstelle vorausgegangen ist oder wenn seit der Anrufung der Schiedsstelle mehr als drei Monate verstrichen sind.

Siehe auch die Darstellung von Weber »Der Entschädigungsanspruch gegen den Verein ›Verkehrsopferhilfe‹«, DAR 1987, 333.

Die Unterzeichnung mehrerer Vollmachtsformulare, die den Inhalt des Auftrags jeweils enthalten, ist ratsam, damit das Original der Vollmacht vorgelegt werden kann (beachte § 174 BGB). Eine Kopie der Vollmachtsurkunde steht dem Original nicht gleich. Die Vorlage einer Kopie kann eine Haftung aus Pflichtverletzung nach sich ziehen (BGH NJW 1994, 1472).

#21 Klage gegen die Verkehrsopferhilfe

[*HIER Ort, Datum*]

An das
Amtsgericht [- Landgericht]
[*HIER Anschrift*]

Klage

des/der ...... [*HIER Vorname, Name, Anschrift*]

- Klägers/-in, -

Prozessbevollmächtigte(r): Rechtsanwalt/-wältin ...... [*HIER Vorname, Name, Anschrift*]

gegen

die Verkehrsopferhilfe e. V., vertreten durch den Vorstand, Glockengießerwall 1, 20095 Hamburg

- Beklagte, -

Prozessbevollmächtigte(r): Rechtsanwalt/-wältin ...... [*HIER Vorname, Name, Anschrift*]

Namens und in Vollmacht des/der Klägers/-in erhebe ich Klage und werde beantragen,

die Beklagte zu verurteilen, an den/die Kläger/-in ...... EUR nebst Zinsen in Höhe von fünf Prozentpunkten über dem jeweiligen Basiszinssatz ab Rechtshängigkeit [- % Zinsen seit dem ......]
[- sowie ein angemessenes der Höhe nach in das Ermessen des Gerichtes gestelltes Schmerzensgeld] zu zahlen.

Begründung:

[Bei nichtversichertem Schädigerfahrzeug oder bei vorsätzlicher Schadensherbeiführung durch den Unfallgegner]

Mit der Klage werden Schadensersatzansprüche aus einem Verkehrsunfall geltend gemacht, der sich am ...... in ...... auf der ......straße um ...... Uhr ereignete. Am Unfall beteiligt waren das Fahrzeug des Klägers, ein ...... mit dem amtlichen Kennzeichen ...... sowie ein nichtversichertes Fahrzeug ...... [*HIER genaue Angaben machen*] ...... sowie ein Fahrzeug mit dem Kennzeichen ......, dessen Fahrer [– und Halter] den Unfall vorsätzlich herbeigeführt hat.

Folgender Sachverhalt liegt dem Verkehrsunfall zugrunde:
...... [*HIER genaue Angaben in tatsächlicher und rechtlicher Hinsicht sowie Beweisangebote machen.*]

[Bei Verkehrsunfallflucht]
Mit der Klage werden Schadensersatzansprüche aus einem Verkehrsunfall geltend gemacht, der sich am ...... in ...... auf der ......straße um ...... Uhr ereignete. Am Unfall beteiligt waren das Fahrzeug des Klägers, ein ...... mit dem amtlichen Kennzeichen ...... sowie ein unbekannt gebliebenes Fahrzeug, dessen Fahrer mit dem Fahrzeug Unfallflucht beging. Trotz umfangreicher Bemühungen der Polizei konnten Fahrzeug und Fahrer nicht ermittelt werden.

Beweis: Beiziehung der Ermittlungsakte ......, Az. ......

Der Verkehrsunfall ereignete sich wie folgt:
...... [*HIER Darstellung des Unfallsachverhalts in tatsächlicher und rechtlicher Hinsicht*]

Für die Folgen des Verkehrsunfalls ist folglich der Beklagte eintrittspflichtig. Nach § 12 PflVG kann der Kläger die Ersatzansprüche, die ihm gegen den unbekannten Halter und dessen Versicherung zustehen, gegen den Beklagten geltend machen, da das Fahrzeug, durch dessen Gebrauch der Schaden verursacht wurde, nicht ermittelt werden konnte, § 12 Abs. 1 Nr. 1 PflVG.

Folgender Sachschaden, der nicht Fahrzeugschaden ist, ist dem Kläger durch den Verkehrsunfall entstanden:
...... [*HIER folgt die nähere Ausführung und Spezifizierung nebst Beweisangebot*]

Von diesem Sachschaden hat der Kläger gemäß § 12 Abs. 1 S. 3 PflVG einen Selbstbehalt von 500,– EUR zu tragen. Der übrig bleibende Restbetrag über ...... EUR wird mit der vorliegenden Klage geltend gemacht.

Der Kläger ist nicht vollkaskoversichert und hat auf die vorstehenden Schadenspositionen keinerlei sonstige Leistungen erhalten.

Als weiteres steht dem Kläger ein Schmerzensgeldanspruch gem. § 847 BGB i.V.m. § 12 Abs. 2 PflVG zu:

Der Kläger wurde bei dem Unfall in folgender Weise gravierend verletzt. Er erlitt ...... [*HIER folgt nähere Ausführung*]

Um eine Verletzung von besondere Schwere handelt es sich, weil ...... [*HIER folgt nähere Ausführung*]

Da Schmerzensgeld sollte ungefähr (mindestens) ...... EUR betragen.

Der Zinsanspruch folgt aus §§ 291, 288 BGB. Der Beklagte hat mithin ab Rechtshängigkeit Zinsen in Höhe von fünf Prozentpunkten über dem Basiszinssatz zu zahlen.

[– Der Kläger forderte die Beklagte mit Schreiben vom ...... auf, den Betrag von ...... EUR umgehend, spätestens bis zum ...... zu bezahlen.

Beweis: Schreiben vom ......, Anlage K ......

Eine Bezahlung der geltend gemachten Forderung erfolgte gleichwohl nicht. Der Beklagte befindet sich somit mit der Bezahlung des Klagebetrages seit dem ...... in Verzug.

Der/Die Kläger/-in arbeitet selbstständig mit einem Bankkredit, der die eingeklagte Forderung betragsmäßig übersteigt. Für diesen Kredit muss sie seit dem o. g. Datum, dem .... %. Zinsen bezahlen.

Beweis: Zinsbestätigung der ...... bank [- ...... Sparkasse], Anlage K ......

Für den Bestreitensfall zusätzlich:

Beweis: Herr/Frau] ...... zuständige(r) Bankbearbeiter/-in [- Sparkassenangestellte(r)] unter Entbindung von der Verschwiegenheitspflicht, zu laden über die ......Bank [- ...... Sparkasse] als Zeuge/-in

Der betreffende Bankkredit hätte sich um den Klageforderungsbetrag verringert, wenn die Beklagte fristgerecht bezahlt hätte. Der Klageforderungsbetrag ist daher seit dem ...... mit ...... % Zinsen zu verzinsen.]

....
Rechtsanwalt/-wältin

Anmerkung

Siehe zuvor Anmerkung zu Formular 3.A.#20.

Wird ein Verkehrsunfall durch ein Kraftfahrzeug verursacht und kann der Geschädigte seine Ansprüche nicht durchsetzen, weil das Fahrzeug nicht ermittelt werden kann, keine Haftpflichtversicherung besteht oder die Haftpflichtversicherung insolvent ist, so besteht unter bestimmten Voraussetzungen ein Anspruch gegen die

Verkehrsopferhilfe e. V., Glockengießerwall 1, 20095 Hamburg.

Über die Bearbeitung von Auto-Haftpflichtschäden durch den Verein Deutsches Büro Grüne Karte und den Verein Verkehrsopferhilfe sowie über Hilfestellung des Deutschen Büros Grüne Karte bei Schadenfällen im Ausland gibt es ein Merkblatt.

Die Verkehrsopferhilfe haftet nur subsidiär, d. h. nur insoweit, als nicht Ansprüche gegen Dritte, wie z. B. die Kaskoversicherung wegen des Fahrzeugschadens, den Arbeitgeber wegen Verdienstausfalles, die Krankenversicherung wegen Heilbehandlungskosten usw., bestehen.

Beim Klageantrag selbst ist es nicht zwingend notwendig, eine Mindestvorstellung der Schmerzensgeldforderung zu nennen. Die Nennung einer Mindestvorstellung führt dazu, dass eine Bindung im Hinblick auf den Gegenstandswert eintritt. Aus diesem Grund bestehen bei der Kostenzusage für eine Schmerzensgeldklage Rechtsschutzversicherungen sogar darauf, dass die Mindestvorstellung nicht im Klageantrag, sondern in der Begründung genannt wird. Die Nennung einer Mindestvorstellung innerhalb der Begründung der Klageschrift reicht aus, ist aber auf jeden Fall auch als Schlüssigkeitsvoraussetzung der Klage unbedingt erforderlich. Durch einen unbezifferten Zahlungsantrag kann der Kläger somit das sonst bestehende Risiko einer Abweisung des zuviel Geforderten mit teilweiser Kostenbelastung oder der Beantragung einer zu geringen Forderung, über die das Gericht nicht hinausgehen darf (vgl. § 308 ZPO), zumindest mindern.

Bei den Gerichten besteht allgemein die Tendenz, unter der Forderung zu bleiben. Deshalb lässt sich sagen, wer zu viel fordert, der bekommt auch mehr. Damit wird zwar eine Teilabweisung des Schmerzensgeldanspruches riskiert, wenn nicht gar vorprogrammiert. Die Angabe einer erstrebten Größenordnung führt dann bei einem Urteil, das mehr als 20 % ober- oder unterhalb dieser Größenordnungsvorstellung liegt, zur Teilabweisung. Aber ein höheres Schmerzensgeld wiegt den Kostennachteil auf.

In Deutschland fahren ca. 260.000 Fahrzeuge ohne Kfz-Versicherung. Die Verkehrsopferhilfe ist ein Fonds, in den alle Autoversicherer zahlen. Der Verein regelt Schäden, die durch unversicherte Fahrzeuge herbeigeführt werden oder bei vorsätzlicher Handlung bis zur gesetzlichen Mindestsumme reichen.

Bei vorsätzlicher Schädigung hilft der Verein aber nur unter folgenden Voraussetzungen:

- wenn Kranken- und Sozialversicherung nicht leisten und
- eine Vollkaskoversicherung nicht besteht
- wenn der unversicherte oder vorsätzliche Täter nicht bereit ist zu zahlen.

Bei Nichtermittlung des Schädigers, der Unfallflucht begangen hat, werden nur Personenschäden, nicht aber Schäden am Fahrzeug ersetzt; sonstige Sachschäden wie Gepäck, Kleidung, Ladung sind erstattungsfähig, sofern sie 500,– EUR übersteigen.

Schmerzensgeld wird nur ausnahmsweise geleistet, wenn dies wegen der bestehenden Schwere der Verletzung zur Vermeidung einer groben Unbilligkeit erforderlich ist (LG Krefeld VersR 1986, 270).

Bei dem wichtigsten Anwendungsfall des § 12 PflVG, der Unfallflucht des Schädigers, bestehen Einschränkungen des Anspruches. Sachschäden werden nur über einem Betrag von mehr als 500,– EUR ersetzt. Schmerzensgeldansprüche nur dann, wenn die Leistung der Entschädigung wegen der besonderen Schwere der Verletzung zur Vermeidung einer groben Unbilligkeit erforderlich ist.

Die Verkehrsopferhilfe zahlt mit Ausnahme der genannten Leistungsbeschränkung so, als wäre der Schuldige mit der gesetzlichen Mindestdeckungssumme bzw. ein nichtversichertes Fahrzeug im Rahmen der Mindestdeckungssumme versichert.

Büromäßige Behandlung:
Ansprüche gegen die Verkehrsopferhilfe nach § 12 PflVG können im Wege der Klage nur dann geltend gemacht werden, wenn ein Verfahren vor der Schiedsstelle vorausgegangen ist oder wenn seit der Anrufung der Schiedsstelle mehr als drei Monate verstrichen sind.

Kosten u. Gebühren:
Gerichtskosten:

3,0 Verfahrensgebühr nach GKG KV Nr. 1210.

Rechtsanwaltsgebühren:
Regelgebühren nach § 31 BRAGO.

#22 Anspruchsschreiben gegenüber Deutsches Büro Grüne Karte e. V.

[*HIER Ort, Datum*]

An das
Deutsche Büro Grüne Karte e. V./
Gemeinschaft der Grenzversicherer
Glockengießerwall 1
20095 Hamburg

Unfall vom ...... in ......
Beteiligt: ...... wohnhaft in ......
Ausländisches Kennzeichen: ......

Sehr geehrte Damen und Herren,

Herr/Frau ...... hat mich mit der Wahrnehmung seiner/ihrer rechtlichen Interessen in der o. a. Unfallsache beauftragt. Diesbezügliche Vollmacht habe ich zu meiner Legitimation diesem Anspruchsschreiben beigefügt.

Ihre Zuständigkeit ergibt sich aus der Unfallbeteiligung eines im Ausland zugelassenen Fahrzeuges.

Der andere Unfallbeteiligte hat sein Fahrzeug der Marke ...... Typ ...... mit dem amtlichen Kennzeichen ......, Versicherungs-Nr. ...... und der Grünen Karte Nr. ...... [- des rosa Grenzversicherungsscheines Nr. ...... und Gültigkeitsdauer bis zum ......] versichert. Eine Kopie der grünen Karte ist beigefügt.

Der Unfallhergang ergibt sich aus anliegender Unfallschilderung. Wie sich aus dieser ergibt, war der Unfall für meinen Mandanten [- meine Mandantin] unabwendbar.

Der Unfall wurde von der Polizei - ...... Revier - zu Tagebuch-Nr. ...... aufgenommen.

Ich bitte Sie, mir mitzuteilen, welches deutsche Versicherungsunternehmen Sie mit der Schadensabwicklung beauftragen, damit ich eine Abrechnung des Schadens vornehmen kann.

Ich stelle Ihnen anheim, mir ein Unfallformular zuzuleiten.

Mit freundlichen Grüßen

....
Rechtsanwalt/-wältin

Anmerkung

Über die Bearbeitung von Auto-Haftpflichtschäden durch den Verein Deutsches Büro Grüne Karte und den Verein Verkehrsopferhilfe sowie über Hilfestellung des Deutschen Büros Grüne Karte bei Schadenfällen im Ausland gibt es ein Merkblatt.

Verkehrsunfälle, welche in der Bundesrepublik Deutschland mit einem im Ausland zugelassenen und versicherten Fahrzeug verursacht wurden, werden vom Deutschen Büro Grüne Karte e. V. reguliert, gegen den auch ein Direktanspruch nach § 6 Ausländerpflichtversicherungsgesetz besteht. Der deutsche Unfallgegner braucht sich also nicht an die ausländische Versicherung wenden. Gleiches gilt, wenn der Unfallgegner mit dem rosa Grenzversicherungsschein eingereist ist.

Die Zuständigkeit des Deutschen Büros Grüne Karte e. V. ist nicht gegeben, wenn

- ein deutscher Autofahrer im Ausland einen Unfall erleidet. Ist der Unfallgegner ein Ausländer, so müssen die Ansprüche im Ausland beim Schädiger oder dessen Kraftfahrzeughaftpflichtversicherer geltend gemacht werden. Dazu muss ein ausländischer Anwalt eingeschaltet werden.
- an einem Unfall in der Bundesrepublik Deutschland Militärfahrzeuge der hier stationierten Streitkräfte beteiligt sind,
- bei einem Unfall in der Bundesrepublik Deutschland Angehörige der ausländischen Streitkräfte beteiligt sind, die ein Privatfahrzeug gefahren haben. Hier ist der jeweilige Haftpflichtversicherer zuständig.

Büromäßige Behandlung:
Anschrift des Deutschen Büros Grüne Karte e. V. ist:
Glockengießerwall 1,
20095 Hamburg,
Tel.: 040/33 44 00,
Telefax: 040/3 34 40 70 40.

Vom geschädigten Mandanten sind folgende Daten des Schädigers zu erfragen:

Kennzeichen des Schädigerfahrzeugs, Versicherung, Versicherungsnummer sowie die Geltungsdauer der Grünen Karte. Deshalb hätte sich der Mandant am besten das Original der Grünen Karte des Unfallgegners aushändigen lassen sollen, da auf dieser die Daten zu finden sind. Da dies zumeist nicht geschehen ist und auch die Daten häufig bis auf das Kennzeichen nicht vollständig vorhanden sind, genügt zumindest bei den meisten westeuropäischen Fahrzeugen das Kennzeichen des ausländischen Fahrzeuges (siehe hierzu die angegebenen Länder in BRAK-Mitt. 5/1999 Seite VIII).

Die Unterzeichnung mehrerer Vollmachtsformulare, die den Inhalt des Auftrags jeweils enthalten, ist ratsam, damit das Original der Vollmacht vorgelegt werden kann (beachte § 174 BGB). Eine Kopie der Vollmachtsurkunde steht dem Original nicht gleich. Die Vorlage einer Kopie kann eine Haftung aus Pflichtverletzung nach sich ziehen (BGH NJW 1994, 1472).

#23 Klage gegen Deutsches Büro Grüne Karte e. V.

[*HIER Ort, Datum*]

An das
Amtsgericht [– Landgericht]
[*HIER Anschrift*]

Klage

des/der ...... [*HIER Vorname, Name, Anschrift*]

– Klägers/-in, –

Prozessbevollmächtigte(r): Rechtsanwalt/-wältin ...... [*HIER Vorname, Name, Anschrift*]

gegen

den Deutsches Büro Grüne Karte e. V., vertreten durch den Vorstand, Glockengießerwall 1, 20095 Hamburg

– Beklagten, –

Prozessbevollmächtigte(r): Rechtsanwalt/-wältin ...... [*HIER Vorname, Name, Anschrift*]

Namens und in Vollmacht des/der Klägers/-in erhebe ich Klage und werde beantragen,

die Beklagte zu verurteilen, an den/die Kläger/-in ...... EUR nebst Zinsen in Höhe von fünf Prozentpunkten über dem jeweiligen Basiszinssatz ab Rechtshängigkeit [– % Zinsen seit dem ......] zu zahlen.

Begründung:

Mit der vorliegenden Klage werden Schadensersatzansprüche aus einem Verkehrsunfall geltend gemacht, der sich am ...... in ...... auf der ......straße ereignet hat. Beteiligt waren der Kläger mit einem PKW der Marke ......, amtliches Kennzeichen ......und ein ...... [z. B. dänisches, belgisches, französisches] Fahrzeug mit dem Kennzeichen ...... gesteuert von ......, haftpflichtversichert bei der ...... Versicherung.

Nach den Vorschriften des Ausländerpflichtversicherungsgesetzes hat der Beklagte für Verkehrsunfälle einzustehen, die mit diesem Fahrzeug in der Bundesrepublik Deutschland begangen werden.

....
Rechtsanwalt/-wältin

Anmerkung

Über die Bearbeitung von Auto-Haftpflichtschäden durch den Verein Deutsches Büro Grüne Karte und den Verein Verkehrsopferhilfe sowie über Hilfestellung des Deutschen Büros Grüne Karte bei Schadenfällen im Ausland gibt es ein Merkblatt.

Verkehrsunfälle, welche in der Bundesrepublik Deutschland mit einem im Ausland zugelassenen und versicherten Fahrzeug verursacht wurden, werden vom Deutschen Büro Grüne Karte e. V. reguliert, gegen den auch ein Direktanspruch nach § 6 Ausländerpflichtversicherungsgesetz besteht. Der deutsche Unfallgegner braucht sich also nicht an die ausländische Versicherung wenden und vermeidet Prozesse im Ausland.

Büromäßige Behandlung:
Anschrift des Deutschen Büros Grüne Karte e. V. ist:
Glockengießerwall 1,
20095 Hamburg,
Tel.: 040/33 44 00,
Telefax: 040/3 34 40 70 40.

Vom geschädigten Mandanten sind folgende Daten des Schädigers zu erfragen:

Kennzeichen des Schädigerfahrzeugs, Versicherung, Versicherungsnummer sowie die Geltungsdauer der Grünen Karte. Deshalb hätte sich der Mandant am besten das Original der

Grünen Karte des Unfallgegners aushändigen lassen sollen, da auf dieser die Daten zu finden sind. Da dies zumeist nicht geschehen ist und auch die Daten häufig bis auf das Kennzeichen nicht vollständig vorhanden sind, genügt zumindest bei den meisten westeuropäischen Fahrzeugen das Kennzeichen des ausländischen Fahrzeuges (siehe hierzu die angegebenen Länder in BRAK-Mitt. 5/1999 Seite VIII).

Die Klage selbst ist nur gegen den Verein Deutsches Büro e. V. zu richten, da nur der Verein Deutsches Büro e. V. passiv legitimiert ist, auch wenn dieses dann ein Mitgliedsversicherungsunternehmen mit der Regulierung beauftragt. Beauftragt das Deutsche Büro Grüne Karte e. V. ein Deutsches Versicherungsunternehmen mit der Regulierung, so bleibt es jedoch im Schadensfall passiv legitimiert. Der mit der Schadensfallabwicklung beauftragte Versicherer ist nicht zu verklagen.

Neben dem Verein können auch Halter, Fahrer und/oder Versicherung des ausländischen Fahrzeugs verklagt werden. Hiervon ist aber abzuraten. Denn bei dieser Vorgehensweise sind nicht nur Auslandszustellungen erforderlich, sondern auch unter Umständen Übersetzungskosten, was beides oft zu einer nicht unbeträchtlichen Verlängerung der Verfahrensdauer führt. Nur wenn es aus Gründen der Beweislage erforderlich ist, sollte der Fahrer des ausländischen Fahrzeuges mitverklagt werden, wenn er als Zeuge ausgeschaltet werden soll.

Gleiches gilt, wenn der Unfallgegner mit dem rosa Grenzversicherungsschein eingereist ist. Zu verklagen ist dann die unter gleicher Adresse firmierende Gemeinschaft der Grenzversicherer.

#24 Klage auf Schmerzensgeld, Rente und Feststellung aus Verkehrsunfall §§ 823 ff. BGB, 7 ff. StVG

[*HIER Ort, Datum*]

An das
Amtsgericht [- Landgericht]
[*HIER Anschrift*]

Klage

des/der ...... [*HIER Vorname, Name, Anschrift*]

- Klägers/-in, -

Prozessbevollmächtigte(r): Rechtsanwalt/-wältin ...... [*HIER Vorname, Name, Anschrift*]

gegen

1. den/die ...... [*HIER Vorname, Name, Anschrift*], Halter d. Kfz

- Beklagte(n) zu 1), -

2. den/die ...... [*HIER Vorname, Name, Anschrift*], Fahrer d. Kfz

- Beklagte(n) zu 2), -

3. die ...... -Versicherungs-AG, vertreten durch den Vorstand

- Beklagte zu 3), -

Prozessbevollmächtigte(r): Rechtsanwalt/-wältin ...... [*HIER Vorname, Name, Anschrift*]

wegen a) Schmerzensgeld, b) Rente, c) Feststellung.

Streitwert: vorläufig geschätzt ...... EUR

Namens und im Auftrag des/der Klägers/in erhebe ich Klage und werde beantragen:

1. die Beklagten als Gesamtschuldner zu verurteilen, an den/die Kläger/-in
   a. ein Schmerzensgeld in Höhe von ...... EUR mit Zinsen in Höhe von 5 Prozentpunkten über dem Basiszinssatz seit dem ...... [*Tag des Unfalls*] zu zahlen.
   [oder]
   a. ein angemessenes Schmerzensgeld nebst Zinsen in Höhe von 5 Prozentpunkten über dem Basiszinssatz seit dem ...... [*Tag des Unfalls*] zu zahlen.
   b. eine monatlich im Voraus zu zahlende Rente in Höhe von ...... EUR [auf Lebenszeit] [- bis zur Erreichung des vollendeten ...... Lebensjahres] gem. § 843 BGB zu zahlen.
2. festzustellen, dass die Beklagten verpflichtet sind, dem/der Kläger/-in allen materiellen und immateriellen Schaden zu ersetzen, der dem/die Kläger/-in aus dem Verkehrsunfall mit dem Versicherungsnehmer der Beklagten zu 3.) am ...... in ...... noch entstehen wird, soweit der Anspruch nicht auf einen Sozialversicherungsträger oder andere Dritte übergegangen ist.

Für den Fall der Durchführung des schriftlichen Vorverfahrens beantrage ich bereits jetzt im Falle der Säumnis durch Versäumnisurteil und im Falle des Anerkenntnisses durch Anerkenntnisurteil zu entscheiden.

Des Weiteren beantrage ich, dem Kläger zu meinen Händen

1. eine vollstreckbare Ausfertigung des Urteiles, sowie
2. eine Zustellungsbescheinigung gemäß § 169 Abs. 1 ZPO

zu erteilen.

Darüber hinaus bitte ich darum,
alle künftigen Sitzungs- und Verkündungsprotokolle in zweifacher Ausfertigung zu übermitteln.

Begründung:

......

....
Rechtsanwalt/-wältin

Anmerkung

Gerichtsstand: Allgemeiner Gerichtsstand §§ 12 – 19 ZPO.

Gerichtsstand der unerlaubten Handlung: §§ 32 ZPO, 20 StVG,

Wahlgerichtsstand § 35 ZPO

Die Versicherungsgesellschaft haftet direkt nach den Sonderbestimmungen des Pflichtversicherungsgesetzes § 3 PflVG, der Fahrer nach § 823 BGB i. V. m. § 18 StVG und StVO, der Halter aus § 7 StVG.

Die Haftung des Halters ist ausgeschlossen, wenn der Unfall auf einem unabwendbaren Ereignis beruht und Halter und Fahrer jede gebotene Sorgfalt beobachtet haben, § 7 Abs. 2 StVG. Den Feststellungsantrag zu stellen ist in vielen Fällen sowohl bei inneren wie äußeren Verletzungen notwendig. Nur bei voller Klarheit über die Begrenzung darf er fehlen.

Der Geschädigte hat einen Direktanspruch gegen die Versicherungsgesellschaft nach den Sonderbestimmungen des Pflichtversicherungsgesetzes, § 3 PflVG.

Der Fahrer haftet nach §§ 823 BGB i. V. m. § 18 StVG (und den jeweiligen Bestimmungen der StVO).

Der Halter haftet nach § 7 StVG. Die Ersatzpflicht des Halters ist jedoch ausgeschlossen, wenn der Unfall durch ein unabwendbares Ereignis verursacht wurde, das weder auf einem Fehler in der Beschaffenheit des Fahrzeugs noch auf einem Versagen seiner Vorrichtungen beruht, § 7 Abs. 2 StVG. Als unabwendbar gilt ein Ereignis insbesondere dann, wenn es auf das Verhalten des Verletzten oder eines nicht bei dem Betrieb beschäftigten Dritten oder eines Tieres zurückzuführen ist und sowohl der Halter als auch der Führer des Fahrzeugs jede nach den Umständen des Einzelfalles gebotene Sorgfalt beobachtet hat.

Das Gesamtschuldverhältnis ergibt sich aus allen einschlägigen Rechtsvorschriften:

§ 840 BGB, §§ 7, 18 StVG, § 3 Nr. 2 PflVG.

Die Stellung des Feststellungsantrages ist bei dem Vorliegen von inneren und/oder äußeren Verletzungen notwendig. Nur bei voller Klarheit über die Begrenzung darf er fehlen.

Das Risiko, mit einer Zuvielforderung abgewiesen zu werden und für die Teilabweisung die Kosten des Rechtsstreits tragen zu müssen, kann der Kläger mit der Stellung eines unbezifferten Zahlungsantrages vermeiden. Den Voraussetzungen des § 253 Abs. 2 Nr. 2 BGB genügt auch ein unbezifferter Schmerzensgeldantrag, sofern die tatsächlichen Grundlagen für die nach § 287 ZPO vorzunehmende Schätzung in der Klagebegründung aufzufinden sind (vgl. BGH NJW 1992, 311). Dazu gehören

- die Angabe über das Ausmaß und den Unfang der Verletzung(en),
- die Dauer der ärztlichen (Krankenhaus-)Behandlung,
- die Dauer der Arbeitsunfähigkeit und
- die verbleibenden Einschränkungen des Verletzten (BGH NJW 1996, 2425).

Notwendig ist die Angabe einer ungefähren Größenordnung der Schmerzensgeldsumme in der Klagebegründung, da es sonst an einer Beschwer für die Zulässigkeit der Berufung fehlt (BGH NJW 1999, 1339).

Allerdings hat der unbezifferte Antrag mit der Angabe einer Mindestsumme den Vorteil, dass ein höheres Schmerzensgeld durch das Gericht festgesetzt werden kann. Zudem kann bei Zusprechen eines niedrigeren Betrages durch das Gericht eine Kostenentscheidung nach § 92 Abs. 2 ZPO erfolgen. Es ist in diesem Zusammenhang nicht notwendig, eine Mindestvorstellung im Klageantrag zu nennen. Die Nennung im Klageantrag ist auch nicht zu empfehlen, da damit eine Bindung im Hinblick auf den Gegenstandswert eintritt, die ja gerade vermieden werden soll. Aus diesem Grunde bestehen Rechtsschutzversicherungen bei der Kostenzusage für eine Schmerzensgeldklage sogar darauf, dass eine Mindestvorstellung innerhalb der Begründung der Klageschrift genannt wird. Die Formulierung kann dabei lauten:

»*Das Schmerzensgeld sollte ungefähr (mindestens) ...... EUR betragen.*«

Da bei den Gerichten allgemein die Tendenz besteht, unter dem Antrag zu bleiben, sollte nicht zu wenig gefordert werden. Die Angabe einer erstrebten Größenordnung führt bei einem Urteil erst dann zu einer Teilabweisung, wenn es mehr als 20 % oberhalb oder unterhalb dieser

Größenordnungsvorstellung liegt. Aber selbst bei einer Teilabweisung wiegt ein höheres Schmerzensgeld zumeist den Kostennachteil auf. Dem Gericht ist bei der Festsetzung des für angemessen gehaltenen Schmerzensgeldes im Rahmen des § 308 ZPO durch die Angabe eines Mindestbetrages oder einer Größenordnung nach keine Grenze gezogen (BGH NJW 1996, 2425).

Kosten u. Gebühren:
Wie bei gewöhnlicher Klage. Die Streitwerte werden zusammengezählt.

#25 Klage auf Schmerzensgeld mit unbeziffertem Antrag verbunden mit Feststellungsklage

[*HIER Ort, Datum*]

An das
Amtsgericht [- Landgericht]
[*HIER Anschrift*]

Klage

des/der ...... [*HIER Vorname, Name, Anschrift*]

- Klägers/-in, -

Prozessbevollmächtigte(r): Rechtsanwalt/-wältin ...... [*HIER Vorname, Name, Anschrift*]

gegen

1. den/die ...... [*HIER Vorname, Name, Anschrift*]

- Beklagte(n) zu 1), -

2. die ...... -Versicherungs-AG, vertreten durch den Vorstand

- Beklagte zu 2), -

Prozessbevollmächtigte(r): Rechtsanwalt/-wältin ...... [*HIER Vorname, Name, Anschrift*]

wegen Schmerzensgeld.
Streitwert: vorläufig geschätzt ...... EUR

Namens und im Auftrag des/der Klägers/in erhebe ich Klage und werde beantragen:

1. die Beklagten als Gesamtschuldner zu verurteilen, ein in das Ermessen des Gerichts gestelltes Schmerzensgeld nebst Zinsen in Höhe von 5 Prozentpunkten über dem Basiszinssatz seit dem ...... zu zahlen.
   [oder]
   die Beklagten als Gesamtschuldner zu verurteilen, ein über bereits gezahlte ...... EUR hinausgehendes weiteres, in das Ermessen des Gerichts gestelltes Schmerzensgeld nebst Zinsen in Höhe von 5 Prozentpunkten über dem Basiszinssatz seit dem ...... zu zahlen.
2. festzustellen, dass die Beklagten verpflichtet sind, dem/der Kläger/-in allen materiellen und immateriellen Schaden zu ersetzen, der dem/die Kläger/-in aus dem Verkehrsunfall mit dem Versicherungsnehmer der Beklagten zu 2.) am ...... in ...... noch entstehen

wird, soweit der Anspruch nicht auf einen Sozialversicherungsträger oder andere Dritte übergegangen ist.

Für den Fall der Durchführung des schriftlichen Vorverfahrens beantrage ich bereits jetzt im Falle der Säumnis durch Versäumnisurteil und im Falle des Anerkenntnisses durch Anerkenntnisurteil zu entscheiden.

Des Weiteren beantrage ich, dem Kläger zu meinen Händen

1. eine vollstreckbare Ausfertigung des Urteiles, sowie
2. eine Zustellungsbescheinigung gemäß 169 Abs. 1 ZPO.

zu erteilen.

Darüber hinaus bitte ich darum,
alle künftigen Sitzungs- und Verkündungsprotokolle in zweifacher Ausfertigung zu übermitteln.

Begründung:

...... [*In der Begründung müssen auf jeden Fall die Mindestvorstellung oder Größenordnung bezüglich der Schmerzensgeldhöhe genannt werden, ansonsten ist die Klage nicht schlüssig.*]

....
Rechtsanwalt/-wältin

Anmerkung

Das Risiko, mit einer Zuvielforderung abgewiesen zu werden und für die Teilabweisung auch die Kosten tragen zu müssen, kann der Kläger durch die Stellung eines unbezifferten Zahlungsantrages vermeiden. Den Voraussetzungen des § 253 Abs. 2 Nr. 2 ZPO genügt auch ein unbezifferter Schmerzensgeldantrag, sofern die tatsächlichen Grundlagen für die nach § 287 ZPO vorzunehmende Schätzung in der Klagebegründung aufzufinden sind (vgl. BGH NJW 1992, 311), wie Angabe über Ausmaß und Umfang der Verletzung, Dauer der ärztlichen (Krankenhaus-) Behandlung, Dauer der Arbeitsunfähigkeit, verbleibende Einschränkungen (BGH NJW 1996, 2425). Notwendig ist die Angabe einer ungefähren Größenordnung der Schmerzensgeldsumme in der Klagebegründung, da es sonst an einer Beschwer für die Zulässigkeit der Berufung fehlt (BGH NJW 1999, 1339).

Es ist nicht zwingend notwendig, eine Mindestvorstellung hinsichtlich der Höhe des Schmerzensgeldbetrages in den Klageantrag selbst aufzunehmen.

Vor allem eine Reihe von Rechtsschutzversicherungen bestehen bei der Kostendeckungszusage darauf, dass die Mindestvorstellungen nicht in den Klageantrag aufgenommen, sondern nur in der Begründung genannt werden, weil bei Aufnahme der Mindestvorstellung in den Klageantrag eine Bindung hinsichtlich des Gegenstandswertes eintritt. Es besteht die Gefahr, dass der Streitwert nach den Mindestvorstellungen festgesetzt und die Berufungsmöglichkeiten des Klägers damit eingeschränkt werden (vgl. BGH VersR 1979, 472).

Wird in der Klagebegründung allerdings die Angabe einer ungefähren Größenordnung unterlassen, so fehlt es für ein Rechtsmittel an der Beschwer (BGH NJW 1992, 311).

Da bei einigen Gerichten die Tendenz besteht, unter dem in der Mindestvorstellung genannten Schmerzensgeldbetrag zu bleiben, sollte bei Angabe der Mindestvorstellung in der Klagebegründung nicht zu wenig gefordert werden.

Bei der vom Kläger angegebenen Höhe des vorläufigen Streitwertes, nach der er den Gerichtskostenvorschuss einzahlt, sollte nicht ›gespart‹ werden. Der Streitwert sollte sich an dem bemessen, was man sich als Schadensersatz vorstellt. Beim Streitwert der Feststellungsklage ist ein Abschlag von 20–50 % vom Schaden, den der Kläger erwartet, vorzunehmen (BGH NJW-RR 1991, 509).

Zur Vermeidung einer Teilabweisung sind bereits geleistete Zahlungen anzugeben.

Vgl. auch Formular 3.A.#06 mit Anmerkung.

Der Vorteil eines unbezifferten Antrages mit Mindestsumme besteht darin, dass das Gericht ein höheres Schmerzensgeld festsetzen und bei niedrigerem Betrag die Kostenentscheidung nach § 92 Abs. 2 ZPO ergehen kann. Für ein Rechtsmittel besteht allerdings die Beschwer nicht, wenn das Gericht den Mindestbetrag zuspricht.

Achtung:
Im Verkehrsunfallrecht ist bei Aktivprozessen neben dem Halter auch der Fahrer aufgrund gesamtschuldnerischer Haftung in Anspruch zu nehmen, um diesen – auch aus prozesstaktischen Gründen – als Zeugen auszuschalten.

Ob nur allein der Fahrer oder auch zusätzlich der Kfz-Halter verklagt werden sollte, ist genau zu überlegen. Manchmal wird nämlich übersehen, dass der Halter nur aus Betriebsgefahr haftet und deswegen von diesem kein Schmerzensgeld und auch sonstige materielle Personenschäden nur im Rahmen der Haftungshöchstgrenzen des StVG verlangt werden können. Dies hat zur Folge, dass bei einer Klage auf Schmerzensgeld oder einer Feststellungsklage für künftige immaterielle Schäden gegen den Halter des Kfz diese Klage insoweit sofort abweisungsreif ist und der Kläger die entsprechenden Kosten zu tragen hat. Damit droht Regressgefahr, da selbst eine bestehende Rechtsschutzversicherung diese schuldhaft und vermeidbar verursachten Kosten nicht übernehmen wird.

Während der Fahrer und die Kfz-Haftpflichtversicherung auf jeden Fall aufgrund gesamtschuldnerischer Haftung verklagt werden sollten, ist eine Einbeziehung des Kfz-Halters neben Fahrer und Kfz-Haftpflichtversicherung in die Klage unter Berücksichtigung der zuvor genannten Aspekte aber nur dann erforderlich und auch taktisch geboten, sofern der Halter dadurch als möglicher Zeuge ausgeschaltet werden soll. Ansonsten eröffnet eine Klage auch gegen den Kfz-Halter diesem nur die Möglichkeit einer Drittwiderklage gegen den Fahrer des Mandanten-Fahrzeugs, der auf diese Weise als Zeuge ausgeschaltet würde. Durch die Drittwiderklage wird der bislang als Zeuge zur Verfügung stehende Fahrer des geschädigten Unfallfahrzeuges des Mandanten zur Partei des Rechtsstreites und kann nicht mehr als Zeuge aussagen.

Bei Vertretung auf der Passivseite im Verkehrsunfallsprozess ist empfehlenswert – soweit tatsächlich nach Sachlage möglich – Widerklage zu erheben, z. B. wenn die Ansprüche des/ der Beklagten noch nicht ausgeglichen sind. Auf diesem Weg kann ein Unfallbeteiligter in den Prozess einbezogen und als Zeuge ausgeschaltet werden. In diesem Fall ist die Erhebung der Widerklage nicht rechtsmissbräuchlich (LG Köln VersR 1983, 403).

Durch die Widerklage kann auch ein Dritter mit in das Verfahren einbezogen werden. Dadurch können eventuell auch Zeugen auf legitime Weise in eine Parteistellung gebracht werden, was ihre Vernehmung als Zeugen ausschließt. Benennt in einem Verkehrsunfallprozess die Gegenseite den Fahrer ihres Kfz als Zeugen, kann der Unfallschaden des Mandanten nicht nur gegen den gegnerischen Kfz-Halter und Kläger, sondern zusätzlich auch gegen dessen Fahrer geltend gemacht werden. Der gegnerische Fahrer darf dann nicht mehr als Zeuge im Verfahren vernommen werden.

Sind hingegen in einem Verkehrsunfallprozess nicht nur auf der Passivseite Fahrer und Halter personenverschieden, sondern auch auf der Aktivseite, so sollte aus prozesstaktischen Gründen möglichst nicht der gegnerische Halter mitverklagt werden, um der Gegenseite die Möglichkeit zu nehmen, mit einer Widerklage den diesseitigen Fahrer als – womöglich einzigen – Zeugen auszuschalten, es sei denn, der Halter ist zugleich Zeuge. Dabei ist aber zu beachten, dass es dem gegnerischen Anwalt dennoch gelingen kann, seine Mandantschaft in die Lage einer Widerklagemöglichkeit zu versetzen, in dem er die Ansprüche des Halters an den Fahrer abtreten lässt, sofern der Gegenanwalt an diese Möglichkeit denkt.

Gerichtskosten:
Nach der in der Klagebegründung genannten Mindestvorstellung ist der – vorläufige – Gerichtskostenvorschuss einzuzahlen.

Es kann wahlweise aber auch vor Einzahlung der Gerichtskosten zunächst die Festsetzung des Streitwertes beantragt werden.

Wird die Klage erst am letzten Tage vor Verjährung eingereicht und ist kein Gerichtskostenvorschuss eingezahlt worden, weil erst noch die Streitwertfestsetzung erfolgen soll, kann unter Umständen die Verjährung doch noch eintreten. Um eine »alsbaldige Zustellung« zwecks Verjährungsunterbrechung zu bewirken, wird nämlich eine Einzahlung des angeforderten Gerichtskostenvorschusses nur bis spätestens innerhalb von 14 Tagen als ausreichend angesehen. Deshalb ist es in diesem Fall ratsam, die vorläufige Befreiung von der Einzahlung der gerichtlichen Prozessgebühr als Voraussetzung der Zustellung gemäß § 65 Abs. 7 Nr. 4 GKG zu beantragen.

#26 Klage auf Schadenersatz

[*HIER Ort, Datum*]

An das
Amtsgericht [- Landgericht]
[*HIER Anschrift*]

Klage

des/der ...... [*HIER Vorname, Name, Anschrift*]

- Klägers/-in, -

Prozessbevollmächtigte(r): Rechtsanwalt/-wältin ...... [*HIER Vorname, Name, Anschrift*]

gegen

1. den/die ...... [*HIER Vorname, Name, Anschrift*]

- Beklagte(n) zu 1), -

2. die ......-Versicherungs-AG, vertreten durch den Vorstand

- Beklagte zu 2), -

Prozessbevollmächtigte(r): Rechtsanwalt/-wältin ...... [*HIER Vorname, Name, Anschrift*]

wegen Unfall-Schadensersatzes.

Vorläufiger Streitwert für Antrag Ziffer 1: ...... EUR
Vorläufiger Streitwert für Antrag Ziffer 2: ...... EUR

Namens und im Auftrag des/der Klägers/in erhebe ich Klage und werde beantragen:

1. die Beklagten als Gesamtschuldner zu verurteilen, an den/die Kläger/-in
   a. ...... EUR nebst Zinsen von 5 Prozentpunkten über dem Basiszinssatz seit dem ...... zu zahlen.
   b. ein in das Ermessen des Gerichts gestelltes Schmerzensgeld nebst Zinsen von 5 Prozentpunkten über dem Basiszinssatz seit dem ...... zu zahlen.
   [oder]
2. ein über bereits gezahlte ...... EUR hinausgehendes weiteres, in das Ermessen des Gerichts gestelltes Schmerzensgeld nebst 5 Prozentpunkten über dem Basiszinssatz seit dem ...... zu zahlen.
3. festzustellen, dass die Beklagten verpflichtet sind, dem/der Kläger/-in allen materiellen und immateriellen Schaden zu ersetzen, der dem/die Kläger/-in aus dem Verkehrsunfall mit dem Versicherungsnehmer der Beklagten zu 2.) am ...... in ...... noch entstehen wird, soweit der Anspruch nicht auf einen Sozialversicherungsträger oder andere Dritte übergegangen ist.

Für den Fall der Durchführung des schriftlichen Vorverfahrens beantrage ich bereits jetzt
im Falle der Säumnis durch Versäumnisurteil und im Falle des Anerkenntnisses durch Anerkenntnisurteil zu entscheiden.

Des Weiteren beantrage ich, dem Kläger zu meinen Händen

1. eine vollstreckbare Ausfertigung des Urteiles, sowie
2. eine Zustellungsbescheinigung gemäß § 169 Abs. 1 ZPO.

zu erteilen

Darüber hinaus bitte ich darum,
alle künftigen Sitzungs- und Verkündungsprotokolle in zweifacher Ausfertigung zu übermitteln.

Begründung:

Der Kläger verlangt Ersatz des Schadens, der ihm aus einem Verkehrsunfall vom ...... in ...... entstanden ist. [Der Kläger macht Schadenersatzansprüche aus einem Verkehrsunfall vom ...... gegen ...... Uhr auf der Kreuzung [- auf der ...... straße] in ...... geltend.] Der Kläger ist Eigentümer des PKW ...... mit dem amtlichen Kennzeichen ...... Der Beklagte zu 1. ist Fahrer und Halter des bei der Beklagten zu 2. haftpflichtversicherten PKW ...... mit dem amtlichen Kennzeichen ......

A.
Der Unfall war unabwendbar, wie sich aus der folgenden Unfallschilderung ergibt:
Am Unfalltage befuhr der Kläger mit seinem PKW die ......straße in ...... [z. B. Richtung stadtauswärts.] Seine Fahrgeschwindigkeit betrug die dort zulässige Höchstgeschwindigkeit von ...... km/h. Der Beklagte zu 1. befuhr ...... [*HIER folgt die weitere Sachverhaltsschilderung*]

Zum Zeitpunkt des Unfalles befand sich die Frau des Klägers, Frau ......, als Beifahrerin im Fahrzeug des Klägers. Für den Unfallhergang beziehe ich mich deshalb zum

Beweis: auf Zeugnis von Frau ......, zu laden über den Kläger.

Der Verkehrsunfall war Gegenstand eines polizeilichen Ermittlungsverfahrens. Ich beantrage [- Wir beantragen] die

Beiziehung

der beim Ordnungsamt der Stadt ...... unter dem Aktenzeichen ...... geführten Ermittlungsakten.

B.
Aufgrund des Zusammenstoßes beider Fahrzeuge erlitt der Kläger einen umfangreichen Sach- und Personenschaden.

I.

Dem Kläger sind im Einzelnen folgende Schäden entstanden, für die er Schadenersatz verlangt:

a) Reparaturkosten Rechnung, Anlage K 1	...... EUR
b) Kosten des Sachverständigen Rechnung, Anlage K 3	...... EUR
c) Nutzungsentschädigung für ...... Tage ...... à ...... EUR laut Liste Sanden/Danner/Küppersbusch	...... EUR
d) Ersatz der allgemeinen Unkosten pauschal	...... EUR
Dies ergibt einen Sachschaden von	...... EUR
[Hierauf hat die Beklagte zu 2. die Hälfte des eingeklagten Betrages anerkannt und bezahlt]	abzgl. ...... EUR
so dass verbleiben	...... EUR]

Zu den einzelnen Schadensposten ist Folgendes auszuführen:

Zu a) Die Höhe der Reparaturkosten bewegt sich im Rahmen der Schätzung des Sachverständigen.

Beweis: Vorlage der Reparaturrechnung der Firma ...... vom ...... in Kopie, Anlage K 1
Vorlage des Sachverständigengutachtens vom ...... in Kopie, Anlage K 2
Sachverständiges Zeugnis des Sachverständigen ......

Zu b) **Beweis:** Vorlage der Rechnung des Sachverständigen in Kopie, Anlage K 3

Zu c) Wie die Reparaturrechnung ergibt, war das Fahrzeug acht Tage in der Werkstatt. Deshalb ist der Nutzungsausfall für diese Tage zu ersetzen. Die tatsächliche Reparaturdauer entspricht der geschätzten Reparaturdauer.

Beweis: Wie zu a).

[*nur im Fall des Totalschadens*]

Der Kläger ließ sein Fahrzeug vom Sachverständigen ...... begutachten. Danach entstand am Fahrzeug wirtschaftlicher Totalschaden. Der Wiederbeschaffungswert für ein vergleichbares Fahrzeug in unbeschädigtem Zustand beträgt 5.000 EUR, der Restwert des Unfallfahrzeuges 1.000 EUR. Demnach beläuft sich der Fahrzeugschaden auf 4.000 EUR. [Der Fahrzeugschaden beträgt deshalb die Differenz aus dem Wiederbeschaffungswert ...... EUR und dem Restwert ...... EUR, somit ...... EUR.]

Beweis: Sachverständigengutachten vom ...... Anlage K 1
Sachverständiges Zeugnis des SV ......

Für die Anfertigung des Sachverständigengutachtens berechnete der Sachverständige dem Kläger ...... EUR. Wegen der Einzelheiten hierzu verweise ich auf die als

Anlage K 3

in Kopie nur für das Gericht beigefügte Rechnung des Sachverständigen ...... vom ......

Der Kläger hat sich inzwischen ein Ersatzfahrzeug gekauft. Zum Nachweis hierüber verweise ich auf den als

Anlage K 4

in Kopie nur für das Gericht beigefügten Fahrzeugschein.

In dem Zeitraum zwischen dem Schadenseintritt am ...... und der Zulassung des Ersatzfahrzeuges zum öffentlichen Straßenverkehr am ......, mithin für die Dauer von ...... Tagen, entstand dem Kläger ein Nutzungsausfallschaden. Die tägliche Nutzungsausfallpauschale beträgt nach der Liste Sanden/Danner/Küpperbusch ...... EUR (Gruppe ......). Die Ausfalldauer betrug effektiv ...... Tage, der Ausfallschaden demnach ...... EUR.

Die Kosten für die Abmeldung des Unfallfahrzeuges sowie die Anmeldung des Ersatzfahrzeuges und die dafür erforderlichen Schilder belaufen sich auf insgesamt ...... EUR. Wegen der Einzelheiten verweise ich [– verweisen wir] auf die in den

Anlagen K 5, 6 und 7

in Kopie nur für das Gericht beigefügten Schadensbelege.

[Die Kosten der Abmeldung des Unfallfahrzeuges sowie der Anmeldung des Ersatzfahrzeuges beziffere ich [– beziffern wir] pauschal mit ...... EUR.]

Geltend gemacht wird ferner eine Unkostenpauschale in Höhe von 25,– EUR für Telefonate, Porto und Fahrkosten.

Der Sach- und Sachfolgeschaden des Klägers beträgt demnach die mit dem Klageantrag zu Ziffer 1. verfolgten ...... EUR.

Geltend gemacht werden zunächst außergerichtlich noch die auf diesen Betrag entfallenden Anwaltskosten, die im Falle der Nichtzahlung hier noch eingebracht werden müssen. Die Beklagte zu Ziffer 2. wurde mit Anwaltsschreiben vom ...... mit Fristsetzung zum ...... gemahnt.

II.

Infolge des Verkehrsunfalls erlitt der Kläger darüber hinaus einen erheblichen Personenschaden. Durch den Zusammenstoß erlitt der Kläger ...... [*HIER folgt die Schilderung der Unfallfolgen*]

Die Verletzungen führten zu einer MDE von 100 % für die Dauer von ...... Wochen. Näheres hierzu ist dem als

Anlage K 8

in Kopie nur für das Gericht beigefügten Bericht vom ...... des behandelnden Arztes Dr. ...... zu entnehmen.

Art und Umfang der eingetretenen Verletzungen rechtfertigen ein Schmerzensgeld in Höhe von mindestens ...... EUR. [*In der Begründung müssen auf jeden Fall die Mindestvorstellung oder Größenordnung bezüglich des Schmerzensgeldhöhe genannt werden, ansonsten ist die Klage nicht schlüssig.*]
Wegen der Einzelheiten hierzu verweise ich [- verweisen wir] auf die in der Liste Hax/Ring/Böhm, ... Auflage 20. . unter der lfd Nr. ...... zitierten Entscheidung. [- den lfd. Nrn. ...... zitierten Entscheidungen.] [Da die angeführte Entscheidung bereits aus dem Jahre 1985 stammt, ist das ausgeurteilte Schmerzensgeld mit dem Faktor 1985=1,227 zu multiplizieren. So errechnet sich das beanspruchte Schmerzensgeld.]

C.

Der Verkehrsunfall wurde allein vom Beklagten zu 1. verursacht und verschuldet. [Der Unfall wurde allein [- überwiegend] vom Unfallgegner verursacht.] Für den Kläger war der Schadenseintritt unabwendbar. In jedem Fall konsumiert das weit überwiegende Verschulden des Beklagten zu 1. jeden Tatbeitrag des Klägers sowie die Betriebsgefahr des von ihm geführten Kraftfahrzeuges. ...... [*HIER folgt die weitere rechtliche Begründung im einzelnen*] Diese Art der Verkehrsrechtsverletzung führt zur Alleinhaftung des Beklagten zu 1.

Aufgrund der schwerwiegenden Verkehrsrechtsverletzung des Beklagten zu 1. haften die Beklagten dem Kläger uneingeschränkt zu 100 % auf Schadenersatz gemäß §§ 7 Abs. 1, 17, 18 StVG, 823 BGB, 3 Nr. 1, 2 PflVG.

D.

Der Kläger hat den Beklagten zu 2. durch anwaltliches Schreiben vom ...... zum Ausgleich der bezifferten Schadenposition bis zum ...... aufgefordert. Die Beklagte zu 2. ließ die Frist ungenützt verstreichen. Demnach befinden sich die Beklagten seit dem ...... in Zahlungsverzug.

Der Kläger nimmt laufend Bankkredit in Anspruch. Die Darlehensaufnahme beträgt mehr als die hier geltend gemachten EUR ......

Beweis: anliegende Kopie nur für das Gericht der Bescheinigung der ......bank (Anlage K 9), im Bestreitensfalle Zeugnis des Banksachbearbeiters ......, wohnhaft ......

[- zu laden über den Kläger]

Der berechnete Zinssatz beträgt die unter dem Klageantrag zu Ziffer 1. geltend gemachten ......%

[Da die Beklagten nicht voll reguliert haben, war der Kläger gezwungen, Bankkredit in Anspruch zu nehmen. Diesen muss er mit ...... % pro Jahr verzinsen. Die Beklagten befanden sich mindestens seit der Mahnung vom ...... in Verzug. Sie haben daher auch die Verzugszinsen zu zahlen.

Beweis: Bescheinigung der Bank (Anlage K ......),
im Bestreitensfalle Zeugnis des Banksachbearbeiters
......, wohnhaft ......
[- zu laden über den Kläger]
Schreiben des Klägers vom ...... (Anlage K ......)
Mahnschreiben des Klägers vom ...... (Anlage K ......)
Abrechungsschreiben der Beklagten zu Ziffer 2. vom
...... (Anlage K ......)

E.

Ergänzend wird für den Kläger noch vorgetragen:

Das Fahrzeug des Klägers ist ein Privatfahrzeug. Der Kläger kann die Mehrwertsteuer nicht als Vorsteuer absetzen. Demzufolge sind die in den Rechnungsbeträgen enthaltenen Mehrwertsteuerbeträge zu erstatten.

....
Rechtsanwalt/-wältin

Anmerkung

Die sachliche Zuständigkeit richtet sich nach dem Streitwert. Der Streitwert bemisst sich nach der Summe der Anträge.

Sachlich zuständig ist das Amtsgericht bis zu einem Streitwert von 5.000,– EUR (inklusive), das Landgericht für darüber hinausgehende Streitwerte, § 23 GVG.

Zur örtlichen Zuständigkeit siehe auch Anmerkungen zu Formular 3.A.#02.

Örtlich zuständig ist neben dem Gericht des allgemeinen Gerichtsstandes (§§ 12–19 ZPO) auch das Gericht, in dessen Bezirk der Unfall geschehen ist. Dies gilt nicht nur für Ansprüche aus unerlaubter Handlung gemäß § 823 BGB (§ 32 ZPO) sondern auch für Ansprüche aus Gefährdungshaftung gegen den Halter nach § 7 Abs. 1 StVG und für Ansprüche nach § 18 StVG wegen vermuteten Verschuldens gegen den Fahrer nach § 20 StVG.

Grundsätzlich ist örtlich das Gericht am Wohnsitz des Beklagten zuständig. Wenn sich aber, wie in Verkehrsangelegenheiten die Klage i. d. R. gegen mehrere Beklagte (Schädiger sowie Versicherer, eventuell auch Halter) richtet, sind für die Beklagten verschiedene Gerichte örtlich zuständig. Dann ist die Klage bei dem Gericht einzureichen, das für den Unfallort örtlich zuständig ist. Hierbei handelt es sich um den besonderen Gerichtsstand der unerlaubten Handlung, der vom Kläger neben dem allgemeinen Wohnsitz gewählt werden kann.

Im Fall von Gesundheitsschäden sind mit der Formulierung wie »sämtliche Schäden« oder »jeden weiteren Schaden« sowohl materielle als auch immaterielle Schäden erfasst (siehe Antrag zu Ziffer 2.).

Der Fahrer des Schädigerfahrzeuges haftet wegen Verschuldens nach §§ 823, 249 ff. BGB, wenn der Entlastungsbeweis nicht gelingt, nach §§ 18 Abs. 1, 8 ff. StVG. Die Klage gegen ihn ist erforderlich, damit dieser als Zeuge ausscheidet.

Nicht erforderlich ist es, den nicht beteiligten Fahrzeughalter des gegnerischen Fahrzeuges zu verklagen. Er ist nur dann zu verklagen, wenn er als Tatzeuge (z. B. weil er Beifahrer war) ausgeschaltet werden soll. Während der Fahrer und die Kfz-Haftpflichtversicherung auf jeden Fall aufgrund gesamtschuldnerischer Haftung verklagt werden sollten, ist eine Einbeziehung des Kfz-Halters neben Fahrer und Kfz-Haftpflichtversicherung in die Klage unter Berücksichtigung der zuvor genannten Aspekte aber nur dann erforderlich und auch taktisch geboten, sofern der Halter dadurch als möglicher Zeuge ausgeschaltet werden soll. Ansonsten eröffnet eine Klage auch gegen den Kfz-Halter diesem nur die Möglichkeit einer Drittwiderklage gegen den Fahrer des Mandanten-Fahrzeugs, der auf diese Weise als Zeuge ausgeschaltet würde. Durch die Drittwiderklage wird der bislang als Zeuge zur Verfügung stehende Fahrer des geschädigten Unfallfahrzeuges des Mandanten zur Partei des Rechtsstreites und kann nicht mehr als Zeuge aussagen.

Zudem haftet der Fahrzeughalter, der das Schädigerfahrzeug nicht selbst gefahren hat und damit nicht schuldhaft gehandelt hat, nur nach StVG. Er haftet dann nur nach StVG, folglich aus Betriebsgefahr und auf die Höchstsummen beschränkt. Schmerzensgeldansprüche können ihm gegenüber auch nicht durchgesetzt werden. Sollte dennoch Anlass bestehen, den nicht am Unfall beteiligten Halter zu verklagen, so muss bei der Antragstellung die eingeschränkte Haftung des Fahrzeughalters berücksichtigt und auch die Schmerzensgeldforderung herausgerechnet werden.

Erhebt der Fahrzeughalter des geschädigten Fahrzeuges, dessen Fahrer er nicht zugleich war, Klage, so ist zunächst sein Fahrer als Zeuge in der Klagebegründung zu benennen. Die Beklagten werden dann allerdings versuchen, den Fahrer als Zeugen auszuschalten. Dies ist im Wege der Widerklage möglich, mit welcher die Beklagten Gegenansprüche geltend machen und diese Widerklage auch gegen den nicht am Prozess beteiligten Fahrer rechtshängig machen (BGH NJW 1971, 466).

Nimmt der Geschädigte ein Mietfahrzeug gleicher Fahrzeugklasse wie das geschädigte Kfz, sind nach der Rechtsprechung die Mietwagenkosten nicht in vollem Umfang zu erstatten. Ein Abzug für Eigenersparnis von 15–20 % der Mietwagenkosten ist angemessen. Sofern der Geschädigte kein Mietfahrzeug in Anspruch nimmt, steht ihm der Nutzungsausfall zu. Dann muss aber der Geschädigte zur Substantiierung seiner Ansprüche zum Nutzungswillen und Nutzungsmöglichkeit Tatsachen vortragen.

Falls kein Restwert des geschädigten Fahrzeuges mehr vorhanden ist, kann auch die Erstattung der Verschrottungskosten geltend gemacht werden.

Es ist nicht zwingend notwendig, eine Mindestvorstellung hinsichtlich der Höhe des Schmerzensgeldbetrages in den Klageantrag selbst aufzunehmen.

Vor allem eine Reihe von Rechtsschutzversicherungen bestehen bei der Kostendeckungszusage darauf, dass die Mindestvorstellungen nicht in den Klageantrag aufgenommen, sondern nur in der Begründung genannt werden, weil bei Aufnahme der Mindestvorstellung in den Klageantrag eine Bindung hinsichtlich des Gegenstandswertes eintritt. Es besteht die Gefahr, dass der Streitwert nach den Mindestvorstellungen festgesetzt und die Berufungsmöglichkeit des Klägers damit eingeschränkt wird (vgl. BGH VersR 1979, 472).

Die Nennung einer Größenordnung oder Mindestvorstellung ist dann aber auf jeden Fall in der Klagebegründung erforderlich, ansonsten ist die Klage nicht schlüssig.

Wird in der Klagebegründung allerdings die Angabe einer ungefähren Größenordnung unterlassen, so fehlt es für ein Rechtsmittel an der Beschwer (BGH NJW 1992, 311).

Da bei einigen Gerichten die Tendenz besteht, unter dem in der Mindestvorstellung genannten Schmerzensgeldbetrag zu bleiben, sollte bei Angabe der Mindestvorstellung in der Klagebegründung nicht zu wenig gefordert werden.

Bei der vom Kläger angegebenen Höhe des vorläufigen Streitwertes, nach der er den Gerichtskostenvorschuss einzahlt, sollte nicht ›gespart‹ werden, sondern sich an dem bemessen, was sich als Schadenersatz vorgestellt wird. Beim Streitwert der Feststellungsklage ist ein Abschlag von 20–50 % vom Schaden, den der Kläger erwartet, vorzunehmen (BGH NJW-RR 1991, 509).

Zur Vermeidung einer Teilabweisung sind bereits geleistete Zahlungen anzugeben.

Vgl. auch Formular 3.A.#06 mit Anmerkung.

Der Vorteil eines unbezifferten Antrages mit Mindestsumme besteht darin, dass das Gericht ein höheres Schmerzensgeld festsetzen und bei niedrigerem Betrag die Kostenentscheidung nach § 92 Abs. 2 ZPO ergehen kann. Für ein Rechtsmittel besteht allerdings die Beschwer nicht, wenn das Gericht den Mindestbetrag zuspricht.

Büromäßige Behandlung:

Bei der Parteibezeichnung des Kfz-Haftpflichtversicherers ist zu beachten, dass es sich bei dieser entweder um einen Versicherungsverein auf Gegenseitigkeit handelt oder um eine Aktiengesellschaft. Beide Rechtsformen werden durch den Vorstand vertreten, dieser wiederum durch den jeweiligen Vorstandsvorsitzenden. Die Vertretungsregelung muss in die Parteibezeichnung mit aufgenommen werden:

> »......-Versicherungs-AG, vertreten durch den Vorstand, dieser vertreten durch den Vorstandsvorsitzenden, Herrn [– Frau] ......«

Die Namen der Vorstandsmitglieder werden zumeist auf dem Schreiben des Versicherers abgedruckt, ansonsten kann man bei dem betreffenden Versicherer auch direkt nachfragen.

Nach der Parteibezeichnung kann der Gegenstand des Rechtsstreites in Form der Formulierung »wegen Schadenersatz« oder »wegen Forderung aus Verkehrsunfall« angegeben werden.

Zwingend vorgeschrieben ist auch nicht die Bezifferung des Streitwertes. Aber der Gerichtskostenvorschuss über drei volle Gebühren richtet sich nach der Höhe des Streitwertes. Erst nach seiner Zahlung wird nach § 65 GKG die Klage an den Beklagten zugestellt. Die obligatorische Aufnahme des Streitwertes in der Klage hat den Vorteil, dass der Gerichtskostenvorschuss auf einen Blick kontrolliert werden kann.

Für die Begründung der Verkehrsunfallklage hat sich folgende Grundstruktur bewährt:

A. Sachverhaltsschilderung
I. Angabe der Parteien und ihrer Verhältnisse zu den am Unfall beteiligten Fahrzeugen.
II. Sachverhaltsschilderung des Unfallgeschehens mit Angabe der Beweismittel
III. Antrag auf Beiziehung der polizeilichen oder staatsanwaltschaftlichen Ermittlungsakten, sofern ein Verwarnungs-, Buß- oder Strafverfahren stattfindet.

B. Schadensumfang

IV. Umfang des eingetretenen Schadens, wobei für jeden Schadensposten ein Beleg erforderlich ist.

V. Rechtliche Würdigung des Fehlverhaltens des Unfallgegners:
Der Unfall wurde allein [– überwiegend] vom Unfallgegner verursacht.
Bei Vollhaftung: »Der Unfall war für den Kläger unabwendbar. In jedem Fall konsumiert das weit überwiegende Fehlverhalten des Fahrers des Schädigerfahrzeuges jeden Tatbeitrag des Klägers sowie die Betriebsgefahr des von ihm geführten Kfz.«

Es folgt die Angabe der verletzten Normen der StVO. Die Angabe der gesetzlichen Normen ist zwar nicht erforderlich, aber trotzdem sollte man die entsprechenden Vorschriften benennen und gleichzeitig darauf hinweisen, dass der Unfall für den Kläger unabwendbar war, demgemäß kein Abzug entsprechend § 7 StVG vorgenommen werden darf.

Bei Mitverschulden: Es ist die angenommene Haftungsquote durch Verweis auf entsprechende Urteile zu belegen. Hier sei auf die Bücher ›Haftungsquoten bei Verkehrsunfällen‹ von Christian Grünberg oder ›Schadensverteilung bei Verkehrsunfällen‹ von Bernd Splitter in ihrer jeweils neuesten Auflage verwiesen.

VI. Verzugseintritt und Zinsanspruch.
- Angabe des den Verzugseintritt begründenden Anspruchsschreibens
- Angabe und Beleg für den konkreten Zinssatz, sofern dieser über dem gesetzlichen Zins beantragt wird.

Dem Kfz-Haftpflichtversicherer ist eine angemessene Frist von zwei bis vier Wochen zur Prüfung des Anspruches einzuräumen. In der Regel sollten bis zur Erhebung der Klage vier Wochen abgewartet und zuvor – nach vorheriger telefonischer Nachfrage, ob das Anspruchsschreiben eingegangen sei – mit Androhung der Klage nochmals gemahnt werden.

Der Nachweis des Verzuges sollte auch für den Fall geführt werden, dass die Beklagten unter Verwahrung gegen die Kostenlast anerkennen.

Für Totalschaden oder Wertminderung kann gemäß § 849 BGB eine entsprechende Verzinsung unabhängig vom Verzug verlangt werden (BGH NJW 1965, 392 f.).

Siehe unbedingt auch Anmerkung ›Büromäßige Behandlung‹ des Formulars 3.A.#25.

B. Verkehrsstraf- und OWi-Angelegenheiten

01. Allgemein

#01 Sachstandsanfrage bei der Polizei

[*HIER Ort, Datum*]

An
Polizei
[*HIER Anschrift*]

Verkehrsunfall vom ......, gegen ...... Uhr ...... [Straße], in ...... [Ort]

Mandant/-in: ...... [*Hier genaue Mandantenanschrift mit Geburtsdatum*]

Kfz mit dem amtlichen Kennzeichen ...... [*HIER Kennzeichen Kfz*]

Sehr geehrte Damen und Herren,

mein(e) Mandant/-in war am o. a. Unfall beteiligt. Ich bitte um Mitteilung

- Ihres Aktenzeichens/Tagebuchnummer
- Namen, Anschrift, Geburtsdatum des/der anderen Unfallbeteiligten
- des Kfz-Halters mit voller Anschrift, falls dieser nicht identisch mit dem Fahrer ist
- des Kennzeichens des/der Fahrzeuge(s)
- der Haftpflichtversicherung und der Versicherungsnummer, sofern bekannt
- des Aktenzeichens der Staatsanwaltschaft, sofern bereits bekannt

auf dem anliegenden Formular, das ich bereits weitestmöglich vorgefertigt habe.

Meine Verteidigervollmacht [sowie Prozessvollmacht] liegt diesem Ersuchen anbei.

....
Rechtsanwalt/-wältin

Antwort

Landespolizeiinspektion
Tagebuchnummer:......

Herrn/Frau Rechtsanwalt/-wältin
[*HIER ist die eigene Kanzleianschrift einzutragen*]

Tagebuch-Nr./Az.: ......
Verkehrsunfall vom: ...... gegen ......Uhr
in ......
...... straße

Sehr geehrte Damen und Herren ......,

an dem Unfall war – außer meinem Mandanten – noch beteiligt

das Kfz mit dem Kennzeichen:
Fahrer:
Halter:

Haftpflichtversicherung:
VS-Nummer:

Der Vorgang ist bereits - noch nicht - an die Staatsanwaltschaft ...... abgegeben.

Dortiges Aktenzeichen lautet ...... - ist noch nicht bekannt. -

In der bezeichneten Verkehrsunfallsache sind die Ermittlungen - noch nicht - abgeschlossen.

Der Vorgang ist hier erfasst unter der Tagebuch-Nr.:

Die Akten sind abgegeben an die Staatsanwaltschaft beim Landgericht ...... und führen dort das Aktenzeichen: ......

- Die Akten sind abgegeben an die Bußgeldbehörde mit der Anschrift ....

- an die Zentrale Bußgeldstelle mit der Anschrift ....

und führen dort das Aktenzeichen: ......

...., ...
(Unterschrift) (Ort) (Datum)

Anmerkung

Kommt der Mandant nach einem Unfall in die Kanzlei, so ist die zuständige Polizeidienststelle zuerst festzustellen. Kann der Mandant diese nicht angeben und hat er keine Polizeiformulare erhalten, so kommen in einer Großstadt verschiedene Polizeireviere in Frage, und auf der Autobahn sind für die einzelnen Abschnitte bestimmte Polizeidienststellen zuständig. Ist die Zuständigkeitsverteilung zwischen den Polizeidienststellen nicht bekannt, kann sie über die Zentrale der Polizei (keinesfalls sollte der Notruf 110 benutzt werden!) erfragt werden.

Achtung:
Der Rechtsanwalt sollte sich bei der Polizei stets als Verteidiger und nicht lediglich als anwaltlicher Vertreter in Zivilsachen legitimieren. Wer eine Einheitsvollmacht vorlegt, sollte im Antrag deutlich machen, dass er auch die Verteidigung des Mandanten übernommen hat.

Dies hat mehrere Gründe:

- Es wird sichergestellt, dass die Polizei, die Staatsanwaltschaft bzw. die Ordnungsbehörde die zukünftige Korrespondenz in der Unfallsache mit dem Anwalt führt. Damit bleibt der Rechtsanwalt über das Straf- und Ordnungswidrigkeitenverfahren informiert.
- Des Weiteren wird verhindert, dass sich die Polizei, Staatsanwaltschaft usw. an den Mandanten direkt mit Zeugenbefragungen wendet. Diese sind auf jeden Fall zu vermeiden, damit keine widersprüchlichen Aussagen über den Unfallhergang gemacht werden.

Kosten:
Für die Aktenversendung im Ordnungswidrigkeitenverfahren und im staatsanwaltschaftlichen Ermittlungsverfahren kann gem. § 1 Abs. 1 lit. d GKG i. V. m. Nr. 9003 KV-GKG eine Auslagenpauschale von 8,– EUR verlangt werden. Diese ist vom Mandanten zu ersetzen. (Göttlich/Mümmler, BRAGO, Stichwort »Strafakten«, 3.1 u. 3.2). Die Übersendung der Akten an den Verteidiger darf allerdings nicht von der Zahlung der Auslagenpauschale abhängig gemacht werden (LG Tübingen AnwBl. 95, 569).

Rechtsanwaltsgebühren:
Für die Tätigkeit im vorbereitenden Verfahren – also vom Zeitpunkt des Ereignisses bzw. der Tat bis zum Anhängigwerden der Sache bei Gericht – erhält der Anwalt im

- Verkehrsstrafvorverfahren (bis zur Anklageerhebung) nach § 84 Abs. 1 BRAGO die 1/2 Gebühr des § 83 Abs. 1 BRAGO,
- Verkehrsordnungswidrigkeitenvorverfahren (bis zum Eingang der Akten bei Gericht) nach § 105 Abs. 1 BRAGO die 1/2 Gebühr des § 83 Abs. 1 Nr. 3 BRAGO.

Im Strafbefehlsverfahren endet das vorbereitende Verfahren mit der Entscheidung des Gerichts über den Erlass des Strafbefehls. Bei Beauftragung des Anwalts erst nach Zustellung des Strafbefehls zur Einlegung eines Einspruches gegen den Strafbefehl fällt die Gebühr nach § 84 BRAGO nicht an.

Für den Gebührenanfall für das Vorverfahren reicht es aus, dass der Rechtsanwalt sich für den Mandanten bestellt und um Akteneinsicht nachsucht, wobei auch ein erfolgloser Antrag auf Akteneinsicht die Gebühr entstehen lässt. Dabei ist selbstverständlich zu beachten, dass die in Ansatz zu bringende Höhe der Gebühr vom Umfang der Tätigkeit abhängt, § 12 BRAGO.

Die jeweiligen Gebührentatbestände von Verkehrsstraf- und Verkehrsordnungswidrigkeitenrecht stehen grundsätzlich unabhängig zueinander. Bei Übergang von einer Verkehrsstrafsache zu einer Verkehrsordnungswidrigkeitensache und umgekehrt fallen einmal entstandene Gebühren nicht nachträglich fort, es sei denn, dass es durch das Gesetz ausdrücklich bestimmt wird, oder dass durch eine ausdrückliche Regelung festgelegt ist, dass eine entstandene Gebühr auf eine andere anzurechnen ist.

Die Bestimmung der Gebührenhöhe bei den vorliegenden Betragsrahmengebühren richtet sich nach § 12 BRAGO. In Verkehrsstraf- und Verkehrsordnungswidrigkeitensachen dürfte regelmäßig zumindest der Ansatz der Mittelgebühr gerechtfertigt sein (vgl. Gerold/Schmidt/v. Eicken/Madert § 12 BRAGO Rn. 12, § 105 BRAGO Rn. 17), sofern keine Umstände ersichtlich sind, die eine Erhöhung oder Ermäßigung gebieten.

#02 Anzeige der Mandatsannahme gegenüber der Polizei und Anforderung der polizeilichen Ermittlungsakte

[*HIER Ort, Datum*]

An die
Polizei
[*HIER Anschrift*]

Verkehrsunfall vom ......, gegen ...... Uhr ...... [*HIER Straße*], in ...... [*HIER Ort*]
Mandant/-in: ...... [*Hier genaue Mandantenanschrift mit Geburtsdatum*]

Kfz mit dem amtlichen Kennzeichen ...... [*HIER Kennzeichen Kfz*]

In der Verkehrsunfallangelegenheit
zur Tagebuch-Nr.: ...... [zum Aktenzeichen: ......]

hat mich der o. g. Unfallbeteiligte mit der Wahrnehmung seiner Interessen beauftragt. Eine auf mich lautende Verteidigervollmacht füge ich in der Anlage bei. Mein Mandant wird sich zur Sache nur über mich äußern.

Vorab bitte ich

um Übersendung der Ermittlungsakten

für die Dauer von drei Tagen [von einer Woche] an meine Kanzlei.

[oder]

hat mich der o. g. Unfallbeteiligte mit der Wahrnehmung seiner Interessen beauftragt. Eine auf mich lautende Verteidigervollmacht füge ich in der Anlage bei. Mein Mandant wird sich zur Sache nur über mich äußern.

Ich bitte darum, nach Abschluss der Ermittlungen dafür Sorge zu tragen, dass mir schnellstmöglichst

Akteneinsicht

durch Übersendung der Akten in meine Kanzlei gewährt wird. Ich sichere die umgehende Rückgabe der Akten zu.

[oder]

in der o. a. Angelegenheit zeige ich mit beiliegender Vollmacht an, dass mich mein Mandant mit seiner Verteidigung beauftragt hat.

Es ist beabsichtigt, schriftlich Stellung zu nehmen, sobald von den Tatvorwürfen Kenntnis genommen werden konnte. Mein Mandant wird - meinem Rat folgend - vorerst keine Äußerungen zur Sache machen und auch nicht zur polizeilichen Vernehmung erscheinen. Soweit bereits ein Vernehmungstermin bestimmt wurde, bitte ich, diesen Termin aufzuheben.

Ich bitte um Mitteilung der Tagebuch-Nr. bzw., soweit schon vorhanden, des Aktenzeichens der Staatsanwaltschaft, damit Akteneinsicht beantragt werden kann. Darüber hinaus bitte ich darum, mir mitzuteilen, wer die Ermittlungen leitet.

Gegenüber der Staatsanwaltschaft stelle ich schon jetzt den Antrag, mir Akteneinsicht zu gewähren und bitte darum, mir die Akten zu übersenden.

Meine Verteidigervollmacht liegt diesem Ersuchen anbei.

....
Rechtsanwalt/-wältin

Anlage: Verteidigervollmacht

Anmerkung

Als Herrin des Verfahrens in Verkehrsstrafrechtsangelegenheiten kann nur die Staatsanwaltschaft (bei Verkehrsbußgeldangelegenheiten nur die zuständige Ordnungsbehörde) entscheiden. Werden die Ermittlungen – und somit auch die Akten – allein von der Polizei geführt, verzögert sich die Akteneinsicht oft sehr lange. Der Verteidiger hat dann nur die Möglichkeit, das Begehren auf Akteneinsicht auch gegenüber den Polizeibehörden kenntlich zu machen und diesen die Mandatsannahme anzuzeigen. Allein auf diese Weise kann er sicherstellen, dass nur er – und nicht etwa der Beschuldigte – der Ansprechpartner der Polizei ist und dass er die Akten nach Eintreffen bei der Staatsanwaltschaft ohne weitere Verzögerung erhält.

Auf eine Einsichtnahme in die polizeiliche Ermittlungsakte kann nur bei absolut eindeutigen und unstreitigen Verkehrsunfällen verzichtet werden.

Für die Anforderung der polizeilichen Ermittlungsakten sind folgende Daten notwendig:

- Name und Adresse der Polizeidienststelle,
- Name mindestens eines Unfallbeteiligten,
- Aktenzeichen bzw. Tagebuch- oder Einsatzblattnummer
- oder Angabe über Unfallort und Unfallzeit (Datum und möglichst genaue Uhrzeit).

Kommt der Mandant nach einem Unfall in die Kanzlei, so ist die zuständige Polizeidienststelle zuerst festzustellen. Kann der Mandant diese nicht angeben und hat er keine Polizeiformulare erhalten, so kommen in einer Großstadt verschiedene Polizeireviere in Frage. Auf der Autobahn sind für die einzelnen Abschnitte bestimmte Polizeidienststellen zuständig. Ist die Zuständigkeitsverteilung zwischen den Polizeidienststellen nicht bekannt, kann sie über die Zentrale der Polizei (keinesfalls sollte der Notruf 110 benutzt werden!) erfragt werden.

Die Akte wird regelmäßig – aus den unten genannten Gründen – sofort nach dem Unfall bei der den Unfall aufnehmenden Polizeidienststelle angefordert, obwohl nur Staatsanwaltschaft oder Ordnungsbehörde zur Versendung der Akten berechtigt sind.

Der Rechtsanwalt sollte sich bei der Polizei stets als Verteidiger und nicht lediglich als anwaltlicher Vertreter in Zivilsachen legitimieren.

Dies hat mehrere Gründe:

- Es wird sichergestellt, dass die Polizei, die Staatsanwaltschaft bzw. die Ordnungsbehörde die zukünftige Korrespondenz in der Unfallsache mit dem Anwalt führt. Damit bleibt der Rechtsanwalt über das Straf- und Ordnungswidrigkeitenverfahren informiert.
- Des Weiteren wird verhindert, dass sich die Polizei, Staatsanwaltschaft bzw. Ordnungsbehörde (falls keine Straftat vorliegt bzw. vom Unfallgegner behauptet wird) an den Mandanten direkt mit Zeugenbefragungen wendet. Diese sind auf jeden Fall zu vermeiden, damit keine widersprüchlichen Aussagen über den Unfallhergang gemacht werden.

Anfragen und Beschwerden wegen verzögerter Akteneinsicht sollten nicht an die Polizeidienststelle gerichtet werden, da die Ermittlungsakten nicht von dieser, sondern von der Staatsanwaltschaft oder der Ordnungsbehörde versandt werden. Nur Staatsanwaltschaft und Ordnungsbehörde sind zur Versendung berechtigt.

Büromäßige Behandlung:
Dem Anforderungsschreiben ist stets eine Legitimation des Rechtsanwalts in Form einer Prozessvollmacht beizufügen.

Mit Übernahme des Mandats in ordnungs- bzw. strafrechtlicher Hinsicht sollte der Mandant darauf hingewiesen werden, dass er sich ab sofort gegenüber den Behörden oder Dritten nicht mehr selbst, sondern nur durch seinen Anwalt äußern sollte. Damit wird vermieden, dass widersprüchliche Angaben von Mandant und Rechtsanwalt zu den Akten gelangen. Die anwaltlichen Stellungnahmen sollten auch nur nach vorheriger Akteneinsicht in die Ermittlungsakten erfolgen.

Ist die Akte übersandt worden, so wird in der Regel eine Akteneinsicht von 3–7 Tagen gewährt. In dieser Zeit sollte der wesentliche Inhalt der Akte kopiert werden.

Kosten u. Rechtsanwaltsgebühren:
Siehe Formular 3.B.01.#01.

#03 Anzeige der Mandatsannahme gegenüber der Staatsanwaltschaft verknüpft mit Antrag auf Akteneinsicht

[*HIER Ort, Datum*]

An
Staatsanwaltschaft

beim der Landgericht ......
...... [*HIER genaue Anschrift*]

Az.: ......

Verkehrsunfall vom ......, gegen ...... Uhr ...... [*HIER Straße*], in ...... [*HIER Ort*]

Ermittlungsverfahren gegen ...... [*Hier genaue Mandantenanschrift*]
wegen Vergehen im Straßenverker

In dem o. g. Ermittlungsverfahren zeige ich unter Beifügung einer Vollmacht an, dass ich die Verteidigung von Herrn ...... [*HIER Angabe des Namens des Mandanten*] übernommen habe.

Ich beantrage Akteneinsicht und bitte darum, mir die Akten zu übersenden.

....
Rechtsanwalt/-wältin

Anmerkung

Das Aktenzeichen der Staatsanwaltschaft ist dem Schreiben erkennbar voranzustellen. Dann kann es zügig vom Sachbearbeiter bei der Staatsanwaltschaft zugeordnet werden. Mit der Anzeige der Mandatsübernahme sollte immer ein Antrag auf Akteneinsicht (§ 147 StPO) und die Bitte um Übersendung der Akten verbunden werden.

Selbst wenn die Einsicht in bestimmte Aktenteile den Untersuchungszweck gefährden würde, ist die Akteneinsicht bezogen auf Niederschriften über die Vernehmung des Betroffenen und in Niederschiften über richterliche Vernehmung von Zeugen, Mitbetroffenen, Sachverständigen, in das Protokoll über einen richterlichen Augenschein und alle Sachverstädigengutachten uneingeschränkt möglich, § 147 Abs. 2 StPO i. V. m. § 46 OWiG.

Kosten u. Rechtsanwaltsgebühren:
Siehe Formular 3.B.01.#01.

#04 Bestellungsschriftsatz in OWi-Angelegenheiten

[*HIER Ort, Datum*]

An
...... [*HIER Behördenbezeichnung der Ermittlungsbehörde: Polizei, Bußgeldbehörde, Staatsanwaltschaft, Gericht*]
...... [*HIER genaue Anschrift*]

Tagebuch-Nr. [*Az.*]: ......, Verkehrsunfall vom ......, gegen ...... Uhr ...... [*HIER Straße*], in ...... [*HIER Ort*]
Ermittlungsverfahren gegen ...... [*HIER entweder Gegner- oder Mandantenanschrift*]

wegen Verkehrsordnungswidrigkeit [Verkehrsdeliktes].

Sehr geehrte Damen und Herren,

hiermit erlaube ich mir, die Vertretung

meines Mandanten, Anschrift wie oben erwähnt,

in dem wegen einer Verkehrsordnungswidrigkeit eingeleiteten Bußgeldverfahrens als Verteidiger [- und wegen des entstandenen Schadens als Vertreter bei der Geltendmachung von Haftpflichtansprüchen]

anzuzeigen.

Eine auf mich lautende Vollmacht liegt bei/werde ich nachreichen.

Bevor eine Einlassung erfolgt, bitte ich nach Abschluss der Ermittlungen und Abgabe der Sache an die nächste zuständige Stelle um sofortige

Akteneinsicht

(mit Registerauszügen)

[*oder Antrag an die Bußgeldbehörde vor Abgabe an die Staatsanwaltschaft*]

Bereits jetzt bitte ich um nochmalige Akteneinsicht vor Abgabe der Sache an die Staatsanwaltschaft (§ 69 Abs. 3 OWiG).

Einer eventuellen Entscheidung des Gerichts im Beschlussverfahren nach § 72 OWiG wird schon jetzt für den Fall widersprochen, dass der nach § 72 Abs. 1 S. 2 OWiG vorgesehene Hinweis nicht der Verteidigung zugestellt wird.

Sollte die Sache bereits an eine andere Stelle gegangen sein, bitte ich, dieses Schreiben weiterzuleiten.

....
Rechtsanwalt/-wältin

Anmerkung

Für die Tätigkeit als Verteidiger im Verkehrsordnungswidrigkeiten- und -ordnungswidrigkeitenvorverfahren ist es ratsam, sich möglichst frühzeitig für den Betroffenen bzw. Beschuldigten zu bestellen, weil erst danach die Möglichkeit besteht, Einfluss auf den Gang des Ermittlungsverfahrens zu nehmen. Dieser wird dann durch Beweisanregungen gegenüber der Ermittlungsbehörde ausgeübt. Auf diesem Wege ist am schnellsten die Erledigung des Verfahrens zu erreichen.

Büromäßige Behandlung:
Mit Übernahme des Mandats in ordnungs- bzw. strafrechtlicher Hinsicht sollte der Mandant darauf hingewiesen werden, dass er sich ab sofort gegenüber den Behörden oder Dritten nicht mehr selbst, sondern nur durch seinen Anwalt äußern sollte. Damit wird vermieden, dass widersprüchliche Angaben von Mandant und Rechtsanwalt zu den Akten gelangen. Die anwaltlichen Stellungnahmen sollten auch nur nach vorheriger Akteneinsicht in die Ermittlungsakten erfolgen.

Rechtsanwaltsgebühren:
Siehe Formular 3.B.01.#01 u. #02, 3.B.02.#01.

#05 Vertretungsanzeige und weitere Anträge oder Erklärungen

[*HIER Ort, Datum*]

An
...... [*HIER Behördenbezeichnung der Ermittlungsbehörde: Polizei, Bußgeldbehörde, Staatsanwaltschaft, Gericht*]
...... [*HIER genaue Anschrift*]

Tagebuch-Nr. [*Az.*]: ......, Verkehrsunfall vom ......, gegen ...... Uhr ...... [*HIER Straße*], in ...... [*HIER Ort*]
Ermittlungsverfahren gegen ...... [*HIER entweder Gegner- oder Mandantenanschrift*]

wegen Verkehrsordnungswidrigkeit [- Vergehens im Straßenverkehr].

Sehr geehrte Damen und Herren,

hiermit erlaube ich mir, die Verteidigerbestellung in oben bezeichneter Angelegenheit anzuzeigen. Eine auf mich lautende Verteidigervollmacht liegt bei.

Zur Sache wird - soweit dies erforderlich erscheint - erst nach Akteneinsicht Stellung genommen.

Es wird gebeten, das Aktenzeichen, unter dem der Vorgang bei der Polizei, der Staatsanwaltschaft oder bei Gericht geführt wird, vorab - eventuell telefonisch - mitzuteilen oder dieses Schreiben an die aktenführende Behörde weiterzuleiten und an mich einen Zwischenbescheid zu erteilen.

[*oder*]

Sehr geehrte Damen und Herren,

hiermit erlaube ich mir, die Vertretung meines/-r Mandanten/-in, Anschrift wie oben erwähnt,

in dem angegebenen Verfahren, ausgestattet mit Zustellungsbevollmächtigung in einer Verkehrsunfallsache in dem wegen einer - Verkehrsordnungswidrigkeit eingeleiteten Bußgeldverfahrens - Verkehrsstraftat eingeleiteten Strafverfahren - als Verteidiger [- und wegen des entstandenen Schadens als Vertreter bei der Geltendmachung von Haftpflichtansprüchen]

anzuzeigen.

Eine auf mich lautende Verteidigervollmacht liegt bei [- werde ich nachreichen.]

Namens und im Auftrag meines Mandanten stelle ich gegen die oder den Unfallverursacher, auch soweit noch unbekannt oder soweit sie erst später als Verursacher festgestellt werden sollten,

Strafantrag

wegen ...... [*z. B. Körperverletzung/Tötung*] und aller aufgrund des Vorfalles in Betracht kommenden Antragsdelikte.

[*oder*]

Namens und in Vollmacht meines Mandanten stelle ich gegen die oder den Unfallverursacher, Anschrift wie angegeben/Name und Anschrift unbekannt

Strafantrag

wegen Körperverletzung und aller in Betracht kommender Antragsdelikte. Sollten die Ermittlungen ergeben, dass ein anderer Beteiligter oder andere Beteiligte den Unfall allein oder teilweise verursacht haben, richtet sich der Strafantrag auch gegen diese.

Mein Mandant wurde bei dem Unfall verletzt. - Er befindet sich noch in stationärer Behandlung. - Er wurde stationär im Krankenhaus behandelt. - und befindet sich noch in hausärztlicher Behandlung. Ärztliches Attest liegt an. - wird nachgereicht.

- Ärztliches Attest bitte ich beim Krankenhaus/Arzt direkt anzufordern. Eine schriftliche Einverständniserklärung mit der Entbindung der behandelnden Ärzte von deren Schweigepflicht liegt an.

- Nach Angaben meines Mandanten ereignete sich der Unfall wie folgt: ...... [*HIER folgt die Unfallschilderung*]

Als Zeugen werden benannt: ...... [*Hier folgt die Angabe der Zeugenanschriften*]

- Zum Unfallhergang wird eine gesonderte schriftliche Stellungnahme meines Mandanten binnen ...... Wochen nachgereicht.

[*Erklärung, wenn Mandant schuldlos ist:*]
- Mein Mandant hat den Unfall weder verursacht noch verschuldet. Deshalb bitte ich darum, das gegen ihn eingeleitete Ermittlungsverfahren einzustellen und mir hierüber Nachricht zu geben.

[*Vorsorgliche Erklärung gegenüber der Verwaltungsbehörde, bei möglicher geringer Mitschuld im Ordnungswidrigkeitenverfahren:*]
– Sollte nach dem Ergebnis der Ermittlungen ein Mitverschulden meines Mandanten nicht vollkommen ausgeschlossen werden können, so wäre dies gegenüber dem weit schwereren und überwiegenden Verschulden des Unfallgegners dagegen so gering, so dass ich für diesen Fall

rein vorsorglich **beantrage**,

das Bußgeldverfahren gegen meinen Mandanten nach § 47 Abs. 1 S. 2 OWiG bzw. § 46 Abs. 1 OWiG i. V. m. § 170 StPO wegen geringer Mitschuld einzustellen.

[*Vorsorgliche Erklärung gegenüber der Staatsanwaltschaft, bei möglicher geringer Mitschuld im Strafverfahren:*]
– Sollte nach dem Ergebnis der Ermittlungen ein Mitverschulden meines Mandanten nicht vollkommen ausgeschlossen werden können, so wäre dies gegenüber dem weit schwereren und überwiegenden Verschulden des Unfallgegners dagegen so gering, so dass ich für diesen Fall

rein vorsorglich **beantrage**,

das Ermittlungsverfahren gegen meinen Mandanten nach § 170 Abs. 2 StPO wegen geringer Mitschuld einzustellen.

[*Bestellung in einer Trunkenheitsangelegenheit*]
Hiermit erlaube ich mir,

in dem oben bezeichneten Ermittlungsverfahren wegen eines Verkehrsdeliktes die Bestellung als Verteidiger anzuzeigen. Eine entsprechende Vollmacht ist beigefügt.

Es wird gebeten, so bald wie möglich – evtl. auch telefonisch – mir die Höhe der Blutalkoholkonzentration mitzuteilen.

Vorsorglich wird für den Beschuldigten gegen die Einbehaltung des Führerscheins

Einspruch

erhoben.

Sollte der Grenzwert der absoluten Fahruntüchtigkeit nicht erreicht sein, wird die Rücksendung des Führerscheins an den oben genannten Beschuldigten und um Mitteilung an mich gebeten.

Soweit gemäß § 111 a StPO die vorläufige Entziehung der Fahrerlaubnis beantragt ist, wird um Weiterleitung dieser Eingabe an das Gericht ersucht. Zugleich wird gebeten, vor Entscheidung über die vorgenannte Maßnahme gemäß § 33 Abs. 3 StPO bisher nicht gewährtes rechtliches Gehör und Akteneinsicht zu gewähren, damit die notwendige Einlassung zuvor vorgelegt werden kann.

....
Rechtsanwalt/-wältin

Anmerkung

Speziell zur Vertretungsanzeige und Akteneinsichtsersuchen gegenüber der Bußgeldbehörde siehe Formular 3.B.02.#01.

Kommt der Mandant nach einem Unfall in die Kanzlei, so ist die zuständige Polizeidienststelle zuerst festzustellen. Kann der Mandant diese nicht angeben und hat er keine Polizeiformulare erhalten, so kommen in einer Großstadt verschiedene Polizeireviere in Frage. Auf der Autobahn sind für die einzelnen Abschnitte bestimmte Polizeidienststellen zuständig. Ist die Zuständigkeitsverteilung zwischen den Polizeidienststellen nicht bekannt, kann sie über die Zentrale der Polizei (keinesfalls sollte der Notruf 110 benutzt werden!) erfragt werden.

Für die Anforderung der polizeilichen Ermittlungsakten sind folgende Daten notwendig:

- Name und Adresse der Polizeidienststelle,
- Name mindestens eines Unfallbeteiligten,
- Aktenzeichen bzw. Tagebuch- oder Einsatzblattnummer
- oder Angabe über Unfallort und Unfallzeit (Datum und möglichst genaue Uhrzeit).

Achtung:
Ist der Unfallhergang nur aus der Schilderung des Mandaten bekannt, der den oder die Unfallgegner für allein schuldig hält, so muss bei der Formulierung des Strafantrages eine Einschränkung gemacht werden. Stehen der oder die Verursacher einwandfrei fest, so kann die zweite Alternativformulierung gewählt werden.

Hat bei Verkehrsordnungswidrigkeiten aufgrund von Verkehrsunfällen der Geschädigte selbst (oder durch seinen Anwalt) einen wirksamen Strafantrag nach § 232 Abs. 1 StGB gestellt, muss die Straftat der fahrlässigen Körperverletzung nach § 230 StGB selbst dann berücksichtigt werden, wenn die Staatsanwaltschaft das besondere öffentliche Interesse an der Strafverfolgung nicht bejaht.

Kosten u. Rechtsanwaltsgebühren:
Siehe Formular 3.B.01.#01 u. #02, 3.B.02.#01.

Speziell wegen der **Kosten u. Rechtsanwaltsgebühren** bzgl. eines Akteneinsichtsersuchens bei der Bußgeldbehörde siehe Formular 3.B.02.#01.

#06 Bestellungsschriftsatz inkl. Strafantrag und Nebenklage

[*HIER Ort, Datum*]

An
...... [*HIER Behördenbezeichnung der Ermittlungsbehörde: Polizei, Staatsanwaltschaft, Gericht*]
...... [*HIER genaue Anschrift*]

Tagebuch-Nr. [*Az.*]: ......, Verkehrsunfall vom ......, gegen ...... Uhr ...... [*HIER Straße*], in ...... [*HIER Ort*]
Ermittlungsverfahren gegen ...... [*HIER entweder Gegner- oder Mandantenanschrift*]

wegen Vergehens im Straßenverkehr.

Sehr geehrte Damen und Herren,

hiermit erlaube ich mir, die Vertretung meines/-r Mandanten/-in, Anschrift wie oben erwähnt, in dem angegebenen Verfahren, ausgestattet mit Zustellungsbevollmächtigung in einer Verkehrsunfallsache in dem wegen einer Verkehrsstraftat eingeleiteten Strafverfahren anzuzeigen.

Eine auf mich lautende Vollmacht liegt bei. [- werde ich nachreichen.]

Hiermit stelle ich namens und im Auftrage meines/-r Mandanten/-in

Strafantrag

wegen ...... [Körperverletzung anlässlich des oben genannten Verkehrsunfalls]

und beantrage

die Zulassung als Nebenkläger [Nebenklägerin].

Einem eventuellen Strafverfahren schließe ich mich an.

Die Nebenklage gemäß § 395 Abs. 3 StPO ist hier geboten, weil ......

Nach Abschluss der Ermittlungen und Abgabe der Sache an die Staatsanwaltschaft - das Gericht - bitte ich um

Akteneinsicht.

Sollte die Sache bereits an eine andere Stelle gegangen sein, bitte ich, dieses Schreiben weiterzuleiten.

....
Rechtsanwalt/-wältin

Anmerkung

Ist der Unfallhergang nur aus der Schilderung des Mandanten bekannt, der den oder die Unfallgegner für allein schuldig hält, so muss bei der Formulierung des Strafantrages eine Einschränkung gemacht werden.

Der Strafantrag wegen Körperverletzung sollte wegen der kurzen Strafantragsfrist von drei Monaten sofort gestellt werden.

Die Stellung eines Strafantrages wegen Körperverletzung stellt sicher,

1. dass gegen den anderen Unfallbeteiligten ein Strafverfahren und nicht lediglich bloß ein Bußgeldverfahren eingeleitet wird,
2. der Verletzte sich anders als im Bußgeldverfahren durch seinen Rechtsanwalt unter Umständen als Nebenkläger aktiv beteiligen und insbesondere bei Vernehmungen mit anwesend sein kann.

Der Strafantrag wegen Körperverletzung ist auch im Hinblick auf eine eventuelle Privatklage und die Beschwerde bei Einstellung durch die Staatsanwaltschaft wichtig.

Büromäßige Behandlung:
Mit Übernahme der Mandats in ordnungs- bzw. strafrechtlicher Hinsicht sollte der Mandant darauf hingewiesen werden, dass er sich ab sofort gegenüber den Behörden oder Dritten nicht mehr selbst, sondern nur durch seinen Anwalt äußern sollte. Damit wird vermieden, dass widersprüchliche Angaben von Mandant und Rechtsanwalt zu den Akten gelangen. Die anwaltlichen Stellungnahmen sollten auch nur nach vorheriger Akteneinsicht in die Ermittlungsakten erfolgen.

Rechtsanwaltsgebühren:
Siehe Formular 3.B.01.#01 u. #02, 3.B.02.#01.

#07 Akteneinsichtsersuchen allgemein (auch in zivilrechtlichen Angelegenheiten)

[*HIER Ort, Datum*]

An
- Polizei
[- Zentrale Bußgeldstelle]
[- Stadt ......
Amt für öffentliche Ordnung
- Bußgeldbehörde -]
[- Staatsanwaltschaft bei dem
Landgericht]
[- Gericht]
...... [*HIER genaue Anschrift*]

Akteneinsicht
- Bußgeldsache
- Ermittlungssache
- Strafsache
gegen ...... [*HIER entweder Gegner- oder Mandantenanschrift*]
Az. ....../......

Sehr geehrte Damen und Herren,

wir vertreten die Interessen von Herrn/Frau ......, wohnhaft ...... in ...... Eine auf mich ausgestellte Strafprozessvollmacht füge ich bei.

- Am ...... 20.. schädigte Herr/Frau ......, wohnhaft ...... in ...... das Kraftfahrzeug meines Mandanten/meiner Mandantin.

- Meine Mandantin, Herr/Frau ......, wohnhaft ...... in ...... war beteiligt an einem Verkehrsunfall am ...... [*HIER Unfalltag*] ...... [*HIER Straße*], in ...... [*HIER Ort*] in ...... um ...... Uhr.

- Um das Verfahren vorbereiten bzw. die Ansprüche meines Mandanten durchsetzen zu können, bitte ich, mir kurzfristig die dortigen Akten - sobald wie möglich - nach Abschluss der Ermittlungen zur

Akteneinsicht

zu überlassen.

- Spätestens mit Abschluss der amtlichen Ermittlungen bitte ich, mir unverzüglich

Akteneinsicht

zu gewähren.

- Sobald die Gesamtakte dem Amtsgericht vorliegt, bitte ich um

Akteneinsicht.

- Auf den Anspruch auf rechtliches Gehör vor Erlass einer Entscheidung darf ich ausdrücklich hinweisen.

- Zur Durchsetzung zivilrechtlicher Ansprüche gegen den Haftpflichtversicherer des Beschuldigten/der Beschuldigten bitte ich um

Übersendung der Ermittlungsakten, Az....../......

[- Die ...... Versicherung [*HIER Versicherungsname*] als Versicherung eines der Beteiligten hat mich beauftragt, zur Klärung der zivilrechtlichen Ansprüche einen Strafaktenauszug zu beschaffen. Vollmacht (Auftragserteilung) liegt bei.]

Bitte schicken Sie mir die Akten

- per Post
- im Wege der Rechtshilfe über das Amtsgericht.

Für entstehende Kosten übernehme ich die persönliche Haftung.

Rückgabe innerhalb von drei Tagen wird zugesichert. [Umgehende Rückgabe sichere ich zu.]

Wenn Sie den Vorgang zuständigkeitshalber an eine andere Stelle abgegeben haben, bitte ich um Weiterleitung dieses Schreibens und um Abgabenachricht.

Mit freundlichen Grüßen

....

Rechtsanwalt/-wältin

Anlage: Vollmacht

Anmerkung

Speziell zum Akteneinsichtsersuchen gegenüber der Bußgeldbehörde siehe Formular 3.B.02.#01.

Kommt der Mandant nach einem Unfall in die Kanzlei, so ist die zuständige Polizeidienststelle zuerst festzustellen. Kann der Mandant diese nicht angeben und hat er keine Polizeiformulare erhalten, so kommen in einer Großstadt verschiedene Polizeireviere in Frage. Auf der Autobahn sind für die einzelnen Abschnitte bestimmte Polizeidienststellen zuständig. Ist die Zuständigkeitsverteilung zwischen den Polizeidienststellen nicht bekannt, kann sie über die Zentrale der Polizei (keinesfalls sollte der Notruf 110 benutzt werden!) erfragt werden.

Für die Anforderung der polizeilichen Ermittlungsakten sind folgende Daten notwendig:

- Name und Adresse der Polizeidienststelle,
- Name mindestens eines Unfallbeteiligten,
- Aktenzeichen bzw. Tagebuch- oder Einsatzblattnummer
- oder Angabe über Unfallort und Unfallzeit (Datum und möglichst genaue Uhrzeit).

Kosten u. Rechtsanwaltsgebühren:
Siehe Formular 3.B.01.#01, speziell bzgl. Aktenanforderung bei der Bußgeldbehörde siehe Formular 3.B.02.#01.

#08 Anfrage an das Kraftfahrt-Bundesamt

[*HIER Ort, Datum*]

An das
Kraftfahrt-Bundesamt
- Verkehrszentralregister -
24932 Flensburg

Antrag auf Auskunft aus dem Verkehrszentralregister

Familienname: ......
Geburtsname: ......
Vorname(n): .... [*HIER sind alle Vornamen einzutragen*]
Geburtsdatum: ......
Geburtsort: ....
Anschrift: ....

Sehr geehrte Damen und Herren,

ich bitte um Übermittlung eines Auszuges aus dem Verkehrszentralregister für meinen o. g. Mandanten. Meine Vollmacht ist beigefügt.

....
Rechtsanwalt/-wältin

Anlage: Vollmacht im Original

Anmerkung

Die Regelungen über die Eintragung im Verkehrszentralregister sind in den Vorschriften der §§ 28 ff. StVG enthalten und richten sich nach § 28 StVG i. V. m. den hierzu erlassenen Verwaltungsvorschriften (vgl. im Einzelnen Jagusch/Hentschel § 28 StVG Rn. 1 ff.).

Die Voraussetzungen der Tilgung der eingetragenen Punkte sind in § 29 StVG geregelt i. V. m. den hierzu erlassenen Verwaltungsvorschriften.

Eingetragene Punkte werden wieder getilgt

- nach zwei Jahren in allen Bußgeldfällen (unabhängig vom Betrag);
- nach fünf Jahren, wenn eine Geldstrafe verhängt worden war oder eine Freiheitsstrafe bis zu drei Monaten
- nach zehn Jahren in allen übrigen Fällen.

Die Punkte-Tilgung kann auch »gehemmt« werden, und zwar durch einen neuen Bußgeldbescheid. Für diesen Fall bleiben die vorherigen Bußgeldeintragungen im Register. Eingetragene

Verkehrsstrafsachen werden aber nach fünf bzw. zehn Jahren gelöscht. Bei einer neuen verkehrsstrafrechtlichen Eintragung bleiben alle noch nicht gelöschten Strafen oder Bußen »bestehen«.

Bei Entziehung der Fahrerlaubnis sinkt die Punktezahl durch die »Entziehung« auf Null, was sicherlich ein wichtiger Aspekt der Verteidigungsstrategie sein kann. Zu beachten ist, dass die Eintragungen, die das Fahrerlaubnisrecht betreffen, in § 52 Abs. 2 BZRG geregelt sind.

Büromäßige Behandlung:
Für die Auskunft an einen beauftragten Rechtsanwalt ist die Vorlage einer Vollmachtserklärung oder einer Ausfertigung hiervon erforderlich.

Kosten:
Die Anfrage ist seit Januar 1999 gebührenfrei.

#09 Antrag auf Wiedereinsetzung beim Bußgeldbescheid / Strafbefehl

[*HIER Ort, Datum*]

An die
Stadt ......
– Ordnungsamt –
...... [*HIER Anschrift*]

Per Einschreiben!

Bußgeldsache
betreffend Herrn / Frau ......
Az.: ......

[oder beim Strafbefehl]

An das
Amtsgericht
...... [*HIER genaue Anschrift*]

Az.: ......
Strafbefehlsverfahren gegen ...... [*Name, Anschrift Mandant*]

melde ich mich als Verteidiger des o. g. Betroffenen und überreiche die auf mich lautende Strafprozessvollmacht.

Wegen der Versäumung der Frist zur Einspruchseinlegung **beantrage** ich, dem Betroffenen [dem Angeklagten (*im Strafbefehlsverfahren*)] auf seine Kosten

Wiedereinsetzung in den vorigen Stand

zu gewähren.

Gleichzeitig **lege** ich gegen den Bußgeldbescheid vom ...... [den Strafbefehl vom ......]

Einspruch

ein.

[Die Begründung des Einspruchs erfolgt nach erfolgter Akteneinsicht, die hiermit beantragt wird.]

Begründung:

Herrn/Frau ...... ist am ...... der Bußgeldbescheid [der Strafbefehl] vom ...... zugestellt worden.

Herr/Frau ...... befand sich zum Zeitpunkt der Zustellung – und zwar vom ...... bis zum ...... im Urlaub in ...... Herr/Frau ...... erfuhr daher von dem gegen ihn erlassenen Bußgeldbescheid [Strafbefehl] erst am ......, als er/sie aus dem Urlaub zurückkam. Er/Sie fand einen Benachrichtigungszettel der Deutschen Post AG im Briefkasten und holte sich die Urkunde beim Postamt ab. Inzwischen war die Einspruchsfrist verstrichen.

Zur Glaubhaftmachung, dass Herr/Frau sich in der angegebenen Zeit im Urlaub befand und erst am ...... von der Zustellung erfuhr, überreiche ich:

1. ......
2. ......
3. die eidesstattliche Versicherung des/der ...... [*HIER z. B. der Ehefrau/des Ehemannes des/der Betroffenen*]

Eine Begründung des Einspruchs erfolgt nach Einsichtnahme in die Bußgeldakte [- Strafakte], um deren Übersendung hiermit gebeten wird.

[oder]

Die Begründung des Einspruchs erfolgt nach Einsichtnahme in die Gerichtsakte.

Deshalb bitte ich, mir vor der Verhandlung die Akte zur Einsichtnahme zu überlassen bzw. zu übersenden und mir auch die Mitnahme der Akte in meine Kanzlei zu gestatten. Umgehende Rückgabe wird zugesichert.

....
Rechtsanwalt/-wältin

Anmerkung

Wiedereinsetzung ist möglich gegen die Versäumung aller gesetzlichen und richterlich festgesetzten Fristen einschließlich der Frist für den Wiedereinsetzungsantrag.

Recht häufig kommt es vor, dass die Zustellung des Bußgeldbescheides/Strafbefehls durch Niederlegung beim zuständigen Postamt erfolgt, da der Mandant sich tagsüber nicht in seiner Wohnung befindet. Der Zusteller der Post AG hinterlässt einen Benachrichtigungszettel, der oft übersehen wird. Da als Tag der Zustellung, der auf dem Benachrichtigungszettel angegebene Tag zählt, kommt es leicht zur Versäumung der Einspruchsfrist. Eine Versäumung der Einspruchsfrist kommt auch häufig vor, wenn sich der Mandant im Urlaub befindet und er deshalb die Benachrichtigung erst nach dem Urlaub im Postkasten auffindet. Hier ist der Antrag auf »Wiedereinsetzung in den vorigen Stand« zu stellen.

Achtung:
Per Einschreiben sollte der Antrag auf Wiedereinsetzung abgesandt werden, um den Nachweis fristgemäßer Einlegung führen zu können.

Im OWi-Verfahren entscheidet über den möglichen Wiedereinsetzungsantrag die Verwaltungsbehörde, § 52 Abs. 2 OWiG.

Zuständig für den Antrag auf Wiedereinsetzung ist die Behörde (bzw. das Gericht), die den Bußgeldbescheid (bzw. den Strafbefehl) erlassen hat.

Die Begründung des Einspruchs sollte auf jeden Fall erst nach Akteneinsichtnahme erfolgen.

Wenn der Mandant die Einspruchsfrist von 2 Wochen nicht wahrnehmen konnte, weil er zum Beispiel im Urlaub war, kann der Behörde innerhalb einer Woche ein Antrag auf Wiedereinsetzung und gleichzeitig auch der Einspruch gegen den Bußgeldbescheid geschickt werden. In diesem Schreiben muss der Antrag auf Wiedereinsetzung glaubhaft begründet (§§ 52 OWiG, 45 StPO) werden. Dabei sind alle Tatsachen anzugeben, aus denen sich beurteilen lässt, ob eine unverschuldete Fristversäumnis vorliegt. Als Beweis für die Abwesenheit z. B. wegen Urlaubs gelten Hotel- oder Campingplatzquittungen, Tankbelege, Mautkarten oder Flug- und Bahntickets. Wenn keine Belege mehr vorhanden sind, können auch eidesstattliche Versicherungen des Nachbarn als Beweis vorgelegt werden.

Beispiel einer Eidesstattlichen Versicherung:

»Fritz Nachbar
...... straße ......
...... Stadt

Eidesstattliche Versicherung
Ich versichere zur Vorlage bei der Ordnungsbehörde – Straßenverkehrsamt – in ...... [– beim Amtsgericht in ......] das Folgende an

Eides Statt:

Mir ist bekannt, dass eine vorsätzliche oder fahrlässig falsche Angabe einer eidesstattlichen Versicherung mit Strafe bedroht ist.

Ich versichere:

Ich war von Herrn/Frau ...... während seiner Abwesenheit vom ...... bis zum ...... mit dem Begießen der Blumen betraut. Den Schlüssel der Wohnung habe ich am Tag der Rückkehr von Herrn/Frau ...... am ...... wieder überreicht. ......

Unterschrift Fritz Nachbar«

Zur Glaubhaftmachung der Voraussetzungen für die Wiedereinsetzung reicht die eidesstattliche Versicherung eines Zeugen aus. Der Zeuge muss nicht vom Gericht vernommen werden. Sollte der Rechtsanwalt die eidesstattliche Versicherung zusammen mit dem Zeugen verfassen, so sollte er diesen auf jeden Fall auf die Strafbarkeit einer falschen eidesstattlichen Versicherung nach den §§ 156, 163 StGB hinweisen.

Vor der zwar nicht erforderlichen, aber unbedingt ratsamen, Begründung des Einspruchs sollte auf jeden Fall Einsicht in die Buß- bzw. Strafgeldakte erfolgen. Die Begründung muss nicht innerhalb der Einspruchsfrist erfolgen.

#10 Deckungsanfrage an Rechtsschutzversicherung

[*HIER Ort, Datum*]

An die
...... Rechtsschutz-Versicherung AG

Rechtsschutzersuchen für Ihren Versicherungsnehmer ......
wohnhaft: ......
Versich.-Nr.: ......

Sehr geehrte Damen und Herren,

hiermit teilen wird mit, dass Ihr Versicherungsnehmer uns mit der Verteidigung beauftragt hat.

Wir bitten Sie, uns die Deckungsanzeige für den kostentragenden Rechtsschutz zu erteilen. Hinsichtlich des Sachverhalts verweisen wir auf die beigefügten Unterlagen in Form des – Anhörungsbogens – Bußgeldbescheids – Strafbefehls – der Anklageschrift.

....
Rechtsanwalt/-wältin

#11 Halteranfrage

[*HIER Ort, Datum*]

An das
Straßenverkehrsamt
– Kraftfahrzeugszulassungsstelle –

Betr.: Auskunftsersuchen über Fahrzeughalter

Verkehrsunfall vom: ......
Amtl. Kennzeichen des am Verkehrsunfall beteiligten Kraftfahrzeuges: ......

Sehr geehrte Damen und Herren,

ich vertrete die Interessen von Herrn/Frau ...... Eine auf mich lautende Vollmacht füge ich in der Anlage bei.

Am ...... wurde der im Eigentum meiner Mandantin [meines Mandanten] stehende PKW von dem nicht namentlich bekannten Fahrer des PKW mit dem amtlichen Kennzeichen ...... in einen Verkehrsunfall verwickelt.

Zur Wahrnehmung der zivil- und strafrechtlichen Ansprüche meines Mandanten bitte ich um Mitteilung des Namens und der Anschrift des

[1.] Halters des am Unfall beteiligten Kraftfahrzeuges mit dem oben angegebenen amtlichen Kennzeichen.

[2.] Haftpflichtversicherers am Unfalltag und der Nummer des Versicherungsscheines bzw. der Versicherungsbestätigung.

Die durch die Halterauskunft entstehenden Kosten bitte ich durch Nachnahme zu erheben.

....
Rechtsanwalt/-wältin

Anmerkung

Voraussetzung der Halteranfrage ist,

- dass das Fahrzeugkennzeichen des betreffenden gegnerischen Fahrzeugs bekannt ist und
- ein rechtliches Interesse an der Auskunft der Straßenverkehrsbehörde nachgewiesen wird.

Letzteres ist der Fall, wenn die Halteranfrage für die Verkehrsunfallbearbeitung erforderlich ist, da dann keine Zweifel am rechtlichen Interesse bestehen können.

Die zuständige Straßenverkehrsbehörde ist über das Kfz-Kennzeichen des gegnerischen Fahrzeugs zu ermitteln. Falls es Probleme beim Auffinden der zuständigen Straßenverkehrszulassungsstelle gibt, kann man diese über den ›Zentralruf der Autoversicherer‹24 Stunden täglich unter der Rufnummer

0180–25026

erfahren. Die genaue Adresse der Straßenverkehrszulassungsstelle kann dann über die telefonische Auskunft erfragt werden.

Achtung:
Bezüglich der alleinigen Halterfeststellung besteht nicht nur die Möglichkeit, bei der zuständigen Straßenverkehrszulassungsstelle den Halter (sowie Versicherung) zu erfragen, sondern auch das zentrale Fahrzeugregister des Kraftfahrtbundesamtes anzuschreiben (Adresse:

Kraftfahrt-Bundesamt,
– Zentrales Fahrzeugregister –,
Fördestraße 16,
24944 Flensburg).

Die Kraftfahrzeugversicherung ist dort allerdings nicht gespeichert. Will man auch diese erfahren, ist der Weg über die Straßenverkehrzulassungsstelle günstiger, da diese dort gleich mitzuerfahren ist.

Büromäßige Behandlung:
Die Vollmacht ist in jedem Fall im Original dem Ersuchen beizufügen.

Kosten:
Die Kosten für die Anfrage werden per Nachname erhoben. Sie können vorher – falls der Mandant es wünscht – bei der zuständigen Straßenverkehrszulassungsstelle erfragt werden.

Beim Kraftfahrtbundesamt fallen 14,20 EUR bzgl. der Halteranfrage an (10,20 EUR Auskunftsgebühr + 4,– EUR an Post- und Nachnahmegebühr).

02. OWi-Verfahren

#01 Akteneinsichtsersuchen im Bußgeldverfahren

[*HIER Ort, Datum*]

An die
Zentrale Bußgeldstelle

[*oder*]
An die
Stadt ......
Amt für öffentliche Ordnung
- Bußgeldbehörde -
...... [*HIER genaue Anschrift*]

In dem Ordnungswidrigkeitenverfahren
gegen Herrn/Frau ......
wegen ...... [*HIER z. B. Nichtbeachtung der Vorfahrt*]
Az.: ......

zeige ich hiermit die Verteidigung des o. g. Betroffenen an und lege die entsprechende Vollmacht vor.

[oder]

wird der o. g. Betroffene von mir verteidigt. Vollmacht wurde bereits im Verfahren vorgelegt. [Vollmacht liegt an.]

Hiermit stelle ich den Antrag auf Einsicht in die Bußgeldakten (§ 147 StPO i. V. m. § 46 Abs. 1 OWiG). Die Herausgabe in meine Büroräume (§ 147 Abs. 4 StPO i. V. m. § 46 Abs. 1 OWiG) wird für eine Woche beantragt.

Ich **beantrage**,

mir in obiger Sache Akteneinsicht zu gewähren und mir die Akten zu übersenden.

Sollten der Akteneinsicht gegenwärtig Gründe entgegenstehen, so **beantrage** ich vorsorglich,

mir vorab die polizeiliche Niederschrift über die Vernehmung des o. g. Betroffenen vom ...... – und das Sachverständigengutachten über ...... – zur Einsicht zu überlassen.

Nach erfolgter Akteneinsicht wird vorbehalten, ob Erklärungen abgegeben und erforderlichenfalls Beweisanträge gestellt werden.

....
Rechtsanwalt/-wältin

Anmerkung

Eine vorzeitige Akteneinsicht kann erforderlich werden, sofern der Verteidiger schon sehr frühzeitig Einfluss auf den Gang der Ermittlungen nehmen möchte.

Selbst wenn die Einsicht in bestimmte Aktenteile den Untersuchungszweck gefährden würden, ist die Akteneinsicht bezogen auf Niederschriften über die Vernehmung des Betroffenen und in Niederschriften über richterliche Vernehmungen von Zeugen, Mitbetroffenen, Sachverständigen, in das Protokoll über einen richterlichen Augenschein und alle Sachverständigengutachten uneingeschränkt möglich, § 147 Abs. 2 StPO i. V. m. § 46 OWiG.

Büromäßige Behandlung:
Ist bereits ein Akteneinsichtsersuchen an die betreffende Polizeidienststelle gerichtet worden, so ist ein nochmaliges Akteneinsichtsgesuch nicht erforderlich, selbst wenn sich die Akte nunmehr bei der Ordnungsbehörde oder der Staatsanwaltschaft befindet.

Ist das Aktenzeichen bei der ehemals zuständigen Polizeidienststelle nicht bekannt, weil der Unfall bereits einige Zeit zurückliegt und die Akte nach dem Abschluss der polizeilichen Ermittlungen an die Ordnungsbehörde abgegeben wurde, ist eine telefonische Anfrage hinsichtlich des Aktenzeichens unmittelbar bei der Ordnungsbehörde erforderlich.

Handelte es sich um einen schwerwiegenden Verkehrsunfall, bei dem eine Verkehrsstraftat in Betracht kommt, ist das Aktenzeichen bei der zunächst zuständigen Polizeidienststelle zu erfragen. Ist es dort nicht bekannt, so kann es telefonisch bei der Eingangsstelle der zuständigen Staatsanwaltschaft ermittelt werden. Der oder die Namen der Beteiligten reichen häufig, um das Aktenzeichen zu erfahren.

Kosten:
Für die Aktenversendung im Ordnungswidrigkeitenverfahren und im staatsanwaltschaftlichen Ermittlungsverfahren kann gem. § 1 Abs. 1 lit. d GKG i. V. m. Nr. 9003 KV-GKG eine Auslagenpauschale von 8,– EUR verlangt werden. Diese ist vom Mandanten zu ersetzen. (Göttlich/Mümmler, BRAGO, Stichwort »Strafakten«, 3.1 u. 3.2). Die Übersendung der Akten an den Verteidiger darf allerdings nicht von der Zahlung der Auslagenpauschale abhängig gemacht werden (LG Tübingen AnwBl. 95, 569).

Rechtsanwaltsgebühren:
Im Bußgeldverfahren vor der Verwaltungsbehörde und dem anschließenden vorbereitenden Verfahren bis zum Eingang der Akte bei Gericht richtet sich die Gebühr nach § 105 Abs. 1 BRAGO.

Der Anwalt erhält die 1/2 Gebühr des § 83 Abs. 1 Nr. 3 BRAGO. Das im Bußgeldverfahren vor der Verwaltungsbehörde und das sich anschließende Verfahren bis zum Eingang der Akten bei Gericht löst die Hälfte der Gebühr des § 83 Abs. 1 Nr. 3 (25–330 EUR) – Mittelgebühr 175,– EUR – aus (Göttlich/Mümmler, BRAGO, Stichwort »Bußgeldverfahren«, 1.12 b)). Noch mit erfasst wird durch die Gebühr nach § 105 Abs. 1 BRAGO die Beratung des Auftraggebers, ob und in welchem Umfange er Einspruch einlegen soll (Göttlich/Mümmler a. a. O., 1.12 a) mit Rechtsprechungsnachweisen).

Bei einer durchschnittlichen Verkehrsordnungswidrigkeitensache vor dem Amtsrichter – Einzelrichter – dürfte bzgl. der Gebührenhöhe nach § 12 BRAGO der Ansatz einer Mittelgebühr gerechtfertigt sein (AG Bochum, AG Düsseldorf in MittBl der Arbeitsgemeinschaft für Verkehrsrecht 1996, 21). Diese ist dem Kläger von seiner Rechtsschutzversicherung zu ersetzen (LG München in MittBl der Arbeitsgemeinschaft Verkehrsrecht 1995, 61). Grundsätzlich gilt, dass bei Verkehrsordnungswidrigkeiten, welche nach dem Bußgeldkatalog mit einer Geldbuße von mehr als 40 EUR bedroht sind und somit zu einer Eintragung im Verkehrszentralregister führen, die Mittelgebühr in aller Regel angemessen ist (AG Wendel zfs 1996, 70).

Gebühr: 25–330 EUR (Mittelgebühr 175,–EUR)

Aus § 105 Abs. 2 BRAGO geht hervor, dass die zusätzlichen Gebühren des § 84 Abs. 2 BRAGO auch im Bußgeldverfahren anfallen, und zwar auch im Vorverfahren. In § 105 Abs. 2 S. 2 wird ausdrücklich klargestellt, dass § 84 Abs. 2 BRAGO vor der Verwaltungsbehörde entsprechend anzuwenden ist (vgl. auch Otto JurBüro 97, 286 f.).

In § 84 Abs. 2 Nr. 3 BRAGO wird klargemacht, dass eine Rücknahme des Einspruchs vor Terminierung der Hauptverhandlung die erhöhten Gebühren auslösen, wenn die sonstigen Voraussetzungen vorliegen. Auch die Ablehnung der Eröffnung des Hauptverfahrens unter Mitwirkung des Verteidigers löst die zusätzliche Gebühr aus (Göttlich/Mümmler, BRAGO, Stichwort »Bußgeldverfahren« I.11).

Die zusätzliche Gebühr des § 84 Abs. 2 BRAGO wird nur dann nicht ausgelöst, wenn ein Beitrag des Rechtsanwaltes zur Förderung des Verfahrens nicht ersichtlich ist. Besondere Mühe und Arbeit des Anwalts, um die Gebühr auszulösen, ist nicht erforderlich. Die Beweislast für die fehlende Mitwirkung trifft den Mandanten bzw. den Rechtsschutzversicherer. Eine aufwendige Kausalitätsprüfung ist nicht notwendig (Madert AGS 1997, 85; Beck DAR-Service 1997, 332 f.).

Dies bedeutet, dass der Rechtsanwalt anstelle der Hälfte der Gebühr des § 83 Abs. 1 Nr. 3 BRAGO diese Gebühr voll erhält, wenn das Bußgeldverfahren von der Verwaltungsstelle nicht nur vorläufig eingestellt wird und der Rechtsanwalt an dieser Einstellung mitgewirkt hat. Hierzu zählt auch die Einstellung nach § 47 Abs. 1 u. 2 OWiG (siehe Enders JurBüro 95, 281 ff.; LG Köln AnwBl. 95, 563; Mümmler JurBüro 96, 74 f.).

Die Postgebührenpauschale entsteht nur einmal, nicht also einmal vor der Verwaltungsbehörde und noch ein zweites Mal vor dem Amtsgericht (Gerold/Schmidt/v.Eicken/Madert, § 26 BRAGO Anm. 6). Die Pauschgebühr beträgt 15,– EUR und nicht etwa 20,– EUR wie im Zivilprozess, § 26 BRAGO.

Schließt sich nach Einstellung des strafrechtlichen Ermittlungsverfahrens ein eigenständiges Bußgeldverfahren an, kann ein in beiden Verfahren tätiger Verteidiger separat seine Kosten abrechnen (AG Tecklenburg AnwBl. 95, 48).

Kommt es zwischen Rechtsanwalt und Rechtsschutzversicherung nicht zur Einigung über die Rechtsanwaltskosten, so ist nicht gegen diese, sondern gegen den Mandanten gerichtlich vorzugehen, da nur dieser Auftraggeber ist.

Im anhängigen Zivilprozess kann der Rechtsanwalt die Rahmengebühren im Bußgeldverfahren nicht im Wege der Kostenfestsetzung gegen den Mandanten nach § 19 BRAGO geltend machen, sondern der nicht befriedigte Gebührenanspruch muss eingeklagt werden.

#02 Antrag an die Verwaltungsbehörde auf Vernehmung eines Zeugen und Augenscheinseinnahme

[*HIER Ort, Datum*]

An die
Zentrale Bußgeldstelle

[oder]
An die
Stadt ......
Amt für öffentliche Ordnung
– Bußgeldbehörde –
...... [*HIER genaue Anschrift*]

In dem Ordnungswidrigkeitenverfahren
gegen Herrn/Frau ......
wegen ...... [*HIER z. B. Nichtbeachtung der Vorfahrt*]
Az.: ......

stellen wir nach Einsicht in die Ermittlungsakten zur weiteren Sachaufklärung folgende

Beweisanträge:

I. Zum Beweis der Tatsache, dass der Zeuge A die Unfallstelle von seiner Position aus nicht einsehen konnte, **beantragen** wir

die Einnahme des Augenscheins am Unfallort ......straße.

II. Zum Beweis der Tatsache, dass ......, **beantragen** wir

die Zeugin B ......, wohnhaft ......, zu laden und am Unfallort zu vernehmen.

Des Weiteren **beantragen** wir, den Betroffenen und seinen Verteidiger rechtzeitig vor dem Termin zur Einnahme des Augenscheins und zur Vernehmung der Zeugin B zu benachrichtigen und ihnen die Anwesenheit während der Beweisaufnahme zu gestatten.

Begründung:

[*Eine Begründung der Beweisanträge ist nicht erforderlich, kann aber die Notwendigkeit einer Beweiserhebung bekräftigen*]

Der Zeuge A hat in seiner polizeilichen Vernehmung vom behauptet, ... Diese Aussage ist falsch. Die Beweisaufnahme wird vielmehr ergeben, dass er die Unfallstelle von seiner Position aus gar nicht einsehen konnte.

Die Zeugin B wird bestätigen, dass ......

....
Rechtsanwalt/-wältin

Anmerkung

Ein Anwesenheitsrecht haben der Verteidiger und der Betroffene bei Ermittlungshandlungen der Verwaltungsbehörde nicht.

Der Verteidiger hat nur ein Anwesenheitsrecht, wenn der Betroffene von der Verwaltungsbehörde förmlich vernommen wird, § 163 a Abs. 3 S. 2, § 168 c Abs. 1 StPO i. V. m. § 46 Abs. 1 OWiG, nicht hingegen, bei einer bloß formlosen Anhörung durch die Verwaltungsbehörde oder bei einer polizeilichen Vernehmung.

Gegen die Ablehnung eines Beweisantrages durch die Verwaltungsbehörde besteht wegen § 62 Abs. 1 S. 2 OWiG keine Möglichkeit, eine gerichtliche Entscheidung herbeizuführen.

Rechtsanwaltsgebühren:
Siehe Formular 3.B.02.a.#01.

#01 Einspruch gegen Bußgeldbescheid

[*HIER Ort, Datum*]

An die
Zentrale Bußgeldstelle

[*oder*]
An die
Stadt ......
Amt für öffentliche Ordnung
– Bußgeldbehörde –
...... [*HIER genaue Anschrift*]

Per Einschreiben!

In dem Ordnungswidrigkeitenverfahren
gegen Herrn/Frau ......
wegen ...... [*HIER z. B. Nichtbeachtung der Vorfahrt*]
Az.: ......

zeige ich hiermit die Verteidigung des o. g. Betroffenen an und lege die entsprechende Vollmacht vor.

<oder>

wird der o. g. Betroffene von mir verteidigt. Eine Vollmacht wurde bereits im Verfahren vorgelegt. [– Eine Vollmacht liegt an.]

In obiger Sache lege ich namens und im Auftrag meiner Mandantschaft gegen den Bußgeldbescheid vom ......, zugestellt am ......

Einspruch

ein.

[– Der Einspruch wird auf folgende Beschwerdepunkte beschränkt:

Tatvorwurf ...... [*z. B. Buchstabe b) des Bußgeldbescheides*] und Höhe der Geldbuße.]

[– Einer Entscheidung im schriftlichen Verfahren ohne Hauptverhandlung (§ 72 OWiG) wird vorläufig widersprochen.]

Zugleich **beantrage** ich, mir Akteneinsicht zu gewähren und mir die Akten zu übersenden. Eine Begründung des Einspruchs bleibt für die Zeit nach Akteneinsicht vorbehalten.

[*oder*]

Ich **beantrage** Akteneinsicht für drei Tage in meinen Kanzleiräumen vor einer Übersendung der Akten an die Staatsanwaltschaft, § 69 Abs. 3 OWiG.

[*oder*]

Ich beabsichtige ggf. für den Betroffenen eine Stellungnahme bis ...... abzugeben und bitte deshalb, bis zu dem genannten Zeitpunkt die Akten nicht an die Staatsanwaltschaft zu übersenden.

....
Rechtsanwalt/-wältin

Anmerkung

Per Einschreiben sollte der Einspruch abgesandt werden, um den Nachweis fristgemäßer Einlegung führen zu können.

Die Begründung des Einspruches sollte auf jeden Fall erst nach Akteneinsichtnahme erfolgen.

Der Einspruch ist bei der Verwaltungsbehörde einzulegen, die den Bußgeldbescheid erlassen hat, § 67 Abs. 1 S. 1 OWiG. Die Frist ist auch gewahrt, wenn der Einspruch bei einer Außenstelle der zuständigen Verwaltungsbehörde eingeht.

Die Einspruchsfrist beträgt zwei Wochen und beginnt mit der Zustellung, § 67 Abs. 1 S. 1 OWiG. Die zweiwöchige Frist wird nach § 46 Abs. 1 OWiG i. V. m. § 43 StPO berechnet und endet danach mit Ablauf des Wochentages, der dem entspricht, an dem die Frist zu laufen begonnen hat.

Der Einspruch kann bereits vor dem Erlass des Bußgeldbescheides eingelegt werden, wobei allerdings hervorgehen muss, dass sich der Rechtsbehelf gegen den Bußgeldbescheid richtet. Eine bestreitende Erklärung im Anhörungsbogen reicht daher nicht.

Der Einspruch gegen den Bußgeldbescheid ist schriftlich oder zur Niederschrift bei der Verwaltungsbehörde, die den Bußgeldbescheid erlassen hat, einzulegen, § 67 Abs. 1 S. 1 OWiG. Der Einspruch kann auch fernmündlich zur Niederschrift der Behörde oder mittels Fernschreiben oder telegrafisch oder per Telefax eingelegt werden. Es reicht aus, wenn der Verteidiger zur Zeit des Einspruchs bevollmächtigt ist. Auf die Vorlage der Vollmachtsurkunde kommt es für die Wirksamkeit des Einspruchs nicht an.

Der Verteidiger gilt bezüglich des Bußgeldbescheides kraft Gesetzes als zustellungsbevollmächtigt; der Pflichtverteidiger schon von der Bestellung an, der Wahlverteidiger allerdings nur dann, wenn sich seine Vollmacht bei den Akten befindet, § 51 Abs. 3 S. 1 OWiG.

Es liegt im pflichtgemäßen Ermessen der Verwaltungsbehörde, ob die Zustellung an den Betroffen oder an den zustellungsbevollmächtigten Verteidiger bewirkt wird. Der Betroffene bzw. der Verteidiger, dem nicht zugestellt wird, ist nach § 52 Abs. 2, 3 S. 2, 3 OWiG vom Erlass des Bußgeldbescheides zu unterrichten.

Der Einspruch kann auf die Kosten- und Auslagenentscheidung beschränkt werden, sofern diese angreifbar ist (BayObLG VRS 1977, 138; LG Bonn JurBüro 1991, 1383). Der Rechtsbehelf kann aber nicht mit bestimmten Bedingungen verbunden werden.

Nach Einspruch gegen den Bußgeldbescheid entscheidet dann das Amtsgericht, in dessen Bezirk die Verwaltungsbehörde ihren Sitz hat, § 77 Abs. 1 S. 1 OWiG. Für den Verteidiger im Ordnungswidrigkeitenverfahren, vor allem in Verkehrssachen, kommen in diesem Zusammenhang drei Ziele in Betracht:

1. Freispruch erreichen,
2. Einstellung des Verfahrens wegen eines Verfahrenshindernisses oder nach dem Opportunitätsprinzip, § 47 OWiG,
3. Verurteilung zu einer Geldbuße, mit deren Verhängung keine weitergehenden Maßnahmen gegen den Mandanten verbunden ist, weil das Mehrfach-Täter-Punkte-System zu einer Eintragung im Verkehrszentralregister führt.

Bei dem letzten Punkt kann es sich für den Anwalt empfehlen,

neben den Ausführungen zur Sache auch deutlich zu machen, dass ein Urteil, das eine Herabsetzung der Geldbuße ausspricht, hingenommen wird. Diese Aussage fördert bei vielen Richtern die Bereitschaft, dem Betroffenen durch Herabsetzung der Geldbuße entgegenzukommen, weil das Gericht nach § 77 b OWiG von einer Urteilsbegründung absehen kann, sofern auf Rechtsmittel verzichtet wird.

Der Einspruch kann auf bestimmte Beschwerdepunkte beschränkt werden, § 67 Abs. 2 OWiG. Möglich ist die

- Beschränkung auf eine von mehreren Geldbußen,
- Hierzu ist erforderlich, dass im Bußgeldbescheid mehrere Taten
- oder innerhalb des Tatvorwurfes mehrere Handlungen
- vorgeworfen werden, für die einzelne Geldbußen festgesetzt wurden (§ 20 OWiG).
- Beschränkung auf die Höhe der Geldbuße(n).

Achtung: Aufzupassen ist, wenn die Ordnungswidrigkeit auch den Tatbestand einer Straftat verwirklicht, da das Amtsgericht nach Eingang der Akten jederzeit durch einen schlichten rechtlichen Hinweis in das Strafverfahren überleiten kann, § 81 OWiG. Danach ist dann eine Rücknahme des Einspruches gegen den Bußgeldbescheid nicht mehr möglich (BGHSt 29, 305).

Ein Verzicht auf die Einlegung des Einspruchs gegen einen Bußgeldbescheid ist erst möglich, sofern der Bußgeldbescheid erlassen worden ist.

Für den Fall der Verfahrenseinstellung nach § 47 Abs. 2 OWiG sind die notwendigen Auslagen in der Regel von der Staatskasse zu tragen.

Gegen einen als unzulässig verworfenen Einspruch ist sofortige Beschwerde gegeben, § 70 OWiG.

Büromäßige Behandlung:
Im Antrag sollte auf keinen Fall die Formulierung, den Bußgeldbescheid ›aufzuheben‹, gebraucht werden, da dies das Gericht erkennen lässt, dass der Verteidiger sich im Bußgeldver-

fahren nicht besonders auskennt. Eine Aufhebung des Bußgeldbescheides kennt das Bußgeldverfahren, anders als im Verwaltungsstreitverfahren, nicht (Ausnahme § 86 Abs. 1 OWiG).

Die Einspruchsfrist beträgt 2 Wochen, § 67 S. 1 OWiG. Der Einspruch sollte aus Nachweisgründen per Einschreiben erfolgen. Liegen der Ort des behaupteten Bußgeldvergehens und der Wohnort des Betroffenen weit auseinander, ist zumeist die Beauftragung eines weiteren Rechtsanwalts erforderlich. Aus diesem Grund ist nach Akteneinsicht zu prüfen, ob der Einspruch aussichtsreich und damit aufrechtzuerhalten ist.

Das Fahrverbot gemäß § 25 StVG ist die Nebenfolge einer Verkehrsordnungswidrigkeit nach §§ 24, 24 a StVG, die nur zusammen mit einer Geldbuße festgesetzt wird, so dass eine Beschränkung des Einspruches auf das Fahrverbot nicht zulässig ist (Göhler § 67 OWiG Rn 34 g; Kleinknecht/Meyer-Goßner § 318 StPO Rn 22. OLG Düsseldorf VRA 84, 336; OLG Schleswig NStZ 84, 90; a. A. BayOblG VRS 31, 186). Ein beschränkter Einspruch gegen das Fahrverbot wird vom Gericht als unbeschränkter Einspruch auch gegen die Höhe der Geldbuße behandelt.

Achtung:
Die einschneidendste Rechtsfolge einer Verkehrsordnungswidrigkeit stellt das Fahrverbot nach § 25 StVG dar. In diesem Zusammenhang ist § 25 Abs. 2 a StVG bedeutsam, der es dem Mandanten ermöglicht, innerhalb eines Zeitraumes von vier Monaten nach Rechtskraft des Bußgeldbescheides zu bestimmen, wann er das Fahrverbot ›nimmt›. Erst dann, wenn dieser Zeitraum nicht ausreicht, muss über die Einlegung eines Einspruches ein günstiger Zeitraum, etwa Urlaub oder Betriebsferien beim Berufskraftfahrer herbeigeführt werden. Dies gilt allerdings nicht, wenn im Zeitraum von zwei Jahren vor der Ordnungswidrigkeit (also nicht etwa vor der Bußgeldentscheidung) weitere Fahrverbote schon verhängt wurden oder noch ›im Raume stehen‹. Deshalb ist ein Auszug aus dem Verkehrszentralregister (siehe zum Antrag auf Auszug aus dem Verkehrszentralregister Formular 5.B.01.#08) daraufhin zu überprüfen.

Werden gegen den Betroffenen weitere Fahrverbote verhängt, so sind nach § 25 Abs. 2 a S. 2 StVG die Fahrverbote nacheinander in der Reihenfolge der Rechtskraft der Bußgeldentscheidungen zu berechnen. Hierauf sollte der Mandant zur Vermeidung von Regressansprüchen auf jeden Fall hingewiesen werden.

Rechtsanwaltsgebühren:
Für das Bußgeldverfahren vor der Verwaltungsbehörde einschließlich der eventuellen Ermittlungen der Staatsanwaltschaft erhält der Rechtsanwalt eine Gebühr nach § 105 Abs. 1 BRAGO.

Für ein möglicherweise anschließendes Bußgeldverfahren vor dem Amtsrichter ohne Hauptverhandlung fällt eine Gebühr nach § 105 Abs. 2, § 83 Abs. 1 Nr. 3 BRAGO an.

Die Überleitung des Bußgeldverfahrens in ein Strafverfahren in der Hauptverhandlung, bei der aufgrund z. B. des Hinweises auf Änderung des rechtlichen Gesichtspunktes auch eine Verurteilung wegen einer Straftat in Betracht kommt, ist hingegen als ein von vornherein als Strafverfahren geführtes Verfahren zu bewerten (vgl. Lappe NJW 1976, 1250, 1251).

Vgl. auch Formular 3.B.02.a.#01.

#02 Einspruch gegen Bußgeldbescheid und Antrag auf Rücknahme mit der Anregung, einen neuen Bußgeldbescheid mit geänderter Rechtsfolge zu erlassen

[*HIER Ort, Datum*]

An die
Zentrale Bußgeldstelle
...... [*HIER genaue Anschrift*]

[*oder*]
An die
Stadt ......
Amt für öffentliche Ordnung
- Bußgeldbehörde -
...... [*HIER genaue Anschrift*]

Per Einschreiben!

Az.: ......
Ordnungswidrigkeitenverfahren gegen ...... [*HIER Name, Anschrift Mandant*]

Sehr geehrte Damen und Herren,

hiermit zeige ich die Verteidigung des o. g. Betroffenen an und lege die entsprechende Vollmacht vor.

[*oder*]

der von mir o. g. Betroffene wird von mir verteidigt. Eine Vollmacht wurde bereits im Verfahren vorgelegt. [Eine Vollmacht liegt an.]

Namens und im Auftrag des Betroffenen lege ich gegen den Bußgeldbescheid vom ......, zugestellt am ......,

Einspruch

ein.

Die Begründung des Einspruchs erfolgt nach Einsichtnahme in die Bußgeldakte.

Deshalb **beantrage** ich,

mir die Akteneinsicht in obiger Sache zu gewähren und mir die Akten zu übersenden.

[*oder*]

Namens und im Auftrag des Betroffenen lege ich gegen den Bußgeldbescheid vom ......, zugestellt am ......,

Einspruch

ein und **beantrage**,

den Bußgeldbescheid zurückzunehmen und das Verfahren einzustellen.

[*oder*]
auf eine Verhängung des Fahrverbotes zu verzichten und dafür die Geldbuße angemessen zu erhöhen.

Begründung:

Vom Betroffenen wird folgender geringfügiger Verkehrsverstoß eingeräumt: ...... [*HIER folgt nähere Ausführung*]

Aus dem Dargestellten ergibt sich, dass der Vorwurf nur gering ist und deshalb eine Ahndung nicht geboten ist und somit das Verfahren geeignet ist, nach § 47 Abs. 1 OWiG eingestellt zu werden.

In jedem Fall wendet sich der Betroffene gegen die Höhe der verhängten Geldbuße. Es kann im vorliegenden Fall nicht zweifelhaft sein, dass die Ordnungswidrigkeit von meiner Mandantschaft nur leicht fahrlässig begangen wurde. Auch hat der Unfallgegner zu seiner Gefährdung nach eigenen Angaben durch ein erhebliches Mitverschulden mitbeigetragen. Demgegenüber ist das Verschulden meines Mandanten gering, da ......

Vom Regelfall eines [einer] ...... [*HIER z. B. Vorfahrtpflichtverletzung*] weicht die Tat erheblich ab, da ......

Sofern das Verfahren antragsgemäß gemäß § 47 Abs. 1 OWiG eingestellt werden kann, würde der Betroffene einen Bußgeldbescheid, in dem eine Geldbuße, die EUR ...... nicht übersteigt, akzeptieren.

Aus den genannten Gründen rege ich deshalb hilfsweise an,

nach Rücknahme des mit dem Einspruch angegriffenen Bußgeldbescheides einen Bescheid mit reduzierter Geldbuße zu erlassen.

....
Rechtsanwalt/-wältin

Anmerkung

Achtung: Per Einschreiben sollte der Einspruch abgesandt werden, um den Nachweis fristgemäßer Einlegung führen zu können.

Die Begründung des Einspruchs sollte auf jeden Fall erst nach Akteneinsichtnahme erfolgen.

Für den Verteidiger im Ordnungsverfahren, vor allem in Verkehrssachen, kommen drei Ziele in Betracht:

1. Freispruch erreichen,
2. Einstellung des Verfahrens wegen eines Verfahrenshindernisses oder nach dem Opportunitätsprinzip, § 47 OWiG,
3. Verurteilung zu einer Geldbuße, mit deren Verhängung keine weitergehenden Maßnahmen gegen den Mandanten verbunden sind, weil das Mehrfach-Täter-Punkte-System zu einer Eintragung im Verkehrszentralregister führt.

Bei dem letzten Punkt kann es sich für den Anwalt empfehlen,

neben den Ausführungen zur Sache auch deutlich zu machen, dass ein Urteil, das eine Herabsetzung der Geldbuße ausspricht, hingenommen wird. Diese Aussage fördert bei vielen Richtern die Bereitschaft, dem Betroffenen durch Herabsetzung der Geldbuße entgegenzukommen, weil das Gericht nach § 77 b OWiG von einer Urteilsbegründung absehen kann, sofern auf Rechtsmittel verzichtet wird.

Eine Herabsetzung zu einer niedrigeren Geldbuße, die nicht im Verkehrszentralregister eingetragen wird (Eintragungsgrenze für Verkehrsordnungswidrigkeiten = 40 EUR), kann nur auf einen »atypischen Fall« gestützt werden, der ein Abweichen vom Regelsatz des Bußgeldkataloges erlaubt. Dabei ist zu beachten, dass es für eine Eintragung im Verkehrszentralregister wie beim Bußgeldbescheid nicht auf eine Herabsetzung der Geldbuße wegen der schlechten wirtschaftlichen Verhältnisse ankommt, sondern allein auf die Herabsetzung wegen der »atypischen Fallgestaltung« (§§ 28, 28 a StVG).

Ein weiteres Ziel der Verteidigung kann auch sein, den Wegfall des im Bußgeldbescheid angeordneten Fahrverbotes zu erreichen. Dieses Ziel kann nur erreicht werden, wenn

- ein atypischer Fall vorliegt, der nicht auf die in § 25 StVG erforderliche grobe Pflichtverletzung des Fahrzeugführers schließen lässt, oder
- wenn der Verlust der wirtschaftlichen Existenz des Betroffenen droht (z. B. bei einem selbstständigen Taxifahrer, der nur ein Taxi besitzt und es selbst fährt).

Der Verteidiger sollte hier auf jeden Fall prüfen, ob ein solcher Fall bereits von der Rechtsprechung entschieden worden ist, um hierauf verweisen zu können. Beim Antrag muss beachtet werden, dass dann die Geldbuße angemessen zu erhöhen ist.

Ein Verzicht auf die Einlegung des Einspruchs gegen einen Bußgeldbescheid ist erst möglich, sofern der Bußgeldbescheid erlassen worden ist.

Für den Fall der Verfahrenseinstellung nach § 47 Abs. 2 OWiG sind die notwendigen Auslagen in der Regel von der Staatskasse zu tragen.

Gegen einen als unzulässig verworfenen Einspruch ist sofortige Beschwerde gegeben, § 70 OWiG.

Büromäßige Behandlung:

Die Einspruchsfrist beträgt 2 Wochen, § 67 S. 1 OWiG. Der Einspruch sollte aus Nachweisgründen per Einschreiben erfolgen. Liegen der Ort des behaupteten Bußgeldvergehens und der Wohnort der Betroffenen weit auseinander ist zumeist die Beauftragung eines weiteren Rechtsanwalts erforderlich. Aus diesem Grund ist nach Akteneinsicht zu prüfen, ob der Einspruch aussichtsreich und damit aufrechtzuerhalten ist.

Rechtsanwaltsgebühren:
Siehe Formular 3.B.02.a.#01.

#03 Einspruch gegen Bußgeldbescheid und Widerspruch gegen das Beschlussverfahren

[*HIER Ort, Datum*]

An die
Zentrale Bußgeldstelle

[*oder*]
An die
Stadt ......
Amt für öffentliche Ordnung
- Bußgeldbehörde -
...... [*HIER genaue Anschrift*]

Per Einschreiben!

In dem Ordnungswidrigkeitenverfahren
gegen Herrn/Frau ......
wegen ...... [*HIER z. B. Nichtbeachtung der Vorfahrt*]
Az.: ......

überreiche ich anliegend Verteidigervollmacht.

Gegen den Bußgeldbescheid vom ...... lege ich

Einspruch

ein.

Einer Entscheidung im schriftlichen Verfahren ohne Hauptverhandlung wird ausdrücklich widersprochen.

....
Rechtsanwalt/-wältin

Anmerkung

Das Gericht kann gem. § 72 OWiG durch Beschluss, also außerhalb der Hauptverhandlung im schriftlichen Verfahren entscheiden. Widerspruch ist gegen das schriftliche Verfahren innerhalb von 2 Wochen zu erheben.

Achtung: Das Gericht kann, aber braucht den Betroffenen und seinen Verteidiger nicht auf die Widerspruchsmöglichkeit gegen das schriftliche Beschlussverfahren hinzuweisen, vgl. § 72 Abs. 1 S. 3 OWiG. Um einem Risiko oder jedenfalls dem zu erwartenden Arbeitsmehraufwand vorzubeugen, sollte bereits bei Einlegung des Einspruchs mitgeteilt werden, wenn einer Entscheidung ohne Hauptverhandlung nicht zugestimmt wird.

Wird fristgerecht widersprochen, so hat das Gericht den Hauptverhandlungstermin anzuberaumen und die Hauptverhandlung durchzuführen.

Da die Widerspruchserklärung nach § 72 OWiG keine Rechtsmittelerklärung darstellt, ist sie auch nicht bedingungsfeindlich. Zulässige Bedingungen nach der Rechtsprechung sind, wenn die Zustimmung zum Beschlussverfahren von

- einer bestimmten Höhe der Geldbuße,
- einer Einstellung des Verfahrens,
- einem Freispruch,
- einem Ablauf des Geschehens als Entscheidungsgrundlage, wie ihn der Betroffene vorgetragen hat,
- einer Einvernahme bestimmter Zeugen,

abhängig gemacht wird.

Rechtsanwaltsgebühren:
Siehe Formular 3.B.02.a.#01.

#04 Einspruchrücknahme im OWi-Verfahren

[*HIER Ort, Datum*]

An die
Zentrale Bußgeldstelle
...... [*HIER Anschrift*]

[*oder*]
An das
Amtsgericht
...... [*HIER Anschrift*]

Az.: ......
Ordnungswidrigkeitenverfahren gegen ...... [*HIER Name, Anschrift Mandant*]

Sehr geehrte Damen und Herren,

hiermit nehme ich mit ausdrücklicher Ermächtigung des Betroffenen den Einspruch vom ...... gegen den Bußgeldbescheid vom ...... zurück.

[*oder*]
der von mir o. g. Betroffene wird von mir verteidigt. Eine Vollmacht wurde bereits im Verfahren vorgelegt [- Eine Vollmacht liegt an].

Namens und im Auftrag meiner Mandantschaft nehme ich den gegen den Bußgeldbescheid vom ...... eingelegten Einspruch

zurück.

[*HIER folgt eine mögliche, aber nicht notwendige ergänzende Erklärung*]

Mein Mandant legt Wert auf die Erklärung, dass mit der Rücknahme des Einspruchs ein Schuldeingeständnis nicht verbunden ist. [- und er den Vorwurf, wie schon im Schriftsatz vom ...... dargelegt, bestreitet.] Mein Mandant will das Ordnungswidrigkeitenverfahren nicht fortsetzen, weil ...... *[HIER folgt die Begründung, die sich empfehlen kann, wenn beispielsweise im Schadensersatzprozess die Beiziehung der Bußgeldakten zu erwarten ist]*

....
Rechtsanwalt/-wältin

Anmerkung

Zur Wirksamkeit der Rücknahme des Einspruchs bedarf der Verteidiger einer ausdrücklichen Ermächtigung, § 67 Abs. 1 S. 2 OWiG i. V. m. § 302 Abs. 2 StPO. Die ausdrückliche Ermächtigung ist an keine bestimmte Form gebunden und kann schon mit der allgemeinen Verteidigervollmacht vom Betroffenen erteilt werden.

Die Rücknahme des Einspruchs ist in derselben Form zu erklären wie die Einlegung (vgl. dazu Anmerkung zu Formular 3.B.02.#01). Sind die Akten schon von der Verwaltungsbehörde an die Staatsanwaltschaft übersandt worden, so ist die Rücknahme gegenüber der Staatsanwaltschaft zu erklären, vgl. § 69 Abs. 3 S. 1 OWiG. Sind die Akten bei Gericht eingegangen, so ist dieses zuständig, § 69 Abs. 4 S. 2 OWiG.

Die Rücknahme des Einspruchs gegen den Bußgeldbescheid kann bereits vor Ablauf der Einlegungsfrist erklärt werden. Sie kann aber auch noch in der Hauptverhandlung zu Protokoll erklärt werden, nach Beginn der Hauptverhandlung zur Sache allerdings nur noch mit Zustimmung der Staatsanwaltschaft, vgl. §§ 411 Abs. 3 S. 2, 303 StPO i. V. m. § 71 OWiG. Sie ist dann noch bis Beginn der Verkündung des Urteils im ersten Rechtszug möglich, § 411 Abs. 3 S. 1 StPO i. V. m. § 71 OWiG. Entscheidet das Gericht im schriftlichen Verfahren durch Beschluss nach § 72 OWiG, so kann der Einspruch noch bis zum Erlass des Beschlusses zurückgenommen werden.

Mit der Rücknahme kann der Betroffene den Übergang zum Strafverfahren verhindern. Allerdings steht die Rechtskraft des Bußgeldbescheides der Verfolgung derselben Tat als Straftat nicht entgegen, vgl. § 84 Abs. 1 OWiG.

Hat hingegen das Gericht über die Tat als Ordnungswidrigkeit entschieden, so ist nach § 84 Abs. 2 OWiG eine spätere Strafverfolgung derselben Tat nicht mehr möglich, da das Gericht die Tat im Bußgeldverfahren auch unter strafrechtlichen Gesichtspunkten zu prüfen hat, § 81 Abs. 1 OWiG.

Achtung:
Erwägt das Gericht die Verurteilung aufgrund eines Strafgesetzes, so muss in der Hauptverhandlung der Betroffene nach § 81 Abs. 1 S. 2 OWiG hierauf hingewiesen werden. Er erhält dann mit dem Hinweis die Stellung eines Angeklagten. Eine Rücknahme des Einspruchs gegen den Bußgeldbescheid ist dann in aller Regel nicht mehr möglich, da die Staatsanwaltschaft ihre Zustimmung nicht erteilen wird. Zu einer Vorwarnung ist das Gericht nicht verpflichtet. Sollte das Gericht aber unaufgefordert außerhalb der Hauptverhandlung die Akten mit dem Hinweis auf ein bestimmtes Blatt der Akten und der Aufforderung zur Stellungnahme innerhalb einer bestimmten Frist übersenden, so ist Vorsicht geboten. Auf dem Aktenblatt, auf das hingewiesen worden ist, befinden sich dann meist Vorgänge, die die Verurteilung nach einem Strafgesetz begründen. Dies kann z. B. ein übersehener Strafantrag oder ein Hinweis auf einen Fahrfehler nach § 24 a StVG usw. sein. Soweit noch die Möglichkeit besteht, den Einspruch gegen den Bußgeldbescheid zurückzunehmen, so sollte dies schnellstens geschehen.

Rechtsanwaltsgebühren:
Wird das Verfahren durch Rücknahme des Einspruchs gegen den Bußgeldbescheid früher als 2 Wochen vor Beginn des vorgesehenen 1. Hauptverhandlungstages unter Mitwirkung des Verteidigers zurückgenommen, so erhält der Verteidiger gemäß § 105 Abs. 1 BRAGO i. V. m. § 84 Abs. 2 BRAGO die volle Gebühr des § 83 Abs. 1 Nr. 3 BRAGO.

Gleiches gilt, wenn das Bußgeldverfahren von der Verwaltungsbehörde nach § 47 Abs. 1 oder 2 OWiG eingestellt wird (es handelt sich bei dieser Einstellung um eine endgültige und nicht nur vorläufige) und der Anwalt hieran mitgewirkt hat. Er erhält dann nach § 84 Abs. 2 BRAGO, der über § 105 Abs. 1 BRAGO sinngemäß anzuwenden ist, die volle Gebühr des § 83 Abs. 1 Nr. 3 BRAGO.

Vgl. Formular 3.B.02.a.#01.

#05 Antrag auf gerichtliche Entscheidung im OWi-Verfahren

[*HIER Ort, Datum*]

An die
Zentrale Bußgeldstelle
...... [*HIER Anschrift*]

[*oder*]
An die
Stadt ......
Amt für öffentliche Ordnung
- Bußgeldbehörde -
...... [*HIER Anschrift*]

Az.: ......
Ordnungswidrigkeitenverfahren gegen ...... [*HIER Name, Anschrift Mandant*]

Namens und im Auftrag des Betroffen im o. g. genannten Verfahren stellen wir den

Antrag

auf gerichtliche Entscheidung.

[Antrag gegen den Bußgeldbescheid]
gegen den Bescheid der Bußgeldbehörde vom ...... gemäß §§ 108 Abs. 1 Nr. 1, 62 OWiG.

[Antrag gegen den Kostenbescheid]
gegen den Kostenbescheid der Bußgeldbehörde vom ...... gemäß §§ 108 Abs. 1 Nr. 1, 62 OWiG.

[Antrag gegen die Kostenfestsetzung]
gegen den Kostenfestsetzungsbescheid der Bußgeldbehörde vom ...... gemäß §§ 106, 108 Abs. 1 Nr. 1, 62 OWiG.

[Antrag gegen die Kostenberechnung]
gegen den vorgenommen Ansatz der Gebühren sowie Auslagen gem. §§ 106, 108 Abs. 1 Nr. 2, 62 OWiG.

[gleichzeitiger Antrag auf Aussetzung der Vollziehung]
Zugleich beantrage ich,
die Aussetzung der Vollziehung des Bescheides bis zu einer abschließenden Entscheidung über den Antrag auf gerichtliche Entscheidung.

Begründung:

...... [*Die Begründung ist nicht vorgeschrieben, aber unbedingt anzuraten*]

......

Für den Fall, dass die Verwaltungsbehörde dem Antrag auf gerichtliche Entscheidung nicht selbst durch Aufhebung des Bescheides vom ...... abhilft (§ 62 Abs. 2 S. 2 i. V. m. § 306 Abs. 2 StPO), beantrage ich bis zur gerichtlichen Entscheidung die Aussetzung der Vollziehung (§ 62 Abs. 2 S. 2 OWiG i. V. m. § 307 Abs. 2 StPO), da aufgrund der obigen Ausführungen eine gerichtlichen Aufhebung zu erwarten ist.

....
Rechtsanwalt/-wältin

Anmerkung

Achtung: Der Antrag auf gerichtliche Entscheidung ist bei der Verwaltungsbehörde zu stellen, die die angefochtenen Maßnahme getroffen hat (§ 62 Abs. 2 S. 2 OWiG), nicht etwa beim Amtsgericht!

Der Antrag ist grundsätzlich nicht an eine Frist gebunden. Bei einer ganzen Reihe von Bescheiden ist durch ausdrückliche Bestimmung eine Frist von zwei Wochen vorgesehen, wie z. B.:

- Verwerfung des Antrags auf Wiedereinsetzung in den vorigen Stand nach § 52 Abs. 2 S. 3 OWiG (siehe S. 2),
- Verwerfung des Einspruches gem. § 67 OWiG gegen den Bußgeldbescheid oder gleichgestellten Bescheid als unzulässig, § 69 Abs. 1 S. 2 OWiG,
- Kostenbescheid gegen den Halter eines Kraftfahrtzeuges wegen eines Halt- oder Parkverstoßes, § 25 a Abs. 3 S. 1 StVG.

Der Antrag auf gerichtliche Entscheidung besitzt grundsätzlich keine aufschiebende Wirkung. Ausnahmen bestehen aber im Falle der Anordnung der Verwaltungsbehörde über eine nachträgliche Einziehung (§ 100 Abs. 1 Nr. 1 OWiG) und beim Kostenfestsetzungsbescheid (§ 106 Abs. 2 S. 2 OWiG i. V. m. § 307 Abs. 1 OWiG).

Für die gerichtliche Entscheidung nach § 62 OWiG ist das Amtsgericht zuständig, in dessen Bezirk die Verwaltungsbehörde ihren Sitz hat, § 62 Abs. 1 S. 1 i. V. m. § 68 Abs. 1 OWiG.

Die Entscheidung ergeht gem. § 62 Abs. 2 S. 2 OWiG i. V. m. § 309 Abs. 1 StPO ohne mündliche Verhandlung. Sie ist nicht anfechtbar, § 62 Abs. 2 S. 3 OWiG.

Im Falle des Freispruchs sind die notwendigen Auslagen in der Regel von der Staatskasse zu tragen, § 467 Abs. 1 StPO i. V. m. § 46 Abs. 1 OWiG. Dies gilt auch für die Verfahrenseinstellung nach § 47 Abs. 2 OWiG. In vielen Fällen bleibt aber der Betroffene nach der Ermessensvorschrift des § 467 Abs. 4 StPO i. V. m. § 46 Abs. 1 OWiG mit seinen notwendigen Auslagen belastet.

Büromäßige Behandlung:
Der Antrag auf gerichtliche Entscheidung kann nach § 306 Abs. 1 StPO i. V. m. § 46 Abs. 1 OWiG schriftlich oder zur Niederschrift der Verwaltungsbehörde gestellt werden. Eine Begründung des Antrages ist nach § 62 OWiG nicht vorgeschrieben, aber unbedingt ratsam, da das Verschlechterungsverbot nicht gilt. Da der Antrag auf gerichtliche Entscheidung – außer bei den oben genannten Ausnahmen – keine aufschiebende Wirkung hat, sollte zur Vermeidung von Vollstreckungsmaßnahmen z. B. bei einem Kostenbescheid gegen den Halter eines Kfz nach § 25 a StVG zugleich die Aussetzung der Vollziehung gem. § 62 Abs. 2 S. 2 OWiG i. V. m. § 307 Abs. 2 StPO mit beantragt werden.

Rechtsanwaltsgebühren:
Siehe Formular 3.B.02.a.#01.

#06 Antrag, den Mandanten von der Verpflichtung zum persönlichen Erscheinen in der Hauptverhandlung zu entbinden

[*HIER Ort, Datum*]

An das
Amtsgericht ......
- Abteilung Bußgeldsachen -
...... [*HIER Anschrift*]

Ordnungswidrigkeitenverfahren
gegen ...... [*HIER Name, Anschrift Mandant*]
Az.: ......

Namens und im Auftrage meines Mandanten **beantrage** ich,

meinen Mandanten von der Verpflichtung zum persönlichen Erscheinen in der Hauptverhandlung zu entbinden.

Begründung:

Der Mandant ist von der Verpflichtung des persönlichen Erscheinens in der Hauptverhandlung zu entbinden,

da er sich zur Sache bereits geäußert hat und seine Anwesenheit zur Aufklärung wesentlicher Gesichtspunkte des Sachverhalts nicht erforderlich ist. ...... [*HIER könnte noch die Erläuterung erfolgen, warum die Anwesenheit des Mandanten zur Aufklärung wesentlicher Gesichtspunkte des Sachverhalts nicht erforderlich ist.*]

[*oder*]

da er sich in der Hauptverhandlung nicht zur Sache äußern wird und seine Anwesenheit zur Aufklärung wesentlicher Gesichtspunkte des Sachverhalts nicht erforderlich ist. ...... [*HIER könnte noch die Erläuterung erfolgen, warum die Anwesenheit des Mandanten zur Aufklärung wesentlicher Gesichtspunkte des Sachverhalts nicht erforderlich ist.*]

....
Rechtsanwalt/-wältin

Anmerkung

Nach der Neufassung des § 73 Abs. 1 OWiG ist der Betroffene zum Erscheinen in der Hauptverhandlung verpflichtet. Der Betroffene wird nur in Ausnahmefällen auf seinen Antrag hin von dieser Verpflichtung entbunden, § 73 Abs. 2 OWiG. Die Vernehmung durch den ersuchten Richter gibt es nicht mehr.

Eine Entbindung des Betroffenen von der grundsätzlichen Verpflichtung zum Erscheinen in der Hauptverhandlung ist nur auf Antrag möglich. Voraussetzung der Entbindung nach § 73 Abs. 2 OWiG ist:

1. Der Betroffene
   a) hat sich zur Sache bereits geäußert (z. B. bei der Anhörung oder durch die schriftliche Erklärung seines Verteidigers) oder
   b) erklärt, er werde sich in der Hauptverhandlung nicht zur Sache äußern
   und
2. Die Anwesenheit des Betroffenen ist zur Aufklärung wesentlicher Gesichtspunkte des Sachverhalts nicht erforderlich.

Liegt entweder Punkt 1 a) oder b) vor, so muss das Gericht den Betroffenen von der Verpflichtung des Erscheinens nur dann entbinden, wenn zusätzlich die Anwesenheit zur Aufklärung des Sachverhalts nicht notwendig ist. Erforderlich kann das Erscheinen des Betroffenen z. B. zum Vergleich des Betroffenen mit einem bei den Akten befindlichen Radarfoto sein oder der Gegenüberstellung des Betroffenen mit einem Zeugen.

Ist der Betroffene von der Anwesenheit entbunden, so kann sich der Mandant durch einen mit schriftlicher Vollmacht versehenen Verteidiger vertreten lassen, § 73 Abs. 3 OWiG.

Bleibt der Betroffene ohne genügende Entschuldigung aus, obwohl er von der Verpflichtung zum Erscheinen nach § 73 Abs. 2 OWiG nicht entbunden war, hat das Gericht den Einspruch ohne Verhandlung zur Sache zu verwerfen, § 74 Abs. 2 OWiG.

Praktische Bedeutung für die Entschuldigung, die im Freibeweis vom Gericht gewürdigt werden kann, hat z. B. ein ärztliches Attest. Nicht genügen dürfte die bloße ärztliche Arbeitsunfähigkeitsbescheinigung, worauf der Mandant hinzuweisen ist.

Rechtsanwaltsgebühren:
Für die Tätigkeit in der Hauptverhandlung erhält der Verteidiger nach § 105 Abs. 2 BRAGO die Gebühr des § 83 Abs. 1 Nr. 3 BRAGO. War er auch noch im vorbereitenden Verfahren vor der Verwaltungsbehörde tätig, etwa durch Einlegung des Einspruchs, so erhält er zusätzlich noch für das Verfahren vor der Verwaltungsbehörde nach § 105 Abs. 1 BRAGO die 1/2 Gebühr des § 83 Abs. 1 Nr. 3 BRAGO.

#01 Einlegung der Rechtsbeschwerde § 79 OWiG gegen das Urteil § 71 OWiG und den Beschluss § 72 OWiG

[*HIER Ort, Datum*]

An das
Amtsgericht ......
- Bußgeldabteilung -
...... [*HIER Anschrift*]

Ordnungswidrigkeitenverfahren
gegen ...... [*HIER Name, Anschrift Mandant*]
Az.: ......

In obiger Sache legen wir namens und im Auftrage unserer Mandantschaft gegen das Urteil des Amtsgerichts ......

Rechtsbeschwerde

ein.

[*oder*]

Gegen o. g. Urteil lege ich

Rechtsbeschwerde

ein

und **beantrage**, mir Akteneinsicht zu gewähren, sobald das Hauptverhandlungsprotokoll zu den Akten gelangt ist.

[*oder*]

Namens des Betroffenen ...... [*HIER Angabe des Namens*], dessen Vollmacht ich überreiche, lege ich gegen das Urteil [den Beschluss] des AG vom ......, verkündet am ......, zugestellt am ......,

Rechtsbeschwerde

ein. [- mit dem Antrag, die angefochtene Entscheidung aufzuheben.]

Anträge und Begründung folgen in einem gesonderten Schriftsatz.

Ich beantrage erneut Akteneinsicht durch Herausgabe in meine Kanzleiräume, sobald sich das Sitzungsprotokoll vom ...... bei den Akten befindet.

....
Rechtsanwalt/-wältin

Anmerkung

Ohne weitere Zulassung ist die Beschwerde möglich, sofern gegen den Betroffenen auf eine Geldbuße von mehr als 250,– EUR erkannt worden ist (§ 79 Abs. 1 S. 1 Nr. 1 OWiG), oder wenn eine Nebenfolge – etwa ein Fahrverbot – angeordnet worden ist (§ 79 Abs. 1 S. 1 Nr. 2 OWiG), oder bei Verwerfung des Einspruchs durch Urteil als unzulässig (§ 79 Abs. 1 S. 1 Nr. 4 OWiG). Zum Antrag auf Zulassung der Rechtsbeschwerde siehe 5.B.02.c.#06.

Die Rechtsbeschwerde ist bei dem Gericht einzulegen, dessen Urteil angefochten wird (§ 79 Abs. 3 S. 1 OWiG i. V. m. § 341 Abs. 1 StPO), also regelmäßig beim Amtsgericht. Die Frist für die Einlegung der Rechtsbeschwerde beträgt eine Woche, § 79 Abs. 3 S. 1 OWiG i. V. m. § 341 Abs. 1 StPO. Die Frist beginnt mit der Zustellung des Beschlusses nach § 72 OWiG oder des Urteils, wenn es in Abwesenheit des Beschwerdeführers verkündet ist, mit der Urteilsverkündung, § 79 Abs. 2 OWiG i. V. m. § 341 Abs. 1 StPO.

Die Rechtsbeschwerde muss innerhalb einer Woche beim Gericht, das die Entscheidung getroffen hat, eingehen.

Die Begründung wird in der Regel in einem gesonderten Schriftsatz vorgelegt (vgl. Formular 5.B.02.c.#02 u. 03). Die Rechtsbeschwerde muss innerhalb eines Monats begründet werden.

Der Rechtsanwalt sollte rechtzeitig um Akteneinsicht nachsuchen, da die Begründungsfrist von einem Monat nicht verlängerbar ist. Bei komplizierten und umfangreichen Bußgeldsachen kann es sich empfehlen, schon vor Zustellung der angegriffenen Entscheidung, die Akten einzusehen, um mit der Durchsicht des Hauptverhandlungsprotokolls – der wesentlichen Grundlage der Begründung neben der Entscheidung selbst – schon vor Beginn der Begründungsfrist beginnen zu können.

Rechtsanwaltgebühren:
Es gelten die Gebührenvorschriften des § 86 BRAGO (Revision) für die Rechtsbeschwerde (§ 105 Abs. 1 BRAGO).

#02 Rechtsbeschwerdebegründung § 79 OWiG gegen das Urteil § 71 OWiG

[*HIER Ort, Datum*]

An das
Amtsgericht ......
- Bußgeldabteilung -
...... [*HIER Anschrift*]

Ordnungswidrigkeitenverfahren
gegen ...... [*HIER Name, Anschrift Mandant*]
Az.: ......

Namens des Betroffenen ......, legen wir

die Rechtsbeschwerdeanträge und ihre Begründung vor.

Wir stellen den Antrag,

die angefochtene Entscheidung aufzuheben.

[*oder*]

Wir stellen den Antrag,

das angefochtene Urteil des Amtsgerichts ...... vom ...... aufzuheben und die Sache an eine andere Abteilung des Amtsgerichts zurückzuverweisen,

und

das Fahrverbot, notfalls unter Erhöhung der Geldbuße, aufzuheben.

Begründung:

[*Für die Rechtsbeschwerde und das weitere Verfahren gelten die Vorschriften der StPO und des GVG über die Revision entsprechend, § 79 Abs. 3 OWiG.*]

I. Ich rüge die Verletzung materiellen Rechts:

1. ......
2. ......

II. Ich rüge die Verletzung formellen Rechts:

1. ......
2. ......

....
Rechtsanwalt/-wältin

Anmerkung

Die Rechtsbeschwerdeanträge und ihre Begründung sind bei dem Gericht vorzulegen, dessen Entscheidung angefochten wird, § 345 Abs. 1 StPO i. V. m. § 79 Abs. 3 OWiG.

Die Beschwerdeanträge, sowie deren Begründung hat nach §§ 344, 345 StPO innerhalb eines Monats zu erfolgen. Die Frist hierfür beginnt mit dem Ablauf der Frist zur Einlegung des Rechtsmittels. Wenn bis zu diesem Zeitpunkt die Entscheidungsgründe noch nicht zugestellt sind, so läuft die Frist erst ab Zustellung, § 345 StPO i. V. m. § 79 Abs. 3 OWiG.

Da das Beschwerdegericht, wenn es die angefochtene Entscheidung aufhebt, gem. § 79 Abs. 6 OWiG abweichend von § 354 Abs. 1, 2 StPO in der Sache selbst entscheiden oder sie an das Amtsgericht, das die Entscheidung erlassen hat oder an ein anderes Amtsgericht zurückverweisen kann, wird der Antrag jeweils der Sachlage entsprechend zu fassen sein. Die Rechtsbeschwerdeanträge müssen angeben, ob die Entscheidung – Urteil oder Beschluss nach § 72 OWiG – im vollem Umfange oder nur zum Teil angefochten wird und wieweit die Aufhebung der Entscheidung begehrt wird.

Die Rechtsbeschwerde muss eine Begründung enthalten, ansonsten ist sie unzulässig. Es können nur Rechtsfehler gerügt werden, § 344 Abs. 2 StPO i. V. m. § 79 Abs. 3 OWiG.

Aus der Begründung der Rechtsbeschwerde muss hervorgehen, ob die Entscheidung wegen

- Fehler bei der Anwendung des Verfahrensrechts, sog. Verfahrensrügen
- und/oder
- Verletzung des materiellen Rechts, sog. Sachrügen

angefochten wird.

Eine genaue Bezeichnung der verletzten Rechtsvorschriften ist nicht notwendig.

Verfahrensrügen:

Es muss ein bestimmter Verfahrensmangel behauptet und die den Mangel enthaltenen Tatsachen so genau und vollständig angegeben werden, dass das Beschwerdegericht schon aufgrund der Beschwerdeschrift überprüfen kann, ob ein Verfahrensfehler vorliegt. Ein Verweis auf den Akteninhalt oder das Hauptverhandlungsprotokoll reicht dabei nicht aus. Die für den Beschwerdevortrag erheblichen Schriftstücke oder Aktenstellen müssen durch wörtliche Zitate oder durch eingefügte Abschriften oder Ablichtungen zum Bestandteil der Begründung der Beschwerde gemacht werden.

Sachrüge:
Sie kann in allgemeiner Form erhoben werden, es ist jedoch angebracht, die Verletzung der materiellen Rechtsvorschriften im Einzelnen darzulegen.

Weil die Begründung der Sachrügen nicht Zulässigkeitsvoraussetzung ist, kann der Verteidiger die Begründung noch nach Ablauf der Beschwerdefrist bis zur Entscheidung des Beschwerdegerichts einführen.

Büromäßige Behandlung:
Rechtsbeschwerdeanträge sowie ihre Begründung müssen von einem Verteidiger oder von einem bei einem deutschen Gericht zugelassenen Rechtsanwalt unterzeichnet sein, § 345 Abs. 2 StPO i. V. m. § 79 Abs. 3 OWiG.

Rechtsanwaltsgebühren:
Siehe Formular 3.B.02.c.#01.

#03 Rechtsbeschwerdebegründung nach § 79 OWiG gegen den Beschluss § 72 OWiG

[*HIER Ort, Datum*]

An das
Amtsgericht ......
– Bußgeldabteilung –
...... [*HIER Anschrift*]

Ordnungswidrigkeitenverfahren
gegen ...... [*HIER Name, Anschrift Mandant*]
Az.: ......

Namens des Betroffenen ......, legen wir

die Rechtsbeschwerdeanträge und ihre Begründung vor.

Wir stellen den Antrag,

die angefochtene Entscheidung aufzuheben.

[*oder*]

Wir stellen den **Antrag**,

den angefochtenen Beschluss des Amtsgerichts ...... vom ......, Az. ......, aufzuheben und die Sache an eine andere Abteilung des Amtsgerichts zur neuen Entscheidung, auch über die Kosten des Rechtsmittels, zurückzuverweisen.

Begründung:

[*Für die Rechtsbeschwerde und das weitere Verfahren gelten die Vorschriften der StPO und des GVG über die Revision entsprechend, § 79 Abs. 3 OWiG.*]

I. Die Rechtsbeschwerde ist in entsprechender Anwendung des § 79 Abs. 1 S. 1 Nr. 5 OWiG zulässig.

...... [*HIER folgt die nähere Ausführung*]

II. Wir rügen die Verletzung formellen und materiellen Rechts.

...... [*HIER folgt die nähere Ausführung*]

....
Rechtsanwalt/-wältin

Anmerkung

Gegen einen Beschluss nach § 72 OWiG ist die Rechtsbeschwerde grundsätzlich nur unter den Voraussetzungen von § 79 Abs. 1 S. 1 Nr. 1–3 OWiG möglich. Das Zulassungsverfahren nach § 80 OWiG kommt nur in Frage, wenn das Gericht durch Urteil entschieden hat, § 79 Abs. 1 S. 2 OWiG.

Rechtsanwaltsgebühren:
Siehe Formular 3.B.02.c.#01.

#04 Rechtsbeschwerdebegründung gegen die Verurteilung wegen einer Verkehrsordnungswidrigkeit

[*HIER Ort, Datum*]

An das
Amtsgericht ......
– Bußgeldabteilung –
...... [*HIER Anschrift*]

Ordnungswidrigkeitenverfahren
gegen ...... [*HIER Name, Anschrift Mandant*]
Az.: ......

In obiger Sache lege ich die Rechtsbeschwerdeanträge und ihre Begründung vor.

Ich stelle den Antrag,

das angefochtene Urteil [– den Beschluss] des Amtsgerichts ...... vom ...... aufzuheben und die Sache an eine andere Abteilung des Amtsgerichts zurückzuverweisen,

und

das Fahrverbot, notfalls unter Erhöhung der Geldbuße, aufzuheben.

Begründung:

1. Verfahrensrügen

a) ......
b) ......

....
Rechtsanwalt/-wältin

#05 Einlegung von Rechtsbeschwerde mit Antrag und Hilfsanträgen sowie Begründung

[*HIER Ort, Datum*]

An das
Amtsgericht ......
– Bußgeldabteilung –
...... [*HIER Anschrift*]

In dem Ordnungswidrigkeitenverfahren
gegen ...... [*HIER Name, Anschrift Mandant*]
wegen ...... [*HIER z. B. falschen Überholens im Straßenverkehr*]
Az.: ......

legen wir namens und im Auftrage unserer Mandantschaft gegen das Urteil des Amtsgerichts ......

Rechtsbeschwerde

ein.

[*oder*]

Gegen o. g. Urteil lege ich

Rechtsbeschwerde

ein.

Wir stellen den **Antrag**,

das angefochtene Urteil des Amtsgerichts ...... vom ......, Az. ...... aufzuheben und die Sache an eine andere Abteilung des Amtsgerichts zurückzuverweisen,

und

das Fahrverbot, notfalls unter Erhöhung der Geldbuße, aufzuheben.

<oder>

Wir stellen den **Antrag**,

das angefochtene Urteil des Amtsgerichts ...... vom ......, Az. ...... aufzuheben,

und den Betroffenen freizusprechen,

hilfsweise,

die Sache an eine andere Abteilung des Amtsgerichts zu verweisen,

das Verfahren einzustellen,

das Fahrverbot, notfalls unter Erhöhung der Geldbuße aufzuheben,

die Geldbuße unter die Eintragungsgrenze zu ermäßigen.

Begründung der Beschwerdeanträge:

......

....
Rechtsanwalt/-wältin

Anmerkung

Erste Möglichkeit der Zulassung der Rechtbeschwerde ist die Notwendigkeit der Fortbildung des Rechts.

Dies kann einmal dann der Fall sein, wenn bei der Auslegung von materiellem und formellem Recht Gesetzeslücken vorhanden sind und deshalb hierzu Leitsätze aufgestellt werden müssen.

Des Weiteren kann dies der Fall sein, wenn Rechtsvorschriften geändert oder neu erlassen wurden und wenn Zweifel bezüglich ihrer Rechtsgültigkeit bestehen.

Eine weitere Möglichkeit die Rechtsbeschwerde zuzulassen ist, wenn dies zur Sicherung einer einheitlichen Rechtsprechung notwendig ist.

Dies ist dann der Fall, wenn Besorgnis besteht, dass einzelne Amtsgerichte von einer gefestigten Rechtsprechung abweichen oder wenn nicht erträgliche Unterschiede der Rechtsprechung im ganzen bei gleichartigen Fällen entstehen. Allerdings gefährdet ein einzelner falsch entschiedener Fall grundsätzlich nicht die Einheitlichkeit der Rechtsprechung (Beck/Berr, OWi-Sachen im Straßenverkehrsrecht, 2. Aufl. 1993, Rn 31). Somit ist darzulegen, dass es sich nicht um eine Einzelfallentscheidung handelt, sondern zu befürchten ist, dass das Gericht auch in künftigen Fällen abweichend entscheiden wird.

Rechtsanwaltsgebühren:
Siehe Formular 3.B.02.c.#01.

#06 Antrag auf Zulassung einer Rechtsbeschwerde sowie Rechtsbeschwerdebegründung

[*HIER Ort, Datum*]

An das
Amtsgericht ......
- Bußgeldabteilung -
...... [*HIER Anschrift*]

Ordnungswidrigkeitenverfahren
gegen ...... [*HIER Name, Anschrift Mandant*]
Az.: ......

Namens des(r) Betroffenen, Herrn/Frau ......, dessen/deren Vollmacht ich überreiche, **beantrage** ich

I. Zulassung der Rechtsbeschwerde
gegen das Urteil [den Beschluss] des Amtsgerichts ...... vom ......, zugestellt am ......

[*oder*]

Ich stelle namens und im Auftrag des Betroffenen

I. **Antrag**
gegen das Urteil [den Beschluss] des Amtsgerichts ...... vom ......, zugestellt am ......,
die Rechtsbeschwerde zuzulassen.

II. Zugleich fechte ich das Urteil [den Beschluss] in vollem Umfang an und **beantrage** die Aufhebung.

[*oder*]

II. Zudem stelle ich den **Antrag**,

das angefochtenen Urteil des Amtsgerichts ...... vom ......, Az.: ......, aufzuheben und

den Betroffenen freizusprechen, hilfsweise die Sache an eine andere Abteilung des Amtsgerichts zu verweisen.

[- das Verfahren einzustellen.]

[- das Fahrverbot, notfalls unter Erhöhung der Geldbuße, aufzuheben.]

[- die Geldbuße unter die Eintragungsgrenze zu ermäßigen.]

Begründung:

[Die Rechtsbeschwerde kann zugelassen werden nach § 80 Abs. 2 OWiG bei Festsetzung einer Geldbuße, wobei es jeweils des obigen besonderen Zulassungsantrages bedarf

- bis einschließlich 100,- EUR
  - nur zur Fortbildung des Rechts oder
  - wegen Versagung des rechtlichen Gehörs,

nicht aber wegen Verletzung formellen Rechts (Verfahrensfehler) und nicht zur Sicherung einer einheitlichen Rechtsprechung,

- über 100,- EUR bis einschließlich 250,- EUR
  - zur Fortbildung des Rechts,
  - zur Sicherung einer einheitlichen Rechtsprechung,
  - wegen Versagung des rechtlichen Gehörs, auch wegen Verletzung formellen Rechts (Verfahrensfehler).]

Zu I. Zulassung der Rechtsbeschwerde

[Notwendigkeit zur Fortbildung des Rechts]

Die Zulassung der Rechtsbeschwerde ist geboten, da dies der Fortbildung des Rechts und der Sicherung einer einheitlichen Rechtsprechung dient. Zur Fortbildung des Rechts ist die Beschwerde nämlich zuzulassen, wenn der Einzelfall Veranlassung dazu gibt, Leitsätze für die Auslegung von Gesetzesbestimmungen des materiellen oder des Verfahrensrechts aufzustellen oder Gesetzeslücken rechtsschöpferisch auszufüllen (BGHSt 24, 15, 21).

Der vorliegende Einzelfall gibt die Veranlassung, dass die hergebrachte Rechtsansicht des Amtsgerichts aufgegeben bzw. abgeändert wird. Das Amtsgericht hat zahlreiche gleichgelagerte Fälle zu entscheiden.

[und/oder]

[Erforderlich zur Sicherung einer einheitlichen Rechtsprechung]

Die Zulassung der Rechtsbeschwerde dient (auch) der Sicherung einer einheitlichen Rechtsprechung, da es ansonsten in gleichgelagerten Fällen zu schwer erträglichen Unterschieden zur Rechtsprechung im Ganzen kommt (vgl. BGHSt 24, 15, 22). Die Rechtsbeschwerde darf zwar nicht der Einzelfallgerechtigkeit dienen. Es besteht aber die begründete Besorgnis, dass dieses Gericht in dieser Rechtsfrage von der Rechtsprechung anderer Gerichte abweicht bzw. zu diesem Problem eine Auffassung vertritt, die sich nicht durchsetzen darf, da sie unzutreffend ist.

[oder]

Ein Fehler im Einzelfall – wie im vorliegenden Fall – kann jedoch die Zulassung der Beschwerde rechtfertigen, wenn mit weiteren Fehlentscheidungen gleicher Art zu rechnen ist, also eine Wiederholungsgefahr besteht.

Eine Wiederholungsgefahr besteht, da mit weiteren Fehlentscheidungen zu rechnen ist, weil das Gericht in ständiger Praxis und bewusst von anderen Amtsgerichten abweicht.

Zu II. Beschwerdeanträge

Das Urteil [der Beschluss] wird wegen Verletzung einer Rechtsnorm über das Verfahren angefochten, nämlich ...... [*HIER folgt Ausführung*]

Weiterhin wird die Verletzung sachlichen Rechts gerügt. ...... [*HIER folgt Ausführung*]

....
Rechtsanwalt/-wältin

Anmerkung

Ohne weitere Zulassung ist die Beschwerde nur dann möglich, wenn

- gegen den Betroffenen auf eine Geldbuße von mehr als 250,– EUR (§ 79 Abs. 1 Nr. 1 OWiG) erkannt worden ist, oder
- wenn eine Nebenfolge – etwa ein Fahrverbot – angeordnet worden ist (§ 79 Abs. 1 Nr. 2 OWiG),
- der Einspruch durch Urteil als unzulässig verworfen worden ist (§ 79 Abs. 1 Nr. 4 OWiG).

Der Antrag auf Zulassung der Rechtsbeschwerde muss bei dem Gericht, dessen Urteil angefochten wird, also i. d. R. beim Amtsgericht eingereicht werden, §§ 80 Abs. 3 S. 1, 79 Abs. 2 OWiG i. V. m. § 341 StPO.

Innerhalb der Rechtsmittelfrist – 1 Woche ab Verkündung in Anwesenheit des Betroffenen, sonst ab Zustellung, § 341 i. V. m. § 80 Abs. 3 OWiG – ist der Antrag auf Zulassung der Rechtsbeschwerde zu stellen, § 80 Abs. 1, 2 OWiG.

Der Antrag auf Zulassung der Rechtsbeschwerde gilt als vorsorglich eingelegte Rechtsbeschwerde, § 80 Abs. 3 S. 2 OWiG. Es braucht somit neben dem Zulassungsantrag die Rechtsbeschwerde zur Wahrung der Frist nicht eingelegt zu werden. Durch den Zulassungsantrag wird der Eintritt der Rechtskraft des Urteils gehemmt, § 343 StPO i. V. m. § 46 Abs. 1 OWiG.

Mit dem Antrag auf Zulassung der Rechtsbeschwerde kann die sofortige Beschwerde nach § 464 Abs. 3 StPO gegen die Kosten und Auslagenentscheidung des erstinstanzlichen Gerichts verbunden werden.

Innerhalb der Begründungsfrist von einem Monat nach Fristablauf für die Einlegung des Rechtsmittels (§ 345 StPO i. V. m. § 80 Abs. 3 OWiG)

- sollen die Gründe für die Zulassung der Rechtsbeschwerde angegeben werden, § 80 Abs. 3 S. 4 OWiG,
  und
- müssen die Anträge der Rechtsbeschwerde angebracht und diese begründet werden, § 79 Abs. 4 OWiG.

Es ist unzulässig, zunächst nur einen Zulassungsantrag zu stellen, um vor der Begründung der Rechtsbeschwerde die Entscheidung des OLG hierüber abzuwarten. Obwohl eine Begründung des Zulassungsantrages selbst nicht Zulassungsvoraussetzung ist, d. h. nicht verbindlich vorgeschrieben ist, erscheint die Angabe der Gründe, aus denen die Rechtsbeschwerde zuzulassen ist (§ 80 Abs. 3 S. 4 OWiG) sachdienlich und ist in der Praxis auch allgemein üblich.

Für den Antrag auf Zulassung der Rechtsbeschwerde nach § 80 OWiG gelten im Wesentlichen die Vorschriften für die Rechtsbeschwerde nach § 79 OWiG d. h. §§ 333 ff. StPO. Ausdrücklich ist auf die Beachtung der Vorschriften zur Revisionsbegründung und die Fristen nach §§ 344, 345 StPO hingewiesen, § 80 Abs. 3 OWiG. Abweichend von § 354 StPO kann das Beschwerdegericht immer bei Aufhebung in der Sache selbst entscheiden oder zurückweisen, § 79 Abs. 6 OWiG.

Die Zulassung der Rechtsbeschwerde ist nicht schon dann geboten, wenn das Urteil materiellrechtlich falsch ist und/oder einen Verfahrensfehler aufweist, sondern nur wenn einer der Zulassungsgründe vorliegt:

(1) Eine Voraussetzung der Zulassung der Rechtsbeschwerde kann die Notwendigkeit der Fortbildung des Rechts sein, § 80 Abs. 1 Nr. 1 1. Alt. OWiG.

Diese ist dann gegeben, wenn

- bei der Auslegung von materiellem und formellem Recht Gesetzeslücken vorhanden sind und deshalb hierzu Leitsätze aufgestellt werden müssen, oder

- Rechtsvorschriften geändert oder neu erlassen wurden und wenn Zweifel bezüglich ihrer Rechtsgültigkeit bestehen.

(2) Weiter ist die Rechtsbeschwerde dann zuzulassen, sofern dies zur Sicherung einer einheitlichen Rechtsprechung erforderlich ist, § 80 Abs. 1 Nr. 1 2. Alt. OWiG.

Dies ist dann der Fall, wenn

- eine Rechtsfrage von grundsätzlicher Bedeutung berührt ist,
- die Entscheidung des Amtsgerichts schwer erträgliche Unterschiede in der Rechtsanwendung auslösen würde,
- ohne Entscheidung des Rechtsbeschwerdegerichts mit weiteren Fehlentscheidungen in gleichgelagerten Fällen zu rechnen ist (OLG Düsseldorf VRS 78, 140); es ist die Besorgnis darzulegen, dass es sich nicht um eine Einzelfallentscheidung handelt, sondern zu befürchten ist, dass das Gericht auch in künftigen Fällen abweichend entscheiden wird.

Hierbei ist aber zu beachten, dass grundsätzlich ein einzelner falsch entschiedener Fall noch nicht die Einheitlichkeit der Rechtsprechung gefährdet, selbst wenn der Rechtsfehler schwer und offensichtlich ist. Ein Fehler im Einzelfall kann jedoch die Zulassung der Rechtsbeschwerde rechtfertigen, wenn mit weiteren Fehlentscheidungen gleicher Art zu rechnen ist, also eine Wiederholungsgefahr besteht (vgl. etwa OLG Hamm NJW 1970, 624). Es ist dann darzulegen, dass zu befürchten ist, dass das Gericht auch in künftigen Fällen abweichend entscheiden wird.

(3) Die Rechtsbeschwerde ist auch bei Versagung des rechtlichen Gehörs zuzulassen, § 80 Abs. 1 Nr. 2 OWiG.

Dass sich in der Argumentation die Ausführungen zur Zulassung häufig nicht genau von der Rechtfertigung der Rechtsbeschwerde selbst trennen lassen, ist unschädlich.

Für den Antrag auf Zulassung der Rechtsbeschwerde nach § 80 OWiG gelten im Wesentlichen die Vorschriften für die Rechtsbeschwerde nach § 79 OWiG d. h. §§ 333 ff. StPO. Ausdrücklich ist auf die Beachtung der Vorschriften zur Revisionsbegründung und die Fristen nach §§ 344, 345 StPO hingewiesen, § 80 Abs. 3 OWiG. Abweichend von § 354 StPO kann das Beschwerdegericht immer bei Aufhebung in der Sache selbst entscheiden oder zurückverweisen, § 79 Abs. 6 OWiG.

Rechtsanwaltsgebühren:
Siehe Formular 3.B.02.c.#01.

#07 Beschränkung der Rechtsbeschwerde gegen die Höhe einer verhängten Geldbuße

[*HIER Ort, Datum*]

An das
Amtsgericht ......
- Bußgeldabteilung -
...... [*HIER Anschrift*]

Ordnungswidrigkeitenverfahren
gegen ...... [*HIER Name, Anschrift Mandant*]
Az.: ......

In obiger Sache beschränken wir die mit Schriftsatz vom ...... eingelegte Rechtsbeschwerde gegen das Urteil des Amtsgerichts ...... vom ......, Az. ...... auf den Rechtsfolgenausspruch und **beantragen**,

1. auf die Rechtsbeschwerde des Betroffenen das Urteil des Amtsgerichts ...... vom ...... im Rechtsausspruch aufzuheben und

2. gegen den Betroffenen eine Geldbuße von nicht mehr als ...... festzusetzen.

Begründung:

Wir erheben die allgemeine Sachrüge.

Das Rechtsmittel richtet sich gegen die rechtsfehlerhafte Ausübung des tatrichterlichen Ermessens bei der Festsetzung der Geldbuße. Der Schuldspruch und die ihm zugrunde liegenden tatsächlichen Feststellungen werden nicht angegriffen.

Das Amtsgericht hat den Betroffenen wegen ...... [*HIER folgt die weitere Ausführung*] zu einer Geldbuße von EUR ...... verurteilt. Die Höhe der Geldbuße hat es wie folgt begründet:

»......«

Diese Gründe tragen die Rechtsfolgenentscheidung nicht.

Die vom Amtsgericht zur Höhe der Geldbuße angegebenen Gründe rechtfertigen es nicht, vom Regelsatz des Bußgeldkataloges abzuweichen:

...... [*HIER folgt die weitere Ausführung*]

Die Geldbuße ist deshalb zu reduzieren.

....
Rechtsanwalt/-wältin

Anmerkung

Nur wenn der angefochtene Teil der Entscheidung rechtlich und tatsächlich eine selbstständige Beurteilung zulässt, ist eine Beschränkung der Rechtsbeschwerde möglich, ansonsten wird die Entscheidung im vollen Umfang überprüft.

Gem. § 79 Abs. 6 OWiG kann das Beschwerdegericht nach Aufhebung der angefochtenen Entscheidung von einer Zurückverweisung absehen, und selbst eine Entscheidung treffen, so auch die Geldbuße reduzieren. Allerdings kann es keine neuen tatsächlichen Feststellungen treffen.

03. Strafbefehlsverfahren

#01 Einspruch gegen Strafbefehl

[*HIER Ort, Datum*]

An das
Amtsgericht ......
...... [*HIER Anschrift*]

Az.: ......
Strafbefehlsverfahren gegen ...... [*HIER Name, Anschrift Mandant*]

In dem Strafverfahren

gegen

......

wegen

überreiche ich anliegende Verteidigervollmacht des/der Angeklagten.

[Wegen Versäumung der Frist zur Einspruchseinlegung beantrage ich auf seine Kosten

Wiedereinsetzung in den vorigen Stand

zu gewähren.

Gleichzeitig lege ich gegen den Strafbefehl vom ......

Einspruch

ein.]

[*oder ohne Antrag auf Wiedereinsetzung in den vorigen Stand*]

Der/Die o. g. Beschuldigte wird von uns verteidigt. Vollmacht wurde bereits im Verfahren vorgelegt [Vollmacht liegt an].

In seinem/ihrem Namen legen wir gegen den Strafbefehl vom ......, zugestellt am ......,

Einspruch

ein.

[Der/Die Angeklagte war unverschuldet gehindert, die Frist zur Einlegung gegen den Strafbefehl zu wahren. Dem liegt folgender Sachverhalt zu Grunde: *(siehe hierzu auch Formular 3.B.01.#09)*

......

Mittel der Glaubhaftmachung:

......

......

Anliegende eidesstattliche Versicherung des ......

Dem / Der Angeklagten ist deshalb auf seine Kosten Wiedereinsetzung in den vorigen Stand zu gewähren.]

Die Begründung des Einspruchs erfolgt nach Einsichtnahme in die Gerichtsakte.

Deshalb bitte ich, mir vor der Verhandlung die Akte zur Einsichtnahme zu überlassen bzw. zu übersenden und mir auch die Mitnahme der Akte in meine Kanzlei zu gestatten. Umgehende Rückgabe wird zugesichert.

[*oder*]

Nach dem Akteninhalt kann mein Mandant der ihm zur Last gelegten Straftat nicht überführt werden. Aus diesem Grunde wird beantragt, den Erlass des beantragten Strafbefehls abzulehnen. [Wegen der weiteren Verkehrsordnungswidrigkeiten wird kein Einspruch eingelegt werden.]

....
Rechtsanwalt/-wältin

Anmerkung

Gegen den Strafbefehl ist innerhalb von 2 Wochen Einspruch einzulegen (§ 410 StPO), der nicht begründet zu werden braucht.

Büromäßige Behandlung:
Die erteilte Verteidigervollmacht muss ausdrücklich die Vertretung im Strafbefehlsverfahren enthalten.

Neben dem Vergehen gem. § 12 Abs. 2 StGB als Verfahrensgegenstand, kann auch eine Ordnungswidrigkeit Gegenstand des Strafbefehlsverfahrens sein, § 64 OWiG, Abschn. 278, 280 RiStBV. Dies ist bei Verkehrsdelikten z. B. beim unerlaubten Entfernen vom Unfallort häufig der Fall, da diesem zumindest die Schädigung anderer (§ 1 Abs. 2 StVO) vorausgeht.

Ist das Gericht weit vom Wohnort des Mandanten entfernt, sollte genau geprüft werden, ob es gerechtfertigt ist, den Einspruch einzulegen bzw. nach Einlegung aufrechtzuerhalten.

Rechtsanwaltsgebühren:
Der Rechtsanwalt erhält im Verfahren außerhalb der Hauptverhandlung, dem Vorverfahren, § 84 Abs. 1 BRAGO die Hälfte der Gebühren des § 83 Abs. 1 BRAGO und somit eine Mittelgebühr von 175,– EUR (Mittelgebühr der halben Gebühr des § 83 Abs. 1 Nr. 3 BRAGO) im

- vorbereitenden Verfahren
  d. h. Verfahren bis zum Eingang der Anklageschrift oder des Antrags auf Erlass des Strafbefehls bei Gericht, § 84 Abs. 1 1. Alt. BRAGO
- gerichtlich anhängigen Verfahren, in dem er nur außerhalb
  - der Hauptverhandlung tätig ist (also bei alleiniger Einspruchseinlegung oder Rücknahme des Einspruchs), § 84 Abs. 1 2. Alt. BRAGO
  - Verfahren, in dem eine Hauptverhandlung nicht stattfindet, § 84 Abs. 1 3. Alt. BRAGO

Die Gebühr entsteht bereits, sobald der Rechtsanwalt beauftragt wird, für den Mandanten zur Verteidigung im Strafverfahren tätig zu werden und im Rahmen dieses Auftrages irgendwie tätig geworden ist, wobei er nicht nach außen hin tätig geworden zu sein braucht.

Neben der Hauptverhandlungsgebühr nach § 83 Abs. 1 Nr. 3 BRAGO kann die Gebühr gem. § 84 Abs. 1 2. Alt. BRAGO nicht entstehen, auch dann nicht, wenn der Anwalt im gerichtlichen Verfahren außerhalb der Hauptverhandlung tätig war. Sie ist mit der Hauptverhandlungsgebühr abgegolten.

Sofern der Verteidiger sowohl im vorbereitenden Verfahren als auch – ohne dass es zu einer Hauptverhandlung kommt – im gerichtlich anhängigen Strafverfahren nur außerhalb der Hauptverhandlung tätig wird, erhält er eine Gebühr für die Vertretung im Vorverfahren, § 84 Abs. 1 1. Alt. BRAGO sowie eine Gebühr für die Vertretung im gerichtlichen Verfahren ohne oder nur außerhalb der Hauptverhandlung, § 84 Abs. 1 2. u. 3. Alt. BRAGO also insgesamt 2 × die 1/2 Gebühr des § 83 Abs. 1 BRAGO.

Wird er hingegen in der Hauptverhandlung tätig, so richtet sich seine Gebühr für die Hauptverhandlung nach § 83 BRAGO, die er neben seiner 1/2 Gebühr des § 83 Abs. 1 BRAGO für das vorbereitende Verfahren nach § 84 Abs. 1 1. Alternative BRAGO erhält.

Wenn das Verfahren nicht nur vorläufig (z. B. nach § 153 a StPO eingestellt wird, sondern früher als zwei Wochen vor Beginn des Tages der Hauptverhandlung endgültig endet (etwa durch Einspruchsrücknahme oder endgültigen Einstellungsbeschluss des Gerichtes gem. §§ 153, 153 a, 154 Abs. 1–3, 170 Abs. 1 StPO), so erhält der Verteidiger gem. § 84 Abs. 2 Nr. 3 BRAGO die volle Gebühr des § 83 Abs. 1 BRAGO.

Kommt es zur Hauptverhandlung, so gilt der Gebührenrahmen des § 83 Abs. 1 Nr. 3 BRAGO (50–330 EUR). Die konkrete Gebühr ist gem. § 12 Abs. 1 BRAGO durch den Rechtsanwalt zu bestimmen.

#02 Einspruch gegen Strafbefehl mit Einspruchsbeschränkung

[*HIER Ort, Datum*]

An das
Amtsgericht ......
...... [*HIER Anschrift*]

Az.: ......
Strafbefehlsverfahren gegen ...... [*HIER Name, Anschrift Mandant*]

In obiger Angelegenheit legen ich namens und im Auftrag meines Mandanten gegen den Strafbefehl des Amtsgerichts ......

Einspruch

ein.

[*Beschränkung auf einzelne Taten*]
Der Einspruch wird auf den Vorwurf ...... (z. B. des unerlaubten Entfernens vom Unfallort) beschränkt.

[*oder*]

[*Beschränkung auf die Anzahl der verhängten Tagessätze*]
Der Einspruch wird auf die Anzahl der verhängten Tagessätze beschränkt, da der Schuldgehalt geringer ist.

[*oder*]

[*Beschränkung auf die Höhe der verhängten Tagessätze*]
Der Einspruch wird auf die Höhe der verhängten Tagessätze beschränkt. Da mein Mandant lediglich über ein monatliches Nettogehalt von ...... EUR verfügt, rechtfertigen die Einkommensverhältnisse eine niedrigere Tagessatzhöhe.

Begründung:

[*HIER für den Fall der Beschränkung auf einzelne Taten*]
Der Angeklagte bestreitet, den Unfall bemerkt zu haben. Die dem Angeklagten vorgeworfene Streifkollision braucht nicht von diesem wahrgenommen worden zu sein.

Ein Erfahrungssatz, dahingehend, dass der Fahrzeugführer Berührungen von Fahrzeugen spüren muss, besteht nicht (OLG Köln NZW 1992, 37). Dafür, dass er sie nicht gehört hat, spricht, dass die Streifkollision in Höhe einer Baustelle an der mit Preßlufthämmern und Dampframmen gearbeitet wurde, stattgefunden hat.

Zum Beweis dafür, dass der Angeklagte die Berührung weder gefühlt noch gehört hat, wird deshalb die Erholung eines medizinischen Sachverständigengutachtens beantragt.

....
Rechtsanwalt/-wältin

Anmerkung

Rechtsanwaltsgebühren:
Sofern der Verteidiger sowohl im vorbereitenden Verfahren als auch – ohne dass es zu einer Hauptverhandlung kommt – im gerichtlich anhängigen Strafverfahren tätig wird, erhält er die Gebühr des § 84 BRAGO zweifach. Wird er hingegen in der Hauptverhandlung tätig, so richtet sich seine Gebühr für die Hauptverhandlung nach § 83 BRAGO, die er neben seiner einen Gebühr für das vorbereitende Verfahren nach § 84 BRAGO erhält.

#03 Antrag auf Termin zur Hauptverhandlung im Strafbefehlsverfahren

[*HIER Ort, Datum*]

An das
Amtsgericht ......
...... [*HIER Anschrift*]

Az.: ......
Strafbefehlsverfahren gegen ...... [*HIER Name, Anschrift Mandant*]

Sehr geehrte Damen und Herren,

der o. g. Beschuldigte wird von mir verteidigt. Vollmacht wurde bereits im Verfahren vorgelegt [Vollmacht liegt an].

Namens und im Auftrage meines Mandanten **beantrage** ich,

einen Termin nach § 408 StPO zur Hauptverhandlung zu bestimmen.

Gegen den Strafbefehl vom ...... wird

Einspruch eingelegt werden.

[*oder*]

Nach dem Akteninhalt kann mein Mandant der ihm zur Last gelegten Straftat nicht überführt werden. Aus diesem Grunde wird **beantragt**, den Erlass des beantragten Strafbefehls abzulehnen. [Wegen der weiteren Verkehrsordnungswidrigkeiten wird kein Einspruch eingelegt werden.]

Ich bitte gleichzeitig, mir vor der Verhandlung die Akte zur Einsichtnahme zu überlassen bzw. zu übersenden und mir auch die Mitnahme der Akte in meine Kanzlei zu gestatten. Umgehende Rückgabe wird zugesichert.

....
Rechtsanwalt/-wältin

Anmerkung

Der Angeklagte ist grundsätzlich zum persönlichen Erscheinen in der Hauptverhandlung nach Einspruch verpflichtet, § 230 Abs. 1 StPO. Er kann sich aber durch einen Verteidiger vertreten lassen, § 411 Abs. 2 StPO. Das Gericht kann allerdings das persönliche Erscheinen des Angeklagten anordnen, sofern es aus Gründen der Wahrheitsfindung seine Anwesenheit für erforderlich hält, § 236 StPO.

Zur ordnungsgemäßen Vertretung durch einen Verteidiger muss bereits vor Beginn der Hauptverhandlung eine schriftliche Vollmacht vorliegen, die ausdrücklich die Befugnis zur Vertretung umfasst. Eine Erklärung, dass sie auch die »Vertretung des abwesenden Angeklagten« umfasst, ist nicht noch zusätzlich erforderlich.

Ist der Verteidiger zugleich ›Vertreter‹des Angeklagten, so hat er für diesen Erklärungen abzugeben oder entgegenzunehmen, kann sich zur Sache einlassen, aber auch schweigen.

Da der Einspruch keinen Rechtsmittelcharakter besitzt, besteht kein Verbot der reformatio in peius, so dass in der darauf folgenden Hauptverhandlung die Möglichkeit der Verschlechterung besteht.

Regen Staatsanwaltschaft und Gericht die Einspruchrücknahme an, so bestehen zwei Möglichkeiten:

Entweder

1. wird der Einspruch zurückgenommen mit der Folge, dass durch die Rücknahme des Strafbefehls dieser rechtskräftig wird und damit einem rechtskräftigem Urteil gleichsteht,

oder

2. das Amtsgericht möglicherweise eine schlechtere Entscheidung als im Strafbefehl ausspricht, gegen die dann noch in der Berufungsinstanz Erfolg gesucht werden kann.

Rechtsanwaltsgebühren:
Anstelle der Hälfte der Gebühren des § 83 Abs. 1 Nr. 3 BRAGO erhält der Anwalt nach § 84 Abs. 2 S. 1 BRAGO die volle Gebühr des § 83 Abs. 1 Nr. 3 BRAGO, sofern

- das Verfahren nicht nur vorläufig eingestellt wird, § 84 Abs. 2 S. 1 Nr. 3 BRAGO
- das Gericht beschließt, das Hauptverfahren nicht zu eröffnen, § 84 Abs. 2 S. 1 Nr. 2 BRAGO
- sich das gerichtliche Verfahren durch Rücknahme des Einspruchs gegen den Strafbefehl früher als zwei Wochen vor der Hauptverhandlung erledigt; ist bereits ein Termin zur Hauptverhandlung bestimmt, jedoch nur, wenn der Einspruch früher als zwei Wochen vor Beginn des Tages, der für die Hauptverhandlung vorgesehen war, zurückgenommen wird, § 84 Abs. 2 S. 1 Nr. 3 BRAGO.

Dies gilt nicht, wenn ein Beitrag des Rechtsanwalts zur Förderung des Verfahrens nicht ersichtlich ist. § 83 Abs. 3 BRAGO ist anzuwenden (§ 84 Abs. 2 S. 1 BRAGO).

Für das Mitwirken genügt jede Tätigkeit des Rechtsanwalts, nicht jedoch taktisches Abwarten oder Nichtstun. Auch reicht es nicht aus, wenn sich der Verteidiger nur unter Vorlage seiner Vollmacht legitimiert. Eine besondere Mühe und Arbeit des Rechtsanwaltes zur Auslösung der Gebühr ist jedoch nicht erforderlich. Die Beweislast für die fehlende Mitwirkung trifft den Mandanten bzw. den Rechtsschutzversicherer. Eine aufwendige Kausalitätsprüfung ist nicht erforderlich (Beck DAR-Service 1997, 332 f.; Madert AGS 1997, 85).

§ 84 Abs. 2 BRAGO ist auch anzuwenden, wenn das Gericht die Eröffnung des Hauptverfahrens ablehnt und diese Ablehnung auf Mitwirkung des Verteidigers beruht.

§ 84 Abs. 2 BRAGO greift auch ein, wenn die endgültige Einstellung im Ermittlungsverfahren unter Mitwirkung des Verteidigers erfolgt. Auch hier erhält der Verteidiger die volle Gebühr nach § 83 Abs. 1 Nr. 3 BRAGO.

War der Anwalt bereits im vorbereitenden Verfahren tätig und wird, nachdem das Verfahren bei Gericht anhängig geworden ist, dieses endgültig eingestellt, so kann sowohl die Gebühr des § 84 Abs. 1 1. Alt. BRAGO als auch die des § 84 Abs. 2 BRAGO in Rechnung gestellt werden. Die Gebühr des § 84 Abs. 2 BRAGO fällt aber nicht an, wenn die Einstellung des Verfahrens in der Hauptverhandlung erfolgt.

Der Verteidiger erhält bei der Mitwirkung an der Einstellung des Ermittlungsverfahrens vor der Hauptverhandlung eine volle Gebühr. Fraglich ist, ob die Gebühr aus § 84 Abs. 2 BRAGO neben der aus § 84 Abs. 1 BRAGO oder anstelle der Gebühr des § 84 Abs. 1 anfällt. In Übereinstimmung mit der herrschenden Meinung in der kostenrechtlichen Literatur und unter Bezugnahme auf die Gesetzesmotive kann diese Frage wie folgt beantwortet werden:

Der Rechtsanwalt kann bei Vorliegen der tatbestandlichen Voraussetzungen des § 84 Abs. 2 BRAGO i. V. m. § 83 BRAGO nicht zusätzlich noch eine weitere halbe Gebühr aus § 84 Abs. 1 BRAGO berechnen.

Kommt es zwischen Rechtsanwalt und Rechtsschutzversicherung nicht zur Einigung über die Rechtsanwaltskosten, so ist nicht gegen diese, sondern gegen den Mandanten gerichtlich vorzugehen, da nur dieser Auftraggeber ist.

Im anhängigen Zivilprozess kann der Rechtsanwalt Kostenfestsetzung gegen den eigenen Mandanten gem. § 19 BRAGO beantragen. Dies gilt nicht für Rahmengebühren. Für diese muss der nichtbefriedigte Gebührenanspruch eingeklagt werden.

#04 Einspruchsrücknahme im Strafbefehlsverfahren

[*HIER Ort, Datum*]

An das
Amtsgericht ......
...... [*HIER Anschrift*]

Az.: ......
Strafbefehlsverfahren gegen ...... [*HIER Name, Anschrift Mandant*]

Sehr geehrte Damen und Herren,

der o. g. Beschuldigte wird von mir verteidigt. Vollmacht wurde bereits im Verfahren vorgelegt [Vollmacht liegt an].

Namens und im Auftrage meines Mandanten nehme ich den gegen den Strafbefehl vom ...... eingelegten Einspruch vom ...... zurück.

....
Rechtsanwalt/-wältin

Anmerkung

Kosten:
Der Angeklagte, der seinen Einspruch nach § 411 i. V. m. § 302 S. 1 StPO gegen den Strafbefehl zurücknimmt, hat die Kosten zu tragen.

Rechtsanwaltsgebühren:
Nimmt der Verteidiger den Einspruch gegen den Strafbefehl noch 2 Wochen vor Beginn des Tages, an dem die Hauptverhandlung vorgesehen ist, zurück, so erhält er nach § 84 Abs. 2 Nr. 3 BRAGO die volle Gebühr des § 83 Abs. 1 Nr. 3 BRAGO.

#05 Anregung der Verfahrenseinstellung bei geringem Fremdschaden bei Fahrerflucht

[*HIER Ort, Datum*]

An das
Amtsgericht ......
...... [*HIER Anschrift*]

Az.: ......
Strafbefehlsverfahren gegen ...... [*HIER Name, Anschrift Mandant*]

Der o. g. Beschuldigte wird von mir verteidigt. Vollmacht wurde bereits im Verfahren vorgelegt [Vollmacht liegt an].

Ich rege an, dass Verfahren gegen meinen Mandanten einzustellen.

– Ein Laie, wie mein Mandant, musste zum Zeitpunkt des Vorfalls von einem niedrigen Fremdschaden ausgehen.

Beweis: Sachverständigengutachten

– Mein Mandant hat an Ort und Stelle eine ausreichende Zeit gewartet.

[*oder*]

– Auch bei bedeutenden Fremdschäden geht die Rechtsprechung davon aus, dass noch am nächsten Morgen alternativ sowohl der Geschädigte selbst als auch die Polizei vom Unfallbeteiligten insoweit verständigt werden darf, sofern die zivilrechtlichen Interessen des Geschädigten nicht beeinträchtigt werden (vgl. OLG Stuttgart DAR 89, 352, 353; OLG Stuttgart VRS 60, 300: bis 11.15 Uhr).

[*oder*]

– Mein Mandant befand sich in einem nicht vorwerfbaren Irrtum. Er durfte von einem geringen Fremdschaden ausgehen, zumal wenn ein Sachverständiger erst später einen bedeutenden Fremdschaden feststellt (BayObLG DAR 82, 248 bei Rüth; OLG Hamm VRS 61,430).

....
Rechtsanwalt/-wältin

Kostenrecht

A. Kosten- und Kostenfestsetzungsverfahren

#01 Antrag auf Kostenfestsetzung

[*HIER Ort, Datum*]

An das
Amtsgericht [- Landgericht]* *Gericht der 1. Instanz
...... [*HIER Anschrift*]

In Sachen
....../......
Az.: ......

[bitte ich um eine abgekürzte vollstreckbare [- und einfache vollständige] Ausfertigung des Urteils [- Vergleichs] vom ...... 20...... des ......-Gerichts.]

[Ferner] wird beantragt, die nachstehend aufgeführten Gebühren und Auslagen des Klägers gegen den Beklagten [- gegenüber den Beklagten als Gesamtschuldner] [- des Beklagten gegen den Kläger] festzusetzen (§ 104 ZPO) und gem. § 104 Abs. 1 Satz 2 ZPO auszusprechen, dass der errechnete Endbetrag seit Eingang dieses Antrages mit 5 Prozentpunkten über dem Basiszinssatz zu verzinsen ist. Alle (weiter) gezahlten Gerichtskosten sollen hinzugesetzt werden.

[oder]
beantrage ich namens des Klägers,
die sich aus der beiliegenden Gebührennote ergebenden Kosten gegen den Beklagten festzusetzen.
Verauslagte Kosten bitte ich hinzuzusetzen.
Des Weiteren wird beantragt,
dass die festgesetzten Kosten ab Eintragungseingang mit 5 Prozentpunkten über dem Basiszinssatz zu verzinsen sind.

Der Kläger ist [- nicht] vorsteuerabzugsberechtigt.

Gegenstandswert: ......EUR

1. Prozessgebühr §§ 11, 31 Ziff. 1 BRAGO*	...... EUR
2. Gebühr für den Vollstreckungsbescheid §§ 11, 43 Abs. 1 Ziff. 3 BRAGO	...... EUR
3. Verhandlungsgebühr §§ 11, 31 Ziff. 2	...... EUR
4. Verhandlungsgebühr, nichtstreitige, §§ 11, 33 Abs. 1 BRAGO	...... EUR
5. Verhandlungsgebühr nach Einspruch §§ 11, 38 BRAGO*	...... EUR
6. Beweisgebühr §§ 11, 31 Ziff. 3 BRAGO	...... EUR
7. Vergleichsgebühr §§ 11, 23, 36 BRAGO*	...... EUR
8. Entgelte f. Post- und Telekommunikationsleistungen - Pauschale - § 26 BRAGO	...... EUR
9. Reisekosten / Abwesenheitsgeld, § 28 BRAGO	...... EUR
10.	
11.	

* In den höheren Rechtszügen auch § 11 Abs. 1 Satz 4 BRAGO

12. ......
13. Zwischensumme netto ...... EUR
14. Umsatzsteuer (MwSt.) § 25 Abs. 2 BRAGO ...... EUR
15. Gerichtskosten ...... EUR
16. Zustellungskosten ...... EUR
17.
18.

19. Summe insgesamt ...... EUR

Das Entstehen und die Höhe der geltend gemachten Auslagen wird anwaltlich versichert.

Es wird beantragt,

dem Kläger, zu Händen des Unterzeichneten, eine vollstreckbare Ausfertigung des Beschlusses zu erteilen.

....
Rechtsanwalt/-wältin

Anmerkung

Siehe auch § 43 a ff. BRAGO.

Der Antrag im Kostenfestsetzungsverfahren wird i. d. R. durch den Rechtsanwalt auf Grund seiner Prozessvollmacht nach § 81 ZPO gestellt. In den Antrag nimmt der Rechtsanwalt auch seine Kosten auf. Es besteht zwar kein unmittelbarer Anspruch gegen den Prozessgegner, aber der kann den Erstattungsanspruch für seine Partei geltend machen. Soweit er vom Gegner dann seine Kosten erhält, braucht er diese nicht von seinem Mandanten erheben. Hat er bereits Vorschüsse erhalten, leitet er die vom Gegner erhaltenen Anwaltskosten an seinen Mandanten zurück. Im Übrigen wird der Vergütungsanspruch des Rechtsanwalts gegen die von ihm vertretene Partei nicht durch deren Erstattungsanspruch an die andere gegnerische Partei berührt.

Die Verpflichtung zur Tragung der Prozesskosten wird im Urteil oder Vergleich nur dem Grunde nach festgelegt. Die Kostentragung in genauer Höhe wird erst durch den Kostenfestsetzungsbeschluss festgelegt. Dabei wird auch die Erstattungsfähigkeit, somit die Notwendigkeit der angesetzten Kosten geprüft.

Das Kostenfestsetzungsgesuch ist immer beim erstinstanzlichen Gericht einzureichen, § 103 Abs. 2 ZPO.

Dem Kostengläubiger werden für die festgesetzten Kosten von der Einreichung des Festsetzungsgesuchs an 5 Prozentpunkte über dem Basiszinssatz zugesprochen, sofern ein ausdrücklicher Antrag gestellt wird, 104 Abs. 1 S. 2 ZPO. Der Basiszinssatz ergibt sich aus § 247 BGB.

Die einzelnen Posten der Kostenberechnung müssen erforderlichenfalls glaubhaft gemacht werden und sie muss mit der Angabe der gesetzlichen Bestimmungen versehen und vom Rechtsanwalt unterzeichnet sein. Soweit es um die Umsatzsteuer geht, ist erforderlich und genügt nach § 104 Abs. 2 S. 3 ZPO die Erklärung des Antragstellers, dass er diese Beträge nicht als Vorsteuer abziehen kann (KG MDR 1995, 32).

Nicht erstattungsfähig sind i. d. R. die Hebegebühr des Anwalts gem. § 22 BRAGO für die Erhebung und Ablieferung von Geldern (anders nur bei freiwilliger Zahlung an den Prozessbevollmächtigten statt an die Partei).

Der Kostenfestsetzungsbeschluss ist Grundlage für die Zwangsvollstreckung wegen der Kosten. Er ist Titel i. S. d. § 794 Abs. 1 Nr. 2 ZPO, allerdings ein unselbstständiger, weil er nur die Kostengrundentscheidung des Urteils um den zu erstattenden Kostenbetrag ergänzt. Er unterliegt daher allen Beschränkungen, etwa einer vorläufigen Vollstreckbarkeit gegen Sicherheitsleistung oder mit Abwendungsbefugnis.

Zuständig für den Kostenfestsetzungsbeschluss ist der Rechtspfleger, § 21 Nr. 1 RPflG. Der Kostenfestsetzungsbeschluss wird dem Gegner unter Beifügung einer Abschrift der Kostenrechnung von Amts wegen zugestellt, § 104 Abs. 1 S. 3 ZPO; dem Antragsteller nur dann, wenn sein Gesuch ganz oder teilweise abgewiesen wurde. Er erhält ansonsten nur eine formlose Mitteilung.

Zur Zwangsvollstreckung aus dem Kostenfestsetzungsbeschluss ist eine vollstreckbare Ausfertigung erforderlich, §§ 794 Abs. 1 Ziff. 2, 795, 725 ZPO.

Achtung:
Mit der Zwangsvollstreckung aus dem Kostenfestsetzungsbeschluss darf frühestens nach einer Wartefrist von 2 Wochen nach der Zustellung des Beschlusses begonnen werden, § 798 ZPO.

Gegen den Kostenfestsetzungsbeschluss bzw. seine Ablehnung ist die sofortige Beschwerde oder die Erinnerung möglich:

Die sofortige Beschwerde ist dann einschlägig, wenn der Wert der Beschwer 50,– EUR übersteigt, also ab 50,01 EUR. Die Höhe der Beschwer richtet sich danach, um welchen Betrag die Abänderung des Kostenfestsetzungsbeschlusses beantragt wird. Eine weitere Beschwerde ist nicht möglich.

Ist die Beschwer nicht erreicht, so ist die Erinnerung gegeben. Über diese Erinnerung befindet zunächst der Rechtspfleger. Sofern er der Erinnerung nicht abhilft, legt er die Sache dem Richter vor, der endgültig über diese entscheidet.

(Zu Erinnerung und sofortigen Beschwerde siehe 4.A.#04 bis 07).

Büromäßige Behandlung:
Dem Kostenfestsetzungsgesuch sind eine beglaubigte und eine einfache Abschrift beizufügen und beim erstinstanzlichen Gericht einzureichen, § 103 Abs. 2 ZPO. Sind mehrere Kostenschuldner vorhanden, ist für jeden weiteren ein Exemplar mehr einzureichen. Die Kostenberechnung nebst einer Abschrift für den Gegner und die vorhandenen Belege für die einzelnen Posten der Kostenrechnung sind einzureichen. Dem Kostengläubiger werden für die festgesetzten Kosten von der Einreichung des Festsetzungsgesuches an Zinsen von 5 Prozentpunkten über dem Basiszinssatz nur zugesprochen, wenn ein ausdrücklicher Antrag gestellt wird, § 104 Abs. 1 S. 2 ZPO.

Das Gesuch um Kostenfestsetzung kann auch mit der Aufstellung der Kosten in Anlage gestellt werden:

»*In Sachen ....../......, Az.: ......*
beantrage ich,

die vom Beklagten an den Kläger nach rechtskräftigem Endurteil des ......-gerichts vom ...... zu erstattenden Kosten des Rechtsstreits gem. in Anlage beiliegender Aufstellung auf EUR ...... festzusetzen und gem. § 104 Abs. 1 S. 2 ZPO auszusprechen, dass die festgesetzten Kosten von der Einreichung dieses Gesuches ab mit 5 Prozentpunkten über dem Basiszinssatz zu verzinsen sind.«

Der Kostenfestsetzungsbeschluss wird dem Gegner unter Beifügung einer Abschrift der Kostenrechnung von Amts wegen zugestellt, § 104 Abs. 1 S. 3 ZPO.

Mit der Zwangsvollstreckung aus dem Kostenfestsetzungsbeschluss darf erst nach einer Wartefrist von 2 Wochen nach Zustellung des Kostenfeststellungsbeschlusses begonnen werden, § 798 ZPO.

Für den Kostenfestsetzungsantrag gibt es auch Formulare im Fachhandel für den Anwaltsbedarf.

Kosten u. Gebühren:

Gerichtskosten:
Das Kostenfestsetzungsverfahren ist gerichtskostenfrei, § 1 Abs. 1 GKG.

Rechtsanwaltsgebühren:
Anwaltsgebühren entstehen nicht, wenn der Anwalt bereits in der Sache tätig war, § 37 Nr. 7 BRAGO. Soweit dies nicht der Fall ist und der Rechtsanwalt nur für das Kostenfestsetzungsverfahren beantragt, erhält er eine 5/10 Gebühr, § 56 Abs. 1 BRAGO.

Soweit besondere Kosten angefallen sind, kann ein entsprechender Zusatz (z. B. Zusatzantrag der Reisekosten der Rechtsanwalts und oder der Partei, Zusatzantrag auf Verdienstausfall der Partei, Zusatzantrag auf vorgerichtliche Sachverständigenkosten) mit Begründung der notwendig gewordenen besonderen Kosten hinzugefügt werden.

#02 Kostenausgleichungsverfahren §§ 103, 106 ZPO

[*HIER Ort, Datum*]

An das
Amtsgericht [- Landgericht]* *Gericht der 1. Instanz
...... [*HIER Anschrift*]

In Sachen
....../......
Az.: ......

wird im Wege der Kostenausgleichung gem. § 106 ZPO beantragt,

die nachstehend aufgeführten Gebühren und Auslagen des Klägers gegen den Beklagten [- des Beklagten gegen den Kläger] festzusetzen und auszusprechen, dass der errechnete Endbetrag mit 5 Prozentpunkten über dem Basiszinssatz seit Eingang des Antrages zu verzinsen ist:

Streitwert: ...... EUR

1. Prozessgebühr §§ 11, 31 Ziff. 1 BRAGO*	...... EUR
2. Gebühr für den Vollstreckungsbescheid §§ 11, 43 Abs. 1 Ziff. 3 BRAGO	...... EUR
3. Verhandlungsgebühr §§ 11, 31 Ziff. 2 BRAGO	...... EUR
4. Verhandlungsgebühr, nichtstreitige, §§ 11, 33 Abs. 1 BRAGO*	...... EUR

* In den höheren Rechtszügen auch § 11 Abs. 1 Satz 4 BRAGO

5. Verhandlungsgebühr nach Einspruch
   §§ 11, 38* ...... EUR
6. Beweisgebühr §§ 11, 31 Ziff. 3 ...... EUR
7. Vergleichsgebühr §§ 11, 23, 36* ...... EUR
8. Entgelte f. Post- und Telekommunikationsleistungen
   - Pauschale - § 26 ...... EUR
9. Reisekosten/Abwesenheitsgeld, § 28 BRAGO ...... EUR
10. ......
11. ......
12. ......
13. Zwischensumme netto ...... EUR
14. Umsatzsteuer (MwSt.) § 25 Abs. 2 BRAGO ...... EUR
15. Gerichtskosten ...... EUR
16. Zustellungskosten ...... EUR
17. ......
18. ......
19. Summe insgesamt ...... EUR

Es wird beantragt,

dem Kläger, zu Händen des Unterzeichneten, eine vollstreckbare Ausfertigung des Beschlusses zu erteilen.

....

Rechtsanwalt/-wältin

Anmerkung

Wurde im Titel eine Kostenverteilung nach Quoten vorgenommen, kann jede Partei den Ausgleich ihrer Kosten beantragen.

Voraussetzung des Kostenausgleichs ist das Gesuch einer Partei auf Kostenfestsetzung und Aufteilung der Prozesskosten in der Kostenentscheidung oder im Vergleich. Es muss dann nach § 106 ZPO verfahren werden.

Hat eine Partei den Antrag auf Kostenausgleichung bei Gericht eingereicht, so hat der Rechtspfleger den Gegner aufzufordern, die Berechnung seiner Kosten binnen einer Woche bei Gericht einzureichen, § 106 Abs. 1 S. 1 ZPO. Nach fruchtlosem Ablauf dieser Frist ergeht die Entscheidung ohne Rücksicht auf die Kosten des Gegners, unbeschadet des Rechts des Gegners, den Anspruch auf Erstattung geltend zu machen. Der Gegner haftet für die Mehrkosten, die durch das nachträgliche Verfahren entstehen, § 106 Abs. 2 S. 2 ZPO. Der Gegner kann also für seine aufgewendeten Prozesskosten später einen zweiten Kostenfestsetzungsbeschluss erwirken, aber nicht im Erinnerungs- oder Beschwerdeverfahren geltend machen.

#03 Antrag auf Abänderung der Kostenfestsetzung nach geändertem Streitwert § 107 ZPO

[*HIER Ort, Datum*]

An das
Amtsgericht [- Landgericht]* *Gericht der 1. Instanz
...... [*HIER Anschrift*]

In Sachen
....../......
Az.: ......

hat das Gericht durch Beschluss vom ...... den Streitwert auf EUR ...... festgesetzt. Damit ist eine Änderung des Kostenfestsetzungsbeschlusses vom ...... 20.. notwendig, da dieser nach dem Streitwert von EUR ...... ergangen ist.

Ich füge die neue Kostenrechnung bei und beantrage,

1. unter Abänderung des Beschlusses vom ...... 20.., die dem Kläger vom Beklagten zu erstattenden Kosten auf EUR ...... festzusetzen.
2. auszusprechen, dass die festgesetzten Kosten von der Einreichung des Gesuchs ab mit 5 Prozentpunkten über dem Basiszinssatz zu verzinsen sind.
3. mir eine vollstreckbare Ausfertigung des neuen Kostenfestsetzungsbeschlusses zu erteilen.

Die vollstreckbare Ausfertigung des Festsetzungsbeschlusses vom ...... 20.. gebe ich beigefügt zurück.

[oder mit dem Antrag zuerst]

beantragen wir namens des Klägers aufgrund des uns zugestellten Streitwertbeschlusses des ......-gerichts den Kostenfestsetzungsbeschluss vom ...... 20.. dahingehend abzuändern,

dass weitere ...... EUR nebst Zinsen in Höhe von 5 Prozentpunkten über dem Basiszinssatz ab Eingang dieses Antrags gegen den Beklagten festgesetzt werden.

Begründung:

Im Kostenfestsetzungsbeschluss vom ...... 20.. hat das Gericht für die Beweisgebühr einen Gegenstandswert von lediglich ...... EUR angenommen. Nach Beschluss des OLG ist der Streitwert der Beweisaufnahme hingegen auf ...... EUR festgesetzt worden. Somit ergibt sich für die Beweisgebühr noch ein Differenzbetrag über den Betrag von ...... EUR.

....
Rechtsanwalt/-wältin

Anmerkung

Hat das Gericht nach der Kostenfestsetzung eine abweichende Festsetzung vom zugrundegelegten Streitwert vorgenommen, so ist eine Änderung des Kostenfestsetzungsbeschlusses erforderlich. Der Antrag hierzu muss binnen eines Monats bei der Geschäftsstelle eingereicht werden, § 107 Abs. 2 ZPO.

Gerichts- und Anwaltskosten entstehen nicht.

#04 Erinnerung des Antragstellers (Gläubigers) gegen den Kostenfestsetzungsbeschluss § 11 RPflG

[*HIER Ort, Datum*]

An das
Amtsgericht [- Landgericht]* *Gericht der 1. Instanz
...... [*HIER Anschrift*]

In Sachen
....../......
Az.: ......

lege ich gegen den Kostenfestsetzungsbeschluss vom ...... 20.. zugestellt am ...... 20..

Erinnerung

ein.

Ich beantrage,

1. unter Abänderung des angefochten Beschlusses vom ...... 20.., die Kosten anderweitig festzusetzen.
2. die Kosten des Erinnerungsverfahrens dem Antragsgegner aufzuerlegen.

[*oder*]

lege ich gegen den Kostenfestsetzungsbeschluss vom ...... 20.., zugestellt am ...... 20..

Erinnerung

ein mit dem Antrag,

1. die zu erstattenden Kosten nach Maßgabe der nachstehenden Begründung in den angegriffenen Punkten anderweitig festzusetzen und
2. die Kosten des Erinnerungsverfahrens dem Antragsgegner aufzuerlegen.

Begründung:

Der angefochtene Beschluss bedarf aus den nachstehenden Gründen der Überprüfung und Abänderung. . . . . . [*HIER weitere Ausführung, weshalb Absetzung der Kosten ungerechtfertigt bzw. weshalb festgesetzte Gebühren unberechtigt sind*]

. . . .
Rechtsanwalt/-wältin

Anmerkung

Gegen den Kostenfestsetzungsbeschluss bzw. seine Ablehnung ist die sofortige Beschwerde oder die Erinnerung möglich:

Die sofortige Beschwerde ist dann einschlägig, wenn der Wert der Beschwer 50,– EUR übersteigt, also ab 50,01 EUR. Die Höhe der Beschwer richtet sich danach, um welchen Betrag die Abänderung des Kostenfestsetzungsbeschlusses beantragt wird. Eine weitere Beschwerde ist nicht möglich.

Ist die Beschwer nicht erreicht, so ist die Erinnerung gegeben. Über diese Erinnerung befindet zunächst der Rechtspfleger. Sofern er der Erinnerung nicht abhilft, legt er die Sache dem Richter vor, der endgültig über diese entscheidet.

Büromäßige Behandlung:
Die Erinnerung ist in Urschrift und beglaubigter Abschrift bei dem Gericht einzureichen, das den Kostenfestsetzungsbeschluss erlassen hat, und zwar binnen einer Notfrist von 2 Wochen seit Zustellung. Sofortige Beschwerde gegen Zurückweisung nur, wenn der Wert des Beschwerdegegenstandes 50,– EUR übersteigt, § 567 Abs. 2 S. 2 ZPO.

Gerichtskosten:
Das Erinnerungsverfahren ist gebührenfrei, § 11 Abs. 4 RPflG. Etwa angefallene Auslagen sind nach GKG Anl. 1 Nr. 9000 ff. zu erheben.

Rechtsanwaltsgebühren:
5/10 Gebühr nach § 61 Abs. 1 Nr. 2 BRAGO.

Gegenstandswert ist die Differenz zwischen dem festgesetzten und dem mit der Erinnerung begehrten Betrag.

#05 Erinnerung des Schuldners gegen den Kostenfestsetzungsbeschluss § 11 RPflG

[*HIER Ort, Datum*]

An das
Amtsgericht [- Landgericht]* *Gericht der 1. Instanz
...... [*HIER Anschrift*]

In Sachen
....../......
Az.: ......

lege ich gegen den Kostenfestsetzungsbeschluss vom ...... zugestellt am ......

Erinnerung

ein mit dem **Antrag**,

den Betrag von ...... EUR von dem Kostenfestsetzungsbeschluss vom ...... abzusetzen.

Begründung:

[In der Begründung müssen die einzelnen Positionen aufgeführt werden, gegen die sich die Erinnerung richtet. Es genügt nicht, dass allgemein begründet wird. Berichtigte Zahlenangaben der einzelnen Positionen sind anzugeben.]

....
Rechtsanwalt/-wältin

Anmerkung

Verfahren nach § 11 RPflG.

Siehe Anmerkungen zu Formular 4.A.#04.

Büromäßige Behandlung:
In Urschrift und beglaubigter Abschrift bei dem Gericht einreichen, das den Kostenfestsetzungsbeschluss erlassen hat, und zwar binnen einer Notfrist von 2 Wochen seit Zustellung. Der Anwendungsbereich der Erinnerung ist auf Beiträge bis 50 EUR begrenzt.

Gerichtskosten:
Keine.

Rechtsanwaltsgebühren:
5/10 Gebühr nach § 61 Abs. 1 Nr. 2 BRAGO.

Gegenstandswert
Das ist die Differenz zwischen dem festgesetzten und den mit der Erinnerung begehrten Betrag.

#06 Antrag auf Zurückweisung der Erinnerung

[*HIER Ort, Datum*]

An das
Amtsgericht [- Landgericht]* *Gericht der 1. Instanz
...... [*HIER Anschrift*]

In Sachen
....../......
Az.: ......

stelle ich den **Antrag**,

> die Erinnerung vom ...... gegen den Festsetzungsbeschluss vom ...... kostenpflichtig zurückzuweisen.

Begründung:

Der Kläger [- Beklagte] übersieht in seinem Antrag ...... *[HIER folgt die nähere Ausführung]*

....
Rechtsanwalt/-wältin

Anmerkung

Um seine Gebühren zu erhalten, braucht der Gegenanwalt nicht auf die Erinnerung zu reagieren. Es kann aber aus anderen Gründen erforderlich sein.

Rechtsanwaltsgebühren:
5/10 Gebühr nach § 61 Abs. 1 Nr. 2 BRAGO.

Dem Anwalt des Gegners erwächst die 5/10 Gebühr nach § 61 BRAGO schon dadurch, dass er die Rechtsmittelschrift entgegennimmt und prüft, ohne darauf zu erwidern. Der Einreichung eines Schriftsatzes oder der Entgegennahme der Erinnerungsschrift bedarf es nicht (Göttlich/Mümmler, BRAGO, Stichwort ›Kostenfestsetzung‹, I. 7.42).

#07 Sofortige Beschwerde § 104 Abs. 3 ZPO

[*HIER Ort, Datum*]

An das
...... -gericht
...... [*HIER Anschrift*]

In Sachen
....../......
Az.: ......

lege ich gegen den Kostenfestsetzungsbeschluss vom ...... 20..

sofortige Beschwerde

ein und beantrage,

weitere ...... EUR [*HIER: nur Betrag von mehr als 50,- EUR möglich, § 567 Abs. 2 S. 2 ZPO*] nebst Zinsen von fünf Prozentpunkten über dem Basiszinssatz ab Eingang des Kostenfestsetzungsantrages gegen den Beklagten festzusetzen.

Begründung:

Die angefochtene Entscheidung bedarf aus den nachstehenden Gründen der Überprüfung und Abänderung. ...... [*HIER weitere Ausführung*]

....
Rechtsanwalt/-wältin

Anmerkung

Siehe Formular 4.A.#01, 4.A.#04.

Verfahren nach §§ 104 Abs. 3, 567, 569 ZPO.

Die sofortige Beschwerde ist bei dem Gericht, dessen Entscheidung angefochten wird, oder bei dem Beschwerdegericht einzulegen, § 569 Abs. 1 S. 1 ZPO.

Die Beschwerdesumme muss bei Beschwerden über die Kosten den Betrag von 50,– EUR übersteigen, § 567 Abs. 2 S. 2 ZPO. Dabei ist die Mehrwertsteuer mitzurechnen.

Statthaft ist die sofortige Beschwerde nur für die beschwerte Partei, also nicht für den Prozessbevollmächtigten im eigenen Namen.

Die sofortige Beschwerde findet gegen alle Entscheidungen statt, die über den Kostenfestsetzungsantrag ergangen sind, § 104 Abs. 3 S. 1 ZPO.

Bei sofortigen Beschwerden über die Pflicht zur Kostentragung muss der Beschwerdewert 50,– EUR übersteigen, d. h., dass mit der Beschwerde das Ziel verfolgt wird, dass ein 50,– EUR übersteigender Betrag mehr oder weniger an Kosten festgesetzt wird, somit eine Beschwer von mehr als 50,– EUR vorhanden ist. Bei Errechnung der Beschwerdesumme ist die nach

§ 104 Abs. 1 S. 2 ZPO beantragte Verzinsung mitzuberücksichtigen (OLG Hamm JurBüro 66, 52), ebenso die Umsatzsteuer, auch Mehrwertsteuer genannt.

Die sofortige Beschwerde muss innerhalb einer Notfrist von 2 Wochen seit Zustellung des Beschlusses eingelegt werden, § 569 Abs. 1 S. 1 ZPO. Bei der sofortigen Beschwerde kann die erste Instanz abhelfen, § 572 Abs. 1 ZPO. Sie hat demgemäß über die sofortige Beschwerde zu beraten und kann sie erst dann an das Beschwerdegericht vorlegen, wenn sie zu dem Ergebnis gekommen ist, ihr nicht abzuhelfen.

Liegt die Beschwerdesumme unter 50,– EUR, so ist nur die ›sofortige‹ Erinnerung zulässig, § 104 Abs. 3; § 11 Abs. 2 S. 1 RPflG. (Siehe hierzu Formulare 4.A.#04 u. #05). Die Frist beträgt auch hier nur 2 Wochen. Der angefochtene Kostenfestsetzungsbeschluss ist in der sofortigen Erinnerung zu bezeichnen. Nicht erforderlich ist die wörtliche Bezeichnung ›Erinnerung‹. Statthaft ist die sofortige Erinnerung gegen den Kostenfestsetzungsbeschluss oder einen Beschluss, durch den die Kostenfestsetzung ganz oder teilweise zurückgewiesen wurde. Über die sofortige Erinnerung befindet zunächst der Rechtspfleger, der ihr abhelfen kann. Soweit er der Erinnerung nicht abhilft, legt er die Sache dem Richter vor, der endgültig über die Sache entscheidet.

Büromäßige Behandlung:
Zum Gang des Beschwerdeverfahrens siehe § 572 ZPO.

Im Kostenfestsetzungsverfahren ist die Anschlussrechtsbeschwerde zulässig (OLG Hamm JurBüro 68, 297 m. w. N.). Sie bedarf keiner Zulassung, § 574 Abs. 4 ZPO.

Kosten:
Gerichtskosten:

Bei der sofortigen Beschwerde richten sich die Gerichtskosten nach GKG Anl.1 KV Nr. 1957. Es entsteht eine 1,0 Gebühr bei Zurückweisung oder Verwerfung der Beschwerde.

Rechtsanwaltsgebühren:
Im Verfahren auf Festsetzung der Kosten gegen die eigene Partei fallen weder Gerichts- noch Rechtsanwaltskosten an, § 1 GKG; 19 Abs. 2 BRAGO.

Dem Rechtsanwalt erwächst die 5/10 Gebühr nach § 61 Abs. 1 Nr. 1 BRAGO. Gegenstandswert ist die Differenz zwischen dem festgesetzten und dem mit der Beschwerde begehrten Wert.

Der gegnerische Anwalt erhält die 5/10 Beschwerdegebühr, wenn er durch Mitteilung der Beschwerdeschrift am Beschwerdeverfahren beteiligt wurde und geprüft hat, ob eine Stellungnahme abzugeben ist (OLG Stuttgart JurBüro 1998, 190). Dem Anwalt des Gegners erwächst also die 5/10 Gebühr nach § 61 Abs. 1 BRAGO schon dadurch, dass er die Rechtsmittelschrift entgegennimmt und prüft, ohne darauf zu erwidern.

#08 Antrag auf Festsetzung der Vergütung gegen einen Auftraggeber § 19 BRAGO

[*HIER Ort, Datum*]

An das
Amtsgericht [- Landgericht]* *Gericht der 1. Instanz
...... [*HIER Anschrift*]

In Sachen
....../......
Az.: ......

beantrage ich,

die mir als Prozessbevollmächtigter [-Unterbevollmächtigter] [- Verkehrsanwalt (§52 BRAGO)] gem. beiliegender Kostennote zustehende gesetzliche Vergütung gegen den Kläger [- den Beklagten] gem. 19 BRAGO wie folgt festzusetzen und die Verzinsung ab Antragstellung mit 5 Prozentpunkten über dem Basiszinssatz auszusprechen.

Gegenstandswert: ...... EUR

[*HIER folgt die Aufstellung, wobei schon getilgte Beiträge abzusetzen sind*]

1.	Prozessgebühr §§ 11, 31 Ziff. 1 BRAGO*	...... EUR
2.	Gebühr für den Vollstreckungsbescheid §§ 11, 43 Abs. 1 Ziff. 3 BRAGO	...... EUR
3.	Verhandlungsgebühr §§ 11, 31 Ziff. 2 BRAGO	...... EUR
4.	Verhandlungsgebühr, nichtstreitige, §§ 11, 33 Abs. 1 BRAGO*	...... EUR
5.	Verhandlungsgebühr nach Einspruch §§ 11, 38 BRAGO*	...... EUR
6.	Beweisgebühr §§ 11, 31 Ziff. 3 BRAGO	...... EUR
7.	Vergleichsgebühr §§ 11, 23, 36 BRAGO*	...... EUR
8.	Entgelte f. Post- und Telekommunikationsleistungen - Pauschale - § 26 BRAGO	...... EUR
9.	Reisekosten/Abwesenheitsgeld, § 28 BRAGO	...... EUR
10.	......	
11.	......	
12.	......	
13.	Zwischensumme netto	...... EUR
14.	Umsatzsteuer (MwSt.) § 25 Abs. 2 BRAGO	...... EUR
15.	Gerichtskosten	...... EUR
16.	Zustellungskosten	...... EUR
17.	......	
18.	......	
19.	Summe insgesamt	...... EUR

Im Übrigen bitte ich zu beachten, dass ich vorsteuerabzugsberechtigt bin.

* In den höheren Rechtszügen auch § 11 Abs. 1 Satz 4 BRAGO

Die in diesem Verfahren entstehenden Zustellungskosten sowie eventuell anfallende Auslagen bitte ich - einschließlich Zinsen in Höhe von 5 Prozentpunkten über dem Basiszinssatz - gleichzeitig hinzuzusetzen.

Begründung:

Das Mandatsverhältnis ist nach Abschluss des Verfahrens beendet. Der Kläger [- Beklagte] hat als mein Mandant trotz mehrfacher Mahnung [auf die in Kopie anliegende Kostenrechnung] nicht reagiert.

Es wird **beantragt**,

dem Unterzeichneten eine vollstreckbare Ausfertigung des Beschlusses zu erteilen.

....
Rechtsanwalt/-wältin

Anmerkung

Soweit die Vergütungsfestsetzung möglich ist, sind Mahnverfahren und Klage mangels Rechtsschutzbedürfnisses unzulässig, § 19 Abs. 5 S. 2 BRAGO.

Ein Kostenfestsetzungsverfahren eigener Art begründet § 19 BRAGO für die gesetzliche Vergütung, die dem Anwalt gegen seinen Auftraggeber zusteht. Die gesetzliche Vergütung, die dem Rechtsanwalt als

- Prozessbevollmächtigtem,
- Beistand,
- Unterbevollmächtigtem/Verkehrsanwalt

zusteht, wird auf Antrag des Rechtsanwalts oder des Auftraggebers durch das Gericht des ersten Rechtszuges festgesetzt, § 19 BRAGO.

Antragsberechtigt sind der

- Prozessbevollmächtigte (§ 31 BRAGO),
- Verkehrsanwalt (§ 52 BRAGO),
- Unterbevollmächtigte (§ 53 BRAGO),
- Beweisanwalt (§ 54 BRAGO).

Mit dem Verfahren nach § 19 BRAGO wird dem Anwalt und dem Auftraggeber in gerichtlichen Verfahren aller Art eine einfache und gebührenfreie Kostenüberprüfung und -festsetzung ermöglicht, die eine allgemeine Gebührenklage des Anwalts vermeidet. § 19 BRAGO nimmt nur den Anspruch des Rechtsanwaltes auf Grund bürgerlich-rechtlichen Vertrages zum Ausgangspunkt, das Verfahren nach den §§ 103 ff. ZPO hat hingegen den prozessrechtlichen Kostenerstattungspunkt zur Voraussetzung (Göttlich/Mümmler, BRAGO, Stichwort »Kostenfestsetzung«, II. 1. m. w. N.).

Zahlt der Mandant die Anwaltsgebühren nicht, kann der Rechtsanwalt im gerichtlichen Verfahren alle Gebühren gem. § 19 BRAGO vereinfacht festsetzen lassen, die nicht Rahmengebühren sind. Unter gerichtlichen Verfahren sind sowohl das Erkenntnis- als auch das Zwangsvollstreckungsverfahren zu verstehen. Das Verfahren auf Festsetzung der Vergütung gem. § 19 BRAGO gegen einen Auftraggeber ist ein vereinfachtes und gebührenfreies Kostenfestsetzungsverfahren in gerichtlichen Verfahren jeder Art. Zulässig ist es erst und insoweit die Gebühren fällig sind, § 19 Abs. 2 BRAGO. Die Zulässigkeit tritt nach § 16 BRAGO mit Beendigung des Auftrags ein, also auch bei einer Kündigung des Anwaltsvertrages. Die Festsetzung nach § 19 BRAGO ist nicht möglich, sofern der Antragsgegner Einwendungen oder Einreden erhebt, die nicht im Gebührenrecht ihren Grund haben (Göttlich/Mümmler a. a. O., II. 6.1.). Zu den einzelnen Einreden und Einwendungen, die nicht ihren Grund im Gebührenrecht haben, siehe des Näheren in Göttlich/Mümmler a. a. O., II. 6.124.

Achtung:
Bei der Kostenfestsetzung wird die Umsatzsteuer des Antragstellers nur dann berücksichtigt, wenn er eine entsprechende Erklärung abgibt, wonach er die Beträge nicht als Vorsteuer abziehen kann, § 104 Abs. 2 ZPO.

Ist der Gegenstandswert bestritten, wird das Verfahren bis zur Entscheidung des Gerichts hierüber ausgesetzt, § 19 Abs. 3 BRAGO. Der Antrag auf Festsetzung unterbricht die Verjährung wie die Klageerhebung, § 19 Abs. 8 BRAGO. Der rechtskräftig festgesetzte Anspruch verjährt in 30 Jahren.

Die Verzinsung der Gebührenforderung gegen den eigenen Mandanten wird nur auf Antrag zugesprochen (vgl. Gerold/Schmidt/v. Eichen/Madert § 19 BRAGO Rn 39). Sie richtet sich bei zivilprozessualen Verfahren nach § 19 Abs. 2 S. 3 BRAGO i. V. m. § 104 Abs. 1 S. 2 ZPO.

Zuständig für den Antrag ist das Gericht des ersten Rechtszuges, (Rechtspfleger § 21 Nr. 2 RPflG).

Unanwendbar ist § 19 BRAGO für jegliche Rahmengebühren, § 19 Abs. 7 BRAGO.

Für das Verfahren und die Zwangsvollstreckung, auch für Erinnerung und Beschwerde, gelten die Vorschriften der ZPO entsprechend, § 19 Abs. 2 S. 3 BRAGO.

Wegen des vereinfachten Verfahrens nach § 19 BRAGO ist eine Klage mangels Rechtsschutzinteresses nicht zulässig. Dies gilt nicht, wenn Einwendungen oder Einreden des Mandanten erhoben werden, die nicht im Gebührenrecht ihren Grund haben, d. h. die sich auf den Anspruch als solchen beziehen (z. B. Aufrechnung mit Schadenersatzanspruch wegen fehlerhafter Prozessführung, Stundung, Verjährung, Honorarvereinbarung). In diesem Fall und bei Rahmengebühren ist das vereinfachte Verfahren nicht anwendbar, § 19 Abs. 7 BRAGO. Dann ist nur eine Klage möglich, für die das Gericht des Hauptprozesses unabhängig vom Streitwert sachlich und örtlich zuständig ist, § 34 ZPO. Fehlt diesem Gericht die sachliche Zuständigkeit (Arbeits-, Verwaltungsgerichtsbarkeit u. a.), dann das sachlich zuständige Gericht des Erfüllungsortes. Werden die Gebühren im Klagewege geltend gemacht, ist darzulegen, dass und warum das vereinfachte Verfahren nach § 19 BRAGO nicht möglich ist. Bei Geltendmachung im Mahnverfahren ist bei Begründung der Forderung hinzuzusetzen: »Gebühren sind nicht festsetzbar«, um Rückfragen auszuschließen.

Büromäßige Behandlung:
Der Antrag gem. § 19 BRAGO ist nach § 19 Abs. 1 S. 1 BRAGO beim Gericht des ersten Rechtszuges einzureichen. Dem Antrag sind eine beglaubigte und eine einfache Abschrift beizufügen.

Mit dem Antrag nach § 19 BRAGO muss eine dem § 18 BRAGO entsprechende Kostenberechnung eingereicht werden. Diese kann auch in Anlage beigefügt werden:

»An das ......-gericht
In Sachen ....../......
Az. ......
beantrage ich,

gem. § 19 BRAGO die mir als Prozessbevollmächtigter [– Unterbevollmächtigter] [– Verkehrsanwalt] zustehende gesetzliche Vergütung gem. der beigefügten anwaltlichen Kostenrechnung gegen den Auftraggeber festzusetzen und die Verzinsung von 5 % über dem Basiszinssatz des ausgewiesenen Betrages ab Antragstellung auszusprechen.

Die Kostenrechnung ist dem Antragsgegner am ...... übersandt worden. Bis jetzt hat er hierauf trotz Mahnung keine Zahlung geleistet.

Dem Antrag sind beglaubigte und einfache Abschrift beigefügt.

gez. Rechtsanwalt/-wältin«

In Zwangsvollstreckungssachen richtet sich die Zuständigkeit nach § 19 Abs. 2 BRAGO i. V. m. § 788 Abs. 2 S. 1 ZPO (OLG Köln MDR 2000 1276). Sachlich zuständig ist das Vollstreckungs- und nicht das Prozessgericht. Örtlich zuständig ist das Gericht, bei dem die Vollstreckungsmaßnahme anhängig ist, andernfalls das Gericht, in dessen Bezirk die letzte Vollstreckungshandlung erfolgt ist.

Soweit die Festsetzung abgelehnt wird oder lediglich ein geringerer Betrag festgesetzt worden ist als beantragt, kann der Rechtsanwalt die sofortige Beschwerde einlegen, §§ 19 Abs. 2 S. 2 BRAGO, 104 Abs. 3 S. 1 ZPO, 11 Abs. 1 RPflG.

Kosten u. Gebühren:
Das Verfahren ist gerichtsgebührenfrei, § 19 Abs. 2 S. 3 BRAGO. Auch der Rechtsanwalt erhält in eigener Sache im Verfahren über die Festsetzung der zustehenden Vergütung keine gesonderte Gebühr, § 19 Abs. 2 S. 4 BRAGO. Der Anwalt als Vertreter der Partei erhält eine 5/10 Gebühr, § 56 Abs. 1 Nr. 1 BRAGO.

B. Gebührenstreitwertfestsetzung

#01 Beschwerde § 25 Abs. 3 GKG gegen Streitwertfestsetzung § 25 Abs. 2 GKG

[*HIER Ort, Datum*]

An das
......gericht
...... [*HIER Anschrift*]

In Sachen
....../......
Az.: ......

lege ich namens des/der Klägers/-in [- Beklagte(n)] gegen den Streitwertfestsetzungsbeschluss vom ...... 20.. des angerufenen Gerichts

Beschwerde

ein mit dem **Antrag**,
unter Abänderung des Beschlusses den Streitwert auf ...... EUR herabzusetzen.

[*oder*]

lege ich im eigenen Namen gegen den Streitwertfestsetzungsbeschluss vom ...... 20.. des angerufenen Gerichts

Beschwerde

insoweit ein, als ein niedrigerer Wert als EUR ...... festgesetzt worden ist.

Begründung:

Der vom Gericht durch den angefochtenen Beschluss mit ...... EUR festgesetzte Geschäftswert [z. B. des Prozessvergleichs] ist weitaus übersetzt. [- ist zu niedrig angesetzt.] ...... [*HIER folgt die weitere Ausführung*]

Dies ergibt demnach einen Streitwert von EUR ......, der auch vom Gericht festgesetzt werden sollte. Eine Abänderung des Streitwertfestsetzungsbeschlusses im beantragten Sinne ist daher geboten.

....
Rechtsanwalt/-wältin

Anmerkung

Gegen eine Entscheidung – Beschluss oder Urteil –, in der der Streitwert für die Zuständigkeit festgesetzt wird, gibt es kein Rechtsmittel. Es ist nur das gegen die Entscheidung zur Hauptsache vorgesehene Rechtsmittel statthaft.

Der Beschluss, durch den der Streitwert für die Gebührenberechnung festgesetzt wird, ist dagegen anfechtbar.

Gem. § 3 ZPO ist der Wert des Rechtsstreites vom Gericht nach freiem Ermessen festzusetzen. Nach § 25 Abs. 1 Nr. 1 GKG setzt das Gericht bei Eingang der Klage oder eines Antrages den Wert vorläufig fest, sofern der Gegenstand des Verfahrens nicht eine bestimmte Geldsumme ist. Sobald eine Entscheidung über den gesamten Streitgegenstand ergeht oder sich das Verfahren erledigt hat, setzt das Prozessgericht den Wert durch Beschluss fest, § 25 Abs. 2 S. 1 GKG. Gegen diesen Beschluss findet unter der Voraussetzung des § 25 Abs. 3 GKG die Streitwertbeschwerde statt. Diese ist an das Prozessgericht zu richten.

Die Beschwerde ist eine einfache Beschwerde und nur zulässig, wenn der Wert des Beschwerdegegenstandes 50,– EUR überschreitet, § 25 Abs. 3 S. 1 GKG. Voraussetzung ist, dass die begehrte Abänderung des Streitwertbeschlusses die Kostenschuld der Partei um mehr als 50,– EUR mindert. Bei einer Quotierung der Kosten ist nur die entsprechende Quote maßgeblich. Ergeht etwa auf eine Klage über den Betrag von 1500,– EUR gegen den Beklagten ein Urteil, bei dem der Beklagte 25 % der Kosten zu tragen hat, so ist die Beschwer folgendermaßen zu errechnen:

3 × 65,– EUR (siehe GKG KV Nr. 1210) × 25 % = 48,75 EUR. Eine Beschwerde ist folglich nicht zulässig.

Die Streitwertbeschwerde nach § 25 Abs. 3 GKG setzt wie jedes Rechtsmittel eine Beschwer voraus. Die Parteien dürfen sich darüber beschweren, der Streitwert sei zu hoch festgesetzt. Dass er zu niedrig sei, darf aus eigenem Recht aber nur der Anwalt rügen, § 9 Abs. 2 BRAGO. Er muss deshalb in der Streitwertbeschwerde deutlich werden lassen, ob er im eigenen Namen oder namens der Partei die Beschwerde eingelegt hat.

Beschwerdeberechtigt sind somit die Parteien nur gegen zu hohe Festsetzung. Die Rechtsanwälte sind aber aus eigenem Recht gegen eine ihre Gebührenansprüche beeinträchtigende zu niedrige Festsetzung beschwerdeberechtigt, § 9 Abs. 2 BRAGO.

Die Beschwerde ist nur zulässig, wenn sie innerhalb von sechs Monaten, nachdem die Entscheidung in der Hauptsache Rechtskraft erlangt hat oder das Verfahren sich anderweitig erledigt hat, eingelegt wird, § 25 Abs. 3 S. 3 GKG.

Hat ein Rechtsmittelgericht den Wertfestsetzungsbeschluss erlassen, dann gibt es kein Rechtsmittel dagegen, § 25 Abs. 3 S. 2 GKG. Rechtsmittelgerichte sind das Landgericht als Berufungsgericht (§ 72 GVG) und das Oberlandesgericht (§ 119 GVG).

Ist der Streitwert für die Gerichtskosten und Rechtsanwaltsgebühren nicht identisch, so ist Beschwerde nach § 10 Abs. 3 BRAGO gegen die Wertfestsetzung für die Rechtsanwaltsgebühren zu erheben (siehe zu diesem Verfahren Formular 4.B.02 u. 03).

Büromäßige Behandlung:
Die Beschwerde ist ausgeschlossen, wenn das Rechtsmittelgericht den Beschluss erlassen hat, § 25 Abs. 3 S. 2 GKG.

Eine weitere Beschwerde ist im Gesetz nicht vorgesehen und wird auch nicht anerkannt.

Gerichtskosten:
Das Verfahren über die Beschwerde ist gebührenfrei, § 25 Abs. 4 GKG.

Rechtsanwaltsgebühren:
Eine Streitwertbeschwerde ist zwar nach dem GKG gebührenfrei und eine Kostenerstattung ist ausgeschlossen. Nicht gebührenfrei ist hingegen die Tätigkeit des Anwalts im Beschwerdeverfahren. Er kann nach § 61 Abs. 1 Nr. 1 BRAGO gegenüber dem Mandanten eine 5/10 Gebühr aus dem Beschwerdewert abrechnen.

#02 Antrag auf Gebührenstreitwertfestsetzung §§ 9 Abs. 2 BRAGO, 25 GKG

[*HIER Ort, Datum*]

An das
Amtsgericht [- Landgericht]* *Prozessgericht
...... [*HIER Anschrift*]

In Sachen
....../......
Az.: ......

beantrage ich,

den Streitwert [- anderweit auf] zu 1. auf ......EUR,
zu 2. auf ......EUR,
zu 3. auf ......EUR,

festzusetzen.
...... [*HIER folgt Begründung*]

....
Rechtsanwalt/-wältin

Anmerkung

Ist es nicht notwendig, dass für die Gerichtsgebühren ein Wert festgesetzt wird, etwa weil es sich um ein gerichtsgebührenfreies Verfahren handelt oder der Wert für die Gerichtsgebühren nicht identisch ist mit dem für die Rechtsanwaltsgebühren maßgeblichen Wert, so hat das Gericht auf Antrag gem. § 10 BRAGO den Gegenstandswert für die Gebühren des Anwalts gesondert festzusetzen.

Es ist zu beachten, dass der Streitwert für die einzelnen Abschnitte des Prozessverfahrens verschieden hoch sein kann, etwa bei teilweiser Erledigung in der Hauptsache durch Zahlung oder Klagerücknahme vor streitiger Verhandlung oder Entstehung der Beweisgebühr oder bei Klageerhöhung nach Durchführung einer Beweisaufnahme. Auch kann sich die Beweisaufnahme nur auf einen Teil des geltend gemachten Anspruchs beziehen. Es müssen dann verschiedene Streitwerte getrennt festgesetzt werden, sofern diese nicht ziffernmäßig den gestellten Anträgen exakt zu entnehmen sind.

Büromäßige Behandlung:
Der Antrag ist beim Gericht des ersten Rechtszuges einzureichen, § 10 Abs. 1 BRAGO.

Kosten u. Gebühren:
Gerichtskosten:
keine, § 1 Abs. 1 GKG.

Rechtsanwaltsgebühren:
Sie entstehen nicht, § 10 Abs. 2 S. 4 BRAGO, da die Tätigkeit in eigener Sache stattfindet.

#03 Antrag auf Gebührenstreitwertfestsetzung § 10 BRAGO

[*HIER Ort, Datum*]

An das
......-Gericht [*zuständig ist das Gericht in der Besetzung, in der es entschieden hat*]
...... [*HIER Anschrift*]

In Sachen
....../......
Az.: ......

beantrage ich,

gem. § 10 BRAGO den Streitwert für die anwaltliche Vergütung für die Vertretung des Klägers [- Beklagten] auf ...... EUR festzusetzen.

...... [*HIER folgt Begründung*]

....
Rechtsanwalt/-wältin

Anmerkung

Wenn sich die Gebühren für die anwaltliche Tätigkeit ausnahmsweise nicht nach dem für die Gerichtsgebühren maßgebenden Wert richten, so muss das Gericht auf Antrag den Wert für die Rechtsanwaltsgebühren nach § 10 BRAGO festsetzen. Dies gilt auch, sofern der für die Gerichtsgebühren geltende Wert an sich zwar maßgeblich ist, der Gegenstandswert der Tätigkeit des Rechtsanwalts aber nicht mit dem der gerichtlichen übereinstimmt, so etwa wenn der Anwalt nur eine Partei vertritt und hinsichtlich dieser nicht der volle Verfahrenswert maßgeblich ist.

Die Festsetzung nach § 10 BRAGO ist auch dann notwendig, wenn es an einem Wert für die Gerichtsgebühren überhaupt fehlt. Dies kommt zwar nicht im Zivilprozess, aber in bestimmten Vollstreckungsverfahren, in denen nicht nach dem Wert abgerechnet, sondern Festgebühren gelten, in Betracht.

Der Antrag nach § 10 BRAGO ist an keine Frist gebunden.

Antragsberechtigt sind

- der Anwalt,
- der Auftraggeber,
- die erstattungspflichtige Partei,
- bei PKH-Bewilligung die Staatskassen.

Zuständig ist für die Festsetzung das Gericht in der Besetzung, in der es entschieden hat.

#04 Beschwerde §§ 9 Abs. 2 BRAGO, 25 GKG

[*HIER Ort, Datum*]

An das
Amtsgericht [- Landgericht] [- Oberlandesgericht] [- Kammergericht]
[*HIER Anschrift*]

In Sachen

des/der ...... [*HIER Vorname, Name, Anschrift*]

- Klägers/-in, -

Prozessbevollmächtigte(r): Rechtsanwalt/-wältin ...... [*HIER Vorname, Name, Anschrift*]

gegen

den/die ...... [*HIER Vorname, Name, Anschrift*]

- Beklagte(n), -

Prozessbevollmächtigte(r): Rechtsanwalt/-wältin ...... [*HIER Vorname, Name, Anschrift*]

Az.: ......

lege ich dagegen, dass der Streitwert durch Beschluss vom ...... entgegen dem gestellten Antrag auf EUR ...... festgesetzt worden ist

Beschwerde

ein.

Begründung:

Der vom Gericht durch den angefochtenen Beschluss mit EUR ...... festgesetzte Geschäftswert ist weitaus übersetzt. [- zu niedrig angesetzt.]

...... [*HIER folgt die weitere Ausführung*]

Dies ergibt demnach einen Gebührenstreitwert von EUR ......, der auch vom Gericht festgesetzt werden sollte.

....
Rechtsanwalt/-wältin

Anmerkung

Es handelt sich um Beschwerde gegen einen Wertfestsetzungsbeschluss gem. § 10 Abs. 1 BRAGO (siehe hierzu Formular 4.B.#01) für Gebühren der anwaltlichen Tätigkeit in einem gerichtlichen Verfahren, in dem sich die Gebühren nicht nach dem für die Gerichtsgebühren maßgebenden Wert richten oder es an einem solchen Wert fehlt. Sind – wie es meist der Fall ist – der Streitwert für Gerichtskosten und Rechtsanwaltsgebühren identisch, so ist Beschwerde nach § 25 Abs. 3 GKG einzulegen (siehe hierzu Formular 4.B.#01).

Die Beschwerde gegen Streitwertenscheidungen ist eine einfache Beschwerde. Sie ist nur zulässig, wenn der Wert des Beschwerdegegenstandes 50,– EUR überschreitet, § 10 Abs. 3 S. 1 BRAGO. Sie ist innerhalb von zwei Wochen nach Zustellung des Beschlusses einzulegen, § 10 Abs. 3 S. 3 BRAGO.

Achtung:
Streitwerterhöhung kann in der Regel nur im eigenen Namen des Prozessbevollmächtigten beantragt werden, weil man davon ausgeht, dass die Partei durch zu niedrige Festsetzung des Streitwertes nicht beschwert sei.

Gegen den Festsetzungsbeschluss des Gerichts kann innerhalb einer Frist von 2 Wochen Beschwerde eingelegt werden, sofern eine Beschwer von über 50,– EUR gegeben ist.

Bei Berechnung der Beschwerdesumme ist die Mehrwertsteuer zu berücksichtigen (OLG Hamm Rpfleger 1969, 64).

Büromäßige Behandlung:
Gegen die Entscheidung über die Beschwerde kommt gegebenenfalls sogar die weitere Beschwerde in Betracht, § 10 Abs. 3 S. 5, 6 BRAGO.

Kosten u. Gebühren:
Gerichtskosten:
keine, § 25 Abs. 4 S. 1 GKG.

Rechtsanwaltsgebühren:
Das Verfahren über die Gebührenstreitwertbeschwerde ist gebührenfrei, da die Beschwerde vom Prozessbevollmächtigten im eigenen Namen eingelegt wird.

C. Honorarvereinbarung

#01 Einzelhonorarvereinbarung im Zivilrecht

[*Achtung: Nachstehende Formulierungen sind nicht als vorformuliertes Muster zu verwenden, sondern einzelne Formulierungen sind nach Aushandlung mit dem Mandanten zu entnehmen und zu einer Individualvereinbarung zusammenzustellen, um die Hürden und Klippen der Regelungen in den §§ 305 ff. BGB über die Allgemeinen Geschäftsbedingungen zu vermeiden.*]

Betr.: ......

Honorarvereinbarung

zwischen	einerseits
	....
	nachstehend »der Rechtsanwalt«
und	andererseits
	......
	nachstehend »der Auftraggeber«

Zwischen
Rechtsanwalt/-wältin ......
und
Herrn / Frau ......

wird in obiger Angelegenheit aufgrund unserer Verhandlung vom heutigen Tage bezüglich einer Vereinbarung eines Honorars im Beisein von Herrn [– Frau] ...... das Verhandlungsergebnis wie folgt zusammengefasst:

[oder]
Für die anwaltliche Tätigkeit in der Angelegenheit ...... in Form ...... [*HIER folgt die genaue Leistungsbeschreibung der anwaltlichen Tätigkeit*] sowie für alle damit in Zusammenhang stehenden Angelegenheiten, ob gerichtlicher oder nichtgerichtlicher Art wird aufgrund unserer Verhandlung vom heutigen Tage bezüglich einer Vereinbarung eines Honorars im Beisein von Herrn / Frau ...... das Verhandlungsergebnis wie folgt zusammengefasst:

1. Im Hinblick auf die Bedeutung und den Umfang der Sache vereinbaren wir, dass der Auftraggeber an den Rechtsanwalt

anstelle der gesetzlichen Gebühren ein Honorar in Höhe von

...... EUR

(in Worten:............ EUR), zuzüglich der gesetzlichen MwSt.,

mindestens jedoch den Betrag der gesetzlichen Gebühren, zu zahlen hat.

[nur bei außergerichtlichen Angelegenheiten]
[- anstelle der gesetzlichen Gebühren ein Pauschalhonorar in Höhe von

...... EUR

(in Worten:............ EUR), zuzüglich der gesetzlichen MwSt.,

zu zahlen ist.

Das Pauschalhonorar umfasst nur die Kosten der anwaltlichen Tätigkeit im Zuge des ...... Verfahrens. Für alle weiteren Verfahren, insbesondere bei Einleitung von Gerichtsverfahren, oder bei Eintritt in eine neue Instanz oder bei Einbeziehung zusätzlicher Streitgegenstände in die anwaltliche Tätigkeit, ist eine neue Honorarvereinbarung zu treffen.]

[- neben den gesetzlichen Gebühren ein Zusatzhonorar von
...... EUR

(in Worten:............ EUR), zuzüglich der gesetzlichen MwSt.,

zu zahlen hat.]

[- neben den gesetzlichen Gebühren ein Zusatzhonorar pro Stunde von
...... EUR

(in Worten:............ EUR), zuzüglich der gesetzlichen MwSt.,

zu zahlen hat.]

[- ein Stundenhonorar von netto
...... EUR

(in Worten:............ EUR), zuzüglich der gesetzlichen MwSt.,

zu zahlen hat.]

[- die Gebühren nach einem Gegenstandswert von EUR ......
...... EUR

(in Worten:............ EUR), zuzüglich der gesetzlichen MwSt.,

zu zahlen hat, falls der gesetzliche bzw. gerichtlich festgesetzte Gegenstandswert unter diesem Betrag liegt.]

Des Weiteren wird zwischen Rechtsanwalt und Auftraggeber vereinbart:

2. Alle Auslagen, wie Umsatzsteuer, Reisekosten, Tagegelder, Abwesenheitsgelder, Schreibauslagen und dergleichen werden daneben vom Auftraggeber besonders erstattet. Kosten für Fotokopien hat der Mandant dem Rechtsanwalt unabhängig von der gesetzlichen Verpflichtung zu erstatten, wenn 1. Behörden-/Gerichtsakten vollständig kopiert werden, 2. zur Unterrichtung des Auftraggebers Aktenauszüge kopiert und diesem zur Verfügung gestellt werden, 3. Kopien von Anlagen für Schriftsätze für das Gericht und/oder andere Verfahrensbeteiligte angefertigt werden. [- 4. Kopien erstellt werden, mittels derer der Korrespondenzanwalt den Prozessanwalt unterrichtet.] [- 4. Kopien angefertigt werden, mittels derer der Hauptbevollmächtigte den Unterbevollmächtigten unterrichtet.]

[- Für jeden Tag der Abwesenheit vom Kanzleiort erhält der Rechtsanwalt, wenn die Reise im Interesse des Mandanten liegt, EUR ......]

3. Zu erstatten sind insbesondere auch die Kosten der zur Rechtsverfolgung erforderlichen oder sinnvollen Beauftragung von Prozessanwälten am auswärtigen Gerichtsort, die in Absprache mit dem Mandanten eingeschaltet werden.

4. Das Honorar ist fällig: Der Rechtsanwalt kann jeweils eine Zwischenabrechnung erteilen.

[oder]
5. Das Honorar ist wie folgt fällig: …….

6. Bei Zahlungsverzug ist der gesamte Honoraranspruch mit Zinsen von 5 Prozentpunkten über dem Basiszinssatz zu verzinsen.

7. Der Ausgang des Verfahrens ist ohne Einfluss auf die Höhe des Honorars.

[Falls das Honorar die gesetzlichen Gebühren übersteigt]

[- Der Mandant ist darauf hingewiesen worden, dass das vereinbarte Honorar die gesetzlichen Gebühren übersteigt und selbst wenn der Gegner oder ein anderer Gebühren zu erstatten hat, dies auf die gesetzlichen Gebühren beschränkt ist. Das restliche Honorar wird in keinem Fall erstattet.]

8. Für jede weitere Instanz wird ein Honorar besonders vereinbart.

9. Die Kostenerstattungsansprüche des Auftraggebers gegenüber dem Gegner, der Justizkasse oder sonstigen erstattungspflichtigen Dritten werden in Höhe der Honoraransprüche des beauftragten Rechtsanwalts zur Sicherung derselben an diesen abgetreten mit der Ermächtigung, die Abtretung im Namen des Auftraggebers dem Erstattungspflichtigen mitzuteilen.

[oder kürzer]
9. Sämtliche erwachsenden Kostenersatzforderungen sind mit der Vollmachtserteilung an den Bevollmächtigten abgetreten.

10. Mehrere Vollmachtgeber haften als Gesamtschuldner.

11. Gemäß § 29 Abs. 1 ZPO ist der Sitz der Anwaltskanzlei als vertraglicher Erfüllungsort auch der Gerichtsstand aus dieser Honorarvereinbarung.

12. Von dieser Individualvereinbarung haben beide Vertragsschließenden je ein Exemplar erhalten.

[oder]
12. Von dieser Individualvereinbarung hat der Mandant 1 Exemplar ausgehändigt bekommen.

……, den

(Ort)

…………

- Rechtsanwalt/-wältin - - Auftraggeber/-in -

Anmerkung

Achtung: Da eine vorformulierte Honorarvereinbarung den Regelungen in den §§ 305 ff. BGB über die Allgemeinen Geschäftsbedingungen unterliegt, sollte möglichst im Einzelfall eine Honorarvereinbarung individuell ausgehandelt werden, um die Hürden und Klippen der Regelungen in den §§ 305 ff. BGB über die Allgemeinen Geschäftsbedingungen (AGB) zu vermeiden. Dabei ist davon auszugehen, dass alle Papiere, die nicht vom Mandanten formuliert oder mit ihm individuell ausgehandelt worden sind, als AGB zu behandeln sind. Aus diesem Grunde sind auch keine vorformulierten Vordrucke, die nur noch ergänzt werden müssen, zu verwenden.

Wegen der AGB-Problematik lässt sich kein allgemein verbindliches Muster einer Honorarvereinbarung aufstellen. Die oben aufgeführten Formulierungen sind deshalb als Beispiele anzusehen, die nach Aushandlung mit dem Mandanten individuell zusammengestellt werden müssen.

Die Gebührenvereinbarung muss gesondert von der Vollmacht schriftlich vereinbart werden, darf also nicht in der Vollmacht oder einem Vordruck, der auch andere Erklärungen umfasst, enthalten sein, vgl. § 3 Abs. 1, 2. HS. BRAGO (siehe auch Göttlich/Mümmler, BRAGO, Stichwort ›Vereinbarung‹ Anm. 1.4.). Andernfalls wird der Anspruch auf das gesetzliche Maß reduziert.

Der Zeitpunkt der Vereinbarung ist nicht vorgeschrieben. Nicht zulässig ist aber, ein Sonderhonorar kurz vor dem Verhandlungstermin zu fordern, um den Auftraggeber unter Druck zu setzen (Göttlich/Mümmler a. a. O. Anm. 1.3.). Bei nachträglicher Anforderung eines Sonderhonorars ist Vorsicht geboten, um einen Verstoß gegen § 352 StGB zu vermeiden (Göttlich/Mümmler a. a.0.).

Eine Honorarvereinbarung ist sowohl in gerichtlichen als auch in außergerichtlichen Fällen möglich.

Die Honorarvereinbarung hat nicht nur das Honorar zu bezeichnen, sondern auch die dafür zu erbringende Leistung genau zu beschreiben.

Bei allen genannten Beträgen sollte klargestellt werden, dass die Umsatzsteuer (als MwSt. bezeichnet) noch gesondert anfällt, sonst ist mangels Angabe die MwSt. im vereinbarten Honorar enthalten (OLG Karlsruhe DB 1978, 447). Es ist dabei auf die gesetzliche Mehrwertsteuer abzustellen, da ansonsten gesetzliche Erhöhungen zu Lasten des Rechtsanwalts gehen. Die MwSt. ist regelmäßig zum Zeitpunkt der Fälligkeit – § 18 BRAGO – in der gesetzlich vorgesehenen Höhe abzuführen (Rembert Brieske, Die anwaltliche Honorarvereinbarung, 1997, Seite 161).

Das Verhältnis zu den gesetzlichen Gebühren ist genau zu beschreiben. Ob

- anstelle der gesetzlichen Gebühren,
- zusätzlich zu den gesetzlichen Gebühren,
- anstelle der gesetzlichen Gebühren, nicht aber unter den gesetzlichen Gebühren,

gemeint ist, muss präzise angegeben werden. Ansonsten kann es geschehen, dass ungewollt ein geringeres als das gesetzliche Honorar vereinbart ist (Brieske a. a. O. Seite 108 f.). Statt eines Zusatzhonorars kann auch ein Festbetrag vereinbart werden. Dann ist anstelle der Formulierung »zusätzlich zu (neben) den gesetzlichen Gebühren« die Formulierung »anstelle der gesetzlichen Gebühren, falls diese nicht höher sind« zu wählen. Will man in einer außergerichtlichen Angelegenheit unter den gesetzlichen Gebühren bleiben (s. u.), dann ist die Formulierung »anstelle der gesetzlichen Gebühren« ohne den Zusatz, »falls diese nicht höher sind« zu verwenden.

Die Möglichkeit, eine Honorarvereinbarung zu schließen, ist manchmal nicht nur sachlich gerechtfertigt, sondern aus dem Grundsatz der Vertragsfreiheit folgt, dass der Rechtsanwalt in der Lage sein muss, als Gegenleistung für die zu erbringende Leistung ein Honorar frei zu vereinbaren. Die dem Rechtsanwalt gesetzten Grenzen beginnen – anders als im Recht der Schuldverhältnisse – nicht erst bei der Sittenwidrigkeit; § 352 StGB stellt die Gebührenüberhebung ausdrücklich unter Strafe.

Die Notwendigkeit einer Honorarvereinbarung ergibt sich häufig dann, wenn der Rechtsanwalt auf der gesetzlichen Grundlage keine angemessene Vergütung für seine Tätigkeit erlangen kann. In einigen Bereichen, etwa im Erbrecht, kommt es hingegen auf eine günstige Gestaltung in Form einer Honorarvereinbarung im außergerichtlichen Bereich an, die unterhalb der gesetzlichen Gebühren liegt und die den Mandanten nicht von seinem Vorhaben abbringt sondern ihn von dessen Durchführung überzeugt.

Der Inhalt einer Honorarvereinbarung muss bestimmbar sein und grundsätzlich muss sie höher sein als die gesetzlichen Gebühren, vgl. § 49 b BRAO. Das in § 49 b Abs. 1 BRAO statuierte Gebührenunterbietungsverbot gilt allerdings nur, soweit die BRAGO nichts anderes bestimmt. (siehe hierzu auch Göttlich/Mümmler, BRAGO, Stichwort ›Vereinbarung‹ Anm. 3.3.2.). Bedeutsam ist in diesem Zusammenhang die Regelung des § 3 Abs. 5 BRAGO. Durch § 3 Abs. 5 BRAGO ist eine Ausnahme vom Gebührenunterbietungsverbot für außergerichtliche Beratung soweit für die Vertretung in außergerichtlichen Mahn- und Zwangsvollstreckungssachen nach den §§ 803 bis 863 und §§ 899 bis 915 ZPO gegeben. Der Rechtsanwalt kann in außergerichtlichen Angelegenheiten Pauschalvergütungen oder Zeitvergütungen vereinbaren, die niedriger als die gesetzlichen Gebühren sind. Unter die außergerichtlichen Angelegenheiten fällt in diesem Zusammenhang etwa die Beratung, Vertretung oder eine Gutachtenerstellung. Mit der Vorschrift des § 3 Abs. 5 BRAGO ist dem Rechtsanwalt ein Spielraum eröffnet. So kann er z. B. für den Entwurf eines Testaments eine Pauschalvergütung verlangen und so vermeiden, dass der Mandant bei größeren Nachlasswerten durch zu hohe Gebühren abgeschreckt wird und vielleicht zu einem Notar geht, der nach dem erhebliche günstigeren Tarif der Kostenordnung abrechnet. Dies kann durch eine flexible Handhabung des § 3 Abs. 5 BRAGO verhindert werden. Bei der Vereinbarung eines Pauschalhonorars ist zu beachten, dass mit dessen Vereinbarung in der Regel auch die Auslagen abgegolten sind. Deshalb sollte in einem solchen Fall die Auslagenvergütung gesondert vereinbart werden und auch eine Bestimmung in die Honorarvereinbarung aufgenommen werden, nach der die Umsatzsteuer (MwSt.) zusätzlich zu zahlen ist. Möglich ist im außergerichtlichen Bereich auch die Vereinbarung einer Zeitvergütung, die unter den gesetzlichen Gebühren liegt. Sinnvoll ist hier eine Honorarvereinbarung auf Stundenbasis zu vereinbaren. Franzen (NJW 1993, 439; 1988, 1059 ff.) errechnete für eine mittlere Zivilpraxis mit 2 Anwaltsgehilfinnen, 2 Lehrlingen und einem Referendar für den Zeitraum 1991/1992 einen Stundensatz von etwa 300,00 DM, wenn der Anwalt wirtschaftlich einem Richter am Landgericht gleichstehen will. Im Jahr 1993 billigte das SchlOLG einem Rechtsanwalt als Berufsbetreuer eine Vergütung auf Stundenbasis mit einem Stundensatz von DM 300,00 zu (JurBüro 1995, 156 ff.). Da die Entscheidung aus dem Jahr 1993 stammt, wird man den dort genannten Satz als Untergrenze ansehen müssen. Im vom IFU-Institut herausgegebenen Informationsdienst für Rechtsanwälte (Nr. 6/95) wird mitgeteilt, dass bei spezifischen Kenntnissen des Rechtsanwalts in einem bestimmten Fachgebiet Stundensätze zwischen 500,00 DM und 1.000,00 DM üblich sind und daher als angemessen angesehen werden können. Der Anwalt sollte daher die tatsächlichen Kosten in seiner Kanzlei errechnen, um die Rentabilität eines ihm erteilten Auftrages beurteilen zu können. Ein Stundensatz von 175,– bis 200,– EUR bei speziellen Kenntnissen etwa im Erbrecht wird man m. E. als Mindeststundensatz ansehen müssen.

Sofern nicht angegeben, sind die Auslagen, mit dem Honorarbetrag als abgegolten anzusehen. Aus diesem Grunde ist ausdrücklich anzugeben, dass die Auslagen neben dem Honorar geschuldet werden. Beispiel: »Alle übrigen Auslagen i. S. d. BRAGO werden daneben gesondert erstattet. Für Schreibauslagen ist eine Pauschale von 0,50 EUR pro Seite vereinbart.« Dabei können in diesem Zusammenhang, wie es der vorherige Mustersatz zeigt, auch Vereinbarungen zur Höhe der Auslagen getroffen werden. Dies kann z. B. auch durch Aufnahme des Passuses: »Auftraggeber und Auftragnehmer vereinbaren, dass für Fotokopien, die für den Auftragnehmer gefertigt werden, EUR 0,50 pro Seite unabhängig von der Seitenzahl abweichend von BRAGO und GKG zu bezahlen sind« geschehen. Dies ist zulässig (vgl. LG Düsseldorf AGS 1993, 38).

Falls nötig, sind auch Regelungen zu Reisekosten, also Fahrtkosten, Kosten für die Übernachtung zu treffen. Auch die Höhe der in der BRAGO genannten Tage- und Abwesenheitsgelder des § 28 Abs. 3 BRAGO sind nicht als kostendeckend anzusehen. Zu den Reise-, Fahr-, Übernachtungskosten sowie zum Tage- und Abwesenheitsgeld siehe Göttlich/Mümmler a. a. O. Stichwort ›Reisekosten des Rechtsanwalts‹ mit entsprechendem Rechtsprechungsnachweis.

Büromäßige Behandlung:
Honorarvereinbarungen sind stets schriftlich und auf einem gesonderten Blatt festzuhalten.

Wenn der Anwalt im Wege der Prozesskostenhilfe dem Mandanten beigeordnet wurde, erlangt eine Honorarvereinbarung keine Verbindlichkeit.

Bei den Pauschalvereinbarungen muss das Verhältnis zu den gesetzlichen Gebühren festgelegt werden.:

- anstelle der gesetzlichen Gebühren für die gesamte Tätigkeit,
- anstelle der gesetzlichen Gebühren, mit den gesetzlichen Gebühren als Untergrenze für die gesamte Tätigkeit,
- zuzüglich der gesetzlichen Gebühren für die gesamte Tätigkeit,
- anstelle der gesetzlichen Gebühren für einen Teil der Tätigkeit,
- anstelle der gesetzlichen Gebühren, mit den gesetzlichen Gebühren als Untergrenze für einen Teil der Tätigkeit,
- zuzüglich zu den gesetzlichen Gebühren für einen Teil der Tätigkeit.

Vor- und Nachteile von Pauschalvergütung oder Zeitvergütung sind:

Pauschalvergütung:
Die Vereinbarung eines Pauschalhonorars ohne die gesetzlichen Gebühren als Untergrenze kommt nur für die vor- oder außergerichtliche Tätigkeit des Anwalts in Betracht. In gerichtlichen Angelegenheiten gilt das Gebührenunterbietungsverbot des § 49 b Abs. 1 BRAO. Weitgehend üblich sind Pauschalhonorare für ständige Beratungstätigkeit. Der Anwalt hat eine klare Kalkulationsgrundlage und der Mandant weiß, welche genauen Kosten auf ihn zukommen, wenn er den Anwalt in Anspruch nimmt. Außergerichtliche Beratungsangelegenheiten werden in neuerer Zeit aber auch schon immer häufiger nach Zeithonoraren abgerechnet.

Der Vorteil der Pauschalvereinbarung ist, dass dem Mandant der Honoraraufwand schon bei Mandatierung bekannt ist. Der spezialisierte Anwalt kann bei dieser maßnahmenbezogenen Honorierung eine höhere Vergütung erreichen.

Der Nachteil der Pauschalvereinbarung kann darin liegen, dass sich die Bindung an einen festen Honorarbetrag für den Rechtsanwalt wirtschaftlich nachteilig auswirkt, wenn das Mandat einen anderen Verlauf nimmt, als ursprünglich angenommen worden ist. Dieses Risiko kann aber ausgeschlossen werden, indem die Parteien vereinbaren, dass nach Ablauf eines entsprechend lang bemessenen Zeitraums über eine angemessene Anpassung des pauschalen Honorars zu verhandeln ist und/oder bei Eintritt neuer Umstände, die eine erhebliche Mehrarbeit verlangen, das Honorar entsprechend angepasst wird.

Zeitvergütung:
Der Anwalt wird hier entsprechend seiner tatsächlich aufgewandten Arbeitszeit honoriert. Je größer die Zeiteinheit ist für die ein bestimmter Betrag zu zahlen ist, um so mehr nähert sich die Vereinbarung einer Pauschalvereinbarung.

Wird in einem Zusatz vereinbart »Es sind zumindest die gesetzlichen Gebühren zu zahlen«, so ist die Grenze des § 49 b Abs. 1 BRAO eingehalten und die Zeitgebühren sind auch in Prozessen nicht verboten, wobei sie zumeist für Strafprozesse vereinbart werden.

In Zivil- und Verwaltungsrechtsangelegenheiten kommen Zeitvergütungen in der Regel im vor- bzw. außergerichtlichen Verfahren in Betracht. Dabei handelt es sich in Zivilsachen meist um Beratungsangelegenheiten. Für einen mit Rechtsanwälten unerfahrenen Mandanten ist die Honorarhöhe schlecht abzuschätzen und selbst die Stundensatz-Vergütung ist für ihn undurchschaubar, weshalb auch diese Form der Zeitvergütung wegen der unkalkulierbaren Höhe bei vielen Mandanten keine Akzeptanz findet. Hier können Bedenken dadurch ausgeräumt werden, dass man das nach Maßgabe der Stundensatzvereinbarung entstehende Honorar durch einen Festbetrag limitiert.

Denkbar ist neben den genannten Möglichkeiten u. a. auch die Vereinbarung eines Mindeststreitwertes oder die Vereinbarung eines Verzichts auf die Anrechnung von in außergerichtlichen Verfahren angefallenen Gebühren.

Der Mandant hat das Honorar entweder als Vorschuss (§ 17 BRAGO) oder aufgrund einer endgültigen Rechnung (§ 16 BRAGO i. V. m. § 18 BRAGO) zu zahlen. Sowohl die Vorschussrechnung als auch die endgültige Berechnung sind vom Rechtsanwalt zu unterzeichnen. Ist nach Zeitaufwand abzurechnen, so ist die geleistete Zeit zu erfassen und zu dokumentieren. Die Hersteller für den Anwaltsbedarf bieten Zeiterfassungsformulare an, der Zeiterfassungs- und Tätigkeitsbericht kann aber auch selbst erstellt werden. Zumindest müssen aber alle Telefonzettel und Besprechungsnotizen sowie Zettel mit Angabe der Tätigkeit jeweils mit Zeitangabe versehen sein und gesammelt werden. Nur kurze Intervalle sollten ohne Bezahlung offen bleiben. Vorschüsse und Abschläge auf das vereinbarte Honorar sollten rechtzeitig eingefordert und der Eingang der Zahlung überwacht werden. Um einem Abrechnungsstreit aus dem Weg zu gehen, sollte der Mandant auch aufgefordert werden, die Unterlagen über die erbrachten und der Honorarvereinbarung unterfallenden Leistungen abzuzeichnen und auch schriftlich zu bestätigen, dass er die erbrachte Tätigkeit als gewünscht und vertragskonform ansieht. Dies geht z. B. per Fax in Minutenschnelle. Signalisiert der Mandant dann, dass er die aufgeschriebenen Stunden nicht akzeptiert, ist Anlass zur Vorsicht geboten.

Das Honorar kann im Mahnverfahren oder im Klageverfahren geltend gemacht werden. Soweit in ihm gesetzlichen Gebühren enthalten sind, kann es in Höhe der gesetzlichen Gebühren nach § 19 BRAGO (siehe Formular 4.A.#08) festgesetzt werden, soweit es sich nicht um Rahmengebühren handelt.

Das Honorar kann auch im Urkundenprozess eingeklagt werden (OLG Hamm NJW-RR 1995, 1530).

D. Schriftverkehr mit dem Mandanten

#01 Schreiben an den Mandanten bei Anforderung eines Gerichtskostenvorschusses

[*HIER Ort, Datum*]

An
Herrn/Frau ......
[*HIER Anschrift*]

Sehr geehrte(r) Herr/Frau ......,

in ihrer Sache gegen ...... bitte ich Sie die von Ihnen vorauszuzahlenden Gerichtskosten von EUR ...... auf eines meiner Konten zu zahlen, damit ich diese bei Einreichung der Klageschrift einzahlen kann.

Das Gericht wird die Klage erst nach Einzahlung des Vorschusses zustellen.

[oder]
in Ihrer Sache gegen ...... übersende ich Ihnen als Anlage eine Kopie der Anforderung des Amtsgerichts [– des Landgerichts] ...... über die von Ihnen vorauszuzahlenden Gerichtsgebühren. Ich bitte Sie, den ausgewiesenen Betrag in Höhe von EUR ...... unmittelbar auf das Konto der Gerichtskasse zu überweisen. Bitte geben Sie unbedingt das Aktenzeichen als Verwendungszweck an.

Das Gericht wird die Klage erst nach Eingang des Vorschusses zustellen.

[– Im Hinblick auf den drohenden Ablauf der Verjährungsfrist muss der Vorschuss deshalb umgehend,

spätestens bis zum ......

bei Gericht eingegangen sein.]

Mit freundlichen Grüßen

....
Rechtsanwalt/-wältin

[Anlage: Kopie Gerichtskostenrechnung]

Anmerkung

Der Anwalt hat seinen Mandanten über seine Zahlungspflicht zu belehren und auf die Folgen hinzuweisen, die eintreten können, falls Zahlungen nicht oder nicht rechtzeitig geleistet werden. Dies gilt vor allem dann, wenn durch die Einzahlung des Gerichtsgebührenvorschusses die alsbaldige Zustellung der Klage nach § 270 Abs. 3 ZPO zur Fristwahrung oder Verjährungsunterbrechung sichergestellt werden muss. Gleiches gilt, sofern die Nichtzahlung eines Auslagenvorschusses andere rechtliche Folgen hat, so z. B. wenn etwa gemäß § 379 ZPO die Ladung eines Zeugen unterbleibt. Der Anwalt kann sich schadensersatzpflichtig machen, sofern er diese Belehrung unterlässt.

Ist der Mandant rechtsschutzversichert, so genügt es, wenn der Anwalt die Zahlung des Gerichtsgebührenvorschusses beim Versicherer anfordert.

Büromäßige Behandlung:
Soll der Mandant den Gerichtskostenvorschuss einzahlen, so ist dem Anschreiben die Kopie der Gerichtskostenrechnung beizufügen. Der Mandant sollte darauf hingewiesen werden, dass er nicht auf das Anwaltskonto zahlt und auf jeden Fall das gerichtliche Aktenzeichen beim Verwendungszweck angibt.

#02 Schreiben an den Mandanten bei Anforderung eines Anwaltsgebührenvorschusses

[*HIER Ort, Datum*]

An
Herrn/Frau ......
[*HIER Anschrift*]

Sehr geehrte(r) Herr/Frau ......,

in ihrer Sache gegen ...... nehme ich Bezug auf unsere gemeinsame Besprechung vom ...... und übersende Ihnen den Entwurf der Klageschrift mit der Bitte, diesen zu überprüfen und etwaige Hinweise, die noch zu berücksichtigen sind bis zum ...... zu übermitteln.

Gleichzeitig darf ich für meine Bemühungen um einen Gebührenvorschuss gem. der beiliegenden Kostennote bitten. Bei Bemessung des Gegenstandswertes ist nach § ...... GKG (Gerichtskostengesetz) von EUR ...... auszugehen.

Mit freundlichen Grüßen

....
Rechtsanwalt/-wältin

Kostenvorschuss gem. § 17 BRAGO

In Sachen

....../......

Gegenstandswert	...... EUR
10/10 Prozessgebühr, § 31 Abs. 1 S. 1 BRAGO	...... EUR
10/10 Verhandlungsgebühr, § 31 Abs. 1 S. 2 BRAGO	...... EUR
Auslagenpauschale, § 26 S. 2 BRAGO	...... EUR

Zwischensumme	...... EUR
16 % Umsatzsteuer, § 25 Abs. 2 BRAGO	...... EUR
Gesamt	...... EUR

......, den ......

Rechtsanwalt/-wältin

Anmahnung des Anwaltsgebührenvorschusses

....../......

Sehr geehrte(r) Herr/Frau ......,

in Ihrer Sache gegen ...... nehme ich Bezug auf meine Vorschussrechnung vom ...... Bis heute habe ich keinen Zahlungseingang feststellen können. Ich bitte Sie, den angeforderten Vorschuss

bis zum ......

auf eines meiner angegebenen Konten zu überweisen. Andernfalls kann ich in Ihrer Sache nicht tätig werden und müsste in Erwägung ziehen, das Mandat niederzulegen.

Mit freundlichen Grüßen

....

Rechtsanwalt/-wältin

Anmerkung

Hat der potenzielle Mandant schon gleich zu Anfang des Mandatsanbahnungsgespräches die Kosten angesprochen, so empfiehlt es sich häufig, sich den Sachverhalt in groben Zügen schildern zu lassen, um überschlägig Erfolgsaussichten und die Art der Rechtsverfolgung feststellen zu können. Es ist dann eine Rückstell-Aussage angebracht.

Beispiel:

»Zum Kostenproblem kann ich erst etwas sagen, wenn ich in groben Zügen weiß, worum es geht.«

Ist der Auftraggeber eine Versicherungsgesellschaft, eine Körperschaft des öffentlichen Rechts, eine namhafte Firma oder sonst jemand, dessen Bonität über jeden Zweifel erhaben ist, so wird man in der Regel keinen Vorschuss verlangen. Gleiches gilt, wenn eine Kostenzusage einer Rechtsschutzversicherung vorliegt.

Bei solventen Mandanten wird der Anwalt bezüglich seiner Gebühren häufig keinen Vorschuss verlangen, um das Vertrauensverhältnis nicht zu belasten.

Der Mandant begreift den Vorschusswunsch am ehesten, wenn der Anwalt dem Auftraggeber eine Vorstellung vermittelt hat, wie er in seiner Sache vorgehen will. Im ersten Besprechungstermin wird davon aber meist abgesehen, um nicht den Eindruck eines raffgierigen Anwalts beim Mandanten zu vermitteln. Der psychologisch günstigste Zeitpunkt für eine Anforderung des Vorschusses ist die Übersendung der Durchschrift des ersten Schriftsatzentwurfes von Klage oder Klageerwiderung. Wird diesem zugleich die Vorschusskostenrechnung gem. § 17 BRAGO beigefügt, so kann beim Mandanten kein falscher Eindruck erweckt werden, da der gefertigte Schriftsatz dem Mandanten deutlich macht, dass der Anwalt schon für ihn tätig geworden ist. Mandanten die kein Verständnis für ein solches Vorgehen aufbringen, werden erfahrungsgemäß auch im weiteren Verlauf des Mandates Schwierigkeiten bereiten. Der Anwalt sollte bei der Vorschussanforderung auch bedenken, dass die Einforderung von Gebühren nach Abschluss des Verfahrens, insbesondere wenn das Verfahren zugunsten des Mandanten ausgegangen ist, häufig auf fehlende Zahlungsbereitschaft oder angesichts etwaiger Vollstreckungsmaßnahmen des Prozessgegners auf mangelnde Zahlungsunfähigkeit stoßen kann. Eine Fristsetzung bezüglich der Zahlung ist im ersten Anschreiben unangebracht, sofern nicht hierfür ein besonderer Anlass besteht. Geht der Vorschuss nicht innerhalb eines Monats ein, so sollte dem Mandanten in einem Anmahnungsschreiben deutlich gemacht werden, dass eine weitere Bearbeitung der Sache nicht möglich ist und er mit der Niederlegung des Mandates rechnen muss, wenn der Vorschuss nicht innerhalb der – dann konkret zu setzenden – Nachfrist eingeht. Die Androhung der Niederlegung des Mandates sollte auf jeden Fall angekündigt werden (Gerold/Schmidt/von Eicken/Madert § 17 BRAGO Rn 7).

Achtung:
Bei Ablehnung der Deckungszusage durch die Rechtsschutzversicherung, die nicht konkret begründet wird, ist vom Mandanten ein Vorschuss in Höhe der voraussichtlich entstehenden Gebühren zu verlangen. Wird die Deckungszusage »aus Gründen, die wir unserem Versicherungsnehmer in einem gesonderten Schreiben mitgeteilt haben« oder »aus versicherungsrechtlichen Gründen« abgelehnt, so kann es sein, dass der Mandant sich in Zahlungsschwierigkeiten befindet. Deshalb sollte vom Mandanten in diesen Fällen ein angemessener Vorschuss nach § 17 BRAGO verlangt werden. Dieser ist bis zur Höhe der voraussichtlich entstehenden Gebühren möglich und die Anforderung in diesem Falle dann auch anzuraten.

Büromäßige Behandlung:
Es ist zweckmäßig, ein separates Rechnungsformular, welches als Anwaltsgebührenvorschuss-Rechnung bezeichnet wird, zu verwenden und im Anschreiben auf eine beiliegende Anwaltsgebührennote, in der der Vorschuss abgerechnet wird, zu verweisen.

Sofern es sich nicht um eine Zahlungsklage handelt, sollte der zugrundegelegte Gegenstandswert erläutert werden, um Nachfragen des Mandanten zu vermeiden.

#03 Anforderungen von Gerichtskostenvorschuss und Anwaltsgebührenvorschuss ohne/mit Abschrift der vorbereiteten Klage

[*HIER Ort, Datum*]

– Fristsache –

An
Herrn/Frau ......
[*HIER Anschrift*]

Klage [etc.] gegen ......

Sehr geehrte(r) Herr/Frau ......,

damit das oben genannte Verfahren betrieben werden kann, bitte ich Sie um Zahlung eines Vorschusses.

[oder]

da Ihre Ansprüche auf ...... geltend gemacht werden sollen, habe ich die in anliegender Durchschrift ersichtliche Klage vorbereitet.

Das Gericht wird das Prozessverfahren erst betreiben, wenn vorher der erforderliche Gerichtskostenvorschuss von EUR ...... eingezahlt ist. Demnach und unter Berücksichtigung meines nach §§ 17, 31 BRAGO begründeten Vorschussanspruches auf meine Gebühren ergibt sich ein Betrag von

...... EUR

Ich bitte Sie die Summe auf eines der oben angegebenen Konten zu überweisen. Danach werde ich die Klage bei Gericht einreichen.

....
Rechtsanwalt/-wältin

Anlage: Kopie Gerichtskostenrechnung, Kostenvorschussrechnung gem. § 17 BRAGO

#04 Anforderung eines Zeugengebührenvorschusses

[*HIER Ort, Datum*]

– Fristsache –

An
Herrn / Frau ......
[*HIER Anschrift*]

Anforderung Zeugengebührenvorschuss

Sehr geehrte(r) Herr / Frau ......,

das Gericht hat Ihnen die Einzahlung eines Zeugengebührenvorschusses über den Betrag von

...... EUR

bis

spätestens zum ......

aufgegeben. Aus diesem Grund bitte ich Sie zu veranlassen, dass der genannte Betrag umgehend an mich überwiesen wird, damit meine Kanzlei die Einzahlung rechtzeitig bei der Gerichtskasse vornehmen kann.

Beachten Sie bitte in Ihrem eigenen Interesse, [– Vorsorglich weise ich Sie darauf hin,] dass bei Überschreitung der Zahlungsfrist erhebliche Rechtsnachteile für Sie entstehen könnten. Möglich wäre, dass sie im Prozess deshalb unterliegen, weil das betreffende Beweismittel Zeugenaussage vom Gericht ausgeschlossen wird.

....
Rechtsanwalt/-wältin

#05 Anforderung eines Sachverständigenvorschusses

[*HIER Ort, Datum*]

– Fristsache –

An
Herrn/Frau ......
[*HIER Anschrift*]

Anforderung Sachverständigenvorschuss

Sehr geehrte(r) Herr/Frau ......,

das Gericht hat Ihnen die Einzahlung eines Sachverständigenvorschusses über den Betrag von

...... EUR

bis

spätestens zum ......

aufgegeben. Aus diesem Grund bitte ich Sie zu veranlassen, dass der genannte Betrag umgehend an mich überwiesen wird, damit meine Kanzlei die Einzahlung rechtzeitig bei der Gerichtskasse vornehmen kann.

Beachten Sie bitte in Ihrem eigenen Interesse, [– Vorsorglich weise ich Sie darauf hin,] dass bei Überschreitung der Zahlungsfrist erhebliche Rechtsnachteile für Sie entstehen könnten. Möglich wäre, dass Sie im Prozess deshalb unterliegen, weil das betreffende Beweismittel Sachverständigengutachten vom Gericht ausgeschlossen wird.

[oder]
das Gericht hat Ihnen die Einzahlung eines Sachverständigenvorschusses über den Betrag von

...... EUR

bis

spätestens zum ......

aufgegeben. Der Auslagenvorschuss für die durchzuführende Beweisaufnahme ist im Hinblick auf die knapp gesetzte Frist zur Vermeidung von Verzögerungen und daraus etwa entstehender Rechtsnachteile von mir einstweilen vorgelegt worden. Bitte veranlassen Sie, dass der genannte Betrag umgehend an mich zurückerstattet wird.

....
Rechtsanwalt/-wältin

#06 Anforderung einer Zinsbescheinigung

[*HIER Ort, Datum*]

An
Herrn/Frau ......
[*HIER Anschrift*]

Anforderung Zinsbescheinigung

Sehr geehrte(r) Herr/Frau ......,

da die Gegenseite bestritten hat, dass der Umfang der verlangten Zinsen bei Ihnen angefallen ist, muss ein entsprechender Nachweis erbracht werden.

Aus diesem Grunde bitte ich Sie zu veranlassen, dass Ihre Bank eine entsprechende schriftliche Bestätigung ausstellt. Hierbei genügt es, dass in dieser nur der im Prozess verlangte Forderungsbetrag und der im Klageantrag erwähnte Zinszeitraum abgedeckt ist.

Bitten Sie Ihr Kreditinstitut, Ihnen zur Vorlage bei Gericht zu bestätigen, dass Sie einen Kredit von mindestens ...... EUR seit dem ...... in Anspruch genommen haben, für den Ihnen seit dem genannten Zeitraum ......% Zinsen berechnet werden.

Am günstigsten wäre es, wenn Sie Ihre Bank bitten würden, die – an Sie adressierte – Bescheinigung gleich an meine Kanzlei zu senden.

....
Rechtsanwalt/-wältin

#07 Anforderung einer Prozessbürgschaft

[*HIER Ort, Datum*]

An
Herrn/Frau ......
[*HIER Anschrift*]

Anforderung Bankbürgschaft

Sehr geehrte(r) Herr/Frau ......,

die Gegenseite ist zur Zahlung an Sie schon jetzt – also vor Ablauf der Rechtsmittelfrist oder vor Beendigung einer weiteren Instanz – nur verpflichtet, sofern von Ihnen die im Urteil genannte Sicherheitsleistung im entsprechenden Umfange erbracht wird. Dies soll sicherstellen, dass die Gegenseite die geleistete Zahlung auf jeden Fall zurückerhält, wenn das bisher vorliegende Urteil in einer weiteren Instanz abgeändert werden sollte.

Da Sicherheitsleistung in dem im Urteil bezeichneten Umfang durch eine Bankbürgschaft erbracht werden müsste, bitte ich Sie, das Urteil Ihrer Bank vorzulegen und diese zu veranlassen, eine Prozessbürgschaft auszustellen und meiner Kanzlei die entsprechende Urkunde zuzuschicken.

Alles Weitere werde ich dann veranlassen und sofern die Gegenseite nicht zahlt, die Zwangsvollstreckung gegen diese einleiten.

....
Rechtsanwalt/-wältin

Allgemeiner Schriftwechsel

A. Schriftwechsel mit dem Mandanten

#01 Mandatsübernahme

[*HIER Ort, Datum*]

An
Herrn / Frau ......
[*HIER Anschrift*]

Sehr geehrte(r) Herr / Frau ......,

Ihren mir erteilten Auftrag vom ...... [- bei mir am ...... 20.. eingegangen] habe ich angenommen und habe das Erforderliche - Folgendes - veranlasst - werde sofort veranlassen. Ich bitte Sie - mir alle die Sache betreffenden Unterlagen zu übersenden - mich über folgendes zu informieren

1. ......
2. ......

Das - die - anliegende(n) Vollmachtsformular(e) bitte ich mit Ihrer Unterschrift mir wieder zuzusenden.

Gleichzeitig bitte ich um den erforderlichen Gerichtskosten [und Gebühren-]vorschuss von ...... EUR.

....
Rechtsanwalt/-wältin

Anmerkung

Der Hinweis in der Bestätigung des Mandates, was man veranlasst hat oder veranlassen wird, hilft Irrtümer vermeiden und erleichtert die büromäßige Bearbeitung. Mehrere Vollmachten empfehlen sich, da häufig Nebenarbeiten entstehen, für die Vollmacht erforderlich ist.

Die Höhe des angemessenen Vorschusses ist im Gesetz nicht bestimmt, § 17 BRAGO. Der voraussichtliche Gesamtbetrag der Gebühren und Auslagen ist regelmäßig als angemessen anzusehen, sowie das Verlangen eines weiteren Vorschusses, wenn weitere, nicht vorauszusehende Gebühren entstehen. Verzicht auf Vorschuss ist zulässig, meist aber nicht zu empfehlen.

Bei der späteren Berechnung der Gebühren ist § 18 BRAGO zu beachten.

Für die Gebühren des Prozessbevollmächtigten haftet der Verkehrsanwalt (oder auch als Korrespondenzanwalt bezeichnet) weder zivilrechtlich noch berufsrechtlich dem Prozessbevollmächtigten.

Zur Mandatsübernahme ist der Anwalt nicht verpflichtet (Ausnahme: § 48 Abs. 1 BRAO). Im Gegensatz dazu verpflichtet § 44 Abs. 1 BRAO den Rechtsanwalt, die Ablehnung des Mandats unverzüglich zu erklären, ansonsten hat er dem Rechtssuchenden den aus der verspäteten Mitteilung entstehenden Schaden zu ersetzen (Borgmann/Haug, Anwaltshaftung, § 13 Rn 71 f.). Auch bei der Mandatsablehnung können sich für den Rechtsanwalt Hinweis- und Aufklärungspflichten ergeben, deren Verletzung zu Schadenersatzansprüchen aus den §§ 311 Abs. 2, 280 Abs. 1 BGB führen kann (Zugehör, Handbuch der Anwaltshaftung Rn 1546 ff.).

Der das Mandat ablehnende Rechtsanwalt sollte deshalb den Rechtssuchenden auf alle Fristen hinweisen, bei deren fruchtlosem Ablauf diesem erkennbar Nachteile drohen.

Büromäßige Behandlung:
Bezüglich der Prozessvollmachtformulare wird auf die im Handel erhältlichen verwiesen.

#02 Kündigung des Auftrags gegenüber dem Mandanten

[*HIER Ort, Datum*]

Einschreiben!

An
Herrn / Frau ......
[*HIER Anschrift*]

Sehr geehrte(r) Herr / Frau ......,

den mir erteilten Auftrag zur Vertretung [- Prozessführung][- Verteidigung] in Sachen ...... lege ich hiermit nieder.

Ich bedaure dazu genötigt zu sein:

[*HIER folgt Begründung: z. B. nicht gezahlter Vorschuss - nicht gezahlte Gebühren aus früherer Vertretung - mangelnde oder falsche Informationen.*]

Dem Gericht [- und der Gegenpartei] habe ich die Niederlegung angezeigt. Auf den am ...... anstehenden Termin weise ich vorsorglich hin und mache auf die gegebenenfalls entstehenden Folgen - Versäumnisurteil - aufmerksam.

[Zugleich mahne ich die noch immer ausstehende Zahlung meiner Kostenrechnung vom ...... über ...... EUR an.]

Hochachtungsvoll

....
Rechtsanwalt/-wältin

Anmerkung

Der Anwalt kann das Mandat jederzeit durch formlose Erklärung gegenüber der Partei niederlegen. Die Niederlegung darf nicht zur Unzeit erfolgen, also nicht unmittelbar vor einem Termin. Eine Niederlegung, die ohne wesentlichen Grund zur Unzeit erfolgt, macht jedoch unter Umständen schadensersatzpflichtig. Auf möglicherweise ablaufende Fristen ist der Mandant hinzuweisen.

Büromäßige Behandlung:
Aus Beweisgründen empfiehlt sich meist die Mitteilung der Mandatsniederlegung an die Partei in Form eines Einschreibebriefes.

Prozessual erlangt die Niederlegung des Mandats erst Wirksamkeit, wenn im Parteiprozess die Kündigung dem Gericht angezeigt ist, im Anwaltsprozess sobald sich ein neuer Anwalt bestellt, § 87 Abs. 1 ZPO.

Zu beachten ist, dass im Verfahren vor den Kollegial-Gerichten der Zivilgerichtsbarkeit die Zustellungen weiter an den bisherigen Prozessbevollmächtigten erfolgen, bis sich ein anderer Anwalt als Prozessbevollmächtigter gemeldet hat. Es empfiehlt sich, den bisherigen Mandanten darauf ausdrücklich hinzuweisen.

Siehe dazu auch Formular 1.A.02.#15

#03 Terminnachricht, bevorstehender Termin

[*HIER Ort, Datum*]

An
Herrn/Frau ......
[*HIER Anschrift*]

Sehr geehrte(r) Herr/Frau ......,

in Sachen ...... ist Termin zur ...... auf den ...... 20.. vor dem ......-Gericht ...... Saal ...... Zimmer ...... bestimmt worden. Ich werde den Termin wahrnehmen und Sie von dem Verlauf unterrichten.

Ihr persönliches Erscheinen ist nicht erforderlich.

[Das Gericht hat das persönliche Erscheinen der Parteien angeordnet, so dass Sie auch selbst kommen müssen.]

....
Rechtsanwalt/-wältin

Anmerkung

Es empfiehlt sich stets, jeden bevorstehenden Termin mitzuteilen, auch wenn eine direkte Ladung durch das Gericht erfolgt.

#04 Terminsbericht nach streitiger Verhandlung

[*HIER Ort, Datum*]

An
Herrn / Frau ......
[*HIER Anschrift*]

Sehr geehrte(r) Herr / Frau ......,

in Sachen ...... gegen ...... ist im heutigen Termin - erneut - streitig verhandelt worden.

[*HIER folgen etwaige Hinweise auf Vorgänge im Termin, die den Mandanten interessieren könnten, insbesondere Änderungen der Anträge, neue Beweismittel und dergleichen.*]

Das Gericht hat

[- im vollen Umfange der Klage stattgegeben. [die Klage [teilweise] abgewiesen.] [beschlossen, am ...... 20...... eine Entscheidung zu verkünden], die ich Ihnen mitteilen werde, sobald sie [- vermutlich wesentlich später] bei mir eingeht.]

[- einen Beweisbeschluss erlassen, wonach ......]

[- die Verhandlung auf den ...... 20...... um ...... Uhr im Saal / Zimmer ...... des Gerichtsgebäudes ...... vertagt.]

[- Bitte kommen Sie - tunlichst am ...... 20...... um ...... Uhr zur Sprechstunde.]

[- Es muss von unserer Seite unbedingt noch zu folgenden Punkten ...... Beweis angetreten werden.]

[Von unserer Seite - kann - muss - bis zum ...... 20...... noch ein weiterer Schriftsatz eingereicht werden.]

[Ich bitte um Zahlung [- Überweisung] - eines [- weiteren] [- Gebühren-] [-Honorar-] [- Zeugengebühren-] - Vorschusses von ...... EUR.]

[oder als Prozessanwalt gegenüber dem Verkehrsanwalt]

[Ich bitte um Vermittlung - eines [- weiteren] [- Gebühren-] [-Honorar-] [- Zeugengebühren-] - Vorschusses von ...... EUR.]

[Ich betrachte meine Tätigkeit in dieser Angelegenheit damit als abgeschlossen. In der Anlage überreiche ich Ihnen meine Kostennote (dreifach) und bitte um gelegentlichen Ausgleich.

Ich bedanke mich nochmals für die Beauftragung und verbleibe]

Mit freundlichen [- kollegialen] Grüßen

....
Rechtsanwalt / -wältin

Anmerkung

Büromäßige Behandlung:
Bei Schreiben an Verkehrsanwalts(Korrespondenz)-Kollegen Abschrift(en) für Mandanten beifügen. Bei Abwesenheit des Anwaltes können derartige Schreiben unbedenklich durch einen Referendar oder Angestellten unterzeichnet werden. Schlussformel etwa:

»*Für Rechtsanwalt* ________________ *i. A.* ____________«

Möglich ist auch die Formel:

»*Diktiert durch Rechtsanwalt* ____________ *Für die Richtigkeit:* ____________«

I. V. (in Vollmacht) sollten nur Referendare und sonstige juristische Mitarbeiter zeichnen.

Den Terminsberichten und sonstigen Mitteilungen an Mandanten sollte Sorgfalt gewidmet werden. Der bestgeführte Prozess und die sorgfältigst bearbeitete Angelegenheit bleibt bei einer Vielzahl von Mandanten ohne Widerhall und Anerkennung, wenn nicht durch gute Berichterstattung eine fassliche Vorstellung von der Schwierigkeit und dem Fortgang der Sache vermittelt wird.

#05 Terminsnachricht, Mitteilung des Ergebnisses

[*HIER Ort, Datum*]

An
Herrn / Frau ......
[*HIER Anschrift*]

Sehr geehrte(r) Herr / Frau ......,

in Sachen ...... gegen ......

ist im Termin vom ...... ein Beweisbeschluss ergangen [- dessen Inhalt im einzelnen schriftlich noch nicht vorliegt] [- dessen Abschrift ich beifüge].

Termin [- zur Beweisaufnahme] [- und weiteren mündlichen Verhandlung] [- wird nach Durchführung der Beweisaufnahme bestimmt werden] [- ist auf den ...... bestimmt worden].

Ihr Erscheinen im Termin ist nicht erforderlich. [vom Gericht angeordnet worden.] [Abschrift des Protokolls füge ich bei.]

....
Rechtsanwalt / -wältin

Anmerkung

Genaue Information der Partei empfiehlt sich stets und sollte nur auf ausdrücklichen Wunsch, über den ein Aktenvermerk zu fertigen wäre, unterlassen werden. Mangelhafte Information ist einer der häufigen Gründe für Beschwerden bei dem Vorstand der Rechtsanwaltskammer.

#06 Terminsbericht nach Vergleichsabschluss

[*HIER Ort, Datum*]

– Fristsache –

An
Herrn / Frau ......
[*HIER Anschrift*]

Sehr geehrte(r) Herr / Frau ......,

in Sachen ...... gegen ......

ist von mir im heutigen Termin nach streitiger Verhandlung [– ohne dass vorher streitig verhandelt worden ist] [– unter dem Vorbehalt des] [– diesseitigen] [– beiderseitigen] [– Widerrufs] [– für die Gegenseite] [– bis zum ...... 20......] [– der vorgesehene] ein Vergleich abgeschlossen worden, wonach ......

[– Der Abschluss dieses Vergleichs war notwendig, weil das Gericht zu erkennen gegeben hat, dass die Entscheidung [– ungewiss sein] [– voraussichtlich] [– in vollem Umfange]

[– teilweise] zugunsten der Gegenseite ergehen werde.

[*HIER folgen etwaige weitere Darlegungen zur Frage der Notwendigkeit und Zweckmäßigkeit des Vergleichsabschlusses und seiner Auswirkungen.*]

[– Der Vergleich kann diesseits [– durch einfache Anzeige zu den Gerichtsakten] bis zum – ...... 20...... widerrufen werden. Falls ich widerrufen soll, erbitte ich um Nachricht bis zum ...... 20...... Andernfalls werde ich den Vergleich nicht widerrufen.]

[– Wird der Vergleich bis zum ...... 20...... nicht bestätigt, so ist dieser hinfällig. Falls ich den Vergleich bestätigen soll, erbitte ich um Nachricht bis zum ...... 20...... Andernfalls werde ich den Vergleich nicht bestätigen.]

....
Rechtsanwalt/-wältin

Anmerkung

Büromäßige Behandlung:
Im Falle der Widerrufsfrist oder der Bestätigungsfrist sollte die Kennzeichnung als »Fristsache« nicht vergessen werden!

Es empfiehlt sich oft, statt des manchmal verklausulierten Wortlauts des Vergleichs seinen Inhalt, allgemeinverständlich zusammengefasst und hinsichtlich seiner etwaigen Auswirkungen erläutert, mitzuteilen. Oft ist ein Hinweis auf die kostenpflichtigen Folgen notwendig, schon wegen der Sonderregelung des § 98 ZPO.

#07 Mitteilung über Urteil bei Obsiegen/Unterliegen

[*HIER Ort, Datum*]

An
Herrn/Frau ......
[*HIER Anschrift*]

Sehr geehrte(r) Herr/Frau ......,

in Sachen ...... gegen ......

übersende ich nunmehr das vorliegende vollständige Urteil in Abschrift.

[im Fall des Obsiegens]

Gegen dieses Urteil kann der Prozessgegner Berufung einlegen. Dies muss innerhalb eines Monats geschehen, nachdem es der Gegenseite zugestellt worden ist. Hat der Prozessgegner von seinem Rechtsmittel keinen Gebrauch gemacht, so ist das Urteil rechtskräftig und kann [- auch ohne Sicherheitsleistung] vollstreckt werden. In diesem Falle werde ich die Zwangsvollstreckung für Sie einleiten, sofern die Gegenseite keine außergerichtliche Zahlung leistet.

[im Fall des Unterliegens]

Gegen das Urteil können Sie Berufung einlegen. Die Frist hierfür läuft am ...... ab. Die Berufung werde ich für Sie einlegen, wenn Sie mir hierzu eine schriftliche Weisung erteilt haben. Diese müsste bis spätestens ...... bei mir eingegangen sein, damit ich den erforderlichen Berufungsschriftsatz rechtzeitig beim Gericht einreichen kann. Vorher können wir selbstverständlich telefonisch oder bei einem noch zu vereinbarenden Termin, die Chancen des Rechtsmittels erörtern.

Die Entscheidung muss aber bis zum eben genannten Termin getroffen werden. Sollte dies aus irgendwelchen Gründen nicht möglich sein, so kann zur Fristwahrung zunächst Berufung eingelegt werden. Dies würde aber zusätzliche Kosten verursachen, sofern aufgrund späterer Überlegung die Berufung zurückgenommen werden soll.

....
Rechtsanwalt/-wältin

#08 Bestätigung über die Einlegung der Berufung

[*HIER Ort, Datum*]

An
Herrn / Frau ......
[*HIER Anschrift*]

Sehr geehrte(r) Herr / Frau ......,

entsprechend Ihres Auftrages habe ich gegen das vorliegende Urteil gemäß der beigefügten Durchschrift Berufung eingelegt, die ich innerhalb der gesetzlich vorgeschriebenen Frist begründen werde.

Über den weiteren Fortgang des Verfahrens werde ich Sie wieder informieren.

[oder]

Entsprechend Ihres Auftrages habe ich gegen das vorliegende Urteil zur Fristwahrung zunächst Berufung eingelegt. Innerhalb von zwei Monaten muss das Rechtsmittel dann begründet werden, da das Gericht ansonsten die Berufung ohne Sachprüfung als unzulässig verwirft. Deshalb muss rechtzeitig eine Entscheidung darüber getroffen werden, so dass noch Zeit zur Vorbereitung eines Begründungsschriftsatzes bleibt. Setzen Sie sich bitte bis spätestens zum ...... mit mir in Verbindung, damit wir die Frage erörtern können, ob die Berufung aufrechterhalten oder zurückgenommen werden soll.

....
Rechtsanwalt/-wältin

#09 Nachricht über gegnerische Berufung

[*HIER Ort, Datum*]

An
Herrn / Frau ......
[*HIER Anschrift*]

Sehr geehrte(r) Herr / Frau ......,

der Prozessgegner hat gegen das vorliegende Urteil Berufung eingelegt. Zur Begründung, die zunächst abgewartet werden muss, hat der Gegner zwei Monate Zeit. Danach wird das Berufungsgericht einen Verhandlungstermin bestimmen, in dem über das weitere Verfahren entschieden wird.

Mit der mir für das Verfahren erteilten Prozessvollmacht habe ich mich gemäß anliegender Durchschrift als Ihr Prozessvertreter bestellt. Ihre Vertretung ist auch deswegen erforderlich, weil ansonsten die Gegenseite im Wege des Versäumnisurteils eine Aufhebung des zu Ihren

Gunsten vorliegenden Urteils erreichen könnte, ohne dass überhaupt eine Überprüfung des Urteils in sachlicher oder rechtlicher Hinsicht erfolgen müsste.

....
Rechtsanwalt/-wältin

#10 Mitteilung an Mandanten über Deckungsanfrage bei der Rechtsschutzversicherung/Mitteilung der Deckungszusage

[*HIER Ort, Datum*]

An
Herrn/Frau ......
[*HIER Anschrift*]

Klage [etc.] gegen ......

Sehr geehrte(r) Herr/Frau ......,

da Ihre Ansprüche aus ...... geltend gemacht werden sollen, sofern Ihre Rechtsschutzversicherung für das Verfahren die Deckungszusage erteilt, habe ich eine Durchschrift der Klage mit der Deckungsanfrage an Ihre Rechtsschutzversicherung übermittelt. Für Sie habe ich dieser Mitteilung ebenfalls eine Klageabschrift beigefügt.

Sobald mir die Deckungszusage der Versicherung vorliegt, werde ich die vorbereitete Klage bei Gericht einreichen.

[oder]

ihre Rechtsschutzversicherung hat mir den Kostenschutz für das Verfahren in 1. Instanz zugesagt. Demnach werde ich die von mir vorbereitete Klage, die Ihnen mit vorigem Schreiben bereits übermittelt worden ist, bei Gericht einreichen.

....
Rechtsanwalt/-wältin

B. Schriftwechsel mit dem Anwaltskollegen

#01 Anfrage Mandatsübernahme auswärtiges Landgericht/(auswärtiges) Oberlandesgericht

[*HIER Ort, Datum*]

An
Herrn/Frau ......
[*HIER Anschrift*]

...... gegen ......
Bezug: Telefongespräch vom ......

Sehr geehrte(r) Herr/Frau ......,

wie schon telefonisch besprochen, bitte ich Sie, meine Mandantin vor dem Landgericht/Oberlandesgericht im o. g. Rechtsstreit zu vertreten. Anbei erhalten Sie die Klageschrift [Berufungsschriftsatz] nebst Abschriften, welche Sie bitte bei Gericht für mich einreichen.

Einen Scheck über den Betrag von EUR ......, welcher den Gerichtskostenvorschuss abdeckt, habe ich beigefügt. [- Ich bitte Sie, mir ein Konto aufzugeben, auf welches ich den Gerichtskostenvorschuss überweisen kann.]

Ich bitte um die Bestätigung der Mandatsübernahme als Prozessanwalt unter der Bedingung der hälftigen Gebührenteilung, wobei die Schriftsätze von hier aus gefertigt werden. Die Korrespondenz bitte ich nur mit mir zu führen.

In Anlage überreiche ich folgende Unterlagen:
- auf Sie ausgestellte Prozessvollmacht
- Klageschrift nebst Anlagen
[- Verrechnungsscheck]

Vergleiche bitte ich, nur mit Widerrufsfrist protokollieren zu lassen und darauf zu wirken, dass alle Fristen, die die Partei betreffen, großzügig bemessen werden sollten, da ich grundsätzlich vorher die Stellungnahme der Partei einholen muss.

Sollten Sie sich an der Übernahme des Mandats gehindert sehen, bitte ich Sie um Weiterleitung an einen zur Übernahme bereiten Kollegen.

Mit vielem Dank schon im voraus für Ihre Bemühungen verbleibe ich

mit freundlichen kollegialen Grüßen

....
Rechtsanwalt/-wältin

Anmerkung

Die Pflicht zu ordnungsgemäßem prozessualen Handeln obliegt dem Prozessanwalt, somit auch die Wahrung von Prozessfristen. Ist vereinbart, dass der Verkehrsanwalt die Schriftsätze fertigt (sog. »Stempelmandat«), so obliegt die Fristwahrung beiden gemeinsam (siehe Grams, BRAK-Mitt. 5/2003 S. 255). Für Inhalt und Form der Schriftsätze ist der Prozessanwalt immer verantwortlich, sofern er Fehler etwa bei mangelnder Schlüssigkeit oder Substantiierung erkennen kann (Grams a. a. O.). Bedenken muss er dem Verkehrsanwalt mitteilen (BGH NJW 1990, 1241). Dem Verkehrsanwalt hingegen obliegt die Ermittlung des Sachverhaltes sowie die Information und Belehrung des Mandanten (Grams a. a. O.).

Dem Verkehrsanwalt – auch als Korrespondenzanwalt bezeichnet – steht nach § 52 BRAGO lediglich die Korrespondenzgebühr zu. Die Teilung der Gebühren zwischen Verkehrs- und Prozessanwalt ist, wenn der Verkehrsanwalt die Schriftsätze stempelfertig erstellt aber üblich und nach § 3 Abs. 1 S. 2 BRAGO auch sanktioniert.

Der erstinstanzlichen Prozessbevollmächtigte, der noch nicht bei einem OLG zugelassen ist, sollte sich aus Haftungsgründen nach Beauftragung eines am OLG zugelassenen Rechtsanwalts nur auf den Verkehr mit der eigenen Partei beschränken, wenn er noch keine Erfahrungen bei der Bearbeitung von Berufungssachen hat.

#02 Mandatsübernahme (gegenüber Verkehrsanwaltskollegen)

[*HIER Ort, Datum*]

An
Herrn / Frau [Verkehrsanwalts-Kollege] ......
[*HIER Anschrift*]

...... gegen ......
Ihr Zeichen: ......

Sehr geehrte(r) Herr / Frau Kollege / -in,

in oben bezeichneter Angelegenheit danke ich für Ihr Schreiben vom ...... und bestätige Ihnen die bereitwillige Übernahme des Mandats.

[oder]
[- zu einer Mandatsübernahme in vorstehender Sache erkläre ich mich hiermit bereit.]

[- Zugleich bestätige ich den Eingang der Unterlagen mit Untervollmacht und den - Erhalt eines Verrechnungsschecks über EUR ...... - Eingang von EUR ...... - zur Abdeckung des Gerichtskostenvorschusses - und Gebührenvorschusses.]

Das beigefügte Vollmachtsformular erbitte ich durch die Partei rechtsverbindlich unterzeichnet zurück.

[- Außerdem bitte ich um Vermittlung eines Gebührenvorschusses von EUR ...... und des erforderlichen Gerichtskostenvorschusses über den Betrag von EUR ......]

[- Vor Einreichung der Klage bitte ich um Vermittlung eines Kostenvorschusses in Höhe von EUR ...... bezüglich der bei Klageeinreichung zu zahlenden Gerichtskosten [und eines Gebührenvorschusses von EUR ......]. Nach Eingang dieses Betrages werde ich die Klage einreichen.]

[- Ich habe - anliegenden Schriftsatz eingereicht [- einen Mahnantrag gestellt].

[- Der Schriftsatz hat das Datum vom ...... erhalten.]

[Mit der vorgeschlagenen Gebührenteilung besteht Einverständnis.] [– Mit der vorgeschlagenen Gebührenteilung, sofern die Schriftsätze von Ihnen gefertigt werden, besteht Einverständnis.]

[Ich werde – wunschgemäß – die Korrespondenz mit Ihnen führen.]

[oder]
[Ihrem Wunsch entsprechend werde ich die Korrespondenz ausschließlich mit Ihnen abwickeln.]

Mit freundlichen kollegialen Grüßen

....
Rechtsanwalt/-wältin

Anmerkung

Nach § 44 BRAO kann sich der Anwalt schadenersatzpflichtig machen, sofern er nicht unverzüglich die Ablehnung des Auftrags erklärt.

Grundsätzlich haften Verkehrs- und Prozessanwalt dem Mandanten nicht als Gesamtschuldner, sondern jeder der Anwälte haftet für die Erfüllung der ihm obliegenden Aufgaben und kann davon ausgehen, dass der andere seine persönlich übernommenen Pflichten erfüllt (vgl. Borgmann/Haug, Anwaltshaftung, § 37 Rn 36; BGH NJW 1988, 1079).

Der Verkehrsanwalt hat für die Gebühren und Kosten des Prozessanwalts weder zivil- noch standesrechtlich einzustehen.

Als Gebühren- und Auslagenvorschuss für die 1. Instanz werden 10/10 bis 20/10 der jeweiligen Anwaltsgebühr, die Auslagenpauschale (§ 26 BRAGO) und Umsatzsteuer angesetzt.

Büromäßige Behandlung:
Dem Schreiben an einen Verkehrsanwalts-Kollegen ist eine Parteiabschrift für den Mandanten beizufügen. Wegen der Prozessvollmachtsformulare wird auf die im Handel erhältlichen Vordrucke verwiesen. Vollmachten sollte man auch dann anfordern, wenn die Vorlage bei Gericht nicht erforderlich ist. Sie sind u. a. für den Fall zu den Akten zu nehmen, dass der Gegner mit Vollmachtsrüge im Prozess ihre Vorlage verlangt.

#03 Anfrage an einen Kollegen wegen Übernahme der Vertretung in einem Verhandlungs-/Beweistermin vor dem Amtsgericht in Untervollmacht

[*HIER Ort, Datum*]

An
Herrn/Frau
Rechtsanwalt/Rechtsanwältin ......
[*HIER Anschrift*]

[Per FAX]

Sehr geehrte(r) Herr/Frau Kollege/-in ......,

auf diesem Wege erlaube ich mir, mit einer Anfrage an Sie heranzutreten. Ich vertrete ...... in einer ......sache (Gegenstandswert: z. B. EUR 3.600,–) gegen ...... vor dem Amtsgericht ...... (Az. ......). In diesem Rechtsstreit ist für ......, den ......, ... Uhr im Sitzungssaal ...... Termin zur – Verhandlung – Beweiserhebung bestimmt.

Wären Sie bereit und in der Lage, für mich diesen Termin und ggf. weitere Termine wahrzunehmen?

[Hinsichtlich der Gebühren,
[– die seitens meiner Mandantin durch eine Rechtsschutzversicherung abgedeckt sind,]

schlage ich eine Teilung im Verhältnis 1/2 zu 1/2 zwischen Ihnen und mir vor.]*

Ich würde mich freuen, wenn ich von Ihnen eine Zusage erhalten würde. Sie können mir Ihre Antwort der Einfachheit halber zufaxen unter der Fax-Nr.: ...... Nach Eingang Ihrer Zusage würde ich Ihnen umgehend die notwendigen Unterlagen zusenden.

Ihrer geschätzten Antwort entgegensehend verbleibe ich

mit freundlichen kollegialen Grüßen

....
Rechtsanwalt/-wältin

Anmerkung

Wenn die Übertragung der Prozessvertretung nicht erforderlich, die Wahrnahme eines Termins z. B. bei einem auswärtigen Gericht notwendig ist und der Prozessvertreter sich selbst Zeit und seinem Auftraggeber Gebühren für Reisekosten ersparen will, ist die Terminsvertretung angezeigt.

Die Schriftsätze werden in der üblichen Weise gegenüber dem Gericht gefertigt. Erst mit der mündlichen Verhandlung oder bei späterer Beauftragung wird die Akte zusammen mit der Beauftragung versandt.

Der Unterbevollmächtigte hat nur den eingeschränkten Pflichtenkreis der ordnungsgemäßen Terminswahrnehmung sowie der Information des Hauptbevollmächtigten (Zugehör, Handbuch der Anwaltshaftung Rn 251).

Rechtsanwaltsgebühren:
*Gebührenteilung ist im Falle der Unterbevollmächtigung nicht üblich, aber möglich.

Die Gebühren des Terminsvertreters sind durch die §§ 53, 54 BRAGO geregelt. Der Vertreter in der Verhandlung (Ausführung der Parteirechte), erhält neben der Verhandlungsgebühr eine halbe Prozessgebühr. Die Vertretung in der Beweisaufnahme bringt je fünfzehntel der Prozess- und Beweisgebühr.

#04 Anschreiben an einen Kollegen, der zur Übernahme der Vertretung in einem Verhandlungs-/Beweistermin vor dem Amtsgericht in Untervollmacht bereit ist

[*HIER Ort, Datum*]

An
Herrn/Frau
Rechtsanwalt/Rechtsanwältin ......
[*HIER Anschrift*]

Betr.: ...... gegen ......
Verfahren vor dem Amtsgericht ......
hier: Termin vom ......
Bezug: Telefongespräch vom ......

Sehr geehrte(r) Herr/Frau Kollege/-in ......,

gemäß unseres Telefongespräches bitte ich Sie, meine Mandantin im o. g. Rechtsstreit für mich in Untervollmacht zu vertreten.

In dem Rechtsstreit steht Termin zur mündlichen Verhandlung [- Beweiserhebung] vor dem Amtsgericht ...... am ...... um ...... Uhr an. Ich vertrete den Kläger [die Beklagte].

In Anlage überreiche ich folgende Unterlagen:

- auf Sie ausgestellte Untervollmacht,
- Ablichtung der Anspruchsbegründung/Klageerwiderung vom ...... nebst sämtlicher dort aufgeführten Anlagen,
[- Ablichtung der Klageerwiderung/Anspruchsbegründung der Gegenseite vom ......],
- Ablichtung der Terminsladung [- und Verfügung des Amtsgerichts] ...... vom ......

[Die Gegenseite wird bislang anwaltlich nicht vertreten.]

[Eine Klageerwiderung liegt mir noch nicht vor, wird
Ihnen jedoch ggf. rechtzeitig zum Termin zugeleitet werden.]

Zustellungen und weitere Vollstreckung erfolgt von hier aus.

Einen etwaigen Vergleich bitte ich, nur mit Widerrufsfrist protokollieren zu lassen und darauf zu wirken, dass alle Fristen, die die Partei betreffen, großzügig bemessen werden, da ich grundsätzlich vorher die Stellungnahme der Partei einholen muss.

Ich bitte Sie, mir die Übernahme des Mandats zu bestätigen und nur mit mir zu korrespondieren. Über den Ausgang des Termins bitte ich um alsbaldig Mitteilung.

Sollten Sie sich an der Übernahme des Mandats gehindert sehen, bitte ich Sie um Weiterleitung an einen zur Übernahme bereiten Kollegen.

Mit vielem Dank schon im voraus für Ihre Bemühungen verbleibe ich

mit freundlichen kollegialen Grüßen

....
Rechtsanwalt/-wältin

Anmerkung

Wenn die Übertragung der Prozessvertretung nicht erforderlich, die Wahrnahme eines Termins z. B. bei einem auswärtigen Gericht notwendig ist und der Prozessvertreter sich selbst Zeit und seinem Auftraggeber Gebühren für Reisekosten ersparen will, ist die Terminsvertretung angezeigt.

Der Hauptbevollmächtigte haftet nicht für Fehler des Unterbevollmächtigten, da letzterer seine anwaltlichen Aufgaben nicht gegenüber dem Hauptbevollmächtigten, sondern unmittelbar gegenüber dem Mandanten zu erbringen hat (Hartstang, Anwaltsrecht, 1991, S. 85 m. w. N.).

Die Schriftsätze werden in der üblichen Weise gegenüber dem Gericht gefertigt. Erst mit der mündlichen Verhandlung oder bei späterer Beauftragung wird die Akte zusammen mit der Beauftragung versandt.

Gebührenteilung ist im Falle der Unterbevollmächtigung nicht üblich.

Die Gebühren des Terminsvertreters sind durch die §§ 53, 54 BRAGO geregelt. Der Vertreter in der Verhandlung (Ausführung der Parteirechte) erhält neben der Verhandlungsgebühr eine halbe Prozessgebühr. Die Vertretung in der Beweisaufnahme bringen je fünfzehntel der Prozess- und Beweisgebühr.

C. Schriftwechsel mit der Rechtsschutzversicherung

#01 Ersuchen um Deckungszusage

[*HIER Ort, Datum*]

An
......- Versicherung
[*HIER Anschrift*]

Rechtsschutzersuchen

Ihr VN, Herr/Frau ......, wohnhaft ......
Versicherungs-Nr. ......

Sehr geehrte Damen und Herren,

hierdurch zeige ich an, dass ich Frau ......, ...straße ...... in ...... vertrete.

Frau ...... übergab mir Unterlagen betr. ein Darlehen, das Ihr verstorbener Ehegatte Herrn ......, wohnhaft ......straße ...... in ...... Augsburg im Monat ...... 20.. eingeräumt hat. Das Darlehen wurde durch den Darlehensnehmer bis zum heutigen Tage nur teilweise zurückbezahlt. Durch unsere Mandantin sind wir beauftragt, die noch ausstehende Restsumme in Höhe von EUR ......

von Herrn ...... einzufordern.

Aus diesem Grunde bitte ich für meine Mandantin um Rechtsschutz, der sowohl die zunächst in Betracht kommende außergerichtliche Geltendmachung als auch eine möglicherweise gerichtliche Auseinandersetzung umfassen sollte.

Über den Verlauf der Angelegenheit werde ich Sie selbstverständlich auf dem Laufenden halten.

Mit vielem Dank im voraus für Ihre Bemühungen verbleibe ich

....
Rechtsanwalt/-wältin

Anmerkung

Der Mandant ist spätestens vor Einreichung der Klageschrift zu fragen, ob eine Rechtsschutzversicherung besteht oder gegebenenfalls nach den Voraussetzungen der Prozesskostenhilfe zu befragen. Liegt eine Rechtsschutzversicherung vor, so ist vom Anwalt zu überprüfen, welche Risiken der Vertrag abdeckt. Danach ist vor Klageerhebung die Deckungs-(Rechtsschutz)zusage des Rechtsschutzversicherers einzuholen. Lehnt die Rechtsschutzversicherung die Deckungszusage wegen angeblich fehlender Erfolgsaussichten ab, kann der Mandant mit einem Vertrag nach den Rechtsschutzbedingungen (ARB 2000) ein Schiedsverfahren beantragen. Ein von der Rechtsanwaltskammer benannter Gutachter entscheidet dann für beide Seiten verbindlich über die Erfolgsaussichten (vgl. § 18 ARB 2000). Gibt der Gutachter der Versicherung recht, muss der Mandant auch noch die Kosten des Schiedsgutachterverfahrens tragen. Hierauf sollte die Mandantschaft hingewiesen werden, da die Kosten des Schiedsverfahrens je nach Streitwert mindestens 100,– EUR bis zu mehr als tausend EUR betragen können. Der Versicherungsnehmer kann nach § 19 ARB 2000 im Falle der Ablehnung des Rechtsschutzes, und wenn ein Schiedsgutachterverfahren nicht durchgeführt oder die ergangene Entscheidung des Schiedsgutachters nicht anerkannt wird, den Anspruch auf Rechtsschutz aber auch innerhalb von 6 Monaten gerichtlich geltend machen.

Rechtsschutzversicherte Mandanten mit einem Vertrag nach den alten allgemeinen Rechtsschutzversicherungsbedingungen (ARB 75) sind da besser dran. Bei ihnen muss der Rechtsanwalt bei Ablehnung wegen mangelnder Erfolgsaussichten durch die Versicherung lediglich begründen, warum die Leistungsablehnung nicht gerechtfertigt ist. Die Versicherung ist nach § 17 Abs. 2 ARB 75 an diesen Stichentscheid des vom Versicherungsnehmer beauftragten Rechtsanwalts gebunden. Auch die Kosten für diese Stellungnahme muss in jedem Fall die Rechtsschutzversicherung tragen. Häufig reicht bei Einwänden der Versicherung die Aussage, dass man die Rechtsverfolgung für erfolgversprechend hält und ansonsten auf das Klärungsverfahren nach § 17 ARB 75 verweist.

Da die Police mindestens drei Monate bestehen muss und die Ursache für den Rechtsstreit erst nach dieser Zeit liegen darf, bevor mit einer Deckungszusage die Kostenübernahme erteilt werden kann, sollte der Stammmandant darauf hingewiesen werden, dass es Rechtsschutzversicherungen gibt, die auch jetzt noch Verträge nach den ARB 75 mit den günstigen Altklauseln anbieten (vgl. hierzu FINANZtest 07/97 Seite 12 ff., 14 f.; Zeitschrift DM September 1997 Seite 92 ff., 92). Aber auch eine Reihe von Versicherern, die nach den neuen Versicherungsbedingungen ARB 94 und 2000 Rechtsschutzversicherungen anbieten, verzichten jedenfalls auf die Entscheidung durch den Gutachter, und die Prüfung der Erfolgsaussichten durch den eigenen Rechtsanwalt ist möglich (vgl. FINANZtest u. DM a. a. O.).

Die Privatrechtsschutzversicherung, häufig auch als Familien- und Vertragsrechtsschutz bezeichnet, deckt in zivilrechtlicher Hinsicht nur die Geltendmachung und nicht die Abwehr von Schadenersatzansprüchen und Vertragsstreitigkeiten sowie nur die Beratung in Familien- und Erbrechtsangelegenheiten, soweit sie nicht mit einer Vertretung in einem Prozess zusammenhängt. Es ist aber zu beachten, dass der Versicherungsschutz bei familien- und erbrechtlichen Problemen rückwirkend entfällt, wenn es aufgrund der Beratung zu einem Prozess kommt. Empfiehlt der Anwalt z. B. für einen höheren Erbteil zu prozessieren, muss das von der Versicherung finanzierte Beratungshonorar zurückgezahlt werden. Ebenso übernimmt der Rechtsschutzversicherer auch die Kosten des Prozesses nicht. Auch die Kosten für eine vorsorgliche Beratung, beispielsweise, wie der Mandant am besten ein Testament aufsetzt, muss dieser selbst bezahlen. Der allgemeine Privatrechtsschutz umfasst weder die Regulierung von Verkehrsunfällen noch mietrechtliche Angelegenheiten. Hier ist zu prüfen, ob nicht ein besonderer Versicherungsschutz für Grundstücks- und Mietangelegenheiten neben dem allgemeinen Privatrechtsschutz oder alleine für sich besteht. Nur die vom Versicherungsnehmer selbst genutzten Räume werden von diesem erfasst, § 29 ARB. Damit erfasst er nicht mietrechtliche Streitigkeiten von Angehörigen.

Beim Rechtsschutz im Zusammenhang mit dem Straßenverkehr, der die Geltendmachung, aber nicht die Abwehr von Schadenersatzansprüchen umfasst und somit den Mandanten nur den eigenen Schaden aus Verkehrsunfällen geltend machen lässt, ist der

- Verkehrsrechtschutz (§ 21 ARB 75, 94, 2000)
- Fahrzeugrechtsschutz (§ 22 ARB 75; § 21 Abs. 3 ARB 94, 2000)
- Fahrerrechtschutz (§ 23 ARB 75; § 22 ARB 94, 2000)

hinsichtlich des Deckungsumfangs zu unterscheiden.

Beim Verkehrsrechtsschutz ist der Versicherungsnehmer immer als Fahrer eines Wagens versichert, selbst wenn ihm dieser nicht gehört. Daneben sind auch alle berechtigten Fahrer und Insassen aller auf den Versicherungsnehmer zugelassenen Fahrzeuge erfasst. Somit sind auch

Insassen versichert, die Schadenersatzansprüche nach einem Verkehrsunfall geltend machen wollen.

Der Fahrzeugrechtsschutz knüpft an ein bestimmtes Fahrzeug und erfasst somit Eigentümer, Halter, berechtigten Fahrer, Insassen des Fahrzeugs.

Der Fahrerrechtsschutz ist an eine bestimmte Person geknüpft und erfasst nur den Versicherungsnehmer als Fahrer fremder Fahrzeuge.

Sofern der Mandant nicht selbst verkehrsrechtsschutzversichert ist, muss folglich noch festgestellt werden, ob für das betroffene Fahrzeug nicht bei Dritten eine Fahrzeug- oder Verkehrsrechtsschutzversicherung besteht.

Bei allen drei Arten des Rechtsschutzes bezüglich des Straßenverkehrs sind auch die Wahrnehmung von Interessen aus schuldrechtlichen Verträgen mitabgedeckt, so dass auch schuldrechtliche Streitigkeiten beim Autokauf erfasst werden.

Die Haftpflichtversicherung übernimmt die Anwaltskosten, wenn sich der Mandant dagegen wendet, auf Schadenersatz in Anspruch genommen zu werden. Deshalb ist der Anwalt in diesen Fällen verpflichtet, nach dem Bestehen einer Haftpflichtversicherung zu fragen. Besteht eine, so hat eine Anfrage auf Kostendeckungszusage zu erfolgen.

Da bei der Kraftfahrzeughaftpflichtversicherung der Versicherer häufig selbst Partei des Verfahrens nach § 3 Ziff. 1 PflVG ist und aus diesem Grund auch den Anwalt auswählt, kann eine Angelegenheit nur aufgenommen werden, wenn der Anwalt durch den Haftpflichtversicherer beauftragt worden ist.

Wird die Deckungszusage »aus Gründen, die wir unserem Versicherungsnehmer in einem gesonderten Schreiben mitgeteilt haben« oder »aus versicherungsrechtlichen Gründen« abgelehnt, so kann es sein, dass der Mandant sich in Zahlungsschwierigkeiten befindet. Deshalb sollte vom Mandanten in diesen Fällen ein angemessener Vorschuss nach § 17 BRAGO verlangt werden. Dieser ist bis zur Höhe der voraussichtlich entstehenden Gebühren möglich und die Anforderung in diesem Falle dann auch anzuraten.

#02 Ersuchen um Deckungszusage nebst Vorschussanforderung vor Klageeinreichung

[*HIER Ort, Datum*]

An
......- Versicherung
[*HIER Anschrift*]

Rechtsschutzersuchen

Ihr VN, Herr/Frau ......, wohnhaft ......
Versicherungs-Nr. ......

Sehr geehrte Damen und Herren,

Ihr o. g. Versicherungsnehmer hat mich – mit der Einreichung einer Klage wegen – mit der gerichtlichen Geltendmachung von .... beauftragt.

Folgender Sachverhalt liegt der Deckungsanfrage zugrunde: ......

[oder]
Eine Abschrift der von mir vorbereiteten Klageschrift ist diesem Schreiben beigefügt.

[oder]
Einzelheiten hierzu entnehmen Sie bitte der in Durchschrift beigefügten Klageschrift.

Ich bitte um eine Kostenzusage für die 1. Instanz und in diesem Fall die Überweisung eines allgemeinen Gebühren- und Auslagenvorschusses über den Betrag von

...... EUR

[oder]
Für die 1. Instanz bitte ich um eine Kostenzusage und in diesem Falle um Überweisung eines allgemeinen Gebühren- und Auslagenvorschusses von EUR ......

[oder]
Bitte veranlassen Sie die unverzügliche Überweisung des Gerichtskostenvorschusses von

...... EUR

an mich. – Sollte aus internen Gründen eine rechtzeitige Überweisung nicht möglich sein, teilen Sie mir schriftlich oder telefonisch Ihre Bereitschaft zu Übernahme dieses Kostenbetrages mit. Ich werde Ihn dann einstweilen verauslagen.

Über den weiteren Fortgang der Angelegenheit werde ich Sie nach Eingang Ihrer Deckungszusage auf dem Laufenden halten.

Mit vielem Dank im voraus für Ihre Bemühungen verbleibe ich

....
Rechtsanwalt/-wältin

#03 Rechtsschutzersuchen für 1. Instanz Amtsgericht

[*HIER Ort, Datum*]

An
......- Versicherung
[*HIER Anschrift*]

Ihr Az.: 20-10144 - 03
Ihr VN : Frau ......, ...straße ......,
......
Darlehensrückforderung von Herrn ......

Sehr geehrte Damen und Herren,

wie Ihnen bekannt ist, vertrete ich Ihre Versicherungsnehmerin, Frau ......, in einer zivilrechtlichen Auseinandersetzung mit Herrn ......, ...straße ...... in ......

In dieser Angelegenheit möchten ich Sie über den Sachstand informieren. Zu diesem Zweck habe ich Ihnen mein Forderungsschreiben vom ...... und vom ...... in Abschrift beigefügt. Soweit Ihnen der zu Grunde liegende Sachverhalt nicht schon von unserer Mandantin mitgeteilt wurde, können Sie ihn aus unserem Schreiben vom ...... ersehen. Herr ...... hat auf mein Schreiben hin weder Zahlung geleistet noch sonst in irgendeiner Weise Stellung genommen. Es muss daher davon ausgegangen werden, dass er zur Rückzahlung des Darlehens nicht bereit ist. Klage ist daher geboten.

Aus diesem Grunde ersuche ich Sie hiermit um Rechtsschutz für unsere Mandantin für die erste Instanz.

Sobald sich in der Angelegenheit etwas Neues ergibt, werden wir uns mit Ihnen in Verbindung setzen. Bis dahin verbleibe ich

mit freundlichen Grüßen

....
Rechtsanwalt/-wältin

#04 Rechtsschutzersuchen Einspruchsverfahren OWiG + eventuelles gerichtliches Verfahren

[*HIER Ort, Datum*]

An
......- Versicherung
Abt. Rechtsschutz
[*HIER Anschrift*]

Ihr VN : Herr ......, ...straße ......,
......
Vers.Schein-Nr. ......

Sehr geehrte Damen und Herren,

ich vertrete die rechtlichen Interessen von Herrn ......, ...straße ...... in ...... Eine auf uns lautende Vollmacht füge ich in Kopie bei.

Meinem Mandanten wird eine Verkehrsordnungswidrigkeit vorgeworfen, die er nicht begangen hat. Näheres entnehmen Sie bitte unserem in Kopie beigelegten Einspruchsschreiben an die Behörde ...... - Bußgeldstelle.

In dieser Angelegenheit erbitten wir Rechtsschutz für meinen Mandanten sowohl für das Einspruchsverfahren als auch für ein eventuelles gerichtliches Verfahren.

Wegen Fristablaufs am ...... war es erforderlich, gleichzeitig mit dieser Rechtsschutzanforderung in der Sache selbst tätig zu werden.

Sobald sich in der Angelegenheit etwas Neues ergibt, werde ich Sie unterrichten.

Mit freundlichen Grüßen

....
Rechtsanwalt/-wältin

#05 Erinnerung an Rechtsschutzersuchen (nochmalige Nachfrage, ob Rechtsschutz gewährt wird)

[*HIER Ort, Datum*]

An
......- Versicherung
Abt. Rechtsschutz
[*HIER Anschrift*]

Versicherungsschein Nr. 713603
VN: ......
Unser Schreiben vom ......

Sehr geehrte Damen und Herren,

da wir auf unser o. g. Schreiben betreffend Rechtsschutzgewährung für Frau ...... in einer Schadensersatzangelegenheit von Ihnen noch nichts gehört haben, möchten wir hiermit noch einmal an den Vorgang erinnern.

Bitte seien Sie freundlich, und teilen uns mit, ob in der Angelegenheit Rechtsschutz erteilt wird.

Mit freundlichen Grüßen

....
Rechtsanwalt/-wältin

#06 Information Rechtsberatung + Rechnung an Rechtsschutzversicherung

[*HIER Ort, Datum*]

An
......- Versicherung
[*HIER Anschrift*]

Schadennummer: ......
Ihr VN: ......
wohnhaft ......

Sehr geehrte Damen und Herren,

in der o. g. Angelegenheit möchte ich Sie über die durchgeführte Rechtsberatung informieren.

Herr ...... unterbreitete mir folgenden Sachverhalt:

......

Folgende Schäden sind nach Auskunft meines Mandanten eingetreten:

......

Mit Schreiben vom ...... machte unser Mandant gegen den Schädiger Schadensersatz in Höhe von 500,- EUR geltend. Er begründete dies mit einem Anspruch auf Schmerzensgeld, den entstandenen Kosten sowie einer Wertminderung des Fahrrades.

Der Schädiger lehnte die Zahlung von EUR 500,- mit Schreiben vom ...... ab, bot jedoch eine Zahlung von EUR 350,- an.

Die beiden genannten Schreiben fügen wir zu Ihrer Information in Kopie bei.

In unserem Gespräch mit Herrn ...... haben wir darauf hingewiesen, dass der Geschädigte lediglich so zu stellen ist, wie er ohne das schädigende Ereignis gestanden hätte. Demnach stand unserem Mandanten lediglich ein Ersatz der o. g. Kosten in Höhe von EUR 249,- zu. Angesichts der nur sehr leichten Verletzungen ist ein Schmerzensgeld nicht durchsetzbar. Wir haben Herrn ...... daher geraten, die vom Schädiger angebotenen EUR 350,- zu akzeptieren, da weder dieser Betrag noch der Betrag von EUR 500,- gerichtlich durchsetzbar ist. Unser Mandant wird somit durch den angebotenen Betrag besser gestellt als er je in einem gerichtlichen Verfahren sein würde.

Dabei ist insbesondere zu bedenken, dass ein Mitverschulden von Herrn ...... im vorliegenden Fall nicht ausgeschlossen werden kann. Zum einen befuhr er die falsche Straßenseite, zum anderen wäre es ihm unter Umständen möglich gewesen, noch zu halten. Angesichts dieser Sachlage konnte nur dazu geraten werden, den angebotenen Betrag zu akzeptieren.

Mit einem anwaltlichen Aufforderungsschreiben hat uns unser Mandant daher nicht beauftragt. Unsere Tätigkeit beschränkt sich somit auf die durchgeführte Beratung.

Abschließend erlaube ich mir daher die Angelegenheit wie folgt abzurechnen:

Gegenstandswert: ...... EUR

Gebühr gemäß § 20 BRAGO, 7,5/10	...... EUR
Umsatzsteuer gemäß § 25 Abs. 2 BRAGO, 16 v. H.	...... EUR
zusammen	...... EUR

Bitte überweisen Sie den errechneten Betrag auf eines unserer o. g. Konten.

Mit freundlichen Grüßen

....

Rechtsanwalt/-wältin

#07 Information über Fortgang und Abschluss an Verkehrsrechtsschutzversicherung

[*HIER Ort, Datum*]

An
......- Versicherung
Abt. Rechtsschutz
[*HIER Anschrift*]

12 AR 6372.4903
Bußgeldsache ./. Wolfgang ......

Sehr geehrte Damen und Herren,

in der o. g. Angelegenheit möchten wir Sie über den Fortgang und Abschluss des Verfahrens informieren.

Gestern, am ......, fand vor dem AG ...... der Termin zur Hauptverhandlung statt. Eine Abschrift der Ladung fügen wir für Ihre Unterlagen bei.

In der Hauptverhandlung hat Herr ...... seine Angaben zur Sache so wiederholt, wie es auch im diesseitigen Schriftsatz vom ...... (liegt Ihnen in Abschrift vor) zum Ausdruck gekommen ist.

Der Zeuge ...... hatte an den Vorgang keine konkrete Erinnerung mehr, wies jedoch in seiner Aussage darauf hin, dass er grundsätzlich um das ganze Fahrzeug herum gehe, bevor er eine Verwarnung vornehme, um sicherzugehen, dass er einen vorhandenen Parkschein nicht übersieht.

Nach Abschluss der Beweisaufnahme regte das Gericht die Einstellung des Verfahrens an. Da nach der Zeugenaussage nicht ausgeschlossen werden konnte, dass sich das Gericht bei einer Entscheidung durch Urteil möglicherweise zu einer Verurteilung entschließt, hat Herr ...... der Einstellung des Verfahrens zugestimmt.

Nachdem die Angelegenheit somit zum Ende gekommen ist, erlaube ich mir abschließend, die Sache wie folgt abzurechnen:

Kostenrechnung

Gebühr gem. §§ 105 Abs. 2, 83 Abs. 1 Nr. 3 BRAGO	...... EUR
Auslagenpauschale gem. § 26 BRAGO	...... EUR
Mehrwertsteuer gem. § 25 Abs. 2 BRAGO	...... EUR
zusammen	...... EUR

Bitte überweisen Sie den errechneten Betrag auf eines der oben genannten Konten. Ich verbleibe

mit freundlichen Grüßen

....
Rechtsanwalt/-wältin

#08 Übersendung Urteil mit Erläuterung an Versicherung

[*HIER Ort, Datum*]

An
......- Versicherung
Abt. Rechtsschutz
[*HIER Anschrift*]

Schaden-Nr.: ......
Ihr VN ......

Sehr geehrte Damen und Herren,

in der o. g. Angelegenheit möchten wir Sie über den Abschluss der Sache unterrichten.

Wie schon in unserem Schreiben vom ...... mitgeteilt, fand am ...... vor dem AG ...... ein Termin zur mündlichen Verhandlung statt. Die Einzelheiten entnehmen Sie bitte dem in Abschrift beigefügten Protokoll (Anlage 1).

Mit Urteil vom ...... wurde die Klage unseres Mandanten kostenpflichtig abgewiesen. Die Einzelheiten sind dem beigefügten Urteil (Anlage 2) zu entnehmen.

Unsererseits wird das Urteil für falsch gehalten, da ......

Da jedoch aufgrund der geringen Klagesumme eine Berufung nicht möglich ist, dürften letztlich alle Zweifel an der gerichtlichen Entscheidung unerheblich sein.

Wir betrachten die Angelegenheit somit als abgeschlossen und erlauben uns, nachfolgend die Abrechnung vorzunehmen. An Gerichtskosten haben wir EUR ...... verauslagt (Nachweise Anlage 3 und 4). An Anwaltsgebühren sind EUR ...... entstanden. Einzelheiten der Abrechnung entnehmen Sie bitte unserer gesondert beigefügten Aufstellung (Anlage 5).

Insgesamt beläuft sich der zu erstattende Betrag auf

...... EUR

Bitte überweisen Sie den errechneten Betrag auf eines unserer oben genannten Konten.

Mit freundlichen Grüßen

....
Rechtsanwalt/-wältin

#09 Aufforderung zur Zahlung festgesetzter gegnerischer Kosten

[*HIER Ort, Datum*]

An
......- Versicherung
Abt. Rechtsschutz
[*HIER Anschrift*]

Schaden-Nr.: ......
Ihr VN ......

Sehr geehrte Damen und Herren,

gemäß anliegendem Kostenfestsetzungsbeschluss vom ...... sind von Ihrem Versicherungsnehmer Kosten an den Prozessgegner zu erstatten. Deshalb bitte ich Sie um umgehende Überweisung an den Prozessbevollmächtigten der Gegenseite, damit Zwangsvollstreckungsmaßnahmen gegen Ihren Versicherungsnehmer vermieden werden.

[- Soweit der Kostenansatz unbegründet ist, werde ich den erforderlichen Rechtsbehelf einlegen bzw. mich mit Ihnen in Verbindung setzen.]

[- (Auch) Wegen der Einlegung eines Rechtsmittels gegen die zugrundeliegende Entscheidung werde ich mich noch mit Ihnen in Verbindung setzen.]

Mit freundlichen Grüßen

....
Rechtsanwalt/-wältin

D. Haftungsbegrenzung durch Einzelvereinbarung

#01 Haftungsbeschränkung des Mandats im Einzelfall zur Begrenzung von Ersatzansprüchen

A. Einzelvereinbarung der Haftungsbeschränkung

[*HIER Ort, Datum*]

......angelegenheit ...... [*HIER genaue, detaillierte Beschreibung des Mandats*]

Zwischen
Rechtsanwalt/wältin ......
und
Herrn/Frau ......

wird in obiger Angelegenheit aufgrund unserer Verhandlung vom heutigen Tage bezüglich eines Haftungsausschlusses meiner Tätigkeit im Beisein von Herrn/Frau ...... das Verhandlungsergebnis wie folgt zusammengefasst:

1. Es wird vereinbart, dass mir, Rechtanwalt/-wältin ...... die oben genannte Angelegenheit zur erbrechtlichen Bearbeitung übertragen wird. Eine Überprüfung von Fragen des Steuerrechts wird nicht mitübernommen. Dies gilt selbst dann, wenn der Anwalt behilflich ist, einen Steuerberater zu finden oder/und die Angelegenheit mit ihm bespricht.

2. Die Haftung des/der beauftragten Rechtsanwalts/-wältin wird für alle Fälle leichter Fahrlässigkeit auf einen Höchstbetrag von 250.000,- EUR beschränkt. Hiervon unberührt bleibt eine Haftung für Vorsatz und grobe Fahrlässigkeit.

[oder anders formuliert]

2. Die Haftung des beauftragten Rechtsanwalts [- der beauftragten Rechtsanwältin] wird auf 250.000 EUR beschränkt, soweit die Haftung nicht auf Vorsatz oder grober Fahrlässigkeit beruht.

3. Eventuelle Ersatzansprüche gegen den beauftragten Rechtsanwalt verjähren in drei Jahren vom Zeitpunkt an, zu dem der Anspruch entstanden ist, spätestens jedoch in drei Jahren nach der Beendigung des Mandats.

4. Sollten einige der vorstehenden Bestimmungen ganz oder teilweise unwirksam sein, so wird hierdurch die Wirksamkeit der übrigen Bestimmungen nicht berührt.

....

[Unterschrift Mandant/-in] [Unterschrift Rechtsanwalt/-wältin]

B. Vereinbarung einer Beschränkung der gesamtschuldnerischen Haftung auf einzelne Mitglieder der Sozietät

[*HIER Ort, Datum*]

......angelegenheit ...... [*HIER genaue, detaillierte Beschreibung des Mandats*]

Zwischen
der Anwaltssozietät ......
und
Herrn/Frau ....

wird nachfolgende Haftungsbeschränkung vereinbart:

Das am heutigen Tage angenommene Mandat bezüglich der im Betreff genannten Angelegenheit wird ausschließlich von dem/der Rechtsanwalt/-wältin ...... [*HIER Name*] der oben genannten Sozietät bearbeitet.

Die persönliche Haftung in dieser Angelegenheit wird auf dieses genannte Mitglied der Sozietät beschränkt.

Der Mandant stimmt mit seiner Unterschrift dieser Vereinbarung zu.

....

(Ort, Datum) (Unterschrift Mandant/-in)

Anmerkung

Achtung:
Es ist unbedingt zu beachten, dass das Mandat, auf das sich die Vereinbarung über die Haftungsbeschränkung erstreckt, genau beschrieben wird.

Zu A) Einzel(Individual)vereinbarung der Haftungsbeschränkung :

Zu den Möglichkeiten der Haftungsbeschränkung, siehe § 51 a BRAO.

Wegen § 276 Abs. 3 BGB ist ein Haftungsausschluss wegen Vorsatzes nicht möglich.

Eine Vereinbarung der Haftungsbeschränkung im Einzelfall ist nur dann möglich, wenn diese Vereinbarung Ergebnis einer Verhandlung mit dem Mandanten ist, der Mandant also Möglichkeiten hatte auf Gang und Ergebnis der Aushandlung der Haftungsbeschränkung im Rahmen des Mandantengesprächs Einfluss zu nehmen. Die Individualvereinbarung muss Ergebnis eines freien, wirklichen Aushandelns sein. Aus diesem Grunde sollten vorformulierte Texte nicht verwendet werden. Auch sollte erkennbar sein, wie die individuelle Vereinbarung gefunden wurde.

Neben der Einschränkung des Rechtsgebiets besteht keine Möglichkeit weitere Haftungsminderungen und Haftungsausschlüsse zu vereinbaren.

Haftungsbeschränkungen durch vorformulierte Vertragsbedingungen sind nur dann möglich, wenn der Anwalt eine Vermögensschadenshaftpflichtversicherung abgeschlossen hat, die den vierfachen Betrag der Mindestversicherungssumme beträgt, § 51 a Abs. 1 Nr. 2 BRAO, also zur Zeit einen Deckungsbetrag von 1 Million EUR aufweist. Die Haftungsbeschränkung tritt aber auch dann nur in Fällen einfacher Fahrlässigkeit ein, § 309 Nr. 7 b) BGB.

Zu B) Vereinbarung einer Beschränkung der gesamtschuldnerischen Haftung auf einzelne Mitglieder der Sozietät:

§ 51 a BRAO ermöglicht eine persönliche Haftungseinschränkung auf einzelne Sozien, was vor allem bei Erbrechtsstreitigkeiten mit hohen Streitwerten sinnvoll sein kann. Dabei kann aber nur die persönliche Haftung der Rechtsanwälte, nicht aber die Haftung der BGB-Gesellschaft an sich ausgeschlossen werden (BGH NJW 1992, 3037).

§ 51 a Abs. 2 BRAO gibt zudem die Möglichkeit, die Beschränkung der Haftung auf einzelne Mitglieder der Sozietät in Form von vorformulierten Vertragsbedingungen zu gestalten. Die Erklärung mit den vorformulierten Vertragsbedingungen muss, da es sich bei solchen ergänzungsbedürftigen Formularklauseln um Allgemeine Geschäftsbedingungen handelt, vom

Mandanten zu Mandatsbeginn unterschrieben werden. Auch sollte die Zustimmungserklärung zu den vorformulierten Vertragsbedingungen keine weiteren Erklärungen enthalten und auch nicht mit anderen Schreiben verbunden werden.

Büromäßige Behandlung:
Es ist unbedingt zu beachten, dass das Mandat, auf das sich die Vereinbarung über die Haftungsbegrenzung erstreckt, genau beschrieben wird.

#02 Haftungsbeschränkung des Mandats durch allgemeine Mandatsbedingungen

[*HIER Ort, Datum*]

Allgemeine Mandatsbedingungen des/der Rechtsanwalts/-wältin [-wälte]

In Sachen der . . . . . .angelegenheit . . . . . . [*HIER genau, detaillierte Beschreibung des Mandats*]

gelten in Verbindung mit der Vollmachtserteilung an

den/die Rechtsanwalt/wältin [-wälte] . . . . . .

folgende Vereinbarungen:

1. Sämtliche dem Auftraggeber erwachsenden
Kostenerstattungsansprüche sind mit der Erteilung der Vollmacht an den oben genannten bevollmächtigten Rechtsanwalt [- an die oben genannten bevollmächtigten Rechtsanwälte] abgetreten mit der Ermächtigung, diese Abtretung dem Gegner mitzuteilen.

2. Die Notwendigkeit der Anfertigung von Fotokopien liegt im Ermessen des Anwalts.

3. Mehrere Vollmachtgeber haften als Gesamtschuldner.

4. Die Haftung des bevollmächtigten Rechtsanwalts [- der bevollmächtigten Rechtanwälte] für alle Fälle leichter Fahrlässigkeit ist auf einen Betrag von 1.000.000 EUR beschränkt. Unberührt hiervon bleibt die Haftung für Vorsatz und grobe Fahrlässigkeit.

5. Dem Anwalt [- den Anwälten] wird die Sache zur erbrechtlichen Bearbeitung übertragen. Eine Überprüfung von Fragen des Steuerrechts wird nicht mitübernommen. Dies gilt auch dann, wenn der Anwalt [- die Anwälte] behiflich ist [- behilflich sind], einen Steuerberater ausfindig zu machen oder/und die Angelegenheit mit ihm bespricht.

6. Erfüllungsort und Gerichtsstand sind gemäß § 29 ZPO der Kanzleiort des bevollmächtigten Rechtsanwalts. [- der bevollmächtigten Rechtsanwälte.]

7. Sollte eine der vorstehenden Bestimmungen ganz oder teilweise unwirksam sein, so wird hierdurch die Wirksamkeit der übrigen Bestimmungen nicht berührt.

8. Der Auftraggeber bestätigt, auf die vorstehenden Mandatsbedingungen ausdrücklich hingewiesen worden zu sein und von ihrem Inhalt Kenntnis genommen zu haben sowie mit ihrer Geltung einverstanden zu sein.

. . . .

(Unterschrift Mandant/-in) (Unterschrift Rechtsanwälte)

Anmerkung

Zu den Möglichkeiten der Haftungsbeschränkung, siehe § 51 a BRAO.

Es bestehen drei Möglichkeiten der Haftungsbeschränkung:

- schriftliche Vereinbarung einer Haftungsbeschränkung im Einzelfall bis zur Höhe der Mindestversicherungssumme (von z.Zt. 250.000 EUR), § 51 a Abs. 1 Nr. 1 BRAO,
- vorformulierte Vertragsbedingungen (AGB) bei einfacher Fahrlässigkeit auf den 4 fachen Betrag der Mindestversicherungssumme, sofern insoweit Versicherungsschutz besteht, § 51 a Abs. 1 Nr. 2 BRAO,
- eine Beschränkung der Haftung (Gesamtschuldnerhaftung) auf namentlich benannte Mitglieder der Sozietät in Form von vorformulierten Vertragsbedingungen,.

Wegen § 276 Abs. 2 BGB ist ein Haftungsausschluss wegen Vorsatzes nicht möglich.

Haftungsbeschränkungen durch vorformulierte Vertragsbedingungen sind nur dann möglich, wenn der Anwalt eine Vermögensschadenshaftpflichtversicherung abgeschlossen hat, die den vierfachen Betrag der Mindestversicherungssumme beträgt, § 51 a Abs. 1 Nr. 2 BRAO, also zur Zeit einen Deckungsbetrag von 1 Million EUR aufweist. Die Haftungsbeschränkung tritt aber auch dann nur in Fällen einfacher Fahrlässigkeit ein, § 309 Nr. 7 b) BGB.

§ 51 BRAO gibt auch noch die Möglichkeit der persönlichen Haftungseinschränkung auf einzelne Sozien, wobei zu beachten ist, dass nur die persönliche Haftung der Anwälte, nicht aber die der BGB-Gesellschaft an sich ausgeschlossen werden kann (BGH NJW 1992, 3037). § 51 a Abs. 2 S. 2 BRAO lässt die Beschränkung der persönlichen Haftung – auch durch vorformulierte Vertragsbedingungen – aber nur dann auf einzelne Mitglieder der Sozietät zu, wenn diese das Mandat auch tatsächlich bearbeiten und namentlich bezeichnet sind (für Partnerschaftsgesellschaften vgl. § 9 Abs. 2 PartGG):

»*Vereinbarung der Beschränkung der gesamtschuldnerischen Haftung auf einzelne Mitglieder der Sozietät (persönliche Haftungsbeschränkung)*

Die Anwaltssozietät [– Die Rechtsanwälte] ......

und

Herr/ Frau [– Firma] ......

vereinbaren für die Durchführung der Angelegenheit ......

folgende Haftungsbeschränkung:

Das heute am [Datum] angenommene Mandat in oben bezeichneter Angelegenheit wird ausschließlich von Rechtsanwalt ...... der oben genannten Sozietät bearbeitet.

Die persönliche Haftung in der Sache wird auf dieses genannte Mitglied der Sozietät beschränkt.

Der Mandant stimmt dieser Vereinbarung zu:

......

Datum

....

(Unterschrift Mandant/-in) (Unterschrift Rechtsanwälte)«

Die Zustimmungserklärung des Auftraggebers zu einer solchen persönlichen Haftungsbeschränkung ist von diesem zu unterzeichnen und darf keine andere Erklärung enthalten (siehe § 51 Abs. 2 S. 3 BRAO). Der Mandant muss die Erklärung zum Zeitpunkt des Mandatsbeginns unterschreiben, da es sich bei solchen ergänzungsbedürftigen Formularklauseln um AGB handelt.

Die Beschränkung der persönlichen Haftung auf einen freien Mitarbeiter, angestellten Anwalt oder ›Außensozius‹ ist nicht möglich.

Büromäßige Behandlung:
Es ist unbedingt zu beachten, dass das Mandat, auf das sich die Vereinbarung über die Haftungsbegrenzung erstreckt, genau beschrieben wird.

Stichwortverzeichnis

H

R